U0715730

中国地质调查成果CGS 2017-029
内蒙古自治区矿产资源潜力评价成果系列丛书

# 内蒙古自治区重要矿产资源潜力评价项目成果报告
## （上册）

NEIMENGGU ZIZHIQU ZHONGYAO KUANGCHAN ZIYUAN QIANLI PINGJIA XIANGMU CHENGGUO BAOGAO

许立权　张　彤　赵文涛　苏美霞
任亦萍　贾金富　张　青　张　浩　等著

中国地质大学出版社
ZHONGGUO DIZHI DAXUE CHUBANSHE

**内容摘要**

本书详细阐述了内蒙古自治区矿产资源潜力评价项目组8年来在地质背景、成矿规律、重力、磁法、化探、遥感、自然重砂、矿产预测及综合信息等专题所取得的各项工作成果。对内蒙古自治区铁、铝、铜、金、铅、锌、钨、稀土、锑、磷、镍、钼、锰、银、锡、铬、硫、萤石、菱镁矿、重晶石、煤21个重要矿种的成矿地质背景，地球物理化学、遥感、自然重砂条件等进行了详细的研究及论述；对各矿种典型矿床和成矿规律进行了剖析及研究总结，对全区综合矿种的成矿规律进行了更进一步的归纳描述；分别对单矿种、综合矿种预测成果进行了汇总分析，提出了内蒙古自治区矿产资源潜力较大的三级成矿区，按综合预测区划分了综合矿种的勘查建议区、未来开发基地，并作出了重要评价，为未来内蒙古自治区矿产勘查工作提供了依据。

**图书在版编目(CIP)数据**

内蒙古自治区重要矿产资源潜力评价项目成果报告/许立权等著.—武汉：中国地质大学出版社，2021.12

（内蒙古自治区矿产资源潜力评价成果系列丛书）

ISBN 978-7-5625-5129-4

Ⅰ.①内…

Ⅱ.①许…

Ⅲ.①矿产资源-资源潜力-资源评价-研究报告-内蒙古

Ⅳ.①F426.1

中国版本图书馆CIP数据核字(2021)第208570号

**内蒙古自治区重要矿产资源潜力评价项目成果报告(上册)**

许立权　张　彤　赵文涛　苏美霞　任亦萍　贯全富　张　青　张　浩　等著

责任编辑：胡珞兰　　选题策划：毕克成　刘桂涛　　责任校对：张咏梅

出版发行：中国地质大学出版社（武汉市洪山区鲁磨路388号）　　邮编：430074

电　话：(027)67883511　　传　真：(027)67883580　　E-mail:cbb@cug.edu.cn

经　销：全国新华书店　　http://cugp.cug.edu.cn

开本：880毫米×1230毫米　1/16　　字数：2843千字　印张：86　插页：15

版次：2021年12月第1版　　印次：2021年12月第1次印刷

印刷：湖北新华印务有限公司　　印数：1—900册

ISBN 978-7-5625-5129-4　　定价：980.00元（上、中、下册）

如有印装质量问题请与印刷厂联系调换

# 《内蒙古自治区矿产资源潜力评价成果》

# 出版编撰委员会


**主　　任**：张利平

**副 主 任**：张　宏　高　华

**委　　员**：（按姓氏笔画排序）

于跃生　王文龙　王志刚　王博峰　乌　恩　刘建勋
刘海明　杨文海　李玉洁　李志青　辛　盛　宋　华
张　忠　陈志勇　邵和明　邵积东　武　文　武　健
赵士宝　赵文涛　黄建勋　韩雪峰　褚立国　路宝玲

**项目负责**：许立权　张　彤　陈志勇

**总　　编**：宋　华　张　宏

**副 总 编**：许立权　张　彤　陈志勇　赵文涛　苏美霞　吴之理
方　曙　任亦萍　张　青　张　浩　贾金富　陈信民
孙月君　杨继贤　田　俊　孟令伟

# 《内蒙古自治区重要矿产资源潜力评价项目成果报告》


**主　　编**:许立权　张　彤

**编写人员**:赵文涛　苏美霞　任亦萍　贾金富　张　青　张　浩

吴之理　方　曙　冯云杰　孙月君　张　明　康小龙

闫　洁　许　展　韩宗庆　孙会玲　王沛东　李　杨

魏雅玲　张婷婷　李雪娇　安艳丽　佟　卉　赵　静

**项目负责单位**:中国地质调查局　内蒙古自治区国土资源厅

**编撰单位**:内蒙古自治区国土资源厅

**主编单位**:内蒙古自治区地质调查院

内蒙古自治区煤田地质局

内蒙古自治区地质矿产勘查院

内蒙古自治区第十地质矿产勘查开发院

内蒙古自治区国土资源勘查开发院

内蒙古自治区国土资源信息院

中化地质矿山总局内蒙古自治区地质勘查院

# 序

2006年，国土资源部为贯彻落实《国务院关于加强地质工作的决定》中提出“积极开展矿产远景调查和综合研究，科学评估区域矿产资源潜力，为科学部署矿产资源勘查提供依据”的精神要求，在全国统一部署了“全国矿产资源潜力评价”项目，“内蒙古自治区矿产资源潜力评价”项目是其子项目之一。

“内蒙古自治区矿产资源潜力评价”项目于2006年启动，2013年结束，历时8年，由中国地质调查局和内蒙古自治区人民政府共同出资完成。为此，内蒙古自治区国土资源厅专门成立了以厅长为组长的项目领导小组和技术委员会，指导监督内蒙古自治区地质调查院、内蒙古自治区地质矿产勘查开发局、内蒙古自治区煤田地质局以及中化地质矿山总局内蒙古自治区地质勘查院等7家地勘单位的各项工作。我作为自治区聘请的国土资源顾问，全程参与了该项目的实施，亲历了内蒙古自治区新老地质工作者对内蒙古自治区地质工作的认真与执着。他们对内蒙古自治区地质的那种探索和不懈追求精神，给我留下了深刻的印象。

为了完成“内蒙古自治区矿产资源潜力评价”项目，先后有270多名地质工作者参与了这项工作，这是继20世纪80年代完成的《内蒙古自治区地质志》《内蒙古自治区矿产总结》之后集区域地质背景、区域成矿规律研究，物探、化探、自然重砂、遥感综合信息研究，以及全区矿产预测、数据库建设之大成的又一巨型重大成果。这是内蒙古自治区国土资源厅高度重视、完整的组织保障和坚实的资金支撑的结果，更是内蒙古自治区地质工作者8年辛勤汗水的结晶。

“内蒙古自治区矿产资源潜力评价”项目共完成各类图件万余幅，建立成果数据库数千个，提交结题报告百余份。以板块构造和大陆动力学理论为指导，建立了内蒙古自治区大地构造构架。研究和探讨了内蒙古自治区大地构造演化及其特征，为全区成矿规律的总结和矿产预测奠定了坚实的地质基础。其中提出了“阿拉善地块”归属华北陆块，乌拉山岩群、集宁岩群的时代以及对孔兹岩系归属的认识，索伦山-西拉木伦河断裂厘定为华北陆块与西伯利亚陆块的界线等，体现了内蒙古自治区地质工作者对内蒙古自治区大地构造演化和地质背景的新认识。项目对内蒙古自治区铁、铝、铜、金、铅、锌、钨、稀土、锑、磷、镍、钼、锰、银、锡、铬、硫、萤石、重晶石、菱镁矿、煤等矿种，划分了矿产预测类型；结合全区重力、磁测、化探、遥感、自然重砂资料的研究应用，分别对其资源潜力进行了科学的潜力评价，预测的资源潜力可信度高。这些数据有力地说明了内蒙古自治区地质找矿潜力巨大，寻找国家急需矿产资源，内蒙古自治区大有可为，成为国家矿产资源的后备基地已具备了坚实的地质基础，同时，也极大地增强了内蒙古自治区地质找矿的信心。

“内蒙古自治区矿产资源潜力评价”是内蒙古自治区第一次大规模对全区重要矿产资源现状及潜力进行摸底评价，不仅汇总整理了原 1∶20 万相关地质资料，还系统整理补充了近年来 1∶5 万区域地质调查资料和最新获得的矿产、物化探、遥感等资料。期待着“内蒙古自治区矿产资源潜力评价”项目形成的系统的成果资料在今后的基础地质研究、找矿预测研究、矿产勘查部署、农业土壤污染治理、地质环境治理等诸多方面得到广泛应用。

陈毓川

2017 年 3 月

# 目　录

# 第一章 概 述

## 第一节 工作概况

### 一、项目概况

为贯彻落实《国务院关于加强地质工作的决定》中提出“积极开展矿产远景调查和综合研究，科学评估区域矿产资源潜力，为科学部署矿产资源勘查提供依据”的要求和精神，国土资源部(现为自然资源部)部署了全国矿产资源潜力评价工作。本项目是全国矿产资源潜力评价计划项目中的工作项目之一。

项目名称：内蒙古自治区矿产资源潜力评价

项目编号：1212010813005(2006—2008)；1212010881609(2009—2010)；1212011121003(2011—2013)。

任务书编号：资〔2006〕039-01号；资〔2007〕038-01-05号；资〔2008〕01-06号；资〔2008〕增08-16-09号；资〔2009〕增16-05号；资〔2010〕增22-05号；资〔2011〕02-39-05号；资〔2012〕02-001-005号；资〔2013〕01-033-003号。

项目负责单位：中国地质调查局 内蒙古自治区国土资源厅

项目承担单位：内蒙古自治区地质调查院

项目参加单位：内蒙古自治区煤田地质局
内蒙古自治区地质矿产勘查院
内蒙古自治区第十地质矿产勘查开发院
内蒙古自治区国土资源勘查开发院
内蒙古自治区国土资源信息院
中化地质矿山总局内蒙古自治区地质勘查院

工作起止年限：2006—2013年

### 二、目标任务

(1)在现有地质工作的基础上，充分利用内蒙古自治区的基础地质调查和矿产勘查工作成果与资料，充分应用现代矿产资源预测评价的理论方法和GIS评价技术，开展内蒙古铁、铝、铜、金、铅、锌、钨、稀土、锑、磷、镍、钼、锰、银、锡、铬、硫、萤石、菱镁矿、重晶石、煤21个预测矿种的资源潜力评价，基本摸清矿产资源潜力评价及其空间分布，为研究制定内蒙古自治区矿产资源战略与国民经济中长期规划提供科学依据。

(2)以成矿地质理论为指导,深入开展全国范围的区域成矿规律研究;按全国统一划分的成矿区(带),充分利用地质、物探、化探、遥感和矿产勘查等综合成矿信息,圈定成矿远景区和找矿靶区,逐个评价Ⅴ级成矿远景区资源潜力,并进行分类排序,编制重要成矿区(带)成矿规律与预测图,为科学合理地规划和部署矿产勘查工作提供依据。

(3)以重要成矿区(带)为重点,以地表至1000m以浅为主要预测评价范围。在分省开展重要矿产资源总量预测的基础上,汇总开展全国单矿种总量预测,编制单矿种预测图,进行单矿种资源估算。

(4)建立并不断完善全国重要矿产资源潜力预测相关数据库,特别是成矿远景区的地学空间数据库,为今后开展矿产勘查的规划部署研究奠定扎实的信息基础。

## 三、主要工作内容

### (一)准备工作内容

(1)人员组织准备:根据内蒙古自治区实际情况,按照国土资源部的要求,落实内蒙古潜力评价项目组织机构,明确项目负责单位、承担单位及参加单位,组建项目组,划分课题组,落实人员组织。

(2)技术准备:学习全国矿产资源潜力评价项目办公室(以下简称为全国项目办)统一编发的技术要求及数据模型,明确预测工作技术路线、技术流程、技术内容和操作方法;做到项目组全面掌握本次预测工作的有关技术要求和具体操作方法。

(3)资料准备:项目组在项目工作展开前期收集了区域地质调查(以下简称区调)资料(包括已完成的1∶5万、1∶20万、1∶25万原始资料及成果资料),区域物探、化探、遥感、自然重砂资料,以及有关大比例尺物探、化探、矿产勘查等资料,涉及内蒙古的各类科研报告和科技论文,以及铁、铝、铜、金、铅、锌、钨、稀土、锑、磷、镍、钼、锰、银、锡、铬、硫、萤石、菱镁矿、重晶石、煤21个矿种典型矿床资料1000余份,并对收集的资料进行扫描、复制、矢量化等工作。

### (二)基础数据库维护工作

#### 1. 1∶50万地质图数据库

1∶50万地质图数据库的维护更新包括对原数据库的维护及利用新资料对1∶50万数据库进行更新。

本次工作根据国家标准《区域地质图图例(1∶5万)》(GB 958—1999),统一各种地质年代、各类地层单位、岩石和特殊地质体、地质界线、断层线和各种构造要素、第四系成因类型、各种探矿工程、同位素测年方法和数据,以及各种类型的矿床和矿化蚀变等代号、符号、花纹及其代码;根据统一的系统库,进行检查、修改、调整;修改属性库结构和内容,增加原数据库未填制的数据项;利用截至2006年底完成的13幅1∶25万区调工作成果对1∶50万数据库进行更新。

#### 2. 矿产地数据库

以2001年修订的《矿产地数据库建设工作指南》为标准,进行矿产地数据库维护工作。补充与本次资源潜力预测评价有关的21个矿种的大、中、小型矿床,矿点和矿化点信息(资料截止日期为2006年12月),为矿产资源潜力评价提供直接信息。

### 3. 工作程度数据库

按照中国地质调查局对工作程度数据库工作指南的要求，在2004年完成的地质工作程度数据库（资料截止时间为2000年）的基础上，利用2000年以来全区地质调查、物化探工作、固体矿产勘查、综合研究、遥感及地学成果数据库建设等新资料进行补充，对内蒙古自治区地质工作程度数据库按矿种等进行检索，确定资料收集范围与对象，全面反映了内蒙古自治区的地质工作程度。

### 4. 航磁数据库

对中国地质调查局自然资源航空物探遥感中心提供的数据库中的数据进行检查，完成预测工作区航磁网格数据、航磁局部异常、地磁测量数据（比例尺≤1∶5万）、地磁异常、航磁异常查证结果、物性（磁化率、剩余磁化强度等）数据等信息库和成果库的数据入库工作。

### 5. 区域重力数据库

对1∶20万、1∶50万、1∶100万3个区域重力数据库进行了数据整理和入库工作，并依据《区域重力调查技术规范》（DZ/T 0082—2006），对现有区域重力数据库数据在内蒙古境内的覆盖范围进行检查，利用相关软件以现有区域重力数据库数据为基础绘制等值线图，与原始资料的等值线图进行对比，检查异常形态、幅值是否一致，据此判别数据库是否存在系统误差。

### 6. 地球化学数据库

对1∶20万区域化探数据库进行了数据整理、入库工作，补充了6个1∶20万图幅、27 000个39种元素和氧化物数据。通过全区性成图对区域地球化学数据库进行检查，发现图幅间有系统误差，数据有疑点和缺失现象，修改了发现的错误。维护后的区域地球化学数据库中包含了151 205个1∶20万数据。

### 7. 自然重砂数据库

根据自然重砂维护要求及全区自然重砂数据库现状，对已完成的167幅中131 014个样品进行逐一核实、检查，对参与自然重砂异常计算的字段值进行核实和更新（数据截止时间为2006年底）；根据预测要求，补充1985—1994年期间1∶5万自然重砂数据，本次补充图幅数为29个，共采集样品18 341件。

## （三）大地构造相图的编制

（1）编制1∶25万地质构造研究实际材料图是进行成矿地质背景研究、编制大地构造相图、编制预测底图的基础工作，以1∶25万、1∶20万及1∶5万区调原始资料为基础，在原区调图幅实际材料图的基础上补充岩性内容，工作中尽量收集有关专题研究的数据资料，以弥补区调资料的不足。

（2）研究成矿地质背景，编制大地构造相图。本次工作以地球动力学理论为指导，成矿地质背景的研究成果以大地构造相表达。

①编制分幅1∶25万建造构造图。在分幅1∶25万地质构造研究实际材料图的基础上，编制了内蒙古自治区分幅1∶25万建造构造图。其中，对沉积岩区表达沉积建造构造内容，对火山岩区表达火山岩岩性岩相构造内容（对海相火山岩区，如果难以识别原始火山构造时直接表达沉积建造构造内容），对侵入岩区表达侵入岩浆构造内容，对变质岩区表达变质建造构造内容，同时表达大型变形构造。

②编制分构造阶段1∶50万建造（沉积、火山）古构造图及侵入岩浆构造图。在完成1∶25万建造古构造图的基础上，分构造阶段编制内蒙古自治区1∶50万建造（沉积、火山）古构造图及侵入岩浆构造

图,表达比例尺为 1∶150 万。

根据内蒙古自治区地质情况按天山-兴蒙造山系、华北陆块区、塔里木陆块区和秦祁昆造山系 4 个构造分区分别进行编制。构造阶段按离散、汇聚-碰撞和碰撞后分别编制。对叠加于不同基底之上的中新生代上叠盆地、火山岩浆带编制中新生代建造构造图。其中,对火山岩区要表达岩性岩相内容,对侵入岩区要表达岩浆构造内容,对上叠盆地要表达盆地构造性质和建造内容。

③编制 1∶50 万全区大地构造相图。根据上述分幅 1∶25 万建造构造图和分构造阶段全区 1∶50 万建造(沉积、火山)古构造图及侵入岩浆构造图,并加上大型变形构造有关内容,充分利用区域重磁、化探、遥感等推断解释地质图的有关资料,经综合分析以后形成大地构造相图,工作比例尺为 1∶50 万,选择表达比例尺为 1∶150 万。

## (四)确定预测矿种,划分矿产预测类型

### 1. 矿种确定

根据项目任务书的要求,结合内蒙古自治区的具体情况,确定铁、铝、铜、金、铅、锌、钨、稀土、锑、磷、镍、钼、锰、银、锡、铬、硫、萤石、菱镁矿、重晶石、煤 21 个矿种为本次工作的矿种。

### 2. 划分矿产预测类型

矿产预测类型是开展矿产预测工作的基本单元。凡是在同一地质作用下形成的,成矿要素和预测要求基本一致,可以在同一张预测底图上将完成预测工作的矿床、矿点和矿化线索归纳为同一矿产预测类型。同一矿种存在多种矿产预测类型,不同矿种组合可能为同一类型,同一成因类型可能有多种类型,不同成因类型组合可能为同一类型。

根据内蒙古自治区的矿床分布情况和特征,共划分出 18 个矿产预测类型,158 个矿产预测亚类。

### 3. 编制矿产预测类型分布图/矿产预测工作区分布图

以地质矿产图为底图叠加构造分区内容,标明矿产地(矿床、矿点)的矿产预测类型,根据不同类型分布区,参照大地构造单元和成矿区(带)范围,以及全区地质构造分区图、成矿区(带)划分图、地球物理异常图、地球化学异常图、遥感异常图、自然重砂异常图,进行全面综合核对,确定矿产预测工作区分布范围。内蒙古自治区共划分出 177 个矿产预测工作区。

矿产预测类型分布图中所确定的矿产预测类型分布区的范围,就是矿产预测工作区分布范围,也是成矿规律研究工作区的范围,以及矿产预测专题底图编图范围。

## (五)典型矿床研究

### 1. 按照矿产预测类型确定典型矿床

根据内蒙古自治区的矿产预测类型初步确定所要研究的典型矿床为 152 个。

### 2. 典型矿床成矿要素研究

(1)典型矿床研究内容。

成矿地质作用:包括与成矿有关的(时、空、物)沉积、火山、侵入岩浆、变质、大型变形构造 5 类成矿地质作用。

成矿构造体系:包括与成矿时空定位有关的沉积构造体系、侵入岩构造体系、火山构造体系、断裂构造体系、褶皱构造体系、复合构造体系、成矿后构造。

成矿特征：包括矿床特征、矿体特征、矿石特征、蚀变特征、成矿期次、成矿物理化学条件等内容。

(2)编制典型矿床成矿要素图。典型矿床成矿要素图主要反映矿床成矿地质作用、矿田构造、成矿特征等内容，并以大比例尺矿区地质图为底图，突出标明与矿床时空定位有关的成矿要素。

对成矿要素进行分类，分为必要的、重要的、次要的。

(3)编制典型矿床成矿模式图。以剖面或平面投影图形式简化表达成矿作用过程，表达成矿地质作用、成矿构造、成矿特征等要素内容，以及时空变化和相互关系。

**3. 典型矿床预测要素研究**

(1)收集整理典型矿床已有大比例尺物探(重、磁)、化探资料，编制相关异常特征图，研究典型矿床所在位置区域物探(重、磁)、化探、遥感、自然重砂异常特征，分别编制物探(重、磁)、化探、遥感、自然重砂异常特征图(或异常剖析图)。

(2)编制典型矿床预测要素图。以典型矿床成矿要素图为底图，叠加大比例尺与物探(重、磁)、化探、遥感、自然重砂异常特征图有关的内容，形成预测要素图。分析预测要素，根据地质、矿产及综合信息等内容，分析预测要素的重要性、预测意义。

(3)编制典型矿床预测模型图。以典型矿床成矿模式图为底图叠加地球物理、地球化学模式图。

建立地质成矿、其他综合信息预测模型内容，一般以剖面图形式或平面投影形式表示预测要素内容及其相关关系和空间变化特征。如果所选择的典型矿床无大比例尺物探(重、磁)、化探、遥感资料，无法编制典型矿床预测模型图，则采用物探、化探剖析图来说明典型矿床所在位置的物探和化探特征。

## (六)区域成矿规律研究

**1. 按照预测方法类型编制区域成矿要素底图**

(1)划分矿产预测方法类型，确定预测底图类型及预测方法，编制预测工作区成矿要素底图。

沉积型：预测底图为构造岩相古地理图、沉积建造古构造图、地貌与第四纪地质图。一般情况下对稳定陆块区编制构造岩相地理图；对造山带中与复杂建造组合有关的沉积型矿产，以建造古构造图为预测底图。在底图上完成预测以后，把预测地段复原到沉积建造构造图上表达预测区。

侵入岩体型：对与侵入岩体有空间关系(一般在岩体内)的矿产、接触带或侵入体热流体影响范围内成矿的矿产，以侵入岩浆构造图为底图。

变质型：对由变质作用定位定时的矿产，以变质建造构造图为预测底图。

火山岩型：对与火山作用有关的矿产，一般以火山岩性岩相图为预测底图。海相火山岩型矿床如无法识别火山机构时则以沉积建造古构造图为底图，预测地段复原到沉积建造构造图上。

层控内生型：指对与侵入作用时空定位有关又受特定层位控制的矿产，以建造构造图为底图，并突出表示特定地层或建造。

复合内生型：指对与沉积建造、变质建造、侵入岩和变形构造都有关的复合成矿作用的矿产，以建造构造图为预测底图。

(2)充分应用物探(重、磁)、化探、遥感推断解释资料编制地质构造基础类预测底图。利用同比例尺物探(重、磁)、化探、遥感推断解译地质构造图，对隐伏侵入体、火山机构、隐伏或隐蔽构造、盆地基底构造进行定量反演，大致确定隐伏侵入体的埋深、成矿侵入体的三维形态变化，为预测提供依据。

**2. 编制区域成矿要素图及区域成矿模式图**

(1)研究内容。

区域成矿地质作用：包括与成矿有关的沉积、火山、侵入岩浆、变质、大型变形构造等成矿地质作用。

区域成矿构造体系:包括与成矿时空定位有关的沉积,侵入岩,火山,断裂、褶皱构造体系,复合构造体系,成矿后构造等内容。研究其区域空间分布、规模、产状类型、力学性质、强度等区域变化特征。

区域成矿特征:研究矿床成矿类型、矿床特征、矿体组合特征、成矿期次、矿石成分、蚀变组合、成矿物理化学特征等在区域上的变化特征及空间表达形式。

研究区域成矿地质作用,成矿构造和成矿特征的时、空、物相互关系。

(2)编制区域成矿要素图。在按照矿产预测方法类型确定的预测底图上,突出标明与成矿有关的地质内容及全部矿床、矿点、矿化线索,采矿遗迹,蚀变等有关内容,综合分析成矿地质作用、成矿构造、成矿特征等内容,确定区域成矿要素及其区域变化特征,编制区域成矿要素图。

(3)编制区域成矿模式图。根据区域成矿地质背景和典型矿床成矿要素,综合考虑已知矿产地的成矿要素及其区域分布特征编制区域成矿模式图。一般以区域地质剖面或平面图投影形式简要表达成矿地质作用、成矿构造、成矿特征的区域变化及其相互关系,标明区域成矿要素及其特征。

#### 3. 研究区域预测要素,编制区域矿产预测要素图及区域矿产预测模型图

(1)研究区域物探(重、磁)、化探、遥感、自然重砂等区域异常特征,编制各类综合信息异常特征图,研究综合信息异常与矿产地、矿化线索的关系,推测直接矿致异常及间接与矿化相关的异常。

(2)编制区域预测要素图:以区域成矿要素为底图,综合区域物探(重、磁)、化探、遥感、自然重砂异常等内容,形成区域矿产预测要素图。划分预测要素类型(必要的、重要的、次要的),最终确定预测变量。

(3)编制区域矿产预测模型图:以区域成矿模式图或区域地质剖面图为底图,叠加区域地球物理、地球化学、遥感、自然重砂等找矿模型资料,形成区域预测模型图,表示预测要素内容和相互关系以及时空展布特征。

### (七)矿产定量预测

已完成的内蒙古自治区单矿种预测工作分为3个层次:典型矿床深部及外围的资源量估算、各矿产预测类型预测工作区的资源量估算、各单矿种全区预测成果汇总。

#### 1. 典型矿床深部及外围资源量估算

在典型矿床地区平面图或大比例尺平面图及剖面图上,综合研究典型矿床预测模型,根据控矿构造、延深、空间变化、矿化蚀变等参数确定预测深度及外围面积,估算典型矿床深部及外围预测资源量,并计算含矿系数。

#### 2. 各矿产预测类型预测工作区的资源量估算

以GIS技术为工具,针对各矿种的特性,利用地质体积法及地球物理模型法,通过定量计算,建立各种多源地质信息与矿产资源潜力的关系模型,开展预测区矿产资源潜力的定量评价和资源量预测。

(1)最小预测区圈定及分级。在成矿要素图及各专题预测工作区图件的基础上,分析成矿地质背景,提取控矿信息,提取地质、物探(重、磁)、化探、遥感、自然重砂等综合找矿信息,进行多元信息提取。以找矿模型为指导,合理划分预测单元(规则网格单元或不规则地质单元),以地质信息为基础,以化探信息为先导,综合分析重力、航磁、遥感、自然重砂等信息,对预测变量进行构建与优选,选择合适的定量预测方法,计算各预测单元的成矿有利度(后验概率),圈定出找矿远景区(MRAS处理),再人工细化最小预测区边界范围。

(2)最小预测区资源量估算。确定估算参数(面积、深度、相似系数等),进行最小预测区资源量估算,并对同一预测工作区的预测资源量分别按预测资源量的精度、预测深度、可信度、可利用性及最小预

测区级别进行汇总分析评价。

**3. 各单矿种全区预测成果汇总**

对各矿种的预测资源量按资源量估算方法、精度、深度、预测方法类型、可利用性、最小预测区级别分别进行预测总量汇总，编制单矿种预测成果图。

### （八）区域成矿规律总结

**1. 研究内容**

在全国划分的Ⅲ级成矿区（带）的基础上，进行内蒙古自治区Ⅳ级和Ⅴ级成矿亚带、矿集区的划分，进行各成矿区（带）的地质背景与成矿规律研究，划分成矿系列，对典型矿床、区域成矿模式成果进行汇总研究，总结成矿系列，建立成矿谱系。

**2. 编制区域成矿规律图**

以内蒙古自治区矿产预测类型分布图为底图，根据成矿类型，按照不同矿种组合编制区域成矿规律系列图及综合矿种区域成矿区（带）图，综合反映全区成矿规律。

### （九）勘查工作部署研究及未来勘查开发工作预测

以各单矿种预测成果为基础，进一步综合区域地球化学、区域地球物理和区域遥感资料，应用成矿系列理论，进行成矿规律、矿产预测等综合研究，圈定一批找矿远景区，为矿产勘查部署提供依据。依据单矿种预测结果，结合已发现的矿床，进行矿产勘查工作部署。在已知矿区的外围及深部部署矿产勘探工作，在矿点和本次预测成果中的A类、B类优选区相对集中的地区部署矿产详查工作，在找矿远景区内部署矿产普查工作。

根据地区找矿工作和矿业经济战略，对基础地质、区域矿产调查、预查、普查、预期重大突破地区等工作提出勘查部署建议，以预测成果图为底图，编制勘查工作部署建议图及未来矿产开发基地预测图。

### （十）物探、化探、遥感、自然重砂综合信息研究

（1）为大地构造相图提供资料，编制区域物探（重、磁）、化探、遥感、地质构造推断解释图。

（2）编制预测底图同比例尺的物探（重、磁）、化探、遥感地质构造推断解释图，要求进行定量反演。

（3）编制区域物探（重、磁）、化探、遥感、自然重砂异常图，对异常进行对比研究，推测矿致异常。

（4）编制典型矿床所在位置的物探（重、磁）、化探、遥感、自然重砂推断区域地质构造特征图。

（5）编制典型矿床所在位置的区域物探（重、磁）、化探、遥感异常特征图。

（6）编制典型矿床大比例尺物探（重、磁）、化探成果图。

（7）开展磁性矿产定量预测及化探适用的矿产定量预测，具体要求按全国项目办编制的预测方法技术要求执行。

### （十一）数据库建设

数据库建设主要分为三大部分，即图件数据库维护及建设、元数据库建设及编图说明书。图件数据库建设严格按照“一图一库”的原则，按照全国项目办编制的技术要求及数据模型执行，主要包括自治区

级基础数据库数据维护、各类专题信息库建设及各类全区汇总成果数据库。

### (十二)成果编制与出版

项目成果包括各类报告、图件及数据库。在完成的各单矿种预测成果报告、各课题专题报告及总体工作报告中,择优出版,各类基础、专题图件均要求建库及编写编图说明书,说明图件实际资料来源、编制过程、建库情况、图件内容等。

## 四、项目实施情况

内蒙古自治区矿产资源潜力评价项目在内蒙古自治区国土资源厅高度重视下,2007 年组建领导机构小组(内国土资字〔2007〕189 号文和内国土资字〔2007〕821 号文)。2007 年 12 月,内蒙古自治区国土资源厅下文进一步明确了潜力评价项目组的参加单位和任务分工(内国土资字〔2007〕1017 号文)。

2007 年 6 月底在北京蟹岛进行了全方位的技术培训。

项目组下设成矿地质背景研究、成矿规律与矿产预测、物化遥自然重砂应用、综合信息集成、煤炭及综合管理 6 个课题,承担单位为内蒙古自治区地质调查院,参加单位有内蒙古自治区地质矿产勘查开发局、内蒙古自治区煤田地质局、内蒙古自治区地质矿产勘查院、内蒙古自治区第十地质矿产勘查开发院、内蒙古自治区国土资源勘查开发院、内蒙古自治区国土资源信息院、中化地质矿山总局内蒙古自治区地质勘查院,共 7 家单位。成矿规律研究由内蒙古自治区地质调查院和中化地质矿山总局内蒙古自治区地质勘查院共同承担,内蒙古自治区地质调查院负责金属矿产的成矿规律研究,中化地质矿山总局内蒙古自治区地质勘查院负责化工矿种。项目组技术人员最多时达 260 多人。

2007 年 11 月,项目总体设计通过天津地质调查中心大区项目办组织的评审。根据全国任务书要求的 25 个矿种,结合各矿种在内蒙古自治区内是否具备成矿条件等因素,除铀矿外,本次工作选定铁、铝、铜、金、铅、锌、钨、稀土、锑、磷、镍、钼、锰、银、锡、铬、硫、萤石、菱镁矿、重晶石、煤 21 个矿种进行规律研究与资源潜力评价。根据矿产预测类型定义、矿产勘查新进展及新认识,确定矿产预测类型为 18 个,矿产预测亚类为 158 个,典型矿床 152 个,预测工作区调整为 177 个。

按照全国项目办的要求,此项工作分 3 个阶段进行。

第一阶段为 2007—2010 年,完成了全区 1∶50 万地质图数据库、工作程度数据库、矿产地数据库,及重力、航磁、化探、遥感、自然重砂等基础数据库的更新与维护;编制完成全区 1∶25 万标准图幅建造构造图、实际材料图,全区 1∶50 万和 1∶150 万物探、化探、遥感及自然重砂基础图件;完成铁、铝、铜、铅、锌、金、钨、锑、稀土、磷及煤等矿种的资源潜力评价工作。2010 年 3 月,提交了铁、铝两个单矿种资源潜力评价成果;2011 年 3 月,提交了铜、铅、锌、金、钨、锑、稀土、磷 8 个矿种的资源潜力评价成果。经过验收、修改、复核后,已将各类报告、图件及数据库向全国项目办及天津地质调查中心进行了汇交。

第二阶段 2011—2012 年,完成银、铬、锰、镍、锡、钼、硫、萤石、菱镁矿、重晶石 10 个矿种的资源潜力评价工作及各专题成果报告。2012 年 6 月上述矿种的潜力评价工作已全部完成,各类报告、图件及数据库已全部通过中国地质调查局评审验收,8 月底前完成数据资料的修改工作,按照全国项目办的要求分专题进行了成果资料复核、汇交。

第三阶段 2012 年 6 月—2013 年 10 月,以Ⅲ级成矿区(带)为单元开展了各专题研究工作,并编写地质背景、成矿规律、矿产预测、重力、磁法、化探、遥感、自然重砂、综合信息专题报告,在各专题报告的基础上,编写《内蒙古自治区矿产资源潜力评价总体成果报告》及《内蒙古自治区矿产资源潜力评价工作报告》。2013 年 6 月,完成了各专题汇总报告及图件的编制工作,6 月底,由内蒙古自治区国土资源厅组织对各专题综合研究及汇总报告进行了审查,7 月全国项目办召开了各专题汇总报告验收会议,项目组提交了各专题综合研究成果，均获得优秀。

在各课题进行矿产资源潜力评价的同时，开展了各课题数据库建设工作。铁、铝单矿种数据库先后于2010年3月、6月、12月经过全国项目办及天津地质调查中心综合信息集成组的验收，2011年7月、12月分别向天津地质调查中心及全国项目办进行了成果资料汇交；2011年3月，金、铜等8个矿种数据库通过全国项目办的验收，2011年8月、12月分别向天津地质调查中心及全国项目办进行了成果资料汇交；2012年6月底，钼、银等10个矿种数据库通过全国项目办的验收，2012年9月、2012年12月分别向全国项目办、天津地质调查中心进行了成果资料汇交。

## 第二节 完成的工作量

### 一、地质构造背景应用工作量(表1-1)

表1-1 地质构造背景应用完成工作量一览表

| 名称 | 图件(幅/张) | 数据库(个) | 说明书(份) |
|---|---|---|---|
| 1∶25万实际材料图 | 103 | 103 | |
| 1∶25万建造构造图 | 134 | 134 | 134 |
| 预测工作区地质构造专题底图 | 179 | 179 | 179 |
| 自治区级地质构造图件 | 6 | 1 | 6 |
| 专题报告(份) | 1 | | |

### 二、成矿规律及矿产预测应用工作量(表1-2)

表1-2 成矿规律及矿产预测应用完成工作量一览表

| 名称 | 图件(幅/张) | 数据库(个) | 说明书(份) |
|---|---|---|---|
| 典型矿床成矿要素图 | 152 | 152 | 152 |
| 典型矿床成矿模式图 | 152 | | |
| 典型矿床预测要素图 | 152 | 152 | 152 |
| 典型矿床预测模型图 | 152 | | |
| 典型矿床预测成果图 | 152 | | |
| 预测工作区成矿要素图 | 177 | 177 | 177 |
| 预测工作区成矿模式图 | 177 | | |
| 预测工作区预测要素图 | 177 | 177 | 177 |
| 预测工作区预测模型图 | 177 | | |
| 预测工作区矿产预测成果图(含预测工作区单元预测图、预测工作区优选分布图、预测工作区矿产预测类型预测成果图) | 552 | 290 | 290 |

续表 1-2

| 名称 | 图件(幅/张) | 数据库(个) | 说明书(份) |
|---|---|---|---|
| 全区单矿种(组)预测类型分布图 | 20 | 20 | 20 |
| 全区单矿种(组)区域成矿规律图 | 20 | 20 | 20 |
| 全区区域成矿规律图 | 1 | 1 | 1 |
| 全区矿产预测综合成果图<br>[含综合矿种Ⅳ级、Ⅴ级成矿区(带)图(1∶150万)<br>和矿床成矿系列图(1∶150万)] | 4 | | |
| 全区勘查工作部署建议图 | 22 | 22 | 22 |
| 全区未来勘查矿产开发基地预测图 | 21 | 21 | 21 |
| 专题报告(份) | 40 | | |

## 三、重力应用工作量(表 1-3)

表 1-3 重力应用完成工作量一览表

| 名称 | 图件(幅/张) | 数据库(个) | 说明书(份) |
|---|---|---|---|
| 典型矿床重力类图件 | 320 | | 161 |
| 预测工作区重力类图件 | 3186 | 531 | 531 |
| 全区重力图件 | 90 | 8 | 4 |
| 重力异常定量解释图 | 94 | | |
| 专题报告(份) | 22 | | |

## 四、磁测应用工作量(表 1-4)

表 1-4 磁测应用完成工作量一览表

| 名称 | 图件(幅/张) | 数据库(个) | 说明书(份) |
|---|---|---|---|
| 典型矿床磁法类图件 | 966 | 586 | 586 |
| 预测工作区磁法类图件 | 791 | 696 | 696 |
| 全区磁法图件 | 8 | 8 | 8 |
| 磁法异常定量解释图 | 798 | | |
| 专题报告(份) | 6 | | |

## 五、化探应用工作量(表 1-5)

表 1-5 化探应用完成工作量一览表

| 名称 | 图件(幅/张) | 数据库(个) | 说明书(份) |
|---|---|---|---|
| 典型矿床化探类图件 | 538 | | |
| 预测工作区化探类图件 | 2782 | 2291 | 2658 |
| 全区化探图件 | 296 | 111 | 116 |
| 全区地球化学预测重要矿种的找矿预测图 | 896 | | |
| 专题报告(份) | 15 | | |

## 六、遥感应用工作量(表 1-6)

表 1-6 遥感应用完成工作量一览表

| 名称 | 图件(幅/张) | 数据库(个) | 说明书(份) |
|---|---|---|---|
| 典型矿床遥感类图件 | 276 | 205 | 205 |
| 预测工作区遥感类图件 | 708 | 531 | 531 |
| 1∶25 万分幅遥感图件 | 544 | 408 | 408 |
| 全区类遥感图件 | 4 | 2 | 2 |
| 专题报告(份) | 3 | | |

## 七、自然重砂应用工作量(表 1-7)

表 1-7 自然重砂应用完成工作量一览表

| 名称 | 图件(幅/张) | 数据库(个) | 说明书(份) |
|---|---|---|---|
| 预测工作区自然重砂类图件 | 149 | 75 | 75 |
| 全区自然重砂图件 | 40 | 15 | 15 |
| 专题报告(份) | 3 | | |

## 八、煤炭潜力评价应用工作量(表1-8)

表1-8　煤炭潜力评价应用完成工作量一览表

| 名称 | 图件(幅/张) | 数据库(个) | 说明书(份) |
|---|---|---|---|
| 煤田地质图 | 8 | 8 | 8 |
| 煤田构造纲要图 | 8 | 8 | 8 |
| 聚煤岩相古地理图 | 20 | 20 | 20 |
| 煤类分布图 | 11 | 8 | 8 |
| 煤炭资源预测评价图 | 8 | 8 | 8 |
| 煤炭资源勘查开发现状图 | 8 | 8 | 8 |
| 其他辅助性分析研究图件 | 20 | 10 | 11 |
| 专题报告(份) | 8 | | |

## 九、数据库维护应用工作量(表1-9)

表1-9　数据库维护应用完成工作量一览表

| 名称 | 新增数据库数据 | 维护后数据库数据 | 说明书(份) |
|---|---|---|---|
| 地质工作程度数据库 | 3225 | 6904 | |
| 矿产地数据库 | 2112 | 2162 | |
| 1∶50万地质图数据库 | 18 | 18 | |
| 1∶20万、1∶25万地质图数据库 | 131 | 131 | |
| 1∶50万重力数据库 | | 1631 | |
| 1∶20万重力数据库 | | 76 816 | 4 |
| 1∶50万航磁数据库 | 1 | 4 | |
| 1∶20万航磁数据库 | 1 | 9 | 7 |
| 1∶5万磁测数据库 | 7 | 50 | |
| 1∶20万化探数据库 | 6 | 151 205 | 85 |
| 遥感测量 | | 102 | |
| 自然重砂测量 | | 167 | |
| 典型矿床数据库 | | 304 | 304 |
| 专题报告(份) | 1 | | |

## 十、省级文字报告维护应用工作量(表1-10)

表1-10 省级文字报告维护应用完成工作量一览表

| 名称 | 报告(份) | 附图(张) | 图册(套) |
|---|---|---|---|
| 全区单矿种(组)潜力评价成果报告 | 19 | 636 | 14 |
| 全区潜力评价成果汇总报告 | 1 | 9 | |
| 全区潜力评价工作报告 | 1 | | |

# 第三节 取得的主要成果

## 一、地质背景

本次工作是以大陆动力学为指导，以大地构造相分析为基本方法，以成矿地质构造要素为核心内容，以编制各类专题图件为主要途径。在这新的研究途径、新的研究内容、新的研究方法和新的理论指导下，历经5年多的工作取得了前所未有的丰硕成果。

(1)首次按同一个技术要求编制了覆盖内蒙古自治区中东部地区的1∶25万国际分幅的实际材料图103幅，为今后各项地质工作打下了坚实的基础。

分析整理了全部1∶20万、1∶5万区域地质调查资料，各类研究成果和区域综合资料，阅读和筛选了各图幅的地质路线、地质剖面、岩石矿物、岩石化学、地球化学、同位素测年、古生物化石等资料，分别编制了1∶25万成矿地质背景研究实际材料图。这项工作涉及面广，研究程度较深，达到了去粗取精、去伪存真的效果。在编制实际材料图的过程中形成的各类实际资料是历年来本自治区各类工作中最有用的资料集成。本项工作是全面、深入利用区域地质资料和科研成果资料最为系统的一项工作，以新理论、新方法和新观点为基础，对前人资料进行了一次系统的排查与汇总。

(2)首次以建造构造为核心内容，编制了覆盖全内蒙古自治区的1∶25万国际分幅的"建造构造图"134幅，为今后各项地质工作提供了丰富的实际资料。

在编图过程中，分别研究沉积岩建造、火山岩建造、侵入岩建造和变质岩建造的地质作用特点，充分考虑了地质实体与地质作用的有机联系。从沉积地层建造的划分来看，有的组可能就是一个建造，但大多数组则由几种建造组成，侵入岩、变质岩和火山岩的建造划分也是如此。当地质作用表现为有规律的一致性时，就形成一种建造；当地质作用发生变化时，可能形成另一种建造。这种研究方法将原来只列述岩性而无地质作用规律可循的感知阶段提升到了理性认识的高度，可以更好地揭示地质作用的变化和规律。最终在1∶25万建造构造图上表达的内容不是岩性而是建造。与之相关的内容以沉积岩建造综合柱状图、侵入岩建造综合柱状图、火山岩建造综合柱状图、变质岩建造综合柱状图和大型变形构造特征等反映出来。本项工作是成矿地质背景研究中最成功、最实用的亮点。

(3)首次编制了涉及20个矿种的以表达成矿地质构造要素为核心内容的、遍布全区不同比例尺和不同类别的专题底图179张，为矿产预测提供了成矿地质背景资料。

成矿地质背景研究工作中分析控制矿产形成与分布的地质构造环境，研究控矿地质因素及其成矿的岩石建造与构造的形成和分布特征。成矿地质构造要素的分析与研究则为该工作的核心内容。根据矿产预测的需要提出的成矿地质构造要素综合分类方案，划分为沉积岩建造/沉积作用、构造岩相古地理、第四纪河湖、第四纪沉积类型与地貌、火山建造/火山作用、火山岩相/火山构造、岩浆建造/岩浆作用、侵入岩浆构造、变质岩建造/变质作用、变质变形构造、大型变形构造、大地构造位置、大地构造演化阶段 13 个一级预测要素及其分解后的 328 项二级预测要素，构成了成矿地质背景研究以成矿地质构造要素为核心的研究内容。

(4)首次以岩石构造组合为核心内容，以大地构造相分析为方法，编制了覆盖全区的 1∶50 万大地构造图，该图充分反映了全区总体大地构造环境及其时空演化特征。

以岩石构造组合为基本编图单位，在岩石建造的基础上划分岩石构造组合，并分别开展了沉积岩、火山岩、侵入岩、变质岩、大型变形构造 5 个专业的专题研究，形成大地构造专题工作底图(沉积、火山、侵入、变质、大型变形构造五要素图)。开展了综合地质构造研究，分析大地构造演化阶段，除编制大地构造图主图外，经大地构造相分析，编制了大地构造相时空结构图。所以，本次大地构造图编图是从原始资料开始，经过岩石建造、岩石构造组合划分，到大地构造相分析，最后编制成大地构造图。

(5)有关大地构造分区的认识：内蒙古自治区地处中国北方，东西跨度 2400 余千米。《成矿地质背景研究技术要求》对我国大地构造分区有一个推荐方案，其中内蒙古自治区占据了天山-兴蒙造山系、华北陆块区、塔里木陆块区和秦祁昆造山系 4 个一级构造单元。该方案中，阿拉善地块置于华北陆块区。而 2012 年新编《中国大地构造图及说明书(1∶250 万)》将阿拉善地块归入塔里木陆块区。本次工作根据内蒙古自治区大地构造边界的性质、大地构造相环境的岩石构造组合以及相邻构造单元的构造关系，采用了《成矿地质背景研究技术要求》的推荐方案。

根据大地构造单元研究，内蒙古自治区应位于西伯利亚陆块、华北陆块和塔里木陆块的结合部位。以往有人认为的内蒙古西部的哈萨克斯坦陆块未引入，它应归入西伯利亚陆块。

(6)陆块界线：对于西伯利亚陆块和华北陆块的结合带，有两种认识，即一种认识是二连浩特-贺根山蛇绿混杂岩带，另一种认识是索伦山-西拉木伦蛇绿混杂岩带。本次研究我们采纳了后一种意见，但是二连浩特-贺根山蛇绿混杂岩带和索伦山-西拉木伦蛇绿混杂岩带之间广阔的锡林浩特中间地块的基底杂岩特征更多地接近于华北陆块的特征，因此我们认为这一中间地带的归属有待进一步研究。

西伯利亚陆块与塔里木陆块的界线主要在新疆区域内，延入内蒙古的界线为恩格尔乌苏蛇绿混杂岩带。新编的《中国大地构造图及说明书(1∶250 万)》将阿拉善地块纳入塔里木陆块，其界线为贺兰山和阿拉善地块之间的大断裂，这一观点还需进一步研究。

(7)乌拉山岩群和集宁岩群：乌拉山岩群和集宁岩群一直被当作太古宙构造岩层单位使用，虽然各时期不同地质工作者认识和划分有别，但总体把集宁岩群置于乌拉山岩群之下。20 世纪 90 年代，变质岩地区 1∶5 万填图方案的推广，对原乌拉山岩群和集宁岩群进行解体研究，从中区分出大量变质深成侵入体。1∶5 万区域地质调查的开展，对乌拉山岩群和集宁岩群的关系、时代及变质作用等都提出了一些看法。

乌拉山岩群由片麻岩系和大理岩组合构成，而片麻岩系可以分为角闪斜长片麻岩类和斜长片麻岩-榴云片麻岩(石英岩、变粒岩)-大理岩组合。集宁岩群被公认为一套孔兹岩系，即黑云斜长片麻岩-矽线榴石片麻岩-石英岩-大理岩组合。单从岩性上看，集宁岩群似乎与乌拉山岩群的中上部相当；从地域分布上看，乌拉山岩群分布在狼山至察右后旗一线，而集宁岩群则分布在呼和浩特至兴和一带，一南一北，接触最多的地段在旗下营—卓资县一带。20 世纪 90 年代曾在旗下营地区布置了 8 个 1∶5 万区域地质调查图幅，想解决二者的关系，但最终没有明确的结论。在本项成矿地质背景研究中，因为乌拉山岩群的下部角闪斜长片麻岩中含磁铁石英岩矿层，集宁岩群因有石墨矿而受到特别重视，并进行了系统的变质岩建造和变质岩岩石构造组合分析，形成了乌拉山岩群和集宁岩群可能为同一岩石构造单位的认识，集宁岩群相当于乌拉山岩群的中上部层位。

关于乌拉山岩群和集宁岩群的时代问题，国际地学界认为太古宙没有孔兹岩系，而乌拉山岩群和集宁岩群相关的同位素测年资料，大部分小于 2.5Ga。所以提出乌拉山岩群和集宁岩群可能为古元古代的产物。处理这样的问题,应当将内蒙古地区全部变质岩系统一考虑为好,如果将集宁岩群的时代放在古元古代,那么对于新太古代色尔腾山岩群、二道凹岩群等区域变质程度较轻的地层单位将如何处理。原划为古元古代宝音图岩群、阿拉善岩群、北山岩群和兴华渡口岩群等片岩系地层单位,与之相关的侵入岩又将如何对待。考虑到诸多因素,本次研究工作遵循了内蒙古大多数地质工作者的认识,仍然将乌拉山岩群和集宁岩群的时代置于中太古代。

(8)色尔腾山岩群、二道凹岩群、宝音图岩群:色尔腾山岩群、二道凹岩群和宝音图岩群都是片岩和大理岩组合,以前都置于古元古代。20 世纪 90 年代,有学者将色尔腾山岩群细分为 5 个岩组(后合并为东五分子岩组、柳树沟岩组和点力素泰岩组),其时代改为新太古代,并得到大多数人的承认和引用。但是,与色尔腾山岩群岩石组合相当、变质程度相近的二道凹岩群和宝音图岩群却没有得到关注,这给地层对比、时空演化,变质作用研究和变质地质单元的划分造成很多困难。希望这一问题在今后的工作中能够得到解决。

(9)温都尔庙群:温都尔庙群因赋存温都尔庙型铁矿而受世人关注。最初时代归属早中泥盆世,后期工作者将其时代归属早古生代、寒武纪和中元古代等。20 世纪 90 年代北京大学在苏尼特左旗一带的温都尔庙群中工作时,获取了数个 15 亿年左右的同位素测年资料,由此定为中元古代,并被广泛地推广引用。近年来,随着 SHRIMP 同位素测年方法的运用,在温都尔庙群及相关的地质体中测出了古生代的同位素年龄,重新提出温都尔庙群的时代为早古生代,值得重视。如果将温都尔庙群厘定为早古生代,那么与它处于同一地质构造单元中的其他古生代地层,变质程度明显不相符,也应该引起注意。

(10)白云鄂博群和渣尔泰山群:白云鄂博群和渣尔泰山群作为内蒙古中部地区中新元古代南、北两个陆缘裂谷的产物而对其进行对比研究。但是关于白云鄂博群的时代仍有不同意见,有人认为是早古生代。

白云鄂博群西起白云鄂博,向东延至正蓝旗、多伦县一带,但是岩性和变质程度有较大的差别。以察右后旗为界,西部为泥板岩,东部为片岩、石英岩,是否为同一地层单位,有待研究。

渣尔泰山群向西延伸,跨过狼山弧后到达巴音诺尔公、乌力吉一带,如果将阿拉善地块划归塔里木陆块区,狼山以西的该套地层若还称渣尔泰山群是否合理。

还有一个时限问题,白云鄂博群和渣尔泰山群的时代被归属为长城纪—蓟县纪—青白口纪,即为 1.8~0.8Ga,在长达 1Ga 的时间里只有海平面升降造成的平行不整合而无其他构造运动,是否符合地壳发展的规律。

(11)石炭系—二叠系的划分:内蒙古石炭纪—二叠纪处于地质发展的重要时段,这一时期正是西伯利亚陆块和华北陆块碰撞拼合的时期,两大陆块的地层发育各具特色又兼融合,岩浆活动非常剧烈,所形成的地质构造现象非常丰富。以往的研究中,沉积地层的划分众说纷纭,全区建立了几十个组级地层单位,有岩石地层单位、生物地层单位、年代地层单位等,后经岩石地层单位清理,将一些同物异名、一物多名的地层单位进行了归并和整理,形成目前使用的地层层序。但是,随着国际地层年代表的修订,石炭系由三分改为二分,二叠系由二分改为三分,石炭系和二叠系界线发生变动,原石炭纪和二叠纪地层单位的时代归属出现多解的状态,造成地层对比、构造发展演化等多方面研究的困难,急需从构造古地理环境、岩石组合、古生物化石等方面进行综合研究,提出内蒙古石炭纪—二叠纪岩石地层划分方案和地层格架,供地质工作者使用。

(12)侏罗纪火山岩:内蒙古中东部地区侏罗纪火山岩相当发育,尤其晚侏罗世火山岩构成大兴安岭主体。内蒙古、黑龙江、吉林、辽宁、河北在不同时期建立了众多的火山岩岩石地层单位。20 世纪 90 年代全国岩石地层单位清理时,将内蒙古晚侏罗世陆相火山岩统一划归为满克头鄂博组、玛尼吐组和白音高老组,废弃了其他火山岩地层名称,这给火山岩地层对比研究带来了很大的便利。但是,由于陆相火山岩的岩性和岩相变化极大,过度的统一使不同地区火山岩的特殊性表达不够,不利于构造岩浆岩带的划分和火山构造的研究。

晚侏罗世火山岩最近数年的同位素测年资料主要集中在 150~100Ma 之间,加之古生物化石研究的进展,相邻省(自治区)和本区一些地层工作者已经将大部分晚侏罗世火山岩修正为早白垩世。本次工作中虽未变动,但这一趋势恐怕在所难免。希望从事火山岩研究和火山构造研究的学者注意这一倾向。

(13)成矿地质背景组图件均采用GIS技术按照《成矿地质背景研究数据模型》建立了空间数据库,为以后的资料管理和使用提供了极大的方便。

## 二、重力

### (一)基础资料成果

完成了内蒙古自治区区域重力资料的全面收集,建立了重力基础数据库,为进行全区重力基础图件编制提供可靠的数据资料。

系统整理和研究了区域岩(矿)石和地层的地球物理特征,对区域密度层及密度界面进行了研究和划分,提出区内存在4个密度层和3个明显的密度界面。内蒙古东部区的主要密度界面为古生界和前寒武系;内蒙古北部区的主要密度界面为古生界;内蒙古西部区的主要密度界面为古生界和前寒武系。

编制完成了区域重力基础图件和数据处理转换的研究图件及推断解释图件,为各方面的研究利用提供了系统的重力成果。

(1)基础及成果图件:内蒙古自治区重力工作程度图(1∶150万、1∶50万);内蒙古自治区布格重力异常平面图(1∶150万、1∶50万);内蒙古自治区剩余重力异常平面图(1∶150万、1∶50万);内蒙古自治区重力推断地质构造图(1∶150万、1∶50万)。

(2)研究图件:内蒙古布格重力异常上延2km、5km、10km、20km、40km平面等值线图;内蒙古布格重力异常原平面及上延2km、5km、10km、20km水平一阶导数图(0°、45°、90°、135°四个方向);内蒙古布格重力异常原平面及上延2km、5km、10km、20km水平梯度模图;内蒙古重力垂向一阶、二阶导数图。

通过对内蒙古重力资料的研究解释,按照剩余重力异常的划分原则,首次提取剩余重力异常943处,布格重力异常723处,并且对重力异常进行了地质解释,根据重力解释推断结果和内蒙古全区地质资料,推断了与剩余重力异常有关的几类异常地质体,包括岩体(带)(基性—超基性岩、酸性—中酸性岩)、地层单元(太古宇、元古宇和古生界)、中新生代盆地(有凹陷、断陷、火山沉积等类型)。剩余重力异常推断的地质体类型中,既包括地表已经出露的也包含半隐伏和隐伏的,并编制了布格重力异常、剩余重力异常登记卡。

对区域重力场进行了对比分析,依据重力场展布特征,以大兴安岭及贺兰山梯级带为界,内蒙古由东到西划分为3个重力场大区,即东部区、中部区和西部区。在此基础上,又进一步划分为9个重力场分区。重力场分区及其界线是地质构造格局和地层建造的地球物理场的反映,具有重要的地质意义。

以本次资源潜力评价项目提供的构造建造图为基础,以重力资料为依据,结合磁测、遥感、化探资料,参照以往研究成果,本次工作对全区地质构造进行了全面系统的研究。具体成果如下(表1-11):

(1)推断区域性大断裂Ⅰ级、Ⅱ级断裂构造55条,其中新识别划分的断裂20条。新推断一般断裂(Ⅲ级)1624条,并根据本次编制的布格重力异常图及各类研究图件,对前人划分的35条Ⅰ级、Ⅱ级断裂构造位置及规模做了必要的修改。

(2)全区推断的Ⅰ级、Ⅱ级深大断裂为地质背景课题确定地质单元界线(Ⅰ级、Ⅱ级、Ⅲ级)提供了重要依据。

(3)首次系统地完成了地质体的推断解释,推断地层单元425个,中新生代盆地357个,中性—酸性岩体193个,基性、超基性岩体75个,圈定中性—酸性岩浆岩带8个,基性—超基性岩浆岩带2个。

**表 1-11 全区重力推断要素汇总表**

<table>
<tr><th colspan="2" rowspan="2">推断地质体性质</th><th colspan="4">出露情况</th></tr>
<tr><th>隐伏</th><th>半隐伏</th><th>出露</th><th>合计</th></tr>
<tr><td rowspan="6">地层单元</td><td>古生界</td><td>75</td><td>170</td><td>22</td><td>267</td></tr>
<tr><td>古生界—元古宇</td><td></td><td>10</td><td>5</td><td>15</td></tr>
<tr><td>元古宇</td><td>14</td><td>57</td><td>13</td><td>84</td></tr>
<tr><td>元古宇—太古宇</td><td></td><td>6</td><td>5</td><td>11</td></tr>
<tr><td>太古宇</td><td>11</td><td>32</td><td>5</td><td>48</td></tr>
<tr><td>小计</td><td>100</td><td>275</td><td>50</td><td>425</td></tr>
<tr><td rowspan="3">岩体</td><td>酸性—中酸性</td><td>10</td><td>96</td><td>87</td><td>193</td></tr>
<tr><td>基性—超基性</td><td>32</td><td>37</td><td>6</td><td>75</td></tr>
<tr><td>小计</td><td>42</td><td>133</td><td>93</td><td>268</td></tr>
<tr><td>断裂</td><td>小计</td><td>1175</td><td>400</td><td>104</td><td>1679</td></tr>
<tr><td rowspan="4">盆地</td><td>新生界</td><td colspan="3">42</td><td>42</td></tr>
<tr><td>中新生界</td><td colspan="3">99</td><td>99</td></tr>
<tr><td>中生界</td><td colspan="3">216</td><td>216</td></tr>
<tr><td>小计</td><td colspan="3">357</td><td>357</td></tr>
<tr><td rowspan="3">岩浆岩带</td><td>酸性—中酸性</td><td colspan="3">8</td><td>8</td></tr>
<tr><td>基性—超基性</td><td colspan="3">2</td><td>2</td></tr>
<tr><td>小计</td><td colspan="3">10</td><td>10</td></tr>
</table>

应用最新资料首次完成了内蒙古自治区全区重力工作程度图、布格重力异常图、剩余重力异常图、重力推断地质构造图等各类成果图件数据库建设。

完成了全区金属与非金属矿产 14 个Ⅲ级成矿区(带)的布格重力异常图、剩余重力异常图、重力推断地质构造图的编制工作,并对各成矿区(带)重力场特征与矿产的关系进行了系统的分析总结,指出了成矿远景区,为全区矿产预测及成矿规律研究提供了重要依据。

## (二)综合研究成果

(1)通过对铁、铝、铜、金、铅、锌、钨、稀土、锑、磷、镍、钼、锰、银、锡、铬、硫、萤石、重晶石、菱镁矿 20 个重要矿产不同成因类型的典型矿床成矿地质环境的研究,总结了已知矿床的重力场特征,结合磁测及化探成果,建立了不同成因类型铁、金、铜、银等 20 个重要矿产的地球物理模型。该项成果为典型矿床预测模型的建立、成矿要素的提取提供了重要依据。

(2)以典型矿床所在区域的成矿地质环境、重力场特征及所建立的物探和化探模型为指导,以布格重力异常、剩余重力异常、重力解释推断成果为依据,以地质图为基础,结合磁法、化探等成果,总结了铁、铝、铜、金、铅、锌、钨、稀土、锑、磷、镍、钼、锰、银、锡、铬、硫、萤石、菱镁矿、重晶石、煤 21 个重要矿产 177 个预测区的重磁场分布特征,研究了预测区地质构造,包括断裂、地层、岩体、岩浆岩带、盆地等重力推断地质体与矿产的关系,指出了找矿靶区或成矿有利地区,完成了以上预测工作区预测靶区的优选工作。该项成果为矿产预测靶区的确定及预测要素的提取提供了重要依据。

(3)对隐伏岩体的解释推断,为矿产预测提供了重要信息。

(4)对与成矿有关的隐伏、半隐伏岩体进行了定量解释,其成果为资源量预测、矿产资源潜力评价提供了重要依据。

### (三)全区铁、铝、铜、金、铅、锌、钨、稀土、锑、磷、镍、钼、锰、银、锡、铬、硫、萤石、重晶石、菱镁矿20个矿种已知矿床所在区域重力场特征

(1)绝大多数金属矿点基本都处在布格重力异常的边部梯级带处,剩余重力正负异常交界处附近,或正异常的边部。这是因为矿床赋存部位的地质环境必然是发生了明显的物化条件的改变,才会形成成矿元素的富集。重力场的以上特征正是这种差异性的客观反映。事实上矿床的赋存部位一般会受断裂控制,或是位于地层与岩体的接触带等部位。这些地段因地质体密度差异明显,会形成布格重力异常梯级带。可见区内矿点所在区域的重力场特征在某种程度上反映了矿床的成矿地质环境。

(2)与中酸性构造岩浆岩带有关的区域性的布格重力异常低值区,在其等值线的扭曲部位、梯级带部位是绝大部分有色金属矿产和贵金属矿产的集中分布区,化探异常的分布也是如此。如内蒙古中东部地区白音诺尔铅锌矿、浩布高铅锌矿、拜仁达坝银铅矿、黄岗梁铁锡矿等,表明在这些矿产形成过程中,中性—酸性岩浆岩活动区(带)为其提供了充分的物质来源和热源。上述现象说明,应用重力资料推断的每一个岩浆岩活动区(带)实质上是一个成矿系统。在空间上,这些岩浆岩活动区(带)控制着内生矿床的分布,在成因上存在着内在联系。布格重力异常图反映的岩浆岩活动区(带)是成矿最有利地段。全区推断的8处中酸性构造岩浆岩带应是重要的成矿远景区。

(3)沿索伦山—二连—贺根山一带为重力相对高值区,剩余重力异常多为正异常,并伴有较强的磁异常,推断为基性—超基性岩带,是铜镍铬等矿床集中分布的区域。在这一区域已发现巴彦、阿尔善特、白音宝力道、乌兰敖包、贺根山、索伦山、小坝梁等铜、金、钴、镍、铬、铂(Pt)、钯(Pd)等矿床和矿点,这些矿床的形成与基性—超基性岩及热液活动有关。区内已知的镍、铬铁矿均与基性—超基性岩有关,所以重力推断的基性—超基性岩体(带)亦是寻找上述矿床的有利地段。

(4)重力推断的太古宇—古元古界隆起区,其显著特点是区域重力高,伴有较强的磁异常。该区域属华北陆块区太古宙—古元古代古陆核,是沉积变质型铁矿及绿岩型金矿的集中分布区。最有代表性的区段为沿乌拉山、大青山呈东西向展布的重力高值区及赤峰市-哈拉沁旗高值区。所以,重力推断的隐伏、半隐伏前古生代基底隆起区是寻找同类型隐伏矿产的重点靶区。

(5)由重力资料推断的北北东向深大断裂对大兴安岭地区的岩浆岩、矿产的形成和分布起着一定的控制作用;近东西向深大断裂控制着内蒙古中部深源侵入岩和矿产的形成与分布;近北西向深大断裂控制着内蒙古西部侵入岩和矿产的分布,深大断裂构造是深源岩浆岩的通道,断裂产状变化或交会处是矿产形成和富集的有利部位。

## 三、磁法

编制了内蒙古自治区14个Ⅲ级成矿区(带)航磁异常图件,每个均包括$\Delta T$等值线平面图、$\Delta T$化极等值线平面图、$\Delta T$化极垂向一阶导数等值线平面图、磁法推断地质构造图,比例尺1∶50万,共计55张。

编制了内蒙古自治区Ⅲ级成矿区(带)航磁异常特征图集。

编制了内蒙古自治区航磁推断找矿靶区工作部署图集。

综合型汇总研究重点是深化和提高,通过总结评价本次矿产潜力评价中磁法应用效果,充分表明磁法在矿产潜力评价中效果是明显的。磁法根据磁异常特征不但可以较客观地估算磁性铁矿资源量,还可以利用航磁异常特征资料解决地质构造等问题。下面重点列举综合型汇总研究成果的一些新认识和新发现。

(1)在磁性铁矿资源量潜力评价方面,首先利用磁测体积法对内蒙古自治区磁性铁矿资源量进行了

估算，预测全区磁性铁矿资源总量为 81.04 亿 t，其中已查明资源量为 37.26 亿 t，本次预测资源量 43.78 亿 t。加之还有大量的低缓磁异常并没有包含在本次评价中，其中不乏也有矿致异常。另外，本次评价资源量多为 500m 以浅，所以深部找矿也具一定的找矿潜力。因此分析认为，内蒙古自治区磁性铁矿资源量潜力巨大，值得进一步研究挖掘。

另外，根据控矿因素、地质环境、矿床成因及矿床形成空间对磁性铁矿潜力分析，指出狼山-阴山陆块区深部可能存在大型磁性铁矿床。

(2)详细论述了航磁异常圈定重要控矿构造的效果，并指出这些重要控矿断裂与矿产成因的关系及标志。

(3)详细论述了利用航磁异常正则化滤波曲线特征圈定大型火山构造的效果，首次建立了依据磁法推断分析确定的内蒙古自治区大型火山构造架构，并仔细分析了相关地质单元内古火山构造架构特征类型及与矿产关系。

(4)详细论述了利用航磁异常正则化滤波曲线特征圈定大兴安岭-林西岩石圈断裂带边界作了推断，并详细分析了带内断裂特征。发现了一条未命名断裂，该断裂北起八大关牧场经阿尔山、大石寨，南至扎鲁特旗梅林庙，呈“S”形展布，南侧从大石寨起分为两支，区内长约 690km，平均宽 48km。

(5)详细论述了铁、铜等 20 个矿种典型矿床，对不同成因类型的矿床赋存区位、航磁异常局域及区域特征进行了详细描述，推断解释了各种典型矿床的控矿因素、成矿环境及局域构造背景，同时指出了找矿方向。

依据三级成矿为单元，详细论述了各三级成矿单元的航磁异常特征，分析和描述了找矿标志特点。

根据区域及局部航磁异常分布特征，结合重要控矿构造特点和断裂分布特征及已知不同类型矿床产出的地质环境，综合分析圈定了铁、铜等 20 个矿种有利找矿靶区 70 个。

## 四、化探

### (一)地球化学基础研究

课题组充分研究内蒙古自治区历年的化探资料，依据《化探资料应用技术要求》和矿产资源潜力评价数据模型，编制了全区化探基础图件并建立了相应的成果数据库，为内蒙古自治区矿产资源潜力评价提供了充分的地球化学依据。

(1)充分收集全区中小比例尺化探资料，编制全区 1∶20 万及 1∶5 万化探工作程度图，为今后布置化探工作和进行研究工作提供了信息。

(2)在全国二级景观分区、内蒙古自治区地貌分区及所有已完成 1∶20 万区域化探扫面成果报告中的景观划分基础上，参考全区区域地球化学、地质、植被等特征，对内蒙古自治区进行了地球化学景观三级景观区的划分，全区地球化学景观共分 4 个大区，19 个亚区。全区景观分类有 7 种，有森林沼泽区、残山丘陵区、中低山丘陵区、戈壁残山区、残山丘陵草原区、冲积平原区和沙漠区，为今后化探工作部署及工作方法的确定提供了有利依据。

(3)对全区收集的区域化探数据进行评估，并进行基础数据库的建设，认为全区 39 种元素和氧化物分析数据可以提供可靠的元素分布信息，单元素地球化学图明显显示了元素分布与地质背景的关联性，表明资料可靠、可用性强。

(4)收集全区已完成工作的中大比例尺的化探数据，初步建立中大比例尺化探数据库，为今后进行数据管理及使用提供基础资料。

(5)在研究全区地球化学单元素分布特征后，根据全区地球化学景观分区对元素异常的影响情况，分区确定不同的异常下限提取异常编制单元素异常图,更客观地反映了元素异常的自然分布特征,为元素成矿规律研究提供可靠信息。全区共圈定单元素异常 33 519 个。

(6)对全区数据进行多元统计分析(聚类和因子分析),根据全区元素的相关性及研究矿种的元素组合特征,编制全区多元素组合异常图,为今后预测矿种找矿预测区划分提供参考资料。

(7)为进行内蒙古自治区主要成矿元素的矿产资源潜力评价工作,以这些元素为基础选取相关元素编制全区 Cu-Pb-Zn、Au-As-Sb-W、稀土元素综合异常图,对异常进行研究解释并划分异常级别。

(8)根据全区已知断裂构造及岩体中元素的分布特征,总结规律,利用全区化探基础资料进行断裂和岩体的推断工作,本次工作共推断断裂构造 67 条。其中,深大断裂 2 条,一般性断裂 65 条;推断岩体 35 个,其中基性—超基性岩体 30 个,酸性岩体 5 个。

### (二)地球化学综合研究

(1)对铜、银等 13 个金属矿种 122 个典型矿床的地质、地球物理、地球化学工作资料进行收集和整理,提取了矿床成矿要素,编制了典型矿床所在位置中大比例尺地球化学研究图件 130 张,并分矿种选取典型的成因类型建立了 21 个地质-地球化学找矿模型,为在全区寻找该类矿产提供了科学依据。

(2)对铜、银等 13 个金属矿种的 113 个预测工作区进行化探综合研究工作,选取与预测矿种密切相关的元素编制了单元素地球化学图、单元素异常图,研究了元素地球化学场的分布特征;根据元素的共生组合关系编制了多元素组合异常图,研究了各元素与主成矿元素之间的空间套合关系;圈定了综合异常,并对其进行价值分类;在各个预测工作区内寻找成矿条件有利、元素组合齐全、主成矿和主要共伴生元素异常强度高及套合好的地区,圈定了找矿预测区与最小预测区,对该区域内的找矿潜力进行了评估。

对萤石矿和菱镁矿两个非金属矿种的 18 个预测工作区初步进行了地球化学研究,编制了单元素地球化学图和单元素异常图,研究了 F 和 MgO 的地球化学场分布特征。

(3)研究了内蒙古自治区 Cu、Au、Pb、Zn、W、Sb、REE、Ag、Mo、Sn、Ni、Mn、Cr 等元素的空间与时间分布特征及分布规律,确定各矿种的主要共伴生元素组合,结合地质矿产特征及典型矿床地球化学特征,总结各矿种不同成因类型的元素组合,编制全区 13 个预测矿种的多元素地球化学组合异常图,为圈定预测矿种找矿预测区提供地球化学依据。

(4)为进行内蒙古自治区主要成矿元素(主要为 Cu、Au、Pb、Zn、W、Sb、REE、Ag、Mo、Sn、Ni、Mn、Cr)的矿产资源潜力评价工作,以这些元素相对应的组合异常为基础,结合矿产分布特征,编制预测矿种综合异常图,对异常进行解释推断及价值分类。全区共圈定预测矿种综合异常 2155 个,其中甲类综合异常 393 个,乙类 1294 个,丙类 468 个。

(5)根据预测矿种综合异常分布规律及典型矿床元素组合特征,结合主要成矿区(带)的矿产分布特征,编制全区各矿种找矿预测图,划分找矿预测区,并以同类综合异常的数量和找矿意义为依据对找矿预测区进行分级。全区共圈定出找矿预测区 207 个,其中 A 类找矿预测区 55 个,B 类 42 个,C 类 65 个。

(6)以《化探资料应用技术要求》为依据,在全区划分的找矿预测区的基础上,充分研究典型矿床资料,并结合全区预测矿种地球化学综合异常图及中大比例尺地球化学资料,在 A 类、B 类找矿预测区内,以甲类、乙类综合异常为目标,对找矿有利地段进行预测矿种最小预测区的划分与圈定。全区共圈定出最小预测区 37 处,其中铜矿 6 个,金矿 5 个,铅矿 5 个,锌矿 5 个,稀土矿 1 个,银矿 4 个,钼矿 4 个,锡矿 3 个,镍矿 1 个,锰矿 2 个,铬矿 1 个。

(7)在全区已进行区域化探扫面工作的 9 个Ⅲ级成矿区(带)内,分别选取主要成矿元素编制了多元素组合异常图,根据异常元素组合关系,以及异常与矿产分布、地质背景的关系,圈定了综合异常共 639 个。

(8)通过研究典型矿床的成矿模式,利用类比法和面金属量法进行铜矿的定量预测研究工作,完成了全区26个铜矿找矿预测区找矿靶区的划分及铜资源量地球化学估算工作。圈定A类找矿靶区14个,计算资源量不考虑剥蚀为388.765万t、考虑剥蚀为416.185万t;B类靶区114个,计算资源量不考虑剥蚀为651.832万t,考虑剥蚀为657.240万t。

## 五、遥感

重新制作了内蒙古自治区ETM遥感影像镶嵌图,色彩均匀,影像清晰,地面分辨率达15m,可以满足小于或等于1∶5万比例尺的遥感图像制作,遥感地质矿产特征与近矿找矿标志解译以及进行遥感最小找矿预测区的圈定,为本项目的遥感解译工作打下良好的基础。

全面开展完成了1∶50万内蒙古自治区研究成果:1∶50万内蒙古自治区遥感影像图;1∶50万内蒙古自治区遥感构造解译图;1∶50万内蒙古自治区遥感异常组合图。

全面完成了覆盖内蒙古自治区1∶25万遥感资料应用研究工作,在全面编制了1∶25万遥感影像图的基础上,针对内蒙古自治区地质构造背景、成矿规律以及14个Ⅲ级成矿带,开展并完成了遥感地质矿产特征解译、遥感羟基及铁染异常信息提取工作,为内蒙古自治区基础地质构造研究和区域找矿预测提供了遥感依据。

遥感专题组对铁、铝、铜、金、铅、锌、钨、稀土、锑、磷、镍、钼、锰、银、锡、铬、硫、萤石、重晶石、菱镁矿20个矿种的177个预测工作区以及71个典型矿床分别进行了遥感影像图制作,遥感矿产地质特征与近矿找矿标志解译,遥感羟基异常、遥感铁染异常提取等遥感找矿要素,为内蒙古自治区矿产资源量的预测提供了重要遥感预测要素。

(1)断裂构造遥感解译。在遥感断层要素解译中按断裂的规模、切割深度、断裂对地质体的控制程度,结合已知的地质资料,依次划分为巨型、大型、中型和小型4类。内蒙古自治区内解译出多条巨型断裂带,如华北陆块北缘断裂带,该断裂带为一条重要的铁-金-多金属矿产成矿的导矿构造,与该构造带相伴生的脆韧性变形构造、小型断裂构造多为金-多金属矿产的容矿构造。

(2)脆韧性变形构造遥感解译。本次在内蒙古自治区内解译出的脆韧变形趋势带按其成因分为节理劈理断裂密集带构造17条和区域性规模脆韧性变形构造192条。其中,区域性规模变形构造分布有明显的规律性,多与大规模断裂带相伴生,形成脆韧性变形构造带,大体分为4条规模较大的脆韧性变形构造带。

(3)环形构造遥感解译。内蒙古自治区内的环形构造比较发育,在全区1∶25万遥感构造解译图上共圈出1310个环形构造。它们在空间分布上有明显的规律,多在不同方向断裂带交会部位形成多重环或复合环,仅265个环形构造呈单环出现。按其成因类型分为11类,主要有与隐伏岩体有关的环形构造685个,中生代花岗岩类引起的环形构造258个,古生代花岗岩类引起的环形构造107个,火山口145个,火山机构或通道15个,闪长岩类引起的环形构造19个,基性岩类引起的环形构造7个,褶皱引起的环形构造11个,与浅成、超浅成次火山岩体引起的环形构造7个,断裂构造圈闭的环形构造1个和成因不明的环形构造55个。内蒙古自治区内已知的铁-金-多金属矿产在空间分布上多与环形构造有密切的关系,多分布于隐伏岩体形成的环形构造内部或边部。

(4)色要素遥感解译。内蒙古自治区内共解译出210块遥感色要素,其中由绢云母化、硅化引起的157块,由侵入岩体内外接触带及残留顶盖引起的53块。它们多分布于不同方向断裂带的交会部位及环形构造集中区,且大部分色调查异常分布区有矿床(点)的分布。因此,本次解译出的色调异常区可作为金-多金属矿产找矿预测的依据之一。

(5)遥感异常提取。利用全国项目办提供的Landsat7 ETM数据和内蒙古自治区地质调查院自有的Landsat7 ETM数据,按春、秋、冬、夏顺序选择了内蒙古自治区99景数据,采用面向特征主分量选择法(克罗斯塔技术)对全区进行遥感羟基异常和铁染异常提取。

(6)羟基异常分布特征。第四纪玄武岩,羟基异常发育,属地层岩性引起的羟基异常,与矿化无关。

中新生代二长花岗岩、碱长花岗岩、花岗闪长岩出露区及其内外接触带,羟基异常发育,由地层岩性及接触变质引起,与矿化有关。

太古宙英云闪长片麻岩出露区,羟基异常较发育,属地层岩性引起,与矿化关系较密切。

多组断裂交会部位及环形构造集中区,羟基异常相对集中,并且多分布于金-多金属成矿区(带)上,与矿化关系密切。

(7)铁染异常分布特征。第三纪(古近纪+新近纪)玄武岩;二叠纪—侏罗纪中酸性火山岩;二叠纪灰黑色板岩,龙井组砂砾岩;新元古代千枚岩、泥质板岩,铁染异常集中分布,属地层岩性引起,与矿化无关。

二叠纪英云闪长岩内部或内外接触带,铁染异常集中分布,部分与矿化有关。

太古宙变质表壳岩,铁染异常集中分布,与矿化关系密切。

中小型断裂交会部位及环形构造集中区,铁染异常相对集中,异常与矿化关系密切,多分布于金-多金属成矿区(带)上。

在全国遥感汇总组的指导下,参考国内新疆、青海、甘肃等第四纪盐湖型钾盐矿床的成矿规律及分布状态,提出了内蒙古全区阿拉善盆地、巴丹吉林沙漠、腾格里沙漠等区域存在工业型钾盐矿床的可能,提出了以遥感为主要方法在该区开展工业型钾盐矿床遥感找矿研究,得到内蒙古自治区有关部门的批准,有望在内蒙古自治区钾盐找矿领域取得突破。

## 六、自然重砂取得的主要成果

(1)完成了内蒙古自治区全区金、铜、钨、铅、锌、钼、锡、铬、锑、锰、硫、重晶石、磷、稀土 14 个矿种异常图,全区共圈定各矿种异常 1214 个。其中Ⅰ级异常 36 个,Ⅱ级异常 105 个,Ⅲ级异常 1073 个。每个矿种异常图都建立了数据库、编图说明。各矿种Ⅰ级异常和重要的Ⅱ级异常都进行了异常解释与评价。

(2)完成了内蒙古自治区全区金、铜、铅等 14 个矿种的综合异常图 1 张,共圈定综合异常 59 个及综合异常图相应的数据库、编图说明。

(3)按照内蒙古矿产资源潜力评价项目组任务书要求和预测组提供的预测工作区,根据内蒙古的自然重砂特征,共完成金、铜、铅、锌、钨、稀土、磷、铬、锰、钼、锡、萤石、硫等矿种 72 个预测工作区异常图,共圈定异常 274 个,Ⅰ级异常 49 个,Ⅱ级异常 91 个,Ⅲ级异常 134 个,建立了相应的数据库和编图说明。每个预测工作区圈定的异常都进行了异常解释和评价。

(4)完成了内蒙古自治区预测工作区自然重砂组合异常图 2 张,圈定组合异常 2 个;综合异常图 1 张,圈定综合异常 2 个,建立了相应的数据库和编图说明。

(5)根据自然重砂异常的空间分布规律与其区域地质、地质构造的内在关系,在全区范围内划出 5 个异常区(带)。根据异常区的矿物组合与所划综合异常特征,在 5 个异常区(带)内划出 18 个成矿预测区和 2 个成矿靶区。最终又结合自然重砂找矿模型研究划分出 8 个找矿远景区。

## 七、成矿规律

### (一)资料收集成果

(1)搜集了铁、铝、金、铜、镍、钼等 20 个矿种典型矿床资料 1000 余份,搜集了各类相关文献千余篇,并对搜集到的资料进行扫描、复制、矢量化，共矢量化典型矿床矿区地质图、勘探线剖面图及相关图件1000余份。

(2)搜集了截至2009年底内蒙古煤炭地质勘查报告共614份，包括勘探报告、详查报告、普查报告及预查报告；核查报告1032件及相关图件。

## （二）综合研究成果

(1)对全区435个铁矿床(点)、367个铜矿床(点)、262个金矿床(点)、296个铅锌矿床(点)、14个稀土矿床(点)、41个钨矿床(点)、1个锑矿床(点)、36个磷矿床(点)、1个铝土矿(点)、71个钼矿床(点)、148个银矿床(点)、19个镍矿床(点)、22个锡矿床(点)、34个锰矿床(点)、39个铬铁矿床(点)、44个硫铁矿床(点)、48个萤石矿床(点)、1个重晶石矿点、1个菱镁矿点进行综合研究，共划分了163个矿产预测类型、177个预测工作区，确定了152个典型矿床，编制各单矿种预测类型及预测工作区分布图20张。

(2)对全区铁、铝、铜、金、铅、锌、钨、稀土、锑、磷、镍、钼、锰、银、锡、铬、硫、萤石、重晶石、菱镁矿20个重要矿产进行了综合性探究，对重要矿床(点)的成因类型、成矿时代、控矿因素、成矿物化条件等进行了研究，对全区已知矿产地的时空分布规律进行了研究总结，编制了各单矿种成矿规律图。

(3)根据铁、铝等20个矿种的空间分布、矿床类型、控矿因素、成矿时代等划分矿产预测类型，预测方法类型及预测工作区，确定要重点研究的典型矿床。

(4)对各矿种152个典型矿床进行详细的研究，填制典型矿床的地质描述模型，总结了各典型矿床的成矿要素，填制成矿要素表，通过对典型矿床的成矿地质背景、控矿因素的研究，编制了典型矿床成矿模式图及典型矿床成矿要素图。

(5)经过对预测工作区的成矿地质背景及区域控矿要素的综合研究，对各预测工作区的成矿规律进行了总结，填制预测区成矿要素表，编制预测区成矿要素图及区域成矿模式图。

(6)对铁、铝、铜、金、铅、锌、钨、稀土、锑、磷、镍、钼、锰、银、锡、铬、硫、萤石、重晶石、菱镁矿等各单矿种进行Ⅴ级成矿区(带)划分，完成了Ⅳ级、Ⅴ级成矿区(带)划分图19张。

(7)在全国统一Ⅲ级成矿区(带)的基础上，首次对内蒙古自治区进行了全覆盖Ⅳ级成矿区(带)划分，对综合矿种进行了Ⅴ级矿集区划分，共划分34个Ⅳ级成矿区(带)，148个综合矿种Ⅴ级矿集区，编制完成内蒙古综合矿种Ⅳ级、Ⅴ级成矿区(带)图。

(8)对内蒙古自治区重要Ⅲ级成矿区(带)的成矿特征及演化进行了总结，共划分成矿系列43个。其中，前寒武纪成矿系列9个，古生代成矿系列15个，中新生代成矿系列19个，并进一步划分出亚系列44个，建立了区域成矿谱系。

(9)全面研究了全区铁、铜、金、钼、银等20个矿种的单矿种成矿规律，完成了单矿种成矿规律研究成果报告19份，全面总结综合矿种的成矿规律，完成了内蒙古自治区重要矿种区域成矿规律研究成果报告。编制了内蒙古自治区综合矿种地质矿产图、成矿规律图、成矿系列图(前寒武纪、古生代和中生代)，比例尺为1∶150万。

(10)完成了《内蒙古自治区煤炭资源潜力评价报告》《内蒙古自治区海拉尔赋煤带煤炭资源潜力评价报告》《内蒙古自治区二连赋煤带煤炭资源潜力评价报告》《内蒙古自治区准格尔煤田煤炭资源潜力评价报告》《内蒙古自治区东胜煤田煤炭资源潜力评价报告》《内蒙古自治区贺兰山-桌子山煤田煤炭资源潜力评价报告》《内蒙古自治区绍根矿区煤炭资源潜力评价报告》《内蒙古自治区集宁矿区煤炭资源潜力评价报告》及相关附图附表。

(11)完成铁、铝、铜、金、铅、锌、钨、稀土、锑、磷、镍、钼、锰、银、锡、铬、硫、萤石、菱镁矿、重晶石、煤21个矿种相关成果图件的数据库建设。

## 八、矿产预测

### (一)单矿种研究成果

(1)在综合研究地质、物探、化探、遥感及解译资料的基础上,填制了152个典型矿床的评价找矿模型卡片;填制典型矿床预测要素表、编制典型矿床预测要素图、建立典型矿床预测模型各152份,对于没有物探和化探资料的地区采用物探、化探剖析图弥补了资料的不足,较为全面地反映了典型矿床的地质、物探、化探特征,为预测工作区的研究奠定了基础。完成各典型矿床资源预测,编制了典型矿床预测成果图152份。

(2)利用物探、化探、遥感综合信息对研究区内与成矿有关的地质体和断裂进行推断解释,并进行异常信息提取。通过分析预测工作区已有矿床的矿床特征、成因模式,梳理各类矿化信息、找矿标志和综合异常等,从矿产预测的角度出发,充分考虑地质、地球物理、地球化学、遥感等综合标志,建立区域综合地质信息预测模型。填制预测区预测要素表、编制预测区预测要素图、建立区域预测模型各177份。

(3)根据典型矿床、预测工作区研究成果,综合分析与已知矿床成矿有关的各类矿化信息及各要素在成矿作用中的贡献不同,划分要素级别,利用证据权法进行定位预测,并对最小预测区进行优选、分级。共圈定铁矿最小预测区1336个,铬铁矿最小预测区91个,锰矿最小预测区109个,铜矿最小预测区378个,铅矿最小预测区526个,锌矿最小预测区526个,钨矿最小预测区124个,锑矿最小预测区9个,钼矿最小预测区305个,镍矿最小预测区91个,锡矿最小预测区184个,金矿最小预测区515个,银矿最小预测区209个,铝土矿最小预测区15个,稀土矿最小预测区33个,磷矿最小预测区153个,硫铁矿最小预测区137个,萤石矿最小预测区282个,重晶石最小预测区7个,菱镁矿最小预测区7个。对各矿种圈定的最小预测区分布进行了分析评价。

(4)首次估算了全区铁、铝、金、铜、铅、锌、钨、稀土、锑、磷、钼、银、镍、锰、锡、铬、萤石、硫铁矿、重晶石、菱镁矿等20个矿种的资源量,铁矿556 737.59万t、铝矿361.33万t、铜矿1 190.355万t、金矿911 538kg、铅锌矿3 173.025 2万t、钨矿41.924万t、锑矿917.095万t、稀土矿25 855.634万t、银矿361.33万t、钼矿823.01万t、锰矿400.426 7万t、镍矿60.722万t、锡矿185.397万t、铬铁矿878.435万t、磷矿60 108.14万t、菱镁矿391.377万t、硫铁矿81 999.481万t、萤石6 637.232万t、重晶石5.73万t,预测了20种矿产未查明资源量及其地下2km以上空间分布情况。

(5)分自治区级和Ⅲ级成矿区(带)两个层次,分别按预测精度(334-1类、334-2类、334-3类)、深度(500m以浅、1000m以浅、2000m以浅)、预测方法类型(沉积型、侵入岩型、火山岩型、变质型、复合内生型、层控内生型)、最小预测区级别(A类、B类、C类)、可利用性(可利用、暂不可利用)、可信度(≥0.75、≥0.5、≥0.25)对各单矿种进行资源量统计分析。对内蒙古全区重要矿产的分布现状及矿产潜力进行了评价,说明了各单矿种的重要成矿带及预测资源量空间分布特征。

(6)根据全国矿产资源潜力评价项目矿产预测技术要求,成果图表达内容包括3级远景区,一级为最小预测区,二级由2个或2个以上空间上相对集中的最小预测区组成。在最小预测区的基础上进行归并,形成二级预测区。将5037个最小预测区归并为2442个二级预测区,其中A类预测区631个,B类预测区496个,C类预测区1315个。完成各单矿种全区最小预测区分布图、全区预测成果图各20份。

(7)以本次各单矿种预测成果为基础,结合已发现矿床,进行矿产勘查工作部署。在已知矿区的外围及深部部署矿产勘探工作,在矿点和本次预测成果中的A类、B类优选区相对集中的地区部署矿产详查工作,在找矿远景区内部署矿产普查工作,共提出工作部署建议区946个,其中普查区425个,详查区

273 个,勘探区 248 个,为未来矿产勘查工作提供了依据。

(8)按照国家、内蒙古自治区相关产业政策的要求,依据全区矿产资源特点、地质工作程度及环境承载能力,统筹考虑全区经济、技术、安全、环境等因素,结合本次各单矿产资源预测结果,在综合考虑当前矿产资源分布和预测成果等因素的基础上,进行未来开发基地划分,以促进矿产资源勘查工作的科学安排和合理布局,全区共划分未来开发基地 88 个,完成各单矿种未来开发基地图 20 张。

(9)根据全国项目办及天津地质调查中心要求,根据验收意见及最新数据模型,对铁、铝、铜、金、铅、锌、钨、稀土、锑、磷、镍、钼、锰、银、锡、铬、硫、萤石、重晶石、菱镁矿 20 个矿种各专题图件和数据库进行修改,2011 年 12 月前提交了铁、铝、金、铜、铅、锌、钨、稀土、锑、磷 10 个矿种的最终数据;2012 年 8 月底前提交了银、铬、锰、镍、锡、钼、硫、萤石、菱镁矿、重晶石 10 个矿种的各类成果。根据全国项目办要求,对银、铬、锰、镍、锡、钼、硫、萤石、菱镁矿、重晶石 10 个矿种的省级最小预测区预测成果、预测工作区预测成果,归并最小预测区预测成果进行汇总、修改,提交 3 个图层的最终数据。

(10)煤炭资源潜力评价共划分 3 个赋煤区、11 个赋煤带、11 个煤田、69 个矿区、35 个煤产地、2 个远景区。全区共筛选、圈出预测区 82 个,预测基本单元 136 个,预测面积 47 635.74km$^2$,预测资源量7 336.79 亿 t。

(11)完成并汇交了铁、铝、金、铜、银、镍、锰等 20 个矿种最终成果图件、数据库、说明书及成果报告。

### (二)综合研究成果

(1)系统汇总了铁、铝、铜、金、铅、锌、钨、稀土、锑、磷、镍、钼、锰、银、锡、铬、硫、萤石、重晶石、菱镁矿 20 个矿种的潜力评价成果和数据,分别按照矿产预测类型、预测区、预测资源量对预测成果进行了统计分析。

(2)统计汇总了全区 20 个矿种的预测区数量成果,圈定最小预测区 5037 个。其中 A 类最小预测区 891 个,B 类最小预测区 1643 个,C 类最小预测区 2503 个。

(3)通过综合研究大地构造特征、区域矿产特征,以及重力、航磁、化探、遥感等预测要素特征,提取了 14 个Ⅲ级成矿区(带)共 42 个成矿系列的预测要素,建立了相应的预测模型。

(4)依据 20 个矿种最小预测区空间分布特征,圈定了 1018 个综合预测区,编制了Ⅲ级成矿区(带)及内蒙古自治区按空间位置预测成果图;以成矿系列划分为基础,圈定成矿系列综合预测区 852 个。其中 A 类 95 个,B 类 234 个,C 类 523 个。编制了Ⅲ级成矿区(带)及内蒙古自治区按成矿系列预测成果图。

(5)汇总并分析了 20 个矿种的单矿种勘查部署建议,提出了内蒙古自治区综合矿产勘查部署建议及方案,共圈定今后工作部署区 146 个,其中预查区 93 个,普查区 42 个,详查区 11 个。编制了Ⅲ级成矿区(带)及内蒙古自治区未来勘查工作部署建议图,为未来矿产勘查工作提供依据。预测了内蒙古自治区矿产资源的勘查趋势并推断出开发产能的增长趋势,设计了未来矿产资源开发基地的战略布局。

(6)建立了矿产预测汇总成果数据库,为更好地规划、管理、保护和合理利用矿产资源,也为部署矿产资源勘查工作提供基础资料,为编制中长期发展规划提供科学依据。

## 九、数据库

### (一)数据库维护

#### 1. 地质工作程度数据库

在对原数据库进行认真核对、补充完善和必要修改的同时,新收录区域地质调查、矿产勘查、地球物理勘查、地球化学勘查、遥感地质调查、水文地质调查、环境地质调查、工程地质调查专业、综合类专业等地质成果资料 3225 件,并对原库中有严重出入的数据进行修改,建立了 MS Access 2000 格式的内蒙古自治区地质工作程度数据库。

截至 2012 年,维护后地质工作程度数据库共包含地质工作程度数据 6904 个,矿产地工作程度数据 2675 个,矿区工作情况数据 7328 条。

**2. 矿产地数据库**

收集了 2003 年 1 月—2011 年 12 月提交的大调查项目、资补费项目、地方专项等各类报告,并以《内蒙古自治区矿产资源储量表》中新增矿产地为重点,按矿种和储量规模分类查找最新、最全的矿产勘查报告,以及相关资料进行补充、维护。

截至 2012 年,维护后矿产地数据库共收录各类矿产地 2162 处。其中特大型矿产地 19 处,大型 97 个,中型 261 个,小型 738 个,各类矿点、矿化点 1045 个。

**3. 区域地球化学数据库**

区域地球化学数据库新增数据 27 000 个,包含 1∶20 万图幅数 6 个,元素(或氧化物)39 个。维护后区域地球化学数据库中 1∶20 万数据共计 151 205 个。

**4. 区域重力数据库**

完成 1∶100 万重力原始数据(5 项)"五统一"改算,共 2 个图幅,维护后区域重力数据库中包含数据 90 114 个。其中 1∶100 万数据 11 667 个,1∶50 万数据 1631 个,1∶20 万数据 76 816 个。

**5. 航磁数据库**

航磁数据库新增 1∶5 万航磁数据 7 个测区、1∶20 万航磁数据 1 个测区,并对全区数据进行了核查、校对,制作全区和分片航磁 $\Delta T$ 等值线图 15 张。

**6. 自然重砂数据库**

对全区 167 幅重砂数据进行了核查,检查出不合理的最大值 1 个,属原始资料错误造成,并予以修改;另有错录、遗漏数据 26 处,按原始重砂鉴定报告予以改正和补充。

**7. 遥感影像数据库**

完成了全区 ETM 原始数据检查 102 景。

**8. 1∶20 万数字地质图空间数据库**

根据本项目要求,将原系统库(20Wslib)更换为矿产资源潜力评价项目全国统一系统库。本次仅对 MapGIS、北京 54、西安 80 等坐标系转换文件,进行系统库更换工作,共完成 131 幅。

**9. 1∶50 万数字地质图空间数据库**

将东北地区恩和哈达—阿荣旗共 9 幅、中东部区二连浩特—阿巴嘎旗共 5 幅、包头—满都拉 3 幅、西乌珠穆沁旗 1 幅 1∶25 万地质图进行了认真细致的阅读和理解,确定了与原地质填图单元的合并原则等;对图形文件进行了简化,更换系统库、生成标准图框、投影变换;图形裁剪与 1∶50 万数字地质图接边;拓扑造区、属性录入、文件汇入 1∶50 万数字地质图数据库,更新了 1∶50 万数字地质图空间数据库。

## (二)专题成果数据库建设

各专题成果数据库建设按照“一图一库”的原则进行，完成建库工作如下。

### 1. 成矿地质背景成果数据库

1∶25 万分幅实际材料图和建造构造图数据库 178 个；矿产资源潜力评价预测工作区地质构造专题底图数据库 179 个。

### 2. 成矿规律与预测成果数据库

矿产资源潜力评价区域成矿规律图、预测工作区成矿要素图和预测要素图预测成果图等数据库 1041 个。

### 3. 物探、化探、遥感、自然重砂成果数据库

(1)重力成果数据库。全区重力工作程度图、推断地质构造图、布格和剩余重力异常图等数据库 4 个；重力预测工作区推断地质构造图、布格和剩余重力异常图等数据库 531 个。

(2)磁测成果数据库。全区磁法工作程度图、推断地质构造图、磁异常分布图和航磁等值线平面图等数据库 7 个；磁测预测工作区推断地质构造图、磁异常分布图和航磁等值线平面图等数据库 848 个。

(3)化探成果数据库。全区地球化学景观图、工作程度图、推断地质构造图、地球化学图及异常图等数据库 85 个；化探预测工作区推断地质构造图、地球化学图及异常图等数据库 2386 个。

(4)遥感成果数据库。全区及 1∶25 万分幅遥感矿产地质特征解译图、羟基(铁染)异常分布图等数据库 410 个；遥感预测工作区遥感矿产地质特征解译图、羟基(铁染)异常分布图等数据库 707 个。

(5)自然重砂成果数据库。全区自然重砂异常图数据库 44 个；自然重砂预测工作区自然重砂异常图数据库 73 个。

### 4. 综合信息集成数据库建设

GeoPEX 集成数据库系统实现了内蒙古自治区矿产资源潜力评价图件、报告、编图说明书、元数据等一体化管理，可按专业、矿种、图件类型、图层分类、空间范围、图元属性等多种方式，浏览、查询、检索图件、图层、图元、属性及相关文档，对检索结果进行方便导出，辅助综合编图等。

# 第二章 地质工作程度

## 第一节 区域地质调查及研究

内蒙古自治区内正规的、系统的地质调查工作是从 1949 年后开始的,此前仅有个别地质学家进行过简单的路线或矿点调查。经过几代地质工作者几十年的艰辛工作,无论是基础地质调查还是矿产勘查工作都取得了重要成果。

### 一、1∶100 万区域地质调查

1∶100 万区域地质调查开始于 1957 年。内蒙古自治区共涉及 15 个图幅,其中呼和浩特、临河、扎兰苏木、满洲里、贝尔湖 5 幅于 1957—1961 年由内蒙古自治区地质矿产局呼和浩特区测队完成,其他跨省图幅分别由相邻省地质局完成。到 1961 年底,全区 1∶100 万区域地质调查全部完成,1964 年由地质部地质研究所出版发行。

### 二、1∶20 万区域地质调查

1∶20 万区域地质调查工作是 1956 年首先在大兴安岭地区开展的,直到 1962 年,内蒙古自治区全区才有计划地开展了 1∶20 万区域地质调查。内蒙古自治区共包括 255 幅 1∶20 万标准图幅,内蒙古自治区第一区域地质调查队完成 93 幅,内蒙古自治区第二区域地质调查队完成 31 幅,其余的由相邻省地质局完成,没有开展工作的图幅(共 29 幅)主要分布在大兴安岭原始森林无人区(16 幅)、开鲁-通辽等东北平原区(11 幅),以及靖边县幅、榆林县幅。到 1990 年 1∶20 万区域地质调查工作宣告结束,完成面积达 100.9 万 $km^2$。

1∶20 万区域地质调查成果是全区最珍贵的基础地质资料之一,直到今天依然是引用最广的基础地质资料,是地质矿产、综合研究项目立项的主要依据。

### 三、1∶25 万区域地质调查

内蒙古自治区涉及 138 幅 1∶25 万国际分幅(包括多幅不完整幅),1∶25 万区域地质调查工作起步于 2000 年,工作区主要布置在中部地区满都拉-白云鄂博-包头地区南北走廊、大兴安岭地区的 1∶20 万区调工作空白区、二连浩特—东乌珠沁旗一带以及赤峰等地。

截至2011年底，内蒙古自治区内1∶25万区域地质调查完成55幅，包括不完整图幅及内蒙古自治区周边图幅，另有20幅于2010年开始实施并于2012年结题。

### 四、1∶5万区域地质调查

1∶5万区域地质调查工作起步于1972年，全区共涉及3452个标准国际分幅，20世纪80年代初到90年代末在全区投入了较多的工作，按国家地质矿产部的部署，工作区选在成矿有利地段及中心城市的周边。

截至2011年底，正规的1∶5万区调结题的有457幅，面积达15.8万$km^2$，覆盖率约13.4%。

2011年中国地质调查局新开1∶5万区调图幅86幅，2012年中国地质调查局新开1∶5万区调图幅66幅，计划工作周期均为3年。

截至2011年底，国土资源大调查、内蒙古自治区专项地质勘查基金、各盟市商业性地质调查共实施1∶5万区域地质矿产远景调查1110个图幅，总调查面积约39万$km^2$，现已完成评审的项目为71个，共计290个图幅，面积约11万$km^2$，其他图幅还在工作中。需要说明的是，区调面积与矿调面积有重叠。

20世纪90年代，对白云鄂博地区和包头地区的1∶5万区域地质调查工作分片进行了总结，提交了两个地区的片区总结报告。

## 第二节　物探、化探、遥感、自然重砂调查及研究

### 一、重力

内蒙古自治区区域重力测量工作和资料研究程度均较低。

#### （一）1∶100万区域重力调查工作情况

1∶100万的区域重力调查主要由地质矿产部（以下简称地矿部）第二综合物探大队、石油工业部物探局和煤炭工业部下属单位完成。中国地质调查局发展中心提供的内蒙古自治区1∶100万区域重力数据库缺少的东经107°—108°，北纬39°20′—42°40′[K-48-(6)、K-48-(18)、K-48-(24)、K-48-(30)、K-48-(36)五个1∶20万图幅]范围数据，本次工作利用原地质矿产部第二综合物探大队的资料进行补充。除巴丹吉林沙漠外，1∶100万重力测量工作基本覆盖全区。其中，陕西省第二物探队于1963年完成《燕山地区1∶100万重力测量结果》，完成面积为16 800$km^2$，完成物理点2804个，布格重力异常总精度为$(\pm 2.1 \sim 3.2) \times 10^{-5} m/s^2$。

#### （二）1∶50万区域重力调查工作情况

1∶50万区域重力调查有两个工作区：①由石油工业部西安地质调查处于1956年完成的“鄂尔多斯地台东北部重力、磁法普查”项目，完成面积为8500$km^2$，布格观测精度为$0.72 \times 10^{-5} m/s^2$；②由内蒙古自治区国土资源勘查开发院于1983年完成的“内蒙古中部地区1∶50万重力测量工作”项目，完成面

积为 15 400km²,布格重力异常总精度为 $\pm 0.83\times10^{-5}m/s^2$。这部分数据均已按照《区域重力调查技术规范》(DZ/T 0082—2006)进行了"五统一"改正,本次工作入库的 1∶50 万的重力数据就是此数据。

### (三)1∶20 万区域重力测量工作情况

2006 年底之前,国土资源部完成 1∶20 万区域重力测量 94 幅,主要集中在内蒙古自治区一些重要成矿区(带)上(华北陆块北缘、大兴安岭中南段、得尔布干成矿带、鄂尔多斯盆地,以及阿拉善、北山的部分地区),面积约 377 400km²,占全区总面积的 32%。入库的 1∶20 万重力数据由中国地质调查局发展中心提供,只有纵坐标、横坐标、海拔高程和布格重力异常值 4 项数据,没有基本信息内容,共有重力数据记录数 77 495 条。

2007 年以来的 1∶20 万重力测量工作,主要由内蒙古自治区地质调查院、河北省地质调查院、贵州省地质调查院完成,共 4 个工作区。主要集中在准索伦—东乌珠穆沁旗一带及阿荣旗一带,共计 38 个 1∶20 万图幅,面积约 163 067km²。2011 年更新全部入库,已编入区域重力工作程度图,并在预测区编图工作中使用了该部分数据。1∶20 万区域重力测量工作布格异常总精度好于 $0.6\times10^{-5}m/s^2$。

### (四)前人在内蒙古自治区布格重力异常平面图编拟情况

20 世纪 80 年代,内蒙古自治区国土资源勘查开发院曾编拟内蒙古自治区 1∶100 万区域布格重力异常平面图和内蒙古自治区 1∶50 万航空磁测($\Delta T$)平面图,并且完成《内蒙古自治区 1∶50 万航空磁力异常图和 1∶100 万布格重力异常图综合研究报告》。

20 世纪 90 年代,陕西省第二物探化探队全面收集了内蒙古自治区内完成的区域重力资料(包括 1∶100 万、1∶50 万和 1∶20 万比例尺),经"五统一"改算后,编拟了 1∶100 万内蒙古自治区布格重力异常图。

全区 1∶100 万、1∶50 万重力资料为进行区域的深大断裂研究工作,探讨全区地壳厚度的变化趋势、基底起伏,了解大型岩体、地层及沉积盆地的分布情况等提供了重要的基础资料。

已完成的 1∶20 万区域重力测量工作,为研究预测工作区、典型矿床的成矿规律,建立典型矿床成矿模型提供了重要的地球物理依据。同时,为研究区内的地质构造、成矿作用及矿产预测提供了重要的地球物理信息。

## 二、磁测

### (一)磁测工作程度

#### 1. 航空磁测工作情况

内蒙古自治区航空磁测自 1957 年起至 2005 年 12 月底,以国家航遥中心为主,内蒙古、黑龙江、辽宁的物探队及冶金工业部、第二机械工业部系统所属航测队共飞行大小测区 92 个,总飞行面积约 173.7 万 km²(含不同比例尺的重复面积)。其中构造航磁为 67.3 万 km²(1∶100 万为 43.7 万 km²,1∶50 万为 1.0 万 km²,1∶20 万为 16.9 万 km²,1∶5 万为 5.7 万 km²);固体矿产航磁为 106.4 万 km²(1∶20 万为 21.2 万 km²,1∶10 万为 18.3 万 km²,1∶5 万为 58.5 万 km²,1∶2.5 万为 8.4 万 km²)。其有效覆盖面积约为 110 万 km²,约占全区总面积的 93%。

从现有资料表明,全区主要成矿区(带)1∶5 万航磁基本覆盖,部分地区还进行了 1∶2.5 万航磁测量,小于 1∶5 万比例尺航磁测量基本覆盖了主要盆地和沙漠地区,空白区仅有呼伦贝尔市北部及中蒙、中俄边界狭窄地带,约 8 万 $km^2$(图 2-1)。

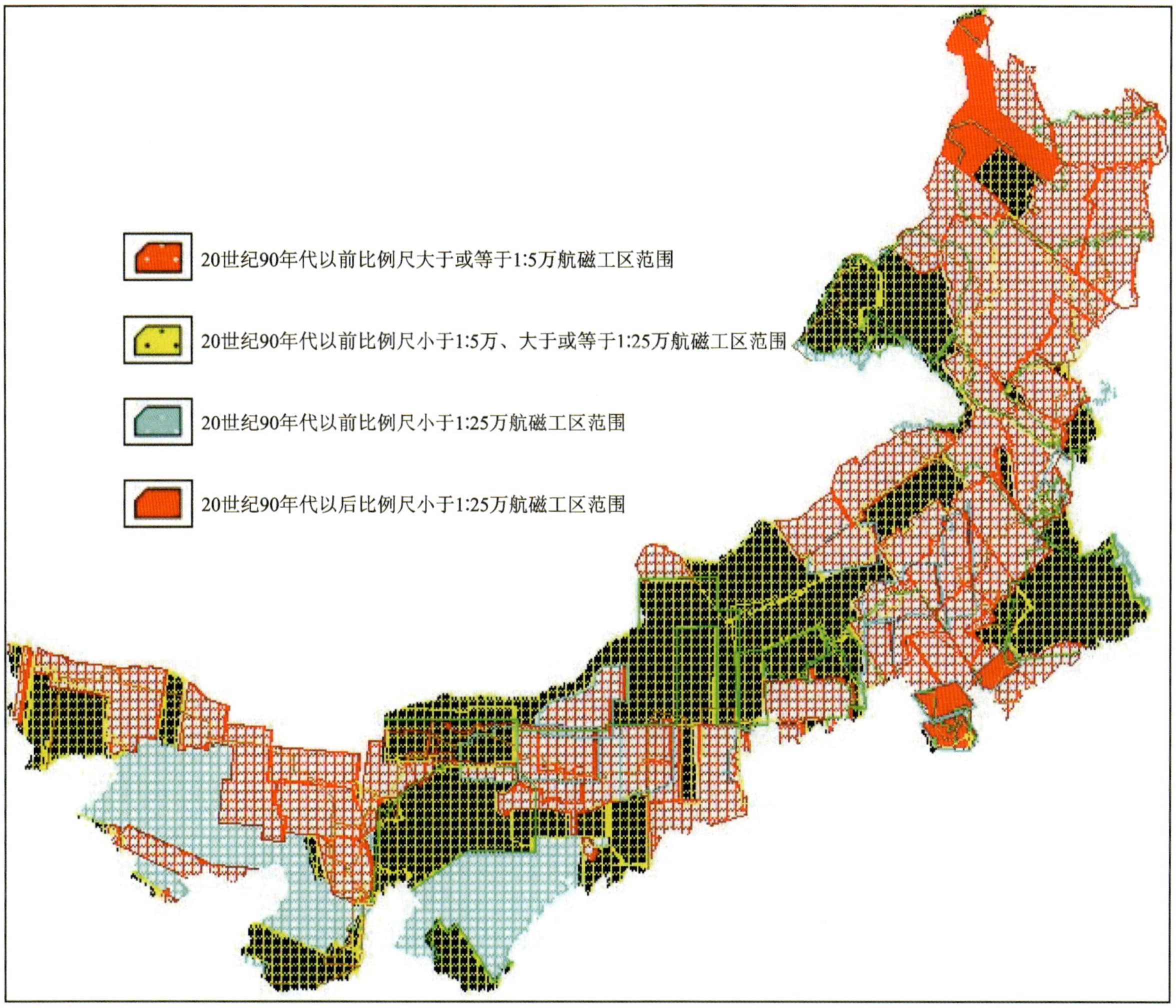


图 2-1 内蒙古自治区航空磁测工作程度示意图

**2. 地面磁测工作情况**

不同部门、不同单位做了大量不同比例尺的地面磁测工作,在此就不一一列出(图 2-2)。

**3. 磁测资料概述**

1966 年进行了内蒙古航磁异常资料整理,编有《内蒙古自治区航磁异常资料整理说明》;1985 年、1986 年由内蒙古自治区第一物化探队进行了内蒙古中部地区区域物性调查研究工作和内蒙古自治区物化探研究程度图的编制,并编有《内蒙古中部地区区域物性调查研究工作报告》和《内蒙古自治区物探、化探研究程度图说明书》;1990 年由内蒙古自治区 115 地质队和内蒙古自治区第二区域地质调查队分别对大兴安岭中段和南段进行了物探、化探资料综合整理和研究,并提交了《内蒙古自治区大兴安岭多金属成矿带中南段物探、化探资料综合整理与研究报告》;1991 年内蒙古自治区第一物化探队编有《内蒙古自治区 1∶50 万航空磁力异常图》和《1∶100 万布格重力异常图综合研究报告》,对内蒙古自治区重磁场特征作了较详细的描述,并作出了解释推断,本次工作又作了归纳整理。

此外,不同部门、不同单位做了大量的物探工作,收集了与已知铁矿有关的大比例尺地磁及地质报

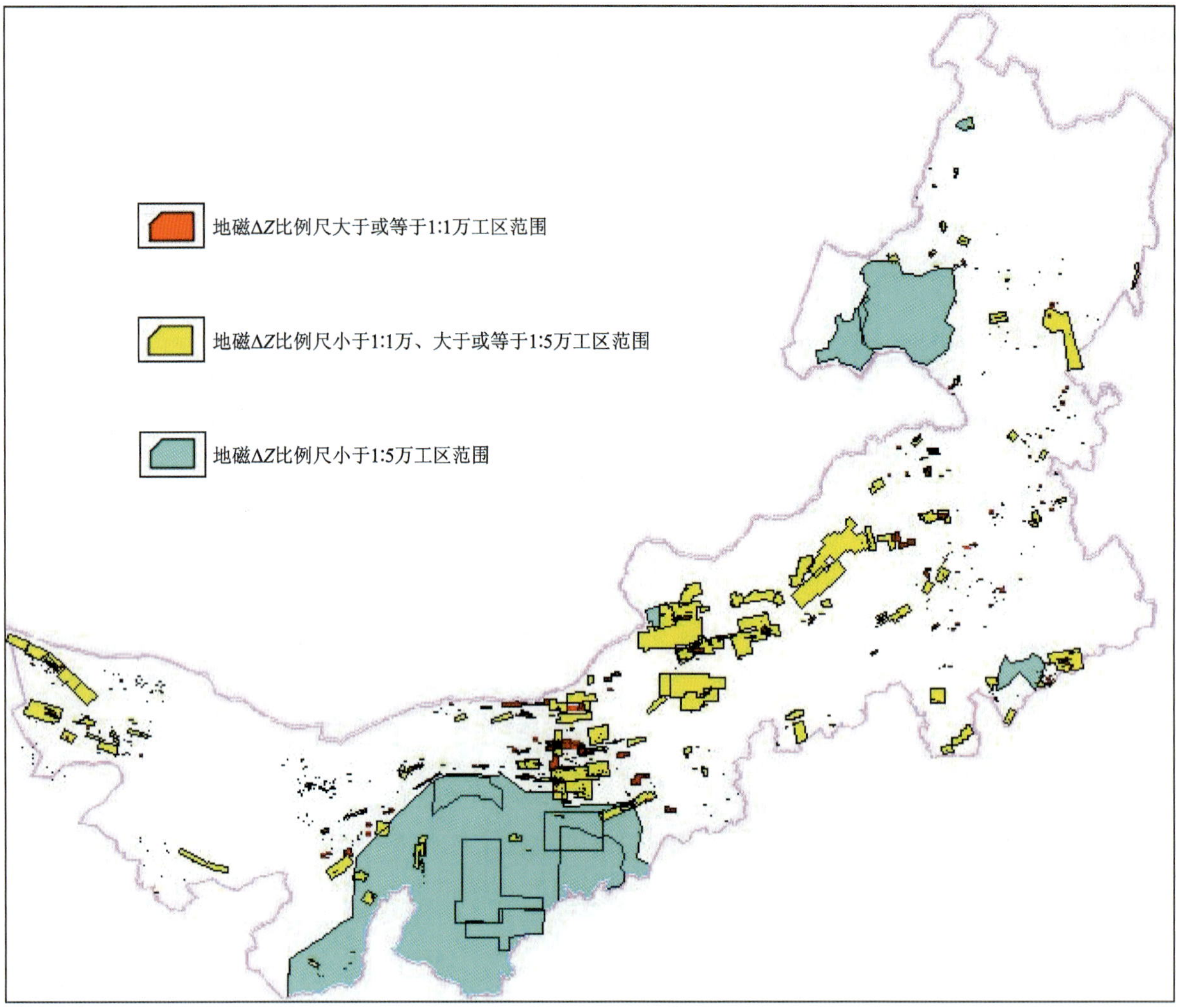


图 2-2　内蒙古自治区地面磁测工作程度示意图

告 428 份，收集并整理了与已知铜、铅、锌、金、钨、锑、磷、稀土矿有关的物探和化探资料 140 份，在此就不一一列出。

## 三、地球化学

### (一)1∶20 万区域化探

内蒙古自治区自 1985 年开始进行 1∶20 万区域化探扫面工作，先后有许多单位在内蒙古自治区做过化探方法技术试验。首先开展此项研究工作的地矿部物化探研究所和内蒙古自治区第一物化探队合作，在内蒙古中西部区开展区域化探方法技术研究；其次是地矿部第二物化探队在内蒙古东部区开展的区域化探方法技术研究；相继还有内蒙古自治区第二物化探队在得尔布干成矿带开展的区域化探方法研究，地矿部物化探研究所在黑龙江省森林沼泽区开展的区域化探方法研究，地矿部第一物化探队在内蒙古中东部开展的区域化探方法研究，直到 2001 年初内蒙古自治区地质调查院和地质矿产部物化探研究所在锡林郭勒盟达来幅开展的区域化探方法研究。通过方法试验，确定了干旱荒漠区、半干旱草原景观区、森林沼泽区等不同景观区不同的工作方法技术，总体以水系沉积物测量为主，以土壤测量为辅。

先后有内蒙古自治区第一物化探队、内蒙古自治区第二物化探队、地矿部第一物化探队、地矿部第二物化探队、内蒙古自治区地质调查院、陕西省地质调查院、安徽省地质调查院、河南省地质调查院在内蒙古进行 1∶20 万区域化探扫面工作。

截至 2009 年底，总计完成 179 个 1∶20 万标准图幅，全区可扫面积基本已经完成(图 2-3)。2009 年中国地质调查局对全区 1∶20 万化探资料进行评估，对其中质量差的 35 个图幅进行重新扫面工作，目前已完成 12 个 1∶25 万图幅的区域化探扫面工作。

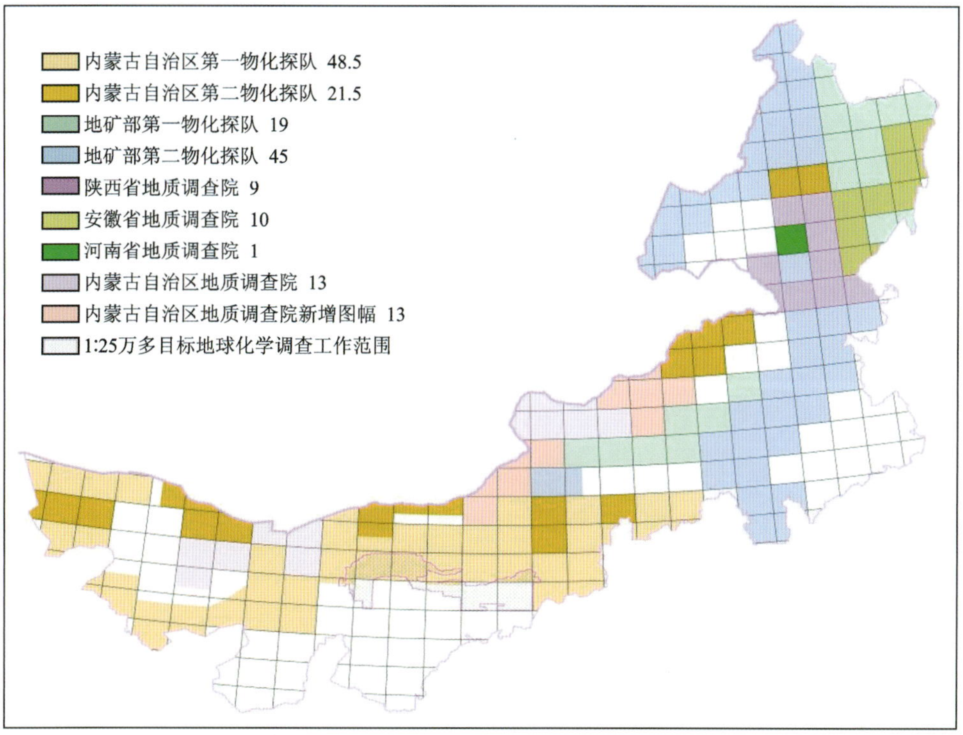


图 2-3　内蒙古自治区 1∶20 万区域化探工作程度示意图

通过 25 年的区域化探扫面工作，陆续发现一大批贵金属和有色金属矿产及有价值的区域化探异常，取得较好的找矿效果。

### (二)1∶5 万和 1∶1 万化探

内蒙古自治区地质矿产局 1980 年以来，先后提交 30 多份中大比例尺化探成果报告。2000 年以来，中国地质调查局先后在阿拉善和得尔布干等成矿区进行 1∶5 万化探扫面及在主要成矿带布置 1∶5 万矿产地质调查工作。内蒙古自治区地质勘查基金中心近年来在全区主要成矿带布置 1∶5 万化探扫面和 1∶5 万地质矿产远景调查工作，取得较为显著的找矿效果(图 2-4)。全区共完成 1∶5 万化探扫面面积约 29 万 $km^2$。

全区大比例尺化探工作仅在某些异常上做过剖面性和面积性工作。因为工作区较为零碎，工作单位涉及范围广，收集较为困难。

2000 年以来，中国地质调查局先后在阿拉善和得尔布干等成矿远景区进行 1∶5 万化探扫面及在主要成矿带布置 1∶5 万矿产地质调查工作，共有 10 个项目。

内蒙古自治区地质勘查基金中心近年来在全区主要成矿带布置 1∶5 万化探扫面和 1∶5 万地质矿产远景调查工作，共 221 个项目，取得较为显著的找矿效果(图 2-4)。

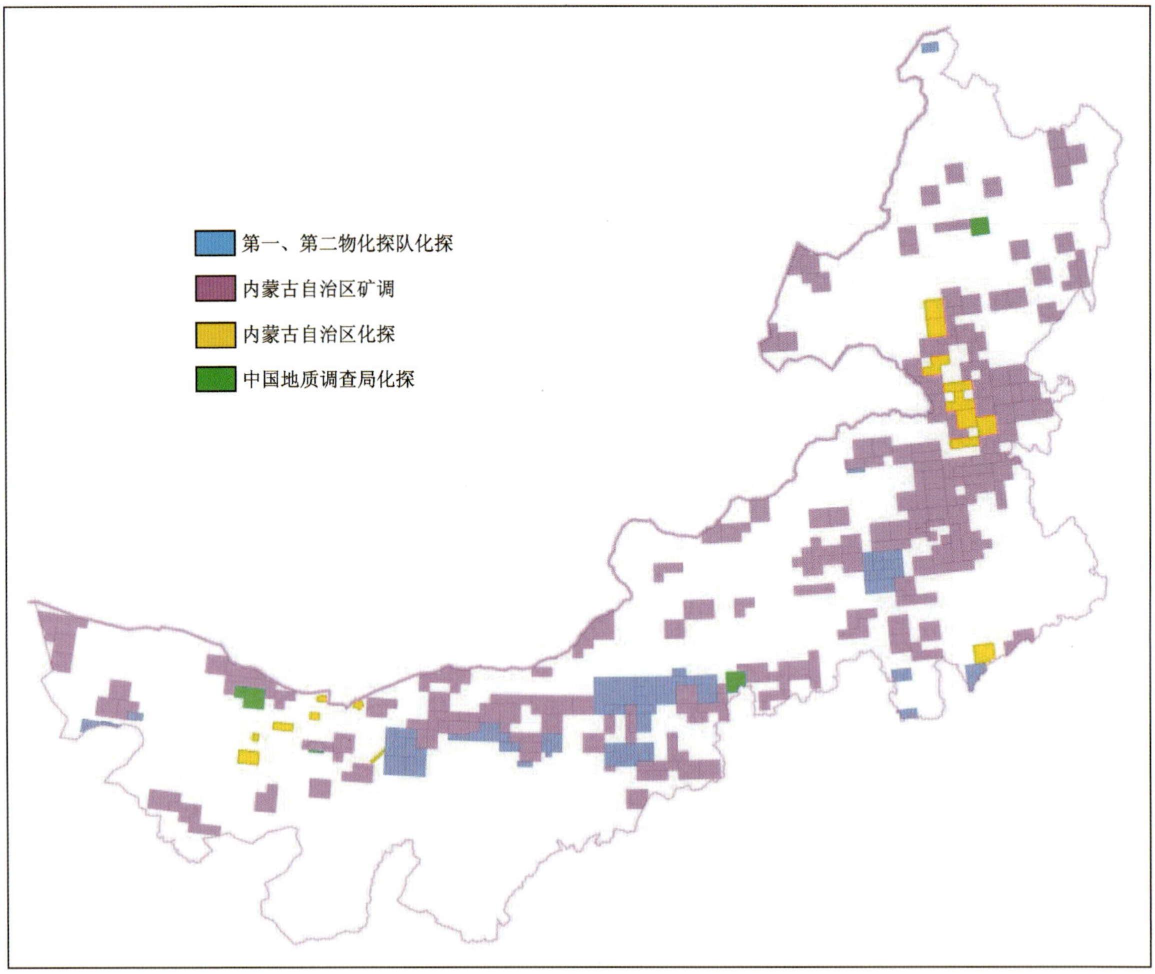


图 2-4 内蒙古自治区 1∶5 万区域化探工作程度示意图

## 四、遥感

目前,航天遥感数据覆盖全区,现有的调查与研究工作程度如表 2-1 所示。

**表 2-1 遥感工作程度表**

| 序号 | 项目名称 | 工作范围 | 比例尺 | 数据源 | 完成单位 | 工作时间(年.月) |
|---|---|---|---|---|---|---|
| 1 | 内蒙古全区遥感影像图 | 覆盖全区范围 | 1∶150 万 | TM | | |
| 2 | 遥感技术在内蒙古中部地区金矿找矿预测研究中的应用 | 108°00′—114°00′<br>41°40′—42°10′ | 1∶50 万 | MSS、TM、SPOT | 内蒙古自治区地质研究队 | 1988.12 |
| 3 | 巴丹吉林-腾格里地区遥感区域地质石油地质研究 | 98°00′—106°00′<br>37°30′—42°30′ | 1∶100 万 | TM | 地质矿产部石油地质综合大队 | 1994.9—1995.12 |
| 4 | 内蒙古中部卓资测区遥感地质调查报告 | 112°00′—112°40′<br>40°41′—41°20′ | 1∶20 万 | MSS、TM | 冶金工业部第三地质勘查局地质研究所 | 1990—1991.1 |

续表 2-1

| 序号 | 项目名称 | 工作范围 | 比例尺 | 数据源 | 完成单位 | 工作时间(年.月) |
|---|---|---|---|---|---|---|
| 5 | 内蒙古大兴安岭中南段遥感地质构造特征及找矿预测研究 | 116°00′—123°00′<br>42°40′—47°20′ | 1∶50 万 | | 内蒙古自治区地质研究队 | 1991 |
| 6 | 内蒙古阿拉善盟额济纳旗阿木乌苏-老峒沟地区锑、金成矿带的遥感影像特征研究 | 99°00′—100°00′<br>40°40′—41°10′ | 1∶15 万 | TM457 | 内蒙古自治区地质研究队 | 1991—1992.12 |
| 7 | 巴丹吉林盆地路井-桃来三地区油气地球化学勘查研究报告 | 99°30′—100°20′<br>41°40′—42°10′ | 1∶5 万 | TM | 地质矿产部石油地质综合大队 | 1994.9—1995.8 |
| 8 | 内蒙古东乌旗乌兰陶勒盖地区多金属矿产遥感地质成矿预测报告 | 117°00′—118°00′<br>45°30′—46°07′ | 1∶5 万 | TM457 | 中国有色金属工业总公司内蒙古自治区有色地质勘查局地质研究所 | 1996 |

(1)1988 年 12 月由内蒙古自治区地质研究队提交的《遥感技术在内蒙古中部地区金矿找矿预测研究中的应用》(内蒙古自治区地质矿产局科研成果 No:87-3),工作区面积约 10 万 $km^2$,利用 MSS、TM、SPOT 卫星及部分摄影图像等遥感资料,结合物探、化探、自然重砂、地质成果综合地进行找矿预测,总结了找金预测的 7 条遥感影像标志,划分了 7 条金成矿带和 37 个找金预测区(其中 A 类找金靶区 7 个、B 类找金预测区 16 个、C 类找金预测区 14 个)及 28 个砂金预测区,并对其中的 22 个找金预测区查证,新发现金矿点、矿化点 14 个,银矿点 2 个。

(2)1991 年 1 月由冶金工业部第三地质勘查局地质研究所提交的《内蒙古中部卓资测区遥感地质调查报告》,其范围为金盆—卓资山一带,面积 4500$km^2$,利用 MSS 和 Landsat5 的 TM 数据,根据其图像线性与环形构造展布特征,划分了 3 个控矿构造带。

(3)1991 年 6 月由内蒙古自治区地质研究队提交的《内蒙古大兴安岭中南段遥感地质构造特征及找矿预测研究》(内蒙古自治区地质局科研成果 No:91-13),研究区面积约 14 万 $km^2$,以 1∶20 万 TM 影像图为底图及部分航空相片的基础上,研究总结出遥感找矿标志,并参照已知矿床影像特征等圈定出 34 个预测区(划分出 A 类靶区 6 个、B 类靶区 19 个、C 类靶区 9 个),经野外检验的 12 个预测区中,发现了 5 个矿化较好地段。

(4)1992 年 12 月由内蒙古自治区地质局地质研究队提交的《内蒙古阿拉善盟额济纳旗阿木乌苏老峒沟地区锑、金成矿带的遥感影像特征研究》,研究区面积约 4300$km^2$,解译并验证研究区 7 条蚀变带,提出 9 个遥感预测区,5 个找矿靶区,发现以 $F_{55}$ 断裂为界东、西两侧不同的构造特征。

(5)1996 年 12 月由中国有色金属工业总公司内蒙古自治区有色地质勘查局地质研究所提交的《内蒙古东乌旗乌兰陶勒盖地区多金属矿产遥感地质成矿预测报告》,工作区面积约 3000$km^2$,利用 TM 数据经放大为 1∶5 万比例尺进行地质解译,划分出 5 个影像特征分区,并对东乌旗复背斜圈定了 3 个不同影像特征的构造块断,优选 4 个成矿靶区。

以往的遥感地质找矿解译研究的解译方式以传统的目视解译为主,信息提取以线环构造为主要内容进行地质构造解译,采用间接类比分析找矿信息,图像处理手段较为简单。虽也采用图像信息处理的方式提取矿化蚀变信息，但方法不系统，而且也不普遍。针对以往遥感找矿信息处理的不足，本次将着重采用数字图像处理方法，提取像元地面分辨率为 30m×30m 的羟基、铁染遥感异常信息，推断遥感异常的致矿性，确定遥感找矿靶区。

## 五、自然重砂

内蒙古 1∶20 万区域自然重砂测量工作始于 20 世纪 50 年代末到 80 年代末，此项工作随 1∶20 万区域地质调查工作同步进行。全区 1∶20 万区域地质调查工作共完成 236 幅，完成面积约 100.9 万 $km^2$，覆盖比例 85.29%，由于历史行政区划的原因，其中有外省完成的图幅。全区共有采样点 131 014 个。2000—2003 年进行了全区 1∶20 万自然重砂数据库建设，全区共完成建库 167 幅(包括外省建库 76 幅)(图 2-5)。

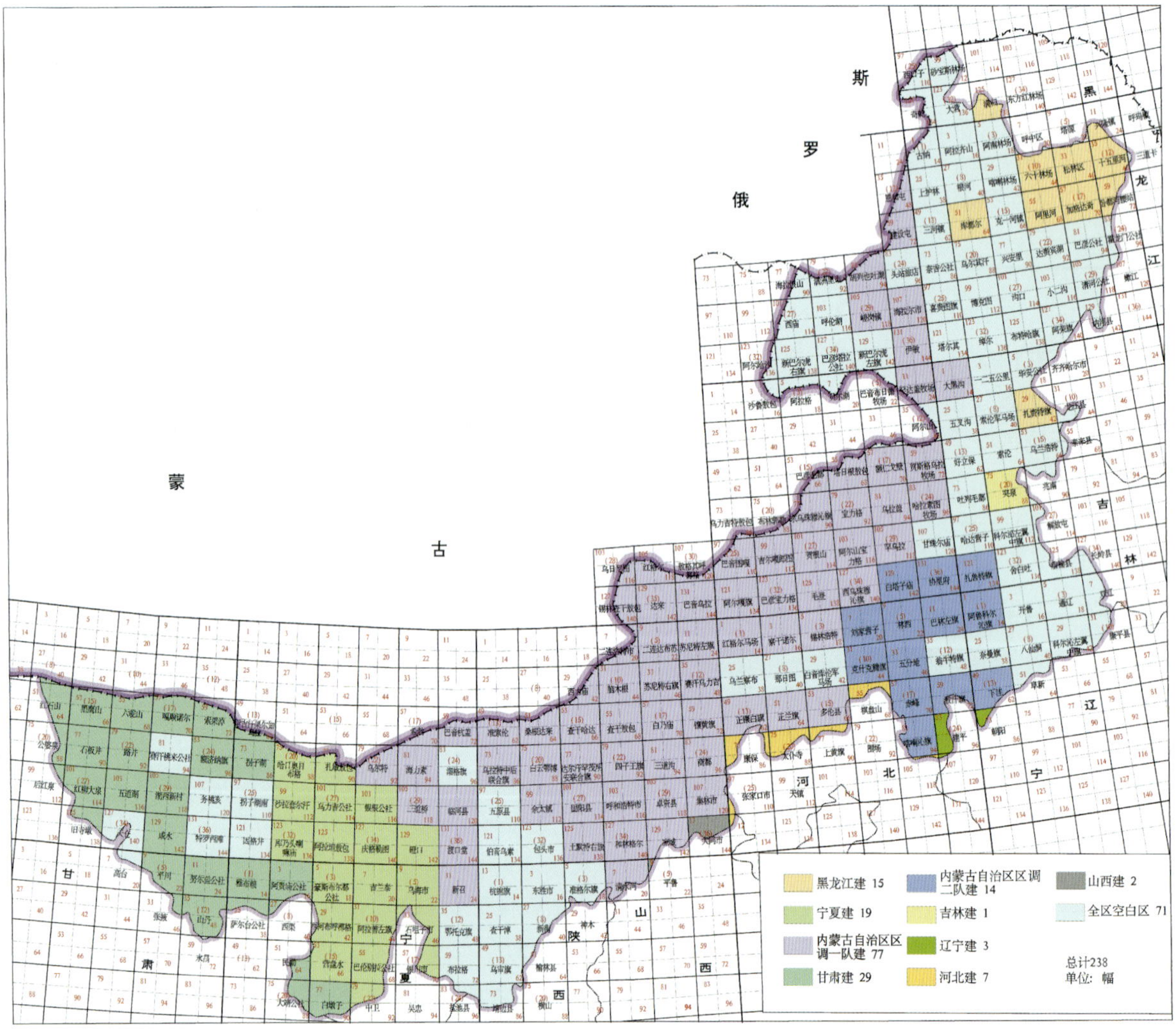


图 2-5　内蒙古自治区 1∶20 万自然重砂数据库建设工作程度示意图

内蒙古自治区 1∶5 万自然重砂测量随区调工作同时进行，共完成 26 幅，采样点 18 341 个(图 2-6)。收集前人 1∶20 万图幅自然重砂测量圈定异常 980 个，1∶5 万自然重砂测量圈定异常 97 个。

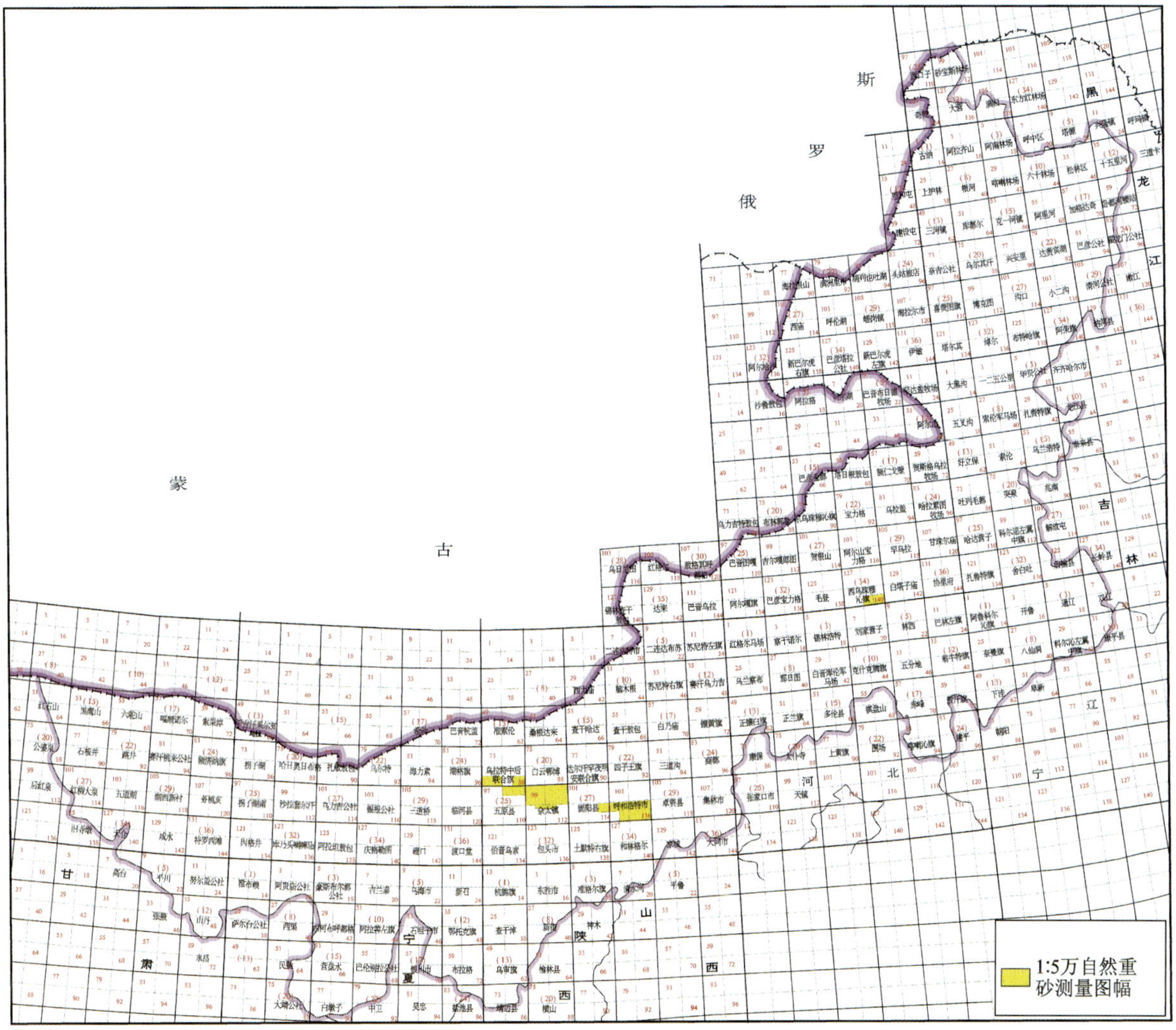


图 2-6 内蒙古自治区 1∶5 万自然重砂测量工作程度示意图

# 第三节 矿产勘查及研究

内蒙古自治区地处古亚洲成矿域和滨太平洋成矿域两大成矿域，前者呈近东西向带状分布，后者呈北东向叠加在前者之上。区内地层发育较齐全，地质构造复杂，岩浆活动强烈，成矿地质条件优越。全区矿产资源丰富，具有发现矿种数量多、分布地域广的特点，是我国重要的有色金属、稀有稀土金属和能源基地。

从成矿区域上，矿产资源集中分布于“三带”和“三盆地”内。“三带”(华北陆块北缘成矿带、大兴安岭成矿带和得尔布干成矿带)蕴藏了自治区两大稀有稀土矿床，95%以上的有色金属储量和 90%以上的铁矿。“三盆”即鄂尔多斯盆地、二连盆地(群)和海拉尔盆地(群)，集中了全区 90%以上的煤炭资源，亦是石油、天然气和铀矿的主要产地。资源分布相对集中，为规模开采创造了良好的条件。

从地域分布上，东部区以有色多金属为主，其次为能源和非金属矿产；中部区以能源、黑色金属、有色金属、贵金属、稀有稀土为主，其次是非金属矿产；西部区以能源、非金属矿产为主，其次为金属矿产。

总体上全区矿产资源的主要特点表现为：以煤和石油、天然气为主的能源矿产品种较齐全，分布广泛，储量丰富，是国家重要的能源基地；稀土资源得天独厚，举世无双，储量世界排名第一位，成为世界最大的稀土原料生产和供应基地;有色金属矿产资源分布集中,储量丰富,具有规模化开发的天然禀赋条件;非金属矿产种类繁多,分布广,矿种优势明显。

截至2010年底,全区查明资源储量的矿产共103种(含亚种),列入《内蒙古自治区矿产资源储量表》的矿产为99种(石油、天然气、铀矿、地热由国土资源部统计管理)。99种上表矿产共查明矿产地1696处,其中能源矿产地548处,金属矿产地827处,非金属矿产地321处。共分为2452个上表单元,其中单一或主要矿产单元1696个,共生矿产单元340个,伴生矿产单元416个。大型矿产地296处,占全区总数的17.45%;中型矿产地289处,占全区总数的17.04%;小型矿产地1111处,占全区总数的65.51%。上表矿产已开发利用的有84种,开发利用矿产地1227处。

全区能源矿产有6种,为煤炭、石油、天然气、铀矿、地热、油页岩;黑色金属矿产有5种,为铁矿、锰矿、铬矿、钛矿、钒矿;有色金属矿产有10种,为铜矿、铅矿、锌矿、镍矿、钴矿、钨矿、锡矿、铋矿、钼矿、锑矿;贵金属矿产有8种,为金矿、银矿、铂矿、钯矿、铱矿、铑矿、锇矿、钌矿;稀有稀土及分散元素矿产有11种,为铌矿、钽矿、铍矿、锆矿、稀土、锗矿、镓矿、铟矿、镉矿、硒矿、碲矿;冶金辅助原料非金属矿产有11种,为蓝晶石、红柱石、普通萤石、熔剂用灰岩、冶金用白云岩、冶金用石英岩、冶金用砂岩、铸型用砂岩、冶金用脉石英、耐火黏土、铁矾土;化工原料非金属矿产有14种,为自然硫、硫铁矿、芒硝、天然碱、电石用灰岩、制碱用灰岩、化工用白云岩、化肥用蛇纹岩、泥炭、盐矿、溴矿、砷矿、硼矿、磷矿;建筑材料及其他非金属矿产有37种,为石墨、硅灰石、云母、长石、石榴石、蛭石、沸石、石膏、方解石、冰洲石、玉石(巴林石)、水泥用灰岩、制灰用灰岩、玻璃用石英岩、玻璃用砂岩、水泥配料用砂岩、玻璃用砂、建筑用砂、玻璃用脉石英、硅藻土、水泥配料用页岩、高岭土、陶瓷土、膨润土、砖瓦用黏土、水泥配料用黏土、建筑用橄榄岩、饰面用辉石岩、饰面用玄武岩、饰面用辉绿岩、饰面用闪长岩、建筑用花岗岩、饰面用花岗岩、珍珠岩、饰面用大理岩、水泥用大理岩、水泥配料用板岩。

"九五"时期以来,主要开展了以金、铜多金属为主攻矿种的矿产资源勘查工作,主要部署于阿拉善北山地区、大兴安岭中南段、得尔布干及华北陆块北缘等重要成矿区(带),发现评价了一批大、中、小型金(铜)矿床和铅锌铜银矿床,包括朱拉扎嘎、新地沟-卯独庆、陈家杖子、四五牧场金矿床,以及拜仁达坝、花敖包特、黄花沟铅锌铜银矿床。近几年相继发现并评价了一批中型和大型铜钼、铅锌、镍矿床(兴和曹四夭钼矿、鄂伦春自治旗岔路口钼矿、乌拉特后旗达布逊镍钴矿、根河市比利亚古铅锌矿、柴河镇二道河铅锌矿、赵井沟铌钽矿、阿荣旗太平沟钼矿床、赤峰市鸡冠山-小东沟钼矿床、罕达盖铁铜矿、乌兰德勒铜钼矿和乌日尼图铜钼矿等)及其他金属矿床,实现了矿产资源勘查的重大突破。

## 第四节 成矿规律与矿产预测评价

内蒙古自治区内正规的、系统的地质调查工作是从1949年之后开始的,此前仅有个别国内外地质学家进行过简单的路线或矿点调查。如1915—1925年间翁文灏、王竹泉曾到大青山石拐沟一带进行煤炭资源调查;1920年谢家荣曾到呼伦贝尔盟扎赉诺尔一带进行煤田地质调查并估算了煤储量;1927年丁道衡参加中瑞西北考察团去西北考察,途经乌兰察布盟草原时发现了白云鄂博铁矿,对铁矿储量做了概略估计;1930年孙健初对大青山一带的地质情况进行了较为详细的调查研究,填绘了相应的地质图;1935年何作霖对白云鄂博铁矿调查并发现稀土矿物;等等。

20世纪80年代以前,为适应经济社会发展所急需的矿种,针对个别矿床(如白云鄂博铁铌稀土矿)或某一地区某个矿种的找矿和成矿规律研究较多,全区多矿种区域成矿规律研究较少。如20世纪50年代,围绕包头钢铁基地建设,对白云鄂博铁矿、炼钢用焦煤、白云岩等辅助冶金材料开展的调查研究;1958—1960年,对国家急需的铬铁矿开展的调查评价;1958年,在全民大办钢铁运动的影响下,在集二线附近对铁矿及航磁异常的调查评价;1962年,内蒙古自治区地质局对赤峰南部金矿产地进行调研,初步总结了成矿地质条件；1963 年，由内蒙古自治区 105 地质队负责，内蒙古自治区地质局实验室和中国地质科学院及中国科学院有关单位参加，对白云鄂博矿区矿石的物质成分、稀有稀土元素的赋存状态、分布规律以及资源数量的调查评价；等等。

20 世纪 60—80 年代开展的国际分幅 1∶20 万区域地质调查对测区内矿产进行了调查，初步总结了成矿规律，划分了成矿远景区，并编写了矿产报告，客观地反映了该图幅内矿产资源状况，目前仍然有重要的参考价值。

1979—1985 年间，根据地质矿产部的统一部署，内蒙古自治区地质局开展了第一轮成矿远景区划工作。这是首次以统一的标准开展以成矿带为目标区的成矿远景预测工作，当时开展了铁、金、钨、铁锡多金属、铜多金属、煤炭、磷、萤石、石墨、石灰岩等矿种的成矿预测工作。工作区主要集中在内蒙古东部和中部地区，同时对内蒙古鞍山式铁矿、温都尔庙式铁矿、白云鄂博式铁矿、霍各乞式铁矿和宣龙式铁矿、狼山-渣尔泰山铜矿、白乃庙-朱日卡铜矿、大兴安岭中段和赤峰北部铜矿、得尔布干多金属成矿带南段铜矿、东乌旗-加格达奇Ⅲ级成矿带铜矿、赤峰市南部金矿等矿种进行资源总量预测工作。

1989 年，内蒙古自治区地质资料处对第一轮成矿远景区划成果进行了汇编，包括自治区成矿远景区划成果摘要共 42 篇。成果包括煤，有色金属铜、锡、钨、金、多金属，铁矿，盐湖矿产，萤石，石墨，石灰岩，磷矿等矿种的Ⅲ～Ⅴ级成矿区（带）资源总量及预测资料；论述了预测区的地质背景，包括地层、构造、岩浆岩；依据区内已知矿产的数量、矿床类型论述了资源现状与特点，总结了成矿规律和控矿条件，建立成矿模型，采用逻辑信息法或蒙特卡罗法进行资源预测；全面反映了 20 世纪 80 年代末内蒙古自治区矿产资源面貌。

1992—1994 年，按照地质矿产部的要求，内蒙古自治区开展了第二轮固体矿产远景区划工作，主要进行了：赤峰市南部金矿区第二轮成矿远景区划；赤峰市北部铅、锌、锡多金属矿第二轮成矿远景区划；大兴安岭萨马街-布敦花地区铜多金属矿第二轮区划；满都拉-白乃庙铜矿第二轮成矿远景区划；包头至乌兰浩特金、铜多金属矿第二轮成矿远景区划成果汇总。第二轮固体矿产成矿远景区划成果总结归纳了区内的区域成矿规律及综合找矿信息，建立了成矿模式和地质、物探、遥感等综合性找矿模型。在类比基础上，通过成矿远景预测，圈定了Ⅳ级成矿远景区 25 个（其中 A 类 3 个，B 类 18 个，C 类 4 个），选择了可能取得找矿突破和按地区需要或利于勘查开发一体化实施找矿的重点普查区 15 个，并提出了相应的矿产勘查工作部署意见和建议。同时对成矿远景区内主要矿种（铜、铅、锌、金、银等）的资源量进行了 E＋F 级估算和汇总。

1988—1995 年，内蒙古自治区地质局进行了《内蒙古自治区区域矿产总结》（以下简称《总结》）工作。在运用区域地质、区域物化探及自然重砂成果资料的基础上，经全面综合分析研究区域成矿地质条件和成矿规律，以提高区域地质矿产研究程度，为进一步成矿预测、矿产区划、部署 1∶5 万区调矿产普查、专题研究和教学提供了基础成果资料。工作中收集研究了上千份固体矿产勘查报告和有关论文、文献；认真综合整理了 1000 余种矿种的 3680 处矿床、矿点和矿化点的资料；编制和统计了百余种图件和表格。系统总结了全区 76 种探明储量矿种的地质特征和分布规律；以成因类型划分方法，优选代表性的矿床做了重点描述和研究，强调了燕山期成矿的重要性，初步讨论了区域矿产分布不均匀的主要原因；并在成矿规律、成矿地质条件和物化探及自然重砂资料的基础上，圈定了 63 处成矿预测区，其中 A 类成矿预测区 11 个，B 类成矿预测区 26 个，C 类成矿预测区 26 个。《总结》反映了全区矿产的全貌、特色及矿产资源配套状况，是继《区划成果摘要汇编》之后的又一重要矿产总结。

1996 年出版的《中国矿床发现史 · 内蒙古卷》，阐述了内蒙古区内除水资源以外，以固体矿产为主的 57 种矿产、143 处大中小型矿产地的发现与勘查历史中的主要情况和经验教训，反映数以万计的地质工作者发现和勘查矿产资源的贡献，再现了矿产勘查工作的光辉历程，系统总结了矿产勘查工作的历史经验和客观规律，让人们进一步了解矿产勘查事业在整个国民经济建设中的作用和价值，藉以告慰先行者，激励后来人。

此外，20 世纪 80—90 年代，国家计划委员会、国家科学技术委员会、地质矿产部组织有关研究院所、大学和内蒙古自治区及相关省的地矿局等单位开展了“中国北方板块构造及成矿规律的研究”“我国北方前寒武纪成矿地质背景及找矿远景预测”“华北地块北缘矿化集中区控矿因素及成矿预测”以及“内蒙古东南部铜多金属成矿地质条件及矿产预测”等研究项目,对包括内蒙古自治区在内的中国北方广大地区的地质、构造和成矿特征进行了系统研究,编写了一系列专著及研究报告。

20世纪90年代末,中国地质科学院矿床地质研究所开展了“大兴安岭及其邻区铜多金属矿床成矿规律与远景评价”“北山地区金属矿床成矿规律及找矿方向”等研究;内蒙古自治区有色地质勘查局开展了“内蒙古狼山地区铜多金属成矿规律、找矿方向研究”;内蒙古自治区地质矿产勘查开发局开展了“大兴安岭中南部中生代火山岩”“内蒙古兴安盟地区与火山-侵入活动有关的铜多金属矿床成矿条件和成矿预测”“内蒙古锡盟-赤峰地区斑岩型和火山-潜火山热液型铜矿床找矿前景研究”等一系列研究工作,均提交了相应的研究报告与论著。

2001年,中国地质调查局设立了由陈毓川院士负责的“中国成矿体系与区域成矿评价”项目,目的在于总结我国50余年来地质找矿工作取得的成果,提出中国区域成矿新理论。作为子项目,邵和明等(2001)领导的研究小组开展了内蒙古自治区(额济纳旗-大兴安岭成矿带和华北地台北缘成矿带)的研究和总结,著有《内蒙古自治区主要成矿区(带)和成矿系列》。该著作以地质事件为主线,对区内的成矿区(带)各地质历史时期成矿的时空演化及相互关系进行了专题研究,划分了矿床成矿系列,建立了矿床成矿谱系,划分了自治区内的成矿区(带),进行了成矿远景区划,并对远景区进行了综合评价,提出了自治区矿产勘查开发建议,是目前被广泛应用的一项研究成果。

2001—2003年,由沈阳地质矿产研究所主持,内蒙古自治区地质调查院、黑龙江地质调查院参加的中国地质调查局项目“内蒙-兴安成矿带成矿规律和找矿方向综合研究”于2004年5月提交报告。该报告在贵金属、有色金属成矿地质背景研究,区域成矿模式及找矿模型建立,区域成矿规律总结,找矿远景区划分及成矿预测等方面均取得了较大的进展。

内蒙古自治区勘查基金中心2004年实施了9个综合研究项目,即:①内蒙古北山-阿拉善成矿远景区成矿环境及找矿方向综合研究;②华北地台北缘西段狼山金、铜多金属及铂族元素成矿规律与找矿方向研究;③华北地台北缘乌拉山-大青山段金、多金属成矿规律与找矿方向研究;④华北克拉通北缘中段(多伦-赤峰)金矿成矿规律与找矿方向研究;⑤内蒙古大兴安岭中南段多金属成矿带成矿环境及找矿方向研究;⑥内蒙古大兴安岭中北段成矿环境及找矿方向研究;⑦内蒙古得尔布干成矿规律与找矿方向研究;⑧内蒙古索伦山-东乌旗成矿带成矿环境及找矿方向研究;⑨内蒙古重要成矿区(带)矿产资源勘查部署综合研究。

2005—2006年,分别以翟裕生院士、张本仁院士、陈毓川院士为顾问的研究项目“内蒙古自治区大矿、富矿成矿系统及找矿预测研究”“内蒙古区域成矿规律及重要矿产成矿预测地球化学综合研究”“内蒙古重要矿产资源潜力评价和区域成矿规律研究”开始实施,目前均已取得阶段性成果。

上述项目的实施均从不同的地域或不同的研究角度对主要矿种的成矿规律进行了研究和总结,对自治区矿产资源勘查规划与部署起到了很好的导向作用。

## 第五节　地质基础数据库

1998—2006年底,对内蒙古自治区内大量地质资料进行了数字化和数据库建设,建立了内蒙古自治区基础地质数据库。其中,与内蒙古自治区矿产资源潜力评价相关的基础地质数据库主要包括内蒙古自治区地质工作程度数据库、内蒙古自治区矿产地数据库、区域地球化学数据库、区域重力数据库、航磁数据库、1∶20万自然重砂数据库、遥感影像数据库、1∶20万数字地质图空间数据库和1∶50万数字地质图空间数据库等,为本次工作奠定了良好的基础。

## 一、地质工作程度数据库

内蒙古自治区地质调查院于2000年首次承担并在两年内完成了全区2000年以前的地质工作程度数据库，共计地质工作程度数据3679个，为本次数据库建设与维护奠定了基础。

该数据库主要收集了1951—2000年（部分专业至2001年）期间，由内蒙古自治区地矿系统所属各单位完成的各类地质资料，也包括外省地矿系统或其他单位在内蒙古自治区内所做的各项地质工作成果资料。资料涉及的单位有50多个，除原内蒙古自治区地质局所属各单位外，还有黑龙江、吉林、辽宁、河北、甘肃、宁夏、山西等省（自治区）的地质勘查单位；中国地质大学（武汉）、长春地质学院、河北地质学院、北京大学地质系等大中专院校；天津地质矿产研究所、沈阳地质矿产研究所等有关科研单位；地质矿产部直属单位；内蒙古自治区及邻省有色、冶金、核工业、煤炭、化工、建材、石油系统所属地勘单位；武警黄金部队、水文工程部队以及一些重要矿山的勘探队。

## 二、矿产地数据库

内蒙古自治区矿产地数据库建设工作于1998年启动，并由内蒙古自治区地质局对全区大中型金属矿产地进行了入库工作，完成大中型金属矿床56个、小型矿床14个。

1999年，内蒙古自治区地质矿产勘查开发局（原为内蒙古自治区地质局）选择了得尔布干成矿远景区、阿拉善成矿远景区、冀蒙相邻地区成矿远景区3个重点成矿远景区，完成金属、非金属矿点196个。

2000年，由内蒙古自治区地质调查院，补充了大中型非金属矿产地20个，小型金属矿产地62个，金属矿点162个，并进行了矿产地入库工作。截至2000年底，共完成矿产地507个，其中大、中、小型矿床149个，矿点358个。于2000年通过中国地质调查局的验收并被评为优秀级，数据质量符合本次工作要求。

2001年，内蒙古自治区对本区提交的矿产地数据库进行了维护和更新，经过最终整理和系统检查，发现由于不同原因造成重复数据13个，现已将其删除。截至2001年底共完成矿产地数据704个，其中金属矿产地395个，非金属矿产地309个，主要包括建材非金属、有色金属和贵金属数据。增加、修改或补充的矿产地矿产储量数据源主要以2000年出版的《内蒙古自治区矿产资源储量表》为标准。

2003年，内蒙古自治区又对区内矿产地数据库进行了维护和更新，补充矿产地数据723个。其中金属矿产地47个，非金属矿产地56个，矿点620个。

内蒙古自治区矿产地数据库自1997年至2003年共收录大、中、小型及矿点数据1427个，包括黑色、有色、贵金属、冶金、建材、化工、燃料七大类。其中大型80个，中型208个，小型449个，矿点（含矿化点）690个。

## 三、区域地球化学数据库

自2001年起，内蒙古自治区按中国地质调查局统一制订的区域地球化学调查数据汇交格式，对本区能收集到的1∶20万区域地球化学调查水系沉积物测量数据进行整理后向中国地质调查局发展研究中心进行了汇交，于2005年由中国地质调查局发展研究中心建立了全国区域地球化学数据库。

内蒙古自治区区域地球化学数据库是由中国地质调查局在所建立的全国区域地球化学数据库基础之上，根据内蒙古自治区重要矿产资源潜力评价项目的需要，从全国数据库中提取内蒙古自治区数据而成的。内蒙古自治区区域地球化学数据库为 1∶20 万水系沉积物组合样品数据(每 4$km^2$ 组合成一个样),包括 39 种元素和氧化物,即 Ag、As、Au、B、Ba、Be、Bi、Cd、Co、Cr、Cu、F、Hg、La、Li、Mn、Mo、Nb、Ni、P、Pb、Sb、Sn、Sr、Th、Ti、U、V、W、Y、Zn、Zr、$SiO_2$、$Al_2O_3$、$Fe_2O_3$、MgO、CaO、$Na_2O$、$K_2O$。资料截止时间为 2002 年。

至 2006 年底,内蒙古自治区完成 1∶20 万区域化探 166 幅(折合成 147 个标准图幅)。其中 1∶20 万水系沉积物样品入库数据共 157 幅,2002 年以来完成的 15 幅(折合成 14 个标准图幅)尚未入库(图 2-7)。

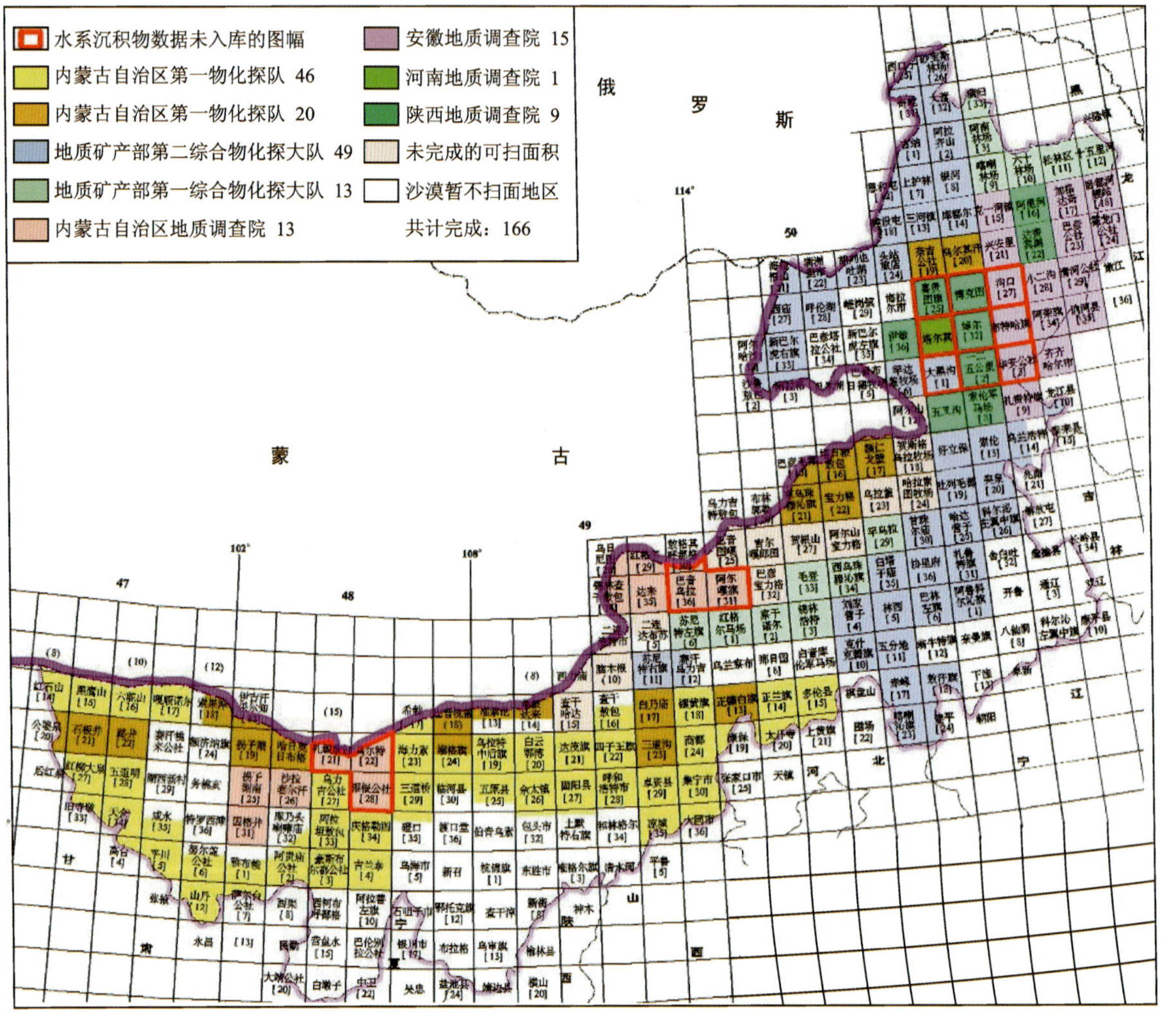


图 2-7　内蒙古自治区区域地球化学数据库建库工作程度示意图

## 四、区域重力数据库

国土资源部系统(地质矿产部第一综合物化探大队、地质矿产部第二综合物化探大队、内蒙古自治区第一物化探队、内蒙古自治区地质调查院、山西省地质调查院)完成 1∶20 万区域重力测量 94 幅(包括不完整图幅),主要集中在内蒙古自治区一些重要成矿区(带)上(华北陆块北缘、大兴安岭中南段、得尔布干成矿带、鄂尔多斯盆地,以及阿拉善、北山的部分地区),约 37.74 万 $km^2$,占全区总面积的 32%。

1∶100 万的重力测量除巴丹吉林沙漠外,基本覆盖全区。

自 2000 年起,内蒙古自治区区域重力数据由各完成单位按区域重力规范的“五统一”要求进行了整理，提交地质矿产部第二综合物化探大队区域重力中心。中国地质调查局于2003年建立了全国区域重力数据库。

内蒙古自治区区域重力数据库是由中国地质调查局在所建立的全国区域重力数据库基础之上，根据内蒙古自治区重要矿产资源潜力评价项目的需要，从全国数据库中提取内蒙古自治区数据而成的，包含经度、纬度、高程、布格重力值、序号5项数据。数据资料截至2006年底。

## 五、航磁数据库

内蒙古自治区航磁数据库是1998年由国家航遥中心统一建立的，共包括1957—1994年66个测区，其中1：2.5万的测区有3个，1：5万的测区有43个，1：10万的测区有8个，1：20万的测区有8个，1：50万的测区有3个，1：100万的测区有1个，控制有效面积约110万$km^2$，基本覆盖自治区范围。

数据库的格式为：××××.XYZ、××××.DBF。

## 六、自然重砂数据库

区域自然重砂测量始于20世纪50年代末至60年代初，至80年代末期结束。此项工作是随1：20万区域地质调查完成的。全区1：20万区调除大兴安岭北部16个图幅和科尔沁沙地13个图幅为空白区外，已完成238个图幅，完成面积约100.9万$km^2$，覆盖比例85.29%。

2000—2003年进行的全区1：20万自然重砂数据库建设，分别由内蒙古、甘肃、宁夏、辽宁、吉林、黑龙江、河北、山西共同承担。按照建库标准已建立了自治区1：20万自然重砂数据库，并编制了《1：20万自然重砂数据库工作报告》。全区共完成建库167幅，录入自然重砂取样点131 014个。其中，甘肃省建库29幅，宁夏回族自治区建库19幅，内蒙古自治区区测一队及区测二队共建库91幅，辽宁省建库3幅，河北省建库7幅，山西省建库2幅，吉林省建库1幅，黑龙江省建库15幅。

## 七、遥感影像数据库

航遥中心提供的ETM原始数据基本能满足本次工作需要，数据覆盖自治区范围。

## 八、1：20万数字地质图空间数据库

内蒙古自治区1：20万数字地质图空间数据库项目始于1997年，内蒙古自治区地质局地质中心承担了1997—1999年的任务，按1999年任务书的要求完成了33幅（折合30个标准图幅）建库工作。2000—2001年内蒙古自治区地质调查院承担了此项任务，2000年度完成37幅（折合30个标准图幅），重绘制和修改了1997—1999年30个标准图幅，最终提交经过套改的70幅（折合60个标准图幅）1：20万数字地质图空间数据库；2001年完成132幅（折合125个标准图幅），保持了“原汁原味”，目前尚有27幅未进行1：20万区域地质工作。共计完成202幅，包含1：20万地质图数字化采集、综合处理及入库工作，并通过中国地质调查局的验收，被评为优秀级（图2-8）。

1：20万数字地质图空间数据库是2007年前唯一覆盖内蒙古自治区大部分基岩出露区的基础地质图数据库，是开展本次潜力评价工作的基础。

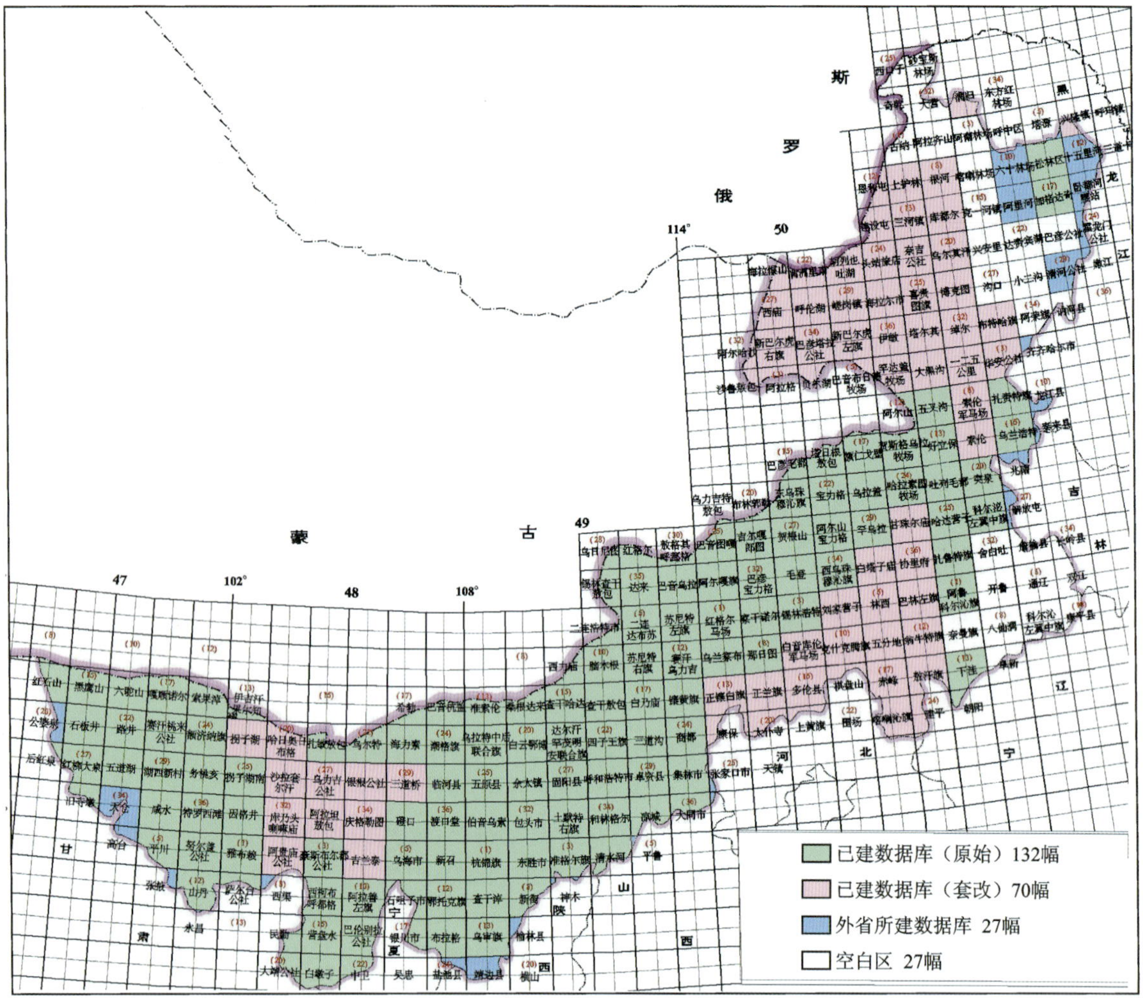


图 2-8　内蒙古自治区 1∶20 万地质图数据库工作程度示意图

2003 年，为了使 1∶20 万数字地质图空间数据库更加完整、实用，选择了 20 幅地质图进行维护工作，即利用《内蒙古自治区岩石地层》及已完成的 1∶20 万数字地质图数据库对其中 15 幅柱状图与剖面进行地层清理、套改、检查、修改，并最终全面完成与主图的拼合。

## 九、1∶50 万数字地质图空间数据库

内蒙古自治区现有的 1∶50 万地质图空间数据库为 1999 年由内蒙古自治区地质矿产勘查开发局编制完成的，资料截止时间为 1997 年。1∶50 万地质图空间数据库是在原有 1∶150 万地质图的基础上，收集利用了全区 255 个 1∶20 万图幅、107 个 1∶5 万图幅的区调新资料及有关科研成果编制而成。各时代地层单位名称采用了地层清理成果中的岩石地层单位，侵入岩采用时代(纪)＋岩性表示，变质表壳岩用地层符号表示，变质深成侵入体以中太古代、新太古代片麻岩表示。属性数据采用原国家计划委员会、地质矿产部联合立项的《全国 1∶50 万地质图数库项目》技术要求。数据库中表示了岩石地层单位 212 个，侵入体单位 108 个，全国性区域断裂 16 条，补充省内重要断层 3 条，同位素年龄数据 62 个。1999 年 3 月通过全国 1∶25 万地质图数据库项目领导小组的审查，被评定为优秀级，数据质量符合本次工作要求。

# 第三章　潜力评价技术思路

## 第一节　指导思想

“内蒙古自治区矿产资源潜力评价”是“全国矿产资源潜力评价”的重要部分，按全国矿产资源潜力评价技术要求的指导思想开展工作，以科学发展观为指导，以提高自治区重要矿产资源对经济社会发展的保障能力为目标，充分开发应用已有的地质矿产调查、勘查、多元资料与科研成果，以先进的成矿理论为指导，使用规范而有效的资源评价方法、技术和各类基础数据为支撑，以已开展的资源评价工作为基础，采取政府部门指导、内蒙古自治区国土资源厅组织实施、专家指导、产学研相结合的工作方式，全面、准确、客观地评价内蒙古重要成矿区(带)内的矿产资源潜力以及空间布局；预测未来10～20年重要矿产资源的探明趋势，推断开发产能增长趋势，建立矿产资源开发基地的战略布局；为更好地规划、管理、保护和合理利用矿产资源，也为部署矿产资源勘查工作提供基础资料，为自治区编制中长期发展规划提供科学依据；同时通过工作提高对自治区区域成矿规律的认识水平，完善资源评价理论与方法，并培养本地区高层次地学科技骨干，据此确定项目的具体目标和实施的技术路线。

## 第二节　工作原则

内蒙古重要矿产资源潜力评价工作是一项需要发挥各方面积极性和创造能力的庞大系统工程。总体工作原则是：坚持“解放思想、实事求是、尊重地质工作规律”的原则；坚持一切从国家整体利益出发，立足当前，着眼长远，统筹全局，兼顾各方的原则；坚持“统一组织、统一思路、统一方法、统一标准、统一进度”的原则；坚持产学研相结合，发挥各方面的积极性和优势，融合协调、和谐的原则；坚持既要自主创新，符合我国国情，又可进行与各省(自治区、市)之间对比和交流的原则。

内蒙古重要矿产资源潜力评价工作以大陆动力学、区域成矿学、矿产预测学为理论基础，以综合信息数据处理技术、计算机技术应用为技术支撑，以GIS为平台，应用不同比例尺区调原始资料及最新研究成果，按不同矿种和不同矿床类型对自治区矿产资源空间分布、产出概率和资源潜力等进行定量评价，预测各单矿种资源总量，是科学合理部署矿产勘查工作的前提。

## 第三节　技术路线

全面利用地质构造、综合信息、成矿规律研究工作成果；根据某一矿种、某一矿床类型的典型矿床及区域成矿规律研究成果，建立区域成矿模式；应用已知矿床的区域成矿模式，全面解析区域地质构造，主要控矿因素,物探、化探、遥感、自然重砂等综合信息,矿化特征,确定预测要素,建立预测模型;对未知区进行类比预测,圈定预测区,预测矿床数,估算资源量。

根据该项研究工作范围大、内容多和综合性强以及区域成矿地质背景复杂多样的特点,为保证研究工作总目标的实现,工作中采用如下技术路线。

## 一、基础数据库整理与维护

根据矿产资源潜力评价工作的需要,在对已有的各类数据库进行认真核对、补充完善和必要修改的同时,补充采集各种新的区域地质调查、矿产勘查、地球物理勘查、地球化学勘查、遥感地质调查、水文地质调查、环境地质调查、工程地质调查、综合类专业等数据资料。最终形成可以提取各类找矿信息的符合各项技术标准的基础数据库。

原来的管理系统已无法提供使用,因此需要进行版本升级。

## 二、区域成矿地质背景研究

### (一)实际材料图与建造构造图及其数据库建设

全面系统收集1∶25万、1∶20万、1∶5万区调原始资料(野外记录本、实测剖面、钻孔剖面,各项岩矿鉴定测试资料、实际材料图等)及成果资料(地质图、地质报告、矿产图、矿产报告等),区域地质研究成果、专著和重要文献等。在分析、整理、研究上述原始资料和成果资料的基础上,按照"全国矿产资源潜力评价"项目之《成矿地质背景研究技术要求》(以下简称《要求》)和1∶25万标准国际图幅编制实际材料图,并编写编图说明书。

在1∶25万分幅编制实际材料图的基础上,通过对沉积岩建造、火山岩性岩相、侵入岩建造、变质岩建造、侵入构造带、火山构造、大型变形构造、地质界线、断裂、褶皱、产状、同位素年龄、化石,以及物探、化探、遥感解释资料等深入综合分析研究后,按照"全国矿产资源潜力评价"项目之《要求》,分幅编制1∶25万建造构造图,并编写编图说明书。

### (二)矿产预测专题工作底图的编制与数据库建设

依据矿产预测组提供的预测矿种、预测区范围、预测方法类型,全面收集区调、矿产勘查和科研资料,以及有关的物探、化探、遥感成果等资料,深入研究预测区内的地质构造时间、空间与物质组成及大地构造环境和成矿作用特征,综合分析成矿地质构造要素,确定要表达的与成矿有关的地质构造内容(即目的层、有关的构造和蚀变等)。在1∶25万建造构造图的基础上按《要求》依据预测方法类型的不同,分别编制不同比例尺的沉积岩建造构造图、构造岩相古地理图、火山岩性岩相构造图、侵入岩浆构造图、变质岩建造构造图和建造构造图,并编写编图说明书。

### (三)五要素图编制

所谓"五要素图"即是沉积岩岩石构造组合图、火山岩岩石构造组合图、侵入岩岩石构造组合图、变质岩岩石构造组合图和大型变形构造图。它们是编制1∶50万大地构造图的专题工作底图,是在

1∶25 万实际材料图和建造构造图的基础上编制的。五要素图工作底图为由 1∶25 万建造构造图缩编的1∶50 万建造构造图。

**1. 沉积岩岩石构造组合图**

主要研究内容和方法：是按《省级 1∶50 万大地构造专题底图(沉积岩)编图技术要求》，首先在研究区构造-地层区划和沉积岩多重地层划分对比的基础上完成岩石地层格架图的编制；然后对各岩石地层单位的岩性及其组合在沉积相分析的基础上划分沉积岩建造组合类型，在沉积岩建造组合类型划分的基础上进行各建造组合类型的原型盆地分析，从而确定建造组合赋存的构造古地理单元和大地构造相归属以及含矿性的研究，并编制沉积岩建造组合类型与构造古地理单元划分综合柱状图和沉积岩建造组合与构造古地理时空演化图；最后将上述成果由微机按《要求》中规定的图式图例以及所要表达的内容编辑成 1∶50 万沉积岩岩石构造组合图，并编写说明书。

**2. 侵入岩岩石构造组合图**

主要研究内容和方法：首先是在 1∶25 万建造构造图上提取侵入岩建造时空分布图和侵入岩建造综合柱状图，进而从全区的时空角度对上述侵入岩建造依据岩石组合特征、岩石学特征和矿物学特征，进行初步概括地分析对比，提出全区范围内侵入岩建造的时空分布框架和侵入岩岩石构造组合(包括其大地构造属性)的时空分布框架，并缩编为 1∶50 万侵入岩浆构造图作为侵入岩岩石构造组合图的工作底图。

根据《省级 1∶50 万大地构造图专题工作底图(侵入岩)研究内容和图面表达的要求》，对上述初步划分的岩石构造组合分类中的岩石组合特征，岩石学、矿物学特征以及各类相关化学参数特征等，经反复的综合研究分析对比，最终确定各岩石构造组合类型及其大地构造环境，进而进行大地构造相的归属以及含矿性研究，并根据已确定的不同侵入岩岩石构造组合的时空分布规律，划分侵入岩浆构造带和侵入岩构造岩浆旋回，同时编制侵入岩岩石构造组合综合柱状图和侵入岩岩石构造组合时空演化结构图。

按规定的图式图例以及所要表达的内容由微机编辑成 1∶50 万侵入岩岩石构造组合图，并编写说明书。

**3. 火山岩岩石构造组合图**

根据《编制省级大地构造图专题工作底图(火山岩)的技术要求》，其主要内容和方法：首先在 1∶50 万建造构造图(由 1∶25 万建造构造图缩编而成)上依据火山岩建造的岩石组合特征、岩石学特征、矿物学特征、各类化学参数特征并结合同一演化阶段(或同时代的)其他岩石建造(侵入岩、沉积岩、变质岩等)，划分出火山岩岩石构造组合类型，同时进行大地构造环境的归属和含矿性研究。

在火山岩岩石构造组合类型确定的基础上进行大地构造相和亚相的划分，并结合大地构造演化阶段以及大地构造格局进行火山岩构造岩浆旋回(旋回、亚旋回、期、次 4 级)和构造岩浆岩带(岩浆岩省、带、亚带、段、火山岩岩石构造组合)的划分，同时编制火山岩建造综合柱状图和火山岩岩石构造组合时空结构表。

将上述研究成果按《要求》规定的图式图例以及所要表达的内容由微机编辑成 1∶50 万火山岩岩石构造组合图，并编写说明书。

**4. 变质岩岩石构造组合图**

根据编制《省级 1∶50 万大地构造专题工作底图(变质岩区)的技术要求》(以下简称《技术要求》)编制变质岩岩石构造组合图的主要内容和方法：首先将 1∶25 万建造构造图接图后进行缩编为 1∶50 万建造构造图作为变质岩岩石构造组合图的工作底图。

根据原变质岩建造的原岩恢复、形成时代、变质时代和形成的大地构造环境，经综合分析研究后将相同形成时代、相同变质时代、相同构造环境下形成的一组变质岩建造归并为变质岩岩石构造组合，并研究其含矿性。进而依据原 1∶25 万建造构造图资料及科研文献等资料确定不同变质岩岩石构造组合类型的变质相(系)特征；结合全国大地构造分区方案划分变质地质单元；根据变质岩岩石构造组合形成的大地构造环境，参考《技术要求》中关于大地构造相的类型特征和判别标志，判别并确定其所属大地构造相类型；在全国大地构造相单元划分的总体框架下划分变质岩区的大地构造相单元；按变质地质单元研究变质地质事件演化序列，并编制变质地质事件演化综合柱状图。

按《技术要求》中规定的图式图例以及所要表达的内容由微机编辑形成 1∶50 万变质岩岩石构造组合图，并编写说明书。

### 5. 大型变形构造图

按《大型变形构造研究工作要求》(以下简称《工作要求》)编制大型变形构造图的主要研究内容和方法：首先要全面收集各种比例尺的区域地质矿产调查报告中的构造资料，包括已经出版的与构造变形有关的学术论文和专著，其他各种地质矿产专题研究报告中的构造内容，航空照片和卫星照片等遥感与航空磁法获得的航磁异常、重力地震大地电磁等资料；然后对收集的资料进行综合研究，确定编图区大型变形构造的类型、规模、产状、组合形式、物质组成、构造层次、运动方式、力学性质、形成时代、变形期次、大地构造背景和含矿性特征，并填制大型变形构造特征数据表格和必要的资料目录等。

按《工作要求》和规定的图式图例以及所要表达的所有内容由微机编辑形成 1∶50 万大型变形构造图，并编写说明书。

## 三、大地构造图的编制与数据库建设

1∶50 万大地构造图是以 1∶50 万建造构造图为工作底图(最基础的实际材料图是 1∶25 万建造构造图)，以 1∶50 万“五要素图”为编图的重要依据。大地构造图是以大地构造相分析方法，精细厘定在不同演化阶段特定的大地构造环境中形成的岩石构造组合，划分大地构造相单元而成的图件。

(1)在“五要素图”的基础上研究各类建造构造类型，厘定岩石构造组合，确定岩石构造组合分布范围、形成时代以及相互关系。同时，对区域断裂带、构造单元界线、构造混杂岩/蛇绿混杂岩带、区域性浅变质强变形构造岩带等大型变形构造进行详细研究，鉴别其是构造相单元界线还是构造相单元本身。

(2)依据岩石构造组合及其形成大地构造环境厘定大地构造相(亚相)，并在全国大地构造相划分方案框架下厘定相、大相和相系。同时，将在特定构造部位和构造时期所发生的主要地质事件中形成的特定的岩石构造组合厘定为优势大地构造相，并分析其与相邻构造部位优势大地构造相之间的时空联系和动力学背景，再结合物探、化探、遥感等信息，在全国大地构造划分方案基本框架下厘定各级(四级、五级)大地构造单元和大地构造分区研究。

(3)进行大地构造相时空演化分析，并编制大地构造相时空结构图、大地构造相时空演化模式图和大地构造分区图。

(4)按《技术要求》中规定的图式、图例以及所要表达的内容由微机编辑形成 1∶50 万大地构造图，并编写说明书。

## 四、物探、化探、自然重砂、遥感多元信息分析

综合信息地质构造研究工作的研究方式是以地质构造研究结果，结合地球物理、地球化学、遥感影像推断解释的地质构造内容，通过综合分析、去粗取精、去伪存真，实现在地质构造研究成果资料的基础

上结合物探、化探、遥感有关地质构造推断解释信息的科学集成。

## (一)物探异常找矿信息研究

物探异常找矿信息判断具有间接性和多解性,本项目物探资料主要应用航磁、重力两种数据,航磁主要应用1∶5万、1∶20万、1∶50万、1∶100万比例尺资料,直接作为铁矿以及具有磁性矿物的矿床类型的找矿信息。本次工作对物探资料进行精细研究,通过对局部异常进行定量反演,采用已知到未知类比法,定性判断矿化信息,通过定量反演判断异常源的位置、边界、埋深和产状。

### 1. 建立找矿模型

根据已有资料,全面分析前人异常推断、验证结果,利用预测区内已知矿带、矿田、矿床的物探资料建立相应的地质-地球物理找矿模型,作为物探资料推断解释工作的重要基础资料。

### 2. 异常分区

(1)按成片异常的强度、形态、规模、走向、数量等特征进行分区,主要依据剖面图、平面图进行分区。

(2)分析研究异常分区与不同级别大地构造单元的关系,提出构造格架的推断解释。异常分区应与不同的大地构造单元相对应,如果不对应,需进一步通过更深入的推断解释工作予以解决。

### 3. 局部异常定性解释

(1)分析异常特征,包括形态、走向、规模、展布、内部结构等特征。

(2)收集异常区物性数据,进行估算对比,或者利用已知地质起因的异常特点判断类似异常的地质起因。

(3)定性判别地质构造特征,根据局部异常特征识别岩性、地层、侵入体、断裂构造、盆地构造变质基底等地质构造。

(4)结合更大比例尺的重磁资料推断矿化信息。

### 4. 数据处理

(1)研究区内地质、物探资料特点,确定数据处理的具体目的,并据此确定数据处理的具体方法。

(2)根据需要解决的问题进行延拓、化极、求导、异常分离、伪重力换算、曲化平等数据处理。

### 5. 定量反演

(1)根据异常定性解释结果,对具有重要地质找矿意义的推断解释地质体的位置埋深,推断矿致异常,进行定量反演。

(2)对定量反演结果可靠性程度进行分级。

### 6. 编制成果图件

编制物探推断解释地质构造图、物探综合异常图、物探找矿预测图等成果图件。

## (二)化探异常找矿信息研究

根据化探异常找矿信息,进行区分区域异常和局部异常,圈定局部异常;根据单元素异常确定不同元素的关系,确定组合或离散;对大范围区域异常,排除干扰,凸显出局部异常;在弱异常中强化显示局部异常;对局部异常进行分类排序工作。在选择数据处理方法时,根据该方法的原理特点所具有明确的目的性和针对性,本次化探异常解释突出进行针对性的精细处理,尽量选择排除干扰的人工智能方法。

**1. 地球化学地质构造推断解释**

(1)研究已知地质体、构造带元素组合,建立地质体构造带元素组合模式。

(2)提取区域地球化学主要元素异常特征线,并根据其元素组合模式进行地质构造特征,推断解释。

(3)根据地球化学元素区域分布特征划分异常分区,推断区域构造格架。

**2. 区域化探异常推断解释**

(1)建立地球化学找矿模型,根据预测区内矿带、矿田、矿床的地球化学异常特征,建立相对应的地球化学找矿模型。

(2)圈定化探异常,运用各种数学方法圈定单元素异常。在单元素异常的基础上,进行综合异常分析。

(3)异常评价。首先分析地质地球化学背景条件,研究地球化学区域异常特征、元素组合富集序列,进行异常区(带)分布范围的地质构造及矿化蚀变分析,推断不同系列、不同组合的异常源,研究异常源空间分布规律;通过地质地球化学背景分析,由已知到未知,类比地球化学找矿模型,进行异常推断解释,判别矿致异常。

(4)化探异常优选排序:应用各种数学工具,根据异常规模、元素组合、元素强度进行优选排序。

(5)编制化探推断解释地质构造图、地球化学综合异常图、化探找矿预测图等成果图件。化探异常找矿信息研究,因其直观性、普及性而出现了简单化的现象。本项目实施过程中强调以下几点:①特别注重地理景观的研究,由于地理景观的差别,在采样方法有效性、异常评价方法、数据处理方法确定等方面都是不同的,因此必须按照不同景观条件选择评价方法体系;②目前化探数据主要采用水系沉积物为主的方法,该方法存在位移偏差,因此汇水盆地的划分以及原始点位的分布在异常评价工作中十分重要;③根据异常圈定、元素相关性确定,排除干扰,突出低缓异常、异常排序,选择针对性强的精细数据处理方法;④化探异常评价工作必须密切结合地质成矿条件,避免就异常论异常。

## (三)自然重砂异常找矿信息研究

自然重砂资料应用研究按照中国地质调查局公布的《自然重砂资料应用技术要求》执行,按照自然重砂的工作程序,首先进行了自然重砂矿物选择,然后按照程序进行编制基础图件工作,通过对全区、预测区各矿种异常图的研究,综合分析地质构造特征,结合其他矿化蚀变信息,圈定成矿有利地段,证明内蒙古自然重砂异常的空间分布规律与其区域地质体、地质构造等有着内在的关系。利用自然重砂数据库系统软件,按照自然重砂技术工作要求及自然重砂数据库系统(2.0版)的相关规范,编制自然重砂相关矿种的有无图,在有无图的基础上重点编制重砂分级图、异常图,在异常图的基础上根据不同研究目的编制综合异常图。

## (四)遥感异常的找矿信息研究

遥感地质找矿信息研究以线、带、环、色、块遥感影像信息为依据,进行地质构造解释和间接类比分析找矿信息;利用遥感普通影像数据量化处理直接获取地表蚀变岩石的矿化指示信息。利用岩石中金属阳离子($Fe^{2+}$、$Fe^{3+}$、$Mn^{2+}$等)和阴离子基团(如$H_2O$、$OH^-$、$CO_3^{2-}$)的光谱反应,应用普通的TM、ETM数据直接提取遥感异常信息,推断蚀变矿物的空间分布,提取直接找矿信息。目前,这种方法对于荒漠地区、裸露地区已经取得了很好的找矿效果。本次除了按照传统方法完成地质构造解释工作以外,还将以遥感异常研究为主要手段,同时辅以线、带、环、色、块地质构造解译的间接类比分析法,进行直接找矿信息研究。遥感异常蚀变信息研究对于植被覆盖地区一般不适宜使用，因此还需要使用传统的间接解译推断找矿信息。

**1. 地质构造特征推断解释**

(1)线性影像解译：通过方向滤波，结合目视解译，判断断裂构造带空间展布特征、性质、划分期次等。

(2)环状影像解译：通过目视、人机交互方法，研究各种环状影像的形状、大小、清晰程度、空间展布特征，以及环状影像与线状影像的关系。

(3)带状影像解译：判断各类地质建造的空间分布。

(4)色异常解译：根据多时相图像、多波段合成图像、比值图像等目视解译，判断蚀变带、特殊地质体等。

(5)块状影像解译：通过块状影像的推断地质体特征，判断块状影像的边界断裂，通过菱形块状影像，判断特殊的地质构造特征，如判断交叉构造、挤压构造、断裂密集区等。

**2. 遥感异常提取**

(1)根据不同数据(一般使用 TM、ETM 数据)选择遥感异常提取的方法：通过主成分分析法、比值法、光谱角制图法等，提取遥感异常。

(2)遥感异常分类筛选：根据已知矿床、矿田上的遥感异常，通过类比方法进行异常筛选排除干扰，进一步进行分类和排序。

**3. 编制成果图件**

编制遥感影像图、遥感地质构造解译图、遥感异常图、遥感找矿预测图等成果图件。

## 五、成矿规律研究

### (一)成矿区(带)的划分

成矿区(带)是指相同地质环境范围内，成矿信息密集，已知矿床集中并具有资源潜力的地质单元。

(1)由于成矿作用是地质作用的组成部分，因此一般情况下，成矿区(带)的边界与大地构造边界基本吻合，但是对于某些地区也可以不完全吻合。当不同地质时代的成矿区(带)叠加在同一地区时，采用成矿作用最强、保存最好的地质时代的成矿区(带)，但要说明其他时代成矿区(带)的情况。

(2)区域矿产空间分布的集中性和区域成矿作用的相对一致性。

(3)按照逐级圈定的原则，级次划分成矿域(Ⅰ级)、成矿省(Ⅱ级)、成矿区(带)(Ⅲ级)、成矿亚区(Ⅳ级)、矿田(Ⅴ级)，其中Ⅰ级、Ⅱ级、Ⅲ级总体上与相应级别的大地构造分区相当。

(4)内蒙古自治区Ⅳ级成矿亚区，基本上在全国划定的Ⅲ级区(带)的次级地质构造基础上圈定Ⅴ级成矿区，主要在Ⅳ级成矿亚区中围绕某一成矿中心矿床或者矿化密集分布的地区(带)。

(5)划分单矿种(组)成矿区(带)，本次预测 20 种矿产，在编制单矿种(组)矿产预测图件时，按照各矿种(组)区域成矿规律的特点，划分单矿种(组)成矿区(带)。

### (二)进行综合信息地质构造、综合异常研究

以成矿地质构造环境为区域成矿规律研究的基础，在以往研究的基础上，划分出内蒙古自治区存在

的各类成矿地质构造环境，探讨其与成矿的关系及其演化过程和规律；充分利用地球物理、地球化学及遥感探测资料与成果，进行深入分析，提取地质成矿信息，扩大在成矿规律研究工作中的实际作用，提高成矿规律研究的质量。

**1. 综合信息地质构造研究**

综合信息地质构造研究工作是根据地质、物探、化探、遥感各专业的理论原理和特点，在地质构造研究的基础上，对物探、化探、遥感的推断解释成果进行分析取舍、扬长避短，实现互补。

综合信息分析工作的具体操作过程是通过编制综合信息图件而实现的。

(1)地质、物探、化探、遥感提供的地质构造资料信息分析。

地质构造编图依据的资料基础分析：包括地质观察实测资料分析(例如实测地质界线、断层等)、综合研究推断资料分析(例如大地构造相边界线、岩浆构造带界线、火山机构边界线等)。

物探推断地质构造的资料基础分析：包括物性基础、定量反演计算和定性推断合理性分析，位场转换数据处理结果合理性分析，构造线及地质体边界推断依据合理性分析，多种物探方法推断解释吻合程度分析等。

化探推断解释地质构造的资料基础分析：包括元素组合的选择合理性分析、地球化学异常轴线位置准确度分析等。

遥感推断解释地质构造的资料基础分析：包括遥感影像图假彩色波段合成时不同地区波段选择的合理性分析，镶嵌图影像校正畸变分析，地质构造信息提取的重现性判别、已知地质体确定的解释标志的代表性分析，剔除影响因素分析等。

(2)综合信息地质构造分析。

区域地质构造总体格局分析：包括前寒武纪基底分布格局分析，火山岩浆构造带、地质构造单元分区界线的确定，中新生代沉积盆地构造分析，判别物性差异地质体隐伏界线等。

侵入岩体分析：判别侵入体不同类型空间分布范围，推断隐伏岩体埋深及平面分布，判别侵入体产状，划分不同岩性组合、补充地表界线，判别蚀变矿化等。

大型变形构造分析：判别断裂构造平面展布、延深、规模、位移、性质，推断隐伏构造带等。

(3)编制综合信息地质构造图。分为陆块区综合信息地质构造图、造山带综合信息地质构造图。基本内容与陆块区大地构造图、造山带大地构造相图一致。在原来综合地质构造图的基础上增加物探、化探、遥感推断地质构造内容，并以不同图例表示。

**2. 综合异常研究**

在完成物探(重力、磁法)、化探、自然重砂、遥感等单方法异常提取的基础上，进行物探、化探、自然重砂、遥感等综合异常研究。

(1)根据物探、化探、自然重砂、遥感等异常在空间上的不同配置关系，对两种以上重叠的综合异常进行剖析研究、推断解释，判别矿致异常与非矿异常。

(2)对物探、化探、自然重砂、遥感等综合异常和矿产地空间分布资料进行套合，建立典型矿床找矿模型。

综合异常研究工作属于矿产预测工作的内容，在物探、化探、自然重砂、遥感等专业人员的配合下完成矿产预测工作。

### (三)典型矿床研究

选择矿床模型法为矿产预测的主导方法，由于本项目矿产预测要求做到圈定成矿预测区、预测资源量。因此，典型矿床研究的深入程度，矿床成矿模式的建立、矿床模型(模式)所显示的信息量及其可靠程度，直接关系到矿产预测的可信度，因此一定要重视典型矿床的研究工作。

由于矿产勘查工作程度很不平衡，不同地区典型矿床的数量以及研究程度差别很大，拟采用两种方法加以解决：一是借鉴全区、全国、全球典型矿床的资料进行类比，二是尽量收集具有典型意义矿化类型的、不同规模的矿点或矿化线索的资料进行分析研究，以此达到工作程度低的地区发现新矿种、新类型的目的。

由于受本项目工作量大、实施时间紧等条件的限制，典型矿床研究工作以通过收集已有资料为主、野外实地研究为辅，尽量收集齐全已有各种研究成果资料和数据，必要时应开展实地调查研究工作，补充采集、测试必要的样品，特别是确定成矿时代的样品。

### 1. 划分矿床类型

矿床类型是指在特定的成矿地质作用过程中，受特定的成矿地质因素控制而形成的矿床，同一矿种可以根据其成矿地质因素划分为不同的矿床类型。

(1)本次工作矿床类型主要依据陈毓川院士“全国重要矿产和区域成矿规律研究”项目丛书中的《重要矿产预测类型划分方案》划定。

(2)矿床类型划分因素：成矿时代、大地构造环境、控矿因素、成矿作用特征。

(3)矿床类型分两类：一类为确定的，指工作区内有典型矿床的类型；另一类为探索的，指工作区内具备成矿地质条件但尚未发现规模型矿床，根据周边地区或国内外已知矿床提出的类型。

(4)典型矿床的研究工作在划分不同矿床类型的基础上进行。

### 2. 控矿地质因素研究

(1)矿区沉积建造研究。确定地层时代，划分岩性层序，研究岩性组合、岩石特征、结构构造、矿物成分、岩石化学、微量元素，研究反映成岩特殊环境的岩石标志，分析沉积作用与成矿作用的关系。一般矿床类型编制矿区岩性构造图。对于沉积矿床、沉积改造矿床、层控矿床、热卤水沉积矿床，应进一步研究岩相、古地理、古构造、沉积构造、盆地构造等并分析与成矿作用的关系，编制反映成矿作用的专题图件。

(2)矿区火山喷发建造研究。针对火山矿床要求研究以下内容：确定喷发阶段，划分火山喷发序列，收集同位素年龄数据。研究岩石特征，即结构构造、矿物成分、岩石化学成分、微量元素、同位素、稀土元素、气液包裹体等。编制矿区火山岩相构造图，在火山岩性图的基础上划分岩相，圈定火山机构及次火山岩体、火山热液蚀变区，分析火山作用和成矿作用的关系。

(3)矿区侵入岩研究。研究岩体特征，包括侵入期次、同位素年龄、岩体产状、侵入深度、侵入构造、岩性岩相带、接触带、侵入角砾岩、捕虏体、顶垂体、蚀变带、原生构造等。研究岩石特征，包括结构构造、矿物成分、岩石化学、微量元素、同位素、稀土元素、气液包裹体、成矿元素含量。分析岩浆演化序列，分析岩浆作用与成矿作用的关系。以侵入岩为主的矿区或岩浆矿床应编制岩体地质图。

(4)矿区变质建造研究。主要针对中深变质岩区，研究岩性特征、结构构造、矿物成分、岩石化学、微量元素、稀土元素、同位素等，收集年龄数据。恢复原岩成分，划分变质相带，划分表壳岩和深成岩，编制矿区构造岩性图，分析变质作用与成矿作用的关系。

(5)控岩控矿构造研究。根据不同矿床类型，控岩控矿构造大致可以分为下列几类：线性构造、褶皱变形构造、侵入体接触构造、火山构造、沉积构造、岩浆侵入构造、复合构造等。研究内容归纳起来主要有以下几个方面：区分成矿期、成矿后构造，鉴别控矿构造的力学性质，判别控矿构造运动方式，确定控矿构造的空间形态展布特征，分析控矿构造强度，确定控矿构造活动期次，确定构造活动不同期次的物质成分，分析控矿构造的可能应力作用方式，控制岩浆侵入构造研究，研究区域构造边界条件，建立矿区构造体系。

### 3. 成矿特征研究

(1)研究矿床三维空间分布特征，编制矿床立体图或不同中段水平投影组合图及不同勘探线剖面组合图，分析矿床形态、产状、规模、矿体空间关系、剥蚀程度、分布深度等特征。

(2)研究矿床物质成分,即矿物成分、主元素和伴生元素的赋存状态及时空分布特征。

(3)划分矿床成矿阶段,即研究成矿阶段和演化及各阶段物质组分在各成矿阶段的富集变化。

(4)收集成矿年代数据,确定成矿时代和期次,分析多期成矿、叠加成矿作用。

(5)分析成矿地球化学特征,即研究蚀变矿物组合、空间分布特征、交代作用、同位素资料,包裹体成分,成矿温度、压力、酸碱度、氧逸度、硫逸度等数据资料,分析流体作用,判别流体富集标志、成矿元素迁移沉淀物理化学条件,判断流体运移、成矿物质迁移标志和流体卸载成矿物质沉淀标志。

(6)分析可能的物质成分来源,包括金属元素、氧、硫、流体、热液、能量源等。

(7)联系沉积作用、岩浆作用、构造活动、变质作用等控矿因素,分析成矿就位机制及成矿作用过程。

#### 4.建立矿床成矿模式

(1)成矿模式分为矿床(包括矿田)和区域两种,根据成矿作用和控矿地质因素的关系,以立体空间图像表示,以剖面图形式简化表达。

(2)成矿模式的内容包括:①地质背景,如地层岩性、构造、侵入岩、火山岩等全部控矿地质因素;②矿床空间特征,如矿体形态、产状、不同矿化类型、矿体空间关系;③成矿作用(物理化学条件)数据,如温度、压力、酸碱度、流体成分、元素逸度等。

(3)成矿模式应表达成矿特征和各控矿地质作用的推断关系。

(4)成矿模式表达有下列几种情况:一是同一控矿地质因素组合在不同空间与同一成矿作用不同矿化类型的关系;二是不同控矿地质因素在同一空间形成叠加改造成矿作用的关系;三是同一控矿因素组合分期演化在同一空间形成不同阶段成矿作用矿床组合的关系。

### (四)研究区域成矿特征,划分成矿系列

以成矿系列等理论为指导,总结区域成矿规律,主要通过分析地质构造与区域矿产的时空关系,归纳区域控矿因素,划分成矿区(带);总结区域成矿特征,进一步完善成矿系列组、矿床成矿系列、亚系列及矿床式的划分,建立区域成矿模式、区域成矿谱系,建立成矿体系,进行矿产预测。

#### 1.大地构造环境与区域矿产时空分布关系研究

(1)在所研究的成矿区(带)内,研究划分出各类成矿地质构造环境,研究不同矿种、不同矿床类型在各类成矿地质构造环境中不同区块的空间分布规律。确定区域矿产的空间分布规律,按照大地构造区块(造山带为大地构造相,陆块区为构造区块、区带)分析产出的各种矿床类型的空间位置。

(2)研究大地构造环境不同演化阶段与不同矿床类型的关系,说明各种矿床类型属于大地构造不同演化阶段的时间关系。

(3)研究相同大地构造环境下相同区块、相同演化阶段不同地质建造与区域矿产的关系。

#### 2.区域控矿因素研究

(1)区域控矿因素研究内容:根据综合地质构造背景研究结果,在相同的大地构造区块内进一步分析具体的控矿因素,包括地层及沉积作用、侵入岩及岩浆作用、火山岩及火山作用、变质岩及变质作用、大型变形构造及各类构造。

(2)根据已经完成的区域成矿地质背景的研究成果,按照不同矿床类型及其总结的成矿模式,分别研究各种矿床类型的地层、火山岩、侵入岩、变质岩、构造等具体的控矿地质因素。

#### 3.划分成矿区(带)

成矿区(带)是指相同地质环境范围内,成矿信息密集,已知矿床集中并具有资源潜力的地质单元。

(1)由于成矿作用是地质作用的组成部分，因此一般情况下，成矿区(带)的边界和大地构造边界基本吻合，但是对于某些地区也可以不完全吻合。当不同地质时代的成矿区(带)叠加在同一地区时，采用成矿作用最强、保存最好的地质时代的成矿区(带)，但需说明其他时代成矿区(带)的情况。

(2)区域矿产空间分布的集中性和区域成矿作用的相对一致性。

(3)按照逐级圈定的原则，按级次划分成矿域(Ⅰ级)、成矿省(Ⅱ级)、成矿区(带)(Ⅲ级)、成矿亚区(Ⅳ级)、矿田(Ⅴ级)，其中Ⅰ级、Ⅱ级、Ⅲ级总体上可与相应级别的大地构造分区相当。

(4)本次工作依据邵和明等2002年划分方案和内蒙古自治区近年来的地质构造研究成果，结合陈毓川院士等2006年关于我国成矿域、省、区(带)划分方案，进行Ⅳ级、Ⅴ级成矿区(带)的划分。Ⅳ级成矿亚区，基本上在Ⅲ级区(带)的次级地质构造基础上圈定，Ⅴ级成矿区，主要在Ⅳ级成矿区中围绕某一成矿中心矿床或者矿化密集分布的地区(带)。

(5)划分单矿种(组)成矿区(带)：本次预测20种矿产，其成矿区(带)划分是不同的，因此要求在综合方案的基础上，在编制单矿种(组)矿产预测图件时，按照各矿种(组)区域成矿规律的特点，划分单矿种(组)成矿区(带)。

**4. 划分成矿系列**

成矿系列分类序次如下：矿床成矿系列组合→矿床成矿系列类型→矿床成矿系列组→矿床成矿系列→矿床成矿亚系列→矿床式→矿床。在成矿区(带)内正确地划分矿床成矿系列及矿床式是基础工作。

(1)划分矿床成矿系列应遵循以下原则。成因上受相同的区域地质成矿作用控制，空间上发育于同一构造分区的地质构造环境内，时间上产生于同一地质构造旋回演化的同一时间段。在此特定的时空范围内，在同一地质成矿作用下形成的不同矿床类型、矿种组合都可归入同一矿床成矿系列。当成矿时段较长、作用范围较大，在所属成矿区(带)的次级构造区块内形成具有一定区块特色的矿床组合时，可分出矿床成矿亚系列。

多数矿床的成矿作用是长期的、多阶段的，或者由不同地质作用叠加而成的，对此应按矿床主要就位时期的成矿地质作用因素划分成矿系列。

对于某些成矿区(带)，因不同成矿地质作用的叠加而形成不同成矿系列的叠加，应明确区分表述。

(2)应按照矿床成矿系列划分原则划分本成矿区(带)中的矿床成矿系列和亚系列。由于三级大地构造分区内存在着与不同构造演化系列有关的不同的矿床组合，也有不同构造位置分布而形成的不同的矿床式组合，为此应进一步划分成矿亚系列。

(3)根据典型矿床研究成果，划分全区的矿床式，按照相同矿种、相同矿床类型，依据相同控矿因素，在相同成矿地质背景条件下，对全区的所有矿床、矿点、矿化点进行矿床式划分。为此对每一个矿产地都要尽量收集控矿因素、矿床特征、成矿作用特征等基础资料，并据此归入矿床式。矿床式的命名一般按照具有代表性、研究程度较高、资料基础相对齐全的典型矿床来进行。

(4)在成矿区(带)内，在同一个大地构造旋回中，如果形成多个矿床成矿系列，就建立一个矿床成矿系列组，应分析研究这些矿床成矿系列之间在时空域中的分布规律及相互存在的联系。

(5)矿床成矿系列命名原则：地域名＋时代＋成因类型＋成矿元素组合。

**5. 建立区域成矿模式**

在上述各项工作完成的基础上建立区域成矿模式，区域成矿模式是区域矿产特征、区域成矿作用与区域地质构造特征相互关系的表达，也是区域成矿规律的表达。

(1)按照不同的成矿系列及其相对应的大地构造单元内的块体建立区域成矿模式。

(2)首先编制控制该阶段成矿作用表达大地构造环境特征的抽象综合地质剖面图，反映与成矿有关的地层建造、火山建造、侵入岩浆建造、变质建造、褶皱形态、构造样式等。在此基础上按照各类典型矿床或者矿床式的产出因素表达在地质构造空间位置上，并尽量反映矿床特征的有关资料以及与地层、侵入岩、构造等控矿因素的关系，表示能反映成矿作用以及成矿特征的各种数据。

(3)区域成矿模式是区域内主导的矿床成矿系列的成矿模式，当区域内存在矿床成矿系列组时，应为矿床成矿系列组的成矿模式，如果一个成矿区(带)中存在不同时代的矿床成矿系列，则应分别建立各自的成矿模式。

**6. 建立区域成矿谱系**

在上述工作的基础上，总结成矿区(带)内各阶段地质构造演化过程中成矿作用及其产物的演化历程，建立区域成矿谱系，可以用图表表示，并分析研究其演化规律及可能存在的内在联系。

### (五)编制区域成矿规律图

区域成矿规律图是区域成矿规律研究成果的空间表达，也是矿产预测的底图，这是本次工作的主要成果图件。

(1)编制综合性区域成矿规律图(成矿系列图)，反映区域内各类矿产成矿的时空规律，要求以本成矿区(带)的综合地质构造图与矿产分布图为基础，划分出成矿区(带)，用符号表达出不同成矿系列的矿床。

(2)根据不同矿种的特点，针对 20 个矿种(铁、铝、铜、金、铅、锌、钨、稀土、锑、磷、镍、钼、锰、银、锡、铬、硫、萤石、重晶石、菱镁矿)，编制矿种或矿组的区域成矿规律图，因此图面内容不宜一刀切，以反映该矿种(组)成矿规律内容即可。

(3)编制区域成矿规律图的底图要求也不完全相同，沉积矿产的底图和内生矿产的底图内容是不完全相同的，因此应根据不同矿种(组)确定不同底图的内容要求。

(4)成矿规律图应包括：矿床、矿点，标明矿种、规模、类型；成矿时代；成矿区(带)界线及区(带)名称、编号、级别；主要矿化标志，即蚀变带、铁帽带、老窿、古采坑等；附成矿系列划分表。

(5)控矿地质构造因素表达。控矿地质构造因素主要反映在底图上，具体如下。

陆块区以大地构造图为底图。前寒武纪基底包括古太古代高级区，新太古代花岗绿岩带或绿岩带、深成岩；古中元代古陆内裂陷带、边缘裂陷带，新元古代稳定陆缘等内容；古生代包括隆起区、坳陷区、边缘活动带、拼接带等内容，中生代火山岩浆构造带按早—中侏罗世阶段、晚侏罗世—早白垩世阶段、晚白垩世—新生代阶段划分构造区块。通过上述大地构造块体的精细划分，确定区域矿产的大地构造位置及控矿因素。

造山带以大地构造相图为底图，按照不同构造旋回离散、汇聚、碰撞、陆内造山等构造演化序列，按 28 种大地构造相类别划分大地构造相，某些地区可以进一步划分亚相。通过大地构造相、亚相的精细划分，确定区域矿产的大地构造位置及控矿因素。

在上述图件基础上编制区域成矿规律图。

## 六、矿产资源潜力评价及预测

### (一)找矿模型的建立

**1. 建立典型矿床模型**

建立矿床模型的主要目的是突出矿床的成矿基础要素和找矿过程中具有特殊意义的地质、地球物理、地球化学、遥感等综合地质信息特征及其空间变化规律。通过对已探明的矿床(点)，特别是典型矿床的资料进行综合分析研究，总结成矿规律，包括同类型矿产地的分布特征、矿床成因、控矿因素等，根据地质、地球物理、地球化学、遥感等找矿标志，在典型矿床成矿模式、地球物理模式、地球化学模式、遥感模式等各专题研究的基础上，建立综合地质信息矿床模型。

**2. 找矿标志研究**

对直接找矿标志和间接找矿标志的深入研究，着重解决预测工作区与典型矿床模式之间的信息不对称性，将典型矿床的预测要素转化为预测工作区预测要素，即实现由经验模型到概念模型的转化。

**3. 建立区域找矿模型**

在区域成矿规律、典型矿床与矿床模式深入研究的基础上建立找矿模型。根据具体预测目标对各种找矿标志（或预测变量）进行不断的筛选、优化、组织与整合，形成一套最优化找矿标志组合，从而有效地提高发现矿产资源体的预见性。

### （二）多元信息提取

数据处理与信息提取是合理编制矿产资源潜力评价各类专题图件的基础。在基础数据库的基础上，利用各种专业数据处理软件和矿产资源潜力评价预测应用软件工具提供的功能，在GIS平台上，分析成矿地质背景，提取控矿信息，提取地质、物探、化探、遥感、自然重砂等综合找矿信息。

**1. 地质专题信息提取**

应用地质专题信息提取软件，结合地质原始资料，通过人机交互操作提取多项专题研究信息。

（1）火山岩构造-岩相：提取火山岩岩性及岩相、火山机构、火山喷发旋回特征及其与成矿有关的控矿因素信息，建立火山岩构造岩相空间数据库。

（2）构造-岩浆岩带：提取侵入岩的时代及岩性、大地构造单元、区域断裂构造及其与成矿有关的控矿因素信息，建立构造-岩浆岩带的空间数据库。

（3）变质变形构造带：提取变质岩时代与岩性、大地构造单元、断裂构造、变质相带和变形构造等及其与成矿有关的控矿因素信息，建立变质变形构造带的空间数据库。

以上述成矿地质背景和控矿因素信息为基础，结合区域航磁、重力、地球化学场特征和解译结果，提取区域成矿的综合地质信息。

**2. 物探、化探、遥感、自然重砂信息提取**

（1）物探信息提取：研究区域地球物理场分区特征及其边界，确定具有物性特征的成矿和控矿地质体的立体空间推测范围及其边界。利用重磁的断裂解译成果数据，确定和提取断裂构造的控矿特征与标志。

（2）地球化学信息的提取：研究地球化学区域场特征，确定具有异常组合差异的地球化学场特征，确定和提取有效的元素异常组合部位及标志。

（3）遥感影像信息的提取：确定和提取有利的线、环影像特征部位与标志，圈定和提取矿化蚀变带、具有特殊影像特征的成矿及控矿地质体范围。

（4）自然重砂信息的提取：在自然重砂信息提取的基础上，建立自然重砂综合异常数据库和自然重砂找矿预测区数据库。

**3. 最小预测区圈定及优选分级**

通过对预测工作区成矿规律研究，根据主要控矿因素，进行综合地质信息模式类比，选用MORAS2.0矿产资源评价系统软件，以找矿模型为指导，合理划分预测单元（规则网格单元或不规则地质单元),以地质信息为基础,以化探信息为先导,综合分析重力、航磁、遥感、自然重砂等信息,对预测变量进行构建与优选,选择合适的定量预测方法,计算各预测单元的成矿有利度(后验概率),圈定出找矿远景区(MRAS处理),再进行人工细化最小预测区边界范围。

根据以下分类依据将最小预测区分为A、B、C三类:①预测依据是否充分,与模型区预测要素的匹配程度;②预测资源量的大小进行分类;③矿体埋藏深度等因素。

A类最小预测区:成矿条件十分有利,预测依据充分,成矿匹配程度高,资源潜力大或较大,预测资源量为大型的最小预测区,埋深在可采深度以内,可获得明显经济效益,可建议优先安排普查或勘探的地区。

B类最小预测区:成矿条件有利,有预测依据,成矿匹配程度高,预测资源量为中型;成矿匹配程度低,预测资源量为大型的最小预测区,可获得经济效益,可考虑安排工作的地区。

C类最小预测区:具成矿条件其他预测区,有可能发现资源,可作为探索的地区或现有矿区外围和深部有预测依据(据目前资料)认为资源潜力较小的地区。

## (三)资源量估算

已完成的自治区单矿种预测工作分为3个层次:典型矿床深部及外围的资源量估算、各矿产预测类型预测工作区的资源量估算、各单矿种全区预测成果汇总。

### 1. 典型矿床深部及外围资源量估算

在划分各典型矿床类型后,通过对典型矿床控矿地质因素的研究,总结成矿特征,建立矿床成矿模式,在典型矿床地区进行典型矿床深部及外围的资源量预测。

(1)典型矿床深部及外围资源量估算:为使含矿系数更为精准,该方法在典型矿床地区首先进行了体积含矿率的计算,进而计算深部及外围的预测资源量。

在典型矿床地区平面图或大比例尺平面图及剖面图上,综合研究典型矿床预测模型,估算典型矿床深部及外围预测资源量。根据控矿构造、延深、空间变化、矿化蚀变等参数确定预测深度及外围面积。

$$K_{典} = Q_{典} / V_{典} = Q_{典} / (S_{典} \times H_{典})$$

式中:$K_{典}$ 为典型矿床体积含矿率;$Q_{典}$ 为典型矿床已探明资源量;$S_{典}$ 为典型矿床已查明矿体聚集区面积;$H_{典}$ 为已查明矿体最大勘探深度。

根据体积含矿率计算典型矿床深部及外围的预测资源量,计算公式如下:

$$Q_{深} = S_{典} \times H_{深} \times K_{典}$$

$$Q_{外} = S_{外} \times (H_{典} + H_{深}) \times K_{典}$$

式中:$Q_{深}$ 为典型矿床深部预测资源量;$Q_{外}$ 为典型矿床外围预测资源量;$H_{深}$ 为推测矿体延深(不含已探明部分的深度)。

则典型矿床资源总量公式为:

$$Q_{典总} = Q_{典} + Q_{深} + Q_{外}$$

(2)计算含矿系数:首先在典型矿床所在地区合理地圈定一个矿床成矿系统内成矿地质体的边界,即模型区,模型区资源量为典型矿床资源总量与模型区内其他已探明矿床资源量之和,然后计算该成矿地质体的体积,将其与勘探程度高的典型矿床地区进行类比,计算该区域的含矿系数。

含矿系数的计算公式为:

$$C = Q_{模} / V_{模}$$

式中:$C$ 为含矿系数;$Q_{模}$ 为模型区资源总量;$V_{模}$ 为模型区成矿地质体体积。

### 2. 各矿产预测类型预测工作区的资源量估算

(1)预测区资源量估算。以GIS技术为工具,针对各矿种的特性,利用地质体积法及地球物理模型法，通过定量计算，建立各种多源地质信息与矿产资源潜力的关系模型，开展预测区矿产资源潜力的定量评价和资源量预测。

(2)最小预测区资源估算。估算最小预测区资源量，需确定各最小预测区的估算参数，为确保估算结果尽量准确，要根据具体情况分别确定每个最小预测区的估算参数。

①面积的确定方法：根据各类定位预测方法圈定的最小预测区，使用GIS直接计算成矿地质体的面积。如果成矿地质体界线模糊，可采用模型区面积类比法计算，即计算最小预测区的面积，并将其与面积系数($K_S$)相乘得到该区成矿地质体的面积。公式为：

$$S = \text{最小预测区面积} \times K_S$$

②深度的确定方法：包括模型区类比法，即根据最小预测区含矿建造的产状与模型区进行类比，得出预测深度；磁异常二维半定量反演法，即多用于磁性建造的深度预测；成矿地质体深度法，即根据地质剖面、区域地层厚度等资源计算地质体的形成深度，减去剥蚀深度，得到剩余地质体的延伸深度，再根据矿体和地质体的空间关系大致确定矿体的延深；成矿带最大深度限制法，即根据某一矿床类型在区域成矿带上的最大延深，对预测矿体的延深进行限制；专家估计法，即由熟悉该地区情况的矿产专家经讨论后给出预测的最大深度。

确定相似系数($\alpha$)：由于地质体的复杂程度不同，模型区与预测区的地质条件不可能完全一致。为了进一步减小这种误差，对比模型区与预测区的成矿特征或区域成矿模式的相似程度。通过专家打分法，或使用圈定最小预测区时证据权法的后验概率、特征分析归一化结果来确定各最小预测区的相似系数。确定相似系数问题时，应对模型区和预测区进行地质、矿化、物探、化探、遥感、自然重砂等综合信息进行对比。

最小预测区预测资源量计算公式为：

$$Q_{\text{预}} = C \times S \times H \times \alpha \times K_S$$

式中：$Q_{\text{预}}$ 为最小预测区估算资源量；$C$ 为含矿系数；$S$ 为最小预测区面积；$H$ 为最小预测区预测深度；$\alpha$ 为相似系数；$K_S$ 为面积系数。

(3)预测资源量评价。在计算出最小预测区预测资源量后，对同一预测工作区的预测资源量分别按预测资源量的精度、预测深度、可信度、可利用性及最小预测区级别进行汇总分析评价。

①预测资源量按精度分类：334-1类为已知矿田或已知矿床深部及外围的预测资源量或已有矿床的(大、中、小规模)最小预测单元范围内的预测资源量；334-2类为同时具备直接(包括含矿层位、矿点、矿化点、重要找矿线索等)和间接找矿标志的最小预测单元内的预测资源量(间接找矿标志包括物探、化探、遥感、自然重砂等异常)；334-3类为只有间接找矿标志的最小预测单元内预测资源量。

②预测资源量按预测深度统计：分别按照500m以浅、1000m以浅、2000m以浅对预测资源量进行统计。

③预测资源量按最小预测区级别统计：按照定位预测最小预测区优选分级形成的A类、B类、C类对预测资源量进行统计。

④按可信度统计预测资源量。

面积可信度：既有地质建造又有矿点、物化探异常的最小预测区面积可信度为0.75；单一矿点、地质建造的最小预测区面积可信度为0.5；只有物探、化探异常的最小预测区面积可信度为0.25。

延深可信度：根据最小预测区的勘探成果确定的预测深度可信度为0.9；根据预测区内含矿建造-构造的产状确定的预测深度可信度为0.5；化探异常剥蚀系数法确定的预测深度可信度为0.5；根据矿床类型最大限度深度法来确定或者预测工作区内矿床勘探深度统计确定的预测深度可信度为0.5；专家分析确定因素确定的预测深度可信度为0.25。

含矿系数可信度：根据模型区的资源产状勘探情况来定，即勘探程度高，对矿床深部外围资源量了解清楚的最小预测区可信度为0.75；勘探程度较高，对矿床深部外围资源量及含矿地质体分布了解一般的最小预测区可信度为0.5；勘探程度一般，对矿床深部外围资源量及含矿地质体分布了解较差的最小预测区可信度为0.25。

预测资源量可信度:深部探矿工程见矿最大深度以上的预测资源量,可信度不小于 0.75;深部探矿工程见矿最大深度以下部分合理估算的预测资源量,或经地表工程揭露,已经发现矿体,但没有经深部工程验证的预测资源量,可信度为 0.5~0.75;仅以地质、物化探异常估计的预测资源量,可信度为小于 0.5。

按可利用性类别:按照深度可利用性(500m、1000m、2000m)、当前开采经济条件可利用性、矿石可选性、外部交通水电环境可利用性、按权重进行取数估算等因素进行可利用性统计。

#### 4. 各单矿种全区预测成果汇总

对各矿种的预测资源量按资源量估算方法、精度、深度、预测方法类型、可利用性、最小预测区级别分别进行预测总量汇总,编制单矿种预测成果图。

(1)按资源量估算方法汇总:在工作过程中分别采用了地质体积法、磁性地质体积法对铁矿尤其是磁铁矿的资源量进行估算,对于脉状矿床采用了脉状地质体积法进行资源量估算,在汇总时针对不同预测类型选择采用较为可靠的方法进行资源量汇总。

(2)按照各最小预测区确定的精度、深度、最小预测区级别、可利用性汇总各预测工作区及全区进行预测资源量。

(3)按预测方法类型汇总:按照全国项目办成矿规律课题规定的沉积型、变质型、侵入体型、火山岩型、层控内生型、复合内生型 6 个预测方法类型,对预测工作区的预测资源量进行自治区单矿种预测资源量汇总。

(4)编制内蒙古自治区单矿种预测成果图:以综合地质构造图为底图,对单矿种不同类型的预测区及预测资源量进行汇总,形成单矿种最小预测区预测成果图,在最小预测区基础上形成二级归并区,编制单矿种预测成果图。

### 七、未来勘查工作部署建议

以各单矿种预测成果为基础,进一步综合区域地球化学、区域地球物理和区域遥感资料,应用成矿系列理论,进行成矿规律、矿产预测等综合研究,圈定一批找矿远景区,为矿产勘查部署提供依据。依据单矿种预测结果,结合已发现的矿床进行矿产勘查工作部署。在已知矿区的外围及深部部署矿产勘探工作,在矿点和本次预测成果中的 A 类、B 类优选区相对集中的地区部署矿产详查工作,在找矿远景区内部署矿产普查工作。

根据地区找矿工作和矿业经济战略,对基础地质、区域矿产调查、预查、普查、预期重大突破地区等工作提出勘查部署建议,以预测成果图为底图,编制勘查工作部署建议图及未来矿产开发基地预测图。

## 第四节 工作流程

在《矿床模型综合地质信息预测方法》的指导下,紧密围绕综合地质信息,系统开展典型矿床和预测工作区的地质、物探、化探、遥感等综合地质信息研究,利用各类异常进行解释推断,提取与成矿作用有关的各类综合地质信息,圈定最小预测区,利用地质体积法及脉状矿体预测方法进行矿产定量预测及不确定性评价,总结各单矿种成矿规律,在Ⅲ级、Ⅳ级成矿区(带)和亚带的基础上划分Ⅴ级单矿种远景区,提出未来勘查工作部署建议,本着“一图一库一说明书一元数”的原则,进行矿产资源潜力评价综合信息集成。具体工作流程见图 3-1。

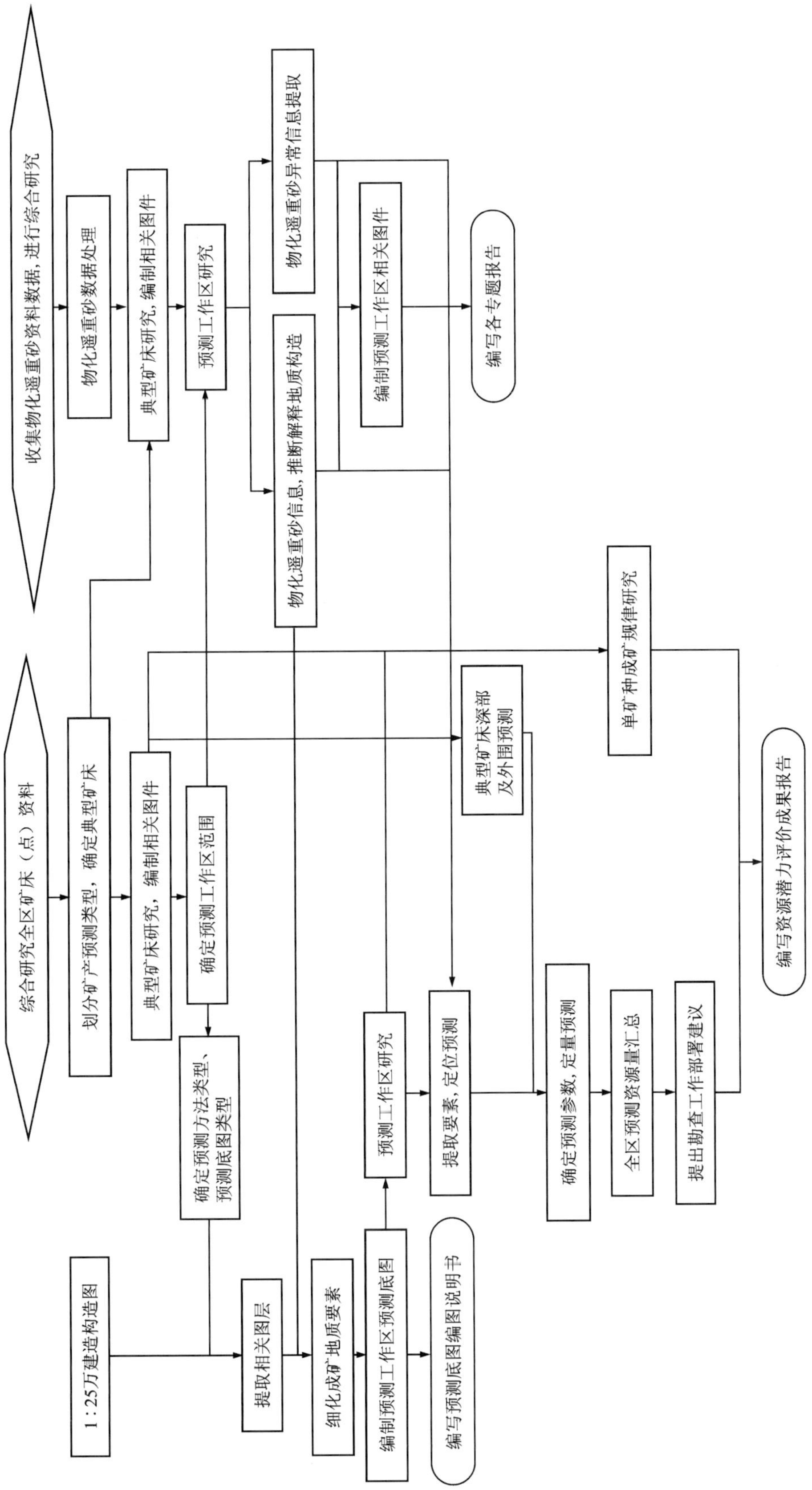


图3-1　内蒙古自治区矿产资源潜力评价工作流程图
（注：物化遥重砂——物探、化探、遥感、自然重砂）

# 第四章　成矿地质背景

## 第一节　沉积岩建造组合与构造古地理

### 一、地层区划

本项目地层区划应分为地层大区、地层区、地层分区、地层小区 4 个不同等级的地层区划单位。

一级为地层大区。基本为陆块区和造山系两部分。

二级地层区的划分原则主要根据构造古地理环境的差异分为稳定的陆块区和被动陆缘或主动陆缘,即称为地层区。

三级地层分区的划分是在地层区的范围内,主要根据沉积物类型的相似性、沉积地层的发育特征、岩石地层序列及古生物群性质等诸多因素来确定。

四级地层小区主要根据岩石地层单位和生物地层单位区域分布特征的一致性、相似性来确定。基本地层单位区域变化应不超出组的含义范围(图 4-1)。

### 二、岩石地层格架

内蒙古岩石地层单位序列(岩石地层格架) 见表 4-1。

中—新元古代,西部北山地区的古硐井群、敦子沟组以及桌子山和贺兰山地区的西勒图组都是稳定型的陆源碎屑岩石;同一地区圆藻山群、王全口组则是以碳酸盐岩为主的岩石地层单位;中部的渣尔泰山群和白云鄂博群则是以陆源碎屑的石英砂岩、长石石英砂岩,以及泥页岩、碳酸盐岩和少量火山岩为特征的裂谷环境的沉积。在华北陆块区打虎石村一带出露的长城系(Ch),呈东西向以断层为边界的地堑断续分布,从老到新划分 4 个组,分别为常州沟组(Ch*c*)、串岭沟组(Ch*cl*)、大红峪组(Ch*d*)和高于庄组(Ch*g*),恢复原岩分别为碎屑岩沉积建造、砂泥质—铁质沉积建造、砂泥质碳酸盐岩沉积建造和砂泥质—铁锰碳泥质—镁质碳酸盐岩沉积建造。南华纪佳疙瘩组(Nh*j*)主要出露在贺根山-扎兰屯俯冲带以北,为弧背盆地海相碎屑岩-碳酸盐岩夹中基性火山岩建造。

震旦纪,北山地区的洗肠井群与贺兰山地区的正目观组均为以冰碛砾岩为主的冰川堆积和冰湖沉积。而中部什那干组、腮林忽洞组的白云岩和白云质灰岩等则是陆棚碳酸盐岩台地,另外在内蒙古东部出露在贺根山-扎兰屯俯冲带以北,包括额尔古纳河组(Z*e*)浅海相砂泥岩-碳酸盐岩建造以及倭勒根群(ZW*l*)的吉祥沟组(Z*j*)浅海相陆源碎屑岩-碳酸盐岩建造和大网子组(Z*d*)浅海相陆源碎屑岩-火山沉积岩建造。

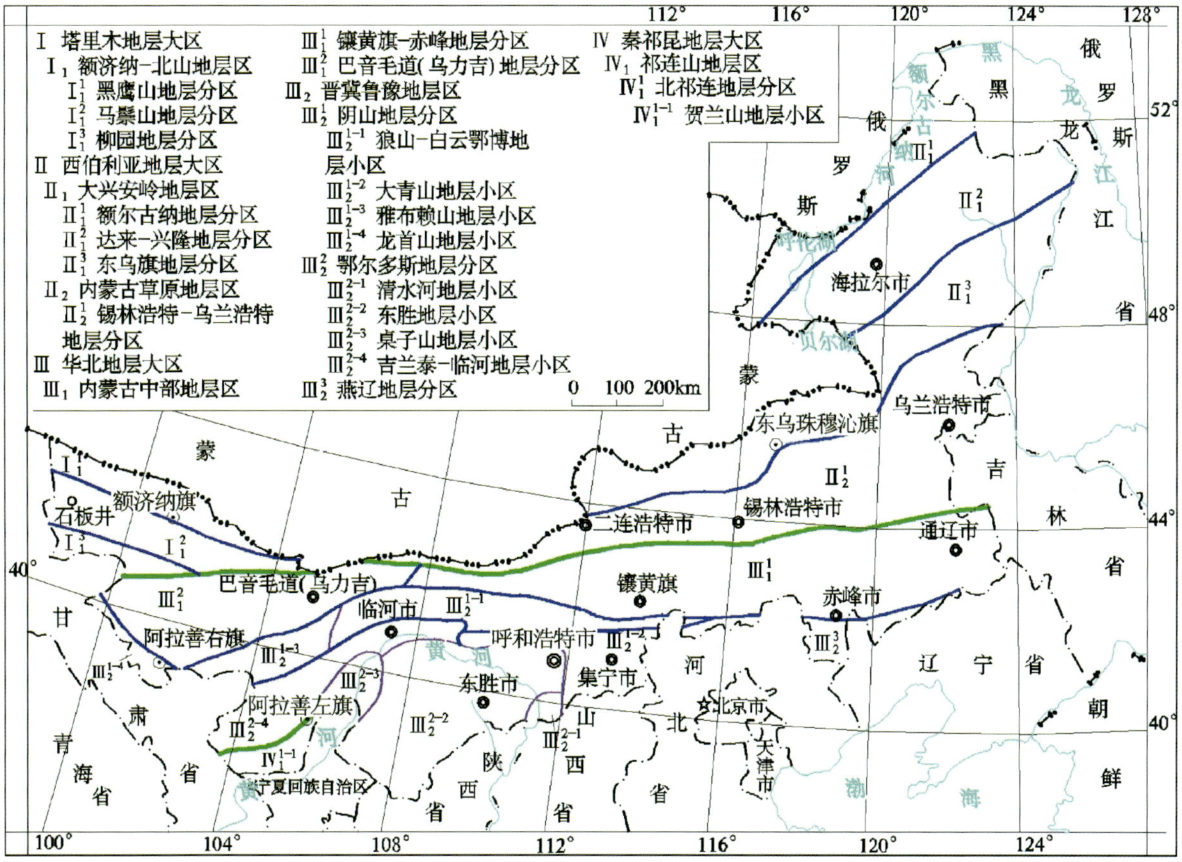


图 4-1　内蒙古自治区地层区划图

寒武纪—奥陶纪时期，构造古地理环境比较复杂，各地沉积岩组合特征的变化较大。华北陆块此时期均为稳定陆表海环境，海侵初期陆源碎屑岩尚较发育，下部的馒头组多由砂岩、粉砂岩和页岩组成，灰岩较少，局部还有砾岩出现。张夏组以上均由灰岩、白云质灰岩和白云岩组成，为陆棚碳酸盐岩台地，同时亦有滨海和潟湖相的蒸发岩形成。

北山额济纳旗地区，寒武纪—奥陶纪地层比较发育，初期为较稳定的被动陆缘环境，多形成陆棚碎屑岩建造和碳酸盐岩建造，罗雅楚山组和西双鹰山组即如此。稍晚由于受到洋壳俯冲的影响，被动陆缘转换为活动陆缘，岛弧火山岩(咸水湖组)以及弧后盆地沉积(白云山组)等都很发育。

东乌旗地层小区很有特色，下部的苏中组为局限台地碳酸盐岩建造，其中夹少量页岩。铜山组(哈拉哈河组)为滨浅海砂岩、粉砂岩及泥岩建造，黄斑脊山组($\mathrm{O}_1h$)为滨海相杂砂岩建造，大伊希康河组($\mathrm{O}_{1\text{-}2}dy$)为浅海相韵律型浊积岩-滑混岩建造，属于相对稳定的被动陆缘陆棚碳酸盐岩台地和碎屑岩盆地沉积。中晚奥陶世，被动陆缘逐渐转换为活动陆缘，多宝山组是由岛弧火山岩组成，而其上的裸河组为弧背盆地沉积的砂岩、泥岩建造。中部草原地区未见寒武纪沉积地层，只有早中奥陶世的包尔汉图群以及白乃庙组，它们以火山岛弧火山岩为主，部分为含蛇绿岩或不含蛇绿岩的浊积扇堆积。

志留纪—泥盆纪地层的发育程度及岩石组合特征各地差异较大。

大兴安岭地区志留系—上泥盆统($\mathrm{S}$—$\mathrm{D}_3$)广泛分布于贺根山-扎兰屯俯冲带以北，岩石地层包括早志留世黄花沟组($\mathrm{S}_1h$)滨-浅海碎屑岩建造；中志留世八十里小河组($\mathrm{S}_2b$)滨海相碎屑岩建造、晚志留世卧都河组($\mathrm{S}_3w$)滨浅海相碎屑岩建造；早中泥盆世泥鳅河组($\mathrm{D}_{1\text{-}2}n$)为海进系列滨浅海环境碎屑岩夹碳酸盐岩建造，同期的乌奴耳礁灰岩浅海相生物礁灰岩建造，中晚泥盆世大民山组($\mathrm{D}_{2\text{-}3}d$)为弧背盆地海相玄武岩-安山岩-流纹岩组合夹碎屑岩、硅质岩建造。额济纳旗发育较全，志留纪早期为笔石页岩相的

表4-1 内蒙古自治区岩石地层单位序列表

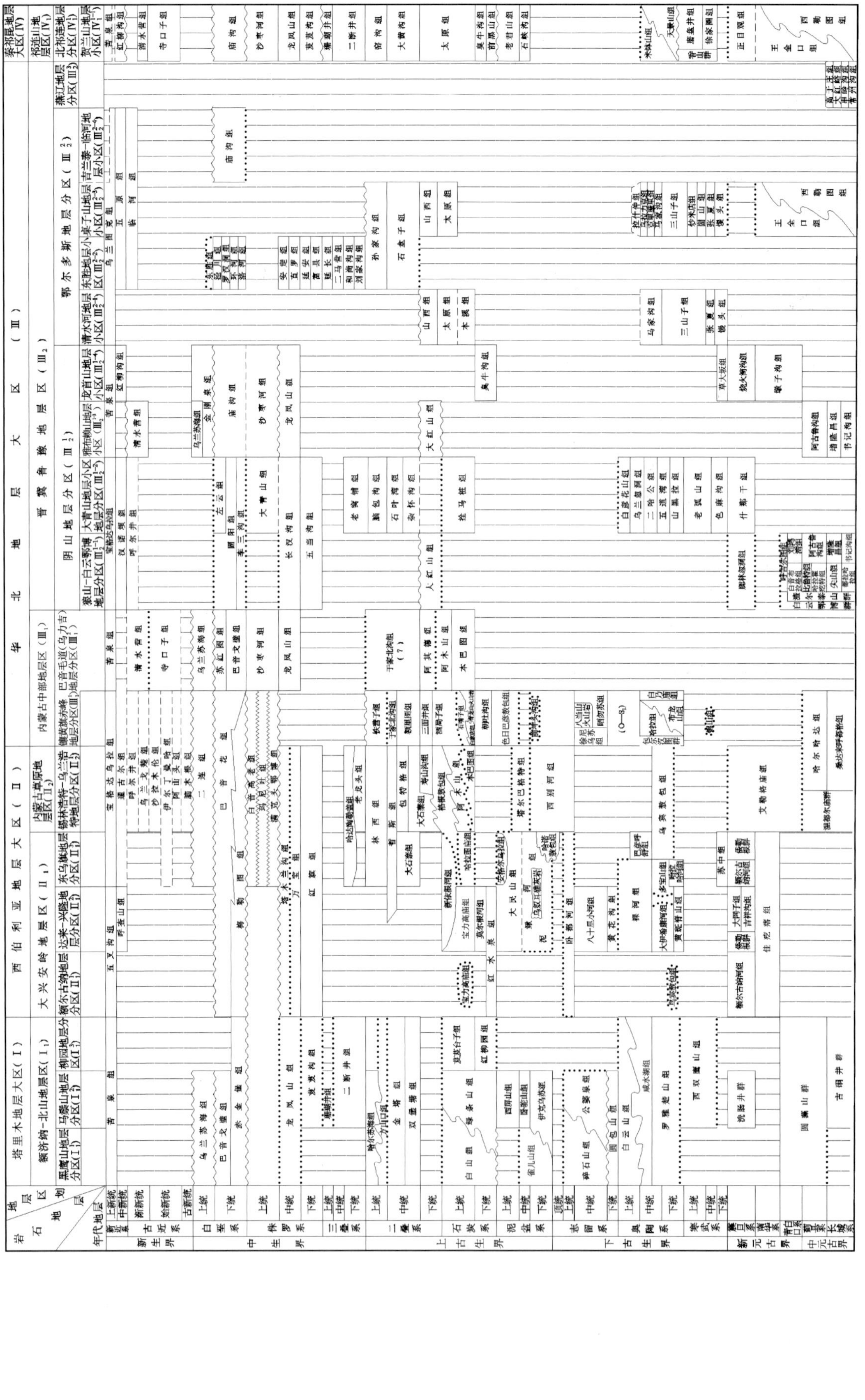

圆包山组，中晚志留世为活动陆缘的火山岛弧(公婆泉组)和弧后盆地的碎石山组。泥盆纪在珠斯楞地区的被动陆缘陆棚碎屑岩盆地沉积，极少见灰岩夹层，底栖的腕足类极为发育，并伴生有大量的珊瑚，尤其是 *Calceola sandalina sinensis* 的发现，证实该生物群具有中国南方的特点，它与中部草原和大兴安岭地区具有显著不同的特征。出露于额济纳旗西部与甘肃交界处的雀儿山组为中基性火山岩与砂砾岩互层的建造组合，应属于弧背盆地海陆交互相堆积。

中部草原地区缺失早志留世的沉积。中志留世晒勿苏组($S_2s$)为滨浅海相生物礁灰岩夹碎屑岩建造、八当山火山岩大陆裂谷流纹岩组合，而有化石依据的徐尼乌苏组的时代归于中志留世亦是权宜之计，这套深水、半深水复理石建造在区内独树一帜，很难开展岩石组合的区域对比。本区晚志留世到早泥盆世著名的岩石地层单位是西别河组，它的层型剖面位于达茂旗巴特敖包地区，底部砾岩以角度不整合与非整合的形态覆于早中奥陶世包尔汉图群和同期的花岗闪长岩、闪长岩体之上。西别河组在区内分布比较广泛，总体上，下部以粗碎屑岩、长石石英砂岩及少量泥页岩为主，上部多处发育生物礁和灰泥丘，生物化石有腕足类、珊瑚、层孔虫、苔藓虫、三叶虫等10余个门类，属、种的分异度及种群的丰度都很高。东北部地区的卧都河组是本区出露的志留纪唯一的岩石地层单位，属于滨海相碎屑岩建造，含有特殊的图瓦贝(*Tuvaella*)动物群。区内泥盆纪早期岩石地层只有前坤头沟组($D_1q$)陆源碎屑浊积岩建造，从早泥盆世中期至晚泥盆世，均为陆棚碎屑盆地环境形成的泥质和硅质粉砂岩、砂岩建造，早中泥盆世泥鳅河组和中晚泥盆世塔尔巴格特组均含有典型北方生物地理区的腕足类；晚泥盆世安格尔音乌拉组是滨海或海陆交互相的泥质粉砂岩，含植物化石。

鄂尔多斯陆块区缺失志留系—泥盆系。石炭纪至中二叠世是内蒙古地区洋陆转换的关键时期，各地岩石地层特征差异很大。额济纳北山地区的石炭纪为活动陆缘，发育有火山岛弧型安山岩等，另外则是弧前盆地绿条山组半深水的砂板岩建造组合，含有腕足类、珊瑚等海相生物化石；二叠纪则为裂谷环境下的沉积，金塔组的基性火山岩和方山口组的酸性火山岩，可以视为双峰式火山岩组合；双堡塘组是裂谷中央带的海相泥岩、砂岩建造组合，而哈尔苏海组则是裂谷边缘带海陆交互相至湖相的砂岩、泥岩建造组合，含植物化石。

内蒙古中东部地区石炭纪至早二叠世，构造古地理环境相当复杂，因此沉积岩建造组合(岩石地层单位)的特点随之而多样化，这样岩石地层单位的建立亦必然繁多，给区域地层的对比和岩石地层格架建立造成一定的困难。

早石炭世($C_1$)裂谷海盆沉积地层出露在额尔古纳地层分区、达赖-兴隆地层分区和镶黄旗-赤峰地层分区中。北部为红水泉组($C_1h$)滨海相成熟度较高的碎屑岩夹碳酸盐岩建造，莫尔根河组($C_1m$)中深海相玄武岩-英安岩-粗面岩-流纹岩组合夹硅质岩建造；南部为朝吐沟组($C_1c$)浅海相双峰式火山岩夹碎屑岩、碳酸盐岩建造。

晚石炭世($C_2$)为大洋俯冲 陆陆碰撞环境沉积地层。以贺根山-扎兰屯俯冲带为界，向北西依次为前陆周缘盆地楔顶、海陆交互陆表海；以南东依次为前陆周缘盆地前渊、前隆和隆后盆地。海陆交互陆表海以及周缘前陆盆地楔顶和前渊由宝力高庙组($C_2P_1bl$)成熟岛弧火山岩夹石英片岩与黄铁矿层建造，以及上部新伊根河组($C_2x$)海陆交互-三角洲平原相碎屑岩、火山碎屑岩夹碳酸盐岩建造构成。其中，周缘前陆盆地楔顶出露有格根敖包组($C_2P_1g$)陆源碎屑滨海潮汐通道相砂岩、细砂岩夹砾岩组合。周缘前陆隆起由本巴图组($C_2bb$)滨浅海相碳酸盐岩夹碎屑岩和阿木山组($C_2P_1a$)碳酸盐岩建造构成。华北陆块北缘出露陆缘弧青龙山火山岩、石嘴子组($C_2s$)潮汐通道-后滨相碎屑岩夹碳酸盐岩建造、白家店组($C_2bj$)滨浅海相碳酸盐岩建造和酒局子组($C_2jj$)三角洲平原相碎屑岩建造构成。

下二叠统($P_1$)为陆表海-陆缘裂谷环境沉积地层，在毡铺和香山镇一带由寿山沟组($P_1ss$)陆表海临滨-远滨相碎屑岩夹碳酸盐岩建造构成，在赤峰一带由三面井组($P_1sm$)陆缘裂谷河口湾相碎屑岩建造构成。

中二叠统—下三叠统($P_2$—$T_1$)为俯冲碰撞之后的弧背盆地-残余盆地环境沉积地层。以达青牧场-布敦花俯冲带和西拉木伦俯冲带为界，两侧岩石地层发育程度，沉积岩建造组合特征以及生物群性质两者都有显著的差异,以北和以南皆为弧背盆地,二者之间为残余海盆-残余盆地。

(1)南部地层发育相对比较简单,基本都是被动陆缘环境的产物,下部三面井组为陆棚盆地的陆源碎屑岩夹灰岩沉积建造,以 *Misellina*,*Parafusulina* 为代表的南方型蜓类化石组合,显示了中二叠世早期的时代特征。与其层位相当或略高层位额里图组则是火山-沉积断陷盆地沉积的湖泊砂岩、粉砂岩夹安山岩及其凝灰岩建造组合,含华夏型植物群。西拉木伦河南岸的于家北沟组是位于额里图组和中生代火山岩之间的一套海陆交互相或近岸环境的碎屑岩夹火山碎屑岩的沉积建造组合,含海相动物化石和植物化石,其时代为中晚二叠世,局部出露小面积的铁营子组($P_3t$)曲流河相碎屑岩建造。

(2)残余海盆之中自下而上由早中二叠世大石寨组($P_{1-2}ds$)残余海盆环境火山岩夹碎屑岩建造、哲斯组($P_2zs$)潮汐通道-后滨-潮间带相碎屑岩-碳酸盐岩建造构成,晚二叠世及之后为残余盆地环境,由林西组($P_3l$)水下冲积扇-湖泊三角洲-淡水湖相碎屑岩建造构成。

(3)北面的弧背盆地自下而上由早中二叠世大石寨组岛弧火山岩夹碎屑岩建造、哲斯组弧背盆地环境碎屑岩夹碳酸盐岩建造、晚二叠世林西组海陆交互相-淡水湖盆相碎屑岩建造、早三叠世老龙头组($T_1ll$)淡水湖相碎屑岩建造、哈达陶勒盖组($T_1hd$)高钾质—钾玄质火山岩夹淡水湖相碎屑岩建造构成。

内蒙古南部陆块区缺失早石炭世的沉积,海侵从晚石炭世开始,稳定陆表海环境至二叠纪末,连续地沉积了一套海陆交互相的陆源碎屑岩夹煤层的沉积岩建造组合,其岩石地层单位序列与华北各省一致。

古生代时,现属内蒙古中部的古亚洲洋,经历了多次扩张和收缩。不同时段,在华北陆块区的北缘、西伯利亚陆块的南缘被动陆缘和活动陆缘上,陆源碎屑、碳酸盐岩、各种火山岩和火山碎屑岩等大量发育,甚至镶嵌有来自洋壳的蛇绿岩残块和古老地块。复杂的沉积环境形成了形形色色的沉积岩建造组合,并据此划分了大量的岩石地层单位(各岩石地层单位的岩石组合特征的描述见综合柱状图,此处从略)。

古生代末,由于华北陆块区、西伯利亚陆块相向运动,发生陆-陆碰撞,古亚洲洋封闭,海水退出形成统一的陆地。所以,本区的中新生代均为陆内河流、湖泊相沉积的陆源碎屑和陆相火山岩及火山碎屑岩沉积,是石油、煤炭及天然气等能源矿产的主要产出层位。

## 三、沉积岩建造组合与构造古地理划分

沉积岩建造组合定义为同一时代、同一沉积相或同一沉积体系内几类沉积岩建造的自然组合。在实际工作中,在沉积岩建造组合划分时,应当有明确的沉积相和沉积体系归属,也就是在沉积相分析的基础上划分沉积岩建造组合类型。因此,可以简单地表达为"沉积相(或沉积体系)加岩石组合,等于沉积岩建造组合",例如湖泊相粉砂岩、泥岩建造组合,河流相砂砾岩建造组合等,本项目归纳出 284 个沉积岩建造组合。

由于构造古地理单元的划分与大地构造环境有其一致的对应性,不同演化阶段特定构造部位所形成的构造古地理环状中,发育了不同的沉积岩建造组合,大地构造环境、构造古地理单元和沉积构造组合是密不可分的相关体。本书以不同级别古地理单元代号和岩石地层单位代号的相加,来表示沉积岩岩石构造组合,例如 ce($Pt_2y$),意为碳酸盐岩陆表海形成的中元古代圆藻山群的碳酸盐岩建造组合。

为阅读方便,下面将构造古地理单元的划分及不同级别的构造古地理单元发育的岩石地层单位(沉积岩石构造组合)按地层分区或地层小区以图表的形式列出(表 4-2～表 4-19)。

表 4-2 黑鹰山地层分区构造古地理单元划分

<table>
<tr><td colspan="6">构造古地理单元</td><td colspan="2" rowspan="2">岩石地层单位</td></tr>
<tr><td>一级</td><td>二级</td><td colspan="2">三级</td><td colspan="2">四级</td></tr>
<tr><td rowspan="9">陆块<br>(C)</td><td rowspan="5">陆内<br>(IC)</td><td colspan="2" rowspan="5">准扎海乌苏坳陷盆地<br>(SB)</td><td colspan="2">坳陷盆地缓坡带(sbsl)</td><td colspan="2">苦泉组($N_2k$)</td></tr>
<tr><td colspan="2" rowspan="2">坳陷盆地中央带(sbc)<br>坳陷盆地缓坡带(sbsl)</td><td colspan="2">乌兰苏海组($K_2w$)</td></tr>
<tr><td colspan="2">巴音戈壁组($K_1by$)</td></tr>
<tr><td colspan="2" rowspan="2">坳陷盆地中央带(sbc)</td><td colspan="2">赤金堡组(($K_1c$)</td></tr>
<tr><td colspan="2">龙凤山组($J_2l$)</td></tr>
<tr><td rowspan="4">裂谷<br>(RF)</td><td colspan="2" rowspan="4">陆缘裂谷<br>(Mr)</td><td colspan="2" rowspan="2">陆缘裂谷边缘(mrm)</td><td colspan="2">哈尔苏海组($P_3h$)</td></tr>
<tr><td colspan="2">方山口组($P_3f$)</td></tr>
<tr><td colspan="2">陆缘裂谷中央(mrc)</td><td colspan="2">金塔组($P_2j$)</td></tr>
<tr><td colspan="2">陆缘裂谷边缘(mrm)</td><td colspan="2">双堡塘组($P_2sb$)</td></tr>
<tr><td rowspan="3">多岛洋<br>(A)</td><td rowspan="3">活动陆缘<br>(AM)</td><td colspan="2">跃进山弧前盆地<br>(Fab)</td><td>弧前盆地<br>近弧带(nfa)</td><td>弧前盆地<br>远弧带(ffa)</td><td>白山组<br>($C_{1-2}b$)</td><td>绿条山组<br>($C_{1-2}l$)</td></tr>
<tr><td>芦草井弧<br>背盆地(Rab)</td><td>黄石场弧<br>后盆地(Bb)</td><td>弧背盆地<br>边缘带(rabm)</td><td>弧后盆地<br>远弧带(fa)</td><td>雀儿山组<br>($D_{1-2}q$)</td><td>伊克乌苏组<br>($D_{1-2}y$)</td></tr>
<tr><td>清河沟弧<br>前盆地(Fab)</td><td>英安山火<br>山岛弧(Va)</td><td colspan="2"></td><td>碎石山组<br>($S_{2-3}ss$)</td><td>公婆泉组<br>($S_{2-3}g$)</td></tr>
<tr><td>陆块<br>(C)</td><td>被动陆缘<br>(PM)</td><td colspan="2">圆包山陆棚碎屑岩盆地(SD)</td><td colspan="2">陆棚碎屑岩浅海(sdn)</td><td colspan="2">圆包山组($S_1y$)</td></tr>
<tr><td rowspan="2">多岛洋<br>(A)</td><td rowspan="2">活动陆缘<br>(AM)</td><td colspan="2">黑石山弧后盆地(Bb)</td><td colspan="2">弧后盆地远弧带(fa)</td><td colspan="2">白云山组($O_{2-3}by$)</td></tr>
<tr><td colspan="2">乌兰布拉格弧间盆地(Ib)</td><td colspan="2">弧间盆地边缘带(ibm)</td><td colspan="2">咸水湖组($O_{2-3}x$)</td></tr>
<tr><td rowspan="2">陆块<br>(C)</td><td>被动陆缘<br>(PM)</td><td colspan="2">小土包陆棚碎屑岩盆地(SD)</td><td colspan="2">陆棚碎屑岩浅海(sdn)</td><td colspan="2">罗雅楚山组($O_{1-2}l$)</td></tr>
<tr><td>陆内(IC)</td><td colspan="2">木好日吉格特陆表海(ES)</td><td colspan="2">碳酸盐岩陆表海(ce)</td><td colspan="2">圆藻山群($Pt_2Y$)</td></tr>
</table>

**表 4-3　马鬃山地层分区构造古地理单元划分**

<table>
<tr><th colspan="6">构造古地理单元</th><th colspan="2" rowspan="2">岩石地层单位</th></tr>
<tr><th>一级</th><th>二级</th><th colspan="2">三级</th><th colspan="2">四级</th></tr>
<tr><td rowspan="13">陆块(C)</td><td rowspan="9">陆内(IC)</td><td colspan="2" rowspan="5">珠斯楞坳陷盆地(SB)</td><td colspan="2">坳陷盆地缓坡带(sbsl)</td><td colspan="2">苦泉组($N_2k$)</td></tr>
<tr><td colspan="2">坳陷盆地中央带(sbc)</td><td colspan="2" rowspan="2">乌兰苏海组($K_2w$)</td></tr>
<tr><td colspan="2" rowspan="3">坳陷盆地缓坡带(sbsl)</td></tr>
<tr><td colspan="2">巴音戈壁组($K_1by$)</td></tr>
<tr><td colspan="2">赤金堡组(($K_1c$)</td></tr>
<tr><td colspan="2" rowspan="4">古尔班呼都格无火山岩断陷盆地(NVB)</td><td colspan="2" rowspan="2">无火山岩断陷盆地中央带(nvbc)</td><td colspan="2">龙凤山组($J_2l$)</td></tr>
<tr><td colspan="2">芨芨沟组($J_1j$)</td></tr>
<tr><td colspan="2" rowspan="2">无火山岩断陷盆地缓坡带(nvbsl)</td><td colspan="2">珊瑚井组($T_3sh$)</td></tr>
<tr><td colspan="2">二断井组($T_{1-2}ed$)</td></tr>
<tr><td rowspan="4">裂谷(RF)</td><td colspan="2" rowspan="4">陆缘裂谷(Mr)</td><td colspan="2" rowspan="2">陆缘裂谷边缘(mrm)</td><td colspan="2">哈尔苏海组($P_3h$)</td></tr>
<tr><td colspan="2">方山口组($P_3f$)</td></tr>
<tr><td colspan="2" rowspan="2">陆缘裂谷中央(mrc)</td><td colspan="2">金塔组($P_2j$)</td></tr>
<tr><td colspan="2">双堡塘组($P_2sb$)</td></tr>
<tr><td>多岛洋(A)</td><td>活动陆缘(AM)</td><td colspan="2">金巴山-浅水井弧前盆地(Fab)</td><td>弧前盆地近弧带(nfa)</td><td>弧前盆地远弧带(ffa)</td><td>白山组($C_{1-2}b$)</td><td>绿条山组($C_{1-2}l$)</td></tr>
<tr><td rowspan="3">陆块(C)</td><td rowspan="3">被动陆缘(PM)</td><td colspan="2" rowspan="3">呼伦西白-西屏山陆棚碎屑岩盆地(SD)</td><td colspan="2" rowspan="2">陆棚碎屑岩滨海(sdl)</td><td colspan="2">西屏山组($D_3x$)</td></tr>
<tr><td colspan="2">卧驼山组($D_2w$)</td></tr>
<tr><td colspan="2">陆棚碎屑岩浅海(sdn)</td><td colspan="2">伊克乌苏组($D_{1-2}y$)</td></tr>
<tr><td rowspan="4">多岛洋(A)</td><td rowspan="4">活动陆缘(AM)</td><td>清河沟弧前盆地(Fab)</td><td>英安山火山岛弧(Va)</td><td colspan="2"></td><td>碎石山组($S_{2-3}ss$)</td><td>公婆泉组($S_{2-3}g$)</td></tr>
<tr><td colspan="2">斜山弧前盆地(Fab)</td><td colspan="2">弧前陆坡(sfa)</td><td colspan="2">圆包山组($S_{1-2}y$)</td></tr>
<tr><td colspan="2">小黄山弧后盆地(Bb)</td><td colspan="2"></td><td colspan="2">白云山组($O_{2-3}by$)</td></tr>
<tr><td colspan="2">横峦山弧间盆地(Ib)</td><td colspan="2">弧间盆地边缘带(ibm)</td><td colspan="2">咸水湖组($O_{2-3}x$)</td></tr>
<tr><td rowspan="5">陆块(C)</td><td rowspan="2">被动陆缘(PM)</td><td colspan="2">洗肠井陆棚碎屑岩盆地(SD)</td><td colspan="2">陆棚碎屑岩浅海(sdn)</td><td colspan="2">罗雅楚山组($O_{1-2}l$)</td></tr>
<tr><td colspan="2">麻黄沟陆棚碳酸盐岩台地(SP)</td><td colspan="2">碳酸盐岩台地(cp)</td><td colspan="2">西双鹰山组($\in_{2-3}x$)</td></tr>
<tr><td rowspan="3">陆内(IC)</td><td colspan="2">黑大山坳陷盆地(SB)</td><td colspan="2"></td><td colspan="2">洗肠井群(ZX)</td></tr>
<tr><td colspan="2" rowspan="2">陆表海(ES)</td><td colspan="2">碳酸盐岩陆表海(ce)</td><td colspan="2">圆藻山群($Pt_2Y$)</td></tr>
<tr><td colspan="2">陆源碎屑岩无障壁陆表海(oe)</td><td colspan="2">古硐井群($Pt_2G$)</td></tr>
</table>

表 4-4 柳园地层分区构造古地理单元划分

| 构造古地理单元 | | | | 岩石地层单位 |
|---|---|---|---|---|
| 一级 | 二级 | 三级 | 四级 | |
| 陆块(C) | 陆内(IC) | 阿木乌苏坳陷盆地(SB) | 坳陷盆地缓坡带(sbsl) | 苦泉组($N_2k$) |
| | | | 坳陷盆地中央带(sbc) | 赤金堡组(($K_1c$) |
| | | 沙婆泉无火山岩断陷盆地(NVB) | 无火山岩断陷盆地中央带(nvbc) | 龙凤山组($J_2l$) |
| | | | | 芨芨沟组($J_1j$) |
| | | | 无火山岩断陷盆地缓坡带(nvbsl) | 二断井组($T_{1-2}ed$) |
| | 裂谷(RF) | 陆缘裂谷(Mr) | 陆缘裂谷边缘(mrm) | 方山口组($P_3f$) |
| | | | 陆缘裂谷中央(mrc) | 金塔组($P_2j$) |
| | | | 陆缘裂谷边缘(mrm) | 双堡塘组($P_2sb$) |
| | 被动陆缘(PM) | 老君庙陆棚碳酸盐岩台地(SP) | 碳酸盐岩台地(cp) | 芨芨台子组($C_2j$) |
| | | 野马井陆棚碎屑岩盆地(SD) | 陆棚碎屑岩滨海(sdl) | 红柳园组($C_1hl$) |
| 多岛洋(A) | 活动陆缘(AM) | 月牙山弧后盆地(Bb) | 弧后盆地远弧带(fa) | 白云山组($O_{2-3}by$) |
| | | 希热哈达弧间盆地(Ib) | 弧间盆地边缘带(ibm) | 咸水湖组($O_{2-3}x$) |
| 陆块(C) | 被动陆缘(PM) | 杭乌拉陆棚碎屑岩盆地(SD) | 陆棚碎屑岩浅海(sdn) | 罗雅楚山组($O_{1-2}l$) |
| | | | | 西双鹰山组($\in_{2-3}x$) |
| | 陆内(IC) | 古硐井陆表海(ES) | 碳酸盐岩陆表海(ce) | 圆藻山群($Pt_2Y$) |
| | | | 陆源碎屑岩无障壁陆表海(oe) | 古硐井群($Pt_2G$) |

表 4-5 额尔古纳地层分区构造古地理单元划分

| 构造古地理单元 | | | | 岩石地层单位 |
|---|---|---|---|---|
| 一级 | 二级 | 三级 | 四级 | |
| 陆块(C) | 裂谷(RF) | 陆内裂谷 (Ir) | 陆内裂谷中央 (irc) | 红水泉组($C_1h$) |
| | | | | 卧都河组($S_3w$) |
| | 陆内(IC) | 陆表海 (ES) | 陆源碎屑岩障壁陆表海 (be) | 乌宾敖包组($O_{1-2}w$) |
| 多岛洋(A) | 活动陆缘(AM) | 弧背盆地 (Rab) | 弧背盆地中央带 (rabc) | 额尔古纳河组(Ze) |
| | | | | 佳疙瘩组(Nhj) |

**表 4-6　达来-兴隆地层分区构造古地理单元划分**

| 构造古地理单元 | | | | 岩石地层单位 |
|---|---|---|---|---|
| 一级 | 二级 | 三级 | 四级 | |
| 多岛洋(A) | 活动陆缘(AM) | 弧背盆地(Rab) | 弧背盆地边缘带(rabm) | 哲斯组($P_2zs$) |
| 陆块(C) | 陆内(IC) | 陆表海(ES) | 海陆交互障壁陆表海(tbe) | 新依根河组($C_2x$) |
| | 裂谷(RF) | 陆内裂谷(Ir) | 陆内裂谷中央(irc) | 红水泉组($C_1h$) |
| 多岛洋(A) | 活动陆缘(AM) | 弧后盆地(Bb) | 弧后盆地远弧带(fa) | 大民山组($D_{2-3}d$) |
| 陆块(C) | 裂谷(RF) | 陆内裂谷(Ir) | 陆内裂谷中央(irc) | 泥鳅河组($D_{1-2}n$) |
| | | | | 卧都河组($S_3w$) |
| | | | | 八十里小河组($S_2b$) |
| | | | | 黄花沟组($S_1h$) |
| 多岛洋(A) | 活动陆缘(AM) | 弧后盆地(Bb) | 弧后盆地近弧带(na) | 裸河组($O_{2-3}lh$) |
| | | | | 多宝山组($O_{1-2}d$) |
| | | | 弧后盆地远弧带(fa) | 大伊希康河组($O_{1-2}dy$) |
| | | | | 黄斑脊山组($O_1h$) |
| | | 弧背盆地(Rab) | 弧背盆地中央带(rabc) | 额尔古纳河组(Ze) |
| | | | 弧背盆地边缘带(rabm) | 大网子组(Zd) |
| | | | 弧背盆地中央带(rabc) | 吉祥沟组(Zj) |
| | | | | 佳疙瘩组(Nhj) |

**表 4-7　东乌旗地层分区构造古地理单元划分**

| 构造古地理单元 | | | | 岩石地层单位 |
|---|---|---|---|---|
| 一级 | 二级 | 三级 | 四级 | |
| 陆块(C) | 陆内(IC) | 呼格吉勒图嘎查坳陷盆地(SB) | 坳陷盆地中央带(sbc) | 宝格达乌拉组($N_2b$) |
| | | | 坳陷盆地缓坡带(sbsl) | 通古尔组($N_1t$) |
| | | | 坳陷盆地中央带(sbc) | 伊尔丁曼哈组($E_2y$) |
| | | 宝拉根敖包嘎查无火山岩断陷盆地(NVB) | 无火山岩断陷盆地中央带(nvbc) | 二连组($K_2e$) |
| | | | 无火山岩断陷盆地缓坡带(nvbsl) | 巴彦花组($K_1b$) |
| | | 贺斯乌拉牧场火山-沉积断陷盆地(VB) | | 白音高老组($J_3b$) |
| | | | | 玛尼吐组($J_3mn$) |
| | | | | 满克头鄂博组($J_3mk$) |
| | | 无火山岩断陷盆地(NVB) | 无火山岩断陷盆地中央带(nvbc) | 万宝组($J_2wb$) |
| | | | 无火山岩断陷盆地缓坡带(nvbsl) | 红旗组($J_1h$) |
| | | 火山-沉积断陷盆地(VB) | 火山-沉积断陷盆地中央带(vbc) | 哈达陶勒盖组($T_1hd$) |
| | | 坳陷盆地(SB) | 坳陷盆地中央带(sbc) | 林西组($P_3l$) |

续表 4-7

| 构造古地理单元 | | | | 岩石地层单位 |
| --- | --- | --- | --- | --- |
| 一级 | 二级 | 三级 | 四级 | |
| 多岛洋(A) | 活动陆缘(AM) | 弧背盆地 (Rab) | 弧背盆地中央带(rabc) | 哲斯组($P_2zs$) |
| 陆块(C) | 陆内(IC) | 巴彦图呼木嘎查火山-沉积断陷盆地(VB) | 火山-沉积断陷盆地中央带(vbc) | 宝力高庙组($C_2P_1bl$) |
| | 前陆盆地(FB) | 周缘前陆盆地(Pfb) | 周缘前陆盆地楔顶(pwt) | 格根敖包组($C_2P_1g$) |
| | 被动陆缘(PM) | 呼布钦高毕苏木陆棚碎屑岩盆地(SD) | 陆棚碎屑岩滨海(sdl) | 哈拉图庙组($C_2h$) |
| | | | | 安格尔音乌拉组($D_3a$) |
| | | | 陆棚碎屑岩浅海(sdn) | 塔尔巴格特组($D_{2\text{-}3}t$) |
| 多岛洋(A) | 活动陆缘(AM) | 弧背盆地 (Rab) | 弧背盆地边缘带(rabm) | 大民山组($D_{2\text{-}3}d$) |
| 陆块(C) | 裂谷(RF) | 陆内裂谷(Ir) | 陆内裂谷中央(irc) | 乌奴耳礁灰岩($wrl$) |
| | 被动陆缘(PM) | 陆棚碎屑岩盆地(SD) | 陆棚碎屑岩滨海(sdl) | 泥鳅河组($D_{1\text{-}2}n$) |
| | | | | 哈诺敖包组($D_{1\text{-}2}h$) |
| | | | | 卧都河组($S_3w$) |
| 多岛洋(A) | 活动陆缘(AM) | 准木日格其格弧后盆地(Bb) | 弧后盆地远弧带(fa) | 裸河组($O_{2\text{-}3}lh$) |
| | | | | 巴彦呼舒组($O_2b$) |
| | | | | 乌宾敖包组($O_{1\text{-}2}w$) |
| | | 滚呼都格火山岛弧(VB) | | 多宝山组($O_{1\text{-}2}d$) |
| | | 弧背盆地 (Rab) | 弧背盆地中央带(rabc) | 哈拉哈河组($O_1hl$) |
| 陆块(C) | 被动陆缘(PM) | 瓦窑陆棚碎屑岩盆地(SD) | 陆棚碎屑岩滨海(sdl) | 铜山组($O_1t$) |
| | | 苏呼河陆棚碳酸盐岩台地(SP) | 碳酸盐岩台地(cp) | 苏中组($\in_1sz$) |
| 多岛洋(A) | 活动陆缘(AM) | 弧背盆地 (Rab) | 弧背盆地中央带(rabc) | 额尔古纳河组($Ze$) |
| | | | 弧背盆地边缘带(rabm) | 倭勒根群($ZWl$) |
| | | | 弧背盆地中央带(rabc) | 佳疙瘩组($Nhj$) |

**表 4-8　巴音毛道（乌力吉）地层分区构造古地理单元划分**

| 构造古地理单元 | | | | 岩石地层单位 |
|---|---|---|---|---|
| 一级 | 二级 | 三级 | 四级 | |
| 陆块（C） | 陆内（IC） | 阿得哈拉坳陷盆地（SB） | 坳陷盆地缓坡带（sbsl） | 苦婆泉组（$N_2k$） |
| | | | 坳陷盆地中央带（sbc） | 清水营组（$E_3q$） |
| | | | | 寺口子组（$E_2s$） |
| | | | 坳陷盆地缓坡带（sbsl） | 乌兰苏海组（$K_2w$） |
| | | 哈布乌吉尔火山-沉积断陷盆地（VB） | 火山-沉积断陷盆地中央带（vbc） | 苏红图组（$K_1s$） |
| | | 浩勒呼都格无火山岩断陷盆地（NVB） | 无火山岩断陷盆地陡坡带（nvbs） | 巴音戈壁组（$K_1by$） |
| | | | 无火山岩断陷盆地缓坡带（nvbsl） | 沙枣河组（$J_3s$） |
| | | | | 龙凤山组（$J_2l$） |
| | 裂谷（RF） | 陆缘裂谷（Mr） | 陆缘裂谷边缘（mrm） | 于家北沟组（$P_{2\text{-}3}y$） |
| | | | 陆缘裂谷中央（mrc） | 阿其德组（$P_1a$） |
| | | | | 阿木山组（$C_2P_1a$） |
| | | | 陆缘裂谷边缘（mrm） | 本巴图组（$C_2bb$） |

**表 4-9　锡林浩特-乌兰浩特地层分区构造古地理单元划分**

| 构造古地理单元 | | | | 岩石地层单位 |
|---|---|---|---|---|
| 一级 | 二级 | 三级 | 四级 | |
| 陆块（C） | 陆内（IC） | 巴彦敖包嘎查坳陷盆地（SB） | 坳陷盆地中央带（sbc） | 宝格达乌拉组（$N_2b$） |
| | | | 坳陷盆地缓坡带（sbsl） | |
| | | | | 通古尔组（$N_1t$） |
| | | | | 呼尔井组（$E_3h$） |
| | | | | 乌兰戈楚组（$E_3wl$） |
| | | | 坳陷盆地中央带（sbc） | 沙拉木伦组（$E_2sl$） |
| | | | | 伊尔丁曼哈组（$E_2y$） |
| | | | | 阿山头组（$E_2a$） |
| | | | | 脑木根组（$E_1n$） |
| | | 桑根达来苏木无火山岩断陷盆地（NVB） | 无火山岩断陷盆地中央带（nvbc） | 二连组（$K_2e$） |
| | | | 无火山岩断陷盆地缓坡带（nvbsl） | |
| | | | 无火山岩断陷盆地中央带（nvbc） | 巴彦花组（$K_1b$） |
| | | | 无火山岩断陷盆地缓坡带（nvbsl） | |
| | | 生格林阿钦火山-沉积断陷盆地（VB） | | 白音高老组（$J_3b$） |
| | | | | 玛尼吐组（$J_3mn$） |
| | | | | 满克头鄂博组（$J_3mk$） |
| | | | | 塔木兰沟组（$J_2tm$） |

**续表 4-9**

| 构造古地理单元 | | | | 岩石地层单位 |
|---|---|---|---|---|
| 一级 | 二级 | 三级 | 四级 | |
| 陆块(C) | 陆内(IC) | 温都来嘎查无火山岩断陷盆地(NVB) | 无火山岩断陷盆地中央带(nvbc) | 万宝组($J_3wb$) |
| | | | 无火山岩断陷盆地缓坡带(nvbsl) | |
| | | | | 红旗组($J_{1-2}h$) |
| | | 坳陷盆地(SB) | 坳陷盆地中央带(sbc) | 老龙头组($T_1ll$) |
| | | | | 林西组($P_3l$) |
| | 被动陆缘(PM) | 哲斯敖包陆棚碎屑岩盆地(SD) | 陆棚碎屑岩滨海(sdl) | 哲斯组($P_2zs$) |
| | | 哲斯敖包陆棚碳酸盐岩台地(SP) | 碳酸盐岩台地(cp) | |
| | | 新高勒嘎查陆棚碎屑岩盆地(SD) | 陆棚碎屑岩滨海(sdl) | 包特格组($P_2b$) |
| | | | | 寿山沟组($P_1ss$) |
| 多岛洋(A) | 活动陆缘(AM) | 大石寨火山岛弧(Va) | | 大石寨组($P_{1-2}ds$) |
| | 洋盆(OB) | 阿拉坦敖包深海平原(DP) | 深海平原硅泥质区(dps) | 硅质岩残块($P_1$sy) |
| | | | | 硅泥质岩残块($P_1$sm) |
| | | 胡吉尔特海山(Sm) | 海山玄武岩(smb) | 基性熔岩残块($P_1\beta$) |
| | 活动陆缘(AM) | 额日和图敖包嘎查弧背盆地(Rab) | 弧背盆地边缘带(rabm) | 格根敖包组($C_2P_1g$) |
| 陆块(C) | 前陆盆地(FB) | 周缘前陆盆地(Pfb) | 周缘前陆盆地前渊(pfd) | 新依根河组($C_2x$) |
| | 被动陆缘(PM) | 扎嘎日格陆棚碳酸盐岩台地(SP) | 碳酸盐岩台地(cp) | 阿木山组($C_2P_1a$) |
| | | 敦图陆棚碎屑岩盆地(SD) | 陆棚碎屑岩滨海(sdl) | 本巴图组($C_2bb$) |
| | | | 陆棚碎屑岩浅海(sdn) | 塔尔巴格特组($D_{2-3}t$) |
| | | 巴特尔敖包陆棚碳酸盐岩台地(SP) | 碳酸盐岩台地(cp) | 西别河组($S_3D_1x$) |
| 多岛洋(A) | 活动陆缘(AM) | 查干哈达弧后盆地(Bb) | 弧后盆地远弧带(fa) | 乌宾敖包组($O_{1-2}w$) |
| | | | | 艾勒格庙组($Pt_3a$) |
| | | 陶高图俯冲增生杂岩楔(Sa) | 含蛇绿岩浊积扇(of) | 哈尔哈达组($Pt_2h$) |
| | | | 洋岛海山(im) | 桑达来呼都格组($Pt_2s$) |

**表 4-10　雅布赖山地层小区构造古地理单元划分**

<table>
<tr><th colspan="4">构造古地理单元</th><th rowspan="2">岩石地层单位</th></tr>
<tr><th>一级</th><th>二级</th><th>三级</th><th>四级</th></tr>
<tr><td rowspan="12">陆块<br>(C)</td><td rowspan="12">陆内<br>(IC)</td><td rowspan="2">清水营坳陷盆地(SB)</td><td rowspan="2">坳陷盆地缓坡带 (sbsl)</td><td>苦泉组($N_2k$)</td></tr>
<tr><td>清水营组($E_3g$)</td></tr>
<tr><td rowspan="6">大狭河无火山岩断陷盆地(NVB)</td><td rowspan="3">无火山岩断陷盆地缓坡带(nvbsl)</td><td>乌兰苏海组($K_2w$)</td></tr>
<tr><td>金刚泉组($K_2j$)</td></tr>
<tr><td rowspan="2">庙沟组 ($K_1mg$)</td></tr>
<tr><td rowspan="3">无火山岩断陷盆地中央带(nvbc)</td></tr>
<tr><td>沙枣河组($J_3s$)</td></tr>
<tr><td>龙凤山组($J_2l$)</td></tr>
<tr><td>巴音呼都格火山-沉积断陷盆地(VB)</td><td></td><td>大红山组($P_1d$)</td></tr>
<tr><td rowspan="3">巴勒子格拉陆缘裂谷(Mr)</td><td rowspan="2">陆缘裂谷中央(mrc)</td><td>阿古鲁沟组($Pt_2a$)</td></tr>
<tr><td>增隆昌组(Ptz)</td></tr>
<tr><td>陆缘裂谷边缘(mrm)</td><td>书记沟组($Pt_2s$)</td></tr>
</table>

**表 4-11　镶黄旗-赤峰地层分区构造古地理单元划分**

<table>
<tr><th colspan="4">构造古地理单元</th><th rowspan="2">岩石地层单位</th></tr>
<tr><th>一级</th><th>二级</th><th>三级</th><th>四级</th></tr>
<tr><td rowspan="17">陆块<br>(C)</td><td rowspan="17">陆内<br>(IC)</td><td rowspan="9">乌兰呼都格坳陷盆地(SB)</td><td>坳陷盆地中央带(sbc)</td><td rowspan="2">宝格乌拉组($N_2b$)</td></tr>
<tr><td rowspan="4">坳陷盆地缓坡带(sbsl)</td></tr>
<tr><td>通古尔组($N_1t$)</td></tr>
<tr><td>呼尔井组($E_3h$)</td></tr>
<tr><td>乌兰戈楚组($E_3wl$)</td></tr>
<tr><td rowspan="4">坳陷盆地中央带(sbc)</td><td>沙拉木伦组($E_2sl$)</td></tr>
<tr><td>伊尔丁曼哈组($E_2y$)</td></tr>
<tr><td>阿山头组($E_2a$)</td></tr>
<tr><td>脑木根组($E_1n$)</td></tr>
<tr><td rowspan="4">图格木无火山岩断陷盆地(NVB)</td><td>无火山岩断陷盆地中央带(nvbc)</td><td rowspan="2">二连组($K_2e$)</td></tr>
<tr><td>无火山岩断陷盆地缓坡带(nvbsl)</td></tr>
<tr><td>无火山岩断陷盆地中央带(nvbc)</td><td rowspan="2">巴彦花组($K_1b$)</td></tr>
<tr><td>无火山岩断陷盆地缓坡带(nvbsl)</td></tr>
<tr><td rowspan="4">牧图村火山-沉积断陷盆地(VB)</td><td rowspan="2"></td><td>白音高老组($J_3b$)</td></tr>
<tr><td>满克头鄂博组($J_3mk$)</td></tr>
<tr><td>火山-沉积断陷盆地陡坡带(vbs)</td><td>铁营子组($P_3t$)</td></tr>
<tr><td>火山-沉积断陷盆地中央带(vbc)</td><td>额里图组($P_2e$)</td></tr>
</table>

续表 4-11

| 构造古地理单元 | | | | 岩石地层单位 |
| --- | --- | --- | --- | --- |
| 一级 | 二级 | 三级 | 四级 | |
| 多岛洋(A) | 活动陆缘(AM) | 弧背盆地(Rab) | 弧背盆地边缘带(rabm) | 于家北沟组($P_2y$) |
| 陆块(C) | 被动陆缘(PM) | 小河村陆棚碎屑岩盆地(SD) | 陆棚碎屑岩滨海(sdl) | 三面井组($P_1sm$) |
| | | | 碳酸盐岩台地(cp) | 阿木山组($C_2P_1a$) |
| | | | 陆棚碎屑岩滨海(sdl) | 本巴图组($C_2bb$) |
| 陆块(C) | | | | 酒局子组($C_2jj$) |
| | 前陆盆地(FB) | 周缘前陆盆地(Pfb) | 周缘前陆盆地隆后(pbb) | 石嘴子组($C_2s$) |
| | | | | 白家店组($C_2bj$) |
| | 裂谷(RF) | 陆缘裂谷(Mr) | 陆缘裂谷中央(mrc) | 朝吐沟组($C_1c$) |
| | 被动陆缘(PM) | 陆棚碎屑岩盆地(SD) | 陆棚碎屑岩滨海(sdl) | 色日巴彦敖包组($D_3C_1s$) |
| | 裂谷(RF) | 陆内裂谷(Ir) | 陆内裂谷中央(irc) | 前坤头沟组($D_1q$) |
| | 被动陆缘(PM) | 西别河陆棚碳酸盐岩台地(SP) | 碳酸盐岩台地(cp) | 西别河组($S_3D_1x$) |
| | | 毛盖图陆棚碎屑岩盆地(SD) | 陆棚碎屑岩滨海(sdl) | |
| | | 古尔班巴彦陆棚-陆隆(Cl—Cr) | 斜坡扇(sf) | 徐尼乌苏组($S_2xn$) |
| | 裂谷(RF) | 陆内裂谷(Ir) | 陆内裂谷中央(irc) | 晒勿苏组($S_2s$) |
| 多岛洋(A) | 活动陆缘(AM) | 弧背盆地(Rab) | 弧背盆地中央带(rabc) | O—$S_1$ |
| 多岛洋(A) | 活动陆缘(AM) | 布龙山俯冲增生杂岩楔(SA) / 白音朝克图苏木火山岛弧(Va) | 含蛇绿岩浊积扇(of) | 包尔汉图群 / 哈拉组($O_{1-2}h$) / 白乃庙组($O_{1-2}b$) |
| | | | 无蛇绿岩浊积扇(nof) | 包尔汉图群 / 布龙山组($O_{1-2}bl$) |
| 陆块(C) | 陆内(IC) | 陆表海(ES) | 陆源碎屑岩-碳酸盐岩陆表海(fce) | 锦山组($\in_3j$) |
| 多岛洋(A) | 活动陆缘(AM) | 巴彦布拉格嘎查俯冲增生杂岩楔(SA) | | 构造混杂岩($Pz_1$) |
| | | | 含蛇绿岩浊积扇(of) | 温都尔庙群 / 哈尔哈达组($Pt_2h$) |
| | | | 洋岛海山(im) | 温都尔庙群 / 桑达来呼都格组($Pt_2s$) |

**表 4-12　狼山-白云鄂博地层小区构造古地理单元划分**

<table>
<tr><th colspan="4">构造古地理单元</th><th colspan="4" rowspan="2">岩石地层单位</th></tr>
<tr><th>一级</th><th>二级</th><th>三级</th><th>四级</th></tr>
<tr><td rowspan="12">陆块(C)</td><td rowspan="12">陆内(IC)</td><td rowspan="2">红泥井乡坳陷盆地(SB)</td><td>坳陷盆地中央带(sbc)</td><td colspan="4" rowspan="2">宝格达乌拉组($N_2b$)</td></tr>
<tr><td>坳陷盆地缓坡带(sbsl)</td></tr>
<tr><td>汉诺坝火山-沉积断陷盆地(VB)</td><td>火山-沉积断陷盆地中央带(vbc)</td><td colspan="4">汉诺坝组($N_1h$)</td></tr>
<tr><td>乌兰苏木坳陷盆地(SB)</td><td>坳陷盆地中央带(sbc)</td><td colspan="4">呼尔井组($E_3h$)</td></tr>
<tr><td rowspan="4">哈乐乡无火山岩断陷盆地(NVB)</td><td>无火山岩断陷盆地中央带(nvbc)</td><td colspan="4">固阳组($K_1g$)</td></tr>
<tr><td rowspan="2">无火山岩断陷盆地陡坡带(nvbs)</td><td colspan="4">李三沟组($K_1ls$)</td></tr>
<tr><td colspan="4">长汉沟组($J_2c$)</td></tr>
<tr><td>无火山岩断陷盆地中央带(nvbc)</td><td colspan="4">五当沟组($J_{1-2}w$)</td></tr>
<tr><td rowspan="3">大红山火山-沉积断陷盆地(VB)</td><td>火山-沉积断陷盆地陡坡带(vbs)</td><td colspan="4" rowspan="3">大红山组($P_1d$)</td></tr>
<tr><td>火山-沉积断陷盆地中央带(vbc)</td></tr>
<tr><td>火山-沉积断陷盆地缓坡带(vbsl)</td></tr>
<tr><td>呼和艾力更陆表海(ES)</td><td>碳酸盐岩陆表海(cp)</td><td colspan="4">腮林忽洞组($Zs$)</td></tr>
<tr><td rowspan="4">陆块(C)</td><td rowspan="4">裂谷(RF)</td><td rowspan="4">狼山-白云鄂博陆缘裂谷(Mr)</td><td rowspan="2">陆缘裂谷边缘(mrm)</td><td rowspan="4">白云鄂博群</td><td colspan="3">呼吉尔图组(Qb$h$)</td></tr>
<tr><td rowspan="3">渣尔泰山群</td><td>白音布拉格组(Qb$by$)</td><td>刘鸿湾组($Pt_2l$)</td></tr>
<tr><td>陆缘裂谷中央(mrc)</td><td>比鲁特组(Jx$b$)<br>哈拉霍疙特组(Jx$h$)<br>尖山组(Ch$j$)</td><td>阿古鲁沟组($Pt_2a$)<br>增隆昌组($Pt_2z$)</td></tr>
<tr><td>陆缘裂谷边缘(mrm)</td><td>都拉哈拉组(Ch$d$)</td><td>书记沟组($Pt_2s$)</td></tr>
</table>

**表 4-13　龙首山地层小区构造古地理单元划分**

<table>
<tr><th colspan="4">构造古地理单元</th><th rowspan="2">岩石地层单位</th></tr>
<tr><th>一级</th><th>二级</th><th>三级</th><th>四级</th></tr>
<tr><td rowspan="11">陆块<br>(C)</td><td rowspan="6">陆内<br>(IC)</td><td rowspan="2">查干德日斯嘎查<br>坳陷盆地(SB)</td><td rowspan="2">坳陷盆地中央带(sbc)</td><td>苦泉组($N_2k$)</td></tr>
<tr><td>红柳沟组($N_1hl$)</td></tr>
<tr><td rowspan="4">额日布盖苏木<br>无火山岩<br>断陷盆地<br>(NVB)</td><td rowspan="3">无火山岩断陷盆地缓坡带<br>(nvbsl)</td><td>金刚泉组($K_2j$)</td></tr>
<tr><td>庙沟组 ($K_1mg$)</td></tr>
<tr><td>沙枣河组($J_3s$)</td></tr>
<tr><td>无火山岩断陷盆地中央带(nvbc)</td><td>龙凤山组($J_2l$)</td></tr>
<tr><td>被动陆缘<br>(PM)</td><td>宽湾井陆棚碎屑岩盆地<br>(SD)</td><td>陆棚碎屑岩滨海(sdl)</td><td>臭牛沟组($C_1c$)</td></tr>
<tr><td rowspan="4">陆内<br>(IC)</td><td rowspan="4">大沟井陆表海<br>(ES)</td><td rowspan="2">陆源碎屑岩无障壁陆表海(oe)</td><td>草大坂组($\in_1c$)</td></tr>
<tr><td>烧火筒沟组(Zs)</td></tr>
<tr><td>碳酸盐岩陆表海(ce)</td><td rowspan="2">墩子沟组($Pt_2d$)</td></tr>
<tr><td>陆源碎屑岩无障壁陆表海(oe)</td></tr>
</table>

**表 4-14　大青山地层小区构造古地理单元划分**

<table>
<tr><th colspan="4">构造古地理单元</th><th rowspan="2">岩石地层单位</th></tr>
<tr><th>一级</th><th>二级</th><th>三级</th><th>四级</th></tr>
<tr><td rowspan="15">陆块<br>(C)</td><td rowspan="15">陆内<br>(IC)</td><td rowspan="2">东湖村坳陷盆地(SB)</td><td>坳陷盆地中央带(sbc)</td><td rowspan="2">宝格达乌拉组($N_2b$)</td></tr>
<tr><td>坳陷盆地缓坡带(sbsl)</td></tr>
<tr><td>西水泉火山-沉积断陷盆地<br>(VB)</td><td>火山-沉积断陷盆地中央带(vbc)</td><td>汉诺坝组($N_1h$)</td></tr>
<tr><td rowspan="2">新菜子坳陷盆地(SB)</td><td rowspan="2">坳陷盆地中央带(sbc)</td><td>呼尔井组($E_3h$)</td></tr>
<tr><td>左云组($K_1z$)</td></tr>
<tr><td rowspan="2">福生庄火山-<br>沉积断陷盆地(VB)</td><td>火山-沉积断陷盆地中央带(vbc)</td><td>固阳组($K_1g$)</td></tr>
<tr><td>火山-沉积断陷盆地陡坡带(vbs)</td><td>李三沟组($K_1ls$)</td></tr>
<tr><td rowspan="3">前五当沟无火山岩断陷盆地<br>(NVB)</td><td>无火山岩断陷盆地陡坡带(nvbs)</td><td>大青山组($J_3d$)</td></tr>
<tr><td>无火山岩断陷盆地缓坡带(nvbsl)</td><td>长汉沟组($J_2c$)</td></tr>
<tr><td>无火山岩断陷盆地中央带(nvbc)</td><td>五当沟组($J_{1-2}w$)</td></tr>
<tr><td rowspan="5"></td><td>无火山岩断陷盆地陡坡带(nvbs)</td><td>老窝铺组($P_3T_1lw$)</td></tr>
<tr><td rowspan="3">无火山岩断陷盆地中央带(nvbc)</td><td>脑包沟组($P_3n$)</td></tr>
<tr><td>石叶湾组($P_2sy$)</td></tr>
<tr><td>杂怀沟组($P_2z$)</td></tr>
<tr><td>无火山岩断陷盆地陡坡带(nvbs)</td><td>拴马桩组($C_2sm$)</td></tr>
</table>

**续表 4-14**

| 构造古地理单元 | | | | 岩石地层单位 |
|---|---|---|---|---|
| 一级 | 二级 | 三级 | 四级 | |
| 陆块(C) | 陆内(IC) | 黑牛沟陆表海(ES) | 碳酸盐岩陆表海(ce) | 白彦花组($O_3b$) |
| | | | | 乌兰忽洞组($O_{2-3}wh$) |
| | | | | 二哈公组($O_2e$) |
| | | | | 五道湾组($O_{1-2}w$) |
| | | | | 山黑拉组($O_1s$) |
| | | | | 老弧山组($\in_{2-3}l$) |
| | | | 陆源碎屑岩障壁陆表海(be) | 色麻沟组($\in_{2-3}sm$) |
| | | | 碳酸盐岩陆表海(ce) | 什那干组($Zs$) |

**表 4-15　清水河地层小区构造古地理单元划分**

| 构造古地理单元 | | | | 岩石地层单位 |
|---|---|---|---|---|
| 一级 | 二级 | 三级 | 四级 | |
| 陆块(C) | 陆内(IC) | 窑沟-魏家峁坳陷盆地(SB) | 坳陷盆地中央带(sbc) | 乌兰图克组($N_2wl$) |
| | | 清水河陆表海(ES) | 陆源碎屑岩-碳酸盐岩陆表海(fce) | 山西组($P_1s$) |
| | | | | 太原组 ($C_2t$) |
| | | | | 本溪组($C_2b$) |
| | | | 碳酸盐岩陆表海(ce) | 马家沟组($O_2m$) |
| | | | | 三山子组($\in_3O_1s$) |
| | | | | 张夏组($\in_2z$) |
| | | | 陆源碎屑岩无障壁陆表海(oe) | 馒头组 ($\in_{1-2}m$) |

**表 4-16　东胜地层小区构造古地理单元划分**

| 构造古地理单元 | | | | 岩石地层单位 |
|---|---|---|---|---|
| 一级 | 二级 | 三级 | 四级 | |
| 陆块(C) | 陆内(IC) | 东胜坳陷盆地(SB) | 坳陷盆地中央带(sbc) | 乌兰图克组($N_2wl$) |
| | | | | 五原组($N_1w$) |
| | | | | 临河组(($E_3l$) |
| | | | 坳陷盆地缓坡带(sbsl) | 东胜组($K_1ds$) |
| | | | 坳陷盆地中央带(sbc) | 泾川组($K_1jc$) |
| | | | 坳陷盆地缓坡带(sbsl) | 罗汉洞组($K_1lh$) |
| | | | | 环河组($K_1h$) |
| | | | | 洛河组($K_1l$) |
| | | | 坳陷盆地中央带(sbc) | 安定组($J_2a$) |

续表 4-16

| 构造古地理单元 | | | | 岩石地层单位 |
|---|---|---|---|---|
| 一级 | 二级 | 三级 | 四级 | |
| 陆块(C) | 陆内(IC) | 东胜坳陷盆地(SB) | 坳陷盆地缓坡带(sbsl) | 直罗组($J_2z$) |
| | | | | 延安组($J_1ya$) |
| | | | | 富县组($J_1f$) |
| | | | | 延长组($T_3yc$) |
| | | | | 二马营组($T_2e$) |
| | | | 坳陷盆地中央带(sbc) | 和尚沟组($T_1h$) |
| | | | 坳陷盆地缓坡带(sbsl) | 刘家沟组($T_1l$) |
| | | | | 孙家沟组($P_3sj$) |
| | | | | 石盒子组($P_{1\text{-}2}sh$) |

**表 4-17　桌子山地层小区构造古地理单元划分**

| 构造古地理单元 | | | | 岩石地层单位 |
|---|---|---|---|---|
| 一级 | 二级 | 三级 | 四级 | |
| 陆块(C) | 陆内(IC) | 乌丘都喜坳陷盆地(SB) | 坳陷盆地缓坡带 (sbsl) | 乌兰图克组($N_2wl$) |
| | | | 坳陷盆地中央带 (sbc) | 五原组($N_1w$) |
| | | | | 临河组($E_3l$) |
| | | | 坳陷盆地缓坡带 (sbsl) | 孙家沟组($P_3sj$) |
| | | | | 石盒子组($P_{1\text{-}2}sh$) |
| | 被动陆缘(PM) | 巴彦敖包嘎查陆棚碎屑岩盆地(SD) | 陆棚碎屑岩滨海(sdl) | 山西组($P_1s$) |
| | | | | 太原组 ($C_2t$) |
| | 陆内(IC) | 棋盘井陆表海(ES) | 陆源碎屑岩-碳酸盐岩陆表海(fce) | 拉什仲组 ($O_2l$) |
| | | | | 乌拉力克组($O_2w$) |
| | | | | 克里摩里组($O_2k$) |
| | | | 碳酸盐岩陆表海(ce) | 马家沟组($O_{1\text{-}2}m$) |
| | | | | 三山子组($\in_3O_1s$) |
| | | | | 炒米店组($\in_3c$) |
| | | | | 崮山组($\in_3g$) |
| | | | | 张夏组($\in_2z$) |
| | | | 陆源碎屑岩-碳酸盐岩陆表海(fce) | 馒头组 ($\in_{1\text{-}2}m$) |
| | | | | 王全口组($Pt_{2\text{-}3}w$) |
| | | | | 西勒图组($Pt_{2\text{-}3}x$) |

**表 4-18　吉兰泰-临河地层小区构造古地理单元划分**

| 构造古地理单元 | | | | 岩石地层单位 |
|---|---|---|---|---|
| 一级 | 二级 | 三级 | 四级 | |
| 陆块(C) | 陆内(IC) | 临河无火山岩断陷盆地(NVB) | 无火山岩断陷盆地缓坡带(nvbsl) | 苦泉组($N_2k$) |
| | | | | 乌兰图克组($N_2wl$) |
| | | | | 五原组($N_1w$) |
| | | | 无火山岩断陷盆地中央带(nvbc) | 临河组(($E_3l$) |
| | | | | 清水营组($E_3q$) |
| | | | 无火山岩断陷盆地缓坡带(nvbsl) | 寺口子组 ($E_2s$) |
| | | | | 庙沟组 ($K_1mg$) |

**表 4-19　贺兰山地层小区构造古地理单元划分**

| 构造古地理单元 | | | | 岩石地层单位 |
|---|---|---|---|---|
| 一级 | 二级 | 三级 | 四级 | |
| 陆块(C) | 陆内(IC) | 杜特花坳陷盆地(SB) | 坳陷盆地缓坡带(sbsl) | 苦泉组($N_2k$) |
| | | | | 红柳沟组($N_1hl$) |
| | | | 坳陷盆地中央带(sbc) | 清水营组(($E_3q$) |
| | | | 坳陷盆地缓坡带(sbsl) | 寺口子组($E_2s$) |
| | | 香池子沟无火山岩断陷盆地(NVB) | 无火山岩断陷盆地中央带(nvbc) | 庙沟组 ($K_1mg$) |
| | | | 无火山岩断陷盆地缓坡带(nvbsl) | 沙枣河组($J_3s$) |
| | | | 无火山岩断陷盆地中央带(nvbc) | 龙凤山组($J_2l$) |
| | | | | 芨芨沟组($J_1j$) |
| | | | 无火山岩断陷盆地陡坡带(nvbs) | 珊瑚井组($T_3sh$) |
| | | | | 二断井组($T_{1-2}ed$) |
| | | 呼鲁斯太坳陷盆地(SB) | 坳陷盆地陡坡带(sbs) | 窑沟组($P_3yg$) |
| | | | 坳陷盆地缓坡带(sbsl) | 大黄沟组($P_2dh$) |
| | | 石人圈陆表海(ES) | 海陆交互无障壁陆表海(toe) | 太原组($C_2P_1t$) |
| | | | | 臭牛沟组($C_1c$) |
| | | | | 前黑山组($C_1q$) |
| | | 红砭圈坳陷盆地(SB) | 坳陷盆地陡坡带(sbs) | 老君山组($D_3l$) |
| | | | 坳陷盆地缓坡带(sbsl) | 石峡沟组($D_2s$) |
| | 裂谷(RF) | 新井村夭折裂谷(Fr) | 夭折裂谷边缘(frm) | 米钵山组($O_{1-2}mb$) |
| | | | | 天景山组 ($O_{1-2}tj$) |
| | | | 夭折裂谷中央(frc) | 香山群：磨盘井组($\in_3O_1m$) |
| | | | | 香山群：徐家圈组($\in_{2-3}x$) |
| | 陆内(IC) | 贺兰山坳陷盆地(SB) | | 正目观组($Zz$) |
| | | 柳门子沟陆表海(ES) | 碳酸盐岩陆表海(ce) | 王全口组($Pt_{2-3}w$) |
| | | | 陆源碎屑岩无障壁陆表海(oe) | 西勒图组($Pt_{2-3}x$) |

## 四、构造古地理演化

以索伦山-西拉木伦河结合带为界，南部是华北陆块区的陆块和被动陆缘，北部则是西伯利亚陆块东南活动陆缘，西部则以阿尔金断裂带（恩格尔乌苏断裂带）为界，西侧是塔里木陆块的东北部活动陆缘。

### （一）华北陆块区之鄂尔多斯陆块及其边缘

鄂尔多斯陆块总体上处于陆表海和坳陷盆地的稳定环境，它的北部和西部边缘为被动陆缘、陆内裂谷的离散环境。

中新元古代陆块本部未见地层出露，推测为剥蚀阶段。北部阴山地区则是狼山-白云鄂博裂谷发育时期，当时陆块北缘裂解的产物，裂谷内发育了两套地层系统，即西南部的渣尔泰山群和东北部的白云鄂博群。就沉积岩组合特征而言，两者有很多相似之处，均以陆源碎屑岩、泥页岩和碳酸盐岩为主，并存在少量火山岩的夹层，据大量同位素年龄样品测定，两者沉积时限为1950～1600Ma，可与蓟县地区的长城系相对比。由于渣尔泰山群处于裂谷边缘的构造古地理环境，构造活动频繁而又强烈，与特殊的沉积环境结合，形成内蒙古狼山多金属成矿带，以层控多金属、硫化物矿床为主要特征，并集中产于阿古鲁沟组的中段层位之中，它与白云鄂博群尖山组中的铁矿、稀土矿等构成了内蒙古矿产资源的重要基地。

鄂尔多斯陆块西部边缘的桌子山、贺兰山地区在新元古代时期为稳定环境的陆表海沉积，由成分成熟度较高的海滩石英砂岩及台地碳酸盐岩组成，分别由以陆源碎屑岩为主的西勒图组和以碳酸盐岩为主的王全口组构成。

特别应当指出的是，本区震旦纪正目观组是一套冰川砾岩和冰湖沉积粉砂岩泥岩组合，而在阴山北部狼山至白云鄂博一带则是由稳定型什那干组和腮林忽洞组的结晶灰岩、白云质灰岩、白云岩构成的碳酸盐岩台地。

寒武纪至奥陶纪主要为两种构造古地理环境，鄂尔多斯陆块东部为稳定的陆表海演化阶段，形成陆源碎屑砂岩、粉砂岩、泥页岩及碳酸盐岩建造，其岩层的结构构造和组合表现为典型的稳定盖层特征，它所包含的岩石地层单位及岩石地层单位之间的界线仍然可以反映出它们的不等时特点。许多门类的古生物化石组合特点，同一个岩石地层单位在不同地点所反映出的时代差异就是很有力的说明。西部边缘的贺兰山区情况则截然不同，作为早古生代秦祁贺三叉裂谷系（赵重远，1990），伸入陆块的贺兰山坳拉谷（Aulacogen），有它独特的时空演化历史。首先它的发育历史相当短促，它与祁连裂谷和秦岭裂谷都由寒武纪开始发育，均沉积了一套活动型的较深水的复理石砂岩、板岩、千枚岩以及灰岩等深水浊积岩，同时在贺兰山地区元山子钻孔中于徐家圈组见有玄武岩。据此可见，它们均已发展成为大洋盆地，这也是贺兰山坳拉谷发育的顶峰时期，之后贺兰山坳拉谷则迅速萎缩，至中奥陶世末而被前者遗弃，裂谷生命结束，形成坳拉谷。

中奥陶世末，华北陆块受到南部秦岭洋壳向北俯冲和中亚-蒙古洋壳向南俯冲的影响，在南、北相对挤压应力作用下，鄂尔多斯陆块随华北克拉通一起拱曲抬升，海水退出，遭受从晚奥陶世至早石炭世长达120Ma的剥蚀而无沉积。但西部边缘是个例外，早古生代裂谷被遗弃后，从晚奥陶世至早泥盆世抬升而遭剥蚀，而中晚泥盆世时在相对稳定的环境中发生了局部的坳陷，形成石峡沟组和老君山组的砂砾岩、湖相的砂岩与泥岩沉积，随后在早石炭世时，海水经过南方进入本区形成陆表海，但环境并不十分稳定，遂形成前黑山组、臭牛沟组和太原组等海陆交互相的砂岩、页岩、砂砾岩及碳酸盐岩等海陆交互相的沉积。

从晚石炭世开始，华北陆块发生沉降，遂形成晚石炭世至早三叠世的海陆交互相沉积。沉积早期，晚石炭世本溪组、太原组和早二叠世山西组为海陆交互相的含煤碎屑岩建造，而后则是河湖相的沉积。

二叠纪末，由于蒙古古大洋消失，陆-陆碰撞对接，结束了洋陆转换演化阶段，形成统一的大陆体制，整体进入陆内盆山演化阶段，但鄂尔多斯陆块始终处于相对稳定环境。然而，由于其周边造山带的构造运动强烈而频繁，在内蒙古陆(阴山分区)以南的鄂尔多斯陆块的沉积盆地演化历史，与早古生代的陆表海稳定环境相比已截然不同。从晚石炭世至三叠纪虽然是一个稳定的连续沉积时期，但已从海陆交互相转换为陆相沉积，三叠纪末至侏罗纪初普遍抬升，尤其是东部的清水河准格尔一带一直到白垩纪都未接受沉积，呈现出东部抬升、西部坳陷的格局。目前，所称的鄂尔多斯盆地的内蒙古部分系指桌子山以东的东胜、鄂托克前旗一带的侏罗纪—白垩纪坳陷盆地，其中可能还发育一些次一级的小型地坳陷。

新生代时期，由于内蒙古古陆不断上升，两侧的正断层呈阶梯状沉降，在鄂尔多斯陆块的北部发育了巨厚沉积的土默特川断陷盆地、临河断陷盆地以及吉兰泰断陷盆地等，它们均是寻找油气的有利地区。

### (二)塔里木陆块区

本区位于内蒙古西部与甘肃接壤的额济纳旗。

中新元古代时期，本区为稳定的陆表海阶段，早期为海滩砂，多为成分成熟度比较高的石英砂岩、长石石英砂岩等陆源碎屑岩，为古硐井群的岩石特征，另外，发育尚以碳酸盐岩为主的圆藻山群。震旦纪晚期气候转为寒冷，本区形成了广阔的大陆冰川，分布于北山地区的冰碛砾岩和冰水沉积的砂泥岩，称为洗肠井群。至此以后，从寒武纪—奥陶纪开始，本区转入古生代频繁的洋陆转换阶段。寒武纪中期开始，本区为离散环境的被动陆缘，分别形成陆棚碎屑岩盆地相和陆棚碳酸岩台地相的罗雅楚山组及西双鹰山组。从中奥陶世开始至晚石炭世，本区开始进入强烈的活动阶段。由于陆缘裂解、洋壳俯冲、火山岛弧发育、陆壳增生等的构造活动，从相对稳定的陆棚碎屑岩盆地到岩浆弧、弧前、弧后等火山岩发育的各种构造古地理环境，这是本区洋陆转换的主要阶段，随着洋壳不断地俯冲、岛弧造山拼贴，大陆逐渐增生扩大，本区于石炭纪—二叠纪则从汇聚的环境转入离散的裂谷环境。二叠纪末，海水退出，本区进入陆内盆山转换阶段。从中生代至新生代区内发育了许多大小不等的坳陷盆地和断陷盆地，在沉积了河湖相碎屑岩的同时还发育了大量的中基性火山岩。

### (三)天山-兴蒙造山系

古元古代超大陆裂解后，古亚洲洋(古蒙古洋)形成，并进入扩张时期。古生代时期，由于古蒙古洋的多次扩张、俯冲，两陆缘区不断地增生扩展，形成许多规模不等、样式不同、构造古地理环境差异很大的沉积盆地，它们的时空演化相当复杂，即使如此，南、北两大陆缘虽然各自独立发展，它们之间仍然有其关联性，所以本节同时叙述它们的时空演化特征也就顺理成章了。

古蒙古洋形成后，于中新元古代发生扩张，南、北两侧分别向华北陆块区和西伯利亚陆块俯冲，产生中元古代温都尔庙群的蛇绿混杂岩和构造混杂岩带，许多深海沉积的硅质岩组成的洋壳残片赋存具有一定工业价值的磁铁矿，例如温都尔庙铁矿、洪格尔庙铁矿都是这个时期形成的矿床。

由于洋壳的俯冲逐在华北陆块区的北缘和西伯利亚陆块的南缘分别形成时代的火山岛弧、弧前、弧后盆地等，如白乃庙岛弧、包尔汉图岛弧都是造成奥陶纪时期华北陆块北缘增生的原因。同样，在西伯利亚陆块东南缘多宝山岛弧亦是如此。

志留纪—泥盆纪时期，华北陆块区北缘进入被动陆缘阶段，著名的 *Tuvaella*(图瓦贝)动物群的大量发育是它的特征之一。而泥盆纪时期，在贺根山、朝根山一带则发生局部的洋壳俯冲，造成的汇聚环境亦有限。

石炭纪—二叠纪是南、北两侧陆缘增生，古蒙古洋消减的演化时期。初期为洋壳向南、北两侧俯冲，陆缘增生，继之，早、中二叠世则南北陆缘逐渐相向增生，陆块汇聚扩大，西伯利亚陆块南缘，大石寨、宝力高庙等地产生陆缘或者陆内裂谷，形成具有一定规模的近似于双峰式的火山岩构造带，加速了两个大陆块陆-陆碰撞的进程，从晚二叠世开始进入陆内演化阶段。中生代以后，由于受到太平洋板块向西俯冲的影响，在东部大兴安岭地区形成北东-南西向的侏罗纪—白垩纪火山岩构造带，呈典型的陆内盆山演化发展阶段，发育一些火山沉积断陷盆地，部分盆地有煤层或煤线的沉积，许多有用的金属矿产多与此期的火山活动有成因上的联系。

古近纪与新近纪时期，内蒙古北部地区一直处于上升阶段，盆山体系受到强烈夷平作用的破坏，多呈准平原状态，一些坳陷盆地沉积了湖相或河流相陆源碎屑岩。

## 五、沉积建造组合与成矿的关系

### （一）中新元古代沉积岩建造组合与成矿关系

#### 1. 层控型多金属矿床

层控型多金属矿床是渣尔泰山群的主要矿床类型，它们集中赋存于阿古鲁组（$Pt_2a$）的滨浅海砂岩、粉砂岩、泥岩建造组合中。

阿古鲁沟组这个含矿的沉积岩建造组合，处于陆缘裂谷中央带的沉积环境中，黑色、深灰色、灰黑色碳质板岩的大量发育，清晰地反映了强还原环境的沉积岩建造组合的特点，由于“碳”的吸附能力很强。因此，铜、铅、锌、金等矿床多发育于深色碳质板岩极为发育的建造组合中，明显受岩性和层位的控制。

#### 2. 沉积型矿床

沉积型矿床主要有磷、铁等，它们多与白云鄂博群和渣尔泰山群的沉积岩建造组合关系密切。典型的沉积型磷矿床，赋存于白云鄂博群尖山组的滨浅海砂岩，粉砂岩，碳质、泥质板岩建造组合的上部层位中。

关于白云鄂博特大型铁、稀土矿床的母岩“菠萝图白云岩”的成因问题，虽然目前没有取得统一的认识，但笔者认为白云鄂博群哈拉霍疙特组上部属于裂谷中央带的浅海相礁碳酸盐岩、泥晶灰岩建造组合。

五原县北部的西德岭山铁矿，它赋存于书记沟组的含铁石英岩、长石石英砂岩建造组合中。除含铁石英岩外，在长石石英砂岩层位夹有紫红色鲕状、肾状赤铁矿或磁铁矿的层状或透镜状矿体，矿石品位一般较高，但规模不大，作为一种成矿类型和找矿标志是很有意义的。

#### 3. 与火山作用有关的沉积型矿床

“温都尔庙式铁矿”，赋存于温都尔庙群中级变质岩石组合，由绢云石英片岩、绿泥石英片岩、含铁石英岩、硅质岩、拉斑玄武岩、辉绿岩等组成。赋存于与蛇绿岩套有关的建造组合中，分布于集二铁路线附近及其以东地区，主要矿床有白云敖包（大脑包）铁矿、哈尔哈达铁矿、包尔汉喇嘛庙铁矿以及红格庙铁矿等10多处。

### （二）早古生代沉积岩建造组合与成矿的关系

这个时段单一的沉积矿床主要有磷、铁和镍、钼等，形成规模者只有磷和镍、钼等。

根据沉积岩建造组合和沉积岩相特征,可以判断出磷矿形成的构造环境为稳定的陆表海,而镍、钼矿则形成于贺兰山坳拉谷。

寒武纪的陆表海只见于鄂尔多斯陆块西部边缘桌子山南部边缘的清水河以及龙首山基底杂岩带边缘的哈马胡洞沟一带。本区的含磷沉积岩建造应当是华北早寒武世单陆属建造(孟祥化,1979)的边缘部分,建造的组成内容与建造的主体不尽相同,不同部位的岩石构成变化亦非常明显。龙首山地区哈马胡洞沟早寒武世草大坂组可划分为两个沉积岩建造组合:上部为陆表海灰岩建造组合,构造古地理环境为无障壁的碳酸盐岩局限台地,这个建造未见磷矿化;下部是滨浅海石英砂岩、长石石英粉砂岩、砂质磷灰岩建造组合,是本区主要的含磷建造——哈马胡洞沟磷矿区,由大沟井、青井子两个磷矿组成。另一个磷矿位于桌子山南段的镇木关一带,是早寒武世馒头组的陆表海碎屑岩建造组合。桌子山地区馒头组的岩石组合区域上相变明显,难以进行层位上的岩性对比,总体上可以称为陆表海陆源碎屑岩及灰岩建造组合,磷矿主要产于碎屑岩的层段中,一般磷矿层均在建造下部层位,镇木关磷矿即属于含磷砂岩型。

哈马胡洞沟磷矿、镇木关磷矿都是华北陆块早寒武世磷矿成矿期形成的。它们总的特征是构造古地理稳定,均形成于海侵初期和早期,为开阔的滨浅海浅滩相陆源碎屑岩建造,温暖和干燥的气候条件便是磷矿形成的重要因素。应当提及的是,出露于清水河地区的馒头组没有发育上部的碳酸盐岩建造;下部的碎屑岩建造可以分为两部分,即底部为仅 2m 厚的水下扇砾岩、砂砾岩建造,其上为滨浅海石英砂岩、砂页岩建造组合,为含磷建造。目前尚未发现具有工业价值的磷矿床,但它是今后寻找沉积型磷矿的重要远景区。

这个时段除陆块边缘稳定型的沉积磷矿外,在贺兰山中南段存在一个寒武纪至奥陶纪的坳拉谷,它是秦祁三叉裂谷伸向陆内的一支,从早寒武世开始发育,至中奥陶世夭折。在贺兰山坳拉谷内发育了香山群,由一套浅变质的岩石组合构成,划分为上部的磨盘井组和下部的徐家圈组,后者是沉积型镍、钼矿赋存的岩石地层单位。根据岩石自然组合特征,该坳拉谷划分了一个陆源碎屑浊积碳酸盐岩建造组合,主要岩性为深灰色、灰绿色千枚岩,千枚状板岩夹长石石英砂岩,灰岩,在上部层段发育有硅质岩、硅质灰岩和白云岩,镍、钼矿层位于千枚岩层段中,已经详查的元山子镍钼矿即属于此种类型。它形成的构造古地理环境是夭折裂谷的中央带,是较深水至深水环境,其在弱还原至还原条件下形成沉积矿床,在内蒙古地区尚属首次发现。

### (三)晚古生代沉积岩建造组合与成矿关系

晚古生代沉积岩建造总体上可以分出两大类,即属于陆内稳定型的沉积岩建造组合与沉积矿床,另一类为造山带与火山岩有关的活动型的沉积岩建造组合与沉积矿床,分别简述如下。

鄂尔多斯陆块区是典型的稳定环境,为以陆源碎屑沉积序列为特征的沉积岩建造组合,表现出以海陆交互障壁陆表海三角洲沉积体系为特征。由此认为,中奥陶世马家沟组灰岩沉积以后,华北陆块整体抬升,长期遭受了风化剥蚀,在总体夷平的同时形成一些岩溶地貌,在潮湿温暖气候条件下,红土化作用强烈。自晚石炭世始,海水自南而北侵入本区,在奥陶纪碳酸盐岩台地的侵蚀面上形成了大面积的浅海、滨海浅滩和近岸湿地沼泽。由于海侵的继续发展,滨海的砂脊和碳酸盐岩台地逐渐形成了障壁环境,由于海流不畅,遂形成氧化还原环境的潟湖。此时期,陆表海的不同部位已形成了各具特色的沉积岩建造和沉积矿床。清水河地区的本溪组和太原组的沉积岩建造组合划分如下(从上到下)。

沼泽相碳质粉砂岩、页岩含煤建造组合:主要岩石为灰黑色碳质粉砂岩、页岩及煤层,是潟湖相转化为沼泽相的沉积,含动、植物化石。此为主要的含煤建造,鄂尔多斯准格尔煤田即为此种类型。再者分布于大青山地区拴马桩组上部的湖相含煤碎屑岩建造亦是这个时期的产物,由于规模不大,仅为地方所利用。

陆表海灰岩建造组合:为灰色、灰黑色中厚层状灰岩,含海相动物化石。

沼泽潟湖相含铁、铝质页岩建造组合，由灰色和紫红色含铁、铝土质页岩，灰白色高岭石页岩组成。此建造组合的下部层段是山西式铁矿、硫铁矿以及G层铝土矿的主要赋存层位。

在鄂尔多斯陆块的西部边缘桌子山西侧沉积了一套海陆交互相的沉积岩建造组合，从上到下的层序是：

4. 陆表海潟湖沼泽含煤碎屑岩建造组合，灰黑色碳质页岩、砂岩及煤层，含 *Dictyoclostus*，sp. 及 *Lobatanoularia*，sp. 等动、植物化石 241m

3. 陆表海潟湖相粉砂质页岩、砂岩建造组合，不含矿 184m

2. 陆表海沼泽相粉砂质页岩、砂岩及铁质岩建造组合，灰黑色粉砂质页岩、砂岩及铁质岩，是本区的主要含铁矿层位，含植物化石 639m

1. 陆表海三角洲平原长石石英砂岩、粉砂岩、页岩建造组合，浅褐色中粒长石石英砂岩、粉砂质页岩和碳质页岩，含植物化石 565m

从上述沉积岩建造组合序列可以看出，它与鄂尔多斯陆块区核心部位的沉积建造、赋矿层位、沉积相和沉积厚度等存在明显的差异。核心区的铁矿、硫铁矿、铝土矿都赋存于石炭系底部的沼泽相或潟湖相的沉积建造中，而且多见于奥陶纪灰岩台地古剥蚀面的岩溶溶坑及洼地中，呈窝状和似层状产出。而本区底部565m厚沉积岩建造组合未见任何矿床，沉积铁矿则见于第二建造中，层位高许多，这可能是受穿时（时侵）作用的影响所致。而清水河地区和乌达地区的煤层均位于太原组上部的湖泊沼泽相陆源碎屑含煤建造中，由此可以看出，两地的含矿建造的特征和赋矿的层位是不同的，它们明显地受构造古地理格局和沉积相的控制，其代表性的煤田有鄂尔多斯市准格尔旗薛家湾煤田、乌海市乌达煤田等。

在造山带中，这个时段与火山作用有关的具有工业价值的沉积矿产只发现额济纳旗黑鹰山铁矿和四子王旗东查干哈达铜矿。

黑鹰山铁矿产于石炭纪白山组的火山岩建造中，根据火山地层的层序和岩石组合特征，白山组划分出两个火山岩建造，从上到下为：①中酸性火山岩建造，主要岩性为紫色流纹岩、安山岩、安山质凝灰熔岩、英安岩。黑鹰山式磁铁矿赋存于建造的上部，受中酸性火山岩岩性控制，多见于流纹质凝灰熔岩和凝灰岩的层位中，是与沉积作用有关的火山沉积热液型铁矿。②下部酸性火山岩段未见铁矿。白山组所处的构造古地理环境应当是弧前盆地的近弧带，发育的火山岩建造可以佐证这一点。

黑鹰山式的铁矿在额济纳旗西部具有广泛的分布，除黑鹰山中型铁矿以外，尚有甜水井、百合山等小型铁矿10余处。此外，四子王旗东查干哈达庙的铜矿亦属火山沉积热液型层控矿床。

苏尼特右旗别鲁乌图庙铜矿是与层位和岩性关系密切的中低温热液层控型铜矿，它基本属于石炭纪本巴图组的陆源碎屑岩中，本巴图组共划分3个沉积岩建造，从上到下为：①变质粉砂岩、粉砂质板岩建造，主要岩性为灰黄色变质粉砂岩、粉砂质板岩和绢云母板岩等，含铜、硫铁矿，是主要含矿层之一；②变质砂岩、变质粉砂岩建造，由变质细砂岩、变质粉砂岩组成，含铜、硫铁矿；③杂砂岩粉砂泥质板岩建造，不含矿。

上述后两个建造均含铜和硫铁矿，受变质粉砂岩岩性的控制，Cu元素除陆源碎屑中存在以外，后期的角闪闪长岩脉和小岩株携带的矿液起到了富集作用，遂形成受变质粉砂岩岩性控制的层控矿床。

## 四、中新生代沉积岩建造组合与成矿关系

自中晚二叠世以后，华北陆块区与西伯利亚陆块对接，内蒙古地区结束了洋陆转换演化阶段，开始了中新生代陆内盆山演化的地质历史进程。在这种构造古地理格局下，形成许多大小不一、性质不同的陆内含煤盆地。

从晚二叠世到早侏罗世，南部稳定的鄂尔多斯陆内坳陷盆地河、湖发育，气候温暖、湿润，形成了规模不等的暗色含煤建造。早侏罗世延安组（$J_1 ya$）为湖沼相含煤碎屑岩建造组合，其岩石组合为灰色、灰

黑色粉砂岩,砂质页岩、碳质页岩夹砂岩和煤层,且分布稳定。区内的东胜煤田与陕西神木、府谷一带的煤田构成了我国最大的精煤产区,具有十分重要的工业意义。

应当提及的是,鄂尔多斯早中侏罗世的含煤盆地是在三叠纪坳陷盆地之上继承性地发展起来的,应当看作是鄂尔多斯坳陷盆地发育的鼎盛时期。因此,早中侏罗世必然形成含煤的沉积岩建造组合,成为鄂尔多斯地区重要的成煤期。鄂尔多斯北部的阴山地区,活动性较强,形成了一些山间断陷盆地,它的沉积岩组合特点是含煤碎屑岩建造厚度大。石拐地区的五当沟组含煤地层可达1368m,它与长汉沟组(398m)构成了早中侏罗世石拐群。前者五当沟组湖沼相的碎屑岩含煤建造主要岩性为灰色、灰黑色中细粒长石石英砂岩,碳质页岩,油页岩及煤层,含大量植物化石,是石拐煤田的主要含煤建造,其上的长汉沟组主要为河流相的黄褐色砂砾岩、砂岩夹少量页岩,不含煤。石拐煤田、大青山区的营盘湾煤田、锡林郭勒盟胜利煤田和马尼特庙煤田等均属于断陷盆地湖沼相碎屑岩含煤建造组合构成的煤田。

总观早中侏罗世的沉积岩建造,明显具有如下特点,即侏罗纪的坳陷盆地多是继承二叠纪—三叠纪盆地而来,并且发育到极盛时期,不论是南部稳定的坳陷盆地,还是北部的断陷盆地,湖沼相的碎屑岩含煤建造组合比比皆是,形成大小不等的许多煤田。而晚侏罗世则发生很大的变化。南部鄂尔多斯盆地东部继续抬起,西部下沉接受沉积,而气候的变化使该盆地变得燥热,季节性的河流发育显示了氧化环境的特点,这种情况一直延续到白垩纪,所以这是晚侏罗世以后没有沉积含煤建造的原因。

在阴山及其以北地区,由于受到西太平洋板块俯冲的影响,区域构造古地理环境与南部鄂尔多斯地区有了明显的不同。中生代,区域形成许多断陷盆地环境,晚侏罗世气候干旱,季节性的河流往往沉积了以紫红色砂砾岩为主的河流相岩石组合,阴山地区的大青山组、东北部地区的土城子组是这个时期的代表性岩石地层单位。另一个特点是火山岩发育,所以没有形成含煤地层。早白垩世始,又转变成温暖潮湿的构造古地理环境,各盆地普遍形成一套含煤沉积岩建造,个别盆地还发育了中基性火山岩及火山碎屑夹层。固阳盆地湖沼相含煤碎屑岩建造组合,属于早白垩世固阳组,其岩石组合主要是灰黑色碳质页岩、泥岩,局部夹长石石英岩,个别剖面夹有中基性火山岩。煤层顶、底板含有大量的植物及淡水动物化石,这是大青山早白垩世煤田的主要特征,而在北部二连盆地群,则多是无火山岩断陷盆地。早白垩世沉积岩建造组合的规模及其组成均受盆地演化阶段以及它们在盆地中所处的具体位置的影响,特定的古地理构造部位,决定了含煤碎屑岩建造组合的构成及其形态和规模,尤其是在盆地的中央部位,常形成规模巨大的煤矿,亦昭示了它们的价值所在。

二连盆地在早白垩世时,存在一段相对稳定的构造古地理环境,尤其是盆地中央部分,保持较长时段的还原环境,巨厚的含煤碎屑岩建造组合就是有力的物质证明。

由于二连盆地多被剥蚀成平缓的丘陵地貌,加之后期堆积物覆盖,地表自然露头较少,早白垩世巴彦花组的地层层序是根据不同地区钻孔柱状资料对比建立起来的。总体上,巴彦花组可以建立3个沉积岩建造组合,其中中、上两个是含矿建造。

湖沼相粉砂岩、碳质泥岩含煤建造组合:此建造是巴彦花组的主要含煤层段,其顶、底板均为较粗碎屑的砂岩及砂砾岩。

湖泊相泥岩粉砂岩建造组合:以灰色、深灰色厚层状泥岩,粉砂岩为主,夹油页岩、泥灰岩、钙质砂岩等,此建造有机质丰富,是较好的生油岩系,二连盆地的工业油流多出自本建造组合。

河流相砂砾岩建造组合:主要为灰色砂岩夹粉砂岩不含矿。

从上述的建造组合序列看出,盆地发育初期的河流相粗碎屑岩形成时的构造古地理环境,不具备沉积矿产的形成条件;中晚期湖泊、湖沼相的暗色泥岩和粉砂岩建造组合,具有了成油、成煤的条件。因此,在二连盆地巴彦花组分布的地段发现了许多大型的煤田,如西乌珠穆沁旗的巴彦花大型煤田,分布面积约510$km^2$,建造中含有10个可采煤层,煤层总厚达342m。锡林浩特附近的胜利煤田规模更大,含煤建造组合的分布面积虽然不及巴彦花煤田大,但它赋存有16个含煤组,探明储量200亿t。此外,位于哲里木盟扎鲁特旗北部的霍林河煤田是巴彦花组湖相含煤建造向盆地东部延续的边缘部位,建造内共赋存有24层煤,有8～13层可采或局部可采,总储量达131亿t,是内蒙古的大型煤田之一。

在二连盆地的西部位于乌兰察布市与巴彦淖尔市交界处的西白音花煤田是早白垩世巴彦花组另一个大型煤田。煤层赋存于湖泊相的含煤碎屑岩建造组合中，岩石组合特征为灰色、深灰色至灰黑色泥岩，页岩及碳质页岩。含煤建造中的煤层自煤田的边缘向中心部位由薄逐渐变厚，一般是从 0.95m 至 28m 不等，煤田面积达 1200km$^2$，探明储量 86 亿 t，是内蒙古西部地区开发的重要煤炭基地之一。

新生代的沉积矿产主要受干旱寒冷的气候影响，在近代及现代的咸水湖泊中分别形成或共生的固体和液体的石膏、芒硝、钠盐、钾盐、天然碱等化学沉积盐碱矿床，它们在自治区的经济建设及国民生活中占有重要的位置。

# 第二节 火山岩岩石构造组合

## 一、火山岩时空分布

### (一)太古宙—中元古代海相变质火山岩时空分布(图 4-2)

#### 1. 太古宙海相变质火山岩的时空分布

(1)古太古代兴和岩群变质火山岩，是内蒙古全区最古老的岩石，主要分布在兴和县南部的葛胡窑-黄土窑地区。原岩为拉斑玄武岩、钙碱性火山岩及火山碎屑岩(夹硅铁质岩)。

(2)中太古代集宁岩群变质火山岩，主要分布在集宁—凉城一带。原岩为含碳富铝半黏土质岩，泥质、凝灰质砂岩，并夹有火山岩。

(3)中太古代乌拉山岩群变质火山岩，主要分布在乌拉山—大青山及西部区的狼山—千里山—阿拉善地区南部的雅布赖山一带。原岩多数为钙碱性基性火山岩，部分相当于拉斑玄武岩及正常沉积碎屑岩。在西部地区的阿拉善南部的雅布赖山一带称雅布赖山岩群，而在桌子山地区则称为千里山岩群，在东部的赤峰地区称为建平岩群。

(4)新太古代色尔腾山岩群变质火山岩，主要分布在乌拉山—大青山一线、色尔腾山脉一带。东五分子岩组为拉斑玄武岩、玄武安山岩、中酸性火山岩。柳树沟岩组中的火山岩为安山岩、英安岩及英安质流纹岩。

#### 2. 古元古代海相变质火山岩的时空分布

(1)古元古代宝音图岩群变质火山岩，主要分布在狼山以北宝音图—锡林浩特一带。早期火山活动是以基性—超基性火山岩浆的喷溢为主。晚期则以中基性、中酸性火山岩浆的喷溢为主，是海底火山喷发的产物。

(2)古元古代北山岩群变质火山岩，主要分布在西部的阿拉善盟的北山地区。北山岩群的火山活动是以中酸性火山岩浆的喷溢为主，其间有中基性火山岩浆的喷溢。

(3)古元古代兴华渡口岩群变质火山岩，主要分布在内蒙古东部鄂伦春旗的松岭及加格达奇一带，其原岩为泥质、泥砂质碎屑岩夹有中基性火山岩和少量的碳酸盐岩。

#### 3. 中元古代海相变质火山岩的时空分布

(1)中元古代渣尔泰山群变质火山岩，主要分布在炭窑口—渣尔泰山—固阳县一带。该群的岩石组合以正常沉积的碎屑岩为主，其间有基性火山岩浆的喷溢活动，以阿古鲁沟组为主。

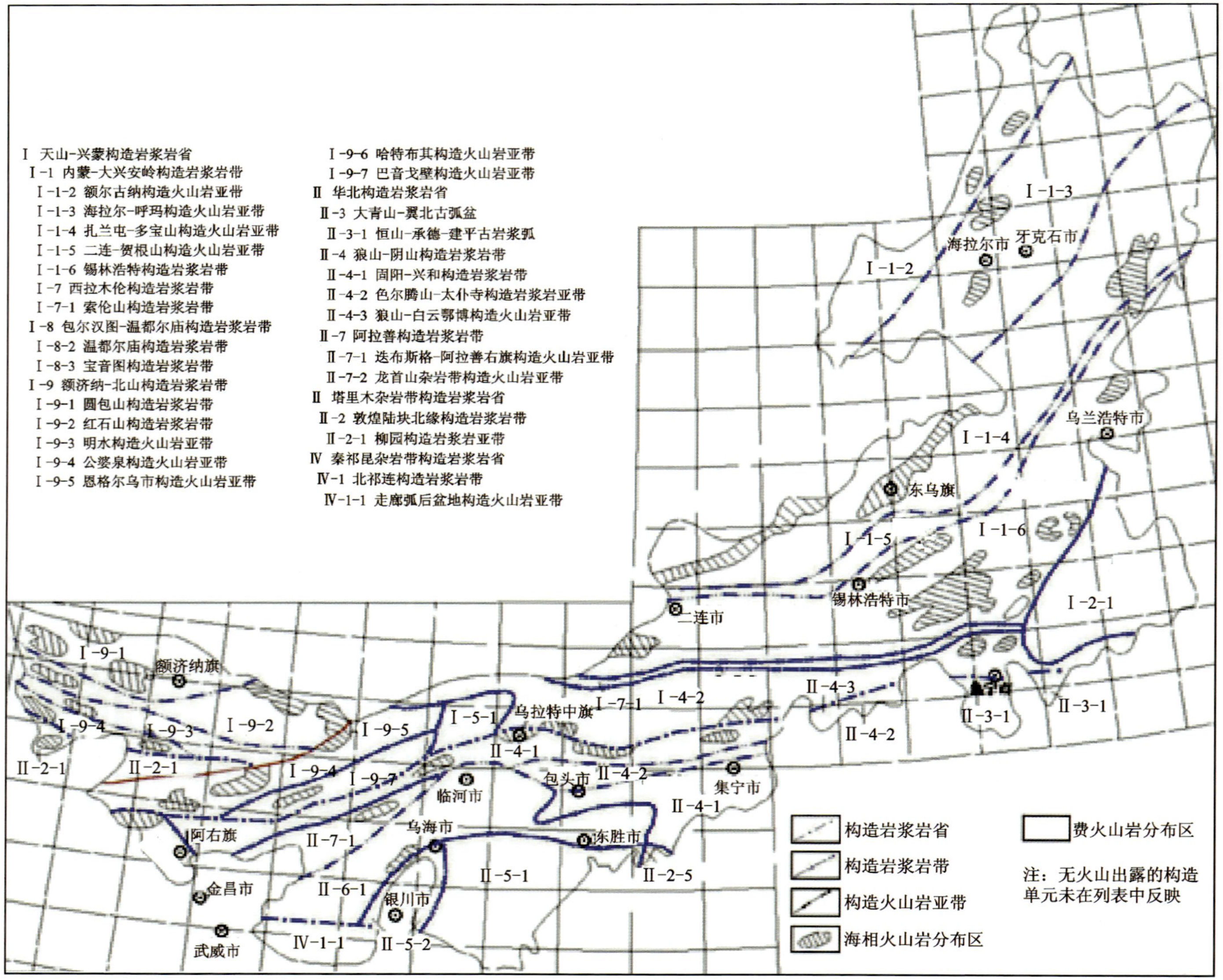


图 4-2 内蒙古自治区海相火山岩分布区及火山构造岩浆岩带划分图

(2)中元古代白云鄂博群变质火山岩，分布在达茂旗白云鄂博铁-铌稀土矿区附近，以尖山组为代表。火山活动特征是早期为基性岩浆的喷溢，中期为偏碱性火山岩浆的喷溢，晚期以酸性岩浆喷溢为主。其中，碱性粗面岩分布较广，与矿化关系密切。

(3)中元古代温都尔庙群变质火山岩。温都尔庙群包括哈尔哈达组和桑达来呼都格组，主要分布在索伦山—温都尔庙—锡林浩特一带，为一套细碧角斑岩与超基性岩及硅质岩组成的MORS型蛇绿岩组合。

## (二)南华纪—中三叠世火山岩

### 1.南华纪火山岩分布

南华纪佳疙瘩组岛弧环境的变质砂岩-千枚岩夹镁铁质火山岩组合，仅见于北部额尔古纳岛弧、海拉尔-呼玛弧后盆地和东乌旗-多宝山岛弧。其火山岩为变质安山岩、安山玄武岩及少量流纹质火山碎屑岩。

### 2.奥陶纪火山岩时空分布

(1)早—中奥陶世多宝山组($O_{1-2}d$)玄武岩-安山岩-英安岩组合，分布于北部东乌旗-多宝山岛弧和海拉尔弧后盆地。

(2)早—中奥陶世乌宾敖包组($O_{1-2}w$)火山岩，主要分布于锡林郭勒盟北部红格尔一带，岩石组合以海相沉积碎屑岩为主，仅在局部乌日尼图巴嘎一带可见有安山岩，火山活动以中性岩浆的喷溢和溢流为主。

(3)早—中奥陶世布龙山组($O_{1-2}bl$)火山岩，主要分布在达茂旗布龙山地区。岩石组合为安山质凝灰岩-砂岩-砂质泥岩夹安山岩。

(4)早—中奥陶世哈拉组($O_{1-2}h$)火山岩，主要分布在达茂旗布龙山、包尔汉图、西格等地。岩石组合为玄武岩-细碧岩-安山岩夹粉砂岩、泥岩、灰岩。

(5)早—中奥陶世白乃庙组($O_{1-2}b$)火山岩，主要分布在白乃庙铜矿区和谷那乌苏等地，岩石组合为下部中基性火山岩及中基性火山碎屑岩。

(6)中—晚奥陶世咸水湖组($O_{2-3}x$)火山岩，主要分布在额齐纳旗的额勒根乌兰乌拉、乌兰布拉格东南、小狐狸山、洗肠井、巴古红古尔、洪果尔吉乌拉、希热哈达、湖仍巴期克、月牙山、白云山等地。火山活动以中性、中基性岩浆的溢流为主，局部为酸性溢流火山岩。

### 3.志留纪火山岩的时空分布

(1)中—晚志留世公婆泉组($S_{2-3}g$)火山岩，主要分布在额济纳旗西部地区。岩石组合为海相以安山岩为主的玄武岩-英安岩夹碎屑岩。

(2)中志留世八当山火山岩为变质流纹岩、凝灰岩、流纹岩组合。

### 4.泥盆纪火山岩的时空分布

(1)早—中泥盆世雀儿山组($D_{1-2}q$)火山岩，主要分布在额济纳旗西部地区。岩石组合为海相安山玄武岩-安山岩-流纹岩-安山质凝灰熔岩。

(2)早—中泥盆世泥鳅河组($D_{1-2}n$)火山岩，主要分布在二连浩特—东乌旗一带。岩石组合为粉砂岩-泥岩-砂岩夹玄武岩、安山岩。火山岩仅作为夹层出露在泥鳅河组二段。

(3)中—晚泥盆世塔尔巴格特组($D_{2-3}t$)火山岩，主要分布在达莱至额仁戈壁一带。岩石组合为海相细砂岩-粉砂岩-硅质泥岩夹安山质火山碎屑岩。

(4)中—晚泥盆世为玄武岩-安山岩-英安岩组合，见于东乌旗-多宝山岛弧，为大民山组的细碧岩、石英角斑岩、放射虫、硅质岩和中酸性火山岩，为岛弧环境火山岩组合。

(5)晚泥盆世安格尔音乌拉组($D_3a$)火山岩，主要分布在东乌旗的北部地区。岩石组合为砂岩-粉砂岩，局部夹有火山碎屑岩及浊积岩。

**5. 石炭纪火山岩的时空分布**

(1)石炭纪白山组($C_{1-2}b$)火山岩，主要分布在内蒙古西部的绿条山、哈珠及路井一带。岩石组合为海相流纹岩-英安岩-安山岩-流纹质、英安质凝灰岩。

(2)内蒙古东部早石炭世火山岩分布于南、北两端。北部海拉尔-呼玛弧后盆地称莫尔根河组($C_1m$)，岩性为安山岩、石英角斑岩、钠长粗面岩、角斑质凝灰岩。据TAS分类为玄武岩-英安岩-粗面岩-流纹岩组合。为伸展环境火山岩；南部温都庙陆缘弧上称朝吐沟组($C_1c$)，是以玄武岩-流纹岩为主的双峰式火山岩组合。

(3)晚石炭世本巴图组火山岩，广泛分布在西起阿拉善左旗高家窑，东到霍林河，南至额布尔桃来图断裂，北达阿尔山断裂和二连-贺根山对接带。在不同的构造单元内出露的本巴图组，岩石组合上存在着差异性，分别叙述如下。

①二连-贺根山蛇绿混杂岩带的本巴图组($C_2bb$)的岩石组合为海相碳质凝灰质板岩-凝灰岩-杂砂岩组合。

②锡林浩特岩浆弧内出露的本巴图组的岩石组合为含蛇绿岩碎片的砂岩-粉砂岩-板岩-凝灰岩等浊积岩组合。

③索伦山蛇绿混杂岩带内的本巴图组的岩石组合为海相砂岩-粉砂岩-泥岩-火山碎屑岩-硅质岩-碳酸盐岩等浊积岩组合。

④温都尔庙俯冲增生杂岩带的本巴图组的岩石组合为浅海相凝灰质长石石英砂岩-粉砂岩-铁质板岩-玄武岩组合。

⑤恩格尔乌苏蛇绿混杂岩带(结合带)内的本巴图组岩石组合为海相英安质、流纹质凝灰岩-英安岩-长石杂砂岩-粉砂岩-泥岩-碳酸盐岩(MORS型蛇绿岩组合)。

**6. 晚石炭世—早二叠世火山岩时空分布**

(1)晚石炭世—早二叠世格根敖包组($C_2P_1g$)火山岩，主要分布在东乌旗地区的格根敖包、盐池北山等地。由于分布在不同的构造单元内，出露厚度和岩性都存在差异性，分述如下：东乌旗-多宝山岛弧内的格根敖包组火山岩的岩石组合为碱性安山岩-英安岩-流纹岩及碎屑岩；二连-贺根山蛇绿混杂岩带内的格根敖包组火山岩的岩石组合为海相钙碱性安山岩-英安岩-流纹岩和碎屑岩。

(2)晚石炭世—早二叠世宝力高庙组火山岩的时空分布，主要分布在宝力高庙、小坝梁、达布苏诺尔一带。岩石组合为陆相钙碱性安山岩-英安岩-流纹岩夹陆源碎屑岩。

**7. 二叠纪火山岩的时空分布**

(1)早二叠世大红山组火山岩，主要分布在狼山、大青山一带。狼山-白云鄂博裂谷内大红山组的岩石组合为石英砂岩-安山玢岩-晶屑凝灰岩-含煤碳质泥岩-长石石英砂砾岩；迭布斯格-阿拉善右旗岩浆弧内大红山组的岩石组合为流纹斑岩-英安斑岩夹英安质凝灰岩。

(2)早二叠世苏吉组火山岩，主要分布在狼山-白云鄂博裂谷内。岩石组合为安山岩-流纹岩-英安岩-流纹质晶屑凝灰岩。

(3)内蒙古东部中二叠世火山岩，是古生代火山活动最强烈的时代。中部锡林浩特岩浆弧内称大石寨组($P_{1-2}ds$)，为成熟岛弧安山岩-流纹岩组合，林西残余洋盆内大石寨组下部为玄武岩、细碧岩、角斑岩，构成拉斑玄武岩组合；上部为中酸性火山碎屑岩组成的英安岩-流纹岩组合。南部温都尔庙陆缘弧内称额里图组($P_2e$)，岩性为碱性橄榄玄武岩、安山玄武岩、安山岩、英安质碎屑岩，构成陆缘弧玄武岩-安山岩-英安岩组合。

(4)中二叠世金塔组($P_2j$)火山岩，主要分布在内蒙古西部北山地区。岩石组合及厚度在各个构造单元中有差异性，分述如下：①圆包山岩浆弧内的金塔组火山岩岩石组合为流纹质凝灰熔岩-英安质凝灰岩-流纹岩；②红石山裂谷内的金塔组火山岩岩石组合为玄武岩-安山岩-英安质凝灰岩-凝灰质砂岩夹砂岩；③哈特布其岩浆弧内的金塔组岩石组合为流纹质熔结凝灰角砾岩-流纹质角砾熔岩；④柳园裂谷内的金塔组火山岩岩石组合为下部蚀变玄武岩-杏仁状安山岩夹泥质粉砂岩。

(5)晚二叠世方山口组火山岩，主要分布在额济纳旗的芦草井，八道桥和阿拉善右旗阿尔其德海尔罕、阿右旗的乌力吉苏木杭乌拉、乌拉特后旗那仁宝力格苏木等地。岩石组合为陆相的玄武岩-安山岩-碎屑岩。

### 8. 早三叠世火山岩

早三叠世后碰撞高钾和钾玄岩质火山岩组合分布于东乌旗-多宝山岛弧和锡林浩特岩浆弧，为早三叠世哈达陶勒盖($T_1hd$)湖泊泥岩-粉砂岩夹火山岩组合。

## (三)晚三叠世以来陆相火山岩的时空分布

晚三叠世—早侏罗世全区未见火山岩的记录。从中侏罗世开始，在内蒙古中东部出现了大规模的火山活动，尤以东部大兴安岭最为发育。其中，侏罗纪火山岩最多，白垩纪火山岩相对较少，新生代火山岩在局部地区也较发育(图 4-3、图 4-4)。

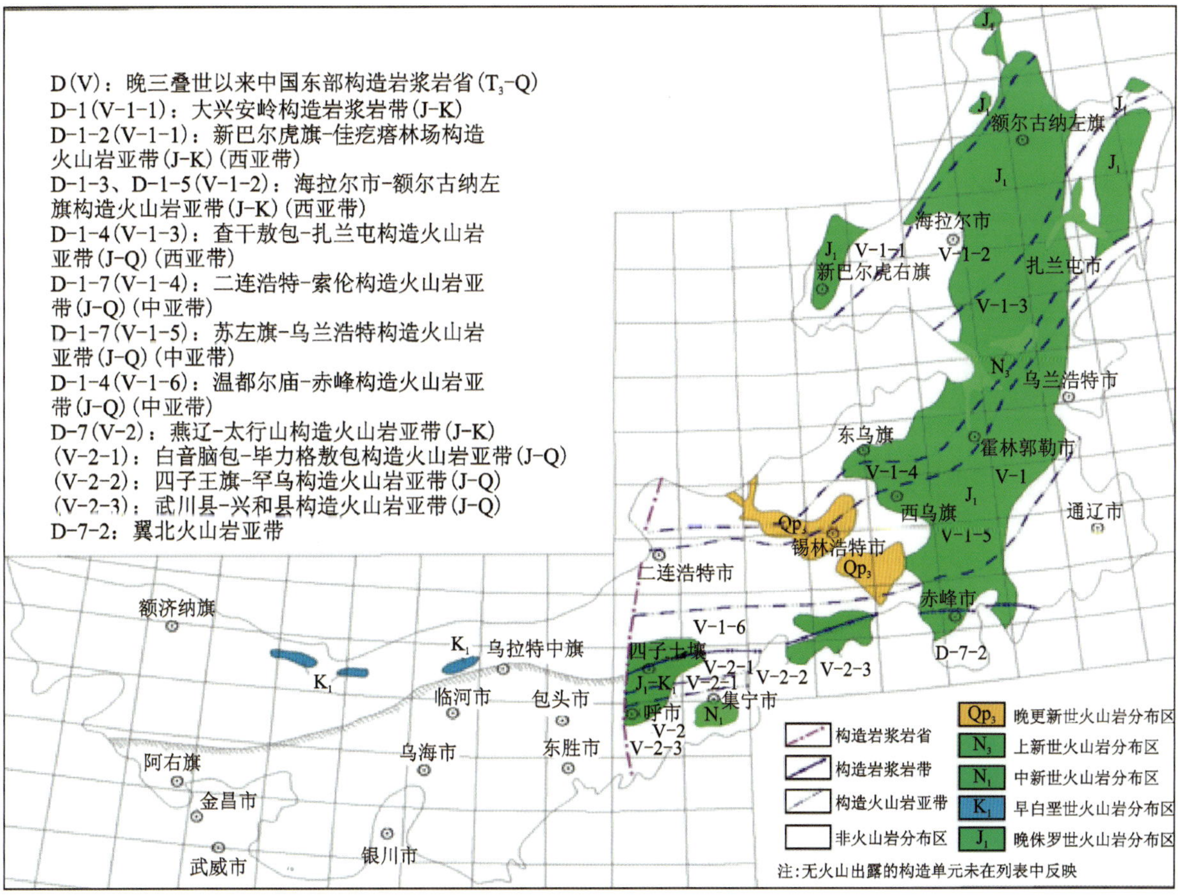


图 4-3　内蒙古自治区晚三叠世以来陆相火山岩分布区及火山岩构造岩浆岩带划分略图

| 地质时代 | | | 晚三叠世以来中国东部造山－裂谷系 | | | | | | | | | | | | | | | | | | | | | 构造岩浆旋回 | | | |
|---|---|---|---|---|---|---|---|---|---|---|---|---|---|---|---|---|---|---|---|---|---|---|---|---|---|---|---|
| | | | 大兴安岭岩浆弧 | | | | | | | | | | | | | | | 赤峰—苏尼特右旗岩浆弧 | | | 冀北—燕辽—太行岩浆弧 | | | | | | |
| 代 | 纪 | 世 | 额尔古纳俯冲—碰撞型火山—侵入岩带 | | | 海拉尔断陷盆地构造岩浆岩亚带 | | | 海拉尔—呼玛俯冲—碰撞型侵入—火山岩带 | | | 扎兰屯—多宝山俯冲—碰撞型侵入—火山岩带 | | | 锡林浩特俯冲—碰撞型侵入—火山岩带 | | | 赤峰俯冲—碰撞型侵入—火山岩带 | | | 冀北俯冲—碰撞型侵入—火山岩带 | | | 期 | 亚旋回 | 旋回 | 巨旋回 |
| | | | 岩石组合 | 岩相 | 柱状示意图 | 岩石组合 | 岩相 | 柱状示意图 | 岩石组合 | 岩相 | 柱状示意图 | 岩石组合 | 岩相 | 柱状示意图 | 岩石组合 | 岩相 | 柱状示意图 | 岩石组合 | 岩相 | 柱状示意图 | 岩石组合 | 岩相 | 柱状示意图 | | | | |
| 新生代 | 第四纪 | 晚更新世 | | | | | | | | | | 大陆溢流玄武岩组合 | SF | (Qp$_3d$) | | | | | | | | | | | | 古近纪—第四纪旋回 | 晚三叠世以来构造岩浆旋回 |
| | 新近纪 | 上新世 | 大陆溢流玄武岩组合 | SF | (N$_2wc$) | | | | | | | 大陆溢流玄武岩组合 | SF | (N$_2wc$) | | | | | | | | | | | | | |
| | | 中新世 | | | | | | | | | | | | | | | | 大陆溢流玄武岩组合 | SF<br>E | (N$_1h$) | 大陆溢流玄武岩组合 | SF/E | (N$_1h$) | | | | |
| 中生代 | 白垩纪 | 晚白垩世 | | | | 碱性玄武岩—流纹岩组合 | SF/E | (K$_2d$) | | | | 玄武岩—英安岩—粗面岩—流纹岩组合 | SF | (K$_2g$) | | | | | | | | | | 中晚期 | | 晚三叠世—白垩纪旋回 | |
| | | 早白垩世 | 碱性玄武岩—粗面岩组合 | SF | (K$_1m$) | | | | 碱性玄武岩—粗面岩组合 | SF | (K$_1m$) | 碱性玄武岩—粗面岩组合<br>玄武岩—英安岩—粗面岩—流纹岩组合<br>陆缘弧火山岩组合 | SF<br>E<br>SF<br>FOF | (K$_1m$)<br>(K$_1g$)<br>(K$_1l$) | 碱性玄武岩—粗面岩组合 | SF<br>E | (K$_1m$) | 碱性玄武岩—粗面岩组合 | E<br>SF/FOF | (K$_1y$) | 碱性玄武岩—粗面岩组合 | SF<br>FOF<br>E | (K$_1y$) | | | | |
| | 侏罗纪 | 晚世 | 高钾和钾玄质火山岩组合 | E/BSF<br>SF/FOF | (J$_3b$) | 高钾和钾玄质火山岩组合 | E/SF<br>FOF/BSF | (J$_3b$) | 高钾和钾玄质火山岩组合 | E/BSF<br>SF/FOF | (J$_3b$) | 高钾和钾玄质火山岩组合 | E/BSF<br>SF/FOF | (J$_3b$) | 高钾和钾玄质火山岩组合 | SF/FOF<br>E BSF | (J$_3b$) | 高钾和钾玄质火山岩组合 | E/SF<br>FOF BSF | (J$_3b$) | 高钾和钾玄质火山岩组合 | SF、E<br>FOF<br>BSF | (J$_3b$) | 早中期 | | | |
| | | | 陆缘火山弧组合 | SF/FOF | (J$_3mn$) | 陆缘火山弧组合 | SF/FOF | (J$_3mn$) | 陆缘火山弧组合 | SF/FOF | (J$_3mn$) | 陆缘火山弧组合 | SF/FOF | (J$_3mn$) | 陆缘火山弧组合 | SF<br>FOF | (J$_3mn$) | 陆缘火山弧组合 | E/SF<br>FOF BSF | (J$_3mn$) | 陆缘火山弧组合 | SF、E<br>FOF | (J$_3mn$) | | | | |
| | | | 高钾和钾玄质火山岩组合 | E/BSF<br>SF/FOF | (J$_3mk$) | 高钾和钾玄质火山岩组合 | SF/FOF<br>BSF/E | (J$_3mk$) | 高钾和钾玄质火山岩组合 | E/BSF<br>SF/FOF | (J$_3mk$) | 高钾和钾玄质火山岩组合 | E/BSF<br>SF/FOF | (J$_3mk$) | 高钾和钾玄质火山岩组合 | SF、E<br>FOF<br>BSF | (J$_3mk$) | 高钾和钾玄质火山岩组合 | E/SF<br>FOF BSF | (J$_3mk$) | 高钾和钾玄质火山岩组合 | SF、E<br>FOF<br>BSF | (J$_3mk$) | | | | |
| | | 中世 | 陆缘火山弧组合 | E/SF | (J$_2m$) | 陆缘火山弧组合 | SF/E | (J$_2m$) | 陆缘火山弧组合 | E/SF | (J$_2m$) | 陆缘火山弧组合 | E/SF | (J$_2m$) | 陆缘火山弧组合 | | | | | | 强过铝火山岩组合 | E/SF | (J$_2x$) | | | | |

图 4-4　内蒙古东部晚三叠世以来火山岩时空分布图

### 1. 侏罗纪火山岩的分布

（1）在额尔古纳、海拉尔-呼玛、东乌旗-多宝山俯冲-碰撞型火山岩带广泛分布中侏罗世塔木兰沟组（$J_2tm$）中基性火山岩，岩性为玄武岩、安山岩、英安岩、粗面岩、安山质集块岩、角砾凝灰岩，为陆缘弧火山岩组合。在南部、华北陆块北部边缘喀喇沁旗有中侏罗世新民组（$J_2x$）河流砂砾岩-粉砂岩泥岩夹中酸性火山岩组合，火山岩显示为同碰撞强过铝火山岩组合（火山岩时空分布见图 4-4，内蒙古东部）。

（2）内蒙古东部广泛分布于晚侏罗世满克头鄂博组（$J_3mk$）、玛尼吐组（$J_3mn$）和白音高老组（$J_3b$）火山岩。其中，海拉尔-呼玛、锡林浩特-乌兰浩特、赤峰最发育，明显构成 3 个火山岩带。满克头鄂博组以酸性火山岩为主，玛尼吐组为中性和中酸性火山岩，白音高老组为酸性火山岩。晚侏罗世火山岩为陆缘弧火山岩组合。

（3）白垩纪火山岩也较发育，遍布全区，以早白垩世火山岩为主，晚白垩世火山岩较少。西部区有早白垩世苏红图组（$K_1s$），主要分布在苏红图和库奶头喇嘛庙一带的盆地中，呈近东西向展布，面积约 $150km^2$，以基性岩浆的溢流为主。乌拉特前旗—呼和浩特一带出露的早白垩世白女羊盘组（$K_1bn$）、早白垩世金家窑子组（$K_1jj$），以中基性火山熔岩为主。

内蒙古东部早白垩世酸性火山岩系发育于北部的龙江组（$K_1l$），岩性为英安质角砾熔结凝灰岩、酸性凝灰岩、粗面岩，为英安岩-粗面岩-流纹岩组合。早白垩世中基性火山岩分布广，北部称甘河组（$K_1g$）、梅勒吐组（$K_1m$），为玄武岩-英安岩-粗面岩-流纹岩组合和碱性玄武岩-粗面岩组合；南部义县组（$K_1y$）为碱性玄武岩-流纹岩组合（以上组合据 TAS 分类）。早白垩世中基性火山岩为大陆伸展（或陆内裂谷）构造环境的火山岩。

晚白垩世火山岩只出露在北部，为孤山镇组（$K_2g$）的粗面岩、英安岩、流纹质晶屑凝灰岩、流纹岩和多希玄武岩组（$K_2d$）的伊丁玄武岩、玄武安山岩，为大陆伸展环境的陆内裂谷的碱性玄武岩-流纹岩组合（双峰式火山岩）。

### 2. 古近纪—第四纪火山岩

古近纪—第四纪火山岩在内蒙古东部分布也较广，包括中新世汉诺坝组（$N_1h$）玄武岩、橄榄玄武岩，上新世五岔沟组（$N_2wc$）橄榄玄武岩和更新世大黑沟组（$Qp_3d$）橄榄玄武岩，均为稳定陆块环境的大陆溢流玄武岩。

## 二、火山岩岩相与火山构造

### 1. 火山岩岩相

内蒙古各时代的火山岩中的火山岩岩相归纳起来主要常见的有如下几个类型（表 4-20）。

### 2. 火山构造

（1）火山构造的分类见表 4-21。

（2）内蒙古火山构造类型及其划分。火山构造在内蒙古区内是指中新生代以来的环太平洋构造域的火山构造（表 4-22）。

**表 4-20 火山岩岩性岩相划分及特征一览表**

<table>
<tr><th colspan="2">岩相类型</th><th>出露位置</th><th>形态及特征</th><th>主要岩性</th><th>成岩环境</th><th>岩浆作用方式</th></tr>
<tr><td rowspan="4">爆发相</td><td>弹道坠落堆积</td><td>火山通道附近</td><td>呈环状、半球状，围绕中心式火山通道分布。特征是：厚度大，变化快，不稳定，无分选性，角砾、集块大小混杂</td><td>集块岩、含集块角砾岩、火山角砾岩</td><td>地表开放环境</td><td>爆发式</td></tr>
<tr><td>空落堆积</td><td>分布在火山通道附近，密度较轻的火山碎屑相对离火山通道距离较远</td><td>环状、半球状、不规则带状。特征为：多数呈层状产出，厚度稳定，与熔岩界线明显</td><td>流纹质、英安质、安山质、玄武质等不同成分的角砾凝灰岩，凝灰岩，火山灰凝灰岩</td><td rowspan="5">地表开放环境</td><td rowspan="3">爆发式</td></tr>
<tr><td>溅落堆积</td><td>分布在喷发中心周围</td><td>呈层状、似呈状，具假流动构造，特征是厚度大，延伸远，相对稳定，熔结结构</td><td>流纹质、英安质熔结角砾岩，熔结角砾凝灰岩</td></tr>
<tr><td>火山碎屑流堆积</td><td>分布在喷发中心周围的洼地（或斜坡上）</td><td>特征是：具假流动构造，产状平缓，厚度大，重结晶程度高，分选性差，柱状节理发育</td><td>流纹质、英安质熔结凝灰岩</td></tr>
<tr><td rowspan="2">喷溢相（溢流相）</td><td>宁静溢流堆积</td><td>多沿火山通道附近分布</td><td>特点是：中酸性—酸性熔岩多以中心式喷发为主，中性—基性熔岩多为裂隙式喷发，构成大小不同、薄厚不一的熔岩被</td><td>玄武岩、安山岩、英安岩、流纹岩、细碧岩（细碧玄武岩）</td><td rowspan="2">喷溢式</td></tr>
<tr><td>喷溢流堆积</td><td>多沿火山通道附近分布</td><td>特征是：火山爆发夹带熔浆流堆积</td><td>主要由中性—中酸性集块或角砾状岩石组成</td></tr>
<tr><td colspan="2">侵出相</td><td>多见于火山通道的内侧</td><td>各种形态的地质体</td><td>英安玢岩、安山玢岩、流纹斑岩、石英二长斑岩、石英斑岩、花岗斑岩</td><td rowspan="2">半封闭、半开放环境</td><td>侵出式</td></tr>
<tr><td colspan="2">火口火山颈相</td><td>火山通道内侧</td><td>常呈管状、筒状，常见于裂隙式喷发。而中心式喷发在平面上呈不规则等轴状，规模大小不等</td><td>流纹斑岩、安山玢岩、流纹质熔岩及角砾岩</td><td>侵出式</td></tr>
<tr><td colspan="2">潜火山岩相</td><td>火山通道内侧及火山断裂内</td><td>多呈椭圆状、不规则状或脉状</td><td>潜流纹斑岩、潜安山岩、潜英安岩、潜花岗斑岩、潜石英斑岩</td><td>封闭环境</td><td>侵入式</td></tr>
<tr><td colspan="2">火山喷发沉积相</td><td>形成于破火山口中央部位及火山机构内</td><td>分布局限，厚度变化大，火山碎屑物多呈棱角—次圆状，大小混杂，分选性差，填隙物为火山灰，横向延伸较稳定，层理发育</td><td>凝灰质砂岩、凝灰质砂砾岩、凝灰质粉砂岩、沉凝灰岩等</td><td>地表开放环境</td><td>喷发-沉积式</td></tr>
</table>

表 4-21 火山构造分类表(陶奎元,1994)

<table>
<tr><th>级别</th><th>类型</th><th colspan="3">分类命名</th><th>构造-岩浆作用</th></tr>
<tr><td rowspan="2">Ⅰ</td><td rowspan="2">火山机构组合群体</td><td colspan="3">火山喷发带(线型)</td><td rowspan="2">区域构造作用与岩浆作用复合</td></tr>
<tr><td colspan="3">火山喷发区(面型)可以表现为巨型环形火山构造</td></tr>
<tr><td rowspan="3">Ⅱ</td><td rowspan="3">火山构造组合体类型</td><td colspan="3">火山构造隆起(正向)</td><td rowspan="3">岩浆作用与构造作用复合</td></tr>
<tr><td colspan="2" rowspan="2">火山构造洼地(负向)</td><td>V 型火山构造洼地</td></tr>
<tr><td>S 型火山构造洼地</td></tr>
<tr><td rowspan="6">Ⅲ</td><td rowspan="6">火山机构类型<br>(火山构造基本类型)</td><td rowspan="3">破火山</td><td rowspan="2">简单型</td><td>塌陷型</td><td rowspan="6">岩浆作用为主</td></tr>
<tr><td>沉陷型</td></tr>
<tr><td colspan="2">复活型</td></tr>
<tr><td rowspan="2">火山穹隆</td><td colspan="2">喷发-侵出穹隆</td></tr>
<tr><td colspan="2">喷发-侵入穹隆</td></tr>
<tr><td colspan="3">锥火山、盾火山(夏威夷型、冰岛型)溢流玄武岩,<br>沉火山、火山渣堆,低平火口(凝灰岩环、凝灰岩锥)</td></tr>
</table>

表 4-22 内蒙古东部中新生代火山构造类型及其划分一览表

<table>
<tr><th>Ⅰ级</th><th>Ⅱ级</th><th>Ⅲ级</th><th>Ⅳ级</th><th>Ⅴ级</th></tr>
<tr><td rowspan="15">大兴安岭-燕山火山喷发带</td><td rowspan="4">根河-二连浩特火山活动亚带(西亚带)</td><td>苏吉南山火山喷发隆起带</td><td></td><td rowspan="4"></td></tr>
<tr><td rowspan="2">查干敖包-红格尔晚侏罗世火山喷发-断陷沉积盆地(负向)</td><td>阿尔布拉格火山喷发中心</td></tr>
<tr><td>巴彦乌拉火山喷发中心</td></tr>
<tr><td>扎博其仁火山喷发隆起带</td><td></td></tr>
<tr><td rowspan="11">布特哈旗-多伦火山活动亚带(中亚带)</td><td rowspan="2">新林镇-大石寨火山基底喷发隆起带</td><td>敖包梁塌陷型破火山</td><td>石猴子山寄生火山口、火山通道</td></tr>
<tr><td rowspan="3">小罕山塌陷型破火山</td><td>乌兰哈达寄生火山口</td></tr>
<tr><td rowspan="3">黄岗梁-察尔森火山基底喷发隆起带</td><td>敖瑞温都尔寄生火山口</td></tr>
<tr><td>哈布特盖寄生火山口</td></tr>
<tr><td rowspan="2">乌兰陶勒盖塌陷型破火山</td><td rowspan="2"></td></tr>
<tr><td rowspan="6">五分地-布敦花火山基底喷发隆起带</td></tr>
<tr><td rowspan="5">雷家屯地区火山群</td><td>雷家屯破火山机构</td></tr>
<tr><td>洞山破火山机构</td></tr>
<tr><td>绪退沟破火山机构</td></tr>
<tr><td>谭家湾火山喷发中心</td></tr>
<tr><td>北家营子火山通道</td></tr>
</table>

## 三、火山岩岩石构造组合的划分及其特征

### (一)前南华纪变质火山岩的岩石构造组合

(1)古太古代兴和岩群变质火山岩古陆核组合,主要分布在兴和县南部的葛胡窑-黄土窑地区。原岩为拉斑玄武岩、钙碱性火山岩及火山碎屑岩(夹硅铁质岩)组合。

(2)中太古代集宁岩群变质火山岩古陆核组合,主要分布在集宁—凉城一带。原岩为含碳质富铝半黏土岩、泥质凝灰质砂岩,并夹有火山岩及碳酸盐岩。

(3)中太古代乌拉山岩群变质火山岩古陆核组合,主要分布在乌拉山—大青山及西部的狼山—千里山—阿拉善南部的雅布赖山一带。原岩多数为钙碱性的基性火山岩,部分相当于拉斑玄武岩及正常碎屑沉积岩。

(4)新太古代色尔腾山岩群变质火山岩岛弧组合。岩石组合为角闪岩、斜长角闪岩、黑云角闪片岩、阳起片岩、角闪斜长变粒岩、黑云斜长片岩、二云斜长片岩夹硅铁质岩。原岩为一套海相中基性—中酸性火山岩建造+硅铁质岩建造,大地构造相为古弧盆相、岛弧亚相。

(5)古元古代宝音图岩群岛弧火山岩组合。宝音图岩群为一套沉积岩夹中基性—中酸性火山岩建造。

(6)古元古代北山岩群变质火山岩古弧盆系组合。上部为正常的海相碎屑岩;中下部为碎屑岩-中酸性火山岩夹中基性火山岩及碳酸盐岩组合。

(7)古元古代兴华渡口岩群变质火山岩古弧盆系组合。为泥质、泥砂质碎屑岩夹有中基性火山岩和少量的碳酸盐岩。

(8)中元古代渣尔泰山群变质火山岩陆缘裂谷组合。为砂岩、泥岩、砂砾岩、灰岩夹基性火山岩。

(9)中元古代白云鄂博群变质火山岩陆缘裂谷组合。岩性组合极为复杂,有变辉绿岩、粗面岩、流纹质英安岩、流纹岩、白云岩、黑云母岩、钠闪岩-长石岩、钠辉岩-长石岩、红柱石-黑云母角闪片岩及碳质绢云母板岩,但仅前4种为火山岩。其中,粗面岩分布范围较广,与矿化关系密切,白云鄂博铁矿的主矿和东矿区附近的铌、稀土、铁含量最高。

(10)中元古代温都尔庙群变质火山岩、蛇绿混杂岩组合。温都尔庙群包括了哈尔哈达组和桑达来呼都格组。岩石组合为绿泥绿帘石英片岩-绿泥绿帘阳起片岩-石英岩夹基性火山熔岩、含铁石英岩。原岩恢复为细碧角斑岩组合。

### (二)南华纪—中三叠世火山岩岩石构造组合

#### 1. 南华纪—震旦纪俯冲火山岩

(1)南华纪(Nh)成熟岛弧安山岩-英安岩-流纹岩组合。南华纪佳疙瘩组(Nh*j*)半深海浊积岩组合内夹有变安山岩、安山玄武岩及少量流纹质火山碎屑岩。

(2)震旦纪英安岩-流纹岩组合(Z)。震旦纪大网子组(Z*d*)为英安岩-流纹岩组合,大地构造环境为成熟岛弧。

#### 2. 奥陶纪—早志留世俯冲火山岩

(1)罕达盖-库伦沟早—中奥陶世火山弧玄武岩-安山岩-流纹岩组合($O_{1-2}$)分布在东乌旗-多宝山岛

弧之中，由多宝山组($O_{1-2}d$)玄武岩、安山玄武岩、变质安山岩、变质安山质凝灰角砾岩组成。

(2)海拉尔早中奥陶世俯冲火山岩为多宝山组中基性火山岩，为弧后盆地火山岩组合。

(3)解放营子奥陶纪—早志留世火山弧为碳酸盐岩、浊积岩内夹角闪片岩，可能是陆缘弧环境下的中基性火山岩变质的产物。

(4)内蒙古中部地区奥陶纪火山岩。

①早—中奥陶世多宝山组($O_{1-2}d$)岛弧火山岩组合，主要分布在嫩江县多宝山、黑河市罕达气等地。岩石组合为一套海相以安山岩为主的玄武岩-英安岩-流纹岩-细碧角斑岩。

②早—中奥陶世白乃庙组($O_{1-2}b$)弧前盆地火山岩组合。

岩石组合为下部原岩为中基性火山岩，上部为变质砂岩、千枚岩及绢云绿泥千枚岩夹结晶灰岩透镜体，为火山-沉积岩岩系。大地构造相为弧前盆地相、弧前陆坡亚相。

③早—中奥陶世包尔汉图群($O_{1-2}B$)岛弧火山岩组合。下部布龙山组岩石组合为硅质板岩夹安山岩、大理岩及变质砂岩；上部哈拉组岩石组合为安山岩、凝灰岩夹杂砂岩。大地构造相为岛弧相，火山弧亚相。

④中—晚奥陶世咸水湖组($O_{2-3}x$)洋内弧火山岩组合。岩石组合为流纹质凝灰岩-英安质凝灰岩、安山质火山岩-玄武岩。大地构造相为洋内弧相，火山弧亚相。

⑤早—中奥陶世乌宾敖包组($O_{1-2}w$)岛弧火山岩组合。乌宾敖包组火山岩的岩石组合为绢云板岩、粉砂质板岩夹变质砂岩及灰岩透镜体，在其上部的局部地区为安山岩，又称乌日尼图巴嘎安山岩。大地构造相为岛弧相，火山弧亚相。

⑥中—晚志留世公婆泉组($S_{2-3}g$)岛弧火山岩组合。岩石组合为海相以安山岩为主的玄武岩-英安岩夹碎屑岩。其属于偏铝质中钾钙碱性系列，为壳幔混合源岩浆。构造环境为岛弧环境。

### 3. 中志留世大陆裂谷火山岩

中志留世大陆裂谷火山岩、碱性玄武岩-流纹岩组合仅见于南部温都尔庙陆缘弧中的解放营子乡八当山一带，为大陆裂谷构造环境。

### 4. 早—中泥盆世俯冲火山岩

(1)早—中泥盆世泥鳅河组($D_{1-2}n$)弧前盆地火山岩组合。岩石组合为粉砂岩-泥岩-砂岩夹玄武岩、安山岩。火山岩作为夹层仅出露在泥鳅河组二段。大地构造相为弧前盆地相。

(2)早—中泥盆世雀儿山组($D_{1-2}q$)岩浆弧火山岩组合。岩石组合为海相安山玄武岩-安山岩-流纹岩-安山质凝灰熔岩。大地构造相为岩浆弧相，弧背盆地亚相。

### 5. 中—晚泥盆世火山岩岩石构造组合

(1)中—晚泥盆世塔尔巴格特组($D_{2-3}t$)俯冲增生杂岩火山岩组合。岩石组合为海相细砂岩-粉砂岩-硅质泥岩夹安山质火山碎屑岩。大地构造相为俯冲增生杂岩带相，有蛇绿岩碎片浊积岩亚相。

(2)中—晚泥盆世($D_{2-3}$)俯冲火山岩为岛弧玄武岩-安山岩-流纹岩组合。中—晚泥盆世人民山组($D_{2-3}d$)，由石英角斑岩、细碧岩、放射虫硅质岩、中酸性火山岩夹砂岩、灰岩构成的玄武岩-安山岩-流纹岩组合。

(3)晚泥盆世安格尔音乌拉组($D_3a$)弧前盆地火山岩。岩石组合为海相海陆交互相砂岩-粉砂岩，局部夹有火山碎屑岩及浊积岩，并伴有晚泥盆世侵入岩 TTG 组合和花岗岩组合。大地构造相为弧前盆地相，弧前陆坡盆地亚相。

### 6. 早石炭世弧后裂谷火山岩

(1)罕乌拉-根河市早石炭世弧后盆地火山岩($C_1$)。岩石组合为玄武岩-英安岩-粗面岩-流纹岩组合。判断大地构造相为弧后盆地之裂谷环境。

(2)敖吉乡早石炭世大陆裂谷火山岩、双峰式火山岩组合($C_1$)。以基性和酸性火山岩为主,夹有少量中性火山岩的岩石组合,为大陆裂谷环境的双峰式火山岩组合。

(3)早—中石炭世白山组($C_{1-2}b$)裂谷火山岩组合。岩石组合为海相流纹岩-英安岩-安山岩-流纹质、英安质凝灰岩(拉斑玄武岩组合)。其大地构造相为陆内裂谷相。

**7. 晚石炭世俯冲火山岩**

(1)晚石炭世本巴图组($C_2bb$)大洋俯冲火山岩组合。

(2)晚石炭世—早二叠世格根敖包组($C_2P_1g$)陆缘火山弧组合。岩石组合为碱性安山岩-英安岩-流纹岩及碎屑岩,其大地构造相为陆缘弧相,火山弧亚相。

(3)晚石炭世—早二叠世宝力高庙组($C_2P_1bl$)陆缘弧火山岩组合。岩石组合为陆相钙碱性安山岩-英安岩-流纹岩夹陆缘碎屑岩。

(4)新巴尔虎右旗-松岭晚石炭世俯冲火山岩弧后盆地火山岩组合($C_2$)。额尔古纳岛弧宝力高庙组为片理化安山岩、流纹质晶屑凝灰岩,海拉尔-呼玛弧后盆地,宝力高庙组为片理化流纹岩、英安岩。

(5)伊尔施镇-甸南晚石炭世火山弧玄武岩-安山岩-流纹岩组合($C_2$)。

(6)青龙山晚石炭世火山弧陆缘弧蚀变安山岩、安山质碎屑凝灰岩火山岩组合($C_2$)。

**8. 二叠纪火山岩岩石构造组合**

(1)早二叠世大红山组($P_1d$)陆缘弧火山岩组合。①狼山-白云鄂博裂谷内大红山组火山岩岩石组合为石英砂岩-安山玢岩-晶屑凝灰岩-含煤碳质泥岩-长石石英砂砾岩组合;②迭布斯格-阿拉善右旗岩浆弧内的大红山组火山岩岩石组合为流纹斑岩-英安斑岩夹英安质凝灰岩组合。

(2)早二叠世苏吉组($P_1s$)陆缘弧火山岩组合。岩石组合为安山岩-流纹岩-英安岩-流纹质晶屑凝灰岩。

(3)中二叠世($P_2$)陆缘弧火山岩组合。西拉木伦断裂以北称大石寨组($P_{1-2}ds$),以南称额里图组($P_2e$)。岩石构造组合为钙碱性安山岩-凝灰岩组合。

(4)巴彦查干苏木-哈达阳中二叠世火山弧玄武岩-安山岩-流纹岩组合($P_2$)。岩石组合为蚀变安山岩、英安岩、流纹岩及其凝灰岩组合。

(5)黄岗梁林场-扎鲁特旗中二叠世俯冲火山岩残余海盆火山岩组合($P_2$)。在林西残余盆地内,大石寨组下部为细碧-角斑岩建造,其岩性为玄武岩、细碧岩、角斑岩组合;上部为中酸性火山碎屑岩。岩性为安山岩、英安岩、流纹斑岩以及中酸性凝灰岩夹生物碎屑灰岩组合。

(6)广兴源-敖汉旗中二叠世火山弧陆缘弧火山岩组合($P_2$)。在温都尔庙岩浆弧内额里图组为碱性橄榄玄武岩、安山岩、安山玄武岩和英安质-流纹质碎屑岩组合。

(7)中二叠世金塔组($P_2j$)陆缘弧火山岩组合。①圆包山岩浆弧内的金塔组火山岩岩石组合为流纹质凝灰熔岩-英安质凝灰岩-流纹岩组合;②红石山裂谷内的金塔组火山岩石组合为玄武岩-安山岩-英安质凝灰岩-凝灰质砂岩夹砂岩组合;③哈特布其岩浆弧内的金塔组火山岩岩石组合为流纹质熔结凝灰角砾岩-流纹质角砾熔岩组合;④柳园裂谷内金塔组火山岩岩石组合为下部蚀变玄武岩-杏仁状安山岩夹泥质粉砂岩组合,中部细粒杂砂岩-含砾粗粒杂砂岩-硅质岩组合,上部流纹质凝灰熔岩-流纹质凝灰岩-流纹岩组合。

(8)晚二叠世包尔乌拉火山岩($P_3\nu$)陆缘弧火山岩组合。岩石组合为安山岩-玄武岩-安山岩、英安质凝灰岩组合。

(9)晚二叠世方山口组($P_3f$)陆缘弧火山岩组合。岩石组合为玄武岩-安山岩-碎屑岩组合。

**9. 早三叠世后碰撞火山岩**

门德沟-红彦镇早三叠世后碰撞火山岩高钾和钾玄岩质火山岩组合($T_1$)。

在东乌旗-多宝山岛弧和锡林浩特岩浆弧内有早三叠世哈达陶勒盖组($T_1hd$)河湖相砂泥岩夹火山岩组合,火山岩为安山岩、安山质熔结凝灰岩、安山质角砾碎屑凝灰岩、流纹岩。

(三)晚三叠世以来火山岩岩石构造组合

**1. 中侏罗世俯冲-碰撞型火山岩**

(1)克尔伦-满洲里中侏罗世俯冲火山岩陆缘弧火山岩组合($J_2$)。在额尔古纳俯冲碰撞型火山-侵入岩带内广泛分布中侏罗世塔木兰沟组($J_2tm$)中基性火山岩。岩石组合为玄武岩、玄武安山岩、安山玄武岩、安山岩、安山质晶屑凝灰岩组合。

(2)陈巴尔虎-根河中侏罗世俯冲火山岩陆缘弧火山岩组合($J_2$)。在海拉尔-呼玛俯冲-碰撞型火山-侵入岩带内塔木兰沟组为中基性火山岩。岩石组合为玄武岩、橄榄玄武岩、安山玄武岩、粗安岩组合。

(3)塔木兰沟中侏罗世俯冲火山岩陆缘弧火山岩组合($J_2$)。在东乌旗-多宝山俯冲-碰撞型火山-侵入岩带东部。中侏罗世塔木兰沟组岩石组合为玄武岩、玄武安山岩、安山岩、辉绿岩组合。

(4)小牛群中侏罗世后碰撞型火山岩强过铝火山岩组合($J_2$)。在内蒙古东南部小牛群一带出露中侏罗世新民组($J_2x$)。火山岩岩性为流纹岩、英安岩及其火山碎屑岩。

**2. 晚侏罗世陆缘弧火山岩**

(1)满克头鄂博组陆缘弧火山岩组合。①额尔古纳陆缘弧火山-侵入岩带内满克头鄂博组($J_3mk$)岩石组合为英安岩、流纹岩及其火山碎屑岩组合;②海拉尔-呼玛俯冲-碰撞型火山-侵入岩带内满克头鄂博组岩石组合为流纹岩和流纹质火山碎屑岩,少量英安岩、粗安岩组合;③东乌旗-多宝山俯冲-碰撞型火山-侵入岩带满克头鄂博组岩石组合以流纹岩、流纹质火山碎屑岩为主,少量英安质火山岩组合;④锡林浩特俯冲-碰撞型火山-侵入岩带满克头鄂博组岩石组合为流纹岩及其火山碎屑岩组合;⑤赤峰俯冲-碰撞型火山-侵入岩带满克头鄂博组岩石组合为英安质晶屑凝灰岩、流纹岩、流纹质熔结凝灰岩组合;⑥冀北俯冲-碰撞型火山-侵入岩带满克头鄂博组岩石组合为流纹岩、流纹质火山碎屑岩组合。

(2)玛尼吐组($J_3mn$)陆缘弧火山岩组合。①额尔古纳俯冲-碰撞型火山-侵入岩带内玛尼吐组岩石组合为中基性火山角砾岩、安山岩、中酸性熔结凝灰岩、粗面岩组合;②海拉尔-呼玛俯冲-碰撞型火山-侵入岩带内玛尼吐组岩石组合为安山岩、英安岩及其火山碎屑岩组合;③东乌旗-多宝山俯冲-碰撞型火山-侵入岩带内玛尼吐组岩石组合为安山岩、英安岩、流纹岩及其火山碎屑岩组合;④锡林浩特俯冲-碰撞型火山-侵入岩带内玛尼吐组岩石组合为辉石安山岩、角闪安山岩、安山岩、粗安岩、流纹质凝灰岩组合;⑤赤峰俯冲-碰撞型火山-侵入岩带内玛尼吐组岩石组合为辉石安山岩、安山岩、英安岩及其火山碎屑岩组合;⑥冀北俯冲-碰撞型火山-侵入岩带内玛尼吐组岩石组合为安山岩、粗面安山岩、英安质火山碎屑岩,少量安山玄武岩、玄武岩组合。

(3)白音高老组($J_3b$)陆缘弧火山岩组合。①额尔古纳俯冲-碰撞型火山-侵入岩带内白音高老组岩石组合为流纹岩、流纹质凝灰岩、集块岩组合;②海拉尔-呼玛俯冲-碰撞型火山-侵入岩带内白音高老组岩石组合为流纹岩及流纹质火山碎屑岩组合;③东乌旗-多宝山俯冲-碰撞火山-侵入岩带内白音高老组岩石组合为流纹岩及其流纹质火山碎屑岩组合;④锡林浩特俯冲-碰撞火山-侵入岩带内白音高老组岩石组合为流纹岩及其流纹质火山碎屑岩组合;⑤赤峰俯冲-碰撞型火山-侵入岩带内白音高老组岩石组合为流纹岩、次流纹岩、酸性凝灰岩组合;⑥冀北俯冲-碰撞型火山-侵入岩带内白音高老组岩石组合为流纹岩及其流纹质火山碎屑岩组合。

#### 3. 早白垩世俯冲-大陆裂谷火山岩

早白垩世火山岩在内蒙古东部分布广泛，由大陆裂谷火山岩和俯冲火山岩构成。其中，大陆裂谷火山岩主要为中基性火山岩，分布在大兴安岭之上查干楚鲁—阿龙山一带、罕乌拉—新天镇一带、罕达盖嘎查—苏格河一带[(白音诺尔镇—宝石镇一带称为梅勒图组($K_1m$)，红彦镇一带称甘河组($K_1g$)、赤峰市—库伦旗一带和喀喇沁旗一带称义县组($K_1y$)]；俯冲火山岩由分布于川岭工区—卧牛河镇农场一带的龙江组($K_1l$)酸性火山岩组成。

(1)梅勒图期大陆裂谷火山岩组合。早白垩世梅勒图组在额尔古纳岛弧之上为玄武岩、安山玄武岩、安山火山角砾岩、英安岩、中性火山碎屑岩；在罕乌拉—根河市一带和新天镇一带以玄武安山岩、安山岩为主，少量英安岩；在罕达盖嘎查—苏格河乡一带为玄武岩、安山火山角砾岩、安山玄武岩、英安岩、中性火山碎屑岩；在白音诺尔—宝石镇一带为玄武安山岩、安山岩、英安岩等。

(2)甘河期大陆裂谷火山岩组合。在亚东镇—红彦镇一带出露早白垩世甘河组岩石组合为玄武岩、英安质粗面岩组合。

(3)龙江期陆缘弧火山岩组合，在川岭工区—卧牛河镇一带出露早白垩世龙江组。岩石组合为英安岩、流纹质火山碎屑岩组合。

(4)义县期大陆裂谷火山岩组合。早白垩世义县组为碱性玄武岩-流纹岩组合，在赤峰—库伦旗一带岩石组合为安山岩、玄武岩夹沉积岩组合；在喀喇沁旗—金厂沟梁一带岩石组合为玄武岩、安山岩、英安岩及其火山碎屑岩组合。

(5)早白垩世金家窑子期陆内盆地火山岩组合，主要分布在包头市固阳县九分子乡金家窑子村南和阴山地区。为玄武岩-火山角砾岩-流纹质凝灰岩组合。

(6)早白垩世苏红图期陆内盆地火山岩组合，火山岩主要分布在阿左旗乌力吉苏木苏红图村、沙拉呼勒斯、巴彦呼都格一带。为安山岩-碱玄岩-安山玄武岩夹砂砾岩组合。

(7)早白垩世白女羊盘期陆内盆地火山岩组合，主要分布在乌拉特中旗双胜美乡白女羊盘村附近及阴山地区。①白音脑包-毕力格敖包构造火山岩亚带内白女羊盘组，岩石组合为下部玄武岩-粗面玄武岩组合；②武川-兴和构造火山岩亚带内白女羊盘组为玄武岩-流纹质火山角砾岩-熔结流纹质晶屑凝灰岩-气孔状玄武岩组合。

#### 4. 晚白垩世大陆伸展火山岩

查干诺尔-亚东晚白垩世大陆裂谷火山岩碱性玄武岩-流纹岩组合(双峰式火山岩)。

晚白垩世划分出多希玄武岩($K_2d$)和孤山镇组($K_2g$)两个组。前者出露在查干诺尔一带，岩性为玄武岩(伊丁玄武岩)、玄武安山岩；后者出露在亚东镇一带，岩性为粗面岩、英安岩、流纹质晶屑凝灰岩、流纹岩。二者构成碱性玄武岩-流纹岩(双峰式火山岩)组合。

#### 5. 新生代稳定陆块火山岩

新生代中新世大陆裂谷火山岩为汉诺坝组($N_1h$)，岩石组合为玄武岩、橄榄玄武岩组合；巴彦诺尔-宝格达山林场上新世大陆裂谷火山岩为五岔沟组($N_2wc$)，岩石组合为橄榄玄武岩组合；柴河-诺敏晚更新世大陆裂谷火山岩为大黑沟($Qp_3d$)组，岩石组合为橄榄玄武岩组合。

#### 6. 晚更新世阿巴嘎组稳定陆块火山岩组合

该组合主要分布在阿巴嘎旗、锡林浩特地区内，其中晚更新世阿巴嘎组查干敖包-扎兰屯构造火山岩亚带内。岩石组合为橄榄玄武岩组合，环境为稳定陆块。

## 四、火山构造岩浆旋回与构造岩浆岩带

### 1. 火山构造岩浆旋回(表 4-23)

表 4-23　内蒙古自治区火山构造岩浆旋回划分

| 代 | 纪 | 世 | 旋回 | 亚旋回 | 阶段 | 环境 | 岩石构造组合及填图单元代号 |
|---|---|---|---|---|---|---|---|
| 新生代 | 第四纪 | 更新世 | 晚三叠世以来构造岩浆岩旋回 | 新近纪—第四纪亚旋回 | 稳定陆块 | 稳定陆块 | 大陆溢流玄武岩($Qp_3a$,$Qp_3d$) |
| | 新近纪 | 上新世 | | | | | 大陆溢流玄武岩($N_2w$) |
| | | 中新世 | | | | | 大陆溢流玄武岩($N_1h$) |
| 中生代 | 白垩纪 | 晚世 | | 晚三叠世—早白垩世亚旋回 | 大陆伸展 | 陆内裂谷 | 碱性玄武岩-流纹岩($K_2d$,$K_2g$) |
| | | 早世 | | | | | 玄武岩-英安岩-粗面岩-流纹岩($K_1m$) |
| | | | | | | | 碱性玄武岩-流纹岩($K_1y$) |
| | | | | | 陆内碰撞造山后碰撞 | 陆缘弧 | 英安岩-粗面岩-流纹岩($K_1l$) |
| | 侏罗纪 | 晚世 | | | | | 陆缘弧火山岩组合($J_3mk$,$J_3mn$,$J_3b$) |
| | 侏罗纪 | 中世 | | | | | 陆缘弧火山岩组合($J_2tm$) |
| | | | | | | 后碰撞 | 强过铝火山岩组合($J_2x$) |
| | 三叠纪 | 早世 | 南华纪—中三叠世构造岩浆岩旋回 | 晚泥盆世—中三叠世构造岩浆岩亚旋回 | 洋俯冲 | 后碰撞 | 高钾和钾玄岩质火山岩组合($T_1ll$) |
| 古生代 | 二叠纪 | 晚世 | | | | 岩浆弧 | 陆缘弧火山岩组合($P_3f$) |
| | | 中世 | | | | | 玄武岩-安山岩-流纹岩组合($P_2ds$,$P_2j$,$P_2e$) |
| | | | | | | 残余海盆 | 英安岩-流纹岩组合($P_2ds$) |
| | | | | | | | 洋岛拉斑玄武岩组合($P_2ds$) |
| | | 早世 | | | | 陆缘弧 | 陆缘火山弧组合($P_1s$,$P_1d$) |
| | 石炭纪 | 晚世 | | | | | 玄武岩-安山岩-流纹岩组合、陆缘火山弧组合($C_2bl$,$C_2bb$) |
| | | 早世 | | | 大陆伸展 | 陆内裂谷 | 玄武岩-英安岩-粗面岩-流纹岩组合($C_1m$,$C_{1-2}b$) |
| | 泥盆纪 | 中晚世 | | | 洋俯冲 | 岛弧 | 玄武岩-安山岩-流纹岩组合($D_3t$,$D_3a$,$D_{2-3}d$) |
| | | 早中世 | | 南华纪—中三叠世亚旋回 | | | 玄武岩-安山岩组合($D_{1-2}n$,$D_{1-2}Q$) |

续表 4-23

| 代 | 纪 | 世 | 旋回 | 亚旋回 | 阶段 | 环境 | 岩石构造组合及填图单元代号 |
|---|---|---|---|---|---|---|---|
| 古生代 | 志留纪 | 中晚世 | 南华纪—中三叠世构造岩浆岩旋回 | 南华纪—中三叠世亚旋回 | 大陆伸展 | 后造山 | (碱性玄武岩)-流纹岩组合($S_2b$) |
| | | | | | 洋俯冲 | 岛弧 | 玄武岩-英安岩组合($S_{2-3}g$) |
| | 奥陶纪 | 中晚世 | | | | 岛弧 | 玄武岩-安山岩-英安岩-流纹岩组合($O_{2-3}X$) |
| | | | | | | 岛弧 | |
| | | 早中世 | | | | 岛弧 | 中基性火山岩组合($O_{1-2}b$,$O_{1-2}d$,$O_{1-2}h$) |
| 新元古代 | 震旦纪 | | | | | | 变质玄武岩-板岩-变质砂岩组合(Zd) |
| | 南华纪 | | | | | | 变质砂岩-千枚岩夹镁质火山岩组合(Nh) |
| 中元古代 | | | 前南华纪构造岩浆岩旋回 | | 洋俯冲 | 洋岛 | 变质火山岩蛇绿混杂岩组合($Pt_2w$) |
| | | | | | 大陆伸展 | 裂谷 | 变质火山岩陆缘裂谷组合($Pt_2Z.$，$Pt_2B.$) |
| 古元古代 | | | | | 洋俯冲 | 弧后盆地 | 变质火山岩古弧盆系组合($Pt_1X.$，$Pt_1B.$) |
| | | | | | | 古岛弧 | 岛弧火山岩组合($Pt_1By.$) |
| 新太古代 | | | | | | | 变质火山岩古岛弧组合($Ar_3S.$) |
| 中太古代 | | | | | 稳定陆块 | 古陆核 | 变质火山岩古陆核组合($Ar_2J.$，$Ar_2W.$) |
| 古太古代 | | | | | | | 变质火山岩古陆核组合($Ar_1X.$) |

**2. 火山构造岩浆岩带**

(1)前晚三叠世火山构造岩浆岩带如图 4-3 和表 4-24 所示。

**表 4-24　内蒙古前晚三叠世火山构造岩浆带划分表**

| 构造岩浆岩省 | 构造岩浆岩带 | 构造火山岩亚带 | 构造火山岩段 |
|---|---|---|---|
| 天山-兴蒙构造岩浆岩省(Ⅰ) | 内蒙-大兴安岭构造岩浆岩带(Ⅰ-1) | 额尔古纳岛弧火山岩亚带(Ⅰ-1-2) | 新巴尔虎右旗-松岭区俯冲火山岩段($C_2$)(Ⅰ-1-2-7) |
| | | | 满洲里-莫尔道嘎古岛弧火山岩段(Nh)(Ⅰ-1-2-2) |
| | | 海拉尔弧后盆地火山岩亚带(Ⅰ-1-3) | 新巴尔虎右旗-松岭区俯冲火山岩段($C_2$)(Ⅰ-1-3-10) |
| | | | 罕乌拉-根河大陆裂谷火山岩段($C_1$)(Ⅰ-1-3-8) |
| | | | 罕乌拉-李增碰山岛弧火山岩段($D_{2-3}$)(Ⅰ-1-3-6) |
| | | | 海拉尔俯冲期火山岩段($O_{1-2}$)(Ⅰ-1-3-3) |
| | | | 伊敏河-李增碰山俯冲火山岩段($Pt_3$)(Ⅰ-1-3-1) |

续表 4-24

| 构造岩浆岩省 | 构造岩浆岩带 | 构造火山岩亚带 | | 构造火山岩段 |
|---|---|---|---|---|
| 天山-兴蒙构造岩浆岩省(Ⅰ) | 内蒙-大兴安岭构造岩浆岩带(Ⅰ-1) | 东乌旗-多宝山岛弧火山岩亚带(Ⅰ-1-5) | 东部 | 门德沟-红彦镇后碰撞火山岩段($T_1$)(Ⅰ-1-5-22) |
| | | | | 巴彦查干苏木-哈达阳岛弧火山岩段($P_2$)(Ⅰ-1-5-17) |
| | | | | 伊尔施镇-甸南俯冲火山岩段($C_2$)(Ⅰ-1-5-12) |
| | | | | 罕达盖-库伦沟岛弧火山岩段($O_{1-2}$)(Ⅰ-1-5-5) |
| | | | | 罕达盖-西瓦尔图俯冲期火山岩段($Pt_3$)(Ⅰ-1-5-1) |
| | | | | 二连浩特-沙尔敖瑞陆内盆地环境火山岩段($C_2P_1$)(Ⅰ-1-5-1) |
| | | | 西部 | 洪格日-额日敦敖包洋内弧环境火山岩段($C_2P_1$)(Ⅰ-1-5-2) |
| | | | | 阿德日音毛都-巴润吉格勒台弧前盆地环境火山岩段($D_3$)(Ⅰ-1-5-3) |
| | | | | 乌义图音查干弧前盆地环境火山岩段($D_{2-3}$)(Ⅰ-1-5-4) |
| | | | | 二连浩特市北-阿吉日噶图音敖包弧前盆地环境火山岩段($D_{1-2}$)(Ⅰ-1-5-5) |
| | | | | 巴彦呼舒-嘎布塔盖洋内环境火山岩段($O_2$)(Ⅰ-1-5-6) |
| | | | | 沃尔格斯特乌兰陶勒盖大洋俯冲环境火山岩段($D_{1-2}$)(Ⅰ-1-5-7) |
| | | | | 绍日希嘎杜日博勒吉大洋俯冲环境火山岩段($O_{1-2}$)(Ⅰ-1-5-8) |
| | | 二连-贺根山火山岩亚带(Ⅰ-1-6) | 西部 | 陶格斯乌拉大洋俯冲环境火山岩段($P_3$)(Ⅰ-1-6-1) |
| | | | | 二连浩特-敦达哈达大洋俯冲环境火山岩段($P_{1-2}$)(Ⅰ-1-6-2) |
| | | | | 伊和道希-莫图昂格内大洋俯冲环境火山岩段($C_2P_1$)(Ⅰ-1-6-3) |
| | | | | 包恩巴图大洋俯冲环境火山岩段($C_2$)(Ⅰ-1-6-4) |
| | | | | 果勒本阿且-浩勒巴勒吉大洋俯冲环境火山岩段($D_{2-3}$)(Ⅰ-1-6-5) |
| | | | | 贺根山大洋俯冲环境火山岩段($D_{2-3}$)(Ⅰ-1-6-6) |
| | | 锡林浩特火山岩亚带(Ⅰ-1-7) | 东部 | 门德沟-红彦镇后碰撞火山岩段($T_1$)(Ⅰ-1-7-9) |
| | | | | 巴彦查干苏木-哈达阳镇俯冲火山岩段($P_2$)(Ⅰ-1-7-3) |
| | | | 西部 | 五十家子镇-巴音楚鲁大洋俯冲环境火山岩段($P_3$)(Ⅰ-1-7-1) |
| | | | | 温多尔哈尔-宝日洪绍日大洋俯冲环境火山岩段($P_{1-2}$)(Ⅰ-1-7-2) |
| | | | | 包乐陶勒盖-毛登希勒大洋俯冲环境火山岩段($C_2$)(Ⅰ-1-7-3) |
| | | | | 查干诺尔碱矿-浩亚日陶勒盖大洋环境火山岩段($Pt_2$)(Ⅰ-1-7-4) |
| | 索伦山-林西对接消减带火山岩带(Ⅰ-7) | Ⅰ-7-2 | | 黄岗梁-扎鲁特旗洋俯冲火山岩段($P_2$)(Ⅰ-7-2-3) |
| | | 索伦山火山岩亚带(Ⅰ-7-4) | | 哈布塔盖-查干哈达庙大洋环境火山岩段($P_1$)(Ⅰ-7-4-1) |
| | | | | 阿腾红格尔大洋环境火山岩段($P_1$)(Ⅰ-7-4-2) |
| | | | | 阿腾红格尔-查干哈达庙大洋俯冲环境火山岩段($C_2$)(Ⅰ-7-4-3) |

**续表 4-24**

| 构造岩浆岩省 | 构造岩浆岩带 | 构造火山岩亚带 | | 构造火山岩段 |
|---|---|---|---|---|
| 天山-兴蒙构造岩浆岩省(Ⅰ) | 包尔汉图-温都尔庙火山岩带(Ⅰ-8) | 温都尔庙火山岩亚带(Ⅰ-8-2) | 西部 | 温其格乌拉大洋俯冲环境火山岩段($P_{1-2}$)(Ⅰ-8-2-1) |
| | | | | 黄花敖包大洋俯冲环境火山岩段($P_1$)(Ⅰ-8-2-2) |
| | | | | 巴音敖包-加布斯乌拉大洋俯冲环境火山岩段($P_1$)(Ⅰ-8-2-3) |
| | | | | 哈能-巴特敖包南大洋俯冲环境火山岩段($C_2$)(Ⅰ-8-2-4) |
| | | | | 霍劳格-巴音敖包大洋俯冲环境火山岩段($S_2$)(Ⅰ-8-2-5) |
| | | | | 包尔汉图大洋俯冲环境火山岩段($O_{1-2}$)(Ⅰ-8-2-6) |
| | | | | 红旗牧场西南大洋俯冲环境火山岩段($O_{1-2}$)(Ⅰ-8-2-7) |
| | | | | 巴腊特大洋俯冲环境火山岩段($Pt_2$)(Ⅰ-8-2-8) |
| | | | 东部 | 广兴源-敖汉旗洋俯冲环境火山岩段($P_2$)(Ⅰ-8-2-12) |
| | | | | 青龙山镇洋俯冲环境火山岩段($C_2$)(Ⅰ-8-2-9) |
| | | | | 敖吉乡大陆裂谷火山岩段($C_1$末)(Ⅰ-8-2-7) |
| | | | | 解放营子大陆裂谷火山岩段($S_2$)(Ⅰ-8-2-4) |
| | | | | 解放营子洋俯冲火山岩段($OS_1$)(Ⅰ-8-2-2) |
| | 额济纳-北山构造岩浆岩带(Ⅰ-9) | 圆包山构造火山岩亚带(Ⅰ-9-1) | | 尖山大洋环境火山岩段($P_3$)(Ⅰ-9-1-1) |
| | | | | 雅干大洋环境火山岩段($P_2$)(Ⅰ-9-1-2) |
| | | | | 哈尔牙特乌拉大洋环境火山岩段($C_{1-2}$)(Ⅰ-9-1-3) |
| | | | | 大红山-雅干大洋俯冲环境火山岩段($D_{1-2}$)(Ⅰ-9-1-4) |
| | | | | 英姿山大洋俯冲环境火山岩段($S_{2-3}$)(Ⅰ-9-1-5) |
| | | | | 红梁子山-哈勒泉吉大洋俯冲环境火山岩段($O_{2-3}$)(Ⅰ-9-1-6) |
| | | 红石山构造火山岩亚带(Ⅰ-9-2) | | 干劲山大洋俯冲环境火山岩段($P_2$)(Ⅰ-9-2-1) |
| | | | | 甜水井-红旗山大洋俯冲环境火山岩段($C_{1-2}$)(Ⅰ-9-2-2) |
| | | 明水构造火山岩亚带(Ⅰ-9-3) | | 白疙瘩大洋环境火山岩段($C_{1-2}$)(Ⅰ-9-3-1) |
| | | 公婆泉构造火山岩亚带(Ⅰ-9-4) | | 石板井-小黄山大洋俯冲环境火山岩段($S_{2-3}$)(Ⅰ-9-4-1) |
| | | | | 横峦山-狼头山大洋俯冲环境火山岩段($O_{2-3}$)(Ⅰ-9-4-2) |
| | | 珠斯楞海尔罕构造火山岩亚带(Ⅰ-9-5) | | 金塔-杭乌拉大洋俯冲环境火山岩段($P_2$)(Ⅰ-9-5-1) |
| | | | | 哈尔哈拉必如大洋俯冲环境火山岩段($C_2$)(Ⅰ-9-5-2) |
| | | | | 珠斯楞海尔罕大洋俯冲环境火山岩段($C_{1-2}$)(Ⅰ-9-5-3) |
| | | 哈特布其构造火山岩亚带(Ⅰ-9-6) | | 苏红图后造山火山岩段($K_1$)(Ⅰ-9-6-1) |
| | | | | 包尔乌拉大洋俯冲环境火山岩段($P_3$)(Ⅰ-9-6-2) |
| | | | | 努尔盖大洋俯冲环境火山岩段($P_2$)(Ⅰ-9-6-3) |
| | | | | 前德门大洋俯冲环境火山岩段($P_{1-2}$)(Ⅰ-9-6-4) |
| | | | | 恩格尔乌拉-海力素大洋俯冲环境火山岩段($C_2$)(Ⅰ-9-6-5) |
| | | | | 夏德山大洋俯冲环境火山岩段($C_{1-2}$)(Ⅰ-9-6-6) |

续表 4-24

<table>
<tr><th>构造岩浆岩省</th><th>构造岩浆岩带</th><th>构造火山岩亚带</th><th>构造火山岩段</th></tr>
<tr><td rowspan="2">天山-兴蒙构造岩浆岩省(Ⅰ)</td><td rowspan="2">额济纳-北山构造岩浆岩带(Ⅰ-9)</td><td>巴音戈壁构造火山岩亚带(Ⅰ-9-7)</td><td>阿布德仁太山-巴音戈壁苏木大洋俯冲环境火山岩段($C_2$)(Ⅰ-9-7-1)</td></tr>
<tr><td>恩格尔乌苏构造火山岩亚带(Ⅰ-9-8)</td><td>恩格尔乌苏大洋俯冲环境火山岩段($C_2$)(Ⅰ-9-8-1)</td></tr>
<tr><td rowspan="5">华北构造岩浆岩省(Ⅱ)</td><td rowspan="4">狼山-阴山构造岩浆岩带(Ⅱ-4)</td><td rowspan="4">狼山-白云鄂博构造山火岩亚带(Ⅱ-4-3)</td><td>敦德呼都格-阿拉腾敖包苏木大洋俯冲环境火山岩段($P_1$)(Ⅱ-4-3-1)</td></tr>
<tr><td>阿淖山大洋俯冲环境火山岩段($P_1$)(Ⅱ-4-3-2)</td></tr>
<tr><td>大脑包大洋俯冲环境火山岩段($P_1$)(Ⅱ-4-3-3)</td></tr>
<tr><td>乌加河镇-东德令山大洋俯冲环境火山岩段($P_1$)(Ⅱ-4-3-4)</td></tr>
<tr><td>阿拉善构造岩浆岩带(Ⅱ-4)</td><td>迭布斯格-阿拉善右旗构造火山岩亚带(Ⅱ-4-7)</td><td>迭布期格-黑疙瘩大洋俯冲环境火山岩段($P_1$)(Ⅱ-4-7-1)</td></tr>
<tr><td rowspan="3">塔里木构造岩浆岩省(Ⅲ)</td><td rowspan="3">敦煌陆块北缘构造岩浆岩带(Ⅲ-2)</td><td rowspan="3">柳园构造山火岩亚带(Ⅲ-2-1)</td><td>白沟泉大洋环境火山岩段($P_3$)(Ⅲ-2-1-1)</td></tr>
<tr><td>大白山-红石山大洋环境火山岩段($P_2$)(Ⅲ-2-1-2)</td></tr>
<tr><td>白沟泉-白石山大洋环境火山岩段($C_{1-2}$)(Ⅲ-2-1-3)</td></tr>
</table>

(2)晚三叠世以来构造岩浆岩带如表 4-25 所示。

**表 4-25 晚三叠世以来火山构造岩浆岩带划分表**

<table>
<tr><th>构造岩浆岩省</th><th>构造岩浆岩带</th><th>构造火山岩亚带</th><th colspan="2">构造火山岩段</th></tr>
<tr><td rowspan="14">晚三叠世以来中国东部构造岩浆岩省(D)</td><td rowspan="14">大兴安岭构造岩浆岩带(D-1)</td><td rowspan="4">额尔古纳俯冲-碰撞型火山岩亚带(D-1-2)</td><td colspan="2">巴彦诺尔大陆裂谷火山岩段($N_2$)(D-1-2-15)</td></tr>
<tr><td colspan="2">查干楚鲁-阿龙山大陆裂谷火山岩段($K_1$)(D-1-2-9)</td></tr>
<tr><td colspan="2">内蒙古东部陆缘弧火山岩段($J_3$)(D-1-2-6)</td></tr>
<tr><td colspan="2">克尔伦-满洲里陆缘弧火山岩段($J_2$)(D-1-2-2)</td></tr>
<tr><td rowspan="4">海拉尔-呼玛俯冲-碰撞型火山岩亚带(D-1-3、D-1-5)</td><td colspan="2">罕乌拉-新天镇大陆裂谷火山岩段($K_1$)(D-1-3-10)</td></tr>
<tr><td colspan="2">内蒙古东部陆缘弧火山岩段($J_3$)(D-1-3-7)</td></tr>
<tr><td colspan="2">陈巴尔虎-根河陆缘弧火山岩段($J_2$)(D-1-3-4)</td></tr>
<tr><td colspan="2">查干诺尔-亚东大陆裂谷火山岩段($K_2$)(D-1-5-4)</td></tr>
<tr><td rowspan="6">东乌旗-多宝山俯冲-碰撞型火山岩亚带(D-1-4)(Ⅴ-1-3)</td><td rowspan="6">东部</td><td>柴河-诺敏大陆裂谷火山岩段($Qp_3$)(D-1-4-21)</td></tr>
<tr><td>查干诺尔-亚东镇大陆裂谷火山岩段($K_2$)(D-1-4-18)</td></tr>
<tr><td>川岭工区-卧牛河镇陆缘弧火山岩段($K_1$)(D-1-4-12)</td></tr>
<tr><td>罕达盖-红彦镇大陆裂谷火山岩段($K_1$)(D-1-4-11)</td></tr>
<tr><td>内蒙古东部陆缘弧火山岩段($J_3$)(D-1-4-8)</td></tr>
<tr><td>塔木兰沟陆缘弧火山岩段($J_2$)(D-1-4-5)</td></tr>
</table>

**续表 4-25**

| 构造岩浆岩省 | 构造岩浆岩带 | 构造火山岩亚带 | 构造火山岩段 | |
|---|---|---|---|---|
| 晚三叠世以来中国东部构造岩浆岩省(D) | 大兴安岭构造岩浆岩带(D-1) | 东乌旗-多宝山俯冲-碰撞型火山岩亚带(D-1-4)(Ⅴ-1-3) | 西部 | 嘎布塔盖稳定陆块火山岩段($Qp_3$)(Ⅴ-1-3-1) |
| | | | | 沙尔敖瑞-宝格达林场分场稳定陆块火山岩段($N_2$)(Ⅴ-1-3-2) |
| | | | | 珠尔和乌和-格日敖包大洋俯冲环境火山岩段($K_1$)(Ⅴ-1-3-3) |
| | | | | 巴彦乌拉-巴润青格勒台大洋俯冲环境火山岩段($J_3$)(Ⅴ-1-3-4) |
| | | | | 苏吉哈尔-巴润希勒大洋俯冲环境火山岩段($J_3$)(Ⅴ-1-3-5) |
| | | | | 东乌旗-宝格达山林场分场大洋俯冲环境火山岩段($J_3$)(Ⅴ-1-3-6) |
| | | | | 朝伦和热木-布敦敖包特大洋俯冲环境火山岩段($J_2$)(Ⅴ-1-3-7) |
| | | 锡林浩特俯冲-碰撞型火山岩亚带 D-1-7 西部(Ⅴ-1-4、Ⅴ-1-5) | 东部 | 宝格达山林场大陆裂谷火山岩段($N_2$)(D-1-7-19) |
| | | | | 新生牧场大陆裂谷火山岩段($N_1$)(D-1-7-18) |
| | | | | 白音诺尔-宝石镇大陆裂谷火山岩段($K_1$)(D-1-7-13) |
| | | | | 内蒙古东部陆缘弧火山岩段($J_3$)(D-1-7-9) |
| | | | 西部 | 第和图音化-阿巴嘎敖包稳定陆块火山岩段($Qp_3$)(Ⅴ-1-4-1) |
| | | | | 海布日根额和-高尧乌拉稳定陆块火山岩段($N_2$)(Ⅴ-1-4-2) |
| | | | | 花敖包特大洋俯冲环境火山岩段($K_1$)(Ⅴ-1-4-3) |
| | | | | 巴彦查干希热-那日森敖包图大洋俯冲环境火山岩段($J_3$)(Ⅴ-1-4-4) |
| | | | | 阿尔善宝格拉-敖伦扫高图大洋俯冲环境火山岩段($J_3$)(Ⅴ-1-4-5) |
| | | | | 陶古如敖瑞-敖伦扫高大洋俯冲环境火山岩段($J_3$)(Ⅴ-1-4-6) |

续表 4-25

| 构造岩浆岩省 | 构造岩浆岩带 | 构造火山岩亚带 | | 构造火山岩段 |
|---|---|---|---|---|
| 晚三叠世以来中国东部构造岩浆岩省(D) | 大兴安岭构造岩浆岩带(D-1) | 锡林浩特俯冲-碰撞型火山岩亚带 D-1-7 西部(Ⅴ-1-4、Ⅴ-1-5) | 西部 | 巴音查干-阿巴嘎旗稳定陆块火山岩段($Qp_3$)(Ⅴ-1-5-1) |
| | | | | 阿日哈必日嘎-阿钦大洋俯冲环境火山岩段($K_1$)(Ⅴ-1-5-2) |
| | | | | 代托吉卡山大洋俯冲环境火山岩段($K_1$)(Ⅴ-1-5-3) |
| | | | | 宝日温德尔-包日温都日大洋俯冲环境火山岩段($J_3$)(Ⅴ-1-5-4) |
| | | | | 格吉格音乌拉-陶格斯乌拉大洋俯冲环境火山岩段($J_3$)(Ⅴ-1-5-5) |
| | | | | 额尔登呼舒-格尔图大洋俯冲环境火山岩段($J_3$)(Ⅴ-1-5-6) |
| | | | | 布拉嘎乌拉-达音布敦大洋俯冲环境火山岩段($J_2$)(Ⅴ-1-5-7) |
| | | | | 石门子山-巴彦花镇大洋俯冲环境火山岩段($J_2$)(Ⅴ-1-5-8) |
| | 赤峰-苏尼特右旗构造岩浆岩亚带(D-4) | 温都尔庙-赤峰俯冲-碰撞型火山岩亚带(D-4-1)西部(Ⅴ-1-6) | 西部 | 大哈架子山稳定陆块火山岩段($N_1$)(Ⅴ-1-6-1) |
| | | | | 西红花山大洋俯冲环境火山岩段($K_1$)(Ⅴ-1-6-2) |
| | | | | 乌和尔必敖包-额日和音陶勒盖大洋俯冲环境火山岩段($J_3$)(Ⅴ-1-6-3) |
| | | | | 镶黄旗-大哈达架子山大洋俯冲环境火山岩段($J_3$)(Ⅴ-1-6-4) |
| | | | | 布敦敖包-家河牧场大洋俯冲环境火山岩段($J_3$)(Ⅴ-1-6-5) |
| | | | 东部 | 灯笼河子大陆裂谷火山岩段($N_1$)(D-4-1-11) |
| | | | | 赤峰-库伦旗大陆裂谷火山岩段($K_1$)(D-4-1-7) |
| | | | | 内蒙古东部火山岩段($J_3$)(D-4-1-3) |
| | 燕辽-太行山构造岩浆岩带(D-7)(Ⅴ-2) | 白音脑包-毕力格敖包构造火山岩亚带(Ⅴ-2-1) | 西部 | 土牧尔台-乌拉特前旗稳定陆块火山岩段($N_1$)(Ⅴ-2-1-1) |
| | | | | 格日楚鲁大洋俯冲环境火山岩段($K_1$)(Ⅴ-2-1-2) |
| | | | | 格尔图大洋俯冲环境火山岩段($K_1$)(Ⅴ-2-1-3) |
| | | | | 墨脑包-阿利堂脑包大洋俯冲环境火山岩段($J_3$)(Ⅴ-2-1-4) |
| | | | | 圆包山大洋俯冲环境火山岩段($J_3$)(Ⅴ-2-1-5) |
| | | | | 道朗山大洋俯冲环境火山岩段($J_3$)(Ⅴ-2-1-6) |
| | | 四子王旗-罕乌拉构造火山岩亚带(Ⅴ-2-2) | 西部 | 阿贵庙-大红山稳定陆块火山岩段($N_1$)(Ⅴ-2-2-1) |
| | | | | 卧牛石山大洋俯冲环境火山岩段($K_1$)(Ⅴ-2-2-2) |
| | | | | 武川县北大洋俯冲环境火山岩段($K_1$)(Ⅴ-2-2-3) |
| | | | | 罕乌拉-太仆寺大洋俯冲环境火山岩段($J_3$)(Ⅴ-2-2-4) |
| | | | | 伊和敖包干乌拉大洋俯冲环境火山岩段($J_3$)(Ⅴ-2-2-5) |
| | | | | 乔家营子大敖包大洋俯冲环境火山岩段($J_3$)(Ⅴ-2-2-6) |

**续表 4-25**

| 构造岩浆岩省 | 构造岩浆岩带 | 构造火山岩亚带 | 构造火山岩段 | |
|---|---|---|---|---|
| 晚三叠世以来中国东部构造岩浆岩省(D) | 燕辽-太行山构造岩浆岩带(D-7)(Ⅴ-2) | 武川县-兴和县构造火山岩亚带(Ⅴ-2-3) | 西部 | 集宁-和林格尔稳定陆块火山岩段($N_1$)(Ⅴ-2-3-1) |
| | | | | 明辛山大洋俯冲环境火山岩段($K_1$)(Ⅴ-2-3-2) |
| | | | | 大王山大洋俯冲环境火山岩段($J_3$)(Ⅴ-2-3-3) |
| | | | | 集宁大洋俯冲环境火山岩段($J_3$)(Ⅴ-2-3-4) |
| | | 冀北火山岩亚带(D-7-2) | 东部 | 喀喇沁旗-金厂沟梁大陆裂谷火山岩段($K_1$)(D-7-2-9) |
| | | | | 内蒙古东部陆缘弧火山岩段($J_3$)(D-7-2-7) |
| | | | | 小牛群后碰撞火山岩段($J_2$)(D-7-2-4) |

## 五、火山岩的形成、构造环境及其演化

内蒙古区内的火山岩在地质发展的各个时代中均有出露，对火山岩的形成、构造环境及其演化特征，按各个地质时代分别叙述。

### (一)太古宙变质火山岩的形成、构造环境及演化特征

#### 1. 古太古代变质火山岩的形成、构造环境及其演化特征

内蒙古区内最古老的变质岩系是分布在兴和—集宁一线的古太古代兴和岩群及其自治区的西部贺兰山区的迭布斯格岩群，由基性麻粒岩和酸性麻粒岩组成。

在古太古代的早期原始陆核形成，在经历了后期的造山运动，初始陆核发生了断裂，幔源物质沿断裂上侵，形成大规模的火山喷发活动和侵入岩浆的侵入活动，使兴和岩群普遍发生了强烈的混合岩化作用，早期以钠交代为主，晚期则以钾交代为主。兴和岩群的原岩恢复表明该岩群的主体岩石为拉斑玄武岩、钙碱性火山岩、火山碎屑岩及含铁石英岩，属于基性—中酸性火山岩建造、铁硅质岩建造。

#### 2. 中太古代变质火山岩的形成、构造环境及其演化特征

(1)中太古代早期的变质火山岩由集宁岩群和西部的贺兰山岩群组成。岩石以矽线石榴钾长片麻岩为主，混合岩化作用十分发育。原岩恢复为一套含碳质的黏土岩、泥质(或凝灰质)砂岩夹中基性和钙碱性火山岩及碳酸盐岩组合，属海相陆源富铝黏土岩建造、基性—中酸性火山岩建造及碳酸盐岩建造。集宁岩群、贺兰山岩群与兴和岩群的演化特征不同的是火山岩的碱性成分和正常碎屑物质增多。标志着此时地壳成熟度较高，当时已有了陆壳和洋壳的构造分异。

(2)中太古代晚期由于新的构造运动，又形成了新的变质岩系，其中包括了中部区的乌拉山岩群，西部区的雅布赖山岩群、迭布斯格岩群和东部赤峰地区的建平岩群。岩石组合下部以角闪质片麻岩、斜长角闪片麻岩和斜长角闪岩为主，上部由石墨片麻岩、透辉大理岩、石英砂岩夹中基性火山岩组成。原岩恢复为基性—中基性火山岩、火山碎屑岩、含碳质砂泥质岩、碳酸盐岩和铁硅质岩，总体构成了中太古代晚期的完整火山喷发-沉积旋回，具典型绿岩建造特征。

#### 3. 新太古代变质火山岩的形成、构造环境及演化特征

新太古代时期在陆块边缘已有古大洋的存在，由于大洋板块向陆壳之下俯冲、消减，在大陆靠海一

侧形成了沟、弧、盆体系。展布于色尔腾山至太仆寺旗一带的色尔腾山岩群，中基性、中酸性火山岩，岛弧沉积和硅铁质岩建造就是这个时期的产物，并有碳酸盐岩组成弧后盆地沉积，同时还发育有俯冲岩浆杂岩英云闪长岩、石英闪长岩、二长花岗岩、花岗岩岩石构造组合。

（1）新太古代色尔腾山岩群变质火山岩，主要分布在乌拉山—大青山一带，岩石以混合岩、混合质片麻岩、云母石英片岩、角闪斜长片岩、绿片岩为主，夹变粒岩及磁铁石英岩。

原岩恢复为镁铁质拉斑玄武岩系列，钙碱性火山熔岩夹数层超镁铁质熔岩、硅铁质岩，属海相基性—中基性—中酸性火山岩和火山碎屑岩建造、含铁建造。其具有典型绿岩建造特征。其演化特征是早期以火山强烈的喷发活动为主，形成了中基性火山岩浆的喷溢和中酸性火山岩浆的喷发，而到了晚期火山活动逐渐减弱，开始接受正常碎屑岩的沉积。

（2）新太古代二道凹岩群变质火山岩，主要分布在呼和浩特市以北的二道凹地区。岩石组合分为下部绢云绿泥片岩、角闪斜长片岩夹磁铁石英岩和片麻岩；中部云母石英片岩和透闪化、蛇纹石化大理岩；上部黑云石英片岩、绿帘角闪片岩、石英钠长片岩夹碳酸盐岩。其属海相火山岩建造，夹复理石建造和碳酸盐岩建造。其演化特征为早期在构造运动的影响下以火山活动为主，但火山活动的强度较弱，以基性—中基性火山岩浆的喷溢为主，而晚期火山活动趋于静止，则以正常陆源碎屑岩沉积为主。

（3）新太古代阿拉善岩群变质火山岩，主要分布在西部阿拉善地区。岩石组合中上部是典型的绿岩建造，其下部岩石为超基性—基性火山岩，并有橄榄质科马提岩和玄武质科马提岩。基性火山岩是绿岩带的主体，属于拉斑玄武岩系列，以大洋拉斑玄武岩为主。上部岩石为正常碎屑沉积的泥页岩、镁质碳酸盐岩、石英砂岩和硅铁质岩。

### （二）元古宙变质火山岩的形成、构造环境及演化特征

#### 1. 古元古代变质火山岩的形成、构造环境及演化特征

由于古元古代在华北陆块区和天山-兴蒙造山系的构造发展各有不同，现分别加以叙述：

（1）华北陆块区在经历了新太古代的洋、陆转换之后，迎来了古元古代的一段相对稳定的地质历史时期，在增生的大陆边缘沉积了一套巨厚的陆缘碎屑沉积建造。这时的火山活动相对较弱，仅在局部夹有少量的火山岩，这个时期形成的变质火山岩有如下几种。

①古元古代宝音图岩群为一套高绿片岩相的变质岩系。原岩以一套海相碎屑岩沉积为主，夹少量中基性火山岩组合。经岩相学、岩石化学以及地球化学特征恢复原岩，透辉石岩-角闪石岩的原岩为基性—超基性火山岩，而角闪片岩、阳起片岩及斜长变粒岩的原岩则为玄武岩。表明了宝音图岩群以海相正常沉积碎屑岩为主，间有较弱的火山活动，形成了以超基性—基性火山岩浆为主的喷溢活动，而在晚期演化成中酸性火山岩浆的喷发活动。

②古元古代北山岩群变质火山岩原岩上部为正常海相碎屑岩沉积；中下部为碎屑岩-中酸性火山岩夹中基性火山岩及碳酸盐岩组合。其火山活动演化特征是以中酸性火山岩浆的喷溢为主，其间有中基性火山岩浆的喷溢。

另外，分布在阴山山脉大青山地区的古元古代马家店期变质火山岩，原岩以正常沉积的碎屑岩为主，夹有安山质火山岩（据变质岩子课题组资料，2011）。

（2）天山-兴蒙造山系可能是在中元古代超级大陆裂解以后才开始的，这个时期目前只在东部的松岭一带有古元古代兴华渡口岩群变质火山岩存在。

#### 2. 中新元古代变质火山岩的形成、构造环境及演化特征

中新元古代时期，已形成的古老结晶基底岩系在华北陆块的北缘产生了近东西向和北东东向的陆缘裂谷。裂谷从西部的迭布斯格向东经狼山、渣尔泰山、白云鄂博、四子王旗，一直延伸至化德一带，东

西长1000余千米。裂谷可分为南、北两支:南部裂谷西起迭布斯格,向东经狼山至渣尔泰山、固阳一带终结,由渣尔泰山群组成;北部裂谷由白云鄂博向东经四子王旗至化德县一带,由白云鄂博群组成。裂谷内沉积了一套巨厚的以碎屑岩、碳酸盐岩和碳质板岩为主的白云鄂博群与渣尔泰山群,有少量中酸性变质火山岩夹层。裂谷内尚有双峰式裂谷岩浆杂岩、层状基性侵入体和基性岩墙群[(1760±2.5)Ma]侵入。裂谷内形成了白云鄂博群内的铁、铌、稀土矿产和渣尔泰山群内的铜多金属矿产。

(1)中元古代白云鄂博群尖山组变质火山岩,主要分布在达茂旗白云鄂博铁-铌稀土矿区附近,岩性较复杂,有变辉绿岩、粗面岩、流纹质英安岩、流纹岩、石英岩、白云岩、黑云母岩、钠闪石-长石岩、钠辉石-长石岩、红柱石-云母角闪片岩及碳质绢云母板岩。在众多岩石里仅前4种为火山岩。尖山组形成的早期,是以形成中基性火山岩浆的喷溢、中酸性火山岩浆的喷发、酸性火山岩爆发为主的火山活动期,随着火山活动的日趋平静,在晚期时则以正常碎屑物沉积为主。

(2)中元古代渣尔泰山群变质火山岩,仅仅是以基性火山岩浆喷溢为主。在渣尔泰山群的阿古鲁沟组内多见有铁、锰、金、铜、锌、硫铁矿、黏土矿等矿产。

(3)中元古代温都尔庙群(包括桑达来呼都格组和哈尔哈达组),原岩恢复为一套细碧角斑岩与超基性岩及硅质岩组成的大洋环境下的MORS型蛇绿岩组合,是在洋壳扩展增生阶段的产物。

中新元古代时期,随着中亚-蒙古大洋板块向北俯冲消减,西伯利亚陆块开始了陆缘裂解的演化历史。大洋板块沿得尔布干断裂一带向北部额尔古纳一带俯冲消减,在其上盘形成了岛弧环境的佳疙瘩组安山岩、安山玄武岩、砂岩、板岩、结晶灰岩,及弧背盆地环境的震旦纪额尔古纳河组大理岩、碳质板岩、绿泥片岩的岩石组合,并有俯冲岩浆杂岩花岗闪长岩、花岗岩(GG)岩石构造组合侵入。在新元古代末期增生板块的边界可能已达到阿尔山至松岭一带。

震旦纪已演化为成熟岛弧,在海拉尔-呼玛弧后盆地边缘形成了大网子组变质玄武岩-板岩-变质砂岩组合,为一套浅海相陆源碎屑-火山沉积建造,其中火山岩为钙碱系列的中基性火山岩。

### (三)古生代火山岩的形成、构造环境及演化特征

古生代的火山活动开始于早—中奥陶世,而在石炭纪时火山活动达到高峰,二叠纪中晚期海相火山活动逐渐结束,此时的两板块已经处于闭合期,统一的亚洲大陆已形成,大洋消亡,因此二叠纪以后的火山活动为陆相火山活动。下面按古生代的各个时代分别描述其火山岩的特征,为方便叙述,将内蒙古自治区按西部区、中部区和东部区来分别描述各个时期的火山岩。

#### 1.西部区古生代火山岩的形成、构造环境及其演化特征

西部区也称北山地区,是指宝音图隆起(宝音图岩浆弧)以西至甜水井一线的广大地域。总体由海相笔石页岩建造向岛弧型火山建造过渡;地块东部巴丹吉林一带,火山活动微弱,属于浅海相复理石建造。

加里东旋回以其强烈的多期次构造变形和褶皱叠加以及岩浆侵入活动完成了地壳的增厚、熟化和固结的演化过程,加里东旋回经历了拉张—收敛—平静3个发展阶段,最终以陆壳的增生和地块向洋迁移完成其演化。

在海西旋回的早期,北山地区的北部中蒙边界一带发育了早泥盆世岛弧型海相火山岩建造,向东至巴丹吉林一带,火山活动骤减,地壳活动性减弱,泥盆系发育不全。

在海西旋回的中期,北山地区为活动的大陆边缘,南部为浅海相陆棚相碎屑岩建造;北部为蛇绿岩建造和玄武岩-安山岩-流纹岩组合的岛弧型火山岩建造,为沟-弧体系产物。海西旋回的晚期,造山运动发生于早二叠世末期,使得北山地区的早二叠世菊石滩组与晚二叠世方山口组火山岩呈角度不整合接触(喷发不整合更为合适)。

(1)奥陶纪火山岩的形成、构造环境及演化特征。在北山地区出露的火山岩为中晚奥陶世咸水湖组

火山岩，岩石组合为安山玄武岩-安山岩-英安岩-流纹岩-火山碎屑岩夹泥岩。在局部地区显示了火山活动的早期为玄武岩-流纹岩组合，中晚期则为中性→中酸性→酸性岩的正向演化趋势，但总体上中晚奥陶世咸水湖组火山岩的演化是由基性岩向酸性岩过渡的正向演化趋势。从火山岩分布来看，中晚奥陶世咸水湖组火山岩的活动中心有由北向南迁移的趋势。

(2)志留纪火山岩的形成、构造环境及演化特征。志留纪早期又开始了新一轮的火山活动，但火山活动较弱，火山岩分布面积零星，形成了早志留世圆包山组火山喷发-沉积和正常碎屑沉积岩组合。到志留纪的中—晚期才开始真正意义上的火山活动，形成了中—晚志留世公婆泉组火山岩。

中—晚志留世公婆泉组火山岩，岩石组合为海相安山岩-英安岩-英安质凝灰熔岩夹流纹质凝灰熔岩和玄武岩，公婆泉组火山岩为偏铝质(中钾)钙碱性系列，壳幔混合源型岩浆，其构造环境为弧后盆地环境，从岩石分布情况分析，该期火山岩活动中心有从北向南迁移的演化趋势。岩石组合以中性—中酸性岩石为主，局部夹有流纹岩和玄武岩。

(3)泥盆纪火山岩的形成、构造环境及其演化特征。早—中泥盆世雀儿山组火山岩，岩石组合为海相安山岩-流纹岩-安山玄武岩-安山质角砾凝灰熔岩夹英安岩。从岩石组合上分析，火山岩的演化特征是早期为中性—酸性岩演化，而中晚期则变为中基性→中性→中酸性岩演化，由于缺少岩石化学资料，仅能根据同时期侵入岩资料推断雀儿山组火山岩可能为偏铝质(中钾)钙碱性系列，岩浆为壳幔混合源型。构造环境为弧背盆地。

(4)石炭纪火山岩的形成、构造环境及演化特征。石炭纪的火山活动是古生代火山活动的一个高峰期，火山活动强度相对来说较大，分布面积较广，特别是晚石炭世本巴图组火山岩出露面积更大，由西向东都有分布，总体构造线方向为北东向或北北东向。

早—晚石炭世白山组火山岩：岩石组合为海相流纹岩-英安岩-安山岩-流纹质英安质凝灰岩夹砂岩及灰岩。在局部地区可见有少量的安山玄武岩。从岩石组合分析，火山岩的演化特征为早期的酸性—中酸性岩向晚期的中性岩(或中基性岩)的逆向演化之趋势。白山组火山岩可能为偏铝质(中钾)钙碱性系列，为壳幔混合源型岩浆。构造环境为弧背盆地。

晚石炭世本巴图组火山岩：岩石组合为安山岩-英安岩-英安质凝灰熔岩-英安质凝灰岩夹斜长流纹岩。但是出露在红石山蛇绿混杂岩带中的本巴图组火山岩的岩石组合为海相英安质、流纹质凝灰岩-英安山-长石质杂砂岩-粉砂岩-泥岩-碳酸盐岩等沉积岩组合(MORS 型蛇绿岩组合)。由于本巴图组火山岩分布在各个构造单元内，因此在岩石组合上存在着差异性，出现了不同的岩石组合类型，推断本巴图组火山岩为偏铝质(中钾)钙碱性系列，岩浆为壳幔混合源型。构造环境为陆缘弧环境。

(5)二叠纪火山岩的形成、构造环境及其演化特征。北山地区二叠纪火山活动又开始了第二个活动高峰期，这个期间在北山地区形成了早二叠世大红山组火山岩、中二叠世金塔组火山岩和晚二叠世方山口组火山岩及包尔乌拉中基性火山岩。

早二叠世大红山组火山岩：岩石组合为上部英安斑岩、下部为流纹斑岩-英安斑岩夹英安质凝灰熔岩。说明大红山组火山岩是处于半封闭、半开放的环境下形成的，应属于侵出相和潜火山岩相。由于缺少岩石化学资料，仅能根据同期侵入岩的资料推断为钙碱性系列，为壳幔混合源型岩浆，构造环境为陆内盆地。

中二叠世金塔组火山岩：岩石组合为浅海相安山质、英安质、流纹质火山岩及火山碎屑岩(富铝)。在敦煌陆块中金塔组火山岩的岩石组合：下部为蚀变玄武岩-杏仁状安山岩夹砂岩及粉砂岩；中部为细粒杂砂岩-含砾粗粒杂砂岩-硅质灰岩；上部为流纹质凝灰熔岩-流纹质凝灰岩-流纹斑岩。从岩石组合分析，金塔组火山岩的演化特征早期为中基性、中性火山熔岩的火山岩建造和砂岩-粉砂岩建造。在中期火山活动的间歇期沉积了正常碎屑岩建造和砂岩-粉砂岩建造；而后火山活动又开始喷发形成了酸性火山熔岩和酸性火山碎屑岩建造的岩石组合。金塔组火山岩由于出露在不同的构造单元内，有些地区仅出露了下部岩石，而缺失中部和上部的岩石。金塔组火山岩为过铝质—高钾碱性岩系列，岩浆为壳幔混合源型。构造环境为陆缘裂谷环境。

晚二叠世方山口组火山岩:岩石组合为西部玄武岩-杏仁状玄武岩;东部玄武岩-杏仁玄武岩-安山岩夹安山质凝灰岩、砂岩和泥岩,方山口组火山岩为拉斑玄武岩系列,岩浆为壳幔混合源型。构造环境为陆缘裂谷环境。与方山口组火山岩有关的矿产为玛瑙、铌、钽、钼、铅、锌、钾等。

包尔乌拉中基性火山:岩石组合为安山岩-玄武岩-安山质、英安质碎屑熔岩,从岩石组合上判断这套火山岩有逆向演化的趋势,组合特征为中性岩、基性岩向中酸性碎屑熔岩的演化。根据同期侵入岩资料推测为偏铝质中钾钙碱性岩系列,岩浆为壳幔混合源型,构造环境为洋内弧环境。

纵观北山地区古生代火山岩的演化特征是:①火山活动的中心均有由北向南迁移的趋势;②火山活动的早期是从基性—中性—中酸性岩的溢流和喷发开始,中期大多以中性—中酸性岩浆的喷溢为主,到了晚期以基性—中性岩浆的喷溢结束火山活动。

**2. 中部区古生代火山岩的形成、构造环境及其演化特征**

中部是指宝音图(宝音图岩浆弧)以东至霍林郭勒市一线的广大地域,火山活动始于奥陶纪。

奥陶纪,内蒙古中部-兴安海槽由拉张转为以水平侧向挤压为主的洋壳俯冲消减作用和由此而产生的岛弧型、弧后盆地沉积和火山活动是本旋回构造的主要特征。

南部活动陆缘的构造格架显示了完整的沟-弧-盆体系。其中,弧岛型沉积分布在白乃庙、巴特敖包和西拉木伦河一带。白乃庙接近海沟,岛弧火山岩更趋发育,由一套浅变质绿片岩组成,原岩为海底火山喷发的基性—中酸性火山熔岩、凝灰岩及少量潜火山岩,巴特敖包地区的包尔汉图群,下部以正常碎屑沉积为主,上部为蚀变安山岩、玄武岩、凝灰岩等岛弧型钙碱性系列火山岩和火山碎屑岩建造,弧后盆地的沉积分布在岛弧带以南的华北陆块区北缘。

志留纪,火山活动很弱。

泥盆纪,在西伯利亚陆块和华北陆块区之间(包括增生部分),发育着广阔的海西期海槽。这一海槽,经过海西多旋回构造运动和离陆向洋迁移,于早二叠世末期由西向东逐步封闭。因此,海西旋回是天山-兴蒙弧盆系的主旋回,它包括了泥盆纪和二叠纪的全过程。

在早海西旋回,内蒙古中部-兴安海槽又处于以拉张为主要活动方式的大洋扩展阶段,它表现在贺根山地区沉积了泥盆纪浅海相-深海相的火山岩建造、硅质岩建造,下部还发育有超基性和基性杂岩,构成较典型的蛇绿岩建造。在海西中期二连-贺根山海槽,整体处在以挤压为主的构造背景中,下部为砂岩、粉砂岩、粉砂质板岩,属浅海相类复理石建造;上部为杂砂岩、粉砂岩、硅泥质岩、玄武岩、安山岩、凝灰岩等岛弧型火山岩建造。

晚海西旋回仅发生在艾勒格庙-锡林浩特中间地块南、北两侧的海域内,以南部索伦山-林西海槽规模较大,总体处在挤压应力体制中。

由于中海西旋回时期的拉张活动,此时的南部海槽仍为相当规模的洋盆。其深海部分隔绝了两岸生物的交流,致使南、北两侧生物群差异较大。早二叠世早期,海槽北缘下二叠统为酸性火山岩、火山碎屑岩,夹硅泥质板岩、生物碎屑灰岩、含冷水型生物和安格拉植物群,属岛弧型火山岩、火山碎屑岩建造。海西期海槽是在早二叠世末期封闭的,海域基本消失,进入了以陆相磨拉石建造和残留海湾相、潟湖相泥页岩建造的盖层发展阶段。

以上是中部区古生代火山岩的形成及火山活动的构造背景,下面按时代分别叙述各时代火山岩的演化特征。

(1)早—中奥陶世多宝山组火山岩的形成、构造环境及演化特征。内蒙古中部区古生代火山活动是在早—中奥陶世拉开序幕,形成了早—中奥陶世多宝山组火山岩,主要分布在东乌旗-多宝山岛弧内。岩石组合为蚀变辉石安山岩-轻碎裂蚀变安山岩-硅化黝帘石化玄武岩-黝帘石化玄武安山岩。总体岩石主要为安山岩,在局部地区还可见有玄武岩-英安岩、流纹岩及细碧角斑岩组合。

(2)泥盆纪火山岩演化特征。泥盆纪的火山活动开始于早期,至晚泥盆世末期火山活动逐渐减弱。

早—中泥盆世泥鳅河组火山岩:主要分布在东乌旗-多宝山岛弧内。其火山岩多为夹层状产在泥鳅河组二段之中，岩石组合为粉砂岩-泥岩-砂岩，夹玄武岩、安山岩，厚度为473～3899m。火山岩中出现较多的是中性熔岩，火山碎屑岩偏少，中酸性英安质的火山岩仅以夹层出现，偶见潜火山岩，多呈岩株状、脉状产出。主要岩石类型有绿帘石化安山岩、绿帘石化辉石安山岩、蚀变英安岩、辉石安山岩，火山碎屑岩极少，仅见碳酸盐化含角砾岩屑晶屑凝灰岩。

中—晚泥盆世塔尔巴格特组火山岩($D_{2\text{-}3}t$)：主要分布在二连-贺根山蛇绿混杂岩带内，岩性为海相细砂岩-粉砂岩-硅质泥岩夹安山质火山碎屑岩，厚度为239m。该火山岩仅为夹层产出，说明中—晚泥盆世时火山活动较弱，仅有火山碎屑大爆发，而未见到熔岩类的溢流。由于缺少岩石化学资料，仅能简单描述其特征。构造环境应为大洋俯冲增生环境。

晚泥盆世安格尔音乌拉组火山岩：主要分布在东乌旗-多宝山岛弧内，岩石组合为海相砂岩-粉砂岩，局部夹有火山碎屑岩及浊积岩，并伴生有晚泥盆世的侵入岩TTG组合和花岗岩组合。出露厚度为200～3208m，从安格尔音乌拉组火山岩的岩石组合来看，晚泥盆世的火山活动是比较微弱的，与塔尔巴格特组火山岩有相同之处，仅有火山碎屑岩呈夹层产于沉积岩之中，说明当时火山活动只有火山碎屑岩的喷溢或爆发，而无熔岩类的溢流。构造环境为岛弧。

(3)石炭纪—二叠纪火山岩的形成、构造环境及其演化特征。石炭纪—二叠纪时期是中部古生代火山活动最强烈的时期，火山岩分布最广，石炭纪火山活动形成了晚石炭世本巴图组火山岩、晚石炭世—早二叠世格根敖包组火山岩及晚石炭世—早二叠世宝力高庙组火山岩。二叠纪的火山活动主要发生在早二叠世，形成了早二叠世大红山组火山岩、中二叠世额里图组火山岩、早二叠世苏吉组火山岩、早—中二叠世大石寨组火山岩。现仅以晚石炭世—早二叠世格根敖包组、宝力高庙组，及早二叠世的大红山组、苏吉组和大石寨组火山岩进行描述，其余的火山岩的仅作简单的叙述。

①晚石炭世本巴图组火山岩：本巴图组火山岩从内蒙古西部一直到东部的广大地域内都有出露，由于本巴图组火山岩在各个构造单元中的岩石组合各不相同，分叙如下。

A. 二连-贺根山蛇绿泥杂岩带中的晚石炭世本巴图组火山岩：岩石组合为海相碳质凝灰质板岩-凝灰岩-杂砂岩，厚度大于5439m。出露的火山岩主要是火山喷发-沉积相的岩石，说明火山活动相对稳定，进入火山喷发物的沉积阶段。

B. 锡林浩特岩浆弧内的晚石炭世本巴图组火山岩：岩石组合为含蛇绿岩碎片的砂岩-粉砂岩-板岩-凝灰岩等沉积岩(SSZ型蛇绿岩组合)，厚度大于5439m。这段时期的火山活动较弱，仅见有火山碎屑岩出露，说明当时火山活动以喷发为主，而缺少火山熔岩的溢流。

C. 索伦山蛇绿混杂岩带内的本巴图组火山岩：岩石组合为海相砂岩-粉砂岩-泥岩-火山碎屑岩-硅质岩-碳酸盐岩等沉积岩，厚度大于3891m。

D. 温都尔庙俯冲增生杂岩带内的本巴图组火山岩：岩石组合为浅海相凝灰质长石石英砂岩-粉砂岩-铁质板岩-玄武岩。这个构造单元内出现了熔岩(基性)的喷溢活动，但火山活动的强度仍旧很微弱。

②晚石炭世—早二叠世格根敖包组火山岩：主要分布在东乌旗-多宝山岛弧和二连-贺根山蛇绿混杂岩带内，为陆缘弧火山岩组合，在不同的构造单元内格根敖包组的岩石组合特征也存在着差异性，分述如下。

A. 东乌旗-多宝山岛弧内的格根敖包组火山岩：岩石组合为钙碱系列的安山岩-英安岩-流纹岩及碎屑岩，厚度大于1943m。据Rb-Sr丰度值与地壳厚度关系图解，岩浆来源深度为18km，可见岩浆来源较浅。

B. 二连-贺根山蛇绿混杂岩带内的格根敖包组火山岩：岩石组合为海相安山岩-英安岩-流纹岩夹碎屑岩，厚度大于1104m。

③晚石炭世—早二叠世宝力高庙组火山岩：主要分布在东乌旗-多宝山岛弧内，为陆相安山岩-英安岩-流纹岩夹碎屑岩组合，厚度大于10 397m。宝力高庙组的一段为碎屑沉积岩，二段以火山岩为主，为一套陆相中性—中酸性—酸性火山熔岩及其火山岩碎屑岩，夹少量正常沉积碎屑岩。岩石呈北东向条带状展布，与区域构造线一致，受后期岩浆活动及构造作用的影响，均具不同程度的变质或变形。

宝力高庙组为钙碱系列的中性—中酸性—酸性火山岩，从中性至酸性，δEu 值减小，铕异常明显，表明从早到晚分馏作用增强。

## (四)二叠纪火山岩

### 1. 早二叠世大红山组火山岩

早二叠世大红山组火山岩主要分布在色尔腾山-太仆寺旗古岩浆弧和狼山-白云鄂博裂谷内，岩石组合以安山岩为主，少量的英安岩、火山碎屑岩及潜火山岩。熔岩占火山岩总量的 60%，火山碎屑岩约占火山岩总量的 40%。潜火山岩包括潜闪长玢岩、潜安山岩、潜英安岩，主要分布在火山口附近，多呈超浅成的脉状、岩床状、岩瘤状产出，厚度大于 1307m。

大红山组火山岩为钙碱系列，其固结指数(SI)下部相对较高，上部偏低，表明分离结晶程度低。在哈克图解中可见 $SiO_2$、$K_2O$、$Na_2O$ 与分异指数(DI)为正相关，与 MgO、CaO 呈负相关。

### 2. 中二叠世额里图组火山岩

额里图组火山岩主要分布在狼山-白云鄂博裂谷内，岩石组合为英安质熔结凝灰岩-安山岩夹粉砂岩，厚度为 1123～3040m，为钙碱性系列岩石，属壳源型岩浆。构造环境为俯冲环境(陆缘弧)。

### 3. 早二叠世苏吉组火山岩

苏吉组火山岩主要分布在狼山-白云鄂博裂谷内，岩石组合为安山岩-流纹岩-英安岩、流纹质晶屑凝灰岩。从岩石化学特征来看，苏吉组火山岩以酸性和中酸性岩为主。根据($K_2O+Na_2O$)- $SiO_2$ 含量图(以下简称为 TAS 分类图)投图，除 12 号样品外其他样品投点均落入亚碱性岩区，因此可以确定苏吉组火山岩属亚碱性系列。固结指数(SI)显示苏吉组火山岩早期固结指数较高，而中晚期则偏低。说明早期形成的岩石分离结晶程度偏低，分异较差，与原始母岩浆较为接近；而中晚期形成的岩石分离结晶程度较高，分异较好，岩浆由富镁向贫镁方向连续演化，局部跳跃，反映岩浆自身活动的脉动过程。苏吉组火山岩的氧化率(OX)数值较大，中晚期数值相对较小，表明火山活动由早期到晚期岩浆酸度变大，氧化程度降低。对于铁镁指数(FM)和长英指数(FL)，苏吉组火山岩早期 FM、FL 值较低，中晚期明显增高，表明随着岩浆的演化，镁组分降低，铁镁比值增大，碱质相对富集，岩浆分离程度增高。

### 4. 早—中二叠世大石寨组火山岩

大石寨组火山岩主要分布在温都尔庙俯冲增生杂岩带内，岩石分布的地区较广，岩性组合上也存在较大的差异性，出露厚度为 139～1310m。现以满都拉一带江岸二队的大石寨组火山岩中火山作用较为发育的大石寨组二段火山岩剖面来分析火山作用。

大石寨组二段火山岩的中下部由爆发相-溢流相-火山喷发沉积相(即火山碎屑岩、熔岩、火山碎屑沉积岩)和爆发相-沉积相(即火山碎屑岩-沉积岩)，组成 9 个火山喷发-沉积韵律。爆发相主要以流纹质、英安质、角砾、玻屑、浆屑、晶屑熔结凝灰岩和角砾熔岩为主；溢流相以流纹岩、英安岩为主；火山喷发-沉积相以沉凝灰岩、沉角砾凝灰岩、凝灰质板岩为主。这种韵律从下往上熔岩所占比例逐渐减少，火山碎屑岩、正常沉积碎屑岩，特别是碳酸盐岩组分增多，说明火山作用由强变弱。生物碎屑灰岩一般认为是滨岸环境中所特有的，二段夹数层生物碎屑灰岩，说明其沉积环境为滨岸相火山弧喷发-沉积环境。

岩石组合以钙碱性的安山岩、英安岩、流纹岩及火山碎屑岩为主，显示活动陆缘特征，结合岩石化学特征反映该火山岩为钙碱性活动陆缘火山岩，微量元素反映该火山岩为岛弧火山岩，稀土元素特征反映该火山岩为成熟岛弧火山岩系列，整体显示该火山岩为成熟岛弧火山岩，构造环境为活动陆缘。

### (五)晚三叠世以来火山岩

区内未见晚三叠世和早侏罗世的火山岩活动记录，到中侏罗世见有大量的火山活动记录，中侏罗世火山岩南、北部有所不同。

南部华北陆块北部边缘中侏罗世为新民组($J_2x$)，在河流相砂砾岩-粉砂岩-泥岩内夹英安质熔结凝灰岩、英安岩、安山岩和酸性火山岩中，酸性岩为高钾钙碱系列，强过铝火山岩组合，为后碰撞环境的产物。TAS分类为流纹岩。

北部(额尔古纳、海拉尔、扎兰屯)，在古太平洋板块向亚洲板块俯冲和古鄂霍茨克板块向额尔古纳岛弧俯冲的双重作用下，钙碱性壳幔混合源岩浆喷发，形成中侏罗世塔木兰沟组中基性火山岩，其岩性为玄武岩、安山岩、英安岩、粗安岩及安山质火山碎屑岩，构成陆缘弧火山岩组合。TAS分类为玄武粗安岩-粗安岩-粗面岩组合。

晚侏罗世—早白垩世早期仍处于陆内碰撞造山环境，受古鄂霍茨克板块和古太平洋板块的相对俯冲，在内蒙古东部造就了大规模的火山活动。在中侏罗世火山活动的基础上，到晚侏罗世，先是酸性火山岩爆发，形成巨厚的以壳源为主的满克头鄂博组酸性火山碎屑岩和流纹岩，之后为玛尼吐组中性、中酸性火山碎屑岩，到晚侏罗世末期又出现了壳源酸性火山碎屑岩及其流纹岩构成的白音高老组。3个组岩石类型有所不同，岩石化学参数也有一定差别，但都以高钾钙碱系列为主，少量钾玄岩系列，为陆缘弧火山岩组合。TAS分类中也表现得较为相似，以晚侏罗世火山岩最发育的海拉尔-呼玛俯冲-碰撞型火山-侵入岩亚带和锡林浩特俯冲-碰撞型火山-侵入岩亚带为例，前者3个组TAS分类为玄武粗安岩-粗安岩-粗面岩-流纹岩；后者满克头鄂博组和白音高老组以流纹岩占绝对优势的粗安岩-粗面岩-流纹岩组合，其中白音高老组还出现玄武安山岩、安山岩、英安岩。玛尼吐组为玄武粗安岩-粗安岩-粗面岩-流纹岩组合，还有相当多的玄武安山岩、安山岩、英安岩。东乌旗-多宝山火山岩亚带内TAS分类与海拉尔地区大体相同。由此可见，内蒙古东部至北部晚侏罗世火山岩的碱度略高于南部同时代的火山岩。这与《内蒙古自治区地质志》总结的内蒙古东部两亚带火山岩的碱度高于中亚带是一致的。

早白垩世末期或晚白垩世，内蒙古东部大规模造山活动基本结束，由俯冲-碰撞汇集环境转换为松弛伸展直至陆内裂谷环境，形成甘河组、梅勒图组、义县组，碱性—亚碱性系列的玄武岩-英安岩-粗面岩-流纹岩组合，碱性玄武岩-流纹岩组合，局部见碧玄岩，以及晚白垩世孤山镇组合多希玄武岩、碱性玄武岩-流纹岩组合裂谷环境的双峰式火山岩组合。

进入新生代，内蒙古东部已处于稳定陆块环境，广泛分布汉诺坝组($N_1h$)、五岔沟组($N_2wc$)、大黑沟组($Qp_3d$)幔源碱性大陆溢流玄武岩。岩石系列以碱性为主，少量亚碱性，判别大地构造环境的图解样点落在板内玄武岩区域或大陆裂谷型玄武岩。

## 六、火山岩岩石构造组合与矿产的关系

内蒙古自治区矿产资源丰富，与火山岩有关的矿产有很多，不同时代的火山岩与矿产的关系列举如下：

(1)中元古代白云鄂博组变质火山岩为陆缘裂谷火山岩组合，岩性有变辉绿岩、粗面岩、流纹质英安岩、流纹岩、白云岩、黑云母岩、钠闪岩、长石岩、钠辉岩、长石岩、红柱石-黑云母角闪岩及碳质绢云母板岩。其中，粗面岩与成矿密切，形成举世闻名的白云鄂博铁-铌-稀土特大型矿床。

(2)中元古代桑达来呼都格组变质火山岩，其岩性为绿泥绿帘石英片岩-绿泥绿帘阳起石片岩-石英岩夹基性火山熔岩、含铁石英岩，原岩恢复为拉斑玄武岩系列的细碧角斑岩组合，赋存铁矿床。

(3)早—中奥陶世白乃庙组，下部为中基性熔岩及其火山碎屑岩；上部为变质砂岩、千枚岩、绢云绿

泥千枚岩夹灰岩透镜体，为火山-沉积岩系，其中赋存白乃庙铜矿床。

(4)早—中奥陶世包尔汉图群为岛弧火山岩组合，下部为布龙山组硅质板岩夹安山岩、大理岩、变质砂岩；上部为哈拉组安山岩、凝灰岩夹杂砂岩。该群内中基性火山岩中赋存黄铁矿型铜矿。

(5)大兴安岭黄岗梁—布墩花一带发现有多处大中型铜铅锌银铁锡矿床，这些矿床往往与中二叠世海相火山-沉积岩密切相关。许多地质学者认为发育有火山-沉积喷流型矿床。

(6)内蒙古自治区东乌旗小坝梁发育有中二叠世火山角砾岩及基性熔岩(细碧岩)，其内赋存小坝梁式火山岩铜矿。

(7)内蒙古自治区东乌旗奥尤特乌拉发育有晚侏罗世玛尼吐组安山质火山碎屑岩，被潜流纹斑岩(石英斑岩)侵入形成了奥尤特乌拉山式火山热液型铜矿。

(8)早石炭世莫尔根河组玄武岩-英安岩-粗面岩-流纹岩组合内中基性—中酸性火山岩赋存海相火山岩型铁锌矿床，如谢尔塔拉海相火山岩型铁锌矿床，矿体呈似层状、透镜状赋存于石榴石透辉岩中。

(9)中侏罗世塔木兰沟组陆缘弧火山岩组合内，有隐爆角砾岩型金矿，如五四牧场塔木兰沟组超浅成英安玢岩侵入体和粗安质隐爆角砾岩为全矿赋矿载体。

(10)中侏罗世新民组强过铝火山岩组合内有隐爆角砾岩金矿，如陈家杖子隐爆角砾岩型矿，矿体赋存于新民组隐爆角砾岩及其后期次流纹斑岩内。

(11)中侏罗世塔木兰沟组陆缘火山岩组合的角闪安山岩内出现晚侏罗世火山通道相、次石英斑岩或石英粗面岩时，沿北西向、北西西向、北东向及其交会部位的断裂破碎带内仅围岩蚀变并形成次火山热液型铅锌矿床，三河式热液型铅锌矿即为典型实例。

(12)在得尔布干-呼伦湖深大断裂的西北侧，满洲里-新巴尔虎右旗北东向中生代火山隆起带中，广泛分布陆相塔木兰沟组中基性火山岩和万宝组沉积岩，当北西向、北北西向以及环状断裂发育地段，并伴有岩株、岩枝、岩脉状产出的次闪长玢岩、长石斑岩、石英斑岩等次浅成侵入体时，常有石英岩化、碳酸盐化、绿泥石化，形成甲乌拉式火山热液型铅锌矿床。

(13)晚侏罗世酸性火山岩内偶见有珍珠岩，酸性火山岩经低温热液蚀变后，形成膨润土、氟石(萤石)，在雅吐形成名贵的巴林石(鸡血石)。

(14)早白垩世龙江组陆缘弧火山岩组合——安山岩、流纹岩、流纹质角砾熔岩、英安岩中有爆破角砾岩筒火山机构，在爆破角砾岩筒及其周边和外围的环状、放射状断裂内发育有古利库式火山岩型金矿。

## 第三节　侵入岩岩石构造组合

### 一、侵入岩时空分布

内蒙古侵入岩非常发育，出露面积约占全区基岩面积的一半。总体上看，岩石类型发育齐全，既有基性岩、超基性岩，也有中性岩、酸性岩和碱性岩；既有深成—中深成相侵入岩，也有浅成—超浅成相侵入岩，还有变质深成侵入体。从成因类型看，侵入岩既有幔源类型和壳源类型，也有壳幔混合岩类型；从大地构造环境看，与板块构造运动相关构造环境的岩石类型、岩石建造、岩石组合都有出现。

全区侵入岩主要时空分布的概略统计表明，无论在时间上和空间上的分布状况都存在较大差异(表4-26)，这些差异表现出以下几个方面的特点：

(1)全区侵入岩最发育的时段，一是中太古代—中元古代，二是晚古生代，三是中生代。中太古代主要表现为陆块区的变质深成侵入体，由各种片麻岩、麻粒岩及混合花岗岩构成，反映陆核形成时的岩浆活动特征;新太古代—古元古代侵入岩主要分布在陆块区,表现为变质深成侵入体和中浅变质侵入体,反映了古岩浆弧环境的岩浆活动特征;中元古代侵入岩分布在陆块区和造山系,表现为浅变质的侵入体,分别反映陆块区陆缘裂谷环境和造山系中岩浆弧构造环境的岩浆活动特征。晚古生代侵入岩主要分布在天山-兴蒙造山系,规模宏大,岩石类型发育齐全,突出反映了这一时期板块构造运动伴随的岩浆活动特征,是划分板块构造单元极其重要的显著标志。中生代侵入岩主要分布在天山-兴蒙造山系的中、东部地区,岩石类型以酸性岩、碱性岩为主,主要反映出太平洋构造域岩浆活动特征。

(2)新元古代—早古生代侵入岩分布极少,仅在不同级别的大地构造单元不同时代有少量分布,反映这一时期地壳运动总体处于相对稳定的时期,仅在局部地区有岩浆活动,代表这些地区当时的板块构造运动特殊活动环境。

(3)基性—超基性岩分布一般面积较小,但是严格受到大地构造旋回和岩浆活动阶段的控制,或者反映大洋中脊环境,或者反映裂谷构造环境,或者构成蛇绿岩套成为板块汇聚运动的重要标志。碱性岩类的分布更为少见,局部限于新太古代、中元古代及中生代,代表各个岩浆旋回结束、地壳运动趋于稳定阶段的岩浆活动特点。中酸性岩类尤其是酸性岩类时空分布最广,规模最大,反映岩浆活动频繁,板块构造运动剧烈,从汇聚经俯冲到碰撞乃至造山阶段的岩浆活动特征是研究工作的重点对象。

**表 4-26 内蒙古侵入岩主要类型时空分布表**

<table>
<tr><th colspan="2">地质时代</th><th>天山-兴蒙造山系</th><th>华北陆块区</th><th>塔里木陆块区</th></tr>
<tr><td rowspan="3">中生代</td><td>白垩纪</td><td>过碱性岩、碱性岩、酸性岩、酸碱性岩</td><td>过碱性岩、碱性岩、酸性岩</td><td>碱性岩</td></tr>
<tr><td>侏罗纪</td><td>酸碱性岩、酸性岩、中性岩、基性岩</td><td>酸碱性岩、酸性岩</td><td>酸性岩</td></tr>
<tr><td>三叠纪</td><td>碱性岩、酸碱性岩、酸性岩、基性岩、超基性岩</td><td>过碱性岩、碱性岩、酸碱性岩、酸性岩、中性岩、基性岩、超基性岩</td><td>酸性岩</td></tr>
<tr><td rowspan="6">古生代</td><td>二叠纪</td><td>碱性岩、酸性岩、中性岩、基性岩、超基性岩</td><td>碱性岩、酸性岩、中性岩、基性岩</td><td>酸性岩、基性岩</td></tr>
<tr><td>石炭纪</td><td>酸性岩、中性岩、基性岩、超基性岩</td><td>酸性岩、中性岩、基性岩</td><td>酸性岩</td></tr>
<tr><td>泥盆纪</td><td>酸性岩、基性岩、超基性岩</td><td>酸性岩、基性岩</td><td></td></tr>
<tr><td>志留纪</td><td>酸性岩、中性岩</td><td>酸性岩、中性岩</td><td>酸性岩</td></tr>
<tr><td>奥陶纪</td><td>酸性岩、中性岩、基性岩、超基性岩</td><td></td><td>基性岩、超基性岩</td></tr>
<tr><td>寒武纪</td><td>超基性岩</td><td>基性岩、超基性岩</td><td></td></tr>
<tr><td rowspan="3">元古宙</td><td>新元古代</td><td>酸性岩、中性岩、基性岩</td><td>酸性岩</td><td></td></tr>
<tr><td>中元古代</td><td>酸性岩、基性岩、超基性岩、变质深成侵入体</td><td>碱性岩、酸性岩、中性岩、基性岩、超基性岩</td><td></td></tr>
<tr><td>古元古代</td><td>基性岩、超基性岩、变质深成侵入体</td><td>酸性岩、中性岩、基性岩、超基性岩</td><td></td></tr>
<tr><td rowspan="2">太古宙</td><td>新太古代</td><td></td><td>碱性岩、酸性岩、中性岩、变质深成侵入体</td><td>变质深成侵入体</td></tr>
<tr><td>中太古代</td><td></td><td>碱性岩、酸性岩、超基性岩、变质深成侵入体</td><td>变质深成侵入体</td></tr>
</table>

## 二、侵入岩岩石构造组合划分

### (一)Ⅰ天山-兴蒙构造岩浆岩省

#### 1. Ⅰ-1 大兴安岭弧盆系构造岩浆岩带

(1)Ⅰ-1-2 额尔古纳构造岩浆岩亚带岩石构造组合。本亚带位于内蒙古东北部额尔古纳河以东地区,东南部以得尔布干大断裂为界,其中分布 15 种岩石构造组合,由老到新分述如下。

①新元古代俯冲型辉长岩-闪长岩组合,分布于黄火地-满归镇地区,有辉长岩、二长辉长岩、辉长闪长岩、闪长岩、石英二长闪长岩等岩类。岩石系列以中钾—高钾钙碱性系列为主。

②新元古代俯冲型花岗闪长岩-花岗岩组合($G_1G_2$),分布于黄火地-满归镇地区,包括花岗岩、花岗闪长岩、二长花岗岩、正长花岗岩建造。

③晚石炭世俯冲型 TTG 组合,主要分布在阿龙山镇、八大关镇地区,包括石英闪长岩、花岗闪长岩、二长花岗岩、正长花岗岩等建造。

④早二叠世后造山型碱性—钙碱性花岗岩组合,仅见于太平林场一带,由角闪二长岩建造构成。

⑤中二叠世俯冲型 $G_1G_2$组合,分布于查干楚鲁-地营子-奇乾乡地区,包括早期花岗闪长岩、晚期二长花岗岩和黑云母花岗岩建造。

⑥早三叠世碰撞型高钾和钾玄岩质花岗岩组合,分布于奇乾乡地区,包括含斑中细粒角闪黑云母花岗岩和似斑状中粒黑云母二长花岗岩建造。

⑦早侏罗世后造山型碱性—钙碱性花岗岩组合,分布于本亚带西北部八卡,沿北东向额尔古纳河断裂产出,由黑云母二长花岗岩建造构成。

⑧中侏罗世碰撞型辉长岩-闪长岩-花岗岩组合,由辉长岩、微细粒—细粒—中细粒闪长岩、中粒二长花岗岩建造组成。

⑨中侏罗世碰撞型高钾和钾玄质花岗岩组合,分布于满洲里-万年青林场地区,北东向展布于额尔古纳河东侧,包括二长花岗岩、正长花岗岩及花岗斑岩建造。

⑩晚侏罗世俯冲型闪长岩-花岗闪长岩组合,分布于八大关-上护林地区,包括闪长岩、花岗闪长岩建造。

⑪晚侏罗世碰撞型高钾和钾玄质花岗岩组合,分布于新巴尔虎右旗及莫尔道嘎镇两个地区,由二长花岗岩、正长花岗岩、正长斑岩及花岗斑岩建造构成。

⑫早白垩世俯冲型 TTG 组合,分布于莫尔道嘎镇地区,岩石类型有角闪闪长岩、石英闪长岩、闪长玢岩、花岗闪长岩及奥长花岗岩。

⑬早白垩世后造山型碱性—钙碱性花岗岩组合,零星分布于本亚带全区,多为岩株和岩脉产出,岩石类型为黑云母花岗岩、石英二长岩、正长花岗岩、石英正长岩、碱长正长岩。

⑭早白垩世大陆伸展(裂谷)型双峰式岩墙群组合,分布于恩和俄罗斯族民族乡一带,向东南延入海拉尔-呼玛及东乌旗-多宝山构造岩浆亚带,主要岩石类型包括辉长岩、苏长岩及花岗质脉岩。

⑮晚白垩世大陆伸展型碱性花岗岩组合,出露于西乌珠尔苏木一带,由碱性花岗岩组成。

(2)Ⅰ-1-3 海拉尔-呼玛构造岩浆岩亚带岩石构造组合。本亚带发育泥盆纪至白垩纪侵入岩,由老到新构成 15 个岩石构造组合。

①罕乌拉俯冲型 TTG 组合($D_3$),分布于罕乌拉以北地区,由石英闪长岩、花岗闪长岩、奥长花岗岩,少量英云闪长岩、闪长岩组成。

②凤云山、八一牧场裂谷型辉长岩-辉绿玢岩组合($D_3$)，出露于在凤云山及其东南，八一牧场也可见及，总体呈北西向展布，该组合由辉长岩、辉绿玢岩岩墙建造构成。

③哈达图、李增碰山碰撞型高钾钙碱性侵入岩组合($C_2$)，主要分布于哈达图及李增碰山地区，在兴滨林场也有出露，主要岩石类型包括石英闪长岩、黑云角闪石英二长闪长岩、花岗闪长岩及黑云母二长花岗岩。

④小乌尔其汉林场后造山型过碱性—钙碱性花岗岩组合($P_1$)，分布于小乌尔其汉林场及其西南地区，向东南进入红花尔基、东乌旗-多宝山构造岩浆岩亚带苏格河地区。小乌尔其汉林场地区出露正长花岗岩，苏格河地区出露白岗质花岗岩。

⑤松岭区俯冲型 TTG 组合($P_2$)，分布在松岭地区，岩石类型有闪长岩、石英闪长岩、石英二长闪长岩、奥长花岗岩、花岗闪长岩及花岗岩。

⑥松岭区后碰撞高钾钙碱性花岗岩组合($T_2$)，出露于本亚带东北部松岭区，岩石类型有黑云母花岗岩、二长花岗岩等。

⑦松岭区后造山型过碱性—钙碱性花岗岩组合($T_3$)，出露于本亚带东北部松岭区，在东乌旗-多宝山亚带罕达盖、红彦镇及锡林浩特亚带蘑菇气镇地区也有分布，主要岩石类型有正长花岗岩，另有少量花岗岩、二长花岗岩和碱性花岗岩。

⑧库都尔镇-库中后造山型碱性—钙碱性花岗岩组合($J_1$)，分布于库都尔镇、马布拉及库中地区，岩石类型有二长花岗岩、正长花岗岩和碱性花岗岩、石英二长岩。

⑨鄂伦春自治旗岛弧型 $\upsilon-\delta+$HMA$+$TTG 组合($J_1$)，分布于本亚带鄂伦春自治旗地区，在东乌旗-多宝山亚带的复兴镇和阿荣旗地区有分布，岩石类型有角闪辉长岩、闪长岩、二长闪长岩、石英二长闪长岩、石英二长岩及花岗闪长岩。

⑩阿尔山诺尔、伊山林场后碰撞高钾钙碱性花岗岩组合($J_2$)，分布于阿尔山诺尔苏木、马布拉-伊山林场地区，岩石类型有二长花岗岩和正长花岗岩。

⑪恩和嘎查-哈达林场俯冲型 $G_2$ 花岗岩组合($J_3$)，分布于恩和嘎查-哈达林场地区，岩石类型为花岗岩闪长岩和石英闪长岩。

⑫库都尔镇后碰撞型高钾和钾玄质花岗岩组合($J_3$)，零星分布于库都尔镇-哈达林场及其以北地区，以二长花岗岩、正长花岗岩为主。

⑬三道梁碰撞型强过铝花岗岩组合($K_1$)，出露于本亚带南部三道梁一带，由奥长花岗岩构成。

⑭海拉尔-呼玛后造山碱性—钙碱性花岗岩组合($K_1$)，零星分布于整个亚带，多为岩株和岩脉产出，包括正长花岗岩、碱长花岗岩(白岗岩)、正长岩及花岗斑岩。

⑮库都尔镇大陆伸展环境双峰式岩墙群组合($K_1$)，出露于库都尔镇地区，由辉长岩、苏长岩及花岗岩岩脉等岩类组成，为大陆伸展型双峰式岩墙群组合。

(3)I-1-4 红花尔基构造岩浆岩亚带岩石构造组合。本亚带分布于红花尔基地区，面积较小。出露晚泥盆世和早二叠世侵入岩，由老到新构成两个岩石构造组合。

①红花尔基俯冲型 TTG 组合($D_3$)，分布于红花尔基地区，由石英闪长岩、花岗闪长岩、奥长花岗岩和少量英云闪长岩、闪长岩组成。

②红花尔基后造山型过碱性—钙碱性花岗岩组合($P_1$)，分布于红花尔基地区，包括白岗质花岗岩和正长花岗岩。

(4)I-1-5 东乌旗-多宝山构造岩浆岩亚带岩石构造组合。本亚带侵入岩分布面积大，西部从二连浩特市北部起，向东北经东乌旗、阿尔山市、诺敏镇至黑龙江省多宝山镇一带，东西跨度达 1300 多千米，南北宽 100～200km，发育元古宙、古生代、中生代侵入岩，由老到新形成 27 个岩石构造组合。

①大北沟林场古岛弧变质辉长岩-闪长岩组合($Pt_1$)，出露于大北沟林长场一带，由变质中—细粒堆晶角闪辉长岩和变质中—粗粒辉长闪长岩组成，初步判定为古岛弧环境形成的变质辉长岩-闪长岩组合。

②大北沟林场裂谷型变质超基性岩组合($Pt_1$)，出露于大北沟林场一带，由蛇纹岩和科马提岩构成。

③甸南俯冲型 $G_2$ 组合($Pt_3$)，仅出露于甸南、哈达阳镇两处，由石英二长闪长岩、斜长花岗岩和二长花岗岩组成。

④罕达盖、诺敏镇俯冲型 $G_1G_2$ 组合($O_2$)，分布于罕达盖嘎查、诺敏镇及东乌旗新庙 3 个地区，岩石类型有石英闪长岩、花岗闪长岩、二长花岗岩、正长花岗岩及斜长花岗斑岩。

⑤德勒乌拉、苏格河俯冲型 TTG 组合($D_3$)，分布于本亚带西部的德勒乌拉地区和东部的苏格河、中央站林场地区，岩石类型有石英闪长岩、花岗闪长岩、奥长花岗岩，及少量闪长岩、英云闪长岩。

⑥耳场子沟裂谷型辉长岩-辉绿玢岩组合($D_3$)，出露于耳场子沟一带，在海拉尔-呼玛亚带的凤云山、八一牧场也有出露，由辉长岩和辉绿玢岩岩脉构成。

⑦查干敖包、达斡尔民族乡后造山过碱性—钙碱性花岗岩组合($C_1$)，分布于本亚带西部苏吉哈尔、查干敖包地区和东部达斡尔民族乡及柳屯村地区。西部地区岩石类型有黑云母花岗岩、花岗闪长岩、似斑状花岗岩和二长花岗岩；东部地区有石英闪长岩、黑云母碱长花岗岩。

⑧格日敖包、耳场子沟俯冲型 $G_1G_2$ 组合($C_2$)，分布于西部格日敖包-巴彦哈拉特地区和东部罕达盖-耳场子沟地区，岩石类型为花岗岩、二长花岗岩、石英正长岩、石英二长闪长岩和闪长岩。

⑨亚东镇同碰撞强过铝花岗岩组合($C_2$)，仅出露于亚东镇地区，岩石类型有二云母二长花岗岩、白云母二长花岗岩。

⑩塔日根敖包-嘎布盖特俯冲型 $G_1G_2$ 组合($P_1$)，分布在东乌旗塔日根敖包-嘎布盖特地区，岩石类型有花岗岩、碱长花岗岩、黑云母二长花岗岩、似斑状二长花岗岩、花岗闪长岩、石英二长闪长岩、石英闪长岩和角闪苏长岩。

⑪苏格河后造山过碱性—钙碱性花岗岩组合($P_1$)，分布于苏格河地区，岩石类型有正长花岗岩、花岗闪长岩和二长花岗岩。

⑫扎赉河农场-巴林镇俯冲型花岗闪长岩($G_1$)组合($P_2$)，主要分布于东部扎赉河农场-诺敏镇-阿荣旗-巴林镇地区，主要岩石类型有闪长岩、石英闪长岩、石英二长闪长岩及花岗闪长岩。

⑬阿荣旗-诺敏镇同碰撞高钾和钾玄质花岗岩组合($P_2$)，分布于阿荣旗巴林镇及其北部的诺敏镇地区，岩石类型有黑云母二长花岗岩、白云母二长花岗岩、正长花岗岩及碱长花岗岩。

⑭东乌旗后造山碱性—钙碱性花岗岩组合($T_2$)，分布于东乌旗架斯图乌拉巴彦敖包一带，岩石类型为中粒花岗岩、粗粒碱长花岗岩。

⑮罕达盖、红彦镇后造山碱性—钙碱性花岗岩组合($T_3$)，分布于本亚带罕达盖嘎查及红彦镇两个地区，岩石类型以正长花岗岩为主，另有少量花岗岩、二长花岗岩和碱性花岗岩。

⑯阿荣旗大陆伸展型碱性花岗岩组合($J_{1-2}$)，分布于本亚带西部那仁乌拉地区和东部阿荣旗-亚东镇地区，岩石类型为碱性花岗岩。

⑰复兴镇-腾克牧场岛弧型 $\nu-\delta$+HMA+TTG 组合($J_1$)，分布于本亚带东部复兴镇-亚东镇-腾克牧场地区，此外在海拉尔-呼玛亚带鄂伦春自治旗地区也有分布，岩石类型有角闪辉长岩、闪长岩、二长闪长岩、石英二长闪长岩、石英二长岩及花岗闪长岩。

⑱蘑菇气镇俯冲型 $G_1G_2$ 组合($J_1$)，分布于蘑菇气镇地区，此外在索伦山-林西岩带白音诺尔镇、天山镇也有分布，岩石类型有花岗闪长岩、二长花岗岩、花岗岩和石英斑岩。

⑲阿尔山、诺敏镇俯冲型花岗岩($G_2$)组合($J_2$)，分布于阿尔山、诺敏镇两个地区，岩石类型有闪长岩、花岗闪长岩。

⑳南兴安后碰撞高钾钙碱性花岗岩组合($J_2$)，出露于南兴安一带，此外在索伦山-林西亚带的白音镐、阿鲁科尔沁旗等地有分布，岩石类型有角闪黑云母二长花岗岩、黑云母二长花岗岩及花岗岩等。

㉑柴河镇-巴林镇俯冲型 $G_1$ 组合($J_3$)，分布于柴河镇-济沁河林场-巴林镇地区，岩石类型有闪长岩、石英闪长岩、石英二长闪长岩、石英闪长玢岩、花岗闪长岩和石英二长岩。

㉒兴安林场、索伦山牧场俯冲型 $\delta$+TTG 组合($J_3$)，分布于兴安林场地区和索伦山牧场地区，在锡

林浩特亚带的宝石镇地区也有分布，岩石类型以石英闪长岩、花岗闪长岩为主，另外有辉石闪长岩、闪长岩、辉石石英闪长岩、英云闪长岩、石英二长闪长岩、闪长玢岩、奥长花岗岩和二长岩等。

㉓罕达盖、库伦沟林场后碰撞高钾钙碱性花岗岩组合($J_3$)，分布于中部的东乌旗-额仁高壁地区及东部的巴林镇-库伦沟林场地区，呈岩基、岩株状产出，岩石类型以花岗岩、黑云母花岗岩、二长花岗岩为主，少量正长花岗岩、碱长花岗岩和斜长花岗斑岩等。

㉔巴林镇、古里林场俯冲型 TTG 组合($K_1$)，零星分布于本亚带西北部巴林镇地区、古里林场地区，岩石类型有闪长岩、石英闪长岩、石英二长闪长岩和花岗闪长岩。

㉕罕达盖-古里林场后造山碱性—钙碱性花岗岩组合($K_1$)，广泛分布于罕达盖嘎查-古里林场地区，岩石类型有晶洞花岗岩、正长花岗岩、碱长花岗岩、石英正长岩、石英二长斑岩、二长斑岩、正长斑岩、花岗斑岩。

㉖库如奇乡大陆伸展型双峰式岩墙组合($K_1$)，分布于库如奇乡及诺敏镇地区，主要岩石类型包括辉长岩、苏长岩及花岗质岩脉。

㉗大北沟林场大陆伸展型过碱性—碱性花岗岩组合($K_2$)，出露于大北沟林场地区，岩石类型有花岗斑岩和钠闪花岗岩。

(5)I-1-6 二连-贺根山构造岩浆岩亚带岩石构造组合。本亚带发育泥盆纪、二叠纪、三叠纪和侏罗纪侵入岩，由老到新构成 4 个侵入岩岩石构造组合。

①贺根山 SSZ 型蛇绿岩组合($D_{2-3}$)，分布于贺根山地区，岩石类型包括变质橄榄岩、蛇纹岩、堆晶辉长岩、角闪辉长岩、辉绿岩、辉绿玢岩以及英云闪长岩。

②阿敦楚鲁俯冲型 $\upsilon+\delta+$TTG 组合($P_1$)，广泛分布于阿敦楚鲁地区，岩石类型包括石英二长闪长岩、石英闪长岩、花岗闪长岩、英云闪长岩、二长花岗岩及花岗岩。

③阿敦楚鲁俯冲型 $G_1$组合($T_2$)，零星分布于阿敦楚鲁地区，岩石类型为花岗闪长岩。

④昆都冷大陆伸展型碱性花岗岩组合($J_3$)，零星分布于本亚带东部昆都冷地区，岩性为肉红色中粒文象花岗斑岩。

(6)I-1-7 锡林浩特构造岩浆岩亚带岩石构造组合。本亚带分布有元古宙、古生代及中生代侵入岩，其中晚古生代及中生代侵入岩比较发育，由老到新构成 26 个岩石构造组合。

①巴润萨拉 SSZ 型蛇绿岩组合($Pt_2$)，主要分布于苏尼特左旗巴润萨拉地区，由变质橄榄岩-辉石橄榄岩、斜长角闪岩、变质角闪石岩、蛇纹岩、变质辉绿岩及斜长花岗岩等侵入岩建造构成。

②沙金贵仁俯冲型 TTG 组合(OS)，分布于沙金贵仁地区，岩石类型有奥陶纪英云闪长岩。

③巴彦高勒俯冲型 TTG 组合(SD)，分布于巴彦高勒地区，岩石类型有志留纪—泥盆纪闪长岩、石英闪长岩(U-Pb 同位素年龄为 378Ma、418Ma)、英云闪长岩(U-Pb 同位素年龄为 414Ma)、糜棱岩化花岗闪长岩；早泥盆世中粒英云闪长岩、辉绿岩(U-Pb 同位素年龄为 398Ma)。

④达赖雀尔吉 SSZ 型蛇绿岩组合($C_2$)，零星分布于本亚带西南部，岩石类型为辉石橄榄岩、蚀变辉石岩。

⑤达赖雀尔吉俯冲型 $\delta+$TTG 组合($C_2$)，分布于本亚带西南部达赖雀尔吉地区，岩石类型有中细粒闪长岩、石英闪长岩、英云闪长岩及花岗岩。

⑥乌力吉图俯冲型 TTG 组合($P_1$)，集中分布于乌力吉图一带，岩石类型包括中粒二长花岗岩、似斑状中粒花岗闪长岩、石英二长闪长岩、英云闪长岩、似斑状黑云母二长花岗岩、中粗粒二长花岗岩、中粗粒花岗岩。

⑦查干努尔俯冲型 $G_1G_2$组合($P_2$)，主要分布在查干努尔地区，岩石类型有闪长岩、石英二长闪长岩、似斑状花岗闪长岩、花岗闪长岩、花岗闪长斑岩、似斑状黑云二长花岗岩、二长花岗岩及花岗岩。

⑧孟恩陶勒盖俯冲型 $\upsilon-\delta+$TTG 组合($P_2$)，分布于本亚带东部孟恩陶勒盖及巴达尔湖两个地区，岩石类型有辉长岩、闪长岩、石英闪长岩、奥长花岗岩及花岗闪长岩。

⑨艾根乌苏碰撞型高钾和钾玄质花岗岩组合($P_2$)，主要分布于本亚带东部的艾根乌苏地区，岩石类

型为正长花岗岩、黑云母花岗岩。

⑩巴彦查干苏木碰撞型强过铝花岗岩组合($P_2$),出露于本亚带东部的巴彦查干苏木莫斯托山地区,岩石类型为二长花岗岩、二云母二长花岗岩、白云母二长花岗岩。

⑪乌兰浩特-蘑菇气碰撞型高钾钙碱性花岗岩组合($P_3$),分布在 1∶25 万乌兰浩特幅、索伦幅和蘑菇气镇幅,岩石类型以花岗岩、二长花岗岩、黑云母花岗岩为主,也有少量闪长岩。

⑫查干努润俯冲型 SSZ 蛇绿岩组合($P_3$),分布于查干努润及锡林浩特地区,岩石类型有蛇纹石化橄榄岩、暗色辉长岩及角闪辉长岩。

⑬查干努润俯冲型 TTG 组合($P_3$),分布于查干努润及锡林浩特地区,岩石类型包括闪长岩、(似斑状)石英闪长岩、(似斑状)英云闪长岩、(似斑状)花岗闪长岩、(似斑状)二长花岗岩及花岗岩。

⑭敦德乌苏-白音宝力道碰撞型强过铝花岗岩组合(T),分布于本亚带西部敦德乌苏-白音宝力道地区,岩石类型有花岗闪长岩、二云母二长花岗岩、黑云母二长花岗岩、白云母二长花岗岩、二云母花岗岩及花岗岩。

⑮蘑菇气后造山过碱性—钙碱性花岗岩组合($T_3$),分布于本亚带东部蘑菇气镇地区,岩石类型以正长花岗岩为主,另有少量花岗岩、二长花岗岩和碱性花岗岩。

⑯罕乌拉苏木稳定陆块环境中基性—超基性杂岩组合($T_3$),分布于本亚带东部的罕乌拉苏木一带,岩石类型以闪长岩为主,计有橄榄岩、辉长岩、辉长辉绿岩、角闪闪长岩、辉石闪长岩、辉石石英闪长岩、石英二长闪长岩。

⑰敦德乌苏俯冲环境 SSZ 型蛇绿岩组合($T_3$),出露于本亚带西部敦德乌苏一带,岩石类型有超基性岩、角闪辉长岩、辉长岩、辉长辉绿岩及闪长岩。

⑱白音布拉格-三龙山碰撞型高钾钙碱性侵入岩组合($T_3$),分布于本亚带西部白音布拉格-三龙山-敦德乌苏地区,岩石类型有石英二长闪长岩[Rb-Sr 年龄($229\pm2.5$)Ma]、角闪黑云花岗闪长岩(U-Pb 同位素年龄为 271Ma、K-Ar 年龄 236Ma)、似斑状(黑云母)二长花岗岩(U-Pb 同位素年龄为 223Ma)及黑云母二长花岗岩(U-Pb 同位素年龄为 186Ma,K-Ar 年龄为 202Ma)。

⑲浩热图-乌兰哈达碰撞型强过铝花岗岩组合($J_1$),分布于本亚带西部浩热图-乌兰哈达地区,岩石类型有辉长岩、石英闪长岩、黑云母二长花岗岩、白云母花岗岩及花岗岩。

⑳呼和陶勒盖大陆伸展型碱性花岗岩组合($J_2$),分布于本亚带西部乌兰哈达至呼和陶勒盖地区,岩石类型为中粗粒似斑状花岗岩、中粗粒花岗岩及二长花岗岩。

㉑哈日哈达-乌兰哈达后造山过碱性—钙碱性花岗岩组合($J_3$),集中分布于本亚带西部哈日哈达-乌兰哈达地区及毛登地区,岩石类型有黑云母花岗岩、花岗闪长岩、(似斑状)二长花岗岩、黑云母正长花岗岩、二长花岗斑岩、石英斑岩及花岗斑岩。

㉒兴安林场、宝石镇岛弧环境 HMA+TTG 组合($J_3$),分布于兴安林场地区、索伦牧场-德发林场地区及宝石镇地区,岩石类型以石英闪长岩、花岗闪长岩为主。

㉓宝石镇-蘑菇气镇后碰撞高钾钙碱性花岗岩组合($J_3$),分布范围较大,从东北部蘑菇气镇经德发林场至宝石镇都有分布,并向南西延至索伦山-林西岩浆岩带的黄岗梁林场地区,该组合以二长花岗岩、黑云母花岗岩及花岗岩为主,有较少正长花岗岩、花岗斑岩及流纹斑岩。

㉔代王山-乌拉音敖包后造山过碱性—钙碱性花岗岩组合($K_1$),分布于本亚带西部代王山-乌兰呼舒-乌拉音敖包地区,岩石类型包括闪长岩、闪长玢岩、角闪黑云花岗闪长岩、二长花岗岩、不等粒黑云二长花岗岩、中粗粒二长花岗岩、黑云母花岗岩、黑云正长花岗岩、中粗粒碱长花岗岩、碱长花岗斑岩、石英二长斑岩、中粗粒花岗岩、花岗斑岩及中粗粒霓辉正长岩。

㉕锡林浩特-乌兰浩特后造山碱性—钙碱性花岗岩组合($K_1$),广泛分布于本亚带中部及东部地区,岩石类型以正长花岗岩、黑云母花岗岩、花岗岩、花岗斑岩为主。

㉖罕乌拉苏木大陆伸展型双峰式岩墙群($K_1$),分布于罕乌拉苏木地区,岩石类型为辉绿岩。

**2. I-7 索伦山-林西构造岩浆岩带岩石构造组合**

本岩带侵入岩分布于西部索伦山地区，东部西拉木伦河地区，发育古生代及中生代侵入岩，由老到新构成12个岩石构造组合。

①杏树洼SSZ型蛇绿岩组合($CP_1$)，分布于本岩带东部柯单山亚带，见于柯单山、小苇塘、杏树洼和双胜牧场等地，岩石类型有橄榄岩、蛇纹岩、辉石岩、辉长岩及辉绿岩。

②索伦山SSZ型蛇绿岩组合($P_1$)，分布于本亚带西部索伦山-查干哈达地区，岩石类型包括蛇纹岩、斜辉橄榄岩、辉长岩、角闪辉长岩及辉绿岩。

③艾力亥乌苏俯冲型$G_1G_2$组合($P_1$)，分布于哎力亥乌苏-索伦山地区，主要岩石类型有石英闪长岩、花岗闪长岩及二长花岗岩。

④达青牧场-扎鲁特旗SSZ型蛇绿岩组合($P_1$)，分布于扎鲁特旗亚带，见于达青牧场、阿他山、新生牧场和乌兰吐等地，岩石类型有蛇纹岩、蛇纹石化橄榄岩、纯橄榄岩、辉石橄榄岩、二辉石岩、辉长岩、斜长角闪岩及角闪斜长片岩。

⑤阿鲁科尔沁旗俯冲型$G_1$组合($P_2$)，分布于扎鲁特旗—阿鲁科尔沁旗一带，岩石类型有闪长岩、石英闪长岩、花岗岩及二长花岗岩。

⑥三棱山稳定陆块环境中基性—超基性杂岩组合($T_3$)，分布于本亚带东部三棱山一带，岩石类型以闪长岩为主，计有橄榄岩、辉长岩、辉长辉绿岩、角闪闪长岩、辉石闪长岩、辉石石英闪长岩及石英二长闪长岩。

⑦巴林右旗、白彦温都尔苏木俯冲型$G_1G_2$组合($T_3$)，分布于东部巴林右旗地区和白彦温都尔苏木-白音诺尔镇-沙湖同地区，岩石类型有花岗闪长岩、黑云母二长花岗岩及奥长花岗岩。

⑧白音诺尔镇、天山镇俯冲型$G_1G_2$组合($J_1$)，分布于白音诺尔镇及天山镇两个地区，主要岩石类型有花岗闪长岩、二长花岗岩、花岗岩、石英斑岩。

⑨毛宝力格乡俯冲型$G_1G_2$组合($J_2$)，分布于巴林右旗毛宝力格乡-开鲁县地区，岩石类型为闪长岩、石英闪长岩及石英二长岩。

⑩白音镐、阿鲁科尔沁后碰撞高钾钙碱性花岗岩组合($J_2$)，分布于本亚带东部白音镐地区及阿鲁科尔沁地区，在东乌旗-多宝山亚带南兴安地区也有分布，岩石类型有角闪黑云二长花岗岩、黑云二长花岗岩等。

⑪黄岗梁后碰撞高钾钙碱性花岗岩组合($J_3$)，分布于黄岗梁林场及其东北地区，并延伸至锡林浩特亚带宝石镇、蘑菇气镇地区，岩石类型以二长花岗岩、黑云母花岗岩、花岗岩为主，另有正长花岗岩、花岗斑岩及流纹斑岩。

⑫四方城乡、嘎亥图镇俯冲型$\delta+G_2$组合($K_1$)，分布于本亚带东部四方城乡、嘎亥图镇、宝力召苏木等地，岩石类型有闪长岩、辉石石英闪长岩、石英二长闪长岩、闪长玢岩、花岗闪长岩、花岗闪长玢岩及斜长花岗岩。

**3. I-8 宝音图-温都尔庙构造岩浆岩带岩石构造组合**

(1)I-8-2温都尔庙构造岩浆岩亚带岩石构造组合。本亚带发育元古宙、古生代及中生代侵入岩，岩石类型齐全，由老到新构成20个侵入岩岩石构造组合。

①车根达来俯冲型SSZ型蛇绿岩组合($Pt_1$)，分布于达茂旗车根达来一带，岩石类型为蛇纹岩化超基性岩及辉长岩。

②双井店乡古岛弧英云闪长质—花岗质片麻岩(TTG)组合($Pt_1$)，分布于东部巴林右旗双井店乡地区，岩石类型有东沟黑云斜长片麻岩、房框子沟花岗片麻岩、下海苏沟细粒花岗片麻岩。

③五艺台大洋中脊环境MORS型蛇绿岩组合($Pt_2$)，分布于本亚带西部哈能、图林凯、五艺台等地，岩石类型有包体纯橄榄岩、辉石橄榄岩、滑石蛇纹岩、辉长岩、角闪辉长岩、斜长角闪岩、辉绿玢岩、大洋

斜长花岗岩及英云闪长岩。

④下勒哈达大洋扩张环境基性—超基性岩组合(∈),分布于西部下勒哈达一带,岩石类型以透辉岩、二辉岩为主,另有少量橄榄岩、辉长岩及角闪岩。

⑤下勒哈达俯冲型 $\delta$+TTG 组合(O),广泛分布于西部下勒哈达等地,岩石类型有闪长岩、石英闪长岩、英云闪长岩、花岗闪长岩及二长花岗岩。

⑥赤峰市后造山过碱性—钙碱性花岗岩组合($S_3$),分布于赤峰市的山嘴子、红山及英金河北岸,岩石类型以二长花岗岩、正长花岗岩为主。

⑦西尼乌苏俯冲型 $G_1$组合($S_4$),仅出露于西部西尼乌苏一带,岩石类型为花岗闪长斑岩。

⑧哈沙图-呼绍图后造山碱性—钙碱性侵入岩组合(D),零散地分布于达茂旗艾布盖河两岸的哈沙图-呼绍图地区,岩石类型有碱长花岗岩、闪长岩、石英闪长岩。

⑨朱日和-下哈达图俯冲型 TTG 组合(C),分布于朱日和—下哈达图一带,岩石类型有英云闪长岩、花岗闪长岩和二长花岗岩。

⑩额尔登陶勒盖俯冲型 TTG 组合(P),分布于西部额尔登陶勒盖等地,岩石类型有石英闪长岩、闪长玢岩、英云闪长岩及花岗闪长岩。

⑪额尔登陶勒盖后造山碱性—钙碱性花岗岩组合($P_2$),出露于西部额尔登陶勒盖一带,岩石类型有花岗岩、二长花岗岩及正长花岗岩。

⑫广兴源乡-库伦旗俯冲型 $\delta$+TTG 组合($P_2$),分布于亚带东部广兴源乡及赤峰-库伦旗白音花苏木的大片地区。广兴源乡的岩石类型有石英闪长岩、英云闪长岩、花岗闪长岩、二长花岗岩、正长花岗岩;赤峰市-白音花地区的岩石类型有角闪闪长岩、辉石闪长岩、石英闪长岩、奥长花岗岩、花岗闪长岩、二长花岗岩、黑云母花岗岩、辉绿岩。

⑬通希浩镜碰撞型高钾钙碱性花岗岩组合($P_3$),出露于西部通希浩镜一带,岩石类型有黑云母花岗岩、花岗斑岩及二长花岗岩。

⑭模洽次博勒卓俯冲型 $\delta$+TTG 组合($T_1$),分布于西部模洽次博勒卓一带,岩石类型有闪长岩、石英闪长岩、英云闪长岩及二长花岗岩。

⑮双井店乡南同碰撞强过铝花岗岩组合($T_2$),分布于双井店乡南部西拉木伦河两岸,岩石类型有黑云母二长花岗岩、二云母二长花岗岩及白云母二长花岗岩。

⑯库伦旗后碰撞型高钾和钾玄质花岗岩组合($J_2$),分布于 1∶25 万奈曼旗幅和阜新幅内,岩石类型为中细粒似斑状黑云母二长花岗岩。

⑰红山子乡俯冲型 $G_1$组合($J_3$),分布于东部地区 1∶25 万西老俯幅内,岩石类型为花岗闪长岩。

⑱天盛号乡-新镇后碰撞高钾和钾玄质花岗岩组合($J_3$),广泛分布于天盛号乡-赤峰-新镇的广大地区,岩石类型以黑云母花岗岩、二长花岗岩、正长花岗岩为主。

⑲赤峰市后造山碱性—钙碱性花岗岩组合($J_3$),广泛分布于赤峰市地区,岩石类型以正长花岗岩、黑云母花岗岩、花岗斑岩为主。

⑳大黑山后造山碱性—钙碱性花岗岩组合($K_1$),集中分布于西部大黑山一带,岩石类型以花岗斑岩为主,另有石英正长斑岩、石英二长斑岩、黑云母花岗斑岩、黑云角闪花岗斑岩、石英闪长玢岩及二长斑岩。

(2)Ⅰ-8-3 宝音图构造岩浆岩亚带岩石构造组合。本亚带发育元古宙、古生代及中生代三叠纪侵入岩,由老到新构成 7 个岩石构造组合。

①宝音图苏木变质超基性岩组合($Pt_2$),零星见于宝音图苏木地区,岩石类型由黄褐色蛇纹石化超基性岩石组成。

②宝音图苏木俯冲型 TTG 组合($Pt_2$),分布于宝音图苏木—巴润特花山一带,岩石类型由变质深成侵入体和变质侵入体组成。

③乌拉特后旗俯冲型变质闪长岩 TTG 组合($Pt_3$),分布于乌拉特后旗西部山区,岩石类型有中细粒

片麻状闪长岩和片理化闪长岩。

④乌拉特后旗俯冲型 $G_2$ 组合(S),分布于乌拉特后旗地区,岩石类型由闪长岩及花岗岩组成。

⑤乌力吉镇俯冲型 $\upsilon$+TTG 组合(C),广泛分布于本亚带内,以乌力吉镇地区出露最好,岩石类型有花岗闪长岩、斜长花岗岩、黑云母二长花岗岩及次闪石化辉长岩。

⑥海力素东俯冲型 $G_1$ 组合(P),分布于海力素东部地区,岩石类型为石英闪长岩及花岗闪长岩。

⑦查干呼舒庙大陆伸展型碱性花岗岩组合(T),广泛分布于本亚带中部和南部,岩石类型为黑云母二长花岗岩。

#### 4. Ⅰ-9 额济纳旗-北山构造岩浆岩带岩石构造组合

(1)Ⅰ-9-1 圆包山构造岩浆岩亚带岩石构造组合。该亚带侵入岩位于内蒙古西部,沿中蒙边界分布,西起圆包山,东至狐狸山,包括以下 7 个构造岩石组合。

①志留纪俯冲型 $TTG_1$ 组合,分布于红石山一带,岩石类型由中粗粒英云闪长岩-花岗闪长岩建造构成。

②晚石炭世俯冲型 SSZ 蛇绿岩组合,岩石类型由中粗粒橄榄辉长岩-角闪辉长岩和辉石角闪辉长岩建造构成。

③晚石炭世俯冲型高镁闪长岩组合,岩石类型由角闪辉长岩、闪长岩-石英闪长岩建造构成。

④晚石炭世俯冲型 $TTG_1$ 组合,岩石类型包括中细粒英云闪长岩、中粗粒似斑状花岗闪长岩、石英闪长岩及闪长玢岩等建造。

⑤晚石炭世俯冲型 $G_1G_2$ 组合,岩石类型由较少的花岗闪长岩建造及较多的似斑状二长花岗岩建造构成。

⑥中二叠世俯冲型辉长岩-闪长岩-花岗闪长岩组合,岩石类型主要分布于红石山一带,岩石类型由中粒橄榄辉长岩、中粒闪长岩及粗粒石英闪长岩、花岗闪长岩建造构成。

⑦中二叠世晚期俯冲型英云闪长岩-花岗岩组合,分布于黑红山-巴格洪吉尔地区,岩石类型由英云闪长岩、闪长岩、二长花岗岩、正长花岗岩等建造构成。

前两种建造属于偏铝质中钾钙碱性系列岩石和壳幔混合源成因,后两种建造属于偏铝质—过铝质钾质碱性系列岩石和壳源成因。判断构造环境形成于俯冲型大陆活动边缘。

(2)Ⅰ-9-2 黑鹰山-甜水井构造岩浆岩亚带岩石构造组合。该亚带分布有元古宙、古生代和中生代的基性—超基性岩、中性—酸性岩以及碱性岩类,由老到新构成以下 10 个岩石构造组合。

①中元古代俯冲型 SSZ 蛇绿岩组合,仅出露于都热乌拉西侧,岩石类型由岩性单一的辉长岩建造构成。

②志留纪俯冲型 TTG 组合,零星分布于进素土海-红柳峡地区,岩石类型由中粗粒片麻岩状英云闪长岩、石英闪长岩、花岗闪长岩、片麻状二长花岗岩建造构成。

③晚石炭世俯冲型 SSZ 型蛇绿岩组合,零星分布于百合山一带,岩石类型由辉长岩-角闪辉长岩、辉石角闪橄榄岩建造构成。

④晚石炭世俯冲型 TTG 组合,广泛分布于白梁-蓬勃山地区,岩石类型包括闪长岩-石英闪长岩建造、石英二长闪长岩建造、英云闪长岩建造、花岗闪长岩-英云闪长岩建造、似斑状花岗岩建造及似斑状二长花岗岩建造。

⑤中二叠世洋岛碱性玄武质辉长岩组合,零星分布于白梁-黑红山地区,岩石类型由蚀变辉长岩-中粒辉石角闪辉长岩建造构成。

⑥中二叠世俯冲型 TTG 组合,广泛分布于白梁-黑红山地区,岩石类型由闪长岩-石英闪长岩、粗粒花岗闪长岩、中粗粒二长花岗岩及花岗岩等建造构成。

⑦晚二叠世碰撞型钾质和超钾侵入岩组合,分布于辉森乌拉一切刀一带,岩石类型由粗粒角闪正长岩、中粗粒英云闪长岩及中粗粒二长花岗岩建造构成。

⑧晚三叠世碰撞型中钾钙碱性花岗岩组合,分布于红石门地区,岩石类型由中粗粒花岗岩(正长花岗岩)、中粗粒二长花岗岩建造构成。

⑨早侏罗世大陆伸展型碱性花岗岩组合,分布于该亚带东部伊利格闾吉地区,岩石类型由中粗粒石英二长岩、中粗粒黑云母二长花岗岩建造及少量花岗闪长岩组成。

⑩早白垩世大陆伸展型碱性花岗岩组合,分布于本亚带中部三个井地区,岩石类型由粗粒花岗岩建造构成。

(3)Ⅰ-9-3 公婆泉构造岩浆岩亚带岩石构造组合。本亚带南部与塔里木构造岩浆岩省相邻,出露古生代、中生代中酸性及基性—超基性侵入岩,由老到新构成以下 8 个岩石构造组合。

①奥陶纪俯冲型 SSZ 型蛇绿岩组合,分布于尖山、白云山、小黄山及月牙山等地,岩石类型由辉长岩-角闪辉长岩、辉绿岩、蛇纹岩、角闪石岩建造构成。

②奥陶纪俯冲型英云闪长岩组合,分布于黑条山一带,岩石类型由岩性单一的中粗粒英云闪长岩建造构成。

③志留纪俯冲型 TTG 组合,出露于东部大王山、月牙山及望旭山等地,岩石类型由中粗粒二云二长花岗岩、似斑状花岗岩及英云闪长岩建造构成。

④晚石炭世俯冲型 TTG 组合,分布于石板井-东七一山地区,岩石类型由英云闪长岩、花岗闪长岩、闪长岩-石英闪长岩建造构成。

⑤中二叠世俯冲型 $G_1G_2$ 组合,零散见于尖山一带,岩石类型由中粗粒似斑状花岗闪长岩、粗粒黑云母花岗岩建造构成。

⑥晚二叠世大陆伸展型双峰式侵入岩组合,分布于本亚带西部野马营-马鬃山地区,岩石类型由辉绿岩、中粗粒二长花岗岩建造构成。

⑦晚三叠世碰撞型高钾和超钾质侵入岩组合,位于本亚带东部梭梭井一带,岩石类型由中粗粒二长花岗岩、似斑状花岗岩及正长花岗岩建造构成。

⑧晚侏罗世—早白垩世大陆伸展型碱性花岗岩组合,零星分布于旱山、东七一山等地,岩石类型包括中粗粒似斑状花岗岩($J_3\pi\gamma$)、粗粒花岗岩($K_1\gamma$)建造。

(4)Ⅰ-9-6 哈特布其构造岩浆岩亚带岩石构造组合。本亚带侵入岩分布于阿拉善右旗-乌拉特后旗地区,覆盖严重,露头零散。岩性包括中元古代、古生代、中生代的基性岩和中性岩与酸性岩类,由老到新构成以下 9 个岩石构造组合。

①中元古代洋岛型拉斑玄武质辉长岩组合,出露于毕级尔台-陶来地区,岩石类型由中粗粒变质角闪辉长岩建造组成。

②中元古代俯冲型 $TTG_1$ 组合,出露于本亚带西南部阿右旗地区,岩石类型由中粗粒似斑状英云闪长岩建造构成。

③志留纪俯冲型 TTG 组合,零星分布于索日图地区,多以小岩株产出,岩石类型由石英闪长岩、英云闪长岩、花岗闪长岩及二长花岗岩建造组成。

④晚石炭世碰撞型高钾和超钾侵入岩组合,集中分布于阿左旗乌力吉镇西北部,岩石类型包括蛇纹石化橄榄岩、角闪辉长岩建造。

⑤晚石炭世俯冲型 TTG 组合,分布于呼和诺尔公-笋布尔马拉地区,岩石类型由英云闪长岩、花岗闪长岩、石英二长岩、闪长岩等建造构成。

⑥中二叠世俯冲型 TTG 组合,分布于包尔乌拉-巴润特格地区,岩石类型包括石英二长闪长岩、英云闪长岩、花岗闪长岩、二长花岗岩及花岗岩建造。

⑦中三叠世碰撞型钾质和钾玄质花岗岩组合,分布于乌力吉山根一带,岩石类型由花岗闪长岩、二长花岗岩、花岗岩建造组成。

⑧晚三叠世碰撞型强过铝花岗岩组合,分布于银根-新井地区,岩石类型由中细粒为白云母二长花岗岩、中粗粒二长花岗岩、粗粒花岗岩建造组成。

⑨早白垩世后造山过碱性—钙碱性花岗岩组合，分布于西南部腰山-沙枣泉地区，岩石类型由中粗粒花岗岩（正长花岗岩）、中粗粒二长花岗岩及似斑状黑云母二长花岗岩建造组成。

（5）Ⅰ-9-7 巴音戈壁构造岩浆岩亚带岩石构造组合，本亚带侵入岩零星出露中元古代、晚古生代和中三叠世的中酸性岩及基性—超基性岩类，由老到新包括 5 个岩石构造组合。

①中元古代俯冲型高镁闪长岩组合，出露于本亚带西南脑包扣布-干旧热陶勒盖地区，岩石类型由中粗粒石英闪长岩及少量闪长岩组成。

②晚石炭世俯冲型 SSZ 型蛇绿岩组合，出露于阿布德仁太，岩石类型由灰绿色中粗粒斜辉辉橄岩、橄榄岩组成。

③中—晚二叠世俯冲型 $G_2$ 组合，出露于阿拉格林台乌拉一带，岩石类型由似斑状二长花岗岩建造构成。

④中三叠世碰撞型中基性岩组合，出露于 1486m 高地，面积数平方千米，岩石类型由蚀变辉长辉绿岩、角闪闪长岩建造组成。

⑤中三叠世碰撞型 $G_2$ 组合，出露于 1486m 高地一带，面积较小，岩石类型由似斑状二长花岗岩、花岗斑岩建造构成。

（6）Ⅰ-9-8 恩格尔乌苏构造岩浆岩亚带岩石构造组合。本亚带侵入岩分布于阿左旗北部恩格尔乌苏地区，包括中元古代、晚古生代和中生代的各类岩石，多为小岩株状和岩墙产出，由老到新计有以下 6 个岩石构造组合。

①中元古代大洋型 MORS 型蛇绿岩组合，出露于恩格尔乌苏东部，地表显示为黄褐色超基性岩风化壳。

②晚石炭世俯冲型 SSZ 型蛇绿岩组合，分布于乌尔特一带，岩石类型包括变质超基性岩（风化壳）、纤闪石化辉长岩-角闪辉长岩、辉绿玢岩建造。

③晚石炭世俯冲型 $G_2$ 组合，集中分布于乌尔特附近，岩石类型由似斑状黑云母花岗岩、二长花岗岩建造组成。

④中二叠世俯冲型 TTG 组合，仅出露于海尔罕附近，呈小岩株集中分布，岩石类型由英云闪长岩、花岗闪长岩和二长花岗岩建造组成。

⑤晚三叠世后碰撞钾质和超钾质侵入岩组合，分布于东部巴格毛德一带，呈小岩株状产出，岩石类型由似斑状花岗闪长岩、二长花岗岩和碱长花岗岩建造组成。

⑥早白垩世碰撞型高钾钙碱性侵入岩组合，分布于呼和拉洛海地带，岩石类型由似斑状黑云母二长花岗岩、碱长花岗岩组成。

## （二）Ⅱ华北构造岩浆岩省岩石构造组合

Ⅱ-2-5 晋冀构造岩浆岩带吕梁亚带岩石构造组合。吕梁亚带跨内蒙古清水河县东部地区，发育中太古代变质侵入岩，面积约 $6km^2$，构成了中太古代陆核型变质石榴花岗岩岩石构造组合，包括变质石榴花岗岩建造和片麻状似斑状石榴二长花岗岩建造。其经受了中低压高角闪岩相—麻粒岩相区域中高温变质作用及混合岩化作用，岩石中交代结构普遍发育。原岩为原地—半原地花岗岩及二长花岗岩。该组合形成于陆核构造环境。

Ⅱ-3-1 冀北构造岩浆岩带恒山-承德-建平亚带岩石构造组合。本亚带在内蒙古地域系指赤峰市南部地区，发育有新太古代、中元古代、晚古生代及中生代侵入岩，由老到新构成 15 个岩石构造组合。

①四道沟-楼子店古岩浆弧变质深成侵入岩 TTG 组合（$Ar_3$），近南北向分布于喀喇沁旗四道沟乡-楼子店乡地区。岩石类型包括喇嘛洞混合花岗岩、吉旺营子角闪质片麻岩-斜长角闪岩、方家窝铺花岗闪长质片麻岩-花岗质片麻岩、牛家营子眼球状花岗质片麻岩、朝阳沟条纹眼球状花岗质片麻岩、邱家沟条纹状花岗质片麻岩及水泉沟角闪质片麻岩-角闪石岩 7 种变质岩建造。

②喀喇沁旗俯冲型 $G_1G_2$ 组合($Pt_1$),分布于喀喇沁旗小五家乡和樟子店乡,岩石类型由低绿片岩相糜棱岩化花岗闪长岩、黑云二长花岗岩构成。

③头道营子稳定陆块型基性—超基性杂岩组合($Pt_2$),分布于宁城县头道营子一带,岩石类型有角闪岩、角闪辉石岩、滑石化金云母蛇纹岩、黑云角闪辉长岩、橄榄角闪辉长岩、辉长辉绿岩。

④莲花山后造山型碱性—钙碱性花岗岩组合($Pt_2$),分布于宁城县莲花山一带,岩石类型为糜棱岩化中粒似斑状黑云母二长花岗岩。

⑤八里罕后造山型碱性—钙碱性花岗岩组合($P_1$),东西向分布于赤峰市南部八里罕镇地区,岩石类型为黑云母二长花岗岩。

⑥美林-四家子碰撞型高钾钙碱性花岗岩组合($P_2$),分布于赤峰南部美林乡和四家子镇两个地区,岩石类型有黑云母二长花岗岩、正长花岗岩。

⑦弧山子乡、金厂沟梁镇碰撞型高钾和钾玄质花岗岩组合($P_3$),分布于赤峰市弧山子乡车户沟和金厂沟梁镇两地,岩石类型为花岗岩、花岗斑岩及正长斑岩。

⑧八里罕-小五家碰撞型高钾和钾玄质花岗岩组合($T_1$),分布于赤峰市南部八里罕-小五家地区,岩石类型为糜棱岩化黑云母二长花岗岩。

⑨四道沟乡-喀喇沁旗碰撞型高钾和钾玄质花岗岩组合($T_2$),分布于四道沟乡-喀喇沁旗地区,呈北东向展布,岩石类型主要为黑云母二长花岗岩。

⑩高桥村后造山碱性—钙碱性花岗岩组合($T_3$),分布于赤峰市南部高桥村地区,岩石类型为黑云母二长花岗岩和黑云母花岗岩。

⑪山神庙子、十家村稳定陆块型基性—超基性杂岩组合($T_3$),分布于赤峰市南部山神庙子、十家村、田家营子等地,岩石类型有橄榄辉石岩、辉长岩、苏长岩、斜长岩、角闪闪长岩、石英二长闪长岩等。

⑫四道沟乡、楼子店乡后造山型碱性—钙碱性花岗岩组合($J_1$),分布于赤峰市南部四道沟乡、楼子店乡两个地区,岩石类型为似斑状中粒黑云二长花岗岩及黑云母花岗岩。

⑬四道沟乡-喀喇沁旗碰撞型高钾和钾玄质花岗岩组合($J_2$),分布于喀喇沁旗-四道沟乡地区,岩石类型为黑云母二长花岗岩。

⑭金厂沟梁镇俯冲型 $G_1$ 组合($J_3$),出露于敖汉旗金厂沟梁镇一带,岩石类型为石英闪长岩、花岗闪长岩。

⑮四道沟乡、林家营子后造山型碱性—钙碱性花岗岩组合($K_1$),分布于喀喇沁旗南部四道沟乡、林家营子等地,岩石类型以黑云母二长花岗岩为主,少量正长花岗岩、碱长花岗岩及石英二长岩。

### 3. Ⅱ-4 狼山-阴山构造岩浆岩带岩石构造组合

(1)Ⅱ-4-1 固阳-兴和构造岩浆岩亚带岩石构造组合。本亚带发育太古宙、元古宙、晚古生代及中生代侵入岩。其中,中太古代发育变质深成侵入体,由中低压高角闪岩相-麻粒岩相区域中高温变质作用形成的麻粒岩、片麻岩及混合花岗岩等中深变质岩类组成,共同构成陆核构造环境的岩石构造组合。自新太古代起,按照板块构造观点及要求,总结不同时代的岩石构造组合特点,并探讨所形成的大地构造环境。经过初步研究与总结,本亚带共有 18 个岩石构造组合,由老到新分述如下。

①蛮汉山陆核型基性麻粒岩组合($Ar_2$),出露出于凉城县北部蛮汉山区,岩石类型由紫苏斜长麻粒岩-二辉麻粒岩-紫苏斜长片麻岩变质岩建造构成。

②包头-旗下营陆核型 TTG 质紫苏片麻岩组合($Ar_2$),包括 4 个变质岩建造:山和原沟紫苏黑云花岗质—紫苏黑云花岗闪长质片麻岩建造,原岩为花岗闪长岩-花岗岩组合,出露于包头地区山和原沟和大庙等地;毕气沟角闪紫苏花岗闪长质—角闪二辉花岗闪长质片麻岩变质建造,原岩为花岗闪长岩-花岗岩组合,出露于乌拉山北侧毕气沟等地;狼牙山紫苏英云闪长质片麻岩-紫苏斜长花岗质片麻岩-紫苏花岗闪长质片麻岩变质建造,原岩为英云闪长岩-花岗闪长岩组合,分布于大青山北部狼牙山等地;紫苏

长英质麻粒岩-角闪钾长片麻岩变质建造，原岩为花岗岩，分布于旗下营南部山区。综合判断为陆核环境形成的 TTG 质紫苏片麻岩组合。

③东坡村-东灯炉素陆核型混合花岗岩组合（$Ar_2$），分布于武川县东坡村东部，呼和浩特市北部及旗下营北部东灯炉素村地区。包括两个变质岩建造：紫苏混合花岗岩-角闪混合花岗岩-黑云石榴混合花岗岩变质岩建造、黑云角闪混合片麻岩-黑云钾长混合片麻岩-含紫苏角闪钾长混合片麻岩变质岩建造。

④包头-兴和陆核型 TTG 质片麻岩组合（$Ar_2$），包括 3 个变质岩建造：村空山石英闪长质片麻岩-钾长花岗质片麻岩-二长（钾长）花岗质片麻岩变质建造、昆都仑闪长质片麻岩-石英闪长质片麻岩-花岗闪长质片麻岩变质岩建造、大王山透辉斜长片麻岩-辉石斜长片麻岩-含紫苏透辉纹片麻岩变质岩建造。

⑤包头市陆核型花岗质片麻岩（$G_2$）组合（$Ar_2$），包括 2 个变质岩建造：立甲子眼球状黑云钾长花岗质片麻岩-眼球状黑云角闪二长花岗质片麻岩变质岩建造、陶来沟黑云花岗质片麻岩-黑云钾长花岗质片麻岩变质岩建造。

⑥包头市陆核型变质基性岩墙群（$Ar_2$），分布于包头市东北部，岩石类型由（二辉）斜长角闪岩-石榴角闪二辉麻粒岩-变质辉绿辉长岩变质建造构成。

⑦南营子-兰家沟陆核型变质基性—超基性岩组合（$Ar_2$），主要分布于南营子-兰家沟地区，岩石类型有辉石斜长角闪岩、变质中粗粒橄榄辉石岩、变质（角闪）辉长岩、变质中粗粒碱性辉长岩。

⑧隆盛庄-亚麻士陆核型 TTG 组合（$Ar_2$），分布于丰镇县隆盛庄—亚麻士一带，岩石类型有变质英云闪长岩、变质中粗粒石英闪长岩及黑云母花岗岩。

⑨蛮汉山-丰镇县陆核型花岗岩组合（$Ar_2$），广泛分布于蛮汉山、和林格尔县、卓资县、凉城县及丰镇县等地区，岩石类型有片麻状似斑状石榴二长花岗岩、片麻状石榴花岗岩、变质黑云二长花岗岩及变质中粗粒碱长花岗岩。

⑩固阳县-武川县岛弧型 HMA＋TTG 组合（$Ar_3$），分布于固阳县东部—武川县南部地区，岩石类型有片麻状闪长岩、片麻状石英闪长岩、变质花岗闪长岩、变质英云闪长岩及变质花岗岩。

⑪尖草沟大陆伸展型碱性正长岩组合（$Ar_3$），仅出露在尖草沟一带，岩石类型为中粗粒黑云母透辉碱长正长岩。

⑫大青山俯冲型 TTG 组合，分布于呼和浩特-旗下营以北的大青山地区，岩石类型有变质闪长岩、含金变质石英闪长岩、含金变质英云闪长岩、变质花岗闪长岩及变质二长花岗岩。

⑬沙德盖、二道凹大陆伸展型碱性花岗岩组合（$Pt_2$），分布于包头北部沙德盖地区及呼和浩特市北二道凹地区，岩石类型有含金片麻状黑云母花岗岩、含金铜铅锌变质二长花岗岩、变质碱长（正长）花岗岩。

⑭查干敖包-秦家沟俯冲型 TTG 组合（P），分布于查干敖包-秦家沟地区，岩石类型有闪长岩、花岗闪长岩、英云闪长岩、二长花岗岩及似斑状石英二长岩。

⑮大桦背大陆伸展型碱性花岗岩组合（T），分布于乌拉山大桦背、查汗敖包等地，岩石类型有花岗岩、二长花岗岩及似斑状二长花岗岩。

⑯大桦背东后造山型碱性—钙碱性花岗岩组合（$T_3$），零星分布于乌拉山大桦背以东地区，岩石类型为中粗粒黑云母二长花岗岩。

⑰油娄山后造山碱性—钙碱性花岗岩组合（$J_3$），分布于油娄山地区，主要岩石类型有细粒石英闪长岩、似斑状二长花岗岩、似斑状花岗岩、花岗闪长岩及石英斑岩。

⑱和林格尔县东大陆伸展型过碱性花岗岩组合（$K_2$），出露于和林格尔县东部，岩石类型有肉红色霓辉石正长斑岩。

（2）Ⅱ-4-2 色尔腾山-太仆寺旗构造岩岩浆岩亚带岩石构造组合。本亚带发育太古宙、元古宙、晚古生代及中生代侵入岩，由老到新构成 15 个岩石构造组合。

①色尔腾山陆核型花岗质片麻岩组合（$Ar_2$），分布于本亚带西部营盘湾镇西侧色尔腾山南麓，岩石

类型由陶来沟黑云花岗质片麻岩-黑云钾长花岗质片麻岩变质建造构成。

②闪电河古俯冲型花岗闪长质片麻岩-二长花岗质片麻岩($G_1G_2$)组合($Ar_3$),分布于本亚带东部闪电河两岸,岩石类型由二长花岗片麻岩和眼球状二长片麻岩变质建造构成。

③闪电河俯冲环境 SSZ 型蛇绿岩组合($Ar_3$),分布于东部闪电河西岸、营盘坎子山及六合村等地,岩石类型有变质斜长角闪辉石岩、透辉石岩、透辉角闪石岩、变质辉绿岩。

④固阳县-察右中旗俯冲型 $\delta$+TTG 组合($Ar_3$),广泛分布于固阳县、三合明、察右中旗、察右后旗、四子王旗等地区,岩石类型包括片麻状闪长岩、片麻状石英闪长岩、片麻状英云闪长岩、片麻状黑云母花岗岩及糜棱岩化含金二长花岗岩。

⑤色尔腾山-召河俯冲型 $\upsilon$+$\delta$+TTG 组合($Pt_1$),分布于色尔腾山色灯沟-召河的广大地区,岩石类型有角闪辉长岩、片麻状闪长岩、紫苏二长闪长岩、变质石英闪长岩、片麻状英云闪长岩、花岗闪长岩。

⑥色灯沟-石片沟大陆伸展型碱性花岗岩组合($Pt_1$),分布于色灯沟-石片沟地区,岩石类型有中粒花岗岩、黑云二长花岗岩、似斑状角闪二长花岗岩、石英正长岩、正长岩、紫苏石英二长岩。

⑦白召沟俯冲型 TTG 组合($Pt_2$),分布于色尔腾山白召沟等地,岩石类型有英云闪长岩、黑云母花岗岩、黑云母二长花岗岩及二长花岗岩。

⑧大照山-毛事沟大陆伸展型双峰式侵入岩组合($Pt_2$),广泛分布于大照山-毛事沟地区,岩石类型有变质辉长岩、变质辉绿岩、变质辉长辉绿岩、变质花岗岩、黑云母花岗岩、黑云母二长花岗岩、似斑状二长花岗岩、碱长花岗岩及碱长石英正长岩。

⑨乌兰乌素后造山型碱性—钙碱性侵入岩组合,分布于乌兰乌素一带,岩石类型有闪长岩、石英闪长岩、花岗岩、(似斑状)二长花岗岩、(角闪)石英二长岩及角闪正长岩。

⑩哈拉哈少-牛场湾俯冲型 $\upsilon$+ TTG 组合($P_1$),分布于哈拉哈少-牛场湾地区,岩石类型有苏长岩、英云闪长岩、似斑状花岗闪长岩、似斑状二长花岗岩、石英二长花岗岩。

⑪哈拉哈少-牛场湾大陆伸展型碱性花岗岩组合($P_2$),零星分布于哈拉哈少、牛场湾等地,岩石类型有花岗岩、(似斑状)二长花岗岩及石英二长岩。

⑫德日斯太碰撞强过铝花岗岩组合($T_1$),出露于德日斯太一带,岩石类型为二长花岗岩、黑云母二长花岗岩。

⑬德日斯太-李三沟碰撞型 $G_1G_2$ 组合($T_3$),分布于德日斯太-李三沟地区。岩石类型有中粗粒花岗岩、二长花岗岩及花岗闪长岩。

⑭骆驼山大陆伸展型碱性花岗岩组合(J),出露于骆驼山、黄花窝铺等地,岩石类型有中粗粒花岗岩及中粗粒碱长花岗岩。

⑮神水梁大陆伸展型碱性花岗岩组合($K_1$),仅出露在神水梁一带,面积为10多平方千米,岩石类型为中细粒二长花岗岩。

(3)Ⅱ-4-3 狼山-白云鄂博的构造岩浆岩亚带岩石构造组合。本亚带呈弧形狭长带状分布于内蒙古中西部,西起阿拉善右旗,向东经雅布赖山、迭布斯格山、狼山南部、乌拉特后旗南部、乌拉特中旗、白云鄂博、四子王旗、察右后旗到仆寺旗北部,东西长约1500km,广泛发育太古宙—中生代不同类型的侵入岩,由老到新构成24个侵入岩石构造组合。

①波罗斯坦庙陆核型英云闪长质片麻岩-花岗闪长质片麻岩(TTG)组合($Ar_2$),分布于西部波罗斯坦庙地区,该组合由黑云斜长片麻岩-角闪斜长片麻岩-黑云二长片麻岩变质建造构成。

②巴彦毛德陆核型闪长质混合花岗岩-石英二长质混合花岗岩组合($Ar_2$),分布于西部迭布斯格山、哈乌拉山及阿德日根别立等地,该组合由斜长混合花岗岩-钾长变斑混合花岗岩变质建造构成,其中兼有石英闪长岩、混合紫苏闪长岩及混合石英二长岩。

③毕级尔台-大布苏山-乌力吉图古俯冲型闪长质片麻岩+TTG 质片麻岩变质深成侵入岩组合($Ar_3$),分布于西部毕级尔台-大布苏山-乌力吉图地区,该组合包括新太古代3个变质岩建造:黑云角闪

钾长片麻岩变质建造、黑云斜长片麻岩-角闪斜长片麻岩-花岗片麻岩变质建造、(石榴)钾长花岗片麻岩-黑云(二长)钾长花岗片麻岩变质建造。

④乌兰哈达-龙西圪旦俯冲型$\upsilon+\delta+$TTG($Ar_3$),广泛分布于本亚带中部乌兰哈达-书记沟-查干敖包-龙西圪旦地区,岩石类型有斜长角闪岩、角闪斜长片麻岩、片麻状闪长岩、片麻状石英闪长岩、变质英云闪长岩、变质花岗闪长岩、片麻状花岗岩及二长花岗岩、斜长花岗岩。

⑤徐磨房俯冲型 TTG 组合($Pt_1$),分布于中部徐磨房一带,岩石类型为中粗粒片麻状英云闪长岩。

⑥达嘎-柳叉沟大陆伸展型碱性花岗岩组合($Pt_1$),分布于本亚带中部达嘎-柳叉沟地区,岩石类型有中粒花岗岩、似斑状碱长花岗岩。

⑦阿德日根别立-白云常合山裂谷型基性—超基性岩组合($Pt_2$),分布于本亚带中西部阿德日根别立-白云常合山地区,岩石类型有橄榄岩、苦橄岩、辉石橄榄岩、蛇纹岩、白云岩、角闪石岩、角闪辉石岩、变质辉长岩、变质辉绿岩。

⑧阿德日根别立-白音布拉沟后造山型碱性—钙碱性侵入岩组合($Pt_2$),分布于中西部阿德日根别立、白云常合山、白音布拉沟等地,岩石类型有闪长岩、石英闪长岩、蚀变花岗岩、蚀变似斑状二长花岗岩。

⑨巴音宝力格俯冲型 TTG 组合($Pt_3$),分布于乌拉特后旗巴音宝力格镇等地,岩石类型有英云闪长岩、二长花岗岩。

⑩呼都呼都格-额尔格铁吉俯冲型$\delta+$TTG 组合(S),分布于本亚带西南部呼都呼都格-额尔格铁吉地区,岩石类型有闪长岩、似斑状花岗闪长岩、英云闪长岩及二长花岗岩。

⑪董大沟-巴拉根乌拉后造山型碱性—钙碱性侵入岩组合($C_1$),分布于本亚带西部董大沟-巴拉根乌拉地区,岩石类型有辉长岩、石英闪长岩及二长花岗岩。

⑫珠力格太俯冲型$\upsilon+\delta+$TTG 组合($C_2$),分布于本亚带西部珠力格太、巴拉嘎斯太河地区,岩石类型以(似斑状)英云闪长岩、花岗闪长岩为主,并有少量(角闪)辉长岩、闪长岩、石英闪长岩、似斑状黑云母二长花岗岩。

⑬黄花圪洞-巴音哈太俯冲型$\delta+$ TTG 组合(P),分布于本亚带东部黄花圪洞-巴音哈太地区,岩石类型有闪长岩、石英闪长岩、闪长玢岩、英云闪长岩、花岗闪长岩、似斑状花岗岩。

⑭黄花圪洞-巴音哈太后造山型过碱性—钙碱性花岗岩组合(P),分布于本亚带东部黄花圪洞-巴音哈太地区,岩石类型有花岗岩、似斑状花岗岩、黑云母花岗岩、二云母花岗岩、二长花岗岩、黑云母二长花岗岩、石英二长岩、白云石英二长岩、碱长花岗岩、霓辉正长岩。

⑮扎木呼都格-恒义和俯冲型$\upsilon+\delta+$TTG 组合($P_2$),分布广泛,以扎木呼都格、恒义和、哈布其勒高勒等地出露较多,岩石类型以英云闪长岩、似斑状花岗闪长岩、黑云母花岗岩、(似斑状)二长花岗岩为主。

⑯乌兰伊日-白音敖包俯冲型$\upsilon+\delta+$TTG 组合($P_2$),分布于乌兰伊日、白音敖包-查干敖包、大黑沙头-五福堂及窝地等地区,岩石类型有角闪辉长岩、石英闪长岩、(似斑状)花岗闪长岩、英云闪长岩、似斑状黑云母花岗岩、花岗岩、似斑状二长花岗岩、(黑云母)二长花岗岩及碱长花岗岩。

⑰石家营子后造山型碱性—钙碱性侵入岩组合($P_3$),分布于本亚带中西部石家营子等地,岩石类型有闪长岩、花岗闪长岩、花岗岩、似斑状黑云母花岗岩及(似斑状)二长花岗岩。

⑱哈日陶勒盖大陆伸展型碱性花岗岩组合($T_1$),分布于哈日陶勒盖等地,岩石类型有似斑状花岗岩、二长花岗岩及花岗斑岩。

⑲额尔登温德尔后造山型碱性—钙碱性花岗岗组合($T_2$),主要分布于额尔登温德尔地区,岩石类型有中粗粒花岗岩、(似斑状)二长花岗岩、花岗斑岩及碱性花岗岩。

⑳乌梁斯太-大红山碰撞型强过铝花岗岩组合($T_3$),集中分布于乌梁斯太-大红山地区,岩石类型有中粗粒花岗闪长岩、花岗岩、似斑状花岗岩、似斑状黑云母花岗岩、中细粒白云母花岗岩、中粗粒二云母

花岗岩、(似斑状)二长花岗岩、(似斑状)黑云母二长花岗岩、石榴白云二长花岗岩、白云母二长花岗岩。

㉑乌兰德岭大陆伸展型过碱性—碱性正长岩组合($T_3$),分布于中部乌兰德岭地区,岩石类型为中粗粒石英正长岩、粗粒含霓辉石钠闪石正长岩。

㉒阿拉善敖包苏木大陆伸展型碱性花岗岩组合($J_2$),分布于阿拉善敖包苏木一带,岩石类型有中粗粒花岗岩、碱长花岗岩、中粗粒石英正长岩。

㉓新社村大陆伸展型碱性花岗岩组合($J_3$),分布于本亚带东部新社村地区,岩石类型有中粗粒花岗岩、中粗粒二长花岗岩、黑云母二长花岗岩、似斑状二长花岗岩、花岗闪长岩、碱长花岗岩及花岗斑岩。

㉔二龙山后造山型碱性—钙碱性二长岩-正长岩组合($K_1$),分布于本亚带东部二龙山地区,岩石类型还有石英二长岩、二长斑岩、石英正长斑岩。

**2. Ⅱ-5 鄂尔多斯构造岩浆岩带岩石构造组合**

(1)Ⅱ-5-1 鄂尔多斯构造岩浆岩亚带岩石构造组合。本亚带仅出露晚白垩世侵入岩,分布于呼和浩特市清水河县西北地区,岩石类型为黑色方沸石碱煌岩,属于过碱性岩石系列,为壳源成因类型,初步判定为大陆伸展环境形成的过碱性碱煌岩组合。

(2)Ⅱ-5-2 贺兰山构造岩浆岩亚带岩石构造组合。本亚带发育中太古代及中元古代侵入岩,岩石类型各异,构成 3 个岩石构造组合。

①贺兰山陆核型混合花岗岩组合($Ar_2$),分布于贺兰山北部察克勒山地区,时代为中太古代,岩石类型由混合花岗岩、混合钾长花岗岩、混合二长花岗岩变质建造组成。

②小松山大陆伸展型碱性超基性岩-正长岩组合($Pt_2$),分布于小松山、阿马乌苏两地,岩石类型为小松山出露斜辉橄榄岩、二辉橄榄岩,阿马乌苏出露中细粒碱长正长岩。

③敖包梁俯冲型 TTG 组合($Pt_2$),分布于敖包梁及小松山地区,岩石类型为中粗粒英云闪长岩及花岗岩。

**3. Ⅱ-7 阿拉善构造岩浆岩带岩石构造组合**

(1)Ⅱ-7-1 迭布斯格构造岩浆岩亚带岩石构造组合。本亚带侵入岩比较发育,从太古宙至中生代均有分布,由老到新构成 9 个岩石构造组合。

①迭布斯格山-哈乌拉山陆核型混合花岗岩组合($Ar_2$),集中分布于迭布斯格山-哈乌拉山地区,时代为中太古代,岩石类型由斜长混合花岗岩、钾长变质斑混合花岗岩变质建造构成。

②希勒图洋岛拉斑环境碱性玄武岩-拉斑玄武质辉长岩组合($Pt_1$),分布于希勒图一带,岩石类型有橄榄辉长岩、橄榄角闪辉长岩及闪长岩。

③哈马拉-库和额热格裂谷型辉长岩-闪长岩组合($Pt_2$),零星分布于哈马拉-库和额热格地区,岩石类型有橄榄辉长岩、角闪辉长岩、粗粒辉长岩、中粒苏长岩及中粒闪长岩、中粗粒石英闪长岩。

④五连泉山俯冲型 TTG 组合(S),分布于五连泉山、布弧图等地,岩石类型有英云闪长岩、花岗闪长岩、(似斑状)二长花岗岩、黑云母二长花岗岩。

⑤德来纪俯冲型 $G_1G_2$ 组合($D_3$),分布于德来纪一带,出露面积小且零散,时代为晚泥盆世,岩石类型有似斑状花岗闪长岩、(黑云母)二长花岗岩。

⑥韩家井俯冲型 $G_2$ 组合($C_2P_1$),分布于迭布斯格山及韩家井,岩石类型包括出露于迭布斯格山的晚石炭世石英闪长岩及出露于韩家井的早二叠世似斑状花岗岩。

⑦独青山-都兰布尔俯冲型 $G_1G_2$ 组合($P_2$),分布于独青山-都兰布尔地区,岩石类型有石英闪长岩、花岗闪长岩、(黑云母)二长花岗岩及花岗岩。

⑧克拉乌珠尔碰撞型高钾和超钾质侵入岩组合($P_3$),广泛分布于克拉乌珠尔等地,岩石类型有花岗岩、似斑状花岗岩、二长花岗岩、似斑状二长花岗岩。

⑨额吉乌拉大陆伸展型碱性—过碱性花岗岩组合($T_2$),分布于额吉乌拉等地,岩石类型有花岗岩、二长花岗岩、黑云母二长花岗岩及石英正长岩。

(2)Ⅱ-7-2 龙首山构造岩浆岩亚带岩石构造组合。本亚带发育中元古代及古生代侵入岩,受大地构造控制呈北西向分布,由老到新构成 5 个侵入岩岩石构造组合。

①大井俯冲型 TTG 组合($Pt_2$),分布于阿拉善右旗大井地区,岩石类型单一,为英云闪长岩。

②道木头沟大洋环境 MORS 型蛇绿岩组合(∈),分布于阿拉善右旗道木头沟一带,岩石类型由橄榄岩、辉长岩组成。

③坡拉麻顶俯冲型 $G_1G_2$ 组合(S),集中分布于坡拉麻顶一带,岩石类型有似斑状花岗闪长岩、中粗粒花岗岩。

④桃花拉山俯冲型 $G_2$ 组合($C_2$),分布于阿拉善右旗桃花拉山地区,岩石类型只有似斑状花岗岩。

⑤大车场后造山型碱性—钙碱性花岗岩组合($P_2$),集中分布于大车场地区,岩石类型有似斑状二长花岗岩、二长花岗岩及石英正长岩。

### 3. Ⅲ塔里木构造岩浆岩省岩石构造组合

Ⅲ-2-1 敦煌构造岩浆岩带柳园亚带岩石构造组合。本亚带位于额济纳旗西南部地区,发育有太古宙、古生代及中生代侵入岩,由老到新构成 9 个侵入岩岩石构造组合。

①五道明水陆核型英云闪长质片麻岩(TTG)组合($Ar_{2\text{-}3}$),分布于五道明水地区,包括黑云母斜长花岗质片麻岩、角闪斜长花岗质片麻岩及斜长花岗质片麻岩变质岩建造。

②白泉沟洋岛拉斑玄武质辉长岩组合(O),分布于白泉沟一带,岩石类型主要为粗粒角闪辉长岩,另有少量石英辉长岩及闪长岩。

③龙峰山俯冲型 TTG 组合(S),主要分布在龙峰山地区,岩石类型有粗粒英云闪长岩、中粗粒似斑状黑云母二长花岗岩。

④三道明水俯冲型 $G_1$组合($C_2$),出露于三道明水南边,岩石类型由中粒花岗闪长岩构成。

⑤东三洋井-三道明水 $\upsilon+\delta+$TTG 组合($P_2$),分布广泛,主要见于东三洋井-三道明水地区,岩石类型较多,包括中粗粒蚀变辉长岩、石英闪长岩、闪长玢岩、英云闪长岩、花岗闪长岩、黑云母花岗岩、似斑状黑云母花岗岩、黑云母二长花岗岩、似斑状黑云母二长花岗岩及石英二长岩。

⑥野马营-西沙婆泉后造山双峰式侵入岩组合($P_3$),分布于野马营-西沙婆泉地区,时代为晚二叠世,岩石类型有中粗粒二长花岗岩和辉绿岩。

⑦王许黑山大陆伸展型碱性花岗岩组合($T_3$),分布于本亚带南部王许黑山地区,岩石类型为中粗粒黑云母二长花岗岩。

⑧红柳大泉碰撞型高钾钙碱性花岗岩组合($J_2$),分布于红柳大泉南侧,岩石类型为粗粒花岗闪长岩。

⑨炮台山碰撞型强过铝花岗岩组合($K_1$),分布于炮台山一带,岩石类型为中粗粒白云母二长花岗岩。

本节一些常用的岩石构造组合用代号表示如下:MORS 为大洋中脊蛇绿岩组合;SSZ 为俯冲环境蛇绿岩组合;TTG 为英云闪长岩-奥长花岗岩-花岗闪长岩组合;$TTG_1$为英云闪长岩-花岗闪长岩组合;$TTG_2$为英云闪长岩-(奥长)花岗岩组合;HMA 为高镁闪长岩组合;$G_1G_2$为花岗闪长岩-花岗岩组合;$G_1$为花岗闪长岩组合;$G_2$为花岗岩组合。

## 三、构造岩浆旋回与构造岩浆岩带

### 1. 侵入岩构造岩浆旋回划分方案

根据内蒙古岩浆岩在地质历史各阶段的发育情况和岩浆演化特征分析，结合全国构造岩浆旋回划分方案，在天山-兴蒙造山系和华北陆块区共划分出 3 个旋回，3 个亚旋回，10 个阶段，23 个构造岩浆活动期(表 4-27)；在塔里木陆块区分出 2 个旋回，3 个亚旋回，6 个侵入期(表 4-28)。

### 2. 侵入岩构造岩浆岩带划分方案

按上述构造岩浆带的划分原则，本次共划分出 3 个构造岩浆岩省，10 个构造岩浆岩带，27 个构造岩浆岩亚带和 227 个构造岩浆岩段(参见内蒙古构造岩浆岩段划分表 4-27～表 4-29，图 4-5)，其中优势侵入岩段为 46 个。

**表 4-27　内蒙古天山-兴蒙造山系和华北陆块区构造岩浆旋回划分表**

| 代 | 纪 | 世 | 旋回 | 亚旋回 | 阶段 | 期 | 次 | | 岩石构造组合 | | 构造环境 | |
|---|---|---|---|---|---|---|---|---|---|---|---|---|
| | | | | | | | 造山系 | 陆块区 | 造山系 | 陆块区 | 造山系 | 陆块区 |
| 中生代 | 白垩纪 | 晚世 | 晚三叠世—第四纪构造岩浆旋回 | 晚三叠世—白垩纪亚旋回 | 第三阶段 | 晚白垩世侵入活动期 | 1 | 1 | 过碱性—钙碱性花岗岩组合 | 过碱性花岗岩组合 | 陆内裂合 | 后造山环境 |
| | | 早世 | | | 第二阶段 | 早白垩世侵入活动期 | 1～4 | 1～3 | 过碱性—钙碱性花岗岩组合 | 过碱性—钙碱性花岗岩组合 | 后造山环境 | 后造山环境 |
| | 侏罗纪 | 晚世 | | | | 晚侏罗世侵入活动期 | 1～4 | 1～3 | 高钾—钾玄质花岗岩组合 | 强过铝花岗岩组合 | 后碰撞环境 | 后碰撞环境 |
| | | 中世 | | | 第一阶段 | 中侏罗世侵入活动期 | 1～4 | 1～3 | 高钾—钾玄质花岗岩组合 | 高钾—钾玄质花岗岩组合 | 后碰撞环境 | 后碰撞环境 |
| | | 早世 | | | | 早侏罗世侵入活动期 | 1～3 | 1～2 | 过碱性—钙碱性花岗岩组合 | 过碱性—钙碱性花岗岩组合 | 后造山环境 | 后造山环境 |

续表 4-27

| 代 | 纪 | 世 | 旋回 | 亚旋回 | 阶段 | 期 | 次 |  | 岩石构造组合 |  | 构造环境 |  |
|---|---|---|---|---|---|---|---|---|---|---|---|---|
|  |  |  |  |  |  |  | 造山系 | 陆块区 | 造山系 | 陆块区 | 造山系 | 陆块区 |
| 中生代 | 三叠纪 | 晚世 |  |  |  | 晚三叠世侵入活动期 | 1～4 | 1～3 | 强过铝花岗岩组合 | 高钾—钾玄质花岗岩组合 | 后碰撞环境 | 后碰撞环境 |
|  |  | 中世 | 南华纪—中三叠世构造岩浆岩旋回 | 晚泥盆世—中三叠世亚旋回 | 第三阶段 | 中三叠世侵入活动期 | 1～2 | 1～2 | $G_1G_2$组合 | 强过铝花岗岩组合 | 俯冲环境 | 后碰撞环境 |
|  |  | 早世 |  |  |  | 早三叠世活动期 | 1～2 | 1 | 高钾—钾玄质花岗岩组合 | 过碱性—钙碱性花岗岩组合 | 后碰撞环境 | 后造山环境 |
| 古生代 | 二叠纪 | 晚世 |  |  |  | 晚二叠世侵入活动期 | 1～4 | 1～2 | TTG组合、未分超基性岩组合 | $G_1G_2$组合 | 活动大陆边缘 | 活动大陆边缘 |
|  |  | 中世 |  |  |  | 中二叠世侵入活动期 | 1～4 | 1～4 | TTG组合 | $G_1G_2$组合 | 活动大陆边缘 | 活动大陆边缘 |
|  |  | 早世 |  |  | 第二阶段 | 早二叠世侵入活动期 | 1～4 | 1～3 | $G_1G_2$组合 | TTG组合 | 活动大陆边缘 | 活动大陆边缘 |
|  | 石炭纪 | 晚世 |  |  |  | 晚石炭世侵入活动期 | 1～3 | 1～3 | $TTG_1$组合 | $TTG_1$组合、花岗岩组$G_2$ | 活动大陆边缘 | 活动大陆边缘 |
|  |  | 早世 |  |  |  | 早石炭世侵入活动期 | 1～2 | 1～2 | $G_1G_2$组合 | 花岗岩组合$G_2$ | 活动大陆边缘 | 活动大陆边缘 |
|  | 泥盆纪 | 中晚世 |  |  | 第一阶段 | 中晚泥盆世侵入活动期 | 1～3 | 1 | $TTG_1$组合 | $TTG_1$组合 | 活动大陆边缘 | 活动大陆边缘 |
|  |  | 早世 |  |  | 第二阶段 | 早泥盆世侵入活动期 | 1～2 | 1 | $TTG_1$组合 | 花岗岩组合$G_2$ | 沽动大陆边缘 | 活动人陆边缘 |
|  | 志留纪 |  |  |  |  | 志留纪侵入活动期 | 1～4 | 1～2 | $TTG_1$组合、花岗岩组合$G_2$ | $TTG_1$组合、$G_1G_2$组合 | 活动大陆边缘 | 活动大陆边缘 |
|  | 奥陶纪 |  |  |  |  | 奥陶纪侵入活动期 | 1～2 |  | $TTG_1$组合 |  | 活动大陆边缘 | 活动大陆边缘 |
|  | 寒武纪 |  |  |  |  | 寒武纪侵入活动期 |  | 1 |  | SSZ型蛇绿组合 |  | 活动大陆边缘 |
| 新元古代 |  |  |  |  | 第一阶段 | 新元古代侵入活动期 | 1～3 | 1～2 | $G_1G_2$组合 | $TTG_1$组合 | 陆缘弧 | 活动大陆边缘 |

**续表 4-27**

| 代 | 纪 | 世 | 旋回 | 亚旋回 | 阶段 | 期 | 次 | | 岩石构造组合 | | 构造环境 | |
|---|---|---|---|---|---|---|---|---|---|---|---|---|
| | | | | | | | 造山系 | 陆块区 | 造山系 | 陆块区 | 造山系 | 陆块区 |
| 中元古代 | | | 前南华纪构造岩浆旋回 | | 第二阶段 | 中元古代侵入活动期 | 1～3 | 1～4 | $TTG_1$组合、SSZ蛇绿岩组合、双峰式侵入岩组合 | $TTG_1$组合、SSZ蛇绿岩组合、双峰式侵入岩组合 | 活动大陆边缘裂谷 | 裂谷活动大陆边缘 |
| 古元古代 | | | | | 第一阶段 | 古元古代侵入活动期 | 1 | 1～3 | 双峰式侵入岩组合 | $TTG_1$组合、花岗岩组合$G_2$ | 裂谷活动大陆边缘 | 活动大陆边缘 |
| 新太古代 | | | | | | 新太古代侵入活动期 | | 1～2 | $TTG_1$组合、花岗岩组合$G_2$ | | | 活动大陆边缘 |
| 中太古代 | | | | | | 中太古代侵入活动期 | | 1～2 | | | | 活动大陆边缘 |

**表 4-28　内蒙古塔里木陆块构造岩浆旋回划分表**

| 代 | 纪 | 世 | 旋回 | 亚旋回 | 期 | 次 | 岩石构造组合 | 构造环境 |
|---|---|---|---|---|---|---|---|---|
| 中生代 | 白垩纪 | 早世 | 晚三叠世—第四纪构造岩浆旋回 | 晚三叠世—白垩纪亚旋回 | 早白垩世侵入活动期 | 1 | 过碱性—钙碱性花岗岩组合 | 后造山环境 |
| | 侏罗纪 | 中世 | | | 中侏罗世侵入活动期 | 1 | 过碱性—钙碱性花岗岩组合 | 后造山环境 |
| | 三叠纪 | 晚世 | | | 晚三叠世侵入活动期 | 1 | 强过铝花岗岩 | 后碰撞环境 |
| 古生代 | 二叠纪 | 晚世 | 南华纪—中三叠世构造岩浆旋回 | 晚泥盆世—中三叠世亚旋回 | 晚二叠世侵入活动期 | 1～2 | 双峰式侵入岩组合 | 大陆裂谷环境 |
| | | 中世 | | | 中二叠世侵入活动 | 1～3 | $TTG_1$组合、花岗岩组合$G_2$、SSZ型蛇绿岩组合 | 活动大陆边缘 |
| | 志留纪—奥陶纪 | | | 南华纪—中泥盆世亚旋回 | 志留纪—奥陶纪侵入活动期 | 1～2 | $TTG_1$组合、花岗岩组合$G_2$、SSZ型蛇绿岩组合 | 活动大陆边缘 |
| | 前南华纪 | | 前南华纪构造岩浆旋回 | | | | | |

| 一级 | 二级 | 三级 |
|---|---|---|
| Ⅰ 天山-兴蒙构造岩浆岩省 | Ⅰ-1 大兴安岭弧盆系构造岩浆岩带 | Ⅰ-1-2 额尔古纳岛弧构造岩浆岩亚带($Pt_3$) |
| | | Ⅰ-1-3 海拉尔-呼玛弧后盆地构造岩浆岩亚带($OD_3$) |
| | | Ⅰ-1-4 红花尔基弧陆碰撞带构造岩浆岩亚带($D_3C_1$) |
| | | Ⅰ-1-5 东乌珠穆沁旗-多宝山岛弧构造岩浆岩亚带($OC_2$) |
| | | Ⅰ-1-6 二连-贺根山蛇绿混杂岩构造岩浆岩亚带(D) |
| | | Ⅰ-1-7 锡林浩特岩浆弧构造岩浆岩亚带($Pz_2$) |
| | Ⅰ-7 索伦山-林西结合带构造岩浆岩带 | Ⅰ-7-1 扎赉特旗俯冲增生杂岩构造岩浆岩亚带($P_1$) |
| | | Ⅰ-7-3 索伦山-林西俯冲增生杂岩构造岩浆岩亚带($P_1$) |
| | | Ⅰ-7-4 柯单山蛇绿混杂岩构造岩浆岩亚带($Pz_2$) |
| | Ⅰ-8 包音图-温都尔庙弧盆系构造岩浆岩带 | Ⅰ-8-2 温都尔俯冲增生杂岩构造岩浆岩亚带($Pt_2$) |
| | | Ⅰ-8-3 宝音图岩浆弧构造岩浆岩亚带($Pt_1$) |
| | Ⅰ-9 额济纳旗-北山弧盆系构造岩浆带 | Ⅰ-9-1 圆包山岩浆弧构造岩浆岩亚带(OD) |
| | | Ⅰ-9-2 黑鹰山-甜水井岩浆弧构造岩浆岩亚带(C)<br>Ⅰ-9-3 公婆泉岩浆弧构造岩浆岩亚带(OS) |
| | | Ⅰ-9-6 哈特布其岩浆弧构造岩浆岩亚带(C) |
| | | Ⅰ-9-7 巴音戈壁弧后盆地构造岩浆岩亚带(C) |
| | | Ⅰ-9-8 恩格尔乌苏蛇绿混杂岩构造岩浆岩亚带(C) |
| Ⅱ 华北构造岩浆岩省 | Ⅱ-2 晋冀地块构造岩浆岩带 | Ⅰ-2-5 吕梁碳酸盐台地构造岩浆岩亚带($Pz_1$) |
| | Ⅱ-3 冀北古弧盆系构造岩浆岩带 | Ⅰ-3-1 恒山-承德-建平古构造岩浆岩亚带($Ar_3Pt_1$) |
| | Ⅱ-4 狼山-阴山(大陆边缘弧岩浆弧)构造岩浆岩带 | Ⅰ-4-1 固阳-兴和构造岩浆岩亚带($Ar_3$) |
| | | Ⅰ-4-2 色尔腾山-太仆寺旗古构造岩浆岩亚带($Ar_3Pt_1$) |
| | | Ⅰ-4-3 狼山-白云鄂博裂谷构造岩浆岩亚带($Pt_2$) |
| | Ⅱ-5 鄂尔多斯陆块构造岩浆岩带 | Ⅰ-5-1 鄂尔多斯盆地构造岩浆岩亚带(Mz) |
| | | Ⅱ-5-2 贺兰山夭折裂谷构造岩浆岩亚带($Pt_2$) |
| | Ⅱ-7 阿拉善地块构造岩浆岩带 | Ⅱ-7-1 迭布斯格岩浆弧构造岩浆岩亚带($Pt_2$) |
| | | Ⅱ-7-2 龙首山基底杂岩构造岩浆岩亚带($Ar_3Pz_2$) |
| Ⅲ 塔里木构造岩浆岩省 | Ⅲ-2 敦煌陆块构造岩浆岩带 | Ⅲ-2-1 柳园裂谷构造岩浆岩亚带(CP) |

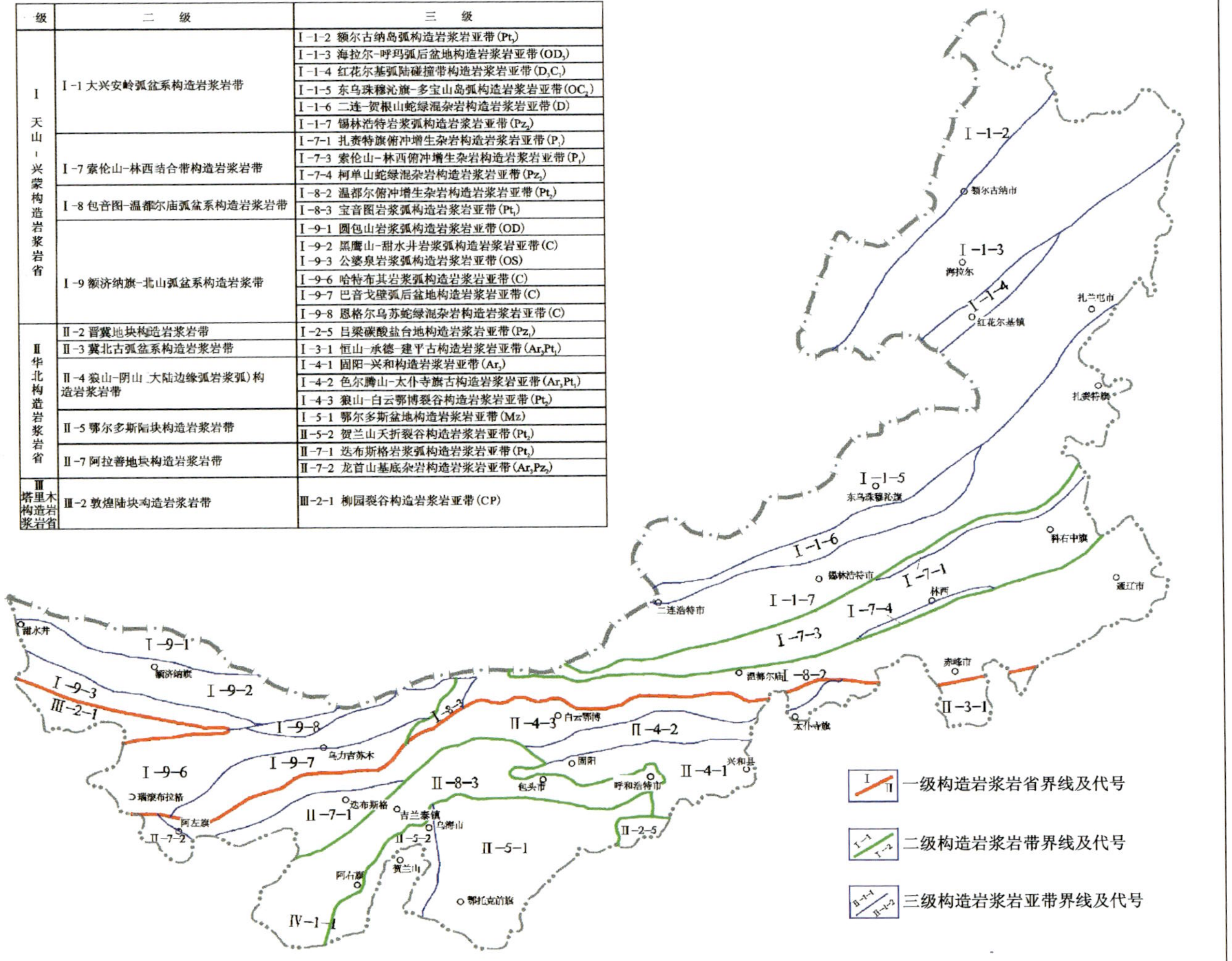


图 4-5 内蒙古自治区侵入岩构造岩浆岩带划分示意图

**表 4-29 内蒙古侵入岩构造岩浆岩段划分表**

| 编号 | 构造岩浆岩带 | 岩石构造组合 |
|---|---|---|
| Ⅰ | 天山-兴蒙构造岩浆岩省 | |
| Ⅰ-1 | 大兴安岭弧盆系构造岩浆岩带 | |
| Ⅰ-1-2 | 额尔古纳岛弧构造岩浆岩亚带($Pt_3$) | |
| Ⅰ-1-2-1 | 白垩纪各侵入岩段 | |
| | 西乌珠尔苏木大陆伸展型侵入岩段($K_2$) | 碱性花岗岩组合 |
| | 俄罗斯族民族乡大陆裂谷型侵入岩段($K_1$) | 双峰式岩墙群组合 |
| | 内蒙古东部莫尔道嘎后造山侵入岩段($K_1$) | 碱性—钙碱性花岗岩组合 |
| | 莫尔道嘎俯冲型侵入岩段($K_1$) | TTG 组合 |
| Ⅰ-1-2-2 | 莫尔道嘎后碰撞侵入岩段($J_3$) | 高钾和钾玄岩质花岗岩组合 |
| Ⅰ-1-2-3 | 八大关俯冲型侵入岩段($J_3$) | 闪长岩-花岗闪长岩组合 |
| Ⅰ-1-2-4 | 阿尔山诺尔-伊山林场后碰撞侵入岩段($J_2$) | 高钾和钾玄岩质花岗岩组合、辉长岩-闪长岩-花岗岩组合 |
| Ⅰ-1-2-5 | 八道卡后造山型侵入岩段($J_1$) | 碱性—钙碱性花岗岩组合 |
| Ⅰ-1-2-6 | 奇乾乡碰撞型侵入岩段($T_1$) | 高钾—钾玄岩质花岗岩组合 |
| Ⅰ-1-2-7 | 查干楚鲁-奇乾乡俯冲侵入岩段($P_2$) | 花岗闪长岩-花岗岩组合 |
| Ⅰ-1-2-8 | 太平林场后造山型侵入岩段($P_1$) | 碱性—钙碱性花岗岩组合 |
| Ⅰ-1-2-9 | 哈达图苏木俯冲侵入岩段($C_2$) | TTG 组合 |
| Ⅰ-1-2-10 | 黄火地俯冲侵入岩段($Pt_3$) | 花岗闪长岩-花岗岩组合、辉长岩-闪长岩组合 |
| Ⅰ-1-3 | 海拉尔-呼玛弧后盆地构造岩浆岩亚带($OD_3$) | |
| Ⅰ-1-3-1 | 早白垩世各侵入岩段 | |
| | 库都尔镇大陆伸展型侵入岩段 | 双峰式岩墙群组合 |
| | 海拉尔-呼玛后造山侵入岩段 | 碱性—钙碱性花岗岩组合 |
| | 三道梁后碰撞侵入岩段 | 强过铝花岗岩组合 |
| Ⅰ-1-3-2 | 库都尔后碰撞侵入岩段($J_3$) | 高钾和钾玄岩质花岗岩组合 |
| Ⅰ-1-3-3 | 恩和嘎查-哈达林场俯冲侵入岩段($J_3$) | $G_2$组合 |
| Ⅰ-1-3-4 | 阿尔诺尔苏木后碰撞侵入岩段($J_2$) | 高钾钙碱性花岗岩组合 |
| Ⅰ-1-3-5 | 鄂伦春自治旗岛弧型侵入岩段($J_1$) | 辉长岩+闪长岩+高镁闪长岩+TTG 组合 |
| Ⅰ-1-3-6 | 库都尔-库中造山侵入岩段($J_1$) | 碱性—钙碱性花岗岩组合 |
| Ⅰ-1-3-7 | 松山岭区后造山型侵入岩段($T_3$) | 过碱性—钙碱性花岗岩组合 |
| Ⅰ-1-3-8 | 松山岭区后碰撞侵入岩段($T_2$) | 高钾钙碱性花岗岩组合 |
| Ⅰ-1-3-9 | 松山岭俯冲侵入岩段($P_2$) | TTG 组合 |
| Ⅰ-1-3-10 | 小乌尔其汉林场后造山侵入岩段($P_1$) | 过碱性—钙碱性花岗岩组合 |
| Ⅰ-1-3-11 | 哈达图-李增碰山碰撞型侵入岩段($C_2$) | 高钾钙碱性花岗岩组合 |
| Ⅰ-1-3-12 | 凤云山-八一牧场裂谷型侵入岩段($D_3$) | 辉长岩-辉绿玢岩组合 |

**续表 4-29**

| 编号 | 构造岩浆岩带 | 岩石构造组合 |
| --- | --- | --- |
| Ⅰ-1-3-13 | 罕乌拉俯冲型侵入岩段($D_3$) | TTG 组合 |
| Ⅰ-1-4 | 红花尔基弧陆碰撞带构造岩浆岩亚带($D_3C_1$) | |
| Ⅰ-1-4-1 | 红花尔基后造山侵入岩段($P_1$) | 过碱性—钙碱性花岗岩组合 |
| Ⅰ-1-4-2 | 红花尔基俯冲侵入岩段($D_3$) | TTG 组合 |
| Ⅰ-1-5 | 东乌旗-多宝山岛弧构造岩浆岩亚带($OC_2$) | |
| Ⅰ-1-5-1 | 白垩纪各侵入岩段(K) | |
| | 大北沟林场大陆伸展型($K_2$) | 过碱性—钙碱性花岗岩组合 |
| | 库如旗乡大陆伸展型($K_1$) | 双峰式岩墙群组合 |
| | 罕达盖-故里林场后造山型($K_1$) | 碱性—钙碱性花岗岩组合 |
| | 巴林镇、故里林场俯冲型($K_1$) | TTG 组合 |
| Ⅰ-1-5-2 | 罕达盖-库伦沟林场后碰撞型侵入岩段($J_3$) | 高钾钙碱性花岗岩组合 |
| Ⅰ-1-5-3 | 柴河镇-巴林镇、兴安林场、索伦山牧场俯冲型侵入岩段($J_3$) | $G_1$组合、$\delta$+TTG 组合 |
| Ⅰ-1-5-4 | 南兴安岭后碰撞型侵入岩段($J_2$) | 高钾钙碱性花岗岩组合 |
| Ⅰ-1-5-5 | 阿尔山、诺敏镇俯冲型侵入岩段($J_2$) | 花岗岩组合 |
| Ⅰ-1-5-6 | 蘑菇气镇俯冲型侵入岩段($J_1$) | $G_1G_2$ 组合 |
| Ⅰ-1-5-7 | 复兴镇-腾克牧场岛弧型侵入岩段($J_1$) | $\upsilon$—$\delta$+高镁闪长岩+TTG 组合 |
| Ⅰ-1-5-8 | 阿荣旗大陆伸展型侵入岩段($J_{1\text{-}2}$) | 碱性花岗岩组合 |
| Ⅰ-1-5-9 | 东乌旗、罕达盖、红颜镇后造山侵入岩段($T_{2\text{-}3}$) | 碱性—钙碱性花岗岩组合 |
| Ⅰ-1-5-10 | 阿荣旗-诺敏镇同碰撞侵入岩段($P_2$) | 高钾和钾玄岩质花岗岩组合 |
| Ⅰ-1-5-11 | 扎来河农场-巴林镇俯冲型($P_2$) | $G_1$组合 |
| Ⅰ-1-5-12 | 苏格河后造山侵入岩段($P_1$) | 过碱性—钙碱性花岗岩组合 |
| Ⅰ-1-5-13 | 塔日根敖包-嘎布盖特俯冲侵入岩段($P_1$) | $G_1G_2$组合 |
| Ⅰ-1-5-14 | 亚东镇同碰撞型侵入岩段($C_2$) | 强过铝花岗岩组合 |
| Ⅰ-1-5-15 | 格日敖包、耳场子沟俯冲型侵入岩段($C_2$) | $G_1G_2$组合 |
| Ⅰ-1-5-16 | 查干敖包、达斡尔民族乡后造山型侵入岩段($C_1$) | 过碱性—钙碱性花岗岩组合 |
| Ⅰ-1-5-17 | 耳场子裂谷型侵入岩段($D_3$) | 辉长岩-辉绿玢岩组合 |
| Ⅰ-1-5-18 | 德勒乌拉、苏格河俯冲侵入岩段($D_3$) | TTG 组合 |
| Ⅰ-1-5-19 | 诺敏镇、罕达盖俯冲侵入岩段($O_2$) | $G_1G_2$组合 |
| Ⅰ-1-5-20 | 甸南俯冲型侵入岩段($Pt_3$) | $G_2$组合 |
| Ⅰ-1-5-21 | 大北沟林场裂谷型侵入岩段($Pt_2$) | 变质超基性岩组合 |
| Ⅰ-1-5-22 | 大北沟林场古岛弧型侵入岩段($Pt_1$) | 变质辉长岩-闪长岩组合 |
| Ⅰ-1-6 | 二连-贺根山蛇绿混杂岩亚带(D) | |
| Ⅰ-1-6-1 | 昆都冷大陆伸展型侵入岩段($J_3$) | 碱性花岗岩组合 |
| Ⅰ-1-6-2 | 阿敦楚鲁俯冲型侵入岩段($T_2$) | $G_1$组合 |

**续表 4-29**

| 编号 | 构造岩浆岩带 | 岩石构造组合 |
|---|---|---|
| Ⅰ-1-6-3 | 阿敦楚鲁俯冲型侵入岩段($P_1$) | $G_1G_2$组合、$\upsilon+\delta+$TTG 组合 |
| Ⅰ-1-6-4 | 贺根山蛇绿混杂岩段($D_{2\text{-}3}$) | SSZ 型蛇绿岩组合 |
| Ⅰ-1-7 | 锡林浩特岩浆弧构造岩浆岩亚带($Pz_2$) | |
| Ⅰ-1-7-1 | 早白垩世各侵入岩段($K_1$) | |
| | 罕乌拉大陆伸展型侵入岩段 | 双峰式岩墙群组合 |
| | 锡林浩特-乌兰浩特、代王山-乌拉音敖包后造山型 | 碱性—钙碱性花岗岩组合、过碱性—钙碱性花岗岩组合 |
| Ⅰ-1-7-2 | 宝石镇-蘑菇气镇后碰撞型侵入岩段($J_3$) | 高钾钙碱性花岗岩组合 |
| Ⅰ-1-7-3 | 兴安林场、宝石镇岛弧型侵入岩段($J_3$) | TTG 组合+高镁闪长岩组合 |
| Ⅰ-1-7-4 | 哈日哈达嘎-乌兰哈达后造山侵入岩段($J_3$) | 过碱性—钙碱性花岗岩组合 |
| Ⅰ-1-7-5 | 呼和陶勒盖大陆伸展型侵入岩段($J_2$) | 碱性花岗岩组合 |
| Ⅰ-1-7-6 | 浩热图-乌兰哈达、白音布拉格-三龙山碰撞型侵入岩段($T_3J_1$) | 强过铝花岗岩组合、高钾钙碱性花岗岩组合 |
| Ⅰ-1-7-7 | 敦德乌苏俯冲型侵入岩段($T_3$) | SSZ 型蛇绿岩组合 |
| Ⅰ-1-7-8 | 罕乌拉苏木稳定陆块型侵入岩段($T_3$) | 中基性—超基性杂岩组合 |
| Ⅰ-1-7-9 | 蘑菇气镇后造山型侵入岩段($T_3$) | 过碱性—钙碱性花岗岩组合 |
| Ⅰ-1-7-10 | 敦德乌苏-白音宝力道碰撞侵入岩段(T) | 强过铝花岗岩组合 |
| Ⅰ-1-7-11 | 查干努润俯冲侵入岩段($P_3$) | TTG 组合、SSZ 型蛇绿岩组合 |
| Ⅰ-1-7-12 | 乌兰浩特-蘑菇气、巴音查干苏木、艾根乌苏碰撞侵入岩段($P_2P_3$) | 高钾钙碱性花岗岩组合、强过铝花岗岩组合、高钾和钾玄质花岗岩组合 |
| Ⅰ-1-7-13 | 孟恩陶勒盖、查干诺尔、乌力吉图俯冲侵入岩段($P_1P_2$) | $G_1G_2$组合、$\upsilon+\delta+$TTG 组合、TTG 组合 |
| Ⅰ-1-7-14 | 达赖雀尔吉俯冲侵入岩段($C_2$) | $\delta+$TTG 组合、SSZ 型蛇绿岩组合 |
| Ⅰ-1-7-15 | 巴彦高勒俯冲侵入岩段(SD) | TTG 组合 |
| Ⅰ-1-7-16 | 沙金贵仁俯冲侵入岩段(OS) | TTG 组合 |
| Ⅰ-1-7-17 | 巴润萨拉俯冲型侵入岩段($Pt_2$) | SSZ 型蛇绿岩组合 |
| Ⅰ-7 | 索伦山-林西结合带构造岩浆岩带($Pz_2$) | |
| Ⅰ-7-1 | 四方城乡嘎亥图俯冲型侵入岩段($K_1$) | $\delta+$G 组合 |
| Ⅰ-7-2 | 白音镐、阿鲁科尔沁、黄岗梁后碰撞型侵入岩段($J_{2+3}$) | 高钾钙碱性花岗岩组合、高钾和钾玄质花岗岩组合 |
| Ⅰ-7-3 | 白音诺尔镇、天山镇、毛宝力格乡俯冲型侵入岩段($J_{1\text{-}2}$) | $G_1G_2$组合 |
| Ⅰ-7-4 | 巴林右旗、白颜温都尔俯冲侵入岩段($T_3$) | $G_1G_2$组合 |
| Ⅰ-7-5 | 三林山稳定陆块型侵入岩段($T_3$) | 中基性—超基性杂岩组合 |

**续表 4-29**

| 编号 | 构造岩浆岩带 | 岩石构造组合 |
|---|---|---|
| Ⅰ-7-6 | 索伦山、艾力亥乌苏、达青牧场-扎鲁特旗俯冲侵入岩段($P_1$) | SSZ 型蛇绿岩组合 |
| Ⅰ-7-7 | 阿鲁科尔沁旗俯冲型侵入岩段($P_2$) | $G_1$组合 |
| Ⅰ-7-8 | 杏树洼俯冲型侵入岩段(CP) | SSZ 型蛇绿岩组合 |
| Ⅰ-8 | 宝音图-温都尔庙弧盆系构造岩浆岩带 | |
| Ⅰ-8-2 | 温都尔庙俯冲增生杂岩构造岩浆岩亚带($Pt_2$) | |
| Ⅰ-8-2-1 | 大黑山后造山侵入岩段($K_1$) | 碱性—钙碱性花岗岩组合 |
| Ⅰ-8-2-2 | 赤峰市后造山侵入岩段($J_3$) | 碱性—钙碱性花岗岩组合 |
| Ⅰ-8-2-3 | 天盛号-新镇镇后碰撞侵入岩段($J_3$) | 高钾和钾玄岩花岗岩组合 |
| Ⅰ-8-2-4 | 红山子乡俯冲侵入岩段($J_3$) | $G_1$组合 |
| Ⅰ-8-2-5 | 库伦旗后碰撞侵入岩段($J_2$) | 高钾和钾玄质花岗岩组合 |
| Ⅰ-8-2-6 | 双井店乡南同碰撞侵入岩段($T_2$) | 强过铝花岗岩组合 |
| Ⅰ-8-2-7 | 模浍次博勒单俯冲型侵入岩段($T_1$) | δ+TTG 组合 |
| Ⅰ-8-2-8 | 通希浩镜碰撞侵入岩段($P_3$) | 高钾钙碱性花岗岩组合 |
| Ⅰ-8-2-9 | 广兴源乡-库伦旗俯冲型侵入岩段($P_2$) | δ+TTG 组合 |
| Ⅰ-8-2-10 | 额尔登陶勒盖后造山侵入岩段($P_2$) | 碱性—钙碱性花岗岩组合 |
| Ⅰ-8-2-11 | 额尔登陶勒盖俯冲侵入岩段(P) | TTG 组合 |
| Ⅰ-8-2-12 | 朱日和-下哈图俯冲侵入岩段(C) | TTG 组合 |
| Ⅰ-8-2-13 | 哈沙图-呼绍图后造山侵入岩段(D) | 碱性—钙碱性花岗岩组合 |
| Ⅰ-8-2-14 | 西尼乌苏俯冲侵入岩段($S_4$) | $G_1$组合 |
| Ⅰ-8-2-15 | 赤峰市后造山侵入岩段($S_3$) | 过碱性—钙碱性花岗岩组合 |
| Ⅰ-8-2-16 | 下勒哈达俯冲侵入岩段(O) | δ+TTG 组合 |
| Ⅰ-8-2-17 | 下勒哈达大洋扩张型侵入岩段(∈) | 基性—超基性岩组合 |
| Ⅰ-8-2-18 | 五艺台大洋中脊环境侵入岩段($Pt_2$) | MORS 蛇绿岩组合 |
| Ⅰ-8-2-19 | 双井店乡古岛弧型侵入岩段($Pt_1$) | 英云闪长质—花岗质片麻岩(TTG)组合 |
| Ⅰ-8-2-20 | 东根达莱俯冲侵入岩段($Pt_1$) | SSZ 蛇绿岩组合 |
| Ⅰ-8-3 | 宝音图岩浆弧构造岩浆岩亚带($Pz_2$) | |
| Ⅰ-8-3-1 | 查干呼舒庙大陆伸展侵入岩段(T) | 碱性花岗岩组合 |
| Ⅰ-8-3-2 | 海力素东俯冲侵入岩段(P) | $G_1$组合 |
| Ⅰ-8-3-3 | 乌力吉镇俯冲侵入岩段(C) | δ+TTG 组合 |
| Ⅰ-8-3-4 | 乌拉特后旗俯冲侵入岩段(S) | $G_2$组合 |
| Ⅰ-8-3-5 | 宝音图苏木东、乌拉特后旗俯冲侵入岩段($Pt_{2+3}$) | TTG 组合、变质闪长岩 TTG 组合 |
| Ⅰ-9 | 额济纳旗-北山弧盆系构造岩浆带 | |
| Ⅰ-9-1 | 圆包山(中蒙边界)岩浆弧构造岩浆岩亚带(OD) | |

续表 4-29

| 编号 | 构造岩浆岩带 | 岩石构造组合 |
|---|---|---|
| Ⅰ-9-1-1 | 黑红山-巴格洪吉尔俯冲侵入岩段($P_2$) | $G_2$花岗岩组合 |
| Ⅰ-9-1-2 | 青山-红石山俯冲侵入岩段($C_2$) | TTG 组合、$G_1G_2$组合、高镁闪长岩组合、SSZ 蛇绿岩组合 |
| Ⅰ-9-1-3 | 红石山俯冲型侵入岩段(S) | TTG 组合 |
| Ⅰ-9-2 | 黑鹰山-甜水井岩浆弧构造岩浆岩亚带(C) | |
| Ⅰ-9-2-1 | 三个井大陆伸展型侵入岩段($K_1$) | 碱性花岗岩组合 |
| Ⅰ-9-2-2 | 伊利格闾吉大陆伸展型侵入岩段($J_1J$) | 碱性花岗岩组合 |
| Ⅰ-9-2-3 | 红石门后碰撞侵入岩段($T_3$) | 中钾钙碱性花岗岩组合 |
| Ⅰ-9-2-4 | 辉森乌拉后碰撞侵入岩段($P_3$) | 钾质超钾质侵入岩组合 |
| Ⅰ-9-2-5 | 白梁-黑红山俯冲侵入岩段($P_2$) | TTG 组合、碱性玄武质辉长岩组合 |
| Ⅰ-9-2-6 | 白梁-逢勃山俯冲侵入岩段($C_2$) | TTG 组合、SSZ 型蛇绿岩组合 |
| Ⅰ-9-2-7 | 进素土海-红柳峡俯冲侵入岩段(S) | TTG 组合 |
| Ⅰ-9-2-8 | 都热乌拉俯冲侵入岩段($Pt_2$) | SSZ 型蛇绿岩组合 |
| Ⅰ-9-3 | 公婆泉岩浆弧构造岩浆岩亚带(OS) | |
| Ⅰ-9-3-1 | 旱山-七一山大陆伸展型($J_3K_1$) | 碱性花岗岩组合 |
| Ⅰ-9-3-2 | 梭梭井后碰撞侵入岩段($T_3$) | 高钾质—超钾质花岗岩组合 |
| Ⅰ-9-3-3 | 野马营大陆伸展侵入岩段($P_3$) | 双峰式侵入岩组合 |
| Ⅰ-9-3-4 | 尖山俯冲侵入岩段($P_2$) | 花岗闪长岩-花岗岩组合 |
| Ⅰ-9-3-5 | 石板井-东七一山俯冲侵入岩段($C_2$) | TTG 组合 |
| Ⅰ-9-3-6 | 大王山俯冲侵入岩段(S) | TTG 组合 |
| Ⅰ-9-3-7 | 黑条山-月牙山俯冲侵入岩段(O) | SSZ 型蛇绿岩组合、云英闪长岩组合 |
| Ⅰ-9-6 | 哈特布其岩浆弧构造岩浆岩亚带(C) | |
| Ⅰ-9-6-1 | 腰泉-沙枣泉后造山侵入岩段($K_1$) | 过碱性—钙碱性花岗岩组合 |
| Ⅰ-9-6-2 | 银根-新井后碰撞侵入岩段($T_3$) | 强过铝花岗岩组合 |
| Ⅰ-9-6-3 | 乌力吉山根后碰撞侵入岩段($T_2$) | 钾质—钾玄质花岗岩组合 |
| Ⅰ-9-6-4 | 包尔乌拉-巴润特格俯冲侵入岩段($P_2$) | TTG 组合 |
| Ⅰ-9-6-5 | 呼和诺尔-笋布尔乌拉俯冲侵入岩段($C_2$) | TTG 组合、高钾—超钾质花岗岩组合 |
| Ⅰ-9-6-6 | 索日图俯冲侵入岩段(S) | TTG 组合 |
| Ⅰ-9-6-7 | 高家窑-陶来洋岛型侵入岩段($Pt_2$) | 拉斑玄武质辉长岩组合、TTG 组合 |
| Ⅰ-9-7 | 巴音戈壁弧后盆地构造岩浆岩亚带(C) | |
| Ⅰ-9-7-1 | 1486 标高后碰撞侵入岩段($T_2$) | $G_2$组合、中基性岩组合 |
| Ⅰ-9-7-2 | 阿拉格林台乌拉西俯冲侵入岩段($P_2P_3$) | $G_2$组合 |
| Ⅰ-9-7-3 | 阿布德仁太山俯冲型侵入岩段($C_2$) | SSZ 型蛇绿岩组合 |
| Ⅰ-9-7-4 | 脑岗扣布-干旧热陶勒盖俯冲侵入岩段($Pt_2$) | 高镁闪长岩组合 |
| Ⅰ-9-8 | 恩格尔乌苏蛇绿混杂岩构造岩浆岩亚带(C) | |

续表 4-29

| 编号 | 构造岩浆岩带 | 岩石构造组合 |
|---|---|---|
| Ⅰ-9-8-1 | 呼和托洛海碰撞侵入岩段($K_1$) | 高钾—钙碱性花岗岩组合 |
| Ⅰ-9-8-2 | 巴格毛德后碰撞侵入岩段($T_3$) | 钾质—超钾质侵入岩组合 |
| Ⅰ-9-8-3 | 海尔罕俯冲侵入岩段($P_2$) | TTG 组合 |
| Ⅰ-9-8-4 | 乌尔特俯冲型侵入岩段($C_2$) | $G_2$组合、SSZ 型蛇绿岩组合 |
| Ⅰ-9-8-5 | 踏斑陶勒盖大洋环境侵入岩段($Pt_2$) | MORS 型蛇绿岩组合 |
| Ⅱ | 华北构造岩浆岩省 | |
| Ⅱ-2 | 晋冀陆块构造岩浆岩带 | |
| Ⅱ-2-5 | 吕梁碳酸盐岩台地构造岩浆岩亚带($Pz_1$) | |
| Ⅱ-2-5-1 | 清水河东陆核侵入岩段($Ar_2$) | 变质石榴花岗岩组合 |
| Ⅱ-3 | 冀北古弧盆系构造岩浆岩带 | |
| Ⅱ-3-1 | 恒山-承德-建平古岩浆弧构造岩浆岩亚带($Ar_3Pt_1$) | |
| Ⅱ-3-1-1 | 四道沟乡-林家营子后造山侵入岩段($K_1$) | 碱性—钙碱性花岗岩组合 |
| Ⅱ-3-1-2 | 金厂沟梁俯冲型侵入岩段($J_3$) | $G_1$组合 |
| Ⅱ-3-1-3 | 四道沟乡-喀喇沁旗碰撞型侵入岩段($J_2$) | 高钾和钾玄岩质花岗岩组合 |
| Ⅱ-3-1-4 | 四道沟乡-楼子店后造山侵入岩段($J_1$) | 碱性—钙碱性花岗岩组合 |
| Ⅱ-3-1-5 | 山神庙、十家村稳定陆块型侵入岩段($T_3$) | 基性—超基性杂岩组合 |
| Ⅱ-3-1-6 | 高桥村后造山侵入岩段($T_3$) | 碱性—钙碱性花岗岩组合 |
| Ⅱ-3-1-7 | 美林-四家子、孤山子、金厂沟梁、八里罕-小五家、四道沟乡-喀喇沁旗碰撞型侵入岩段($P_2+P_3+T_1+T_2$) | 高钾—钙碱性花岗岩组合 |
| Ⅱ-3-1-8 | 八里罕后造山侵入岩段($P_1$) | 碱性—钙碱性花岗岩组合 |
| Ⅱ-3-1-9 | 莲花山后造山侵入岩段($Pt_2$) | 碱性—钙碱性花岗岩组合 |
| Ⅱ-3-1-10 | 头道营子稳定陆块侵入岩段($Pt_2$) | 层状基性—超基性岩组合 |
| Ⅱ-3-1-11 | 喀喇沁旗俯冲型侵入岩段($Pt_1$) | $G_1G_2$组合 |
| Ⅱ-3-1-12 | 四道沟乡-楼子店古岩浆弧侵入岩段($Ar_3$) | 英云闪长质—花岗闪长质—花岗质片麻岩(TTG)组合 |
| Ⅱ-4 | 狼山-阴山(大陆边缘弧岩浆弧)构造岩浆岩带 | |
| Ⅱ-4-1 | 固阳-兴和陆核构造岩浆岩亚带($Ar_3$) | |
| Ⅱ-4-1-1 | 和林格尔东大陆伸展侵入岩段($K_2$) | 过铝碱性花岗岩组合 |
| Ⅱ-4-1-2 | 油篓山后造山侵入岩段($J_3$) | 碱性—钙碱性花岗岩组合 |
| Ⅱ-4-1-3 | 大桦背山东后造山侵入岩段($T_3$) | 碱性—钙碱性花岗岩组合 |
| Ⅱ-4-1-4 | 大桦背大陆伸展侵入岩段(T) | 碱性花岗岩组合 |
| Ⅱ-4-1-5 | 查汉敖包-秦家沟俯冲侵入岩段(P) | TTG 组合 |
| Ⅱ-4-1-6 | 沙德盖、二道凹大陆伸展型侵入岩段($Pt_2$) | 碱性花岗岩组合 |
| Ⅱ-4-1-7 | 大青山俯冲型侵入岩段($Pt_1$) | TTG 组合 |

**续表 4-29**

| 编号 | 构造岩浆岩带 | 岩石构造组合 |
| --- | --- | --- |
| Ⅱ-4-1-8 | 尖草沟大陆伸展侵入岩段($Ar_3$) | 碱性花岗岩组合 |
| Ⅱ-4-1-9 | 固阳-武川岛弧型侵入岩段($Ar_3$) | HMA+ TTG 组合 |
| Ⅱ-4-1-10 | 包头市、东坡村、蛮汉山、旗下营、兴和、丰镇、隆庄陆核型侵入岩段($Ar_2$) | 基性麻粒岩组合、TTG 紫苏片麻岩组合、混合花岗岩组合、TTG 质片麻岩组合、花岗质片麻岩组合、变质基性岩墙群组合、TTG 组合、花岗岩组合、变质基性超基性岩组合 |
| Ⅱ-4-2 | 色尔腾山-太仆寺旗古岩浆弧构造岩浆岩亚带($Ar_3Pt_1$) | |
| Ⅱ-4-2-1 | 神水梁大陆伸展侵入岩段($K_1$) | 碱性花岗岩组合 |
| Ⅱ-4-2-2 | 骆驼山大陆伸展侵入岩段(J) | 碱性花岗岩组合 |
| Ⅱ-4-2-3 | 李三沟-德日斯太碰撞侵入岩段($T_3$) | $G_1G_2$ 组合 |
| Ⅱ-4-2-4 | 德日斯台碰撞侵入岩段($T_1$) | 强过铝花岗岩组合 |
| Ⅱ-4-2-5 | 哈拉哈少-牛场湾碰撞型侵入岩段($P_2$) | 碱性花岗岩组合 |
| Ⅱ-4-2-6 | 哈拉哈少-牛场湾俯冲侵入岩段($P_1$) | $\upsilon$+TTG 组合 |
| Ⅱ-4-2-7 | 乌兰乌素后造山侵入岩段(C) | 碱性—钙碱性花岗岩组合 |
| Ⅱ-4-2-8 | 大照山-毛事沟大陆伸展侵入岩段($Pt_2$) | 双峰式侵入岩组合 |
| Ⅱ-4-2-9 | 白召沟俯冲侵入岩段($Pt_2$) | TTG 组合 |
| Ⅱ-4-2-10 | 色灯沟-石片沟大陆伸展侵入岩段($Pt_1$) | 碱性花岗岩组合 |
| Ⅱ-4-2-11 | 色尔腾山-召河俯冲侵入岩段($Pt_1$) | $\upsilon+\delta$+TTG 组合 |
| Ⅱ-4-2-12 | 闪电河、固阳-察右中旗侵入岩段($Ar_3$) | 花岗闪长质—二长花岗质片麻岩 $G_1G_2$组合、SSZ 型蛇绿岩组合、$\delta$+TTG 组合、花岗质片麻岩组合 |
| Ⅱ-4-2-13 | 色尔腾山陆核型侵入岩段($Ar_2$) | 花岗质片麻岩组合 |
| Ⅱ-4-3 | 狼山-白云鄂博裂谷构造岩浆岩亚带($Pt_2$) | |
| Ⅱ-4-3-1 | 二龙山后造山侵入岩段($K_1$) | 碱性—钙碱性二长岩-正长岩组合 |
| Ⅱ-4-3-2 | 阿拉善敖包苏木、新社村大陆伸展侵入岩段($J_{2+3}$) | 碱性花岗岩组合 |
| Ⅱ-4-3-3 | 乌兰德岭大陆伸展侵入岩段($T_3$) | 过碱性—钙碱性正长岩组合 |
| Ⅱ-4-3-4 | 乌梁斯太-大红山碰撞型侵入岩段($T_3$) | 碱性—过碱性花岗岩组合 |
| Ⅱ-4-3-5 | 额尔登温德尔后造山侵入岩段($T_2$) | 碱性—钙碱性花岗岩组合 |
| Ⅱ-4-3-6 | 哈日陶勒盖大陆伸展侵入岩段($T_1$) | 碱性花岗岩组合 |
| Ⅱ-4-3-7 | 石家营子后造山侵入岩段($P_3$) | 碱性—钙碱性花岗岩组合 |
| Ⅱ-4-3-8 | 扎木呼都格-恒义和、乌兰伊日-白音脑包俯冲侵入岩段($P_2$) | TTG 组合、$\upsilon+\delta$+TTG 组合 |
| Ⅱ-4-3-9 | 黄花圪洞-巴音哈太后造山侵入岩段(P) | 过碱性—钙碱性正长岩组合 |
| Ⅱ-4-3-10 | 黄花圪洞-巴音哈太俯冲型侵入岩段(P) | $\delta$+TTG 组合 |
| Ⅱ-4-3-11 | 珠力格太俯冲型侵入岩段($C_2$) | $\upsilon+\delta$+TTG 组合 |

续表 4-29

| 编号 | 构造岩浆岩带 | 岩石构造组合 |
|---|---|---|
| Ⅱ-4-3-12 | 董大沟-巴拉根乌拉后造山侵入岩段($C_1$) | 碱性—钙碱性正长岩组合 |
| Ⅱ-4-3-13 | 呼德呼都格-额尔格铁吉俯冲型侵入岩段(S) | $\delta$+TTG 组合 |
| Ⅱ-4-3-14 | 巴音宝力格镇俯冲型侵入岩段($Pt_3$) | TTG 组合 |
| Ⅱ-4-3-15 | 阿德日根别立-白音布拉沟大陆伸展侵入岩段($Pt_2$) | 碱性—钙碱性花岗岩组合 |
| Ⅱ-4-3-16 | 白云常合山-阿德日根别立裂谷侵入岩段($Pt_2$) | 基性—超基性岩组合 |
| Ⅱ-4-3-17 | 达嘎-柳叉沟碰撞型侵入岩段($Pt_1$) | 碱性花岗岩组合 |
| Ⅱ-4-3-18 | 徐磨房俯冲型侵入岩段($Pt_1$) | TTG 组合 |
| Ⅱ-4-3-19 | 毕级尔台-大布苏山-乌力吉图、乌兰哈达-龙西圪旦俯冲型侵入岩段($Ar_3$) | 闪长质片麻岩+TTG 质片麻岩组合 |
| Ⅱ-4-3-20 | 菠萝斯坦庙、巴彦毛德古陆核型侵入岩段($Ar_2$) | 英云闪长质—花岗闪长质片麻岩组合(TTG)、闪长质—石英二长质混合花岗岩组合(TTG) |
| Ⅱ-5 | 鄂尔多斯陆块构造岩浆岩带 | |
| Ⅱ-5-1 | 鄂尔多斯盆地构造岩浆岩亚带(Mz) | |
| Ⅱ-5-1-1 | 清水河北大陆伸展侵入岩段($K_2$) | 过碱性—碱煌岩组合 |
| Ⅱ-5-2 | 贺兰山夭折裂谷构造岩浆岩亚带($Pz_1$) | |
| Ⅱ-5-2-1 | 敖包梁俯冲侵入岩段($Pt_2$) | TTG 组合 |
| Ⅱ-5-2-2 | 小松山大陆伸展侵入岩段($Pt_2$) | 超基性岩-正长岩组合 |
| Ⅱ-5-2-3 | 贺兰山陆核侵入岩段($Ar_2$) | 混合花岗岩组合 |
| Ⅱ-7 | 阿拉善构造岩浆岩带 | |
| Ⅱ-7-1 | 迭布斯格岩浆弧构造岩浆岩亚带($Pz_2$) | |
| Ⅱ-7-1-1 | 额级乌拉大陆伸展侵入岩段($T_2$) | 碱性—钙碱性花岗岩组合 |
| Ⅱ-7-1-2 | 克拉乌拉尔后碰撞侵入岩段($P_3$) | 钾质和超钾质侵入岩组合 |
| Ⅱ-7-1-3 | 独青山-都兰布尔俯冲侵入岩段($P_2$) | $G_1G_2$组合 |
| Ⅱ 7 1-4 | 韩家井俯冲侵入岩段($C_2P_1$) | $G_2$花岗岩组合 |
| Ⅱ-7-1-5 | 得来纪俯冲侵入岩段($D_3$) | $G_1G_2$组合 |
| Ⅱ-7-1-6 | 五连泉山俯冲侵入岩段(S) | TTG 组合 |
| Ⅱ-7-1-7 | 哈马拉-库和额热格裂谷侵入岩段($Pt_2$) | 辉长岩-闪长岩组合 |
| Ⅱ-7-1-8 | 希勒图洋岛拉斑侵入岩段($Pt_1$) | 碱性拉斑玄武质辉长岩组合 |
| Ⅱ-7-1-9 | 迭布斯格山-哈乌拉山陆核侵入岩段($Ar_2$) | 混合花岗岩组合 |
| Ⅱ-7-2 | 龙首山基底杂岩构造岩浆岩亚带($Ar_3Pt_1$) | |
| Ⅱ-7-2-1 | 大车场后造山侵入岩段($P_2$) | 碱性—钙碱性花岗岩组合 |
| Ⅱ-7-2-2 | 桃花山俯冲侵入岩段($C_2$) | $G_2$花岗岩组合 |
| Ⅱ-7-2-3 | 坡拉麻顶俯冲侵入岩段(S) | $G_1G_2$组合 |
| Ⅱ-7-2-4 | 道木头沟大洋侵入岩段(∈) | MORS 型蛇绿岩组合 |

**续表 4-29**

| 编号 | 构造岩浆岩带 | 岩石构造组合 |
|---|---|---|
| Ⅱ-7-2-5 | 大井俯冲侵入岩段($Pt_2$) | TTG组合 |
| Ⅲ | 塔里木构造岩浆岩省 | |
| Ⅲ-2 | 敦煌陆块构造岩浆岩带 | |
| Ⅲ-2-1 | 柳园裂谷构造岩浆岩亚带(C、P) | |
| Ⅲ-2-1-1 | 炮台山碰撞型侵入岩段($K_1$) | 强过铝花岗岩组合 |
| Ⅲ-2-1-2 | 红柳大泉碰撞型侵入岩段($J_2$) | 高钾—钙碱性花岗岩组合 |
| Ⅲ-2-1-3 | 王许黑山大陆伸展侵入岩段($T_3$) | 碱性花岗岩组合 |
| Ⅲ-2-1-4 | 野马营-西沙婆泉后造山侵入岩段($P_3$) | 双峰式侵入岩组合 |
| Ⅲ-2-1-5 | 东三洋井-三道明水俯冲侵入岩段($P_2$) | $\upsilon+\delta+$TTG组合 |
| Ⅲ-2-1-6 | 三道明水俯冲入岩段($C_2$) | $G_1$组合 |
| Ⅲ-2-1-7 | 龙峰山俯冲侵入岩段(S) | 英云闪长岩-花岗闪长岩(TTG)组合 |
| Ⅲ-2-1-8 | 白泉沟洋岛型侵入岩段(O) | 拉斑玄武质辉长岩组合 |
| Ⅲ-2-1-9 | 五道明水陆核型侵入岩段($Ar_{2-3}$) | 英云闪长片麻岩(TTG)组合 |

## 四、侵入岩形成构造环境及演化

成矿地质背景-大地构造研究成果认为,内蒙古自治区南部为华北陆块区北缘,北部为天山-兴蒙造山系东段。前者经历了前中太古代陆核形成→新太古代—古元古代洋陆转换、增生、碰撞、汇聚形成较稳定陆块,之后中元古代产生碰撞后的裂谷事件,而经过碎屑岩“补齐填平”进入陆架碳酸盐岩台地,形成了现今的华北陆块区,同时也形成了具有陆块区演化特征的华北构造岩浆岩省;后者由洋陆转换中的弧盆系和卷入的基底残块组成,经历了古生代多岛盆系中不止一个弧后盆地俯冲、消减,弧-弧、弧-陆、陆-陆碰撞造山形成了现今天山-兴蒙造山系的面貌,同时也形成了具有造山系演化特征的天山-兴蒙构造岩浆岩省。另外,索伦山-温都尔庙-西拉木伦结合带证明了古亚洲洋的存在,古亚洲洋自新元古代发生到古生代发展、消亡的演化过程,形成了独特的地质构造和构造岩浆岩带。

侵入岩与火山岩、沉积岩以及变质岩一样,都是地质构造发展的产物,不同的大地构造环境、不同的发展阶段有不同的侵入岩及其组合特征。

现有的侵入岩时空分布特征表明,不同的构造岩浆岩省、岩浆岩带、亚带以及不同的发展阶段都有不同的构造环境,因而就有不同的侵入岩岩石构造组合及演化趋势。

### (一)天山-兴蒙造山系构造岩浆岩省

本构造岩浆岩省包含有4类不同的大地构造环境,即东北部的大兴安岭弧盆系、西部的额济纳旗-北山弧盆系,以及位于两者之间的索伦山-西拉木伦结合带和包尔汉图-温都尔庙弧盆系。

#### 1. 大兴安岭弧盆系

本弧盆系自北而南依次为额尔古纳岛弧、海拉尔-呼玛弧后盆地、红花尔基弧-陆碰撞带、东乌旗-多宝山岛弧、二连-贺根山结合带、锡林浩特岩浆弧6个不同的构造环境。

(1)额尔古纳岛弧环境中形成的侵入岩岩石构造组合及其演化。该构造环境中从新元古代开始，经石炭纪、二叠纪到早三叠世，经历了俯冲、碰撞到后造山的演化过程，先后形成了辉长岩-闪长岩组合和花岗岩闪长岩-花岗岩组合→TTG组合→花岗闪长岩-花岗岩组合→高钾和钾玄岩质花岗岩组合→碱性—钙碱性花岗岩组合的演化特征，后又叠加了中侏罗世到白垩纪俯冲、碰撞后造山以及大陆伸展环境中形成的各类岩石构造组合。

(2)海拉尔-呼玛弧后盆地环境中形成的侵入岩岩石构造组合及其演化。该构造环境下自晚泥盆世开始，经石炭纪、二叠纪到晚三叠世，经历了俯冲、消减、碰撞，再俯冲、消减、碰撞和后造山的演化过程，先后形成了 TTG 组合→辉长岩-辉绿玢岩组合→高钾钙碱性花岗岩组合→TTG 组合→高钾钙碱性花岗岩组合→过碱性—钙碱性花岗岩组合的演化特征。之后又叠加了侏罗纪和白垩纪俯冲、碰撞后造山以及大陆伸展环境中形成的各类岩石构造组合。

(3)红花尔基弧-陆碰撞带环境中形成的侵入岩岩石构造组合及其演化。本构造环境中自晚泥盆世开始，到二叠纪经历了俯冲和碰撞的演化过程，先后形成了 TTG 组合→过碱性—钙碱性花岗岩组合的演化特征。

(4)东乌旗-多宝山岛弧环境中形成的侵入岩岩石构造组合及其演化。该构造环境中自古元古代开始，经中新元古代、古生代到晚三叠世，经历了俯冲、拉伸，再俯冲、拉伸，以及再俯冲、碰撞和后造山的演化过程，同时形成了变质辉长岩-闪长组合→变质超基性岩组合→$G_1G_2$组合和 TTG 组合→辉长岩-辉绿玢岩组合→$G_1G_2$组合→强过滤花岗岩组合→$G_1G_2$组合→高钾和钾玄岩质花岗岩组合→碱性—钙碱性花岗岩组合的演化趋势。之后又叠加了侏罗纪和白垩纪俯冲、碰撞后造山以及大陆伸展环境形成的各类岩石构造组合。

(5)二连-贺根山结合带环境中形成的侵入岩岩石构造组合及其演化。本结合带为西伯利亚陆块与锡林浩特微地块之间的结合带。该结合带从中泥盆世开始，经二叠纪到三叠纪，经历了裂解、俯冲、陆-陆碰撞的演化过程，同时形成了 SSZ 型蛇绿岩组合→$G_1G_2$ 组合和$\upsilon+\delta+$TTG 组合→$G_1$组合的演化趋势。之后又叠加了晚侏罗世大陆伸展环境中形成的碱性花岗岩组合。

(6)锡林浩特岩浆弧构造环境中形成的侵入岩岩石构造组合及其演化。该环境中自中元古代开始，经奥陶纪、志留纪、泥盆纪、石炭纪、二叠纪到晚三叠世，经历了俯冲、碰撞，再俯冲和碰撞的演化过程，同时形成了 SSZ 型蛇绿岩组合和 TTG 组合和$\delta+$TTG 组合和$\upsilon+\delta+$TTG 组合→高钾钙碱性花岗岩组合和强过铝花岗岩组合→SSZ 型蛇绿岩组合和 TTG 组合→强过铝花岗岩组合→过碱性—钙碱性花岗岩组合的演化趋势。后又叠加了侏罗纪和白垩纪俯冲、碰撞、后造山以及大陆伸展环境中形成的各类岩石构造组合。

### 2. 索伦山林西结合带

该结合带为华北陆块与西伯利亚陆块的结合带。从石炭纪开始，经二叠纪到晚三叠世，经历了从俯冲到稳定陆块的发展过程，同时形成了 SSZ 蛇绿岩组合→$G_1$组合→SSZ 蛇绿岩组合→中基性—超基性杂岩组合的演化特征。之后又叠加了侏罗纪和白垩纪俯冲、碰撞环境中形成的各类岩石构造组合。

### 3. 宝音图-温都尔庙弧盆系

该弧盆系构造环境由东向西依次为温都尔庙俯冲增生杂岩带和宝音图岩浆弧。

(1)温都尔庙俯冲增生杂岩带环境下侵入岩岩石构造组合及其演化。本俯冲带在古元古代开始，经寒武纪、奥陶纪、志留纪、泥盆纪、石炭纪到中二叠世，经历了俯冲、扩张、俯冲、碰撞和后造山的演化过程，同时形成了 MORS 型蛇绿岩组合和 TTG 组合→MORS 型蛇绿岩组合和基性—超基性岩组合→TTG 组合→碱性—钙碱性花岗岩组合演化特征。之后又在其上叠加了晚二叠世及中生代俯冲、碰撞和后造山环境中形成的各类岩石构造组合。

(2)宝音图岩浆弧环境下形成的侵入岩岩石构造组合与演化。本岩浆弧自中元古代开始，经新元古代、志留纪、石炭纪到二叠纪,经历了俯冲和碰撞的演化过程,同时形成了TTG组合和变质闪长岩TTG组合→$G_2$组合→δ+TTG组合→$G_1$组合的演化特征。之后又叠加了三叠纪大陆伸展环境中的碱性花岗岩组合。

**4.额济纳旗-北山弧盆系**

本弧盆系包括6个大地构造环境,自北而南依次为圆包山(中蒙边界)岩浆弧、黑鹰山-甜水井岩浆弧、公婆泉岩浆弧、哈特布其岩浆弧、巴音戈壁弧后盆地和恩格尔乌苏蛇绿混杂岩带6个不同的构造环境。

(1)圆包山岩浆弧环境中形成的侵入岩岩石构造组合及其演化。本岩浆弧从志留纪开始,经石炭纪到二叠纪,经历了俯冲环境的演化过程,同时形成了TTG组合→SSZ型蛇绿岩组合和高镁闪长岩组合和$G_1G_2$组合→$G_2$组合演化特征。

(2)黑鹰山-甜水井岩浆弧环境中形成的侵入岩岩石构造组合及其演化。本岩浆弧自中元古代开始,经志留纪、石炭纪、二叠纪到晚三叠世,经历了俯冲、碰撞的演化过程,同时形成了SSZ型蛇绿岩组合→TTG组合→SSZ型蛇绿岩组合和TTG组合→碱性玄武质辉长岩组合和TTG组合→钾质—超钾质花岗岩组合→中钾质钙碱性花岗岩组合演化趋势。之后叠加了侏罗纪、白垩纪大陆伸展型碱性花岗岩组合。

(3)公婆泉岩浆弧环境中形成的侵入岩岩石构造组合及其演化。本岩浆弧自奥陶纪开始,经志留纪、石炭纪、二叠纪到晚三叠世,经历了俯冲、伸展、碰撞演化过程,同时形成了SSZ型蛇绿岩组合→TTG组合→$G_1G_2$组合→双峰式侵入岩组合→钾质—超钾质花岗岩组合演化特征。之后又叠加了侏罗纪、白垩纪大陆伸展环境中形成的碱性花岗岩组合。

(4)哈特布其岩浆弧环境中形成的侵入岩岩石构造组合及其演化。本岩浆弧自中元古代开始,经志留纪、石炭纪、二叠纪、三叠纪到白垩纪,经历了俯冲、碰撞等演化过程,同时形成了拉斑玄武质辉长岩组合和TTG组合→钾质—超钾质侵入岩组合和TTG组合→钾质钾玄岩质花岗岩组合→强过铝花岗岩组合→过碱性—钙碱性花岗岩组合的演化特征。

(5)巴音戈壁弧后盆地环境中形成的侵入岩岩石构造组合及其演化。本弧后盆地自中元古代开始,经石炭纪、二叠纪到三叠纪,经历了俯冲、碰撞的演化过程,同时形成了高镁闪长岩组合→SSZ型蛇绿岩组合→$G_2$组合→钾质中基性岩组合和$G_2$组合的演化特征。

(6)恩格尔乌苏蛇绿混杂岩带环境中形成的侵入岩岩石构造组合及其演化。本蛇绿混杂岩带自中元古代开始,经石炭纪、二叠纪到三叠纪,经历了大洋、俯冲和碰撞的演化过程,同时形成了MORS型蛇绿岩组合→SSZ型蛇绿岩组合和$G_2$组合→TTG组合→钾质—超钾质侵入岩组合的演化特征。之后叠加了白垩纪碰撞环境中形成的高钾钙碱性花岗岩组合。

## (二)华北陆块区构造岩浆岩省

本构造岩浆岩省包括5类大地构造环境,即清水河一带的晋冀陆块、赤峰一带的冀北古弧盆系、狼山-阴山大陆边缘弧岩浆弧、鄂尔多斯陆块和阿拉善地块。

**1.晋冀陆块**

本陆块主要部分在山西省、河北省,在清水河东部只占吕梁碳酸盐岩台地构造岩浆岩亚带的一小部分。本亚带在内蒙古自治区内只有由变质石榴花岗岩和片麻状花岗岩构成变质石榴花岗岩组合。

**2.冀北古弧盆系**

本古弧盆系主要部分在河北省,在内蒙古自治区内只跨恒山-承德-建平古岩浆弧构造岩浆岩亚带的一部分。

该古岩浆弧构造岩浆岩亚带从新太古代到中元古代，经历了俯冲、碰撞和后造山等演化过程，同时形成了英云闪长质—花岗闪长质—花岗质片麻岩(TTG)组合→$G_1G_2$组合→层状基性—超基性岩组合→碱性—钙碱性花岗岩组合的演化趋势。之后又叠加了二叠纪、三叠纪、侏罗纪、白垩纪的碰撞、稳定陆块、俯冲和后造山环境中形成的各类岩石构造组合。

### 3. 狼山-阴山大陆边缘弧岩浆弧

本边缘弧岩浆弧包括固阳-兴和陆核、色尔腾山-太仆寺旗古岩浆弧和狼山-白云鄂博裂谷三大构造环境。

(1)固阳-兴和陆核环境中形成的侵入岩岩石构造组合及其演化。本陆核自中太古代经新太古代到古元古代，经历了俯冲、碰撞等陆核形成和陆缘增生等演化过程，同时形成了基性麻粒岩组合和花岗质片麻岩组合以及变质超基性岩组合等→HMA＋TTG 组合的演化特征。之后又叠加了中元古代、二叠纪以及中生代伸展、俯冲和后造山环境中形成的各类岩石构造组合。

(2)色尔腾山-太仆寺旗古岩浆弧环境中形成的侵入岩岩石构造组合及其演化。本古岩浆弧自新太古代至古元古代，经历了俯冲、碰撞、陆核形成和陆缘增生等的演化过程，同时形成了花岗质片麻岩组合→SSZ型蛇绿岩组合和花岗闪长质—二长花岗质片麻岩组合以及$\delta$＋TTG 组合等→$\upsilon+\delta$＋TTG 组合的演化趋势。之后叠加了中元古代、晚古生代和中生代的俯冲、裂谷、碰撞和后造山环境中形成的各类岩石构造组合。

(3)狼山-白云鄂博裂谷环境中形成的侵入岩岩石构造组合及其演化。本裂谷变质基底中的侵入岩组合为陆核形成、俯冲、碰撞环境的英云闪长质—花岗闪长质片麻岩组合和混合花岗岩组合以及碱性花岗岩。在此基础上本裂谷在中元古代经历了拉伸、俯冲、碰撞，形成了基性—超基性岩组合→碱性—钙碱性花岗岩组合的演化特征。之后又叠加了晚古生代和中生代俯冲、碰撞、大陆伸展与后造山环境中形成的各类岩石构造组合。

### 4. 鄂尔多斯陆块

本陆块环境在本自治区包括鄂尔多斯盆地和贺兰山夭折裂谷两大构造环境。

(1)鄂尔多斯盆地环境中形成的侵入岩岩石构造组合及其演化。本盆地内只出露白垩纪大陆伸展环境中形成的过碱性—钙碱性花岗岩组合。

(2)贺兰山夭折裂谷环境中形成的侵入岩岩石构造组合及其演化。该夭折裂谷在本自治区内只有小部分。夭折裂谷基底为中太古代变混合花岗岩组合，并有中元古代大陆伸展环境中形成的碱性—超基性正长岩组合和俯冲环境中的 TTG 组合。

### 5. 阿拉善地块

本陆块包括迭布斯格岩浆弧和龙首山基底杂岩带两大构造环境。

(1)迭布斯格岩浆弧环境中形成的侵入岩岩石构造组合及其演化。本岩浆弧在古元古代陆块(为混合花岗岩组合→碱性拉斑玄武质辉长岩组合)形成后的基础上，自中元古代经志留纪、泥盆纪、石炭纪到二叠纪，经历了拉伸、裂解、俯冲和碰撞的演化过程，形成了岩浆弧环境中的辉长岩-闪长岩组合→TTG 组合→$G_1G_2$组合→钾质—超钾质侵入岩组合的演化趋势。之后叠加了三叠纪伸展环境中形成的碱性—钙碱性花岗岩组合。

(2)龙首山基底杂岩环境中形成的侵入岩岩石构造组合及其演化。本基底杂岩带内未见前中元古代之侵入岩出露。只有后期叠加的中元古代、寒武纪、志留纪、石炭纪和二叠纪之俯冲和后造山环境中形成的 TTG 组合→MORS 型蛇绿岩组合→$G_1G_2$组合→$G_2$花岗岩组合→碱性—钙碱性花岗岩组合演化趋势。

### (三)塔里木陆块区构造岩浆岩省

该陆块区大部分在甘肃省,本自治区内只跨柳园裂谷之一部分。

本裂谷自奥陶纪开始,经志留纪、石炭纪到二叠纪,经历了拉伸、俯冲、碰撞和后造山的演化过程,形成了陆内裂谷环境中拉斑玄武质辉长岩组合→TTG 组合→$\upsilon+\delta+$TTG 组合→双峰式侵入岩组合的演化趋势。之后又叠加了中生代伸展和碰撞环境中形成的各类岩石构造组合。

## 五、侵入岩岩石构造组合与矿产关系

侵入岩岩石构造组合与矿产都是地质构造发展历史的产物。不同的大地构造环境、不同的构造部位以及不同的构造发展阶段所形成的侵入岩岩石构造组合不同。不同的侵入岩岩石构造组合往往有不同的矿产种类、不同的矿产成因类型以及不同的矿产组合,因而矿产特别是内生矿产与侵入岩岩石构造组合往往具有密不可分的成因联系。

内蒙古自治区地域辽阔,侵入岩发育而且分布广泛,但一般研究程度较低,岩石构造组合划分也较粗略,同样矿产资源丰富,但是其在成因方面研究程度也较低,所以,关于侵入岩岩石构造组合与矿产的关系方面研究程度相对也较低。由于前面所划分的 10 余种侵入岩岩石构造组合类型并不是所有组合类型都与矿产有关,有的岩石组合类型虽然可能与某种矿产有关,但无奈缺乏资料,故本小节只能择其重要且有资料者予以概述。

### (一)钾质—超钾质花岗岩组合与乌拉山热液型金矿

该组合类型分布广泛,在华北构造岩浆岩省和天山-兴蒙构造岩浆岩省以及塔里木构造岩浆岩省均有分布。形成时代主要为三叠纪,其次为二叠纪。形成环境为后碰撞。该组合类型与成矿关系以乌拉山大桦背地区为例予以简要说明。

大桦背地区钾质—超钾质花岗岩组合分布于固阳-兴和陆核构造岩浆岩亚带之乌拉山大桦背地区。该组合由中粗粒二长花岗岩及少量的碱长花岗岩构成。该组合类型与哈达门沟大型金矿、乌拉山大型金矿以及乌拉山-桌子山金矿化带的形成至关重要。

现有资料显示,上述两大型金矿含金钾化石英脉和矿化蚀变带产于三叠纪二长花岗岩外接带的乌拉山岩群哈达门沟岩组内。其成矿地质构造要素有三:一是太古宙乌拉山岩群哈达门沟岩组片麻岩类,特别是含角闪质的片麻岩类既是含矿围岩,也是金矿初始矿源层;二是乌拉山山前东西向大断裂(该断裂活动时间长,其特征是先逆后正)及其与之大角度相交断裂的交会地段为矿液的远移通道和富集场所;三是钾质—超钾质花岗岩组合中的中粗粒二长花岗岩除为成矿提供部分金元素外,还为初始矿源层内金元素的活化、迁移和富集提供了必要条件。

### (二)SSZ 型蛇绿组合与索伦山岩浆型铬矿

该组合类型主要分布在二连-贺根山和索伦山-西拉木伦两个结合带内,属俯冲环境。形成时代为元古宙和晚古生代(D、P)。其与成矿作用关系以索伦山地区为例。

该组合分布在索伦山地区中蒙边境地带,断续构成长达 200 余千米的基性—超基性岩带。岩体均呈小岩珠状,与围岩接触关系为断层,显示其为构造堆积体。岩体形成时代为早二叠世,形成环境为俯冲。该组合由蛇纹石化纯橄榄岩、斜辉辉橄岩、二辉橄榄岩及未分超基性岩构成。岩浆分异作用尚好。

铬铁矿主要产于蛇纹石化纯橄榄岩带内，极少产于斜辉橄岩内。显然铬铁矿与超基性岩为同源、同成因、同期形成的共生体。

### (三)高钾—钙碱性花岗岩组合与朝不楞大型铁铜矿

该类组合主要分布于内蒙古东部，其余零星分布在中西部，其形成时代以晚侏罗世为主，少数为二叠纪或早白垩世。形成大地构造环境多样。

该类组合分布在东乌旗-多宝山亚带内的高钾—钙碱性花岗岩组合与朝不楞大型铁铜矿。

本组合由黑云钾长石英斑岩、花岗斑岩、正长斑岩、黑云母花岗岩、似斑状黑云母花岗岩、二长花岗岩构成。形成环境为碰撞。形成时代为晚侏罗世。含矿矽卡岩形成于上述组合中的似斑状黑云母花岗岩与泥盆纪塔尔巴格特组的接触带上。显示其成矿地质构造要素有二：一是似斑状黑云母花岗岩是提供含矿热液的必要成矿条件之一；二是塔尔巴格特组的石英角斑质凝灰岩、硅质石英角斑岩建造和长英质砂岩泥岩建造为含矿矽卡岩形成的又一个必要条件。

### (四)碱性—钙碱性花岗岩组合与金厂沟梁大型脉状金矿

该组合在东乌旗-多宝山岛弧构造岩浆岩亚带和恒山-承德-建平古岩浆弧构造岩浆岩亚带均有出露。形成环境为后造山。形成时代为早白垩世。

分布在恒山-承德-建平古岩浆弧构造岩浆岩亚带内的本组合类型由花岗斑岩、黑云母花岗岩、正长花岗岩、碱长花岗岩、黑云二长花岗岩和石英二长花岗岩等构成。岩体一般多呈小岩株状、岩枝状或不规则状。现有资料显示，含金石英脉均产于上述组合中的花岗斑岩和建平岩群的内外接触带上。成矿地质构造要素有三：一是该组合中的花岗斑岩等除为金矿提供部分含矿热液外，同时还为建平岩群中初始矿源层中金元素的活化、迁移提供方便；二是建平岩群中初始矿源层的活化；三是构造裂隙或断裂为花岗斑岩的就位以及含矿热液的运移和富集提供了充分的空间。

### (五)高钾—钾玄岩质花岗岩组合与白音诺尔大型铅锌矿、黄岗梁大型锡矿、三河式热液脉状铅锌矿

该组合类型分布较广，主要有额尔古纳岛弧构造岩浆岩亚带、海拉尔-呼玛弧后盆地构造岩浆岩亚带、东乌旗-多宝山岛弧构造岩浆亚带、温都尔庙俯冲增生杂岩构造岩浆岩亚带和索伦山-林西构造岩浆岩亚带等。

(1)分布在额尔古纳岛弧构造岩浆岩亚带内的高钾—钾玄岩质花岗岩组合与三河式热液麦庄铅锌矿。

高钾—钾玄岩质花岗岩组合由正长花岗岩和黑云二长花岗岩等构成。形成时代为晚侏罗世。形成环境为后碰撞。现有资料显示，上述组合中的正长花岗岩侵入于晚石炭世红水泉组长石砂岩泥岩建造和中侏罗世塔木兰沟组中性—中基性火山岩及火山碎屑岩建造中。含铅锌石英脉和含铅锌破碎带或产于岩体内或产于围岩裂隙中。其成矿地质构造要素有二：一是上述岩石构造组合中的正长花岗岩为成矿作用提供了物质来源，是成矿的必要条件；二是得尔布干大断裂带及其次级断裂或裂隙为正长花岗岩就位和含矿热液运移以及矿脉的富集提供了空间，是成矿作用的充分条件。

(2)分布在索伦山-林西构造岩浆岩亚带内的高钾—钾玄岩质花岗岩组合与白音诺尔大型铅锌矿。

该组合由花岗斑岩、正长花岗岩、二长花岗岩、花岗闪长岩和黑云母花岗岩等构成。形成时代为晚侏罗世。形成环境为碰撞。本组合与白音诺尔大型铅锌矿成矿作用关系密切。现有资料显示，含矿矽卡岩形成于晚侏罗世花岗斑岩与早—中二叠世大石寨组和哲斯组接触带上。成矿地质构造要素有三：

一是上述岩石构造组合中的花岗斑岩提供了含矿热液这一必要条件;二是大石寨组火山岩火山碎屑岩夹碳酸盐岩建造和哲斯组碳酸盐岩建造为矽卡岩化提供了又一个必要条件;三是北东向断裂构造为花岗斑岩等的就位提供充分空间。另外,众所周知的黄岗梁大型铁锡矿,其成矿地质构造要素与白音诺尔大型铅锌矿基本相同,也是上述岩石构造组合类型中的正长花岗岩和黑云母花岗岩侵入早中二叠世大石寨组和哲斯组,在有利的构造部位形成含铁、锡矽卡岩,只是矿种组合不同而已。

### (六)碱性花岗岩组合与七一山热液型钨矿

该组合分布在公婆泉岩浆弧、黑鹰山-甜水井岩浆弧、额尔古纳岛弧等构造岩浆岩亚带内。形成时代为侏罗纪—白垩纪。形成环境为大陆伸展。

分布在公婆泉岩浆弧构造岩浆岩亚带内的碱性花岗岩组合由早白垩世二长花岗岩、花岗岩和钠长石花岗岩等构成。岩体呈小岩株、岩枝或不规则脉状产出。侵入志留纪公婆泉组和圆包山组。前者为中性火山岩建造,后者为碎屑岩-碳酸盐岩建造。现有资料显示,含钨矿脉产于上述组合中的花岗岩内或其周围的地层内。其成矿要素有二:一是上述岩石构造组合中的花岗岩为成矿作用提供矿液来源;二是该地区的北东向和北西向两组裂隙以及复杂的网状裂隙为含钨矿脉提供了丰富的富集空间。

### (七)$G_1G_2$ 和 TTG 岩石构造组合与白乃庙大中型金铜矿

此种类型的岩石构造组合在黑鹰山-甜水井岩浆弧构造岩浆岩亚带、哈特布其岩浆弧构造岩浆岩亚带、温都尔庙俯冲增生杂岩构造岩浆岩亚带、锡林浩特岩浆弧构造岩浆亚带、海拉尔-呼玛弧后盆地构造岩浆岩亚带、东乌旗-多宝山岛弧构造岩浆岩亚带等均有出露。

分布在温都尔庙俯冲增生杂岩构造岩浆岩亚带内的 $TTG_1$(及 $G_1$、$G_2$)组合形成时代分别为志留纪、石炭纪和二叠纪。其中,志留系为由花岗闪长斑岩和花岗岩组成的 $G_1$、$G_2$ 岩石构造组合;石炭系为由英云闪长岩、花岗闪长岩和二长花岗岩组成的 $TTG_1$ 组合;二叠系为由英云闪长岩、石英闪长岩、闪长玢岩和花岗闪长岩组成的 $TTG_1$ 组合。形成环境为俯冲。现有资料显示,白乃庙金铜矿成矿作用复杂多期(至少有 3 期)。其成矿地质构造要素有三:一是白乃庙群中片理化中基性火山岩建造为初始的矿源层;二是上述岩石构造组合中的花岗闪长岩($S\gamma\delta$)、花岗闪长斑岩($C\gamma\delta\pi$ 本矿区内未出露)以及石英闪长岩($P\delta o$)三次岩浆侵入富集作用在适当的构造条件下堆积成矿;三是此地是处于索伦山-西拉木伦结合带内,地质构造复杂,富集空间丰富多样。

### (八)TTG 岩石构造组合与乌珠尔嘎顺矽卡岩型铁矿

本组合分布于黑鹰山-甜水井岩浆弧构造岩浆岩亚带。形成时代为晚石炭世。形成环境为俯冲。该组合由英云闪长岩、似斑状花岗闪长岩、黑云母花岗岩和二长花岗岩组成。本组合中的似斑状花岗闪长岩侵入咸水湖组安山岩-安山质凝灰熔岩-流纹质凝灰岩夹玄武岩、英安岩建造。在局部接触带形成含铁矽卡岩。显然其成矿地质构造要素有二:一是似斑状花岗闪长岩为其成矿的矿液来源;二是咸水湖组内的凝灰岩为其形成矽卡岩矿的另一种必要条件。

### (九)花岗岩组合($G_2$)与小狐狸山钼矿

本组合分布于圆包山(中蒙边界)岩浆弧构造岩浆岩亚带内。形成时代为早二叠世。形成环境为俯冲。本组合由中粗粒花岗岩、中细粒花岗岩和中粗粒似斑状花岗岩组成。现有资料显示,上述组合中的中粗粒似斑状花岗岩侵入奥陶纪罗雅楚山组($O_{1-2}l$)、咸水湖组($O_{2-3}x$)和石炭纪绿条山组($C_{1-2}l$)以及前中二叠世侵入岩。钼矿体呈浸染状或块状产于中粗粒似斑状花岗岩体内。显然该中粗粒似斑状花岗岩为钼矿的成矿母岩，是钼矿成矿作用的必要条件。而本地段的近东西向构造挤压带可能为岩体就位提供了方便条件。

#### （十）基性—超基性岩岩石构造组合与小南山铜镍矿

本组合主要分布于陆块或地块构造带内。主要有狼山-白云鄂博裂谷、锡林浩特岩浆弧、温都尔庙俯冲增生杂岩带、固阳-兴和陆核、横山-承德-建平古岩浆弧等构造岩浆亚带内。本组合形成环境多样，时代各异。

分布于狼山-白云鄂博裂谷构造岩浆亚带内，该组合由变质辉长岩、辉绿玢岩、蛇纹岩和橄榄岩等构成的基性—超基性岩组合构成。形成时代为中元古代。形成环境为大陆裂谷。该组合中的辉长岩与小南山铜镍矿关系密切。现有资料显示，铜镍矿体呈透镜状或脉状主要产于辉长岩体内，少数产于辉长岩体与白云鄂博群哈拉霍疙特组泥岩-碳酸盐岩建造接触带上。故其成矿地质构造要素有三：一是辉长岩体是铜镍的载体，是成矿的必要条件；二是与裂谷环境发生密切相关的近东西向深大断裂构造是辉长岩体的定位空间，是成矿充分条件之一；三是哈拉霍疙特组泥岩-碳酸盐岩建造是有利的成矿围岩，是成矿的又一充分条件。

## 第四节 变质岩岩石构造组合

### 一、变质地质单元划分

根据变质地质单元划分原则，内蒙古变质地质单元划分方案如图 4-6 所示。

### 二、变质岩时空分布

内蒙古变质岩非常发育。从太古宙到显生宙，从造山系到陆块区，均有不同类型、不同规模、不同变质程度的变质岩系分布。陆块区主要分布中高级变质表壳岩和变质深成侵入体，造山系主要分布中低级变质岩和变质侵入体。以下列述各个变质地质单元、变质岩石地层单位与变质侵入体的物质组成及时空分布特征（表 4-30～表 4-32）。

### 三、变质岩岩石构造组合

#### （一）前寒武纪变质岩岩石构造组合

**1. 古太古代变质岩岩石构造组合**

古太古代兴和岩群是内蒙古最古老的变质岩系，将兴和岩群划分为两个变质岩岩石构造组合。

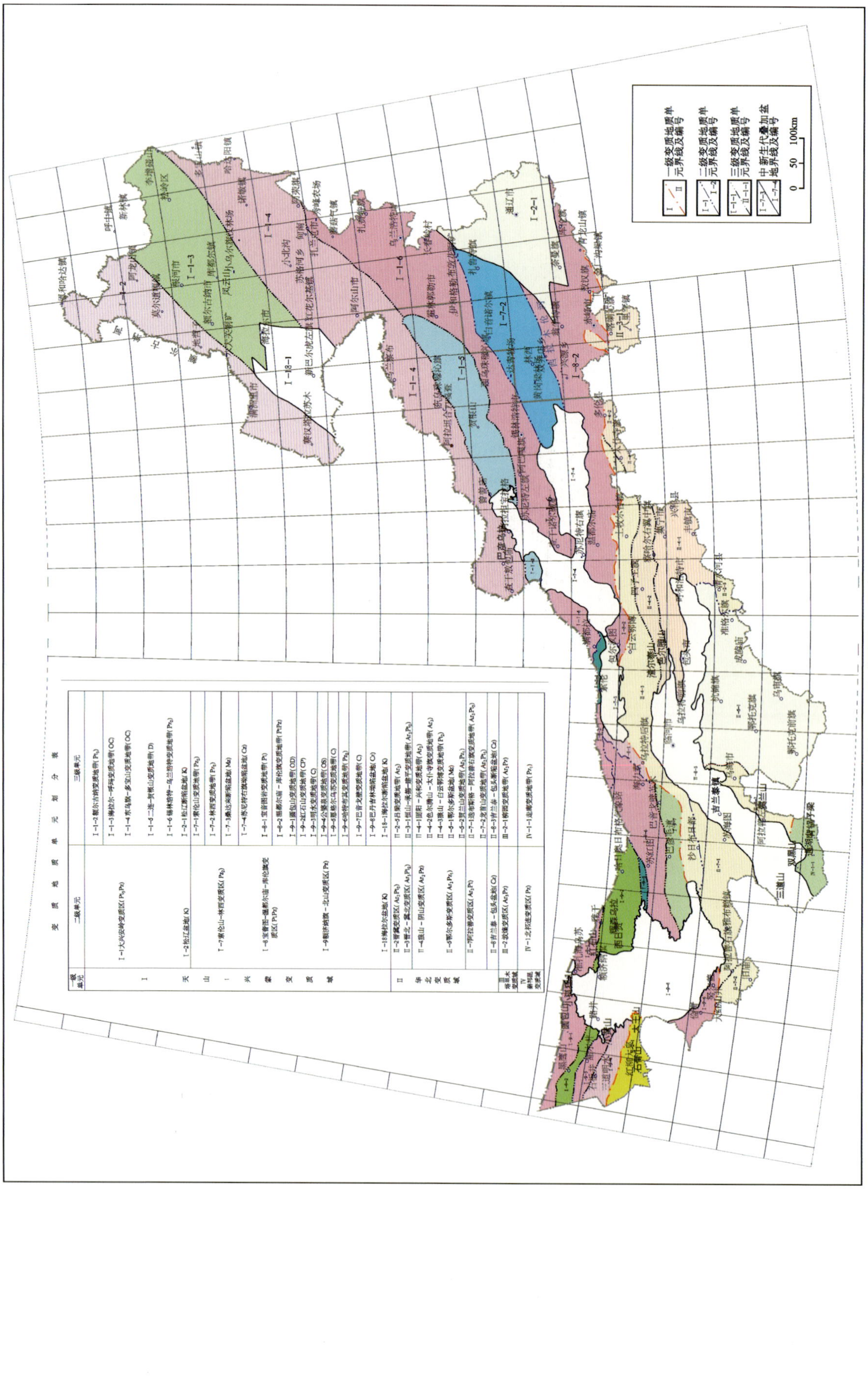

图 4-6　内蒙古自治区变质地质单元划分图

表 4-30　内蒙古自治区天山-兴蒙变质域中部及其领域变质岩岩石单位时空分布对比表

| 地质时代 | | 天山-兴蒙变质域 | | | | | | | | 塔里木变质域 | | 天山-兴蒙变质域 | | | | | |
|---|---|---|---|---|---|---|---|---|---|---|---|---|---|---|---|---|---|
| | | 额济纳旗-北山变质区 | | | | | | | | 敦煌变质区 | | 额济纳旗-北山变质区 | | | | | |
| | | 圆包山变质地带 | | 红石山变质地带 | | 明水变质地带 | | 公婆泉变质地带 | | 柳园变质地带 | | 恩格尔乌苏变质地带 | | 哈特布其变质地带 | | 巴音戈壁变质地带 | |
| | | 变质表壳岩 | 变质侵入体 | 变质表壳岩 | 变质侵入体 | 变质表壳岩 | 变质侵入体 | 变质表壳岩 | 变质侵入体 | 变质表壳岩 | 变质侵入体 | 变质表壳岩 | 变质侵入体 | 变质表壳岩 | 变质侵入体 | 变质表壳岩 | 变质侵入体 |
| 古生代 | 二叠纪 | | | 金塔组 $P_2j$；双堡塘组 $P_2sb$ | | | | 方山口组 $P_3f$ | | 金塔组 $P_2j$ | | | | 大石寨组 $P_{1-2}ds$ | | | |
| 古生代 | 石炭纪 | 绿条山组 $C_1l$ | | 本巴图组 $C_2bb^2$；绿条山组 $C_1l$ | | 绿条山组 $C_1l$ | | | | 芨芨台子组 $C_2j$；绿条山组 $C_1l$；红柳园组 $C_1hl$ | | 本巴图组 $C_2bb^2$　$C_2bb^1$ | 变质超基性岩 $C_2\Sigma$ | 阿木山组 $C_2P_1a$；本巴图组 $C_2bb^{1+2}$ | | 阿木山组 $C_2P_1a$；本巴图组 $C_2bb^{1+2}$ | |
| 古生代 | 泥盆纪 | 依克乌苏组 $D_{1-2}y$ | | | | | | | | | | | | | | | |
| 古生代 | 志留纪 | 碎石山组 $S_{2-3}ss$；圆包山组 $S_1y$ | | 班定陶勒盖组 $O_3S_1b$ | | | | 碎石山组 $S_{2-3}ss$；公婆泉组 $S_{2-3}g$；圆包山组 $S_1y$ | | | | | | | 片麻状石英闪长岩 $S\delta o$ | | |
| 古生代 | 奥陶纪 | 白云山组 $O_{2-3}by$；罗雅楚山组 $O_{1-2}l$；咸水湖组 $O_{2-3}x$ | | ↑ | | | | 白云山组 $O_{2-3}by$；咸水湖组 $O_{2-3}x$ | 变质英云闪长岩 $O\gamma\delta o$；变质角闪辉长岩 $O\delta v$；变质辉长岩 $Ov$；变质超基性岩 $O\Sigma$ | | | | | | | | |
| 古生代 | 寒武纪 | | | 西双鹰山组 €$_2$O$_1x$ | | | | 双鹰山组 €$_1s$ | | | | | | | | | |
| 新元古代 | 震旦纪 | | | ↓ | | | | ↓ | | ↓ | | | | | | | |
| 新元古代 | 南华纪 | | | ↓ | | | | ↓ | | ↓ | | | | | | | |
| 新元古代 | 青白口纪 | | | ↓ | | | | ↓ | | ↓ | | | | | | | |
| 中元古代 | 蓟县纪 | | | 圆藻山群 $Pt_{2-3}Y$；古硐井群 $Pt_2G$ | 变质辉长岩 $Pt_2v$ | | | 圆藻山群 $Pt_{2-3}Y$；古硐井群 $Pt_2G$ | | 圆藻山群 $Pt_{2-3}Y$；古硐井群 $Pt_2G$ | | | | 墩子沟组 $Pt_2d$ | 片麻状英云闪长岩 $Pt_1\pi\gamma\delta o$ | | |
| 中元古代 | 长城纪 | | | ↑ | ↑ | | | ↑ | | ↑ | | | | ↑ | 变质角闪辉长岩 $Pt_1\delta v$ | | |
| 古元古代 | | 北山岩群 $Pt_1B.$ | | 北山岩群 $Pt_1B.$ | | 北山岩群 $Pt_1B.$ | 片麻状英云闪长岩 $Pt_1\gamma\delta o$ | 北山岩群 $Pt_1B.$ | | 北山岩群 $Pt_1B.$ | | | | 北山岩群 $Pt_1B.$；宝音图岩群 $Pt_1By.$ | | | |
| 新太古代 | | 新-中太古界 $Ar_{2-3}gn$ | | 新-中太古界 $Ar_{2-3}gn$ | | 新-中太古界 $Ar_{2-3}gn$ | | 新-中太古界 $Ar_{2-3}gn$ | | 新-中太古界 $Ar_{2-3}gn$ | 英云闪长质片麻岩 $Ar_{2-3}gn^T$ | | | 新-中太古界 $Ar_{2-3}gn$；色尔腾山岩群柳树沟岩组 $Ar_3l.$ | | | |
| 中太古代 | | ↑ | | ↑ | | ↑ | | ↑ | | ↑ | ↑ | | | ↑ | | | |

表 4-31　内蒙古自治区天山-兴蒙变质域东部变质岩岩石单位时空分布对比表

| 地质时代 | | 天山-兴蒙变质域 | | | | | | | | | | | | | | | | | |
|---|---|---|---|---|---|---|---|---|---|---|---|---|---|---|---|---|---|---|---|
| | | 宝音图-温都尔庙-库伦旗变质区 | | | | 索伦山-林西变质区 | | | | 大兴安岭变质区 | | | | | | | | | |
| | | 宝音图变质地带 | | 温都尔庙-库伦旗变质地带 | | 索伦山变质地带 | | 林西变质地带 | | 锡林浩特-乌兰浩特变质地带 | | 二连-贺根山变质地带 | | 东乌旗-多宝山变质地带 | | 海拉尔-呼玛变质地带 | | 额尔古纳变质地带 | |
| | | 变质表壳岩 | 变质侵入体 | 变质表壳岩 | 变质侵入体 | 变质表壳岩 | 变质侵入体 | 变质表壳岩 | 变质侵入体 | 变质表壳岩 | 变质侵入体 | 变质表壳岩 | 变质侵入体 | 变质表壳岩 | 变质侵入体 | 变质表壳岩 | 变质侵入体 | 变质表壳岩 | 变质侵入体 |
| 古生代 | 二叠纪 | | | 铁营子组 $P_3t$；于家北沟组 $P_2y$；额里图组 $P_{1-2}e$；三面井组 $P_1sm$ | | 包格特组 $P_2b^2$、$P_2b^1$；下二叠统 $P_1sm$、$P_1sv$、$P_1v$、$P_1\beta$ | 索伦山蛇绿岩：变质辉绿岩 $P_1\beta\mu$；变质闪辉长岩 $P_1\delta v$；变质基性超基性岩 $P_1\Sigma$ | 林西组 $P_3l$；哲斯组 $P_2zs^2$、$P_2zs^1$；大石寨组 $P_{1-2}ds^2$、$P_{1-2}ds^1$ | 杏树洼蛇绿混杂岩 $C_1PO\psi m$ | 林西组 $P_3l$；哲斯组 $P_2zs^2$、$P_2zs^1$、$P_2zs$；包特格组 $P_2b^2$、$P_2b^1$；寿山沟组 $P_1ss$；大石寨组 $P_{1-2}ds^2$、$P_{1-2}ds^1$、$P_{1-2}ds$ | | 林西组 $P_3l$；哲斯组 $P_2zs$；大石寨组 $P_{1-2}ds$；格根敖包组 $C_2P_1g$ | | 林西组 $P_3l$；哲斯组 $P_2zs$；大石寨组 $P_{1-2}ds$；宝力高庙组 $C_2P_1bl^2$ | | | | | |
| | 石炭纪 | | | 阿木山组 $C_2P_1a$；本巴图组 $C_2bb$；酒局子组 $C_2jj$；青龙山火山岩 qa；石嘴子组 $C_2s$；白家店组 $C_2bj$；朝吐沟组 $C_1c$ | | 本巴图组 $C_2bb$ | | 阿木山组 $C_2P_1a$ | | 阿木山组 $C_2P_1a$；本巴图组 $C_2bb$；色日巴彦敖包组 $D_3C_1s$ | | 本巴图组 $C_2bb$ | | 混杂堆积 Smlg；蓝闪片岩 gls；格根敖包组 $C_2P_1g$；新伊敖根河组 $C_2x$；宝力高庙组 $C_2P_1bl^1$、$C_2bl$ | | 宝力高庙组 $C_2P_1bl$；新伊根河组 $C_2x$；莫尔根河组 $C_1m$；红水泉组 $C_1h$ | | 宝力高庙组 $C_2P_1bl$；红水泉组 $C_1h$ | |
| | 泥盆纪 | | | 西别河组 $S_3D_1x$：前冲头沟组 $D_1q$；八当山火山岩 bv | | | | 西别河组 $S_3D_1x$ | | | | 中上泥盆统：硅质岩-玄武岩 $D_{2-3}(Si+\beta)$；硅质岩 $D_{2-3}Si$；变质玄武岩 $D_{2-3}\beta$ | 变质蛇绿岩：变质辉绿(玢)岩 $D_{2-3}\beta\mu$；变质辉长岩 $D_{2-3}v$；变质超基性岩 $D_{2-3}\Sigma$；变质角闪辉长岩 $D\delta v$；变质辉长辉绿岩 Dv；变质超基性岩 Dv | 安格尔音乌拉组 $D_3a$；大民山组 $D_{2-3}d$；塔尔巴格特组 $D_{2-3}t$、$D_2t$；泥鳅河组 $D_{1-2}n$、$D_{1-2}n^2$、$D_{1-2}n^1$；乌奴耳灰岩 Wrl | 变质基性超基性岩：变辉长岩 $D_3v$；变辉橄岩 $D_3v\sigma$；变橄榄岩 $D_3\sigma$ | 大民山组 $D_{2-3}d$；泥鳅河组 $D_{1-2}n$ | 变质辉长岩 $D_3v$ | | |
| | 志留纪 | | | 徐尼乌苏组 $S_2xn$；晒勿苏组 $S_2s$ | | | | | | | | | | 卧都河组 $S_3w$　$S_2w$；八十里小河组 $S_2b$；黄花沟组 $S_1h$ | | | | 卧都河组 $S_3w$ | |
| | 奥陶纪 | | | 奥陶系—下志留统 O—$S_1$；包尔汉图群：哈拉组 $O_{1-2}h$；布龙山组 $O_{1-2}b$；乌宾敖包组 $O_{1-2}w$ | | | | | | | | | | 裸河组 $O_{2-3}lh^2$、$O_{2-3}lh^1$、$O_{2-3}lh$；康河组；大伊希 $O_2dy$；巴彦呼舒组 $O_2b$、$O_{1-2}d$；多宝山组 $O_{1-2}d$；铜山组 $O_{1-2}t$、$O_1t$；乌宾敖包组 $O_{1-2}w$；哈拉哈河组 $O_1hl$ | | 裸河组 $O_{2-3}lh$；多宝山组 $O_{1-2}d$ | | 乌宾敖包组 $O_{1-2}w$ | |
| | 寒武纪 | | | 锦山组 $\in_3j$ | 变质基性超基性岩 $\in\Sigma$ | | | | | | | | | 苏中组 $\in_1sz$ | | | | | |
| 新元古代 | 震旦纪 | | 变质闪长岩 $Pt_3\delta$ | | | | | | | 艾勒格庙组 $Pt_3a$ | | | | 额尔古纳河组 Ze；大网子组 Zd；吉祥沟组 Zj | 二长花岗岩 $Pt_3\eta\gamma$ | 额尔古纳河组 Ze；大网子组 Zd；吉祥沟组 Zj | | 额尔古纳河组 Ze | 变质黑云正长花岗岩 $Pt_3\xi\gamma\beta$；变质黑云正长岩 $Pt_3\xi\beta$；变质二长花岗岩 $Pt_3\eta\gamma$；变质黑云二长花岗岩 $Pt_3\eta\gamma\beta$；变质花岗闪长岩 $Pt_3\gamma\delta$；变质花岗岩 $Pt_3\gamma$；变质石英二长闪长岩 $Pt_3\delta\eta o$；变质石英闪长岩 $Pt_3\delta o$；变质闪长岩 $Pt_3\delta$；变质中性—基性岩 $Pt_3v-\delta$ |
| | 南华纪 | | | | | | | | | | | | | 佳疙瘩组 Nhj | 斜长花岗岩 $Pt_3\gamma o$ | 佳疙瘩组 Nhj | | 佳疙瘩组 Nhj | |
| | 青白口纪 | | | | | | | | | | | | | | | | | | |
| 中元古代 | 蓟县纪 | | 花岗质片麻岩 $Pt_2\gamma$ | 温都尔庙群 $Pt_2W$：哈尔哈达组 $Pt_2h$ | 温都尔庙蛇绿岩：斜长花岗岩 $Pt_2\gamma o$；辉绿玢岩岩墙 $Pt_2\beta\mu$ | | | | | 温都尔庙群 $Pt_2W$：哈尔哈达组 $Pt_2h$ | 变质蛇绿岩：变辉绿岩 $Pt_2\beta\mu$ | 温都尔庙群哈尔哈达组 $Pt_2h$ | | | 科马提岩 $Pt_2\chi\omega$ | | | | |
| | 长城纪 | | | 桑达来呼都格组 $Pt_2s$ | 斜长角闪岩(堆积岩) $Pt_2\psi o$；橄榄岩(地幔岩) $Pt_2\Sigma$ | | | | | 桑达来呼都格组 $Pt_2s$ | 变超基性岩 $Pt_2\Sigma$ | | | | 蛇纹岩 $Pt_2\psi\omega$ | | | | |
| 古元古代 | | 宝音图岩群 $Pt_1B$ | | 宝音图岩群 $Pt_1B$；双井片岩 $Pt_1s$ | 下海苏沟片麻岩 $Pt_1Xgn$；房框子沟片麻岩 $Pt_1Fgn$；东沟片麻岩 $Pt_1Dgn$ | | | | | 锡林郭勒变质杂岩：$XM_c^d$；$XM_c^e$；兴华渡口岩群 $Pt_1X$ | 变质基性侵入岩 $XM_c^a$ | 宝音图岩群 $Pt_1B$ | | 兴华渡口岩群 $Pt_1X$ | 变质堆晶角闪辉长岩 $Pt_1\psi ov$ | 兴华渡口岩群 $Pt_1X$ | 混合花岗岩 $Pt_1Mr$ | 兴华渡口岩群 $Pt_1X$ | 风水山片麻岩 $Pt_1Fgn$ |
| 新太古代 | | | | | | | | | | 锡林郭勒变质杂岩：$XM_c^g$；$XM_c^m$ | | | | | | | | | |
| 中太古代 | | | | | | | | | | | | | | | | | | | |
| 古太古代 | | | | | | | | | | | | | | | | | | | |

表 4-32 内蒙古自治区华北变质域及其邻域变质岩石单位时空分布对比表

| 地质时代 | | 华北变质域 | | | | | | | | | | | | | | | | | | 秦祁昆变质域 | |
|---|---|---|---|---|---|---|---|---|---|---|---|---|---|---|---|---|---|---|---|---|---|
| | | 阿拉善变质区 | | | | 鄂尔多斯变质区 | | 狼山-阴山变质区 | | | | | | | | 晋冀变质区 | | 晋北-冀北变质区 | | 北祁连变质区 | |
| | | 迭布斯格-阿拉善右旗变质地带 | | 龙首山变质地带 | | 贺兰山变质地带 | | 狼山-白云鄂博变质地带西部 | | 狼山-白云鄂博变质地带东部 | | 色尔腾山-太仆寺旗变质地带 | | 固阳-兴和变质地带 | | 吕梁变质地带 | | 恒山-承德-建平变质地带 | | 走廊变质地带 | |
| | | 变质表壳岩 | 变质侵入体 | 变质表壳岩 | 变质侵入体 | 变质表壳岩 | 变质侵入体 | 变质表壳岩 | 变质侵入体 | 变质表壳岩 | 变质侵入体 | 变质表壳岩 | 变质侵入体 | 变质表壳岩 | 变质侵入体 | 变质表壳岩 | 变质侵入体 | 变质表壳岩 | 变质侵入体 | 变质表壳岩 | 变质侵入体 |
| 古生代 | 二叠纪 | | | | | | | 大红山组 $P_1d$ | | 大红山组 $P_1d$<br>三面井组 $P_1sm$<br>额里图组 $P_1e$ | | | | | | | | | | | |
| | 石炭纪 | | | | | | | | | | | | | 拴马桩组 $C_2sm$ | | | | | | 臭牛沟组 $C_1c$ | |
| | 泥盆纪 | | | | | | | | | | | | | | | | | | | | |
| | 志留纪 | | | | | | | | | | | | | | | | | | | | |
| | 奥陶纪 | | | | | 米钵山组 $O_{1-2}mb$ | | | | 五道湾组 $O_{1-2}w$ | | | | | | | | | | 米钵山组 $O_{1-2}mb$ | |
| | 寒武纪 | | | | | | | | | | | | | | | | | | | 香山群 $€_2X$ | |
| 新元古代 | 震旦纪 | | | 烧火筒沟组 $Zs$ | | 正目观组 $Zz$ | | | | 腮林忽洞组 $Zs$ | | 什那干组 $Zs$ | | | | | | | | | |
| | 南华纪 | | | | | 王全口组 $Pt_{2-3}w$<br>西勒图组 $Pt_{2-3}x$ | | | | | | | | | | | | | | | |
| | 青白口纪 | | | | | | | | | 忽吉尔图组 $Qbh$<br>白音布拉格组 $Qbb$<br>刘鸿湾组 $Qbl$ | | | | | | | | | | | |
| 中元古代 | 蓟县纪 | | 片麻状二长花岗岩 $Pt_2\pi\gamma\beta$<br>片麻状英云闪长岩 $Pt_2\pi\gamma\delta o$ | 墩子沟组 $Pt_2d$ | 片麻英云闪长岩 $Pt_2\gamma\delta o$ | | | 渣尔泰山群<br>阿古鲁沟组 $Jxa$ | 变质辉绿岩 $Pt_2\beta\mu$<br>变角闪辉石岩 $Pt_2\psi o\psi$ | 白云鄂博群<br>比鲁特组 $Jxb$<br>哈拉霍疙特组 $Jxh$<br>渣尔泰山群<br>阿古鲁沟组 $Jxa$ | 变二长花岗岩 $Pt_2\pi\eta\gamma$<br>变质花岗岩 $Pt_2\gamma$<br>变质辉绿岩 $Pt_2\beta\mu$ | 渣尔泰山群<br>阿古鲁沟组 $Jxa$ | 变质辉长岩 $Pt_2\nu$ | | 变质碱长花岗岩 $Pt_2\chi\rho\gamma$ | | | | | | |
| | 长城纪 | | 变质闪长岩 $Pt_2\delta$<br>变质辉绿岩 $Pt_2\beta\mu$<br>变质苏长岩 $Pt_2\nu o$<br>变质辉长岩 $Pt_2\nu$ | | | | | 增隆昌组 $Chz$<br>书记沟组 $Chs$ | 变橄榄岩—变二辉岩 $Pt_2\nu\sigma$<br>变质橄榄岩 $Pt_2\sigma$ | 尖山组 $Chj$<br>都拉哈拉组 $Chd$<br>增隆昌组 $Chz$<br>书记沟组 $Chs$ | 斜长角闪岩 $Pt_2\psi o$<br>变质橄榄岩 $Pt_2\Sigma$ | 增隆昌组 $Chz$<br>书记沟组 $Chs$ | | 渣尔泰山群<br>增隆昌组 $Chz$<br>书记沟组 $Chs$ | 变质黑云母花岗岩 $Pt_2\gamma\beta$<br>变质二长花岗岩 $Pt_2\eta\gamma$ | | | 高于庄组 $Chg$<br>大红峪组 $Chd$<br>串岭沟组 $Chcl$<br>常州沟组 $Chc$ | 变质黑云二长花岗岩 $Pt_2\eta\gamma\beta$<br>变质辉长岩 $Pt_2\nu$<br>变质超基性岩 $Pt_2\Sigma$ | | |
| 古元古代 | | | 变质闪长岩 $Pt_1\delta$<br>变质基性超基性岩 $Pt_1\sigma\psi o\psi$ | | | 赵池沟岩组 $Pt_1z.$ | | 宝音图岩群 $Pt_1By$ | | | 片麻状英云闪长岩 $Pt_1\gamma\delta o$ | | 变质二长花岗岩 $Pt_1\eta\gamma$<br>变质英云闪长岩 $Pt_1\gamma\delta o$<br>变质石英闪长岩 $Pt_1\delta o$<br>变质闪长岩 $Pt_1\delta$ | 马家店群 $Pt_1M$ | 变质二长花岗岩 $Pt_1\eta\gamma$<br>变质英云闪长岩 $Pt_1\gamma\delta o$<br>变质花岗闪长岩 $Pt_1\gamma\delta$<br>变质石英闪长岩 $Pt_1\delta o$<br>变质闪长岩 $Pt_1\delta$ | | | 明安山群<br>三岩组 $Pt_1M_a^3$<br>二岩组 $Pt_1M_a^2$<br>一岩组 $Pt_1M_a^1$ | 变质黑云二长花岗岩 $Pt_1\eta\gamma\beta$<br>变质花岗闪长岩 $Pt_1\gamma\delta$ | | |
| 新太古代 | | 阿拉善岩群<br>$Ar_3A^4$<br>$Ar_3A^3$<br>$Ar_3A^2$<br>$Ar_3A^1$ | | 阿拉善岩群<br>$Ar_3A^3$<br>$Ar_3A^2$<br>$Ar_3A^1$ | | | | 阿拉善岩群<br>$Ar_3A^3$<br>$Ar_3A^2$<br>$Ar_3A^1$ | 乃木毛道片麻岩 $Ar_2Ngn$<br>大布苏山片麻岩 $Ar_2Dgn^T$<br>毕级尔台片麻岩 $Ar_2Bgn$<br>花岗闪长质片麻岩 $Ar_2\gamma\delta$<br>闪长质片麻岩 $Ar_2\delta$ | 色尔腾山岩群<br>柳树沟岩组 $Ar_3l$<br>东五分子岩组 $Ar_3d$ | 片麻状英云闪长岩 $Ar_3\gamma\delta o$<br>闪长质片麻岩 $Ar_3\delta$ | 色尔腾山岩群<br>点力素泰岩组 $Ar_3dl$<br>柳树沟岩组 $Ar_3l$<br>东五分子岩组 $Ar_3d$ | 变质二长花岗岩 $Ar_3\eta\gamma$<br>变质黑云花岗岩 $Ar_3\gamma$<br>变质英云闪长岩 $Ar_3\gamma\delta o$<br>变质石英闪长岩 $Ar_3\delta o$<br>变质闪长岩 $Ar_3\delta$<br>斜长角闪岩 $Ar_3\psi o$<br>变质基性岩墙(群) $Ar_3Mbd$<br>二长片麻岩 $Ar_3gn^m$<br>二长花岗片麻岩 $Ar_3gn^g$ | 色尔腾山岩群<br>点力素泰岩组 $Ar_3dl.$<br>东五分子岩组 $Ar_3d.$<br>二道凹岩群 $Ar_3E.$ | 变质英云闪长岩 $Ar_3\gamma\delta o$<br>变质石英闪长岩 $Ar_3\delta o$<br>变质闪长岩 $Ar_3\delta$ | | | 伙家沟表壳岩 $Ar_3hb$<br>建平岩群<br>三岩组 $Ar_3J^3$<br>二岩组 $Ar_3J^2$<br>一岩组 $Ar_3J^1$ | 水泉沟片麻岩 $Ar_3Sgn$<br>邱家沟片麻岩 $Ar_3Qgn$<br>朝阳沟片麻岩 $Ar_3Cgn$<br>牛家营子片麻岩 $Ar_3Ngn$<br>方家窝铺片麻岩 $Ar_3Fgn$<br>吉旺营子片麻岩 $Ar_3Jgn$<br>喇嘛洞混合花岗岩 $Ar_3Lm$ | | |
| 中太古代 | | 雅布赖山岩群<br>$Ar_2Y^3$<br>$Ar_2Y^2$<br>$Ar_2Y^1$ | 巴彦毛德混合花岗岩 $Ar_2B\gamma^m$ | | | 千里山岩群<br>哈布其盖岩组 $Ar_2h.^s$<br>$Ar_2h.^m$<br>千里沟岩组 $Ar_2h.^q$<br>察干廓勒岩组 $Ar_2c.^h$ | 混合花岗岩 $Ar_2\gamma^m$ | 雅布赖山岩群 $Ar_2Y$<br>迭布斯格岩群 $Ar_2D.$<br>乌拉山岩群哈达门沟岩组 $Ar_2h.$ | 波罗斯坦片麻岩 $Ar_2Bgn^T$<br>巴彦毛德混合花岗岩 $Ar_2B\gamma^m$ | 乌拉山岩群哈达门沟岩组 $Ar_2h.$ | | 乌拉山岩群哈达门沟岩组 $Ar_2h.$<br>集宁岩群 $Ar_2J^1.$ | 陶来沟片麻岩 $Ar_2Tgn^b$ | 乌拉山岩群<br>桃尔湾岩组 $Ar_2t^g$<br>$Ar_2t^m$<br>哈达门沟岩组 $Ar_2h^d$<br>$Ar_2h^s$<br>$Ar_2h^f$<br>$Ar_2h^h$<br>集宁岩群 $Ar_2J^2$<br>$Ar_2J^1$ | 变质碱长花岗岩 $Ar_2\chi\rho\gamma$<br>变质碱性辉长岩 $Ar_2\chi\nu$<br>变质石榴二长花岗岩 $Ar_2\pi\eta\gamma$<br>变质石榴花岗岩 $Ar_2\gamma$<br>变质角闪辉长岩 $Ar_2\nu$<br>变质基性岩墙(群) $Ar_2Mbd$<br>陶来沟片麻岩 $Ar_2Tgn^b$<br>立甲子片麻岩 $Ar_2Lgn^a$<br>村空山片麻岩 $Ar_2Cgn^t$<br>昆都仑片麻岩 $Ar_2Kgn^t$<br>英云闪长质—花岗质片麻岩 $Ar_2gn$<br>紫苏角闪混合花岗岩 $Ar_2r^m$<br>东灯炉素混合花岗岩 $Ar_2Dr^m$<br>山和原沟片麻岩 $Ar_2Sgn$<br>毕气沟片麻岩 $Ar_2Bgn$<br>狼牙山片麻岩 $Ar_2Lgn$<br>紫苏长英质麻粒岩 $Ar_2gnl^f$<br>紫苏斜长麻粒岩 $Ar_2gnl^n$ | 集宁岩群 $Ar_2J^1$ | 变质石榴二长花岗岩 $Ar_2\pi\eta\gamma$ | | | | |
| 古太古代 | | | | | | | | | | | | | | 兴和岩群 $Ar_1X^2$<br>$Ar_1X^2$<br>$Ar_1X^1$ | | | | | | | |

(1)兴和岩群变质基底杂岩相古太古代表壳岩陆核亚相基性麻粒岩夹磁铁石英岩组合。

(2)兴和岩群变质基底杂岩相古太古代表壳岩陆核亚相酸性麻粒岩夹磁铁石英岩组合。

### 2. 中太古代变质岩岩石构造组合

中太古代变质系非常发育,以高级变质岩为主体,广泛分布于华北变质域。该组合包括乌拉山岩群、迭布斯格岩群、雅布赖山岩群、千里山岩群、集宁岩群等变质表壳岩,以及同期变质侵入体。

1)中太古代变质表壳岩岩石构造组合

(1)乌拉山岩群变质岩岩石构造组合。该组合共划分出 7 个变质岩岩石构造组合。①乌拉山岩群哈达门沟岩组变质基底杂岩相中太古代变质表壳岩陆核亚相黑云角闪长石片麻岩-斜长角闪岩夹磁铁石英岩组合;②乌拉山岩群哈达门沟岩组变质基底杂岩相中太古代变质表壳岩陆核亚相黑云角闪斜长片麻岩-透辉变粒岩夹磁铁石英岩组合;③乌拉山岩群哈达门沟岩组变质基底杂岩相中太古代变质表壳岩陆核亚相黑云角闪长英片麻岩-黑云长石片麻岩组合;④乌拉山岩群哈达门沟岩组变质基底杂岩相中太古代变质表壳岩陆核亚相石墨榴云片麻岩组合;⑤乌拉岩岩群哈达门沟岩组变质基底杂岩相中太古代变质表壳岩陆核亚相透辉片麻岩-透辉石岩组合;⑥乌拉山岩群桃儿湾岩组变质基底杂岩相中太古代变质表壳岩陆核亚相厚层大理岩组合;⑦乌拉山岩群桃儿湾岩组变质基底杂岩相中太古代变质表壳岩陆核亚相石英岩-变粒岩组合。

(2)迭布斯格岩群变质岩岩石构造组合。迭布斯格岩群包括变质基底杂岩相变质表壳岩陆核亚相的 4 个岩石构造组合。①黑云角闪斜长片麻岩-黑云角闪混合岩夹磁铁石英岩岩石构造组合;②透辉角闪斜长片麻岩-透辉大理岩夹磁铁紫苏斜长片麻岩、透辉磁铁石英岩岩石构造组合;③石墨石榴云母角闪斜长片麻岩-紫苏透辉斜长片麻岩-透辉大理岩夹紫苏麻粒岩岩石构造组合;④黑云角闪斜长片麻岩夹磁铁石英岩岩石构造组合。

(3)雅布赖山岩群变质岩岩石构造组合。雅布赖山岩群,在狼山-白云鄂博变质地带西部的变质岩岩石构造组合确定为变质基底杂岩相中太古代表壳岩陆核亚相黑云角闪片麻岩-变粒岩-均质混合岩夹斜长角闪岩组合,包括黑云斜长片麻岩-二云二长片麻岩-钾长变粒岩变质建造、混合质黑云角闪片麻岩-条痕状混合岩夹石墨变粒岩变质建造、角闪黑云均质混合岩变质建造。

(4)千里山岩群变质岩岩石构造组合。①千里山岩群察干郭勒岩组变质基底杂岩相中太古代表壳岩陆核亚相黑云角闪片麻岩-石英岩-透辉大理岩夹斜长角闪岩、角闪紫苏辉石岩、磁铁石英岩组合;②千里山岩群千里沟岩组变质基底杂岩相中太古代变质表壳岩陆核亚相含石墨片麻岩-含石墨大理岩夹含石墨变粒岩组合;③千里山岩群哈布其盖岩组变质基底杂岩相中太古代变质表壳岩陆核亚相均质混合岩夹矽线石榴片麻岩、变粒岩组合;④千里山岩群哈布其盖岩组变质基底杂岩相中太古代变质表壳岩陆核亚相孔兹岩系组合。

(5)集宁岩群变质岩岩石构造组合。集宁岩群变质基底杂岩相中太古代变质表壳岩陆核亚相孔兹岩系岩石构造组合,其中包括石墨矽线石榴片麻岩-矽线堇青石榴片麻岩夹变粒岩、大理岩、麻粒岩变质建造,蛇纹石白云石大理岩夹片麻岩、变粒岩变质建造,石榴变粒岩-透闪大理岩变质建造。

2)中太古代变质侵入岩岩石构造组合

(1)变质深成侵入岩石构造组合。①变质基底杂岩相中太古代变质深成侵入体陆核亚相紫苏斜长麻粒岩组合,由紫苏斜长麻粒岩-二辉麻粒岩-紫苏斜长片麻岩变质建造构成。②变质基底杂岩相中太古代变质深成侵入体陆核亚相紫苏花岗质片麻岩组合。包括 4 个变质岩建造:A. 紫苏长英质麻粒岩-角闪钾长片麻岩变质建造,原岩为花岗岩,出露于旗下营南山;B. 狼牙山片麻岩:紫苏英云闪长质—紫苏斜长花岗质—紫苏花岗闪长质片麻岩变质建造,原岩为英云闪长岩-花岗闪长岩组合,分布于大青山北侧的狼牙山等地;C. 毕气沟片麻岩:角闪紫苏花岗闪长质—角闪二辉花岗闪长质片麻岩变质建造,原岩为花岗闪长岩-花岗岩组合,出露于乌拉山北侧的毕气沟一带;D. 山和原沟片麻岩:紫苏黑云花岗质—紫苏黑云花岗闪长质片麻岩变质建造,原岩为花岗岩-花岗闪长岩组合,出露于包头市东边的山和原沟、北边的大庙等地。③变质基底杂岩相中太古代陆核亚相混合花岗岩组合。④变质基底杂岩相中太古代变质深成侵入体陆核亚相英云闪长质—花岗闪长质片麻岩组合。⑤变质基底杂岩相中太古代变质深成侵入体陆核亚相花岗质片麻岩组合。⑥变质基底杂岩相中太古代变质深成侵入体陆核亚相变质基性岩墙组合。

(2)变质侵入体岩石构造组合,主要分布于固阳-兴和变质地带东部区,并向南延伸至吕梁变质地带,以变质石榴花岗岩为主,呈大面积分布,另有变质辉长岩和碱性花岗岩零星出露。它们多与集宁岩群紧密共生,其变质作用类型也属于区域中高温变质中低压高角闪岩相-麻粒岩相。主要的变质岩岩石构造组合划分如下:①变质基底杂岩相中太古代变质侵入体陆核亚相变质角闪辉长岩组合;②变质基底杂岩相中太古代变质侵入体陆核亚相变质石榴花岗岩组合;③变质基底杂岩相中太古代变质侵入体陆核亚相变碱性辉长岩组合;④变质基底杂岩相中太古代变质侵入体陆核亚相变质碱长花岗岩组合。

### 3. 中—新太古代变质岩岩石构造组合

(1)变质基底杂岩相高级变质杂岩残块亚相片麻岩组合。

(2)变质基底杂岩相高级变质杂岩残块亚相白云石大理岩夹片麻岩、变粒岩组合。

(3)变质基底杂岩相高级变质杂岩残块亚相变粒岩-石英岩-斜长角闪混合岩夹磁铁石英片岩组合。

(4)变质基底杂岩相高级变质杂岩残块亚相黑云角闪片麻岩-黑云斜长混合岩夹大理岩组合。

(5)变质基底杂岩相高级变质杂岩残块亚相二云长石片麻岩-黑云角闪片麻岩组合。

(6)变质基底杂岩相高级变质杂岩残块亚相石榴二长浅粒岩-二长变粒岩夹石榴二云片麻岩组合。

(7)变质基底杂岩相中—新太古代变质表壳岩陆核亚相黑云斜长变粒岩-黑云角闪片麻岩-斜长角闪岩夹大理岩组合。

(8)变质基底杂岩相中—新太古代变质深成侵入体陆核亚相黑云斜长花岗质—角闪斜长花岗质—斜长花岗质片麻岩组合。

### 4. 新太古代变质岩岩石构造组合

1)新太古代变质表壳岩岩石构造组合

(1)阿拉善岩群变质岩岩石构造组合划分3个变质岩岩石构造组合:①古弧盆系相弧后盆地亚相云母石英片岩-斜长角闪片岩-变粒岩组合;②古弧盆系相弧后盆地亚相十字石榴云英片岩-变粒岩-浅粒岩组合;③古弧盆系相弧后盆地亚相大理岩-云英片岩夹石英岩组合。

迭布斯格-阿右旗变质地带的阿拉善岩群划分4个变质岩岩石构造组合:①古弧盆系相岛弧亚相云母石英片岩-石英斜长片岩-石英角闪片岩-混合质黑云变粒岩组合;②古弧盆系相弧后地亚相云母石英片岩-变粒岩-浅粒岩组合;③古弧盆系相弧后盆地亚相蓝晶十字石榴云母片岩-石榴云英片岩夹大理岩、角闪片岩组合;④古弧盆系相弧后盆地亚相白云石大理岩组合。

龙首山变质地带的阿拉善岩群划分3个变质岩岩石构造组合:①古弧盆系相弧后盆地亚相云母石英片岩-斜长浅粒岩-石英岩组合;②古弧盆系相弧后盆地亚相蓝晶十字石榴云母片岩-石榴云英片岩夹大理岩组合;③古弧盆系相弧后盆地亚相绿泥云母石英片岩-绿帘黑云片岩夹大理岩组合。

(2)色尔腾山岩群变质岩岩石构造组合划分为3个变质岩岩石构造组合:①东五分子岩组古弧盆系相岛弧亚相黑云角闪斜长片岩-斜长角闪片岩-阳起片岩夹磁铁石英岩组合;②柳树沟岩组古弧盆系相岛弧亚相云英片岩-斜长角闪片岩-绿片岩夹磁铁石英岩组合;③点力素泰岩组古弧盆系相弧后盆地亚相大理岩夹磁铁石英岩组合。

狼山-白云鄂博变质地带东部的色尔腾山岩群变质岩岩石构造组合分别为:①东五子分岩组古弧盆系相岛弧亚相黑云角闪斜长片岩-斜长岩夹角闪磁铁石英岩组合;②柳树沟岩组古弧盆系相岛弧亚相云母石英片岩-黑云角闪斜长片岩夹变粒岩组合。

固阳-兴和变质地带的色尔腾山岩群包括东五分子岩组和点力素泰岩组,变质岩岩石构造组合分别为:①东五分子岩组古弧盆系相岛弧亚相黑云角闪斜长片岩-斜长角闪岩夹磁铁斜长片岩组合;②点力素泰岩组古弧盆系相弧后盆地亚相大理岩夹石英岩、黑云石英片岩组合。

哈斯布其变质地带的色尔腾山岩群变质岩岩石构造组合为古弧盆系相岛弧亚相黑云角闪片岩-黑云斜长片岩-黑云石英片岩组合。

(3)二道凹岩群变质岩岩石构造组合为古弧盆系相弧后盆地亚相十字蓝晶石榴云母片岩-黑云斜长片岩-大理岩夹阳起片岩组合。

(4)建平岩群变质岩岩石构造组合:①建平岩群一岩组古弧盆系相岛弧亚相二辉麻粒岩-黑云角闪片麻岩-变粒岩夹磁铁石英岩组合;②建平岩群二岩组古弧盆系相弧间盆地亚相黑云角闪片麻岩-变粒岩-斜长角闪岩夹大理岩组合;③建平岩群三岩组古弧盆系相弧后盆地亚相大理岩夹片麻岩组合。

(5)伙家沟表壳岩变质岩岩石构造组合为黑云角闪片麻岩-黑云角闪变粒岩-斜长角闪岩夹云英片岩及大理岩组合。

2)新太古代变质侵入体岩石构造组合

新太古代变质侵入体分布于华北变质域狼山-阴山变质区的狼白变质地带、色太变质地带、固兴变质地带以及晋北-冀北变质区建平变质地带。狼山-白云鄂博变质地带西部变质深成侵入体有3个变质岩石构造组合,共同经历了中压高角闪岩相系的区域中高温变质作用。

(1)古弧盆系相岩浆弧亚相新太古代闪长质片麻岩组合。

(2)古弧盆系相岩浆弧亚相新太古代英云闪长质—花岗闪长质—花岗质片麻岩组合。

(3)古弧盆系相岩浆弧亚相新太古代乃木毛道钾长花岗岩质片麻岩组合。

狼山-白云鄂博变质地带东部变质侵入岩岩石构造组合有2个:①古弧盆系相岩浆弧亚相新太古代片麻状闪长岩-闪长质片麻岩组合;②古弧盆系相岩浆弧亚相新太古代片麻状英云闪长岩组合。

色尔腾山-太仆寺旗变质地带的变质侵入体有6个变质岩岩石构造组合:①古弧盆系相岩浆弧亚相新太古代变质深成侵入岩二长花岗片麻岩-二长片麻岩组合。由二长花岗片麻岩变质建造和眼球状二长片麻岩变质建造组成;②古弧盆系相岩浆弧亚相新太古代变质基性墙(群);③古弧盆系相岩浆弧亚相新太古代斜长角闪岩组合;④古弧盆系相岩浆弧亚相新太古代片麻状闪长岩-片麻状石英闪长岩组合;⑤古弧盆系相岩浆弧亚相新太古代片麻状英云闪长岩组合;⑥古弧盆系相岩浆弧亚相新太古代变质花岗岩组合,由片麻状黑云母花岗岩变质建造、糜棱岩化二长花岗岩变质含金建造组成。

固阳-兴和变质地带变质侵入岩岩石构造组合有2个:①古弧盆系相岩浆弧亚相新太古代变质闪长岩组合,由片麻状闪长岩变质建造和片麻状石英闪长岩变质建造组成;②古弧盆系相岩浆弧亚相新太古代变质英云闪长岩组合。

建平变质地带新太古代变质深成侵入体有2个变质岩石构造组合:①喇嘛洞古岩浆弧相岩浆内弧亚相混合花岗岩组合;②古岩浆弧相岩浆外弧亚相英云闪长质—花岗闪长质—花岗质片麻岩(TTG)组合。

**5.新太古代—古元古代变质岩岩石构造组合**

新太古代—古元古代变质岩系指锡林郭勒变质杂岩。

锡林郭勒杂岩划分为5个变质岩岩石构造组合:①变质基底杂岩相中高级变质杂岩亚相均质混合岩组合;②变质基底杂岩相中高级变质杂岩亚相黑云角闪斜长片麻岩-花岗质片麻岩-混合岩组合;③变质基底杂岩相中高级变质杂岩亚相黑云石英片岩-二云石英片岩夹绿泥石英片岩组合;④变质基底杂岩相中高级变质杂岩亚相石英岩夹云母片岩、大理岩组合;⑤变质基底杂岩相中高级变质杂岩亚相变质侵入岩黑云斜长角闪岩组合。

**6.古元古代变质岩岩石构造组合**

1)古元古代变质表壳岩岩石构造组合

(1)北山岩群变质岩岩石构造组合,分布于额济纳旗-北山变质区的5个变质地带和敦煌变质区柳园变质地带。圆包山变质地带的北山岩群岩石构造组合为古弧盆系相岛弧亚相黑云石英片岩-斜长角闪岩夹二云母片岩组合。

红石山变质地带北山岩群岩石构造组合为古弧盆系相岛弧亚相黑云变粒岩-黑云二长片岩夹石榴石英片岩、大理岩组合。

明水变质地带北山岩群岩石构造组合有3个:①古弧盆系相岛弧亚相磁铁云母石英片岩-角闪斜长变粒岩组合;②古弧盆系相弧后盆地亚相云母石英片岩-石英岩组合;③古弧盆系相弧后盆地亚相大理岩组合。

公婆泉变质地带北山岩群变质岩岩石构造组合为古弧盆系相岛弧亚相磁铁云母石英片岩-角闪斜长变粒岩组合。

哈特布其变质地带北山岩群包括3个变质岩石构造组合:①古弧盆系相岛弧亚相黑云石英片岩-斜长角闪岩夹磁铁石英岩组合;②古弧盆系相弧后盆地亚相十字云英片岩-斜长角闪片岩夹黑云二长片麻岩组合;③古弧盆系相弧后盆地亚相大理岩夹碳质板岩组合。

柳园变质地带北山岩群包括2个变质岩岩石构造组合:①古弧盆系相岛弧亚相含磁铁云母石英片岩-黑云透闪变粒岩-二云石英岩组合;②古弧盆系相弧后盆地亚相(石榴、电气)云母石英片岩-含长石石英岩夹透闪石片岩组合。

(2)宝音图岩群变质岩岩石构造组合,分布于天山-兴蒙变质域的哈特布其、宝音图、温都尔庙-库伦旗、二连-贺根山变质地带以及华北变质域狼山-白云鄂博变质地带西部。①哈特布其变质地带的宝音图岩群变质岩石构造组合为被动陆缘相陆棚碎屑岩亚相石英岩-十字蓝晶二云石英片岩夹黑云石英片岩组合;②宝音图变质地带的宝音图岩群,变质岩石构造组合为被动陆缘相陆棚碎屑岩亚相十字蓝晶石榴云英片岩-石英岩夹绿片岩、磁铁石英岩组合;③温都尔庙-库伦旗变质地带的宝音图岩群岩石构造组合为十字蓝晶石榴云英片岩-石英岩夹角闪片岩、磁铁石英岩组合;④二连-贺根山变质地带的宝音图岩群岩石构造组合为被动陆缘相陆棚碎屑岩亚相石榴云母石英片岩组合;⑤狼山-白云鄂博变质地带西部的宝音图岩群岩石构造组合为被动陆缘相陆棚碎屑岩亚相蓝晶十字石榴云英片岩-石榴石英岩夹磁铁斜长角闪(片)岩、大理岩组合。

(3)赵池沟岩组变质岩岩石构造组合为被动陆缘相陆棚碎屑岩亚相二云变粒岩-石墨变粒岩-二云石英片岩组合。

(4)马家店群变质岩岩石构造组合为古弧盆系相弧后盆地亚相板岩-石英岩-大理岩组合。

(5)兴华渡口岩群变质岩石构造组合在不同变质地带形成了不同的岩石构造组合。①锡林浩特-乌兰浩特变质地带扎兰屯市南部为兴华渡口岩群古弧盆系相岛弧亚相斜长石英片岩-绿泥石英片岩-混合岩组合;②东乌旗-多宝山变质地带东部扎兰屯市北部、大北沟林场、腾克牧场、哈达阳镇等地为兴华渡口岩群古弧盆系相岛弧亚相绿泥长石石英片岩-绢云石英片岩-混合岩夹角闪片岩组合;③海拉尔-呼玛变质地带的八一牧场-风云山地区、松岭区及其东北部为兴华渡口岩群古弧盆系相岛弧亚相黑云角闪片麻岩-黑云角闪变粒岩-云母(角闪、阳起)片岩夹磁铁石英岩组合;④额尔古纳变质地带的莫尔道嘎镇-河西林场地区,阿利亚金厂南、北地区为兴华渡口岩群古弧盆系相岛弧亚相黑云角闪变粒岩-含矽线黑云片麻岩-斜长角闪(片)岩-红柱石榴二云片岩夹大理岩组合。

(6)双井片岩变质岩岩石构造组合,分布于温都尔庙-库伦旗变质地带东部巴林右旗双井店乡和翁牛特旗地区。在中压低绿片岩相-低角闪岩相区域动力热流变质作用下形成了双井古弧盆系相弧间盆地亚相含十字蓝晶石榴云英片岩-斜长角闪片麻岩夹黑云斜长片麻岩岩石构造组合。其中包括二云石英片岩-含十字蓝晶石榴二云片岩夹大理岩变质建造、斜长角闪片岩-黑云斜长片麻岩变质建造。

(7)明安山群变质岩岩石构造组合,分布于晋北-冀北变质区建平变质地带的喀喇沁旗大牛群—明安山—敖汉旗蛤蟆梁一带,呈北东向展布。经过低绿片岩相-高绿片岩相区域低温动力变质作用后形成了明安山群古弧盆系相弧间盆地亚相云母石英千枚岩-千枚状片岩-大理岩组合。

2)古元古代变质侵入岩岩石构造组合

(1)固阳-兴和变质地带和色尔腾山-太仆寺旗变质地带主要有3种组合类型。①深成岩浆岩相俯冲岩浆杂岩亚相古元古代变质闪长岩组合,由变质闪长岩建造和变质石英闪长岩含金建造构成;②深成岩浆岩相俯冲岩浆杂岩亚相古元古代变质英云闪长岩-花岗闪长岩组合,由变质英云闪长岩含金建造和变质花岗闪长岩建造构成;③深成岩浆岩相俯冲岩浆杂岩亚相古元古代变质二长花岗岩组合。

(2)狼山-白云鄂博变质地带东部古元古代变质侵入岩出露于达茂旗百灵庙镇。岩石构造组合为深成岩浆岩相俯冲岩浆杂岩亚相古元古代片麻状英云闪长岩组合。

(3)迭布斯格-阿拉善右旗变质地带古元古代变质侵入岩出露于巴彦乌拉山中部,包括2个岩石构造组合:①裂谷岩浆岩相裂谷岩浆杂岩亚相古元古代变质基性—超基性岩组合;②裂谷岩浆岩相裂谷岩浆杂岩亚相变质闪长岩组合,建造组成单一。

(4)晋北-冀北变质区建平变质地带古元古代变质侵入岩岩石构造组合为古弧盆系相岩浆弧亚相变质花岗闪长岩-二长花岗岩组合,有糜棱岩化花岗闪长岩建造和糜棱岩化黑云二长花岗岩建造。

(5)额济纳旗-北山变质区明水变质地带的古元古代变质侵入岩形成了古弧盆系相古岩浆弧亚相片麻状英云闪长岩组合。

(6)温都尔庙-库伦旗变质地带古元古代变质侵入岩变质岩岩石构造组合为古弧盆系相古岩浆弧亚相英云闪长质—花岗质片麻岩组合。

(7)东乌旗-多宝山变质地带古元古代变质侵入岩岩石构造组为古弧盆系相岛弧亚相变质堆晶辉长岩组合。

(8)海拉尔-呼玛变质地带古元古代变质侵入岩岩石构造组合为古弧盆系相古岩浆弧亚相混合花岗岩组合。

(9)额尔古纳变质地带古元古代变质深成侵入岩岩石构造组合为凤水山相古岩浆弧亚相花岗闪长质—花岗质片麻岩组合。

### 7. 中—新元古代变质岩岩石构造组合

中—新元古代变质岩比较广泛地分布于天山-兴蒙变质域、塔里木变质域及华北变质域。

1)红石山变质地带变质岩岩石构造组合

该带出露中元古代古硐井群($Pt_2g$)、变质辉长岩,中—新元古代圆藻山群($Pt_{2-3}y$),分布于东部珠斯楞—切刀—杭乌拉—呼仁乌珠尔一带,均经过了绿片岩相变质,分属于不同的大地构造相和亚相。

(1)古硐井群被动陆缘相陆棚碎屑岩亚相变质砂岩-石英岩-千枚岩组合。

(2)裂谷岩浆岩相裂谷岩浆杂岩亚相中元古代变质辉长岩组合。

(3)圆藻山群碳酸盐岩台地相台地亚相硅质板岩-硅质灰岩-硅质大理岩组合。

2)公婆泉变质地带变质岩岩石构造组合

(1)古硐井群被动陆缘相陆棚碎屑岩亚相粉砂质板岩-硅质板岩-千枚岩组合。

(2)圆藻山群碳酸盐岩台地相台地亚相结晶灰岩-大理岩-粉砂质板岩组合。

3)柳园变质地带变质岩岩石构造组合

(1)古硐井群被动陆缘相陆棚碎屑岩亚相变质细砂岩-变质粉砂岩-粉砂质板岩组合。

(2)圆藻山群碳酸盐岩台地相台地亚相结晶灰岩-大理岩-粉砂质板岩组合。

4)哈特布其变质地带变质岩岩石构造组合

(1)墩子沟组被动陆缘相陆棚碎屑岩亚相绢云千枚岩-大理岩-变质砂岩组合。

(2)裂谷岩浆岩相裂谷岩浆杂岩亚相中元古代变质角闪辉长岩组合。

(3)裂谷岩浆岩相裂谷岩浆杂岩亚相中元古代变质英云闪长岩组合。

5)宝音图变质地带变质岩岩石构造组合

中—新元古代变质侵入体划分为2个岩石构造组合。

(1)深成岩浆岩相俯冲岩浆杂岩亚相中元古代变质钾长花岗质片麻岩组合。

(2)深成岩浆岩相俯冲岩浆杂岩亚相新元古代变质闪长岩组合。

6)温都尔庙-库伦旗变质地带变质岩岩石构造组合包括温都尔庙群及温都尔庙蛇绿岩套。

(1)桑达来呼都格组蛇绿混杂岩相洋内弧亚相绿片岩-变质安山岩夹含铁石英岩组合。

(2)哈尔哈达组蛇绿混杂岩相远洋沉积亚相二云石英片岩-(蓝闪、硬柱)绿泥石英片岩夹含铁石英岩组合。

(3)蛇绿混杂岩相蛇绿岩亚相中元古代变质 MORS 型蛇绿岩组合。

7)锡林浩特-乌兰浩特变质地带变质岩岩石构造组合共划分 3 个变质岩石构造组合。

(1)温都尔庙群桑达来呼都格组蛇绿混杂岩相洋内弧亚相绿帘阳起片岩-绿泥钠长片岩-绿帘角闪片岩夹磁铁石英岩组合。

(2)温都尔庙群哈尔哈达组蛇绿混杂岩相远洋沉积亚相二云石英片岩-(蓝闪、绿帘)绿泥石英片岩-变质砂岩夹磁铁石英岩组合。

(3)蛇绿混杂岩相蛇绿岩亚相中元古代 MORS 型变质蛇绿岩组合。

新元古代艾勒格庙组为弧后盆地相近陆弧后盆地亚相绢云石英片岩-石英岩-大理岩组合。

8)二连-贺根山变质地带变质岩岩石构造组合

中—新元古代变质岩在该带只有中元古代温都尔庙群哈尔哈达组,哈尔哈达组为陆壳残片相外来岩块亚相绢云石英片岩-绿泥石英片岩夹含铁石英岩组合。

9)东乌旗-多宝山变质地带变质岩岩石构造组合

共形成 6 个变质岩石构造组合。

(1)佳疙瘩组岛弧相火山弧亚相黑云石英片岩-斜长角闪片岩-变质砂(砾)岩组合。

(2)额尔古纳河组岛弧相弧间裂谷盆地亚相绿泥石英片岩-二云石英片岩-大理岩组合。

(3)吉祥沟组岛弧相弧背盆地亚相变质砂岩-板岩-结晶灰岩组合。

(4)大网子组岛弧相火山弧亚相变英安质火山岩-变质砂岩-板岩组合。

(5)中元古代裂谷岩浆岩相裂谷岩浆杂岩亚相变质超基性岩组合。包括蛇纹岩建造、超基性喷出岩科马提岩建造。

(6)新元古代深成岩浆岩相俯冲岩浆杂岩亚相变质英云闪长岩-二长花岗岩组合。

10)海拉尔-呼玛变质地带变质岩石构造组合

共形成 4 个变质岩石构造组合。

(1)佳疙瘩组岛弧相弧背盆地亚相变质砂岩-千枚岩-板岩夹变质安山岩组合。

(2)额尔古纳河组岛弧相弧间裂谷盆地亚相绿泥石英片岩-变粒岩-千枚岩夹变质粉砂岩组合。

(3)吉祥沟组岛弧相弧背盆地亚相变质砂砾岩-板岩-结晶灰岩组合。

(4)大网子组岛弧相火山弧亚相变英安质凝灰岩-变质砂岩-板岩组合。

11)额尔古纳变质地带变质岩岩石构造组合

共形成 7 个变质岩岩石构造组合。

(1)佳疙瘩组岛弧相弧背盆地亚相变质砂岩-千枚岩-板岩夹变质安山岩组合。

(2)额尔古纳河组岛弧相弧背盆地亚相大理岩-结晶灰岩-板岩组合。

(3)新元古代岛弧相同碰撞岩浆杂岩亚相中基性变质杂岩组合。

(4)新元古代岛弧相同碰撞岩浆杂岩亚相变质闪长岩组合。

(5)新元古代岛弧相同碰撞岩浆杂岩亚相变质花岗闪长岩-花岗岩组合。

(6)新元古代岛弧相同碰撞岩浆杂岩亚相变质二长花岗岩组合。

(7)新元古代岛弧相后造山岩浆杂岩亚相变质正长花岗岩-变质正长岩组合。

12)迭布斯格-阿拉善右旗变质地带变质岩岩石构造组合

共划分出 4 个岩石构造组合。

(1)深成岩浆岩相俯冲岩浆杂岩亚相中元古代变质基性岩组合。

(2)深成岩浆岩相俯冲岩浆杂岩亚相中元古代变质闪长岩组合。

(3)深成岩浆岩相俯冲岩浆杂岩亚相中元古代变质英云闪长岩组合。

(4)深成岩浆岩相俯冲岩浆杂岩亚相中元古代变质二长花岗岩组合。

13)龙首山变质地带变质岩岩石构造组合

共形成了 3 个变质岩石构造组合。

(1)墩子沟组被动陆缘相陆棚碎屑岩亚相硅质灰岩-长石石英砂岩-砾岩夹赤铁矿透镜体组合。

(2)烧火筒沟组陆表海盆地相碎屑岩陆表海亚相冰碛砾岩-灰岩夹千枚岩组合。

(3)中元古代深成岩浆岩相俯冲岩浆杂岩亚相片麻状英云闪长岩组合。

14)贺兰山变质地带变质岩岩石构造组合

(1)王全口组碳酸盐岩台地相台地亚相硅质白云岩-白云质灰岩夹砂岩、砂质板岩组合。

(2)西勒图组被动陆缘相陆棚碎屑岩亚相石英岩-石英砂岩夹页岩组合。

(3)正目观组被动陆缘相陆棚碎屑岩亚相冰碛砾岩-砂质板岩组合。

15)狼山-白云鄂博变质地带西部变质岩岩石构造组合为裂谷环境中的岩石构造组合。

(1)书记沟组陆缘裂谷相裂谷边缘亚相变质砂岩-石英岩夹云英片岩组合。

(2)增隆昌组陆缘裂谷相裂谷中心亚相结晶灰岩-白云岩夹板岩组合。

(3)阿古鲁沟组陆缘裂谷相裂谷中心亚相变质砂岩-板岩-结晶灰岩-云英片岩组合。

(4)裂谷岩浆岩相裂谷岩浆杂岩亚相中元古代变质基性超基性岩组合。

16)狼山-白云鄂博变质地带东部变质岩岩石构造组合

本变质地带出露中—新元古代白云鄂博群、渣尔泰山群，震旦纪腮林忽洞组及中元古代变质侵入体。白云鄂博群显示了陆缘裂谷构造特征，各组变质岩岩石构造组合确定如下：

(1)都拉哈拉组陆缘裂谷相裂谷边缘亚相变质含砾长石石英砂岩-石英岩组合。

(2)尖山组陆缘裂谷相裂谷中心亚相板岩-变质长石石英砂岩-云母石英片岩组合。

(3)哈拉霍疙特组陆缘裂谷相裂谷中心亚相变质长石石英砂岩-板岩-结晶灰岩组合。

(4)比鲁特组陆缘裂谷相裂谷中心亚相含堇青石板岩-含红柱石千枚岩夹绿泥石英片岩组合。

(5)白音布拉格组陆缘裂谷相裂谷边缘亚相变质长石石英砂岩-板岩-云母石英片岩组合。

(6)忽吉尔图组陆缘裂谷相裂谷中心亚相变质砂岩-角闪片岩-结晶灰岩组合。

渣尔泰山群各组岩石构造组合划分如下：

(1)书记沟组陆缘裂谷相裂谷边缘亚相变质石英砂岩-变质石英砾岩夹石英岩组合。

(2)增隆昌组陆缘裂谷相裂谷中心亚相结晶灰岩-板岩-粉砂岩组合。

(3)阿古沟组陆缘裂谷相裂谷中心亚相板岩-结晶灰岩-千枚岩组合。

(4)刘鸿湾组陆缘裂谷相裂谷边缘亚相变质长石石英砂岩-变质含砾石英砂岩-云母石英片岩组合。

震旦纪腮林忽洞组为陆表海盆地相碳酸盐岩陆表海亚相白云岩-白云质灰岩-变质含砾石英砂岩岩石构造组合。

中元古代变质侵入岩主要变质岩岩石构造组合有 2 个：①裂谷岩浆岩相裂谷岩浆杂岩亚相中元古代变质基性超基性岩组合；②裂谷岩浆岩相裂谷岩浆杂岩亚相变质花岗岩组合。

17)色尔腾山-太仆寺旗变质地带变质岩岩石构造组合

本变质地带出露中—新元古代长城纪书记沟组、增隆昌组，蓟县纪阿古鲁沟组，震旦纪什那干组及中元古代变质侵入体。分布于色尔腾山、固阳县及其东北地区，其变质作用及构造环境特征与狼山-白云鄂博变质地带基本相同。

(1)书记沟组陆缘裂谷相裂谷边缘亚相变质含砾石英砂岩-变质石英砾岩-含砾石英片岩组合。

(2)增隆昌组陆缘裂谷相裂谷中心亚相结晶灰岩-板岩夹白云岩组合。

(3)阿古鲁沟组陆缘裂谷相裂谷中心亚相板岩-灰岩组合。

(4)震旦纪什那干组陆表海盆地相碳酸盐岩陆表海亚相硅质灰岩夹硅质页岩组合。

(5)中元古代裂谷岩浆岩相裂谷岩浆杂岩亚相变质辉长岩组合。

18)固阳-兴和变质地带变质岩岩石构造组合

共划分为4个变质岩石构造组合。

(1)书记沟组陆缘裂谷相裂谷边缘亚相长石石英砂岩夹粉砂质板岩、千枚岩组合。

(2)增隆昌组陆缘谷相裂谷中心亚相白云岩-泥灰岩-粉砂岩组合。

(3)裂谷岩浆岩相裂谷岩浆杂岩亚相中元古代变质花岗岩组合。

(4)裂谷岩浆岩相裂谷岩浆杂岩亚相中元古代变质碱长花岗岩组合。

19)恒山-承德-建平变质地带变质岩岩石构造组合

共形成3个岩石构造组合。

(1)长城纪陆内裂谷相裂谷边缘亚相变质砂岩-板岩-石英岩夹大理岩组合。

(2)中元古代裂谷岩浆岩相裂谷岩浆杂岩亚相变质基性超基性岩组合。

(3)中元古代裂谷岩浆岩相裂谷岩浆杂岩亚相变质黑云二长花岗岩组合。

### (二)古生代变质岩岩石构造组合

古生代变质岩广泛分布于天山-兴蒙变质域,华北变质域、塔里木变质域及秦祁昆变质域出露较少。古生代变质岩主要是低级变质的浅变质岩类,极少岩石单位涉及中级变质岩类。现就一些具有特殊地质意义的岩石构造组合表述于后。

(1)公婆泉奥陶纪蛇绿混杂岩相蛇绿岩亚相变质SSZ型蛇绿岩组合。

(2)恩格尔乌苏晚石炭世蛇绿混杂岩相变质MORS型蛇绿岩组合。

(3)恩格尔乌苏晚石炭世本巴图组一段蛇绿混杂岩相远洋沉积亚相变质砂岩-千枚岩夹硅质岩组合。

(4)恩格尔乌苏晚石炭世本巴图组二段蛇绿混杂岩相洋内弧亚相变英安质流纹质火山岩-变质玄武岩夹变质砂岩组合。

(5)索伦山早二叠世蛇绿混杂岩相蛇绿岩亚相变质MORS型蛇绿岩组合。

(6)索伦山早二叠世蛇绿混杂岩相洋内弧亚相变质玄武岩-安山岩-细碧角斑岩组合。

(7)索伦山早二叠世蛇绿混杂岩相远洋沉积亚相板岩-硅质岩-凝灰岩组合。

(8)杏树洼石炭纪—二叠纪蛇绿混杂岩相蛇绿岩亚相变橄榄岩-变辉石岩-玄武岩组合。

(9)贺根山泥盆纪蛇绿混杂岩相蛇绿岩亚相变质MORS型蛇绿岩组合。

(10)贺根山中—晚泥盆世蛇绿混杂岩相远洋沉积亚相硅质岩-玄武岩组合。

(11)红花尔基石炭纪高压—超高压变质相高压变质亚相蓝闪片岩组合。

(12)红花尔基石炭纪高压—超高压变质相高压变质亚相混杂堆积组合。

## 四、变质相(相系)及变质时代

全区变质岩的变质作用时代划分为古—中太古代期、新太古代期、古元古代期、中元古代期、中—新元古代期、新元古代期、加里东期及海西期共8期。将全区变质岩变质相(相系)总结为17种类型(图4-7):①葡萄石相-绿纤石相;②低绿片岩相;③绿片岩相;④低绿片岩相-高绿片岩相;⑤中压低绿片岩相-高绿片岩相;⑥中低压低绿片岩相-低角闪岩相;⑦中压低绿片岩相-低角闪岩相;⑧中低压高绿片岩相-低角闪岩相;⑨中压高绿片岩相-低角闪岩相;⑩角闪岩相;⑪中低压高角闪岩相;⑫中压高角闪岩相;⑬中低压高角闪岩相-麻粒岩相;⑭中压高角闪岩相-麻粒岩相;⑮中压麻粒岩相;⑯高压低温蓝片岩相;⑰高压中温蓝片岩相。

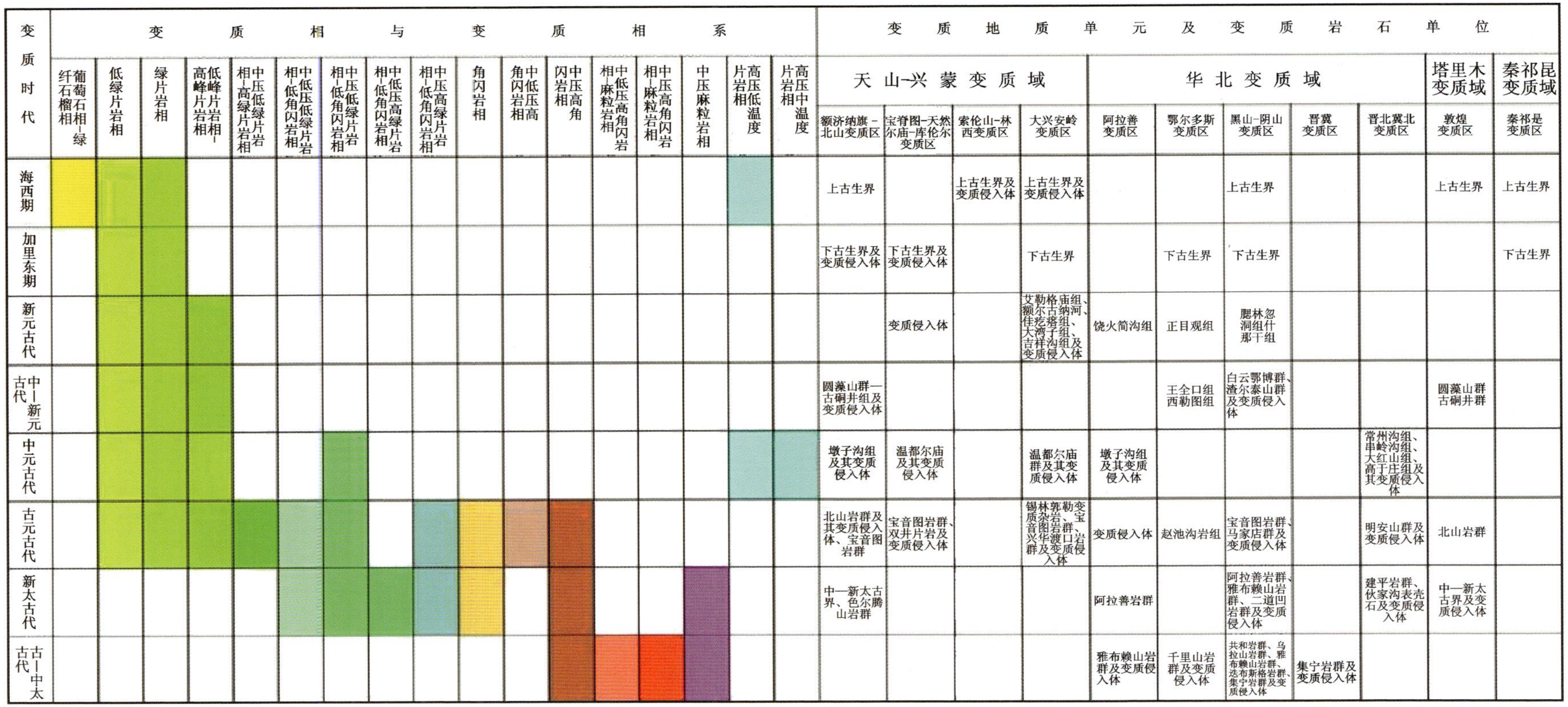


图4-7 内蒙古自治区变质相时空分布图

### (一)古—中太古代期变质相(相系)及变质时代

本期变质作用涉及狼山-阴山、阿拉善、鄂尔多斯及晋冀4个变质区,包括的变质地体有兴和岩群、乌拉山岩群、迭布斯格岩群、雅布赖山岩群、集宁岩群、千里山岩群及同期变质侵入体。总体变质作用特征属于区域中高温变质类型。

#### 1. 兴和岩群区域变质作用

兴和岩群的温压条件分别为650~680℃和0.76~0.84GPa,估计的变质时限不晚于中太古代,归属古—中太古代变质期。

#### 2. 乌拉山岩群区域变质作用

乌拉山岩群的变质温度在650~919℃之间,压力在0.72~0.94GPa之间,乌拉山岩群变质作用属于中低压高角闪岩相-麻粒岩相,有关变质深成侵入体为中压高角闪岩相或中压麻粒岩相,同属区域中高温度变质作用类型。

#### 3. 迭布斯格岩群区域变质作用

该岩群形成的温度为782~795℃,压力为0.5~0.6GPa,属于区域中高温度变质作用中压高角闪岩相-麻粒岩相。

#### 4. 雅布赖山岩群区域变质作用

该岩群形成的温度为739℃,压力为0.5GPa,从岩相学和矿物组合分析,属于中压(偏低)高角闪岩相区域中高温变质作用类型。

#### 5. 集宁岩群区域变质作用

该岩群形成的温度为700~900℃,压力为0.8~0.97GPa,结合矿物共生组合分析,应属于中低压高角闪岩相-麻粒岩相区域中高温变质作用类型。

#### 6. 千里山岩群区域变质作用

该岩群形成的温度为700~800℃,压力为0.55~0.65GPa。矿物共生组合出现堇青石,表明压力较低。所以将其划归为区域中高温变质作用类型,中低压高角闪岩相-麻粒岩相系。

### (二)新太古代期变质相(相系)及变质时代

新太古代期变质作用发生在额济纳旗-北山变质区、阿拉善变质区、狼山-阴山变质区、晋北-冀北变质区以及敦煌变质区,涉及的变质地体有新太古代阿拉善岩群、色尔腾山岩群、二道凹岩群、建平岩群、伙家沟表壳岩及同期变质侵入体。总体上以区域动力热流变质作用为主,兼有区域中高温变质作用类型,可能属于中压高角闪岩相区域中高温变质作用类型。

#### 1. 阿拉善岩群区域变质作用

阿拉善岩群的变质温度为556~628℃,压力为0.5~0.65GPa。属于中低压低绿片岩相-低角闪岩相的区域动力热流变质作用类型。

**2. 色尔腾山岩群区域变质作用**

色尔腾山岩群的变质温度应为400～600℃，压力应为0.5～0.8GPa，属于中低压低绿片岩相-低角闪岩相区域动力热流变质作用类型。

**3. 二道凹岩群区域变质作用**

二道凹岩群变质温度应为400～670℃，压力应为0.5～0.8GPa，属于中压低绿片岩相-低角闪岩相的区域动力变质作用类型。

**4. 建平岩群与伙家沟表壳岩区域变质作用**

建平岩群与伙家沟表壳岩属于中压高角闪岩相-麻粒岩相区域中高温变质作用类型。

## （三）古元古代期变质相（相系）及变质时代

古元古代期变质岩分布广泛，除秦祁昆变质域外都有分布。变质地体有北山岩群、宝音图岩群、锡林郭勒变质杂岩、兴华渡口岩群、马家店群、赵池沟岩组及明安山群。

**1. 北山岩群区域变质作用**

北山岩群的变质温度为350～550℃，压力为0.2～0.7GPa。属中压低绿片岩相-高绿片岩相。

**2. 宝音图岩群区域变质作用**

宝音图岩群变质岩形成的温压条件可总结为$T$＝430～580℃，$p$＝0.60～0.65GPa，属于中压低绿片岩相-低角闪岩相区域动力热流变质作用产物。

**3. 锡林郭勒变质杂岩区域变质作用**

锡林郭勒变质杂岩区变质温压条件分别为550～600℃和0.3～0.8GPa，其中，高级变质杂岩应属于中低压高角闪岩相区域中高温变质作用类型，中级变质杂岩应属于中低压高绿片岩相-低角闪岩相区域动力热流变质产物。

**4. 兴华渡口岩群区域变质作用**

兴华渡口岩群变质岩确定为中低压低绿片岩相-低角闪岩相区域动力热流变质作用类型。

**5. 马家店群区域变质作用**

该岩群的变质温度应该为300～400℃，变质压力小于0.2GPa，应属于低绿片岩相-高绿片岩相区域低温动力变质作用类型。

**6. 赵池沟组岩组区域变质作用**

该岩组属于中压低绿片岩相-高绿片岩相区域动力热流变质作用类型。

**7. 明安山群区域变质作用**

该岩群属于低绿片岩相-高绿片岩相区域低温动力变质作用产物。

### (四)中元古代期变质相(相系)及变质时代

中元古代期变质岩分布于天山-兴蒙变质域与华北变质域,变质地体有墩子沟组、长城系及温都尔庙群。

**1. 墩子沟组区域变质作用**

该组为绿片岩相区域低温动力变质作用类型。

**2. 长城系区域变质作用**

长城系属于低绿岩相-高绿片岩相区域低温动力变质作用类型。

**3. 温都尔庙群区域变质作用**

南带温都尔庙群的矿物共生组合中出现了蓝闪石-硬柱石组合,其变质温压环境应为450~550℃,0.6~2.0GPa,应属于高压中温蓝片岩相高压变质作用类型。

北带温都尔庙群的矿物共生组合中出现了蓝闪石-绿帘石组合,其变质温压环境应为200~450℃,0.8~2.0GPa,应属于高压低温蓝片岩相高压变作用类型。

### (五)中—新元古代期变质相(相系)及变质时代

本期变质岩分布于天山-兴蒙变质域、华北变质域及塔里木变质域,变质地体有圆藻山群、古硐井群、王全口组、西勒图组、白云鄂博群、渣尔泰山群。总体变质作用特征为绿片岩相区域低温动力变质作用类型。

### (六)新元古代期变质相(相系)及变质时代

新元古代期变质岩分布于天山-兴蒙变质域和华北变质域。变质地体有艾勒格庙组、佳疙瘩组、额尔古纳河组、大网子组、吉祥沟组、烧火筒沟组、正目观组、腮林忽洞组及什那干组,属于低绿片岩相区域低温动力变质作用类型。

### (七)加里东期变质相(相系)及变质时代

加里东期变质作用归属低绿片岩相或绿片岩相区域低温动力变质作用类型是合适的。

### (八)海西期变质相(相系)及变质时代

海西期属于低绿片岩相区域低温动力变质作用类型。

## 五、区域变质作用

内蒙古区域变质作用从太古宙到古生代、从陆块区到造山系均有不同程度发育,表现为区域中高温变质作用、区域动力热流变质作用、区域低温动力变质作用、埋深变质作用及高压变质作用5种类型以及所包括的17种变质相或变质相系(表4-33)。

表4-33　区域变质作用类型及岩相

| 变质作用 | 岩相 |
|---|---|
| 区域中高温变质作用 | 中压麻粒岩相 |
| | 中压高角闪岩相-麻粒岩相 |
| | 中低压高角闪岩相-麻粒岩相 |
| | 中压高角闪岩相 |
| | 中低压高角闪岩相 |
| | 角闪岩相 |
| 区域动力热流变质作用 | 中压高绿片岩相-低角闪岩相 |
| | 中低压高绿片岩相-低角闪岩相 |
| | 中压低绿片岩相-低角闪岩相 |
| | 中低压低绿片岩相-低角闪岩相 |
| | 中压低绿片岩相-高绿片岩相 |
| 区域低温动力变质作用 | 低绿片岩相-高绿片岩相 |
| | 绿片岩相 |
| | 低绿片岩相 |
| 高压变质作用 | 高压低温蓝片岩相 |
| | 高压中温蓝片岩相 |
| 埋深变质作用 | 葡萄石相-绿纤石相 |

## 六、变质岩岩石构造组合与成矿关系

内蒙古地域辽阔,矿产资源非常丰富。主要变质型矿产包括铁、锰、金、稀有稀土、铜、铅、锌、硫铁矿、大理岩、白云岩、石墨等矿种。本小节对前寒武纪特别是早前寒武纪主要变质型矿产的时空分布、含矿岩石构造组合及其大构造环境予以简要总结。在此基础上,对重点矿种铁、锰、金、稀有稀土矿进行含矿建造及预测要素方面的分析与探讨。

前寒武纪主要变质型矿产的成矿时代,大致可以划分为中太古代、新太古代、古元古代及中—新元古代4个时期(表4-34)。中太古代主要形成铁、金、石墨、大理岩及白云岩矿,新太古代主要形成铁、金、稀有稀土及大理岩矿,古元古代以铁、金及大理岩为主,中—新元古代则以铁、锰、铜、铅、锌、金、硫铁矿为主。

从空间上看,华北变质域矿产丰富,包括了上述各种矿种,主要成矿时代为中太古代、新太古代及中—新元古代;天山-兴蒙变质域及塔里木变质域仅有铁、大理岩、白云岩少数矿种,形成于中太古代、古元古代及中—新元古代。

### (一)沉积变质铁矿的变质岩岩石构造组合特征

(1)含铁变质岩岩石构造组合主要形成于中太古代和新太古代,其次是中—新元古代和古元古代。

表 4-34　内蒙古自治区前寒武纪主要变质型矿床时空结构表

| 变质域 | 变质区 | 变质地带 | 中—新元古代 含矿岩系 | 中—新元古代 矿种 | 中元古代 含矿岩系 | 中元古代 矿种 | 新太古代 含矿岩系 | 新太古代 矿种 | 中太古代 含矿岩系 | 中太古代 矿种 |
|---|---|---|---|---|---|---|---|---|---|---|
| 天山-兴蒙变质域 | 额济纳旗-北山变质区 | 红石山变质地带 | 圆藻山群 | 大理岩 | | | 新—中太古界 | | 新—中太古界 | 白云岩 |
| 天山-兴蒙变质域 | 额济纳旗-北山变质区 | 明水变质地带 | | | 北山岩群 | 铁；大理岩 | 新—中太古界 | | 新—中太古界 | 铁 |
| 天山-兴蒙变质域 | 额济纳旗-北山变质区 | 哈特布其变质地带 | 墩子沟组 | 大理岩 | 北山岩群 | 铁；大理岩 | | | | |
| 天山-兴蒙变质域 | 宝音图-温都尔庙-库伦旗变质区 | 宝音图变质地带 | | | 宝音图岩群 | 铁；蓝晶石石榴石 | | | | |
| 天山-兴蒙变质域 | 宝音图-温都尔庙-库伦旗变质区 | 温都尔庙-库伦旗变质地带 | 温都尔庙群 | 铁；铜 | 宝音图岩群 | 铁；蓝晶石石榴石 | | | | |
| 天山-兴蒙变质域 | 大兴安岭变质区 | 锡林浩特-乌兰浩特变质地带 | 温都尔庙群；艾勒格庙组 | 铁；大理岩 | | | | | | |
| 天山-兴蒙变质域 | 大兴安岭变质区 | 二连-贺根山变质地带 | 温都尔庙群 | 铁 | | | | | | |
| 天山-兴蒙变质域 | 大兴安岭变质区 | 海拉尔-呼玛变质地带 | | | 兴华渡口岩群 | 铁；大理岩 | | | | |
| 天山-兴蒙变质域 | 大兴安岭变质区 | 额尔古纳变质地带 | 佳疙瘩组；变质二长花岗岩 | 金；金 | 兴华渡口岩群 | 金；大理岩 | | | | |
| 塔里木变质域 | 敦煌变质区 | 柳园变质地带 | | | 北山岩群 | 铁 | | | | |
| 华北变质域 | 阿拉善变质区 | 龙首山变质地带 | | | | | 阿拉善岩群 | 稀有稀土；蓝晶石石榴石 | | |
| 华北变质域 | 鄂尔多斯变质区 | 贺兰山变质地带 | 王全口组 | 白云岩 | | | | | 千里山岩群 | 铁；石墨 |
| 华北变质域 | 狼山-阴山变质区 | 狼山-白云鄂博变质地带西部 | 渣尔泰山群 | 铁、锰；铜铅锌；金；硫铁矿 | | | 阿拉善岩群 | 大理石 | 雅布赖山岩群；迭布斯格岩群；乌拉山岩群 | 铁、铁；刚玉、刚玉；石墨、石墨、石墨 |
| 华北变质域 | 狼山-阴山变质区 | 狼山-白云鄂博变质地带东部 | 白云鄂博群；渣尔泰山群 | 铁铀、锰；铜铅锌；金；稀土；硫铁矿 | | | 色尔腾山岩群 | 铁 | 乌拉山岩群 | 铁 |
| 华北变质域 | 狼山-阴山变质区 | 色尔腾山-太仆寺旗变质地带 | 渣尔泰山群 | 锰；铜铅锌；硫铁矿 | | | 色尔腾山岩群；变质花岗岩 | 铁；金、金；大理石 | 乌拉山岩群；集宁岩群 | 铁；石墨 |
| 华北变质域 | 狼山-阴山变质区 | 固阳-兴和变质地带 | 变质花岗岩 | 铜铅锌；金 | 变质(石英)闪长岩；变质英云闪长岩；变质花岗闪长岩 | 金 | 色尔腾山岩群；二道凹岩群 | 铁；金；大理石；大理石、蓝晶石、石榴石 | 乌拉山岩群；集宁岩群；兴和岩群 | 铁、铁；金；大理石、大理石；石墨、石墨 |
| 华北变质域 | 晋冀变质区 | 吕梁变质地带 | | | | | | | 集宁岩群 | 石墨 |
| 华北变质域 | 晋北-冀北变质区 | 恒山-承德-建平变质地带 | | | 明安山群 | 大理岩 | 伙家沟表壳岩；建平岩群 | 铁、铁；金；大理石、大理石 | | |

注：矿种按矿产分类（黑色金属、有色金属、贵金属、稀有稀土、非金属）依次列出。

(2)空间上主要分布在华北变质域狼山-阴山变质区、鄂尔多斯变质区及晋北-冀北变质区，其次是天山-兴蒙变质域、塔里木变质域次级变质单元。

(3)含铁变质岩岩石构造组合赋存的地质单位，依其资源潜力大小排序，第一组为色尔腾山岩群、迭布斯格岩群、千里山岩群，第二组为乌拉山岩群、兴和岩群、建平岩群、白云鄂博群、温都尔庙群，第三组为新—中太古界、北山岩群、宝音图岩群、兴华渡口岩群及渣尔泰山群。

(4)含铁变质岩岩石构造组合形成的大地构造环境主要是新太古代古弧盆系相岛弧亚相，古、中太古代变质基底杂岩相陆核亚相；其次是中元古代陆缘裂谷相、裂谷中心亚相、蛇绿泥杂岩相洋内弧亚相和远洋沉积亚相；其三是中—新太古代变质基底杂相高级变质杂岩亚相、古元古代古弧盆系相岛弧亚相、弧间盆地亚相和被动陆缘相陆棚碎屑岩亚相。

(5)与成矿关系密切的主要的含铁变质岩岩石构造组合类型分别隶属于古中太古代变质基底杂岩相陆核亚相和新太古代古弧盆系相岛弧亚相。具体包括以下13种：①新太古代色尔腾山岩群东五分子岩组古弧盆系相岛弧亚相黑云角闪斜长片岩-斜长角闪岩夹角闪磁铁石英岩岩石构造组合；②新太古代色尔腾山岩群东五分子岩组古弧盆系相岛弧亚相黑云角闪斜长片岩-斜长角闪片岩-阳起片岩夹磁铁石英岩岩石构造组合；③新太古代色尔腾山岩群东五分子岩组古弧盆系相岛弧亚相黑云角闪斜长片岩-斜长角闪岩夹磁铁斜长片岩岩石构造组合；④新太古代色尔腾山岩群柳树沟岩组古弧盆系相岛弧亚相云英片岩-斜长角闪片岩-绿色片岩夹磁铁石英岩岩石构造组合；⑤中太古代迭布斯格岩群变质基底杂岩相陆核亚相透辉角闪斜长片麻岩-透辉大理岩夹透辉磁铁石英岩岩石构造组合；⑥中太古代迭布斯格岩群变质基底杂岩相陆核亚相黑云角闪斜长片麻岩夹磁铁石英岩岩石构造组合；⑦中太古代迭布斯格岩群变质基底杂岩相陆核亚相黑云角闪斜长片麻岩-黑云角闪混合岩夹磁铁石英岩岩石构造组合；⑧中太古代千里山岩群察干廓勒岩组变质基底杂岩相陆核亚相黑云角闪斜长片麻岩-石英岩-透辉大理岩夹磁铁石英岩岩石构造组合；⑨中太古代乌拉山岩群哈达门沟岩组变质基底杂岩相陆核亚相黑云角闪片麻岩-斜长角闪岩夹含铁片麻岩岩石构造组合；⑩中太古代乌拉山岩群哈达门沟岩组变质基底杂岩相陆核亚相黑云角闪斜长片麻岩-透辉变粒岩夹磁铁石英岩岩石构造组合；⑪中太古代乌拉山岩群哈达门沟岩组变质基底杂岩相陆核亚相黑云角闪长石片麻岩-斜长角闪岩夹磁铁石英岩岩石构造组合；⑫古太古代兴和岩群变质基底杂岩相陆核亚相基性麻粒岩夹磁铁石英岩岩石构造组合；⑬古太古代兴和岩群变质基底杂岩相陆核亚相酸性麻粒岩夹磁铁石英岩岩石构造组合。

通过对全区前寒武纪含铁岩石构造组合特征、时空分布特点及其形成的大地构造环境的简要总结和取得的一些规律性认识，可以对沉积变质型铁矿提出具有矿产资源潜力的3个地区，供有关人员和部门参考。

(1)色尔腾山-三合明地区。本区位于华北陆块区狼山-阴山陆块色尔腾山-太仆寺旗古岩浆弧三级构造单元。新太古代色尔腾山岩群东五分子岩组、柳树沟岩组形成于古弧盆系岛弧环境中，其岩石构造组合的原岩以中基性火山岩为主，兼有中酸性火山岩夹硅质岩，同期变质侵入体非常发育；同期或后期韧性剪切变形带密集，形成北西西向或北西向规模宏大的韧性剪切变形区带，中低压低绿片岩相-低角闪岩相的区域动力热流变质作用明显，后期断裂构造纵横交错。所有这些地质要素的综合作用为成矿物质来源、运行通道及其富集场所提供了充分条件。本区已发现的铁矿产地有20多处，包括三合明大型矿床1处，东五分子及公益明中型矿床2处。目前，该区在全区是最具潜力的地区。

(2)迭布斯格地区。本区位于阿拉善左旗迭布斯格村地区，属于华北陆块区狼山-阴山陆块狼山-白云鄂博裂谷西部，中太古代迭布斯格岩群3种含铁变质岩岩石构造组合构成了变质基底杂岩相陆核亚相。经过了中压高角闪岩相-麻粒岩相变质作用形成的岩石构造组合别具特色：一是各类岩石中透辉石成分含量较高，分布普遍；二是含石英假砾的透辉岩夹层较多；三是透辉角闪片麻岩-透辉大理岩夹透辉磁铁石英岩岩石构造组合与成矿关系最为密切，赋存铁矿的产地最多；四是原岩建造由中基性火山岩、碎屑岩、钙硅酸盐岩及碳酸盐岩等比例不等、成分复杂的岩类组成。在迭布斯格地区面积不大(约250km²)的范围内密集分布12处铁矿产地(包括中型矿床2处，小型矿床5处)实属罕见。

迭布斯格地区位于阿拉善地块、狼山-阴山陆块和吉兰泰-包头断陷盆地3个构造单元的交会部位，断裂构造极为发育。东部发育北东向断裂带，西部有2组对冲式逆冲断裂带，北部东西向断裂带又叠加了北西向和北东向断裂。在断裂带之间形成集中成矿区域。总体上构成复式背形构造叠加了后期多组多期断裂构造带的复杂图案。正是这些不同性质、不同规模的构造作用才促使众多矿产地的形成。

另外，迭布斯格南部新生界覆盖区有1∶20万航磁异常多处，其中在阿拉善左旗锡林郭勒乡于咀陶村验征钻孔384～667m见矿5层，含矿岩系孔深156m。所以，除了扩大迭布斯格本区资源远景外，还有望在南部覆盖区找到隐伏矿床。

(3)千里山地区。本区位于千里山北部察干郭勒一带，属鄂托克旗和乌海市管辖。千里山铁矿见矿范围约150$km^2$，南北向分布8处铁矿，1处为中型富矿，7处为矿点。含矿岩系中太古代千里山岩群察干郭勒岩组变质基底杂岩相陆核亚相黑云角闪斜长片麻岩-石英岩-透辉大理岩夹磁铁石英岩岩石构造组合，经历了中低压高角闪岩相-麻粒岩相区域中高温度质作用。原岩建造由中基性火山岩、碎屑岩夹硅铁质岩及碳酸盐岩组成。

本区属于鄂尔多斯陆块贺兰山夭折裂谷三级构造单元，东邻鄂尔多斯盆地(陆核)，西邻吉兰泰-包头断陷盆地。千里山岩群基本构造形态为短轴复式背形构造，叠加了后期南北向、北西向及北东向3组断裂。背形构造轮廓在南、北、东3个方向已经显现，西边被新生界覆盖，所以矿区有可能向西扩展规模。

## (二)沉积变质锰矿的变质岩石构造组合

已发现的沉积变质锰矿形成于中—新元古代和古生代奥陶纪，分布在华北变质域狼山-阴山变质区和天山-兴蒙变质域宝音图-温都尔庙-库伦旗变质区。

### 1.中—新元古代含锰变质岩岩石构造组合

这一时代的沉积变质锰矿产于渣尔泰山群阿古鲁沟组中，分布在狼山-阴山变质区的3个变质地带。

(1)狼山-白云鄂博变质地带西部渣尔泰山群阿古鲁沟组变质砂岩-板岩-结晶灰岩-云英片岩含锰、铁、金、多金属岩石构造组合，赋存巴彦西博山、伊和布鲁格锰铁矿化点，形成于陆缘裂谷相裂谷中心亚相构造环境。

(2)狼山-白云鄂博变质地带东部渣尔泰山群阿古鲁沟组板岩-结晶灰岩-千枚岩含锰、多金属岩石构造组合，属于陆缘裂谷相裂谷中心亚相构造环境。

(3)色尔腾山-太仆寺旗变质地带渣尔泰山群阿古鲁沟组板岩-灰岩含锰、铁、多金属岩石构造组合，形成于陆缘裂谷相裂谷中心亚相构造环境。在乌拉特前旗乔二沟地区赋存乔二沟中型锰矿、红壕小型铁锰矿、六大股铁锰矿点、东九分子锰矿化点。

### 2.奥陶纪含锰变质岩岩石构造组合

奥陶纪沉积变质锰矿赋存在早—中奥陶世乌宾敖包组变质砂岩-黑云母板岩-千枚岩-结晶灰岩含锰岩石构造组合中，乌宾敖包组细化为4个变质岩建造，确定其中2个为含锰变质建造。

(1)绢云千枚岩-变质砂岩夹白云质结晶灰岩含锰变质岩建造。

(2)结晶灰岩-碎屑灰岩-泥灰岩含锰建造。

## (三)变质热液型金矿的变质岩岩石构造组合

含金变质岩石构造组合在不同形成时代、不同大地构造环境有明显差异。

### 1. 中太古代含金变质岩岩石构造组合

乌拉山岩群哈达门沟岩组黑云角闪长石片麻岩-斜长角闪岩夹磁铁石英岩含金变质岩岩石构造组合，赋存哈达门沟大型金矿、东伙房及巨金山小型金矿等。

### 2. 新太古代含金变质岩岩石构造组合

(1)色尔腾山岩群柳树沟岩组云英片岩-斜长角闪岩-绿色片岩夹磁铁石英岩含金变质岩岩石构造组合，赋存固阳县十八顷壕中型金矿以及明安乡二兰沟等矿点，察右中旗新地沟小型金矿及草垛山等矿点。

(2)二道凹岩群十字蓝晶石榴云母片岩-黑云斜长片岩-大理岩夹阳起片岩含金变质岩岩石构造组合，赋存大东沟等矿点。

(3)建平岩群一岩组二辉麻粒岩-黑云角闪斜长片麻岩-变粒岩夹磁铁石英岩含金变质岩岩石构造组合，赋存金厂沟梁大型金矿床。

(4)建平岩群二岩组黑云角闪片麻岩-斜长角闪岩-变粒岩-大理岩含金变质岩岩石构造组合，赋存红花沟大型金矿床。

(5)建平岩群三岩组大理岩夹片麻岩、片岩含金变质岩岩石构造组合，赋存柴火栏子等金矿床。

(6)新太古代变质黑云母花岗岩-二长花岗岩含金变质岩岩石构造组合，已发现小井沟、八号村、九号村矿点。

### 3. 古元古代含金变质岩岩石构造组合

(1)兴华渡口岩群黑云角闪变粒岩-黑云斜长片麻岩-斜长角闪(片)岩-红柱石榴云母片岩含金变质岩岩石构造组合。

(2)古元古代变质石英闪长岩-英云闪长岩-花岗闪长岩-二长花岗岩含金变质岩岩石构造组合。

### 4. 中—新元古代含金变质岩岩石构造组合

(1)渣尔泰山群阿古鲁沟组变质砂岩-板岩-结晶灰岩-云英片岩含金铁锰多金属变质岩岩石构造组合。

(2)白云鄂博群比鲁特组堇青石板岩-红柱石千枚岩夹绿泥石英片岩含金铀变质岩岩石构造组合。

(3)白云鄂博群尖山组变质砂岩-板岩-云母石英片岩含金铁稀土变质岩岩石构造组合。

(4)中元古代变质黑云母花岗岩-变质二长花岗岩含金铜铅锌变质岩岩石构造组合。

(5)南华纪佳疙瘩组变质砂岩-千枚岩-板岩夹变质安山岩含金变质岩岩石构造组合。

(6)新元古代变质二长花岗岩含金变质岩岩石构造组合。

## (四)沉积变质稀有稀土矿的变质岩岩石构造组合

沉积变质稀有稀土矿及其含矿岩石构造组合分布于华北变质域阿拉善变质区和狼山-阴山变质区，分别形成于新太古代和中—新元古代的不同大地构造环境。

### 1. 新太古代含矿变质岩岩石构造组合

阿拉善岩群蓝晶十字石榴云母片岩-石榴云英片岩夹大理岩含稀有稀土变质岩岩石构造组合，赋存桃花拉山大型稀有稀土矿床。

将该组合细化为 4 个变质岩建造，其中 2 个为含矿建造，即云母石英片岩-条带状大理岩含矿变质岩建造；斑状混合岩夹花岗质混合岩含矿变质岩建造。

以上讨论的仅是阿拉善岩群分布于龙首山变质地带已发现大型矿床的一个变质岩岩石构造组合类型。阿拉善岩群中其他与之形成构造环境相同，原岩建造及变质作用特征相近的岩石构造组合类型也应予以关注，它们都是在古弧盆系相弧后盆地亚相构造环境中由碎屑岩、中基性火山岩、碳酸盐岩组成的原岩经受了中压或中低压低绿片岩相-低角闪岩相区域动力热流变质作用形成的。这些岩石构造组合包括：①阿拉善岩群云母石英片岩-绿帘黑云母片岩夹大理岩岩石构造组合，分布于龙首山变质地带；②阿拉善岩群云母石英片岩-变粒岩-浅粒岩岩石构造组合，分布于迭布斯格-阿拉善右旗变质地带；③阿拉善岩群蓝晶十字石榴云母片岩-石榴云英片岩夹大理岩岩石构造组合，分布于迭布斯格-阿拉善旗变质地带；④阿拉善岩群中厚层白云石大理岩岩石构造组合，分布于迭布斯格-阿拉善右旗变质地带；⑤阿拉善岩群云母石英片岩-斜长角闪片岩-变粒岩岩石构造组合，分布于狼山-白云鄂博变质地带西部；⑥阿拉善岩群大理岩-云英片岩夹石英岩岩石构造组合，分布于狼山-白云鄂博变质地带西部。

**2. 中—新元古代含矿变质岩岩石构造组合**

白云鄂博群尖山组板岩-变质砂岩-云母石英片岩含稀有稀土铁金变质岩岩石构造组合，赋存白云鄂博特大型稀有稀土矿床。

### (五)多金属及硫铁矿变质矿产的变质岩岩石构造组合

与沉积变质作用有关的铜铅锌多金属、硫铁矿及其含矿岩石构造组合分布于狼山-阴山变质区 3 个变质地带及大兴安岭变质区温都尔庙-库伦旗变质地带，形成于中—新元古代，主要的含矿变质岩岩石构造组合包括：

(1)温都尔庙群桑达来呼都格组高压中温蓝片岩相绿色片岩-变质安山岩夹铁石英岩含铜变质岩岩石构造组合，赋存白乃庙铜矿。

(2)渣尔泰山群阿古鲁沟组绿片岩相变质砂岩-板岩-结晶灰岩-云英片岩含多金属硫铁矿变质岩岩石构造组合，赋存霍各乞、炭窑口、东升庙等矿床。

(3)渣尔泰山群阿古鲁沟组低绿片岩相板岩-结晶灰岩-千枚岩含铜铅锌硫铁矿变质岩岩石构造组合。

(4)渣尔泰山群阿古鲁沟组低绿片岩相板岩-灰岩夹变质砂岩、千枚岩含铜铅锌硫铁矿变质岩岩石构造组合，赋存甲生盘等矿床。

(5)中元古代变质二长花岗岩-黑云母花岗岩含铜铅锌金变质岩岩石构造组合。

### (六)沉积变质石墨矿的变质岩岩石构造组合

沉积变质石墨矿及其岩石构造组合分布于华北变质域狼山-阴山变质区和鄂尔多斯变质区，形成于中太古代变质基底杂岩相陆核构造环境，主要的含矿变质岩岩石构造组合包括：

(1)迭布斯格岩群中压高角闪岩相-麻粒岩相石墨石榴云母角闪斜长片麻岩-紫苏透辉斜长片麻岩-透辉大理岩含石墨变质岩岩石构造组合，赋存查汗木胡鲁石墨矿。

(2)雅布赖山岩群中压高角闪岩相黑云角闪混合片麻岩-混合岩夹斜长角闪岩、石墨变粒岩含矿变质岩岩石构造组合。

(3)乌拉山岩群哈达门沟岩组中压高角闪岩相-麻粒岩相黑云斜长片麻岩-石墨透辉片麻岩-石墨变粒岩含矿变质岩岩石构造组合。

(4)千里山岩群千里沟岩组中低压高角闪岩相-麻粒岩相石墨片麻岩-石墨大理岩夹石墨变粒岩含矿变质岩岩石构造组合。

(5)乌拉山岩群哈达门沟岩组中低压高角闪岩相-麻粒岩相石墨石榴云母片麻岩含矿变质岩岩石构

造组合，赋存庙沟、什报气石墨矿。

(6)集宁岩群中低压高角闪岩相-麻粒岩相石墨石榴云母变粒岩-透闪大理岩含石墨变质岩岩石构造组合。

(7)集宁岩群中低压高角闪岩相-麻粒岩相孔兹岩系含石墨变质岩岩石构造组合，赋存黄土窑大型石墨矿。

### (七)大理岩、白云岩变质矿产的变质岩岩石构造组合

大理岩与白云岩，尤其是大理岩分布十分广泛。与变质作用有关的大理岩、白云岩矿及其变质岩岩石构造组合主要分布于华北变质域各变质单元，主要成矿时代为中太古代和新太古代，其次为古元古代和中—新元古代。

#### 1. 中太古代含矿变质岩岩石构造组合

(1)雅布赖山岩群中压高角闪岩相白云石大理岩夹石英岩含矿变质岩岩石构造组合。

(2)集宁岩群中低压高角闪岩相-麻粒岩相厚层白云石大理岩夹片麻岩含矿变质岩岩石构造组合。

(3)乌拉山岩群桃儿湾岩组中低压高角闪岩相-麻粒岩相厚层大理岩夹石英岩含矿变质岩岩石构造组合。

#### 2. 新太古代含矿变质岩岩石构造组合

(1)中—新太古代角闪岩相白云石大理岩夹黑云角闪斜长片麻岩含白云岩矿变质岩岩石构造组合，赋存亚干大型白云岩矿。

(2)阿拉善岩群中低压低绿片岩相-低角闪岩相大理岩-云英片岩夹石英岩含矿变质岩岩石构造组合。

(3)阿拉善岩群中压高绿片岩相-低角闪岩相中厚层状白云石大理岩含矿变质岩岩石构造组合。

(4)色尔腾山岩群点力素泰岩组中低压低绿片岩相-低角闪岩相大理岩夹(磁铁)石英岩含矿变质岩岩石构造组合。

(5)二道凹岩群中压低绿片岩相-低角闪岩相十字蓝晶石榴云母片岩-黑云斜长片岩-大理岩夹阳起片岩含矿岩石构造组合，赋存呼和浩特市哈拉沁大理岩矿。

(6)建平岩群二岩组中压高角闪岩相黑云角闪片麻岩-变粒岩-斜长角闪岩-大理岩含矿变质岩岩石构造组合。

(7)建平岩群三岩组中压高角相大理岩夹片麻岩、片岩含矿变质岩岩石构造组合。

#### 3. 古元古代含矿变质岩岩石构造组合

(1)北山岩群中压低绿岩相-高绿片岩相大理岩-白云质大理岩含矿变质岩岩石构造组合。

(2)北山岩群中压低绿片岩相-低角岩相厚层大理岩夹板岩含矿变质岩岩石构造组合。

(3)兴华渡口岩群中低压低绿片岩相-低角闪岩相黑云角闪变粒岩-含矽线片麻岩-红柱石榴二云片岩夹大理岩含矿变质岩岩石构造组合。

(4)马家店群低绿片岩相-高绿片岩相板岩-石英岩-大理岩含矿变质岩岩石构造组合。

(5)明安山群低绿片岩相-高绿片岩相云母石英千枚岩-千枚状片岩-大理岩含矿变质岩岩石构造组合。

#### 4. 中—新元古代含矿变质岩岩石构造组合

(1)圆藻山群绿片岩相硅质板岩-硅质灰岩-大理岩-白云岩含矿变质岩岩石构造组合。

(2)圆藻山群绿片岩相结晶灰岩-大理岩-粉砂质板岩含矿变质岩岩石构造组合。

(3)墩子沟组绿片岩相绢云千枚岩-大理岩-变质砂岩含矿变质岩岩石构造组合。

(4)艾勒格庙组低绿片岩相-高绿片岩相绢云石英片岩-石英岩-大理岩含矿变质岩岩石构造组合。

(5)额尔古纳河组低绿片岩相大理岩-结晶灰岩-板岩含矿岩石构造组合。

(6)王全口组低绿片岩相硅质白云岩-白云质灰岩夹砂质板岩含矿变质岩岩石构造组合。

(7)腮林忽洞组低绿片岩相白云岩-白云质灰岩-变质含砾石英砂岩含矿变质岩岩石构造组合。

(8)增隆昌组低绿片岩相白云岩-泥灰岩-粉砂岩含矿变质岩岩石构造组合。

### (八)刚玉、蓝晶石、石榴石变质矿产的变质岩石构造组合

3种变质矿产分别形成于中太古代、新太古代和古元古代,分布于不同变质单元,主要的含矿变质岩岩石构造组合如下:

(1)迭布斯格岩群中压高闪岩相-麻粒岩相黑云角闪斜长片麻岩-黑云角闪混合岩夹磁铁石英岩含刚玉变质岩岩石构造组合。

(2)雅布赖山岩群中压高角闪岩相黑云角闪混合片麻岩-混合岩夹斜长角闪岩含刚玉尖晶石变质岩岩石构造组合。

(3)阿拉善岩群中低压低绿片岩相-低角闪岩相十字石榴云英片岩-变粒岩-浅粒岩含石榴石变质岩岩石构造组合。

(4)阿拉善岩群中压高绿片岩相-低角闪岩相蓝晶十字石榴云母片岩-石榴云母石英片岩夹大理岩含蓝晶石石榴石变质岩岩石构造组合。

(5)二道凹岩群中压绿片岩相-低角闪岩相十字蓝晶石榴云母片岩-黑云斜长片岩-大理岩夹阳起片岩含蓝晶石石榴石变质岩岩石构造组合。

(6)宝音图岩群中压高绿片岩相-低角闪岩相石英岩-十字蓝晶石榴云母石英片岩含蓝晶石石榴石变质岩岩石构造组合。

(7)宝音图岩群中压低绿片岩相-低角闪岩相含十字蓝晶石榴云母石英片岩-石英岩夹绿片岩、含铁石英岩含蓝晶石石榴石变质岩岩石构造组合。

(8)宝音图岩群双井片岩中压低绿片岩相-低角闪岩相含十字蓝晶石榴云母石英片岩-斜长角闪片岩夹片麻岩含蓝晶石石榴石岩石构造组合。

# 第五节 大型变形构造

内蒙古大型变形构造有7种:逆掩推覆构造、逆冲走滑构造、大型逆冲断裂构造、大型拆离构造、韧性变形带、大型脆性断裂带、与构造相关的沉积盆地。

## 一、大型变形构造的主要特征

### (一)逆冲走滑构造(表4-35)

#### 1. 巴彦锡勒牧场北逆冲走滑构造(韧性)

该构造位于天山-兴蒙造山系、锡林浩特岩浆弧内,呈北东东向展布,长92km,宽5.5km。构造带内

有古元古代宝音图岩群片岩，早—中二叠世大石寨组火山岩砂岩和泥岩、晚二叠世林西组砂岩和粉砂岩，泥盆纪闪长岩和花岗闪长岩。在构造带西部，部分大石寨组已成糜棱岩，而另一部分大石寨组仅见密集劈理。糜棱面理倾向170°，倾角35°。在构造带内，中侏罗世花岗岩侵入林西组，三叠纪花岗岩侵入宝音图岩群，但这些中生代岩体没有参与变形，所以构造带形成时间应在二叠纪末期。

表4-35　逆冲走滑构造一览表

| 名　　称 | 代号 | 类型 | 规　模 | 形成时代 |
|---|---|---|---|---|
| 巴彦锡勒牧场北逆冲走滑构造(韧性) | BYNR | 挤压 | 长92km，宽5.5km | 二叠纪末期 |
| 额尔登山头南逆冲走滑构造(韧性) | EENR | 挤压 | 长60km，宽2～4km | 三叠纪 |
| 乌兰哈达西南逆冲走滑构造(韧性) | WLNR | 挤压 | 长25km，宽3.5km | 二叠纪 |
| 苏尼特左旗东南逆冲走滑构造(韧性) | SNNR | 挤压 | 长17km，宽1～2.5km | 二叠纪 |
| 查干诺尔碱矿南逆冲走滑构造(脆韧性) | CGNR | 先压后张 | 长24km，宽1.5km | 石炭纪末期 |
| 查干呼舒北逆冲走滑构造(韧性) | CHNR | 挤压 | 长11km，宽1～5km | 元古宙末期 |
| 巴特敖包北逆冲走滑构造(韧性) | BTNR | 挤压 | 长18km，宽1～2.5km | 奥陶纪 |
| 阿敦楚鲁逆冲走滑构造(韧性) | ADNR | 挤压 | 长76km，宽11～22km | 二叠纪 |
| 达尔罕茂明安联合旗东南逆冲走滑构造(韧性) | DENR | 挤压 | 长40km，宽2～5km | 三叠纪 |
| 格日楚鲁-乌克忽洞逆冲走滑构造(脆韧性) | GRNR | 先压后张 | 长230km，宽2～18km | 三叠纪末期 |
| 书记沟北逆冲走滑构造(韧性) | SJNR | 挤压 | 长27km，宽3.4km | 元古宙末期 |
| 黄石崖逆冲走滑构造(韧性) | HSNR | 挤压 | 长63km，宽3～20km | 侏罗纪末期 |
| 伊和和热逆冲走滑构造(韧性) | YHNR | 挤压 | 长30km，宽3～8km | 二叠纪 |
| 宝格达乌拉-古德尔和艾日格乌拉逆冲走滑构造(韧性) | BGNR | 挤压 | 长104km，宽2～7km | 二叠纪 |
| 双山北逆冲走滑构造(脆韧性) | SSNR | 先压后张 | 长65km，宽2～16km | 二叠纪末期 |
| 阿尔善宝力格东南逆冲走滑构造(韧性) | AENR | 挤压 | 长38km，宽5～18km | 二叠纪 |
| 敖包嘎日根逆冲走滑构造(韧性) | ABZR | 压性 | 长60km，宽2～8km | 侏罗纪末期 |
| 呼格日其格西逆冲走滑构造(韧性) | HGNR | 挤压 | 长50km，宽3～12km | 二叠纪 |
| 1153高地逆冲走滑构造(韧性) | 1153NR | 挤压 | 长21km，宽2～7km | 石炭纪末期 |
| 巴彦乌拉东北逆冲走滑构造(韧性) | BYNR | 挤压 | 长77km，宽5～12km | 二叠纪 |
| 巴腊特逆冲走滑构造(脆韧性) | BLNR | 先压后张 | 长60km，宽5～15km | 三叠纪末期 |
| 苟寇温都尔逆冲走滑构造(脆韧性) | GKNR | 先压后张 | 长65km，宽4～13km | 三叠纪末期 |
| 莫格特逆冲走滑构造(韧性) | MGNR | 挤压 | 长78km，宽8～15km | 白垩纪 |
| 笋布尔乌拉-巴润特格逆冲走滑构造(脆韧性) | SBNR | 先压后张 | 长125km，宽3～5km | 二叠纪末期 |
| 冲击逆冲走滑构造(韧性) | CJNR | 挤压 | 长70km，宽1.5～4km | 三叠纪末期 |
| 尖山-石板井逆冲走滑构造(韧性) | JSNR | 挤压 | 长88km，宽4～25km | 二叠纪末期 |
| 黄山-葫芦山逆冲走滑构造(韧性) | HHNR | 挤压 | 长108km，宽12～23km | 二叠纪末期 |

**2. 额尔登山头南逆冲走滑构造(韧性)**

该构造位于天山-兴蒙造山系、锡林浩特岩浆弧内，呈近东西向展布，长60km，宽2～4km。构造带内有温都尔庙群桑达来呼都格组石英片岩、石英岩、含铁石英岩、中酸性熔岩，志留纪—泥盆纪英云闪长岩，二叠纪—三叠纪英云闪长岩，二叠纪二长花岗岩。构造带中部为强变形域，宽度 2～2.5km，而两侧岩石仅见劈理化，为弱变形域。糜棱面理产状倾向 170°～180°，倾角 35°左右。构造带影响最新地质体为二叠纪—三叠纪二云母花岗岩，而附近白垩纪花岗岩未受影响，所以形成时代应为三叠纪。

**3. 乌兰哈达西南逆冲走滑构造(韧性)和苏尼特左旗东南逆冲走滑构造(韧性)**

该构造位于天山-兴蒙造山系、锡林浩特岩浆弧内，呈北东向展布，长分别为 25km 和 17km，宽分别为3.5km和 2.5km。剪切带中，中元古代温都尔庙群桑达来呼都格组、早中二叠世大石寨组、志留纪—泥盆纪英云闪长岩均已糜棱岩化。两个剪切带产状相同，糜棱面理倾向 135°，倾角 35°。两个剪切带相距 8km，中间露头不佳，所以分别表示两个剪切带。形成时代为二叠纪。

**4. 查干诺尔碱矿南逆冲走滑构造(脆韧性)**

该构造位于天山-兴蒙造山系、锡林浩特岩浆弧内，呈北东东向展布，长 24km，宽 1.5km。查干诺尔碱矿南逆冲构造带中晚石炭世本巴图组安山岩、砂泥岩局部糜棱岩化和碎裂岩化，地层层理可见，走向 160°，而糜棱面(或碎裂岩)劈理走向 110°。参与变形地质体为晚石炭世本巴图组和石炭纪岩体，所以形成时代为石炭纪。

**5. 查干呼舒北逆冲走滑构造(韧性)**

该构造位于天山-兴蒙造山系、大兴安岭弧盆系、锡林浩特岩浆弧内，呈北东东向展布，长 11km，宽 1～5km。构造带中部为强变形域，有花岗质糜棱岩、长英质糜棱岩、黑云母角闪斜长糜棱岩。糜棱面理十分发育，重结晶作用明显，具强变形域特征。糜棱岩由碎斑和基质组成，碎斑多由斜长石和角闪石组成，含量达 25%以上。由斜长石构成的残斑多呈眼球状、透镜状，粒径 2～3.5mm，部分残斑形成“σ”形拖尾构造，长英质矿物被韧性拉长。同时在强变形域内，虽然均为糜棱岩，也具强弱不同的分带性，较弱的糜棱岩碎斑粗大，较强的糜棱岩碎斑少而细，这种粗细相间的糜棱岩表明在形成过程中剪切应力作用不均一性。糜棱岩中糜棱面理和线理均发育，糜棱面理倾向 145°左右，倾角 40°。剪切带两侧为弱变形域，变形组构以面理构造为主，线理构造有角闪石、石英等矿物的定向拉伸，石英、长石发育波状消光，角闪石表现为显微破裂。未变形岩石中的矿物多呈半自形状，角闪石已退变为绿泥石。弱变形域中糜棱面理倾向南南东。变形带中新太古代英云闪长岩和中元古代辉绿岩已形成糜棱岩，局部糜棱岩化和片理化，所以形成时代为元古宙末比较合适。

**6. 巴特敖包北逆冲走滑构造(韧性)**

该构造位于天山-兴蒙造山系、包尔汉图-温都尔庙弧盆系相系、温都尔庙俯冲增生杂岩带中，呈近东西向展布，长 18km，宽 1～2.5km。构造带东、西两端被新生代地层覆盖，总体产状倾向 160°～170°，倾角 40°～60°，线理很发育，倾伏角产状为 200°～210°∠20°～∠36°，为典型的“S-L”构造岩。

构造带发育在古元古代宝音图岩群和奥陶纪英云闪长岩中，变形在岩石中极为清楚，新生面理、线理各种矿物的变形组构和显微构造均能见到，糜棱岩带中普遍发育“石香肠”构造，“书斜”构造以及顺层“牵引”褶皱等，均显示剪切方向为右旋型。

剪切带影响最老地质体为古元古代宝音图岩群，最新地质体为中晚奥陶世石英闪长岩和英云闪长岩，推测其形成时代为奥陶纪末期。

**7. 阿敦楚鲁逆冲走滑构造(韧性)**

该构造位于天山-兴蒙造山系、大兴安岭弧盆系、锡林浩特岩浆弧内，呈北东向展布，长 76km，宽 11～22km。构造带内地质体主要有新元古代艾勒格庙组的灰白色大理岩、结晶灰岩、绢云石英片岩、变质石英粉砂岩、板岩等。早中二叠世大石寨组灰色、灰白色、灰紫色流纹质晶屑凝灰岩，流纹岩，流纹质熔结晶屑凝灰岩，英安质晶屑凝灰岩及英安岩，灰褐色绢云绿泥碳质板岩，绢云绿泥碳质斑点板岩及石英粉砂岩，泥盆纪英云闪长岩、石英闪长岩，二叠纪二长花岗岩、似斑状花岗闪长岩等。

(1)弱变形域：指分布于强变形带之间的未变形或弱变形岩石，后者指发生了糜棱岩化的岩石，强弱变形带之间呈过渡关系。变形组构以面状构造为主，线理构造由角闪石、石英等矿物的定向拉伸表现出来，石英波状消光发育，角闪石表现为显微碎裂。未变形岩石中矿物多呈半自形状，角闪石等多退变为绿泥石，具片麻状构造。弱变形或出露的宽度不等，但总体宽度大于强变形域。弱变形域中糜棱面理及片麻理的总体产状南倾，局部有北倾，倾角40°左右。

(2)强变形带：由糜棱岩组成，最发育地段在剪切带中段，出露宽度约100m，由花岗质糜棱岩、石英闪长质糜棱岩组成。糜棱面理十分发育，重结晶作用明显，岩石具强烈的变形特征。各类糜棱岩主要由碎斑和基质组成，碎斑多为斜长石、钾长石，含量25%左右。由斜长石组成的残斑多呈眼球状、透镜状，粒径为2～3.5mm。部分残斑形成"σ"形拖尾构造，双晶弯曲，波状消光。辉石多被纤闪石交代呈假象，呈大小不等的眼球体，两端发育由纤闪石形成的拖尾构造。基质主要由长英质、角闪石、辉石等构成，矿物粒径0.3～1mm。具波状消光及带状消光，不规则粒状镶嵌的集合体，平行片理定向分布，长英质矿物均被韧性拉长。强变形带中，虽然均为糜棱岩，也具强弱不同的分带性，较弱的糜棱岩碎斑粗大，最大可达1cm，含量30%～40%；强糜棱岩中碎斑少而细，粒径在0.3～1mm之间，含量在20%以下。但粗细碎斑的拖尾均指示岩石发生右旋剪切，这种粗细相间产生的糜棱岩表明在变形过程中遭受剪切应力作用的不均一性。

(3)剪切带的运动学特征：透入性面理主要为糜棱面理，总体走向北东，倾向多为150°～170°。糜棱面理由条带状石英、重结晶糜棱质、绿泥石、新生的黑云母等组成。在$XZ$面上表现为互相平行的纹理构造及片柱状矿物优选定向排列成不连续的面状构造。这组糜棱面理总体产状与区域上片麻理产状基本一致。

**8. 达尔罕茂明安联合旗东南逆冲走滑构造(韧性)**

该构造位于华北陆块区、狼山-阴山陆块、狼山-白云鄂博裂谷中，呈北北东向展布，长40km，宽2～5km。剪切带内参与变形的地质体为新太古代英云闪长岩和晚三叠世二长花岗岩，变形特征见格日楚鲁-乌克忽洞逆冲走滑构造东段走滑构造(脆韧性)。

**9. 格日楚鲁-乌克忽洞逆冲走滑构造(脆韧性)**

该构造位于华北陆块区、狼山-阴山陆块、狼山-白云鄂博裂谷中，分东、西两段，东段呈近东西向，西段呈北西向，总长230km，宽2～18km。

东段剪切带发育在色尔腾山岩群片岩、大理岩，新太古代英云闪长岩、石英闪长岩，中元古代花岗岩，晚三叠世二长花岗岩中。这些岩石已形成黑云石英糜棱片岩、糜棱岩化大理岩、石英岩、片麻状英云闪长岩，与白云鄂博群尖山组为断层接触。糜棱面理倾向一般为35°～15°，倾角30°～35°，拉伸线理产状350°～360°∠20°～40°，显示运动学方向向北西斜落。剪切带具明显的分带性，可划分为若干个强变形带和弱变形带，在平面图中强弱变形带相间排列，宽窄不一，具连续渐变之特点。

强变形带主要由绢云石英糜棱片岩、阳起糜棱片岩、石英闪长质糜棱岩组成。岩石具糜棱结构、鳞片变晶结构，片状构造。岩石中主要矿物为长石、石英，其次为绢云母、黑云母、绿泥石、阳起石等。岩石均发生强烈糜棱岩化，糜棱面理密集，片理多被改造成毫米级的糜棱面理。石英明显被压扁拉长呈拔丝状，岩层可见顺层掩卧小褶曲、石英挤压透镜体、"石香肠"构造、"σ"形旋转碎斑系、拖尾的眼球状长英质脉体。

弱变形带岩石类型为糜棱岩化大理岩、糜棱岩化石英岩、糜棱岩化变质砂岩等。岩石具变晶结构，层状和块状构造。主要矿物有方解石、白云石、石英等。岩石发生弱糜棱岩化，糜棱面理稀疏，一般密度为1～2条/cm，岩层中小褶曲发育，并可见到石英岩夹层被拉断呈条带状或透镜状。

在剪切变形过程中，剪切带中形成的主要构造形迹为线理构造和褶皱构造。

格日楚鲁-乌克忽洞逆冲走滑构造的形成时代，根据参与变形的最新地质体为晚三叠世侵入岩，所以剪切带的时代为三叠纪末期。

**10. 书记沟北逆冲走滑构造(韧性)**

该构造位于华北陆块区、狼山-阴山陆块、狼山-白云鄂博裂谷内，呈北西向展布，长27km，宽3.4km。剪切带发育在渣尔泰山群与新太古代英云闪长岩接触带附近，二者糜棱片理产状一致，接触面总体北倾。渣尔泰山群"a"形褶皱和"石香肠"构造发育；新太古代英云闪长岩在接触带附近发育白云母糜棱片岩，岩石主要由白云母、石英组成，含少量黑云母、绿泥石、方解石和绿帘石。密集的白云母定向分布构成C面理，白云母与石英的延长方向与C面理有小角度斜交，构成S面理，恢复在定向标本上的运动方向为由南西向北东；书记沟组石英岩、变质石英砂岩强烈韧性剪切变形，表现为顺层剪切滑动和层内褶叠构造。变余粉砂状石英显著压扁拉长，局部形成右旋拉张空洞，被石英充填。剪切滑动面上发育a线理，线理产状15°∠30°，与糜棱面理产状一致。黄铁矿颗粒被强烈定向拉长，局部地段书记沟组石英岩呈大型平卧褶皱，向下平卧褶皱规模变小并逐渐发育为韧性剪切变形，其指示的运动学方向为上盘向北滑落。增隆昌组局部发育薄层、纹层状白云石糜棱岩，较厚层的白云质灰岩内可见层内褶叠层构造和层间柔流褶皱。剪切带中变形的最新地质体为中元古代地层和岩体，所以该剪切带形成时代为元古宙末期。

**11. 黄石崖逆冲走滑构造(韧性)**

该构造位于华北陆块区、狼山-阴山陆块、固阳-兴和陆核内，呈北东向展布，长63km，宽3～20km。剪切带内变形的地质体为古太古代兴和岩群、中太古代乌拉山岩群、中太古代变质深成体、晚侏罗世大青山组。该剪切带变形较弱，尽在剪切带的西南古太古代兴和岩群中见糜棱岩带，其余均为糜棱岩化带。剪切带内断裂构造发育，以逆断层为主，走向与剪切带走向一致。剪切带中变形的最新地质体为晚侏罗世大青山组，所以其形成时代为侏罗纪末期。

**12. 伊和和热逆冲走滑构造(韧性)**

该构造位于天山-兴蒙造山系、索伦山-西拉木伦结合带内，呈北东东向展布，长30km，宽3～8km。剪切带中变形地质体为泥盆纪超基性岩、早中二叠世大石寨组和中二叠世哲斯组。韧性剪切带中间部分为强变形域，而两侧变形较弱，再向两侧为劈理化。强变形带中大石寨组中砂岩、火山岩已变成糜棱岩，原岩结构构造及矿物成分已无法辨认；而弱变形带岩石仅为糜棱岩化，再往两侧(特别是南侧)岩石劈理化、片理化。剪切带总体产状，倾向330°～10°，倾角40°左右。参与变形的最新地质体为中二叠世哲斯组，所以其形成时代为二叠纪。

**13. 宝格达乌拉-古德尔和艾日格乌拉逆冲走滑构造(韧性)**

该构造位于天山-兴蒙造山系、大兴安岭弧盆系、锡林浩特岩浆弧内，呈北东东向展布，长104km，宽2～7km。该剪切带中变形地质体早中二叠世大石寨组均遭受了透入性韧性剪切变形，岩石普遍片理化和糜棱岩化(剪切带两端已形成糜棱岩或糜棱岩化岩石，而中间部位的岩石则片理化)。构造面理走向为北东东向，倾角较陡，而倾向南南东和北北西向的构造面理均存在。大石寨组中流纹岩变形显著，糜棱面理和拉伸线理极为发育，呈片状产出，具旋转碎斑结构，眼球状构造，拉伸线理产状与糜棱面理一致，其运动学方向为逆冲式韧性剪切带。形成的时代为二叠纪。

**14. 双山北逆冲走滑构造(脆韧性)**

该构造位于天山-兴蒙造山系、大兴安岭弧盆系、锡林浩特岩浆弧内，呈北东向展布，长65km，宽2～

16km。该剪切带分两个变形域,西北部发生在锡林浩特杂岩中的为较强变形域。该域中片岩、片麻岩及基性岩体强烈糜棱岩化,形成密集的条带、条纹和不规则的疙瘩、密集的肠状褶曲和层间同斜褶曲,面理十分发育,倾向北西和北东皆有,倾角30°~60°。东南部发生在晚石炭世—早二叠世阿木山组和早中二叠世大石寨组为较弱变形域。该变形域中岩石片理化、碎裂岩化发育,局部存在弱糜棱岩化。从整个变形带来看,断裂构造十分发育,断层走向与剪切带走向一致。该剪切带以逆冲挤压为主,后期局部有走滑运动。剪切带中参与变形的最新地质体为早中二叠世大石寨组。形成时代为二叠纪。

#### 15. 阿尔善宝力格东南逆冲走滑构造(韧性)

该构造位于天山-兴蒙造山系、大兴安山岭弧盆系、锡林浩特岩浆弧内,呈北东向展布,长38km,宽5~18km。该剪切带发育在早二叠世寿山组中,强烈的挤压作用,形成糜棱岩带、碎裂岩带和片理化带。岩石具糜棱结构和碎裂结构,矿物被压碎、压扁呈透镜体和眼球状,具缩颈现象,长石双晶纹变形,石英具波状消光,动力变形最强烈地段见千糜岩。剪切带中糜棱面理发育,倾向北西、北东皆有,倾角35°~45°。参与变形地质体为早二叠世寿山沟组,所以剪切带的形成时代应为二叠纪。

#### 16. 敖包嘎日根逆冲走滑构造(韧性)

该构造位于天山-兴蒙造山系、大兴安岭弧盆系、二连-贺根山蛇绿混杂岩内,剪切带西南端呈北北东向展布,而东北端呈北东东向展布,长60km,宽2~8km。剪切带中变形的地质体为早中二叠世大石寨组、中二叠世哲斯组、晚三叠世花岗闪长岩和黑云母二长花岗岩、晚侏罗世满克头鄂博组。

剪切带西南端,早中二叠世大石寨组、中二叠世哲斯组、晚三叠世花岗闪长岩,岩石强烈糜棱岩化,糜棱面理倾向北西,倾角35°~45°。

剪切带东北端,晚三叠世黑云母二长花岗岩已成糜棱岩(仅局部保留原岩面貌),糜棱面理倾向北北西,倾角35°~40°。

剪切带两端为强变形带,而中间为弱变形带,仅见晚侏罗世满克头鄂博组岩石片理化,片理走向与剪切带展布方向一致。

#### 17. 呼格日其格西逆冲走滑构造(韧性)

该构造位于天山-兴蒙造山系、大兴安岭弧盆系、扎兰屯-多宝山岛弧内,呈北东向展布,长50km,宽3~12km。

(1)剪切带的宏观特征。该剪切带内地质体为早二叠世黑云二长花岗岩,岩石受到强烈挤压作用,普遍发生破碎,片理化、糜棱岩化,为典型的“S-L”构造岩。这反映剪切应变的岩石类型主要为初糜棱岩(属糜棱岩化岩)、糜棱岩和超糜棱岩。初糜棱岩碎斑含量50%;糜棱岩碎斑含量20%~30%;超糜棱岩碎斑含量10%~15%。运动学特征主要表现为面理、线理及旋转构造等特征,多形成一些“石香肠”构造、“书斜”式构造、“a”形褶皱、“σ”形碎斑系等,剪切方向均显示为斜落左旋型。

(2)韧性剪切带的显微构造特征及其运动学标志。剪切带中显微构造特征表现为粒内应变构造发育,主要有动态重结晶的多晶石英条带、单晶石英系带、边缘粒化及亚颗粒、显微断裂构造及显微不对称旋转“σ”形碎斑系等。

(3)韧性剪切带的形成环境。剪切带发生在中—中深构造层次中,变形岩石以韧性变形形成的糜棱岩为主,亦有少量的脆性碎裂岩。早期经历构造破裂—中期韧性变形—晚期片理化3个阶段,其构造部位显示了正常地热梯度下地壳构造层次的特点。参与变形均为二叠纪岩体,所以形成时代为二叠纪。

#### 18. 1153高地逆冲走滑构造(韧性)

该构造位于天山-兴蒙造山系、大兴安岭弧盆系、扎兰屯-多宝山岛弧内,呈北东向展布,长21km,宽2~7km。剪切带中,早中泥盆世泥鳅河组灰岩、凝灰岩、砂岩及石炭纪花岗岩普遍糜棱岩化,花岗岩中的长石、石英、绢云母、白云母等矿物呈线形带状分布，形成花岗质糜棱岩和糜棱化花岗岩。由于参与变形的最新地质体为石炭纪花岗岩，所以剪切带的形成时代为石炭纪。

**19. 巴彦乌拉东北逆冲走滑构造(韧性)**

该构造位于天山-兴蒙造山系、大兴安岭弧盆系、扎兰屯-多宝山岛弧内，呈北东向展布，长77km，宽5～12km。剪切带内晚石炭世—早二叠世宝力高庙组砂岩及石炭纪二长花岗岩强烈糜棱岩化，局部已成糜棱岩，变形较弱地段片理化发育，片理面上有绿泥石和绢云母等新生矿物。剪切带中有眼球状构造，石英具波状消光，长石双晶扭曲变形。该剪切带在晚期有脆性活动，形成碎裂岩和构造角砾岩。宝力高庙组参与变形，所以形成时代为二叠纪。

**20. 巴腊特逆冲走滑构造(脆韧性)**

该构造位于天山-兴蒙造山系、包尔汉图-温都尔庙弧盆系、温都尔庙俯冲增生杂岩带内，呈北东东向展布，长60km，宽5～15km。剪切带南部为脆韧性变形，即弱变形带。中奥陶世乌宾敖包组砂岩、粉砂岩、泥岩，晚志留世—早泥盆世西别河组砂岩、砾岩。奥陶纪石英闪长岩、超基性岩等岩石，部分糜棱岩化，但大部分形成碎裂岩和角砾岩，岩石片理化普遍较发育。剪切带中参与变形的最新地质体为三叠纪石英闪长岩，所以剪切带的形成时代应为三叠纪。

**21. 苟寇温都尔逆冲走滑构造(脆韧性)**

该构造位于华北陆块区、狼山-阴山陆块、狼山-白云鄂博裂谷内，呈北东向展布，长65km，宽4～13km。剪切带的东南部为韧性变形带，即强变形带。新太古代的花岗闪长岩、石炭纪的花岗闪长岩，这些岩石已强烈糜棱岩化，局部形成糜棱岩；剪切带西北部分为弱变形带，新太古代花岗闪长岩已碎裂岩化和角砾岩化；在强弱变形过渡带中，新太古代花岗闪长岩糜棱岩化和角砾岩化均发育。另外，在剪切带中逆冲断裂发育，断层走向与剪切带展布方向一致，且倾向相反，剪切带东南部断层倾向北西，而西北部断层倾向东南。参与变形的最新地质体为三叠纪二长花岗岩，所以剪切带的形成时代为三叠纪。

**22. 莫格特逆冲走滑构造(韧性)**

该构造位于天山-兴蒙造山系、额济纳旗-北山弧盆系、哈特布其岩浆弧内，呈北东向展布，长78km，宽8～15km。剪切带西北地区为强变形带，色尔腾山岩群柳树沟组片岩、石英岩，晚石炭世本巴图组砂岩、灰岩、安山岩，石炭纪二长花岗强烈糜棱岩化，局部已成糜棱岩。剪切带的东南地区的晚石炭世本巴图组和石炭纪的二长花岗岩岩石多成片理化(早白垩世苏红图组岩石局部也见片理化)，明显变形较弱。在剪切带的东南地区，发育走向为北东向的逆冲断层。参与变形的最新地质体为早白垩世苏红图组，所以剪切带的形成时代应为白垩纪。

**23. 笋布尔乌拉-巴润特格逆冲走滑构造(脆韧性)**

该构造位于天山-兴蒙造山系、额济纳旗-天山弧盆系、哈特布其岩浆弧内。近东西向展布，长125km，宽3～5km。剪切带中部为强变形带，晚石炭世本巴图组砂岩、安山岩、石英闪长岩、辉绿岩，中二叠世花岗岩、花岗闪长岩等岩石强烈糜棱岩化；而强变形带两侧岩石片理化发育。参与变形的最新地质体为中二叠世岩体，所以剪切带的形成时代为二叠纪末期。

**24. 冲击逆冲走滑构造(韧性)**

该构造位于天山-兴蒙造山系、额济纳旗-北山弧盆系、巴音戈弧后盆地内，近东西向展布，长70km，宽1.5～4km。剪切带中部为强变形带，晚石炭世本巴图砂岩、安山岩，中二叠世似斑状二长花岗岩，中三叠世辉绿岩等岩石强烈糜棱岩化，局部形成糜棱岩。而两侧岩石劈理较发育。参与变形最新地质体为中三叠世辉绿岩，所以剪切的形成时代为三叠纪。

**25. 尖山-石板井逆冲走滑构造(韧性)**

该构造位于天山-兴蒙造山系、额济纳旗-北山弧盆系、公婆泉岛弧内，近东西向展布，长 88km，宽 4～25km。剪切带中西北部和西南部的中晚志留世公婆泉组砂岩、安山岩、英安岩等岩石糜棱岩化，局部形成糜棱岩。剪切带内其他地区的公婆泉组岩石、古元古代北山岩群的岩石、奥陶纪超阶级基性岩和基性岩、晚石炭世英云闪长岩和花岗闪长岩、中二叠世黑云母花岗岩和似斑状花岗闪长岩多见片理化，变形较弱。片理倾向北东，倾角 30°～60°。参与变形的最新地质体为中二叠世黑云母花岗岩，所以剪切带的形成时代为二叠纪。

**26. 黄山-葫芦山逆冲走滑构造(韧性)**

该构造位于天山-兴蒙造山系、额济纳旗-北山弧盆系、公婆朱岛弧内，呈北东东向展布，长 108km，宽 12～23km。剪切带中大部分地区被早白垩世赤金堡组覆盖，在剪切带西部地区的中晚志留世公婆泉组砂岩、安山岩强烈糜棱岩化，为强变形带。而中元古代古硐井群、中新元古代圆藻山群、中寒武世—早奥陶世西双鹰山组、奥陶纪超基性岩、志留纪英云闪长岩、晚二叠世辉绿岩等岩石仅见片理化，为弱变形带。片理倾向北东向，倾角 40°～50°。参与变形的最新地质体为晚二叠世辉绿岩，所以剪切带的形成时代为二叠纪。

（二）逆冲断裂构造(表 4-36)

表 4-36　逆冲断裂构造一览表

| 名　　称 | 代号 | 类　型 | 规　　模 | 形成时代 |
|---|---|---|---|---|
| 乌力吉图镇-阿拉格林台乌拉Ⅰ级深大逆冲断裂构造 | WAND | 挤压 | 长 180km，宽 9～13km | 中元古代 |
| 白云鄂博大型逆冲断裂构造 | BYND | 挤压 | 长 120km，宽 10～18km | 中元古代 |
| 虎背山-白沟泉Ⅰ级深大逆冲断裂构造 | HBND | 挤压 | 长 200km，宽 8～18km | 奥陶纪 |
| 哈珠南山-红旗山逆冲断裂构造 | HZND | 挤压 | 长 125km，宽 10～45km | 三叠纪末期 |
| 红梁子-小狐狸山逆冲断裂构造带 | HXND | 挤压 | 长 133km，宽 13～40km | 二叠纪末期 |
| 网木乌苏乌拉-查布浩日格逆冲断裂构造 | WMND | 以挤压为主，后期为拉张 | 长 154km，宽 5～18km | 二叠纪—三叠纪 |
| 杭乌拉-索日图逆冲断裂构造 | HWND | 挤压 | 长 170km，宽 13～38km | 白垩纪末期 |
| 辉森乌拉-乌登汉逆冲断裂构造 | HWND | 挤压 | 长 98km，宽 20～70km | 二叠纪—三叠纪 |
| 德勒乌拉-哈日额日格努如逆冲断裂构造 | DLND | 以挤压为主，后期为拉张 | 长 128km，宽 8～15km | 二叠纪末期 |
| 花敖包特-格日敖包逆冲断裂构造 | HAND | 以挤压为主，后期为拉张 | 长 190km，宽 12～35km | 二叠纪末期 |
| 大红山-百合山逆冲断裂构造 | DHND | 挤压 | 长 87km，宽 7～36km | 二叠纪末期 |
| 海勃湾-贺兰山大型逆冲断裂构造 | HHND | 挤压 | 长 220km，宽 20～70km | 中新元古代 |

区内逆冲断裂构造共 12 个。其分布位置，一是在板块边缘，二是在基底隆起带中。在前人资料中，没有专门提及逆冲断裂构造及研究内容。所以，在本次编图中，仅据 1∶25 万、1∶20 万、1∶5 万区调资

料经综合分析研究,划分逆冲断裂构造和讨论其特征。

该构造位于天山-兴蒙造山系与华北陆块区之间,走向近东西,长120km,宽10～18km。基底为中太古代乌拉山岩群、新太古代变质深成体和古元古代宝音图岩群。盖层为中元古代白云鄂博群及古生代和中生代地层。基底断裂构造发育,岩石强烈片理化,甚至糜棱岩化;盖层中虽然断裂构造也比较发育,但同基底相比,变形程度明显较弱。

**1. 乌力吉图镇-阿拉格林召乌拉Ⅰ级深大逆冲断裂构造**

该构造位于天山-兴蒙造山系与华北陆块区之间,东段呈北东向,西段呈近东西向,长180km,宽9～13km。北侧(天山-兴蒙造山系)东部古元古代宝音图岩群为造山带基底,岩性为片岩、石英岩等

**2. 白云鄂博大型逆冲断裂构造**

该构造强烈糜棱岩化、碎裂岩化、片理化,片理走向北东,倾角50°左右。宝音图岩群中断层发育,走向北东的断层密集分布,且相互平行。而北侧多数地区被中生代地层覆盖,盖层也有断层,其数量和规模均不同于基底。该断裂构造南侧为华北陆块区,据《1∶20万潮格旗幅(K-48-24)、三道桥幅(K-48-29)、庆格勒图幅(K-48-34)》区调资料,中太古代乌拉山岩群和雅布赖山岩群的片麻岩、大理岩,新太古代的阿拉善岩群、宝音图岩群的片岩和片麻岩,新太古代的变质深成体,古元古代的片岩、石英岩等是断裂构造带中的基底,断层发育,岩石碎裂,节理密集,一系列近于平行且规模不等的断层广泛分布。岩层中褶皱发育,多为倒转褶皱。中元古代渣尔泰山群及中生代地层为盖层。盖层中断层比较发育,规模不大,断层走向变化较大,走向从北西—北北东—北东—北东东均有,倾向多为北西和南东,以逆冲断层为主,倾角40°左右。

**3. 虎背山-白沟泉Ⅰ级深大逆冲断裂构造**

该构造位于天山-兴蒙造山系与塔里木陆块区之间,呈南东东向展布,长200km,宽8～18km。

北侧(天山-兴蒙造山系、公婆泉岛弧)中寒武世—早奥陶世西双鹰山组、早寒武世双鹰山组、早中奥陶世罗雅楚山组、早白垩世赤金堡组及奥陶纪超基性岩和晚石炭世花岗闪长岩等。这些地质体中断裂构造比较发育,以逆冲断层为主,且呈弧形、椭圆形等,倾角在40°左右。

南侧(塔里木陆块区、柳园裂谷)盖层为中新元古代圆藻山群、早白垩世赤金堡组和奥陶纪辉长岩和志留纪的英云闪长岩等。据《1∶20万路井幅K-47-22、五道明幅(K-47-28)》区调资料,该区断层发育,但一般规模较小,多为逆断层,走向多变,倾角40°左右。基底构造形迹特征尚不清楚。

**4. 哈珠南山-红旗山逆冲断裂构造**

该构造位于天山-兴蒙造山系、额济纳旗-北山弧盆系、红石山蛇绿混杂岩和明水岩浆弧内,近东西向展布,长125km,宽10～45km。古元古代北山岩群为断裂构造的基底。断裂发育,断裂的规模大小不一,使北山岩群中的大理岩、片岩、石英岩普遍碎裂岩化。主断裂附近规模较小的断裂相互平行,岩石变形以碎裂和片理化为主。

该断裂构造中,早中泥盆世雀儿山组,石炭纪白山组和绿条山组,中二叠世双堡塘组和金塔组为盖层。其变形特征为断裂构造十分发育,特别是规模小的断裂。该断裂走向变化很大,几乎各个方向都有,倾角一般在40°左右。

**5. 红梁子-小狐狸山逆冲断裂构造、大红山-百合山逆冲断裂构造**

两个断裂位于天山-兴蒙造山系、额济纳旗-北山弧盆系、圆包山岩浆弧和红石山蛇绿混杂岩内,圆包山岩浆弧和红石山蛇绿岩混杂岩长、宽分别为133km,87km和13～40km、7～36km。在二叠纪时,圆包山岩浆弧(红梁子-小狐狸山断裂构造带)向南运动;而红石山蛇绿混杂岩带(大红山-百合山断裂构造

带)向北运动,弧盆系内的碰撞挤压,形成该逆冲断裂构造。

据《1∶20 万黑鹰山幅(K-47-15)、六陀山幅(K-47-16)、嘎顺诺尔幅(K-47-17)》区调资料,构造带中早中奥陶世罗雅楚山组、中晚奥陶世咸水湖组、晚奥陶世白云山组、早志留世圆包山组、中晚志留世公婆泉组、石炭纪白山组和绿条山组及二叠纪岩体等,断裂构造相当发育。这些断裂走向变化很大,正北、北东、北东东、南东、南南东等,断裂性质以逆冲为主,也有走滑和正滑。断裂倾角在 30°～50°之间。

### 6. 网木乌苏乌拉-查布浩日格逆冲断裂构造

该构造位于华北陆块区、狼山-阴山陆块、狼山-白云鄂博裂谷内,呈北东向展布,长 154km,宽5～18km。断裂构造在华北陆块一侧,基底为古太古代迭布斯格岩群片麻岩、大理岩、磁铁石英岩、麻粒岩,中太古代乌拉山岩群片麻岩、大理岩,古元古代宝音图岩群片岩、石英岩等。这些地质体中断裂发育,一些规模较小的断层相互平行,断层使基底岩石普遍碎裂岩化、片理化。盖层主要为中元古代渣尔泰山群变质砂岩、砂砾岩、大理岩、板岩等。盖层中断层也比较发育,但没有明显的方向性,走向北东向、北东东向、南东向都有,并且多为逆冲断层,少数为走滑断层,走向为北西向。各类地质体之间多为断层接触,断层倾角为 30°～40°。

### 7. 杭乌拉-索日图逆冲断裂构造

该构造位于天山-兴蒙造山系、额济纳旗-北山弧盆系、红石山蛇绿混杂岩、恩格尔乌苏蛇绿混杂岩及哈特布其岩浆弧内,呈北东向展布,长 170km,宽 13～38km。该断裂构造基底为中新太古代变质深成体片麻岩、混合岩,古元古代宝音图岩群片岩、石英岩等。基底中断裂构造发育。在索日图一带,发育一系列走向北西逆断层,使中新太古代变质深成体碎裂,形成碎裂岩和断层角砾岩及发育两组节理。盖层为中寒武世—早奥陶世西双鹰山组、晚石炭世本巴图组、中二叠世哲斯组和金塔组、早白垩世巴音戈壁组。盖层中断裂也比较发育,基底和盖层多为断层接触。盖层中断层没有明显的构造方向,特别是规模较小的断层,走向几乎各个方向都有。断层性质以逆冲为主,断层倾角为 25°～45°。

### 8. 辉森乌拉-乌登汉逆冲断裂构造

该构造位于天山-兴蒙造山系、额济纳旗-北山弧盆系、圆包山岩浆弧和红石山蛇绿混杂岩带内,近东西向展布,长 98km,宽 20～70km。该断裂构造在雅干以南为红石山蛇绿混杂岩带,雅干以北为圆包山岩浆弧,在石炭纪末期,红石山蛇绿混杂岩带和圆包山岩浆弧已形成,到二叠纪时,造山带内陆-陆碰撞是形成该逆冲断裂构造的主要原因。

断裂构造中断层非常发育,断层没有明显的构造方向,走向北东向、东西向、南西向、南北向均有,断层性质以逆冲为主,亦有走滑和正滑,断层倾角为 20°～45°。

### 9. 德勒乌拉-哈日额日格努如逆冲断裂构造和花敖包特-格日敖包逆冲断裂构造

两个断裂构造均位于天山-兴蒙造山系、大兴安岭弧盆系、扎兰屯-多宝山岛弧内,长分别为 128km 和 190km,宽分别为 8～15km 和 12～35km。构造带南缘为二连-贺根山蛇绿混杂岩带。两个构造特征相同,据《白音图嘎幅(L-50-25)、吉尔嘎郎(L-50-26)、(L-50-27)、阿巴嘎旗幅(L-50-31)、土木富洲幅(L-49-36)》区调资料,在早中奥陶世铜山组、乌宾敖包组,中奥陶世巴彦呼舒组,早中泥盆世泥鳅河组,晚石炭世—早二叠世宝力高庙组及泥盆纪、二叠纪岩体中,断裂构造相当发育。按走向可以分两组,一组为北东向,另一组为近东西向。北东向断裂规模较大,长十几千米至几十千米,性质以逆断层为主,少部分为正断层和平推断层;近东西向断裂一般规模较小,但数量多,其性质以逆断层为主。虽然中生代地质体亦有断裂存在,总观区域构造演化特征,两个逆冲断裂构造带形成时代应为二叠纪末期。

#### 10. 海勃湾-贺兰山大型逆冲断裂构造

该构造位于华北陆块区、鄂尔多斯陆块、贺兰山夭折裂谷内，长 220km，宽 20～70km。构造带内基底为中太古代变质深成体，千里山岩群片麻岩、混合岩，雅布赖山岩群斜长角闪片麻岩、大理岩等。盖层为中新元古代王全口组和西勒图组白云岩和石英砂岩，古生代寒武纪、奥陶纪、泥盆纪、石炭纪—二叠纪的碎屑岩和灰岩，中生代三叠纪—白垩纪碎屑岩和煤层。构造带内基底断裂构造发育、走向以北东向为主，亦有北西向和北北东向，岩石强烈变形，断裂性质以逆冲为主。盖层中断裂构造发育，走向以北西向为主，断裂性质逆冲、走滑、正滑均有分布。

## 三、逆掩推覆构造(表 4-37)

表 4-37 逆掩推覆构造一览表

| 名　称 | 代号 | 类型 | 规　模 | 形成时代 |
|---|---|---|---|---|
| 青龙坝-凤凰山逆掩推覆构造 | QLNT | 挤压 | 长 100km，宽 10～23km | 侏罗纪 |
| 金銮山-大青山逆掩推覆构造 | JLNT | 挤压 | 长 125km，宽 6km | 侏罗纪 |
| 大佘太镇-色尔腾山逆掩推覆构造 | DSNT | 挤压 | 长 65km，宽 2～10km | 侏罗纪 |
| 南天门北逆掩推覆构造 | NTNT | 挤压 | 长 28km，宽 6km | 侏罗纪 |
| 达格图苏木南逆掩推构造 | DGNT | 挤压 | 长 45km，宽 11km | 侏罗纪 |
| 满都拉逆掩推覆构造 | MDNT | 挤压 | 长 100km，宽 17～40km | 二叠纪末期 |
| 1372 高地逆掩推覆构造 | 1372NT | 挤压 | 长 38km，宽 2～8km | 二叠纪末期 |

#### 1. 青龙坝-凤凰山逆掩推覆构造

该构造位于华北陆块区、狼山-阴山陆块、固阳-兴和陆核内，呈东西向展布，长 100km，宽 10～23km，是一个发生在东西向中生代盆地南、北两侧边缘对冲式推覆构造。北侧逆冲断层带由一条主逆冲断层组成，即新太古代色尔腾山岩群东五分子组，新太古代英云闪长岩二长花岗岩、石英闪长岩由北向南逆冲推覆在原地系统新元古代什那干组和晚石炭世拴马桩组之上，而什那干组又推覆到拴马桩之上。在青龙坝一带的外来系统(上推覆体)新太古代的英云闪长岩及二长花岗岩均已强烈糜棱岩化。南侧分东、西、中 3 段。西段主逆冲断层分叉，形成由南向北叠瓦式逆冲之势，新元古代闪长岩和中元古代碱长花岗岩被推覆到晚石炭世拴马桩组之上；而晚石炭世拴马桩组被推覆到晚二叠世脑包沟组之上；中元古代二长花岗岩被推覆到早中侏罗世五当沟组之上。中段主逆断层西倾，中太古代乌拉山岩群和古元古代二长花岗岩被推覆到晚二叠世—早三叠世老窝铺组和早中侏罗世五当沟组之上。东段主逆冲断层倾向向南，外来系统(上推覆体)中太古代乌拉山岩群推覆到晚二叠世—早三叠世老窝铺组和早中侏罗世五当沟之上；晚二叠世—早三叠世老窝铺组被推覆到早中侏罗世五当沟组之上。东段主逆冲断层北，有一南东倾逆冲断层，早中侏罗世五当沟组推覆到晚侏罗世白音高老组之上。在该逆掩推覆构造中，飞来峰发育，并在厂汉脑包北形成构造窗(渣尔泰山群出露于古元古代侵入体之下)。从构造窗的位置到推覆体前峰距离推算，推覆构造运移距离至少在 8.5km 以上。该推覆构造中原地系统最新地层为早中侏罗世五当沟组，所以推覆构造应发生在侏罗纪。

#### 2. 金銮殿-大青山逆掩推覆构造

该构造位于华北陆块相系、狼山-阴山陆块大相、固阳-兴和陆核内，呈北东东向展布，长 125km，宽

3～25km。该推覆构造是内蒙古最主要、最复杂的大型变形构造之一。按地段分述其特征：

(1)武川—蘑菇窑子段。主逆冲断层总体为一个“S”形，倾角 10°～25°，近东西向展布，倾向南东和北东。外来系统为中太古代乌拉山岩群大理岩、片麻岩，新太古代闪长岩，古元古代马家店群大理岩、变粒岩分别向北西、南西、北东被推覆到早中侏罗世五当沟组和晚侏罗世大青山组之上。在猫兔沟见一面积约 0.3$km^2$ 的构造窗，据构造窗距前锋带的距离推算，推覆距离至少在 8km 以上。

(2)蘑菇窑子—平顶山段。主逆冲断层呈北西向展布，断层倾角 5°～15°。原地系统为晚二叠世脑包沟组和晚侏罗世大青山组。在二叠纪和侏罗纪沉积盆地的西缘晚二叠世脑包沟组与乌拉山岩群呈清楚的角度不整合接触，晚侏罗世大青山组又不整合在脑包沟组之上。在盆地的东侧，有一逆冲断层向北西和南西方向将古元古代马家店群推覆到晚二叠世脑包沟组、晚侏罗世大青山组之上。在德胜沟见有两处古元古代马家店群大理岩飞来峰，前锋带附近断层两侧岩石被挤压破碎和片理化。上推覆体大理岩擦痕发育，下盘岩石多形成断层泥和构造透镜体。

(3)平顶山—金銮殿段。该段是由一条主逆冲断层所控制的前锋断层出露线极为弯转曲折的推覆构造。前峰带由平顶山向北西绕金銮殿展转向西南，总体呈港湾状。主逆冲断层产状平缓，呈波状起伏，倾角 10°～25°，有近水平的，断层倾向南东和南西，因波状起伏，倾向也随之变化。原地系统为中罗侏世长汉沟组和晚侏罗世大青山组。外来系统为中太古代集宁岩群麻粒岩，中太古代乌拉山岩群片麻岩、大理岩。它们呈薄板状由南向北推覆到长汉沟组和大青山组之上，在韭菜尖山可见飞来峰。

(4)金銮殿—2353 高地段。由一条主逆冲断层控制的北西西向逆掩推覆构造，断层长约 50km，倾角 15°～20°。原地系统为中侏罗世长汉沟组、晚侏罗世大青山组，外来系统为中太古代乌拉山岩群片麻岩、大理岩和中太古代变质深成体。晚三叠世的二长花岗岩推覆到大青山组之上；中太古代变质深成体片麻岩、混合岩推覆到乌拉山岩群之上，乌拉山岩群又推覆到晚石炭世二长花岗岩之上。断层附近岩石片理化和角砾岩化。

(5)土默特左旗—1445 高地段。由两条大主逆冲断层所控制大型推覆构造。北西一条长约 90km，走向近东西，总体倾向向南，倾角 10°～30°。外来系统为中太古代变质深成体花岗质片麻岩，中二叠世杂怀组和石叶湾组砂岩和砾岩，晚二叠世脑包沟组石英砂岩、砾岩，古元古代似斑状二长花岗岩被推覆到原地系统中侏罗世长汉沟组和晚侏罗世大青山组之上。南面一条长约 98km，总体走向近东西，断层在大青山西向北凸起，总体倾向向南，凸起两侧倾向向东或向西，倾角 10°～30°。外来系统为中太古代变质深成体花岗质片麻岩，中太古代乌拉山岩群片麻岩和大理岩，及中奥陶世二哈公组和山黑拉组、中晚寒武世老孤山组，被推覆到中太古代变质深成体、晚石炭世拴马桩组、早三叠世老窝铺组之上。

金銮山-大青山逆掩推覆构造原地系统最新地质体为晚侏罗世大青山组，所以推覆构造形成时代定为侏罗纪。

**3. 大佘太镇-色尔腾山逆掩推覆构造**

该构造位于华北陆块区、狼山-阴山陆块、色尔腾山-太仆寺旗古岩浆弧内，呈东西向展布，长 65km，宽 2～10km。北侧有一条主逆冲断层，断层面北倾，倾角 10°～30°，呈波浪起伏。外来系统为中太古代乌拉山岩群，新太古代色尔腾山岩群，古元古代英云闪长岩和石英闪长岩，新太古代闪长岩和早中寒武统老孤山组。原地系统晚石炭世拴马桩组、早二叠世大红山组和早中侏罗世五当沟组。上推覆体由北向南逆冲推覆，形成许多飞来峰和构造窗。在营盘湾镇北，新太古代石英闪长岩被推覆到五当沟组之上，飞来峰形成孤立的山包。在主逆冲断层北侧，尚发育一系列铲形逆冲断层，造成由北向南叠瓦状逆冲推覆构造景观。此外，在北侧岩石强烈糜棱岩化，形成东西走向的韧性剪切带。该推覆构造的原地系统最新地质体为早中侏罗世五当沟组，所以形成时代的侏罗纪。

**4. 南天门北逆掩推覆构造**

该构造位于华北陆块区、狼山-阴山陆块、固阳-兴和陆核内，呈北东东向展布，长 28km，宽 6km。主逆冲断层呈弧形,倾向向南,倾角10°～30°。原地系统为早中侏罗世五当沟组,外来系统为中太古代集宁岩群。集宁岩群的片麻岩、大理岩被推覆到五当沟组之上,经风化剥蚀,形成多个构造窗。在主逆冲断层南侧,有规模较大,倾向向南的逆冲断层,断层附近岩石糜棱岩化。原地系统为早中侏罗世五当沟组,所以形成时代为侏罗纪。

**5. 满都拉逆掩推覆构造**

该构造位于天山-兴蒙造山系、大兴安岭弧盆系(锡林浩特岩浆弧)和索伦山-西拉木伦结合带(索伦山蛇绿混杂岩带)结合部位,总体方向呈北东向展布,长100km,宽17～40km。主逆冲断层在满都拉苏木南,总体走向近东西,局部呈弧形,长度80km,倾向以向南为主,局部见南东和南西,倾角变化很大(20°～40°)。原地系统为中二叠世包特格组砂岩、砂砾岩、生物碎屑泥晶灰岩,外来系统为早二叠世硅质岩、中酸性火山岩和基性火山岩被推覆到中二叠世包特格组之上。主逆冲断层中部被早白垩世白彦花组所覆盖,东端被古新世沉积物覆盖,西端延至蒙古国。在主逆冲断层南侧,有一系列逆冲断层,断层倾向与主逆冲断层相反,这些断层使晚石炭世本巴图发育一系列近东西向展布的强片理化带、构造破碎带、糜棱岩化等。在主逆冲断层西部,早二叠世火山岩被推覆到中二叠世包特格组之上形成的飞来峰。

**6. 达格图苏木南逆掩推覆构造**

该构造位于华北陆块区、狼山-阴山陆块、狼山-白云鄂博裂谷内,呈北东向展布,长45km,宽11km。主逆冲断层呈弧形,总体方向北东向,长37km,断层产状330°∠30°。原地系统为中侏罗世长汉沟组砂岩、砾岩。外来系统为中元古代渣尔泰山群书记沟组变质砂岩、片岩,阿古鲁沟组板岩、千枚岩。外来系统中元古代渣尔泰山群书记沟组、阿古鲁沟组被推覆到中侏罗世长汉沟组之上。在主逆断层北,有一条北东向正断层,断层附近为一宽10km的脆性断裂带,岩石为碎裂岩和构造角砾岩。参与脆性断裂的岩石为二叠纪二长花岗岩和石英闪长岩。推覆构造中原地系统为中侏罗世长汉沟组,所以推覆构造的形成时代为侏罗纪。

关于推覆构造的动力学机制。在二叠纪末,西伯利亚陆块与华北陆块对接,俯冲虽已结束,而碰撞造山仍在继续,并一直延续到中生代。这一地区存在明显的陆内造山事件,其运动方式以水平运动为主,该推覆构造是这一地区强大陆内造山作用的产物。

**7. 1372 高地逆掩推覆构造**

该构造位于天山-兴蒙造山系、大兴安岭弧盆系、扎兰屯-多宝山岛弧内,呈北东向展布,长38km,宽2～8km。主逆冲断层呈蛇曲状,倾向北西为主,个别为北东,倾角20°～30°。外来系统为早石炭世二长花岗岩,原地系统为晚石炭世—早二叠世宝力高庙组砂岩、砾岩及火山岩。外来系统早石炭世二长花岗岩向南东推覆到宝力高庙组砂岩、砾岩和火山岩之上。原地系统为宝力高庙组,所以推覆构造的形成时代为二叠纪。

其动力学机制,应与亚洲洋在晚古生代向华北陆块俯冲并在二叠纪末碰撞对接有关。

(四)拆离断层(表4-38)

**表4-38 拆离断层一览表**

| 名　称 | 代号 | 类 型 | 规　模 | 形成时代 |
|---|---|---|---|---|
| 呼和浩特北拆离断层 | HHCL | 伸展 | 长95km,宽5～22km | 白垩纪 |
| 都热乌拉(亚干)拆离断层 | DRCL | 伸展 | 长52km,宽2～20km | 白垩纪 |
| 毕克齐镇北拆离断层 | BKCL | 伸展 | 长35km,宽1～7km | 白垩纪 |

续表 4-38

| 名　　称 | 代号 | 类 型 | 规　模 | 形成时代 |
|---|---|---|---|---|
| 武川县西南拆离断层 | WCCL | 伸展 | 长 53km，宽 3～5km | 白垩纪 |
| 固阳县北拆离断层 | GYCL | 伸展 | 长 52km，宽 5～8km | 白垩纪 |
| 增隆昌南拆离断层 | ZLCL | 伸展 | 长 50km，宽 2～7km | 白垩纪 |

### 1.呼和浩特北拆离断层

该断层位于华北陆块区、狼山-阴山陆块、固阳-兴和陆核内，呈东西向展布，由多条拆离断层组成，长 95km，宽 5～22km，是内蒙古规模最大、研究程度最高的拆离断层。以大水泉圪旦为界，分东、西两段叙述拆离断层的特征。

(1)东段。该段有两条拆离断层：一条在凤凰山南，呈"S"形，长 28km，倾向南西、南，倾角 10°～15°。上盘为早白垩世李三沟组红色粗碎屑岩，使得原始近水平的地层发生掀斜，而上盘中的中太古代乌拉山岩群中片麻岩、大理岩碎裂岩化明显；下盘为中太古代乌拉山岩群片麻岩、混合岩，新太古代东五分子组角闪石片岩和石英岩。岩石有硅化，呈角砾状产出，致密坚硬，未见面理。另一条在旗下营镇北，呈弧形，长 12km，倾向南东、南、南西。上盘为早白垩世固阳组的砂岩、砾岩和泥岩，发育高角度正断层；下盘为中太古代乌拉山岩群片麻岩、大理岩，新太古代东五分子岩组角闪片岩、石英岩。下盘岩石受北部推覆构造的影响，岩石强烈片理化，局部糜棱岩化。

(2)西段。该段为呼和浩特北拆离断层发育极其完整的地段。核部杂岩主要由中太古代—古元古代结晶基底及中生代岩体构成。结晶基底包括中太古代乌拉山岩群石榴斜长片麻岩和黑云斜长片麻岩，新太古代二道凹岩群石榴二长片岩和大理岩，古元古代马家店群砂质千枚岩，古元古代英云闪长岩及二长花岗岩，中侏罗世花岗岩，早白垩世二长花岗岩。上述地质体组成拆离断层的下盘。而未糜棱岩化的结晶岩和中生代的盖层岩石构成上盘，它们主要是古元古代岩体和早白垩世砂岩夹砾岩；上盘只发育脆性断裂。上、下盘被拆离断层分割。核杂岩上盘早白垩世砾岩中发育小规模的剪切面，砾石剪裂并表现出张性特点。核杂岩南、北两翼发育典型的拆离系，时空上表现出多重拆离的特点。核杂岩南部发育大型拆离断层，为呼和浩特北拆离断层的主拆离系；北翼，拆离断层呈分叉状并已发生褶皱，为主拆离断层的分支断层，下拆离断层较老，仅在核杂岩演化早期活动拆离系自下而上由五部分构成。

糜棱岩岩带：包括糜棱状片麻岩、花岗质糜棱岩、绢云质千糜岩及具流动构造大理岩。糜棱状片麻岩中暗色条带与浅色条带相间排列，发育宏观糜棱面理、线理、S-C 面理、不对称眼球、不对称褶皱以及暗色条带的不对称布丁。糜棱岩中面理和线理产状与拆离断层及其擦痕的产状协调一致，表明它们为同一构造作用的产物。面理产状平缓，北翼倾向北、北西，平均产状为 319°∠26°；南翼向南西、南、南东，平均产状 171°∠21°。

(绿泥石化)角砾岩带：与多数拆离断层下盘的绿泥石化角砾岩相同，分布在下盘 30～50m 范围内，南翼主拆离断层之下仍有分布，北翼主要见于小井乡一带。角砾岩带成分与下盘的糜棱岩成分相同。在绢云质糜棱岩地区，出现绿泥石退变矿物，在缺乏暗色矿物的花岗质糜棱岩地段，也出现绿泥石。

微角砾岩-假熔岩带：微角砾岩紧邻拆离断层面之下呈板状产出，厚 20～100cm 不等，为灰白色或砖红色燧石状岩石，宏观上可见大小不等、不同时代的超碎裂角砾。假熔岩仅见于油房营西，出现在拆离断层下盘 1m 的范围内，呈脉状平行或横切角砾岩中的剪切组构。

拆离断层面：变质核杂岩南、北两翼大部分地段拆离面出露良好，总体呈波瓦状，局部断面平整。南翼断层面南倾，控制了大青山南坡的地貌形态，拆离断层面及其面上的擦痕与糜棱岩中面理和线理相似的产状特点，北翼平均产状 319°∠26°，南翼产状 171°∠21°，擦痕总体产状为 151°∠24°。

断层泥：变质核杂岩南翼主拆离断层面之上断层泥相当发育，北翼断层泥不甚发育。断层泥多呈灰绿色、黄绿色及褐色相间的彩色条带，一般厚 1～20m 不等，前坝底村西北断层泥厚达 20m，而红山口村西拆离断层面上断层泥仅 2mm。

**2. 都热乌拉(亚干)拆离断层**

该断层位于天山-兴蒙造山系、额济纳旗-北山弧盆系、红石山蛇绿混杂岩带内，呈北东向展布，向北东延至蒙古国境内，国内长 52km，宽 2～20km。

内蒙古地质工作者未对都热乌拉拆离断层做过野外调查。1997 年郑亚东等报道了该区有一高度伸展区。1996 年中蒙考察队(郑亚东)对该区进行详细的野外调查和报道，仅根据此资料叙述该拆离断层的特征。

拆离断层：下盘岩石为绿片岩相糜棱岩和超糜棱岩-角闪岩相的片麻岩、石英岩及岩体。上盘为浅变质古生代中二叠世双堡塘组和早白垩世巴音戈壁组。拆离带上糜棱面理构成一些宽缓开阔的褶皱，向南南西或南南东缓倾，拉伸线理近水平向南南东倾伏，剪切指向南南东。

变质核：变质核的结晶岩包括混合岩、片麻岩、石英岩、片岩、大理岩，及同运动、后运动的岩体为核，通常沿片理有脉岩侵入。岩体向外渐变为眼球状片麻岩，或部分侵入导致重熔成混合岩。面理南南东缓倾，由石英、云母和长石构成拉伸线理稳定地向南南东近水平产出，长石的“$\sigma$”和“$\delta$”形碎斑表明上方向南南东剪切。

脆性断层：从上盘沉积岩和拆离断层以北的同伸展沉积角砾岩测得断层滑动数据，断层倾向北西和南东(倾角 30°～50°)，计算主应力方向表明变形与近水平的南南东向伸展有关。

关于该拆离断层的形成时代，郑亚东等(1995)做了大量同位素年龄测试工作(155～128Ma)，认为其形成时代应在白垩纪。

**3. 毕克齐镇北拆离断层**

该断层位于华北陆块区、狼山-阴山陆块、固阳-兴和陆核内，呈东西同展布，长 35km，宽 1～7km。主拆离断层呈弧形，长 30km，倾向 160°～190°，倾角 15°～25°。上盘为早白垩世李三沟组和固阳组。下盘为古太古代兴和岩群、中太古代乌拉山岩群、古元古代马家店群。

**4. 武川县西南拆离断层**

该断层位于华北陆块区、狼山-阴山陆块、固阳-兴和陆核内，呈北东东向展布，长 53km，宽 3～5km。主拆离断层走向北东东，长 48km，倾向北西，倾角 20°～30°。上盘为早白垩世李三沟组，中太古代乌拉山岩群、中太古代变质深成体，中二叠世二长花岗岩；下盘为中太古代乌拉山岩群。

毕克齐镇北拆离断层和武川县西南拆离断层的动力学机制是相同的，它们分别处在内蒙古最大的逆掩推覆构造-金銮殿-大青山逆掩推覆构造的南、北两侧，在侏罗纪时因推覆引起地壳增厚，地壳升温和深部部分熔融可能造成岩浆侵位，引起核杂岩上升和侧向扩展，即收缩转为伸展。

两拆离断层上盘均为早白垩世李三沟组，所以形成时代应为白垩纪。

**5. 固阳县北拆离断层**

该断层位于华北陆块区、狼山-阴山陆块、色尔腾山-太仆寺旗岩浆弧内，总体呈北东东向展布，长 52km，宽 5～8km。主拆离断层呈弧形(弧顶向南)，长 40km，倾向南西和南东，倾角 15°～30°。上盘为中元古代渣尔泰山群阿古鲁沟组、增隆昌组和书记沟组，早白垩世固阳组及二叠纪英云闪长岩；下盘为中元古代渣尔泰山群书记沟组和增隆昌组，新太古代英云闪长岩和闪长岩，二叠纪闪长岩。下盘岩石强烈糜棱岩化。

#### 6. 增隆昌南拆离断层

该断层位于华北陆块区、狼山-阴山陆块大相、色尔腾山-太仆寺旗岩浆弧内，呈东西向展布，长50km，宽2～7km。主拆离断层，呈东西向，长30km，在主拆离断层西有两条长5～7km的拆离断层。主拆离断层的上盘为中元古代渣尔泰山群增隆昌组，古元古代英云闪长岩、石英闪长岩，早白垩世固阳组；下盘为新太古代色尔腾山岩群、中元古代英云闪长岩。

固阳县北拆离断层和增隆昌南拆离断层的动力学机制是相同的。两者同在大佘太镇-色尔腾山逆掩推覆构造北侧，在侏罗纪时，推覆构造使地壳增厚、升温及部分熔融和岩浆侵位等综合作用，到白垩纪时，这种作用使地壳抬升，形成伸展作用。此外，两个拆离断层周边固阳盆地，与伸展作用有关。其时代为白垩纪。

### （五）沉积盆地（表4-39）

表4-39　与大型变形构造相关的沉积盆地

| 名　称 | 代　码 | 类型 | 规　模 | 形成时代 |
|---|---|---|---|---|
| 吉兰泰-包头断陷盆地 | JL-BTDX | 伸 展 | 长900km，宽40～120km | 古新世末期 |
| 巴润朱日和音毛都拉分盆地 | BRLF | 剪 切 | 长60km，宽4～13km | 早侏罗世早期 |
| 阿勃德仁图拉分盆地 | ABLF | 剪 切 | 长65km，宽5～174km | 三叠纪末期 |
| 霍林郭勒拉分盆地 | HLLF | 剪 切 | 长67km，宽6～17km | 早白垩世早期 |

#### 1. 吉兰泰-包头断陷盆地

该盆地位于华北陆块区与天山-兴蒙造山系，东段呈东西向，西段呈南西展布，总长度900km，宽40～120km，盆地内地表为第四纪砂土、砾石。盆地北缘为一向南倾的正断层，倾角50°左右，在包头西乌拉山前可见清晰的断面山。盆地从始新世初开始下陷，这主要是鄂尔多斯陆块整体向南东方向拉张造成的。在包头—吉兰泰一带形成东西—南西向地堑式箕状断陷盆地。渐新世时，在断陷盆地中广布湖相沉积，局部有深湖相沉积。中新世时下陷更加强烈，而附近地区部分湖盆已渐萎缩。上新世时，在南阿拉善地区—萨拉乌苏一带，形成红色岩建造，这一时期多为独立的小型湖盆。

#### 2. 巴润朱日和音毛都拉分盆地

该盆地位于天山-兴蒙造山系、大兴安岭弧盆系、扎兰屯-多宝山岛弧内，呈北东向展布，长60km，宽4～13km。盆地两侧（长边）为走滑断层，形成于三叠纪末期。沉积物为早侏罗世红旗组、中侏罗世万宝组、早白垩世白彦花组；基底为早中奥陶世铜山组和晚泥盆世安格尔音乌拉组。早侏罗世红旗组和早白垩世白彦花组为含煤建造。

#### 3. 阿勃德仁图拉分盆地

该盆地位于天山-兴蒙造山系、大兴安岭弧盆系、扎兰屯-多宝山岛弧内，呈北北东向展布，长65km，宽5～17km。盆地两侧（长边）为走滑断层，形成于三叠纪末期。盆地内沉积物为早侏罗世红旗组，基底为二叠纪花岗岩。早侏罗世红旗组为含煤建造。

#### 4. 霍林郭勒拉分盆地

该盆地位于天山-兴蒙造山系、大兴安岭弧盆系、二连-贺根山蛇绿混杂带岩内，呈北东向展布，长

67km,宽 6～17km。盆地两侧(长边)为走滑断层,形成于侏罗纪末期。盆地内沉积物早白垩世白彦花组,基底为早中二叠世大石寨组,晚侏罗世玛尼吐组和白音高老组。早白垩世白彦花组为含煤建造。

### (六)大型韧性变形带

大型韧性变形带为一般形成在地壳深处(一般大于 15km)构造薄弱带,是受应力作用岩石发生韧性变形的地带。

工作区韧性变形带发育很多,由于一些规模较小,或者野外资料搜集的不系统、不完整而无法利用。根据 1∶5 万和 1∶20 万区调资料,恢复具有一定规模的大型韧性变形带有 3 条,分别为额尔古纳-阿龙山北东向韧性变形域、达青牧场北东东向韧性变形带、西拉木伦近东西向韧性变形带。

#### 1. 额尔古纳河-阿龙山北东向韧性变形域(EERB)

该韧性变形域位于额尔古纳河东岸,南从嵯岗镇向北东经八大关铜矿—九卡牧业队—太平林场—黄火地到阿龙山一带,长大于 500km,宽 5～50km,宏观上呈不规则透镜网状北东东向展布。其内由数条韧性变形带组成,走向主要为北东东(或近东西)向、北东向、北北东向和北西西向几组,除北西走向之外,倾向以北—北西—北西西为主,少量向南东倾。带内变形的地质体有新元古代正长花岗岩、黑云母花岗岩和南华纪佳疙瘩组区域浅变质岩系及古元古代兴华渡口岩群片岩类和正副片麻岩类等,岩石韧性变形强烈,形成大量糜棱岩化岩石、糜棱岩、超糜棱岩等,带内具明显的强弱分带性,发育眼球状构造等。糜棱面理构造普遍发育,并发育具指向意义的变形组构。

根据 1∶5 万区调资料综合分析,几个方向的韧性变形带并不属于同一个构造应力场。①近东西向挤压造成北北东向或北东向韧性剪切带性质为右行逆冲活动;②北西-南东向挤压而造成北东东向韧性剪切带性质以右行斜冲和北西西向韧性剪切带右行走滑。上述几组方向的韧性剪切带,切割的最新地质体为新元古代黑云母正长花岗岩,被中二叠世花岗岩所侵蚀,时代推测至新元古代末期。

#### 2. 达青牧场韧性变形带(DQRB)

在达青牧场-扎赉特旗俯冲带上断续出露韧性变形带。变形带走向从西向东由北东东转向近东西,与俯冲带走向一致。糜棱面理走向北东—北东东向,倾向以北北西—北为主,少量向南,倾角多陡立。变形带长大于 200km,宽 100～800m。参与变形的地质体包括早二叠世寿山沟组砂板岩,中二叠世大石寨组砂板岩夹中酸性火山岩,晚三叠世黑云母二长花岗岩(锆石 U-Pb 年龄为 235Ma)、花岗闪长岩(锆石 U-Pb 217Ma)和早侏罗世黑云母正长花岗岩(锆石 U-Pb 年龄为 136Ma、141Ma)等。主体反映出压扁特征(1∶5 万区调资料对该韧性变形带研究不规范,性质多矛盾,结论无法利用)。

#### 3. 西拉木伦北东东向韧性变形带(XLRB)

该带分布于西拉木伦河北岸,总体呈北东东向展布,长大于 80km,宽大于 5km。变形岩石为中二叠世哲斯组($P_2zs$)砾岩、砂砾岩夹砂岩。

韧性变形总体表现为从北向南从无到有、由弱到强,糜棱面理走向北东—北东东—近东西向。倾向南北摆动,以向南东—南南东—南为多,倾角多陡立(>50°),个别较缓(30°～50°),在倾向南东—南的糜棱面理上发育拉伸线理,倾伏向北东东—东,倾伏角平缓(<30°,多为 5°～20°),根据不对称眼球状构造等指向构造等判断,该变形带为略南倾的右行压扭韧性变形带。

根据韧性变形的强度和变形类型从北到南可划分为 3 个带,分别为弱韧性变形带、韧性右行走滑带和韧性压扁带。

弱韧性变形带从北到南韧性变形逐渐增强,强干岩层及砾石基本不见韧性变形,而较软岩层及砾石则发生较弱的塑性变形，如灰岩砾石呈弱压扁、弱拉长的椭球状。压扁面陡立，走向 60°～70°，与地层层面斜交，倾向主体南东—南南东，拉伸线理水平到东倾，倾伏角一般小于 15°。

韧性右行走滑带宽 1～2km，岩石具弱压扁、强拉长特征，发育明显的近水平拉伸线理和较弱的糜棱面理，可见灰岩砾石呈收缩型椭球体状或两头尖灭的"杆状"，并发育明显的右行眼球状构造。

韧性压扁带宽 1.2～2km，发育在变形带最南部，岩石呈弱拉长的片状，发育较强的糜棱面理，拉伸线理较弱，灰岩等较软岩性砾石被压成"鱼片状"。

在韧性变形带内经显微构造分析表明，岩石受动力变质作用影响，组成岩石的砂屑、砾屑及矿物，受不同程度的压扁作用，呈细条状、扁片状，有的被基质环绕呈眼球状、透镜状，岩石明显碎裂，普遍细粒化，岩石中的矿物定向明显，可见核幔构造、石英波状消光及动力重结晶现象，发育对称和不对称眼球状构造、"多米诺骨牌"构造及 S-C 面理构造等，由此反映出韧性变形带以右行压扭为主。

### （七）大型脆性断裂带

内蒙古东部地表基岩露头绝大多数为中新生代地质体，中生代特别是侏罗纪—白垩纪已经为陆壳刚性体，当地壳发生应力变化时，极易发生剪裂角小于 45°的张剪性断裂，造成大量追踪张性断裂带，或岩浆沿张剪性断裂侵位。

内蒙古东部主要发育 4 组共轭大型张剪性断裂，分别为侏罗纪—早白垩世早期近东西向和北东向共轭张剪性断裂带、早白垩世晚期近东西向和北西向共轭张剪性断裂带、晚白垩世北北东向和北东东向共轭张剪性断裂带以及新生代北西向和北北东向共轭张剪性断裂带。

其中规模较大者有如下 3 条。

#### 1.得尔布干北东向断裂带(DECD)

得尔布干断裂带位于巴彦诺尔嘎查—阿龙山一带，总体北东向，呈近东西向和北东向追踪张状延伸，长大于 600km，向南西至蒙古国，向北东延至黑龙江省。其构成了三级大地构造单元分区界线，其北西侧为额尔古纳岛弧，南东侧为海拉尔-呼玛弧后盆地。

得尔布干断裂带是早白垩世(130～110Ma)伸展构造变形产物。其控制北东向大兴安岭隆起和中生代海拉尔-拉布达林-根河等火山沉积盆地的发育格局以及中生代以来的地壳演化与成矿类型(郑常青等，2009)。根据 1∶250 万重力异常研究，得尔布干断裂表现为北东向延伸的重力场分界线，具有向南东倾斜、切割深度至下地壳的特征。得尔布干断裂的构造属性不是地块之间和不同时期造山带之间的拼接带，而是在晚侏罗世—早白垩世切割至下地壳北东向延伸的大型伸展变形带，也是晚中生代隆起区与根河-拉布达林-海拉尔盆地之间的控盆边界断裂带(孙晓猛等，2011)。

#### 2.克什克腾旗-扎赉特旗北东向断裂带(KSCD)

该带位于克什克腾旗天盛号乡—扎赉特旗一带，走向北东，长大于 500km，宽近 80km，由大量近东西向和北东向追踪张裂状或菱块状断裂构成，卫星照片上该两组断裂规模较大且明显。该带以大量的晚侏罗世—早白垩世岩浆沿该两组断裂侵位为主要特点。岩浆岩有俯冲期 TTG 组合岩浆杂岩和后碰撞高钾—钾玄质花岗岩组合，岩性为花岗岩、二长花岗岩、正长花岗岩、花岗闪长岩、闪长岩、英云闪长岩、奥长花岗岩、二长岩等。岩体呈岩基、岩株、岩枝以及岩脉状产出，岩体主体延伸方向北东向，侵入边界明显受近东西向断裂和北东向断裂控制。另外，晚侏罗世次火山岩也多为近东西向和北东向展布。

#### 3.八里罕-嫩江北北东向断裂带

八里罕-嫩江北北东向断裂带长大于 1000km，宽近 100km，倾向主体南东东，倾角陡立。其前期经历了早三叠世左行张扭性韧性变形活动——在喀喇沁断隆之上形成了韧性隆滑构造。另外,韩国卿等(2009)在断裂带中南段吉林省白城市岭下地区发现韧性剪切带,认为八里罕-嫩江断裂带曾经历左旋走滑变形阶段,走滑时间为早白垩世中期(134～113Ma)。

该断裂带发生大规模脆性活动时间为晚白垩世,由大量的断续相间、追踪张裂状或菱块状的北北东向断裂和北东东向断裂组合构成。其在南面八里罕—喀喇沁旗一带形成了喀喇沁断隆和平庄断陷盆地,在中间大部地段形成了松辽断陷盆地西北界。

(1)喀喇沁断隆北西缘北东东向断层特征。该断层主要为晚白垩世与前白垩纪地质体(包括中侏罗统)之界线,断层切错了早白垩世晚期花岗岩体,走向由北东40°渐变为60°,倾向北西,倾角50°～70°,破碎带宽10～100m。断层内发育构造角砾岩和断层泥。断层东北部上盘孙家湾组的拖曳现象反映出正断层性质,西南部断面上发育擦痕线理,侧伏向南西,侧伏角60°,运动性质为左行-正斜滑断层,反映出断层的东北部相对西南部垂向运动分量较大。

(2)喀喇沁断隆南东缘北北东向断层特征。喀喇沁断隆南东缘为八里罕断层,其中断层的北东段走向10°～30°,倾向120°,倾角40°～50°,宽20～100m,断层上盘为晚白垩世孙家湾组紫红色砾岩,断层内发育构造角砾岩和断层泥,成分由下盘岩石破碎而成,断面上发育擦痕,侧伏向南西,侧伏角65°,运动性质为右行-正斜滑断层。该运动性质与断隆北西缘北东段断层运动性质配套分析,二者为同一区域构造应力场的产物,即北东40°左右向南西220°左右方向挤压、北西-南东向拉张。

### (八)物探解译隐伏大断裂

#### 1. 索伦山-西拉木伦物探解译隐伏大断裂

该大断裂位于天山-兴蒙造山系、索伦山-西拉木伦结合带内,总体走向北东东,在额尔登敖包南被北东向走滑断层错开,断距10km左右,总长度1080km。该断裂是由重力和磁法两种物探测量所得异常而确定的,且两种方法所得结果基本吻合。断裂西段在索伦敖包一带,广泛分布$P_1\Sigma$、$P_1\beta$、$P_1\beta\mu$、$P_1\delta o$,具有明显的俯冲带特征。断裂东段多为二叠纪、中生代地层和岩体及第四系。断裂与古亚洲洋向华北陆块俯冲的结合带基本一致。断裂的构造演化历史非常复杂,活动时间很长。

#### 2. 二连-贺根山物探解译隐伏大断裂

该大断裂位于天山-兴蒙造山系、大兴安岭弧盆系内。重力和磁异常显示大断裂的存在。西段走向为东西向,东段走向为北东向,总长度为720km。在西段的包尔陶勒盖和花陶勒盖之间,泥盆纪超基性岩沿断裂两侧呈带状分布,断裂部分地段被新生界覆盖。该隐伏大断裂的位置与古亚洲洋向西伯利亚陆块俯冲的结合带基本一致。断裂的形成时代为奥陶纪,演化历史较复杂。

#### 3. 乌兰陶勒盖-嘎格其查干物探解译隐伏大断裂

该大断裂位于天山-兴蒙造山系、额济纳旗-北山弧盆系、红石山蛇绿混杂岩带和恩格尔乌苏蛇绿混杂岩带内,走向北东东,长175km。重力异常和磁异常显示大断裂的存在。断裂东段有晚白垩世乌兰苏海组和早白垩世巴音戈壁组分布;中段有晚石炭世本巴图组分布;西段被第四系覆盖。推测两个蛇绿混杂岩带结合部位(隐伏大断裂的位置)为一深大断裂。形成时代为石炭纪—二叠纪。

## 二、大型变形构造的形成,构造环境及其演化

地壳上各种构造类型均是地质构造发展历史的产物,即地质发展历史是不同构造阶段、不同构造环

境的地质记录之一。构造环境不同，构造体制不同，形成的构造类型就不同。在古元古代末期，之前形成的众多的小陆块和小洋盆经过洋陆、陆陆、弧陆等俯冲和碰撞造山作用，最后形成较大规模的华北陆块区，此时地壳处于收缩期(即收缩构造体制)。中元古代地壳由收缩向伸展构造体制转化，在华北陆块北缘、西缘等形成了一系列的陆缘裂谷和被动陆缘盆地，至此形成了白云鄂博和渣尔泰山等裂陷盆地。古生代，随着伸展构造体制的加强和向收缩体制的转化，在西伯利亚陆块和华北陆块之间经历了古亚洲洋的形成、发展与消亡过程，由古亚洲洋的双向俯冲形成较多的弧盆构造。中生代早期，随着上述众多弧盆系向造山系的转化，内蒙古古大陆形成，此时地壳构造体制以挤压-走滑构造体制为主。由于受到滨太平洋向西俯冲的影响，在内蒙古东部形成了规模巨大的大兴安岭中南段的火山-侵入岩浆构造带。新生代，在太平洋板块、印度陆块和西伯利亚陆块的不均衡挤压下，则形成了众多的陆内盆山构造。

由于后期构造作用对前期形成的各类构造形式的改造、破坏和掩埋，古生代之前的各类构造特征已难鉴别，如今能够确定的多为古生代及其以后形成的各类大型变形构造。

从前节有关各类大型变形构造的分布特征可以看出，在固阳—包头、武川—呼市之间各类大型变形构造形式均较发育，如金銮殿-大青山逆掩推覆构造、大佘太镇-色尔腾山逆掩推覆构造、呼和浩特北拆离断层、毕克旗北拆离断层等。该地区大地构造背景为华北陆块区、狼山-阴山陆块、固阳-兴和陆核，北邻狼山-白云鄂博裂谷，南邻鄂尔多斯地块。

众所周知，该地区的逆掩推覆构造和大型拆离断层构造形成的力学性质完全相反，前者是由于近南北向挤压作用形成，后者是由近南北向伸展作用所致，且两者形成时代不同，前者为侏罗纪，后者为白垩纪。究其原因，应是与中生代大地构造环境及其变化有关。区域资料显示，在中生代整个中国大陆正受着印度陆块和西伯利亚陆块两个陆块南、北两个方向的挤压，致使南、北两个方向的挤压力集中于华北陆块北缘，因而该地区形成了众多的大规模逆掩推覆构造，显然该种变形构造是收缩构造体制下陆内造山作用的产物之一。随着大规模的逆掩推覆构造的发生，使该地区的地壳不断增厚，引起地壳升温和深部部分熔融，岩浆入侵，陆核杂岩上升和侧向扩展，到白垩纪时期该地区由收缩构造体制转化为伸展构造体制，至此形成上述众多的大型拆离断层。

## 三、大型变形构造与成矿关系

矿床或者矿化是区域地质构造发展历史的产物，是与大地构造环境密切相关的。如太古宙—古元古代陆块形成过程中形成的花岗岩-绿岩带内赋存条带状铁矿和金矿；中元古代在陆块边缘裂陷槽或裂谷带内形成的与基性—中酸性海相火山岩有关的铁、铜、铅、锌、金、硫，以及与白云岩有关的铁、铌、稀土矿等矿产；在古生代古亚洲洋发生、发育、消亡的过程中不同的构造环境内有不同的成矿作用：洋盆拉张构造环境中形成与洋壳有关的超基性岩型铬铁矿，在沟-弧-盆环境中形成的与海相基性—中酸性火山岩有关的硫铁、铜、铁锌等矿产，在碰撞造山环境内形成的与中酸性岩浆侵入有关的斑岩型、热液型、接触交代型铁、锰、钼、铜、铅、锌、锡、铍等矿产；中生代，内蒙古中东部受滨太平洋活动大陆边缘的影响，在东部形成了大兴安岭火山-侵入岩浆构造带，同时形成了与中酸性火山-侵入岩有关的铁、铜、铅、锌、锡、钨、钼、银、金等矿产；新生代在稳定的大陆内形成了与蒸发岩有关的盐、碱、石膏、芒硝矿等。

具体到某一大型变形构造与矿产的关系则要具体情况具体分析。有的大型变形构造通过控制构造盆地间接控制矿产(如沉积矿产)，有的大型变形构造可为含矿建造提供运移通道和堆积场所(如岩浆岩矿产和热液型矿产)，还有的大型变形构造则是对较早形成的矿产起破坏作用。

### (一)乌拉山山前大断裂带

该断裂带形成时间早,活动时间长,先是逆断层后为正断层。它既控制了有利于金矿成矿的围岩——乌拉山岩群的空间分布,同时还为与成矿有关的大华背岩体的就位及含矿热液运移通道和沉淀场所提供了方便。

### (二)武川-酒馆-下湿壕逆冲走滑(脆韧性)北东东向断裂带

该断裂带是酒馆、后石花等众多中小型蚀变岩型和石英脉型金矿带的赋存场所。

### (三)克什克腾旗-扎赉特旗北东向断裂带

该断裂带由大量追踪张裂状或菱块状断裂构成。断裂带为大量中生代中酸性火山岩、侵入岩、次火山岩浆的运移和就位提供了充分条件,因而有众多的与上述岩浆岩和火山岩有关的大中型铁、锡、铜、铅、锌等矿产形成。

### (四)海勃湾千里山南北向逆冲大断裂带

该断裂带与该地区众多的热液型铅、锌矿成矿带的关系主要表现为对其有利成矿围岩分布的控制作用,当然也有可能为含矿热液提供通道和沉淀场所。

### (五)狼山北段东麓的北东向逆冲大断裂带

该断裂带与该地区的层控大中型铁、铜、铅、锌、硫等成矿带的关系主要表现为对含矿建造空间分布的控制作用,当然对上述矿床也具有破坏作用。

### (六)与大型变形构造有关的沉积盆地

#### 1. 新生代沉积盆地

吉兰泰-包头断陷盆地是走滑断裂构造作用的产物,是内蒙古区内众多新生代沉积盆地中重要者之一。该盆地内有区内重要的新生代天然碱、盐、芒硝和石膏等矿产。

#### 2. 中生代沉积盆地

区内发育有众多的中生代大型沉积盆地,其类型主要为坳陷盆地和断陷盆地,并产有众多的大中型煤矿。

(1)海拉尔盆地。该盆地内早白垩世大磨拐河组($K_1d$)和伊敏组($K_1ym$)均赋存含煤建造,如宝日希勒和伊敏两个大型煤矿即产于上述两个含煤建造中。

(2)白彦花盆地。该盆地内早白垩世白彦花组($K_1b$)赋存含煤建造,如白彦花和霍林河两个大型煤矿即产自上述含煤建造中。

(3)固阳盆地。该盆地内早—中侏罗世五当沟组($J_{1-2}w$)和早白垩世固阳组($K_1g$)均赋存含煤建造,如五当沟和固阳两个大中型煤矿,即产自上述两个含煤建造中。

(4)松辽盆地(赤峰地区)。该盆地内早白垩世九佛堂组($K_1jf$)和阜新组($K_1f$)均赋存可采煤层,如平庄煤矿、元宝山煤矿即产自上述含煤建造中。

(5)锡林浩特-二连盆地。该盆地内发育侏罗纪—白垩纪地层,除赋存侏罗纪—白垩纪红旗煤矿、胜利煤矿、那仁宝力格煤矿等外,晚白垩世二连组($K_1e$)富含沉积型铀矿。

(6)鄂尔多斯盆地。该盆地内早—中侏罗世延安组($J_{1-2}y$)中赋存可采煤层,同时直罗组($J_2z$)和安定组($J_2a$)内还有盐类矿产及沉积铀矿。

(7)阿拉善盆地。该盆地内中侏罗世龙凤山组($J_2l$)中也具可采煤层。

# 第六节 大地构造相与大地构造分区

## 一、大地构造相类型划分

内蒙古大地构造相划分为造山系相系、陆块区相系和造山-裂谷相系三大相系。相系之下又划分大相、相和亚相等一至四级构造相单元,一至四级大地构造相单元划分表4-40。

表4-40 内蒙古大地构造相类型划分表

| 相系 | 大相 | 相 | 亚相 |
|---|---|---|---|
| 天山-兴蒙造山系 | 大兴安岭弧盆系 | 陆内裂谷相 | 陆内裂谷相($Qp_3$、$N_2wc$、$N_1h$) |
| | | 陆内盆地相 | 坳陷盆地亚相($E_{1-3}$、$N_2b$、$N_1t$、$K_2e$、$P_3l$) |
| | | | 断陷盆地亚相($K_1b$) |
| | | | 走滑拉分盆地亚相($J_1$、$J_2wb$、$J_3t$) |
| | | 陆相火山弧 | 火山弧亚相($J_3b$、$J_3mn$、$J_3mk$、$J_2tm$、$K_1m$、$K_1lj$) |
| | | 陆缘弧相 | 火山弧亚相($P_{1-2}ds$、$C_2P_1g$、$C_2P_1bl^2$、$C_2P_1bl$) |
| | | | 弧间裂谷盆地亚相($C_2P_1bl$) |
| | | 被动陆缘相 | 有蛇绿岩碎片浊积岩亚相($P_2zs$、$S_2w$、$P_1ss$、$D_3C_1s$、$P_2b^{1-2}$) |
| | | 俯冲增生杂岩相 | 陆棚碎屑岩亚相($C_2bb$、$D_{2-3}t$) |
| | | 蛇绿混杂岩相 | 洋岛-海山亚相($C_2a$) |
| | | | 蛇绿岩亚相($\Sigma$、$\nu$、$\beta\mu$、$\gamma\delta o$、$\delta\mu$) |
| | | | 远洋沉积亚相($D_{2-3}$、$\beta$+si、$Pt_2h$) |
| | | | 洋内弧亚相($Pt_2s$) |
| | | 陆壳残片相 | 外来岩块亚相($Pt_2h$、$Pt_1B.$) |
| | | 弧前盆地相 | 弧前陆坡盆地亚相($D_{1-2}n$、$D_{2-3}t$、$D_3a$) |
| | | 岛弧相 | 火山弧亚相($O_2d$、$O_{1-2}d$) |
| | | | 弧背盆地亚相($O_{2-3}lh$) |
| | | | 近弧盆地亚相($O_{1-2}t$、$O_1t$、$O_{1-2}b$、$O_2b$、$O_{1-2}w$) |
| | | 弧后前陆盆地相 | 隆后盆地亚相($S_3D_1x$) |

**续表 4-40**

| 相系 | 大相 | 相 | 亚相 |
|---|---|---|---|
| 天山-兴蒙造山系 | 大兴安岭弧盆系 | 弧后盆地相 | 近陆弧后盆地亚相($Pt_3a$) |
| | | 高压—超高压变质相 | 高压变质亚相($Pt_2h$) |
| | | 古弧盆相 | 古弧后盆地亚相($Pt_1B.$) |
| | | 变质基底杂岩相 | 高级变质杂岩亚相(XM) |
| | | 深成岩浆岩相 | 俯冲岩浆杂岩亚相 |
| | | | 后碰撞岩浆杂岩亚相 |
| | | | 后造山岩浆杂岩亚相 |
| | 索伦山-林西结合带 | 陆内盆地相 | 坳陷盆地亚相($K_2e$) |
| | | | 断陷盆地亚相($K_1b$、$J_2x$) |
| | | 被动陆缘相 | 陆棚碎屑岩亚相($P_2b$) |
| | | 蛇绿混杂岩相 | 远洋沉积亚相($P_1sm$ 、$P_1ss$) |
| | | | 洋内弧亚相($P_1\nu$、$P_1\beta$) |
| | | | 蛇绿岩亚相($\Sigma$、$\delta\nu$、$P_1\beta\mu$) |
| | | 俯冲增生杂岩相 | 有蛇绿岩碎片浊积岩亚相($C_2bb$) |
| | | 深成岩浆岩相 | 俯冲岩浆杂岩亚相($\gamma\delta$、$\delta o$、$\eta\gamma$) |
| | 包尔汉图-温都尔庙弧盆系 | 陆内盆地相 | 坳陷盆地亚相($N_2b$、$N_1t$、$E_2a$、$K_2e$、$K_2w$) |
| | | | 断陷盆地亚相($K_1b$、 $K_1g$、 $K_1ls$、 $J_3d$) |
| | | 陆内裂谷相 | 陆内裂谷相($N_1h$) |
| | | 陆相火山弧相 | 火山弧亚相($K_1y$、$J_3b$、$J_3mn$、$J_3mk$ ) |
| | | 陆缘弧相 | 火山弧亚相($P_1e$、$P_{1\text{-}2}ds$、$C_2bb$) |
| | | 被动陆缘相 | 陆棚碎屑岩亚相($P_1sm$、$C_2jj$、$S_3D_1x$、$C_2bb$、$Pt_1B.$) |
| | | | 碳酸盐岩台地亚相($C_2a$) |
| | | 岛弧相 | 火山弧亚相($O_{1\text{-}2}h$、$O_{1\text{-}2}b^n$) |
| | | | 弧间盆地亚相($O_{1\text{-}2}bl$) |
| | | 高压—超高压变质相 | 高压变质亚相($Pt_2h$) |
| | | 蛇绿混杂岩相 | 远洋沉积亚相($Pt_2h$) |
| | | | 洋内弧亚相($Pt_2s$) |
| | | 古弧盆相 | 古弧后盆地亚相($Pt_1B.$) |
| | | 深成岩浆岩相 | 俯冲岩浆杂岩亚相 |
| | 额济纳旗-北山弧盆系 | 陆内盆地相 | 坳陷盆地亚相($E_2s$、$N_2k$、$K_2w$、$K_1c$、$K_1by$) |
| | | | 断陷盆地亚相($J_2l$、$T_3sh$) |
| | | 陆缘弧相 | 火山弧亚相($P_{1\text{-}2}ds$、$P_2j$、$P_2f$、$C_{1\text{-}2}b^{1\text{-}2}$ 、$P_3\nu$、$C_2bb$) |
| | | | 弧背盆地亚相($P_3h$、$P_2zs$、$P_2sh$、$C_2a$) |
| | | | 弧背盆地亚相($C_{1\text{-}2}l^{1\text{-}2}$) |
| | | | 弧间裂谷盆地亚相($C_{1\text{-}2}l$) |

**续表 4-40**

| 相系 | 大相 | 相 | 亚相 |
|---|---|---|---|
| 天山-兴蒙造山系 | 额济纳旗-北山弧盆系 | 蛇绿混杂岩相 | 蛇绿岩亚相($\Sigma$、$\varphi\varphi o\nu$、$\nu$、$\beta\mu$、$\delta\nu$) |
| | | | 远洋沉积亚相($C_{1-2}l^{1-4}$、$C_2bb$) |
| | | 俯冲增生杂岩相 | 有蛇绿岩碎片的浊积岩亚相($C_2bb$) |
| | | 弧后盆地相 | 近弧弧后盆地亚相($C_2bb$) |
| | | | 近陆弧后盆地亚相($C_2a$) |
| | | 岛弧相 | 火山弧亚相($D_{1-2}q$、$O_{2-3}y$、$S_{2-3}g$) |
| | | | 弧内盆地亚相($D_{1-2}y$) |
| | | | 弧背盆地亚相($D_3by$、$S_{1-2}y$、$O_{2-3}by$、$S_{2-3}ss$) |
| | | 弧前盆地相 | 弧前陆坡盆地亚相($S_{2-3}ss$、$S_1y$) |
| | | 被动陆缘相 | 陆棚碎屑岩亚相($D_2wt$、$D_3x$、$\in_2O_1x$、$S_2ss$、$S_3y$、$O_{1-2}l$、$\in_1S$、$O_{2-3}by$、$Pt_1G.$、$Pt_2a$) |
| | | | 外陆棚亚相($D_{1-2}y$、$O_3S_1b$) |
| | | 碳酸盐岩台地相 | 台地亚相($\in_2O_1x$、$Pt_{2-3}y$) |
| | | 古弧盆相 | 古岛弧亚相($Pt_1Bs.$) |
| | | 变质基底杂岩相 | 高级变质基底杂岩亚相($Ar_{2-3}gn$、$Ar_{2-3}rm$) |
| | | 深成岩浆岩相 | 俯冲岩浆杂岩亚相 |
| | | | 后碰撞岩浆杂岩亚相 |
| | | | 后造山岩浆杂岩亚相 |
| | | 裂谷岩浆岩相 | 裂谷岩浆杂岩亚相 |
| 华北陆块区 | 晋冀陆块 | 碳酸盐岩台地相 | 开阔台地亚相($\in_{1-2}m$、$O_{1-2}m$) |
| | | | 局限台地亚相($\in_2O_1s$) |
| | | 陆表海盆地相 | 海陆交互陆表海亚相($C_2b$、$C_2P_1t$、$P_1s$、$P_{1-2}sh$、$P_3sj$) |
| | | 基底杂岩相 | 中太古代陆核亚相($Ar_2\pi\eta\gamma$、$Ar_2j$) |
| | 狼山-阴山陆块 | 陆内盆地相 | 坳陷盆地亚相($N_1g$、$Eh$) |
| | | | 断陷盆地亚相($K_1g$、$K_1ls$、$K_1z$、$K_1y$、$K_1jj$、$K_2e$、$K_1bn$、$J_3d$、$J_2c$、$J_{1-2}w$、$J_2d$、$J_2w$、$P_3T_1lw$、$P_3n$、$J_3b$、$J_3t$、$J_3d$、$J_3s$、$P_2sy$、$P_2z$) |
| | | 陆内裂谷相 | 陆内裂谷相($N_1h$、$T_1m$) |
| | | 陆相火山弧相 | 火山弧亚相($J_3b$、$J_3mn$、$J_3mk$) |
| | | 陆缘弧相 | 火山弧亚相($P_1\nu$、$P_1s$、$P_1d$) |
| | | 陆表海盆地相 | 海陆交互陆表海亚相($C_2sm$) |
| | | | 碳酸盐岩陆表海亚相($O_2e$、$O_1s$、$O_3d$、$O_{2-3}wl$、$\in_{2-3}l$、ZS、$\in_{1-2}Sm$) |
| | | | 碎屑岩陆表海亚相($\in_{1-2}Sm$) |
| | | 陆缘裂谷相 | 裂谷中心亚相(Qbb、Qbl、Jb、Ja、Jh、Chj、Chz) |
| | | | 裂谷边缘亚相(Qbl、Chd、Chs) |
| | | 被动陆缘相 | 陆棚碎屑岩亚相($Pt_1B.$、$Pt_1M.$) |

**续表 4-40**

| 相系 | 大相 | 相 | 亚相 |
|---|---|---|---|
| 华北陆块区 | 狼山-阴山陆块 | 古弧盆相 | 古岛弧亚相($Ar_3l$、$Ar_3d$) |
| | | | 弧后盆地亚相($Ar_3dl$) |
| | | 变质基底杂岩相 | 中太古代陆核亚相($Ar_2h$、$Ar_2j$) |
| | | | 古太古代陆核亚相($Ar_1x$) |
| | | 深成岩浆岩相 | 俯冲岩浆杂岩亚相 |
| | | | 后碰撞岩浆杂岩亚相 |
| | | | 后造山岩浆杂岩亚相 |
| | | 裂谷岩浆岩相 | 裂谷岩浆杂岩亚相 |
| | 盆地裂陷叠加 | 陆内盆地相 | 断陷盆地相($K_1jc$、$K_1mg$、$E_2w$、$E_3q$、$E_3l$、$N_2w$、$N_1w$、$N_2k$) |
| | 鄂尔多斯陆块 | 陆内盆地相 | 坳陷盆地亚相($N_2wl$、$N_1b$、$E_3q$、$E_3l$、$K_1l$、$K_1h$、$K_1lh$、$K_1jc$、$K_1ds$、$J_1j$、$J_1f$、$J_1ya$、$J_2z$、$J_2a$、$J_2l$、$J_3s$、$T_1l$、$T_1h$、$T_2e$、$T_3yc$、$T_{1\text{-}2}ed$、$T_3sh$) |
| | | | 断陷盆地亚相($K_1mg$) |
| | | 陆表海盆地相 | 海陆交互陆表海亚相($C_2b$、$C_2P_1t$、$P_1s$、$P_{1\text{-}2}sh$、$P_3sj$、$\in_{1\text{-}2}m$) |
| | | | 碎屑岩陆表海亚相($\in_{1\text{-}2}m$) |
| | | 夭折裂谷相 | 裂谷边缘亚相($O_{1\text{-}2}mb$、$O_2k$、$O_2w$、$O_2l$、$\in_{1\text{-}3}$、$\in_{1\text{-}2}m$) |
| | | 碳酸盐岩台地相 | 台地亚相($O_{1\text{-}2}m$、$\in_3g$、$\in_3c$、$\in_3z$、$\in_2O_1s$、$Pt_{2\text{-}3}w$) |
| | | 被动陆缘相 | 陆棚碎屑岩亚相($Zz$、$Pt_{2\text{-}3}y$、$Pt_2z$) |
| | | 基底杂岩相 | 中太古代陆核亚相($Ar_2h$、$Ar_2c$、$\chi\xi o$、$Ar_2\gamma^m$) |
| | | 裂谷岩浆岩相 | 裂谷岩浆杂岩亚相 |
| | 阿拉善地块 | 陆内盆地相 | 坳陷盆地亚相($N_2k$、$N_1hl$、$E_3q$、$E_2s$) |
| | | | 断陷盆地亚相($K_2w$、$K_2j$、$K_1mg$、$J_3s$、$J_2l$) |
| | | 陆缘弧相 | 火山弧亚相($P_1d$) |
| | | 陆表海盆地相 | 碎屑岩陆表海亚相($C_1c$、$Zs$) |
| | | | 碳酸盐岩陆表海亚相(ZC) |
| | | 被动陆缘相 | 陆棚碎屑岩亚相($Pt_2d$) |
| | | 古弧盆相 | 古弧后盆地亚相($Ar_3A$) |
| | | 深成岩浆岩相 | 后碰撞岩浆杂岩亚相 |
| | | | 俯冲岩浆杂岩亚相 |
| | | 裂谷岩浆岩相 | 裂谷岩浆杂岩亚相 |
| 塔里木陆块区 | 敦煌陆块 | 陆内盆地相 | 坳陷盆地亚相($N_2k$、$K_1e$) |
| | | | 断陷盆地亚相($J_2l$、$J_1j$、$T_{1\text{-}2}ed$) |
| | | 陆内裂谷相 | 裂谷中心亚相($P_3j$、$P_2j$、$C_{1\text{-}2}b$) |
| | | | 裂谷边缘亚相($P_2sb$、$C_{1\text{-}2}l$、$C_1h\ l$) |
| | | 被动陆缘相 | 陆棚碎屑岩亚相($\in_1s$ 、$Pt_2G.$) |
| | | 碳酸盐岩台地相 | 台地亚相($Pt_{2\text{-}3}y$) |
| | | 古弧盆地 | 弧间盆地亚相($Pt_2Bs^2.$) |

续表 4-40

| 相系 | 大相 | 相 | 亚相 |
|---|---|---|---|
| 塔里木陆块区 | 敦煌陆块 | | 岛弧亚相($Pt_2Bs^1$.) |
| | | 变质基底杂岩相 | 高级变质杂岩亚相($Ar_{2-3}gn$) |
| | | 深成岩浆岩相 | 后造山岩浆杂岩亚相 |
| | | | 后碰撞岩浆杂岩亚相 |
| | | | 俯冲岩浆杂岩亚相 |
| | | 裂谷岩浆岩相 | 裂谷岩浆杂岩亚相 |
| 秦祁昆造山系 | 北祁连弧盆系 | 陆内盆地相 | 坳陷盆地亚相($N_2k$、$K_1hl$、$E_3q$、$J_3s$、$T_2l$、$T_3j$、$T_3yc$、$T_1h$、$T_1l$、$P_2yg$、$P_1dh$、) |
| | | | 断陷盆地亚相($K_1mg$、$D_1l$、$D_2s$) |
| | | 陆表海盆地相 | 海陆交互陆表海亚相($C_2P_1t$、$C_2y$、$C_1c$) |
| | | | 碳酸盐岩陆表海亚相($C_1q$) |
| | | 弧后盆地相 | 近陆弧后盆地亚相($O_{1-2}mb$、$\in_2z$ 、$\in_2x$) |

## 二、大地构造分区

### (一)大地构造分区原则

中国大陆地壳组成和结构的最基本特征是由一系列不同时期多岛弧盆系转化为造山系的构造域围限华北、扬子、塔里木三大陆块;中国东部在中生代以来深部软流层上涌,区域岩石圈拆沉去根,引发地壳伸展形成叠加造山裂谷构造系统。基于上述特征划分出中国的大地构造环境主要由陆块区、造山系和中国东部造山-裂谷系为一级构造单元。

#### 1. 造山系构造单元划分

造山系是造山带的集成,是在大陆边缘受控于大洋岩石圈俯冲制约形成的前锋弧及其之后的一系列岛弧、火山弧、裂离地块,及相应的弧后洋盆、弧间盆地或边缘海盆地,又经洋盆萎缩消减、弧-弧和弧-陆碰撞造山作用,多岛弧盆系转化形成的复杂构造域,整体表现为大陆岩石圈之间的时空域中特定的组成、结构、空间展布和时间演化特征的构造系统。可进一步划出二级、三级及序次更低的构造单元。

(1)根据多岛弧盆系组成的造山系中区域地质发展过程总体特征和优势大地构造相时空结构,以结合带、弧盆系和夹持于其间的地块作为二级构造单元,构成造山带构造单元划分的基本骨架。

(2)在洋陆构造体制转换过程形成的结合带和弧盆系中划出三级构造单元:俯冲增生杂岩带、蛇绿混杂岩带(弧-弧碰撞带、弧-陆碰撞带),洋内岛弧带或洋岛、岩浆弧、弧后盆地、弧前盆地等;裂离地块划出陆缘弧、前陆和弧后前陆盆地等,以及走滑拉分盆地、陆缘裂陷盆地或裂谷盆地基底逆推带等。

(3)根据关键地质事件的性质、特点、序列、时代和空间分布特征,特别要重视各构造区(带)的时间、空间、事件的差异进行构造单元划分,依据区域地球物理场特征对已进行构造分区的单元及其边界进行再厘定。

#### 2. 陆块区构造单元的划分

陆块区经历长期和复杂的演化过程，具基底和巨厚盖层连续稳定的单元，作为一级构造单元，由前新太古代形成的硅铝质大陆壳地质体称为陆核。在陆核形成过程中，地壳的垂向增生占有重要地位，表现为一系列古老穹隆构造的存在。

新太古代至古元古代是继古老陆核形成后，已出现洋陆的分异和陆块漂移，形成俯冲和碰撞带，是地壳增生和再造的最重要时期。因此，可勾画出相当于年轻造山带中的一些大地构造相和地质单元，如岩浆弧、弧后盆地、前陆盆地，裂谷。

中元古代是华北陆块(克拉通)形成期，新元古代是扬子、塔里木等陆块形成期。除叠加的构造-岩浆岩带外，盖层主要按地层形成的构造背景及大地构造优势相划分不同的构造单元(盆地类型)。

(1)依据陆块区不同演化阶段、不同基底和盖层的岩石建造组合，可划分陆块作为二级构造单元。

(2)华北陆块区新太古代—古元古代的地质记录以及扬子、塔里木陆块区中元古代—新元古代地质记录，保存该时期基底陆壳物质的组成、物质来源和形成环境，特别是由侵入岩构成的岩浆弧为标志：TTG 和 DMG 组合以及表壳岩的火山-沉积记录、岩石组合、地球化学、热事件等特征，可将基底划分出古岩浆弧、古裂谷等三级构造单元。

(3)大尺度范围盖层细结构的划分，依关键地质事件形成的大地构造相及沉积盆地的性质、类型、序列、时代和空间分布特征，如被动陆缘盆地、陆表海盆地、碳酸盐岩台地、裂谷、各种内陆盆地等作为三级构造单元。

#### 3. 大地构造单元分类分级

在大地构造单元划分方案中，一级构造单元的陆块区(稳定大陆)对应于陆块区相系、结合带对应于对接消减带相系、造山系(洋-陆转换带或活动大陆边缘)对应于多岛弧盆相系；二级构造单元的结合带、弧盆系、地块，分别对应于结合带大相、弧盆系大相和地块大相；三级构造单元的俯冲增生杂岩带、蛇绿混杂岩带、洋内岛弧或洋岛、岛弧或陆缘弧、弧后盆地、弧间盆地、弧前盆地、弧后前陆盆地、走滑拉分盆地、陆缘裂陷盆地或裂谷盆地等等，分别与各大地构造相(亚相)相一致。

#### 4. 大地构造单元命名

一级：大区域地理名称＋Ⅰ级构造属性名词(相当于大地构造相的相系)，如秦祁昆造山系。

二级：区域地理名称＋Ⅱ级构造属性名词(相当于大地构造相的大相)，如祁连弧盆系。

三级：地理名称＋Ⅲ级构造属性名词(相当于大地构造相的相)＋(地质时代)，如走廊弧后盆地(O、S)。

四级：地理名称＋Ⅳ级构造属性名词(相当于大地构造相的亚相)＋(地质时代)，如贺兰山蛇绿岩($D_{2+3}$)。

### (二)大地构造分区方案

内蒙古地区划分了一级构造单元 4 个，即天山-兴蒙造山系、秦祁昆造山系、华北陆块区、塔里木陆块区。其中天山-兴蒙造山系，又进一步分为 5 个二级构造单元：大兴安岭弧盆系、松辽地块索伦山-西拉木伦结合带、包尔汉图-温都尔庙弧盆系和额济纳旗-北山弧盆系。华北陆块区又进一步分为 5 个二级构造单元：晋冀陆块、狼山-阴山陆块、鄂尔多斯陆块、阿拉善地块、冀北古弧盆系。塔里木陆块和秦祁昆造山系区大相内仅见其一隅。全区进一步又划分三级构造单元 38 个，四级构造单元 397 个。内蒙古大地构造单元划分如下(图 4-8)。

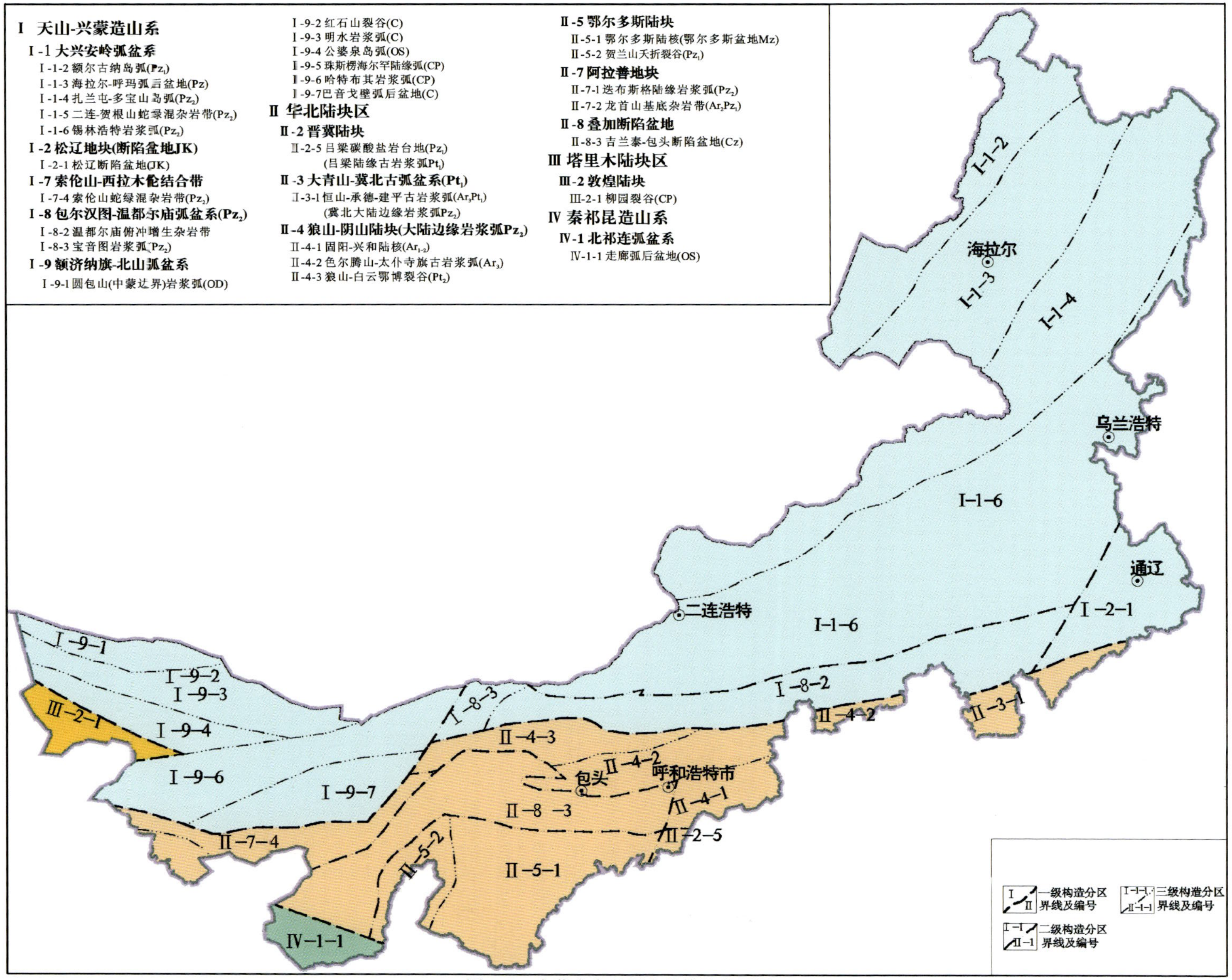


图 4-8　内蒙古自治区大地构造分区图

天山-兴蒙造山系(Ⅰ)
大兴安岭弧盆系(Ⅰ-1)
漠河前陆盆地($J_2K_1$)(Ⅰ-1-1)
额尔古纳岛弧($Pz_1$)(Ⅰ-1-2)
海拉尔-呼玛弧后盆地(Pz)(Ⅰ-1-3)
红花尔基-李增碰山弧陆碰撞带($C_1$)(Ⅰ-1-4)
东乌旗-多宝山岛弧($Pz_2$)(Ⅰ-1-5)
二连-贺根山蛇绿混杂岩带($Pz_2$)(Ⅰ-6-1)
锡林浩特岩浆弧($Pz_2$)(Ⅰ-1-7)
索伦山-西拉木伦结合带(Ⅰ-7)
达青牧场-扎赉特旗俯冲增生杂岩带($P_1$末期)(Ⅰ-7-1)
林西残余盆地($P_2T_2$)(Ⅰ-7-2)
西拉木伦俯冲增生杂岩带($P_1$末期)(Ⅰ-7-3)
索伦山蛇绿混杂岩带($Pz_2$)(Ⅰ-7-4)
查干乌拉俯冲增生杂岩带($Pt_2$)(Ⅰ-7-5)
苏尼特右旗坳陷盆地(Cz)(Ⅰ-7-6)
桑达来断陷盆地(Mz)(Ⅰ-7-7)
包尔汉图-温都尔庙弧盆系(Ⅰ-8)
朝阳地-解放营子弧陆碰撞带($Pt_3C_1$末)(Ⅰ-8-1)
温都尔庙俯冲增生杂岩带($Pt_2Pz_1$)(Ⅰ-8-2)
宝音图岩浆弧($Pz_2$)(Ⅰ-8-3)
额济纳旗-北山弧盆系(Ⅰ-9)
圆包山岩浆弧(OD)(Ⅰ-9-1)
红石山裂谷(C)(Ⅰ-9-2)
明水岩浆弧(C)(Ⅰ-9-3)
公婆泉岛弧(OS)(Ⅰ-9-4)
珠斯楞海尔罕陆缘弧(CP)(Ⅰ-9-5)
哈特布其岩浆弧(CP)(Ⅰ-9-6)
巴音戈壁弧后盆地(C)(Ⅰ-9-7)
恩格尔乌苏蛇绿混杂岩带(C)(Ⅰ-9-8)
巴丹吉林坳陷盆地(Cz)(Ⅰ-9-9)
华北陆块区(Ⅱ)
晋冀陆块(Ⅱ-2)
吕梁碳酸盐岩台地($Pz_1$)(Ⅱ-2-5)
冀北陆块($Ar_3Pt_2$)(Ⅱ-3)
恒山-承德-建平古岩浆弧($Ar_3Pt_1$)(Ⅱ-3-1)
狼山-阴山陆块(Ⅱ-4)
固阳-兴和陆核($Ar_{1-2}$)(Ⅱ-4-1)
色尔腾山-太仆寺旗古岩浆弧($Ar_3$)(Ⅱ-4-2)
狼山-白云鄂博裂谷($Pt_2$)(Ⅱ-4-3)
鄂尔多斯陆块(Ⅱ-5)
鄂尔多斯盆地(Mz)(Ⅱ-5-1)
贺兰山夭折裂谷($Pz_1$)(Ⅱ-5-2)

阿拉善地块(Ⅱ-7)

迭布斯格陆缘岩浆弧($Pz_2$)(Ⅱ-7-1)

龙首山基底杂岩带($Ar_2Pt_1$)(Ⅱ-7-2)

叠加断陷盆地(Ⅱ-8)

吉兰泰-包头断陷盆地(Cz)(Ⅱ-8-3)

塔里木陆块区(Ⅲ)

敦煌陆块(Ⅲ-2)

柳园裂谷(CP)(Ⅲ-2-1)

秦祁昆造山系(Ⅳ)

北祁连弧盆系(Ⅳ-1)

走廊弧后盆地(OS)(Ⅳ-1-1)

## 三、大地构造相特征

### (一)天山-兴蒙造山系(Ⅰ)

天山-兴蒙造山系记载了古亚洲洋在新元古代—中三叠世产生、发展、演化、消亡的历史过程,在陆壳拉开成洋、挤压俯冲成沟弧、碰撞成陆的多次演化过程中,造就了结合带、岩浆弧及其相关盆地的发展演化(还残留了大小不一的基底地块区)。

**1.大兴安岭弧盆系(Ⅰ-1)**

大兴安岭弧盆系北起额尔古纳岛弧,南至锡林浩特岩浆弧,宽500～700km,呈北东向展布,为北古亚洲洋在新元古代—中三叠世演化形成的弧盆体系,从北到南有额尔古纳岛弧、海拉尔-呼玛弧后盆地、红花尔基-李增碰山弧陆碰撞带、东乌旗-多宝山岛弧、二连-贺根山蛇绿混杂岩带和锡林浩特岩浆弧,另外中生代还叠加有漠河前陆盆地(Ⅰ-1-1)和海拉尔断陷盆地。

(1)额尔古纳岛弧(Ⅰ-1-2)。该岛弧位于中国东北的北端,呈北东向展布,北西与俄罗斯接壤,南东以得尔布干断裂带为界与海拉尔-呼玛弧后盆地相邻。其以发育新元古代大洋俯冲环境地质体为特征,沉积了南华纪佳疙瘩组(Nh*j*)岛弧环境碎屑岩-中基性火山岩组合、震旦纪额尔古纳河组(*Ze*)弧背盆地亚相碎屑岩-碳酸盐岩组合,侵入了岛弧环境辉长岩-GG组合。额尔古纳岛弧在寒武纪之后,由于海拉尔-呼玛弧后盆地的出现,其远离了二连-贺根山蛇绿混杂岩带。除中二叠世外,其古生代大地构造相主要以陆壳性质体现。在岛弧中出露前南华纪基底地块,包括古元古代岛弧兴华渡口岩群($Pt_1$*X.*)绿片岩-(云母)石英片岩-大理岩组合和风水山片麻岩($Pt_1$Fgn)石英二长质—花岗质片麻岩组合。早二叠世末期,由于达青牧场-扎赉特旗俯冲带大规模的俯冲事件,致使远离俯冲带500～600km的额尔古纳岛弧之中侵入了陆缘弧环境GG组合。另外,侏罗纪—早白垩世大洋俯冲-后碰撞-后造山环境岩浆侵入比较频繁。

南华纪佳疙瘩组(Nh*j*)火山-沉积岩呈北东向遍布于额尔古纳岛弧。岩性为半深海浊积岩夹变质安山岩、安山玄武岩及少量流纹质火山碎屑岩,火山岩为岛弧环境中形成的拉斑系列—钙碱系列玄武岩-安山岩-流纹岩组合。

震旦纪额尔古纳河组属弧背盆地环境的碳酸盐岩浊积岩组合。该组上部为灰色、灰黄色大理岩,白云质大理岩,结晶灰岩,碳质板岩,夹千枚状绢云板岩、绢云绿泥片岩产*Leiesphaeridia* sp.,*Synsphaeridium switjasium*,*Kirjanov*微体化石;中部为浅灰色、灰黄色板岩,碳质粉砂质板岩,细粉砂岩夹结晶灰岩,以水平及平行层理为主,多呈薄层互层出现;下部以灰白色、灰黄色块状大理岩,白云石大理岩为主,与佳疙瘩组呈断层接触。

在额尔古纳岛弧北部,新元古代侵入了中基性和酸碱性侵入岩。中基性岩有辉长岩-闪长岩、石英二长闪长岩、石英闪长岩、花岗闪长岩和奥长花岗岩,为亚碱系列;酸碱性岩有二长花岗岩、正长花岗岩、黑云母花岗岩、正长岩,剔除石英含量小于10%的辉长岩、闪长岩后,中酸性岩在An-Ab-Or图解中为$G_1$-QM组合,酸碱性岩在主量元素分类图解中为花岗闪长岩、花岗岩。总体构成花岗闪长岩-花岗岩(GG)组合。

在额尔古纳右旗台吉沟一带,沉积有早中奥陶世乌宾敖包组($O_{1-2}w$)陆表海砂泥岩夹砾岩组合,呈北西西向分布,岩性为一套灰色、灰绿色绢云板岩,千枚状板岩,夹砂砾岩、灰岩透镜体组成。

在额尔古纳右旗五卡沟一带,沉积有陆内裂谷晚志留世卧都河组($S_3w$)滨浅海砂岩、粉砂岩、泥岩组合。岩性为杂色砾岩、长石砂岩、细粉砂岩、粉砂质板岩、板岩等,呈近南北向条带状分布,为向上变细变厚型及变细变薄型的旋回性基本层序。

早石炭世为陆内裂谷环境。在额尔古纳右旗红水泉一带沉积有早石炭世红水泉组($C_1h$)滨浅海砂岩、粉砂岩、泥岩组合,岩性为灰黄色、灰绿色砂砾岩,石英砂岩,细粉砂岩,粉砂质板岩,生物碎屑灰岩等,以及莫尔根河组火山岩等。自下而上由3个由粗变细的沉积旋回组成,可见水平、平行、交错及斜层理,为向上变细再变粗之基本层序。该地层不整合于额尔古纳河组(Ze)及乌宾敖包组($O_{1-2}w$)之上。

晚石炭世—早二叠世沉积了宝力高庙组($C_2P_1bl$)安山岩、酸性凝灰岩、变质砂岩、砾岩、千枚岩为弧后盆地和火山弧环境。

同期侵入了晚石炭世石英闪长岩、花岗闪长岩、二长花岗岩、正长花岗岩组成的GG组合,为以高钾钙碱系列为主的俯冲期陆缘弧岩浆杂岩。

在嵯岗镇—下护林一带,侵入了晚石炭世黑云母花岗岩、正长花岗岩构成的高钾和钾玄质花岗岩组合,黑云母花岗岩内石榴石含量达3%,可谓同碰撞强过铝花岗岩组合。

在额尔古纳岛弧中南部出露中二叠世花岗闪长岩、二长花岗岩、黑云母花岗岩组成GG组合,属高钾钙碱系列,为俯冲期陆缘弧岩浆杂岩。

在额尔古纳岛弧北部恩和哈达,出露由早三叠世黑云母二长花岗岩、花岗闪长岩组成高钾和碱玄岩质花岗岩组合,为后碰撞岩浆杂岩。

该构造单元可划分为12个四级构造单元。

(2)海拉尔-呼玛弧后盆地(Ⅰ-1-3)。该盆地位于额尔古纳岛弧与东乌旗-多宝山岛弧之间,北东向展布,宽130~200km。其初始裂开于中元古代,南华纪—震旦纪时期,额尔古纳岛弧与东乌旗-多宝山岛弧还紧挨在一起,且后者岛弧还要窄得多。该弧后盆地在新元古代晚期—寒武纪逐渐裂开,在海拉尔-呼玛弧后盆地内的吉峰林场、环宇、环二库、稀顶山北东向分布有蛇绿混杂岩。吉峰林场有变质橄榄质科马提岩、蛇纹岩、直闪石岩、变质玄武岩,成岩时代为中元古代,呈构造岩片产于晚石炭世新依根河组内。环宇、环二库蛇纹岩的原岩为具交代残余结构的变质橄榄岩,成岩时代为中元古代,可能也呈构造岩片,产于震旦纪吉祥沟组内。稀顶山为纤维变晶结构的蛇纹岩、辉长岩,产于奥陶纪多宝山组,成岩时代不明,与围岩关系有特研究。吉峰林场-稀顶山超基性岩,形成于中元古代洋中脊裂谷,到晚石炭世或早二叠世呈构造岩片侵位于围岩中,构成地幔楔。

在海拉尔-呼玛弧后盆地东南部出露岛弧环境的震旦纪大网子组(Zd)变玄武岩-板岩-变质砂岩组合,为钙碱系列成熟岛弧火山岩。

在额尔古纳河市上库力乡南出露弧背盆地环境的震旦纪额尔古纳河组碳酸盐岩-浊积岩组合,岩性为大理岩、石英岩、云母石英片岩、钠长石英片岩等。在松岭区壮志林场右乌鲁卡河中游两侧出露震旦纪倭勒根群大网子组火山碎屑浊积岩组合,岩性为变质英安质玻屑凝灰岩、变火山灰凝灰岩、砂岩、板岩,含藻类化石。在鄂伦春旗嘎仙、西陵梯、环宇等地的震旦纪倭勒根群吉祥沟组(Zj),为变质含粗砂岩、砂岩、板岩、大理岩、二云石英片岩等,属较深水海盆砂泥岩组合。在鄂伦春古利库河北、那都里河西的南华纪佳疙瘩组为一套二云片岩、斜长片岩、石英片岩、变粒岩、大理岩等，属较深水海盆砂泥岩组合。在鄂温克旗胡山一带的南华纪佳疙瘩组主要为黑云母石英片岩、黑云母片岩、绿泥石英片岩、斜长角闪片岩、阳起片岩等，露头零星，属火山碎屑浊积岩组合。本区发育有早寒武世苏中组($\in_1 sz$)浅海相碳酸盐岩夹细碎屑岩沉积。

寒武纪末期，大洋俯冲后致使其在奥陶纪转化为弧后盆地环境（对应东乌旗-多宝山岛弧而言），沉积有多宝山组($O_{1-2}d$)弧后盆地环境基性—中酸性火山岩、细碧角斑岩夹砂岩、板岩、灰岩组合。弧后盆地裸河组($O_{2-3}lh$)为滨浅海粉砂质、泥质板岩与黄褐色长石石英砂岩互层、微晶灰岩夹板岩、石英砂岩组合。在鄂伦春旗南阳河上游出露大伊希康河组($O_{1-2}dy$)浊积（砂板岩）-滑混岩组合，岩性为细砂岩、长石砂岩、粉砂岩、绿泥板岩与含砾杂砂岩交替出现。在鄂伦春旗南阳河中游两岸出露早奥陶世黄斑脊山组($O_1h$)浊积岩（砂板岩）-滑混岩组合，岩性为钙质粉砂岩、含砾长石砂岩、砂（杂）质石英砂岩、杂砂岩夹绢云片岩。

志留纪—中泥盆世为陆内裂谷浅海环境，在鄂伦春旗罕诺河以南一带（李增碰山）的卧都河组($S_3w$)为滨浅海砂岩粉砂岩泥岩组合，岩性以中粗—中细粒石英砂岩为主夹长石岩屑石英砂岩；八十里小河组($S_2b$)为粗、中细粒岩屑砂岩为主夹板岩，石英砂岩；黄花沟组($S_1h$)为含粉砂绿泥绢云片岩、粉砂质板岩、细粉砂岩夹含砾砂岩。沉积有早中泥盆世泥鳅河组($D_{1-2}n$)钙质粉砂质板岩、结晶灰岩、放射虫硅泥质岩、砾岩、含砾长石砂岩、粉砂质板岩及灰岩透镜体组合。中晚泥盆世为弧后盆地（相对东乌旗-多宝山岛弧而言），沉积有中晚泥盆世大民山组($D_{2-3}d$)弧后盆地含砾粗砂岩、凝灰砂岩、泥岩、沉凝灰岩、流纹质晶屑凝灰岩组合，并有岛弧 TTG 岩浆岩组合侵入；在根河市吉峰林场一带出露中晚泥盆世大民山组火山碎屑浊积岩组合，岩性为含砾粗砂岩、凝灰砂岩、泥岩、沉凝灰岩、流纹质晶屑凝灰岩等。产微体化石 *Leiosphaeridia* sp.，*Cymaitiogalea* sp.，*Prototracheites* sp.，*Hindeoclella* sp.。在鄂伦春旗罕诺河北岸（李增碰山）一带，上部为砂岩夹板岩、片理化中基性火山岩；下部为板岩夹硅质岩（薄片鉴定可能含放射虫）岩相变化大。在伊敏苏木东崩浑廷乌拉一带出露大民山组半深海放射虫-硅质骨针岩组合，岩性为灰绿浅灰岩、变泥岩、硅泥岩、灰岩、含放射硅质岩，灰岩中产化石 *Stringophyllum* sp. 在红花尔基哈斯罕一带为中基性火山岩酸性火山岩、杂砂岩、细砂岩、泥灰岩、灰岩、细碧岩、含铁硅质岩、硅泥岩、含放射虫凝灰质硅质岩。产 *Cymenia* sp.，*Tvochophyllumo* sp.。属半深海放射虫-硅质骨针岩组合。在扎敦河两岸，下部以石英角斑岩质砾岩为主夹生物碎屑灰岩；中部为钙硅质砂岩、砂质灰岩、生物碎屑灰岩；上部为细碧角斑岩夹砂岩、灰岩、含铁硅质岩、含放射虫凝灰岩、中酸性火山岩。产 *Cyrtospirfer* sp.，*Naliukinella* sp.。

中晚泥盆世大民山组火山岩由石英角斑岩、细碧岩、放射虫硅质岩、中酸性火山岩等组成，构成玄武岩-安山岩-流纹岩组合，为亚碱系列岛弧火山岩。

早石炭世又一次大幅度拉开伸展，沉积有莫尔根河组($C_1m$)板内裂谷环境粗安岩、钠长粗面岩、安山岩、安山质岩屑晶屑凝灰岩、石英角斑岩组合和红水泉组($C_1h$)临滨相砂砾岩、石英砂岩、长石石英砂岩、细粉砂岩、粉砂质板岩、生物碎屑灰岩；在哈达图出露有弧后盆地火山岩宝力高庙组流纹岩、安山岩。经早石炭世末期挤压碰撞，于晚石炭世基本成陆，沉积有新依根河组($C_2x$)海陆交互陆表海环境砾岩与粉砂岩互层夹黑色泥质岩组合，并有 GG 岩浆岩组合侵入；早二叠世有后造山碱性—过碱性花岗岩侵入；中二叠世有弧背盆地沉积哲斯组砾岩、砂岩、粉砂岩、板岩夹大理岩。同期有闪长岩、奥长花岗岩、花岗闪长岩等 TTG 岩石构造组合。中三叠世有后碰撞岩浆杂岩侵入。侏罗纪—白垩纪有后造山-后碰撞-大洋俯冲环境岩浆岩侵入。

本构造单元可近一部划分为 15 个四级构造单元。

(3)红花尔基-李增碰山弧陆碰撞带(Ⅰ-1-4)。该碰撞带位于海拉尔-呼玛弧后盆地与东乌旗-多宝山岛弧之间，北东向展布，为三级大地构造单元分界线（等）。该带西南部在红花尔基到乌奴耳一带出露高压变质岩-俯冲增生杂岩-红花尔基-乌奴耳早石炭世($C_1$)末期俯冲增生杂岩(Ⅰ-1-4-1)，南西宽、北东窄并逐渐尖灭，最宽处 15～20km，长大于 150km，再向北东不清楚，被中新生代侵入岩、火山岩和沉积岩占据。该楔形带从南东到北西由3条带构成,即南带为蓝闪石带,中间为冻蓝闪石带,北带为混杂堆积带。混杂堆积由多个时代地质体($O_{1-2}d$、$O_{2-3}l$、$D_{1-2}n$、$D_{2-3}d$、$D_3\gamma o$、$C_1m$、$C_1h$ 等)混杂在一起的构造混杂岩,反映出俯冲碰撞时间应在早石炭世之后。由于该带北西侧在早石炭世为海洋,而在晚石炭世及以后皆已成陆,似无俯冲带迹象,因此推断向南东俯冲碰撞的时间为早石炭世末期。

(4)东乌旗-多宝山岛弧($Pz_2$)(Ⅰ-1-5)。

该岛弧分布于二连浩特以北的红格尔苏木、东乌珠穆沁旗、扎兰屯和黑龙江省多宝山一带。西段北部与蒙古国接壤,南部与二连-贺根山蛇绿混杂岩带毗邻,向东延入黑龙江省。

这是一个以奥陶纪和泥盆纪岛弧为优势构造相的构造单元。

南华纪到震旦纪由岛弧性质的佳疙瘩组、额尔古纳河组和大网子组岩石组合。

南华纪佳疙瘩组(Nh*j*)半深海浊积岩组合内夹有变质安山岩、安山玄武岩及少量流纹质火山碎屑岩,为岛弧环境形成的拉斑系列—钙碱系列玄武岩-安山岩-流纹岩组合。

在新巴尔虎左旗东南罕达盖林场东、鄂温克旗伊敏河上游全场林场及扎兰屯市周围出露南华纪佳疙瘩组火山碎屑浊积岩组合,岩性为绢云黑云石英片岩、斜长角闪片岩、绿泥石英片岩、绢云石英片岩、斜长次闪片岩等。

额尔古纳河组(*Ze*)碳酸盐岩浊积岩组合,岩性为条带状大理岩、绢云石英片岩夹各种角砾岩和硅质大理岩透镜体;在阿荣旗大网子组,岩性为变质砂岩、板岩、石英片岩、千枚岩、变酸性熔岩、变火山灰凝灰岩等,为弧背沉积环境.

新元古代石英二长闪长岩、奥长花岗岩、二长(正长)花岗岩等,属钙碱—高钾钙碱—钾玄岩系列,主元素分类图解中为花岗闪长岩-花岗岩,在An-Ab-Or图解中为$T_2G_2$,为大洋俯冲陆缘弧环境中形成的TTG组合。

早寒武世苏中组($\in_1 sz$)为被动陆缘灰岩组合,岩性为一套灰色蜂窝状灰岩,厚层状灰岩夹黑色薄层状板岩,产 *Ajaćiacyathus* sp., *Ethmophyllum hinganense* 等古杯化石。

奥陶纪,二连-贺根山洋存在大洋陆块向北部俯冲消减的地质记录。俯冲作用在红格尔苏木至东乌旗、罕达盖、红花尔基一带形成岛弧、弧后盆地和弧背盆地的构造环境。岛弧为早中奥陶世多宝山组浅海相以安山岩为主的玄武岩、英安岩、流纹岩、细碧角斑岩、中酸性岩屑晶屑凝灰岩、熔结凝灰岩组合,夹变质砂岩、泥质粉砂岩、结晶灰岩、板岩、含放射虫硅质岩等。

弧后盆地由早中奥陶世特尔巴格特组、乌宾敖包组、巴彦呼舒组和哈拉哈河组成。特尔巴格特组为海相变质石英砂岩、变质粉砂岩、粉砂质板岩岩石组合;乌宾敖包组为海相粉砂质板岩、粉砂岩、粉砂质泥岩、长石石英砂岩岩石组合;巴彦呼舒组为浅海相长石石英砂岩、粉砂岩、泥岩岩石组合;哈拉哈河组变质石英砂岩、粉砂质板岩、千枚状板岩、凝灰质板岩夹结晶灰岩组合。

弧背盆地为中晚奥陶世裸河组在苏呼河北出露海相长石石英砂岩、石英砂岩、灰岩夹板岩岩石组合,在乌奴耳扎敦河林场出露的裸河组($O_{2-3}lh$)岩性为泥质粉砂岩、粉砂岩、粉砂质板岩、绢云母板岩、生物碎屑灰岩等,韵律明显,构成多旋回层,每旋回层粗粒级较薄,细粒级较厚,纵向、横向变化不大,底栖动物繁盛门类较多,以珊瑚 *Sibiriotites* sp.为主,早中奥陶世大伊希康河组海相杂砂岩组合。同期发育有花岗闪长岩、二长花岗岩、石英闪长岩(TTG)岩石构造组合。

志留纪为相对稳定的被动陆缘滨浅海盆地。盆地内沉积了卧都河组砾岩、石英砂岩、粉砂岩、泥岩、生物碎屑灰岩等岩石组合,产有图瓦贝动物群。

泥盆纪本区发育岛弧、弧前陆坡构造环境,岛弧由中晚泥盆地世大民山组构成,岩性为安山岩、英安岩、细碧岩、放射虫硅质岩和砂岩、粉砂岩。弧前陆坡盆地,沉积了一套长石石英细砂岩、砂岩、粉砂岩、硅质岩、硅质板岩、生物碎屑灰岩等夹火山碎屑岩等浊积岩岩石组合,具滑塌构造以泥鳅河组为代表。同期发育一套俯冲岩浆杂岩(TTG)岩石构造组合。

晚石炭世至早二叠世,由于二连-贺根山大洋板块向北俯冲,本区自西向东发育了一套陆缘火山弧和弧间裂谷盆地沉积,即宝力高庙组。火山弧为海陆交互相钙碱性安山岩、安山质凝灰岩、英安岩、英安质凝灰岩、流纹岩、流纹质凝灰岩岩石组合；弧间裂谷盆地内沉积了砂砾岩、长石石英砂岩、粉砂岩、泥岩岩石组合。早石炭世，发育了一套花岗闪长岩、花岗岩和少量英云闪长岩岩石构造组合(具有TTG岩石构造组合特点)。晚石炭世，则发育俯冲岩浆杂岩(TTG)岩石构造组合。在宝力高庙组之南尚发育有晚石炭世—早二叠世的海相火山弧地层，即格根敖包组，其下部为安山岩、英安岩、火山角砾岩、安山质凝灰岩，上部为砾岩、杂砂岩、凝灰岩岩石组合。属岛弧火山岩近海沟一侧的产物。

值得提及的是，本带在东部地区(大致在阿尔山以东)，石炭纪—二叠纪侵入岩的发育与西部有所不同。表现在：在达斡尔民族乡和柳屯出露早石炭世碱长花岗岩、正长花岗岩，为高钾钙碱系列—碱性系列，为后造山环境的碱性—钙碱性花岗岩组合。在罕达盖嘎查—耳场子沟一带，出露大量的晚石炭世TTG组合，岩性为石英二长闪长岩、石英闪长岩、花岗闪长岩、二长花岗岩、奥长花岗岩等，属钙碱系列，为俯冲期陆缘弧岩浆杂岩。在亚东镇一带出露晚石炭世二云母二长花岗岩、白云母二长花岗岩组成强过铝花岗岩组合，属高钾钙碱系列，为同碰撞岩浆杂岩。

在小乌尔其汉—苏格河一带，出露大量的早二叠世($P_1$)后造山碱性花岗岩-钙碱性花岗岩组合，岩性主要为正长花岗岩(包括白岗质花岗岩)，属高钾钙碱系列、钾玄岩系列、碱性系列等。孟恩陶勒盖-松岭区中二叠世($P_2$)俯冲期岩浆杂岩TTG岩石构造组合。在阿荣旗—诺敏镇一带零星出露中二叠世同碰撞高钾和碱玄岩质花岗岩组合，岩性为黑云母二长花岗岩、白云母二长花岗岩、正长花岗岩、碱长花岗岩等。地球化学显示岩浆弧和同碰撞特征。

早二叠世早期为俯冲岩浆杂岩($G_1G_2$)岩石构造组合。早二叠世中期为后碰撞岩浆杂岩岩石构造组合，晚期则为后造山碱性花岗岩(洪大卫等，1994)岩石构造组合。

中生代，受古太平洋板块向中国东部大陆之下俯冲的影响，本区进入造山-裂谷大地构造阶段，广泛发育侏罗纪—早白垩世陆相火山喷发活动和少量侵入岩入侵。

该构造单元划分出43个四级构造单元。

(5)二连-贺根山蛇绿混杂岩带($Pz_2$)(Ⅰ-1-6)

该混杂岩带位于扎兰屯-多宝山岛弧之南，锡林浩特岩浆弧之北，西起二连浩特，向东经贺根山呈北东向展布，是一个历经元古宙、早古生代离散和汇聚，并在早二叠世早期闭合的大洋，有人认为是中亚-蒙古大洋。闭合后，是西伯利亚陆块与华北陆块对接碰撞的位置所在。

在阿尔山安全车站一带出露俯冲增生杂岩，包括蛇纹石化斜方辉橄岩、早寒武世苏中组灰岩建造、中晚奥陶世裸河组砂泥岩-灰岩建造，早中泥盆世泥鳅河组等，它们之间皆为断层接触，且内部岩石破碎。在扎兰屯市韩家地出露变质斜辉橄榄岩，呈北东向赋存于早二叠世高家窝棚组($P_1g$)[本次编图厘定为早中二叠世大石寨组($P_{1\text{-}2}ds$)]酸性熔岩构造破碎带中，岩石强烈蚀变，大部分变为蛇纹岩，见交代变余橄榄石残晶。

在二连北东出露有俯冲增生杂岩，杂岩的基质为晚石炭世本巴图组浊积岩，其内混杂有较多的泥盆纪蛇绿岩碎片、超基性岩、辉长岩、硅质岩等。

在贺根山一带内出露有泥盆纪俯冲增生杂岩、远洋沉积、蛇绿岩岩块，是迄今为止，在内蒙古内蛇绿岩研究比较详细的地区之一。蛇绿岩由下而上可以分为变质橄榄岩、堆晶岩、基性岩墙群、硅质岩、放射虫碧玉岩等远洋沉积。其中，碧玉岩中的放射虫时代为晚泥盆世。20世纪70年代对纯橄岩、斜方辉橄岩进行的同位素年龄测试(K-Ar法)为：一个为430Ma，两个为346Ma，一个为380Ma，基本都落在中晚泥盆世范围内。大洋闭合后，西伯利亚陆块与锡林浩特岩浆弧碰撞对接，形成蛇绿岩混杂岩带，也可称为结合带。

这里需要提及的是对该构造分区性质，潘桂棠等(2015)存在不同的认识，他们认为该带形成的动力学机制与南部索伦山-西拉木伦大洋板块向北俯冲有关，二连-贺根山蛇绿混杂岩带是弧后盆地性质的小洋盆。其理由是：二连-贺根山带以南锡林浩特岩浆弧上发育有奥陶纪英云闪长岩为主的TTG岩石构造组合，在其北部的东乌旗-多宝山岛弧上发育由早中奥陶世乌宾敖包组、巴彦呼舒组、特尔巴格特组组成的弧后盆地沉积，故认为二连-贺根山蛇绿岩是弧后盆地进一步扩张的再生洋盆的产物。

本构造单元划分为 17 个四级构造单元。

(6)锡林浩特岩浆弧($Pz_2$)(Ⅰ-1-7)。该岩浆弧位于二连-贺根山蛇绿混杂岩带之南，是一个在中元古代从华北陆块分裂出去的古老地块，称锡林浩特地块。其间扩展为具有一定规模的再生洋盆，暂称为索伦山-西拉木伦洋。这是一个以大石寨组火山岩陆缘弧为优势构造相的构造单元。

中新元古代，再生洋陆块向北部地块之下俯冲，形成中新元古代温都尔庙群的俯冲增生杂岩拼贴于地块之上。

奥陶纪—志留纪—泥盆纪，洋壳继续向北部俯冲，形成同期俯冲岩浆杂岩(TTG)岩石构造组合，但规模不大。

志留纪—泥盆纪发育有弧后前陆盆地长石砂岩、碳酸盐岩组合。

石炭纪—二叠纪早期，洋壳向北的俯冲消减作用加快，在地块之上形成石炭纪俯冲岩浆杂岩(TTG)岩石构造组合和蛇绿混杂岩。二叠纪早中期，广泛发育以大石寨组海相钙碱性陆缘火山岩、安山岩、安山质晶屑凝灰岩、流纹岩、英安岩、硅质岩、砂板岩为主的岩石组合，及俯冲岩浆杂岩英云闪长岩、花岗岩、二长花岗岩、石英闪长岩等(TTG)岩石构造组合，构成本单元的优势构造相。中二叠世哲斯组为陆棚碎屑岩沉积，晚二叠世林西组为坳陷盆地砂页岩沉积。在锡林浩特岩浆弧东南尚出露有同碰撞二长花岗岩、二云母二长花岗岩、白云母二长花岗岩岩石构造组合，时代为中二叠世—晚二叠世。三叠纪发育后碰撞岩浆杂岩和后造山岩浆杂岩侵入。

邓晋福等(2015)认为该单元二叠纪俯冲岩浆杂岩(TTG)岩石构造组合与其北部贺根山、东乌旗一带的同期 $G_1G_2$ 俯冲岩浆杂岩组合可以由南向北组成一个侵入岩的俯冲极性，即该期的侵入岩的形成可能与索伦山-西拉木伦洋板块向北部俯冲作用有关。由此可以推测，二叠纪时期，二连-贺根山洋此时基本消失，东乌旗岛弧与锡林浩特岩浆弧已连成一个整体。

中生代本区受东部造山-裂谷系的影响，从晚侏罗世至早白垩世，本区发育陆相火山弧和俯冲岩浆杂岩。陆相火山弧具代表性的有中侏罗世塔木兰沟组，晚侏罗世满克头鄂博组、玛尼吐组、白音高老组，早白垩世义县组、梅勒图组。塔木兰沟组为玄武岩组合；满克头鄂博组为流纹岩、安山岩、流纹质、安山岩、凝灰岩岩石组合；玛尼吐组为安山岩、玄武质安山岩、粗面安山岩、英安质、安山质凝灰岩岩石组合；白音高老组为流纹岩、流纹质凝灰岩岩石组合。义县组为安山岩、集块岩、凝灰岩岩石组合(含热河动物群化石)；梅勒图组为黑云母安山岩组合。同期发育伸入陆内的俯冲岩浆杂岩($G_1G_2$)岩石构造组合。新生代为陆内断陷盆地河湖相砂砾岩、砂岩和陆内裂谷碱性玄武岩($N_1h$)岩石组合。

本构造单元划分出 25 个四级构造单元。

### 2. 索伦山-西拉木伦结合带(Ⅰ-7)

(1)达青牧场-扎赉特旗俯冲增生杂岩带(Ⅰ-7-1)。该杂岩带呈向南东凸出的连续弧形展布，宽一般小于 20km，根据其北侧中二叠世侵入岩和火山岩反映出的岛弧性质，判定该带为早二叠世末期古亚洲洋向北俯冲增生带，由于受中新生代地质体侵入和覆盖的影响，地表残留的俯冲增生痕迹已经很少，但在达青牧场、阿他山、新生牧场和乌兰吐仍然可见断续出露的俯冲增生形成的蛇绿岩-蛇绿构造混杂岩。该俯冲带及两侧近 80km 范围内出露几十个中大型铜铅锌银多金属矿床，与该俯冲带存在相关性。

该构造单元可分出一个四级构造带，即达青牧场-乌兰吐早二叠世末期($P_1$末期)俯冲增生杂岩。

在达青牧场一带出露蛇绿构造混杂岩带，北东东向展布，宽大于 500m，长大于 30km，由不同岩石混杂在一起，岩性由深灰色—灰绿色的砂板岩、紫色硅质岩、墨绿色玄武岩、灰色变质凝灰岩、礁灰岩等组成，其中砂板岩被强烈构造片理化，灰岩块体层大小不一的构造透镜体夹在片理化岩石之中，在构造片理化岩石之中发育平行片理的石棉脉体，反映出存在高镁超基性岩。挤压片理主体产状北西倾，倾角舒缓波状，陡缓不一，在片理化面上发育强烈的擦痕阶步，擦痕线理倾伏向 300°左右，反映出发育北西-南东向逆冲作用。

阿他山超基性岩为二辉岩、蛇纹石化橄榄岩，产于早中二叠世大石寨组($P_{1-2}ds$)内。乌兰吐超基性岩的核心部位为蛇纹石化纯橄榄岩，向外依次为辉石橄榄岩(多变为透闪石岩)、辉长岩和斜长角闪岩，在纯橄榄岩内有致密块状、浸染状铬铁矿。

新生牧场超基性岩有蛇纹岩、蛇纹石化辉石岩、蛇纹石化橄榄岩、蚀变辉绿岩，含铬铁矿。

乌兰吐超基性岩呈残留体出露。岩体水平分带明显，核心部分为条带状纯橄榄岩，向外依次为辉石橄榄岩(多转为透闪片岩)、辉长岩、斜长角闪岩、角闪斜长片岩，其中辉石橄榄岩分布最广。纯橄榄岩内有致密块状和浸染状铬铁矿。该超基性岩"侵入于中二叠世哲斯组($P_2zs$)砂板岩"没有阐明充分证据，由于受当时认识的限制，不排除构造侵位的可能。

(2)林西残余盆地(Ⅰ-7-2)。该残余盆地介于两条俯冲带之间，呈北东东向展布，宽50～120km。早中二叠世沉积有大石寨组拉张的残余海盆环境(洋中脊—初级陆壳熔融)火山岩组合，哲斯组残余盆地(滨浅海-海陆交互-河流相)环境碎屑岩夹碳酸盐岩组合；晚二叠世沉积有林西组残余盆地[河流-三角洲(滨湖)-浅湖-深湖]复成分砂砾岩、长石砂岩、粉砂岩、板岩、粉砂质板岩等；晚三叠世侵入稳定陆块层状基性—超基性杂岩组合和陆缘弧TTG组合。

在扎鲁特旗香山镇一带出露早二叠世寿山沟组($P_1ss$)陆表海砂泥岩组合，岩性为砂岩、粉砂岩、板岩互层夹泥灰岩，含植物碎片。

在林西残余海盆内早中二叠世大石寨组，下部为玄武岩、细碧岩、角斑岩，为拉斑玄武岩组合，且在盆地中心地带断续出露枕状玄武岩；上部为安山岩、英安岩、流纹岩及中酸性火山碎屑岩，为英安岩-流纹岩组合。火山岩为亚碱系列，岩石化学显示洋中脊玄武岩特征。

中二叠世哲斯组由半深海浊积岩(砂砾岩)组合、海岸沙丘-后滨砂岩组合和台地潮坪-局限台地碳酸盐岩组合所构成。

在残余盆地南缘林西县赵家湾一带哲斯组为磨拉石建造。下部岩性为杂砂岩夹砾岩，中部为长石砂岩、粉砂岩、粉砂质板岩，上部为砾岩、砂砾岩、含砾长石岩屑砂岩夹板岩，产腕足 *Spiriferella* sp.，*Cancrinella* sp.；珊瑚 *Metriophyllum*? sp.，*Assevculinia* sp.；瓣鳃 *Deltopecten* sp.，*Nucuclata* sp.；苔藓虫 *Polypora* sp.等，属残余海盆斜坡扇半深海浊积岩(砂砾岩)组合。

在残余盆地近中心地带克什克腾旗—林西—巴林右旗—巴林左旗—阿鲁科尔沁旗—扎鲁特旗一带，哲斯组为具有韵律层理的复理石建造。岩性为长石砂岩、长石杂砂岩、粉砂质板岩等，产腕足 *Yakovleula baiyinensis*，*Waagenoconcha purdoni*，*Chonetes uariolatus*；腹足 *Loxonema* sp.；瓣鳃 *Aviculopeeten* sp.；苔藓虫 *Dyscvitella* sp. 等化石，属海岸沙丘-后滨砂岩组合。

在林西县—扎鲁特旗一带，呈北东向分布由晚二叠世林西县组($P_3l$)湖泊水下扇砂砾岩组合、湖泊三角洲砂砾岩组合和湖泊砂岩-粉砂岩组合。地层下部层位含咸水瓣鳃类化石，中上部地层产淡水动植物化石，反映出残余盆地为海盆淡化演变而来。

林西地区该地层发育较齐全完整，自下而上可分为4段：一段为紫红色复成分砂砾岩夹长石砂岩、粉砂岩，含植物 *Paracalamites* sp.，*Eichwaldia* sp.，*Pecoteris* sp.化石，属水下扇砂砾岩组合；二段为长石砂岩、粉砂岩、粉砂质板岩夹砾岩，产植物 *Paracalamites* sp.化石，属湖泊三角洲砂砾岩组合；三段为长石砂岩、粉砂岩、粉砂质板岩，产丰富的动物 *Palaenodonta*，*Palaeomutela* 及植物 *Paracalamites* 化石，属湖泊砂岩-粉砂岩组合；四段为粉砂质板岩、板岩为主夹少量粉砂岩，属湖泊泥岩-粉砂岩组合。

在巴林右旗幸福之路—巴林左旗碧流台一带，亦有小范围水下扇砂砾岩组合分布，而大面积则是以长石砂岩、粉砂岩、杂砂岩夹板岩为主的湖泊砂岩-粉砂岩组合，产淡水瓣鳃化石。

在扎鲁特旗陶海营子一带，下部以页岩为主夹细砂岩，上部为细砂岩与粉砂岩互层，产淡水瓣鳃化石。

本构造单元分出5个四级构造单元。

(3)西拉木伦俯冲增生杂岩带(Ⅰ-7-3)。该杂岩带位于索伦山-林西残余盆地(Ⅰ-7)南缘，北东东向展布，宽小于20km，其南侧出露的中二叠世岛弧火山岩和TTG侵入岩反映出其在早二叠世末期活动——古亚洲洋向南俯冲并且形成了含蛇绿俯冲增生杂岩带。带内断续出露蛇绿-构造混杂岩。

俯冲增生杂岩分别出露于柯单山一带、小苇塘一带和双胜牧场一带,为含蛇绿岩碎块的构造混杂岩。岩性有橄榄岩、斜方辉石橄榄岩、蛇纹岩、辉石岩、辉长岩、辉绿岩、蚀变玄武岩(细碧岩)、枕状玄武岩、硅质岩等,夹豆荚状铬铁矿。蛇绿岩残片呈条块、岩块、角砾及透镜状产于西别河组($S_3D_1x$)或阿木山组($C_2P_1a$)灰岩、砂板岩内,皆呈断层接触。砂板岩强烈片理化,灰岩呈透镜状、块状分布其中。

(4)索伦山蛇绿混杂岩带($Pz_2$)(Ⅰ-7-4)。该杂岩带位于锡林浩特岩浆弧和温都尔庙俯冲增生杂岩带之间。西起于索伦山,向东淹没于苏尼特右旗坳陷盆地之下,再向东则为西拉木伦河俯冲增生杂岩带。本带又可分为索伦山蛇绿岩和俯冲增生杂岩带。

①蛇绿岩,主要出露于索伦山中蒙边境线巴音查干—索伦山—巴彦敖包一带。蛇绿岩为变质橄榄岩(地幔岩)、堆晶杂岩、基性岩墙群、枕状熔岩和远洋沉积物组合,属 MORS 型大洋中脊蛇绿岩,具有相对完整的蛇绿岩套"三位一体"的组合层序。超基性岩主要为变质橄榄岩,多呈坚硬的硅质网格状风化壳产出,局部可见较新鲜的露头。岩石风化面多为褐红色、灰绿色,几乎全部蛇纹石化,主要由蛇纹岩组成。较新鲜的变质橄榄岩为蛇纹石化斜辉橄榄岩和二辉橄榄岩,块状构造。矿物成分主要为橄榄石和辉石,产有铬铁矿。堆晶杂岩由橄榄辉长岩和细粒辉长岩等组成,有的与变质橄榄岩呈层状产出。辉长岩本身的斜长石、辉石也各自相对集中,构造似层状的条带状构造,并具蛇纹石化、葡萄石化。

基性岩墙群主要为辉绿岩和辉绿玢岩,其呈碎片状混杂于远洋沉积的硅泥质岩中。

枕状熔岩为灰绿色、灰黑色玄武岩,安山质玄武岩,细碧角斑岩,具大小不等的枕状构造,其间夹有硅质岩、凝灰岩、板岩等沉积。岩石化学和地球化学特征表明该玄武岩为洋底拉斑玄武岩(MORB)。

远洋沉积物由硅质岩、硅质泥岩、粉砂质板岩、凝灰岩、凝灰质板岩岩石组合。硅质岩中含有放射虫,经王玉净(1997)鉴定时代为二叠纪。这说明索伦山蛇绿岩形成于二叠纪洋壳拉张环境,此时并伴有向北的俯冲消减。此前曾据同位素年龄将该蛇绿岩置于泥盆纪(1∶25 万区调)。

②俯冲增生杂岩带,主要指出露于索伦山蛇绿岩以南忽舍—希勃一带的晚石炭世本巴图组($C_2bb$)。该组主要为长石岩屑砂岩、火山岩、板岩、灰岩岩石组合,岩石的物质成分成熟度低且十分破碎。岩层中断续分布有构造侵位的细碧岩、角斑岩、硅质岩、超基性岩等岩块,岩块大小不等。总体显示出属于有蛇绿岩碎片的浊积岩特征,说明在晚石炭世本区已有洋壳向北俯冲消减的地质记录。

本构造单元划分出 6 个四级构造单元。

(5)查干乌拉俯冲增生杂岩带(Ⅰ-7-5)。该带位于苏尼特右旗以北和苏尼特左旗以南,北部与锡林浩特岩浆弧为邻。

该带是一个以温都尔庙群蛇绿岩和俯冲增生杂岩为主的优势构造相单元。

俯冲增生杂岩是中元古代末期索伦山-西拉木伦洋板块向北部锡林浩特岩浆弧之下俯冲消减拼贴增生于锡林浩特岩浆弧之上的构造单元。主要由温都尔庙群桑达来呼都格组洋内弧深海相绿帘绿泥石英片岩、绿帘绿泥阳起片岩、高镁安山岩、含铁硅质岩,哈尔哈达组远洋沉积绿泥绢云石英片岩、绢云石英片岩、含铁硅质岩岩石组合构成。蛇绿混杂岩为超基性岩、玄武岩和辉绿岩岩石组合,在哈尔哈达组内并有高压变质蓝闪片岩出露。

晚志留世—早泥盆世,为弧后前陆盆地环境,沉积有浅海相长石石英砂岩、碳酸盐岩岩石组合,同期有俯冲岩浆杂岩(TTG)岩石构造组合侵入。该岩浆杂岩时代跨度较大,时代依据不够充分。

在中元古代温都尔庙群俯冲增生杂岩带以南,尚发育石炭纪含蛇绿岩碎片的俯冲增生杂岩,其由晚石炭世本巴图组含蛇绿岩碎片的砂岩、粉砂岩、板岩、凝灰岩等浊积岩石构成。蛇绿岩碎片为石炭纪超基性岩。同期有俯冲岩浆杂岩侵入。该杂岩代表了索伦山-西拉木伦洋在石炭纪大洋板块向北部俯冲增生的物质记录。

二叠纪,本带有二叠纪大石寨组中基性火山岩叠加不整合其上。进入陆缘火山弧环境。

本构造单元划分出 16 个四级构造单元。

(6)苏尼特右旗坳陷盆地(Cz)(Ⅰ-7-6)。该盆地位于苏尼特右旗一带,盆地呈近东西向展布。苏尼特右旗以西是内蒙古古近纪沉积层序发育最全的地区。自下而上可分为古新世脑木根组;始新世和渐新世乌拉戈楚组、阿山头组、伊尔丁曼哈组、沙拉木伦组、呼尔井组；中新世通古尔组；上新世宝格达乌拉组。为一套湖相砂岩、粉砂岩、泥岩沉积组合，含丰富的哺乳动物化石，最大厚度约400m。苏尼特右旗以东主要是新近纪沉积，大部分为现代沙漠所覆盖。据物探资料，沉降幅度深可达2000m。

(7)桑达来断陷盆地(Mz)(Ⅰ-7-7)。该盆地位于宝音图隆起以东、索伦山以南。盆地基底为古元古代宝音图岩群中浅变质岩系和下二叠统。盆地内主要沉积早白垩世白彦花组含煤岩系。晚白垩世二连组红色碎屑岩遍布整个盆地，沉积厚度东薄西厚，东部厚度大于88m，西部厚度大于百米以上。盆地为北断南超型箕状盆地。

### 3. 包尔汉图-温都尔庙弧盆系(Ⅰ-8)。

该弧盆系位于索伦山-西拉木伦结合带以南、华北陆块区和宝音图岩浆弧以北。这是一个经历索伦山-西拉木伦洋从中元古代、奥陶纪、二叠纪长期向南俯冲增生的杂岩构造带，包括朝阳地-翁牛特旗弧陆碰撞带、温都尔庙俯冲增生杂岩带和宝音图岩浆弧3个单元。

(1)朝阳地-翁牛特旗弧陆碰撞带(Ⅰ-8-1)。该碰撞带位于华北陆块区北侧，呈向北凸出的弧形近东西—北东东向展布，其向西可能与温都尔庙俯冲带相连，为古亚洲洋在新元古代—早石炭世末期向南的俯冲带。该俯冲带与贺根山-扎兰屯俯冲带一南一北遥相呼应，在研究上有一定的可比性。

该俯冲带及俯冲造成的地质建造和构造形迹已经残留很少，难以恢复确定其活动时代，根据其南侧出露有山湾子陆源火山弧($OS_1$?)和青龙山镇晚石炭世俯冲火山岩，推测其至少在寒武纪末期和早石炭世末期发生过俯冲活动，而在朝阳地出露的超基性岩长轴方向与围岩新太古代建平岩群片麻理产状一致，反映出新太古代之后的俯冲挤压特征。

在翁牛特旗解放营子乡一带出露橄辉岩、透辉岩、二辉岩、辉长岩、绿泥石化角闪岩、蛇纹石阳起石透闪石岩、角闪岩、蛇纹岩等，多为小岩体成群分布。在赤峰西南侧朝阳地乡温珠沟(河北省内)出露有黑色蛇纹石化次闪石化辉橄岩。

(2)温都尔庙俯冲增生杂岩带(Ⅰ-8-2)。可分为西段和东段两部分。

**西段**(正蓝旗以西)，西起于白音查干，向东经包尔汉图、白乃庙、温都尔庙、正镶白旗、正蓝旗一带。

中新元古代，大洋板块向南俯冲形成温都尔庙群俯冲增生楔，由温都尔庙群蛇绿岩、洋内弧和远洋沉积物堆积而成，并有蓝闪片岩高压变质带。

①蛇绿岩。中基性—超基性岩出露在白音查干、温都尔庙一带。白音查干蛇绿岩由黄绿色和浅绿色碳酸盐化、滑石化蛇纹岩，绿帘绿泥石英片岩，绿泥片岩等枕状熔岩和蚀变辉长岩基性岩墙群组成。温都尔庙地区蛇绿岩出露在武艺台和园林凯一带，由蛇纹石化纯橄榄岩、蛇纹石化辉石橄榄岩组成；基性岩有斜长角闪岩、斜长花岗岩。据1∶5万区调1995年测定；图林凯超基性岩Sm-Nd同位素年龄为(1642±224)Ma；斜长角闪岩锆石U-Pb法(表面年龄)1 974.6Ma；斜长花岗岩锆石U-Pb(表面年龄)1 906.0Ma。

②洋内弧。由温都尔庙群桑达来呼都格组钠长绿帘绿泥片岩、绿泥石英片岩、透闪石阳起片岩、硅质岩、磁铁化安山岩、大理岩等岩石组合。原岩为枕状拉斑玄武岩、安山岩、铁硅质岩。在绿帘绿泥片岩中(变质安山岩)，获得锆石U-Pb法同位素年龄值为1 799.9Ma(1∶5万区调)。

③远洋沉积。由哈尔哈达组深海相二云母石英片岩、绿泥石英片岩、绿帘绿泥片岩、硅质岩、磁铁石英岩岩石组合。硅质岩中产放射虫化石。

④高压变质蓝闪石片岩带。产在哈尔哈达组绿泥石英片岩中。据颜竹筠和唐克东(1984)研究，蓝闪片岩中的矿物共生组合是：变泥岩-硅质岩中出现蓝闪石＋多硅白云母＋黑绿泥石＋钠长石＋石英，蓝闪石＋迪尔石＋铁滑石的组合；在变质基性岩中出现硬柱石＋文石＋绿泥石＋方解石＋钠长石＋石英，硬柱石＋绿泥石＋方解石＋钠长石＋石英，硬柱石＋绿帘石＋绿泥石＋榍石组合。蓝闪石、硬柱石、文石、多硅白云母等矿物出现，说明蓝闪片岩属典型的高压相系。

奥陶纪，洋壳继续向南俯冲，在包尔汉图至白乃庙一带，形成奥陶纪火山岛弧和弧后盆地。火山岛弧为早中奥陶世包尔汉图群哈拉组玄武岩、安山岩、安山质凝灰岩等外弧岩石组合,同期分布在白乃庙一带的白乃庙组钙碱系列火山岩和碳酸盐岩-浊积岩组合,并以含有铜、金矿产闻名。弧后盆地为包尔汉图群布龙山组砂岩、硅质板岩、凝灰岩等岩石组合,含笔石化石。奥陶纪的洋壳俯冲消减作用,除形成上述岛弧火山岩以外,还形成一套俯冲岩浆杂岩 TTG 岩石构造组合。

奥陶纪俯冲增生活动结束以后,志留纪至石炭纪,本带为相对稳定的被动陆缘环境,次一级环境为陆棚碎屑岩沉积盆地和碳酸盐岩台地。岩性组合包括中志留世徐尼乌苏组浅海相砂砾岩、砂岩、粉砂岩、泥岩、碳酸盐岩组合,晚志留世至早泥盆世西别河组浅海相长石石英砂岩、杂砂岩、粉砂岩、板岩-碳酸盐岩组合,含有丰富的动物化石,同期有过铝质碱性后碰撞岩石构造组合。

晚泥盆世至早石炭世,北部大洋板块向南部发生短暂的俯冲,在包尔汉图一带形成俯冲岩浆杂岩(TTG)岩石构造组合。

晚石炭世本巴图组为陆棚碎屑岩盆地浅海相砂岩、粉砂岩、泥岩岩石组合和陆相碎屑岩酒局子组。晚石炭世阿本山组为碳酸盐岩岩石组合。

二叠纪是大洋板块向南俯冲消减速度加快的时期。在本带及其南部陆块区边缘,俯冲作用形成侵入岩的俯冲极性,即由北向南分别为 TTG、$G_1G_2$、$G_2$ 等分带性明显的岩石构造组合。同期形成的陆缘火山岩主要以中二叠世额里图组中基性火山岩为代表,在其南部的陆块区之上也有同期火山岩出露。

三叠纪本区进入后碰撞和后造山构造阶段。

中生代本区进入了中国东部造山-裂谷活动阶段,侏罗纪—早白垩世形成大量的中性、酸性陆相火山岩岩石组合。新生代为陆内裂谷碱性玄武岩大面积溢出。

**东段**(正蓝旗以东)主要分布在西拉木伦河以南朝阳地—翁牛特旗一带。

在喀喇沁旗小牛群乡萝卜起沟一带出露晚寒武世锦山组($\in_3 j$),为陆表海陆源碎屑岩-灰岩组合,岩性为含粉砂绢云板岩、钙质板岩、钙质长石石英砂岩、细粉砂岩、结晶灰岩、大理岩,产腕足 *Huenella* sp., *Billingsella* cf. *Liaoningensis su*, *Eoorthis* aff. *lnnarsoni*(Kayser)。

奥陶纪—中志留世为岛弧环境,沉积了奥陶纪—中志留世灰色大理岩、石英片岩夹角闪片岩和八当山火山岩(岩性为变质流纹岩、流纹质凝灰岩)。

晚志留世—早泥盆世为被动陆缘环境,沉积了以西别河组大理岩、结晶灰岩、生物碎屑灰岩为主,夹板岩、细粉砂岩岩石组合。在敖汉旗前坤头沟一带出露有早泥盆世前坤头沟组杂砂岩、千枚状板岩、板岩夹灰岩、基性火山岩组合。在翁牛特旗北晒勿苏一带出露有中志留世晒勿苏组滨浅海结晶灰岩、礁灰岩、砂板岩岩石组合。

晚志留世发育二长花岗岩、正长花岗岩碱性—钙碱性岩石构造组合,为后造山构造环境。

石炭纪本区为陆缘火山弧环境,出露有早石炭世朝吐沟组玄武安山岩、安山岩、中酸性熔岩、酸性凝灰岩夹结晶灰岩、绢云片岩岩石组合和晚石炭世青龙山火山岩,岩性为蚀变安山岩、安山质碎屑凝灰岩岩石组合。

石炭纪晚期为周缘前陆隆后盆地环境。沉积晚石炭世酒局子组湖相泥岩、粉砂岩夹煤岩石组合,石嘴子组浅海砾岩、砂砾岩、砂岩、粉砂岩、板岩夹结晶灰岩岩石组合和白家店组滨浅海碳酸盐岩岩石组合。

二叠纪早期,本区为被动陆缘环境,出露有早二叠世三面井组砂砾岩、石英砂岩、粉砂岩夹板岩、灰岩。中二叠世北部大洋板块向南俯冲作用,产生了陆缘弧性质的额里图组玄武岩、安山玄武岩、安山岩、英安质火山碎屑岩岩石组合,并有弧背沉积环境的于家北沟组水下扇砾岩、含砾岩屑砂岩、粉砂岩、粉砂质板岩、酸性凝灰岩等岩石组合。

中二叠世发育俯冲岩浆杂岩英云闪长岩、奥长花岗岩、花岗闪长岩、二长花岗岩、闪长岩等(TTG)岩石构造组合。

晚三叠世铁营子组为弧盖层沉积,岩性为湖泊三角洲巨砾岩、砂砾岩、砂岩、粉砂岩夹沉凝灰岩岩石组合,含有华夏植物化石。

中三叠世为强过铝质黑云母二长花岗岩、二云母二长花岗岩、白云母二长花岗岩等同碰撞岩浆杂岩岩石构造组合。SHRIMP U-Pb 同位素年龄为(229.2±2.7)Ma 和 237Ma。

本构造单元划分出 38 个四级构造单元。

(3)宝音图岩浆弧($Pz_2$)(Ⅰ-8-3)。该岩浆弧位于弧盆系的西部狼山西段以北地区，其北部与温都尔庙俯冲增生杂岩带相邻，两侧被北东向断裂所截，主要出露基底岩系古元古代宝音图岩群，宝音图岩群为一套中浅变质岩系，由下而上可分为 3 个变质建造组合：第一组合为块状石英岩、片状二云石英岩、石榴绢云石英片岩组合；第二组合为十字石榴白云石英片岩、电气石石榴白云片岩、十字石榴绢云片岩、角闪变粒岩、石榴阳起片岩岩石组合；第三组合为大理岩、石英岩、石榴蓝晶二云片岩、二云斜长片岩岩石组合。

总之，该群主要为浅海相陆缘碎屑岩夹有少量火山岩或火山碎屑岩的地层，总体属于较稳定的浅海环境，具有被动陆缘性质，但也不排除具有弧后盆地性质的构造环境。

中元古代，本区发育俯冲岩浆杂(TTG)组合。石炭纪—二叠纪，本区发育大量的俯冲型花岗闪长岩、二长花岗岩、斜长花岗岩、辉长岩等 $G_1G_2$ 岩石组合。三叠纪，本区为过铝质高钾钙碱性、碱性后碰撞岩石构造组合(含石榴石、白云母)。

本构造单元划分出 7 个四级构造单元。

#### 4.额济纳旗-北山弧盆系(Ⅰ-9)

(1)圆包山(中蒙边界)岩浆弧(OD)(Ⅰ-9-1)，位于额济纳旗西部圆包山一带，北部与蒙古国接壤，南与红石山蛇绿混杂岩带毗邻。向西进入甘肃省内，向东延入蒙古国。这是一个从奥陶纪到泥盆纪长期发育的为岛弧和弧内、弧前陆坡盆地等构造环境的一个构造单元。推测俯冲带位于蒙古国境内。奥陶纪岛弧火山岩为咸水湖组玄武岩、安山岩、英安岩、流纹岩夹硅质岩等一般岛弧的岩石组合；志留纪岛弧火山岩为中晚志留世公婆泉组安山岩、英安岩、流纹岩等成熟岛弧岩石组合；弧前陆坡盆地为中晚志留世碎石山组浅—半深海相砂岩、粉砂岩、粉砂质泥岩夹硅质岩岩石组合。泥盆纪岛弧火山岩为雀儿山组安山玄武岩、安山岩、流纹岩、安山岩、凝灰熔岩岩石组合。

石炭纪为陆缘火山弧和弧内盆地沉积环境。火山弧白山组为安山岩、英安岩、流纹岩、流纹质、英安质凝灰岩岩石组合。弧内盆地绿条山组为长石砂岩、粉砂岩、粉砂质泥岩夹灰岩岩石组合。同期发育有俯冲岩浆杂岩(TTG)岩石构造组合，还出现有蛇绿岩组合的超基性岩、辉长岩、角闪辉长岩等。

二叠纪仍为陆缘弧环境，发育有中二叠世金塔组英安岩、流纹岩、大理岩岩石组合和俯冲型靠海一侧的 TTG 岩石构造组合。晚二叠世出现陆相火山岩。早侏罗世本区出现伸展构造环境，局部见有后造山岩浆杂岩。

本构造单元可进一步划分出 17 个四级构造单元。

(2)红石山蛇绿混杂岩带(C)(Ⅰ-9-2)，位于圆包山岩浆弧之南和明水岩浆弧之北，向西延入甘肃省内，向东被巴丹吉林新生代坳陷盆地掩盖。

这是一个在前石炭纪陆缘弧增生陆壳之上经拉张、裂陷形成的新生洋盆。向西在红石山见有石炭纪超基性岩、辉长岩等蛇绿岩出露，伴有半深海相粉砂岩、粉砂质泥岩、硅质岩等石炭纪绿条山组沉积。火山岩则为陆缘性质的石炭纪白山组安山岩、英安岩、流纹岩等岩石组合，火山岩不具备洋内弧火山岩特点。推测拉张裂陷作用在西部甘肃省内明显，形成具有一定规模的洋盆。向东进入内蒙古区内洋盆规模逐渐变小，表现为弧间裂谷盆地特点(红海式裂谷)。

石炭纪—二叠纪本区发育俯冲岩浆杂岩($TTG_1$)岩石构造组合。三叠纪，本区发育后碰撞岩浆杂岩。

本构造单元可进一步划分出 6 个四级构造单元。

(3)明水岩浆弧(C)(Ⅰ-9-3)，位于红石山蛇绿混杂岩带之南和公婆泉岛弧之北，向西进入甘肃省内，向东被巴丹吉林新生代坳陷盆地掩盖，是一个以中新太古代高级变质杂岩和古元古代古岛弧为基底的构造单元。推测是在奥陶纪从塔里木陆块分裂出来的地块。志留纪有俯冲岩浆杂岩侵入,可能与南部公婆泉岛弧的再生洋盆地俯冲消减有关。石炭纪为陆缘弧环境,由白山组、绿条山组构成的陆缘火山弧和弧内盆地碎屑岩沉积。白山组为海相流纹岩、流纹质凝灰岩、凝灰熔岩夹安山岩组合;绿条山组为滨-浅海相石英砂岩、粉砂岩泥岩、灰岩组合。同期伴有石炭纪、二叠纪俯冲岩浆杂岩($TTG_1$)岩石构造组合。其形成的动力学机制可能与北部洋壳(在蒙古国境内)向南俯冲有关。

侏罗纪至早白垩世为后造山岩浆杂岩侵入的伸展构造环境。

本构造单元可进一步划分出 8 个四级构造单元。

(4)公婆泉岛弧(OS)(Ⅰ-9-4),位于明水岩浆弧之南和塔里木陆块区之北,向西进入甘肃省内,向东被巴丹吉林新生代坳陷盆地掩盖,是一个从塔里木陆块于中奥陶世拉伸裂开的再生洋盆发育起来的构造单元。

再生洋盆的边缘地带出露有中元古代至早中奥陶世被动陆缘性质的陆棚碎屑岩和碳酸盐岩台地的岩石组合。中元古代古硐井群为滨海相石英砂岩、粉砂岩、硅泥质板岩岩石组合;中新元古代圆藻山群浅海相碎屑碳酸盐岩、白云质碳酸盐岩夹硅质岩岩石组合;晚寒武世双鹰山组为浅海相砂岩、粉砂岩、页岩、灰岩岩石组合;中寒武世至早奥陶世西双鹰山组为浅—半深海相石英砂岩、碳酸盐岩、硅质岩岩石组合;早中奥陶世罗雅楚山组为半深海相石英砂岩、白云岩、硅质岩、碧玉岩岩石组合。

中奥陶世至志留纪,再生洋盆内发育有火山弧玄武岩、安山岩、英安岩、碧玉岩的中晚奥陶世锡林柯博组岩石组合,白云山组浅海相长石石英砂岩、杂砂岩、粉砂岩、灰岩的弧背沉积的岩石组合,并形成SSZ 型蛇绿混杂岩。志留纪,随着洋盆的不断扩展,伴有洋壳向两侧俯冲消减,形成中晚志留世公婆泉组以安山岩为主的玄武岩、英安岩、大理岩火山弧岩石组合,同期有半深海相的碳酸盐岩、石英砂岩、硅质岩等弧内沉积岩石组合,以中晚志留世圆包山组和中晚志留世碎石山组为代表。晚志留世洋盆封闭。

石炭纪本区发育俯冲岩浆杂岩岩石构造组合(TTG),其形成的动力学机制可能与北部大洋板块向南部增生陆壳之下持续俯冲有关。

二叠纪为俯冲岩浆杂岩 $G_1G_2$ 岩石构造组合,该岩石构造组合与其北部的圆包山岩浆弧、红石山蛇绿混杂岩带、明水岩浆弧内的 TTG 岩石构造组合可以构成由北向南的俯冲极性。

三叠纪为后碰撞岩浆杂岩岩石构造组合,为过铝质高钾钙碱性花岗岩、二长花岗岩岩石组合。

侏罗纪至白垩纪为后造山岩浆杂岩岩石构造组合。

本构造单元可分出 18 个四级构造单元。

(5)珠斯楞海尔罕陆缘弧(Ⅰ-9-5),位于圆包山岩浆弧之南,其南部以阿尔金走滑断裂为界与恩格尔乌苏蛇绿混杂岩带相邻。这是一个发育在中元古代至泥盆纪稳定的被动陆缘之上的以石炭纪—二叠纪为陆缘弧优势构造相构造单元。

该单元东北角出露有中新太古代高级变质杂岩蛇纹石化白云母大理岩、黑云角闪斜长片麻岩、变粒岩岩石组合。出露有古元古代古岛弧北山岩群黑云角闪斜长片麻岩、变粒岩岩石组合。中元古代至泥盆纪,本区进入相对稳定的被动陆缘的构造环境。中元古代古硐井群为浅海相石英砂岩、粉砂岩、泥岩岩石组合;中新元古代圆藻山群为局限台地硅质岩、板岩、硅质白云岩岩石组合;中寒武世至早奥陶世西双鹰山组为台地碳酸盐岩、白云岩、硅质岩岩石组合;中晚奥陶世白云山组为陆棚碎屑岩滨-浅海相砾岩、砂岩、粉砂岩、泥岩岩石组合;晚奥陶世至早志留世为班定陶勒盖组外陆棚半深海相泥岩、硅质泥岩、硅质岩岩石组合;早志留世圆包山组、晚志留世碎石山组为陆棚碎屑岩浅海相砂岩、粉砂岩、泥岩岩石组合;中晚泥盆世伊克乌苏组不整合在志留系之上,为外陆棚半深海相泥质、粉砂质、碳酸盐岩,硅质岩岩石组合;中晚泥盆世卧驼山组和西屏山组为陆棚碎屑长石石英砂岩、砂砾岩、礁碳酸盐岩岩石组合。

石炭纪本区进入活动陆缘阶段,发育石炭纪、二叠纪的陆缘火山弧和俯冲岩浆杂岩(TTG)岩石构造组合。石炭纪陆缘火山弧为石炭纪白山组海相流纹岩、英安岩、安山岩、流纹质、英安质凝灰岩岩石组合;同期弧内沉积为绿条山组、本巴图组浅海相长石石英砂岩、粉砂岩、泥岩、灰岩组。早二叠世双堡塘组为陆棚碎屑砂岩、粉砂岩、泥岩岩石组合。陆缘火山弧为中二叠世金塔组海相英安质凝灰岩、砂岩、粉砂岩、泥岩岩石组合；晚二叠世哈尔苏海组为弧背沉积砂砾岩、砂岩、粉砂质泥岩岩石组合，标志着本区陆缘火山活动的终结。

三叠纪以后，本区发育陆内断陷盆地，以及少量后碰撞、后造山构造岩浆岩侵入活动。

本构造单元可进一步划分出 13 个四级构造单元。

(6)哈特布其岩浆弧(CP)(Ⅰ-9-6)，位于恩格尔乌苏蛇绿混杂岩带之南和巴音戈壁弧后盆地之北，向西被巴丹吉林新生代坳陷盆地掩盖。这是一个从华北陆块裂离出来构造单元，其分裂的动力学机制可能与恩格尔乌苏洋向南俯冲作用有关。是一个以晚古生代陆缘弧为优势构造相的构造单元。

该岩浆弧基底为中太古代陆核、新太古代和古元古代岛弧片麻岩、片岩。中元古代，在西部地区发育有中元古代墩子沟组被动陆缘的碎屑岩、碳酸盐岩岩石组合和双峰式裂谷岩浆杂岩。志留纪发育有俯冲岩浆杂岩(TTG)岩石构造组合。

石炭纪，由于恩格尔乌苏大洋板块向南俯冲，在岩浆弧之上形成陆缘火山弧本巴图组和弧内盆地阿木山组沉积，并伴有俯冲岩浆杂岩(TTG)岩石构造组合。二叠纪向南的俯冲作用在岩浆弧之上形成早中二叠世大石寨组火山岩、金塔组火山岩岩石组合。弧内盆地沉积为哲斯组与双堡塘组的浅海相碎屑岩岩石组合。

三叠纪为后碰撞岩浆杂岩。白垩纪则为陆内裂谷碱性玄武岩、安山岩、英安岩夹砂页岩组合和后造山岩浆杂岩。中新生代主要为盆山构造体制占主导地位。早白垩世尚发育有陆内火山的喷发盆地苏红图组火山岩。

(7)巴音戈壁弧后盆地(C)(Ⅰ-9-7)，位于哈特布其岩浆弧之南和华北陆块区阴山-白云鄂博裂谷之北。这是一个由哈特布其岩浆弧在石炭纪与华北陆块裂离扩张后形成的弧后盆地，具有边缘海盆性质的构造单元，其底部已具有洋壳性质，发育蛇绿岩和硅质泥岩组合。

盆地内可分为近陆弧后盆地和近弧后盆地。近陆弧后盆地沉积有生物屑碳酸盐岩夹火山碎屑岩岩石组合；近弧弧后盆地沉积有火山碎屑浊积岩岩石组合，同时发育有超基性岩、基性岩、硅质岩、碧玉岩等初始洋壳性质的蛇绿岩组合。

二叠纪尚未发现沉积记录，只发育有俯冲岩浆杂岩岩石构造组合($G_1G_2$)。三叠纪为过铝质中高钾钙碱性、钾质碱性后碰撞岩浆杂岩。中生代断陷盆地十分发育，因此本单元的许多地质记录已大部分被掩盖，只能见其冰山一角了。

该盆地进一步划分出 8 个四级构造单元。

(8)恩格尔乌苏蛇绿混杂岩带(C)(Ⅰ-9-8)，位于珠斯楞海尔罕陆缘弧之南，南与哈特布其岩浆弧相邻。

这是一个被认为是华北陆块与塔里木陆块之间恩格尔乌苏封闭洋盆碰撞对接带上的蛇绿混杂岩带。

据王廷印等(1992)研究，带内具有层序较全的“三位一体”的蛇绿岩组合。底部为变质橄榄岩(地幔岩)，向上依次以堆晶岩、基性岩墙群、枕状熔岩和远洋沉积变质橄榄岩为主，其次为块状、海绵状硅质碳酸盐岩岩石等硅化型风化壳。堆晶岩由灰绿色细粒角闪辉长岩组成，具强烈绿帘石化、绢云母化、方解石化、高岭土化，顶部见有斜长花岗岩；基性岩墙群为次玄武岩、辉绿岩、辉绿玢岩；枕状熔岩为拉斑玄武岩、橄榄玄武岩、安山玄武岩；远洋沉积为硅质岩、硅质碧玉岩、细碧角斑岩、锰结核等。它们以构造岩片状侵位于晚石炭世本巴图组($C_2bb$)为基质的沉积地层中。

带内尚发育有二叠纪俯冲岩浆杂岩(TTG)岩石构造组合。该带向东、西两侧被第四纪坳陷盆地掩盖，其展布方向不明，向东与宝音图岩浆弧以大断裂相接。

该带可进一步划分出 3 个四级构造单元。

(9)巴丹吉林叠加坳陷盆地(Cz)(Ⅰ-9-9)，位于额济纳旗以南、合黎山以北的广大地区。盆地南部是著名的巴丹吉林沙漠，流动沙丘占整个沙漠面积的 80%；盆地北部为戈壁和现代湖泊。据钻探资料证实，坳陷盆地是在晚古生代基底上发育起来的新生代坳陷，盆地内上白垩统和第三系不甚发育。第四系为中更新世松散的多成因红色砂砾层、粉砂和黏土,往往直接不整合在下白垩统之上。中更新世晚期,气候曾一度温湿,形成河湖相黏土、亚黏土和砂砾层,堆积厚度 300~244m。晚更新世,洪水泛滥,在前山形成洪积倾斜平原,盆地中心堆积了粉砂和黏土,厚度 10~100m。全新世,气候干旱,风沙成行,逐渐形成了盆地南部一望无际的巴丹吉林沙漠。

## (二)华北陆块区(Ⅱ)

华北陆块区是古元古代末最终"焊接"形成的早前寒武纪克拉通,与传统地质构造所指的华北陆块范围大致相似。在内蒙古范围内主要包括晋冀陆块、冀北陆块、狼山-阴山陆块、鄂尔多斯陆块、阿拉善地块 5 个部分。

### 1. 晋冀陆块(Ⅱ-2)

吕梁碳酸盐岩台地($Pz_1$)(Ⅱ-2-5),位于鄂尔多斯盆地之东清水河县一带,台地大部分在山西省内,内蒙古范围内仅占其一隅。

这是华北陆块区地质构造最为稳定的地区。本区出露的寒武系和奥陶系直接不整合在古老的中太古代陆核之上。中太古代陆核由集宁岩群富铝变质表壳岩-紫苏麻粒岩和中太古代似斑状二长花岗岩构成。地层产状基本水平。早中寒武世馒头组为碎屑岩陆表海沉积,为浅海相砾岩、石英砂岩、粉砂岩、页岩组合;中寒武世张夏组为开阔碳酸盐岩台地砾屑碳酸盐岩夹泥灰岩组合。晚寒武世—早中奥陶世三山子组、马家沟组为白云质碳酸盐岩、白云岩沉积等局限台地构造环境。晚奥陶世至早石炭世为本区水平抬升阶段,缺失该阶段的沉积记录。至晚石炭世又沉降接受晚石炭世至二叠纪太原组和山西组的海陆交互相陆表海碎屑岩、铝土质页岩、煤等沉积组合。底部赋存有丰富的铁矿资源。

本构造单元可划分出 4 个四级构造单元。

### 2. 冀北陆块(Ⅱ-3)

恒山-承德-建平古岩浆弧($Ar_3Pt_2$)(Ⅱ-3-1)

新太古代建平岩群一段($Ar_3J^1$)出露在打虎石村—四家子镇一带,为麻粒岩-紫苏斜长变粒岩-磁铁石英岩组合,岩性为紫苏透辉斜长麻粒岩、黑云角闪斜长片麻岩、角闪变粒岩、黑云变粒岩、透辉斜长角闪岩、磁铁石英岩、斜长角闪片岩、长英片岩、眼球状或条纹状混合岩。而该区大部分新太古代为建平岩群二段($Ar_3J^2$)古陆缘弧环境斜长角闪岩-变粒岩-大理岩组合($Ar_3$),岩性为矽线石榴二云片岩、镁橄榄大理岩、角闪变粒岩、黑云变粒岩、长英片岩、斜长角闪片岩、黑云斜长角闪片麻岩、斜长角闪岩、条纹或条带状混合岩;建平岩群三段($Ar_3J^3$)出露较少,为蛇纹石化大理岩夹石英岩、角闪黑云斜长片麻岩。原岩恢复为弧间浅海陆棚基性火山岩-黏土岩-镁质碳酸盐岩建造,其被新太古代古陆缘弧环境英云闪长岩-花岗闪长岩-二长花岗岩(类 TTG)组合($Ar_3$)侵入。

古元古代明安山岩群($Pt_1Ma.$)分布在喀喇沁旗—四德堂村一带,呈北东东向展布,为绿片岩-(云母)石英片岩-大理岩组合($Pt_1$)。岩性下部为二云长英千枚状片岩、绢云石英千枚岩、千枚状变质砂砾岩;中部为条带状结晶灰岩、大理岩、条带状碳质大理岩和钙硅角岩;上部为绿泥绢云石英千枚岩、含砾石英岩、条带状结晶灰岩和大理岩。原岩为古弧间盆地环境砂泥质碳酸盐岩建造。其经受了区域低绿片岩相-高绿片岩相热动力变质作用,属低—中压区域变质相系。古元古代侵入岩主要为古岩浆弧环境(变质)花岗闪长岩-花岗岩(GG)组合($Pt_1$)。

中元古代长城系(Ch)分布在宁城县打虎石村一带,呈东西向由断层为边界的"地堑"断续分布,为古裂谷环境云母片岩-石英岩-大理岩组合($Pt_2$)。该地层包括常州沟组(Ch*c*)灰白色石英岩夹石灰岩、绢云片麻岩;串岭沟组(Ch*ch*)粉砂质板岩、石英粉砂岩夹鲕状赤铁矿层;大红峪组(Ch*d*)粉砂质板岩、含粉砂钙质板岩、绢云石英片岩夹结晶灰岩和高于庄组(Chg)变质长石石英砂岩,夹硅质板岩、板岩、铁钙质碳质板岩、条带状硅质白云石大理岩。中元古代侵入岩有出露在农科队村一带的稳定陆块-陆内裂谷环境层状基性—超基性杂岩组合($Pt_2$)、在八里罕一带出露的后造山碱性—钙碱性花岗岩组合($Pt_2$)。

陆块区在晚古生代—中生代被大量岩浆侵入。其中,早二叠世侵入后造山碱性—钙碱性花岗岩组合;中二叠世由北到南侵入TTG组合和同碰撞高钾—钾玄质花岗岩组合;晚二叠世—中三叠世侵入后碰撞高钾—钾玄质花岗岩组合;晚三叠世—早侏罗世侵入后造山-陆内裂谷碱性—钙碱性花岗岩组合和层状基性—超基性杂岩组合;早侏罗世侵入后碰撞高钾—钾玄质花岗岩组合;晚侏罗世侵入后碰撞高钾—钾玄质花岗岩组合和陆缘弧石英闪长岩-花岗闪长岩组合;早白垩世侵入后造山钙碱性—钙碱性花岗岩组合。

火山-沉积岩主要为中侏罗世新民组($J_2x$)火山洼地河湖相流纹质玻屑岩屑凝灰岩、流纹质角砾凝灰岩、沉火山角砾岩、长石砂岩、凝灰质细粉砂岩、砾岩,夹碳质泥岩、灰岩及煤层组合;晚侏罗世土城子组($J_3t$)凝灰角砾岩、凝灰质钙质岩屑砂岩、细砂岩,夹含砾粗砂岩、泥灰岩透镜体组合,满克头鄂博组($J_3mk$)火山弧高钾和钾玄岩质酸性火山岩组合、玛尼吐组($J_3mn$)陆缘弧中性火山岩组合,白音高老组($J_3b$)火山弧高钾和钾玄岩质酸性火山岩组合;早白垩世义县组陆内裂谷碱性玄武岩-流纹岩组合,九佛堂组($K_1jf$)咸-淡水湖相粗砂岩、砾岩、凝灰质砂岩、页岩夹凝灰砾岩含油页岩石膏,以及阜新组($K_1f$)淡水湖相长石砂岩、石英砂岩、细粉砂岩、泥岩、碳质泥岩、页岩夹煤层组合。

本构造单元可进一步划分出13个四级构造单元。

### 3. 狼山-阴山陆块(大陆边缘岩浆弧)(Ⅱ-4)

这一构造单元曾被黄汲清等(1977)命名为内蒙古地轴,其北部以深断裂与天山-兴蒙造山系接壤,南部以狼山-乌拉山-大青山山前大断裂为界与吉兰泰-包头断陷盆地相邻。陆块内由古中太古代陆核、新元古代岩浆弧、中新元古代狼山-白云鄂博裂谷构成。裂谷在《中国大地构造及其演化》(任纪舜等,1980)一书中被认为是华北陆块的第一套盖层。

该单元在石炭纪—二叠纪由于受北部索伦山-西拉木伦洋陆块向南俯冲的影响,由稳定状态进入了大陆边缘活动状态。在陆块之上,产生大规模的构造岩浆侵入和中酸性火山岩喷发,使原来的构造格局发生了重大的变化。

(1)固阳-兴和陆核($Ar_{1-2}$)(Ⅱ-4-1),位于包头以北的乌拉山至呼和浩特以北的大青山和兴和一带,北与色尔腾山-太仆寺旗岩浆弧毗邻。该单元的变质基底,亦称陆核、由古太古代兴和岩群、中太古代集宁岩群和乌拉山岩群构成。兴和岩群分布在兴和县和固阳附近,为一套紫苏(斜长、钾长)花岗质麻粒岩、紫苏混合片麻岩、二辉麻粒岩、斜长角闪岩、磁铁石英岩(BIF)建造组合,同时伴有辉石片麻岩、二辉斜长片麻岩等变质深成侵入体组合。

集宁岩群主要出露在集宁至凉城一带,为一套富铝片麻岩、斜长角闪岩、黑云斜长麻粒岩、含石墨片麻岩、白云大理岩建造组合,属于孔兹岩系。

乌拉山岩群出露在乌拉山、大青山一带,为一套富钙铝片麻岩、黑云角闪片麻岩、石墨片麻岩、大理岩、石英岩、磁铁石英岩(BIF)等变质表壳岩的建造组合(孔兹岩系)。富铝片麻岩中富含石榴石、矽线石、堇青石等矿物。

中太古代,本区还发育有英云闪长岩、苏长岩、紫苏长英质片麻岩、紫苏片麻岩、花岗质片麻岩等钾质碱性、中高钾钙碱性变质深成侵入体等岩石构造组合(TTG)。

陆核之上发育有新太古代色尔腾山岩群($Ar_3S.$)古岛弧和俯冲岩浆杂岩岩石构造组合。古元古代为相对稳定的被动陆缘碎屑岩沉积。

中元古代,本区发育同位素年龄为(1769±2.5)Ma(陆松年,2004)的基性岩墙群,代表了华北陆块上的一次重要裂解事件。震旦纪—奥陶纪,本区为陆表海碳酸盐岩岩石组合。石炭纪,本区为海陆交互相含煤建造组合。构造环境与华北地区基本一致。

二叠纪,本区进入构造活动时期,产生了大红山组中酸性火山喷发和断陷盆地,并有大量俯冲岩浆杂岩和后碰撞岩浆杂岩侵入。

中新生代,受中国东部大陆边缘活动的影响,侏罗纪有中酸性火山岩喷发($J_3km$、$J_3mn$、$J_3b$)和晚白垩世后造山碱性花岗岩活动。新生代有大陆溢流玄武岩,(汉诺坝组 $N_1h$)大面积喷溢活动。

值得一提的是:吴昌华等研究表明,乌拉山—集宁一带的孔兹岩锆石已有 TIMS 年龄 1.85Ga,LA-ICP-MS 测试变质锆石年龄为 1.8Ga,两种方法在确定了孔兹岩的变质年龄上差别不大。对于孔兹岩的碎屑锆石 LA-ICP-MS 获得的和谐年龄值为 2.2～2.0Ga,反映沉积时代不是一个时间点,而是一时间段,因为沉积年龄由最年轻的碎屑锆石年龄限定,所有孔兹岩的沉积年龄不小于 2.0Ga,即它不是太古宙而是古元古代的沉积岩,并进一步认为,作为华北克拉通变质基底组成之一的孔兹岩的时代不是太古宙,不但宣告华北一统太古宙克拉通的传统概念必须修正,而且暗示新的基底构造模型出现势在必然,提出华北陆块是吕梁运动碰撞拼合大陆的构造模型(吴昌华,1998;Zhao et al,2001,2003;王惠初等,2005)

本构造单元可进一步划分为 18 个四级构造单元。

(2)色尔腾山-太仆寺旗古岩浆弧($Ar_3$)(Ⅱ-4-2),位于固阳-兴和陆核之北和狼山-白云鄂博裂谷之南,西起色尔腾山一带,向东延至太仆寺旗与河北省相接。

本单元主要出露新太古代色尔腾山岩群及其同时代的侵入岩(TTG)。其构造环境为岛弧和弧后盆地。岛弧由新太古代色尔腾山岩群东五分子组($Ar_3d$)和柳树沟组($Ar_3l$)组成。东分子组为一套黑云角闪斜长片岩、斜长角闪岩、磁铁石英岩组合,是本区的重要含铁层位。它曾被认为是一套花岗-绿岩带,与金矿关系密切,著名的十八顷壕金矿就产在该带内。柳树沟组主要为一套角闪黑云石英片岩、二云石英片麻岩、绢云石英片岩、黑云绿泥钠长片岩、斜长片岩、糜棱岩化黑云绿泥绿帘钠长片岩、阳起片岩、变粒岩等岩石组合。弧后盆地为点力素泰组石英岩、变粒岩、大理岩组合,原岩为中基性火山岩、中酸性火山岩夹碎屑岩组合。

同期侵入岩为俯冲型英云闪长岩、石英内长岩、闪长岩、花岗岩、二长花岗岩组合,属于 TTG 岩石构造组合。

受中新元古代狼山-白云鄂博裂谷影响,本单元内部,有中元古代双峰式侵入岩和基性岩墙群侵入。

震旦纪—奥陶纪,与华北陆块同步沉积了一套稳定的陆表海盆地岩石组合。震旦纪什那干组为碳酸盐岩陆表海环境,沉积了浅海相硅质条带碳酸盐岩、硅质砂岩组合;早中寒武世色麻沟组为碎屑岩陆表海盆地浅海相砂页岩组合;中晚寒武世老孤山组为碳酸盐岩陆表海盆地浅海相泥质、砾屑碳酸盐岩组合;奥陶系发育比较完整,早奥陶世山黑拉组为生物泥晶碳酸盐岩组合;中奥陶世二哈公组为白云质碳酸盐岩组合;晚奥陶世乌兰忽洞组是华北陆块区内唯一的晚奥陶世岩石地层,分布于乌拉特前旗大佘太镇附近,为碳酸盐岩陆表海生物泥晶碳酸盐岩组合。

二叠纪,本区同样进入了大陆边缘活动阶段,有大规模的俯冲型花岗岩浆侵入(TTG)和二叠纪大红山组($P_1d$)中酸性火山喷发活动。

本构造单元可划分出 13 个四级构造单元。

(3)狼山-白云鄂博裂谷($Pt_2$)(Ⅱ-4-3),位于狼山-阴山陆块北部边缘,与天山-兴蒙造山系以深断裂相接,西起阿拉善右旗,向东经乌拉特后旗、白云鄂博、四子王旗、化德县,止于正镶白旗一带。

这是一个发生在华北陆块古老结晶基底岩系之上的陆缘裂谷带,由白云鄂博群和渣尔泰山群构成。以白云鄂博群为代表的裂谷,起于白云鄂博一带,向东止于正镶白旗;以渣尔泰山群为代表的裂谷,西起于阿拉善右旗,向东止于固阳一带。

白云鄂博群裂谷可以分为裂谷中心和裂谷边缘两个四级构造单元。裂谷中心由长城纪尖山岩组,蓟县纪哈拉霍疙特岩组、比鲁特岩组,青白口纪呼几尔图岩组组成,裂谷边缘由长城纪都拉哈拉岩组、青白口纪白音布拉格岩组组成。

渣尔泰山群裂谷也可以分为裂谷中心和裂谷边缘两个四级构造单元。裂谷中心由长城纪曾隆昌组和蓟县纪阿古鲁沟组组成，裂谷边缘由长城纪书记沟组和青白口纪刘鸿湾组组成。

裂谷中心一般由细碎屑岩、碳质页岩、碳酸盐岩和少量火山岩岩石组合构成；裂谷边缘则为砂砾岩、粉砂岩等岩石组合。渣尔泰山群裂谷中心部位往往是硫多金属矿产聚集的场所，白云鄂博群因赋存有大型的铌、稀土铁矿而闻名于世。同期有双峰式侵入岩、双峰式岩墙群和白云石碳酸岩侵入。

震旦纪至早中奥陶世为碳酸盐岩陆表海盆地沉积。晚奥陶世至早石炭世，整体台升，缺失沉积。二叠纪以后，进入大陆边缘活动阶段，有大量的石炭纪至二叠纪俯冲岩浆杂岩侵入和二叠纪中酸性火山岩喷发活动，如早二叠世苏计火山岩和大红山组火山岩。

中生代，受中国东部造山-裂谷系影响，有陆相火山喷发活动，如晚侏罗世满克头鄂博组、玛尼吐组、白音高老组火山岩，早白垩世白女羊盆组火山岩、金家窑子组火山岩等。同期还发育有成煤断陷盆地。

本构造单元可进一步划分出 27 个四级构造单元。

#### 4. 鄂尔多斯陆块(Ⅱ-5)

该陆块包括两个三级构造单元，即鄂尔多斯盆地(Mz)、贺兰山夭折裂谷(∈O)。

(1)鄂尔多斯盆地(Mz)(Ⅱ-5-1)，位于呼和浩特、包头以南，其北部边缘以阶梯状断裂与吉兰泰-包头断陷盆地相接，西部为贺兰山夭折裂谷，南部分别与宁夏、陕西、山西等省(自治区)接壤。

该单元是一个基底硬化程度很高、构造比较稳定的陆块。受三叠纪以来中国东部造山-裂谷系的影响，本区接受持续的沉降，形成了三叠纪至早白垩世的坳陷盆地。

三叠纪沉积有早三叠世刘家沟组与和尚沟组河湖相砂岩、粉砂岩、泥岩岩石组合；中三叠世二马营组为长石石英砂岩、泥岩组合；晚三叠世延长组为砂砾岩、泥岩组合；早侏罗世富县组、延安组，中侏罗世直罗组和安定组为砂岩、粉砂岩、泥岩夹煤和油页岩组合；下白垩统主要为河流相砂砾岩、长石石英砂岩、粉砂岩、泥岩岩石组合；其上不整合覆盖有上新世乌兰图克组砂砾岩、泥岩。

该构造单元进一步划分出 4 个四级构造单元。

(2)贺兰山夭折裂谷($Pz_1$)(Ⅱ-5-2)，位于鄂尔多斯陆块最西部，传统构造地质学曾命名为鄂尔多斯西缘坳陷，是华北陆块内古生代明显大幅度沉降地带。

这是一个受北祁连弧盆系活动的影响、使本区产生了南北向坳拉谷性质的裂陷盆地的构造单元。盆地内沉积地层厚度南厚北薄、沉积物粒度南细北粗，反映出早古生代本区随着坳拉谷盆地的发生发展，海水由南向北逐渐推进的特点。

本单元是在中太古代陆核基底和古中元古代裂谷的基础上发育而来。古太古代陆核由哈布其组、千里沟组、察干郭勒组孔兹岩系和混合花岗岩构成。古元古代赵池沟群为陆棚碎屑岩海相石英砂岩、长石石英砂岩组合。中新元古代为西勒图组、王全口组陆棚碎屑岩盆地和碳酸盐岩台地砂页岩、白云质碳酸盐岩组合。同期有着双峰式侵入岩组合。其上不整合覆盖有震旦纪正目观组冰碛砾岩、泥岩组合。

早古生代，本区南部出露的寒武纪香山群，在内蒙古范围内仅见有香山群三岩段、四岩段。三岩段为砾岩、变质长石石英砂岩、板岩、灰岩、白云质灰岩岩石组合；四岩段为板岩、变质长石石英砂岩、硅质岩、灰岩等岩石组合。两段总厚度可达 4448 余米，为夭折裂谷边缘碎屑岩、碳酸盐岩岩石组合。向北在贺兰山和桌子山一带，早中寒武世馒头组为裂谷边缘的浅海石英砂岩，海绿石石英砂岩，磷质、钙质石英砂岩等岩石组合。中寒武世张夏组为开阔台地碳酸盐岩、泥岩组合。晚寒武世崮山组、长山组为开阔台地碳酸盐岩组合。晚寒武世至早奥陶世三山子组系局限台地镁质碳酸盐岩、泥质条带碳酸盐岩组合。寒武系厚度 2761m。早中奥陶世米钵山组为裂谷边缘浅海长石石英砂岩、粉砂岩、泥岩组合。同期异相的马家沟组为局限台地碳酸盐岩、白云质碳酸盐岩组合。中奥陶世克里摩里组、乌拉力克组、拉什仲组亦为裂谷边缘滨海砂岩、泥页岩、碳酸盐岩组合。奥陶系总厚度 2256～3463m。

由上述可知，受夭折裂谷的影响，裂谷内的早古生代地层的沉积厚度约 5000m，远远大于华北陆块本部的同期沉积厚度。

晚石炭世—早二叠世太原组为海陆交互相陆表海盆地的砂岩、粉砂岩、页岩、含煤碎屑岩组合。二叠纪山西组、石盒子组、孙家沟组为海陆交互相陆表海盆地，为石英砂岩、粉砂岩、泥岩组合。三叠纪—侏罗纪，受中国东部裂谷-造山作用的影响，三叠纪发育坳陷盆地河湖相碎屑岩组合。侏罗纪为河湖相砂岩含煤碎屑岩组合和裂谷性质过碱性花岗岩岩石构造组合。白垩纪为陆内断陷盆地砂砾岩、粉砂岩、泥岩组合。总之，晚古生代，本单元进入与华北陆块本部同步发展阶段，结束了夭折裂谷的地质历史。

本构造单元可划分出 18 个四级构造单元。

**5. 阿拉善地块(Ⅱ-7)**

该陆块包括迭布斯格陆缘岩浆弧和龙首山基底杂岩带两个三级构造单元。

(1)迭布斯格陆缘岩浆弧($Pz_2$)(Ⅱ-7-1)，位于阿拉善地块北部，北与狼山-白云鄂博裂谷相接，东部被吉兰泰-包头断陷盆地掩盖，西部与龙首山基底杂岩带毗邻。

本单元出露变质基底岩系，由中太古代雅布赖山岩群、迭布斯格岩群、变质侵入体构成的中太古代陆核和由新太古代阿拉善岩群构成的古弧后盆地变质地层组成。中太古代陆核雅布赖山岩群为角闪斜长片麻岩、黑云钾质片麻岩、斜长角闪岩组合。迭布斯格岩群为一套角闪斜长片麻岩、透辉大理岩、磁铁石英岩岩石组合。变质侵入体为英云闪长质片麻岩、混合花岗岩等 TTG 岩石构造组合。

新太古代，阿拉善岩群为弧后盆地沉积环境。下部为浅海相石英岩、浅粒岩、黑云变粒岩、阳起片岩、含铁石英岩岩石组合；上部为浅海相二云石英片岩、石英岩、变粒岩、浅粒岩夹镁质碳酸盐岩组合。中元古代发育有俯冲岩浆杂岩中高钾钙碱性、钾质碱性、部分低钾拉斑系列岩石构造组合。

古元古代，有少量裂谷型层状基性—超基性杂岩岩石构造组合出露。志留纪本区出露有俯冲岩浆杂岩岩石构造组合(TTG)。泥盆纪发育高钾质碱性、钙碱性俯冲岩浆杂岩花岗闪长岩，二长花岗岩、花岗岩等($G_1G_2$)岩石构造组合。

石炭纪晚期至二叠纪是本区构造最活跃的阶段。可能是受北部天山-兴蒙造山系洋壳向南俯冲的影响，在本区发育大量早中二叠世俯冲岩浆杂岩($G_1G_2$)岩石构造组合，并有同期大红山组中酸性火山喷发。晚二叠世为后碰撞岩浆杂岩岩石构造组合。由此可以看出，阿拉善地块北缘与华北陆块北缘在晚古生代时期，同时受到了大陆边缘活动阶段的影响。

三叠纪，本区进入了后碰撞的造山阶段。发育有二长花岗岩、花岗岩、石英正长岩岩石构造组合。侏罗纪—白垩纪转入了盆山构造体系的演化历史，形成断陷盆地河湖相砂砾岩、粉砂岩、泥岩组合，并有含煤、含油页岩碎屑岩组合，如中侏罗世龙凤山组($J_2l$)。

本构造单元可细分为 14 个四级构造单元。

(2)龙首山基底杂岩带($Ar_2Pt_1$)(Ⅱ-7-2)，位于迭布斯格陆缘岩浆弧以西，西南部与甘肃省相接。

本区出露变质基底岩系为新太古代弧后盆地阿拉善岩群石榴云母石英片岩、蓝晶十字石榴云母片岩、绿泥绢云石英片岩、斜长角闪片岩、含稀有稀土矿碳酸盐岩组合。其上不整合覆盖有中元古代被动陆缘陆棚碎屑岩盆地的浅海相砾岩、长石石英砂岩、千枚岩、板岩、硅质碳酸盐岩组合的墩子沟岩群($Pt_2D.$)。震旦纪草大坂组、烧火筒沟组为陆表海碳酸盐岩、碎屑岩和冰碛砾岩、粉砂岩、千枚岩沉积。两者均为盖层性质沉积。

岩浆活动有中元古代俯冲岩浆杂岩英云闪长岩侵入。

寒武纪发育有裂谷性质的层状基性—超基性杂岩；志留纪为高钾质碱性俯冲岩浆杂岩($G_1G_2$)岩石构造组合。推测与南部北祁连弧盆系的洋壳向北俯冲有关。早石炭世为碎屑岩陆表海盆地石英砂岩、灰岩组合。中生代，本区进入盆山构造体系阶段，形成侏罗纪—白垩纪中型断陷盆地。盆地内为河湖相砂砾岩、粉砂岩、黏土质页岩、含煤碎屑岩组合。

本构造单元进一步细分为 7 个四级构造单元。

**6. 叠加裂陷盆地(Ⅱ-8)**

吉兰泰-包头断陷盆地(Cz)(Ⅱ-8-3)，位于狼山-阴山山前大断裂与鄂尔多斯盆地之间，向西可延至吉兰泰以南。

据物探资料，本区在重力图上显示为重力低，南、北两侧异常变化程度明显。据地震和钻探证实，盆地在早白垩世和新生代强烈坳陷，在山前大断裂南侧下陷幅度最大，可达万米。由于北部大断裂对南部的垂向拉张，促使盆地南缘产生一系列东西向断裂，致使盆地呈阶梯状下降，从而形成北深南浅的箕状盆地。沉积物由南向北从河流相过渡到滨、浅湖相乃至半深湖相；再向北，则由半深湖相直接过渡到浅湖相乃至山麓相。在吉兰泰一带，经钻孔证实，断陷盆地基底岩系为阿拉善岩群，上覆白垩系、新生界。说明盆地始形成于白垩纪，但主要下降期是新生代。在吉兰泰盐湖附近，新生界厚度达 2000～3000m。由此可见，本区受中国东部造山-裂谷作用改造是十分明显的。

### （三）塔里木陆块区（Ⅲ）

塔里木陆块主体是相当于晋宁（1000～850Ma）造山事件转化为相对稳定的陆块。但在内蒙古范围内（额济纳旗湖西新村以西），该陆块的基底固结得更早一些。在古元古代末期中条运动转化为稳定地块。从中元古代开始转为盖层性质的沉积，有与华北陆块相似的地质历史。

#### 1. 敦煌陆块（Ⅲ-2）

柳园裂谷（CP）（Ⅲ-2-1），位于公婆泉岛弧之南，向南进入甘肃省内。该单元大部分在甘肃省，本区仅占其一隅。

本区出露变质基底岩系为中新太古代高级变质的表壳岩（$Ar_{2-3}$gnt）、变质深成体（$Ar_{2-3}$gnt）和古元古代北山岩群云母石英片岩、黑云变粒岩、磁铁石英岩组合。中新元古代至寒武纪，为稳定的被动陆缘陆棚碎屑岩和碳酸盐岩台地环境，属于敦煌陆块盖层性质的沉积。

该裂谷为陆内裂谷，发育有泥盆系，但内蒙古范围内无此地质记录，仅石炭纪和二叠纪发育有裂谷中心的双峰式火山岩（玄武岩和流纹岩），裂谷边缘则有浅海相的石英岩、粉砂岩、页岩、碳酸盐岩组合。

三叠纪以后，本区进入盆山构造体系。三叠纪为断陷盆地和后碰撞岩浆杂岩的侵入活动。侏罗纪、白垩纪为后造山岩浆杂岩侵入的板内伸展构造环境。

本构造单元可进一步划分出 15 个四级构造单元。

### （四）秦祁昆造山系（Ⅳ）

该造山系在内蒙古仅占北祁连弧盆系中的走廊弧后盆地的一小部分，且大部分又被腾格里沙漠所掩盖。

北祁连弧盆系（Ⅳ-1）

走廊弧后盆地（OS）（Ⅳ-1-1），位于北祁连弧盆系北部，其北部与华北陆块、阿拉善地块接壤。

本区中寒武世香山群、张夏组和早中奥陶世米钵山组为近陆弧后盆地沉积环境。中寒武统为浅-半深海相的硅质泥岩、硅质岩和硅质碳酸盐岩组合；中下奥陶统为滨浅海相石英砂岩、长石砂岩、泥岩组合，厚度较大。

泥盆纪，本区结束弧后盆地发展历史，进入陆内或海陆交互相沉积环境。泥盆纪石峡沟组、老君山组为断陷盆地冲积扇-河湖相砾岩、砂砾岩、砂岩、粉砂岩组合。石炭系—下二叠统为海陆交互相砂、页岩、含煤碎屑岩组合。中二叠统至下白垩统均为坳陷盆地河流相和湖泊相砂砾岩、长石石英砂岩、粉砂岩、泥岩组合。下侏罗统为含煤碎屑岩组合。

新生代多为山前坳陷盆地沉积的冲洪积扇和湖泊三角洲等粗碎屑岩沉积组合，可细分出 7 个四级构造单元。

## 四、大地构造阶段划分及其演化

### (一)大地构造阶段划分

根据全国大地构造演化阶段划分和内蒙古实际资料，将内蒙古大地构造演化阶段划分为太古宙—古元古代(18 亿年前)华北陆块形成阶段；中元古代—南华纪大陆裂解-多岛弧盆系形成阶段；震旦纪—二叠纪陆块区盖层和造山带多岛弧盆系离散、汇聚、碰撞造山阶段；三叠纪—早、中侏罗世陆内盆地演化阶段；晚侏罗世—早白垩世陆相火山弧阶段；晚白垩世—第四纪陆内盆地和陆内裂谷发育阶段。

### (二)大地构造演化基本特征

内蒙古地域辽阔，地质构造复杂多样，既有中国最古老的陆块区，又有造山带从离散、汇聚、碰撞、造山等开合的漫长而复杂的演化历史。根据内蒙古地质构造的实际情况，可将内蒙古大地构造演化分为陆块区大地构造演化和造山带弧盆系大地构造演化两部分。

**1. 华北陆块区大地构造演化**

1)太古宙—古元古代(18 亿年前)

(1)古太古代初始陆核形成阶段。目前已知内蒙古地域内出露最古老的变质基底岩系为古太古代兴和岩群。岩性为紫苏斜长麻粒岩、紫苏黑云斜长麻粒岩、辉石斜长片麻岩、斜长角闪岩、混合花岗岩、磁铁石英岩等，是一套层状特征不明显的暗色岩系。据原岩恢复结果，原岩组合为拉斑玄武岩、钙碱性火山岩及其火山碎屑岩。由此可知，古太古代时期，尚未具有成熟度较高的地壳出现。兴和岩群是上地幔部分熔融上涌冷凝形成片麻岩穹隆式的初始陆壳。该陆核在内蒙古已有相当的规模，东从兴和县开始，向西可断续延伸扩展至包头、固阳一带，向南向东可延至山西、河北境内。

(2)中太古代初始陆核增生阶段。中太古代，洋、陆格局泾渭已经分明，但是否存在洋壳向陆壳之下俯冲的陆块活动机制尚难以定论。从集宁岩群的矽线石榴片麻岩、矽线石榴长石石英岩、浅粒岩、大理岩的互层出现孔兹岩系，说明当时已有成熟度较高的陆源碎屑岩从大陆剥蚀搬运到海洋中沉积了。属于被动陆缘性质的构造环境。

分布于内蒙古中西部乌拉山、狼山、雅布赖山一带的中太古代乌拉山岩群、迭布斯格岩群，贺兰山地区的哈布其组、察干郭勒组则是一套矽线石榴片麻岩、黑云角闪斜长片麻岩、浅粒岩、变粒岩、大理岩等中基性火山岩、火山碎屑岩、正常碎屑沉积岩，表明中太古代陆源碎屑沉积和火山岩的沉积范围已相当广泛。初始陆核已得到很大规模的快速增生和扩大。

值得一提的是，上述乌拉山岩群、集宁岩群、哈布其组、察干郭勒组，近年来 SHRIMP 锆石 U-Pb 精确定年，认为这套孔兹岩系形成于古元古代，而不是以往认为的太古宙(吴昌华，2006，2007；董春艳，2007)，这一认识突破了以往以地质体变质作用深浅判定地质时代新老的传统观念，同时也改写了华北克拉通古老陆块(陆核)形成的演化历史。其深远的地质意义有待今后地质工作的深入开展，获得更多的地质资料加以证实。

(3)新太古代洋陆转换、陆壳快速增生阶段。前已述及，由于古中太古界构成的大陆已具相当规模，从兴和向西可延至包头、固阳、雅布赖山一带。从兴和向东可扩展到喀喇沁旗、金厂沟梁一带。这一时期，是华北陆块区陆壳快速增生的时期。新太古代时期，在陆块的边缘已有古大洋的存在，由于大洋板块向陆壳之下俯冲、消减，在大陆靠海的一侧产生沟、弧、盆体系，展布于色尔腾山至太仆寺旗一带的色尔腾山岩群中基性、中酸性火山岩、岛弧沉积和硅铁质 BIF 建造就是这一时期的产物，并有碳酸盐岩组成的弧后盆地沉积，同时还发育有俯冲岩浆杂岩英云闪长岩、石英闪长岩、二长花岗岩、花岗岩岩石构造组合。色尔腾山岩群及侵入岩组成的增生陆壳向北可扩展到白云鄂博一带，向西在龙首山、迭布斯格一带的增生陆壳，主要是岛弧和弧后盆地沉积。由阿拉善岩群的蓝晶十字石榴云母片岩、黑云石英片岩、二云母石英片岩、黑云石英角闪片岩、碳酸盐岩、变粒岩、含铁石英岩岩石组合组成。

(4)古元古代被动陆缘阶段。经过新太古代洋、陆转换之后，华北陆块古元古代经历了一段相对稳定的地质历史时期，在增生的大陆边缘沉积了一套巨厚的陆缘碎屑沉积建造，即古元古代宝音图岩群石英岩、十字蓝晶石榴云母片岩、大理岩和阿拉善地块之上的墩子沟组砂、板岩、碳酸盐岩等，仅局部见有少量火山岩夹层。

2)中元古代—新元古代

中新元古代裂解-陆缘裂谷阶段。进入中新元古代，在已形成的古老结晶基底岩系之上华北陆块的北缘，产生了近东西向和北东东向的陆缘裂谷。裂谷从西部迭布斯格，向东经狼山、渣尔泰山、白云鄂博、四子王旗，一直延伸至化德一带，东西长 1000 余千米。裂谷可分为南、北两支，南部裂谷由渣尔泰山群组成，西起迭布斯格，向东经狼山至渣尔泰山固阳一带终结；北部由白云鄂博起，向东经四子旗至化德县一带，由白云鄂博群组成。裂谷内沉积了一套巨厚的以碎屑岩、碳酸盐岩和碳质板岩为主的白云鄂博群和渣尔泰山群，有少量中酸性变质火山岩夹层。裂谷内尚有双峰式裂谷岩浆杂岩层状基性侵入体和基性岩墙群(1760±2.5)Ma 侵入。裂谷内形成了白云鄂博群内的铁、铌、稀土矿产和渣尔泰山群内的铜多金属矿产。

在贺兰山一带，有中元古代西勒图组石英砂岩、王全口群白云质灰岩和新元古代正目观组冰碛层沉积岩组合，呈南北向展布，它们也应属于同期裂谷盆地的沉积环境，与近东西向展布的狼山-白云鄂博裂谷呈三叉裂谷式的一支出现。

3)寒武纪—二叠纪陆块区盖层阶段

(1)古生代陆表海盖层沉积阶段。内蒙古范围内由于中新生代坳陷盆地的掩盖，古生代地层的沉积仅出露在鄂尔多斯坳陷盆地的周缘一带，如清水河、阴山、桌子山、贺兰山一带。这一时期沉积代表了华北陆块区最稳定的沉积环境。寒武纪—中奥陶世为碎屑岩陆表海和碳酸盐岩陆表海沉积，阴山地区还有晚奥陶世乌兰忽洞组碳酸盐岩陆表海沉积记录。

晚奥陶世—早石炭世，本区与华北陆块本部一起处于整体水平抬升隆起阶段，缺失晚奥陶世、志留纪、泥盆纪和早石炭世的沉积。

晚石炭世，本区又沉降，接受了晚石炭世、二叠纪的海陆交互相的陆表海沉积。晚石炭世本溪组直接平行不整合覆盖在中奥陶统之上。在清水河一带沉积了本溪组黏土岩、泥岩、泥灰岩；晚石炭世—早二叠世太原组为湖相黏土岩、铝土质页岩、含煤碎屑岩；早二叠世山西组为湖相砂砾岩、粉砂岩、黏土质页岩，早中二叠世石盒子组为湖相砂岩、粉砂岩、黏土质页岩；晚二叠世孙家沟组为湖相石英砂岩、粉砂岩、泥岩。在贺兰山一带，沉积了海陆交互相太原组砂岩、粉砂岩、页岩、含煤碎屑岩，早二叠世山西组为滨浅海-三角洲石英砂岩、粉砂岩、泥岩；早中二叠世石盒子组、孙家沟组河流相砂岩。在阴山一带，晚石炭世沉积称为拴马桩组，为湖泊相含煤碎屑岩建造组合。二叠纪出现火山岩喷发活动，即进入华北陆块北缘大陆边缘活动带范畴。

(2)石炭纪—二叠纪陆块区北部大陆边缘活动阶段。石炭纪—二叠纪时期，由于受北部天山-兴蒙造山带中大洋板块向南俯冲的影响，狼山-阴山陆块和阿拉善地块进入活动的构造时期，陆块之上发育了大量的石炭纪、二叠纪俯冲岩浆杂岩(TTG)，局部见有中酸性火山岩喷发，如早二叠世苏吉火山岩、大红山组火山岩。我们暂称之华北陆块北部大陆边缘活动带($Pz_2$)。

4)三叠纪—白垩纪陆内盆地演化阶段

中生代，本区受中国东部造山-裂谷活动带的影响，在鄂尔多斯形成了大型坳陷盆地。盆地内沉积了三叠纪河湖相砂页岩，侏罗纪河湖相砂页岩、油页岩和含煤碎屑岩，白垩纪河流相砂砾岩、砂岩、泥岩。

盆地内蕴藏着丰富的煤、油气资源。

而与鄂尔多斯坳陷盆地毗邻的狼山-阴山地区，则经历了隆起→伸展→挤压→伸展4个阶段的构造演化。三叠纪本区上升隆起，基本缺失三叠纪沉积。早侏罗世—中侏罗世是阴山地区伸展构造环境下的断陷盆地成煤环境。晚侏罗世，本区经历了强烈地近南北挤压，形成了狼山—阴山一带近东西向展布的逆冲推覆构造，造成了古老变质岩片逆冲推覆在早中侏罗世成矿盆地之上的构造景观。白垩纪则为挤压压力结束后的伸展、走滑活动阶段，在阴山地区，形成大小不等的白垩纪断陷或走滑拉分盆地。呼和浩特市北部的变质核杂岩，也是这一时期伸展构造的具体表现。

5)新生代盆岭构造体系、陆内裂谷演化阶段

受太平洋板块向中国大陆之下的俯冲、挤压和印度陆块的向北挤压，包括华北陆块在内的整个内蒙古均经历着盆岭构造体系和陆内裂谷构造演化，如松辽盆地-大兴安岭-海拉尔至二连盆地的北东向的盆岭体系。阴山山脉-河套断陷盆地以及银根地区的近东西向山脉与盆地的构造格局，都展示了该时期构造特点。展布于内蒙古西部桌子山、贺兰山西缘的高角度挤压逆推带也是受太平洋板块与印度陆块双重作用的结果，造成南北向盆岭体系的效果。陆内裂谷主要有中新世汉诺坝玄武岩、上新世五叉沟玄武岩和更新世阿巴嘎玄武岩等陆内溢流相玄武岩组合。

**2. 天山-兴蒙造山系大地构造演化**

从天山-兴蒙造山系中分布着若干早前寒武纪陆块的实际资料来看，推测古元古代时期，可能存在一个规模较大的联合古陆。近年来，国际上对大陆地质研究的一个突出进展是，识别出地球历史上存在着几个超级大陆的形成和演化，其中得到多数地质学家认同的有古元古代形成、在中元古代早期裂解的哥伦比亚超级大陆。

基于这种认识，我们初步认为，古元古代，天山-兴蒙造山系曾是一个超级大陆，造山系的大地构造演化是在中元古代超级大陆裂解以后进行的。

1)大兴安岭弧盆系大地构造演化

(1)中元古代大陆裂解离散—中亚-蒙古大洋、多岛弧盆地形成阶段。如前所述，中元古代是哥伦比亚超级大陆裂解的时期，裂解后的大陆向北可能漂移到西伯利亚一带，称之为西伯利亚陆块。西伯利亚陆块与华北陆块之间相隔着浩瀚的大洋，这个大洋称之为中亚-蒙古大洋。大洋内残留着大小不等的微陆块，也可称之为地块。阿龙山地块、松岭地块、风云山地块、伊和格勒地块、锡林浩特地块就是其中规模较大的地块之一。

(2)新元古代大洋消减、大陆增生阶段。随着中亚-蒙古大洋板块向北俯冲消减，西伯利亚陆块便开始了离陆向洋增生的演化历史。新元古代，大洋板块沿着得尔布干断裂一带向北部额尔古纳一带俯冲消减，在其上盘形成了岛弧环境的佳疙瘩组安山岩、安山玄武岩、砂岩、板岩、结晶灰岩和弧背盆地环境的震旦纪额尔古纳河组大理岩、碳质板岩、绿泥片岩岩石组合，并有俯冲岩浆杂岩花岗闪长岩、花岗岩(GG)岩石构造组合侵入。寒武纪、奥陶纪、志留纪本区已为稳定环境下的被动陆缘性质的陆棚碎屑岩沉积。此后又经过漫长的地质历史时期演化，至新元古代末，增生陆块的边界可能已达到阿尔山至松岭一带。

(3)古生代离散、汇聚、碰撞造山演化阶段。寒武纪，中亚-蒙古大洋拉伸扩展，阿尔山—阿荣旗一带的北部，即增生的西伯利亚陆块已为被动陆缘，其上沉积了稳定环境的苏中组碎屑岩和碳酸盐岩。

奥陶纪，为俯冲汇聚阶段，俯冲带向南退至二连-贺根山一带。大洋板块向北部俯冲，在红格尔至东乌旗阿尔山、多宝山一带，形成了奥陶纪岛弧型火山岩及弧后盆地、弧背盆地的碎屑岩沉积，如多宝山组和乌宾敖包组、哈拉哈河组、裸河组。

泥盆纪，中亚-蒙古大洋继续扩展拉伸形成新的洋壳。同时洋壳继续向北部西伯利亚增生大陆陆块之下俯冲，即伸展与汇聚并存。俯冲作用在北部大陆边缘形成弧前陆坡盆地沉积，由早中泥盆世泥鳅河组、中晚泥盆世特尔巴格特组、晚泥盆世安格尔音乌拉组组成的半深海-滨浅海相的陆源碎屑岩、硅质

岩、泥岩夹火山岩的浊积岩沉积，并发育有滑塌构造。岛弧在东部大民山一带出露，为大民山组海相中基性—酸性火山岩、火山碎屑岩、灰岩、硅质岩，硅质岩中含放射虫。晚期有俯冲岩浆杂岩(TTG)岩石构造组合侵入。

中石炭世—早二叠世，此时本区进入了活动陆缘弧发展的高峰期。大洋板块向北俯冲的汇聚作用加快。在西起红格尔，向东至东乌旗和扎兰屯一带，发育一套活动陆缘性质的陆相钙碱性安山岩、英安岩、流纹岩岩石构造组合及其弧间裂谷盆地碎屑岩沉积，即靠陆一侧的宝力高庙组和靠海一侧的海相格根敖包组。同期活动陆缘之上发育了俯冲岩浆杂岩($G_1G_2$)岩石构造组合。

早二叠世中期，本区发育了过铝质钾质碱性、高钾钙碱性后碰撞岩石构造组合。早二叠世晚期，则发育了钾质碱性花岗岩等后造山岩石构造组合，标志着一次陆弧碰撞造山作用的结束。

结束了中亚-蒙古大洋长期的洋、陆转化的发展历史。此后大兴安岭弧盆系则进入陆内演化和造山-裂谷发展阶段。

(4)中新生代造山-裂谷系发展阶段。侏罗纪—早白垩世，受中国东部造山-裂谷系的影响，本区产生了大规模的陆相火山喷发活动，形成大面积的中基性—酸性火山岩喷发活动，如中侏罗世塔木兰沟组，晚侏罗世满克头鄂博组、玛尼吐组、白音高老组，早白垩世梅勒图组等，并伴随着俯冲型岩浆杂岩侵入和丰富的多金属矿产生成。晚白垩世为陆内裂谷环境和后造山过碱性花岗岩组合。

新生代主要为坳陷盆地的发展阶段。上新世则有陆内裂谷五叉沟拉斑玄武岩、安山岩和更新世阿巴嘎碱性拉斑玄武岩大面积溢出。

2)包尔汉图-温都尔庙弧盆系大地构造演化

(1)中元古代陆块裂解离散、洋盆扩张构造阶段。中元古代是华北陆块裂解的重要时期。在华北陆块北部，沿着现一级构造单元界线(即原槽台断裂)有一陆块裂解后向北漂移，在裂解陆块与华北陆块之间形成一个有一定规模的洋盆，该洋盆我们暂称其为索伦山-西拉木伦洋，其洋壳就是中新元古代温都尔庙群“三位一体”的蛇绿岩套组合。向北漂移的陆块我们暂称为锡林浩特地块。该陆块向西在艾勒格庙一带延入蒙古国，与蒙古国托托高山古老陆块相接。

(2)中元古代晚期—古生代汇聚、洋陆转换的构造阶段。大约在元古宙末期，新生大洋板块由扩展开始转为大洋板块双向俯冲消减作用，向北俯冲消减于锡林浩特地块之下，形成了苏尼特右旗一带的温都尔庙群增生杂岩，并有高压变质蓝闪片岩带产生。大洋板块向南俯冲消减于华北陆块之下，在温都尔庙、图林凯一带留下了大洋板块俯冲的遗迹，即温都尔庙群远洋沉积、洋内弧沉积和蛇绿岩的混杂岩堆积，它们增生拼贴在华北陆块之上，也伴有高压变质的蓝闪片岩形成。俯冲作用还在华北陆块之上形成少量的俯冲岩浆杂岩英云闪长岩侵入。

奥陶纪，大洋板块继续向南俯冲。俯冲作用在西起白音查干、包尔汉图、白乃庙一带形成岛弧火山岩和弧后盆地等沉积，即包尔汉图群哈拉组和白乃庙组等中基性火山岩与布龙山组弧后盆地沉积，伴有中奥陶世英云闪长岩、石英闪长岩和花岗闪长岩(TTG)侵入。同期大洋板块向北部地块之下俯冲的地质记录甚少，仅有奥陶纪的英云闪长岩出露，时代依据不足。

志留纪至泥盆纪，大洋板块向南侧的俯冲作用基本停止。南部增生陆壳之上沉积了被动陆缘性质的碎屑岩、碳酸盐岩，即中志留世徐尼乌苏组、晒勿苏组，晚志留世—早泥盆世西别河组和早泥盆世前坤头沟组。岩浆岩为后碰撞过铝质花岗岩。向北部锡林浩特陆块之下俯冲形成俯冲岩浆杂岩(TTG)岩石构造组合侵入。该岩浆岩时代跨度较大，依据不很充分。

石炭纪—二叠纪，大洋板块向南、北两侧的俯冲作用逐渐加强，二叠纪达到顶峰。石炭纪向南俯冲作用导致华北陆块上发育有俯冲岩浆杂岩(TTG)岩石构造组合；东部地区发育有陆缘弧环境的早石炭世朝吐沟组火山岩和晚石炭世青龙山组火山岩。向北部锡林浩特地块俯冲作用，形成晚石炭世的有蛇绿岩碎片的浊积岩拼贴在新生陆块之上，即本巴图组浊积岩。二叠纪向北俯冲则形成大面积的钙碱性中基性火山喷发，即广泛出露的早中二叠世大石寨组火山岩。伴有俯冲岩浆杂岩(TTG)岩石构造组合入侵。向南俯冲，在华北陆块北缘形成大量二叠纪俯冲岩浆杂岩 TTG 组合和 $G_1G_2$ 组合，表现出由北向南俯冲极性的特点，并有陆相火山岩喷发，如早二叠世苏吉火山岩和大红山组火山岩和温都尔庙俯冲增生杂岩带之上的额里图组中基性火山岩喷发。

二叠纪晚期，锡林浩特地块与华北陆块增生带碰撞对接，索伦山-西拉木伦洋封闭，包尔汉图-温都尔庙弧盆系结束其演化历史。

(3)三叠纪后碰撞-后造山伸展阶段。三叠纪早期本区进入了后碰撞的造山阶段，有过铝质后碰撞岩浆杂岩的入侵。三叠纪末期则为碰撞后伸展环境，有后造山岩浆杂岩形成。值得提及的是据施光海(2004)等研究，在锡林浩特市南发育有晶洞A型花岗岩，高精度SHRIMP锆石U-Pb测年，结果显示该岩体侵位年龄(276±2)Ma，属造山后伸展事件的产物，揭示了索伦山-西拉木伦洋已于(276±2)Ma即二叠纪末期以前封闭碰撞。分析认为，本区出现三叠纪后碰撞岩浆杂岩和后造山岩浆杂岩年龄与高精度SHRIMP方法测年龄资料有矛盾，可能是由于同位素测年龄方法不同而造成的。

(4)中新生代造山-裂谷发展阶段。早中侏罗世，本区仍为伸展构造环境，形成诸多断陷盆地，并有河湖相含煤建造。晚侏罗世受中国东部造山-裂谷带的影响，在本区的东部一带有大量的陆相火山岩喷发，形成一套酸性—中性—酸性旋回的火山岩和火山碎屑岩沉积。

新生代坳陷盆地发育，并有大陆溢流橄榄玄武岩大面积喷溢，在锡林浩特一带一望无际的火山平台和星罗棋布的火山口形成颇为壮观的火山岩地貌景观。

3)额济纳旗-北山弧盆系大地构造演化

(1)奥陶纪—泥盆纪，汇聚、洋陆转换、碰撞构造阶段。奥陶纪—泥盆纪，由于蒙古国境内的大洋板块向南俯冲消减作用，在中蒙边界百合山、圆包山、红果尔山一带形成奥陶纪岛弧火山岩咸水湖组和弧背盆地沉积白云山组；志留纪，形成弧前陆坡沉积圆包山组和岛弧火山岩公婆泉组、弧内盆地沉积碎石山组；泥盆纪，形成岛弧火山岩雀儿山组和弧内盆地沉积依克乌苏组。长期的俯冲作用导致北山地区的陆壳大面积的向北增生。

奥陶纪中期，由于圆包山一带岛弧的发生、发展及其产生的弧后扩张作用，在塔里木陆块北部边缘沿三道明水至洗肠井一带发生裂解，裂解陆块(明水地块)向北漂移，在塔里木陆块与明水地块之间形成一定规模的洋盆(相当弧后扩张盆地)，暂称其为横恋山-东七一山洋。洋盆之内有SSZ型低钾拉斑系列的蛇绿岩和半深海相的砂岩、硅质岩、碧玉岩等显示新生洋壳成分的岩石组合。

当横恋山-东七一山洋盆拉张到一定的规模，随着拉张作用的继续，伴有洋壳对洋壳的俯冲消减作用。俯冲作用导致奥陶纪洗肠井岛弧火山岩、白云山组弧背盆地沉积以及志留纪公婆泉组岛弧火山岩和碎石山组弧背盆地沉积，在明水地块之上形成俯冲岩浆杂岩英云闪长岩入侵。志留纪末期俯冲作用结束，横恋山-东七一山洋封闭，实现了弧-弧碰撞，结束了洋陆转换的演化历史。

(2)石炭纪汇聚、离散、再生洋盆形成阶段。石炭纪，北部大洋板块(蒙古国境内)向南部增生陆块(内蒙古区内)之下继续俯冲消减，在圆包山至明水一带的陆壳之上，发育着一个安第斯山型陆缘弧构造环境，陆缘弧上有石炭纪白山组火山岩和绿条山组弧内盆地碎屑沉积。同时，沿着红石山至黑鹰山、红旗山一带，在南北向拉张作用下，产生近东西向裂谷(属于陆缘弧间裂谷)。裂谷进一步发展，形成具有一定规模的洋盆(红石山洋盆)，并有基性、超基性岩洋壳形成和半深海远洋粉砂岩、泥岩与硅质岩沉积。但尚未出露具有完整的代表洋壳的蛇绿岩套组合。

晚石炭世，从圆包山到公婆泉一带，随着北部洋壳向南的俯冲消减作用，产生强烈地构造岩浆侵入活动，并表现出俯冲极性特点，即公婆泉以北为TTG岩石构造组合，以南则为$G_1G_2$岩石构造组合。从俯冲极性的特点可以推断，洋壳俯冲的位置在圆包山以北的蒙古国境内。石炭纪末红石山再生洋盆闭合，形成红石山蛇绿混杂岩带。

(3)二叠纪—三叠纪汇聚、陆陆碰撞阶段。二叠纪，北部洋壳陆块的俯冲作用仍在继续。在圆包山岩浆弧和红石山蛇绿岩混杂岩带上形成二叠纪陆缘弧火山岩与弧背盆地沉积，并有俯冲岩浆杂岩构造岩浆侵入。二叠纪末期北部大洋封闭，俯冲作用结束。晚三叠纪为后碰撞岩浆杂岩。

(4)侏罗纪—新生代盆山构造演化阶段。为陆内盆地发育阶段，盆地内为河湖相碎屑岩和含煤碎屑岩沉积。侵入岩为伸展环境的后造山岩浆杂岩。

### 3. 塔里木陆块区大地构造演化

(1)中新太古代—古元古代陆核形成阶段。本区出露最古老的陆核为中新太古代变质岩系片麻岩、变粒岩、石英岩、大理岩和英云闪长质片麻岩,以及古元古代弧盆系北山岩群岛弧型角闪斜长片麻岩、角闪石英岩和弧后盆地长石石英岩、二云石英岩等岩石组合,构成了早前寒武纪陆核变质基底岩系。

(2)中元古代至早奥陶世被动陆缘盖层阶段。中元古代本区进入了相对稳定的构造环境。在塔里木陆块变质基底杂岩系之上,不整合沉积有盖层性质的中元古代陆棚碎屑岩、砂泥岩、硅质岩组合的古硐井群,其上整合沉积有中新元古代浅海相碳酸盐岩组合的圆藻山群和早寒武世浅海相砂页岩、碳酸盐岩组合的双鹰山组。

本区缺少中奥陶世至泥盆纪的沉积记录,仅有奥陶纪和志留纪侵入构造岩浆活动,其动力学机制可能与横峦山-东七一山洋盆向南俯冲作用有关。

(3)晚古生代陆内裂谷发育阶段。石炭纪—二叠纪,由于深部地幔物质的上涌,使地壳伸展变薄,本区进入了陆内裂谷阶段,形成裂谷中心的石炭纪白山组火山岩、中二叠世金塔组火山岩和裂谷边缘的石炭纪绿条山组和早二叠世双堡塘组浅海相陆源碎屑砾岩、石英砂岩、页岩组合。

(4)中生代—新生代盆山构造演化阶段。该期本区陆内盆地发育,盆地内形成河湖相碎屑岩和含煤碎屑岩组合,三叠纪晚期为后碰撞岩浆杂岩和后造山岩浆杂岩入侵。地貌上总体显示出盆地和山脉相间分布的构造格局。

### 4. 秦祁昆造山系大地构造演化

内蒙古仅占造山系北祁连弧盆系弧后盆地靠近华北陆块区部分。中寒武世弧后盆地沉积了香山群和张夏组半深海相的硅质泥岩、硅质碳酸盐岩、硅质岩和石英砂岩。早中奥陶世仍为弧后盆地环境,沉积了米钵山组浅海相石英砂岩、长石砂岩、泥岩等近陆碎屑岩。厚度近万米。志留纪处于弧后盆地消亡时期,内蒙古范围内缺失同期沉积记录。泥盆纪石峡沟组和老君山组为断陷盆地的砾岩、砂砾岩、砂岩、粉砂岩等磨拉石建造的巨厚沉积,标志着北祁连弧盆系发展历史的结束。

石炭纪本区进入了华北陆块区同步发展的历史,石炭纪为碳酸盐岩陆表海和海陆交互相陆表海发展阶段,晚二叠世—中生代,则为陆内盆地发展阶段,为河湖相砂砾岩、砂岩、粉砂岩、泥岩、含煤碎屑岩建造组合。新生代为湖泊三角洲和冲洪积沙砾岩砂岩组合。

## 第七节 大地构造相与成矿关系

内蒙古自治区矿产资源丰富,其中能源矿产煤、石油、天然气、油页岩等是本区的最大优势。稀有稀土金属矿产总储量居世界第一位。黑色金属矿产铁矿、铬铁矿、锰矿、钛矿也比较丰富。铁矿分布广,成因类型多,如白云鄂博式铁矿、温都尔庙式铁矿、鞍山式铁矿、山西式铁矿、宣龙式铁矿。有色金属矿产有铜、铅、锌、钨、锡、钼、铋等,也占有重要地位,如狼山-渣尔泰山铜多金属矿产在华北地区储量较大,品位较富。贵金属金、银等在内蒙古储量属全国第八位。非金属矿产在内蒙古种类多,资源潜力大,如萤石矿储量全国第三位,硫铁矿、白云岩、石灰岩、盐类、石膏等储量也可观。

内蒙古自治区丰富的矿产资源和复杂多样的构造单元,为探讨大地构造相与矿产的关系提供了良好的条件。

## 一、华北陆块区矿产

### (一)固阳-兴和陆核区矿产

该单元的主要矿产为铁、金、磷、石墨等。铁矿主要产于包头—集宁一带的古中太古代兴和岩群、乌拉山岩群的麻粒岩和片麻岩中,为层状磁铁矿 BIF 型。与陆核形成和陆壳增生过程中的含火山岩建造有关。

金矿在本区极为丰富,岩金有著名的产于乌拉山岩群中的哈达门沟金矿、哈叶胡洞金矿,卓资县集宁岩群中的金矿。含金矿围岩为中太古代乌拉山岩群斜长角闪岩、黑云角闪岩斜长变粒岩、黑云二长片麻岩。

石墨矿赋存在中太古代集宁岩群矽线石榴片麻岩中,是我国三大鳞片石墨产区之一,如兴和县黄土窑石墨矿,另外,还有产于乌拉山岩群中土默特左旗什报气石墨矿、武川县庙沟石墨矿等均具有一定的规模,属沉积变质型石墨矿床。

### (二)色尔腾山-太仆寺旗古岩浆弧矿产

该构造单元矿产有铁、金等。铁矿主要产于狼山-阴山陆块中的岩浆弧色尔腾山岩群角闪片岩中的含铁建造中,如三合明铁矿、公义明铁矿。三合明铁矿矿区出露地层为色尔腾山岩群东五分子组绿泥斜长片麻岩、白云绿泥斜长片麻岩、角闪斜长片麻岩、斜长角闪岩、透闪片岩、云母片岩夹厚层条带状磁铁矿,条带状磁铁矿夹磁铁透闪片岩、石英岩扁豆体是矿体的主要赋存层位。铁矿石由磁铁矿和石英、角闪石组成,矿石具条纹条带状构造,属鞍山式沉积变质铁矿。

金矿产于古岛弧色尔腾山岩群绿片岩中,属花岗-绿岩型金矿,如十八顷壕金矿。金矿矿区出露地层有色尔腾山岩群角闪斜长片岩、斜长角闪岩、黑云斜长片麻岩和糜棱片岩、千糜岩等,出露的侵入岩有新太古代黑云母闪长岩、片麻状英云闪长岩、中元古代英云闪长岩、二长花岗岩。金矿床主要受近东西向构造带和地层控制,矿体和围岩界线不清,多赋存于千糜岩化黑云斜长片岩、闪长岩、混合岩、黑云斜长片麻岩、钾长花岗岩中,矿体形态呈脉状、分支状和不规则状。类似地金矿类型在察右中旗新地沟一带也有产出。

### (三)狼山-白云鄂博裂谷有关矿产

该构造单元矿产有铁、铜、铅、锌、硫铁矿、铌、稀土、钨、岩金、磷、萤石等。矿产多数产于白云鄂博群、渣尔泰山群中。

铁-铌稀土矿产于白云鄂博群尖山组中,如翁根山铁矿、白云鄂博铁-铌稀土矿。

白云鄂博铁-铌稀土矿产于尖山组白云岩与板岩中。白云鄂博铁矿共圈定有大小矿体 70 余个。迄今累计探明各级储量 12.5 亿 t,为大型铁矿床,铌稀土矿属于世界级大型铌稀土矿床。

产于渣尔泰山群的矿产有东升庙、炭窑口、甲生盘大型硫铅锌多金属矿,山片沟硫锌矿,霍各乞大型铜铅锌多金属矿。它们的成因类型属于喷气沉积变质层控矿床,与阿古鲁沟组含矿碳质板岩建造有关。

其他如赛乌苏金矿,朱拉扎嘎金矿,布龙图磷矿、钨矿、锰矿均与白云鄂博群和渣尔泰山群有关,其中朱拉扎嘎金矿和布龙图磷矿比较有名。

朱拉扎嘎金产于渣尔泰山群阿古鲁沟组变质粉砂岩、砂岩、硅泥质板岩中。含砂岩石具弱硅化、绿帘石化、绿泥石化、绢云母化、碳酸盐化。属热水喷流沉积-热液叠加改造复合型。

布龙图磷矿产于白云鄂博地区白云鄂博群尖山组砂质板岩、石英砂岩中，矿石类型以石榴铁闪磷灰岩和砂质板岩型磷灰岩为主，少量铁质磷灰岩和炭泥质磷灰岩。

### (四)陆表海有关的矿产

该单元的主要矿产有铁、铝土矿、硫铁矿、镍、钼、铅锌、磷等，如产于乌海代蓝塔拉中寒武世铅锌矿，镇木关地区早寒武世磷矿、榆树湾硫铁矿和铝土矿、乌达煤矿为陆表海沼泽含煤碎屑岩组合。

## 二、天山-兴蒙造山系矿产

造山系具有漫长的地质历史的演化，经历了离散→汇聚→碰撞→造山开合的洋陆转化过程，形成了一系列与沉积事件、火山事件、侵入事件有密切关系的赋存在不同构造环境中的有用矿产。

### (一)岛弧和陆缘弧有关的矿产

东乌旗至扎兰屯一带，奥陶纪为一岛弧环境，形成与奥陶纪岛弧火山岩有关的查干敖包矽卡岩型铁矿。

查干敖包铁矿产于早中奥陶世多宝山组与晚侏罗世黑云母正长花岗岩接触带靠多宝山组一侧硅灰石矽卡岩、辉石矽卡岩、生物碎屑岩、石榴石矽卡岩和硅化泥灰岩中。

在泥盆纪形成弧前陆坡环境中矽卡型大型朝布楞铁多金属矿、阿尔哈达一带形成陆缘弧宝力高庙组的热液型铅锌银矿床、准苏吉花铜钼矿、小坝梁金铜矿吉林宝力格银矿。朝布楞铁多金属铁矿产于早中泥盆世塔尔巴格特组砂岩、凝灰岩、板岩夹灰岩与侏罗纪黑云母花岗岩接触带上，为矽卡岩型铁多金属矿床。与铁矿相伴生的金属矿有锌、铜、铋、硫、铅、钨、锡、金、银、镓、铟、镉、砷 13 种金属矿产。阿尔哈达铅锌矿由二叠纪细粒石英闪长岩侵入晚石炭世—早二叠世宝力高庙组片理化泥灰岩、凝灰质板岩、岩屑晶屑凝灰岩形成的，在赋矿围岩中产生矽卡岩化、褐铁矿化、绿帘石化。矿石中见孔雀石化褐铁矿和蓝铜矿。准苏吉花铜钼矿产于晚石炭世—早二叠世宝力高庙组凝灰质砂岩、凝灰质粉砂岩、变质长石石英砂岩、堇青石泥板岩与侏罗纪黑云母花岗岩、钾长花岗岩接触部位。内接触带花岗岩呈挤压、碎裂、糜棱岩化。围岩发生褐铁矿化、绿泥石化、角岩化等蚀变。

小坝梁金铜矿产丁晚石炭世—早二叠世格根敖包组凝灰质砂岩、粉砂岩与石炭纪正长斑岩接触带内。围岩蚀变有绿泥石化、次生石英岩化、硅化、绢云母化和滑化石。地表有褐铁矿化及高岭土化。

此外，在锡林浩特岩浆弧中，侏罗纪石英二长岩、正长花岗岩与早中二叠世大石寨组火山岩接触交代形成浩布高大型矽卡岩型铜铅锌矿、二道营子中型铅锌矿、花脑包特铅锌矿、毛登锡铜矿等。毛登铜锡矿产于早中二叠世大石寨组流纹岩、变质砂岩与侏罗纪花岗斑岩的内外接触带中。接触带的围岩具角岩化、硅化和绿泥石化，伴生有益元素为锌、钼、钨、银，属中温热液型矿床。其成因可能与水下热液喷流成矿作用有关。

四子王旗苏莫查干脑包特大萤石矿，位于锡林浩特岩浆弧中，与大石寨组陆缘火山弧有关，萤石赋存在早中二叠世大石寨组流纹斑岩、绢云绿泥石板岩，碳质斑点板岩、大理岩中，矿体严格受层位控制。属热液交代层状矿床。其他如四子王旗敖包图萤石矿，也具有相似的成矿特征。在额济纳旗西部的黑鹰山铁矿赋存于石炭纪陆缘弧白山组凝灰岩及次生石英岩中。矿体走向 300°～320°，倾向北东，倾角 50°～80°，与地层产状基本一致。

著名的白乃庙大型铜、钼、金矿床，即产在奥陶纪白乃庙组绿泥阳起斜长片岩、绿泥斜长片岩岛弧火山岩和变质花岗闪长斑岩中。

另外,翁牛特旗梧桐花一带铅锌矿床与温都尔庙-翁牛特旗早古生代俯冲带具有一定相关性,亦存在火山-沉积喷流型成因的可能性。

在此基础上,后期(主要为早白垩世晚期—晚白垩世)在封闭条件下(巨厚的晚侏罗世火山岩封盖)岩浆热液活动(交代作用、矽卡岩化等),硫化矿物再次叠加富集,形成新的脉状、浸染状矿体等。

### (二)结合带中矿产资源

在二连-贺根山蛇绿混杂岩带,赋存有赫根乌拉超基性岩中的中型铬铁矿和风化壳型镍矿。在索伦山蛇绿混杂岩带中形成小型铬铁矿、菱镁矿。查干哈达庙本巴图组中小型铜矿、哈达呼硕铜镍等矿产,均与基性、超基性岩有关。另外,索伦山-西拉木伦结合带内温都尔庙产有温都尔庙群洋内弧火山岩和远洋沉积铁矿,矿层赋存在温都尔庙群桑达来呼都格火山岩和哈尔哈达组硅铁质岩中,为绿泥石英片岩-含铁石英岩建造。

### (三)深成岩浆岩有关的矿产

造山系中的岩浆活动很发育,不同环境中形成不同侵入岩浆构造组合,赋存了众多的矿产。

出露于东乌旗沙麦苏木满都拉嘎查一带,与侏罗纪黑云母花岗岩有成因联系的云英岩型、石英脉型钨矿、二连北达来庙白垩纪乌兰德勒斑岩型隐伏钼矿、锡林浩特岩浆弧中奥陶纪英云闪长岩拜仁达坝铅锌银矿均与深成岩浆岩有关。分布在林西道伦大坝的中型铜矿,即产于被动陆缘早二叠世寿山沟组砂质板岩、粉砂岩、灰岩与二叠纪二长花岗岩接触带中。额济纳旗流沙山铜矿产于石炭纪英云闪长岩中。东七一山钨锡钼矿与侏罗纪黑云母花岗岩、花岗斑岩关系密切。矿体产在包尔汉图群、公婆泉组与花岗岩的外接触带上,呈环状产于角岩化砂岩、安山岩、矽卡岩及变质砂岩中,少数产在花岗岩体边部。近几年发现的小狐狸山钼矿与晚石炭世闪长玢岩、石英闪长岩等俯冲岩浆岩有密切关。

七一山萤石矿、太仆寺旗白石头洼钨矿,阿拉善右旗卡休他他铁矿均与侵入体有关。

东七一山萤石矿区出露中、晚志留世碎石山组中酸性火山岩,白垩纪花岗岩沿中酸性火山岩内成矿前期断裂构造侵入。该断裂是重要的导矿和储矿构造。

太仆寺旗白石头洼钨矿区周围有白云鄂博群呼吉尔图组石英片岩、大理岩,晚二叠世斜长花岗岩、二长花岗岩出露。与钨矿关系密切的是花岗岩体。含钨石英脉呈平行带状分布于呼吉尔图组片岩中,矿石类型有黑钨矿石英脉、硫化物黑钨矿石英脉和硫化物石英脉型。矿床成因为高温热液石英脉型黑钨矿床。

阿拉善右旗卡休他他铁矿产于石炭纪辉长岩与震旦纪黑云母石英千枚岩、大理岩的接触带上,形成矽卡岩铁矿。

### (四)与俯冲带相关的矿床

大兴安岭黄岗梁—布敦花一带的中、大型铜铅锌银铁锡等多金属矿床的分布与达青牧场-扎赉特旗俯冲带一致(宽 50~80km,长大于 500km 范围内)而矿床往往与二叠纪海相火山-沉积岩有着难以回避的关系。许多地质学者认为发育火山-沉积喷流型矿床,如白音诺尔铅锌矿主成矿期二叠纪,为沉积喷流型矿床(曾庆栋等,2007);内蒙古大井锡多金属矿床,在二叠纪沉积盆地演化过程中可能曾经有重要的水下热液沉积喷流成矿作用发生(王长明等,2007);驼峰山硫铁矿为海相火山岩型,与早中二叠世大石寨组火山岩直接相关(张泰等,2002)。

从大地构造相演化分析,在早二叠世末期,达青牧场-扎赉特旗俯冲带发生俯冲、碰撞之后,在中晚二叠世，地壳应力回返松弛，俯冲带两侧海盆再次拉张沉降，造成俯冲带及其两侧为海相火山岩喷发和碎屑岩沉积，同时存在沿着俯冲带及两侧发育火山-沉积喷流的可能性，那么也就可能存在形成喷流型初级矿产。

白音诺尔大型铅锌银矿产于陆棚碎屑岩早二叠世哲斯组板岩与花岗岩的破碎带或闪长玢岩与大理岩接触中，并伴有镉、锡、钨、硫等。

### （五）与早白垩世晚期应力回返相关的矿床

内蒙古东部从晚侏罗世—早白垩世中期，古太平洋板块继续向北西方向古亚洲陆块之下俯冲，上盘陆壳沿俯冲方向反而松弛，造成内蒙古东部岩浆活动剧烈，火山喷发形成了范围广大（遍及整个内蒙古东部）、厚度达几百米至几千米的火山岩层；岩浆侵入形成了星罗棋布、大小不一的岩体。根据区域地质调查资料，无论是火山沿断裂及断裂交会部位的喷发，还是岩浆的沿断裂的被动侵位（以及相应的断裂构造运动学分析），主体皆受控于近东西向与北东向共轭张剪性断裂，反映出的区域构造应力场为北东-南西向挤压、北西-南东向拉张。该时期开放式的岩浆活动一般不具备封闭的成矿条件，难以形成交代热液型矿床。

早白垩世晚期，地壳应力回返，区域主压应力方向变为北西-南东向（间接反映出古太平洋板块俯冲结束，发生了与古亚洲陆块碰撞），由此形成了大量的近东西（或北西）向与北北西向共轭张剪性断裂。该次活动事件造成了北西向断裂的强烈发育和近东西向断裂的右行张扭性复活，此时岩浆沿断裂上侵活动已经大为减弱，多呈岩株、岩枝、岩脉等，但大兴安岭一带大部分铜铅锌银多金属矿床往往受这些小岩体或岩脉以及该方向断裂控制，说明该期具有优越的成矿条件：①碰撞后造成岩浆-气液沿断裂上侵，带来流体和热源；②断裂和气液发育在古生代喷流型原始矿层等之中或附近，硫和金属矿源丰富；③应力回返形成的断裂控矿和容矿空间大多产在晚侏罗世—早白垩世火山岩层之下，很大一部分穿不透火山岩盖层，因而形成密闭空间，易于热液交代性矿床的形成和富集。而现在实际已经发现的热液型多金属矿床大多位于晚侏罗世—早白垩世火山岩盆地的边部，应为火山岩被风化剥蚀后之现象。由此可以指导在晚侏罗世—早白垩世火山岩之下寻找隐伏多金属矿床。

### （六）中新生代裂陷断陷盆地中的矿产

盆地中赋存有丰富的煤矿、盐、石膏、芒硝、天然碱、石油和天然气等。煤矿资源主要产于中生代盆地中。大型煤田主要有鄂尔多斯坳陷盆地中的准格尔煤田、东胜煤田、乌海市桌子山煤田等和内蒙古北部中生代盆地中的西乌旗巴彦花煤田、吉林郭勒煤田、锡林浩特市巴音宝力格煤田和胜利煤田、霍林郭勒市霍林河煤田、鄂温克旗伊敏煤田、大雁煤田、东乌旗额合宝力格煤田、满洲里市扎赉诺尔煤田等。其他中小型煤矿星罗棋布。

准格尔煤位于伊盟准格尔旗东部，含煤地层为晚石炭世太原组和早二叠世山西组，含煤岩系平均厚133.75m。含有单层煤达31层，可采煤17层，含煤系数24%。该煤田储量巨大（并伴生有耐火黏土、溶剂灰岩、黄铁矿等矿产和分散元素锗、镓等），是内蒙古的重要能源基地，也是我国重点建设的全国五大露天煤矿之一。

东胜煤田主要含煤地层为中侏罗世延安组、直罗组。含煤岩系厚度133.28～279.18m，平均厚度206.56m，其中延安组地层共含煤10～27层，最多可达30层，有23个可采煤层。该煤田的煤变质程度低，为特低灰—低灰、特低硫—低硫、特低磷—低磷、发热较高的不黏结优质煤。

霍林郭勒市霍林河煤田产于白垩纪巴彦花组中；煤田含煤地层分上、下两个煤段，下含煤段含煤26层，有可采煤层8～13层，每层平均厚度30余米，最厚可超过100m。煤种为褐煤；上含煤段含煤20余层，工业价值不大。截至1992年底，累计探明储量为131亿t。

盐、石膏、芒硝、天然碱主要产于新生代断陷盆地和叠加在中生代盆地之上的新生代盆地中，如阿拉善右旗吉兰泰盐湖盐矿、阿拉善右旗雅布赖盐湖盐矿、东乌旗额吉淖尔盐矿、鄂托克旗苏级石膏矿、杭锦旗代庆石膏矿、四子王旗乃麻代石膏矿、鄂托克旗石膏矿、达拉特旗芒硝矿、杭锦旗盐海子芒硝矿、新巴尔虎旗巴杨查岗芒硝砂、苏尼特右旗察干里门诺尔碱矿等。以叠加断陷盆地吉兰泰-包头断陷盆地中的吉兰泰盐矿为例，吉兰泰盐湖为现代陆相化学沉积，形成了固、液相并存的湖盐矿床。固相为湖盐、无水芒硝、石膏、铝硅酸盐矿物等。盐湖矿层直接裸露地表，水平产状，呈一连续的层状，一般厚 3～4m，最大厚度为 5.94m。液相为盐层晶间卤水和盐层底部承压卤水，累计湖盐储量 8 255.4 万 t。

# 第五章　区域地球物理地球化学遥感自然重砂地质解释

## 第一节　自治区级重力资料地质解释

### 一、区域重力特征

#### （一）区域地层、岩浆岩的磁性参数及密度参数

区域物性参数详见表 5-1 和表 5-2。

表中各时代地层及不同时代、不同类型岩浆岩的磁性参数和密度参数是以《内蒙古中部区区域物性调查研究报告》之附表为基础，并收集了中部区以外部分地区的物性资料，经归纳整理而成。

#### （二）区域地层和岩浆岩的磁性、密度及其场的特征

由表 5-1、表 5-2 及区域地质背景的讨论可知：

（1）古太古代集宁岩群为一套深变质的麻粒岩-片麻岩类，主要分布于兴和—集宁—凉城一带，磁性较弱，密度较高，在区域重磁场中一般显示为相对重力高和磁力低。

新太古代乌拉山岩群、千里山岩群、阿拉善岩群及建平岩群等，为一套深—中深变质的片麻岩、混合岩等杂岩系，沿华北太古宙古陆核北缘，西自龙首山，向东经千里山、乌拉山、大青山至努鲁儿虎山一线均有广泛分布，与北侧相邻地层（自西向东为阿拉坦敖包群、渣尔泰山群及白云鄂博群等）相比较，具有磁性强（磁化率高于邻层 10～100 倍）、密度大（大于邻层密度值 0.1g/cm$^3$）之特点，故重磁异常图上常显示为磁力高和相对重力高。乌拉山岩群及其相应层位，分布区域广，影响范围大，是形成区域性磁力高、重力高的主要场源。

（2）古元古代色尔腾山岩群以绿片岩为主，分布于色尔腾山北部和中部，具有较强磁性、较高密度，但分布范围局限，重磁异常图上常显示为局部重力高、磁力高异常。

中新元古代各群为一套无—弱磁性的中—低级变质岩系，其平均密度值较太古宇低约 0.1g/cm$^3$，且略低于古生界平均密度，主要沿华北太古宙陆核北缘分布，通常形成区域性的平静负磁异常和低重力异常（图 5-1）。

（3）古生代沉积岩系，一般为无—弱磁性浅变质岩系，密度值变化范围较大[（2.57～2.73）g/cm$^3$]，有随地层时代变新、密度值降低的规律，航磁异常图上显示为平静的负磁异常，当被中—新生界覆盖时，布格重力异常图上，常表现为反映基底隆坳起伏的波状异常。

表 5-1 内蒙古区域地层物性参数汇总表

| 界(宇) | 系(群) | 代号 | 岩性 | 块数(个) | $\kappa(\times10^{-6}\cdot4\pi SI)$ | | | $Jr(\times10^{-3}A/m)$ | | | $\rho(g/cm^3)$ | | | 备注 |
|---|---|---|---|---|---|---|---|---|---|---|---|---|---|---|
| | | | | | 统(组)均值 | 范围 | 均值 | 统(组)均值 | 范围 | 均值 | 统(组)均值 | 范围 | 均值 | |
| 新生界 | 第四系 | Q | | 135 | | | | | | | 1.56 | | 1.56 | |
| | 第三系 | | 玄武岩 | 30 | 600 | 170～3390 | 51 | 1600 | 220～12 500 | 111 | 2.61 | | 2.61 | |
| | | | 砂岩、砂砾岩、泥灰岩 | 445 | | | | | | | | | | |
| | | | | | | | 51 | | | 111 | | | 2.13 | 新生代地层物性均值 |
| 中生界 | 白垩系 | $K_2$ | 砂泥岩、泥岩、砂岩 | 36 | 1 | 0～10 | 90 | 1 | 0～10 | 190 | 1.90 | 1.22～2.66 | 2.28 | Δ大兴安岭南段区重力报告 |
| | | $K_1$ | 碎屑岩 | 304 | 187 | 0～1510 | | 383 | 110～2560 | | 2.34 | 1.48～2.89 | | |
| | 侏罗系 | $J_3$ | 火山岩、火山熔岩、火山碎屑岩 | 128 | 1150Δ/640 | 1～940 | 207 | 2740Δ/1950 | 1～30 900 | 866 | 2.50 | | 2.50 | |
| | | $J_2$ | 碎屑岩夹灰岩 | 101 | 30 | 0～568 | | 1 | 0～10 | | 2.42 | 1.45～2.70 | | |
| | | $J_1$ | 砂岩、砾岩、页岩 | 173 | 10 | 0～196 | | 4 | 0～163 | | 2.51 | 1.43～2.69 | | |
| | 三叠系 | $T_3$ | 砂岩、泥岩 | 47 | 600 | 6～24 090 | 173 | 50 | 0～1780 | 14 | 2.31 | 1.49～2.94 | 2.27 | |
| | | $T_2$ | 砂岩、泥岩 | 62 | 2 | 0～10 | | 2 | 0～59 | | 1.85 | 1.44～2.58 | | |
| | | $T_1$ | 砂岩、砾岩 | 67 | 4 | 0～20 | | 1 | 0～10 | | 2.28 | 1.48～2.73 | | |
| | | | | | | | 157 | | | 357 | | | 2.41 | 中生代地层物性均值 |
| 古生界 | 二叠系 | $P_2$ | 火山碎屑岩、碎屑岩 | 187 | 480°/310 | 0～15 500 | 174 | 2380°/710 | 0～11 700 | 444 | 2.53 | 1.46～2.90 | 2.57 | *色尔敖包组 Δ格根敖包组 |
| | | $P_1$ | 碎屑岩、火山碎屑岩、灰岩 | 386 | 500Δ/40 | 0～8850 | | 2400Δ/180 | 0～51 200 | | 2.62 | 2.04～2.78 | | |
| | 石炭系 | $C_2$ | 中性火山岩、碎屑岩、火山碎屑岩、板岩、灰岩 | 226 | 820°/260 | 0～7730 | 92 | 3090°/825 | 0～53 000 | 279 | 2.61 | 2.11～2.90 | 2.62 | *宝力高庙组 |
| | | $C_1$ | 碎屑岩、千枚岩、灰岩 | 32 | 3 | 0～30 | | 10 | 1～74 | | 2.61 | 2.72～2.95 | | |

**续表 5-1**

| 界 | 系(群) | 代号 | 岩性 | 块数(个) | κ(×10⁻⁶·4πSI) 统(组)均值 | 范围 | 均值 | Jr(×10⁻³A/m) 统(组)均值 | 范围 | 均值 | ρ(g/cm³) 统(组)均值 | 范围 | 均值 | 备注 |
|---|---|---|---|---|---|---|---|---|---|---|---|---|---|---|
| 古生界 | 泥盆系 | $D_3$ | 火山碎屑岩、板岩、角岩 | 128 | 20 | 1～64 | 50 | 30 | 1～963 | 99 | 2.66 | 2.34～2.87 | 2.65 | △温都尔包特组 |
| | | $D_2$ | 碎屑岩、火山碎屑岩 | 96 | 640△/90 | 0～4380 | | 970△/250 | 0～11 300 | | 2.60 | 2.22～2.84 | | |
| | | $D_1$ | 碎屑岩、火山碎屑岩 | 126 | 30 | 0～1050 | | 20 | 0～2650 | | 2.68 | 2.55～2.82 | | |
| | 志留系 | $S_3$ | 砂板岩、灰岩、碎屑岩 | 399 | 80 | 0～6140 | 10.3 | 110 | 0～15 000 | 665 | 2.65 | 2.31～3.10 | 2.63 | |
| | | $S_{1-2}$ | 板岩、砂岩 | 16 | 130 | 0～1160 | | 1220 | 0～11 390 | | 2.61 | 2.50～2.68 | | |
| | 奥陶系 | $O_3$ | 碳酸盐岩 | 65 | 2 | 0～10 | 94 | 2 | 0～10 | 45 | 2.78 | 2.58～2.84 | 2.73 | ∴罕乌拉组<br>△包尔汉图群 |
| | | $O_2$ | 碎屑岩、火山岩、砂岩、灰岩 | 124 | 1290∴/260 | 0～7230 | | 630∴/130 | 0～22 700 | | 2.65 | 2.54～2.87 | | |
| | | $O_1$ | 火山碎屑岩 | 159 | 20 | 0～722 | | 10 | 0～102 | | 2.84△/2.74 | 2.52～3.27 | | |
| | 寒武系 | $\in_3$ | 灰岩 | 137 | 3 | 0～24 | 3 | 2 | 0～24 | 3 | 2.72 | 2.33～2.85 | 2.64 | |
| | | $\in_2$ | 碳酸盐岩 | 117 | 2 | 0～23 | | 2 | 0～14 | | 2.67 | 2.30～2.81 | | |
| | | $\in_1$ | 页岩、砂岩、灰岩 | 103 | 3 | 0～10 | | 5 | 0～33 | | 2.55 | 1.82～2.86 | | |
| | 温都尔庙群 | | 基性火山岩、绿片岩 | 134 | 250 | 1～4300 | 67 | 110 | 0～5980 | 238 | 2.71 | 2.36～3.77 | 2.67 | 古生代地层物性均值 |
| 元古宇 | 艾勒格庙组 | $Pt_3$ | 石英片岩、板岩、灰岩、凝灰岩 | 68 | 1 | 0～10 | | 2 | 0～10 | | 2.61 | 2.38～2.71 | 2.66 | |
| | 佳疙瘩组 | $Pt_3$ | 碎屑岩、中性火山岩 | | | | | | | | | | | |
| | 什那干组 | $Pt_2$ | 砂岩、石英岩、硅质灰岩 | 64 | 140 | 0～3660 | | 20 | 0～500 | | 2.69 | 2.56～2.86 | | |
| | 白云鄂博群 | $Pt_2$ | | 943 | 70 | 0～10 840 | | 100 | 0～49 010 | | 2.66 | 2.10～3.12 | | |
| | 渣尔泰山群 | $Pt_2$ | | 447 | 70 | 0～14 700 | | 20 | 0～2490 | | 2.69 | 2.07～3.12 | | |
| | 阿拉坦敖包群 | $Pt_1$ | | 402 | 44 | 0～5092 | | 300 | 0～106 937 | | 2.70 | 1.91～3.04 | | |
| | 兴华渡口岩群 | $Pt_1$ | 碎屑岩、碳酸盐岩、绿片岩 | | | 0～270 | | | 0～70 | | 2.70 | | | |

**续表 5-1**

| 界 | 系(群) | 代号 | 岩性 | 块数(个) | κ(×10⁻⁶·4πSI) | | | Jr(×10⁻³A/m) | | | ρ(g/cm³) | | | 备注 |
|---|---|---|---|---|---|---|---|---|---|---|---|---|---|---|
| | | | | | 统(组)均值 | 范围 | 均值 | 统(组)均值 | 范围 | 均值 | 统(组)均值 | 范围 | 均值 | |
| 元古宇 | 锡林浩特杂岩 | $Pt_1$ | 片麻岩、浅粒岩、石英片岩 | 32 | 20 | 1～70 | | 3 | 1～40 | | 2.65 | 2.84～2.97 | | 二道凹/三合明(Fe) |
| | 宝音图岩群 | $Pt_1$ | 石英岩、片岩、片麻岩 | | 110 | 0～3170 | | 10 | 0～350 | | 2.66 | 2.45～3.29 | | |
| | 色尔腾山岩群 | $Pt_1$ | 绿片岩、变粒岩、磁铁石英岩 | 285 | 296/2590 | 0～129 000 | | 653/2680 | 0～1 900 000 | | 2.74/2.81 | | | |
| | | | | | | | | | | | | | 2.67～2.69 | 元古宙地层物性均值 |
| 太古宇 | 建平岩群 | $Ar_3$ | 麻粒岩、片麻岩、混合花岗岩 | | | 500～2000 | | | 200～600 | | 2.74 | | | △内蒙古中部物性参数汇总表 ∴内蒙古中部区域物性调查研究报告附表16 *葛胡窑组 |
| | 阿拉善岩群 | $Ar_3$ | 混合岩、片麻岩、变粒岩、碳酸盐岩 | | 220△/2510∴ | 0～3890 | | 300△/4810∴ | 0～220 606 | | 2.67 | 2.54～3.17 | | |
| | 千里山岩群 | $Ar_2$ | 片麻岩、变粒岩、混合岩、磁铁石英岩 | 128 | 2800 | 0～582 000 | | 33 260 | 0～9 630 000 | | 2.71 | 2.32～3.12 | | |
| | 乌拉山岩群 | $Ar_2$ | 片麻岩、角闪岩、变粒岩、混合岩、大理岩 | 511 | 1280 | 0～120 000 | | 1590 | 0～674 000 | | 2.74 | 2.48～3.29 | | |
| | 集宁岩群 | $Ar_1$ | 大理岩、片麻岩、混合岩、麻粒岩、石英岩 | 157 | 380*/90 | 1～3620 | | 330*/70 | 0～4190 | | 2.73 | 2.44～2.91 | | |
| | | | | | | | | | | | | | 2.73 | 太古宙地层物性均值 |

表 5-2 内蒙古区域岩浆岩物性参数汇总表

| 时代 | | 种类 | 采集地 | 代号 | 岩性 | 块数 | κ(×10⁻⁶·4πSI) | | | Jr(×10⁻³A/m) | | | ρ(g/cm³) | | | 备注 |
|---|---|---|---|---|---|---|---|---|---|---|---|---|---|---|---|---|
| | | | | | | | 类均值 | 范围 | 均值 | 类均值 | 范围 | 均值 | 类均值 | 范围 | 均值 | |
| 喜马拉雅期 | | 基性 | | | 安山玄武岩、玄武岩、辉绿玢岩 | 122 | 910 | 1～16 280 | | 2600 | 1～69 400 | | 2.68 | 2.48～2.97 | | |
| 燕山期 | 晚 | 酸性 | | $\gamma_5^3$ | 花岗岩 | 32 | 2 | 1～10 | 456 | 3 | 1～20 | 213 | 2.55 | 2.53～2.58 | 2.61 | |
| | 早 | | | | 花岗岩、钾长花岗岩 | 135 | 20 | 0～1700 | | 10 | 0～340 | | 2.56 | 2.41～2.67 | | |
| | | 中性 | | | 花岗正长岩、石英闪长岩 | 64 | 950 | 0～5610 | | 500 | 0～29 000 | | 2.64 | 2.52～2.84 | | |
| | | 基性 | | | 辉绿岩、石英辉长岩 | 64 | 350 | 20～3490 | | 410 | 1～4210 | | 2.81 | 2.66～2.98 | | |
| | | 超基性 | | | 黑绿色单斜辉橄岩 | 32 | 930 | 660～6410 | | 420 | 170～62 700 | | 2.66 | 2.52～2.71 | | |
| 印支期 | | 酸性 | | | 钾长花岗岩、黑云母花岗岩、二长花岗岩、白云母花岗岩 | 69 | 40 | 0～740 | 40 | 10 | 0～250 | 10 | 2.59 | 2.48～2.67 | 2.59 | |
| 海西期 | 晚 | | VⅢ₁₀ | $\gamma_4^3$ | 似片麻状细粒黑云母花岗岩 | 31 | 34 | 1～190 | | 16 | 1～90 | | 2.59 | 2.57～2.64 | | 采集地栏中ⅡⅡ₂…为物性检本采集剖面号 |
| | | | VⅢ₁₄ | $\gamma_4^3$ | 中粒黑云母花岗岩、似斑状花岗岩 | 32 | 25 | 1～500 | | 130 | 1～1910 | | 2.57 | 2.53～2.62 | | |
| | 晚—中 | S型花岗岩 | Ⅱ₂ | $\gamma_4^3$ | 中粒似斑状黑云母花岗岩 | 30 | 260 | 0～3590 | 40 | 42 | 0～331 | 56 | 2.61 | 2.52～2.85 | 2.58 | |
| | | | Ⅲ₈ | $\gamma_4$ | 中粗粒似斑状黑云母花岗岩 | 14 | 4 | 0～9 | | 1 | 0～3 | | 2.59 | 2.49～2.64 | | |
| | | | Ⅳ₁₄ | $\gamma_4$ | 花岗岩 | 10 | 1 | 0～10 | | 1 | 0～10 | | 2.60 | 2.57～2.63 | | |
| | | | Ⅹ₁₀ | $\gamma\delta_4^3$ | 似斑状花岗闪长岩 | 34 | 10 | 0～680 | | 240 | 0～4230 | | 2.55 | 2.50～2.60 | | |
| | | | V₂ | $\delta o_4^3$ | 石英闪长岩 | 16 | 24 | 10～30 | | 1 | 0～2 | | 2.82 | 2.57～2.91 | | |
| | | | Ⅳ₁₇ | $\gamma_4^3$ | 黑云母花岗岩 | 22 | 6 | 0～15 | | 1 | 0～10 | | 2.61 | 2.58～2.68 | | |

**续表 5-2**

| 时代 | 种类 | 采集地 | 代号 | 岩性 | 块数 | κ(×10⁻⁶·4πSI) | | | Jr(×10⁻³A/m) | | | ρ(g/cm³) | | | 备注 |
|---|---|---|---|---|---|---|---|---|---|---|---|---|---|---|---|
| | | | | | | 类均值 | 范围 | 均值 | 类均值 | 范围 | 均值 | 类均值 | 范围 | 均值 | |
| 海西期 晚—中 | S型花岗岩 | Ⅺ$_{31}$ | $\gamma_4^{2+3}$ | 花岗岩 | 34 | 26 | 0～280 | 40 | 70 | 0～1800 | 56 | 2.58 | 2.56～2.69 | 2.58 | 见《内蒙古中部区域物性调查研究报告》实际材料图 |
| | | Ⅸ$_{14}$ | $\gamma\delta_4^2$ | 花岗闪长岩 | 35 | 4 | 0～20 | | 2 | 0～40 | | 2.61 | 2.58～2.64 | | |
| | | 巴音诺尔公 | | 花岗岩、花岗闪长岩 | 36 | 0 | | | 0 | | | | | | |
| | | | | 闪长岩 | | <50 | | | | | | | | | |
| 海西期 晚—中 | I型花岗岩 | 西拉木伦河南 | $\delta_4$ | 闪长岩 | 14 | 2000～5000 | 1000～8800 | 1720 | 400～1000 | 400～85 000 | 467 | | | 2.62 | 航磁图与地质图对比，选取异常带中局部异常确系花岗岩($\gamma_4$)引起者12处，利用$\Delta 2=2\pi J$(经高度改正)估算花岗岩的磁化强度值，计算结果$Jr=(500\sim1500)\times10^{-8}$ A/m，表中所列数据是收集到的确有时代标志和采集地点的花岗岩类磁性，密度资料可参考 |
| | | | $\gamma_4$ | 花岗岩 | 14 | 2380 | | | 930 | | | | | | |
| | | | $\gamma_4$ | 角闪云母花岗岩 | 20 | 3060 | 230～4010 | | 240 | 0～600 | | | | | |
| | | 乌力吉 | $\delta_4$ | 闪长岩 | 45 | 260 | 50～900 | | 330 | 90～1700 | | | | | |
| | | | $\delta_4^3$ | 闪长岩 | 25 | | | | | | | 2.63 | 2.55～2.69 | | |
| | | | $\gamma\delta_4^3$ | 花岗闪长岩 | 49 | | | | | | | 2.64 | 2.50～2.82 | | |
| | | | $\gamma_4$ | 花岗岩 | 20 | | | | | | | 2.58 | 2.48～2.60 | | |
| | | 额济纳旗 | $\delta_4$ | 闪长岩 | 43 | 2100 | 150～6630 | | 550 | 140～8490 | | | | | |
| | | | $\gamma\delta_4$ | 花岗闪长岩 | 6 | 96 | 0～3600 | | 40 | 0～2450 | | | | | |
| | | | $\gamma_4$ | 斜长花岗岩 | 2 | 757 | 580～990 | | 150 | 130～170 | | | | | |
| | | | $\gamma_4$ | 黑云斜长花岗岩 | 2 | 86 | 0～2220 | | 42 | 0～370 | | | | | |
| | 蛇绿岩 | 二连-锡林浩特 | | 纯橄榄岩 | 605 | 2430 | 100～7000 | | 1960 | 230～9000 | | | | 2.91 | |
| | | | | 橄榄岩 | 274 | 2200 | 170～9000 | | 1500 | 130～8400 | | | | | |
| | | | | 蛇纹岩 | 16 | 1590 | | | 140 | | | | | | |
| | | | | 矽卡岩化橄榄岩 | 64 | 1150 | | | 830 | | | | | | |
| | | | | 辉石橄榄岩 | 2697 | 1910 | 100～8600 | | 2440 | 100～60 000 | | | | | |
| | | | | 辉石岩 | 35 | 1100 | 10～35 000 | | 320 | 1～11 000 | | | | | |
| | | | | 辉石橄榄岩 | 32 | 52 | 30～270 | | 90 | 20～750 | | | | | |
| | | | | 斜辉二辉橄榄岩 | 32 | 850 | 80～15 000 | | 11 540 | 2～75 000 | | | | | |

续表 5-2

| 时代 | | 种类 | 采集地 | 代号 | 岩性 | 块数 | $\kappa(\times10^{-6}\cdot4\pi SI)$ | | | $Jr(\times10^{-3}A/m)$ | | | $\rho(g/cm^3)$ | | | 备注 |
|---|---|---|---|---|---|---|---|---|---|---|---|---|---|---|---|---|
| | | | | | | | 类均值 | 范围 | 均值 | 类均值 | 范围 | 均值 | 类均值 | 范围 | 均值 | |
| 海西期 | | 基性岩 | 二连-锡林浩特 | | 辉绿岩 | 430 | 1670 | 200～2900 | 2044 | 1400 | 1400～3200 | 2058 | | | 2.83 | |
| | | | | | 辉长岩 | | 3400 | | | 4380 | | | | | | |
| | | | | | 辉绿玢岩 | | 4000 | 1000～6000 | | 700 | 0～1400 | | | | | |
| | | | | | 橄榄玄武岩 | 322 | 700 | 200～6000 | | 3400 | 400～70 000 | | | | | |
| | | | | | 辉绿玢岩 | 32 | 450 | 60～1700 | | 410 | 180～910 | | | | | |
| 加里东期 | 晚 | 酸性 | | $\gamma o_3^3$ | 片麻状钾长花岗岩、片麻状钾长角闪花岗岩 | 69 | 590 | 0～3210 | 442 | 100 | 0～1410 | 118 | 2.68 | 2.63～2.85 | 2.74 | |
| | | 中酸性 | | $\delta_3^3$ $\gamma\delta_3^3$ | 片麻状闪长岩、花岗闪长岩、闪长岩 | 115 | 240 | 0～4340 | | 90 | 0～133 880 | | 2.74 | 2.46～3.05 | | |
| | | 基性 | | | 斜长角闪岩、安山玢岩 | 69 | 850 | 20～5680 | | 240 | 0～230 000 | | 2.77 | 2.64～2.95 | | |
| | 早 | 超基性 | | $\sum_3^3$ | 滑石蛇纹岩 | 35 | 6 | 0～270 | | 7 | 0～2080 | | 2.76 | 2.71～2.95 | | |
| 元古宙 | | 酸性 | | | 片麻状花岗岩、钾长花岗岩矽线石榴花岗岩 | 110 | 70 | 0～1780 | | 110 | 0～8190 | | 2.58 | 2.47～2.98 | | |
| | | 中性 | | | 闪长岩、片麻状石英闪长岩 | 70 | 870 | 0～7710 | 417 | 80 | 0～3310 | 238 | 2.74 | 2.57～2.99 | 2.66 | |
| | | 基性 | | | 次闪石化辉长岩 | 18 | 780 | 30～5490 | | 1630 | 10～22 870 | | 2.84 | 2.78～2.97 | | |
| 太古宙 | | 酸性 | | $\gamma o_1^2$ $\gamma_1$ | 石榴黑云斜长花岗岩、花岗岩、片麻状黑云母花岗岩、混合岩化花岗岩、片麻状紫苏辉石斜长花岗岩 | 135 | 304 | 0～9600 | 978 | 250 | 0～10 400 | 260 | 2.66 | 2.14～3.01 | 2.71 | |
| | | 基性 | | | 苏长岩、辉长岩 | 64 | 2400 | 20～19 800 | | 280 | 10～52 100 | | 2.81 | 2.65～3.24 | | |

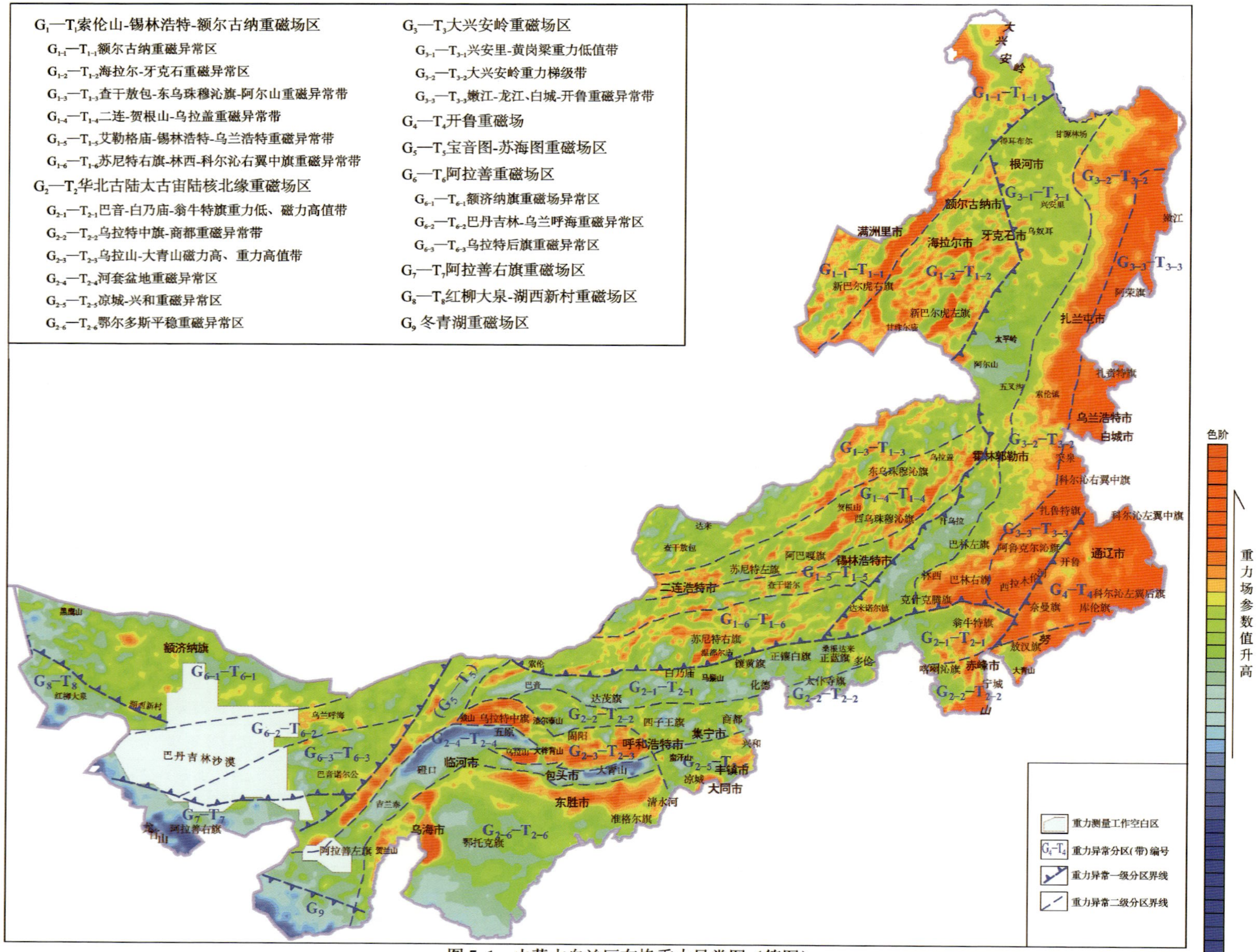


图5-1　内蒙古自治区布格重力异常图（简图）

古生代地层中常有范围和规模不等的中酸—中基性火山岩沉积夹层。这些火山岩层一般都具有中等强度磁性，密度略高于古生界平均密度值，常形成大面积不规则片状低缓正磁异常和宽缓的相对重力高异常。

(4)中生代主要磁性岩层是侏罗纪($J_3$)火山岩，为一套巨厚的陆相火山-沉积岩层，以中酸性火山岩-中基性火山岩、火山碎屑岩为主，分布于大兴安岭地区及赤峰和锡林郭勒盟北部地区。其具有强—中等强度磁性，且磁性极不均匀，密度偏低[平均(2.56～2.58)g/cm$^3$]，常形成正负频繁交替、剧烈变化的杂乱异常，强度一般为1000～1200nT。由于火山岩多呈大面积岩被覆盖，无明显的重力异常，只有当中新生代坳陷中沉积有一定厚度的中—新生代火山岩时，才能见有明显的局部重力异常。

(5)新生代除第三纪和第四纪玄武岩具有较强磁性，常形成正负频繁交替、幅值变化剧烈的杂乱磁异常外，均属无磁性盖层。若其直接覆盖于古老变质岩系或古生代岩层之上，因其密度较低[(1.67～2.38)g/cm$^3$]，当老地层下陷较深、中—新生界具有一定厚度时，将形成明显的重力低，若老地层隆起，中—新生界较薄时，将形成明显局部重力高。

(6)花岗岩类的磁性、密度及其场的特征。区内岩浆活动十分强烈，侵入和喷发活动持续不断，从太古宙到中新生代，各期岩浆岩均有分布，其中以海西中—晚期和燕山期花岗岩、花岗闪长岩类规模最大，分布最广，与古陆块构造活动关系密切。

太古宙花岗岩类，主要分布于集宁、察哈尔右翼前旗、凉城及和林等地，岩性主要为片麻状花岗岩、混合花岗岩等，磁性较弱，密度略低于太古宙深变质岩，常形成低弱正磁异常(100～200nT)和相对重力低异常。

元古宙花岗岩类，主要分布于乌拉特中旗—固阳一线，以片麻状钾长花岗岩、斜长花岗岩为主，具有弱—中等强度磁性，其平均密度值与中新元古界相近，而其中的中—中基性岩密度高于中新元古界。

加里东期花岗岩类，零星分布于阿拉善左旗、额济纳旗，以花岗岩和闪长岩为主，中东部区少见。

海西期花岗岩类，分布范围极广，常以巨大岩基、岩株产出，多沿古陆块活动陆缘带呈巨型带状分布，岩性主要为花岗岩、花岗闪长岩、闪长岩等。

按其磁性特征，可分为磁性花岗岩类和无磁性花岗岩类。一般偏中性者(如闪长岩)具有弱—中等强度磁性，航磁图上常形成200～400nT低缓正磁异常条带，其密度值略高，但低于(或接近)地壳平均密度值(2.67g/cm$^3$)。偏酸性者(如花岗岩)无磁性或具弱磁性，密度值低于地壳平均密度。石原舜三称前者为磁铁矿系列花岗岩，后者为钛铁矿系列花岗岩。

由前述讨论可知，磁性花岗岩类或磁铁矿系列花岗岩与Ⅰ型花岗岩类相当，具有一定强度的磁性；无磁性花岗岩类或钛铁矿系列花岗岩相当于S型花岗岩类，一般不具有磁性。

上述两种类型花岗岩的密度值均低于地壳平均密度值，在布格重力异常图上，通常显示为相对重力低。两者比较起来，Ⅰ型花岗岩类的密度值略高于S型花岗岩类的密度值，因此，Ⅰ型花岗岩类在重磁异常图中通常显示为低缓正磁异常和背景值略高的相对重力低异常(接近正常重力场)；S型花岗岩类，通常不形成磁异常，而只形成背景值较低的相对重力低异常(低于正常重力场)。

(7)蛇绿岩的磁性、密度及其场的特征。蛇绿岩来自上地幔，是洋底扩张的产物，主要成分是超基性岩，通常具有较强磁性和较高的密度值(表5-2)，当其具有一定规模时，可引起明显的局部正磁异常和局部高重力异常。

综上所述，引起区域性重磁异常的主要因素有：

(1)乌拉山岩群及其相当层位具有强磁性($\kappa \approx 1300 \times 10^{-6} \times 4\pi SI$，$Jr \approx 1600 \times 10^{-3}$ A/m)，高密度($\rho = 2.74g/cm^3$)，是引起区域性强磁异常和高重力异常的主要因素。

(2)侏罗纪($J_3$)火山岩亦具有较强磁性[$\kappa = (650 \sim 1200) \times 10^{-6} \times 4\pi SI$，$Jr = (2000 \sim 3000) \times 10^{-3}$ A/m]，但磁性极不均匀，是引起杂乱磁异常的主要因素；火山岩具有密度低($\rho = 2.51g/cm^3$)之特点，但多以大面积岩被产出。一般不形成局部重力异常。

上述两种因素，是引起区域性强磁异常的主要场源，前者与太古宇分布区相对应，它是古生代陆块活动之前既已形成的古陆,对古生代陆块构造的划分不起作用;后者与侏罗纪火山岩分布区相吻合,是古生代陆块活动结束之后的产物,对中—新生代陆块构造的研究具有重要意义,但对古生代陆块构造的划分不起作用。

(3)海西中—晚期I型花岗岩类,具有一定强度磁性[$Jr=(500\sim1500)\times10^{-3}$ A/m],常沿活动大陆边缘形成长度较大(几百千米至千余千米)、宽度较大(几十千米至百余千米)的低缓正磁异常(200～400nT)条带,是古生代时期曾发生过强烈的岩浆-火山岩活动的有力证据,对古陆块构造的划分具有重要意义。

(4)海西中—晚期S型花岗岩类,一般为无—弱磁性,常与负磁异常区(带)相对应。

上述两种成因类型的花岗岩类,密度值均较低[$\rho=(2.56\sim2.60)$ g/cm$^3$],常形成明显的重力低值带,沿活动大陆边缘分布,是识别和划分古板块的重要标志。

(5)蛇绿岩具有磁性强($\kappa=2000\times10^{-6}\times4\pi$SI,$Jr\approx2300\times10^{-3}$ A/m)、密度大[$\rho=(2.90\sim3.30)$ g/cm$^3$]之特点,常形成强度大、范围小的局部正磁异常和局部重力高异常,沿板块俯冲带或汇聚带断续分布,对古陆块构造的划分具有重要意义。

## (三)区域重力场特征

纵观内蒙古全区布格重力异常平面图(图5-1),其总的重力场展布,明显地显示出东西方向上的多块特征,南北方向上的分带特征。

全区布格重力异常值从东到西逐渐下降。从嫩江一线的$5\times10^{-5}$ m/s$^2$到阿拉善盟南部龙首山一带降至$-240\times10^{-5}$ m/s$^2$,下降幅度超过$245\times10^{-5}$ m/s$^2$。由地震测深和大地电磁测深资料可知,东部松辽盆地地壳厚度约35km;西部龙首山一带为56km,地壳厚度变化约20km(图5-2、图5-3)。由此可见,重力场的区域变化特征反映了现今地壳自东向西逐渐增厚的变化趋势。

区内有两条巨大的北东向重力梯度带,第一条是纵贯全国东部地区的大兴安岭-太行山-武陵山北北东向巨型重力梯度带,其北段大兴安岭梯级带位于内蒙古东部区。布格重力异常值从嫩江西岸的$5\times10^{-5}$ m/s$^2$,到大兴安岭西坡骤降到$-70\times10^{-5}$ m/s$^2$,布格重力异常值下降幅度达$75\times10^{-5}$ m/s$^2$,下降梯度为$(0.7\sim1)\times10^{-5}$ m·s$^{-2}$/km。它是本区东部地区一条巨型深部构造变异常——莫霍面陡倾带。由航磁图可知,不管航磁区域背景是正还是负,在大兴安岭重力梯度带上分布着跳跃型磁场。推断大兴安岭巨型宽条带重力梯度带同时也是一条超地壳深大断裂带的反映。该深大断裂带是环太平洋构造运动的结果,沿深大断裂带侵入了大量的中新生代中酸性岩浆岩并喷发、喷溢了大量的中新生代火山岩。

第二条位于内蒙古西部狼山-贺兰山西缘,呈北东向展布,东、西两侧下降幅度达$100\times10^{-5}$ m/s$^2$,下降梯度为$(0.7\sim0.8)\times10^{-5}$ m·s$^{-2}$/km。它是本区中西部地区一条巨大的上地幔变异常。这两条巨型梯级带是本区中—新生代以来最主要的两条构造活动带,对本区重力场的变化起着决定性的控制作用,从地表到地幔均有其影响的痕迹。两条北东向的重力梯度带将区域重力场分为3段,即位于狼山-贺兰山西缘梯度带以西地区;位于狼山-贺兰山与大兴安岭两条重力梯度带之间;位于大兴安岭重力梯度带东侧地区。两条重力梯级带之间及其东、西两侧区域重力场特征和趋势明显不同。

(1)贺兰山以西阿拉善山形异常区,即第一段位于狼山-贺兰山西缘梯度带以西地区(图5-4)。

这一地区区域布格重力异常总体走向自西向东,为北西西向转为近东西向,区域布格重力异常值自北向南呈波浪式下降,额济纳旗一带布格重力值为$-140\times10^{-5}$ m/s$^2$,至龙首山一带为$-240\times10^{-5}$ m/s$^2$。地震测深和大地电磁测深表明,额济纳旗一带地壳厚度约50km,而龙首山一带地壳厚度约56km。从北向南地壳厚度变化6km。区域重力场自北向南递减,正是反映了地壳厚度自北向南逐渐增厚的变化特征。另外,莫霍面相差6km不足以引起$-100\times10^{-5}$ m/s$^2$的重力差。说明额济纳旗一带的区域重力高,除莫霍面相对高的因素外,有高密度的基底存在并呈隆起状也是主要原因。

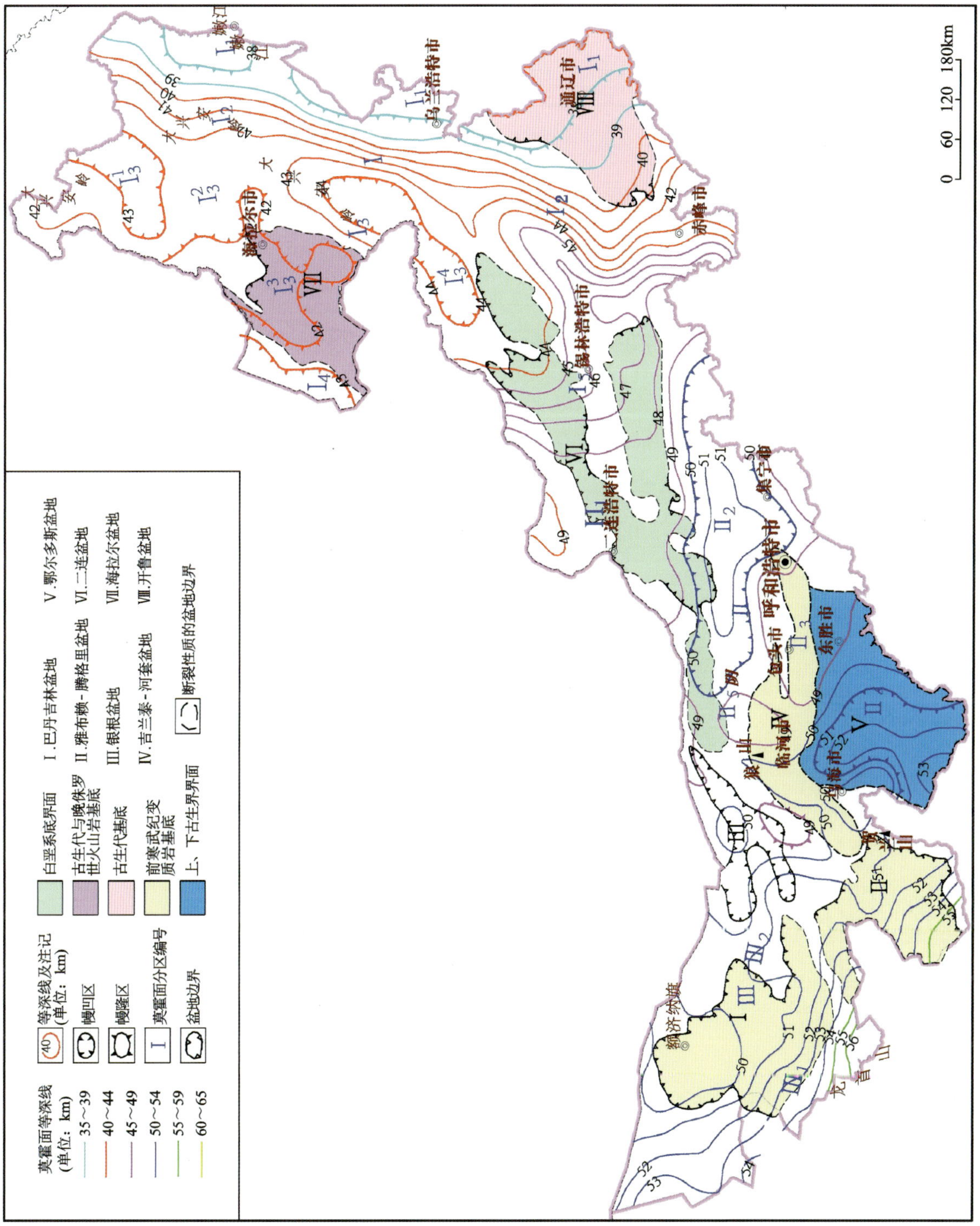
莫霍面等深线
(单位：km)
35～39
40～44
45～49
50～54
55～59
60～65
等深线及注记
(单位：km)
幔凹区
幔隆区
莫霍面分区编号
盆地边界
白垩系底界面
古生代与晚侏罗世火山岩基底
古生代基底
前寒武纪变质岩基底
上、下古生界界面
Ⅰ.巴丹吉林盆地
Ⅱ.雅布赖-腾格里盆地
Ⅲ.银根盆地
Ⅳ.吉兰泰-河套盆地
断裂性质的盆地边界
Ⅴ.鄂尔多斯盆地
Ⅵ.二连盆地
Ⅶ.海拉尔盆地
Ⅷ.开鲁盆地
0 60 120 180km
海拉尔市
通辽市
乌兰浩特市
赤峰市
锡林浩特市
二连浩特市
集宁市
呼和浩特市
包头市
东胜市
临河市
乌海市
额济纳旗
大兴安岭

图 5-2　莫霍面等深图

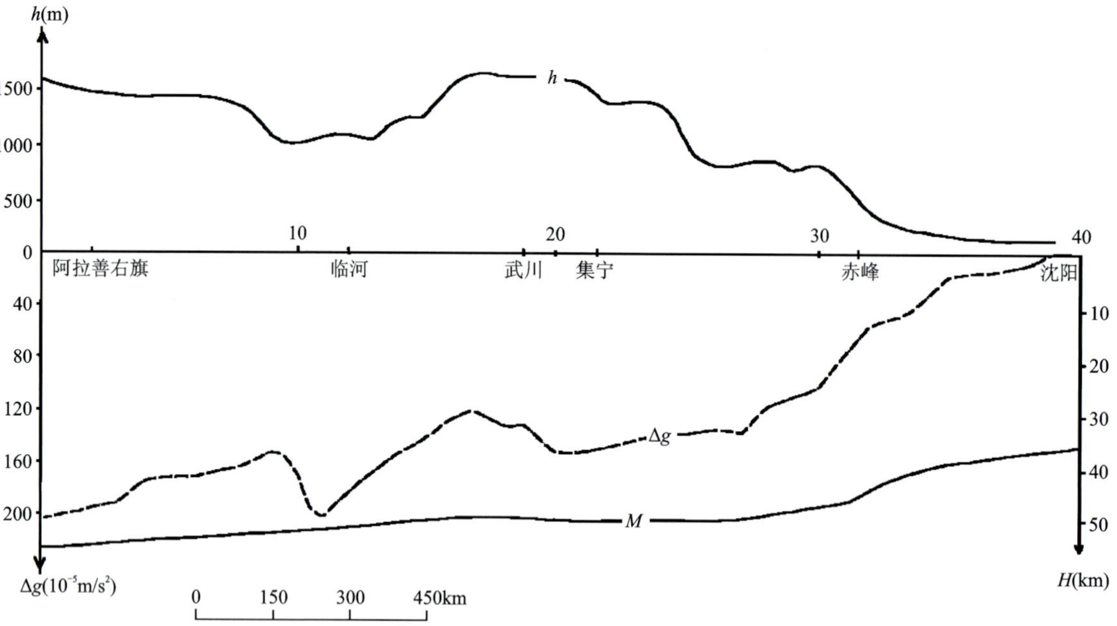


图 5-3　沈阳-阿拉善右旗布格重力异常、高程、莫霍面深度对应关系

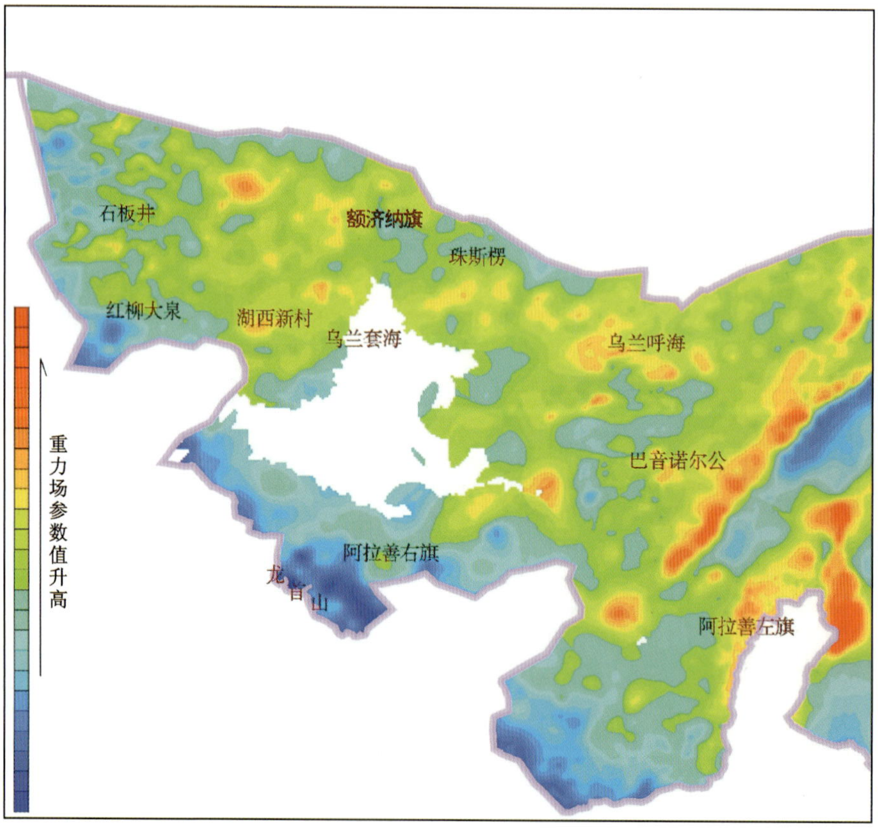


图 5-4　内蒙古西部区布格重力异常图

贺兰山以西地区为山形异常区，重力异常呈北西向展布。从额济纳旗—珠斯楞—乌兰呼海，布格重力异常值为$(-150 \sim -140) \times 10^{-5} m/s^2$，为重力高值带；从石板井—湖西新村—巴音诺尔公，布格重力异常值为$(-190 \sim -180) \times 10^{-5} m/s^2$，为重力低值带；从红柳大泉—阿拉善右旗—温都尔图，布格重力异常值为$(-240 \sim -190) \times 10^{-5} m/s^2$，亦为重力低值带。而从地形高程看，比较而言，布格重力异常较高地段地形高程较高，布格重力异常较低地段地形高程较低，即山区重力高，平原区重力低。即所谓的山形异常区，如贺兰山区布格重力异常值为$-150 \times 10^{-5} m/s^2$，银川平原区为$-190 \times 10^{-5} m/s^2$，龙首山区为$-200 \times 10^{-5} m/s^2$，阿拉善右旗平原为$-270 \times 10^{-5} m/s^2$。

综上所述认为，该区域重力场的变化趋势是地幔深度变化和地壳的起伏综合作用的结果。

(2)大兴安岭至贺兰山内蒙古中部山形异常区，即第二段位于两条重力梯度带之间(图 5-5)。

该区重力场近东西向展布，且与航磁异常的方向一致。该区域布格重力异常场值南、北两侧向中间呈波浪式下降。对照布格重力异常图与点位高程图，布格重力异常值随地形海拔高度的增加而增加，即布格重力异常值的变化与地形起伏呈正相关关系，如图 5-6 所示，即为山形异常区。

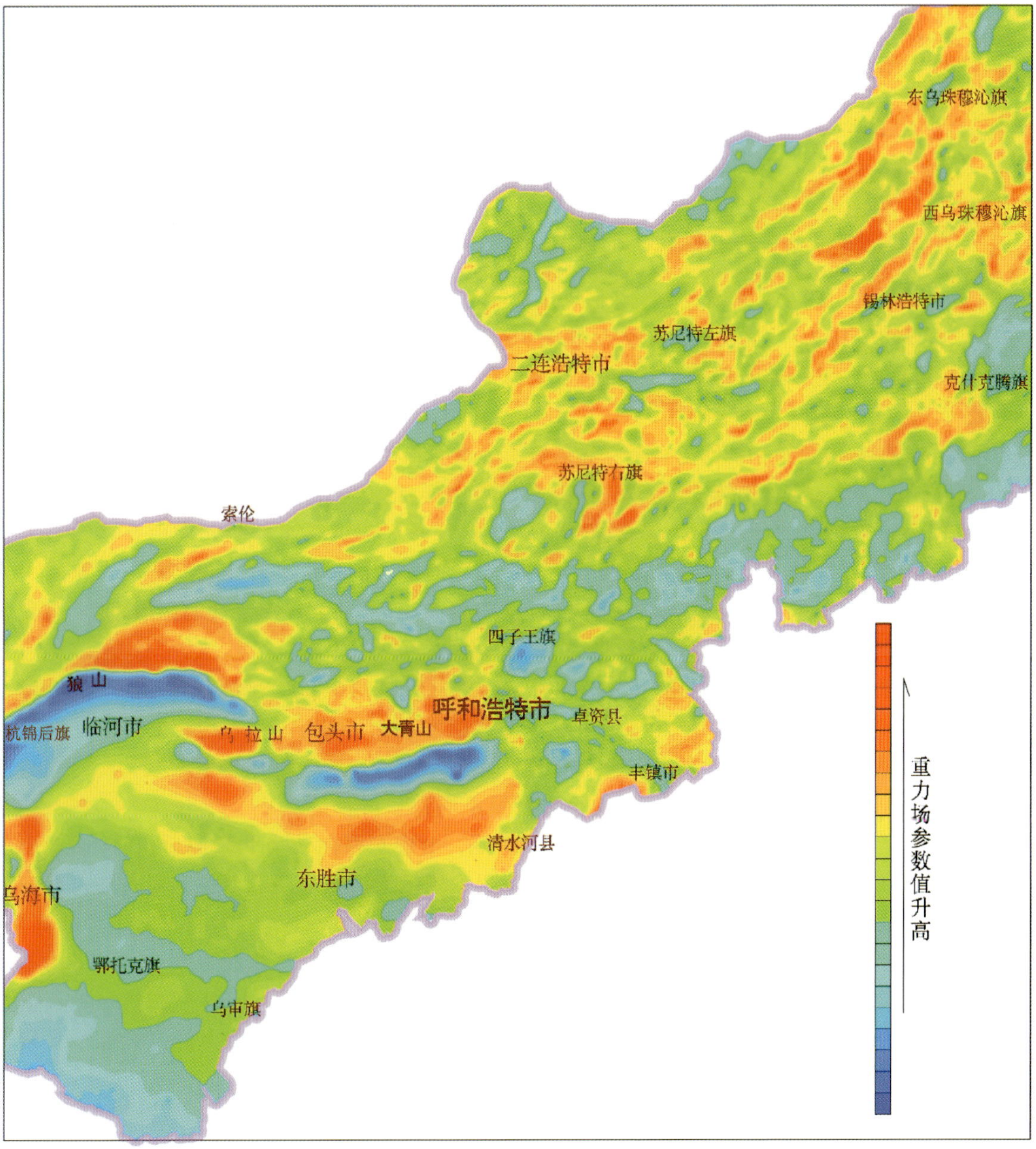


图 5-5　内蒙古中部区布格重力异常图

图 5-6 为中西部布格重力异常剖面(剖面近南北向)与高程、莫霍面的对应关系图。由图可见在大青山区(土默特右旗左侧),布格重力异常值为$-110\times10^{-5}m/s^2$,呼包平原区为$-200\times10^{-5}m/s^2$(土默特右旗一带)。

另外,在该剖面的西部、狼山山区,布格重力异常值为$-120\times10^{-5}m/s^2$,河套平原区布格重力异常值为$-220\times10^{-5}m/s^2$。

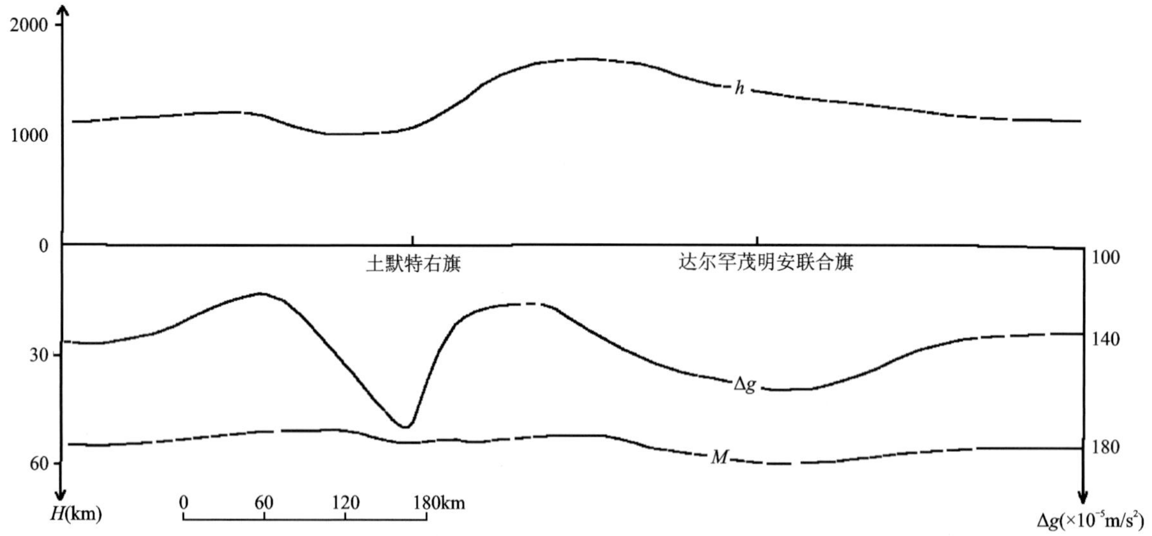


图 5-6 清水河-达尔罕茂明安联合旗(简称达茂旗)布格重力异常、高程、莫霍面深度对应关系

大兴安岭至贺兰山内蒙古中部地区,南北向分带的特征较明显,进一步细分有如下规律:大致以苏尼特右旗—那日图一线为界,其北区域重力反映重力高异常带,布格重力异常值$(-120\sim-100)\times10^{-5}m/s^2$;从乌拉特后旗—达茂旗—镶黄旗—多伦为重力低值带,布格重力异常值$(-160\sim-150)\times10^{-5}m/s^2$;从巴彦乌拉山—狼山—色尔腾山—乌拉山—大青山为重力高值带,布格重力异常值$(-120\sim-110)\times10^{-5}m/s^2$;从吉兰泰—杭锦后旗—呼和浩特市为重力低值带,布格重力异常值$(-220\sim-170)\times10^{-5}m/s^2$;从东胜—清水河—丰镇为重力高值带,布格重力异常值$(-120\sim-110)\times10^{-5}m/s^2$;从鄂托克旗—乌审旗为重力低值带,布格重力异常值$(-180\sim-150)\times10^{-5}m/s^2$。从北向南布格重力异常值呈波浪式高、低、高、低带状变化趋势,异常呈东西向展布。而对应的地形高程变化趋势与布格重力异常的高低变化一致,即布格重力值高的区域,地形高程也相对高,布格重力异常值低的区域,地形高程也相对低。即重力总体特征为山区重力高、平原区重力低的山形异常区。

图 5-6 中,土默特右旗重力低与呼-包盆地相对应,系由巨厚的中新生代沉积($\rho=2.54g/m^3$)所引起,达茂旗重力低对应白云鄂博群分布区,系由晚古生代巨型花岗岩带引起,上述两重力低之间的重力高,与大青山相对应,系由高密度的太古宙隆起所致。

该区域以西拉木伦河断裂带为界,两侧重力场特征不同:

北部重力高低异常相间分布,异常总体走向由西到东、由近东西向转为北东向,形成向南凸出的弧形异常带,与前述中带磁异常呈弧形分布特征类似,亦反映了该地区是环绕着西伯利亚古陆自北向南逐渐增生演化的特征。这一地区,中部存在由近东西(大约与 44°纬度相对应)转为北东的重力场高值带,重力值强度与西拉木伦河南侧重力高相当,地表零星出露前寒武纪地层,故推断该重力高值带为基底隆起区。在其两侧重力低异常带,依据电法及地表地质推断,系由花岗岩带和中新生代二连盆地群引起。

南部区域重力异常总体呈近东西向展布,分布有呈近东西向带状展布的重力低值区和不规则局部重力高值区。带状低值区紧邻西拉木伦河断裂分布,布格重力异常值为$(-182\sim-156)\times10^{-5}m/s^2$,伴有呈带状或串珠状展布的正磁异常,是全区最醒目的重磁异常带,纵贯内蒙古中东部地区,东西延长约 900km。该带与华北陆块北部近东西向展布的巨大陆缘俯冲碰撞造山带相对应,地表成片成带分布有侏罗纪、二叠纪酸性—中酸性侵入岩及中生代火山岩，为陆块俯冲形成的巨型构造岩浆岩带。该重磁异常带以南为华北原始陆块区，由于后期构造运动作用，陆块形成了许多大小不等、形状不一的断块，其中一部分上升隆起，如阴山山体，对应形成醒目的高磁高重不规则局部异常区，布格重力异常值为$(-142\sim-118)\times10^{-5}m/s^2$，正磁异常值100～1000nT；一部分断陷下沉，如鄂尔多斯盆地，为稳定陆块区，对应缓变的布格重力异常相对低值区，场值变化由北向南呈现逐渐降低的趋势，重力值为$(-202\sim-172)\times10^{-5}m/s^2$，这一方面反映盆地基底的变化趋势，同时也与莫霍面逐渐变深有关（对应区域从北向南莫霍面埋深由51km增加到53km）。盆地北部盆缘对应开阔稳定的带状正磁异常区，场值100～400nT，南部为稳定的背景场区。

整个内蒙古中部区均为山区重力高、平原区重力低的山形异常区，与河北、山西、陕西相似。该区域莫霍面的深度变化不大，所以区域上地幔密度的影响较小。布格重力异常的变化主要由壳内物质不均匀引起的，与大兴安岭和松辽盆地镜像异常区不同。

综上所述，两梯级带之间重力场的展布特征不仅反映了中—新生代以来壳幔均衡补偿作用对本区的影响，也较清晰地显示出了古构造——东西向构造和弧形构造的痕迹，而两梯级带东、西两侧则主要反映了现代构造的影响。

（3）大兴安岭以东地区，即第三段位于大兴安岭重力梯度带东侧地区（图5-7）。

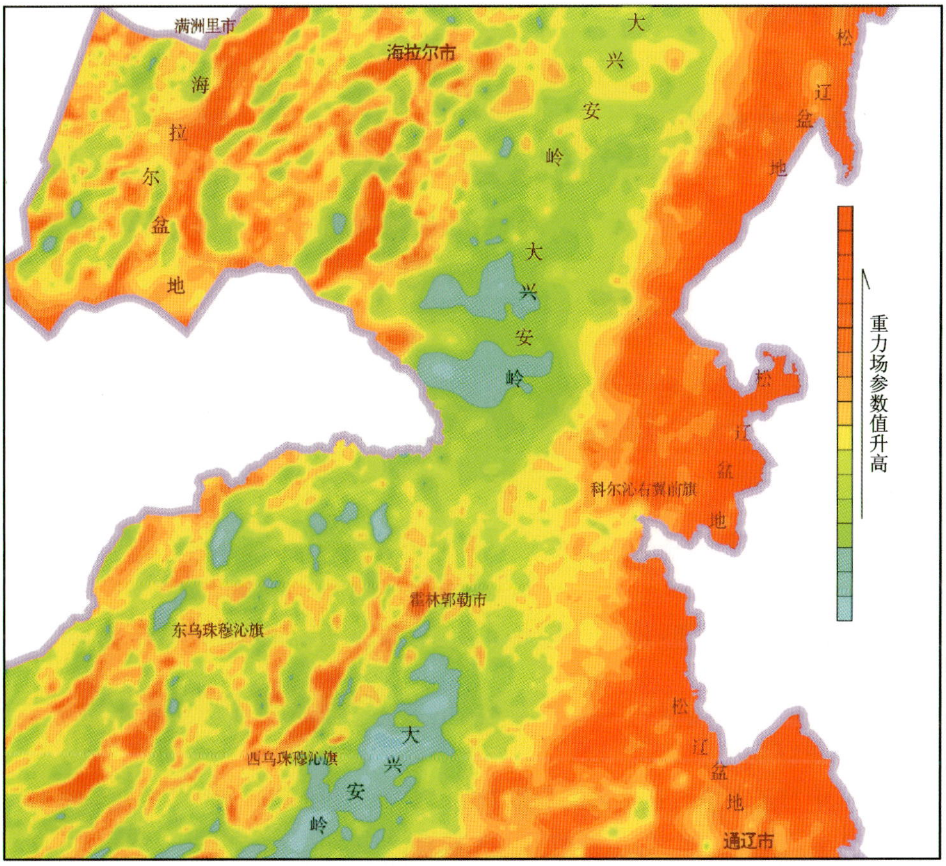


图5-7　内蒙古东部区布格重力异常图

与内蒙古全区相比，这一区域总体反映为相对重力高。该区域布格重力异常总体展布方向为北东向，而且沿大兴安岭一线存在一明显的北东向展布的巨型梯级带。

从东到西重力场呈逐渐降低的趋势。大兴安岭梯级带及其以东地区——松辽盆地以轴向多变的正异常为主，场值由盆地中央向东、西两侧逐渐降低。盆地中央布格重力异常值为$(5\sim15)\times10^{-5}m/s^2$，为重力相对高值区；松辽盆地东侧长白山系（张广才岭、老爷岭、吉林哈达岭、龙岗山、千山等在内蒙古全区外以东地区)布格重力异常值为(－100～－60)×$10^{-5}$m/$s^2$,为重力相对低值区;松辽盆地向西布格重力异常值总体呈波浪式下降:在大兴安岭东缘,布格重力异常值一般为(－20～－10)×$10^{-5}$m/$s^2$,为重力相对高值区,大兴安岭岭脊部位布格重力异常值(－140～－80)×$10^{-5}$m/$s^2$,为重力相对低值区;大兴安岭西侧海拉尔盆地所在区域布格重力异常值(－60～－40)×$10^{-5}$m/$s^2$,为重力相对高值区,额尔古纳布格重力异常值(－115～－80)×$10^{-5}$m/$s^2$,为重力相对低值区。总体趋势:长白山重力低—松辽盆地重力高—大兴安岭重力低—海拉尔盆地区重力高—额尔古纳重力低,而地形则出现相反的情况,海拔高度变化为:长白山系(高)—松辽盆地(低)—大兴安岭(高)—海拉尔盆地(低)—额尔古纳地区(高),即相邻地区地形低布格重力值则高,而地形高布格重力值则低。也就是山体重力低,平原区重力高,布格重力异常为镜像异常区。莫霍面等深度图上(图5-2),松辽盆地为一地幔隆起区,地壳厚度自盆地中央(34～35km)向东、西两侧逐渐加深(长白山区地壳厚度38～40km,大兴安岭西坡41～42km),可见盆地的相对重力高,是密度较大的地幔隆起所致,布格重力异常的总体变化趋势受制于地幔深度的变化。

该区域松辽盆地区、海拉尔盆地区有巨厚的中新生代沉积。在大兴安岭岭脊部位和额尔古纳一带是酸性花岗岩的分布区。酸性花岗岩的密度值一般低于古生界、元古宇、太古宇等地层的密度值。与中生界的密度值接近,高于新生界的密度值。海拉尔盆地区的局部重力高与老基底隆起有关,所以认为这一地区的布格重力异常区域上东高西低的变化趋势和镜像异常的特征与地幔深底的逐渐变深有关,同时也与地壳内物质密度的不均匀有关。

## 二、区域重力资料地质解释

以地质资料为基础、重力资料为依据,结合磁测、化探、遥感等资料,利用布格重力异常图、剩余重力异常图、重力异常水平梯度模图、方向导数图和重力垂导数异常图、区域重力异常图等(图5-1～图5-9),通过定性及半定量解释全区推断地质体情况如下。

地层:共推断地层单元425处,与矿产预测有必要关系的53处,重要关系149处,次要关系223处。其中推断隐伏地层100处,半隐伏地层275处,出露地层单元50处。

岩体:推断岩体269处,与矿产预测有必要关系的55处,重要关系的104处,次要关系的110处。其中推断隐伏岩体42处,半隐伏岩体133处,出露岩体94处。酸性—中酸性岩体共194处,基性—超基性岩体75处。

盆地:依据重力场特征全区共推断盆地357处,其中大兴安岭地区推断火山盆地90处,与多金属矿成矿关系密切。

断裂:全区共推断断裂1679条,其中一级(深大断裂)和二级(大断裂)55条,三级(一般断裂)1624条(图5-8)。

一级(深大断裂)和二级(大断裂)中与矿产预测有必要关系的5处,重要关系的50处。其中推断隐伏断裂15处,半隐伏断裂40处。

三级(一般断裂)中与矿产预测有必要关系的17处,重要关系的381处,次要关系的1226处。其中隐伏断裂1160处,半隐伏断裂360处,出露断裂104处。

下面对推断地质体划分依据及典型推断地质体进行详细的阐述。

### (一)断裂

#### 1.断裂划分依据及分类

根据推断断裂构造的依据和方法,对全区重力场进行了分析研究,由布格重力异常图及其不同延拓

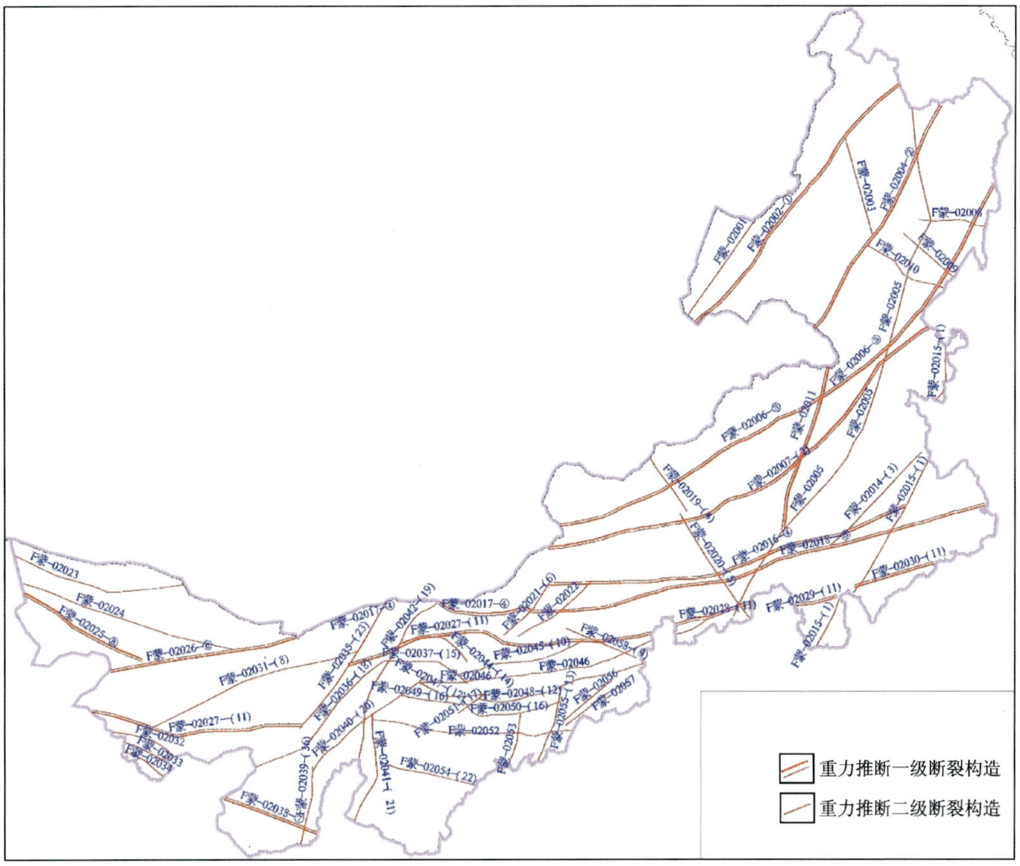


图 5-8 内蒙古构造纲要示意图

高度水平方向导数异常图(0°、45°、90°、135°)、水平梯度模图，全区线性异常特征以东西向为主，东部区重力异常特征以北东向为主，西部区重力异常特征有转为北西向的趋势，局部地区 0°、45°、90°、135°水平方向导数重力异常图上存在明显的北东向、东西向、北西向及南北向的带状异常特征，表明内蒙古全区的断裂构造主要以东西向为主，同时存在北东向、北西向和南北向的断裂构造。结合地质、磁测、遥感资料综合分析研究。

根据全区现有的资料，难以把握深大断裂构造的规模，故断裂级别粗略地分为 3 种：一级(深大断裂)、二级(大断裂)、三级(一般断裂)。对于在具有相对深部信息的布格重力异常上延 5km 的水平方向导数异常图上，仍有明显反映且区内有数十千米延伸的断裂构造，初步确定为大断裂(壳内型断裂)，结合地质、莫霍面等资料沿断裂存在深源物质(超基性岩)信息，且绵延数百千米的大断裂为一级断裂(壳幔型断裂)。全区共划分出 15 条深大断裂(一级)，40 条大断裂(二级)(图 5-8，表 5-3)，另外新推断的规模较小的一般断裂 1624 条(Ⅲ级)，见附图内蒙古自治区重力推断地质构造图。

**2. 典型断裂剖析**

(1)得尔布干深大断裂 F 蒙-02002-①。北自黑龙江省塔河一带进入本区，向南西经得尔布干、八大关至嵯岗镇，沿贝尔湖东岸延入蒙古国境内，可能与中蒙古深断裂相接，区内长 600 多千米。

布格重力异常图上，北段显示不明显，南段为一明显的呈北北东向延伸的等值线密集带，场值东高西低，下降梯度 $1.5\times10^{-5}ms^{-2}/km$(图 5-9)。

布格重力异常水平一阶导数(135°)图上，为明显的狭窄线性异常带，带内局部异常呈串珠状排列。

航磁异常图上，为一在负背景场上出现的北北东向延伸的连续的线性正磁异常带，正磁异常主要由沿断裂充填的或溢出的花岗岩类(Jγ)和侏罗纪($J_3$)中基性火山岩类引起。

**表 5-3　全区主要断裂构造一览表**

| 断裂编码 | 推断断裂名称 | 断裂性质 | 推断断裂长度(km) | 断层面走向 | 断裂分级 | 出露情况 | 断裂依据 |
|---|---|---|---|---|---|---|---|
| F蒙-02001 | 扎赉诺尔断裂 | 逆断层 | 100 | NNE | 二级断裂 | 半隐伏 | 重力场特征重力梯级带,重力等值线同向扭曲转折带 |
| F蒙-02002-① | 得尔布干断裂 | 逆断层 | 600 | NNE | 一级断裂 | 半隐伏 | 有蛇绿岩成带分布,重力场特征布格重力异常图上为一明显的北北东向等值线密集带。布格重力异常水平一阶导数(275°)图上,存在一明显的狭长线性异常带,带内局部异常呈串珠状排列 |
| F蒙-02003 | 乌尔其汉断裂 | 逆断层 | 200 | SN | 二级断裂 | 半隐伏 | 重力场分区界线,重力场特征左侧重力场等高线密集,右侧稀疏 |
| F蒙-02004-② | 鄂伦春-伊列克得断裂 | 逆断层 | 600 | NNE | 一级断裂 | 半隐伏 | 沿断裂有蛇绿岩、蓝闪片岩、混杂堆集岩,重力场特征布格重力异常等值线密集带、重力梯级带,北西侧区域性重力高(海拉尔区);南东侧区域性重力低(阿尔山区) |
| F蒙-02005 | 嫩江断裂 | 不明 | 1100 | SN | 二级断裂 | 半隐伏 | 大兴安岭西缘梯级带磁场分界线,重力场特征异常梯级带同向扭曲 |
| F蒙-02006-③ | 二连-东乌珠穆沁旗断裂 | 逆断层 | 1000 | EW转NEE | 一级断裂 | 半隐伏 | 沿断裂蛇绿岩带分布,重力场特征布格重力异常等值线密集带,南侧重力高值带,北侧重力低值带。卫星相片解译图上,线性构造清晰明显 |
| F蒙-02007-(2) | 艾勒格庙-锡林浩特断裂 | 逆断层 | 1000 | EW | 一级断裂 | 半隐伏 | 重力场特征重力等值线密集带和重力梯级带,重力高与重力低相间排列,重力等值线同向扭曲转折带 |
| F蒙-02008 | 库如奇 | 逆断层 | 1200 | NE | 二级断裂 | 隐伏 | 布格重力异常同身扭曲 |
| F蒙-02009 | 阿伦河断裂 | 平移断层 | 140 | NW | 二级断裂 | 隐伏 | 重力场特征重力等值线同向扭曲转折带,重力梯级带 |
| F蒙-02010 | 雅鲁河断裂 | 平移断层 | 240 | NW | 二级断裂 | 隐伏 | 重力场特征重力梯级带,重力等值线同向扭曲转折带 |
| F蒙-02011 | 乌兰哈达-林西断裂 | 不明 | 340 | SN | 一级断裂 | 隐伏 | 重磁场分区界线,重力场特征重力异常梯级带,同向扭曲 |
| F蒙-02014-(3) | 阿鲁科尔沁旗断裂 | 正断层 | 260 | NE | 二级断裂 | 半隐伏 | 有中生代及前中生代地层分布,重力场特征重力梯级带,狭长带状负磁异常带,隆起和断陷分界 |

续表 5-3

| 断裂编码 | 推断断裂名称 | 断裂性质 | 推断断裂长度(km) | 断层面走向 | 断裂分级 | 出露情况 | 断裂依据 |
|---|---|---|---|---|---|---|---|
| F蒙-02015-(1) | 嫩江-白城-八里罕断裂 | 逆断层 | 1200 | NE | 二级断裂 | 半隐伏 | 重力场特征正负重力磁场的分界，东侧松辽盆地重力高，西侧大兴安岭重力梯级带。布格重力异常(275°)方向导数图上，显示为明显的狭窄线性异常带，为大兴安岭区与松辽盆地的天然界线 |
| F蒙-02016-④ | 索伦山-巴林右旗断裂东段 | 缝合带 | 1200 | EW | 一级断裂 | 半隐伏 | 蛇绿岩断续分布，晚古生代俯冲带、缝合带，重力场特征布格重力异常等值线密集带、重力梯级带，等值线同向扭曲转折带。卫星相片线性构造带，地震剖面，壳内低速层，断裂两侧明显变异 |
| F蒙-02017-④ | 索伦山-巴林右旗断裂西段 | 缝合带 | 1200 | EW | 一级断裂 | 半隐伏 | 蛇绿岩断续分布，晚古生代俯冲带、缝合带，重力场特征布格重力异常等值线密集带、重力梯级带，等值线同向扭曲转折带。卫星相片线性构造带，地震剖面，壳内低速层，断裂两侧明显变异 |
| F蒙-02018-⑤ | 温都尔庙-西拉木伦河断裂 | 逆断层 | 900 | EW | 一级断裂 | 半隐伏 | 蛇绿岩、混杂堆集岩沿断裂分布，重力场特征重力梯级带，布格重力异常水平一阶导数(0°)图上，反映为近东西向延伸的线状正负异常带 |
| F蒙-02019-(4) | 那仁宝力格断裂 | 正断层 | 140 | NW | 二级断裂 | 半隐伏 | 重力场特征相对重力高与重力低之分界，玄武岩喷发带，航磁异常正负相间排列，串珠状正负磁异常带 |
| F蒙-02020-(5) | 阿巴嘎旗-多伦断裂 | 正断层 | 260 | NW | 二级断裂 | 半隐伏 | 重力场特征重力异常走向转折带，同向扭曲转折部位，航磁异常走向转折部位，玄武岩喷发带 |
| F蒙-02021-(6) | 白音敖包断裂 | 平移断层 | 160 | NE | 二级断裂 | 半隐伏 | 串珠状磁异常，重力场特征重力同向扭曲 |
| F蒙-02022 | 塔和勒乌苏断裂 | 平移断层 | 160 | NE | 二级断裂 | 半隐伏 | 串珠状磁异常，重力场特征重力同向扭曲 |
| F蒙-02023 | 清河口断裂 | 逆断层 | 60 | NW | 二级断裂 | 隐伏 | 重力场特征重力梯级带，重力等值线密集带，航磁异常为正负磁异常分界线 |

**续表 5-3**

| 断裂编码 | 推断断裂名称 | 断裂性质 | 推断断裂长度(km) | 断层面走向 | 断裂分级 | 出露情况 | 断裂依据 |
|---|---|---|---|---|---|---|---|
| F蒙-02024 | 额济纳旗断裂 | 逆断层 | 500 | EW | 二级断裂 | 隐伏 | 有前古生代地层分布,重力场特征布格重力异常图上为等值线密集带,同向扭曲转折部位,局部异常连续带状分布。布格重力异常水平一阶导数图上,为线性延伸的正或负异常带 |
| F蒙-02025-⑧ | 横蛮山-乌兰套海断裂 | 逆断层 | 320 | NW | 一级断裂 | 半隐伏 | 有元古宙及早古生代地层分布,蛇绿岩带分布带,不同地质构造单元,重力场特征狭长带状重力高值带,等值线密集带,同向扭曲带、梯级带 |
| F蒙-02026-⑥ | 阿拉善断裂 | 缝合带 | 650 | NE | 一级断裂 | 半隐伏 | 重力场特征区域重力高与区域重力低分界,此西侧 $\Delta g(-150\sim-140)\times10^{-5}m/s^2$,南东侧 $\Delta g(-200\sim-175)\times10^{-5}m/s^2$。两侧重磁异常形态特征和走向完全不同 |
| F蒙-02027-(11) | 临河-集宁断裂 | 逆断层 | 650 | NE | 一级断裂 | 半隐伏 | 重力场特征布格重力异常图上,重力等值线密集带断续分布,等值线同向弯曲转折部位。在水平一阶导数图上,表现为明显的区域负异常带 |
| F蒙-02028-(11) | 临河-集宁断裂 | 逆断层 | 650 | NE | 一级断裂 | 半隐伏 | 重力场特征布格重力异常图上,重力等值线密集带断续分布,等值线同向弯曲转折部位。在水平一阶导数图上,表现为明显的区域负异常带 |
| F蒙-02029-(11) | 临河-集宁断裂 | 逆断层 | 650 | NE | 一级断裂 | 半隐伏 | 重力场特征布格重力异常图上,重力等值线密集带断续分布,等值线同向弯曲转折部位。在水平一阶导数图上,表现为明显的区域负异常带 |
| F蒙-02030-(11) | 临河-集宁断裂 | 逆断层 | 650 | NE | 一级断裂 | 半隐伏 | 重力场特征布格重力异常图上,重力等值线密集带断续分布,等值线同向弯曲转折部位。在水平一阶导数图上,表现为明显的区域负异常带 |

续表 5-3

| 断裂编码 | 推断断裂名称 | 断裂性质 | 推断断裂长度(km) | 断层面走向 | 断裂分级 | 出露情况 | 断裂依据 |
|---|---|---|---|---|---|---|---|
| F蒙-02031-(8) | 巴丹吉林断裂 | 逆断层 | 360 | NE | 二级断裂 | 半隐伏 | 为前寒武纪与古生代地层分界线，为串珠状磁异常带，重力场特征布格重力异常等值线同向扭曲，等值线密集带，东段为重力高与重力低分界线 |
| F蒙-02032 | 大库场断裂 | 逆断层 | 140 | EW | 二级断裂 | 隐伏 | 重力场特征重力梯级带，等值线密集带，同向扭曲转折部位，长条带状磁力高异常带边部 |
| F蒙-02033 | 狼娃山断裂 | 逆断层 | 80 | NW | 二级断裂 | 隐伏 | 重力场特征重力梯级带，重力等值线密集带，航磁正负磁场分界线 |
| F蒙-02034 | 坡拉麻顶断裂 | 逆断层 | 100 | NW | 二级断裂 | 隐伏 | 重力场特征重力等值线密集带，同向扭曲转折带，航磁正负磁场分区界线 |
| F蒙-02035-(23) | 宝音图断裂 | 正断层 | 280 | NNE | 二级断裂 | 半隐伏 | 截断中生代及前中生代断裂，重力场特征布格重力异常梯级带，隆起或断陷分界 |
| F蒙-02036-(18) | 狼山南缘-吉兰泰断裂 | 正断层 | 310 | EW | 二级断裂 | 半隐伏 | 隆起断陷分界，重力梯级带，平行高磁异常，重力场特征重力梯级带 |
| F蒙-02037-(15) | 狼山-渣尔泰山南缘断裂 | 正断层 | 220 | EW | 二级断裂 | 半隐伏 | 有中新生代地层分布，地震活动带，重力场特征重力异常梯级带，不同特征磁场分区界线，隆起与断陷分界 |
| F蒙-02038-⑦ | 腾格里断裂 | 逆断层 | 300 | NW | 一级断裂 | 半隐伏 | 有古生代地层分布，重力场特征重力梯级带，重力等值线密集带，乌达同向扭曲转折部位，不同构造单元分界 |
| F蒙-02039-(26) | 阿拉善左旗断裂 | 正断层 | 160 | SN | 二级断裂 | 半隐伏 | 有元古宙与古生代地层分布，地震活动带，重力场特征重力梯级带，不同特征和不同走向磁场分布界线，不同构造单元分界 |
| F蒙-02040-(20) | 五原-磴口断裂 | 逆断层 | 200 | NE | 二级断裂 | 半隐伏 | 有元古宙和古生代地层分布，地震活动带，重力场特征重力梯级带，不同特征和不同走向的磁场分布界线，不同构造单元分界 |
| F蒙-02041-(21) | 桌子山东缘断裂 | 正断层 | 240 | SN | 二级断裂 | 半隐伏 | 有元古宙、古生代地层分布，地震活动带，重力场特征重力梯级带，走向和特征截然不同的磁场分界，不同构造单元分界 |

续表 5-3

| 断裂编码 | 推断断裂名称 | 断裂性质 | 推断断裂长度(km) | 断层面走向 | 断裂分级 | 出露情况 | 断裂依据 |
|---|---|---|---|---|---|---|---|
| F蒙-02042-(19) | 索伦山-乌海断裂 | 正断层 | 360 | NNE | 二级断裂 | 半隐伏 | 截断中生代和前中生代断裂,地震活动带,重力场特征重力梯级带 |
| F蒙-02044-(14) | 乌拉特前旗-固阳断裂 | 平移断层 | 160 | NW | 二级断裂 | 半隐伏 | 有渣尔泰山群和白云鄂博群地层分布,重力场特征重力梯级带,航磁异常等值线扭曲变异带 |
| F蒙-02045-(10) | 四子王旗断裂 | 逆断层 | 280 | EW | 二级断裂 | 半隐伏 | 有中、古元古代地层分布及元古宙超基性岩分布带,重力场特征重力高值带,带状磁异常 |
| F蒙-02046 | 临河-察右后旗断裂(集宁) | 逆断层 | 540 | EW | 二级断裂 | 隐伏 | 重力场特征重力梯级带,为相对重力高与相对重力低分界。为新太古界与元古宇分界,布格重力异常水平一阶导数(0°)图上,为一明显的等值线密集带。为太古宙原始陆块与元古宙裂陷槽之分界 |
| F蒙-02047-(12) | 乌拉特前旗-呼和浩特断裂西段 | 正断层 | 500 | EW | 二级断裂 | 半隐伏 | 有中新生代地层分布,重力场特征重力梯级带,隆起与断陷分界,正负磁场分界 |
| F蒙-02048-(12) | 乌拉特前旗-呼和浩特断裂东段 | 正断层 | 500 | EW | 二级断裂 | 半隐伏 | 有中新生代地层分布,重力场特征重力梯级带,隆起与断陷分界,正负磁场分界 |
| F蒙-02049-(16) | 达拉特旗断裂西段 | 平移断层 | 320 | EW | 二级断裂 | 半隐伏 | 重力场特征重力梯级带,重力等值线同向扭曲转折带,断裂错断中新生代。不司特征磁场的分区界线 |
| F蒙-02050-(16) | 达拉特旗断裂东段 | 平移断层 | 320 | EW | 二级断裂 | 半隐伏 | 重力场特征重力梯级带,重力等值线同向扭曲转折带,断裂错断中新生代。不同特征磁场的分区界线 |
| F蒙-02051-(17) | 包头断裂 | 平移断层 | 80 | NE | 二级断裂 | 半隐伏 | 错断中新生代,地震活动带,重力场特征重力梯级带,等值线强烈扭曲变异带 |
| F蒙-02052 | 鄂尔多斯盆地北缘断裂 | 平移断层 | 440 | EW | 二级断裂 | 隐伏 | 重力场特征重力梯级带,等值线同向扭曲转折带 |

**续表 5-3**

| 断裂编码 | 推断断裂名称 | 断裂性质 | 推断断裂长度(km) | 断层面走向 | 断裂分级 | 出露情况 | 断裂依据 |
|---|---|---|---|---|---|---|---|
| F蒙-02053 | 新庙断裂 | 不明 | 120 | SN | 二级断裂 | 隐伏 | 重力场特征重力等值线同向扭曲,异常由窄变宽 |
| F蒙-02054-(22) | 鄂托克旗断裂 | 逆断层 | 260 | EW | 二级断裂 | 隐伏 | 有新太古代地层分布,重力场特征重力等值线密集带,同向扭曲带,局部重力梯级带 |
| F蒙-02055-(13) | 和林格尔断裂 | 正断层 | 100 | NNE | 二级断裂 | 隐伏 | 重力场特征重力异常等值线扭曲变异带,有古生界及中生界分布,航磁异常等值线扭曲变异带 |
| F蒙-02056 | 岱海北侧断裂 | 逆断层 | 140 | NE | 二级断裂 | 隐伏 | 重力场特征重力梯级带,重力等值线同向扭曲转折带 |
| F蒙-02057 | 岱海南侧断裂 | 逆断层 | 140 | NE | 二级断裂 | 隐伏 | 重力场特征重力梯级带,重力等值线同向扭曲转折带 |
| F蒙-02058-(9) | 察右后旗-商都断裂 | 平移断层 | 160 | NW | 二级断裂 | 半隐伏 | 截断中生代及前中生代断裂,重力场特征重力等值线密集带,重力等值线同向扭曲转折带,为串珠状磁异常带 |

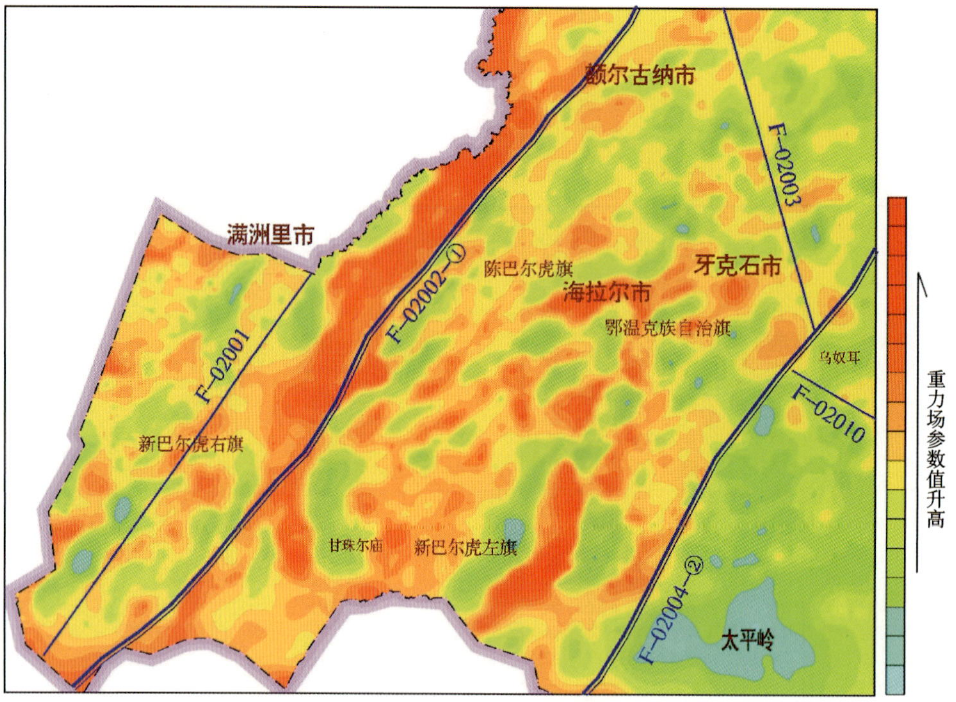


图 5-9　内蒙古东部区北东向断裂所在位置布格重力异常图

根据断裂带两侧地层时代的差别(西侧主要为早古生代地层,东侧为中—新生界),推测断裂形成于加里东早期,海西期沿断裂带有大规模的花岗岩侵入,中生代有大量的中基性火山岩溢出,是一条长期活动的断裂。

沿断裂两端延伸方向,在蒙古国和俄罗斯境内发现有大规模的蛇绿岩成带分布,北西侧的额尔古纳河-克鲁伦河,沿岸有大规模与蛇绿岩相配套的加里东期花岗岩类平行断裂分布,表明早古生代时期,这里是一个活动的大陆边缘,据此推断该断裂带具有古俯冲带的性质。

(2)温都尔庙-西拉木伦河深大断裂 F 蒙- 02018-⑤。西起格少庙,向东经温都尔庙、克什克腾旗至西拉木伦河,呈近东西向展布,区内长 800km,宽数千米至数十千米。

布格重力异常图上,克什克腾旗以西显示为一明显的呈近东西向断续延伸的重力梯级带。其北侧为东西向相间排列的紧密线状或波状异常;南侧为一明显的呈东西向展布的巨型重力低值带(图 5-1)。

航磁异常图上,断裂带两侧磁场特征截然不同。克什克腾旗以西,断裂带南侧为一呈近东西向延伸的连续低缓航磁异常带;北侧为平静的负磁异常带;克什克腾旗以东,断裂带呈一明显的东西向延伸的狭长负磁异常带。两侧异常特征和延伸方向截然不同,北侧局部异常轴向呈北东向,与西拉木伦河呈明显的“入”字形斜交。

布格重力异常水平一阶导数(135°)图上(图 5-10),反映为近东西向延伸的线状(正)负异常带。人工地震测深剖面上,中地壳低速层(6.2～6.1km/s)从南向北穿越西拉木伦河后,突然消失,两侧地壳结构产生明显差异。莫霍面等深图上(图 5-2),断裂带位于地幔斜坡上,北侧莫霍面深度 49km,南侧 51km,可见断裂已楔入上地幔。

航磁异常图上,上延 10km、20km 等值线图上,断裂带反映为呈近东西向断续延伸的等值线密集带或低值带。航磁异常化极上延 20km 水平一阶导数(0°)图上,反映为近东西向延伸的线状正或负异常带。

根据地质资料,温都尔庙地区,沿断裂带地表见有长 50km、宽约 1km 的大型韧性剪切带,岩石普遍揉皱片理化、碎裂岩化和糜棱岩化,摩擦镜面、擦痕构造比比可见。克什克腾旗东部燕山期岩体中见有宽达 2.5km 的挤压破碎带及糜棱岩化带,西拉木伦河两岸元古宙、古生代地层及燕山期岩浆岩带均有

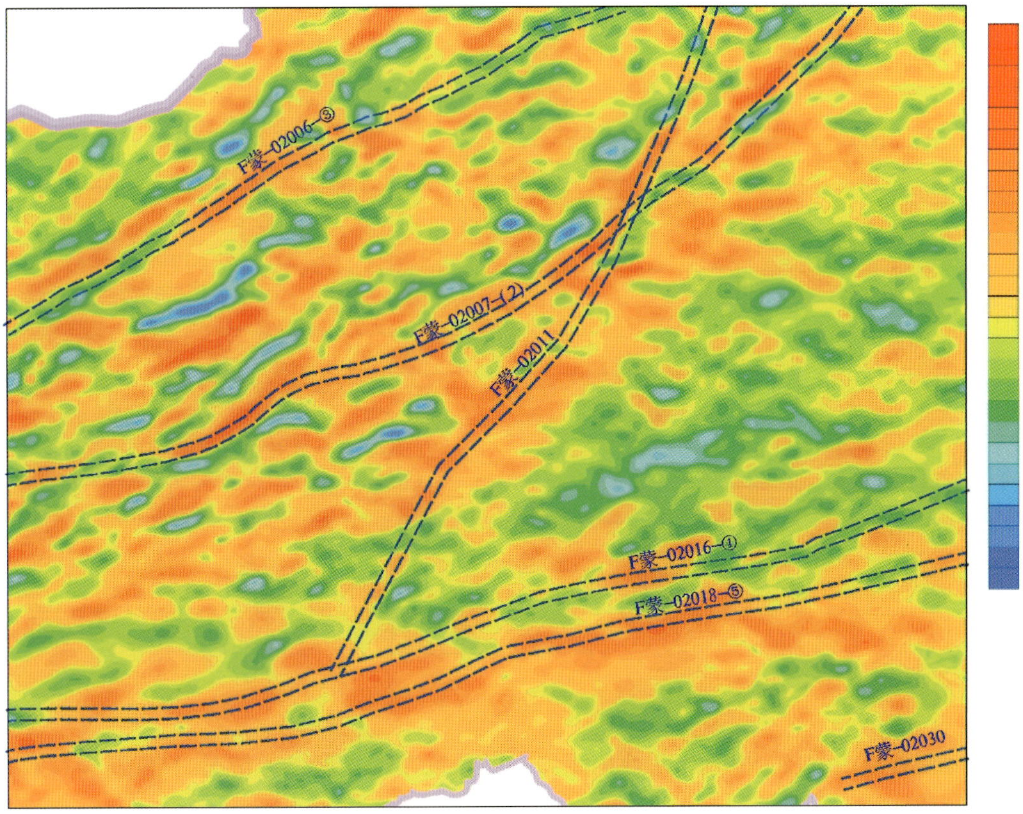

图 5-10　内蒙古中部区近东西向断裂所在区域原平面布格重力异常水平一阶导数图(0°)

左行错位[《地质志》(1991 年版)],表明断裂具有左行平移特征,可能为华北古陆向北逆冲挤压所致。

沿断裂带北侧温都尔庙、杏树洼等地,早古生代蛇绿岩、混杂堆积断续分布,推断该断裂带为一规模巨大的超壳深断裂带,具有早古生代俯冲带性质。

(3)索伦山-巴林右旗深大断裂 F 蒙-02016-④、F 蒙-02017-④。西起索伦山,向东经苏尼特右旗南、查干诺尔、达里诺尔、克什克腾旗、巴林右旗至阿鲁科尔沁旗,被嫩江-八里罕断裂所截,总体呈近东西向延伸,略有向南东凸出的弧形,区内长 1200km。该断裂被 F 蒙-02021-(8)错断,分别编为 F 蒙-02016-④、F 蒙-02017-④。

布格重力异常图上,断裂带显示为断续延伸的等值线密集带,克什克腾旗以东,大兴安岭重力梯级带发生明显的同向弯曲。

在布格重力异常原平面水平一阶导数图上,断裂位于其正极值区域附近(图 5-10)。

断裂带两侧磁场特征不同,航磁异常化极上延 20km(0°)方向水平导数图上,断裂带显示为一明显线性异常带,带内正负异常呈串珠状排列。卫星相片线性构造图上,清晰地显示出东西向线性构造(图 5-11)。

地震剖面图上,沿断裂带产生了明显的壳层速度结构变异现象。断裂两侧地壳中间低速层埋深相

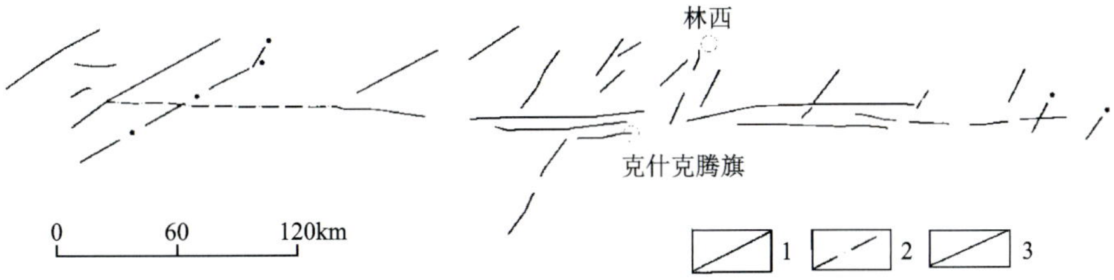

图 5-11　卫星相片线性构造图

1. 主线形构造;2. 推断主线形构造;3. 次级线形构造

差 14～15km，即两侧上地壳厚度相差 14～15km(图 5-12)。

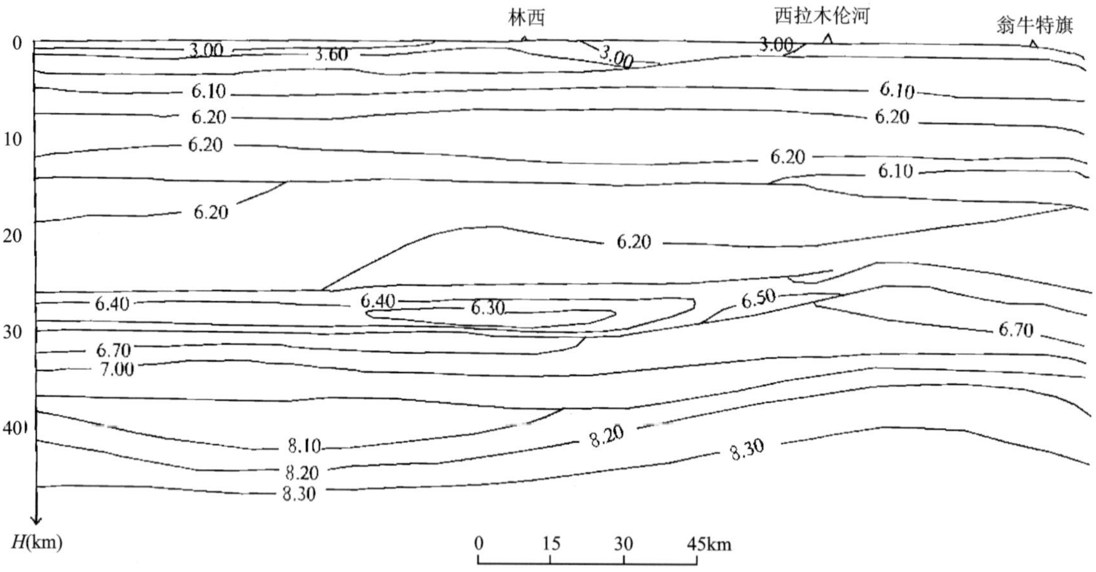


图 5-12 人工地震测深剖面图

沿断裂带北侧索伦山、二道井一线，海西期蛇绿岩断续分布。根据上述情况，推断断裂带具有晚古生代陆块俯冲带或陆块汇聚带性质。

(4)嫩江-白城-八里罕大断裂 F 蒙-2015-(1)。北至呼玛延入本区，经嫩江、龙江、白城、开鲁西至八里罕，全长 1200km，为晚古生代至新生代长期活动的断裂带。

断裂带两侧地貌特征极为醒目，西侧为大兴安岭隆起带，东侧为松辽盆地，断裂带是大兴安岭山区与松辽盆地的天然界线。

布格重力异常图上，东侧松辽盆地区域重力高值区，布格重力异常带状或椭圆状展布，等值线相对较稀疏；西侧为大兴安岭重力梯级带，等值线密集。

航磁图上，断裂带两侧磁场特征明显不同，北段(嫩江-白城)西侧为在高背景值上出现的强度和梯度变化都很大的杂乱异常，呈北北东向延伸，东侧在负磁场背景上分布有形态、强度和走向各异的宽缓正磁异常。

航磁异常图和布格重力异常图上，断裂两侧线性异常呈“入”字形斜交。

航磁异常化极上延 10km、20km 磁场图上，断裂带显示为断续分布的线状磁异常带，两侧磁场面貌不同。西侧为区域性高值杂乱磁异常区，东侧为区域性负磁异常区，表明两侧的磁性基底的性质和埋深不同。

南段(白城以南)，在大片负磁场中有一条北东向延伸的狭长线性正异常带，呈拉长的“S”形，强度 100～200nT，宽 10～20km，系由海西期花岗岩($\gamma_4$)沿断裂侵入所致。

航磁异常上延 20km，135°方向导数图和布格重力异常 135°方向导数图上，均显示为明显的狭窄线性异常带。

(5)阿拉善深大断裂 F 蒙-02026-⑥。自甘肃天仓一带延入本区，向北东经乌兰套海、好比如山南缘至宝音图北，延入蒙古国，总体呈北东向延伸，区内长 650km。

布格重力异常图上，断裂带表现为区域重力高与区域重力低之分界，北西侧为一区域性相对重力高，场值 $\Delta g(-150\sim-140)\times10^{-5}m/s^2$，局部异常呈北西西向延伸；南东侧为一区域性重力低，场值为 $(-200\sim-175)\times10^{-5}m/s^2$，总体呈北东向展布(图 5-13)。

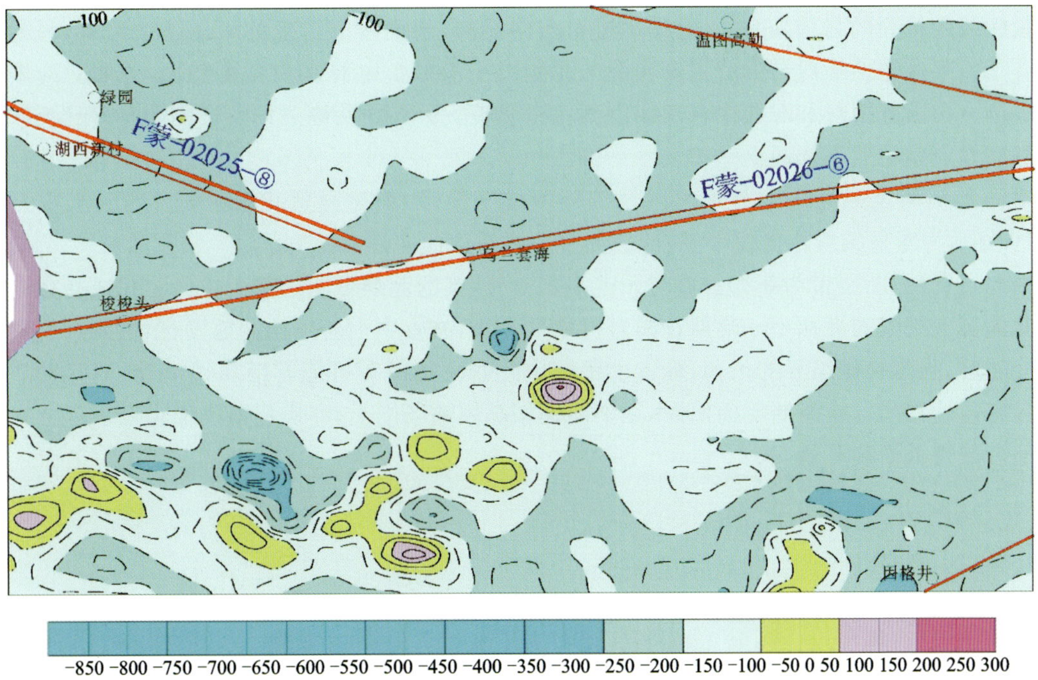


图 5-13　F 蒙-02026-⑥所在区域航磁异常示意图

航磁异常图上，表现为异常特征和延伸方向截然不同的两种磁场面貌之界线。北西侧以平静的负磁场为背景，其上分布有强度和梯度变化均较小的开阔的尾状正磁异常，总体呈北东东向延伸；南东侧在平静的负磁场背景上分布有狭长带状、串珠状或不规则状局部正异常，强度和梯度变化均较北西侧大，总体呈北东向展布，断裂带两侧局部异常的延伸方向呈明显的"V"字形斜交。

断裂带两侧重磁异常的形态和走向特征的不同，无疑反映了分界线两侧基底的内部构造、岩浆活动和受力方向等的差异。

航磁异常上延 10km 等值线图上，断裂带显示为一明显的等值线变异带。

航磁异常上延 20km 水平一阶导数(135°)图上，断裂带显示为一明显的线性正异常带。

沿断裂带北侧的白音查干、白音戈壁等地见有海西期超基性岩($\Sigma_4^3$)出露，与索伦山超基性岩处于同一构造部位，应属蛇绿岩。沿断裂带南侧分布有规模巨大的海西中晚期花岗岩和混合花岗岩，推断断裂带可能具有板块碰撞缝合带性质。

(6)横蛮山-乌兰套海深大断裂 F 蒙-02025-⑧。自甘肃延入本区，经横蛮山、湖西新村、乌兰套海，被阿拉善断裂所截。区内长 320km，北西向延伸。形成于元古宙，断裂性质为压性及压剪性。

布格重力异常图上，为狭长带状重力高值带、重力梯级带，也是重力等值线密集带，位于等值线同向扭曲转折部位。不同构造单元分界，控制元古宙及早古生代地层分布，同时是蛇绿岩分布带。航磁异常图上，为狭长带状磁力高值带，带内狭长带状或椭圆形局部异常呈串珠状排列。

该断裂形成于早古生代，断裂性质为压性及压剪性。沿断裂有蛇绿岩分布，超基性岩是深源物质，表明，断裂已切穿地壳，切入上地幔，所以是深大断裂(一级)。古生代蛇绿岩沿断裂分布，表明断裂带可能为早古生代陆块汇聚带或俯冲消减带。

(7)临河-察右后旗大断裂 F 蒙-02046。西起杭锦后旗，向东经乌拉山，大青山北缘至商都一带，向东可能经太仆寺旗北、河北省围场县赤峰进入辽宁县，总体呈近东西向展布。

布格重力异常图上，断裂带显示为相对重力高与相对重力低之分界，南侧为乌拉山、大青山相对重力高，北侧为相对重力低，断裂带表现为不甚明显的重力梯级带。布格重力异常水平一阶导数(0°)图上，为一明显的等值线密集带。

航磁异常图上,断裂带表现为极醒目的特征完全不同的两种磁场面貌的分区界线,分界线南侧为平行带状紧密线性排列的强磁异常区,总体呈近东西向展布,地面对应古老的华北陆块北缘,强磁性的乌拉山岩群是引起区域性强磁异常的主要场源。北侧以平静的负磁异常为主要特色,地面对应弱磁性的渣尔泰山群—白云鄂博群和海西中—晚期巨型花岗岩带。分界线两侧磁场特征的明显差异反映了断裂带两侧基底性质是截然不同的。

在不同延拓高度磁场图上显示为明显的等值线密集带,航磁异常化极上延 20km 水平一阶导数(0°)图上,显示为明显的线性低值带,局部负异常呈近东西向串珠状排列。

根据地质资料,断裂带为新太古界与元古宇之分界,推断断裂可能形成于古元古代或新太古代。沿断裂带北侧有大规模的海西中—晚期花岗岩类成带分布,亦有中—新生代盆地发育,推断系为两大板块碰撞对接之后,强烈挤压结界的产物,晚古生代至中—新生代断裂可能有继承性活动,但其性质可能已转化为具有逆冲性质。推断断层面南倾,在不同延拓高度磁场图上,亦表明断裂面南倾。

其他区域性大断裂见表 5-3。

## 二、侵入岩体

依据侵入岩体的推断依据和方法,通过对重力资料的对比分析研究,区域上主要可以比较明显判别圈定酸性侵入岩(花岗岩类一般为重力低异常)(图 5-14)、基性—超基性侵入岩(基性—超基性岩类重力高异常)的平面范围和基本形态。一定条件下,可通过正反演计算,提供具一定可信度的空间几何参数。

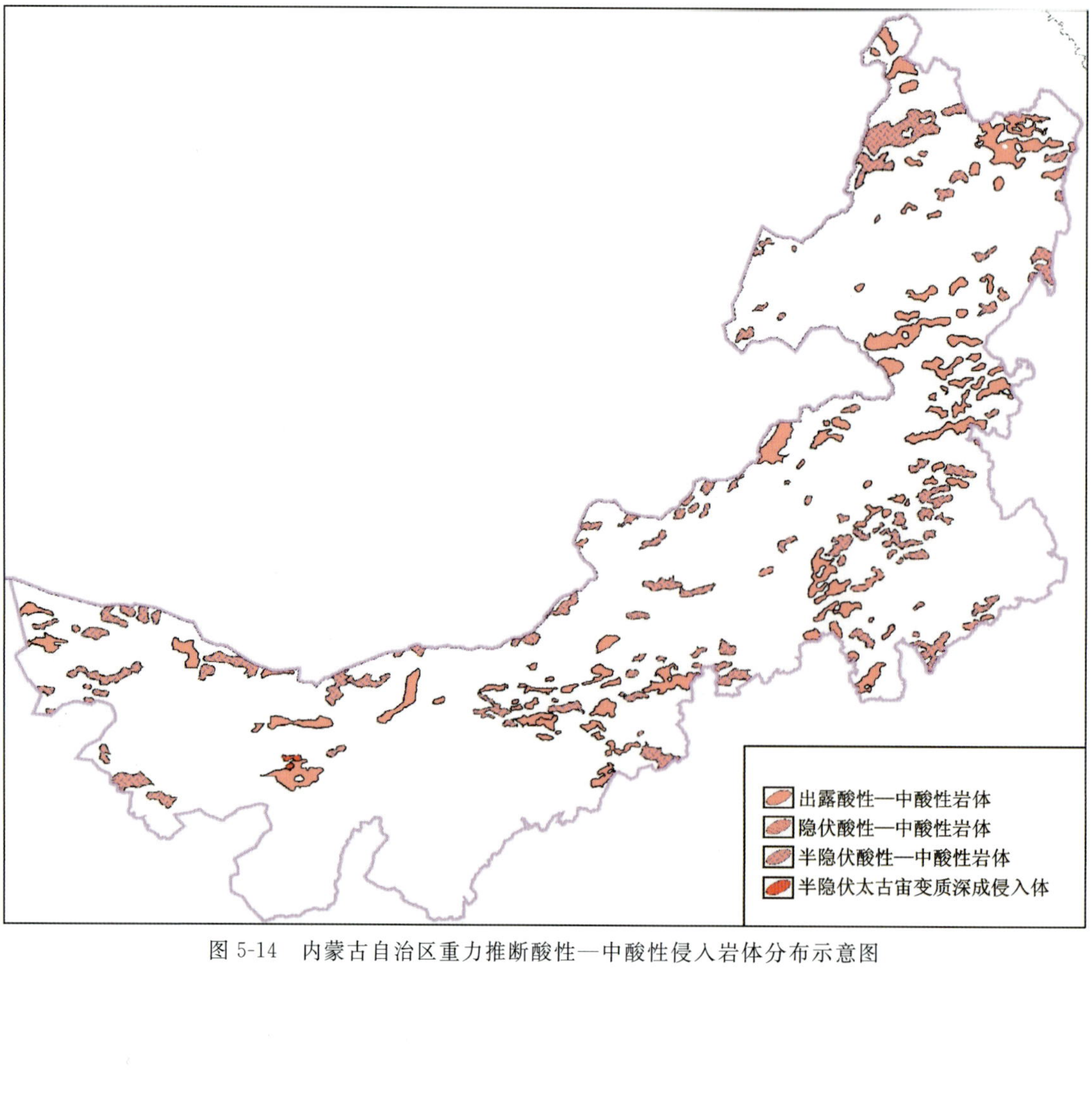


图 5-14　内蒙古自治区重力推断酸性—中酸性侵入岩体分布示意图

但需要特别指出的是，太古宙花岗岩类为重力高异常，因其平均密度为2.71g/cm$^3$，与太古宙基性岩类平均密度相同。介于元古宙地层密度(2.69g/cm$^3$)和太古宙地层平均密度(2.73g/cm$^3$)之间(表5-1、表5-2)。

**1.酸性侵入体**

区内推断酸性侵入岩194处，其中隐伏10处，半隐伏96处，出露87处。与之对应剩余重力异常处137处。剩余重力异常数少，是因有一部分剩余异常反映的是两个或两个以上的岩体。主要剩余异常编号为L蒙-151、L蒙-576、L蒙-149等。

(1)典型花岗岩类重力低异常的综合分析。

L蒙-151的剩余重力负异常：该异常位于阿尔山镇。剩余异常最大值$-6.97\times10^{-5}m/s^2$，异常面积1000km$^2$，呈椭圆状展布。对应的布格重力低异常编号为L144，该异常在布格重力异常图上呈现规模巨大的相对重力低封圈闭，形态为北西向椭圆状连续分布，$\Delta g$为$-122.52\times10^{-5}m/s^2$。剩余重力异常对应着航磁负异常和正异常接触部位。

布格重力异常与地质图扣合，重力异常东部出露P$\gamma$，西部出露J$\gamma$。岩体中部及边部穿插见有侏罗纪和二叠纪地层，南部见有二叠纪和第三纪分地层分布。异常中心部位，处于P$\gamma$与J$\gamma$接触交会部位。推断该重力低异常由花岗岩体引起，花岗岩体中部厚度较大，有一定的延深，周边侏罗纪地层较薄，对重力低异常影响不大，整体重力低异常由花岗岩体引起，二叠纪花岗岩和侏罗纪花岗岩密度接近，均为2.56～2.57g/cm$^3$，对重力低异常的影响几乎是一样的。

闪长岩仅为小规模岩体，穿插于岩体边部，对重力低异常的影响很小，可以忽略不计，所以，该异常由花岗岩体引起。推断花岗岩体编号为S蒙-00064，命名为阿尔山岩体。

L141布格重力低异常：在布格重力异常平面图上，该异常呈似哑铃状重力低圈闭，$\Delta g-112.82\times10^{-5}m/s^2$，$-114.72\times10^{-5}m/s^2$，呈东西向展布。剩余重力异常形状似椭圆状，剩余重力值$-4.07\times10^{-5}m/s^2$和$-4.68\times10^{-5}m/s^2$，范围约2000km$^2$，哑铃状重力低异常对应航磁负异常。

布格重力低异常区，主要出露石炭纪花岗岩(C$\gamma$)和侏罗纪花岗岩(J$\gamma$)，侏罗纪和奥陶纪、石炭纪地层亦大面积分布。重力低异常主要与花岗岩和侏罗纪地层相对应。认为该重力异常由具有一定深度、规模的花岗岩体引起，推断花岗岩体编号为S蒙-00057。从其对应的重力异常特征看，形成的布格重力低异常及剩余重力负异常面积大，呈明显的封闭圈，表明花岗岩体厚度较大，有一定的延深。

(2)典型花岗岩重力低异常的计算拟合及综合解释。

L蒙-576号剩余重力负异常(大东山岩体，编号为S蒙-00148)：该异常位于察哈尔右旗西部、四子王旗东部，异常中心坐标：东经112°01′28″，北纬41°43′29″。布格重力异常是北东向展布的椭圆状异常，$\Delta g$为$(-197.50\sim-178.88)\times10^{-5}m/s$，剩余重力异常值为$-11.25\times10^{-5}m/s^2$和$-12.56\times10^{-5}m/s^2$，异常等值线较圆滑，梯度均匀，极值处于异常中心部位西侧，剩余异常值为$-12.56\times10^{-5}m/s^2$。

该异常在航磁异常图上，对应0～100nT低缓磁异常，局部异常强度$\Delta T$可达200nT，可能由穿插其间的中基性岩脉和地层引起。

重力低异常区对应三叠纪花岗岩，局部区段见有二叠纪花岗岩出露。

由上述可见该低异常区是由花岗岩体引起。推断岩体编号为S蒙-00148，命名为大东山岩体。

通过剖面模拟计算，花岗岩体底界面的埋深一般为10km左右，花岗岩体底界面的最大深度约14km，中新生界覆盖层最大厚度可能为100m左右(图5-15)。

L蒙-151剩余重力负异常(阿尔山岩体，编号为S蒙-00064)：对应的布格重力低异常编号为L144。该异常中心坐标：东经120°00′57″，北纬47°09′05″。布格重力异常为北西西走向的椭圆状异常，$\Delta g$为$(-122.52\sim-111.82)\times10^{-5}m/s^2$。剩余重力异常值为$-3.45\times10^{-5}m/s^2$、$-6.79\times10^{-5}m/s^2$，形成较圆滑的等值线封闭圈，梯度均匀，极值处于异常中心部位，其值为$-6.79\times10^{-5}m/s^2$。

该异常在航磁异常图上，$\Delta T$为$-100\sim0$nT磁异常与花岗岩体对应。局部0～100nT磁异常，可能

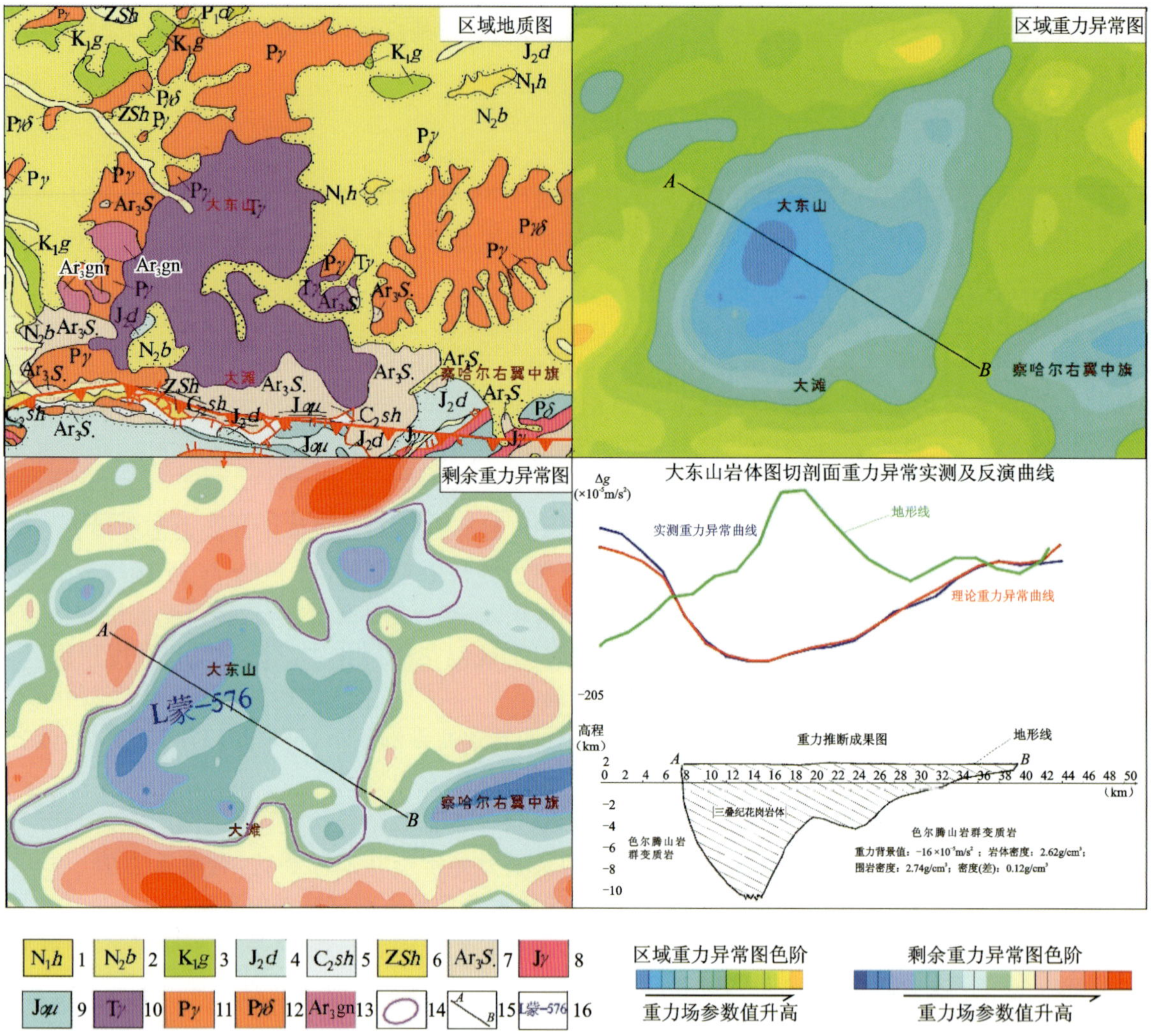


图 5-15　大东山岩体布格重力异常反演模型图

1. 新近纪泥岩砂岩类；2. 新近纪玄武岩；3. 白垩纪碎屑岩类；4. 侏罗纪砂岩砾岩类；5. 石炭纪页岩砂岩类；6. 震旦纪什那干组砂岩灰岩类；7. 新太古代色尔腾山岩群变质岩；8. 侏罗纪花岗岩；9. 侏罗纪安山玢岩；10. 三叠纪花岗岩；11. 二叠纪花岗岩；12. 二叠纪花岗闪长岩；13. 太古宙变质深层侵入体；14. 重力推断大东山岩体边界；15. 图切剖面线；16. 剩余重力异常编号

因穿插其间的闪长岩体引起。

异常东南侧为侏罗系覆盖，北西侧有侏罗纪花岗岩(Jγ)出露，南东侧为二叠纪花岗岩分布区，局部区段被侏罗系和第三系掩盖。推断该重力低异常主要由花岗岩体引起。推断该异常主要由花岗岩引起。岩体的编号为 S 蒙-00064。

穿过异常中心部位取一条反演剖面。根据布格重力异常的剖面拟合结果可知(图 5-16)。该花岗岩体一般深度在 12km 左右，底界面最大深度约 17km。另从剖面反演的岩体范围看，用剩余重力异常图中 $-1\times10^{-5}m/s^2$ 等值线可近似圈定为该岩体的范围。

L 蒙-149 号重力低异常(河源太平岭花岗岩，编号为 S 蒙-00057)：

该异常位于罕达盖林场北侧，异常中心坐标：东经 120°41′，北纬 47°39′15″。布格重力异常分为两个异常中心，西侧异常中心处 $\Delta g$ 为 $-112.82\times10^{-5}m/s^2$，东侧异常中心处 $\Delta g$ 为 $-114.72\times10^{-5}m/s^2$。异常带呈东西向展布，形似哑铃状，剩余重力异常形态可分为两个部分，即西部剩余值 $-114.72\times10^{-5}m/s^2$，东部剩余值 $-4.07\times10^{-5}m/s^2$，可见花岗岩体亦分为东、西两部分，从布格异常及剩余异常形态花岗岩体分布面积较大，呈面状分布。

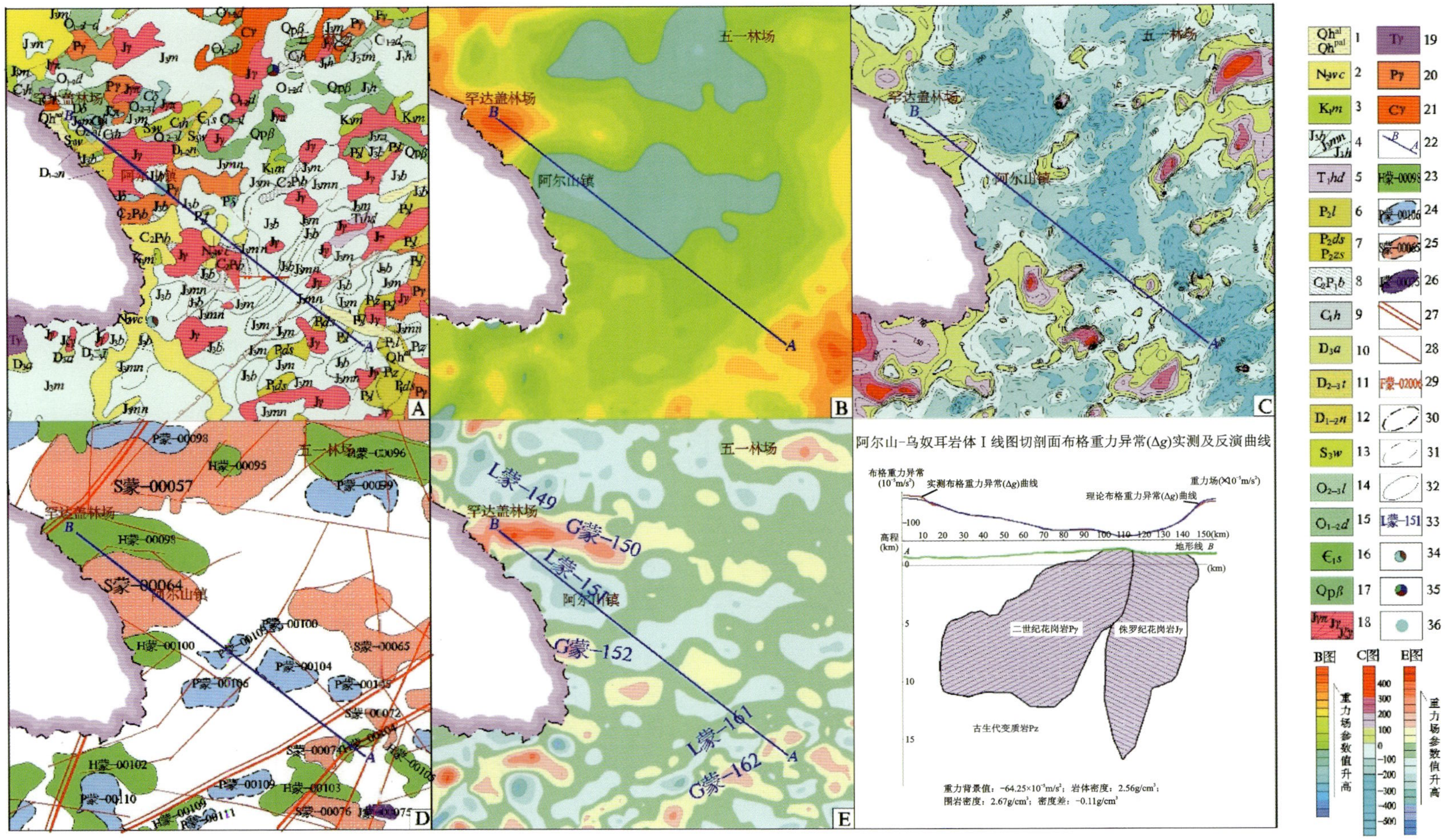


图 5-16 阿尔山岩体重磁剖析图

1.第四纪冲积层；2.新近纪五岔沟组；3.白垩纪梅勒图组；4.侏罗纪白音高老组、玛尼吐组、红旗组；5.三叠纪哈达陶勒盖组；6.二叠纪林西组；7.二叠纪大石寨组、哲斯组；8.石炭纪—二叠纪宝力高庙组；9.石炭纪红水泉组；10.泥盆纪安格尔音乌拉组；11.泥盆纪塔尔巴格特组；12.泥盆纪泥鳅河组；13.志留纪卧都河组；14.奥陶纪裸河组；15.奥陶纪多宝山组；16.寒武纪苏中组；17.更新世玄武岩；18.侏罗纪花岗斑岩、花岗岩、钾长花岗岩；19.三叠纪花岗岩；20.二叠纪花岗岩；21.石炭纪花岗岩；22.图切剖面线；23.重力推断古生代地层及编号；24.重力推断盆地及编号；25.重力推断酸性岩体及编号；26.重力推断超基性岩体及编号；27.重力推断一级断裂构造；28.重力推断三级断裂构造；29.重力推断断裂编号；30.零等值线；31.航磁负等值线；32.航磁正等值线；33.剩余重力异常编号；34.铅锌矿点；35.铅锌铜矿点；36.钼矿点该异常在航磁异常图上对应负磁异常，东异常中心对应 $\Delta T$ 为－100～200nT 磁异常，两个异常中心对应为 0～100nT 磁异常，都与花岗岩体的分布相一致。

东、西两个异常区地质特征相似，都分布有侏罗纪地层及侏罗纪花岗岩体 Jγ、石炭纪花岗岩体 Cγ。但两个异常区，出露花岗岩体与重力异常中心对应不好。故推断该异常区主要因花岗岩体引起，且推断位于侏罗系覆盖层之下的花岗岩体厚度较出露部分大。推断岩体编号为 S 蒙-00057。

通过剖面模拟计算，花岗岩体底界面埋深一般为 10km，花岗岩体底界面最大深度限制在 12km（图 5-17）。

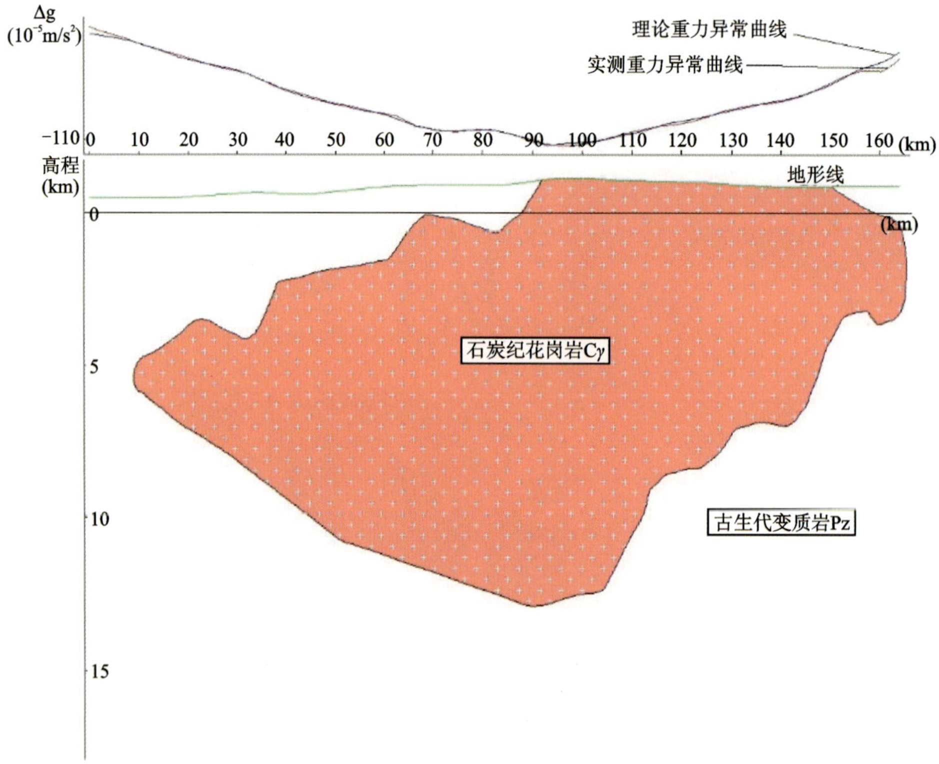


图 5-17　河源太平岭花岗岩体布格重力异常剖面反演模型图

重力背景值：$-64.25\times10^{-5}$m/s²；岩体密度：2.56g/m³；围岩密度：2.67g/m³；密度差：－0.11g/m³

(3)部分地区花岗岩出露区重力高异常的计算拟合及综合解释。

G 蒙-483 重力高异常(乌日尼图花岗岩体)。乌日尼图预测工作区，在 L 蒙-282 剩余重力负异常区地表出露的主要是奥陶纪地层(平均密度值 2.66g/cm³)。紧邻其南东侧的 G 蒙-483 剩余重力正异常区地表出露的主要是石炭纪花岗岩(平均密度值 2.58g/cm³)，在该异常南东侧边部亦有零星奥陶纪地层出露(图 5-18)。对比剩余重力异常与地质出露情况认为，L 蒙-482 剩余重力负异常区的奥陶纪地层分布较薄，其下伏仍主要为酸性花岗岩体；G 蒙-483 剩余重力正异常区的花岗岩厚度也较薄，其下伏应主要为奥陶纪地层。对此在该区域作了定量反演剖面，剖面呈北西向展布，基本垂直前述剩余重力异常及地质体的走向。反演结果进一步证实了以上定性推断结果，见图 5-18。由北西到南东，在剖面北西段剩余重力异常由正变负的区域，奥陶纪地层厚度明显变薄，南东段剩余重力由负变正的区域，花岗岩分布厚度趋于变薄。综上所述认为，该区域剩余重力异常分布特征与地表出露地质情况似乎相矛盾，但从其埋藏情况看，剩余重力正异常区的酸性岩体分布较薄，异常主要与下伏的老地层有关，而负异常区的奥陶纪地层分布也较薄，异常主要由下伏的酸性侵入岩引起。

(4)不同时代的中酸性侵入岩体的重力场特征，以内蒙古中部三合明地区新太古代酸性侵入岩解释推断为例。

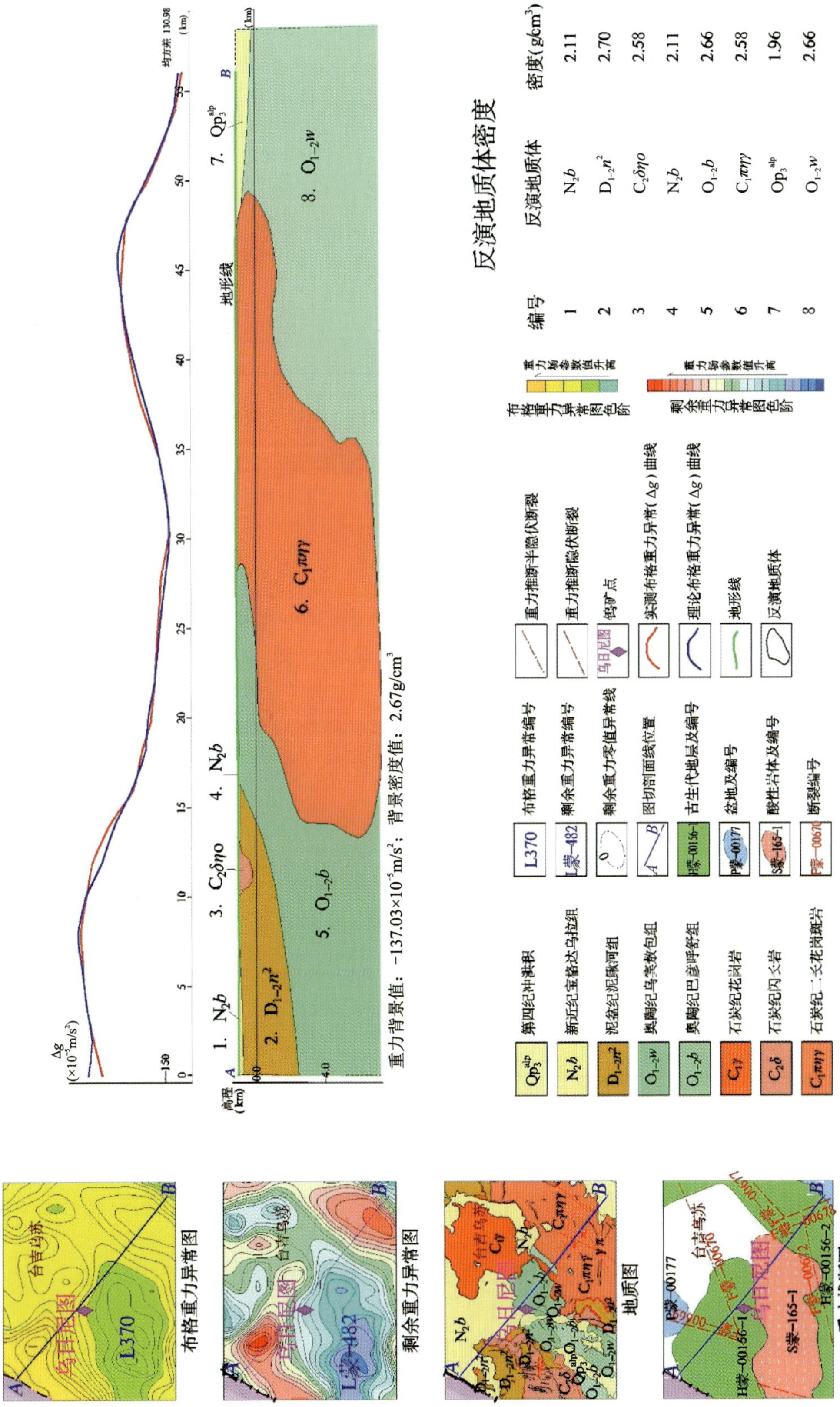


图 5-18 乌日尼图酸性岩分布区重力异常定量反演剖面

所选地区主要出露新太古代斜长花岗岩、花岗闪长岩、石英闪长岩等中酸性侵入岩，这套岩体的平均密度为 2.71g/cm³。在其中部出露三叠纪黑云母二长花岗岩，南西侧边部出露二叠纪斜长花岗岩，平均密度为 2.59g/cm³。可见不同时代的两套中酸性侵入岩存在明显的密度差异。由图 5-19 可见，密度较高的太古宙中酸性侵入岩分布区对应剩余重力正异常 G 蒙-010，而密度较低的二叠纪、三叠纪中酸性侵入岩对应剩余重力负异常 L 蒙-011。两套岩体分布区，总体航磁 $\Delta T$ 为低缓负异常，太古宙石英闪长岩分布区呈现低缓正磁异常。可见，同类岩性的侵入岩因时代不同，其重力场特征完全不同，但磁性特征无明显差异。

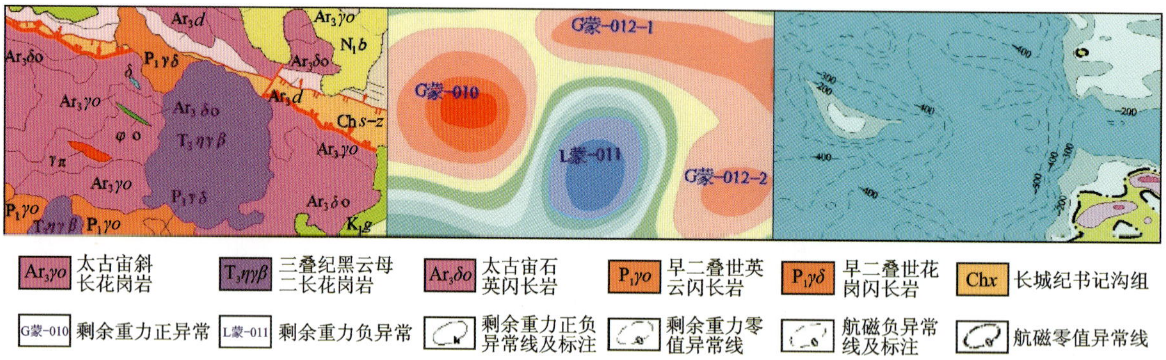

图 5-19　三合明地区不同时代侵入岩重磁场特征

**2. 超基性侵入岩体**

区内依据重力高局部异常推断基性—超基性岩体 78 处，其中隐伏 32 处，半隐伏 37 处，出露 9 处(图 5-20)。与之相关的剩余重力异常 39 处，主要剩余异常有 G 蒙-362、G 蒙-343、G 蒙-344、G 蒙-658 等。

需要说明的是，由于区内的基性—超基性岩体一般规模较小，且多分布于前中生代地层中，在 1∶20 万重力测量精度的基础上，区内所谓超基性岩引起的剩余重力正异常多为老地层与超基性岩共同作用的结果。

1)典型超基性岩类重力高异常综合分析

(1)剩余重力正异常 G 蒙-362、G 蒙-343-1、G 蒙-343-2。该重力异常位于二连-贺根山-乌拉盖重力高值带上，布格重力异常为东西向延伸的长条带状异常。由小坝梁、贺根山、阿尔山宝力格等局部重力高异常组成。该区域对应分布有条带状航磁异常(图 5-21)。二连-贺根山-乌拉盖重磁异常带是全区最著名蛇绿岩分布带。

小坝梁布格重力异常 G319，$\Delta g$ 为 $(-89.11 \sim -85.01) \times 10^{-5} m/s^2$，面积 1000km²，对应的剩余重力异常 G 蒙-343-2，$\Delta g$ 最大值为 $15.16 \times 10^{-5} m/s^2$；贺根山布格重力异常 G320，$\Delta g$ 为 $(-89.31 \sim -86.51) \times 10^{-5} m/s^2$，面积 800km²，对应的剩余重力异常 G 蒙-343-1，$\Delta g$ 最大值为 $12.68 \times 10^{-5} m/s^2$；阿尔山宝力格布格重力异常 G321，$\Delta g$ 为 $(-100 \sim -79.55) \times 10^{-5} m/s^2$，面积 1000km²，对应的剩余重力异常 G 蒙-362，$\Delta g$ 最大值为 $20.87 \times 10^{-5} m/s^2$。

通过贺根山岩体的布格重力异常剖面，取超基性岩密度 2.90g/cm³，围岩密度 2.70g/cm³，利用密度界面反演法计算结果，超基性岩体延深为 3km。

该异常带在航磁异常图上，阿尔山宝力格 G 蒙-362，对应航磁异常 $\Delta T$ 为 500nT；贺根山 G 蒙-343-1，对应航磁异常 $\Delta T$ 为 1000nT；小坝梁 G 蒙-343-2，对应航磁异常 $\Delta T$ 为 300nT 的磁异常。磁异常与重力异常基本相对应，也是一个沿北东-南西向延伸的正磁异常带，属重磁同源异常带，只是磁异常带略向北西偏移一些，反映 3 个超基性岩体的规模都是很大的。

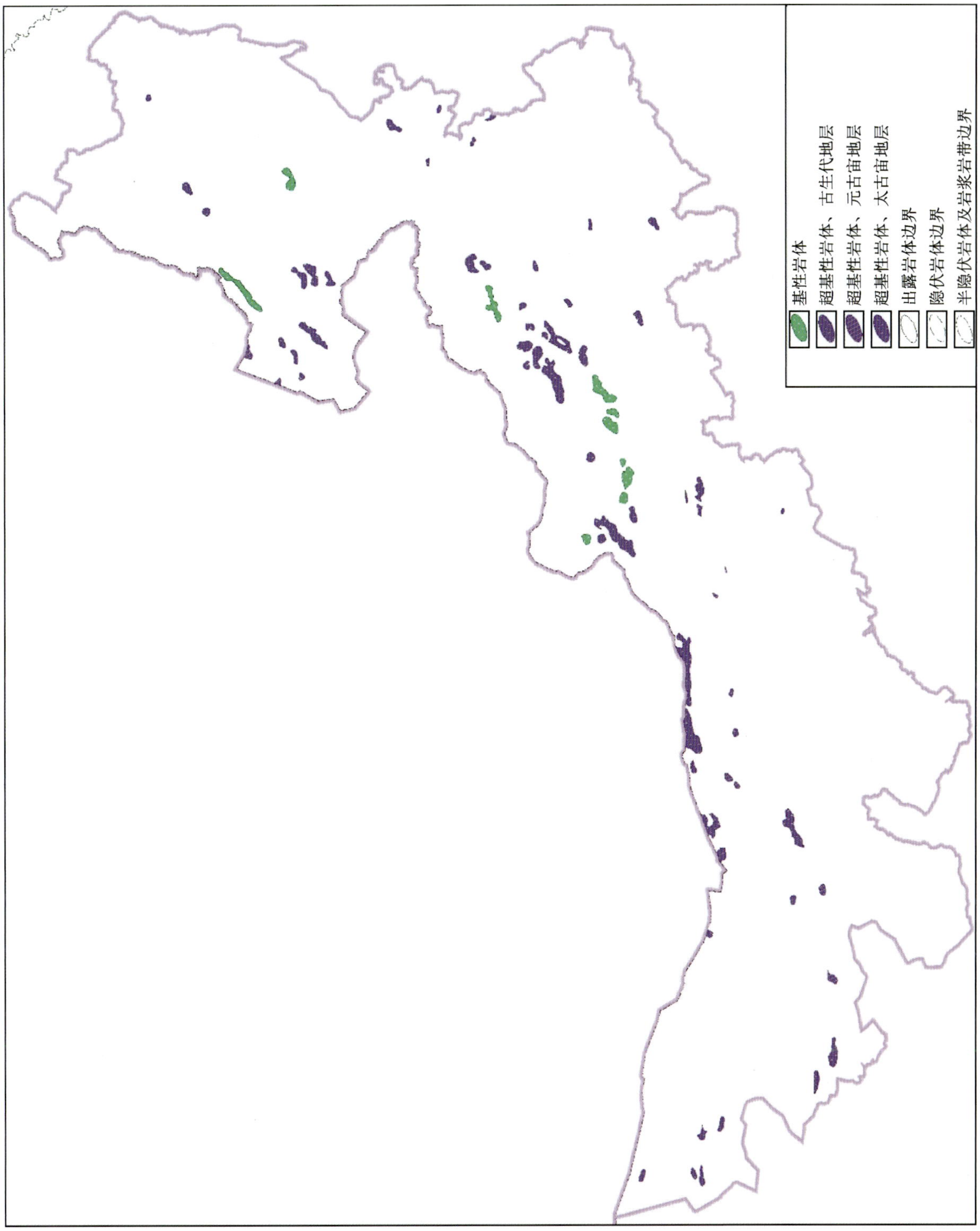


图 5-20　内蒙古自治区重力推断超基性侵入岩体分布示意图

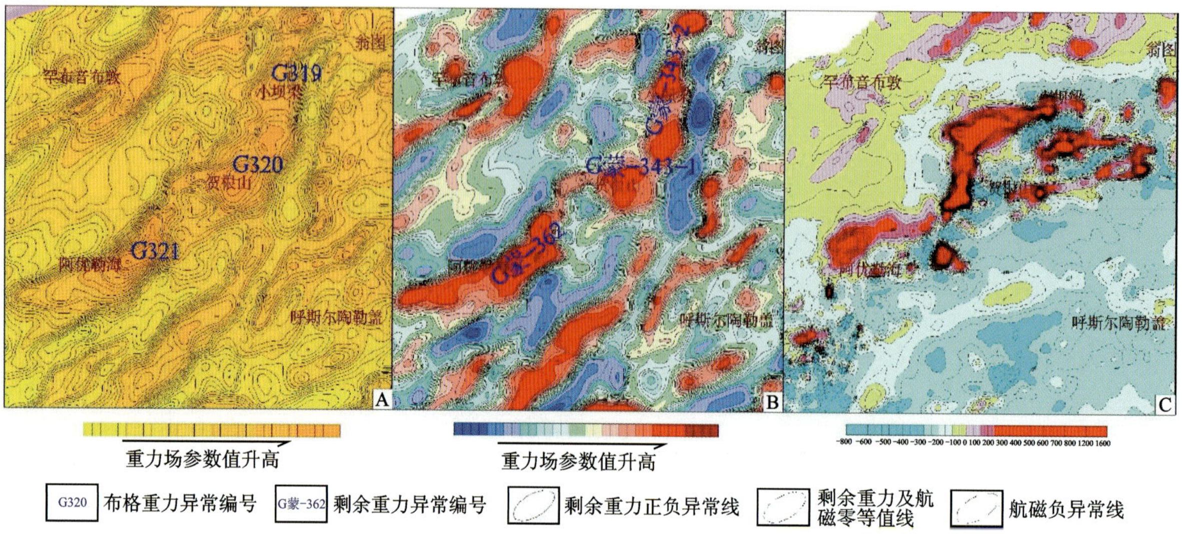


图 5-21　小坝梁—贺根山一带重磁异常图

A. 布格重力异常图；B. 剩余重力异常图；C. 航磁 $\Delta T$ 异常图

阿尔山宝力格 G 蒙-362，异常区南西侧出露泥盆系、石炭系和二叠系，泥盆纪基性岩和超基性岩大面积出露，元古宇也零星出露，东侧第四系覆盖，西侧白垩系大面积分布，北侧亦分布有白垩系。

贺根山 G 蒙-343-1，异常区，泥盆纪超基性大面积出露，泥盆系和白垩系大面积分布，北侧被新近系、南侧被第四系覆盖，有镍矿床分布于超基性岩区。

小坝梁 G 蒙-343-2，异常区，泥盆纪超基性岩大面积出露，南侧为石炭系和侏罗系；北侧为二叠系和石炭系大面积分布；东、西两侧均为新近系覆盖。只有铜矿和镍矿分布于超基性岩出露区。二连-东乌珠穆沁旗断裂通过该异常区，是超基性岩侵入的重要通道。

物探工作者、地质工作者和板块学家都认为广泛分布的晚古生代泥盆纪超基性岩，为蛇绿岩套，是古洋壳向陆壳之下俯冲或仰冲的结果，部分洋壳物质逆冲到陆壳中而形成的，保存至今的古洋壳残片，但笔者认为是超基性岩沿深大断裂侵入的结果。

综上所述认为，G 蒙-362、G 蒙-343-1、G 蒙-343-2 剩余重力正异常由超基性岩体引起，对应的岩体编号分别为 J 蒙-124、J 蒙-123-1、J 蒙 123-2。由于该异常位于二连-东乌珠穆沁旗深大断裂带上，断裂规模和延伸都很大，结合重磁异常的规模分析，认为超基性岩体的规模也很大。

该异常带为超基性岩及铜镍矿床的产出地，该区域剩余重力正异常区对于寻找大中型铜镍矿床的有重要的指示意义，特别是剩余重力异常零值线附近的航磁异常圈闭处更应加以注意。

(2)剩余重力正异常 G 蒙-658，对应布格重力异常编号为 G518、G520、G521、G522(图 5-22)。

重力异常位于索伦山地区，布格重力异常呈北东东向带状展布，由几个椭圆状重力高异常组成。布格重力异常等值线呈条带状圈闭在西南闭合，沿北东东方向圈闭敞开，延入蒙古国境内。

布格重力异常 G518，准索伦异常，呈椭圆状，$\Delta g$ 为$-136.91\times10^{-5}m/s^2$，面积 $150km^2$，走向北东，白垩系覆盖；布格重力异常 G520，准索伦西异常，呈椭圆状，$\Delta g$ 为$-142.77\times10^{-5}m/s^2$，面积 $200km^2$，异常走向近东西，有石炭纪超基性岩出露，白垩系覆盖较广；布格重力异常 G521，呈椭圆状，$\Delta g$ 为$-138.72\times10^{-5}m/s^2$，面积 $180km^2$，G522，呈椭圆状，$\Delta g$ 为$-137.71\times10^{-5}m/s^2$，面积 $200km^2$，G521、G522 异常走向北东，西部有元古宇出露，白垩系覆盖普遍。

以上布格重力异常 G518、G520、G521、G522 构成的重力高值带，对应的剩余异常编号为 G 蒙-658。由北东到南西存在 4 处局部剩余重力异常，最大值分别为：$11.39\times10^{-5}m/s^2$，$6.04\times10^{-5}m/s^2$，$10.39\times10^{-5}m/s^2$，$7.92\times10^{-5}m/s^2$。

G 蒙-658 剩余重力异常区，只形成 2 处局部磁异，磁异常值 $\Delta T$ 为 0～300nT。

综上所述，推断该处剩余重力正异常由超基性岩体引起，推断岩体编号为 J 蒙-00190。从磁异常特

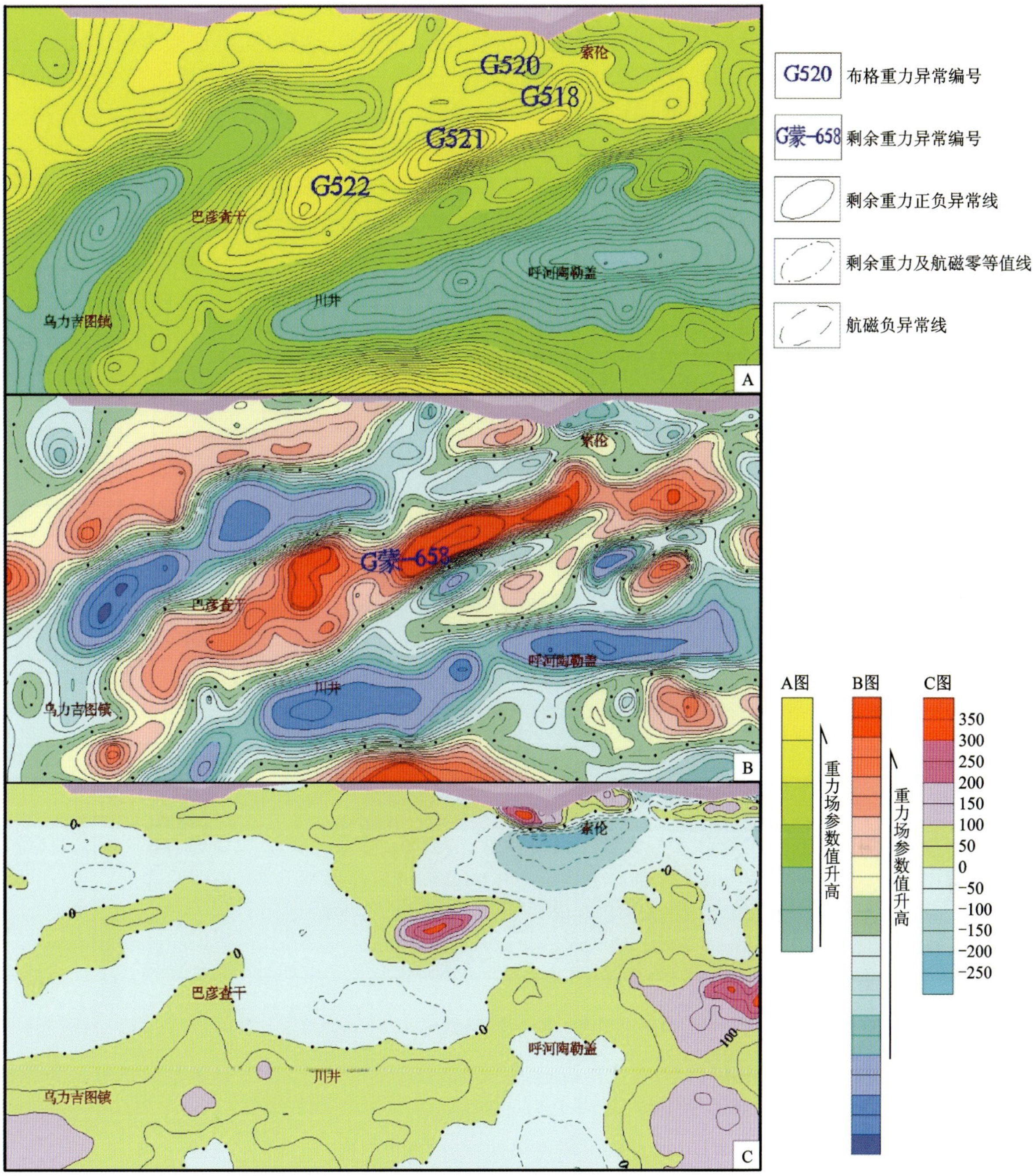


图 5-22　索伦山地区重磁异常图

A. 布格重力异常图；B. 剩余重力异常图；C. 航磁 $\Delta T$ 异常图

征看，超基性岩体有一定埋深，而磁场强弱的变化，可能亦与白垩纪地层的分布有关。

该重力异常高值区分布有多处铬镍矿（点），如巴彦查干镍矿床和铬矿床（位于 G518 异常区）。在这一区域应注意与超基性岩有关的镍、铬矿床的寻找，由于地表白垩系覆盖普遍，尤其应注意深部找矿突破。

据以往超基性岩研究资料显示，全区超基性岩可划分为 18 个岩体群（带），但由于重力工作测量比例尺最大为 1∶20 万，所以对有些基性、超基性岩体（或岩带）反映不明显，依据本次推断的超基性岩分布情况，划分了两处有一定规模的基性—超基性岩浆岩带，即贺根山超基性岩浆岩带（编号为 D 蒙-00004）和索伦山超基性岩带（编号为 D 蒙-00006）。

沿索伦山、贺根山一带为重力相对高值区，推断为超基性岩带，在这一区域已发现巴彦、阿尔善特、白音宝力道、温特敖包、巴彦哈尔、乌兰敖包、干宽岭和满来西、贺根山、索伦山、小坝梁等铜、金、钴、镍、铂、钯等矿床和矿点，勘查结果和评价后认为，矿床的形成与基性—超基性岩及热液活动有关，所以对于重力推断的超基性岩区(带)亦是寻找上述矿床的有利地段。

2)重磁综合研究推断隐伏超基性岩体

在二连—贺根山一带浩雅尔洪克尔地区，由图 5-23 可见，剩余重力正负异常呈北东向相间分布。南东侧的剩余重力正异常由出露的超基性岩与元古宙基底隆起所致，中部的剩余负异常重力推断为中新生代盆地。与剩余重力负异常对应的是呈北东向带状展布的航磁正异常，磁异常规模较大，所以认为该地段存在隐伏的超基性岩，推断在其南东侧出露的超基性岩因断裂活动而在此向北倾伏。

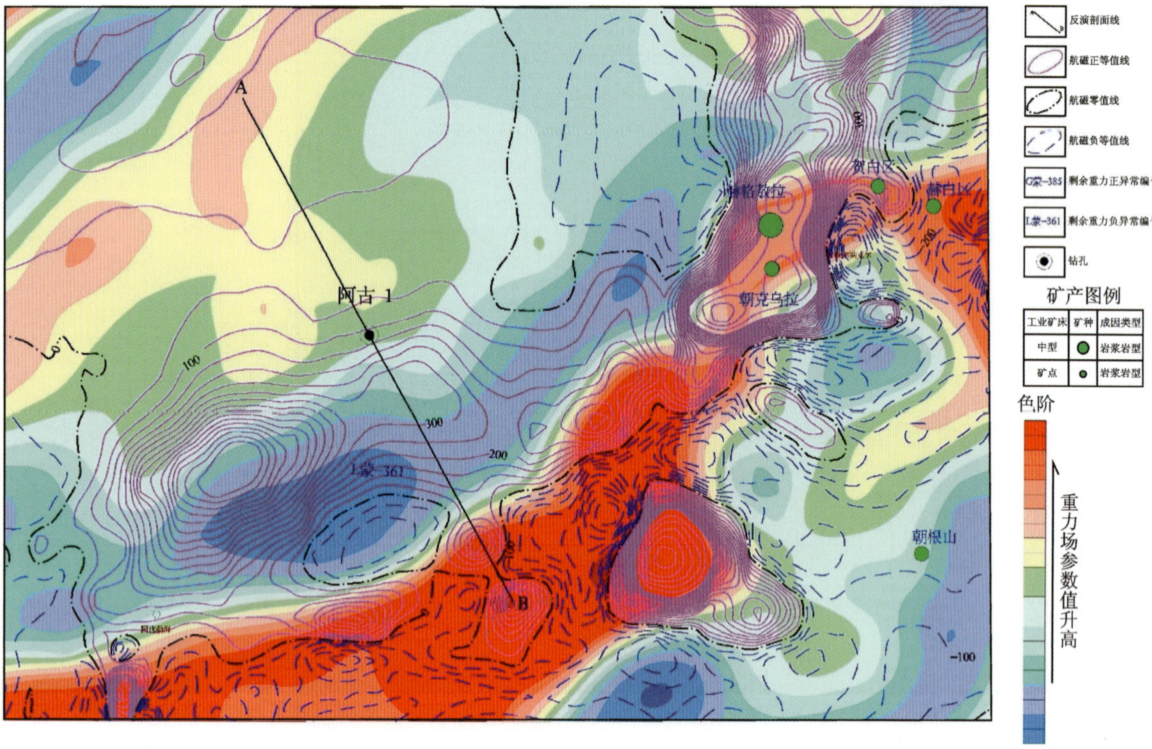


图 5-23　浩雅尔洪克尔地区航磁、剩余重力异常示意图

为了解超基性岩的深部赋存状态，在该地区通过已知钻孔阿古 1，垂直重力异常走向选取一条图切剖面进行 2.5D 反演计算，剖面走向北西，长约 42km(图 5-24)。

剖面位于中新生代盆地分布区，地表普遍覆盖第四纪松散沉积物，白垩纪砂板岩类零星分布，超基性岩体仅在剖面东南端出露。反演结果表明，地表出露的超基性岩体向北西延伸至盆地之下，超基性岩体的主要围岩为古生代二叠系及泥盆系，中元古代蓟县系。超基性岩体的上覆地层厚度为 0～3000m，0～2000m 主要为白垩系，之下为石炭系。超基性岩的最大延深为 6.9km。重力推断的深部超基性岩体上界面起伏状态与已知钻孔及地震剖面的资料对比，其结果基本一致。

3)1∶1 万重力测量超基性岩的剩余重力异常特征

在乌拉特中旗境内克布地区，2011 年开展了 1∶1 万重力测量工作，面积 $12km^2$。这一区域主要出露超基性岩，围岩为太古宙变质岩。工作目的在于圈定与镍矿有关的超基性岩分布范围，并大致了解其空间分布形态。该区域超基性岩底部是镍矿的相对富集区。

工作区区域上处在布格重力高与重力低的过渡带上(图 5-25)。1∶1 万重力测量成果显示，布格重力高异常区反映了区内的超基性、基性杂岩体的分布范围。杂岩体位于工作区的东北部，平面形态呈椭

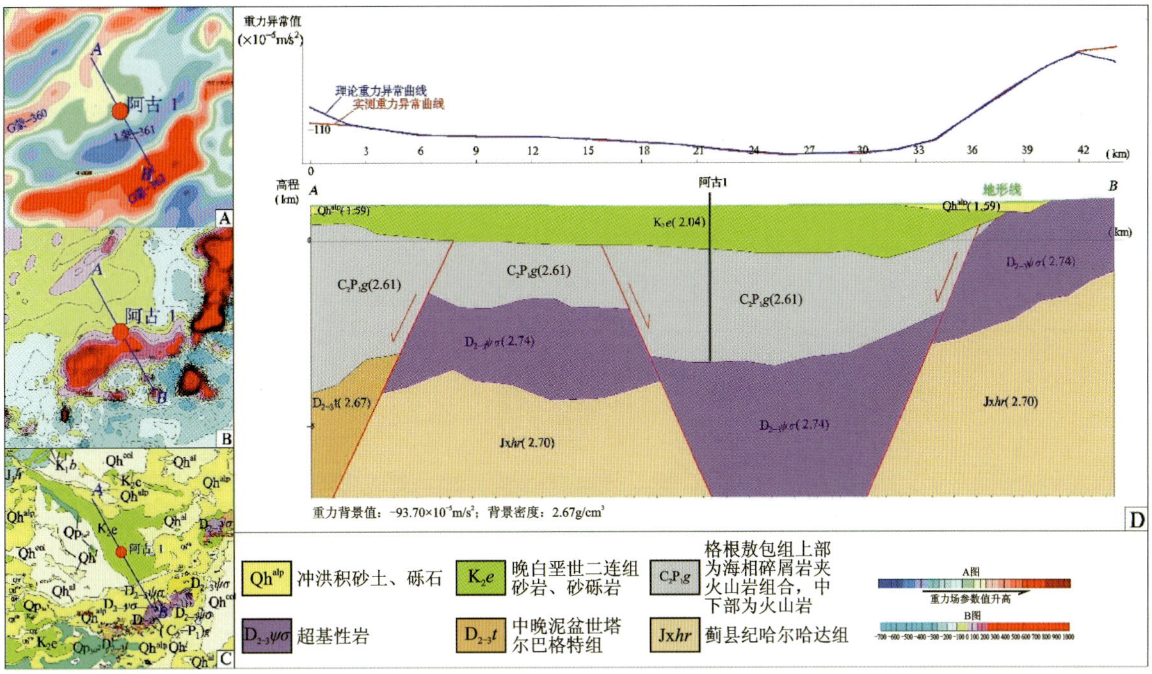


图 5-24 浩雅尔洪克尔地区重力反演模型图

A. 剩余重力异常图；B. 航磁化极等值线图；C. 地质矿产图；D. 反演模型图

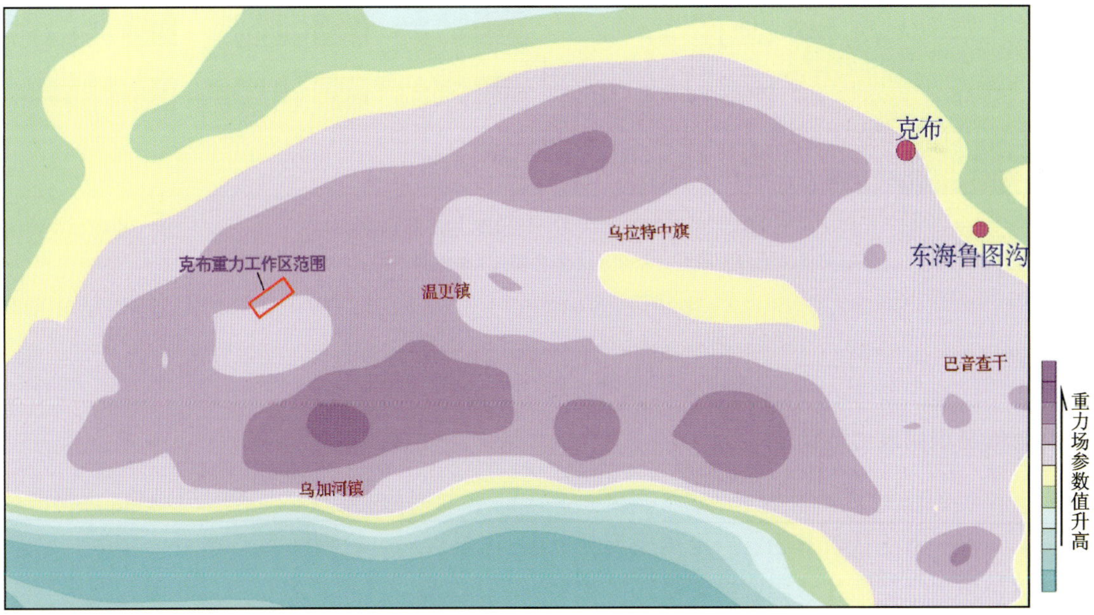


图 5-25 克布地区 1∶20 万区域布格重力异常图

圆形，侵入于中太古代乌拉山岩群，岩体长约 3km，宽约 2.3km，面积约 4km²。总体走向北东 40°，呈环状产出，平面上与布格重力高异常区基本吻合，但重力高异常略向北位移，且北侧等值线密集，南侧较稀疏，说明该区域超基性岩体北侧延深较大，南侧变浅，这一点与地质勘查结果吻合，即岩体向北侧倾覆。在高重力背景上叠加的局部重力低异常，规模大小不等，形态多为不规则状、条带状，分别与出露的二叠纪中酸性侵入岩及断裂构造对应(图 5-26)。

综上所述可见，通过大比例尺重力测量显示的重力场特征，基本能够区分出区内不同密度地质体的分布范围，剩余重力正异常能够清晰地反映出超基性岩的分布范围。

为了解超基性岩的断面分布形态，垂直布格重力异常走向，截取一条北西向重力剖面进行 2.5D 反演计算，剖面通过与本区岩浆熔离型铜镍硫化物矿床有直接的成因联系，反映中元古代辉长岩重力高异常。该辉长岩体在该区域为高密度体，平均密度值为 2.74g/cm³，岩体外围是中太古代乌拉山岩群，岩性为混合岩化片麻岩、石英岩、大理岩等，平均密度值为 2.72g/cm³，根据剖面拟合结果可见(图 5-26)：岩体南东侧产状平缓，倾向北西，倾角为 30°～45°；北西侧较陡，倾向南东，倾角为 50°～75°。基本形成一南缓北陡似盆状侵入体。一般深度在 2.5km 上下，底界面最大深度大约 7.8km。

从刻槽取样位置看，越接近岩体下部基性程度越高，其中 Ni、Co 含量已接近边界品位，因此重力推断的岩体底部是寻找岩浆熔离型铜镍硫化物矿床的重点地段。

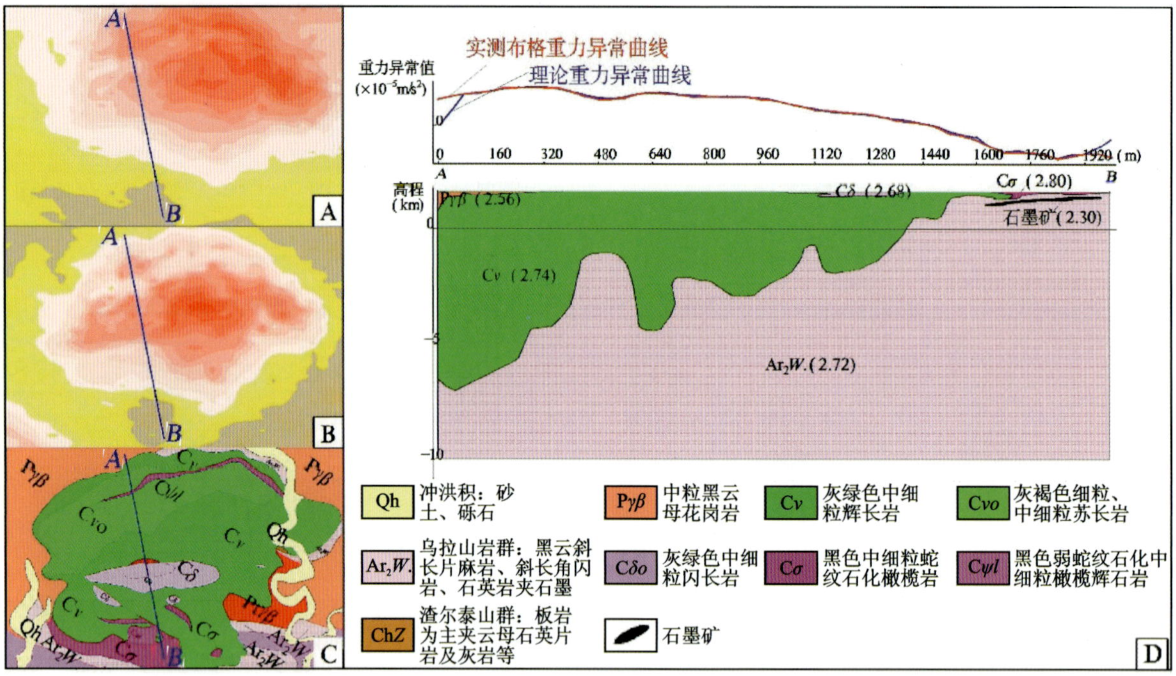


图 5-26 克布地区 1∶1 万重力反演模型图

A. 布格重力异常图；B. 剩余重力异常图；C. 地质矿产图；D. 反演模型图

(三)沉积盆地

**1. 盆地信息识别及边界圈定**

中新生代沉积物与下伏古生界、元古宇和太古宇的平均密度差为(－0.87～－0.33)×10³ kg/m³(见表 5-1)，只要中新生代沉积物有一定的厚度和范围，均能引起可识别的剩余重力负异常。综合应用重力和其他物探资料并结合钻探资料能够判别盆地的盖层性质。为使资料在盐、煤、油气等矿产资源的选区研究和勘查评价时发挥更好的作用，对较为完整的中新生代盆地(或中新生代盖层)进行一些剖析研究，部分盆地编制反映底界面深度起伏状况剖面图。

圈定盆地边界的方法：通过异常分离提取盆地重力异常。利用剩余重力异常零值线、重力异常的垂向一阶导数的零值线、水平一阶导数极值位置或重力异常水平总梯度模的极值位置等标志进行盆地圈定，并在推断地质构造图中按技术要求予以表达(图 5-27)。

根据上述方法，全区依据剩余重力负异常推断的盆地有 357 处，与之相关的剩余重力负异常 279 处。这类异常多以等轴状、似椭圆状和条带状规则显示，与地质图上中新生界覆盖区范围基本相吻合，如 L 蒙-139、L 蒙-395、L 蒙-386 等。

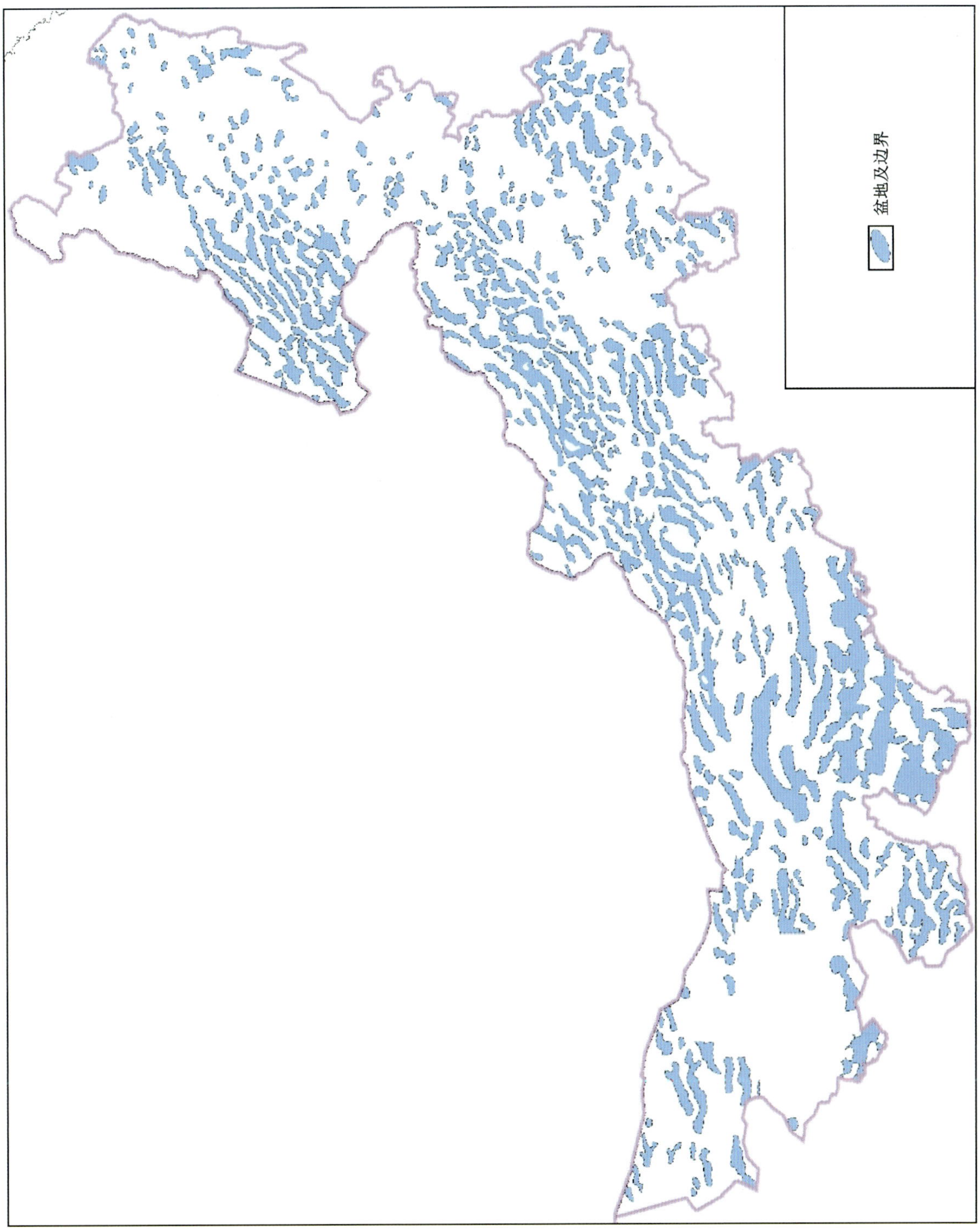


图 5-27　内蒙古自治区重力推断中新生代盆地分布示意图

**2. 典型沉积盆地重力低异常的综合解释**

(1)剩余重力异常编号为L蒙-139,该异常中心坐标:东经119°05′11″,北纬48°45′09″。对应于已知煤盆地,编号为P蒙-00089。

该区布格重力异常为一北东向条状等值线圈闭,$\Delta g$ 为$-94.14\times10^{-5}m/s^2$和$-99.72\times10^{-5}m/s^2$,面积$2500km^2$,该圈闭的东端为煤盆地,等值线密集,呈北东向展布,该圈闭的西南端,等值线较缓,梯度均匀,异常宽度相对较均匀,延入蒙古国境内;该圈闭的西边,异常等值线较宽缓,也较均匀,梯度变化不大,美达格盆地和新宝力格盆地交接。该圈闭东北端,等值线较宽缓,与浩勒包-南屯盆地相连。

剩余重力异常形态与布格重力异常基本相似,剩余重力异常值变化较大,为$-7.00\times10^{-5}m/s^2$、$-11.0\times10^{-5}m/s^2$、$-10.52\times10^{-5}m/s^2$和$-8.16\times10^{-5}m/s^2$,出现多个异常中心,整体呈北东向展布,西南端延入蒙古国境内,与布格重力异常展布基本相似。

该异常在航磁异常图上,对应 $\Delta T$ 为$-100\sim0$nT 磁异常,北半部 $\Delta T$ 为$-200$nT 磁异常。异常区基本上被第四系覆盖,北半部见有二叠纪花岗岩($P\gamma$)和侏罗纪地层($J_3$)零星分布。

根据异常特征及地质出露,推断该异常主要由中新生代沉积盆地引起,与呼和诺尔盆地对应。

(2)剩余重力异常L蒙-395、L蒙-386胜利煤田盆地,该异常区中心坐标:东经116°05′38″,北纬44°03′38″。对应于已知的胜利煤盆地,编号为L蒙-00142。

该区布格重力异常L339呈北东向带状等值线圈闭,其值 $\Delta g$ 为$(-139.28\sim-130.20)\times10^{-5}m/s^2$,面积$1700km^2$,该异常的东侧为G40重力高异常,由闪长岩体引起。该圈闭的西侧为G38超基性岩体重力高异常。该重力低圈闭对应于胜利煤田盆地。

剩余重力异常图上对应于L蒙-395、L蒙-386负异常,与布格重力异常基本相似,剩余重力异常值划分为3个中心:$-9.34\times10^{-5}m/s^2$、$-14\times10^{-5}m/s^2$和$-10.75\times10^{-5}m/s$,3个异常中心依次呈北东向排列,与布格重力异常基本相同。

该重力低异常在航磁异常图上,对应 $\Delta T$ 为$-200\sim-100$nT 磁异常,局部只有0nT 小片状异常分布,总体对应负磁异常。

异常区基本上被第四系、新近系、侏罗系和白垩系覆盖,西南端见有元古宙地层分布,西端只有二叠纪地层、石炭纪地层和超基性岩分布。

## (四)特殊地层解释

**1. 地层信息识别及空间形态确定**

利用重力资料可以识别存在密度差异的不同岩性或时代的地层,包括各时代的沉积地层、火山岩地层、变质岩地层。不同岩性的地层,通常存在密度差异。不同时代的地层也存在密度差异,一般随着地层时代的变老,密度有增大的趋势。因此,可以利用密度差异的分析,依据重力异常从火成岩或中新生代正常沉积带中,识别有密度差异的地层,如前寒武纪地层、下古生界、海相地层等。在隐伏与半隐伏地区,这种识别对内生金属矿产具有重要意义。深入分析岩石物性特征,综合应用重力与其他地球物理资料,会提高这种识别的成功率。图5-28以剩余重力异常为依据,结合地质、磁法资料推断的全区前中生代地层分布图。

地层边界(以隐伏长度、宽度为主)圈定方法:利用剩余重力异常零值线、局部异常的垂向一阶导数(或布格重力垂向二阶导数)零值、水平一阶导数极值位置,或总梯度极值位置,结合磁异常和地质认识进行圈定。

**2. 与前中生代地层有关的局部重力异常的综合解释**

(1)前中生代地层引起的重力局部异常。区内广泛分布的太古宇、元古宇和古生界沉积建造层,具

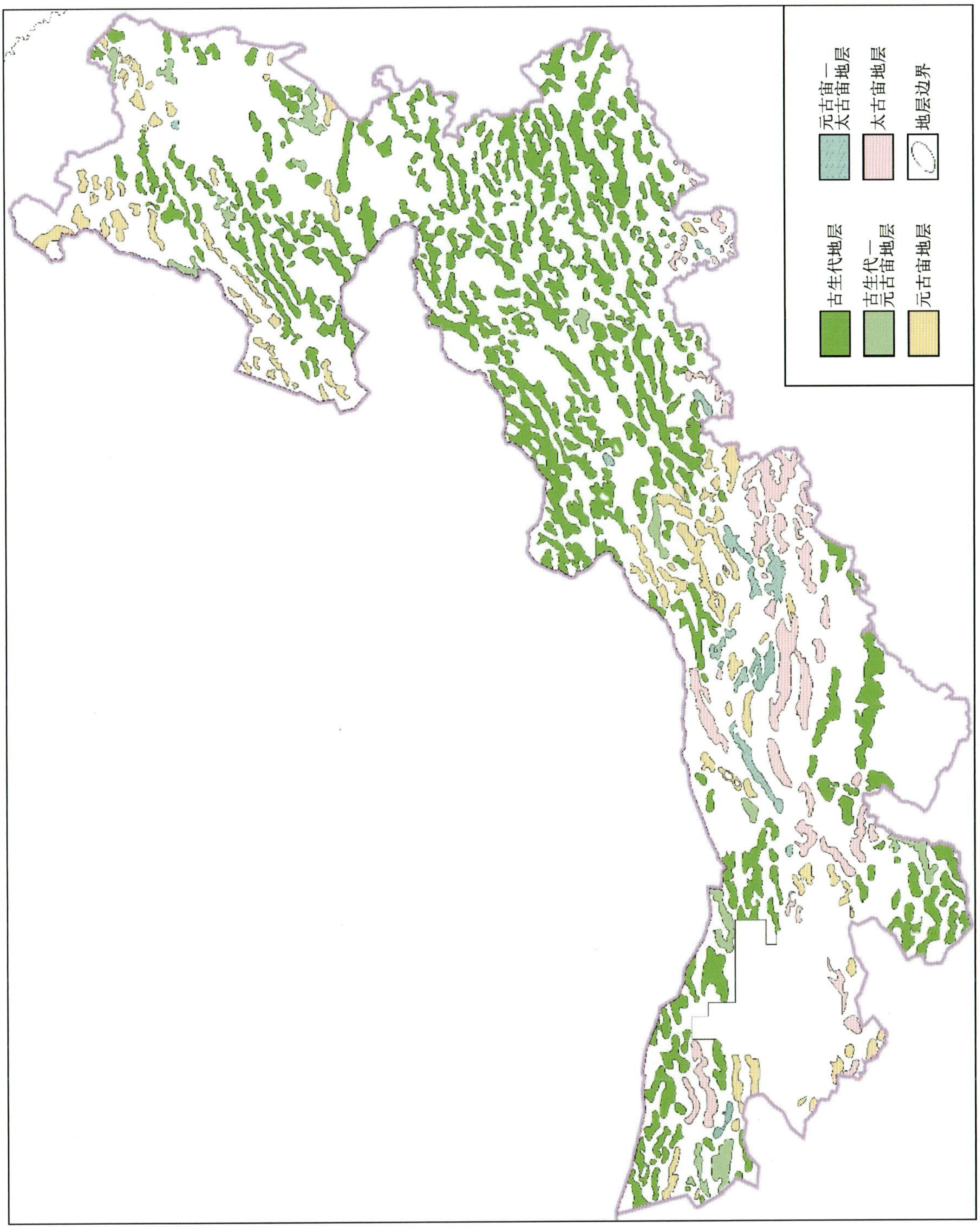


图 5-28　内蒙古自治区重力推断地层分布示意图

有较高且稳定的密度特征。当其局部产生构造变动和处于具有相互密度差异较大的地层之间时,将会产生质量的相对盈亏。在可识别的规模下,会引起局部重力异常。一般呈条带状、长椭圆状,范围较大,幅值有高有低,圈闭曲线平滑。范围与地层分布的变化特征一致。

全区推断地层425处。其中太古宇48处,太古宇—元古宇11处,元古宇84处,元古宇—古生界15处,古生界267处。

(2)多种地质因素引起的局部重力异常。鉴于已有资料的分辨率和地质背景本身的客观复杂性,相当数量的重力局部异常明显是多种地质因素重力效应的综合反映。通过对比分析,区内主要有以下几类组合异常:中高密度地层与中基性、超基性岩类共同引起的局部重力高异常;地层因素与中基性火山岩共同引起的局部重力高异常;地层凹陷(负面构造)与酸性岩类共同产生的局部重力异常;矿床与地层综合效应产生的局部重力异常。

综合因素类异常的共同特征是:异常形态不一,幅值、梯度变化特征与单一因素异常有所差异,计算时采用单一地质密度因素难以拟合,地质环境对应多因素背景,用多因素解释具有合理性等。实际上,绝大多数重力局部异常都是由多因素地质引起,只不过分类是采用了以主导地质因素表示而已。

(3)隐伏—半隐伏前古生代地层的解释推断。以赤峰市官地地区重力异常解释推断为例。由图5-29可见,该地区的G5号剩余重力正异常,其值为$(1\sim10)\times10^{-5}m/s^{-2}$,呈北西向展布,异常南东段出露密度较高的太古宙乌拉山岩群(密度$2.74g/cm^3$),可见剩余重力异常与其有关。北西段地表出露密度值较低的早白垩世凝灰岩(密度$2.49g/cm^3$)和一套晚侏罗世的火山岩地层(密度$2.43g/cm^3$),根据对应剩余重力异常为正异常的特点,推测其覆盖较薄,下伏仍为太古宙乌拉山岩群。

在该区域垂直局部重力异常走向布置北东向剖面,进行定量反演,结果表明(图5-29)该处中新生界最薄处约100m。随着布格重力异常值降低,其沉积厚度逐渐增大,最厚处达几千米。

研究区东南侧剩余重力负异常L蒙-2,该区域主要分布有侏罗纪白音高老组和第三纪地层,显然剩余重力负异常主要由巨厚沉积的中新生代盆地引起。

## (五)成矿区(带)重力异常推断地质构造成果

本次成矿区(带)划分采用全国成矿区(带)划分标准,主要以大地构造背景和成矿构造环境为基础进行划分。涉及内蒙古自治区的Ⅰ级成矿域有古亚洲成矿域,滨太平洋成矿域(叠加在古亚洲成矿域之上);包含4个Ⅱ级成矿省:Ⅱ-2准噶尔成矿省,Ⅱ-5华北西部(地台)成矿省,Ⅱ-12大兴安岭成矿省,Ⅱ-14华北成矿省;划分Ⅲ级成矿区(带)14个(图5-30),下面分述之。

### 1. Ⅲ-5新巴尔虎右旗(拉张区)铜、钼、铅、锌、金、萤石、煤(铀)成矿带

该区域大部分地区已完成1∶20万区域重力测量。区内布格重力异常总体展布方向受区域构造控制,呈北东向。北段异常形态较疏缓,局部重力异常形态不规则,场值$(-105\sim-58)\times10^{-5}m/s^2$;南段异常等值线密集,梯度较陡,重力高与重力低呈窄条状相间分布,场值$(-115\sim-32)\times10^{-5}m/s^2$,在剩余重力异常图上表现为北东向正负异常相间分布的特点,表明该区基底岩系在其形成过程中,受到北西-南东方向的强烈挤压作用,形成北东向紧密线性褶皱。布格重力异常等值线密集带、同向扭曲部位推断为断裂构造。该区域布格重力异常等值线多处呈线性密集展布或同向扭曲、重力异常轴向发生明显错断,由此推断,重力异常等值线密集带、同向扭曲部位为断裂构造,这正是对区内极其发育的北东向、北西向断裂构造的客观反映(图5-31~图5-33)。

1)Ⅲ-5-①莫尔道嘎铁、铅、锌、银、金成矿亚带(Pt、V、Y、Q)

该成矿亚带位于区域重力高异常区,叠加有不规则面状分布的重力低异常,剩余重力异常图上,负异常成片成带分布,正异常零星呈串珠状展布。在牛尔河镇—西牛河镇一带及西牛河镇以北沿国境线一带、得尔布干以西一带形成局部重力高值区。该区域大面积出露中酸性侵入岩,其间零星出露古元古

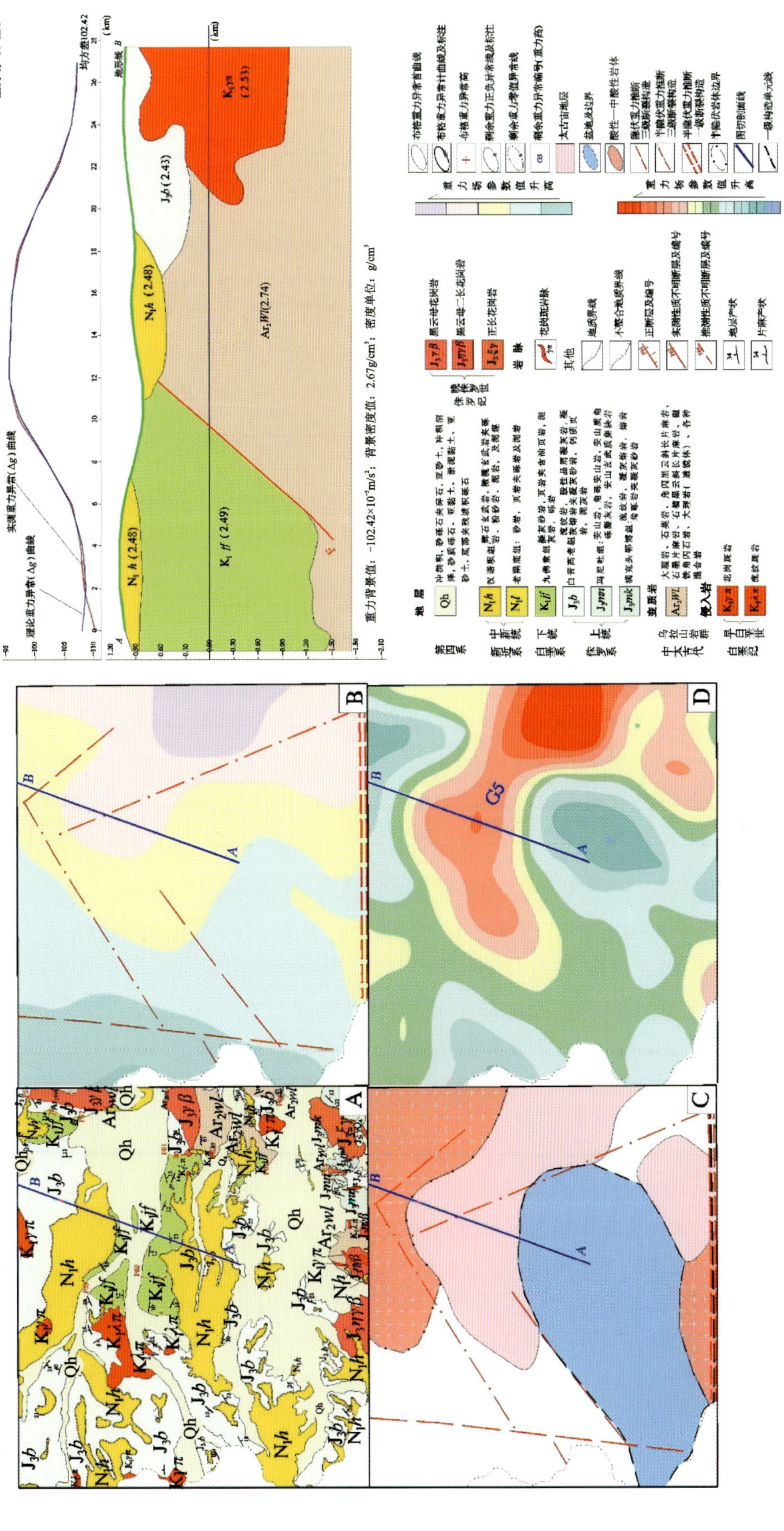

图 5-29　半隐伏地层重力反演模型图

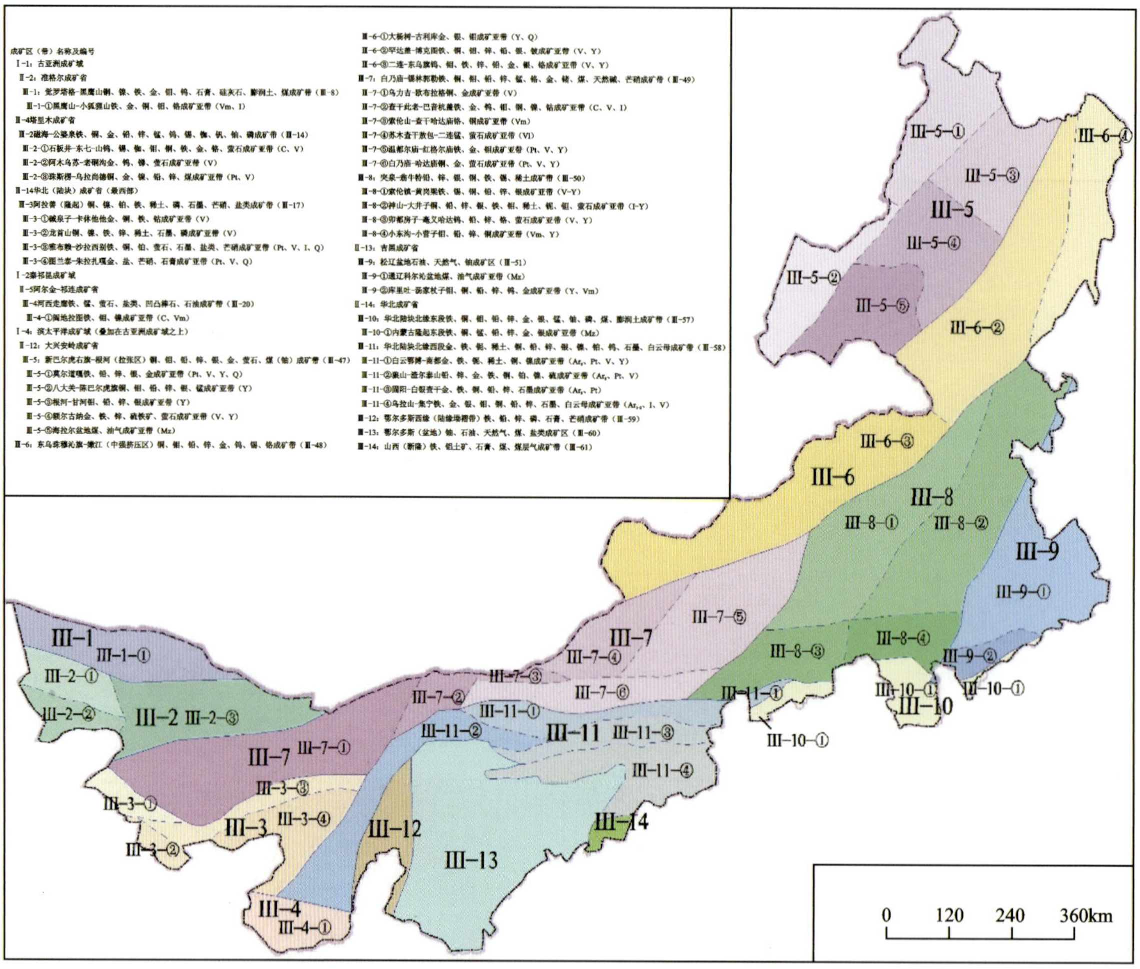


图 5-30　内蒙古自治区成矿区(带)划分图

代兴华渡口岩群、新元古代佳疙瘩组,沿得尔布干断裂附近火山岩成片分布。反映了该区是一个元古宙基底的隆起区,受北东向深大断裂影响,岩浆岩活动强烈,形成规模较大的侵入岩及火山沉积盆地,对应成片成带分布的重力低异常,局部重力高为元古宙基底隆起区。

该成矿亚带铁铅锌金矿床、矿点主要位于布格重力异常边部梯级带上,剩余重力正异常边部或正负异常交替带上。在成矿亚带北段的金铅锌银矿主要位于元古宙基底的断隆区边缘,南段的铁矿则位于古生代基底的断隆区边缘。该区域 G 蒙-6、G 蒙-10、G 蒙-15 剩余重力异常为推断的半隐伏元古宙基底隆起区,在其边部注意金铅锌银矿的寻找。G 蒙-44 为推断的半隐伏古生代地层隆起区,在其异常边部区域注意铁多金属矿的寻找。

2)Ⅲ-5-②八大关-陈巴尔虎旗铜、钼、铅、锌、银、锰成矿亚带(Y)

该成矿亚带紧邻得尔布干断裂西侧,形成该区域较醒目的呈北东向带状延伸的重力高值区,对应形成剩余重力正异常,伴有航磁正异常。地表局部地段有新元古代佳疙瘩组出露,显然重磁异常与元古宙基底隆起及沿深大断裂基性物质富集有关,推断该区域可能有隐伏基性—超基性岩体。该区域化探以铜、钼、银、金、镉多金属组合元素异常为主,矿床以铜钼金属矿为主,矿床(点)均位于重力异常边部梯级带上或转弯处。该隆起带对应的剩余重力异常编号为 G 蒙-68、G 蒙-131,异常边部应是成矿有利地段。

元古宙隆起区西侧局部重力高异常多呈北东向窄条状或带状展布,梯度变化大,其间局部重力低异常范围较大,呈带状或不规则面状展布。剩余重力异常图上表现为窄条状或串珠状正异常分布于负异

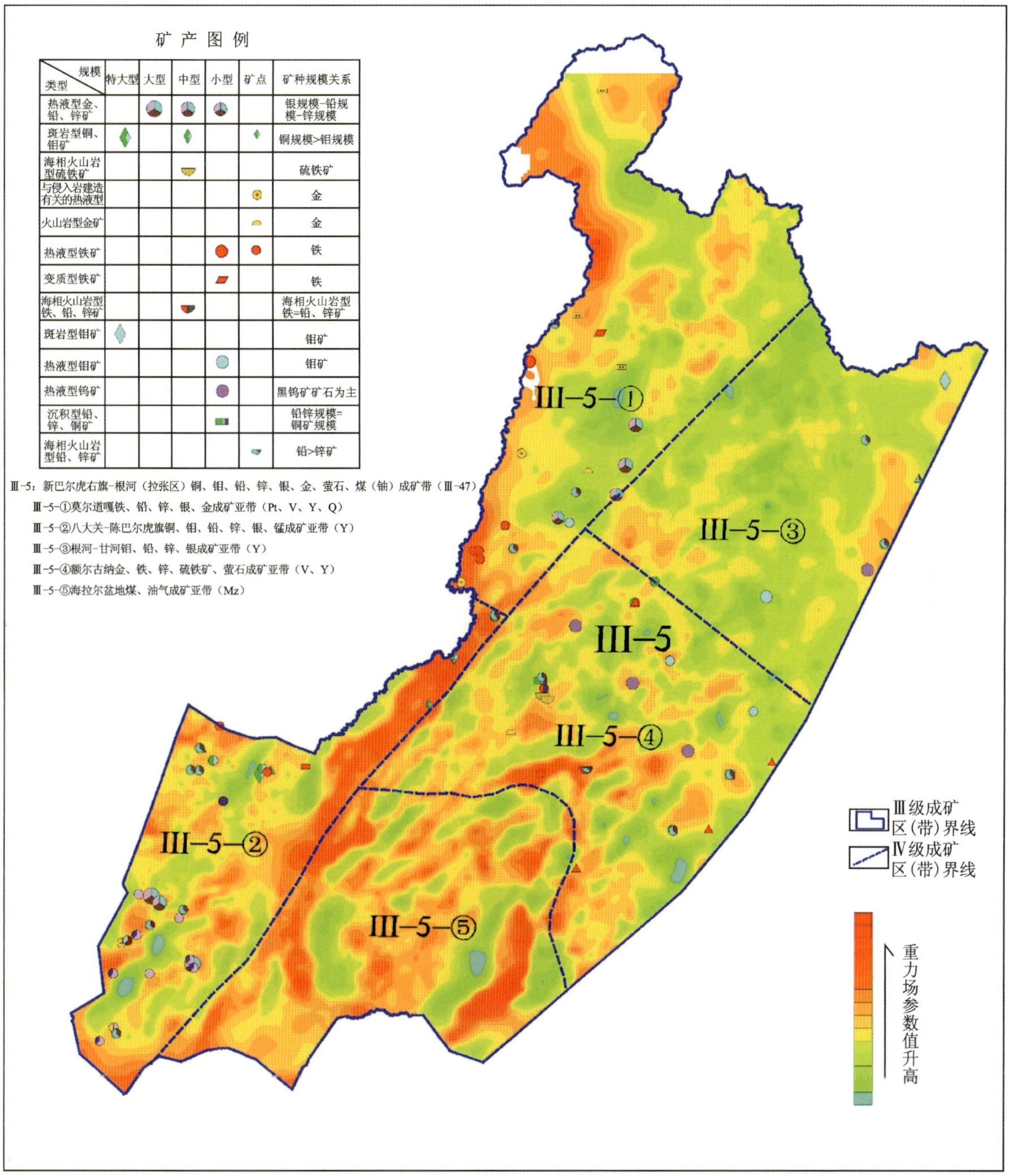


图 5-31　Ⅲ-5 成矿带布格重力异常图

常区，负异常多为宽缓形态不规则，部分负异常呈条带状，边部等值线密集。该区域地表以晚侏罗世火山岩为主，局部有震旦纪、早寒武世及晚古生代地层出露，中酸性侵入岩广泛发育。反映了该区是一个新元古代—古生代基底隆起区，局部重力低异常主要由中酸性侵入岩和火山岩沉积盆地引起，火山盆地对应的多是条带状剩余重力负异常。区内北东向、北西向断裂构造发育。该区域铜、钼、铅、锌、银、锰多金属矿多位于局部重力高异常边部梯级带上，受次一级的北东向、北西向构造控制明显。

在该区域 G 蒙-55、G 蒙-83、G 蒙-110、G 蒙-115、G 蒙-127 为重力推断的半隐伏新元古代、古生代基底隆起区，在重力异常边部注意多金属矿的寻找。

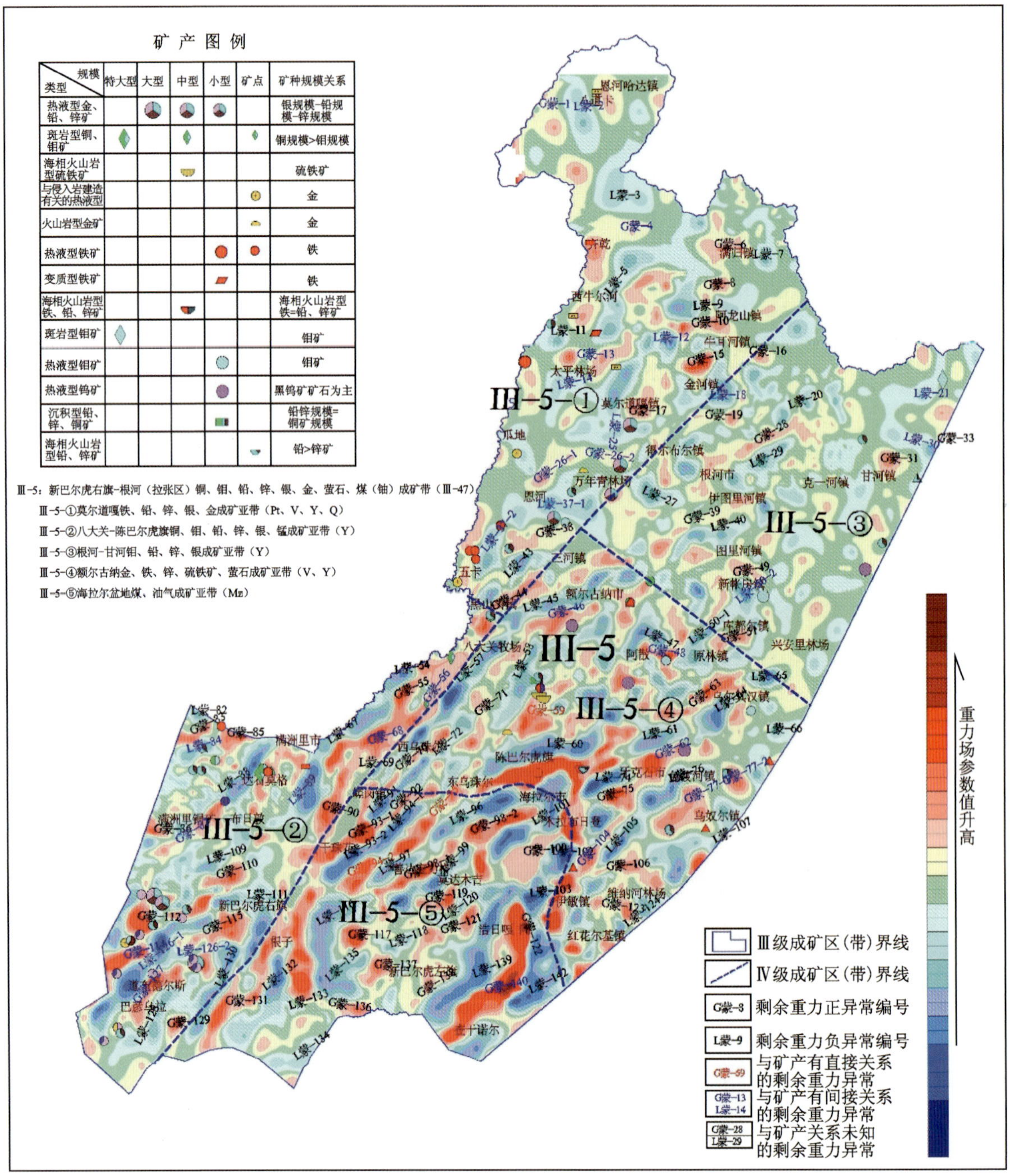


图 5-32　成矿带剩余重力异常图

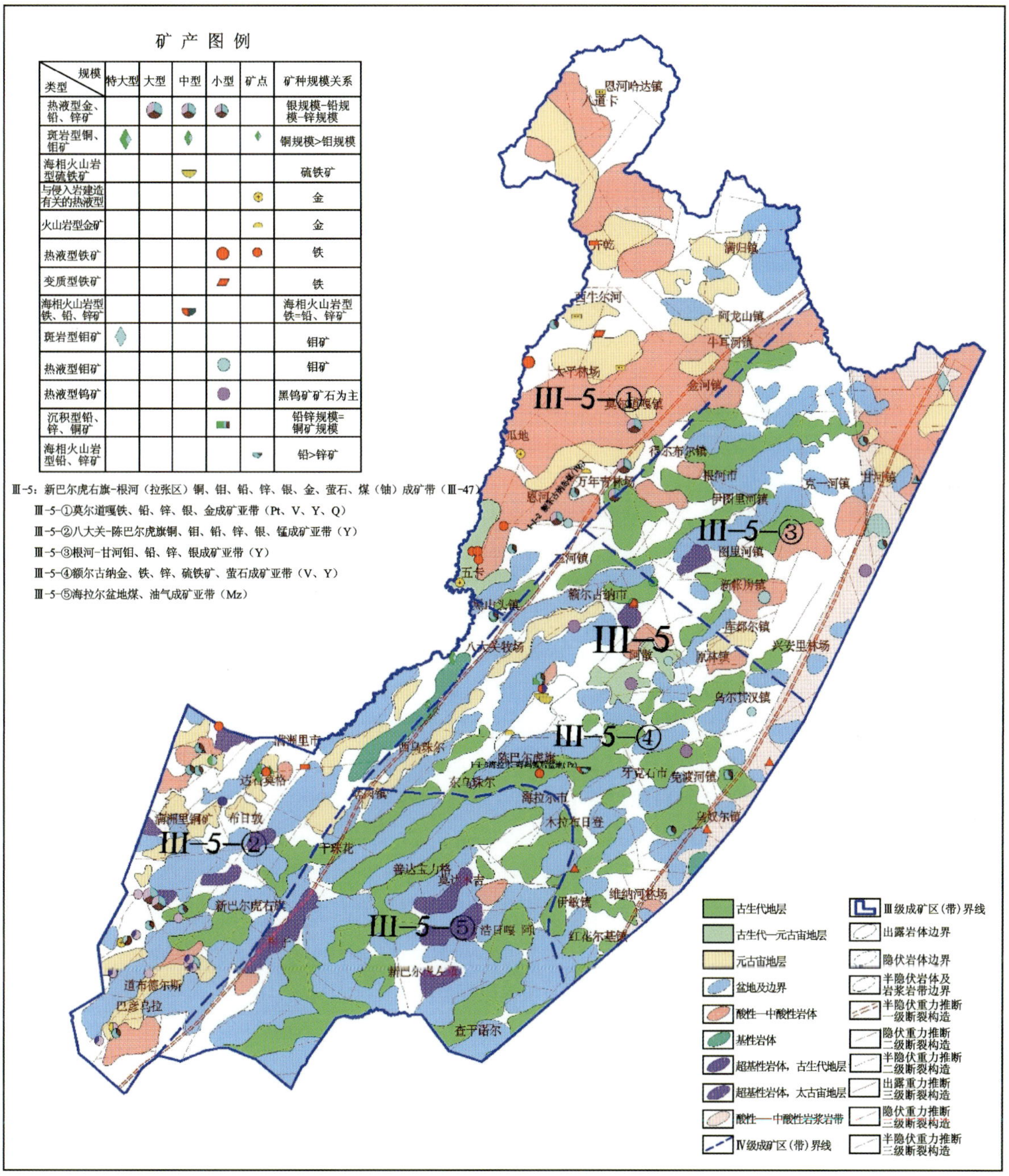


图 5-33　成矿带重力推断地质构造图

3)Ⅲ-5-③根河-甘河钼、铅、锌、银成矿亚带(Y),Ⅲ-5-④额尔古纳金、铁、锌、硫铁矿、萤石成矿亚带(V、Y)

该区域重力异常表现为相对高值区,变化幅度较小,场值一般为$(-95\sim-70)\times10^{-5}m/s^2$。在相对平稳的重力场区,形成多处局部重力异常,异常形态较杂乱。剩余重力负异常成片成带分布,正异常范围较小。地表以晚侏罗世火山岩为主,局部有元古宙、古生代地层出露,其间北东向断裂发育。以上特征反映该区前古生代基底凹凸相间、以凹为主的特点。低凹处形成火山岩盆地,对应重力低异常,凸起处为元古宙、古生代地层隆起区,对应重力高即剩余重力正异常,局部地段因断裂活动使等值线发生同向扭曲或轴向错动。已知矿点多位于剩余重力正异常边部梯级带或转弯处,部分钼多金属矿位于剩余重力负异常的边部梯级带上。

Ⅲ-5-③成矿亚带多形成与燕山期浅成斑岩体有关的斑岩型矿床,如岔路口斑岩型钼矿床;Ⅲ-5-④成矿亚带赋存有与古生代海相火山-沉积作用有关的铁锌矿、硫铁(铜)矿床。该区中生代火山岩发育,目前发现四五牧场火山隐爆角砾岩型金矿床和热液型萤石矿床。

综上所述认为,该区域在G蒙-48、G蒙-46、G蒙-59、G蒙-62、G蒙-77-1、G蒙-77-2、G蒙-73-1为重力推断的半隐伏元古宙、古生代隆起区,在异常边部转弯处、梯级带部位、正负异常交替带上,注意铁铅锌金等矿产的寻找,在L蒙-50-2、G蒙-48异常的边部特别注意钼多金属矿的寻找。G蒙-62异常边部特别注意萤石矿床的寻找。

4)Ⅲ-5-⑤海拉尔盆地煤、油气成矿亚带

该区域属海拉尔盆地,深部对应幔隆区,所以布格重力异常值相对周边地区总体较高。布格重力异常特征又明显受盆地制约,从外到内呈降低趋势,边部及外围附近重力高,盆地中央相对较低。最高值边部为$-40\times10^{-5}m/s^2$,中央为$-60\times10^{-5}m/s^2$。盆地边缘向内重力异常高低呈条带状相间分布,梯度变化较大,等值线密集,最大变化梯度为每千米$7\times10^{-5}m/s^2$,一般$(2\sim5)\times10^{-5}m/s^2$,场值一般为$(-98\sim-32)\times10^{-5}m/s^2$。盆地中央布格重力异常等值线较宽缓稀疏,变化梯度小,场值为$(-90\sim-60)\times10^{-5}m/s^2$。对应的剩余重力异常特征与布格重力异常相似,边部条带状正负异常相间分布,梯度变化大,中央区域宽缓的剩余重力正异常呈半环状围绕中间的负异常分布。该区域是在中生代陆相火山喷发基础上发展起来的陆相坳陷盆地,地表第四系广布,盆地基底物质组成为泥盆纪—石炭纪变质地层和海西期、燕山期花岗岩。前述重力场特征正是盆地基底构造的客观反映:盆地边部基底起伏变化较大,可能是受区域北西-南东方向的强烈挤压作用,形成隆坳相间的格局,以至形成高低相间分布且梯度变化较大的重力场分布特征。盆地中央基底相对稳定,但总体较边部明显下降。

该区域呈窄条状展布且边部等值线密集的负异常区及盆地中央区域应是盆地基底的坳陷区,亦是中新生代沉积厚度较大的区域,这些区段边部认为是寻找能源矿产(煤及铀矿等)的重点地区。

区内推断地质构造成果见图5-33及表5-4。

**表5-4 重力推断地质构造成果统计表**

| 推断地质体 | | 出露情况 | | | | |
|---|---|---|---|---|---|---|
| | | 隐伏 | 半隐伏 | 出露 | 合计 | |
| 地层 | 太古宇—元古宇 | 1 | 无 | 无 | 1 | 73 |
| | 元古宇 | 20 | 1 | 9 | 30 | |
| | 元古宇—古生界 | 无 | 2 | 无 | 2 | |
| | 古生界 | 无 | 40 | 无 | 40 | |
| 岩体 | 酸性—中酸性岩体 | 无 | 12 | 13 | 25 | 40 |
| | 基性—超基性岩体 | 9 | 2 | 4 | 15 | |
| 断裂 | | 182 | 60 | 18 | 260 | |
| 盆地 | | 66 | | | 66 | |

### 2. Ⅲ-6 东乌珠穆沁旗-嫩江(中强挤压区)铜、钼、铅、锌、金、钨、锡、铬成矿带

Ⅲ-6 区东部(Ⅲ-6-①、Ⅲ-6-②成矿亚带所在区域)编图数据大部分为 1∶100 万区域重力测量成果。西部区(Ⅲ-6-③成矿亚带)全部为 1∶20 万区域重力测量成果。

该区域由西至北东,布格重力异常呈明显的升高趋势,其值为($-160\sim-4$)$\times10^{-5}$ m/s$^2$。异常总体走向由北东转为北北东,受区域构造二连-东乌旗 F 蒙- 02006 控制。东北部Ⅲ-6-①区,布格重力异常值较高,是内蒙古重力值最高的区域,极大值$-4.26\times10^{-5}$ m/s$^2$,一般在($-30\sim-10$)$\times10^{-5}$ m/s$^2$之间,为幔隆区。与其紧邻的Ⅲ-6-②区,北东段为大兴安岭梯级带的北段,等值线密集,呈北北东向展布,变化率为每千米($1\sim2$)$\times10^{-5}$ m/s$^2$,为幔坡区。该区域布格重力异常总体变化趋势受地幔深度变化及区域构造活动的影响,但局部异常主要由壳内地质体密度不均匀引起。不同成矿亚带表现为不同的重力场特征(图 5-34),下面分述之。

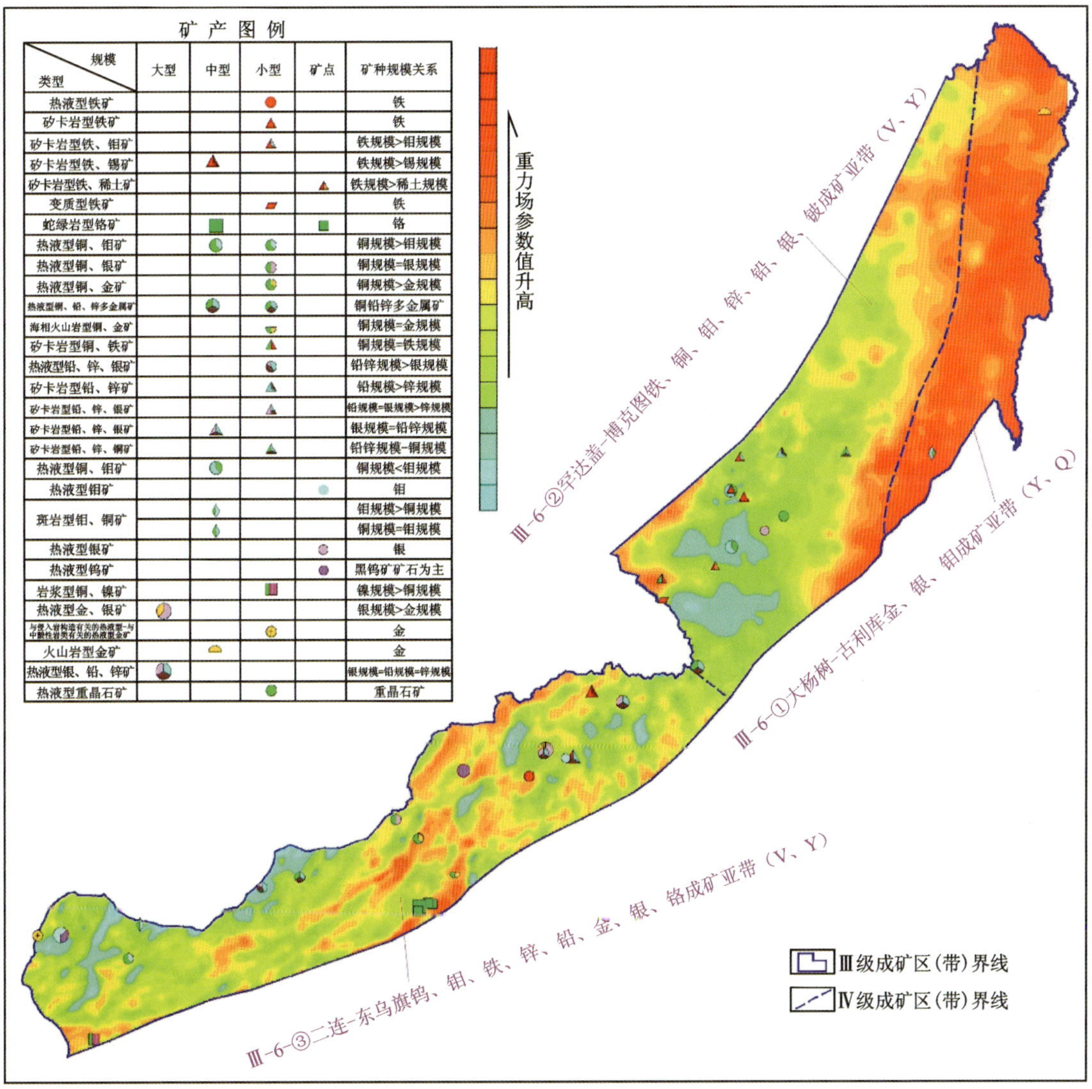


图 5-34　Ⅲ-6 成矿带布格重力异常图

1) Ⅲ-6-①大杨树-古利库金、银、钼成矿亚带(Y、Q)及Ⅲ-6-②罕达盖-博克图铁、铜、钼、锌、铅、银、铍成矿亚带(V、Y)

Ⅲ-6-①、Ⅲ-6-②多金属成矿亚带所在区域，由于重力工作程度较低，重力场总体趋势变化受地幔起伏及规模较大的构造活动制约。局部重力异常或剩余重力异常只能在一定程度上反映浅部基底起伏变化的趋势。北东向重力梯级带是地幔坡及大兴安岭岭脊断裂的综合反映，在其两侧布格重力异常等值线多处发生扭曲，推断由次一级断裂构造引起。该区域属大兴安岭岩浆岩构造带的一部分，Ⅲ-6-①区地表大部分为中生代陆相沉积岩及中酸性火山岩，Ⅲ-6-②区则大面积分布中生代侵入岩及火山岩，因此这两个成矿亚带所在区域剩余重力异常多为平缓的负异常区。局部的正异常多与古生代及前古生代基底局部隆起有关。

在Ⅲ-6-②多金属成矿亚带南段，为一区域性的重力低值区，呈不规则面状，位于大兴安岭梯级带西侧，为幔凹区，亦是大型构造岩浆岩带。已发现的金属矿(点)床，多位于该低值区边部等值线相对密集的凹凸部位及北东向梯级带的扭曲部位，也即位于幔凹区和西倾的幔坡带的局部变异扭曲部位。该区域应是重要的多金属矿找矿远景区，尤其要注意布格重力异常等值线发生扭曲或变形的部位。

2)Ⅲ-6-③二连-东乌旗钨、钼、铁、锌、铅、金、银、铬成矿亚带(V、Y)

该区域经历了古陆扩张、陆缘下沉、裂解、洋壳俯冲、陆-陆碰撞等构造活动，形成了复杂而多元的基底构造(见前述地质概况)，以至该区域重力场特征复杂而多变。布格重力异常总体受区域构造控制，该区域西部重力异常与区域构造线方向一致，呈北东东向，东部明显偏离区域构造线方向转为北北东向。这一特征可能与所谓的西伯利亚陆块左旋运动有关。该区域布格重力值一般为$(-160\sim-90)\times10^{-5}\,m/s^2$，由东向西呈增高的趋势，局部重力异常形态复杂，呈窄条状、蠕虫状或不规则状，局部重力异常边部等值线密集且多处发生同向扭曲或轴向错断，显然与断裂活动有关。在剩余重力异常图上(图5-35)，正负相间分布的窄条状异常区分别对应基底隆起或坳陷区。等值线宽缓或呈不规则面状展布的负异常多与该区域发育的酸性侵入岩有关。在该成矿亚带南侧边缘发育于古生代地层中的超基性岩亦形成明显的剩余重力正异常。

该区域与岩浆活动有关的矿床多分布在剩余重力正负异常交替带上或正异常边部，多处矿点位于推断断裂的交会处。与超基性岩有关的铜铬镍等矿床则位于剩余重力正异常的边部梯级带部位。所以在该区域推断的隐伏—半隐伏地层与岩体的接触带部位，中酸性岩体、基性—超基性岩体的边部注意不同类型(如朝不楞铁铜多金属矿、吉林宝力格银多金属矿、沙麦钨矿、赫格敖拉镍矿等)多金属隐伏矿床的寻找。

该成矿区(带)推断成果见表5-5及图5-36。

### 3. Ⅲ-7 白乃庙-锡林郭勒铁、铜、钼、铅、锌、锰、铬、金、锗、煤、天然碱、芒硝成矿带

该成矿带所在区域重力场以狼山-贺兰山北东向梯级带为界，梯级带以西布格重力异常由近东西向转为北西向，重力值由$-148\times10^{-5}\,m/s^2$降至$-214\times10^{-5}\,m/s^2$，梯级带部位变化梯度为每千米$(1\sim2)\times10^{-5}\,m/s^2$；以东地区，重力主体异常呈近东西向展布，局部异常呈北东向，其值一般为$(-190\sim-160)\times10^{-5}\,m/s^2$。狼山-贺兰山北东向梯级带与宝音图断裂(也称迭布斯格断裂)F蒙-02035-(23)对应。该区域3处规模较大且醒目的局部重力低均与伴随深大断裂而产生的岩浆活动有关：梯级带以西面状展布的重力低值区，岩浆活动受巴丹吉林断裂F蒙-02031-(8)、喇嘛井-雅不赖F蒙-02027控制；梯级带东北侧呈北东向带状展布的重力低值区，岩浆活动受宝音图断裂控制F蒙-02035-(23)；南侧呈近东西向展布的重力低值区，伴有呈带状或串珠状展布的磁异常，规模较大，纵贯内蒙古中东部地区，东西延长约900km，该带与华北陆块北部近东西向展布的巨大陆缘俯冲-碰撞造山带相对应，地表成片成带分布有酸性侵入岩，为陆块俯冲形成的巨型构造岩浆岩带。重力低值带南北界推断存在区域性深大断裂，即温都尔庙-西拉木伦河断裂F蒙-02017-④，包头-集宁断裂F蒙-02027-(11)。该区域的成矿活动与构造岩浆活动密切相关，所以以上重力低值区域应是寻找多金属矿的重点远景区，特别注意重力等值线密集或发生变形扭曲的部位(图5-37)。

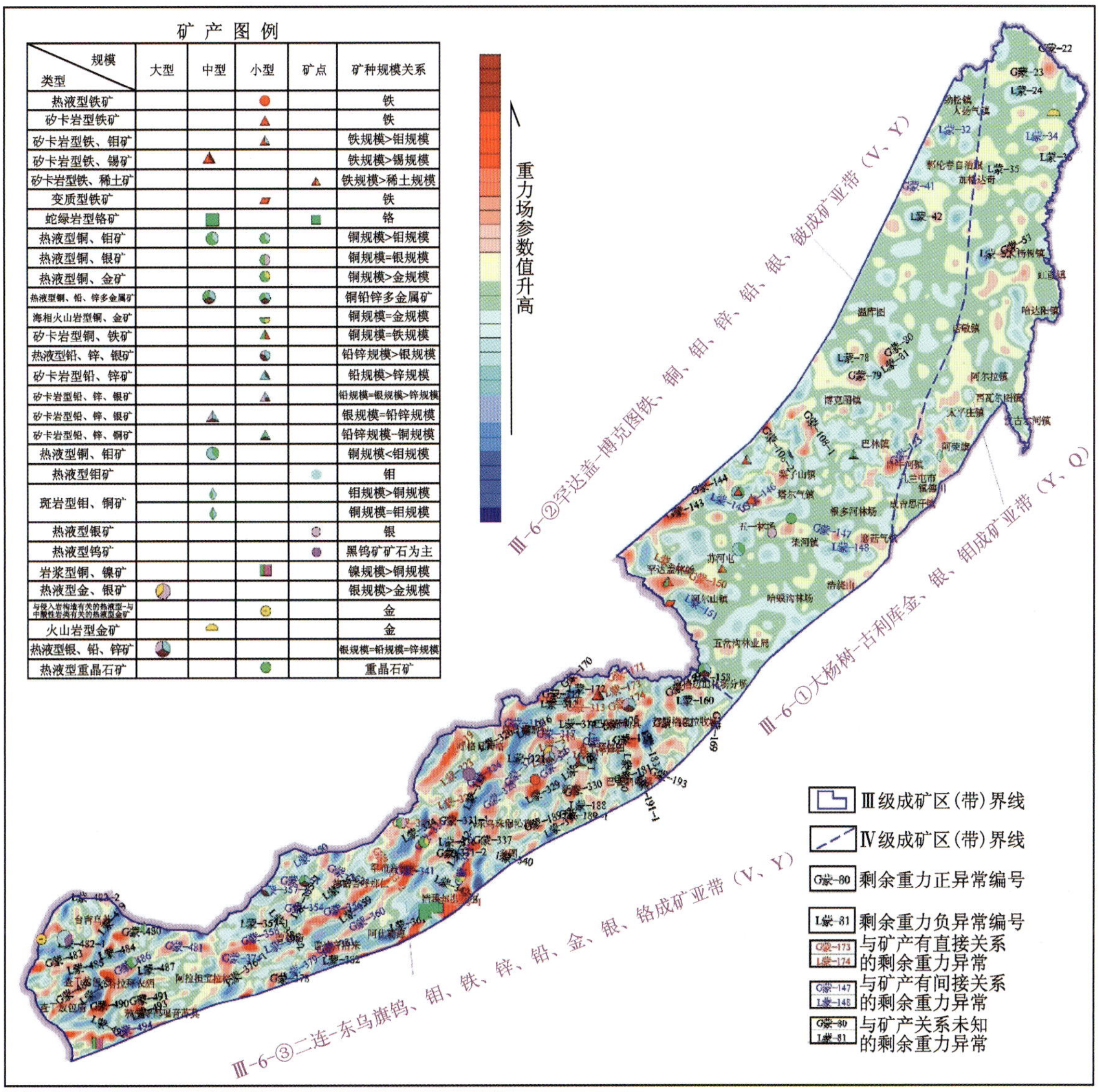


图 5-35　Ⅲ-6 成矿带剩余重力异常图

**表 5-5　重力推断地质成果统计表**

| 推断地质体 | | 出露情况 | | | | |
|---|---|---|---|---|---|---|
| | | 隐伏 | 半隐伏 | 出露 | 合计 | |
| 地层 | 元古宇 | 9 | 无 | 2 | 11 | 69 |
| | 元古宇—古生界 | 无 | 无 | 3 | 3 | |
| | 古生界 | 无 | 45 | 10 | 55 | |
| 岩体 | 酸性—中酸性岩体 | 1 | 18 | 20 | 39 | 51 |
| | 基性—超基性岩体 | 5 | 7 | 无 | 12 | |
| 断裂 | | 199 | 75 | 21 | 295 | |
| 中新生代盆地 | | 82 | | | 82 | |

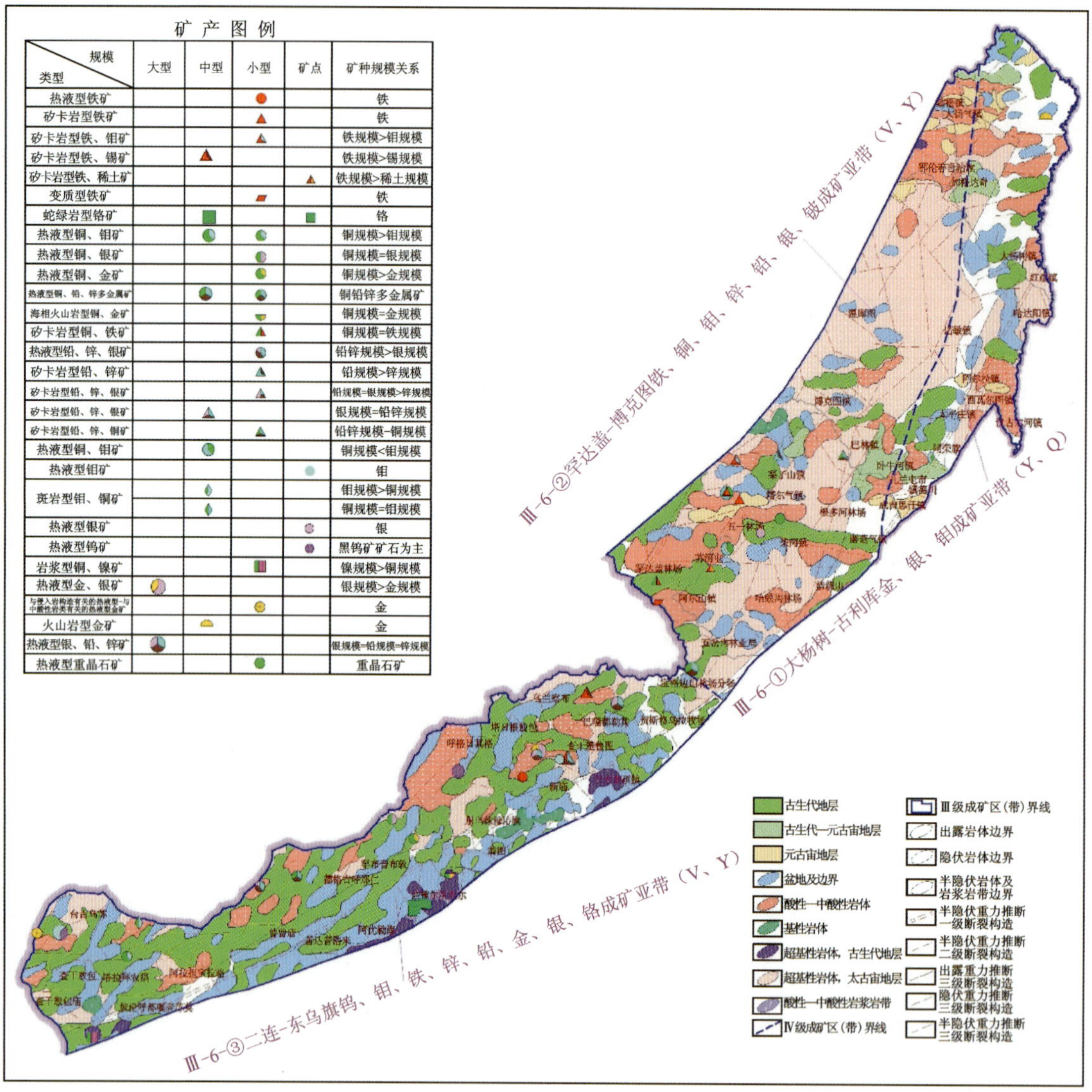


图 5-36　Ⅲ-6 成矿带重力推断地质构造图

1）Ⅲ-7-①乌力吉-欧布拉格铜、金成矿亚带（V），Ⅲ-7-②查干此老巴音杭盖铁、金、钨、钼、铜、镍、钴成矿亚带（C、V、I），Ⅲ-7-③索伦山-查干哈达庙铬、铜成矿亚带（Vm）

狼山-贺兰山北东向梯级带东、西两侧分布的区域性重力低值区正位于Ⅲ-7-①、Ⅲ-7-②两个成矿亚带内。该区域的已知矿产多分布于重力低值区（或其间的局部重力异常）边部梯级带转弯处或扭曲部位，剩余重力正负异常交替带附近正异常一侧；镍矿主要分布在与超基性岩有关的正异常边部。由前述知，重力低与大规模构造岩浆活动有关，剩余重力正异常与古生代基底隆起有关，在Ⅲ-7-③亚带内重力高主要由超基性岩及古生代地层综合作用引起。该区铜金镍等矿产主要赋矿地质体为石炭纪中酸性火山岩、超镁铁质岩等，区内大规模的岩浆活动不仅为从围岩中进一步富集成矿元素提供了热源，同时也提供了丰富的物质来源。

2）Ⅲ-7-⑥白乃庙-哈达庙铜、金、萤石成矿亚带（Pt、V、Y）

该成矿亚带南界即为前述与构造岩浆活有关的纵贯内蒙古中东部区近东西向展布的布格重力异常低值带。低值带北部重力高低异常呈北东向相间分布，其间重力等值线呈北东向密集展布的梯级带，这正是该区域元古宙和早古生代微地块（重力高）、中酸性侵入岩（重力低）、断裂构造（梯级带）的客观反映。该亚带金铜多金属矿集中分布在两个元古宙隆起区，西部巴音敖包一带及东部白乃庙-别鲁乌图一

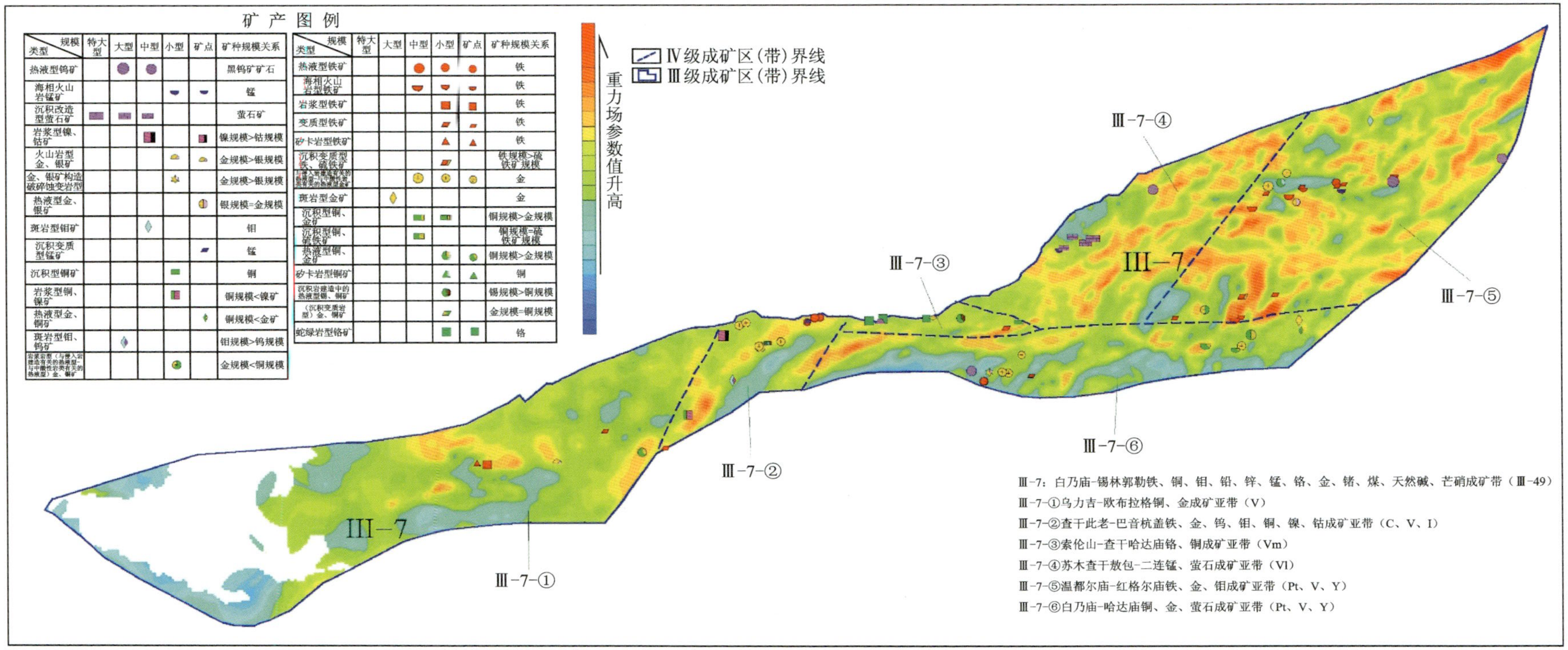

图 5-37 Ⅲ-7成矿带布格重力异常示意图

带，对应局部重力高，剩余重力正异常。矿床多位于异常边部梯级带转弯处或扭曲部位，且多处在正负异常交替带正异常一侧。由前述地质概况可知，该亚带金铜多金属矿与元古宙地层、岩浆活动密切相关，金矿主要赋存在北东向断裂与近东西向区域断裂的交会处。综合分析认为，该区域重力推断的隐伏—半隐伏元古宙隆起区即G蒙-532、G蒙-540、G蒙-542、G蒙-543、G蒙-544等剩余重力正异常的边部及正负异常交替带上、重力推断断裂的交会部位应注意金铜多金属矿的寻找。

前述4个成矿亚带，矿产多集中分布于区域性重力低值区边部。所以认为与构造岩浆活动有关的区域性重力低应是重要的找矿远景区。

3)Ⅲ-7-④苏木查干敖包-二连锰、萤石成矿亚带，Ⅲ-7-⑤温都尔庙-红格尔庙铁、金、钼成矿亚带(Pt、V、Y)

该区域属二连盆地群，地表普遍为第三系、第四系覆盖。布格重力异常多呈北东东向、北东向窄条状高低相间分布，剩余重力异常表现为正负相间分布，且异常边部等值线密集。反映了该区域受北东-南西向强烈的挤压作用，从而形成一系列的近东西向和北东向展布的断陷、断隆构造。负异常多由中新生代断陷盆地引起，正异常多与古生代基底隆起及超基性岩有关。铜、钼、锰多金属矿床多分布于与古生代基底隆起有关的剩余重力正异常边部或正负异常交替带上。由前述地质概况可知，铜钼矿床的形成主要与印支期—燕山期斑状花岗岩有关，所以认为该区域推断的与隐伏—半隐伏岩体有关的负异常和正异常的接触带部位应是该类型矿床形成的有利部位，如L蒙-520与G蒙-498、G蒙-504，L蒙379-2与G蒙-380、L蒙-409与G蒙-408等(图5-38)。

该区域南部形成两处具一定规模呈面状展布的重力低。其一为以L蒙-514为中心的重力低值区，最低值$-150\times10^{-5}\mathrm{m/s^2}$，这一区域重力等值线相对稀疏宽缓，地表为第四系覆盖，应是基底起伏较小、具一定规模和沉积厚度的中新生代盆地区，这一区域认为是寻找煤矿的有利地区。另一处是以L蒙-530为中心的重力低值区，最低值$-176\times10^{-5}\mathrm{m/s^2}$，其周边为呈环状分布的重力高，且伴有磁异常。重力低值区出露二叠纪侵入岩，其边部零星出露有温都尔庙群玄武岩、变质辉绿岩、石英片岩、含铁石英岩及晚石炭世—早二叠世阿木山组灰岩等。环状正异常南侧边部有中晚奥陶世包尔汉图群中基性火山岩、碳酸盐岩出露。推测这一环状异常可能为前中生代火山机构。在中心负异常L蒙-530与南侧正异常G蒙-532接触部位宝音图岩群出露区存在沉积变质型铁矿、铜矿、硫铁矿等。由前述地质概况可知，该区域铁矿床的形成以中元古代温都尔庙群为赋矿围岩，锰矿多与火山构造有关。这一地区大部分为第三系覆盖，综合分析认为在环状正异常带G蒙-516、G蒙-520、G蒙-532边部梯级带部位应是寻找铁铜锰多金属隐伏矿床的有利地区。

该成矿带推断地质构造成果见图5-39及表5-6。

**表5-6 推断地质构造成果统计表**

| 推断地质体 | | 出露情况 | | | | |
|---|---|---|---|---|---|---|
| | | 隐伏 | 半隐伏 | 出露 | 合计 | |
| 地层 | 太古宇 | 无 | 无 | 2 | 2 | 55 |
| | 太古宇—元古宇 | 2 | 无 | 无 | 2 | |
| | 元古宇 | 14 | 无 | 1 | 15 | |
| | 元古宇—古生界 | 无 | 无 | 3 | 3 | |
| | 古生界 | 无 | 33 | 无 | 33 | |
| 岩体 | 酸性—中酸性岩体 | 无 | 12 | 10 | 22 | 56 |
| | 基性—超基性岩体 | 11 | 12 | 1 | 34 | |
| 断裂 | | 173 | 66 | 15 | 254 | |
| 盆地 | | 57 | | | 57 | |

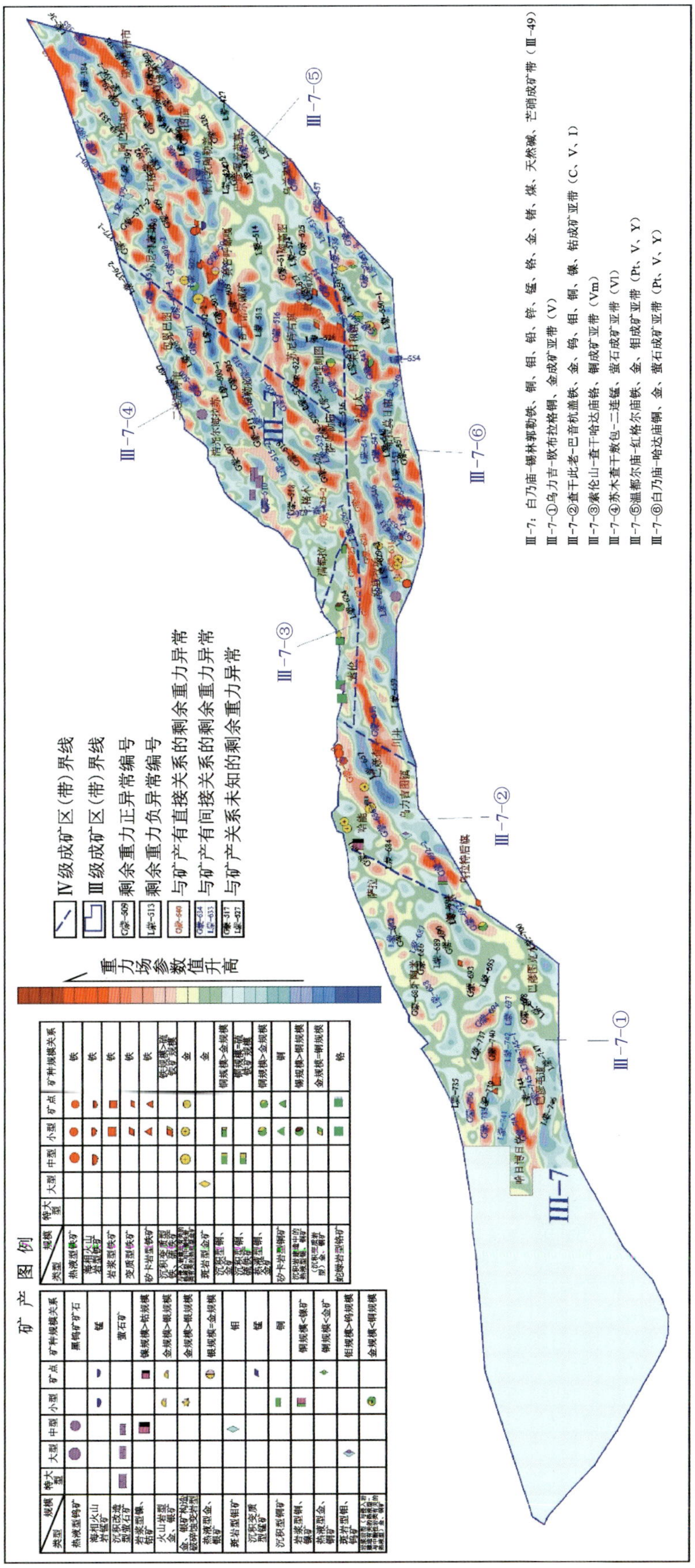


图5-38　Ⅲ-7成矿带剩余重力异常示意图

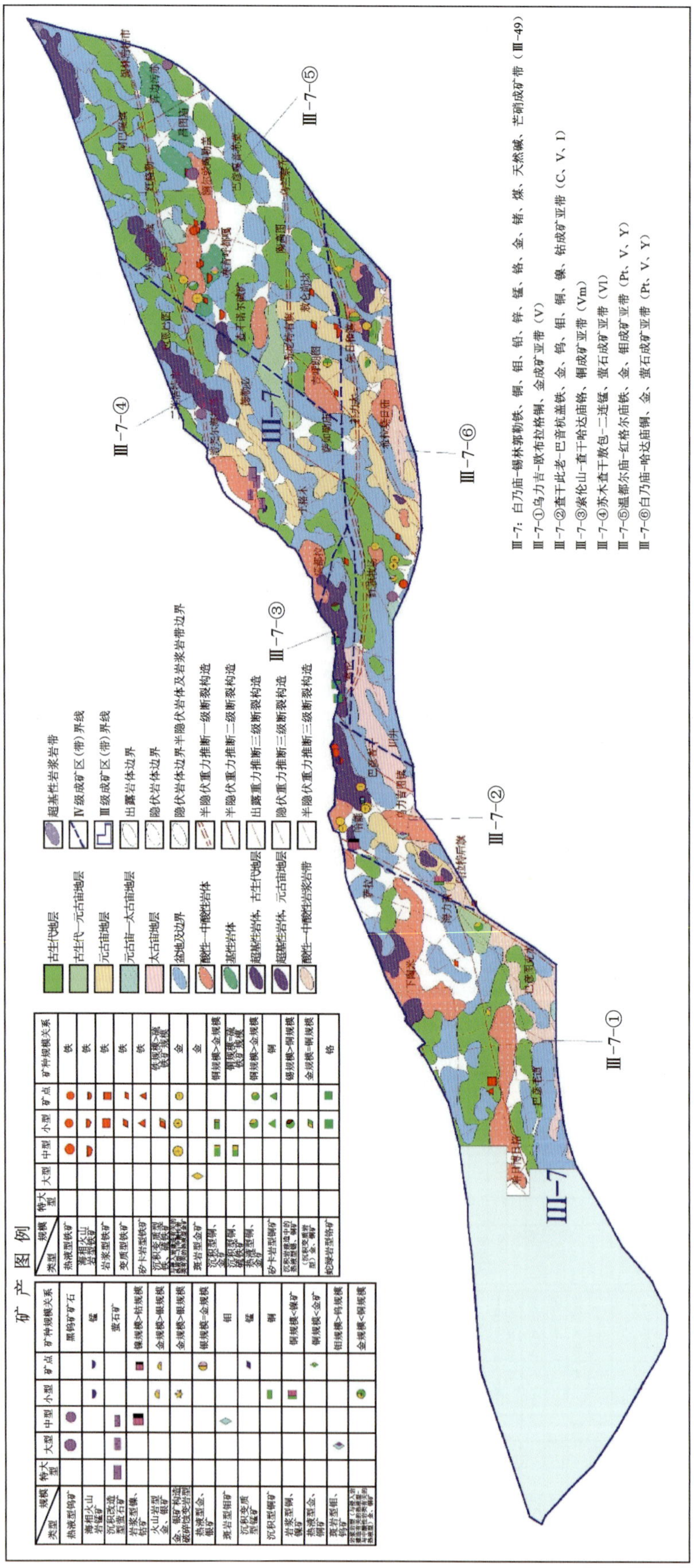


图5-39 Ⅲ-7成矿带重力推断地质构造图

### 4. Ⅲ-8 突泉-翁牛特铅、锌、银、铜、铁、锡、稀土成矿带

该区域经历了洋壳俯冲消减、陆壳裂解增生等一系列构造活动，伴随早古生代—中生代强烈的构造岩浆活动以及火山堆积、海相、陆相、海陆交互相沉积作用等，形成了复杂的地质环境。重力场特征区域上受北东向大兴安岭岭脊断裂(大兴安岭-太行山断裂)F 蒙-2005 及近东西向展布的温都尔庙-西拉木伦河 F 蒙-02017-④、包头-集宁 F 蒙-02027-(11)超壳断裂控制，布格重力异常北部呈北东向展布，南部呈近东西向展布(图 5-40)。

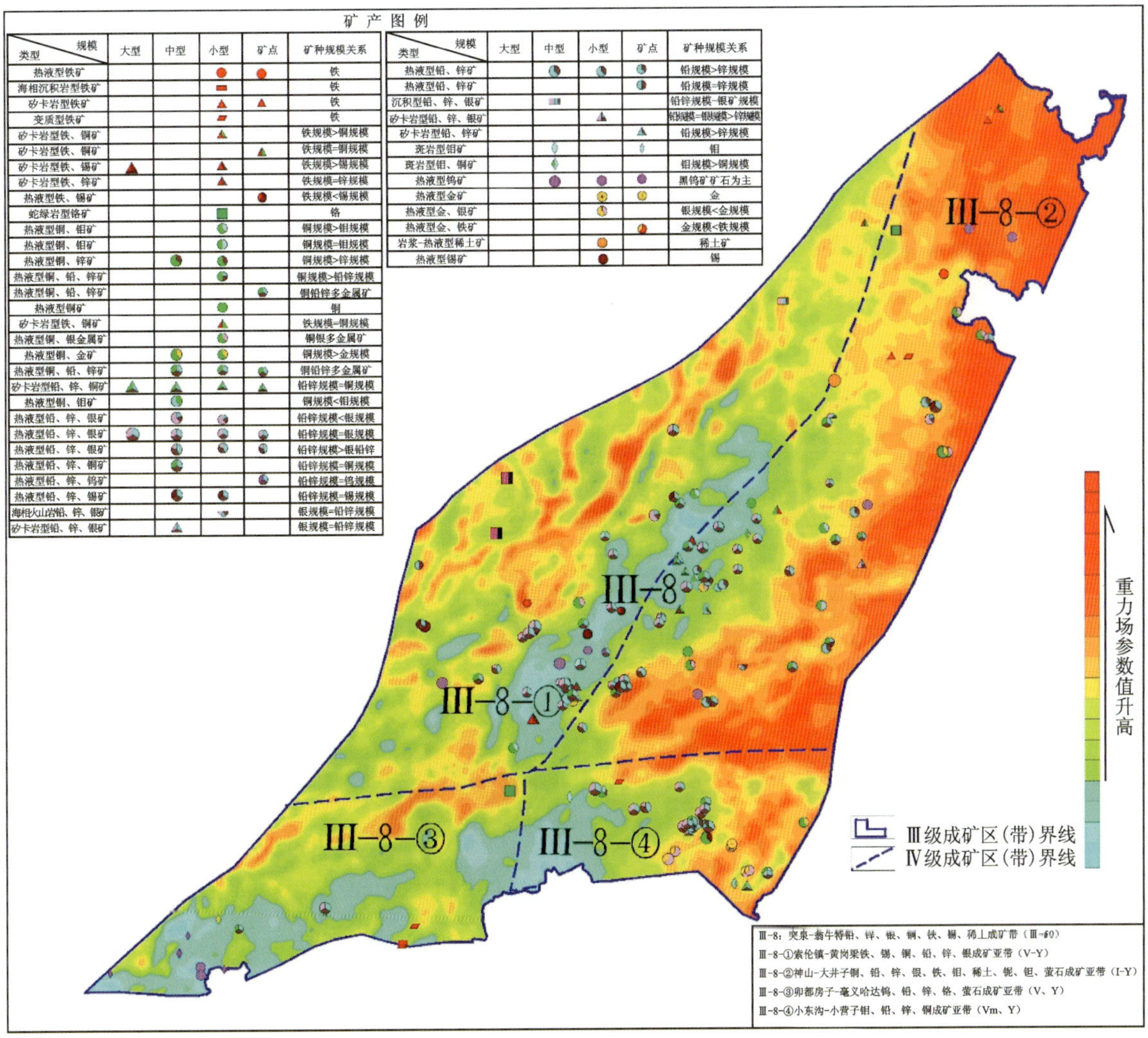


图 5-40　Ⅲ-8 成矿带布格重力异常示意图

该成矿带的西北部，即Ⅲ-8-②神山-大井子铜、铅、锌、银、铁、钼、稀土、铌、钽、萤石成矿亚带(I-Y)的西北部，存在一系列北东向、北东东向展布的布格重力高低异常带(区)，对应正负相间分布的剩余重力异常带。异常形态多呈窄条状，高低异常间常形成密集的梯级带，异常轴向多发生扭曲或错断，这主要与该区域伴随强烈的构造活动形成的一系列北东向展布的断隆断陷及断裂构造有关，矿体多位于异常梯级带部位靠正异常一侧，该区域重力推断的前中生代基底隆起区边部应是成矿的有利地段。

纵贯内蒙古东部区大兴安岭北东向巨型梯级带南段位于Ⅲ-8 成矿带东部，该区域布格重力异常变化幅度较大，从松辽盆地西缘(大兴安岭东坡)—大兴安岭岭脊—大兴安岭西坡，重力值由 $-14\times10^{-5}\,m/s^2$ 降至 $-144\times10^{-5}\,m/s^2$，降幅 $130\times10^{-5}\,m/s^2$，梯级带部位变化梯度每千米为 $(0.5\sim4)\times10^{-5}\,m/s^2$，该巨

型梯级带与地幔坡对应，同时受大兴安岭岭脊断裂控制。梯级带凹凸变形部位或等值线密集处，矿床(点)分布较集中。尤其在梯级带中南段形成的一处大"S"形变形区，伴有呈面状、带状、等轴状展布的局部航磁正异常，最大值一般为300～500nT。在该变形区段向西凸出或向东凹进的边缘带上，是矿床(点)分布最集中的区域，该区域亦是地幔坡凸出或凹进的变异带。紧邻其西侧，北段存在一北东向不规则带状展布的区域重力低值区，低值区边部等值线密集，由边部向中心重力值呈降低趋势，变化范围$(-120\sim-144)\times10^{-5}m/s^2$。该区域对应幔凹区。由前述地质概况可知，地表广泛分布中生代火山岩及侵入岩，是幔源岩浆沿深部构造薄弱部位上侵或喷出形成的巨型岩浆岩带，幔凹及强烈的岩浆活动形成了区域性的重力低。绝大部分的多金属矿产和贵金属矿产分布在布格重力异常相对低值区内或其外围等值线密集处或变形带上，化探异常的分布也是如此。在布格重力低异常外围等值线密集带上特别是局部扭曲部位，矿床(点)分布更为集中，这一区域亦是前述梯级带呈大"S"形凸出或凹进的变异带。矿床点有白音诺尔铅锌矿、浩布高铅矿、拜仁达坝银铅矿、黄岗梁铁锌等。表明这些矿产形成过程中，中性—酸性岩浆岩活动区(带)不仅为其提供了充分的热源同时也提供了物质来源。上述现象说明，应用重力资料推断的每一个岩浆岩活动区(带)实质上是一个成矿系统。在空间上，这些岩浆岩活动区(带)控制着内生矿床的分布，在成因上它们存在着内在联系。布格重力异常图反映的岩浆岩活动区(带)特别是边部凹凸变异带上是成矿最有利地段。

在剩余重力异常图上(图5-41)，该成矿区(带)西北部正负异常多呈窄条状相间分布，正异常与前古生代基底隆起有关，负异常由中新生代断陷盆地引起。东南部区域性重力低异常区，剩余重力正异常零

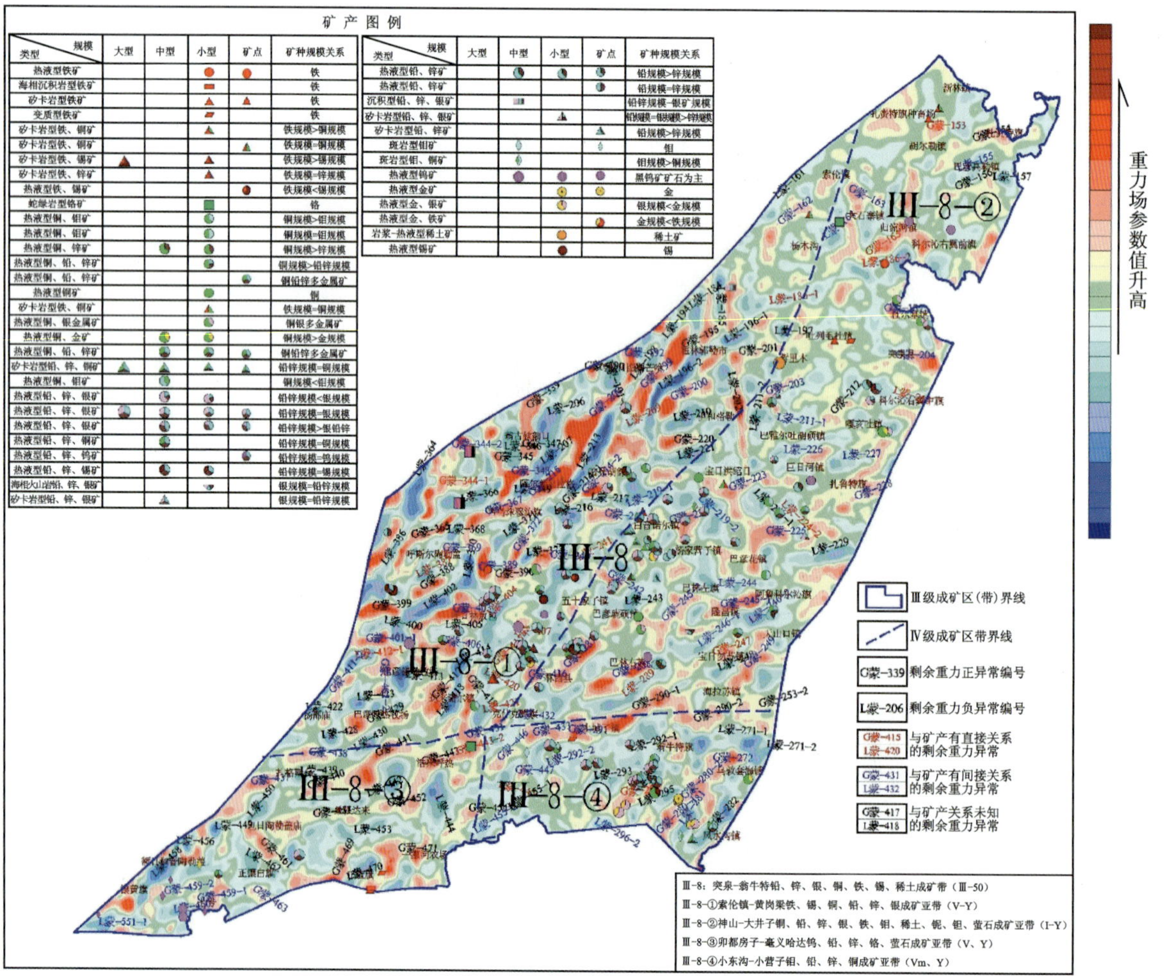


图5-41　Ⅲ-8成矿带剩余重力异常示意图

星镶嵌于负异常区。正异常与局部出露古生代地层有关，负异常由广泛分布的中酸性侵入岩引起。矿点多分布于正负异常交替带上，推断局部隆起区的边部。

该成矿带推断地质构造成果见图 5-42 及表 5-7。

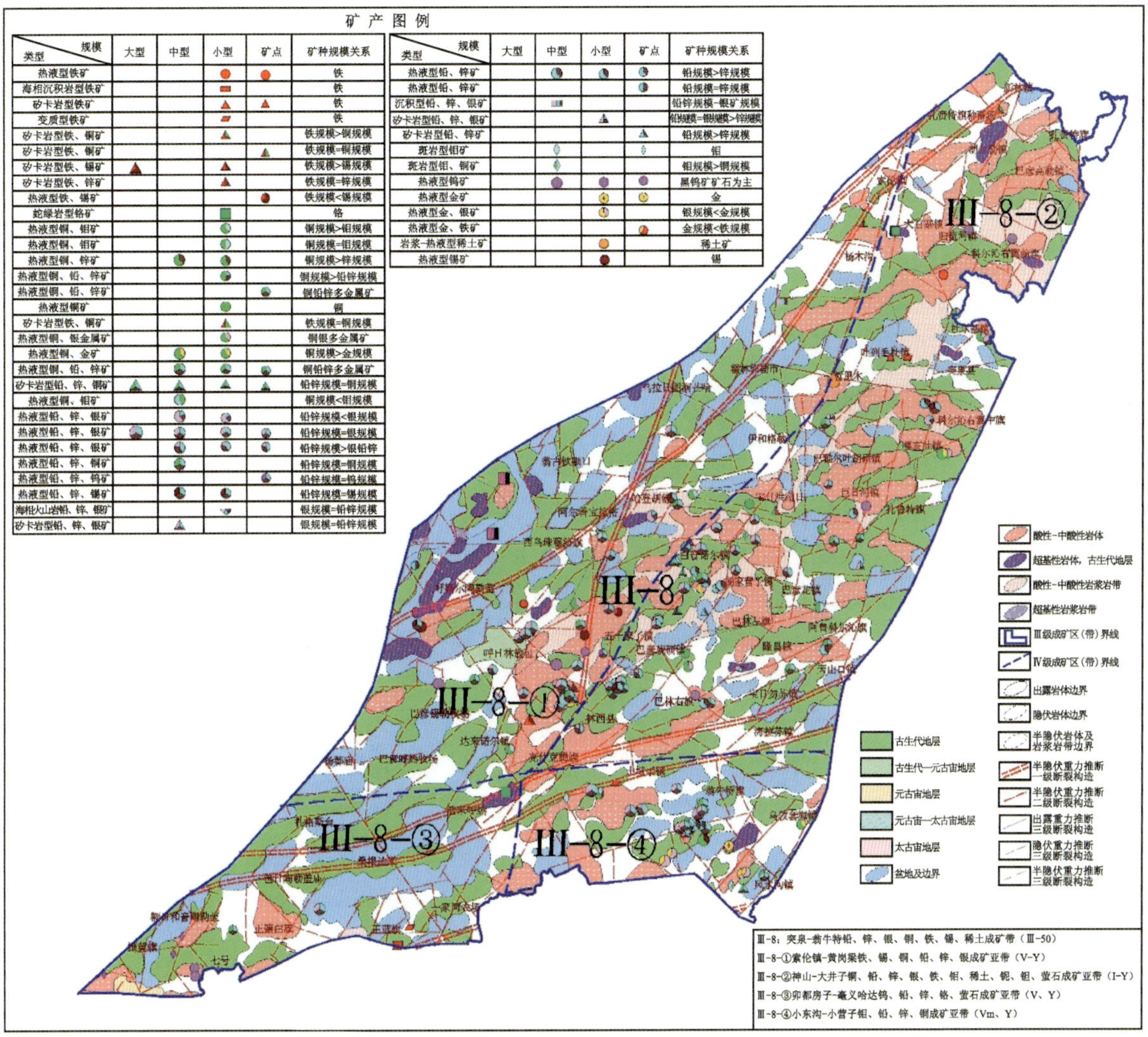


图 5-42 Ⅲ-8 成矿带重力推断地质构造图

**表 5-7 推断地质构造成果统计表**

| 推断地质体 | | 出露情况 | | | | |
|---|---|---|---|---|---|---|
| | | 隐伏 | 半隐伏 | 出露 | 合计 | |
| 地层 | 太古宇 | 无 | 2 | 无 | 2 | 93 |
| | 太古宇—元古宇 | 无 | 1 | 无 | 1 | |
| | 元古宇 | 无 | 1 | 无 | 1 | |
| | 古生界 | 19 | 62 | 8 | 89 | |
| 岩体 | 酸性—中酸性岩体 | 2 | 25 | 28 | 55 | 71 |
| | 基性—超基性岩体 | 3 | 12 | 1 | 16 | |

续表 5-7

| 推断地质体 | 出露情况 | | | |
| --- | --- | --- | --- | --- |
| | 隐伏 | 半隐伏 | 出露 | 合计 |
| 断裂 | 214 | 79 | 18 | 311 |
| 盆地 | 86 | | | 86 |

### 5. Ⅲ-11 华北陆块北缘西段金、铁、铌、稀土、铜、铅、银、镍、铂、钨、石墨、白云母成矿带

该成矿带位于华北陆块北缘区，北界为狼山-白云鄂博-商都深大断裂，即前述包头-集宁 F 蒙-02027-(11)超壳断裂的一部分；西界为区内中西部区的北东向狼山-贺兰山巨型梯级带，即宝音图断裂(也称迭布斯格断裂)F 蒙-02035-(23)；南界为大青山-乌拉山山前断裂。

该区是太古宙—元古宙隆起区，与其对应从西到东形成 4 处区域性重力高值区：西侧边部北东向窄条状重力高值区，中部乌拉山一带半月形重力高值区，中东部大青山一带块状高值区，东部集宁一带重力高值区，布格重力值为$(-152\sim-118)\times10^{-5}m/s^2$(图 5-43)。在剩余重力异常图上(图 5-44)，对应形成北东向到近东西向的剩余重力正异常带；该区北部为构造岩浆岩活动带，对应重力低值区，布格重力值$(-190\sim-170)\times10^{-5}m/s^2$；其间过渡带，为老地块、中酸性侵入岩、断陷盆地分布区，布格重力植$(-170\sim-150)\times10^{-5}m/s^2$，剩余重力异常表现为正负相间分布。该区域近东西向或北东向条带状展布且边部等值线密集的剩余重力负异常多由断陷盆地引起。

区内岩浆活动强烈，构造极为发育，矿产丰富，从太古宙—元古宙—古生代形成不同类型的矿产资源，是区内矿产最为丰富的成矿带之一，亦是最重要的多金属成矿带之一。矿产多集中分布于区域重力高值区的局部重力异常边部等值线密集处或变形部位，位于剩余重力正负异常交替带上正异常一侧。狼山—大青山一带重力推断的北西向断裂对矿床(点)分布也有明显的控制作用。

铜铅锌金等多金属矿点多分布于西部、中部重力高值区，为负磁—弱磁场区。该区域属Ⅲ-11-②狼山-渣尔泰山铅、锌、金、铁、铜、铂、镍成矿亚带，重力高与渣尔泰山群为盖层的老地块有关，重力低主要与该区域发育的元古宙—中生代的侵入岩有关。

铁金等矿床(点)主要分布于中东部及东部重力高值区，铁金矿床(点)的集中分布区伴有中等强度的航磁异常，其值一般为 100～700nT。该区属Ⅲ-11-④乌拉山-集宁金、银、铁、铜、铅、锌、石墨、白云母成矿亚带($Ar_{1-2}$)。重力高主要与太古宙、古元古代老变质岩及太古宙深成侵入体有关。负异常多由古生代—中生代侵入岩引起，呈近东西向窄条状展布边部等值线密集的负异常推断与中新生代盆地有关。

Ⅲ-11-②和Ⅲ-11-④成矿带是矿产分布最集中、最丰富的两个成矿亚带。

Ⅲ-11-①白云鄂博-商都金、铁、铌、稀土、铜、镍成矿亚带(Pt、V)，矿点多分布于近东西向展布的区域重力低边部等值线密集部位或扭曲处。在该区域西部，与东西向重力低斜交的北西向窄条状重力低值区边部梯级带部位，为重力推断的乌拉特前旗-固阳 F 蒙-02044 断裂，在其两侧是矿床(点)分布最为集中的区段。该区域的重力高主要与白云鄂博群为盖层的古陆块有关。矿点多分布于重力高与重力低的过渡带上。由前述可知，重力低主要与构造岩浆活动有关，部分与断陷盆地有关。

Ⅲ-11-③固阳-白银查干金、铁、铜、铅、锌、石墨成矿亚带($Ar_3$)的东部多为第三系、第四系覆盖，重力高多伴有中等强度的航磁正异常，强度 100～400nT，推断与隐伏、半隐伏太古宙地层有关，在该区域应注意铁金多金属矿的寻找。

综上所述，该区域剩余重力异常边部特别是推断中酸性侵入岩与前古生代隆起区的正负异常交替带上正异常一侧是重要的找矿靶区，尤其注意覆盖区的剩余重力正异常区边部区域，区内北西向构造亦是主要的控矿构造。

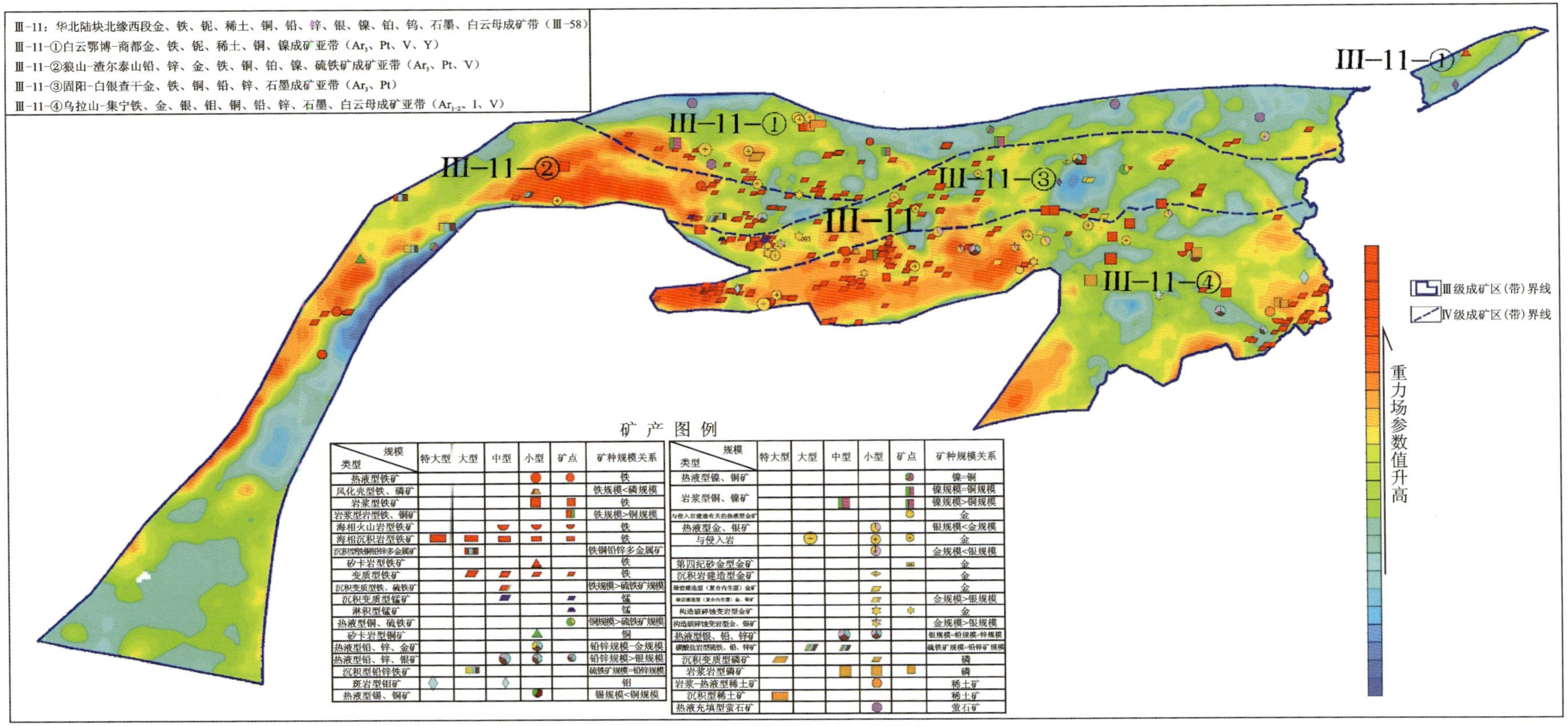


图 5-43 Ⅲ-11成矿带布格重力异常图

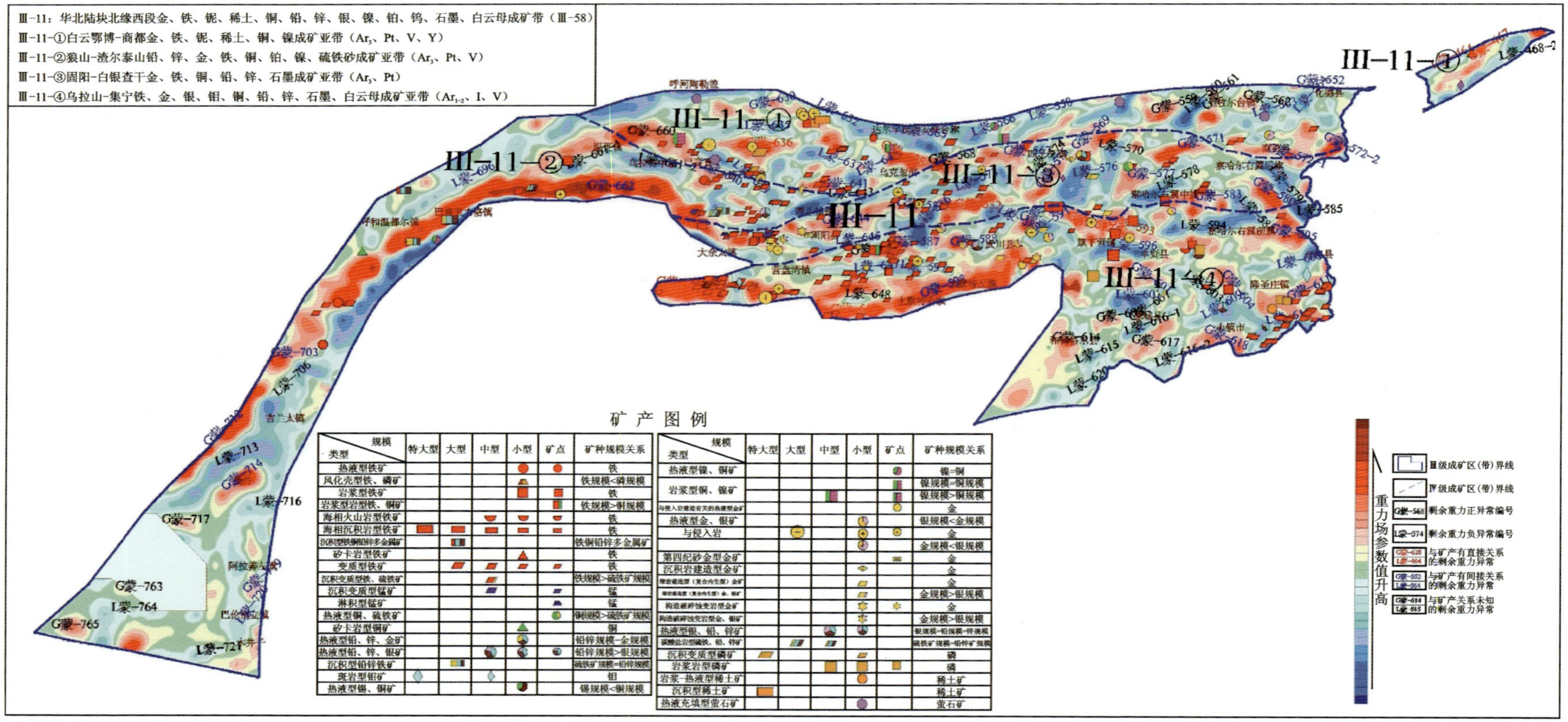


图 5-44 Ⅲ-11成矿带剩余重力异常示意图

该区推断地质构造成果见表 5-8 及图 5-45。

表 5-8　Ⅲ-11 成矿带推断构造成果统计表

| 推断地质体 | | 出露情况 | | | | |
|---|---|---|---|---|---|---|
| | | 隐伏 | 半隐伏 | 出露 | 合计 | |
| 地层 | 太古宇 | 无 | 19 | 无 | 19 | 58 |
| | 太古宇—元古宇 | 6 | 无 | 无 | 6 | |
| | 元古宇 | 4 | 6 | 7 | 17 | |
| | 元古宇—古生界 | 无 | 1 | 无 | 1 | |
| | 古生界 | 无 | 15 | 无 | 15 | |
| 岩体 | 酸性—中酸性岩体 | 1 | 10 | 19 | 30 | 36 |
| | 基性—超基性岩体 | 1 | 3 | 2 | 6 | |
| 断裂 | | 158 | 62 | 14 | 234 | |
| 盆地 | | 54 | | | 54 | |

**6. Ⅲ-3 阿拉善(隆起)铜、镍、铂、铁、稀土、磷、石墨、芒硝、盐类成矿带**

Ⅲ-3 成矿带位于狼山-贺兰山西缘巨型梯级带以西地区。区域重力场自西向东由北西向逐渐转为近东西向。布格重力异常总体展布方向受区域构造格架控制。Ⅲ-3 成矿带东界为北东向布格重力异常梯级带,对应狼山-贺兰山深大断裂,北界为物探推断的由北西向转为近东西向的喇嘛井-雅布赖深大断裂。

Ⅲ-3 成矿带为区域上的布格重力异常低值区,$\Delta g$ 一般为$(-230\sim-180)\times10^{-5}\,m/s^2$,多处叠加局部重力低(图 5-46)。局部重力异常等值线多处呈密级带状分布或发生同向扭曲,布格重力异常形成复杂。这正是该区域强烈的岩浆活动和普遍发育断裂构造的客观反映。

Ⅲ-3 成矿带北界附近为多处局部重力高值区,最高值$-154.8\times10^{-5}\,m/s^2$,并伴有正磁异常,与该区分布的蛇绿混杂岩及太古宙基底局部隆起有关。东侧为北北东向带状展布的重力高值区,最高值$-139.97\times10^{-5}\,m/s^2$,对应元古宙基底隆起区。该区域出露有太古宙片麻岩类和元古宙长石英砂岩、灰岩板岩类。南西侧龙首山一带,形成两处明显的局部重力低,其值为$-230\times10^{-5}\,m/s^2$、$-257\times10^{-5}\,m/s^2$,对应太古宙—古元古代基底南侧边缘坳陷区,分布有白垩纪泥岩、砂砾岩及第四纪松散沉积物。

在剩余重力异常图上(图 5-47),基底隆起区对应形成明显的剩余重力正异常。尤其在Ⅲ-3 东界对应元古宙基底隆起区形成一醒目的北北东向展布的剩余重力异常带。在其西侧边部伴有串珠状展布的正磁异常,是由伴随深大断裂(狼山-贺兰山断裂)形成基性物质的聚集引起。在大规模早古生代酸性岩分布区和太古宙—元古宙坳陷区,对应形成明显的剩余重力负异常。

Ⅲ-3 位于恩格尔乌苏蛇绿混杂岩带之南,布格重力异常北北东向巨型梯级带西侧,区域重力低异常区,即酸性岩浆岩带分布区,是成矿的有利地区。

该区域的矿点多位于布格重力异常等值线密集带或同向扭曲部位,在剩余重力正异常边部梯级带或转弯处。该区域元古宙增隆昌组是与成矿有关的主要地层,且矿体多受岩体与地层的接触带及断裂构造控制。可见重力场特征客观地反映了该区域的成矿地质环境。比如 G 蒙-754 剩余重力正异常区,对应长城系、蓟县系出露区,在异常边部分布有大型朱拉扎嘎金矿及多处铁多金属矿床。

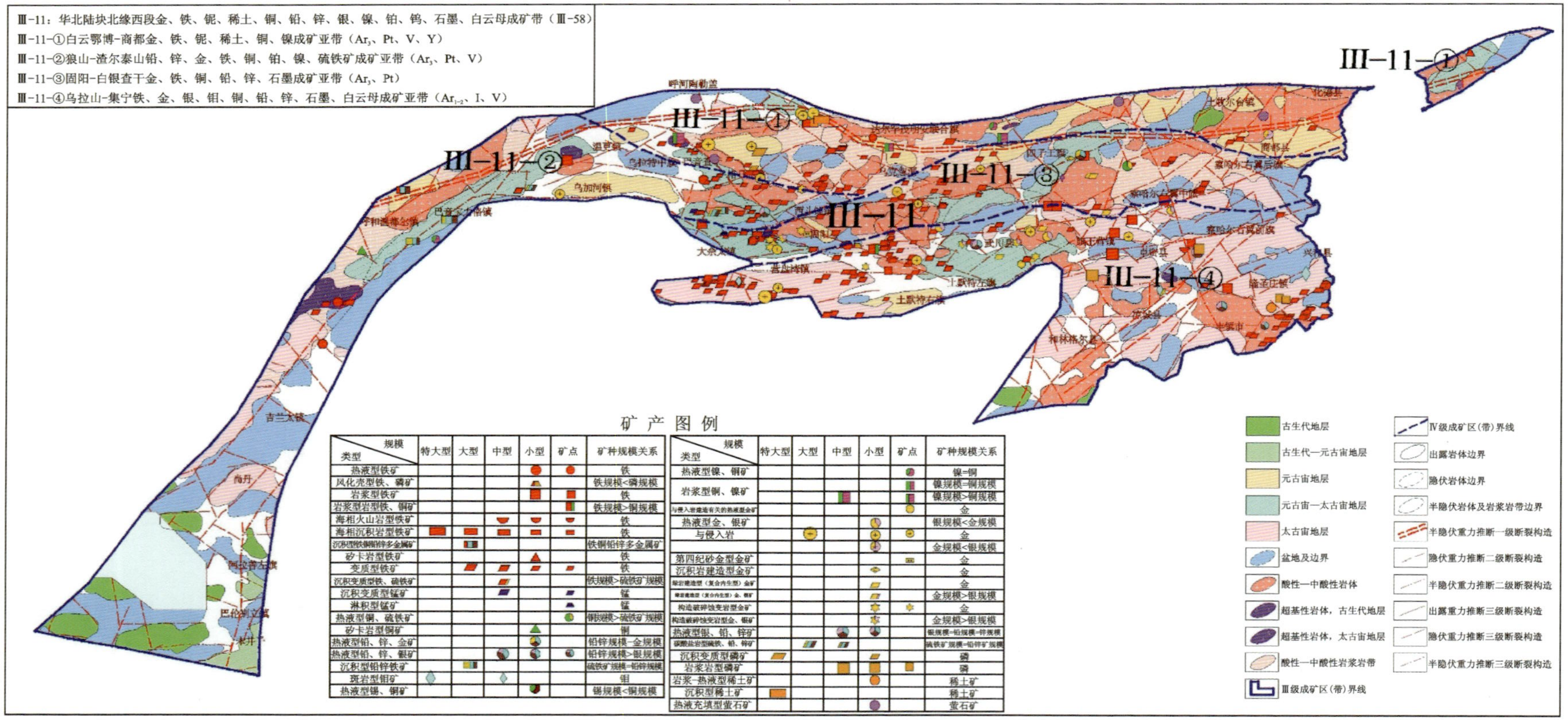


图 5-45　Ⅲ-11成矿带重力推断地质构造示意图

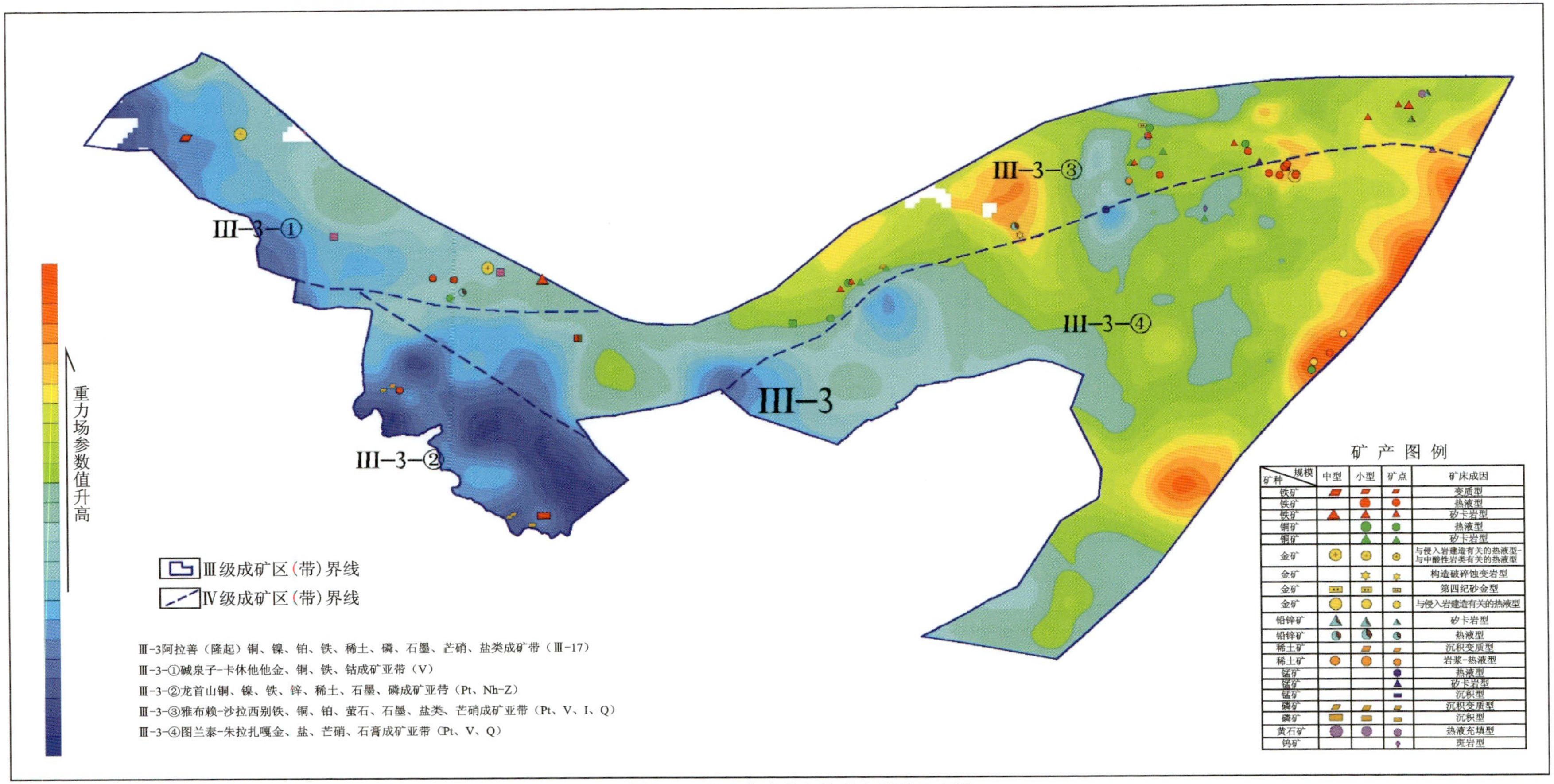


图5-46 Ⅲ-3成矿带布格重力异常示意图

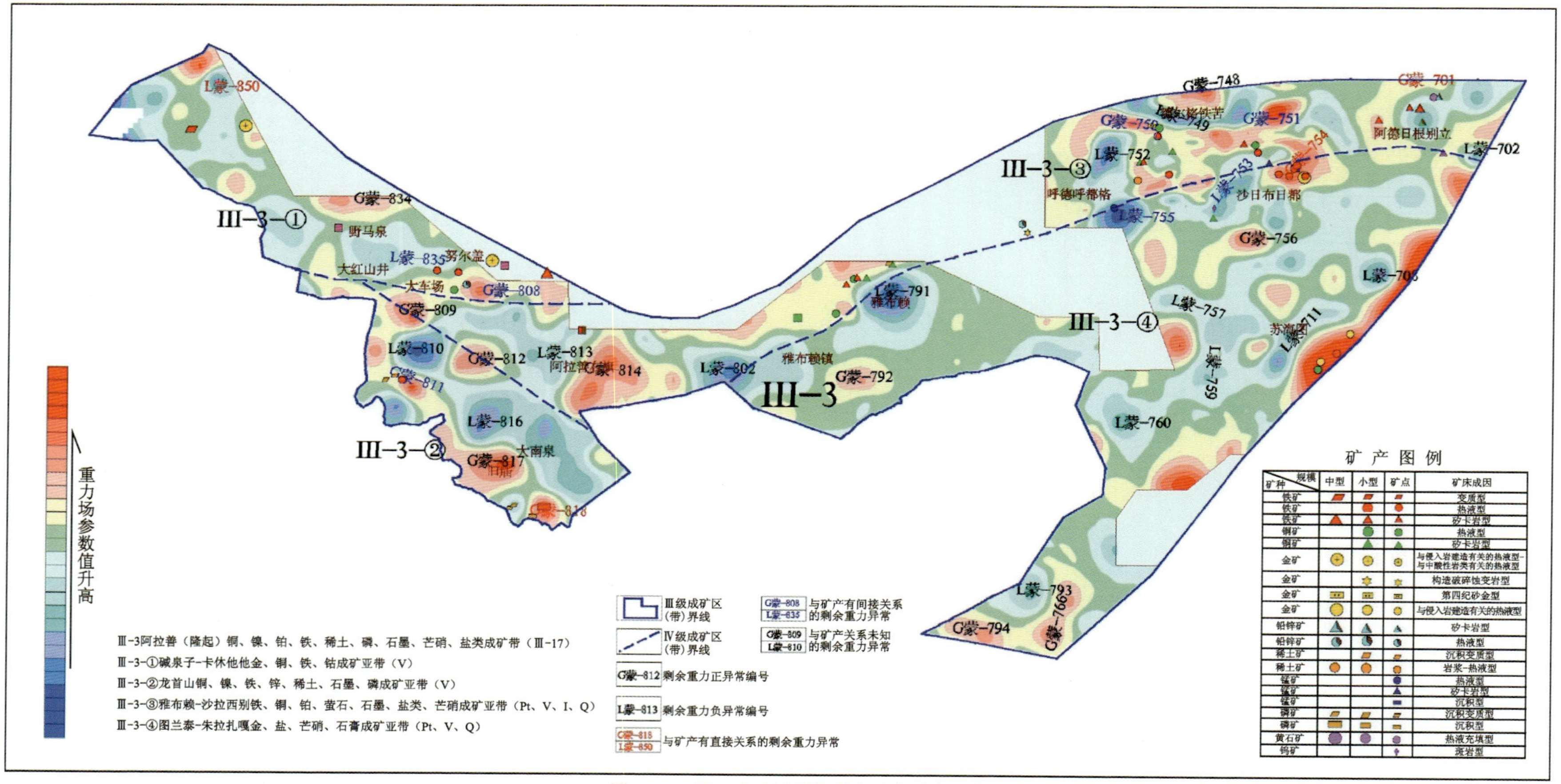

图 5-47　Ⅲ-3成矿区(带)剩余重力异常示意图

在Ⅲ-3-②龙首山铜、镍、铁、稀土、石墨、磷成矿亚带(Pt、Nh—Z)内,G 蒙-809、G 蒙-812、G 蒙-817 剩余重力异常区及Ⅲ-3-③雅布赖-沙拉西别铁、铜、铂、萤石、石墨、盐类、芒硝成矿亚带(Pt、V、I、Q)东段,G 蒙-751 异常区,均为第四系覆盖区,重力推断为元古宙基底隆起区,铂、铜、铅、铁、萤石成矿亚带(Vml、Q)东段在该区域注意铁铜多金属盲矿的寻找,异常边部梯级带部位应为重点区段。

Ⅲ-3 成矿带推断地质构造成果表 5-9 及图 5-48。

**表 5-9　Ⅲ-3-②成矿带推断地质构造成果统计表**

| 推断地质体 | | 出露情况 | | | | |
|---|---|---|---|---|---|---|
| | | 隐伏 | 半隐伏 | 出露 | 合计 | |
| 地层 | 太古宇 | 无 | 9 | 无 | 9 | 26 |
| | 太古宇—元古宇 | 1 | 无 | 无 | 1 | |
| | 元古宇 | 8 | 4 | 1 | 13 | |
| | 古生界 | 无 | 3 | 无 | 3 | |
| 岩体 | 酸性—中酸性岩体 | 2 | 4 | 1 | 7 | 13 |
| | 基性—超基性岩体 | 2 | 4 | 无 | 6 | |
| 断裂 | | 60 | 38 | 7 | 105 | |
| 盆地 | | 14 | | | 14 | |

### 7. Ⅲ-10 华北陆块北缘东段铁、铜、钼、铅、锌、金、银、锰、磷、煤、膨润土成矿带

该区域已完成 1∶20 万区域重力测量。

Ⅲ-10 成矿带属华北陆块北缘,北界为近东西向深大断裂 F 蒙-2029-(11)。地理上由西到东分为 3 个片区。

该区重力异常总体呈北东向展布,由西到东重力场值呈降低趋势,其值$(-170\sim-46)\times10^{-5}\,m/s^2$(图 5-49)。由于燕山期强烈的构造活动,打破了近东西向构造格局,成矿带内区域构造以北东向为主,显然重力异常走向受区域构造控制。

重力场值西部片区相对较低,其值一般为$(-170\sim-134)\times10^{-5}\,m/s^2$,异常形态呈条带状,剩余重力正负异常呈北东向相间分布(图 5-50)。剩余重力正异常主要与太古宙、古生代基底隆起有关;不规则面状展布的剩余重力负异常主要由伴随海西期期—燕山期构造活动形成的中酸性侵入岩引起;条带状展布边部等值线密集的负异常推断为中新生代断陷盆地。

中部、东部片区是该区金银铅锌铁多金属矿分布最集中的区域。东部区范围较小,其特征与中部区类似,这里重点叙述中部片区,即赤峰地区。

中部片区位于大兴安岭梯级带南段,重力值相对较高,受地幔坡影响,场值由西到东呈增高趋势,为$(-120\sim-46)\times10^{-5}\,m/s^2$,其间存在明显的局部重力高或重力低,异常形态复杂,等值线多处形成密集的梯级带或发生扭曲变形。该区域零星分布的中太古代古老变质岩系,构成陆块区的结晶基底,其构造线方向为近东西向或北东东向。伴随燕山期构造运动,岩浆活动强烈,从喷出岩到次火山岩、侵入岩均有分布,致使太古宙、元古宙基底起伏变化较大,多处形成中新生代沉积的断陷盆地,同时发育有近东西向、北东向、北西向、南北向断裂构造。该区重力异常形态复杂,重力异常等值线密集的梯级带及其扭曲变形显然与断裂构造有关,重力高值区,剩余重力正异常区为太古宙基底隆起区,重力低值区与断隆盆地或侵入岩有关。

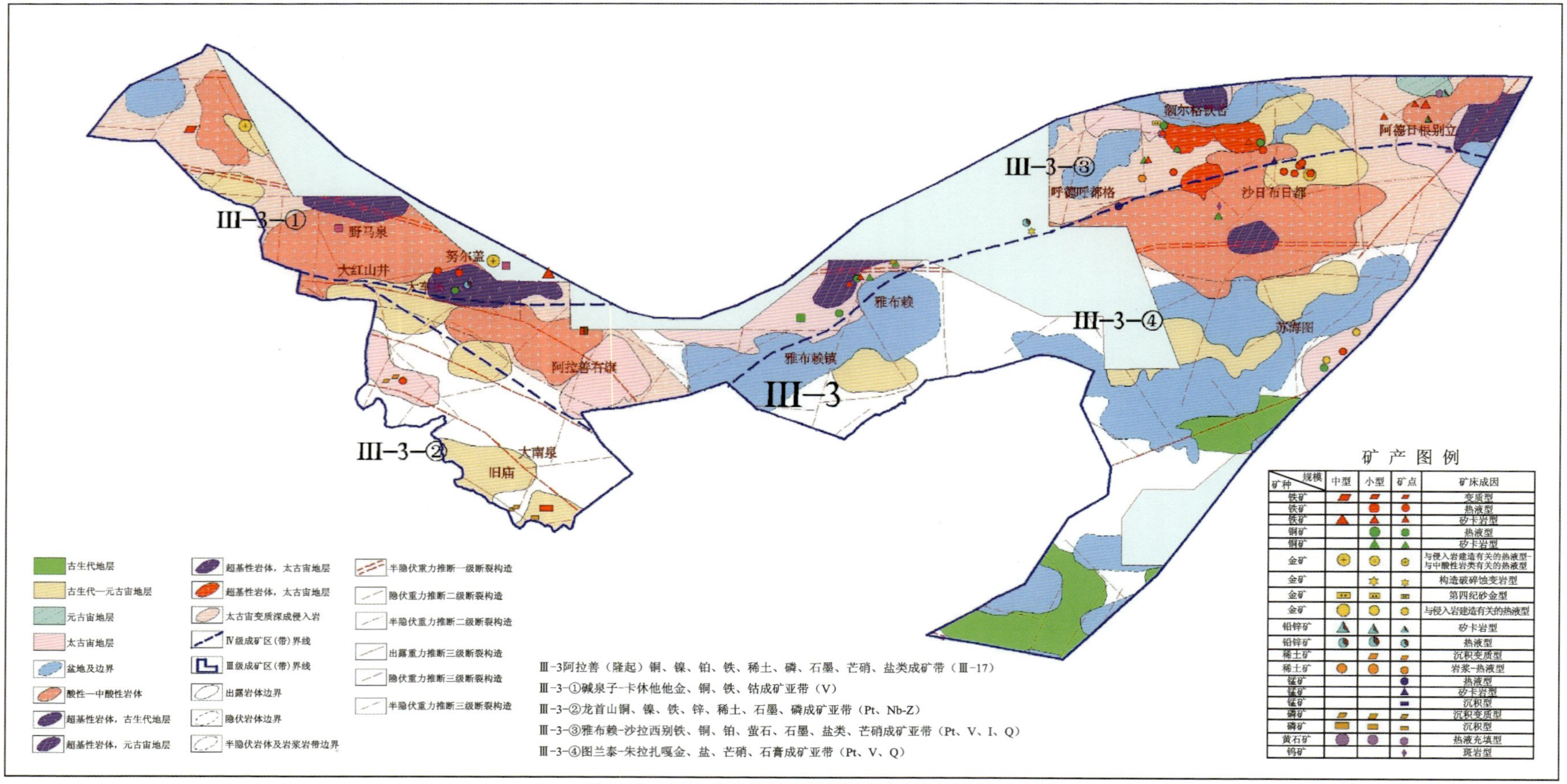

图 5-48　Ⅲ-3成矿带重力推断地质构造示意图

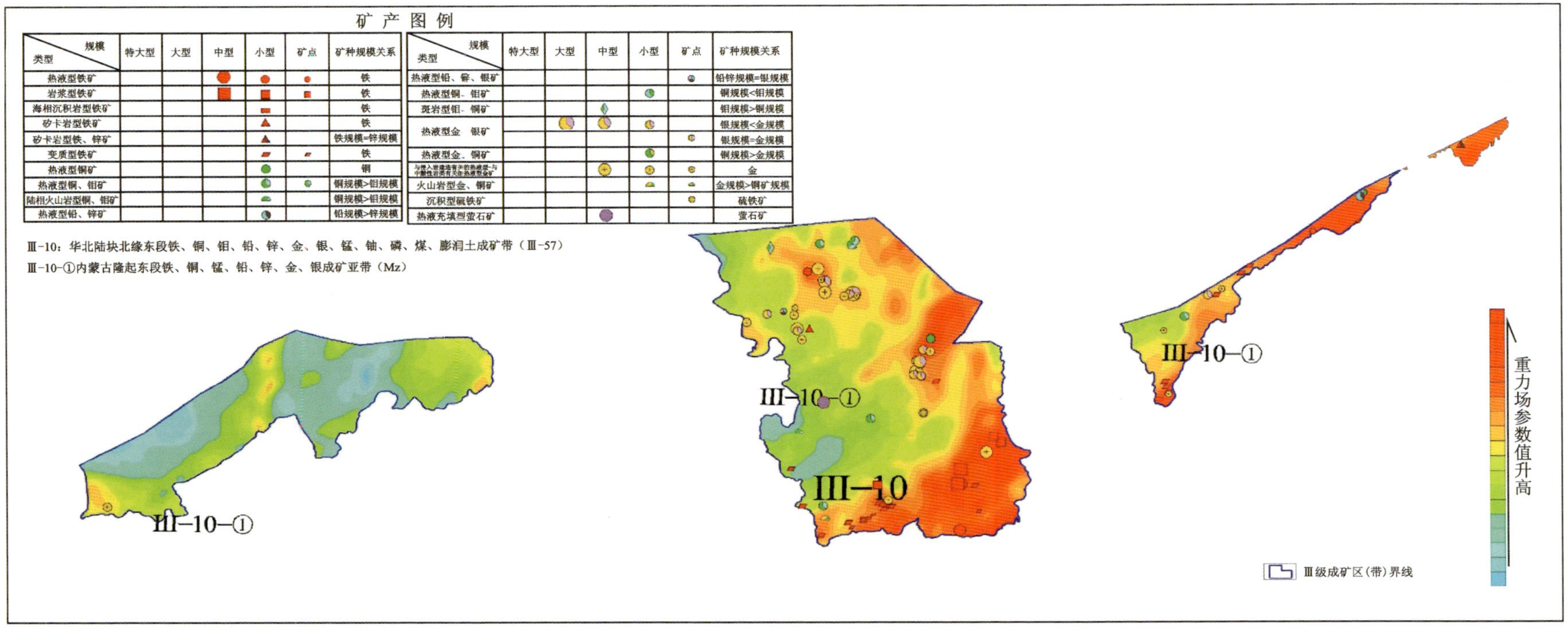


图 5-49　Ⅲ-10成矿带布格重力异常示意图

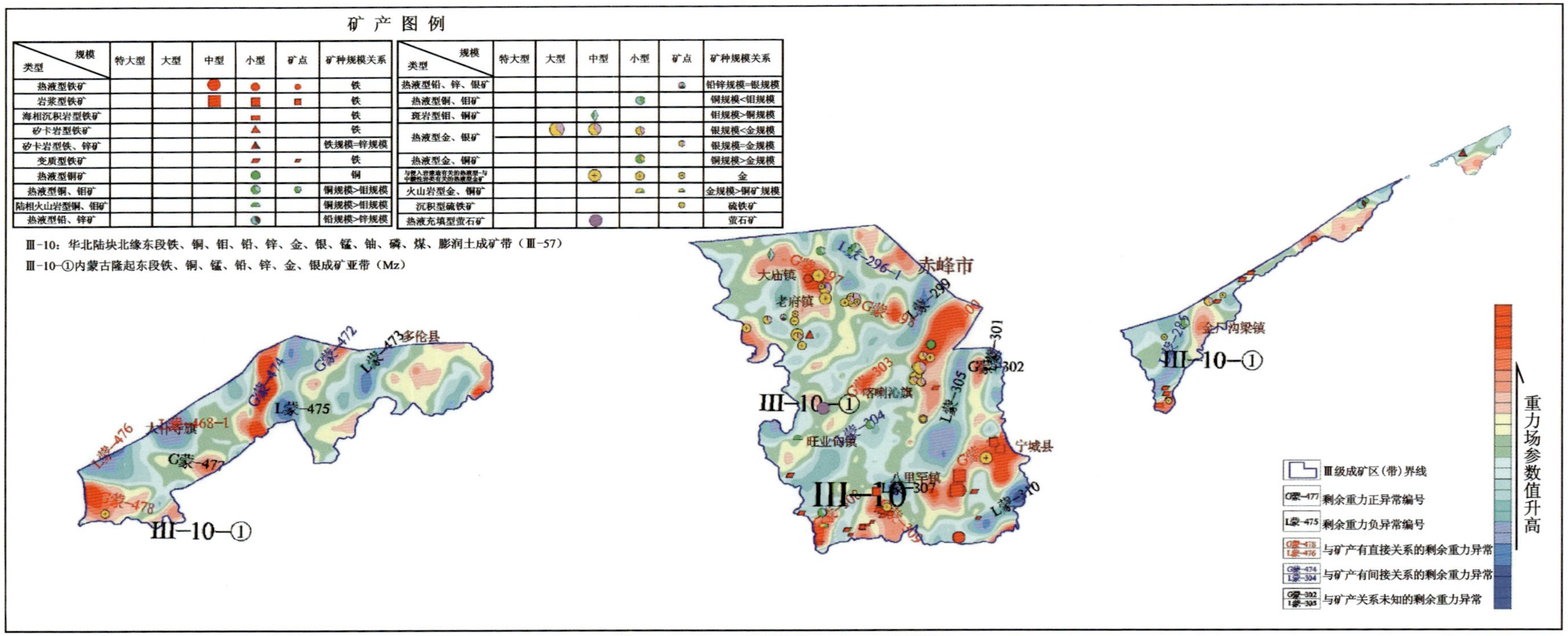


图 5-50 Ⅲ-10成矿带剩余重力异常示意图

该区金银铅锌铁多金属矿点多位于布格重力异常梯级带上或其扭曲部位。铁金矿床(点)多位于与太古宙基底隆起有关的剩余重力正异常区边部,铅锌银多金属矿(床)点多位于正负异常交替带上。该区域太古宙变质岩是重要的矿源层,燕山期岩浆活动与成矿关系密切,所以与重力推断的太古宙基底隆起有关的剩余重力正异常区应是重点找矿靶区,特别是中新生代覆盖区的剩余重力正异常应引起重视,如中部区的剩余重力正异常 G 蒙- 297、G 蒙- 298、G 蒙- 300、G 蒙- 303、G 蒙- 306 及西部区的 G 蒙- 474、G 蒙- 472 等。

该成矿带推断地质构造成果见表 5-10 及图 5-51。

**表 5-10 Ⅲ-10 成矿带推断地质构造成果统计表**

<table>
<tr><th colspan="2" rowspan="2">推断地质体</th><th colspan="5">出露情况</th></tr>
<tr><th>隐伏</th><th>半隐伏</th><th>出露</th><th colspan="2">合计</th></tr>
<tr><td rowspan="4">地层</td><td>太古宇</td><td>无</td><td>12</td><td>4</td><td>16</td><td rowspan="4">25</td></tr>
<tr><td>太古宇—元古宇</td><td>无</td><td>2</td><td>无</td><td>2</td></tr>
<tr><td>元古宇</td><td>无</td><td>2</td><td>无</td><td>2</td></tr>
<tr><td>古生界</td><td>2</td><td>3</td><td>无</td><td>5</td></tr>
<tr><td>岩体</td><td>酸性—中酸性岩体</td><td>4</td><td>3</td><td>3</td><td colspan="2">10</td></tr>
<tr><td colspan="2">断裂</td><td>25</td><td>22</td><td>5</td><td colspan="2">52</td></tr>
<tr><td colspan="2">盆地</td><td colspan="3">10</td><td colspan="2">10</td></tr>
</table>

#### 8. Ⅲ-12 鄂尔多斯西缘(台褶带)铁、铅、锌、磷、石膏、芒硝成矿带

Ⅲ-12 成矿带,从布格重力异常图上看(图 5-52),该区域北部重力低值区,布格重力异常值($-224\sim-170$)$\times10^{-5}$m/s$^2$,为河套盆地区。南部重力场总体反映为重力高异常区,分东、西两个片区。西部重力异常呈北北东向展布,局部异常呈不规则面状或等轴状;东部呈近南北走向,局部异常呈哑铃型。布格重力异常分别为$-147\times10^{-5}$m/s$^2$、$-132\times10^{-5}$m/s$^2$,最低值$-184.73\times10^{-5}$m/s$^2$,位于东西高值区之间。西部高值区地表主要出露太古宙乌拉山岩群,其密度高达 2.71g/m$^3$,推断重力高与乌拉山岩群有关;东部高值区,地质环境复杂,地层从太古宇—元古宇—古生界均有出露,显然重力高与其有关,分布其间的重力低由中新生代山间盆地引起。

该区太古宙基底岩系控制着本区沉积变质型铁、磷矿的分布,另外前寒武纪地层是铁、磷矿床的主要含矿层位,所以在以上所述重力高值区或剩余重力正异常区(图 5-53)应注意铁磷矿床的寻找。

该成矿带推断地质构造推断成果见表 5-11 及图 5-54。

**表 5-11 Ⅲ-12 成矿带推断地质构造成果统计表**

<table>
<tr><th colspan="2" rowspan="2">推断地质体</th><th colspan="5">出露情况</th></tr>
<tr><th>隐伏</th><th>半隐伏</th><th>出露</th><th colspan="2">合计</th></tr>
<tr><td rowspan="2">地层</td><td>太古宇</td><td>4</td><td>1</td><td>无</td><td>5</td><td rowspan="2">10</td></tr>
<tr><td>古生界</td><td>1</td><td>4</td><td>无</td><td>5</td></tr>
<tr><td colspan="2">断裂</td><td>17</td><td>9</td><td>2</td><td colspan="2">28</td></tr>
<tr><td colspan="2">盆地</td><td colspan="3">10</td><td colspan="2">10</td></tr>
</table>

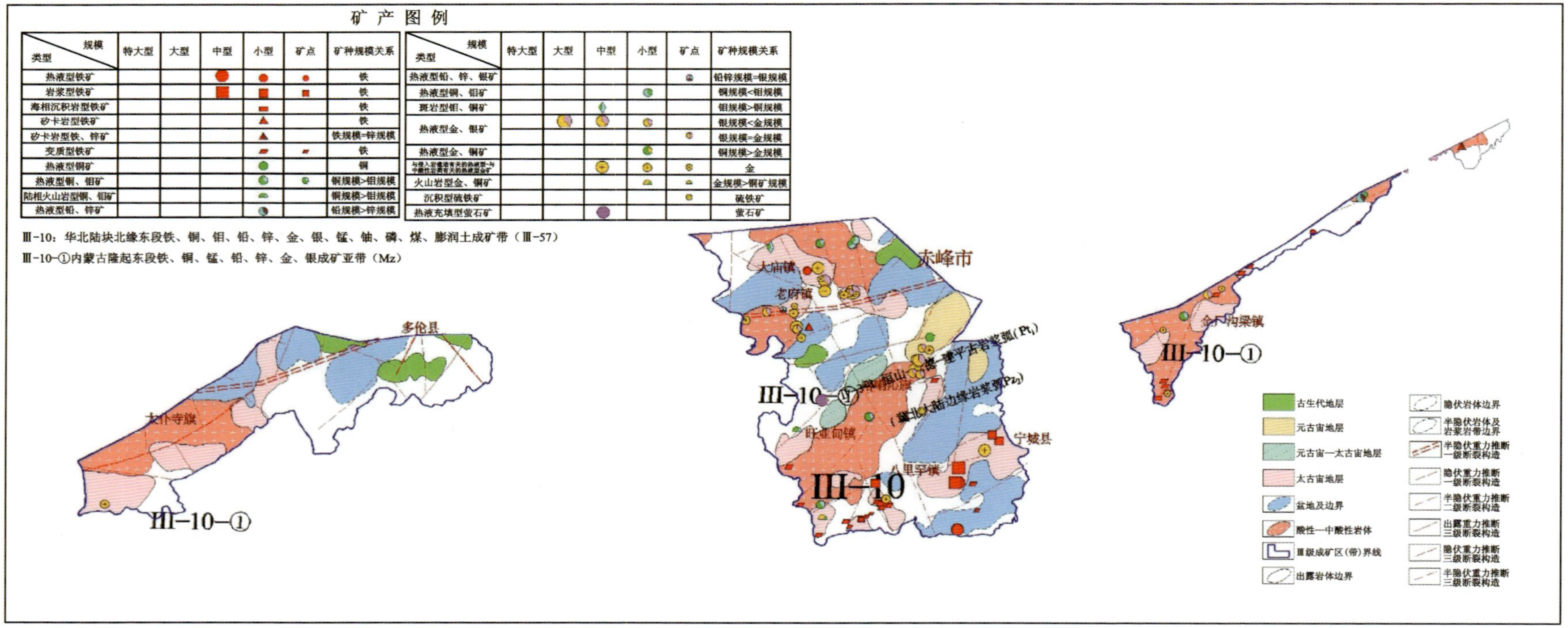


图 5-51　Ⅲ-10成矿带重力推断地质构造示意图

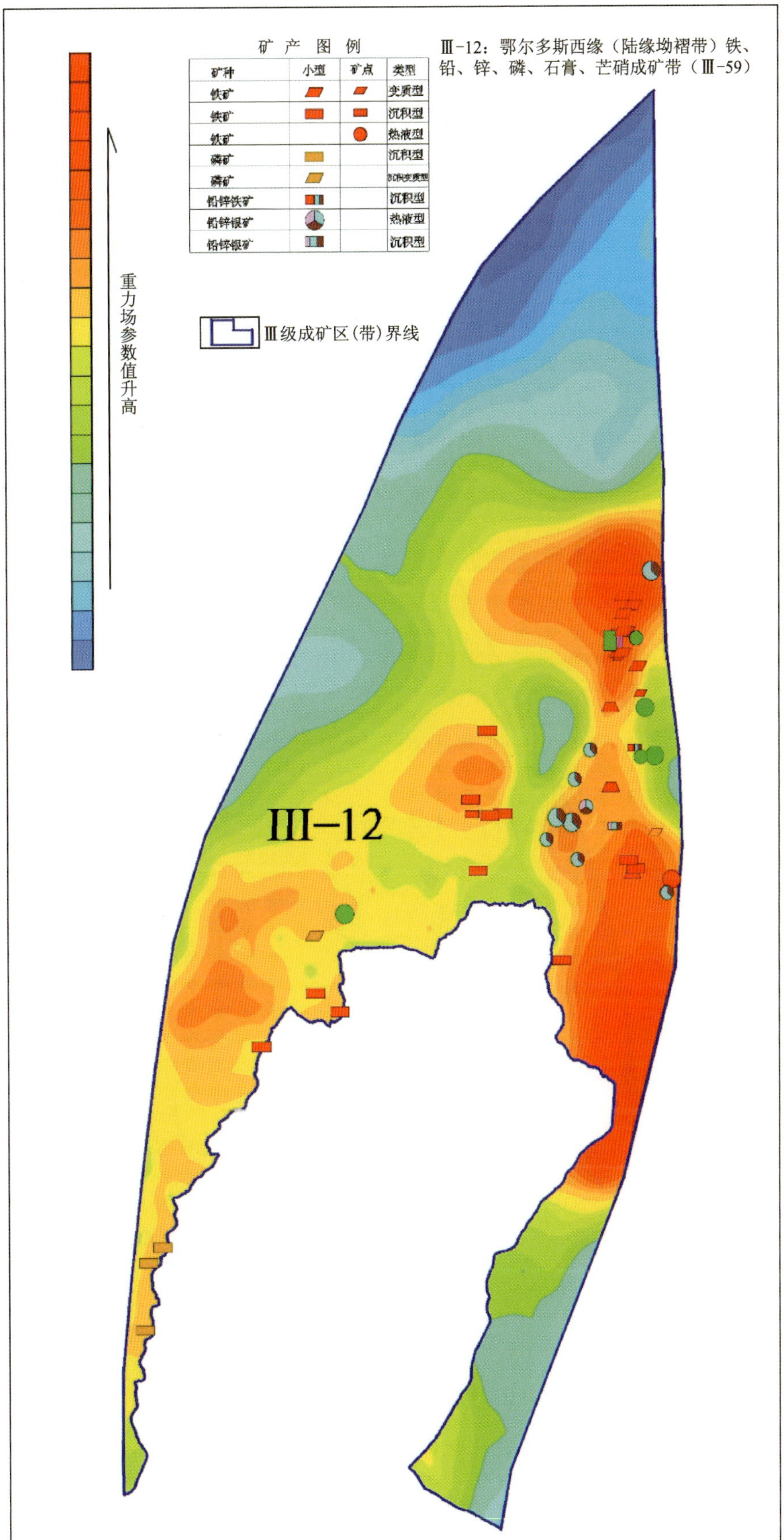


图 5-52 Ⅲ-12 成矿带布格重力异常示意图

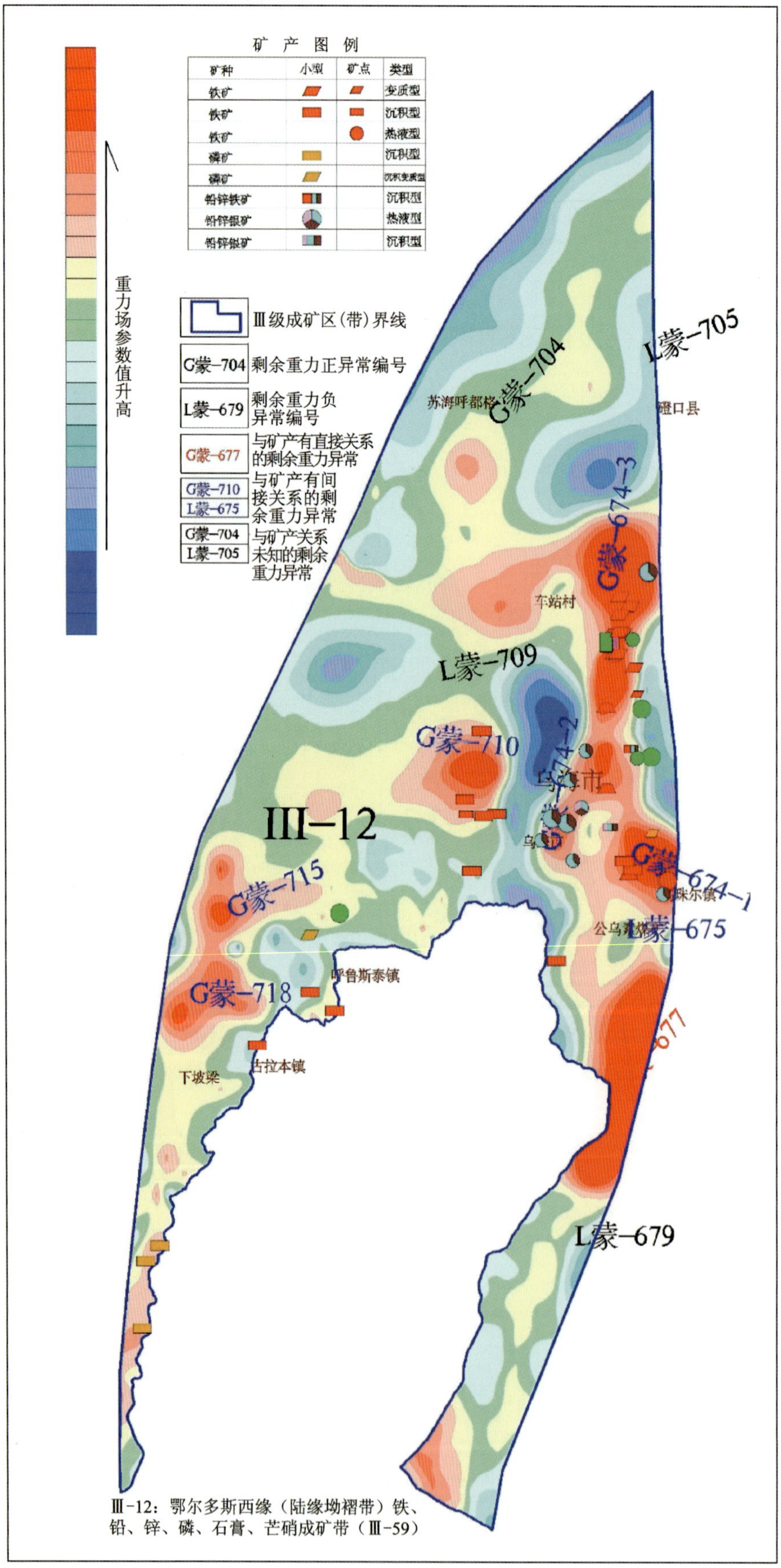


图 5-53　Ⅲ-12 成矿带剩余重力异常示意图

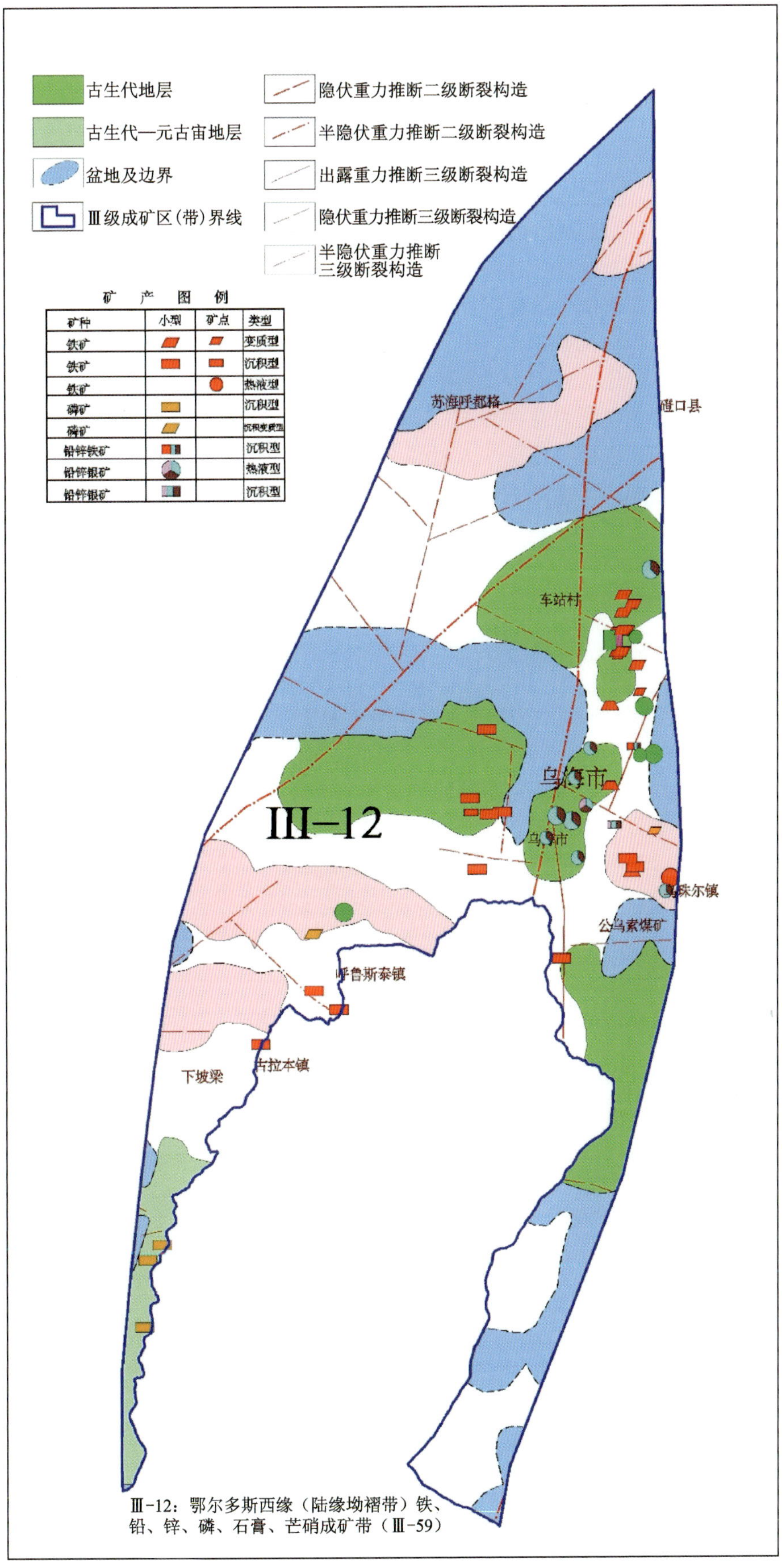


图 5-54　Ⅲ-12 成矿带重力推断地质构造示意图

**9. Ⅲ-1 觉罗塔格-黑鹰山铜、镍、铁、金、银、钼、钨、石膏、硅灰岩、膨润土、煤成矿带成矿特征**

Ⅲ-1-①成矿亚带西部甜水井一带已完成 1∶20 万区域重力测量工作,东部只有 1∶100 万重力测量成果。

由布格重力异常图可见(图 5-55),布格重力异常总体呈东部高、南西低的趋势,由东到西其值 $\Delta g(-224.9\sim-148)\times10^{-5}\mathrm{m/s^2}$。在东西跨度约 200km 范围内,下降 $76\times10^{-5}\mathrm{m/s^2}$。这主要与地幔深度变化有关,东部是幔凸区,地幔深度约 50km,向南西逐步变深,最深处 53km,区域上形成北西向的幔坡带,显然布格重力异常的总体变化趋势受地幔深度变化制约,布格重力异常走向同时也受区域构造控制,总体呈北西西向。南西部重力低值区同时也是构造岩浆岩带分布区,该岩浆岩带受区域性深大断裂——清河口断裂 F 蒙-02023 的控制。

该区域异常形态复杂,等值线多处形成密集的梯级带或发生同向扭曲变形,这与该区域北西西向的区域性大断裂及北东向、北西向断裂发育有关。中西部区存在北西西向布格重力异常梯级带,并伴有断续分布的窄条状磁异常,该梯级带与区域性大断裂 F 蒙-02023 有关。另外,由于东西部工作比例尺不同,西部区布格重力异常的细部反映更明显,比如等值线的转弯、疏密变化等。

由剩余重力异常图可见(图 5-56),该区域的正异常多呈长条状,部分异常受断裂构造影响沿长轴发生扭曲。在大部分剩余重力正异常区内主要出露奥陶纪、志留纪、石炭纪、二叠纪地层,南部有元古宙地层出露,可见该区正异常主要与前中生代基底隆起有关。异常形态呈不规状、等轴状,且等值线相对较稀疏的负异常多与中酸性侵入岩有关。部分负异常形态较规整,呈条带状,且边部等值线密集,推断其由中新生代坳陷盆地引起。

区内铁金多金属矿点主要分布于布格重力异常梯级带上,或等值线变形部位,剩余重力正异常边部或正负异常交替带上。尤其在西部清河口 F 蒙-0023 断裂形成的北西西向梯级带上及其折曲部位,矿点分布更为集中,可见断裂对成矿活动有明显的控制作用。综上所述认为,在剩余重力正异常区边部注意铁金多金属矿的寻找,正负异常交替带上注意铜铅锌多金属矿的寻找,比如剩余重力正异常 G 蒙-852、G 蒙-842、G 蒙-874、G 蒙-860 等。

该成矿区带内推断地质构造成果见表 5-12 及图 5-57。

**表 5-12 Ⅲ-1-①成矿亚带推断地质构造成果**

<table>
<tr><th colspan="2" rowspan="2">推断地质体</th><th colspan="5">出露情况</th></tr>
<tr><th>隐伏</th><th>半隐伏</th><th>出露</th><th colspan="2">合计</th></tr>
<tr><td rowspan="3">地层</td><td>太古宇</td><td>2</td><td>1</td><td>1</td><td>4</td><td rowspan="3">21</td></tr>
<tr><td>元古宇</td><td>1</td><td>无</td><td>无</td><td>1</td></tr>
<tr><td>古生界</td><td>无</td><td>16</td><td>无</td><td>16</td></tr>
<tr><td rowspan="2">岩体</td><td>酸性—中酸性岩体</td><td>无</td><td>8</td><td>2</td><td>10</td><td rowspan="2">11</td></tr>
<tr><td>基性—超基性岩体</td><td>1</td><td>无</td><td>无</td><td>1</td></tr>
<tr><td colspan="2">断裂</td><td>37</td><td>24</td><td>5</td><td colspan="2">66</td></tr>
<tr><td colspan="2">盆地</td><td colspan="3">13</td><td colspan="2">13</td></tr>
</table>

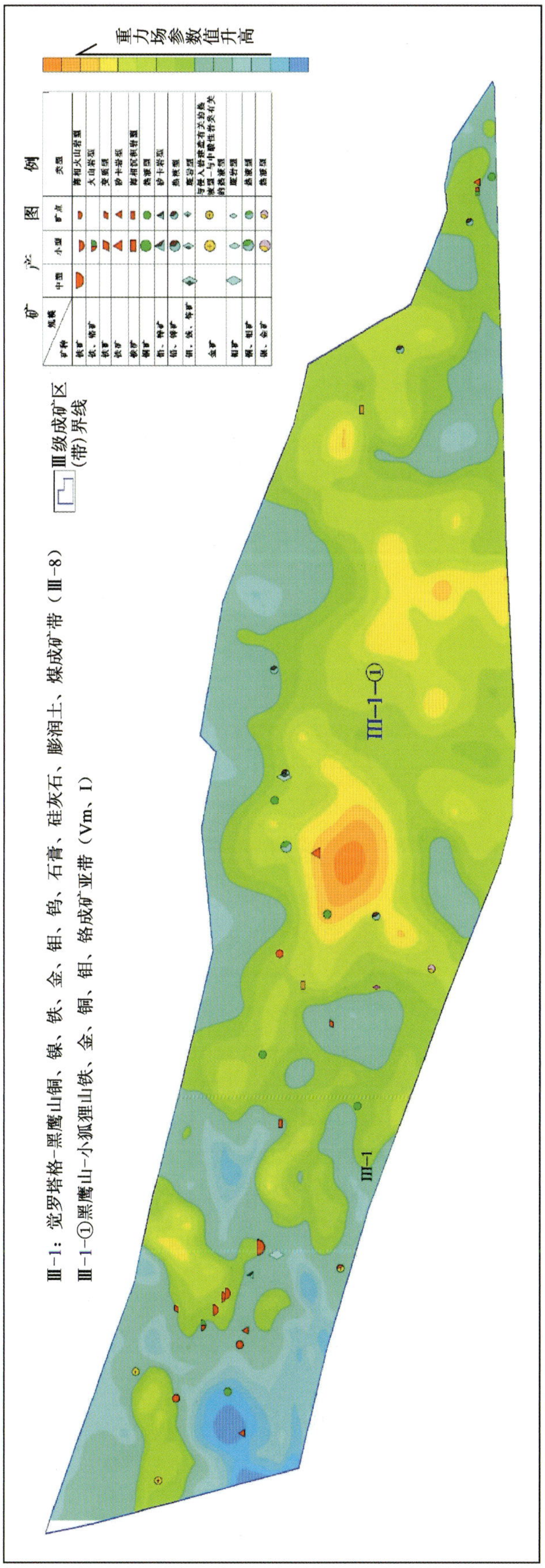


图 5-55　Ⅲ-1-①成矿亚带布格重力异常示意图

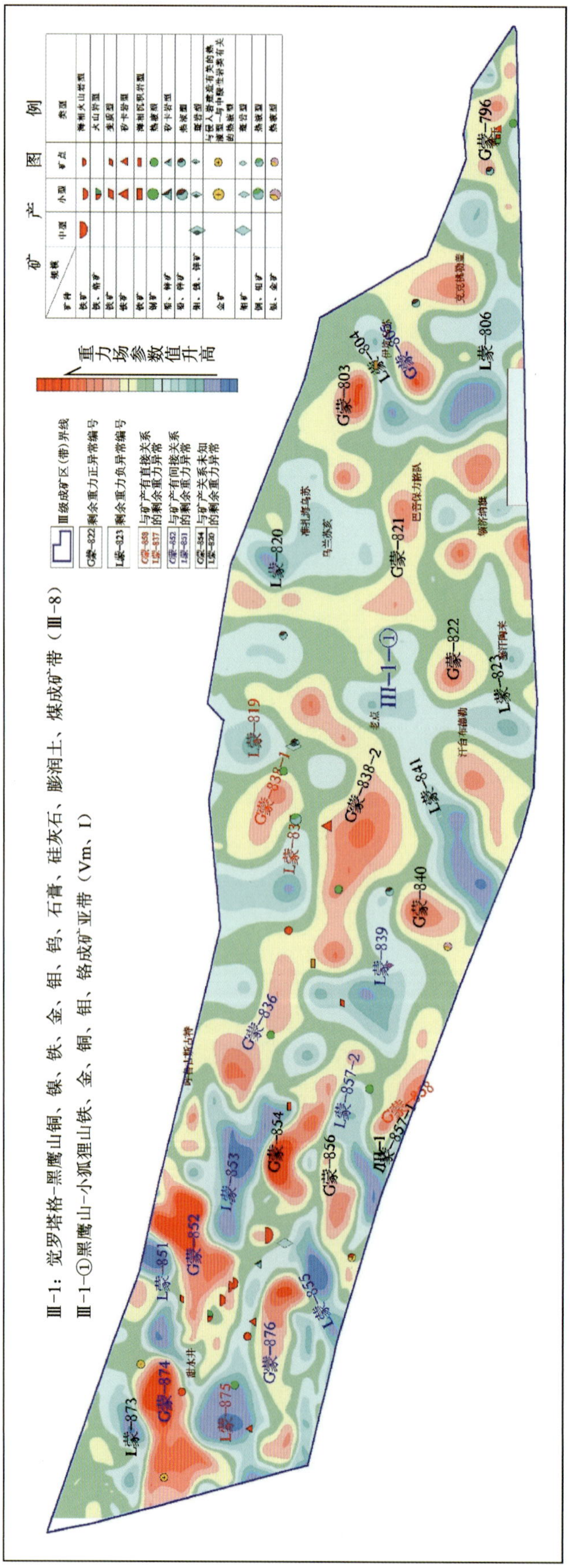


图 5-56　Ⅲ-1-①成矿亚带剩余重力异常示意图

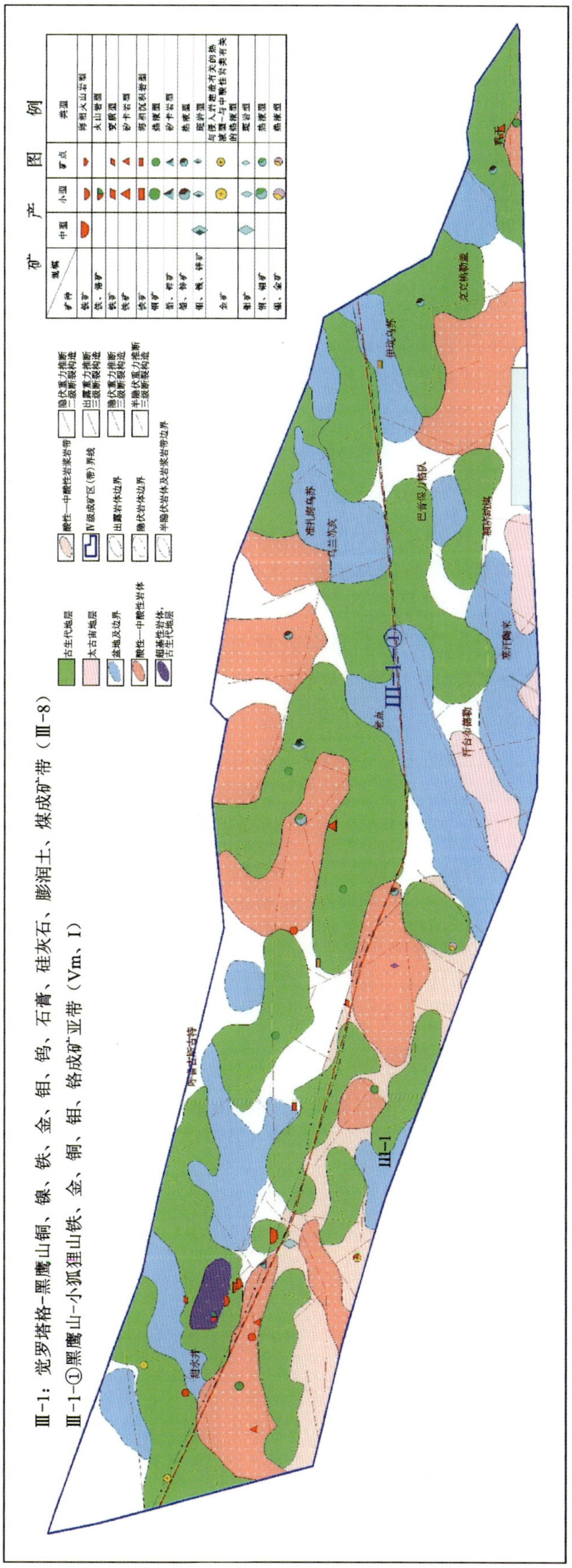


图5-57　Ⅲ-1-①成矿亚带重力推断地质构造示意图

### 10. Ⅲ-2 磁海-公婆泉铁、铜、金、铅、锌、钨、锡、铷、钒、铀、磷成矿带(Pt、Cel、Vml、I-Y)成矿特征及其演化

该区域只西北角完成了一小部分 1∶20 万重力测量,大部分地区只开展了 1∶100 万重力测量工作,中东部巴丹吉林沙漠区为重力测量空白区。

由于该区重力工作程度较低,所以重力场特征只能大致反映区域构造格架及基底起伏变化情况。

Ⅲ-2 成矿带位于Ⅲ-1 成矿带之南,两个区段布格重力异常变化趋势相近。异常总体呈北西西向展布,由北东至南西呈降低趋势(图 5-58),其值 $\Delta g$ 由 $-152\times10^{-5}m/s^2$ 降至 $-232\times10^{-5}m/s^2$,在东西跨度约 200km 范围内,下降 $80\times10^{-5}m/s^2$。地幔深度由北东约 50km 至南西逐步降低到 54km,该区域为北西向幔坡带的南段,布格重力异常的总体变化趋势受地幔深度制约。布格重力异常走向同时也受北西西向展布的区域构造控制,即受横跨成矿带东西的区域性深大断裂——额济纳旗断裂 F 蒙-02024、横蛮山-乌兰套海断裂 F 蒙-02025-⑥的控制。

以横蛮山-乌兰套海 F 蒙-02025-⑥断裂为界,为哈萨克斯坦陆块与塔里木陆块结合部,其间为七一山-洗肠井蛇绿岩带,断裂部位存在明显的布格重力异常梯级带,两侧重力场特征明显不同:北侧异常呈北西向展布,异常等值线多处折曲;南侧异常呈面状等轴状展布。

该区域存在多处布格重力异常局部高值区,这正是前述地质概况中所述的元古宙—古生代形成的老地块的客观反映。又由于中新生代构造运动的影响,总体形成近东西向和北东—北北东向隆起和断陷盆地相伴的格局,受其制约,剩余重力正负异常亦表现为近东西向和北东—北北东向相间分布的特点(图 5-59)。伴随深大断裂活动有强烈的岩浆活动,沿额济纳旗 F 蒙-02024 断裂、横蛮山-乌兰套海 F 蒙-02025-⑥断裂形成北西向的构造岩浆岩带。该区剩余重力负异常由断陷盆地和侵入岩体引起;正异常主要与老地块有关,沿 F 蒙-02025-⑥断裂分布的基性岩亦是形成正异常的重要因素。

该区矿点多集中分布于陆块结合部 F 蒙-02025-⑥断裂两侧附近的局部正异常区边部。另外在额济纳旗断裂 F 蒙-02024 两侧剩余重力正异常边部矿点分布也较集中。这是由于该区成矿活动不仅与断裂活动有关,而且太古宙—元古宙地层是重要的矿源层。

综上所述认为,在 F 蒙-02025-⑥、F 蒙-02024 断裂带两侧附近的正异常区,特别是推断的隐伏、半隐伏基底隆起区是成矿的有利地区,尤其在推断与基性岩有关的 G 蒙-844、G 蒙-846、G 蒙-865 等异常区注意铜镍多金属矿的寻找。由前述地质概况知,该区的构造岩浆岩与钨矿成矿关系密切,所以在推断与中酸性侵入岩有关的负异常区注意钨多金属矿的寻找。

推断地质构造成果见表 5-13 及图 5-60。

**表 5-13　Ⅲ-2 成矿带推断地质构造成果**

| 推断地质体 | | 出露情况 | | | | |
|---|---|---|---|---|---|---|
| | | 隐伏 | 半隐伏 | 出露 | 合计 | |
| 地层 | 太古宇 | 无 | 2 | 无 | 2 | 25 |
| | 元古宇 | 2 | 1 | 1 | 4 | |
| | 元古宇—古生界 | 无 | 4 | 无 | 4 | |
| | 古生界 | 无 | 15 | 无 | 15 | |
| 岩体 | 酸性—中酸性岩体 | 1 | 8 | 3 | 12 | 7 |
| | 基性—超基性岩体 | 4 | 1 | 无 | 5 | |
| 断裂 | | 92 | 30 | 12 | 134 | |
| 盆地 | | 19 | | | 19 | |

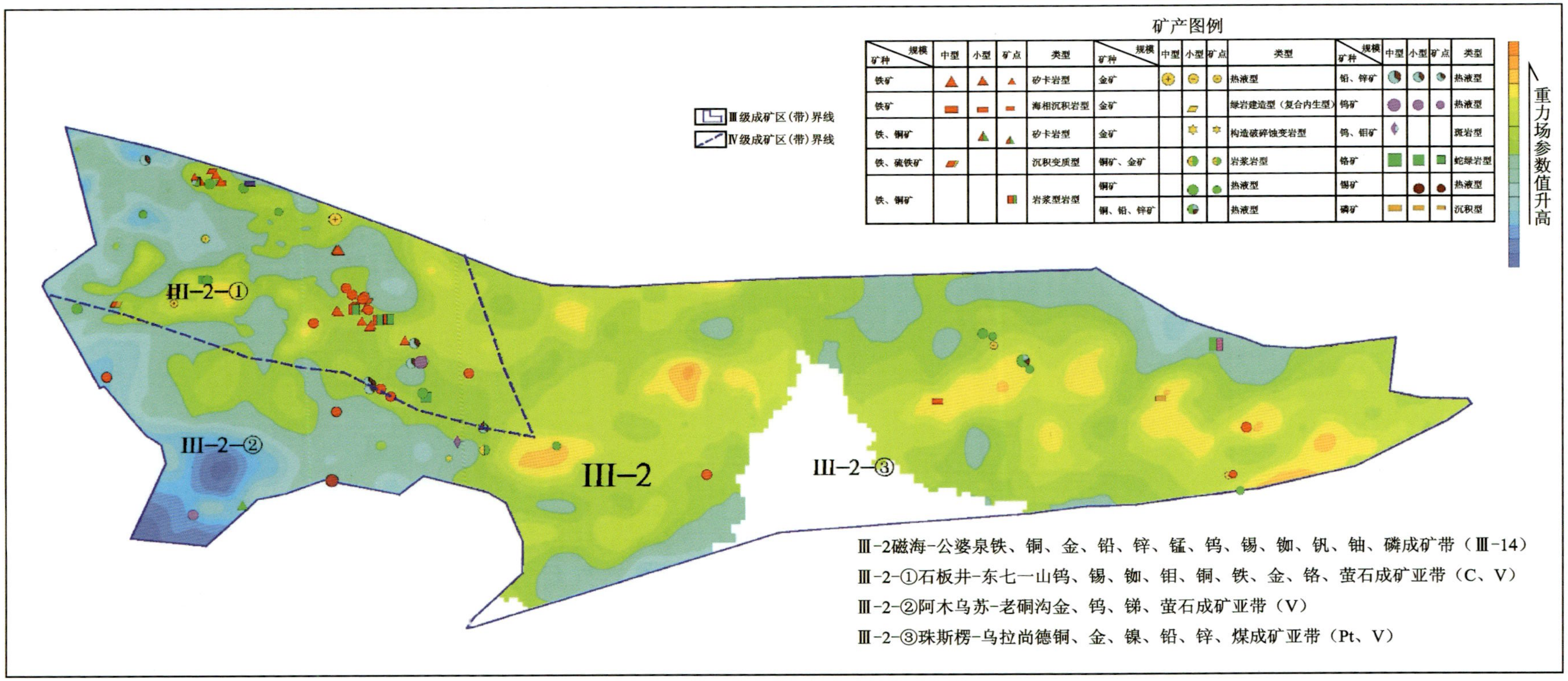

图 5-58　Ⅲ-2成矿带布格重力异常示意图

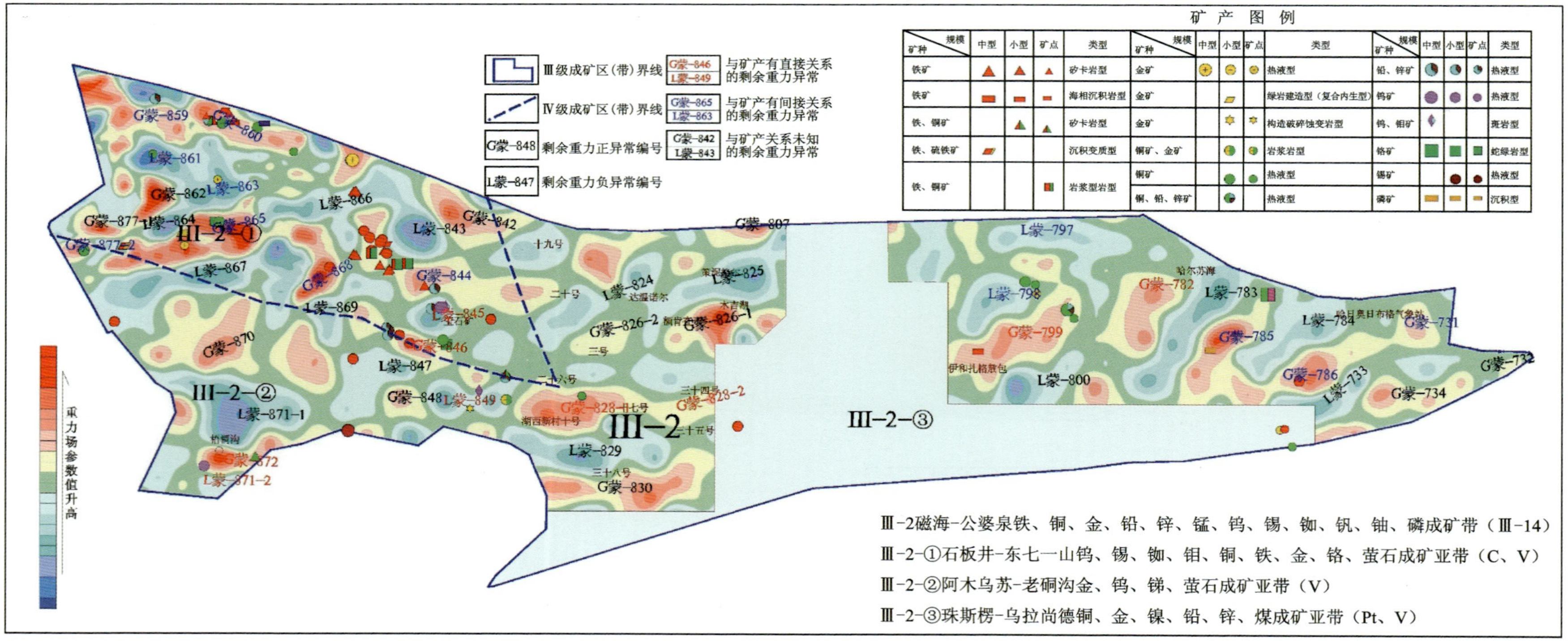


图6-59　Ⅲ-2成矿带剩余重力异常示意图

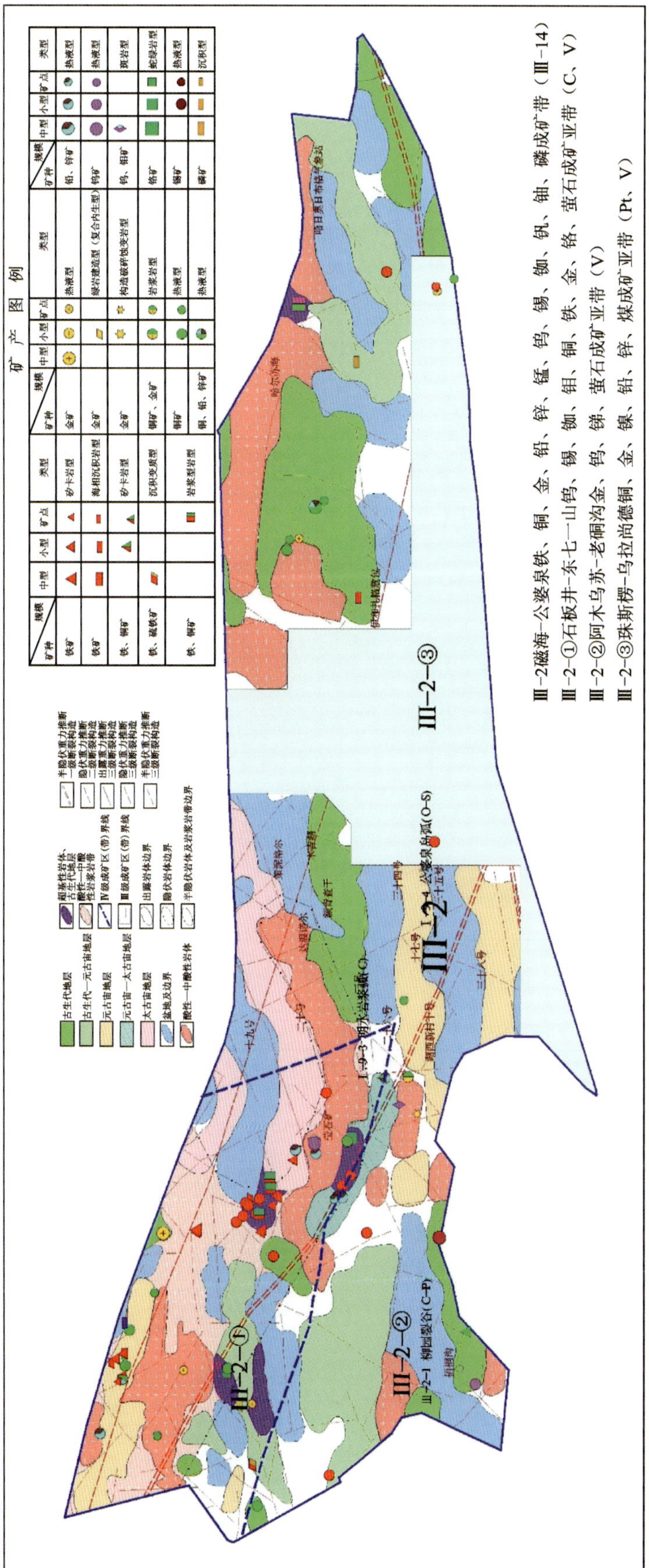


图6-60　Ⅲ-2成矿带重力推断地质构造图

**11. Ⅲ-4 河西走廊铁、锰、萤石、盐、凹凸棒石成矿带**

Ⅲ-4 成矿带东部及西部分别完成 1∶50 万、1∶100 万重力测量工作，各占 50%。

该区为雅布赖-腾格里盆地(腾格里沙漠)，地表第四纪风成沙广布，基底为早古生代地层，地表东北部多有早古生代基底寒武纪、奥陶纪地层出露，西南部全部为风成沙覆盖。布格重力异常为区域上的低值区，呈北东高、南西低的变化趋势，其值：$\Delta g$ 为$(-236\sim-172)\times10^{-5}\,m/s^2$(图 5-61)，显然重力场特征基体反映了基底起伏的变化趋势。该区北侧形成北西西向展布的等值线密集区，与重力推断的区域性深大断裂腾格里断裂 F 蒙-02038-⑦对应。区内剩余重力异常总体走向明显受区域断裂控制，呈北西西向(图 5-62)，但部分局部异常受次级断裂控制，呈北东向。正负异常反映了盆地区的基底隆起和凹陷的轮廓，负异常区为凹陷区，正异常区为隆起区，东北部对应正异常区地表多有寒武纪—奥陶纪地层出露，南西部为第四纪风成沙覆盖。

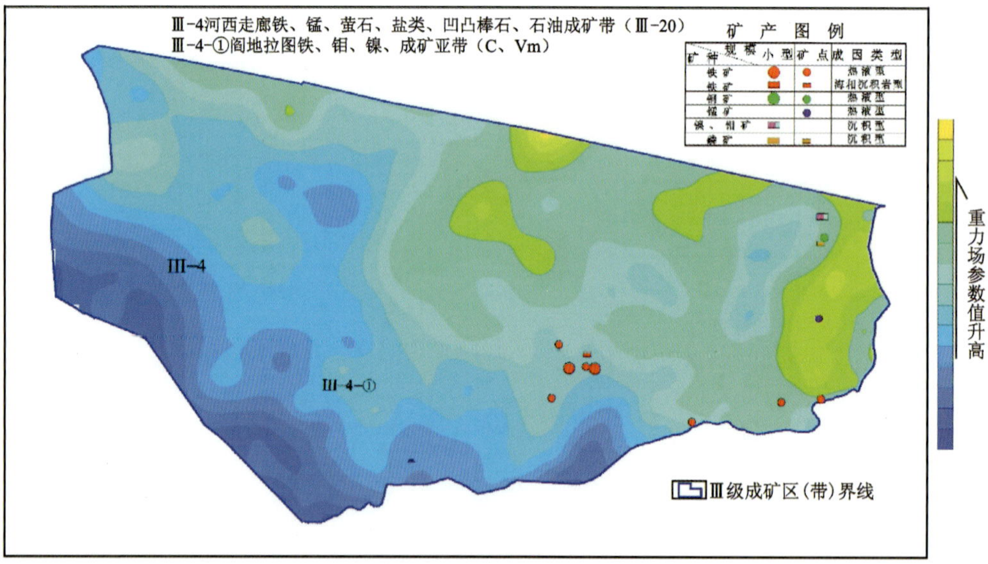


图 5-61　Ⅲ-4 成矿带布格重力异常示意图

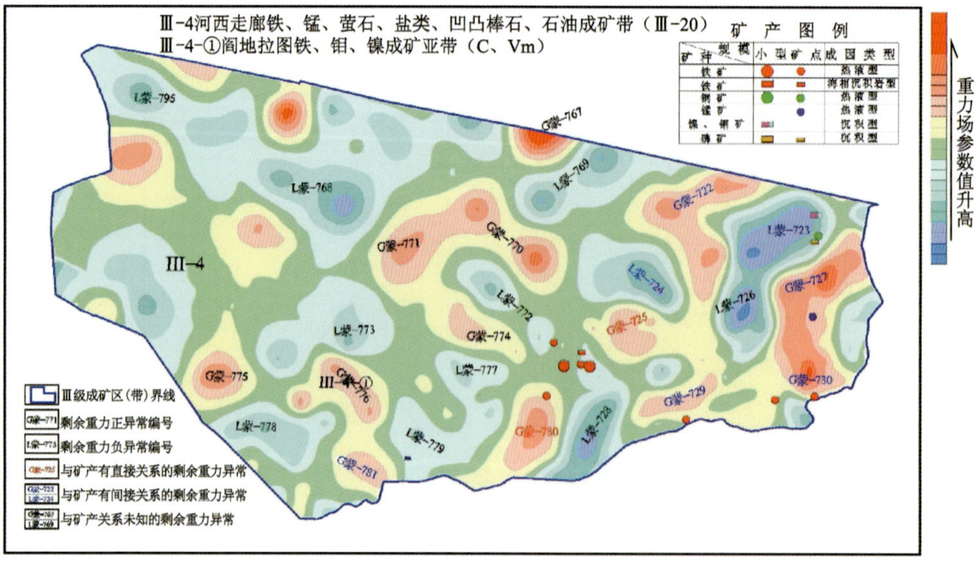


图 5-62　Ⅲ-4 成矿带剩余重力异常示意图

结合前述地质概况综合分析认为，在重力推断的断裂构造附近、剩余重力正异常区注意钼镍铁多金属矿的寻找。在盆地区注意与蒸发沉积作用有关的天然碱、芒硝、石膏等矿床的寻找。

该成矿带推断地质构造成果见图 5-63 及表 5-14。

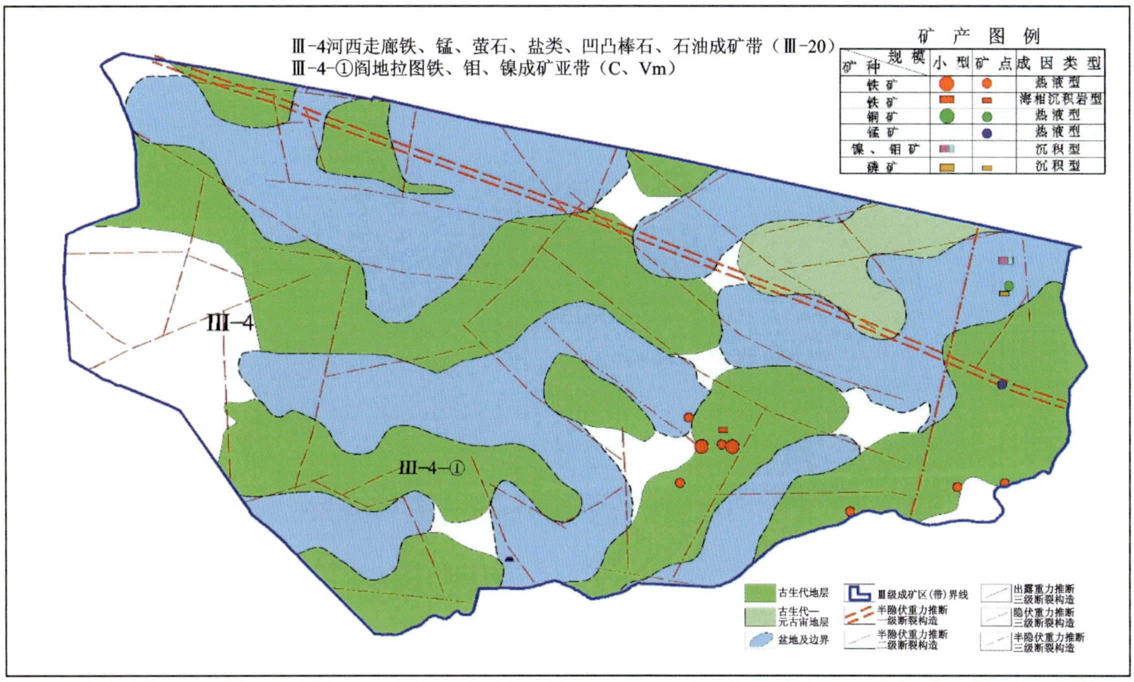


图 5-63 Ⅲ-4 成矿带重力推断地质构造示意图

**表 5-14 Ⅲ-4 成矿带推断地质构造成果统计表**

| 推断地质体 | | 出露情况 | | | |
|---|---|---|---|---|---|
| | | 隐伏 | 半隐伏 | 出露 | 合计 |
| 地层 | 古生界 | 3 | 7 | 无 | 10 |
| 断裂 | | 41 | 6 | 无 | 47 |
| 盆地 | | 6 | | | 6 |

## 12. Ⅲ-14 山西断隆铁、铝土矿、石膏、煤、煤层气成矿带

该区域只开展了 1∶50 万重力测量。

成矿带位于Ⅲ-11 之南清水河地区，面积较小，约 200km$^2$。区域上属于布格重力异常相对高值区，由西到东场值呈增高趋势(图 5-64)，$\Delta g$ 为$(-140\sim-123)\times10^{-5}$ m/s$^2$，东部出露早古生代、太古宙地层，太古宙地层出露区形成明显的局部重力高异常，对应剩余重力正异常(图 5-65)。西部主要出露二叠系及第三系，重力场相对平稳，是沉积变质型铁矿的集中分布区(图 5-66)。

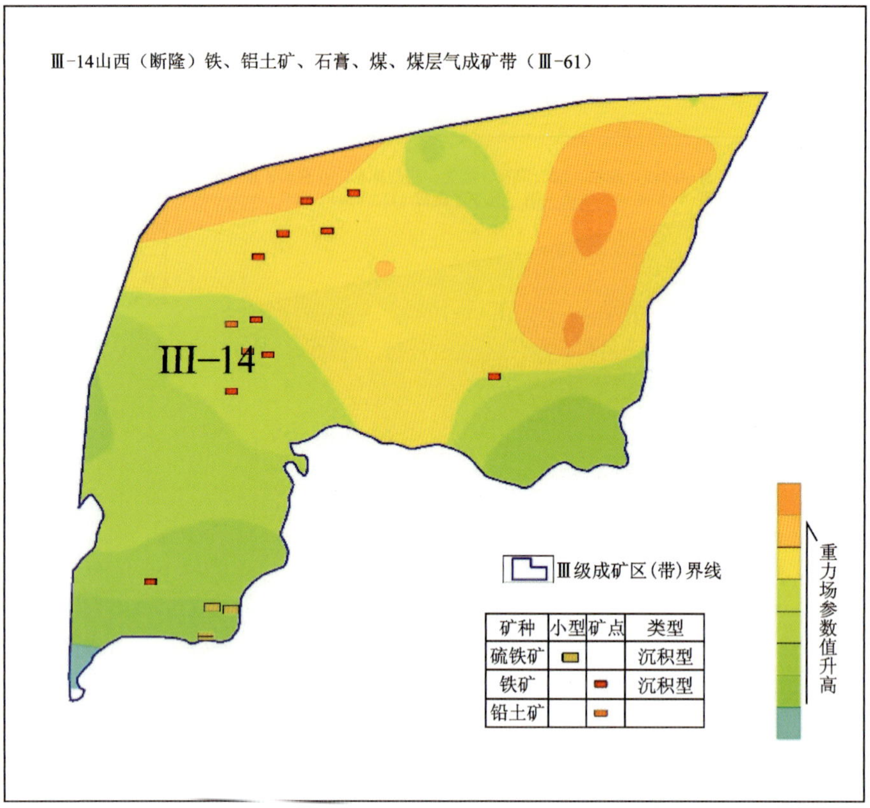


图 5-64　Ⅲ-14 成矿带布格重力异常示意图

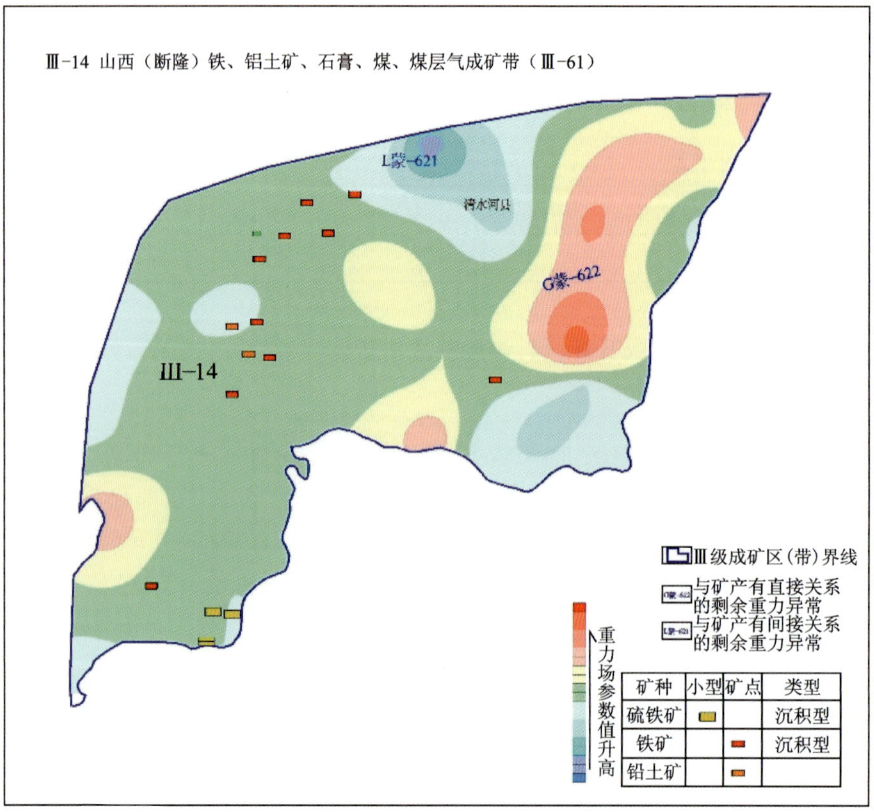


图 5-65　Ⅲ-14 成矿带剩余重力异常示意图

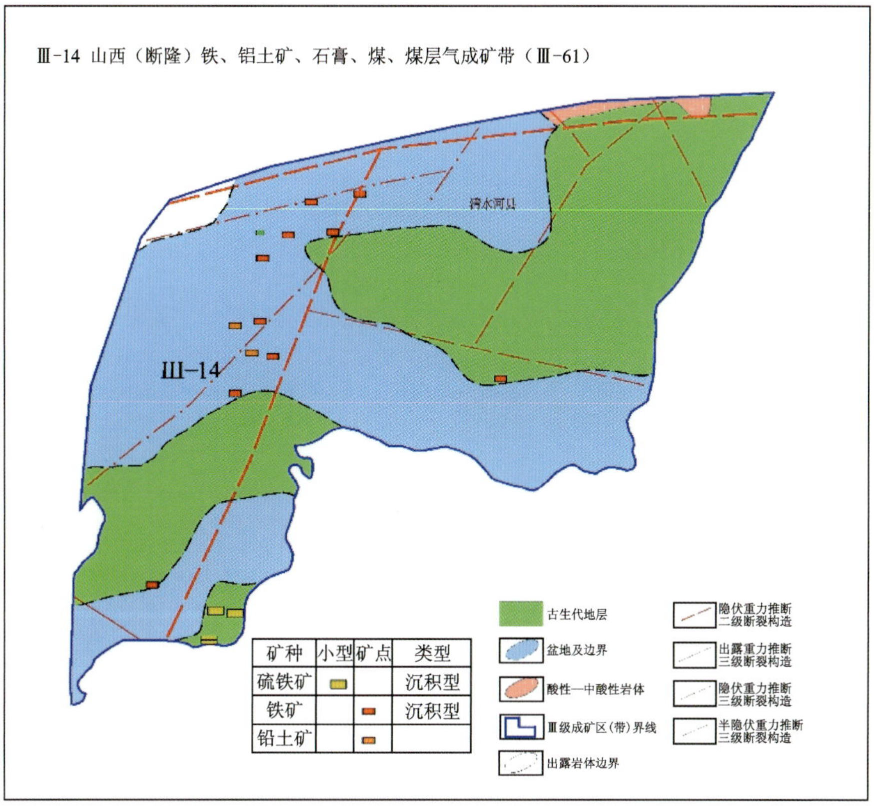


图 5-66　Ⅲ-14 成矿带重力推断地质构造示意图

# 第二节　自治区级磁测资料地质解释

## 一、内蒙古自治区区域磁测特征

### （一）内蒙古自治区磁场特征分析

内蒙古自治区范围东西跨度大，分西部、中部、东部 3 个区域叙述磁场特征。

**1. 内蒙古自治区西部区域磁场特征**

在内蒙古自治区航磁异常等值线平面图上（图 5-67），内蒙古西部地区磁场主要表现为零值偏负或零值偏正的背景场，总体特征为宽缓的区域性低磁异常带（区），走向北西西或近东西向。以喇嘛井-雅布赖-巴音诺尔公近东西向断裂为界，南侧为零值偏正（$\Delta T$ 为 0～+100nT），北东向或近东西向展布低缓、稳定的正磁异常；北侧为零值偏负（$\Delta T$ 为 −100～0nT），北西西向或近东西向展布平静、宽缓的负磁异常。这种特征，在航磁异常上延 10km 等值线图上反映得更加明显，沿喇嘛井-雅布赖断裂显示为清晰的梯级带，两侧磁场特征截然不同，北侧为负磁场，南侧为正磁场。

根据磁场总体展布特征及局部磁异常的形态、强度、走向、幅度、梯度变化等差异和磁异常排列组合

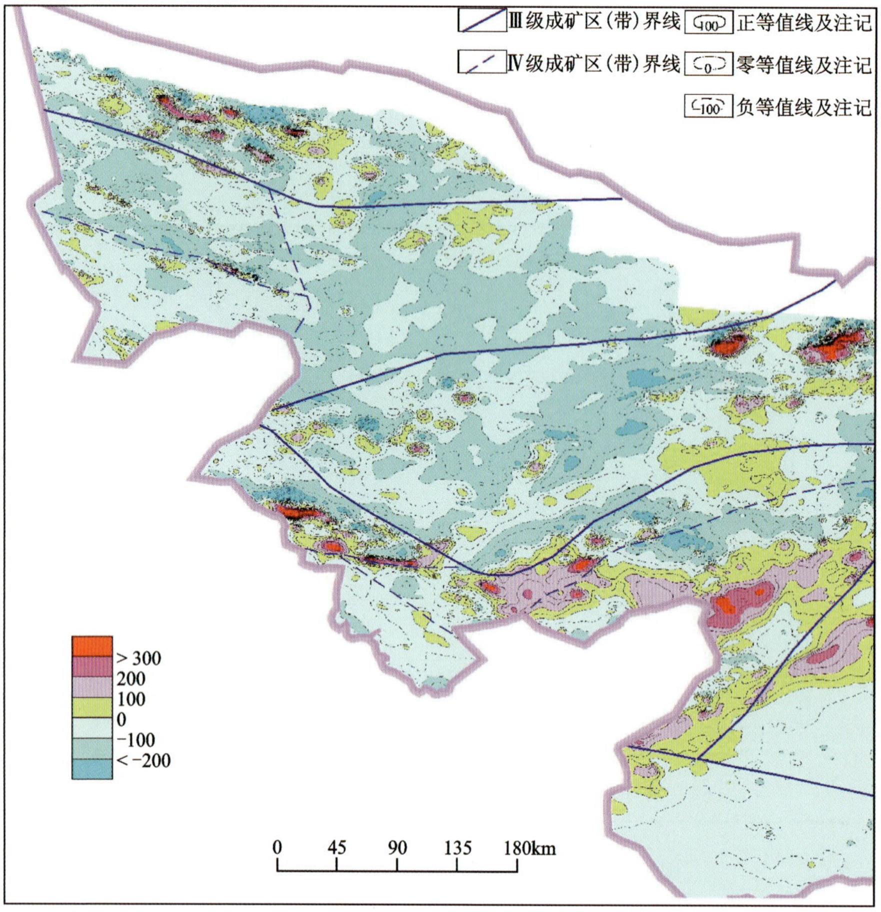


图 5-67 内蒙古自治区西部地区航磁 ΔT 异常等值线平面示意图

特征，内蒙古西部区磁场可划分为 3 个磁异常带(区)。

(1)甜水井-乌珠尔嘎顺-望湖山磁异常带。航磁异常呈北西西向或近东西向展布，正负磁异常相间排列，正负磁异常幅值接近对称，北侧伴有负异常，梯度变化也较大，沿南北向梯度值为±100nT/km，最大值约 600nT，最小值－600nT，是内蒙古西部航磁异常最强、最明显的磁异常带，该异常宽约 60km，从甜水井向西延入甘肃省内；从望湖山向东磁异常带延伸到蒙古国境内，与内蒙古高磁异常带相连接，再向东又进入内蒙古，可能与二连浩特-贺根山-乌拉盖-霍林河高磁异常带相连接。

(2)红柳大泉-巴丹吉林-图克木磁异常区。该磁异常区位于甜水井-乌珠尔嘎顺-望湖山磁异常带以南；喇嘛井-雅布赖-巴音诺尔公东西向断裂带以北地区；东界为贺兰山-宝音图隆起构造带；西界延至甘肃、新疆内的若羌—星星峡构造一线。内蒙古内磁异常区南北宽大于 200km，东西长大于 600km，总体特征为负磁场(ΔT 为－100～0nT)。

局部区段见有小面积的磁异常，如：①黄山椭圆状磁异常，走向北西，$\Delta T$ 为 0～200nT；②白云山长条形磁异常，走向北西，$\Delta T$ 为 0～400nT；③月牙山长条形磁异常，走向北西西，$\Delta T$ 为－100～300nT；④苏红图似椭圆状异常，走向北东东，$\Delta T$ 为－400～400nT；⑤乌兰苏海磁异常，呈哑铃状，走向近东西，$\Delta T$ 为－200～400nT；⑥巴彦毛道长条状带状磁异常，走向近东西，$\Delta T$ 为 0～200nT；⑦哈日博日格似椭圆状磁异常，走向近东西，$\Delta T$ 为 0～200nT；⑧鼎新不规则片状磁异常，走向东西，$\Delta T$ 为 0～200nT。这些局部磁异常呈星点状散布在广阔的负磁背景场区。

(3)北大山-腾格里磁异常区。该磁异常区位于喇嘛井-雅布赖-巴音诺尔公断裂以南地区，东界为贺兰山-宝音图构造线，西界和南界已出区外，在甘肃等省(自治区)内。磁场总体特征为零值偏正(ΔT 为 0～100nT)的正磁场区，可划分为 4 个片区：①北大山磁异常区，呈条带状展布，走向东西，$\Delta T$ 为

$-200\sim400$nT，北侧伴有负异常；②雅布赖磁异常区，呈不规则片状大面积展布，走向近东西，$\Delta T$ 为 $100\sim400$nT；③龙首山磁异常区，呈片状展布，走向东西，$\Delta T$ 为 0nT 左右；④腾格里磁异常区，呈大面积片状展布，走向北东东向转近东西向，$\Delta T$ 为 $0\sim100$nT。该区磁场面貌比较特殊，与东侧的华北陆块和西侧的塔里木陆块有明显差异，具有独特磁场面貌。

### 2. 内蒙古中部区域磁场特征

内蒙古中部航磁异常呈近东西向带状展布，正异常带和负异常带相间排列，向东延伸与大兴安岭北东向磁异常区交融在一起，向西延伸到贺兰山-狼山西缘-宝音图隆起构造带消失，表明贺兰山-宝音图构造带东、西两侧为两个完全不同的构造环境(图 5-68)。

(1)杭锦后旗-乌拉山-大青山强磁异常带。沿杭锦后旗—乌拉山—大青山—尚义一带为正磁异常带，$\Delta T$ 为 $100\sim400$nT，$\Delta T_{max}=600\sim800$nT。据物性资料，乌拉山岩群[$\kappa=(0\sim120\ 000)\times10^{-6}4\pi$SI，$Jr=(0\sim674\ 000)\times10^{-3}$ A/m，$\bar{\kappa}=1280\times10^{-6}4\pi$SI，$Jr=15\ 900\times10^{-3}$ A/m]，具有强磁性，推测该异常带主要由磁性基底乌拉山岩群引起，卓资县-集宁东正负相伴串珠状磁异常为新生代玄武岩所致。

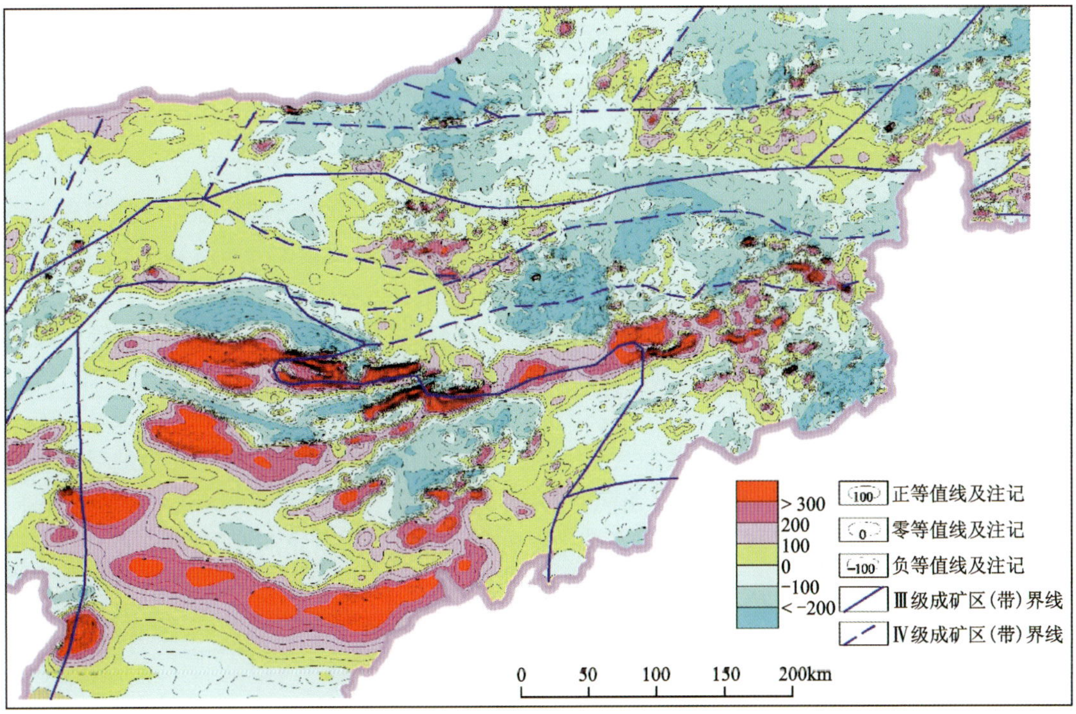


图 5-68　内蒙古中部地区航磁 $\Delta T$ 异常等值线平面示意图

(2)磴口-白彦花-双龙-察右前旗负磁异常带。沿磴口—白彦花—双龙—察右前旗一线呈近东西向展布，$\Delta T$ 为 $-100\sim0$nT，$\Delta T_{min}=-200$nT。该异常带磁性基底埋藏较深(4000～8000m)，中新生代盖层较厚，是形成低缓磁异常的主要原因。

(3)鄂尔多斯北缘正磁异常带。沿乌兰格尔隆起—东胜—喇嘛湾为正磁异常带，总体走向东西，局部走向北东，$\Delta T$ 为 $100\sim200$nT，$\Delta T_{max}=400\sim600$nT。据物性资料，推断为乌拉山岩群磁性基底相对隆升所致。

(4)五原-固阳-四子王旗负磁异常带。沿乌拉特后旗—四子王旗—化德为负磁异常带，$\Delta T$ 为 $-200\sim0$nT，$\Delta T_{min}=-400$nT，总体呈近东西向展布。据物性资料，推断河套盆地负磁异常带为 4000～8000m 厚的中新生代盖层影响所致，其余零值偏负的负磁异常主要由元古宙弱磁性基底构造层引起。局部正负相伴的椭圆状或似椭圆状磁异常由基性—超基性岩和铁矿引起，如书记沟、黑脑包、高腰海、东五分子、三合明铁矿等。乌拉特中旗正磁异常带，可能为前寒武纪强磁性基底岩系所致。

(5)索伦-多伦正磁异常带。沿索伦—朱日和—多伦为零值偏正的磁异常带，总体近东西向展布，局部磁异常轴向为北东或北东东，$\Delta T$ 为 0～200nT，$\Delta T_{max}$=400nT。据物性资料推断，该磁异常带由前寒武纪磁性基底构造层引起，局部带状、椭圆状和片状较强磁异常由基性—超基性岩所致，如由索伦和温尔庙基性—超基性岩体引起的异常，多伦地区正负相伴的磁异常为火山岩和火山机构所致。

(6)赤南地区磁场特征。赤南磁场为一大型环形磁场区，喀喇沁-大城子-旺业甸为岩浆环，$\Delta T$ 为 0～200nT，周边被正负相伴的串珠状磁异常环绕，$\Delta T$ 为－200～＋200nT，由一系列环形构造、火山机构和隐爆角砾岩筒引起。背景场为零值偏负和零值偏正两种特征，其中零值偏正的背景场由前寒武纪基底岩系所致，零值偏负的背景场可能由弱磁性花岗岩体引起。

**3. 内蒙古东部区域磁场特征**

内蒙古东部按照磁场特征大致可分为 4 个异常区(图 5-69、图 5-70)。

(1)得耳布尔磁异常区。位于得耳布尔断裂带西侧，磁异常多呈狭长带状相间排列，正负相伴，呈北东向延伸，场值一般为 100～400nT，负异常值为－200～－100nT。

与相间排列的正负磁异常相对应的有花岗岩类和中基性火山岩带广泛分布，可能是引起磁异常的主要原因。有学者认为，得耳布尔断裂是西伯利亚陆块早古生代陆缘活动带，有蛇绿岩套呈带状分布，是引起磁异常的原因之一。

(2)海拉尔-牙克石磁异常区。位于海拉尔盆地和乌奴耳—沙尔乌苏一线以北，西界为得耳布尔断裂，东界为伊尔施-鄂伦春断裂。

航磁异常图上，以平静的负磁异常为主要特色，在负磁场背景上分布有北北东向延伸的狭长带状异常，强度一般为 100～200nT，在乌奴耳—沙尔乌苏一线以北，负磁场背景上分布有较杂乱的正负相伴磁异常，$\Delta T$ 为 100～200nT，负磁异常 $\Delta T$ 为－200～－100nT。

负背景场磁异常主要由前寒武纪弱磁性基底构造层引起，这与航磁异常上延 10km 等值线图上为一平静的零值偏负磁场面貌是一致的。局部北东向条带状磁异常和正负相伴的杂乱磁异常，可能是基性熔岩和火山岩所致。

(3)大兴安岭磁异常区。大致位于额尔古纳—阿尔山—西乌旗一线以东，嫩江—白城—开鲁一线以西地区，南界为西拉木伦河断裂，北界在黑龙江省内。

航磁异常图上，以强磁背景场上出现剧烈变化的杂乱正负相伴的磁异常为主，正负磁异常多呈环状或串珠状展布，正负磁异常峰值跳跃变化，频繁交替，场值一般为 200～600nT，负异常为－400～－200nT，$\Delta T_{max}$=800～1200nT，$\Delta T_{min}$=－1000～－600nT，总体呈北北东向展布，场值有北高南低、东高西低的趋势。

其中，在西乌旗—霍林郭勒—杜尔基以南，林西—巴林左旗—舍伯吐以北地区，以负磁异常为主，磁场开阔稳定，强度一般为－200～－100nT，局部见有 100～200nT 的正磁异常，该负磁异常带大致与艾勒格庙-锡林浩特元古宙地块的东段相吻合。大兴安岭异常区，与大兴安岭火山岩分布区基本一致，区内大面积广泛分布侏罗纪火山岩和海西期花岗岩，前寒武纪兴华渡口岩群、锡林浩特杂岩、佳疙瘩组零星出露，古生界($O_2$、$D_2$、$C_3$、$P_2$)等地层不均匀分布，均夹有较强磁性的中基性火山岩夹层。侏罗纪火山岩具有较强磁性，是引起剧烈变化、正负相伴杂乱磁异常的主要原因。与锡林浩特元古宙地块东段相对应的稳定的负磁异常区，由弱磁性的元古宙磁性基底构造层所致。

(4)嫩江-龙江、白城-开鲁磁异常带。位于嫩江—白城—开鲁一线以东，内蒙古东部边缘地区，为一弱磁异常带，呈北东向延伸，其中开鲁盆地范围较大，为平静的负磁异常区，强度－200～－100nT，局部正磁异常强度 100～200nT。该带为松辽前寒武纪陆块西缘，基底为弱磁性前寒武纪磁性基底构造层，并有花岗岩(海西期和燕山期)断续分布。推断该磁力低值异常带主要由弱磁性基底所致，局部环状和带状低磁异常，由花岗岩岩体引起。

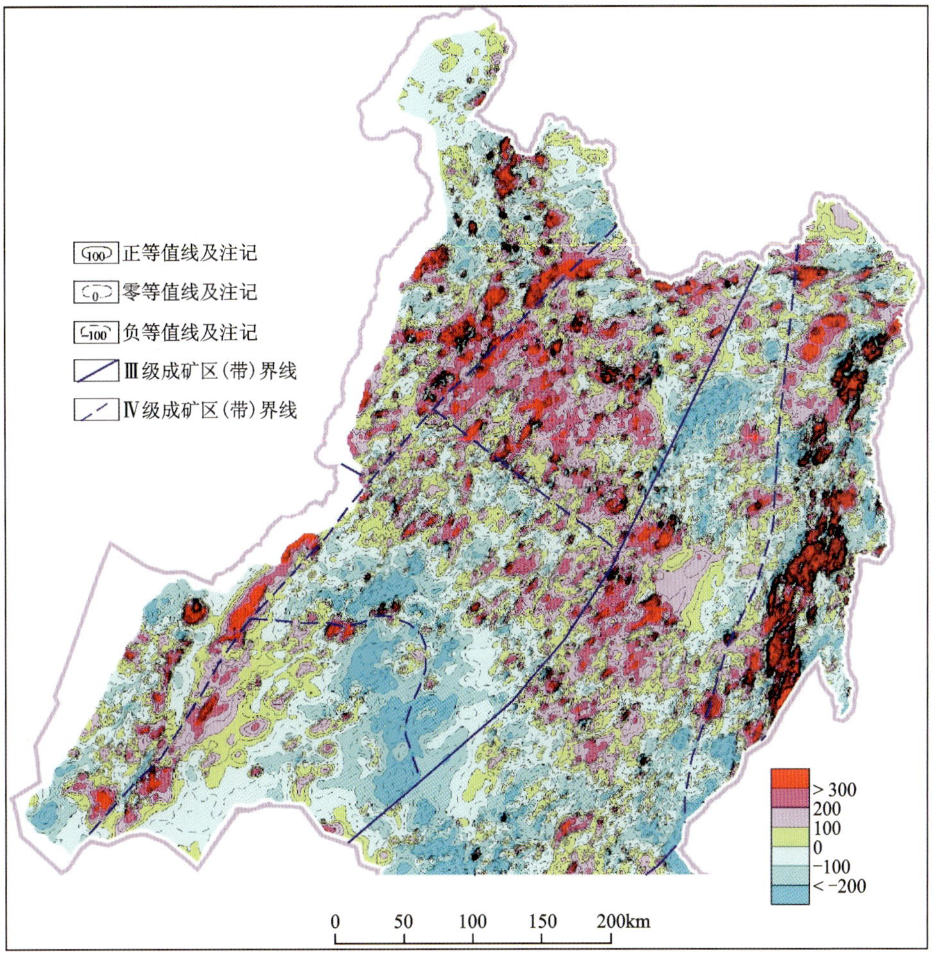


图 5-69 内蒙古东北部地区航磁 ΔT 异常等值线平面示意图

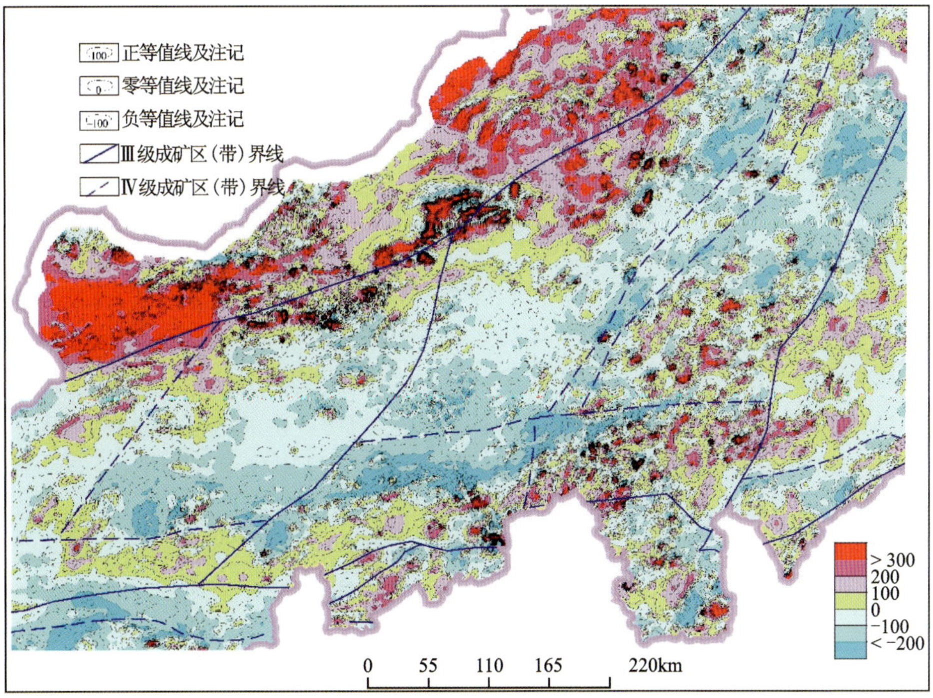


图 5-70 内蒙古东南部地区航磁 ΔT 异常等值线平面示意图

## 二、区域磁测资料地质解释

结合以往工作成果,对内蒙古自治区进行磁法推断地质构造(图 5-71)。

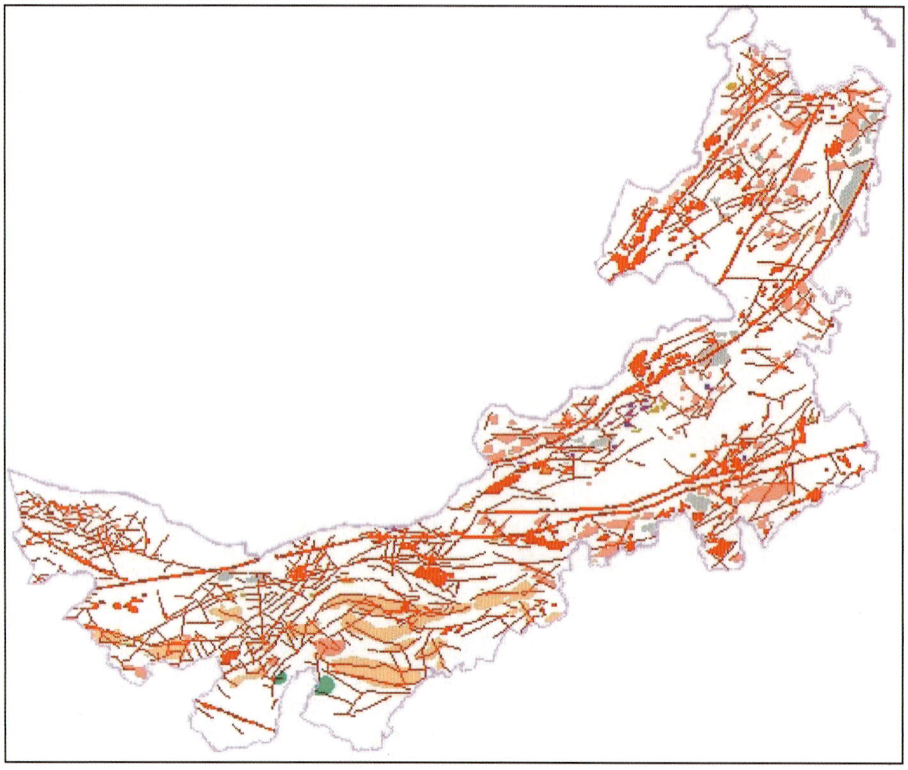

图 5-71　内蒙古自治区磁法推断地质构造示意图

### (一)划分依据

根据重磁场划分地质构造的原则和经验(如重磁场特征为不同场区的分界线往往是构造分区的界线、异常梯度带、串珠状异常带、线性异常带、异常突变扭曲带、异常错动带、雁行状异常带等),结合重力场特征和地质出露情况进行综合分析。

根据内蒙古自治区及铁矿预测工作区岩矿石磁参数的统计分析可知,各类岩石具有其独特的磁场特征。

火山通常分为裂隙式火山和中心式火山两种。裂隙式喷发的火山在空间上多呈带状分布,中心式喷发的火山多呈群展布。火山构造的地质结构虽多种多样,但所产生的磁异常形态、强度和特征却大致相同,通常火山喷口相的岩石往往具有较高的剩磁,在火山口周围形成强度较大、具有一定分布规律的环状且有正负局部磁异常伴生的正磁场区或负磁场区。中心式火山构造在磁场等值线平面图中多表现为圆形或椭圆形负磁异常或正磁异常;裂隙式火山构造在磁场等值线平面图中多表现为带状负磁异常或正磁异常;复式火山构造由多期火山喷发作用形成,在磁场图中多呈环中有环的嵌套式环状磁场特征。

裂隙式喷发的火山构造,根据磁场等值线平面图上异常梯度带来圈定;圆形、椭圆形或复式中心式喷发火山构造,根据磁场等值线平面图上圆环状磁异常群外围异常的外侧梯度带圈定;孤立分布的负磁异常或以负异常为主的磁异常反映的火山构造(可能为火山角砾岩筒),根据磁场等值线平面图上磁异常梯度带来圈定。

火山岩磁场中,玄武岩磁异常峰值常达几百纳特至几千纳特,但也有异常很弱的地方;一般安山岩比玄武岩磁性弱,异常峰值为几十纳特至上百纳特,同样也有磁性很弱的地区;酸性火山岩,由于其暗色矿物含量少,磁性较弱。火山岩磁场的共同特点是,沿剖面方向场值跳跃变化,在相邻测线上难以对比,随着火山岩埋深增大,其跳跃变化特征逐渐减弱或消失。此外,有时在玄武岩的杂乱磁场中,可出现一条或数条狭窄的正的或负的线性异常,这可能是火山喷出裂隙的反映;有时还可在异常图中发现一个极强的异常,这可能是火山口的反映;根据物探、化探、遥感综合信息进行研究,如重力图上,花岗岩通常表现为重力低。

侵入岩往往成群成带分布,因此往往形成磁异常群或磁异常带。但就单个岩体来说,特别是中酸性岩体的顶部,往往呈近似等轴状,其接触带蚀变后磁性往往变强,因此平面上常出现等轴状的异常区和环形异常带,这也可作为识别岩体的标志。

一般来说,超基性岩体的磁性最强,在其上常可见到上千纳特的磁异常。由于超基性岩磁性不均匀,因而岩体上的磁异常多表现为起伏变化的强异常。不同岩相、不同蚀变情况的超基性岩,其磁性特点因地区不同,规律各异。一般来说,蛇纹石化常使超基性岩磁性增强,而碳酸岩化使其磁性减弱。

在基性岩体上常可观测到几百纳特的磁异常。辉长岩磁性变化较大,有的磁性较强,有的地区辉长岩磁性很弱。辉绿岩的磁性一般也很显著,它常呈脉状穿插在其他岩石中,在其上可观测到明显的磁异常。

中性岩类主要为闪长类,一般均有磁性,在其上可观测到数百纳特甚至更强的异常。

中酸性岩类主要包括花岗岩、花岗闪长岩等,从磁异常角度不易区分,因此通常统称为中酸性岩类。

就花岗岩来说,其磁性差别较大,这种差别是由其岩浆源物质磁性决定的,深源物质越多,磁性越强,反之则磁性越弱。一般来说,A 型和 I 型花岗岩的磁性较强,S 型花岗岩的磁性较弱。另外,不同地区、不同期次的花岗岩磁性变化也很大,我国南方分布的加里东期花岗岩,基本上是无磁性的。我国东北分布的海西期花岗岩,大多数磁性较弱,还有一部分是无磁性的;分布较广的燕山期花岗岩,磁性比较明显,可观测到 300～500nT 的磁异常。

不论是基性岩体还是酸性岩体,其边界的圈定方法基本相同,具体为:①通常以化极磁异常的梯度陡变带为岩体的边界;②对规模较小的磁性体,可按化极磁异常一阶导数零值线圈定;③对规模较大的磁性体,可采用化极磁异常二阶导数零值线圈定;④对岩体本身无磁性但因接触带蚀变后磁性增强而引起磁异常时,通常使用环状化极磁异常内侧的梯度陡变带来圈定。对有明显走向特征的磁异常,以磁异常的走向作为侵入岩体的走向。

### (二)磁法推断地质构造所用图件

内蒙古磁法推断主要断裂是利用 1991 年内蒙古自治区第一物化探队编的《内蒙古自治区 1∶50 万航空磁力异常图和 1∶100 万布格重力异常图综合研究报告》中重磁资料所能反映的地质构造成果,结合国家航遥中心提供的内蒙古 2km×2km 网格化航磁数据所成全自治区航磁等值线平面图、化极等值线平面图、垂向一阶导数等值线平面图及不同高度的水平一阶导数(0°、45°、90°、135°四个方向)等图,编制铁矿预测工作区航磁等值线平面图、航磁化极等值线平面图、航磁化极垂向一阶导数等值线平面图及所作数据处理图件(包括化极、上延、垂导、方向导数等)。参考重力项目成果,对区域性大的断裂构造和盆地进行了划分和圈定。根据全区(1∶50 万)和预测工作区(1∶25 万)地质出露情况,对磁场特征所能反映的侵入岩体和三级断裂进行了进一步圈定和划分、补充。

具体情况见《内蒙古自治区及铁矿预测区推断断裂构造表》。

## (三)主要地质构造重磁特征简介

### 1. 磁法推断区域性(一、二级)断裂

区域性一级断裂(8条)见表5-15。

**表5-15　内蒙古自治区重磁推测一级断裂构造情况一览表**

| 断裂编号及名称 | 长度(km) | 走向 | 地质特征 | 重磁场特征 | 备注 |
|---|---|---|---|---|---|
| 横峦山-乌兰套海断裂(蒙F-0001) | 345 | NWW | 主要出露蓟县纪—青白口纪圆藻山群;寒武纪—奥陶纪西双鹰山组,奥陶纪白云山组;石炭纪花岗闪长岩和石英闪长岩;白垩纪赤金堡组;第四纪上更新统和冲湖积层 | 狭长带状磁力高值带,带内局部异常呈串珠状排列;为狭长带状重力高值带 | $F_1$ |
| 索伦山-巴林右旗断裂(蒙F-0002) | 650 | EW | 主要出露白垩纪巴音戈壁组和乌兰苏海组;第四纪早更新世、晚更新世洪积层、风成砂 | 断裂两侧磁场特征不同,索伦山至白音敖包段,南侧为低缓开阔的正磁异常,强度－200～100nT,由海西期中晚期I型(具磁性)花岗岩类岩所引起;北侧为负磁背景场上出现的较规则的团块状局部正磁异常,强度－400～200nT,梯度较陡,伴有微弱负值,由海西期蛇绿岩引起;白音敖包至苏尼特右旗段,南侧在负磁背景场中见有数条北北东向平行排列的狭窄正磁异常带,将负磁场分割为菱形块状,均止于本断裂带南侧,可能由沿断裂后期构造充填的磁性岩脉所引起;重力场显示为不甚明显的断续延伸的等值线密集带,克什克腾旗以东,大兴安岭重力梯级带发生明显的同向弯曲 | $F_2$ |
| 索伦山-乌海断裂带(蒙F-0003) | 1200 | NEE | 二叠纪大石寨组和哲斯组;侏罗纪新民组、满克头鄂博组、玛尼吐组和白音高老组,侏罗纪花岗斑岩体和花岗岩体;白垩纪花岗岩体和黑云母花岗岩体;第四纪中更新世风成砂和冲积层 | 断裂两侧磁场特征不同,东侧高幅值强异常区,西侧在平静的负磁场上分布有狭窄带状或串珠状局部异常,呈北东向延伸;呈一明显的重力低值带,北东向雁行状排列于断裂带上 | $F_3$ |

续表 5-15

| 断裂编号及名称 | 长度(km) | 走向 | 地质特征 | 重磁场特征 | 备注 |
|---|---|---|---|---|---|
| 温都尔庙-西拉木伦河断裂(蒙 F-0004) | 380 | NE | 第四纪中、晚更新世地层及风成砂覆盖层 | 断裂两侧磁场特征不同,克什克腾旗以西,断裂带南侧为一近东西向延伸的低缓正磁异常带;北侧为平静的负磁场。克什克腾旗以东断裂带呈东西向延伸的狭长负磁异常带,两侧异常特征和延伸方向截然不同。航磁异常上延 10km、20km 等值线图上,反映为近东西向断续延伸的等值线密集带或低值带,化极上延 20km 水平一阶导数(0°)图反映为近东西向延伸的线状异常;克什克腾旗以西,断裂带显示为一近东西向延伸的重力梯级带;北侧为东西向相间排列的紧密线状或波状异常;南侧为一明显的东西向展布的巨型重力低值带。布格重力异常水平一阶导数(0°)图反映为近东西向延伸的线状异常带 | $F_4$ |
| 二连-东乌珠穆沁旗断裂(蒙 F-0005) | 1100 | NE | 主要出露古元古代宝音图岩群、中新元古代白云鄂博群;二叠纪的花岗岩体,二叠纪哲斯组;侏罗纪满克头鄂博组、玛尼吐组和白音高老组,侏罗纪黑云母二长花岗岩体;白垩纪固阳组和乌兰苏海组,白垩纪黑云母花岗岩体;第三纪宝格达乌拉组;第四纪中晚更新世冲湖积层及风成砂覆盖层 | 断裂两侧异常特征截然不同,北侧为北东向延伸的正负相间排列的低缓正磁异常带;南侧为东西向延伸的正负相间排列的狭长带状异常和形态规整、幅值较高、梯度较陡的块状高值局部异常;断裂带显示为北东向断续延伸的等值线密集带,南侧为东西向转北东向延伸的局部重力高值带 | $F_5$ |
| 伊列克得-鄂伦春断裂带(蒙 F-0022) | 390 | NNE | 主要出露古元古代北山岩群;二叠纪和石炭纪花岗岩,石炭纪石英闪长岩,石炭纪绿条山组;二叠纪花岗岩;三叠纪赤金堡组;白垩纪赤金堡组;第三纪苦泉组;第四纪下更新统和上更新统 | 磁场表现为北北东向延伸的线性正磁异常带或负磁异常带,两侧区域磁场略有差异,南东侧以剧烈变化的杂乱磁异常为其主要特征,背景值较高,以正异常为主;北西侧在负磁场上出现的杂乱异常为其主要特征。航磁异常化极上延 20km 水平一阶导数(315°)图显示为明显的线状异常带。断裂带显示为断续延伸的等值线密集带,梯级带北西侧为区域性重力高,南东侧为一明显的区域重力低 | $F_{(1)}$ |

续表 5-15

| 断裂编号及名称 | 长度(km) | 走向 | 地质特征 | 重磁场特征 | 备注 |
|---|---|---|---|---|---|
| 阿拉善断裂(蒙 F-0026) | 510 | NWW | 主要出露石炭纪闪长岩、石炭纪和二叠纪花岗岩;第四纪风成砂 | 两种不同磁场分界;北西侧以平静的负磁场为背景,其上分布有强度和梯度变化均较小的宽缓开阔的片状正磁异常,总体呈北西向延伸。南东侧在平静的负磁场上分布有狭长带状、串珠状或不规则块状局部正磁异常,强度、梯度变化均较北西侧大,总体呈北东向展布。<br>区域重力高与区域重力低之分界 | $F_{(2)}$ |
| 得耳布尔断裂带(蒙 F-0028) | 390 | NEE—EW | 主要出露晚石炭世—早二叠世阿木山组;二叠纪花岗岩体和花岗闪长岩体;白垩纪巴音戈壁组和乌兰苏海组;第四纪晚更新世冲湖积层和风成砂 | 为一在负背景场上出现的北北东向延伸的线性正磁异常带。<br>北段显示不明显,南段为一明显的北北东向延伸的等值线密集带,布格重力异常水平一阶导数(275°)图上,为明显的狭窄线性异常带,带内局部异常呈串珠状排列 | $F_{(3)}$ |

注:备注中断裂编号为1991年内蒙古自治区第一物化探队《内蒙古自治区1∶50万航空磁力异常图和1∶100万布格重力异常图综合研究报告》中断裂编号,下同。

区域性二级断裂(21条)见表5-16。

表 5-16 内蒙古自治区重磁推测二级断裂构造情况一览表

| 断裂编号及名称 | 长度(km) | 走向 | 地质特征 | 重磁场特征 | 备注 |
|---|---|---|---|---|---|
| 额济纳旗断裂(蒙 F-0006) | 1000 | NE | 主要出露石炭纪—二叠纪格根敖包组;侏罗纪满克头鄂博组、玛尼吐组和白音高老组;白垩纪大磨拐河组;第三纪宝格达乌拉组;第四纪晚更新世冲湖积层和风成砂 | 不同磁场特征分界线 | $F_6$ |
| 喇嘛井-雅布赖断裂(蒙 F-0007) | 620 | NE | 主要出露奥陶纪铜山组和多宝山组并层;石炭纪花岗岩体;侏罗纪满克头鄂博组、玛尼吐组和白音高老组,侏罗纪花岗岩体;白垩纪梅勒图组和龙江组,白垩纪黑云母花岗岩体;第四纪中更新世风成砂和冲积层 | 断裂带表现为异常特征截然不同的两种磁场面貌的分区界线,航磁异常化极上延20km水平一阶导数(0°)图显示为明显的线性负磁异常带 | $F_7$ |

续表 5-16

| 断裂编号及名称 | 长度(km) | 走向 | 地质特征 | 重磁场特征 | 备注 |
|---|---|---|---|---|---|
| 巴丹吉林断裂(蒙 F-0008) | 660 | NE | 主要出露侏罗纪塔木兰沟组、满克头鄂博组、玛尼吐组和白音高老组;第三纪呼查山组;第四纪更新世砂砾石层、风成砂 | 负磁背景场上出现的北东向延伸、线性正磁异常带;区域重力场中南侧为升高的正异常带 | $F_8$ |
| 吉兰泰-六渡井断裂(蒙 F-0009) | 270 | NE | 主要出露太古宙乌拉山岩群;第三纪清水营组;第四纪晚更新世化学沉积、风成砂 | 负磁异常带,不同磁场分界线;区域重力场中为一北东向延伸的重力梯级带 | $F_{(4)}$ |
| 宝音图断裂(蒙 F-0010) | 245 | NNE | 主要出露太古宙乌拉山岩群;古元古代变质深成侵入体,中元古代花岗岩体;二叠纪大红山组;三叠纪花岗岩体;白垩纪巴音戈壁组和乌兰苏海组;第四纪晚更新世风成砂覆盖层 | 局部磁力高呈串珠状分布;重力梯级带 | $F_{(5)}$ |
| 达拉特旗断裂(蒙 F-0012) | 465 | NWW—NEE | 断裂北侧主要出露太古宙兴和杂岩体和乌拉山岩群,中太古代深成变质侵入体;二叠纪脑包沟组;三叠纪花岗岩体;侏罗纪大青山组;白垩纪李三沟组和固阳组。南侧主要为第四纪晚更新世风成砂、冲洪积层 | 不同磁场分界线;重力梯级带 | $F_{(8)}$ |
| 临河-包头断裂(蒙 F-0013) | 615 | NWW—EW—NEE | 主要出露太古宙乌拉山岩群和集宁岩群,中太古代深成变质侵入体;元古宙花岗岩体;石炭纪岩浆岩体;侏罗纪石拐群长汉沟组和大青山组;白垩纪李三沟组和固阳组;第三纪汉诺坝组及第四纪晚更新世风成砂、冲洪积层 | 不同特征磁场分界线,南侧是正磁异常带,北侧是负磁场;重力场为东西向连续性较好的重力梯级带 | $F_{(9)}$ |
| 临河商都断裂(原为临河集宁断裂)蒙 F-0014 | 1170 | EW—NEE | 主要出露太古宙乌拉山岩群;元古宙石英闪长岩体,中新元古代白云鄂博群;泥盆纪岩浆岩体;二叠纪和三叠纪岩浆岩体;侏罗纪石拐群和满克头鄂博组;白垩纪热河群义县组、李三沟组和固阳组;第三纪汉诺坝组和宝格达乌拉组及第四纪晚更新世风成砂、冲洪积层 | 磁场表现为特征完全不同的两种磁场面貌的分区界线,南侧为平行带状、紧密线状排列的强磁异常区,北侧以平静的负磁场为其主要特色;断裂带显示为相对重力高与相对重力低之分界,南侧为乌拉山、大青山相对重力高,北侧为相对重力低 | $F_{(10)}$ |

**续表 5-16**

| 断裂编号及名称 | 长度(km) | 走向 | 地质特征 | 重磁场特征 | 备注 |
|---|---|---|---|---|---|
| 狼山-渣尔泰山南缘断裂(蒙 F-0015) | 180 | EW—NW | 主要出露元古宙石英闪长岩体,新元古代渣尔泰山群;二叠纪的花岗岩体和闪长岩体;三叠纪二长花岗岩;侏罗纪石拐群;白垩纪固阳组以及第四纪中晚更新世风成砂 | 区域重磁场中表现为不同特征磁场分区界线;重力梯级带 | $F_{(11)}$ |
| 乌拉特前旗-固阳断裂(蒙 F-0016) | 150 | NW | 主要出露太古宙色尔腾山岩群,中新太古代深成变质侵入体;中新元古代渣尔泰山群墩子沟组和白云鄂博群哈拉霍疙特组;石炭纪辉长岩体;二叠纪闪长岩体;三叠纪花岗岩体;侏罗纪石拐群五当沟组;白垩纪固阳组和白女羊盘组 | 区域重磁场中表现为磁异常等值线扭曲变形异常带,重力梯级带 | $F_{(12)}$ |
| 包头断裂(蒙 F-0017) | 120 | NE | 主要出露太古宙兴和杂岩体和乌拉山岩群,中太古代深成变质侵入体;中新元古代渣尔泰山群书记沟组和增龙昌组并层;三叠纪花岗岩体;白垩纪李三沟组和固阳组;第三纪宝格达乌拉组;第四纪风成砂和冲洪积层 | 区域重磁场中磁异常等值线强烈扭曲变形异常带,重力梯级带 | $F_{(13)}$ |
| 四子王旗断裂(蒙 F-0018) | 285 | EW | 主要出露太古宙斜长花岗岩体和太古宙乌拉山岩群,古太古代宝音图群;中新元古代渣尔泰山群都拉哈拉组和尖山组;二叠纪和三叠纪岩浆岩体;白垩纪固阳组和白女羊盘组;第三纪汉诺坝组和宝格达乌拉组;第四纪冲洪积层 | 区域重磁场中为带状正磁异常带,局部重力高值带 | $F_{(14)}$ |
| 和林格尔断裂(蒙 F-0019) | 120 | NNE | 主要出露古元古代二道凹岩群;白垩纪志丹群和固阳组;第三纪汉诺坝组;第四纪冲洪积层和冲积层 | 磁异常等值线扭曲变形异常带,重力异常等值线扭曲变形异常带 | $F_{(16)}$ |
| 察哈尔右翼后旗断裂(蒙 F-0020) | 165 | NWW | 主要出露中新元古代渣尔泰山群白音布拉格组和白云鄂博群尖山组;二叠纪花岗闪长岩体和花岗岩体;侏罗纪花岗岩;第三纪汉诺坝组和宝格达乌拉组 | 串珠状磁异常带 | $F_{(17)}$ |

续表 5-16

| 断裂编号及名称 | 长度(km) | 走向 | 地质特征 | 重磁场特征 | 备注 |
|---|---|---|---|---|---|
| 二连-西乌珠穆沁旗断裂（蒙 F-0021） | 1065 | NEE | 侏罗纪满克头鄂博组、玛尼吐组和白音高老组；白垩纪黑云母花岗岩体；第四纪中更新世风成砂和冲积层 | 在断裂带上磁场显示为不同特征磁场分界线、串珠状磁异常带、磁异常等值线同向扭曲变形异常带 | $F_{(18)}$ |
| 阿鲁科尔沁旗断裂（蒙 F-0023） | 1180 | NE | 主要出露石炭纪本巴图组；二叠纪哲斯组；侏罗纪满克头鄂博组、玛尼吐组和白音高老组；第四纪中更新世风成砂和冲积层 | 狭长带状负磁异常带，重力梯级带 | $F_{(20)}$ |
| 赤峰东-开鲁西断裂（蒙 F-0024） | 510 | NE | 主要出露太古宙乌拉山岩群，太古宙变质深成侵入体；元古宙二长花岗岩；白垩纪热河群阜新组和孙家湾组；第四纪中更新世风成砂和冲积层 | 两侧磁场特征明显不同，重力场显示为正、负重力场的分界 | $F_{(19)}$ |
| 鄂托克旗断裂（蒙 F-0025） | 255 | NWW | 主要出露寒武纪馒头组、张夏组、炒米店组并层；奥陶纪马家沟组；二叠纪山西组、石盒子组并层；白垩纪志丹群；第四纪风成砂覆盖层 | 不同特征磁场分区界线 | $F_{(7)}$ |
| 白音敖包断裂（蒙 F-0027） | 170 | NE | 主要出露奥陶纪石英闪长岩体；石炭纪和侏罗纪斜长花岗岩；第三纪通古尔组和乌兰戈楚组；第四纪冲洪积层 | 航磁异常走向、形态变异带，重力梯级带 | $F_{(15)}$ |

### 2. 磁法推断全区三级断裂和隐伏地质体

依据自治区航磁等值线平面图、化极等值线平面图、垂向一阶导数等值线平面图及不同高度的水平一阶导数(0°、45°、90°、135°四个方向)等图，综合研究地质出露情况与磁场特征，全区共三级断裂 657 条，隐伏地质体(包括超基性岩、基性岩、酸性岩、火山岩地层、变质岩地层等)374 个，火山构造 41 个，具体详见内蒙古自治区磁法推断地质构造图，由于数量较多就不一一叙述，以下展示几个推断示意图(图 5-72～图 5-74)。

### 3. 磁法推断主要盆地

区内主要沉积盆地，通常被巨厚的无磁性或弱磁性物质所充填，变质岩基底具有一定埋深，因此，盆地区在航磁异常图上往往表现为区域性平静低缓磁异常(表 5-17)。

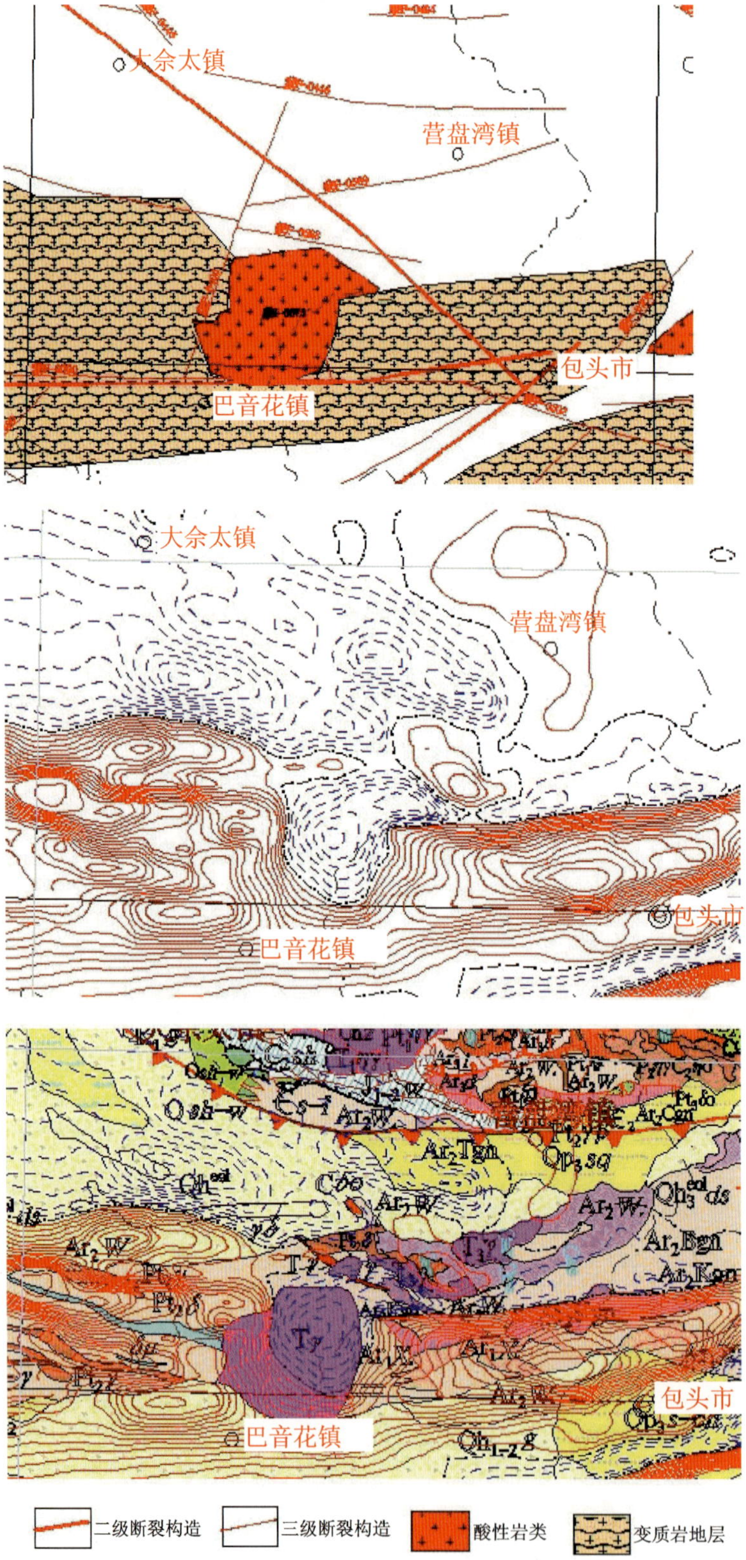


图 5-72　内蒙古自治区包头市大桦背山地区磁法推断地质构造示意图

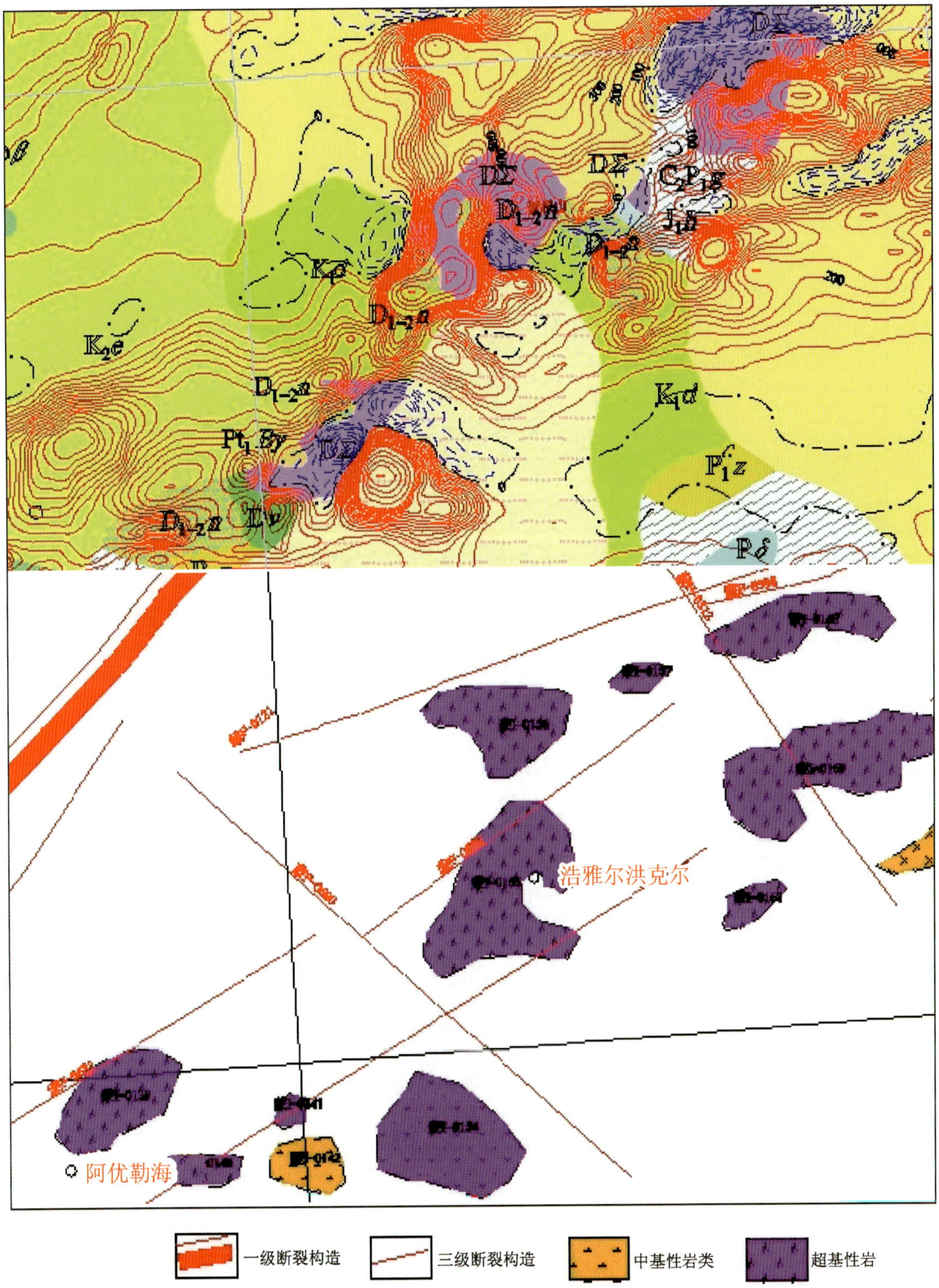


图 5-73　内蒙古自治区某地区磁法推断超基性岩及地质构造示意图

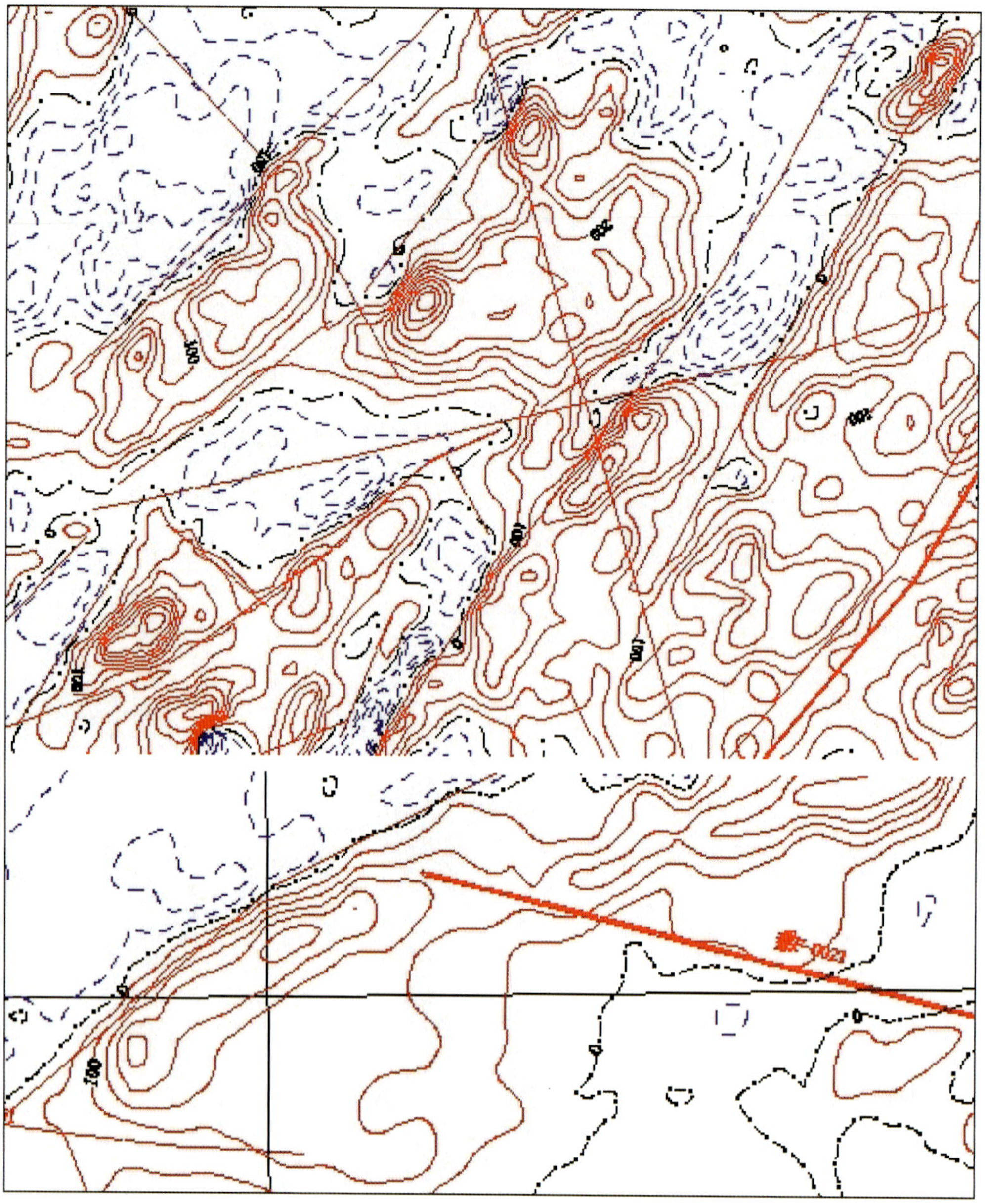

图 5-74　内蒙古自治区某地区磁法推断断裂构造示意图

**表 5-17　内蒙古自治区主要沉积盆地情况一览表**

| 盆地编号 | 沉积盆地位置 | 沉积时代 | 沉积盆地形态 | 磁性基底埋深(km) | 沉积盆地长度(km) | 沉积盆地宽度(km) | 沉积盆地走向 | 沉积盆地分布面积($km^2$) | 沉积盆地磁场特征 |
|---|---|---|---|---|---|---|---|---|---|
| P蒙-00001 | 1020000<br>410000 | 早古生代 | 不规则状 | 3000～8000 | 3225 | 2677 | SN | 12 758 | 以平静的负磁场为主 |
| P蒙-00002 | 1032000<br>400000 | 早古生代 | 不规则状 | 3000～8000 | 2595 | 1 978.8 | SN | 7848 | 以平静的负磁场为主 |
| P蒙-00003 | 1060000<br>410000 | 早古生代 | 不规则状 | 3000～8000 | 3 281.6 | 1 381.7 | NE | 3991 | 以平静的负磁场为主 |

续表 5-17

| 盆地编号 | 沉积盆地位置 | 沉积时代 | 沉积盆地形态 | 磁性基底埋深(km) | 沉积盆地长度(km) | 沉积盆地宽度(km) | 沉积盆地走向 | 沉积盆地分布面积($km^2$) | 沉积盆地磁场特征 |
|---|---|---|---|---|---|---|---|---|---|
| P蒙-00004 | 1082000<br>410000 | 早古生代 | 不规则状 | 3000～8000 | 5 113.95 | 1 240.4 | NEE | 7467 | 以平静的负磁场为主 |
| P蒙-00005 | 1090000<br>390000 | 早古生代 | 不规则状 | 3000～8000 | 3 281.6 | 1 381.7 | NE | 140 380 | 以平静的负磁场为主 |
| P蒙-00006 | 1140000<br>430000 | 早古生代 | 不规则状 | 3000～8000 | 10 032.5 | 1635 | NE | 17 088 | 以平静的负磁场为主 |
| P蒙-00007 | 1180000<br>490000 | 早古生代 | 不规则状 | 3000～8000 | 3 080.3 | 2 708.1 | NEE | 8302 | 以平静的负磁场为主 |
| P蒙-00008 | 1220000<br>430000 | 早古生代 | 不规则状 | 3000～8000 | 3 245.4 | 2 179.1 | NE | 9979 | 以平静的负磁场为主 |

(1)巴丹吉林盆地。该盆地位于阿拉善盟西北部,与巴丹吉林沙漠相对应,总体呈北西西向展布,次级凹陷呈北西西向或近东西向相间排列,反映了盆地的基底是以褶皱基底为主。

(2)雅布赖-腾格里盆地。该盆地位于阿拉善盟南部,与腾格里沙漠相对应,分雅布赖坳陷和腾格里坳陷。

雅布赖坳陷:呈近东西向展布,边缘为断裂控制,形成明显的深度梯度带。沉降中心位于雅布赖附近,中新生界直接覆盖于前震旦纪结晶基底之上,该坳陷是中生代晚期形成和发展起来的地堑型断陷。

腾格里坳陷:与腾格里沙漠相对应,总体呈北东向展布,沉降中心位于坳陷边部,结晶基底最大埋深达 3000m 左右。

(3)银根盆地。该盆地位于哈日敖日布格—图克木—宝音图之间,形态不规则,基底为上石炭统,估计沉积厚度为 3000m 左右。

(4)吉兰泰-河套盆地。该盆地位于狼山、色尔腾山、乌拉山和大青山南侧,由临河盆地和呼和浩特-包头盆地组成,临河盆地呈北东向北凸出的弧形展布,呼和浩特-包头盆地呈近东西向展布。盆地基底总体北西深、南东浅,两端呈翘起状态。按盆地起伏形态,分 4 个次级坳陷。

吉兰泰坳陷:该盆地位于乌兰布和沙漠区,呈北东向展布,沉降中心位于吉兰泰附近,中新生界厚度 3000m 以上,是中生代晚期形成地堑型断陷,基底为前寒武纪变质岩系。

临河-五原坳陷:位于临河至五原一带,近北东向展布,北缘受狼山-色尔腾山山前断裂控制,现代沉积中心在临河北西,基底为乌拉山岩群变质岩系,据地震资料,推测基底埋深在 10km 以上。

白彦花坳陷:位于包头与乌拉特前旗之间,为一东西向长条形萁状坳陷,北缘受乌拉山山前断裂控制,基底为乌拉山岩群,埋深 4000m 左右。

呼和浩特-包头坳陷:位于呼和浩特—包头之间,呈东西向长条状延伸,北缘受大青山山前断裂控制,基底为乌拉山岩群,埋深 7500m 左右。

(5)鄂尔多斯盆地。现代地貌为海拔 800～1000m 的高原,东、西两侧大致以黄河谷道为界,北为河套平原,大致呈一北北东向拉伸的矩形块体,内蒙古仅占其北部一隅。据《鄂尔多斯盆地北部 1∶20 万石油重力调查Ⅰ、Ⅱ工区成果报告》及重磁解释,推测基底埋深一般为 1～9km,基底起伏不平,具有北浅南深的趋势,东北部东胜—杭锦旗以北,呈现一明显的基底隆起,向南西逐渐加深,形成一个斜坡,西部边缘出现一个明显的南北走向的陡坡。

(6)二连盆地。泛指索伦山—东乌珠穆沁旗一线以南,西拉木伦河以北,西起宝音图,东至达里诺尔的盆地群。盆地中央有一北东向展布的苏尼特隆起带,将盆地群分割成北、南两部分。其中主要坳陷如下。

川井坳陷:位于乌拉特后旗—达茂联合旗一线以北,索伦山一线以南地区,呈近东西向展布,坳陷周缘受断裂控制,边缘形成明显的深度梯度带,坳陷西部白音查干一带,基底埋深5000m。

乌兰察布坳陷:位于苏尼特左旗—脑木根一线北西地区,呈北东向延伸,坳陷边界基本受断裂控制,古生代基底埋深3000m左右。

马尼特坳陷:位于苏尼特左旗—东乌珠穆沁旗一线,呈北东向展布的条带状坳陷,沉积中心分布在东南和西北两个边缘地带,中央为一北东向隆起带,古生代基底埋深2000m左右。

乌尼特坳陷:大致位于红格尔—贺根山—白音胡硕一线,呈北东—北北东向展布,侏罗纪火山岩基底一般埋深3000m左右。

腾格尔坳陷:位于苏尼特右旗—达里诺尔一线,与浑善达克沙漠相对应,总体呈东西向展布,次级坳陷多为北东向延伸,北界为艾勒格庙-锡林浩特断裂,南界为温都尔庙-西拉木伦河断裂,古生代基底埋深1000~3000m。

(7)海拉尔盆地:位于大兴安岭西侧,1∶100万航磁异常图上为平静的负磁异常区,布格重力异常图上显示为局部重力高,盆地的东、西、北缘均反映为较明显的重、磁异常等值线密集带,盆地内局部坳陷均呈北北东向展布。

(8)开鲁盆地:位于内蒙古东部边缘,属松辽盆地的一部分,盆地西缘以嫩江断裂为界,属断陷型盆地,古生代基底呈隆坳相间排列,北东向展布,基底最大沉降深度为5000m,位于开鲁北部,一般深度为1000~3000m。

## 第三节　自治区级地球化学资料地质解释

### 一、区域地球化学特征

#### (一)地球化学场分布特征

考虑到全区地质、地貌景观差异较大,为便于描述元素地球化学空间分布特征,将全区由西向东大致分为9个地球化学分区:①北山-阿拉善;②龙首山-雅布赖山;③狼山-色尔腾山;④巴彦查干-索伦山;⑤乌拉山-大青山;⑥二连-东乌旗;⑦红格尔-锡林浩特-西乌旗-大石寨;⑧宝昌-多伦-赤峰;⑨莫尔道嘎-根河-鄂伦春(图5-75)。

**1.全区元素地球化学场分布特征**

根据元素的区域共生组合规律,选取预测矿种及其主要共伴生元素分组对上述9个地球化学分区的元素地球化学分布特征进行描述。

1)Ag、Pb、Zn

Ag、Pb、Zn分布特征基本相似,在中部、西部地区以低值区和背景区为主,东部地区则大片分布高值区。

(1)北山-阿拉善:低值区大面积分布,而高值区范围和强度(以下简称规模)很小,与Ag、Pb相比,Zn高值区规模相对大些。北山北部高值区所对应的地质体为奥陶纪和二叠纪火山岩,北山南部和阿拉

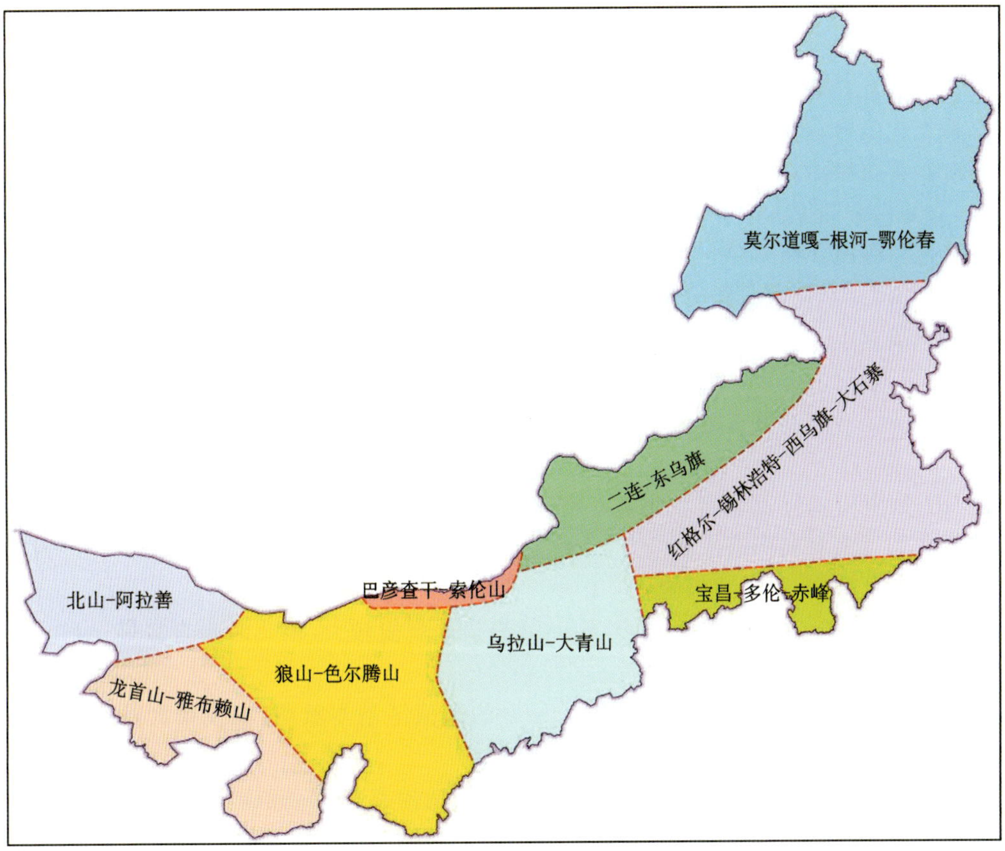


图 5-75 内蒙古自治区地球化学分区示意图

善北部高值区的地质体为泥盆系、奥陶系和二叠系，阿拉善中部高值区为白垩纪新民堡组及石炭系。

(2)龙首山-雅布赖山：低值区呈大面积分布。Ag、Zn 无高值区显示，Pb 高值区规模很小，分布于元古宇和太古宇中。

(3)狼山-色尔腾山：在大规模的 Ag、Zn 背景区(带)上，Pb 高值区大面积分布，其展布方向明显受北东向构造控制。分布于白云鄂博群石英岩、泥质碳质板岩，渣尔泰山群细粒泥质碳质板岩、灰岩和色尔腾山岩群绢英绿泥片岩和含铁石英岩上。

(4)巴彦查干-索伦山：Ag、Pb 呈大面积的低值区分布，Zn 则表现为背景分布。仅在巴彦查干一带形成小规模的异常，与古生代奥陶系及二叠系对应。

(5)乌拉山-大青山：Ag、Zn 高值区规模较大，Pb 范围相对小些。高值区对应于色尔腾山岩群绢英绿泥片岩、含铁石英岩，乌拉山岩群和集宁岩群角闪斜长片麻岩、斜长角闪岩。

(6)二连-东乌旗：低值区和背景区呈大面积分布。高值区规模较小，对应于早中奥陶世乌宾敖包组、早中泥盆世泥鳅河组。

(7)红格尔-锡林浩特-西乌旗-大石寨：Ag、Pb、Zn 高值区基本重叠，连续成片分布，对应地质体为古元古代宝音图岩群、石炭系—二叠系。

(8)宝昌-多伦-赤峰：呈大面积的背景区分布。高值区规模较小，对应于太古宙建平岩群老变质岩系、古生代早中二叠世和晚侏罗世—早白垩世火山岩系。

(9)莫尔道嘎-根河-鄂伦春：高值区连续成片分布，重叠程度较高，与元古宙佳疙瘩组为海相中基性—中酸性火山岩，泥盆系和下石炭统，晚侏罗世中酸性火山岩及其碎屑岩和早白垩世碎屑岩对应。

2)Cu、Mo、Cd

Cu、Mo、Cd 高值区在全区分布较广，尤其在北山-阿拉善、红格尔-锡林浩特-西乌旗-大石寨、莫尔道嘎-根河-鄂伦春地球化学分区内,高值区规模很大。除此之外,Cu高值区在狼山-色尔腾山和乌拉山-大青山区也发育。

(1)北山-阿拉善:Mo高值区规模较小,Cu、Cd高值区大面积连续分布。高值区所对应的地质体为奥陶纪和二叠纪火山岩,蓟县纪圆藻山群,白垩纪新民堡组及石炭系。

(2)龙首山-雅布赖山:低值区大面积分布。Mo无高值区显示。Cu、Cd仅在龙首山等地形成规模很小高值区,与元古宇和太古宇对应。

(3)狼山-色尔腾山:Mo高值区规模较小,Cu、Cd高值区大面积连续分布,明显受北东向构造控制,分布于白云鄂博群石英岩、泥质碳质板岩,渣尔泰山群细粒泥质碳质板岩、灰岩和色尔腾山岩群绢英绿泥片岩和含铁石英岩上。

(4)巴彦查干-索伦山:Mo高值区规模很小,Cu、Cd高值区大面积连续分布,受东西向和北东向断裂控制明显。高值区对应于元古宙浅变质岩系、奥陶纪中基性火山熔岩、火山碎屑岩及石炭系、二叠系、白垩系。

(5)乌拉山-大青山:Mo高值区较小,Cu高值区大面积连续分布,Cd高值区次之。这3个元素的高值区受近东西向和近南北向构造控制,对应于色尔腾山岩群绢英绿泥片岩、含铁石英岩,乌拉山岩群和集宁岩群角闪斜长片麻岩、斜长角闪岩。

(6)二连-东乌旗:Mo高值区规模较小,Cu、Cd高值区规模较大,但三者吻合较好,对应于早中奥陶世乌宾敖包组、早中泥盆世泥鳅河组。

(7)红格尔-锡林浩特-西乌旗-大石寨:3个元素的高值区基本重叠,规模很大,对应地质体为古元古代宝音图岩群、石炭系—二叠系。

(8)宝昌-多伦-赤峰:高值区受北东向和近东西向构造控制,Mo高值区规模较小,Cu、Cd高值区规模较大,对应于太古宙建平岩群老变质岩系、古生代早中二叠世和晚侏罗世—早白垩世火山岩系。

(9)莫尔道嘎-根河-鄂伦春:Mo、Cd高值区大面积连续分布,重叠程度较高,对应于元古宙佳疙瘩组为海相中基性—中酸性火山岩,泥盆系和下石炭统,晚侏罗世中酸性火山岩,早白垩世碎屑岩,中侏罗世碎屑岩和酸性岩体。而Cu高值区范围较小,与Mo、Cd不同的是,在中侏罗世碎屑岩中为低值区反映。

3)Au、Sb、As、Hg

Au、Sb、As、Hg高值区重合程度较高。高值区主要分布于北山-阿拉善分区、狼山-色尔腾山分区西部、乌拉山-大青山分区东南部、二连-东乌旗分区和莫尔道嘎-根河-鄂伦春分区东部,高值区规模大,低值区分布于龙首山-雅布赖山分区、巴彦查干-索伦山分区、红格尔-锡林浩特-西乌旗-大石寨分区和宝昌-多伦-赤峰分区。

(1)北山-阿拉善:Au高值区在北部和中部区大面积连续分布,Sb、As、Hg高值区规模较大,主要呈北西向展布。高值区所对应的地质体为奥陶系、二叠系、蓟县纪圆藻山群、白垩纪新民堡组及石炭系。

(2)龙首山-雅布赖山:低值区呈大面积分布。仅一处高值区出现于龙首山西端,与元古宇对应。

(3)狼山-色尔腾山:Au高值区范围很大,但强度不高;Sb、As高值区吻合较好,但规模较小。高值区分布于渣尔泰山群细粒泥质碳质板岩、灰岩,白云鄂博群石英岩、泥质碳质板岩和色尔腾山岩群绢英绿泥片岩和含铁石英岩上。Hg高值区有所偏离。

(4)巴彦查干-索伦山:Au高值区规模较小,Sb、As、Hg高值区大面积连续分布,As、Sb在西部和南部为低值区,二者吻合性好,Hg在西部为低值区。高值区主要对应于元古宙宝音图岩群、温都尔庙群,奥陶纪包尔汉图群,二叠纪包特格组,以及奥陶纪、志留纪、石炭纪和二叠纪超基性—酸性岩体。

(5)乌拉山-大青山:Au高值区成片连续分布,规模较大;北部Sb、As、Hg高值区具一定规模,吻合较好,对应于色尔腾山岩群绢英绿泥片岩、含铁石英岩,明显受近东西向构造控制。南部Hg高值区与乌拉山岩群和集宁岩群角闪斜长片麻岩、斜长角闪岩对应,而Sb、As则相应为背景显示。

(6)二连-东乌旗:二连北Sb、As高值区规模较大,吻合较好,Au、Hg相应为背景显示。东乌旗地区 Au、Sb、As、Hg 高值区具一定规模，吻合较好。高值区对应于早中奥陶世乌宾敖包组、早中泥盆世泥鳅河组等。

(7)红格尔-锡林浩特-西乌旗-大石寨：Au、Sb、As、Hg 高值区基本重叠，规模很大，对应地质体为古元古代宝音图岩群、石炭系—二叠系。高值区沿北东向断裂呈串珠状分布。

(8)宝昌-多伦-赤峰：Sb、As、Hg 高值区规模较大，大多数吻合较好；Au 高值区范围较小，但强度较大。高值区对应于太古宙建平岩群老变质岩系、古生代早中二叠统和晚侏罗世—早白垩世火山岩系。

(9)莫尔道嘎-根河-鄂伦春：高值区主要分布在莫尔道嘎—根河—鄂伦春一带，规模很大，重叠程度较高，与元古宙佳疙瘩组为海相中基性—中酸性火山岩，泥盆系和下石炭统，晚侏罗世中酸性火山岩及其碎屑岩和早白垩世碎屑岩对应。

4)W、Sn、Bi

W、Sn、Bi 高值区在全区广泛分布。

(1)北山-阿拉善：高值区具一定规模，吻合较好，发育构造交会部位。所对应的地质体为蓟县系、奥陶系、二叠系及石炭系。

(2)龙首山-雅布赖山：低值区和背景区呈大面积分布。高值区规模较小，但吻合较好，分布于元古宇和太古宇中。

(3)狼山-色尔腾山：高值区规模较大，吻合较好，分布于渣尔泰山群细粒泥质碳质板岩、灰岩，白云鄂博群石英岩、泥质碳质板岩和色尔腾山岩群绢英绿泥片岩和含铁石英岩上。

(4)巴彦查干-索伦山：Sn 呈大面积的低背景及低值区分布，仅在巴彦查干形成规模较小的异常，该处 W、Bi 异常规模较大，与 Sn 异常在空间上吻合较好，对应于古生代奥陶系。

(5)乌拉山-大青山：低值区和背景区呈大面积分布。高值区规模较小，对应于色尔腾山岩群绢英绿泥片岩、含铁石英岩，乌拉山岩群和集宁岩群角闪斜长片麻岩、斜长角闪岩。

(6)二连-东乌旗：二连北部高值区规模较大，吻合较好。东乌旗高值区规模和吻合程度次之。高值区对应于早中奥陶世乌宾敖包组、早中泥盆世泥鳅河组、石炭纪—二叠纪宝力高庙组。

(7)红格尔-锡林浩特-西乌旗-大石寨：高值区基本重叠，规模很大，受北东向构造控制，对应地质体为古元古代宝音图岩群、石炭系—二叠系。

(8)宝昌-多伦-赤峰：高值区规模较小，吻合程度不高，对应于太古宙建平岩群老变质岩系、古生代中下二叠统和晚侏罗世—早白垩世火山岩系。

(9)莫尔道嘎-根河-鄂伦春：高值区规模较大，重叠程度较高，与元古宙佳疙瘩组为海相中基性—中酸性火山岩，泥盆系和下石炭统，晚侏罗世中酸性火山岩及其碎屑岩和早白垩世碎屑岩对应。

5)Cr、Ni、Mn、Co、$Fe_2O_3$

Cr、Ni、Co、Mn、$Fe_2O_3$高值区在全区基本重叠，规模较大的高值区主要分布在巴彦查干-索伦山、乌拉山-大青山、莫尔道嘎-根河-鄂伦春地球化学分区。

(1)北山-阿拉善：高值区主要分布于该区的南部和东北部，其对应地层主要有早古生代奥陶系、志留系，晚古生代泥盆系、石炭系、二叠系，出露岩体主要有石炭纪辉长岩和超基性岩。

(2)龙首山-雅布赖山：低值区和背景区呈大面积分布，仅在古元古代地层中分布有小面积的高值区。

(3)狼山-色尔腾山：高值区沿断裂构造呈北东向、条带状展布。浓度分带和浓集中心特征明显，只有 Mn 元素异常强度一般，浓度分带不明显。对应于太古宇、古元古界、中元古代长城系，出露岩体有侏罗纪、二叠纪花岗岩，泥盆纪闪长岩、石炭纪花岗岩和花岗闪长岩。

(4)巴彦查干-索伦山：Cr、Co、Ni 高值区大面积分布，浓度分带和浓集中心特征明显。Mn、$Fe_2O_3$多呈背景、高背景分布，浓度分带和浓集中心特征不明显。高值区主要对应于早古生代奥陶系、晚古生代泥盆系和石炭系，出露岩体有石炭纪、泥盆纪超基性岩体，以及二叠纪二长花岗岩和闪长岩，其中超基性岩规模大，分布广，多呈带状或似脉状东西向展布。

(5)乌拉山-大青山:高值区大面积连续分布,沿乌拉特前旗—包头—呼和浩特—集宁一带分布,高值区受近东西向和近南北向构造控制,对应于古太古界、古元古界、中元古界和中生代三叠系,其出露岩体主要有中新元古代色尔腾山岩群绢英绿泥片岩、含铁石英岩,乌拉山岩群和集宁岩群角闪斜长片麻岩、斜长角闪岩。

(6)二连-东乌旗:低值区呈大面积分布,高值区仅分布在阿巴嘎旗和贺根山一带,高值区主要对应于泥盆纪超基性岩、新近系和第四纪阿巴嘎组玄武岩。

(7)红格尔-锡林浩特-西乌旗-大石寨:高值区在查干诺尔-罕山、克什克腾旗-浩尔吐地区呈北东向带状分布,其范围不大,且分布不连续。主要对应于二叠纪大石寨组、寿山沟组和林西组。低值区大范围地分布于该区东南部和西北部地区。

(8)宝昌-多伦-赤峰:高值区在赤峰-克什克腾旗之间呈大面积分布,对应于二叠系、侏罗系、白垩系、新近系,出露岩体有中下二叠统和晚侏罗世—早白垩世火山岩系。其余地区呈背景、低背景值分布。

(9)莫尔道嘎-根河-鄂伦春:高值区范围较大,呈北东向带状展布,分布于扎兰屯市—鄂伦春自治旗一带,高值区对应于泥盆系、二叠系、侏罗系、白垩系;对应岩体为石炭纪和侏罗纪中酸性火山岩。

6)U、Th、Zr

U、Th 分布特征大体上一致,高值区规模由大到小的地球化学分区依次为:莫尔道嘎-根河-鄂伦春、红格尔-锡林浩特-西乌旗-大石寨、二连-东乌旗、北山-阿拉善,其余地区大面积分布有低值区和背景区。

Zr 不但分布有与 U、Th 相同的高值区,而且在乌拉山-大青山和赤峰地区具备与 Fe 族元素相似的高值特征。

(1)北山-阿拉善:低值区和背景区大面积分布,高值区规模较小,吻合不好。Th 高值区所对应的地质体为元古宙北山岩群;U 高值区分布于白垩纪新民堡组中。

(2)龙首山-雅布赖山:Th 高值区分布于太古宇和元古宇中,U 无高值区显示。

(3)狼山-色尔腾山:Th 高值区规模较大,分布于渣尔泰山群细粒泥质碳质板岩、灰岩和色尔腾山岩群绢英绿泥片岩和含铁石英岩上。U 低值区和背景区呈大面积分布。

(4)巴彦查干-索伦山:Th 在西南部有较大规模高值区分布;U 以低值区和背景区为主。高值区主要对应元古宙宝音图岩群,奥陶纪包尔汉图群,石炭纪本巴图组,二叠纪包特格组,奥陶纪、石炭纪、二叠纪酸性岩体;U 在石炭纪超基性岩中呈高背景分布。

(5)乌拉山-大青山:高值区具一定规模,吻合较好,对应于色尔腾山岩群绢英绿泥片岩、含铁石英岩,乌拉山岩群和集宁岩群角闪斜长片麻岩、斜长角闪岩。

(6)二连-东乌旗:高值区规模较大,吻合较好,对应于早中奥陶世乌宾敖包组、早中泥盆世泥鳅河组、石炭纪—二叠纪宝力高庙组。

(7)红格尔-锡林浩特-西乌旗-大石寨:高值区重叠程度较高,规模较大,对应地质体为古元古代宝音图岩群、石炭纪—二叠纪。

(8)宝昌-多伦-赤峰:高值区具一定规模,吻合较好,对应于太古宙建平岩群老变质岩系、古生代中下二叠统和晚侏罗世—早白垩世火山岩系。

(9)莫尔道嘎-根河-鄂伦春:高值区规模很大,重叠程度较高,与元古宙佳疙瘩组为海相中基性—中酸性火山岩,泥盆系和下石炭统,晚侏罗世中酸性火山岩及其碎屑岩和早白垩世碎屑岩对应。除此之外,U 高值区还分布于根河市东、西两侧的酸性岩体内,与 Mo 的高值区吻合很好。

**2. 主成矿元素地球化学场分布特征**

由于非金属矿的成矿元素化探特征反映不明显,元素异常与矿产分布对应性较差,没有明显的成矿规律,故只对铜金等 13 个金属矿种的主成矿元素分布规律进行了研究。

1)Cu

从全区来看,Cu高值区主要分布于北山-阿拉善、巴彦查干-索伦山、乌拉山-大青山、红格尔-锡林浩特-西乌旗-大石寨、宝昌-多伦-赤峰和莫尔道嘎-根河-鄂伦春地球化学分区内,高值区规模很大,低值区分布在北山-阿拉善的东南部、龙首山-雅布赖山和狼山-色尔腾山的西北部。

(1)北山-阿拉善地球化学区:Cu高值区分布于区内的西北部和东北部,沿甜水井—呼鲁古斯古特一带分布,东南部为低值区。高值区所对应的地质体为石炭纪火山岩。

(2)龙首山-雅布赖山地球化学区:低值区大面积分布。Cu仅在龙首山等地形呈规模很小高值区,高值区与太古宙地层和元古宙酸性岩体对应。

(c)狼山-色尔腾山地球化学区:Cu高值区大面积连续分布,其明显受北东向构造控制,分布于白云鄂博群石英岩、泥质碳质板岩,渣尔泰山群细粒泥质碳质板岩、灰岩和色尔腾山岩群绢英绿泥片岩和含铁石英岩及海西期花岗岩上。该区矿床分布于中新元古代狼山群二岩组地层中段,狼山地区几大矿区均分布在狼山群地层中,并明显受二岩组控制。

(4)巴彦查干-索伦山地球化学分区:Cu较高值区大面积连续分布。沿巴彦查干—准索伦—满达拉一带呈近东西向带状展布,主要对应于早古生代奥陶系、晚古生代石炭系和二叠系,出露岩体有石炭纪、泥盆纪超基性岩体,以及二叠纪二长花岗岩和闪长岩等。

(5)乌拉山-大青山地球化学区:Cu高值区大面积连续分布,沿乌拉特前旗—包头—呼和浩特—武川一带分布,高值区受近东西和近南北向构造控制,其对应于中新元古代色尔腾山岩群绢英绿泥片岩、含铁石英岩,乌拉山岩群和集宁岩群角闪斜长片麻岩、斜长角闪岩。

(6)二连-东乌旗地球化学区:Cu元素呈大面积的低值区分布,高值区主要分布于查干敖包庙—台吉乌苏一带,其中尤以阿巴嘎旗一带Cu高值区规模最大,东乌珠穆沁旗周围规模也较大,高值区对应于早中奥陶世乌宾敖包组、早中泥盆世泥鳅河组。

(7)红格尔-锡林浩特-西乌旗-大石寨地球化学区:高值区规模很大,呈北东-南西向展布,沿克什克腾旗—西乌珠穆沁旗—科右前旗一带分布,对应地质体为古元古代宝音图岩群、石炭系—二叠系。低值区小范围的分布于东南部和西北部地区。

(8)宝昌-多伦-赤峰地球化学区:高值区受北东向和近东西向构造控制,规模较大,分布于太仆寺旗—喀拉沁旗—赤峰一带,对应于太古宙建平岩群老变质岩系、古生代中下二叠统和晚侏罗世—早白垩世火山岩系。低值区分布于区内的东南部宁城一带。

(9)莫尔道嘎-根河-鄂伦春地球化学区:Cu高值区范围较大,呈北东-南西向展布,分布于新巴尔虎右旗周围和额尔古纳市—根河—牙克石一带,高值区对应于中侏罗世满克头鄂博组酸性火山熔岩、火山碎屑沉积岩。低值区小范围的分布于北部和南部部分地区。

2)Au

从全区来看,金高值区主要分布于北山-阿拉善、狼山-色尔腾山西部、巴彦查干-索伦山中、西部、乌拉山-大青山东南部、二连-东乌旗和莫尔道嘎-根河-鄂伦春东部6个地球化学分区内,高值区规模很大,低值区分布于龙首山-雅布赖山、红格尔-锡林浩特-西乌旗-大石寨和宝昌-多伦-赤峰地球化学分区。

(1)北山-阿拉善地球化学分区:高值区大面积连续分布,低值区分布于区内的东部。高值区所对应的地质体为元古宙长城系、蓟县系,古生代奥陶纪和二叠纪火山岩、石炭系。

(2)龙首山-雅布赖山地球化学分区:低值区呈大面积分布。高值区零星分布于太古宇和元古宇中。

(3)狼山-色尔腾山地球化学分区:低值区大范围分布,高值区范围较小,强度不高,零星分布于区内的周边地区,高值区分布于白云鄂博群石英岩、泥质碳质板岩,渣尔泰山群细粒泥质碳质板岩、灰岩和色尔腾山岩群绢英绿泥片岩和含铁石英岩中。

(4)巴彦查干-索伦山地球化学分区:高值区集中分布在区内的中部和西部,范围较小,东部以背景区为主。高值区主要对应于奥陶纪包尔汉图群中基性火山岩、火山碎屑岩及石炭纪中、酸性岩体。

(5)乌拉山-大青山地球化学分区:高值区成片连续分布,规模较大,高值区分布于呼和浩特—集宁—兴和一带。低值区分布于区内的北部。对应于色尔腾山岩群绢英绿泥片岩、含铁石英岩,乌拉山岩群和集宁岩群角闪斜长片麻岩、斜长角闪岩。

(6)二连-东乌旗地球化学分区:低值区和背景区呈大面积分布。高值区规模较小,分布于东乌旗一带,高值区对应于早中奥陶世乌宾敖包组、早中泥盆世泥鳅河组。

(7)红格尔-锡林浩特-西乌旗-大石寨地球化学分区:该区以低值区分布为主,高值区仅在锡林浩特西南部和西乌旗东北部局部分布,高值区与古元古代宝音图岩群、石炭系—二叠系对应。

(8)宝昌-多伦-赤峰地球化学分区:高值区范围较小,以低值区分布为主,高值区对应于太古宙建平岩群老变质岩系、古生代中下二叠统和晚侏罗世—早白垩世火山岩系。

(9)莫尔道嘎-根河-鄂伦春地球化学分区:高值区面积分布于区内的东部根河—鄂伦春自治旗—莫力达瓦自治旗一带。高值区规模很大,其与元古宙佳疙瘩组为海相中基性—中酸性火山岩,泥盆系和下石炭统,晚侏罗世中酸性火山岩及其碎屑岩和早白垩世碎屑岩对应。低值区仅分布于额尔古纳市北部和西部一带。

3)Pb、Zn

从全区来看,铅、锌高值区主要分布于东部红格尔-锡林浩特-西乌旗-大石寨、宝昌-多伦-赤峰和莫尔道嘎-根河-鄂伦春3个地球化学分区内,高值区规模很大,低值区分布于中部和西部。

(1)北山-阿拉善地球化学分区:低值区大面积分布,而高值区范围和强度(以下简称规模)很小,北山北部高值区所对应的地质体为奥陶纪和二叠纪火山岩,北山南部和阿拉善北部高值区的地质体为泥盆系、奥陶系和二叠系,阿拉善中部高值区为白垩纪民堡组及石炭系。

(2)龙首山-雅布赖山地球化学分区:低值区呈大面积分布。Zn无高值区显示,Pb高值区规模很小,分布于元古宙地层中。

(3)狼山-色尔腾山地球化学分区:Pb高值区规模很大,Zn则以大片的背景区与之对应,其展布方向明显受北东向构造控制。分布于白云鄂博群石英岩、泥质碳质板岩,渣尔泰山群细粒泥质碳质板岩、灰岩和色尔腾山岩群绢英绿泥片岩和含铁石英岩上。

(4)巴彦查干-索伦山地球化学分区:区内以低值区和背景区大面积分布为主。Pb、Zn高值区规模均很小,Pb分布于青白口纪艾勒格庙组中,Zn分布于奥陶纪包尔汉图群中。

(5)乌拉山-大青山地球化学分区:Zn高值区规模较大,Pb范围相对小些。Zn高值区分布于乌拉特后旗—乌拉特中旗—达茂旗—四子王旗和包头—呼和浩特—集宁一带,Pb高值区则分布于乌拉特前旗—包头—呼和浩特—集宁一带。Pb、Zn高值区对应于元古宙和太古宙色尔腾山岩群绢英绿泥片岩、含铁石英岩,乌拉山岩群和集宁岩群角闪斜长片麻岩、斜长角闪岩。

(6)二连-东乌旗地球化学分区:低值区和背景区呈大面积分布。高值区规模较小,高值区对应于早中奥陶世乌宾敖包组、早中泥盆世泥鳅河组。

(7)红格尔-锡林浩特-西乌旗-大石寨地球化学分区:Pb、Zn高值区基本重叠,连续成片大面积分布,规模较大,沿扎鲁特旗—霍林郭勒—乌兰浩特市一带分布,对应地质体为侏罗纪酸性和基性火山岩系。

(8)宝昌-多伦-赤峰地球化学分区:高值区呈大面积分布,Pb、Zn高值区基本重叠,高值区规模较大,对应于晚侏罗世—早白垩世火山岩系。

(9)莫尔道嘎-根河-鄂伦春地球化学分区:Pb、Zn高值区基本重叠,高值区连续成片分布,重叠程度较高,高值区与泥盆系和下石炭统、晚侏罗世中酸性火山岩及其碎屑岩和早白垩世碎屑岩对应。

4)Sb

从全区来看,Sb高值区主要分布在北山-阿拉善区的北部、南部、东部、狼山-色尔腾山区的北部以及巴彦查干-索伦山、二连-东乌旗、红格尔-锡林浩特-西乌旗-大石寨、宝昌-多伦-赤峰地球化学分区内,低值区分布在北山-阿拉善的中西部、龙首山-雅布赖山、乌拉山-大青山的西北部、西南部和莫尔道嘎-根河-鄂伦春区的北部。

(1)北山-阿拉善地球化学分区:Sb 高值区分布于区内的北部和南部,沿甜水井-呼鲁古斯古特、三道明水-湖西新村十号分布,中部为低值区。高值区所对应的地质体多为古生代火山岩系和元古宙浅变质岩系。

(2)龙首山-雅布赖山地球化学分区:低值区大面积分布。

(3)狼山-色尔腾山地球化学分区:Sb 高值区在北部大面积连续分布,对应的地质体主要为志留系、二叠系、白垩系,中部的高或较高值区对应的地质体主要为元古宇、白垩系,各期次花岗岩体、太古宙变质深成侵入体上多为低值区。

(4)巴彦查干-索伦山地球化学分区:Sb 高值区大面积连续分布,受断裂构造控制明显。高值区主要对应于奥陶纪包尔汉图群、二叠纪哲斯组,及二叠纪、三叠纪中酸性花岗岩体。

(5)乌拉山-大青山地球化学分区:Sb 高值区在北部大面积连续分布,受近东西向构造控制,其对应于中新元古代白云鄂博群、白乃庙组和白垩系,太古宙地层、变质深成侵入体及各期次花岗岩体上多为低值区。

(6)二连-东乌旗地球化学分区:Sb 元素呈大面积高值区分布,沿台吉乌苏—查干敖包庙—曾曾庙展布,东乌珠穆沁旗周围高值区规模也较大,高值区对应于早中奥陶世乌宾敖包组、早中泥盆世泥鳅河组、晚石炭世—早二叠世宝力高庙组、晚侏罗世白音高老组。

(7)红格尔-锡林浩特-西乌旗-大石寨地球化学分区:高值区规模很大,呈北东-南西向展布,沿克什克腾旗—西乌珠穆沁旗—科右前旗一带分布,对应地质体为古元古代宝音图岩群、石炭系—二叠系,低值区小范围的分布于北部、中部的部分地区。

(8)宝昌-多伦-赤峰地球化学分区:高值区受北东向和近东西向构造控制,规模较大,分布于太仆寺旗—多伦—翁牛特旗一带,对应于太古宙建平岩群老变质岩系、古生代中下二叠统和晚侏罗世—早白垩世火山岩系,低值区主要分布于喀喇沁旗及其以南地区。

(9)莫尔道嘎-根河-鄂伦春地球化学分区:Sb 高值区范围不大,呈北东-南西向展布,分布于新巴尔虎右旗—满洲里、陈巴尔虎旗—额尔古纳—根河、太平林场—齐乾、扎兰屯市东北—大杨树镇一带,高值区对应于中侏罗世满克头鄂博组酸性火山熔岩、火山碎屑沉积岩,低值区小范围地分布于北部、东部和南部的部分地区。

5)W

从全区来看,W 高值区主要分布于巴彦查干-索伦山西部、二连-东乌旗、红格尔-锡林浩特-西乌旗-大石寨、宝昌-多伦-赤峰、莫尔道嘎-根河-鄂伦春地球化学分区内,高值区规模很大,低值区分布在北山-阿拉善的中部和北部、龙首山-雅布赖山、乌拉山-大青山的西部和中南部。

(1)北山-阿拉善地球化学区:W 高值区分布于区内的中部、北部和南部,沿甜水井东南方向和阿木乌苏北东西向分布,中部和北部多为低值区。高值区所对应的地质体多为石炭纪火山岩和各期次之花岗岩体。

(2)龙首山-雅布赖山地球化学区:W 低值区大面积分布,仅在其西北部的花岗岩体上有小面积高值区分布。

(c)狼山-色尔腾山地球化学区:W 高值区在其中部或北部断续分布,所对应的地质体多为太古宙、元古宙地层和各期次之花岗岩体。

(4)巴彦查干-索伦山地球化学分区:W 高值区主要分布在西部,面积较大,中部和东部高值区仅零星分布。高值区对应于奥陶纪包尔汉图群中基性火山岩、火山碎屑岩。

(5)乌拉山-大青山地球化学区:W 低值区在其西部和中南部大面积连续分布,高值区主要分布在其北部,对应于二叠纪、三叠纪之花岗岩体。

(6)二连-东乌旗地球化学区:W 高值区、较高值区大面积连续在台吉乌苏—曾曾庙一线和东乌珠穆沁旗周围一带,高值区对应于古生代地层和石炭纪、二叠纪、侏罗纪之花岗岩体。

(7)红格尔-锡林浩特-西乌旗-大石寨地球化学区:W 高值区规模很大,呈北东-南西向展布,沿克什克腾旗—白音诺尔镇—大石寨镇一线分布,对应地质体为侏罗纪火山岩系和二叠纪、侏罗纪之花岗岩体。低值区小范围地分布于东北部和西北部地区。

(8)宝昌-多伦-赤峰地球化学区:高值区受北东向构造控制,分布于太仆寺旗—多伦和喀拉沁旗—敖汉旗一线,对应地质体为侏罗纪火山岩系和二叠纪、侏罗纪之花岗岩体。低值区分布于区内的东南部宁城一带。

(9)莫尔道嘎-根河-鄂伦春地球化学区:W 高值区范围很大,呈北东-南西向展布,分布于满洲里—额尔古纳市—根河—鄂伦春自治旗一带,高值区对应于侏罗纪酸性火山熔岩、火山碎屑沉积岩。低值区小范围的分布于北部和南部部分地区。

6)稀土元素

从全区来看,La 高值区主要分布于狼山-色尔腾山、巴彦查干-索伦山、乌拉山-大青山、红格尔-锡林浩特-西乌旗-大石寨、宝昌-多伦-赤峰、莫尔道嘎-根河-鄂伦春地球化学分区内,高值区规模大;Y 高值区主要分布于乌拉山-大青山、二连-东乌旗、红格尔-锡林浩特-西乌旗-大石寨、宝昌-多伦-赤峰、莫尔道嘎-根河-鄂伦春地球化学分区内,高值区规模大、范围广。La、Y 在乌拉山-大青山、红格尔-锡林浩特-西乌旗-大石寨、宝昌-多伦-赤峰、莫尔道嘎-根河-鄂伦春地球化学分区内高值区大部分重合。U、Th 分布特征大体上一致,高值区规模由大到小的地球化学分区依次为:北山-阿拉善、二连-东乌旗、红格尔-锡林浩特-西乌旗-大石寨、莫尔道嘎-根河-鄂伦春,其余地区大面积分布有低值区和背景区。La、Y、U、Th 在乌拉山-大青山和赤峰地区具备与铁族元素相似的高值特征。

(1)北山-阿拉善:La、Y、U、Th 低值区和背景区大面积分布,高值区规模较小,吻合不好。U 高值区分布于白垩纪新民堡组中。Y、Th 高值区所对应的地质体为石炭纪二长花岗岩、石炭纪斜长花岗岩。

(2)龙首山-雅布赖山:Th 高值区分布于太古宇和元古宇中,La、Y、U 无高值区显示。

(3)狼山-色尔腾山:La 高值区分布于三叠纪二长花岗岩、石炭纪花岗岩和白云鄂博群浅变质或未变质沉积岩系和黑色、灰黑色板岩,硅质板岩,变质长石石英砂岩、灰岩上。Y、Th 高值区分布于渣尔泰山群细粒泥质碳质板岩、灰岩和色尔腾山岩群绢英绿泥片岩和含铁石英岩上,在三叠纪二长花岗岩上亦有分布。U 低值区和背景区呈大面积分布。

(4)巴彦查干-索伦山地球化学分区:La 高值区在区内中部和西部大面积连续分布,对应于石炭纪本巴图组,二叠纪哲斯组、大石寨组;Y、U、Th 呈低值区和背景区大面积分布。

(5)乌拉山-大青山:La、Y、Th 高值区具一定规模,吻合较好,对应于色尔腾山岩群绢英绿泥片岩、含铁石英岩,乌拉山岩群和集宁岩群角闪斜长片麻岩、斜长角闪岩。U 高值区分布规模较小,主要与三叠纪、侏罗纪花岗岩有关。

(6)二连-东乌旗:Y、U、Th 高值区规模较大,吻合较好,对应于早中奥陶世乌宾敖包组、早中泥盆世泥鳅河组、石炭纪—二叠纪宝力高庙组。

(7)红格尔-锡林浩特-西乌旗-大石寨:La、Y、Th 高值区重叠程度较高,规模较大,分布在地球化学分区西部,对应地质体为古元古代宝音图岩群、石炭系—二叠系。U 基本不显示异常。

(8)宝昌-多伦-赤峰:La、Y、Th 高值区具一定规模,吻合较好,分布于地球化学分区东南部,对应于太古宙建平岩群老变质岩系、古生代中下二叠统和晚侏罗世—早白垩世火山岩系。U 基本无异常显示。

(9)莫尔道嘎-根河-鄂伦春:La、Y、U、Th 高值区规模很大,重叠程度较高,与元古宙佳疙瘩组为海相中基性—中酸性火山岩,泥盆系和下石炭统,晚侏罗世中酸性火山岩及其碎屑岩和早白垩世碎屑岩对应。除此之外,U 高值区还分布于根河市东、西两侧的酸性岩体内,与 Mo 的高值区吻合很好。

7)Ag

从全区来看,Ag 高值区主要分布于乌拉山-大青山、红格尔-锡林浩特-西乌旗-大石寨、宝昌-多伦-赤峰和莫尔道嘎-根河-鄂伦春地球化学分区内,高值区规模很大,低值区分布在北山-阿拉善地球化学分区的西北部、龙首山-雅布赖山、狼山-色尔腾山和巴彦查干-索伦山地球化学分区。

(1)北山-阿拉善地球化学分区:以甜水井—二十六号为界,区内东北部为Ag高值区及高背景区,西南部为Ag低值区。Ag的高异常呈点状零星分布于区内北部地区,所对应的区域为石炭纪中酸性岩体,二叠系和白垩系。区内东南部七一山、老硐沟已发现伴生银矿床。

(2)龙首山-雅布赖山地球化学分区:低值区大面积分布。Ag仅在敦德呼都格—呼德呼都格一带呈规模很小高值区,高值区与太古宙中酸性岩体和中生代晚期地层对应。此地球化学分区未发现银矿床(点)。

(3)狼山-色尔腾山地球化学分区:区域上Ag呈背景与低背景分布。乌拉特后旗东升庙—罕乌拉一带Ag形成高背景带,明显受北东向构造控制,规模较小的Ag异常分布于白云鄂博群石英岩、泥质碳质板岩,渣尔泰山群细粒泥质碳质板岩、灰岩和色尔腾山岩群绢英绿泥片岩和含铁石英岩及海西期花岗岩上。西北部较大规模的Ag异常分布于乌兰苏海组砂岩、粉砂岩、泥岩上。该地球化学分区已发现霍各乞、炭窑口、下护林、三贵口、罕乌拉等伴生银矿床。

(4)巴彦查干-索伦山地球化学分区:低值区大面积分布。Ag仅在巴彦查干一带及满达拉西呈背景及低背景分布,与古生代奥陶系及二叠系对应。此地球化学分区未发现银矿床(点)。

(5)乌拉山-大青山地球化学分区:Ag高值区大面积连续分布,沿乌拉特前旗—包头—呼和浩特—化德一带分布,高值区受近东西和近南北向构造控制,其对应于中新元古代色尔腾山岩群绢英绿泥片岩、含铁石英岩,乌拉山岩群和集宁岩群角闪斜长片麻岩、斜长角闪岩,白云鄂博群砂岩、板岩、砾岩。四子王旗一带高强度的Ag异常与印支期—海西期岩浆活动有关。多处已发现银及伴生银矿床遍布整个地球化学分区。

(6)二连-东乌旗地球化学分区:Ag元素呈大面积的低值区及背景分布,高值区主要分布于查干敖包庙—台吉乌苏—阿拉担宝拉格一带,Ag异常多呈北东向或近东西向展布,高值区对应于早中奥陶世乌宾敖包组、早中泥盆世泥鳅河组、石炭纪—二叠纪宝力高庙组。东乌珠穆沁旗周围异常规模也较大,高值区对应于早中奥陶世乌宾敖包组、早中泥盆世泥鳅河组。东乌旗地区已发现朝不楞、阿尔哈达、查干敖包等多处多金属矿床。

(7)红格尔-锡林浩特-西乌旗-大石寨地球化学分区:高值区规模很大,呈北东-南西向展布,高强度的Ag异常沿锡林浩特—西乌珠穆沁旗—科右中旗、克什克腾旗—林西—五十家子一带分布,该区位于铅、锌、银、铁、锡、稀土Ⅲ级成矿带上,对应地质体为古元古代宝音图岩群、石炭系、二叠系、侏罗系,以及海西期、燕山期酸性岩体。低值区小范围地分布于西南部和巴雅尔吐胡硕镇—扎鲁特旗一带。该区内已发现大量的大中型银铅锌矿床,是自治区内银矿的主产地。

(8)宝昌-多伦-赤峰地球化学分区:区内Ag元素呈高背景分布,高值区主要分布在浩来呼热—土城子—翁牛特旗一带,受北东向和近南北向构造控制,规模较大,大庙—赤峰—敖汉旗一带分布有一定规模的Ag异常,对应于白垩纪热河群火山岩地层和侏罗纪中酸性岩出露地区。低值区分布于区内的东南部八里罕—宁城一带。该区中小型银矿床(点)较多,多分布于该区东部和南部。

(9)莫尔道嘎-根河-鄂伦春地球化学分区:Ag高值区范围较大,呈北东-南西向展布,分布于新巴尔虎右旗、古利库、太平庄周围和牙克石—甘河—劲松镇一带,高值区对应于中侏罗世满克头鄂博组、晚侏罗世玛尼吐组,早白垩世梅勒图组、甘河组酸性火山熔岩、火山碎屑沉积岩、火山角砾岩。低值区小范围的分布于北部瓜地一带和东部部分地区。

8)Mo

从全区来看,Mo高值区分布较广,尤其在红格尔-锡林浩特-西乌旗-大石寨、莫尔道嘎-根河-鄂伦春地球化学分区内,高值区规模很大;北山-阿拉善、狼山-色尔腾山地区、巴彦查干-索伦山、乌拉山-大青山、二连-东乌旗和宝昌-多伦-赤峰地球化学分区高值区规模相对较小,龙首山-雅布赖山地球化学分区无高值区显示。

(1)北山-阿拉善地球化学分区:高值区和较高值区在北部大面积连续分布,南部连续性相对较差,强度均不高,低值区分布于区内的中部、西部。高值区所对应的地质体为元古宙长城系、蓟县系,古生代奥陶纪和二叠纪火山岩、白垩系。

(2)龙首山-雅布赖山地球化学分区:低值区和背景区大面积分布,几乎无高值区显示。

(3)狼山-色尔腾山地球化学分区:高值区在区内的西北部和北部大面积连片分布,强度较高,其余地区以低值区大范围分布为主,局部有零星高值区出露。哈腾套海西部—巴彦杭盖一带高值区展布方向受北东向构造控制明显。高值区分布于白云鄂博群石英岩、泥质碳质板岩,渣尔泰山群细粒泥质碳质板岩、灰岩和白垩系中。

(4)巴彦查干-索伦山地球化学分区:高值区在区内的西部有较大面积分布,中部、东部仅小面积零星出露。高值区主要分布于元古宙浅变质岩和古生代奥陶纪中基性火山熔岩、火山碎屑岩中。

(5)乌拉山-大青山地球化学分区:低值区大范围分布,高值区范围较小,强度不高,零星分布于区内的周边地区,仅东南部面积较大。高值区对应于元古宇及新近纪汉诺坝组,太古宙地层、变质深成侵入体及各期次花岗岩体上多为低值区和背景区。

(6)二连-东乌旗地球化学分区:低值区呈大面积分布,高值区集中分布在二连浩特一带,部分受北东向构造控制明显。高值区对应于晚石炭世—早二叠世宝力高庙组、新近纪通古尔组,及侏罗纪、第四纪玄武岩。

(7)红格尔-锡林浩特-西乌旗-大石寨地球化学分区:高值区大面积连续分布,呈北东-南西向延伸,北部异常强度最高,对应地质体为古元古代宝音图岩群、石炭系—二叠系,及晚侏罗世酸性、中酸性火山岩系。低值区小范围分布于东南部和西北部地区。

(8)宝昌-多伦-赤峰地球化学分区:高值区东部规模较大,西部相对较小,分布于太仆寺旗—翁牛特旗—喀拉沁旗一带,对应于古生代早中二叠世和晚侏罗世—早白垩世火山岩系、新近纪汉诺坝组及侏罗纪酸性岩体。低值区分布于宁城往西部—北部一带。

(9)莫尔道嘎-根河-鄂伦春地球化学分区:高值区大面积连片分布,展布方向不明显,异常强度普遍很高。高值区对应于元古宇、泥盆系和下石炭统,中—晚侏罗世酸性、中酸性中基性火山熔岩,碎屑岩,早白垩世碎屑岩,燕山期、海西期酸性、中酸性岩体。低值区小面积零星分布于北部、东部和南部的部分地区。

9)Sn

从全区来看,Sn高值区主要分布于二连-东乌旗地球化学分西北部、红格尔-锡林浩特-西乌旗-大石寨地球化学分区中西部和莫尔道嘎-根河-鄂伦春地球化学分区北部,高值区强度高,规模大;低值区分布在乌拉山-大青山地球化学分区的西部、宝昌-多伦-赤峰地球化学分区的中东部,北山-阿拉善、龙首山-雅布赖山、狼山-色尔腾山、巴彦查干-索伦山以及二连-东乌旗地球化学分区的东南部,在以上地区Sn多呈背景及低背景分布。

(1)北山-阿拉善地球化学分区:Sn元素在本区呈背景及低背景分布,仅在萤石矿等局部地区零星分布有规模较小、强度较高的Sn异常,所对应的区域为石炭纪中酸性岩体,二叠系和白垩系。此地球化学分区未发现锡矿床(点)。

(2)龙首山-雅布赖山地球化学分区:低值区大面积分布。Sn仅在俭青西北部、阿拉善右旗局部地区呈高背景或出现低缓异常,该处主要出露古元古代地层和中元古代、志留纪、侏罗纪花岗岩。此地球化学分区未发现锡矿床(点)。

(3)狼山-色尔腾山地球化学分区:区域上Sn呈背景与低背景分布。乌力吉图镇、下淘米东南、巴彦毛道北部以及乌拉特后旗—苏海呼都格一带Sn形成高背景带,局部地区形成具有明显浓度分带和浓集中心的单元素异常,异常空间分布状态明显受北东向构造控制,Sn异常主要分布于宝音图岩群绿泥片岩、石英片岩、蓝晶二云片岩、石英岩、大理岩、渣尔泰山群细粒泥质碳质板岩、灰岩和海西期花岗岩的接触带上。此地球化学分区未发现锡矿床(点)。

(4)巴彦查干-索伦山地球化学分区:区域上Sn呈背景分布。在哈能一带Sn元素形成较小规模的异常,与古生代奥陶系对应。此地球化学分区未发现银矿床(点)。

(5)乌拉山-大青山地球化学分区:区内沿旗下营—乌克忽洞—达茂旗一带存在一条明显的分界线,

西南部Sn为大面积的低值区，东北部呈背景或低背景分布，局部地区存在规模较小的高强度Sn呈星散状分布，对应于中生代白垩系及二叠纪、侏罗纪花岗岩。此地球化学分区未发现锡矿床(点)。

(6)二连-东乌旗地球化学分区：Sn元素在本区形成规模较大的异常带，明显受北东向断裂构造控制。该区目前已经验证为以Sn为主的成矿带，Sn高值区对应于早中奥陶世乌宾敖包组、早中泥盆世泥鳅河组、石炭纪—二叠纪宝力高庙组，石炭纪、侏罗纪花岗岩。区内已发现朝不楞、阿尔哈达、查干敖包、准乌日斯哈拉等多处热液型多金属矿床(点)。

(7)红格尔-锡林浩特-西乌旗-大石寨地球化学分区：中南部高值区规模很大，呈北东-南西向展布，高强度的Sn异常沿突泉县—白音诺尔—克什克腾旗、哈登胡舒—西乌珠穆沁旗—锡林浩特市、克什克腾旗—林西—五十家子一带分布，该区位于铅、锌、银、铁、锡、稀土Ⅲ级成矿带上，对应地质体为石炭系、二叠系、侏罗系，以及海西期、燕山期酸性岩体。低值区小范围地分布于西南部和巴雅尔吐胡硕镇—扎鲁特旗一带。该区内已发现大量的大中型锡矿床，是自治区内锡矿的主产地。

(8)宝昌-多伦-赤峰地球化学分区：本区西部Sn元素呈大面积高值区分布，该区Sn异常规模较大，但强度不高，出露地层以侏罗系、二叠系和侏罗纪酸性岩体，大部分地区被第四系覆盖；东部Sn多呈低值区分布，仅在喀喇沁旗、旺业甸镇局部地区形成小规模的单元素异常，对应于白垩纪地层和燕山期花岗岩体。二道沟、小东沟锡矿床(点)分布于该区。

(9)莫尔道嘎-根河-鄂伦春地球化学分区：Sn元素在整个地球化学分区形成规模较大的高值区，区内出露地层以侏罗系、白垩系，海西期、燕山期酸性岩体，在西牛尔河—太平林场一带Sn元素形成规模较大，强度较高的Sn异常，主要出露元古宇以及二叠纪、三叠纪酸性岩体。

10)Ni

从全区来看，Ni大面积的高值区主要分布于北山-阿拉善、巴彦查干-索伦山、乌拉山-大青山地球化学分区、莫尔道嘎-根河-鄂伦春地球化学分区内，大面积的低值区和背景区分布在龙首山-雅布赖山、狼山-色尔腾山地区、红格尔-锡林浩特-西乌旗-大石寨。

(1)北山-阿拉善地球化学区：镍高值区分布于区内的南部和东北部，其对应地层主要有早古生代奥陶系、志留系，晚古生代泥盆系、石炭系、二叠系，出露岩体主要有石炭纪辉长岩和石炭纪超基性岩。

(2)龙首山-雅布赖山地球化学区：Ni低值区和背景区呈大面积分布，仅在古元古代地层中分布有小面积的高值区。

(3)狼山-色尔腾山地球化学区：Ni高值区分布于呼和温都尔镇一带，对应于太古宇、古元古界、中元古代长城系，出露岩体有侏罗纪、二叠纪花岗岩和泥盆纪闪长岩。Ni在区内其他地区多呈背景、低背景分布。

(4)巴彦查干-索伦山地球化学区：Ni高值区呈大面积连续分布，沿巴彦查干-准索伦-满达拉呈近东西向带状分布，主要对应于早古生代奥陶系，晚古生代泥盆系和石炭系，出露岩体有石炭纪、泥盆纪超基性岩体，以及二叠纪二长花岗岩和闪长岩。其异常主要与石炭纪、泥盆纪超基性岩有关。

(5)乌拉山-大青山地球化学区：Ni高值区大面积连续分布，沿乌拉特前旗—包头—呼和浩特—集宁一带分布，高值区受近东西和近南北向构造控制，对应于古太古界、古元古界、中元古界和中生代三叠系。其出露岩体主要有中新元古代色尔腾山岩群绢英绿泥片岩、含铁石英岩，乌拉山岩群和集宁岩群角闪斜长片麻岩、斜长角闪岩。

(6)二连-东乌旗地球化学区：Ni多以背景和低背景区分布。高值区主要分布于阿巴嘎旗一带，异常面积较大，异常强度较高，对应于新近系和第四纪阿巴嘎组玄武岩，推断该地区Ni异常主要由岩性引起。

(7)红格尔-锡林浩特-西乌旗-大石寨地球化学区：Ni高值区分布在克什克腾旗-林西-宝日洪绍日地区，呈北东向带状分布，具有明显的浓集中心；对应于二叠纪大石寨组、寿山沟组和林西组和侏罗纪玛尼吐组，出露岩体主要有二叠纪和白垩纪花岗岩。其余地区Ni呈背景、低背景分布。

(8)宝昌-多伦-赤峰地球化学区：Ni高值区在赤峰-克什克腾旗之间呈大面积分布，对应于二叠系、侏罗系、白垩系、新近系,出露岩体有早中二叠世、晚侏罗世—早白垩世火山岩系。其余地区 Ni 呈背景、低背景值分布。

(9)莫尔道嘎-根河-鄂伦春地球化学区:Ni 高值区范围较大,呈北东向带状展布,分布于扎兰屯市—鄂伦春自治旗一带,高值区对应于泥盆系、二叠系、侏罗系、白垩系;出露岩体为石炭纪和侏罗纪中酸性火山岩。

11)Mn

从全区来看,Mn 大面积的高值区主要分布于乌拉山-大青山、红格尔-锡林浩特-西乌旗-大石寨、莫尔道嘎-根河-鄂伦春地球化学分区内,其余地球化学分区内多呈大面积的背景和低背景分布。

(1)北山-阿拉善地球化学区:Mn 高值区在区内北部和呈连续分布,浓度分带和浓集中心特征明显,其对应地层主要有早古生代奥陶系、志留系,晚古生代泥盆系、石炭系、二叠系,出露岩体主要有石炭纪辉长岩和石炭纪超基性岩。

(2)龙首山-雅布赖山地球化学区:Mn 低值区和背景区呈大面积分布,几乎没有高值区分布。

(3)狼山-色尔腾山地球化学区:Mn 在该区多呈背景、低背景分布,仅在北部二叠系和白垩系中存在局部异常,异常浓度分带和浓集中心特征明显。

(4)巴彦查干-索伦山地球化学区:Mn 在该区多呈背景、高背景分布,高背景区对应于奥陶系、石炭系、二叠系、侏罗系。区内岩浆岩分布广泛,从酸性到超基性岩均有,其中超基性岩分布较广,其他中酸性岩较少;与 Mn 异常有关的主要是石炭纪超基性岩。

(5)乌拉山-大青山地球化学区:Mn 高值区大面积连续分布,沿乌拉特前旗—包头—呼和浩特—集宁一带呈近东西向分布,高值区具有明显的浓度分带和浓集中心。高值区受近东西向和近南北向构造控制,对应于太古宇、古元古界、中元古界、二叠系、侏罗系、白垩系及新近系。其出露岩体主要有中新元古代色尔腾山岩群绢英绿泥片岩、含铁石英岩,乌拉山岩群和集宁岩群角闪斜长片麻岩、斜长角闪岩。

(6)二连-东乌旗地球化学区:该区 Mn 呈大面积的低背景分布,仅在阿巴嘎旗和贺根山一带呈高背景分布,异常多呈面状分布,并具有北东向展布的特点。高背景具有明显的浓度分带和浓集中心。浓集中心对应于白垩纪大磨拐河组灰白色砂砾岩、砂岩、粉砂岩,白垩纪二连组杂色砂岩、粉砂岩和第四纪冲洪积;对应岩体主要是新近系和第四纪阿巴嘎组玄武岩以及泥盆纪超级性岩。该区大面积的高背景主要是由阿巴嘎旗玄武岩引起,不具备形成矿床的有利条件。

(7)红格尔-锡林浩特-西乌旗-大石寨地球化学区:本区 Mn 高背景区主要分布在科尔沁右翼中旗-大石寨-罕达盖地区,高背景区呈大面积的连续分布,具有明显的浓度分带和浓集中心。高背景对应于奥陶纪多宝山组,二叠纪哲斯组、大石寨组,侏罗纪白音高老组、满克头鄂博组、玛尼吐组。出露岩体主要为二叠纪和侏罗纪中酸性岩体,泥盆纪和石炭纪超基性岩体亦有出露。在科尔沁右翼中旗以西地区,Mn 多呈背景分布,高背景区零星分布,对应于二叠纪大石寨组、哲斯组,侏罗纪满克头鄂博组。

(8)宝昌-多伦-赤峰地球化学区:Mn 高值区在赤峰—克什克腾旗之间呈大面积分布,对应于二叠纪哲斯组、大石寨组,侏罗纪白音高老组、满克头鄂博组、玛尼吐组。出露岩体有早中二叠世和晚侏罗世—早白垩世火山岩系。其余地区 Mn 呈背景、低背景值分布。

(9)莫尔道嘎-根河-鄂伦春地球化学区:Mn 高值区在该区呈大面积连续分布,浓度分带和浓集中心明显,异常强度高。对应地层有侏罗纪塔木兰沟组、满克头鄂博组、玛尼吐组,白垩纪大磨拐河组。岩体主要有古元古代、奥陶纪、石炭纪、二叠纪、侏罗纪中酸性侵入岩;白垩纪甘河组气孔杏仁状、致密块状玄武岩,安山玄武岩,玄武粗安岩,粗安质火山角砾岩大面积分布在该区东部阿荣旗—朝阳村之间。

12)Cr

从全区来看,Cr 大面积的高值区主要分布于巴彦查干-索伦山地区、乌拉山-大青山、宝昌-多伦-赤峰、莫尔道嘎-根河-鄂伦春地球化学分区内,大面积的低值区和背景区分布在北山-阿拉善、龙首山-雅布赖山、狼山-色尔腾山地区、二连-东乌旗、红格尔-锡林浩特-西乌旗-大石寨地球化学分区内。

(1)北山-阿拉善地球化学区:铬高值区主要分布于区内的南部和东北部,其对应地层主要有早古生代奥陶系、志留系，晚古生代泥盆系、石炭系、二叠系，出露岩体主要有石炭纪辉长岩和超基性岩。区内南部 Cr 异常分布范围较大，有明显的浓集中心，浓集中心与已知矿点吻合。

(2)龙首山-雅布赖山地球化学区：Cr 低值区和背景区呈大面积分布，仅在古元古代地层中分布有小面积的高值区。

(3)狼山-色尔腾山地球化学区：Cr 的高值区分布于苏海图—乌拉特后旗之间，Cr 高值区呈北东向带状分布，有明显的浓集中心，对应于太古宇、古元古界、中元古代长城系，出露岩体有侏罗纪、二叠纪花岗岩，泥盆纪闪长岩，石炭纪花岗岩以及石炭纪花岗闪长岩。Cr 在区内其他地区呈背景、低背景分布。

(4)巴彦查干-索伦山地球化学区：Cr 高值区大面积连续分布，该区是内蒙古地区主要的一条超基性岩带，沿巴彦查干-准索伦-满达拉呈近东西向带状分布，近东西和近南北向构造十分发育。高值区主要对应于早古生代奥陶系、晚古生代泥盆系和石炭系，出露岩体有石炭纪、泥盆纪超基性岩体，以及二叠纪二长花岗岩和闪长岩，其中超基性岩规模大，分布广，多呈带状或似脉状东西向展布。

(5)乌拉山-大青山地球化学区：Cr 高值区大面积连续分布，沿乌拉特前旗—包头—呼和浩特—集宁一带分布，高值区受近东西向和近南北向构造控制，对应于古太古界、古元古界、中元古界和中生代三叠系，其出露岩体主要有中新元古代色尔腾山岩群绢英绿泥片岩、含铁石英岩，乌拉山岩群和集宁岩群角闪斜长片麻岩、斜长角闪岩。

(6)二连-东乌旗地球化学区：该区 Cr 呈大面积的低背景分布，仅在阿巴嘎旗和贺根山一带呈高背景分布，其中阿巴嘎旗 Cr 高值区主要对应于新近系和第四纪阿巴嘎组玄武岩，推断该地区 Cr 高值区主要由岩性引起。贺根山一带 Cr 高值区多与已知矿点吻合，均对应于该区石炭纪超基性岩体。

(7)红格尔-锡林浩特-西乌旗-大石寨地球化学区：Cr 高值区在查干诺尔-罕山、克什克腾旗-浩尔吐地区呈北东向带状分布，其范围不大，且分布不连续。主要对应于二叠纪大石寨组、寿山沟组和林西组地层。低值区大范围的分布于该区东南部和西北部地区。

(8)宝昌-多伦-赤峰地球化学区：Cr 高值区在赤峰-克什克腾旗之间呈大面积分布，对应于二叠系、侏罗系、白垩系、新近系，出露岩体有早中二叠世和晚侏罗世—早白垩世火山岩系。其余地区 Cr 呈背景、低背景值分布。

(9)莫尔道嘎-根河-鄂伦春地球化学区：Cr 高值区范围较大，呈北东向带状展布，分布于扎兰屯市—鄂伦春自治旗一带，高值区对应于泥盆系、二叠系、侏罗系、白垩系；对应岩体为石炭纪和侏罗纪中酸性火山岩。

## (二)主要地质单元元素分布特征

### 1. 全区 39 种元素(或氧化物)分布特征

根据测区出露地层和岩浆岩情况，结合全区构造单元特征，将全区划分出 47 个地质子区，进行元素特征值的统计计算，并研究元素在不同子区的富集贫化特征，同时用全区元素平均值与地壳克拉克值、中国水系平均值进行对比，研究内蒙古相对于全球和中国不同元素的富集贫化特征(表 5-18)。

1)全区元素(或氧化物)平均值与地壳克拉克值对比

将全区元素(或氧化物)的平均值与全球地壳克拉克值相比，称为一级浓集系数($C_1$)，见图 5-76。从排序图上可见：

(1)$C_1 \geqslant 1.2$，有 $K_2O$、$Na_2O$、HgPbU、ThBaBF 等，这些元素相对全球地壳呈富集状态。

(2)$0.8 \leqslant C_1 < 1.2$，有 $SiO_2$、$Al_2O_3$、CaO、MgO、Zn、Cd、Co，这些元素(或氧化物)在全区的含量与全球地壳含量相当。

(3)$C_1 < 0.8$，有 $Fe_2O_3$、AgCu、Sn、Mo、Cr、NiTiV、Mn、Zr、LiBeP、Sr 等，这些元素(或氧化物)相对全球地壳呈贫化状态。

2)全区元素平均值与中国干旱荒漠区水系沉积物背景值对比

全区元素平均值与中国干旱荒漠区水系沉积物背景值的比值称为二级浓集系数($C_2$),见图 5-77。从排序图上可见:

(1)$C_2 \geqslant 1.2$,有 Au、SbHgAgPbW、Sn、Mo、BiThY、Zr、BaLi 等,这些元素在全区的含量相对中国地区呈富集状态。

(2)大部分元素比值在 $0.8 \leqslant C_2 < 1.2$ 之间,这些元素含量与中国水系平均含量相当。

(3)$C_2 < 0.8$,有 Cu、CaO、MgO、Be,这些元素(或氧化物)相对中国地区呈贫化状态。

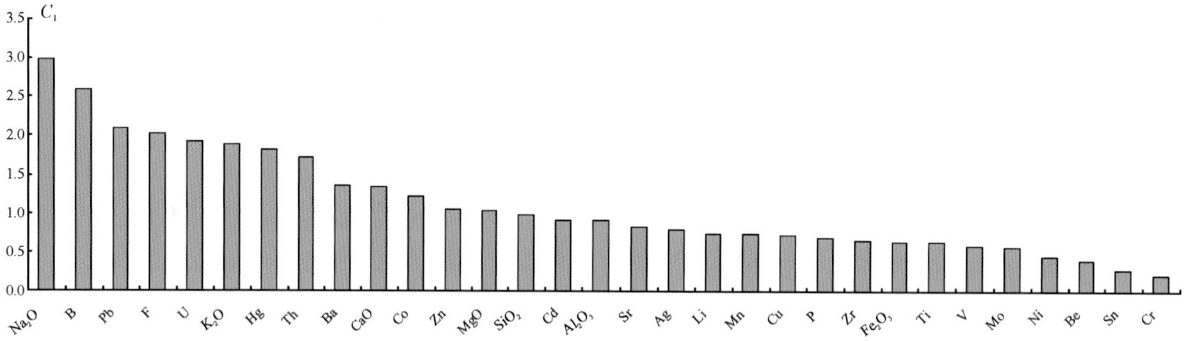


图 5-76　全区元素(或氧化物)平均值与地壳克拉克值比值排序图

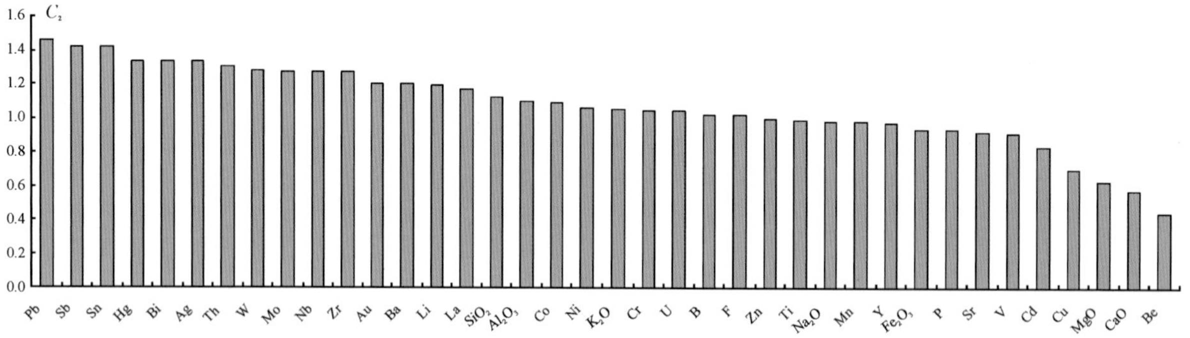


图 5-77　全区元素(或氧化物)平均值与中国干旱荒漠区水系沉积物背景值比值排序图

3)主要地质单元元素分布特征

从表中可以看出,大部分元素均存在成矿专属性,贵金属、多金属元素在老地层中大多呈富集状态,含量明显高于其地质体,而稀土和高温热液元素大多在岩体中富存。现仅讨论几个主要成矿元素在各子区的分布特征。

现引入三级浓集系数 $C_3$(元素各子区的含量与全区背景值的比值)来讨论元素在各子区的分布差异,从而研究元素成矿的规律。

此处主要讨论 Cu、Au、PbSbW、AgMo、Sn、NiMn、Cr 元素在各子区的富集贫化特征,研究它们成矿与地层的对应关系。

(1)上述成矿元素在太古宇、元古宇、震旦系中相对富集,这些元素的 $C_3$ 值均大于 1,这也与这些地层中发现的大量矿点相对应。

(2)在基性—超基性岩中 Cu、AgNiMn、Cr 相对富集,酸性岩体中 PbMo、Sn 相对富集。

(3)在泥盆纪岩浆岩中,这些元素均相对富集,尤其 Au 在泥盆纪酸性岩中 $C_3$ 值大于 3,说明 Au 在这套地质体中呈强富集状态;SbAg 在泥盆纪超基性岩中,其 $C_3$ 值分别为 2.348,2.175。

(4)Cu 除在基性—超基性岩中富集外,在老地层中较富集,区内发现铜矿大多产于老地层内;W 在石炭纪基性岩中相对富集,其 $C_3$ 值大于 2。

**表 5-18　主要地质单元水系沉积物元素(或氧化物)地球化学特征值统计表**

| 地质单元 | 代号 | 序号 | 样品数 | $SiO_2$ | | | | $Al_2O_3$ | | | | $Fe_2O_3$ | | | | CaO | | | | MgO | | | | $K_2O$ | | | | $Na_2O$ | | | | Au | | | |
|---|---|---|---|---|---|---|---|---|---|---|---|---|---|---|---|---|---|---|---|---|---|---|---|---|---|---|---|---|---|---|---|---|---|---|---|
| | | | | X | S | $C_v$ | $C_3$ | X | S | $C_v$ | $C_3$ | X | S | $C_v$ | $C_3$ | X | S | $C_v$ | $C_3$ | X | S | $C_v$ | $C_3$ | X | S | $C_v$ | $C_3$ | X | S | $C_v$ | $C_3$ | X | S | $C_v$ | $C_3$ |
| 第四系 | Q | 1 | 13 542 | 69.066 | 9.837 | 0.142 | 0.996 | 11.29 | 2.582 | 0.229 | 0.921 | 3.412 | 2.33 | 0.683 | 0.986 | 3.317 | 4.013 | 1.21 | 1.289 | 1.251 | 1.956 | 1.564 | 1.168 | 2.921 | 0.96 | 0.329 | 0.945 | 2.238 | 0.9 | 0.402 | 0.885 | 1.297 | 4.899 | 3.778 | 0.876 |
| 第三系 | N+E | 2 | 15 933 | 70.69 | 10.543 | 0.149 | 1.019 | 10.805 | 2.794 | 0.259 | 0.882 | 3.475 | 2.639 | 0.76 | 1.004 | 2.918 | 3.33 | 1.141 | 1.134 | 1.152 | 1.298 | 1.126 | 1.076 | 2.746 | 0.909 | 0.331 | 0.889 | 2.011 | 0.86 | 0.428 | 0.795 | 1.471 | 13.26 | 9.015 | 0.994 |
| 白垩系 | K | 3 | 17 361 | 70.273 | 9.479 | 0.135 | 1.013 | 11.246 | 3.146 | 0.28 | 0.918 | 3.609 | 2.754 | 0.763 | 1.042 | 2.902 | 2.739 | 0.944 | 1.128 | 1.048 | 1.242 | 1.184 | 0.979 | 2.911 | 0.865 | 0.297 | 0.942 | 2.307 | 0.865 | 0.375 | 0.912 | 1.576 | 14.073 | 8.93 | 1.065 |
| 侏罗系 | J | 4 | 18 921 | 68.896 | 6.129 | 0.089 | 0.994 | 13.369 | 2.124 | 0.159 | 1.091 | 3.729 | 1.792 | 0.481 | 1.077 | 1.602 | 2.169 | 1.354 | 0.623 | 0.871 | 0.773 | 0.887 | 0.813 | 3.539 | 0.905 | 0.256 | 1.145 | 2.589 | 0.842 | 0.325 | 1.023 | 1.308 | 5.88 | 4.495 | 0.884 |
| 三叠系 | T | 5 | 82 | 72.678 | 5.675 | 0.078 | 1.048 | 9.31 | 1.561 | 0.168 | 0.760 | 2.749 | 0.863 | 0.314 | 0.794 | 4.467 | 2.916 | 0.653 | 1.736 | 1 | 0.547 | 0.547 | 0.934 | 2.087 | 0.656 | 0.314 | 0.675 | 1.964 | 0.46 | 0.234 | 0.776 | 1.335 | 0.902 | 0.675 | 0.902 |
| 二叠系 | P | 6 | 7376 | 68.308 | 6.291 | 0.092 | 0.985 | 12.681 | 2.415 | 0.19 | 1.035 | 4.075 | 1.657 | 0.407 | 1.177 | 2.608 | 3.277 | 1.256 | 1.014 | 1.185 | 0.865 | 0.73 | 1.106 | 2.786 | 1.011 | 0.363 | 0.902 | 2.41 | 0.826 | 0.343 | 0.953 | 1.279 | 3.464 | 2.708 | 0.864 |
| 石炭系 | C | 7 | 3896 | 69.094 | 7.85 | 0.114 | 0.996 | 12.314 | 2.359 | 0.192 | 1.005 | 3.561 | 1.569 | 0.441 | 1.029 | 3.158 | 4.345 | 1.376 | 1.227 | 1.184 | 1.203 | 1.016 | 1.106 | 2.764 | 0.868 | 0.314 | 0.894 | 2.457 | 0.884 | 0.36 | 0.971 | 1.43 | 3.08 | 2.155 | 0.966 |
| 泥盆系 | D | 8 | 1365 | 69.374 | 6.976 | 0.101 | 1.001 | 12.179 | 2.568 | 0.211 | 0.994 | 3.679 | 1.924 | 0.523 | 1.063 | 1.859 | 1.714 | 0.922 | 0.723 | 1.096 | 1.118 | 1.021 | 1.023 | 2.926 | 0.56 | 0.191 | 0.947 | 1.923 | 0.667 | 0.347 | 0.760 | 1.389 | 1.555 | 1.119 | 0.939 |
| 志留系 | S | 9 | 489 | 65.424 | 8.587 | 0.131 | 0.944 | 12.249 | 3.058 | 0.25 | 0.999 | 4.188 | 1.715 | 0.41 | 1.210 | 4.55 | 3.629 | 0.798 | 1.768 | 1.675 | 1.098 | 0.656 | 1.564 | 2.069 | 0.776 | 0.375 | 0.670 | 2.434 | 0.99 | 0.407 | 0.962 | 2.307 | 6.725 | 2.915 | 1.559 |
| 奥陶系 | O | 10 | 1603 | 67.656 | 6.996 | 0.103 | 0.976 | 12.479 | 2.57 | 0.206 | 1.018 | 4.235 | 1.644 | 0.388 | 1.224 | 3.227 | 2.705 | 0.838 | 1.254 | 1.824 | 1.620 | 0.888 | 1.703 | 2.502 | 0.962 | 0.384 | 0.810 | 2.276 | 0.985 | 0.433 | 0.900 | 1.606 | 2.435 | 1.516 | 1.085 |
| 震旦系 | Z | 11 | 187 | 63.161 | 12.945 | 0.205 | 0.911 | 11.94 | 3.192 | 0.267 | 0.974 | 3.79 | 2.552 | 0.673 | 1.095 | 5.538 | 6.879 | 1.242 | 2.152 | 2.105 | 2.313 | 1.098 | 1.965 | 2.839 | 1.222 | 0.431 | 0.919 | 2.138 | 1.387 | 0.649 | 0.845 | 1.758 | 2.547 | 1.449 | 1.188 |
| 元古宇 | Pt | 12 | 4581 | 67.43 | 9.73 | 0.144 | 0.972 | 11.789 | 3.01 | 0.255 | 0.962 | 3.725 | 2.054 | 0.551 | 1.076 | 3.929 | 4.84 | 1.232 | 1.527 | 1.514 | 1.744 | 1.151 | 1.414 | 2.738 | 0.944 | 0.345 | 0.886 | 2.311 | 1.063 | 0.46 | 0.913 | 1.93 | 6.607 | 3.423 | 1.304 |
| 太古宇 | Ar | 13 | 4581 | 65.176 | 9.73 | 0.144 | 0.940 | 13.306 | 2.046 | 0.154 | 1.086 | 4.642 | 2.579 | 0.556 | 1.341 | 4.117 | 2.731 | 0.663 | 1.600 | 1.835 | 1.644 | 0.896 | 1.713 | 2.709 | 0.914 | 0.337 | 0.877 | 3.131 | 1.03 | 0.329 | 1.238 | 1.672 | 4.432 | 2.65 | 1.130 |
| 第四纪玄武岩 | Qβ | 14 | 455 | 56.878 | 13.17 | 0.232 | 0.820 | 11.895 | 1.724 | 0.145 | 0.971 | 6.937 | 3.68 | 0.53 | 2.004 | 5.497 | 3.402 | 0.619 | 2.136 | 3.532 | 2.909 | 0.824 | 3.298 | 2.554 | 1.029 | 0.403 | 0.827 | 2.955 | 1.098 | 0.371 | 1.168 | 1.484 | 0.921 | 0.62 | 1.003 |
| 白垩纪酸性岩 | Kγ | 15 | 779 | 72.241 | 5.908 | 0.082 | 1.042 | 12.508 | 1.787 | 0.143 | 1.021 | 2.457 | 2.133 | 0.868 | 0.710 | 1.603 | 1.927 | 1.202 | 0.623 | 0.629 | 1.282 | 2.038 | 0.587 | 3.622 | 0.915 | 0.253 | 1.172 | 3.143 | 0.777 | 0.247 | 1.242 | 0.814 | 0.947 | 1.162 | 0.550 |
| 白垩纪碱性岩 | Kξ | 16 | 34 | 64.24 | 3.564 | 0.055 | 0.926 | 15.593 | 1.246 | 0.08 | 1.272 | 4.438 | 0.973 | 0.219 | 1.282 | 0.915 | 0.335 | 0.366 | 0.356 | 0.915 | 0.381 | 0.417 | 0.854 | 3.47 | 0.626 | 0.18 | 1.123 | 1.936 | 0.548 | 0.283 | 0.765 | 1.488 | 0.534 | 0.359 | 1.005 |
| 侏罗纪酸性岩 | Jγ | 17 | 7242 | 70.25 | 5.62 | 0.08 | 1.013 | 12.678 | 1.853 | 0.146 | 1.034 | 2.846 | 1.554 | 0.546 | 0.822 | 1.472 | 1.491 | 1.012 | 0.572 | 0.684 | 0.634 | 0.926 | 0.639 | 3.494 | 0.784 | 0.224 | 1.131 | 2.788 | 1.007 | 0.361 | 1.102 | 1.199 | 9.893 | 8.25 | 0.810 |
| 侏罗纪中性岩 | Jδ | 18 | 269 | 67.752 | 5.157 | 0.076 | 0.977 | 12.715 | 1.695 | 0.133 | 1.037 | 3.374 | 1.123 | 0.333 | 0.975 | 2.179 | 1.522 | 0.698 | 0.847 | 1.071 | 0.774 | 0.722 | 1.000 | 3.185 | 0.697 | 0.219 | 1.031 | 2.414 | 0.875 | 0.363 | 0.954 | 1.166 | 2.171 | 1.863 | 0.788 |
| 侏罗纪碱性岩 | Jξ | 19 | 262 | 72.824 | 3.834 | 0.053 | 1.050 | 12.696 | 1.211 | 0.095 | 1.036 | 1.851 | 1.272 | 0.687 | 0.535 | 1.201 | 1.039 | 0.866 | 0.467 | 0.486 | 0.509 | 1.048 | 0.454 | 3.783 | 0.712 | 0.188 | 1.224 | 2.989 | 0.633 | 0.212 | 1.181 | 0.667 | 0.375 | 0.562 | 0.451 |
| 三叠纪酸性岩 | Tγ | 20 | 3040 | 70.436 | 6.234 | 0.089 | 1.016 | 13.032 | 2.05 | 0.157 | 1.063 | 2.615 | 1.817 | 0.695 | 0.756 | 1.95 | 1.814 | 0.93 | 0.758 | 0.689 | 0.793 | 1.151 | 0.643 | 3.555 | 0.916 | 0.258 | 1.150 | 3.124 | 0.78 | 0.25 | 1.235 | 2.02 | 15.259 | 7.555 | 1.365 |
| 二叠纪酸性岩 | Pγ | 21 | 11 153 | 70.512 | 5.759 | 0.082 | 1.017 | 13.12 | 2.16 | 0.165 | 1.070 | 2.508 | 1.604 | 0.639 | 0.725 | 2.035 | 1.86 | 0.914 | 0.791 | 0.707 | 0.729 | 1.03 | 0.660 | 3.47 | 0.941 | 0.271 | 1.123 | 3.186 | 0.994 | 0.312 | 1.259 | 1.427 | 5.992 | 4.198 | 0.964 |
| 二叠纪中性岩 | Pδ | 22 | 664 | 68.592 | 7.968 | 0.116 | 0.989 | 12.834 | 2.406 | 0.187 | 1.047 | 3.69 | 2.045 | 0.554 | 1.066 | 3.009 | 2.949 | 0.98 | 1.169 | 1.487 | 1.486 | 0.999 | 1.388 | 2.559 | 0.909 | 0.355 | 0.828 | 2.911 | 0.929 | 0.319 | 1.151 | 1.342 | 0.969 | 0.722 | 0.907 |
| 石炭纪酸性岩 | Cγ | 23 | 5721 | 69.662 | 6.314 | 0.091 | 1.005 | 13.374 | 2.291 | 0.171 | 1.091 | 2.878 | 1.842 | 0.64 | 0.832 | 1.887 | 1.572 | 0.833 | 0.733 | 0.842 | 0.892 | 1.059 | 0.786 | 3.354 | 0.98 | 0.292 | 1.085 | 2.933 | 0.881 | 0.3 | 1.159 | 1.59 | 7.804 | 4.909 | 1.074 |
| 石炭纪中性岩 | Cδ | 24 | 749 | 68.778 | 6.388 | 0.093 | 0.992 | 13.354 | 2.329 | 0.174 | 1.090 | 3.017 | 1.534 | 0.508 | 0.872 | 3.806 | 2.445 | 0.643 | 1.479 | 1.09 | 0.942 | 0.865 | 1.018 | 2.664 | 0.841 | 0.316 | 0.862 | 3.175 | 0.912 | 0.287 | 1.255 | 1.678 | 4.72 | 2.813 | 1.134 |
| 石炭纪基性岩 | Cν | 25 | 206 | 64.856 | 8.76 | 0.135 | 0.935 | 13.567 | 2.638 | 0.194 | 1.107 | 4.35 | 2.12 | 0.487 | 1.257 | 4.854 | 2.822 | 0.581 | 1.887 | 2.385 | 2.4 | 1.007 | 2.227 | 2.194 | 1.083 | 0.494 | 0.710 | 3.207 | 0.948 | 0.296 | 1.268 | 1.173 | 0.811 | 0.692 | 0.793 |
| 石炭纪超基性岩 | CΣ | 26 | 77 | 57.524 | 12.11 | 0.211 | 0.830 | 8.876 | 4.424 | 0.498 | 0.724 | 4.913 | 1.773 | 0.361 | 1.420 | 6.507 | 3.47 | 0.533 | 2.529 | 7.868 | 8.461 | 1.075 | 7.346 | 1.612 | 1.077 | 0.668 | 0.522 | 2.709 | 4.141 | 1.528 | 1.071 | 1.532 | 0.949 | 0.62 | 1.035 |
| 泥盆纪酸性岩 | Dγ | 27 | 340 | 65.983 | 6.834 | 0.104 | 0.952 | 14.240 | 2.825 | 0.198 | 1.102 | 4.33 | 1.851 | 0.428 | 1.251 | 1.719 | 1.807 | 1.052 | 0.008 | 1.354 | 1.484 | 1.096 | 1.264 | 3.016 | 0.693 | 0.23 | 0.976 | 2.473 | 0.89 | 0.36 | 0.977 | 4.763 | 35.624 | 7.479 | 3.218 |
| 泥盆纪超基性岩 | DΣ | 28 | 59 | 63.674 | 15.154 | 0.238 | 0.918 | 8.204 | 4.094 | 0.499 | 0.669 | 4.761 | 2.909 | 0.611 | 1.376 | 3.157 | 3.524 | 1.116 | 1.227 | 9.015 | 11.871 | 1.317 | 8.417 | 1.912 | 1.588 | 0.83 | 0.619 | 1.504 | 0.996 | 0.662 | 0.594 | 1.621 | 1.318 | 0.813 | 1.095 |
| 志留纪酸性岩 | Sγ | 29 | 267 | 69.201 | 7.35 | 0.106 | 0.998 | 11.887 | 2.026 | 0.17 | 0.970 | 1.956 | 0.97 | 0.496 | 0.565 | 4.459 | 3.887 | 0.872 | 1.733 | 0.859 | 1.164 | 1.355 | 0.802 | 3.399 | 0.854 | 0.251 | 1.100 | 3.11 | 0.884 | 0.284 | 1.229 | 1.156 | 1.141 | 0.987 | 0.781 |
| 奥陶纪中性岩 | Oδ | 30 | 58 | 66.768 | 3.425 | 0.051 | 0.963 | 15.188 | 1.363 | 0.09 | 1.239 | 3.718 | 1.183 | 0.318 | 1.074 | 3.946 | 1.113 | 0.282 | 1.534 | 1.528 | 0.714 | 0.467 | 1.427 | 2.325 | 0.801 | 0.344 | 0.752 | 3.652 | 0.422 | 0.116 | 1.443 | 0.802 | 1.209 | 1.508 | 0.542 |
| 元古宙酸性岩 | Ptγ | 31 | 1874 | 68.495 | 4.984 | 0.073 | 0.988 | 13.584 | 1.715 | 0.126 | 1.108 | 3.219 | 1.867 | 0.58 | 0.930 | 1.697 | 1.177 | 0.694 | 0.660 | 0.709 | 0.552 | 0.779 | 0.662 | 3.679 | 0.887 | 0.241 | 1.191 | 3.024 | 0.872 | 0.288 | 1.195 | 2.867 | 38.446 | 13.411 | 1.937 |
| 元古宙中性岩 | Ptδ | 32 | 367 | 65.514 | 5.689 | 0.087 | 0.945 | 14.166 | 1.728 | 0.122 | 1.156 | 4.347 | 1.925 | 0.443 | 1.256 | 3.073 | 1.625 | 0.529 | 1.194 | 1.615 | 1.184 | 0.733 | 1.508 | 2.692 | 1.09 | 0.405 | 0.871 | 3.374 | 0.856 | 0.254 | 1.334 | 2.538 | 18.51 | 0.294 | 1.715 |
| 元古宙基性岩 | Ptν | 33 | 70 | 68.366 | 5.267 | 0.077 | 0.986 | 13.233 | 2.03 | 0.153 | 1.080 | 2.998 | 1.702 | 0.568 | 0.866 | 4.283 | 2.014 | 0.47 | 1.665 | 0.991 | 0.879 | 0.887 | 0.925 | 3.184 | 0.889 | 0.279 | 1.030 | 3.273 | 0.744 | 0.227 | 1.294 | 1.152 | 1.111 | 0.964 | 0.778 |
| 元古宙变质深成侵入体 | Ptgn | 34 | 121 | 66.687 | 5.356 | 0.08 | 0.962 | 13.209 | 1.393 | 0.105 | 1.078 | 3.19 | 1.788 | 0.56 | 0.922 | 2.342 | 1.78 | 0.76 | 0.910 | 0.964 | 1.282 | 1.33 | 0.900 | 3.311 | 0.891 | 0.269 | 1.072 | 3.168 | 0.814 | 0.257 | 1.252 | 1.437 | 1.136 | 0.79 | 0.971 |
| 太古宙变质深成侵入体 | Argn | 35 | 668 | 67.264 | 5.402 | 0.08 | 0.970 | 12.964 | 1.956 | 0.151 | 1.058 | 5.235 | 3.086 | 0.59 | 1.513 | 2.602 | 1.694 | 0.651 | 1.011 | 1.53 | 1.343 | 0.877 | 1.429 | 3.199 | 0.803 | 0.251 | 1.035 | 2.316 | 0.954 | 0.412 | 0.915 | 1.467 | 2.066 | 1.408 | 0.991 |
| 全测区 | | | 123 418 | 69.339 | 8.201 | 0.118 | | 12.256 | 2.69 | 0.219 | | 3.461 | 2.221 | 0.642 | | 2.573 | 3.027 | 1.176 | | 1.071 | 1.34 | 1.251 | | 3.09 | 0.98 | 0.317 | | 2.53 | 0.981 | 0.388 | | 1.48 | 10.313 | 6.966 | |
| 地壳克拉克值 | 中国干旱荒漠区水系背景值 | | | 70.6 | | 61.92 | | 13.5 | | 11.16 | | 5.43 | | 3.73 | | 1.92 | | 4.49 | | 1.04 | | 1.69 | | 1.64 | | 2.94 | | 0.85 | | 2.57 | | | | 1.23 | |
| $C_1$ | $C_2$ | | | 0.98 | | 1.12 | | 0.91 | | 1.10 | | 0.64 | | 0.93 | | 1.34 | | 0.57 | | 1.03 | | 0.63 | | 1.88 | | 1.05 | | 2.98 | | 0.98 | | | | 1.20 | |

**续表 5-18**

| 地质单元 | 代号 | 序号 | 样品数 | Sb | | | | Hg | | | | Ag | | | | Cu | | | | Pb | | | | Zn | | | | Cd | | | |
|---|---|---|---|---|---|---|---|---|---|---|---|---|---|---|---|---|---|---|---|---|---|---|---|---|---|---|---|---|---|---|---|
| | | | | X | S | $C_v$ | $C_3$ | X | S | $C_v$ | $C_3$ | X | S | $C_v$ | $C_3$ | X | S | $C_v$ | $C_3$ | X | S | $C_v$ | $C_3$ | X | S | $C_v$ | $C_3$ | X | S | $C_v$ | $C_3$ |
| 第四系 | Q | 1 | 13 542 | 0.608 | 1.245 | 2.046 | 0.871 | 19.226 | 144.581 | 7.52 | 1.058 | 68.531 | 126.029 | 1.839 | 0.859 | 14.875 | 13.972 | 0.939 | 1.027 | 18.73 | 56.002 | 2.99 | 0.892 | 48.467 | 58.398 | 1.205 | 0.933 | 90.483 | 205.295 | 2.269 | 0.991 |
| 第三系 | N+E | 2 | 15 933 | 0.73 | 25.469 | 34.895 | 1.046 | 16.259 | 95.456 | 5.871 | 0.894 | 68.89 | 52.596 | 0.763 | 0.864 | 14.498 | 12.369 | 0.853 | 1.001 | 15.749 | 10.692 | 0.679 | 0.750 | 42.827 | 29.522 | 0.689 | 0.824 | 81.155 | 79.365 | 0.978 | 0.889 |
| 白垩系 | K | 3 | 17 361 | 0.845 | 2.714 | 3.21 | 1.211 | 17.998 | 101.361 | 5.632 | 0.990 | 69.091 | 83.466 | 1.208 | 0.866 | 12.951 | 10.99 | 0.849 | 0.894 | 20.327 | 14.245 | 0.701 | 0.968 | 48.335 | 35.126 | 0.727 | 0.930 | 86.257 | 77.165 | 0.895 | 0.944 |
| 侏罗系 | J | 4 | 18 921 | 0.725 | 2.68 | 3.697 | 1.039 | 20.137 | 116.406 | 5.781 | 1.108 | 101.902 | 474.573 | 4.657 | 1.277 | 12.644 | 10.846 | 0.858 | 0.873 | 26.579 | 72.882 | 2.742 | 1.266 | 67.83 | 85.194 | 1.256 | 1.306 | 99.013 | 358.95 | 3.625 | 1.084 |
| 三叠系 | T | 5 | 82 | 1.675 | 4.533 | 2.707 | 2.400 | 25.394 | 30.299 | 1.193 | 1.397 | 53.049 | 22.536 | 0.425 | 0.665 | 12.315 | 5.807 | 0.472 | 0.851 | 14.017 | 2.95 | 0.21 | 0.668 | 35.143 | 10.187 | 0.29 | 0.676 | 116.951 | 59.206 | 0.506 | 1.280 |
| 二叠系 | P | 6 | 7376 | 1.42 | 6.631 | 4.67 | 2.034 | 24.104 | 132.514 | 5.498 | 1.326 | 124.689 | 1 216.416 | 9.756 | 1.563 | 20.808 | 48.072 | 2.31 | 1.437 | 24.355 | 38.597 | 1.585 | 1.160 | 73.656 | 119.412 | 1.621 | 1.418 | 120.176 | 224.771 | 1.87 | 1.316 |
| 石炭系 | C | 7 | 3896 | 0.944 | 2.439 | 2.584 | 1.352 | 26.624 | 182.536 | 6.856 | 1.465 | 77.234 | 84.757 | 1.097 | 0.968 | 16.723 | 17.676 | 1.057 | 1.155 | 16.988 | 11.462 | 0.675 | 0.809 | 53.679 | 30.821 | 0.574 | 1.033 | 98.964 | 80.606 | 0.815 | 1.084 |
| 泥盆系 | D | 8 | 1365 | 0.807 | 1.638 | 2.03 | 1.156 | 19.227 | 46.653 | 2.426 | 1.058 | 75.588 | 62.802 | 0.831 | 0.948 | 16.424 | 11.86 | 0.722 | 1.134 | 18.445 | 8.878 | 0.481 | 0.879 | 51.38 | 27.203 | 0.529 | 0.989 | 95.259 | 66.776 | 0.701 | 1.043 |
| 志留系 | S | 9 | 489 | 0.994 | 0.902 | 0.908 | 1.424 | 15.235 | 9.888 | 0.649 | 0.838 | 78.884 | 66.872 | 0.848 | 0.989 | 24.347 | 26.633 | 1.094 | 1.682 | 17.386 | 10.552 | 0.607 | 0.828 | 56.86 | 22.866 | 0.402 | 1.094 | 147.529 | 133.499 | 0.905 | 1.615 |
| 奥陶系 | O | 10 | 1603 | 1.114 | 2.709 | 2.432 | 1.596 | 17.174 | 34.757 | 2.024 | 0.945 | 106.427 | 1 458.394 | 13.703 | 1.334 | 23.614 | 49.38 | 2.091 | 1.631 | 18.815 | 37.054 | 1.969 | 0.896 | 61.799 | 60.347 | 0.977 | 1.190 | 121.971 | 310.807 | 2.548 | 1.335 |
| 震旦系 | Z | 11 | 187 | 1.733 | 5.886 | 3.396 | 2.483 | 26.94 | 45.346 | 1.683 | 1.482 | 87.064 | 84.373 | 0.969 | 1.091 | 23.536 | 37.668 | 1.6 | 1.626 | 25.47 | 29.243 | 1.148 | 1.213 | 58.125 | 47.247 | 0.813 | 1.119 | 134.495 | 149.935 | 1.115 | 1.473 |
| 元古宇 | Pt | 12 | 4581 | 0.947 | 2.341 | 2.472 | 1.357 | 18.983 | 71.641 | 3.774 | 1.044 | 69.009 | 75.155 | 1.089 | 0.865 | 19.861 | 35.694 | 1.797 | 1.372 | 21.453 | 17.993 | 0.839 | 1.022 | 49.225 | 39.436 | 0.801 | 0.947 | 106.007 | 183.877 | 1.735 | 1.161 |
| 太古宇 | Ar | 13 | 4581 | 0.229 | 0.531 | 2.319 | 0.328 | 14.265 | 14.049 | 0.985 | 0.785 | 72.761 | 0.645 | 0.559 | 0.912 | 19.493 | 10.554 | 0.541 | 1.346 | 18.409 | 8.642 | 0.469 | 0.877 | 53.952 | 23.864 | 0.442 | 1.038 | 80.007 | 73.204 | 0.915 | 0.876 |
| 第四纪玄武岩 | Qβ | 14 | 455 | 0.363 | 0.503 | 1.386 | 0.520 | 14.231 | 20.745 | 1.458 | 0.783 | 52.756 | 22.201 | 0.421 | 0.661 | 31.779 | 21.082 | 0.663 | 2.195 | 12.378 | 6.886 | 0.556 | 0.590 | 81.148 | 39.856 | 0.491 | 1.562 | 87.783 | 40.977 | 0.467 | 0.961 |
| 白垩纪酸性岩 | Kγ | 15 | 779 | 0.494 | 0.51 | 1.033 | 0.708 | 6.427 | 4.997 | 0.777 | 0.354 | 90.303 | 99.627 | 1.103 | 1.132 | 10.348 | 10.864 | 1.05 | 0.715 | 22.037 | 18.112 | 0.822 | 1.050 | 57.437 | 142.519 | 2.481 | 1.106 | 86.191 | 208.266 | 2.416 | 0.944 |
| 白垩纪碱性岩 | Kξ | 16 | 34 | 0.474 | 0.268 | 0.566 | 0.679 | 22.8 | 10.984 | 0.482 | 1.254 | 96.176 | 62.426 | 0.649 | 1.206 | 13.426 | 4.256 | 0.317 | 0.927 | 28.853 | 18.487 | 0.641 | 1.374 | 80.112 | 51.189 | 0.639 | 1.542 | 82.647 | 46.6 | 0.564 | 0.905 |
| 侏罗纪酸性岩 | Jγ | 17 | 7242 | 0.496 | 0.857 | 1.728 | 0.711 | 13.877 | 37.533 | 2.705 | 0.763 | 93.727 | 307.051 | 3.276 | 1.175 | 12.435 | 35.131 | 2.825 | 0.859 | 23.196 | 32.15 | 1.386 | 1.105 | 50.952 | 47.538 | 0.933 | 0.981 | 95.348 | 227.953 | 2.391 | 1.044 |
| 侏罗纪中性岩 | Jδ | 18 | 269 | 0.591 | 0.417 | 0.706 | 0.847 | 18.15 | 16.975 | 0.935 | 0.999 | 93.333 | 337.352 | 3.615 | 1.170 | 13.652 | 6.191 | 0.453 | 0.943 | 21.449 | 5.397 | 0.252 | 1.022 | 51.786 | 13.417 | 0.259 | 0.997 | 80.918 | 34.348 | 0.424 | 0.886 |
| 侏罗纪碱性岩 | Jξ | 19 | 262 | 0.206 | 0.287 | 1.392 | 0.295 | 9.601 | 9.084 | 0.946 | 0.528 | 60.252 | 40.038 | 0.665 | 0.755 | 7.535 | 7.412 | 0.984 | 0.520 | 25.291 | 9.346 | 0.37 | 1.205 | 37.432 | 26.74 | 0.714 | 0.720 | 63.595 | 62.819 | 0.988 | 0.696 |
| 三叠纪酸性岩 | Tγ | 20 | 3040 | 0.365 | 1.381 | 3.781 | 0.523 | 16.407 | 24.948 | 1.521 | 0.903 | 65.165 | 51.369 | 0.788 | 0.817 | 10.795 | 15.525 | 1.438 | 0.746 | 21.4 | 8.027 | 0.375 | 1.019 | 39.074 | 26.944 | 0.69 | 0.752 | 67.305 | 49.685 | 0.738 | 0.737 |
| 二叠纪酸性岩 | Pγ | 21 | 11 153 | 0.386 | 0.804 | 2.085 | 0.553 | 11.714 | 13.001 | 1.11 | 0.644 | 70.658 | 111.305 | 1.575 | 0.886 | 10.799 | 10.745 | 0.995 | 0.746 | 21.321 | 50.289 | 2.359 | 1.016 | 39.427 | 48.731 | 1.236 | 0.759 | 83.288 | 430.138 | 5.164 | 0.912 |
| 二叠纪中性岩 | Pδ | 22 | 664 | 0.532 | 0.99 | 1.859 | 0.762 | 18.56 | 40.082 | 2.16 | 1.021 | 78.603 | 181.574 | 2.31 | 0.985 | 16.826 | 19.474 | 1.157 | 1.162 | 19.196 | 44.489 | 2.318 | 0.914 | 55.582 | 83.531 | 1.503 | 1.070 | 89.785 | 207.796 | 2.314 | 0.983 |
| 石炭纪酸性岩 | Cγ | 23 | 5721 | 0.349 | 0.443 | 1.269 | 0.500 | 13.382 | 15.559 | 1.163 | 0.736 | 63.669 | 59.466 | 0.934 | 0.798 | 13.334 | 14.571 | 1.093 | 0.921 | 22.419 | 20.506 | 0.915 | 1.068 | 44.537 | 31.941 | 0.717 | 0.857 | 79.973 | 70.172 | 0.877 | 0.876 |
| 石炭纪中性岩 | Cδ | 24 | 749 | 0.786 | 12.042 | 15.321 | 1.126 | 12.388 | 9.149 | 0.739 | 0.682 | 61.363 | 61.273 | 0.999 | 0.769 | 13.206 | 8.122 | 0.615 | 0.912 | 15.867 | 6.58 | 0.415 | 0.756 | 39.849 | 21.275 | 0.534 | 0.767 | 73.673 | 42.524 | 0.577 | 0.807 |
| 石炭纪基性岩 | Cν | 25 | 206 | 0.588 | 1.796 | 3.057 | 0.842 | 14.481 | 23.865 | 1.648 | 0.797 | 57.282 | 34.277 | 0.598 | 0.718 | 19.417 | 14.863 | 0.765 | 1.341 | 14.806 | 6.514 | 0.44 | 0.705 | 52.421 | 23.761 | 0.453 | 1.009 | 88.359 | 44.125 | 0.499 | 0.967 |
| 石炭纪超基性岩 | CΣ | 26 | 77 | 1.265 | 2.353 | 1.86 | 1.812 | 34.525 | 66.403 | 1.923 | 1.899 | 46.168 | 21.5 | 0.466 | 0.579 | 19.281 | 8.913 | 0.462 | 1.332 | 12.921 | 6.1 | 0.472 | 0.615 | 49.202 | 22.738 | 0.462 | 0.947 | 99.5 | 29.371 | 0.295 | 1.089 |
| 泥盆纪酸性岩 | Dγ | 27 | 340 | 0.516 | 0.449 | 0.87 | 0.739 | 65.673 | 200.274 | 3.05 | 3.613 | 83.969 | 188.7 | 2.247 | 1.053 | 20.435 | 16.069 | 0.786 | 1.411 | 21.95 | 9.963 | 0.454 | 1.045 | 60.843 | 32.125 | 0.528 | 1.171 | 64.135 | 37.681 | 0.588 | 0.702 |
| 泥盆纪超基性岩 | DΣ | 28 | 59 | 1.639 | 4.284 | 2.614 | 2.348 | 17.193 | 19.951 | 1.16 | 0.946 | 173.527 | 884.424 | 5.097 | 2.175 | 22.442 | 16.195 | 0.722 | 1.550 | 21.922 | 71.995 | 3.284 | 1.044 | 51.627 | 76.291 | 1.478 | 0.994 | 103.408 | 238.665 | 2.308 | 1.132 |
| 志留纪酸性岩 | Sγ | 29 | 267 | 0.973 | 4.456 | 4.58 | 1.394 | 11.413 | 9.749 | 0.854 | 0.628 | 47.912 | 25.263 | 0.527 | 0.601 | 9.553 | 7.371 | 0.772 | 0.660 | 21.783 | 7.571 | 0.348 | 1.038 | 28.705 | 12.153 | 0.423 | 0.553 | 81.684 | 56.289 | 0.689 | 0.894 |
| 奥陶纪中性岩 | Oδ | 30 | 58 | 0.244 | 0.285 | 1.167 | 0.350 | 17.304 | 9.776 | 0.565 | 0.952 | 88.621 | 143.129 | 1.615 | 1.111 | 14.674 | 5.57 | 0.38 | 1.013 | 17.79 | 5.184 | 0.291 | 0.847 | 51.609 | 20.79 | 0.403 | 0.993 | 64.138 | 34.794 | 0.542 | 0.702 |
| 元古宙酸性岩 | Ptγ | 31 | 1874 | 0.419 | 1.599 | 3.813 | 0.600 | 47.86 | 317.688 | 6.638 | 2.633 | 61.442 | 153.178 | 2.493 | 0.770 | 12.275 | 19.619 | 1.598 | 0.848 | 23.725 | 13.502 | 0.569 | 1.130 | 47.609 | 74.089 | 1.556 | 0.916 | 89.05 | 139.642 | 1.568 | 0.975 |
| 元古宙中性岩 | Ptδ | 32 | 367 | 0.297 | 0.329 | 1.108 | 0.426 | 28.384 | 171.924 | 6.057 | 1.562 | 75.06 | 37.694 | 0.502 | 0.941 | 19.339 | 14.891 | 0.77 | 1.336 | 17.841 | 7.959 | 0.446 | 0.850 | 51.597 | 26.082 | 0.505 | 0.993 | 66.185 | 34.127 | 0.516 | 0.725 |
| 元古宙基性岩 | Ptν | 33 | 70 | 0.302 | 0.519 | 1.716 | 0.433 | 8.629 | 1.999 | 0.232 | 0.475 | 47.5 | 28.523 | 0.6 | 0.595 | 11.558 | 5.969 | 0.516 | 0.798 | 15.723 | 4.581 | 0.291 | 0.749 | 38.535 | 17.78 | 0.461 | 0.742 | 73.5 | 37.06 | 0.504 | 0.805 |
| 元古宙变质深成侵入体 | Ptgn | 34 | 121 | 0.225 | 0.292 | 1.3 | 0.322 | 14.995 | 11.03 | 0.736 | 0.825 | 54.157 | 29.73 | 0.549 | 0.679 | 13.308 | 13.424 | 1.009 | 0.919 | 21.69 | 10.921 | 0.503 | 1.033 | 43.972 | 30.227 | 0.687 | 0.846 | 98.017 | 105.369 | 1.075 | 1.073 |
| 太古宙变质深成侵入体 | Argn | 35 | 668 | 0.229 | 0.175 | 0.764 | 0.328 | 11.141 | 7.618 | 0.684 | 0.613 | 82.183 | 162.518 | 1.978 | 1.030 | 18.546 | 9.665 | 0.521 | 1.281 | 20.764 | 10.234 | 0.493 | 0.989 | 56.719 | 22.786 | 0.402 | 1.092 | 92.283 | 48.633 | 0.527 | 1.010 |
| 全测区 | | | 123 418 | 0.698 | 9.484 | 13.588 | | 18.177 | 106.002 | 5.832 | | 79.769 | 405.453 | 5.083 | | 14.479 | 21.012 | 1.451 | | 20.995 | 41.001 | 1.953 | | 51.953 | 60.065 | 1.156 | | 91.336 | 231.246 | 2.532 | |
| 地壳克拉克值 | | 中国干旱荒漠区水系背景值 | | | | 0.49 | | 10 | | 13.67 | | 0.1 | | 0.06 | | 20 | | 20.67 | | 10 | | 14.38 | | 50 | | 51.78 | | 0.1 | | 0.11 | |
| $C_1$ | | $C_2$ | | | | 1.42 | | 1.82 | | 1.33 | | 0.80 | | 1.33 | | 0.72 | | 0.70 | | 2.10 | | 1.46 | | 1.04 | | 1.00 | | 0.91 | | 0.83 | |

**续表 5-18**

| 地质单元 | 代号 | 序号 | 样品数 | W | | | | Sn | | | | Mo | | | | Bi | | | | Co | | | | Cr | | | | Ni | | | | Ti | | | |
|---|---|---|---|---|---|---|---|---|---|---|---|---|---|---|---|---|---|---|---|---|---|---|---|---|---|---|---|---|---|---|---|---|---|---|---|
| | | | | X | S | $C_v$ | $C_3$ | X | S | $C_v$ | $C_3$ | X | S | $C_v$ | $C_3$ | X | S | $C_v$ | $C_3$ | X | S | $C_v$ | $C_3$ | X | S | $C_v$ | $C_3$ | X | S | $C_v$ | $C_3$ | X | S | $C_v$ | $C_3$ |
| 第四系 | Q | 1 | 13 542 | 1.452 | 8.066 | 5.554 | 0.999 | 2.496 | 3.87 | 1.551 | 1.113 | 0.943 | 1.871 | 1.984 | 0.825 | 0.215 | 0.324 | 1.507 | 0.734 | 13.665 | 113.273 | 8.289 | 1.398 | 53.883 | 180.337 | 3.347 | 1.312 | 23.086 | 66.911 | 2.898 | 1.286 | 3 161.776 | 2 930.999 | 0.927 | 1.089 |
| 第三系 | N+E | 2 | 15 933 | 1.076 | 1.48 | 1.375 | 0.740 | 2.267 | 7.647 | 3.373 | 0.695 | 0.867 | 0.765 | 0.883 | 0.759 | 0.188 | 0.349 | 1.855 | 0.642 | 9.429 | 10.691 | 1.134 | 0.965 | 49.336 | 46.749 | 0.948 | 1.202 | 23.285 | 35.4 | 1.52 | 1.297 | 3 294.961 | 3 186.679 | 0.967 | 1.135 |
| 白垩系 | K | 3 | 17 361 | 1.347 | 3.613 | 2.683 | 0.926 | 2.306 | 1.484 | 0.643 | 1.540 | 1.228 | 1.538 | 1.252 | 1.074 | 0.214 | 0.292 | 1.366 | 0.730 | 10.738 | 36.811 | 3.428 | 1.098 | 36.386 | 62.926 | 1.729 | 0.886 | 17.584 | 41.975 | 2.387 | 0.979 | 3 121.723 | 2 697.739 | 0.864 | 1.075 |
| 侏罗系 | J | 4 | 18 921 | 1.782 | 1.476 | 0.828 | 1.226 | 2.994 | 5.773 | 1.928 | 1.098 | 1.599 | 2.227 | 1.392 | 1.399 | 0.337 | 5.007 | 14.846 | 1.150 | 8.977 | 8.673 | 0.966 | 0.918 | 33.126 | 35.441 | 1.07 | 0.807 | 13.739 | 16.552 | 1.205 | 0.765 | 3 163.291 | 1 829.366 | 0.578 | 1.089 |
| 三叠系 | T | 5 | 82 | 1.061 | 0.422 | 0.398 | 0.730 | 1.87 | 0.328 | 0.176 | 1.028 | 0.846 | 0.389 | 0.46 | 0.740 | 0.166 | 0.045 | 0.273 | 0.567 | 5.924 | 2.131 | 0.36 | 0.606 | 31.64 | 12.263 | 0.388 | 0.771 | 13.552 | 5.925 | 0.437 | 0.755 | 1 907.28 | 540.795 | 0.284 | 0.657 |
| 二叠系 | P | 6 | 7376 | 2.167 | 11.944 | 5.512 | 1.490 | 4.143 | 18.031 | 4.352 | 0.920 | 1.183 | 2.199 | 1.858 | 1.035 | 0.671 | 5.179 | 7.722 | 2.290 | 9.234 | 5.92 | 0.641 | 0.945 | 43.093 | 36.717 | 0.852 | 1.049 | 21.008 | 18.106 | 0.862 | 1.170 | 2 998.234 | 1 399.347 | 0.467 | 1.033 |
| 石炭系 | C | 7 | 3876 | 1.495 | 1.307 | 0.875 | 1.028 | 2.956 | 10.302 | 3.485 | 0.958 | 1.049 | 0.891 | 0.849 | 0.918 | 0.294 | 0.981 | 3.34 | 1.003 | 7.96 | 5.055 | 0.635 | 0.814 | 40.825 | 51.424 | 1.26 | 0.994 | 17.307 | 41.216 | 2.382 | 0.964 | 2 781.478 | 1 386.522 | 0.498 | 0.958 |
| 泥盆系 | D | 8 | 1365 | 1.751 | 1.544 | 0.881 | 1.204 | 2.766 | 1.504 | 0.544 | 1.317 | 1.085 | 1.001 | 0.922 | 0.949 | 0.305 | 0.723 | 2.373 | 1.041 | 9.976 | 8.023 | 0.804 | 1.020 | 46.298 | 64.567 | 1.395 | 1.128 | 17.905 | 49.5 | 2.765 | 0.997 | 2 976.789 | 1 421.907 | 0.478 | 1.025 |
| 志留系 | S | 9 | 489 | 1.379 | 1.686 | 1.223 | 0.948 | 2.476 | 1.118 | 0.452 | 1.009 | 1.257 | 0.968 | 0.77 | 1.100 | 0.238 | 0.239 | 1.006 | 0.812 | 10.135 | 6.802 | 0.671 | 1.037 | 47.543 | 38.385 | 0.807 | 1.158 | 21.428 | 24.816 | 1.158 | 1.193 | 3 105.61 | 1 432.787 | 0.461 | 1.070 |
| 奥陶系 | O | 10 | 1603 | 1.659 | 1.521 | 0.917 | 1.141 | 2.577 | 2.056 | 0.798 | 0.656 | 1.411 | 6.041 | 4.282 | 1.234 | 0.301 | 0.541 | 1.797 | 1.027 | 9.776 | 5.361 | 0.548 | 1.000 | 61.355 | 60.2 | 0.981 | 1.494 | 23.167 | 19.849 | 0.857 | 1.290 | 3 171.82 | 1 349.304 | 0.425 | 1.092 |
| 震旦系 | Z | 11 | 187 | 1.964 | 2.223 | 1.132 | 1.351 | 3.544 | 5.243 | 1.48 | 1.084 | 1.237 | 1.203 | 0.973 | 1.082 | 0.346 | 0.44 | 1.273 | 1.181 | 9.609 | 8.176 | 0.851 | 0.983 | 57.928 | 51.674 | 0.892 | 1.411 | 20.847 | 20.916 | 1.003 | 1.161 | 2 738.262 | 2 122.414 | 0.775 | 0.943 |
| 元古宇 | Pt | 12 | 4581 | 1.61 | 3.298 | 2.049 | 1.107 | 2.716 | 2.872 | 1.057 | 1.027 | 1.235 | 2.596 | 2.102 | 1.080 | 0.329 | 0.799 | 2.426 | 1.123 | 9.94 | 33.135 | 3.334 | 1.017 | 47.494 | 57.441 | 1.209 | 1.157 | 17.78 | 24.894 | 1.4 | 0.990 | 2 644.757 | 1 561.269 | 0.59 | 0.911 |
| 太古宇 | Ar | 13 | 4581 | 0.886 | 9.453 | 10.674 | 0.609 | 1.764 | 0.805 | 0.456 | 1.227 | 0.621 | 0.79 | 1.272 | 0.543 | 0.168 | 0.33 | 1.96 | 0.573 | 11.968 | 7.254 | 0.606 | 1.224 | 67.427 | 51.583 | 0.765 | 1.642 | 21.619 | 15.652 | 0.724 | 1.204 | 3 352.843 | 2 063.86 | 0.616 | 1.155 |
| 第四纪玄武岩 | Qβ | 14 | 455 | 0.99 | 0.505 | 0.51 | 0.681 | 2.916 | 1.158 | 0.397 | 1.237 | 1.661 | 1.065 | 0.641 | 1.453 | 0.15 | 0.109 | 0.726 | 0.512 | 21.714 | 12.876 | 0.593 | 2.221 | 100.082 | 66.493 | 0.664 | 2.437 | 88.775 | 74.526 | 0.839 | 4.944 | 8 993.42 | 5 869.543 | 0.653 | 3.097 |
| 白垩纪酸性岩 | Kγ | 15 | 779 | 1.553 | 1.496 | 0.963 | 1.068 | 2.765 | 3.315 | 1.199 | 1.022 | 1.086 | 1.454 | 1.338 | 0.950 | 0.495 | 1.221 | 2.466 | 1.689 | 5.255 | 5.794 | 1.103 | 0.538 | 24.453 | 42.505 | 1.738 | 0.596 | 12.213 | 23.625 | 1.934 | 0.680 | 1 869.232 | 1 943.364 | 1.04 | 0.644 |
| 白垩纪碱性岩 | Kξ | 16 | 34 | 2.192 | 0.602 | 0.275 | 1.508 | 3.303 | 0.9 | 0.272 | 1.172 | 2.211 | 1.188 | 0.537 | 1.934 | 0.305 | 0.121 | 0.397 | 1.041 | 10.229 | 5.459 | 0.534 | 1.046 | 45.482 | 16.246 | 0.357 | 1.108 | 14.082 | 3.755 | 0.267 | 0.784 | 4 516.971 | 910.663 | 0.202 | 1.556 |
| 侏罗纪酸性岩 | Jγ | 17 | 7242 | 1.708 | 9.977 | 5.842 | 1.175 | 3.328 | 9.013 | 2.708 | 0.869 | 1.23 | 2.134 | 1.735 | 1.076 | 0.427 | 1.474 | 3.455 | 1.457 | 6.967 | 4.923 | 0.707 | 0.713 | 28.259 | 24.655 | 0.872 | 0.688 | 11.604 | 11.251 | 0.97 | 0.646 | 2 246.369 | 1 545.388 | 0.688 | 0.774 |
| 侏罗纪中性岩 | Jδ | 18 | 269 | 1.527 | 0.646 | 0.423 | 1.050 | 2.749 | 3.455 | 1.257 | 0.910 | 0.978 | 0.998 | 1.02 | 0.856 | 0.202 | 0.178 | 0.883 | 0.689 | 7.487 | 4.511 | 0.602 | 0.766 | 44.38 | 30.27 | 0.682 | 1.081 | 16.458 | 13.882 | 0.843 | 0.917 | 3 286.777 | 1 135.612 | 0.346 | 1.132 |
| 侏罗纪碱性岩 | Jξ | 19 | 262 | 1.04 | 1.054 | 1.013 | 0.715 | 3.155 | 3.439 | 1.09 | 0.981 | 0.66 | 0.532 | 0.806 | 0.577 | 0.518 | 1.21 | 2.335 | 1.768 | 5.287 | 3.236 | 0.612 | 0.541 | 15.56 | 18.424 | 1.184 | 0.379 | 7.361 | 9.423 | 1.28 | 0.410 | 1 627.014 | 1 146.452 | 0.705 | 0.560 |
| 三叠纪酸性岩 | Tγ | 20 | 3040 | 1.204 | 1.851 | 1.537 | 0.828 | 2.338 | 3.233 | 1.383 | 1.015 | 0.826 | 1.212 | 1.467 | 0.723 | 0.262 | 0.484 | 1.851 | 0.894 | 6.361 | 5.836 | 0.917 | 0.651 | 28.398 | 34.085 | 1.2 | 0.692 | 17.215 | 341.099 | 19.814 | 0.959 | 1 930.177 | 1 660.404 | 0.86 | 0.665 |
| 二叠纪酸性岩 | Pγ | 21 | 11 153 | 1.194 | 1.864 | 1.562 | 0.821 | 2.449 | 6.841 | 2.793 | 0.776 | 1.055 | 2.439 | 2.312 | 0.923 | 0.271 | 0.993 | 3.665 | 0.925 | 6.949 | 5.741 | 0.826 | 0.711 | 26.955 | 33.342 | 1.237 | 0.656 | 10.641 | 12.507 | 1.175 | 0.593 | 1 956.426 | 1 545.881 | 0.79 | 0.674 |
| 二叠纪中性岩 | Pδ | 22 | 664 | 1.188 | 1.801 | 1.516 | 0.817 | 2.64 | 3.177 | 1.203 | 3.059 | 0.781 | 0.829 | 1.061 | 0.683 | 0.277 | 0.799 | 2.881 | 0.945 | 10.236 | 9.212 | 0.9 | 1.047 | 48.647 | 51.883 | 1.067 | 1.185 | 18.427 | 24.25 | 1.316 | 1.026 | 3 127.946 | 2 044.925 | 0.654 | 1.077 |
| 石炭纪酸性岩 | Cγ | 23 | 5721 | 1.249 | 1.444 | 1.155 | 0.859 | 2.731 | 1.51 | 0.553 | 0.685 | 1.231 | 1.782 | 1.447 | 1.077 | 0.328 | 0.708 | 2.159 | 1.119 | 7.351 | 6.105 | 0.83 | 0.752 | 28.5 | 40.372 | 1.417 | 0.694 | 11.046 | 23.181 | 2.099 | 0.615 | 2 372.824 | 1 650.019 | 0.695 | 0.817 |
| 石炭纪中性岩 | Cδ | 24 | 749 | 0.858 | 0.679 | 0.791 | 0.590 | 2.087 | 0.896 | 0.429 | 1.230 | 0.705 | 0.636 | 0.901 | 0.617 | 0.226 | 0.494 | 2.191 | 0.771 | 7.172 | 4.705 | 0.656 | 0.734 | 31.449 | 33.133 | 1.054 | 0.766 | 10.894 | 15.5 | 1.423 | 0.607 | 2 194.771 | 1 194.391 | 0.544 | 0.756 |
| 石炭纪基性岩 | Cν | 25 | 206 | 2.945 | 14.691 | 4.988 | 2.025 | 8.232 | 56.788 | 6.898 | 0.784 | 0.734 | 1.122 | 1.528 | 0.642 | 0.491 | 1.886 | 3.839 | 1.676 | 11.741 | 8.527 | 0.726 | 1.201 | 67.45 | 75.331 | 1.117 | 1.643 | 24.697 | 37.535 | 1.52 | 1.375 | 3 602.873 | 2 427.915 | 0.674 | 1.241 |
| 石炭纪超基性岩 | CΣ | 26 | 77 | 1.567 | 3.394 | 2.166 | 1.078 | 1.843 | 0.843 | 0.457 | 0.842 | 1.004 | 1.198 | 1.193 | 0.878 | 0.224 | 0.157 | 0.701 | 0.765 | 17.736 | 11.388 | 0.642 | 1.814 | 287.221 | 395.735 | 1.378 | 6.995 | 367.008 | 527.312 | 1.437 | 20.439 | 2 203.079 | 1 303.874 | 0.592 | 0.759 |
| 泥盆纪酸性岩 | Dγ | 27 | 340 | 2.074 | 3.247 | 1.566 | 1.426 | 3.309 | 1.743 | 0.527 | 0.610 | 1.448 | 1.405 | 0.971 | 1.267 | 0.42 | 0.947 | 2.258 | 1.433 | 11.648 | 9.833 | 0.844 | 1.191 | 42.669 | 74.625 | 1.749 | 1.039 | 21.535 | 68.513 | 3.181 | 1.199 | 3 614.172 | 2 014.046 | 0.557 | 1.245 |
| 泥盆纪超基性岩 | DΣ | 28 | 59 | 1.378 | 1.677 | 1.217 | 0.948 | 2.109 | 0.916 | 0.434 | 1.104 | 0.893 | 0.611 | 0.685 | 0.781 | 0.145 | 0.109 | 0.753 | 0.495 | 527.666 | 1 062.44 | 2.013 | 53.976 | 962.431 | 2 074.731 | 2.156 | 23.439 | 368.668 | 566.81 | 1.537 | 20.532 | 1 777.036 | 1 364.413 | 0.768 | 0.612 |
| 志留纪酸性岩 | Sγ | 29 | 267 | 0.955 | 0.992 | 1.039 | 0.657 | 2.266 | 0.99 | 0.437 | 0.873 | 0.593 | 0.396 | 0.667 | 0.519 | 0.394 | 0.639 | 1.619 | 1.345 | 4.337 | 1.994 | 0.46 | 0.444 | 22.566 | 16.216 | 0.719 | 0.550 | 8.902 | 5.127 | 0.576 | 0.496 | 1 398.516 | 835.482 | 0.597 | 0.482 |
| 奥陶纪中性岩 | Oδ | 30 | 58 | 0.552 | 0.572 | 1.036 | 0.380 | 1.641 | 0.971 | 0.592 | 0.741 | 0.756 | 1.004 | 1.329 | 0.661 | 0.153 | 0.115 | 0.753 | 0.522 | 11.264 | 4.108 | 0.365 | 1.152 | 44.903 | 20.544 | 0.458 | 1.094 | 12.897 | 4.614 | 0.358 | 0.718 | 2 779.362 | 889.682 | 0.32 | 0.957 |
| 元古宙酸性岩 | Ptγ | 31 | 1874 | 1.757 | 4.147 | 2.36 | 1.208 | 2.97 | 2.123 | 0.715 | 1.022 | 1.116 | 0.888 | 0.796 | 0.976 | 0.233 | 0.298 | 1.28 | 0.795 | 7.269 | 5.066 | 0.697 | 0.744 | 34.896 | 29.744 | 0.852 | 0.850 | 11.715 | 8.946 | 0.764 | 0.652 | 2 623.903 | 1 772.484 | 0.676 | 0.904 |
| 元古宙中性岩 | Ptδ | 32 | 367 | 1.145 | 1.778 | 1.552 | 0.787 | 2.35 | 1.844 | 0.784 | 0.710 | 0.712 | 0.583 | 0.819 | 0.623 | 0.176 | 0.275 | 1.562 | 0.601 | 12.888 | 7.196 | 0.558 | 1.318 | 74.193 | 66.945 | 0.902 | 1.807 | 22.267 | 17.004 | 0.764 | 1.240 | 3 067.379 | 1 808.721 | 0.59 | 1.056 |
| 元古宙基性岩 | Ptν | 33 | 70 | 1.116 | 2.664 | 2.388 | 0.768 | 1.994 | 0.728 | 0.365 | 1.113 | 0.584 | 0.312 | 0.534 | 0.511 | 0.168 | 0.113 | 0.672 | 0.573 | 6.104 | 3.826 | 0.627 | 0.624 | 35.107 | 29.272 | 0.834 | 0.855 | 9.883 | 6.732 | 0.681 | 0.550 | 1 904.267 | 1 180.186 | 0.62 | 0.656 |
| 元古宙变质深成侵入体 | Ptgn | 34 | 121 | 1.002 | 0.75 | 0.748 | 0.689 | 2.751 | 1.287 | 0.468 | 0.695 | 0.999 | 0.677 | 0.678 | 0.874 | 0.173 | 0.168 | 0.974 | 0.590 | 7.364 | 6.228 | 0.846 | 0.753 | 40.634 | 43.655 | 1.074 | 0.990 | 9.944 | 10.272 | 1.033 | 0.554 | 2 294.24 | 1 506.771 | 0.657 | 0.790 |
| 太古宙变质深成侵入体 | Argn | 35 | 668 | 0.957 | 5.219 | 5.453 | 0.658 | 1.91 | 0.806 | 0.422 | 1.540 | 0.662 | 0.681 | 1.029 | 0.579 | 0.152 | 0.313 | 2.064 | 0.519 | 12.214 | 7.117 | 0.583 | 1.249 | 75.31 | 59.327 | 0.788 | 1.834 | 21.778 | 19.992 | 0.918 | 1.213 | 4 594.362 | 3 317.416 | 0.722 | 1.582 |
| 全测区 | | | 123 418 | 1.454 | 5.347 | 3.679 | | 2.691 | 7.29 | 2.709 | | 1.143 | 1.934 | 1.692 | | 0.293 | 2.43 | 8.284 | | 9.776 | 48.732 | 4.985 | | 41.061 | 90.516 | 2.204 | | 17.956 | 67.33 | 3.75 | | 2 903.46 | 2 343.61 | 0.807 | |

| 地壳克拉克值 | 中国干旱荒漠区水系背景值 | | 1.14 | 10 | 1.89 | 2 | 0.9 | | 0.22 | 8 | 9 | 200 | 39.62 | 40 | 16.97 | 4600 | 2931 |
|---|---|---|---|---|---|---|---|---|---|---|---|---|---|---|---|---|---|
| $C_1$ | $C_2$ | | 1.28 | 0.27 | 1.42 | 0.57 | 1.27 | | 1.33 | 1.22 | 1.09 | 0.21 | 1.04 | 0.45 | 1.06 | 0.63 | 0.99 |

**续表 5-18**

| 地质单元 | 代号 | 序号 | 样品数 | V | | | | Mn | | | | U | | | | Th | | | | La | | | | Nb | | | | Y | | | | Ba | | | |
|---|---|---|---|---|---|---|---|---|---|---|---|---|---|---|---|---|---|---|---|---|---|---|---|---|---|---|---|---|---|---|---|---|---|---|---|
| | | | | X | S | $C_v$ | $C_3$ | X | S | $C_v$ | $C_3$ | X | S | $C_v$ | $C_3$ | X | S | $C_v$ | $C_3$ | X | S | $C_v$ | $C_3$ | X | S | $C_v$ | $C_3$ | X | S | $C_v$ | $C_3$ | X | S | $C_v$ | $C_3$ |
| 第四系 | Q | 1 | 13 542 | 60.759 | 53.14 | 0.875 | 1.038 | 509.891 | 419.649 | 0.823 | 0.827 | 1.752 | 0.981 | 0.56 | 0.911 | 10.08 | 4.308 | 0.427 | 0.984 | 29.376 | 13.464 | 0.458 | 0.972 | 13.177 | 8.15 | 0.619 | 1.069 | 20.968 | 7.392 | 0.353 | 1.016 | 655.22 | 314.267 | 0.48 | 0.961 |
| 第三系 | N+E | 2 | 15 933 | 60.289 | 51.223 | 0.85 | 1.030 | 515.62 | 922.345 | 1.789 | 0.836 | 1.398 | 0.764 | 0.547 | 0.727 | 9.177 | 3.497 | 0.381 | 0.896 | 26.267 | 11.027 | 0.42 | 0.869 | 11.829 | 7.701 | 0.651 | 0.960 | 18.833 | 5.7 | 0.303 | 0.912 | 661.531 | 334.385 | 0.505 | 0.970 |
| 白垩系 | K | 3 | 17 361 | 64.82 | 65.709 | 1.014 | 1.108 | 829.929 | 2 141.406 | 2.58 | 1.346 | 1.772 | 1.166 | 0.658 | 0.921 | 9.307 | 3.977 | 0.427 | 0.909 | 32.291 | 17.687 | 0.548 | 1.069 | 13.12 | 9.655 | 0.736 | 1.065 | 19.564 | 6.658 | 0.34 | 0.948 | 747.321 | 384.785 | 0.515 | 1.096 |
| 侏罗系 | J | 4 | 18 921 | 61.047 | 39.561 | 0.648 | 1.043 | 743.507 | 1 012.597 | 1.362 | 1.206 | 2.68 | 1.457 | 0.544 | 1.394 | 12.442 | 4.786 | 0.385 | 1.215 | 35.63 | 14.501 | 0.407 | 1.179 | 14.623 | 5.956 | 0.407 | 1.186 | 23.751 | 6.943 | 0.292 | 1.151 | 683.681 | 276.609 | 0.405 | 1.003 |
| 三叠系 | T | 5 | 82 | 42.807 | 16.248 | 0.38 | 0.731 | 505.39 | 197.975 | 0.392 | 0.820 | 1.704 | 0.504 | 0.296 | 0.886 | 8.791 | 1.331 | 0.151 | 0.858 | 24.828 | 5.416 | 0.218 | 0.822 | 8.22 | 1.132 | 0.138 | 0.667 | 16.834 | 1.911 | 0.114 | 0.816 | 619.537 | 189.564 | 0.306 | 0.909 |
| 二叠系 | P | 6 | 7376 | 69.317 | 37.186 | 0.536 | 1.184 | 699.634 | 514.518 | 0.735 | 1.135 | 1.932 | 2.116 | 1.096 | 1.005 | 9.89 | 3.954 | 0.4 | 0.965 | 28.962 | 10.08 | 0.348 | 0.958 | 11.088 | 3.745 | 0.338 | 0.900 | 23.207 | 7.102 | 0.306 | 1.124 | 609.886 | 380.37 | 0.624 | 0.895 |
| 石炭系 | C | 7 | 3896 | 59.181 | 31.798 | 0.537 | 1.011 | 562.633 | 346.795 | 0.616 | 0.913 | 2.013 | 0.838 | 0.416 | 1.047 | 10.413 | 3.664 | 0.352 | 1.016 | 27.091 | 9.105 | 0.336 | 0.896 | 10.513 | 4.44 | 0.422 | 0.853 | 21.317 | 6.606 | 0.31 | 1.033 | 570.243 | 258.695 | 0.454 | 0.836 |
| 泥盆系 | D | 8 | 1365 | 63.315 | 35.575 | 0.562 | 1.082 | 665.56 | 645.448 | 0.97 | 1.079 | 2.005 | 1.213 | 0.605 | 1.043 | 9.847 | 3.629 | 0.369 | 0.961 | 29.478 | 10.307 | 0.35 | 0.975 | 11.645 | 3.653 | 0.314 | 0.945 | 20.264 | 6.099 | 0.301 | 0.982 | 527.342 | 149.729 | 0.284 | 0.774 |
| 志留系 | S | 9 | 489 | 74.745 | 34.135 | 0.457 | 1.277 | 672.07 | 377.361 | 0.561 | 1.090 | 1.921 | 0.715 | 0.372 | 0.999 | 9.016 | 3.379 | 0.375 | 0.880 | 25.738 | 10.679 | 0.415 | 0.852 | 9.303 | 3.177 | 0.342 | 0.755 | 17.704 | 5.15 | 0.291 | 0.858 | 625.146 | 379.656 | 0.607 | 0.917 |
| 奥陶系 | O | 10 | 1603 | 76.503 | 38.268 | 0.5 | 1.307 | 662.136 | 342.845 | 0.518 | 1.074 | 2.075 | 0.847 | 0.408 | 1.079 | 10.208 | 3.742 | 0.367 | 0.996 | 27.241 | 9.389 | 0.345 | 0.901 | 10.711 | 3.544 | 0.331 | 0.869 | 20.398 | 5.978 | 0.293 | 0.988 | 590.626 | 378.307 | 0.641 | 0.866 |
| 震旦系 | Z | 11 | 187 | 73.758 | 65.162 | 0.883 | 1.260 | 630.756 | 498.659 | 0.791 | 1.023 | 2.105 | 1.202 | 0.571 | 1.095 | 10.81 | 6.244 | 0.578 | 1.055 | 28.401 | 13.186 | 0.464 | 0.940 | 11.738 | 6.204 | 0.529 | 0.952 | 20.319 | 10.005 | 0.492 | 0.984 | 647.744 | 314.934 | 0.486 | 0.950 |
| 元古宇 | Pt | 12 | 4581 | 61.338 | 38.32 | 0.625 | 1.048 | 625.992 | 965.796 | 1.543 | 1.015 | 1.951 | 1.153 | 0.591 | 1.015 | 9.47 | 4.44 | 0.469 | 0.924 | 30.627 | 59.321 | 1.937 | 1.013 | 11.037 | 6.701 | 0.607 | 0.895 | 19.511 | 7.544 | 0.387 | 0.945 | 639.582 | 330.076 | 0.516 | 0.938 |
| 太古宇 | Ar | 13 | 4581 | 74.378 | 44.711 | 0.601 | 1.271 | 563.468 | 288.154 | 0.511 | 0.914 | 1.059 | 0.659 | 0.623 | 0.551 | 8.816 | 4.899 | 0.556 | 0.861 | 35.145 | 14.919 | 0.425 | 1.163 | 12.97 | 6.956 | 0.536 | 1.052 | 18.615 | 8.502 | 0.457 | 0.902 | 927.83 | 387.103 | 0.417 | 1.361 |
| 第四纪玄武岩 | Qβ | 14 | 455 | 138.803 | 74.213 | 0.535 | 2.372 | 851.835 | 563.395 | 0.661 | 1.382 | 1.458 | 0.911 | 0.625 | 0.758 | 8.932 | 2.673 | 0.299 | 0.872 | 28.606 | 15.576 | 0.544 | 0.947 | 29.967 | 22.248 | 0.742 | 2.431 | 19.614 | 3.31 | 0.169 | 0.950 | 635.279 | 356.182 | 0.561 | 0.932 |
| 白垩纪酸性岩 | Kγ | 15 | 779 | 35.611 | 38.683 | 1.086 | 0.608 | 428.283 | 285.648 | 0.667 | 0.695 | 1.936 | 0.909 | 0.469 | 1.007 | 11.369 | 4.803 | 0.422 | 1.110 | 27.842 | 14.471 | 0.52 | 0.921 | 13.488 | 8.319 | 0.617 | 1.094 | 22.621 | 6.551 | 0.29 | 1.096 | 593.914 | 409.18 | 0.689 | 0.871 |
| 白垩纪碱性岩 | Kξ | 16 | 34 | 82.418 | 23.114 | 0.28 | 1.408 | 786.147 | 286.695 | 0.365 | 1.275 | 4.053 | 1.946 | 0.48 | 2.108 | 13.496 | 1.583 | 0.117 | 1.317 | 41.718 | 9.724 | 0.233 | 1.380 | 15.553 | 2.453 | 0.158 | 1.262 | 23.579 | 2.171 | 0.092 | 1.142 | 832.588 | 268.976 | 0.323 | 1.221 |
| 侏罗纪酸性岩 | Jγ | 17 | 7242 | 44.708 | 31.616 | 0.707 | 0.764 | 553.43 | 435.644 | 0.787 | 0.898 | 2.067 | 1.179 | 0.57 | 1.075 | 11.144 | 4.927 | 0.442 | 1.088 | 28.701 | 13.527 | 0.471 | 0.950 | 12.279 | 6.003 | 0.489 | 0.996 | 21.364 | 8.287 | 0.388 | 1.035 | 619.265 | 256.453 | 0.414 | 0.908 |
| 侏罗纪中性岩 | Jδ | 18 | 269 | 60.712 | 22.243 | 0.366 | 1.037 | 559.097 | 202.296 | 0.362 | 0.907 | 2.072 | 0.837 | 0.404 | 1.077 | 10.914 | 3.258 | 0.299 | 1.065 | 33.884 | 11.867 | 0.35 | 1.121 | 14.119 | 4.226 | 0.299 | 1.146 | 22.021 | 3.251 | 0.148 | 1.067 | 689.298 | 228.711 | 0.332 | 1.011 |
| 侏罗纪碱性岩 | Jξ | 19 | 262 | 28.029 | 23.458 | 0.837 | 0.479 | 367.682 | 196.821 | 0.535 | 0.596 | 1.533 | 0.748 | 0.488 | 0.797 | 11.777 | 3.087 | 0.262 | 1.150 | 25.874 | 10.029 | 0.388 | 0.856 | 13.295 | 5.032 | 0.378 | 1.079 | 20.497 | 5.446 | 0.266 | 0.993 | 751.22 | 278.935 | 0.371 | 1.102 |
| 三叠纪酸性岩 | Tγ | 20 | 3040 | 38.254 | 36.744 | 0.961 | 0.654 | 441.345 | 365.006 | 0.827 | 0.716 | 1.893 | 1.083 | 0.572 | 0.984 | 9.977 | 5.161 | 0.517 | 0.974 | 29.131 | 14.062 | 0.483 | 0.964 | 11.584 | 6.882 | 0.594 | 0.940 | 20.273 | 7.614 | 0.376 | 0.982 | 734.413 | 316.412 | 0.431 | 1.077 |
| 二叠纪酸性岩 | Pγ | 21 | 11 153 | 40.128 | 31.513 | 0.785 | 0.686 | 468.259 | 550.756 | 1.176 | 0.759 | 1.757 | 2.182 | 1.242 | 0.914 | 9.648 | 4.783 | 0.496 | 0.942 | 27.125 | 20.925 | 0.771 | 0.898 | 9.612 | 5.095 | 0.53 | 0.780 | 18.621 | 8.914 | 0.479 | 0.902 | 735.179 | 365.814 | 0.498 | 1.078 |
| 二叠纪中性岩 | Pδ | 22 | 664 | 70.409 | 51.82 | 0.736 | 1.203 | 534.56 | 314.953 | 0.589 | 0.867 | 1.54 | 1.094 | 0.71 | 0.801 | 8.506 | 4.1 | 0.482 | 0.830 | 26.453 | 9.501 | 0.359 | 0.875 | 10.029 | 4.344 | 0.433 | 0.814 | 18.27 | 6.375 | 0.349 | 0.885 | 594.33 | 276.597 | 0.465 | 0.872 |
| 石炭纪酸性岩 | Cγ | 23 | 5721 | 48.41 | 35.901 | 0.742 | 0.827 | 529.183 | 465.231 | 0.879 | 0.858 | 2.286 | 2.903 | 1.27 | 1.189 | 11.506 | 16.983 | 1.476 | 1.123 | 29.374 | 13.034 | 0.444 | 0.972 | 10.42 | 4.766 | 0.457 | 0.845 | 19.063 | 6.889 | 0.361 | 0.924 | 658.411 | 266.03 | 0.404 | 0.966 |
| 石炭纪中性岩 | Cδ | 24 | 749 | 51.913 | 32.56 | 0.627 | 0.887 | 448.935 | 209.922 | 0.468 | 0.728 | 1.416 | 0.889 | 0.628 | 0.736 | 8.747 | 3.164 | 0.362 | 0.854 | 22.999 | 9.423 | 0.41 | 0.761 | 8.873 | 3.646 | 0.411 | 0.720 | 16.509 | 3.993 | 0.242 | 0.800 | 691.943 | 253.143 | 0.366 | 1.015 |
| 石炭纪基性岩 | Cν | 25 | 206 | 93.587 | 72.145 | 0.771 | 1.599 | 568.374 | 264.667 | 0.466 | 0.922 | 1.449 | 0.719 | 0.496 | 0.754 | 8.201 | 3.419 | 0.417 | 0.801 | 25.073 | 7.632 | 0.304 | 0.830 | 9.322 | 3.794 | 0.407 | 0.756 | 18.88 | 6.741 | 0.357 | 0.915 | 480.199 | 247.24 | 0.515 | 0.704 |
| 石炭纪超基性岩 | CΣ | 26 | 77 | 62.966 | 29.424 | 0.467 | 1.076 | 665.019 | 297.457 | 0.447 | 1.079 | 2.193 | 0.748 | 0.341 | 1.140 | 8.739 | 2.692 | 0.308 | 0.853 | 37.849 | 16.441 | 0.434 | 1.252 | 8.097 | 3.51 | 0.433 | 0.657 | 15.412 | 5.743 | 0.373 | 0.747 | 404.455 | 218.364 | 0.54 | 0.593 |
| 泥盆纪酸性岩 | Dγ | 27 | 340 | 71.255 | 36.335 | 0.51 | 1.217 | 690.659 | 367.274 | 0.532 | 1.120 | 3.004 | 1.566 | 0.521 | 1.562 | 10.568 | 5.119 | 0.484 | 1.032 | 40.136 | 21.033 | 0.524 | 1.328 | 13.829 | 6.231 | 0.451 | 1.122 | 23.161 | 10.479 | 0.452 | 1.122 | 665.353 | 239.231 | 0.36 | 0.976 |
| 泥盆纪超基性岩 | DΣ | 28 | 59 | 152.241 | 190.921 | 1.254 | 2.601 | 1 181.376 | 2 979.254 | 2.522 | 1.916 | 1.516 | 2.463 | 1.624 | 0.788 | 6.6 | 4.595 | 0.696 | 0.644 | 25.253 | 10.225 | 0.405 | 0.836 | 6.83 | 4.32 | 0.633 | 0.554 | 13.775 | 6.283 | 0.456 | 0.667 | 397.549 | 274.6 | 0.691 | 0.583 |
| 志留纪酸性岩 | Sγ | 29 | 267 | 30.001 | 19.233 | 0.641 | 0.513 | 285.032 | 142.236 | 0.499 | 0.462 | 1.306 | 0.56 | 0.429 | 0.679 | 9.452 | 2.94 | 0.311 | 0.923 | 21.276 | 5.433 | 0.255 | 0.704 | 8.106 | 4.103 | 0.506 | 0.658 | 18.344 | 4.219 | 0.23 | 0.889 | 802.273 | 463.849 | 0.578 | 1.177 |
| 奥陶纪中性岩 | Oδ | 30 | 58 | 0.641 | 25.469 | 0.361 | 0.011 | 609.397 | 232.657 | 0.382 | 0.988 | 1.081 | 0.479 | 0.443 | 0.562 | 6.329 | 2.328 | 0.368 | 0.618 | 29.686 | 10.113 | 0.341 | 0.982 | 13.303 | 4.801 | 0.361 | 1.079 | 16.586 | 2.638 | 0.159 | 0.804 | 856.086 | 212.599 | 0.248 | 1.256 |
| 元古宙酸性岩 | Ptγ | 31 | 1874 | 43.357 | 32.159 | 0.742 | 0.741 | 617.669 | 1 285.639 | 2.081 | 1.002 | 2.626 | 1.493 | 0.569 | 1.366 | 11.506 | 6.143 | 0.534 | 1.123 | 33.794 | 17.524 | 0.519 | 1.118 | 14.026 | 6.822 | 0.486 | 1.138 | 22.927 | 9.079 | 0.396 | 1.111 | 702.755 | 252.27 | 0.359 | 1.031 |
| 元古宙中性岩 | Ptδ | 32 | 367 | 68.343 | 34.42 | 0.504 | 1.168 | 620.403 | 295.655 | 0.477 | 1.006 | 1.698 | 1.14 | 0.671 | 0.883 | 7.669 | 5.127 | 0.669 | 0.749 | 29.657 | 11.984 | 0.404 | 0.981 | 12.391 | 6.583 | 0.531 | 1.005 | 19.833 | 8.118 | 0.409 | 0.961 | 703.143 | 242.176 | 0.344 | 1.031 |
| 元古宙基性岩 | Ptν | 33 | 70 | 41.185 | 25.523 | 0.62 | 0.704 | 359.971 | 143.701 | 0.399 | 0.584 | 1.125 | 0.499 | 0.444 | 0.585 | 10.121 | 3.359 | 0.332 | 0.988 | 24.289 | 7.574 | 0.312 | 0.804 | 8.596 | 3.475 | 0.404 | 0.697 | 16.713 | 4.427 | 0.265 | 0.810 | 844.179 | 365.303 | 0.433 | 1.238 |
| 元古宙变质深成侵入体 | Ptgn | 34 | 121 | 45.768 | 37.432 | 0.818 | 0.782 | 542.281 | 314.102 | 0.579 | 0.880 | 1.98 | 0.979 | 0.495 | 1.030 | 9.875 | 5.555 | 0.563 | 0.964 | 28.324 | 9.512 | 0.336 | 0.937 | 11.407 | 5.075 | 0.445 | 0.926 | 18.54 | 5.298 | 0.286 | 0.898 | 861.494 | 416.457 | 0.483 | 1.264 |
| 太古宙变质深成侵入体 | Argn | 35 | 668 | 78.763 | 48.255 | 0.613 | 1.346 | 598.895 | 351.403 | 0.587 | 0.971 | 1.08 | 0.531 | 0.491 | 0.562 | 10.918 | 6.188 | 0.567 | 1.066 | 37.257 | 13.305 | 0.357 | 1.233 | 13.709 | 7.08 | 0.516 | 1.112 | 27.982 | 16.612 | 0.594 | 1.356 | 889.59 | 245.619 | 0.276 | 1.305 |
| 全测区 | | | 123 418 | 58.528 | 47.529 | 0.812 | | 616.56 | 1046.07 | 1.697 | | 1.923 | 1.506 | 0.783 | | 10.244 | 5.734 | 0.56 | | 30.22 | 18.587 | 0.615 | | 12.325 | 7.251 | 0.588 | | 20.642 | 7.509 | 0.364 | | 681.724 | 333.745 | 0.49 | |
| 地壳克拉克值 | | 中国干旱荒漠区<br>水系背景值 | | 100 | | 64.11 | | 850 | | 627.1 | | 1 | | 1.85 | | 6 | | 7.86 | | | | 25.74 | | | | 9.68 | | | | 21.35 | | 500 | | 568.6 | |
| $C_1$ | | $C_2$ | | 0.59 | | 0.91 | | 0.73 | | 0.98 | | 1.92 | | 1.04 | | 1.71 | | 1.30 | | | | 1.17 | | | | 1.27 | | | | 0.97 | | 1.36 | | 1.20 | |

续表 5-18

| 地质单元 | 代号 | 序号 | 样品数 | Zr | | | | Li | | | | Be | | | | B | | | | F | | | | P | | | | Sr | | | |
|---|---|---|---|---|---|---|---|---|---|---|---|---|---|---|---|---|---|---|---|---|---|---|---|---|---|---|---|---|---|---|---|
| | | | | X | S | $C_v$ | $C_3$ | X | S | $C_v$ | $C_3$ | X | S | $C_v$ | $C_3$ | X | S | $C_v$ | $C_3$ | X | S | $C_v$ | $C_3$ | X | S | $C_v$ | $C_3$ | X | S | $C_v$ | $C_3$ |
| 第四系 | Q | 1 | 13 542 | 215.56 | 124.201 | 0.576 | 1.112 | 21.331 | 10.094 | 0.473 | 0.963 | 2.105 | 0.894 | 0.425 | 0.906 | 30.409 | 35.805 | 1.177 | 1.176 | 378.794 | 457.461 | 1.208 | 0.937 | 571.893 | 555.172 | 0.971 | 1.039 | 245.696 | 170.71 | 0.695 | 0.990 |
| 第三系 | N+E | 2 | 15 933 | 204.012 | 123.138 | 0.604 | 1.052 | 19.071 | 9.33 | 0.489 | 0.861 | 2.038 | 1.257 | 0.617 | 0.877 | 24.563 | 72.892 | 2.968 | 0.950 | 326.203 | 326.266 | 1 | 0.807 | 549.524 | 1 295.04 | 2.357 | 0.999 | 244.259 | 178.664 | 0.731 | 0.984 |
| 白垩系 | K | 3 | 17 361 | 188.994 | 127.098 | 0.672 | 0.975 | 20.986 | 13.809 | 0.658 | 0.948 | 2.207 | 1.294 | 0.586 | 0.950 | 26.872 | 40.52 | 1.508 | 1.039 | 418.387 | 488.02 | 1.166 | 1.035 | 701.952 | 791.182 | 1.127 | 1.276 | 259.701 | 170.843 | 0.658 | 1.047 |
| 侏罗系 | J | 4 | 18 921 | 243.258 | 120.807 | 0.497 | 1.255 | 27.393 | 14.177 | 0.518 | 1.237 | 2.723 | 1.314 | 0.483 | 1.172 | 22.976 | 29.99 | 1.305 | 0.889 | 485.246 | 488.49 | 1.007 | 1.200 | 594.435 | 518.682 | 0.873 | 1.080 | 230.469 | 160.811 | 0.698 | 0.929 |
| 三叠系 | T | 5 | 82 | 118.474 | 20.731 | 0.175 | 0.611 | 22.885 | 7.977 | 0.349 | 1.033 | 1.628 | 0.388 | 0.238 | 0.701 | 28.765 | 13.236 | 0.46 | 1.112 | 338.976 | 238.454 | 0.703 | 0.838 | 409.11 | 200.202 | 0.489 | 0.744 | 196.038 | 53.757 | 0.274 | 0.790 |
| 二叠系 | P | 6 | 7376 | 189.966 | 89.036 | 0.469 | 0.980 | 31.759 | 15.488 | 0.488 | 1.434 | 2.291 | 5.125 | 2.237 | 0.986 | 39.052 | 39.052 | 1.375 | 1.510 | 456.182 | 1 286.04 | 2.819 | 1.128 | 485.001 | 263.672 | 0.544 | 0.881 | 198.907 | 107.832 | 0.542 | 0.802 |
| 石炭系 | C | 7 | 3896 | 186.201 | 102.892 | 0.553 | 0.960 | 25.325 | 16.023 | 0.633 | 1.143 | 2.025 | 1.136 | 0.561 | 0.872 | 31.532 | 45.501 | 1.443 | 1.219 | 409.585 | 1 120.375 | 2.735 | 1.013 | 486.801 | 302.475 | 0.621 | 0.885 | 212.502 | 119.729 | 0.563 | 0.856 |
| 泥盆系 | D | 8 | 1365 | 191.528 | 70.476 | 0.368 | 0.988 | 28.434 | 12.738 | 0.448 | 1.284 | 2.539 | 0.875 | 0.345 | 1.093 | 31.589 | 27.107 | 0.858 | 1.222 | 429.968 | 575.616 | 1.339 | 1.063 | 531.16 | 343.296 | 0.646 | 0.965 | 188.461 | 97.006 | 0.515 | 0.760 |
| 志留系 | S | 9 | 489 | 157.511 | 67.27 | 0.427 | 0.812 | 26.16 | 11.847 | 0.453 | 1.181 | 1.788 | 0.761 | 0.426 | 0.770 | 31.32 | 28.692 | 0.916 | 1.211 | 426.017 | 258.93 | 0.608 | 1.053 | 622.51 | 360.583 | 0.579 | 1.131 | 265.402 | 111.22 | 0.419 | 1.070 |
| 奥陶系 | O | 10 | 1603 | 176.919 | 79.087 | 0.447 | 0.912 | 27.047 | 13.752 | 0.508 | 1.221 | 2.004 | 1.141 | 0.569 | 0.863 | 42.143 | 46.358 | 1.1 | 1.630 | 475.604 | 270.47 | 0.569 | 1.176 | 531.259 | 257.778 | 0.485 | 0.966 | 207.057 | 105.805 | 0.511 | 0.834 |
| 震旦系 | Z | 11 | 187 | 152.535 | 74.274 | 0.487 | 0.787 | 19.753 | 10.257 | 0.519 | 0.892 | 2.219 | 1.005 | 0.453 | 0.955 | 66.319 | 85.577 | 1.29 | 2.565 | 536.64 | 357.619 | 0.666 | 1.327 | 558.193 | 458.063 | 0.821 | 1.014 | 266.367 | 195.044 | 0.732 | 1.074 |
| 元古宇 | Pt | 12 | 4581 | 161.36 | 94.415 | 0.585 | 0.832 | 21.801 | 14.184 | 0.651 | 0.984 | 2.318 | 1.58 | 0.682 | 0.998 | 37.264 | 39.024 | 1.047 | 1.441 | 457.593 | 773.515 | 1.69 | 1.131 | 505.973 | 351.105 | 0.694 | 0.920 | 235.483 | 144.808 | 0.615 | 0.949 |
| 太古宇 | Ar | 13 | 4581 | 180.495 | 91.663 | 0.508 | 0.931 | 15.331 | 5.983 | 0.39 | 0.692 | 1.831 | 0.925 | 0.506 | 0.788 | 16.264 | 19.676 | 1.21 | 0.629 | 417.277 | 207.789 | 0.498 | 1.032 | 622.041 | 328.61 | 0.528 | 1.131 | 447.241 | 247.051 | 0.552 | 1.803 |
| 第四纪玄武岩 | Qβ | 14 | 455 | 251.977 | 109.276 | 0.434 | 1.300 | 20.038 | 8.165 | 0.407 | 0.905 | 2.088 | 0.837 | 0.401 | 0.899 | 15.7 | 14.254 | 0.908 | 0.607 | 502.452 | 254.754 | 0.507 | 1.242 | 1 580.502 | 1 208.986 | 0.765 | 2.872 | 449.213 | 270.376 | 0.602 | 1.810 |
| 白垩纪酸性岩 | Kγ | 15 | 779 | 176.951 | 119.476 | 0.675 | 0.913 | 18.071 | 7.492 | 0.415 | 0.816 | 2.604 | 1.368 | 0.525 | 1.121 | 13.829 | 17.964 | 1.299 | 0.535 | 351.955 | 472.818 | 1.343 | 0.870 | 302.75 | 309.281 | 1.022 | 0.550 | 186.098 | 143.286 | 0.77 | 0.750 |
| 白垩纪碱性岩 | Kξ | 16 | 34 | 240.335 | 153.567 | 0.639 | 1.239 | 24.563 | 6.852 | 0.279 | 1.109 | 3.224 | 0.785 | 0.244 | 1.388 | 26.174 | 12.169 | 0.465 | 1.012 | 551.029 | 140.539 | 0.255 | 1.362 | 700.706 | 302.796 | 0.432 | 1.273 | 186.103 | 58.188 | 0.313 | 0.750 |
| 侏罗纪酸性岩 | Jγ | 17 | 7242 | 182.571 | 96.091 | 0.526 | 0.942 | 22.219 | 12.619 | 0.568 | 1.003 | 2.821 | 2.025 | 0.718 | 1.214 | 19.422 | 25.063 | 1.29 | 0.751 | 380.993 | 912.956 | 2.396 | 0.942 | 420.534 | 288.273 | 0.685 | 0.764 | 199.669 | 129.196 | 0.647 | 0.805 |
| 侏罗纪中性岩 | Jδ | 18 | 269 | 275.037 | 107.631 | 0.391 | 1.418 | 22.249 | 6.022 | 0.271 | 1.005 | 2.402 | 0.802 | 0.334 | 1.034 | 29.405 | 16.515 | 0.562 | 1.137 | 390.5 | 177.168 | 0.454 | 0.966 | 541.696 | 246.292 | 0.455 | 0.984 | 245.377 | 130.402 | 0.531 | 0.989 |
| 侏罗纪碱性岩 | Jξ | 19 | 262 | 126.495 | 54.517 | 0.431 | 0.652 | 14.762 | 5.661 | 0.383 | 0.667 | 2.791 | 1.355 | 0.485 | 1.201 | 8.786 | 8.323 | 0.947 | 0.340 | 267.004 | 182.883 | 0.685 | 0.660 | 256.725 | 178.054 | 0.694 | 0.467 | 222.376 | 96.969 | 0.436 | 0.896 |
| 三叠纪酸性岩 | Tγ | 20 | 3040 | 148.946 | 84.848 | 0.57 | 0.768 | 17.837 | 10.653 | 0.597 | 0.805 | 2.265 | 1.021 | 0.451 | 0.975 | 23.936 | 45.563 | 1.904 | 0.926 | 400.13 | 333.623 | 0.834 | 0.989 | 420.245 | 293.663 | 0.699 | 0.764 | 246.895 | 145.926 | 0.591 | 0.995 |
| 二叠纪酸性岩 | Pγ | 21 | 11 153 | 148.434 | 95.018 | 0.64 | 0.766 | 17.158 | 9.659 | 0.563 | 0.775 | 2.352 | 1.487 | 0.632 | 1.012 | 18.755 | 23.61 | 1.259 | 0.725 | 323.183 | 231.689 | 0.717 | 0.799 | 414.086 | 282.645 | 0.683 | 0.753 | 274.062 | 173.999 | 0.635 | 1.105 |
| 二叠纪中性岩 | Pδ | 22 | 664 | 168.773 | 77.866 | 0.461 | 0.870 | 21.41 | 32.914 | 1.537 | 0.967 | 2.185 | 2.625 | 1.202 | 0.941 | 20.826 | 18.323 | 0.88 | 0.805 | 421.226 | 1 054.954 | 2.504 | 1.042 | 549.977 | 349.67 | 0.636 | 1.000 | 313.618 | 227.654 | 0.726 | 1.264 |
| 石炭纪酸性岩 | Cγ | 23 | 5721 | 153.614 | 78.764 | 0.513 | 0.792 | 20.668 | 11.756 | 0.569 | 0.933 | 2.554 | 1.362 | 0.533 | 1.099 | 20.052 | 20.499 | 1.022 | 0.775 | 372.98 | 215.979 | 0.579 | 0.922 | 476.562 | 347.918 | 0.73 | 0.866 | 254.171 | 156.756 | 0.617 | 1.024 |
| 石炭纪中性岩 | Cδ | 24 | 749 | 138.016 | 74.333 | 0.539 | 0.712 | 16.671 | 9.458 | 0.567 | 0.753 | 1.701 | 1.012 | 0.595 | 0.732 | 21.159 | 20.985 | 0.992 | 0.818 | 322.404 | 272.549 | 0.845 | 0.797 | 456 | 235.689 | 0.517 | 0.829 | 343.052 | 183.824 | 0.536 | 1.383 |
| 石炭纪基性岩 | Cν | 25 | 206 | 170.631 | 99.407 | 0.583 | 0.880 | 22.106 | 17.962 | 0.813 | 0.998 | 1.899 | 1.078 | 0.568 | 0.817 | 23.035 | 25.373 | 1.101 | 0.891 | 373.223 | 444.127 | 1.19 | 0.923 | 610.421 | 379.595 | 0.622 | 1.109 | 317.982 | 221.649 | 0.697 | 1.282 |
| 石炭纪超基性岩 | CΣ | 26 | 77 | 125.783 | 90.601 | 0.72 | 0.649 | 22.076 | 9.922 | 0.449 | 0.997 | 1.413 | 0.682 | 0.482 | 0.608 | 33.757 | 26.472 | 0.784 | 1.306 | 361.325 | 129.466 | 0.358 | 0.893 | 382.514 | 205.24 | 0.537 | 0.695 | 234.868 | 87.002 | 0.37 | 0.947 |
| 泥盆纪酸性岩 | Dγ | 27 | 340 | 207.526 | 126.39 | 0.609 | 1.070 | 30.711 | 87.498 | 2.849 | 1.387 | 2.887 | 1.043 | 0.361 | 1.243 | 23.878 | 16.179 | 0.678 | 0.923 | 571.614 | 297.345 | 0.52 | 1.413 | 644.942 | 527.036 | 0.818 | 1.172 | 254.645 | 167.148 | 0.656 | 1.026 |
| 泥盆纪超基性岩 | DΣ | 28 | 59 | 151.695 | 313.161 | 2.064 | 0.782 | 16.429 | 9.922 | 0.604 | 0.742 | 1.63 | 1.187 | 0.728 | 0.702 | 40.329 | 49.853 | 1.236 | 1.560 | 208.483 | 129.35 | 0.62 | 0.515 | 323.736 | 373.687 | 1.154 | 0.588 | 154.651 | 101.058 | 0.653 | 0.623 |
| 志留纪酸性岩 | Sγ | 29 | 267 | 106.925 | 54.967 | 0.514 | 0.551 | 17.072 | 9.762 | 0.572 | 0.771 | 2.16 | 0.899 | 0.416 | 0.930 | 26.634 | 27.494 | 1.032 | 1.030 | 337.041 | 165.818 | 0.492 | 0.833 | 351.624 | 170.189 | 0.484 | 0.639 | 267.268 | 151.515 | 0.567 | 1.077 |
| 奥陶纪中性岩 | Oδ | 30 | 58 | 163.514 | 64.283 | 0.393 | 0.843 | 16.724 | 10.489 | 0.627 | 0.755 | 1.912 | 1.038 | 0.543 | 0.823 | 16.961 | 10.611 | 0.626 | 0.656 | 370.193 | 348.196 | 0.941 | 0.915 | 666.603 | 298.429 | 0.448 | 1.211 | 578.984 | 200.823 | 0.347 | 2.333 |
| 元古宙酸性岩 | Ptγ | 31 | 1874 | 205.471 | 140.72 | 0.685 | 1.060 | 19.554 | 10.753 | 0.55 | 0.883 | 2.837 | 1.473 | 0.519 | 1.221 | 30.945 | 32.556 | 1.052 | 1.197 | 518.24 | 300.923 | 0.581 | 1.281 | 597.484 | 360.704 | 0.604 | 1.086 | 241.009 | 117.256 | 0.487 | 0.971 |
| 元古宙中性岩 | Ptδ | 32 | 367 | 198.761 | 213.102 | 1.072 | 1.025 | 18.232 | 10.899 | 0.598 | 0.823 | 2.297 | 1.053 | 0.459 | 0.989 | 31.824 | 36.154 | 1.136 | 1.231 | 511.163 | 320.866 | 0.628 | 1.264 | 646.059 | 298.657 | 0.462 | 1.174 | 384.609 | 167.977 | 0.437 | 1.550 |
| 元古宙基性岩 | Ptν | 33 | 70 | 117.676 | 46.476 | 0.395 | 0.607 | 14.008 | 7.491 | 0.535 | 0.633 | 1.846 | 0.576 | 0.312 | 0.795 | 32.974 | 41.498 | 1.259 | 1.275 | 327.029 | 158.177 | 0.484 | 0.809 | 421.75 | 206.146 | 0.489 | 0.766 | 331.375 | 167.171 | 0.504 | 1.336 |
| 元古宙变质深成侵入体 | Ptgn | 34 | 121 | 159.5 | 105.046 | 0.659 | 0.823 | 18.377 | 11.832 | 0.644 | 0.830 | 2.244 | 0.705 | 0.314 | 0.966 | 21.87 | 42.134 | 1.927 | 0.846 | 448.285 | 332.322 | 0.741 | 1.108 | 464.579 | 209.631 | 0.451 | 0.844 | 260.15 | 106.813 | 0.411 | 1.048 |
| 太古宙变质深成侵入体 | Argn | 35 | 668 | 229.011 | 107.797 | 0.471 | 1.181 | 16.853 | 4.725 | 0.28 | 0.761 | 1.949 | 1.379 | 0.707 | 0.839 | 11.44 | 6.755 | 0.59 | 0.442 | 440.394 | 208.554 | 0.474 | 1.089 | 607.612 | 293.411 | 0.483 | 1.104 | 320.451 | 195.035 | 0.609 | 1.292 |
| 全测区 | | | 123 418 | 193.899 | 115.387 | 0.595 | | 22.147 | 13.865 | 0.626 | | 2.323 | 1.825 | 0.786 | | 25.857 | 42.278 | 1.635 | | 404.431 | 586.618 | 1.45 | | 550.234 | 662.96 | 1.205 | | 248.122 | 168.841 | 0.68 | |
| 地壳克拉克值 | 中国干旱荒漠区水系背景值 | | | 300 | | 152.8 | | 30 | | 18.6 | | 6 | | 1.61 | | 10 | | 25.29 | | 200 | | 394.7 | | 800 | | 594.7 | | 300 | | 270.1 | |
| $C_1$ | $C_2$ | | | 0.65 | | 1.27 | | 0.74 | | 1.19 | | 0.39 | | 0.44 | | 2.59 | | 1.02 | | 2.02 | | 1.02 | | 0.69 | | 0.93 | | 0.83 | | 0.92 | |

注：地壳克拉克值，据维诺格拉多夫，1962 资料；中国干旱荒漠区水系沉积物背景值，据任天祥，庞庆恒，杨少平，1996 年资料，3114 幅 1∶20 万图幅水系沉积物资料。

综上所述，上述地质单元元素含量较高，变异系数较大，是今后进行矿产预测和潜力评价的重点地段。

**2. 主成矿元素分布特征**

1）Cu

（1）全区 Cu 及其主要共伴生元素的平均值与全球地壳克拉克值相比称为一级浓集系数（$C_1$），$C_1$ 分布图见图 5-78。从图 5-78 可看出：$C_1 \geqslant 1.2$ 的元素有 PbCo，这两种元素相对全球地壳呈富集状态；$0.8 \leqslant C_1 < 1.2$ 的元素有 Zn，该元素在全区的含量与全球地壳含量相当；$C_1 < 0.8$ 的元素有 Cu、AgSn、Mo、Ni，这些元素相对全球地壳呈贫化状态。

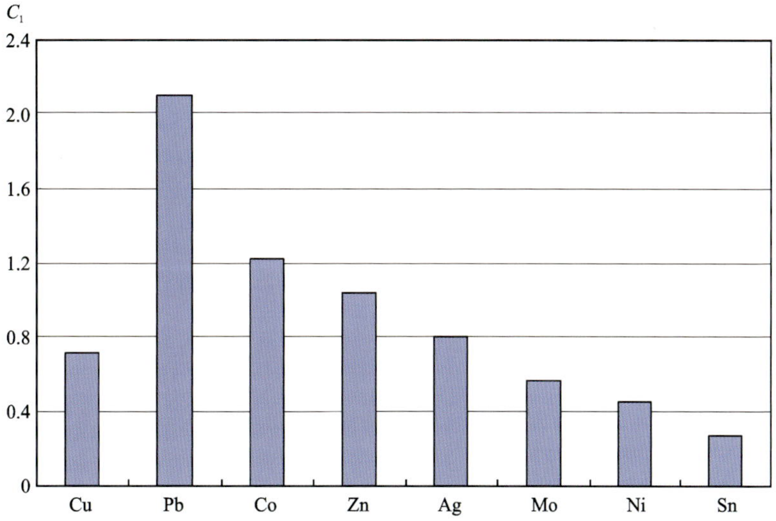


图 5-78　全区 Cu 及其主要共伴生元素平均值与地壳克拉克值比值图

（2）全区 Cu 及其主要共伴生元素平均值与中国干旱荒漠区水系沉积物背景值的比值称为二级浓集系数（$C_2$）（图 5-79）。从图 5-79 上可见：$C_2 \geqslant 1.2$ 的元素有 PbSn、SbAgBiW、Mo 等，这些元素在全区的含量相对中国地区呈富集状态；$0.8 \leqslant C_2 < 1.2$ 之间的元素有 Au、Co、NiZn，这 4 种元素含量与中国水系平均含量相当；$C_2 < 0.8$ 的元素为 Cu，该元素相对中国地区呈贫化状态。

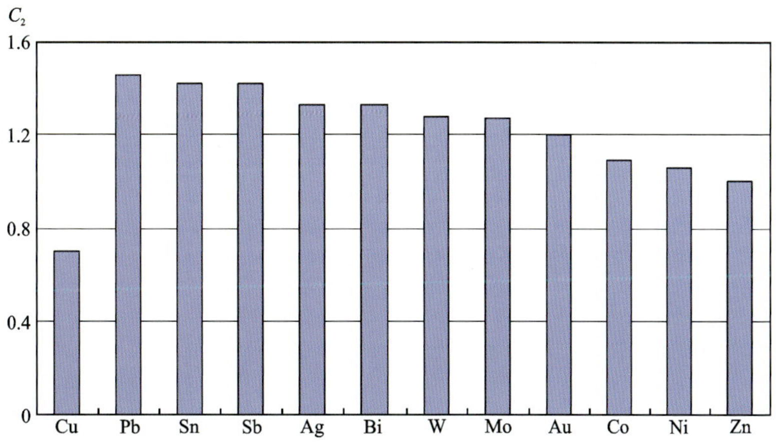


图 5-79　全区 Cu 及其主要共伴生元素平均值与中国干旱荒漠区水系沉积物背景值比值图

（3）各地质子区 Cu 元素分布特征。为研究元素区域富集特征，将 $C_3$（元素各地质子区的含量与全区背景值的比值）和 $C_v$（元素各地质子区的标准离差与算数平均值的比值）均分为 3 级，以 $C_3 \geqslant 2.5$ 为强富集，$2.5 > C_3 \geqslant 1.5$ 为中等富集，$1.5 > C_3 \geqslant 1$ 为弱富集（图 5-80）；以 $C_v \geqslant 1.1$ 为强分异型，$1.1 > C_v \geqslant 0.6$

为较强分异型，$C_v$<0.6 为弱分异型(图 5-81)。

研究各地质单元中各元素富集程度，可以大致掌握元素在地质地球化学过程中为成矿过程提供成矿物质来源的程度。据前人 1∶5 万地球化学调查资料显示，凡浓集系数较高的元素，若其变异系数也大，则该元素的分布不均匀，局部富集成矿的可能性大。

从图 5-80、图 5-81 可看出：

①Cu 元素在第四纪玄武岩地层中富集程度最高，其 $C_3$ 值达 2.195，但变异系数较小，仅 0.66，区内其高值区并未成矿。

②Cu 元素在古生代地层中(二叠系、泥盆系、志留系、奥陶系)$C_3$ 值均大于 1.2 或接近 1.2，较富集，变异系数多大于 1，这说明 Cu 元素在以上地质分区中有利于成矿，这也与这些地质体中发现的大量铜矿床(点)相对应。

③Cu 元素在太古宇、元古宇老地层中较富集，$C_3$ 值均大于 1.2，元古宇的变异系数高达 1.8，太古宇的变异系数仅 0.54，区内发现的多数铜矿床产在元古宇内，如霍各乞、白乃庙铜矿。

④Cu 在海西期基性—超基性岩体和中酸性岩体(石炭纪和泥盆纪)中或较富集($C_3$ 值大于 1.2)或变异系数较大。一般，在这种地质分区中 Cu 元素在一定条件下也可能成矿。

综上可见，那些 Cu 元素富集程度较高，且变异系数较大的地质单元，是今后进行 Cu 矿产预测和潜力评价的重点地段。

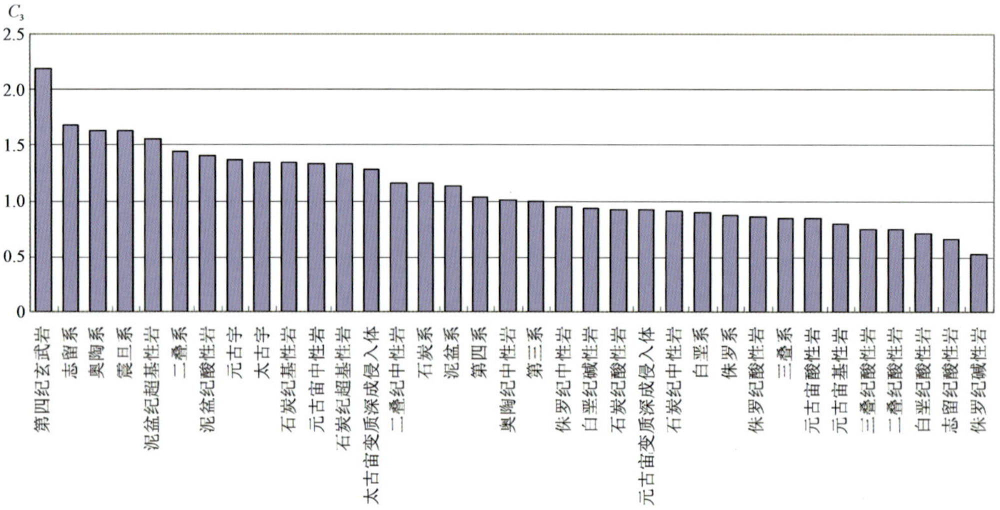


图 5-80　全区 Cu 元素各地质子区的含量与全区背景值之比值($C_3$)排序图

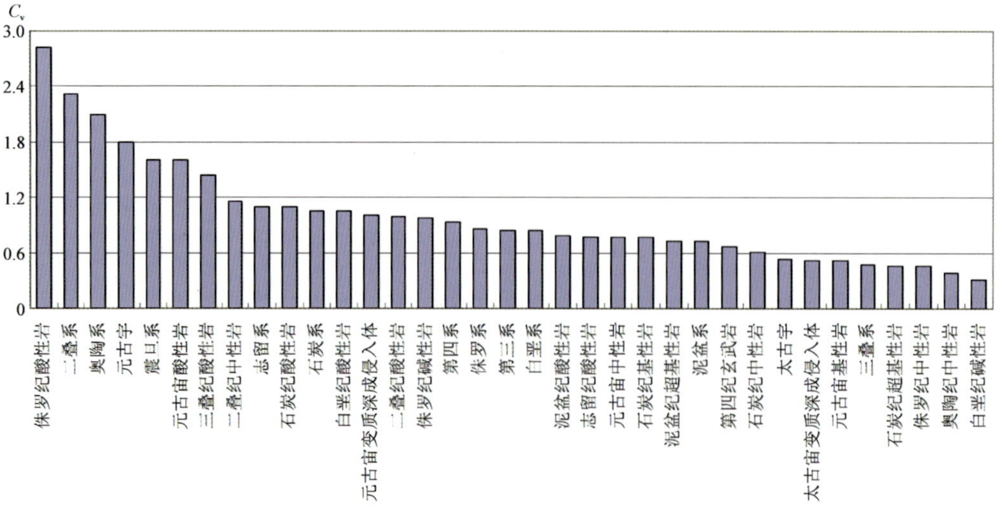


图 5-81　全区 Cu 元素在各地质子区变异系数($C_v$)排序图

2)Au

(1)全区 Au 及其主要共伴生元素平均值与中国干旱荒漠区水系沉积物背景值的比值称为二级浓集系数($C_2$),其 $C_2$ 分布图见图 5-82。从排序图上可见:$C_2 \geqslant 1.2$ 的元素有 Au、PbSbAgHgMo,这些元素在全区的含量相对中国地区呈富集状态;$0.8 \leqslant C_2 < 1.2$ 之间的元素(或氧化物)有 Co、NiZn、$Fe_2O_3$,这些元素(或氧化物)含量与中国水系平均含量相当;$C_2 < 0.8$ 的元素为 Cu,该元素相对中国地区呈贫化状态。

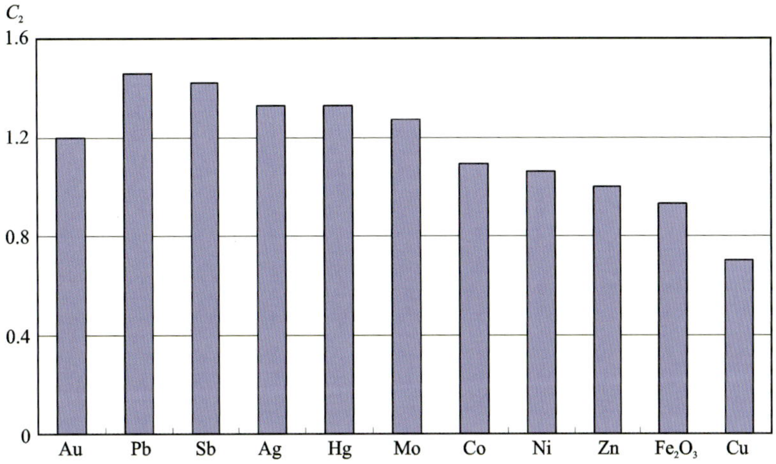


图 5-82 全区 Au 及其主要共伴生元素(或氧化物)平均值与中国干旱荒漠区水系沉积物背景值比值图

(2)各地质子区 Au 元素分布特征。为研究元素区域富集特征,将 $C_3$ 和 $C_v$ 均分为 3 级,以 $C_3 \geqslant 1.2$ 为富集,$1.2 > C_3 \geqslant 0.8$ 为与区域含量相当,$C_3 < 0.8$ 为贫化(图 5-83);以 $C_v \geqslant 2$ 为强分异型,$2 > C_v \geqslant 1$ 为较强分异型,$C_v < 1$ 为弱分异型(图 5-84)。

①Au 元素在泥盆纪酸性岩中强富集,其 $C_3$ 值高达 3.2,在元古宇、泥盆系及元古宙酸性岩、三叠纪酸性岩中也较富集。且 Au 元素在上述地质体中变异系数大,$C_v$ 均大于 2,其中元古宙酸性岩的 $C_v$ 更是高达 13.4。这说明 Au 元素在以上地质分区中最有利于成矿。这也与这些地质体中发现的大量金矿床(点)相对应。

②Au 元素在元古宙中性岩中富集程度高,其 $C_3$ 值大于 1.2,但变异系数很小,仅 0.29,故区内其高值区并未成矿。

③Au 元素在石炭系、二叠系、侏罗系、白垩系、第三系、第四系,及石炭纪中酸性岩、二叠纪酸性岩、侏罗纪酸性岩体中富集系数不高($C_3 < 1.2$),但变异系数大($C_v > 2$)。一般,在以上地质分区中 Au 元素在一定条件下有可能成矿。

综上可见,那些 Au 元素富集程度较高,且变异系数较大的地质单元,是今后进行 Au 矿产预测和潜力评价的重点地段。

3)PbZn

(1)全区 PbZn 及其主要共伴生元素的平均值与全球地壳克拉克值相比称为一级浓集系数($C_1$),$C_1$ 分布图见图 5-85。从排序图上可见:$C_1 \geqslant 1.2$ 的元素有 Pb、Co,这两种元素相对全球地壳呈富集状态;$0.8 \leqslant C_1 < 1.2$ 的元素有 Zn、Ag,这两种元素在全区的含量与全球地壳含量相当;$C_1 < 0.8$ 的元素(或氧化物)有 Cu、$Fe_2O_3$、Sn、Mo、Ni,这些元素(或氧化物)相对全球地壳呈贫化状态。

全区 PbZn 及其主要共伴生元素平均值与中国干旱荒漠区水系沉积物背景值的比值称为二级浓集系数($C_2$),其 $C_2$ 分布图见图 5-86。从排序图上可见:$C_2 \geqslant 1.2$ 的元素有 PbSn、SbAgW、Mo、Au,这些元素在全区的含量相对中国地区呈富集状态;$0.8 \leqslant C_2 < 1.2$ 之间的元素(或氧化物)有 Zn、Co、Ni$Fe_2O_3$,这些元素(或氧化物)含量与中国水系平均含量相当;$C_2 < 0.8$ 的元素为 Cu,该元素相对中国地区呈贫化状态。

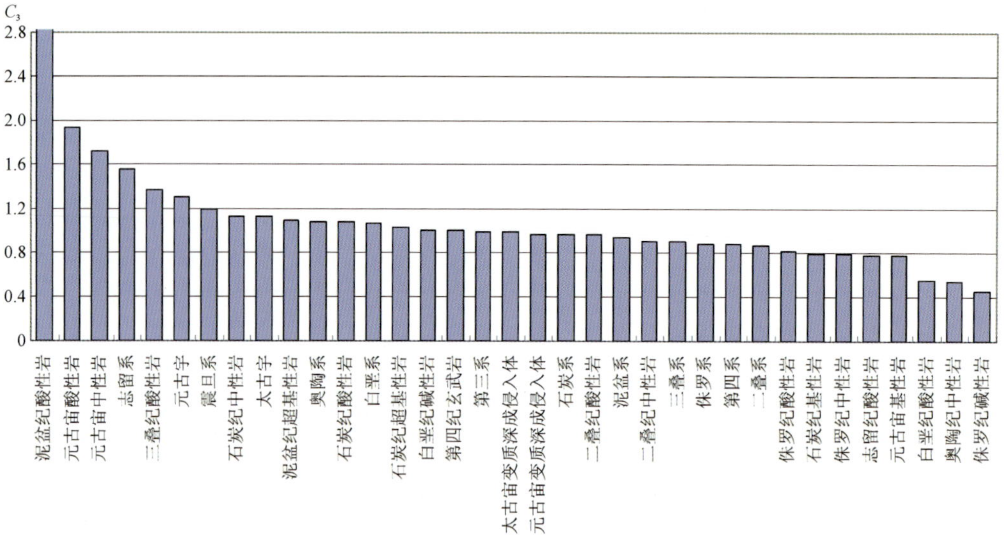


图 5-83　全区 Au 元素各地质子区的含量与全区背景值的比值($C_3$)排序图

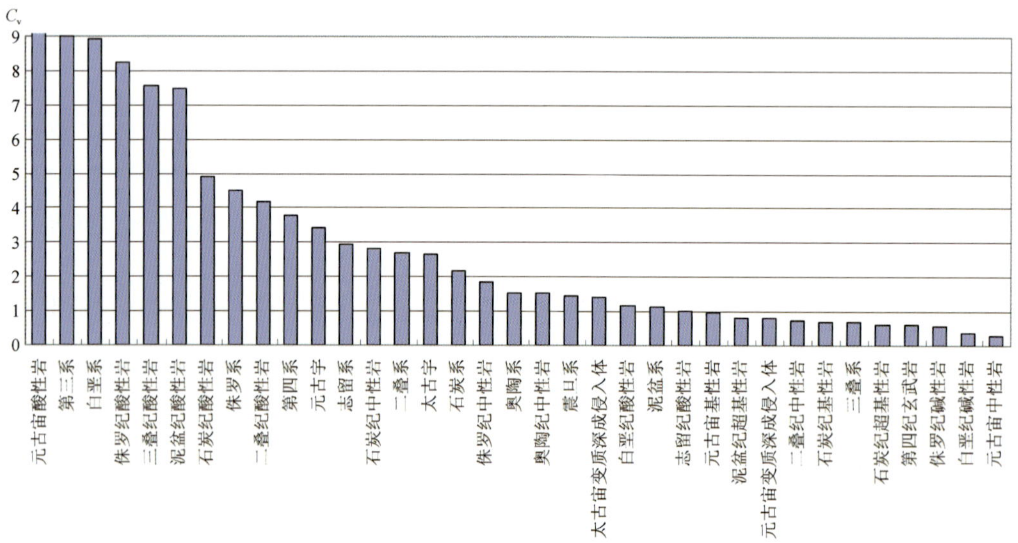


图 5-84　全区 Au 元素在各地质子区变异系数($C_v$)排序图

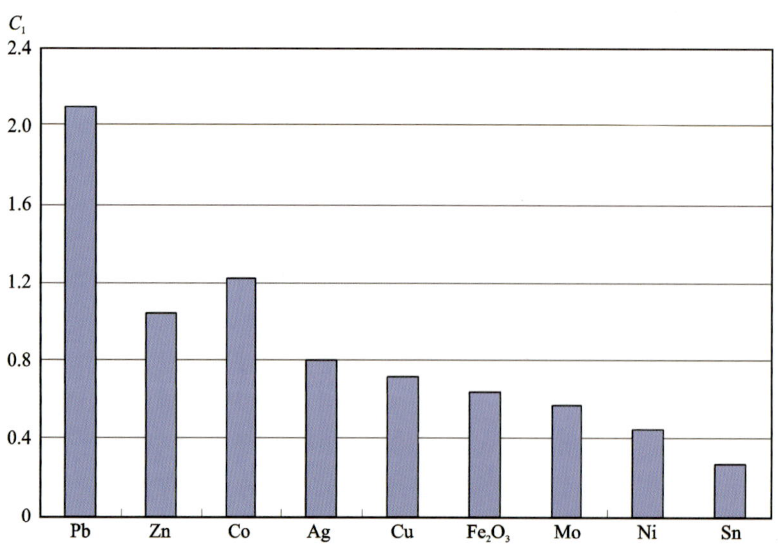


图 5-85　全区 PbZn 及其主要共伴生元素(或氧化物)平均值与地壳克拉克值比值图

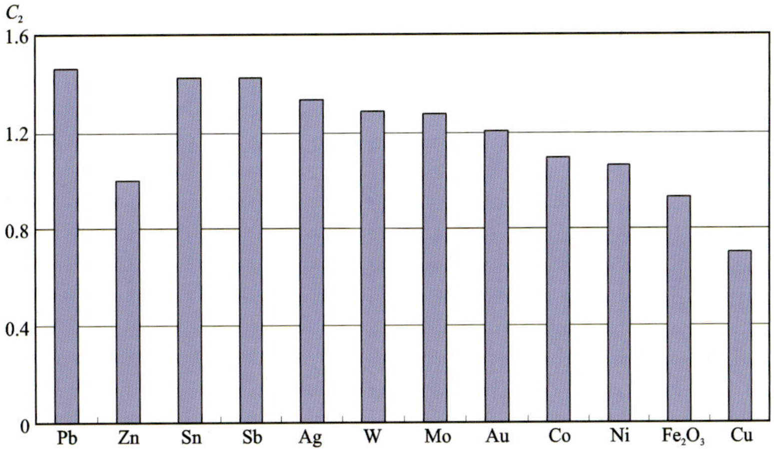


图 5-86　全区 PbZn 及其主要共伴生元素(或氧化物)$C_2$ 分布图

(3)各地质子区 PbZn 元素分布特征。为研究元素区域富集特征，将 $C_3$ 和 $C_v$ 均分为 3 级，以 $C_3 \geqslant 1.2$ 为富集，$1.2 > C_3 \geqslant 0.8$ 为与区域含量相当，$C_3 < 0.8$ 为贫化(图 5-87、图 5-88)；以 $C_v \geqslant 1.1$ 为强分异型，$1.1 > C_v \geqslant 0.6$ 为较强分异型，$C_v < 0.6$ 为弱分异型(图 5-89、图 5-90)。

从图 5-88～图 5-91 可看出：

①Pb 元素在震旦系、侏罗系及白垩纪碱性岩中，Zn 元素在二叠系、侏罗系及白垩纪碱性岩中富集系数高($C_3 > 1.2$)且变异系数大($C_v > 0.6$)。一般，元素在这种地质分区中最有利于成矿，也与这些地层中发现的大量铅锌矿床(点)相对应。

②Pb 元素在侏罗纪碱性岩中 $C_3$ 值大于 1.2，但变异系数很小，仅 0.37；Zn 元素在第四纪玄武岩中富集程度高，其 $C_3$ 值达 1.56，但变异系数仅 0.49。故这种地质分区内 PbZn 高值区并未成矿。

③Pb 元素在奥陶系、二叠系及二叠纪和侏罗纪酸性岩中，Zn 元素在元古宙、二叠纪、白垩纪酸性岩中富集系数不高($C_3 < 1.2$)但变异系数大($C_v > 0.6$)。一般，在这种地质分区中元素在一定条件下也可能成矿。

综上可见，那些 PbZn 元素富集程度较高，且变异系数较大的地质单元，是今后进行 PbZn 矿产预测和潜力评价的重点地段。

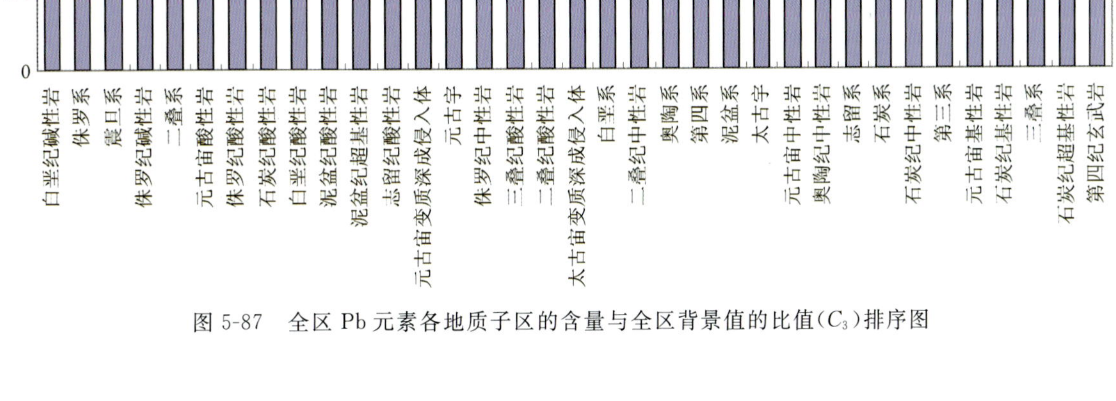

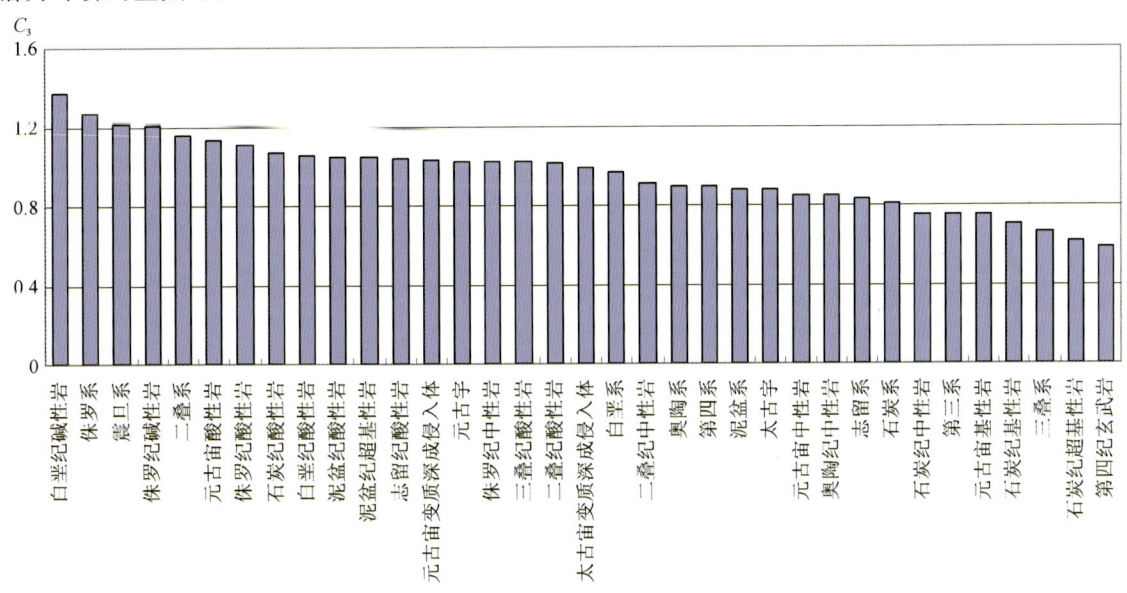


图 5-87　全区 Pb 元素各地质子区的含量与全区背景值的比值($C_3$)排序图

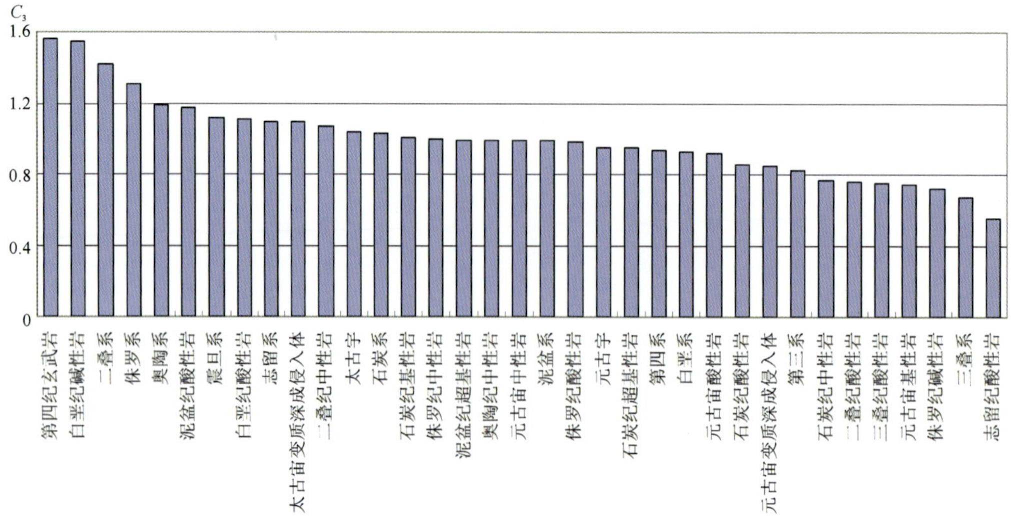


图 5-88　全区 Zn 元素各地质子区的含量与全区背景值的比值($C_3$)排序图

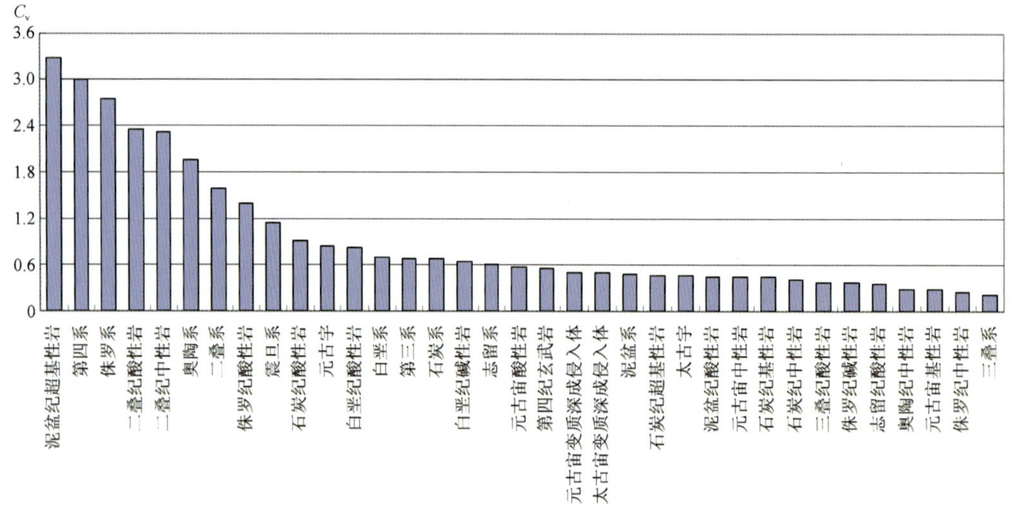


图 5-89　全区 Pb 元素在各地质子区变异系数($C_v$)排序图

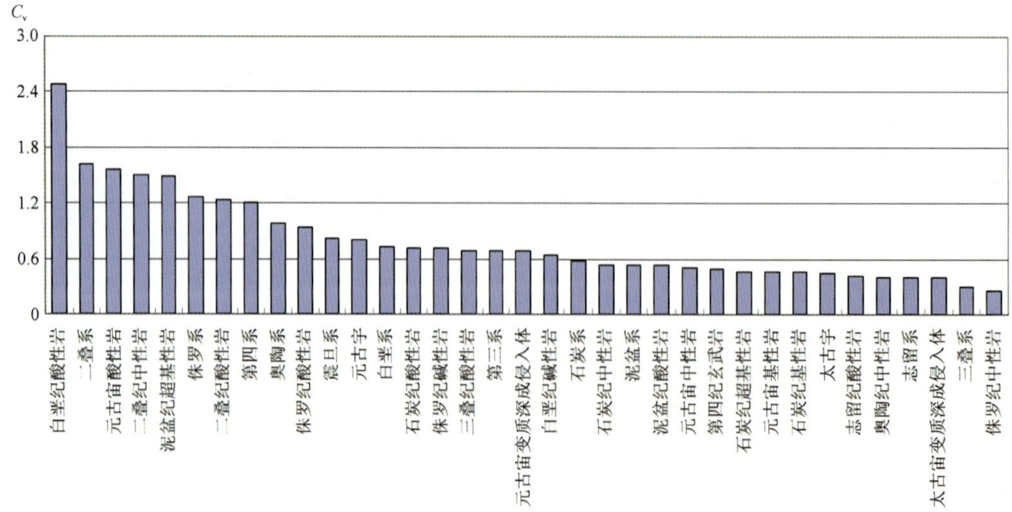


图 5-90　全区 Zn 元素在各地质子区变异系数($C_v$)排序图

4)Sb

(1)全区 Sb 及其主要共伴生元素平均值与中国干旱荒漠区水系沉积物背景值的比值称为二级浓集系数($C_2$)(图 5-91)。从排序图 5-91 上可见：$C_2 \geqslant 1.2$ 的元素有 SbPbSn、AgBiHgW、Mo、Au，这些元素在全区的含量相对中国地区呈富集状态；$0.8 \leqslant C_2 < 1.2$ 之间的元素为 Zn，该元素含量与中国水系平均含量相当；$C_2 < 0.8$ 的元素为 Cu，该元素相对中国地区呈贫化状态。

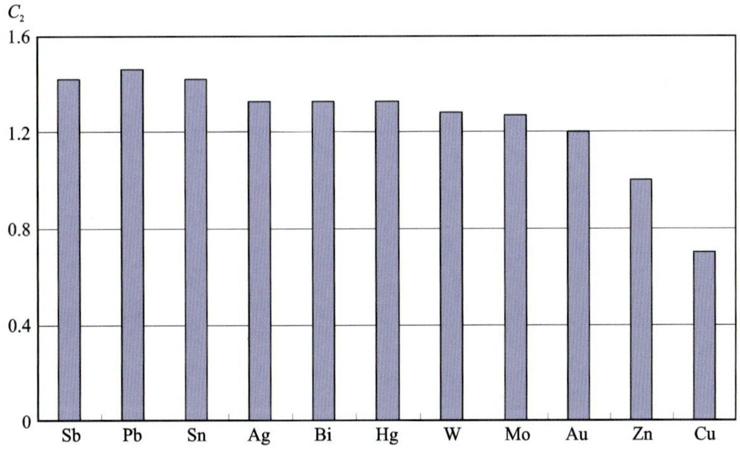


图 5-91　全区 Sb 及其主要共伴生元素平均值与中国干旱荒漠区水系沉积物背景值比值图

(2)各地质子区 Sb 元素分布特征。为研究元素区域富集特征，将 $C_3$ 和 $C_v$ 均分为 3 级，以 $C_3 \geqslant 2.5$ 为强富集，$2.5 > C_3 \geqslant 1.5$ 为中等富集，$1.5 > C_3 \geqslant 1$ 为弱富集；以 $C_v \geqslant 2$ 为强分异型，$2 > C_v \geqslant 1$ 为较强分异型，$C_v < 1$ 为弱分异型。

从图 5-92、图 5-93 可以看出：

①Sb 元素在震旦系、奥陶系、二叠系、三叠系及泥盆纪超基性岩中富集程度高($C_3 > 1.5$)，其中震旦系 $C_3$ 值达 2.48，同时变异系数亦较高($C_v > 2$)，一般，元素在这种地质分区中最有利于成矿，唯一的阿木乌苏锑矿床即产于二叠系中。

②Sb 元素在元古宇、志留系、石炭系及志留纪酸性岩中 $C_3$ 值均大于或接近 1.2，较富集，变异系数多大于 2，所圈锑综合异常多分布于这些地层中。

③Sb 元素在太古宇和除部分超基性岩外的多数岩浆岩中无明显富集特征。

综上可见，那些 Sb 元素富集程度较高，且变异系数较大的地质单元，是今后进行 Sb 矿产预测和潜力评价的重点地段。

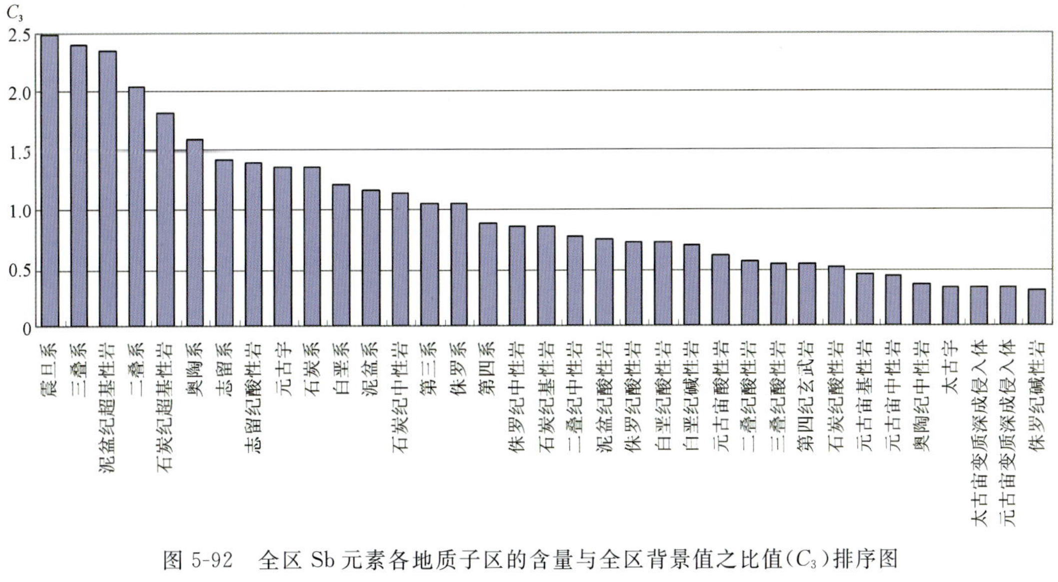


图 5-92　全区 Sb 元素各地质子区的含量与全区背景值之比值($C_3$)排序图

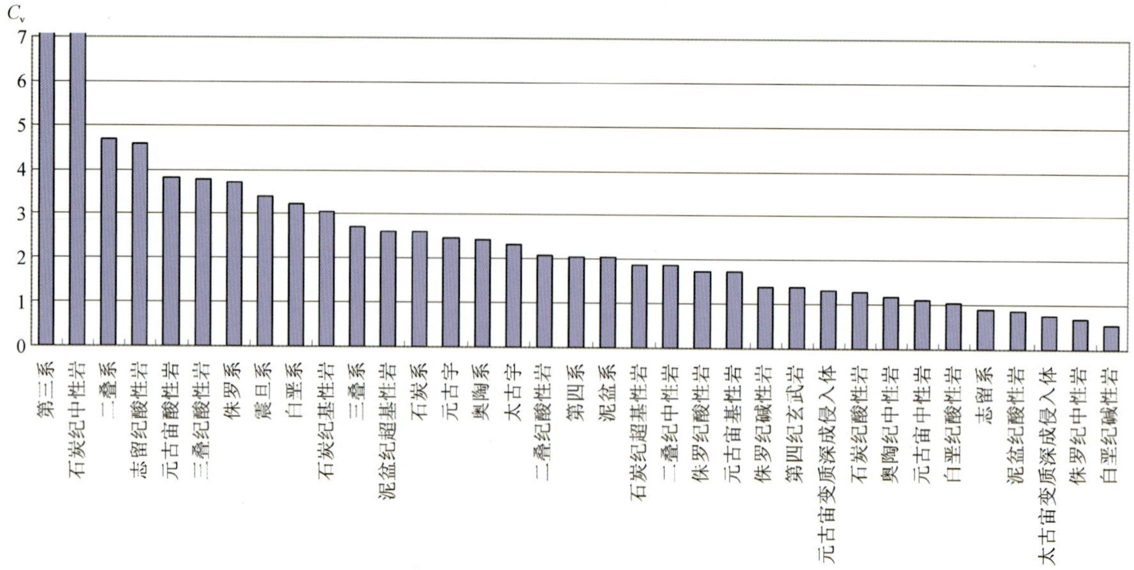


图 5-93　全区 Sb 元素在各地质子区变异系数($C_v$)排序图

5)W

(1)全区 W 及其主要共伴生元素平均值与中国干旱荒漠区水系沉积物背景值的比值称为二级浓集系数($C_2$)(图 5-94)。从图 5-94 上可见:$C_2 \geqslant 1.2$ 的元素有 W、Sn、PbBiAg 等,这些元素在全区的含量相对中国地区呈富集状态;$0.8 \leqslant C_2 < 1.2$ 之间的元素有 Mo、Zn,这两种元素含量与中国水系平均含量相当;$C_2 < 0.8$ 的元素为 Cu,该元素相对中国地区呈贫化状态。

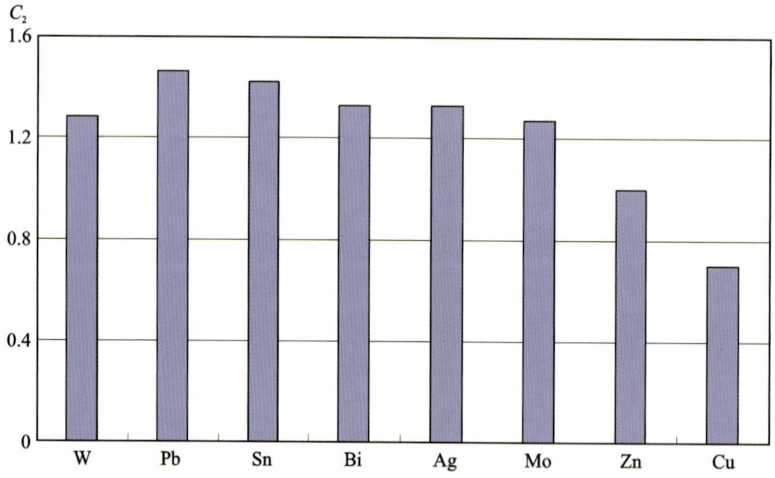


图 5-94　全区 W 及其主要共伴生元素平均值与中国干旱荒漠区水系沉积物背景值比值图

(2)各地质分区 W 元素分布特征。为研究元素区域富集特征,将 $C_3$ 和 $C_v$ 均分为 3 级,以 $C_3 \geqslant 1.2$ 为富集,$1.2 > C_3 \geqslant 0.8$ 为与区域含量相当,$C_3 < 0.8$ 为贫化(图 5-95);以 $C_v \geqslant 2$ 为强分异型,$2 > C_v \geqslant 1$ 为较强分异型,$C_v < 1$ 为弱分异型(图 5-96)。

从图 5-95、图 5-96 可以看出:

(1)W 元素在石炭纪基性岩中富集程度最高,其三级浓集系数 $C_3$ 达 2.025,同时其变化系数 $C_v$ 也较高,达 4.988。

(2)W 元素在太古宇、元古宇、二叠系、泥盆系、志留系中或三级浓集系数 $C_3$ 或变化系数 $C_v$ 大于 1.2,呈富集或中等分异状态,反映在地球化学图上多为一些高或较高背景区。

(3)W 元素在元古宇、泥盆系,侏罗纪、石炭纪、三叠纪、二叠纪酸性岩中或三级浓集系数 $C_3$ 或变化

系数 $C_v$ 大于 1.2，呈中等富集或强分异状态，区内各矿床(点)或规模较大的钨异常多与这类岩体密切相关。

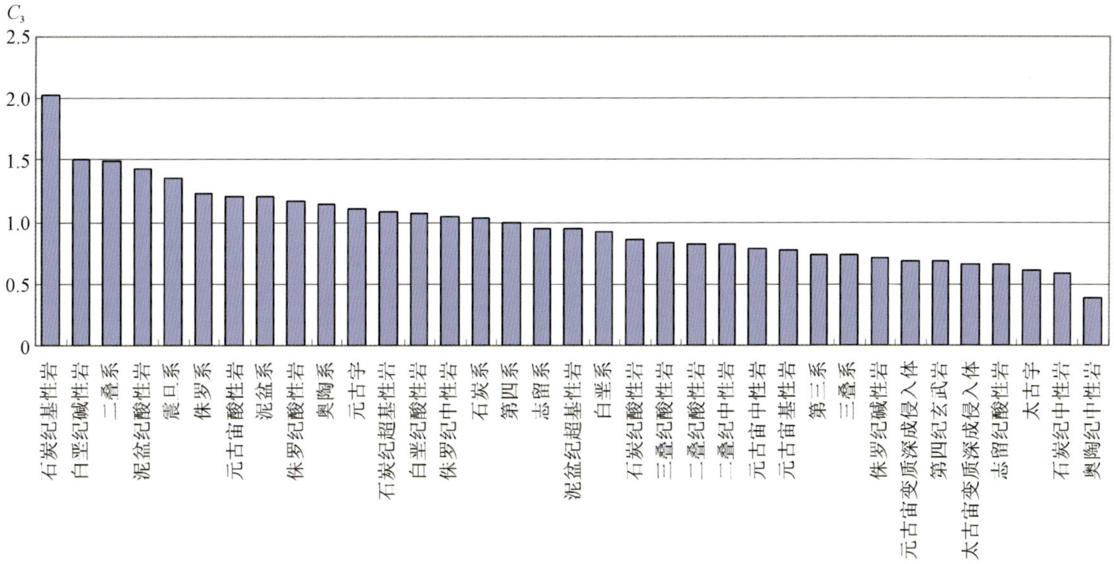


图 5-95　全区 W 元素各地质子区的含量与全区背景值之比值($C_3$)排序图

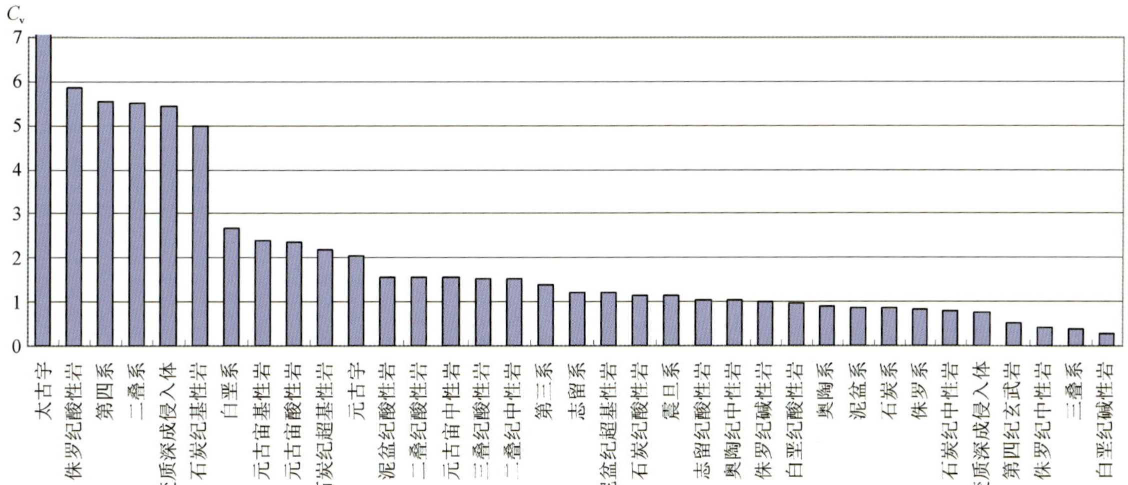


图 5-96　全区 W 元素在各地质子区变异系数($C_v$)排序图

6)稀土元素

(1)全区元素平均值与中国干旱荒漠区水系沉积物背景值的比值称为二级浓集系数($C_2$)(图 5-97)。从比值图 5-97 上可见：$C_2 \geqslant 1.2$ 的元素有 ThNbZr 等，这些元素在全区的含量相对中国地区呈富集状态；$0.8 \leqslant C_2 < 1.2$ 之间的元素有 LaY、U 等，这些元素含量与中国水系平均含量相当；$C_2 < 0.8$ 的元素有 Be，该元素相对中国地区呈贫化状态。

(2)各地质子区稀土元素分布特征。为研究元素区域富集特征，将 $C_3$ 分为 3 级，以 $C_3 \geqslant 1.2$ 为富集，$1.2 > C_3 \geqslant 0.8$ 为与区域含量相当，$C_3 < 0.8$ 为贫化(图 5-98)。从图 5-98 中可看出：

①U 元素在白垩纪碱性岩中富集程度最高，其 $C_3$ 值达 2.108，但变异系数较小，仅 0.48。

②LaY、U、Th 元素在侏罗系，白垩纪碱性岩，泥盆纪，元古宙酸性岩中 $C_3$ 值均大于 1.2 或接近 1.2，较富集。

(3)La 元素在白垩纪碱性岩,泥盆纪、元古宙酸性岩中较富集,$C_3$ 值均大于 1.2,其中元古宙酸性岩变异系数仅 0.519,区内发现的轻稀土矿床产在元古宙酸性岩内,如白云鄂博稀土矿、桃花拉山稀土矿。

(4)Y 元素在侏罗系、白垩纪碱性岩中较富集,$C_3$ 值均大于 1.2,区内发现的重稀土矿床产在侏罗系内,如八〇一稀土矿。

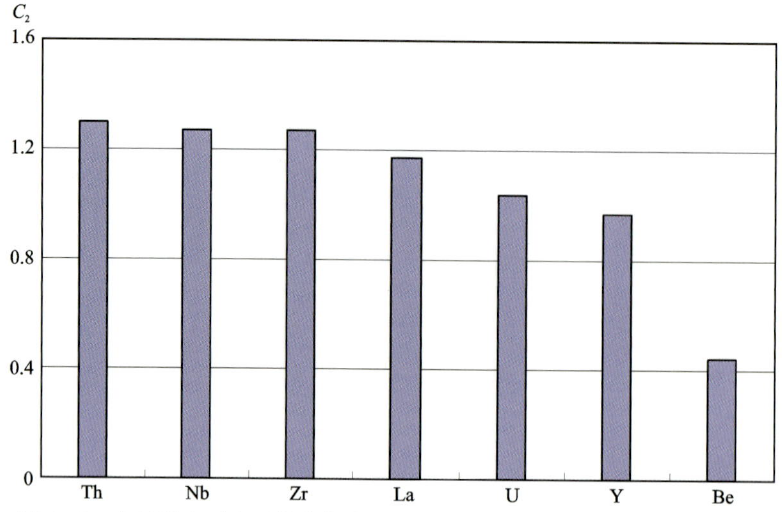


图 5-97　全区稀土元素平均值与中国干旱荒漠区水系沉积物背景值比值图

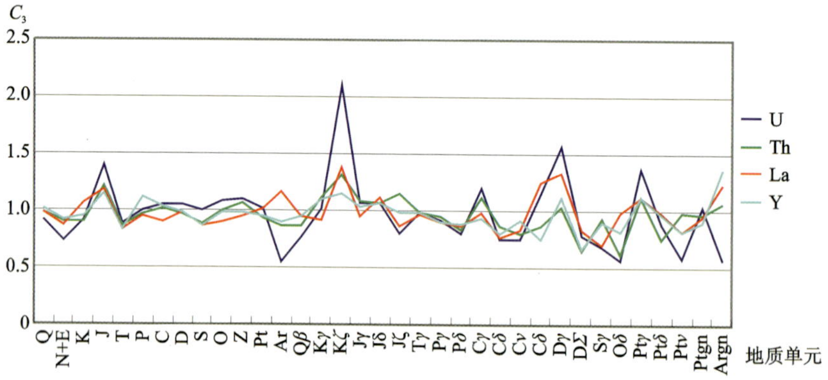


图 5-98　全区稀土元素各地质子区的含量与全区背景值之比值($C_3$)线状图

7)Ag

(1)全区 Ag 及其主要共伴生元素平均值与全球地壳克拉克值相比称为一级浓集系数($C_1$),由图 5-99(a)可见:$C_1 \geqslant 1.2$ 的元素为 PbHg,这些元素相对全球地壳呈富集状态;$0.8 \leqslant C_1 < 1.2$ 的元素为 Cu、AgZn、Cd,这些元素在全区的含量与全球地壳含量相当;$C_1 < 0.8$ 的元素 Sn、Mo、Mn,这些元素相对全球地壳呈贫化状态。

(2)全区 Ag 及其主要共伴生元素平均值与中国干旱荒漠区水系沉积物背景值相比称为二级浓集系数($C_2$),由图 5-99(b)可见:$C_2 \geqslant 1.2$ 的元素为 AgPbSbHgW、Sn、Mo、Bi,这些元素在全区的含量相对中国地区呈富集状态;$0.8 \leqslant C_2 < 1.2$ 的元素为 Zn、CdAu、Mn,这些元素含量与中国水系平均含量相当;$C_2 < 0.8$ 的元素为 Cu,该元素相对中国地区呈贫化状态。

(3)各地质子区中 Ag 元素的地球化学特征。元素具有成矿专属性,不同地质体对同一元素的富集能力不同。将 Ag 元素在各子区的平均含量与全区背景值进行对比,称为三级浓度系数 $C_3$,比较 Ag 元素在各地质子区中的富集与贫化特征,研究 Ag 元素成矿规律。

从图 5-100 中可以看出:

①Ag 元素在泥盆纪超基性岩体中含量最高,其次为二叠系、奥陶系和侏罗系,在以上 4 种地质子区

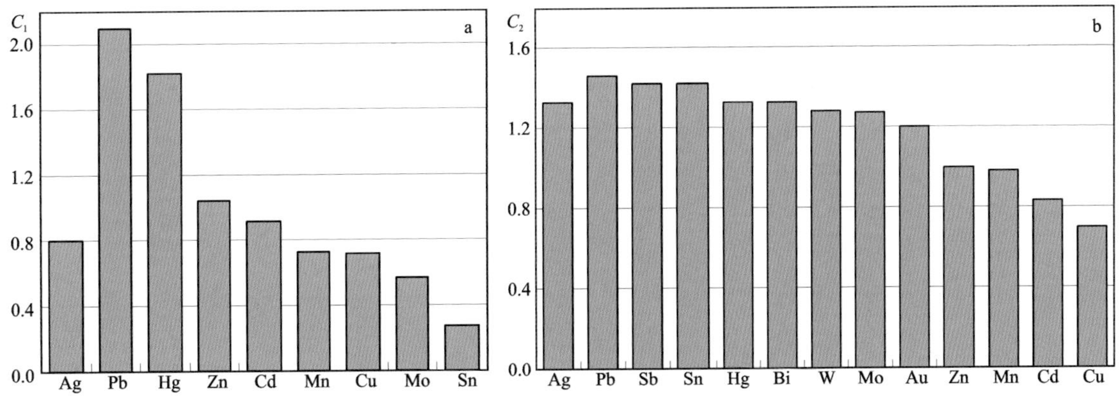


图 5-99　全区 Ag 及其主要共伴生元素一级浓集系数($C_1$)和二级浓集系数($C_2$)

中 Ag 元素三级浓度系数大于 1，表明 Ag 元素在以上地质体中相对于全区呈富集状态，在以上地质体中相对易于成矿，这与全区已发现银矿床(点)所在地层相吻合。

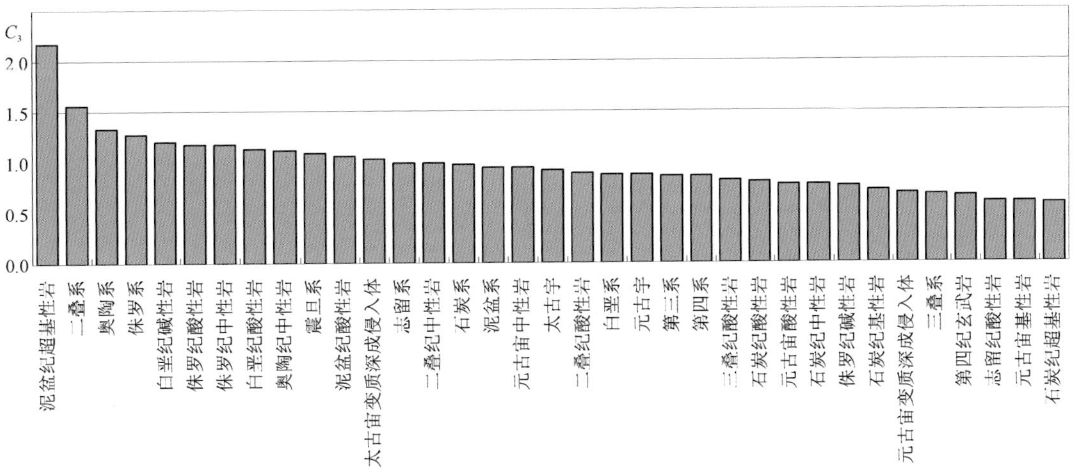


图 5-100　Ag 元素在不同地质子区的地球化学分布特征

②比较 Ag 元素在不同地质单元中的变异特征，如图 5-101，Ag 元素在侏罗系、奥陶系、二叠系以及泥盆纪超基性岩体和侏罗纪中酸性岩体中的变异系数都大于 3，可见 Ag 元素在以上地质单元中不仅含量较全区高，而且分布还特别不均匀，易于富集成矿，是进行矿产预测和潜力评价的重点地段。

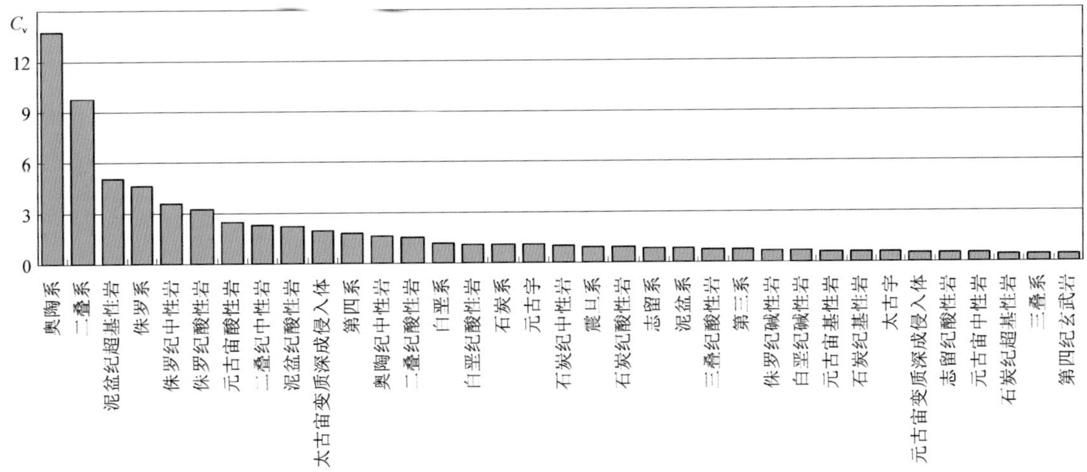


图 5-101　Ag 元素在不同地质子区的变异特征

8)Mo

(1)全区 Mo 及其主要共伴生元素的平均值与全球地壳克拉克值相比，称为一级浓集系数($C_1$)，$C_1 \geqslant 1.2$ 为富集，$C_1 < 0.8$ 为贫化。Mo 及其相关元素 $C_1$ 分布如图 5-102 所示。从排序图 5-102 上可见：$C_1 \geqslant 1.2$ 的元素有 Pb、U，这两种元素相对全球地壳呈富集状态；$0.8 \leqslant C_1 < 1.2$ 的元素有 Zn、Ag，这两种元素在全区的含量与全球地壳含量相当；$C_1 < 0.8$ 的元素有 Mo、Cu、Sn，这些元素相对全球地壳呈贫化状态。

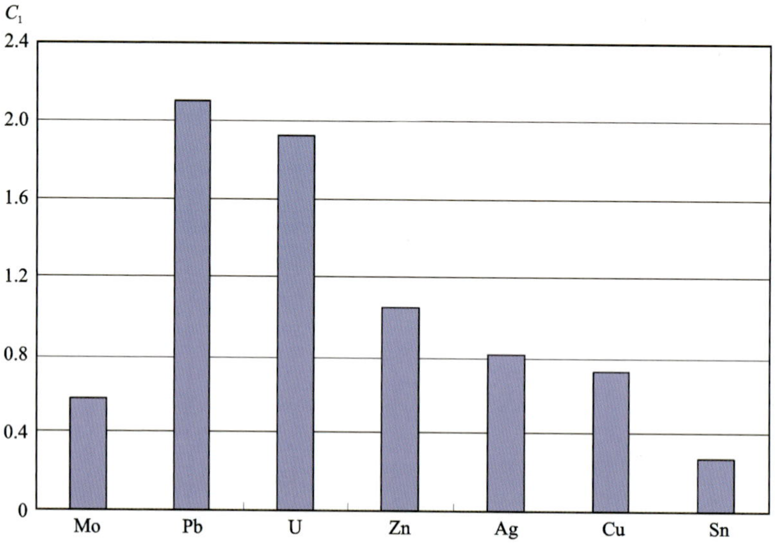


图 5-102　全区 Mo 及其主要共伴生元素平均值与地壳克拉克值比值图

(2)全区 Mo 及其主要共伴生元素平均值与中国干旱荒漠区水系沉积物背景值的比值称为二级浓集系数($C_2$)，$C_2 \geqslant 1.2$ 为富集，$C_2 < 0.8$ 为贫化。Mo 及其相关元素 $C_2$ 分布如图 5-103 所示。从排序图 5-103 上可见：$C_2 \geqslant 1.2$ 的元素有 Mo、PbSn、SbAgBiW、Au 等，这些元素在全区的含量相对中国地区呈富集状态；$0.8 \leqslant C_2 < 1.2$ 之间的元素有 Zn、U，这两种元素含量与中国水系平均含量相当；$C_2 < 0.8$ 的元素为 Cu，该元素相对中国地区呈贫化状态。

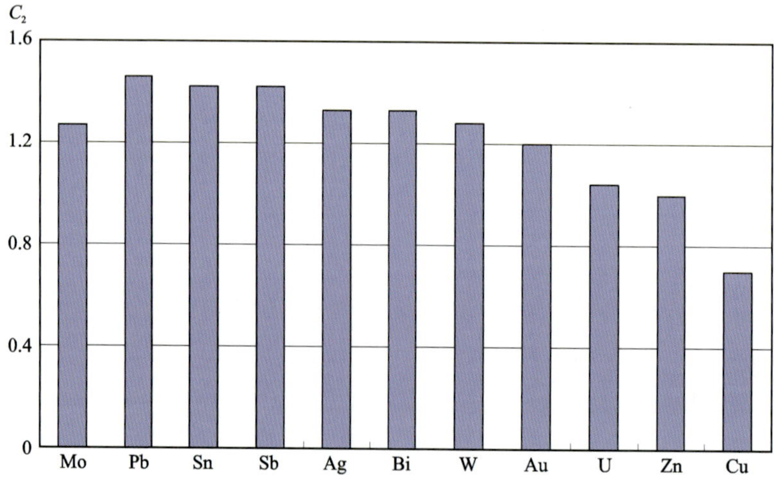


图 5-103　全区主要成矿元素平均值与中国干旱荒漠区水系沉积物背景值比值图

(3)各地质子区 Mo 元素分布特征。为研究元素区域富集特征，将 $C_3$ 和 $C_v$ 均分为 3 级，以 $C_3 \geqslant 1.2$ 为富集，$1.2 > C_3 \geqslant 0.8$ 为与区域含量相当，$C_3 < 0.8$ 为贫化(图 5-104)；以 $C_v \geqslant 1.1$ 为强分异型，$1.1 > C_v \geqslant 0.6$ 为较强分异型，$C_v < 0.6$ 为弱分异型(图 5-105)。

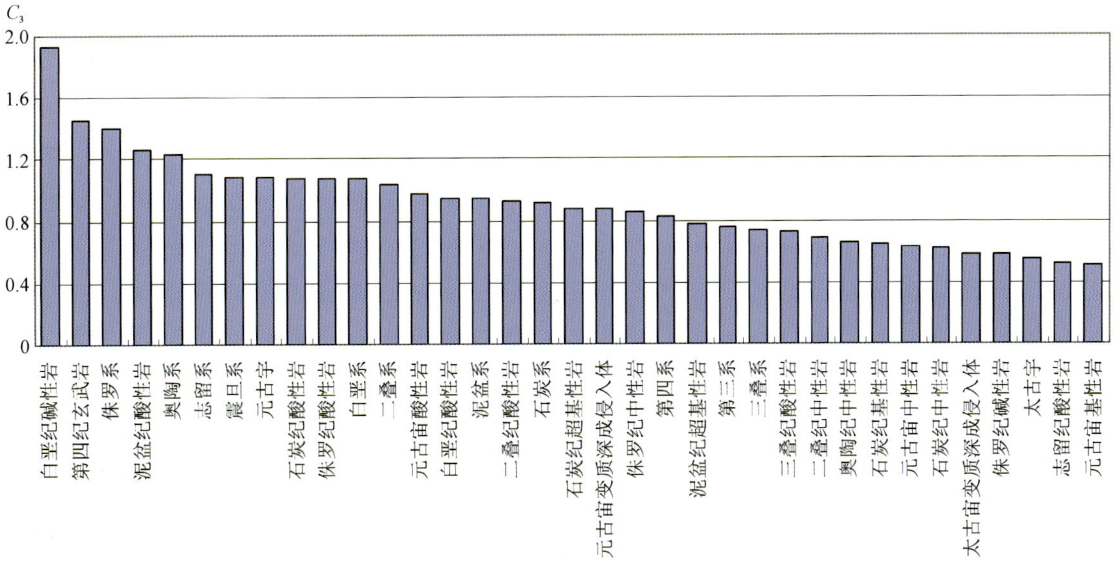


图 5-104　全区 Mo 在各地质子区的含量与全区背景值的比值($C_3$)排序图

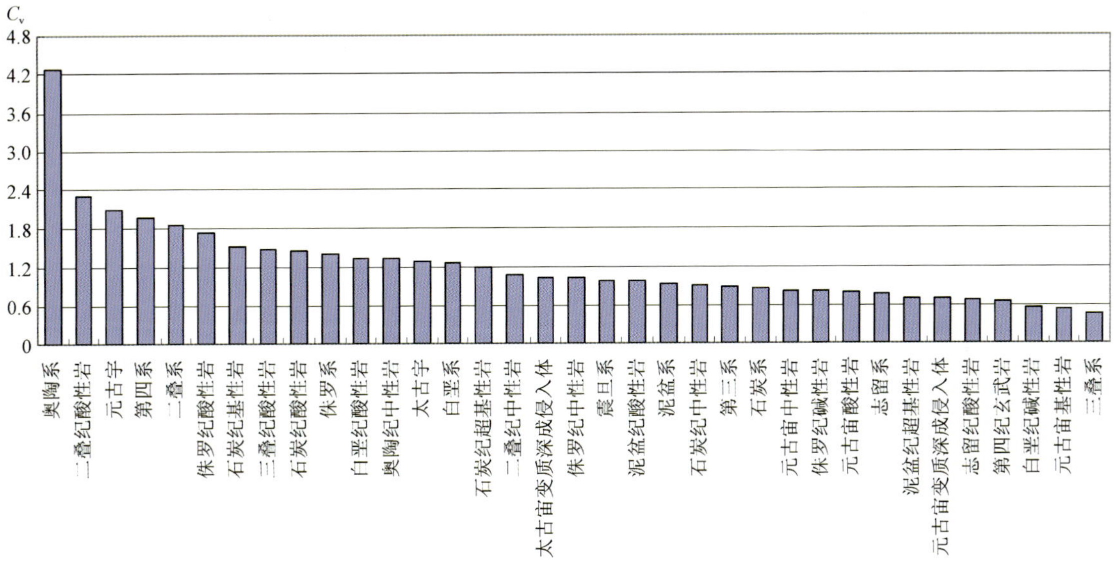


图 5-105　全区 Mo 元素在各地质子区变异系数($C_v$)排序图

从图 5-104、图 5-105 可以看出：

①Mo 元素在侏罗系、奥陶系及第四纪玄武岩、泥盆纪酸性岩中富集系数高($C_3>1.2$)且变异系数大($C_v>0.6$)，其中奥陶系的变异系数高达 4.3。一般，Mo 元素在以上地质分区中最有利于成矿，也与这些地层中发现的大量钼矿床(点)相对应。

②Mo 元素在白垩纪碱性岩中富集程度最高，其 $C_3$ 值达 1.93，但变异系数较小，仅 0.54，故只有在地质条件特别有利的情况下 Mo 元素才可能在该地质分区中成矿。

③Mo 元素在白垩系、二叠系、元古宇、太古宇，及燕山期、印支期、海西期酸性岩体中富集系数不高($C_3<1.2$)但变异系数大($C_v>0.6$)。一般，在以上地质分区中 Mo 元素在一定条件下也可能成矿。

综上可见，那些 Mo 元素富集程度较高，且变异系数较大的地质单元，是今后进行 Mo 矿产预测和潜力评价的重点地段。

9)Sn

(1)将全区 Sn 及其主要共伴生元素平均值与全球地壳克拉克值相比，称为一级浓集系数($C_1$)，由图

5-106(a)可见：$C_1 \geqslant 1.2$ 的元素为 PbHg，这些元素相对全球地壳呈富集状态；$0.8 \leqslant C_1 < 1.2$ 的元素为 Cu、AgZn、Cd，这些元素在全区的含量与全球地壳含量相当；$C_1 < 0.8$ 的元素为 Sn、Mo、Mn，这些元素相对全球地壳呈贫化状态。

(2)全区 Sn 及其主要共伴生元素平均值与中国干旱荒漠区水系背沉积物景值相比，称为二级浓集系数($C_2$)，由图 5-106(b)可见：$C_2 \geqslant 1.2$ 的元素为 Sn、W、Mo、BiAgPbSbHg，这些元素在全区的含量相对中国地区呈富集状态；$0.8 \leqslant C_2 < 1.2$ 的元素为 Zn、CdAu、Mn，这些元素含量与中国水系平均含量相当；$C_2 < 0.8$ 的元素为 Cu，该元素相对中国地区呈贫化状态。

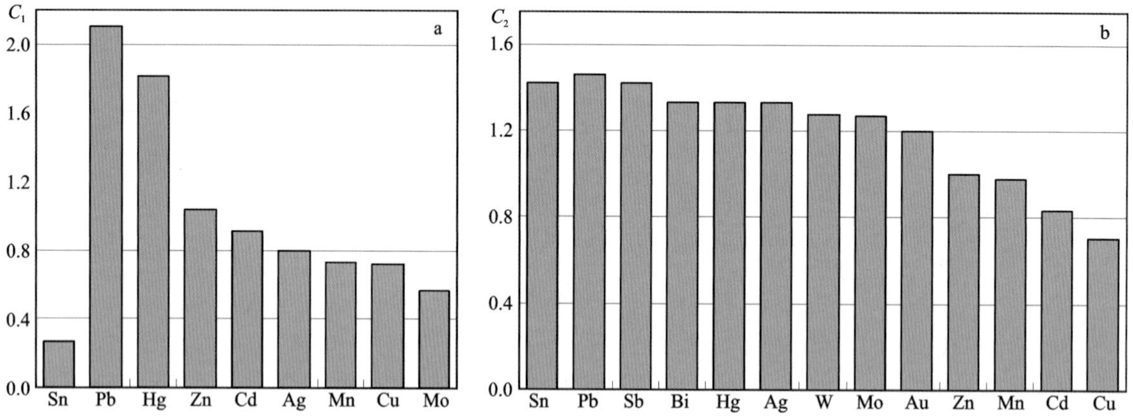


图 5-106 全区 Sn 及其主要共伴生元素一级浓集系数($C_1$)和二级浓集系数($C_2$)

(3)各地质子区中 Sn 元素的地球化学特征。元素具有成矿专属性，不同地质体对同一元素的富集能力不同。将 Sn 元素在各地质子区的平均含量与全区背景值的进行对比，称为三级浓度系数 $C_3$，比较 Sn 元素在各地质子区中的富集与贫化特征，研究 Sn 元素成矿规律。从图 5-107 中可以看出，Sn 元素在二叠纪中性岩体中含量最高，其次为白垩系、泥盆系和太古宙变质深成侵入体，在以上 4 种地质子区中 Sn 元素三级浓度系数大于 1.3，表明 Sn 元素在以上地质体中相对于全区呈富集状态，在以上地质体中相对易于成矿。

比较 Sn 元素在不同地质单元中的变异特征，如图 5-108，Sn 元素在石炭纪基性岩体、二叠纪和侏罗纪酸性岩体及二叠系、石炭系中的变异系数都大于 2.7，可见二叠系虽然 Sn 含量处于中等水平，但分异性较强，易于在该地层富集成矿，成为内蒙古锡矿床的主要含矿地层。

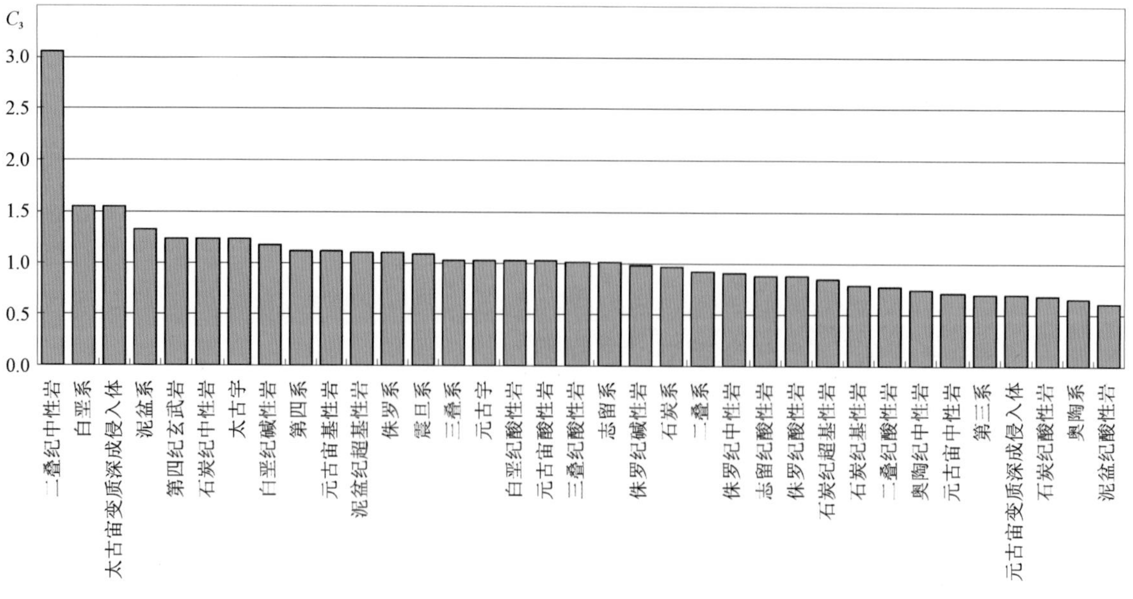


图 5-107 Sn 元素在不同地质子区的地球化学分布特征

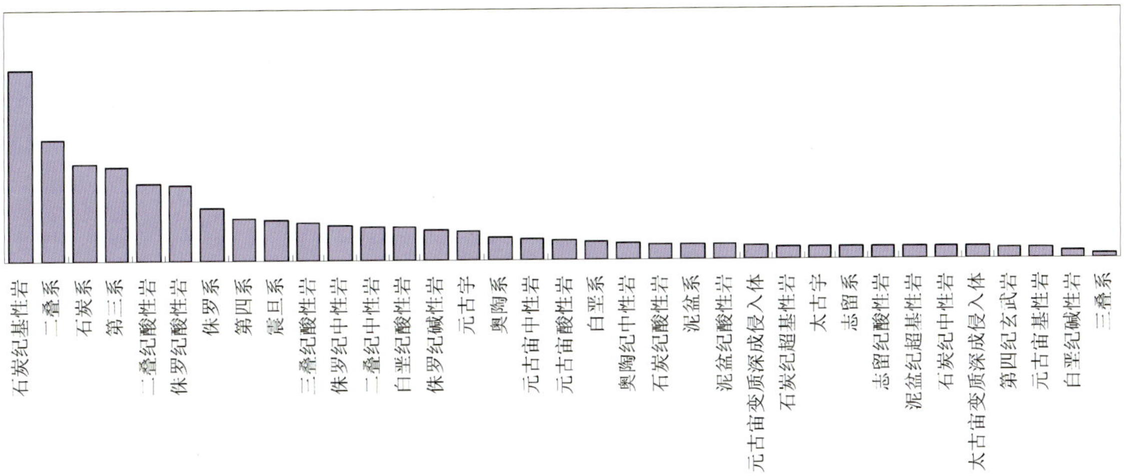


图 5-108 Sn 元素在不同地质子区的变异特征

10)Ni

(1)全区 Ni 元素及其主要的共伴生元素平均值与全球地壳克拉克值相比,称为一级浓集系数($C_1$)。从图 5-109 可以看出:$C_1 \geqslant 1.2$ 的元素为 Co,说明 Co 元素相对全球地壳呈富集状态;$C_1 < 0.8$的元素(或氧化物)为 Ni$Fe_2O_3$、Cu、Cr、TiV、Mn,说明这些元素(或氧化物)相对全球地壳呈贫化状态。

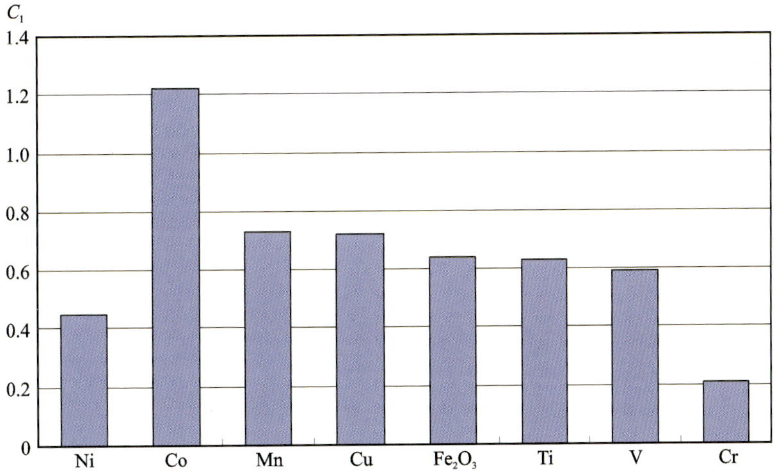


图 5-109 全区 Ni 及其主要共伴生元素(或氧化物)平均值与地壳克拉克值比值图($C_1$)

(2)全区 Ni 元素及其主要的共伴生元素(或氧化物)与中国干旱荒漠区水系沉积物背景值的比值称为二级浓集系数($C_2$),从图 5-110 可知:$0.8 \leqslant C_2 < 1.2$ 的元素(或氧化物)为 Ni$Fe_2O_3$、Co、Cr、TiV、Mn,说明这些元素(或氧化物)含量与中国水系平均含量相当;$C_2 < 0.8$ 的元素为 Cu,说明该元素相对中国地区呈贫化状态。

(3)各地质子区 Ni 元素分布特征。为研究元素区域富集特征,把 $C_3$ 和 $C_v$ 分成 3 级,$C_3 < 0.8$ 为贫化,$0.8 \leqslant C_3 < 1.2$ 为与区域含量基本相当,$C_3 \geqslant 1.2$ 为富集(图 5-111)。$C_v < 0.6$ 为基本均匀分布,$0.6 \leqslant C_v < 1.1$ 为一般分异,$C_v \geqslant 1.1$ 为强分异(图 5-112)。

从图 5-111、图 5-112 可知:

①Ni 元素在泥盆纪超基性岩和石炭纪超级性岩中富集程度最高($C_3 > 20$),且 $C_v$ 值均大于 1.1,达到了强分异的程度,因此,Ni 元素在石炭纪超级性岩和泥盆纪超基性岩中较富集,有利于富集成矿。

②Ni 元素在石炭纪基性岩中 $C_3 > 1.2$,达到了富集的程度,且 $C_v > 1.1$,因此 Ni 在石炭纪基性岩中较富集,有利于成矿。

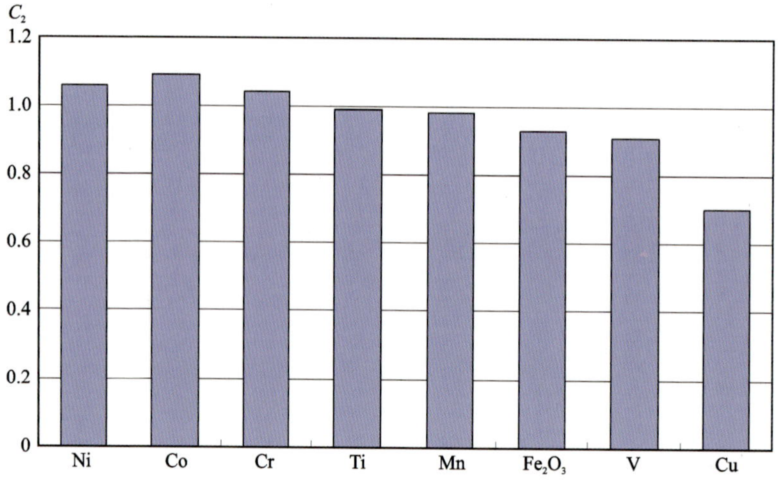


图　全区 Ni 及共伴生元素(或氧化物)平均值与中国干旱荒漠区水系沉积物背景值比值图($C_2$)

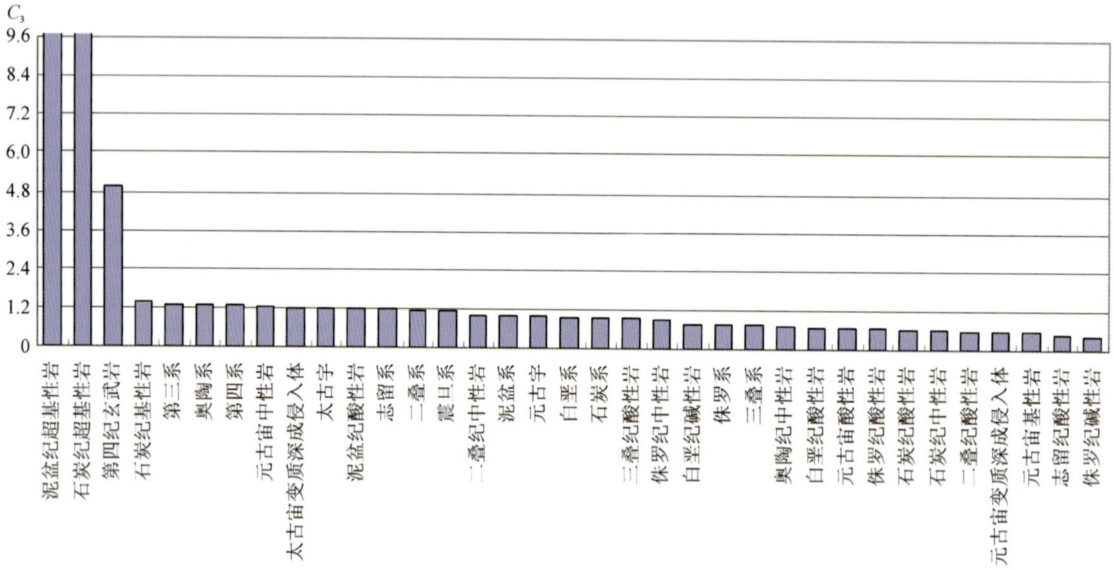


图 5-111　全区 Ni 元素各地质子区的含量与全区背景值之比值($C_3$)排序图

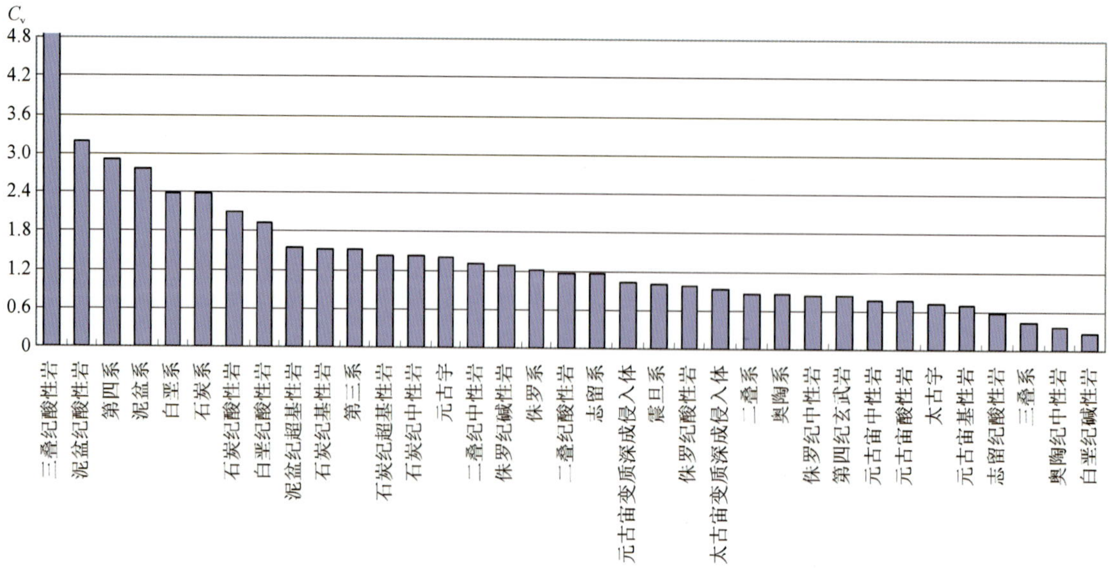


图 5-112　全区 Ni 元素在各地质子区变异系数($C_v$)排序图

③Ni 元素在第四纪玄武岩中 $C_3>1.2$，且 $C_v>0.6$，说明 Ni 元素在第四纪玄武岩中较富集。但是 Ni 元素在玄武岩中富集是由岩性引起，因此在该地质体中 Ni 不具备富集成矿的条件。

④Ni 元素在元古宙中性岩、太古宙变质深成侵入体和太古宇中相对富集，其 $C_3$ 值均大于 1.2，且 $C_v$ 均大于 0.6。说明 Ni 元素在上述岩体中也有利于富集成矿。

综上所述，上述元素富集程度较高，变异系数较大的地质单元，是今后进行 Ni 矿产预测和潜力评价的重点地段。

11）Mn

(1)全区 Mn 元素及其主要的共伴生元素的平均值与全球地壳克拉克值相比，称为一级浓集系数($C_1$)，Mn 及其主要的共伴生元素的 $C_1$ 分布如图 5-113 所示。从图 5-113 可以看出：$C_1\geqslant1.2$ 的元素为 Pb、Co，说明这些元素相对全球地壳呈富集状态；$0.8\leqslant C_1<1.2$ 的元素为 Ag、Zn，说明这些元素在全区的含量与全球地壳含量相当；$C_1<0.8$ 的元素(或氧化物)为 Mn、Cu、$Fe_2O_3$、TiV、Cr、Ni，说明这些元素(或氧化物)相对全球地壳呈贫化状态。

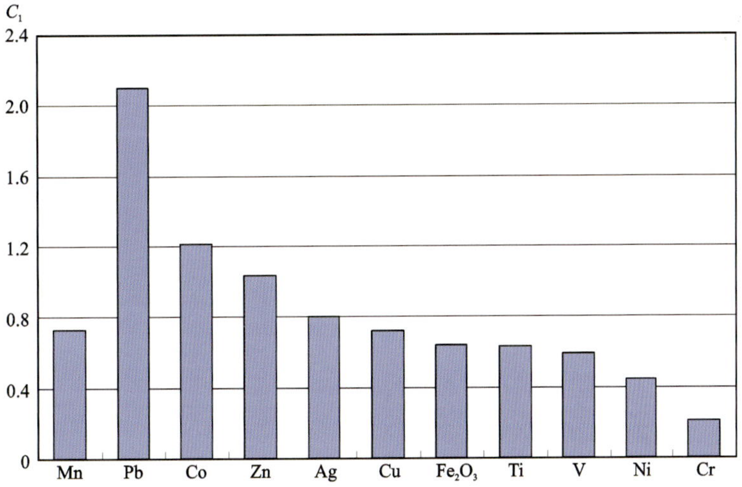


图 5-113　全区 Mn 及其共伴生元素(或氧化物)平均值与地壳克拉克值比值图($C_1$)

(2)全区 Mn 元素及其主要的共伴生元素平均值与中国干旱荒漠区水系沉积物背景值的比值称为二级浓集系数($C_2$)如图 5-114 所示。从图 5-114 可知：$C_2\geqslant1.2$ 的元素为 Ag、Pb，这些元素在全区的含量相对中国地区呈富集状态；$0.8\leqslant C_2<1.2$ 的元素(或氧化物)为 Mn、$Fe_2O_3$、Zn、Co、TiV、Cr、Ni，这些元素含量与中国水系平均含量相当；$C_2<0.8$ 的元素为 Cu，该元素相对中国地区呈贫化状态。

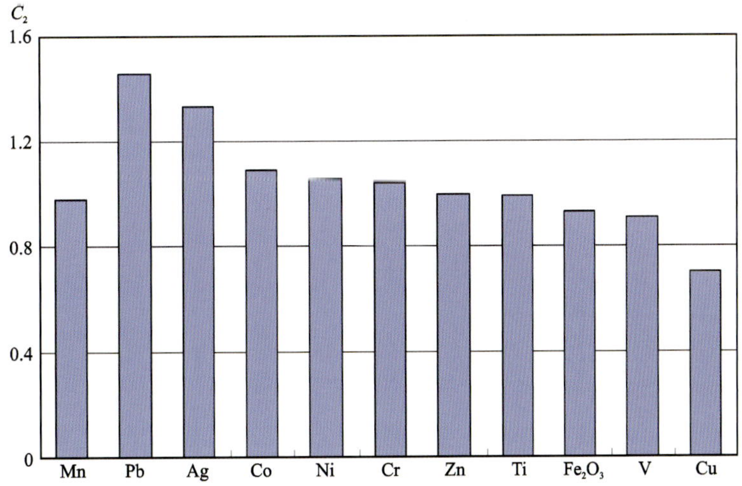


图 5-114　全区 Mn 及其共伴生元素(或氧化物)平均值与中国干旱荒漠区水系沉积物背景值比值图($C_2$)

(3)各地质子区 Mn 元素分布特征。为研究元素区域富集特征，将 $C_3$ 和 $C_v$ 均分为 3 级，$C_3<0.8$ 为贫化，$0.8\leqslant C_3<1$ 为与区域含量基本相当，$C_3\geqslant 1$ 为富集(图 5-115)。$C_v<0.4$ 为基本均匀分布，$0.4\leqslant C_v<0.7$ 为一般分异，$C_v\geqslant 0.7$ 为强分异(图 5-116)。

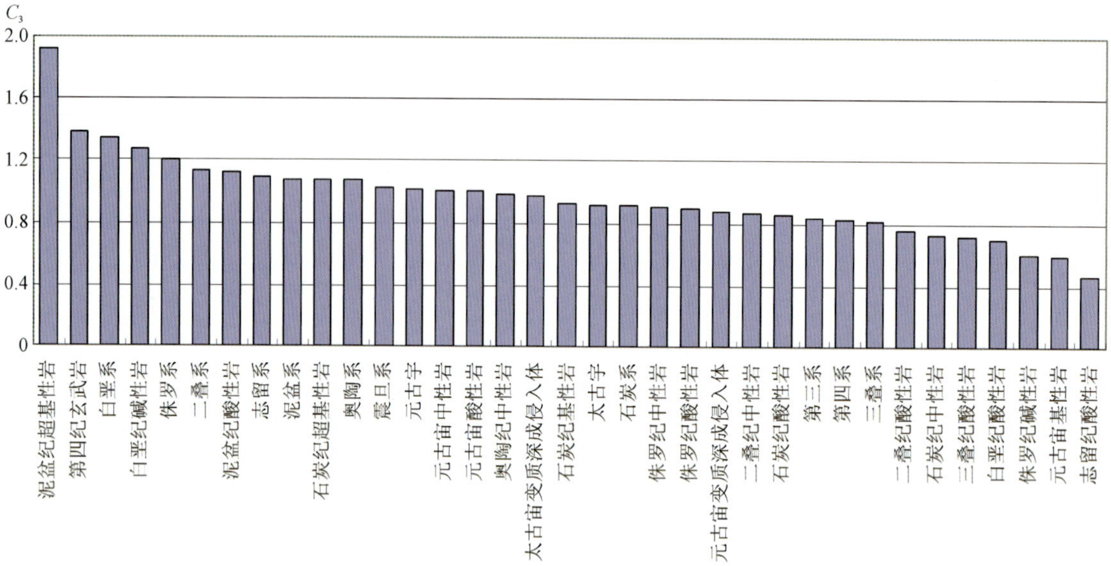


图 5-115　全区 Mn 元素在各地质子区的含量与全区背景值之比值($C_3$)排序

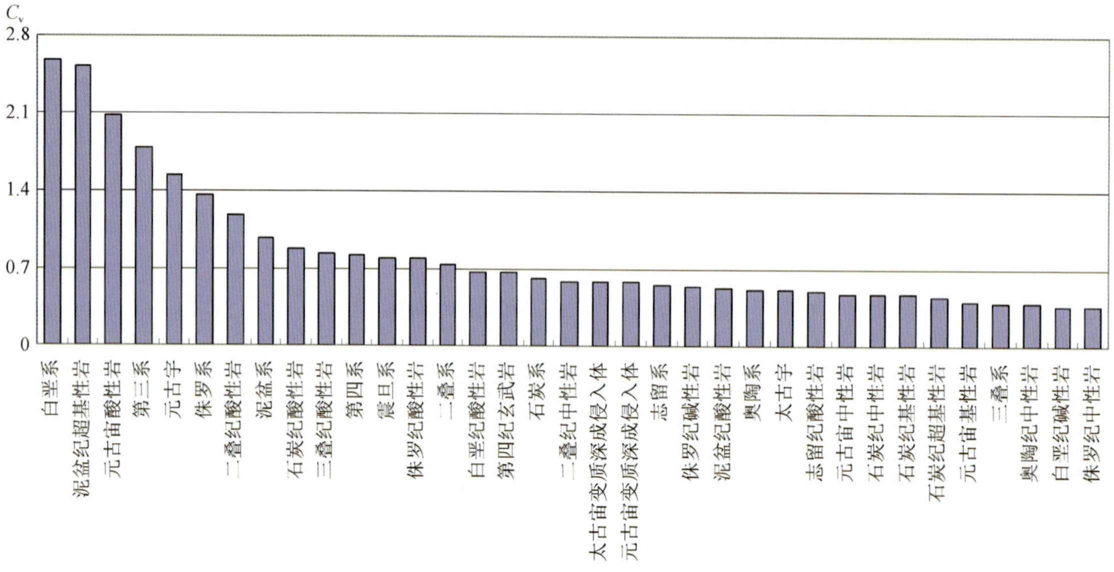


图 5-116　全区 Mn 元素在各地质子区变异系数($C_v$)排序图

从图 5-115、图 5-116 可以看出：

①Mn 元素在泥盆纪超基性岩中富集程度最高，在泥盆纪超级性岩中 $C_3$ 值高达 1.916($C_3>1$)，说明 Mn 在泥盆纪超级性岩中达到了强富集；其 $C_v$ 值为 2.522($C_v>0.7$)，达到了强分异的程度。如果地质条件有利，Mn 元素具有富集成矿的可能性。

②Mn 元素在白垩系、侏罗系、二叠系中 $C_3$ 值均大于 1，$C_v$ 值均大于 0.7，也达到了富集和强分异的程度。因此，Mn 元素在上述地层中最有利于成矿，且与这些地层中发现的大量已知矿床(点)相对应。

③Mn 元素在元古宇中富集系数大于 1，且变异系数大于 0.7，说明 Mn 元素在该地层中如果成矿条件有利，则可富集成矿，且与该地层中发现的已知矿点相对应。

12)Cr

(1)全区 Cr 及其主要的共伴生元素的平均值与全球地壳克拉克值相比,称为一级浓集系数($C_1$)如图 5-117 所示。从图 5-117 可以看出:$C_1 \geqslant 1.2$ 的元素有 Co,说明 Co 元素相对全球地壳呈富集状态;$C_1 < 0.8$的元素(或氧化物)有 Cr、$Fe_2O_3$、NiMn、TiV,说明这些元素(或氧化物)相对全球地壳呈贫化状态。

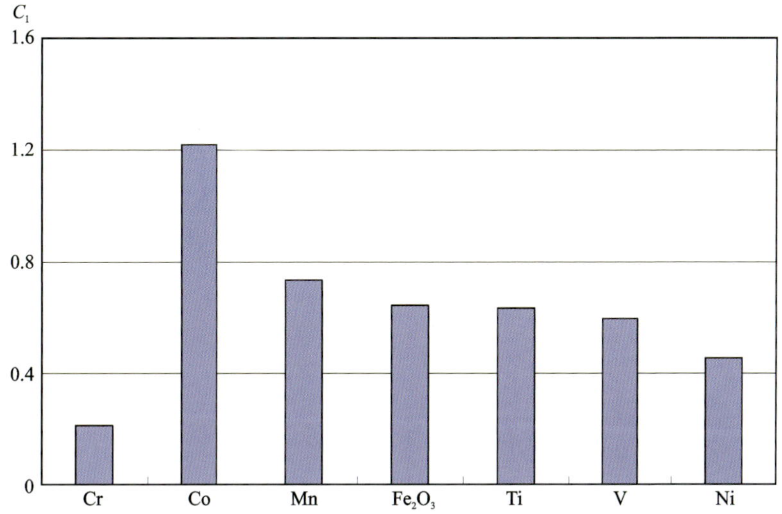


图 5-117　全区 Cr 及其共伴生元素(或氧化物)平均值与地壳克拉克值比值图($C_1$)

(2)全区 Cr 及其主要的共伴生元素平均值与中国干旱荒漠区水系沉积物背景值的比值称为二级浓集系数($C_2$)(图 5-118)。

从图 5-118 可知,Cr、$Fe_2O_3$、Co、Ni、Mn、Ti、V 元素(或氧化物)浓集系数均在 $0.8 \leqslant C_2 < 1.2$ 之间,说明这些元素(或氧化物)在全区的含量与中国水系平均含量相当。

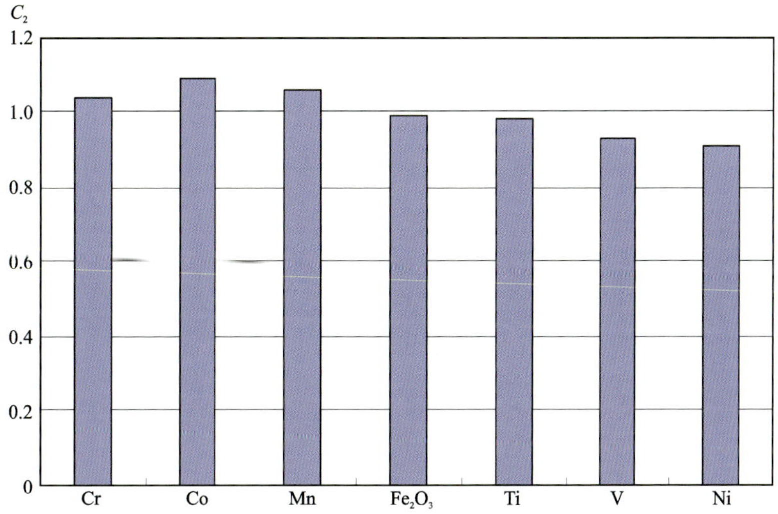


图 5-118　全区 Cr 及其共伴生元素(或氧化物)平均值与中国干旱荒漠区水系沉积物背景值比值图($C_2$)

(3)各地质子区 Cr 元素分布特征。为研究元素区域富集特征,将 $C_3$ 和 $C_v$ 均分为 3 级,$C_3 < 0.8$ 为贫化,$0.8 \leqslant C_3 < 1.2$ 为与区域含量基本相当,$C_3 \geqslant 1.2$ 为富集(图 5-119)。$C_v < 0.4$ 为基本均匀分布,$0.4 \leqslant C_v < 0.7$ 为一般分异,$C_v \geqslant 0.7$ 为强分异(图 5-120)。从图 5-120、图 5-121 可以看出:

①Cr 元素在泥盆纪超基性岩和石炭纪超级性岩中富集程度最高,其中泥盆纪超基性岩中 $C_3$ 高达 23.439,且 $C_v$ 值也较大,$C_v$ 值为 2.156;在石炭纪超基性岩中,$C_3$ 为 6.995,$C_v$ 为 1.378,均达到了强分

异的程度，因此 Cr 元素在上述两个地质体中有利于成矿，而且区内已发现的多数铬铁矿床均产于该地质体内，如索伦山铬铁矿、贺根山铬铁矿等。

②Cr 元素在太古宙变质深成侵入体、元古宙中性岩、石炭纪基性岩中富集系数高($C_3>1.2$)，且变异系数大($C_v>0.7$)，也达到了富集程度。

③Cr 元素在第四纪玄武岩中($C_3>1.2$)，但变异系数较小($C_v<0.7$)，因 Cr 元素在第四纪玄武岩中不具备富集成矿的条件。

④Cr 元素在石炭纪中性岩和各期次酸性岩中变异系数大($C_v>0.7$)，但富集系数较低($C_3<0.8$)，故区内其高值区并未成矿。

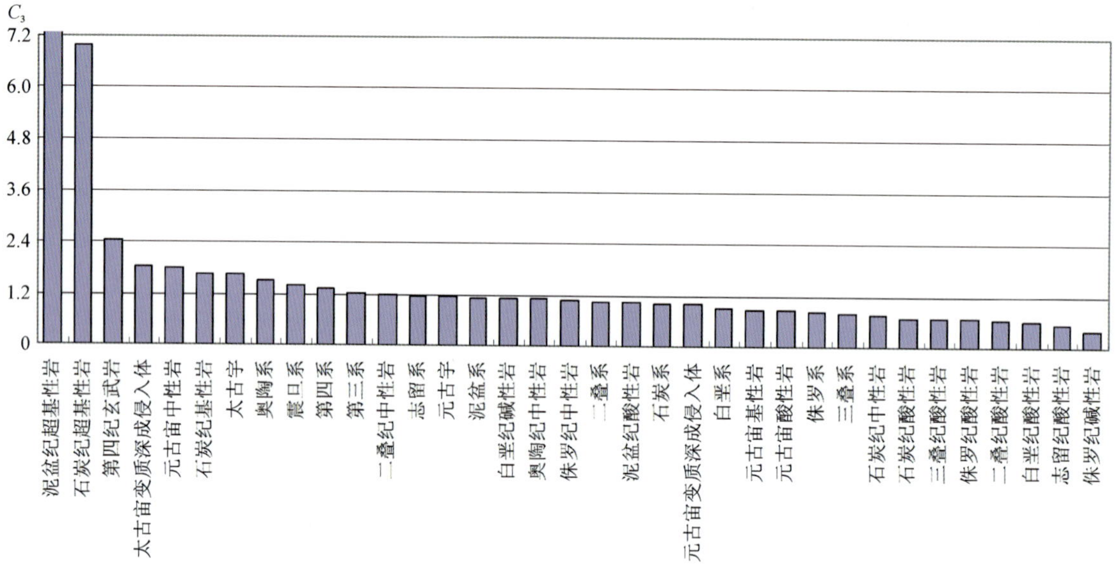


图 5-119　全区 Cr 元素在各地质子区的含量与全区背景值之比值($C_3$)排序

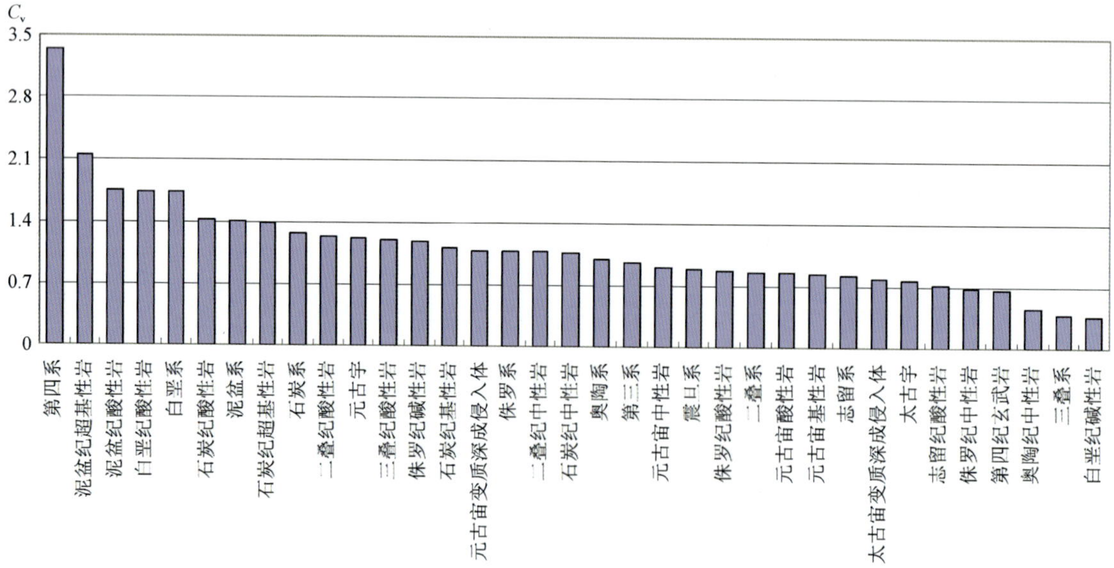


图 5-120　全区 Cr 元素在各地质子区变异系数($C_v$)排序图

## (三)全区地球化学异常特征

### 1. 西部区区域化探异常特征

西部区地理坐标:东经 97°14′—110°00′,北纬 38°40′—42°44′,包括乌拉山、色尔腾山、狼山、雅布赖山、龙首山、合黎山、北山地区和内蒙古北部高原残山丘陵区,总面积约 38 万 $km^2$,已完成扫面面积约 21 万$km^2$。

本区处于 3 个大地构造区域,即西部为天山-北山地槽东段,北部为内蒙古兴安褶皱带西段,南部为内蒙古地轴西段。分别有北山铜、金多金属成矿远景区,阿拉善铜、金、镍及铂族元素成矿远景区,以及狼山-色尔腾山-乌拉山金、铜多金属成矿远景区。

1)区域地质控矿因素

统计东经 114°以西地区 41 处小型以上与热液成矿活动有关的矿产,包括铁、铜多金属矿 22 处,金矿 11 处,镍钴矿 6 处,铌稀土矿 2 处。其地质控矿因素有以下特征。

**成矿时代**:前寒武纪占 32%,以层控型铜、多金属矿和变质热液型金矿为主;加里东期占 7%,以稀土矿为主;海西期占 37%,以岩浆岩型镍钴矿和岩浆热液型金、铜多金属矿为主;印支-燕山期占 24%,以岩浆热液型金、多金属矿为主。

**岩浆岩特征**:与岩浆岩有关的矿产占统计量的 63%,其中海西期斜长(二长)花岗岩、花岗闪长岩和辉长岩占 58%,印支-燕山期钾长花岗岩占 38%,加里东期花岗岩占 4%。可见海西期侵入岩和印支-燕山期侵入岩对矿产的形成除了提供成矿热源外,还能提供相当一部分成矿物质来源,形成岩浆岩型和斑岩型矿产。

**赋矿层位**:与岩层层位有关系的矿产占统计量的 76%。其中元古宇赋矿的占 71%,主要是层控型金及铜、多金属矿和绿岩型金矿,包括渣尔泰山群赋矿占 29%,白云鄂博群赋矿占 19%,温都尔庙群赋矿占 13%,二道凹岩群赋层占 10%;太古宇赋矿占 19%,主要是绿岩型金矿和蚀变岩(含石英脉)型金矿,其中包括乌拉山岩群赋矿占 10%,色尔腾山岩群赋矿占 6%,兴和岩群赋矿占 3%;古生界赋矿占 10%,主要是热液型或接触交代型铜金矿。研究认为太古宇与基性火山岩有关的绿岩建造和硅酸盐含铁建造是 Au 元素的主要来源;古元古代二道凹岩群基性和中酸性火山岩是绿片岩型金矿的重要控矿因素,中元古代泥质和碳质碎屑岩建造是铜金矿和铜多金属矿的重要赋矿层位;古生代海底中酸性火山喷发形成的安山岩、英安岩等火山岩和火山碎屑岩建造,以及碳酸盐岩建造,是形成热液型铜、金矿和接触交代型矿产的有利层位,是北山地槽区重要的含矿层位。

**控矿断裂构造**:与断裂构造有关的矿产占统计量的 85%,其中近东西向断裂构造占 57%,北西向断裂构造占 17%,北东向断裂构造占 15%,侵入岩接触带占 11%。可见,近东西向断裂构造是重要的控矿构造。

**矿产的组分特征**:指矿产中能够达到工业综合利用的一些组分。组分单一的矿产占 51%,主要是与古老变质岩系有关的金矿和变质热液型铁矿;两种组分的矿产占 34%,主要是钨钼矿、稀土矿和镍钴矿;3 种及以上组分的矿产占 15%,主要是层控型金、铜及多金属矿以及接触交代型多组分矿产。

2)区域化探异常特征

(1)北山成矿带区域化探异常特征。

**区域地质特征**:位于内蒙古最西端阿拉善盟额济纳旗内,与中国甘肃省和蒙古国毗邻。大地构造属天山-北山地槽东段。该带中部隆起,出露元古宙浅变质岩系,南、北两侧分布古生代海相中基性、中酸性火山岩及海相碎屑岩、碳酸盐岩,海西期北西向构造岩浆活动强烈,成矿条件有利。已发现金、铜、钼、多金属矿床(点)多处,如黑鹰山富铁矿床、流沙山钼金矿床、白山堂铜矿床等。近年来,邻区东天山发现了特大型斑岩型铜矿,蒙古国境内发现了特大型金矿等,地质条件与本区相近,可以类比。

**区域化探异常分布规律**:区域化探异常分布受区域地质因素控制,大致分为3个北西走向的区域化探异常带。北山中部为元古宙陆壳和海西期中酸性侵入岩,以金、钍异常为主,北西走向,长约200km,宽50～60km,称为北山中部金钍异常带,主要寻找金矿资源。北山北部分布古生代碎屑岩、中基性—中酸性火山岩夹灰岩,以奥陶系和石炭系大面积分布为主,以早白垩世新民堡组大面积分布为主,以铜、锌、钼、金、铋等异常为主,北西长约250km,宽约50km,称为北山北部铜、锌、金、钼异常带,主要寻找铜金矿和铜钼金矿等矿产资源。北山南部在元古宙陆壳上零散分布古生界和中生界,以奥陶系、二叠系和早白垩世新民堡组分布为主,陆壳上以钨、钼、锑、砷、金异常为主,古生界上以铜、锌、金为主,北西长200余千米,南北宽百余千米,称为北山南部铜、钨、锑、金异常带,是寻找铜矿、钨钼矿和锑砷金矿的异常带。

**区域化探异常特征**:①北山北部铜、锌、金、钼异常带,成矿元素组合有铜、金、铋异常组合。该异常带是寻找斑岩型和热液型铜钼金矿有希望的地区。该区剥蚀程度相对较浅,特别要加强深部找矿评价工作。②北山中部金钍异常带,成矿元素组合为金、钍组合,是寻找金矿和钼金矿的异常。③北山南部铜、钨、锑、金异常带,成矿元素组合有钨、铋、锑、砷、铅组合,在元古宙陆壳区分布;铜、锌、钼、钨组合,在古生界出露区;金铜组合,靠北山中部异常带分布。这些异常是寻找金矿、铜金矿、钨钼矿、锑砷矿的重要依据。

(2)阿拉善成矿带区域化探异常特征。

**区域地质特征**:该区位于阿拉善盟阿拉善左旗、阿拉善右旗及额济纳旗内。大地构造处于内蒙古地轴西段和内蒙古兴安褶皱带西段。南部内蒙古地轴主要由前寒武纪变质岩系组成;北部内蒙古兴安褶皱带主要由古生代碎屑岩夹中酸性火山岩和碳酸盐岩,以及中生代杂色碎屑岩夹泥灰岩、油页岩和偏碱性中基性火山岩夹碎屑岩。主要发育海西期和印支期侵入岩,以近东西向断裂构造为主。近几年,在该区发现产于中元古代渣尔泰山群中微细粒浸染型朱拉扎嘎大型金矿,与岩浆活动有关的呼伦西伯小型金锑矿,产于晚石炭世—早二叠世阿木山组中欧布拉格中型铜金矿,还有多处砂铂矿及其重砂异常。在邻区甘肃龙首山隆起带中,产于中元古代变质岩系的二辉橄榄岩和辉橄岩体内有金川镍铜矿床,伴生组分有钴、铂族元素及稀有元素。

**区域化探异常分布规律**:区域化探异常分布受大地构造环境控制,大致分为3个区域化探异常带。阿拉善北部异常带位于北山地槽最东段,以铜、金、钼异常为主,北西向分布,长200余千米,宽40～60km,称为阿拉善北部铜、金、钼异常带,主要寻找金矿和铜、金、钼矿资源。阿拉善中部异常带位于内蒙古兴安褶皱带最西端,以金、铜、锑、铀异常为主,北东向分布,长400余千米,宽30～60km,称为阿拉善中部金、铜、锑、铀异常带,主要寻找金矿、金铜矿和铀矿资源。阿拉善南部异常带位于内蒙古地轴最西段阿拉善隆起区。以金、铜、铋异常为主,北东向分布,长约300km,宽30～50km,称为阿拉善南部金、铜、铋异常带,主要寻找金矿及铜金矿资源。

**区域化探异常特征**:

①阿拉善北部铜、金、钼异常带,该异常带除有中元古代陆壳零星分布外,主要大面积出露古生代各地层组碎屑岩、中基性—中酸性火山岩夹灰岩,且有海西期侵入岩侵入,北西向和北东向断裂构造发育,成矿元素组合与北山北部异常带相似。异常成矿元素组合铜、锌、钼、金,伴有铁族元素。发现呼伦西伯金矿点和珠斯楞铜矿。这些异常是寻找金矿和铜、钼、金矿资源的有利地区。

②阿拉善中部铜、金、锑、铀异常带,该带除局部出露古元古代陆壳外,还零星分布晚石炭世—早二叠世阿木山组和广泛覆盖白垩纪巴音戈壁组及苏红图组,大面积分布海西期酸性侵入岩,北东向断裂构造发育。异常成矿元素组合为铜、锌、金、锑、铀组合。推测:凡有强砷、锑汞异常呈带状分布区,是白垩纪盆缘断裂带的反映,或者深部矿床的头晕元素异常的显示;有砷、锑、铜、金、(铅、锌)异常,又有上石炭统一下二叠统零星分布区,是寻找欧布拉格类型铜金矿和含金多金属矿的异常;在白垩纪盆地内有铀、钼异常,是寻找次生砂岩型铀矿的异常。同时应重视苏红图组上稀有、稀土元素等异常的研究,评价该类异常寻找稀有、稀土矿产资源的前景。

③阿拉善南部金、铜、铋异常带，该带主要出露中新太古代片麻岩和绿岩建造、硅质含铁建造，以及中元古代含泥质、碳质的细碎屑岩建造，又有印支期和海西期酸性侵入岩侵入，中元古代基性岩较广泛侵入于前寒武纪变质岩系中，北东向和东西向断裂构造发育。成矿元素组合金、铋、镉、铜、锡组合，伴有铬镍异常。这些异常主要是寻找层控型金矿，绿岩型金矿，含铁建造型金矿和接触交代型铜、多金属矿的远景地区。该区中元古代基性侵入岩较发育，区域上未形成明显的铁族元素异常，尤其在雅布赖山和龙首山分布较多的基性岩侵入体，未形成铁族元素异常，对寻找金川型镍铜矿未能提供更多的信息。

(3)狼山-色尔腾山成矿带区域化探异常特征。

**区域地质特征**：该带包括狼山、色尔腾山和乌拉山，以及北部高原西端。大地构造处于内蒙古地轴及其北部边缘带。分布中新太古代乌拉山岩群和色尔腾山岩群，以及中元古代渣尔泰山群和白云鄂博群；印支期、海西期和元古宙侵入岩呈近东西向侵入于前寒武纪变质岩系中，以东西向构造为主。该成矿带已发现乌拉山大型石英脉型金矿床，特大型白云鄂博铁、稀有、稀土矿床，大中型层控型甲生盘、山片沟、东升庙、炭窑口、霍各气等硫、铜、多金属矿床。

**区域化探异常分布规律**：大致分为4个区域化探异常带。狼山-色尔腾山北部金、铅异常带：处于内蒙古地轴北部边缘带，以金、铅异常分布为主，东西长150余千米，宽30余千米。主要寻找金、铅矿资源。狼山-色尔腾山西部铜、铅、锌、金、铋异常带，位于狼山西段，主要处于海西期花岗岩与渣尔泰山群和色尔腾山岩群内外接触带上，以铜、铅、锌、金、铋、钨、锡异常分布为主，呈北东走向，长近200km，宽30～50km，主要寻找层控型铜、铅、锌、金矿资源。狼山-色尔腾山中部铜、金、银、锌异常带：位于狼山至色尔腾山，主要分布渣尔泰山群，以铜、金、银、锌、铅异常为主，呈东西走向，长150余千米，宽20余千米，主要寻找层控型铅、锌、金、铜矿。狼山-色尔腾山东部金、铜异常带，位于色尔腾山和乌拉山，主要分布色尔腾山岩群和乌拉山岩群，以金、铜异常分布为主，主要寻找绿岩型和含铁建造型金矿资源。

**区域化探异常特征**：

①狼山-色尔腾山北部金、铅、铌、稀土元素异常带，该异常带主要出露白云鄂博群石英岩、泥质碳质板岩和色尔腾山岩群绢云绿泥片岩、含铁石英岩等，有海西期花岗岩侵入，东西向构造发育。成矿元素组合为金、铅、钼、铋、铜、锌，还有铌、稀土元素组合异常。

②狼山-色尔腾山西部铜、铅、锌、金、铋异常带，处于印支期和海西期花岗岩与渣尔泰山群细粒泥质碳质板岩、灰岩，色尔腾山岩群绢英绿泥片岩和含铁石英岩接触带上。金、铅、铜、银异常组合，是寻找层控型金、多金属矿和热液型铜多金属矿的异常。

③狼山-色尔腾山中部铜、金、银、锌异常带，主要出露渣尔泰山群石英岩、碳质板岩和灰岩，有印支期和海西期花岗岩侵入，近东西向构造发育。

④狼山-色尔腾山东部金、铜异常带，分布色尔腾山岩群绢英绿泥片岩、含铁石英岩和乌拉山岩群角闪斜长片麻岩、斜长角闪岩，印支-海西期花岗岩和中元古代花岗岩侵入其中。

### 2. 东部区区域化探异常特征

东部区地理坐标：东经110°00′—122°00′，北纬40°00′—51°20′。行政区域包括包头市、呼和浩特市、乌兰察布盟、锡林郭勒盟、赤峰市、通辽市、兴安盟和呼伦贝尔盟，总面积70余万平方千米。

1)区域地质控矿因素

统计东部区(东经114°以东)41个小型以上与热液成矿有关的有色金属和贵金属矿床，其区域地质控矿因素有以下特征。

**成矿时代**：燕山期成矿的矿床占87.8%，海西期成矿的矿床占9.8%，元古宙成矿的矿床占2.4%。

**岩浆岩特征**：成矿主要与燕山期酸性岩类杂岩体有关，或与燕山期浅成、超浅成的中酸性斑岩类小侵入体和火山机构有关，如黑云母花岗岩、钾长花岗岩、正长斑岩、英安斑岩、闪长玢岩等。这种中酸性岩浆岩在侵入过程中，除自身携带部分成矿物质外，还熔融围岩中部分成矿物质，这两者的融合物也是成矿物质来源之一。

**赋矿地层**:古生界赋矿占56%,尤其以下二叠统赋矿为主;中生界赋矿占22%,以晚侏罗世中酸性火山岩及其碎屑岩为主;前寒武纪地层赋矿占22%,尤其是金矿主要赋存在中太古代建平岩群居多。这些赋矿地层在地质构造变动过程中,地层中的成矿组分或多或少地发生了变动,为富集成矿提供一定的物质基础。

**控矿断裂构造**:北东—北北东向断裂控矿占41.5%,北西向断裂控矿占28.3%,东西向断裂控矿占18.9%,岩浆岩接触带或火山盆地断陷带控矿占11.3%。尤其以两组方向断裂构造交会处是赋矿最有利的场所。

**矿床的组分特征**:尤其是有色金属矿床组成的成分复杂,3种及3种以上组分组成的矿床占51.7%,单一成分的有色金属矿产以钨钼矿为主。金矿床组成以金单一成分为主的居多。

2)东部区地球化学异常特征

(1)黄岗梁至大石寨成矿带地球化学异常特征。区域地质地球化学特征:该带位于大兴安岭中南端海西褶皱带隆起区,二叠纪地层(尤其是大石寨组)既是主要容矿岩层,又是矿源层。侏罗纪陆相火山岩带呈北东向和北北东向展布。成矿时代以燕山期为主,海西期次之,代表性矿床有黄岗梁铁锡矿、大井铜锡铅锌矿、白音诺尔铅锌矿、浩布高铅锌矿等,还有少见的斑岩型银矿(如敖瑙达巴银矿)为与陆相火山岩-次火山岩有关的银-锡-铜(铅锌)矿。该带矿床种类多,成矿强度大。据区域岩石地球化学资料,大石寨组富集W、Au、Sn、BiU、AgZn、Cu等元素,上侏罗统富集BiSn、AgU、W、Mo、PbZn等元素,都是元素初始聚集层;燕山期花岗岩类富集AgAs、SbCu、PbZn、Sn、W、BiU等元素。

(2)得尔布干成矿带异常特征。区域地质地球化学特征:该带为西伯利亚陆块东南缘的加里东褶皱带,以得尔布干深断裂与大兴安岭为界。其基底为新元古代绿片岩系,中泥盆统至中二叠统为浅变质火山岩碎屑岩,有大片花岗岩出露,已知有三河热液型铅锌矿床。印支-燕山期,受滨太平洋板块向北西作用的远程效应构造,构造岩浆活动强烈,构成北东向延伸的侏罗纪至白垩纪火山-侵入岩带,伴有乌努格吐山斑岩型铜钼矿,甲乌拉热液型银铅锌矿。古元古代兴华渡口岩群和中泥盆统至中二叠统等富集了Cu、Sn、W、BiAgAu等元素,上侏罗统富集了AgMo、BiPbU等元素,为成矿提供了元素初始富集层。

(3)内蒙古地轴及其北缘成矿带地球化学异常特征:该带包括武川至集宁一带大青山区及其北部丘陵山地,以及凉城至丰镇一带山区。

区域地质地球化学特征:内蒙古地轴上主要分布太古宙及元古宙深变质岩系,北缘为海西期增生带,海西期花岗岩带在42°带分布,印支-燕山期花岗岩沿北东向断裂带分布,以东西向断裂构造为主。带内为长期发育的古陆边缘构造-成矿系统,矿床类型众多,矿产丰富,是铁、金、稀土矿和铜铅锌等矿产的重要基地。区域岩石地球化学特征,乌拉山岩群富集Au、Cu、Mo、W、铁族元素、稀土元素,色尔腾山岩群以Au均值和叠加强度系数均高为特征,二道凹岩群以Au、Cu、Cr、Ni元素组合和Au丰度值高为特征,海西期花岗岩类相对富集Cu、PbAg,而印支-燕山期花岗岩相对富集Au、AgPbZn、Sn、Mo、Bi。

## 二、区域地球化学资料地质解释

### (一)地球化学推断断裂构造

#### 1.地球化学推断断裂构造的理论依据

浅表地球化学场是指近地表(表壳)所形成的地球化学场,在空间上其深度与已出露的基底、盖层、岩浆岩的厚度或延伸有关。由于有些表壳物质来源于深部,因此浅表地球化学场在一些空间部位上也反映为深部地球化学场的某些特征及成矿特点。水系沉积物是汇水域内各种岩石风化产物的天然组合,对已出露的基底和盖层的地球化学特征及各种地质作用留下的印迹有良好的继承性。

地球化学场的分布特征及组合规律是区域地质构造演化过程中元素的集散、迁移的形迹所在；地球化学场的变化规律及元素组合在空间分布特征表现为一定的方向性（如呈串珠状、等轴状、等间距性）分布，均是地质构造活动引起元素地球化学场的变化结果。

由于断裂构造与成岩、成晕作用有密切关系，断裂构造按照广义热力学的定义属于开放体系，与外界产生能量和物质交换。断裂体系中存在压力差、温度差、浓度差等，导致部分元素贫化或富集。因此，断裂构造的分布特征也直接决定着地球化学场和异常的分布特征。反之，地球化学场的变化规律及空间分布规律推断地表或隐伏地质构造。

本次地球化学推断构造主要侧重线性断裂构造的推断解释。

**2. 地球化学推断断裂构造的元素及元素组合选择依据**

以《化探资料应用技术要求》相关内容为依据，以地球化学系列图为基础，以已知断裂为条件，选择对已知断裂反映明显的元素地球化学图、多元素组合图为本次推断的依据，开展地球化学断裂推断工作。

**3. 地质构造在地球化学图件上的表现特征**

从图5-121～图5-127可知，已知断裂构造在地球化学图中具有下列特征：

(1)已知深部断裂或区域性大断裂，表现为延伸较长的铁族元素(Fe、Co、Ni、Cr、V、Ti、Mn)、亲基性岩元素、岩浆射气元素的异常带或上述元素的高、低背景变化带，多为地球化学分区的界线。

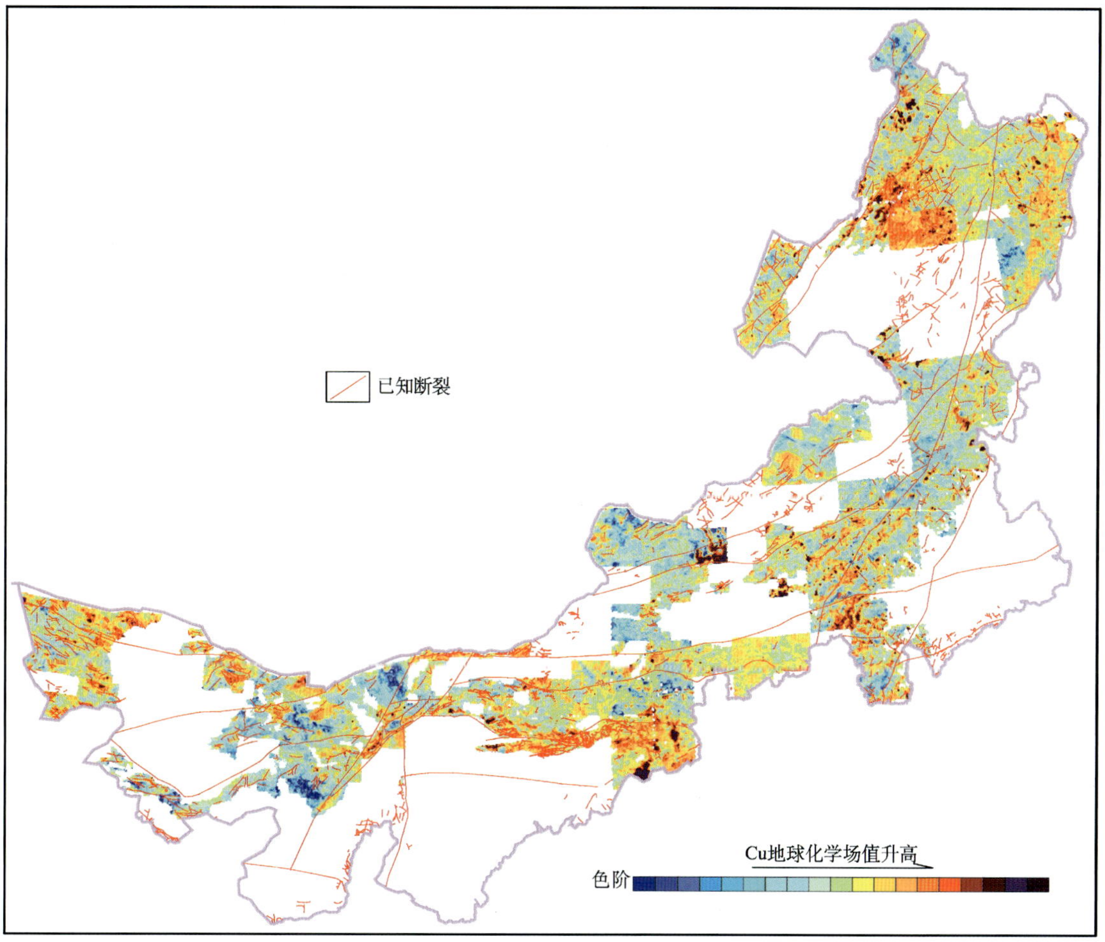


图5-121 已知断裂在Cu元素地球化学图的分布示意图

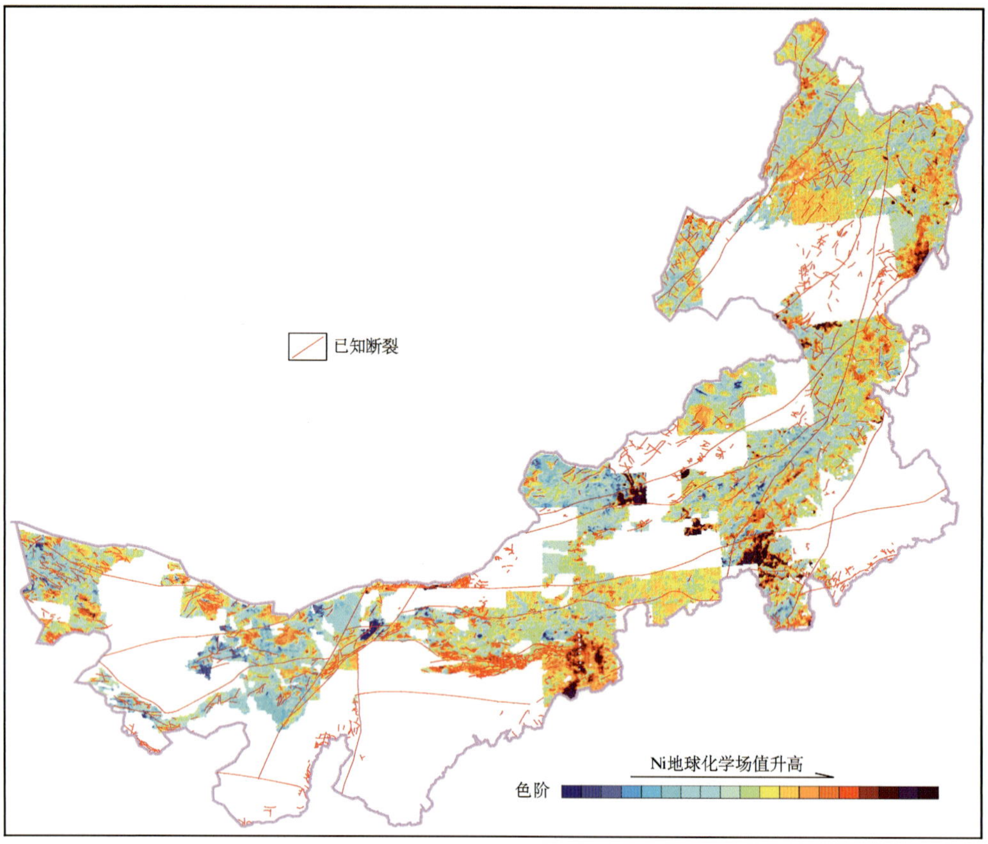


图 5-122　已知断裂在 Ni 元素地球化学图的分布示意图

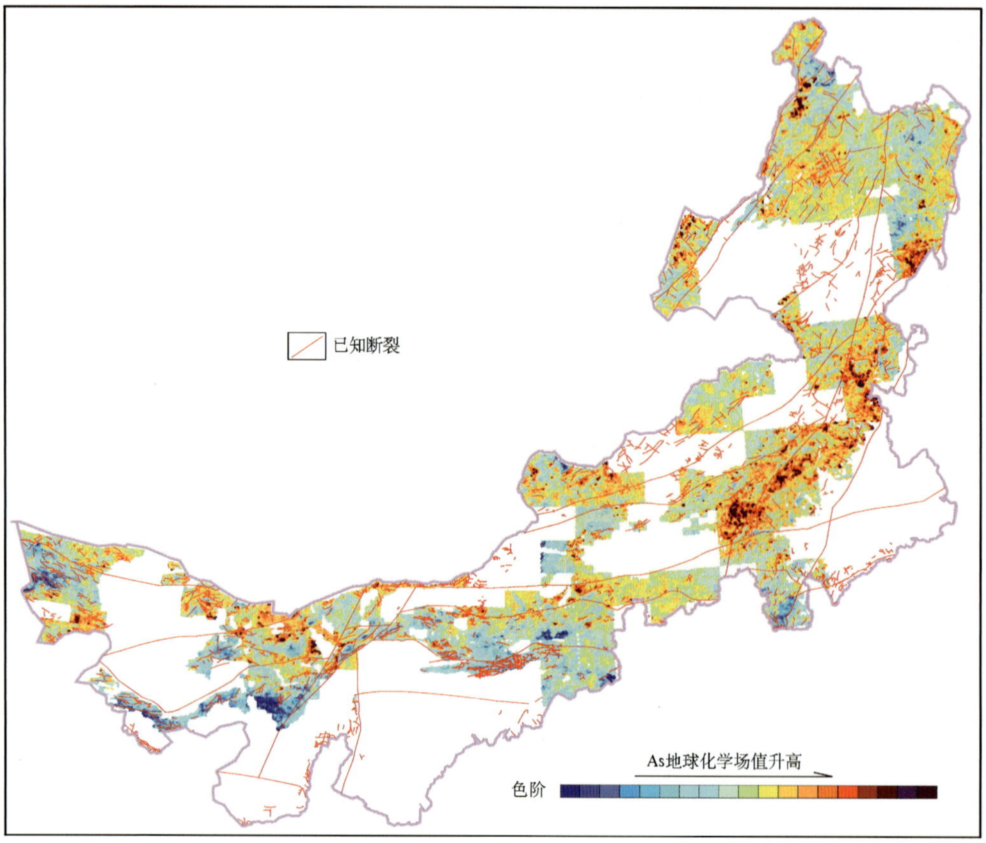


图 5-123　已知断裂在 As 元素地球化学图的分布示意图

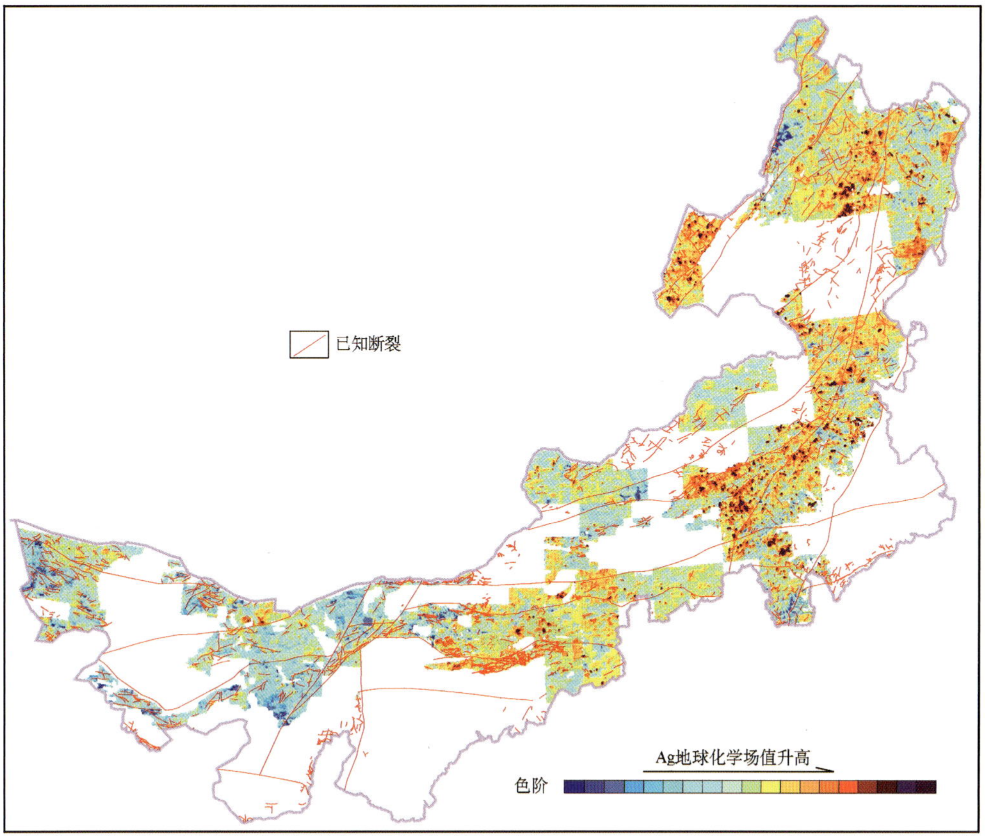


图 5-124　已知断裂在 Ag 元素地球化学图的分布示意图

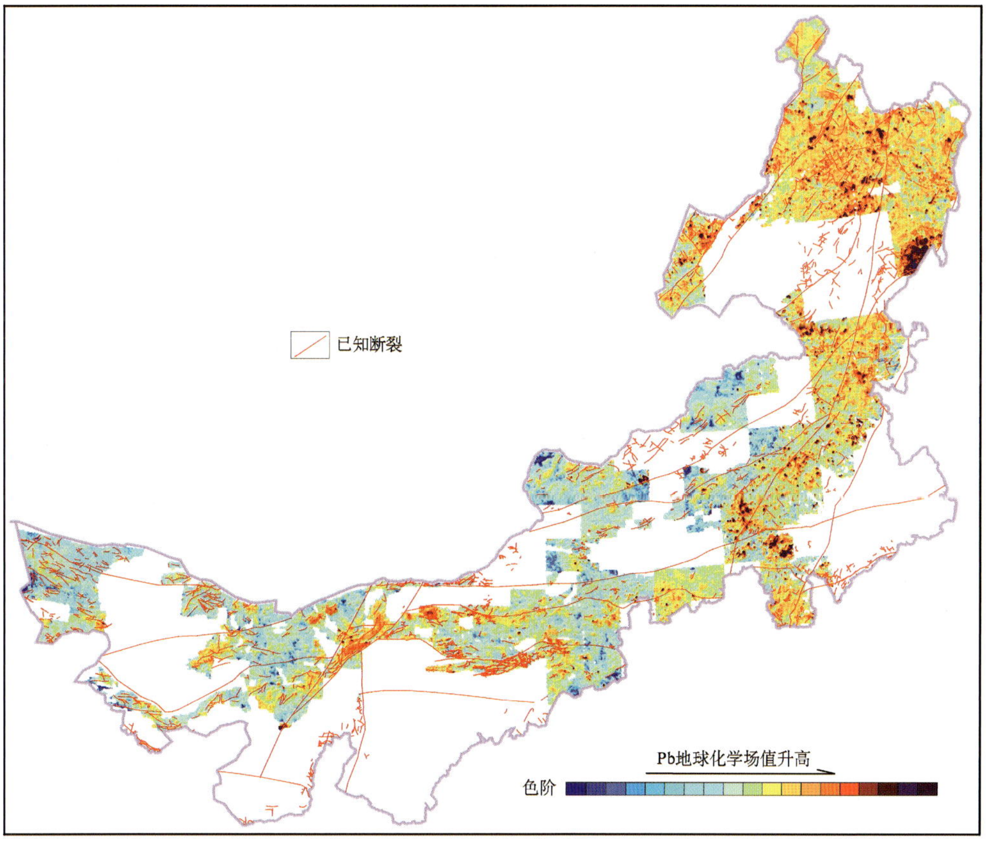


图 5-125　已知断裂在 Pb 元素地球化学图的分布示意图

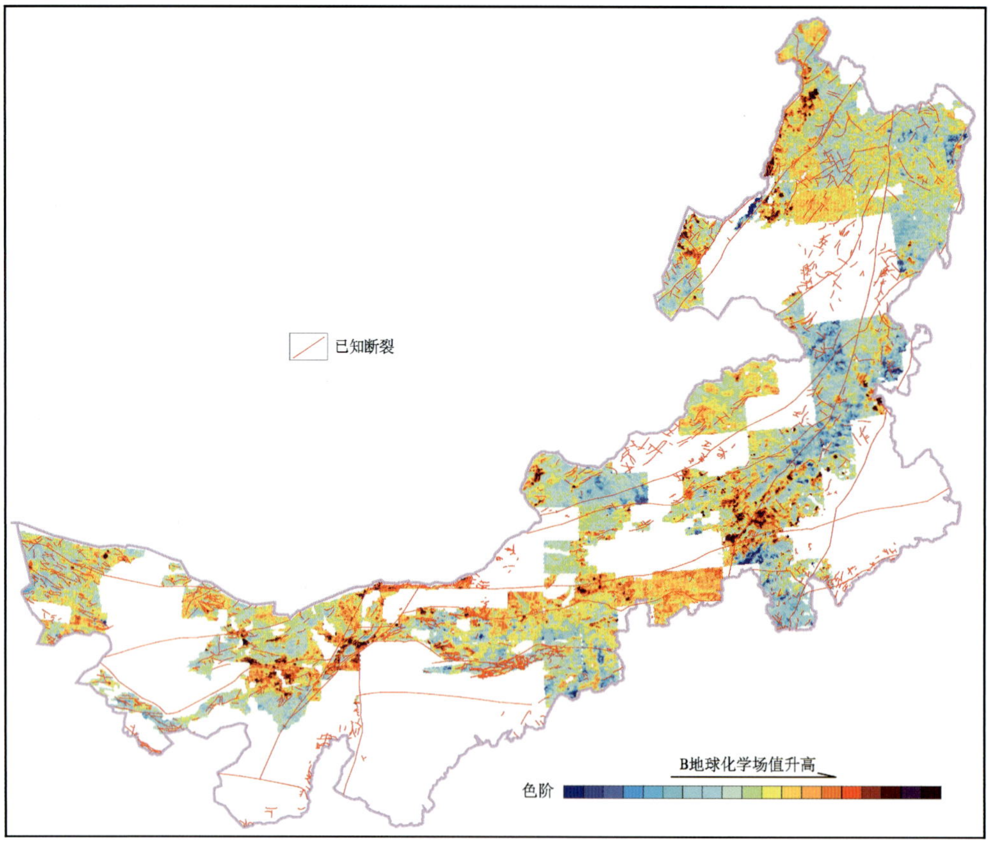


图 5-126　已知断裂在 B 元素地球化学图的分布示意图

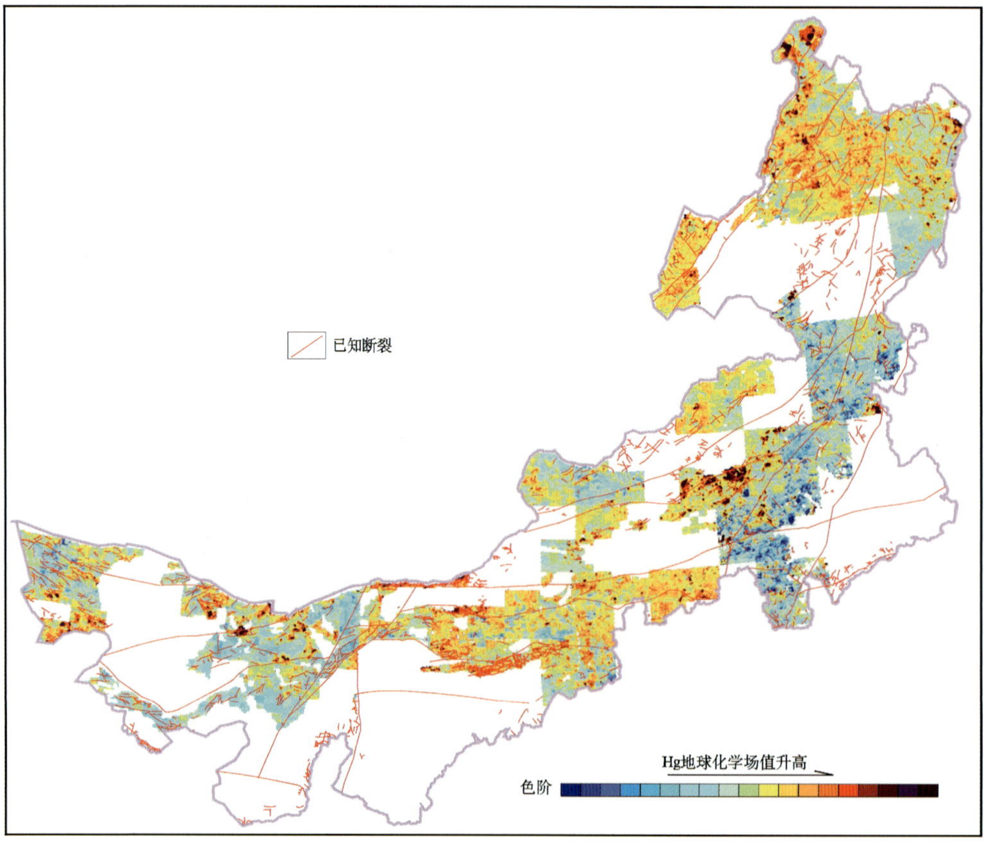


图 5-127　已知断裂在 Hg 元素地球化学图的分布示意图

(2)已知一般性断裂带在地球化学图上常表现为地球化学场的畸变带,如低背景-低值区与高背景或高值区的分界线、串珠状异常中心轴线的连线、综合异常的带状或线状延伸方向、异常扭曲变形部位等。

综合研究认为,铁族元素、亲基性岩元素、岩浆射气元素及主要成矿元素的地球化学场空间分布特征能较好地反映断裂构造的形态、规模等。故选择有代表性的 Ni、Cu、As、Ag、Pb、B、Hg 元素作为研究对象,通过分析上述元素的地球化学场空间分布特征及富集规律来推断断裂构造。

(3)推断的断裂构造在不同的元素地球化学场中的具体特征。本次工作共推断断裂构造 67 条,其中,深大断裂 2 条,一般性断裂 65 条。这些断裂在元素地球化学图上与已知断裂有相同或相似的空间分布特征及富集特征。

①Cu、Ni(铁族元素)、As 元素地球化学图。深大断裂构造的 Cu、Ni(铁族元素)、As 元素地球化学特征表现为地球化学分区的界线或规模较大的条带状、串珠状异常带。一般性断裂构造的 Cu、As、Ni(铁族元素)元素地球化学特征表现为局部的线状高背景-低背景变化带、线状展布的异常扭曲变形部位、规模相对较小的串珠状异常带(图 5-128～图 5-130)。

②PbAg 元素地球化学图。深大断裂构造的 Pb、Ag 元素地球化学特征表现为地球化学分区的界线和规模较大的条带状异常带。一般性断裂构造的 Pb、Ag 元素地球化学特征与 Cu、As、Ni 元素相似(图 5-131、图 5-132)。

③BHg 元素地球化学图。深大断裂构造的 B、Ag 元素地球化学特征表现为规模较大的串珠状异常带。一般性断裂构造的 B、Hg 元素地球化学特征与 Cu、As、Ni 元素相似(图 5-133、图 5-134)。

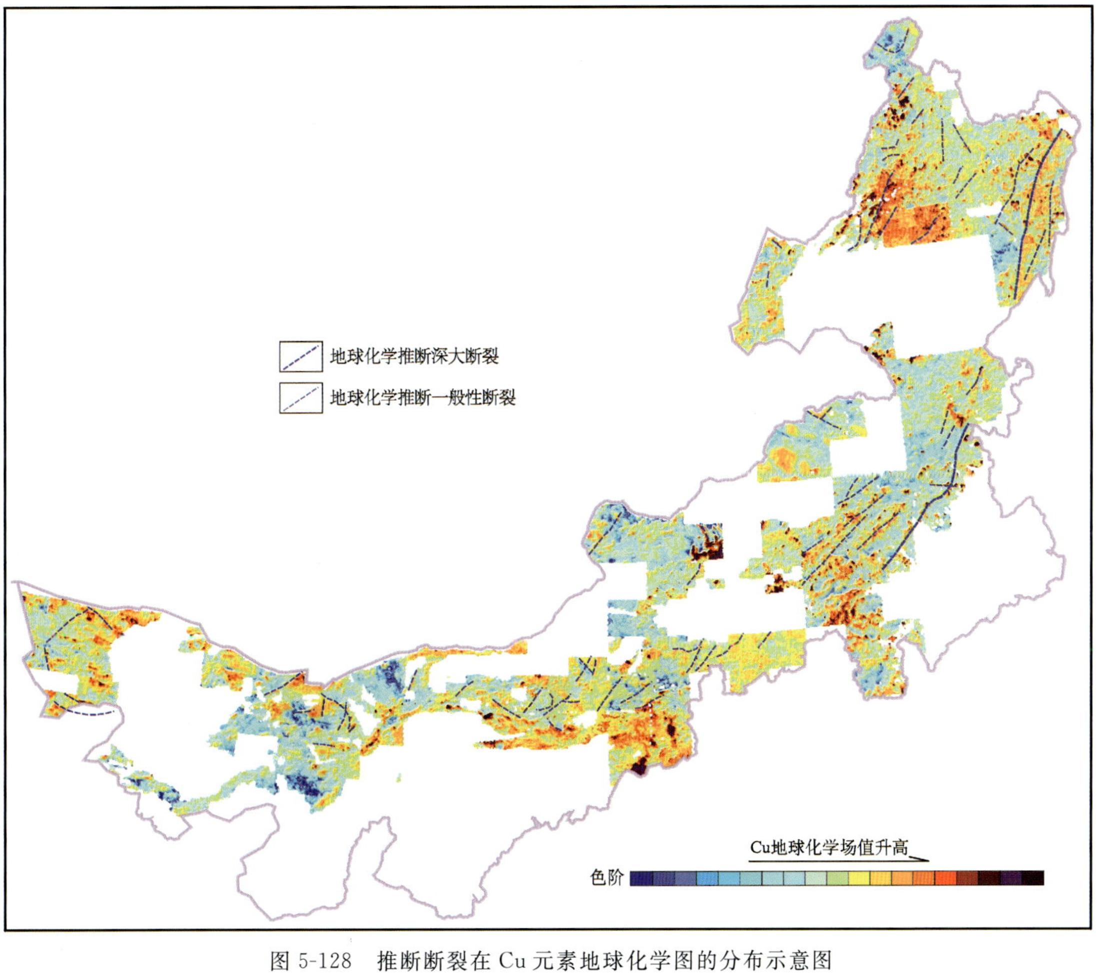


图 5-128　推断断裂在 Cu 元素地球化学图的分布示意图

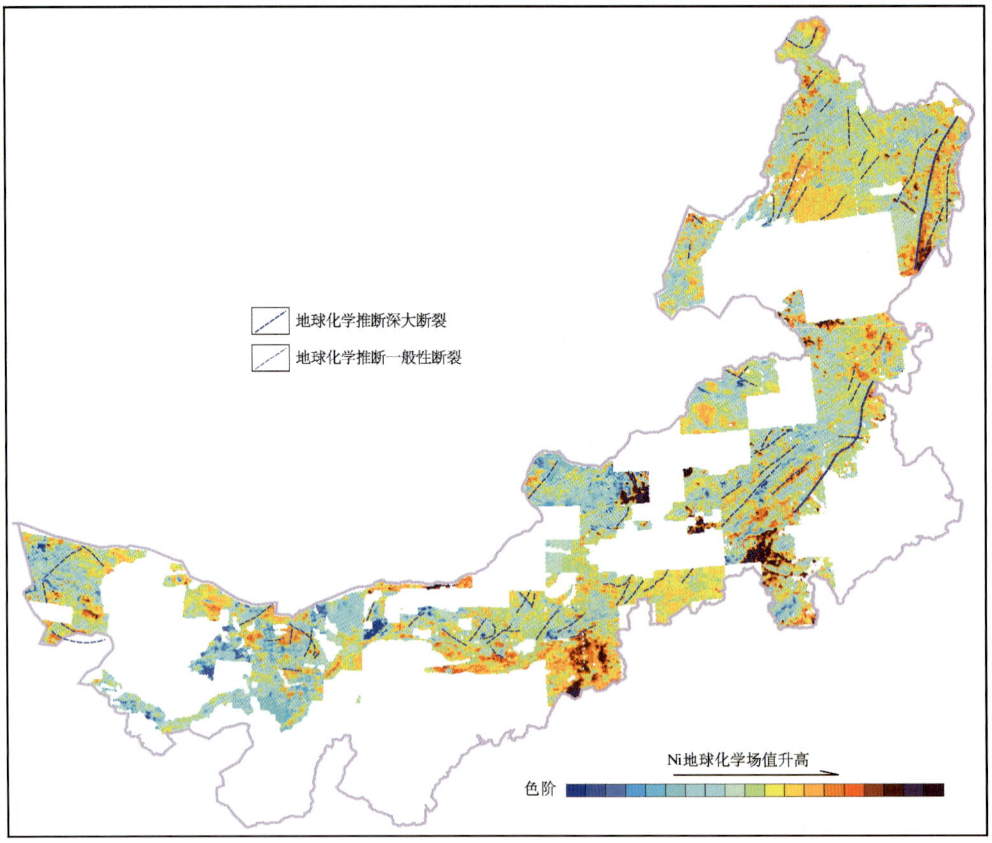


图 5-129　推断断裂在 Ni 元素地球化学图的分布示意图

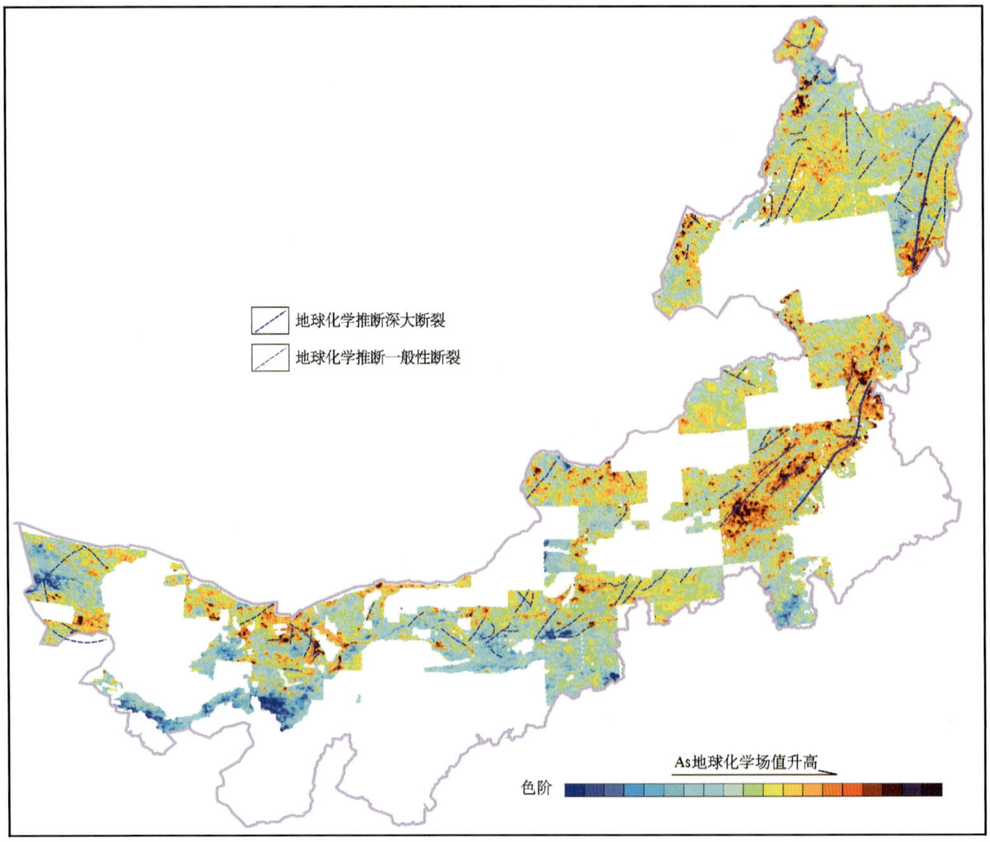


图 5-130　推断断裂在 As 元素地球化学图的分布示意图

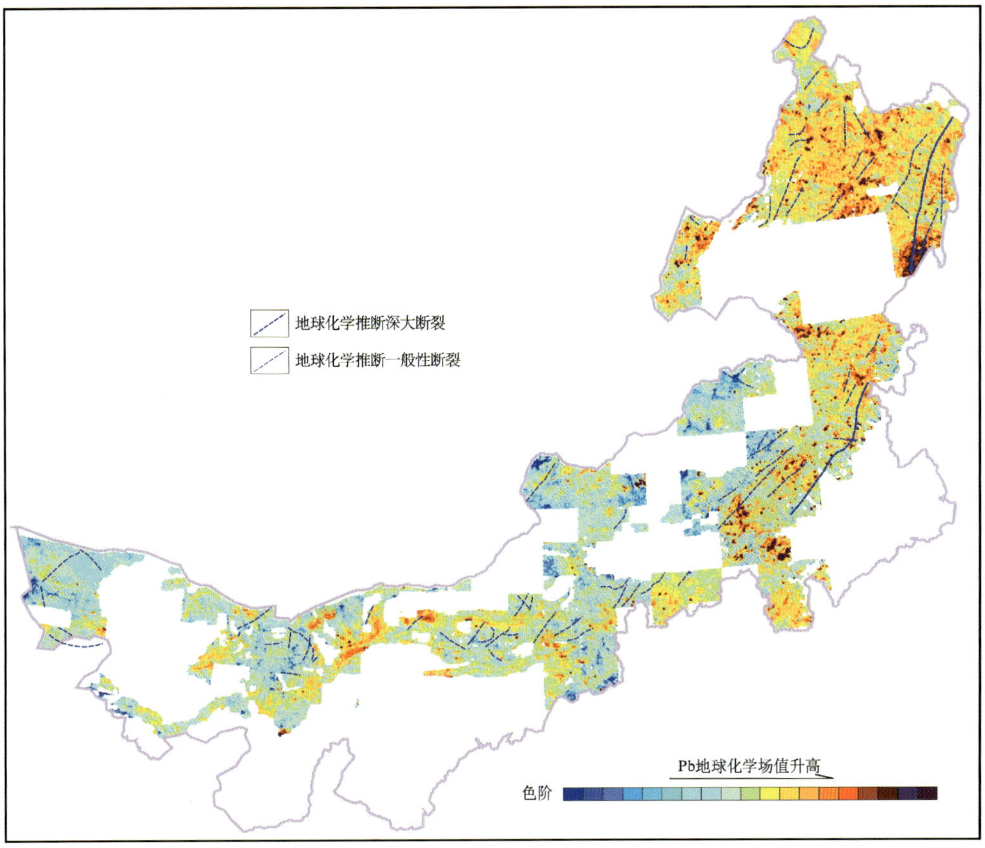


图 5-131　推断断裂在 Pb 元素地球化学图的分布示意图

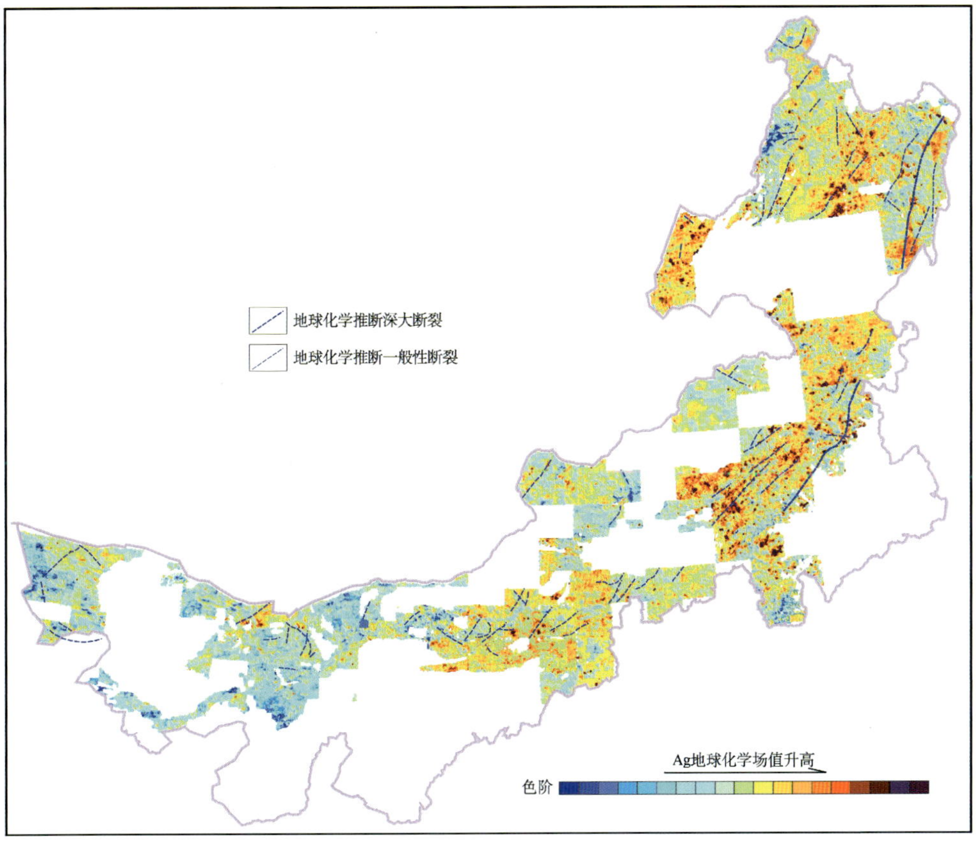


图 5-132　推断断裂在 Ag 元素地球化学图的分布示意图

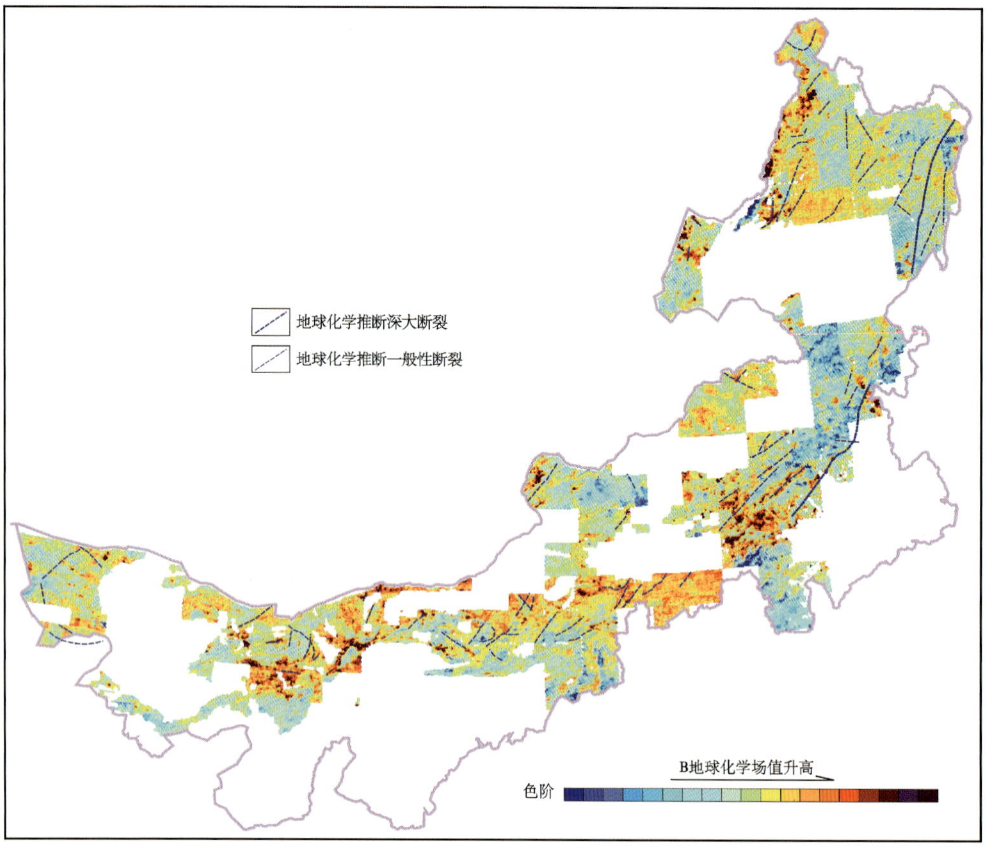


图 5-133　推断断裂在 B 元素地球化学图的分布示意图

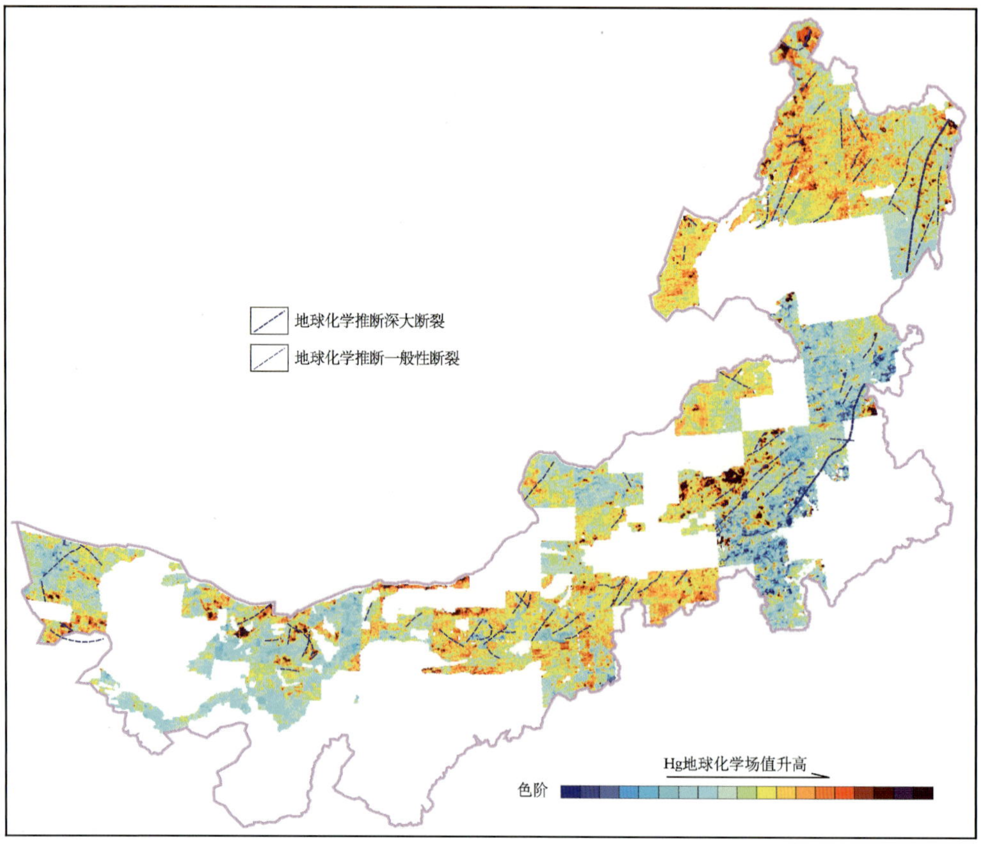


图 5-134　推断断裂在 Hg 元素地球化学图的分布示意图

## （二）地球化学推断岩体

### 1. 地球化学推断岩体的理论依据

由地球化学理论可知，不同的岩体具有不同的地球化学特征，相同或相似的岩浆岩具有相同或相似的地球化学特征。据此，我们可以用“相似类比”的理论来进行岩浆岩分布范围的推断。

### 2. 地球化学推断岩体的元素及元素组合选择依据

以《化探技术要求》相关内容为引导，以地球化学系列图为基础，以已知岩体为条件，选择能反映明显的元素地球化学图、多元素组合为本次推断的依据，开展地球化学岩体推断工作。

### 3. 岩体在地球化学图件上的表现特征

依据上述地球化学推断岩体的理论，本次工作首先研究已知岩体的地球化学特征，建立不同类型、不同成因类型的岩浆岩成岩模式，据此来推断地表或隐伏岩浆岩的分布范围，为综合研究潜力评价提供地质依据。

### 4. 基性—超基性岩体的具体推断方法

1）基性—超基性岩体在地球化学组合异常图件上的表现特征

从图 5-135 可知，已知基性—超基性岩分布在地球化学组合异常图中具有下列特征：

（1）已知玄武岩的空间分布范围，表现为范围较大的面状或带状的铁族元素、亲基性元素的异常组合较好的区域。

（2）由于基性—超基性岩体的空间分布特征往往与深大断裂带的构造延伸方向基本有一定的相似性，所以已知的基性—超基性岩体表现为在断裂带附近或周围的铁族元素（Fe、Co、Ni、Cr、V、Ti、Mn）、亲基性岩元素的异常组合强度较高的区域。

综合研究认为，铁族元素、亲基性岩元素的地球化学特征能较好地反映地表或隐伏岩浆岩的分布范围。故选择有代表性的 Ni、Cr、Co、V、Ti、Fe、Mn 元素作为研究对象，通过分析上述元素的地球化学特征及异常组合强度来推断地表或隐伏基性—超基性岩的分布范围。

2）总体推断方法

总体推断方法为应用 Ni、Cr、Co、V、Ti、Fe、Mn 等铁族元素组合的富集规律，推断隐伏—半隐伏基性—超基性岩。具体操作过程是：

对于基性—超基性岩而言，Ni、Cr、Co、V、Ti、Fe、Mn 元素的含量高，常常形成地球化学高背景或高值区。反之，这些元素的高背景或高含量地段可能是基性—超基性岩体的隐伏区或半隐伏区。据此，在 Ni、Cr、Co、V、Ti、Fe、Mn 七个元素的地球化学异常图的基础上制作了此 7 个元素的异常组合强度图，在此图的基础上参照已知的深大断裂带初步勾绘推断的基性—超基性岩分布区。

在初步推断的基性—超基性岩分布区的基础上，主要参考 Cr、Ni 地球化学场分布特征，其次参考 Co、Fe、Mg 地球化学场分布特征，最后参考 V、Ti、Mn 地球化学场分布特征再修改、圈定基性—超基性岩分布区。上述圈定推断基性—超基性岩的过程特别考虑了各个元素的组合程度。

3）推断结果

本次工作推断基性—超基性岩体 30 个，以区来表示。这些岩体在元素地球化学图上与已知岩体有相同或相似的空间分布特征及富集特征。

（1）Ni、Cr、Co、V、Ti、Fe、Mn 组合异常图推断基性—超基性岩结果（图 5-136）。

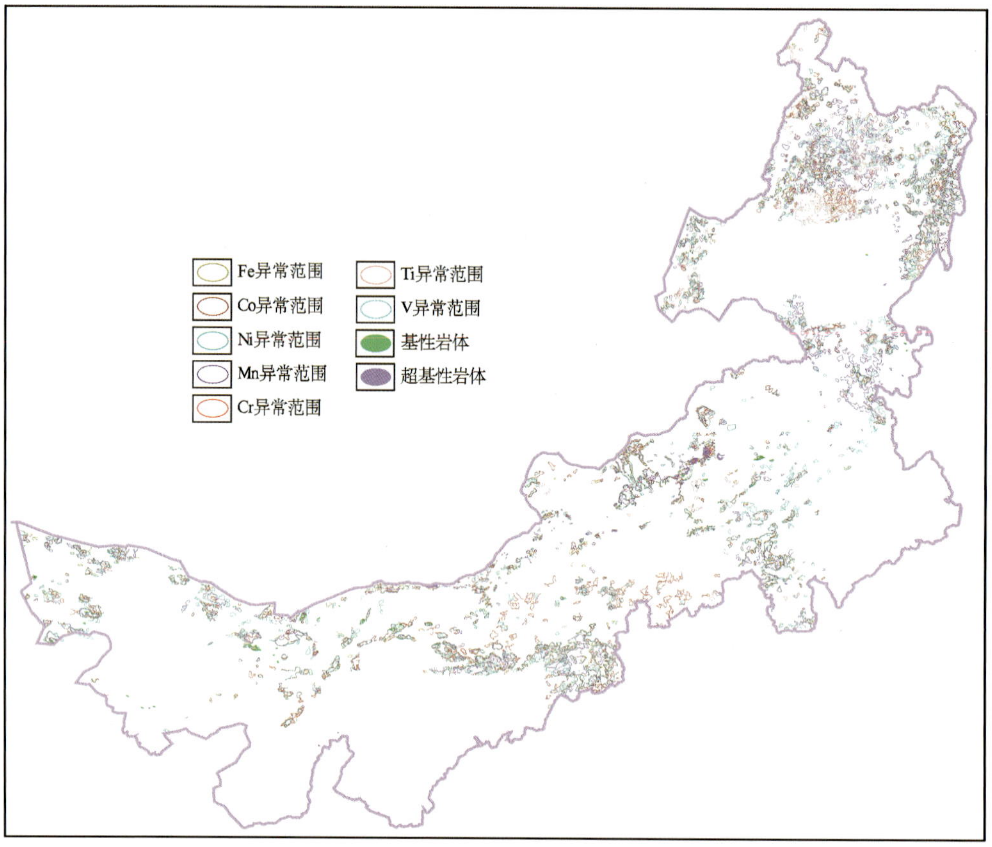


图 5-135 已知基性—超基性岩在 FeMn、NiCr、Co、TiV 组合异常图的分布示意图

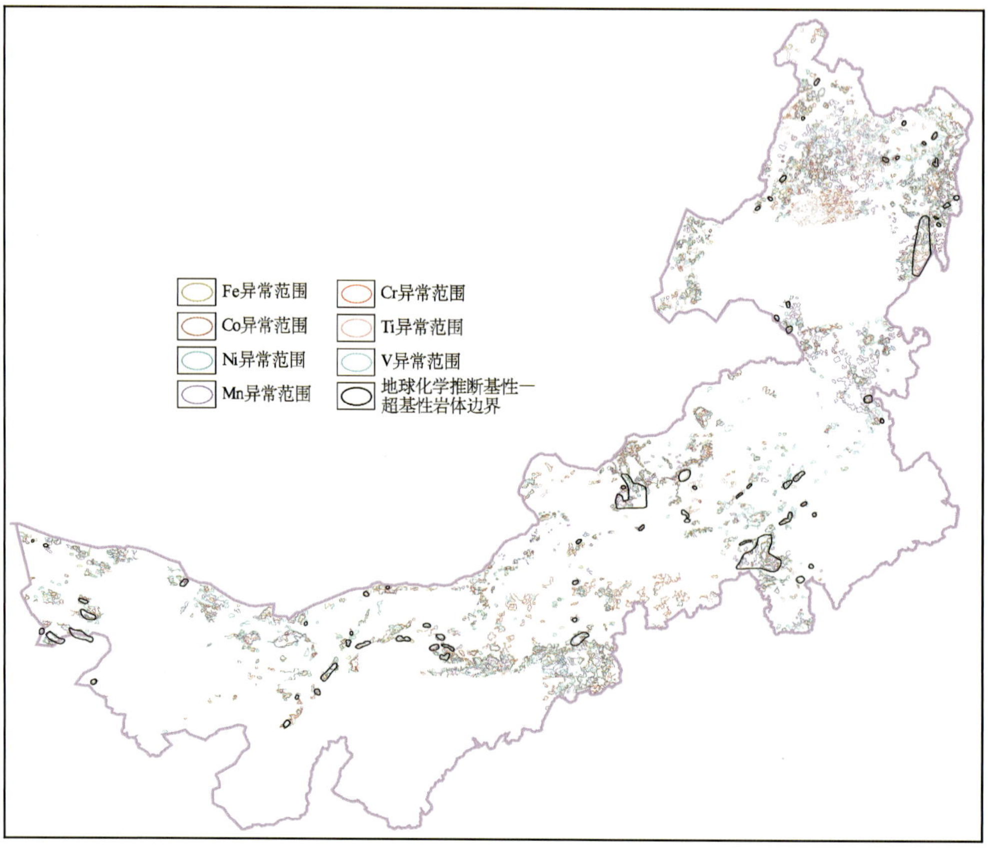


图 5-136 Ni、Cr、Co、V、Ti、Fe、Mn 组合异常推断基性—超基性岩体结果分布示意图

(2)Cr 地球化学图推断基性—超基性岩结果(图 5-137)。

(3)Ni 地球化学图推断基性—超基性岩结果(图 5-138)。

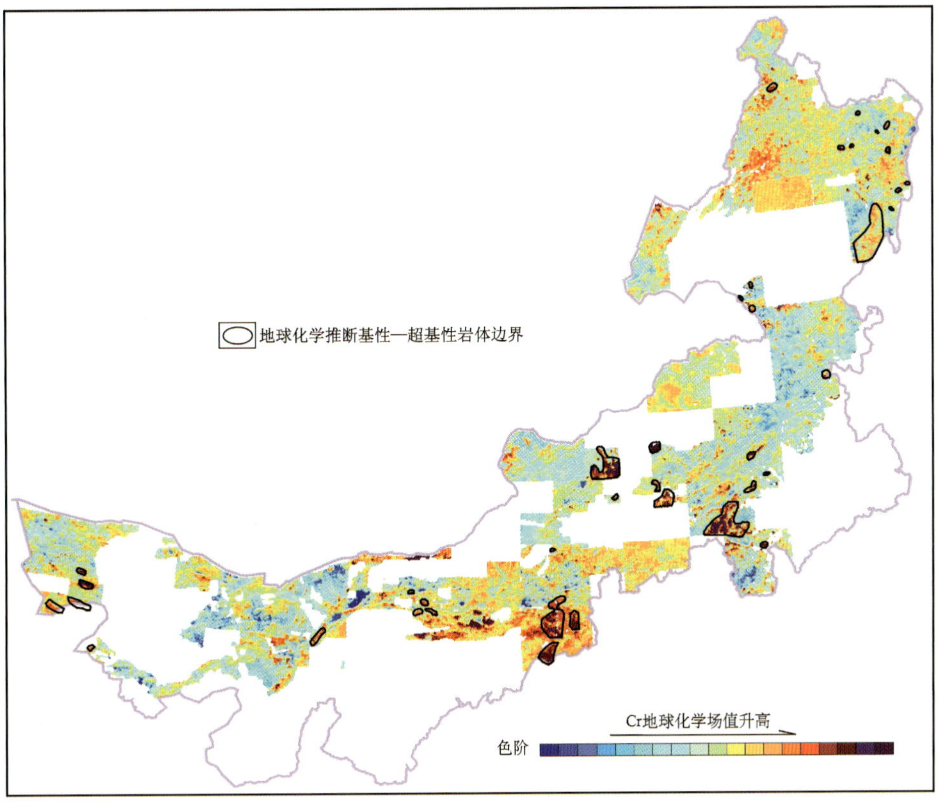


图 5-137　Cr 地球化学图推断基性—超基性岩分布示意图

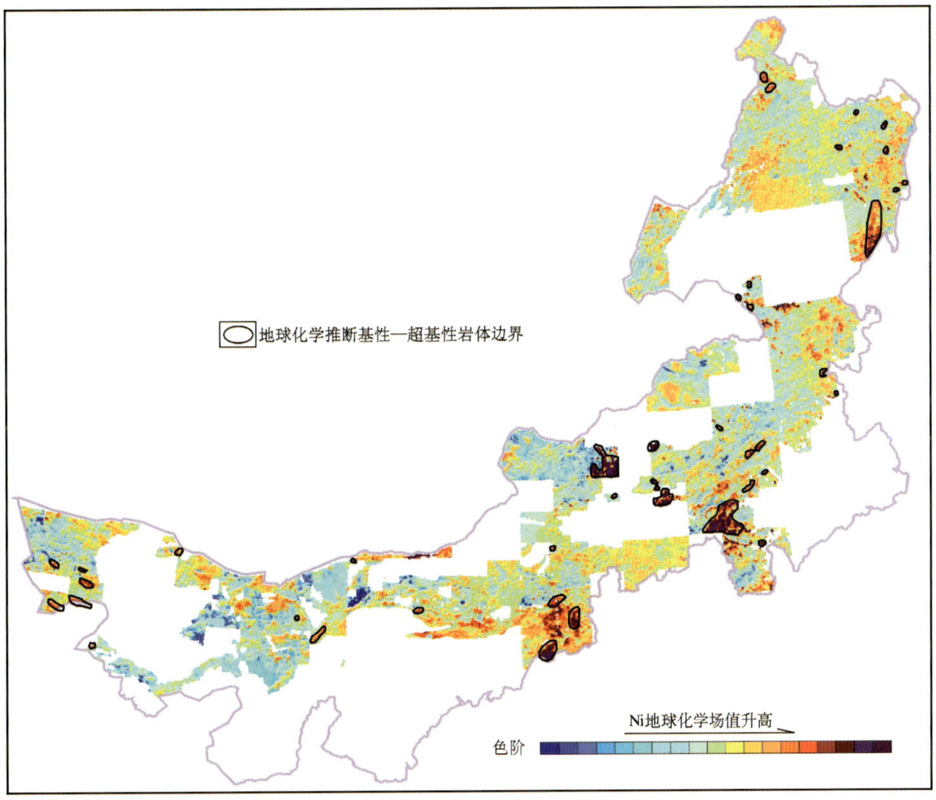


图 5-138　Ni 地球化学图推断基性—超基性岩分布示意图

(4)Co 地球化学图推断基性—超基性岩结果(图 5-139)。

(5)MgO 地球化学图推断基性—超基性岩结果(图 5-140)。

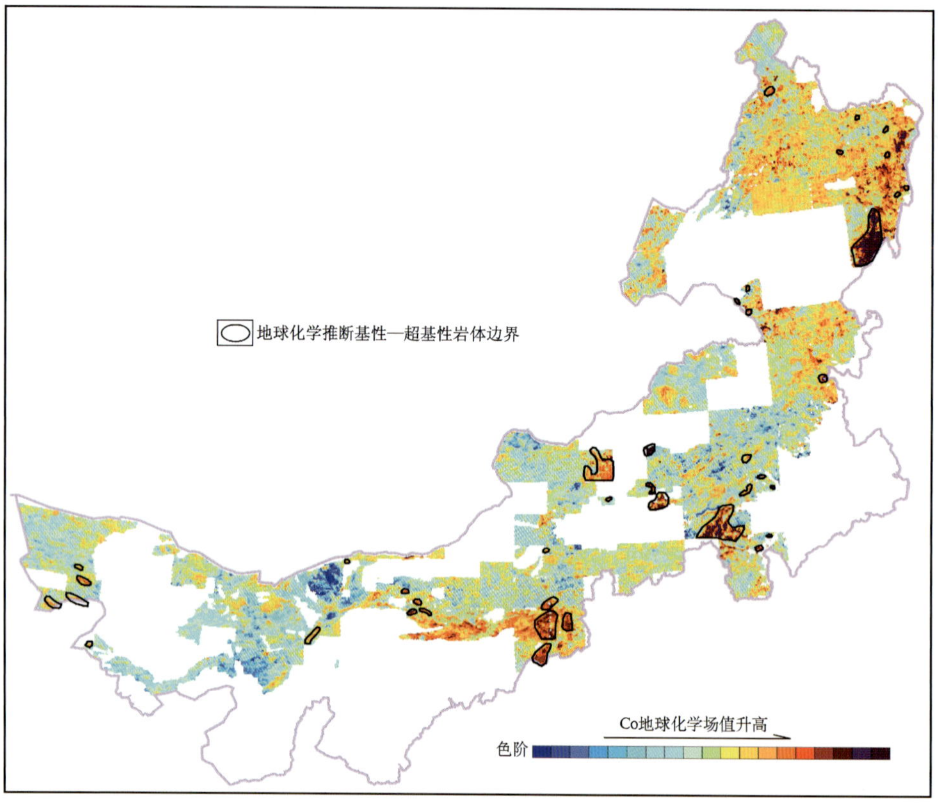


图 5-139　Co 地球化学图推断基性—超基性岩分布示意图

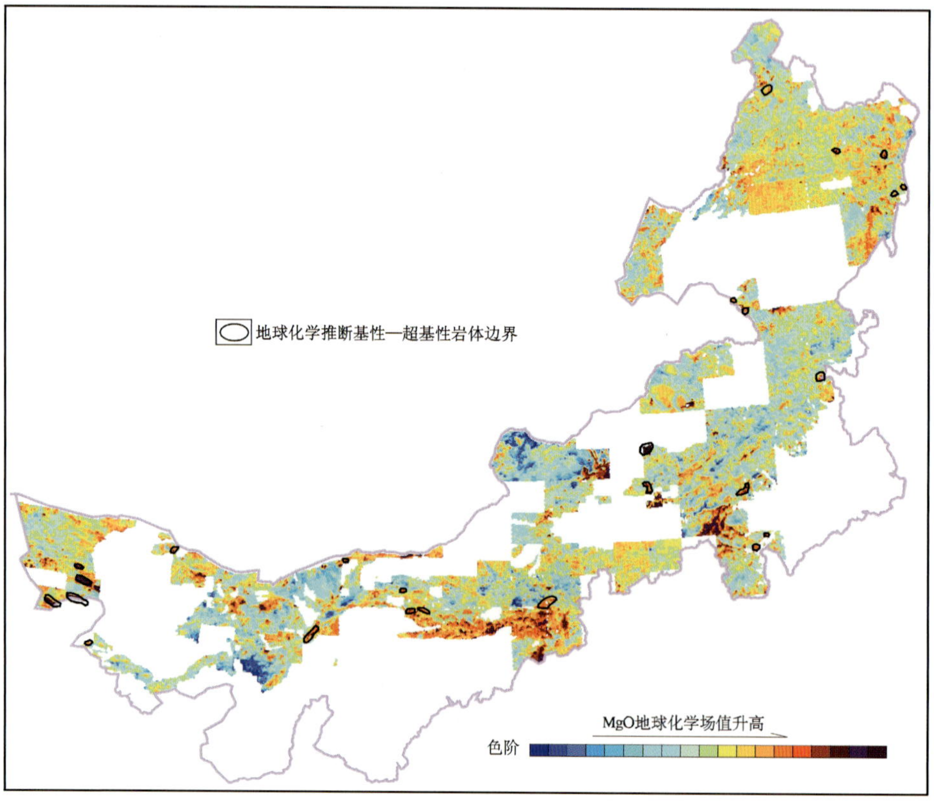


图 5-140　MgO 地球化学图推断基性—超基性岩分布示意图

(6)综合推断基性—超基性岩结果(图 5-141)。

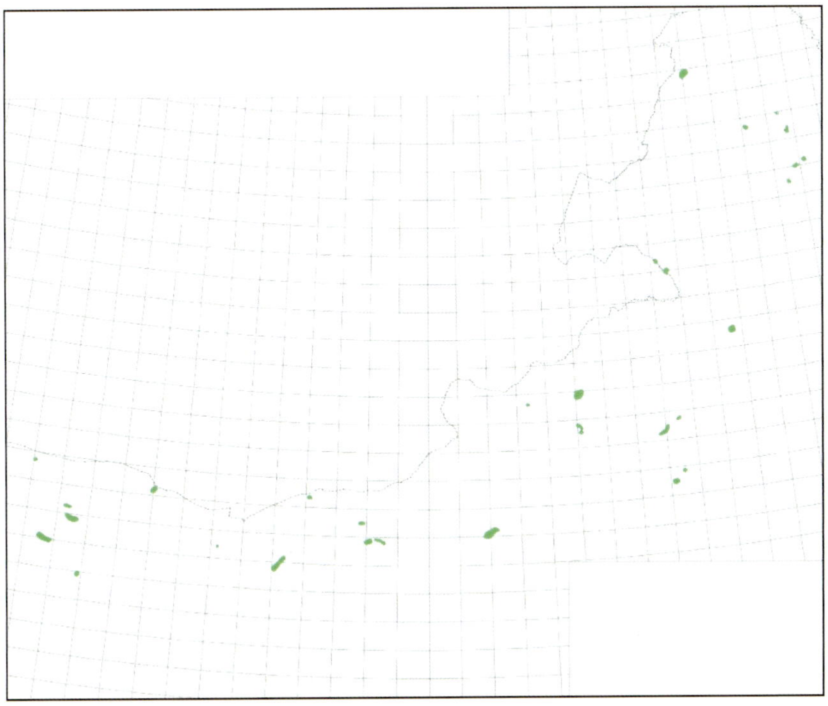

图 5-141　综合推断基性—超基性岩结果示意图

**5.酸性花岗岩体的具体推断方法**

1)酸性花岗岩体的地球化学特征

(1)由于 W、Mo、Sn 在酸性岩中含量较高且与花岗岩具有密切的成矿专属性,所以酸性花岗岩地球化学特征表现为 W、Mo、Sn 异常组合强度较高的区域。

(2)由于花岗岩中 U、Th、Nb、Y 含量较高,所以酸性花岗岩地球化学特征表现为 U、Th、Nb、Y 异常组合强度较高的区域。

(3)酸性花岗岩体由于造岩元素的原因地球化学特征表现为 $SiO_2$ 的高背景区及 Fe 元素的低背景区。

综合研究认为,W、Mo、Sn、U、Th、Nb、Y、$SiO_2$、Fe 的地球化学特征能较好地反映地表或隐伏酸性花岗岩的分布范围。故选择有代表性的 W、Mo、Sn、U、Th、Nb、Y、$SiO_2$、Fe 元素(或氧化物)作为研究对象,通过分析上述元素(或氧化物)的地球化学特征及异常组合强度来推断地表或隐伏酸性花岗岩的分布范围。

2)总体推断方法

首先,根据 W、Mo、Sn 异常组合分布特征,将 W、Mo、Sn 地球化学图对高背景或高含量区套合程度较高的区域初步圈定为酸性花岗岩区;其次,参考 U、Th、Nb、Y 异常组合特征再进行修改;最后、参考 $SiO_2$、Fe 地球化学场分布特征圈定最终酸性花岗岩分布区。

3)推断结果

本次工作推断酸性岩体 30 个,以区来表示。这些岩体在元素地球化学图上与已知岩体有相同或相似的空间分布特征及富集特征。

W 地球化学图推断酸性花岗岩结果(图 5-142)。

Mo 地球化学图推断酸性花岗岩结果(图 5-143)。

Sn 地球化学图推断酸性花岗岩结果(图 5-144)。

WSnMo 组合异常图推断酸性花岗岩结果(图 5-145)。

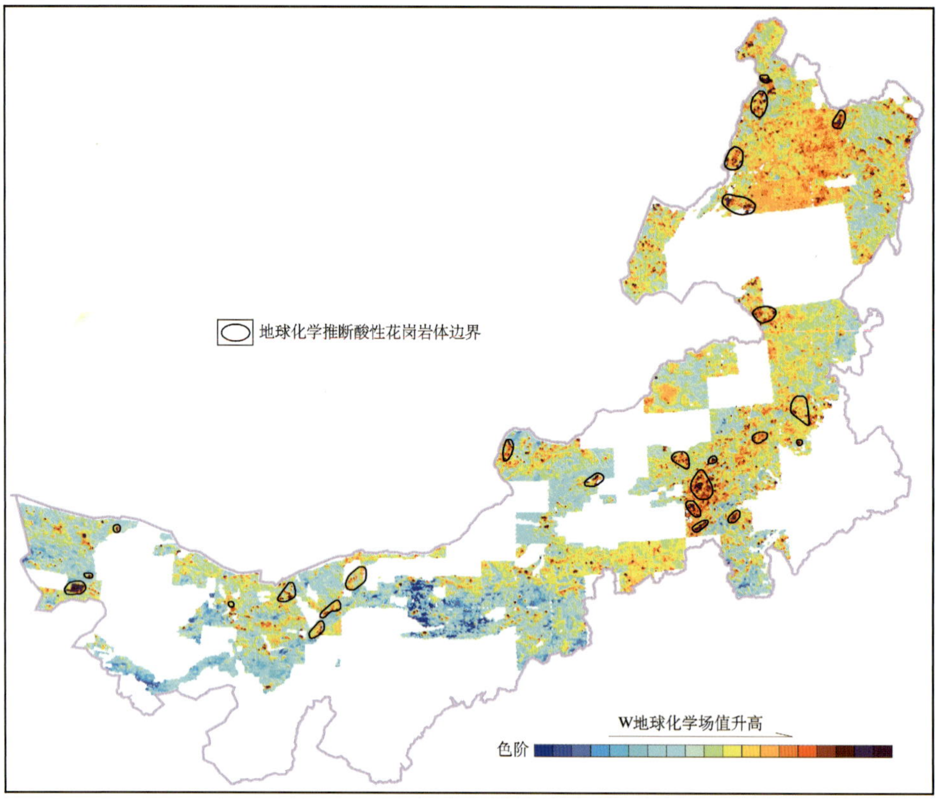


图 5-142　W 地球化学图推断酸性花岗岩分布示意图

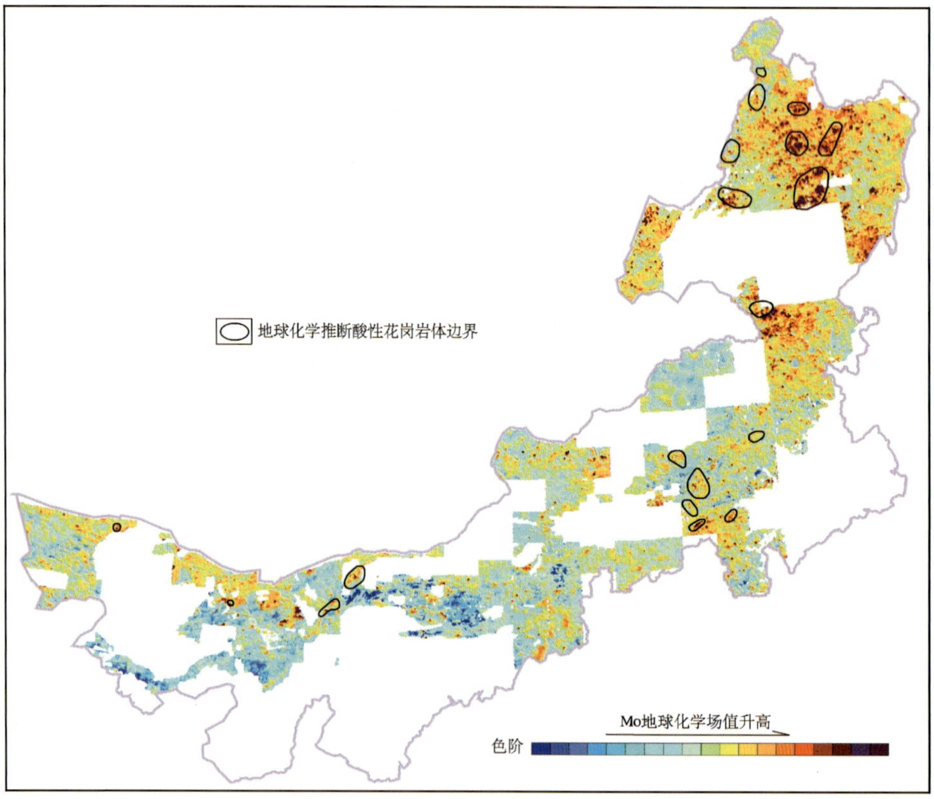


图 5-143　Mo 地球化学图推断酸性花岗岩分布示意图

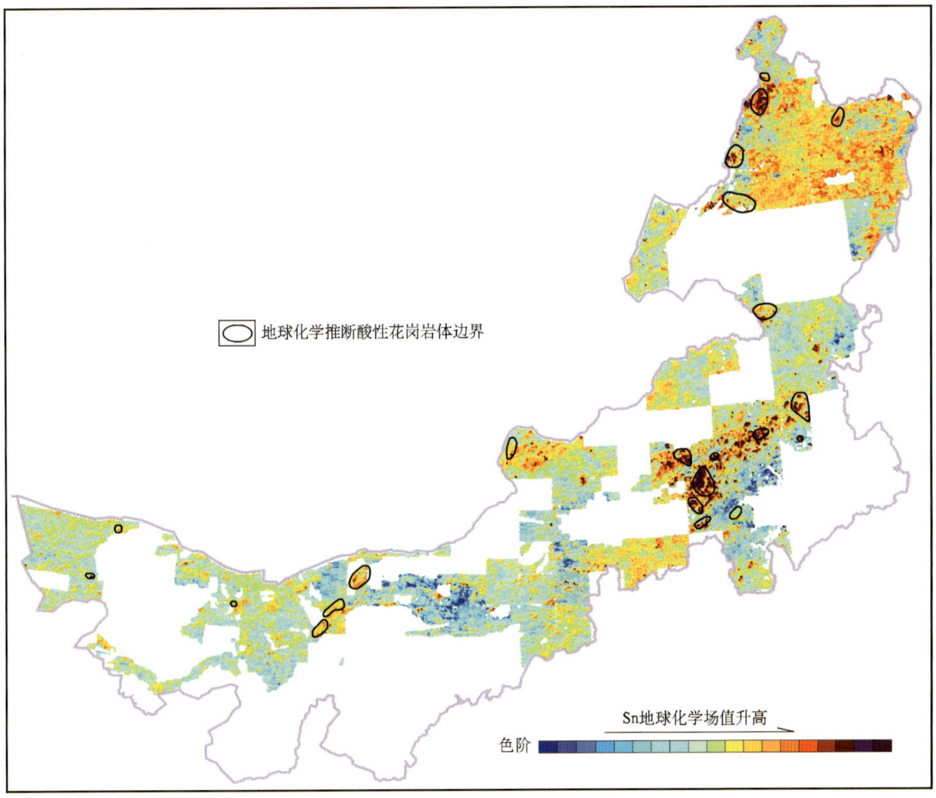


图 5-144 Sn 地球化学图推断酸性花岗岩分布示意图

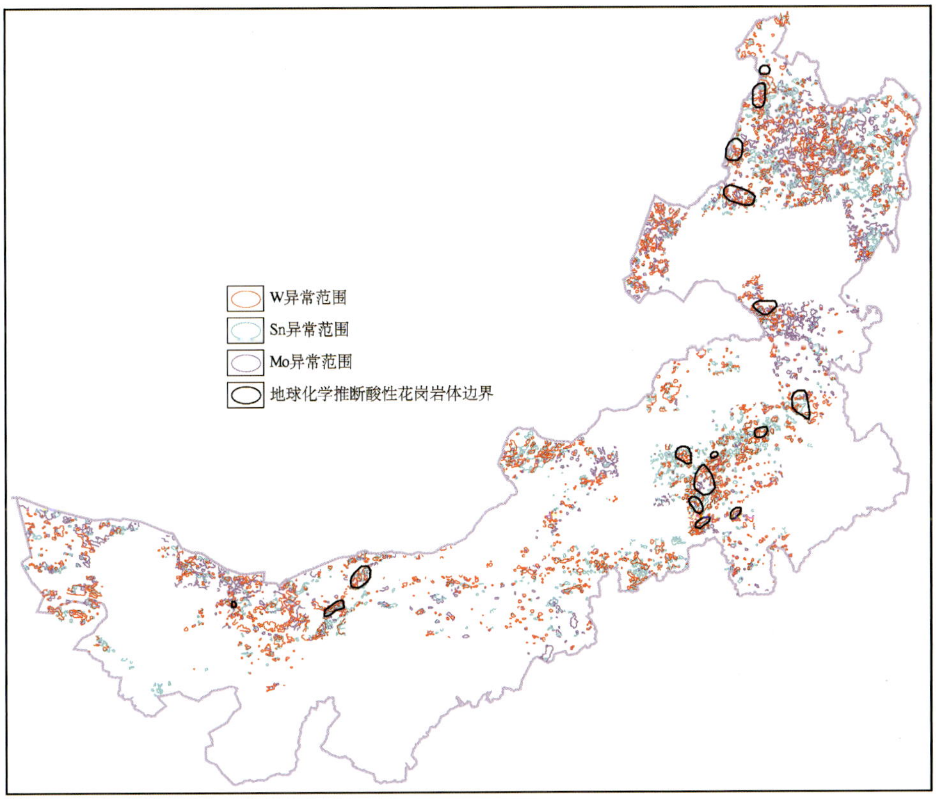


图 5-145 WSnMo 组合异常图推断酸性花岗岩分布示意图

参考 UThNbY 组合异常图修改已推断酸性花岗岩结果(图 5-146)。

参考 $Fe_2O_3$ 地球化学图修改已推断酸性花岗岩结果(图 5-147)。

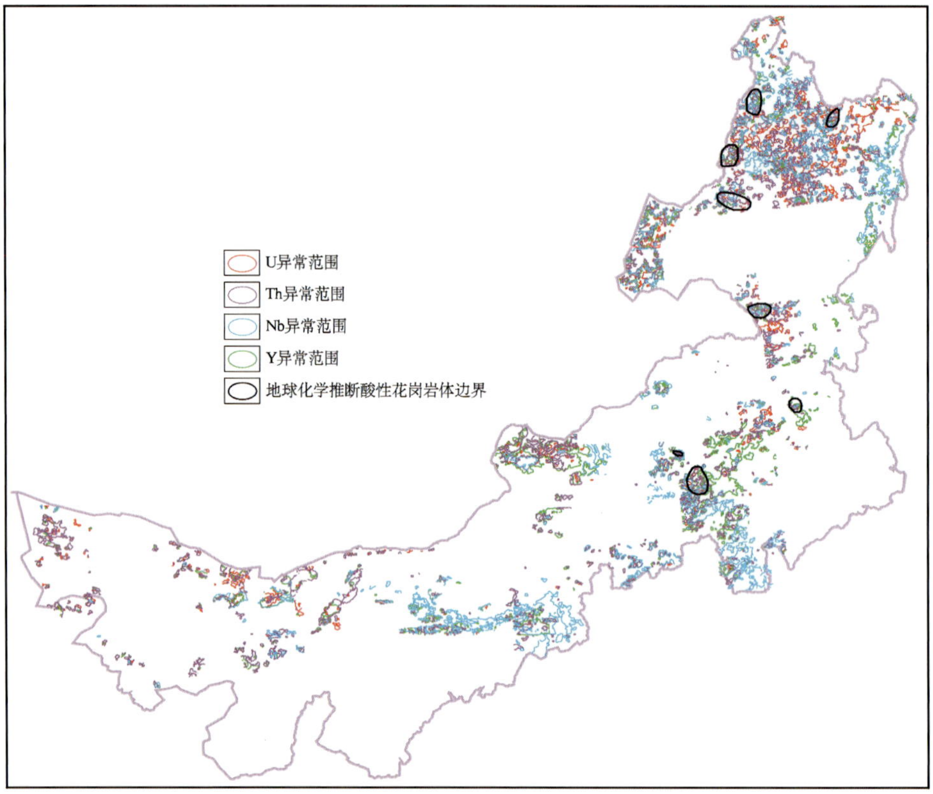


图 5-146 参考 UThNbY 组合异常图修改已推断酸性花岗岩分布示意图

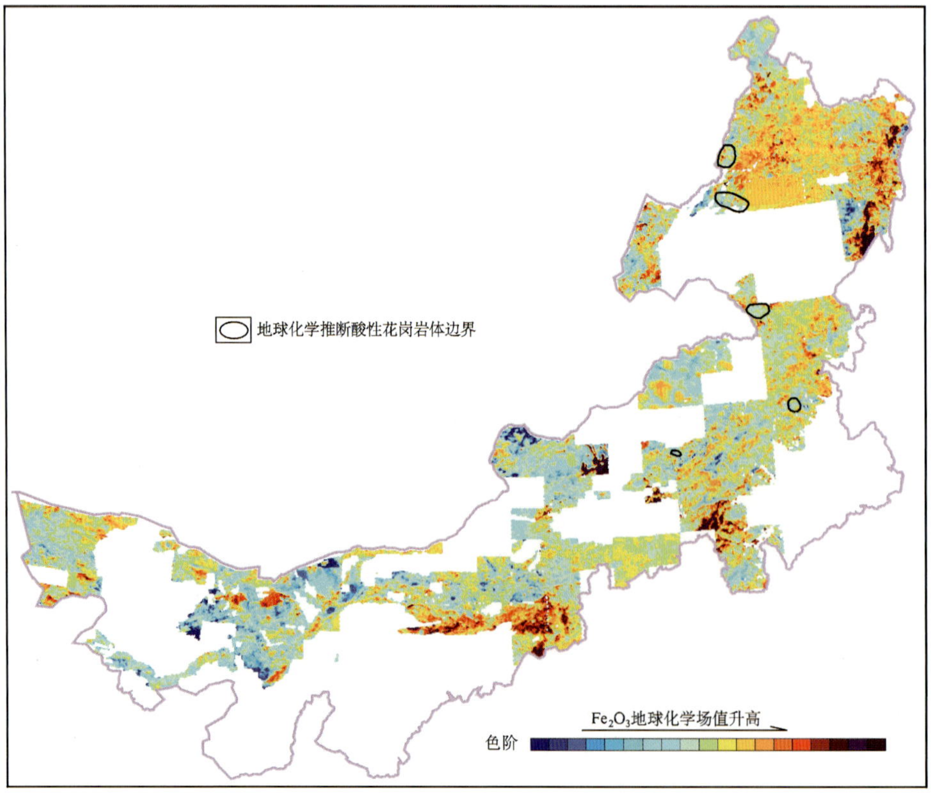


图 5-147 参考 $Fe_2O_3$ 地球化学图修改已推断酸性花岗岩分布示意图

综合推断酸性花岗岩结果(图 5-148)。

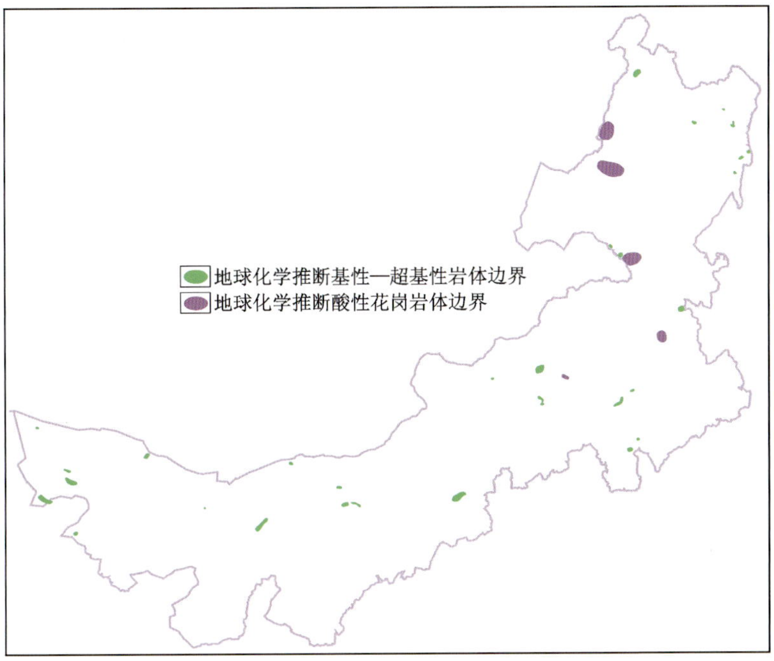


图 5-148　综合推断酸性花岗岩分布示意图

# 第四节　内蒙古自治区遥感资料地质解译

## 一、全区重大地质构造遥感特征分析

(1)查干敖包-阿荣旗超岩石圈断裂:方向北东,长 1000 余千米;形成于中泥盆世,早期为压性,断裂面北倾,白垩纪转化为张性,南侧下降;断裂带为早、晚海西期褶皱带的分界线,泥盆纪、石炭纪时为俯冲带,古生代末地槽回返,南、北两大陆块对接,为聚合带的北界,中生代有中酸性花岗岩沿断裂带或次一级断裂侵入,形成矽卡岩型和热液型矿床,如朝不楞和查干敖包铁锌多金属矿床、沙麦钨矿床等;后期与其他构造一起控制二连聚煤盆地。遥感影像特征:在 741 波段组合的影像上呈明显的北东向影像带(图 5-149),此带很宽,分布多组串珠状火山台地。

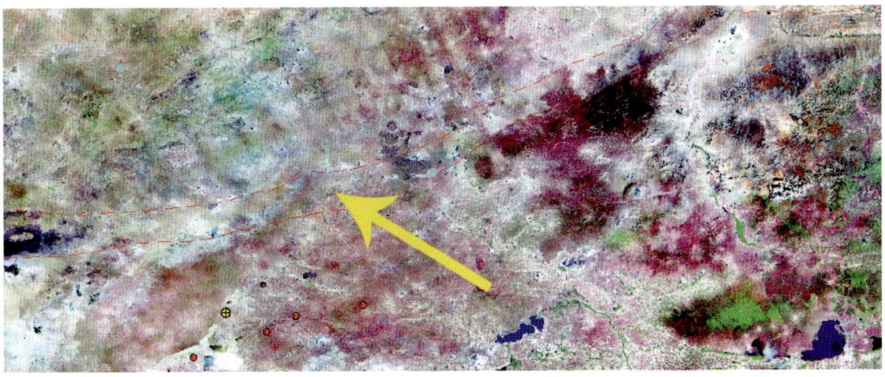

图 5-149　查干敖包-阿荣旗深断裂影像图

(2)温都尔庙-西拉木伦河超岩石圈断裂:东西向分布,长1100余千米(图5-150),形成于早古生代末期,晚古生代及中生代、新生代均有活动;断裂在晚期具有左行剪切性质;为加里东期地槽褶皱带与海西期地槽褶皱带分界线;沿断裂带有加里东期超基性岩体分布,形成铬矿化;有海西期、燕山期中酸性岩体侵入,西部有海西期白乃庙Cu、Mo、Au等矿化Ⅳ级成矿区;东部翁牛特旗少郎河地区由其次级东西断裂控制以PbZn为主的多金属燕山期Ⅳ级成矿区,沿西拉木伦河北侧有Ⅲ级铜多金属成矿带。从断裂带本身具有长期多次活动特点,控制岩浆岩带及两侧地质发展历史的角度分析,断裂带的发展与演变对成矿区(带)是有控矿意义的。

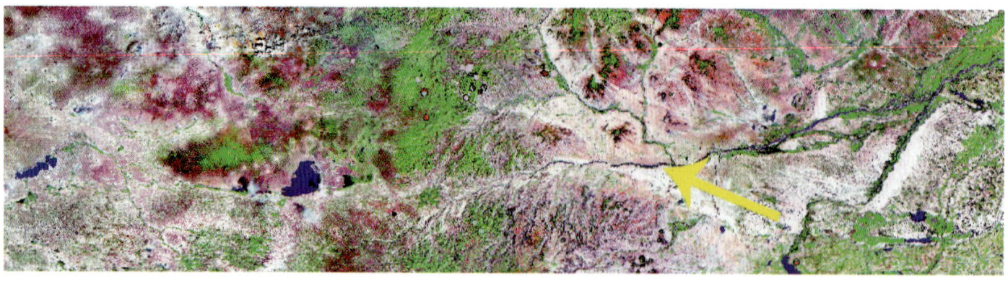

图5-150　温都尔庙-西拉木伦河超岩石圈断裂影像图

(3)得耳布尔超岩石圈断裂:方向北东,长660km(图5-151),形成于新元古代、古生代、中新生代;早期为压性,中生代具左行剪切性质,在该超岩石圈断裂和与其平行的额尔古纳河大断裂间所夹持的构造脆弱带内或两侧拖曳的构造破碎带内形成得耳布尔Ⅰ级Cu、Mo、Pb、Zn、Ag成矿带及其Ⅲ级亚带。得耳布尔超岩石圈断裂和其次一级断裂与东西向断裂复合处控制燕山期中酸性火山、超浅成—浅成—深成杂岩体,进而控制Cu、Mo、Pb、Zn、Ag矿床的形成。

(4)大兴安岭主脊-林西岩石圈断裂:北北东向,长1000余千米(图5-152),形成于中生代早期;在三叠纪末期本区大兴安岭地区全面隆起的背景下,由引张作用产生的裂陷,侏罗纪壳、幔源岩浆上涌,形成大面积的火山盆地;侏罗纪末期隆起,形成地垒型构造。其东、西两侧下沉,形成松辽盆地和二连盆地,对于盆地中含煤地层和煤炭的形成从宏观上有一定的控制作用。该断裂带控制大兴安岭中生代火山岩区,进而控制大兴安岭东南段有色金属、铁、稀有、稀土成矿区(带)。

图5-151　得耳布尔超岩石圈断裂影像图

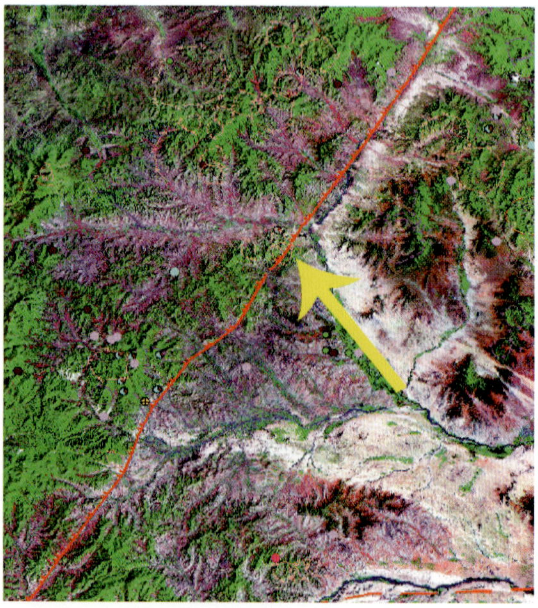

图5-152　大兴安岭主脊-林西岩石圈断裂影像图

(5)乌奴耳-鄂伦春旗岩石圈断裂:方向北东,长600余千米(图5-153),形成于泥盆纪,先为张性,晚石炭世末转换为压性,断裂带为早、中海西期地槽褶皱带界线,沿断裂带海西中期岩浆岩发育,并有混杂堆积;形成一些FeCu矿点和矿化点,并未形成成型的矿床,但在其控制的南侧早海西期褶皱带中有塔尔其铁矿、梨子山铁矿、八十公里铁锌矿、巴林镇西南铜锌矿等矿床。

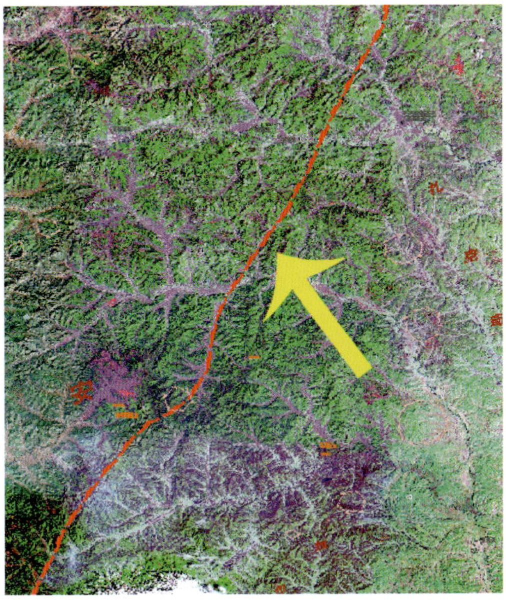

图5-153　乌奴耳-鄂伦春旗岩石圈断裂影像图

(6)临河-武川岩石圈断裂:台区岩石圈断裂,方向近东西向,长500余千米(图5-154),形成于新太古代—中元古代;古、中、新生代均有活动;断裂性质经历了张、压、张多次转换,现断层面北倾,武川-固阳间为韧性剪切带。是萌地台北缘岩石圈断裂,表现为重力梯级带和磁场异常带、遥感影像图线形影像特征明显。深断裂的活动控制着其北侧渣尔泰山群地层的分布,渣尔泰山群控制着狼山-渣尔泰的Cu、Pb、Zn、SⅢ级成矿带。该岩石圈断裂与其北部的石崩岩石圈断裂共同通过控制狼山-渣尔泰山裂(断)陷盆地而起到控矿作用。侏罗纪末期北侧又下降,控制武川盆地和固阳盆地,进而对这两个盆地早白垩世煤炭的形成及规模起到控制作用。

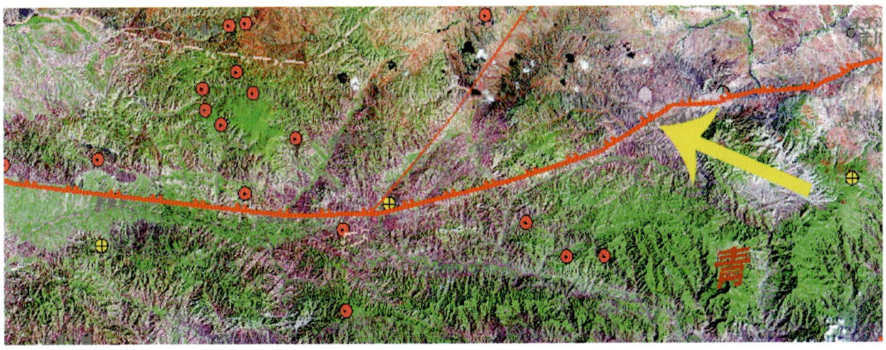

图5-154　临河-武川岩石圈断裂影像图

(7)石崩岩石圈断裂:台区岩石圈断裂,方向北西,长200余千米(图5-155),形成于中元古代,古、中、新生代均有活动;性质为张-压剪,东段为挤压破碎带及韧性剪切带,现为北倾逆断层;为白云鄂博褶断束与狼山-渣尔泰山褶断束分界线,控制白云鄂博群和渣尔泰山群地层分布,进而控制南侧以大型为主的层控型Cu、Pb、Zn、S矿床。

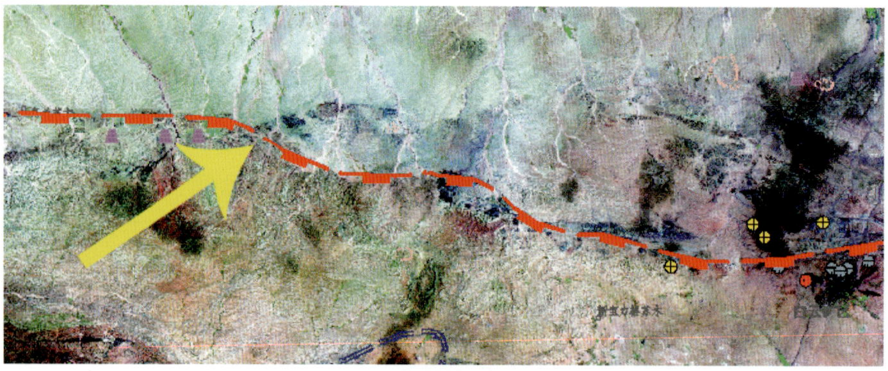

图 5-155　石崩岩石圈断裂影像图

中元古代沿断裂带有铁质超基性岩侵入，形成文圪气大型蛭石矿床及含低品位的磷灰石超基性岩体；海西期又有基性的辉长岩侵入，在克布地区形成以镍为主的 Cu、Co、Ni 电法异常带及低品位小型以镍为主的矿床；同时有中酸性的岩体侵入。

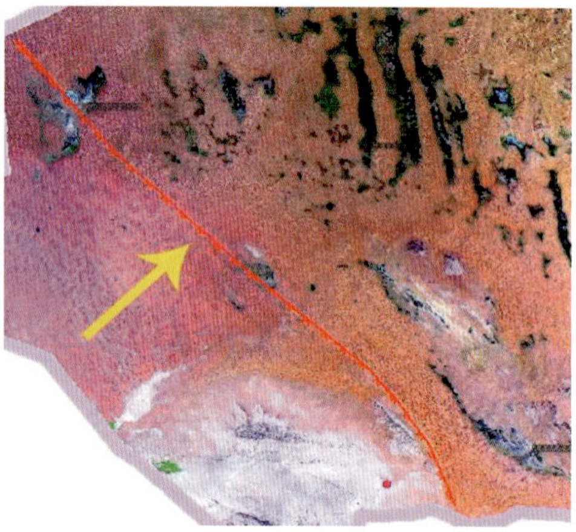

图 5-156　走廊过渡带北缘岩石圈断裂影像图

(8)走廊过渡带北缘岩石圈断裂：近东西向，长 200 余千米(图 5-156)，形成于古元古代，早古生代活动强烈，为北倾逆断层，表现为重力梯级带；为祁连地槽褶皱系之走廊过渡带和阿拉善台隆分界线。

(9)北山地块南北缘岩石圈断裂：方向北西，长 300 余千米(图 5-157)，形成于古元古代，古生代活动强烈，早期为张性，后转换为压性，多表现为北倾逆断层；控制北山地块，沿南缘断裂(石板井-小黄山)发育超基岩和蛇绿岩建造；沿北缘断裂(哈珠-路井)以北沉积优地槽型建造，形成黑鹰山式黑鹰山铁矿床、碧玉山铁矿床及有色金属矿床等。

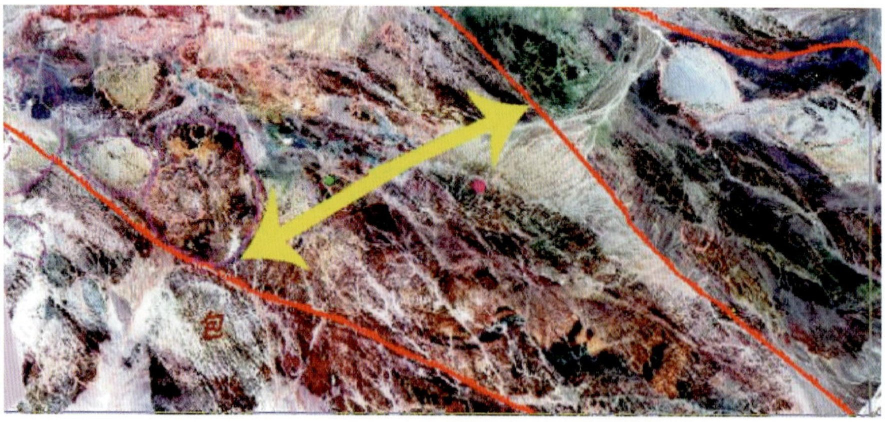

图 5-157　北山地块南北缘岩石圈断裂影像图

(10)嫩江-八里罕深断裂：方向北北东，长 1000 余千米(图 5-158)，南段形成于晚古生代，北段形成于中生代早期；东侧下降，具左行剪切性质，为大兴安岭隆起带与松辽断陷盆地的界线。该断裂切割较深，不仅控制大兴安岭重力梯级带和莫霍面陡变带，而且北控大杨树断陷盆地中含煤岩系、南控辽西断陷盆地中晚侏罗世安山质火山岩喷发，中间控制大兴安岭东南缘铜多金属成矿带，即莲花山-布敦花铜多金属成矿区，形成与深源中酸性岩体侵位有关的莲花山、布敦花、孟恩陶勒盖等铜银多金属矿床。

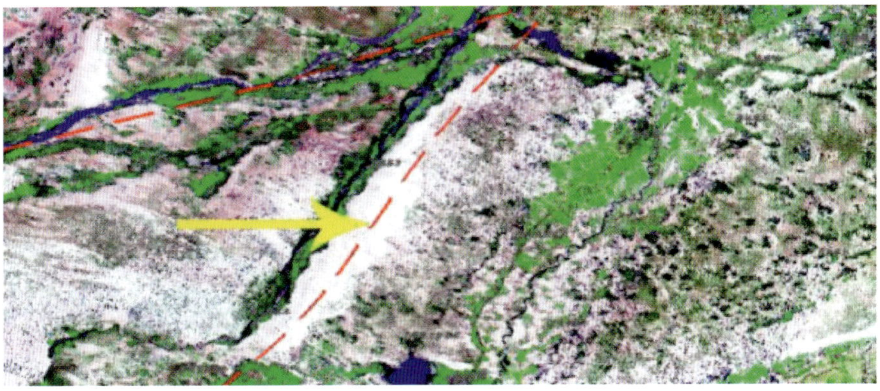

图 5-158　嫩江-八里罕深断裂影像图

(11)锡林浩特地块南缘深断裂：北东东—近东西向，长 800km(图 5-159)，形成于新元古代，古生代、中生代均有活动：早期为张性，晚期为压性，现为南倾逆断层。该深断裂是在原加里东褶皱带与锡林浩特地块之间断裂基础上发展起来的，二叠纪时断裂重新复活，火山活动强烈，其东段南侧控制着早中二叠世大石寨组中类岛弧型火山岩的喷溢，进而在燕山期与其他构造一起控制了黄岗梁-甘珠尔庙铁有色金属成矿带，形成了大型黄岗梁铁锡矿床、白音诺尔铅锌银矿床、浩布高铁锌多金属矿床等。

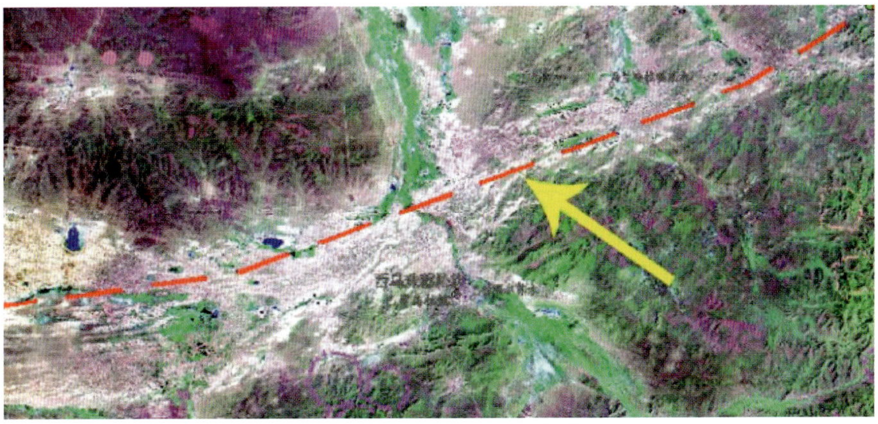

图 5-159　锡林浩特地块南缘深断裂影像图

(12)锡林浩特地块北缘深断裂：方向北东东，长 800km(图 5-160)，形成于新元古代，早期为张性，晚期为压性，现为南倾逆断层。断裂为锡林浩特地块与海西晚期地槽褶皱带的分界线。锡林浩特地块古生代沉积较薄，断裂带北侧泥盆纪时为洋中脊，在该深断裂与查干敖包-阿荣旗超岩石圈断裂间形成南、北两大陆块的聚合带。

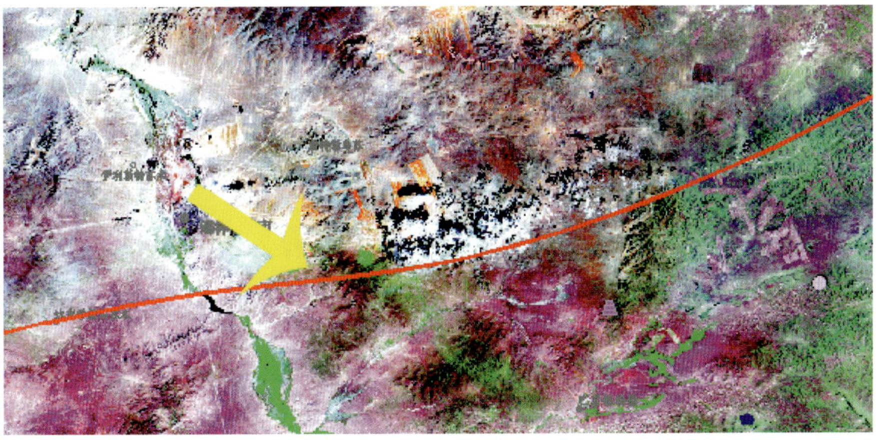

图 5-160　锡林浩特地块北缘深断裂影像图

该深断裂在二道井—苏尼特左旗一带控制着温都尔庙群和温都尔庙式铁矿床的分布，于燕山期在锡林浩特一带形成毛登锡矿床等。

## 二、环形构造

### (一)褶皱构造形迹引起的环形构造

综观自治区与褶皱构造有关的矿床，其控矿条件有二：一是为内生金属矿床提供就位场所-低压空间；二是通过褶皱过程使先成矿体加厚变富。

区域性复背斜带、隆起带或坳陷中的坳中隆带之所以能够控制成矿带、矿化集中区或矿田，是由于这些构造带的边缘部位(隆坳拐点连线)和中脊部位往往形成构造脆弱带，是其同期或晚期地下深湖携矿岩体容易上涌侵位的部位，所以能够形成在成因上与之有一定联系的成矿带或矿化集中区，如额尔古纳复背斜及其边缘断裂(得耳布尔断裂和额尔古纳河断裂)共同控制了得耳布尔多金属Ⅰ级成矿带及其中的3个成矿亚带(Ⅲ级)；多伦复背斜(加里东褶皱带的次一级构造)的西段控制白乃庙地区海西期斑岩型铜、钼、金，以及热液型铜铅锌成矿区；东段于燕山期在多种构造-岩浆岩条件下控制了东西向少郎河铅、锌多金属成矿区及克旗南部钼、铀成矿区的形成；其中段地区矿化不及东、西两端，燕山期形成了白石头洼、毫义哈达、三胜村等中小型钨矿床，大比力克和达盖滩等一些小型萤石矿床。再如东乌珠穆沁旗复背斜带(早海西期)控制与中晚海西期侵入岩有关的梨子山、塔尔期等中小型铁、钼矿床；巴林镇西南、八十公里、汉乌拉巴嘎等小型多金属矿床；最有典型意义的是黄岗梁-甘珠尔庙复背斜北西翼控制了黄岗梁-白音诺尔-甘珠尔庙成矿等。

中小型褶皱、穹隆、圈闭控矿原理也是为含矿热液的充填交代和矽卡岩化反应提供就位场所，与裂隙(断裂)构造一样的控矿诸多条件中，它与携矿岩体条件相比是居第二位的必需条件。

内蒙古热液型矿床除多数在不同级别的裂隙构造中就位外，有相当一部分矿床与褶皱构造有关，如流沙山矿床位于背斜倾没端，七一山钨锡钼矿床受控于北东东向背斜构造，白音皋锡矿床位于穹窗构造的顶部等；矽卡岩型矿床与褶皱构造有密切关系的如白音诺尔铅锌矿床位于小井子背斜的北西翼，小营子铅锌矿床位于向斜构造的层间断裂中，黄岗梁铁锡矿床位于黄岗梁复背斜的北西翼，索索井铁多金属矿床位于红柳大泉复向斜东部转折端等。

甲生盘铅、锌、硫铁矿区的褶皱构造是成矿后的褶皱构造，在变质和褶皱过程中，由于热能和热液对矿体的叠加和改造，使矿体变厚和变富。

### (二)基性岩类引起的环形构造

本次工作在1∶25万比例尺尺度的遥感解译图件解译出基性岩类引起的环形构造85个，多数为中小型环，分布在内蒙古各地，一般形态较圆，环内的色调一般较环外的色调深。

#### 1.基性岩体引起的环形构造

自治区内，从东到西自南部地台区到北部地槽区均有基性侵入岩体出露(图5-161)。但其数量很少，规模又小，这是自治区侵入岩浆岩的一个特点，它们多位于构造单元结合部位和深断裂带上。

自治区各类侵入岩35个岩带中，有11个岩带中出露有基性岩体(群)，其岩体总面积仅占侵入岩体总面积的1%左右。

自治区基性岩体可划分为24个岩体(群)。其侵入时代有中太古代、古中元古代、加里东期(早、中)

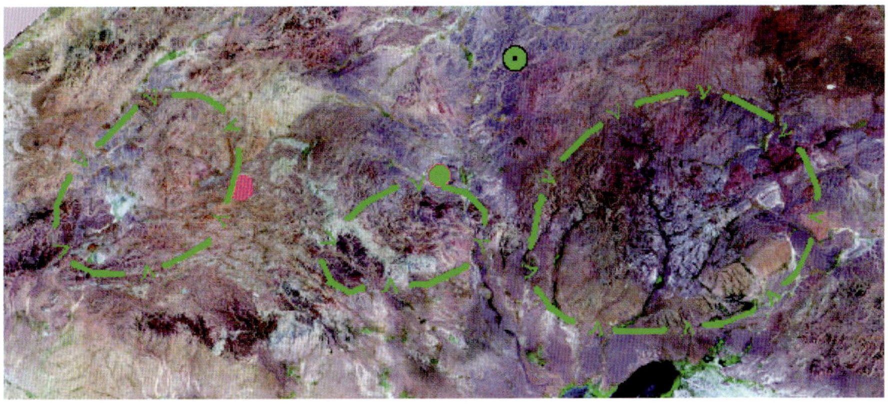

图 5-161　基性岩类引起的环形构造

和海西期(早、中、晚)4 个侵入期。形成的岩体主要岩性为辉长岩类,其次为角闪石岩类和苏长岩类等。与金属矿产有密切成因关系的主要是辉长岩类,其侵入时代(成矿时代)主要是海西期。

就自治区基性岩体而言,成矿率是较低的。24 个岩体(群)中只有十几个单个岩体与成矿有关,且规模较小,仅形成小型矿床和矿点,如小南山、黄花滩、克布、新安村、莫霍洛等小型铜、镍矿床和矿点等。

### 2. 基性侵入岩体成矿地质特征

据统计,自治区基性岩体中有 11 处岩体矿化,有 3 处形成小型铜、钴、镍矿床,8 处岩体只形成铜、钴、镍、铅、锌等矿点或矿化点。全区基性岩体成矿率较低且规模小,品位亦不高。这些岩体的矿化特征可代表自治区基性岩体成矿地质特征。

1)岩体所处大地构造位置与成矿的关系

自治区基性侵入岩多分布于槽、台边界和各二级构造单元结合部位以及深断裂带上。成矿岩体几乎全部分布于台区北缘各深断裂带上,如黄花滩、小南山等含矿基性岩体分布于台区槽台边界深断裂南侧;克布、上岔沁、巴彦布拉格等岩体分布于华北陆块石崩深断裂带上。

2)岩体侵入期与成矿的关系

自治区有意义的矿化基性岩体全部形成于海西期,如小南山、黄花滩、克布、小坝梁及新安村岩体,形成小型铜、钴、镍、铂族元素等矿床和矿点。其成矿特征与基性岩成矿专属性有相同之处。

3)成矿岩体特征

由于基性岩体初始岩浆的分异作用和后期触变作用的叠加,自治区基性岩体的岩石种类较多,可达几十种。依据岩石组合,与成矿关系较密切的有以下 3 种岩体类型,即橄榄-辉长岩型和蚀变辉长岩型及辉长-闪长岩型。

橄榄-辉长岩型岩体基性程度较高,分异程度较好,可划分独立的岩相带。如克布岩体可清楚地划分出橄榄岩相带、辉石岩相带、辉长岩相带和闪长岩相带;矿体呈现似层状赋存于橄榄岩相带或过渡相带橄榄辉长岩、橄长岩中,矿体和围岩无明显界线,彼此为渐变关系。此类岩体总的矿化趋势是:岩石基性程度越高,矿化就越好。成矿类型有岩浆熔离型 Cu、Co、Ni 矿床、矿化点,如克布以 Ni 为主的矿床、上岔沁成矿和矿化岩体,也可形成接触交代型铜镍矿化,如卡休他他矽卡岩型铁多金属矿床和格勒乌力吉橄榄辉长岩与白云鄂博群尖山组大理岩接触带矽卡岩中的 Cu、NiPbZn 矿体。

蚀变辉长岩型岩体分异程度中等,一般可划分出蚀变的辉长岩相和辉长辉石岩相及次闪岩等,矿体与蚀变辉长岩相关系密切。代表性岩体为小南山岩体。小南山岩体普遍遭受了不同程度的蚀变作用,轻者变为蚀变辉长岩,甚者变为次闪片岩。最常见的蚀变为次闪石化,其次为绿泥石化、钠黝帘石化、绢云母化、碳酸盐化,其中碳酸盐化对矿床的形成有一定的富集作用。该类岩体中的铜、钴、镍矿床有两种类型:一种是赋存于岩体内的矿体,即赋存于陡倾斜不规则蚀变岩体底盘岩浆熔离型矿体,其形态、产状受岩体形态和产状控制;另一种是赋存于岩体之外的泥灰岩中,两者距离较近,是岩浆经历了深离阶段后,直到热液阶段形成交代型即泥灰岩型铜、钴、镍矿床。

辉长-闪长岩型岩体基性程度较低,基本上属于基性—中性岩体。分异较好,可划分为辉长岩相带和闪长岩相带。矿体呈似脉状、脉状、透镜状赋存于闪长岩相带的膨大部位。代表性岩体为黄花滩岩体,形成小型铜、镍矿床。

### (三)花岗岩引起的环形构造及其成矿规律

自治区内花岗岩类侵入体十分发育,各个地质时期的花岗岩类侵入岩(带)受区域构造控制,其空间分布具有一定的规律性。与花岗岩类有关的内生金属成矿作用以燕山期最为重要,已控制的矿床占全区内生金属床的70%,且多集中分布于大兴安岭中生代火山岩区;其次为海西期,所形成的金属矿床占全区内生金属矿床总数的28%,分布较广,但矿床规模一般不大;加里东期、印支期及元古宙花岗岩类与成矿的关系远不及前两期,成矿岩体主要散布在自治区中部、西部局部地区。

与花岗岩有关的矿产有铅锌、锡、铜、钼、金银、铁、稀土等。

#### 1. 加里东期花岗岩类与环形构造

该期构造岩浆活动有早、中、晚3期,主要见于华北陆块北缘及加里东地槽褶皱带,分布零星。早期以超基性、基性岩为主,在内蒙古中部地槽褶皱带西部的温都尔庙地区发育有含铁中基性火山岩建造,形成温都尔庙式铁矿床(点);中期以闪长岩、花岗闪长岩、斜长花岗岩为主,在内蒙古中部地槽褶皱带的西部白乃庙地区,受深大断裂控制,形成与高侵位、浅成的花岗闪长斑岩有关的白乃庙斑岩型铜(伴生金、铝)矿床的雏形(图5-162)。海西中期的花岗闪长岩侵位(在遥感影像图中表现为环形构造),又使该矿床矿化进一步富集。在该区同类矿床(点)还有谷那乌苏、依克乌苏等处。白乃庙矿床的主要控矿因素是特定的构造环境(穿壳断裂带)、铜的地球化学异常场,与高侵位、浅成的中酸性花岗岩有关;而在自治区其他地区分布的包括加里东晚期酸性—中酸性岩在内的花岗岩类,成矿作用弱,仅发现少量的铁、铜、金、银、钨矿点,矿化点和放射性异常。

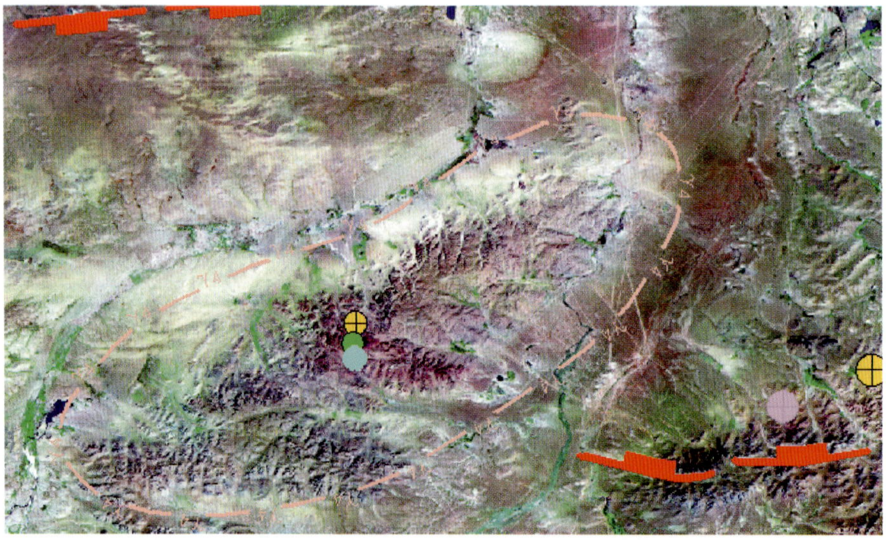

图5-162 古生代花岗岩引起的环形构造

#### 2. 海西期花岗岩类与环形构造

海西期构造运动是自治区内地质发展史上的重要一幕,波及全区整个地槽区和华北陆块北缘。伴随早、中、晚 3 个构造亚旋回晚期的褶皱造山活动，均有岩浆侵位，引起多重环形构造。早期多为超基性岩、基性岩，其分布局限于得尔布干和二连-贺根山两个深断裂带上。中晚期以花岗岩类为主，分布于槽区各岩浆岩带及华北陆块北缘一线，多属造山环境下的底辟式侵入体(图 5-163)。

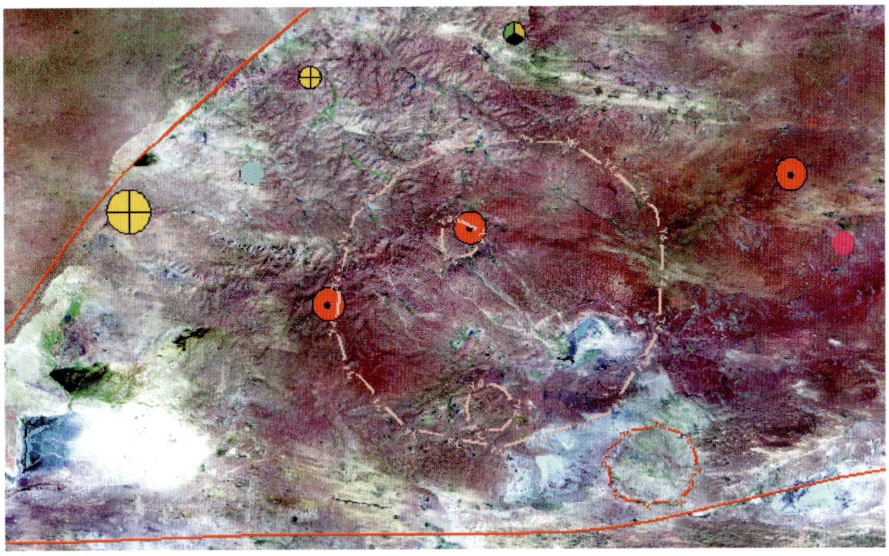

图 5-163 古生代花岗岩引起的环形构造

1)海西中期花岗岩类与成矿

该期花岗岩类主要分布于华北陆块北缘、北山地槽褶皱带和兴安地槽褶皱带。与之有关的矿产有铁、钼、铜、铅、锌等。其中铁、铜多与酸性岩有关，铜、铅、锌则与中酸性岩有关，矿床类型以矽卡岩型、火山岩型、热液脉型和斑岩型为主，但矿床规模不大，多为中、小型矿床。

尽管该期花岗岩体出露面积达千万余平方千米，形成了许多大型岩株及岩基，但与成矿关系最为密切的是那些浅成的复式岩体，其与碳酸盐岩接触带上，出现矽卡岩型矿床；所谓火山岩型矿床的矿化富集前提是存在含矿(铁、铜)的中基性—中性火山岩建造(如兴安地槽的莫尔根组、北山地区的白山组等)，经晚期侵入的岩浆热液活化进一步富集而成，因此，这些矿床往往具有某些热液型矿床特征。

海西中期，地槽褶皱回返属于海西期造山运动的初始或发展阶段。这个时期的花岗岩仅仅出现在华北陆块北缘、兴安地槽褶皱带和北山地槽褶皱带的局部地区，其成矿作用在区内各成矿期中居次要地位。

2)海西晚期花岗岩类与成矿

海西晚期，地槽全面褶皱回返，形成了巨型的、弧顶南凸的弧形构造，并伴之有强烈的岩浆活动。该期花岗岩类在华北陆块北缘及槽区有广泛的分布，出露总面积近 $6km^2$。总体上属于褶皱造山运动产物。主要岩性为闪长岩、花岗闪长岩、斜长花岗岩及正长岩等，岩石化学特征反映这套岩系属于钙碱性系列，其产状以规模较大的岩株和岩基为主，且多属于复式岩体。与成矿关系密切的主要还是浅成相小岩体。

海西晚期是内生矿床的重要成矿期。其成矿特征按地质构造单元划分并叙述如下。

(1)华北陆块北缘。在该北缘区蕴藏有丰富的金矿资源。在已发现和探明的一批内生金矿床(点)的成矿作用大都遵循一个成矿模式，即以存在太古宙绿岩相变质岩(金的矿源层)为前提，在晚期岩浆水热体系作用下，分散在变质岩系(绿岩)中的金浸出、活化迁移到有利的构造部位富集成矿。海西晚期的花岗岩类岩浆活动，在华北陆块北缘构成了对金矿有利的成矿地质环境，形成一批小型金矿床和矿点，多分布于自治区中西部地区。

与金矿具有相似成矿地质条件的铁矿，在陆块北缘也具有一定的地位，但规模一般不大，亦分布于自治区中西部地区。

与海西晚期花岗岩类有关的有色金属矿产以铜为主，与金、铁相比，居于次要地位，只形成几处热液型、矽卡岩型小型矿床(点)，如盖沙图、脑木洪小型矿床和正南房子等铜矿点(图 5-164)。

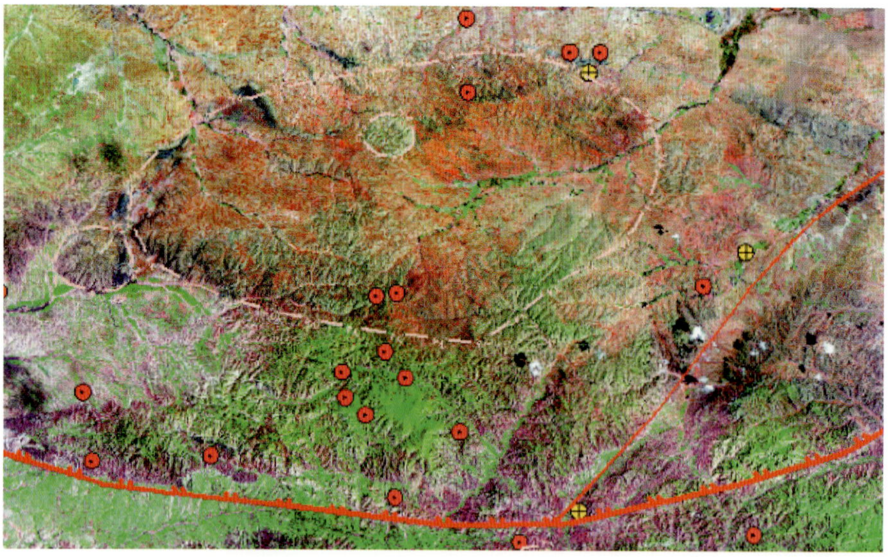

图 5-164 古生代花岗岩引起的环形构造

萤石矿，是与海西晚期花岗岩类有关的具有特色的非金属矿产，主要有恩格勒、巴彦高勒、黑沙图、刘满壕、白音敖包、乃木毛道、库伦敖包等热液型中小型矿床。

(2)北山地槽褶皱带。在北山晚海西地槽褶皱带的红都大泉-雅干岩带上，有几处花岗岩、花岗闪长岩复式岩基，与其有关的矿产主要是萤石矿，如哈珠尔、上沟、玉石山、神螺山等中小型热液型萤石矿床。

金属矿产相对较少，仅有少量小型规模的稀土矿床，铀矿床和钨、锡矿化点，这也可能与工作程度低有关。

(3)苏尼特右旗海西晚期褶皱带。该带中苏尼特右旗-锡林浩特-科尔沁右翼中旗岩带规模宏大，长逾 1000km，发育有数十个海西晚期的花岗岩类岩基、岩体。这些岩体往往与海西中期、燕山早期花岗岩类套叠，构成复式岩体。与其岩带巨大规模相比，成矿作用则显得微不足道，仅发现 3 处铅锌和钨的小型矿床，1 处中型萤石矿床和少量的矿点、矿化点。

(4)查干敖包-东乌珠穆沁旗-扎兰屯海西晚期花岗岩带。在该岩带与海西晚期花岗岩类有关的矿产以铁、多金属为主。已知矿产地的矿床规模仅为中、小型，如罕乌拉巴嘎矽卡岩型多金属矿床、八十公里矽卡岩型铁多金属矿床、东方热液型萤石矿床等。

通过上述不难看出，尽管全区海西期花岗岩类出露面积很广，但与之有关的成矿作用却不显著，究其原因主要有以下几方面：①已知的矿床(点)形成深度不大，但区域上出露的岩基、大岩株多为中深成相，即多数大岩体定位深度较大，同时亦遭强烈剥蚀。②多数岩体的分异指数值偏低，表明分异程度较差，不利于成矿。③海西期的复式岩体往往是跨时代的，即以海西期岩体为主体，其中有燕山期岩株、岩枝或岩脉侵位。这类复式岩体只可能留有燕山期成矿作用的记录。④某些矿产(如金、铁)的集中分布，往往是围岩地层地球化学场所决定的。在查干敖包-东乌珠穆沁旗-扎兰屯花岗岩带的北延，出现了多宝山(属黑龙江省)大型斑岩型铜矿床，其铜的物源主要来自奥陶纪多宝山组安山岩，该岩带所处的海西期褶皱带是叠加在加里东期乃至更早期地槽褶皱带之上的。因此，在有利于成矿的围岩、构造条件下，于该区乃有发现新工业矿床之可能。

**3. 印支期花岗岩类与环形构造**

印支期，自治区内地壳趋于稳定，岩浆活动较弱，侵入岩体分布零星，且主要出露于自治区中西部地区，即华北陆块阿拉善地台的雅布赖断隆、巴音诺尔公断隆和内蒙古台隆的阴山断隆及华北陆块北缘狼山-白云鄂博台级坳陷内槽区也有零星分布，如内蒙古中部地槽褶皱系海西晚期地槽褶皱带中白音德勒岩体、海力斯大坝岩体、香林香达岩体、扎赉特岩体等。整个印支期花岗岩在自治区内出露面积较少，仅4000余平方千米。

花岗岩一般沿断裂带分布，多呈岩基和岩株状产出，岩体具一定的分带性。岩石中钾长石为微斜长石，反映岩体为中、深成相。围岩蚀变明显；在遥感影像图中则表现为环形构造，见图5-165和图5-166。

图5-165　中生代花岗岩引起的环形构造

图5-166　中生代花岗岩引起的环形构造

据现在掌握的矿产资料，与本期花岗岩体有关的矿产在台区和槽区尚有较大差异。中西部台区以金和非金属矿萤石为特色，产有大、中、小型矿床，如乌拉山大桦背热液型金矿床，阿尔腾敖包岩体中的哈布达哈拉热液型中型萤石矿床，而在中部、东部槽区与该期花岗岩体有关矿产则以铜和非金属矿产水晶等为特色，产有小型矿床，如与香林香达岩体有关的香林香达热液型、小型铜矿床及阿布吉敖包伟晶岩型小型水晶矿床。

#### 4. 浅成、超浅成次火山岩体引起的环形构造

铜、铅、锌成矿与浅成—超浅成中酸性岩有关。靠近嫩江断裂西侧（如莲花山、布敦花等）的主要铜、铅、锌矿床，铜来自下地壳，多数矿床的氢氧同位素组成反映出岩浆水成矿之特色，矿化常以近岩体网脉

型—热液大脉型“三位一体”的形式产出。说明成矿岩体是矿化富集集中的决定性条件。而同样受深断裂带控制的乌努格吐大型斑岩铜矿床，其铜既来自深源，又可能有上地壳“矿源层”的辅成，与成矿有关的斜长花岗斑岩，既是“搬运夫”，又是“矿源层”活化重熔的“热驱动器”，具有双重性。

自治区两处大型矽卡岩型铅锌多金属矿床(白音诺尔、浩布高)，成矿均与发育完好的火山—次火山/浅成—深成相火山杂岩引起的环形构造有关(图5-167)。其最大特征是岩浆岩、蚀变岩和矿石的 $\delta^{18}O$ 均为负值，属大气降水成矿。矿石金属组分来源虽较复杂，但这个杂岩套多旋回、多阶段的岩浆演化及侵位，活化大气降水，使来源不同的矿质组分在大气降水环流参与下富集成矿。

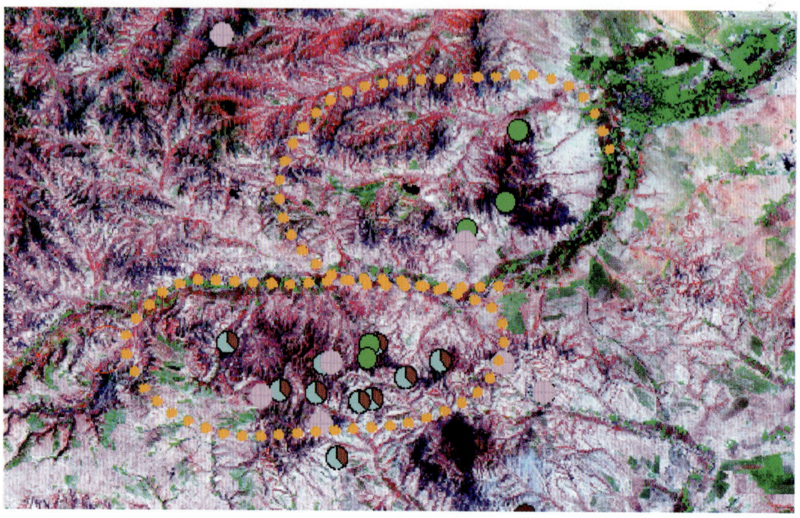

图5-167　浅成—超浅成次火山岩体引起的环形构造

**5. 火山机构或通道引起的环形构造**

本次工作在1∶25万比例尺尺度的遥感解译图件解译出火山机构或通道引起的环形构造159个，数量仅次于古生代花岗岩引起的环形构造(图5-168～图5-170)。其直径大者为巨型环，小者仅为小型环。该类环的环内色调通常不一致，多数环内有一些色调较深的部分与相对色调浅的区域共同组成环形构造。

**6. 构造穹隆或构造盆地引起的环形构造**

本次工作在1∶25万比例尺尺度的遥感解译图件解译出构造穹隆或构造盆地引起的环形构造85个，该类环除皱沙漠腹地外，主要大地构造单元中均有分布，没有特别的分布特点。这类环的大小差别大，从巨型到小型都有，形态从椭圆形到圆形都有。环内外的主要区分是靠地形引起的色调差别。

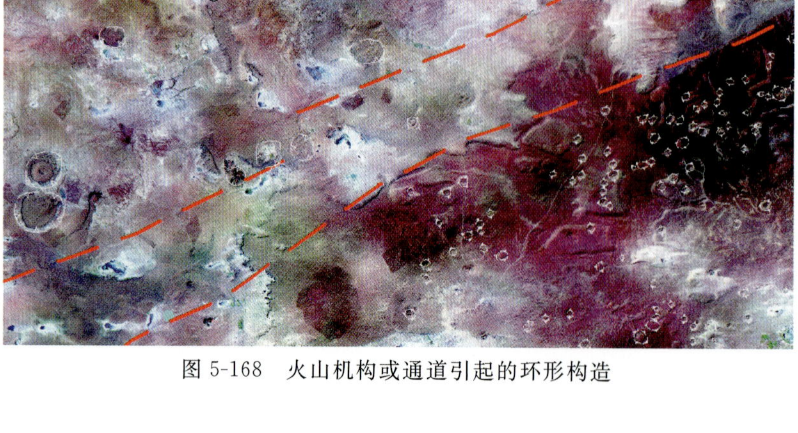

图5-168　火山机构或通道引起的环形构造

图 5-169 构造穹隆或构造盆地引起的环形构造

图 5-170 断裂构造圈闭引起的环形构造

**7. 断裂构造圈闭引起的环形构造**

本次工作在 1∶25 万比例尺的遥感解译图件解译出断裂构造圈闭引起的环形构造 20 个，该类环在自治区东部地区较多，其他区域有少量的分布。这类环的大小差别大，从巨型到小型都有，形态一般比较扁。

**8. 与隐伏岩体有关的环形构造**

本次工作在 1∶25 万比例尺的遥感解译图件解译出与隐伏岩体有关的环形构造 102 个(图 5-171)，这类环的大小差别大，从巨型到小型都有，形态一般较圆。

图 5-171 与隐伏岩体有关的环形构造

## 三、内蒙古自治区遥感异常组合与地质构造关系

将遥感异常组合与内蒙古构造分区图进行叠加后分析可知：内蒙古西部与中部的异常密度较高。西部区域，大型的构造区块主要沿北西西向分布，羟基异常主要分布在北山地块南、北缘两岩石圈断裂带，铁染在该区分布更为广泛。在内蒙古中部与西部构造分区主要由沿北东向与近东西向的大型断裂构成，羟基密度组合在温都尔庙-西拉木伦河超岩石圈断裂与查干敖包-阿荣旗超岩石圈断裂间的分布相对集中。铁染组合主要分布在查干敖包-阿荣旗超岩石圈断裂的两侧，同时在区域东北部有大量的异常沿得耳布尔超岩石圈断裂和其次一级断裂与东西向断裂复合处分布。在其他构造区块内的异常也均

有分布，分散程度相对较高。

综观全区内遥感异常，总体沿区内主要沿自治区主要构造分带呈带状断续展布，大面积条带状展布的遥感异常与主要的地层分布近于一致，主要表示地层中铁化和泥化矿物的分布状况，找矿的指示意义较弱，分布在侵入岩中的遥感异常主要表现为团块状展布，基本分布在岩体范围内；区内遥感异常有较明显的分带现象，基本上沿大的构造分区展布。另外，遥感异常与全区内铜铅锌金等热液成因的具有矿化蚀变发育的金属矿床、矿(化)点有一定的吻合，吻合度较好。

### (一)全区铁染遥感异常的分布规律

自治区铁染异常分布大致与区域构造线走向一致，大部分的铁染异常分布在碎屑岩地层中，少量出现在侵入岩体(株)中，异常受断裂控制较明显，在已知的铜铅锌等多金属矿床、矿化蚀变带上及其附近都出现强度不等的铁化信息。依据铁染异常所在区域的地层、岩性、构造等地质条件的不同，不同程度地指示着金属矿化蚀变信息。

根据异常所出现的岩性地层、构造、岩浆岩等地质矿产背景，大致将异常分为以下5类。

#### 1. 侵入岩体中的异常

该异常主要大面积集中出现于全区的中酸性侵入岩浆岩带，呈不规则斑块状或小斑状分布于花岗斑岩、英云闪长岩、花岗闪长岩等侵入岩中或与地层接触带附近，规模较大，延伸性较好，而且异常多沿侵入岩中北东向或北西向断裂或两者交会处分布。在低值级异常区中，伴随出现一定规模大小不等、形状不规则的面状和条块状中高值级异常，局部相互间套合较完整。铁化异常分布区或其边缘具已知的与接触交代有关的铁矿床(矿点)、铜矿化等事实，也偶伴随有较好的区域化探异常及重砂异常显示，因此，对找矿有一定的指示意义。

#### 2. 碳酸盐岩地层中的异常

铁染异常在全区主要出现在碳酸盐岩地层，总体沿大型断裂构造展布，规模较大，高、中、低3级异常均有出现，低异常连续性较好，中高值异常仅在其中呈分散状分布，对找矿的指示意义较弱。

#### 3. 碎屑岩系地层中的异常

铁染异常主要出现在全区范围的砂岩和粉砂岩夹灰岩、火山岩地层上，空间上总体与一级、二级断裂走向一致。异常多呈小斑状或斑块状，一般级值较低，异常规模较小，断续延伸，分散展布，其中低值级异常连续性相对较好，分布于低值级异常内的中高值级异常连续性差，多呈零星分散的不规则斑点状或星点状。这类异常不仅与该区域的化探异常有较高的套合率，也与已知成矿事实有较高的吻合率，其中的大多数遥感异常无疑是找矿蚀变信息的反映。全区的碎屑岩夹灰岩地层中，铁染信息多呈面状连续分布，其规模大、强度高，存在和分布与地层岩性可能有直接因果关系，但还有矿化蚀变发生的可能，为不丢漏信息，局部地段暂且保留了部分该类遥感异常，有待在今后工作中进一步甄别。

#### 4. 断裂带上的异常

该异常主要沿内蒙古大型断裂及次级断裂带及其交会部位分布，部分沿次级断裂一侧断续斑块状展布的遥感异常，异常值普遍较高，强弱异常均有出现，且与羟基异常时有套合，与矿床(点)及矿化蚀变带相关性较高，是不容忽视的重点找矿地带。

#### 5. 松散堆积物中的异常

该异常出现于第四纪河谷、沟谷及山前堆积地区，铁染遥感信息是由风化作用形成表面的褐铁矿等含铁矿物或堆积物含水湿度的不同而导致光谱亮度值的差异引起，对找矿无直接的指示意义，因此将这部分假遥感异常进行了剔除。

## （二）全区羟基遥感异常的分布规律

全区羟基遥感异常总体沿一级、二级断裂构造分布的岩石地层和侵入岩，呈具一定规律性的带状展布，除在侵入岩中 $OH^-$ 异常高强度、大面积的分布显得十分醒目外，全区整体上多表现为断续延伸的条带状或若有若无的零散斑点，强度多以弱异常为主，局部强弱异常套合完整，说明全区羟基异常分布较铁化信息分布广，强度也较高。

### 1. 碎屑岩系地层中的异常

羟基异常主要出现在全区的砂岩、粉砂岩、泥岩，夹灰岩、火山岩地层中，展布方向沿一级、二级断裂构造展布，受断裂构造控制明显。异常多呈斑块状或小斑状，虽然分布连续性较差，但强弱异常套合较好，且与该区已知成矿事实和物化探异常也有较高的吻合率，因此，这些羟基异常对找矿有直接的指示意义。

### 2. 侵入岩体中的异常

羟基异常主要出现于全区的花岗岩、花岗斑岩、石英斑岩、花岗闪长岩、英云闪长岩等中酸性侵入岩体及与地层接触带周边，表现为明显的连片区块，具一定规模和强度，并同时常伴有铁染异常存在，主要反映因岩体侵入而引起围岩蚀变形成的褐铁矿化、硅化及碳酸岩化等信息，与已知成矿事实有一定的套合，有指示找矿意义。

### 3. 碳酸盐岩地层中的异常

该异常主要出现在全区的碳酸盐岩地层中，与地层的空间分布近于一致，呈大型断裂带展布，规模较大，连续完整，强度高。这类遥感异常可能与岩性有一定的相关性，但分布于灰岩地层中有零星的羟基异常，不排除是矿化蚀变的可能。

### 4. 断裂带中的异常

羟基遥感信息绝大部分沿内蒙古主要的大断裂呈带状展布，明显地受断裂构造控制。这类遥感异常代表了由构造热液作用引起的蚀变，主要反映黄铁矿化、绿泥石化和褐铁矿化等蚀变信息，它们或整齐地夹持于两条断裂之间或几组断裂交会部位，或严格沿断裂走向线断续分布，虽然规模一般不大，但强弱异常之间或与铁染异常之间的套合良好，因此遥感异常出现这些断裂部位矿化蚀变的可能性极大。

### 5. 松散堆积物中的异常

该异常出现于第四纪河谷、沟谷及山前堆积地区，羟基遥感信息是由风化作用形成含 $OH^-$、$CO_3^{2-}$ 等的表生沉积物，如石膏、芒硝、黏土等引起，对找矿无直接的指示意义，因此将这部分假遥感异常进行了剔除。

## （三）全区遥感异常的分布规律

(1)TM、ETM 数据提取的遥感异常通常由多种蚀变矿物的集合体引起，因而反映含有羟基和铁染成分的蚀变矿物信息。

(2)遥感异常由若干紧密相邻的遥感异常点阵群构成。通过滤波处理,剔除孤立的异常点,削弱了异常点分布零乱无序,有利于从整体上把握遥感异常的趋势和分布规律。

(3)遥感异常分布受区域构造控制明显,研究区北部沿全区的大型断裂带展布,同时局部遥感异常分布受次级断裂的控制也呈现较强的一致性,在地层中多为大面积展布,基本上是岩性异常,示矿意义较弱,在侵入岩和次级断裂的交会部位遥感异常发育较好,多为零星小面积分布,具有较好的指示意义。

(4)遥感异常出现在主要含矿岩石地层或地层与中酸性侵入岩体之间的接触带或断裂带附近;羟基异常与铁染异常相伴出现,并有一定的叠置,局部两类异常叠置程度较高;与线环构造关系密切的遥感异常;遥感异常或整齐地夹持于两条断裂之间或几组断裂交会部位,或严格沿断裂走向线断续分布,与环形构造吻合,展布于线性构造交切部位等;与区内已知成矿事实或化探异常有一定的套合程度。这些部位均为成矿的有利部位。

(5)在大地构造和成矿带的控制作用下,研究区沿区域性断裂分布的铜、金、铁等已知矿点均有不同程度的遥感异常分布,反映了遥感异常在断裂构造、成矿分布上具有良好的指示意义。但对于矿化蚀变较弱的矿区,遥感异常分布较弱或没有显示,可能还需要进一步地深入研究。

# 第五节　自治区级自然重砂资料地质解释

## 一、自然重砂特征

### 1. 金自然重砂矿物特征

从金异常图可以看出主要分布在北纬42°线以南,大地构造分区上属华北陆块区,分布大量太古宙、古中元古代的绿岩建造,是金的矿源层。对金矿物富集分布有重要作用。在华北陆块北部,天山-兴蒙造山系也有零散的金异常,这与后期的岩浆活动有关。金矿物特征:有金黄色、黄白色、暗黄色和白色几种颜色,大部分为半棱角状、浑圆状和球状,以及粒状、板状,表面有的光滑,有的粗糙,质量小于0.01mg,有的为0.18～0.25mg,颗粒大小不一,一般小于1mm。金出现的频率(以下简称出现率)比较低,为2.47%。金的重砂矿物是比较耐风化而稳定的。在河床或阶地有时集中沉积形成金的砂矿床。

### 2. 铜自然重砂矿物特征

组成铜异常重砂矿物有自然铜、孔雀石、铜族、蓝铜矿、辉铜矿、黄铜矿、赤铜矿等。

铜矿物的分布全区都有,相对集中在内蒙古中部狼山、贺根山、赤峰—敖汉旗、镶黄旗、白旗一带,其他地区异常比较零散。其中贺根山—赤峰—撰山子一带异常较好。在贺根山地区有6处Ⅱ级以上异常,都与岩体有关,其中4处与泥盆纪超基性岩关系密切,2处与二叠纪闪长岩有关。与超基性岩有关的异常由铜族矿物组成,与闪长岩有关的异常由自然铜组成。另有一些较好的异常由孔雀石、蓝铜矿、黄铜矿等组成。铜矿物不易保存,出现率很低,一般都在0.5%以下,铜矿物一般不会搬运很远。

### 3. 铅自然重砂矿物特征

组成铅矿物异常的重砂矿物有钼铅矿、白铅矿、方铅矿、自然铅矿、磷氯铅矿、铅族以及很少量的铋铅矿。铅矿物在中西部地区分布广泛,中部、中部偏东(赤峰)一带各种铅矿物可以组成大型的铅锌矿床。西部地区以钼铅矿为主,在干燥的沙漠、戈壁的中西部地区以自然铅为主(东经105°线地区),中部地区异常以铅族为主,有的以白铅矿为主,偏东地区,以白铅矿为主,总之各地区与岩浆性质有关。铅的出现率一般低于5%,有的不足0.5%,如方铅矿、磷氯铅矿。

**4. 锌自然重砂矿物特征**

锌自然重砂矿物由闪锌矿、自然锌组成。以闪锌矿为主，主要异常分布在内蒙古西部（阿拉善地区），锌出现率很低，不足0.1%。

**5. 钨矿物自然重砂特征**

钨自然重砂矿物由黑钨矿和白钨矿组成。主要分布在内蒙古中部大面积岩浆岩地区及赤峰—林西一带，西部地区零散有分布。白钨矿出现率很高，为22.4%，黑钨矿为0.18%。大部分与燕山早期花岗岩有关。

**6. 稀土矿物自然重砂特征**

稀土的重砂矿物有独居石、易解石、褐钇铌、磷钇矿、褐帘石等。主要分布在白云地区和集宁南至丰镇一带。稀土矿物出现率：独居石16.5%，其他稀土矿物磷钇矿不足5%，褐帘石不足0.5%。独居石为耐风化、易保存的矿物。

**7. 磷灰石矿物自然重砂特征**

磷灰石重砂矿物由磷灰石，磷灰石（胶磷矿），锆石-磷灰石组成。出现率为33%。磷灰石重砂矿物主要分布在白云地区和兴和以南地区。

**8. 锑矿物自然重砂特征**

锑矿物由辉锑矿单一矿物组成，辉锑矿出现率很低。全区只有6个，为0.004 5%，西部区甜水井附近一个，其他分布在中部商都和林西地区。辉锑矿是很不易保存、不稳定的矿物，故出现率很低。

**9. 锡矿物自然重砂特征**

锡矿物由锡石和自然锡组成。锡的重砂分布在林西地区，其余有一些零散分布。锡矿物出现率为7.3%。在林西地区锡石重砂矿物大量分布，保存较好。

**10. 钼矿物自然重砂特征**

钼重砂矿物由辉钼矿、钼铅矿、自然钼组成。钼的重砂矿物分布零散，在西部阿拉善地区和中西部图克木地区比较集中，钼矿物出现率为2%。

**11. 锰矿物自然重砂特征**

锰重砂矿物主要分布在内蒙古偏北部地区，由锰矿、锰类、锰土矿、硬锰矿、软锰矿、水锰矿等矿物组成。由软、硬锰矿组成的异常较好，其他重砂矿物分布零散，很少能形成较高级别的重砂异常。锰矿物出现率为10%。

**12. 硫矿物自然重砂特征**

硫铁矿自然重砂矿物由黄铁矿组成，主要分布在内蒙古中部。基本呈带状由西向东延展约600km。黄铁矿出现率为7.8%，是较易风化的矿物。

**13. 铬矿物自然重砂特征**

铬的重砂矿物有铬尖晶石、铬铁矿、铬尖晶-铬铁矿。主要分布于贺根山地区，其他地区有零散分布。这些重砂矿物受蛇绿混杂岩带的控制，其中有超基性岩的地区一般都有铬的重砂矿物分布。各种铬矿物的出现率为16.6%。尖晶石类矿物在自然界中耐风化,易保存,因此其出现率也高。

**14. 重晶石矿物自然重砂特征**

重晶石的重砂矿物由单矿物重晶石组成,主要分布在丰镇一带,其余地区分布比较零散,其出现率为19.6%,出现率很高,一般不易保存。

## 二、自然重砂资料解释

全区作了金、铜、铅、锌、钼、锡、铬、锑、锰、硫、重晶石、磷、稀土13个矿种的异常图,圈定异常1214个。按矿物共生组合作了综合异常图,圈定综合异常59个。全区作了金、铜、铅、锌、钨、稀土、磷、铬、钼、锡、萤石、硫12个矿种72个预测工作区异常图,圈定异常274个,组合异常2个,综合异常2个。异常图都建立了相应的数据库和编图说明书。以下对全区省级重要的异常、预测区异常进行地质解释。

### (一)省级重要的自然重砂异常地质解释

**1. 铜矿物**

(1)16号贺根山Ⅰ级铜异常:其矿物组成为铜族,异常为Ⅰ级,异常面积178km²。异常区有$P_1g$地层与$\gamma_4^3$,$\psi\sigma_4^2$侵入$P_1g$,在接触带产生黄铜矿化、黄铁矿化、闪锌矿化、方铅矿化。铜异常由热液蚀变产生。为热液蚀变硫化矿床。附近有小坝梁铜矿对应,但不排除与超基性岩有关。

(2)64号平庄铜Ⅰ级异常:由黄铜矿、蓝铜矿、孔雀石组成,为Ⅰ级异常,异常面积228km²。与燕山早期花岗岩和海西晚期侵入岩有关,附近有铜钼矿床。为较好的铜异常,找铜矿有利。

(3)66号撰山子铜Ⅱ级异常:由黄铜矿组成Ⅱ级异常,异常面积32km²。异常点多且均匀;异常与燕山期花岗岩关系密切。在岩体与地层的裂隙中充填有含铜石英脉。在相同的地层背景条件有1处中型和1处小型铜矿床相对应,该异常成矿条件好,有进一步扩大的可能。

**2. 铅锌矿物**

(1)38号天桥沟铅锌异常:由钼铅矿、白铅矿、方铅矿、自然铅,以及锡石、白钨矿、辰砂、闪锌矿、黄铁矿等组成,为Ⅰ级异常,异常面积296km²。异常区有$\gamma_5^2$、$P_1h$、$Pt_1$,而且呈侵入关系,并产生铅锌矿化。附近有2处小型铅锌矿,1处中型铅锌矿床,2处中型铅锌银矿床,并有3处铅金属量异常套合。成因多为中温热液型。

(2)128号东升庙铅锌异常:异常由自然铅、白铅矿、方铅矿组成,为Ⅰ级异常,异常面积162km²。异常区出露$Pt_1by$,$QbZx$,铅矿化与老地层关系密切,属层控型,有大型铅锌矿床对应。找矿前景良好。

(3)169号卓资山铅锌异常:重砂矿物有白铅矿、方铅矿、自然铅、钼铅矿,为Ⅰ级异常,异常面积378km²。背景为古生代及太古宙、元古宙地层,在地质图上并没有岩体出露,应有潜在岩体。附近有铅锌矿(中型)1处,铅锌矿点6处及锡、铜、锌矿矿点1处,属中、高温热液型,是一很有远景的预测区。

(4)52号铅锌异常:由方铅矿、自然铅、白铅矿组成,为Ⅰ级异常,异常面积27.7km²。由燕山期花岗岩侵入$K_2s$和$K_1y$,产生铜锌矿化。附近有小型铅锌矿床对应,并有铜、铅化探异常与重砂异常套合。该异常寻找铅锌矿很有利。其余铅矿物异常见内蒙古铅矿物自然重砂异常一览表。

**3. 钨矿物**

(1)3号乌苏达音乌拉异常(沙麦):异常由黑钨矿组成为Ⅰ级异常,异常面积148km²。异常分布在早中侏罗世碎屑岩中有 $\gamma_5^2$ 侵入，形成含钨石英脉。异常与含钨石英脉有关，应属高温热液石英脉型钨矿，有沙麦钨矿床对应。

(2)35 号钨三胜村异常：由黑钨矿组成，为Ⅰ级异常，异常面积 $5km^2$。在异常区内多处有燕山早期花岗岩 $\gamma_5^2$ 与 $P_1s^1$(三面井组)接触带附近产生的含钨石英脉，而且岩体内部沿裂隙充填的石英脉中也含钨。有钨矿床对应。经查附近有多处含钨石英脉和钨矿点及矿化点。异常源于地层与岩体接触带及附近裂隙。

#### 4. 锑矿物

(1)3 号乌兰哈达锑异常：该异常分布于商都一带，为Ⅱ级，含辉锑矿 100 粒，分布于蓟县纪老地层中，异常面积约 $85km^2$。异常与附近燕山期花岗岩产生的岩浆期后低温热液关系密切。

(2)1 号甜水井锑异常：该异常分布于甜水井一带，为Ⅲ级异常，异常面积约 $23km^2$。产于 $C\gamma o$ 侵入岩中，其西侧有北东向断裂发育，为热液型锑矿。

#### 5. 锌矿物

(1)3 号甜水井锌异常：分布于甜水井一带，为Ⅱ级异常，异常面积 $126km^2$。重砂矿物为闪锌矿，产于早石炭世地层和 $C\gamma o$ 中，向北有小型铁矿(碧玉山)，北东 19km 处有中型铁矿、钼矿各 1 处(黑鹰山)，向南东 22km 处有小型铁矿，小黄滩断裂发育。可为寻找铅锌矿化较好的一个异常。

#### 6. 磷矿物

(1)47 号旗杆梁磷灰石异常：为Ⅰ级异常，异常面积 $1350km^2$。异常区出露地层 $Ar_2gn$。成因类型属交代透辉岩型。

(2)45 号九龙湾磷灰石异常：为Ⅰ级异常，异常面积 $645km^2$。异常区出露 $Ar_2gn$。异常属交代透辉岩型。

#### 7. 稀土矿物

(1)30 号赛乌素稀土异常：异常由易解石、独居石组成，为Ⅰ级异常。面积 $22km^2$。异常分布在长城纪、蓟县纪地层中，并有 $T\eta\gamma$ 出露。异常与长城系有关。

(2)22 号白云鄂博稀土异常：异常由独居石、易解石组成。异常面积 $64km^2$。分布在长城纪地层中为Ⅰ级异常。

#### 8. 钼矿物

(1)127 号乱井钼异常：由钼铅矿组成，为Ⅰ级异常，面积 $41km^2$。异常分布在中寒武世地层中。断层发育。具有蚀变绢云母化、钠长石化、硅化。附近有 1 处小型镍铜矿床。该矿床周围有多处钼的Ⅱ级和Ⅲ级异常，是找钼的较好远景地区。

(2)28 号艾勒格庙西南 5km 处钼异常：异常由钼铅矿组成，为Ⅱ级异常，异常面积 $44km^2$。异常分布在早中二叠世地层中。附近有多处Ⅲ级铜异常。异常与 $K\gamma$、$P\delta$ 有关。其类型属高温热液型。

(3)38 号黑鹰山钼异常：异常由钼铅矿组成，为Ⅱ级异常。异常分布在石炭纪地层中，异常面积 $71km^2$。附近有 $C\gamma o$、$P\gamma$ 侵入，岩体内有一中型钼矿床。

(4)61 号七一山钼异常：由钼铅矿组成，为Ⅲ级异常，面积 $25.6km^2$，异常区发育有 $C\delta o$ 侵入岩，并且有 1 处中型钨、钼矿床对应。可作为扩大找钼的信息。

#### 9. 锡矿物

(1)35 号(杜尔基)锡矿物异常：由锡石组成，为Ⅰ级锡石异常，异常面积 $86km^2$。其周围有锡石Ⅱ

级异常和十几个Ⅲ级异常,呈环状由中心向外异常级别降低,在异常区外围另有一个中心为Ⅰ级,周围有多个Ⅲ级异常围绕。该区均有 $\gamma_5^2$ 侵入 $P_1h$ 地层,在接触带附近有锡石矿化,有铁锡大型矿床对应。属接触交代型,多个异常组成像椭圆形的异常区(带)。在该带中寻找锡矿床极为有利,继续发现新的锡矿可能性很大。

(2)53 号锡异常:由锡石组成,其特征与 35 号相似,为Ⅰ级锡异常,异常面积 $49km^2$。周围有多个Ⅲ级锡异常围绕。地质背景与 35 号相似。

(3)7 号毛登锡石异常:由锡石组成,为Ⅰ级异常,异常面积 $19.9km^2$。在 35 号异常北西,在异常区内有 $P_1z$ 和 $J\gamma\pi$ 分布,估计与 $J\gamma\pi$ 有关,但凝灰岩中取人工重砂验证在凝灰岩中有锡石。

**10. 锰矿物**

(1)31 号西力庙锰异常:由软锰矿组成,为Ⅰ级异常,异常面积 $60km^2$。产于早中二叠世地层中,属沉积变质-热液叠加型。附近有小型锰矿对应。

(2)61 号西斗铺西锰异常:由软锰矿、锰类组成,为Ⅰ级异常,异常面积 $27km^2$。异常分布在 $K_1g$,一部分在长城系及元古宇中。附近有 2 处小型锰矿床。成因类型为沉积变质型。

(3)33 号锰异常:由水锰矿、硬锰矿、软锰矿组成,为Ⅱ级异常,异常面积 $278km^2$。异常分布在早中奥陶世、晚志留世石英片岩中,在破碎带内有绢云母化、黄铁矿化,地表有铁帽。附近有小型锰矿床对应。

(4)34 号朱日和锰异常:由软锰矿组成,为Ⅲ级异常,异常面积 $49km^2$。异常分布的 $N_1t$ 和下中二叠统中,地表见有锰砂矿。地表锰砂有十几厘米厚。

(5)21 号锰异常:由软锰矿组成,为Ⅰ级异常,异常面积 $112km^2$,异常附近有 $C_2P_1g$,$C_2bb$ 及 DΣ,异常区内有铬铁矿床 1 处。

**11. 硫矿物**

(1)17 号炭窑口硫异常:由黄铁矿组成,为Ⅰ级异常,异常面积 $14km^2$。异常 17 号位于炭窑口一带。异常为北西向分布,分布较广,由长城纪地层组成为含矿层位,在异常区内有大型硫铁矿床,属沉积矿床。

(2)18 号东升庙硫异常:由黄铁矿组成,为Ⅰ级异常,异常面积 $7.4km^2$。异常分布呈北东向,属沉积层控矿床,有大型铅、锌、硫矿床对应。

(3)320 号甲生盘硫异常:为Ⅱ级异常,异常面积 $24km^2$。异常分布在中元古代长城系。附近有大型铅锌硫矿床,为层控矿床。

**12. 金矿物**

(1)141 号浩牙日胡都格金异常:该异常为Ⅰ级,异常面积 $89.9km^2$。最高含量达 518 粒,金表面比较粗糙,不规则粒状,板状,半浑圆状。有金矿床对应。异常内有蓟县系,并有岩体 $C\gamma\delta$、$C\gamma o$ 出露,在地层岩体中的石英脉含金,统计有 200 多条,1∶3 含金。附近有中型金矿床。

(2)183 号十八顷壕金异常:该异常地区有 $Ar_3gn$,为Ⅰ级异常,异常面积 $432km^2$。异常在 $K_1g$、$Ar_3gn$ 及 $Pt_2$ 地层中。金的标型特征:黄白色,不规则粒状,表面粗糙,直径小于 1mm,重量小于 0.1mg,有十八顷壕金矿床对应。在异常预测范围内可能继续发现新的矿区。

(3)189 号金盆东金异常:为Ⅰ级异常,异常面积 $264km^2$。异常分布在山前河床内及其两侧阶地内,都有大量砂金。地层主要为 $K_1g$,白垩纪砾岩。目前已多次开采,淘金。金的来源与 $K_1g$ 及太古宙绿片岩($Ar_3gn$)有关。

(4)202 号乌兰板申金异常:为Ⅰ级异常,异常面积 $144km^2$。异常位于大青山前,异常分布在侏罗纪大青山组($J_2d$)和固阳组($K_1g$)。金呈金黄色,典型金属光泽,一般表面光滑,呈不规则状。富集地段已成砂金矿床。金来源于大青山组砾岩、早白垩世的砂砾岩。这些砂砾岩中的金可能来源于更老的变质岩系(绿片岩)。

(5)97 号红花沟金异常:为Ⅱ级异常,异常面积 530km²。异常内分布有 $Ar_2w$ 与 $K_1y$ 及 Jγ。金的标型特征为呈半棱角状,板状,表面粗糙,甚至凹凸不平,颗粒微小,附近有莲花山金矿床。属岩金性质,可能继续发现金的矿床。其金矿化应与岩体热液活动有关。

**13. 重晶石矿物**

(1)42 号伏虎村重晶石异常:为Ⅰ级异常,异常面积 17km²。位于卓资县伏虎村,异常区有 Jγ、Arw、Ptγ、$J_2d$。断裂发育,附近有金矿化和铅锌矿化点分布,应属中、低温热液成因。

(2)49 号水泉寺重晶石异常:为Ⅰ级异常,异常面积 39km²。位于丰镇市北东。异常分布在 $Ar_2gn$ 中。附近有小型稀土矿床。在地质图上未见有岩体及脉岩,估计有隐伏岩体或脉岩,成因为中低热液型。

**14. 铬矿物**

(1)3 号小坝梁异常:为Ⅰ级异常,异常面积 142km²。异常分布在超基性岩中,异常由岩体引起。在岩体内断裂发育,有铬铁矿化与铬铁矿床对应。附近有小型铜矿。

(2)4 号、5 号铬异常:均为Ⅰ级异常,异常面积 184km² 和 157km²。由超性岩体引起两处异常,矿物以铬尖晶石和铬铁矿为主,超基性岩为灰绿色—黑绿色斜辉二辉辉橄岩组成,有大型铬铁矿 1 处,小型多处。该地区处于蛇绿混杂岩带,超基性岩发育。

## (二)省级重要的自然重砂综合异常地质解释

(1)5 号硝泡子铬、铜、金Ⅰ级综合异常:分布在贺根山异常带,异常主要矿物为铬铁矿,产于超基性岩体内,为Ⅰ级异常。伴生异常为Ⅰ级铜异常,Ⅲ级金异常。综合异常面积 400km²。已有铬铁矿床对应。

(2)6 号巴彦呼舒铬铜锰Ⅰ级综合异常:分布在贺根山异常带,主异常为Ⅰ级铬铁矿异常,伴生异常为Ⅰ级铜异常、Ⅰ级锰异常、Ⅲ级金异常,综合异常面积近 400km²。产生在超基性岩体内。

(3)7 号贺根山铬铜硫Ⅰ级综合异常:分布在贺根山异常带,为Ⅰ级铬异常,其伴生异常有Ⅱ级铜异常、Ⅲ级硫异常,异常面积 265km²,产生在超基性岩体内。

3 个以铬为主的综合异常同时产生在超基性岩体内,都有铜异常(Ⅰ、Ⅱ),推测可能与超基性岩浆有关,或者是后期热液作用产生的。附近有铬铁矿床,对寻找铬、铜有远景。

(4)3 号沙麦钨、稀土Ⅰ级综合异常:分布在贺根山异常带中,以钨Ⅰ级异常为主的综合异常,伴生异常有Ⅲ级稀土异常,异常面积 90km²。该异常是由含钨石英脉引起的。有钨矿床对应。

(5)11 号同头西锡、钨、金Ⅰ级综合异常:分布在白乃庙-黄岗梁异常带。以锡Ⅰ级异常为主,伴生Ⅲ级钨异常和Ⅲ级金异常,异常面积 147km²。与燕山期花岗岩有关。

(6)14 号林西西锡、铅、金、铜、钨Ⅰ级综合异常:分布在桥头沟异常带。以锡石Ⅰ级为主异常,伴生有Ⅲ级铅异常、Ⅲ级金异常、Ⅲ级铜异常、Ⅲ级钨异常,异常面积 519km²。该异常的背景:燕山期花岗岩侵入 $P_3l$(林西组)地层,产生接触交代作用,矿化与此有关。附近有锡矿床。有继续扩大锡矿找矿的远景。

(7)19 号桥头沟铅、铜、金Ⅰ级综合异常:分布在桥头沟异常带,该异常为以铅矿物为主的Ⅰ级异常,伴生异常为铜Ⅱ级异常和Ⅲ级异常及金的Ⅲ级异常,异常面积为 447.8km²。在异常区内、外有1 处铅锌矿,2 处小型铅锌矿及 2 处中型铅锌银矿床。与侵入岩有关,部分属热液型,部分属矽卡岩型。

(8)20 号艾勒格庙西锰、铅、钼Ⅰ级综合异常:分布在桥头异常带,以锰Ⅰ级异常为主的综合异常。其伴生异常为铅的Ⅲ级异常、钼的Ⅲ级异常,异常面积 139.6km²。异常分布在 $P_1ds$ 中,附近有 $P\gamma$。

(9)31 号三胜村钨、金Ⅰ级综合异常:分布在白乃庙桥头异常带,综合异常由Ⅰ级钨异常和Ⅲ级金异常组成,该异常面积 55.1km²。在该异常西北有多处钨的矿点和小型矿床,该综合异常有继续发现新的钨矿床的可能性,属高温热液型。

(10)38 号白云鄂博稀土、金、钨矿Ⅰ级综合异常:分布在东升庙-金盆异常区。由以稀土矿为主的Ⅰ级异常和金异常Ⅱ级、钨异常Ⅲ级组成,异常面积 319.4km²。有白云鄂博稀土矿对应。

在异常区内有长城系、蓟县系及 $C\gamma\delta$。异常与长城纪碳酸岩岩浆有关。

(11)43 号新忽热磷、稀土、钨、金、铅等Ⅰ级综合异常:分布在东升庙-金盆异常区。该异常由磷灰石Ⅰ级异常与稀土Ⅱ级、Ⅲ级,钨异常Ⅲ级,金Ⅰ级、Ⅱ级、Ⅲ级和Ⅰ级、Ⅲ级铅异常组成,异常面积达 3494km²。该异常矿物各类Ⅰ级、Ⅱ级、Ⅲ级都有,是一个异常种类多、级别高、范围广的综合异常,异常区有 $Ar_3S.$、$Jxh$、$Cha$,以及 $C\gamma$、$P\gamma o$、$J\gamma o$ 出露,异常与多期岩浆活动有关。此异常可以作为磷、金找矿靶区。

(12)50 号呼和温都尔硫、金、铅、铜、重晶石Ⅰ级综合异常:分布在东升庙-金盆异常区,该综合异常为Ⅰ级,主异常为硫Ⅰ级异常,伴生异常有金Ⅲ级、铅Ⅰ级、铜Ⅲ级、钡Ⅲ级,异常面积为 435km²。有硫矿床对应。异常与长城纪地层有关,属沉积型。

(13)52 号丰镇市东磷灰石、黄铁矿、重晶石、稀土Ⅰ级综合异常:分布在东升庙-金盆异常区,该异常以磷灰石Ⅰ级异常为主,伴有Ⅲ级硫异常,Ⅰ级、Ⅱ级重晶石异常,Ⅱ级、Ⅲ级稀土异常组合而成的,异常面积 3 076.9km²,综合异常内有磷灰石矿床分布,有望继续发现新的磷灰石矿产地。异常与 $Ar_3gn$ 有关。

(14)56 号卓资山铅、铜、金、钼Ⅰ级综合异常:分布在东升庙-金盆异常带。为Ⅰ级综合异常,由Ⅲ级铜异常、Ⅲ级金异常和Ⅲ级钼异常组成,异常套合紧密,异常面积 1160km²。有一中型铅锌矿床对应。铅锌矿点 6 处,并有铅的化探异常叠加。有望发现新的铅矿床。异常分布于寒武纪—奥陶纪地层中,异常与潜在岩体有关。

(15)22 号撰山子铜、铅、金Ⅱ级综合异常:分布在天桥沟铅、铜、金异常区,该异常为Ⅱ级综合异常,由Ⅱ级铜、Ⅱ级铅、Ⅱ级金异常组成,异常面积 112km²。与燕山期岩体有关。

(16)16 号清河口铅、钼、钨Ⅱ级综合异常:分布在甜水井-雅干异常区,该异常以钼Ⅱ级异常为主,伴生异常由铅Ⅲ级、锌Ⅲ级异常组合而成,异常面积 194km²。有钼矿床及铁矿床对应。与海西期的岩浆活动有关。

(17)26 号克克齐铜、铬Ⅱ级综合异常:此为Ⅱ级综合异常,由Ⅱ级铜异常和Ⅲ级铬异常组成。异常面积 60.1km²。有克克齐铜矿床对应。异常地区有中石炭世地层和 $C\Sigma$,与岩体有关。

(18)15 号甜水井铜、铅、钨Ⅲ级综合异常:分布在甜水井-雅干异常区,该异常由铜Ⅱ级、铅Ⅱ级、钨Ⅱ级组成的铜为主矿物的Ⅲ级综合异常,异常面积 94km²。该地区尚未发现新的矿床,有很好的成矿条件,是重要的 Cu 矿预测区。与海西期岩浆活动有关。

(19)35 号白云鄂博北铜、钨、钼、金、铅Ⅱ级综合异常:以Ⅱ级铜为主的综合异常。由Ⅲ级钨异常,Ⅲ级钼异常,Ⅱ级、Ⅲ级金异常、Ⅲ级铅异常组成,异常面积 219km²。出露有 $T\delta$、$T\eta\gamma$ 岩体。是寻找铜矿床很好的远景区。

### (三)预测工作区重要的自然重砂异常地质解释

(1)自然重砂金矿预测工作区,全区 14 个预测区共圈定异常 69 个,Ⅰ级异常 5 个,Ⅱ级异常 24 个,Ⅲ级异常 40 个(表 5-19~表 5-32)。

表 5-19 陈家仗子预测工作区金矿自然重砂异常表

| 编号 | 异常名称 | 级别 | 地质情况 | 异常特征 | 评价 | 推断矿种 |
|---|---|---|---|---|---|---|
| 1 | 上窝铺 | Ⅲ | 出露主要为前震旦纪变质岩、混合岩化片麻岩、石英岩、石英岩状砂岩、大理岩。岩体有燕山期中细粒花岗岩(Y52-1)。大理岩中有矽卡岩化 | 金最高含量4粒,异常呈东西向不规则状,异常面积12.5$km^2$。伴生矿物有白钨矿、泡泌矿、辰砂。异常区有铜、铅矿 | 此异常区为成矿有利地带,不但有金矿,而且周围有铜、铅、银等矿 | 金、铜、铅 |
| 2 | 千松甸子 | Ⅲ | 此异常完全分布于燕山期中细粒花岗岩(Y52-1)之中,沿构造带有较多的含金石英脉 | 金最高含量为6粒,异常呈圆形,异常面积15$km^2$,伴生矿物有白铅矿、泡铋矿、辰砂等。异常区有金、铜、铅矿 | 岩体中有含矿石英脉,其中含有金、铜、铅、钼等。为找矿有利地段 | 金、铜、铅 |
| 3 | 大头山 | Ⅱ | 前震旦纪混合岩化花岗片麻岩、混合岩化角闪片麻岩与东部晚侏罗世沉积凝灰砂砾岩为断层接触。混合岩化花岗片麻岩中有较多的含金石英脉。区内还有燕山期中细粒花岗岩 | 金最高含量为4粒,异常面积69.2$km^2$。伴生矿物有黄铁矿、褐铁矿等。异常区内金矿点很多 | 应在混合岩化花岗片麻岩中找原生金 | 金 |

表 5-20 金厂沟梁预测工作区金矿自然重砂异常表

| 编号 | 异常名称 | 级别 | 地质情况 | 异常特征 | 评价 | 推断矿种 |
|---|---|---|---|---|---|---|
| 1 | 李家营子 | Ⅲ | 异常区出露晚二叠世凝灰岩、安山岩,奥陶纪—志留纪片岩、结晶灰岩,有侵入岩体燕山期中细粒花岗闪长岩、闪长玢岩 | 见矿率1/6,金最高含量17粒,异常面积239$km^2$。东西向不规则形。伴生矿物有白钨矿、锡石、泡铋矿等。区内有一个中型铅锌矿,小型铜矿,4个金矿化点 | 异常区是一个铜、铅锌、金成矿带,金异常与铜、铅锌成矿有关,是找矿的有利地区 | 金、铜、铅锌 |
| 2 | 拉拉杆沟 | Ⅲ | 主要出露前震旦纪老变质岩,片麻岩、混合岩、混合花岗岩;其次为晚侏罗世凝灰岩、安山岩,岩体有燕山期花岗斑岩侵入 | 见矿率7/10,金最高含量5粒,异常面积186$km^2$。伴生矿物有锆石、褐帘石、钛铁矿。区内有一个大型金矿 | 区内有一个大型金矿,异常来源于金矿 | 金 |
| 4 | 南台子 | Ⅲ | 分布地层为晚侏罗世安山玄武岩、凝灰砾岩、凝灰岩,有燕山期(Y52-2)花岗岩侵入地层,岩体中脉岩发育,以闪长玢岩、花岗斑岩为主,含金石英脉呈单脉 | 见矿率1/3,金最高含量11粒,异常呈东西向长方形,异常面积172$km^2$。伴生矿物有锆石、褐帘石、辰砂、铅簇,区内有一金矿点 | 可作为找矿线索 | 金 |

**续表 5-20**

| 编号 | 异常名称 | 级别 | 地质情况 | 异常特征 | 评价 | 推断矿种 |
| --- | --- | --- | --- | --- | --- | --- |
| 5 | 松树梁 | Ⅱ | 异常区内主要以燕山期(Y52-1)(Y52-2)花岗岩、前震旦纪混合岩化片麻岩为主,其次为闪长岩;有晚侏罗世火山岩;上新世玄武岩。还有各种脉岩,以含金石英脉为主 | 见矿率 1/3,金最高含量8粒,异常呈不规则状,异常面积 341km²。伴生矿物有黄铁矿、黄铜矿、钛铁矿、褐铁矿。该异常区金矿化点特别多 | 异常区有采金旧坑,是产金的有利地段 | 金、铜 |
| 12 | 大头山 | Ⅲ | 异常区主要出露前震旦纪混合岩化片麻岩,南部出露燕山期中细粒花岗岩,其次为第四纪冲积层 | 金含量最高为 8 粒,异常为不规则形,异常面积 44km²。伴生矿物有黄铁矿、黄铜矿、褐铁矿等 | 含金石英脉主要产于混合片麻岩之中。金矿点较多 | 金、铜 |
| 3 | 铭山 | Ⅱ | 异常区主要出露燕山期花岗岩、花岗斑岩和石英脉。异常区东跨前震旦纪混合岩化片麻岩与花岗岩接触带。花岗岩体和接触带都有含金石英脉 | 见矿率 12/125,金最高含量 19 粒,异常为不规则状,异常面积 165km²。伴生矿物有白钨矿、铋簇、锆石、磷钇矿等。区内有 5 个金矿点 | 应继续在异常区找原生金 | 金 |
| 6 | 撰山子 | Ⅱ | 出露地层有早二叠世青凤山组,含角砾酸性熔岩,索伦组下段结晶凝灰岩、泥质灰岩。侵入岩体有海西晚期闪长岩,燕山晚期花岗斑岩以及各种脉岩,含金石英脉多产于闪长岩、花岗斑岩与结晶凝灰岩、变质安山岩的内外接触带之中。围岩蚀变有黄铁矿化、绿泥石化、硅化和碳酸盐化 | 见矿率 31/38,金最高含量52粒,异常面积 36.04km²。伴生矿物有黄铁矿、黄铜矿、重晶石、辰砂。区内有大型金矿一个,小型金矿一个 | 主要为中温热液含金硫化物石英脉,异常来源于金矿或石英脉,该区是国家产金区 | 金 |
| 9 | 大黄胡洞 | Ⅲ | 异常区主要分布中侏罗世流纹斑岩、中酸性凝灰角砾岩,早白垩世安山岩、碎屑岩。南部出露燕山期钾长及二长花岗岩 | 见矿率 9/23,金最高含量8粒,异常面积 61km²。伴生矿物有铅簇、黄铁矿、辰砂、黄铜矿。异常区内有金矿点 1 处,铜矿点 2 处,铁矿 1 处 | 属低温热液含金硫化物石英脉 | 金、铜 |

续表 5-20

| 编号 | 异常名称 | 级别 | 地质情况 | 异常特征 | 评价 | 推断矿种 |
|---|---|---|---|---|---|---|
| 10 | 奈林沟 | Ⅲ | 异常区出露主要为中侏罗世流纹斑岩、酸性凝灰角砾岩，早白垩世安山岩。东部为燕山期二长花岗岩 | 见矿率 1/3，金最高含量 6 粒，异常为北东向不规则状，异常面积 $184km^2$。伴生矿有铅簇、黄铁矿、黄铜矿等 | 属低温热液含金硫化物石英脉，应进一步找原生金 | 金、铅 |
| 7 | 巨林营子 | Ⅱ | 异常区主要出露中太古代混合岩化片麻岩夹角闪岩，岩体为海西晚期二长花岗岩、花岗闪长岩。有两组东西向、北北西向裂隙发育，控制中酸性脉岩和含矿脉岩 | 见矿率 15/22，金最高含量 80 粒，异常为不规则状，异常面积 $286km^2$。伴生矿物有白钨矿、辰砂、泡铋矿、铜、铅。异常区有大黑山金矿，刘家仗子金矿等，铜、铅反映也较好 | 异常区为成矿有利地带，除金矿处，铜、铅含量也高 | 金、铜、铅 |
| 11 | 松树沟村 | Ⅲ | 主要分布有早白垩世安山岩、碎屑岩，太古宙乌拉山岩群角闪斜长片麻岩、麻粒岩，晚更新世砂砾层 | 金最高含量 16 粒，异常为南北向长条状，异常面积 $95km^2$ | 异常与老变质岩有关，但见矿率低，可作为找矿线索 | 金 |

**表 5-21　古利库预测工作区金矿自然重砂异常表**

| 编号 | 异常名称 | 级别 | 地质情况 | 异常特征 | 评价 | 推断矿种 |
|---|---|---|---|---|---|---|
| 3 | 古利库 | Ⅲ | 异常区主要分布晚侏罗世欧肯河火山岩组；流纹岩、英安岩；甘河组黑色、紫色玄武岩、安山岩等，其次为第四纪冲洪积层 | 金最高含量 7 粒，异常为北东向长圆形，异常面积为 $10.5km^2$。异常附近有金矿床 1 处 | 金来源可能与火山岩有关，在异常区附近，有古利库火山岩型金矿 | 金 |
| 4 | 古利库北 | Ⅱ | 主要为晚侏罗世白音高老组：中酸性火山碎屑岩、凝灰质砂岩、砾岩及晶屑岩屑凝灰岩。在异常区东、西有两处新元古代二长花岗岩及第四纪冲洪积物 | 金最高含量 14 粒，异常为东西长不规则形，异常面积 $18km^2$。异常区南有古利库金矿床 | 异常为火山岩型金异常，有望寻找古利库式原生金矿 | 金 |

表 5-22　巴音温都尔预测工作区金矿自然重砂异常表

| 编号 | 异常名称 | 级别 | 地质情况 | 异常特征 | 评价 | 推断矿种 |
|---|---|---|---|---|---|---|
| 1 | 昌寺敖包 | Ⅱ | 异常区主要分布有志留纪—早泥盆世温都尔庙群下组绿泥片岩。岩体为海西早期片麻状花岗闪长岩、片麻状闪长岩，岩体中石英脉、石英斑岩脉发育 | 见矿率 7/19，金最高含量 5 粒，异常面积 $78km^2$。异常形态为东西向长圆形。伴生矿物有锆石、黄玉、白钨矿、重晶石、钛铁矿 | 金来源于含金石英脉，品位低，可作为找矿线索 | 金、白钨矿 |

表 5-23　哈达庙预测工作区金矿自然重砂异常表

| 编号 | 异常名称 | 级别 | 地质情况 | 异常特征 | 评价 | 推断矿种 |
|---|---|---|---|---|---|---|
| 1 | 哈达庙 | Ⅲ | 主要分布有晚更新世冲洪积层和全新世风积层。异常周边为上新世宝格达乌拉组砖红色粉砂质泥岩 | 金最高含量 14 粒，异常面积 $16.7km^2$ | 金来源不清，分布在第四纪冲洪积层。可进一步追溯 | 金 |

表 5-24　白乃庙预测工作区金矿自然重砂异常表

| 编号 | 异常名称 | 级别 | 地质情况 | 异常特征 | 评价 | 推断矿种 |
|---|---|---|---|---|---|---|
| 3 | 乌兰花 | Ⅱ | 异常区出露晚志留世白乃庙群二云石英片岩夹石英岩与海西晚期花岗闪长岩接触带，围岩强烈角岩化，并有近东西向的石英脉。异常区两侧有中新世泥岩夹砂砾岩 | 见矿率 85%，金最高含量 45 粒，异常呈牛角状，面积为 $154.89km^2$。伴生矿物有钛铁矿、白钨矿。初步查明有含金石英脉，并发现有含铜石英脉 | 是较好的找矿线索 | 金、铜 |
| 1 | 白乃庙 | Ⅱ | 该异常分布晚志留世白乃庙群变质砂岩千枚岩段，早二叠世三面井组硬砂岩岩段与海西晚期辉绿岩、石英闪长岩、斜长花岗岩几种地质体接触带，近东西向断裂构造发育，沿断裂有石英脉分布 | 见矿率 30%，金最高含量 6 粒，异常呈不规则北东向，异常面积 $118km^2$。伴生矿物有铜、铅、锡石、白钨矿、泡铋矿。区内有中型铜(钼)矿床，小型金矿 | 为极有利的找金远景区 | 金、铜 |

表 5-25　新地沟预测工作区金矿自然重砂异常表

| 编号 | 异常名称 | 级别 | 地质情况 | 异常特征 | 评价 | 推断矿种 |
|---|---|---|---|---|---|---|
| 2 | 大五速图 | Ⅲ | 主要地层为晚侏罗世大青山组下岩段砾岩、砂岩，砂砾岩中石英脉发育 | 见矿率 3/6，金最高含量16粒，异常面积 $37.8km^2$。异常呈船形。金可能来源于石英脉中 | 可作为找矿线索 | 金 |
| 3 | 黄花窝铺南 | Ⅲ | 地层主要为新中太古代黑云斜长片麻岩、片岩、大理岩。岩体为元古宙闪长岩、石英闪长岩侵入片麻岩、麻粒岩、片岩之中。异常区断层发育，脉岩较多 | 异常形态为长条弯曲型，异常面积 $68.7km^2$。最高含量 16 粒。伴生矿物有钛铁矿、白钨矿、金红石、独居石等 | 金来源于老地层中的破碎带。可作为找矿线索 | 金、钨 |
| 4 | 金盆 | Ⅱ | 异常区主要分布早白垩世固阳组砾岩、砂岩，有少量中新世汉诺坝组砖红色、绿色粉砂岩、粉质粉砂岩及红色黏土 | 异常区为东西向条状，异常面积 $16.99km^2$。伴生矿物有锆石、金红石、钛铁矿、白钨矿等。最高含量8粒。异常区有一砂金矿，此异常是跨图幅，属金盆乡金异常的一部分 | 属现代砂金。赋存于白垩纪和第三纪地层中，来源于太古宙老变质岩中 | 金 |

表 5-26　浩尧尔忽洞预测工作区金矿自然重砂异常表

| 编号 | 异常名称 | 级别 | 地质情况 | 异常特征 | 评价 | 推断矿种 |
|---|---|---|---|---|---|---|
| 1 | 恩格尔 | Ⅲ | 主要分布有晚更新世洪积层中含金。白云鄂博群都拉哈拉岩组石灰岩、石英砂岩。西北部为海西中期灰白色花岗闪长岩 | 见矿率 70%，金最高含量 14 粒，异常面积 $104km^2$。伴生矿物有白钨矿、钛铁矿、锆石、独居石、重晶石 | 可作为找矿线索 | 砂金 |
| 4 | 浩牙日呼都格 | Ⅰ | 中低山剥蚀丘陵区。地层主要为晚更新世洪积层，砂金富集于Ⅰ级不对称阶地内。白云鄂博群混合岩；加里东期花岗闪长岩，在混合岩和花岗闪长岩中含金石英脉极发育 | 见矿率 55%，金最高含量 518 粒，异常面积 $584.69km^2$。南北向不规则形。伴生矿物有钛铁矿、白钨矿、锆石、金红石、独居石、重晶石。异常区内有 2 处砂金矿，2 处原生金矿 | 异常面积大，含量较高。属中温热液裂隙充填含金石英脉和层控内生型砂金。是寻找原生金和砂金有利地段 | 金、铁 |

续表 5-26

| 编号 | 异常名称 | 级别 | 地质情况 | 异常特征 | 评价 | 推断矿种 |
|---|---|---|---|---|---|---|
| 3 | 哈泥河 | Ⅱ | 低山剥蚀丘陵区。分布有中更新世含金冰碛层及晚更新世含金冲洪积层，白云鄂博群安山岩组板岩、石英砂岩。岩体为海西晚期花岗岩 | 见矿率 61%，金最高含量 430 粒，异常为南北向不规则形，异常面积 175.47km²。伴生矿物有钛铁矿、白钨矿、金红石、磷钇矿、独居石等。有 2 处砂金矿床 | 异常面积大，金的来源同上，是找砂金和原生金的好地段 | 金、铁 |
| 2 | 高勒图 | Ⅱ | 中低山剥蚀丘陵区。异常区分布一条南北走向河谷，为晚更新世冲洪积层。其余主要为白云鄂博群混合岩及加里东期花岗闪长岩、闪长岩。含金石英脉发育 | 见矿率 55%，金最高含量 168 粒，异常呈南北走向长条形，异常面积 237km²。伴生矿物有白钨矿、钛铁矿、独居石、重晶石等。异常区内有 1 处金矿，1 处铜矿 | 砂金富集于冲洪积层Ⅰ级阶地。原生金来源于含金石英脉 | 金、铁、铜 |

**表 5-27　赛乌素预测区金矿自然重砂异常表**

| 编号 | 异常名称 | 级别 | 地质情况 | 异常特征 | 评价 | 推断矿种 |
|---|---|---|---|---|---|---|
| 4 | 白云鄂博西北 | Ⅱ | 低山剥蚀区。中更新世冰碛层及晚更新世冲洪积层中含金。早白垩世固阳组砾岩段紫红色砂岩、白色砾岩含金。有白云鄂博群板岩、石英岩分布 | 见矿率 60%，金最高含量 96 粒，异常东西向不规则形，面积 108km²。伴生矿物有钛铁矿、白钨矿、独居石、重晶石、萤石。异常区内有一金矿床 | 在白云鄂博群裂隙充填含金石英脉。见矿率高，可进一步工作 | 金、铁、铜 |
| 5 | 浩牙日呼都格 | Ⅰ | 中低山剥蚀丘陵区。地层主要为晚更新世洪积层，砂金富集于Ⅰ级不对称阶地内。白云鄂博群混合岩；加里东期花岗闪长岩，在混合岩和花岗闪长岩中含金石英脉极发育 | 见矿率 55%，金最高含量 518 粒，异常面积 599km²。南北向不规则形。伴生矿物有钛铁矿、白钨矿、锆石、金红石、独居石、重晶石。异常区内有 2 处砂金矿，2 处原生金矿 | 异常面积大，含量较高。属中温热液裂隙充填含金石英脉和层控内生型砂金。是寻找原生金和砂金有利地段 | 金、铁 |
| 7 | 哈泥河 | Ⅱ | 低山剥蚀丘陵区。分布有中更新世含金冰碛层及晚更新世含金冲洪积层，白云鄂博群安山岩组板岩、石英砂岩。岩体为海西晚期花岗岩 | 见矿率 61%，金最高含量 430 粒，异常为南北向不规则形，异常面积 228km²。伴生矿物有钛铁矿、白钨矿、金红石、磷钇矿、独居石等。有 2 处砂金矿床 | 异常面积大，金的来源同上，是找砂金和原生金的好地段 | 金、铁 |

续表 5-27

| 编号 | 异常名称 | 级别 | 地质情况 | 异常特征 | 评价 | 推断矿种 |
|---|---|---|---|---|---|---|
| 11 | 高勒图 | Ⅱ | 中低山剥蚀丘陵区。异常区分布一条南北走向河谷，为晚更新世冲洪积层。其余主要为白云鄂博群混合岩及加里东期花岗闪长岩、闪长岩。含金石英脉发育 | 见矿率 55%，金最高含量 168 粒，异常呈南北走向长条形，异常面积 213.38km²。伴生矿物有白钨矿、钛铁矿、独居石、重晶石等。异常区内有 1 处金矿，1 处铜矿 | 砂金富集于冲洪积层Ⅰ级阶地。原生金来源于含金石英脉 | 金、铁、铜 |
| 9 | 阿日公北 | Ⅱ | 主要地层分布有晚志留世凝灰岩、早中奥陶世白云质灰岩。岩体为三叠纪花岗石英闪长岩。异常区内有北东向两条断层。分布有较多的石英脉、闪长玢岩脉 | 见矿率 75%，金最高含量 224 粒，异常面积 39.07km²。伴生矿物有锆石、金红石、白钨矿、重晶石。异常区内有 1 处金矿床 | 见矿率高，含量高，可进一步寻找原生金矿 | 金、铜 |
| 1 | 白彦花北 | Ⅲ | 中低山剥蚀丘陵区。分布晚更新世冲洪积层。附近有志留纪凝灰岩，奥陶纪花岗闪长岩、闪长岩。异常区内脉岩发育 | 见矿率 75%，金最高含量 48 粒，异常面积 1389km²。伴生矿物有锆石、金红石、白钨矿、重晶石等 | 可作为找矿线索 | 金 |
| 8 | 刘满壕 | Ⅲ | 异常东西向，为加里东期灰白色—灰绿色中细粒斜长花岗岩及混合岩化花岗岩。异常中部出露中晚侏罗世流纹斑岩、凝灰岩 | 异常呈葫芦形，异常面积 37km²。最高含量 24 粒。异常区内有 1 处小型金矿床 | 小型金矿位于混合花岗岩之中，推测由蚀变带引起 | 金 |

**表 5-28　十八顷壕预测工作区金矿自然重砂异常表**

| 编号 | 异常名称 | 级别 | 地质情况 | 异常特征 | 评价 | 推断矿种 |
|---|---|---|---|---|---|---|
| 1 | 刘鸿湾 | Ⅲ | 主要分布早白垩世砂砾岩段：黄绿色砂岩、砾岩。北部有渣尔泰山群石英岩组：变质长石石英砂岩、含砾石英岩 | 见矿率 75%，金最高含量 34 粒，异常面积 17km²。伴生矿物有钛铁矿、锆石、重晶石 | 原生矿不清，金富集于山前凹地边缘。可进一步工作 | 金 |
| 2 | 大西沟 | Ⅲ | 异常区分布主要为白垩纪固阳组砂砾岩段：砂岩、砾岩；早中侏罗世石拐群砾岩、砂岩。区中部为新元古代东五分子组老变质岩 | 见矿率 70%，金最高含量 11 粒，异常面积 64km²。伴生矿物有重晶石、锡石、钛铁矿等。异常区内有 2 处小型砂金矿，1 处钨矿 | 根据异常情况寻找砂金矿 | 金、白钨矿 |

**续表 5-28**

| 编号 | 异常名称 | 级别 | 地质情况 | 异常特征 | 评价 | 推断矿种 |
| --- | --- | --- | --- | --- | --- | --- |
| 3 | 东五分子 | Ⅱ | 异常区北部分布有中更新世冲洪积层,南部为新太古代东五分子组老变质岩。中部出露较多的岩体为古元古代石英闪长岩、二长花岗岩、片麻状花岗岩 | 见矿率76%,金最高含量24粒,异常面积157.68km²。伴生矿物有钛铁矿、白钨矿等。异常区内有大小5处原生金矿床 | 金来源于蚀变带或含金石英脉,进一步寻找深部原生金 | 金、锡 |
| 4 | 十八顷壕 | Ⅰ | 异常区大部为第四纪冲洪积层,砾石层中普遍含金。东部为古元古代花岗石英闪长岩,南部为中元古代花岗岩、二长花岗岩。在老岩体中后期脉岩发育,破碎蚀变带较多 | 见矿率70%,金最高含量560粒,异常面积59.69km²。伴生矿物有重晶石、白钨矿、锆石。异常区内有一中型金矿 | 金来源于岩体中的蚀变带,含金石英脉。在第四系寻找砂金矿,在老岩体中寻找原生金 | 金 |

**表 5-29 乌拉山预测工作区金矿自然重砂异常表**

| 编号 | 异常名称 | 级别 | 地质情况 | 异常特征 | 评价 | 预测矿种 |
| --- | --- | --- | --- | --- | --- | --- |
| 1 | 泉沟 | Ⅲ | 异常区分布主要为北部白垩纪—侏罗纪石拐群砂岩、页岩;南部为早中侏罗世中细粒长石石英砂岩。异常区有较多的断层破碎带 | 金最高含量80粒,异常为北西向长条状,异常面积60km²。区内有锡石、铜矿化 | 金的来源与铜、锡石矿化有关,需进一步查证 | 金、铜 |
| 3 | 乌兰板申 | Ⅰ | 主要出露地层为晚侏罗世大青山组中岩段、下岩段砾岩、砂岩含金,早白垩世固阳组砾岩、砂岩含金,异常北为元古宙马家店群大理岩、变质砂板岩,其中有含金石英脉 | 见矿率1/3,金最高含量6400粒,异常面积119.6km²。伴生矿物有锆石、金红石、磷灰石,异常区内有砂金矿多处 | 金赋存于早白垩世固阳组砾岩层,晚侏罗世大青山组砾岩中亦含金。原生金应在元古宙老变质岩中找寻 | 金 |
| 2 | 三皇庙 | Ⅲ | 主要出露地层为晚侏罗世大青山组下岩段砾岩、砂岩,元古宙马家店群大理岩及变质砂板岩 | 见矿率40%,金最高含量为20粒,异常面积312km²。异常为北西向长条状。伴生矿物有锆石、金红石、磷灰石 | 金主要来源于晚侏罗世大青山组砂砾岩中。可作为找矿线索 | 金 |
| 5 | 查干和罗 | Ⅲ | 主要地层为全新世湖积淤泥和上新世砖红色泥岩、砂质泥岩夹泥灰岩,岩体为新太古代花岗石英闪长岩 | 金最高含量16粒,异常面积23.30km²。伴生矿物有钛铁矿、黄玉、重晶石、独居石等。区内有一铁矿 | 金可能来源于花岗石英闪长岩中,可作为找矿线索 | 金、铁 |

表 5-30 卓资山预测区金矿自然重砂异常表

| 编号 | 异常名称 | 级别 | 地质情况 | 异常特征 | 评价 | 预测矿种 |
|---|---|---|---|---|---|---|
| 4 | 金盆 | Ⅰ | 异常区主要出露早白垩世固阳组底部砾岩段，为紫红色砾岩、砂岩。全新世坡积、冲洪积砂砾石呈带状分布于现代沟谷中，异常区南部为少量太古宙片麻岩、大理岩 | 见矿率80%，金最高含量200粒，异常形态为梨形，异常面积112.99$km^2$。伴生矿物有锆石、金红石、钛铁矿、白钨矿等。区内有多处砂金矿 | 含金异常主要富集于早白垩世紫红色砾岩、砂岩中，其次第四纪红色砾石层为主要含矿层 | 金 |

表 5-31 巴音杭盖预测工作区金矿自然重砂异常表

| 编号 | 异常名称 | 级别 | 地质情况 | 异常特征 | 评价 | 推断矿种 |
|---|---|---|---|---|---|---|
| 2 | 图古日格 | Ⅲ | 出露岩性为中元古代石英岩、大理岩、二云石英片岩及海西中期云英岩化、白云母化斜长花岗岩，在岩体与地层接触带上脉岩发育 | 见矿率18.4%，金最高含量6粒，异常形态呈不规则长条形，异常面积128.8$km^2$。伴生矿物有锆石、金红石、钛铁矿 | 岩体和地层接触带有石英脉，可能由石英脉引起 | 金 |
| 3 | 巴音杭盖 | Ⅱ | 主要地层为中元古代石英岩、大理岩、二云片岩；志留纪哈达胡舒组板岩组；晚白垩世砂岩、砾岩。海西晚期石英闪长岩，蚀变闪长岩侵入其中 | 金最高含量5粒，异常为近东西向长条状，面积40.94$km^2$。伴生矿物有锆石、金红石、钛铁矿 | 推测岩体与地层接触带由石英脉引起，可作为找矿线索 | 金 |

表 5-32 碱泉子预测工作区金矿自然重砂异常表

| 编号 | 异常名称 | 级别 | 地质情况 | 异常特征 | 评价 | 推断矿种 |
|---|---|---|---|---|---|---|
| 2 | 碱泉子 | Ⅱ | 异常区主要分布前震旦纪龙首山群黑云斜长片麻岩、黑云母变粒岩夹薄层大理岩，被海西中期黑云斜长花岗岩侵入，沿接触带有大量石英脉贯入，含金石英脉主要产于内接触带 | 金最高含量12粒，异常面积61.2$km^2$。伴生矿物有黄铁矿、铜矿、毒砂等。异常区内有碱泉子典型矿床 | 碱泉子金矿早已开采，但根据成矿模式再寻找新的矿床 | 金、铜 |

(2)自然重砂铜矿预测工作区，全区9个预测区圈出重砂铜异常，共圈定21个异常，Ⅱ级异常4个，Ⅲ级异常17个(表5-33～表5-41)。

**表 5-33 乌努格吐预测工作区铜矿自然重砂异常一览表**

| 编号 | 异常名称 | 级别 | 地质情况 | 异常特征 | 异常评价 | 预测矿种 |
|---|---|---|---|---|---|---|
| 1 | 海拉尔乳品厂 | Ⅲ | 异常出露于奥陶纪多宝山组中，岩性为结晶灰岩、变质粉砂岩、粉砂质板岩、蚀变安山岩、英安岩、凝灰岩、火山角砾岩及全新世冲洪积和晚更新世海拉尔组。铜矿物由断裂破碎带中的褐铁矿化引起。该异常为铜、铅组合。成因类型为矽卡岩型铜矿 | 本预测区圈出一个Ⅲ级铜铅矿物组合异常，呈椭圆形，长轴近东西向，异常面积为 33.27km$^2$。铜最高含量 69×10$^{-6}$，铅最高含量为 187×10$^{-6}$。区内有 1 处石灰岩矿化点，该异常与原 1：20 万区调金属量异常吻合。铜矿与奥陶纪多宝山组关系密切，断层比较发育 | 可作为找矿线索 | 铜矿、铅矿 |

**表 5-34 罕达盖预测工作区铜矿自然重砂异常一览表**

| 编号 | 异常名称 | 级别 | 地质情况 | 异常特征 | 异常评价 | 预测矿种 |
|---|---|---|---|---|---|---|
| 1 | 河中林场 | Ⅲ | 异常主要出露第四纪大黑沟组，岩性为灰黑色气孔状橄榄玄武岩与玄武岩。侏罗纪吉祥峰组，岩性灰紫色、杂色火山角砾岩，凝灰岩，流纹岩，石英斑岩，安山角砾岩。奥陶纪多宝山组，岩性为灰绿色细碧岩、石英角斑岩、结晶灰岩、角岩蚀变凝灰岩夹石英砂岩。<br>岩浆活动有印支期侵入岩，岩性为黄褐色花岗岩、浅肉红色中细粒钾长花岗岩。断层发育。围岩蚀变为硅化、石英钠长石化、绢云母化，伴随镜铁矿化和褐铁矿化，成因类型为中低温热液型 | 该异常位于河源与大黑山一带，圈出 1 个Ⅲ级异常，北东-南西向延伸，异常面积 2.35km$^2$。本异常与原 1：20 万区调重砂异常、金属量异常吻合。向北东 5km 处有金矿化点 1 处，南西 3km 处有铜矿化点 1 处。<br>矿化母岩为印支期褐黄色花岗岩、浅肉红色中细粒钾长花岗岩与断层有密切关系 | 可作为找矿线索 | 铜矿、铅锌矿 |

**表 5-35 奥尤特预测工作区铜矿自然重砂异常一览表**

| 编号 | 异常名称 | 级别 | 地质情况 | 异常特征 | 异常评价 | 预测矿种 |
|---|---|---|---|---|---|---|
| 1 | 温都日乌兰 | Ⅲ | 异常区出露早二叠世宝力高组第一岩段，熔结凝灰岩、岩屑晶屑凝灰岩、火山角砾凝灰岩夹安山岩、砾岩、砂砾岩。有印支期中粒二长花岗岩 | 异常区内铜矿物重砂出现 2 处，均为Ⅲ级含量，区内有 1 处铜铅锌矿化点。形状为椭圆形，异常面积为 14.813km$^2$。最高含量为 0.38% | 可作为找矿线索 | 铜矿、铅锌矿 |

表 5-36　道伦达坝预测工作区铜矿自然重砂异常一览表

| 编号 | 异常名称 | 级别 | 地质情况 | 异常特征 | 异常评价 | 预测矿种 |
|---|---|---|---|---|---|---|
| 1 | 哈乃待乌拉 | Ⅱ | 异常区出露全新世沉积砂岩及晚石炭世—早二叠世格根敖包组凝灰质粉砂岩夹硬砂岩、板岩和灰岩、含动物化石。岩浆活动有海西晚期侵入岩灰绿色中细粒石英闪长岩及印支期侵入岩黄褐色中粗粒黑云母花岗岩。矿物主要由孔雀石、黄铜矿、黄铁矿、赤铁矿、磁铁矿、褐铁矿组成。围岩蚀变为矽卡岩化、角岩化、硅化。成因类型为印支期热液型。该异常与原1∶20万区调金属量异常吻合 | 铜矿物重砂出现2处，其中1处为Ⅱ级含量，另1处为Ⅲ级含量，区内有铷矿化点1处，有铀钍矿化点1处，有小型水晶矿1处。形状为椭圆形，异常面积为31.675km²。最高含量为1.2% | 区内围岩蚀变发育，注意在接触带找铜矿 | 铜矿、稀有矿种 |
| 5 | 梅努特乌拉 | Ⅲ | 异常区出露全新世风积、冲积砂土和残坡积砂砾及晚石炭世—早二叠世格根敖包组流纹岩、霏细钠长斑岩、流纹英安岩、安山玢岩夹板岩、火山角砾岩。有海西晚期侵入岩绿色中细粒石英闪长岩、灰绿色变质辉绿岩。围岩蚀变有蛇纹石化。主要矿物由孔雀石、褐铁矿、黄铁矿组成。成因类型为海西期岩浆型矿床。该异常与原1∶20万区调金属量异常吻合 | 铜矿物重砂出现1处Ⅲ级含量，异常区内有铬铁矿矿化点1处。有1处纯橄榄岩矿化点，有1处辉绿岩矿化点。异常形状为椭圆形。异常面积为10.58km²。最高含量为0.02% | 属超基性岩引起的异常，是找稀有矿种及铜矿的线索和有利地段 | 铜矿、稀有矿种 |
| 4 | 双井子 | Ⅲ | 异常区出露晚侏罗世白音高老组中酸性火山碎屑岩、凝灰质砂岩、砾岩和晚二叠世地层，并有石英斑岩脉。区内断裂十分发育，与铜矿形成有密切关系 | 铜矿物重砂出现5处，均为Ⅲ级含量，形状为椭圆形，异常面积为25.598km²。最高含量为0.03% | 作为找矿线索 | 铜矿 |

表 5-37　宫湖洞预测工作区铜矿自然重砂异常一览表

| 编号 | 异常名称 | 级别 | 地质情况 | 异常特征 | 异常评价 | 预测矿种 |
|---|---|---|---|---|---|---|
| 4 | 希拉呼都格 | Ⅱ | 异常区主要出露阿木山组二岩段:硬砂岩、凝灰岩夹灰岩透镜体及细砂岩。志留纪巴特敖包群西别河组灰岩夹变质砂岩。有海西中期侵入岩,灰绿色中细粒花岗闪长岩。矿物由黄铜矿、孔雀石、褐铁矿组成。围岩蚀变有绿泥石化,局部有钠长石化、矽卡岩化。断裂十分发育,岩浆活动强烈,又有海西晚期小岩体活动,与铜矿有密切关系。该异常与金属量异常及原1∶20万区调自然重砂异常互相吻合,成因类型为矽卡岩型 | 铜矿重砂出现7处,其中1处Ⅰ级含量,4处Ⅱ级含量,有2处Ⅲ级含量。形状为椭圆形,异常面积为37.36km²。含量为0.67%左右。区内有2处铜矿化点,有1处铅矿化点 | 面积比较小,成矿条件好,是一个希望之区 | 铜矿 |

表 5-38　霍格乞预测工作区铜矿自然重砂异常一览表

| 编号 | 异常名称 | 级别 | 地质情况 | 异常特征 | 异常评价 | 预测矿种 |
|---|---|---|---|---|---|---|
| 1 | 炭窑口 | Ⅲ | 异常区位于浩日格山复向斜南翼,南邻呼包断陷盆地,北接巨大的海西中期浩日格山二云母花岗岩。出露渣尔泰山群书记沟组灰绿色二云斜长片麻岩,绢云绿泥石英片岩、二云石英片岩、石英岩夹斜长变粒岩。增隆昌组:深灰色条带状微粒灰岩。阿古鲁沟组:一岩段、二岩段、三岩段。北东向、北北东向、北北西向断裂构造非常发育,北部有新元古代角闪变粒岩、片麻岩与阿古鲁沟呈断层接触,西部有海西中期二云母花岗岩岩株及花岗斑岩。围岩蚀变有硅化、绢云母化。主要有用矿物有黄铜矿、孔雀石、方铅矿、闪锌矿和磁铁矿,伴生矿物有磁黄铁矿、黄铁矿、褐铁矿、斑铜矿、自然铜。成因类型为沉积变质型 | 铜矿重砂出现10余处,其中1处为Ⅱ级异常含量,其他均为Ⅲ级含量。形状为不规则状,异常面积为36.549km²。铜平均品位为0.68%。区内有大型黄铁矿1处。<br>异常主要产于阿古鲁沟组一岩段、三岩段,矿化好、规模较大,铜平均含量为0.68%～0.99% | 有进一步工作价值。该异常与原1∶20万区调多处金属量异常吻合 | 铜矿、铅锌矿 |

续表 5-38

| 编号 | 异常名称 | 级别 | 地质情况 | 异常特征 | 异常评价 | 预测矿种 |
|---|---|---|---|---|---|---|
| 2 | 陕达古庙 | Ⅲ | 异常区出露新元古代渣尔泰山群刘鸿湾组:灰绿色斜长黑云片岩、钠长二云片岩、变粒岩。有印支期侵入岩灰白色花岗岩、伟晶花岗岩。围岩蚀变有硅化、绿帘石化、碳酸盐化、次生绢云母化、绿泥石化、褐铁矿化。硅化含铜普遍较高,有用矿物为黄铜矿、斑铜矿、方铅矿、蓝铜矿、黄铁矿,氧化矿主要有孔雀石、铜蓝、褐铁矿。断裂发育。成因类型为沉积变质热液富集型 | 铜矿重砂出现1个Ⅲ级含量,形状为椭圆形,异常面积为23.037km²。异常区内有3个铜矿化点,向南西2km处有1个铜矿化点。<br>最低Cu含量为0.03%,平均含量为0.27%,光谱定量为Pb 0.002%,Zn 0.001% | 地质条件,成矿有利,可作为找矿线索 | 铜矿 |
| 3 | 霍各乞 | Ⅲ | 异常区出露新元古代渣尔泰山群阿古鲁沟组二岩段:灰白色石英岩、长石石英岩夹变粒岩、碳质板岩夹结晶灰岩,薄层及深灰色碳质板岩、绢云千枚岩、板岩夹磁铁矿,透闪岩、石英二云片岩、大理岩薄层和灰白色石英岩夹二云石英片岩及云母片岩薄层。有海西中期侵入岩浅肉红色中细粒及似斑状二长花岗岩。加里东晚期灰色、深灰色中细粒石英闪长岩。主要由黄铜矿、孔雀石、方铅矿、闪锌矿和磁铁矿组成。围岩蚀变有硅化、绢云母化、透闪石化、绿泥石化,硅化与铜矿化有密切关系。成因类型为沉积变质型 | 铜矿重砂出现2处,均为Ⅲ级含量,形状为不规则状,异常面积为37.69km²。含量为0.04%。异常区内有铜矿化点1处,多金属大型矿1处,褐铁矿矿化点2处,向东1km处有铜矿化点1处,向南1km处有多处铜、铁矿化点。<br>异常区有3个矿床,一号矿床以铜为主,伴生有铅、锌、铁;二号矿床以铅为主,伴生铜、锌、铁;三号矿床以铁为主,伴生铜、铅 | 具有工业价值,有进一步工作意义。该异常与原1:20万区调金属量异常吻合 | 铜矿、铁矿、多金属矿 |

**表 5-39　欧布拉格预测区铜矿自然重砂异常一览表**

| 编号 | 异常名称 | 级别 | 地质情况 | 异常特征 | 异常评价 | 预测矿种 |
|---|---|---|---|---|---|---|
| 3 | 哈拉敖包 | Ⅲ | 异常主要出露晚石炭世—早二叠世阿木山组第一岩段:灰绿色安山质岩屑凝灰岩、晶屑凝灰岩、凝灰质长石砂岩、变质长石砂岩、细砂岩。东部海西中期石英闪长岩,西部海西晚期花岗岩,另外还有星点出露的印支期花岗岩侵入上述地层中,还见细粒花岗岩、闪长玢岩岩脉。铜矿化产于海西晚期花岗岩与大理岩接触带上。围岩蚀变以矽卡岩化、次角岩化为主,硅化、碳酸盐化次之,铜矿与矽卡岩化紧密伴生。矿物由铜矿、磁铁矿、蓝铜矿、斑铜矿、辉铜矿、孔雀石和褐铁矿。成因类型为矽卡岩型铜矿 | 铜矿重砂出现多处,均为Ⅲ级含量。形状为不规则状,异常面积为69.068km$^2$。一般含量为0.24%。<br>异常主要产于海西晚期花岗岩与晚石炭世—早二叠世阿木山组第一岩段大理岩接触带上,多产于外带内,少数产于内带中,矽卡岩发育好,地段相对多而大。其最高含量为2.14%,最低含量为0.27%。一般为0.45%～1.83% | 今后工作应注意寻找盲矿体。本异常与原1∶20万区调自然重砂异常吻合 | 铜矿 |
| 2 | 古格德 | Ⅲ | 异常出露海西期石炭纪辉长岩、肉红色花岗岩及混染花岗岩,还有花岗闪长岩。铜矿物由孔雀石、斑铜矿、黄铜矿、蓝铜矿、褐铁矿组合而成。围岩蚀变以矽卡岩化为主,次为绿泥石化、碳酸盐化、绢云母化,铜矿化多产生于围岩与岩体接触处,靠近围岩一侧或围岩中,成因类型为海西晚期矽卡岩型铜矿 | 铜矿重砂出现数处,形状为椭圆,向北东-南西向延伸,异常面积为17.574km$^2$。区内有石棉矿点1处。铜含量为0.74%。<br>铜最高含量为2.17%,最低含量0.74%,平均含量1.45% | 可作为找矿线索,该异常与金属异常原1∶20万区调自然重砂异常吻合 | 铜矿 |

表 5-40 白马石沟预测工作区铜矿自然重砂异常一览表

| 编号 | 异常名称 | 级别 | 地质情况 | 异常特征 | 异常评价 | 预测矿种 |
| --- | --- | --- | --- | --- | --- | --- |
| 2 | 西水泉 | Ⅱ | 异常区出露二叠纪染房地组，蚀变安山岩、玄武安山岩、砂岩、砂砾岩。晚二叠世林西组变质砂岩、石英砂岩、硬砂岩、安山岩。岩体有闪长玢岩、中细粒花岗闪长岩。岩体岩脉比较发育，成矿与此有关，围岩蚀变为硅化、绿泥石化、绢云母化、碳酸盐化、黄铁矿化、高岭土化、褐铁矿化，其中以硅化、绿泥石化与矿脉关系最为密切。断层发育，成因类型为中温热液裂隙充填脉状型 | 铜矿重砂出现14处，含量不高，分布比较集中，形状呈似肾状，异常面积为90.254km²，平均含量为0.06%～0.9%。区内有1处中型铅锌矿，有金矿化点3处，还有多处不明矿点 | 地质条件对成矿有利，可进一步工作。该异常与原1∶20万区调自然重砂异常、金属量异常吻合。铜矿物的形成与岩体有密切关系，受断层控制，地质条件好 | 铜矿、多金属矿 |
| 3 | 石板沟庙 | Ⅲ | 异常区出露在第三纪玄武岩夹泥岩及泥炭。晚侏罗世兴安岭组：凝灰岩、凝灰熔岩、流纹岩、凝灰砂砾岩及下兴安岭组：安山岩、流纹岩、凝灰岩、凝灰角砾岩、凝灰砂岩，岩体有流纹斑岩，脉岩有花岗斑岩、石英斑岩脉及石英脉。断裂发育，成因类型为低温热液型 | 铜矿重砂出现3处，均为Ⅲ级含量，形状为似椭圆形，异常面积为96.93km²。含量为0.003%～0.3%。区内有1处萤石矿化点，有劣质煤4处。<br>矿脉以230°∠86°之产状产于凝灰砂岩、流纹岩之张性断裂内 | 可作为找矿线索 | 铜矿 |

表 5-41 车户沟预测工作区铜矿自然重砂异常一览表

| 编号 | 异常名称 | 级别 | 地质情况 | 异常特征 | 异常评价 | 预测矿种 |
| --- | --- | --- | --- | --- | --- | --- |
| 1 | 红旗公社 | Ⅲ | 异常出露第四纪黄土、砂土、流砂和冲积砾石层及红色黏土、杂色砾石层、黄色亚砂土及黄土。第三纪玄武岩夹半胶结砂砾岩、黏土及泥炭。侏罗纪凝灰砂岩、页岩夹凝灰页岩、含油页岩，中部夹玄武岩或凝灰岩、流纹岩、流纹安山岩、粗面安山岩。岩体有花岗斑岩，断层发育 | 铜矿重砂出现4处，Ⅱ级含量1处，另外3处均为Ⅲ级，形状为不规则状，异常面积为78.936km²。含量一般为0.32%～0.85%。伴生矿物有重晶石、锆石 | 可作为找矿线索。该异常与原1∶20万区调自然重砂异常吻合，铜矿与岩体断层有关，区内水系比较发育 | 铜矿 |

**续表 5-41**

| 编号 | 异常名称 | 级别 | 地质情况 | 异常特征 | 异常评价 | 预测矿种 |
|---|---|---|---|---|---|---|
| 2 | 肖家地 | Ⅱ | 异常出露第四纪红色黏土、杂色砾石层、黄色亚砂土及黄土。第三纪玄武岩夹半胶结砂砾岩、黏土及泥岩。侏罗纪凝灰岩、流纹岩、流纹安山岩、粗面安山岩、安山岩。老变质岩系有斜长角闪片麻岩、角闪斜长片麻岩、石英云母片岩。岩体为花岗岩,脉岩为闪长岩。围岩蚀变为硅化、黄铁矿化及褐铁矿化、绿帘石化。矿脉主要沿北东向裂隙和层面裂隙充填。成因类型为中低温热液裂隙充填脉状类型 | 铜矿重砂出现 14 处,Ⅱ级含量 5 个,Ⅲ级含量 9 个,形状为椭圆形,异常面积为 102.768km²。最高含量 1.52%。伴生矿物有孔雀石、铜蓝、辉铜矿、褐铁矿、黄铁矿、方铅矿。脉石矿物主要为石英和方解石。区内有金矿矿化点 3 处,银矿矿化点 2 处,铜矿矿化点 1 处。铁矿矿化点 1 处 | 矿化点与石英脉有关,形成北东向两个含矿破碎带。可进一步工作。该异常与原 1∶20 万区调自然重砂异常、金属量异常均吻合 | 铜矿、金矿、银矿及铁矿 |
| 4 | 红花沟 | Ⅲ | 异常区出露第四纪红色黏土、杂色砾石层、黄色亚黏土及黄土,侏罗纪凝灰岩、流纹岩、流纹安山岩、粗面安山岩、安山岩、凝灰砾岩、角砾凝灰岩、砾岩、砂岩、页岩夹煤层。老变质岩系斜长角闪片麻岩、角闪斜长片麻岩、混合岩、混合花岗岩。岩体有花岗岩,脉岩比较发育,断层发育,围岩蚀变为绿泥石化、高岭土化、绢云母化、碳酸盐化、硅化及黄铁矿化,成因类型为中低温热液型 | 铜矿重砂出现 4 处均为Ⅲ级含量,形状为似椭圆形,异常面积为155.40km²,含量为 0.32%～0.85%。伴生矿物有褐帘石、锆石、重晶石,区内有大型金矿 1 处,金矿化点 1 处,向北西 1km 处有大型金矿 1 处,向南西 2km 处有铜矿化点 1 处。<br>铜矿与老变质岩系、岩体及脉岩有密切关系 | 可进一步工作。该异常与 1∶20 万区调自然重砂异常吻合。地质条件好,对成矿有利 | 铜矿、金矿及铅矿 |

续表 5-41

| 编号 | 异常名称 | 级别 | 地质情况 | 异常特征 | 异常评价 | 预测矿种 |
| --- | --- | --- | --- | --- | --- | --- |
| 3 | 南台子公社 | Ⅲ | 异常区出露第四纪黄土、砂土、流砂和冲积砾石层，侏罗纪凝灰岩、流纹岩、流纹安山岩、粗面安山岩、安山岩、凝灰砾岩、角砾凝灰岩、砾岩、砂岩、页岩夹煤层，以及安山玄武岩、安山岩夹玄武集块岩、凝灰砂岩、层状灰岩。老变质岩系斜长角闪片麻岩、角闪斜长片麻岩、混合岩、混合花岗岩，岩浆岩有花岗岩，围岩蚀变为黄铁矿化、绿帘石化。成因类型为细脉浸染状裂隙充填型铜矿 | 铜矿重砂出现3处，均为Ⅲ级含量，形状呈似三角形，异常面积为38.811km²，含量一般为0.32%～0.85%。区内有3处铜矿化点，金矿矿化点1处，铁矿矿化点2处。矿脉与老变质岩有密切关系 | 铜矿物与岩体的地质条件好，对成矿有利，可进一步工作。该异常与原1：20万区调自然重砂异常金属量异常吻合 | 铜矿、金矿、铁矿 |

(3)自然重砂铅锌矿预测工作区、全区6个预测区圈出重砂铅锌异常，共圈定22个异常，其中Ⅰ级异常2个，Ⅱ级异常7个，Ⅲ级异常13个(表5-42～表5-47)。

**表5-42　代兰塔拉预测区铅锌矿自然重砂异常一览表**

| 编号 | 异常名称 | 级别 | 地质情况 | 异常特征 | 异常原因 | 推测矿种 |
| --- | --- | --- | --- | --- | --- | --- |
| 1 | 乌达区东铅锌异常 | Ⅰ | 异常区主要出露地层：中太古代千里山岩群哈布其盖岩组的混合岩及矽线石榴云母片麻岩；中元古代王全口组白云质灰岩、砂岩；寒武纪炒米店组白云质灰岩、白云岩；奥陶纪马家沟组石英砂岩、灰岩；石炭纪山西组粉砂岩、砂岩夹煤层。褶皱及断裂构造发育，后者分北西、北东及近南北向3组断裂，控矿构造以南北向正断层为主，北西次之。矿化与早中奥陶世石灰岩、石英砂岩有关，属中—低温热液型成因 | 异常位于乌达区东黄柏刺—岗德哥尔一带，呈南北向展布，卵形，异常面积约177km²。重砂矿物由自然铅、钼铅矿、白铅矿、方铅矿组成。异常下限值以上共8个样点，其中3级2个，4级2个，组合样最高含量为80 040粒。异常区内有代兰塔拉中型铅锌矿及6处铅锌矿点，并有老硐多处。原1：20万铅异常2处 | 未见岩浆活动，与岩浆岩关系不清。<br>黄柏刺一带可作为成矿有利地段和远景区 | 铅锌及铅锌银多金属矿 |

**续表 5-42**

| 编号 | 异常名称 | 级别 | 地质情况 | 异常特征 | 异常原因 | 推测矿种 |
|---|---|---|---|---|---|---|
| 2 | 千里山东铅锌异常 | Ⅱ | 中太古代浅肉红色—肉红色碱长石英正长岩、石英闪长岩，侵入于千里山岩群察干郭勒岩组黑云角闪片麻岩组及哈布其盖岩组混合岩、矽线石榴云母片麻岩组合中，北西向及南北向断裂发育 | 异常位于千里山东察干郭勒一带，呈北北东向展布，不规则椭圆形，异常面积约 $40km^2$。重砂矿物由方铅矿、钼铅矿、白铅矿、自然铅组成。仅有一个 4 级含量样点，为 288 粒，区内有 1 处中型铁矿，5 处铁矿点，2 处铜矿点，并有 1 处镍钴矿点，有物探异常套合其上 | 沉积变质(?)可作为找矿线索 | 铅锌矿、铁矿、镍钴矿 |

**表 5-43　李清地预测区铅锌矿自然重砂异常一览表**

| 编号 | 异常名称 | 级别 | 地质情况 | 异常特征 | 异常原因 | 预测矿种 |
|---|---|---|---|---|---|---|
| 4 | 兴和东铅锌异常 | Ⅱ | 侏罗纪大青山肉红色粗粒、似斑状二长花岗岩、花岗闪长岩侵入于太古宙集宁岩群片麻岩组中。后者岩性组合为矽线石榴钾长片麻岩、紫苏石榴斜长麻粒岩、石榴矽线石英岩、石墨片麻岩、石墨大理岩。二者接触带发生强烈云英岩化，异常区南部中太古代隆盛庄灰褐色中粗粒变斑状二长花岗岩、英云闪长岩侵入与太古宙集宁岩群片麻岩组中，有前人开采老硐 30 多处 | 异常位于兴和东大青山一带，呈南北向展布，卵形，异常面积约 $48km^2$。重砂矿物主要为方铅矿、钼铅矿、白铅矿，样品含量达 1～4 级者共有 14 个，其中 3 级 2 个，4 级 1 个，最高含量 420 粒，异常南部有 1 处小型铜铅锌矿点 | 与晚侏罗世侵入岩有关，应进行找矿工作 | 铅锌及铅锌多金属矿 |
| 1 | 集宁市西南铅锌异常 | Ⅲ | 异常产于太古宙集宁岩群大理岩组，岩性组合为蛇纹石化(橄榄、透辉)大理岩、二长片麻岩、钾长浅粒岩。矿化蚀变见硅化、蛇纹石化，局部有铁、锰矿化 | 异常位于集宁西南李清地一带。北西向展布，卵石形，异常面积约 $43km^2$。重砂矿物由钼铅矿、白铅矿组成。1 级含量以上样品 3 个，其中 1 级 2 个，2 级 1 个，最高含量 93 粒。与原有 1∶20 万铅重砂异常吻合。邻幅有铅锌矿点 1 处 | 与火山机构、火山岩有关。可作为找矿线索 | 铅锌多金属矿 |

续表 5-43

| 编号 | 异常名称 | 级别 | 地质情况 | 异常特征 | 异常原因 | 预测矿种 |
| --- | --- | --- | --- | --- | --- | --- |
| 2 | 麦胡图北西铅锌异常 | Ⅲ | 中太古代大榆树浅黄色中粗粒石榴石花岗岩、似斑状花岗岩及后房子淡黄色中粒石榴碱长花岗岩侵入于集宁岩群片麻岩组，其岩性组合为矽线榴石钾长片麻岩、紫苏石榴斜长麻粒岩、石榴矽线石英岩、石墨片麻岩、石墨大理岩。局部零星分布太古宙花岗质片麻岩。断裂较发育 | 异常位于麦胡图北西羊圈湾一带，北西向展布，梨形，异常面积约 $35km^2$。重砂矿物为铅族，仅有一个 2 级含量样品（160 粒）。异常附近有 1 处小型铅锌矿点。成矿条件与异常处相同 | 侵入岩与地层残留体接触带破碎裂隙中含细脉状铅锌矿体，可作为找矿线索 | 铅锌矿 |

**表 5-44　东升庙预测区铅锌矿自然重砂异常一览表**

| 编号 | 异常名称 | 级别 | 地质情况 | 异常特征 | 异常原因 | 预测矿种 |
| --- | --- | --- | --- | --- | --- | --- |
| 2 | 扎木苏呼都格 | Ⅲ | 异常产于北东-南西向褶皱轴部，其南翼渣尔泰山群地层呈残留状分布，为主要含矿层。岩性由片岩夹石灰岩、碳质板岩组成，近轴部主要出露新太古代崩巴台庙岩体，岩性为黑云角闪斜长片麻岩、斜长角闪岩；二叠纪红峰牧场岩体，岩性为中粗粒（碎裂）黑云二长花岗岩及黑云母花岗岩、中粗粒石英二长闪长岩，另有石炭纪希热岩体零星分布，其岩性为中细粒次闪石化辉长岩。<br>异常区褶皱及断裂均较发育，构造线方向以北东-南西向为主 | 异常位于扎木苏呼都格一带，呈不规则三角形，异常面积约 $49km^2$。重砂矿物由自然铅、钼铅矿及铅族组成，组合样最高含量 136 粒 | 与渣尔泰山群有关，具找矿价值 | 铅锌矿 |

**表 5-45 余家窝铺预测区铅锌矿自然重砂异常一览表**

| 编号 | 异常名称 | 级别 | 地质情况 | 异常特征 | 异常原因 | 预测矿种 |
|---|---|---|---|---|---|---|
| 6 | 长岭山铅锌异常 | Ⅱ | 异常区主要出露晚石炭世石嘴子组，岩性组合为砂板岩、硬砂岩夹灰岩，早白垩世义县组中基性火山岩组合夹酸性火山岩零星分布于火山中附近，早白垩世花岗斑岩侵入于石嘴子组中，北西向正断层及近南北向韧性剪切带发育 | 异常位于长岭山一带，不规则椭圆形，异常面积约117km²。重砂矿物由白铅矿、方铅矿、磷氯铅矿组成。组合样最高含量539粒。附近有小型铅锌矿、铁矿及铜矿点各1处 | 与岩浆热液有关，具有找矿价值 | 铅锌多金属矿 |
| 5 | 宝国吐东铅锌异常 | Ⅲ | 侵入岩极发育，早二叠世中粒闪长岩；中二叠世粗粒二长花岗岩、粗粒斜长花岗岩；晚侏罗世粗粒黑云母花岗岩广泛公布于异常区内，中白垩世九佛堂组砂砾岩、砾岩、砂页岩及油页岩呈残留体分布于异常南部 | 异常位于宝国吐东部，不规则多边形状，异常面积约47km²，重砂矿物有方铅矿及白铅矿。组合样最高含量83粒 | 与侵入岩浆有关，具有找矿意义 | 铅锌矿 |
| 4 | 撰山子铅锌异常 | Ⅲ | 主要出露地层结晶灰岩、大理岩夹千枚岩、绢云石英片岩；中二叠世额里图组安山岩、玄武安山岩、酸性凝灰岩，上部为沉火山角砾安山岩、砂板岩；于家北沟组杂砂岩，晚侏罗世粗粒黑云母花岗岩及早白垩世粗粒正长花岗岩侵入于上述地层中，晚侏罗世粗粒黑云母花岗岩与奥陶纪至早志留世地层接触带硅化发育 | 异常位于撰山子一带，近南北向分布，不规则楔形，异常面积约61km²。重砂矿物有方铅矿、白铅矿、自然铅。组合样最高含量578粒，异常内有大型金矿1处，3处铅及铜铅化探异常与其吻合 | 与侵入岩有关，具有找矿价值 | 铜铅锌多金属矿金矿 |
| 3 | 天桥沟铅锌异常 | Ⅰ | 异常区岩浆活动频繁，不同期次侵入岩广泛分布，主要有中二叠世粗粒石英闪长岩，晚侏罗世黑云二长花岗岩及正长花岗岩。残留地层以中二叠世额里图组中基性火山岩及中性火山碎屑岩、于家北沟组复成分砂砾岩 | 异常位于天桥沟一带，呈不规则矩形，北西向展布，异常面积约660km²。重砂矿物由方铅矿、钼铅矿、白铅矿及自然铅组成。组合样最高含量18 805粒。 | 与岩浆热液有关，应进一步工作，寻找外围及新的矿产地 | 银铅锌多金属矿 |

续表 5-45

| 编号 | 异常名称 | 级别 | 地质情况 | 异常特征 | 异常原因 | 预测矿种 |
|---|---|---|---|---|---|---|
| | | | 夹火山碎屑岩为主，亦有晚石炭世酒局子组含煤碎屑岩及晚侏罗世白音高老组酸性火山岩、酸性火山碎屑岩零散分布，矿化产于晚侏罗世黑云二长花岗岩与中二叠世额里图组安山岩、凝灰岩内外接触带上。硅化、绿泥石化发育，局部发生角岩化，断裂发育 | 异常内有 2 处小型、1 处中型铅锌矿；2 处中型铅锌银矿，另有 3 处金属量异常套合其上 | | |
| 2 | 天桥沟西铅锌异常 | Ⅲ | 早白垩世花岗斑岩侵入于晚侏罗世满克头鄂博组及马尼图组火山岩中，满克头鄂博组岩性组合为流纹质凝灰岩、流纹岩、流纹质含角砾岩屑晶屑凝灰岩。马尼图组岩性组合为安山岩、角砾安山岩、安山质角砾凝灰岩、安山玄武质集块岩。火山岩与花岗斑岩接触带硅化发育，蚀变火山机构特征明显 | 异常位于天桥沟西，近南北向展布，水滴状，异常面积约 44km$^2$。重砂矿物有方铅矿、钼铅矿及自然铅。组合样最高含量为 67 粒 | 与岩浆热液有关，具有找矿意义 | 铅锌矿 |

表 5-46　拜仁达坝-白音诺尔-花敖包特预测区铅锌矿自然重砂异常一览表

| 编号 | 异常名称 | 级别 | 地质情况 | 异常特征 | 异常原因 | 预测矿种 |
|---|---|---|---|---|---|---|
| 2 | 同头铅锌异常 | Ⅱ | 晚侏罗世花岗斑岩侵入于中二叠世大石寨组及晚侏罗世满克头鄂博组中，前者岩性为黄白色、黄绿色凝灰岩，灰绿色凝灰质粉砂岩，凝灰质硬砂岩夹长石石英砂岩及粉细砂岩。后者以流纹岩、沉凝灰岩、岩屑晶屑凝灰岩为主，围岩有硅化、矽卡岩化等蚀变 | 异常位于同头一带，近南北向展布，呈刀状，异常面积约 174km$^2$。重砂矿物由方铅矿、白铅矿、钼铅矿及自然铅组成。组合样最高含量 1755 粒，其内有 1 处小型铅锌矿；北西有 1 处中型锡铜多金属矿；南西有 1 处大型铁锡矿并有铅多金属矿点 5 处，金属量异常套合其上 | 矿化与晚侏罗世花岗斑岩有关，有进一步工作价值 | 铅锌多金属矿 |

续表 5-46

| 编号 | 异常名称 | 级别 | 地质情况 | 异常特征 | 异常原因 | 预测矿种 |
|---|---|---|---|---|---|---|
| 3 | 哈达吐铅锌异常 | Ⅲ | 晚侏罗世花岗斑岩、钾长花岗岩侵入于晚二叠世林西组及早中二叠世大石寨组中，林西组岩性组合为灰黑色粉砂质板岩、灰绿色粉砂质凝灰岩、晶屑凝灰岩夹灰褐色安山岩、砂砾岩及粉细砂岩。大石寨组岩性组合为黄白色、黄绿色凝灰岩，灰绿色凝灰质粉砂岩，凝灰质硬砂岩夹长石石英砂岩及粉细砂岩 | 异常位于哈达吐一带，呈不规则多边形，异常面积约303$km^2$。重砂矿物为白铅矿及自然铅。组合样最高含量120粒，附近有1处中型锡矿，1处小型铅锡矿 | 与侵入岩有关，可作为找矿线索 | 铅锌锡多金属矿 |
| 5 | 锡尔塔拉铅锌异常 | Ⅲ | 晚三叠世花岗闪长岩及中侏罗世花岗岩侵入于晚二叠世林西组地层中，后者岩性组合为碳质粉砂质板岩、千枚状碳质板岩、硅质板岩、粉砂岩。中侏罗世花岗岩与林西组地层接触带附近发生角岩化、云英岩化，断裂较发育 | 异常位于锡尔塔拉一带，呈东西向展布，椭圆形，异常面积约338$km^2$。重砂矿物为铅族，最高含量130粒 | 与侵入岩有关，可作为找矿线索 | 铅锌矿 |

表 5-47　查干敖包-阿尔哈达预测区铅锌矿自然重砂异常一览表

| 编号 | 异常名称 | 级别 | 地质情况 | 异常特征 | 异常原因 | 预测矿种 |
|---|---|---|---|---|---|---|
| 1 | 朝不楞铅锌异常 | Ⅱ | 异常区主要出露侏罗纪朝不楞-沟特浅灰色不等粒似斑状黑云母花岗岩。围岩由泥盆纪塔尔巴格特组灰褐色变质长石石英砂岩、粉砂岩及变质砂岩夹板岩、凝灰岩、结晶灰岩透镜体组成。二者接触带矽卡岩化发育并有北东向逆断层展布。该区含矿性好，有矽卡岩型磁铁矿及铜、铅锌矿化 | 异常分布于朝不楞以北一带，北东向展布，呈不规则矩形，异常面积约136$km^2$。重砂矿物有钼铅矿、白铅矿。组合样最高含量260粒，其内有1处中型铁铅锌多金属矿 | 与侵入岩有关，可作为找矿线索 | 铁铅锌多金属矿 |

续表 5-47

| 编号 | 异常名称 | 级别 | 地质情况 | 异常特征 | 异常原因 | 预测矿种 |
|---|---|---|---|---|---|---|
| 2 | 马尼图音陶勒盖铅锌异常 | Ⅱ | 早二叠世中粗粒黑云二长花岗岩侵入于晚泥盆世安格尔音乌拉组，围岩岩性为粉砂岩、长石石英细砂岩、中细粒长石砂岩、浅灰色不等粒硬砂岩、黄灰色板岩。二者接触带附近角岩化强烈，岩体普遍具有压碎或糜棱岩化现象 | 异常位于马尼图音陶勒盖一带，呈不规则椭圆状，长轴南北向分布，异常面积约 294km$^2$。重砂矿物由方铅矿、白铅矿、钼铅矿及磷氯铅矿组成。7 个样品中 2 级含量样品 4 个，4 级 1 个，最高含量 8452 粒。有 4 处金属量异常套合于重砂异常上，附近有 1 处小型银矿并有查干陶勒盖铅锌矿点 1 处 | 与侵入岩有关，可作为找矿线索 | 铅锌多金属矿 |
| 3 | 东乌珠穆沁旗铅锌异常 | Ⅱ | 异常区岩浆活动频繁，二叠纪中粗粒二长花岗岩，三叠纪灰黄色中粒花岗岩，侏罗纪肉红色中粗粒黑云母花岗岩、肉红色中粗粒花岗岩及肉红色花岗斑岩沿北东向断裂带展布，3 期岩体的围岩均为晚石炭世—早二叠世宝力高庙组一岩段地层。岩性组合为灰色安山质岩屑晶屑凝灰岩，凝灰质粉砂岩及安山质角砾岩夹含凝灰粉砂质板岩，北西向断裂极发育 | 异常位于东乌珠穆沁旗北东一带。呈二轴相近的不规则椭圆形，异常面积约 446km$^2$。重砂矿物为白铅矿，最高含量 576 粒 | 与侵入岩有关，具体含矿侵入岩有待进一步研究，可作为找矿线索 | 铅锌多金属矿 |

(4)自然重砂钨矿预测工作区，全区 3 个预测区圈出钨矿异常，共圈定异常 16 个，Ⅰ级异常 3 个，Ⅱ级异常 2 个，Ⅲ级异常 11 个(表 5-48～表 5-50)。

**表 5-48 白石头洼预测工作区钨矿自然重砂异常一览**

| 编号 | 异常名称 | 级别 | 地质情况 | 异常特征 | 异常评价 | 预测矿种 |
|---|---|---|---|---|---|---|
| 5 | 赛汗脑包 | Ⅲ | 异常区出露新近纪红褐色黏土。有燕山早期侵入岩，肉红色中细粒黑云钾长花岗岩。印支期侵入岩灰白色中细粒黑云石英闪长岩及灰白色中细粒黑云斜长花岗岩，另外还有早白垩世巴彦花组： | 钨矿重砂出现 9 处，均为Ⅲ级含量，形状为不规则状，异常面积为81.226km$^2$，最高含量为 0.003g/样，区内有金矿矿化点 1 处。伴生矿物有白钨矿、黄铜矿、方铅矿、赤铁矿等。 | 可进一步工作，查清深部钨矿。该异常与原1∶20 万区调自然重砂异常吻合 | 钨矿、金矿 |

**续表 5-48**

| 编号 | 异常名称 | 级别 | 地质情况 | 异常特征 | 异常评价 | 预测矿种 |
|---|---|---|---|---|---|---|
| | | | 灰白色石英砾岩、含砾石英粗砂岩及含粉砂质板岩，围岩蚀变为硅化、云英岩化和绿泥石化。异常区内发现多条石英脉，含钨石英脉主要产于燕山早期黑云二长花岗岩内的节理及裂隙之中。成因类型为高中温热液型钨矿 | 异常区内有多条石英脉，含钨石英脉产于燕山早期侵入岩的节理及裂隙中 | | |
| 9 | 卯都房子 | Ⅲ | 异常区出露第三纪红褐色黏土。有印支期侵入岩灰白色细粒黑云母石英闪长岩，燕山早期侵入岩肉红色、浅肉红色中细粒黑云二长花岗岩，还有少量元古宙绢云石英片岩和二叠纪砂岩、安山岩等。区内脉岩发育，有秋令沟及哈拉哈达牧场两处钨矿点。围岩蚀变为硅化、绢云母化、石英岩化、绿泥石化、高岭土化、萤石化和黄铁矿化。成因类型为高中温热液型 | 钨矿重砂出现9处，均为Ⅲ级含量，形状为不规则状，异常面积为72.902km²，最高含量为0.84g/样。向北东1km处有小型钨矿点1处，向南东0.1km处有钨矿化点1处。伴生矿物有黄铁矿、黄铜矿、闪锌矿、自然铜、钼铅矿。<br>矿脉往往互相平行，矿石成分以黑钨矿和石英为主，矿化与燕山早期黑云二长花岗岩体有密切的成因联系，围岩具有不同程度的硅化、绿泥石化等蚀变现象 | 具一定的找矿意义，需进一步工作。该异常与原1∶20万区调自然重砂异常吻合 | 钨矿 |
| 7 | 哈拉哈牧场 | Ⅲ | 异常区出露晚二叠世额里图组安山岩、安山玢岩、安山质凝灰岩及凝灰质砾岩和晚侏罗世三道沟组流纹岩及流纹质凝灰岩，两者为不整合接触。有燕山早期花岗岩，中细粒黑云二长花岗岩、中细粒花岗闪长岩。有多条花岗岩脉及石英岩脉。围岩蚀变为硅化、次生石英岩化、绿泥石化、黄铁矿化等 | 钨矿重砂出现7处，均为Ⅲ级含量，形状为不规则状，异常面积为35.737km²，平均品位为0.38%。区内有小型钨矿1处，有铜矿化点1处，向北西6km处有两个铜矿化点，两个矿化点东西向，相距1km。伴生矿物有白钨矿、黄铜矿、闪锌矿、自然铜、黄铁矿。<br>有多条花岗岩脉与石英脉，矿脉之间相互平行，矿石成分以黑钨矿和石英为主，矿化与燕山早期黑云二长花岗岩体有密切的成因联系，围岩具有不同程度的硅化、绿泥石化等蚀变现象 | 可进一步工作。该异常与原1∶20万区调自然重砂白钨矿异常吻合，成因类型为高中温热液型 | 钨矿 |

续表 5-48

| 编号 | 异常名称 | 级别 | 地质情况 | 异常特征 | 异常评价 | 预测矿种 |
| --- | --- | --- | --- | --- | --- | --- |
| 4 | 亳义哈达 | Ⅲ | 异常区出露在上新世红色黏土及灰绿色、褐黄色细砂土。有燕山早期侵入岩，灰白色、灰绿色细粒—中粒石英闪长岩和黑云母石英闪长岩及肉红色中细粒—中粗粒黑云母花岗岩，该花岗岩有派生岩脉发育，石英脉、伟晶岩脉及花岗细晶岩脉。围岩蚀变为石英岩化、绿泥石化、绢云母化、绿帘石化、高岭土化、钠长石化及硅化。钨矿物与燕山早期花岗岩关系极为密切。区内断裂发育，成因类型为高温热液石英脉型。区内有较多石英脉及花岗岩脉 | 钨矿重砂出现9处，均为Ⅲ级，形状为不规则状，异常面积为58.837km$^2$，平均含量4.11%。区内有1处小型钨矿，有1处铜矿矿化点。向北东10km处有钨矿矿化点1处，15km处有1处铜矿矿化点。伴生矿物有黑钨矿、黄铜矿、辉铜矿、方铅矿及黄铁矿。<br>钨矿与燕山早期侵入岩及脉岩有密切关系。该区断裂十分发育，钨矿点多处，岩浆活动频繁 | 该地区地质条件好，成矿有利，是寻找钨矿的有利地段 | 钨矿、铜矿 |
| 3 | 加不斯乌拉 | Ⅲ | 异常区出露在上新世红色黏土及灰绿色、褐黄色细砂土，含钨石英脉产于燕山早期侵入岩肉红色中细—中粗粒黑云母花岗岩内。围岩蚀变有硅化、褐铁矿化等。区内石英脉发育，断层比较发育。成因类型为燕山早期高温热液石英脉型。地貌属剥蚀丘陵地形，冲沟发育 | 钨矿重砂出现6处，均为Ⅲ级含量，形状为不规则状，异常面积为35.470km$^2$，最高含量0.13g/样。区内有钨矿矿化点1处，向南西1km处有钨矿矿化点1处，向北西1km处有铌钽矿矿化点1处，伴生矿物有方铅矿、闪锌矿、铜蓝等。钨矿见于冲洪积物中含量较高，最高含量为0.13g/25kg，石英脉发育，是寻找含钨石英脉的有利地区 | 可进一步工作。该异常与原1∶20万区调自然重砂异常吻合 | 钨矿、铌钽矿 |
| 6 | 三胜村 | Ⅰ | 异常区出露早二叠世三面井组硬砂岩段：不等粒硬砂岩、长石细砂岩夹含粉质板岩及三面井组安山岩段：霏细凝灰岩、安山玢岩及安山质灰岩夹砂岩、灰岩透镜体。岩体为燕山早期花岗岩侵入两岩段之间。围岩蚀变为云英岩化、高岭土化、硅化、绢云母化及绿泥石化。异常位于燕山早期花岗岩与石英闪长岩接触带附近。地貌属剥蚀丘陵区 | 该预测区划为Ⅰ级异常，最高含量0.98g/样。形状为半椭圆形，异常面积为11.991km$^2$。钨矿平均含量为1.25%。区内有钨矿矿化点1处，还有铀矿矿化点1处，伴生矿物有黑钨矿、方铅矿、闪锌矿、黄铜矿、黄铁矿，次生为钨华、铅华、孔雀石及铜蓝。<br>钨矿物与区内燕山早期花岗岩关系密切，矿体的形状、产状受北西向节理和断层的控制 | 可做普查工作。该异常与原1∶20万区调自然重砂铌钽铁矿异常吻合，成因类型为燕山期高温热液石英脉型 | 钨矿、铀矿 |

**表 5-49 沙麦预测工作区钨矿自然重砂异常一览表**

| 编号 | 异常名称 | 级别 | 地质情况 | 异常特征 | 异常评价 | 预测矿种 |
|---|---|---|---|---|---|---|
| 1 | 乌苏达音乌拉 | Ⅰ | 异常区出露早中侏罗世马尼特庙群第二岩段:黄绿色、灰黑色砂岩,砾岩,泥岩及角岩,侵入岩有燕山早期黄褐色灰白色中粒似斑状及中细粒花岗岩,有花岗闪长斑岩脉,花岗岩脉,黑钨矿分布很不均匀,多数嵌布于石英块体及白云母之间。围岩蚀变为云英岩化、硅化、蚀变带发育,方向为北东-南西向,断裂发育。成因类型为岩浆期后高温热液石英脉型黑钨矿 | 钨矿重砂出现Ⅰ级含量1处,形状为不规则状,异常面积为59 189km²。区内有1个中型钨矿,有1个钨矿矿化点。有1个铜矿化点,伴生矿物有黄玉、萤石、石英、黑钨矿。钨矿与燕山早期花岗岩有密切关系,注意寻找石英脉及其他脉岩 | 可进一步做外围普查,做深部工作发现盲矿。该异常与原1:20万区调自然重砂异常吻合,与金属量异常吻合 | 钨矿 |
| 2 | 毛其布其乌拉 | Ⅱ | 异常区出露燕山早期侵入岩肉红色、黄褐色中粗粒及中细粒花岗岩,岩体内出露有花岗伟晶岩及石英脉。区内断裂发育,有两组裂隙,为北西西向,另一组为北东向,围岩蚀变为云英岩化,与花岗岩呈侵入关系。以裂隙充填,成因类型为细脉浸染型 | 钨矿重砂出现Ⅱ级含量1处,形状为椭圆形,异常面积为27.635km²,化学分析为0.6%~20%,区内有1处钨矿矿化点。钨矿与燕山早期花岗岩、闪长岩脉、闪长玢岩脉有密切关系 | 可作为找矿线索 | 钨矿、铜矿 |

**表 5-50 七一山预测工作区钨矿自然重砂异常一览表**

| 编号 | 异常名称 | 级别 | 地质情况 | 异常特征 | 异常评价 | 预测矿种 |
|---|---|---|---|---|---|---|
| 2 | 微波山 | Ⅰ | 异常区出露早石炭世白山组:斜长角闪条痕状混合岩、混合岩化角闪片麻岩、二云钾长变粒岩,岩体有燕山期钾长花岗岩,有石英脉、花岗伟晶岩脉,脉岩十分发育,形成脉群,有纯石英脉与大理岩透镜体。围岩蚀变为蛇纹石化,成因类型为热液型石英脉和伟晶岩型 | 钨矿重砂出现38处,其中有8处高含量点,30处均为低含量,分布比较集中,形状为不规则状,异常面积为114.91km²。该异常与原1:20万区调自然重砂异常吻合,伴生矿物为锡石、泡铋矿、褐钇铌矿、独居石、锰矿。白钨矿产于伟晶岩脉内,注意寻找伟晶岩脉。该异常区内有片麻岩及混合岩,对钨矿的形成有关 | 可作为今后找钨矿线索 | 钨矿 |

续表 5-50

| 编号 | 异常名称 | 级别 | 地质情况 | 异常特征 | 异常评价 | 预测矿种 |
|---|---|---|---|---|---|---|
| 3 | 小黑山 | Ⅱ | 异常区出露早石炭世白山组：二岩段角闪黑云斜长片麻岩夹黑云石英片岩、角闪片岩夹大理岩透镜体，及一岩段斜长角闪条痕状混合岩、混合岩化角闪斜长片麻岩、二云钾长变粒岩。侵入岩有钠长石化似斑状花岗岩、中细粒肉红色花岗岩、辉长岩，蚀变辉长岩、灰白色中粒斜长花岗岩，还有灰白中粒花岗闪长岩，局部相变为灰白色中粒石英闪长岩，围岩蚀变为蛇纹石化、绿泥石化、硅化、碳酸盐化、菱镁矿化及滑石化等。成因类型为晚期岩浆型 | 钨矿重砂出现36处，其中11处为较高含量，25处较低含量，形状为半椭圆形，异常面积为205.64km$^2$，伴生矿物有方铅矿、锡石、金矿、刚玉、钍石、萤石等。区内有铬铁矿化点1处，有铁矿化点3处。大型石膏矿1处，本异常区与原1∶20万区调自然重砂异常吻合。白钨矿最高含量达100粒以上。钨矿物与变质岩系、混合岩、伟晶岩、岩体及脉岩有密切关系 | 可进一步工作 | 钨矿、铬铁矿 |
| 4 | 盐碱洼（异常在北西10km处） | Ⅲ | 异常区出露下石炭统第三岩段：绿泥绢云千枚岩、绢云石英片岩夹纯石英岩与大理岩透镜体，侵入岩有燕山期钠长石化似斑状花岗岩、中细粒肉红色花岗岩，海西期侵入岩：灰白色中细粒花岗闪长岩及灰白色中细粒斜长花岗岩、石英闪长岩。围岩蚀变为高岭土化、碳酸盐化、硅化及绢云母化。多处有钾长花岗岩，成因类型为中温热液型 | 钨矿重砂出现15处，均为Ⅲ级含量，形状为不规则形，异常面积为71.61km$^2$。区内有1处铅矿化点，向西1km处有萤石矿化点1处，伴生矿物有方铅矿、锡石、钍石、泡铋矿、锰矿等。该异常与原1∶20万区调自然重砂异常吻合。本异常区内有变质岩系，侵入岩有燕山期、海西期，对成矿都有密切关系。多条脉岩对成矿有直接关系 | 可作为找矿线索 | 钨矿、铁矿、铬铁 |
| 5 | 旱山 | Ⅲ | 异常区出露下石炭统第一岩段：斜长角闪条痕状混合岩、混合岩化角闪斜长片麻岩。中晚奥陶世白云山组：白云母石英片岩、黑云母变粒岩及绢云母石英岩，另外区内还有少量第三纪契泉组，砖红 | 钨矿重砂出现多处，均为Ⅲ级含量，分布集中，异常形状为不规则状，异常面积为209.61km$^2$。区内有多处铁矿化点，伴生矿物为锡石、铅族、泡铋矿、毒砂、金、辰砂、独居石、萤石。 | 可作为寻找钨矿的线索 | 钨矿、铁矿、铬铁矿 |

续表 5-50

| 编号 | 异常名称 | 级别 | 地质情况 | 异常特征 | 异常评价 | 预测矿种 |
|---|---|---|---|---|---|---|
| | | | 色砾岩、长石砂岩、粉砂岩与粉砂质泥岩。有燕山期钾长花岗岩,有海西期灰白色中粒斜长花岗岩,局部相变为中粒花岗岩,断层发育,方向为北西-南东向。围岩蚀变为硅化、碳酸盐化、绢云母化、磁铁矿化。成因类型为中温热液型 | 最高含量大于 100 粒,变质岩系,侵入岩脉等为钨矿物成矿母岩 | | |
| 1 | 炮台山 | Ⅲ | 异常区出露青白口纪大裕落山群上岩组:灰岩、碎屑灰岩夹硅质岩,白云质大理岩及下岩组:变质钙质砂岩、石英岩及浅粒岩。有燕山晚期侵入岩肉红色中细粒花岗岩,有海西中期侵入岩为中粒斜长花岗岩。断层发育,围岩蚀变为硅化、碳酸盐化、高岭土化,次为赤铁矿化及少量锰矿化。成因类型为低温热液裂隙充填型 | 钨矿重砂出现 11 处,有 1 处含量较高,其他均为Ⅲ级含量,形状为不规则状,异常面积为 31.28km²,区内有 1 处铁矿化点,向东 4km 处有小型钨矿 1 处。伴生矿物有白钨矿、自然铜、赤铁矿、石英、黄玉。异常区内含钨石英脉受裂隙控制,钨矿物与岩体、脉岩有密切关系 | 可作为找钨矿线索 | 钨矿、铁矿 |

(5)自然重砂稀土预测工作区,全区 3 个预测区圈出稀土异常,共圈定异常 15 个,Ⅰ级异常 2 个,Ⅱ级异常 5 个,Ⅲ级异常 8 个(表 5-51～表 5-53)。

**表 5-51　三道沟预测区稀土自然重砂异常一览表**

| 编号 | 异常名称 | 级别 | 地质情况 | 异常特征 | 异常原因 | 预测矿种 |
|---|---|---|---|---|---|---|
| 8 | 兴和北东稀土异常 | Ⅰ | 异常区出露地层主要为太古宙集宁岩群片麻岩组,岩性组合为矽线榴石钾长片麻岩、紫苏石榴斜长麻粒岩、石榴矽线石英岩、石墨片麻岩、大理岩。侏罗纪大青山肉红色似斑状二长花岗岩、花岗闪长岩,沿上述老地层侵入,二者接触带附近云英岩化蚀变强烈 | 位于兴和北东一带,呈近南北向不规则卵形,异常面积约 73km²。重砂矿物为独居石,Ⅱ级含量以上者约占 75%,最高含量 41 040 粒,分布较集中,经加密取样追溯,独居石普遍含量较高 | 推测独居石主要来源于岩浆副矿物,具找矿意义 | 稀土 |

续表 5-51

| 编号 | 异常名称 | 级别 | 地质情况 | 异常特征 | 异常原因 | 预测矿种 |
|---|---|---|---|---|---|---|
| 5 | 丰镇市北西稀土异常 | Ⅱ | 侵入岩分布于异常区东南。中太古代隆盛庄侵入岩：灰褐色中粗粒变斑状二长花岗岩、英云闪长岩；侏罗纪大青山侵入岩：肉红色似斑状二长花岗岩、花岗闪长岩。西北部主要出露太古宙集宁岩群片麻岩，岩性组合：矽线石榴钾长片麻岩、紫苏石榴斜长麻粒岩、石榴矽线石英岩、石墨片麻岩、大理岩。断裂发育，以北西向逆断层及北东向正断层为主，辉绿（玢）岩呈北西向雁行状平行排列。见角岩化、绿泥石化蚀变 | 位于丰镇市北西二道沟一带，呈北西向展布，椭圆形，异常面积约 $237km^2$。稀土矿物为独居石，最高含量 99 840 粒。<br>异常区内有铅锌矿点、金矿各 1 处，与稀土异常伴生 | 异常与中太古代侵入岩及燕山期辉绿（玢）岩岩脉有关，由岩浆副矿物引起，可作为找矿标志 | 稀土 |
| 6 | 丰镇北东稀土异常 | Ⅱ | 出露太古宙集宁岩群片麻岩，岩性组合：矽线石榴钾长片麻岩、紫苏石榴斜长麻粒岩、石榴矽线石英岩、石墨片麻岩及大理岩。中太古代隆盛庄灰褐色中粗粒变斑状二长花岗岩侵入上述地层 | 异常呈不规则多边形，异常面积约 $212km^2$。重砂矿物仅有独居石，Ⅱ级含量以上采样点占全部样点约 25%，最高含量 73 680粒，搬运距离近，沿上游沟叉较富集 | 与侵入岩有关，可作为找矿线索 | 稀土 |
| 1 | 察右前旗北稀土异常 | Ⅱ | 出露中太古代三岔口肉红色中粒碱长花岗岩，地层主要为集宁岩群大理岩组，岩性组合：蛇纹石化（橄榄、透辉）大理岩-二长片麻岩-钾长粒岩。花岗岩沿向斜轴部侵入，两翼大理岩均遭受蚀变，有矽卡岩化、硅化及蛇纹石化 | 异常位于三岔口一带，呈北东向展布，不完整卵形，异常面积约 $139km^2$。稀土矿物为独居石。所采样品稀土矿物含量普遍在 2000～20 000 粒之间，最高 22 728 粒，Ⅱ级、Ⅲ级含量者约占 50%。有铅锌矿点 1 处，小型银矿 1 处 | 与侵入岩有关，可作为找矿线索 | 稀土 |

续表 5-51

| 编号 | 异常名称 | 级别 | 地质情况 | 异常特征 | 异常原因 | 预测矿种 |
|---|---|---|---|---|---|---|
| 7 | 三道沟稀土异常 | Ⅲ | 中太古代隆盛庄灰褐色中粗粒变斑状二长花岗岩呈北东向展布。侵入于太古宙集宁岩群片麻岩中,东部有兴和岩群分布,分为麻粒岩组;含铁麻粒岩组。异常附近的三道沟—旗杆梁—兴和一带,含磷灰石透辉岩呈伟晶状侵入于集宁岩群,所含磷灰石含量高且与稀土元素共生,兴和岩群断裂构造及糜棱岩带极发育 | 异常位于三道沟一带,形态不规则,异常面积约 $304km^2$。稀土矿物为独居石,所采样品普遍含独居石,多在200~6000粒之间,最高含量6116粒。含稀土磷灰石赋存于透辉岩中,磷灰石矿物中稀土含量($RE_2O_3$)高达5%。目前,已发现并开采两处小型磷矿 | 与侵入岩副矿物及含磷灰石透辉岩有关,后者应引起重视,可进行综合回收利用 | 稀土 |

表 5-52 白云鄂博预测区稀土自然重砂异常一览表

| 编号 | 异常名称 | 级别 | 地质情况 | 异常特征 | 异常原因 | 预测矿种 |
|---|---|---|---|---|---|---|
| 1 | 赛音呼都格南西稀土异常 | Ⅲ | 晚三叠世浅肉红色中粗粒二长花岗岩及同期褐黄色中粗粒花岗闪长岩侵入于白云鄂博群尖山组;哈拉霍疙特组及比鲁特组老地层中。尖山组岩性组合为灰黑色(红柱石)碳质板岩夹石英砂岩;哈拉霍疙特组岩性组合为变质长石石英砂岩、灰岩;比鲁特组岩性组合为片岩、千枚岩、板岩,糜棱岩带发育 | 异常位于赛音呼都格南西一带,椭圆形,北西向展布,异常面积约 $16.75km^2$。重砂矿物为独居石,背景值以上3个样品中最高含量11 442粒,异常外围有多处小型铁矿。铁矿石中含稀土矿物 | 与白云鄂博群矿化碳酸盐岩有关。可作为找矿线索 | 稀土 |
| 2 | 阿西格图稀土异常 | Ⅱ | 出露白云鄂博群都拉哈拉组变质石英砂岩、变质含砾长石石英砂岩,变质砾岩。尖山组碳质泥岩、长石石英砂岩及早二叠世苏吉组中性—酸性火山岩、火山碎屑岩,火山沉积碎屑岩零星分布。二叠纪灰绿色中粗粒石英闪长岩及晚三叠世斑状二长花岗岩侵入于上述地层。异常区内断裂及破碎带发育 | 异常位于阿西格图一带,北东向延伸,卵形,异常面积约 $98km^2$。重砂矿物为独居石。背景值以上样品23个。其中Ⅲ级含量以上者有9个,约占40%。最高含量37 742粒 | 与白云鄂博群矿化碳酸盐岩有关。可作为找矿线索 | 稀土 |

续表 5-52

| 编号 | 异常名称 | 级别 | 地质情况 | 异常特征 | 异常原因 | 预测矿种 |
|---|---|---|---|---|---|---|
| 3 | 巴荣套海稀土异常 | Ⅲ | 晚三叠世浅肉红色中粗粒二长花岗岩、晚侏罗世花岗岩侵入于白云鄂博群尖山组中，二者接触带角岩化强烈，其北部断裂构造发育 | 异常位于巴荣套海一带，呈三角形状，异常面积约 $99km^2$。重砂矿物由独居石、褐钇铌矿组成。有 14 个背景值以上样品。组合样最高含量 8505 粒 | 白云鄂博群中矿化碳酸盐岩与异常关系密切。可作为找矿线索 | 稀土 |
| 4 | 白云鄂博矿区稀土异常 | Ⅰ | 异常区主要出露白云鄂博群都拉哈拉组、尖山组、哈拉霍疙特组及比鲁特组。岩性由底部石英砂砾岩建造→碳质泥岩建造、长石石英砂岩建造→长石石英砂岩建造、碳酸盐岩建造→粉砂岩、泥岩建造构成。其间含透镜状、条带状铁矿层。古元古代灰白色变质英云闪长岩；中二叠世斑状花岗闪长岩侵入于上述地层。碳酸盐岩岩体富含稀土矿。北西向及近东西向断裂极发育 | 异常位于白云鄂博矿区，近东西向展布，不规则楔状，异常面积约 $139km^2$。重砂矿物为独居石。背景值以上样品 10 个，其中Ⅲ级、Ⅳ级样品各 1 个。最高含量 48 976 粒。异常区内有大型铁矿 1 处，特大型稀土矿 1 处 | 与哈拉霍疙特组白云岩及顶底板砂岩、板岩有关。扩大外围找矿范围 | 稀土 |

**表 5-53　巴尔哲预测区稀土自然重砂异常一览表**

| 编号 | 异常名称 | 级别 | 地质情况 | 异常特征 | 异常原因 | 预测矿种 |
|---|---|---|---|---|---|---|
| 1 | 达日罕嘎查稀土异常 | Ⅲ | 晚侏罗世肉红色中粗粒花岗岩侵入于晚侏罗世满克头鄂博组，后者岩性组合：灰紫色流纹质英安岩，角砾状粗面斑岩，晶屑岩屑凝灰岩，断裂发育 | 异常位于达日罕嘎查一带，心形，异常面积约 $82.58km^2$。稀土矿物为独居石，最高含量 8065 粒 | 与侵入岩有关，可作为找矿线索 | 稀土 |
| 2 | 双合村稀土异常 | Ⅱ | 早白垩世花岗斑岩侵入于晚侏罗世玛尼吐组，后者岩性组合：安山岩、中酸性—酸性火山碎屑岩、浅灰色细粒石英砂岩，部分地段夹玄武岩及流纹岩 | 异常位于双合村一带，肾状形态，异常面积约 $211.60km^2$。稀土矿物为独居石，最高含量 9010 粒。附近发现"八〇一"稀有稀土矿床 | 同上 | 稀土 |

（6）自然重砂磷矿预测工作区，全区 3 个预测区圈出磷矿异常，共圈定异常 6 个，Ⅰ级异常 1 个，Ⅱ级异常 3 个，Ⅲ级异常 2 个（表 5-54～表 5-56）。

**表 5-54　三道沟预测工作区磷矿自然重砂异常表**

| 编号 | 异常名称 | 级别 | 地质情况 | 异常特征 | 评价 | 推断矿种 |
|---|---|---|---|---|---|---|
| 1 | 旗杆梁 | Ⅰ | 出露地层为前震旦纪桑干群葛胡窑组上段含透辉紫苏斜长片麻岩夹含榴紫苏黑云斜长片麻岩；黄土窑组下段矽线石榴正长片麻岩及零星覆盖其上的晚侏罗世流纹岩。前震旦纪旋回的花岗伟晶岩极发育 | 见矿率高,最高含量96 342粒,异常面积1174$km^2$。伴生矿物主要有稀有铌、钽、独居石等,异常区内有几处磷灰石小型矿床。磷灰石中有极高的放射性元素铀、钍、铈等 | 进一步做寻找磷矿工作。此处磷矿属交代透辉型—碱性伟晶岩型 | 磷矿、稀土 |
| 2 | 九龙湾 | Ⅱ | 出露地层为前震旦纪桑干群黄土窑组上段:粗粒含榴黑云斜长片麻岩夹含榴斜长正长麻粒岩,均受混合岩化作用。前震旦纪旋回花岗伟晶岩及黑云母花岗岩小岩体较为发育。另有燕山旋回的辉绿岩脉呈北西-南东向分布 | 见矿率较高,最高含量92 160粒,异常呈不规则状,异常面积为795$km^2$。伴生矿物有独居石、钛铁矿。<br>磷矿中有较高的稀有稀土元素铌、钽、铀、钍、铈等。属交代透辉岩型—碱性伟晶岩型 | 可作为找磷灰石线索 | 磷矿、稀土 |
| 3 | 南井村 | Ⅱ | 出露地层主要为前震旦纪葛胡窑组下段麻粒岩夹薄层片麻岩和黄土窑组下段硅线正长片麻岩。古近纪橄榄玄武岩夹砂砾岩;第四纪坡积黏土和亚砂土夹玄武岩 | 见矿率较高,最高含量35 130粒,异常为不规则形,异常面积121.09$km^2$。伴生矿物有钛铁矿、独居石。<br>磷矿中有稀有稀土元素铌、钽、铀、钍、铈等 | 可作为找矿线索 | 磷矿、稀土 |

**表 5-55　布龙图预测区磷矿自然重砂异常表**

| 编号 | 异常名称 | 级别 | 地质情况 | 异常特征 | 评价 | 推断矿种 |
|---|---|---|---|---|---|---|
| 2 | 新忽热 | Ⅱ | 主要出露地层为白云鄂博群尖山组板岩、石英砂岩;哈拉霍疙特岩组石灰岩、砂岩夹板岩。岩体为海西晚期黑云母花岗岩、粉黄色黑云母花岗岩、二云母花岗岩、灰白色花岗闪长岩 | 见矿率较高,最高含量92 160粒,异常面积522.22$km^2$。北西向不规则状。伴生矿物有锆石、独居石、重晶石等 | 经查资料在白云鄂博群尖山组板岩中夹有磷块岩层及含磷板岩。异常含量高,面积大,有层位,是找磷的有利地段 | 磷矿 |

续表 5-55

| 编号 | 异常名称 | 级别 | 地质情况 | 异常特征 | 评价 | 推断矿种 |
|---|---|---|---|---|---|---|
| 1 | 特莫楚鲁 | Ⅲ | 地层有白云鄂博群混合岩，少量尖山组板岩、石英砂岩；比鲁特组板岩夹砂岩。岩体为大片海西晚期灰白色花岗闪长岩、肉红色黑云母花岗岩 | 见矿率较高，最高含量14 160粒，异常为北东向不规则形，异常面积235km²。伴生矿物有锆石、独居石、重晶石、白钨矿 | 磷矿来源于白云鄂博群板岩中，夹有含磷块岩层及含磷板岩，是找磷的重要线索 | 磷矿 |

表 5-56 盘路沟预测区磷矿自然重砂异常表

| 编号 | 异常名称 | 级别 | 地质情况 | 异常特征 | 评价 | 推断矿种 |
|---|---|---|---|---|---|---|
| 1 | 朱亥村北东 | Ⅲ | 异常区出露太古宙集宁岩群斜长片麻岩组，岩体有海西中晚期肉红色细粒钾长花岗岩和太古宙侵入体破碎花岗岩 | 见矿率较高，最高含量16 320粒，异常为北东长条形，异常面积44km² | 磷来源于集宁岩群中含磷透辉岩。可作为找磷矿线索 | 磷矿 |

(7)自然重砂铬矿预测工作区，全区5个预测区圈出异常，共圈定18个铬矿异常，Ⅰ级异常7个，Ⅱ级异常7个，Ⅲ级异常4个(表5-57～表5-61)。

表 5-57 乌兰浩特预测工作区铬尖晶石矿物自然重砂异常一览表

| 编号 | 异常名称 | 级别 | 地质情况 | 异常特征 | 评价 | 推断矿种 |
|---|---|---|---|---|---|---|
| 1 | 沙巴尔吐公社铬尖晶石 | Ⅱ | 区内西部为晚侏罗世花岗闪长岩、晚三叠世正长花岗岩、晚二叠世超基性岩脉辉石橄榄岩。西部还有侏罗纪玛尼吐组安山岩、安山质晶屑凝灰岩。超基性岩脉辉石橄榄岩是铬矿的成矿母岩。脉岩主要受北北东向断裂控制 | 铬尖晶石最高含量100粒，异常面积134.91km²，形态为不规则状。铬矿物重砂只见铬尖晶石，在异常区内辉石橄榄岩在地表蚀变为蛇纹岩。超基性岩体中除铬矿外，共生矿物普遍含镍。区内有2处铬铁矿矿化点 | 应进一步工作 | 铬矿、镍矿 |

表 5-58 二连浩特北预测工作区铬矿物自然重砂异常一览表

| 编号 | 异常名称 | 级别 | 地质情况 | 异常特征 | 评价 | 推断矿种 |
|---|---|---|---|---|---|---|
| 1 | 阿拉善阿曼乌苏南铬矿 | Ⅰ | 出露地层为晚石炭世哈拉图庙组二岩段灰黑色碳质泥板岩和泥盆纪超基性岩体。岩体均呈东西向脉状产出，与地层有一定角度斜交，地表超基性岩以斜方辉石橄榄岩为主 | 重砂铬矿有铬铁矿、铬尖晶石，最高含量9335粒，异常面积68.66km²，形态为半圆形，共生矿物有钛磁铁矿、铱锇矿、铂等。铬主要产于纯橄榄岩相带 | 区内有铬矿化点2处可进一步工作 | 铬铁矿、镍矿 |

**续表 5-58**

| 编号 | 异常名称 | 级别 | 地质情况 | 异常特征 | 评价 | 推断矿种 |
| --- | --- | --- | --- | --- | --- | --- |
| 2 | 萨达格庙铬矿 | Ⅱ | 区内北部为晚石炭世哈拉图庙组二岩段灰黑色碳质泥板岩，岩体主要为泥盆纪超基性岩。南部为始新世粉砂岩和部分石炭纪哈拉图庙组二岩段。岩体有三叠纪花岗闪长岩 | 重砂矿物有铬铁矿、铬尖晶石。最高含量 20 448 粒，异常形态为不规则状。异常面积 136.95km²。伴生矿物钛铁矿、锆石、金红石 | 可作为找矿线索 | 铬矿、镍矿 |
| 3 | 阿拉坦格尔铬矿 | Ⅰ | 异常区北部出露晚石炭世本巴图组安山岩、砂岩、泥岩。岩体为泥盆纪超基性岩，岩体在地表以斜方辉石橄榄岩为主。中部为始新世泥岩、粉砂岩。南部平行出露超基性岩体较多，南北均有铬矿化点 | 重砂铬矿物最高含量 153 866粒，异常形态为牛角状，异常面积 48.99km²。异常区有几处铬矿化点，矿体产于纯橄榄岩小扁豆体中，呈蜂窝状 | 可进一步工作 | 铬矿、镍矿 |

**表 5-59　浩雅尔洪克尔铬矿物自然重砂异常一览表**

| 编号 | 异常名称 | 级别 | 地质情况 | 异常特征 | 评价 | 推断矿种 |
| --- | --- | --- | --- | --- | --- | --- |
| 2 | 贺根山铬矿 | Ⅰ | 区内分布塔尔巴特组深灰色泥质、钙质、硅质粉砂岩。区东、西为泥盆纪超基性岩体，相带分斜方辉石橄榄岩、蚀变辉石岩、蛇纹石化橄榄岩。区内有大、中、小型铬矿床 | 铬矿物最高含量1 004 340粒，异常面积 95.54km²，形态为东西向船形。贺根山大型铬矿床就在异常区内。矿体是北东向含矿带 | 为铬矿成矿远景区 | 铬矿、镍矿 |
| 3 | 小坝梁铬矿 | Ⅰ | 区内北部出露中二叠世砾岩、砂岩；二叠纪—石炭纪格根敖包组火山碎屑岩；中部、南部为泥盆纪超基性岩体。相带属斜方辉石橄榄岩 | 铬矿物最高含量 31 480 粒，异常形态为不规则状，异常面积 81.84km²。超基性岩体中部分地段含铂、钴、镍矿。区内中、小型铬矿较多 | 为铬矿成矿远景区 | 铬矿、镍矿 |
| 4 | 珠尔沟铬矿 | Ⅰ | 区内出露二叠纪—石炭纪格根敖包组火山碎屑岩。岩体为泥盆纪超基性岩，相带属斜方辉石橄榄岩、蚀变辉长岩、蛇纹石化橄榄岩。区内多处铬矿化点，铬矿产于纯橄榄岩之中 | 铬矿最高含量 411 920 粒，异常形态为不规则状，异常面积 112.28km²。区内还有铂、镍、钴矿化点，小型铬铁矿床、矿化点多处 | 成矿条件好，有进一步工作的价值 | 铬铁矿、镍矿 |

表 5-60 哈登胡硕预测工作区铬矿物自然重砂异常一览表

| 编号 | 异常名称 | 级别 | 地质情况 | 异常特征 | 评价 | 推断矿种 |
|---|---|---|---|---|---|---|
| 1 | 巴彦胡舒铬矿 | Ⅱ | 异常区北部出露第四纪风积、冲洪积砂砾石、砂土，东部为冲洪积砂质黏土夹砂砾层，西部有晚侏罗世白音高老组黄白色流纹质火山角砾岩，岩屑晶屑凝灰岩 | 重砂铬矿物最高含量1059粒，异常面积106.08km²，形态为不规则状，异常分布在水系之中 | 可作找矿线索 | 铬矿、镍矿 |
| 2 | 水晶音阿古日海南西铬矿 | Ⅱ | 区内中部出露第四纪冲洪积物砂质黏土夹砂砾层。北部、南部为中—晚泥盆世灰绿色中粗辉绿岩，斜方辉石橄榄岩，晚二叠世白色粗粒石英闪长岩 | 重砂铬矿物最高含量15 805粒，异常面积21.75km²，形态为不规则状。异常来源于中—晚泥盆世斜方辉石橄榄岩 | 有进一步找矿价值 | 铬矿、镍矿 |
| 5 | 贵勒斯太北西 | Ⅱ | 异常区北部出露少量晚侏罗世满克头鄂博组灰褐色凝灰质砾岩、砂岩；早中二叠世大石寨组一岩段细碧岩夹泥岩；异常中部—南部为泥盆纪灰绿色辉石橄榄岩和灰绿色中粒辉长岩 | 铬矿物最高含量184 050粒，异常面积15.90km²，形态为不规则状。含铬重砂矿物主要为铬尖晶石，少量铬铁矿。区内分布泥盆纪超基性岩较多。铬矿来源于蛇纹石橄榄岩 | 可进一步工作 | 铬矿、镍矿 |

表 5-61 索伦山预测工作区铬矿自然重砂异常一览表

| 编号 | 异常名称 | 级别 | 地质情况 | 异常特征 | 评价 | 推断矿种 |
|---|---|---|---|---|---|---|
| 1 | 索伦敖包铬矿 | Ⅱ | 区南部为中白垩世二连组泥岩、砂砾岩；异常北部为中二叠世超基性岩体，铬矿主要来源于岩体中纯橄榄岩-斜方辉石橄榄岩相带 | 铬矿物最高含量2760粒，异常形态为东西向长条状，异常面积42.98km²。伴生矿物为磁铁矿、赤铁矿等。区内有中、小型铬矿床 | 可进一步工作 | 铬矿、铁矿 |
| 2 | 沙日胡都格北铬矿 | Ⅰ | 区内北部东西向分布为超基性岩体。超基性岩相带分为蛇纹石化纯橄榄岩、绿黑色二辉辉橄岩、斜辉辉橄岩。铬矿产于蛇纹石化纯橄榄之中。区西南为晚白垩世泥岩、砂岩。晚石炭世—早二叠世阿木山组第三岩段长石石英岩建造 | 铬矿最高含量为5080粒，异常面积72.92km²，形态为东西向不规则状。伴生矿物有磁铁矿、褐铁矿、黄铁矿等。异常区内有小型铬矿9处 | 成矿条件好，可进一步工作 | 铬矿、磁铁矿 |

续表 5-61

| 编号 | 异常名称 | 级别 | 地质情况 | 异常特征 | 评价 | 推断矿种 |
|---|---|---|---|---|---|---|
| 3 | 沙巴报恩格尔铬矿 | Ⅰ | 区内西部为中白垩世泥岩、砂岩;东部为二叠纪超基性岩体,超基性岩相分蛇纹石化橄榄岩、斜辉辉橄岩、黑绿色二辉辉橄岩。铬矿物产于蛇纹石化橄榄岩 | 重砂铬矿最高为 8777 粒,异常形态为长条形,异常面积 33.35km$^2$。异常区东部有 6 处中小铬铁矿床,主要分布在蛇纹石化橄榄岩之中 | 成矿条件好,可进一步找铬矿 | 铬矿 |
| 4 | 察汗哈达庙铬矿 | Ⅱ | 区内出露南部为晚白垩世二连组泥岩、砂砾岩;北部为晚石炭世本巴图组砂岩、火山岩碎屑岩等,有零星超基性小岩体。铬矿来源于超基性小岩体或西部铬矿床 | 重砂铬矿最高含量 9970 粒,异常面积 129.29km$^2$,形态为东西向不规则状。异常西部 10km 处有铬矿床 | 可作为找矿线索 | 铬矿 |

(8)自然重砂锰矿预测工作区,全区 4 个预测区圈出锰矿异常,共圈定 6 个异常,Ⅰ级异常 2 个,Ⅱ级异常 2 个,Ⅲ级异常 2 个(表 5-62~表 5-65)。

表 5-62 李清地预测工作区软锰矿自然重砂异常一览表

| 编号 | 异常名称 | 级别 | 地质情况 | 异常特征 | 评价 | 推断矿种 |
|---|---|---|---|---|---|---|
| 1 | 车道沟软锰矿 | Ⅱ | 异常分布在晚侏罗世满克头鄂博组内,岩性为流纹质安山岩、晶屑岩屑凝灰岩,为火山喷溢相和爆发相产物,与异常锰、银等多金属成矿作用有密切关系 | 重砂软锰矿最高含量 14 612 粒,异常面积 7.72km$^2$,形态呈牛角状。锰异常与火山岩有密切关系 | 可进一步工作 | 锰矿 |
| 2 | 李清地软锰矿 | Ⅱ | 异常区内分布有中太古代集宁岩群大理岩组,岩性为蛇纹石化大理岩、二长片麻岩、钾长浅粒岩。异常区西北为晚侏罗世白音高老组紫红色角砾流纹岩、凝灰岩。区内有中型铅锌矿床,铁锰矿化主要在矿体两侧围岩中,形成黑色铁、锰帽。矿体大部产于大理岩中,少量产于片麻岩和混合花岗岩中 | 重砂软锰矿最高含量 679 粒,异常面积3.46km$^2$,形态为元宝状。异常区内中部有 1 处中型铅锌矿,围岩蚀变以中低温蚀变为主,有铁锰矿化及其他 | 成矿条件好,可进一步工作 | 锰矿、铅锌矿 |

续表 5-62

| 编号 | 异常名称 | 级别 | 地质情况 | 异常特征 | 评价 | 推断矿种 |
|---|---|---|---|---|---|---|
| 3 | 杏花村北软锰矿 | Ⅲ | 区内主要出露晚侏罗世中粗粒似斑状花岗岩，异常区外围南、北两侧为太古宙集宁岩群老变质岩系花岗质片麻岩。<br>锰异常与以上岩体 、变质岩有直接关系 | 重砂软锰矿最高含量 200 粒，异常面积 10.45km²，异常形态为北西向长条状。异常区南、北两侧有云英岩化蚀变带，锰矿化与蚀变带有关 | 可作为找矿线索 | 锰矿 |

表 5-63　西里庙预测工作区锰矿物自然重砂异常一览表

| 编号 | 异常名称 | 级别 | 地质情况 | 异常特征 | 评价 | 推断矿种 |
|---|---|---|---|---|---|---|
| 1 | 西里庙锰矿 | Ⅰ | 异常区主要出露二叠纪大石寨组二岩段、三岩段，异常区西部二岩段为晶屑岩屑凝灰岩，中部、东部为三岩段流纹质晶屑凝灰岩。锰矿化带完全受断裂构造控制 | 锰矿物有硬锰矿、软锰矿，最高含量为 29 309 粒，异常面积 165.59km²，异常形态为北东向长条形不规则状，异常区西部有典型矿床西里庙锰矿 | 可进一步工作 | 锰矿 |

表 5-64　东加干预测工作区硬锰矿自然重砂异常一览表

| 编号 | 异常名称 | 级别 | 地质情况 | 异常特征 | 评价 | 推断矿种 |
|---|---|---|---|---|---|---|
| 1 | 东加干硬锰矿 | Ⅰ | 异常区内主要出露中二叠世包特格组一岩段和二岩段砂岩板岩、结晶灰岩；早中奥陶世乌宾敖包组一岩段角岩化石榴石黑云母板岩夹角岩化砂岩，二岩段绢云千枚岩-变质砂岩夹白云质结晶灰岩含锰变质建造，是主要的含矿层位 | 重砂硬锰矿最高含量 100 粒，异常面积 97.72km²，形态为东西向不规则状。伴生矿物有钛铁矿、褐铁矿等。异常区内有小型锰矿 1 处 | 锰矿异常与典型矿床套合一致。进一步扩大找矿范围 | 硬锰矿、软锰矿 |

表 5-65　乔二沟预测工作区锰矿物自然重砂异常一览表

| 编号 | 异常名称 | 级别 | 地质情况 | 异常特征 | 评价 | 推断矿种 |
|---|---|---|---|---|---|---|
| 1 | 王如地锰矿 | Ⅱ | 区内主要分布早白垩世白女羊盘组玄武岩-粗玄武岩建造，二岩段安山岩-流纹质火山岩建造。岩体有晚三叠世中粗粒似斑状二长花岗岩，异常区北部和东部有北东向、南东向两条大断裂 | 重砂锰矿有软锰矿、硬锰矿、黑锰矿，最高含量为 7780 粒，异常面积 18.30km²，形态为不规则状。推断异常来源于渣尔泰山群阿古鲁沟组含锰变质岩中 | 含量高，有进一步工作价值 | 锰矿 |

(9)自然重砂钼矿预测工作区，全区 7 个预测区圈出异常，共圈定钼矿异常 21 个，Ⅰ级异常 1 个，Ⅱ级异常 7 个，Ⅲ级异常 13 个(表 5-66～表 5-68)。

**表 5-66　小狐狸山预测工作区钼铅矿自然重砂异常一览表**

| 编号 | 异常名称 | 级别 | 地质情况 | 异常特征 | 评价 | 推断矿种 |
|---|---|---|---|---|---|---|
| 1 | 白梁钼铅矿 | Ⅱ | 异常区主要出露石炭纪绿条山组砂砾岩、砾岩及硬砂岩，大理岩及酸性火山岩、中性火山岩。海西期岩浆活动频繁，中期有斜长花岗岩、花岗闪长岩，晚期有文象花岗岩、钾长花岗岩。区内各种脉岩发育、断层发育 | 自然重砂钼矿物主要为钼铅矿。钼铅矿最高含量 100 粒，异常面积170.03km²。蚀变带发育，有硅卡岩化、硅化等。有用矿物有褐铁矿、磁铁矿、钨矿等 | 成矿条件好，有进一步工作的意义 | 钼铅矿 |
| 2 | 黑鹰山钼铅矿 | Ⅱ | 异常区出露晚侏罗世赤金保群钙质泥岩、粉砂岩。晚石炭世白条山组火山岩段、斜长流纹岩、英安岩，中石炭世大理岩段大理岩、片岩。侵入岩有海西晚期花岗岩，中期黑云母斜长花岗岩、辉长岩。北西向断裂发育 | 主要重砂矿物为钼铅矿，最高含量 55 粒。异常形态为椭圆形，异常面积 153.50km²。异常区内矿产较丰富，与岩体有关的钼、铅、铜多金属成矿带。区内有 1 处磁铁矿化点 | 成矿条件好，进一步工作 | 钼铅矿、铜、铅 |
| 4 | 呼拉郭西北 | Ⅲ | 区内出露有晚石炭世白条山组安山岩、英安岩、凝灰岩等；绿条山组粉砂岩-长石石英砂岩-粉砂岩-泥岩-杂砂岩-灰岩建造。岩体有二叠纪中粗粒花岗岩，似斑状花岗岩，围岩蚀变有云英岩化、钠长石化、钾长石化 | 重砂矿物钼铅矿含量低，最高含量 5 粒。异常形状为不规则状，异常面积 14.48km²。钼铅矿产于似斑状花岗岩之中 | 是较好的找钼线索 | 钼矿 |

**表 5-67　查干花预测工作区钼铅矿自然重砂异常一览表**

| 编号 | 异常名称 | 级别 | 地质情况 | 异常特征 | 评价 | 推断矿种 |
|---|---|---|---|---|---|---|
| 1 | 乌兰嘎哈钼铅矿 | Ⅰ | 异常区出露有全新世冲洪积和渐新世含砾中粗粒砂砾岩、粉细砂岩。元古宙宝音图岩群第三岩段蓝晶石榴云英片岩、石英岩及含石墨千枚岩、角闪变粒岩等。侵入岩有三叠纪浅肉红色中粗粒二长花岗岩、黑云母二长花岗岩。区内北西、北东两组断裂 | 重砂矿物钼铅矿含量较低，最高含量 5 粒。异常形态为不规则状，异常面积 44.34km²。异常区内有 1 处大型钼矿。伴生矿物有钨矿物、铋矿物等 | 三叠纪中细粒二长花岗岩是成矿母岩，有进一步工作价值 | 钼矿 |

**表 5-68 克什克腾旗-赤峰预测工作区钼矿物自然重砂异常一览**

| 编号 | 异常名称 | 级别 | 地质情况 | 异常特征 | 评价 | 推断矿种 |
| --- | --- | --- | --- | --- | --- | --- |
| 1 | 头地村钼矿 | Ⅱ | 异常区主要出露中二叠世于家北沟组砂岩、砂砾岩、板岩;晚侏罗世土城组粗砂岩、砂砾岩。玛尼吐组安山岩。岩体为闪长岩。断裂发育,为北西向、北东向两组断裂 | 钼矿异常主要含钼铅矿、辉钼矿,最高含量10粒。异常形态为椭圆形,异常面积18.67km$^2$。伴生矿物闪锌矿、方铅矿、黄铁矿 | 成矿有利,可进一步工作 | 钼矿、铅矿 |
| 3 | 苍林坝钼矿 | Ⅲ | 区内出露晚侏罗世满克头鄂博组流纹质熔岩。岩体有早白垩世花岗斑岩、石英斑岩。围岩蚀变有硅化、绿泥石化、褐铁矿化 | 为Ⅲ级异常。钼矿物最高含量30粒。异常形态为椭圆形,异常面积9.44km$^2$。伴生矿物白钨矿、铋矿、锡石等。白钨矿化点2处 | 可作为找矿线索 | 钼矿、白钨矿 |
| 4 | 吴家沟钼矿 | Ⅱ | 区内出露地层为晚志留世西别河组灰岩、大理岩,石炭纪酒局子组砂岩、粉砂岩、板岩、安山岩等,中二叠世额里图组安山岩、玄武岩、凝灰岩。岩体为中二叠世斜长花岗岩,晚侏罗世黑云母二长花岗岩、正长花岗岩 | 自然重砂钼矿物最高含量30粒,异常形态不规则状,异常面积207.98km$^2$。异常区内有9处铜、铅、金矿化点,为多金属矿化带。矿化主要与岩体有关 | 成矿条件有利,可进一步工作 | 钼矿、铜矿、金矿 |
| 6 | 哈拉海沟村钼矿 | Ⅱ | 区内出露新太古代建平岩群各种片麻岩、角闪岩、混合岩,晚侏罗世白音高老组流纹质熔岩。岩体为晚侏罗世正长花岗岩、花岗岩,脉岩有闪长岩脉、花岗细晶岩脉 | 重砂钼矿物最高含量20粒,异常形态为不规则状,异常面积26.58km$^2$。区内有铅矿点1处,磁铁矿点1处、银矿点1处 | 为成矿有利地带 | 钼矿、铅矿、银矿 |
| 1 | 黑老窑乡北西钼铅矿 | Ⅲ | 异常区出露主要为中太古代集宁岩群片麻岩组,岩性为富铝片麻岩变质建造,有斜长角闪岩,黑云斜长麻粒岩等。侵入岩主要为燕山期酸性次火山-超浅成岩类,还有伟晶岩、石英脉等 | 重砂钼铅矿最高含量40粒。异常形态椭圆形,异常面积4.99km$^2$。伴生矿物有黄铁矿、方铅矿、硬锰矿等 | 可作为找矿线索 | 钼矿 |

**表 5-69　元山子预测工作区钼矿自然重砂异常一览表**

| 编号 | 异常名称 | 级别 | 地质情况 | 异常特征 | 评价 | 推断矿种 |
|---|---|---|---|---|---|---|
| 1 | 白崖子钼矿 | Ⅱ | 区内出露中侏罗世龙凤山组粉细砂岩、砂砾岩建造,早奥陶世天景山组厚层结晶灰岩、泥质条带灰岩。中寒武世香山群千枚岩含矿建造。断层发育,为北东向或近东西向断层 | 重砂钼铅矿、辉钼矿含量高,最高含量 9000 粒。异常形态为不规则状,异常面积 156.31km²,香山群千枚岩为含矿母岩,为沉积变质钼矿 | 成矿条件好,可进一步工作 | 钼铅矿、辉钼矿、镍矿 |
| 2 | 前古城子钼矿 | Ⅲ | 区内分布主要为早奥陶世天景山组厚层结晶灰岩-泥质条带结晶灰岩建造。区内有近东西向断层,围岩蚀变有矽卡岩化、硅化等 | 自然重砂钼矿物最高含量 40 粒,异常形态为不规则状,异常面积 19.19km² | 可作为找矿线索 | 钼铅矿、辉钼矿、镍矿 |
| 4 | 前古城子南钼矿 | Ⅲ | 区内出露寒武纪科学山角砾岩,岩性为浅灰色、绿色灰质砾岩,角砾岩。中寒武世—早奥陶世香山群徐家圈组板岩、灰岩建造,岩性有千枚状板岩、结晶灰岩等。区内有北东向、北西向两组断裂 | 异常区钼矿物最高含量 6 粒,异常形态为不规则状,异常面积 43.88km²。有用矿物有钼铅矿、辉钼矿、金、银等 | 可作为找矿线索 | 钼铅矿、辉钼矿、金银矿 |
| 5 | 前石盆子梁南东钼矿 | Ⅱ | 区内出露中寒武世香山群徐家圈组板岩-灰岩建造,岩性为浅灰色千枚状板岩、结晶灰岩及条带状变质长石石英砂岩。钼镍矿赋存于千枚状板岩之中 | 重砂钼铅矿、辉钼矿最高含量 500 粒。异常形态为椭圆形,异常面积 13.82km²。香山群为目的层,镍钼含量较高 | 成矿有利,进一步工作 | 钼铅矿、辉钼矿 |

(10)自然重砂锡矿预测工作区,全区 3 个预测区圈出异常,共圈定锡矿异常 13 个,Ⅰ级异常 5 个,Ⅱ级异常 5 个,Ⅲ级异常 3 个(表 5-70～表 5-72)。

**表 5-70　毛登-林西预测工作区锡石自然重砂异常一览表**

| 编号 | 异常名称 | 级别 | 地质情况 | 异常特征 | 评价 | 推断矿种 |
|---|---|---|---|---|---|---|
| 1 | 毛登锡石 | Ⅱ | 区北部出露早侏罗世红旗组泥岩-碳质泥岩建造,晚侏罗世满克头鄂博组流纹质凝灰岩,早中二叠世大石寨组安山质凝灰岩、砾岩、砂岩建造。岩体有晚侏罗世花岗斑岩、晚二叠世闪长玢岩 | 重砂锡石最高含量为 25 827 粒,异常面积 52.54km²,形态呈不规则状。该异常位于毛登铜矿周边,为热液型,分布于岩体与火山岩接触带 | 成矿条件有利,进一步扩大找锡范围 | 锡石 |

续表 5-70

| 编号 | 异常名称 | 级别 | 地质情况 | 异常特征 | 评价 | 推断矿种 |
| --- | --- | --- | --- | --- | --- | --- |
| 2 | 巴彦拉格嘎查锡石 | Ⅱ | 区内穿越异常区有一条河流为第四纪冲洪积物，亚砂土、黄土。河流两侧为晚侏罗世白音高老组流纹质凝灰岩、熔岩建造，晚二叠世林西组砂岩、泥岩建造。河流北侧有晚侏罗世斑状黑云母正长花岗岩 | 锡石最高含量 25 200 粒，异常面积 183.34km²，形态呈北西向不规则状。异常区东南部锡石含量高，分布密集，为岩体与火山岩接触带锡石富集 | 可进一步工作 | 锡石 |
| 3 | 天合圆乡锡石 | Ⅱ | 区内北部出露晚侏罗世二长花岗岩，早二叠世寿山组泥岩-砂岩建造；中部为晚侏罗世满克头鄂博组流纹质凝灰岩、熔岩建造；南部为晚侏罗世花岗斑岩、晚二叠世林西组砂岩-泥岩建造 | 锡石最高含量为 2954 粒，异常面积 107.62km²，形态呈南北向不规则状。异常主要由晚侏罗世火山岩被花岗岩侵入，在其接触部位有硅化、角岩化，锡石富集。伴生矿物有白钨矿、泡铋矿、黄铁矿 | 可进一步工作 | 锡石、白钨矿 |
| 4 | 黄岗梁锡石 | Ⅰ | 区内分布有晚侏罗世玛尼吐组安山质凝灰岩，白音高老组流纹质凝灰岩、流纹质角砾岩，晚二叠世林西组砂岩-泥岩建造，中二叠世哲斯组灰岩、杂砂岩建造，中二叠世火山碎屑岩建造。岩体为晚侏罗世花岗斑岩、中粒黑云正长花岗岩 | 重砂锡石最高含量 5140 粒，异常面积 226.47km²，异常形态为不规则状。区内有黄岗梁大型磁铁、锡矿床，为矽卡岩型。在其接触带广泛分布云英岩条带，锡石产于其中，其富集程度达最低工业品位。伴生矿物有白钨矿、孔雀石、毒砂等 | 成矿条件好，可进一步扩大范围 | 锡石、磁铁矿 |
| 5 | 白音皋锡石 | Ⅰ | 区内北部分布早中二叠世大石寨组安山质凝灰岩；中南部为中侏罗世新民组砂砾岩夹火山碎屑岩。岩体为晚侏罗世石英斑岩。异常中南部断裂构造发育 | 锡石最高含量为 2940 粒，异常形态为南北向长条状，异常面积 40.92km²。区内有一小型锡矿，中侏罗世砂砾岩与酸性火山岩接触带的角闪石岩中锡石较多。伴生矿物有黄铁矿、黄铜矿、毒砂 | 可进一步工作 | 锡石 |

**续表 5-70**

| 编号 | 异常名称 | 级别 | 地质情况 | 异常特征 | 评价 | 推断矿种 |
|---|---|---|---|---|---|---|
| 8 | 宝盖沟锡石 | Ⅰ | 区内出露岩体较多,主要有早白垩世碱长花岗岩、黑云母花岗岩,中白垩世花岗岩,早二叠世花岗闪长岩。火山岩为晚侏罗世满克头鄂博组流纹质凝灰岩、熔岩建造。多处见磁铁矿化 | 锡石最高含量2314粒,异常形态为东西向不规则状,异常面积352.45km²。异常中央有锡石矿点。区内侵入岩普遍,锡石来源于花岗岩、花岗闪长岩之中。应为热液型锡矿化 | 含量高、面积大,可进一步工作 | 锡石 |
| 9 | 小海锡石 | Ⅰ | 区北部出露早白垩世二长花岗岩,早二叠世寿山组板岩、泥岩建造;南部为早二叠世花岗闪长岩 | 锡石最高含量为2090粒,异常形态为不规则状。区内有一处锡石矿化点,锡石来源于岩体之中 | 可进一步工作 | 锡石 |
| 10 | 小东沟锡石 | Ⅰ | 区内北部分布晚三叠世角闪辉长闪长岩;中部出露晚侏罗世中粒黑云母正长花岗岩,晚三叠世闪长花岗岩,晚侏罗世满克头鄂博组流纹质凝灰岩、熔岩建造;南部为晚二叠世林西组砂岩、泥岩建造 | 区内锡石最高含量12 180粒,异常形态呈北西向长方形,异常面积171.36km²。区内有小东沟锡石矿点1处。锡石来源于岩体与地层接触带硅化砂岩裂隙之中。在冲沟中形成锡石富集 | 含量高、面积大,成矿有利,可进一步工作 | 锡石 |
| 11 | 马莲滩锡石 | Ⅱ | 区内北部分布第四纪冲洪积砂土、淤泥;中部为中二叠世哲斯组一岩段、二岩段灰岩,杂砂岩;南部为中侏罗世黑云母二长花岗岩 | 锡石最高含量3096粒,异常形态为北东向不规则状,异常面积208.45km²。锡石主要来源于黑云母二长花岗岩与地层接触带普遍硅化,硅化带中锡石含量高,有1处铅锌矿化点 | 可作为找矿线索 | 锡石 |
| 12 | 芦营子锡石 | Ⅲ | 异常区主要分布晚侏罗世不等粒黑云母二长花岗岩,区东西部出露中二叠世哲斯组灰岩、杂砂岩 | 重砂锡石最高含量2304粒,异常形态为东西向不规则状,异常面积48.78km²。异常情况同11号异常 | 可作为找矿线索 | 锡石 |

表 5-71　黄岗梁-大井子预测工作区锡石自然重砂异常一览表

| 编号 | 异常名称 | 级别 | 地质情况 | 异常特征 | 评价 | 推断矿种 |
|---|---|---|---|---|---|---|
| 1 | 敖包图沟门锡石 | Ⅱ | 异常北部分布晚侏罗世二长花岗岩,早二叠世寿山组粉砂岩-泥岩建造;中部为晚侏罗世满克头鄂博组流纹质凝灰岩、熔岩建造;南部为晚二叠世林西组粉砂岩-泥岩建造,并有晚侏罗世花岗斑岩。伴生矿物有白钨矿、泡铋矿、黄铁矿等 | 重砂锡石最高含量 2954 粒,异常面积 79.19km$^2$,异常形态呈南北向不规则状。异常主要因酸性火山岩与地层接触带形成硅化、角岩化,在接触带锡石富集 | 找锡石有利地带 | 锡石 |
| 2 | 白音皋锡石 | Ⅰ | 区北部为早中二叠世大石寨组安山质凝灰岩;中部为侏罗纪新民组砾岩夹火山碎屑岩,岩体为晚侏罗世石英斑岩。中南部断裂发育 | 重砂锡石最高含量 2940 粒,异常形态为北西向长条状,异常面积 13.53km$^2$。异常北有小型锡石矿化点,矿点处于地层与火山岩接触带的角闪石岩中,有北东向断层及硅化特征。伴生矿物白钨矿、方铅矿 | 找锡石有利地带 | 锡石、白钨矿 |
| 3 | 萨里哈达锡石 | Ⅱ | 异常区北有一条穿越异常区的河流,为第四纪冲洪积物,亚砂土、黄土。河流两侧为晚侏罗世白音高老组流纹质凝灰岩、熔岩建造,两侧出露晚侏罗世斑状黑云母正长花岗岩。东南部为晚二叠世林西组粉砂岩-泥灰岩建造 | 重砂锡石最高含量 25 200 粒,异常面积 147.74km$^2$,形态为不规则状。异常区东南重砂锡石异常点密集、含量高,位置处于岩体与火山岩接触带,因此推断锡石异常来源于接触带 | 含量高、面积大,可进一步工作 | 锡石 |
| 4 | 巴音乌拉北锡石 | Ⅱ | 异常区北为第四纪冲洪积物,区西南部为早中二叠世大石寨组安山质凝灰岩,中部为早二叠世寿山组板岩-泥岩建造,东部为早白垩世二长花岗岩 | 重砂锡石最高含量 6650 粒,异常面积 30.71km$^2$,形态为不规则状。异常分布在岩体与地层接触部位。区内石英脉发育,有萤石矿化。推断锡石异常与岩体热液活动有关 | 可作为找矿线索 | 锡石 |

**续表 5-71**

| 编号 | 异常名称 | 级别 | 地质情况 | 异常特征 | 评价 | 推断矿种 |
|---|---|---|---|---|---|---|
| 5 | 黄岗梁锡石 | Ⅰ | 异常区内出露晚侏罗世玛尼吐组安山质凝灰岩，白音高老组流纹质凝灰岩、流纹质角砾岩，晚二叠世林西组砂岩-泥岩建造、中二叠世哲斯组灰岩-泥岩建造，早中二叠世大石寨组火山碎屑岩建造。岩体为晚侏罗世花岗斑岩，中粒黑云母正长花岗岩 | 重砂锡石最高含量5140粒，异常形态为不规则状，异常面积220.14km²。异常区内有1处大型黄岗梁磁铁锡矿床，都为岩体与地层接触交代矽卡岩型矿床。锡石富集达到最低工业品位 | 详细工作，扩大锡石范围 | 锡石 |
| 6 | 小东沟锡石 | Ⅰ | 异常区分布岩体较多，晚侏罗世中粒黑云母正长花岗岩，晚三叠世角闪辉长闪长岩、闪长花岗岩，中部有晚侏罗世满克头鄂博组流纹质凝灰岩，南部为晚二叠世林西组砂岩-泥岩建造 | 重砂锡石最高含量为12 180粒，异常形态呈不规则状，异常面积156.51km²。区内有小东沟锡矿点1处，锡矿床来源于岩体和地层接触带硅化岩的裂隙之中，在裂隙中有锡石、绢云母、石英脉充填。锡石在冲沟富集，可达工业品位 | 详细工作，扩大矿化范围 | 锡石 |
| 7 | 马莲滩锡石 | Ⅱ | 异常区北部分布第四纪冲洪积物、淤泥等；中部为中二叠世哲斯组一岩段、二岩段灰岩，杂砂岩；南部为中侏罗世黑云母二长花岗岩。岩体与地层接触带普遍硅化 | 重砂锡石最高含量为3096粒，异常面积119.27km²，形态呈东西向不规则状。锡石来源于硅化带和破碎带之中，锡石含量较高，并有铅矿化 | 可作为找矿线索 | 锡石、铅矿 |
| 8 | 白音诺尔镇锡石 | Ⅱ | 区北部分布早白垩世粗粒黑云母二长花岗岩，中部为晚侏罗世火山碎屑岩，二叠纪哲斯组下岩段长石石英砂岩，中部有一条北东向断层，东西向石英脉，南部为第四纪亚砂土、黄土 | 重砂锡石最高含量1218粒，异常形态为东西向长条状。岩体与地层接触带锡石含量高，推测异常为接触带矿化所引起 | 可作为找矿线索 | 锡石 |

续表 5-71

| 编号 | 异常名称 | 级别 | 地质情况 | 异常特征 | 评价 | 推断矿种 |
| --- | --- | --- | --- | --- | --- | --- |
| 9 | 小井沟锡石 | Ⅰ | 区北部分布二叠纪哲斯组下岩段长石石英砂岩；西南部为早白垩世粗粒黑云母二长花岗岩和晚二叠世林西组粉砂岩-泥岩建造 | 重砂锡石最高含量1080粒，异常形态呈北西向不规则状，异常面积19.64km²。异常区南部有1处锡石矿化点，位于岩体与地层接触带外侧 | 可进一步工作 | 锡石 |

表 5-72　太仆寺旗预测工作区锡石自然重砂异常一览表

| 编号 | 异常名称 | 级别 | 地质情况 | 异常特征 | 评价 | 推断矿种 |
| --- | --- | --- | --- | --- | --- | --- |
| 1 | 千斤沟锡石 | Ⅰ | 异常区主要分布晚侏罗世满克头鄂博组流纹质晶屑凝灰岩为主的火山碎屑岩。出露岩体为中侏罗世细粒花岗岩侵入大断裂之中，形成锡矿化，所以细粒花岗岩是成矿母岩 | 重砂锡矿最高含量400粒，异常区形态为不规则状，异常面积23.43km²。异常区有小型锡矿床，伴生矿物有黄铜矿、黄铁矿、闪锌矿等 | 成矿条件较好，可进一步工作 | 锡石 |

(11)自然重砂萤石预测工作区，全区9个预测区圈出萤石异常，共圈定异常31个，Ⅰ级异常10个，Ⅱ级异常11个，Ⅲ级异常10个(表5-73～表5-81)。

表 5-73　苏莫查干敖包-敖包图预测工作区萤石自然重砂异常一览表

| 编号 | 异常名称 | 级别 | 地质情况 | 异常特征 | 评价 | 推断矿种 |
| --- | --- | --- | --- | --- | --- | --- |
| 1 | 查干哈达萤石 | Ⅱ | 异常区主要分布白垩纪浅红色中粒二长花岗岩、侏罗纪灰白色中粒二长花岗岩。地层为二叠纪大石寨组二岩段酸性火山岩夹碳酸盐岩建造。岩体侵入大石寨组地层发生接触交代作用、岩体是成矿母岩 | 异常情况为不规则状，面积4.1km²，重砂萤石最高含量5粒。萤石矿为块状、脉状、角砾状。异常南部，东部有萤石矿床 | 可进一步工作 | 萤石 |
| 2 | 敖伦敖包东萤石 | Ⅰ | 异常区位于二叠纪大石寨组酸性火山岩夹碳酸盐岩和四岩段火山碎屑之中，异常西部为白垩纪浅红色中粒花岗岩 | 萤石最高含量5粒，异常形态为南北向牛角状，异常面积5.46km²。区内有一大型萤石矿，萤石为块状、条带状、角砾状 | 有找萤石矿前景 | 萤石 |

续表 5-73

| 编号 | 异常名称 | 级别 | 地质情况 | 异常特征 | 评价 | 推断矿种 |
|---|---|---|---|---|---|---|
| 3 | 哲尔根台萤石 | Ⅰ | 区内分布较多为白垩纪二连达布苏组砖红色,紫红色砂岩,东部为第四纪冲洪积物。异常区西部4~5km处有4处萤石矿。异常来源于萤石矿 | 萤石最高含量为5粒,异常形态为长条状,异常面积13km²。异常区西部有多处萤石矿。伴生矿物为泡泌矿、独居石、刚玉 | 同2号异常 | 萤石 |

**表 5-74　苏达勒-乌兰哈达预测工作区萤石自然重砂异常一览表**

| 编号 | 异常名称 | 级别 | 地质情况 | 异常特征 | 评价 | 推断矿种 |
|---|---|---|---|---|---|---|
| 1 | 塔布沟北东萤石 | Ⅱ | 区内出露早白垩世中粗粒黑云母花岗岩、花岗岩脉,南东为第四纪冲洪积砾石、淤泥。异常区处于多金属矿化带,部分花岗岩破碎带中有萤石矿化,呈细脉状。异常区西部10km处有苏达勒萤石矿 | 萤石最高含量30粒,异常面积4.78km²,呈北西向茄子状。区西有1处萤石矿,与异常同类型,都来源于花岗岩破碎带,萤石成细脉,为紫色、白色、绿色,沿破碎带绿泥石化、硅化,为热液型 | 为多金属矿化带,萤石矿化发育 | 萤石 |

**表 5-75　白仗子-陈道沟预测工作区萤石自然重砂异常一览表**

| 编号 | 异常名称 | 级别 | 地质情况 | 异常特征 | 评价 | 推断矿种 |
|---|---|---|---|---|---|---|
| 1 | 白仗子萤石 | Ⅰ | 异常区北部、东部为晚侏罗世白音高老组流纹质凝灰岩、角砾凝灰岩,西部为晚石炭世酒局子组砂岩、板岩,南部为早白垩世义县组安山岩、安山质凝灰岩。异常中部有早白垩世花岗斑岩和晚侏罗世二长花岗岩。区内有多条北西向、北东向石英斑岩、流纹斑岩 | 萤石最高含量711粒。异常面积323.08km²,形态为南北向不规则状。萤石矿化普遍,一般呈不规则脉状。多为北北西向、北北东向展布,严格受断裂构造控制。区内有白仗子萤石矿床 | 含量高,面积大,为萤石成矿有利地带 | 萤石 |
| 3 | 陈道沟萤石 | Ⅰ | 异常区北东为第四纪砂土,西部为晚侏罗世二长花岗岩,晚石炭世酒局子组砂岩、板岩,石嘴子组砂板岩。南部多为早白垩世义县组安山岩、安山质凝灰岩,北东向石英脉、闪长玢岩脉发育,萤石矿化较普遍 | 萤石最高含量353粒,异常面积146.76km²,异常形态呈北西向不规则状。区内有陈道沟典型萤石矿床,萤石呈北北西向、北北东向脉状分布,萤石呈紫色、淡绿色,围岩以硅化为主 | 萤石成矿条件好,可进一步扩大范围 | 萤石 |

表 5-76　黑沙图-乌兰布拉格预测工作区萤石自然重砂异常一览表

| 编号 | 异常名称 | 级别 | 地质情况 | 异常特征 | 评价 | 推断矿种 |
|---|---|---|---|---|---|---|
| 1 | 黑沙图东萤石 | Ⅲ | 区内主要分布中奥陶世布龙山组灰白色中细粒长石石英砂岩，灰褐色绢云母板岩，安山质晶屑凝灰岩，区北部为晚白垩世二连组褐色砂砾岩，紫红色含砾泥岩，灰绿色砂质泥岩。区东部出露中晚奥陶世花岗闪长岩 | 萤石最高含量100粒，异常面积4.47km²，形态为茄子状。异常区距典型萤石矿较近，成因与黑沙图萤石矿相同，为热液裂隙充填。伴生矿物为铁、锰等 | 可作为找矿线索 | 萤石 |
| 2 | 乌拉敖包萤石 | Ⅱ | 区内主要分布早中奥陶世哈拉组安山岩、细碧岩、安山质火山碎屑岩。岩体为早三叠世灰绿色中粗粒石英闪长岩、闪长岩等。异常区内断裂构造发育 | 萤石最高含量800粒。异常面积35.54km²，形态为南北向不规则状。萤石矿化主要分布在断裂构造裂隙中，以裂隙充填为主，一般为细脉状。伴生矿物为铁、锰等 | 找萤石矿有利地带 | 萤石 |
| 3 | 伊克乌苏南东萤石 | Ⅰ | 异常区北部为早泥盆世—晚志留世西别河组一岩段、二岩段结晶灰岩-长石石英砂岩建造；中部为晚白垩世二连组砂岩、砂质泥岩；南部为早二叠世苏吉组安山岩、流纹岩，晶屑凝灰岩等。异常区出露岩体为早白垩世绿灰色中粗粒闪长岩、二长花岗岩。区内北西向断裂发育，构造角砾岩带横穿异常区 | 萤石最高含量400粒，异常面积20.98km²，形态为北东向长条状。区中部有萤石矿床1处，萤石矿化以裂隙充填为主，一般呈脉状产出。伴生矿物为铁、锰等 | 找萤石矿有利地带 | 萤石 |

表 5-77　白音锡勒牧场-水头村预测工作区萤石矿自然重砂异常一览表

| 编号 | 异常名称 | 级别 | 地质情况 | 异常特征 | 评价 | 推断矿种 |
|---|---|---|---|---|---|---|
| 1 | 新林镇北 | Ⅲ | 异常区出露侏罗纪花岗闪长岩及第四系 | 异常呈长纺锤形，异常面积8km²，由1个4级、1个3级、1个Ⅱ级含量组成。最高含量70粒，花岗闪长岩与萤石异常有关 | 可作为找矿线索 | 萤石矿 |

**续表 5-77**

| 编号 | 异常名称 | 级别 | 地质情况 | 异常特征 | 评价 | 推断矿种 |
|---|---|---|---|---|---|---|
| 3 | 繁荣乡 | Ⅱ | 出露地层有二叠纪寿山组砂岩、泥岩,大石寨组中酸性火山岩、安山岩、流纹岩、含生物碎屑硅质岩,哲斯组粉砂岩、砂砾岩生物碎屑灰岩、林西组砂岩等。侵入岩有晚侏罗世黑云母二长花岗岩、花岗闪长岩。构造由寿山组、林西组组成北东向背向斜构造,北东向、北西向断裂较发育 | 异常形状为不规则的方形,异常面积 180km²,由2个Ⅳ级、9个Ⅲ级含量组成,异常区内有萤石矿化、硅化、褐铁矿化等蚀变,异常与岩体有关 | 异常与岩体有关,是成矿条件较好的异常 | 萤石矿 |
| 4 | 大营子村 | Ⅱ | 出露大石寨组和林西组中基性火山岩及砂岩、砂砾岩、生物碎屑灰岩。侵入岩有晚侏罗世正长花岗岩 | 异常呈长条状分布,由7个Ⅱ级含量组成,异常面积 43km²,区内有2处萤石矿点,有硅化、矽卡岩围岩蚀变 | 进一步工作,是有远景地区 | 萤石矿 |

**表 5-78　刘满壕预测工作区萤石矿自然重砂异常一览表**

| 编号 | 异常名称 | 级别 | 地质情况 | 异常特征 | 评价 | 推断矿种 |
|---|---|---|---|---|---|---|
| 1 | 乌努格吐北 | Ⅱ | 出露地层:中太古代哈达门沟组角闪斜长片麻岩、混合岩、斜长角闪岩、磁铁石英岩、大理岩等。侵入岩以三叠纪二云母花岗岩为主,少量二长花岗岩。构造以北西向断裂很发育 | 异常区似四方形,异常面积 95km²,由4个Ⅱ级含量组成,最高为20粒,区内有小型萤石矿床1处 | 进一步工作,有希望的地区 | 萤石矿 |
| 2 | 新呼热苏木 | Ⅰ | 出露中太古代哈达门沟组角闪黑云片麻岩,磁铁石英岩等。侵入岩为晚三叠世二长花岗岩及二叠纪闪长岩,北西向、东西向断裂发育 | 异常呈南北向长条状,异常面积 25km²,最高含量1805粒,区内有中型萤石矿床1处 | 可作为找矿线索 | 萤石矿 |
| 5 | 白石头沟村东 | Ⅱ | 异常区出露新太古代东五分子组,柳树沟组黑云斜长片岩、长石石英片岩,早白垩世白女羊盘组玄武岩、粗面玄武岩。侵入岩有晚三叠世二长花岗岩,新太古代英云闪长岩。区内北西向断裂发育 | 异常成长条状,长约10km,异常面积 84km²,最高含量50粒,区内小型萤石矿床1处,异常与岩体有关 | 可作为找矿线索 | 萤石矿 |

表 5-79 额济纳旗东七一山预测工作区萤石自然重砂异常一览表

| 编号 | 异常名称 | 级别 | 地质情况 | 异常特征 | 评价 | 推断矿种 |
| --- | --- | --- | --- | --- | --- | --- |
| 1 | 东七一山 | Ⅰ | 出露地层志留纪公婆泉组，圆包山组安山岩、玄武岩，以及灰岩、硅质岩、石英砂岩，奥陶纪白云山组。侵入岩有晚石炭世石英闪长岩、花岗闪长岩。北东向、南北向的断裂或裂隙很发育，构成矿液运移通道和沉淀场所 | 异常为不规则状，异常面积 167km$^2$，Ⅱ级含量 3 处、Ⅰ级含量 5 处，最高含量 3 粒。区内有大型萤石矿 1 处，围岩蚀变有硅化、高岭土化和赤铁矿化。异常与晚石炭世中酸性含矿热液有关 | 是一个较好的异常，应进一步工作 | 萤石矿 |

表 5-80 白彦敖包-石匠山预测工作区萤石自然重砂异常一览表

| 编号 | 异常名称 | 级别 | 地质情况 | 异常特征 | 评价 | 推断矿种 |
| --- | --- | --- | --- | --- | --- | --- |
| 1 | 红格尔图乡 | Ⅲ | 出露晚侏罗世玛尼吐组灰绿色致密块状安山岩，气孔-杏仁状安山岩、粗安岩。侵入岩有晚侏罗世斑状钾长花岗岩。北东向断裂构造很发育 | 异常呈三角形状，异常面积 8km$^2$，最高含量 1100 粒，由斑状钾长花岗岩引起 | 可作为找矿线索 | 萤石矿 |
| 2 | 大庙沟 | Ⅰ | 出露地质体以侵入岩为主，有晚侏罗世斑状二长花岗岩，二叠纪碱长花岗岩和石英二长岩。另有白云鄂博群呼吉尔图组和比鲁特组浅变质岩系。区内北东向、北西向断裂发育 | 异常呈“N”字形，异常面积 41km$^2$。最高含量 564 粒，区内有萤石小型矿床 1 处 | 可作为找矿线索 | 萤石矿 |

表 5-81 大西沟-桃海预测工作区萤石自然重砂异常一览表

| 编号 | 异常名称 | 级别 | 地质情况 | 异常特征 | 评价 | 推断矿种 |
| --- | --- | --- | --- | --- | --- | --- |
| 8 | 三姓庄 | Ⅱ | 出露地层有晚侏罗世满克头鄂博组流纹质凝灰岩、流纹岩，玛尼吐组安山岩、安山质凝灰岩，白音高老组流纹岩、流纹质凝灰岩。附近侵入岩有晚侏罗世石英正长岩、花岗斑岩。北北东向断裂及火山断裂比较发育 | 异常形状呈纺锤状，异常面积 7km$^2$，含量多为Ⅲ级、Ⅳ级，最高含量 2260 粒 | 可作为找矿线索 | 萤石矿 |

**续表 5-81**

| 编号 | 异常名称 | 级别 | 地质情况 | 异常特征 | 评价 | 推断矿种 |
|---|---|---|---|---|---|---|
| 1 | 大西沟 | Ⅰ | 出露晚侏罗世满克头鄂博组酸性火山岩,玛尼吐组中性火山岩。侵入岩有晚二叠世黑云母二长花岗岩、黑云母花岗岩。构造以北东向、北北东向断裂为主,次之为北西向断裂和北东向韧性剪切带 | 异常形态为三角形,异常面积 58km²,多为Ⅲ级、Ⅳ级含量,最高 17 940 粒,区内有大型萤石矿床 1 处。围岩蚀变有高岭土化、硅化 | 较好的异常,可进一步工作 | 萤石矿 |
| 2 | 四十家子乡 | Ⅱ | 出露少量寒武纪锦山组板岩、灰岩和砂岩等。侵入岩主要为中二叠世黑云母二长花岗岩,中侏罗世黑云母二长花岗岩及古元古代黑云母二长花岗岩。构造以北东向断裂及韧性剪切带为主 | 异常为椭圆形,异常面积 67km²,大部分为Ⅲ级含量组成。区内有小型萤石矿床 1 处,附近有大型、中型萤石矿各 1 处。区内有铜、铁、金矿点多处,并有铜金化探异常套合 | 地质环境良好,应进一步工作 | 萤石矿,铜、铁、金矿 |
| 3 | 三道沟门 | Ⅱ | 异常区出露主要为不同时代侵入体,有中二叠世黑云母二长花岗岩,早三叠世黑云母二长花岗岩,中侏罗世黑云母二长花岗,另有一些脉岩,如闪长岩脉、石英脉。构造以北东向韧性剪切带为主 | 异常形态为不规则状,异常面积 43km²,多为Ⅳ级和Ⅲ级,含量最高为 2580 粒 | 地质条件较好,可进一步工作 | 萤石矿 |
| 4 | 碾子沟 | Ⅰ | 出露晚侏罗世满克头鄂博组流纹质凝灰岩、流纹岩。侵入岩有早二叠世黑云母二长花岗岩,中二叠世黑云母二长花岗岩,早三叠世黑云母二长花岗岩及早白垩世黑云母二长花岗岩 | 异常为不规则状,异常面积 168km²,由 4 个Ⅳ级、多个Ⅲ级含量组成,最高 106 305 粒,区内有 1 个大型、3 个中型、4 个小型萤石矿床,以及 3 处铜矿点,1 处 Au 矿点,1 个锡石Ⅰ级化探异常 | 矿化良好,应进一步工作 | 萤石矿、铜、锡、金矿 |
| 5 | 存金沟乡 | Ⅲ | 出露地层有晚白垩世孙家湾组砂砾岩、粉砂岩及第四纪松散堆积物。岩浆岩有晚三叠世黑云母二长花岗岩,早白垩世黑云母二长花岗岩,中元古代黑云母二长花岗岩。北东向、北西向两组断裂比较发育 | 异常呈长条状,异常面积 39km²,样品多为Ⅲ级、Ⅱ级含量,最高 195 粒,区内有 3 处萤石矿点,异常周围有 Au、Fe 矿点分布 | 可作为找矿线索 | 萤石,铁、金矿 |

续表 5-81

| 编号 | 异常名称 | 级别 | 地质情况 | 异常特征 | 评价 | 推断矿种 |
|---|---|---|---|---|---|---|
| 6 | 大双庙沟南 | Ⅱ | 出露中太古代片麻岩，早白垩世义县组安山岩、玄武岩、凝灰岩。断裂有南北向及北东向两组。侵入岩可能有潜伏岩体存在 | 异常呈弧形，异常面积 $15km^2$，由1个Ⅳ级、2个Ⅲ级含量组成，最高480粒 | 可作为找矿线索 | 萤石 |

(12)自然重砂硫铁矿预测工作区，全区6个预测区圈出异常，共圈定25个硫铁矿异常，Ⅰ级异常5个，Ⅱ级异常8个，Ⅲ级异常12个(表5-82～表5-87)。

表 5-82 别鲁乌图-白乃庙预测工作区黄铁矿自然重砂异常一览表

| 编号 | 异常名称 | 级别 | 地质情况 | 异常特征 | 评价 | 推断矿种 |
|---|---|---|---|---|---|---|
| 1 | 白音朝克图苏木黄铁矿 | Ⅰ | 区内主要出露奥陶纪白乃庙组一岩段、二岩段，二叠纪三面井组砾岩、砂岩、千枚状板岩、灰岩。异常中部出露志留纪花岗闪长斑岩侵入白乃庙组一岩段、二岩段 | 重砂黄铁矿最高含量50粒，异常面积 $11.82km^2$，形态为北西向长条状。含硫重砂矿物主要为黄铁矿，黄铁矿产于白乃庙多金属矿化带，区内有白乃庙铜、金矿床，伴生矿物有磁铁矿、闪锌矿、方铅矿 | 为多金属矿化带，是铜、金、硫成矿有利地区 | 黄铁矿、铜矿、金矿 |

表 5-83 东升庙-甲生盘预测工作区黄铁矿自然重砂异常一览表

| 编号 | 异常名称 | 级别 | 地质情况 | 异常特征 | 评价 | 推断矿种 |
|---|---|---|---|---|---|---|
| 1 | 东升庙 | Ⅰ | 出露地层主要为中元古代书记沟组石英岩、石英片岩，阿古鲁沟组千枚状碳质粉砂岩、板岩、碳质粉砂质结晶灰岩，增隆昌组硅质条带灰岩、碳质白云质结晶灰岩。另有早白垩世李三沟组砂砾岩。侵入岩有石炭纪石英闪长岩，三叠纪二长花岗岩和太古宙闪长岩。构造特征：北东向逆断层和北西向平移断层较发育 | 异常北东向分布，异常面积 $165km^2$，由3个Ⅳ级、1个Ⅲ级、多个Ⅱ级含量组成，黄铁矿最高含量35 195粒，区内有大型铜铅锌矿床1处，大型大理岩矿床1处 | 成矿条件良好，应进一步工作 | 硫铁矿、铜铅锌矿 |

**续表 5-83**

| 编号 | 异常名称 | 级别 | 地质情况 | 异常特征 | 评价 | 推断矿种 |
|---|---|---|---|---|---|---|
| 2 | 炭窑口 | Ⅰ | 出露地层有中元古代阿古鲁沟组碳质结晶灰岩、碳质板岩、碳质方解片岩、绢云碳质千枚岩、碳质砂质结晶灰岩,增隆昌组变质长石石英砂岩,中太古代乌拉山岩群片麻岩,早二叠世大红山组砾岩、变质砂岩,早二叠世李三沟组碎屑岩建造。侵入岩有石炭纪二长花岗岩、石英闪长岩。北东向逆断层,北北东向平移断层很发育 | 异常形态呈东西向长圆状,异常面积 131km²,异常大部分由Ⅳ级和Ⅲ级含量组成,黄铁矿含量最高 210 271 粒,区内大型黄铁矿床 1 处,铜铅锌矿点 1 处 | 成矿条件有利,可进一步工作 | 硫铁矿、铜铁铅锌矿 |
| 3 | 霍各乞 | Ⅰ | 出露中元古代书记沟组石英岩、绢云石英片岩,阿古鲁沟组碳质细晶灰岩、碳质板岩。侵入体有志留纪闪长岩,二叠纪二长花岗岩及辉绿玢岩脉等。构造以北东向逆断层为主 | 异常呈椭圆形,异常面积 12km²,由 2 个Ⅳ级含量组成。黄铁矿最高含量 910 粒。区内有大型铅锌铜矿床 1 处,铜矿点 1 处,铁矿点多处,并有 Cu、Pb 化探异常 3 处 | 可作为找矿线索 | 硫铁矿、铁铜矿 |
| 4 | 乌兰呼都格 | Ⅱ | 出露地层渣尔泰山群阿古鲁沟组千枚状粉砂质板岩、碳质细晶灰岩、碳质板岩及乌拉山岩群片麻岩。侵入岩有二叠纪石英闪长岩,二长花岗岩。北东向逆断层很发育。中、小型石墨矿床各 1 处 | 异常呈长圆形,异常面积 46km²,由 2 个Ⅳ级、1 个Ⅲ级含量组成,黄铁矿最高含量 1330 粒。有中型硫铁矿床 1 处,黄铁矿点 1 处 | 异常较好,可进一步工作 | 硫铁矿、石墨矿 |

表 5-84 东升庙-甲生盘硫铁矿预测工作区黄铁矿自然重砂异常一览表

| 编号 | 异常名称 | 级别 | 地质情况 | 异常特征 | 评价 | 预测矿种 |
|---|---|---|---|---|---|---|
| 3 | 阿拉陶勒亥 | Ⅲ | 出露乌拉山岩群哈达门沟组角闪斜长片麻岩，中元古代白云鄂博群都拉哈拉组变质砾岩、变质石英砂岩，尖山组混合质黑云斜长片麻岩、板岩。侵入岩有中元古代石英闪长岩。构造以北西向断层为主，北西向破碎带发育 | 异常形状呈哑铃状，异常面积 88km$^2$，由 1 个Ⅳ级、2 个Ⅲ级、多个Ⅱ级含量组成，黄铁矿最高含量 1000 粒 | 可作为找矿线索 | 硫铁矿 |
| 4 | 西河日呼都格 | Ⅲ | 异常区内零星出露渣尔泰山群阿古鲁沟组千枚状碳质、粉砂质板岩，绢云片岩，石英片岩。侵入岩有晚三叠世二长花岗岩、二叠纪石英闪长岩及大量的闪长玢岩脉。构造以北东向、北北东向断裂为主 | 异常形态为半环状，异常面积 71km$^2$，由 2 个Ⅳ级、多个Ⅱ级含量组成，黄铁矿最高含量 3168 粒 | 有一定希望，应进一步工作 | 硫铁矿 |
| 5 | 秃手沟 | Ⅱ | 出露中太古代哈达门沟组角闪斜长片麻岩夹石英岩、板岩。侵入岩有新太古代斜长花岗岩及角闪岩脉、花岗岩脉、石英脉等脉岩 | 异常面积 117km$^2$，由 2 个Ⅳ级、4 个Ⅲ级含量组成，黄铁矿最高含量 800 粒，异常附近有铁、金、铜等矿点 | 可作为找矿线索 | 硫铁矿、铁铜金矿 |
| 6 | 行海沟 | Ⅱ | 出露渣尔泰山群书记沟组变质含砾长石石英砂岩、变质砾岩，增隆昌组碳质板岩、石英砂岩、大理岩等。另有新太古代东五分子组、柳树沟组变质岩系，侵入岩有古元古代英云闪长岩、闪长岩、中元古代英云闪长岩及二叠纪花岗岩等。区内北西向或近东西向逆断层非常发育 | 异常形状为长圆形，异常面积 176km$^2$，由 3 个Ⅲ级、多个Ⅱ级含量组成，黄铁矿最高含量 100 粒。区内有小型铁矿床 1 处，铁矿点 6 个，铜矿点 2 个 | 可作为找矿线索 | 硫铁矿、铁铜矿 |

表 5-85　东升庙-甲生盘预测工作区黄铁矿自然重砂异常一览表

| 编号 | 异常名称 | 级别 | 地质情况 | 异常特征 | 评价 | 预测矿种 |
|---|---|---|---|---|---|---|
| 1 | 德日斯太 | Ⅲ | 出露新太古代东五分子组，黑云斜长片岩、磁铁石英岩，中元古代增隆昌组碳质泥岩长石石英砂岩、结晶灰岩，书记沟组石英砂岩、长石石英砂岩。侵入岩有新太古代闪长岩，中元古代二长花岗岩、二叠纪二长花岗岩，近东西向逆断层发育 | 异常呈弯曲的带状，异常面积 63km²，异常由 1 个Ⅲ级、多个Ⅱ级含量组成，黄铁矿最高含量 100 粒，附近有一中型铁矿床，以及铜、锰矿点各 1 个 | 可作为找矿线索 | 硫铁矿、铁铜锰矿 |
| 4 | 黑云坡村 | Ⅱ | 出露渣尔泰山群书记沟组长石石英砂岩、长石砂岩，增隆昌组结晶灰岩、长石砂岩，阿古鲁沟组碳质板岩，含碳结晶灰岩，固阳组砂岩、泥岩。侵入岩有中元古代闪长岩、新太古代英云闪长岩、早二叠世石英二长闪长岩。构造：北西向逆断层发育 | 异常呈菱形，异常面积 42km²，主要由Ⅳ级和Ⅱ级含量组成，黄铁矿最高 114 832粒，异常区附近有铜矿点 1 处，放射性异常 1 处，并与 Cu、Pb 化探异常套合 | 成矿条件有利，可进一步工作 | 硫铁矿、铜、铅、放射性矿 |

表 5-86　朝不楞预测工作区黄铁矿自然重砂异常一览表

| 编号 | 异常名称 | 级别 | 地质情况 | 异常特征 | 评价 | 预测矿种 |
|---|---|---|---|---|---|---|
| 3 | 额仁嘎比南 | Ⅰ | 出露有奥陶纪多宝山组流纹岩、英安岩、晶屑凝灰岩，石炭纪—二叠纪宝力高庙组火山熔岩、安山质晶屑灰岩、安山岩夹含细砂灰岩，晚侏罗世满克头鄂博组酸性火山岩。侵入岩有晚侏罗世花岗斑岩、石英二长闪长岩，早二叠世石英闪长岩 | 异常形状不规则，异常面积 90km²，由 3 个Ⅳ级、9 个Ⅱ级含量组成，最高含量 100 粒，区内有小型铁锰矿床 1 处，并与锌化探 1 级异常套合 | 异常条件较好，可进一步工作 | 硫铁矿、锰锌矿 |

表 5-87　拜仁达坝-哈拉白旗预测工作区黄铁矿自然重砂异常一览表

| 编号 | 异常名称 | 级别 | 地质情况 | 异常特征 | 评价 | 预测矿种 |
|---|---|---|---|---|---|---|
| 1 | 巴尔钦 | Ⅱ | 异常区出露中侏罗世塔木兰沟组基性火山熔岩，火山碎屑岩，早中二叠世大石寨组武玄岩、安山岩、细碧角斑岩、安山质凝灰岩，早二叠世哲斯组结晶灰岩、长石石英砂岩、杂砂岩、板岩。侵入岩有海西期闪长岩。北东向逆断层，北西向平推断层发育 | 异常呈长椭圆形，异常面积 48km²，有 2 个Ⅳ级含量，最高 2120 粒 | 可作为找矿线索 | 硫铁矿 |
| 3 | 二间房 | Ⅱ | 出露有早中二叠世大石寨组，晚二叠世林西组，晚侏罗世满克头鄂博组、白音高老组，侵入岩有燕山早期黑云母二长花岗岩、花岗岩。区内北东向断裂比较发育 | 异常形态为东西向不规则状，异常面积 389km²，样品大多为Ⅲ级、Ⅳ级含量，最高 287 粒。围岩蚀变有硅化、矽卡岩化，并有铅锌矿点 4 处，黄铁矿点、锡矿点各 1 处，区内 Cu、PbZnⅠ级化探异常、CuⅢ级化探异常，PbⅢ级重砂异常套合 | 成矿条件好，应进一步工作 | 硫铁矿、铅锌矿、铜矿 |
| 4 | 大营子村 | Ⅱ | 出露早中二叠世大石寨组、晚二叠世林西组、晚侏罗世满克头鄂博组。区内有晚侏罗世花岗斑岩、正长花岗岩。断裂构造比较发育。围岩蚀变有硅化、黄铁矿化 | 异常形状为三角形，异常面积 240km²，重砂样品多为Ⅱ～Ⅳ级含量，最高 240 粒，有铜铅锌矿点两处，钨、金矿点各 1 处，并与铅Ⅰ级重砂异常、锡Ⅰ级重砂异常套合 | 可进一步工作 | 硫铁矿、铜铅锌钨金矿 |
| 5 | 十二吐乡 | Ⅲ | 出露中二叠世哲斯组、晚侏罗世满克头鄂博组。侵入岩有晚侏罗世黑云母二长花岗岩 | 异常形态不规则，异常面积 132km²，样品含量为 2 个Ⅲ级、多个Ⅱ级，最高为 30 粒。区内有锡Ⅲ级重砂异常套合，附近有铅锌Ⅲ级重砂异常 | 可作为找矿线索 | 硫铁矿、铅锌矿 |

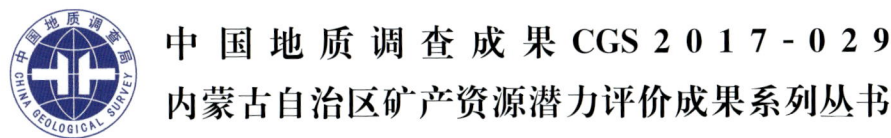

中国地质调查成果 CGS 2017-029
内蒙古自治区矿产资源潜力评价成果系列丛书

# 内蒙古自治区重要矿产资源潜力评价项目成果报告

## （中册）

NEIMENGGU ZIZHIQU ZHONGYAO KUANGCHAN ZIYUAN QIANLI PINGJIA XIANGMU CHENGGUO BAOGAO

许立权　张　彤　赵文涛　苏美霞
任亦萍　贾金富　张　青　张　浩　等著

中国地质大学出版社
ZHONGGUO DIZHI DAXUE CHUBANSHE

**内容摘要**

本书详细阐述了内蒙古自治区矿产资源潜力评价项目组8年来在地质背景、成矿规律、重力、磁法、化探、遥感、自然重砂、矿产预测及综合信息等专题所取得的各项工作成果。对内蒙古自治区铁、铝、铜、金、铅、锌、钨、稀土、锑、磷、镍、钼、锰、银、锡、铬、硫、萤石、菱镁矿、重晶石、煤21个重要矿种的成矿地质背景，地球物理化学、遥感、自然重砂条件等进行了详细的研究及论述；对各矿种典型矿床和成矿规律进行了剖析及研究总结，对全区综合矿种的成矿规律进行了更进一步的归纳描述；分别对单矿种、综合矿种预测成果进行了汇总分析，提出了内蒙古自治区矿产资源潜力较大的三级成矿区，按综合预测区划分了综合矿种的勘查建议区、未来开发基地，并作出了重要评价，为内蒙古自治区未来矿产勘查工作提供了依据。

**图书在版编目(CIP)数据**

内蒙古自治区重要矿产资源潜力评价项目成果报告/许立权等著.—武汉：中国地质大学出版社，2021.12

(内蒙古自治区矿产资源潜力评价成果系列丛书)

ISBN 978-7-5625-5129-4

Ⅰ.①内…

Ⅱ.①许…

Ⅲ.①矿产资源-资源潜力-资源评价-研究报告-内蒙古

Ⅳ.①F426.1

中国版本图书馆CIP数据核字(2021)第208570号

**内蒙古自治区重要矿产资源潜力评价项目成果报告(中册)**

许立权　张　彤　赵文涛　苏美霞　任亦萍　贾金富　张　青　张　浩　等著

责任编辑：胡珞兰　　选题策划：毕克成　刘桂涛　　责任校对：何澍语

出版发行：中国地质大学出版社(武汉市洪山区鲁磨路388号)　　邮编：430074

电　话：(027)67883511　　传　真：(027)67883580　　E-mail：cbb@cug.edu.cn

经　销：全国新华书店　　http://cugp.cug.edu.cn

开本：880毫米×1230毫米　1/16　　字数：2843千字　印张：86　插页：15

版次：2021年12月第1版　　印次：2021年12月第1次印刷

印刷：湖北新华印务有限公司　　印数：1—900册

ISBN 978-7-5625-5129-4　　定价：980.00元(上、中、下册)

如有印装质量问题请与印刷厂联系调换

# 目录

# 第六章　典型矿床及成矿规律

## 第一节　矿产资源概况

内蒙古自治区地处古亚洲成矿域和滨太平洋成矿域两大成矿域，前者呈近东西向带状分布，后者呈北东向叠加在前者之上。西南端有一小部分跨入秦祁昆成矿域。区内地层发育较齐全，地质构造复杂，岩浆活动强烈，成矿地质条件优越。

截至2010年底，内蒙古自治区查明资源储量的矿产共103种(含亚种)，列入《内蒙古自治区矿产资源储量表》的矿产为99种(石油、天然气、铀矿、地热由国土资源部统计管理)。内蒙古自治区共查明矿产地1696处(能源矿产地548处、金属矿产地827处、非金属矿产地321处)，已开发利用的矿产有84种，开发利用矿产地1227处。

在成矿区域上，矿产资源集中分布于"四带"和"三盆"内。"四带"指华北陆块北缘成矿带(包括东段和西段)、突泉-翁牛特旗成矿带、东乌珠穆沁旗-嫩江成矿带和新巴尔虎右旗-根河成矿带，蕴藏了内蒙古自治区两大稀土稀有矿床、95%以上的有色金属储量和90%以上的铁矿石储量。"三盆"即鄂尔多斯盆地、二连盆地(群)和海拉尔盆地(群)，集中了全区90%以上的煤炭资源，亦是石油、天然气和铀矿的主要产地。

在地域分布上，东部区以有色多金属为主，其次为能源和非金属矿产；中部区以能源、黑色金属、有色金属、贵金属、稀有稀土金属为主，其次是非金属矿产；西部区以能源、非金属矿产为主，其次为金属矿产。

总体上内蒙古自治区区域矿产资源的主要特点表现为：以煤和石油、天然气为主的能源矿产品种较齐全，储量丰富，是国家重要的能源基地；稀土资源得天独厚，为世界最大的稀土原料生产和供应基地；有色金属矿产资源分布集中，储量丰富，具有规模化开发的地理条件；非金属矿产种类繁多，分布广。

**1. 铁矿**

内蒙古自治区铁矿从太古宙到中新生代均有不同程度的分布，成因类型多样，数量上以沉积变质型最多，其次为接触交代型及热液型；储量上以喷流沉积型和沉积变质型为主；矿床规模上以小型矿床、矿点为主，大型、特大型矿床少；区域上集中分布在华北陆块北缘西段包头至集宁地区。总体上具有时间跨度大、成因复杂、类型多且分布相对集中的特点。

截至2010年底，全区铁矿上表单元408个，除14个为共生上表单元外，其余394处均为单一或以铁为主的矿产地。统计到矿区为385处，其中，特大型矿床有1处，大、中、小型矿床分别为3处、34处、221处，其余为矿点。全区累计查明铁矿资源储量40.77亿t，其中基础储量15.53亿t，资源量25.24亿t。大中型矿床占据了内蒙古铁矿总资源量的80%。

全区12个盟市均有探明的铁矿资源，但主要分布在包头市、赤峰市和巴彦淖尔市，3个市的铁矿保有资源储量占全区的 79.5%。

**2. 锰矿**

截至 2010 年,内蒙古全区锰矿上表矿区(床)10 处,多以共生和伴生矿产出,独立锰矿床较少。累计查明资源储量(矿石量)1 404.8 万 t,其中仅有 1 处中型矿床,其余为矿点。

内蒙古锰矿床成因类型主要有热液型和沉积变质型。

空间上,中元古代沉积变质型锰矿分布在华北陆块北缘狼山-渣尔泰山裂陷槽(华北陆块北缘西段成矿带),古生代及中生代热液型锰矿则主要分布在大兴安岭弧盆系(大兴安岭成矿省),华北陆块北缘由于中生代构造岩浆活化也有少量银锰矿分布。

**3. 铬铁矿**

内蒙古自治区铬铁矿主要分布在区内的几条蛇绿岩带上,成因类型为地幔岩局部熔融改造型。截至 2010 年,上表的铬矿床有 9 处,独立铬铁矿 7 处,伴生矿床 2 处,其中小型矿床 3 处,其余为矿点。保有资源储量(矿石量)258.7 万 t,累计查明资源储量 304.9 万 t。

**4. 铜矿**

内蒙古自治区铜矿主要分布在大兴安岭弧盆系中,华北陆块北缘亦有少量分布;矿床成因类型复杂,数量上以热液型居多,储量则以斑岩型最多;矿床规模以小型和矿点为主,大型和特大型少,目前仅各发现 1 处;成矿时代上以中生代为主,其次为元古宙和古生代。

截至 2010 年,全区铜矿上表单元为 153 个,除 46 个共生上表单元和 55 个伴生上表单元外,统计到矿区 140 处,其中特大型 1 处,大、中、小型分别为 2 处、8 处、98 处,其余为矿点。全区累计查明铜金属资源储量为 667.46 万 t,其中基础储量 391.97 万 t,资源量 275.49 万 t。

全区铜矿资源主要分布在呼伦贝尔市、巴彦淖尔市、赤峰市、锡林郭勒盟和乌兰察布市,5 个盟市铜金属资源储量合计占全区保有资源储量的 96.4%。

内蒙古铜矿床按成因类型主要为斑岩型、海底喷流沉积-改造型、火山-次火山岩型、热液型(狭义)、矽卡岩型以及与超基性岩有关的铜-镍硫化物型 6 种类型。其中以斑岩型、喷流沉积-改造型、火山-次火山岩型及热液型为主要类型,其他成因类型多为小型矿床、矿点及矿化点。

**5. 铅锌矿**

铅锌矿是内蒙古自治区的优势矿种,铅、锌矿都是多组分共生复合矿体构成矿床,很少以单一矿种产出,铅矿以铅锌共生矿床为主,锌矿则产出于以锌为主的多金属矿床。内蒙古自治区的铅锌矿分布相对集中,从矿床数量上看主要分布在大兴安岭中南段,从储量上看主要集中在华北陆块北缘西段乌拉特中旗、大兴安岭中南段和得尔布干地区。矿床成因类型以热液型为主,其次为矽卡岩型和喷流沉积型;矿床规模以小型和矿点为主;成矿时代上一老一新,即古元古代和中生代是重要的成矿期。

截至 2010 年,全区共有铅矿上表单元 151 处,锌矿上表单元 163 处,统计到矿区 148 处,其中铅矿大、中、小型矿床分别有 7 处、23 处、73 处,锌矿规模达到特大型的有 1 处,大、中、小型矿床分别有 12 处、25 处、70 处,其余为矿点。全区累计查明铅金属资源储量为 1 029.18 万 t,其中基础储量 341.12 万 t、资源量 688.06 万 t;锌金属资源储量 2 174.42 万 t,其中基础储量 707.96 万 t、资源量 1 466.46 万 t。

铅锌矿主要分布在巴彦淖尔市、赤峰市、呼伦贝尔市、锡林郭勒盟,4 个盟市合计铅锌分别占全区保有资源储量的 90.6%和 94.4%。

**6. 钼矿**

内蒙古自治区钼矿床近几年的矿产勘查有非常大的突破,新发现有岔路口超大型钼铅锌矿、曹四夭超大型钼矿、迪彦钦阿木超大型钼矿、查干花大型钼矿、大苏计大型钼矿等，显示了在内蒙古自治区内的华北陆块北缘、大兴安岭地区钼矿有非常大的成矿潜力。目前大、中型钼矿床主要分布在得尔布干、大兴安岭北段、华北陆块北缘及大兴安岭中南段。

截至 2010 年，全区共有钼矿上表单元 52 个，其中单一和以钼为主矿产的钼矿产地 21 处，共生钼矿上表单元 18 个，伴生钼矿上表单元 13 个。累计查明资源储量 113 万 t。此外，近年新发现还未上表的矿区共计 57 处，多数矿床规模比较大，未上表资源储量已超过 250 万 t。

内蒙古自治区钼矿床类型主要有斑岩型、热液型、矽卡岩型及沉积变质型。其中以斑岩型为主，其他成因类型多为中小型矿床、矿点或矿化点。

**7. 钨矿**

截至 2010 年，全区共有钨矿上表单元 24 个，其中包括钨矿产地 12 处，共生钨矿上表单元 3 个，伴生钨矿上表单元 9 个，大型矿床 2 处，中型矿床 1 处，其余为矿点。全区钨矿累计查明资源储量钨矿 12.50 万 t，其中基础储量 4.97 万 t，资源量 7.53 万 t。

全区钨矿主要分布在赤峰市、锡林郭勒盟和阿拉善盟，3 个盟市保有资源储量占全区的 99%。

钨矿类型比较单一，主要为热液脉型，为以钨为主的钨矿床，少量伴生的钨矿为矽卡岩型。矿床与燕山期的花岗岩关系密切，为岩浆期后热液成矿。

**8. 锑矿**

内蒙古自治区仅有锑矿 1 处。查明资源储量 907t，矿床规模为矿点，分布在阿拉善右旗的阿木乌苏地区。锑矿的成因类型为低温热液型。

**9. 锡矿**

截至 2010 年，全区锡矿上表单元 15 个，包括以锡为主矿产的矿产地 5 处，共生锡矿上表单元 5 个，伴生锡矿上表单元 5 个。累计查明资源储量 403 699t，其中大型矿床 1 处，中型 5 处，其余为小型矿床或矿点。多数为共生和伴生矿床，独立锡矿床较少。

内蒙古自治区锡矿床类型主要为热液型、矽卡岩型，少量为斑岩型。具有热液型分布广泛、成矿规模较小、矽卡岩型分布集中、成矿规模大的特点。没有单一的锡矿床，多与一种或两种以上金属矿物共生。

**10. 镍矿**

内蒙古自治区已知镍矿床数量不多，截至 2010 年，全区已探明储量的镍矿床及共伴生镍矿床有 12 处，包括正在进行普查（部分详查）阶段工作、规模已达中型的乌拉特后旗达布逊镍钴矿以及刚完成预查工作的阿拉善左旗小亚干铜镍钴多金属矿。其中上表累计查明镍矿资源储量 101 973t，中型矿床 2 处，其余为小型矿床或矿点。多数为共生和伴生矿床，独立镍矿床较少。

内蒙古镍矿床类型有风化壳型、超基性—基性铜-镍硫化物型及沉积变质型 3 种。其中以超基性—基性铜-镍硫化物型为主，其他成因类型数量不多。

内蒙古自治区内已探明的镍矿点、矿化点，多沿华北陆块北缘深断裂带、二连-贺根山蛇绿混杂岩带分布，此外在额济纳旗-北山弧盆系以及秦祁昆造山系也有分布。

**11. 金矿**

内蒙古自治区金矿资源分布相对比较集中，主要分布在华北陆块北缘乌拉特中旗-包头-赤峰地区，其他地区零星分布；成因比较复杂，类型多样，以岩浆热液型为主；矿床规模以小型及矿点为主；中生代是最重要的金矿成矿期，其次为元古宙和古生代。

截至2010年,全区共有金矿上表单元203个,其中单一和以金为主矿产的金矿产地161处,共生金矿上表单元6个,伴生金矿上表单元36个,大、中、小型矿床分别有5处、20处、117处,其余为矿点。全区累计查明的金资源储量为504.46t,其中基础储量326.69t,资源量177.77t。

区内原生金矿具有多来源、多成因及不同时代叠加的特点。根据各类金矿床的主要成矿地质作用、赋矿岩石建造及矿床特征等因素,将本区金矿划分为岩浆热液型、火山岩型、斑岩型、绿岩型及砂金等,其中岩浆热液型是金矿主要的成因类型。

**12. 银矿**

内蒙古银矿床集中分布在新巴尔虎右旗、突泉—林西—官地、内蒙古中部武川县—察右旗等地,在中西部地区有零星的伴生银矿床分布。截至2010年,全区共有银矿上表单元214个,其中单一和以银为主共伴生其他矿产的银矿产地24处,共生银矿上表单元31个,伴生银矿上表单元159个。累计查明银矿资源储量31 521t,其中基础储量11 571t,资源量19 950t。大型矿床7处、中型26处、小型134处、矿(化)点75处。

银多与金铅锌等多金属共伴生,单独银矿较少。银、银多金属矿多与燕山期火山-侵入岩浆活动有关,成因类型主要为热液型和矽卡岩型。

内蒙古自治区内已探明的银矿点、矿化点多沿华北陆块北缘深断裂带两侧及得尔布干断裂带之北西侧分布,集中分布在大兴安岭弧盆系。该区内矿床个数占全区矿床的52%,已探明储量占全区储量的78%。

**13. 铝土矿**

内蒙古自治区内高铝黏土、硬质耐火黏土矿床均赋存于奥陶纪灰岩侵蚀面上和石炭纪本溪组下部地层中,常与山西式铁矿伴生,属陆台型滨海潟湖相胶体化学沉积,区域上称之为G层铝土矿。区内该层铝土矿分布较为普遍,黄河两岸本溪组出露地区均能见到。

**14. 稀土矿**

内蒙古自治区是中国乃至世界重要的稀土生产加工基地,分布有世界级超大型规模的白云鄂博铁稀土矿床和巴尔哲大型稀土矿床。

截至2010年,全区共有稀土矿上表单元7个,其中包括稀土矿产地2处,共生稀土矿上表单元2个,伴生稀土矿上表单元3个。累计查明稀土氧化物资源储量18 065.41万t,其中基础储量3 730.71万t,资源量14 334.70万t。

稀土矿床主要分布于古元古界、中元古界、下白垩统。元古宙和中生代是两个重要的稀土成矿期。稀土矿的成因类型主要有沉积变质型、沉积型、岩浆型。

在空间位置上,内蒙古自治区稀土矿主要集中分布在华北陆块北缘白云鄂博一带,其次分布于巴尔哲地区,在集宁三道沟、阿拉善右旗桃花拉山等地也有少量分布。每个地区稀土矿的成因类型、形成时代等都各有特点。

**15. 硫铁矿**

截至2010年,全区共有硫铁矿上表单元32处,其中单一和以硫铁矿为主矿产的矿产地8处,共生硫铁矿上表单元5个,伴生硫铁矿上表单元19个。全区累计查明硫铁矿矿石量40 657.1万t,其中基础储量17 380.0万t,资源量23 277.1万t。硫铁矿集中分布在巴彦淖尔市,主要有东升庙、炭窑口、甲升盘、山片沟、对门山等大中型硫铁矿多金属矿区,保有资源储量占全区的94.6%。

硫铁矿成因类型主要有海底喷流沉积型、沉积型、岩浆热液型和海相火山岩型,以海底喷流沉积型最为重要。

**16. 磷矿**

截至 2009 年底，内蒙古自治区上表磷矿区 3 处（布龙图磷矿、炭窑口磷矿、哈马胡头沟磷矿），提交资源量的磷矿区 12 处。

磷矿成因类型主要有沉积变质型、沉积型和岩浆岩型。

内蒙古自治区已发现磷矿床（点）集中分布在华北陆块中西部地区。成矿时代主要集中在前寒武纪，中元古代是重要的成矿期。

**17. 菱镁矿**

内蒙古自治区菱镁矿矿床（点）分布在内蒙古自治区索伦山和贺根山地区。矿床成因类型为风化壳型，为察汗奴鲁式风化壳型菱镁矿。

**18. 萤石矿**

在内蒙古自治区内，总体上大型矿床数量较少，占据萤石矿主导地位的应属小型矿床，其次为中型矿床，矿床的分布从地域上来看不是很集中，自最西端的额济纳旗至东部的鄂伦春自治旗，南起阿拉善盟北至额尔古纳市均发现有不同规模的萤石矿床、矿（化）点多处。萤石矿成因类型主要有沉积改造型、热液充填型、伴生萤石矿 3 种，其中以热液充填型为主。

**19. 重晶石矿**

目前仅发现巴升河重晶石矿床 1 处。该矿床位于呼伦贝尔市扎兰屯市塔尔气镇南偏东 20km。

## 第二节　矿产预测类型划分及其分布

矿产预测类型是开展矿产预测工作的基本单元。凡是由同一地质作用形成的，成矿要素和预测要求基本一致，可以在同一张预测底图上完成预测工作的矿床、矿点和矿化线索并归为同一矿产预测类型。同一矿种存在多种矿产预测类型，不同矿种组合可能为同一矿产预测类型，同一成因类型可能有多种矿产预测类型，不同成因类型组合可能为同一矿产预测类型。

内蒙古自治区按照各矿床成因类型、成矿要素、成矿时代等特征共划分出 19 种矿产预测类型，包括沉积（变质）型、（火山）-沉积变质型、沉积型、海相沉积型、风化壳型、古风化壳沉积型（碳酸盐类）、陆相火山岩型、海相火山岩型、花岗-绿岩型、花岗岩型、超基性—基性铜-镍硫化物型、接触交代-热液型（矽卡岩型）、陆相火山-次火山（热液）型、蛇绿岩型（地幔岩局熔改造亚型）、岩浆热液型、变质碎屑岩中热液型、层控热液型、岩浆型、斑岩型（表 6-1）。

### 一、黑色金属

内蒙古自治区涉及的黑色金属包括铁矿、铬铁矿、锰矿。

其中铁矿按照矿床成因分为 4 种预测类型：沉积（变质）型、沉积型、海相火山岩型及接触交代-热液型。沉积（变质）型铁矿是区内重要的铁矿床类型，主要分布在华北陆块北缘的包头-集宁地区和赤峰地区，在乌海市及阿拉善盟也有少量分布，赋存于新太古代色尔腾山岩群、中太古代乌拉山岩群及古太古代兴和岩群中。沉积型铁矿床主要有陆相沉积型及海底喷流沉积型两种，前者主要分布在华北陆块上，

表 6-1　内蒙古自治区单矿种矿产预测类型划分一览表

| 矿种 | 成因类型 | 矿产预测类型 | 预测类型亚类(矿床式) |
| --- | --- | --- | --- |
| 铬铁矿 | 蛇绿岩型 | 蛇绿岩型(地幔岩局熔改造亚型) | 呼和哈达式、柯单山式、赫格敖拉式、索伦山式 |
| 金矿 | 沉积-热液改造型 | 变质碎屑岩中热液型 | 朱拉扎嘎式、浩尧尔忽洞式 |
| | 岩浆热液型 | 风化壳型 | 老硐沟式 |
| | 绿岩型 | 花岗-绿岩型 | 新地沟式 |
| | 陆相火山岩型 | 陆相火山岩型 | 四五牧场式、古利库式、陈家杖子式 |
| | 石英脉型、热液型、破碎蚀变岩型、斑岩型 | 岩浆热液型 | 赛乌素式、乌拉山式、巴音温都尔式、金厂沟梁式、碱泉子式、巴音杭盖式、三个井式、白乃庙式、十八顷壕式、小伊诺盖沟式、毕力赫式 |
| 铝土矿 | 风化壳型 | 古风化壳沉积型(碳酸盐类) | 城坡式 |
| 锰矿 | 热液型 | 陆相火山岩型 | 额仁陶勒盖式 |
| | 热液型 | 海相火山岩型 | 西里庙式 |
| | 沉积变质型 | (火山)-沉积变质型 | 东加干式、乔二沟式 |
| | 热液型 | 风化壳型 | 李清地式 |
| 钼矿 | 斑岩型 | 斑岩型 | 乌兰德勒式、乌努格吐山式、太平沟式、敖仑花式、大苏计式、小狐狸山式、小东沟式、查干花式、比鲁甘干式、岔路口式 |
| | 沉积变质型 | 沉积(变质)型 | 元山子式 |
| | 矽卡岩型 | 矽卡岩型(接触交代-热液型) | 梨子山式 |
| | 岩浆热液型 | 岩浆热液型 | 曹家屯式 |
| 镍矿 | 铜-镍硫化物型、风化壳型 | 超基性—基性铜-镍硫化物型 | 小南山式、达布逊式、亚干式、哈拉图庙式、白音胡硕式 |
| | 沉积变质型 | 沉积(变质)型 | 元山子式 |
| 铅锌矿 | 海底喷流沉积型 | (火山)-沉积变质型 | 东升庙式 |
| | 火山岩型、热液型 | 陆相火山岩型 | 比利亚谷式、扎木钦式、甲乌拉式 |
| | 热液型 | 陆相火山-次火山(热液)型 | 李清地式 |
| | 矽卡岩型 | 矽卡岩型 | 查干敖包式、白音诺尔式、余家窝铺式 |
| | 热液型 | 岩浆热液型 | 天桥沟式、阿尔哈达式、长春岭式、拜仁达坝式、孟恩陶勒盖式、花敖包特式、代兰塔拉式 |
| 锑矿 | 热液型 | 岩浆热液型 | 阿木乌苏式 |
| 铁矿 | 海底喷流沉积-热液改造型,沉积变质型 | 沉积(变质)型 | 白云鄂博式、壕赖沟式、三合明式、贾格尔其庙式 |
| | 海底喷流沉积-改造型,沉积型,岩浆热液期后-风化淋滤型 | 沉积型 | 霍各乞式、雀儿沟式、百灵庙式 |
| | 海相火山岩型 | 海相火山岩型 | 黑鹰山式、谢尔塔拉式、温都尔庙式 |
| | 矽卡岩型(接触交代-热液型) | 接触交代-热液型 | 额里图式、朝不楞式、黄岗梁式、乌珠尔嘎顺式、哈拉火烧式、马鞍山式、地营子式、神山式、梨子山式、卡休他他式、克布勒式、索索井式 |

续表 6-1

| 矿种 | 成因类型 | 矿产预测类型 | 预测类型亚类(矿床式) |
|---|---|---|---|
| 铜矿 | 海底喷流沉积-改造型 | (火山)-沉积变质型 | 霍各乞式 |
| | 斑岩型 | 斑岩型 | 乌努格吐山式、敖瑙达巴式、车户沟式、珠斯楞式 |
| | 火山-次火山岩型、海相火山岩型 | 海相火山岩型 | 查干哈达庙式、白乃庙式、小坝梁式、奥尤特式 |
| | 矽卡岩型 | 矽卡岩型 | 宫胡洞式、罕达盖式、盖沙图式 |
| | 热液型 | 岩浆热液型 | 白马石沟式、布敦花式、道伦达坝式、欧布拉格式 |
| | 与超基性岩有关的铜镍硫化物型 | 岩浆型(超基性一基性铜-镍硫化物型) | 小南山式、亚干式 |
| 钨矿 | 热液脉型 | 花岗岩型(石英脉型) | 沙麦式、白石头洼式、大麦地式、乌日尼图式 |
| | 热液脉型 | 花岗岩型(岩体型) | 七一山式 |
| 稀土矿 | 沉积变质型 | 沉积变质型 | 白云鄂博式、桃花拉山式 |
| | 岩浆型 | 岩浆型 | 巴尔哲式、三道沟式 |
| 锡矿 | 热液型 | 花岗岩型(石英脉型) | 毛登式、千斤沟式 |
| | 热液型 | 花岗岩型(锡石-硫化物型) | 大井子式 |
| | 矽卡岩型 | 接触交代-热液型 | 朝不楞式、黄岗梁式 |
| | 热液型 | 岩浆热液型 | 孟恩陶勒盖式 |
| 银矿 | 热液型 | 岩浆热液型 | 花敖包特式、拜仁达坝式、孟恩陶勒盖式 |
| | 热液型 | 陆相火山-次火山(热液)型 | 李清地式、吉林宝力格式、额仁陶勒盖式、官地式、比利亚谷式 |
| 萤石矿 | 热液型 | 层控热液型 | 苏莫查干式 |
| | 热液型 | 岩浆热液型 | 神螺山式、东七一山式、恩格勒式、库伦敖包式、黑沙图式、白音脑包式、白彦敖包式、东井子式、跃进式、苏达勒式、大西沟式、陈道沟式、昆库力式、哈达汗式、六合屯式、白音锡勒牧场式 |
| 重晶石矿 | 热液型 | 热液型 | 巴升河式 |
| 磷矿 | 沉积型 | 海相沉积型 | 哈马胡头沟式、正目观式 |
| | 沉积变质型 | 沉积(变质)型 | 布龙图式、炭窑口式 |
| | 岩浆型 | 岩浆型 | 三道沟式、盘路沟式 |
| 菱镁矿 | 热液型 | 热液型 | 察汗奴鲁式 |
| 硫铁矿 | 海底喷流-沉积矿床 | 沉积(变质)型 | 东升庙式、炭窑口式、山片沟式 |
| | 沉积型 | 沉积型 | 榆树湾式、别鲁乌图式 |
| | 火山沉积-热液型、岩浆热液型 | 海相火山岩型 | 六一式、驼峰山式 |

矿床规模多为小型,成矿时代为石炭纪—二叠纪,例如雀儿沟铁矿;后者代表矿床为霍各乞,分布在狼山-渣尔泰山中元古代裂谷内,赋矿地层为阿古鲁沟组碳质板岩内。本区海相火山岩型铁矿主要为与海相中偏基性(或偏酸性)火山活动有关的铁矿床,代表矿床为中元古代温都尔庙式海相火山岩型铁矿和晚古生代黑鹰山式海相火山岩型铁矿,二者均分布在天山-兴蒙造山系中。接触交代-热液型铁矿床在内蒙古自治区分布最为广泛,在东部、中部、西部均有分布。成矿时代以古生代和中生代为主(图 6-1)。

锰矿根据矿床成因类型、矿石类型及主要控矿因素分为陆相火山岩型、海相火山岩型、(火山)-沉积变质型及风化壳型 4 种。陆相火山岩型锰矿的代表是额仁陶勒盖矿床,主要分布于内蒙古东部,成矿作用与晚侏罗世塔木兰沟组玄武安山质火山-次火山作用有关。西里庙式热液型锰矿位于内蒙古自治区四子王旗,成矿机制中火山热液活动起主导作用,特别是与中二叠世的潜火山岩关系密切,预测类型为海相火山岩型。(火山)-沉积变质型锰矿床赋存于地层中,受到后期变质作用的改造,以东加干、乔二沟为代表矿床,预测工作区分布于内蒙古中部地区。李清地锰矿由于赋矿于新太古代集宁岩群变质岩系中的燕山期热液铅锌多金属硫化物矿体的风化锰帽,因此预测类型为风化壳型,分布于内蒙古中部地区(图 6-1)。

内蒙古自治区铬铁矿均为产于蛇绿岩中的变质地幔岩局部熔融改造型,成因与板块活动有关,主要分布于索伦山蛇绿岩带、贺根山蛇绿岩带及柯单山蛇绿岩带内的超镁铁质岩块内(图 6-1)。

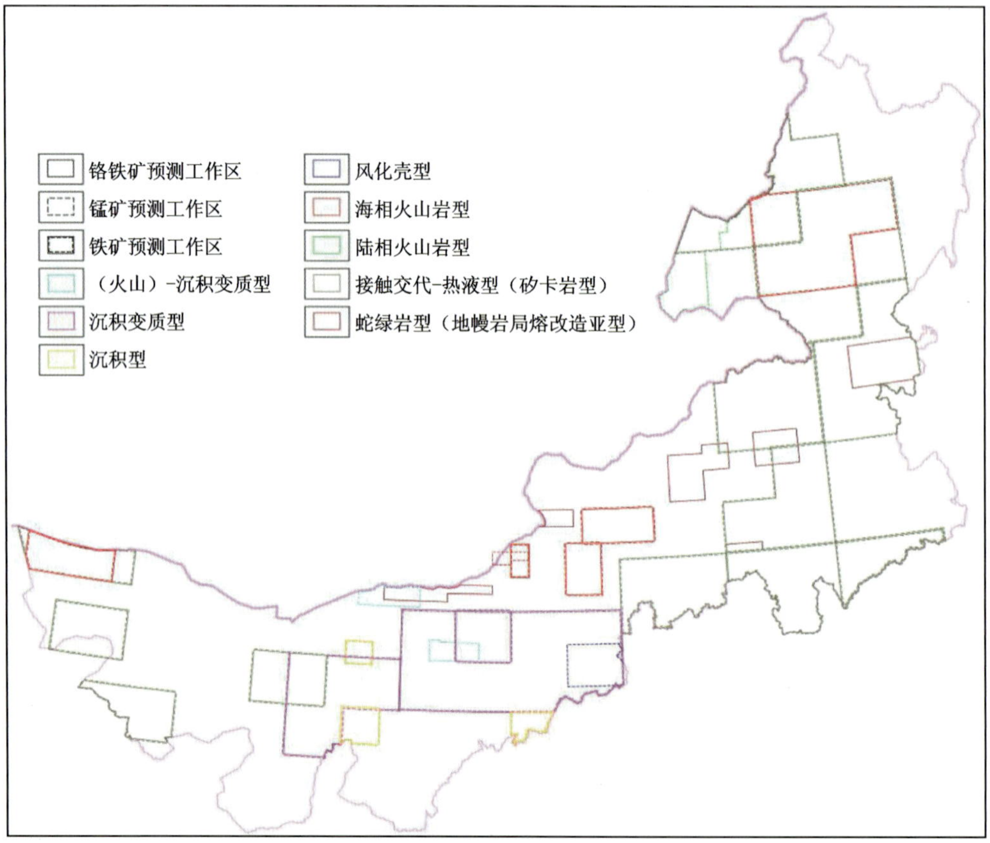


图 6-1　黑色金属矿产预测类型分布示意图

## 二、铜、铅、锌、银、镍

铅、锌、银及铜、镍矿常共伴生在一起,因此按矿组进行叙述。

### 1. 铅、锌、银

根据目前已知铅锌银矿(点)的成矿条件及分布规律,将预测类型分为(火山)-沉积变质型、陆相火山-次火山(热液)型、陆相火山岩型、矽卡岩型、岩浆热液型5类。(火山)-沉积变质型产于华北陆块北缘中元古代裂陷槽(裂谷)内,赋矿地层为渣尔泰山群阿古鲁沟组碳质砂板岩,以东升庙铅锌矿为代表,位于内蒙古中部地区。与火山-次火山热液有关的银多金属矿是内蒙古自治区银矿主要预测类型,预测工作区全部分布于内蒙古东部,预测类型为陆相火山-次火山(热液)型。陆相火山岩型主要为与燕山期中酸性侵入-火山杂岩有关的铅锌矿,代表性矿床如甲乌拉、扎木钦等,矿床主要产于隆坳接触带附近,预测工作区分布于内蒙古东北部。矽卡岩型是全区内最主要的铅锌矿床类型,例如白音诺尔等,主要分布在大兴安岭中南段。岩浆热液型矿床主要分布于大兴安岭中南段,包括拜仁达坝、孟恩陶勒盖等银多金属矿床;成矿与燕山期的岩浆活动有关(图6-2)。

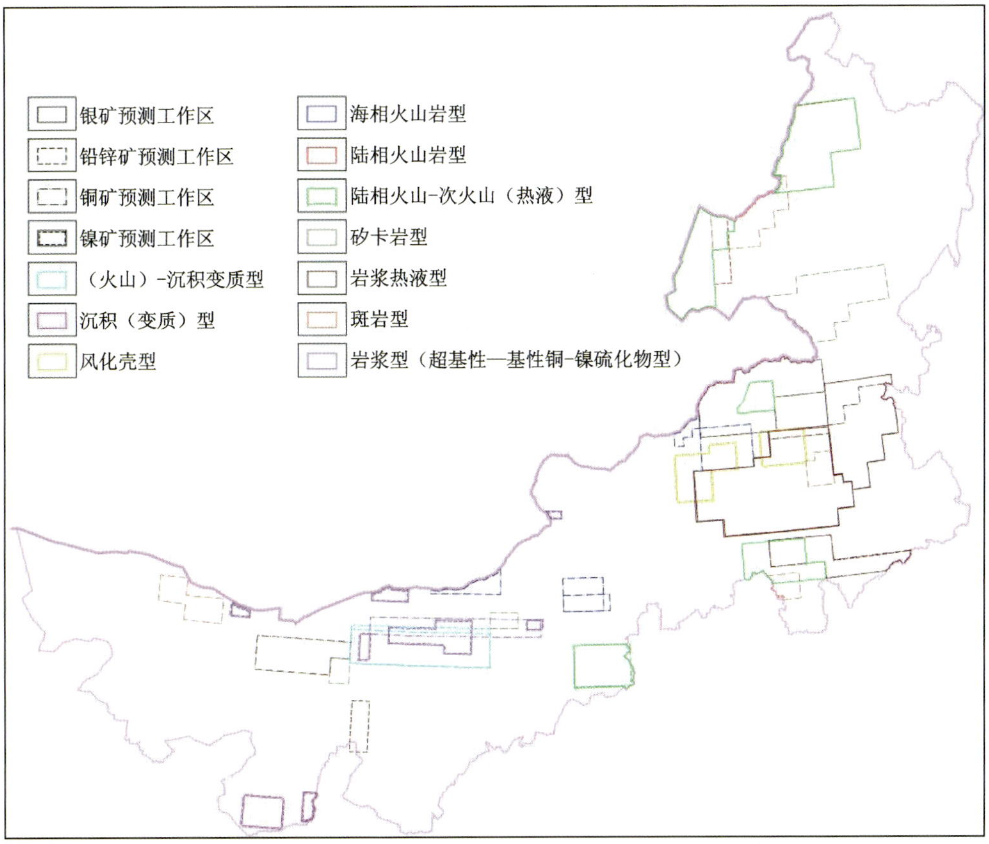


图6-2　铅、锌、银、铜、镍矿矿产预测类型分布示意图

### 2. 铜、镍

按照铜、镍的矿床成因共划分8种预测类型(图6-2):沉积(变质)型、(火山)-沉积变质型、斑岩型、海相火山岩型、矽卡岩型、岩浆热液型及岩浆型(超基性—基性铜-镍硫化物型)。沉积(变质)型镍矿床现仅见于阿拉善左旗元山子镍钼矿。(火山)-沉积变质型铜矿主要分布在内蒙古中部地区,华北陆块北缘狼山-渣尔泰山裂谷内,赋存在中新元古代渣尔泰山群阿古鲁沟组中,例如霍各乞铜多金属矿。斑岩型铜矿床主要与燕山期斑状中酸性侵入岩体有成因联系,分布在大兴安岭及内蒙古西部地区,多与钼矿伴生。海相火山岩型铜矿床主要分布在天山-兴蒙造山系中的温都尔庙弧盆系和大兴安岭弧盆系,成矿时代为新元古代和古生代,代表矿床为小坝梁等。陆相火山岩型铜矿主要与陆相火山-次火山活动有关,在内蒙古自治区此类铜矿床主要有奥尤特铜矿,位于内蒙古东部地区,扎兰屯-多宝山岛弧上。矽卡

岩型矿床是中酸性岩体侵入碳酸盐岩地层，与碳酸盐岩围岩接触经双交代作用形成由钙硅质矿物组成的矽卡岩而形成的。内蒙古自治区有工业意义的矽卡岩型铜矿床比较少，典型的矿床为宫胡洞铜矿、盖沙图铜矿及罕达盖铜矿，主要分布在内蒙古西部、东部地区。岩浆热液型铜矿受不同时代侵入岩(花岗岩)及断裂构造控制，成矿时代主要为燕山期、海西期、印支期，代表矿床有白马石沟、布敦花、道伦达坝、欧布拉格等，在内蒙古中部、东部均有分布。岩浆型(超基性—基性铜-镍硫化物型)铜镍矿主要分布在华北陆块北缘，与深大断裂(槽台断裂)密切相关，为与超基性—基性侵入岩有关的深部熔离-贯入型矿床，铜镍常共生，且多数以镍为主，少数以铜为主，成矿时代主要为古生代，代表性矿床有小南山、亚干、达布逊等。

## 三、钨、锡、钼

按照已知矿床的时空分布、矿床成因等主要因素将区内钨矿划分为花岗岩型(石英脉型)及花岗岩型(岩体型)两个预测类型，钼矿划分为斑岩型、沉积(变质)型、矽卡岩型(接触交代-热液型)及岩浆热液型 4 个预测类型，锡矿分为花岗岩型(石英脉型)、花岗岩型(锡石-硫化物型)、接触交代-热液型及岩浆热液型 4 个预测类型(图 6-3)。

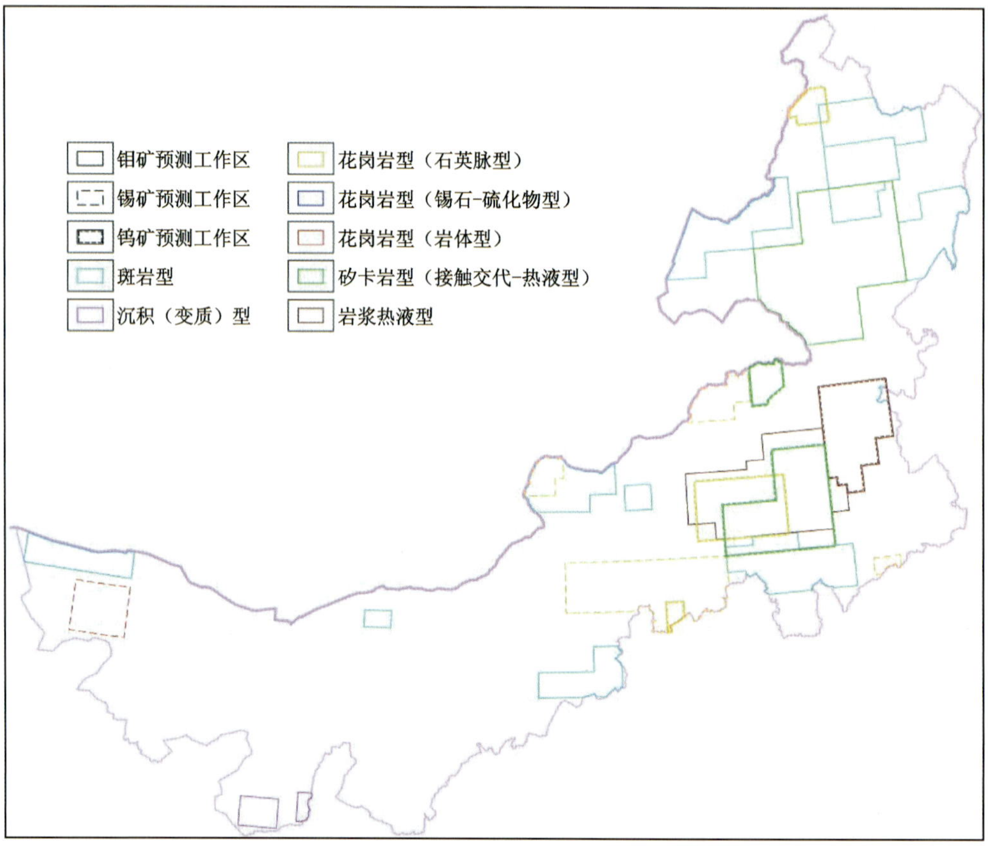


图 6-3 钨、锡、钼矿矿产预测类型分布示意图

内蒙古自治区钨矿类型比较单一，矿床与燕山期的花岗岩关系密切，预测类型为花岗岩型，细分为花岗岩型(石英脉型)及花岗岩型(岩体型)。花岗岩型(石英脉型)矿床是花岗岩浆期后热液的产物，黑钨矿产于石英(萤石)大脉、细脉带中，代表性矿床有沙麦、白石头洼、大麦地、乌日尼图等；花岗岩型(岩体型)钨矿与花岗岩-斑岩有成因和空间联系，矿体主要赋存于花岗岩体或斑岩体内外接触带及爆破角砾岩内，代表性矿床为七一山。

斑岩型钼矿多与铜矿共伴生，是内蒙古自治区最为重要的钼矿类型，在内蒙古东部、西部、中部均有分布，成矿时代主要为印支期和燕山期，代表性矿床有乌努格吐山、小狐狸山、敖仑花、大苏计等。沉积(变质)型、矽卡岩型(接触交代-热液型)及岩浆热液型钼矿不是内蒙古自治区主要钼矿预测类型，沉积(变质)型钼矿目前仅有阿拉善左旗元山子镍钼矿，矽卡岩型梨子山及岩浆热液型曹家屯钼矿均在内蒙古东部分布。

花岗岩型(石英脉型)、花岗岩型(锡石-硫化物型)锡矿均与中酸性侵入岩特别是花岗岩类岩体关系密切，石英脉型锡矿矿体产状为大脉型、细脉带状，例如毛登石英脉型锡矿形成于岩浆期后热液阶段；锡石与硫化物、硫盐紧密共生，代表矿床为大井子，花岗岩型锡矿主要在内蒙古东部地区。接触交代-热液型矿床是内蒙古自治区大型锡矿床一种主要的成因类型，这类锡矿床成矿时代为燕山期，主要有黄岗梁铁锡矿(共生锡)、朝不楞铁锌多金属矿(伴生锡)等，在内蒙古东部广泛分布。岩浆热液型孟恩陶勒盖银铅锌锡矿是与岩浆热液有关的多金属锡矿床，锡矿与银铅锌矿伴生。

## 四、金矿

内蒙古金矿床按矿床成因可分为五大类：变质碎屑岩中热液型、风化壳型、花岗-绿岩型、陆相火山岩型、岩浆热液型(图 6-4)。

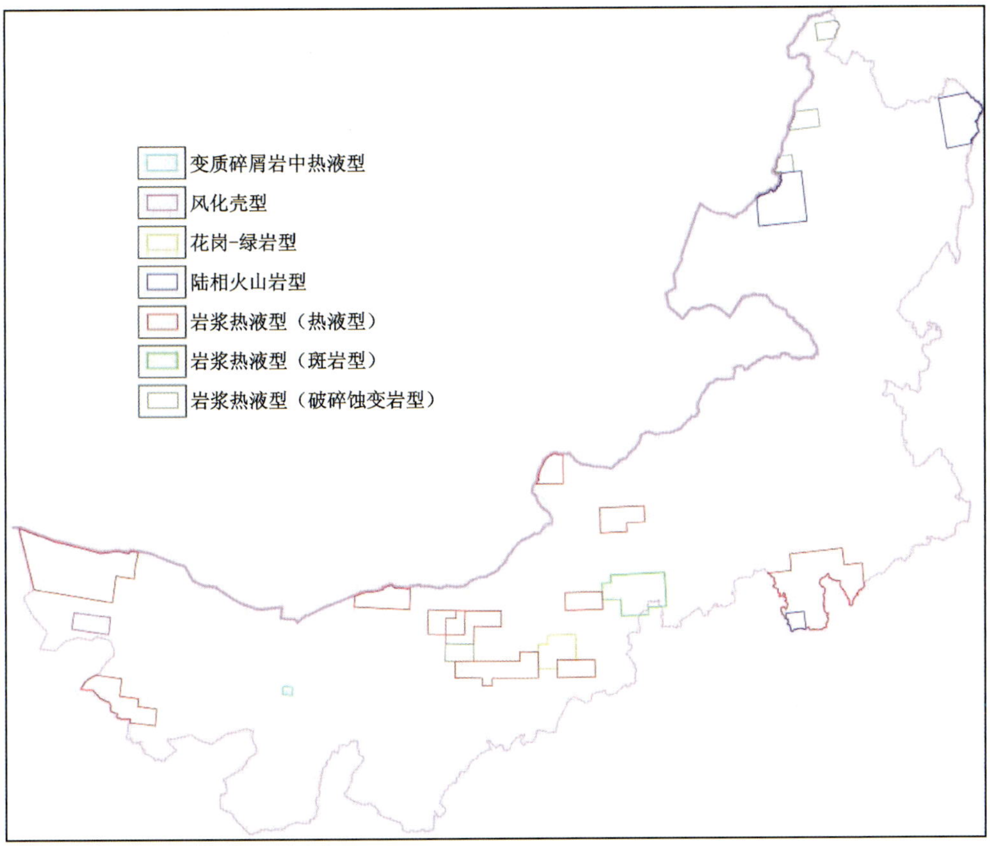


图 6-4　金矿矿产预测类型分布示意图

变质碎屑岩中热液型金矿仅见于内蒙古东部，代表矿床为朱拉扎嘎。老硐沟为次生氧化-淋滤型矿床，预测类型为风化壳型，预测工作区位于内蒙古东部。华北陆块新地沟等金矿床(点)属层控(顺层)花岗-绿岩型金矿床，主要赋存在色尔腾山岩群柳树沟岩组绿泥绢云石英片岩、糜棱岩、千糜岩、花岗质糜棱岩中，新地沟式金矿分布于内蒙古中部。陆相火山岩型金矿分布于大兴安岭地区，与中生代火山活动尤其是晚侏罗世火山活动有着密切的联系,主要形成于火山爆破角砾岩筒内,与火山机构关系密切,代表矿床有四五牧场、古利库、陈家杖子,均分布于内蒙古东部。岩浆热液型矿床在全区广泛分布,是最主要的预测类型,该类型金矿与侵入岩体有着密切的关系,矿体赋存在距岩体一定距离的围岩地层中或直接赋存在岩体内或岩体的内外接触带。

## 五、稀土矿、磷矿、硫铁矿

稀土矿分为沉积变质型及岩浆型两种预测类型,沉积变质型稀土矿是内蒙古自治区内重要的稀土矿床类型,其查明的稀土资源储量占全区稀土总量的99%以上,矿床形成的时代主要为中元古代,代表矿床为白云鄂博及桃花拉山,主要分布于内蒙古中部。岩浆型稀土矿也是内蒙古自治区重要稀土矿类型之一,主要在内蒙古中部、东部分布,代表矿床有巴尔哲(八〇一)大型稀有稀土矿,成矿与(岩浆分异晚期)过碱性花岗岩(钠闪石花岗岩)有关(图6-5)。

磷矿涉及3种预测类型:海相沉积型、沉积(变质)型、岩浆型。海相沉积型磷矿分布在阿拉善盟,构造属华北陆块区,代表性矿床有哈马胡头沟、正目观。沉积变质型磷矿分布在华北陆块区狼山-白云鄂博裂谷带内,分别产于白云鄂博群和渣尔泰山群,代表性矿床有布龙图、炭窑口。岩浆型磷矿分布在内蒙古中部呼和浩特市-集宁地区,代表矿床为三道沟、盘路沟。

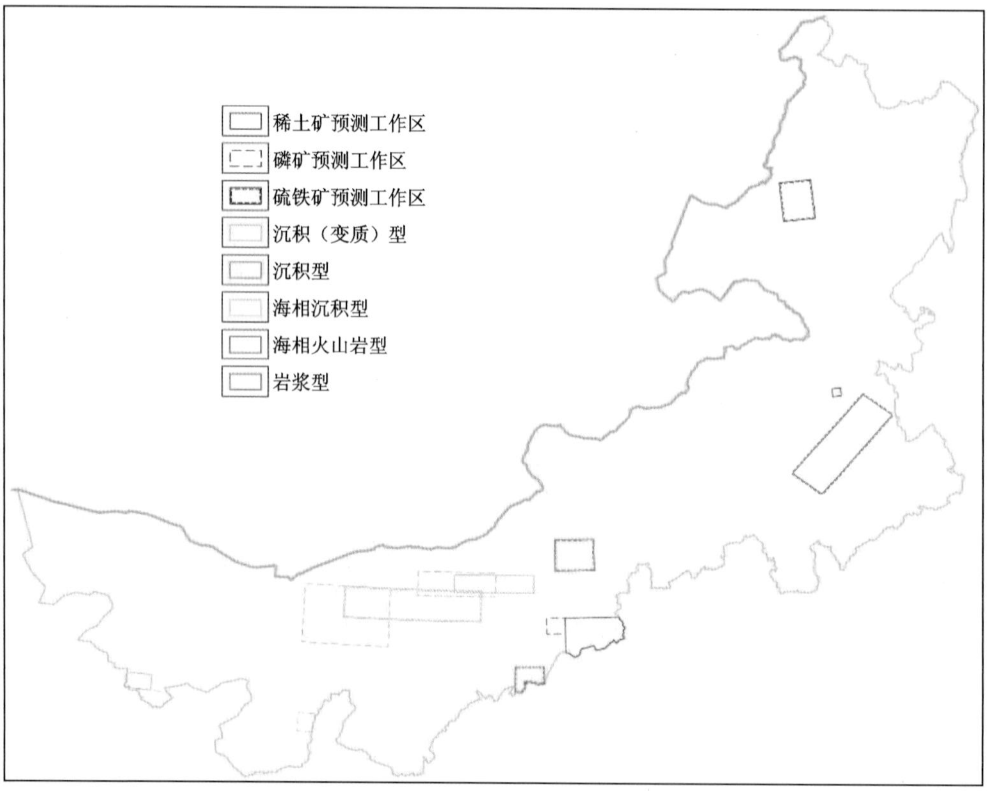


图6-5 稀土矿、磷矿、硫铁矿矿产预测类型分布示意图

## 六、萤石矿、锑矿、铝土矿、重晶石矿、菱镁矿

内蒙古自治区萤石矿预测类型按照空间、时间和成因分为层控热液型及岩浆热液型。层控热液型

萤石矿仅见于苏莫查干预测工作区，位于内蒙古中部与蒙古国交界处，矿床赋存于早二叠世火山沉积系列的碳酸盐岩地层中，萤石矿体与碳酸盐岩呈整合接触，矿体呈层状产出。岩浆热液型萤石矿是内蒙古分布最广和数量最多的萤石矿床类型，形成时代以印支期—燕山期为主，此类型矿床完全受到中性、酸性岩浆岩控制，此类预测工作区在内蒙古东部、中部、西部广泛分布(图6-6)。

锑矿、铝土矿、重晶石矿及菱镁矿不是内蒙古主要矿产，只在全区零星分布，均只有一个典型矿床，一个预测工作区。阿木乌苏锑矿位于阿拉善右旗的阿木乌苏地区，成因类型为低温热液型，矿体多呈脉状分布在岩体内或围岩裂隙中，预测类型为岩浆热液型。城坡铝土矿赋存于奥陶纪灰岩侵蚀面上和石炭纪本溪组下部地层中，常与山西式铁矿伴生，属陆台型滨海潟湖相胶体化学沉积，区域上称之为G层铝土矿，预测类型为古风化壳沉积型(碳酸盐类)。巴尔升重晶石矿位于呼伦贝尔市扎兰屯市，受早白垩世正长花岗岩岩体及侏罗纪满克头鄂博组接触带控制，预测类型定为热液型。察汗奴鲁菱镁矿产在索伦山蛇绿岩的风化壳中，分布在碳酸盐化淋滤蛇纹岩带中，呈不规则透镜状及层状，预测工作区位于内蒙古中部与蒙古国交界处，预测类型为热液型(图6-6)。

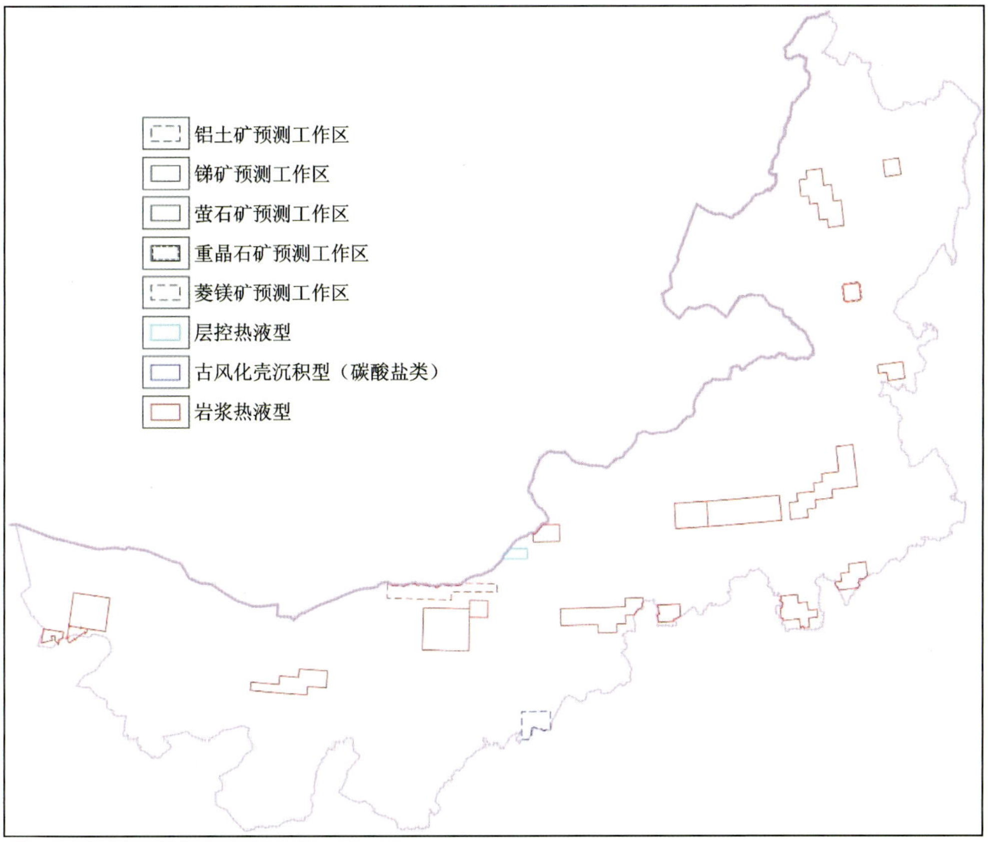


图6-6　萤石矿、锑矿、铝土矿、重晶石矿、菱镁矿矿产预测类型分布示意图

# 第三节　铁矿典型矿床及成矿规律

## 一、铁矿典型矿床

铁矿矿产预测类型及其代表性矿床见表6-2。

**表 6-2 铁矿典型矿床一览表**

| 序号 | 矿产预测类型 | 典型矿床 | 成因类型 |
|---|---|---|---|
| 1 | 沉积变质型 | 三合明铁矿 | 沉积变质型 |
| 2 | | 白云鄂博铁铌稀土矿 | 海底喷流沉积-热液改造型 |
| 3 | 沉积型 | 霍各乞铁铜多金属矿 | 海底喷流沉积-改造型 |
| 4 | 海相火山岩型 | 黑鹰山铁矿 | 海相火山岩型 |
| 5 | 接触交代-热液型 | 黄岗梁铁锡矿 | 接触交代-热液型 |

### 1. 沉积变质型

沉积变质型铁矿主要包括沉积变质型成因的壕赖沟铁矿、三合明铁矿以及海底喷流沉积-热液改造型成因的白云鄂博铁铌稀土矿。分别以三合明铁矿和白云鄂博铁铌稀土矿为例介绍。

三合明铁矿位于内蒙古自治区达尔罕茂明安联合旗石宝乡。铁矿床赋存于新太古代色尔腾山岩群中,严格受地层层位控制;铁矿体围岩主要为斜长角闪岩、片岩,其原岩主要为基性火山岩;矿体受褶皱构造控制明显,在褶皱转折端明显增厚,受后期变质变形改造明显。矿床成矿要素见表 6-3。

**表 6-3 三合明铁矿典型矿床成矿要素表**

| 成矿要素 | | 描述内容 | | | | 要素类别 |
|---|---|---|---|---|---|---|
| | | 储量 | 铁 16 573.75 万 t | 平均品位 | TFe 34.53% | |
| | | 特征描述 | 沉积变质型铁矿床 | | | |
| 地质环境 | 构造背景 | 华北陆块区,狼山阴山陆块,色尔腾山-太仆寺旗古岩浆弧($Ar_3$) | | | | 必要 |
| | 成矿环境 | 滨太平洋成矿域(叠加在古亚洲成矿域之上),华北成矿省,华北陆块北缘西段金、铁、铌、稀土、铜、铅、锌、银、镍、铂、钨、石墨、白云母成矿带,固阳-白银查干金、铁、铜、铅、锌、石墨成矿亚带($Ar_3$、Pt) | | | | 必要 |
| | 成矿时代 | 新太古代 | | | | 必要 |
| 矿床特征 | 矿体形态 | 西段矿体走向北东 45°,南东倾,正常翼倾角为 45°,倒转翼倾角 70°。东段矿体走向北西,倾向南西,倾角大于 50° | | | | 重要 |
| | 岩石类型 | 斜长角闪岩、片岩 | | | | 重要 |
| | 矿物组成 | 矿石矿物以磁铁矿为主,其次为假象赤铁矿、半假象赤铁矿及褐铁矿。脉石矿物以铁闪石、镁闪石和石英为主,其次有少量黑云母、金云母、石榴石、黄铁矿、绿泥石、榍石等 | | | | 重要 |
| | 矿石结构构造 | 结构:自形—半自形粒状变晶结构,纤维状、束状、放射状变晶结构,包含变晶结构,交代溶蚀结构;<br>构造:条带、条痕状构造,皱纹状构造,细脉浸染状构造 | | | | 次要 |
| | 主要控矿因素 | 新太古代色尔腾山岩群 | | | | 必要 |

矿床成矿模式:太古宙时地壳尚未很好固结,水域中海底火山活动非常活跃。在火山活动间歇期,火山喷发或海底火山温泉活动将大量的硅铁物质带入水体之中,同时受火山活动影响而形成的酸性海水使喷溢于海底的基性火山岩发生海解,汲取其部分成矿物质。这时在海底火山活动中心附近,通过火山喷气与温泉带来大量的 $Cl^-$、$SO_4^{2-}$、$CO_3^{2-}$ 等酸根离子,使水体呈强酸性并使成矿物质以络合物、胶体、

离子等多种形式存在于海水中。而距火山中心较远处以及海盆边部的水体中，陆源水的大量加入及火山活动影响减弱，使其形成正 Eh 值、pH 值，为中性—弱酸性的水体环境。由于在同一海盆中同时存在着这两种差异很大的水体环境，因而必定发生对流作用，使火山中心附近的酸性水携带着硅铁物质向海盆边缘运移，并在边部的中性—弱酸性水体中沉积成矿。但是，在太古宙成矿的漫长时期中，这两种水体的环境时有强弱变化，其影响范围也因此时有往复摆动，因而在海盆中成矿有利环境将因时而异。在火山活动中心附近的酸性水体环境中通常不利于铁质沉积成矿，只是在火山活动暂时减弱、陆源水体影响很弱时，才能在短时间内形成零星、分散的铁矿小矿体。在距火山中心较远的地方以受陆源水影响为主，具有良好的沉积条件，所形成的矿体层数较少，但厚度稳定。在上述两者交替部位，由于环境往复变化，往往形成层数多、规模大的矿床(图 6-7)。

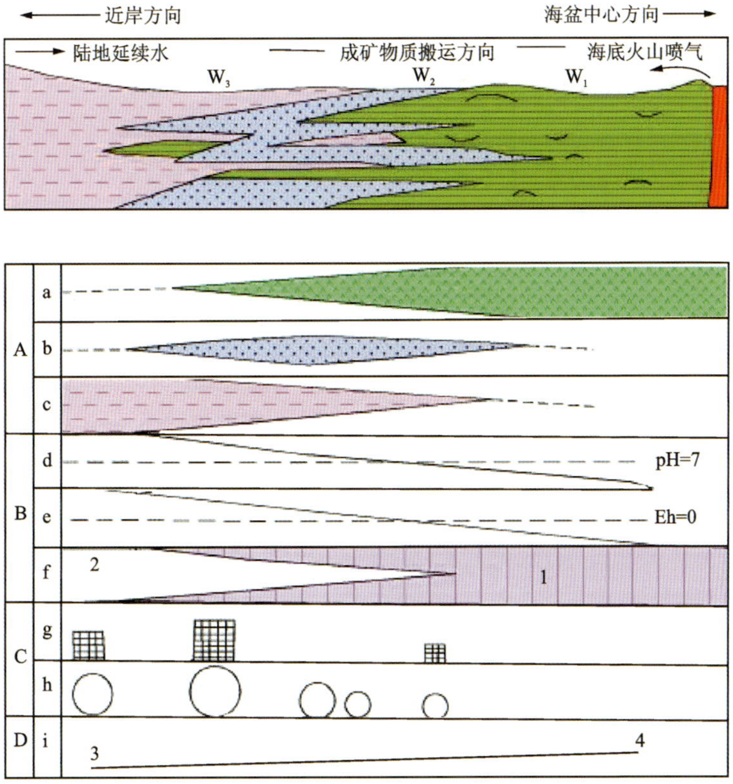


图 6-7　三合明铁矿典型矿床成矿模式示意图(据裴荣富，1995)

沉积成矿水体环境：$W_1$. 强酸性水环境，$W_2$. 酸碱性交替环境；$W_3$. 中性—弱碱性水环境。地层原岩建造剖面：A. 地层原岩组成(a. 海底火山喷发的基性火山岩；b. 海底火山喷发的中酸性凝灰质火山岩；c. 陆源泥质—粉砂质沉积岩)；B. 沉积水体特征(d. 水体中的酸碱性；e. 水体中的氧化电位；f. 水体成分；1. 海底火山影响的酸性水；2. 陆源水体影响的中性—弱酸性水)；C. 铁矿床发育特征(g. 矿石储量；h. 矿床规模)；D. 铁矿石成分(3. 矿石 $Fe_2O_3$＋FeO 含量；4. 矿石 $Al_2O_3$＋MgO＋CaO 含量)

白云鄂博铁铌稀土矿位于包头市白云鄂博区，规模为超大型。出露在华北陆块北缘中新元古代裂陷槽内。赋矿围岩为白云鄂博群哈拉霍疙特组白云岩(亦称 H8 段)。矿区内侵入岩比较发育，有古元古代钾长花岗岩、含钠闪石正长岩，加里东期花岗岩、辉绿岩、闪长岩，海西期花岗岩，印支期花岗岩，燕山期花岗岩。此外，分布有较多的方解石碳酸岩及白云石碳酸岩侵入体。矿体受褶皱构造(向斜)控制明显。矿体与围岩产状一致，呈层状产出。目前发现的元素有 70 多种。矿床成矿要素见表 6-4。

**表 6-4 白云鄂博铁矿典型矿床成矿要素表**

<table>
<tr><td rowspan="3" colspan="2">成矿要素</td><td colspan="4">描述内容</td><td rowspan="3">要素类别</td></tr>
<tr><td>储量</td><td>铁 146 849.9 万 t</td><td>平均品位</td><td>TFe 33.19%～35.57%</td></tr>
<tr><td>特征描述</td><td colspan="3">海底喷流沉积型铁矿床</td></tr>
<tr><td rowspan="3">地质环境</td><td>构造背景</td><td colspan="4">华北陆块区,狼山阴山陆块,狼山-白云鄂博裂谷($Pt_2$)</td><td>必要</td></tr>
<tr><td>成矿环境</td><td colspan="4">滨太平洋成矿域(叠加在古亚洲成矿域之上),华北成矿省,华北陆块北缘西段金、铁、铌、稀土、铜、铅、锌、银、镍、铂、钨、石墨、白云母成矿带,白云鄂博-商都金、铁、铌、稀土、铜、镍成矿亚带($Ar_3$、Pt、V、Y)</td><td>必要</td></tr>
<tr><td>成矿时代</td><td colspan="4">中元古代</td><td>必要</td></tr>
<tr><td rowspan="7">矿床特征</td><td>矿体形态</td><td colspan="4">东矿铁矿体地表形态东宽西窄,其西部呈棒状,东部为锯齿状,整体如帚状;主矿矿体总体呈一个南平北凸的透镜体;西矿铁矿体为层状、似层状或透镜状,规模大小不一,呈东西向分布</td><td>重要</td></tr>
<tr><td>岩石类型</td><td colspan="4">哈拉霍疙特组含磁铁石英岩,含磁铁细晶白云岩夹含磁铁矿粉晶灰岩、中晶灰岩,萤石化细晶白云岩,中元古代白云质碳酸岩</td><td>必要</td></tr>
<tr><td>岩石结构</td><td colspan="4">中粗粒结构、中细粒结构、等粒结构</td><td>次要</td></tr>
<tr><td>矿物组成</td><td colspan="4">含铁矿物:磁铁矿、赤铁矿、镜铁矿、磁赤铁矿等;稀土矿物:氟碳铈矿、独居石、氟碳钙铈矿等;铌矿物:铌铁金红石、铌铁矿、烧绿石、易解石等;共生矿物:萤石、磷灰石、重晶石、白云石等</td><td>重要</td></tr>
<tr><td>矿石结构构造</td><td colspan="4">结构:粒状变晶结构、粉尘状结构、交代结构、固溶体分离结构等;<br>构造:块状构造、浸染状构造、条带状构造、层纹状构造、斑杂状构造、角砾状构造等</td><td>次要</td></tr>
<tr><td>围岩蚀变</td><td colspan="4">长石化、萤石化、霓石化、碱性角闪石化、黑云母化、金云母化、磷灰石化、矽卡岩化等</td><td>次要</td></tr>
<tr><td>主要控矿因素</td><td colspan="4">褶皱控矿,向斜,断层</td><td>重要</td></tr>
</table>

矿床成矿模式:中元古代早期,在华北陆块北缘形成了近东西向的白云鄂博裂陷槽,沉积了一套巨厚的碎屑岩、黏土岩和碳酸盐岩等类复理式建造。同生深断裂带同时是幔源含矿热液活动的通道,大量的成矿组分(Fe、REE、Nb)、挥发组分($H_2O$、$CO_2$、F、P、S)以及碱金属组分(K、Na)等,通过喷气带入盆地。在适当的物理化学条件下,Fe、REE、Nb 便大量沉积富集。中元古代中晚期,与火成碳酸岩有关的富稀土的流体交代了先期沉积的稀土铁矿,使稀土进一步富集(图 6-8A)。

原始沉积作用形成了矿床的基本形态。经过漫长的固结成岩过程,元古宙末期—加里东期区域褶皱隆起,产生了广泛的区域变质变形作用(图 6-8B)。在一定的温度和压力作用下,碳酸铁和相当部分赤铁矿转化为磁铁矿,部分硅酸铁转化为磁铁矿和云母、钠闪石等矿物。稀土元素具有很强的活泼性,在 $H_2O$、$CO_2$、F、P 等作用下,除部分组合成新的矿物外,在局部构造发育地段充填富集。$H_2O$、$CO_2$、F、Na、K 等可在围岩中引起广泛的交代作用,如钾长石化、钠长石化、萤石化、磷灰石化、霓石化、云母化、方解石化等。褶皱作用使矿体发生形变,最主要的是使矿体加厚和普遍透镜体化。

在海西期,由于区域性花岗岩体的大面积侵入,带来大量的热和气液,导致矿区内成矿元素的再度活动,广泛的钠、氟交代和稀土元素的局部富集主要发育在这一阶段。同时,在热力的作用下,铁矿物颗粒进一步变粗,赤铁矿、碳酸铁转变为磁铁矿。在构造活动部位,铁质有进一步富集的趋势,如块状磁铁富矿的形成并有富稀土碳酸岩脉沿裂隙充填(图 6-8C)。同时,在含铁的白云质灰岩与花岗岩接触部位形成小的接触交代型铁矿体。

总之,多期地质作用诱发成矿元素和各种活动组分的多期活动。因此,白云鄂博铁铌稀土矿显示出以海底喷流沉积作用为基础、多种地质作用叠加的特征。

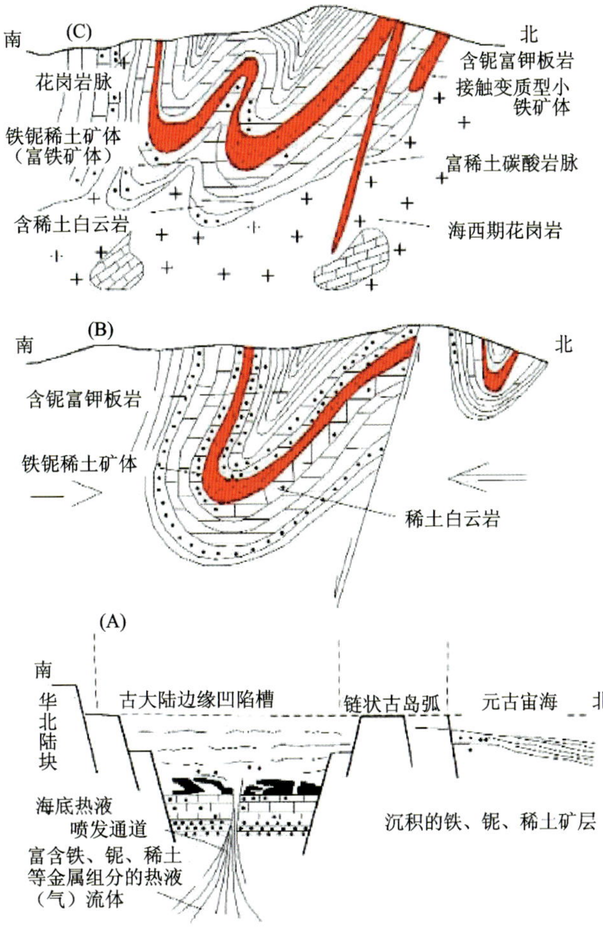


图 6-8　白云鄂博铁矿典型矿床成矿模式图(据侯宗林,1989,修改)

A. 沉积成矿期概念模式;B. 区域变质变形期概念模式;C. 构造-岩浆热液期概念模式

**2. 沉积型**

沉积型铁矿为陆相沉积型,主要分布在华北陆块上,矿床规模多为小型,如雀儿沟铁矿,在此不作详细介绍。

**3. 海相火山岩型**

海相火山岩型铁矿主要有中元古代温都尔庙铁矿和晚古生代黑鹰山铁矿,下面仅介绍黑鹰山铁矿。

黑鹰山铁矿位于内蒙古自治区阿拉善盟额济纳旗。铁矿体自北向南大体可划分为 5 个矿段。第Ⅱ和第Ⅲ矿段主要由致密块状铁矿体组成。致密块状铁矿体呈似层状、囊状和透镜状在各类火山-沉积岩地层和中酸性侵入岩脉中产出。需要提及的是,在黑鹰山铁矿床第Ⅱ和第Ⅲ矿段之间分布有一系列独立的磷-钇矿体,这些矿体多呈透镜状和楔状在钠长斑岩和英安岩中产出。矿床成矿要素见表 6-5。

**表 6-5　黑鹰山铁矿典型矿床成矿要素表**

| 成矿要素 | | 描述内容 | | | | 要素类别 |
|---|---|---|---|---|---|---|
| | | 储量 | 铁 2 366.8 万 t | 平均品位 | TFe 49.07% | |
| | | 特征描述 | 海相火山岩型铁矿床 | | | |
| 地质环境 | 构造背景 | 天山-兴蒙造山系，额济纳旗-北山弧盆系，圆包山岩浆弧(O—D) | | | | 必要 |
| | 成矿环境 | 古亚洲成矿域，准噶尔成矿省，觉罗塔格-黑鹰山铜、镍、铁、金、银、钼、钨、石膏、硅灰石、膨润土、煤成矿带，黑鹰山-小狐狸山铁、金、铜、钼、铬成矿亚带(Vm、I) | | | | 必要 |
| | 成矿时代 | 石炭纪 | | | | 必要 |
| 矿床特征 | 矿体形态 | 致密块状铁矿体呈似层状、囊状和透镜状在各类火山-沉积岩地层和中酸性侵入岩脉中产出 | | | | 重要 |
| | 岩石类型 | 英安岩、英安质流纹岩、凝灰熔岩、火山角砾岩、次生石英岩和灰岩 | | | | 重要 |
| | 矿物组成 | 矿石矿物主要为磁铁矿、假象赤铁矿，次为褐铁矿、黄铁矿、黄铜矿；脉石矿物为石英、磷灰石、方解石、萤石、绿泥石等 | | | | 重要 |
| | 矿石结构构造 | 结构：自形—半自形细粒结构及等粒结构；<br>构造：致密块状构造和稠密浸染状构造及细脉状构造 | | | | 次要 |
| | 围岩蚀变 | 主要有绿泥石化、硅化及碳酸盐化 | | | | 次要 |
| | 主要控矿因素 | 石炭纪白山组火山岩 | | | | 必要 |

矿床成矿模式：从泥盆纪末至早石炭世开始，北侧的古大洋向南俯冲形成圆包山岩浆弧，石炭纪时期在黑鹰山一带发生了强烈的火山喷溢和喷发，形成了一套巨厚的中酸性夹中基性火山岩，其铁质就是在这样一个特殊的环境中从下地壳和地幔伴随火山岩浆活动被带到深海底，在火山岩系中形成了黑鹰山式铁矿(图 6-9)。

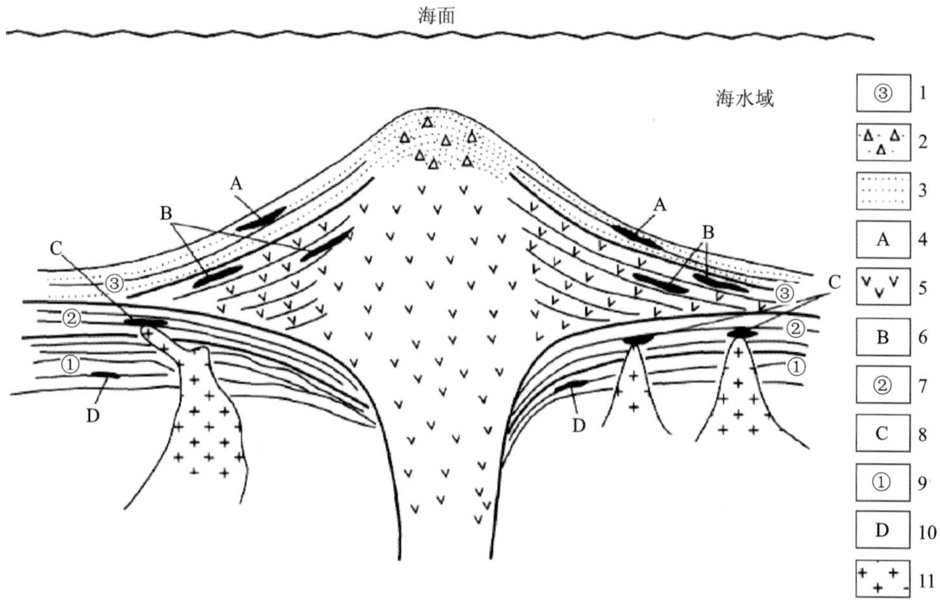


图 6-9　黑鹰山铁矿典型矿床成矿模式图(据朱晓颖，2007)

1.早石炭世白山组火山岩段；2.火山角砾岩；3.凝灰质火山岩；4.硅质凝灰岩型铁矿体；5.中酸性火山熔岩；6.块状铁矿体；7.早石炭世白山组砂板岩段；8.矽卡岩型铁矿体；9.早石炭世绿条山组；10.沉积铁矿体；11.海西期花岗岩类

### 4. 接触交代-热液型

该类型包括接触交代型(矽卡岩型)成因的黄岗梁铁锡矿、梨子山铁钼矿、卡休他他铁(金、钴)矿和热液型成因的马鞍山铁矿等。下面仅以黄岗梁铁锡矿为例介绍。

黄岗梁铁锡矿位于赤峰市克什克腾旗内,西拉木伦断裂北约60km。矿体产于钾长花岗岩与大石寨组上部火山岩和哲斯组下部大理岩、上部含钙凝灰质粉砂岩接触带矽卡岩中。矿带呈北东向展布,总体走向北东。矿床是一个复合成因的矽卡岩型铁锡多金属矿床,分为矽卡岩阶段、高温热液阶段、硫化物阶段。其铁质主要来自早二叠世海底火山作用,锡主要来自燕山期岩浆作用(地层也提供少量的锡)。矿床成矿要素见表6-6。

**表6-6　黄岗梁铁矿典型矿床成矿要素表**

| 成矿要素 | | 描述内容 | | | | 要素类别 |
|---|---|---|---|---|---|---|
| | | 储量 | 铁9 605.9万t | 平均品位 | TFe 34.84% | |
| | | 特征描述 | 岩浆期后矽卡岩型铁矿床 | | | |
| 地质环境 | 构造背景 | 天山-兴蒙造山系,索伦山-林西结合带($P_2$末—$T_2$),林西残余盆地($P_2$—$T_2$) | | | | 必要 |
| | 成矿环境 | 滨太平洋成矿域(叠加在古亚洲成矿域之上),大兴安岭成矿省,突泉-翁牛特铅、锌、银、铜、铁、锡、稀土成矿带,索伦镇-黄岗梁铁、锡、铜、铅、锌、银成矿亚带 | | | | 必要 |
| | 成矿时代 | 燕山晚期 | | | | 必要 |
| 矿床特征 | 矿体形态 | 矿体呈似层状、透镜状、马鞍状及楔状 | | | | 重要 |
| | 岩石类型 | 早中二叠世大石寨组上部安山岩和中二叠世哲斯组碳酸盐岩,燕山早期(黑云母)钾长花岗岩 | | | | 重要 |
| | 岩石结构 | 沉积岩为碎屑结构和变晶结构,侵入岩为中细粒结构 | | | | |
| | 矿物组成 | 金属矿物以磁铁矿、锡石、锡酸矿、闪锌矿、黄铜矿、斜方砷铁矿、白钨矿、辉钼矿为主,其次是毒砂、辉铜矿、斑铜矿、辉铋矿、方铅矿、黄铁矿;<br>非金属矿物主要有石榴石、透辉石、角闪石,其次为萤石、云母类、绿泥石、石英、方解石、符山石等 | | | | 重要 |
| | 矿石结构构造 | 结构:根据磁铁矿结晶程度和粒级分为自形粒状结构、半自形粒状结构、他形—半自形粒状结构;根据磁铁矿形成方式分交代残余结构、假象结构。<br>构造:块状构造、浸染状构造、条带状构造、角砾状构造、斑杂状构造 | | | | 次要 |
| | 围岩蚀变 | 矽卡岩化强烈,钠长石化广泛,角岩化普遍;其次有绿帘石化、绿泥石化、硅化、萤石化、碳酸盐化、蛇纹石化等多种蚀变 | | | | 次要 |
| | 主要控矿因素 | 北东向压扭性断裂,矽卡岩 | | | | 必要 |

矿床成矿模式:矿床的成矿作用分为二叠纪预富集和燕山期定型两个过程。早二叠世海槽中的玄武质岩浆海底喷发过程中,形成与海相中基性火山喷发作用有关的贫铁矿层,并且在早二叠世火山喷发沉积岩中锡、砷丰度较高。因此,早二叠世海底火山作用不仅为燕山期热液成矿作用准备了足够的铁质,也提供了一定的锡。燕山期陆壳强烈活化。在基底(二叠系)隆起区含锡花岗岩浆沿区域大断裂上升并侵入于早二叠世地层中。岩浆期后高温热流体与围岩交代形成钙矽卡岩,并改造或汲取早二叠世火山岩中的贫铁矿层及锡金属,形成铁锡多金属的富集(图6-10)。

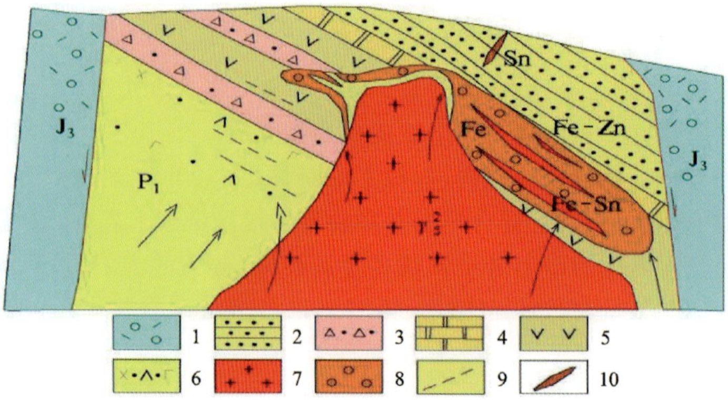


图 6-10　黄岗梁铁锡矿典型矿床成矿模式图(据裴荣富,1995,修改)

1.晚侏罗世断陷盆地中火山岩;2~6.基底地层(Pt)(2.砂岩;3.火山碎屑岩;4.大理岩;5.安山岩;6.细碧角斑岩);7.燕山早期花岗岩;8.矽卡岩;9.早二叠世火山喷发沉积贫铁矿层;10.铁锡多金属矿体

## 二、铁矿预测工作区成矿规律

### 1. 沉积变质型

沉积变质型铁矿是区内最重要的铁矿床类型。主要分布在华北陆块北缘的包头-集宁地区和赤峰地区,在乌海市及阿拉善盟也有少量分布。赋存于中元古代白云鄂博群、新太古代色尔腾山岩群、中太古代乌拉山岩群及古太古代兴和岩群中。除白云鄂博超大型铁铌稀土矿(表 6-7,图 6-11)外,中、大型矿床主要产于色尔腾山岩群中。铁矿的赋矿围岩主要为麻粒岩类(兴和岩群)、片麻岩类(乌拉山岩群和色尔腾山岩群),白云鄂博铁铌稀土矿的赋矿围岩则为哈拉霍疙特组白云岩(亦称 H8 段)。矿石构造大多为条带状或条纹状构造,表现为以石英为主的条带(纹)和以磁铁矿为主的条带(纹)相间产出。由于变质程度的不同,矿石的粒度有一定差异,变质程度深,矿石粒度较粗(壕赖沟铁矿),反之粒度较细(三合明铁矿)。

表 6-7　白云鄂博铁矿预测工作区成矿要素表

| 成矿要素 | | 描述内容 | 要素类别 |
|---|---|---|---|
| 地质环境 | 大地构造位置 | 华北陆块北缘,狼山-白云鄂博裂谷 | 必要 |
| | 成矿区(带) | 华北成矿省,华北陆块西段金、铁、铌、稀土、铜、铅、锌、银、镍、铂、钨、石墨、白云母成矿带,白云鄂博-商都金、铁、铌、稀土、铜、镍成矿亚带(Ⅲ-58) | 必要 |
| | 区域成矿类型及成矿期 | 沉积变质型;中元古代 | 必要 |
| 控矿地质条件 | 赋矿地质体 | 白云鄂博群哈拉霍疙特组 | 必要 |
| | 控矿侵入岩 | 方解石碳酸岩及白云石碳酸岩侵入体 | 重要 |
| | 主要控矿构造 | 东西向的褶皱和断裂构造发育,尤其是深断裂活动为成矿物质从深部向浅部运移提供了可能的通道 | 重要 |
| 区内相同类型矿产 | | 有 1 个铁矿 | 重要 |

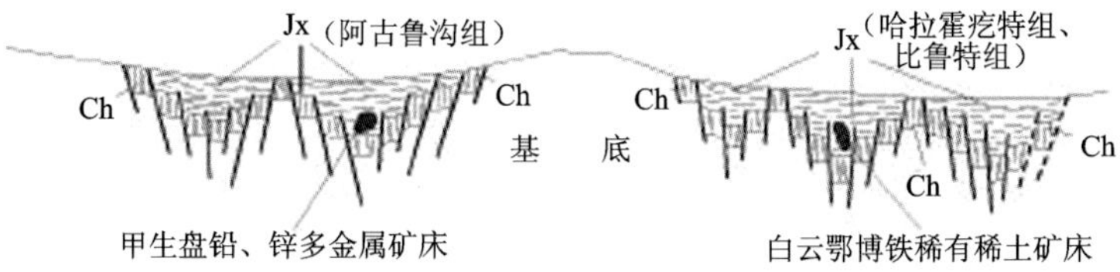


图 6-11　白云鄂博铁矿区域成矿模式图

### 2. 沉积型

沉积型铁矿分为陆相沉积型和海相沉积型。陆相沉积型铁矿：主要分布在华北陆块上，矿床规模多为小型，成矿时代为石炭纪—二叠纪。有分布在乌海地区的雀儿沟铁矿、呼和浩特市清水河地区的西磁窑沟铁矿等，赋矿围岩为太原组碎屑岩-泥岩-煤建造。海相沉积型铁矿：有霍各乞铁铜铅锌矿，分布在狼山-渣尔泰山中元古代裂谷内，赋矿地层为阿古鲁沟组碳质板岩。

### 3. 海相火山岩型

海相火山岩型铁矿主要为与海相中偏基性(或偏酸性)火山活动有关的铁矿床。按形成时代划分为中元古代温都尔庙式海相火山岩型铁矿和晚古生代黑鹰山式海相火山岩型铁矿(表 6-8,图 6-12)，二者均分布在天山-兴蒙造山系中。其中前者集中分布在内蒙古中部苏泥特右旗地区，目前发现矿床 10 余处，规模均为中小型，含矿岩系为中元古代温都尔庙群，铁矿主要赋存在桑达来呼都格组海相火山岩建造上部和哈尔哈达组碎屑岩-火山岩建造下部；后者分布于阿拉善盟额济纳旗北山地区北部，目前在内蒙古内发现 3 处相同成因的铁矿，有黑鹰山及碧玉山两个中型矿床和甜水井铁矿点，该类型矿床产于早石炭世白山组凝灰岩和碧玉岩中，局部铁矿体产于石英斜长斑岩及石英正长斑岩脉中。

表 6-8　黑鹰山铁矿预测工作区成矿要素表

| 成矿要素 | | 描述内容 | | | | 要素类别 |
|---|---|---|---|---|---|---|
| | | 储量 | 铁 14 628 048.8t | 平均品位 | TFe 32.64% | |
| | | 特征描述 | 海相火山岩型铁矿床 | | | |
| 地质环境 | 构造背景 | 晚古生代天山-兴蒙造山系，额济纳旗-北山弧盆系，圆包山(中蒙边界)岩浆弧 | | | | 必要 |
| | 成矿环境 | 古亚洲成矿域，准噶尔成矿省，觉罗塔格-黑鹰山铜、镍、铁、金、银、钼、钨、石膏成矿带；黑鹰山-乌珠尔嘎顺铁、铜成矿亚带(Vm) | | | | 必要 |
| | 成矿时代 | 海西晚期(中石炭世晚期) | | | | 必要 |
| 控矿地质条件 | 控矿构造 | 地轴边缘褶皱带 | | | | 重要 |
| | 赋矿地层 | 石炭纪白山组 | | | | 必要 |
| 区域成矿类型及成矿期 | | 高温热液矿床；海西期 | | | | 重要 |
| 预测区矿点 | | 成矿区带内有 5 个铁矿、矿点、矿化点 | | | | 重要 |

### 4. 接触交代-热液型

接触交代-热液型包括接触交代型(矽卡岩型)成因的铁矿床和热液型成因的铁矿床。该类型在内蒙古自治区分布最为广泛，成矿时代以古生代和中生代为主，其储量约占全区铁矿床查明资源储量总数的 15%。

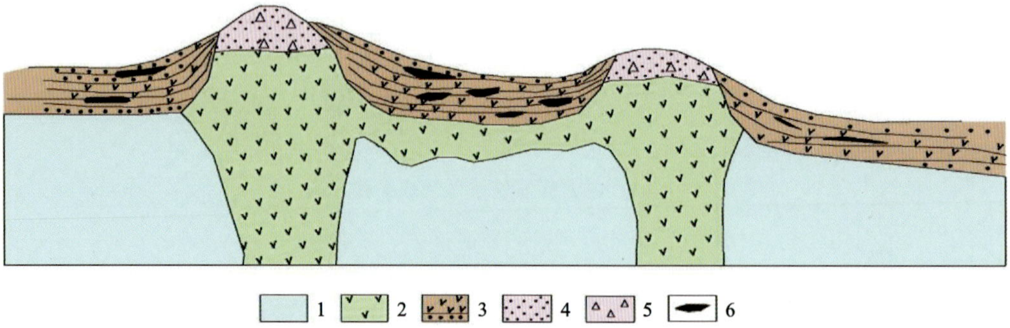

图 6-12　黑鹰山铁矿区域成矿模式图

1.洋底块;2.中性—酸性火山熔岩;3.洋底硅质岩及其他沉积物;4.火山凝灰岩;5.火山角砾岩;6.铁矿

1)接触交代(矽卡岩)型铁矿

除大兴安岭外,在华北陆块北缘和内蒙古阿拉善盟地区也有分布。根据矿床所处大地构造位置及与成矿有关的侵入体岩性组合,可大致划分为:①与海西期中性和中偏基性(或偏碱性)侵入体有关的矽卡岩铁矿,主要分布在华北陆块西段的边缘凹陷带,成矿岩体为海西期辉长岩(卡休他他式铁钴矿)和石英闪长岩(沙拉西别式铁铜矿),围岩为震旦系及前震旦系的含大理岩的各类沉积建造,矿体均呈似层状、透镜状产出,磁铁矿为矿石的主要矿物。②与海西期中酸性侵入岩有关的梨子山式铁钼矿主要分布于东乌珠穆沁旗-多宝山岛弧,成矿岩体为海西晚期花岗岩、二长花岗岩、白岗岩等,围岩为奥陶纪多宝山组,主要有梨子山铁矿、中道山铁矿、罕达盖铁矿等;索索井式铁铜矿分布在额济纳旗-北山弧盆系,成矿与海西期的斑状花岗岩和钾长花岗岩有关,围岩为青白口纪大豁落山群白云石大理岩。③与燕山期中酸性侵入体有关的铁矿主要分布于锡林浩特岩浆弧(黄岗梁式铁矿、神山式铁矿、哈拉火烧式铁矿)和东乌珠穆沁旗-多宝山岛弧(朝不楞式矽卡岩型铁矿),在华北陆块上及北山弧盆系也有出露(额里图式铁矿、乌珠尔嘎顺式铁矿),在地理位置上主要分布在大兴安岭中南段,与燕山期滨太平洋火山活动有关,其中朝不楞式矽卡岩型铁锌多金属矿成矿岩体为燕山期黑云母花岗岩,围岩为中泥盆世塔尔巴格特组,黄岗梁式矽卡岩型铁锡矿(表 6-9,图 6-13)成矿岩体为(黑云母)钾长花岗岩,围岩为大石寨组顶部火山岩和哲斯组下部碳酸盐岩。

**表 6-9　黄岗梁铁矿预测工作区成矿要素表**

| 成矿要素 | 描述内容 | | | | 要素类别 |
|---|---|---|---|---|---|
| | 储量 | 铁 18 065 万 t | 平均品位 | TFe 34.84% | |
| | 特征描述 | 接触交代-热液型铁矿床 | | | |
| 构造背景 | 兴安弧盆系,锡林浩特岩浆弧($Pz_2$) | | | | 必要 |
| 成矿环境 | Ⅱ大兴安岭成矿省,Ⅲ林西-孙吴铅、锌、铜、钼、金成矿带(Ⅵ、Ⅱ、Ym),Ⅳ索伦镇-黄岗梁铁(锡)、铜、锌成矿亚带(Y) | | | | 必要 |
| 成矿时代 | 燕山晚期 | | | | 必要 |
| 控矿构造 | 北东向的一组压性为主兼扭性断裂及其所形成的层间裂隙是控矿的有利部位;北西向张性为主兼扭性断裂控矿能力较差 | | | | 重要 |
| 赋矿地层 | 早二叠世哲斯组、早中二叠世大石寨组三段 | | | | 必要 |
| 控矿侵入岩 | 富含碱质及挥发组分的钾长花岗岩及期后气水溶液交代了围岩中有益成分并在有利部位富集成矿 | | | | 必要 |
| 区域成矿类型及成矿期 | 燕山晚期,接触交代-热液(矽卡岩)型 | | | | 必要 |
| 预测区矿点 | 区内 14 个矿点、矿化点 | | | | 重要 |

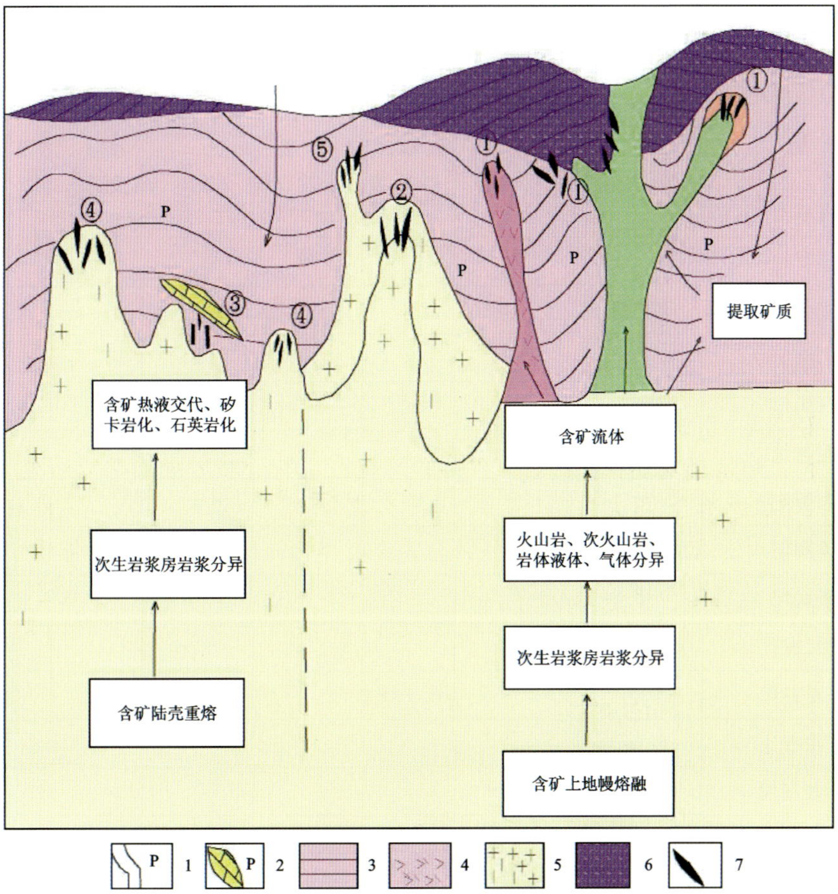


图 6-13 黄岗梁铁矿区域成矿模式图

1.二叠纪碎屑岩夹中酸性火山岩;2.二叠纪碎屑岩夹碳酸盐岩透镜体;3.侏罗纪火山岩;4.矽卡岩;5.花岗岩;6.英安斑岩;7.矿体。①大井式;②孟恩陶勒盖式;③黄岗梁式;④宝盖沟式;⑤胡家店式

2)热液型铁矿

热液型铁矿主要受不同时代侵入岩(花岗岩)及断裂构造控制,有分布在额尔古纳岛弧的地营子式中低温热液铁矿床,锡林浩特岩浆弧的马鞍山式中高温热液铁矿床,走廊弧后盆地的阎地拉图式低温热液铁矿。

## 三、内蒙古自治区铁矿成矿规律

### 1.空间分布规律

内蒙古自治区铁矿主要集中分布在乌拉特中旗—集宁一线,有50%以上的铁矿床和70%以上的铁矿石资源储量。

### 2.时间分布规律

内蒙古自治区铁矿的形成时代跨越比较大,从太古宙至新生代均有不同程度的分布。其中以太古宙、元古宙为主,古生代、中生代次之(表6-10,图6-14)。太古宙以鞍山式沉积变质型铁矿为主,矿床规模以中小型为主。元古宙时期矿床数量虽然少,但是内蒙古自治区唯一的特大型白云鄂博铁矿床就形成于这个时期。古生代时期在不同的构造部位形成不同类型的铁矿,以海相火山岩型和接触交代-热液型为主。中生代则以接触交代-热液型为主。

**表 6-10　内蒙古自治区主要铁矿成因类型成矿时代演化**

| 成矿时代 | 矿床成因类型 | | 沉积变质型 | 沉积型 | 矽卡岩型 | 火山岩型 | 热液型 | 岩浆岩型 | 风化淋滤型 |
|---|---|---|---|---|---|---|---|---|---|
| 新生代 | 第四纪 | 喜马拉雅期 | | ＋ | | | | | ＋ |
| | 第三纪（古近纪＋新近纪） | | | ＋ | | | | | |
| 中生代 | 白垩纪 | 燕山期 | | | ＋＋ | | ＋ | | |
| | 侏罗纪 | | | | ＋ | | ＋ | | |
| | 三叠纪 | 印支期 | | | ＋ | | | | |
| 古生代 | 二叠纪 | 海西期 | | | ＋ | | | ＋ | |
| | 石炭纪 | | | ＋ | ＋＋ | ＋＋ | ＋ | | |
| | 泥盆纪 | | | | | | | | |
| | 志留纪 | 加里东期 | | | | | | | |
| | 奥陶纪 | | | | | | | | |
| | 寒武纪 | | | | | | | | |
| 元古宙 | 新元古代 | | | | | ＋＋ | | | |
| | 中元古代 | | | ＋＋＋ | | | | | |
| | 古元古代 | | | | | | | | |
| 太古宙 | 新太古代 | | ＋＋＋ | | | | | | |
| | 中太古代 | | ＋＋ | | | | | | |
| | 古太古代 | | ＋＋ | | | | | | |

注：＋＋＋为重要成矿时代，＋＋为较重要成矿时代，＋为次要成矿时代。

**3. 成矿物质演化**

成矿物质的变化一般与矿产预测类型关系密切。太古宙沉积变质型铁矿多形成单一铁矿，金属矿物以磁铁矿为主，随变质程度的深浅，磁铁矿的粒度有变化，古太古代和中太古代变质程度相对较深，达麻粒岩相，磁铁矿粒度较粗，新太古代变质较浅，磁铁矿粒度较细，一般全铁含量为30%左右，富铁矿少，均为需选磁铁矿石。中太古代地台区沉积变质型铁矿多形成铁铜铅锌多金属矿（渣尔泰山群）和铁铌稀土矿（白云鄂博群），前者铁矿单矿体或铁铅锌矿体，铁矿多为中型，铜铅锌矿多形成大型；后者铁矿、稀土矿均为超大型，尤其稀土矿规模为世界级的超大型矿。海相火山岩型铁矿金属矿物多为磁铁矿、赤铁矿、穆磁铁矿等相对也比较单一的铁矿，部分形成富铁矿如黑鹰山铁矿，谢尔塔拉铁矿伴生有锌矿。接触交代-热液型铁矿多为铁多金属矿，不同的大地构造部位由于围岩的不同及侵入岩类型的差别，共伴生的元素也不太一样，如黄岗梁铁矿伴生有锡等，朝不楞铁矿伴生有铜等，梨子山铁矿伴生有钼等元素。陆相沉积型铁矿多为赤铁矿。

**4. 主要控矿因素**

大地构造背景（现在的不同的大地构造单元、构造位置）是控制铁矿分布的主要因素，同一构造单元内不同建造类型及不同构造控制着不同类型矿床的分布。华北陆块北缘出露有太古宙变质基底岩系，控制着内蒙古绝大部分沉积变质型铁矿的分布。中元古代狼山-渣尔泰山裂谷和白云鄂博裂谷含铁建造分别控制了霍各乞式和白云鄂博式铁矿的分布，其内的三级盆地又控制了具体矿床的分布。大兴安岭岩浆岩带控制了多数中生代接触交代-热液型铁矿的分布。北山石炭纪岛弧火山岩系内分布有黑鹰山式海相火山岩型铁矿。

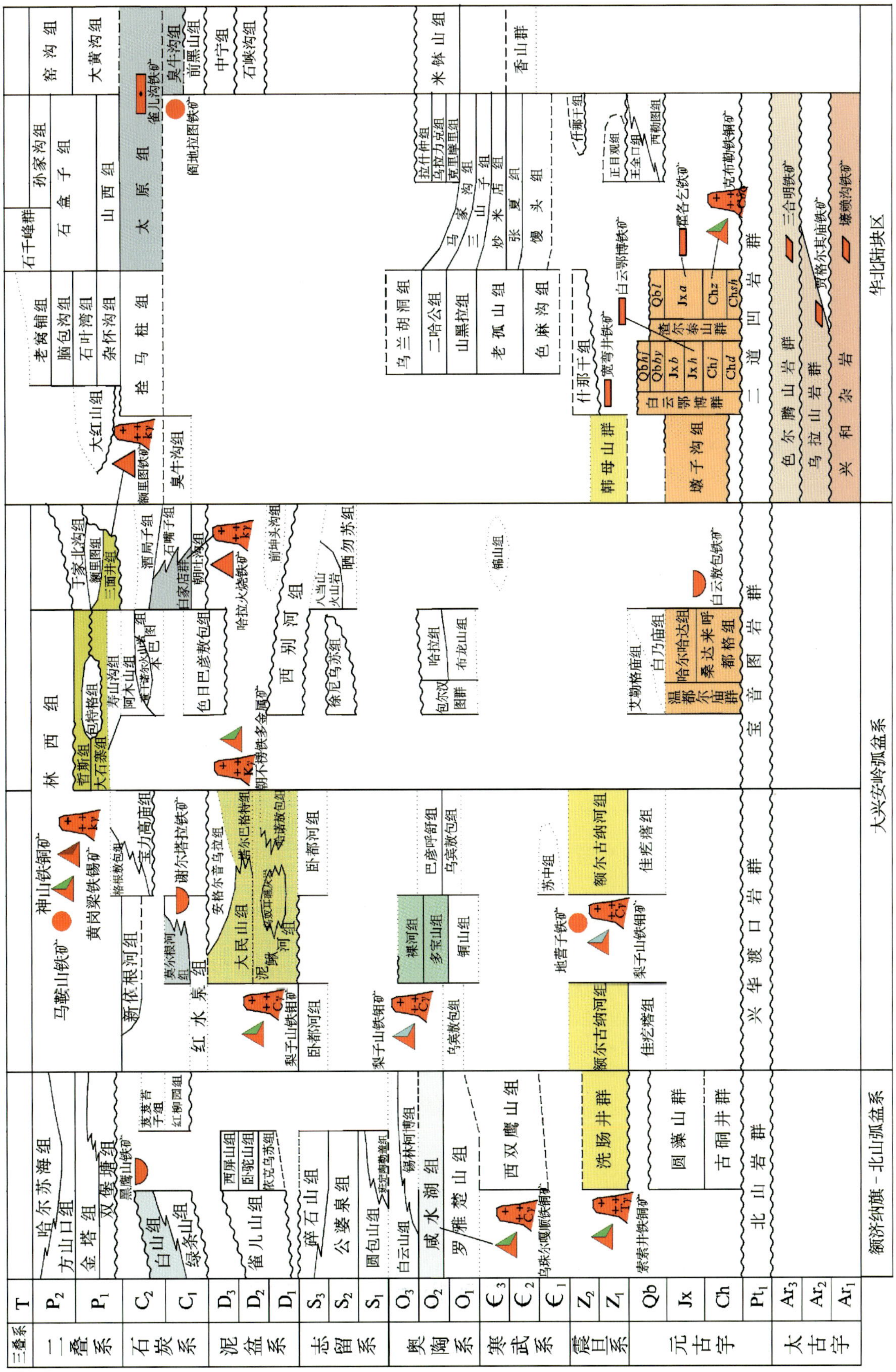


图 6-14　内蒙古自治区铁矿成矿谱系图

# 第四节　锰矿典型矿床及成矿规律

锰矿矿产预测类型及其代表性矿床见表 6-11。

**表 6-11　锰矿典型矿床一览表**

| 序号 | 矿产预测类型 | 典型矿床 | 成因类型 |
|---|---|---|---|
| 1 | 海相火山岩型 | 西里庙锰矿 | 热液型 |
| 2 | 陆相火山岩型 | 额仁陶勒盖银锰矿 | |
| 3 | (火山)-沉积变质型 | 乔二沟锰矿 | 沉积变质型 |

## 一、锰矿典型矿床

### 1. 海相火山岩型

海相火山岩型锰矿主要为海西期西里庙锰矿。

西里庙锰矿位于四子王旗北部，卫井苏木额尔登西 6km 处。矿体主要产于早中二叠世大石寨组二段第一岩石组合下部的凝灰质砂砾岩与青灰色厚层状微晶灰岩接触处，也见有产于灰岩、凝灰质砂砾岩中的次要矿层。矿体顶板岩石为厚层状含砂屑微晶灰岩，层理清楚，底板岩石为凝灰质砂砾岩或流纹质岩屑晶屑凝灰岩。矿体呈层状，形态规则，矿体与围岩界线明显。矿石矿物为硬锰矿和软锰矿，属氧化锰矿石。矿床成矿要素见表 6-12。

**表 6-12　西里庙锰矿典型矿床成矿要素表**

| 成矿要素 | | 描述内容 | | | | 要素类别 |
|---|---|---|---|---|---|---|
| | | 储量 | 锰 23.77 万 t | 平均品位 | TMn 24.54% | |
| | | 特征描述 | 小型热液型锰矿床 | | | |
| 地质环境 | 构造背景 | 天山-兴蒙造山系，大兴安岭弧盆系，锡林浩特岩浆弧($Pz_2$) | | | | 必要 |
| | 成矿环境 | 滨太平洋成矿域(叠加在古亚洲成矿域之上)，大兴安岭成矿省，白乃庙-锡林郭勒铁、铜、钼、铅、锌、锰、铬、金、锗、煤、天然碱、芒硝成矿带，苏木查干敖包—二连锰、萤石成矿亚带(Vl) | | | | 必要 |
| | 成矿时代 | 海西期 | | | | 必要 |
| 矿床特征 | 矿体形态 | 矿体形态规则，主要呈层状、似层状 | | | | 重要 |
| | 岩石类型 | 含砂屑微晶灰岩，凝灰质砂砾岩，流纹质岩屑、晶屑凝灰岩，微晶灰岩，砂质、泥质千枚岩 | | | | 重要 |
| | 岩石结构 | 含砂屑微晶结构，千枚状结构，流纹质岩屑、晶屑凝灰结构 | | | | 次要 |
| | 矿物组成 | 矿石矿物：主要为硬锰矿，次为软锰矿；<br>脉石矿物：方解石、凝灰质砂砾岩、凝灰岩、石英等，少许孔雀石 | | | | 重要 |
| | 矿石结构构造 | 结构：角砾状结构、填隙结构、似包含结构；<br>构造：主要有网脉状、角砾状、块状构造、肾状或葡萄状构造 | | | | 次要 |

续表 6-12

| 成矿要素 | | 描述内容 | 要素类别 |
|---|---|---|---|
| 矿床特征 | 围岩蚀变 | 锰矿化、硅化 | 重要 |
| | 主要控矿因素 | 早中二叠世大石寨组与潜火山岩；<br>近南北向的断裂构造控矿非常明显，矿化的强弱与构造密切有关，构造强则矿化强，且离开构造带矿化逐渐减弱 | 必要 |

矿床成矿模式：中二叠世，第一次火山活动的间歇期间大部分的岩浆喷溢活动停止了，局部火山热流的喷流作用仍在继续，火山热水沿着火山活动形成的火山口及断裂构造（特别是层间的断裂构造）上升，在层间裂隙中形成了层状或似层状矿体，而在其下部或潜火山岩内则形成脉状或网脉状矿体（图 6-15）。

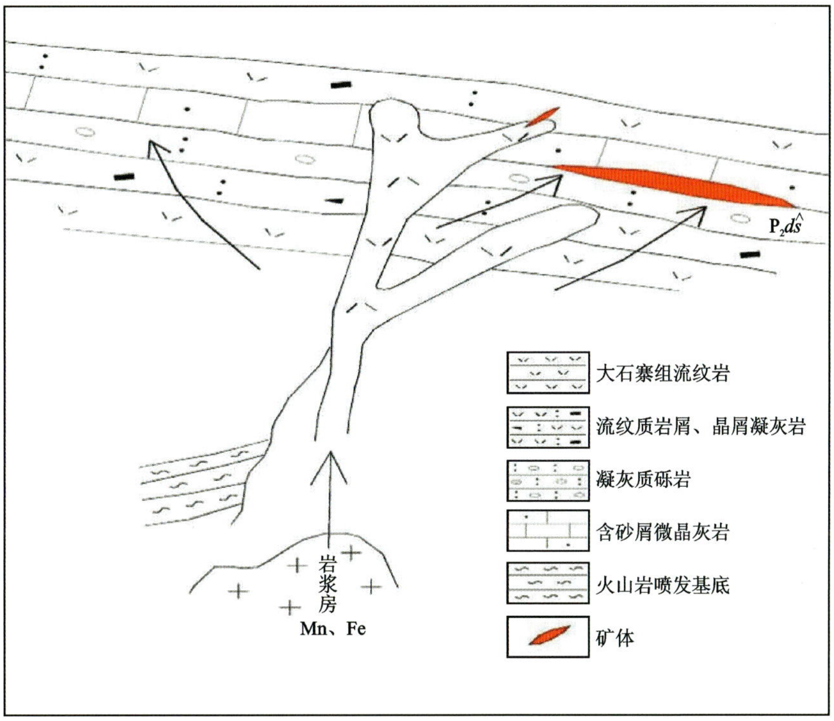


图 6-15 西里庙锰矿典型矿床成矿模式图

**2. 火山岩型陆相**

火山岩型陆相即陆相火山岩型，主要为额仁陶勒盖银锰矿，见后述银矿部分。

**3. (火山)-沉积变质型**

该类型锰矿床主要为元古宙乔二沟锰矿和奥陶纪东加干锰矿，前者为近年勘查发现，规模达到中型，是目前内蒙古内规模最大的锰矿。下面仅叙述乔二沟锰矿。

乔二沟锰矿位于内蒙古自治区巴彦淖尔市乌拉特前旗小佘太乡。赋矿地层为中元古代阿古鲁沟组粉砂质板岩。矿体形态较为简单，与围岩产状一致，主要呈似层状产出，局部有分支复合现象。矿石工业类型为需选的低贫硬锰矿矿石。矿床成矿要素见表 6-13。

表 6-13　乔二沟锰矿典型矿床成矿要素表

<table>
<tr><td colspan="2" rowspan="3">成矿要素</td><td colspan="4">描述内容</td><td rowspan="3">要素类别</td></tr>
<tr><td>储量</td><td>锰 11 914 000t</td><td>平均品位</td><td>TMn 13.67%</td></tr>
<tr><td>特征描述</td><td colspan="3">中型沉积变质型锰矿床</td></tr>
<tr><td rowspan="3">地质环境</td><td>构造背景</td><td colspan="4">Ⅱ华北陆块区，Ⅱ-2 晋冀陆块，Ⅱ-4 狼山-阴山陆块(大陆边缘岩浆弧 $Pz_2$)，Ⅱ-4-3 狼山-白云鄂博裂谷($Pt_2$)</td><td>必要</td></tr>
<tr><td>成矿环境</td><td colspan="4">Ⅰ-4 滨太平洋成矿域(叠加在古亚洲成矿域之上)，Ⅱ-14 华北成矿省，Ⅲ-11 华北陆块北缘西段金、铁、铌、稀土、铜、铅、锌、银、镍、铂、钨、石墨、白云母成矿带，Ⅲ-11-②狼山-渣尔泰山铅、锌、金、铁、铜、铂、镍成矿亚带</td><td>必要</td></tr>
<tr><td>成矿时代</td><td colspan="4">中元古代</td><td>必要</td></tr>
<tr><td rowspan="7">矿床特征</td><td>矿体形态</td><td colspan="4">主要呈似层状产出，局部有分支复合现象</td><td>重要</td></tr>
<tr><td>岩石类型</td><td colspan="4">粉砂质板岩</td><td>重要</td></tr>
<tr><td>岩石结构</td><td colspan="4">变余粉砂质泥质结构</td><td>次要</td></tr>
<tr><td>矿物组成</td><td colspan="4">矿石矿物：主要为硬锰矿，少量软锰矿及褐铁矿；<br>脉石矿物：主要为石英，其次为斜长石、角闪石、云母</td><td>主要</td></tr>
<tr><td>矿石结构构造</td><td colspan="4">结构：不等粒状变晶结构，土状、微晶状结构；<br>构造：块状构造</td><td>次要</td></tr>
<tr><td>围岩结构构造</td><td colspan="4">结构：伟晶、粗粒、中粗粒、细粒结晶结构，鳞片花岗变晶、残余、骸晶、交叉结构，压碎结构等；<br>构造：块状、交错脉状及网脉状、斑块状、浸染状、梳状、晶洞构造</td><td>次要</td></tr>
<tr><td>主要控矿因素</td><td colspan="4">阿古鲁沟组一段粉砂质板岩</td><td>必要</td></tr>
</table>

矿床成矿模式：在中元古代渣尔泰山群阿古鲁沟组沉积的同时，伴有 $Mn(OH)_2$ 胶体沉淀，形成了含锰矿层的赋存。早先在中元古代渣尔泰山群阿古鲁沟组沉淀 $Mn(OH)_2$ 胶体，经区域变质作用，使得 $Mn(OH)_2$ 胶体脱水，形成乔二沟式的沉积变质型锰矿床(图 6-16)。

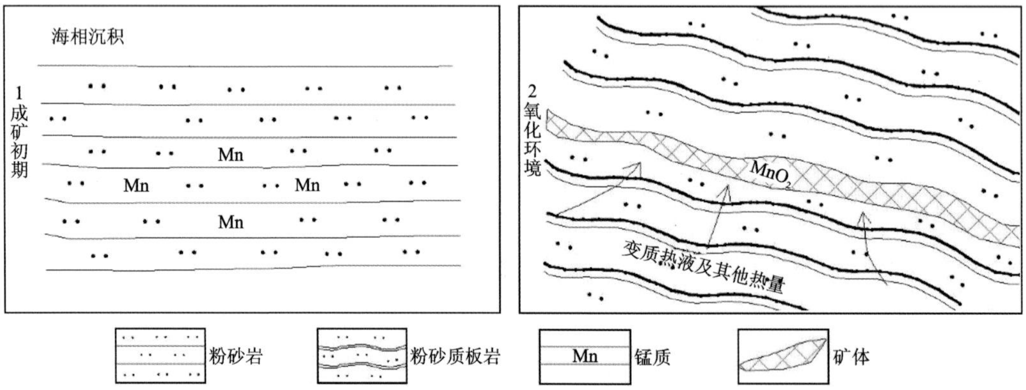


图 6-16　乔二沟锰矿典型矿床成矿模式图

## 二、锰矿预测工作区成矿规律

### 1. 海相火山岩型

海相火山岩型锰矿主要有西里庙锰矿(表 6-14，图 6-17)，位于四子王旗北部，矿体主要产于早中二叠世大石寨组二段第一岩石组合下部的凝灰质砂砾岩与青灰色厚层状微晶灰岩接触处。

**表 6-14 西里庙锰矿预测工作区成矿要素表**

| 成矿要素 | | 描述内容 | 要素类别 |
|---|---|---|---|
| 地质环境 | 构造背景 | Ⅰ天山-兴蒙造山系，Ⅰ-1 大兴安岭弧盆系，Ⅰ-1-6 锡林浩特岩浆弧($Pz_2$) | 必要 |
| | 成矿环境 | Ⅰ-4 滨太平洋成矿域(叠加在古亚洲成矿域之上)，Ⅱ-12 大兴安岭成矿省，Ⅲ-7 阿巴嘎-霍林河铬、铜(金)、锗、煤、天然碱、芒硝成矿带(Ym)，Ⅲ-7-④苏木查干敖包-二连萤石、锰成矿亚带(Vl) | 必要 |
| | 区域成矿类型及成矿期 | 海相火山岩型;海西期 | 必要 |
| 控矿地质条件 | 控矿构造 | 海西期东西向、北西向断裂 | 重要 |
| | 赋矿地质体 | 大石寨组二段 | 重要 |
| | 控矿侵入体 | 大石寨组潜流纹斑岩 | 重要 |
| | 围岩蚀变 | 锰矿化、硅化 | 重要 |
| 预测区矿点 | | 矿床(点)7 个:小型 1 个，矿化点 6 个 | 重要 |

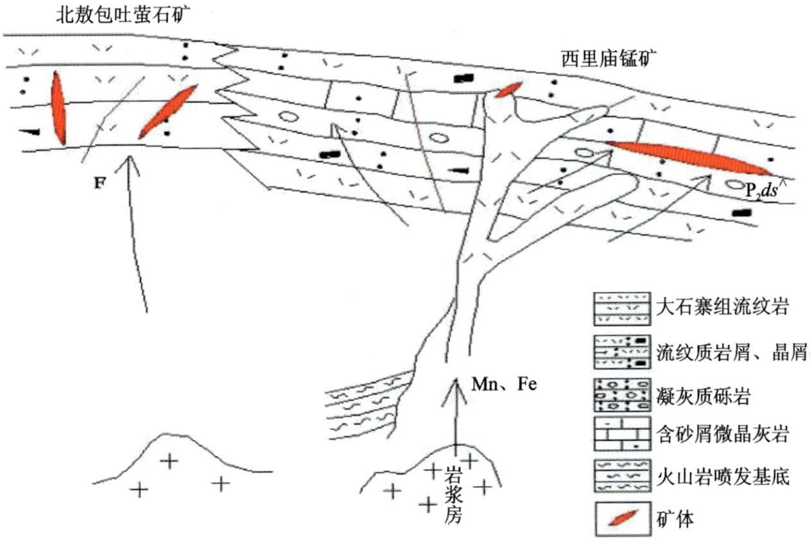


图 6-17 西里庙锰矿区域成矿模式图

### 2. 陆相火山岩型

陆相火山岩型主要为额仁陶勒盖银锰矿，位于新巴尔虎右旗，围岩成分简单，岩性单一，主要为硅化安山岩，偶见绿泥石化或绢云母化安山岩。矿体严格受控于断裂构造，主要矿化与充填-交代形成的石英脉密切相关，均呈脉状产出，矿体局部呈膨缩现象，沿倾向延长具舒缓波状。

### 3. (火山)-沉积变质型

(火山)-沉积变质型锰矿分布少，但储量大。主要有乔二沟中型锰矿(表 6-15，图 6-18)、东加干锰矿等。该类型锰矿赋存于地层中，受到后期变质作用的改造。乔二沟中型沉积变质型锰矿床主要分布在华北陆块区，巴彦淖尔市乌拉特前旗，赋矿地层为中元古代阿古鲁沟组粉砂质板岩。东加干锰矿位于内蒙古自治区巴音淖尔市乌拉特中旗巴音杭盖苏木内，锰矿赋存在早中奥陶世乌宾敖包组二段地层中。

矿体与围岩产状一致，呈整合接触，界线清晰。矿层底板为绢云母千枚岩，顶板为薄层白云质灰岩。矿石矿物成分主要为软锰矿和硬锰矿，未发现含锰碳酸盐矿物。围岩蚀变弱，具绢云母化和碳酸盐化。

**表 6-15　乔二沟锰矿预测工作区成矿要素表**

| 成矿要素 | | 描述内容 | 要素类别 |
|---|---|---|---|
| 地质环境 | 大地构造位置 | Ⅱ华北陆块区，Ⅱ-2 晋冀陆块，Ⅱ-4 狼山-阴山陆块，大陆边缘岩浆弧($Pz_2$)，Ⅱ-4-3 狼山-白云鄂博裂谷($Pt_2$) | 必要 |
| | 成矿区(带) | Ⅰ-4 滨太平洋成矿域(叠加在古亚洲成矿域之上)，Ⅱ-14 华北成矿省，Ⅲ-11 华北陆块北缘西段金、铁、铌、稀土、铜、铅、锌、银、镍、铂、钨、石墨、白云母成矿带，Ⅲ-11-②狼山-渣尔泰山铅、锌、金、铁、铜、铂、镍成矿亚带 | 必要 |
| | 区域成矿类型及成矿期 | (火山)-沉积变质型；中元古代 | 必要 |
| 控矿地质条件 | 赋矿地质体 | 中元古代渣尔泰山群阿古鲁沟组 | 必要 |
| | 主要控矿构造 | 北西倾的中元古代渣尔泰山群阿古鲁沟组单斜岩层 | 必要 |
| 区内相同类型矿产 | | 已知有 1 个中型锰矿床和 2 个小型锰矿床 | 重要 |

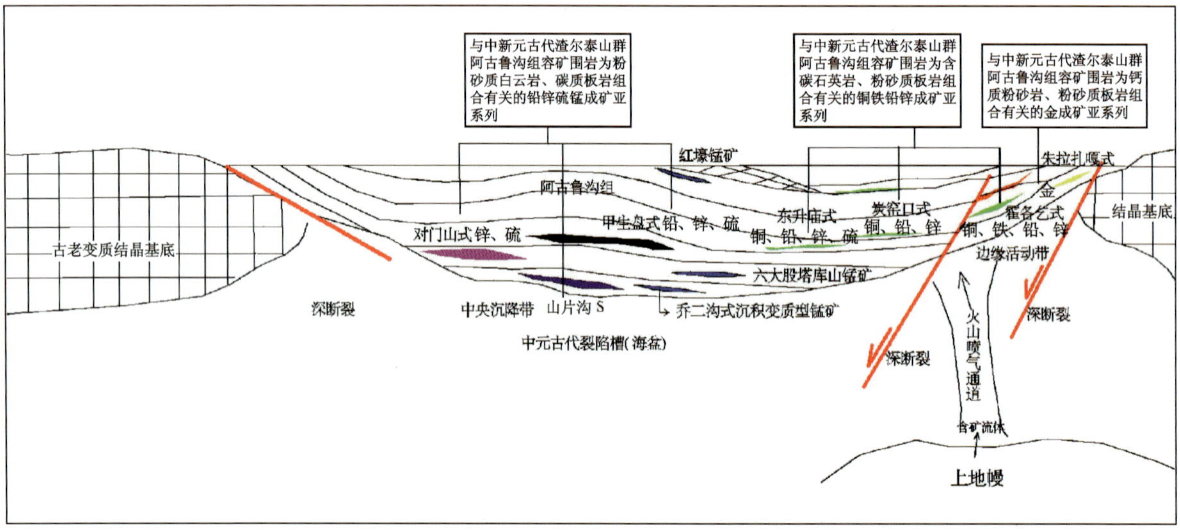


图 6-18　乔二沟锰矿区域成矿模式图

## 三、内蒙古自治区锰矿成矿规律

### 1. 时间分布规律

全区锰矿床的形成主要在中元古代、古生代及中生代。中元古代为(火山)-沉积变质型，古生代及中生代形成火山岩型(海相、陆相)(图 6-19)。

### 2. 构造背景对成矿的控制

中元古代华北陆块北缘巨型裂陷槽控制了与沉积相关的赋存于阿古鲁沟组的乔二沟式锰矿。早—

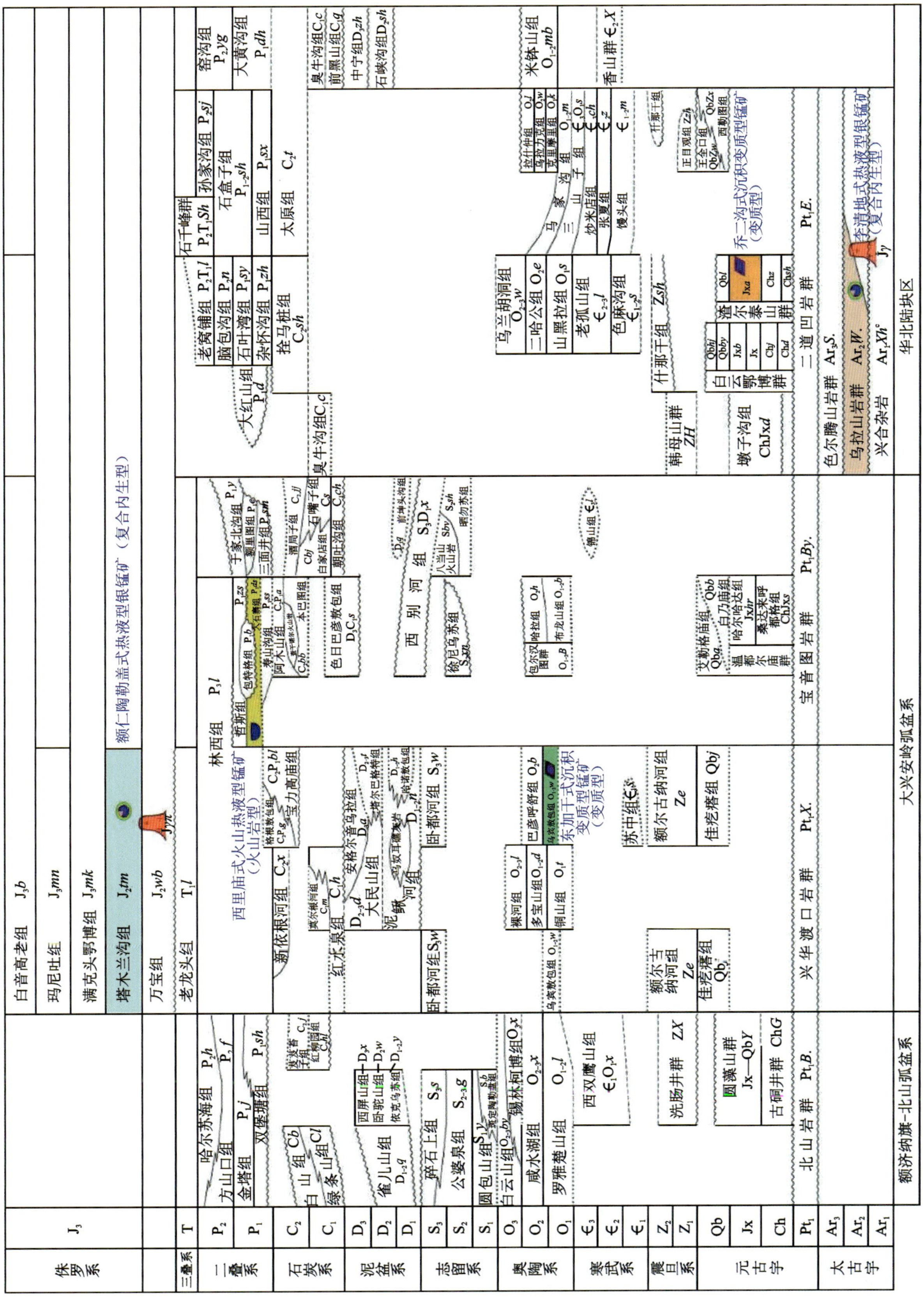


图6-19　内蒙古自治区锰矿成矿谱系图

中奥陶世东加干地区形成的弧前盆地浅海-滨海地带沉积了东加式锰矿。晚古生代锡林浩特岩浆弧由于洋壳俯冲消减,诱发大规模的岩浆喷溢,其晚期潜火山岩与西里庙式锰矿的形成有着密切的联系,它既是成矿母岩也是赋矿层。中生代滨西太平洋活动大陆边缘构造环境形成了大兴安岭火山-岩浆构造带,并形成与陆相中酸性火山-侵入岩相关的锰矿,如额仁陶勒盖银锰矿、李清地银锰矿。

**3. 区域性深断裂(带)对成矿的控制作用**

区域性深断裂(带)具多期或长期活动特征,是地幔物质上涌的通道。而与其有成生联系的次断裂或裂隙构造带往往就是成矿物质沉淀定位的空间。在其一侧或两旁常分布形成不同时代的矿床,如新巴尔虎右旗得尔布干断裂控制了额仁陶勒盖锰银矿的产出。近东西向固阳-集宁深大断裂控制了李清地银锰矿等。

**4. 地层或围岩对成矿的控制**

本区锰矿大都或多或少与火山岩类地层有关。除乔二沟式锰矿、东加干式锰矿外,部分围岩对热液型银锰矿的形成有物质贡献,如得尔布干地区的中侏罗世塔木兰沟组被认为是燕山期铅锌银锰矿的一个矿源层。

**5. 岩浆活动对成矿的控制**

二叠纪大石寨组潜火山岩与同期的火山岩有密切关系,其岩性主要有流纹斑岩,多呈脉状、岩株状或小岩株状产出,该期潜火山岩与西里庙式锰矿的形成有着密切的联系,既是成矿母岩也是赋矿层,矿床或矿点基本上是产在流纹斑岩内或者附近不远的地方。燕山晚期火山-侵入杂岩对额仁陶勒盖银锰矿的形成有明显的控制作用,斑岩体岩性为闪长玢岩、花岗闪长斑岩、石英斑岩和长石石英斑岩等。银锰矿体呈脉状产出,分布在杂岩体周围,受断裂构造控制。

## 第五节　铬铁矿典型矿床及成矿规律

铬铁矿矿产预测类型及其代表性矿床见表6-16。

**表6-16　铬铁矿典型矿床一览表**

| 矿产预测类型 | 典型矿床 | 成因类型 |
|---|---|---|
| 蛇绿岩型(地幔岩局熔改造亚型) | 赫格敖拉铬铁矿 | 蛇绿岩型 |

### 一、铬铁矿典型矿床

内蒙古自治区内仅见有蛇绿岩型铬铁矿,有赫格敖拉、呼和哈达、柯单山索伦山等矿床,下面仅叙述赫格敖拉铬铁矿。

赫格敖拉铬铁矿,即原五八二铬铁矿,位于内蒙古自治区锡林浩特市北部110km处,行政区划隶属于锡林浩特市朝克乌拉苏木。矿体赋存于纯橄榄岩相内的异离体中,也有少数矿体围岩为斜辉辉橄岩,矿体呈透镜状、豆荚状等断续分布在一个稳定的、有限空间内。矿体往往集中在纯橄榄岩异离体的中上部,往下逐渐减弱。矿体规模不等,产状在各超基性岩块内也不相同。矿床成矿要素见表6-17。

表 6-17　赫格敖拉铬铁矿典型矿床成矿要素表

| 成矿要素 | | 描述内容 | | | | 要素类别 |
|---|---|---|---|---|---|---|
| | | 储量 | 铬 145.4 万 t | 平均品位 | $Cr_2O_3$ 22.94%；MgO/FeO 8%～10% | |
| | | 特征描述 | 蛇绿岩型铬铁矿床 | | | |
| 地质环境 | 构造背景 | Ⅰ天山-兴蒙造山系，Ⅰ-1 大兴安岭弧盆系，Ⅰ-1-6 二连-贺根山蛇绿混杂岩带($Pz_2$) | | | | 必要 |
| | 成矿环境 | Ⅰ-4 滨太平洋成矿域(叠加在古亚洲成矿域之上)，Ⅱ-12 大兴安岭成矿省，Ⅲ-6 东乌珠穆沁旗-嫩江(中强挤压区)铜、钼、铅、锌、金、钨、锡、铬成矿带($Pt_3$、Vm-l、Ye-m)(Ⅲ-48)，Ⅲ-6-②朝不楞-博克图钨、铁、锌、铅成矿亚带(V Y) | | | | 必要 |
| | 成矿时代 | 泥盆纪 | | | | 必要 |
| 矿床特征 | 矿体形态 | 透镜状、扁豆状及不规则豆荚状(似脉状) | | | | 重要 |
| | 岩石类型 | 纯橄榄岩、斜辉橄榄岩、橄榄岩、橄榄辉石岩、辉石岩等 | | | | 重要 |
| | 岩石结构 | 半自形细粒—中粒浸染状矿石；半自形—自形块状矿石 | | | | 次要 |
| | 矿物组成 | 金属矿物以铬尖晶石为主，以磁铁矿次之，并含黄铁矿、黄铜矿和少量赤铁矿；非金属矿物以叶蛇纹石为主，绿泥石次之，方解石、橄榄石、高岭石含量极少 | | | | 主要 |
| | 矿石结构构造 | 结构：半自形细粒—中粒结构、链状网环结构(少量自形铬尖晶石围绕橄榄石颗粒呈环状、半自形—自形粗粒结构、交代结构、压碎结构；构造：豆斑状构造、浸染斑点构造、条带状构造、含块状矿石的浸染状构造 | | | | 次要 |
| | 围岩蚀变 | 蛇纹石化、钠黝帘石化、次闪石化、绢石化、碳酸盐化 | | | | 次要 |
| | 主要控矿因素 | 纯橄榄岩控矿 | | | | 必要 |

矿床成矿模式：在扩张脊环境下，地幔上涌，而比较重的矿浆则沉淀于上地幔中岩浆房底部。当扩张脊温度和压力下降时，铬铁矿结晶并聚集形成矿体。随着板块在扩张脊两侧的相向运动，矿体也随板块向大陆边缘运移，并受到地幔运移中的塑性剪切作用，而在地幔橄榄岩中发育叶理，使与叶理不整合的矿体逐渐转为整合。板块运移离扩张脊越远，水平拉伸持续的时间越长，剪切作用也越强，从而使原矿体支离破碎，形成串珠状小豆荚体。矿床的时空演化是一个连续的、持续很长时间的过程。在空间上，矿体要经历从上地幔、扩张脊、大陆边缘仰冲带这样宽广的区域；时间上要经历板块从扩张脊至大陆边缘所需的时间，最终定位形成矿床(图 6-20)。

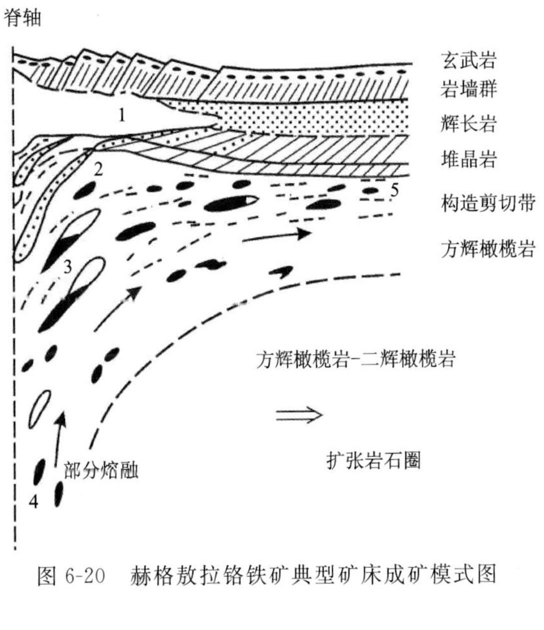


图 6-20　赫格敖拉铬铁矿典型矿床成矿模式图

## 二、铬铁矿预测工作区成矿规律

内蒙古自治区铬铁矿矿产预测类型为产于蛇绿岩中变质地幔岩局熔改造型。主要分布于索伦山蛇绿岩带、贺根山蛇绿岩带及柯单山蛇绿岩带内的超镁铁质岩块内(表 6-18，图 6-21)。矿体主要赋存于纯

**表 6-18　赫格敖拉铬铁矿预测工作区成矿要素表**

| 成矿要素 | | 描述内容 | 要素类别 |
|---|---|---|---|
| 地质环境 | 大地构造位置 | Ⅰ天山-兴蒙造山系，Ⅰ-1 大兴安岭弧盆系，Ⅰ-1-5 二连-贺根山蛇绿混杂岩带($Pz_2$) | 必要 |
| | 成矿区(带) | Ⅰ-4 滨太平洋成矿域(叠加在古亚洲成矿域之上)，Ⅱ-12 大兴安岭成矿省，Ⅲ-6 东乌珠穆沁旗-嫩江(中强挤压区)铜、钼、铅、锌、金、钨、锡、铬成矿带($Pt_3$、Vm-l、Ye-m)(Ⅲ-48)，Ⅲ-6-②朝不楞-博克图钨、铁、锌、铅成矿亚带(V、Y)亚带(V、Y) | 必要 |
| | 区域成矿类型及成矿期 | 与泥盆纪超基性岩有关的蛇绿岩型矿床；成矿时代为泥盆纪 | 必要 |
| 控矿地质条件 | 赋矿地质体 | 纯橄榄岩 | 必要 |
| | 控矿侵入岩 | 中晚泥盆世超基性岩 | 必要 |
| | 主要控矿构造 | 总的构造线为北北东向的复式褶皱 | 必要 |
| 区内相同类型矿产 | | 预测工作区内有 2 个铬矿点 | 重要 |

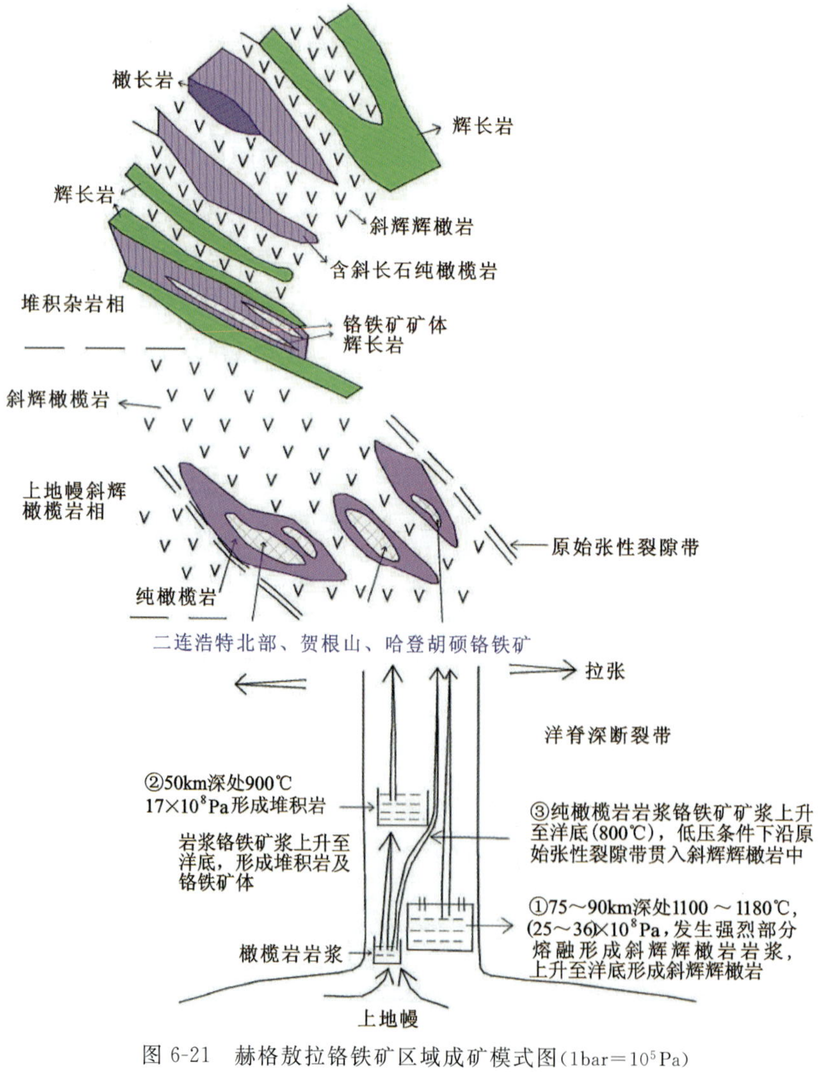


图 6-21　赫格敖拉铬铁矿区域成矿模式图(1bar=$10^5$Pa)

橄榄岩相内的异离体中，呈透镜状、豆荚状等断续分布在一个稳定的、有限空间内。矿体往往集中在纯橄榄岩异离体的中上部，往下逐渐减弱。矿体规模不等，产状在各超基性岩块内也不相同。矿石主要结构为等粒浸染状自形—半自形结构，构造主要为浸染状、显微网环状、网状构造，其次为条带状和斑杂状构造。矿石矿物以铬尖晶石为主，少量磁铁矿、磁黄铁矿、镍黄铁矿、黄铁矿、黄铜矿和赤铁矿。围岩蚀变有蛇纹石化、闪石化、绢石化、碳酸盐化、绿泥石化、硅化等，以蛇纹石化为主。矿石工业类型有富铬的冶金型(索伦山)、富铝的耐火型(贺根山)、冶金用贫铬铁矿石(柯单山)。

### 三、内蒙古自治区铬铁矿成矿规律

**1. 时空分布规律**

内蒙古自治区的铬铁矿均为蛇绿岩型，因此，铬矿床(点)主要分布在天山-兴蒙造山系中的洋壳残片中，即索伦山蛇绿岩带、贺根山蛇绿岩带及柯单山蛇绿岩等。时间上与蛇绿岩的形成时间一致，主要为古生代(贺根山)，部分可能延入到中生代(索伦山-柯单山)。

**2. 蛇绿岩带对成矿的控制作用**

内蒙古自治区铬铁矿均产出蛇绿岩带内。成矿作用与洋盆拉张环境下，大洋岩石圈地幔局部熔融形成的纯橄岩异离体密切相关。

**3. 超基性岩相带对成矿的控制作用**

岩相带种类较多，两极岩相(纯橄岩、橄榄岩)均有出现，相带界线明显的岩体成矿条件好，对成矿有利；相反则成矿不利或不成矿。铬铁矿大多数产出在纯橄岩-斜辉辉橄岩杂岩相带内，且均赋存在其中的纯橄岩异离体内，也有少量产在斜辉橄榄岩内，而且主要在纯橄岩的中上部，向下部逐渐减少，受岩相控制明显。如此种岩相带规模宽大，与其他相带界线清楚，则纯橄岩异离体规模也大，矿床规模较大，且矿石类型以浸染状为主，反之矿床规模较小，矿石类型较复杂。

**4. 超基性岩块的规模与成矿的关系**

铬铁矿成矿与超基性岩块的规模有密切关系。岩体的规模大，对成矿有利。

**5. 超镁铁质岩岩石化学成分对成矿的控制**

铬铁矿和铬尖晶石的成矿与岩体含铬的丰度和 m/f 值有关。镁质超基性—基性岩程度越高，即 m/f 值越高且变化范围宽，铬在岩体中的丰度越高且变化范围宽，对成矿有利。

## 第六节　铜矿典型矿床及成矿规律

铜矿矿产预测类型及其代表性矿床见表 6-19。

**表 6-19　铜矿典型矿床一览表**

| 序号 | 矿产预测类型 | 典型矿床 | 成因类型 |
|---|---|---|---|
| 1 | 斑岩型 | 乌努格吐山铜钼矿 | 斑岩型 |
| 2 | (火山)-沉积变质型 | 霍各乞铜多金属矿 | 海底喷流沉积-改造型 |
| 3 | | 东升庙铅锌多金属矿 | |
| 4 | 海相火山岩型 | 小坝梁铜金矿 | 火山-次火山岩型 |
| 5 | 岩浆热液型 | 欧布拉格铜金矿 | 热液型(狭义) |
| 6 | 矽卡岩型 | 罕达盖林场铁铜多金属矿 | 矽卡岩型 |
| 7 | 岩浆型(超基性—基性铜-镍硫化物型) | 小南山铜镍铂矿 | 与超基性岩有关的铜镍硫化物型 |

## 一、铜矿典型矿床

### 1. 斑岩型

该类型铜矿床主要有乌努格吐山铜钼矿、车户沟铜钼矿，下面仅叙述乌努格吐山铜钼矿。

乌努格吐山大型—超大型铜钼矿床位于内蒙古自治区新巴尔虎右旗呼伦镇，满洲里市南西 22km 处。铜钼成矿作用主要与二长花岗斑岩关系密切，围绕二长花岗斑岩四周分布着环状蚀变带和环状矿体。矿体主要赋存在斑岩体的内接触带，矿体形态有不规则状、脉状及透镜状。矿石具有明显的分带性，由蚀变中心向外从以细粒浸染状为主到细脉浸染状为主。围岩蚀变具有典型的斑岩铜钼矿床蚀变特征。蚀变分带明显，与矿化关系十分密切。矿床成矿要素见表 6-20。

**表 6-20　乌努格吐山铜矿典型矿床成矿要素表**

| 成矿要素 | | 描述内容 | | | | 要素类别 |
|---|---|---|---|---|---|---|
| | | 储量 | 铜 1 850 668t | 平均品位 | Cu 0.431% | |
| | | 特征描述 | 斑岩型铜钼矿床 | | | |
| 地质环境 | 构造背景 | Ⅰ天山-兴蒙造山系，Ⅰ-1 大兴安岭弧盆系，Ⅰ-1-2 额尔古纳岛弧($Pz_1$)，Ⅰ-1-3 海拉尔-呼玛弧后盆地(Pz) | | | | 必要 |
| | 成矿环境 | 铜多金属成矿主要与燕山早期的中性—酸性及燕山晚期酸性、中酸性侵入岩和次火山岩有密切的成因关系；区内金属成矿带的展布严格受北东向得尔布干深大断裂的控制 | | | | 必要 |
| | 成矿时代 | 燕山早期 | | | | 重要 |
| 矿床特征 | 矿体形态 | 整个矿带呈哑铃状、不规则状、似层状 | | | | 次要 |
| | 岩石类型 | 黑云母花岗岩、流纹质晶屑凝灰熔岩，次斜长花岗斑岩 | | | | 重要 |
| | 岩石结构 | 半自形—他形粒状为主，斑状结构 | | | | 次要 |
| | 矿物组成 | 金属矿物：黄铜矿、辉铜矿、黝铜矿、辉钼矿、黄铁矿、闪锌矿、磁铁矿、方铜矿 | | | | 重要 |
| | 矿石结构构造 | 结构：粒状结构、交代结构、包含结构、固溶体分离结构、镶边结构；<br>构造：浸染状和小细脉状为主，局部见有角砾状构造 | | | | 次要 |

**续表 6-20**

| 成矿要素 | | 描述内容 | 要素类别 |
|---|---|---|---|
| 矿床特征 | 围岩蚀变 | 蚀变类型主要有石英化、钾长石化、绢云母化、水白云母化、伊利石化、碳酸盐化，次为黑云母化、高岭土化、白云母化、硬石膏化，少见绿泥石化、绿帘石化和明矾石化等 | 重要 |
| | 主要控矿因素 | 携矿岩体是成矿的主导因素；火山机构是成矿和矿化富集的有利空间；矿化明显受蚀变控制；矿化富集的物理化学条件 | 必要 |

矿床成矿模式：印支-燕山早期，受太平洋板块向西推挤（或鄂霍次克海的闭合），得尔布干深断裂复活，黑云母花岗岩侵位，带来 Cu、Mo 等成矿元素的富集。燕山早期受与得尔布干深断裂带相对应北西向拉张断裂的影响，形成许多中心式火山喷发机构，二长花岗斑岩沿火山管道相侵位，带来 Cu、Mo 等成矿元素的富集。由于本区多期次的构造岩浆活动，引发了深源岩浆水与下渗的天水对流循环，这种混合热流体由于既富挥发分又富碱质，同时对围岩具强烈的萃取和交代反应能力，从而导致围绕斑岩体形成环带状蚀变分布的矿化分带。蚀变分带表现为石英-钾长石化带、绢云母化带；矿化分带表现为 Mo-Mo、Cu-Cu-Cu、Pb、Zn 带（图 6-22）。

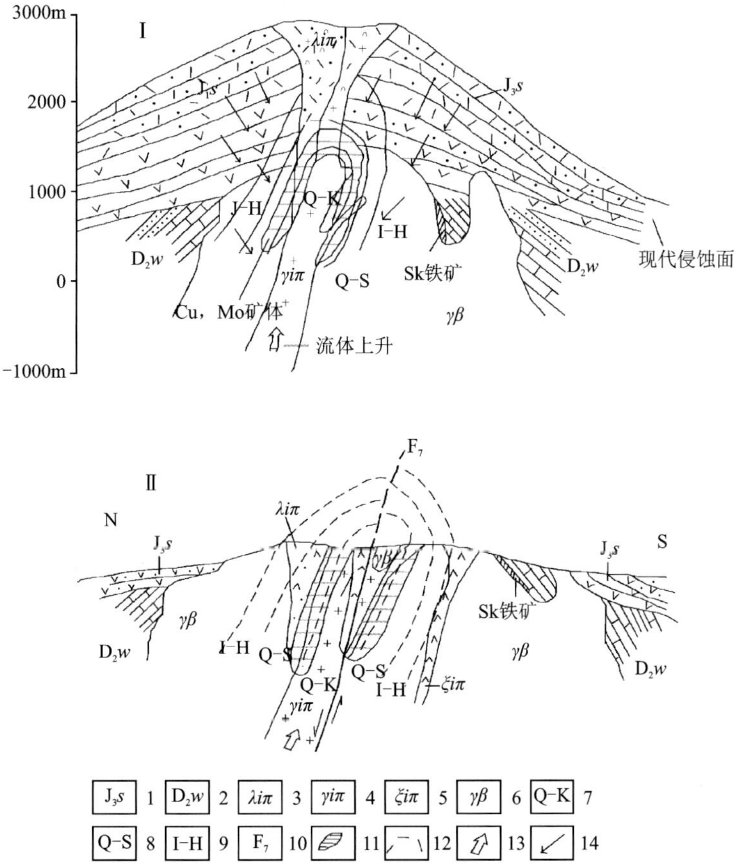


图 6-22　乌努格吐山铜钼矿典型矿床成矿模式图（据张海心，2006，修改）

Ⅰ.矿体形成模式图；Ⅱ.断层及侵入角砾熔岩破坏，现代剥蚀面示意图。

1.晚侏罗世火山岩；2.中泥盆世乌努尔组；3.流纹质晶屑凝灰熔岩；4.斜长花岗斑岩；5.正长斑岩；6.黑云母花岗岩；7.第四系—白垩系；8.第四系—志留系；9.伊利石水白云母化蚀变带；10.断层；11.铜钼矿体；12.蚀变带界线；13.流体上升方向；14.天水运动方向

**2.(火山)-沉积变质型**

该类型主要为霍各乞铁铜多金属矿、东升庙铅锌多金属矿,下面仅叙述霍各乞铁铜多金属矿,东升庙铅锌多金属矿见后述铅锌矿部分。

霍各乞铁铜多金属矿位于巴彦淖尔市乌拉特后旗巴音宝力格镇。含铜矿岩系为渣尔泰山群阿古鲁沟组碳质石英岩中,铅锌矿主要赋存于碳质板岩和白云岩中。岩石均经历了绿片岩相-低角闪岩相的区域变质作用。矿体呈似层状(板状)产出。矿石中有用元素主要有 Cu、Pb、Zn,可综合利用 Ag、Fe、S。矿床成矿要素见表 6-21。

**表 6-21 霍各乞铜矿典型矿床成矿要素表**

| 成矿要素 | | 描述内容 | | | | 要素类别 |
|---|---|---|---|---|---|---|
| | | 储量 | 铜 286 273.44t | 平均品位 | Cu 1.39% | |
| | | 特征描述 | 与海相沉积变质岩有关的海底喷流沉积 | | | |
| 地质环境 | 构造背景 | 华北陆块北缘,狼山-白云鄂博裂谷($Pt_2$) | | | | 必要 |
| | 成矿环境 | 华北陆块北缘西段金、铁、铌、稀土、铜、铅、锌、银、镍、铂、钨、石墨、白云母成矿带,狼山-渣尔泰铅、锌、金、铁、铜、铂、镍成矿亚带,霍各乞铜、铁、铅、锌矿集区 | | | | 必要 |
| | 成矿时代 | 中—新元古代 | | | | 必要 |
| 矿床特征 | 矿体形态 | 薄层状、似层状、透镜状,矿体倾向南东 | | | | 重要 |
| | 岩石类型 | 主要为条带状变质石英岩、石英岩 | | | | 必要 |
| | 岩石结构构造 | 微细粒粒状变晶结构、鳞片变晶结构;纹层状构造、片状构造 | | | | 次要 |
| | 矿物组成 | 以黄铜矿为主,磁黄铁矿、黄铁矿次之,方铅矿微量 | | | | 次要 |
| | 矿石结构构造 | 结构:他形晶粒状结构、交代残余结构、充填结构、共边结构;<br>构造:条带状构造、浸染状构造、脉状构造和块状构造 | | | | 次要 |
| | 围岩蚀变 | 硅化、电气石化、透辉透闪石化、白云母化、阳起石化、绿泥石化、碳酸盐化 | | | | 重要 |
| | 主要控矿因素 | 严格受中—新元古代狼山群二岩组地层控制,同时受褶皱及层间构造控制 | | | | 必要 |

矿床成矿模式:该类型矿床经历了海底喷气沉积和变形变质改造两阶段。由于地热梯度的增加及火山热液活动,高盐度地下水被加热成热卤水。当热卤水温度为 130℃、pH=5 时,硫以 $HS^-$ 形式存在。$Zn^{2+}$、$Pb^{2+}$、$Cu^{2+}$、$Cl^-$ 呈络合物的形式被搬运。这样,热卤水不断淋滤萃取矿源层中的成矿组分,成为高盐度含矿热卤水,并沿同生断裂喷溢至海底。这种高温、高密度流体不与海水混合,而呈不混溶的流体沿海底地形向低凹地带(三级盆地)中聚集,形成卤水池。海底卤水池中热卤水和海水混合、中和,温度降低,金属硫化物按溶度积由小到大(CuS—PbS—ZnS—FeS)顺序依次沉淀。含矿层的下伏地层(书记沟组、增隆昌组一岩段、太古宙乌拉山岩群)是铅、锌的主要矿源层。后期变形变质作用使得矿质在含矿层内部重新活化、迁移、富集,导致褶皱转折端矿体厚度加大、品位变富(图 6-23)。

**3. 海相火山岩型**

该类型铜矿床按成矿时代主要为元古宙白乃庙铜钼矿,古生代小坝梁铜金矿、查干哈达庙铜矿,下面仅叙述小坝梁铜金矿。

小坝梁铜金矿行政区划隶属锡林郭勒盟东乌珠穆沁旗吉脑淖尔苏木。赋矿围岩为晚石炭世—早二叠世格根敖包组安山质凝灰岩、石英角斑岩、凝灰质砂岩、凝灰质粉砂岩及少量的粗安岩或石炭纪本巴图组中酸性火山碎屑岩。矿体呈透镜状、似层状,与围岩产状基本一致;主要赋存于凝灰岩及其附近岩

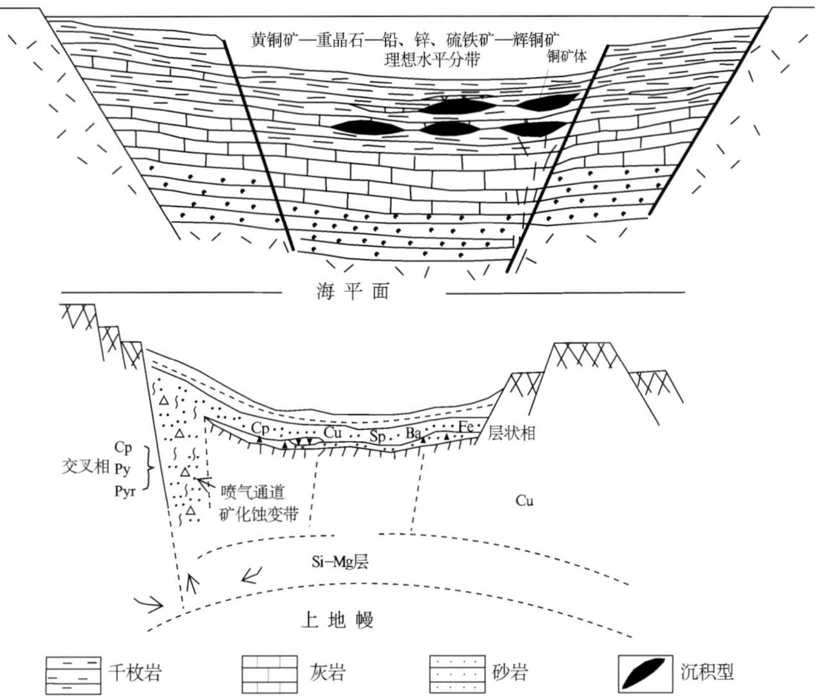


图 6-23 霍各乞铜矿典型矿床成矿模式图(据刘玉堂等,2004,修改)

Cp. 黄铜矿;Py. 黄铁矿;Pyr. 磁黄铁矿

石中,金矿体与铜矿体紧密伴生,金矿石类型以角砾状氧化矿石及土状氧化矿石为主,块状或浸染状原生矿石居次。矿床成矿要素见表 6-22。

**表 6-22 小坝梁铜矿典型矿床成矿要素表**

| 成矿要素 | | 描述内容 | | | | 要素类别 |
|---|---|---|---|---|---|---|
| | | 储量 | 铜 40 181t | 平均品位 | Cu 1.14% | |
| | | 特征描述 | 火山-次火山岩型铜矿床 | | | |
| 地质环境 | 构造背景 | Ⅰ-1-5 东乌-多宝山岛弧,晚古生代近东西向构造带 | | | | 必要 |
| | 成矿环境 | 东乌珠穆沁旗-嫩江(挤压区)铜、钼、铅、锌、金、钨、锡、铬成矿带,二连-东乌旗钨、钼、铁、锌、铅、金、银、铬成矿亚带(Ⅳ级)火山活动中心带,赋矿地层为格根敖包组火山岩 | | | | 必要 |
| | 成矿时代 | 二叠纪 | | | | 必要 |
| 矿床特征 | 矿体形态 | 脉状、透镜状 | | | | 重要 |
| | 岩石类型 | 主要为灰白色、灰黑色凝灰岩,凝灰质砂岩,玄武安山质火山角砾岩,粗玄岩 | | | | 必要 |
| | 岩石结构 | 变余岩屑晶屑凝灰结构、变余砂状结构、火山角砾结构及间粒间隐结构 | | | | 次要 |
| | 矿物组成 | 以黄铜矿为主,毒砂、闪锌矿,方铅矿、斑铜矿次之,表生条件下形成孔雀石和黄铜矿 | | | | 次要 |
| | 矿石结构构造 | 结构:粒状结构、交代残余结构、压碎结构;<br>构造:角砾状、块状、网脉状、斑杂状及细脉浸染状 | | | | 次要 |
| | 围岩蚀变 | 硅化、绿泥石化、碳酸盐化及黄铜矿化 | | | | 重要 |
| | 主要控矿因素 | 严格受格根敖包组火山岩及火山构造控制 | | | | 必要 |

矿床成矿模式:小坝梁矿床形成于大洋中脊离散板块的边缘,其成岩成矿作用均发生在蛇绿岩套构造背景之上。西伯利亚古陆块与华北古陆块的拼合发生于古生代中期,直至早二叠世,本区仍属残余海构造背景。由于区域张应力作用而发生了源自地幔的中性、基性火山-次火山活动,岩浆沿东西向断裂上侵,开始为中性岩浆喷发、沉积,形成一套凝灰岩地层;稍后又有地幔重熔富钠质的基性岩浆喷发,形成一套以细碧岩为主体的基性岩组合;最后,由基性岩浆分异形成富钠质的酸性岩浆喷发,形成了石英角斑岩。铜(金)矿化主要发生于细碧岩形成阶段,即伴随裂隙式火山喷发活动,在火山角砾岩与细碧岩中,由火山热液带来的矿质以及从凝灰岩中活化转移的部分矿质,在有利的构造部位及物理化学条件下富集成矿,从而形成了小坝梁铜(金)矿床(图 6-24)。

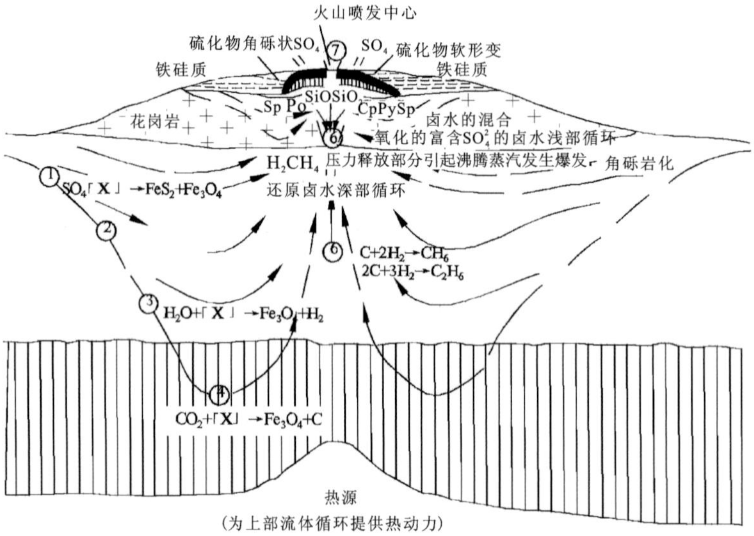


图 6-24　小坝梁铜矿典型矿床成矿模式图

### 4. 岩浆热液型

该类型铜矿床主要有欧布拉格铜金矿、布敦花铜矿、道伦达坝铜多金属矿、毛登锡铜矿、大井铜银锡多金属矿,下面仅叙述欧布拉格铜金矿。

欧布拉格铜金矿行政区划属内蒙古自治区乌拉特后旗。二叠纪英安质熔结火山角砾岩段为铜、金矿体赋存层位。在石英斑岩与英安质熔结火山角砾岩接触部位产有铜、金工业矿体,矿区内的近矿围岩及含矿岩层(石)蚀变均较强烈。一般铜、金与硅化、青磐岩化有关,而金与硅化关系更密切。矿床成矿要素见表 6-23。

**表 6-23　欧布拉格铜矿典型矿床成矿要素表**

| 成矿要素 | | 描述内容 | | | | 要素类别 |
|---|---|---|---|---|---|---|
| | | 储量 | 铜 20 088.48t | 平均品位 | Cu 1.17% | |
| | | 特征描述 | 热液型铜金矿床 | | | |
| 地质环境 | 构造背景 | Ⅰ-9 额济纳旗-北山弧盆系,Ⅰ-9-6 哈布特其岩浆弧 | | | | 必要 |
| | 成矿环境 | 阿巴嘎-霍林河铬、铜(金)、锗、煤、天然碱、芒硝成矿带,乌力吉-欧布拉格铜、金成矿亚带,欧布拉格铜金矿集区 | | | | 必要 |
| | 成矿时代 | 海西期 | | | | 必要 |

**续表 6-23**

| 成矿要素 | | 描述内容 | 要素类别 |
|---|---|---|---|
| 矿床特征 | 矿体形态 | 不规则透镜体 | 重要 |
| | 岩石类型 | 欧布拉格火山杂岩、花岗岩和花岗闪长岩 | 必要 |
| | 岩石结构 | | 次要 |
| | 矿物组成 | 黄铜矿、辉铜矿、斑铜矿、黝铜矿、自然金、银金矿 | 次要 |
| | 矿石结构 | 以他形粒状结构为主，其次有自形—半自形粒状结构、交代结构、交代残余结构、固熔体分离结构 | 次要 |
| | 围岩蚀变 | 硅化、青磐岩化、低温碧玉岩化 | 重要 |
| | 主要控矿因素 | 早二叠世火山杂岩、北西北东向及近南北向断裂、燕山期超浅成侵入体及次火山岩 | 必要 |

矿床成矿模式：海西晚期是区内洋陆作用、火山岩浆作用、壳幔物质变换作用、热流体作用及与之有关的各种成矿作用最强烈、最频繁的时期，形成了多种金属矿床组合。查干楚鲁洋壳的向南俯冲使阿拉善微地块边缘由被动陆缘转化为活动陆缘，形成陆缘弧构造体系及其成矿系统，主要形成了一系列金、铜、铁多金属矽卡岩型矿床和萤石等非金属矿床组合，同时形成了与稍晚期花岗斑岩株、石英斑岩脉有关的欧布拉格铜金矿组合和库仍、哈布达哈拉山等火山-次火山岩型铜矿床组合，其成矿时代为 290～270Ma(图 6-25)。

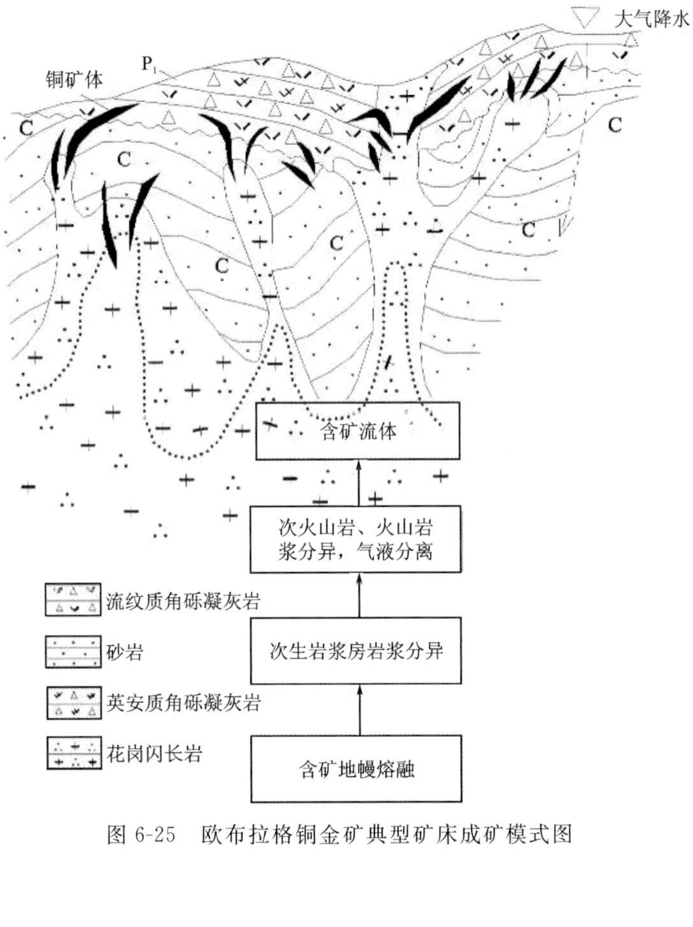


图 6-25　欧布拉格铜金矿典型矿床成矿模式图

**5. 矽卡岩型**

该类型铜矿床主要为罕达盖林场铁铜多金属矿。

罕达盖林场铁铜多金属矿隶属呼伦贝尔市新巴尔虎左旗伊尔施镇。矿体赋存于石炭纪石英二长闪长岩与奥陶纪多宝山组外接触带的矽卡岩中。铁、铜矿体均呈透镜状、脉状、不规则囊状赋存于矽卡岩中。矿床成矿要素见表6-24。

**表6-24　罕达盖铜矿典型矿床成矿要素表**

| 成矿要素 | | 描述内容 | | | | 要素类别 |
|---|---|---|---|---|---|---|
| | | 储量 | 铜18 000t | 平均品位 | Cu 1.17% | |
| | | 特征描述 | 与石炭纪石英二长闪长岩有关的矽卡岩型铜矿床 | | | |
| 地质环境 | 构造背景 | Ⅰ-1大兴安岭弧盆系,Ⅰ-1-5东乌-多宝山岛弧 | | | | 必要 |
| | 成矿环境 | 东乌珠穆沁旗-嫩江(中强挤压区)铜、钼、铅、锌、金、钨、锡、铬成矿带,朝不楞-博克图钨、铁、锌、铅成矿亚带,塔尔其-梨子山铁矿集区 | | | | 必要 |
| | 成矿时代 | 石炭纪 | | | | 必要 |
| 矿床特征 | 矿体形态 | 薄层状、透镜状、不规则囊状,矿体产状变化较大,总体产状为北西向 | | | | 重要 |
| | 岩石类型 | 变质粉砂岩、大理岩、矽卡岩、安山岩、石英二长闪长岩 | | | | 必要 |
| | 岩石结构构造 | 微细粒粒状变晶结构、粒状变晶结构、斑状结构、半自形粒状结构;层状构造、块状构造 | | | | 次要 |
| | 矿物组成 | 磁铁矿、黄铜矿、黄铁矿、赤铁矿,另见少量磁黄铁矿、辉钼矿、闪锌矿 | | | | 次要 |
| | 矿石结构构造 | 结构:半自形粒状结构、粒状变晶结构、碎裂结构、交代残留结构;构造:块状构造、浸染状构造、细脉浸染状构造 | | | | 次要 |
| | 围岩蚀变 | 矽卡岩化、角岩化、硅化及碳酸盐化 | | | | 重要 |
| | 主要控矿因素 | 严格受多宝山组、裸河组与石炭纪石英二长闪长岩接触带控制 | | | | 必要 |

矿床成矿模式:矿床产于奥陶纪岛弧区,在火山喷发沉积的初期,富含矿质的流体通过黏土吸附、络合物形式把成矿物质运移于岛弧及弧后盆地,集中于多宝山组砂板岩、火山岩及碳酸盐岩地层内,形成矿源层。石炭纪石英二长闪长岩侵位于奥陶纪多宝山组中,岩浆热液及接触带,发生渗透交代作用,形成矽卡岩。同时混入大气降水的混合含矿流体在矽卡岩中交代、沉淀,形成金属硫化物矿体和磁铁矿矿体。进一步,混合含矿流体在矽卡岩内和围岩裂隙内交代、充填形成硫化物——硫盐(图6-26)。

**6. 岩浆型(超基性—基性铜-镍硫化物型)**

该类型铜矿床主要沿华北陆块北缘深断裂附近分布,主要为小南山铜镍铂矿、额布图铜镍矿、克布铜镍矿等,下面仅叙述小南山铜镍铂矿。

小南山铜镍铂矿位于四子王旗大井坡乡南东8km处。矿体受岩体与围岩的接触带或围岩中的断裂控制,多呈脉状、透镜状及不规则状。该矿床由2种不同成因类型的矿体组成:一种是岩浆熔离型矿体,赋存于辉长岩的底盘内,形成辉长岩型铜镍矿体;另一种是热液交代型(岩浆熔离-贯入)矿体,主要赋存于辉长岩体下盘泥灰岩中,形成泥灰岩型铜镍矿体。矿床成矿要素见表6-25。

矿床成矿模式:该类型矿床主要产于华北陆块北缘,沿槽台边界超壳深断裂带分布,成矿作用与超基性—基性杂岩体关系密切。矿体主要赋存在岩体中,部分贯入到围岩中。深部岩浆房中的岩浆,经过熔离作用使成矿物质在不同层次得到不同程度的富集,然后由于深断裂活动的诱发,导致岩浆房中的各种岩浆与矿浆沿断裂带上侵并到达上盘的次级断裂裂隙中成岩成矿(图6-27)。

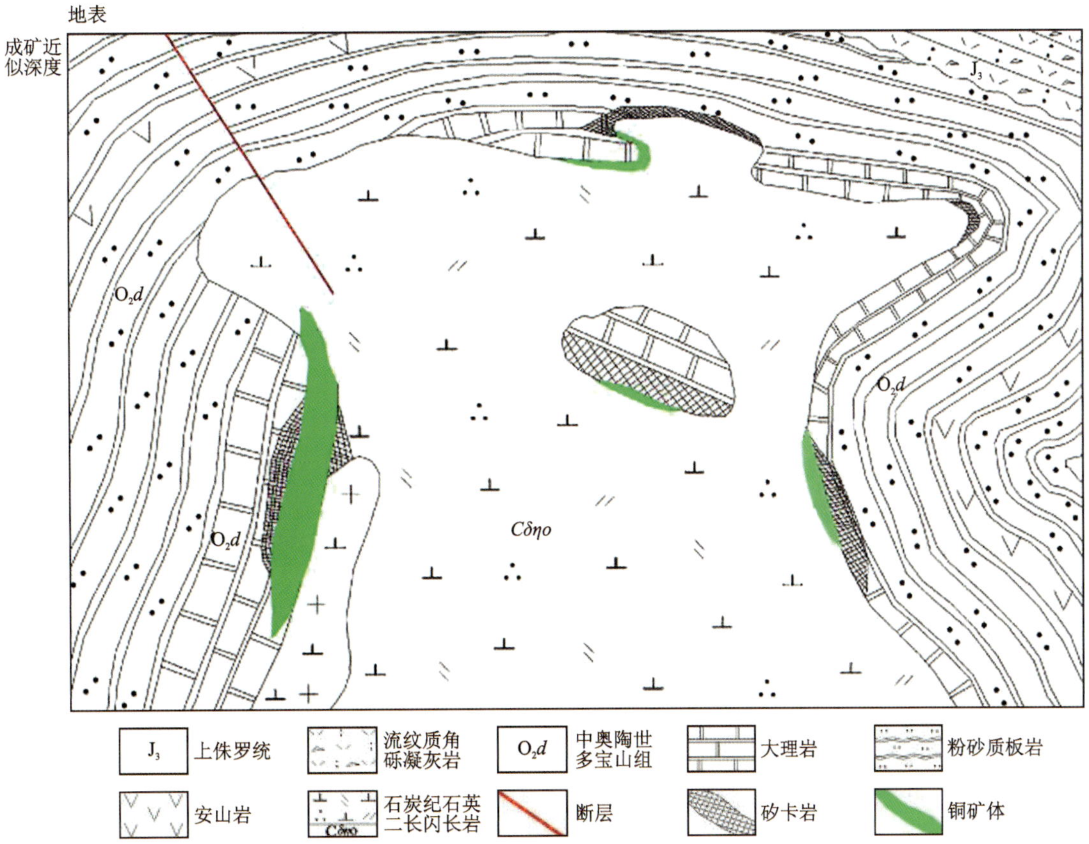


图 6-26　罕达盖铜矿典型矿床成矿模式图

**表 6-25　小南山铜矿典型矿床成矿要素表**

| 成矿要素 | | 描述内容 | | | | 要素类别 |
|---|---|---|---|---|---|---|
| | | 储量 | 铜 90 391t | 平均品位 | Cu 0.458% | |
| | | 特征描述 | 与超基性岩有关的铜镍硫化物型铜矿床 | | | |
| 地质环境 | 构造背景 | Ⅱ-4 狼山-阴山陆块，Ⅱ-4-3 狼山-白云鄂博裂谷 | | | | 必要 |
| | 成矿环境 | 华北陆块北缘西段金、铁、铌、稀土、铜、铅、锌、镍、铂、钨、石墨、白云母成矿带，白云鄂博-商都金、铁、铌、磷、稀土、铜、镍成矿亚带，黄花滩 小南山铜、镍、铂矿集区 | | | | 必要 |
| | 成矿时代 | 中元古代 | | | | 必要 |
| 矿床特征 | 矿体形态 | 脉状、透镜状 | | | | 重要 |
| | 岩石类型 | 主要岩石为辉长岩、辉长橄榄岩、泥灰岩及变质石英砂岩 | | | | 必要 |
| | 岩石结构 | 辉长结构、泥晶结构及中细粒砂状结构 | | | | 次要 |
| | 矿物组成 | 黄铜矿、磁黄铁矿、黄铜矿、蓝辉铜矿、紫硫镍铁矿 | | | | 次要 |
| | 矿石结构构造 | 结构：交代结构、他形粒状结构、假象交代结构和残晶结构；<br>构造：细脉浸染状构造、斑点状构造、网脉状构造、块状构造及角砾状构造 | | | | 次要 |
| | 围岩蚀变 | 次闪石化、绿泥石化、钠黝帘石化、绢云母化 | | | | 重要 |
| | 主要控矿因素 | 严格受辉长岩体控制 | | | | 必要 |

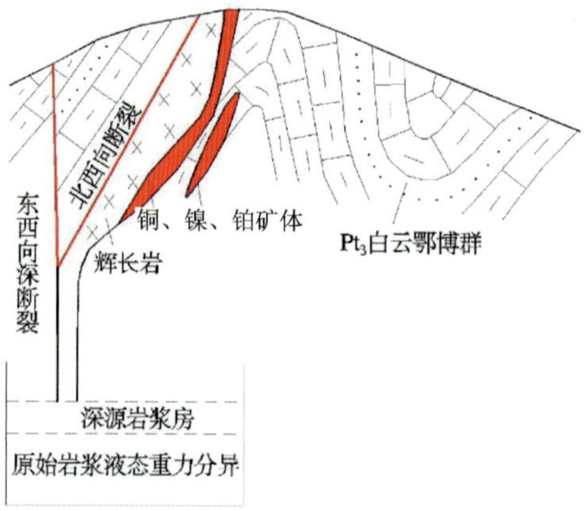


图 6-27　小南山铜镍矿典型矿床成矿模式图

## 二、铜矿预测工作区成矿规律

### 1. 斑岩型

区内该类型铜矿床主要与燕山期斑状中酸性侵入岩体有成因联系，分布在大兴安岭地区。有乌努格吐山铜钼矿(表 6-26，图 6-28)、车户沟铜钼矿。多与钼矿共伴生。矿体主要赋存在斑岩体的内接触带，矿体形态不规则状、脉状及透镜状，矿石具有明显的分带性，由蚀变中心向外从细粒浸染状为主到细脉浸染状为主。围岩蚀变具有典型的斑岩铜钼矿床蚀变特征，蚀变分带明显，与矿化关系十分密切。

表 6-26　乌努格吐山铜矿预测工作区成矿要素表

| 成矿要素 | | 描述内容 | 要素类别 |
|---|---|---|---|
| 地质环境 | 大地构造位置 | Ⅰ天山-兴蒙造山系，Ⅰ-1 大兴安岭弧盆系，Ⅰ-1-2 额尔古纳岛弧($Pz_1$)，Ⅰ-1-3 海拉尔-呼玛弧后盆地(Pz) | 必要 |
| | 成矿区(带) | 八大关-新巴尔虎右旗铜(钼)、银、铅、锌成矿亚带(Ⅳ472)，八大关-新巴尔虎右旗铜(钼)、银、铅、锌矿集区(Ⅴ472-1)，甲乌拉-额仁陶勒盖银、铅、锌成矿集区(Ⅴ472-2) | 必要 |
| | 区域成矿类型及成矿期 | 斑岩型铜(钼)矿床；早—中侏罗世 | 重要 |
| 控矿地质条件 | 赋矿地质体 | 黑云母花岗岩、花岗闪长岩($J_{1-2}$) | 重要 |
| | 控矿侵入岩 | 黑云母花岗岩、花岗闪长岩($J_{1-2}$) | 重要 |
| | 主要控矿构造 | 得尔布干深大断裂两侧及区域北东向、北西向断裂两侧或断裂构造交会部位 | 重要 |
| 区内相同类型矿产 | | 乌努格吐山大型—超大型铜钼矿、八大关铜钼矿、八八一铜钼矿和黄花菜沟铜钼矿点 | 重要 |

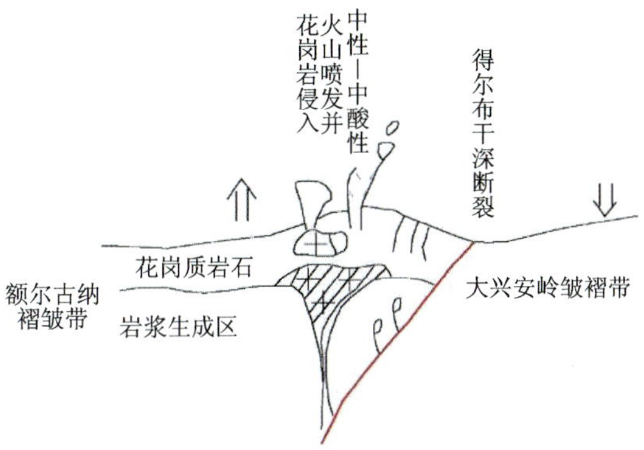


图 6-28　乌努格吐山铜(钼)矿区域床成矿模式图

### 2. (火山)-沉积变质型

该沉积变质型铜矿主要分布在华北陆块北缘狼山-渣尔泰山裂谷内，赋存在中新元古代渣尔泰山群阿古鲁沟组中，主要有霍各乞铜多金属矿(表 6-27，图 6-29)、东升庙铅锌铜硫矿和炭窑口铜锌矿等。含铜矿岩系为渣尔泰山群阿古鲁沟组碳质石英岩，铅锌矿主要赋存于碳质板岩和白云岩中。矿体呈似层状(板状)产出。

**表 6-27　霍各乞铜矿预测工作区成矿要素表**

| 成矿要素 | | 描述内容 | 要素类别 |
|---|---|---|---|
| 区域成矿地质环境 | 大地构造单元 | 华北陆块区，狼山-阴山陆核(北缘隆起带) | 重要 |
| | 主要控矿构造 | 狼山、阴山山前深大断裂及中新元古代南东东向裂陷带 | 次要 |
| | 主要赋矿地层 | 蓟县纪阿古鲁沟组 | 重要 |
| | 控矿沉积建造 | 浅海陆棚沉积体系碳质粉砂岩-泥岩建造、含碳石英砂岩建造 | 重要 |
| | 区域变质作用及建造 | 绿片岩相-低角闪岩相的区域变质作用板岩-千枚岩建造、石英片岩建造 | 次要 |
| 区域成矿特征 | 区域成矿类型及成矿期 | 海相沉积型(Cu、Pb、Zn、FeS)；中元古代 | 重要 |
| | 含矿建造 | 碳质粉砂岩-泥岩建造、含碳石英砂岩建造 | 重要 |
| | 含矿构造 | 层内裂隙构造及层间滑动裂隙 | 次要 |
| | 矿石建造 | 黄铜矿-辉铜矿矿石建造 | 次要 |
| | 围岩蚀变 | 硅化、电气石化、透辉透闪石化 | 重要 |
| | 矿床式 | 霍各乞式(喷流沉积型) | 重要 |
| | 矿点 | 同类型铜矿(化)点 18 个 | 重要 |

### 3. 海相火山岩型

海相火山岩型铜矿主要分布在天山-兴蒙造山系中的温都尔庙弧盆系和大兴安岭弧盆系，成矿时代为新元古代和古生代。白乃庙海相火山岩型铜矿床位于包尔汉图-温都尔庙俯冲增生杂岩带上，赋矿围岩为新元古代白乃庙组岛弧火山-沉积岩系(也有研究认为白乃庙组形成于早古生代)，受区域变质作用底部形成绿片建造，其原岩为海底喷发的基性—中酸性火山熔岩、凝灰岩夹正常沉积的碎屑岩和碳酸盐岩。矿体呈似层状产出，与围岩产状一致。矿石类型有花岗闪长斑岩型铜矿石(钼矿石)、绿片岩型铜矿

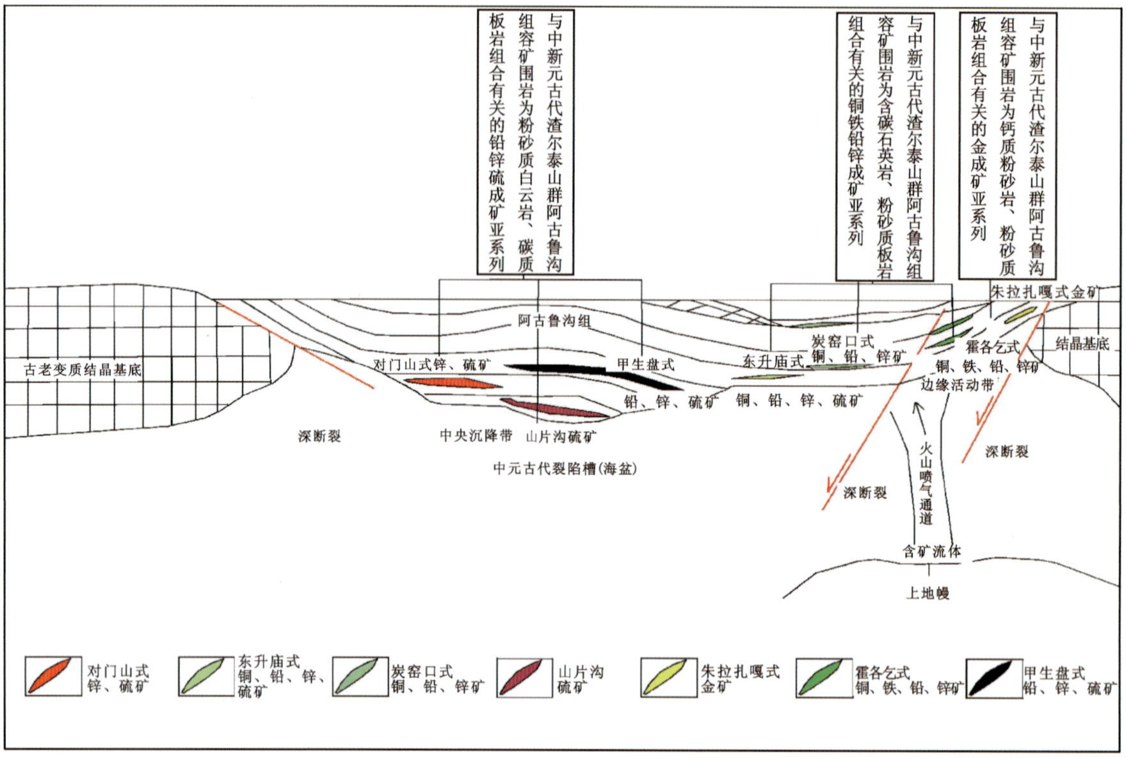

图 6-29　霍各乞铜矿区域成矿模式图

石(钼矿石)。后期的花岗闪长斑岩对成矿也有贡献。小坝梁铜金矿(表 6-28,图 6-30)形成于晚古生代,与古生代岛弧火山岩关系密切。赋矿围岩为晚石炭世—早二叠世格根敖包组安山质凝灰岩、石英角斑岩、凝灰质砂岩、凝灰质粉砂岩及少量的粗安岩或石炭纪本巴图组中酸性火山碎屑岩。矿体呈透镜状、似层状,与围岩产状基本一致;查干哈达庙铜矿、别鲁乌图铜矿赋矿围岩则为石炭纪本巴图组。

**表 6-28　小坝梁铜矿预测工作区成矿要素表**

| 成矿要素 | | 描述内容 | 要素类别 |
|---|---|---|---|
| 地质环境 | 大地构造位置 | 天山-兴蒙造山系,大兴安岭弧盆系,二连-贺根山蛇绿混杂岩带($Pz_2$) | 重要 |
| | 成矿区(带) | 滨太平洋成矿域(叠加在古亚洲成矿域之上),大兴安岭成矿省东乌珠穆沁旗-嫩江(中强挤压区)铜、钼、铅、锌、金、钨、锡、铬成矿带(Ⅲ级),朝不楞-博克图钨、铁、锌、铅成矿亚带(Ⅳ级),小坝梁金铜矿集区(Ⅴ级) | 重要 |
| | 区域成矿类型及成矿期 | 海相火山热液型;海西晚期 | 重要 |
| 控矿地质条件 | 赋矿地质体 | 晚石炭世—早二叠世格根敖包组二岩段中基性火山岩地层,火山角砾岩中 | 必要 |
| | 主要控矿构造 | 火山构造及东西向断裂控制 | 必要 |
| 围岩蚀变标志 | | 具有较强的绿泥石化及碳酸盐化,具较强烈的褐铁矿化、黄钾铁矾化、硅化、赤铁矿化、孔雀石化等表生蚀变 | 重要 |
| 区内相同类型矿点 | | 小型矿床 2 个,矿点 2 个 | 重要 |

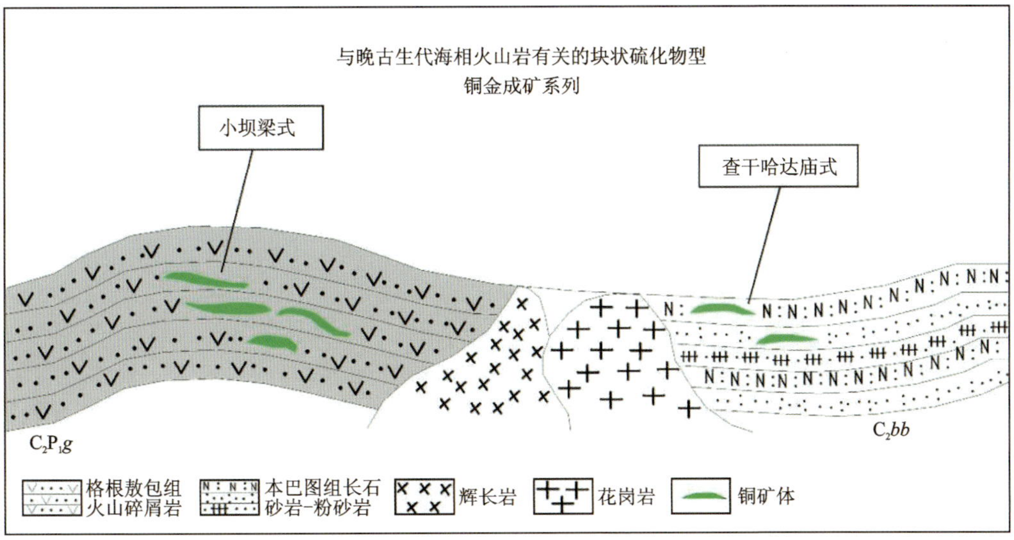


图 6-30　小坝梁铜矿区域成矿模式图

**4. 岩浆热液型**

受不同时代侵入岩(花岗岩)及断裂构造控制,成矿时代主要为燕山期,海西期、印支期少量。主要有分布在锡林浩特岩浆弧上的布敦花中低温热液型铜矿床、道伦达坝中高温热液型铜矿床;内蒙古西部红石山裂谷上的珠斯楞中高温热液铜矿床,哈布其特岩浆弧上的欧布拉格中低温热液型铜矿床(表 6-29);内蒙古中东部温都尔庙俯冲增生杂岩带上的白马石沟中温热液型铜矿床。其中海西期热液型铜矿比较少,以北山地区的珠斯楞热液铜矿床为代表;与海西期花岗闪长岩、花岗斑岩有关,矿体受北西向断裂控制,呈脉状、不规则状、透镜状,主要矿物为黄铜矿、闪锌矿、方铅矿;蚀变主要为青磐岩化。印支期(?)热液型铜矿以西乌旗的道伦达坝铜矿为代表;与印支期黑云母花岗岩有成因联系(也有研究认为前进场岩体为二叠纪);北东向构造是矿区内主要的控矿和容矿构造,直接控制矿区矿体的形态和分布;矿体形态为脉状,具有膨胀收缩、分支复合、尖灭再现特征。燕山期热液型铜矿广泛分布在大兴安岭中南段,以布敦花热液铜矿床为代表;与晚侏罗世黑云母花岗闪长岩、斜长花岗斑岩有关;赋矿围岩主要为角岩化的变质砂岩、板岩、黑云母角岩以及闪长玢岩等;矿体以不规则弯曲的脉状为主,在大脉旁侧围岩中有广泛的网脉状矿化;矿脉自南向北近于左列雁行排列。区内广泛发育一套高温到中低温的蚀变,包括钾长石化、黑云母化、电气石化、硅化、绢云母化、绿泥石化、碳酸盐化、高岭土化等。

**表 6-29　欧布拉格铜矿预测工作区成矿要素表**

| 成矿要素 | | 描述内容 | | | | 要素类别 |
|---|---|---|---|---|---|---|
| | | 储量 | 铜 20 088.48t | 平均品位 | Cu 1.17% | |
| | | 特征描述 | 中低温岩浆热液型铜金矿床 | | | |
| 地质环境 | 构造背景 | 华北陆块,狼山-白云鄂博裂谷带 | | | | 必要 |
| | 成矿环境 | 阿巴嘎-霍林河铬、铜(金)、锗、煤、天然碱、芒硝成矿带(Ym),乌力吉-欧布拉格铜、金成矿亚带,欧布拉格铜金矿集区 | | | | 必要 |
| | 成矿时代 | 海西期 | | | | 必要 |
| 控矿地质条件 | 控矿构造 | 近东西向断裂构造,地表规模大的硅化破碎带,火山机构 | | | | 必要 |
| | 赋矿地层 | 大石寨组、本巴图组火山岩-次火山岩 | | | | 重要 |
| | 控矿侵入岩 | 石英斑岩、闪长玢岩、二长花岗岩 | | | | 重要 |

**续表 6-29**

| 成矿要素 | 描述内容 | 要素类别 |
|---|---|---|
| 区域成矿类型及成矿期 | 岩浆热液型;海西期 | 次要 |
| 预测区同类型矿点 | 2 个矿点 | 次要 |

### 5. 矽卡岩型

内蒙古自治区有工业意义的矽卡岩型铜矿床比较少,典型的矿床为宫胡洞铜矿和盖沙图铜矿,主要分布在华北陆块北缘。矿体主要产于中性、中酸性或酸性中浅成侵入体和碳酸盐或火山-沉积岩系围岩的接触带矽卡岩或附近围岩中,近矿围岩碱质交代现象显著。此外,矽卡岩型铁多金属矿床(如罕达盖林场铁铜多金属矿,表 6-30,图 6-31)均伴生有一定储量的铜矿。

**表 6-30 罕达盖铜矿预测工作区成矿要素表**

| 成矿要素 | | 描述内容 | 要素类别 |
|---|---|---|---|
| 区域成矿地质环境 | 大地构造单元 | 天山-兴蒙造山系,大兴安岭弧盆系,扎兰屯-多宝山岛弧及海拉尔-呼玛弧后盆地 | 重要 |
| | 主要控矿构造 | 北东向断裂及北北东向断裂 | 次要 |
| | 主要赋矿地层 | 早中奥陶世多宝山组 | 必要 |
| | 控矿沉积建造 | 岛弧火山岩建造粉砂岩-泥岩建造 | 重要 |
| | 控矿侵入岩 | 石炭纪石英二长闪长岩及花岗岩 | 必要 |
| | 区域变质作用及建造 | 低绿片岩相变质建造、区域低温动力变质作用 | 次要 |
| 区域成矿特征 | 区域成矿类型及成矿期 | 矽卡岩型铜铁矿;海西中期 | 重要 |
| | 含矿建造 | 粉砂岩-泥岩建造、岛弧火山岩建造 | 重要 |
| | 含矿构造 | 北东向矽卡岩化带 | 重要 |
| | 矿石建造 | 磁铁矿-黄铜矿-黄铁矿建造 | 次要 |
| | 围岩蚀变 | 矽卡岩化、角岩化、硅化及碳酸盐化 | 重要 |
| | 矿床式 | 罕达盖式 | 重要 |
| | 矿点 | 小型矿床 1 个、矿点 6 个 | 重要 |

### 6. 岩浆型(超基性—基性铜-镍硫化物型)

岩浆型铜矿主要分布在华北陆块北缘,与深大断裂(槽台断裂)密切相关,为与超基性—基性侵入岩有关的深部熔离-贯入型矿床。成矿时代主要为古生代。矿体可以分为两种:一种是熔离型,如克布铜镍矿、小南山铜镍矿(表 6-31,图 6-32)等,矿体呈层状或透镜状,多位于岩体底部或中下部;另一种是熔离-贯入型,如小南山,矿体受岩体与围岩的接触带或围岩中的断裂控制,多呈脉状、透镜状及不规则状。

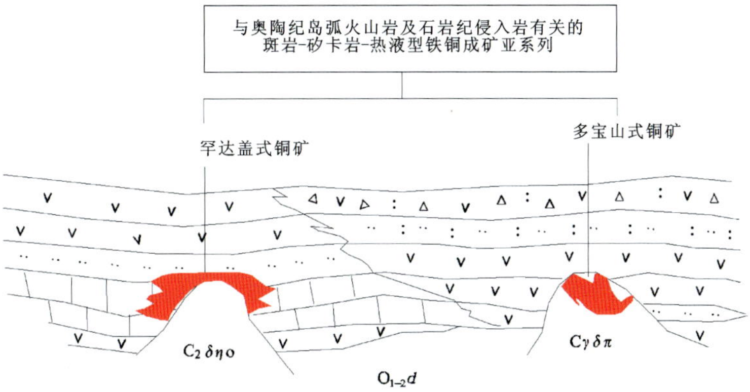


图 6-31　罕达盖铜矿区域成矿模式图

**表 6-31　小南山式铜矿预测工作区成矿要素表**

| 成矿要素 | | 描述内容 | 成矿要素分类 |
|---|---|---|---|
| 区域成矿地质环境 | 大地构造单元 | 华北陆块区,狼山-阴山陆块,狼山-白云鄂博裂谷 | 重要 |
| | 主要控矿构造 | 近东西向断裂,特别是辉长岩底板北西向次级断裂 | 必要 |
| | 主要赋矿地层 | 白云鄂博群哈拉霍疙特组 | 重要 |
| | 赋矿沉积建造 | 滨岸陆源碎屑岩建造及碳酸盐岩建造 | 次要 |
| | 控矿侵入岩 | 中元古代辉长岩 | 重要 |
| | 区域变质作用及建造 | 区域低温动力变质作用绿片岩相变质建造 | 次要 |
| 区域成矿特征 | 区域成矿类型及成矿期 | 岩浆型铜镍矿;中元古代 | 重要 |
| | 含矿建造 | 超基性—基性侵入岩建造 | 重要 |
| | 含矿构造 | 北东向矽卡岩化带 | 次要 |
| | 矿石建造 | 黄铜矿-磁黄铁矿-蓝辉铜矿-紫硫镍铁矿 | 次要 |
| | 围岩蚀变 | 次闪石化、绿泥石化、钠黝帘石化、绢云母化 | 重要 |
| | 矿床式 | 小南山式 | 重要 |
| | 矿点 | 小型矿床 2 个、矿点 5 个 | 重要 |

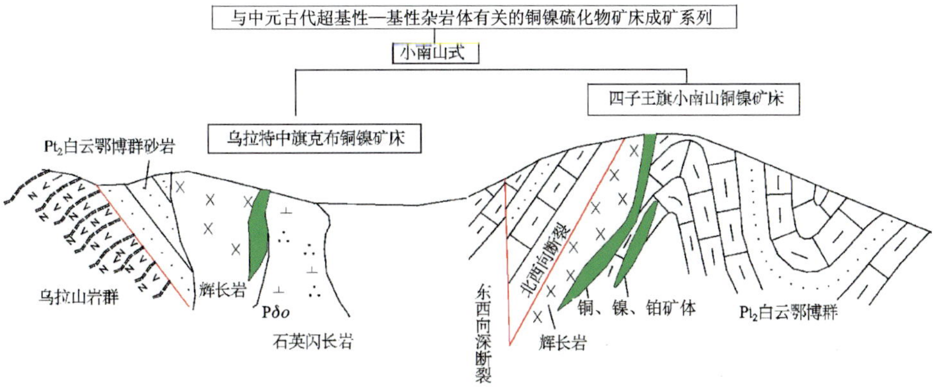


图 6-32　小南山式铜镍矿区域成矿模式图

## 三、内蒙古自治区铜矿成矿规律

### 1. 空间分布规律

空间上,不同类型、不同时代的矿床分布的区域多不同。(火山)-沉积变质型铜矿主要分布在狼山-渣尔泰山裂陷槽内;海相火山岩型铜矿分布在内蒙古中部褶皱系内,由于板块的侧向增生,随形成时代由老至新,位置由褶皱系边部与陆块接触处,向褶皱系中央移动,如新元古代白乃庙铜矿位于褶皱系边部,而古生代查干哈达庙铜矿则出露在褶皱系中部地区;岩浆型(超基性—基性铜-镍硫化物型)铜矿由于受槽台边界断裂的控制,主要分布在四子王旗小南山至乌拉特中旗额布图地区;与岩浆侵入、喷发(陆相)有关的铜矿(包括斑岩型、矽卡岩型和岩浆热液型)受不同时代构造岩浆岩带的控制,主要分布在大兴安岭地区和华北陆块北缘。

### 2. 时间分布规律

内蒙古自治区铜矿床主要形成于中新元古代、晚古生代及中生代(图 6-33),中生代是重要成矿期。中新元古代形成的铜矿床集中分布在华北陆块北缘西段,中生代形成的铜矿床主要集中分布在得尔布干、大兴安岭中南段。

### 3. 构造背景对成矿的控制作用

中新元古代,在太古宙—古元古代陆块边缘的裂陷槽或裂谷带内形成与海底火山喷气相关的(火山)-沉积变质型铁铜铅锌矿床(霍各乞、东升庙),在白乃庙地区由于陆块的俯冲形成与岛弧火山作用有关的海相火山岩型、斑岩型铜矿床(白乃庙);晚古生代在华北陆块北缘、西伯利亚陆块南缘增生带上形成与岛弧火山-侵入作用有关的海相火山岩型铜矿(小坝梁、查干哈达庙)和矽卡岩型铜矿床(宫胡洞、罕达盖、珠斯楞);中生代滨西太平洋活动大陆边缘构造环境形成了大兴安岭火山-岩浆构造带,并形成与陆相中酸性火山-侵入岩相关的斑岩型、矽卡岩型、岩浆热液型铜矿床。

### 4. 区域性深断裂带对成矿的控制作用

区域性深大断裂具多期活动特点,是岩浆上涌的通道,控制了不同时代构造岩浆岩带的展布,对与岩浆活动有关的矿床控制明显。与超基性—基性侵入岩有关的岩浆型(超基性—基性铜-镍硫化物)铜矿的分布,受深大断裂控制,如小南山、克布等主要分布在槽台边界断裂靠陆块一侧。得尔布干断裂带及其北西向次级断裂控制了乌努格吐山、八大关等铜矿床的分布。

### 5. 火山构造(机构)对铜矿的控制

大兴安岭中南段分布有较多与中生代火山-次火山热液有关的铜多金属矿床,与火山喷发带及其火山机构时空关系密切,具有内在成因联系。矿床、矿体主要赋存在火山机构边缘环状、放射状断裂中,特别是与断裂构造重叠部位是成矿的最佳构造环境,如莲花山铜矿、闹牛山铜矿及大井子铜矿等。

### 6. 地层对成矿的控制作用

(火山)-沉积变质型霍各乞铜矿床、海相火山岩型白乃庙铜矿床、查干哈达庙及别鲁乌图铜矿床等都是在地层岩石形成的同时成矿物质大量富集而形成的,成岩过程中直接成矿。此外,还有研究认为大兴安岭中南段二叠纪地层是中生代成矿的重要矿源层。

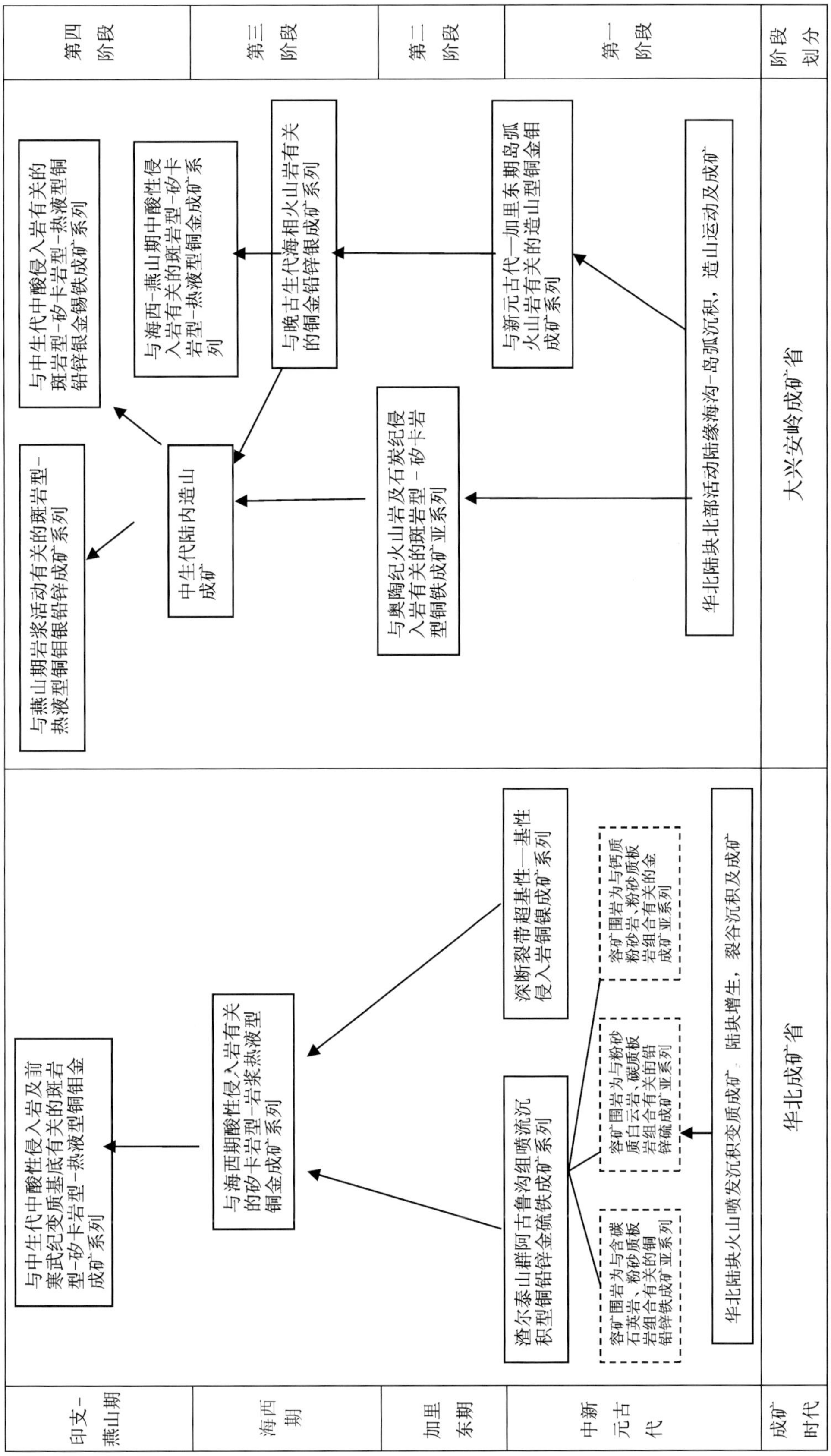


图 6-33　内蒙古自治区铜矿成矿谱系图

**7. 岩浆岩(成分)对成矿的控制作用**

除与超基性—基性杂岩有关的铜镍矿床外，与中生代构造岩浆活动有关的矿床多分布在火山-侵入杂岩小岩体的内外接触带，与铜矿有关的多为中性、中酸性岩体，岩性主要为闪长玢岩、花岗闪长(斑)岩、斜长花岗斑岩及安山玢岩、英安玢岩等。如果岩石偏基性，一般为铁铜矿(卡休他他铁铜矿，辉长岩)，岩石偏酸性则会出现铜锡矿(敖瑙达巴铜锡矿，石英斑岩)。

# 第七节　铅锌矿典型矿床及成矿规律

铅锌矿矿产预测类型及其代表性矿床见表6-32。

**表6-32　铅锌矿典型矿床一览表**

| 序号 | 矿产预测类型 | 典型矿床 | 成因类型 |
|---|---|---|---|
| 1 | 矽卡岩型 | 白音诺尔铅锌矿 | 矽卡岩型 |
| 2 | 岩浆热液型 | 拜仁达坝铅锌银矿 | 热液型 |
| 3 | (火山)-沉积变质型 | 东升庙铅锌多金属矿 | 海底喷流沉积型 |
| 4 | | 霍各乞铜多金属矿 | |
| 5 | 陆相火山岩型 | 甲乌拉铅锌银矿 | 热液型 |
| 6 | 陆相火山-次火山型 | 李清地铅锌矿 | 热液型 |

## 一、铅锌矿典型矿床

**1. 矽卡岩型**

该类型铅锌矿床主要有白音诺尔铅锌矿、浩布高铅锌矿等，下面仅叙述白音诺尔铅锌矿。

白音诺尔铅锌矿位于大兴安岭中南段巴林左旗的北部。白音诺尔铅锌矿床总体特征是矿体多，形态复杂，厚度、品位及产状变化大，矿体成群、成带分布，规律性较强。区内划分为南、北两个矿带。矿床成矿要素见表6-33。

**表6-33　白音诺尔铅锌矿典型矿床成矿要素表**

| 成矿要素 | | 描述内容 | | | | 要素类别 |
|---|---|---|---|---|---|---|
| | | 储量 | 铅 248 941.40t<br>锌 575 186.22t | 平均品位 | Pb 3.51%<br>Zn 8.12% | |
| | | 特征描述 | 矽卡岩型铅锌矿床 | | | |
| 地质环境 | 构造背景 | Ⅰ-7 索伦山-林西结合带，Ⅰ-7-2 林西残余盆地 | | | | 必要 |
| | 成矿环境 | Ⅲ-8 林西-孙吴铅、锌、铜、钼、金成矿带(Vl、Il、Ym)，Ⅲ-8-② 神山-白音诺尔铜、铅、锌、铁、铌(钽)成矿亚带(Y) | | | | 必要 |
| | 成矿时代 | 印支期—燕山期 | | | | 必要 |

续表 6-33

| 成矿要素 | | 描述内容 | 要素类别 |
|---|---|---|---|
| 矿床特征 | 矿体形态 | 脉状 | 重要 |
| | 岩石类型 | 晚二叠世林西组结晶灰岩和白色厚层大理岩，与成矿有关的花岗闪长斑岩系 | 必要 |
| | 岩石结构 | 粒状变晶结构 | 次要 |
| | 矿物组成 | 以闪锌矿、方铅矿为主，其次为黄铜矿、磁铁矿，偶见黄铁矿、磁黄铁矿、毒砂、斑铜矿等。非金属矿物以透辉石、钙铁辉石为主，其次为石榴石、硅灰石、绿帘石等 | 重要 |
| | 矿石结构构造 | 结构：以半自形、他形粒状结构为主，乳滴状、叶片状结构次之；<br>构造：斑杂状、细脉浸染状及团块状、层纹状构造、浸染状构造、块状构造等 | 次要 |
| | 围岩蚀变 | 主要为矽卡岩化和黝帘石化，次为绿帘石化、绿泥石化、碳酸盐化及硅化等，伴随矽卡岩化发生了以铅锌为主、伴有铜银镉等的蚀变矿化作用 | 次要 |
| | 主要控矿因素 | 灰岩层，角砾岩筒，褶皱构造，燕山期花岗闪长岩和闪长岩 | 重要 |

矿床成矿模式：海西晚期，本地区沉积了一套碳酸盐岩，大量成矿元素伴随沉积作用沉淀下来，并在局部地段富集成矿；印支期侵入岩浆活动带来了高温热液，这些热液中含有大量的金属元素，在岩体侵位到早先沉积的碳酸盐岩的过程中，这些高温岩浆热液逐渐冷却，并与碳酸盐岩发生了巨量的物质交换，这些金属元素逐渐在二者接触部位沉淀下来，同时，早期沉积在碳酸盐岩中的成矿元素也受热液影响活化并与热液中的金属元素一起重新富集，形成了白音诺尔接触交代型铅锌矿。晚侏罗世开始，该地区地幔上隆、地壳减薄，出现大规模的火山断陷带和基底隆起侵入岩带。燕山期的火山侵入杂岩对矿床有叠加改造（图 6-34）。

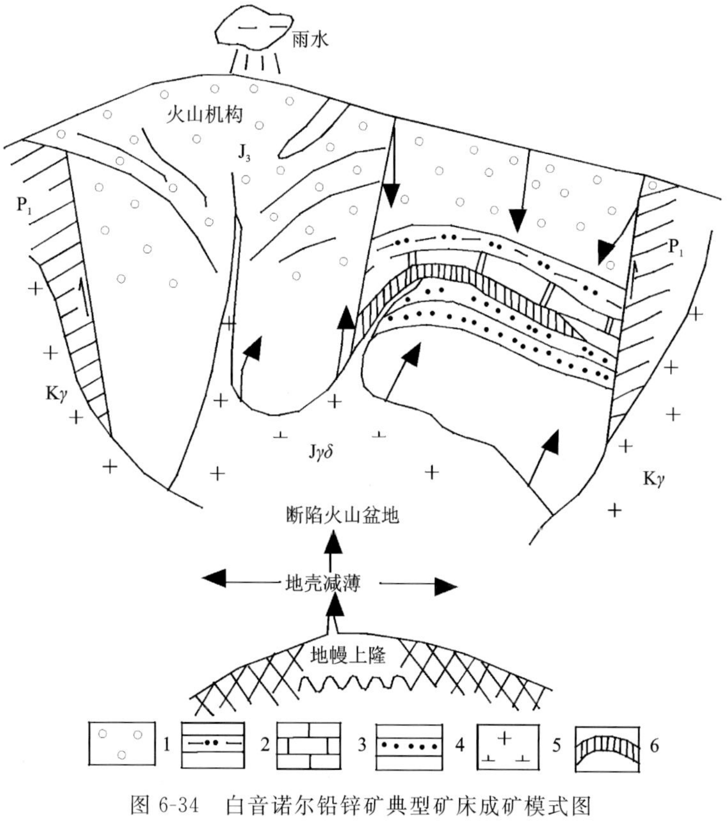


图 6-34　白音诺尔铅锌矿典型矿床成矿模式图

1. 砾岩；2. 粉砂质泥岩；3. 灰岩；4. 粉砂岩；5. 花岗闪长斑岩；6. 角岩

### 2. 岩浆热液型

该类型铅锌矿床是内蒙古自治区分布最广泛的铅锌矿床类型，有拜仁达坝、天桥沟、花敖包特等，下面仅叙述拜仁达坝铅锌银矿。

拜仁达坝矿区位于赤峰市克什克腾旗、林西县与锡林郭勒盟西乌旗交会处的克什克腾旗巴彦高勒苏木内。矿体赋存于近东西向压扭性断裂构造中，个别矿体充填于北西向张性断裂中。矿床成矿要素见表 6-34。

**表 6-34 拜仁达坝铅锌矿典型矿床成矿要素表**

<table>
<tr><td colspan="2" rowspan="3">成矿要素</td><td colspan="4">描述内容</td><td rowspan="3">要素类别</td></tr>
<tr><td>储量</td><td>铅+锌 1 325 567t</td><td>平均品位</td><td>Pb 2.38%,Zn 5.06%</td></tr>
<tr><td>特征描述</td><td colspan="3">热液型</td></tr>
<tr><td rowspan="3">地质环境</td><td>构造背景</td><td colspan="4">Ⅰ天山-兴蒙造山系,Ⅰ-1 大兴安岭弧盆系,Ⅰ-1-7 锡林浩特岩浆弧($Pz_2$)</td><td>必要</td></tr>
<tr><td>成矿环境</td><td colspan="4">滨太平洋成矿域,内蒙-大兴安岭成矿省,突泉-林西海西期、燕山期铁(锡)、铜、铅、锌、银、铌、钽成矿带,神山-白音诺尔铜、铅、锌、铁、铌、钽成矿亚带,拜仁达坝银、铅、锌矿集区</td><td>必要</td></tr>
<tr><td>成矿时代</td><td colspan="4">燕山晚期</td><td>必要</td></tr>
<tr><td rowspan="7">矿床特征</td><td>矿体形态</td><td colspan="4">脉状、似脉状</td><td>重要</td></tr>
<tr><td>岩石类型</td><td colspan="4">各类片麻岩,片麻状石英闪长岩</td><td>必要</td></tr>
<tr><td>岩石结构构造</td><td colspan="4">鳞片柱粒状变晶结构、中细粒花岗结构;片麻状构造、块状构造</td><td>次要</td></tr>
<tr><td>矿物组成</td><td colspan="4">硫化物主要为磁黄铁矿、黄铁矿,其次为毒砂、铁闪锌矿、黄铜矿、方铅矿等</td><td>必要</td></tr>
<tr><td>矿石结构构造</td><td colspan="4">结构:主要为半自形结构、他形结构、交代结构;<br>构造:浸染状、斑杂状、角砾状、块状构造</td><td>必要</td></tr>
<tr><td>围岩蚀变</td><td colspan="4">硅化、白云母化、绢云母化、绿泥石化、碳酸盐化、高岭土化,其次为绿帘石化和叶蜡石化等。其中与银、铅、锌矿化有关的是硅化、绿泥石化、绢云母化</td><td>必要</td></tr>
<tr><td>主要控矿因素</td><td colspan="4">古元古代宝音图岩群(锡林郭勒杂岩)黑云斜长片麻岩、二云斜长片麻岩、角闪斜长片麻岩及石炭纪石英闪长岩。矿带和矿体的赋存明显受构造控制。北东向构造控制海西期中酸性侵入岩的分布,同时控制矿带的展布。而北北西和近东西向构造是矿区内主要控矿构造</td><td>必要</td></tr>
</table>

矿床成矿模式:在前中生代,大兴安岭西坡地区受西伯利亚和中朝板块相向挤压作用形成的北东向和近东西向的构造带,并有大量的岩浆沿沟通上地幔的北东向、近东西向的深大断裂上侵,将大量的深部成矿元素带到地壳浅部,形成了含丰富成矿物质的二叠纪基底地层。同时,在本矿区形成了受北东向构造控制的海西期石英闪长岩及其后同样受北东向构造控制成群分布的辉绿辉长岩脉、岩株等。到了燕山早期,本区受到太平洋板块北西向的挤压,中生代强烈的构造-岩浆活动使先前形成的构造复活、发展,受形成于海西期的区域性北东向构造控制的燕山期岩浆,在上侵的过程中部分熔融了富含成矿物质的基底地层。天水被岩浆活动晚期上侵的霏细岩脉加热,与深源的岩浆水混合,参加对流循环,沿着该北东向断裂配套的燕山期近东西向压扭性和北西向张性次级断裂向外运移,同时与围岩中的基性岩脉、岩墙、岩株等发生交代反应并淋滤萃取其中的成矿物质,在较封闭、还原的环境下,银、铅、锌以氯络合物的形式搬运。在成矿热液运移的后期,大量的天水加入使成矿的物理化学条件发生改变,在断裂构造和裂隙中沉淀,充填、交代成矿。由于中生代构造-岩浆活动的多阶段性,还有岩浆不断上侵,造成多期次的成矿作用。在矿体完全形成以后,在矿区的中部出现了北东向断裂继续活动产生的北西向断裂,将矿床分为东、西两个矿区,破坏了东、西两个矿区地貌、岩体、矿体等的协调性。明显的,东矿区被抬升,剥蚀较强烈;西矿区矿体埋深较大,并且使两个矿区的矿体在地表产生了“平面效应”(图 6-35)。

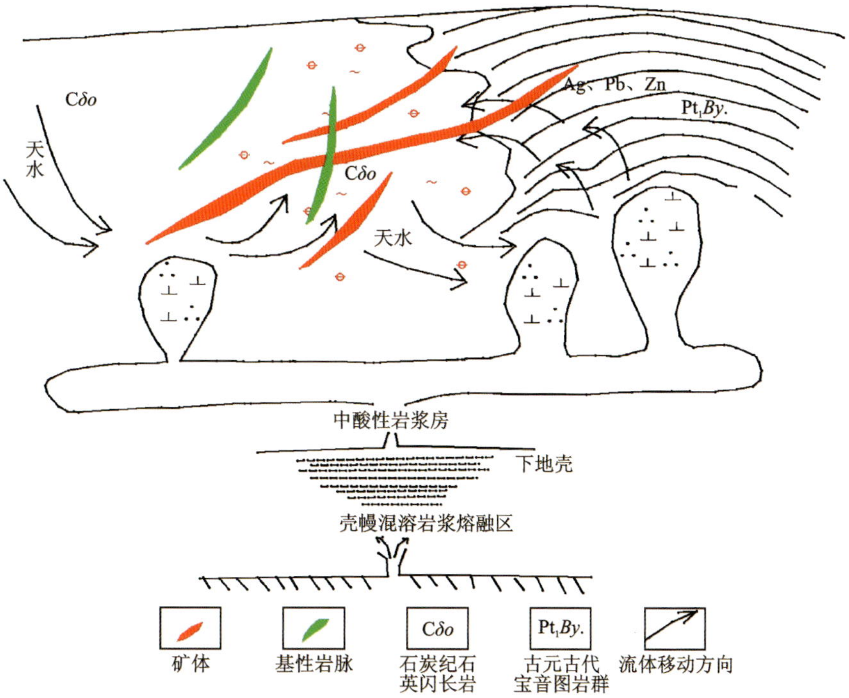


图 6-35　拜仁达坝银铅锌矿典型矿床成矿模式图

### 3.(火山)-沉积变质型

该类型铅锌矿床主要为东升庙铅锌多金属矿、霍各乞铜多金属矿，下面仅叙述东升庙铅锌多金属矿，霍各乞铜多金属矿见前述铜矿部分。

东升庙铅锌多金属矿位于狼山后山地区，隶属巴彦淖尔市乌拉特后旗管辖。赋矿地层为渣尔泰山群阿古鲁沟组碳质砂板岩。矿体呈似层状、镜透状产出，矿床在水平方向具有铜-铅-锌的区域分带现象；在垂向上，分带现象也比较明显，自下而上具有铜-铅-锌-铁-硫的垂直分带现象。矿床成矿要素见表 6-35。

矿床成矿模式：东升庙多金属硫铁矿床分为两个成矿期。①同生沉积成岩成矿作用期，此期包括两个主要成矿阶段：碳泥质-碳酸盐黄铁矿矿化沉积阶段和海底喷气热液多金属硫化物成矿作用阶段。②后期变质改造成矿作用期(图 6-36)。

表 6-35　东升庙铅锌矿典型矿床成矿要素表

| 成矿要素 | | 描述内容 | | | | 要素类别 |
|---|---|---|---|---|---|---|
| | | 储量 | 铅+锌 5 029 518t | 平均品位 | Pb+Zn 2.36% | |
| | | 特征描述 | 海底喷流-沉积矿床(层控) | | | |
| 地质环境 | 构造背景 | 华北陆块北缘，狼山-渣尔泰山裂谷($Pt_2$) | | | | 必要 |
| | 成矿环境 | 渣尔泰山群二岩组的(含粉砂)碳质泥岩-碳酸盐岩建造；条带状碳质石英岩富铜，白云质灰岩、硅质条带结晶灰岩富硫，碳质板岩中富含铅锌；该层位相当于区域上渣尔泰山群增隆昌组上部和阿古鲁沟组 | | | | 必要 |
| | 成矿时代 | 中元古代 | | | | 必要 |

续表 6-35

<table>
<tr><th colspan="2">成矿要素</th><th>描述内容</th><th>要素类别</th></tr>
<tr><td rowspan="7">矿床特征</td><td>矿体形态</td><td>似层状</td><td></td></tr>
<tr><td>岩石类型</td><td>为(含粉砂)碳质泥岩-碳酸盐岩建造。其中普遍发育有喷气成因的燧石夹层或条带</td><td></td></tr>
<tr><td>岩石结构</td><td>变余泥质结构</td><td></td></tr>
<tr><td>矿物组成</td><td>矿石矿物:黄铁矿、磁黄铁矿、闪锌矿、方铅矿、黄铜矿、磁铁矿等;脉石矿物:白云石、绢云母、黑云母、石英、长石、方解石、石墨、重晶石、电气石、磷灰石、透闪石等</td><td>重要</td></tr>
<tr><td>矿石结构构造</td><td>结构:半自形—他形粒状,自形粒状为主,其次有包含结构、充填结构、溶蚀结构、斑状变晶结构、固溶体分离结构、反应边结构、压碎结构等;<br>构造:条纹—条带状构造、块状构造、浸染状构造、细脉浸染状构造、角砾状构造、凝块状构造、鲕状—结核状构造、定向构造等</td><td>次要</td></tr>
<tr><td>围岩蚀变</td><td>与矿化关系密切的蚀变有黑云母化、绿泥石化和碳酸盐化,在含矿层及其上下盘围岩中均有发育,还有电气石化、碱性长石化、绿泥石化、绿帘石化、黝帘石化、碳酸盐化、硅化等。其中最具特征的是下盘的电气石化,分布广泛,属层状蚀变,成分为镁电气石或镁电气石与铁电气石过渡种属,与海底喷气有关</td><td>重要</td></tr>
<tr><td>主要控矿因素</td><td>华北陆块北缘断陷海槽控制着硫多金属成矿带(南带)的分布范围和含矿特征,其中的二级断陷盆地控制着一个或几个矿田的分布范围和含矿特征;三级断陷盆地则控制着矿床的分布范围和含矿特征</td><td>必要</td></tr>
</table>

**4. 陆相火山岩型**

该类型主要有甲乌拉铅锌银矿、比利亚谷铅锌矿,本次不作详细叙述。

**5. 陆相火山次火山型**

该类型主要为李清地铅锌矿,本次不作详细叙述。

## 二、铅锌矿预测工作区成矿规律

**1. 矽卡岩型**

矽卡岩型是内蒙古自治区内最主要的铅锌矿床类型:一类是以铅锌为主,如白音诺尔铅锌矿(表 6-36,图 6-37);一类是与铁锡铜等共生的锌多金属矿,如浩布高锌多金属矿床等。具规模大、品位高、可选性好等特点,主要分布在大兴安岭中南段。在突泉—林西一带,赋矿地层为早中二叠世大石寨组碳酸盐岩-安山岩建造和中二叠世哲斯组砂板岩-碳酸盐岩建造;在东乌旗朝不楞一带,赋矿地层为泥盆纪塔尔巴格特组碎屑岩-碳酸盐岩建造;构造上通常产于基底隆起和断陷火山盆地交接带的基底隆起一侧或隆坳接触带位置;与成矿作用关系密切的岩体主要是燕山期中酸性火山-侵入杂岩或中酸性侵入岩(闪长玢岩、花岗闪长斑岩、花岗斑岩等)。

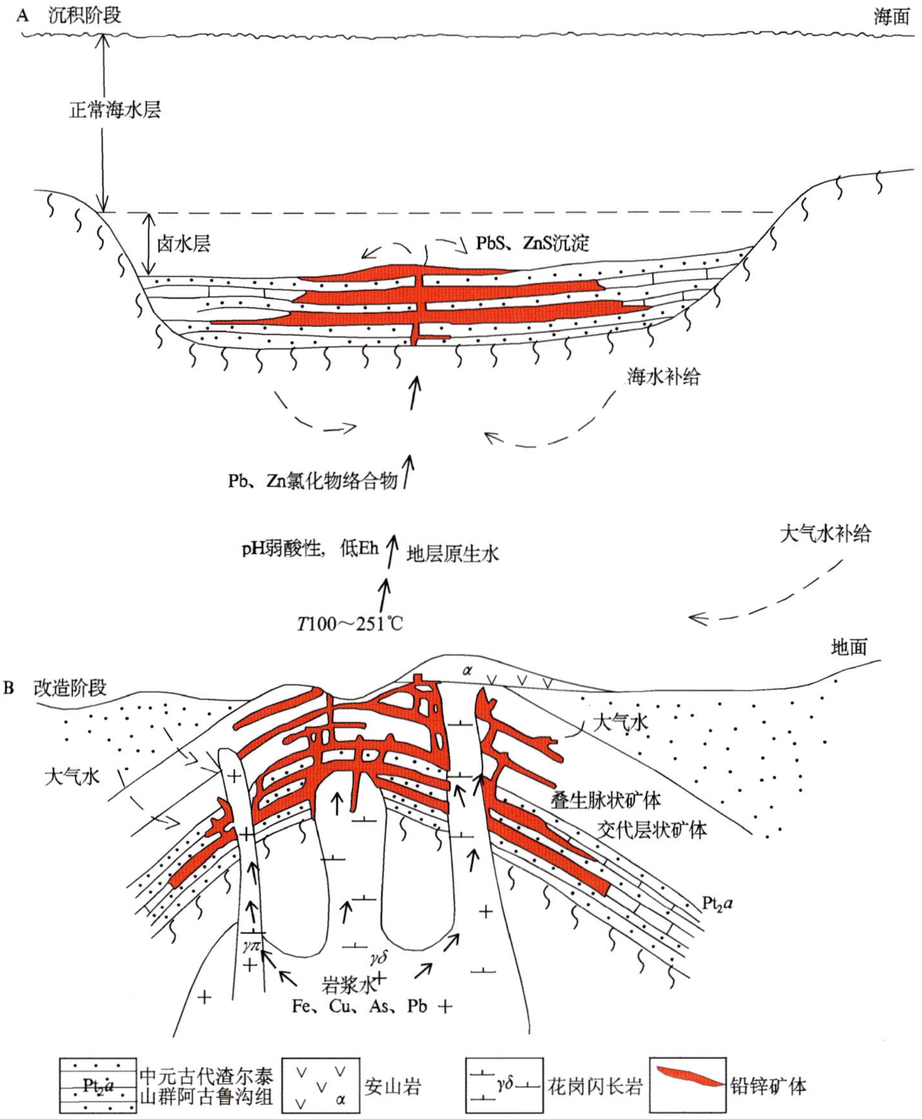


图 6-36　东升庙铅锌矿典型矿床成矿模式图

**表 6-36　白音诺尔铅锌矿预测工作区成矿要素表**

| 成矿要素 | | 描述内容 | | | | 要素类别 |
|---|---|---|---|---|---|---|
| | | 储量 | 铅＋锌 82.41t | 平均品位 | Pb＋Zn 11.63％ | |
| 地质环境 | 岩石类型 | 晚二叠世林西组结晶灰岩和白色厚层大理岩，与成矿有关的花岗闪长斑岩系 | | | | 必要 |
| | 岩石结构 | 粒状变晶结构 | | | | 次要 |
| | 成矿时代 | 燕山早期 | | | | 必要 |
| | 地质背景 | 结晶灰岩和白色厚层大理岩与燕山早期中酸性浅成—超浅成侵入岩。其主要岩性为石英闪长岩、流纹质凝灰熔岩、正长斑岩及部分脉岩。侵入接触带形成矽卡岩 | | | | 必要 |
| | 构造环境 | 区域地质划分属天山-内蒙-兴安地槽褶皱区，内蒙古中部地槽褶皱系，苏尼特右旗海西地槽褶皱带，哲斯-林西复向斜的北西翼 | | | | 必要 |

续表 6-36

| 成矿要素 | | 描述内容 | 要素类别 |
|---|---|---|---|
| 矿床特征 | 矿物组成 | 闪锌矿、方铅矿为主，其次为黄铜矿、磁铁矿，偶见黄铁矿、磁黄铁矿、毒砂、斑铜矿等。非金属矿物以透辉石、钙铁辉石为主，其次为石榴石、硅灰石、绿帘石等 | 重要 |
| | 矿石结构构造 | 结构：以半自形、他形粒状结构为主，乳滴状、叶片状结构次之；<br>构造：斑杂状、细脉浸染状及团块状、层纹状构造、浸染状构造、块状构造等 | 次要 |
| | 蚀变特征 | 主要为矽卡岩化和黝帘石化，次为绿帘石化、绿泥石化、碳酸盐化及硅化等，伴随矽卡岩化发生了以铅锌为主，伴有铜银镉等的蚀变矿化作用 | 次要 |
| | 控矿条件 | 灰岩层，角砾岩筒，褶皱构造，燕山期花岗闪长岩和闪长岩 | 重要 |

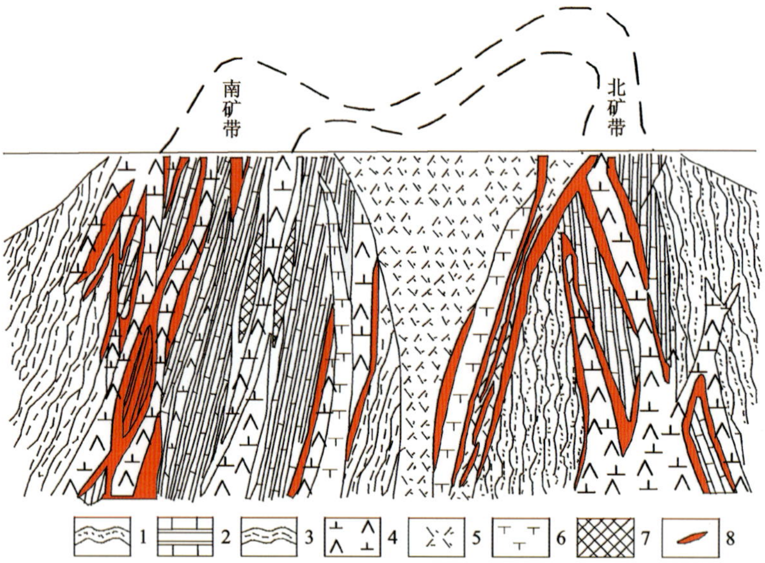


图 6-37　白音诺尔铅锌矿区域成矿模式图

1.凝灰质砂质板岩；2.大理岩；3.泥质板岩；4.闪长玢岩；5.凝灰质流纹熔岩；6.正长斑岩；7.角岩；8.矿体

### 2. 岩浆热液型

岩浆热液型是内蒙古自治区分布最广泛的铅锌矿床类型，与岩浆热液活动密切相关，主要有天桥沟、阿尔哈达、长春岭、拜仁达坝、孟恩陶勒盖、花敖包特、代兰塔拉等。拜仁达坝铅锌银矿(表 6-37、表 6-38，图 6-38)主要受东西向压扭性断裂控制，矿体富集在断裂产状变缓地段。矿体的赋矿围岩主要为海西期石英闪长岩，海西期基性脉岩为成矿提供物源，燕山期霏细岩脉则为成矿提供了主要的热源。扎木钦铅锌矿在凝灰质角砾岩中见矿情况较凝灰岩好，而且矿体赋存部位也较凝灰岩深，可能更接近火山口。矿体呈层状或似层状，赋存于凝灰岩及凝灰质角砾岩中，矿体与围岩界线不清，围岩亦有弱矿化现象。

### 3. (火山)-沉积变质型

该沉积变质型铅锌矿产于华北陆块北缘中元古代裂陷槽(裂谷)内。赋矿地层为渣尔泰山群阿古鲁沟组碳质砂板岩。矿体呈似层状、镜透状产出，矿床有用元素组合自西向东变化为：Cu(PbZn)(霍各乞)→Zn 为主多金属，Cu>Pb(炭窑口)→Zn 为主多金属，Cu≈Pb(东升庙，表 6-39，图 6-39)→Zn、Pb、S，无 Cu(甲生盘)。

**表 6-37　拜仁达坝铅锌矿预测工作区成矿要素表**

| 成矿要素 | | 描述内容 | 要素类别 |
|---|---|---|---|
| 地质环境 | 大地构造位置 | 天山-兴蒙造山系，锡林浩特岩浆弧，锡林浩特复背斜东段 | 必要 |
| | 成矿区(带) | 滨太平洋成矿域，内蒙-大兴安岭成矿省，突泉-林西海西期和燕山期铁(锡)、铜、铅、锌、银、铌、钽成矿带，神山-白音诺尔铜、铅、锌、铁、铌、钽成矿亚带，拜仁达坝银、铅、锌矿集区 | 必要 |
| | 区域成矿类型及成矿期 | 热液型；燕山晚期 | 必要 |
| 控矿地质条件 | 赋矿地质体 | 古元古代宝音图岩群(锡林郭勒杂岩)黑云斜长片麻岩、二云斜长片麻岩、角闪斜长片麻岩；海西期石英闪长岩 | 必要 |
| | 控矿侵入岩 | 石英闪长岩的侵入不仅提供了成矿热源，也是引起矿区内岩(矿)石发生蚀变的主要原因 | 重要 |
| | 主要控矿构造 | 矿带和矿体的赋存明显受构造控制。北东向构造控制海西期中酸性侵入岩的分布，同时控制矿带的展布；而北北西和近东西向构造是矿区内主要控矿构造 | 重要 |
| 区内相同类型矿产 | | 成矿区(带)内有 4 个铅锌矿床(矿点) | 重要 |

**表 6-38　拜仁达坝银多金属矿综合找矿模型**

| 标志分类 | | | 信息显示 | |
|---|---|---|---|---|
| | | | 露头矿 | 隐伏矿 |
| 地质信息 | 构造 | 矿床所处区域构造位置 | 拜仁达坝银多金属矿床正好位于西拉木伦河北侧北东向的多金属矿带中，本区矿床具有东西成行、北东成矿带的特征，在两个构造带交会的部位更容易成矿 | |
| | | 控矿构造 | 东西向构造是主要的控矿、容矿构造，北西向构造内存在一些小矿体。东西向压扭向断裂具有波状延伸的特点，平缓处的矿体更厚更大，而且在深部可能有本矿体的延伸 | |
| | | 成矿后构造 | 北西向断裂使东矿区抬升，西矿区埋深加大，矿体产状不协调，西矿区的找矿应注意较东部更深的部位 | |
| | 围岩蚀变 | | 绿泥石化、萤石化、硅化、碳酸盐化 | |
| | 赋矿围岩 | | 对赋矿围岩选择性不大 | |
| | 矿化 | | 铁帽、铁锰染、残余方铅矿、铅矾矿是直接的找矿标志 | 方铅矿化、闪锌矿化 |
| 地球物理信息 | 电、磁场特征为高极化率、低电阻率、低缓磁异常相吻合的异常组合是发现矿体的重要标志；自然电位异常对寻找潜水面以上的矿(化)体有明显的显示 | | | |
| 地球化学信息 | Ag、Pb、Zn、As、Sb、Cu 等元素的综合异常 | | | |
| 最佳配套方法 | 地质、地球物理、地球化学方法紧密结合：1∶1 万激电和高精度磁测、1∶5 万化探、1∶2 万重力测量和 1∶5 万航磁测量配合进行 | | | |

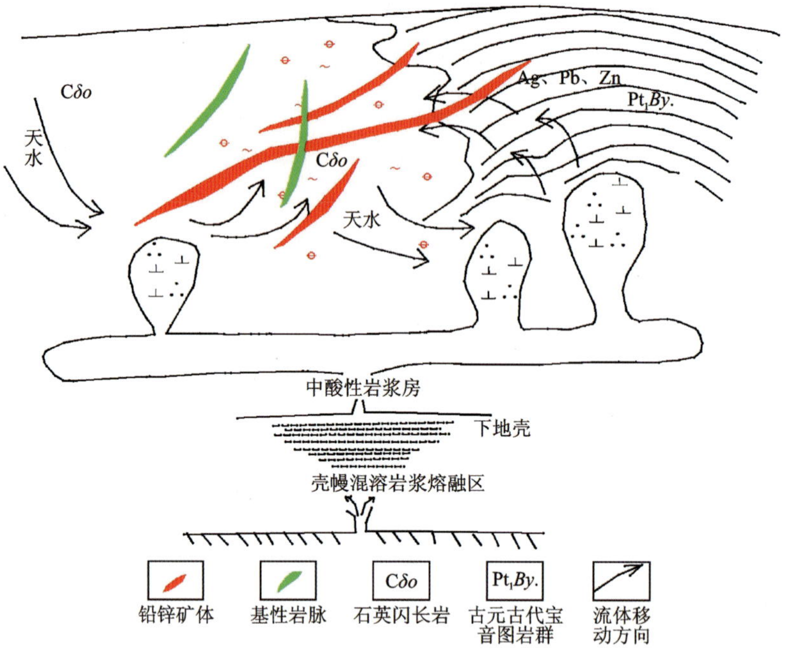


图 6-38　拜仁达坝铅锌矿区域成矿模式图

**表 6-39　东升庙铅锌矿预测工作区成矿要素表**

| 成矿要素 | | 描述内容 | 要素类别 |
|---|---|---|---|
| 区域成矿地质环境 | 大地构造单元 | 华北陆块区，狼山-阴山陆核(北缘隆起带) | 重要 |
| | 主要控矿构造 | 狼山、阴山山前深大断裂及中元古代南东东向裂陷带 | 次要 |
| | 主要赋矿底层 | 蓟县纪阿古鲁沟组 | 重要 |
| | 控矿沉积建造 | 浅海陆棚沉积体系碳质粉砂岩-泥岩建造、含碳石英砂岩建造 | 重要 |
| | 区域变质作用及建造 | 绿片岩相-低角闪岩相的区域变质作用<br>板岩-千枚岩建造、石英片岩建造 | 次要 |
| 区域成矿特征 | 区域成矿类型及成矿期 | 海相沉积型(Cu、Pb、Zn、FeS)；中元古代 | 重要 |
| | 含矿建造 | 碳质粉砂岩-泥岩建造、含碳石英砂岩建造 | 重要 |
| | 含矿构造 | 层内裂隙构造及层间滑动裂隙 | 次要 |
| | 矿石建造 | 方铅矿-闪锌矿-黄铜矿-辉铜矿-磁黄铁矿建造 | 次要 |
| | 围岩蚀变 | 硅化、电气石化、透辉透闪石化 | 重要 |
| | 矿床式 | 东升庙式喷流沉积型 | 重要 |
| | 矿点 | 有 7 个矿点 | 重要 |

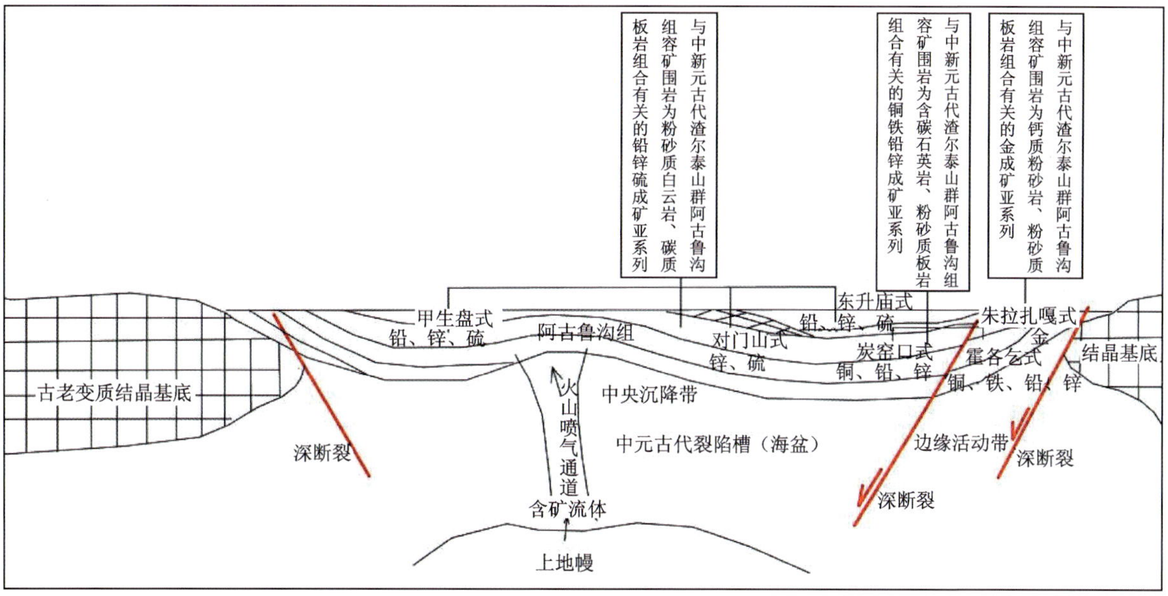


图 6-39　东升庙铅锌矿区域成矿模式图

**4. 陆相火山岩型及陆相火山次火山型**

多与燕山期中酸性侵入-火山杂岩有关，如甲乌拉、比利亚谷、李清地、得耳布尔、二道河铅锌多金属矿。矿床主要产于隆坳交接带附近，北东向和北西向断裂构造系统控矿；成矿与酸性、浅成、浅剥蚀的侵入-火山杂岩体有关，矿脉周围发育强烈的硅化、铁锰碳酸盐化、绢英岩化蚀变。

## 三、内蒙古自治区铅锌矿成矿规律

**1. 时空分布规律**

空间上，内蒙古自治区岩浆热液型、矽卡岩型铅锌矿主要分布在大兴安岭地区的新巴尔虎右旗-根河成矿带、东乌旗-嫩江成矿带、突泉-林西成矿带；（火山）-沉积变质型铅锌矿分布于华北陆块北缘的狼山-渣尔泰山成矿亚带中。时间上，铅锌矿成矿时代主要为中生代和中元古代，少量古生代（图 6-40）。

**2. 构造对成矿的控制**

自太古宙以来，本区历经多次强烈的构造运动，形成一系列规模不等、性质不同的断裂构造。尤其是深大断裂（带）大多经历了多旋回长期发展的活动过程，从而造就了本区以深大断裂为构造骨干的断裂系统。这些深断裂带及其旁侧的派生断裂常构成北东—北北东向、东西向和北西向不同方向、性质各异的断裂带，由它们组成的网格状断裂构造系统控制了区内岩浆岩和成矿带的空间展布。北东向、东西向深断裂是本区最主要的导矿、控矿构造，北东向深断裂、东西向断裂、北西向断裂多组断裂交会部位是成矿的有利部位，往往形成重要的矿化集中区，如大兴安岭主脊深断裂带控制了主峰锡-富铅锌-铁-铜成矿带的形成和展布；得耳布尔断裂控制了其两侧铜铅锌银矿带的形成与分布。西拉木伦断裂带、赤峰-开源断裂、大兴安岭主脊深断裂带联合控制了小营子-天桥沟铅锌矿集区。

**3. 火山构造与成矿的关系**

中生代铅锌矿多与火山构造关系密切，矿化集中区分布在火山基底隆起周围及其与火山盆地的交

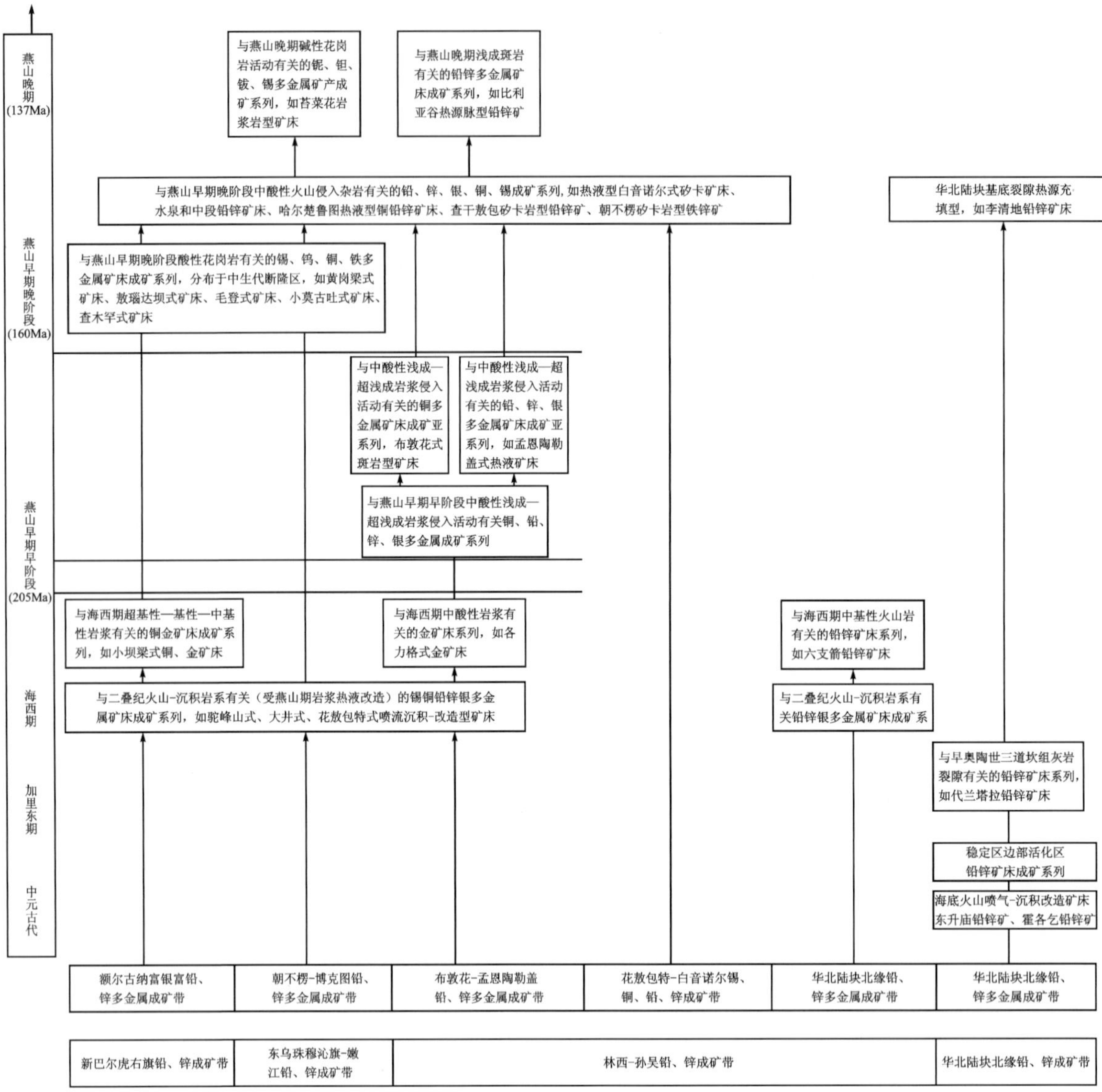


图 6-40　内蒙古自治区铅锌矿成矿谱系图

界处。火山基底隆起往往形成相对封闭的构造环境，有利于残余岩浆分异、成矿元素富集；火山基底隆起与火山盆地的交界处多被断裂切割，是岩浆和矿液活动的有利地段。矿床、矿体主要赋存在火山机构边缘环状、放射状断裂中，特别是与断裂构造重叠部位是成矿的最佳构造环境。

**4. 岩浆活动与成矿的关系**

中生代铅锌矿床大多分布在火山-侵入杂岩体的内外接触带。其中，中酸性岩体周围往往是铜、银(铅、锌)矿产的密集分布区；锡(铜、铅、锌)多金属矿产主要分布于酸性岩体及其周围。

**5. 地层对矿床分布的制约**

大兴安岭中南段的铅锌矿 80%以上产于二叠系中，其中又以大石寨组和黄岗梁组为主要层位。可以清楚地看出该区中生代形成的铅锌多金属矿床在空间上与中生代火山侵入岩系基底特别是二叠系密切相关。基底地层的岩相对矿床成因类型也有明显的控制作用，当围岩为碳酸盐岩时，多形成矽卡岩型矿床，当围岩以正常碎屑岩为主，缺乏碳酸盐岩时，往往形成岩浆热液型矿床。

# 第八节　钼矿典型矿床及成矿规律

钼矿矿产预测类型及其代表性矿床见表 6-40。

**表 6-40　钼矿典型矿床一览表**

<table>
<tr><td>序号</td><td>矿产预测类型</td><td>典型矿床</td><td>成因类型</td></tr>
<tr><td>1</td><td rowspan="2">斑岩型</td><td>岔路口钼铅锌矿</td><td rowspan="2">斑岩型</td></tr>
<tr><td>2</td><td>乌努格吐山铜钼矿</td></tr>
<tr><td>3</td><td>沉积(变质)型</td><td>元山子镍钼矿</td><td>沉积变质型</td></tr>
<tr><td>4</td><td>矽卡岩型(接触交代-热液型)</td><td>梨子山铁钼矿</td><td>矽卡岩型</td></tr>
<tr><td>5</td><td>岩浆热液型</td><td>曹家屯钼矿</td><td>岩浆热液型</td></tr>
</table>

## 一、钼矿典型矿床

### 1. 斑岩型

该类型钼矿床多与铜矿共伴生，近年勘查新发现的矿床主要以钼矿为主，共伴生有铜、钨、铅锌等，如小东沟钼矿、岔路口钼铅锌矿、乌努格吐山铜钼矿、车户沟铜钼矿、大苏计钼矿等。下面仅叙述岔路口钼铅锌矿，乌努格吐山铜钼矿见前述铜矿部分。

岔路口钼铅锌矿位于内蒙古自治区内，行政区划隶属于黑龙江省大兴安岭松岭区。本矿床以穹状钼矿为主体，上部边缘共(伴)生有脉状铅锌银矿(化)体。赋矿岩石主要为光华组的中酸性火山岩、石英斑岩、花岗斑岩及隐爆角砾岩等。围绕次火山斑岩侵入活动中心部位，发育有大范围的热液蚀变晕。按蚀变矿物共生组合关系，由内向外大致分 4 个带：(钾化带)石英-绢云母-钾长石化组合；(石英绢云母化带)石英-绢云母-萤石化等组合，(泥化带)石英-蒙脱石-高岭石等；(青磐岩化带)石英-绿泥石化-绿帘石化-碳酸盐化-黄铁矿化。矿床成矿要素见表 6-41。

**表 6 41　岔路口钼矿典型矿床成矿要素表**

<table>
<tr><td colspan="2" rowspan="3">成矿要素</td><td colspan="4">描述内容</td><td rowspan="3">要素类别</td></tr>
<tr><td>储量</td><td>钼 1 124 780t</td><td>平均品位</td><td>Mo 0.09%</td></tr>
<tr><td>特征描述</td><td colspan="3">与石英斑岩、花岗斑岩等超浅成次火山侵入活动有关的斑岩型钼矿床</td></tr>
<tr><td rowspan="3">地质环境</td><td>构造背景</td><td colspan="4">Ⅰ天山-兴蒙造山系，Ⅰ-1 大兴安岭弧盆系，Ⅰ-1-3 海拉尔-呼玛弧后盆地</td><td>必要</td></tr>
<tr><td>成矿环境</td><td colspan="4">Ⅰ-4 滨太平洋成矿域，Ⅱ-12 大兴安岭成矿省，Ⅲ-5-②陈巴尔虎旗-根河金、铁、锌、萤石成矿亚带</td><td>必要</td></tr>
<tr><td>成矿时代</td><td colspan="4">燕山期(146Ma)</td><td>必要</td></tr>
<tr><td rowspan="2">矿床特征</td><td>矿体形态</td><td colspan="4">以穹状为主，局部为层状、似层状、透镜状</td><td>重要</td></tr>
<tr><td>岩石类型</td><td colspan="4">主要为变质砂岩、暗绿色片理化安山质角斑岩和流纹岩、流纹质角砾凝灰岩，英安质凝灰熔岩</td><td>必要</td></tr>
</table>

**续表 6-41**

| 成矿要素 | | 描述内容 | 要素类别 |
|---|---|---|---|
| 矿床特征 | 岩石结构 | 鳞片状自形、半自形晶结构，他形晶粒状结构，碎裂结构，乳滴状结构，交代包含结构 | 次要 |
| | 矿物组成 | 主要为黄铁矿、闪锌矿、磁黄铁矿、方铅矿，少量黄铜矿、辉钼矿等 | 次要 |
| | 矿石结构构造 | 结构：鳞片状自形、半自形晶结构，碎裂结构，交代包含结构；<br>构造：块状结构、浸染状构造、条带状构造、角砾状构造 | 次要 |
| | 围岩蚀变 | 钾化、石英绢云母化、泥化带、青磐岩化 | 重要 |
| | 主要控矿因素 | 与晚侏罗世火山喷发旋回后期超浅成相侵入的次火山岩体及隐爆作用紧密相关 | 必要 |

矿床成矿模式：矿床受中生代火山-岩浆活动带上火山穹隆或火山断陷盆地边缘处隐爆作用(热液角砾岩)的控制，以燕山晚期广泛发育的石英斑岩、花岗斑岩、闪长玢岩等超浅成次火山岩为主要的赋矿岩体。矿区的矿化分带明显受热液蚀变分带互相制约，岩体的蚀变中心向外，金属元素水平分带 Mo→Mo、Zn→Pb、Zn、Ag。可划分为 3 个矿化带，即辉钼矿带、黄铁矿辉钼矿闪锌矿带和黄铁矿方铅矿闪锌矿带(图 6-41)。

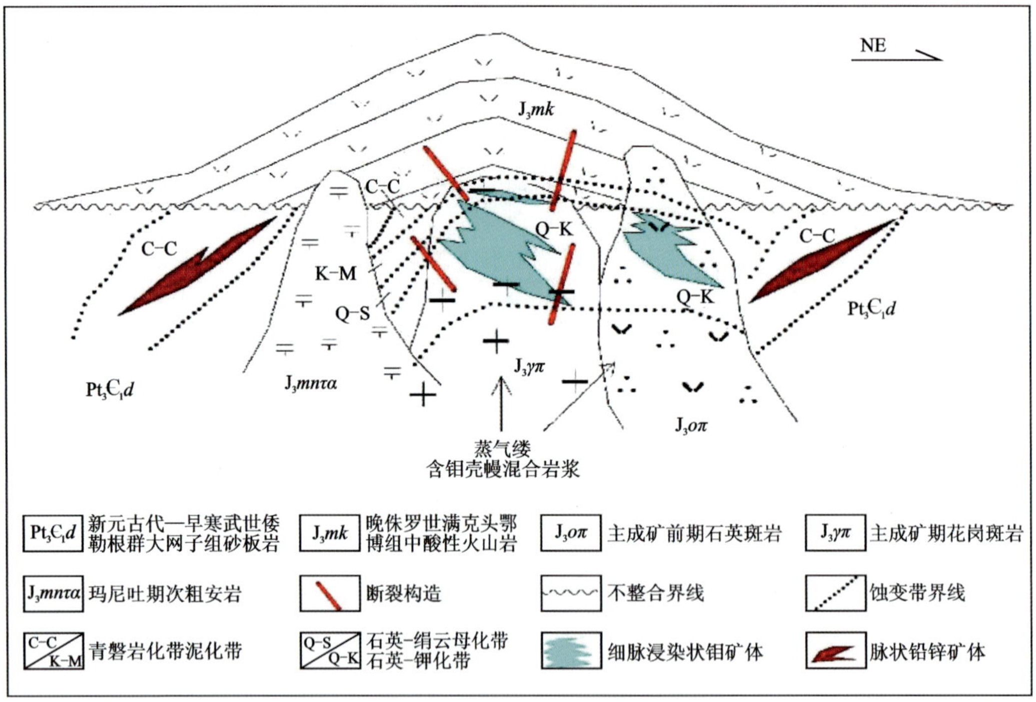


图 6-41　岔路口钼矿典型矿床成矿模式图

## 2. 沉积(变质)型

沉积(变质)型是近年勘查发现的新类型，目前仅为元山子镍钼矿。

元山子镍钼矿区行政区划隶属于内蒙古自治区阿拉善左旗巴润别立镇，位于巴彦浩特镇南 73km。矿体赋存于寒武纪香山群含碳或夹石英绢云母千枚岩、黑色(含 Ni、Mo 等元素)含碳石英绢云母千枚岩地层之中。矿体与围岩产状完全一致。含碳镍、钼矿化层呈层状，层位比较稳定。矿石自然类型为黑色含碳质页岩型辉钼矿、硫化镍(镍黄铁矿、辉铁镍矿、二硫镍矿)矿石。矿石工业类型为硫化钼镍贫矿石。矿石颗粒细,不易碎,属难磨难选的矿石。矿床成矿要素见表 6-42。

**表 6-42　元山子钼矿典型矿床成矿要素表**

| 成矿要素 | | 描述内容 | | | | 要素类别 |
|---|---|---|---|---|---|---|
| | | 储量 | 钼 1 401.41t | 平均品位 | Mo 0.091% | |
| | | 特征描述 | 沉积变质型镍钼矿床 | | | |
| 地质环境 | 构造背景 | Ⅳ-1 北祁连弧盆系,Ⅳ-1-1 走廊弧后盆地 | | | | 必要 |
| | 成矿环境 | Ⅲ-4 河西走廊铁、钼、萤石、盐、凹凸棒石成矿带(Ⅲ-20),Ⅲ-4-① 阎地拉图铁成矿亚带(Vm) | | | | 重要 |
| | 成矿时代 | 寒武纪 | | | | 必要 |
| 矿床特征 | 矿体形态 | 含碳镍、钼矿化层呈层状,层位比较稳定 | | | | 重要 |
| | 岩石类型 | 灰绿色绢云千枚岩、绢云石英千枚岩、绢云石英板岩及灰黑色含石墨绢云石英千枚岩夹玄武岩,辉绿岩及矿层;花岗闪长岩脉(γδ)、花岗伟晶岩脉(γρ)、闪长玢岩脉(δμ)、片理化钠长玢岩脉(δμ)、石英斑岩脉(λπ)、细小石英脉(q)及方解石脉 | | | | 必要 |
| | 矿物组成 | 矿石矿物主要为辉钼矿、辉砷镍矿、针镍矿、辉铁镍矿;<br>非金属矿物主要以石英、绢云母及碳质物组成 | | | | 重要 |
| | 矿石结构构造 | 结构:以粒状结构为主,同时具交代结构、胶状结构、生长结构等;<br>构造:细脉浸染状构造、浸染状构造 | | | | 次要 |
| | 围岩蚀变 | 石英-绢云母化 | | | | 次要 |
| | 主要控矿因素 | 寒武纪香山群千枚岩含矿建造;北东向及北西向断裂;石英脉与磁黄铁矿、镍钼矿、黄铜矿等矿化关系密切 | | | | 必要 |

矿床成矿模式:早寒武世,元山子镍钼矿所在地处于与伸展构造背景有关的被动大陆边缘斜坡上的裂陷盆地环境中,受同沉积断裂活动影响,使上地幔有关元素被热水(泉)循环体系带入裂陷盆地中,在相对深水的还原条件下,沉积形成了一套含碳黑色岩系(含 Ni、Mo 等元素),此后,在不断的构造及热液活动影响下,黑色岩系逐渐被改造为含碳石英绢云母千枚岩、黑色石英碳质绢云母千枚岩地层,成矿元素也在其中局部有利地段逐渐富集,形成了具有一定工业价值的层状镍钼矿体(图 6-42)。

### 3. 矽卡岩型(接触交代-热液型)

该类型主要有梨子山铁钼矿,规模为小型,本次不作详细叙述。

### 4. 岩浆热液型

该类型主要有曹家屯钼矿,规模为小型,本次不作详细叙述。

## 二、钼矿预测工作区成矿规律

### 1. 斑岩型钼矿

钼矿多与铜矿共伴生,是内蒙古自治区最为重要的钼矿类型,成矿时代主要为印支期和燕山期。包

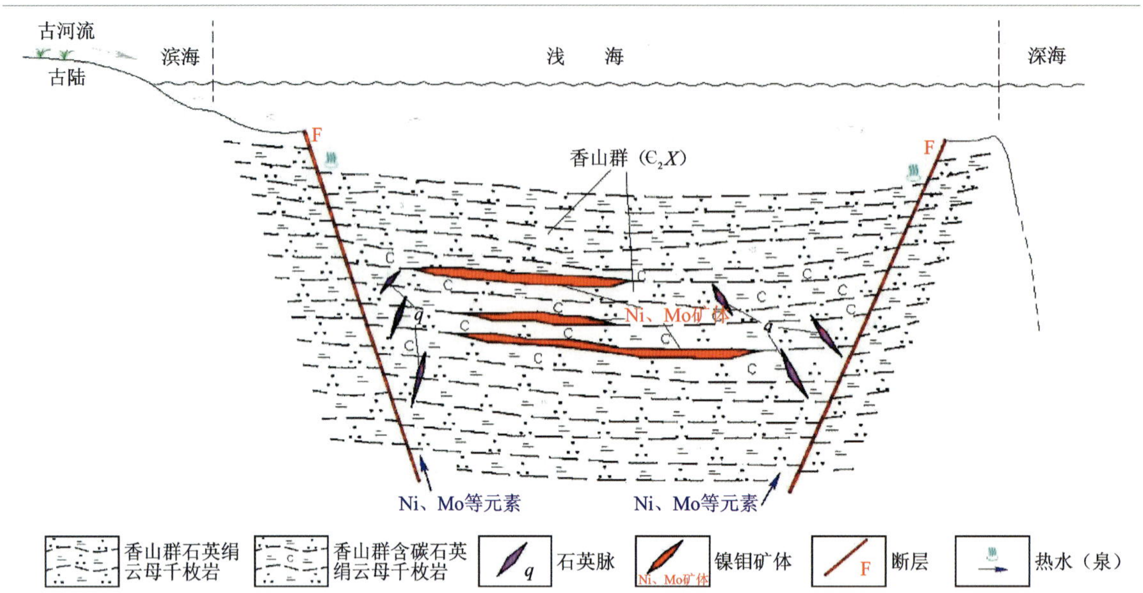


图 6-42 元山子镍钼矿典型矿床成矿模式图

括①与中酸性浅成—超浅成侵入岩(如花岗闪长斑岩)有关的铜钼矿,成矿时代为燕山期,如乌努格吐山、八大关等;②与酸性浅成—超浅成侵入岩(石英斑岩、花岗斑岩)有关的以钼为主的钼多金属矿,成矿时代为印支期和燕山期,如岔路口(表 6-43,图 6-43)、大苏计、曹四夭等。

**表 6-43 岔路口钼矿预测工作区成矿要素表**

| 成矿要素 | | 描述内容 | 要素类别 |
|---|---|---|---|
| 地质环境 | 大地构造位置 | Ⅰ天山-兴蒙造山系,Ⅰ-1 大兴安岭弧盆系,Ⅰ-1-3 海拉尔-呼玛弧后盆地 | 必要 |
| | 成矿区(带) | Ⅰ-4 滨太平洋成矿域,Ⅱ-12 大兴安岭成矿省,Ⅲ-5-②陈巴尔虎旗-根河金、铁、锌、萤石成矿亚带 | 必要 |
| | 区域成矿类型及成矿期 | 燕山晚期侵入岩型 | 必要 |
| 控矿地质条件 | 赋矿地质体 | 新元古代—早寒武世倭勒根群大网子组;晚侏罗世满克头鄂博组 | 重要 |
| | 控矿侵入岩 | 燕山晚期石英斑岩、花岗斑岩 | 重要 |
| | 主要控矿构造 | 发育于 1029 高地火山穹隆西南侧的石英斑岩、花岗斑岩及隐爆活动是本区成矿作用发生的重要因素。主要构造有北西向、北东向和近南北向发育的断裂 | 必要 |
| 区内相同类型矿点 | | 区内 1 个同类型矿床 | 重要 |

### 2. 沉积(变质)型

沉积(变质)型是近年勘查发现的新类型,分布在阿拉善盟,仅见于元山子钼镍矿(表 6-44,图 6-44)。含矿岩系为中寒武世香山群黑色含碳石英绢云母千枚岩。矿体与围岩产状完全一致,矿体呈似层状(板状)产出。层位比较稳定。

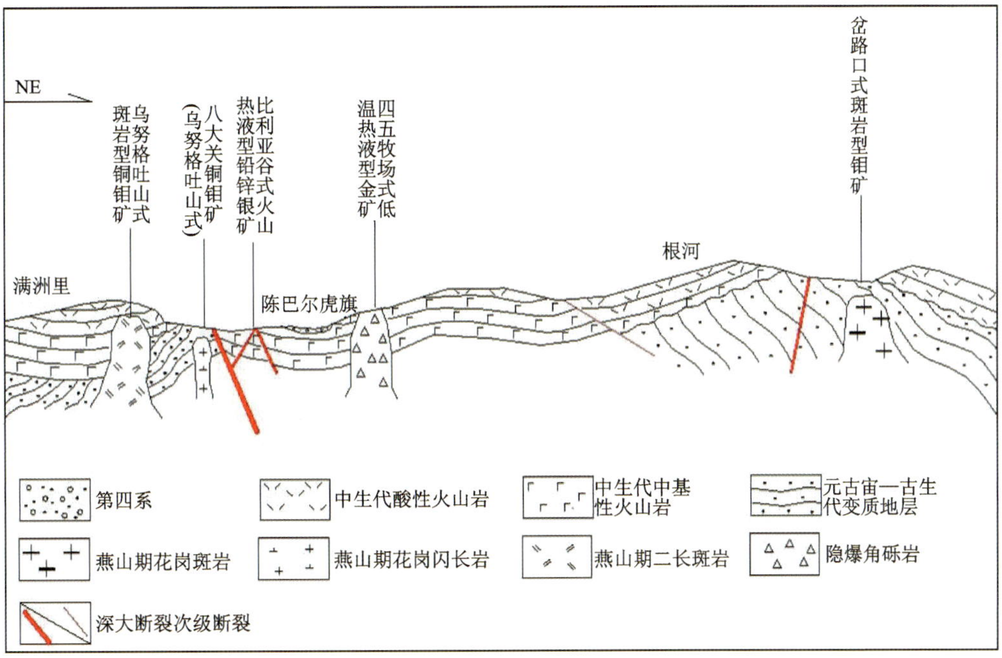


图 6-43　岔路口钼矿区域成矿模式图

**表 6-44　元山子钼矿预测工作区成矿要素表**

| 成矿要素 | | 描述内容 | 要素类别 |
|---|---|---|---|
| 地质环境 | 大地构造位置 | 秦祁昆造山系，走廊弧后盆地 | 必要 |
| | 成矿区(带) | 阿尔金-祁连成矿省，河西走廊铁、钼、萤石、盐、凹凸棒石成矿带，阎地拉图铁成矿亚带 | 必要 |
| | 区域成矿类型及成矿期 | 沉积型硫化镍钼矿床；寒武纪 | 重要 |
| 控矿地质条件 | 赋矿地质体 | 含矿层为香山群含碳或夹石英绢云母千枚岩、黑色(含 Ni、Mo 等元素)含碳石英绢云母千枚岩，顶底板围岩均为浅灰色石英绢云母千枚岩 | 重要 |
| | 控矿侵入岩 | 石英脉与磁黄铁矿、镍钼矿、黄铜矿等矿化关系密切 | 必要 |
| | 主要控矿构造 | 北东向及北西向断裂严格地控制了矿(体)层的边界 | 重要 |
| 区内相同类型矿产 | | 1 个小型镍矿床 | 必要 |

### 3. 矽卡岩型(接触交代-热液型)

目前仅有梨子山铁钼矿，成矿时代为晚古生代。矿床产于海西晚期白岗质花岗岩与奥陶纪多宝山组大理岩及砂板岩的接触带内，钼矿体主要赋存铁矿体顶、底板围岩及铁矿体内，尤以顶板围岩中钼矿体规模相对较大，底板围岩及铁矿体内的钼矿体规模较小。矿体存在垂直分带，地表为低硫富铁矿，深部为高硫富铁矿，钼矿标高最低。本区矽卡岩属于简单钙质矽卡岩，当出现石榴石矽卡岩与透辉石矽卡岩，磁铁矿化随之出现，出现符山石石榴石矽卡岩时，有色金属钼、铅、锌等发生矿化。

### 4. 岩浆热液型

热液型钼矿床达小型以上的比较少，多为矿点、矿化点。成矿时代为燕山期，空间上主要分布在锡

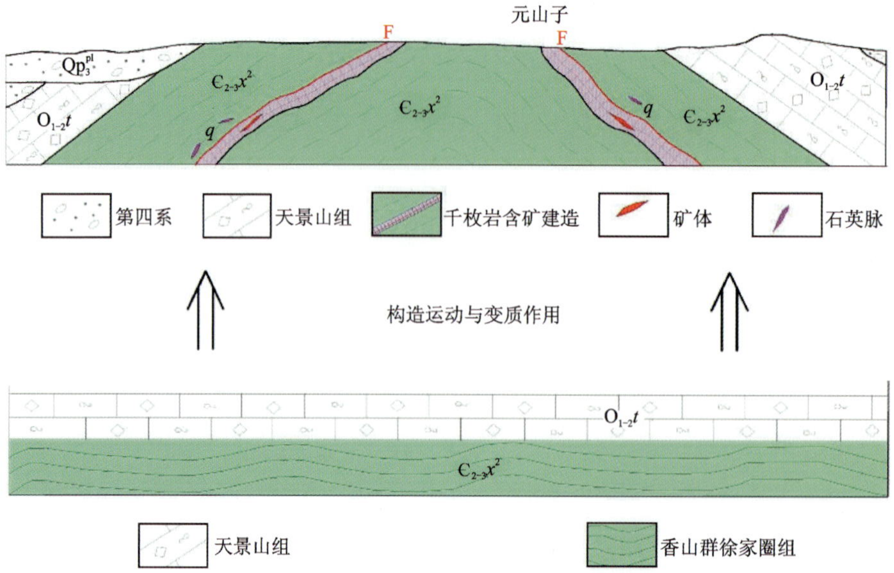


图 6-44 元山子镍钼矿床区域成矿模式图

林浩特岩浆弧。典型的为曹家屯钼矿,受侵入岩(花岗岩)及断裂构造控制。钼矿体产于砂板岩断裂破碎带中为隐伏陡倾斜钼矿,平面上矿体矿化强度及元素不具明显水平分带,在纵向上地表矿化相对较贫,在深部矿化增强。围岩蚀变沿矿化蚀变带呈线性分布,见于砂质板岩和砂岩中的破碎带、断裂带内,云英岩化、硅化及钾长石化与钼矿化关系密切。

## 三、内蒙古自治区钼矿成矿规律

### 1. 时间分布规律

全区钼矿床的形成主要形成于三叠纪—白垩纪,古生代形成钼矿床相对少。三叠纪形成的钼矿床集中分布在华北陆块北缘西段及宝音图降起,侏罗纪、早白垩世形成的钼矿床主要集中分布在得尔布干、大兴安岭中南段(图 6-45)。

### 2. 构造对成矿的控制作用

①不同的成矿构造环境,产生不同类型的矿产。新元古代至早中寒武世,在华北古陆块与秦祁昆造山系过渡带的陆缘弧盆区内形成沉积(变质)型钼镍矿;三叠纪华北陆块北缘及其北侧基底构造活动化,中酸性浅成斑岩体侵位,形成斑岩型钼矿;中生代滨西太平洋活动大陆边缘构造环境形成了大兴安岭火山-岩浆构造带,并形成与陆相中酸性火山-侵入岩相关的斑岩型、岩浆热液型钼多金属矿。②区域性深断裂构造带对成矿的控制作用。区域性深断裂构造带均为超壳断裂,有的甚至切穿了岩石圈,所以它们是地幔物质上涌的通道。这些深断裂构造带具有活动时间长的特点,所以在其一侧或两旁常分布形成不同时代的矿床。而与其有成生联系的次断裂或裂隙构造带往往就是成矿物质沉淀定位的空间,如伊列克得-鄂伦春断裂控制着岔路口超大型钼铅锌矿,得尔布干深断裂带控制着乌努格吐山大型铜钼矿的产出,北北东向的狼山断裂带控制着查干花大型钼铋矿的产出。

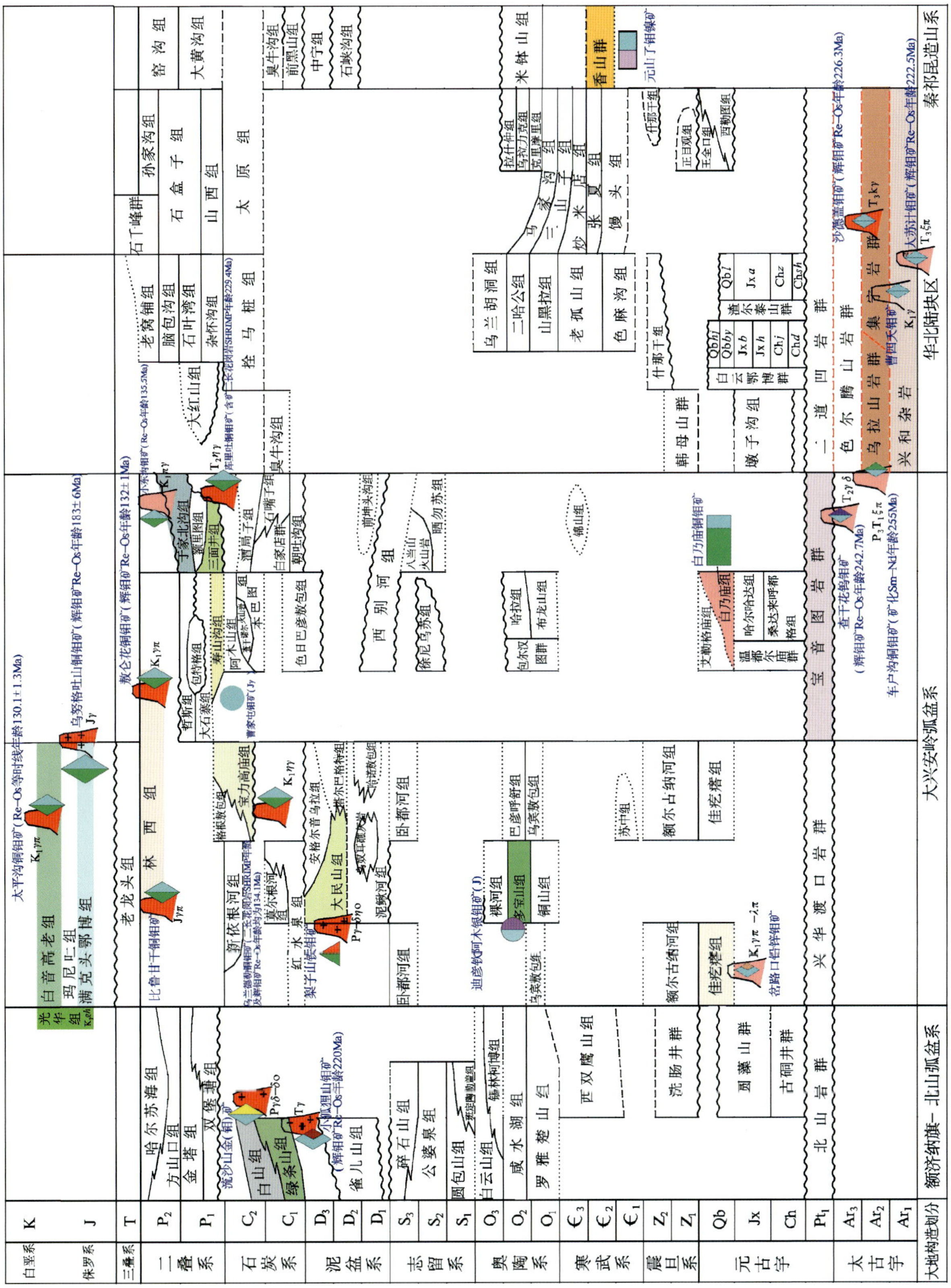


图 6-45　内蒙古自治区钼矿成矿谱系图

**3. 地层对成矿的控制作用**

赋存于一定的地层层位，受岩相古地理及沉积环境的控制，为典型的同生沉积矿床。经成岩、区域变质等作用成矿，如元山子钼镍矿，就是在地层岩石形成的同时成矿物质大量富集而形成的。

**4. 岩浆岩对成矿的控制作用**

太平沟钼矿床、岔路口钼铅锌矿均是与陆相潜火山岩及高位酸性斑岩体有直接关系的斑岩型钼矿床；乌努格吐山铜钼矿、小东沟钼矿、乌兰德勒铜钼矿、查干花及大苏计等斑岩型矿床主要受中酸性侵入岩成分控制，印支期花岗岩及燕山期浅成斑岩体是其含矿母岩。

## 第九节 钨矿典型矿床及成矿规律

钨矿矿产预测类型及其代表性矿床见表 6-45。

**表 6-45 钨矿典型矿床一览表**

| 序号 | 矿产预测类型 | 典型矿床 | 成因类型 |
|---|---|---|---|
| 1 | 花岗岩型(石英脉型) | 乌日尼图钨钼矿 | 热液脉型 |
| 2 | 花岗岩型(岩体型) | 七一山钨钼矿 | 热液脉型 |

### 一、钨矿典型矿床

**1. 花岗岩型(石英脉型)**

该类型主要有沙麦钨矿、乌日尼图钨钼矿。下面仅叙述乌日尼图钨钼矿。

乌日尼图钨钼矿床位于内蒙古自治区苏尼特左旗查干敖包镇西北乌日尼图地区，南距二连浩特市173km。钨矿主要赋存在乌宾敖包组与细粒花岗岩、花岗斑岩外接触带，矿体受岩层中构造裂隙所控制，呈似层状、似板状，主要产于砂板岩中。矿床成矿要素见表 6-46。

**表 6-46 乌日尼图钨矿典型矿床成矿要素表**

| 成矿要素 | | 描述内容 | | | | 要素类别 |
|---|---|---|---|---|---|---|
| | | 储量 | 钨 58 155t | 平均品位 | W 0.725% | |
| | | 特征描述 | 侵入岩体型钨矿床 | | | |
| 地质环境 | 构造背景 | Ⅰ-1 大兴安岭弧盆系，Ⅰ-1-5 东乌-多宝山岛弧($Pz_2$) | | | | 必要 |
| | 成矿环境 | Ⅲ-6 东乌珠穆沁旗-嫩江(中强挤压区)铜、钼、铅、锌、金、钨、锡、铬成矿带($Pt_3$、Vm-l、Ye-m)，Ⅲ-6-②朝不楞-博克图钨、铁、锌、铅成矿亚带(V、Y) | | | | 必要 |
| | 成矿时代 | 燕山期 | | | | 必要 |

续表 6-46

| 成矿要素 | | 描述内容 | 要素类别 |
|---|---|---|---|
| 矿床特征 | 矿体形态 | 脉状、似层状 | 重要 |
| | 岩石类型 | 中细粒花岗岩、花岗闪长斑岩 | 必要 |
| | 岩石结构 | 中细粒花岗结构、斑状结构 | 重要 |
| | 矿物组成 | 辉钼矿、白钨矿、黄铜矿、闪锌矿、辉铋矿、磁铁矿、方铅矿 | 必要 |
| | 矿石构造 | 浸染状构造、网脉状构造、块状构造 | 重要 |
| | 围岩蚀变 | 矽卡岩化、硅化、绢云母化、绿帘石化、萤石矿化、黄铁矿化、碳酸盐化 | 重要 |
| | 主要控矿因素 | 早奥陶世乌宾敖包组与侏罗纪—白垩纪中细粒花岗岩、花岗闪长斑岩外接触带，北西向构造裂隙 | 重要 |

矿床成矿模式：钨钼矿成矿的全过程可以分为岩浆期、矽卡岩期和热液期。深部的细粒二长花岗岩构成岩浆期含矿岩浆最早期的斑岩型矿床建造，外接触带构成矽卡岩型黑钨矿-白钨矿-辉钼矿-黄铜矿建造、矽卡岩型白钨矿-辉钼矿建造。热液期为晚期成矿阶段，是本矿床的主要成矿期，岩浆期后热液沿裂隙交代围岩或以网脉状、细脉状硅质矿化脉穿插围岩成矿，该期可细分为 2 个阶段。

（1）石英硫化物阶段：这一阶段形成本区最主要的工业矿体。

（2）石英碳酸盐阶段：主要形成石英、方解石和碳酸盐岩细脉或网脉，并切割早期的岩脉或矿脉，该阶段基本无矿化（图 6-46）。

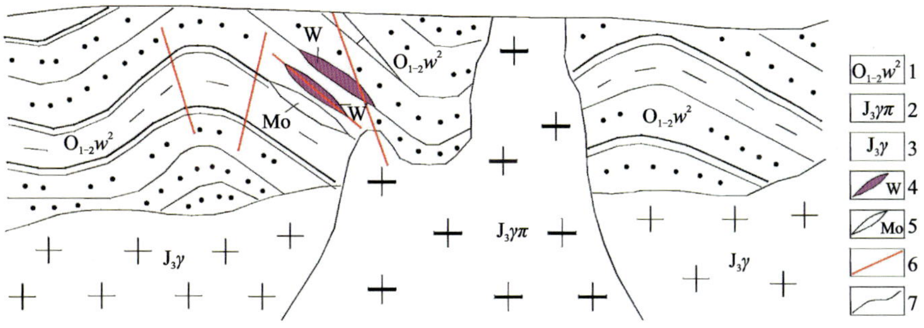


图 6-46　乌日尼图钨矿典型矿床成矿模式图

1. 早中奥陶世乌宾敖包组二段；2. 晚侏罗世花岗岩；3. 晚侏罗世花岗斑岩；4. 钨矿脉；5. 钼矿脉；6. 断层；7. 地质界线

### 2. 花岗岩型（岩体型）

该类型主要有七一山钨钼矿，矿体集中分布在七一山花岗岩体南侧、东侧外接触带，呈残环状产于角岩化凝灰质变质砂岩、安山岩、矽卡岩中，少数产在岩体的边部。本次不作详细叙述。

## 二、钨矿预测工作区成矿规律

钨矿类型比较单一，划分为花岗岩型（石英脉型）和花岗岩型（岩体型），以钨为主的钨矿床，极少量伴生的钨矿为矽卡岩型。矿床与燕山期的花岗岩关系密切，矿体产于岩体内或围岩裂隙中，多为脉状，地表为细脉状，向下逐渐变为大脉或大脉与细脉的混合带，矿脉具有分支复合、尖灭再现、膨缩及分段富集现象。钨矿的载体矿物以黑钨矿为主，少量以白钨矿为主。围岩蚀变以云英岩化、硅化、绢云母化、萤石化为主(表 6-47,图 6-47)。

钨矿主要分布在二连浩特-东乌旗地区、库伦旗大麦地、镶黄旗-太仆寺旗白石头洼地区、石板井-东七一山地区,成矿主要受燕山期花岗岩、北东向构造带控制。

表 6-47　乌日尼图钨矿预测工作区成矿要素表

| 成矿要素 | | 描述内容 | 要素类别 |
|---|---|---|---|
| 地质环境 | 大地构造位置 | 天山-兴蒙造山系,大兴安岭弧盆系,二连-贺根山蛇绿混杂岩带($Pz_2$) | 必要 |
| | 成矿区(带) | 滨太平洋成矿域(叠加在古亚洲成矿域之上),大兴安岭成矿省,东乌珠穆沁旗-嫩江(中强挤压区)铜、钼、铅、锌、金、钨、锡、铬成矿带,乌日尼图-准苏吉花钨、钼、铜成矿亚带 | 必要 |
| | 区域成矿类及成矿期 | 热液型钨矿床;燕山期 | 必要 |
| 控矿地质条件 | 赋矿地质体 | 早奥陶世乌宾敖包组与侏罗纪—白垩纪中细粒花岗岩、花岗闪长斑岩外接触带中 | 重要 |
| | 控矿侵入岩 | 侏罗纪—白垩纪中细粒花岗岩、花岗闪长斑岩 | 必要 |
| | 主要控矿构造 | 北西向构造裂隙 | 重要 |
| 区内相同类型矿产 | | 成矿区(带)内有 1 个钨钼矿点 | 重要 |

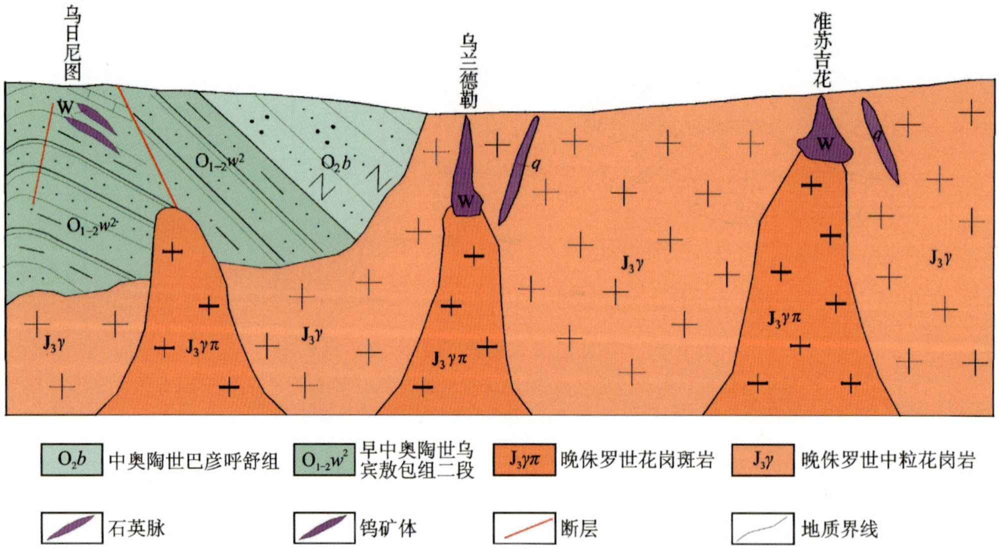


图 6-47　乌日尼图钨矿区域成矿模式图

## 三、内蒙古自治区钨矿成矿规律

### 1. 时空分布规律

在空间位置上,内蒙古自治区钨矿主要集中分布在二连浩特—东乌珠穆沁旗一线、库伦旗大麦地、镶黄旗-太仆寺旗白石头洼、石板井-东七一山 4 个地区。成矿时代均为燕山期。

### 2. 构造对成矿的控制

内蒙古自治区钨矿床及矿点均分布在区域性深大断裂附近，如白石头洼钨矿分布在槽台断裂附近等，由于这些深断裂具长期、多期活动特点，控制了区域岩浆带的展布，因此在这些断裂附近燕山期岩浆岩分布地区有利于成矿。大兴安岭地区中生代隆坳接触地段，构造薄弱是岩浆上涌的有利通道，有利于成矿。在侵入岩体周围，由于岩体的侵位而造成的张扭裂隙及岩体内部由于冷凝收缩形成的节理是主要的赋矿构造，如沙麦钨矿。

### 3. 岩浆岩对成矿的控制

与钨矿有关的侵入岩主要为酸性花岗岩类，具铝过饱和、高硅富碱特征，为岩浆演化晚期产物。

# 第十节　锑矿典型矿床及成矿规律

锑矿矿产预测类型及其代表性矿床见表6-48。

**表6-48　锑矿典型矿床一览表**

| 矿产预测类型 | 典型矿床 | 成因类型 |
|---|---|---|
| 岩浆热液型 | 阿木乌苏锑矿 | 热液型 |

## 一、锑矿典型矿床

全区目前仅发现阿木乌苏小型锑矿。阿木乌苏锑矿位于内蒙古自治区阿拉善盟额济纳旗赛汉陶来苏木。矿区内早二叠世菊石滩组(现归于金塔组)安山岩是主要赋矿围岩。海西期、印支期闪长岩是矿区重要的成矿母岩，北西—北西西向断裂是矿区内与成矿关系最为密切的一组断裂。矿区内锑矿化体多呈脉状、扁豆状断续分布于蚀变安山岩及石英闪长岩体的断裂中。矿床成矿要素见表6-49。

**表6-49　阿木乌苏锑矿典型矿床成矿要素表**

| 成矿要素 | | 描述内容 | | | | 要素类别 |
|---|---|---|---|---|---|---|
| | | 储量 | 锑4 880.40t | 平均品位 | Sb 0.4%~30.1% | |
| | | 特征描述 | 低温热液型脉状锑矿 | | | |
| 地质环境 | 构造背景 | Ⅲ塔里木陆块区，Ⅲ-2敦煌陆块，Ⅲ-2-1柳园裂谷(C—P) | | | | 重要 |
| | 成矿环境 | Ⅱ-4塔里木成矿省，Ⅲ-14磁海-公婆泉铁、铜、金、铅、锌、钨、锡、铷、钒、铀、磷成矿带，Ⅳ142阿木乌苏-老硐沟金、钨、锑成矿亚带，Ⅴ142-1阿木乌苏-鹰嘴红山钨、锑矿集区(Y、Vl) | | | | 重要 |
| | 成矿时代 | 中二叠世及早白垩世 | | | | 必要 |

续表 6-49

| 成矿要素 | | 描述内容 | 要素类别 |
|---|---|---|---|
| 矿床特征 | 矿体形态 | 脉状、楔状 | 必要 |
| | 岩石类型 | 中二叠世英云闪长岩及早白垩世二长花岗岩 | 重要 |
| | 岩石结构 | 中粗粒花岗结构 | |
| | 矿物组成 | 单一锑矿石 | |
| | 矿石构造 | 星散浸染状、斑状、细脉浸染状和块状构造 | |
| | 围岩蚀变 | 以绿泥石化、绿帘石化、绢云母化、碳酸盐化较为普遍，近矿围岩以高岭土化、硅化、褐铁矿化及锗化为常见，其中硅化与成矿关系密切 | 重要 |
| | 主要控矿因素 | 地层：中二叠世金塔组安山岩；侵入岩：中二叠世石英闪长岩；控矿断裂为规模最大的两条断裂，导矿断裂上控矿断裂形成发展过程中产生的次一级断裂，储矿断裂一般为规模较小的裂隙构造，系沿导矿断裂形成的一组张性羽状裂隙，区内已知锑矿均富集于此类断裂中 | 必要 |

矿床成矿模式：阿木乌苏锑矿床是中二叠世英云闪长岩侵位的岩浆晚期热液，充填在中二叠世金塔组的近东西向、北西向、北西西向断裂及其产生的次一级断裂和一组张性羽状裂隙中富集成矿，在早白垩世又一期二长花岗岩的侵入，岩浆晚期矿液在中二叠世成矿的基础上，进一步叠加富集，形成阿木乌苏锑矿床(图 6-48)。

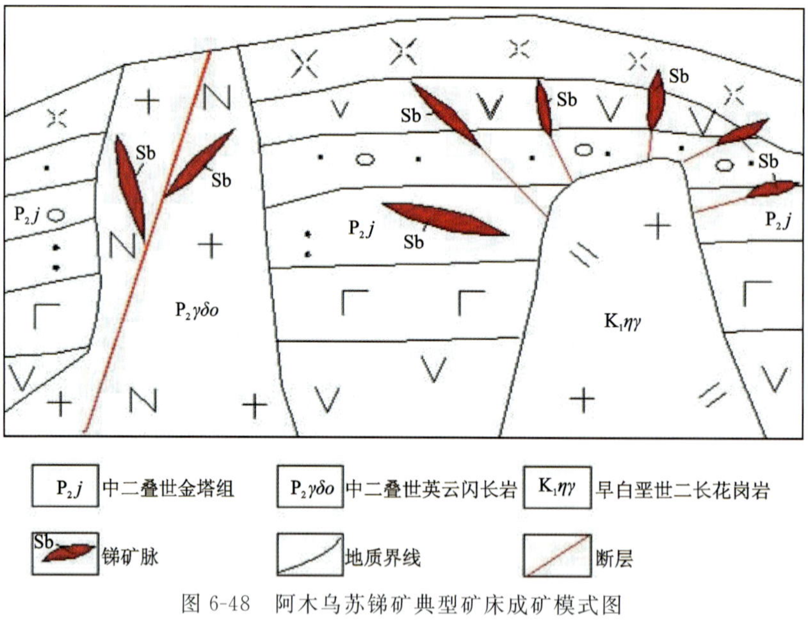


图 6-48　阿木乌苏锑矿典型矿床成矿模式图

## 二、内蒙古自治区锑矿成矿规律

### 1. 空间分布规律

仅有一个阿木乌苏小型锑矿床，分布在额济纳旗赛汉陶来苏木一带。

**2. 时间分布规律**

阿木乌苏锑矿成矿时间有两期，其一为中二叠世，其二为早白垩世。

**3. 成矿物质演化**

成矿物质变化与成因类型关系密切。低温热液型锑矿主要形成脉状矿体。

**4. 主要控矿因素**

中二叠世英云闪长岩、早白垩世花岗斑岩及北西向断层的次级羽状断裂是阿木乌苏低温热液型锑矿的主要控矿因素。矿体多呈脉状分布在岩体内或围岩裂隙中。

## 第十一节 锡矿典型矿床及成矿规律

锡矿矿产预测类型及其代表性矿床见表6-50。

**表6-50 锡矿典型矿床一览表**

| 序号 | 矿产预测类型 | 典型矿床 | 成因类型 |
|---|---|---|---|
| 1 | 花岗岩型(锡石-硫化物型) | 大井铜银锡多金属矿 | 热液型 |
| 2 | 花岗岩型(石英脉型) | 毛登小孤山锡铜矿 | |
| 3 | 接触交代-热液型 | 黄岗梁铁锡矿 | 矽卡岩型 |
| 4 | 岩浆热液型 | 孟恩陶勒盖银铅锌锡多金属矿 | 热液型 |

### 一、锡矿典型矿床

**1. 花岗岩型(锡石-硫化物型)**

该类型锡矿床主要分布在大兴安岭中南段，主要为大井铜银锡多金属矿。

大井铜银锡多金属矿位于内蒙古林西县东北21km处。矿体围岩主要为二叠纪碎屑岩建造，无较大的岩体出露，但酸性、中性、基性岩脉非常发育，断裂构造发育，且多被中酸性脉岩及矿脉充填，其控岩、控矿作用十分明显。矿床水平及垂直元素分带明显，中部以铜锡矿化为主，向外逐渐过渡为以铅锌矿化为主；剖面上，浅部铅锌矿化相对发育，向深部铜锡矿化逐渐增强。矿化主要呈充填脉状产出，仅局部有浸染状和细脉-浸染状，矿体则由矿脉组成。据组成矿体的矿脉形态和组合关系，将矿体划分为单脉型、复脉型和细脉-浸染型3种基本类型。各期次火山岩脉蚀变很普遍，主要有碳酸盐化、硅化、绢云母化、绿泥石化。矿床成矿要素见表6-51。

矿床成矿模式：①矿区深部存在两类不同岩浆体系的复式岩浆房，即相对高硅富钾的花岗质岩浆和相对低硅贫钾的英安-闪长质岩浆，分别对应晚期浅成—超浅成相的霏细岩和次火山斑岩类两大脉岩群；②富含锡的残余花岗质岩浆进一步演化分异出富锡热液，沿前期霏细岩侵位通道附近向上运移沉淀，形成脉状锡矿体(锡石-石英-毒砂-萤石组合)；③断裂的再次活动使先成锡矿脉碎裂，并被来自深部英安质岩浆源分异演化出的富铜多金属流体充填胶结，形成新的铜多金属矿脉。由此，形成了两类岩浆分异演化出的两种成矿流体同位叠加成矿(图6-49)。

表 6-51　大井子锡矿典型矿床成矿要素表

| 成矿要素 | | 描述内容 | | | | 要素类别 |
|---|---|---|---|---|---|---|
| | | 储量 | 锡 12 605kg | 平均品位 | Sn 4.22g/t | |
| | | 特征描述 | 次火山热液裂隙填充型 | | | |
| 地质环境 | 构造背景 | Ⅰ天山-兴蒙造山系，Ⅰ-1 大兴安岭弧盆系，Ⅰ-1-7 锡林浩特岩浆弧($Pz_2$) | | | | 必要 |
| | 成矿环境 | Ⅱ-13 大兴安岭成矿省，Ⅲ-8 林西-孙吴铅、锌、铜、钼、金成矿带(Vl、Il、Ym)，Ⅲ-8-①索伦镇-黄岗梁铁(锡)、铜、锌成矿亚带 | | | | 必要 |
| | 成矿时代 | 燕山早期 | | | | 必要 |
| 矿床特征 | 矿体形态 | 主要为薄脉状，少量扁豆状、透镜状 | | | | |
| | 岩石类型 | 与成矿关系密切的有安山玢岩、玄武玢岩、霏细岩 | | | | 重要 |
| | 岩石结构 | 具斑状结构、碎斑结构、霏细结构，基质具玻晶交织结构、填隙结构、隐晶质结构 | | | | 重要 |
| | 矿物组成 | 主要矿石矿物有锡石、黄铜矿、方铅矿、闪锌矿、黄铁矿、磁黄铁矿、白铁矿、毒砂等，非金属矿物有石英、绢云母、绿泥石、方解石、白云石等，表生矿物有褐铁矿、软锰矿、硬锰矿、铜蓝等 | | | | 重要 |
| | 矿石结构构造 | 结构：晶粒状结构、固溶体分离结构、填隙结构、包含-嵌晶结构、胶状结构、不等粒压碎结构、交代残余结构、骸晶结构等；<br>构造：具块状构造、网脉状、脉状构造，浸染斑点状构造，带状构造，角砾状构造，空洞构造，蜂窝状构造 | | | | 次要 |
| | 围岩蚀变 | 本区地层岩石的热液蚀变极其微弱，矿脉两侧或矿脉内的角砾、残留体一般蚀变现象也不明显，远离矿脉的岩石发生蚀变现象更为罕见。但是各次火山岩脉蚀变很普遍，主要有碳酸盐化、硅化、绢云母化、绿泥石化。矿化规模不大，产状也不稳定 | | | | 重要 |
| | 主要控矿因素 | 矿体对地层无选择性，本区地层对成矿有间接控制作用。<br>断裂是本区主要的控制因素，规模较大的北东向断裂在宏观上控制了矿化产出部位。尤其北西向和北西西向断裂为本区主要的容矿构造，直接控制了矿体的赋存部位及其规模、形态、产状。<br>区内岩浆岩活动强烈，尤其燕山早期的次火山岩脉广泛发育，成矿和成岩物质由同一岩浆提供，岩浆的上侵、定位不仅为随之而来的矿液活动开辟了通道，而且强化了原有的一些岩石破裂，从而为成矿提供了有利的空间。本区的次火山活动对成矿起着重要的、直接的控制作用 | | | | 必要 |

**2. 花岗岩型(石英脉型)**

该类型主要有毛登小孤山锡铜矿，与燕山期中酸性花岗岩类有关。本次不作详细叙述。

**3. 接触交代-热液型**

该类型主要有黄岗梁铁锡矿，见前述铁矿部分。

**4. 岩浆热液型**

该类型主要有孟恩陶勒盖银铅锌锡多金属矿，成矿与侏罗纪酸性岩体的侵位关系密切，本次不作详细叙述。

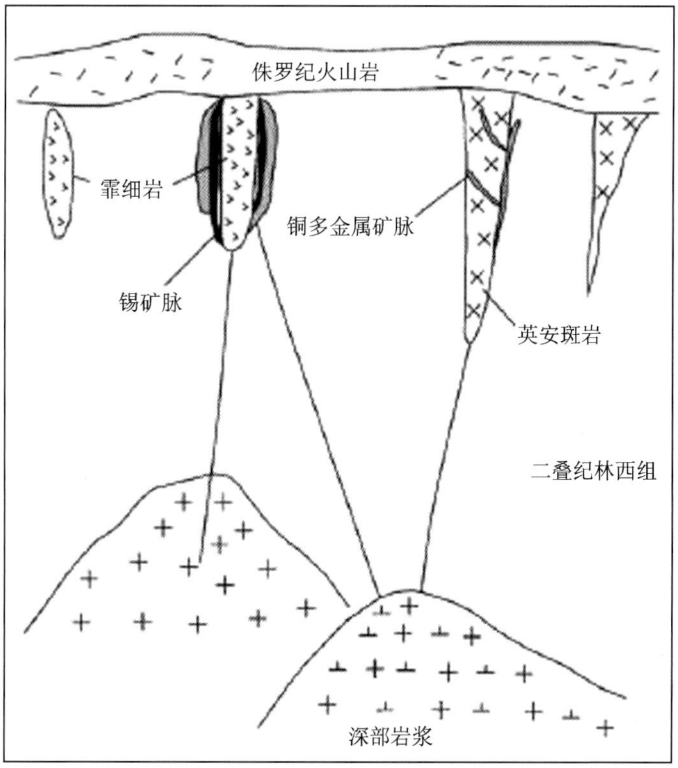


图 6-49 大井子锡矿典型矿床成矿模式图

## 二、锡矿预测工作区成矿规律

### 1. 花岗岩型(锡石-硫化物型)

集中分布于突泉-林西成矿带,与火山-次火山热液有关,如大井子铜锡多金属矿(表 6-52,图 6-50),空间上与次火山岩密切相伴,地表及深部的次火山岩顶部均看见隐爆角砾岩。围岩主要为二叠纪碎屑岩建造。矿床水平及垂直元素分带明显,中部以铜锡矿化为主,向外逐渐过渡为以铅锌矿化为主;剖面上,浅部铅锌矿化相对发育,向深部铜锡矿化逐渐增强。矿化主要呈充填脉状产出,分为单脉型、复脉型和细脉-浸染型 3 种基本类型。各期次火山岩脉蚀变很普遍,主要有碳酸盐化、硅化、绢云母化、绿泥石化。

**表 6-52 大井子锡矿预测工作区成矿要素表**

| 成矿要素 | | 描述内容 | 要素类别 |
| --- | --- | --- | --- |
| 地质环境 | 大地构造位置 | Ⅰ天山-兴蒙造山系,Ⅰ-1 大兴安岭弧盆系,Ⅰ-1-6 锡林浩特岩浆弧($Pz_2$) | 必要 |
| | 成矿区(带) | Ⅱ大兴安岭成矿省,Ⅲ林西-孙吴铅、锌、铜、钼、金成矿带(Ⅵ、Ⅱ、Ym),Ⅳ索伦镇-黄岗梁铁(锡)、铜、锌成矿亚带(Y) | 必要 |
| | 区域成矿类型及成矿期 | 次火山热液裂隙充填型矿床;燕山早期 | 重要 |

续表 6-52

| 成矿要素 | | 描述内容 | 要素类别 |
|---|---|---|---|
| 控矿地质条件 | 赋矿地质体 | 矿体对地层无选择性,本区地层对成矿有间接控制作用 | 必要 |
| | 控矿侵入岩 | 本区的次火山活动对成矿起着重要的、直接的控制作用 | 重要 |
| | 主要控矿构造 | 断裂是本区主要的控制因素,规模较大的北东向断裂在宏观上控制了矿化产出部位。尤其北西向和北西西向断裂为本区主要的容矿构造,直接控制了矿体的赋存部位及其规模、形态、产状 | 重要 |
| 区内相同类型矿产 | | 中型锡矿床 3 处,矿点 7 处 | 必要 |

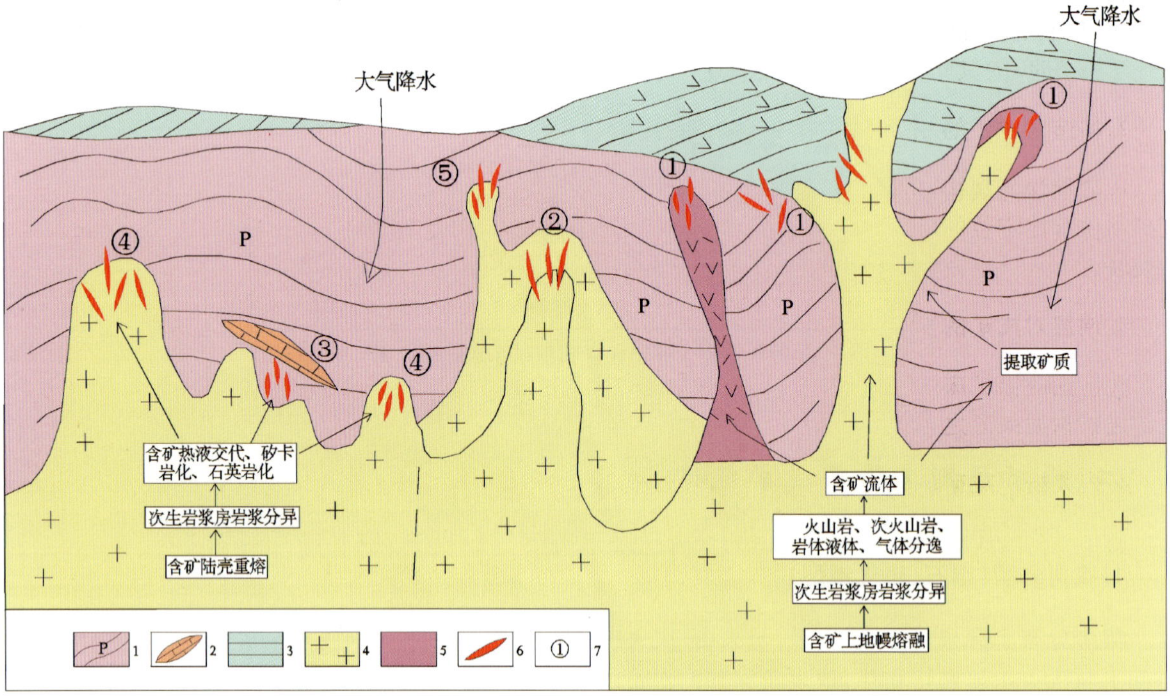


图 6-50 大井子锡矿区域成矿模式图

1. 二叠纪碎屑岩夹中酸性火山岩;2. 碳酸盐岩透镜体;3. 侏罗纪火山岩;4. 花岗岩;5. 矽卡岩;6. 矿体;7. 模式编号。
①大井子式;②孟恩陶勒盖式;③黄岗梁式;④宝盖沟式;⑤胡家店式

### 2. 花岗岩型(石英脉型)

主要有毛登小孤山锡铜矿,围岩为二叠纪碎屑岩夹火山岩及碳酸盐岩建造,燕山期中酸性花岗岩类与成矿关系密切。产于成矿侵入岩体围岩地层中的矿体多呈脉状,受构造裂隙控制,而产于侵入体内接触带的矿体多为网脉状。矿石类型以锡石-石英脉细网脉型矿石为主,其次为锡石-硫化物型。矿石矿物以锡石为主,脉石矿物以石英为主。蚀变类型有云英岩化、电气石化、黄玉化、硅化、绿泥石化、绢英岩化。

### 3. 接触交代-热液型

该类型矿床是内蒙古自治区大型锡矿床主要的一种成因类型。这类锡矿床成矿时代为燕山期。主要有黄岗梁铁锡矿(共生锡)、朝不楞铁锌多金属矿(伴生锡)等。

#### 4. 岩浆热液型

该类型主要有孟恩陶勒盖银铅锌锡多金属矿，近东西向断裂和北东向断裂为主要控矿构造，中二叠世斜长花岗岩、闪长岩及黑云母花岗岩是重要的含矿母岩，提供了部分矿源，侏罗纪酸性岩体的侵位特别是晚期活动提供了大量的热源和矿源，菱铁矿化、硅化、绢云母化、高岭土化、绿泥石化等蚀变发育。

### 三、内蒙古自治区锡矿成矿规律

#### 1. 时空分布规律

在空间位置上，锡矿床集中分布在天山-兴蒙造山系，大兴安岭弧盆系，具体在乌兰浩特-林西-克什克腾旗，华北陆块北缘受中生代构造岩浆活动也有少量分布。时间上，全区锡矿床的形成主要在二叠纪—早白垩世，尤其集中于侏罗纪—白垩纪。

#### 2. 构造对成矿的控制作用

区域性深断裂构造带控制了岩浆岩带的展布，而与其有成生联系的次断裂或裂隙构造带往往就是成矿物质沉淀定位的空间。二连-贺根山深断裂带、西拉木伦河断裂带、大兴安岭主脊断裂带及其次级断裂联合控制内蒙古自治区主要锡矿的产出。

#### 3. 地层对成矿的控制作用

在已知的锡矿床中，泥盆系、二叠系是主要的赋矿围岩，在地层岩石形成的同时成矿物质大量富集，也是成矿物质来源之一。

#### 4. 岩浆岩对成矿的控制作用

由于锡是亲壳元素，所以锡矿主要与酸性花岗岩关系密切，岩石具高硅富碱之特征。

## 第十二节　镍矿典型矿床及成矿规律

镍矿矿产预测类型及其代表性矿床见表6-53。

表6-53　镍矿典型矿床一览表

| 序号 | 矿产预测类型 | 典型矿床 | 成因类型 |
|---|---|---|---|
| 1 | 超基性—基性铜-镍硫化物型 | 白音胡硕镍矿 | 风化壳型 |
| 2 | | 达布逊镍矿 | 铜-镍硫化物型 |
| 3 | | 小南山铜镍铂矿 | |
| 4 | 沉积(变质)型 | 元山子镍钼矿 | 沉积(变质)型 |

### 一、镍矿典型矿床

#### 1. 超基性—基性铜-镍硫化物型

该类型主要为白音胡硕镍矿、达布逊镍矿、小南山铜镍铂矿，下面分别介绍白音胡硕镍矿、达布逊镍矿,小南山铜镍铂矿见前述铜矿部分。

白音胡硕镍矿位于内蒙古自治区锡林郭勒盟西乌珠穆沁旗的白音胡硕苏木内。矿体赋存在中晚泥盆世超基性岩-斜辉、二辉辉橄岩体中,矿石自然类型为风化淋滤红土型硅酸镍矿,工业类型为风化壳型硅酸镍矿。矿石中含镍物相由硅酸镍、硫酸镍、硫化镍等组成,其中硅酸镍占主体。属低品级矿石。矿床成矿要素见表6-54。

**表6-54　白音胡硕镍矿典型矿床成矿要素表**

| 成矿要素 | | 描述内容 | | | | 要素类别 |
|---|---|---|---|---|---|---|
| | | 储量 | 镍37 771t | 平均品位 | Ni 0.87% | |
| | | 特征描述 | 风化淋积型(或风化壳型)硅酸镍矿床(中型) | | | |
| 地质环境 | 构造背景 | Ⅰ天山-兴蒙造山系,Ⅰ-1大兴安岭弧盆系,Ⅰ-1-6二连-贺根山蛇绿混杂岩带($Pz_2$) | | | | 必要 |
| | 成矿环境 | Ⅲ-6东乌珠穆沁旗-嫩江(中强挤压区)铜、钼、铅、锌、金、钨、锡、铬成矿带($Pt_3$、Vm-l、Ye-m),Ⅲ-6-②朝不楞-博克图钨、铁、锌、铅成矿亚带(V、Y) | | | | 必要 |
| | 成矿时代 | 海西期 | | | | 必要 |
| 矿床特征 | 矿体形态 | 平面形态为不规则纺锤形,矿体长轴呈胳膊肘状 | | | | 重要 |
| | 岩石类型 | 安山岩,英安岩角砾安山岩,凝灰质粉砂岩,板岩,长石石英砂岩,泥质粉砂岩,斜辉、二辉辉橄岩与辉绿岩 | | | | 重要 |
| | 岩石结构 | 辉绿结构、嵌晶含长结构 | | | | 次要 |
| | 矿物组成 | 金属矿物主要是褐铁矿、磁铁矿、赤铁矿,少量黄铁矿、黄铜矿、磁黄铁矿,微量镍黄铁矿、镍磁铁矿、菱铁矿、紫硫镍铁矿;<br>非金属矿物主要是碳酸盐矿物,其次为绿泥石、绢云母和黏土类矿物及石英 | | | | 重要 |
| | 矿石结构构造 | 结构:土状结构、粉土状结构、粉砂土状结构;<br>构造:块状构造,细脉状构造、网格状构造、团块状构造、结核状构造等 | | | | 次要 |
| | 围岩蚀变 | 蚀变强烈,主要为碳酸盐矿物,其次为绿泥石、绢云母化、泥化,基本无法恢复原岩 | | | | 重要 |
| | 主要控矿因素 | 海西早期北东向和北东东向断裂控制岩体的分布;<br>矿体赋存在海西期超基性岩-斜辉、二辉辉橄岩体中 | | | | 必要 |

矿床成矿模式:矿区的斜辉橄辉岩,一般含Ni 0.2%~0.3%,极易红土化风化破坏,并导致Ni的富集,其形成可分两个阶段。第一阶段:在富含$CO_2$的地下水作用下,促使橄榄石溶蚀,从而分解出Fe、Mg、Ni进入溶液,Si则形成$SiO_2$胶体,而Fe的氧化物最后靠近地表,以纤铁矿和赤铁矿形式与$CO_2$一起沉淀,最后可以形成含Ni达1%以上的绿高岭石层。第二阶段:由于风化作用的继续发展,较多的Mg、Ni和Si残留于溶液中,在酸性地下水中,随之继续下渗,最后经中和作用使其呈含水硅酸盐沉淀。由于Ni的溶解度较Mg小,因此,沉淀中的Ni/Mg值高于溶液中的Ni/Mg值,部分随地下水流失,如当侵蚀过程地表水位下降,酸性地下水又能重新侵蚀已经富集了Ni的沉积物,溶解搬运至深部使其重新沉淀为一种硅酸盐矿物,从而Ni含量逐渐积累富集,结果使含Ni 0.2%~0.3%的原岩富集后形成了含Ni 0.5%以上的矿石(图6-51)。

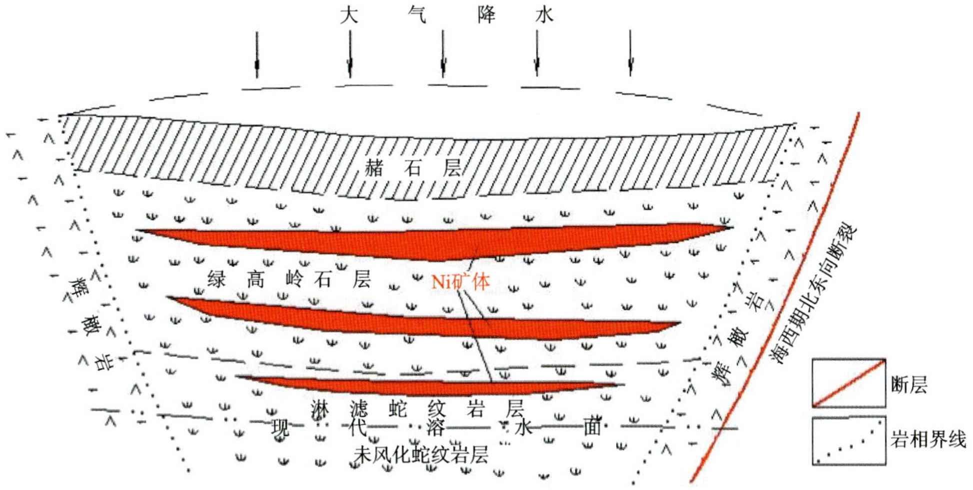


图 6-51 白音胡硕镍矿典型矿床成矿模式图

达布逊镍矿位于内蒙古自治区乌拉特后旗内，隶属巴音查干苏木管辖，为近年新发现。海西中期超基性岩体是成矿母岩，受近东西向断裂控制。超基性岩具明显相带：纯橄榄岩相；纯橄榄岩-斜辉辉橄岩相；二辉辉橄岩相。其中超基性岩体中局部见有矿体，超基性岩体下部与地层接触带中见有较富集 Ni-Co-FeS 矿体。矿床成矿要素见表 6-55。

**表 6-55 达布逊镍矿典型矿床成矿要素表**

| 成矿要素 | | 描述内容 | | | | 要素类别 |
|---|---|---|---|---|---|---|
| | | 储量 | 镍 26 093.74t | 平均品位 | Ni 0.48% | |
| | | 特征描述 | 岩浆熔离型矿床(中型) | | | |
| 地质环境 | 构造背景 | Ⅰ天山-兴蒙造山系，Ⅰ-8 包尔汉图-温都尔庙弧盆系，Ⅰ-8-3 宝音图岩浆弧 | | | | 必要 |
| | 成矿环境 | Ⅲ-7 阿巴嘎-霍林河铬、铜(金)、锗、煤、天然碱、芒硝成矿带，Ⅲ-7-②查干此老-巴音杭盖金成矿亚带 | | | | 必要 |
| | 成矿时代 | 海西中期 | | | | 必要 |
| 矿床特征 | 矿体形态 | 层状(似层状或透镜状) | | | | 重要 |
| | 岩石类型 | 绢云石英千枚岩、石英岩、变质长石石英砂岩、硅质板岩、超基性辉橄岩、角闪岩、花岗岩 | | | | 必要 |
| | 岩石构造 | 致密块状构造 | | | | 次要 |
| | 矿物组成 | 矿石矿物主要为硅酸镍，其次为硫化镍、黄铁矿 | | | | 次要 |
| | 矿石构造 | 构造：层状(似层状)构造、细脉浸染状构造、浸染状构造 | | | | 次要 |
| | 围岩蚀变 | 蛇纹石化、绿泥石化、硅化，含矿岩石硅化较强 | | | | 重要 |
| | 主要控矿因素 | 超基性岩体中局部见有矿体；超基性岩体下部与地层(古生代早志留世徐尼乌苏组绢云石英千枚岩夹石英岩段)接触带中见有较富集的镍、钴、硫化亚铁矿体；近东西向断裂控制超基性岩体(成矿母岩)的发育形态和产状，北北东(近南北)断裂对超基性岩体起破坏作用 | | | | 必要 |

矿床成矿模式：该矿床为岩浆熔离型矿床，超基性岩体是成矿母岩，矿体是成矿物质在液态状态下从硅酸盐岩浆中分离的结果，硫化物熔浆是在岩浆侵位之后分离出来的，并因重力作用在岩体下部聚集

成富矿体,少部分悬浮于岩体的一定部位形成浸染状矿体。岩浆中的成矿物质(金属硫化物熔浆)在液态状态下从硅酸盐岩浆中分离出来,随温度、压力下降到一定的范围,较重的金属硫化物熔浆就会透过较轻的硅酸盐熔浆向下沉降。由于地下温度、压力等外界因素的差异,形成自上至下不同的岩性段空间控矿模型,不同的岩性段含矿性也不同,元素富集程度具有分带现象(图 6-52)。

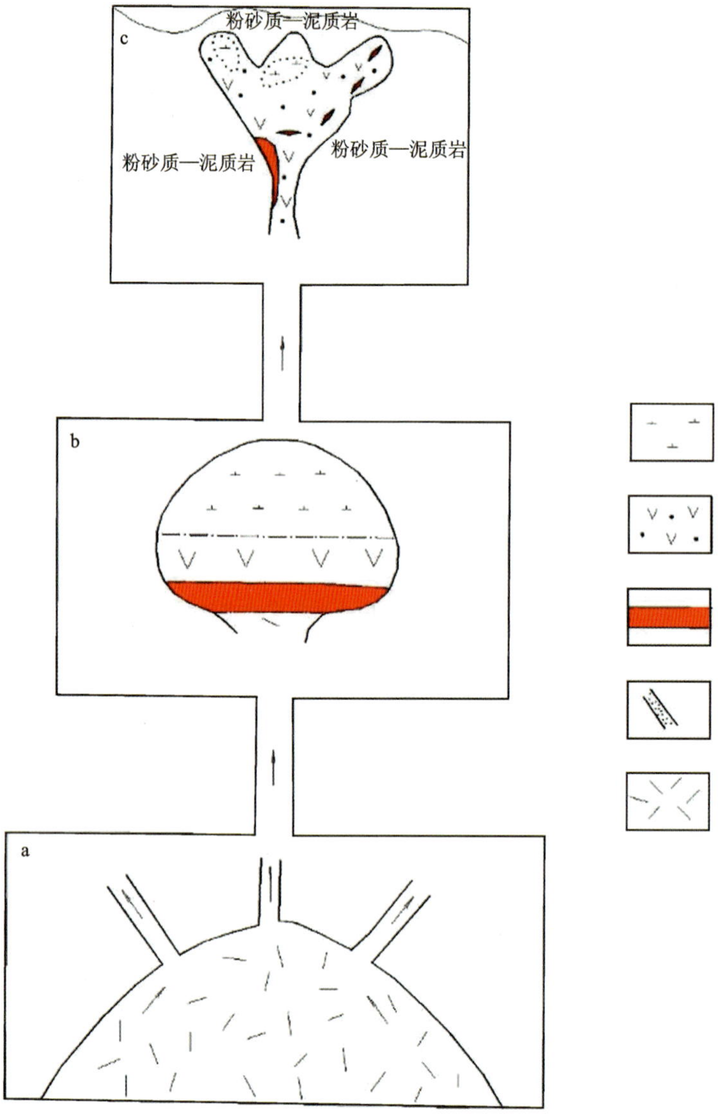


图 6-52 达布逊镍矿成矿模式图

1. 闪长岩(岩浆与岩石);2. 富含金属硫化物的橄榄岩浆(矿体、含矿岩石);3. 硫化物矿浆(矿体);4. 矽卡岩矿体;5. 地幔部分熔融产生的岩浆。a. 地幔岩浆源(含镍);b. 中间岩浆库(含矿原始母岩浆发生液态熔离分异作用的地力);c. 岩浆房(岩浆、含矿岩浆成岩成矿的场所)

**2. 沉积(变质)型**

该类型目前仅见于元山子镍钼矿,见前述钼矿部分。

## 二、镍矿预测工作区成矿规律

### 1. 超基性—基性铜-镍硫化物型

该类型主要沿槽台边界深断裂分布，与镁铁质—超镁铁质岩有关，铜镍常共生，且多数以镍为主，少数以铜为主，并常伴生有铂、钴、金、银等多种有用组分。形成于陆内裂谷、大陆边缘裂陷槽区及碰撞后伸展环境，主要有白音胡硕镍矿（表 6-56，图 6-53）、小南山铜镍铂矿、达布逊镍钴多金属矿（表 6-57，图 6-54）、哈拉图庙镍矿、亚干铜镍矿、克布镍矿及额布图镍矿等，其中锡林郭勒盟西乌珠穆沁旗的白音胡硕苏木一带所分布的泥盆纪超基性岩经地表风化淋滤富集后形成工业矿体。除小南山铜镍矿成矿时代为中元古代、亚干铜镍矿成矿时代为新元古代外，其余均形成于志留纪—二叠纪。

**表 6-56　白音胡硕镍矿预测工作区成矿要素表**

| 成矿要素 | | 描述内容 | 要素类别 |
|---|---|---|---|
| 地质环境 | 大地构造位置 | 天山-兴蒙造山系，大兴安岭弧盆系，二连-贺根山蛇绿混杂岩带与扎兰屯-多宝山岛弧及锡林浩特岩浆弧三者交会部位 | 必要 |
| | 成矿区（带） | 滨太平洋成矿域（叠加在古亚洲成矿域之上），大兴安岭成矿省，东乌珠穆沁旗-嫩江（中强挤压区）铜、钼、铅、锌、金、钨、锡、铬成矿带，朝不楞-博克图钨、铁、锌、铅成矿亚带与阿巴嘎-霍林河铬、铜（金）、锗、煤、天然碱、芒硝成矿带，温都尔庙-红格尔庙铁成矿亚带及林西-孙吴铅、锌、铜、钼、金成矿带，索伦镇-黄岗梁铁（锡）铜锌成矿亚带三者交会部位 | 必要 |
| | 区域成矿类型及成矿期 | 侵入岩体型；海西期 | 必要 |
| 控矿地质条件 | 赋矿地质体 | 海西期超基性岩 | 重要 |
| | 控矿侵入岩 | 海西期超基性岩 | 必要 |
| | 主要控矿构造 | 北东向和北东东向断裂 | 重要 |
| 区内相同类型矿产 | | 2 个中型矿床，1 个小型矿床 | 重要 |

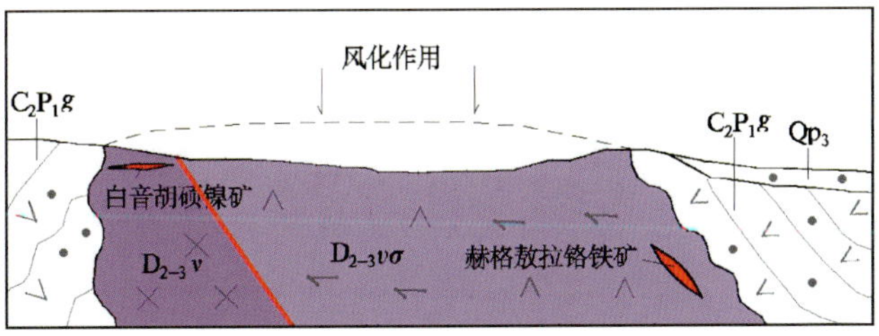


图 6-53　白音胡硕镍矿区域成矿模式图

$Qp_3$. 第四系上更新统；$C_2P_1g$. 格根敖包组；$D_{2-3}v$. 中晚泥盆世辉长岩类；$D_{2-3}v\sigma$. 中晚泥盆世橄榄岩类

表 6-57 达布逊镍矿预测工作区成矿要素表

| 成矿要素 | | 描述内容 | 要素类别 |
|---|---|---|---|
| 地质环境 | 大地构造位置 | 天山-兴蒙造山系,包尔汉图-温都尔庙弧盆系,宝音图岩浆弧 | 必要 |
| | 成矿区(带) | 大兴安岭成矿省,阿巴嘎-霍林河铬、铜(金)、锗、煤、天然碱、芒硝成矿带,查干此老-巴音杭盖金成矿亚带 | 必要 |
| | 区域成矿类型及成矿期 | 侵入岩体型;海西中期 | 必要 |
| 控矿地质条件 | 控矿侵入岩 | 海西中期超基性岩 | 重要 |
| | 主要控矿构造 | 近东西向断裂控制超基性岩体(成矿母岩)的发育形态和产状;北北东(近南北)向断裂对超基性岩体起破坏作用 | 必要 |
| 区内相同类型矿产 | | 中型镍矿床1个 | 必要 |

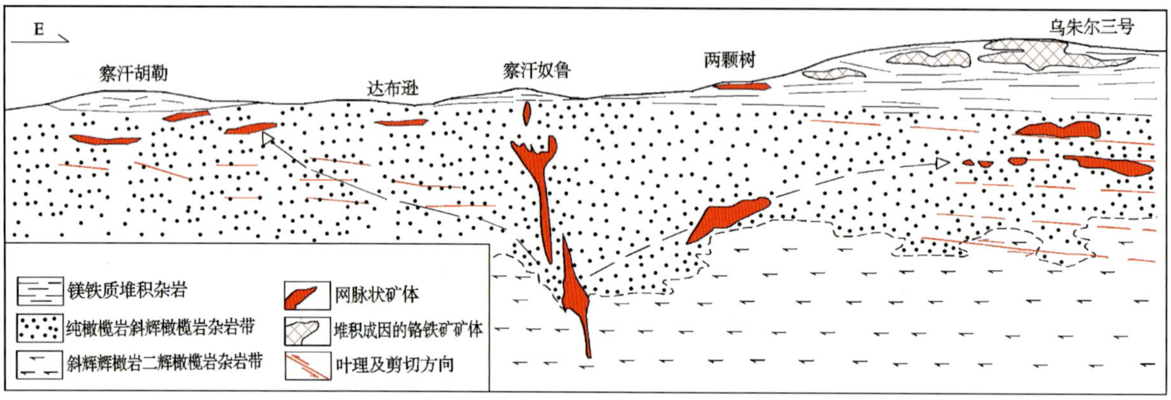


图 6-54 达布逊镍矿区域成矿模式图

**2. 沉积(变质)型**

该类型矿床现仅见于阿拉善左旗元山子镍钼矿。该类矿床多形成于深水还原条件下,分布于黑色硅质岩、碳质岩、磷质岩等黑色岩系中,常富含 Ni、Mo、As、Se、Re、Au、Ag、Pt、Pd 等多元素矿化组合,并往往构成镍、钼、重晶石等矿床。

## 三、内蒙古自治区镍矿成矿规律

**1. 时间分布规律**

中—新元古代,额济纳旗-北山弧盆系地区至华北陆块北缘地区发生强烈的岩浆活动,来自上地幔的含金属硫化物的超基性—基性岩浆侵位至上地壳的更古老的地层中,由于受岩浆分异作用及接触交代作用影响,成矿元素在有利地段逐渐富集,从而形成了小南山铜镍铂矿、亚干铜镍多金属矿。寒武纪(加里东期),在内蒙古南部一隅,逐渐沉积了一套含 Ni、Mo 等元素的黑色岩系,此后这套黑色岩系不断受后期岩浆热液活动的叠加改造,Ni、Mo 元素在局部地段逐渐富集,形成了元山子镍钼矿。加里东晚期至海西期是内蒙古自治区镍矿的主要成矿时期,主要表现为矿体赋存在岩体内接触带附近或直接赋存在岩体中。

**2. 构造成矿的控制**

内蒙古自治区深大断裂比较发育，这些深大断裂往往切穿地壳或岩石圈，具多期活动特点，是超基性—基性岩浆上涌的通道，所以铜镍硫化物型矿床主要沿深断裂分布，如小南山-黄花滩-克布铜镍矿沿槽台断裂分布。蛇绿岩带则控制着风化壳型镍矿的产出。

**3. 岩浆对成矿的控制**

内蒙古自治区镍矿床的形成主要受加里东晚期至海西期来自上地幔的超基性—基性岩浆热液的活动控制，该期岩浆热液的活动直接带来了大量的 Ni 元素，为富集成矿提供了充足的物质来源。不论是风化壳型还是铜镍硫化物型均受超基性—基性岩控制，并且受到一定的岩相带制约。

**4. 地层对成矿的控制**

沉积变质型镍矿主要赋存在寒武纪形成的黑色岩系中，风化壳型镍矿主要赋存在改造超基性—基性岩形成的风化壳中。

# 第十三节　金矿典型矿床及成矿规律

金矿矿产预测类型及其代表性矿床见表 6-58。

**表 6-58　金矿典型矿床一览表**

| 序号 | 矿产预测类型 | 典型矿床 | 成因类型 |
|---|---|---|---|
| 1 | 岩浆热液型 | 金厂沟梁金矿 | 热液型 |
| 2 | | 毕力赫金矿 | 斑岩型 |
| 3 | 变质碎屑岩中热液型 | 朱拉扎嘎金矿 | 热液型 |
| 4 | 陆相火山岩型 | 陈家杖子金矿 | 火山岩型 |
| 5 | 花岗-绿岩型 | 新地沟金矿 | 绿岩型 |
| 6 | 风化壳型 | 老硐沟金铅矿 | 热液型 |

## 一、金矿典型矿床

**1. 岩浆热液型**

岩浆热液型主要有金厂沟梁金矿、乌拉山金矿、十八顷壕金矿、赛乌素金矿、巴音温都尔金矿、碱泉子金矿、巴音杭盖金矿、毕力赫金矿。下面仅分别叙述金厂沟梁金矿、毕力赫金矿。

金厂沟梁金矿位于内蒙古自治区赤峰市敖汉旗。与金矿有关的岩体是对面沟复式岩体。矿床的围岩蚀变多以控矿构造或矿体为中心，呈线形条带状分布。一般比较完整的分带形式由内向外为硅化（含矿石英脉）→绿泥石化→绢云母化→强烈蚀变围岩→正常岩石。绿泥石化、绢云母化及黄铁矿化与成矿关系最为密切。矿床成矿要素见表 6-59。

**表 6-59　金厂沟梁金矿典型矿床成矿要素表**

| 成矿要素 | | 描述内容 | | | | 要素类别 |
|---|---|---|---|---|---|---|
| | | 储量 | 金 24 421kg | 平均品位 | Au 12.97g/t | |
| | | 特征描述 | 岩浆热液型 | | | |
| 地质环境 | 构造背景 | Ⅱ华北陆块区,Ⅱ-3 冀北古弧盆系,Ⅱ-3-1 恒山-承德-建平古岩浆弧 | | | | 必要 |
| | 成矿环境 | Ⅲ-10 华北陆块北缘东段铁、铜、钼、铅、锌、金、银、锰、磷、煤、膨润土成矿带,Ⅲ-10-①内蒙古隆起东段铁、铜、钼、铅、锌、金、银、锰、磷、煤、膨润土成矿带 | | | | 重要 |
| | 成矿时代 | 燕山期 | | | | 必要 |
| 矿床特征 | 矿体形态 | 脉状 | | | | |
| | 岩石类型 | 岩体由两次侵入的细粒闪长岩(边部)和斑状花岗闪长岩(内部)组成 | | | | 重要 |
| | 岩石结构 | 中粗粒似斑状花岗岩、中细粒片麻岩状花岗岩、中细粒花岗闪长岩 | | | | 次要 |
| | 矿物组成 | 主要有黄铁矿,次为黄铜矿、方铅矿、闪锌矿、黝铜矿,偶见磁黄铁矿、毒砂、斑铜矿、辉铜矿、铜蓝、辉钼矿、孔雀石、褐铁矿、磁铁矿、赤铁矿等,含金量与含黄铁矿量密切相关 | | | | 重要 |
| | 矿石结构构造 | 结构:自形—半自形—他形结构、压碎-扭裂结构、包含和交代结构、斑状结构、乳滴状结构、网脉状结构、土状结构等;<br>构造:致密块状构造、浸染状构造、细脉条带状构造、似斑状构造,氧化矿石呈蜂窝状构造 | | | | 次要 |
| | 围岩蚀变 | 区内围岩蚀变主要见有绿泥石化、绢云母化、黄铁矿化、黄铁细晶岩化、硅化、碳酸盐化等。与成矿关系密切的蚀变为绢云母化和黄铁矿化,线形绢云母化、黄铁矿化蚀变带是寻找原生金矿脉的重要间接标志 | | | | 次要 |
| | 主要控矿因素 | 太古宙变质岩基底为金的形成和叠加富集提供了初始矿源;<br>印支期花岗岩的侵入和火山岩喷溢,形成大型花岗岩基,燕山运动晚期形成次火山-小侵入富金岩体,形成围绕岩体的一系列放射状及环状断裂-裂隙,因此在岩体边部及外接触带形成了早期细脉浸染型铜钼矿化;<br>控矿断裂多为北东—北北东向、近东西向(深大断裂及韧性剪切带),环形构造多为燕山早期的中酸性岩体所致,金矿常产在岩体周边 | | | | 重要 |

矿床成矿模式:在中生代古太平洋板块俯冲的远距离效应作用下形成的玄武岩浆上升,底侵加热下地壳形成岩浆房,岩浆房受到挤压发生破裂沿着断裂上升到地壳浅部,由于温度和压力的改变,部分岩浆开始发生分异结晶作用,晶出石英和黄铁矿等硫化物,形成早期的贫矿体。在此过程中来自地幔的玄武质岩浆可能与地壳物质发生混染,萃取部分金等成矿物质,形成含矿岩浆。后来该地区构造环境发生改变,转换为拉张为主的构造环境,先期上升到浅部的残余岩浆由于外部压力减小发生隐爆,沿构造裂隙脉动上升,并在有利的部位沉淀成矿,形成上部金矿化为主、下部金(铜)矿化为主的矿化格局(图 6-55)。

毕力赫金矿位于内蒙古自治区苏尼特右旗朱日和镇东 75km 处。为独立的大型高品位金矿床。矿化与燕山期的次火山杂岩体(花岗闪长斑岩和二长花岗斑岩)有关。矿体产在侵入岩的内外接触带上。矿床成矿要素见表 6-60。

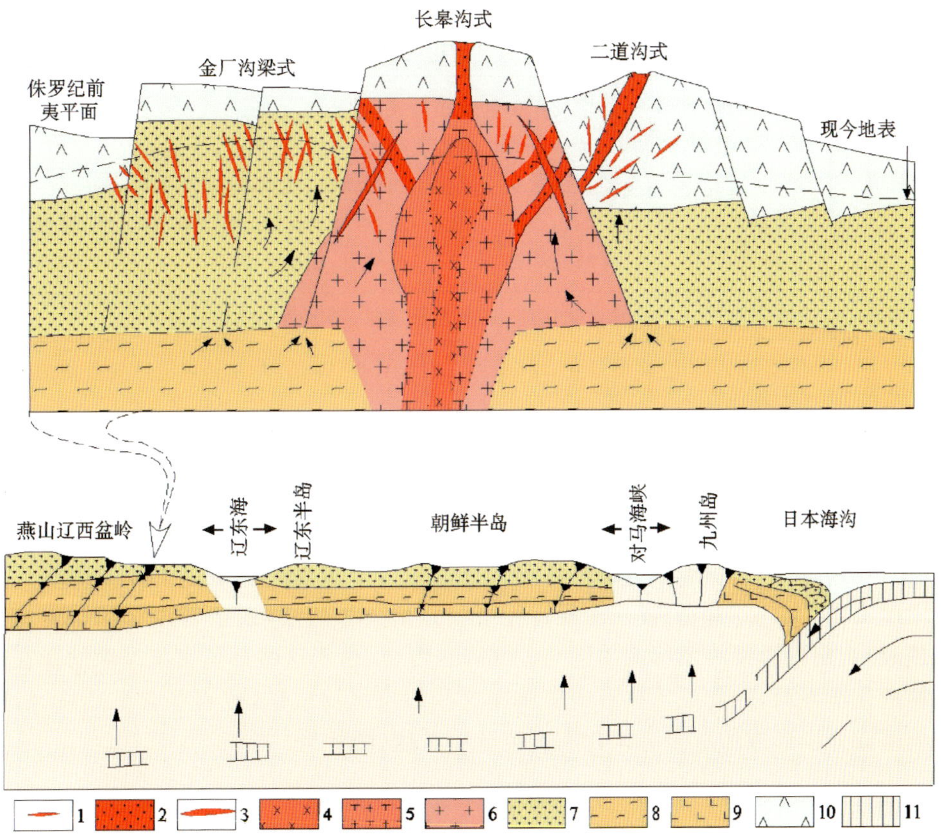


图 6-55 金厂沟梁金矿典型矿床成矿模式图(据王建平,1998)

1.脆性断裂中的金矿脉;2.斑岩型 Cu(Co、Au)矿化;3.晚期中酸性岩脉;4.斑状花岗闪长岩;5.中细粒花岗闪长岩;6.中粒似斑状花岗岩;7.上地壳;8.中地壳;9.下地壳;10.晚侏罗世—早白垩世火山岩;11.洋壳

**表 6-60 毕力赫金矿典型矿床成矿要素表**

| 成矿要素 | | 描述内容 | | | | 要素类别 |
|---|---|---|---|---|---|---|
| | | 储量 | Ⅰ矿带金 1965kg,<br>Ⅱ矿带金 21 916kg;<br>总计 23 881kg | 平均品位 | Ⅰ矿带 Au 6.28g/t;<br>Ⅱ矿带 Au 2.73g/t;<br>加权平均 3.02g/t | |
| | | 特征描述 | 内蒙古苏尼特右旗毕力赫式斑岩型金矿床 | | | |
| 地质环境 | 构造背景 | Ⅰ-8 包尔汉图-温都尔庙弧盆系,Ⅰ-8-2 温都尔庙俯冲增生杂岩带 | | | | 必要 |
| | 成矿环境 | Ⅲ-7 阿巴嘎-霍林河铬、铜(金)、锗、煤、天然碱、芒硝成矿带(Ym),Ⅲ-7-⑥白乃庙-哈达庙铜、金、萤石成矿亚带(Pt、Vm—I、Y) | | | | 必要 |
| | 成矿时代 | 燕山期 | | | | 重要 |
| 矿床特征 | 矿体形态 | 脉状 | | | | 重要 |
| | 岩石类型 | 燕山期次火山岩及玛尼图组火山岩、火山碎屑岩 | | | | 重要 |
| | 岩石结构 | 主要有他形晶粒状、半自形粒状和斑状结构,次要为压碎、交代残余等结构,少见包含结构、次生溶蚀结构、次生残留体结构 | | | | 次要 |

续表 6-60

| 成矿要素 | | 描述内容 | 要素类别 |
|---|---|---|---|
| 矿床特征 | 矿物组成 | 金属矿物比较单一,其中黄铁矿含量相对较高,其次为毒砂、黄铜矿、黝铜矿、闪锌矿、方铅矿、辉钼矿、辉锑矿等。贵金属矿物主要为自然金,少量的银金矿、自然银。另外,矿石中还含少量次生氧化矿物褐铁矿、辉铜矿、蓝辉铜矿、铜蓝等,非金属矿物主要为斜长石、石英、钾长石,其次为绢云母、黑云母、白云母、绿泥石、绿帘石、黝帘石、碳酸盐矿物、电气石、高岭石、黏土矿物等 | 重要 |
| | 矿石构造 | 主要有致密块状及浸染状构造,其次为条带状、网脉状及角砾状等构造 | 次要 |
| | 围岩蚀变 | 硅化、绢云母化、碳酸盐化、绿泥石化、阳起石化、钾化,尤其是热液蚀变叠加的石英细网脉 | 重要 |
| | 主要控矿因素 | 矿体严格受次火山岩体-花岗闪长斑岩内外接触带构造、断裂构造控制 | 必要 |

矿床成矿模式:晚古生代末期,古亚洲洋继续向南俯冲碰撞,在华北北缘发育了安第斯型古活动大陆边缘,导致在包括苏尼特右旗—毕力赫—镶黄旗一带在内的加里东褶皱带上叠加形成二叠纪火山岩及相关次火山侵入岩。次火山杂岩侵入冷凝过程中分异出含矿热液(或杂岩体深部岩浆房直接演化分异出的含矿热液)在相关岩浆的顶部或周围与大气降水混合,由于这些部位密集裂隙的存在和物质成分的差异形成物理化学界面,促使成矿热液中矿质在这些部位沉淀成矿,也有些含矿热液,沿断裂带在斑岩型矿化的上部或外围形成蚀变岩型矿化和石英脉型矿化(图 6-56)。

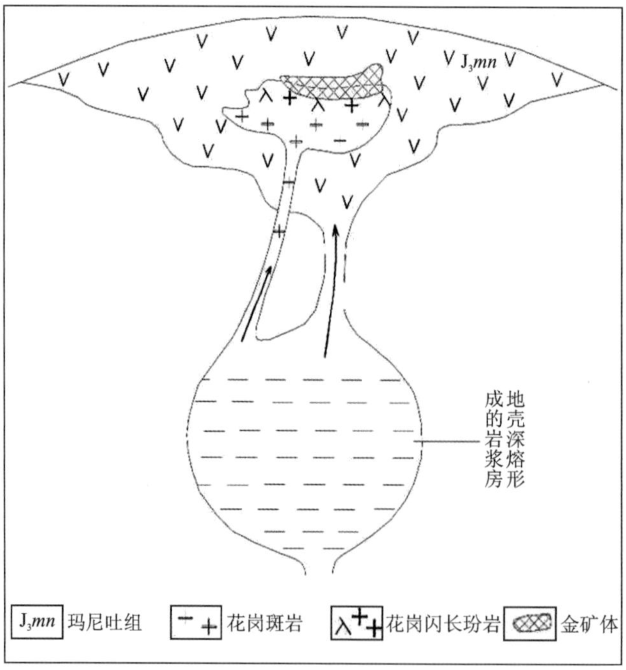


图 6-56 毕力赫金矿典型矿床成矿模式图

## 2. 变质碎屑岩中热液型

该类型主要有浩尧尔忽洞金矿、朱拉扎嘎金矿,下面仅叙述朱拉扎嘎金矿。

朱拉扎嘎金矿位于内蒙古自治区阿拉善左旗巴彦浩特镇西北约 220km 处。金矿主要赋存于中元古代阿古鲁沟组含钙质的浅变质碎屑岩类中。矿床成矿要素见表 6-61。

表 6-61 朱拉扎嘎金矿典型矿床成矿要素表

| 成矿要素 | | 描述内容 | | | | 要素类别 |
|---|---|---|---|---|---|---|
| | | 储量 | 金 12 605kg | 平均品位 | Au $4.22\times10^{-6}$ | |
| | | 特征描述 | 沉积-热液改造型 | | | |
| 地质环境 | 构造背景 | Ⅱ华北陆块区，Ⅱ-7 阿拉善地块，Ⅱ-7-1 迭布斯格-阿拉善右旗陆缘岩浆弧 | | | | 必要 |
| | 成矿环境 | Ⅲ-3 阿拉善(台隆)铜、镍、铂、铁、稀土、磷、石墨、芒硝、盐成矿亚带(Pt、Pz、Kz)，Ⅲ-3-③图兰泰-朱拉扎嘎金、盐、芒硝、石膏成矿亚带(Pt、Q) | | | | 必要 |
| | 成矿时代 | 新元古代 | | | | 必要 |
| 矿床特征 | 矿体形态 | 矿体呈现似层状，部分呈脉状 | | | | 重要 |
| | 岩石类型 | 条带状砂质板岩夹钙质砂岩层 | | | | 重要 |
| | 岩石结构 | 清晰变质层理构造，石英颗粒次生加大、胶织物重结晶 | | | | 次要 |
| | 矿物组成 | 矿石矿物：磁黄铁矿、黄铁矿，及少量黄铜矿、方铅矿和毒砂，自然金粒径 0.004mm。脉石矿物：石英、斜长石、角闪石、绿泥石、绿帘石和绢云母等 | | | | 重要 |
| | 矿石结构构造 | 结构：变余粉砂、变余砂质、显微鳞片微粒变晶、微粒镶嵌变晶结构；构造：块状、变余纹层状、板状、碎裂状、角砾状、网脉状构造 | | | | 次要 |
| | 围岩蚀变 | 绿泥石化、绿帘石化、阳起石化、绢云母化、硅化、褐铁矿化，有褪色化。矿层顶底板围岩中热液蚀变微弱 | | | | 次要 |
| | 主要控矿因素 | 新元古代蓟县系阿古鲁沟组；矿区位于朱拉扎嘎近北北西向叠加褶皱构造的轴部，成矿前的断裂构造对矿液的运移和富集起着主要的作用，而成矿后的断裂构造对矿体有破坏作用；矿区内仅出露数条闪长玢岩脉和花岗斑岩脉，矿区西南部隐伏岩体的存在，不仅提供了成矿热源，也是引起矿区内岩石发生蚀变的主要原因 | | | | 必要 |

矿床成矿模式：朱拉扎嘎金矿床具有多期、多种成因的特点。中元古代沉积的渣尔泰山群阿古鲁沟组一段中部为 Au 元素含量较高的变质钙质粉砂岩、变质钙质石英粉砂岩，由于岩石疏松多孔，有利于矿液的运移和储集。一段下部为板岩、变质石英粉砂岩、变质石英粉砂岩夹白云岩，一段上部为变质粉砂岩、板岩。这些岩石相对致密，孔隙度低而渗透性差，即形成了所谓的“屏障层”，相对不利于发生矿化；海西期在矿区附近侵入的隐伏闪长岩体提供了热源，使得 Au 元素在阿古鲁沟组一段中富集成矿(图 6-57)。

### 3. 陆相火山岩型

该类型主要有四五牧场金矿、古利库金矿、陈家杖子金矿。下面仅叙述陈家杖子金矿。

陈家杖子金矿床位于内蒙古自治区赤峰市宁城县南部。其最显著的特点是矿区岩石普遍遭受强烈的热液蚀变作用，特别是隐爆角砾岩具强烈的热液蚀变，蚀变次序从早到晚：绢云母化，硅化，冰长石化—泥化—铁锰碳酸盐化—碳酸盐化。岩筒垂向分带不明显，基本上为泥化-绢云母化带。平面上岩石具有明显的面型蚀变分带，呈环状或不规则状分布，以隐爆含角砾岩屑、晶屑凝灰岩(石英斑岩脉侵入处)为中心向其两侧分别为：①硅化-冰长石化-碳酸盐化带，金矿体多产于该带内；②泥化-绢云母化带；③绢云母化-泥化带；④绢云母化带；⑤青磐岩化带。矿化带分布于隐爆角砾岩体中西部，石英斑岩脉两侧，金矿体除受硅化-冰长石化带、泥化-绢云母化带控制外，还严格受裂隙密集程度控制。矿床成矿要素见表 6-62。

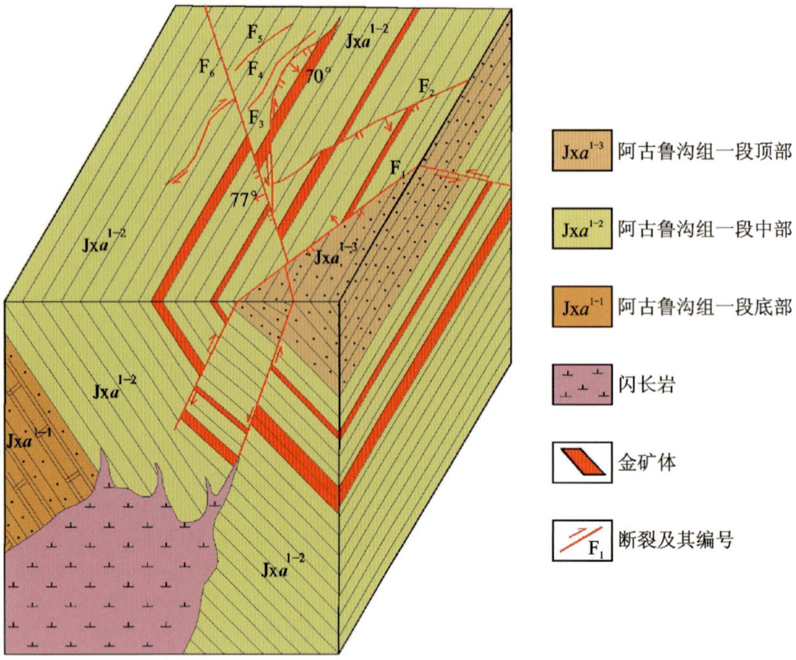


图 6-57　朱拉扎嘎金矿典型矿床成矿模式图

**表 6-62　陈家杖子金矿典型矿床成矿要素表**

| 成矿要素 | | 描述内容 | | | | 要素类别 |
|---|---|---|---|---|---|---|
| | | 储量 | 金 10 000.65kg | 平均品位 | Au 5.24×$10^{-6}$ | |
| | | 特征描述 | 浅成—超浅成中—低温热液隐爆角砾岩型金矿床 | | | |
| 地质环境 | 构造背景 | Ⅱ华北陆块区,Ⅱ-3 冀北古弧盆系,Ⅱ-3-1 恒山-承德-建平古岩浆弧 | | | | 重要 |
| | 成矿环境 | Ⅲ-10 华北陆块北缘东段铁、铜、钼、铅、锌、金、银、锰、磷、煤、膨润土成矿带,Ⅲ-10-①内蒙古隆起东段铁、铜、钼、铅、锌、金、银、锰、磷、煤、膨润土成矿带 | | | | 必要 |
| | 成矿时代 | 含矿角砾岩的 Rb-Sr 同位素等时线年龄为 191Ma,二长花岗斑岩脉的等时线年龄为 177Ma。金矿床为与早燕山期隐爆角砾岩有关的浅成中—低温热液型金矿床 | | | | 必要 |
| 矿床特征 | 矿体形态 | 透镜状,部分部位呈囊状 | | | | 必要 |
| | 岩石类型 | 含矿隐爆角砾岩体主要是隐爆含角砾晶屑岩屑凝灰岩,其次为石英斑岩 | | | | 必要 |
| | 岩石结构 | 细粒斑状结构 | | | | 次要 |
| | 矿物组成 | 黄铁矿、毒砂、铁闪锌矿、白铁矿,其次为银金矿、黄铜矿、方铅矿、黝铜矿。氧化带可见硫化物氧化形成的褐铁矿、黄钾铁矾,自然铜等氧化物 | | | | 重要 |
| | 矿石结构构造 | 结构:自形—半自形—他形晶粒状结构、乳滴状结构、交代残余结构、残余—骸晶结构、压碎结构;<br>构造:稀疏—稠密浸染状构造、裂隙充填构造、块状构造、胶结角砾状构造 | | | | 次要 |

续表 6-62

| 成矿要素 | | 描述内容 | 要素类别 |
|---|---|---|---|
| 矿床特征 | 围岩蚀变 | 隐爆角砾岩石普遍遭受强烈的热液蚀变作用，常见有绢云母化、碳酸盐化、硅化、泥化，其次为冰长石化、绿泥石化、绿帘石化、青磐岩化，早期冰长石化－硅化阶段和晚期硅化－黄铁矿化阶段是金沉淀的主要时期 | 重要 |
| | 主要控矿因素 | 新太古代中深变质岩系；中元古代长城纪变质细碎屑岩-碳酸盐岩系；<br>未见大的侵入岩体，发现两个具有一定规模的隐爆角砾岩体；<br>北东向黑里河断裂是本区重要的控岩控矿构造，并常发育北东向岩脉或含金石英-硫化物矿脉 | 必要 |

矿床成矿模式：在岩浆活动晚期，气液组分在岩体顶部聚集形成强大的内压，经地质作用诱导，气液流体沿上覆岩石的构造裂隙或脆弱带急剧释放能量，将通道上的岩石爆裂形成角砾，尔后晚期的热液携带含矿物质并溶解围岩矿质上升，在隐爆形成的裂隙中充填成矿，并将角砾胶结形成角砾岩(图 6-58)。

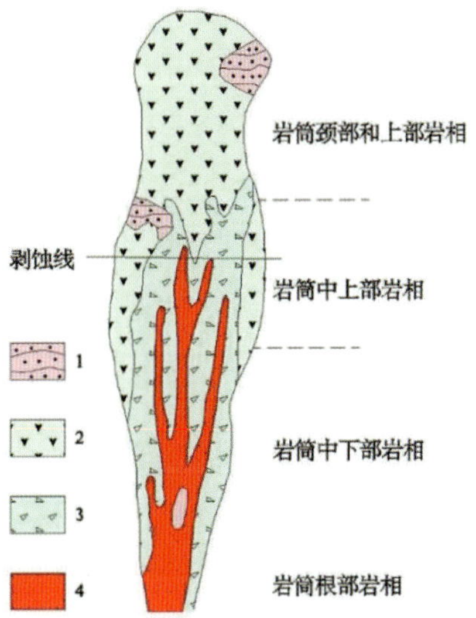


图 6-58　陈家杖子金矿典型矿床成矿模式图(据杨文华，2001，修改)

1.片麻岩；2.震碎岩；3.隐爆角砾岩；4.流纹斑岩

#### 4. 花岗-绿岩型

该类型分布在新地沟—油篓沟一带，主要为新地沟金矿。

新地沟金矿位于内蒙古自治区察右中旗乌兰哈页苏木。金矿主要赋存在色尔腾山岩群柳树沟岩组绿泥绢云石英片岩、糜棱岩、千糜岩、花岗质糜棱岩中。含矿岩石为绿泥石英片岩，顶底板为薄层大理岩。矿体呈层状、似层状、脉状、似脉状及透镜状，与容矿围岩呈渐变过渡关系，矿体产状与岩层产状完全一致。矿体多数分布在褶皱翼部近核部附近。矿床成矿要素见表 6-63。

矿床成矿模式：新太古代色尔腾山岩群原岩建造由中基性火山岩及陆源碎屑岩、碳酸盐岩组成，火山活动提供金物质来源和沉积环境的变迁形成金的矿源层，经变形变质作用及多期成矿作用形成金矿床。主要与强变质变形作用有关，变质流体参与了金的迁移富集。金矿床受新太古代末期至古元古代早期的韧脆性剪切变形变质带控制，该期变质变形是金的主要富集期(图 6-59)。

**表 6-63 新地沟金矿典型矿床成矿要素表**

<table>
<tr><td colspan="2" rowspan="3">成矿要素</td><td colspan="4">描述内容</td><td rowspan="3">要素类别</td></tr>
<tr><td>储量</td><td>金 2225kg</td><td>平均品位</td><td>Au $3.09\times10^{-6}$</td></tr>
<tr><td>特征描述</td><td colspan="3">变质热液(绿岩)型</td></tr>
<tr><td rowspan="3">地质环境</td><td>构造背景</td><td colspan="4">Ⅱ华北陆块区,Ⅱ-4 狼山-阴山陆块(大陆边缘岩浆弧),Ⅱ-4-2 色尔腾山-太仆寺旗古岩浆弧($Ar_3$)</td><td>必要</td></tr>
<tr><td>成矿环境</td><td colspan="4">Ⅲ-11 华北陆块北缘西段金、铁、铌、稀土、铜、铅、锌、铌、镍、钨、石墨、白云母成矿带,Ⅲ-11-①白云鄂博-商都金、铁、铌、稀土、铜、镍成矿亚带</td><td>必要</td></tr>
<tr><td>成矿时代</td><td colspan="4">成矿期为新太古代末期至古元古代早期</td><td>必要</td></tr>
<tr><td rowspan="7">矿床特征</td><td>矿体形态</td><td colspan="4">层状、似层状、脉状</td><td>重要</td></tr>
<tr><td>岩石类型</td><td colspan="4">色尔腾山岩群柳树沟岩组绿泥绢云石英片岩、绿泥绢云片岩</td><td>重要</td></tr>
<tr><td>岩石结构</td><td colspan="4">鳞片变晶结构、细—粗糜棱结构</td><td>次要</td></tr>
<tr><td>矿物组成</td><td colspan="4">金属矿物主要为自然金、磁铁矿、赤铁矿、褐铁矿、黄铁矿、黄铜矿、方铅矿及闪锌矿。脉石矿物主要有石英、长石、方解石、绢云母、绿泥石、绿帘石等</td><td>重要</td></tr>
<tr><td>矿石结构构造</td><td colspan="4">结构:鳞片变晶结构、细—粗糜棱结构;<br>构造:纹层状构造、千枚状构造、块状构造</td><td>次要</td></tr>
<tr><td>围岩蚀变</td><td colspan="4">绢云母化、钾化、硅化、黄铁矿化、褐铁矿化</td><td>次要</td></tr>
<tr><td>主要控矿因素</td><td colspan="4">主要受色尔腾山岩群柳树沟岩组地层控制,北西向带状展布的脆韧性剪切带是成矿溶液迁移的通道和沉淀的空间</td><td>必要</td></tr>
</table>

### 5. 风化壳型

该类型主要指老硐沟金铅矿,本次不作详细叙述。

## 二、金矿预测工作区成矿规律

### 1. 岩浆热液型

该类型金矿与侵入岩体有着密切的关系,矿体赋存在距岩体一定距离的围岩地层中或直接赋存在岩体内或岩体的内外接触带。矿体和近矿围岩具有较强烈的热液蚀变现象与较复杂的矿石矿物共生组合。该类型金矿化较为普遍,在陆块区、造山带均有分布。具有工业价值和较有远景的矿点,主要集中分布在陆块区。陆块区内太古宇—元古宇含 Au 元素较高的地层受加里东期—燕山期岩浆活动的影响,在地层中富集成矿,赋存在太古宙地层中的金矿主要有乌拉山岩群中的金厂沟梁金矿(表 6-64,图 6-60)、乌拉山金矿及色尔腾山岩群中的十八顷壕金矿,元古宙地层中的金矿主要有白云鄂博群中的赛乌素金矿;造山带中的岩浆热液型金矿主要形成于古生代地层中,如巴音温都尔金矿、碱泉子金矿、巴音杭盖金矿等,在锡林浩特岩浆弧内分布有哈达庙金矿、毕力赫金矿(表 6-65,图 6-61)等。与金矿化有关的侵入岩,在内蒙古陆块及其北缘增生带与大兴安岭中生代火山-侵入岩带的复合地区,主要为燕山早期花岗岩、花岗闪长岩、花岗斑岩及其杂岩体。在内蒙古中部、西部地区,少数则与海西期、印支期花岗岩类有关。

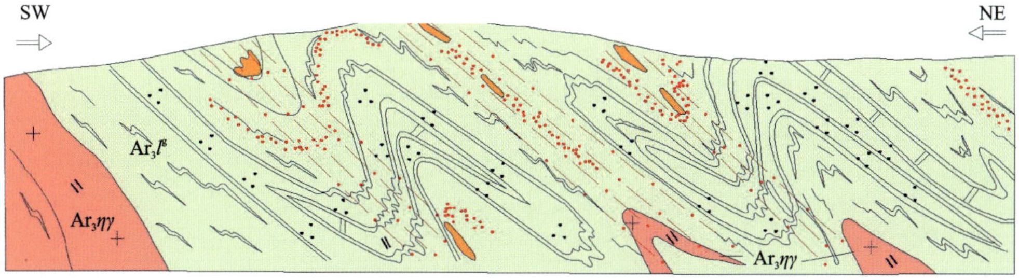


Ⅲ. 古元古代，北东-南西向挤压机制延续，发生同斜紧闭褶皱和低绿片岩相退变质作用，同时产生的平行轴面逆冲式韧性剪切带成为导矿与容矿构造，主成矿期金矿形成

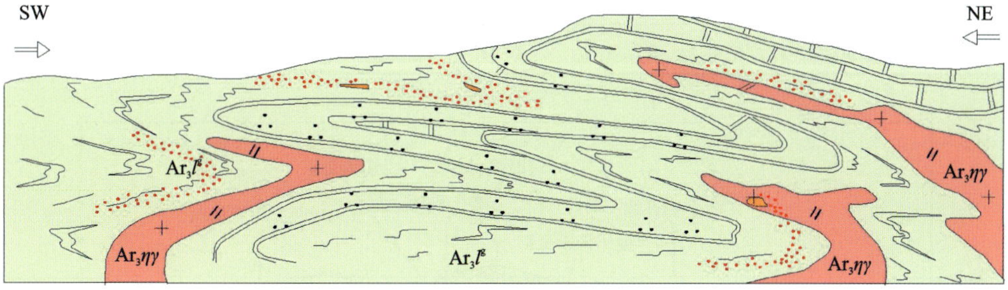


Ⅱ. 新太古代晚期，在北东-南西向挤压构造体制下产生大型平卧褶皱，先期面理同时褶皱，使金矿化迁移富集到次级褶皱轴部

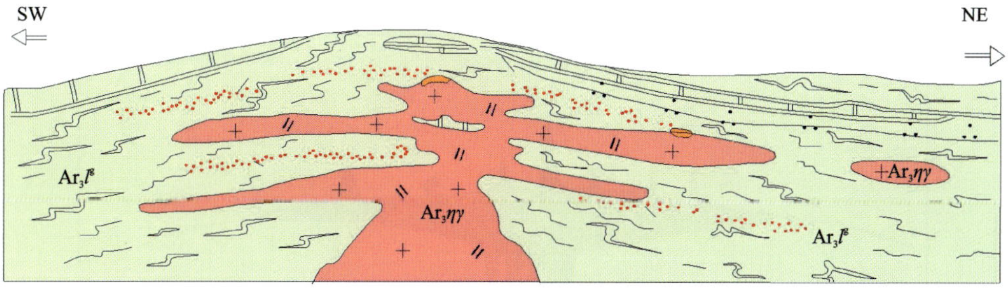


Ⅰ. 新太古代早期，在伸展构造体制下，柳树沟岩组发生高绿片岩相-低角闪岩相变质和顺层韧性剪切变形，伴随大规模花岗质岩浆侵位和含金硫化物流体顺剪切带贯入，形成初期金矿

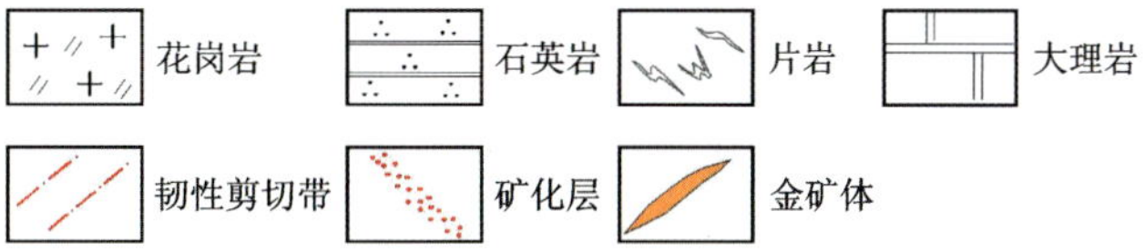


图 6-59　新地沟金矿典型矿床成矿模式图(据王新亮,2002,修改)

表 6-64 金厂沟梁金矿预测工作区成矿要素表

| 成矿要素 | | 描述内容 | 要素类别 |
|---|---|---|---|
| 地质环境 | 大地构造位置 | 恒山-承德-建平古岩浆弧(Ⅱ-3-1),温都尔庙俯冲增生杂岩带(Ⅰ-8-2) | 必要 |
| | 成矿区(带) | 滨太平洋成矿域,华北成矿省,华北陆块北缘东段铁、铜、钼、铅、锌、金、银、锰成矿带 | 必要 |
| | 区域成矿类型及成矿期 | 中酸性浅成—超浅成侵入岩热液型金矿床;燕山期 | 必要 |
| 控矿地质条件 | 赋矿地质体 | 主要为太古宙变质岩 | 重要 |
| | 控矿侵入岩 | 燕山晚期中性—中酸性浅成—超浅成侵入岩 | 重要 |
| | 主要控矿构造 | 近东西向岩石圈断裂和北东向深大断裂控制了中生代火山盆地和隆起区的展布,隆起区为金矿成矿有利地段。中生代侵入岩体主动就位所形成的放射状断裂为主要的容矿构造 | 重要 |
| 区内相同类型矿产 | | 区内 95 个矿床、矿点 | 重要 |

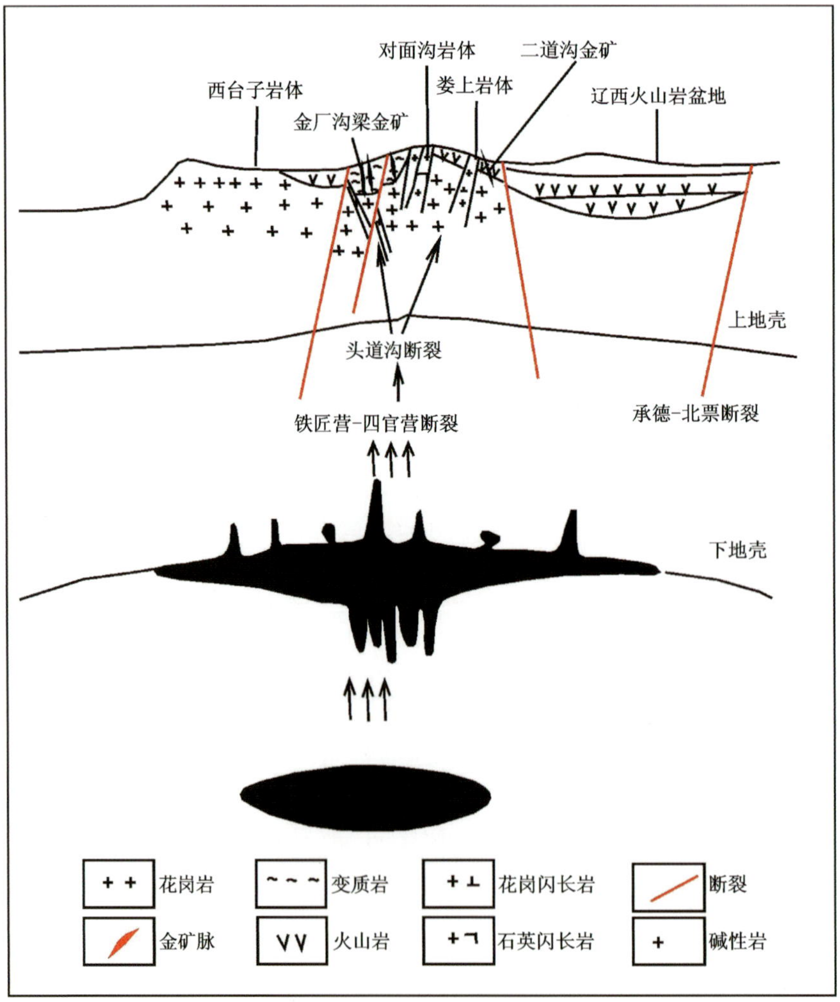


图 6-60 金厂沟梁金矿区域成矿模式图(据陈军强,2006,修改)

**表 6-65　毕力赫金矿预测工作区成矿要素表**

| 成矿要素 | | 描述内容 | 要素类别 |
|---|---|---|---|
| 地质环境 | 大地构造位置 | Ⅰ天山-兴蒙造山系，Ⅰ-1 大兴安岭弧盆系，Ⅰ-1-6 锡林浩特岩浆弧，Ⅰ-7 索伦山-西拉木伦结合带，Ⅰ-8 包尔汉图-温都尔庙弧盆系($Pz_2$)，Ⅰ-8-2 温都尔庙俯冲增生杂岩带 | 重要 |
| | 成矿区(带) | Ⅰ-4 滨太平洋成矿域，Ⅰ-13 大兴安岭成矿省，Ⅲ-49 白乃庙-锡林浩特铁、铜、钼、铅、锌、铬(金-锰)、锗、煤、天然碱、芒硝成矿带(Ym)，Ⅳ49-3 白乃庙-哈达庙铜、金、萤石成矿亚带(Pt、Vm-I、Y)，Ⅴ49-3-5 毕力赫-哈达庙金矿集区(Ye-m) | 重要 |
| | 区域成矿类型及成矿期 | 侵入岩体型；燕山期 | 重要 |
| 控矿地质条件 | 赋矿地质体 | 燕山期侵入岩、次火山岩及其内外接触带 | 必要 |
| | 控矿侵入岩 | 燕山期侵入岩、次火山岩 | 必要 |
| | 主要控矿构造 | 北西向、东西向断裂破碎带，岩体接触带构造以及两组断裂交会处形成的构造薄弱带 | 重要 |
| 区内相同类型矿产 | | 矿床 2 个：大型 1 个，小型 1 个 | 重要 |

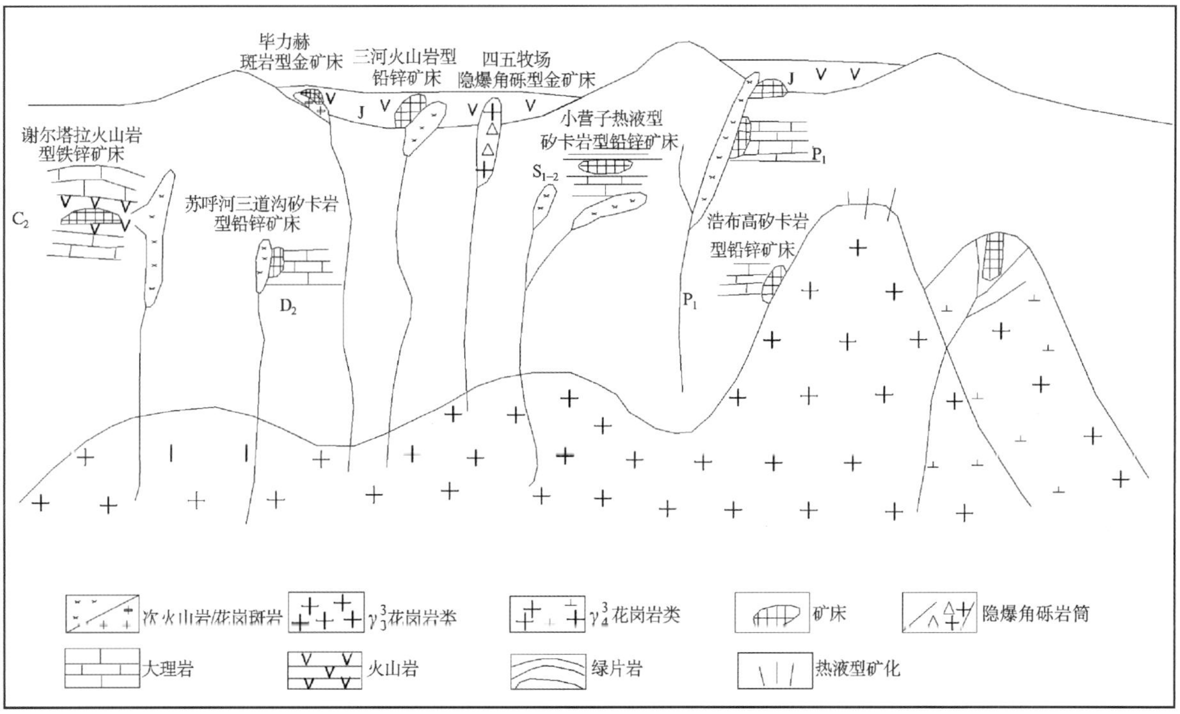


图 6-61　毕力赫金矿区域成矿模式图

### 2. 变质碎屑岩中热液型

该类型金矿成矿受岩浆热液活动影响，矿体主要产在元古宙变质碎屑岩类中，主要有浩尧尔忽洞金矿及朱拉扎嘎金矿(表 6-66，图 6-62)，矿体严格受地层控制，似层状特征明显，与地层的产状相一致。与金矿化有关的侵入岩主要为海西期花岗岩类、闪长岩类。热液蚀变现象普遍发育。

**表 6-66　朱拉扎嘎金矿预测工作区成矿要素表**

| 成矿要素 | | 描述内容 | 要素类别 |
|---|---|---|---|
| 地质环境 | 大地构造位置 | 华北陆块区,阿拉善地块,迭布斯格-阿拉善右旗陆缘岩浆弧 | 必要 |
| | 成矿区(带) | 古亚洲成矿域,华北(陆块)成矿省(最西部),阿拉善(隆起)铜、镍、铂、铁、稀土、磷、石墨、芒硝、盐成矿亚带,朱拉扎嘎金矿集区 | 必要 |
| | 成矿期 | 新元古代 | 必要 |
| 控矿地质条件 | 赋矿地质体 | 中元古代渣尔泰山群阿古鲁沟组,阿古鲁沟组一段中部变质钙质粉砂岩、变质钙质石英粉砂岩,由于岩石疏松多孔,有利于矿液的运移和储集 | 必要 |
| | 控矿侵入岩 | 隐伏岩体的存在不仅提供了成矿热源,也是引起矿区内岩(矿)石发生蚀变的主要原因 | 重要 |
| | 主要控矿构造 | 位于近北北西向叠加褶皱构造的轴部,褶皱、断裂构造十分发育。这些断裂构造与金矿化有着密切的关系。成矿前的断裂构造对矿液的运移和富集起着主要的作用,而成矿后的断裂构造对矿体有破坏作用 | 重要 |
| 区内相同类型矿产 | | 成矿区带内有 1 个金矿点 | 重要 |

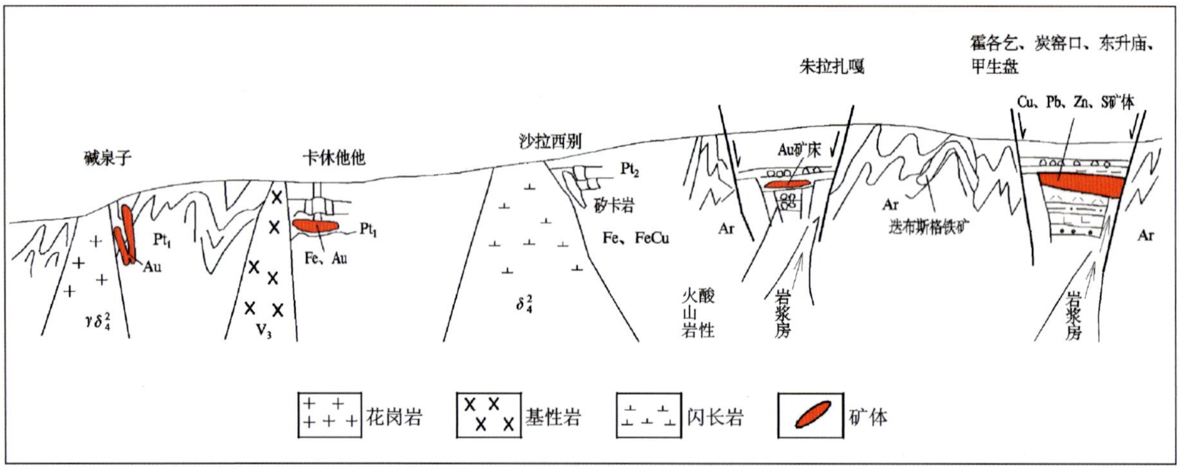


图 6-62　朱拉扎嘎金矿区域成矿模式图

### 3. 火山岩型陆相

该类型金矿分布于大兴安岭地区,与中生代火山活动尤其是晚侏罗世火山活动有着密切的联系。主要形成于火山隐爆角砾岩筒内,与火山机构关系密切。矿体(矿化)直接赋存在火山岩内,可见玉髓状非晶质胶体石英以及角砾状、梳状、晶洞晶簇状构造,碳酸盐、萤石、冰长石等低温矿物。其蚀变现象为典型的青磐岩化。金呈不均匀窝状富集。目前已发现的矿点、矿化点虽然不多,探明的含量亦不大,如四五牧场金矿、古利库金矿、陈家杖子金矿(表 6-67,图 6-63)等,但是区内中生代火山活动强烈,火山岩分布广泛,该类型矿床具有浅成低温热液的特征,有良好的成矿地质条件和进一步找矿前景。

**表 6-67　陈家杖子金矿预测工作区成矿要素表**

| 成矿要素 | | 描述内容 | 要素类别 |
|---|---|---|---|
| 地质环境 | 构造背景 | 矿床处于西伯利亚陆块、华北陆块、松辽陆块结合部位之走向北东—北北东向的海西褶皱带内 | 重要 |
| | 成矿环境 | 新太古代中深变质岩系；中元古代长城纪变质细碎屑岩-碳酸盐岩系；矿区内未见大的侵入岩体，但发现两个具有一定规模的隐爆角砾岩体；矿区为东西向断裂构造，北东向黑里河是本区重要的控岩控矿构造，隐爆角砾岩体内部发育北东向岩脉或含金石英-硫化物矿脉；含矿隐爆角砾岩体主要是角砾凝灰岩，次为石英斑岩。矿体与围岩为渐变关系 | 必要 |
| | 成矿时代 | 含矿角砾岩的 Rb-Sr 同位素等时线年龄为 191Ma，二长花岗斑岩脉的等时线年龄为 177Ma。金矿床为与早燕山期隐爆角砾岩体有关的浅成中—低温热液型金矿床 | 必要 |
| 控矿地质条件 | 控矿构造 | 华北陆块北缘，内蒙古地轴东段，马鞍山断隆带南段，东西向隆化-黑里河-叶柏寿大断裂与北东向红山-八里罕大断裂交会部位西侧 | 必要 |
| | 赋矿地层 | 太古宙建平岩群 | 必要 |
| | 控矿侵入岩 | 燕山晚期隐爆角砾岩体的形成，对本区金矿化的形成和富集有重要作用，它们在空间上与含金矿脉或矿化体密切伴生 | 必要 |
| 区域成矿类型及成矿期 | | 浅成—超浅成中—低温热液隐爆角砾岩型金矿床；燕山晚期 | 必要 |
| 预测区矿点 | | 10 个矿点 | 必要 |

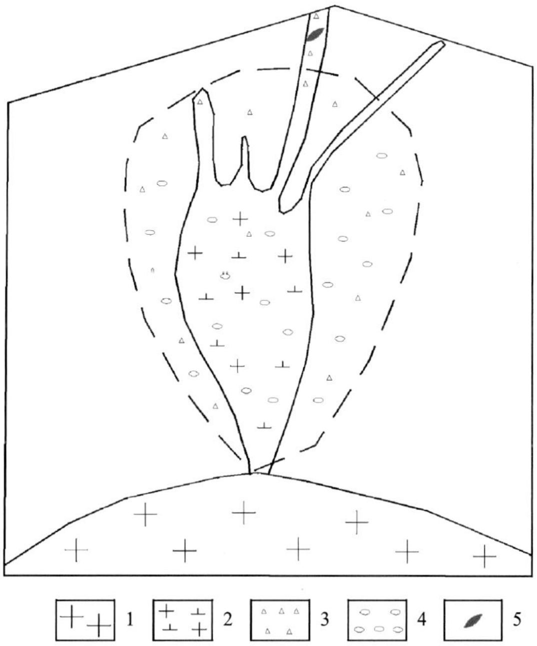


图 6-63　陈家杖子金矿区域成矿模式图

1. 花岗岩基；2. 中酸性斑岩体；3. 隐爆角砾岩体；4. 铜多金属矿化；5. 金矿体

### 4. 花岗-绿岩型金矿

花岗-绿岩型金矿主要分布在华北陆块区大青山东段，如油篓沟金矿、新地沟金矿(表 6-68)，矿体主要赋存在色尔腾山岩群柳树沟岩组绿泥绢云石英片岩、糜棱岩、千糜岩、花岗质糜棱岩中。含矿岩石为绿泥石英片岩，顶底板为薄层大理岩。矿体呈层状、似层状、脉状、似脉状及透镜状，与容矿围岩呈渐变过渡关系，产状与岩层产状完全一致。矿体多数分布在褶皱翼部近核部附近。蚀变主要有硅化、黄铁矿化、绢云母化等。矿化带较连续，但带内成矿期后小的断裂褶皱较发育，使得矿体连续性受到破坏。

**表 6-68 新地沟金矿预测工作区成矿要素表**

| 成矿要素 | | 描述内容 | 要素类别 |
|---|---|---|---|
| 地质环境 | 大地构造位置 | Ⅱ华北陆块区，Ⅱ-4 狼山-阴山陆块(大陆边缘岩浆弧)，Ⅱ-4-2 色尔腾山-太仆寺旗古岩浆弧($Ar_3$) | 重要 |
| | 成矿区(带) | Ⅲ-58 华北陆块北缘西段金、铁、铌、稀土、铜、铅、锌、银、镍、铂、钨、石墨、白云母成矿带，Ⅳ581 白云鄂博-商都金、铁、铌、稀土、铜、镍成矿亚带 | 重要 |
| | 区域成矿类型及成矿期 | 变质热液(绿岩)型；新太古代末期至古元古代早期 | 重要 |
| 控矿地质条件 | 赋矿地质体 | 色尔腾山岩群柳树沟岩组 | 必要 |
| | 控矿侵入岩 | 变质流体参与了 Au 元素的迁移富集，变质(变形)分异作用越充分，矿化越好 | 次要 |
| | 主要控矿构造 | 主要受色尔腾山岩群柳树沟岩组控制，北西向带状展布的脆韧性剪切带是成矿溶液迁移的通道和沉淀的空间 | 必要 |
| 区内相同类型矿产 | | 已知矿床 2 处 | 必要 |

### 5. 风化壳型

表现为老硐沟金铅矿，金铅矿体赋存于中元古代长城纪古硐井群变石英粉砂岩夹薄层状石英粉砂质泥质板岩中，北北西向羽状裂隙与金铅矿化关系密切，矿体两侧围岩蚀变发育，成矿物质主要来源于海西期斑状花岗闪长岩。

## 三、内蒙古自治区金矿成矿规律

### 1. 空间分布规律

内蒙古自治区内已探明的金矿点、矿化点多沿华北陆块北缘深断裂带，临河-固阳-察右中旗深断裂带以及石崩大断裂带，额尔古纳河大断裂带两侧分布。①在华北陆块区，(A)赋矿围岩主要为乌拉山岩群黑云角闪斜长片麻岩、黑云二长片麻岩等。受区域深大断裂的次一级断裂构造所派生的容矿断裂带(群)控制，矿床成因与多期的混合热液作用过程中的钠质和钾质交代密切相关，成矿是在晚期的硅化、钾长石化阶段，成矿时代为印支期—燕山早期，形成乌拉山式金矿、金厂沟梁式金矿；在同期的火山作用下形成的火山机构中赋存陈家杖子式金矿。(B)赋矿围岩新太古代色尔腾山岩群，其原岩建造由中基性火山岩及陆源碎屑岩、碳酸盐岩组成，火山活动提供了金物质来源和沉积环境的变迁形成金的矿源层，经变形变质作用及多期成矿作用形成不同类型的金矿。与强变质变形作用有关，变质流体参与金的迁移富集，由于新太古代末期至古元古代早期的韧脆性剪切变形变质带控制，该期变质变形形成了新地沟式金矿；燕山早期中粒钾长花岗岩在色尔腾山岩群中的构造破碎蚀变带中形成十八顷壕式金矿。(C)分布在阿古鲁沟组板岩中，新元古代在含矿层附近侵入的隐伏闪长岩体提供了热源，使得 Au 元素在阿古鲁沟组一段中富集成矿，形成朱拉扎嘎式金矿。(D)海西期构造作用使该区断裂活动加剧，发生大面积的岩浆侵入。富含金属硫化物的含金成矿热液沿构造断裂通道向上迁移，在比鲁特岩组第一、二岩段，以硫化物-石英细脉的形式沿岩层的片理、层理和裂隙沉淀，富集形成浩尧尔忽洞式金矿；海西期的 S 型重熔型花岗岩在含金丰度值较高的尖山组中形成赛乌素式金矿。②在天山-兴蒙造山系，矿床类型相对较单一，数量及规模都较小，主要形成与海西期—燕山期岩浆热液活动有关的各种岩浆热液型金矿。

**2. 时间分布规律**

金矿的形成时代从古元古代—新生代均有不同程度分布。海西期—燕山期，是内蒙古自治区金矿的主要成矿时期，境内与岩浆热液有关的金矿多数集中在海西期—燕山期。矿体和近矿围岩发育有较强烈的热液蚀变现象和较复杂的矿石矿物共生组合。该类型金矿化较为普遍，在华北陆块区、天山-兴蒙造山带均有分布。但是具有工业价值和较有远景的矿点，主要集中分布在陆块区(图 6-64)。

**3. 大地构造对成矿的控制**

由于内蒙古自治区处于华北陆块与西伯利亚陆块的结合部，古构造及板间缝合带主要呈近东西向展布，因此古老深成岩带的展布亦受东西向构造的控制。南部属华北陆块北缘，老的中深变质岩构成基底主体，并受一级近东西向构造控制。因此，构成了巨大的东西向金矿蕴矿带。在造山带内，发育在其基底上较古老近东西向构造重复活动所形成的构造带或隆起带常常保留有较老地层的片段，是含金地层的成矿地带。

**4. 岩浆对成矿的控制**

不同矿源层中的 Au 元素的活化受到深断裂作用、韧性剪切作用、退变质作用，变质流体以及岩浆热液活动的多重影响，其中，最重要的是构造作用和岩浆热液。各构造旋回期间的深断裂，虽控制了各旋回岩浆岩带的展布，但与金矿床最密切相关的岩体是含挥发组分较高的中酸性—酸性岩浆岩，在成因上常表现为重熔型和过渡类型，侵入深度中层或浅层。其本身除对金有活化、迁移作用外，还同时摄取部分 Au 元素转入其岩浆，因此它本身也是金矿床的物源之一。

**5. 地层对成矿的控制**

岩浆热液型、变质碎屑岩中热液型以及花岗-绿岩型金矿多数分布在太古宙乌拉山岩群、色尔腾山岩群及元古宙白云鄂博群、渣尔泰山群、圆藻山群、白乃庙组中，其中含有较富的易活化的 Au 元素，丰度值较高，在成岩时得到初始预富集，为以后不同地质时期的活化、迁移、富集提供丰富的成矿物源。

## 第十四节　银矿典型矿床及成矿规律

银矿矿产预测类型及其代表性矿床见表 6-69。

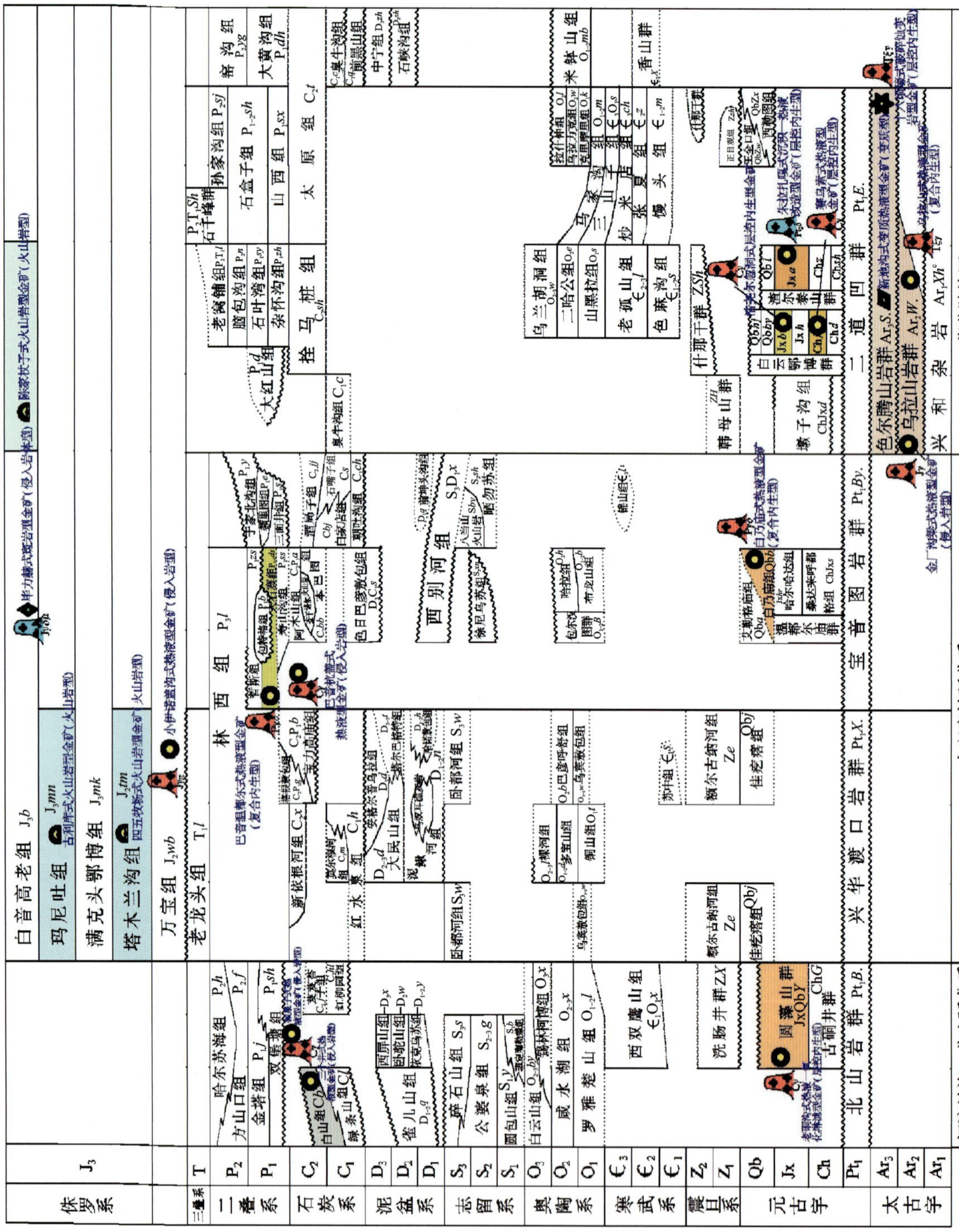

图 6-64 内蒙古自治区金矿成矿谱系图

**表 6-69 银矿典型矿床一览表**

| 序号 | 矿产预测类型 | 典型矿床 | 成因类型 |
|---|---|---|---|
| 1 | 陆相火山-次火山(热液)型 | 吉林宝力格银矿 | 热液型 |
| 2 | | 额仁陶勒盖银锰矿 | |
| 3 | 岩浆热液型 | 拜仁达坝铅锌银矿 | |

## 一、银矿典型矿床

### 1. 陆相火山-次火山(热液)型

该类型中独立或以银为主的银矿主要为吉林宝力格银矿和额仁陶勒盖银锰矿。

吉林宝力格银矿位于内蒙古自治区锡林郭勒盟东乌珠穆沁旗巴彦霍布尔苏木。银矿主要赋存在晚泥盆世安格尔音乌拉组的流纹质晶屑凝灰岩、泥岩、粉砂质泥岩之中;富矿体主要分布在石英二长花岗斑状岩脉与地层接触部位。矿物共生组合为中低温矿物,并伴随出现 As,Sb,Bi 等元素组合。矿床成矿要素见表 6-70。

**表 6-70 吉林宝力格银矿典型矿床成矿要素表**

| 成矿要素 | | 描述内容 | | | | 要素类别 |
|---|---|---|---|---|---|---|
| | | 储量 | 银 506t | 平均品位 | Ag $359.31\times10^{-6}$ | |
| | | 特征描述 | 中低温热液型脉状矿床 | | | |
| 地质环境 | 构造背景 | Ⅰ天山-兴蒙造山系,Ⅰ-1 大兴安岭弧盆系,Ⅰ-1-5 东乌旗-多宝山岛弧($Pz_2$) | | | | 必要 |
| | 成矿环境 | Ⅱ-12 大兴安岭成矿省,Ⅲ-6 东乌珠穆沁旗-嫩江(中强挤压区)铜、钼、铅、锌、金、钨、锡、铬成矿带($Pt_3$、Vm-l、Ye-m)(Ⅲ-48),Ⅲ-6-②朝不楞-博克图钨、铁、锌、铅成矿亚带(V、Y) | | | | 必要 |
| | 成矿时代 | 燕山早期 | | | | 必要 |
| 矿床特征 | 矿体形态 | 呈脉状、透镜状及不规则形态产出,沿走向和倾向均具膨胀收缩特征 | | | | 重要 |
| | 岩石类型 | 以泥岩为主夹砂质、粉砂凝灰质火山碎屑岩 | | | | 次要 |
| | 岩石结构 | 凝灰结构 | | | | 次要 |
| | 矿物组成 | 氧化矿石:主要组成矿物为褐铁矿、石英、水云母、黏土,少量黄钾铁矾和毒砂;原生矿石:主要金属矿物为黄铁矿、白铁矿,少量黄铜矿和方铅矿、闪锌矿、锑银矿、毒砂等,脉石矿物主要为石英、黏土、云母类,其次为长石、绿泥石、碳酸盐类 | | | | 次要 |
| | 矿石结构构造 | 结构:次生交代残留结构及自形晶—半自形晶—他形晶粒状结构;构造:以细脉浸染状、条带状构造、环带状或皮壳状构造、胶状构造分布最广,但以蜂窝状、团块状、角砾状含银较高 | | | | 次要 |
| | 围岩蚀变 | 高岭土化、褐铁矿化(黄铁矿化)、硅化、绢云母化和绿泥石化 | | | | 重要 |
| | 主要控矿因素 | 晚泥盆世安格尔音乌拉组;燕山期二云二长花岗岩,石英脉;东西向、北东向、北北东向压性断裂 | | | | 必要 |

矿床成矿模式：吉林宝力格银-金矿床是一个经历了长期多种地质作用的综合产物，具体形成大致经历以下3个阶段：古生代火山-沉积岩基底形成阶段，古蒙古洋的俯冲作用诱发了大规模火山活动，在二连—东乌旗一带等地形成巨厚的火山-沉积岩地层，这套地层富含Ag、Au、Cu、Pb、Zn等金属元素，形成了矿质的初步富集；中生代构造岩浆活动阶段，由于太平洋板块的俯冲作用，形成了北北东向的大兴安岭火山岩带，主要表现为古生代的基底隆起与中生代火山沉积盆地相间的格局，并且受到古生代区域性断裂构造的控制，隆坳相接处为构造薄弱部位，伴随火山活动有岩浆侵入，含矿的岩浆热液沿围岩构造裂隙运移，并萃取围岩中的成矿元素，在有利部位由于物化条件的改变形成矿脉；表生富集作用阶段，由于地壳的逐渐抬升，暴露于地表的原生矿体一直处于风化淋滤作用阶段，经过长期的表生氧化作用，一部分银在黄铁矿氧化形成的高价铁($Fe^{3+}$)、锰($Mn^{7+}$)的作用下，氧化成银的络合物迁移。当银的络合物遇到具有还原性的二价铁、锰时，银便沉淀下来。沉淀出的自然银以细分散的形式被锰吸附，留在氧化带(黄崇柯等，2002)。最终在吉林宝力格形成了氧化带为银-金矿石、氧化带以下为黄铁矿银-金矿石，由地表往深部其品位逐渐变贫的银-金矿床(图6-65)。

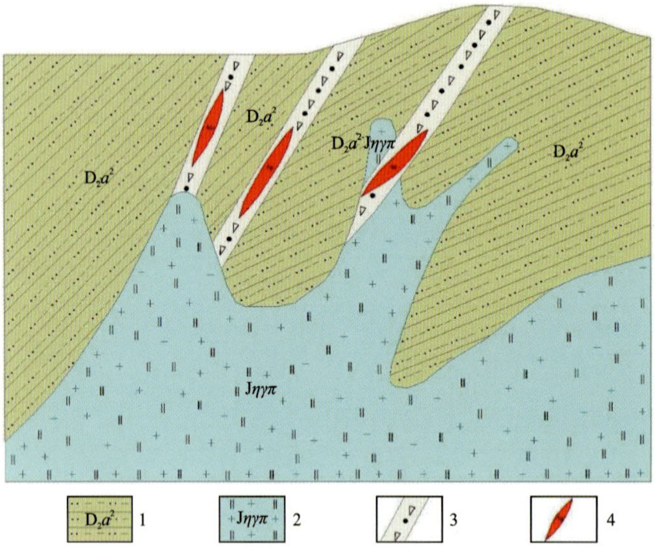


图6-65 吉林宝力格银矿典型矿床成矿模式图

1.晚泥盆世安格尔音乌拉组二段粉砂质泥岩；2.侏罗纪二长花岗岩；3.断裂破碎带；4.银矿体

额仁陶勒盖银锰矿位于内蒙古自治区新巴尔虎右旗乌拉苏木，是一个大型独立银矿床。银矿体的分布受走向北西的罕乌拉断裂和走向北东的额仁陶勒盖断裂及其次级断裂所构成的棋盘状构造控制。矿区围岩蚀变较强，种类多，多呈带状分布。在空间上，蚀变强的地段常为银矿体富集地段，向两侧蚀变变弱，矿化也相应变弱。矿体均呈脉状产出。是一个与火山-次火山热液有关的银多金属矿床。矿床成矿要素见表6-71。

**表6-71 额仁陶勒盖银矿典型矿床成矿要素表**

| 成矿要素 | | 描述内容 | | | | 要素类别 |
|---|---|---|---|---|---|---|
| | | 储量 | 银2354t | 平均品位 | Ag 180.607×$10^{-6}$ | |
| | | 特征描述 | 大型热液型银矿床 | | | |
| 地质环境 | 构造背景 | Ⅰ天山-兴蒙造山系，Ⅰ-1大兴安岭弧盆系，Ⅰ-1-2额尔古纳岛弧($Pz_1$) | | | | 必要 |
| | 成矿环境 | Ⅱ-12大兴安岭成矿省，Ⅲ-5新巴尔虎右旗(拉张区)铜、钼、铅、锌、金、萤石、煤(铀)成矿带(Ⅲ-47)，Ⅲ-5-①额尔古纳铜、钼、铅、锌、银、金、萤石成矿亚带(Y、Q) | | | | 必要 |
| | 成矿时代 | 燕山期 | | | | 必要 |

续表 6-71

| 成矿要素 | | 描述内容 | 要素类别 |
|---|---|---|---|
| 矿床特征 | 矿体形态 | 主要呈脉状，少数透镜状，矿体连续、稳定，无自然间断或被错开 | 重要 |
| | 岩石类型 | 安山岩，安山玄武岩，气孔状、杏仁状安山质熔岩，角砾岩，安山质凝灰角砾岩，凝灰砂砾岩及流纹质熔岩 | 必要 |
| | 岩石结构构造 | 斑状结构，气孔状、杏仁状结构；块状构造 | 次要 |
| | 矿物组成 | 银矿石主要矿物有辉银矿、螺状硫银矿、黄铁矿、方铅矿、闪锌矿，脉石矿物主要有石英、长石、菱锰矿，其次有角银矿、碘银矿、硬锰矿、软锰矿、方解石等，少量的自然银、自然金、金银矿、银金矿、黄铜矿、磁铁矿，及副矿物锆石、磷灰石等。银锰矿石主要矿物为角银矿、硬锰矿，脉石矿物为石英，其次有辉银矿、碘银矿、锰钾矿、软锰矿、长石等，少量的溴银矿、自然金、自然银、菱锰矿、方铅矿、闪锌矿、方解石等 | 重要 |
| | 矿石结构构造 | 银矿石结构：隐晶结构；构造：致密块状构造、角砾状构造、浸染状构造。银锰矿石结构：同心环带状结构、条带状结构、自形—他形粒状结构、半自形—他形粒状结构；构造：蜂巢状构造、多孔状构造、胶体葡萄状肾状构造、葡萄状构造 | 次要 |
| | 围岩蚀变 | 蚀变程度随矿体产出部位而变化，近矿蚀变强，种类多，空间上重叠；远离矿体蚀变弱，种类少。与矿化有关的蚀变均为中低温热液蚀变。蚀变类型可归纳为面型和线型两种，且二者共存。蚀变阶段较为清晰，从早到晚可分为青磐岩化、方解石绿泥石绢云母化、硅化3个阶段。晚期蚀变叠加于早期蚀变之上 | 重要 |
| | 主要控矿因素 | 中侏罗世塔木兰沟组。矿体受主干断裂次一级北西向、北东向断裂控制（350°～360°，20°～30°，40°～50°），构造交会部位的岩体与围岩外接触带或断层交叉地段往往是矿体的集中部位。广泛的中生代火山岩背景是此矿床形成的先决条件，石英脉和硅化是找矿的最直接标志。岩体附近的高阻、高极化率异常 | 必要 |

矿床成矿模式：在燕山期受太平洋板块的边缘影响，先存的北东向的额尔古纳-呼伦湖断裂再次活动并诱发强烈的岩浆活动，岩浆的形成及岩体与矿带的分布受该断裂控制。北西向与北东向的断裂交会处控制着矿田和矿床的分布、就位。形成于地壳深部及上地幔的岩浆在上侵过程中与壳源物质发生同化混染作用或使之发生部分熔融而形成矿区的花岗岩浆。该岩浆在岩浆房中发生强烈的结晶分异作用，形成花岗岩浆及其派生物石英斑岩岩浆和大量的富含Cl、S、Pb、Ag的高盐度矿液，大水的加入使矿液量大增，而且水与岩浆作用，可能发生$OH^-$取代$Cl^-$，使得岩浆中的$Cl^-$转移加入高盐度矿液中，增强了流体萃取岩浆中$Ag^+$的能力，矿液上侵后沿裂隙充填成矿（图6-66）。

### 2.岩浆热液型

该类型银矿在内蒙古自治区出露广泛，多与铅锌矿等呈共伴生状态产出，在很多铅锌矿中均有产出，如拜仁达坝铅锌银矿等，目前未发现独立银矿。具体见前述铅锌矿部分。

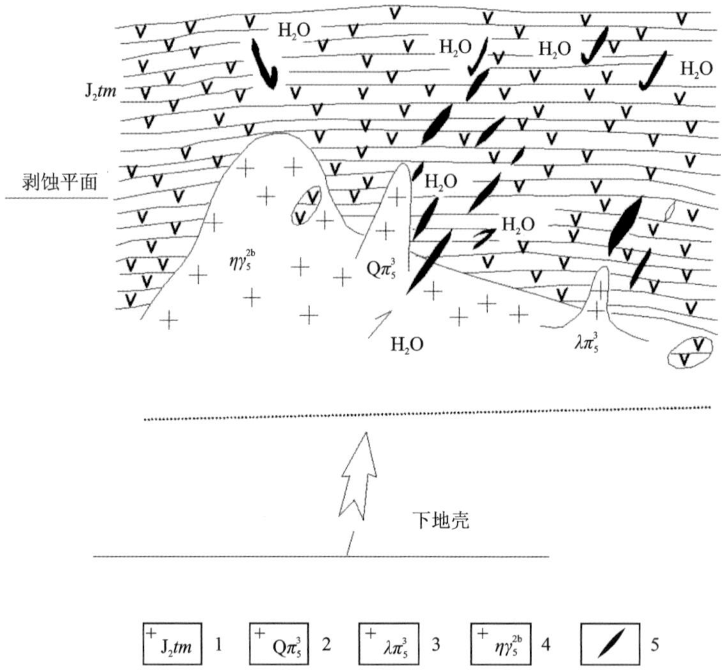


图 6-66　额仁陶勒盖银铅锌矿典型矿床成矿模式图

1.侏罗纪塔木兰沟组;2.第四纪中性岩;3.流纹斑岩;4.二长花岗岩;5.银铅锌矿体

## 二、银矿预测工作区成矿规律

### 1.陆相火山-次火山(热液)型

成矿多与燕山晚期火山-次火山热液活动有关,主要分布在大兴安岭弧盆系岛弧环境中。矿体呈脉状产出,严格受断裂构造控制。围岩蚀变为硅化、绿泥石化、绢云母化和高岭土化。主要工业银矿物为自然银、辉银矿(螺状硫银矿)、银黝铜矿、深红银矿和辉锑银矿等。该类型矿床主要有吉林宝力格银矿(表 6-72,图 6-67)、额仁陶勒盖银矿(表 6-73,图 6-68)等。

**表 6-72　吉林宝力格银矿预测工作区成矿要素表**

| 成矿要素 | | 描述内容 | 要素类别 |
|---|---|---|---|
| 地质环境 | 大地构造位置 | Ⅰ天山-兴蒙造山系,Ⅰ-1 大兴安岭弧盆系,Ⅰ-1-4 扎兰屯-多宝山岛弧($Pz_2$) | 必要 |
| | 成矿区(带) | Ⅰ-4 滨太平洋成矿域(叠加在古亚洲成矿域之上),Ⅲ-6 东乌珠穆沁旗-嫩江(中强挤压区)铜、钼、铅、锌、金、钨、锡、铬成矿带($Pt_3$、Vm-l、Ye-m)(Ⅲ-48),Ⅲ-6-②朝不楞-博克图钨、铁、锌、铅成矿亚带(V、Y) | 必要 |
| | 区域成矿类型及成矿期 | 热液型;燕山早期 | 必要 |
| 控矿地质条件 | 赋矿地质体 | 晚泥盆世安格尔音乌拉组 | 重要 |
| | 控矿侵入岩 | 燕山早期二云二长花岗岩,石英脉 | 重要 |
| | 主要控矿构造 | 东西向、北东向、北北东向断裂 | 重要 |
| 区内相同类型矿产 | | 矿床 2 个:中型 1 个,小型 1 个 | 重要 |

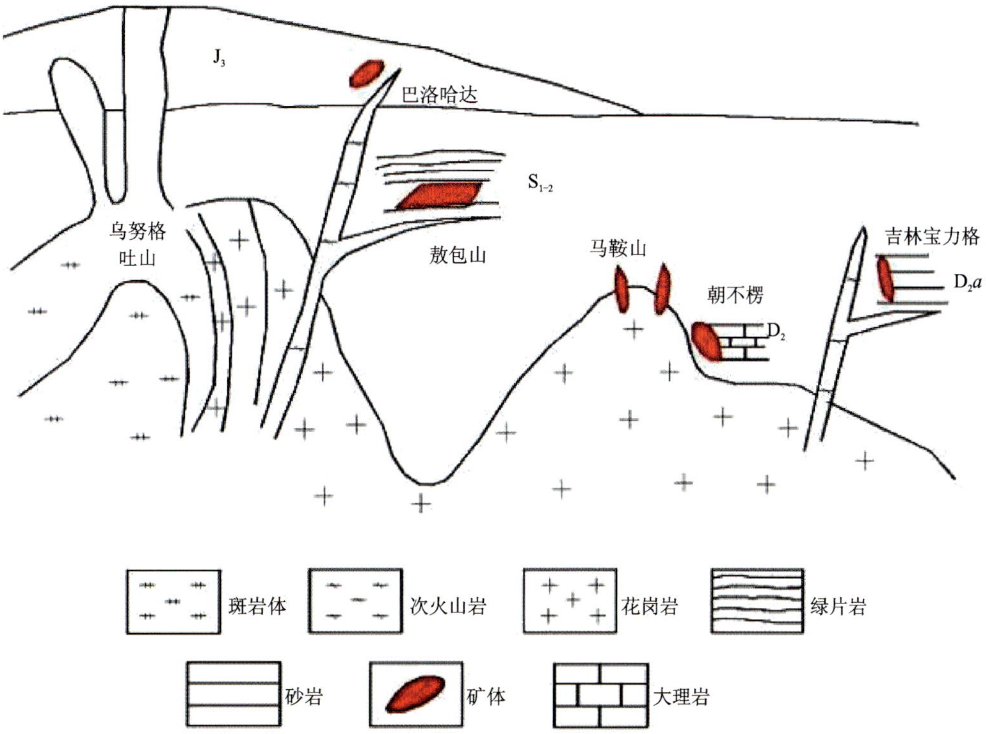


图 6-67　吉林宝力格银矿区域成矿模式图

**表 6-73　额仁陶勒盖银矿预测工作区成矿要素表**

| 成矿要素 | | 描述内容 | 要素类别 |
|---|---|---|---|
| 地质环境 | 大地构造位置 | Ⅰ天山-兴蒙造山系，Ⅰ-1 大兴安岭弧盆系，Ⅰ-1-2 额尔古纳岛弧($Pz_1$) | 必要 |
| | 成矿区(带) | Ⅰ-4 滨太平洋成矿域(叠加在古亚洲成矿域之上)，Ⅱ-12 大兴安岭成矿省，Ⅲ-5 新巴尔虎右旗(拉张区)铜、钼、铅、锌、金、萤石、煤(铀)成矿带(Ⅲ-47)，Ⅲ-5-①额尔古纳铜、钼、铅、锌、银、金、萤石成矿亚带(Y、Q) | 必要 |
| | 区域成矿类型及成矿期 | 中—低温热液型银矿床；燕山期 | 必要 |
| 控矿地质条件 | 赋矿地质体 | 中侏罗世塔木兰沟组 | 必要 |
| | 控矿侵入岩 | 广泛的中生代火山岩背景是此矿床形成的先决条件、石英脉是找矿的最直接标志 | 重要 |
| | 主要控矿构造 | 矿体受主干断裂次一级北西向、北东向断裂控制(350°～360°，20°～30°，40°～50°)构造交接部位的岩体与围岩外接触带，或断层交叉地段往往是矿体的集中部位 | 重要 |
| 区内相同类型矿产 | | 有大型银矿床 2 个，矿点 5 个 | 重要 |

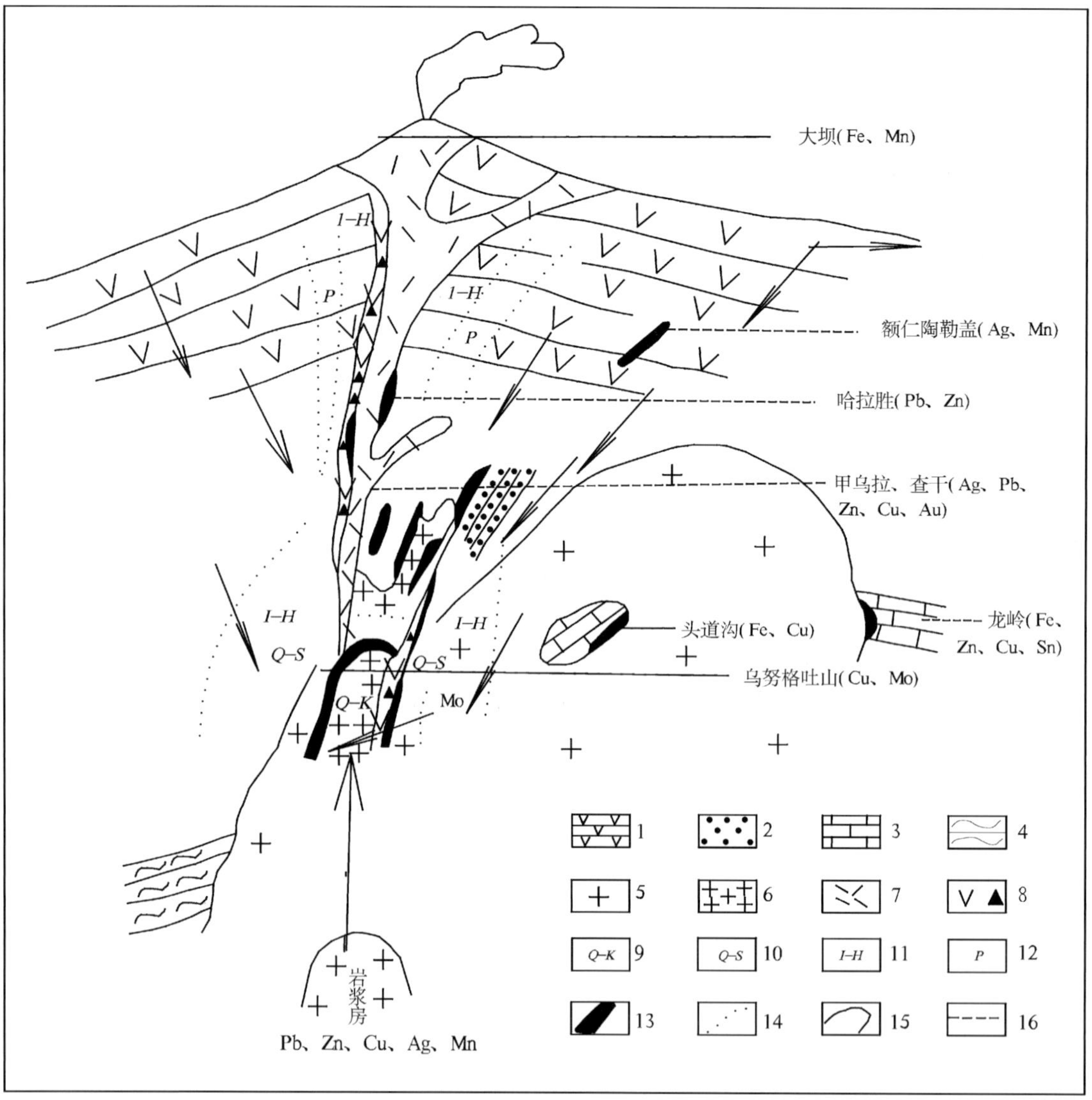


图 6-68 额仁陶勒盖银矿区域成矿模式图

1.侏罗纪火山岩;2.二叠纪砂砾岩、安山岩;3.泥盆纪碳酸盐岩夹砂岩;4.新元古代—早寒武世结晶片岩;5.燕山早期花岗岩;6.燕山晚期中酸性斑岩;7.酸性斑岩;8.含角砾安山岩;9.石英-钾长石化;10.石英-绢云母化;11.伊利石-水白云母化;12.青磐岩化;13.矿体;14.蚀变界线;15.地质界线;16.剥蚀界线

**2.岩浆热液型**

该类型矿床广泛分布于大兴安岭中南段,包括拜仁达坝、孟恩陶勒盖、花敖包特等银多金属矿床。主要受控于燕山期形成的北东向断裂次级配套的东西向压扭性断裂及同期的北西向张性断裂。成矿与燕山期的岩浆活动有关。

## 三、内蒙古自治区银矿成矿规律

**1.时间分布规律**

从元古宙—燕山期均有银矿产出,大部分已探明的矿床(点)及资源储量集中在中生代,成矿作用由老到新逐渐增强，燕山期为最重要的成矿期。

**2. 构造对成矿作用的控制**

在中元古代，太古宙—古元古代陆块边缘的裂陷槽或裂谷带内形成与海相基性—中酸性火山喷发活动相关的铁、银、铅锌多金属矿床，银矿以伴生矿种存在；古生代的碰撞造山构造环境下，由于中酸性岩浆侵位，形成岩浆热液型银多金属矿床，银矿床规模较小；中生代滨西太平洋活动大陆边缘构造环境形成了雄伟的大兴安岭火山-岩浆构造带，并形成与陆相中酸性火山-侵入杂岩相关的众多不同类型的银多金属矿床。

**3. 岩浆岩对成矿的控制作用**

岩浆岩的成分对银多金属矿的形成起着控制作用，形成热液型银多金属矿床的侵入岩多为中酸性侵入岩，主要岩石为石英二长岩-石英二长闪长岩-花岗闪长岩-黑云母二长斑岩-花岗闪长斑岩，为超浅成—浅成岩石，呈小岩株、岩枝和岩脉产出。岩浆起源于下地壳。

## 第十五节　铝土矿典型矿床及成矿规律

铝土矿矿产预测类型及其代表性矿床见表 6-74。

**表 6-74　铝土矿典型矿床一览表**

| 矿产预测类型 | 典型矿床 | 成因类型 |
|---|---|---|
| 古风化壳沉积型（碳酸盐类） | 城坡铝土矿 | 风化壳型 |

### 一、铝土矿典型矿床

内蒙古自治区探明的铝土矿仅城坡 1 处，矿床类型为陆台滨海潟湖相胶体化学沉积型铝土矿，区域上称为 G 层铝土矿。

城坡铝土矿位于内蒙古自治区鄂尔多斯市准格尔旗内。本区高铝矾土（铝土矿）产于石炭纪本溪组下部，分布较为广泛，层位稳定，一般分布在奥陶纪灰岩侵蚀面 2m 之上。多呈似层状、透镜状产出。矿石类型为一水铝土矿。矿床成矿要素见表 6-75。

**表 6-75　城坡铝土矿典型矿床成矿要素表**

| 成矿要素 | | 描述内容 | | | | 要素类别 |
|---|---|---|---|---|---|---|
| | | 储量 | 铝土矿 44.3 万 t | 平均品位 | $Al_2O_3$ 45%～55% | |
| | | 特征描述 | 碳酸盐岩古风化壳异地堆积型 | | | |
| 地质环境 | 构造背景 | Ⅱ华北陆块区，Ⅱ-5 鄂尔多斯陆块，Ⅱ-5-1 鄂尔多斯盆地 | | | | 必要 |
| | 成矿环境 | Ⅱ-14 华北成矿省，Ⅲ-14 山西断隆铁、铝土矿、石膏、煤、煤层气成矿带 | | | | 必要 |
| | 成矿时代 | 中石炭世 | | | | 必要 |

**续表 6-75**

| 成矿要素 | | 描述内容 | 要素类别 |
|---|---|---|---|
| 矿床特征 | 矿体形态 | 似层状和透镜状，在成矿前的喀斯特地形的凹陷处，形成较厚的矿体。铁矾土矿体一般呈较稳定的层状，倾角平缓 | 重要 |
| | 岩石类型 | 铝土质页岩、页岩、铝土矿、灰岩 | 重要 |
| | 岩石结构构造 | 以鲕状结构、致密块状构造为主 | 必要 |
| | 矿物组成 | 以一水铝石为主，并有少量高岭石、菱铁矿，及微量水云母、氧化铁、电气石、锆石针铁矿 | 重要 |
| | 矿石结构构造 | 结构：鲕状结构、豆状结构、致密状结构和凝胶状结构；<br>构造：致密块状和疏松块状构造，局部偶尔见有薄土状构造，有时为叶片状构造 | 必要 |
| | 围岩蚀变 | 褐铁矿化 | 重要 |
| | 主要控矿因素 | 严格受地层控制(石炭纪本溪组) | 重要 |

矿床成矿模式：城坡铝土矿位于鄂尔多斯陆块向斜的东北部边缘。该区在奥陶纪以前一直沉降。当奥陶系沉积之后，由于地质运动所致，整个华北陆块上升为陆地，该区随陆块的升起转为风化剥蚀区，直到中石炭世才有海水入侵。在风化过程中，古老岩系中的铝被析出，形成游离状的氧化铝，在地表水的介质条件下，与表生硫酸及腐殖酸结合生成稳定的络合物被带到海水中，由于 pH 值的变化及海水中盐类物质的作用下，使保护氧化铝的腐殖化合物受到破坏，从而使铝发生凝聚沉淀而生成铝土矿(高铝矾土)。在铝土层之上有上石炭统之煤层和碳质页岩，通过它而渗入铝土矿的水就饱含有机酸，从而使氧化铁还原，形成一些菱铁矿和黄铁矿(图 6-69)。

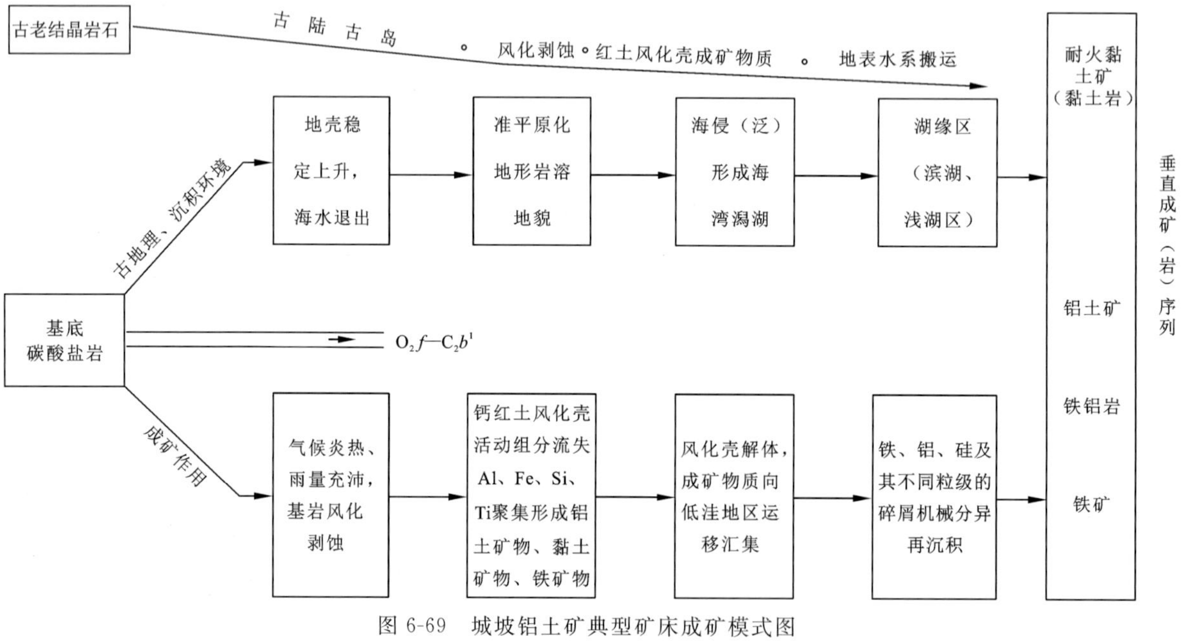


图 6-69　城坡铝土矿典型矿床成矿模式图

## 二、内蒙古自治区铝土矿成矿规律

内蒙古自治区内铝土矿仅分布在清水河县内，分布极为局限。本区高铝矾土矿形成于奥陶纪灰岩侵蚀面上部，石炭纪本溪组下部，常与山西式铁矿伴生或位于山西式铁矿之上。矿体呈层状、似层状、透镜状等，矿层连续性较差，不稳定。区内铝土矿是华北陆块北部沉积环境较稳定的滨海潟湖相胶体化学沉积的产物。

# 第十六节　稀土矿典型矿床及成矿规律

稀土矿矿产预测类型及其代表性矿床见表6-76。

**表6-76　稀土矿典型矿床一览表**

| 序号 | 矿产预测类型 | 典型矿床 | 成因类型 |
|---|---|---|---|
| 1 | 沉积变质型 | 桃花拉山稀有稀土矿 | 沉积变质型 |
| | | 白云鄂博铁铌稀土矿 | |
| 2 | 岩浆型 | 巴尔哲(八〇一)稀土矿 | 岩浆型 |

## 一、稀土矿典型矿床

### 1.沉积变质型

该类型稀土矿床主要有桃花拉山稀有稀土矿、白云鄂博铁铌稀土矿。其中白云鄂博铁铌稀土矿见前述铁矿部分。

桃花拉山稀有稀土矿位于内蒙古自治区阿拉善右旗阿朝公社。矿体赋存于古元古代龙首山岩群塔马沟组中(现为二道凹岩群)，含矿地层是中部地层中的条带状大理岩夹角闪片岩、薄层状钙质片岩。矿体多为似层状，少数呈透镜状。矿层与围岩呈渐变关系，并可见同步褶皱现象，局部为断层接触。矿石自然类型分为大理岩型(系指褐铁矿化大理岩、黑云母大理岩)和片岩型(系指黑云方解片岩、绿泥钙质片岩、方解黑云片岩)两种。目前在两种不同类型的矿石中已发现57种矿物。矿床成矿要素见表6-77。

**表6-77　桃花拉山稀有稀土矿典型矿床成矿要素表**

| 成矿要素 | | 描述内容 | | | | 要素类别 |
|---|---|---|---|---|---|---|
| | | 储量 | 稀有稀土约2.3万t | 平均品位 | REO 0.3%～1.15% | |
| | | 特征描述 | 同生沉积后期变质的层控稀有稀土矿床 | | | |
| 地质环境 | 构造背景 | Ⅱ华北陆块区，Ⅱ-7阿拉善地块，Ⅱ-7-2龙首山基底杂岩带 | | | | 必要 |
| | 成矿环境 | Ⅲ-3阿拉善(台隆)铜、镍、铂、铁、稀土、磷、石墨、芒硝、盐成矿亚带(Pt、Pz、Kz)，Ⅲ-3-②龙首山元古宙铜、镍、铁、稀土成矿亚带(Pt、Nh—Z) | | | | 必要 |
| | 成矿时代 | 古元古代 | | | | 必要 |

续表 6-77

| 成矿要素 | | 描述内容 | 要素类别 |
|---|---|---|---|
| 矿床特征 | 矿体形态 | 矿带东西长达 11km，南北宽约 60m，目前大致圈出 20 个矿体，长 35～904m，一般长 200～500m，平均厚 1.4～14.0m，延深一般在 200m 以下，矿体多为似层状，少数呈透镜状 | 次要 |
| | 岩石类型 | 条带状大理岩、角闪片岩、薄层状钙质片岩 | 重要 |
| | 岩石结构 | 不等粒花岗变晶结构 | 次要 |
| | 矿物组成 | 主要为方解石，有少量绿水云母、磁铁矿、黄铁矿、褐铁矿、磷灰石、铌铁矿、金红石、独居石等，含稀土独立矿物有独居石、易解石、褐帘石 | 重要 |
| | 矿石结构构造 | 结构：浸染状结构；<br>构造：条带状构造和块状构造 | 次要 |
| | 围岩蚀变 | 主要蚀变类型有褐铁矿化、黑云母化、磷酸盐化、钾钠长石化 | 次要 |
| | 主要控矿因素 | 古元古代条带状大理岩夹角闪片岩、薄层状钙质片岩为主要的含矿母岩，矿体受该地层控制，后期的岩浆侵入导致的热液交代对成矿起到一定的促进作用 | 必要 |

矿床成矿模式：桃花拉山稀有稀土矿位于华北陆块区阿拉善地块龙首山基底杂岩带，本区构造变动强烈，矿床产于沉积的碳酸盐类岩石中，含矿层位处于挤压破碎带，断裂或层间构造为后期热液交代。富集成矿起到进一步的促进作用。矿床是于地槽发育初期从火山作用中带来大量的挥发组分和稀有稀土等有益元素，经搬运(或就地)沉淀，在固结成岩过程中形成稀有稀土矿物。随着褶皱隆起及区域变质和蚀变作用等因素，原沉积物发生进一步变化，$CO_2$ 与 $H_2O$ 沿裂隙或破碎带流动，使成矿物质再次活化、迁移、富集。后期的岩浆侵入导致的热液交代对成矿起到一定的促进作用(图 6-70)。

### 2. 岩浆型

岩浆岩型稀土矿主要有巴尔哲(八〇一)稀土矿、三道沟稀土矿。下面仅叙述巴尔哲(八〇一)稀土矿。

巴尔哲(八〇一)大型稀土矿位于大兴安岭南缘内蒙古自治区扎鲁特旗内。成矿与(岩浆分异晚期)过碱性花岗岩(钠闪石花岗岩)有关。碱性花岗岩岩体由八〇一和八〇二两个岩体组成，具明显的水平分带和垂直分带。在水平方向上自边部向内部分为 3 个相带：晶洞状钠闪石花岗岩带、伟晶状花岗岩带、强蚀变钠闪石花岗岩带。垂向上自上而下分 5 个带：晶洞状钠闪石花岗岩带、伟晶状花岗岩带、强蚀变钠闪石花岗岩带、弱蚀变似斑状钠闪石花岗岩带、似斑状钠闪石花岗岩带。矿化与蚀变强弱密切相关。岩体自上而下蚀变由强变弱，稀有稀土元素含量由高变低。矿床成矿要素见表 6-78。成矿模式见图 6-71。

## 二、稀土矿预测工作区成矿规律

### 1. 沉积变质型

沉积变质型是内蒙古自治区内重要的稀土矿床类型，查明其稀土资源储量占全区稀土总量的 99%以上，主要包括白云鄂博铁铌稀土矿和桃花拉山稀有稀土矿(表 6-79，图 6-72)，矿床形成的时代主要为古—中元古代。其中桃花拉山稀有稀土矿分布于阿拉善地块，赋存于古元古代龙首山岩群塔马沟组中

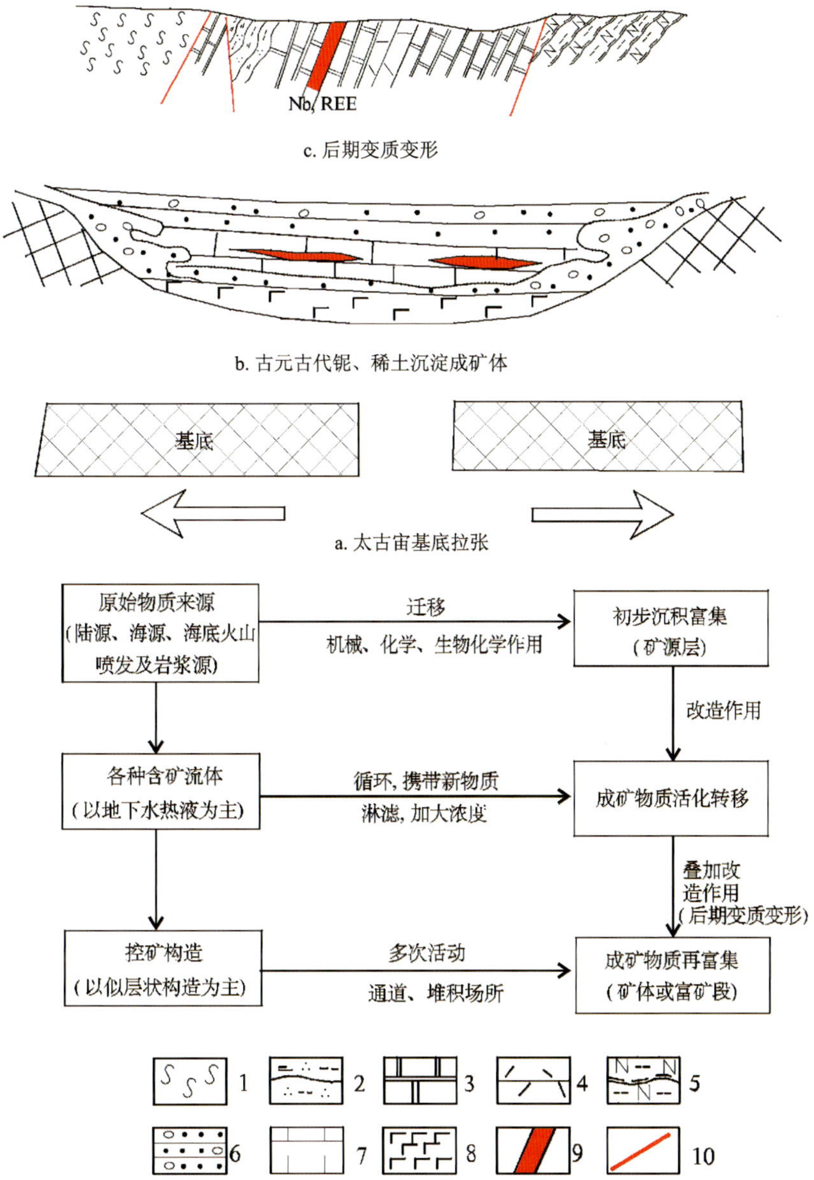


图 6-70　桃花拉山稀有稀土矿典型矿床成矿模式图

1. 斑状混合岩；2. 二云石英片岩；3. 大理岩；4. 火山岩；5. 黑云斜长片麻岩；6. 砂砾岩；7. 灰岩；8. 玄武岩；9 矿体；10. 断层

**表 6-78　巴尔哲稀土矿典型矿床成矿要素表**

| 成矿要素 | | 描述内容 | | | | 要素类别 |
|---|---|---|---|---|---|---|
| | | 储量 | 氧化物：$Y_2O_2$ 37.81 万 t，$Ce_2O_3$ 40.62 万 t | 平均品位 | REO：$Y_2O_2$ 37.81%，$Ce_2O_3$ 40.62% | |
| | | 特征描述 | 岩浆晚期分异型稀土矿床 | | | |
| 地质环境 | 构造背景 | Ⅰ-1 大兴安岭弧盆系，Ⅰ-1-7 锡林浩特岩浆弧 | | | | 必要 |
| | 地质环境 | Ⅲ-8 林西-孙吴铅、锌、铜、钼、金成矿带(Vl、Il、Ym)，Ⅲ-8-② 神山-白音诺尔铜、铅、锌、铁、铌(钽)成矿亚带(Y) | | | | 必要 |
| | 成矿时代 | 全岩 Rb-Sr 等时线年龄 127.2～125.2Ma | | | | 必要 |

续表 6-78

| 成矿要素 | | 描述内容 | 要素类别 |
|---|---|---|---|
| 矿床特征 | 矿体形态 | 地表出露不连续，一部分出露在矿区西南端，而主要岩体出露在矿区东半部，呈北北东向展布，前者平面呈近圆形，后者平面上呈哑铃状 | 重要 |
| | 岩石类型 | 晶洞状钠闪石花岗岩、伟晶状钠闪石花岗岩、强蚀变钠闪石花岗岩、弱蚀变似斑状钠闪石花岗岩、钠闪石花岗岩 | 重要 |
| | 岩石结构 | 半自形晶粒状结构、似斑状结构 | 次要 |
| | 矿物组成 | 稀有稀土及放射性矿物：羟硅铍钇铈矿、铌铁矿、锌晶光榴石、烧绿石、独居石、锆石；金属矿物：钛铁矿、赤铁矿、磁赤铁矿、磁铁矿、磁性钛铁矿；硅酸盐矿物：条纹长石、钠长石、钠闪石、霓石；其他矿物：石英、萤石、碳硅石、方解石 | 重要 |
| | 矿石结构构造 | 结构：半自形晶粒状结构、斑状结构、包含状结构；<br>构造：主要有稀疏浸染状构造，其次为斑杂状构造 | 次要 |
| | 围岩蚀变 | 主要蚀变类型有硅化、角岩化、钠闪石化、钠长石化，也见有萤石化和碳酸盐化 | 次要 |
| | 主要控矿因素 | 东西向巴尔哲扎拉格断裂为碱性花岗岩浆上侵提供通道，区内短轴背斜是岩浆定位的良好空间，良好的封闭条件使矿液不易逸散，发育的岩浆收缩节理裂隙有利于矿液的聚积与交代作用 | 必要 |

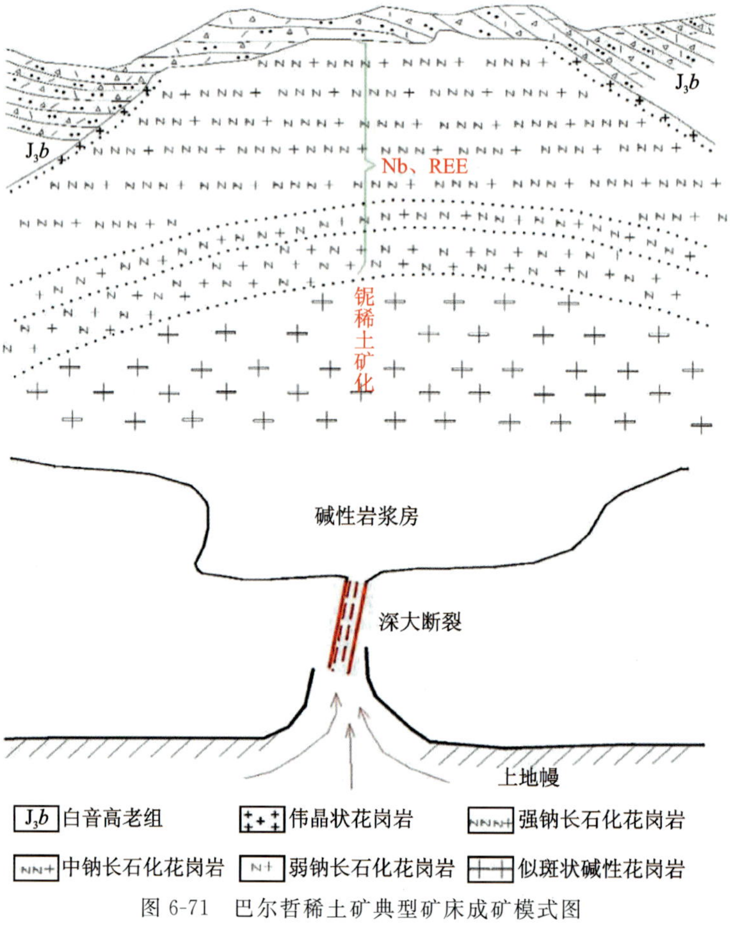


图 6-71　巴尔哲稀土矿典型矿床成矿模式图

（有人称之为二道凹岩群），条带状大理岩是矿体围岩。矿体多为似层状，少数呈透镜状。矿层与围岩呈渐变关系，并可见同步褶皱现象，局部为断层接触。矿石自然类型分为大理岩型（系指褐铁矿化大理岩、黑云母大理岩）和片岩型（系指黑云方解片岩、绿泥钙质片岩、方解黑云片岩）两种。

**表 6-79　桃花拉山稀有稀土矿预测工作区成矿要素表**

| 成矿要素 | | 描述内容 | 要素类别 |
|---|---|---|---|
| 地质环境 | 大地构造位置 | Ⅱ华北陆块区，Ⅱ-7 阿拉善地块，Ⅱ-7-2 龙首山基底杂岩带 | 必要 |
| | 成矿区(带) | 属Ⅱ-5 华北西部(陆块)成矿省，Ⅲ-18 阿拉善铜、镍、铂、铁、稀土、磷、石墨、芒硝、盐成矿亚带($P_1$、Pz、Kz)，Ⅳ龙首山元古宙铜、镍、铁、稀土成矿亚带($P_1$、Nh—Z)，Ⅴ桃花拉山铌稀土矿集区($P_1$) | 必要 |
| | 区域成矿类型及成矿期 | 沉积变质型；古元古代 | 必要 |
| 控矿地质条件 | 赋矿地质体 | 古元古代条带状大理岩夹角闪片岩、薄层状钙质片岩 | 必要 |
| | 控矿侵入岩 | 区内侵入岩主要有两期，即吕梁期闪长岩和加里东晚期花岗岩。花岗岩是区内主要侵入岩，多呈岩株和岩脉状产出。有侵入、捕虏矿带或矿体的现象 | 次要 |
| | 主要控矿构造 | 成矿前断裂为走向 310°～315°的冲断层，大体呈“S”形，中间近东西。为控矿的主要构造 | 重要 |
| 区内相同类型矿点 | | 区内 1 个同类型矿点 | 重要 |

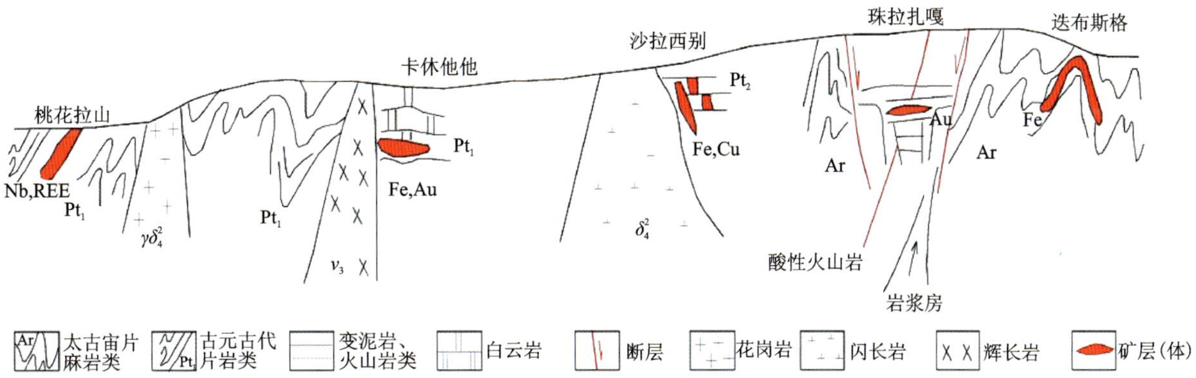


图 6-72　桃花拉山稀有稀土矿区域成矿模式图

**2. 岩浆型**

岩浆型稀土矿主要有巴尔哲（八〇一）大型稀有稀土矿（表 6-80，图 6-73）和三道沟稀土矿。成矿与（岩浆分异晚期）过碱性花岗岩（钠闪石花岗岩）有关。岩体具明显的水平分带和垂直分带。矿化与蚀变强弱密切相关。岩体自上而下蚀变由强变弱，稀有稀土元素含量由高变低。

## 三、内蒙古自治区稀土矿成矿规律

**1. 时间分布规律**

内蒙古自治区稀土矿的形成时代跨越比较大，新太古代、元古宙、中生代均有分布，其中以中元古代

**表 6-80　巴尔哲稀有稀土矿预测工作区成矿要素表**

| 成矿要素 | | 描述内容 | 要素类别 |
|---|---|---|---|
| 地质环境 | 大地构造位置 | Ⅰ天山-兴蒙造山系，Ⅰ-1 大兴安岭弧盆系，Ⅰ-1-6 锡林浩特岩浆弧($Pz_2$) | 重要 |
| | 成矿区(带) | Ⅱ-13 大兴安岭成矿省，Ⅲ-50 林西-孙吴铅、锌、铜、钼、金成矿带(Vl、Il、Ym)，Ⅳ502 神山-白音诺尔铜、铅、锌、铁、铌(钽)成矿亚带(Y)，Ⅴ502-2 巴尔哲铌、钽矿集区(Yl) | 重要 |
| | 区域成矿类型及成矿期 | 岩浆晚期分异交代矿床；燕山期 | 重要 |
| 控矿地质条件 | 赋矿地质体 | 晚侏罗世—早白垩世碱性花岗岩 | 必要 |
| | 控矿侵入岩 | 晚侏罗世—早白垩世碱性花岗岩 | 必要 |
| | 主要控矿构造 | 北北东向褶皱及北北东向断裂 | 次要 |
| 区内相同类型矿产 | | 已知大型矿床 1 处 | 重要 |

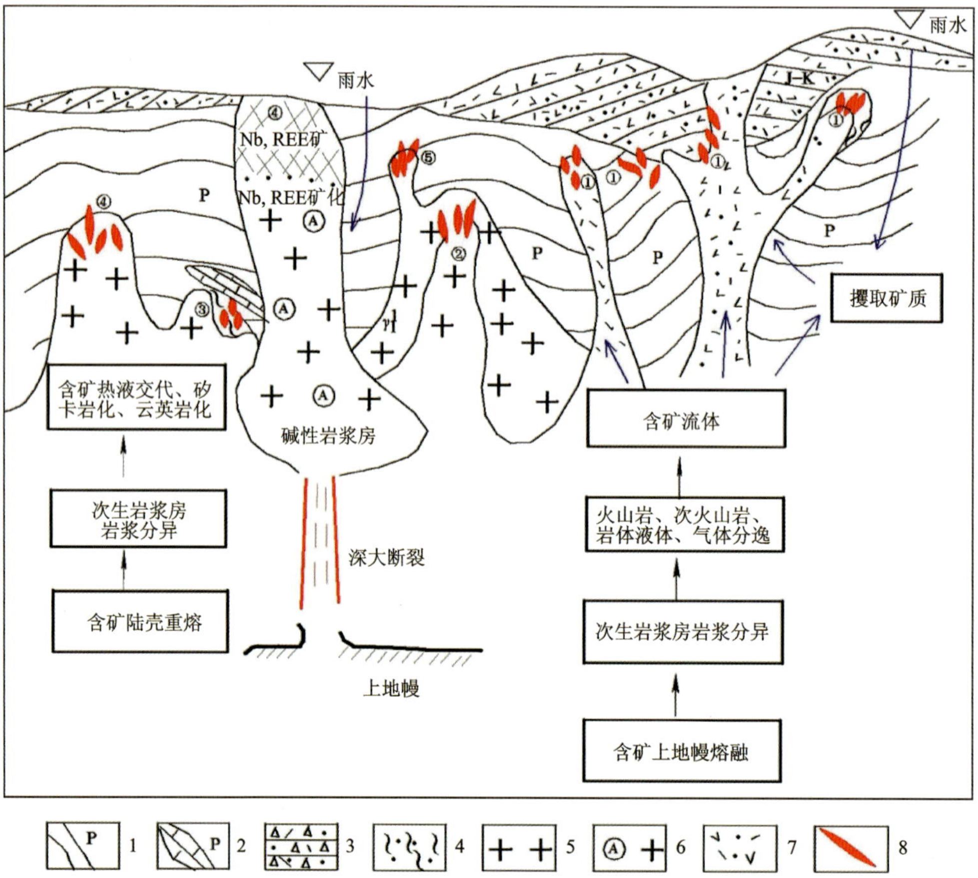


图 6-73　巴尔哲稀有稀土矿区域成矿模式图

1.二叠纪碎屑岩夹中基性—中酸性火山岩；2.二叠纪碎屑岩夹碳酸盐岩透镜体；3.侏罗纪火山角砾凝灰岩、熔岩；4.矽卡岩；5.花岗岩；6.碱性花岗岩；7.英安斑岩，安山玢岩；8.矿床。①大井式(火山岩-次火山岩中)；②孟恩陶勒盖式(岩体内接触带中)；③黄岗梁式(矽卡岩中)；④巴尔哲式(碱性岩体)；⑤胡家店式(岩体顶部，边部)

为主。新太古代以三道沟式稀土矿为主。古元古代时期目前只发现桃花拉山1处小型矿床。中元古代时期是内蒙古自治区及全国最重要的稀土成矿期，形成白云鄂博超大型稀土矿，占稀土总量的99%。中生代时期为岩浆晚期型稀土矿，以巴尔哲大型铌稀土矿为代表。

**2. 构造对成矿的控制作用**

①不同的成矿构造环境，产生不同类型的矿产。太古宙高级变质岩区赋存透辉石型磷-稀土矿。元古宙时，在太古宙—古元古代陆块边缘的裂陷槽或裂谷带内形成古元古代沉积变质型铌稀土矿及中元古代海相基性—中酸性火山喷发活动相关的稀土矿。中生代滨西太平洋活动大陆边缘构造环境形成了雄伟的大兴安岭火山-岩浆构造带，并形成与陆相中酸性火山-侵入岩相关的铌等矿床。②区域性深断裂构造带对成矿的控制作用。区域性深断裂构造带均为超壳断裂，有的甚至切穿了岩石圈，所以它们是地幔物质上涌的通道，而与其有成生联系的次断裂或裂隙构造带往往就是成矿物质沉淀定位的空间。另一方面，这些深断裂构造带具有活动时间长的特点，所以在其一侧或两旁常分布形成不同时代的矿床，例如巴尔哲含稀土碱性花岗岩来源于上地幔；华北陆块北缘深断裂带两侧分布不同时代形成的铁、铌、稀土矿床，铁、铜、镍、铅、锌、金、萤石等矿床。

**3. 地层对成矿的控制作用**

成岩过程中直接成矿，阿拉善群中桃花拉山铌稀土矿床、白云鄂博群中白云鄂博铁铌稀土矿床等都是在地层岩石形成的同时成矿物质大量富集而形成的。

**4. 岩浆岩对成矿的控制作用**

白云鄂博铁铌稀土矿床与碱性火山喷发活动有直接关系；巴尔哲铌稀土矿主要受岩浆岩成分控制，碱性花岗岩是其含矿母岩。

## 第十七节 磷矿典型矿床及成矿规律

### 一、磷矿典型矿床

根据典型矿床选取原则，结合内蒙古自治区磷矿勘查现状，选取布龙图磷矿、正目观磷矿、炭窑口磷矿、哈马胡头沟磷矿、盘路沟磷矿、三道沟磷矿6个磷矿床，作为沉积变质型、沉积型和岩浆岩型3类预测类型的典型矿床。

根据6个典型矿床的成矿要素和成矿模式，总结内蒙古自治区内磷矿典型矿床成矿规律，按照成因类型不同，其规律有以下几点。

内蒙古自治区已发现磷矿床(点)集中分布在中西部地区。大地构造位置属华北陆块区(Ⅱ)狼山-阴山陆块(Ⅱ-4)、鄂尔多斯陆块(Ⅱ-5)、阿拉善地块(Ⅱ-7)。Ⅲ级成矿区(带)属Ⅲ-3阿拉善铜、镍、铂、铁、稀土、磷、石墨、芒硝、盐成矿亚带，Ⅲ-11华北陆块北缘西段金、铁、铌、稀土、铜、铅、锌、银、镍、铂、钨、石墨、白云母成矿带，Ⅲ-12鄂尔多斯西缘(台褶带)铁、铅、锌、磷、石膏、芒硝成矿带。

**1. 沉积变质型磷矿**

沉积变质型磷矿分布在华北陆块区(Ⅱ)，狼山-阴山陆块(Ⅱ-4)，狼山-白云鄂博裂谷带(Ⅱ-4-3)。Ⅲ级成矿区(带)属华北陆块北缘西段金、铁、稀土、铜、铅、锌、磷成矿带(Ⅲ-11)，Ⅳ级成矿区(带)属白云鄂博-商都金、铁、稀土、铜、磷成矿亚带(Ⅲ-11-①),霍各乞-东升庙铜、铅、锌、硫、铁成矿亚带(Ⅲ-11-②);Ⅴ级成矿区(带)属浩牙日胡都格-老羊壕金、磷、铁矿集区(Ⅴ-1),炭窑口-东升庙硫、铅、锌、铜、磷矿集区(Ⅴ-1)。

**2. 沉积型磷矿**

沉积型磷矿分布在华北陆块区(Ⅱ)的鄂尔多斯陆块(Ⅱ-5),贺兰山被动陆源盆地(Ⅱ-5-2);阿拉善地块(Ⅱ-7),龙首山基底杂岩带(Ⅱ-7-2)。Ⅲ级成矿区(带)属鄂尔多斯西缘(台褶带)铁、铅、锌、磷、石膏、芒硝成矿带(Ⅲ-12),阿拉善(台隆)铜、镍、铂、铁、稀土、磷、石墨、芒硝成矿带(Ⅲ-3);Ⅳ级成矿区(带)属龙首山元古宙铜、镍、铁、稀土成矿亚带(Ⅲ-3-②),贺兰山-乌海铁、铅、锌、磷、石膏、芒硝、煤成矿亚带(Ⅲ-12-①);Ⅴ级成矿区(带)属宽湾井铁、磷矿集区(Ⅴ-1),正目观-崔子窑沟磷矿集区(Ⅴ-1)。

**3. 岩浆岩型磷矿**

岩浆岩型磷矿分布在华北陆块区(Ⅱ),狼山-阴山陆块(Ⅱ-4),固阳-兴和陆核(Ⅱ-4-1)。Ⅲ级成矿区(带)属华北陆块北缘西段金、铁、稀土、铜、铅、锌、磷成矿带(Ⅲ-11);Ⅳ级成矿区(带)属乌拉山-集宁金、银、铁、铜、铅、锌、石墨、白云母成矿亚带(Ⅲ-11-③);Ⅴ级成矿区(带)属盘路沟-三道沟磷矿集区(Ⅴ-1)。

## 二、磷矿预测工作区成矿规律

**1. 沉积变质型磷矿**

1)布龙图-百灵庙预测工作区

含矿地层为中元古代白云鄂博群尖山组三岩段,岩性主要为灰黑色碳质板岩、红柱石碳质板岩夹粉砂质板岩、变质长石石英砂岩、含磷砂质板岩、灰岩、变质含磷石英砂岩、含磷石榴铁闪石岩,磷矿赋存在该地层的下部。

矿区位于狼山-白云鄂博裂谷带中段,经历了多次构造运动,区内褶曲、断裂构造十分发育,构造线总体走向北东。白云鄂博群尖山组三岩段含磷地层主要分布在预测工作区的中西部,受区域构造影响,该地层内次级褶皱构造发育,在布龙图矿区及其外围,控矿构造以布龙图倒转背斜为主,背斜轴走向北东,南东翼倒转,两翼地层倾向北西,北西翼倾角18°~20°,南东翼倾角40°~55°。该背斜自北东往南西倾没,地表呈“V”字形出露,背斜轴部及两翼均为尖山组。在其两翼发育次一级的褶曲构造。区内断裂构造主要有北东向断裂和北西向断裂两组,北东向断裂组被石英斑岩充填,而北西向断裂组则被花岗斑岩充填。这两组断裂对磷矿体的连续性有一定的破坏作用。

区内岩浆活动强烈,延续时间长,从元古宙一直到中生代侏罗纪,其中以中生代岩浆活动最为强烈,且岩浆岩分布广泛。岩浆岩岩性从基性岩到酸性岩均有,以酸性岩为主。岩浆活动方式多样,既有喷发又有侵入,但以侵入活动为主。伴随着强烈的岩浆活动,区域上还分布有大量不同时代的脉岩。

2)炭窑口-东升庙预测工作区

含矿地层为中元古代长城纪渣尔泰山群增隆昌组中,含矿岩性主要为灰白色含磷变质砂岩、磷灰石硅质灰岩、含磷砂质硅质灰岩,围岩有白云质灰岩、碳质板岩。

本区地处狼山-白云鄂博裂谷带,构造线总体走向北东、北东东,狼山复背斜控制着区内磷矿和其他矿产的分布。炭窑口磷矿即赋存于狼山复背斜北翼,含矿地层为走向北东、倾向北西、倾角50°~70°的单斜构造。

区内断裂构造十分发育,狼山南缘断裂尤为发育,以压扭性走向逆冲断层为主,倾向北西,倾角较缓,一般在40°~60°之间。北东东向断裂多为平推断层,切割北东向断层。另一组较为发育的断层为北北西向横向张扭性断层，断距大，多分布于狼山西段。两组次级断裂往往组成格状构造。山前以一深大断裂向河套沉积盆地接触过渡。

本区褶皱、断裂具有明显的继承性和叠加性质，控制着狼山地区的展布方向和分布范围，也限定了沉积矿产和沉积变质矿产的找矿方向。已知在构造复合部位伴生的次级断裂，如果热液蚀变作用比较强，岩体和围岩蚀变比较明显，都有不同程度的矿化，往往形成工业矿体。如查干温都尔铅矿、额布图铜镍矿、阿尔其图含金铜矿、呼和萨拉含钴锰赤铁矿和阿贵庙汞矿等，都是与断裂有关的热液型矿产，均具有一定的成矿规模。

**2. 沉积型磷矿**

1)正目观-崔子窑沟预测工作区

区内出露的主要地层有寒武纪张夏组泥质条带灰岩、鲕状灰岩，馒头组深灰色厚层灰岩、薄层灰岩、灰色含钙质石英砂岩、浅灰色白云质灰岩、深灰色白云岩，以及灰色含磷钙质砂岩、磷块岩，馒头组一段为主要含磷层位，主要岩性为含磷钙质砂岩、磷块岩。奥陶系、石炭系、二叠系、三叠系、白垩系以及第四系均在该区域内有出露。

矿区位于贺兰山沉降带中部，构造较为简单，区内断层较多且很发育，断距大于5m的断层共计有15条，多为横切断层斜交断层及逆掩断层，且小的断层更为发育，其中对矿体有较大影响的主要断层分述如下：双逆掩断层$F_{12}$、$F_{11}$走向原应近南北向，但受到后期构造的作用使之成为“S”形，水平断距300m，垂直断距135m，该断层为成矿后构造，对矿体起到了破坏作用。$F_{12}$断层断距更大，垂直和水平断距可达数百米，延长约4000m，造成王全口组硅质灰岩覆于正目观组底砾岩甚至磷矿层之上，使矿层缺失。逆掩断层$F_1$、$F_{14}$的上盘沿断层面向上滑动，造成矿层部分缺失，其水平断距与垂直断距也都很大，由于后期侵蚀切割作用影响使之成为曲线形状。$F_1$断层上盘上升造成张夏组显著变薄，由于后期的侵蚀切割作用使之成为“S”形。正断层$F_{15}$走向近南北向，水平断距260～270m，垂直断距100～150m，该断层造成馒头组泥板岩与张夏组厚层结晶灰岩直接接触。矿区内的断层均对矿体起到了破坏作用。

区内发育有复式背斜构造，主要体现在正目观—南寺一带以及崔子窑沟地区，含磷地层便位于该褶皱带内，含磷地层寒武纪馒头组受到该褶皱所控制。褶皱轴一般呈北西-南东方向，亦见有北北东-南南西向。

2)哈马胡头沟-夹沟预测工作区

含矿地层为震旦纪韩母山群草大坂组，磷矿体赋存于草大坂组下部含磷石英砂岩、砂质磷质岩、含磷绢云母石英千枚岩中，顶板岩性为薄层结晶灰岩，底板岩性为石英砂岩。

区内岩浆岩较为发育，出露有粗粒花岗岩、辉长岩、细晶岩脉、石英脉、闪长岩脉等。断裂构造也较为发育，出现若干条北西西-南东东向大断裂。

区内发育有褶皱构造，主要体现在哈马胡头沟—叉井子一带，该褶皱控制了地层的主要形态，含磷地层就位于褶皱带内，褶皱轴向一般为北西西-南东东向。

**3. 岩浆岩型磷矿**

1)三道沟-旗杆梁预测工作区

含矿地层为中太古代集宁岩群黄土窑组下段斜长片麻岩，该地层是矿区内含磷岩系的直接围岩。含矿带由含磷透辉岩、钾长石化含磷透辉岩组成，呈脉状侵入于黄土窑组中。

区内岩浆岩比较发育，有超基性、基性、中性以至酸性等各类岩石。除喜马拉雅期大面积的玄武岩外，在基底地区以燕山期基性、中酸性为主的脉岩的小岩体普遍发育。其中燕山期酸性岩与内生矿产关系密切。岩浆活动方式多样，伴随着强烈的岩浆活动，区域上还分布有大量不同时代的脉岩。

区内构造变动较为频繁，构造复杂。古老构造变动生成了一系列北东向基底褶曲，伴随褶曲变动，有花岗岩体的侵入,随后经受变质作用、混合岩化作用,局部地段古老褶曲的次级裂隙控制了一些非金属(磷)矿脉的分布。古生代构造变动致使本区长期隆起,经受剥蚀,局部残留震旦系和山西盆地堆积的侏罗纪含煤砂页岩。区内西南角,古生代至侏罗纪处于长期下降,沉积了一套厚度较大的下部为海相岩层、上部为海陆交互相的含煤岩层。燕山运动期间断裂变动强烈,伴随燕山期断裂变动,侵入了一些小型的花岗岩体及不同性质的大量脉岩。燕山末期,区内西部有所下降,沉积了较大面积的河湖相泥沙岩。喜马拉雅运动,频繁的玄武岩流、强烈的火山运动,大同火山群及丰镇市北、东、西附近分布的大面积玄武岩流与火山锥,都是这个时期火山运动的产物。喜马拉雅期构造变动明显地继承了燕山期断裂变动的特征,空间展布往往吻合。区内一些与燕山期岩浆活动有联系的内生多金属、非金属矿产的分布,明显地受到同时期生成的各种断裂构造体系的控制。

2)盘路沟-保安乡预测工作区

含矿地层为中太古代集宁岩群石榴斜长片麻岩,该地层是矿区内含磷岩系的直接围岩。含矿带由含磷透辉正长岩组成,呈脉状侵入于集宁岩群中。

区内断裂构造发育,与磷矿成矿有关的断裂构造呈北东东走向。

区内岩浆活动强烈,磷矿的生成与脉状透辉岩及带状含磷透辉正长岩两种侵入岩有密切关系,只有正长岩贯入或交代透辉岩地段或其附近才产生强烈的磷灰石富集。

根据以上不同预测类预测工作区磷矿成矿规律,总结区域成矿规律:内蒙古自治区磷矿主要分布在华北陆块北缘西段,该区域亦是区内金属、非金属矿产的重点成矿带。区内磷矿资源主要分布在狼山-白云鄂博裂谷带及其两侧地区,已查明磷矿资源量的81%、预测磷矿资源量的86%均赋存在该区域内。各类磷矿产地呈近东西向展布,与狼山-白云鄂博裂谷带走向一致,说明该构造带对磷矿床的成矿有绝对的控制作用。

区内磷矿主要成矿期为中元古代,主要含矿地层为渣尔泰山群和白云鄂博群,磷矿成因类型主要为沉积变质型,其次为沉积型。磷矿与铁矿、多金属矿产具有较为密切的共(伴)生关系。现有资料表明,区域物探重力异常和航磁异常对磷矿的找矿具有一定的指示意义。

## 第十八节 硫铁矿典型矿床及成矿规律

### 一、硫铁矿典型矿床

根据内蒙古自治区硫铁矿勘查现状,选取东升庙硫铁矿、炭窑口硫铁矿、山片沟硫铁矿、榆树湾硫铁矿、别鲁乌图硫铁矿、六一硫铁矿、朝不楞伴生硫铁矿、拜仁达坝伴生硫铁矿、驼峰山硫铁矿9个硫铁矿矿床作为相应预测类型的典型矿床。

根据9个典型矿床的成矿要素和成矿模式,总结内蒙古自治区内硫铁矿典型矿床成矿规律,其规律有以下两点。

#### 1.空间分布规律

在空间位置上,内蒙古自治区硫铁矿主要集中分布在狼山-渣尔泰山、准格尔旗-清水河县、白乃庙-哈达庙、黄岗梁-大井子、朝不楞-博克图及陈巴尔虎旗-根河6个地区,每个地区硫铁矿的成因类型、形成时代等都各有特点。

狼山-渣尔泰山地区:在中新元古代,本区形成白云鄂博和渣尔泰山两个裂陷槽,在海底火山喷发及接受沉积的过程中,伴随有硫多金属的成矿作用,形成海底喷流沉积型硫多金属矿,经变质作用形成沉积变质型硫铁矿，该时期硫铁矿成矿作用强烈，但空间上分布局限。

准格尔旗-清水河县地区：以晚石炭世本溪组铝土页岩为赋矿围岩的沉积型硫铁矿为主，该区硫铁矿与铝土页岩为同一层位同时生成。其特征往往是倾斜相同，矿层亦同样产于奥陶纪石灰岩风化壳上，但其石膏常在铝土页岩节理面上或裂隙中，尤其在硫铁矿氧化之处更为明显，同时与围岩有着明显的界线，说明了石膏是生于铝土页岩及硫铁矿之后，初步推断硫铁矿分布范围：①在该区铝土页岩分布的地区断续有硫铁矿存在；②硫铁矿在走向倾向上变化不大，但其厚度因地而异。总体来看该地区寻找硫铁矿潜力较大。

白乃庙-哈达庙地区：以岩浆热液型硫铜多金属矿为主，成矿时代为海西中晚期（二叠纪）。该区基岩地层主要为晚石炭世本巴图组、早二叠世三面井组，其遭受广泛的区域变质作用，形成了一套变质细砂岩、变质粉砂岩及板岩等浅变质岩系；区域变质作用后，又遭受了海西期、燕山期、喜马拉雅期构造运动，对岩石进行了改造；海西期、燕山期、喜马拉雅期岩浆活动在本区都较强烈，使地层支离破碎，呈孤岛状分布在岩浆岩中，同时对岩石进行渗透和交代。由于原岩经过多次构造岩浆活动的叠加改造，改变（造）原岩结构构造和矿物成分。伴随着北东向构造活动，北东向的片理化非常发育，动力变质作用强烈。从而形成了一套面目皆非的变质或蚀变岩石组合。近年矿产勘查有较大突破。

黄岗梁-大井子地区：以岩浆热液型和海相火山岩型铅锌硫铜多金属矿为主，成矿时代为海西中期（石炭纪）。是内蒙古重要的有色金属及贵金属基地。

朝不楞-博克图地区：以岩浆热液型（矽卡岩型）铁硫矿为主，成矿时代为燕山早期。

陈巴尔虎旗-根河地区：以海相火山岩型硫铁矿为主，成矿时代为海西中期（石炭纪），早年该区发现了不少硫铁矿床，今后具有进一步找矿潜力。

**2. 时间分布规律**

内蒙古硫铁矿的形成时代跨越比较大，从太古宙至新生代均有不同程度的分布。其中以中元古代和晚古生代为两个非常重要的成矿期，主要的大型、超大型硫铁矿均形成在这 3 个时期。不同的地质构造背景形成的矿床类型及规模不同（表 6-81）。

中元古代时期在陆块边缘形成两个平行展布的裂陷槽——白云鄂博和渣尔泰山裂陷槽，在两个裂陷槽内沉积了两套碎屑岩-碳酸盐岩夹少量火山岩建造，分别称为白云鄂博群和渣尔泰山群。特殊的构造背景和丰富的物质来源，在两套地层中各自形成了一套含矿建造。渣尔泰山群阿古鲁沟组砂板岩中赋存大型铅锌硫及铁矿，如东升庙铅锌硫矿、甲生盘铅锌硫矿。

晚古生代主要形成一些大中小型的岩浆热液型和海相火山岩型硫铁矿，主要分布在内蒙古中部苏尼特右旗朱日和镇地区、准格尔旗地区、内蒙古东部的黄岗梁-大井子地区和陈巴尔虎旗、根河地区。

此外，中生代岩浆活动非常强烈，形成了以矽卡岩型和热液型为主的铁硫矿床。地理位置上以大兴安岭（环太平洋火山岩带）地区出露最多。矽卡岩型铁硫矿床多为铁多金属矿床，具重要的综合利用价值。

（1）中元古代沉积变质型硫铁矿．狼山式沉积变质型硫铁矿。

（2）石炭纪形成六一海相火山沉积型硫铁矿床；阳泉式榆树湾浪上沉积型硫铁矿；拜仁达坝式岩浆热液型铅锌硫多金属矿床。

（3）二叠纪白乃庙式和别鲁乌图式岩浆热液型铜硫铁矿床；驼峰山式海相火山岩型硫多金属矿。

（4）燕山早期仅有矽卡岩型朝不楞铁多金属矿。

多数矿床可进一步分为若干个成矿阶段。

**表 6-81 内蒙古自治区主要硫铁矿类型成矿时代演化**

| 成矿时代 | 矿床类型 | | 沉积变质型 | 沉积型 | 矽卡岩型 | 火山岩型 | 岩浆热液型 |
|---|---|---|---|---|---|---|---|
| 新生代 | 第四纪 | 喜马拉雅期 | | | | | |
| | 第三纪<br>（古近纪＋新近纪） | | | | | | |
| 中生代 | 白垩纪 | 燕山期 | | | | | |
| | 侏罗纪 | | | | + | | |
| | 三叠纪 | 印支期 | | | | | |
| 古生代 | 二叠纪 | 海西期 | | | | + | ++ |
| | 石炭纪 | | | ++ | | + | ++ |
| | 泥盆纪 | | | | | | |
| | 志留纪 | 加里东期 | | | | | |
| | 奥陶纪 | | | | | | |
| | 寒武纪 | | | | | | |
| 元古宙 | 新元古代 | | | | | | |
| | 中元古代 | | +++ | | | | |
| | 古元古代 | | | | | | |
| 太古宙 | 新太古代 | | | | | | |
| | 中太古代 | | | | | | |
| | 古太古代 | | | | | | |

注：+++为重要成矿时代，++为较重要成矿时代，+为次要成矿时代。

## 二、硫铁矿预测工作区成矿规律

### 1. 沉积变质型硫铁矿

东升庙-甲生盘预测工作区

东升庙-甲生盘沉积变质型硫铁矿含矿岩系为中元古代长城纪渣尔泰山群阿古鲁沟组，含矿岩性主要为碳质细晶灰岩、碳质板岩、千枚状碳质粉砂质板岩。

本区地处狼山-白云鄂博裂谷带，构造线总体走向北东、北东东，狼山复背斜控制着区内硫铁矿和其他矿产的分布。炭窑口硫铁矿即赋存于狼山复背斜北翼，含矿地层为走向北东、倾向北西、倾角50°～70°的单斜构造。

区内断裂构造十分发育，狼山南缘断裂尤为发育，以压扭性走向逆冲断层为主，倾向北西，倾角较缓，一般在40°～60°之间。北东东向断裂多为平推断层，切割北东向断层。另一组较为发育的断层为北北西向横向张扭性断层，断距大，多分布于狼山西段。两组次级断裂往往组成格状构造。山前以一深大断裂向河套沉积盆地接触过渡。

本区褶皱、断裂具有明显的继承性和叠加性质，控制着狼山地区硫铁矿的展布方向和分布范围，也限定了沉积矿产和沉积变质矿产的找矿方向。已知在构造复合部位伴生的次级断裂，如果热液蚀变作用比较强，岩体和围岩蚀变比较明显，都有不同程度的矿化，往往形成工业矿体。

**2. 沉积型硫铁矿**

房塔沟-榆树湾预测工作区

房塔沟-榆树湾沉积型硫铁矿矿床产于中石炭统底部的铝土页岩中，岩层延深稍有呈波状形之构造，即随奥陶纪石灰岩之风化壳而变化着，矿层走向呈 NW20°，倾向南西，倾角为 5°～10°。矿床矿物成分较为简单，有黄铁矿、黄铜矿、石膏、铝土页岩，同时黄铁矿在铝土页岩中的分布保持着较好的规律性，就是接近于奥陶纪石灰岩之风化壳，铝土页岩底部黄铁矿多呈星散状分布。黄铁矿结核常呈不规则形状出现，它们在疏软铝土页岩中，生成的结核大小极不一致，直径几毫米至几厘米，结核有时以生物遗骸作为其核心，因其核心集结而成逐渐生长。

本预测区内断裂构造并不发育，以北西-南东向为主，具代表性的为公盖梁南部的正断层，长约 8.4km，倾向南西，该断层切断含矿建造铝土页岩地层。另外规模比较大的北西-南东正断层位于寺儿沟、后三黄水一带，长度分别为 2.4km 和 4km，倾向均为南西，横切寒武纪三山子组；其次为北东向正断层，位于清水河县西部，长度约为 2km，倾向南东，其中一条正断层倾向北西，长约 1km。

**3. 岩浆热液型硫铁矿**

1)别鲁乌图-白乃庙预测工作区

区带内主要地层有古元古代宝音图岩群灰色石榴二云石英片岩、石英岩夹透闪大理岩；晚石炭世本巴图组活动陆缘类复理石、碳酸盐岩夹火山岩建造；早二叠世基性、中酸性火山岩及硅泥岩；早中二叠世大石寨组陆缘弧火山岩、火山岩屑复理石建造；中二叠世哲斯组残留陆表海碎屑岩、碳酸盐岩夹火山岩建造。白垩系及第三系（古近系＋新近系）、第四系均有不同程度出露。与别鲁乌图硫铁矿关系密切的地层主要为晚石炭世本巴图组。

岩浆岩以海西晚期侵入岩在区域上广泛分布。按其侵入顺序可分为 4 个较大的活动期。本期主要为黑云母花岗岩的侵入，遍布全区。以第一、二期活动较强，岩性分布较广，多呈岩基状产出。

区域内较大的断裂构造主要有两条：一是产于区域东部的 80 号断层，呈北东向，全长 25km，在本区域地质图范围内长 12.5km，断层为逆断层，构造面南东倾，倾角不详，发育于海西晚期及燕山期花岗岩体中；二是产于区域西部谷那乌苏以南的 40 号断层，呈近东西向，长度 5.5km，在东部表现为正断层，在西部性质不明，产于青白口纪白乃庙组第五段第一岩性层内。余者为一些规模较小的断层，在区域内零星分布，按其产出的方向可分为近东西向、北东向和北西向 3 组，正断层、逆断层及平移断层均有产出。

根据区域内地层间存在较大的不整合，说明区域内构造运动主要有加里东期、海西期、燕山期和喜马拉雅期 4 期。其中以海西期构造变动表现最为强烈，是本区的主要褶皱期。

2)拜仁达坝-哈拉白旗预测工作区

区域侵入岩十分发育，主要为海西期石英闪长岩-闪长岩，二叠纪中性、中酸性侵入岩，三叠纪基性及中性侵入岩与燕山期中酸性侵入岩。其中海西期石英闪长岩是拜仁达坝矿区银多金属矿含矿母岩。矿物成分主要为石英、斜长石、角闪石，具片麻理构造，片麻理方向与区域构造线一致。该石英闪长岩岩体为拜仁达坝矿区银多金属矿主要赋矿围岩，侵入到宝音图岩群（锡林郭勒杂岩）及晚石炭世本巴图组中，并在早二叠世砂砾岩内见其角砾。锆石 U－Pb 同位素年龄为 316.7～315.2Ma。该岩体暗色矿物为角闪石，浅色矿物为斜长石和石英，副矿物为锆石，不透明矿物为磁铁矿、黄铁矿。

燕山期花岗岩类分布于矿区南、北两侧，北侧呈小岩株状零星出露，主要为肉红色花岗岩，具半自形花岗结构、块状构造，矿物成分为石英、斜长石、钾长石及黑云母；南侧为出露于北大山地区的花岗岩基，为浅灰色斑状花岗岩，矿物成分以斜长石为主，石英次之，含少量钾长石，侵入于中下侏罗统，但被晚侏罗世酸性火山岩覆盖，同位素测年为 159Ma。

海西期石英闪长岩-闪长岩为硫铁矿的形成提供了热源。

区内褶皱构造为米生庙复背斜，一系列的小背斜、向斜组成，褶皱轴向北东，由锡林郭勒杂岩组成复背斜轴部,石炭系、二叠系组成翼部。断裂构造以北东向压性断裂为主,其次为北西向张性断裂,而近东西向压扭性断裂不甚发育,但拜仁达坝矿床矿体受东西向压扭断层控制。孙丰月等认为北东向断裂为燕山期构造,东西向压扭断裂可能为北东向断裂的次级构造,但唐克东等认为北东向压扭断裂为晚古生代形成的挤压构造。中亚造山带包含了多期次的岩浆弧增生地体,不同时代多种属性的微陆块,以及多条代表古洋盆残骸的蛇绿混杂带,被共识为强增生、弱碰撞的大陆造山带或增生型造山带。该造山带经历了多期次的洋盆形成、俯冲-消减和闭合,最终形成于古生代末—三叠纪初的中朝板块与西伯利亚古陆块之间的大陆碰撞。因此,在中亚造山带广泛发育以锡林郭勒杂岩为代表的古生代变质杂岩,锡林郭勒杂岩的主要岩性为黑云母斜长片麻岩,变质相为角闪岩相,变质作用温度为540～550℃,压力为0.5～0.6GPa,原岩主要为晚古生代岛弧环境的钙碱性火山岩建造。区内主要侵入体米生庙岩体岩性与苏尼特左旗白音保力道岩体相似,白音保力道岩体的SHRIMP锆石U-Pb年龄为(309±8)Ma,两者同位素年龄相近。据此认为,矿区内石英闪长岩-闪长岩形成的构造背景可能与白音保力道岩体相同,均为石炭纪—二叠纪的岩浆弧。

拜仁达坝伴生硫铁矿除了受到侵入岩提供的热源,它的形成与区内断裂构造也是密不可分的,断裂构造是成矿的主要通道与有利场所。

3)朝不楞-霍林河预测工作区

区域上大面积被新生界覆盖,古生代地层发育中晚泥盆世塔尔巴格特组,周边所见地层除少量奥陶系、志留系外,还出露晚侏罗世满克头鄂博组、玛尼吐组、白音高老组火山岩等地层。北东向长期多次活动的区域性断裂,控制了燕山期中性—酸性侵入岩的侵位及其展布方向。含矿岩系为中晚泥盆世塔尔巴格特组,即与燕山期中性—酸性侵入岩接触带的外接触带中矽卡岩带是铁多金属矿床形成的有利构造部位。

传统大地构造观点认为工作区属天山-内蒙地槽褶皱系,内蒙古海西中期褶皱带,二连-东乌旗复背斜的东部北翼,褶皱构造比较发育,主要褶皱期有加里东中期、晚期,海西早期、晚期及燕山早期,其中以海西早期的构造最发育;断裂构造也较发育,大致可分为北东向、北北东向和北西向3组,其中以北东向最发育,多发生在加里东期和海西期,而北北东向和北西向多发生在燕山期。与岩浆岩有关的矿床、矿点及推断与矿有关的磁异常呈北东向带状分布,主要是受北东向区域构造控制,燕山早期第二次黑云母花岗岩侵入到中奥陶世罕乌拉组下岩段和中泥盆世塔尔巴格特组下岩段地层中,在成矿有利的外接触带内,形成矽卡岩型铁锰多金属矿床,沿断裂破碎带的某些地段有时发生热液型磁铁矿化作用,矿带、矿体的分布与北东向断裂破碎带有关。

**4. 海相火山岩型硫铁矿**

1)六一-十五里堆预测工作区

硫铁矿床赋存在片岩带中。片岩带则赋存于酸性熔岩和凝灰质中酸性熔岩的过渡带中,此带与上下熔岩大致呈过渡关系。

预测工作区位于内蒙-大兴安岭海西中期褶皱系、大兴安岭海西中期褶皱带、三河镇复向斜内,属得耳布尔-黑山头中断陷和东南沟中坳陷交会部位。区内大面积出露的中生代火山岩,基本上是与北东向的构造有着成生联系,各期的火山岩层其倾角多在10°～15°之间,很少超过25°,而且显示单斜构造可能与火山机构有关,这说明中生代地层没有褶皱作用,反映了陆台区构造的基本特点。断裂活动较强,以北东向断裂为主,其次为北西向和近南北向断裂。

2)驼峰山-孟恩陶勒盖预测工作区

与硫铁矿矿床形成有直接相关的火山岩建造为大石寨组流纹质凝灰岩建造,主要岩性为流纹质凝灰岩、英安质凝灰岩建造,英安质凝灰岩、安山岩夹凝灰质砂岩建造,安山岩夹凝灰质砂岩建造,总厚度1120m,火山喷发旋回为大石寨旋回,岩石成因类型为壳幔混合源。

本区构造线总体呈北东向,主体为大区域上的天山复式背斜。由于经历多期次构造活动的影响,背斜轴部及两翼东西向、北东向、北西向断裂构造发育，大部分地区形成菱形断块或棋盘格式构造。

褶皱构造仅见于老房身—龙头山一带，称为老房身-驼峰山-龙头山背斜。背斜轴呈北东向展布，轴部为中石炭世大理岩，两翼为早中二叠世大石寨组中基性—中酸性火山岩。背斜两翼有黄铁矿体(化)出露，尤其是北翼更为集中。工作区即位于背斜中段北翼。

断裂构造以北东—北东东向最为发育，东西向次之，北西向断裂规模较小。

北东—北东东向断裂以黄岗梁-甘珠尔庙断裂带最大，呈北东向纵贯全区，该断裂带发生于二叠纪，活跃于中生代，它不仅控制着早二叠世海槽的沉积相、中生代的断裂边界、花岗岩带的展布，同时控制硫多金属矿床的分布。

总体来说，区内构造控制了矿床的分布范围。

# 第十九节 萤石矿典型矿床及成矿规律

## 一、萤石矿典型矿床

根据矿床的矿产预测类型，结合内蒙古自治区萤石矿勘查现状，选取苏莫查干敖包萤石矿、东七一山萤石矿、恩格勒萤石矿、苏达勒萤石矿、大西沟萤石矿、昆库力萤石矿 6 个萤石矿床，作为相应预测类型的典型矿床，考虑到白云鄂博伴生萤石矿的特殊性，此次工作未将其纳入到典型矿床范围之内，后文将对该矿床类型作具体总结。

根据 6 个典型矿床的成矿要素和成矿模式，总结内蒙古自治区内萤石矿典型矿床成矿规律，其规律有以下几点。

### 1. 空间分布规律

从地理位置上看，内蒙古自治区内的萤石矿主要分布在四子王旗、乌拉特中旗，多数萤石矿分布不是很集中，可以说，萤石矿遍布整个内蒙古自治区，但从数量以及规模上来看，便显得比较“萧条”。

沉积改造型萤石矿：又称层控热液型萤石矿，是区内比较重要的矿床类型，从规模上来看，区内中型以上的矿床多产于此类型矿床，虽然该类型矿床数量较小，但从已查明的资源量可以看到，沉积改造型萤石矿探明资源量是热液充填型萤石矿床探明资源量的 2.3 倍。该类型矿床分布上比较集中，全部产于二叠纪大石寨组的一套碳酸盐岩地层当中，完全被这套地层所控制，并且受到褶皱构造的影响也比较明显，尤其是在褶皱核部的平缓部位，往往产出了厚度较大的萤石矿体。

热液充填型萤石矿：该类型矿床是区内分布最广和数量最多的矿床类型，形成时代以印支期—燕山期为主，应该说，此类型矿床完全受到中性、酸性岩浆岩控制，有些岩浆岩本身便含有萤石矿，且该类岩体是本类型矿床的热源。另一方面，此类型矿床的矿体形态多呈脉状、透镜状等，主要是受到断裂构造制约，断裂构造是该类型矿床形成的主要场所，也因岩浆热液具有流动性的性质，矿体形成后的主要形态和断裂构造的走向、产状等基本吻合。

伴生型萤石矿：本区仅有白云鄂博伴生萤石矿，其被认定为目前为止世界上最大的萤石矿床，该矿床位于包头市白云鄂博矿区，矿体产于白云鄂博群哈拉霍疙特组的碳酸岩体中，与主矿种铁矿、稀土矿、铌矿伴生产出，在本区乃至世界也是比较少见的萤石矿床种类。

### 2. 时间分布规律

内蒙古自治区内萤石矿产主要为热液充填型矿床，矿床成矿时代最早为海西期，且仅有 1 处，最晚为燕山期。热液型矿床的形成时代多集中于燕山期，其次为海西期、印支期，代表性矿床主要有东七一山萤石矿、恩格勒萤石矿、苏达勒萤石矿、大西沟萤石矿、昆库力萤石矿；沉积改造型矿床所占的比例较小，仅在苏莫查干敖包一带发现该类型矿床、矿(化)点共计6处，受地层控制明显，矿床的形成时代均为二叠纪，比较典型的矿床为苏莫查干特大型萤石矿；而伴生型萤石矿只有白云鄂博矿区1处，成矿时代为中元古代。根据矿床的形成时代，可进一步划分为若干个成矿阶段。萤石矿类型成矿时代演化见表6-82。

**表6-82 内蒙古自治区主要萤石矿类型成矿时代演化**

| 成矿时代 | | | 矿床类型 | | |
|---|---|---|---|---|---|
| | | | 沉积改造型 | 热液型充填型 | 伴生型萤石矿 |
| 新生代 | 第四纪 | 喜马拉雅期 | | | |
| | 第三纪 | | | | |
| 中生代 | 白垩纪 | 燕山期 | | + | |
| | 侏罗纪 | | | +++ | |
| | 三叠纪 | 印支期 | | ++ | |
| 古生代 | 二叠纪 | 海西期 | +++ | ++ | |
| | 石炭纪 | | | + | |
| | 泥盆纪 | | | | |
| | 志留纪 | 加里东期 | | | |
| | 奥陶纪 | | | + | |
| | 寒武纪 | | | | |
| 元古宙 | 新元古代 | | | | |
| | 中元古代 | | | | +++ |
| | 古元古代 | | | | |
| 太古宙 | 新太古代 | | | | |
| | 中太古代 | | | | |
| | 古太古代 | | | | |

注：+++为重要成矿时代，++为较重要成矿时代，+为次要成矿时代。

萤石矿的形成时间多集中于海西期—燕山期，其中沉积改造型萤石矿因受沉积建造的控制作用，都形成于二叠纪，白云鄂博伴生萤石矿产于中元古代白云鄂博群哈拉霍疙特组的碳酸岩体中。从表6-82中可看出，本区矿床形成的时代主要为海西期、印支期以及燕山期。

加里东期萤石矿：该期所形成的萤石矿最少，只有黑沙图萤石矿，该萤石矿主要受到中晚奥陶世英云闪长岩、白岗岩控制。

海西期萤石矿：该期是萤石矿形成的一个比较重要时代，形成了一些小型的萤石矿床，矿床多被一系列海西期花岗岩类所控制，如昆库力萤石矿、旺石山萤石矿、神螺山萤石矿和东七一山萤石矿。

印支期萤石矿：该期也是一个比较重要的形成时代，形成了一系列由印支期中酸性花岗岩类控制的中、小型矿床，如跃进、哈布达哈拉中型萤石矿，恩格勒、库伦敖包小型萤石矿等。

燕山期萤石矿：相对来讲，本期形成的萤石矿床在内蒙古自治区内数量最多，但主要以小型矿床为主，该期形成的矿床、矿(化)点同样受到花岗岩类制约，苏达勒萤石矿、大西沟萤石矿即产于此时代。另外，自治区内最大的萤石矿床——苏莫查干萤石矿与该期的岩浆活动是不分开的，岩浆活动对苏莫查干萤石矿的多次热液叠加作用，显然对萤石矿的再次富集及后期成矿有着积极影响。

### 3. 成矿作用演化规律

1）沉积改造型萤石矿成矿作用演化规律

海西晚期，火山喷发和沉积作用形成有早中二叠世大石寨组火山-沉积岩地层，而且还产出有纹层状和条带状萤石集合体以及富萤石块体（矿胚）。燕山期的区域性大断裂活动致使中酸性岩浆活动，是矿床改造的主要动力，并且花岗岩的发展贯穿于矿床改造的整个过程，改造作用是在基本封闭的条件下进行的，被岩浆作用直接和间接加热了的地下卤水（雨水和部分原生水）在高温-气液（可能有少量岩浆水的加入）条件下，通过渗滤作用对沉积萤石矿进行原地改造，使矿石矿物重新结晶成矿。然而在受到岩浆活动作用再次成矿之后，在矿石中仍可见有保存完好的原始沉积特征，即使在受到强烈改造的苏莫查干萤石矿中，也见有残留的没有受到任何改造痕迹的沉积矿石。

2）热液充填型萤石矿成矿作用演化规律

区域性大断裂构造引起岩浆活作用，岩浆结晶分异过程中产生的含矿热水经运移或淋滤花岗岩体内部的分散物质，在构造运动晚期于岩体的内部或内外接触带，经充填和交代作用形成矿床。此类矿床一般形成高温蚀变产物，但是在岩浆分异的晚期阶段，岩浆热液上涌于地温梯度逐渐降低的部位，往往形成低温或中低温的岩浆热液矿床，受构造因素影响，矿体往往呈脉状、透镜状，围岩蚀变常出现高岭土化以及硅化等低温蚀变产物，这也是此类矿床的重要找矿标志。

3）白云鄂博伴生萤石矿成矿作用演化规律

该矿床受到白云石碳酸岩控制，呈东西向分布于宽沟北斜南翼，岩体顺层侵入于中元古代白云鄂博群哈拉霍疙特组中，其展布方向与地层走向基本一致，局部略有斜交，接触面外倾。围岩蚀变强烈，具有黑云母化、角岩化、碳酸盐化、钠长石化、萤石化等。萤石随铁矿从富至贫而增加，与稀土则有同步消长趋势。

在不同板块构造单元内，由于所处的构造岩浆带和地层分区及构造单元不同，对于热液充填型萤石矿，在纵向和横向成矿作用亦有明显的演化规律，只是目前研究程度不够而已。

## 二、萤石矿预测工作区成矿规律

### 1. 沉积改造型萤石矿

苏莫查干敖包-敖包吐预测工作区

大地构造属天山-兴蒙造山系（Ⅰ），大兴安岭弧盆系（Ⅰ-1），锡林浩特岩浆弧（Ⅰ-1-6）三级构造分区，Ⅲ级成矿区（带）属阿巴嘎-霍林河铬、铜（金）、锗、煤、天然碱、芒硝成矿带（Ym）（Ⅲ-7）；Ⅳ级成矿区（带）属苏莫查干敖包-二连萤石、锰成矿亚带（Vl）（Ⅲ-7-④）。

预测工作区内大面积出露二叠纪大石寨组。该组为一套酸性—中酸性海相火山熔岩、火山碎屑岩夹正常沉积碎屑岩、泥岩和碳酸盐岩组合。底部的碳酸盐岩建造为含萤石建造，且多发育萤石矿化、硅化、碳酸盐化、高岭土化等，成为重要找矿标志。

区内一个大向斜即为由大石寨组构成的北东向开阔向斜，核部为大石寨组五岩段，翼部为二岩段、三岩段、四岩段，东南翼部分被上述北东向大断裂错断。该向斜内北东向和北西向断裂以及次级北东向褶皱发育，苏莫查干萤石矿产于向斜的两翼，矿体产状受到地层的控制。

本区内一条大断裂即查干敖包-敖包吐阿木-伊和尔-额合哈善图-瑙尔其格北东向大断裂，呈北东向、南西向斜穿全预测区，其北西侧为隆起区，且岩石普遍糜棱岩化。其东南侧为白垩纪构造盆地，而其中的大断裂构造派生的次一级小断裂构造为沉积成矿后的热液叠加成矿热液的充填流动提供了必要通道。

本区侵入岩较为发育，形成时代主要有二叠纪、侏罗纪和白垩纪。其岩石类型主要为二长花岗岩和似斑状黑云二长花岗岩，大部分分布于预测区北部。燕山期的花岗岩类为F元素的富集及成矿提供了物质及热量来源，流体当中的$CO_2$、$H_2O$以及F元素随岩浆一起搬运，为成矿提供基础，后期大气降水对大石寨组含萤石岩系进行淋滤、萃取，沿地层渗透沉积形成层状、似层状矿体。

本预测工作区内已发现有萤石矿、锰矿、铜铅锌多金属矿和铀钍等矿化。其中萤石矿矿床矿点6处(特大型1处、中型3处、矿点2处)，矿化点众多。

经综合研究，矿床的成矿系列应属华北陆块北缘与海西旋回构造-岩浆作用有关的金、铜、铁、铬、镍、钒、钛、铁、铂族、磷、萤石、膨润土矿床沉积成矿系列，北山燕山期金、铜、铅、锌亚系列。

**2. 热液充填型萤石矿**

1)神螺山预测工作区

大地构造位置属塔里木陆块区(Ⅲ)，敦煌陆块(Ⅲ-2)，柳园裂谷(Ⅲ-2-1)三级构造单元。成矿区(带)属磁海-公婆泉铁、铜、金、铅、锌、钨、锡、铷、钒、铀、磷成矿带(Ⅲ-2)，神螺山-玉石山萤石成矿亚带(Ⅲ-2-③)。

神螺山预测工作区面积较小，且神螺山萤石矿的半个矿区所在行政区已属甘肃省。本预测工作区内，地质矿产研究程度较低，目前只有1∶20万区调报告和地质矿产图，无法得到原始资料，只能根据区调成果资料进行综合研究，难免粗略。只能在神螺山萤石矿的普查报告及所附图件中，将矿脉的分布、规模和数量的记载情况作为主要根据。

区内出露的地层主要为哲斯组的一套沉积岩，从各类报告研究发现，此套地层与萤石矿并无太大关系。根据脉状萤石矿成因和图面早二叠世二长花岗岩的出露与分布特征，推论区内应有较大的早二叠世二长花岗岩的岩体存在。依据地表出露的部分资料记载：此岩体是淡肉红色中粒片麻状黑云母二长花岗岩，基质含量为斜长石30%、钾长石25%、石英30%、黑云母8%，其他副矿物主要有榍石、磷灰石、锆石，其次为磷铁矿、褐帘石、自然铅、萤石、金红石、绿帘石等。该岩体发育萤石矿化。

神螺山萤石矿即被该岩体所控制，为矿体的成矿母岩。从矿体的形态和分布特征来看，矿体被构造所控制，因此呈脉状产出，种种资料表明，矿床为岩浆热液沿断裂侵入的脉状萤石矿床。

经对以往报告的查阅与研读，认为该矿床的成矿系列应属准噶尔与海西旋回构造-岩浆作用有关的铬、铁、镍、铜、铅、锌、金、硫铁矿、石墨、石棉、水晶、宝石矿床成矿系列，成矿亚系列应为与海西中期二长花岗岩、钾长花岗岩有关的金、锡、锰、宝石、水晶矿床成矿亚系列。

2)东七一山预测工作区

大地构造属天山-兴蒙造山系(Ⅰ)、塔里木陆地(Ⅲ)一级构造分区，额济纳旗-北山弧盆系(Ⅰ-9)、敦煌陆地(Ⅲ-2)二级构造分区，红石山裂谷(C)(Ⅰ-9-2)、明水岩浆弧(C)(Ⅰ-9-3)、公婆泉岛弧(O—S)(Ⅰ-9-4)及柳园裂谷(Ⅲ-2-1)三级构造分区，Ⅲ级成矿区(带)属磁海-公婆泉铁、铜、金、铅、锌、钨、锡、铷、钒、铀、磷成矿带(Ⅲ-2)；Ⅳ级成矿区(带)属石板井-东七一山钨、钼、铜、铁、萤石成矿亚带(Ⅲ-2-①)。

区内构造较为发育，以断裂构造为主褶皱构造次之，构造线总体方向是以北西向为主，近东西向次之，北东向的较少，褶皱构造分布于测区西北部及南部，但是不太发育。本区的断裂绝大多数与成矿有关，为矿液提供通道和良好沉淀场所。以北东30°～45°和近于南北向的两组断裂最为发育。

受晚石炭世花岗闪长岩及石英闪长岩的作用，海西期的花岗岩热液伴随F、$H_2O$、$CO_2$等一起运移，在岩浆房的顶部或接近于顶部的侧壁开始富集，通过断裂裂隙以及早期岩体的孔隙流动，在早期高温高压下矿体并未真正形成，从产出的物质组分来看，并无高、中温产物，因而表明在温度与压力降到较低时，有用元素开始聚集，形成脉状、囊状、扁豆状矿体，矿体围岩多发生硅化、高岭土化蚀变，为重要找矿标志。

中粗粒花岗闪长岩($C_2\gamma\delta$)：岩石黑灰白色，中粗粒结构，由斜长石50%、钾长石20%、石英>20%、角闪石+黑云母10%组成，$SiO_2$含量69.15%、$Na_2O$含量3.54%、$K_2O$含量2.87%、$Na_2O>K_2O$，A/CNK=1.03，AR=2.22，属过铝质高钾钙碱性系列。

中粒石英闪长岩($C_2\delta o$):岩石呈灰绿色,中粒结构,由斜长石60%、角闪石30%、石英10%,少量黑云母组成,$SiO_2$含量53.10%,$Na_2O$含量2.56%,$K_2O$含量1.66%,A/CNK=0.92,属偏铝质高钾钙碱性系列。

中粗粒花岗闪长岩($C_2\gamma\delta$):岩石黑灰白色,中粗粒结构,由斜长石50%、钾长石20%、石英>20%、角闪石+黑云母10%组成,$SiO_2$含量69.15%,$Na_2O$含量3.54%,$K_2O$含量2.87%,$Na_2O>K_2O$,A/CNK=1.03,AR=2.22,属过铝质高钾钙碱性系列。

中粒石英闪长岩($C_2\delta o$):岩石呈灰绿色,中粒结构,由斜长石60%、角闪石30%、石英10%,少量黑云母组成,$SiO_2$含量53.10%,$Na_2O$含量2.56%,$K_2O$含量1.66%,A/CNK=0.92,属偏铝质高钾钙碱性系列。

本区的萤石矿床按成矿系列划分应属华北陆块北缘与海西旋回构造-岩浆作用有关的金、铜、铁、铬、镍、钒、钛、铁、铂族、磷、萤石、膨润土矿床成矿系列组-岩浆成矿系列,成矿亚系列为与中晚期中酸性侵入岩-火山岩有关的金、铜、萤石、膨润土矿床成矿亚系列。

3)哈布达哈拉-恩格勒预测工作区

该区大地构造属华北陆块区(Ⅱ)一级构造分区,阿拉善地块(Ⅱ-7)二级构造分区,迭布斯格-阿拉善右旗陆缘岩浆弧(Ⅱ-7-1)三级构造分区,Ⅲ级成矿区(带)属阿拉善铜、镍、铂、铁、稀土、磷、石墨、芒硝、盐成矿亚带(Pt、Pz、Kz)(Ⅲ-3);Ⅳ级成矿区(带)属碱泉子-卡休他他-沙拉西别金、铜、铁、铂成矿亚带(C、Vm、Q)(Ⅲ-3-①)。

区内出露的地层与萤石矿无直接关联,而侵入岩则为矿体的成矿母岩,与成矿有关的主要岩体有中三叠世中粗粒花岗岩、中粗粒似斑状二长花岗岩、中粗粒碱长花岗岩、中粗粒黑云母二长花岗岩。

中粗粒花岗岩,岩石呈肉红色,中粗粒花岗结构,主要由斜长石21.7%、钾长石47.4%、石英29.1%、黑云母0.8%组成,$SiO_2$含量75.75%,$Na_2O$含量3.05%,$K_2O$含量5.44%,$Na_2O<K_2O$,A/CNK为1.01,属过铝质钾质碱性系列。

中粗粒似斑状二长花岗岩:岩石呈浅灰红色—肉红色,似斑状结构,基质为中粗粒花岗结构,粒径2~4mm,主要由斜长石39.69%、钾长石23.9%、石英33.3%、黑云母3.1%组成,$SiO_2$含量73.65%,$Na_2O$含量3.45%,$K_2O$含量2.28%,$Na_2O>K_2O$,A/CNK为1.07,属过铝质中钾钙碱性系列。

中粗粒碱长花岗岩:岩石呈肉红色,中粗粒花岗结构,粒径0.5~40mm,主要由钾长石73%、斜长石>5%、石英20%、黑云母2%组成。$SiO_2$含量73.04%,$Na_2O$含量4.69%,$K_2O$含量5.05%,$Na_2O<K_2O$,A/CNK为1,属过铝质钾质碱性系列。

中粗粒黑云母二长花岗岩:岩石呈肉红色,中粗粒花岗结构,粒径2~4mm,主要由斜长石32%、钾长石27%、石英35%、黑云母6%组成。$SiO_2$含量74.38%,$Na_2O$含量3.62%,$K_2O$含量4.53,$Na_2O<K_2O$,A/CNK为1.07,属过铝质钾质碱性系列。

预测工作区与成矿有关的构造为断裂构造,而西部地区断裂构造不发育,以北西向为主,测区东部断裂构造发育,与成矿有关的断裂构造发育有北东向及北西向两组。

该区域萤石矿的形成均与上述花岗岩体有关,从产物来看,高温高压作用下的产物较少,蚀变以硅化、绢云母化、高岭土化为主,矿体与硅化、绢云母化关系十分密切,尤其是这两种蚀变叠加、厚度大的部位(褪色化明显)则成矿性较好,也是良好的找矿标志。

从矿体的产出部位和形态来看,矿床应为中低温脉状矿床。

该区萤石矿的成矿系列归为阿尔泰与印支-燕山期造山期后与碱长—偏碱性岩浆作用有关的稀有金属、白云母、宝石、贵金属、有色金属矿床成矿系列,成矿亚系列为与印支期花岗岩有关的铌、钽、铯、铍、白云母矿床成矿亚系列。

4)库伦敖包-刘满壕预测工作区

大地构造位置属华北陆块区(Ⅱ),狼山-阴山陆块(大陆边缘岩浆弧$Pz_2$),(Ⅱ-4),狼山-白云鄂博裂谷($Pt_2$)(Ⅱ-4-3)三级构造单元。成矿区(带)属华北陆块北缘西段金、铁、铌、稀土、铜、铅、锌、银、镍、铂、钨、石墨、白云母成矿带(Ⅲ-11),白云鄂博-商都金、铁、铌、稀土、铜、镍成矿亚带(Ⅲ-11-①),库伦敖包-

巴音哈太萤石矿集区(Ⅰ)(Ⅴ-1)。

从区域萤石矿矿体产出的特征来看,萤石矿与地层的关系不大,而侵入岩是萤石矿形成的主要载体,构造则是矿体的主要存储场地和岩浆期后热液运移的通道。

晚三叠世中粗粒二长花岗岩、中粗粒白云母二长花岗岩、似斑状黑云母花岗岩以及中细粒花岗闪长岩岩体对含矿元素的富集及矿体的形成起到了关键作用。

中粗粒二长花岗岩($T_3\gamma\beta m$):岩石褐黄色,花岗结构,由钾长石45%、斜长石15%、石英25%、黑云母5%、白云母10%组成,块状构造。属过铝质高钾钙碱性系列。

中粗粒白云母二长花岗岩($T_3\eta\gamma m$):花岗结构,由钾长石50%、斜长石25%、石英20%、黑云母5%组成,块状构造,属过铝质碱性系列。

斑状黑云母花岗岩($T_3\pi\gamma\beta$):岩石呈肉红色,似斑状结构,由钾长石40%、斜长石25%、石英25%、黑云母10%组成,块状构造,属过铝质碱性系列。

中细粒花岗闪长岩($T_3\eta\gamma$):岩石呈浅肉红色,花岗结构,由钾长石45%、斜长石15%、石英35%、黑云母5%组成,块状构造,属过铝质碱性系列。

上述花岗岩为萤石矿的成矿母岩。

从已有的文字记载来看,区内构造比较简单,主要以断裂为主,往往呈北西-南东向展布,而萤石石英脉则产于北西向断裂之中,这也说明矿体主要是以脉状产出,从物质组成和蚀变特征可以看出,萤石矿为中低温环境下作用的产物。

该区域内的萤石矿床都受到上述几个重要条件的制约,因而划分了成矿系列及亚系列,应为华北陆块北缘与燕山期中酸性岩浆侵入-喷发活动有关的金、银、铅、锌、钼矿床成矿系列(早→晚,西→东,幔源→壳源,侵入→喷发)成矿系列,康保-丰宁与燕山期中酸性火山-侵入岩有关的铅、锌、银、金、钼矿床成矿亚系列。

5)黑沙图-乌兰布拉格预测工作区

大地构造位置属天山-兴蒙造山系(Ⅰ),包尔汉图-温都尔庙弧盆系(Ⅰ-8),温都尔庙俯冲增生杂岩带(Ⅰ-8-2)三级构造分区。成矿区(带)属阿巴嘎-霍林河铬、铜(金)、锗、煤、天然碱、芒硝成矿带(Ym)(Ⅲ-7),白乃庙-哈达庙铜、金、萤石成矿亚带(Pt、Vm-I、Y)(Ⅲ-7-⑥)。

从成因上看,本区内的萤石矿为热液充填型萤石矿,地层对矿床基本上没有任何控制作用,而另一方面,区内最古老的中晚奥陶世英云闪长岩($O_{2-3}\gamma\delta o$)以及其变种的岩体白岗岩($O_{2-3}\gamma\chi$)为主要赋矿岩体,为矿体提供必要的热液来源。床体多呈脉状分布,且区内的构造控制了萤石矿的产出部位,构造以北东向、北西向为主,从矿体的产状即可看出,矿体产状与区内的构造走向及倾向大体相当,构造的形成具有复合性,这就使得萤石矿的形成具有多期性的特点,本区的萤石矿为受岩浆期后热液多次叠加的裂隙充填型矿床。

萤石矿的成矿系列属天山-北山与加里东旋回岩浆-沉积作用有关的磷、钒、铀、铜、锰、重晶石、硫铁矿、金、钼、铅、锌、铁、萤石、稀有、钨、锡矿床成矿系列组,成矿亚系列属与加里东后期幔源超基性—基性岩有关的铜、镍硫化物矿床成矿亚系列。

6)白音脑包-赛乌素预测工作区

大地构造分属天山-兴蒙造山系(Ⅰ),大兴安岭弧盆系(Ⅰ-1),锡林浩特岩浆弧($Pz_2$)(Ⅰ-1-6)三级构造单元。成矿区(带)属阿巴嘎-霍林河铬、铜(金)、锗、煤、天然碱、芒硝成矿带(Ym)(Ⅲ-7),Ⅲ-7-④苏莫查干敖包-二连萤石、锰成矿亚带(Vl)(Ⅲ-7-④),苏莫查干敖包-白音脑包萤石矿集区(Ⅴ、Y)(Ⅴ-1)。

该区内普遍具有中低温热液蚀变现象,蚀变主要以高岭土化、硅化为主,绢云母化也较为普遍,矿脉往往产在北东向的断裂及裂隙(节理)中,萤石和石髓往往呈同心圆状结构,且沿断裂及破碎带发育有很强的矿化现象。

晚侏罗世花岗岩($J_3\gamma$)为区内唯一的侵入岩体,其岩性为肉红色、浅肉红色和浅粉色中粗粒花岗岩和浅肉红色黑云母花岗岩,规模较小,往往呈小岩株状分布在矿区的西部和北部。岩体内北东向的节理十分发育,后期含矿热液沿裂隙贯入,因此萤石矿脉往往都产在侵入岩的内外接触带中,是矿区内的含矿母岩和赋矿层。

该区萤石矿的成矿系列为天山-北山与印支-燕山期花岗质岩浆作用有关的金、铜、钼、铅、锌矿床成矿系列，成矿亚系列为北山燕山期金、铜、铅、锌矿床成矿亚系列。

7)白彦敖包-石匠山预测工作区

大地构造位置属华北陆块区(Ⅱ)，狼山-阴山陆块(大陆边缘岩浆弧 $Pz_2$)(Ⅱ-4)，狼山-白云鄂博裂谷($Pt_2$)(Ⅱ-4-3)三级构造单元。成矿属华北陆块北缘西段金、铁、铌、稀土、铜、铅、锌、银、镍、铂、钨、石墨、白云母成矿带(Ⅲ-11)，白云鄂博-商都金、铁、铌、稀土、铜、镍成矿亚带(Ⅲ-11-①)，白彦敖包-太仆寺东郊萤石矿集区(I)(Ⅴ-2)。

区内萤石矿主要与侵入岩有关，且侵入岩十分发育，主要有晚侏罗世灰红色不等粒黑云石英二长岩、中粗粒似斑状二长花岗岩；晚三叠世深灰色、灰白色中粗粒白云母花岗岩；中二叠世肉红色中粗粒二长花岗岩；二叠纪浅红色黑云碱长花岗岩，中粒花岗岩，灰白色、淡粉色斑状花岗岩。花岗岩体为萤石矿的形成奠定了基础，萤石矿主要受到岩浆期后热液作用，将对成矿有利的元素以流体的形式贯入到区内断裂裂隙当中。

区内地质构造较为复杂，褶皱、断裂构造均较为发育。褶皱构造以达盖滩背斜为代表，出露于六十顷—达盖滩一线，轴向55°，轴长25km。褶皱宽25km，西北翼地层倾向50°，东南翼倾向60°。轴部出露地层为三面井组硬砂岩段，西翼为三面井组安山岩段，背斜南翼具有复式褶皱特征。区内断裂构造十分发育，为热液活动提供了通道。与萤石矿有密切关系的断裂构造有北东向、北西向、近东西向、近南北向，而且由于不同萤石矿矿区所处的位置的不同，各萤石矿的控矿构造也有所不同。

该区内的萤石矿的成矿系列为华北陆块北缘与海西旋回构造-岩浆作用有关的金、铜、铁、铬、镍、钒、钛、铁、铂族、磷、萤石、膨润土矿床成矿系列组，成矿亚系列为与中晚期中酸性侵入岩-火山岩有关的金、铜、萤石、膨润土矿床成矿亚系列。

8)东井子-太仆寺东郊预测工作区

大地构造位置属华北陆块区(Ⅱ)，狼山-阴山陆块(大陆边缘岩浆弧)(Ⅱ-4)，狼山-白云鄂博裂谷(Ⅱ-4-3)三级构造分区。成矿区(带)属华北陆块北缘西段金、铁、铌、稀土、铜、铅、锌、银、镍、铂、钨、石墨、白云母成矿带(Ⅲ-11)，白云鄂博-商都金、铁、铌、稀土、铜、镍成矿亚带(Ⅲ-11-①)，白彦敖包-太仆寺东郊萤石矿集区(I)(Ⅴ-2)。

预测区主要出露古生代和中生代侵入岩。其中二叠纪主要有二长花岗岩($P_2\eta\gamma$)、花岗闪长岩($P_3\gamma\delta$)和二云母花岗岩($P_3\gamma\beta m$)，均分布在中西部地区；侏罗纪主要为二长花岗岩($J_3\eta\gamma$)和花岗斑岩($J_3\gamma\pi$)；白垩纪为石英二长斑岩($K\xi o\pi$)均分布在中部和北部。脉岩不发育，只有少量花岗斑岩脉和花岗细晶岩脉。晚侏罗世二长花岗岩($J_3\eta\gamma$)为成矿母岩。

本预测区内由于新生界覆盖较广，各地质单元出露不连续，而且火山岩地区标志层不明显，故褶皱构造轮廓极不清晰，且多为小规模开阔者。但断裂构造及裂隙较发育，主要为北东—北北东向和北西—北北西向两组，南北向次之，一般规模不大，出露不连续，断裂为成矿前期矿液运移的良好通道和成矿部位。

区内萤石矿形成于晚侏罗世二长花岗岩及其一定空间范围内的内外接触带上的断层或裂隙构造中。

该区萤石矿的成矿系列应为阿尔泰与印支-燕山期造山期后与碱长—偏碱性岩浆作用有关的稀有金属、白云母、宝石、贵金属、有色金属矿床成矿系列，成矿亚系列为与燕山期花岗岩类有关的稀有金属锂、铍、铌、钽、铷、铯、白云母、金、钨矿床成矿亚系列。

9)跃进预测工作区

大地构造位置属天山-兴蒙造山系(Ⅰ)，大兴安岭弧盆系(Ⅰ-1)，锡林浩特岩浆弧(Ⅰ-1-6)三级构造单元。成矿区(带)属阿巴嘎-霍林河铬、铜(金)、锗、煤、天然碱、芒硝成矿带(Ym)(Ⅲ-7)，温都尔庙-红格尔庙铁成矿亚带(Pt)(Ⅲ-7-⑤)。

预测工作区内出露的地层主要为侏罗纪火山岩、沉积岩建造，但均与萤石矿的形成无太大联系。

预测区内出露的三叠纪花岗岩和二长花岗岩为本区萤石矿的成矿母岩，岩体的后期热液沿构造裂隙上侵，热液中的成矿元素或挥发或沉淀，在构造有利部位富集成矿，在围岩处具有较强的硅化、绢云母化以及高岭土化等。

本预测区断裂构造大致有近东西向、北西向和北东向3组。其中，塔布陶勒盖北逆断层及其次级裂隙为主要导矿构造和赋矿构造。

本区萤石矿的成矿系列归属兴安岭-张广才岭-太平岭与海西旋回岩浆-沉积作用有关的铜、铬、铁、钛、钼、金、银、铍、水晶、石墨、碳酸盐岩、陶粒页岩、煤矿床成矿系列组-岩浆成矿系列，成矿亚系列为与海西晚期花岗岩有关的石墨矿床成矿亚系列。

10)苏达勒-乌兰哈达预测工作区

大地构造位置属天山-兴蒙造山系(Ⅰ)一级构造分区，大兴安岭弧弧盆系(Ⅰ-1)二级构造分区，锡林浩特岩浆弧(Ⅰ-1-6)三级构造分区，Ⅲ级成矿区(带)属林西-孙吴铅、锌、铜、钼、金成矿带(Vl、Il、Ym)(Ⅲ-8)；Ⅳ级成矿区(带)分属莲花山-大井子铜、银、铅、锌成矿亚带(Ⅲ-8-③)。

本区主要出露晚古生代与中生代地层，主要为沉积岩建造与火山岩建造，分布面积较广，但与萤石矿的形成无关。

白垩纪中粗粒黑母花岗岩($K_1\gamma\beta$)：岩石呈灰白色，中粗粒花岗结构，块状构造。主要矿物成分为石英35%、钾长石40%、斜长石15%，少量黑云母、磁铁矿等。出露总面积约343km$^2$，岩体呈不规则状出露，为成矿母岩。岩石系列为高钾钙碱性系列，岩体K-Ar年龄为146.5～119.0Ma。暂定为燕山期。

白垩纪中粗粒角闪黑云花岗闪长岩($K_1\gamma\delta$)：岩石呈灰白色，中粗粒花岗结构，块状构造。主要矿物成分为斜长石56%、钾长石13%、石英22%，少量角闪石和黑云母。在区内出露面积较小，面积约8.44km$^2$集中于苏达勒萤石矿西部以及预测区的中东部和东北部，呈椭圆状出露，同为萤石矿形成母岩。

区内断裂构造及裂隙较发育，主要为北西-南东向和北东-南西向两组，一般规模不大，出露不连续，与萤石矿的形成密不可分的构造为北东-南西向断裂构造。

本区内萤石矿为受上述两种岩浆岩热液作用的沿构造裂隙充填脉状萤石矿床，侵入岩的岩浆期后热液为成矿元素的运移提供了便利，随着热液流体贯入到构造裂隙中，在温度降至足够低、压力不高的环境下，通过对岩体渗透及沉淀形成矿体。

通过对区内萤石矿的成因机制总结，认为该区内萤石矿的成矿系列为天山-北山与印支-燕山期花岗质岩浆作用有关的金、铜、钼、铅、锌矿床成矿系列，成矿亚系列为北山燕山期金、铜、铅、锌矿床成矿亚系列。

11)大西沟-桃海预测工作区

大地构造属大地构造位置属华北陆块区(Ⅱ)一级构造分区，大青山-冀北古弧盆系($Pt_1$)(Ⅱ-3)二级构造分区，恒山-承德-建平古岩浆弧($Pt_1$)(冀北大陆边缘岩浆弧 $Pz_2$)(Ⅱ-3-1)三级构造分区，Ⅲ级成矿区(带)属华北陆块北缘东段铁、铜、钼、铅、锌、金、银、锰、磷、煤、膨润土成矿带(Ⅲ-10)；Ⅳ级成矿区(带)属内蒙古隆起东段铁、铜、钼、铅、锌、金、银、锰、磷、煤、膨润土成矿带(Ⅲ-10-①)。

区内主要出露古元古代至中太古代地层，主要为比较古老的变质岩建造以及火山岩建造，该区的萤石矿与地层基本无直接联系。

预测工作区内花岗岩分布比较广，主要有中元古代糜棱岩化黑云母二长花岗岩；早二叠世闪长岩、黑云母二长花岗岩，中二叠世斜长花岗岩、黑云母二长花岗岩；早三叠世黑云母二长花岗岩，中三叠世角闪闪长岩、黑云母二长花岗岩，晚三叠世黑云母二长花岗岩；早侏罗世黑云角闪二长花岗岩，中侏罗世黑云母二长花岗岩，晚侏罗世黑云母二长花岗岩；早白垩世闪长玢岩。在上述花岗岩当中，燕山期黑云母二长花岗岩体，为萤石矿的形成提供必要的热液来源。

预测工作区内构造较为发育，在区内东南部一带大双庙乡西部见有大型褶皱构造，桃海萤石矿处于该褶皱的西北部，对矿床的分布无影响，区内最为发育的构造为断裂构造，萤石矿主要受到断裂的控制，是萤石矿的主要产出部位，也是矿液运移的通道，断裂走向一般为北东-南西向，主要为正断层，大西沟萤石矿处于呈北东-南西向断裂构造的边缘。区内最长断裂为碾子沟萤石矿东部的大型压扭性走滑断层，该断层长约12km，走向北西-南东，为区内的主要成矿断裂构造。区内较小的断裂主要集中于预测区西北部，多为次一级的小断裂，萤石矿床受其影响较为明显。

预测工作区内萤石矿划分的成矿系列为华北陆块北缘与燕山期中酸性岩浆侵入-喷发活动有关的金、银、铅、锌、钼矿床成矿系列(早→晚，西→东，幔源→壳源，侵入→喷发)成矿系列，桓仁-通化与燕山期中性—酸性火山-侵入岩有关的铜、金、铅、锌矿床成矿亚系列。

12)白仗子-陈道沟预测工作区

大地构造位置属天山-兴蒙造山系(Ⅰ)，包尔汉图-温都尔庙弧盆系($Pz_2$)(Ⅰ-8)，温都尔庙俯冲增生杂岩带(Ⅰ-8-2)和华北陆块区(Ⅱ)大青山-冀北古弧盆系($Pt_1$)(Ⅱ-3)，恒山-承德-建平古岩浆弧($Pt_1$)(冀北大陆边缘岩浆弧 $Pz_2$)(Ⅱ-3-1)。成矿区(带)属松辽盆地油气、铀成矿区(Yl-He)(Ⅲ-9)，库里吐-汤家杖子钼、铜、铅锌、钨金成矿亚带(Vm、Y)(Ⅲ-9-②)，白仗子-陈道沟萤石矿集区(Ⅴ、Y)(V-1)。

预测工作区内出露地层主要为中太古代变质岩建造，晚古生代变质岩及沉积岩建造，中生代的火山岩建造，本区地层与萤石矿的形成无太大联系。

预测工作区内岩浆活动比较频繁，主要有早二叠世闪长岩、石英闪长岩，中二叠世花岗闪长岩、斜长花岗岩、二长花岗岩、正长花岗岩；晚侏罗世石英闪长岩、二长花岗岩、黑云母花岗岩；早白垩世石英二长岩、正长花岗岩、碱长花岗岩、花岗斑岩。萤石矿产于海西晚期花岗杂岩体分布的外接触带及特定的构造部位。岩浆期后热液伴随成矿有利元素沿区内断裂构造贯入，为成矿打下基础。

区内褶皱构造并不发育，以断裂构造为主，断裂构造规模不大，多为小型断层，且分布范围甚广，几乎分布于整个预测区，断裂以北东-南西向为主，次为北西-南东向，断裂构造是成矿元素富集以及矿体产出的特定部位，而本区萤石矿主要受控于北东向及北东东向压扭性及张扭性构造带。

区内萤石矿的成矿系列为大兴安岭与燕山期中酸性—碱性侵入岩-喷出岩有关的铜、钼、银、铅、锌、锡、钨、铁、硫、稀土矿床成矿系列，成矿亚系列为林西与燕山期中酸性火山-侵入岩有关的锡、铁、铅、锌、银、钨矿床成矿亚系列。

13)昆库力-旺石山预测工作区

大地构造属大地构造位置属天山-兴蒙造山系(Ⅰ)，大兴安岭弧盆系(Ⅰ-1)，海拉尔-呼玛弧后盆地(Pz)(Ⅰ-1-3)三级构造，Ⅲ级成矿区(带)属新巴尔虎右旗(拉张区)铜、钼、铅、锌、金、萤石、煤(铀)成矿带(Ⅲ-5)；Ⅳ级成矿区(带)属陈巴尔虎旗-根河金、铁、锌、萤石成矿亚带(Cl、Ym-l、Ym)(Ⅲ-5-②)。

预测工作区内出露地层多为变质岩建造以及火山岩建造，且与本区萤石矿的形成无关。

预测区岩浆活动比较频繁，岩体分布范围比较广，所见侵入岩为：晚泥盆世中粒辉长岩、中粒闪长岩、中粒石英闪长岩、石英闪长玢岩、中粗粒斜长花岗岩、中粗粒花岗闪长岩；晚石炭世灰白色花岗闪长岩、浅红色黑云母花岗岩、正长花岗岩；中二叠世灰白色黑云母二长花岗岩；中侏罗世浅肉红色粗粒正长花岗岩，晚侏罗世浅灰红色花岗闪长岩、正长花岗岩；早白垩世斜长花岗岩、灰色闪长岩、灰黑色辉长岩、正长斑岩、中粒花岗岩、花岗斑岩。

以上所出露的侵入岩与萤石矿密切相关的岩体为晚石炭世黑云母花岗岩，该岩体为萤石矿成矿母岩，为萤石矿的形成提供热液。

预测工作区内主要分布有北东向、北西向、近南北向断裂，其中以北东向断裂为主，其次为北西向和近南北向断裂。断裂构造是区内萤石矿的主要成矿场所，也是岩浆期后热液良好的运移通道。

区内萤石矿床均为中低温热液脉状矿床，从物质组成来看，多为中低温环境下的产物，围岩蚀变多为硅化、绢云母化以及高岭土化等，矿体的产出形态与构造的走向及倾角等都较吻合，严格受断裂控制。

区内萤石矿的成矿系列应属华北陆块北缘与海西旋回构造-岩浆作用有关的金、铜、铁、铬、镍、钒、钛、铁、铂族、磷、萤石、膨润土矿床成矿系列组-岩浆成矿系列，与中晚期中酸性侵入岩-火山岩有关的金、铜、萤石、膨润土矿床成矿亚系列。

14)哈达汗-诺敏山预测工作区

大地构造位置属天山-兴蒙造山系(Ⅰ)，大兴安岭弧盆系(Ⅰ-1)，海拉尔-呼玛弧后盆地(Ⅰ-1-3)三级构造单元。成矿区(带)属新巴尔虎右旗铜、钼、铅、锌、金、萤石、煤(铀)成矿带(Ⅲ-5),陈巴尔虎旗-根河金、铁、锌、萤石成矿亚带(Ⅲ-5-②)。

区内出露的地层主要为古元古代变质岩建造,中生代火山岩建造,本区地层与萤石矿成矿无直接关联。

萤石矿的形成主要受控于早白垩世石英正长斑岩、花岗斑岩,这两种岩体为萤石矿的成矿母岩。

花岗斑岩($K_1\gamma\pi$):岩石呈灰白色,斑状结构,块状构造,斑晶以钾长石、斜长石、石英为主,少量黑云母、角闪石,基质为长英质,含磁铁矿、榍石、钛铁矿、磷灰石、褐帘石、锆石、萤石、石榴石以及含铅矿物。

石英正长斑岩($K_1\xi o\pi$):岩石呈灰白色,斑状结构,块状构造,斑晶:钾长石占20%~30%,少量斜长石、黑云母,基质为隐晶质矿物。

区内构造不发育,主要分布在中部和北部,构造走向主要为北东向和北西向,均为小型断裂构造,区内未见褶皱构造。与萤石矿有关的成矿构造走向为近南北向、北东东向和北西西向,为矿液运移及成矿元素富集提供了良好场所。

本区内萤石矿的成矿系列为兴安岭-张广才岭-太平岭与海西旋回岩浆-沉积作用有关的铜、铬、铁、钛、钼、金、银、铍、水晶、石墨、碳酸盐岩、陶粒页岩、煤矿床成矿系列组,成矿亚系列为与海西中晚期中酸性花岗岩有关铜、钼、银、金矿床成矿亚系列。

15)协林-六合屯预测工作区

大地构造位置属天山-兴蒙造山系(Ⅰ),大兴安岭弧盆系(Ⅰ-1),锡林浩特岩浆弧(Ⅰ-1-6)三级构造单元。成矿区(带)属林西-孙吴铅、锌、铜、钼、金成矿带(Ⅲ-8),莲花山-大井子铜、银、铅、锌成矿亚带(Ⅲ-8-③),协林-六合屯萤石矿集区(Y)(Ⅴ-2)。

本预测工作区内地层主要有晚古生代火山岩建造、沉积岩建造以及中生代的火山岩建造,该区地层与萤石矿的形成无关。

与预测区内萤石矿成矿有关的侵入岩出露有晚侏罗世闪长玢岩和早白垩世花岗斑岩岩体。

闪长玢岩($J_3\delta\mu$):岩石呈灰绿色,斑状结构,块状构造,斑晶为中长石40%、角闪石15%,基质为斜长石45%,角闪石已绿泥石化,副矿物为锆石、榍石、磁铁矿。

闪长玢岩岩体主要出露在六合屯萤石矿典型矿床周围,为萤石成矿提供了物质来源和热源。

花岗斑岩($K_1\gamma\pi$):岩石呈肉红色,斑状结构,块状构造,斑晶为石英25%、更长石15%,基质为长石40%、白云母0~20%,副矿物为锆石、金红石、磷灰石、榍石,属高钾钙碱系列。

花岗斑岩岩体主要出露在协林萤石矿区,为萤石矿的成矿直接提供热源和物质来源。

预测区内褶皱构造不发育,而断裂构造亦不发育,但断裂构造控制着区内脉状萤石矿体的形成,预测区内可见的断裂构造位于区内东部和北部,主要呈北西西向和北东向展布,与萤石矿密切相关的构造为北西向断裂构造,为矿液运移通道和萤石矿成矿的有利部位。

该区萤石矿的成矿系列为大兴安岭与燕山期中酸性—碱性侵入岩-喷出岩有关的铜、钼、银、铅、锌、锡、钨、铁、硫、稀有、稀土矿床成矿系列,成矿亚系列为突泉与燕山期中酸性和碱性侵入岩有关的铜、银、铅、锌、锡、稀有、稀土矿床成矿亚系列。

16)白音锡勒牧场-水头预测工作区

大地构造位置属天山-兴蒙造山系(Ⅰ),大兴安岭弧盆系(Ⅰ-1),锡林浩特岩浆弧(Ⅰ-1-6)三级构造分区。成矿区(带)属林西-孙吴铅、锌、铜、钼、金成矿带(Vl、Il、Ym)(Ⅲ-8),索伦镇-黄岗梁铁(锡)、铜、锌成矿亚带(Ⅲ-8-①),白音锡勒牧场-水头萤石矿集区(Y)(Ⅴ-1)。

预测区广泛出露二叠系和侏罗系。前者有寿山沟组、大石寨组、哲斯组和林西组等;后者有新民组、土城子组、满克头鄂博组、玛尼吐组、白音高老组等。地层与萤石矿成矿没有直接关联。

区内侏罗纪侵入岩最发育,其次为二叠纪和三叠纪侵入岩,白垩纪侵入岩零星。

中二叠世主要为二云二长花岗岩,分布在预测区北部。晚二叠世主要有角闪辉长岩、闪长岩、花岗闪长岩,分布在预测区西部。

三叠纪主要为辉长岩和花岗闪长岩,主要分布在东北部。

晚侏罗世主要为闪长岩、花岗岩、黑云母花岗岩、二长花岗岩和正长花岗岩，遍布整个预测区内。

其中，晚侏罗世正长花岗岩与萤石矿的形成极为密切，为萤石矿的成矿母岩。

区内一系列北东向不对称复式褶皱、北东向断裂、北东向构造破碎带，以及北东向长条状岩体、岩块、脉岩等有序组合，构成了本预测区基本构造格局。

预测工作区内的断裂构造是控制矿体的主体，以北东向为主，其次为北西向或近东西向。下列两条北东向大构造带与矿化关系密切。

(1)锡林郭勒种畜场-海流特山断裂破碎带。该断裂破碎带为由2条北东向正断层和3条北东向破碎带组成的巨大的北东向断裂破碎带。出露长度大于50km，宽约10km。在该破碎带的西南段，有北西向断层与北东向断层相交，白音锡勒牧场萤石矿即形成于该交会处。

(2)白石磊子-二道营子断裂组合带。该断裂组合带形成于白石磊子-二道营子复式向斜核部，由3条北东向正断层和2条北东向推测断层以及若干北东向长条状侵入岩、脉岩和岩块组成，总长度55km，宽约3km，并发育一系列次级近南北向小断层或裂隙，而水头村营石矿即形成于该断裂组合带北段之近南北向裂隙内。

通过对区内萤石矿的成因研究，归纳了萤石矿的成矿系列、成矿亚系列。成矿系列为大兴安岭与燕山期中酸性—碱性侵入岩-喷出岩有关的铜、钼、银、铅、锌、锡、钨、铁、硫、稀有、稀土矿床成矿系列，成矿亚系列为突泉与燕山期中酸性、碱性侵入岩有关的铜、银、铅、锌、锡、稀有、稀土矿床成矿亚系列。

# 第二十节　重晶石矿典型矿床及成矿规律

## 一、重晶石矿典型矿床

截至目前，内蒙古内仅发现1处重晶石矿床，故选取巴升河重晶石矿床作为本次研究的典型矿床。

**1. 成矿要素**

巴升河典型矿床成矿要素见表6-83。

**表6-83　巴升河重晶石矿典型矿床成矿要素表**

| 成矿要素 | | 描述内容 | | | | 要素分类 |
|---|---|---|---|---|---|---|
| | | 储量 | 重晶石1.960万t | 平均品位 | $BaSO_4$ 60.20% | |
| | | 特征描述 | 中低温热液型重晶石矿床 | | | |
| 地质环境 | 构造背景 | 矿区受构造运动强烈，发育有两组断裂，呈北东东向、北西向展布，两者互为共轭关系，为一对共轭剪切断裂 | | | | 重要 |
| | 成矿环境 | 重晶石矿赋存于共轭剪切断裂和山边断裂局部张开的地方，是控制重晶石脉生成的有利地段 | | | | 必要 |
| | 含矿岩系 | 晚侏罗世满克头鄂博组安山质凝灰熔岩、凝灰质砂岩、凝灰质粉砂岩、安山玢岩是本区主要出露地层，该组地层是构成重晶石矿的直接围岩，矿脉常有石英脉伴生 | | | | 必要 |
| | 成矿时代 | 白垩纪(燕山期) | | | | 必要 |

续表 6-83

| 成矿要素 | | 描述内容 | 要素类别 |
|---|---|---|---|
| 矿床特征 | 矿体形态 | 矿体主要以脉状、似透镜状形式产出 | 重要 |
| | 岩石类型 | 安山质凝灰熔岩、凝灰质砂岩、凝灰质粉砂岩、安山玢岩 | 重要 |
| | 岩石结构 | 凝灰结构、砂粒结构、斑状结构 | 次要 |
| | 矿物组成 | 矿石矿物:重晶石;脉石矿物:石英、安山玢岩角砾 | 重要 |
| | 矿石结构构造 | 结构:粒状结构;构造:致密块状、角砾状构造 | 次要 |
| | 蚀变特征 | 硅化、绿帘石化、黄铁矿化、磁铁矿化 | 次要 |
| | 控矿条件 | 北北东向及北西向断裂构造;<br>燕山期正长花岗岩岩体 | 必要 |

**2. 成矿模式**

巴升河重晶石矿典型矿床成矿模式见图 6-74。

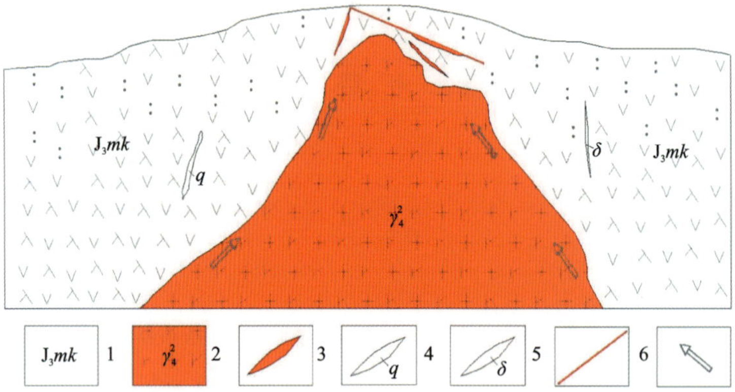


图 6-74　巴升河重晶石矿典型矿床成矿模式图

1.晚侏罗世满克头鄂博组安山质凝灰熔岩、凝灰质砂岩、凝灰质粉砂岩、安山玢岩;2.白垩纪正长花岗岩体;3.重晶石矿脉;4.石英脉;5.闪长岩脉;6.断裂构造;7.含矿热液运移方向

## 二、重晶石矿预测工作区成矿规律

巴升河预测工作区大地构造位置属天山-兴蒙造山系(Ⅰ),大兴安岭弧盆系(Ⅰ-1),扎兰屯-多宝山岛弧(Ⅰ-1-4)。成矿区(带)属滨太平洋成矿域(Ⅰ-4),大兴安岭成矿省(Ⅱ-12),东乌珠穆沁旗-嫩江(中强挤压区)铜、钼、铅、锌、金、钨、锡、铬成矿带(Ⅲ-6),朝不楞-博克图钨、铁、锌、铅成矿亚带(Ⅲ-6-②)。

预测工作区内含重晶石地层为晚侏罗世满克头鄂博组,含矿岩性主要为安山质凝灰熔岩、凝灰质砂岩、粉砂岩、安山玢岩。含重晶石岩系为早白垩世正长花岗岩岩体。

满克头鄂博组总厚度大于 208m,其含矿建造划分为安山质凝灰熔岩建造(>104.2m)、凝灰质砂岩、粉砂岩建造(59.8m)、安山玢岩建造(44m)。

区内正长花岗岩侵入于满克头鄂博组中,与重晶石矿有密切关系。只有在正长花岗岩贯入地段或其附近,才产生强烈的富集作用。

区内断裂构造十分发育,且具有多期活动的特点。区内以逆断层构造为主,正断层次之。逆断层倾向以北西向为主、南东次之，倾角较缓，一般在 38°～55°之间。正断层分布在典型矿床西北部和东北部，倾向为北西和南西，倾角分别为 22°和 50°。重晶石矿主要分布在北东向和北西向断裂构造带内。

区内褶皱构造发育不明显，与重晶石矿无直接或间接关系。

通过对预测工作区成矿规律的研究，确定了预测工作区成矿要素(表 6-84)。

**表 6-84　巴升河预测工作区成矿要素表**

| 成矿要素 | | 描述内容 | | 要素分类 |
|---|---|---|---|---|
| | | 特征描述 | 热液型重晶石矿床 | |
| 地质环境 | 大地构造位置 | 天山-兴蒙造山系(Ⅰ)，大兴安岭弧盆系(Ⅰ-1)，扎兰屯宝山岛弧(Ⅰ-1-4) | | 必要 |
| | 成矿区(带) | 滨太平洋成矿域(Ⅰ-4)，大兴安岭成矿省(Ⅱ-12)，东乌珠穆沁旗-嫩江(中强挤压区)铜、钼、铅、锌、金、钨、锡、铬成矿带(Ⅲ-6)，朝不楞-博克图钨、铁、锌、铅成矿亚带(Ⅲ-6-②) | | 必要 |
| | 成矿环境 | 重晶石矿赋存于共轭剪切断裂和山边断裂局部张开地带 | | 重要 |
| | 含矿岩系 | 安山质凝灰熔岩、凝灰质砂岩、凝灰质粉砂岩、安山玢岩 | | 必要 |
| | 成矿时代 | 白垩纪(燕山期) | | 必要 |
| 矿床特征 | 矿体形态 | 矿体主要以脉状、似透镜状形式产出 | | 重要 |
| | 岩石类型 | 安山质凝灰熔岩、凝灰质砂岩、凝灰质粉砂岩、安山玢岩 | | 重要 |
| | 岩石结构 | 凝灰结构、砂粒结构、斑状结构 | | 次要 |
| | 矿物组成 | 矿石矿物：重晶石；脉石矿物：石英、安山玢岩角砾 | | 重要 |
| | 矿石结构构造 | 粒状结构；致密块状、角砾状构造 | | 次要 |
| | 蚀变特征 | 硅化、绿帘石化、黄铁矿化、磁铁矿化 | | 次要 |
| | 控矿条件 | 北北东向及北西向断裂构造；<br>燕山期正长花岗岩岩体 | | 必要 |
| 区内相同类型矿产 | | 成矿区带内有 1 个小型矿床 | | 重要 |

通过对预测工作区成矿规律的研究，总结预测工作区区域成矿模式见图 6-75。

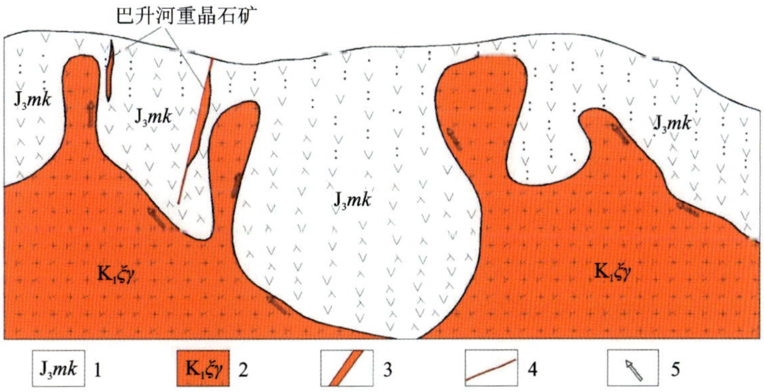


图 6-75　巴升河预测工作区成矿模式图

1. 晚侏罗世满克头鄂博组流纹质含角砾熔结凝灰岩、晶屑凝灰岩、安山玢岩；2. 白垩纪正长花岗岩体；3. 重晶石矿脉；4. 断裂构造；5. 含矿热液运移方向

# 第二十一节　菱镁矿典型矿床及成矿规律

## 一、菱镁矿典型矿床

截至目前,内蒙古自治区内仅发现1处菱镁矿矿床,故选取察汗奴鲁菱镁矿矿床作为本次研究的典型矿床。

### 1. 成矿要素

察汗奴鲁菱镁矿典型矿床成矿要素见表6-85。

表6-85　察汗奴鲁菱镁矿典型矿床成矿要素表

<table>
<tr><td colspan="2" rowspan="3">成矿要素</td><td colspan="4">描述内容</td><td rowspan="3">要素分类</td></tr>
<tr><td>储量</td><td>菱镁矿143.90万t</td><td>平均品位</td><td>MgO 43.63%</td></tr>
<tr><td>特征描述</td><td colspan="3">风化壳型菱镁矿矿床</td></tr>
<tr><td rowspan="4">地质环境</td><td>构造背景</td><td colspan="4">区域上超基性侵入岩体位于古生代蒙古地槽南面内蒙古地台背斜区,索伦上位于地槽-隆起复背斜构造的北翼,超基性侵入岩体沿此复背斜轴部侵入</td><td>必要</td></tr>
<tr><td>成矿环境</td><td colspan="4">菱镁矿在风化壳中分布于碳酸盐化淋滤蛇纹岩带中,暴露于地表或地面下10～30m之间</td><td>必要</td></tr>
<tr><td>含矿岩系</td><td colspan="4">矿区内出露的超基性侵入岩体,即斜方辉橄岩和纯橄榄岩,是本区菱镁矿主要成矿物质来源,两者经蛇纹石化后,菱镁矿即赋存在该碳酸盐化淋滤蛇纹岩带中</td><td>必要</td></tr>
<tr><td>成矿时代</td><td colspan="4">二叠纪(海西晚期)</td><td>必要</td></tr>
<tr><td rowspan="7">矿床特征</td><td>矿体形态</td><td colspan="4">菱镁矿以不规则网状和脉状形式产出</td><td>次要</td></tr>
<tr><td>岩石类型</td><td colspan="4">蛇纹石化斜方辉橄岩、蛇纹石化纯橄榄岩</td><td>重要</td></tr>
<tr><td>岩石结构</td><td colspan="4">网状结构</td><td>次要</td></tr>
<tr><td>矿物组成</td><td colspan="4">矿石矿物:菱镁矿<br>脉石矿物:石髓、蛋白石、石英、方解石<br>其他矿物:氧化铁</td><td>重要</td></tr>
<tr><td>矿石结构构造</td><td colspan="4">结构:半自形—自形粒状结构<br>构造:致密块状、浸染状构造</td><td>次要</td></tr>
<tr><td>蚀变特征</td><td colspan="4">蛇纹石化</td><td>重要</td></tr>
<tr><td>控矿条件</td><td colspan="4">海西晚期超基性侵入岩体(斜方辉橄岩、纯橄榄岩)</td><td>必要</td></tr>
</table>

### 2. 成矿模式

察汗奴鲁菱镁矿典型矿床成矿模式见图6-76。

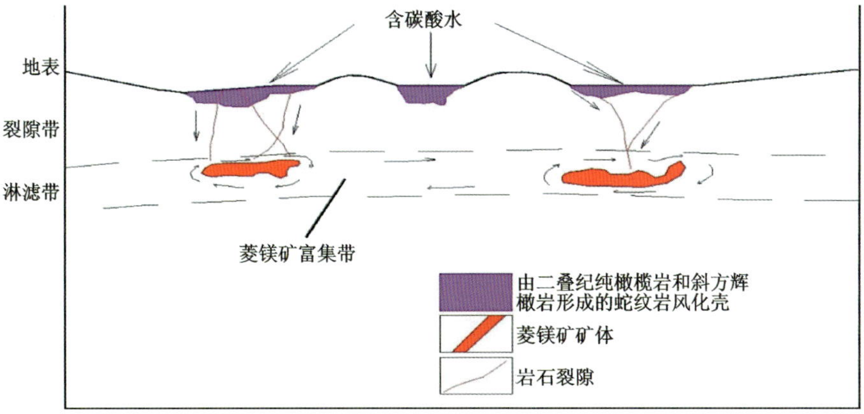


图 6-76　察汗奴鲁菱镁矿典型矿床成矿模式图

## 二、菱镁矿预测工作区成矿规律

索伦山预测工作区大地构造位置属天山-兴蒙造山系（Ⅰ），索伦山-西拉木伦结合带（Ⅰ-7），索伦山蛇绿混杂岩带（$Pz_2$）（Ⅰ-7-1）。成矿区（带）属滨太平洋成矿域（Ⅰ-4），大兴安岭成矿省（Ⅱ-12），阿巴嘎-霍林河铬、铜（金）、锗、煤、天然碱、芒硝成矿带（Ym）（Ⅲ-7）索伦山-查干哈达庙铬、铜成矿亚带（Vm）（Ⅲ-7-③）。

索伦山预测工作区内含菱镁矿岩系为古生代早二叠世斜方辉橄岩和蛇纹石化纯橄榄岩。

斜方辉橄岩（$P_1\nu\sigma$）：岩石呈黑绿色或暗绿色，假斑状或网状、块状构造，粒径 3mm 左右，主要由橄榄石 75%、顽火辉石 5%～30%组成（岩石具蛇纹石化及滑石化）。$SiO_2$ 含量为 23.24%，$Na_2O$ 含量为 0，$K_2O$ 含量为 0.5%，$K_2O>Na_2O$，A/CNK=0.95～1.1。

蛇纹石化纯橄榄岩（$P_1\psi$）：岩石呈暗绿色，网状、块状构造，主要由蛇纹石 80%，（纤维状集合体）、方解石 20%（交代蛇纹石形成网脉状）组成，$SiO_2$的含量为 38.94%，$Na_2O$ 的含量为 0.04%，$K_2O$ 的含量为 0.15%，$Cr_2O_3$的含量为 0.01%，$Fe_2O_3$的含量为 7.87%，FeO 的含量为 0.66%，MgO 的含量为 34.44%，$Na_2O<K_2O$，$Fe_2O_3+FeO/MgO=0.25$。

通过对预测工作区成矿规律的研究，确定预测工作区成矿要素，详见表 6-86。

表 6-86　索伦山预测工作区成矿要素表

| 成矿要素 | | 描述内容 | 要素分类 |
|---|---|---|---|
| | | 特征描述：风化壳型菱镁矿矿床 | |
| 地质环境 | 大地构造位置 | 天山-兴蒙造山系（Ⅰ），索伦山-西拉木伦结合带（Ⅰ-7），索伦山蛇绿混杂岩带（$Pz_2$）（Ⅰ-7-1） | 必要 |
| 地质环境 | 成矿区（带） | 滨太平洋成矿域（Ⅰ-4），大兴安岭成矿省（Ⅱ-12），阿巴嘎-霍林河铬、铜（金）、锗、煤、天然碱、芒硝成矿带（Ym）（Ⅲ-7），索伦山-查干哈达庙铬、铜成矿亚带（Vm）（Ⅲ-7-③） | 重要 |
| 地质环境 | 成矿环境 | 超基性岩侵入体的上部接近地表部分的蛇纹岩受到含有碳酸的地表水的影响极易发生化学风化作用，引起岩石的分解，含有菱镁矿的地表水沿裂隙渗入地下循环，并在风化壳的孔穴和裂隙中将菱镁矿沉积下来而形成矿床 | 重要 |
| 地质环境 | 含矿岩系 | 中生代二叠纪超基性侵入体：纯橄榄岩、斜方辉橄岩 | 必要 |
| 地质环境 | 成矿时代 | 二叠纪 | 必要 |

**续表 6-86**

| 成矿要素 | | 描述内容 | 要素类别 |
|---|---|---|---|
| 矿床特征 | 矿体形态 | 矿体呈不规则网状和脉状 | 次要 |
| | 岩石类型 | 纯橄榄岩、斜方辉橄岩 | 重要 |
| | 岩石结构构造 | 粒状结构;网状构造 | 次要 |
| | 矿物组成 | 菱镁矿、石髓、蛋白石、石英、方解石、氧化铁 | 重要 |
| | 矿石结构构造 | 结构:半自形—自形结构、他形—中粗粒结构 | 次要 |
| | | 构造:致密块状、浸染状构造 | |
| | 蚀变特征 | 主要为蛇纹石化 | 重要 |
| | 控矿条件 | 由纯橄榄岩和斜方辉橄岩形成的蛇纹岩风化壳 | 必要 |
| 区内相同类型矿产 | | 成矿区(带)内有 1 个小型矿床 | 重要 |

通过对预测工作区成矿规律的研究,总结预测工作区区域成矿模式见图 6-77。

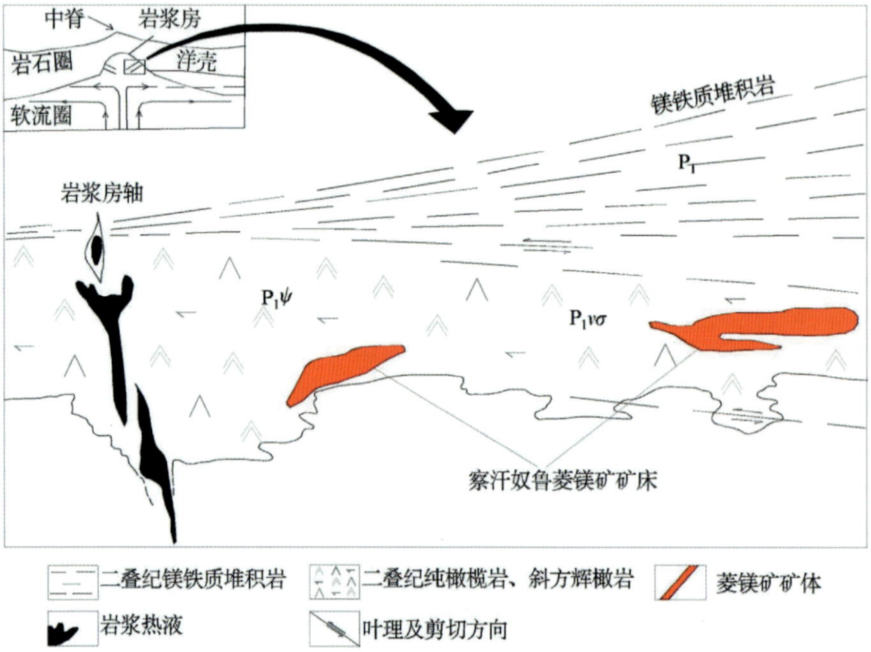


图 6-77　索伦山菱镁矿典型矿床成矿模式图

# 第七章　矿产预测

## 第一节　铁矿资源潜力评价

### 一、铁矿预测模型

根据矿产预测类型划分，铁矿共涉及5个矿产预测类型：沉积型、复合内生型、侵入岩体型、变质型、火山岩型(表7-1)。

表7-1　铁矿典型矿床预测类型一览表

| 预测类型 | 典型矿床 |
|---|---|
| 沉积型 | 白云鄂博、雀儿沟、霍各乞 |
| 复合内生型 | 百灵庙、马鞍山、地营子 |
| 侵入岩体型 | 额里图、朝不楞、黄岗梁、神山、卡休他他、克布勒、乌珠尔嘎顺、索索井、哈拉火烧、梨子山 |
| 变质型 | 壕赖沟、三合明、贾格尔其庙 |
| 火山岩型 | 黑鹰山、谢尔塔拉、温都尔庙 |

在典型矿床成矿要素研究的基础上，综合研究重力、航磁、化探、遥感、自然重砂等预测要素，基于预测要素的研究结果，构建典型矿床的预测模型图。典型矿床预测模型图，以剖面图形式或平面投影形式表示预测要素内容及其相关关系和空间变化特征。在区域成矿模式的基础上，叠加区域地球物理、地球化学、遥感、自然重砂等找矿模型资料，形成区域预测模型图，以剖面图形式表示预测要素内容及其相互关系以及时空展布特征。

#### (一)沉积型铁矿

白云鄂博、雀儿沟、霍各乞矿床(点)矿产预测类型为沉积型，白云鄂博大地构造位置属华北陆块北缘，狼山-阴山陆块，狼山-白云鄂博台缘白云鄂博褶断束，成矿区(带)属于滨太平洋成矿域，华北成矿省，华北陆块北缘西段金、铁、铌、稀土、铜、铅、锌、银、镍、铂、钨、石墨、白云母成矿带，白云鄂博-商都金、铁、铌、稀土、铜、镍成矿亚带。雀儿沟铁矿大地构造位置属华北陆块区，晋冀陆块，吕梁碳酸盐岩台地。成矿区(带)属于滨太平洋成矿域(叠加在古亚洲成矿区域之上)；华北成矿省；鄂尔多斯西缘铁、铅、锌、磷、石膏、芒硝成矿带；察干郭勒-棋盘井铁成矿亚带。霍各乞大地构造位置属于华北陆块区，狼山-阴山陆块，狼山-白云鄂博裂谷(中元古代)。成矿区(带)属于华北成矿省，华北陆块北缘西段金、铁、铌、稀土、铜、铅、锌、银、镍、铂、钨、石墨、白云母成矿带,霍各乞-东升庙铜、铁、铅、锌、硫成矿亚带(Ar、Pt、V),霍各气铜、铁、铅、锌矿集区(Pt),炭窑口-东升庙硫、铅、锌、铜矿集区(Pt)。以白云鄂博、霍各乞矿床为例,总结预测要素(表 7-2、表 7-3)。

**表 7-2 白云鄂博矿床预测要素表**

| 预测要素 | | 描述内容 | | | | 要素类别 |
|---|---|---|---|---|---|---|
| | | 储量 | 铁 162 842.33 万 t | 平均品位 | TFe 30%~40% | |
| 地质环境 | 岩石类型 | 哈拉霍疙特组中晶灰岩、含磁铁细晶白云岩、萤石化细晶白云岩 | | | | 必要 |
| | 岩石结构 | 中粗粒、中细粒结构 | | | | 次要 |
| | 成矿时代 | 中元古代 | | | | 重要 |
| | 地质背景 | 大地构造位置处于白云鄂博陆缘坳陷带 | | | | 必要 |
| | 构造环境 | 华北陆块北缘,狼山-白云鄂博裂谷 | | | | 必要 |
| 矿床特征 | 矿物组成 | 金属矿物:磁铁矿、赤铁矿;<br>稀有稀土矿物:氟碳铈矿、独居石、氟碳钙铈矿、烧绿石、易解石、铌金红石、铌铁矿、铌钙矿、黄河矿、包头矿,以及褐钇铌矿、褐铈铌矿、钍石、锆石等;<br>共生矿物:萤石、磷灰石、重晶石、白云石等 | | | | 重要 |
| | 矿石结构构造 | 结构:粒状变晶结构、粉尘状结构、交代结构、固溶体分离结构等;<br>构造:块状构造、浸染状构造、条带状构造、层纹状构造、斑杂状构造、角砾状构造等 | | | | 次要 |
| | 蚀变 | 长石化、萤石化、霓石化、碱性角闪石化、黑云母化、金云母化、磷灰石化、矽卡岩化等 | | | | 重要 |
| | 控矿条件 | 褶皱,向斜,东西向同生断裂控矿 | | | | 次要 |
| 物探特征 | 地磁特征 | 4 个极强的局部异常组成,其峰值均大于 5000γ,两翼不对称,南翼较缓;与二级异常相连过渡到正常负磁场,北翼甚陡,伴有 2000~3000γ 的负异常,用 1000γ 的等值线可自行封闭 | | | | 重要 |
| | 重力特征 | 重力梯度带 | | | | 次要 |

**表 7-3 霍各乞式沉积型铁矿典型矿床预测要素表**

| 预测要素 | | 描述内容 | 要素类别 |
|---|---|---|---|
| 地质环境 | 大地构造位置 | Ⅱ华北陆块区,Ⅱ-4 狼山-阴山陆块[大陆边缘岩浆弧($Pz_2$),Ⅱ-4-3 狼山-白云鄂博裂谷($Pt_2$)] | 重要 |
| | 成矿区(带) | Ⅰ-1 古亚洲成矿域,Ⅱ-14 华北成矿省,Ⅲ-58 华北陆块北缘西段金、铁、铌、稀土、铜、铅、锌、银、镍、铂、钨、石墨、白云母成矿带,Ⅳ582 霍各乞-东升庙铜、铁、铅、锌、硫成矿亚带,Ⅴ582-1 霍各乞铜、铁、铅、锌矿集区(Pt),Ⅴ582-2 炭窑口-东升庙硫、铅、锌、铜矿集区(Pt) | 重要 |
| | 区域成矿类型及成矿期 | 沉积型;中元古代 | 重要 |
| | 岩石类型 | 狼山群第二岩组第二岩段透闪石岩、透辉石岩及过渡岩类 | 必要 |

续表 7-3

| 预测要素 | | 描述内容 | 要素类别 |
|---|---|---|---|
| 地质环境 | 岩石结构 | 针状、柱状变晶结构；粒状变晶构造 | 次要 |
| | 成矿时代 | 中元古代 | 必要 |
| | 成矿环境 | 浅海碳酸盐岩台地坡底沟相沉积 | 重要 |
| | 构造背景 | 狼山-渣尔泰山中元古代裂谷 | 重要 |
| | 成矿物质来源 | 海底喷气 | 必要 |
| 控矿地质条件 | 赋矿地质体 | 狼山群第二岩组第二岩段 | 必要 |
| | 控矿侵入岩 | 无 | 次要 |
| | 主控矿构造 | 多分布于褶皱的向斜部位 | 重要 |
| 矿床特征 | 矿物组成 | 矿石矿物主要为磁铁矿，少量磁黄铁矿、黄铁矿、赤铁矿，局部见星点浸染状黄铜矿和方铅矿。脉石矿物主要为铁闪石、方解石、石英、阳起石、透闪石，其次有石榴石、绿泥石、黑云母、角闪石等 | 重要 |
| | 矿石结构构造 | 结构：自形—半自形粒状结构、交代残余结构；<br>构造：中等—稠密浸染状构造，条带状、块状构造次之 | 次要 |
| | 控矿条件 | 主要受狼山群第二岩组第二岩段地层控制，多分布于褶皱的向斜部位 | 必要 |
| | 围岩蚀变 | 与成矿有关系的有透闪石化、硅化和绢云母化 | 重要 |
| | 风化特征 | 矿体风化后一般形成铁帽、孔雀石化、铜蓝等 | 次要 |
| 区内相同类型矿产 | | 已知矿床(点)4 处，中型 1 处，小型 1 处，矿点 1 处，矿化点 1 处 | 重要 |
| 物探遥感自然重砂特征 | 航磁 | 航磁 $\Delta T$ 化极异常强度最低值 −40，预测范围极值 200(−40～200nT) | 重要 |
| | 重力 | 剩余重力矿点分布区的起始值在(−2～0)×$10^{-5}$ m/$s^2$ 之间 | 重要 |
| | 遥感 | Ⅰ级铁染异常 | 重要 |
| | 自然重砂 | 自然重砂矿物有黄铁矿钼铅矿、白铅矿、自然铅等 | 重要 |

由于白云鄂博、霍各乞矿区无大比例尺的物化遥(物探、化探、遥感)资料，故利用矿床所在区域的物化探(物探、化探)资料弥补资料的不足，利用典型矿床所在区域物探资料，编制典型矿床所在区域地质-物探模型图。区域预测模型图以剖面图形式表示(图 7-1～图 7-3)。

### 1. 白云鄂博式铁矿

由白云鄂博铁矿典型矿床地质-物探模型图可知，在区域布格重力异常图上，位于布格重力异常相对高值区。处在异常南侧由高到低的梯级带上，$\Delta g$ 为(−158～−156)×$10^{-5}$ m/$s^2$。在其北部是呈北西向展布的布格重力异常梯级带，推断有北西向断裂存在。梯级带以东为布格重力异常相对低值区。在剩余重力异常图上白云鄂博铁矿位于 G 蒙-630 号正异常区东部，该异常为近东西转为北西的正异常带，由多个椭圆状单异常组成，极值变化范围 $\Delta g$ 为(7.63～9.83)×$10^{-5}$ m/$s^2$，为太古宙和元古宙基底分布区。白云鄂博所在位置剩余重力异常值 $\Delta g$ 为(5～8)×$10^{-5}$ m/$s^2$。在该正异常的东侧的负异常是由酸性侵入岩引起。航磁异常显示为东、西两个圆团状正磁异常，重磁场特征显示白云鄂博矿受两条平行的东西向断裂控制，有北西向断裂通过该区域。

由白云鄂博式铁矿区域预测模型图可知，含矿地质体白云鄂博群都拉哈拉岩组、尖山组、哈拉霍疙特组所在地区断裂较发育，航磁场显示为较平缓的低值正异常区，重力场表现为重力地梯度带。

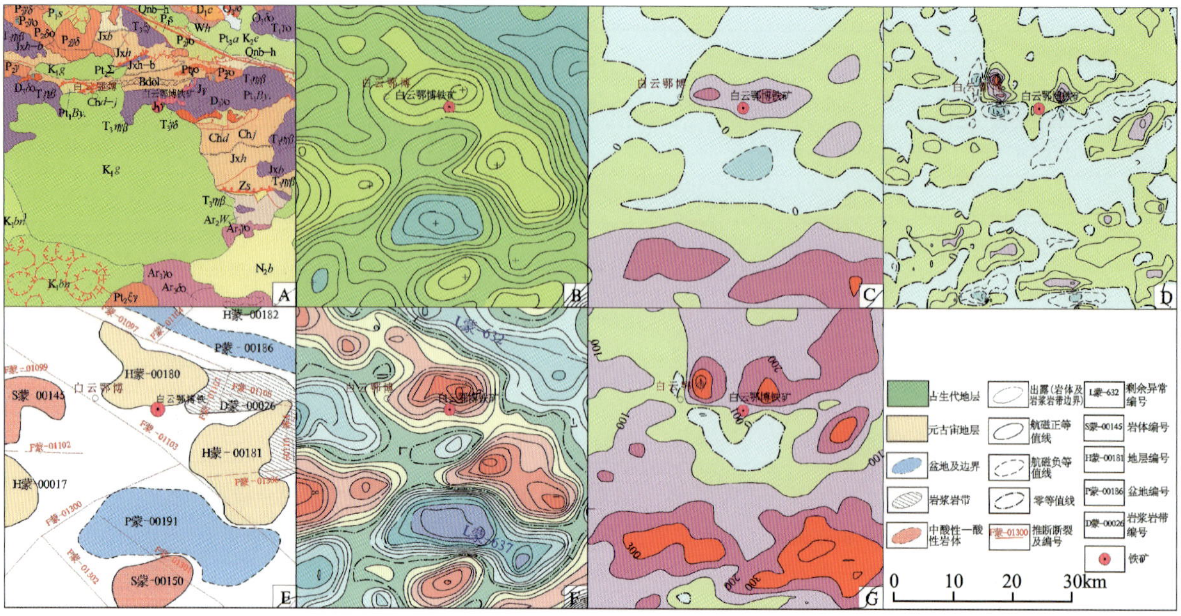

图 7-1　白云鄂博铁矿典型矿床地质-物探模型图

A. 地质矿产图；B. 布格重力异常图；C. 航磁 ΔT 等值线平面图；D. 航磁 ΔT 化极垂向一阶导数等值线平面图；
E. 重力推断地质构造图；F. 剩余重力异常图；G. 航磁 ΔT 化极等值线平面图

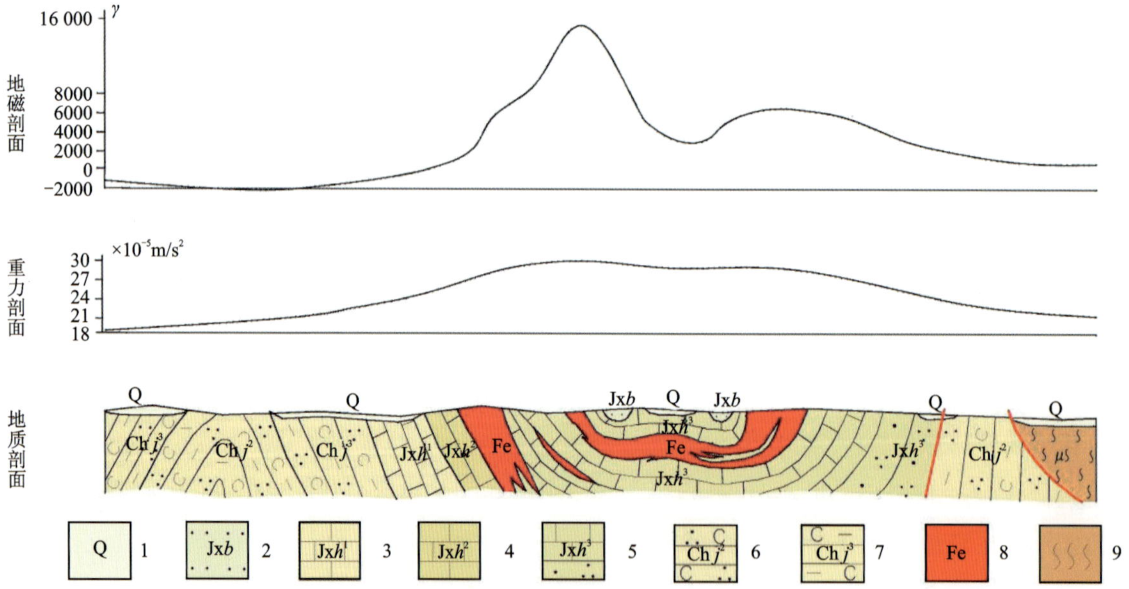


图 7-2　白云鄂博式铁矿区域预测模型图

1. 冲积层、残坡积层；2. 比鲁特组；3. 哈拉霍疙特组一段；4. 哈拉霍疙特组二段；5. 哈拉霍疙特组三段；
6. 尖山组二段；7. 尖山组三段；8. 铁矿；9. 古老基底岩

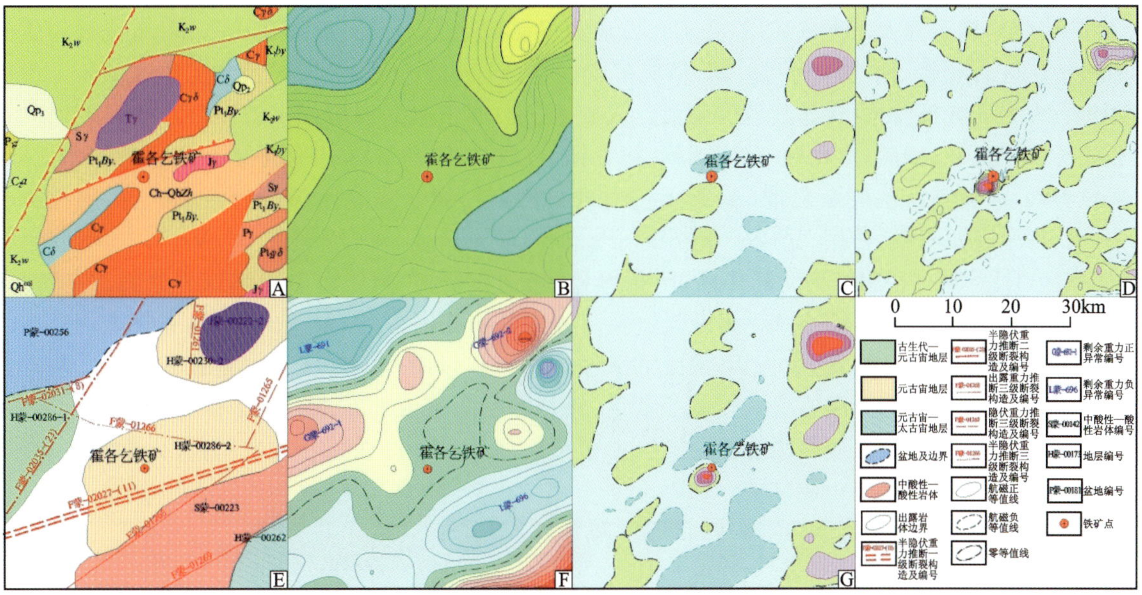

图 7-3 霍各乞铁矿典型矿床地质-物探模型图

A. 地质矿产图；B. 布格重力异常图；C. 航磁 $\Delta T$ 等值线平面图；D. 航磁 $\Delta T$ 化极垂向一阶导数等值线平面图；E. 重力推断地质构造图；F. 剩余重力异常图；G. 航磁 $\Delta T$ 化极等值线平面图

**2. 霍各乞**

由霍各乞铁矿区域预测模型图可知，布格重力异常图上看，霍格乞铁矿处在相对平稳的布格重力异常区。等值线稀疏且宽缓。在剩余异常图上亦处在零值线附近，等值线分布稀疏。在矿点南、北两侧分布有北东向带状展布的剩余重力负异常和正异常带。正异常是对元古宙基底隆起的反映，负异常是因酸性侵入岩引起。磁场较平稳，无明显的正负异常。

中元古代渣尔泰山群阿古鲁沟组对应航磁化极场为明显正异常，对铁矿床有重要指示意义，重力场为平缓的低值正异常。

## （二）复合内生型铁矿

百灵庙、马鞍山、地营子矿床（点）矿产预测类型为复合内生型，百灵庙预测区大地构造位置位于华北陆块区、狼山-阴山陆块、狼山-白云鄂博裂谷。成矿区（带）属于滨太平洋成矿域，华北成矿省，华北陆块北缘西段金、铁、铌、稀土、铜、铅、锌、银、镍、铂、钨、石墨、白云母成矿带，白云鄂博-商都金、铁、铌、稀土、铜、镍成矿亚带。马鞍山工作预测区大地构造位置属内蒙古大兴安岭弧盆系，锡林浩特岩浆弧北东端。地营子预测区大地构造位置位于额尔古纳-呼伦优地槽褶皱带，额尔古纳岛弧（Pz）的得尔布干断裂带北西侧中段（内蒙古部分）。成矿区（带）属位于大兴安岭成矿省，额尔古纳铜、钼、铅、锌、银、金、萤石成矿带，莫尔道嘎金、铁、铅、锌成矿亚带。

## （三）侵入岩体型铁矿

额里图、朝不楞、黄岗梁、神山、卡休他他、克布勒、乌珠尔嘎顺、索索井、哈拉火烧、梨子山矿床（点）矿预测类型为接触交代-热液型，额里图大地构造位置处于华北陆块区，狼山-阴山陆块之色尔腾山-太仆寺旗岩浆弧。成矿区（带）属于华北陆块北缘西段金、铁、铌、稀土、铜、铅、锌、银、镍、铂、钨、石墨、白云母成矿带，白云鄂博-狼山铁、铌、稀土、铅、锌成矿亚带。朝不楞属于西伯利亚南东缘晚古生代陆缘增生代。成矿区(带)属于滨太平洋成矿域(叠加在古亚洲成矿域之上)；大兴安岭成矿省；东乌珠穆沁旗-嫩江(中强挤压区)铜、钼、铅、锌、金、钨、锡、铬成矿带($Pt_3$、Vm-l、Ye-m)；黄岗梁预测工作区位于天山-兴蒙造山系，大兴安岭弧盆系，锡林浩特岩浆弧。成矿区(带)属于大兴安岭成矿省，林西-孙吴铅、锌、铜、钼、金成矿带(Ⅵ、Ⅱ、Ym)，索伦镇-黄岗梁铁(锡)、铜、锌成矿亚带(Y)。卡休他他预测区位于华北陆块区，阿拉善地块，龙首山基底杂岩带($Ar_3$—$Pt_1$)。成矿区(带)属于华北西部(地台)成矿省，阿拉善铜、镍、铂、铁、稀土、磷、石墨、芒硝、盐成矿亚带(Pt、Pz、Kz)，碱泉子金、铁成矿亚带(C、Vm)，卡休他他铁多金属矿集区(C)。克布勒属于华北陆块区，阿拉善地块，迭布斯格-阿拉善右旗陆缘岩浆弧。乌珠尔嘎顺属于天山-兴蒙造山系，额济纳旗-北山弧盆系。索索井属于天山-兴蒙造山系，额济纳旗-北山弧盆系。哈拉火烧属于华北陆块区，大青山-冀北古弧盆系($Pt_1$)，恒山-承德-建平古岩浆弧($Pz_1$)。神山预测工作区位于大地构造属内蒙古大兴安岭弧盆系，锡林浩特岩浆弧北东端。梨子山属于本区大地构造位于天山-兴蒙造山系，大兴安岭弧盆系，扎兰屯-多宝山岛弧($Pz_2$)。成矿区(带)为滨太平洋成矿域大兴安岭成矿省，东乌旗-多宝山成矿带。

以黄岗梁、梨子山矿床为例，总结预测要素(表7-4、表7-5)。

**表7-4　内蒙古克什克腾旗黄岗梁式矽卡岩型铁矿预测要素表**

| 预测要素 | | 描述内容 | | | | 要素类别 |
|---|---|---|---|---|---|---|
| | | 储量 | 铁18 065万t | 平均品位 | TFe 34.84% | |
| | | 特征描述 | 矽卡岩型铁矿床 | | | |
| 地质环境 | 岩石类型 | 早中二叠世大石寨组上部安山岩和中二叠世哲斯组碳酸盐岩，燕山早期(黑云母)钾长花岗岩 | | | | 必要 |
| | 岩石结构 | 沉积岩为碎屑结构和变晶结构，侵入岩为中细粒结构 | | | | 必要 |
| | 成矿时代 | 燕山早期 | | | | 必要 |
| | 地质背景 | 大兴安岭弧盆系，锡林浩特岩浆弧 | | | | 必要 |
| | 构造环境 | 环太平洋火山岩带的内带，古亚洲洋闭合时形成的火山弧 | | | | 重要 |
| 矿产特征 | 矿物组成 | 金属矿物：磁铁矿、锡石、锡酸矿、黄铜矿、闪锌矿、斜方砷铁矿、白钨矿、辉钼矿、毒砂、辉铜矿等60余种；脉石矿物：主要为透辉石、石榴石、方解石、石英 | | | | 重要 |
| | 矿石结构构造 | 结构：他形—半自形粒状结构、他形晶状结构、细脉填充结构、交代残余结构、乳滴粒状结构、斑状角粒结构；<br>构造：块状结构、条带状构造、浸染状构造、细脉状构造、窝状构造、土状构造 | | | | 次要 |
| | 蚀变 | 矽卡岩化 | | | | 重要 |
| | 控矿条件 | 北东方向的压性-扭性断裂 | | | | 重要 |

**表7-5　内蒙古鄂温克旗梨子山式矽卡岩型铁矿预测要素**

| 预测要素 | | 描述内容 | 要素类别 |
|---|---|---|---|
| 地质环境 | 岩石类型 | 多宝山组为一套片岩、变质砂岩、大理岩及角岩等，<br>与成矿关系密切的为海西晚期的黑云母花岗岩和白岗质花岗岩 | 重要 |
| | 岩石结构 | 沉积岩为碎屑结构和变晶结构，侵入岩为中细粒结构 | 次要 |
| | 成矿时代 | 海西晚期 | 必要 |
| | 地质背景 | 大兴安岭弧盆系，扎兰屯-多宝山岛弧 | 必要 |
| | 构造环境 | 东乌旗-多宝山早古生代岛弧 | 重要 |

续表 7-5

| 预测要素 | | 描述内容 | 要素类别 |
|---|---|---|---|
| 矿床特征 | 矿物组成 | 金属矿物：磁铁矿、赤铁矿、辉钼矿、黄铁矿、闪锌矿、镜铁矿、褐铁矿、针铁矿、黄铜矿、方铅矿等；<br>脉石矿物：主要为透辉石、石榴石、方解石、石英 | 重要 |
| | 矿石结构构造 | 结构：他形—半自形粒状结构、他形晶粒状结构、细脉填充结构、交代残余结构、乳滴状结构、斑状角砾结构；<br>构造：块状构造、条带状构造、浸染状构造、细脉状构造、窝状构造、土状构造 | 次要 |
| | 蚀变 | 矽卡岩化 | 重要 |
| | 控矿条件 | 北东东转北东方向的扭张-压扭性层间裂隙控矿构造带 | 重要 |
| | 风化 | | 次要 |
| 物探特征 | 地磁物征 | $\gamma>4000$ | 重要 |
| | 重力物征 | 重力梯度带偏低一侧 | 次要 |

由于黄岗梁、梨子山矿区无大比例尺的物化遥资料，故利用矿床所在区域的物化探资料弥补资料的不足，利用典型矿床所在区域物探剖析图，编制典型矿床所在区域地质-物探模型图。区域预测模型图以剖面图形式表示（图 7-4～图 7-7）。

### 1. 黄岗梁式铁矿

由黄岗梁铁矿典型矿床地质-物探模型图（图 7-9）中可以看出，典型矿床所在区域内主要出露上古生界和中新生界，中下二叠统（大石寨组和哲斯组）为海相碎屑岩夹灰岩和中基性火山角砾凝灰岩，上二叠统（林西组）为陆相-海陆交互相碎屑岩夹泥灰岩。侏罗系和白垩系为火山角砾凝灰岩、安山流纹质熔岩、玄武安山岩、英安岩、流纹岩。黄岗梁铁矿位于布格重力异常相对低值带与高值带的梯度带上。布格重力异常值 $\Delta g$ 由 $-147.81\times10^{-5}\,m/s^2$ 升高到 $-132.87\times10^{-5}\,m/s^2$，黄岗梁铁矿附近的布格重力异常值 $\Delta g$ 为 $-147.81\times10^{-5}\,m/s^2$。磁场为低缓磁场背景上的平稳正磁异常，异常走向北东向，重磁场特征显示有北东向和北西向断裂通过该区域。

由黄岗梁式铁矿区域预测模型图（图 7-10）中可知，黄岗梁式铁矿床处于早中二叠世大石寨组、哲斯组之中，周围有多条重力推断断裂，赋矿地层对应重力场、磁场均为低缓负异常场。

### 2. 梨子山式铁矿

由梨子山铁矿典型矿床地质-物探模型图（图 7-11）可知，在布格重力异常图上，梨子山铁矿位于布格重力异常相对低值区，$\Delta g$ 为 $-102.41\times10^{-5}\,m/s^2$。其东侧为大兴安岭北北东向梯级带，西侧是布格重力异常相对高值区。在剩余重力异常图上，梨子山铁矿位于等轴状负异常区北侧边部，$\Delta g$ 为 $-5.32\times10^{-5}\,m/s^2$。该负异常区与石炭纪酸性侵入岩有关，在其边部有奥陶纪地层零星出露。在梨子山铁矿附近推断有北东向和北东东向断裂存在。磁场为低缓负磁场背景，异常走向北东向，重磁场特征显示有北东向断裂通过该区域。

由梨子山铁矿区域预测模型图（图 7-12）可知，赋存于中奥陶世多宝山组、裸河组、大民山组，重力、航磁均表现为平缓负异常。

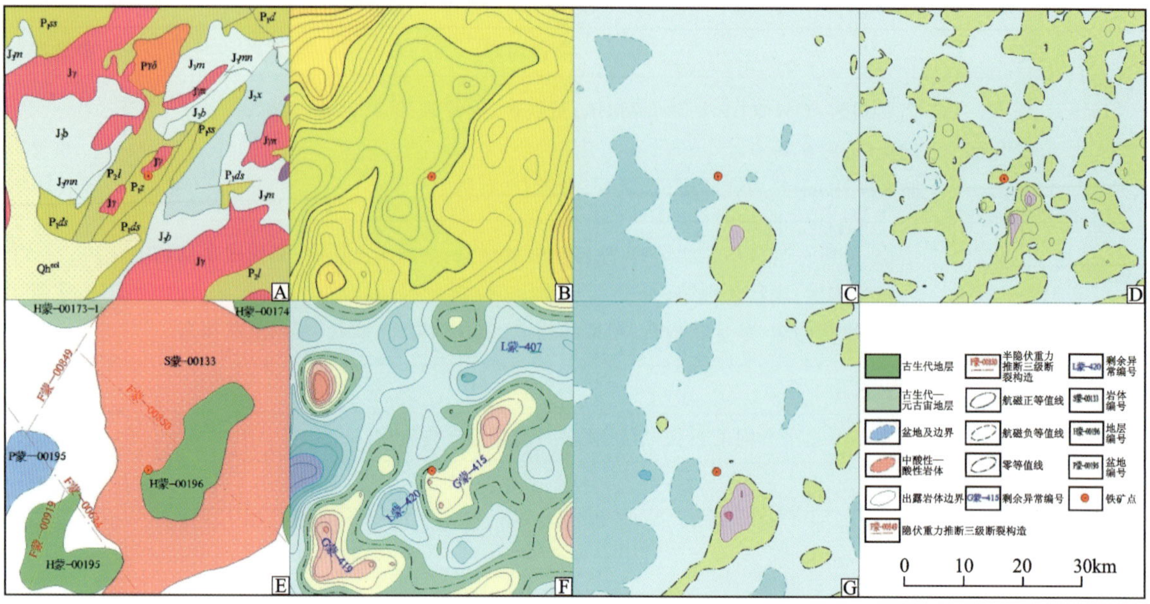


图 7-4　黄岗梁铁矿典型矿床地质-物探模型图

A. 地质矿产图；B. 布格重力异常图；C. 航磁 $\Delta T$ 等值线平面图；D. 航磁 $\Delta T$ 化极垂向一阶导数等值线平面图；E. 重力推断地质构造图；F. 剩余重力异常图；G. 航磁 $\Delta T$ 化极等值线平面图

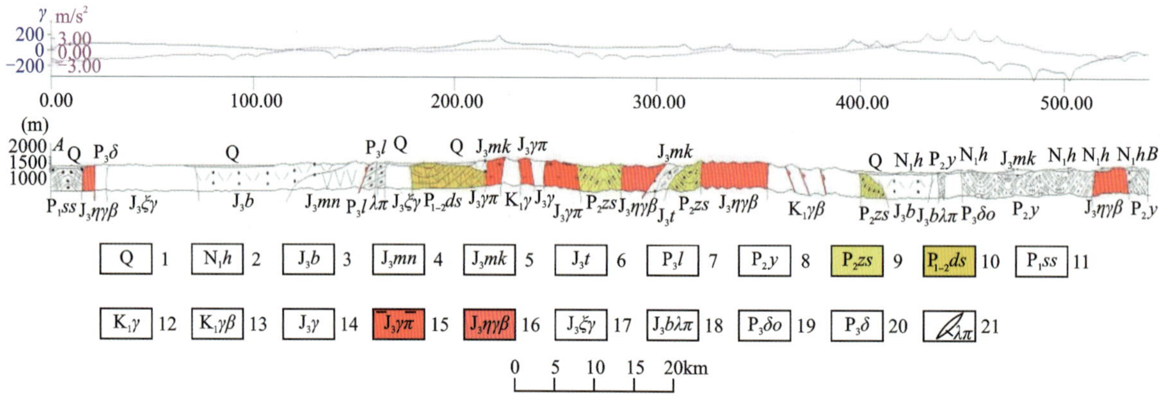


图 7-5　黄岗梁式铁矿区域预测模型图

1. 第四系；2. 汉诺坝组；3. 白音高老组；4. 玛尼吐组；5. 满克头鄂博组；6. 土城子组；7. 林西组；8. 于家北沟组；9. 哲斯组；10. 大石寨组 11. 寿山沟组；12. 花岗岩；13. 中粒黑云母花岗岩；14. 花岗岩；15. 花岗斑岩；16. 黑云母二长花岗岩；17. 正长花岗岩；18. 白音高老旋回潜流纹斑岩；19. 中粒石英闪长岩；20. 闪长岩；21. 流纹（石英）斑岩脉

## （四）变质型铁矿

三合明、壕赖沟、贾格尔旗庙矿产预测类型为变质型，三合明大地构造位置属华北陆块北缘，狼山-阴山陆块，狼山-白云鄂博台缘，白云鄂博褶断束，成矿区（带）属于滨太平洋成矿域，华北成矿省，华北陆块北缘西段金、铁、铌、稀土、铜、铅、锌、银、镍、铂、钨、石墨、白云母成矿带，白云鄂博-商都金、铁、铌、稀土、铜、镍成矿亚带。壕赖沟、贾格尔其庙铁矿预测区大地构造位置位于华北陆块区，狼山-阴山陆块，Ⅱ-4-1 固阳-兴和陆核（$Ar_1$），Ⅱ-4-2 色尔腾山-太仆寺旗古岩浆弧（$Ar_3$）。成矿区（带）属于华北成矿省，华北陆块北缘西段金、铁、铌、稀土、铜、铅、锌、银、镍、铂、钨、石墨白云母成矿带，乌拉山-集宁金、银、铁、

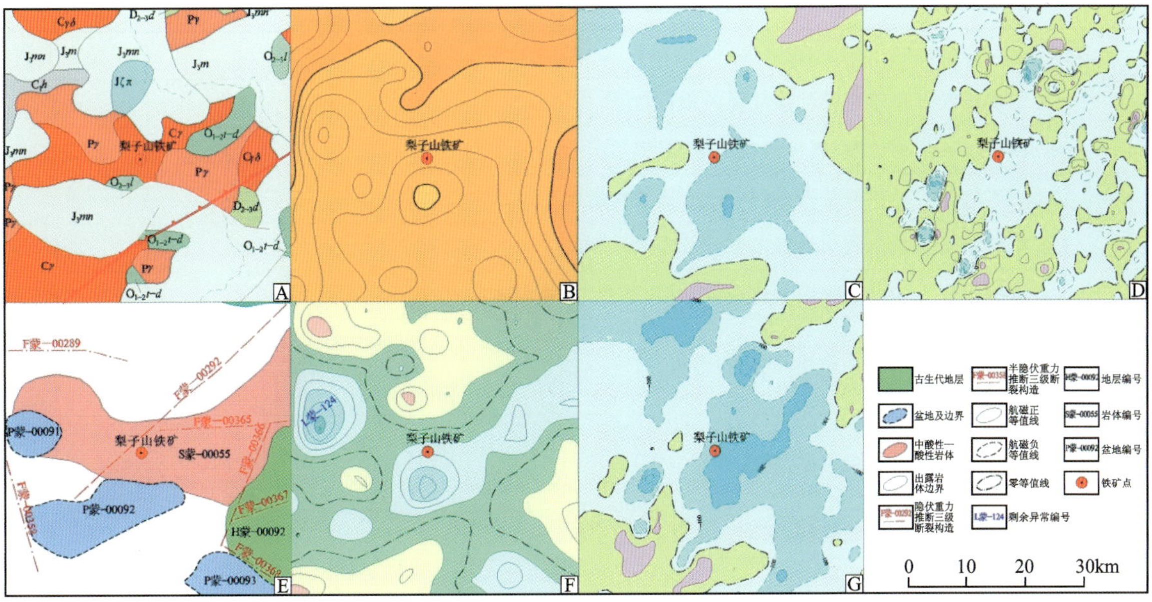

图 7-6　梨子山铁矿典型矿床地质-物探模型图

A. 地质矿产图；B. 布格重力异常图；C. 航磁 $\Delta T$ 等值线平面图；D. 航磁 $\Delta T$ 化极垂向一阶导数等值线平面图；E. 重力推断地质构造图；F. 剩余重力异常图；G. 航磁 $\Delta T$ 化极等值线平面图

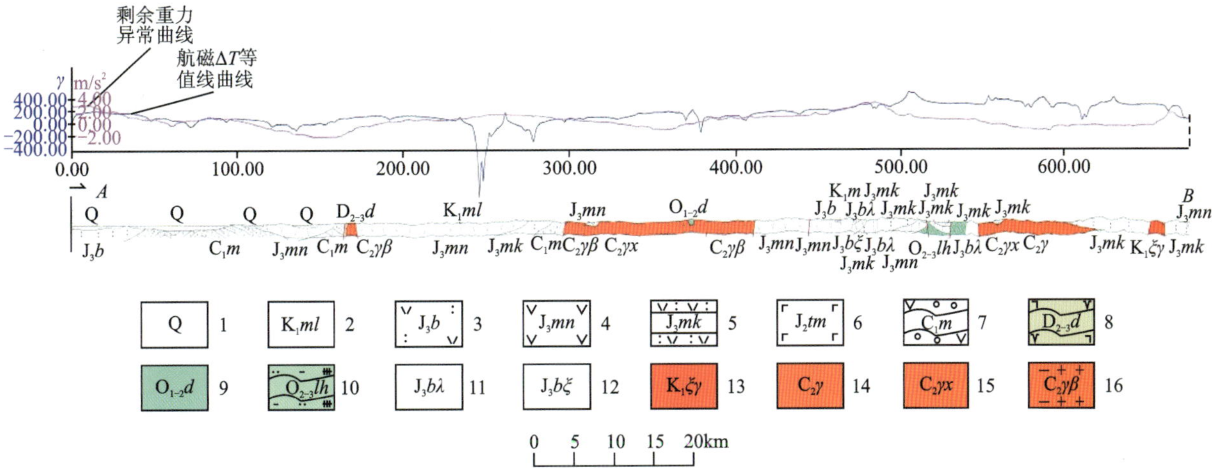

图 7-7　梨子山铁矿区域预测模型图

1. 第四系；2. 梅勒图组；3. 白音高老组；4. 玛尼吐组；5. 满克头鄂博组；6. 塔木兰沟组；7. 莫尔根河组；8. 大民山组；9. 多宝山组；10. 裸河组；11. 流纹岩；12. 正长岩；13.（粗粒黑云母）正长花岗岩；14. 花岗岩；15. 白岗质花岗岩；16. 黑云母花岗岩

铜、铅、锌、石墨、白云母成矿亚带。

以三和明矿床为例，总结预测要素（表 7-6）。

由三合明矿区无大比例尺的物化遥资料，故利用矿床所在区域的物化探资料弥补资料的不足，利用典型矿床所在区域物探资料，编制典型矿床所在区域地质-物探模型图。区域预测模型图以剖面图形式表示（图 7-1～图 7-4）。

**表 7-6　内蒙古三合明式变质型铁矿预测要素表**

| 预测要素 | | 描述内容 | 要素类别 |
|---|---|---|---|
| 地质环境 | 大地构造位置 | 位于华北陆块北缘内蒙古台隆,内蒙古地轴 | 必要 |
| | 所属成矿区(带) | 阿巴嘎-霍林河成矿带,温都尔庙-红格尔庙铁成矿亚带 | 必要 |
| | 主要控矿构造 | 地层倾伏端、转折部位、褶皱构造轴部 | 重要 |
| | 主要赋矿地层 | 色尔腾山岩群东五分子岩组 | 必要 |
| | 原岩沉积建造 | 中基性火山岩建造、碎屑岩建造 | 必要 |
| | 区域变质作用及建造 | 高绿片岩相-低角闪岩相 | 次要 |
| | 区域成矿类型及成矿期 | 沉积变质型;新太古代 | 必要 |
| 地质特征 | 成矿地质特征 | 受褶皱控制,轴部变富变厚 | 必要 |
| | | 古陆边缘附近 | 重要 |
| | | 工业类型:低硫、磷不含氟的弱磁性需选酸性硅质单一磁铁贫矿矿石 | 重要 |
| | | 自然类型:按脉石矿物划分为石英型、石英闪石型和闪石型;按有用矿物划分为磁铁矿石;按结构构造划分为条带状、皱纹状和细脉浸染状磁铁矿矿石 | 重要 |
| | | 矿石矿物:以磁铁矿为主,其次为假象赤铁矿、半假象赤铁矿及褐铁矿 | 重要 |
| 航磁 | 地磁特征 | ＞50nT | 重要 |
| 重力 | 重力特征 | 重力梯度带 | 必要 |

由三合明铁矿典型矿床地质-物探模型图(图 7-8)可知,在布格重力异常图上,位于重力梯级带由南北转为东西的转弯处。布格重力异常值 $\Delta g$ 变化范围为$(-160\sim-150)\times10^{-5}\,m/s^2$。变化率每千米$3\times10^{-5}\,m/s^2$。梯级带处推断存在近南北向和东西向的断裂带。三合明铁恰好处在断裂交会处。在剩余重力异常图上,三合明铁矿处在 L 蒙-573 剩余重力负异常与 G 蒙-582 正异常的交接带上,异常走向呈近东西向,受区域构造线方向一致。负异常对应于酸性岩体的分布区,正异常则因太古宙基底隆起所致。正负异常交界处与岩体和地层的接触带相对应。同时也反映了断裂构造的存在。区域航磁等值线平面图反映为负磁或低缓磁场背景中的圆团状正磁异常,主矿区在南,其强度、梯度都较大,并北侧伴有负值。北部有中区和西区两个矿区,其磁异常相对弱于南侧主矿磁异常。

由三合明铁矿区域预测模型图(图 7-9)可知,赋存于色尔腾山岩群中,所在地区重力场及磁场均为平缓正异常区。

## (五)海相火山岩型铁矿

黑鹰山、谢尔塔拉、温都尔庙矿床(点)预测类型为海相火山岩型,黑鹰山位于内蒙古自治区阿拉善盟额济纳旗,预测区大地构造位置属于天山-兴蒙造山系,额济纳旗-北山弧盆系,圆包山(中蒙边界)岩浆弧,成矿区(带)属于古亚洲成矿域,准噶尔成矿省,觉罗塔格-黑鹰山铜、镍、铁、金、银、钼、钨、石膏成矿带,黑鹰山-乌珠尔嘎顺铁、铜成矿亚带。谢尔塔拉铁矿位于大兴安岭弧盆系海拉尔-呼玛弧后盆地。成矿区(带)属于大兴安岭成矿省,陈巴尔虎旗-根河金、铁、锌、萤石成矿亚带。温都尔庙铁矿大地构造位于兴蒙造山系,大兴安岭弧盆系锡林浩特岩浆弧和包尔汉图-温都尔庙弧盆系。成矿带位于阿巴嘎-霍林河成矿带,温都尔庙-红格尔庙铁成矿亚带。

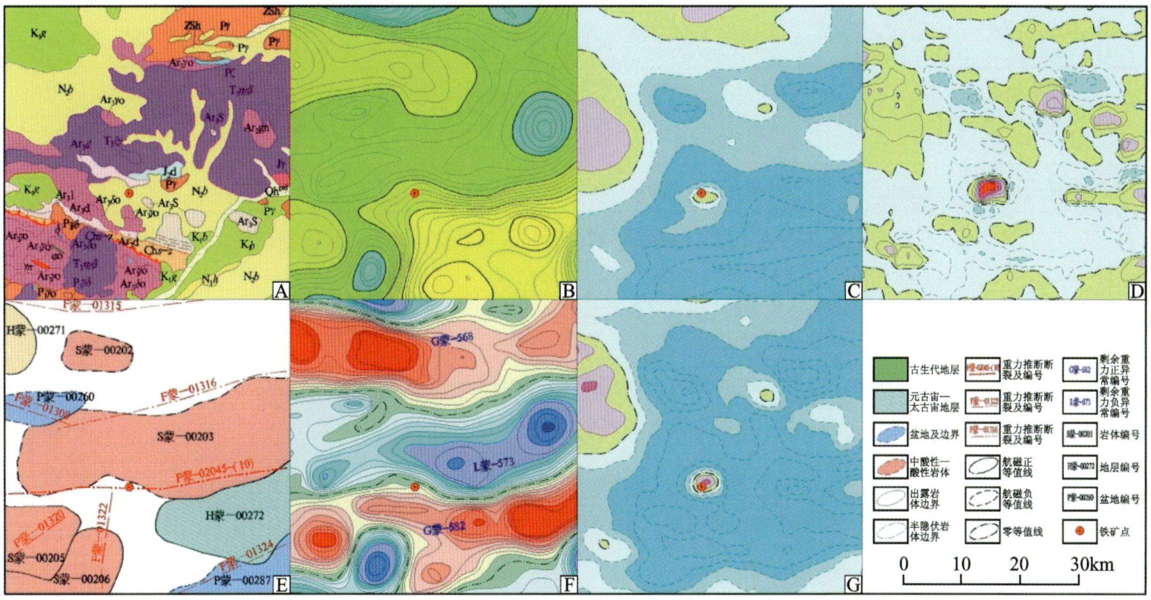


图 7-8　三合明铁矿典型矿床地质-物探模型图

A. 地质矿产图；B. 布格重力异常图；C. 航磁 $\Delta T$ 等值线平面图；D. 航磁 $\Delta T$ 化极垂向一阶导数等值线平面图；E. 重力推断地质构造图；F. 剩余重力异常图；G. 航磁 $\Delta T$ 化极等值线平面图

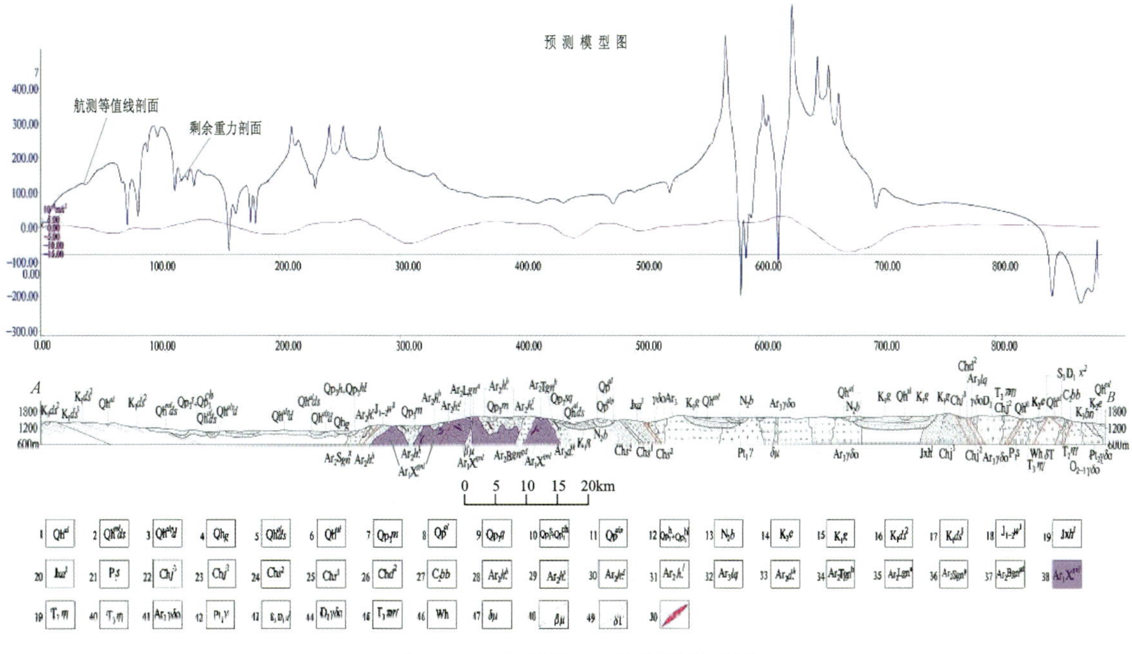


图 7-9　三合明铁矿区域预测模型图

1. 冲积层；2. 风积物；3. 冲洪积层；4. 古城湾组洪积层；5. 大湾沟组冲洪积层；6. 风积物；7. 晚更新世马兰组；8. 阿巴嘎组；9. 晚更新世迁安组；10. 萨拉乌苏组；11. 冲积层；12. 第四纪更新统；13. 宝格达乌拉组；14. 二连组；15. 固阳组；16. 大磨拐河二段；17. 大磨拐河一段；18. 石拐群五当沟组；19. 哈拉霍疙特组；20. 阿古鲁沟组；21. 三面井组；22. 石拐群五当沟组三段；23. 石拐群五当沟组二段；24. 书记沟组二段；25. 书记沟组二段；26. 都拉哈拉组；27. 白山组；28. 黑云角闪斜长片麻岩；29. 富铝片麻岩变质；30. 透辉片麻岩；31. 黑云长英片麻岩；32. 紫苏斜长麻粒岩；33. 黑云(角闪)斜长片岩；34. 陶来沟片麻岩；35. 立甲子片麻岩；36. 山和原沟片麻岩；37. 毕气沟片麻岩；38. 紫苏斜长麻粒岩；39. 中二叠世二长花岗岩；40. 晚三叠世二长花岗岩；41. 花岗石英闪长岩；42. 花岗岩；43. 西别河组；44. 石英花岗闪长岩；45. 二长花岗斑岩；46. 乌德混杂堆积带；47. 闪长玢岩脉；48. 辉绿(玢)岩脉；49. 闪长岩脉；50. 铁矿

以温都尔庙矿床为例，总结预测要素(表 7-7)。

**表 7-7　内蒙古温都尔庙式白云敖包海相火山岩型铁矿预测要素表**

| 预测要素 | 描述内容 | 要素类别 |
|---|---|---|
| 大地构造位置 | 大兴安岭弧盆系 | 必要 |
| 所属成矿区(带) | 阿巴嘎-霍林河成矿带、温都尔庙-红格尔庙铁成矿亚带 | 必要 |
| 主要控矿构造 | 温都尔庙复背斜，褶皱轴部(以轴部作 0.2km 缓冲区)深大断裂附近(以断裂作 0.5km 缓冲区) | 重要 |
| 主要赋矿地层 | 温都尔庙群桑达来音呼都格组二段和哈日哈达组一段(向外作 0.8km 缓冲区) | 必要 |
| 原岩沉积建造 | 海相火山岩建造，细碧质火山岩建造 | 必要 |
| 区域变质作用及建造 | 区域变质程度低，属低绿片岩相 | 必要 |
| 区域成矿类型及成矿期 | 海相火山岩型，中元古代 | 必要 |
| 航磁特征 | 航磁化极 $\Delta T$>400nT | 必要 |
| 重力磁特征 | 剩余重力异常取值>$3\times10^{-5}$ m/s$^2$ | 次要 |

由于温都尔庙矿区无大比例尺的物化遥资料，故利用典型矿床所在区域物探剖析图，编制典型矿床所在区域地质-物探模型图。区域预测模型图以剖面图形式表示(图 7-10、图 7-11)。

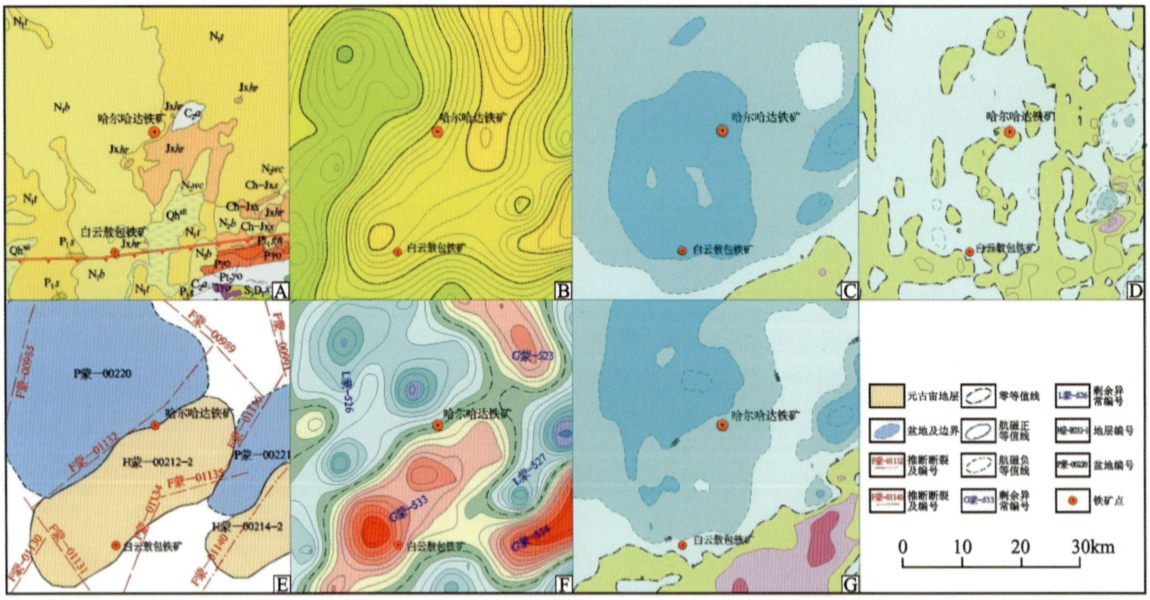


图 7-10　温都尔庙式铁矿典型矿床地质-物探模型图

A. 地质矿产图；B. 布格重力异常图；C. 航磁 $\Delta T$ 等值线平面图；D. 航磁 $\Delta T$ 化极垂向一阶导数等值线平面图；E. 重力推断地质构造图；F. 剩余重力异常图；G. 航磁 $\Delta T$ 化极等值线平面图

由温都尔庙式铁矿典型矿床地质-物探模型图(图 7-11)可知，白音敖包铁矿位于布格重力异常中心附近的梯级带上，布格重力异常最大值为$-125.63\times10^{-5}$ m/s$^2$，梯级带变化率为每千米 $2\times10^{-5}$ m/s$^2$，该区域对应于剩余重力正异常 G 蒙-533，最大值为 $11.88\times10^{-5}$ m/s$^2$，铁矿点位于剩余重力异常中心附近，处在等值线密集处。该区域磁场南高北低，重磁场特征显示有东西向和北东向断裂通过该区域。

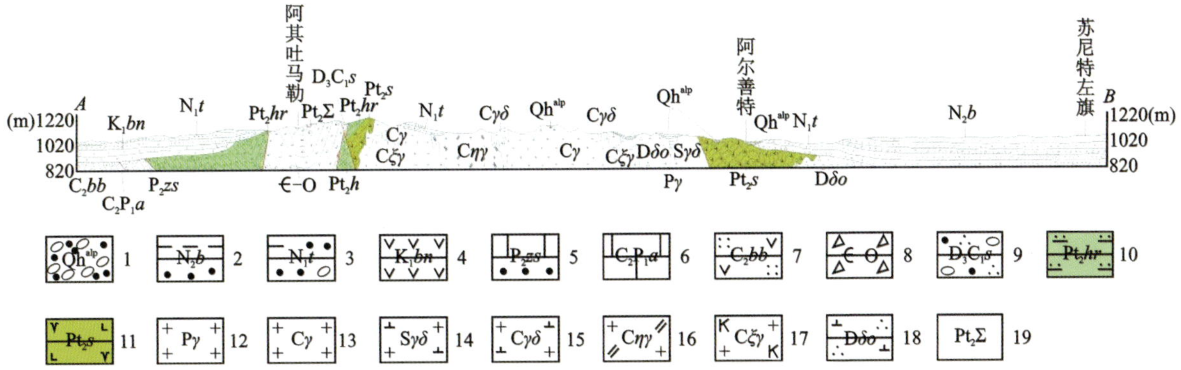


图 7-11　温都尔庙式铁矿区域预测模型图

1.冲积洪积砂砾、泥质砂砾；2.宝格达乌拉组；3.通古尔组；4.白女羊盘组；5.哲斯组；6.阿木山组；7.本巴图组；8.混杂岩；9.色日巴彦敖包组；10.哈尔哈达组；11.桑达来呼都格组；12.灰白色及肉红色黑云母花岗岩；13.灰白色黑云母、二云母花岗岩；14.中粒黑云角闪石英闪长岩；15.黑云母花岗闪长岩；16.黑云母二长花岗岩；17.二云母钾长花岗岩；18.暗绿色中粒石英闪长岩；19.褐紫色超基性岩及其风化壳

由温都尔庙预测工作区预测模型图(图 7-8)可知，白音敖包矿床位于一大型深断裂北侧，赋矿地质体为温都尔庙群的桑达来呼都格组哈尔哈达组，处于一重力梯度带中，磁场较为平缓。

## 二、预测方法类型确定及区域预测要素

根据内蒙古自治区铁矿预测类型将铁矿预测工作区分为 5 种预测方法类型：沉积型、变质型、火山岩型、侵入岩型、复合内生型。分类依据如表 7-8 所示。

**表 7-8　铁矿预测方法类型一览表**

| 矿产预测类型及亚类 | | 预测方法类型确定依据 | 预测方法类型 | 预测底图类型 |
|---|---|---|---|---|
| 沉积型 | 白云鄂博式 | 矿床成因类型为沉积型，除白云鄂博群哈拉霍疙特组直接控制了矿床的分布外，中元古代白云岩也是成矿必要因素之一 | 沉积型 | 沉积岩建造构造图 |
| | 霍各乞式 | 矿床成因类型为沉积(变质)型，地层直接控制了矿床的分布，构造对其有一定的影响，矿床(点)主要分布于向斜构造的核部 | 沉积型 | 沉积岩建造构造图 |
| | 雀儿沟式 | 矿床成因类型为沉积型，地层控制了矿床的分布 | 沉积型 | 沉积岩建造构造图 |
| 复合内生型 | 马鞍山式 | 矿床成因类型为热液型，岩体直接控制了矿床的分布 | 复合内生型 | 建造构造图 |
| | 地营子式 | 矿床成因类型为热液充填交代型，除额尔古纳组直接控制了矿床的分布外，燕山期岩体不仅为成矿必要因素之一，而且也赋存有铁矿体 | 复合内生型 | 侵入岩浆构造图 |
| | 百灵庙式 | 矿床成因类型为海底喷流-热液型，除白云鄂博群尖山组直接控制了矿床的分布外，海西期的闪长岩类也是成矿必要因素之一，矿床赋存于侵入岩内 | 复合内生型 | 侵入岩浆构造图 |

续表 7-8

| 矿产预测类型及亚类 | | 预测方法类型确定依据 | 预测方法类型 | 预测底图类型 |
|---|---|---|---|---|
| 侵入岩体型 | 神山式 | 矿床成因类型为矽卡岩型,地层与侵入体的外接触带直接控制了矿床的分布,构造对其有一定的影响 | 侵入岩型 | 侵入岩浆构造图 |
| | 梨子山式 | 矿床成因类型为矽卡岩型,除岩体直接控制了矿床的分布外,岩体的外接触带及围岩的碳酸盐岩地层也是重要因素 | 侵入岩型 | 建造构造图 |
| | 额里图式 | 矿床成因类型为矽卡岩型,地层与侵入体的外接触带直接控制了矿床的分布,构造对其有一定的影响 | 侵入岩型 | 侵入岩浆构造图 |
| | 朝不楞式 | 矿床成因类型为矽卡岩型,地层与侵入体的外接触带直接控制了矿床的分布,构造对其有一定的影响 | 侵入岩型 | 侵入岩浆构造图 |
| | 黄岗梁式 | 矿床成因类型为矽卡岩型,除岩体直接控制了矿床的分布外,岩体的外接触带及围岩的火山岩和碳酸盐岩地层也是重要因素 | 侵入岩型 | 建造构造图 |
| | 卡休他他式 | 矿床成因类型为矽卡岩型,地层与侵入体的外接触带直接控制了矿床的分布,构造对其有一定的影响 | 侵入岩型 | 侵入岩浆构造图 |
| | 克布勒式 | 矿床成因类型为矽卡岩型,地层与侵入体的外接触带直接控制了矿床的分布,构造对其有一定的影响 | 侵入岩型 | 侵入岩浆构造图 |
| | 乌珠尔嘎顺式 | 矿床成因类型为侵入岩型,中晚奥陶世咸水湖组火山岩地层与晚石炭世花岗闪长岩、英云闪长岩接触形成的矽卡岩带直接控制了矿床的分布,构造对其有一定的影响 | 侵入岩型 | 侵入岩浆构造图 |
| | 索索井式 | 矿床成因类型为矽卡岩型,地层与侵入体的外接触带直接控制了矿床的分布,构造对其有一定的影响 | 侵入岩型 | 侵入岩浆构造图 |
| | 哈拉火烧式 | 矿床成因类型为侵入岩型铁矿,晚石炭世石嘴子组灰岩与早白垩世花岗斑岩、黑云母花岗岩、白岗岩、石英闪长岩、闪长岩侵入形成的矽卡岩带直接控制了矿床的分布,构造对其有一定的影响 | 侵入岩型 | 建造构造图 |
| 变质型 | 壕赖沟式 | 矿床成因类型为变质型,兴和岩群含铁麻粒岩变质岩直接控制了矿床的分布,构造对其有一定的影响,矿床(点)主要分布于向斜构造的核部 | 变质型 | 变质岩建造构造图 |
| | 三合明式 | 矿床成因类型为变质型,色尔腾山岩群东五分子岩组含铁变质岩系直接控制了矿床的分布,构造对其有一定的影响,矿床(点)主要分布于向斜构造的核部 | 变质型 | 变质岩建造构造图 |
| | 贾格尔其庙式 | 矿床成因类型为沉积变质型,中太古代乌拉山岩群直接控制了矿床的分布 | 变质型 | 变质岩建造构造图 |

续表 7-8

| 矿产预测类型及亚类 | | 预测方法类型确定依据 | 预测方法类型 | 预测底图类型 |
|---|---|---|---|---|
| 火山岩型 | 黑鹰山式 | 矿床成因类型为火山岩型，地层直接控制了矿床的分布，构造对其有一定的影响 | 火山岩型 | 沉积岩建造构造图 |
| | 谢尔塔拉式 | 为海底火山喷发过程中形成的矿床，与火山岩性岩相关系密切 | 火山岩型 | 火山岩性岩相构造图 |
| | 温都尔庙式 | 为海底火山喷发过程中形成的矿床，与火山岩性岩相关系密切 | 火山岩型 | 沉积岩建造构造图 |

**1. 沉积型铁矿区域预测要素**

沉积型铁矿的矿产预测类型为沉积变质型矿，主要矿床式有白云鄂博式、霍各乞式、雀儿沟式。以白云鄂博、霍各乞预测工作区为例简述此类矿床(点)区域预测要素(表 7-9)。

**表 7-9　沉积型铁矿预测工作区预测要素一览表**

| 预测要素 | | 描述内容<br>白云鄂博 | 要素类别 | 描述内容<br>霍各乞 | 要素类别 |
|---|---|---|---|---|---|
| 地质环境 | 大地构造位置 | 华北陆块北缘，狼山-白云鄂博裂谷 | 必要 | Ⅱ华北陆块区，Ⅱ-4 狼山-阴山陆块(大陆边缘岩浆弧($Pz_2$))，Ⅱ-4-3 狼山-白云鄂博裂谷($Pt_2$) | 重要 |
| 地质环境 | 成矿区(带) | 华北成矿省，华北陆块北缘西段金、铁、铌、稀土、铜、铅、锌、银、镍、铂、钨、石墨、白云母成矿带，白云鄂博-商都金、铁、铌、稀土、铜、镍成矿亚带 | 必要 | Ⅱ-14 华北成矿省，Ⅲ-58 华北陆块缘西段金、铁、铌、稀土、铜、铅、锌、银、镍、铂、钨、石墨、白云母成矿带，Ⅳ582 霍各乞-东升庙铜、铁、铅、锌、硫成矿亚带(Ar、Pt、V)，Ⅴ582-1 霍各乞铜、铁、铅、锌矿集区(Pt)，Ⅴ582-21 炭窑口-东升庙硫、铅、锌、铜矿集区(Pt) | 重要 |
| | 区域成矿类型及成矿期 | 沉积型；中元古代 | 必要 | 沉积型；中元古代 | 重要 |

续表 7-9

| 预测要素 | | 描述内容 | 要素类别 | 描述内容 | 要素类别 |
|---|---|---|---|---|---|
| | | 白云鄂博 | | 霍各乞 | |
| 控矿地质条件 | 赋矿地质体 | 白云鄂博群都拉哈拉岩组、尖山组、哈拉霍疙特组 | 必要 | 渣尔泰山群阿古鲁沟组第二岩段透闪石岩、透辉石岩及其相互间的过渡岩类 | 必要 |
| | 控矿侵入岩 | 方解石碳酸岩及白云石碳酸岩侵入体 | 重要 | 主要为中二叠世斜长花岗岩，其次为中二叠世黑云母花岗岩、闪长岩 | 必要 |
| | 主要控矿构造 | 东西向的褶皱和断裂构造发育，尤其是深断裂活动为成矿物质从深部向浅部运移提供了可能的通道 | 重要 | 主要受阿古鲁沟组第二岩段地层控制，多分布于褶皱的向斜部位 | 次要 |
| 区内相同类型矿产 | | 成矿区(带)内有1个铁矿点 | 重要 | 已知矿床(点)4处，中型1处，小型1处，矿点1处，矿化点1处 | 重要 |
| 地球物理与地球化学特征 | 航磁 | 航磁异常范围：在碳酸岩地区及已知铁矿附近较为明显 | 必要 | 航磁 $\Delta T$ 化极异常强度最低值 −40，预测范围极值 200(−40～200nT) | 重要 |
| | | 航磁起始值大于 100γ | 重要 | | |
| | 重力 | 剩余重力起始值大于 $3\times10^{-5}$ $m/s^2$ | 次要 | 剩余重力矿点分布区的起始值在 $(-2\sim0)\times10^{-5}$ $m/s^2$ 之间 | 重要 |

**2. 复合内生型铁矿预测要素**

复合内生型铁矿的矿产预测类型为接触交代-热液型铁矿，主要矿床式为马鞍山式、地营子式。以地营子预测工作区为例简述此类矿床(点)区域预测要素(表 7-10)。

**表 7-10 复合内生型铁矿预测工作区预测要素一览表**

| 预测要素 | | 描述内容 | | 要素类别 |
|---|---|---|---|---|
| | | 预测工作区 | 地营子 | |
| 地质环境 | 大地构造位置 | 额尔古纳-呼伦优地槽褶皱带，额尔古纳岛弧(Pz)的得尔布干断裂带北西侧中段(内蒙古部分) | | 必要 |
| | 成矿区(带) | 位于大兴安岭成矿省(Ⅱ)，额尔古纳铜、钼、铅、锌、银、金、萤石成矿带(Ⅲ)，莫尔道嘎金、铁、铅、锌成矿亚带(Ⅳ) | | 必要 |
| | 区域成矿类型及成矿期 | 热液型；海西晚期—燕山早期 | | 必要 |
| 控矿地质条件 | 赋矿地质体 | 寒武纪额尔古纳群 | | 必要 |
| | 控矿侵入岩 | 海西期及燕山期花岗岩均有侵入 | | 重要 |
| | 主要控矿构造 | 受次级北西向断裂带与北东向断裂控制 | | 重要 |

续表 7-10

| 预测要素 | 描述内容 | 要素分类 |
|---|---|---|
| 区内相同类型矿产 | 所属区带内有 6 个相同类型的铁矿点、矿化点 | 重要 |
| 航磁 | 航磁异常范围 | 必要 |
| | 大于 $-100nT$ | 次要 |
| 铁染分布 | Ⅰ级铁染区 | 次要 |
| 重力 | 重力起始值范围：东部 $(-78\sim-62)\times10^{-5}m/s^2$，西部 $(-92\sim-84)\times10^{-5}m/s^2$ | 次要 |

### 3. 侵入岩型铁矿预测要素

侵入岩型铁矿的矿产预测类型为接触交代-热液型铁矿，主要矿床式为额里图式、朝不楞式、黄岗梁式、卡休他他式、克布勒式、乌珠尔嘎顺式、索索井式、哈拉火烧式、神山式、梨子山式。以梨子山、黄岗梁预测工作区为例简述此类矿床(点)区域预测要素(表 7-11)。

表 7-11　侵入岩型铁矿预测工作区预测要素一览表

| 预测要素 | | 描述内容 | 要素类别 | 描述内容 | 要素类别 |
|---|---|---|---|---|---|
| | | 梨子山 | | 黄岗梁 | |
| 地质环境 | 构造背景 | 大兴安岭弧盆系，扎兰屯-多宝山岛弧 | 必要 | 大兴安岭弧盆系，锡林浩特岩浆弧 | 必要 |
| | 成矿环境 | (Ⅰ)滨太平洋成矿域(叠加在古亚洲成矿域之上)，(Ⅱ)大兴安岭成矿省，(Ⅲ)多宝山-黑河铜、金、钼、钨成矿亚带 | 必要 | (Ⅱ)大兴安岭成矿省，(Ⅲ)林西-孙吴铅、锌、铜、钼、金成矿带(Ⅵ、Ⅱ、Ym)，(Ⅳ)索伦镇-黄岗梁铁(锡)、铜、锌成矿亚带(Y) | 必要 |
| | 成矿时代 | 海西中期 | 必要 | 燕山晚期 | 必要 |
| 控矿地质条件 | 控矿构造 | 北东东向转北东方向的扭张-压扭件层间裂隙控矿构造带 | 重要 | 北东向的一组压性为主兼扭性断裂及其所形成的层间裂隙是控矿的有利部位；<br>北西向张性为主兼扭性断裂控矿性能较差 | 重要 |
| | 赋矿地层 | 主要为多宝山组，其次有裸河组、大民山组、额尔古纳河组 | 必要 | 早二叠世哲斯组、早中二叠世大石寨组三段 | 必要 |
| | 控矿侵入岩 | 海西中期石炭纪白岗岩、花岗岩、石英二长闪长岩等 | 必要 | 富含碱质及挥发组分的钾长花岗岩及期后气水溶液交代了围岩中有益成分并在有利部位富集成矿 | 必要 |
| 区域成矿类型及成矿期 | | 矽卡岩型；海西中期 | | 接触交代(矽卡岩)型；燕山晚期 | 重要 |
| 预测区矿点 | | 成矿区(带)内 10 个矿点 | 重要 | 成矿区(带)内 14 个矿点、矿化点 | 重要 |

续表 7-11

| 预测要素 | | 描述内容<br>梨子山 | 要素类别 | 描述内容<br>黄岗梁 | 要素类别 |
|---|---|---|---|---|---|
| 物化探特征 | 重力 | 重力低负异常 | 重要 | 重力低负异常 | 重要 |
| | 航磁 | 航磁高异常 | 重要 | 磁参数测定:磁铁矿磁性最强,含铁矽卡岩磁性次之,凝灰岩、花岗岩、安山岩、闪长岩,闪长玢岩等弱磁或微磁性;密度测定:磁铁矿与围岩之间存在较大密度差异,磁铁矿与含铁矽卡岩之间密度差异较小。航磁高异常 | 重要 |

**4. 变质型铁矿预测要素**

变质型铁矿的矿产预测类型为沉积变质型铁矿,主要矿床式为三合明式、壕赖沟式、贾格尔其庙式。以三合明预测工作区为例简述此类矿床(点)区域预测要素(表 7-12)。

**表 7-12　变质型铁矿预测工作区预测要素一览表**

| 预测要素 | | 描述内容 | | 要素分类 |
|---|---|---|---|---|
| | | 预测工作区 | 三合明 | |
| 地质环境 | 大地构造位置 | 位于华北陆块北缘,内蒙古台隆,内蒙古地轴 | | 必要 |
| | 所属成矿区带 | 阿巴嘎-霍林河成矿带,温都尔庙-红格尔庙铁成矿亚带 | | 必要 |
| | 主要控矿构造 | 地层倾伏端、转折部位、褶皱构造轴部 | | 重要 |
| | 主要赋矿地层 | 色尔腾山岩群东五分子岩组 | | 必要 |
| | 原岩沉积建造 | 中基性火山岩建造、碎屑岩建造 | | 必要 |
| | 区域变质作用及建造 | 高绿片岩相-低角闪岩相 | | 次要 |
| | 区域成矿类型及成矿期 | 沉积变质型;新太古代 | | 必要 |
| 控矿地质条件 | 构造背景 | 古陆边缘附近 | | 重要 |
| | 控矿构造 | 受褶皱控制,轴部变富变厚 | | 必要 |
| 矿床特征 | 工业类型 | 低硫、磷不含氟的弱磁性需选酸性硅质单一磁铁贫矿矿石 | | 重要 |
| | 自然类型 | 按脉石矿物划分为石英型、石英闪石型和闪石型;按有用矿物为磁铁矿石;按结构构造划分为条带状、皱纹状和细脉浸染状磁铁矿矿石 | | 重要 |
| | 矿物组成 | 矿石矿物:以磁铁矿为主,其次为假象赤铁矿、半假象赤铁矿及褐铁矿 | | 重要 |
| 航磁 | 地磁特征 | $>$50nT | | 重要 |
| 重力 | 重力特征 | 重力梯度带 | | 必要 |

**5. 火山岩型铁矿预测要素**

火山岩型铁矿的矿产预测类型为海相火山岩型铁矿,主要矿床式为温都尔庙式、壕赖沟式、谢尔塔拉式。以温都尔庙预测工作区为例简述此类矿床（点）区域预测要素（表 7-13）。

**表 7-13　火山岩型铁矿预测工作区预测要素一览表**

<table>
<tr><td colspan="2" rowspan="2">预测要素</td><td colspan="2">描述内容</td><td rowspan="2">要素类别</td></tr>
<tr><td>预测工作区</td><td>温都尔庙</td></tr>
<tr><td rowspan="7">地质环境</td><td>大地构造位置</td><td colspan="2">大兴安岭弧盆系</td><td>必要</td></tr>
<tr><td>所属成矿区（带）</td><td colspan="2">阿巴嘎-霍林河成矿带，温都尔庙-红格尔庙铁成矿亚带</td><td>必要</td></tr>
<tr><td>主要控矿构造</td><td colspan="2">温都尔庙复背斜，褶皱轴部</td><td>重要</td></tr>
<tr><td>主要赋矿地层</td><td colspan="2">温都尔庙群桑达来呼都格组二段和哈日哈达组一段</td><td>必要</td></tr>
<tr><td>原岩沉积建造</td><td colspan="2">海相火山岩建造、细碧质火山岩建造</td><td>必要</td></tr>
<tr><td>区域变质作用及建造</td><td colspan="2">区域变质程度低，属低绿片岩相</td><td>次要</td></tr>
<tr><td>区域成矿类型及成矿期</td><td colspan="2">海相火山岩型；中元古代</td><td>必要</td></tr>
<tr><td rowspan="5">成矿地质特征</td><td>控矿构造</td><td colspan="2">温都尔庙复背斜的轴部和两翼，轴部变富变厚</td><td>必要</td></tr>
<tr><td>构造背景</td><td colspan="2">（隐伏）深大断裂附近</td><td>重要</td></tr>
<tr><td>矿石工业</td><td colspan="2">矿石工业类型：以磁性强弱、含铁品位和有害杂质的含量作为分类基础，共分成五大类 6 亚类。①高品位磁铁矿矿石（A 型 TFe>45%，B 型 40%～44.99%）；②低品位磁铁矿矿石（20%～39.99%）；③高品位假象赤铁矿（赤铁矿）矿石（A 型大于 45%，B 型 40%～44.99%）；④低品位假象赤铁矿（赤铁矿）矿石（25%～39.99%）；⑤褐-赤铁矿矿石（25%～39.99%）</td><td>重要</td></tr>
<tr><td rowspan="2">矿石组成</td><td colspan="2">矿石自然类型：按主要铁矿物（锰矿）的含量、矿石构造和脉石矿物种类、共划分为 19 种类型。其中以假象赤铁矿矿石为主，其次为磁铁矿矿石、赤铁矿矿石和褐铁矿矿石</td><td>重要</td></tr>
<tr><td colspan="2">矿石矿物：赤铁矿、磁铁矿、褐铁矿，少量铁矿、纤铁矿</td><td>重要</td></tr>
<tr><td rowspan="2">地球物理与地球化学特征</td><td>地磁特征</td><td colspan="2">$\gamma>200$</td><td>重要</td></tr>
<tr><td>重力特征</td><td colspan="2">重力梯度带</td><td>次要</td></tr>
</table>

## 三、最小预测区圈定

根据对典型矿床成矿规律、预测要素及预测工作区区域地质、物探、化探、遥感、自然重砂等背景条件的研究，确定预测工作区预测要素，提取预测变量，运用矿产资源评价系统（MRAS）对预测工作区进行定位预测。

### 1. 变量构置

根据各预测工作区不同成矿条件，进行预测变量构置（表 7-14）。

**表 7-14 铁矿预测工作区变量构置一览表**

| 预测类型 | 预测工作区 | 预测变量 | 变量处理 |
|---|---|---|---|
| 沉积变质型 | 白云鄂博铁矿预测工作区 | 地质体:哈拉霍疙特组及碳酸盐岩。共提取地质体 63 块,总面积为 1 487.60mm$^2$(实际面积 92.97km$^2$) | 求取存在标志 |
| | | 重砂:共圈出重砂铁异常区 12 个,基本与含矿地层无关 | 求取存在标志 |
| | | 航磁异常分布区:共圈定异常分布区 142 块,总面积为 20 797.29mm$^2$(实际面积 1 299.83km$^2$),在碳酸盐岩地区及已知铁矿附近较为明显 | 二值化处理 |
| | | 在已知矿区范围内,重力值较高 | 二值化处理 |
| | | 断层:提取与成矿有关的走向为 80°～100°的同生断裂,并作 500m(2mm)缓冲区 | 求取存在标志 |
| | | 航磁推断断层:提取走向为 80°～100°的航磁推断断裂,并作 500m(2mm)缓冲区 | 求取存在标志 |
| | | 已知矿点:只有 1 个,即白云鄂博矿床。将已知东矿、主矿、西矿矿体进行投影变换,添加到图中 | 二值化处理 |
| | | 遥感:提取Ⅰ级铁染异常区 | 求取存在标志 |
| | 壕赖沟铁矿预测工作区 | 古太古代兴和岩群变质地层 | 求取存在标志 |
| | | 铁矿体、铁矿床(点)、矿点缓冲区 | 求取存在标志 |
| | | 航磁异常范围 | 二值化处理 |
| | | 重力剩余异常 | 二值化处理 |
| | | 兴和岩群变质岩与矿点不在兴和岩群中半径为 0.5km 矿点缓冲区的和 | 求取存在标志 |
| | 三合明铁矿预测工作区 | 新太古代色尔腾山岩群东五分子岩组含铁变质地层 | 求取存在标志 |
| | | 铁矿体、铁矿床(点)、矿点缓冲区 | 求取存在标志 |
| | | 航磁异常范围 | 二值化处理 |
| | | 重力剩余异常 | 二值化处理 |
| | | 东五分子岩组与矿点不在东五分子岩组中半径为 0.5km 矿点缓冲区的和 | 求取存在标志 |
| | 贾格尔其庙铁矿赤峰预测工作区 | 地质体:提取乌拉山岩群,并对上覆白垩系、第四系覆盖层按照倾角及预测深度进行揭盖 | 求取存在标志 |
| | | 航磁异常 | 二值化处理 |
| | | 重力推断乌拉山岩群,根据重力场特征,对重力值相对较高的第四系、白垩系地区进行推断 | 二值化处理 |
| | | 已知矿点,有 22 个同类型矿点,其中 10 个小型矿床,12 个矿点 | 求取存在标志 |
| | | 遥感:提取Ⅰ级铁染异常区 | 二值化处理 |
| | 贾格尔其庙铁矿集宁-包头预测工作区 | 地层:主要提取乌拉山岩群哈达门沟岩组角闪斜长片麻岩组合及相似岩石组合的含铁建造,并对上覆第四系、新近系、古近系、白垩系、侏罗系等覆盖层,视地质体的具体情况进行了揭盖处理,最大外推不超过 1km | 求取存在标志 |
| | | 推断的矿致航磁异常分布区 | 二值化处理 |
| | | 重力剩余异常等值线 | 二值化处理 |

续表 7-14

| 预测类型 | 预测工作区 | 预测变量 | 变量处理 |
| --- | --- | --- | --- |
| 沉积变质型 | 贾格尔其庙铁矿集宁-包头预测工作区 | 已知矿床(点):目前收集到的有 22 处,其中中型 2 处,小型 19 处,矿点 1 处;地表发现有多处铁矿脉 | 求取存在标志 |
| | 贾格尔其庙铁矿迭布斯格预测工作区 | 地层:主要提取乌拉山岩群哈达门沟岩组角闪斜长片麻岩组合及相似岩石组合的含铁建造,并对上覆第四系、新近系、古近系、白垩系、侏罗系等覆盖层,视地质体的具体情况进行了揭盖处理,最大外推不超过 1km | 求取存在标志 |
| | | 推断的矿致航磁异常分布区 | 二值化处理 |
| | | 重力剩余异常等值线 | 二值化处理 |
| | | 已知矿床(点):目前收集到的有 22 处,其中中型 2 处,小型 19 处,矿点 1 处;地表发现有多处铁矿脉 | 求取存在标志 |
| 沉积型 | 霍各乞铁矿预测工作区 | 地层:主要提取中元古代阿古鲁沟组第二岩段,并对上覆第四系、白垩系等覆盖层视地质体的具体情况进行了揭盖处理,最大外推不超过 1km | 求取存在标志 |
| | | 航磁异常采用化极 $\Delta T$ 等值线 | 二值化处理 |
| | | 重力剩余异常等值线 | 二值化处理 |
| | | 已知矿床(点):目前收集到的有 4 处,其中中型 1 处,小型 1 处,矿点 1 处,矿化点 1 处 | 二值化处理 |
| | | 重砂:没有铁异常,多是其他多金属单元素异常,仅供参考 | 求取存在标志 |
| | | 遥感:采用Ⅰ级铁染异常区 | 求取存在标志 |
| | 雀儿沟铁矿清水河预测工作区 | 地层:主要提取本溪组 | 求取存在标志 |
| | | 铁矿床(点)、矿点缓冲区 | 求取存在标志 |
| | | 航磁异常范围 | 二值化处理 |
| | | 重力剩余异常 | 二值化处理 |
| | | 地层:主要提取太原组 | 求取存在标志 |
| | | 铁矿床(点)、矿点缓冲区 | 求取存在标志 |
| | | 航磁异常范围 | 二值化处理 |
| | | 重力剩余异常 | 二值化处理 |
| | 百灵庙铁矿预测工作区 | 地质体:提取白云鄂博群尖山组及海西期闪长岩类:粗粒花岗闪长岩、灰黄色中粒似斑状花岗闪长岩、英云闪长岩、灰黑色中粗粒石英闪长岩、黑色中粒似斑状闪长岩、浅灰色中粗粒英云闪长岩、绿灰色中粒石英闪长岩。共提取地质体 132 块,总面积为 7 796.69$mm^2$(实际面积 487.29$km^2$),其中面积最大为 1 139.48$mm^2$(实际面积 71.22$km^2$),最小为 1.52$mm^2$(实际面积 0.10$km^2$),平均每个区块面积为 59.07$mm^2$(实际面积 3.69$km^2$) | 求取存在标志 |
| | | 重砂:共圈出重砂铁异常区 12 个,基本与含矿地层无关 | 求取存在标志 |

**续表 7-14**

| 预测类型 | 预测工作区 | 预测变量 | 变量处理 |
| --- | --- | --- | --- |
| 沉积型 | 百灵庙铁矿预测工作区 | 航磁异常分布区:共圈定异常分布区 142 块,总面积为 20 797.29mm$^2$(实际面积 1 299.83km$^2$),其中面积最大为 1 573.78mm$^2$(实际面积 98.36km$^2$),最小为 19.86mm$^2$(实际面积 1.24km$^2$),平均每个区块面积为 146.46mm$^2$(实际面积 9.15km$^2$)。在碳酸盐岩地区及已知铁矿附近较为明显 | 求取存在标志 |
| | | 在已知矿区范围内,多数矿点所在重力场值为$-6\sim15\eta\gamma$ | 二值化处理 |
| | | 断层:提取与成矿有关的走向为北东东向断裂,并作 500m(2mm)缓冲区 | 求取存在标志 |
| | | 航磁推断断层:提取走向为北东东向航磁推断断裂,并作 500m(2mm)缓冲区 | 求取存在标志 |
| | | 已知矿点:有 3 个同类型矿点,分别为百灵庙(小型矿床)、大嘎(矿点)、阿贵(小型矿床) | 二值化处理 |
| | | 遥感:提取Ⅰ级铁染异常区 | 求取存在标志 |
| | 黑鹰山铁矿预测工作区 | 地层:主要提取太原组 | 求取存在标志 |
| | | 铁矿床(点)、矿点缓冲区 | 求取存在标志 |
| | | 航磁异常范围 | 二值化处理 |
| | | 重力剩余异常 | 二值化处理 |
| | | 褶皱缓冲带 | 求取存在标志 |
| | | 铁染异常 | 求取存在标志 |
| | 谢尔塔拉铁矿预测工作区 | 大兴安岭成矿省陈巴尔虎-根河金、铁、锌、萤石成矿带 | 求取存在标志 |
| | | 早石炭世莫尔根河组 | 求取存在标志 |
| | | 航磁正异常 | 二值化处理 |
| | | 剩余重力正异常 | 二值化处理 |
| | 温都尔庙铁矿脑木根预测工作区 | 地层:提取哈尔哈达组、桑达来呼都格组 | 求取存在标志 |
| | | 褶皱轴线:作 0.2km 缓冲区 | 求取存在标志 |
| | | 深大断裂:预测区内断层只有个别(1 条)小于 2km,规模较大,提取所有断层,作 0.5km 缓冲区 | 求取存在标志 |
| | | 航磁:化极值>400nT | 二值化处理 |
| | | 重力:剩余重力异常$>3\times10^{-5}$ m/s$^2$ | 二值化处理 |
| | | 地层:提取哈尔哈达组含矿建造、桑达来呼都格组 | 求取存在标志 |
| | 温都尔庙铁矿苏尼特左旗预测工作区 | 航磁化极 | 二值化处理 |
| | | 剩余重力 | 二值化处理 |
| | | 褶皱 | 求取存在标志 |
| | | 重砂异常 | 二值化处理 |
| | | 地层:温都尔庙群 | 求取存在标志 |
| | 温都尔庙铁矿二道井预测工作区 | 航磁化极 | 二值化处理 |
| | | 剩余重力 | 二值化处理 |
| | | 磁异常、磁铁石英岩脉 | 二值化处理 |
| | | 重砂异常 | 二值化处理 |

续表 7-14

| 预测类型 | 预测工作区 | 预测变量 | 变量处理 |
| --- | --- | --- | --- |
| 沉积型 | 额里图铁矿预测工作区 | 地质体:地表出露或推断有上中太古代乌拉山岩群深变质岩和燕山早期花岗岩类外接触带 | 求取存在标志 |
| | | 在已知矿区范围内,重力值较高 | 二值化处理 |
| | | 提取与成矿有关的断裂,并作 500m(2mm)缓冲区 | 求取存在标志 |
| | | 航磁推断断层,并作 500m(2mm)缓冲区 | 求取存在标志 |
| | | 已知矿点、矿化点:进行投影变换,并作 500m(2mm)缓冲区,添加到图中 | 求取存在标志 |
| | | 提取Ⅰ级铁染异常区 | 求取存在标志 |
| | 朝不楞铁矿预测工作区 | 地质体:地表出露或推断有中晚泥盆世塔尔巴格特组和燕山晚期花岗岩内外接触带 | 求取存在标志 |
| | | 在已知矿区范围内,重力值较高 | 二值化处理 |
| | | 提取与成矿有关的断裂,并作 500m(2mm)缓冲区 | 求取存在标志 |
| | | 航磁推断断层,并作 500m(2mm)缓冲区 | 二值化处理 |
| | | 已知矿点、矿化点:进行投影变换,并作 500m(2mm)缓冲区,添加到图中 | 求取存在标志 |
| | | 提取Ⅰ级铁染异常区 | 二值化处理 |
| | 黄岗梁铁矿预测工作区 | 地层:早中二叠世大石寨组碎屑岩-火山岩建造、哲斯组碎屑岩-碳酸盐岩建造 | 求取存在标志 |
| | | 侵入岩:晚侏罗世花岗岩、钾长花岗岩,白垩纪花岗岩、钾长花岗岩 | 求取存在标志 |
| | | 构造:北东向构造 | 求取存在标志 |
| | | 遥感:遥感蚀变对矿化无明显反映,只利用了遥感断裂解译结果 | 二值化处理 |
| | | 重力:剩余重力低值区 | 二值化处理 |
| | | 航磁:航磁正异常、矿致航磁异常 | 二值化处理 |
| | 卡休他他铁矿预测工作区 | 地层:主要提取震旦系,并对上覆第四系、白垩系等覆盖层视地质体的具体情况进行了揭盖处理,最大外推不超过 1km,1∶25 万预测底图上为 4mm | 求取存在标志 |
| | | 侵入体:晚石炭世辉长岩、角闪辉长岩 | 二值化处理 |
| | | 地层与侵入岩的接触界线,在靠地层一侧作缓冲区,影响域为1km,1∶25 万预测底图上为 4mm | 二值化处理 |
| | | 遥感解译断层:主要是近东西向的断层与成矿有关,为成矿前构造,选70°(左右 10°)方向的断层。之后两侧作缓冲区,影响域为 1km,1∶25 万预测底图上为 4mm。两侧各 500m | 二值化处理 |
| | | 航磁异常范围 | 求取存在标志 |
| | | 重力剩余异常等值线[起始值为(1～2)$\times10^{-5}m/s^2$] | 求取存在标志 |
| | | 已知矿床(点):目前收集到的有 2 处,其中中型 1 处、矿点 1 处 | 二值化处理 |
| | | 重砂:铁异常 | 求取存在标志 |
| | | 遥感:遥感信息提取获得的铁染异常经与含矿地质体、已知典型矿床叠加分析,铁染异常与这些地质因素关系不明显,因此不作为预测要素 | 求取存在标志 |
| | | 蚀变:主要是矽卡岩化 | 二值化处理 |

**续表 7-14**

| 预测类型 | 预测工作区 | 预测变量 | 变量处理 |
| --- | --- | --- | --- |
| 沉积型 | 克布勒铁矿预测工作区 | 地质体:地表出露或推断有中晚泥盆世塔尔巴格特组和燕山晚期花岗岩内外接触带 | 求取存在标志 |
| | | 在已知矿区范围内,重力值较高 | 二值化处理 |
| | | 提取与成矿有关的断裂,并作 500m(2mm)缓冲区 | 求取存在标志 |
| | | 航磁推断断层,并作 500m(2mm)缓冲区 | 求取存在标志 |
| | | 已知矿点、矿化点:进行投影变换,并作 500m(2mm)缓冲区,添加到图中 | 二值化处理 |
| | | 提取Ⅰ级铁染异常区 | 求取存在标志 |
| | 乌珠尔嘎顺铁矿预测工作区 | 中晚奥陶世咸水湖组火山岩组与石炭纪二长花岗岩、花岗正长岩、英云闪长岩和英云闪长斑岩侵入 | 求取存在标志 |
| | | 生成接触带 | 求取存在标志 |
| | | 另有已知的小型矿床及矿点存在 | 求取存在标志 |
| | | 存在北东向断层及剩余重力异常等值线起始值在$(-1\sim2)\times10^{-5}m/s^2$之间 | 二值化处理 |
| | 索索井铁矿预测工作区 | 地层:主要提取青白口纪大豁落山群,并对上覆第四系、白垩系等覆盖层视地质体的具体情况进行了揭盖处理,最大外推不超过 1km | 求取存在标志 |
| | | 侵入体:三叠纪中粗粒似斑状花岗岩、花岗岩 | 二值化处理 |
| | | 三叠纪中粗粒似斑状花岗岩、花岗岩与青白口纪大豁落山群上岩组的外接触带 | 二值化处理 |
| | | 航磁异常采用 100～800nT 之间 | 求取存在标志 |
| | | 重力剩余异常等值线采用$(3.2\sim5)\times10^{-5}m/s^2$ | 二值化处理 |
| | | 已知矿点、矿化点:目前收集到的有 8 处,其中小型 1 处、矿点 7 处 | 二值化处理 |
| | | 遥感:采用Ⅰ级铁染异常区 | 二值化处理 |
| | 哈拉火烧铁矿预测工作区 | 地质变量选择石嘴子组,早白垩世花岗斑岩、黑云母花岗岩、白岗岩、石英闪长岩、闪长岩侵入岩及接触变质带 | 求取存在标志 |
| | | 北东向和近东西向断层 500m 的缓冲区 | 求取存在标志 |
| | | 矿点、矿点的 1000m 的缓冲区 | 求取存在标志 |
| | | 航磁异常范围 | 二值化处理 |
| | | 重力剩余异常 | 二值化处理 |
| | | 重砂几个变量 | 二值化处理 |
| | 马鞍山铁矿预测工作区 | 地质体:燕山早期花岗闪长岩,共提取地质体 65 块作为预测单元,其中包括一部分揭盖岩体,它们在储量计算中降一级别。预测单元总面积为 $6440mm^2$(实际面积 $402km^2$),面积最大者为 $605mm^2$(实际面积 $37.7km^2$),最小者为 $0.21mm^2$(实际面积 $0.01km^2$),平均每个区块面积为 $94.7.61mm^2$(实际面积 $5.9km^2$) | 求取存在标志 |
| | | 在已知矿区范围内,重力值较高 | 二值化处理 |
| | | 断层:提取与成矿有关的走向为 320°～340°的同生断裂,并作 1000m(4mm)缓冲区 | 求取存在标志 |
| | | 航磁推断断层:提取走向 320°～340°的同生断裂,并作 1000m(4mm)缓冲区 | 二值化处理 |
| | | 已知矿点:有 11 个,即马鞍山矿床。进行投影变换,并作 1000m(4mm)缓冲区,添加到图中 | 求取存在标志 |
| | | 遥感:提取Ⅰ级铁染异常区 | 二值化处理 |

续表 7-14

| 预测类型 | 预测工作区 | 预测变量 | 变量处理 |
|---|---|---|---|
| 沉积型 | 地营子铁矿预测工作区 | 地质体:提取额尔古纳组及海西晚期—燕山早期花岗岩类 | 求取存在标志 |
| | | 重砂:共圈出重砂铁异常区1个,基本与含矿地质体无关 | 二值化处理 |
| | | 航磁异常分布区:共圈定异常分布区78块,总面积为17 577.61.83$km^2$,其中面积最大为634.15$km^2$,最小为69.89$km^2$,平均每个区块面积为225.35$km^2$ | 二值化处理 |
| | | 重力:预测区东、西部重力场存在明显差异,东部已知矿点处重力场在$(-78\sim-62)\times10^{-5}m/s^2$之间,西部已知矿点在$(-92\sim-84)\times10^{-5}m/s^2$之间 | 二值化处理 |
| | | 断层:提取与成矿有关的断裂,并作500m(2mm)缓冲区 | 求取存在标志 |
| | | 推断断层:提取航磁、遥感推断断裂,并作500m(2mm)缓冲区 | 求取存在标志 |
| | | 已知矿点:有6个同类型矿点,分别为苏沁回族民族乡地营子(小型矿床)、黑山头乡地营子(矿点)、红水泉子(矿点)、黑山头(矿点)、边疆山(矿点)、头道沟南(矿点) | 求取存在标志 |
| | | 遥感:提取Ⅰ级铁染异常区 | 求取存在 |
| | 神山铁矿预测工作区 | 地质体:地表出露或推断有中二叠世哲斯组和燕山早期花岗闪长岩的外接触带,共提取地质体36块作为预测单元,这部分包括据剩余重力推断哲斯组与晚侏罗世花岗闪长岩体的外接触带和揭盖处理的接触带,在定量的计算中将其降一个级别。预测单元总面积为527$mm^2$(实际面积33$km^2$),其中面积最大为128$mm^2$(实际面积8$km^2$),最小为0.52$mm^2$(实际面积0.03$km^2$),平均每个区块面积为15.51$mm^2$(实际面积0.96$km^2$) | 求取存在标志 |
| | | 断层:提取走向320°~340°的同生断裂,作500m(2mm)缓冲区 | 求取存在标志 |
| | | 航磁推断断层:提取走向320°~340°的同生断裂,并作500m(2mm)缓冲区 | 求取存在标志 |
| | | 已知矿点、矿化点:有6个,进行投影变换,并作500m(2mm)缓冲区,添加到图中 | 二值化处理 |
| | | 遥感:提取Ⅰ级铁染异常区 | 二值化处理 |
| | 梨子山铁矿预测工作区 | 奥陶纪多宝山组、裸河组 | 求取存在标志 |
| | | 泥盆纪泥鳅河组、大民山组 | 求取存在标志 |
| | | 震旦纪额尔古纳河组 | 求取存在标志 |
| | | 石炭纪白岗岩、黑云母花岗岩、花岗闪长岩、二长闪长岩 | 求取存在标志 |
| | | 地质构造(包括遥感解译) | 二值化处理 |
| | | 航磁化极 | 二值化处理 |
| | | 剩余重力 | 二值化处理 |

**2. 最小预测区圈定方法及优选结果**

首先利用网格单元法对预测单元进行赋值。不同预测工作区根据实际情况划分不同间距的预测单元网格。完成预测单元划分后对预测变量进行原始变量构置,生成原始数据专题,完成网格单元赋值。对区内已知矿床(点)按矿化规模将模型单元进行矿化级别的设置,选择具有代表性的单元作为模型单元，然后对前期所选择的预测变量进行筛选，获得真正对矿化起到作用的变量，完成变量优选步骤。证据权重法中，首先构造预测模型，生成定位预测专题图层，然后选择各预测要素的证据因子、计算证据权重，进行证据因子的条件独立性检验，计算后验概率并生成色块图，色块图级别是根据后验概率值的大小确定的。

后验概率色块图的不同级别是以网格单元为边界的规则边界，因此需要在色块图的基础上叠加所有成矿要素及预测要素，采用人工与 MRAS 软件交互的方式，根据形成的定位预测色块图对照不同级别的各要素边界，依据后验概率的大小，与模型区预测要素的匹配程度，圈定最小预测区，划分 A、B、C 类最小预测区级别(表 7-15)。

**表 7-15 铁矿最小预测区分级原则一览表**

| 预测工作区 | A、B、C 类分级原则 |
| --- | --- |
| 白云鄂博铁矿预测工作区 | A 类：碳酸岩＋褶皱(东西向断裂)＋航磁异常分布范围＋剩余重力值＞$7\times10^{-5}$ m/s²。B 类：哈拉霍疙特组＋航磁异常分布范围＋东西向断裂(褶皱)。C 类：哈拉霍疙特组＋航磁异常分布范围或哈拉霍疙特组＋东西向断裂(褶皱) |
| 壕赖沟铁矿预测工作区 | A 类：兴和岩群含铁麻粒岩＋铁矿床(点、铁矿层)＋航磁异常分布范围＋剩余重力值＞$-6\times10^{-5}$ m/s²。B 类：兴和岩群含铁麻粒岩＋航磁异常分布范围＋剩余重力值＞$-6\times10^{-5}$ m/s²。C 类：兴和岩群含铁麻粒岩＋剩余重力值＞$-6\times10^{-5}$ m/s² |
| 三合明铁矿预测工作区 | A 类：色尔腾山岩群东五分子岩组含铁变质地层＋铁矿床(点、铁矿层)＋航磁异常分布范围＋剩余重力值＞$-9\times10^{-5}$ m/s²。B 类：色尔腾山岩群东五分子岩组含铁变质地层＋航磁异常分布范围＋剩余重力值＞$-9\times10^{-5}$ m/s²。C 类：色尔腾山岩群东五分子岩组含铁变质地层＋剩余重力值＞$-9\times10^{-5}$ m/s² |
| 赤峰铁矿预测工作区 | A 类：乌拉山岩群＋航磁异常区＋附近有已知铁矿点或乌拉山岩群＋航磁异常区＋大梁底附近重砂异常区或乌拉山岩群＋航磁异常区＋王坟山附近遥感铁染Ⅰ级区。B 类：重力推断乌拉山岩群＋航磁异常区＋附近有已知铁矿床(点)或重力推断乌拉山岩群＋航磁异常区＋大梁底附近重砂异常区或重力推断乌拉山岩群＋航磁异常区＋王坟山附近遥感铁染Ⅰ级区或乌拉山岩群＋航磁异常区。C 类：重力推断乌拉山岩群＋航磁异常区或乌拉山岩群或重力推断乌拉山岩群＋航磁化极起始值＞0 |
| 包头-集宁铁矿预测工作区 | A 类：地表有中太古代乌拉山岩群含铁建造出露，已知的矿床(矿点)或铁矿脉存在，推测的航磁矿致异常存在。B 类：地表有中太古代乌拉山岩群含铁建造出露，推测的航磁矿致异常存在。C 类：地表有中太古代乌拉山岩群含铁建造出露(或推测有) |
| 迭布斯格铁矿预测工作区 | A 类：地表有中太古代乌拉山岩群含铁建造出露，已知的矿床(矿点)或铁矿脉存在，推测的航磁矿致异常存在。B 类：地表有中太古代乌拉山岩群含铁建造，推测的航磁矿致异常存在。C 类：地表有中太古代乌拉山岩群含铁建造出露(或推测有) |
| 霍各乞铁矿预测工作区 | A 类：地表有渣尔泰山群阿古鲁沟第二岩段出露，已知的中型矿床及矿点存在，重砂异常有黄铁矿、钼铅矿、自然铅等重矿物异常存在，遥感局部有Ⅰ级铁染异常存在，航磁化极异常等值线起始值绝大部分在－40nT以上，剩余重力异常等值线起始值在$(-2\sim0)\times10^{-5}$ m/s² 之间。B 类：地表有渣尔泰山群阿古鲁沟第二岩段出露，已知的小型矿床及矿点存在，重砂异常有黄铁矿、钼铅矿、自然铅等重矿物异常在局部地段存在，航磁化极异常等值线起始值绝大部分在－40nT 以上，剩余重力异常等值线起始值在$(-2\sim0)\times10^{-5}$ m/s² 之间。C 类：地表出露或推测有渣尔泰山群阿古鲁沟第二岩段，航磁化极异常等值线起始值绝大部分在－40nT 以上，剩余重力异常等值线起始值在$(-2\sim0)\times10^{-5}$ m/s² 之间 |
| 乌海铁矿预测工作区 | A 类：地表有晚石炭世本溪组出露，已知的矿床及矿点存在，遥感局部有Ⅰ级铁染异常存在，航磁化极异常等值线起始值绝大部分在－100nT 以上，剩余重力异常等值线起始值在$(-2\sim0)\times10^{-5}$ m/s² 之间。B 类：地表晚石炭世本溪组出露，已知的中小型铁矿床及矿点存在，航磁化极异常等值线起始值绝大部分在－100nT 以上，剩余重力异常等值线起始值在$(-2\sim0)\times10^{-5}$ m/s² 之间。C 类：地表出露或推测有晚石炭世本溪组，航磁化极异常等值线起始值绝大部分在－100nT 以上，剩余重力异常等值线起始值在$(-2\sim0)\times10^{-5}$ m/s² 之间 |

续表 7-15

| 预测工作区 | A、B、C类分级原则 |
|---|---|
| 清水河铁矿预测工作区 | A类：地表有晚石炭世太原组出露，已知的矿床及矿点存在，遥感局部有Ⅰ级铁染异常存在，航磁化极异常等值线起始值绝大部分在－100nT以上，剩余重力异常等值线起始值在$(-2\sim0)\times10^{-5}m/s^2$之间。B类：地表晚石炭世太原组出露，已知的中小型铁矿床及矿点存在，航磁化极异常等值线起始值绝大部分在－100nT以上，剩余重力异常等值线起始值在$(-2\sim0)\times10^{-5}m/s^2$之间。C类：地表出露或推测有晚石炭世太原组，航磁化极异常等值线起始值绝大部分在－100nT以上，剩余重力异常等值线起始值在$(-2\sim0)\times10^{-5}m/s^2$之间 |
| 百灵庙铁矿预测工作区 | A类：地质体＋航磁异常分布范围＋剩余重力异常＋遥感Ⅰ级铁染异常＋断层。B类：地质体＋航磁异常分布范围＋剩余重力异常。C类：地质体＋航磁异常分布范围或地质体＋断层＋重力异常 |
| 黑鹰山铁矿预测工作区 | A类：地质体＋航磁异常分布范围＋剩余重力异常＋遥感Ⅰ级铁染异常＋断层。B类：地质体＋航磁异常分布范围＋剩余重力异常。C类：地质体＋航磁异常分布范围或地质体＋断层＋重力异常 |
| 谢尔塔拉铁矿预测工作区 | A类：地层＋矿致异常＋矿床。B类：地层＋矿致异常。C类：B类附近或矿致异常附近的地层、A类附近的矿致异常 |
| 二道井预测工作区 | A类：地层＋褶皱轴＋断裂＋航磁＋重力。B类：地层＋航磁＋褶皱轴(或断裂)。C类：航磁＋断裂或航磁＋褶皱或航磁＋重力 |
| 脑木根预测工作区 | A类：地层＋褶皱轴＋断裂＋航磁＋重力。B类：地层＋航磁＋褶皱轴(或断裂)。C类：航磁＋断裂或航磁＋褶皱或航磁＋重力 |
| 苏尼特左旗根预测工作区 | A类：地层＋褶皱轴＋断裂＋航磁＋重力。B类：地层＋航磁＋褶皱轴(或断裂)。C类：航磁＋断裂或航磁＋褶皱或航磁＋重力 |
| 额里图铁矿预测工作区 | A类：地表有成矿地层中太古代乌拉山岩群深变质岩、额里图组、三面井组及与成矿有直接成因联系的燕山早期中酸性岩浆岩出露；北东向、近东西向导矿或控矿构造发育；已知的小型矿床及矿点存在；遥感局部有Ⅰ级铁染异常存在；有航磁化极异常，最高值500nT；重力高，剩余重力异常等值线起始值在$(0\sim10)\times10^{-5}m/s^2$之间。成矿地质、物探、化探、遥感条件有利，找矿潜力大。B类：地表有与成矿有关的地层中太古代乌拉山岩群深变质岩、额里图组火山岩、三面井组碎屑岩，多数出露与成矿有直接成因联系的燕山早期中酸性岩浆岩；有铁染异常；有小型矿床及矿点存在；多具低缓的航磁化极异常，少数航磁化极异常值高；重力高或重力低不均匀分布。多数成矿地质、物探、化探、遥感条件有利，具有找矿潜力。C类：少数出露中太古代乌拉山岩群深变质岩、额里图组火山岩、三面井组碎屑岩及与成矿有直接成因联系的燕山早期中酸性岩浆岩；多具低缓的航磁化极异常；重力异常复杂；零星分布铁染异常。多数找矿潜力差 |
| 朝不楞铁矿预测工作区 | A类：划分5处。地表有主要成矿层中晚泥盆世塔尔巴格特组、多宝山组，与成矿有直接成因联系的燕山期花岗岩以及二者侵入接触产生的矽卡岩带；已知有中型矿床及矿点分布；遥感局部有Ⅰ级铁染异常；航磁化极异常值线在600nT以内；剩余重力异常等值线起始值在$(-2\sim10)\times10^{-5}m/s^2$之间；这些地段找矿潜力大。B类：划分15处，地表有中晚泥盆世塔尔巴格特组及与成矿有直接成因联系的燕山期花岗岩类以及二者侵入接触产生的矽卡岩带、角岩化带；个别有矿(化)点；航磁化极异常多低缓，剩余重力异常值高低不一。多数区段有一定的找矿潜力。C类：划分25处，地表出露或推测有中晚泥盆世塔尔巴格特组、燕山期中性—酸性侵入岩；部分有低缓航磁化极异常，局部高，最高值600nT；多数区段重力低，找矿潜力差 |
| 黄岗梁铁矿预测区工作区 | A类：成矿条件十分有利，预测依据充分，成矿匹配程度高，资源潜力大或较大的地区。B类：成矿条件有利，有预测依据，成矿匹配程度相对较高，有比较大的预测资源量的地区。C类：具成矿条件，有可能发现资源，可作为探索的地区或现有矿区外围和深部有预测依据，有一定资源潜力的地区 |
| 卡休他他铁矿预测工作区 | A类：成矿条件十分有利，预测依据充分，成矿匹配程度高，资源潜力大或较大的地区。B类：成矿条件有利，有预测依据，成矿匹配程度相对较高，有比较大的预测资源量的地区。C类：具成矿条件，有可能发现资源，可作为探索的地区或现有矿区外围和深部有预测依据，有一定资源潜力的地区 |

**续表 7-15**

| 预测工作区 | A、B、C类分级原则 |
|---|---|
| 克布勒铁矿预测工作区 | A类:共圈定出4块,地表有元古宙增隆昌组,晚石炭世闪长岩等出露,二者接触带形成矽卡岩带或角岩化带等;近东西向构造发育;已知有矿床、矿(化)点存在;重砂异常有黄铁矿、钼铅矿、自然铅等重矿物异常;遥感局部有Ⅰ级铁染异常存在;多有低缓的航磁化极异常存在,重力高,二者套合性好,并与已知矿床或矿点存在对应关系。找矿潜力大。B类:共圈定出5块,地表有元古宙增隆昌组,石炭纪、二叠纪花岗岩类分布;北东东向、北西向断层极发育,成矿地质条件有利。具低缓的航磁化极异常;重力高。零星有矿点存在,多有一定的找矿前景。C类:共圈定出4块,地表出露或推测有元古宙增隆昌组,侵入岩有石炭纪石英闪长岩、英云闪长岩等。近东西向、北东向、北西向断裂构造极其发育;有的在地层与侵入岩接触部位形成宽而连续的角岩化、矽卡岩化带,大多部分有航磁化极异常,重力异常高低不一,大多数成矿地质条件有利,具有一定的找矿前景 |
| 乌珠尔嘎顺铁矿预测工作区 | A类:地表有奥陶纪咸水湖组出露并有石炭纪二长花岗岩、斜长花岗岩、花岗正长岩和斜长花岗斑岩侵入,生成接触带,形成石榴石矽卡岩、石榴石矽卡岩化英安岩、英安斑岩、流纹质英安岩,另有已知的小型矿床及矿点存在,存在北东向断层及剩余重力异常等值线起始值在(−1～2)×10$^{-5}$m/s$^2$之间。B类:地表有奥陶纪咸水湖组出露并有石炭纪二长花岗岩、斜长花岗岩、花岗正长岩和斜长花岗斑岩侵入,生成接触带,形成石榴石矽卡岩、石榴石矽卡岩化英安岩、英安斑岩、流纹质英安岩,存在北东向断层及剩余重力异常等值线起始值在(−1～2)×10$^{-5}$m/s$^2$之间。C类:地表有奥陶纪咸水湖组出露并有石炭纪二长花岗岩、斜长花岗岩、花岗正长岩和斜长花岗斑岩侵入,生成接触带,形成石榴石矽卡岩、石榴石矽卡岩化英安岩、英安斑岩、流纹质英安岩,存在北东向断层 |
| 索索井铁矿预测工作区 | A类:地表有震旦系出露,已知的中型矿床及矿点存在,重砂异常有黄铁矿、钼铅矿、自然铅等重矿物异常存在,遥感局部有Ⅰ级铁染异常存在,航磁化极异常等值线起始值绝大部分在100nT以上,剩余重力异常等值线起始值在(3.2～5)×10$^{-5}$m/s$^2$之间。B类:地表有震旦系出露,已知的小型矿床及矿点存在,重砂异常有黄铁矿、钼铅矿、自然铅等重矿物异常在局部地段存在,航磁化极异常等值线起始值绝大部分在100nT以上,剩余重力异常等值线起始值在(3.2～5)×10$^{-5}$m/s$^2$之间。C类:地表出露或推测有震旦系,航磁化极异常等值线起始值绝大部分在100nT以上,剩余重力异常等值线起始值在(3.2～5)×10$^{-5}$m/s$^2$之间 |
| 哈拉火烧铁矿预测工作区 | A类:成矿条件十分有利,预测依据充分,成矿匹配程度高,资源潜力大或较大的地区。B类:成矿条件有利,有预测依据,成矿匹配程度相对较高,有比较大的预测资源量的地区。C类:具成矿条件,有可能发现资源,可作为探索的地区或现有矿区外围和深部有预测依据,有一定的资源潜力的地区 |
| 马鞍山铁矿预测工作区 | A类:地表有燕山期花岗闪长岩出露,已知的中型矿床及矿点存在,围岩有蚀变存在,常有重矿物异常存在,有磁异常显示,磁异常的值大多大于50nT。遥感局部有Ⅰ级铁染异常存在,航磁化极异常等值线起始值多在0以上,剩余重力异常等值线起始值在(−2～0)×10$^{-5}$m/s$^2$之间。成矿地、物、化、遥条件有利,找矿潜力大。B类:地表局部有燕山期花岗闪长岩出露,围岩有蚀变存在,重砂异常在局部地段存在,遥感局部有Ⅱ级、Ⅲ级铁染异常存在,航磁化极异常等值线起始值大部分在−100nT以上,剩余重力异常等值线起始值在多数小于1×10$^{-5}$m/s$^2$。多数成矿地质、物探、化探、遥感条件有利,具有找矿潜力。C类:地表出露或推测有花岗闪长岩出露,航磁化极异常等值线起始值多在100nT以上,剩余重力异常等值线起始值多数大于−1×10$^{-5}$m/s$^2$。多数找矿潜力差 |
| 地营子铁矿预测工作区 | A类:地质体+航磁异常分布范围+剩余重力异常+遥感Ⅰ级铁染异常+断层。B类:地质体+航磁异常分布范围+剩余重力异常。C类:地质体+航磁异常分布范围或地质体+断层+重力异常 |
| 神山铁矿预测工作区 | A类:地表多有中二叠世哲斯组、燕山期花岗闪长岩出露,已知的小型矿床及矿点存在,少数有重砂异常如黄铁矿、钼铅矿、自然铅等重矿物异常存在,局部有Ⅰ级铁染异常遥感存在,航磁化极异常等值线起始值绝大部分在−100nT以上,剩余重力异常等值线起始值多<−1×10$^{-5}$m/s$^2$。成矿地质、物探、化探、遥感条件有利,找矿潜力大。B类:地表有大多有中二叠世哲斯组出露,出露或推测有燕山期花岗闪长岩,局部有Ⅰ级铁染异常遥感存在,航磁化极异常等值线起始值绝大部分在−100nT以上,剩余重力异常等值线起始值在(−3～−1)×10$^{-5}$m/s$^2$之间。多数成矿地质、物探、化探、遥感条件有利,具有找矿潜力。C类:地表出露或推测有中二叠世哲斯组、燕山期花岗闪长岩存在,少数有黄铁矿、钼铅矿、自然铅等重矿物异常存在,航磁化极异常等值线起始值绝大部分在−100～100nT之间,剩余重力异常等值线起始值在(−2～−1)×10$^{-5}$m/s$^2$之间。多数找矿潜力差 |

续表 7-15

| 预测工作区 | A、B、C 类分级原则 |
| --- | --- |
| 梨子山铁矿预测工作区 | A 类：成矿条件十分有利，预测依据充分，成矿匹配程度高，资源潜力大或较大的地区。B 类：成矿条件有利，有预测依据，成矿匹配程度相对较高，有比较大的预测资源量的地区。C 类：具成矿条件，有可能发现资源，可作为探索的地区或现有矿区外围和深部有预测依据，有一定的资源潜力的地区 |

对圈定的面积过小、成矿潜力较差、预测意义不大的最小预测区进行排除，最终共圈定铁矿矿最小预测区 1336 个，面积 19 051.702km$^2$（表 7-16，图 7-12～图 7-17）。

**表 7-16　铁矿最小预测区圈定成果一览表**

| 预测工作区 | A 类最小预测区 | B 类最小预测区 | C 类最小预测区 | 总数 | 面积(km$^2$) |
| --- | --- | --- | --- | --- | --- |
| 白云鄂博铁矿预测工作区 | 2 | 8 | 17 | 27 | 68.29 |
| 壕赖沟铁矿预测工作区 | 34 | 58 | 51 | 143 | 1 127.23 |
| 三合明铁矿预测工作区 | 49 | 41 | 42 | 132 | 604.50 |
| 赤峰铁矿预测工作区 | 2 | 30 | 39 | 71 | 558.57 |
| 包头-集宁铁矿预测工作区 | 29 | 18 | 125 | 172 | 2 817.14 |
| 迭布斯格铁矿预测工作区 | 7 | 24 | 27 | 58 | 1 177.29 |
| 霍各乞铁矿预测工作区 | 3 | 11 | 19 | 33 | 162.28 |
| 乌海铁矿预测工作区 | 7 | 9 | 8 | 24 | 374.23 |
| 清水河铁矿预测工作区 | 4 | 6 | 9 | 19 | 443.78 |
| 百灵庙铁矿预测工作区 | 6 | 9 | 10 | 25 | 37.98 |
| 黑鹰山铁矿预测工作区 | 7 | 13 | 14 | 34 | 701.75 |
| 谢尔塔拉铁矿预测工作区 | 1 | 11 | 21 | 33 | 187.31 |
| 二道井预测工作区 | 2 | 7 | 65 | 74 | 198.43 |
| 脑木根预测工作区 | 2 | 1 | 5 | 8 | 255.10 |
| 苏尼特左旗根预测工作区 | 4 | 26 | 63 | 93 | 296.01 |
| 额里图铁矿预测工作区 | 5 | 8 | 20 | 33 | 1 999.98 |
| 朝不楞铁矿预测工作区 | 5 | 15 | 25 | 45 | 2 924.72 |
| 黄岗梁铁矿预测工作区 | 8 | 19 | 43 | 70 | 572.20 |
| 卡休他他铁矿预测工作区 | 1 | 2 | 12 | 15 | 64.73 |
| 克布勒铁矿预测工作区 | 4 | 5 | 4 | 13 | 662.07 |
| 乌珠尔嘎顺铁矿预测工作区 | 4 | 7 | 8 | 19 | 123.94 |
| 索索井铁矿预测工作区 | 6 | 9 | 15 | 30 | 850.18 |
| 哈拉火烧铁矿预测工作区 | 5 | 6 | 7 | 18 | 48.67 |
| 马鞍山铁矿预测工作区 | 16 | 16 | 28 | 60 | 392.152 |
| 地营子铁矿预测工作区 | 4 | 9 | 8 | 21 | 701.75 |
| 神山铁矿预测工作区 | 7 | 9 | 7 | 23 | 26.43 |
| 梨子山铁矿预测工作区 | 3 | 9 | 31 | 43 | 1 674.99 |
| 总计 | 227 | 386 | 723 | 1336 | 19 051.702 |

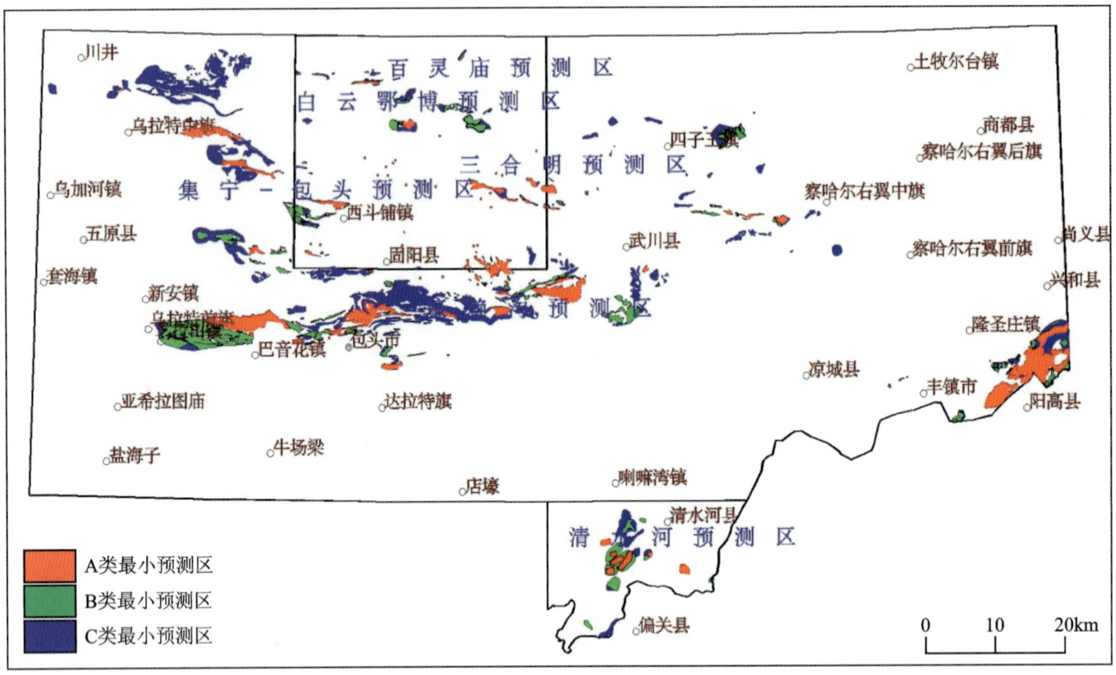


图 7-12　白云鄂博、百灵庙、三合明等铁矿最小预测区分布图

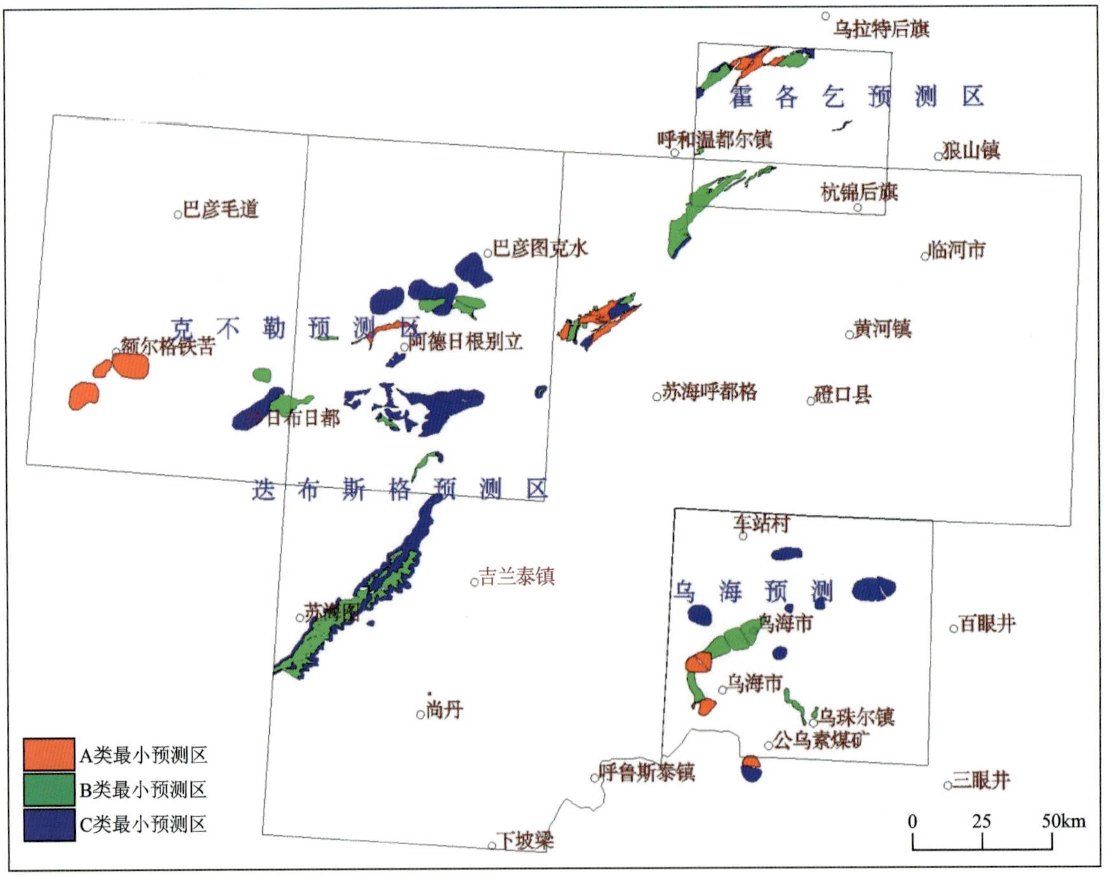


图 7-13　霍各乞、克不勒、迭布斯格等铁矿最小预测区分布图

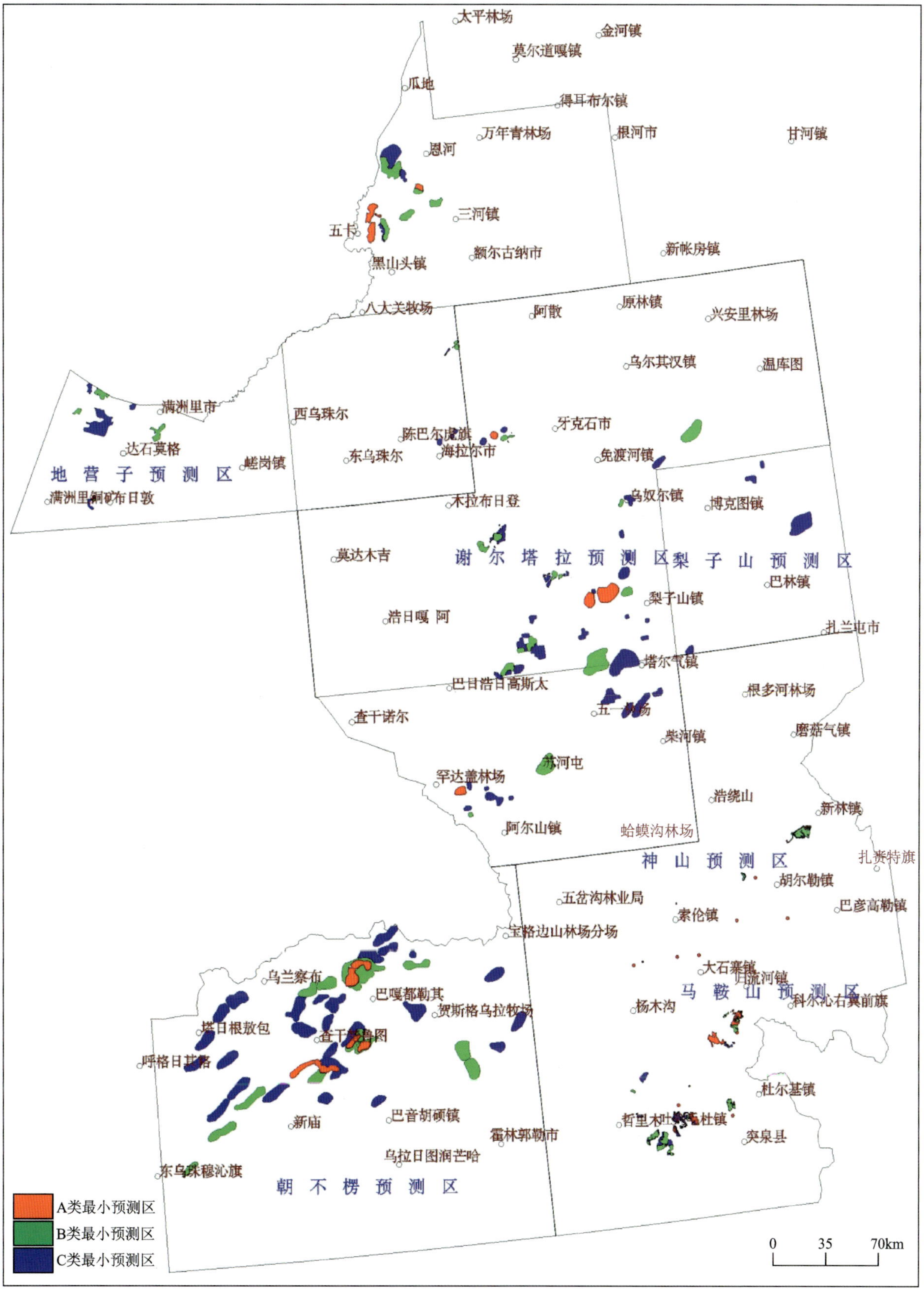


图 7-14　地营子、谢尔塔拉、朝不楞等铁矿最小预测区分布图

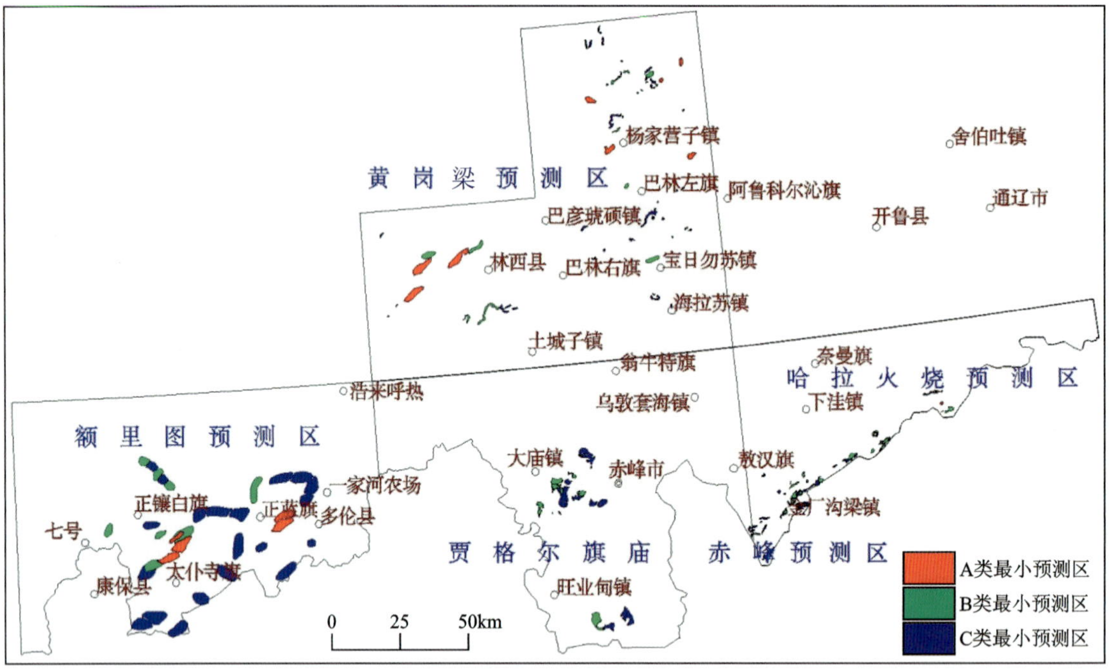


图 7-15　黄岗梁、哈拉火烧、额里图等铁矿最小预测区分布图

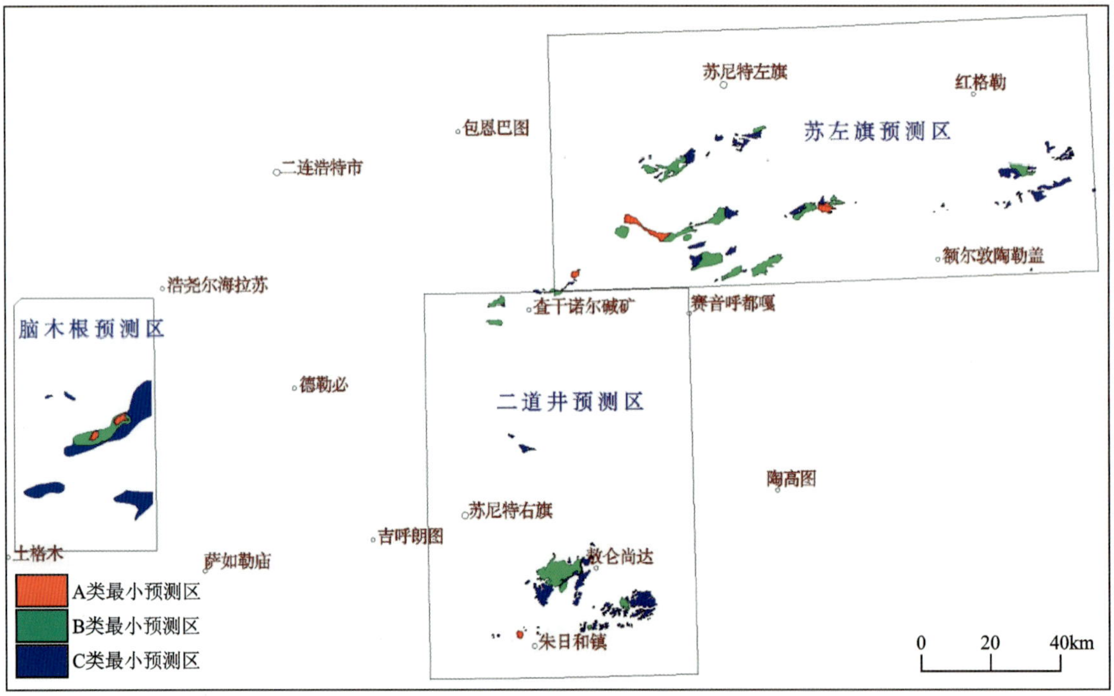


图 7-16　脑木根、苏左、二道井铁矿最小预测区分布图

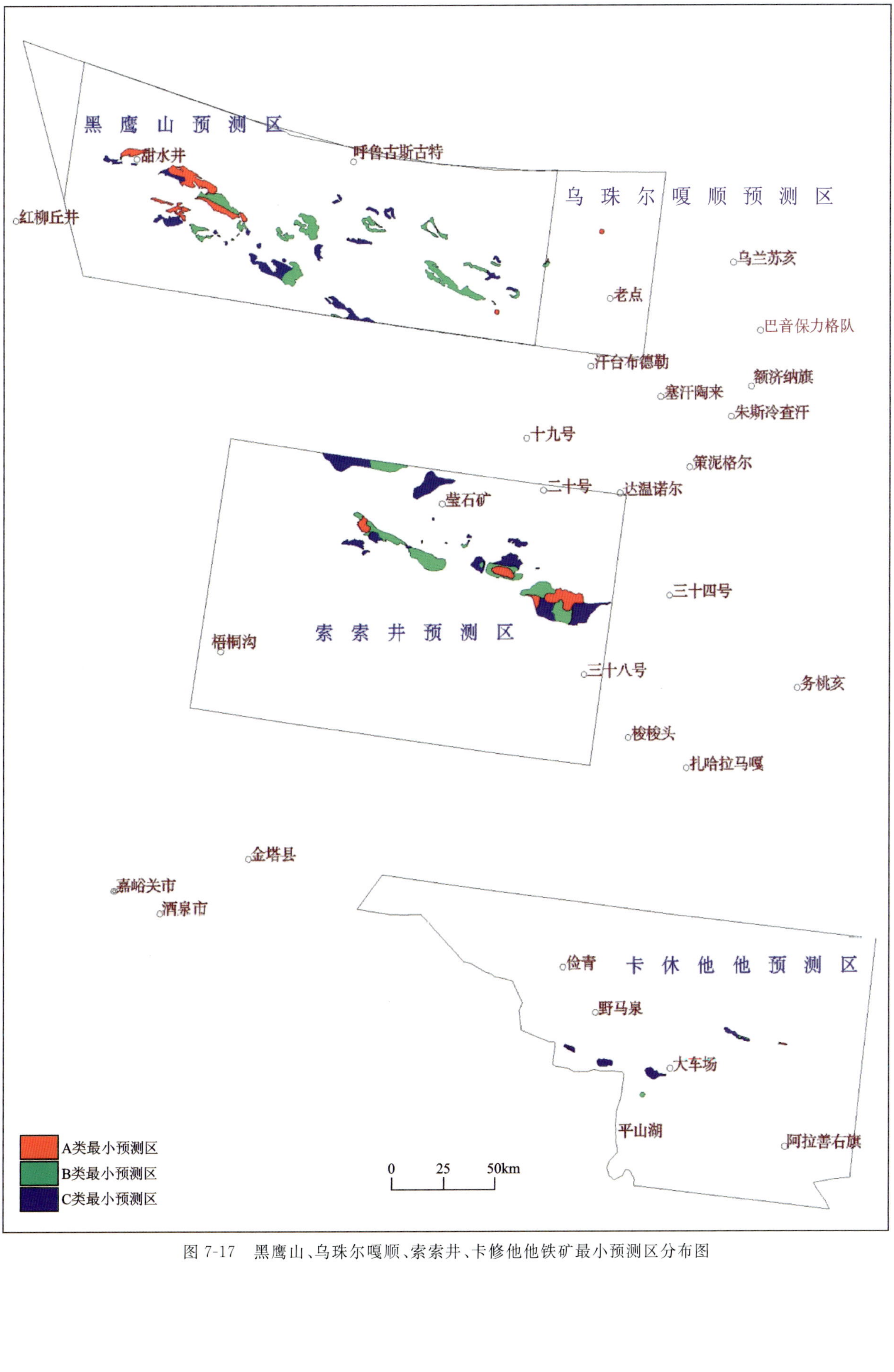


图 7-17　黑鹰山、乌珠尔嘎顺、索索井、卡修他他铁矿最小预测区分布图

## 四、资源量定量预测

### 1. 典型矿床深度及外围资源量估算

运用地质体积法对内蒙古自治区铁矿进行定量预测，首先确定典型矿床体积含矿率，对典型矿床深部及外围进行资源量估算(表 7-17)。

表 7-17 铁矿典型矿床预测成果一览

| 预测类型 | 序号 | 典型矿床 | 经度 | 纬度 | 深部或外围名称 | 面积(m²) | 延深(m) | 体积含矿率(t/m³) | 预测资源量(t) | 预测资源总量(t) |
|---|---|---|---|---|---|---|---|---|---|---|
| 沉积变质型 | 1 | 白云鄂博 | 109°54′01″ | 41°48′11″ | 深部 | 2 035 000 | 520 | 0.247 | 261 375 400 | 404 674 900 |
| | | | | | 外围 | 518 000 | 1120 | | 143 299 500 | |
| | 2 | 壕赖沟 | 110°03′45″—110°08′50″ | 40°33′30″—40°37′05″ | 深部 | 864 016 | 50 | 0.037 | 1 598 430 | 35 573 800 |
| | | | | | 外围 | 1 901 145 | 483 | | 33 975 370 | |
| | 3 | 三合明 | 110°59′09″—111°00′21″ | 41°20′33″—41°21′59″ | 深部 | 1 164 695 | 50 | 0.46 | 26 787 985 | 34 387 829 |
| | | | | | 外围 | 47 204 | 350 | | 7 599 844 | |
| | 4 | 贾格尔其庙 | 109°15′44″ | 40°42′46″ | 深部 | 92 300 | 100 | 0.256 | 2 362 900 | 12 500 500 |
| | | | | | 外围 | 120 000 | 330 | | 10 137 600 | |
| 沉积型 | 1 | 霍各乞 | 106°41′00″ | 41°17′00″ | 深部 | 3 383 710 | 600 | 0.024 0 | 4 863.50 | 4 863.50 |
| | 2 | 雀儿沟 | 106°49′28″ | 39°16′30″ | 深部 | 8 500 000 | 40 | 0.000 944 7 | 321 198 | 507 776 |
| | | | | | 外围 | 3 950 000 | 50 | | 186 578 | |
| | 3 | 百灵庙 | 110°38′36″ | 41°40′48″ | 深部 | 38 500 | 20 | 0.768 | 591 360 | 591 360 |
| 海相火山岩型 | 1 | 黑鹰山 | 98°23′80″ | 42°18′46″ | 深部 | 1 434 588 | 90 | 0.119 | 15 364 437.48 | 30 309 981.16 |
| | | | | | 外围 | 348 869 | 360 | | 14 945 543.68 | |
| | 2 | 谢尔塔拉 | 120°11′00″ | 49°17′30″ | 深部 | 53 067 | 600 | 0.194 5 | 6 192 919 | 6 192 919 |
| | 3 | 温都尔庙 | 112°50′37″ | 42°25′55″ | 深部 | 562 292 | 50 | 0.378 | 10 627 319 | 14 805 882 |
| | | | | | 外围 | 27 636 | 400 | | 4 178 563 | |
| 接触交代-热液型 | 1 | 额里图 | 115°18′44″ | 42°09′36″ | 深部 | 23 508 | 330 | 0.459 | 4 975 579 | 4 975 579 |
| | | | | | 外围 | 30 824 | 100 | | | |
| | 2 | 朝不楞 | 118°37′01″ | 46°32′01″ | 深部 | 2 489 000 | 1000 | 0.045 | 148 951 800 | 148 951 800 |
| | | | | | 外围 | 1 244 000 | 660 | | | |
| | 3 | 黄岗梁 | 117°22′31″ | 43°35′01″ | 深部 | 4 191 677 | 260 | 0.098 | 57 557 154 | 83 112 369 |
| | | | | | 外围 | 372 525 | 700 | | 25 555 215 | |
| | 4 | 卡休他他 | 101°36′24″ | 39°34′24″ | 深部 | 98 300 | 600 | 0.31 | 18 283 800 | 21 162 800 |
| | | | | | 外围 | 132 675 | 70 | | 2 879 000 | |

续表 7-17

| 预测类型 | 序号 | 典型矿床 | 经度 | 纬度 | 深部或外围名称 | 面积($m^2$) | 延深(m) | 体积含矿率($t/m^3$) | 预测资源量(t) | 预测资源总量(t) |
|---|---|---|---|---|---|---|---|---|---|---|
| 接触交代-热液型 | 5 | 克布勒 | 105°17′48″ | 40°26′38″ | 深部 | 69 381.21 | 113.80 | 0.014 3 | 112 902.57 | 878 961.68 |
| | | | | | 外围 | 59 525.09 | 900 | | 766 059.11 | |
| | 6 | 乌珠尔嘎顺 | 99°33′39″ | 42°10′53″ | 深部 | 77 763 | 40 | 0.282 3 | 878 100 | 878 100 |
| | 7 | 索索井 | 99°56′07″ | 41°09′45″ | 深部 | 69 702 | 400 | 0.696 | 19 405 036.8 | 21 303 028.8 |
| | | | | | 外围 | 27 270 | 100 | | 1 897 992 | |
| | 8 | 哈拉火烧 | 121°36′00″ | 42°35′00″ | 深部 | 880 | 130 | 0.004 | 455 900 | 582 800 |
| | | | | | 外围 | 630 | 50 | | 126 900 | |
| | 9 | 马鞍山 | 120°39′05″ | 46°02′12″ | 深部 | 1 824 302.86 | 600 | 0.001 09 | 1 197 393.54 | 1 778 293.61 |
| | | | | | 外围 | 2 410 122.25 | 220.33 | | 5 809 00.07 | |
| | 10 | 地营子 | 119°26′08″—119°26′45″ | 50°31′08″—50°31′24″ | 深部 | 9 961.21 | 10.7 | 0.73 | 77 807.01 | 250 000 |
| | | | | | 外围 | 6 752.96 | 34.93 | | 172 192.99 | |
| | 11 | 神山 | 120°23′01″ | 37°36′11″ | 深部 | 1390 | 495 500 | 0.001 46 | 1 005 000 | 1 005 000 |
| | 12 | 梨子山 | 120°49′27″ | 49°22′05″ | 深部 | 23 608 | 50 | 0.975 | 1 150 890 | 4 247 734 |
| | | | | | 外围 | 9075 | 350 | | 3 096 844 | |

**2. 模型区及预测区参数确定**

模型区即包含典型矿床的最小预测区。参考模型区地质体面积、延深、预测资源量，计算含矿地质体含矿系数。最小预测区面积是根据圈定的最小预测区面积换算而来，延深是根据已知钻孔控制深度、地质体推测深度估算，相似系数为各最小预测区地质、物探、化探、遥感条件与模型区的相似程度类比数(表 7-18)。

**表 7-18 铁矿模型区预测资源量及其估算参数表**

| 模型区编号 | 模型区名称 | 经度 | 纬度 | 含矿地质体含矿系数 | 模型区预测资源总量(t) |
|---|---|---|---|---|---|
| A1501101001 | 白云鄂博 | 109°57′45″ | 41°51′05″ | 0.111 | 2 033 097 900 |
| A1501301001 | 壕赖沟 | 110°03′45″—108°08′50″ | 40°33′30″—40°37′05″ | 0.005 4 | 49 416 200 |
| A1501302007 | 三合明铁矿 | 110°59′09″—111°00′21″ | 41°20′33″—41°21′59″ | 0.013 6 | 195 115 829 |
| A1501303021 | 乌日图高勒嘎查北 | 109°15′38″ | 40°44′254″ | 0.002 95 | 17 924 500 |
| A1501102002 | 西补隆嘎查西 | 106°41′35″ | 41°17′54″ | 0.004 37 | 80 382 800 |
| A1501103011 | 雀儿沟村 | 106°49′28″ | 39°16′30″ | 0.000 039 | 597 754 |
| A1501603001 | 百灵庙 | 110°38′36″ | 41°40′48″ | 0.000 3 | 1 473 360 |
| A1501105006 | 黑鹰山 | 98°23′80″ | 42°18′46″ | 0.015 24 | 7 638.65 |

续表 7-18

| 模型区编号 | 模型区名称 | 经度 | 纬度 | 含矿地质体含矿系数 | 模型区预测资源总量(t) |
|---|---|---|---|---|---|
| A1501106001 | 谢尔塔拉 | 120°12′28″ | 49°17′15″ | 0.012 877 484 57 | 80 365 919 |
| A1501104008 | 温都尔庙 | 112°50′37″ | 42°25′55″ | 0.019 | 89 211 882 |
| A1501204003 | 额里图 | 115°18′44″ | 42°09′36″ | 0.001 | 8 232 279 |
| A1501202001 | 朝不楞 | 118°37′01″ | 46°32′01″ | 0.003 3 | 171 714 800 |
| A1501203008 | 黄冈梁 | 117°22′31″ | 43°35′01″ | 0.004 44 | 263 758 369 |
| A1501207001 | 卡休他他 | 101°36′24″ | 39°34′24″ | 0.037 | 33 192 240 |
| A1501212001 | 克布勒 | 105°17′48″ | 40°26′38″ | 0.000 201 4 | 4 992 761.68 |
| A1501208001 | 乌珠尔嘎顺 | 120°49′27″ | 49°22′05″ | 0.039 22 | 3 293 100 |
| A1501209001 | 索索井 | 99°56′07″ | 41°09′45″ | 0.000 669 | 26 995 028.8 |
| A1501205001 | 哈拉火烧 | 121°36′00″ | 42°35′00″ | 0.000 2 | 785 800 |
| A1501601002 | 马鞍山 | 120°12′28″ | 49°17′15″ | 0.000 166 | 2 779 293.61 |
| A1501602001 | 特可赛尔东 | 119°26′36″ | 50°31′19″ | 0.000 24 | 504 000 |
| A1501210001 | 神山铁矿 | 120°23′01″ | 37°36′11″ | 0.000 751 | 2 409 759.66 |
| A1501201001 | 梨子山 | 120°49′27″ | 49°22′05″ | 0.000 75 | 11 154 734 |

### 3. 预测区资源量估算及其结果(表 7-19)

表 7-19　铁矿预测区资源量估算及其结果表

| 预测工作区编号 | 预测工作区 | 最小预测区面积范围($km^2$) | 最小预测区预测深度范围(m) | 相似系数 | 预测工作区预测资源总量(万 t) |
|---|---|---|---|---|---|
| 沉积变质型铁矿 | | | | | |
| 1501101001 | 白云鄂博铁矿预测工作区 | 12.20～0.63 | 1500～200 | 3.9 | 82 507.96 |
| 1501301001 | 壕赖沟铁矿预测工作区 | 96.92～0.05 | 800～200 | 21.11 | 56 533.41 |
| 1501302001 | 三合明铁矿预测工作区 | 57.01～0.09 | 800～85 | 31.51 | 80 130.85 |
| 1501303001 | 赤峰铁矿预测工作区 | 62.17～0.6 | 800～450 | 7.22 | 11 710.20 |
| 1501303002 | 包头-集宁铁矿预测工作区 | 97.56～0.03 | 950～150 | 14.682 7 | 69 921.51 |
| 1501303003 | 迭布斯格铁矿预测工作区 | 95.17～0.25 | 950～700 | 9.639 | 57 714.7 |
| 总计 | | | | | 358 518.63 |

续表 7-19

| 预测工作区编号 | 预测工作区 | 最小预测区面积范围($km^2$) | 最小预测区预测深度范围(m) | 相似系数 | 预测工作区预测资源总量(万 t) |
|---|---|---|---|---|---|
| 沉积型铁矿 | | | | | |
| 1501102001 | 霍各乞铁矿预测工作区 | 33.22～0.1 | 850～850 | 6.469 02 | 21 302 |
| 1501103001 | 乌海铁矿预测工作区 | 55.09～4.86 | 950～650 | 8.53 | 628.89 |
| 1501103002 | 清水河铁矿预测工作区 | 52.45～3.54 | 350～100 | 9.39 | 70.64 |
| 1501603001 | 百灵庙式风化淋滤型铁矿预测工作区 | 7.31～0.21 | 2000～200 | 9 | 82 507.96 |
| 总计 | | | | | 104 509.5 |
| 海相火山岩型铁矿 | | | | | |
| 1501105001 | 黑鹰山铁矿预测工作区 | 68.88～0.43 | 450～60 | 9.37 | 37 728.69 |
| 1501106001 | 谢尔塔拉铁矿预测工作区 | 30.04～0.08 | 500～600 | 19.55 | 31 612.77 |
| 1501104001 | 二道井预测工作区 | 58.6～0.01 | 400～400 | 10 | 29 343.35 |
| 1501104002 | 脑木根预测工作区 | 47.9～1.0 | 400～400 | 1.3 | 24 981.48 |
| 1501104003 | 苏尼特左旗根预测工作区 | 47.4～0.02 | 400～400 | 12.6 | 35 217.11 |
| 总计 | | | | | 158 883.4 |
| 接触交代-热液型银矿 | | | | | |
| 1501204001 | 额里图铁矿预测工作区 | 99.6～0.08 | 500～330 | 6.2 | 189.28 |
| 1501202001 | 朝不楞铁矿预测工作区 | 96.1～13.4 | 1000～600 | 11.2 | 74 546.98 |
| 1501203001 | 黄岗梁铁矿预测区工作区 | 84.8～0.58 | 700～700 | 9.55 | 30 798.53 |
| 1051207001 | 卡休他他铁矿预测工作区 | 13.1～0.82 | 600～600 | 1.44 | 8 964.89 |
| 1501212001 | 克布勒铁矿预测工作区 | 97.77～5.32 | 1500～600 | 9.98 | 12 362.58 |

续表 7-19

| 预测工作区编号 | 预测工作区 | 最小预测区面积范围($km^2$) | 最小预测区预测深度范围(m) | 相似系数 | 预测工作区预测资源总量(万 t) |
|---|---|---|---|---|---|
| 1501208001 | 乌珠尔嘎顺铁矿预测工作区 | 22.3～0.55 | 150～150 | 5.96 | 16 846.19 |
| 1501209001 | 索索井铁矿预测工作区 | 81.16～0.29 | 800～50 | 10.6 | 737.96 |
| 1501205001 | 哈拉火烧铁矿预测工作区 | 8.88～0.04 | 1000～100 | 3.22 | 189.28 |
| 1501601001 | 马鞍山铁矿预测工作区 | 37.79～0.35 | 1200～200 | 25.78 | 2 229.92 |
| 1501602001 | 地营子铁矿预测工作区 | 142～0.38 | 1200～50 | 6.45 | 82 507.96 |
| 1501210001 | 神山铁矿预测工作区 | 8.38～0.1 | 650～300 | 13.55 | 737.96 |
| 1501201001 | 梨子山铁矿预测工作区 | 248.3～5.2 | 1000～300 | 27.35 | 30 798.53 |
| 总计 | | | | | 260 910.06 |

# 第二节 锰矿资源潜力评价

## 一、锰矿预测模型

根据矿产预测类型划分，锰矿共涉及 3 个矿产预测类型详见(表 7-20)。

**表 7-20 锰矿典型矿床预测类型一览表**

| 预测类型 | 典型矿床 |
|---|---|
| 热液型 | 额仁陶勒盖、李清地 |
| 火山热液型 | 西里庙 |
| 沉积变质型 | 东加干、乔二沟 |

### 1. 热液型锰矿

陆相火山岩型锰矿典型矿床为额仁陶勒盖银锰矿和李清地银锰矿，额仁陶勒盖银锰矿分布于内蒙古东北部地区，大地构造单元属Ⅰ天山-兴蒙造山系，Ⅰ-1 大兴安岭弧盆系，Ⅰ-1-2 额尔古纳岛弧($Pz_1$)，成矿带属Ⅲ-5 新巴尔虎右旗-根河(拉张区)铜、钼、铅、锌、银、金、萤石、煤(铀)成矿带。额仁陶勒盖银锰矿预测要素及预测模型见银矿相关章节。李清地银锰矿，分布于内蒙古中部地区，大地构造单元属Ⅱ华北陆块区，Ⅱ-4 狼山-阴山陆块(大陆边缘岩浆弧 $Pz_2$)的Ⅱ-4-1 固阳-兴和陆核($Ar_3$)与Ⅱ-4-2 色尔腾山-太仆寺旗古岩浆弧($Ar_3$)。成矿带为Ⅲ-11 华北陆块北缘西段金、铁、铌、稀土、铜、铅、锌、银、镍、铂、钨、石墨、白云母成矿带。总结预测要素如表 7-21 所示。

**表 7-21　李清地式复合内生型锰矿典型矿床预测要素表**

<table>
<tr><td colspan="3" rowspan="3">预测要素</td><td colspan="4">描述内容</td><td rowspan="3">要素类别</td></tr>
<tr><td>储量</td><td>锰 400 000t</td><td>平均品位</td><td>Mn 4.79%</td></tr>
<tr><td>特征描述</td><td colspan="3">复合内生型中—低温热液裂隙充填型锰矿床</td></tr>
<tr><td rowspan="3">地质环境</td><td colspan="2">构造背景</td><td colspan="4">华北陆块区，狼山-阴山陆块(大陆边缘岩浆弧 $Pz_2$)的固阳-兴和陆核($Ar_3$)与色尔腾山-太仆寺旗古岩浆弧($Ar_3$)</td><td>必要</td></tr>
<tr><td colspan="2">成矿环境</td><td colspan="4">中太古代集宁岩群大理岩为锰成矿的赋存岩石，矿体主要产于大理岩内北东向层间破碎带及其派生的北西向断裂内，与锰成矿关系密切的岩浆岩主要是燕山期花岗岩及其火山-次复合内生，该矿床为与中生代陆相火山作用有关的浅成低温热液型矿床</td><td>必要</td></tr>
<tr><td colspan="2">成矿时代</td><td colspan="4">燕山期</td><td>必要</td></tr>
<tr><td rowspan="8">矿床特征</td><td colspan="2">矿体形态</td><td colspan="4">主要呈不规则脉状、透镜状、楔形囊状等</td><td>重要</td></tr>
<tr><td colspan="2">岩石类型</td><td colspan="4">大理岩、硅化大理岩、铁白云石大理岩、中粒或中粗粒似斑状花岗岩、黑云母正长花岗岩、石英斑岩、流纹质集块岩、流纹质火山角砾岩、流纹质熔结凝灰岩、流纹岩</td><td>重要</td></tr>
<tr><td colspan="2">岩石结构</td><td colspan="4">中粒粒状变晶结构、斑状结构、集块结构、火山角砾结构、熔结凝灰结构、中—中粗粒似斑状结构、花岗结构</td><td>次要</td></tr>
<tr><td colspan="2">矿物组成</td><td colspan="4">矿石矿物：黄铁矿、闪锌矿、方铅矿、白铅矿、菱锌矿、褐铁矿、菱锰矿、菱铁矿、赤铁矿、白铁矿、针铁矿、黄铜矿、辉锰矿、角锰矿、辉锑锰矿；<br>脉石矿物：白云石、方解石、石英、铁白云石、锰白云石等</td><td>重要</td></tr>
<tr><td colspan="2">矿石结构构造</td><td colspan="4">结构：自形—半自形粒状结构、他形粒状结构、隐晶质(铁锰质)结构、交代残余结构、包含结构、文象结构、反应边结构；<br>构造：块状构造、蜂窝状构造、胶状构造、角砾状构造、浸染状构造、脉状—网状构造</td><td>次要</td></tr>
<tr><td colspan="2">蚀变特征</td><td colspan="4">硅化、铁锰矿化、碳酸盐化、绢云母化、蛇纹石化</td><td>次要</td></tr>
<tr><td colspan="2">控矿条件</td><td colspan="4">中太古代集宁岩群大理岩；集宁岩群大理岩内北东向层间破碎带及其派生的北西向断裂；燕山期花岗岩及火山-次复合内生，其不仅提供了成矿物质，也是引起矿区内岩石发生蚀变的主要原因</td><td>必要</td></tr>
<tr><td rowspan="2">物化探特征</td><td rowspan="2">地球物理特征</td><td>重力</td><td colspan="4">布格重力异常等值线平面图上，李清地锰矿床位于局部重力低异常的边界，$\Delta g_{min}=-162.50\times10^{-5}m/s^2$；剩余重力异常等值线平面图亦反映李清地锰矿位于局部剩余重力低的边部，$\Delta g_{min}=-6.51\times10^{-5}m/s^2$，推断该局部重力低异常是隐伏的中生代花岗岩体的反映。表明李清地锰矿与隐伏的中生代花岗岩体有关</td><td>次要</td></tr>
<tr><td>航磁</td><td colspan="4">据 1∶5 万航磁平面等值线图，磁场表现出低缓的梯度变化带，走向南东向。据 1∶2000 电法平面等值线图显示，充电率异常不明显，局部有极值为 2 的异常</td><td>次要</td></tr>
</table>

**续表 7-21**

| 预测要素 | | 描述内容 | 要素类别 |
|---|---|---|---|
| 物化探特征 | 地球化学特征 | 矿区出现了以 Pb、Zn 为主，伴有 Ag、Cd 等元素组成的综合异常；主成矿元素为 Pb、Zn、Ag、Cd 为主要的伴生元素 | 重要 |

由于该矿区无大比例尺的物化遥资料，故利用典型矿床所在区域物化探剖析图，编制典型矿床所在区域地质-物探模型图、地质-化探模型图，区域预测模型图以剖面图形式表示(图 7-18～图 7-20)。

地质-物探模型图(图 7-18)说明：由布格重力异常图可知，李清地热液型银锰矿位于局部布格重力低异常的边界，$\Delta g_{min}=-162.50\times10^{-5}m/s^2$。剩余重力异常图上，银锰矿床位于局部剩余重力低异常的边部，剩余重力值 $\Delta g_{min}=-6.51\times10^{-5}m/s^2$。根据地表资料显示，推断该局部重力低异常是隐伏的中生代花岗岩的反映。表明李清地银锰矿床与隐伏的中生代花岗岩体有关。从 1∶20 万航磁化极等值线平面图和航磁化极垂向一阶导数等值线平面图可知，该区总体反映正磁场，强度在 200～400nT 之间。根据地质出露情况分析，推断区域正磁场与前寒武纪地层有关。

地质-化探模型图(图 7-19)说明：李清地复合内生型银锰多金属矿矿区周围存在 Ag、Pb、Zn、Au、Mn、Mo、W、Cd、Bi、Th、La、P、U 等元素异常，异常整体上呈北东向展布，其中 Ag、Pb、Mo、W、Au、Bi 元素异常强度较高，钼为三级浓度分带，其余均为二级浓度分带，异常套合较好。异常主要分布在地层和岩体的接触带上。La、U、Si、P 元素异常一般，为一级浓度分带，其作为近矿指示元素，主要分布在矿区外围。

预测模型图(图 7-20)说明：早—中奥陶世乌宾敖包组出露地区 Ag、Pb、Zn、Au、Mn、Mo、W、Cd、Bi、Th、La、P、U 等单元素均有浓度高值点出现，重力场及磁场表现为低值正异常。

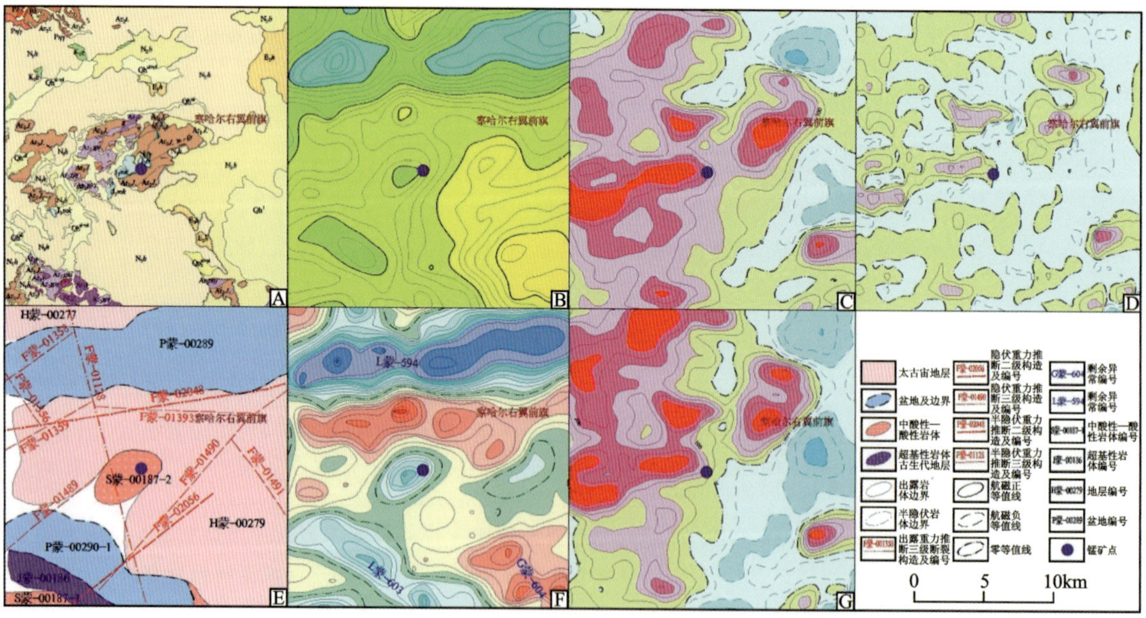


图 7-18　李清地典型矿床所在区域地质-物探模型图

A. 地质矿产图；B. 布格重力异常图；C. 航磁 $\Delta T$ 等值线平面图；D. 航磁 $\Delta T$ 化极垂向一阶导数等值线平面图；E. 重力推断地质构造图；F. 剩余重力异常图；G. 航磁 $\Delta T$ 化极等值线平面图

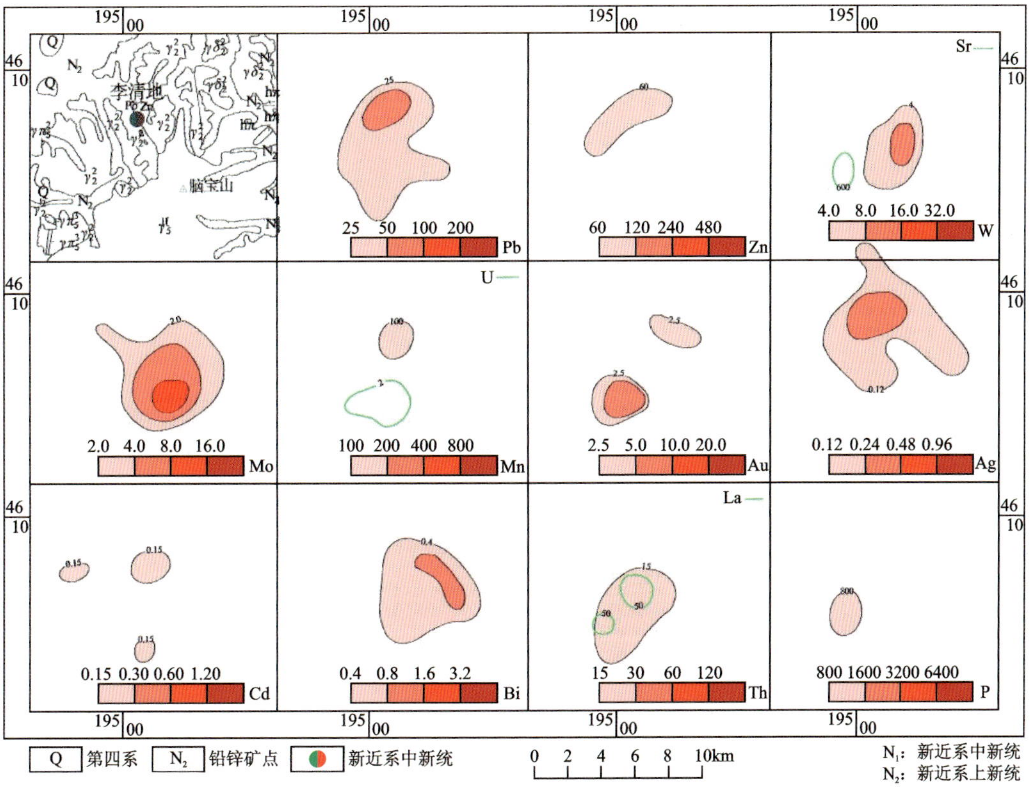


图 7-19　李清地典型矿床所在区域地质-化探模型图

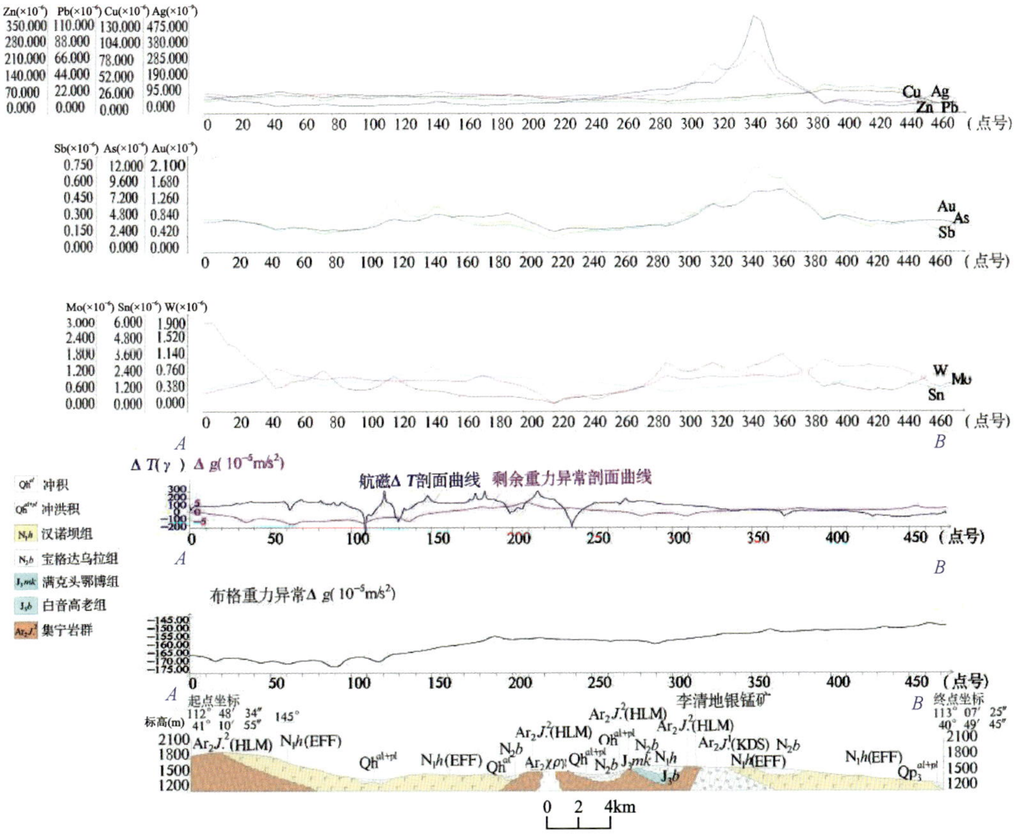


图 7-20　李清地典型矿床所在区域地质预测模型图

### 2. 火山热液型锰矿

海相火山岩型锰矿典型矿床为西里庙锰矿，分布于内蒙古中部地区，大地构造单元属Ⅰ天山-兴蒙造山系，Ⅰ-1 大兴安岭弧盆系，Ⅰ-1-6 锡林浩特岩浆弧($Pz_2$)。成矿带属Ⅲ-7 白乃庙-锡林郭勒铁、铜、钼、铅、锌、锰、铬、金、锗、煤、天然碱、芒硝成矿带。总结预测要素如表 7-22 所示。

表 7-22　西里庙式火山岩型锰矿典型矿床预测要素表

<table>
<tr><td colspan="2" rowspan="3">预测要素</td><td colspan="4">描述内容</td><td rowspan="3">要素类别</td></tr>
<tr><td>储量</td><td>锰 23.77 万 t</td><td>平均品位</td><td>Mn 24.54%</td></tr>
<tr><td>特征描述</td><td colspan="3">小型火山热液型锰矿床</td></tr>
<tr><td rowspan="3">地质环境</td><td>构造背景</td><td colspan="4">Ⅰ天山-兴蒙造山系，Ⅰ-1 大兴安岭弧盆系，Ⅰ-1-6 锡林浩特岩浆弧($Pz_2$)</td><td>必要</td></tr>
<tr><td>成矿环境</td><td colspan="4">Ⅰ-4 滨太平洋成矿域(叠加在古亚洲成矿域之上)，Ⅱ-12 大兴安岭成矿省，Ⅲ-7 阿巴嘎-霍林河铬、铜(金)、锗、煤、天然碱、芒硝成矿带(Ym)，Ⅲ-8-④苏木查干敖包-二连萤石、锰成矿亚带(Vl)</td><td>必要</td></tr>
<tr><td>成矿时代</td><td colspan="4">海西期</td><td>必要</td></tr>
<tr><td rowspan="7">矿床特征</td><td>矿体形态</td><td colspan="4">矿体形态规则，主要呈层状、似层状</td><td>重要</td></tr>
<tr><td>岩石类型</td><td colspan="4">含砂屑微晶灰岩，凝灰质砂砾岩，流纹质岩屑、晶屑凝灰岩，微晶灰岩，砂质、泥质千枚岩</td><td>重要</td></tr>
<tr><td>岩石结构</td><td colspan="4">含砂屑微晶结构、千枚状结构、流纹质岩屑晶屑凝灰结构</td><td>次要</td></tr>
<tr><td>矿物组成</td><td colspan="4">矿石矿物：主要为硬锰矿，其次为软锰矿；<br>脉石矿物：方解石、凝灰质砂砾岩、凝灰岩、石英等，少许孔雀石</td><td>重要</td></tr>
<tr><td>矿石结构构造</td><td colspan="4">结构：角砾状结构、填隙结构、网脉状结构、似包含结构；<br>构造：主要有网脉状、角砾状、块状、肾状或葡萄状构造</td><td>次要</td></tr>
<tr><td>蚀变特征</td><td colspan="4">锰矿化、硅化</td><td>重要</td></tr>
<tr><td>控矿条件</td><td colspan="4">早中二叠世大石寨组与潜火山岩；<br>近南北向的断裂构造控矿非常明显，矿化的强弱与构造密切有关，构造强则矿化强，且离开构造带矿化逐渐减弱</td><td>必要</td></tr>
<tr><td rowspan="2">地球物理特征</td><td>重力异常</td><td colspan="4">剩余重力起始值在$(1\sim2)\times10^{-5}m/s^2$之间</td><td>重要</td></tr>
<tr><td>磁法异常</td><td colspan="4">航磁 $\Delta T$ 化极异常值起始值在 190～200nT 之间</td><td>重要</td></tr>
<tr><td colspan="2">地球化学特征</td><td colspan="4">存在 Mn 的背景、高背景区，异常区多分布在矿区东部；$Fe_2O_3$、Ni、V、Ti 在矿区外围多呈背景、高背景分布，浓度分带和浓集中心不明显；Cr、Co 呈低背景分布</td><td>重要</td></tr>
</table>

由于该矿区无大比例尺的物化遥资料，故编制典型矿床所在区域地质-物探模型图，区域预测模型图以剖面图形式表示(图 7-21、图 7-22)。该区域 Mn 单元素化探异常弱，对锰矿的产出无指示信息，故未作地质-化探模型图。

地质-物探模型图(图 7-21)说明：从布格重力异常图上可知，西里庙锰矿位于布格重力异常近东西向梯级带上，$\Delta g$ 为$(-150\sim-140)\times10^{-5}m/s^2$，异常幅度 $10\times10^{-5}m/s^2$。对应剩余重力异常图，锰矿床位于两个负异常之间的近等轴状正异常北部边缘区，结合地质资料及物性资料可知，北侧负异常是由酸性侵入岩引起，正异常是由地表出露的二叠系引起。这一特征反映了矿床所处的成矿地质环境。航磁图上，矿床位于正负磁场交界的区域，极值 $\Delta T$ 为 $-50\sim0$nT，异常强度不高，为弱磁场区。局部正磁异常与黑云母花岗岩有关。西里庙式火山岩型锰矿西里庙矿区存在 Mn、Ag、As、Sb 组成的多元素综合异常，Mn 多呈背景、高背景分布，异常分布范围较小，异常区多分布在矿区东部。

预测模型图(图 7-22)说明：西里庙锰矿所在地区剩余重力场为平缓的低值值场，布格重力值为负值，与布格重力场对应，磁场为平缓的低值负场，无明显异常。

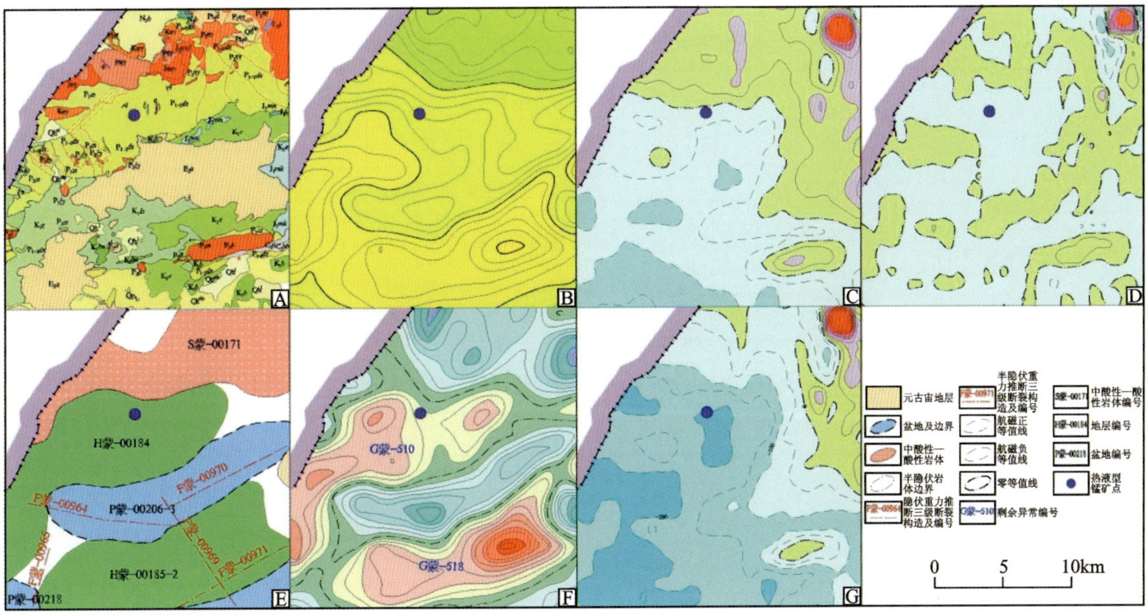


图 7-21　西里庙典型矿床所在区域地质-物探模型图

A. 地质矿产图；B. 布格重力异常图；C. 航磁 $\Delta T$ 等值线平面图；D. 航磁 $\Delta T$ 化极垂向一阶导数等值线平面图；E. 重力推断地质构造图；F. 剩余重力异常图；G. 航磁 $\Delta T$ 化极等值线平面图

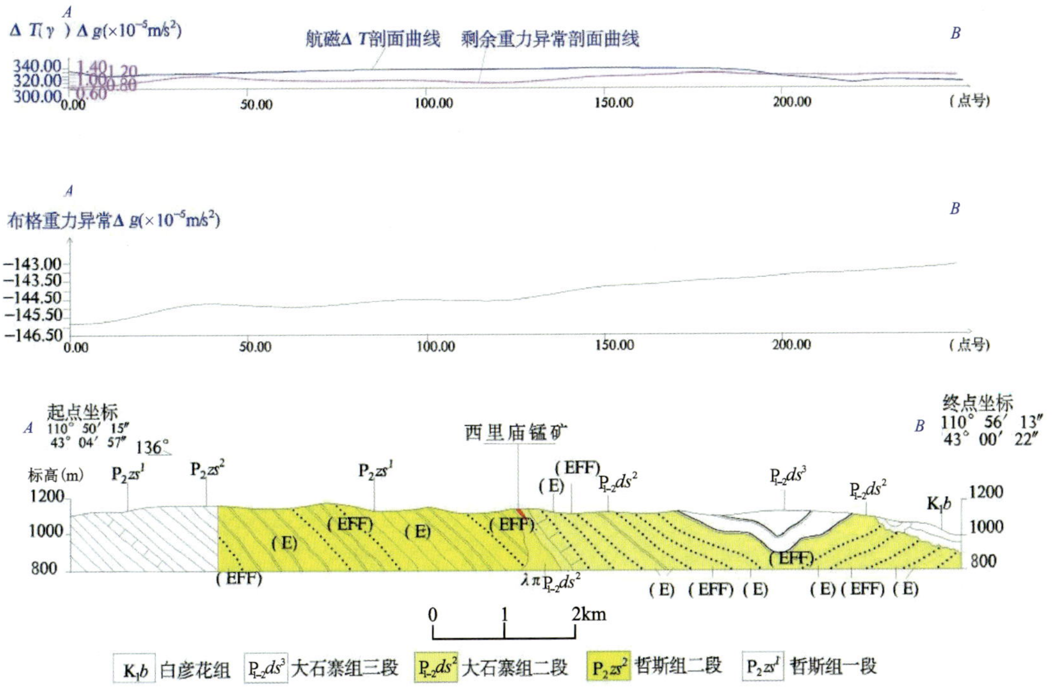


图 7-22　西里庙预测工作区域预测模型图

### 3. 沉积变质型锰矿

沉积变质型锰矿典型矿床为东加干和乔二沟。主要分布于内蒙古中部地区，大地构造单元属Ⅰ天山-兴蒙造山系，Ⅰ-8包尔汉图-温都尔庙弧盆系($Pz_2$)，Ⅰ-8-3宝音图岩浆弧($Pz_2$)，成矿带分别属Ⅲ-7白乃庙-锡林郭勒铁、铜、钼、铅、锌、锰、铬、金、锗、煤、天然碱、芒硝成矿带和Ⅲ-11华北陆块北缘西段金、铁、铌、稀土、铜、铅、锌、金、镍、铂、钨、石墨、白云母成矿带。以东加干矿床为例，总结预测要素(表7-23)。

**表7-23　东加干式沉积变质型锰矿典型矿床预测要素表**

| 预测要素 | | 描述内容 | | | | 要素类别 |
|---|---|---|---|---|---|---|
| | | 储量 | 锰27 484.44t | 平均品位 | Mn 21.57% | |
| | | 特征描述 | 沉积变质型锰矿点 | | | |
| 地质环境 | 构造背景 | Ⅰ天山-兴蒙造山系，Ⅰ-8包尔汉图-温都尔庙弧盆系($Pz_2$)，Ⅰ-8-3宝音图岩浆弧($Pz_2$) | | | | 必要 |
| | 成矿环境 | Ⅰ-4滨太平洋成矿域(叠加在古亚洲成矿域之上)，Ⅱ-12大兴安岭成矿省，Ⅲ-7阿巴嘎-霍林河铬、铜(金)、锗、煤、天然碱、芒硝成矿带(Ym)(Ⅲ-49)，Ⅲ-8-②查干此老-巴音杭盖金成矿亚带(Yl) | | | | 必要 |
| | 成矿时代 | 加里东期 | | | | 必要 |
| 矿床特征 | 矿体形态 | 矿体形态主要呈透镜状 | | | | 重要 |
| | 岩石类型 | 绢云母千枚岩，夹白云质结晶灰岩、变质石英岩、厚层状白云质结晶灰岩 | | | | 重要 |
| | 岩石结构 | 鳞片变晶结构、变余砂状结构、微晶变晶结构 | | | | 次要 |
| | 矿物组成 | 矿石矿物：主要为软锰矿、硬锰矿，少量褐铁矿；<br>脉石矿物：白云石、方解石、泥质等 | | | | 重要 |
| | 矿石结构构造 | 结构：以纤维状、隐晶状、粉末状结构为主；<br>构造：团块状、条带状构造 | | | | 次要 |
| | 蚀变特征 | 绢云母化和碳酸盐化 | | | | 重要 |
| | 控矿条件 | 早中奥陶世乌宾敖包组二段；<br>矿体与围岩产状一致，呈整合接触，矿层底板为绢云母千枚岩，顶板为薄层白云质灰岩。白云质灰岩与矿层关系密切，灰岩厚处矿层亦厚，灰岩变薄尖灭矿层亦消失 | | | | 必要 |
| 地球物理特征 | 重力异常 | 剩余重力起始值在$(1\sim2)\times10^{-5}m/s^2$之间 | | | | 重要 |
| | 磁法异常 | 航磁$\Delta T$化极异常值起始值在360～400nT之间 | | | | 重要 |
| 地球化学特征 | | Mn呈背景分布，无明显的异常分布。Cr、Ni在矿区周围呈高背景分布，具有明显的浓度分带和浓集中心 | | | | 重要 |

由于该矿区无大比例尺的物化遥资料，故利用典型矿床所在区域物化探资料，编制典型矿床所在区域地质-物探模型图、地质-化探模型图，区域预测模型图以剖面图形式表示(图7-23～图7-25)。

地质-物探模型图(图7-23)说明：由布格重力异常图可知，东加干式沉积变质型锰矿位于走向呈北东东局部布格重力低异常的外围区域，矿区附近布格重力变化较小，$\Delta g$为$(-142\sim-140)\times10^{-5}m/s^2$，矿床附近剩余重力值为正，根据地质资料显示，矿床所在区域为超基性岩带分布区。北部出露的岩性有元古宙和古生代奥陶纪地层，多处出露超基性岩；南部主要为白垩纪地层分布区。布格重力异常表现为北部重力高、南部重力低的特点，对应形成近东西向展布的条带状剩余重力正负异常，显然是前古生代基底隆起-凹陷引起。东加干锰矿位于平稳的重力高值区，主要与元古宙基底隆起有关。由航磁图可知，航磁异常呈平稳的背景场。

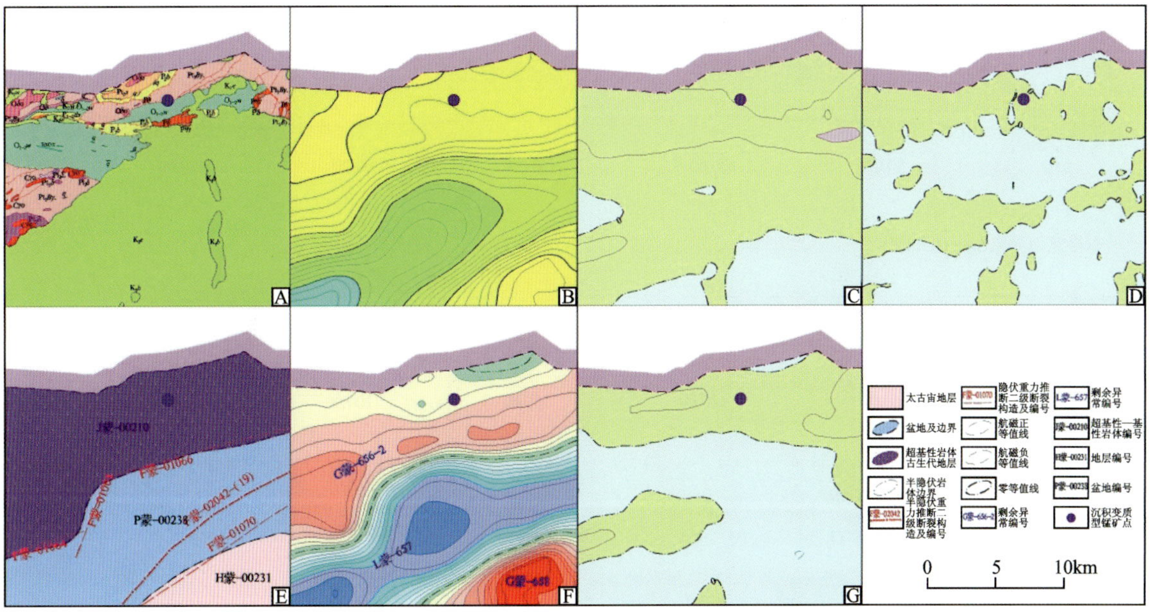


图 7-23　东加干典型矿床所在区域地质-物探模型图

A. 地质矿产图；B. 布格重力异常图；C. 航磁 $\Delta T$ 等值线平面图；D. 航磁 $\Delta T$ 化极垂向一阶导数等值线平面图；E. 重力推断地质构造图；F. 剩余重力异常图；G. 航磁 $\Delta T$ 化极等值线平面图

地质-化探模型图(图 7-24)说明：东加干沉积型锰矿矿区周围元素异常具多元素组合的特点，以 Au、As、Sb、Hg、Cu、Ag 为主，尚有 Bi、Pb、Zn、Cd、W、Sn、V、Ti、U、Th、Zr、La、Nb、Y、Li、B、F、Sr 等元素

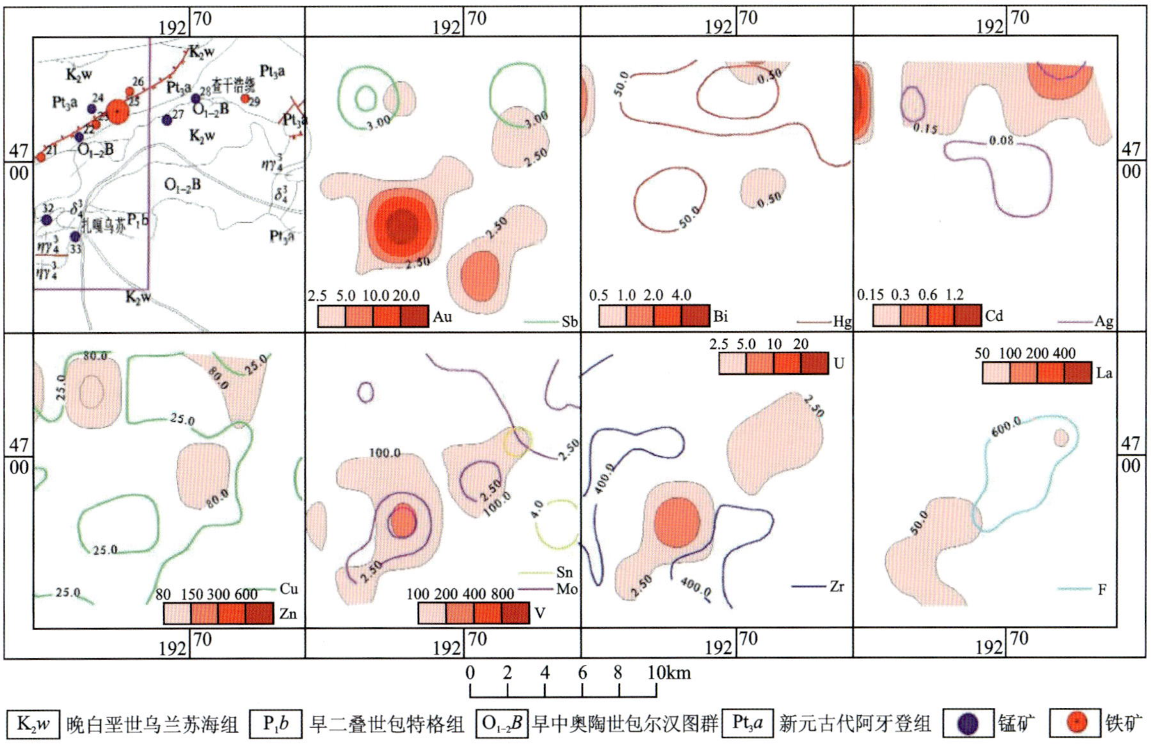


图 7-24　东加干典型矿床所在区域地质-化探模型图

异常,该组元素作为共伴生元素异常范围较小,多呈不规则状分布在矿区外围。Au、As、Sb、Hg、Cu 元素异常范围较大,浓度分带明显。由于 Mn 元素异常地表反映不强烈,异常范围较小,且强度不高,因此该化探数据没有反映 Mn 元素异常。

预测模型图(图 7-25)说明:中太古代集宁岩群大理岩组出露地区重力场及磁场表现为低值正异常。

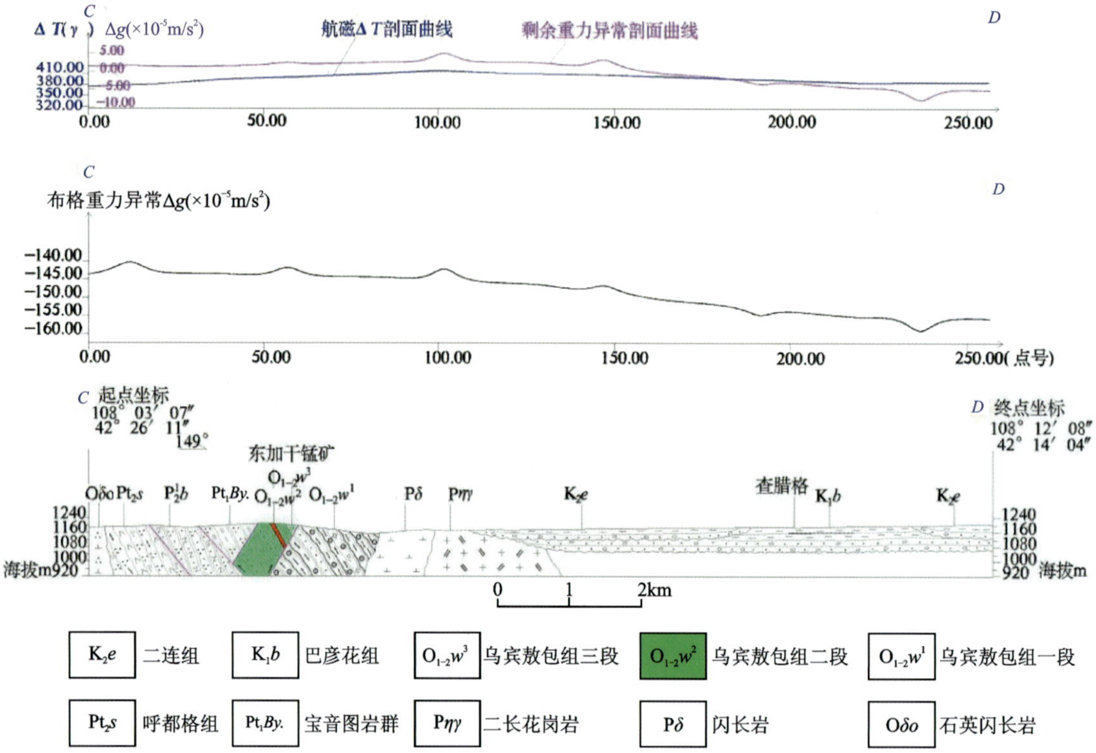


图 7-25　东加干典型矿床所在区域地质预测模型图

## 二、预测方法类型确定及区域预测要素

根据内蒙古自治区锰矿预测类型将锰矿预测工作区分为 3 种预测方法类型:复合内生型、变质型及火山岩型。

### 1. 复合内生型锰矿预测要素

根据典型矿床研究,额仁陶勒盖式银锰矿、李清地式锰矿分布在广泛的中生代火山岩背景条件下,中等规模主干断裂的横向次级构造,在其旁侧有酸性岩体产出,矿床为主要受断裂构造控制,并与岩浆活动有关的热液矿床,因此确定其矿床成因类型为复合内生型。该类类型矿产区域预测要素见表 7-24。

### 2. 变质型锰矿预测要素

根据典型矿床的研究,结合大地构造环境、主要控矿因素、成矿作用特征等,东加干锰矿矿床成因类型为沉积变质型,早中奥陶世乌宾敖包组二段直接控制了矿床的分布,因此确定预测方法类型为变质型。其矿产预测类型为(火山)-沉积变质型锰矿,该预测类型的主要矿床式为东加干式、乔二沟式。以东加干、乔二沟预测工作区为例简述此类矿床(点)区域预测要素(表 7-25)。

**表 7-24　复合内生型锰矿预测要素表**

<table>
<tr><th colspan="2">预测要素</th><th>额仁陶勒盖描述内容</th><th>李清地描述内容</th><th>要素类别</th></tr>
<tr><td rowspan="3">地质环境</td><td>大地构造位置</td><td>Ⅰ天山-兴蒙造山系，Ⅰ-1 大兴安岭弧盆系，Ⅰ-1-2 额尔古纳岛弧($Pz_1$)</td><td>华北陆块区，狼山-阴山陆块(大陆边缘岩浆弧($Pz_2$)的固阳-兴和陆核($Ar_3$)与色尔腾山-太仆寺旗古岩浆弧($Ar_3$)</td><td>必要</td></tr>
<tr><td>成矿区(带)</td><td>Ⅰ-4 滨太平洋成矿域(叠加在古亚洲成矿域之上)，Ⅱ-12 大兴安岭成矿省，Ⅲ-5 新巴尔虎右旗(拉张区)铜、钼、铅、锌、金、萤石、煤(铀)成矿带(Ⅲ-47)；Ⅲ-5-①额尔古纳铜、钼、铅、锌、银、金、萤石成矿亚带(Y、Q)</td><td>华北成矿省，山西断隆铁、铝土矿、石膏、煤、煤层气成矿带，旗下营-土贵乌拉金、银、白云母成矿亚带(Pt、Y、Q)与李清地-土贵乌拉锰、白云母矿集区(Pt、Ye)</td><td>必要</td></tr>
<tr><td>区域成矿类型及成矿期</td><td>中—低温热液型锰矿床；燕山期</td><td>复合内生型中—低温热液裂隙充填型锰矿床；燕山期</td><td>必要</td></tr>
<tr><td rowspan="3">控矿地质条件</td><td>赋矿地层</td><td>中侏罗世塔木兰沟组</td><td>中太古代集宁岩群大理岩</td><td>必要</td></tr>
<tr><td>控矿侵入岩</td><td>广泛的中生代火山岩背景是此矿床形成的先决条件、石英脉是找矿的最直接标志。在燕山期酸性花岗岩附近</td><td>燕山期中粒—中粗粒似斑状花岗岩、黑云母正长花岗岩与白音高老期流纹质次复合内生，呈脉状与岩株状产出</td><td>重要</td></tr>
<tr><td>主要控矿构造</td><td>矿体受主干断裂次一级北西向、北东向断裂控制(350°～360°，20°～30°，40°～50°)构造结合部位的岩体与围岩外接触带，或断层交叉地段往往是矿体的集中部位</td><td>集宁岩群大理岩内北东向与北西向断裂、大理岩与燕山期花岗岩体接触带、燕山期火山机构有关的环状、放射状断裂及上述断裂交会处</td><td>重要</td></tr>
<tr><td colspan="2">区内相同类型矿产</td><td>小型矿床 1 个，锰矿点 8 个</td><td>成矿区(带)内仅有 1 个小型锰矿床</td><td>重要</td></tr>
<tr><td rowspan="2">地球物理特征</td><td>重力异常</td><td>从布格重力异常图上看，预测区处于布格重力高异常区，由西向东逐渐上升，重力场最低值$-116.78\times10^{-5}m/s^2$，最高值$-61.14\times10^{-5}m/s^2$，从剩余重力异常图上看，预测区南部剩余重力负异常多呈北东向条带状展布且边部等值较密集，剩余重力起始值在$(-3\sim6)\times10^{-5}m/s^2$之间，区内的剩余重力正异常区，与布格重力高值区对应较好。剩余重力起始值在$(0\sim3)\times10^{-5}m/s^2$之间</td><td>布格重力异常图上总体反映预测区东南部为重力高、西北部为重力低，重力场最低值$-187.52\times10^{-5}m/s^2$，最高值$-118.78\times10^{-5}m/s^2$</td><td>重要/次要</td></tr>
<tr><td>磁法异常</td><td>航磁 $\Delta T$ 化极异常值起始值在$-50\sim250nT$之间</td><td>航磁 $\Delta T$ 等值线幅值范围为$-800\sim2000nT$，背景值为$-100\sim100nT$，磁异常正负相间，多为不规则带状或椭圆状。李清地锰矿区等值线值$0\sim100nT$</td><td>重要</td></tr>
</table>

**续表 7-24**

| 预测要素 | 额仁陶勒盖描述内容 | 李清地描述内容 | 要素类别 |
|---|---|---|---|
| 地球化学特征 | 预测区内 Ag 呈高背景分布,异常强度较高,Pb、Zn、Cu、W、Mo、Au、As 元素异常与 Ag 套合均较好,其中铅、锌异常范围较大 | 区域上 Ag、As、Cd、Cu、Mo、Sb、Pb、Zn 等元素组成高背景区带,在该带上有 Ag、Pb、Zn、Cd、Cu、Mo、Sb、W 为主的多元素局部异常。区内西北部多异常,东南部多呈背景-低背景分布 | 重要 |
| 遥感特征(李清地) | 预测区线状构造发育,环形构造比较少。羟基异常主要呈条带状分布在图幅的东南角,在构造要素和环要素较密集的地区,铁染异常主要分布在图幅的东边靠近边框,其他地区零星分布 | | 次要 |

**表 7-25　东加干式沉积变质型锰矿预测工作区预测要素表**

| 预测要素 | | 东加干描述内容 | 乔二沟描述内容 | 要素类别 |
|---|---|---|---|---|
| 地质环境 | 大地构造位置 | Ⅰ天山-兴蒙造山系,Ⅰ-8 包尔汉图-温都尔庙弧盆系($Pz_2$),Ⅰ-8-3 宝音图岩浆弧($Pz_2$) | Ⅱ华北陆块区,Ⅱ-2 晋冀陆块,Ⅱ-4 狼山-阴山陆块(大陆边缘岩浆弧 $Pz_2$),Ⅱ-4-3 狼山-白云鄂博裂谷($Pt_2$) | 必要 |
| | 成矿区(带) | Ⅰ-4 滨太平洋成矿域(叠加在古亚洲成矿域之上),Ⅱ-12 大兴安岭成矿省,Ⅲ-7 阿巴嘎-霍林河铬、铜(金)、锗、煤、天然碱、芒硝成矿带(Ym)(Ⅲ-49),Ⅲ-8-② 查干此老-巴音杭盖金成矿亚带(Yl) | Ⅰ-4 滨太平洋成矿域(叠加在古亚洲成矿域之上),Ⅱ-14 华北成矿省,Ⅲ-11 华北陆块北缘西段金、铁、铌、稀土、铜、铅、锌、银、镍、铂、钨、石墨、白云母成矿带,Ⅲ-11-② 狼山-渣尔泰山铅、锌、金、铁、铜、铂、镍成矿亚带 | 必要 |
| | 成矿类型及成矿期 | 沉积变质型;早—中奥陶世 | 渣尔泰山群阿古鲁沟组变质型锰矿床;中元古代 | 必要 |
| 控矿地质条件赋矿地层 | | 早—中奥陶世乌宾敖包组二段 | 中元古代渣尔泰山群阿古鲁沟组 | 必要 |
| 区内相同类型矿产 | | 矿点 1 个 | 已知有 1 个中型锰矿床和 2 个小型锰矿床 | 重要 |
| 地球物理特征 | 重力异常 | 剩余重力起始值在$(1\sim2)\times10^{-5}$ m/s$^2$之间 | 预测区区域重力场走向呈近东西向,位于河套盆地布格重力低异常的北东侧。重力场总体为北东走向,其东重力场总体为近东西走向,布格重力异常形态不规则,区域重力场最低值$-197\times10^{-5}$ m/s$^2$,最高值$-134\times10^{-5}$ m/s$^2$ | 重要 |
| | 磁法异常 | 航磁 $\Delta T$ 化极异常值起始值在 360～400nT 之间 | | 重要 |

续表 7-25

| 预测要素 | 东加干描述内容 | 乔二沟描述内容 | 要素类别 |
|---|---|---|---|
| 地球化学特征 | Mn 异常值在 $437\times10^{-9}$ 以上 | 区域上分布有 Cr、$Fe_2O_3$、Co、Ni、V、Ti 等元素(或氧化物)组成的高背景区带，在高背景区带中有以 Cr、$Fe_2O_3$、Co、Ni、V、Ti 为主的多元素(或氧化物)局部异常。预测区内共有 18 个 Cr 异常，13 个 Co 异常，15 个 $Fe_2O_3$ 异常，17 个 Mn 异常，17 个 Ni 异常，20 个 Ti 异常，17 个 V 异常。预测区上，Mn 呈背景、高背景分布，在脑自更、西斗铺镇和前康图沟地区存在局部异常，具有明显的浓度分带和浓集中心 | 重要 |

**3. 火山岩型锰矿预测要素**

根据典型矿床的研究，结合大地构造环境、主要控矿因素、成矿作用特征等，西里庙锰矿矿床成因类型为火山热液型，大石寨组直接控制了矿床的分布，因此确定预测方法类型为火山岩型。其矿产预测类型为海相火山岩型锰矿，主要矿床式为西里庙式。以西里庙预测工作区为例简述此类矿床(点)区域预测要素(表 7-26)。

表 7-26　西里庙式火山岩型锰矿区域预测要素表

| 预测要素 | | 描述内容 | 要素类别 |
|---|---|---|---|
| 地质环境 | 构造背景 | Ⅰ天山-兴蒙造山系，Ⅰ-1 大兴安岭弧盆系，Ⅰ-1-6 锡林浩特岩浆弧($Pz_2$) | 必要 |
| | 成矿环境 | Ⅰ-4 滨太平洋成矿域(叠加在古亚洲成矿域之上)，Ⅱ-12 大兴安岭成矿省，Ⅲ-7 阿巴嘎-霍林河铬、铜(金)、锗、煤、天然碱、芒硝成矿带(Ym)，Ⅲ-8-④苏木查干敖包-二连萤石、锰成矿亚带(Vl) | 必要 |
| 控矿地质条件 | 控矿构造 | 海西期东西向、北西向断裂 | 重要 |
| | 赋矿地质体 | 大石寨组二段 | 重要 |
| | 控矿侵入体 | 大石寨组潜流纹斑岩 | 重要 |
| | 围岩蚀变 | 锰矿化、硅化 | 重要 |
| 区域成矿类型及成矿期 | | 火山岩型;海西期 | 重要 |
| 预测区矿点 | | 矿床(点)7 个:小型 1 个，矿化点 6 个 | 重要 |
| 地球物理特征 | 重力 | 剩余重力起始值在$(1\sim5)\times10^{-5}m/s^2$之间 | 重要 |
| | 航磁 | 航磁 $\Delta T$ 化极异常值起始值在 170～250nT 之间 | 重要 |
| 地球化学特征 | | Mn 异常值在 $332\times10^{-9}$ 以上 | 重要 |

## 三、最小预测区圈定

根据对典型矿床成矿规律、预测要素及预测工作区区域地质、物探、化探、遥感、自然重砂等背景条件的研究，确定预测工作区预测要素，提取预测变量，运用矿产资源评价系统(MRAS)对预测工作区进行定位预测。

### 1. 变量构置

根据各预测工作区不同成矿条件，进行预测变量构置(表 7-27)。

表 7-27　原生锰矿预测工作区变量构置一览表

| 预测类型 | 预测工作区 | 预测变量及处理 | 变量处理 |
|---|---|---|---|
| 火山岩型陆相型 | 额仁陶勒盖预测工作区 | 地质体：提取塔木兰沟组。预处理：对塔木兰沟组之上地层及第四系覆盖层按照倾角及预测深度进行揭盖 | 求其存在标志 |
| | | 断层：包括实测、推测、重力、航磁、遥感解译断层，提取走向为 350°～360°、20°～30°、40°～50°的断层，并作 2km 缓冲。最后合并成一个文件 | 求其存在标志 |
| | | 航磁异常；依据区内航磁磁异常与已知矿床或矿点的关系，选择航磁化极异常作为本次预测资料，航磁化极异常区异常值在－50～250nT 之间 | 二值化处理 |
| | | 重力：预测区已知矿床或矿点处于剩余重力场异常值在(0～3)$\times 10^{-5}$ m/s$^2$之间 | 二值化处理 |
| | | 化探：额仁陶勒盖银锰矿，共生金矿，综合考虑其成因、温度，Ag、Pb、Zn、Cu、Au、$Fe_2O_3$、Mn、Sn 综合异常与已知矿床及矿点吻合程度高，因此，本次预测选用以上元素(或氧化物)综合异常作为预测变量 | 求其存在标志 |
| | | 已知矿点：选取与典型矿产同成因、同时代的矿点，有 9 个同类型矿床(点)，对它们进行缓冲区处理，缓冲区为 2km | 求其存在标志 |
| | | 蚀变带：提取硅化带 | 求其存在标志 |
| | | 石英脉：提取与断层同方向的石英脉 | 求其存在标志 |
| 火山岩型海相型 | 西里庙预测工作区 | 地质体：提取大石寨组二段作为预测单元。预处理：对大石寨组二段附近的第四系、中生界覆盖层进行揭盖 0.5km(图面 10mm)。并与大石寨组潜流纹斑岩($P_2\lambda\pi$)缓冲区合并，缓冲 1km(图面 20mm) | 求其存在标志 |
| | | 断层：提取与成矿有关实测、推断、航磁、重力、遥感解译断层，其走向近 0°～10°(80°、90°)，作 1km(图面 20mm)缓冲区 | 求其存在标志 |
| | | 重力：剩余重力起始值在(1～5)$\times 10^{-5}$ m/s$^2$之间 | 二值化处理 |
| | | 航磁：航磁 $\Delta T$ 化极异常值起始值在 170～250nT 之间 | 二值化处理 |
| | | 化探：Mn 单元素异常值在 332$\times 10^{-9}$最大之间 | 求其存在标志 |
| | | 已知矿(化)点：有 7 个，进行投影变换，并作 1km(图面 20mm)缓冲区 | 求其存在标志 |
| | | 蚀变带：提取锰矿化、硅蚀变带 | 求其存在标志 |

续表 7-27

| 预测类型 | 预测工作区 | 预测变量及处理 | 变量处理 |
|---|---|---|---|
| 风化壳型 | 李清地预测工作区 | 典型矿床矿点 | 求其存在标志 |
| | | 缓冲区、断层(与控矿有关的断裂,包括实测与遥感解译断裂) | 求其存在标志 |
| | | 缓冲区、侵入岩(包括与成矿有关的燕山期次复合内生层、花岗岩、重力推断隐伏岩体与遥感解译岩体) | 求其存在标志 |
| | | 缓冲区、地层(包括赋矿地层与成矿成因有关的复合内生层) | 求其存在标志 |
| | | 缓冲区,Mn 单元素异常,Mn、Pb、Zn 铅锌综合化探异常与遥感羟基等要素 | 求其存在标志 |
| | | 航磁化极、剩余重力则求起始值的加权平均值 | 二值化处理 |
| (火山)-沉积变质型 | 东加干预测工作区 | 地质体:提取乌宾敖包组二段作为预测单元。预处理:对乌宾敖包组二段附近的第四系、中生界覆盖层进行揭盖 | 求其存在标志 |
| | | 重力:剩余重力起始值在$(1\sim2)\times10^{-5}m/s^2$之间 | 二值化处理 |
| | | 航磁:航磁 $\Delta T$ 化极异常值起始值在 360～400nT 之间 | 二值化处理 |
| | | 化探:异常值在(438 至最大值)$\times10^{-9}$之间 | 求其存在标志 |
| | | 重砂:取 Mn 重砂异常区求存在标志 | 求其存在标志 |
| | | 已知矿点:有 1 个,进行投影变换,并作 1km(图面 10mm)缓冲区 | 求其存在标志 |
| | 乔二沟预测工作区 | 地层:渣尔泰山群阿古鲁沟组一、四、七段 | 求其存在标志 |
| | | 物探:1∶20 万剩余重力异常和航磁化极异常 | 二值化处理 |
| | | 化探:1∶20 万 Mn 地球化学异常图 | 求其存在标志 |

**2. 最小预测区圈定方法及优选结果**

首先利用网格单元法对预测单元进行赋值。不同预测工作区根据实际情况划分不同间距的预测单元网格。额仁陶勒盖预测工作区、东加干预测工作区及西里庙预测工作区单元网格间距为 1.5km×1.5km、李清地预测工作区、乔二沟预测工作区单元网格间距为 1km×1km。完成预测单元划分后对预测变量进行原始变量构置,生成原始数据专题,完成网格单元赋值。对区内已知矿床(点)按矿化规模将模型单元进行矿化级别的设置,选择具有代表性的单元作为模型单元,然后对前期所选择的预测变量进行筛选,获得真正对矿化起到作用的变量,完成变量优选步骤。证据权重法中,首先构造预测模型,生成定位预测专题图层,然后选择各预测要素的证据因子、计算证据权重进行证据因子的条件独立性检验,计算后验概率并生成色块图,色块图级别是根据后验概率值的大小确定的。

后验概率色块图的不同级别是以网格单元为边界的规则边界,因此需要在色块图的基础上叠加所有成矿要素及预测要素,采用人工与 MRAS 软件交互的方式,根据形成的定位预测色块图对照不同级别的各要素边界,依据后验概率的大小,与模型区预测要素的匹配程度,圈定最小预测区,划分 A、B、C 类最小预测区级别(表 7-28)。

对圈定的面积过小、成矿潜力较差、预测意义不大的最小预测区进行排除,最终共圈定锰矿最小预测区 109 个,面积 876.03km²(表 7-29,图 7-26～图 7-29)。

表 7-28　锰矿最小预测区分级原则一览表

| 矿床式名称 | A、B、C 类分级原则 |
|---|---|
| 新巴尔虎右旗锰矿预测工作区 | A 类:塔木兰沟组+化探异常区±石英脉+有锰矿(床)点+北西向、北东向断裂。航磁 $\Delta T$ 化极异常主要在−100～300nT 之间,剩余重力异常值 $\Delta g$ 主要在(−5～7)×$10^{-5}$ m/$s^2$之间。B 类:塔木兰沟组±化探异常区±石英脉±有锰矿(床)点+北东向断裂。航磁 $\Delta T$ 化极异常主要在−250～200nT 之间,剩余重力异常值 $\Delta g$ 主要在(−4～4)×$10^{-5}$m/$s^2$之间。C 类:塔木兰沟组+化探异常区+北东向断裂。航磁 $\Delta T$ 化极异常主要在−200～200nT 之间,剩余重力异常值 $\Delta g$ 主要在(−3～5)×$10^{-5}$ m/$s^2$之间 |
| 李清地锰矿预测工作区 | A 类:具有矿点,Mn、Pb、Zn 元素异常,赋矿含矿地质体+缓冲,航磁化极,遥感隐伏岩体,羟基,剩余重力,断层等 10 个预测变量。B 类:具有 Mn、Pb、Zn 单元素异常,剩余重力,航磁化极+其他 1～4 个预测变量。C 类:具有 Mn、Pb、Zn 元素异常,剩余重力,航磁化极+其他 1～4 个预测变量 |
| 西里庙锰矿预测工作区 | A 类:大石寨组二岩段、潜流纹斑岩±化探异常区±有锰矿(床)点±蚀变带+航磁异常区。航磁 $\Delta T$ 化极异常主要在 170～250nT 之间,剩余重力异常值 $\Delta g$ 主要在(0～5)×$10^{-5}$ m/$s^2$之间。Mn 异常值在(204～591)×$10^{-9}$之间。B 类:大石寨组二岩段±潜流纹斑岩+化探异常区±有锰矿(床)点+航磁异常区±蚀变带。航磁 $\Delta T$ 化极异常主要在 170～250nT 之间,剩余重力异常值 $\Delta g$ 主要在(1～5)×$10^{-5}$ m/$s^2$之间。Mn 异常值主要在(168～591)×$10^{-9}$之间。C 类:大石寨组二岩段±潜流纹斑岩+化探异常区+航磁异常区±南北向断裂。航磁 $\Delta T$ 化极异常主要在 180～270nT 之间,剩余重力异常值 $\Delta g$ 主要在(2～4)×$10^{-5}$m/$s^2$之间。Mn 异常值主要在(168～753)×$10^{-9}$之间。多数无已知矿点 |
| 东加干锰矿预测工作区 | A 类:乌宾敖包组二段+有锰矿点±重砂异常。航磁异常值在主要 250～400nT 之间,剩余重力异常值 $\Delta g$ 主要在(1～5)×$10^{-5}$m/$s^2$之间,Mn 异常值主要在(118～753)×$10^{-9}$之间。B 类:乌宾敖包组二段。航磁异常值在主要 300～475nT 之间,剩余重力异常值 $\Delta g$ 主要在(−1～3)×$10^{-5}$m/$s^2$之间,Mn 异常值主要在(204～591)×$10^{-9}$之间。C 类:乌宾敖包组二段或其揭盖区,航磁异常值在主要 325～450nT 之间,剩余重力异常值 $\Delta g$ 主要在(1～3)×$10^{-5}$m/$s^2$之间,Mn 异常值主要在(168～437)×$10^{-9}$之间 |
| 乔二沟锰矿预测工作区 | A 类:渣尔泰山群阿古鲁沟组一、四、七段(含矿建造)+已知矿床+化探异常+航磁化极异常分布范围+剩余重力异常。B 类:地质建造(含矿建造)+化探异常+航磁化极异常分布范围+剩余重力异常。C 类:覆盖区+化探异常的浓集中心 |

表 7-29　锰矿最小预测区圈定成果一览表

| 预测工作区 | A 类最小预测区 | B 类最小预测区 | C 类最小预测区 | 总数 | 面积(km²) |
|---|---|---|---|---|---|
| 新巴尔虎右旗锰矿预测工作区 | 3 | 4 | 5 | 12 | 157.34 |
| 李清地锰矿预测工作区 | 1 | 14 | 21 | 36 | 396.14 |
| 西里庙锰矿预测工作区 | 3 | 4 | 16 | 23 | 44.00 |
| 东加干锰矿预测工作区 | 3 | 2 | 4 | 9 | 95.53 |
| 乔二沟锰矿预测工作区 | 3 | 8 | 18 | 29 | 183.02 |
| 总计 | 13 | 32 | 64 | 109 | 876.03 |

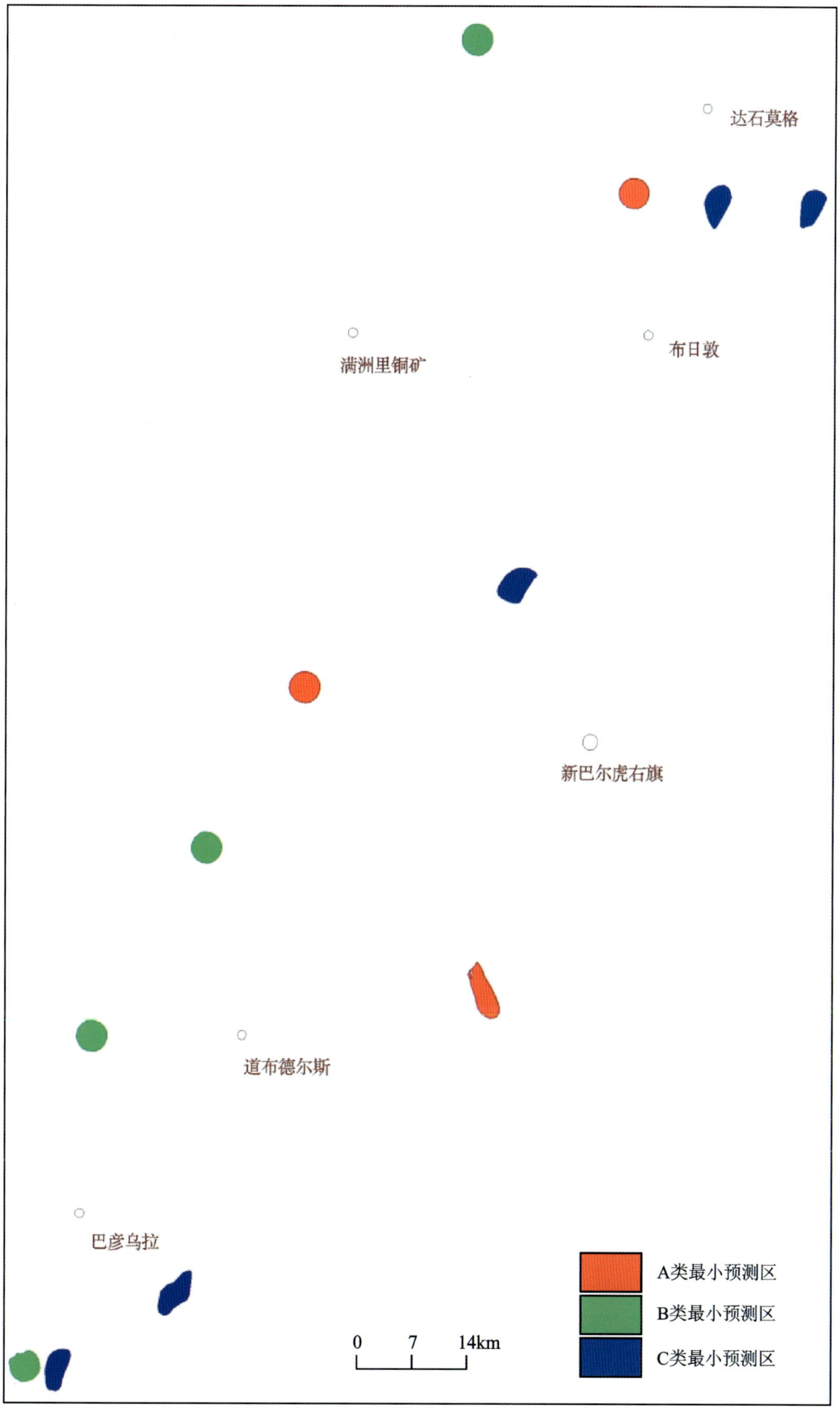


图 7-26 额仁陶勒盖式陆相火山岩型最小预测区分布图

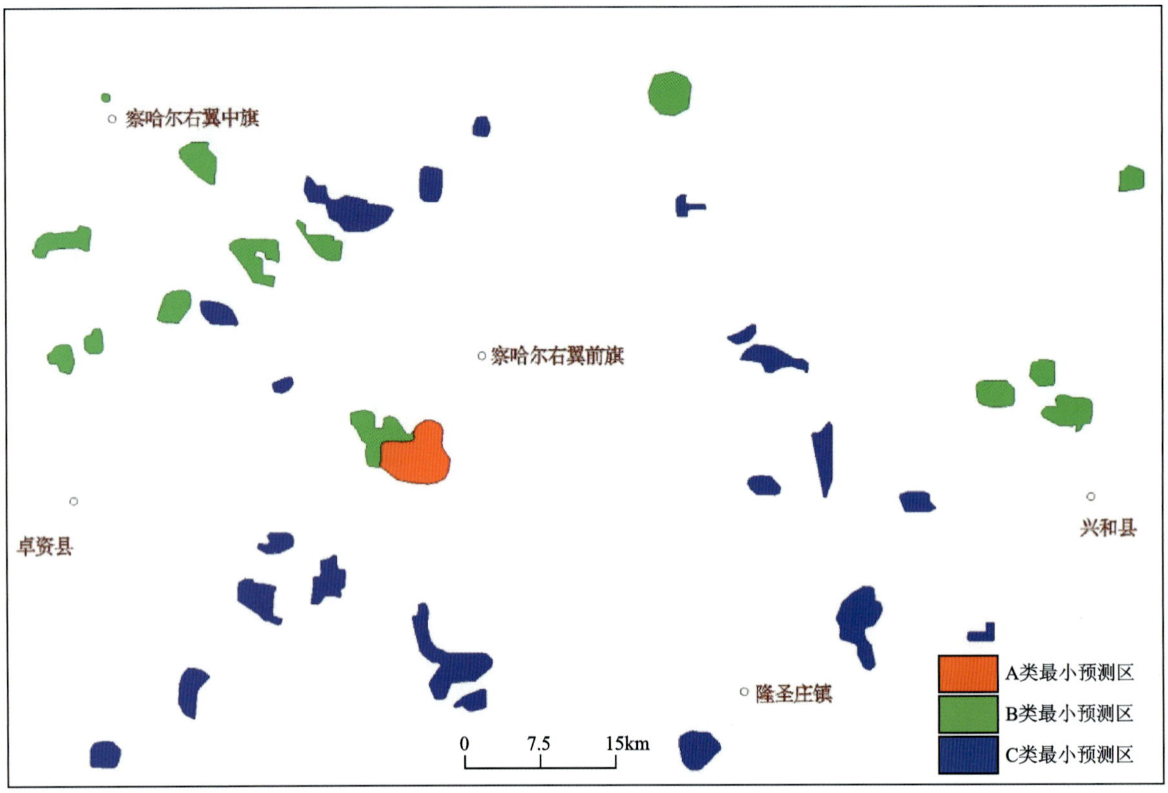


图 7-27　李清地式风化壳型最小预测区分布图

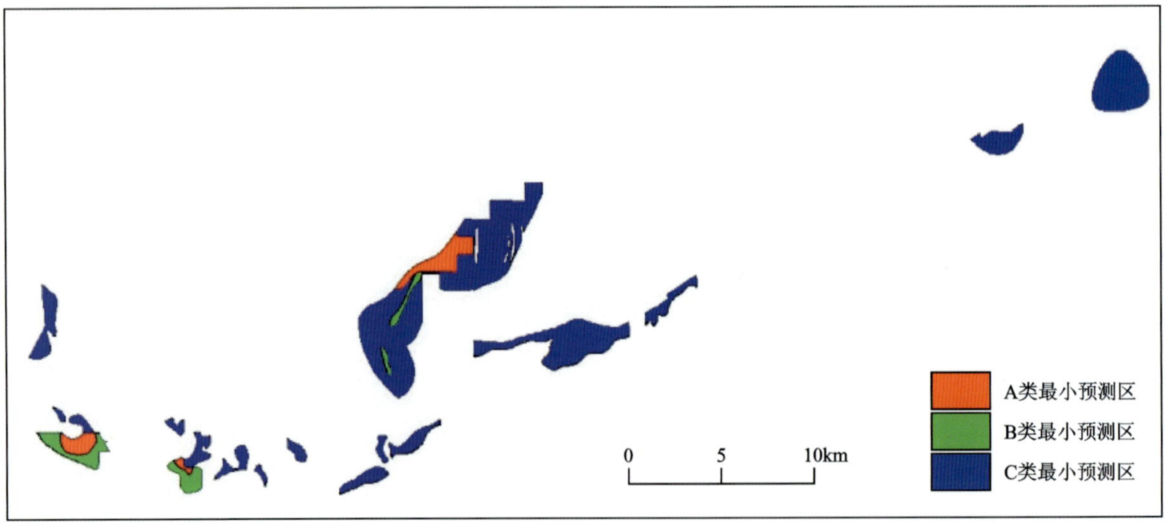


图 7-28　西里庙式海相火山岩型最小预测区分布图

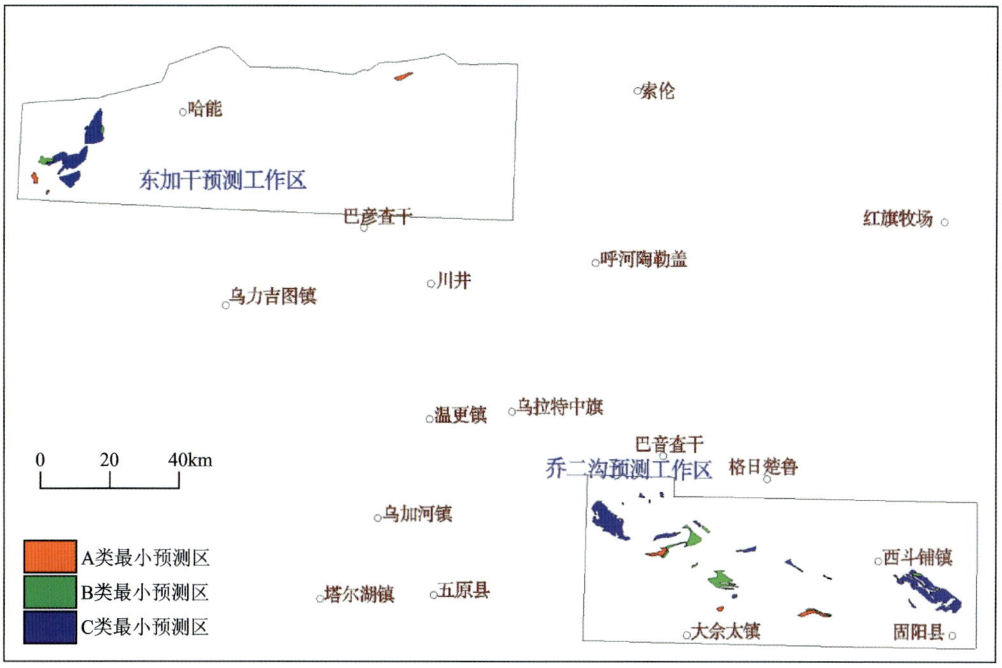


图 7-29 乔二沟式、东加干式(火山)-沉积变质型最小预测区分布图

## 四、资源量定量预测

### 1. 典型矿床深度及外围资源量估算

运用地质体积法对内蒙古锰矿进行定量预测，首先确定典型矿床体积含矿率，对典型矿床深部及外围进行资源量估算(表 7-30)。

表 7-30 锰矿典型矿床预测成果一览

| 预测类型 | 序号 | 典型矿床 | 经度 | 纬度 | 深部或外围名称 | 面积(m²) | 延深(m) | 体积含矿率(t/m³) | 预测资源量(t) | 预测资源总量(t) |
|---|---|---|---|---|---|---|---|---|---|---|
| 复合内生型 | 1 | 额仁陶勒盖 | 116°34′06″ | 48°23′09″ | 深部 | 1 564 995.50 | 50 | 0.000 082 79 | 6 478.30 | 42 734.37 |
| | | | | | 外围 | 876 908.70 | 499.4 | | 36 256.08 | |
| | 2 | 李清地 | 113°00′40″ | 40°56′38″ | 深部 | 182 461.68 | 0 | 0.007 797 | 0 | 483 702.26 |
| | | | | | 外围 | 150 891.75 | 340 | | 483 702.26 | |
| 变质型 | 1 | 东加干 | 108°04′40″ | 42°23′38″ | 深部 | 17 398.56 | 50 | 0.013 983 | 12 164.49 | 16 431.12 |
| | | | | | 外围 | 1 872.26 | 162.97 | | 4 266.631 | |
| | 2 | 乔二沟 | 109°36′15″ | 41°04′19″ | 外围 | 161 730 | 35 | 0.63 | 3 566 144 | 3 566 144 |
| 火山岩型 | 1 | 西里庙 | 110°53′03″ | 43°02′24″ | 深部 | 12 708.70 | 115.74 | 0.058 68 | 86 314.27 | 86 314.27 |

### 2. 模型区及预测区参数确定

模型区即包含典型矿床的最小预测区。

确定模型区,参考模型区地质体面积及延深、其他最小预测区与模型区相似性,根据模型区的含矿系数算出各最小预测区预测资源量。

最小预测区面积是根据圈定的最小预测区面积换算而来,延深是根据已知钻孔控制深度、地质体推测深度估算,相似系数为各最小预测区地质、物探、化探、遥感条件与模型区的相似程度类比数(表 7-31)。

**表 7-31　锰矿模型区及预测区参数一览表**

| 预测工作区编号 | 预测工作区 | 模型区编号 | 模型区名称 | 经度 | 纬度 | 含矿地质体总体积($m^3$) | 含矿地质体含矿系数 | 模型区预测资源总量(t) | 最小预测区面积范围($km^2$) | 最小预测区预测深度范围(m) | 相似系数 |
|---|---|---|---|---|---|---|---|---|---|---|---|
| 复合内生型锰矿 | | | | | | | | | | | |
| 1502601001 | 新巴尔虎右旗锰矿预测工作区 | A1502601001 | 额仁陶勒盖锰矿 | 116°35′53″ | 48°23′15″ | 15 707 450.37 | 0.000 082 79 | 100 964.37 | 11.64～15.71 | 40～499.4 | 0.1～1 |
| 1502602001 | 李清地锰矿预测工作区 | A1502602001 | 李清地锰矿 | 113°00′40″ | 40°56′38″ | 35 919 259.64 | 0.000 072 36 | 883 702.26 | 0.73～35.92 | 90～120 | 0.15～1 |
| 变质型锰矿 | | | | | | | | | | | |
| 1502301001 | 东加干锰矿预测工作区 | A1502301001 | 东加干锰矿 | 108°04′40″ | 42°23′38″ | 646 844 919.62 | 0.000 067 89 | 16 431.12 | 0.52～33.11 | 50～162.97 | ～ |
| 1513201 | 乔二沟锰矿预测工作区 | A1513201003 | 乔二沟锰矿 | 109°36′15″ | 41°04′19″ | 103 8470 688 | 0.63 | 15 480 144 | 0.59～50.94 | 150～500 | ～ |
| 火山岩型锰矿 | | | | | | | | | | | |
| 1502401001 | 西里庙锰矿预测工作区 | A1502401001 | 西里庙锰矿 | 110°53′03″ | 43°02′24″ | 647 089 449.2 | 0.058 68 | 86 314.27 | 0.16～17.12 | 50～115.74 | ～ |

### 3. 预测区资源量估算及其结果

锰矿预测资源量为 3 977.585 万 t,5 个预测工作区内已查明资源量为 1 307.876 万 t。复合内生型锰矿预测资源量 250.963 万 t,变质型锰矿预测资源量 3 657.099 万 t,火山岩型矿预测资源量 69.523 万 t(表 7-32)。

表 7-32 锰矿预测区预测成果一览表

| 预测工作区编号 | 预测工作区 | 模型区编号 | 预测工作区预测资源总量(t) |
|---|---|---|---|
| 复合内生型锰矿 | | | |
| 1502601001 | 新巴尔虎右旗锰矿预测工作区 | A1502601001 | 1 234.35 |
| 1502602001 | 李清地锰矿预测工作区 | A1502602001 | 1 275.28 |
| 总计 | | | 2 509.63 |
| 变质型锰矿 | | | |
| 1502301001 | 东加干锰矿预测工作区 | A1502301001 | 72.54 |
| 1513201 | 乔二沟锰矿预测工作区 | A1513201003 | 36 498.45 |
| 总计 | | | 36 570.99 |
| 火山岩型锰矿 | | | |
| 1502401001 | 西里庙锰矿预测工作区 | A1502401001 | 695.23 |
| 总计 | | | 695.23 |
| 原生锰矿预测资源量总计(t) | | | 39 775.85 |

# 第三节 铬铁矿资源潜力评价

## 一、铬铁矿预测模型

根据矿产预测类型划分，内蒙古自治区铬铁矿的矿产预测类型为蛇绿岩型(地幔岩局熔改造亚型)，包含呼和哈达式、柯单山式、赫格敖拉式及索伦山式矿床。

在典型矿床成矿要素研究的基础上，综合研究重力、航磁、化探、遥感、自然重砂等预测要素，基于预测要素的研究结果，构建典型矿床的预测模型图。典型矿床预测模型图，以剖面图形式或平面投影形式表示预测要素内容及其相关关系与空间变化特征。在区域成矿模式的基础上，叠加区域地球物理、地球化学、遥感、自然重砂等找矿模型资料，形成区域预测模型图，以剖面图形式表示预测要素内容及其相互关系，以及时空展布特征。

蛇绿岩型(地幔岩局熔改造亚型)铬铁矿主要分布于内蒙古中部、东部地区，包括呼和哈达式、柯单山式、赫格敖拉式及索伦山式等预测亚类。所属大地构造单元及成矿区(带)见表 7-33。

以赫格敖拉典型矿床为例，总结预测要素并建立预测模型(表 7-34)。

由于赫格敖拉矿区无大比例尺的物化遥资料，故利用典型矿床所在区域物探、化探资料，编制典型矿床所在区域地质-物探模型图、地质-化探模型图，区域预测模型图以剖面图形式表示(图 7-30、图 7-31)。

赫格敖拉式蛇绿岩型铬铁矿在北东走向的布格重力高值带上，处于异常西部边缘，$\Delta g$ 为$(-100\sim-84)\times10^{-5}\,m/s^2$；在剩余重力异常图上，铬铁矿处于剩余重力正异常区，编号 G 蒙-343-1；航磁图上，该区域分布有走向北东的较大范围磁异常；地表则局部出露纯橄榄岩、斜辉橄榄岩等岩体。综合上述因素分析，推断该区域为一规模较大的超基性岩体，表明赫格敖拉铬铁矿与超基性岩体关系密切。赫格敖拉式蛇绿岩型铬铁矿外围分布有多个等值线密集带，应为超基性岩体侵入边界及断裂构造的反映。矿床东南部及西北部的剩余重力负异常区，地表大面积被第四系覆盖，推断为新生代盆地所致。

**表 7-33　内蒙古自治区铬铁矿所属大地构造分区及成矿区带一览表**

| 典型矿床 | 地理位置 | 所属大地构造分区 | 所属成矿区(带) |
|---|---|---|---|
| 呼和哈达式铬铁矿 | 乌兰浩特市 | Ⅰ天山-兴蒙造山系,Ⅰ-1 大兴安岭弧盆系,Ⅰ-1-5 二连-贺根山蛇绿混杂岩带($Pz_2$) | Ⅲ-8 林西-孙吴铅、锌、铜、钼、金成矿带(Vl、Il、Ym)(Ⅲ-50) |
| 柯单山式铬铁矿 | 克什克腾旗 | Ⅰ天山-兴蒙造山系,Ⅰ-1 大兴安岭弧盆系与Ⅰ-1-7 索伦山-西拉木伦结合带 | |
| 赫格敖拉式铬铁矿 | 锡林浩特市 | Ⅰ天山-兴蒙造山系,Ⅰ-1 大兴安岭弧盆系,Ⅰ-1-5 二连-贺根山蛇绿混杂岩带($Pz_2$) | Ⅲ-6 东乌珠穆沁旗-嫩江(中强挤压区)铜、钼、铅、锌、金、钨、锡、铬成矿带($Pt_3$、Vm-l、Ye-m)(Ⅲ-48) |
| 索伦山式铬铁矿 | 巴彦淖尔市 | 天山-兴蒙造山系一级构造分区 | Ⅲ-7 阿巴嘎-霍林河铬、铜、(金)、锗、煤、天然碱、芒硝成矿带(Ym)(Ⅲ-49) |

**表 7-34　赫格敖拉式蛇绿岩型铬铁矿典型矿床预测要素表**

| 预测要素 | | 描述内容 | | | | 要素分类 |
|---|---|---|---|---|---|---|
| | | 储量 | 铬铁矿 145.4 万 t | 平均品位 | $Cr_2O_3$ 22.94% | |
| | | 特征描述 | 分异式的晚期岩浆矿床 | | | |
| 地质环境 | 构造背景 | Ⅰ天山-兴蒙造山系,Ⅰ-1 大兴安岭弧盆系,Ⅰ-1-5 二连-贺根山蛇绿混杂岩带($Pz_2$) | | | | 必要 |
| | 成矿环境 | Ⅰ-4 滨太平洋成矿域(叠加在古亚洲成矿域之上),Ⅱ-12 大兴安岭成矿省,Ⅲ-6 东乌珠穆沁旗-嫩江(中强挤压区)铜、钼、铅、锌、金、钨、锡、铬成矿带($Pt_3$、Vm-l、Ye-m)(Ⅲ-48),Ⅲ-6-②朝不楞-博克图钨、铁、锌、铅成矿亚带(V、Y) | | | | 必要 |
| | 成矿时代 | 泥盆纪 | | | | 必要 |
| 矿床特征 | 矿体形态 | 透镜状、扁豆状及不规则豆荚状(似脉状),长 10～845m,宽 5～260m,平均厚度 2.39m。矿体严格受纯橄榄岩控制,界线清楚 | | | | 重要 |
| | 岩石类型 | 半自形细粒—中粒浸染状矿石;半自形—自形块状矿石 | | | | 必要 |
| | 结构构造 | 半自形细粒—中粒结构;块状构造 | | | | 次要 |
| | 矿物组成 | 金属矿物以铬尖晶石为主、以磁铁矿次之,并含少量黄铁矿、黄铜矿和赤铁矿。非金属矿物以叶蛇纹石为主,绿泥石次之,方解石、橄榄石、高岭石含量极少 | | | | 次要 |
| | 矿石结构构造 | 结构:半自形细粒—中粒结构、链状网环结构(少量自形铬尖晶石呈环状围绕橄榄石颗粒)、半自形—自形粗粒结构、交代结构、压碎结构;<br>构造:豆状构造、浸染状构造、条带状构造 | | | | 次要 |
| | 蚀变特征 | 蛇纹石化、钠黝帘石化、次闪石化、绢云母化、碳酸盐化 | | | | 重要 |
| | 控矿条件 | 纯橄榄岩控矿 | | | | 必要 |

续表 7-34

| 预测要素 | | 描述内容 | 要素分类 |
|---|---|---|---|
| 物化探特征 | 重力 | 赫格敖拉式侵入岩体型铬铁矿位于面状布格重力异常边缘，$\Delta g$ 为（$-100\sim-84$）$\times10^{-5}m/s^2$，对应剩余重力异常图上该处表现为异常正值区，剩余编号 G 蒙-343-1，推断该区域为超基性岩体。矿床东南部剩余重力负异常，在地质图上被第四系覆盖，说明是由新生代盆地所致。另外，赫格敖拉式岩浆型铬铁矿周边分布有多个等值线密集带，应为断裂的反映 | 重要 |
| | 磁法 | 在 3756 区进行了 1∶1 万及 1∶2000 的磁法测量，在 1∶2000 的磁法图上，3756 矿带部分表现为较低的磁力异常，但与附近类似的不成矿的较低异常没有多大差别 | 次要 |
| | 化探 | 赫格敖拉式侵入岩体型铬铁矿矿区周围存在 Cr、$Fe_2O_3$、Co、Ni、Mn、V 等元素（或氧化物）组成的高背景区，Cr、$Fe_2O_3$ 为主成矿元素（或氧化物），Cr、Co、Ni 为内带组合异常，具有明显的浓集中心，异常强度高，出现峰值为 10 670.30$\times10^{-6}$，套合较好；$Fe_2O_3$、Mn 为外带组合异常，具有明显的浓集中心，异常强度较高 | 重要 |
| 遥感解译特征 | | 遥感解译推断断裂对赫格敖拉铬铁矿成矿影响意义不大 | 次要 |

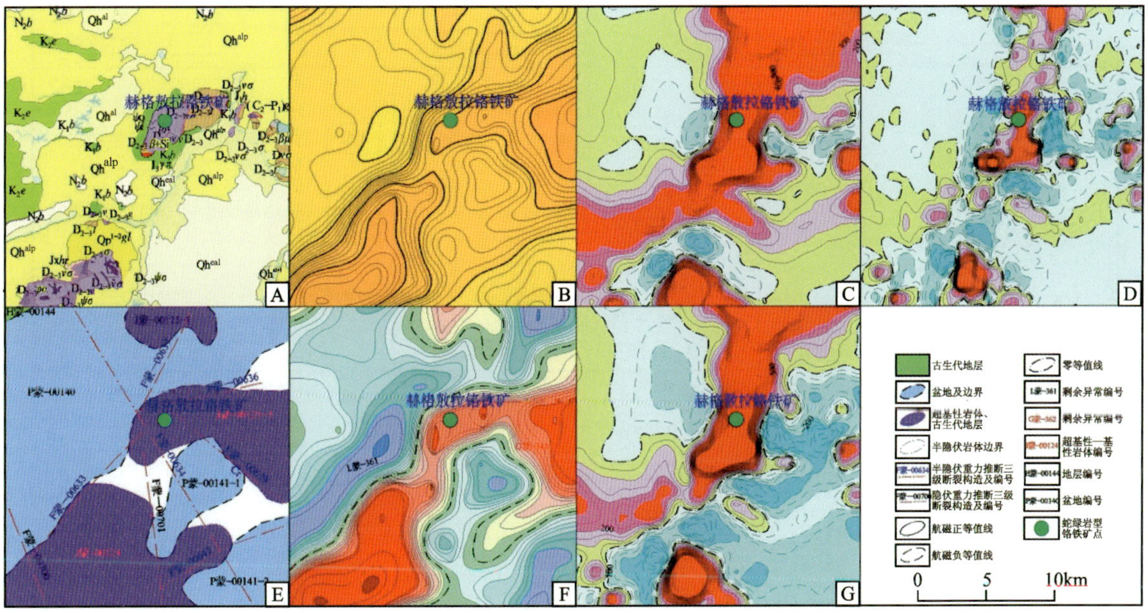


图 7-30　赫格敖拉典型矿床所在区域地质-物探模型图

A. 地质矿产图；B. 布格重力异常图；C. 航磁 $\Delta T$ 等值线平面图；D. 航磁 $\Delta T$ 化极垂向一阶导数等值线平面图；E. 重力推断地质构造图；F. 剩余重力异常图；G. 航磁 $\Delta T$ 化极等值线平面图

如图 7-31 所示，赫格敖拉式蛇绿岩型铬铁矿矿区周围存在 Cr、Co、Ni、MgO、Cu、U、CaO、$Fe_2O_3$、V、Th 等元素（或氧化物）异常。Cr、Co、Ni、Mn、$Fe_2O_3$、MgO 异常范围较大且强度较高，为三级浓度分带，具有明显的浓集中心，异常主要受超基性岩体控制，呈北东向展布。Cr、Co、Ni、MgO 浓集中心与矿点位置吻合较好，$Fe_2O_3$、Mn 异常多分布在矿区外围。Cu、U、CaO、Au、V、Ti 等元素（或氧化物）作为主要的共伴生元素（或氧化物），异常强度中等，多为二级浓度分带，Cu 元素异常范围较大，呈北东向展布，U、CaO、Au、V、Ti 等元素（或氧化物）异常在矿区周围呈星散状分布。

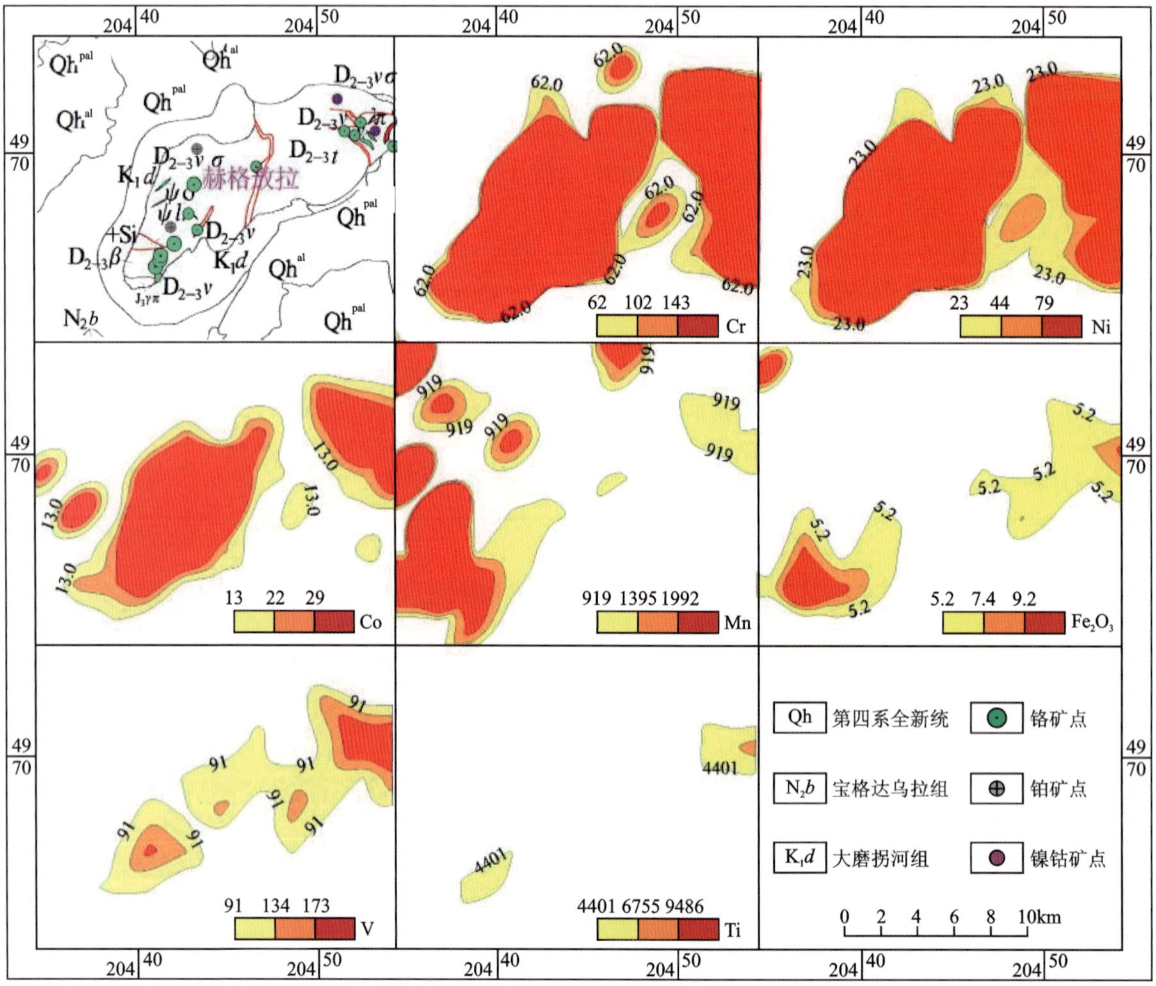


图 7-31　赫格敖拉典型矿床地质-化探模型图

区域上超基性岩体出露地区 Cr 等单元素化探异常明显，均有较高的浓度高值点出现，磁场为明显正磁异常，异常极值点较高，重力场为相对平缓的正异常，总之在含矿地质体分布区地质、物探、化探条件套合较好（图 7-32）。

## 二、预测方法类型确定及区域预测要素

根据大地构造背景、主要控矿因素、成矿作用特征等，内蒙古自治区铬铁矿矿床成因类型均为岩浆矿床中的蛇绿岩型，晚二叠世超基性岩直接控制了矿床的分布，为成矿必要因素之一，因此，预测方法类型确定采用侵入岩体型。该预测方法类型采用侵入岩浆构造图为预测底图，对与预测无关的地质体进行了淡化，突出表达预测研究主体、目的层，侵入岩建造的分布，岩性组合特征等，在各专题研究的基础

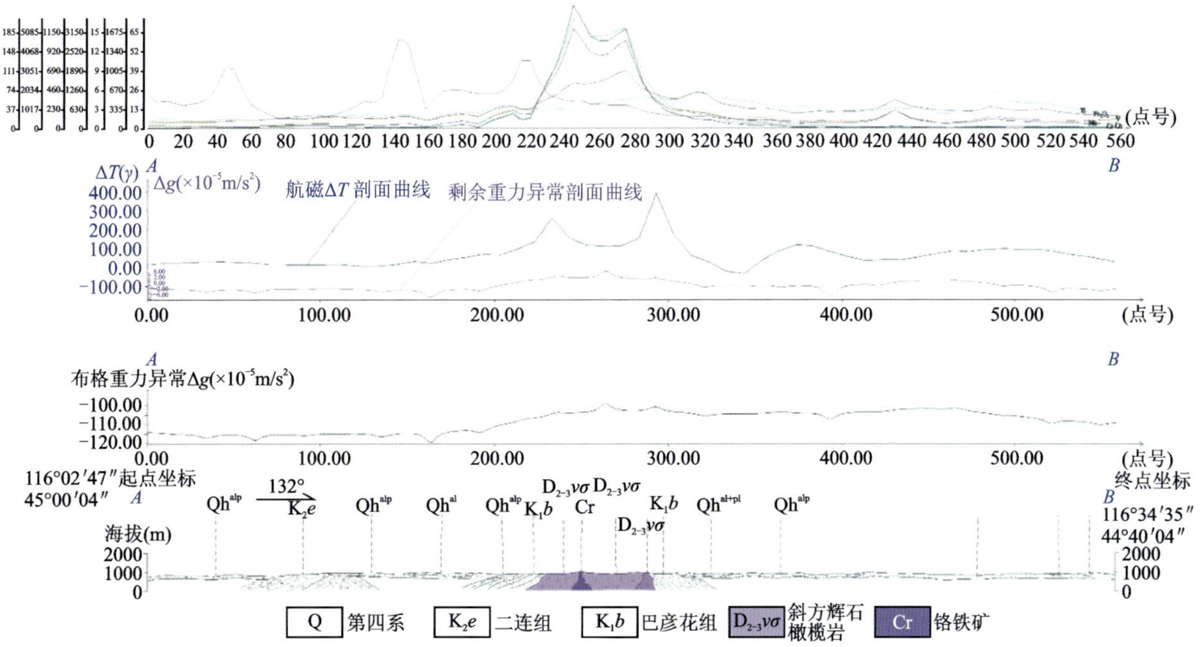


图 7-32 赫格敖拉式铬铁矿区域预测模型图

上,提取了重力、磁法、化探、遥感、自然重砂等异常,及推测的断裂、隐伏矿体等,总结区域预测要素。

侵入岩体型铬铁矿的矿产预测类型为蛇绿岩型(地幔岩局熔改造亚型),主要矿床式为呼和哈达式、柯单山式、赫格敖拉式和索伦山式;其预测工作区的预测要素见表 7-35。

## 三、最小预测区圈定

根据对典型矿床成矿规律、预测要素及预测工作区区域地质、物探、化探、遥感、自然重砂等背景条件的研究,确定预测工作区预测要素,提取预测变量,运用矿产资源评价系统(MRAS)对预测工作区进行定位预测。

### 1. 变量构置

根据各预测工作区不同成矿条件,进行预测变量构置(表 7-36)。

### 2. 最小预测区圈定方法及优选结果

预测单元的划分是开展预测工作的重要环节。铬铁矿定位预测单元划分方法采用了网格单元法和地质体单元法。

(1)网格单元法:不同预测工作区根据实际情况划分不同间距的预测单元网格。呼和哈达、赫格敖拉二连浩特北、赫格敖拉浩雅尔洪克尔、赫格敖拉哈登胡硕铬铁矿根据预测底图比例尺确定预测工作区单元网格间距为 1km×1km,索伦山预测工作区地质条件单一,单元信息量少,采用 1.5km×1.5km 网格单元。

(2)地质体单元法:柯单山预测工作区地质条件变化多样,地质体出露零星,选择地质体单元法作为预测单元。完成预测单元划分后对预测变量进行原始变量构置,生成原始数据专题,完成网格单元赋值。对区内已知矿床(点)按矿化规模将模型单元进行矿化级别的设置,选择具有代表性的单元作为模型单元,然后对前期所选择的预测变量进行筛选,获得真正对矿化起到作用的变量,完成变量优选步骤。

**表 7-35　侵入岩体型铬铁矿预测工作区预测要素一览表**

| 预测工作区 | 大地构造位置 | 成矿区(带) | 成矿类型 | 成矿期 | 赋矿地质体 | 控矿侵入岩 | 主要控矿构造 | 重力特征 | 航磁特征 | 地球化学特征 | 遥感特征 |
|---|---|---|---|---|---|---|---|---|---|---|---|
| 柯单山 | Ⅰ天山-兴蒙造山系,Ⅰ-1 大兴安岭弧盆系与Ⅰ-7 索伦山-西拉木伦结合带 | Ⅲ-8 林西-孙吴铅、锌、铜、钼、金成矿带(Vl、Il、Ym)(Ⅲ-50) | 侵入岩体型 | 中奥陶世 | 纯橄榄岩体 | 超基性岩体 | 北东向断裂 | 区域重力场最高值 $\Delta g_{max}=-113.19\times10^{-5}\ m/s^2$,最低值 $\Delta g_{min}=-136.40\times10^{-5}m/s^2$ | 磁异常值较高 | Cr、Co、Ni 异常多呈北北东向带状分布,具有明显的浓度分带和浓集中心,浓集中心范围较大,异常强度高,Cr、Co、Ni 异常套合较好 | 遥感解译线形构造、环形构造发育 |
| 索伦山 | | Ⅲ-7 阿巴嘎-霍林河铬、铜(金)、锗、煤、天然碱、芒硝成矿带(Ym)(Ⅲ-49) | | 海西期 | | | 超基性岩体受褶皱构造控制 | 剩余重力起始值多在(−150～20)×$10^{-5}m/s^2$ 之间。 | 航磁 $\Delta T$ 化极异常强度起始值多数在 0～600nT 之间。 | 化探异常值在(62～143)×$10^{-6}$之间 | 无 |
| 呼和哈达 | Ⅰ天山-兴蒙造山系,Ⅰ-1 大兴安岭弧盆系,Ⅰ-1-5 二连-贺根山蛇绿混杂岩带($Pz_2$) | Ⅲ-8 林西-孙吴铅、锌、铜、钼、金成矿带(Vl、Il、Ym)(Ⅲ-50) | 蛇绿岩型 | 海西期 | | | 区内断层对成矿影响不大 | 区域重力场最低值 $\Delta g_{min}=63.61\times10^{-5}$ $m/s^2$,最高值 $\Delta g_{max}=-3.15\times10^{-5}m/s^2$。 | 航磁化极异常值取−350～450nT | Cr 单元素异常分布与超基性岩及物探异常较为吻合,取其三级分布带 | 遥感解译对该区矿床预测影响不大 |
| 赫格敖拉二连浩特 | | Ⅲ-6 东乌珠穆沁旗-嫩江(中强挤压区)铜、钼、铅、锌、金、钨、锡、铬成矿带($Pt_3$、Vm-l、Ye-m)(Ⅲ-48) | | 泥盆纪 | | | 北北东向的复式褶皱 | 剩余重力异常值取(5～9)×$10^{-5}m/s^2$ | 航磁化极异常值取 200～350nT | | |
| 赫格敖拉浩雅尔洪克尔 | | | | | | | 区内断层对成矿影响不大 | 剩余重力异常值选取为(4～8)×$10^{-5}m/s^2$ | 航磁化极异常值选取为 1000～1400nT | | |
| 赫格敖拉哈登胡硕 | | | 侵入岩体型 | 海西早期 | | | 北东向和北东东向断裂 | 剩余重力特征多显示为正异常区的浓集中心附近 | 航磁化极特征多显示为正异常区的浓集中心附近 | Cr 元素异常值为正值,且异常峰值较高,异常面积较大,套合较好 | 遥感解译的北东向及北东东向断裂构造 |

**表 7-36　蛇绿岩型(地幔岩局熔改造亚型)铬铁矿预测工作区变量构置一览表**

| 预测工作区 | 预测变量 | 变量处理 |
|---|---|---|
| 呼和哈达 | 地质体:提取二叠纪至侏罗纪的超基性侵入岩,求其存在标志 | 求取存在标志 |
| | 重力:预测区北部、西北部已知矿床或矿点处于剩余重力场零值区附近,异常值在$(-2\sim-1)\times10^{-5}m/s^2$之间,南部已知乌兰吐岩浆型铬铁矿位于重力梯级带上剩余重力高背景区,异常值在$(6\sim7)\times10^{-5}m/s^2$之间 | 求取存在标志 |
| | 航磁异常:航磁化极异常值取$-350\sim400nT$ | 二值化处理 |
| | 重力推断隐伏超基性岩体 | 二值化处理 |
| | 化探:选用 Cr 单元素地球化学异常图作为本次预测资料,选择异常值范围:$(17\sim168)\times10^{-6}$ | 二值化处理 |
| | 已知矿点:有 4 个同类型矿点,均对它们进行缓冲区处理,缓冲值为 1km | 求取存在标志 |
| 柯单山 | 地质体:提取中奥陶世橄榄岩,并进行揭盖 | 求取存在标志 |
| | 断层:提取与成矿有关的北东向断层及航磁推断断层,并作 500m(图面 2mm)缓冲区 | 求取存在标志 |
| | 重力:提取剩余重力异常,且为重力正异常,最高值是$9.66\times10^{-5}m/s^2$ | 二值化处理 |
| | 根据布格重力资料推断隐伏基性岩体:区内仅有一个推断隐伏基性岩体。提取该区文件 | 求取存在标志 |
| | 化探:提取 Cr 单元素异常,提取整个区文件 | 求取存在标志 |
| | 已知矿床:区内仅有柯单山铬铁矿床(中型),并对其进行缓冲区处理 | 求取存在标志 |
| 赫格敖拉二连浩特北 | 地质体:提取泥盆纪超基性侵入岩(橄榄岩等),求其存在标志 | 求取存在标志 |
| | 航磁:区内各矿点均位于低缓负磁异常区,异常区异常强,异常值 200～350nT 之间 | 二值化处理 |
| | 重力:预测区重力场整体呈现北高南低。北部有一横贯预测区的近东西走向重力高,区域最高值$\Delta g_{max}=-115.49\times10^{-5}m/s^2$;南部重力场表现为相对重力低 | 二值化处理 |
| | 化探:选用 Cu 单元素异常图作为本次预测资料,提取三级浓度分带,异常值在$(62\sim1032)\times10^{-6}$ | 求取存在标志 |
| | 已知矿点:有 2 个同类型矿点,均对它们进行缓冲区处理,缓冲值为 1km | 求取存在标志 |
| 赫格敖拉浩雅尔洪克尔 | 地质体:提取泥盆纪超基性侵入岩,如纯橄榄岩、蛇纹石化橄榄岩、单斜辉石橄榄岩、斜方辉石橄榄岩、蛇纹岩等,求其存在标志 | 求取存在标志 |
| | 航磁异常:区内多数铬铁矿点及典型矿床处于高磁异常区,异常区异常强,异常值 1000～1400nT 之间 | 二值化处理 |
| | 重力:区域重力场最低$\Delta g_{min}=-136.06\times10^{-5}m/s^2$,最高值$\Delta g_{max}=-79.55\times10^{-5}m/s^2$ | 二值化处理 |
| | 化探:选用 Cr 单元素异常图作为本次预测资料,提取三级浓度分带,异常值在$(62.0\sim168)\times10^{-6}$ | 求取存在标志 |
| | 已知矿点:有 11 个同类型矿(床)点,均对它们进行缓冲区处理,缓冲值为 1km | 求取存在标志 |
| | 地质体:提取泥盆纪超基性侵入岩,如辉长岩、辉石橄榄岩、纯橄榄岩等,求其存在标志 | 求取存在标志 |

续表 7-36

| 预测工作区 | 预测变量 | 变量处理 |
| --- | --- | --- |
| 赫格敖拉浩雅尔洪克尔 | 航磁:区内各矿点均位于正异常区的浓集中心附近,异常区异常强,已知矿床(点)所在异常值在 500nT 以上 | 二值化处理 |
| | 重力:北部有一横贯全区的近东西走向剩余重力正异常,最高值是 $-12.92\times10^{-5}$ $m/s^2$。南部剩余重力负异常最低值是 $-14.18\times10^{-5}m/s^2$。已知矿床(点)位于重力高值区,剩余重力异常值范围在 $(8-18)\times10^{-5}m/s^2$ | 二值化处理 |
| | 化探:本区选用 Cr 单元素地化图、Cr 单元素异常图作为本次预测资料,优选异常值为正值,且异常峰值较高,异常面积较大,套合较好的地段 | 二值化处理 |
| | 已知矿点:有 2 个同类型矿点,均对它们进行缓冲区处理,缓冲值为 1km | 求取存在标志 |
| 索伦山 | 地质体:提取地质体块作为预测单元,其中包括一部分揭盖岩体,它们在储量计算中降一级别。预测单元面积最大者为 $71.14km^2$,最小者为 $0.49km^2$ | 求取存在标志 |
| | 重力:异常极值 $\Delta g$ 为 $-139.43\times10^{-5}m/s^2$、$-141.14\times10^{-5}m/s^2$ | 二值化处理 |
| | 断层:提取与成矿有关的北东向、北北东向及北西向断裂并作 1000m(图面 10mm)缓冲区 | 求取存在标志 |
| | 航磁推断断层:提取走向近北东向、北北东向的断裂,并作 1000m(图面 10mm)缓冲区 | 二值化处理 |
| | 已知矿床、矿点:有 12 个,进行投影变换,并作 1000m(图面 10mm)缓冲区,添加到图中 | 求取存在标志 |
| | 遥感:提取异常区即遥感最小预测区 | 求取存在标志 |

证据权重法中,首先构造预测模型,生成定位预测专题图层,然后选择各预测要素的证据因子、计算证据权重,进行证据因子的条件独立性检验,计算后验概率并生成色块图,色块图级别是根据后验概率值的大小确定的。

后验概率色块图的不同级别是以网格单元为边界的规则边界,因此需要在色块图的基础上叠加所有成矿要素及预测要素,采用人工与 MRAS 软件交互的方式,根据形成的定位预测色块图对照不同级别的各要素边界,依据后验概率的大小,与模型区预测要素的匹配程度,圈定最小预测区,划分 A、B、C 类最小预测区级别(表 7-37)。

**表 7-37 铬铁矿最小预测工作区分级原则一览表**

| 预测工作区 | A、B、C 类分级原则 |
| --- | --- |
| 呼和哈达 | A 类:地质体+揭盖+矿点缓冲区+化探异常。B 类:揭盖+矿点缓冲区+化探异常+重力(航磁)异常。C 类:重力推断地质体+化探异常+重力(航磁)异常 |
| 柯单山 | A 类:出露岩浆岩为中奥陶世橄榄岩。断裂主要以北东向和近东西向为主。区内有柯单山铬铁矿 1 处,形成于中奥陶世橄榄岩。该区内有明显的重力异常及重力异常推断的隐伏基性岩体,在柯单山铬铁矿南、北两侧均有铬化探异常。成矿地质、物探、化探条件有利,找矿潜力巨大。B 类:地表出露岩浆岩为中奥陶世橄榄岩。断裂主要以北东向和近东西向为主。该区内重力异常不明显,但有重力异常推断的隐伏基性岩体。多数预测区地质、物探、化探、遥感条件有利,具有较好的找矿潜力。C 类:出露岩浆岩为中奥陶世橄榄岩。断裂主要以北东向为主。该区内重力异常不明显,有重力异常推断的隐伏基性岩体。具有一定的找矿潜力 |
| 赫格敖拉二连浩特北 | A 类:地质体+揭盖+矿点缓冲区+化探异常。B 类:揭盖+矿点缓冲区+重力(航磁)异常。C 类:化探异常+重力(航磁)异常 |

续表 7-37

| 预测工作区 | A、B、C 类分级原则 |
|---|---|
| 赫格敖拉浩雅尔洪克尔 | A 类：地质体＋揭盖＋矿点缓冲区＋化探异常＋重力（航磁）异常。B 类：揭盖＋矿点缓冲区＋重力（航磁）异常。C 类：化探异常＋重力（航磁）异常 |
| 赫格敖拉哈登胡硕 | A 类：地质体＋揭盖＋矿点缓冲区＋化探异常。B 类：揭盖＋化探（重力、航磁）异常。C 类：化探异常＋重力（航磁）异常 |
| 索伦山 | A 类：有出露含矿地质体＋物探异常＋已知矿床＋断层缓冲区或有出露地质体＋北东向断层缓冲区。B 类：有出露含矿地质体＋物探异常或有出露含矿地质体＋断层（或超基性岩）缓冲区或推断含矿地质体。C 类：出露含矿地质体的上部层位＋物探异常 |

对圈定的面积过小、成矿潜力较差、预测意义不大的最小预测区进行排除，最终共圈定铬铁矿最小预测区 92 个（表 7-38，图 7-33、图 7-34）。

表 7-38　内蒙古自治区铬铁矿各预测工作区最小预测区圈定成果一览表

| 预测工作区 | A 类最小预测区数 | B 类最小预测区数 | C 类最小预测区数 | 最小预测区总数 | 面积（$km^2$） |
|---|---|---|---|---|---|
| 呼和哈达 | 2 | 4 | 3 | 9 | 10.34 |
| 柯单山 | 1 | 2 | 1 | 4 | 23.88 |
| 赫格敖拉二连浩特北 | 3 | 3 | 9 | 15 | 17.71 |
| 赫格敖拉浩雅尔洪克尔 | 9 | 10 | 11 | 30 | 708.97 |
| 赫格敖拉哈登胡硕 | 2 | 2 | 1 | 5 | 4.7 |
| 索伦山 | 7 | 7 | 15 | 29 | 192.73 |
| 总计 | 24 | 28 | 40 | 92 | 958.33 |

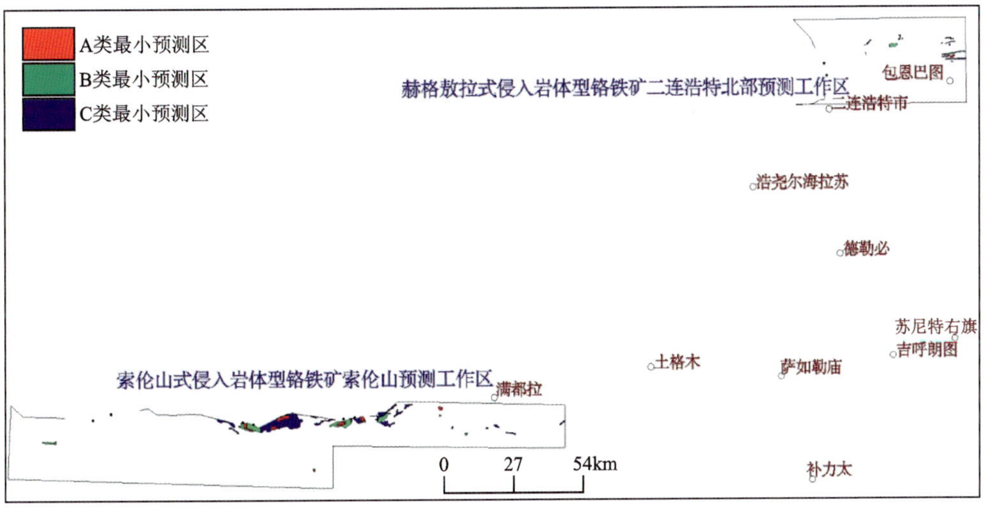


图 7-33　内蒙古中部地区蛇绿岩型铬铁矿最小预测区分布图

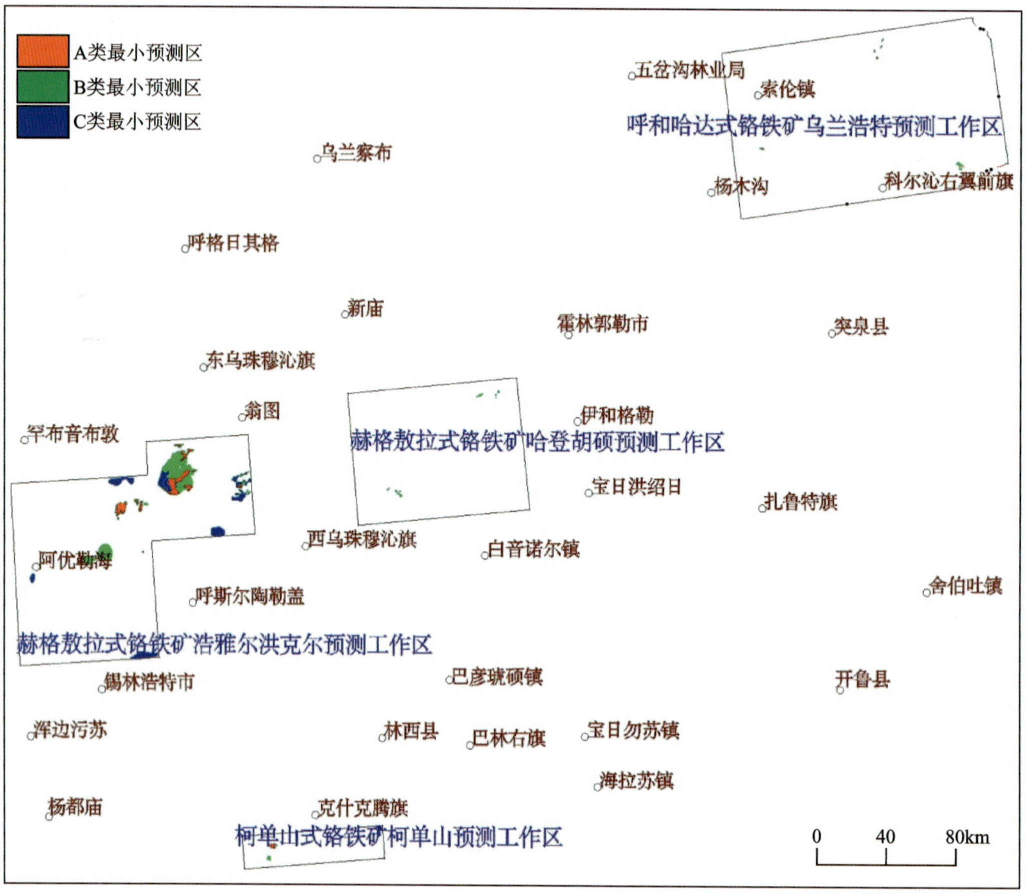


图 7-34　内蒙古东部地区蛇绿岩型铬铁矿最小预测区分布图

## 四、资源量定量预测

### 1. 典型矿床深度及外围资源量估算

运用地质体积法对内蒙古铬铁矿进行定量预测，首先确定典型矿床体积含矿率，对典型矿床深部及外围进行资源量估算(表 7-39)。

### 2. 模型区及预测区参数确定

模型区即为包含典型矿床的最小预测区。

参考模型区地质体面积、延深、预测资源量，计算含矿地质体含矿系数(表 7-40)。

### 3. 预测区资源量估算及其结果

对比最小预测区与模型区相似性，确定相似性系数，根据含矿建造出露(推测)面积、延深计算各最小预测区预测资源量(表 7-41)。

表 7-39 铬铁矿典型矿床预测成果一览表

| 预测类型 | 序号 | 典型矿床 | 经度 | 纬度 | 深部或外围名称 | 面积($m^2$) | 延深(m) | 体积含矿率($t/m^3$) | 预测资源总量(t) |
|---|---|---|---|---|---|---|---|---|---|
| 蛇绿岩型地幔岩局熔改造亚型 | 1 | 呼和哈达 | 121°11′54″ | 46°19′50″ | 深部 | 38 889 | 120 | 0.004 052 | 46.13 |
| | | | | | 外围 | 2975 | 200 | | |
| | 2 | 柯单山 | 117°12′15″ | 43°06′19″ | 深部 | 132 113.99 | 10 | 0.016 86 | 681.33 |
| | | | | | 外围 | 263 017.82 | 125 | | |
| | 3 | 赫格敖拉 | 116°17′06″ | 44°50′59″ | 深部 | 110 861 | 50 | 0.033 89 | 5 728.24 |
| | | | | | 外围 1 | 4533 | 437 | | |
| | | | | | 外围 2 | 30 281 | 437 | | |
| | 4 | 索伦山 | 108°55′31″ | 42°24′01″ | 深部 | 140 792 | 250 | 0.000 004 6 | 2 328.65 |
| | | | | | 外围 | 119 772 | 56 | | |

表 7-40 铬铁矿模型区预测资源量及其估算参数表

| 模型区编号 | 模型区名称 | 经度 | 纬度 | 含矿地质体含矿系数 | 模型区预测资源总量(t) |
|---|---|---|---|---|---|
| A1503201001 | 呼和哈达 | 121°12′40″ | 46°20′06″ | 0.000 097 26 | 33 925.86 |
| A1503202001 | 柯单山 | 117°12′15″ | 43°06′19″ | 0.000 869 | 832 804.48 |
| A1503203004 | 赫格敖拉 | 116°17′35″ | 44°50′25″ | 0.000 152 9 | 2 223 450 |
| A1503204002 | 索伦山 | 108°55′32″ | 42°23′56″ | 0.000 000 37 | 300 702 |

表 7-41 铬铁矿预测区资源量估算及其结果表

| 预测工作区编号 | 预测工作区 | 最小预测区面积范围($km^2$) | 最小预测区预测深度范围(m) | 最小预测区相似系数 | 预测工作区预测资源总量(万 t) |
|---|---|---|---|---|---|
| 1503201001 | 呼和哈达 | 0.17～4.50 | 80～200 | 3.50 | 4.613 |
| 1503202001 | 柯单山 | 8.30～10.60 | 90～300 | 1.70 | 68.133 |
| 1503203004 | 赫格敖拉 | 0.07～53.72 | 200～437 | 17.45 | 572.824 |
| 1503204001 | 索伦山 | 0.49～71.10 | 70～250 | 5.35 | 232.865 |

# 第四节 铜矿资源潜力评价

## 一、铜矿预测模型

根据矿产预测类型划分，内蒙古自治区铜矿涉及 4 种预测方法类型：侵入岩体型、复合内生型、沉积变质型、火山岩型。涉及 6 种矿产预测类型：(火山)沉积变质型、斑岩型、海相火山岩型、矽卡岩型、岩浆热液型、岩浆型(超基性—基性铜-镍硫化物)(表 7-42)。

**表 7-42　铜矿典型矿床预测类型一览表**

| 预测方法类型 | 预测类型 | 典型矿床 |
|---|---|---|
| 沉积变质型 | (火山)沉积变质型 | 霍各乞 |
| | 海相火山岩型 | 查干哈达庙、白乃庙 |
| 火山岩型 | | 小坝梁、奥尤特 |
| 复合内生型 | 矽卡岩型 | 公忽洞、罕达盖、盖沙图 |
| | 岩浆热液型 | 白马石沟、布敦花、道伦达坝、欧布拉格 |
| 侵入岩体型 | 岩浆型(超基性—基性铜-镍硫化物) | 小南山、亚干 |
| | 斑岩型 | 乌努格吐山、敖瑙达巴、车户沟、珠斯楞 |

在典型矿床成矿要素研究的基础上,综合研究重力、航磁、化探、遥感、自然重砂等预测要素,基于预测要素的研究结果,构建典型矿床的预测模型图,以剖面图形式或平面投影形式表示预测要素内容及其相关关系和空间变化特征。在区域成矿模式的基础上,叠加区域地球物理、地球化学、遥感、自然重砂等找矿模型资料,形成区域预测模型图,以剖面图形式表示预测要素内容及其相互关系,以及时空展布特征。

本节主要阐述铜矿资源潜力评价成果,共伴生铜矿资源潜力评价成果参见其主矿种相关章节。

### 1. 沉积变质型铜矿

霍各乞式矿床(点)矿产预测类型为沉积变质型,主要分布于狼山后山地区,大地构造单元属于狼山-阴山陆块,狼山-白云鄂博裂谷。成矿区(带)属滨太平洋成矿域(叠加在古亚洲成矿域之上),华北陆块成块省,华北陆块北缘西段金、铁、铌、稀土、铜、铅、锌、银、镍、铂、钨、石墨、白云母成矿带,乌拉特中旗铅、锌、金、铁、铜、铂、镍成矿亚带(Ⅲ级)。以霍各乞矿床为例,总结预测要素(表 7-43)。

**表 7-43　霍各乞铜矿典型矿床预测要素表**

<table>
<tr><td colspan="2" rowspan="3">预测要素</td><td colspan="4">描述内容</td><td rowspan="3">要素类别</td></tr>
<tr><td>储量</td><td>铜 286 273.44t</td><td>平均品位</td><td>Cu 1.39%</td></tr>
<tr><td>特征描述</td><td colspan="3">与海相沉积变质岩有关的沉积型铜矿床</td></tr>
<tr><td rowspan="3">地质环境</td><td>成矿环境</td><td colspan="4">华北陆块北缘西段金、铁、铌、稀土、铜、铅、锌、银、镍、铂、钨、石墨、白云母成矿带,乌拉特中旗铅、锌、金、铁、铜、铂、镍成矿带(Ⅲ级),霍各乞铜、铁、铅、锌矿集区</td><td>必要</td></tr>
<tr><td>成矿时代</td><td colspan="4">中—新元古代</td><td>必要</td></tr>
<tr><td>构造背景</td><td colspan="4">华北陆块北缘,狼山-渣尔泰山中元古代裂谷</td><td>必要</td></tr>
<tr><td rowspan="7">矿床特征</td><td>矿体形态</td><td colspan="4">薄层状、似层状、透镜状,矿体倾向南东</td><td>重要</td></tr>
<tr><td>岩石类型</td><td colspan="4">主要为条带状变质石英岩、石英岩</td><td>必要</td></tr>
<tr><td>岩石结构构造</td><td colspan="4">微细粒粒状变晶结构、鳞片变晶结构;纹层状构造、片状构造</td><td>次要</td></tr>
<tr><td>矿物组成</td><td colspan="4">以黄铜矿为主,磁黄铁矿、黄铁矿次之,方铅矿微量</td><td>次要</td></tr>
<tr><td>矿石结构构造</td><td colspan="4">结构:他形晶粒状结构、交代残余结构、充填结构、共结边结构;<br>构造:条带状构造、浸染状构造、脉状构造和块状构造</td><td>次要</td></tr>
<tr><td>蚀变特征</td><td colspan="4">硅化、电气石化、透辉透闪石化和白云母化、阳起石化、绿泥石化、碳酸盐化</td><td>重要</td></tr>
<tr><td>控矿条件</td><td colspan="4">严格受中—新元古代狼山群二岩组地层控制,同时受褶皱及层间构造控制</td><td>必要</td></tr>
</table>

续表 7-43

| 预测要素 | | 描述内容 | 要素类别 |
|---|---|---|---|
| 地球物理特征 | 重力异常 | 重力异常低背景区，剩余重力异常值为$(-1\sim1)\times10^{-5}m/s^2$ | 重要 |
| | 磁法异常 | 低缓负磁异常中的局部正磁异常区异常强，异常值 100～1800nT | 次要 |
| 地球化学特征 | | 铜铅锌异常三级浓度分带，异常值在$(18\sim278.8)\times10^{-6}$ | 必要 |

由于霍各乞矿区无大比例尺的物化遥资料，故利用典型矿床所在区域物化探资料，编制典型矿床所在区域地质-物探模型图、地质-化探模型图，区域预测模型图以剖面图形式表示(图 7-35、图 7-36)。

如图 7-35 所示，霍各乞铜矿床位于北东向局部重力低异常的西南，是布格重力相对平稳的区域，$\Delta g$为$(-164\sim-162)\times10^{-5}m/s^2$。铜矿床东北的局部重力低走向北东，异常最小值$\Delta g_{min}=-179.64\times10^{-5}m/s^2$，异常幅度约$10\times10^{-5}m/s^2$，由两个异常中心构成。根据地表地质资料分析，推断这些重力低异常带是沿较大的断裂破碎带中充填的中性—酸性岩体所致。在剩余异常图上铜矿床处在零值线偏正异常一侧，等值线分布较稀疏。在矿点南、北两侧分布有北东向带状展布的剩余重力正异常和负异常带。结合地质资料推断正异常是对元古宙基底隆起的反映，负异常是由酸性侵入岩引起。区域磁场较平稳，铜矿床位于正磁异常区。

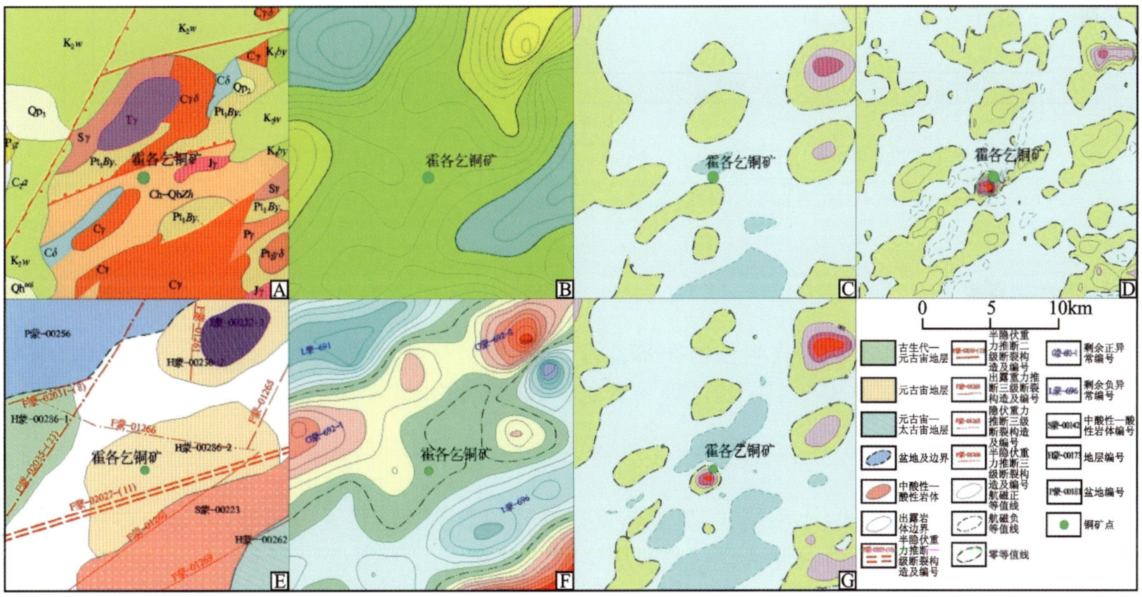


图 7-35　霍各乞典型矿床地质-物探模型图

A. 地质矿产图；B. 布格重力异常图；C. 航磁 $\Delta T$ 等值线平面图；D. 航磁 $\Delta T$ 化极垂向一阶导数等值线平面图；E. 重力推断地质构造图；F. 剩余重力异常图；G. 航磁 $\Delta T$ 化极等值线平面图

霍各乞典型矿床区域上分布有 Cu、Au、Pb、Cd、Ni、Co、W、Sn、Bi、As、Hg 等元素组成的高背景区(带)，面积可达上百平方千米。除 Bi、Co、Cr、B 外，Cu、Pb、Zn、Ag、Cd、Mn、Ni、$Fe_2O_3$ 等元素(或氧化物)异常均呈等轴状分布，Cu、Pb、Zn、Cd 异常面积大，强度高，套合好，浓集中心部位与矿体相吻合；Ag、Mn、Co、Ti、Ni、V、$Fe_2O_3$在矿体上方表现为低缓异常，Hg、W、Bi 异常主要分布在矿体的外围。Ag、As、Hg 等前缘元素与 W、Co、Cr 等尾部元素的比值是评价矿体(床)剥蚀程度的有效指标(图 7-36)。

中元古代渣尔泰山群阿古鲁沟组对应 Cu 等组合异常好，浓集中心明显，磁场为明显正异常，重力场为平缓的低值正异常(图 7-37)。

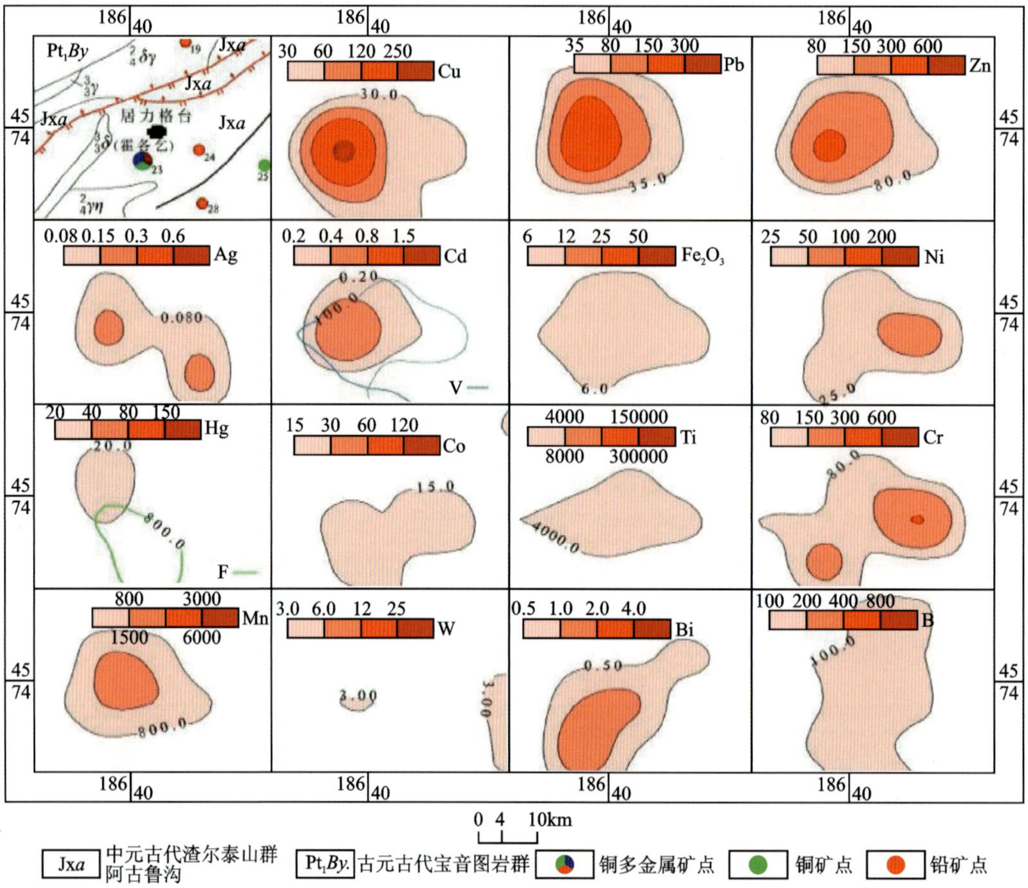


图 7-36 霍各乞典型矿床地质-化探模型图

### 2. 斑岩型铜矿

斑岩型铜矿主要分布于内蒙古自治区东部地区，包括乌努格吐山式、敖瑙达巴式、车户沟式、珠斯楞式等矿产预测亚类。关于斑岩型铜矿的论述参见钼矿乌努格吐山式矿床。

### 3. 海相火山岩型铜矿

查干哈达庙式、白乃庙式、小坝梁式、奥尤特式矿产预测类型为海相火山岩型，主要分布于内蒙古中部、西部地区，所属大地构造分区及成矿区带见表 7-44。

以查干哈达庙典型矿床为例，总结此类矿产预测类型铜矿的预测要素(表 7-45)。根据典型矿床成矿规律研究成果，编制典型矿床预测模型图、区域预测模型图(图 7-38、图 7-39)。

查干哈达庙式海相火山岩型铜矿在布格重力异常图上，位于局部重力低边部，铜矿西南为近北东向展布的两个相邻的高、低布格重力异常。$\Delta g$ 为$(-152.00\sim-150.00)\times10^{-5}m/s^2$。在剩余重力异常图上，查干哈达庙铜矿位于编号为 G 蒙-625 的正异常边部。G 蒙-625 的剩余重力值 $\Delta g$ 为 $12.50\times10^{-5}m/s^2$，异常由古生代地层引起。位于铜矿南部的 L 蒙-626 的剩余重力值 $\Delta g$ 为$-10.12\times10^{-5}m/s^2$，该负异常区对应于近东西向展布的中生代坳陷盆地。正负异常的边界为沉积层与地层的接触带位置。区域磁场为低缓磁异常背景，其南侧分布串珠状东西向展布的正磁异常，推测该区域有东西向大规模断裂通过。晚石炭世本巴图组为赋矿地质体，其对应剩余重力场为低值正异常，布格重力及磁场为低值负异常(图 7-38)。

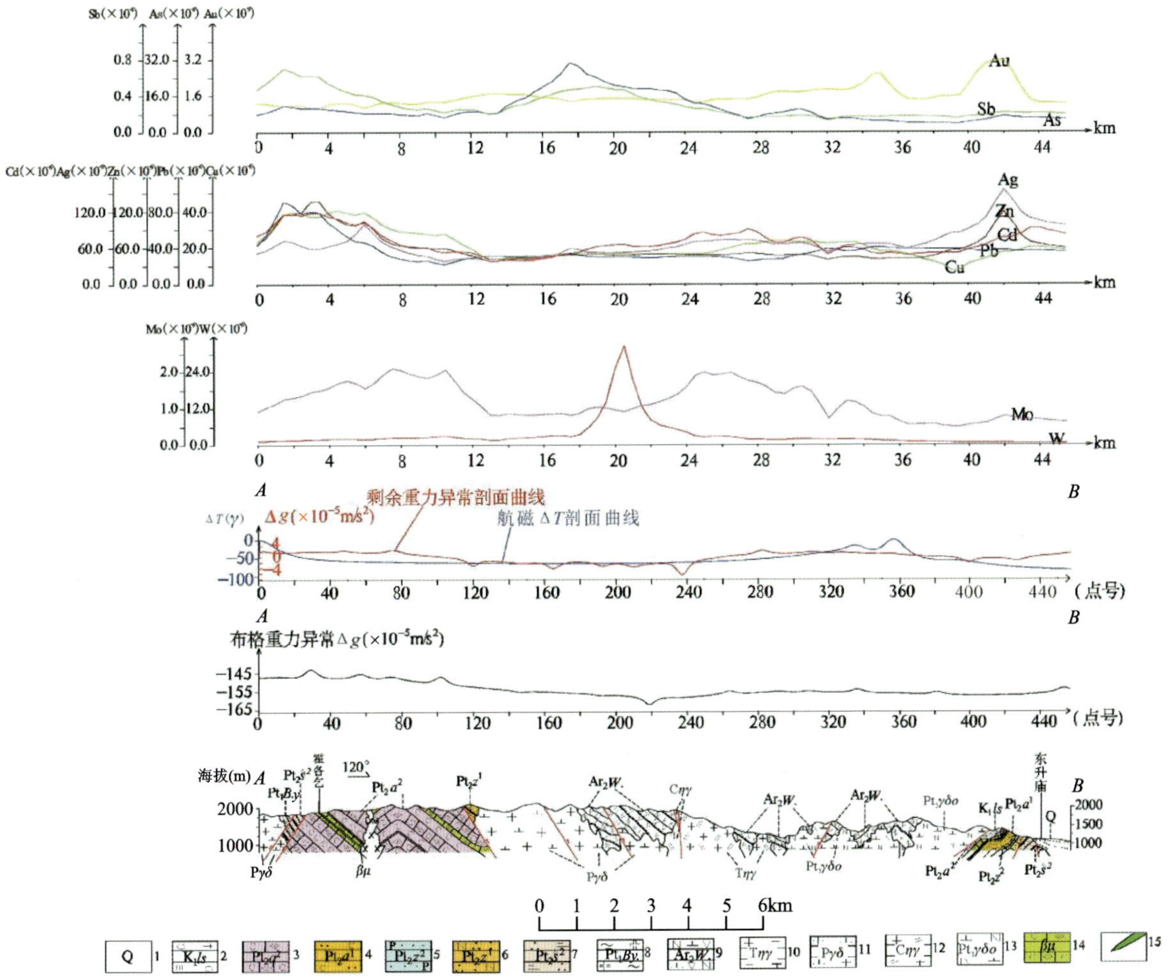

图 7-37 霍各乞沉积型铜矿乌拉特中旗预测工作区预测模型图

1.第四系;2.李三沟组;3.阿古鲁沟组二段;4.阿古鲁沟组一段;5.增隆昌组二段;6.增隆昌组一段;7.书记沟组二段;8.宝音图岩群;9.乌拉山岩群;10.三叠纪二长花岗岩;11.二叠纪花岗闪长岩;12.石炭纪二长花岗岩;13.新元古代石英花岗闪长岩;14.辉绿玢岩脉;15.矿体

**表 7-44 海相火山岩型铜矿所属大地构造分区及成矿区带一览表**

| 典型矿床 | 地理位置 | 所属大地构造分区 | 所属成矿区(带) |
|---|---|---|---|
| 查干哈达庙式铜矿 | 达茂旗 | 华北陆块与西伯利亚陆块对接带之华北陆块北缘,晚古生代陆壳增生带 | 白乃庙-锡林浩特铁、铜、钼、铅、锌、铬(金、锰)、锗、煤、天然碱、芒硝成矿带(Ym) |
| 白乃庙式铜矿 | 四子王旗 | 华北陆块北缘增生带,加里东期俯冲增生杂岩带 | |
| 小坝梁式铜矿 | 东乌珠穆沁旗 | 兴安地槽褶皱系东乌珠穆沁旗南海西晚期地槽褶皱带,贺根山顶断裂北侧 | 东乌珠穆沁旗-嫩江(中强挤压区)铜、钼、铅、锌、金、钨、锡、铬成矿带($Pt_3$、Vm-l、Ye-m) |
| 奥尤特式铜矿 | 东乌珠穆沁旗 | 天山-兴蒙造山系,大兴安岭弧盆系,扎兰屯-多宝山岛弧 | |

**表 7-45　查干哈达庙式海相火山岩型铜矿典型矿床预测要素表**

| 预测要素 | | 描述内容 | | | | 要素类别 |
|---|---|---|---|---|---|---|
| | | 储量 | 铜 2218t | 平均品位 | Cu 2.55% | |
| | | 特征描述 | 与海相火山沉积岩系有关的块状硫化物型铜矿床 | | | |
| 地质环境 | 构造背景 | 锡林浩特岩浆弧,查干哈达庙褶皱带 | | | | 必要 |
| | 成矿环境 | 索伦山-查干哈达庙铬、铜成矿亚带,含矿层为晚石炭世本巴图组火山-沉积岩系 | | | | 必要 |
| | 成矿时代 | 海西中晚期 | | | | 必要 |
| 矿床特征 | 矿体形态 | Cu6 矿体:长 475m,宽 5～11.45m;矿化体呈层状、似层状、大透镜状;产状 125°∠43°～47°,与地层产状一致 | | | | 次要 |
| | 岩石类型 | 流纹质凝灰岩、凝灰质板岩、硅质岩及结晶灰岩 | | | | 重要 |
| | 岩石结构 | 岩屑、晶屑凝灰结构,微细粒鳞片状、粒状变晶结构 | | | | 次要 |
| | 矿物组成 | 主要有黄铜矿、黄铁矿、斑铜矿、蓝铜矿,局部可见孔雀石 | | | | 重要 |
| | 矿石结构构造 | 结构:粒状结构;构造:条带状、斑状、角砾状、块状、细脉浸染状、稀疏浸染状构造 | | | | 次要 |
| | 蚀变特征 | 赋矿围岩高岭土化、黄铁矿化、硅化、糜棱岩化 | | | | 重要 |
| | 控矿条件 | 本巴图组流纹质凝灰岩、凝灰板岩中的北东向断裂构造中。地表存在与硅质岩共存的黄铁钾矾及铁帽型硫化物氧化带 | | | | 必要 |
| 地球物理特征 | 重力 | 铜矿床位于局部重力低边部,铜矿西南为近北东向展布的两个相邻的高、低布格重力异常,形态大致为长椭圆形。在剩余重力异常图上,铜矿位于正异常边部。$\Delta g$ 为 $12.50\times10^{-5}m/s^2$,对应于古生代地层 | | | | 次要 |
| | 航磁 | 铜矿床所处的磁场整体表现为低缓的负磁场,南部出现正磁异常,极值达 400nT,形态近似圆形 | | | | 次要 |

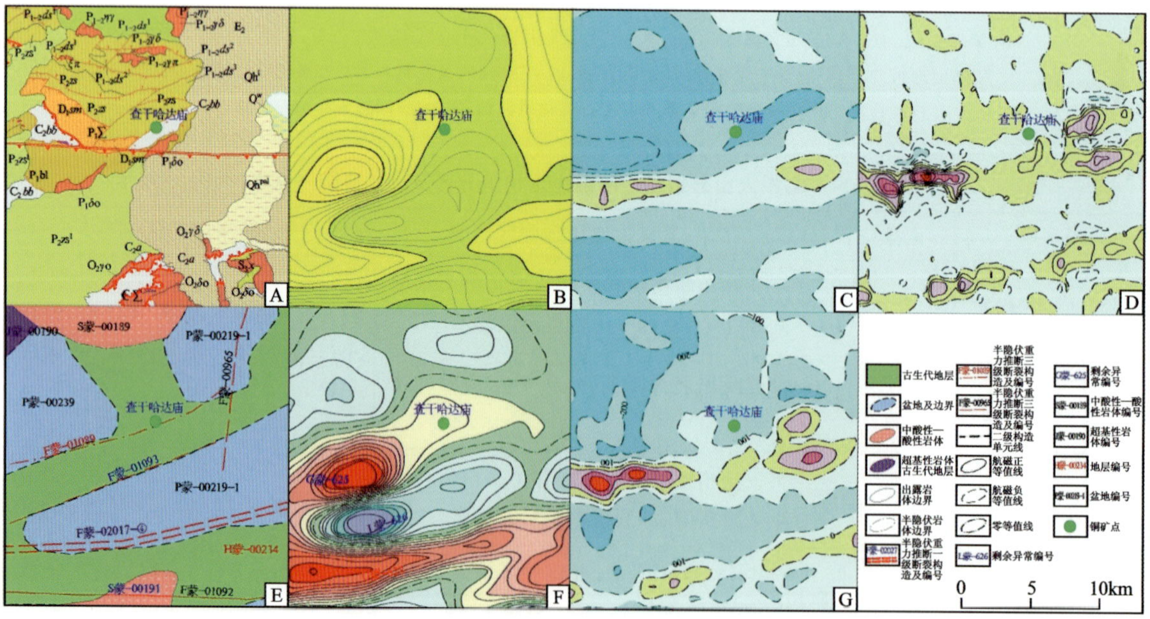


图 7-38　查干哈达庙铜矿典型矿床预测模型图

A. 地质矿产图;B. 布格重力异常图;C. 航磁 $\Delta T$ 等值线平面图;D. 航磁 $\Delta T$ 化极垂向一阶导数等值线平面图;E. 重力推断地质构造图;F. 剩余重力异常图;G. 航磁 $\Delta T$ 化极等值线平面图

如图 7-43 所示,晚石炭世本巴图组为赋矿地质体,其对应剩余重力场为低值正异常,布格重力及磁场为低值负异常。

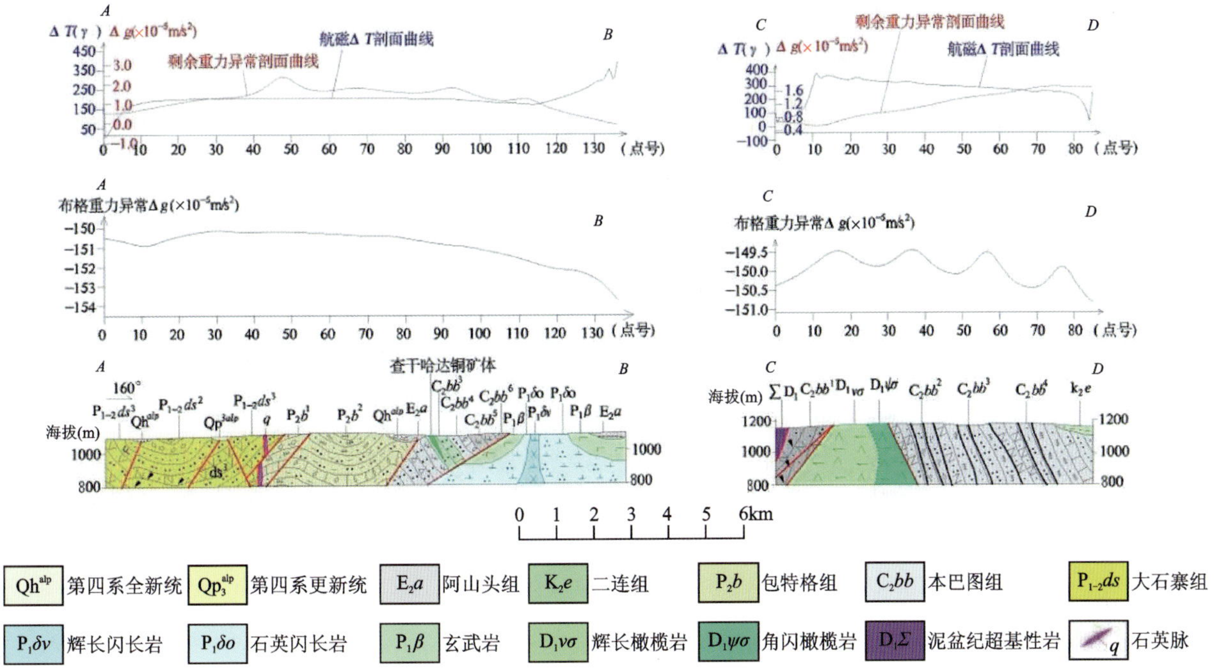

图 7-39 查干哈达庙铜矿区域预测模型图

#### 4. 矽卡岩型铜矿

矽卡岩型铜矿包括公忽洞式、罕达盖式、盖沙图式等预测亚类。所属大地构造分区及成矿区(带)见表 7-46。

**表 7-46 矽卡岩型铜矿所属大地构造分区及成矿区带一览表**

| 典型矿床 | 地理位置 | 所属大地构造分区 | 所属成矿区(带) |
|---|---|---|---|
| 公忽洞式铜矿 | 达茂旗 | 狼山-白云鄂博裂谷带纬向构造体系的中北部 | 华北陆块北缘西段金、铁、铌、稀土、铜、铅、锌、银、镍、铂、钨、石墨、白云母成矿带 |
| 罕达盖式铜矿 | 新巴尔虎左旗 | 大兴安岭弧盆系,扎兰屯-多宝山岛弧 | 东乌珠穆沁旗-嫩江(中强挤压区)铜、钼、铅、锌、金、钨、锡、铬成矿带(Ⅲ级) |
| 盖沙图式铜矿 | 磴口县 | 狼山-阴山陆块,狼山-白云鄂博裂谷 | 滨太平洋成矿域(叠加在古亚洲成矿域之上),华北陆块成矿省,华北陆块北缘西段金、铁、铌、稀土、铜、铅、锌、银、镍、铂、钨、石墨、白云母成矿带,狼山-渣尔泰山铅、锌、金、铁、铜、铂、镍成矿亚带(Ⅲ级) |

以罕达盖典型矿床为例,总结矽卡岩型铜矿的预测要素(表 7-47)。由于罕达盖矿区无大比例尺的物化遥资料,故利用典型矿床所在区域的物化探资料,编制典型矿床所在区域地质-物探模型图、地质-化探模型图代替典型矿床预测模型图,根据典型矿床成矿规律研究成果,编制区域预测模型图(图 7-40~图 7-42)。

表 7-47　罕达盖式矽卡岩型铜矿典型矿床预测要素表

| 预测要素 | | 描述内容 | | | | 要素类别 |
|---|---|---|---|---|---|---|
| | | 储量 | 铜 18 000t | 平均品位 | Cu 1.17% | |
| | | 特征描述 | 与石炭纪石英二长闪长岩有关的矽卡岩型铜矿床 | | | |
| 地质环境 | 构造背景 | 大兴安岭弧盆系,扎兰屯-多宝山岛弧 | | | | 必要 |
| | 成矿环境 | 东乌珠穆沁旗-嫩江(中强挤压区)铜、钼、铅、锌、金、钨、锡、铬成矿带,朝不楞-博克图钨、铁、锌、铅成矿亚带,塔尔其-梨子山铁矿集区 | | | | 必要 |
| | 成矿时代 | 石炭纪 | | | | 必要 |
| 矿床特征 | 矿体形态 | 薄层状、透镜状、不规则囊状,矿体产状变化较大,总体产状为北西向 | | | | 重要 |
| | 岩石类型 | 变质粉砂岩、大理岩、矽卡岩、安山岩、石英二长闪长岩 | | | | 必要 |
| | 岩石结构构造 | 微细粒粒状变晶结构、粒状变晶结构、斑状结构、半自形粒状结构;层状构造、块状构造 | | | | 次要 |
| | 矿物组成 | 磁铁矿、黄铜矿、黄铁矿、赤铁矿,另见少量磁黄铁矿、辉钼矿、闪锌矿 | | | | 次要 |
| | 矿石结构构造 | 结构:半自形粒状结构、粒状变晶结构、碎裂结构、交代残留结构;<br>构造:块状构造、浸染状构造、细脉浸染状构造 | | | | 次要 |
| | 蚀变特征 | 矽卡岩化、角岩化、硅化及碳酸盐化 | | | | 重要 |
| | 控矿条件 | 严格受多宝山组、裸河组与石炭纪石英二长闪长岩接触带控制 | | | | 必要 |
| 地球物理特征 | 重力异常 | 剩余重力异常为剩余正异常,异常值为$(6\sim10)\times10^{-5}m/s^2$ | | | | 重要 |
| | 磁法异常 | 航磁化极等值线表现为低缓负磁异常,异常值$-100\sim0nT$ | | | | 次要 |
| 地球化学特征 | | 铜金银砷异常区,铜三级浓度分带,异常值$(28\sim1900)\times10^{-6}$ | | | | 必要 |

在区域布格重力异常图上,罕达盖铜矿处在布格重力异常等值线北北东向延伸背景下的等值线同向扭曲处,$\Delta g$ 为$-72.52\times10^{-5}m/s^2$。在剩余重力异常图上,罕达盖铜矿位于东西向条带状重力正异常带上,$\Delta g$ 为$(8.67\sim9.32)\times10^{-5}m/s^2$。在其南、北两侧均为剩余重力负异常区,主要由酸性侵入岩引起。矿区所在正异常与古生代地层有关,磁场为面状负磁场边缘。根据重磁特征,可推断矿区附近有东西向断裂存在。早中奥陶世多宝山组为赋矿地质体,其对应 Cu 元素等组合异常好,浓集中心明显,剩余重力场为低值正异常,磁场为正负磁异常交替状态,推断为断裂所致(图 7-40)。

如图 7-41 所示指示元素有 Cu、Ag、Mo、W、Sn、As、Sb、Au、Mn、Hg、Ni;地表露头矿上各元素异常较明显,主成矿元素 Cu、W 在矿体上方呈等轴状,并有明显的浓集中心,隐伏矿段上各元素异常呈低缓状。

早中奥陶世多宝山组为赋矿地质体,其对应 Cu 元素等组合异常好,浓集中心明显,剩余重力场为低值正异常,磁场为正负磁异常交替状态,推断为断裂所致(图 7-42)。

### 5. 岩浆热液型铜矿

白马石沟式、布敦花式、道伦达坝式、欧布拉格式矿产预测类型为岩浆热液型,其所属大地构造分区及成矿区(带)见表 7-48。

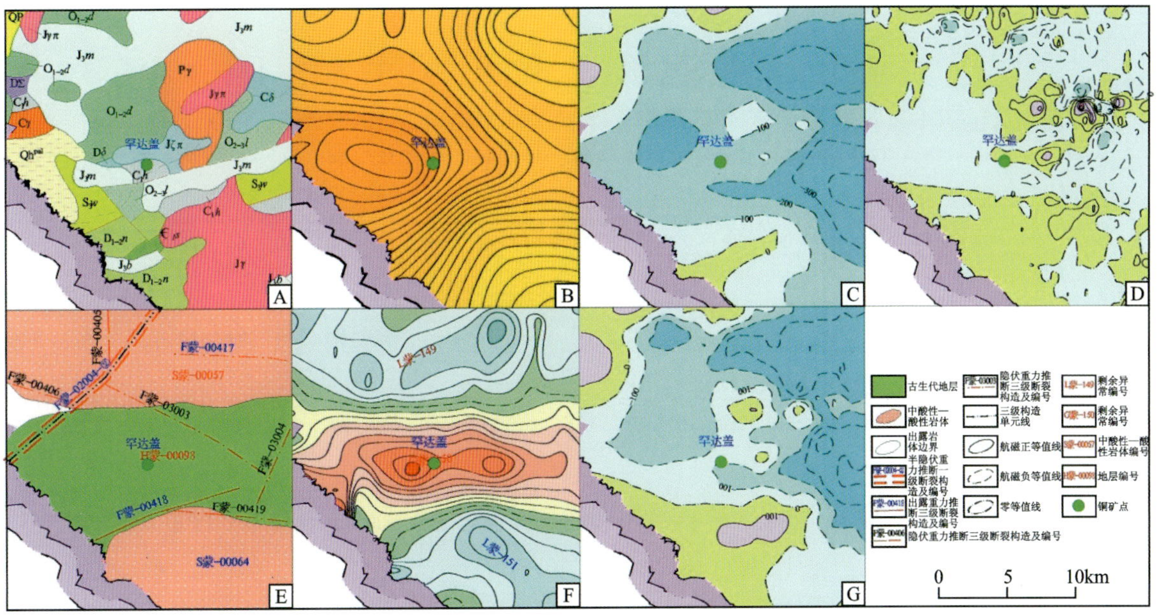


图 7-40　罕达盖铜矿典型矿床地质-物探模型图

A. 地质矿产图；B. 布格重力异常图；C. 航磁 $\Delta T$ 等值线平面图；D. 航磁 $\Delta T$ 化极垂向一阶导数等值线平面图；E. 重力推断地质构造图；F. 剩余重力异常图；G. 航磁 $\Delta T$ 化极等值线平面图

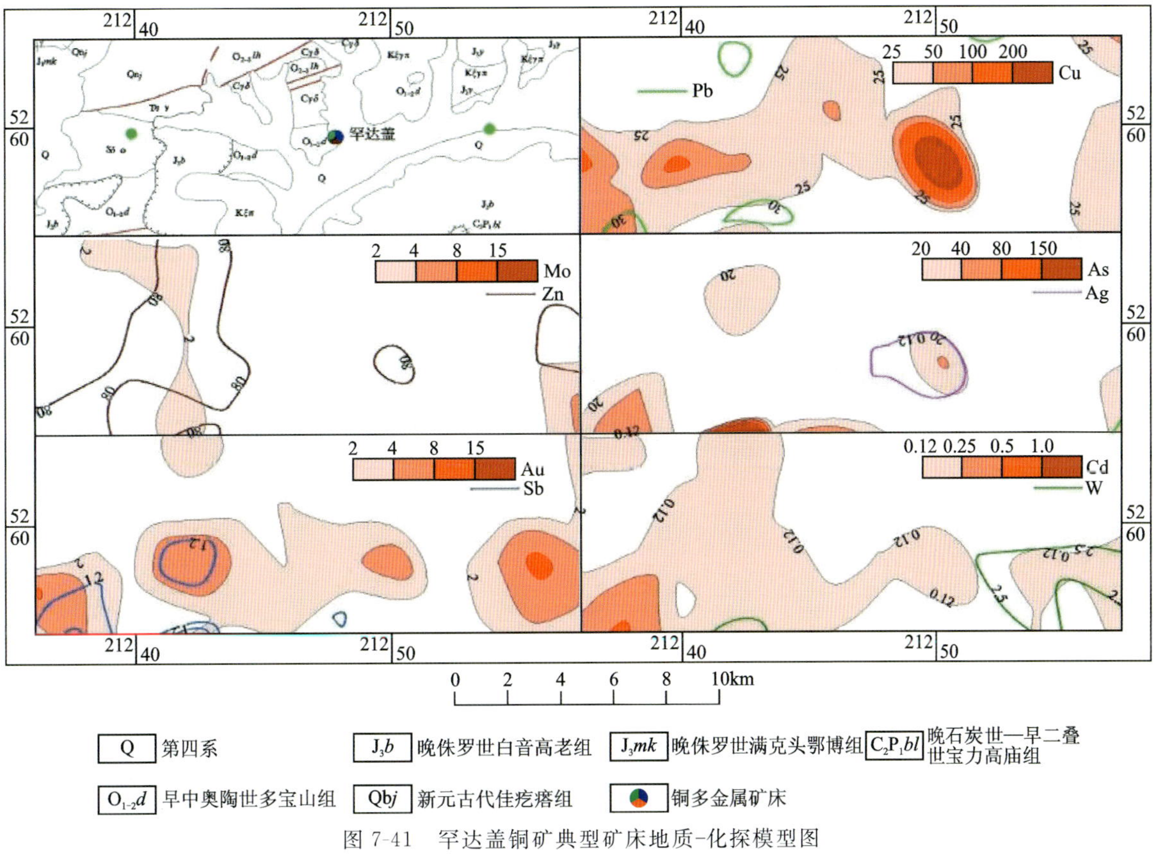


图 7-41　罕达盖铜矿典型矿床地质-化探模型图

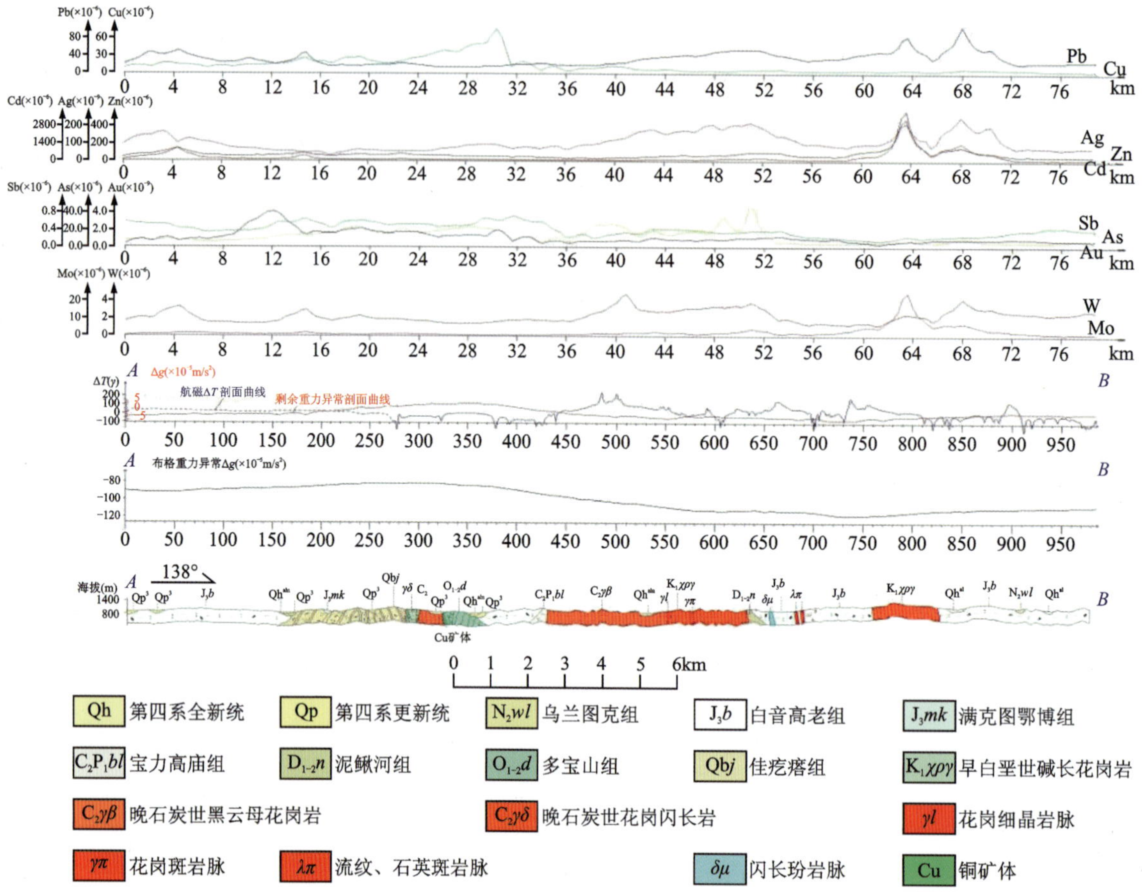

图 7-42　罕达盖铜矿区域预测模型图

**表 7-48　岩浆热液型铜矿所属大地构造分区及成矿区带一览表**

| 典型矿床 | 地理位置 | 所属大地构造分区 | 所属成矿区(带) |
|---|---|---|---|
| 白马石沟式铜矿 | 赤峰市 | Ⅰ天山-兴蒙造山系，Ⅰ-2 松辽地块，Ⅰ-2-1 松辽断陷盆地，包尔汉图-温都尔庙弧盆系，温都尔庙俯冲增生带 | 突泉-翁牛特成矿带 |
| 布敦花式铜矿 | 科右中旗 | 大兴安岭火山岩带的中南段与哈德营子-布敦花区域性东西向构造带的交会部位 | 东乌珠穆沁旗-嫩江成矿带 |
| 道伦达坝式 | 西乌珠穆沁旗 | 天山-兴蒙造山系，大兴安岭弧盆系，锡林浩特岩浆弧($Pz_2$) | 突泉-翁牛特成矿带 |
| 欧布拉格式 | 乌拉特后旗 | 华北陆块北缘，狼山-白云鄂博裂谷带 | 华北陆块北缘成矿带 |

以道伦达坝矿床为例，总结预测要素(表 7-49)。由于道伦达坝矿区无大比例尺的物化遥资料，故利用典型矿床所在区域的物化探资料，编制典型矿床所在区域地质-物探模型图、地质-化探模型图代替典型矿床预测模型图，区域预测模型图以剖面图形式表示(图 7-43～图 7-45)。

如图 7-43 所示，道伦达坝式岩浆热液型铜矿所在区域为布格重力异常北东向延伸梯级带上，$\Delta g$ 为$(-114\sim-112)\times10^{-5}\,m/s^2$，布格重力由东南到西北逐渐增高。矿区在晚古生代—中生代花岗岩带西北端，出露不同期次的中—新生代花岗岩体，对应于剩余重力异常图矿区位于 G 蒙-240 正异常与 L 蒙-404 负异常间零值线处。G 蒙-846 号剩余重力异常呈近东西向条带状展布，重力值 $\Delta g$ 为 7.59×

$10^{-5}m/s^2$，为石炭纪及二叠纪地层分布区，边部有超基性—基性岩出露。由航磁资料可见，道伦达坝铜矿处于低缓平稳的区域磁场中，矿区在正负磁异常交替部位，磁异常为北东东走向。重磁场特征显示该

**表 7-49　道伦达坝岩浆热液型铜矿典型矿床预测要素表**

<table>
<tr><td colspan="3" rowspan="3">预测要素</td><td colspan="4">描述内容</td><td rowspan="3">要素类别</td></tr>
<tr><td>储量</td><td>铜 100 977t</td><td>平均品位</td><td>Cu 1.105%</td></tr>
<tr><td>特征描述</td><td colspan="3">与晚二叠世林西组海西-印支期花岗岩有关的中高温热液脉型铜矿床</td></tr>
<tr><td rowspan="3">地质环境</td><td colspan="2">大地构造位置</td><td colspan="4">天山-兴蒙造山系，大兴安岭弧盆系，锡林浩特岩浆弧($Pz_2$)</td><td>必要</td></tr>
<tr><td colspan="2">成矿区(带)</td><td colspan="4">西伯利亚陆块、华北陆块缝合带南侧，矿区位于米生庙-阿拉腾郭勒复背斜带北东段之南东翼的第三挤压破碎带内</td><td>必要</td></tr>
<tr><td colspan="2">成矿类型及成矿期</td><td colspan="4">复合内生型；二叠纪—三叠纪</td><td>必要</td></tr>
<tr><td rowspan="5">矿床特征</td><td colspan="2">矿体形态</td><td colspan="4">共圈定矿带 76 条，矿体 136 条，矿区内有铜、钨、锡矿体和铜钨、铜锡、钨锡矿体.规模较大的有 4 号、8 号、10 号、16 号、46 号 5 条矿体，长 100～700m，延深 200～300m，属中小型矿体。矿体形态为脉状，具有膨胀收缩、分支复合、尖灭再现特征，复杂程度属中等，矿体受北东向褶皱和北北东向断裂构造控制</td><td>重要</td></tr>
<tr><td colspan="2">岩石类型</td><td colspan="4">粉砂质板岩、长石石英杂砂岩</td><td>重要</td></tr>
<tr><td colspan="2">岩石结构构造</td><td colspan="4">石英颗粒次生加大、胶结物重结晶结构；清晰变质层理构造</td><td>次要</td></tr>
<tr><td colspan="2">矿物组成</td><td colspan="4">矿石矿物：磁黄铁矿、黄铜矿、黑钨矿、毒砂、自然银</td><td>重要</td></tr>
<tr><td colspan="2">矿石结构构造</td><td colspan="4">结构：交代溶蚀、他形粒状、半自形晶粒结构；<br>构造：脉状、网脉状、交错脉状、团斑状、条带状、浸染状、团块状构造</td><td>次要</td></tr>
<tr><td rowspan="2">矿床特征</td><td colspan="2">蚀变特征</td><td colspan="4">围岩蚀变现象可见硅化、黄铁绢云岩化、碳酸盐化、绿泥石化、高岭土化、钾长石化、云英岩化、萤石化、电气石化，其中硅化、云英岩化、萤石化与矿体关系最为密切</td><td>次要</td></tr>
<tr><td colspan="2">控矿条件</td><td colspan="4">北东向断裂和褶皱构造控制矿体的规模和定位，黑云母花岗岩提供热动力条件，围岩地层提供金属元素和赋存空间</td><td>必要</td></tr>
<tr><td rowspan="3">地球物理与地球化学</td><td rowspan="2">地球物理特征</td><td>重力</td><td colspan="4">道伦达坝铜矿所在区域为布格重力异常北东向延伸梯级带上，$\Delta g$ 为$(-114\sim-112)\times10^{-5}m/s^2$。布格重力由东南到西北逐渐增高。剩余重力异常图中矿区位于剩余重力正异常与负异常间零值线处。G 蒙-846 号剩余重力异常呈近东西向条带状展布，重力值 $\Delta g$ 为 $7.59\times10^{-5}m/s^2$</td><td>次要</td></tr>
<tr><td>航磁</td><td colspan="4">据 1∶5 万航磁化极平面等值线图，所在位置总体表现为负磁异常，只是在矿点附近存在正异常，极值达 40nT，形态近似椭圆形</td><td>重要</td></tr>
<tr><td colspan="2">地球化学特征</td><td colspan="4">主成矿元素为 Cu、W，Au、Ag、Sn、Bi、As，是本区主要的伴生元素，异常具有北东向分带性，Cu 元素具有明显的浓度分带和浓集中心，异常强度高，呈北东向带状展布</td><td>必要</td></tr>
</table>

区域断裂构造以北东向为主。晚二叠世林西组为赋矿地质体，其对应 Cu 等组合异常好，浓集中心明显，重力场及磁场均为正负异常交会部位，幅值出现抖动，推断为断裂所致。

如图 7-44 所示，矿床附近形成了 Cu、Au、Ag、W、Sn、Bi、As 组合异常，主成矿元素为 Cu、W，Au、Ag、Sn、Bi、As 是本区主要的伴生元素。Cu 异常呈近南北向展布，与 Au 异常套合较好，主要分布在矿区外围。

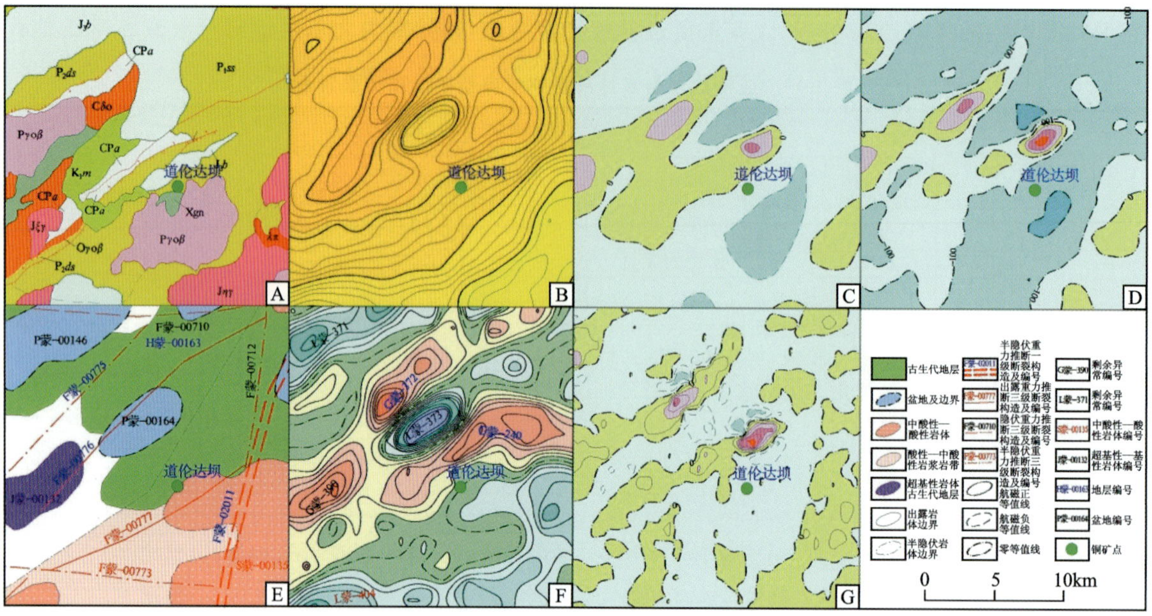


图 7-43 道伦达坝典型矿床地质-物探模型图

A. 地质矿产图；B. 布格重力异常图；C. 航磁 $\Delta T$ 等值线平面图；D. 航磁 $\Delta T$ 化极垂向一阶导数等值线平面图；E. 重力推断地质构造图；F. 剩余重力异常图；G. 航磁 $\Delta T$ 化极等值线平面图

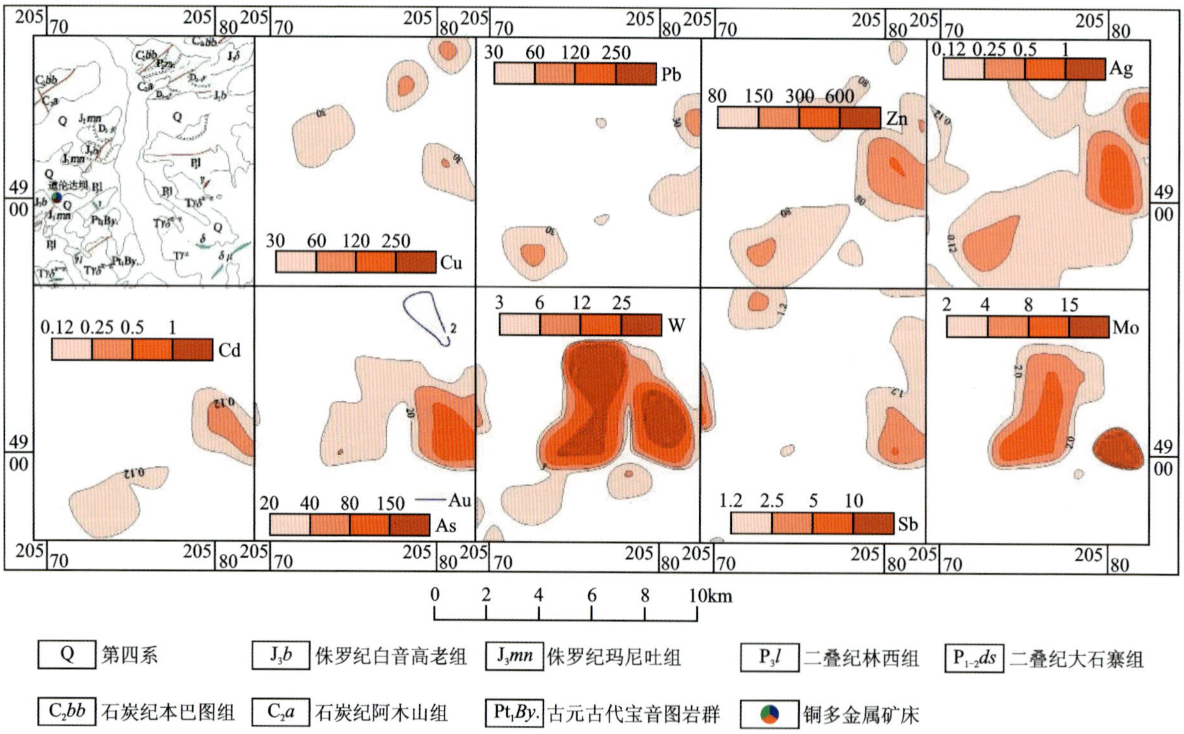


图 7-44 道伦达坝典型矿床地质-化探模型图

晚二叠世林西组为赋矿地质体，其对应 Cu 元素等组合异常好，浓集中心明显，重力场及磁场均为正负异常交会部位，幅值出现抖动，推断为断裂所致(图 7-45)。

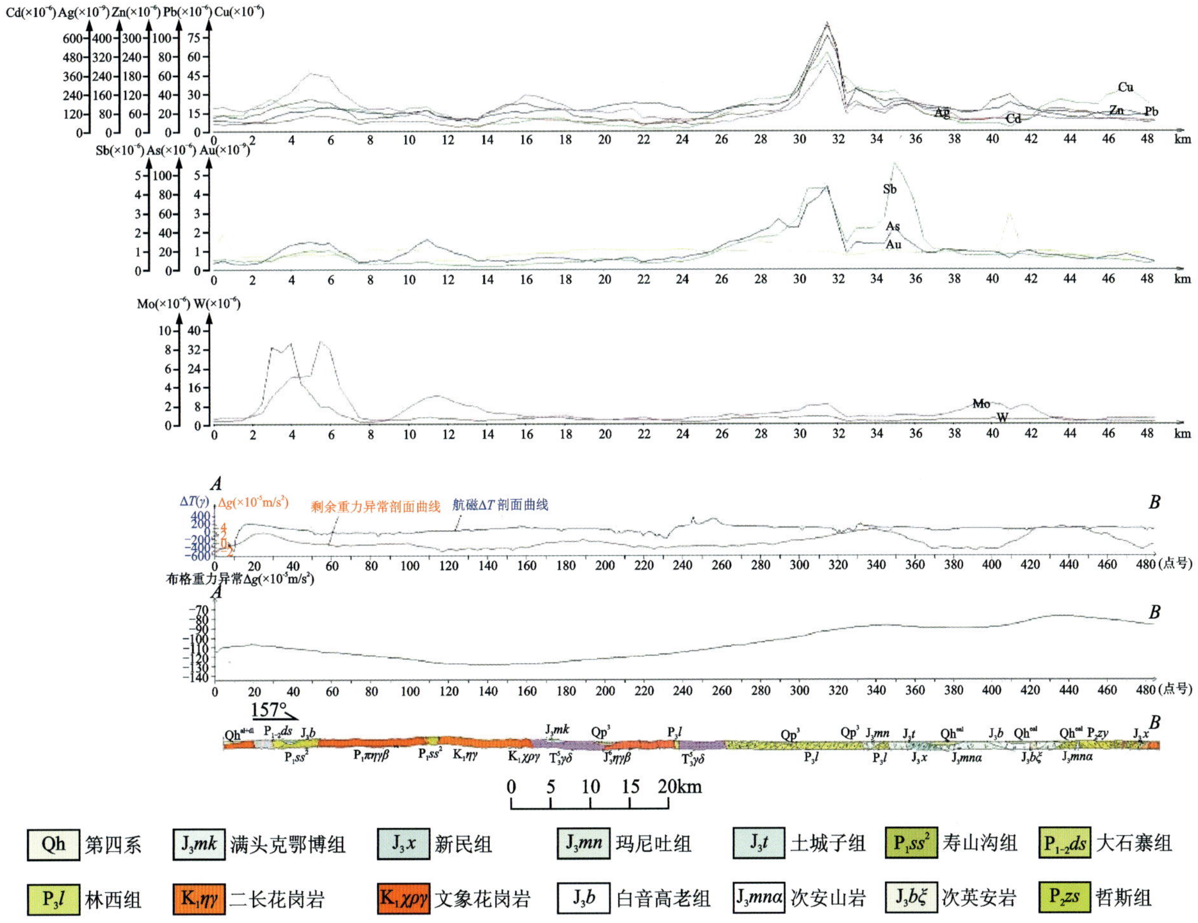


图 7-45 道伦达坝区域预测模型图

**6. 岩浆型(超基性—基性铜-镍硫化物)铜矿**

岩浆型(超基性—基性铜-镍硫化物)铜矿包括小南山式和亚干式。参见镍矿小南山式矿床的相关章节。

## 二、预测方法类型确定及区域预测要素

根据内蒙古自治区铜矿矿产预测类型确定铜矿预测工作区预测方法类型主要为沉积型、侵入岩体型、复合内生型及火山岩型(表 7-50)。

**1. 沉积型区域预测要素**

沉积型铜矿的矿产预测类型有(火山)沉积变质型和海相火山岩型,采用沉积建造构造图为预测底图,对与预测无关的地质体进行了淡化,突出表达预测研究主体、目的层、岩性组合特征、沉积建造的分布等,在各专题研究的基础上,提取了重力、磁法、化探、遥感、自然重砂等异常,及推测的断裂、隐伏矿体等,总结区域预测要素。

**2. 侵入岩体型区域预测要素**

侵入岩体型铜矿的矿产预测类型有岩浆型(超基性—基性铜-镍硫化物)与斑岩型,采用侵入岩浆构

造图为预测底图,对与预测无关的地质体进行了淡化,突出预测目的层、侵入岩建造的分布、岩性组合特征等,总结区域预测要素。

表 7-50　内蒙古自治区铜矿预测方法类型一览表

| 矿产预测类型及亚类 | | 预测方法类型确定依据 | 预测方法类型 | 预测底图类型 |
|---|---|---|---|---|
| (火山)-沉积变质型 | 霍各乞 | 其矿床成因类型为喷流-沉积型,阿古鲁沟组直接控制了矿床的分布,为成矿必要因素之一 | 沉积型 | 沉积岩建造构造图 |
| 斑岩型 | 乌努格吐山 | 乌努格吐山铜矿床成因类型为侵入岩体型,岩体直接控制了矿床的分布,因此确定预测方法类型为侵入岩体型 | 侵入岩体型 | 侵入岩浆构造图 |
| | 敖瑙达巴 | 北东向的构造岩浆活动带和富含挥发组分的高侵位酸性小侵入体的存在,是斑岩型铜、银、锡矿成矿的有利地质环境;中二叠世哲斯组浅海相细碎屑岩构成的向斜轴部是成岩、成矿的有利部位,其中的矿化蚀变带是主要的找矿区(带);工业矿体主要赋存在石英斑岩(花岗斑岩)体小岩株顶部的黄玉-石英交代岩带、绢英岩蚀变带和青磐岩化蚀变带中 | 侵入岩体型 | 侵入岩浆建造构造图 |
| | 车户沟 | 车户沟铜矿床成因类型为斑岩体型,岩体直接控制了矿床的分布,因此确定预测方法类型为侵入岩体型 | 侵入岩体型 | 侵入岩浆建造构造图 |
| | 珠斯楞 | 矿床成因类型为珠斯楞斑岩型铜矿,泥盆纪粉砂岩、钙质粉砂岩中,滨浅海相陆源碎屑岩-碳酸盐岩建造及海西晚期闪长花岗岩、斜长花岗岩及二长花岗岩侵入岩直接控制了矿床的分布,为成矿必要因素之一 | 侵入岩体型 | 侵入岩浆建造构造图 |
| 海相火山岩型 | 查干哈达庙 | 查干哈达铜矿床的矿床成因类型为与海相火山岩有关的块状硫化物型(VMS 型)。含矿岩系为晚石炭世本巴图组流纹质凝灰岩、凝灰质板岩,矿体呈层状、似层状、大透镜状,产状与岩层产状一致 | 沉积型 | 沉积岩建造构造图 |
| | 白乃庙 | 岩浆直接控制了矿床的分布,矿床赋存于岩浆岩中 | 沉积型 | 沉积岩建造构造图 |
| | 小坝梁 | 成因类型为海相火山热液型,该区成矿条件主要是火山构造控制 | 火山岩型 | 建造构造图 |
| | 奥尤特 | 成因类型为次火山热液型,岩性(晚侏罗世中酸性火山碎屑岩)直接控制了矿床的分布,断裂构造对其有一定的影响,矿床(点)主要分布于晚侏罗世中酸性火山碎屑岩及次火山岩中 | 火山岩型 | 建造构造图 |
| 矽卡岩型 | 公忽洞 | 成因类型为矽卡岩型矿床,地层直接控制了矿床的分布,构造对其有重要影响 | 复合内生型 | 建造构造图 |
| | 罕达盖 | 成因类型为矽卡岩型,多宝山组及石炭纪中酸性侵入岩组直接控制了矿床的分布,为成矿必要因素之一 | 复合内生型 | 建造构造图 |
| | 盖沙图 | 成因类型为矽卡岩型,岩体的外接触带及围岩是重要的成控矿因素 | 复合内生型 | 建造构造图 |

续表 7-50

| 矿产预测类型及亚类 | | 预测方法类型确定依据 | 预测方法类型 | 预测底图类型 |
|---|---|---|---|---|
| 岩浆热液型 | 白马石沟 | 矿床成因类型为岩浆热液型，地层与侵入体的外接触带直接控制了矿床的分布，构造对其有一定的影响 | 复合内生型 | 建造构造图 |
| | 布敦花 | 矿床成因类型为热液型，燕山期中酸性岩体、二叠纪地层及构造等共同控制了矿床的分布 | 复合内生型 | 建造构造图 |
| | 道伦达坝 | 矿床成因类型为中高温热液型，受花岗岩体外接触带板岩层内北东向断裂及褶皱构造的控制，矿床分布于二叠纪林西组砂板岩与其层间侵位花岗岩接触部位 | 复合内生型 | 建造构造图 |
| | 欧布拉格 | 成因类型为热液型，地层与侵入体的外接触带及近东西向断裂构造和火山机构直接控制了矿床的分布，构造及岩浆热液活动对其影响明显 | 复合内生型 | 建造构造图 |
| 岩浆型（超基性—基性铜—镍硫化物） | 亚干 | 成因类型为侵入岩体型，新元古代辉长岩直接控制了矿床的分布，构造对其有一定的影响 | 侵入岩体型 | 侵入岩浆建造构造图 |
| | 小南山 | 中元古代超基性—基性杂岩体直接控制了矿床的分布，成为唯一的成矿必要因素之一 | 侵入岩体型 | 侵入岩浆建造构造图 |

现分别以霍各乞、敖瑙达巴预测工作区为例简述沉积型与侵入岩体型矿床（点）区域预测要素（表 7-51）。

**表 7-51 沉积型—侵入岩体型铜矿预测工作区预测要素表**

| 预测要素 | | 沉积型（霍各乞）描述内容 | 要素类别 | 侵入岩体型（敖瑙达巴）描述内容 | 要素类别 |
|---|---|---|---|---|---|
| 地质 | 大地构造位置 | 华北陆块区，狼山-阴山陆核（北缘隆起带） | 重要 | 华北陆块北缘，晚古生代陆缘增生带与大兴安岭中生代火山岩浆岩带叠加区域基底隆起边缘（锡林浩特岩浆弧） | 必要 |
| | 成矿区（带） | 华北陆块北缘西段金、铁、铌、稀土、铜、铅、锌、银、镍、铂、钨、石墨、白云母成矿带 | 必要 | 突泉-林西铁、铜、钼、铅锌、银成矿带，神山-白音诺尔铜、铅、锌、铁成矿带（Ⅲ） | 必要 |
| | 区域成矿类型及成矿期 | 沉积型；中元古代海相 | 重要 | 侵入岩体型；晚侏罗世—早白垩世 | 必要 |
| 控矿地质条件 | 赋矿地层 | 中元古代蓟县纪阿古鲁沟组 | 重要 | 古生代前属华北地层大区，中新生代属滨太平洋地层区 | 必要 |
| | 控矿侵入岩围岩蚀变 | 硅化、电气石化、透辉透闪石化 | 重要 | 黄玉绢英岩化、青磐岩化、硅化、绢云母化、钾化 | 次要 |
| | 主要控矿构造 | 狼山、阴山山前深大断裂及中新元古代南东东向裂陷带 | 次要 | 形成了区域上的北东向构造岩浆岩带 | 必要 |

续表 7-51

| 预测要素 | | 沉积型(霍各乞)描述内容 | 要素类别 | 侵入岩体型(敖瑙达巴)描述内容 | 要素类别 |
|---|---|---|---|---|---|
| 地球物理特征 | 重力 | 重力异常低背景区,剩余重力异常值为(−1～1)×$10^{-5}$m/$s^2$,重力异常梯级带,剩余重力异常值(9～19)×$10^{-5}$m/$s^2$ | 次要 | 区域重力场基本为北北东走向的重力梯级带,其上叠加局部重力等值线近东西向同向扭曲,总体反映东南部重力高、西北部重力低的特点。预测区内,重力异常值在(−115～−55)×$10^{-5}$m/$s^2$之间变化。在剩余重力图中反映出剩余重力正、负异常相间排列的特点 | 次要 |
| | 磁法 | 低缓负磁异常中的局部正磁异常区,异常区异常强,异常值 100～1800nT | 重要 | 在航磁 $\Delta T$ 等值线平面图上敖瑙达巴预测区磁异常幅值变化范围为−600～800nT,总体处在 0～100nT 磁场背景上。预测区南部磁异常幅值比北部和中部高,梯度变化较大,磁异常形态较为杂乱,异常走向总体呈北东向和北西向;预测区中部以低缓负磁异常为背景;预测区北部磁场变化总体较为平缓,局部异常值达 400nT 且有一定梯度变化。敖瑙达巴铜钼矿区位于预测区中部,处在负磁异常背景上,0nT 等值线附近 | 次要 |
| 地球化学特征 | | 铜异常三级浓度分带,异常值在(18～278.8)×$10^{-6}$ | 重要 | 预测区西北部主要分布有 Au、As、Sb、Cu、Pb、Zn、Ag、Cd、W、Mo 等元素异常,Cu 元素浓集中心明显,异常强度高,呈北东向带状展布;东南部主要分布有 As、Sb、Cu、Pb、Zn、Ag、W、Mo 等元素异常 | 重要 |
| 遥感 | | Ⅰ级遥感铁染及羟基异常 | 次要 | 无 | 次要 |

### 3. 复合内生型区域预测要素

复合内生型铜矿的矿产预测类型有岩浆热液型、矽卡岩型,该类预测方法类型采用建造构造图为预测底图。

### 4. 火山岩型区域预测要素

火山岩型铜矿的矿产预测类型只有海相火山岩型,采用建造构造图为预测底图。对与预测无关的地质体进行了淡化,细化预测目的层,对与预测目的层有关的脉岩进行了适当的补充,在各专题研究的基础上,提取了重力、磁法、化探、遥感、自然重砂等异常,及推测的断裂、隐伏矿体等,总结区域预测要素。

现分别以道伦达坝和奥尤特两个预测工作区为例简述复合内生型与火山岩型矿床(点)区域预测要素(表 7-52)。

表 7-52 复合内生型—火山岩型铜矿预测工作区预测要素表

| 预测要素 | | 复合内生型(道伦达坝)描述内容 | 要素类别 | 火山岩型(奥尤特)描述内容 | 要素类别 |
|---|---|---|---|---|---|
| 地质 | 大地构造位置 | 天山-兴蒙造山系,大兴安岭弧盆系,锡林浩特岩浆弧($Pz_2$) | 必要 | 天山-兴蒙造山系,大兴安岭弧盆系,扎兰屯-多宝山岛弧 | 必要 |
| | 成矿区(带) | 西伯利亚陆块,华北陆块缝合带南侧,矿区位于米生庙-阿拉腾郭勒复背斜带北东段之南东翼的第三挤压破碎带内 | 必要 | Ⅲ-6 东乌珠穆沁旗-嫩江(中强挤压区)铜、钼、铅、锌、金、钨、锡、铬成矿带($Pt_3$、Vm-l、Ye-m) | 必要 |
| | 区域成矿类型及成矿期 | 复合内生型;二叠纪—三叠纪 | 必要 | 火山岩型;燕山中晚期(晚侏罗世) | 必要 |
| 控矿地质条件 | 赋矿地层 | 晚二叠世林西组 | 重要 | 玛尼吐期中酸性火山碎屑岩、次火山岩 | 必要 |
| | 控矿侵入岩(围岩蚀变) | 海西期—林西期花岗岩 | 重要 | 晚侏罗世次流纹岩 | 重要 |
| | 主要控矿构造 | 北东向断裂和褶皱构造控制矿体的规模、定位 | 必要 | 锡林浩特岩浆弧查干哈达庙褶皱带中的北东向断裂构造中 | 重要 |
| 地球物理特征 | 重力 | 预测区沿克什克腾旗—霍林郭勒市一带布格重力异常总体反映重力低异常带,异常带走向北北东,呈宽条带状。在重力低异常带上叠加着许多局部重力异常,布格重力异常最小值为$-150\times10^{-5}$ m/s$^2$,最大幅度约$-25\times10^{-5}$ m/s$^2$ | 重要 | 据 1∶20 万布格重力异常图显示:区内重力场较平稳。重力变化范围在$(-128\sim-108)\times10^{-5}$ m/s$^2$之间。处于北东向展布的相对重力值较高值带,两侧重力相对较低 | 重要 |
| | 磁法 | 道伦达坝预测区磁异常幅值范围为$-1800\sim2400$nT,总的来说,以大面积杂乱的梯度变化较大的正负相间异常为主,磁异常区走向多为北东向。其中西部区域磁场相对东部区平缓,多呈串珠状正异常;西北和东南区域主要以大面积杂乱正磁异常区为特征,梯度变化较大;中东部地区为低缓负磁异常区,局部负磁异常梯度变化较大。道伦达坝矿区位于预测区中部,磁场背景为低缓负磁异常区,0nT 等值线附近 | 重要 | 据 1∶5 万航磁平面等值线图显示:磁场总体表现为低缓的负磁场,在奥尤特一带出现一条北东走向长条形正磁场 | 次要 |
| 地球化学特征 | | 主成矿元素为 Cu、W、Au、Ag、Sn、Bi、As,是本区主要的伴生元素。异常具有北东向分带性,Cu 元素具有明显的浓度分带和浓集中心,异常强度高,呈北东向带状展布 | 重要 | 圈出一处综合异常,为 Th、W、Zr、Y 元素 | 重要 |

续表 7-52

| 预测要素 | 复合内生型(道伦达坝)描述内容 | 要素类别 | 火山岩型(奥尤特)描述内容 | 要素类别 |
|---|---|---|---|---|
| 遥感 | 遥感解译线性构造、环状构造发育 | 次要 | 解译出线要素 90 条(中型断层 28 条、小型断层 62 条),环要素 38 个,块要素 4 个,带要素 18 个。其中解译出 1 条大型断裂带即伊和高勒苏木-准巴彦塔拉断裂带 | 重要 |

## 三、最小预测区圈定

根据对典型矿床成矿规律、预测要素及预测工作区区域地质、物探、化探、遥感、自然重砂等背景条件的研究,确定预测工作区预测要素,提取预测变量,运用矿产资源评价系统(MRAS)对预测工作区进行定位预测。

### 1. 变量构置

根据各预测工作区不同成矿条件,进行预测变量构置(表 7-53)。

表 7-53　铜矿预测工作区变量构置一览表

| 预测类型 | 预测工作区 | 预测变量 | 变量处理 |
|---|---|---|---|
| 火山沉积变质型 | 霍各乞 | 地质体:提取阿古鲁沟组,求其存在标志 | 求取存在标志 |
| | | 航磁异常:异常区异常强,异常值 100～1800nT | 二值化处理 |
| | | 重力:北部异常在(−2～1)$\times10^{-5}m/s^2$之间,西南部异常值在(1～19)$\times10^{-5}m/s^2$之间 | 二值化处理 |
| | | 化探:Cu 单元素异常值在(18～278.8)$\times10^{-6}$之间 | 二值化处理 |
| | | 已知矿点:有 18 个同类型矿床和矿点,均对它们进行缓冲区处理,缓冲值为 1km | 求取存在标志 |
| | | 遥感异常:对圈定的遥感铁染及羟基异常线处理,形成区文件 | 求取存在标志 |
| 斑岩型 | 乌努格吐山 | 侵入岩:将 1∶10 万预测底图中侏罗纪岩体均提取作为含矿层,并将与其相邻第四系揭盖 1km | 求取存在标志 |
| | | 已知矿床(点):目前收集到的有 4 处,其中大型—超大型 1 处,小型 2 处,矿点 1 处 | 求取存在标志 |
| | | 断裂:选取北东向和北西向两组断裂,并沿断裂分别向两侧作 500m 缓冲区,图面表示断裂为 10mm | 求取存在标志 |
| | | Cu 单元素化探异常:异常起始值 $22\times10^{-6}$,终止值 $34\times10^{-6}$ | 求取存在标志 |
| | | 重力:剩余异常等值线起始值为 $0\times10^{-5}m/s^2$,终止值为 $7\times10^{-5}m/s^2$ | 二值化处理 |
| | | 航磁:剩余异常等值线起始值为 $100\times10^{-3}A/m$,终止值为 $150\times10^{-3}A/m$ | 二值化处理 |
| | | 蚀变:主要是角岩化 | 求取存在标志 |
| | | 化探:Cu、Pb、Zn 化探综合异常区文件 | 二值化处理 |

续表 7-53

| 预测类型 | 预测工作区 | 预测变量 | 变量处理 |
|---|---|---|---|
| 斑岩型 | 敖瑙达巴 | 地质体:提取哲斯组,求其存在标志 | 求取存在标志 |
| | | 航磁异常:敖瑙达巴铜矿位于正磁异常区,异常值 40～200nT | 二值化处理 |
| | | 重力:敖瑙达巴铜矿床异常值在(1～6.25)×$10^{-5}$ m/$s^2$之间 | 二值化处理 |
| | | 化探:Cu 单元素异常图异常值为(28～2 433.6)×$10^{-6}$ | 二值化处理 |
| | | 已知矿点:有 1 个同类型矿床,均对它们进行缓冲区处理,缓冲值为 1km | 求取存在标志 |
| | | 遥感异常:对圈定的遥感铁染及羟基异常线处理,形成区文件 | 求取存在标志 |
| | 车户沟 | 地质体:提取侏罗纪晚期正长花岗岩、黑云母二长花岗岩、黑云母花岗岩,并对其附近的覆盖层进行适度的和有限的揭盖处理,然后作 1000m(图面 10mm)缓冲区 | 求取存在标志 |
| | | 航磁异常:异常值范围为－400～0nT | 二值化处理 |
| | | 重力异常:异常值范围为(－5～0)×$10^{-5}$ m/$s^2$ | |
| | | 化探异常:Cu 单元素异常值范围为(7.5～2 433.6)×$10^{-6}$ | 二值化处理 |
| | | 已知矿点:有 5 个同类型矿床和矿点,对其作 1000m(图面 10mm)缓冲区 | 求取存在标志 |
| | | 断裂构造:北东向(45°±10°)同生断裂构造,然后作 1000m(图面 10mm)缓冲区 | 求取存在标志 |
| | | 重砂异常:选取重砂异常分布区 | 求取存在标志 |
| | | 遥感:选取遥感解译的隐伏岩体 | 求取存在标志 |
| | 珠斯楞 | 地质体:提取泥盆纪粉砂岩、钙质粉砂岩,滨浅海相陆源碎屑岩-碳酸盐岩地层和海西期闪长玢岩、花岗闪长岩、花岗斑岩 | 求取存在标志 |
| | | 航磁异常:提取化极后磁异常,异常值为 0～100nT | 二值化处理 |
| | | 重力:提取布格重力异常,异常值为(－168～－154)×$10^{-5}$ m/$s^2$ | 二值化处理 |
| | | 化探:提取 Cu 单元素地球化学异常,异常值为(18～47)×$10^{-6}$ | 求取存在标志 |
| | | 矿化蚀变带:提取遥感铁染信息,形成的缓冲区文件 | 求取存在标志 |
| | | 已知矿点:有 5 个同类型矿点,分别为珠斯楞铜(矿点)、呼伦西白铜(矿点)、渤温陶来铜矿(矿点)、温图高勒苏木呼伦西白铜矿(矿化点)、卧驼山南铜矿(矿化点)。对矿(化)点进行缓冲区处理 | 求取存在标志 |
| 海相火山岩型 | 查干哈达庙 | 地质体:晚石炭世本巴图组,共提取地质体 25 块,总面积为 263.13$km^2$ | 求取存在标志 |
| | | 断层:提取北东向地质断层及遥感推断断裂,并根据断层的规模作 500m 的缓冲区 | 求取存在标志 |
| | | 重力:剩余重力值范围为(－152～－150)×$10^{-5}$ m/$s^2$,总面积为 4 130.11$km^2$ | 二值化处理 |
| | | 航磁:航磁化极值范围为 200～350nT,总面积为 4 690.274$km^2$ | 二值化处理 |
| | | 遥感:提取遥感羟基铁染异常区 45 块,总面积为 163.14$km^2$ | 求取存在标志 |
| | 别鲁乌图 | 地层,晚石炭世本巴图组,岩性为变质砂岩、变质粉砂岩 | 求取存在标志 |
| | | 北东向断裂的缓冲区(包括地质、重力和遥感的) | 求取存在标志 |
| | | 蚀变带 | 求取存在标志 |
| | | 航磁异常采用化极 $\Delta T$ 等值线 | 二值化处理 |
| | | 重力剩余异常等值线 | 二值化处理 |
| | | 化探综合异常区 | 求取存在标志 |
| | | 遥感最小预测区 | 求取存在标志 |
| | | 已知矿床(点),目前收集到的有 3 处,其中中小型 1 处,矿点 2 处 | 求取存在标志 |

**续表 7-53**

| 预测类型 | 预测工作区 | 预测变量 | 变量处理 |
| --- | --- | --- | --- |
| 海相火山岩型 | 白乃庙 | 地质体:提取白乃庙组地层,求其存在标志 | 求取存在标志 |
| | | 航磁异常;白乃庙铜矿位于正磁异常区,异常区异常强,异常值 0～100nT | 二值化处理 |
| | | 重力:敖瑙达巴位于北东向重力梯级带上剩余重力高背景区,异常值在(5～12.78)$\times 10^{-5}$ m/s$^2$之间 | 二值化处理 |
| | | 化探:Cu 单元素异常图异常值为(22～370.0)$\times 10^{-6}$ | 求取存在标志 |
| | | 已知矿点:有 3 个同类型矿床,均对它们进行缓冲区处理,缓冲值为 1km | 求取存在标志 |
| | | 遥感异常:对圈定的遥感铁染及羟基异常线处理,形成区文件 | 求取存在标志 |
| | 小坝梁 | 地质体:提取石炭纪—二叠纪格根敖包组 | 求取存在标志 |
| | | 航磁:异常值在 100～150nT 之间 | 二值化处理 |
| | | 重力:已知矿点处重力场在(1～5)$\times 10^{-5}$ m/s$^2$之间,其中典型矿床位于超基性岩体中 | 二值化处理 |
| | | 已知矿点:有 4 个同类型矿点,对矿点进行缓冲区处理,缓冲半径为 1000m | 求取存在标志 |
| | | 东西向断裂为铜矿的容矿构造,对断裂进行缓冲区处理,缓冲半径为 600m | 求取存在标志 |
| | | 蚀变带:铜矿体的围岩具较强的绿泥石化及碳酸盐化。铜矿体的地表及浅部为氧化铜矿体,其中发育有铜帽,具强烈的褐铜矿化、黄钾铜矾化、硅化、赤铜矿化、孔雀石化等表生蚀变 | 求取存在标志 |
| | 奥尤特 | 地质体:仅提取晚侏罗世火山岩,并对上覆第四系覆盖层视地质体的具体情况进行了揭盖处理,最大外推不超过 1km | 求取存在标志 |
| | | 蚀变:提取中生代岩浆岩外蚀变带 | 求取存在标志 |
| | | 断裂:东西向、北东向及北西向断层缓冲区,半径为 500m | 求取存在标志 |
| | | 航磁:航磁异常采用化极 $\Delta T$ 等值线 | 二值化处理 |
| | | 重力:重力剩余异常等值线 | 二值化处理 |
| | | 已知矿床(点):目前收集到的有 4 处,其中中型矿床 1 处,矿点 1 处,矿化点 2 处。其中仅典型矿床 1 处提交了查明储量(金属量),总计 20 000t | 求取存在标志 |
| | | 遥感:采用解译断层 | 求取存在标志 |
| | | 化探:Cu、Pb、Zn 化探综合异常 | 求取存在标志 |
| | 公忽洞 | 地质体:提取胡吉尔图组和三叠纪侵入岩粗粒黑云母花岗岩和细—粗粒黑云母二长花岗岩 | 求取存在标志 |
| | | 航磁异常:提取低缓负磁异常,异常值为－100～0nT | 二值化处理 |
| | | 重力:提取剩余重力异常,且为重力正异常,异常值为(－1～1)$\times 10^{-5}$ m/s$^2$ | 二值化处理 |
| | | 化探:提取 Cu 单元素地球化学异常,异常值为(10～22)$\times 10^{-6}$ | 二值化处理 |
| | | 矿化蚀变带:提取矿化蚀变带,形成区文件 | 求取存在标志 |
| | | 已知矿点:有 3 个同类型矿点或矿床,对矿点进行缓冲区处理 | 求取存在标志 |
| | | 自然重砂:区内仅有一个铜三级自然重砂异常,均偏离预测区,未提取重砂文件 | 求取存在标志 |

续表 7-53

<table>
<tr><th>预测类型</th><th>预测工作区</th><th>预测变量</th><th>变量处理</th></tr>
<tr><td rowspan="14">矽卡岩型</td><td rowspan="7">罕达盖</td><td>地质体:提取多宝山组和石炭纪侵入岩,包括石英二长闪长岩、花岗闪长岩、花岗岩和二长花岗岩</td><td>求取存在标志</td></tr>
<tr><td>航磁异常:提取低缓负磁异常,异常值为−100～0nT</td><td>二值化处理</td></tr>
<tr><td>重力:提取剩余重力异常,且为重力正异常,异常值为(6～10)×$10^{-5}$m/$s^2$</td><td>二值化处理</td></tr>
<tr><td>化探:提取 Cu 单元素地球化学异常,异常值为(28～1900)×$10^{-6}$</td><td>二值化处理</td></tr>
<tr><td>矿化蚀变带:提取矿化蚀变带,形成区文件</td><td>求取存在标志</td></tr>
<tr><td>已知矿点:有 7 个同类型矿点或矿床,对矿点进行缓冲区处理</td><td>求取存在标志</td></tr>
<tr><td>自然重砂:区内仅有一个铜三级自然重砂异常,提取整个区文件</td><td>求取存在标志</td></tr>
<tr><td rowspan="5">盖沙图</td><td>地质体:提取古硐井群,求其存在标志</td><td>求取存在标志</td></tr>
<tr><td>地球物理特征:矿区处在重力异常过渡带上,南侧为重力高异常,重力异常走向为北东向。剩余重力异常图显示其北侧为北东向重力低异常带。矿区处在重力异常过渡带上,南侧为重力高异常,重力异常走向为北东向。剩余重力异常图显示其北侧为北东向重力低异常带。据 1∶50 万航磁显示,磁场为−100～0nT 平稳负磁场。据1∶5万航磁显示,矿区处在 0～100nT 的弱正磁异常上。据 1∶2000 地磁显示,矿区处在低缓的正磁场中,场值在 100nT 左右</td><td>二值化处理</td></tr>
<tr><td>化探:Cu、Pb、Zn、Au 等元素综合异常图作为本次预测资料,提取三级浓度分带,铜异常值为(1 665.8～18)×$10^{-6}$</td><td>二值化处理</td></tr>
<tr><td>已知矿点:有 6 个同类型矿床和矿点,均对它们进行缓冲区处理,缓冲值为 1km</td><td>求取存在标志</td></tr>
<tr><td>遥感异常:对圈定的遥感铁染及羟基异常线处理,形成区文件</td><td>求取存在标志</td></tr>
<tr><td rowspan="13">岩浆热液型(超基性—基性铜-镍硫化物)</td><td rowspan="6">白马石沟</td><td>地质体:地表出露或推断燕山早期花岗岩类和大石寨组</td><td>求取存在标志</td></tr>
<tr><td>重力:在已知矿区范围内,重力值较高</td><td>二值化处理</td></tr>
<tr><td>断裂:提取与成矿有关的断裂,并作 500m(图面 2mm)缓冲区</td><td>求取存在标志</td></tr>
<tr><td>航磁:航磁推断断层,并作 500m(图面 2mm)缓冲区</td><td>二值化处理</td></tr>
<tr><td>已知矿点:已知矿点、矿化点 16 个,并作 500m(图面 2mm)缓冲区</td><td>求取存在标志</td></tr>
<tr><td>遥感:提取Ⅰ级铁染异常区</td><td>求取存在标志</td></tr>
<tr><td rowspan="7">布敦花</td><td>地层:二叠纪寿山沟组砂板岩建造、大石寨组碎屑岩-火山岩建造、哲斯组杂砂岩-碳酸盐岩建造及林西组砂页岩板岩建造</td><td>求取存在标志</td></tr>
<tr><td>侵入岩:晚侏罗世—早白垩世中酸性花岗岩类:闪长岩、闪长玢岩、英云闪长岩、花岗闪长岩</td><td>求取存在标志</td></tr>
<tr><td>构造:区域性深大断裂(主要为嫩江断裂),北东向、北西向及东西向断裂</td><td>求取存在标志</td></tr>
<tr><td>遥感:最小预测区,遥感断裂解译结果</td><td>求取存在标志</td></tr>
<tr><td>重力:布格重力梯度带,特别是扭折带</td><td>二值化处理</td></tr>
<tr><td>航磁:正负磁场交界处,大面积负磁场中的局部正磁异常</td><td>二值化处理</td></tr>
<tr><td>化探:Cu、Pb、Zn、Ag 组合异常、综合异常</td><td>求取存在标志</td></tr>
</table>

**续表 7-53**

| 预测类型 | 预测工作区 | 预测变量 | 变量处理 |
|---|---|---|---|
| 岩浆热液型(超基性—基性铜-镍硫化物) | 道伦达坝 | 地质体:提取二叠纪林西组,求其存在标志 | 求取存在标志 |
| | | 航磁异常:依据区内航磁磁异常与已知矿床或矿点的关系,选择航磁化极异常作为本次预测资料。磁异常值幅值范围为100～1800nT | 二值化处理 |
| | | 重力:重力剩余异常等值线为$(-5\sim3)\times10^{-5}m/s^2$ | 二值化处理 |
| | | 化探:本区化探Cu、Ag、W单元素异常、组合异常及综合异常与已知矿床及矿点吻合程度高,特别是Cu单元素异常图吻合程度更高,因此,选用Cu单元素异常图作为本次预测资料 | 二值化处理 |
| | | 已知矿点:有7个同类型矿床和矿点,均对它们进行缓冲区处理 | 求取存在标志 |
| | | 遥感异常:提取遥感推测断层及遥感异常 | 求取存在标志 |
| | 欧布拉格 | 地质体:地表出露或推断有上侏罗统第二岩段英安质熔结火山角砾岩段、二叠纪大石寨组或石炭纪本巴图组 | 求取存在标志 |
| | | 侵入岩:燕山期的火山岩、次火山岩 | 求取存在标志 |
| | | 断裂:脉岩和断裂构造作缓冲区 | 求取存在标志 |
| | | 已知矿点:已知矿点、矿化点,进行投影变换,并作1000m(图面5mm)缓冲区,添加到图中 | 求取存在标志 |
| | | 化探:提取Cu化探异常区 | 二值化处理 |
| | 小南山 | 地质体:提取中元古代基性岩 | 求取存在标志 |
| | | 航磁异常:依据区内航磁异常与已知矿床或矿点的关系,选择航磁化极异常作为本次预测资料。小南山铜矿位于低缓负磁异常区,异常区异常强,异常值 | 二值化处理 |
| | | 重力:区域剩余重力异常呈北东东向,矿床位于重力低值区,剩余重力异常值为$(-4\sim4)\times10^{-5}m/s^2$ | 二值化处理 |
| | | 化探:本区化Cu单元素异常、组合异常及综合异常与已知矿床及矿点吻合程度高,特别是Cu单元素异常图吻合程度更高,因此,选用Cu单元素异常图作为本次预测资料,提取三级浓度分带,异常值为$(18\sim68)\times10^{-6}$ | 二值化处理 |
| | | 已知矿点:有7个同类型矿床和矿点,均对它们进行缓冲区处理,缓冲值为1km | 求取存在标志 |
| | | 遥感异常:对圈定的遥感铁染及羟基异常线处理,形成区文件 | 求取存在标志 |
| | 亚干 | 地质体:提取新元古代辉长岩,并进行揭盖 | 求取存在标志 |
| | | 断层:提取与成矿有关的北西向断层及航磁推断断层,并作500m(图面2mm)缓冲区 | 求取存在标志 |
| | | 重力:提取剩余重力异常,且为重力正异常,异常值为$(0\sim4)\times10^{-5}m/s^2$ | 二值化处理 |
| | | 根据布格重力资料推断隐伏基性岩体:区内仅有一个推断隐伏基性岩体,提取该区文件 | 求取存在标志 |
| | | 化探:提取Cu单元素异常,提取整个区文件 | 求取存在标志 |
| | | 已知矿床:区内仅有亚干铜矿床(中型),并对其进行缓冲区处理 | 求取存在标志 |

## 2. 最小预测区圈定方法及优选结果

预测单元的划分是开展预测工作的重要环节。铜矿定位预测单元划分方法采用了网格法和地质体单元法。①网格单元法：不同预测工作区根据实际情况划分不同间距的预测单元网格。霍各乞、白乃庙、敖瑙达巴、道伦达坝、小坝梁根据其预测底图比例尺 1∶10 万确定预测工作区单元网格间距为 2km×2km；珠斯楞、布敦花、欧布拉格、小南山的预测地图比例尺为 1∶25 万，由于含矿地质体出露面积较小，预测单元划分太大，会造成歪曲实际有矿单元的分布形态，使误判有矿的地区面积增大，不利于找矿工作的进行，并使预测的预测远景区可信度降低，其单元网格间距采用 2km×2km；盖沙图、公忽洞、查干哈达庙和车户沟预测工作区根据预测底图比例尺 1∶5 万确定预测工作区单元网格间距为 1km×1km。②地质单元划分法：罕达盖、亚干预测工作区地质条件变化多样，地质体出露零星，因此选择地质体单元法作为预测单元。

完成预测单元划分后对预测变量进行原始变量构置，生成原始数据专题，完成网格单元赋值。对区内已知矿床(点)按矿化规模将模型单元进行矿化级别的设置，选择具有代表性的单元作为模型单元，然后对前期所选择的预测变量进行筛选，获得真正对矿化起到作用的变量，完成变量优选步骤。证据权重法中，首先构造预测模型，生成定位预测专题图层，然后选择各预测要素的证据因子、计算证据权重，进行证据因子的条件独立性检验，计算后验概率并生成色块图，色块图级别是根据后验概率值的大小确定的。

后验概率色块图的不同级别是以网格单元为边界的规则边界，因此需要在色块图的基础上叠加所有成矿要素及预测要素，采用人工与 MRAS 软件交互的方式，根据形成的定位预测色块图对照不同级别的各要素边界，依据后验概率的大小，与模型区预测要素的匹配程度，圈定最小预测区，划分 A、B、C 类最小预测区级别(表 7-54)。

**表 7-54　铜矿最小预测区分级原则一览表**

| 预测工作区 | A、B、C 类分级原则 |
|---|---|
| 霍各乞 | A 类：地质体(含矿建造)＋已知矿床＋化探异常＋航磁异常分布范围＋剩余重力异常＋遥感Ⅰ级铁染异常。B 类：地质体＋化探异常＋矿点＋航磁异常分布范围＋剩余重力异常＋遥感异常。C 类：地质体＋矿化蚀变＋航磁异常分布范围或地质体＋重力异常＋遥感异常＋低强度化探异常 |
| 乌努格吐山 | A 类：侵入岩＋矿床(矿点)＋矿致异常(Cu 元素化探异常，Cu、Pb、Zn 综合异常)。B 类：侵入岩＋矿致异常＋断裂(Cu 元素化探异常，Cu、Pb、Zn 综合异常)。C 类：侵入岩＋综合异常(Cu、Pb、Zn 综合异常)或侵入岩＋A 类、B 类附近重力和航磁成矿有利位置＋断裂＋(遥感、重力、航磁)解译断裂 |
| 敖瑙达巴 | A 类：地质体(含矿建造)＋已知矿床＋化探异常＋航磁异常分布范围＋剩余重力异常＋遥感Ⅰ级铁染异常。B 类：地质体＋化探异常＋矿点＋航磁异常分布范围＋剩余重力异常＋遥感异常。C 类：地质体＋矿化蚀变＋航磁异常分布范围或地质体＋重力异常＋遥感异常＋低强度化探异常 |
| 车户沟 | A 类：成矿条件十分有利，预测依据充分，成矿匹配程度高，资源潜力大或较大的地区。B 类：成矿条件有利，有预测依据，成矿匹配程度相对较高，有比较大的预测资源量的地区。C 类：具成矿条件，有可能发现资源，可作为探索的地区或现有矿区外围和深部有预测依据，有一定资源潜力的地区 |
| 珠斯楞 | A 类：地质体(含矿建造)＋已知矿床＋化探异常＋航磁异常分布范围＋剩余重力异常＋遥感Ⅰ级铁染异常。B 类：地质体＋化探异常＋矿点＋航磁异常分布范围＋剩余重力异常＋遥感异常。C 类：地质体＋矿化蚀变＋航磁异常分布范围或地质体＋重力异常＋遥感异常＋低强度化探异常 |

**续表 7-54**

| 预测工作区 | A、B、C 类分级原则 |
| --- | --- |
| 查干哈达庙 | A 类:地质体+航磁+重力+化探+矿床+遥感。B 类:地质体+航磁+重力+化探+遥感。C 类:地质体+重力+化探+遥感 |
| 别鲁乌图 | A 类:地质体+航磁+重力+化探+矿点(/断层区/蚀变)。B 类:地质体+航磁+重力+化探。C 类:地质体+化探 |
| 白乃庙 | A 类:地质体(含矿建造)+已知矿床+化探异常+航磁异常分布范围+剩余重力异常+遥感Ⅰ级铁染异常。B 类:地质体+化探异常+矿点+航磁异常分布范围+剩余重力异常+遥感异常。C 类:地质体+矿化蚀变+航磁异常分布范围或地质体+重力异常+遥感异常+低强度化探异常 |
| 小坝梁 | A 类:地质体+航磁异常分布范围+剩余重力异常+遥感Ⅰ级铜染异常+断层。B 类:地质体+航磁异常分布范围+剩余重力异常。C 类:地质体+航磁异常分布范围或地质体+断层+重力异常 |
| 奥尤特 | A 类:地质体+航磁+重力+化探+矿床+遥感。B 类:地质体+航磁+重力+化探+遥感。C 类:地质体+重力+化探+遥感 |
| 公忽洞 | A 类:地质体+已知矿床(矿点)+化探异常+航磁异常+剩余重力异常+遥感Ⅰ级铁染异常。B 类:地质体+化探异常+航磁异常+剩余重力异常+自然重砂异常+矿化蚀变。C 类:地质体+航磁异常+化探异常+矿化蚀变+重力异常 |
| 罕达盖 | A 类:地质体+矿点+化探异常+航磁异常分布范围+剩余重力异常。B 类:地质体+(化探异常)+矿化蚀变带+航磁异常分布范围+剩余重力异常。C 类:地质体+航磁异常+剩余重力异常 |
| 盖沙图 | A 类:地质体(含矿建造)+已知矿床+化探异常+航磁异常分布范围+剩余重力异常+遥感Ⅰ级铁染异常。B 类:地质体+化探异常+矿点+航磁异常分布范围+剩余重力异常+遥感异常。C 类:地质体+矿化蚀变+航磁异常分布范围或地质体+重力异常+遥感异常+低强度化探异常 |
| 白马石沟 | A 类:地质体(含矿建造)+已知矿床+化探异常+航磁异常分布范围+剩余重力异常。B 类:地质体+化探异常+矿点+航磁异常分布范围+剩余重力异常。C 类:地质体+重力异常+低强度化探异常 |
| 布敦花 | A 类区:化探异常、矿床、布格重力梯度带扭折带、邻嫩江深大断裂、燕山晚期中性—中酸性岩体或二叠纪地层、断层。B 类:化探异常(综合异常,Cu 单元素异常,Cu、Pb、Zn、Ag 组合异常)、矿点或布格重力梯度带扭折带、燕山晚期中性—中酸性岩体、二叠纪地层。C 类:化探异常(综合异常,Cu 单元素异常,Cu、Pb、Zn、Ag 组合异常)、二叠纪地层,附近有或无燕山期中酸性岩体 |
| 道伦达坝 | A 类:地质体(含矿建造)+已知矿床+化探异常+航磁异常分布范围+剩余重力异常。B 类:地质体+化探异常+矿点+航磁异常分布范围+剩余重力异常。C 类:地质体+重力异常+低强度化探异常 |
| 欧布拉格 | A 类:地质体(含矿建造)+已知矿床+化探异常+航磁异常分布范围+剩余重力异常。B 类:地质体+化探异常+矿点+航磁异常分布范围+剩余重力异常。C 类:地质体+重力异常+低强度化探异常 |
| 小南山 | A 类:地质体(含矿建造)+已知矿床+化探异常+航磁异常分布范围+剩余重力异常+遥感Ⅰ级铁染异常。B 类:地质体+化探异常+矿化蚀变带+航磁异常分布范围+剩余重力异常+遥感异常。C 类:地质体+航磁异常分布范围+剩余重力异常+遥感异常+低强度化探异常 |
| 亚干 | A 类:地质体+矿点+北西向断层+推测的隐伏基性岩体+剩余重力异常。B 类:地质体+(化探异常)+北西向断层+推测的隐伏基性岩体+剩余重力异常。C 类:地质体+北西向断层 |

对圈定的面积过小、成矿潜力较差、预测意义不大的最小预测区进行排除，最终共圈定铜矿最小预测区 388 个(表 7-55，图 7-46～图 7-50)。

**表 7-55 内蒙古自治区铜矿各预测工作区最小预测区圈定成果一览表**

| 预测工作区 | A 类最小预测区数 | B 类最小预测区数 | C 类最小预测区数 | 最小预测区总数 | 面积($km^2$) |
|---|---|---|---|---|---|
| 乌努格吐山 | 3 | 5 | 10 | 18 | 310.37 |
| 敖瑙达巴 | 2 | 3 | 7 | 12 | 413.34 |
| 车户沟 | 3 | 9 | 11 | 23 | 11 143 |
| 珠斯楞 | 3 | 10 | 7 | 20 | 544.63 |
| 亚干 | 1 | 8 | 4 | 13 | 7.07 |
| 小南山 | 2 | 10 | 6 | 18 | 335.5 |
| 欧布拉格 | 7 | 9 | 9 | 25 | 613.06 |
| 布敦花 | 3 | 10 | 27 | 40 | 1 278.51 |
| 公忽洞 | 1 | 6 | 1 | 8 | 71.13 |
| 罕达盖 | 4 | 6 | 8 | 18 | 435.5 |
| 盖沙图 | 3 | 9 | 12 | 24 | 214.26 |
| 白马石沟 | 4 | 6 | 8 | 18 | 885.28 |
| 道伦达坝 | 8 | 15 | 20 | 43 | 1 590.94 |
| 小坝梁 | 4 | 9 | 8 | 21 | 701.75 |
| 奥尤特 | 5 | 3 | 7 | 15 | 81.21 |
| 霍各乞 | 5 | 6 | 14 | 25 | 340.39 |
| 查干哈达庙 | 2 | 8 | 7 | 17 | 291.98 |
| 白乃庙 | 5 | 4 | 7 | 16 | 82.3 |
| 总计 | 68 | 139 | 181 | 388 | 19 340.22 |

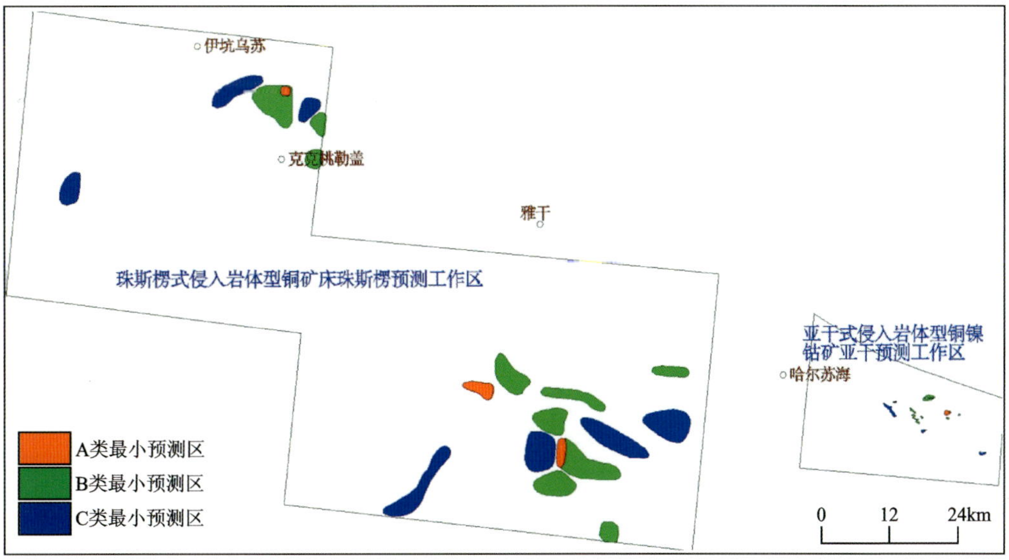

图 7-46 珠斯楞、亚干铜矿最小预测区分布图

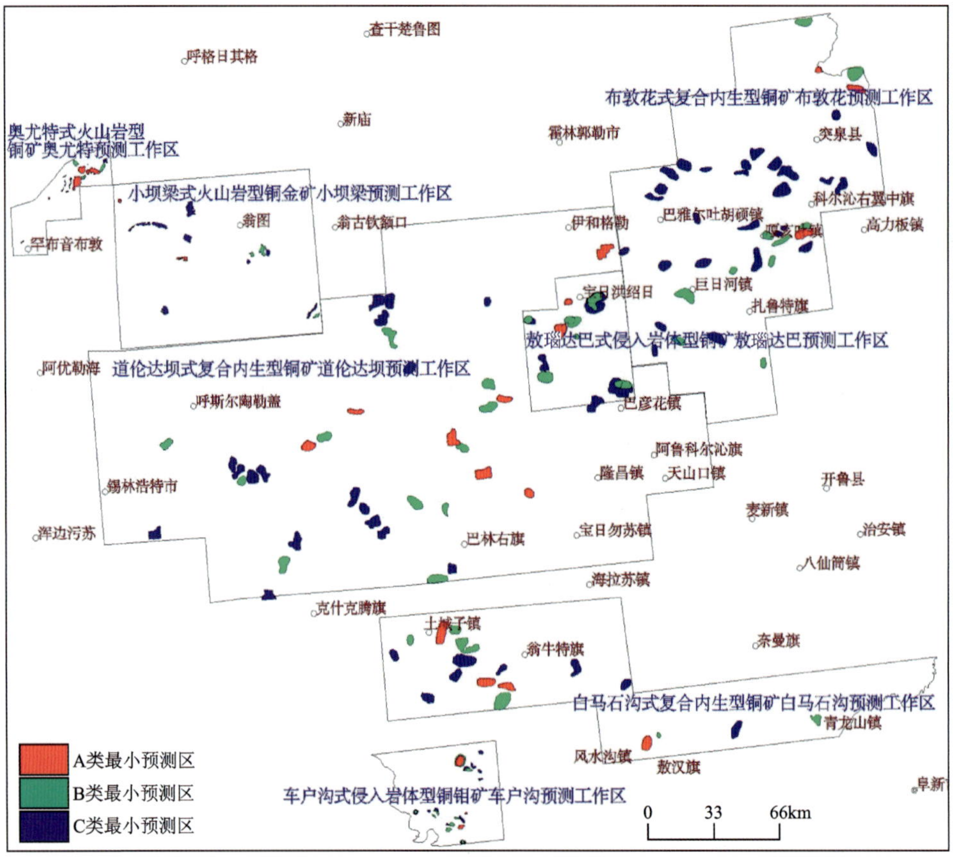

图 7-47　奥尤特、小坝梁、道伦达坝、布敦花、车户沟等铜矿最小预测区分布图

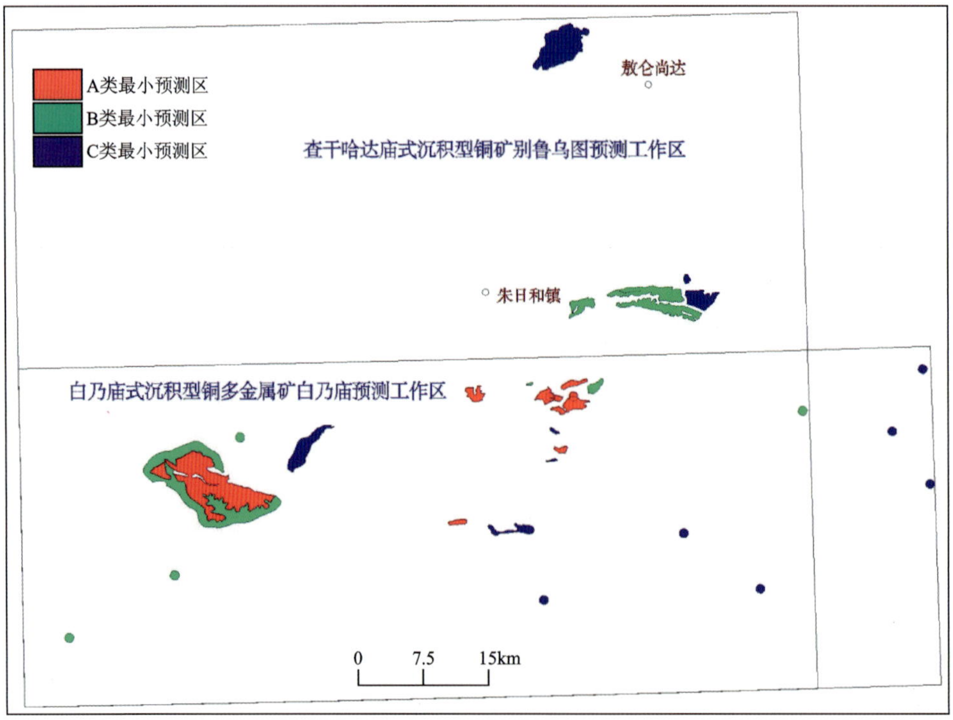

图 7-48　查干哈达庙、白乃庙铜矿最小预测区分布图

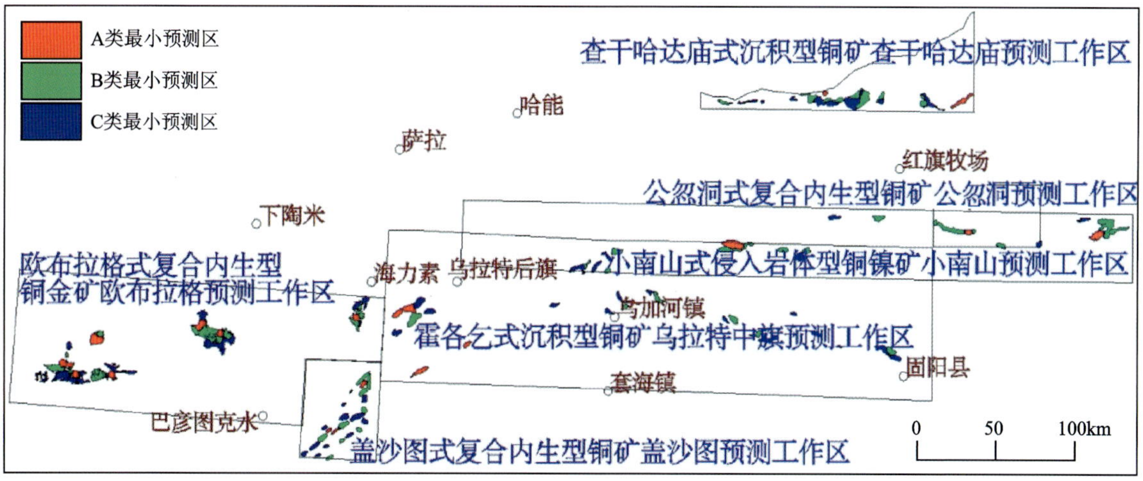


图 7-49 查干哈达庙、公忽洞、小南山、霍各乞等铜矿最小预测区分布图

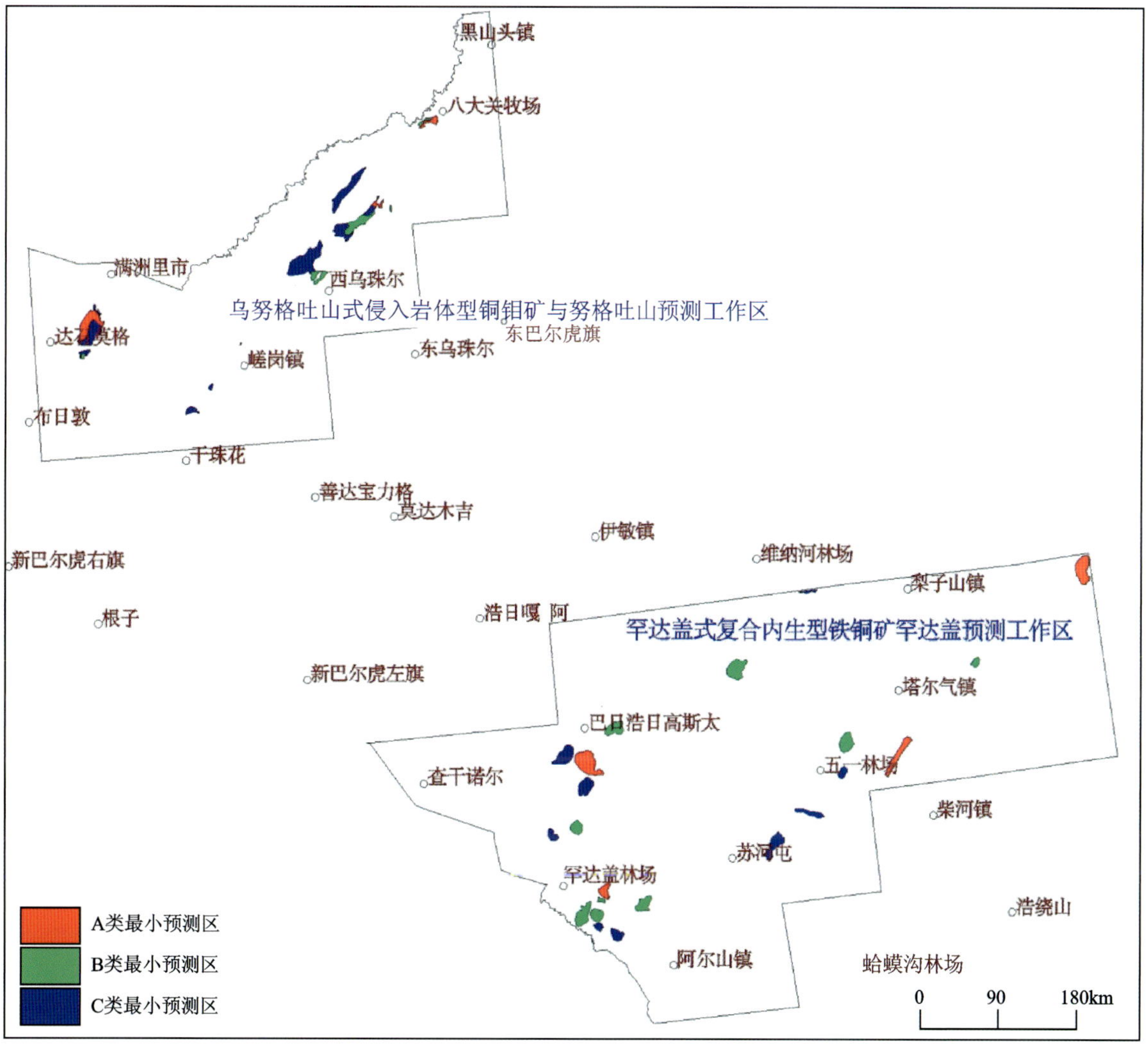


图 7-50 乌努格吐山、罕达盖铜矿最小预测区分布图

## 四、资源量定量预测

### 1. 典型矿床深度及外围资源量估算

运用地质体积法对内蒙古铜矿进行定量预测，首先确定典型矿床体积含矿率，对典型矿床深部及外围进行资源量估算(表 7-56)。

表 7-56　铜矿典型矿床预测成果一览表

| 预测类型 | 序号 | 典型矿床 | 经度 | 纬度 | 名称 | 面积($m^2$) | 延深(m) | 体积含矿率($t/m^3$) | 预测资源量(t) | 预测资源总量(t) |
|---|---|---|---|---|---|---|---|---|---|---|
| 沉积变质型 | 1 | 霍各乞 | 106°41′00″ | 41°17′00″ | 深部 | 1 137 197 | 590 | 0.001 | 670 946.2 | 930 583.6 |
| | | | | | 外围 | 210 233 | 1235 | | 259 637.8 | |
| 斑岩型 | 2 | 乌努格吐山 | 117°17′30″ | 49°25′15″ | 深部 | 2 546 336 | 300 | 0.001 211 | 925 083.86 | 925 083.86 |
| | 3 | 敖瑙达巴 | 119°31′23″ | 44°33′45″ | 深部 | 175 354.56 | 130 | 0.000 167 | 3 806.95 | 4 930.87 |
| | | | | | 外围 | 12 281.11 | 548 | | 1 123.92 | |
| | 4 | 车户沟 | 118°30′00″ | 42°25′00″ | 深部 | 1 050.674 72 | 440 | 0.013 949 | 6 448.449 06 | 43 898.043 66 |
| | | | | | 外围 | 1 789.870 25 | 1500 | | 37 449.594 6 | |
| | 5 | 珠斯楞 | 102°39′54″ | 41°38′50″ | 深部 | 6550 | 55 | 0.001 2 | 432.3 | 1 302.78 |
| | | | | | 外围 | 3720 | 195 | | 870.48 | |
| 海相火山岩型 | 6 | 白乃庙 | 112°30′30″ | 42°13′00″ | 深部 | 2 344 667 | 346 | 0.000 219 | 177 664.8 | 885 991.1 |
| | | | | | 外围 | 2 289 007 | 1413 | | 708 326.3 | |
| | 7 | 查干哈达庙 | 110°25′59″ | 42°25′01″ | 深部 | 334 811 | 200 | 0.000 066 3 | 4436 | 4436 |
| | | | | | | 217 562 | 100 | | | |
| | 8 | 小坝梁 | 116°44′23″ | 45°06′40″ | 深部 | 16 414.4 | 500 | 0.000 462 | 10 045.25 | 13 834.67 |
| | | | | | 外围 | | | | 3 789.42 | |
| | 9 | 奥尤特 | 116°03′37″ | 45°36′01″ | 深部 | 7.098 | 365 | 0.000 007 72 | 27 608.17 | 27 608.17 |
| | | | | | 外围 | | | | | |
| 矽卡岩型 | 10 | 公忽洞 | 110°29′10″ | 41°45′52″ | 深部 | 32 948.0 | 100 | 0.001 17 | 3 854.916 | 62 319.816 |
| | | | | | 外围 | 99 940.0 | 500 | | 58 464.9 | |
| | 11 | 罕达盖 | 119°38′30″ | 47°25′15″ | 深部 | 97 710.0 | 86 | 0.001 2 | 10 083.7 | 79 307.4 |
| | | | | | 外围 | 240 360.0 | 241 | | 69 223.7 | |
| | 12 | 盖沙图 | 106°23′00″ | 40°53′00″ | 深部 | 411 160.04 | 75 | 0.000 074 8 | 2 306.61 | 8 210.37 |
| | | | | | 外围 | 157 854.53 | 500 | | 5 903.76 | |

续表 7-56

| 预测类型 | 序号 | 典型矿床 | 经度 | 纬度 | 名称 | 面积（$m^2$） | 延深（m） | 体积含矿率（$t/m^3$） | 预测资源量（t） | 预测资源总量（t） |
|---|---|---|---|---|---|---|---|---|---|---|
| 岩浆热液型 | 13 | 白马石沟 | 119°48′20″ | 42°23′15″ | 深部 | 127 978 | 245 | 0.000 15 | 4 449.67 | 4 449.67 |
| | | | | | 外围 | 110 000 | 100 | | | |
| | 14 | 布敦花 | 121°22′30″ | 44°55′00″ | 深部 | 1 419 275 | 50 | 0.022 | 6401 | 64 600 |
| | | | | | 外围 | 1 131 975 | 570 | | 58 199 | |
| | 15 | 道伦达坝 | 117°57′37″ | 44°13′46″ | 深部 | 134 825 | 100 | 0.002 8 | 37 751 | 91 825.5 |
| | | | | | 外围 | 34 486.29 | 560 | | 54 074.5 | |
| | 16 | 欧布拉格 | 106°18′51″ | 41°13′19″ | 深部 | 26 009 | 340 | 0.003 6 | 40 127.75 | 40 127.75 |
| | | | | | 外围 | 23 035.36 | 100 | | | |
| 岩浆型（超基性—基性铜-镍硫化物） | 17 | 小南山 | 111°24′10″ | 41°45′26″ | 深部 | 11 947 | 85 | 0.001 2 | 1 218.6 | 1342 |
| | | | | | 外围 | 278 | 370 | | 123.4 | |
| | 18 | 亚干 | 116°03′37″ | 45°36′01″ | 深部 | 303 040.87 | 80 | 0.001 93 | 46 789.82 | 27 608.17 |

### 2. 模型区及预测区参数确定

模型区即为包含典型矿床的最小预测区。

参考模型区地质体面积、延深、预测资源量，计算含矿地质体含矿系数（表 7-57）。

**表 7-57 铜矿模型区预测资源量及其估算参数表**

| 模型区编号 | 模型区名称 | 经度 | 纬度 | 含矿地质体含矿系数 | 模型区预测资源总量（t） |
|---|---|---|---|---|---|
| A1504101001 | 霍各乞 | 106°41′00″ | 41°17′00″ | 0.000 063 | 930 583.6 |
| A1504201001 | 乌努格吐山 | 117°17′30″ | 49°25′15″ | 0.000 076 78 | 925 083.86 |
| A1504202001 | 敖瑙达巴 | 119°31′23″ | 44°33′45″ | 0.000 000 664 | 17 136.31 |
| A1504203001 | 车户沟 | 118°29′43″ | 42°25′33″ | 0.000 005 37 | 22.772 499 96 |
| A1504205001 | 珠斯楞 | 102°39′54″ | 41°38′50″ | 0.000 001 2 | 1 122.15 |
| A1504102002 | 查干哈达庙 | 110°26′26″ | 42°25′02″ | 0.000 000 96 | 6654 |
| A1504102003 | 别鲁乌图 | 113°01′04″ | 42°17′14″ | 0.000 017 | 15 566.14 |
| A1504103001 | 白音朝克图苏木 | 112°30′55″ | 42°12′49″ | 0.000 028 12 | 1 433 524 |
| A1504402001 | 小坝梁 | 116°47′21″ | 45°06′16″ | 0.000 012 | 54 015.67 |
| A1504401001 | 奥尤特 | 116°03′37″ | 45°36′01″ | 0.000 006 | 27 608.17 |
| A1504602001 | 公忽洞 | 110°29′09″ | 41°45′51″ | 0.000 015 | 62 319.82 |
| A1504603001 | 罕达盖 | 119°37′50″ | 47°26′12″ | 0.000 017 | 79 307.1 |
| A1504607001 | 盖沙图 | 106°23′00″ | 40°53′00″ | 0.000 004 16 | 21 278.68 |

续表 7-57

| 模型区编号 | 模型区名称 | 经度 | 纬度 | 含矿地质体含矿系数 | 模型区预测资源总量(t) |
|---|---|---|---|---|---|
| A1504604004 | 白马石沟 | 119°48′59″ | 42°25′02″ | 0.000 000 7 | 9 365.62 |
| A1504605001 | 布敦花 | 121°22′39″ | 44°54′18″ | 0.001 36 | 34 462 441 |
| A1504606002 | 道伦达坝 | 117°57′37″ | 44°13′46″ | 0.000 020 | 268 119.7 |
| A1504601001 | 欧布拉格 | 106°18′51″ | 41°13′19″ | 0.000 013 | 60 216.23 |
| A1504204001 | 小南山 | 111°23′37″ | 41°44′35″ | 0.000 000 6 | 5594 |
| A1504206001 | 亚干 | 103°36′56″ | 41°47′21″ | 0.000 625 7 | 175 189.82 |

### 3. 预测区资源量估算及其结果

对比最小预测区与模型区相似性，确定相似性系数，根据含矿建造出露(推测)面积、延深计算各最小预测区预测资源量。

本次共预测十伴生铜矿预测资源总量为1 235.29万t，其中铜矿为1 190.37万t，伴生铜矿44.94万t。铜矿中沉积变质型355.28万t，斑岩型为403.66万t，海相火山岩型为131.59万t，矽卡岩型铜矿为114.23万t，岩浆热液型为163.9万t，岩浆型(超基性—基性铜-镍硫化物)为21.71万t(表7-58)。

表 7-58　铜矿预测区资源量估算及其结果表

| 预测工作区编号 | 预测工作区 | 最小预测区面积范围($km^2$) | 最小预测区预测深度范围(m) | 最小预测区相似系数 | 预测工作区预测资源总量(万t) |
|---|---|---|---|---|---|
| 1504101001 | 霍各乞 | 2.36～32.73 | 200～1235 | 10.45 | 355.28 |
| 1504201001 | 乌努格吐山 | 0.29～42.2 | 400～900 | 7.15 | 370.55 |
| 1504202001 | 敖瑙达巴 | 8.27～59.54 | 200～745 | 4.8 | 2.11 |
| 1504203001 | 车户沟 | 1.27～22.77 | 400～1500 | 12.15 | 27.12 |
| 1504205001 | 珠斯楞 | 3.53～48.59 | 120～195 | 9.55 | 3.88 |
| 1504102001 | 查干哈达庙 | 2.27～48.80 | 100～200 | 6.15 | 17.01 |
| 1504102003 | 别鲁乌图 | 0.202～17.948 | 200～1500 | 5.51 | 20.877 |
| 1504103001 | 白乃庙 | 3.53～48.59 | 200～1431 | 8.88 | 96.40 |
| 1504402001 | 小坝梁 | 3.11～28.95 | 120～500 | 6.2 | 11.65 |
| 1504401001 | 奥尤特 | 0.113～24.1 | 200～36 | 4.89 | 6.53 |
| 1504602001 | 公忽洞 | 0.42～30.965 3 | 200～800 | 3.3 | 9.90 |
| 1504603001 | 罕达盖 | 3.72～56.63 | 200～800 | 11.55 | 95.06 |
| 1504607001 | 盖沙图 | 3.3～21.4 | 300～1000 | 4.85 | 9.27 |
| 1504604004 | 白马石沟 | 17～76 | 80～245 | 4.2 | 1.89 |
| 1504605001 | 布敦花 | 9.3～61.6 | 450～600 | 6.6 | 49.49 |
| 1504606002 | 道伦达坝 | 18.3～49.6 | 400～650 | 8.4 | 69.95 |
| 1504601001 | 欧布拉格 | 3～69 | 240～500 | 6.828 | 42.57 |
| 1504204001 | 小南山 | 5.61～52.68 | 200～500 | 9.18 | 2.22 |
| 1504206001 | 亚干 | 0.1～1.8 | 90～300 | 3.4 | 19.49 |

#### 4. 预测区共伴生铜矿资源量估算

本次共伴生铜矿预测资源总量为 44.94 万 t(表 7-59)。

表 7-59　伴生铜矿各预测工作区预测成果一览表

| 预测工作区编号 | 预测工作区 | 主矿种 | 最小预测区面积范围($km^2$) | 最小预测区延深范围(m) | 伴生铜含矿率 | 主矿种预测资源量(t) | 伴生铜预测资源量(t) |
|---|---|---|---|---|---|---|---|
| 1506205001 | 拜仁达坝铅锌矿预测工作区 | 铅锌 | 6.89～44.78 | 100～440 | 0.053 | Pb 1 653 774<br>Zn 2 781 966 | 275 453 |
| 1508203001 | 七一山钨矿预测工作区 | 钨 | 4.30～48.57 | 400～600 | 0.004 87 | 20 311.75 | 189.18 |
| 1506208001 | 余家窝铺铅锌矿预测工作区 | 铅锌 | 1.02～12.59 | 400～700 | 0.003 61 | Pb 442 371.22<br>Zn 879 146.15 | 598 |
| 1511505001 | 老硐沟金矿预测工作区 | 金 | 0.50～20.99 | <500m | 843.06 | 18 898.75(kg) | 3035 |
| 1506101001 | 东升庙铅锌矿预测工作区 | 铅锌 | 34～119 | 600～900 | 0.009 9 | Pb 2 596 412<br>Zn 12 860 402 | 49 594 |
| 伴生铜矿预测资源总量 | | | | | | | 10 885 |

# 第五节　铅锌矿资源潜力评价

## 一、铅锌矿预测模型

本次工作铅锌矿共确定了 4 种预测方法类型:沉积型、火山岩型、侵入岩体型、复合内生型(表 7-60)。

表 7-60　铅锌矿典型矿床预测类型一览表

| 预测类型 | 典型矿床 |
|---|---|
| 沉积型 | 东升庙 |
| 火山岩型 | 比利亚谷、扎木钦、甲乌拉 |
| 侵入岩体型 | 查干敖包、天桥沟、阿尔哈达、长春岭、拜仁达坝、孟恩陶勒盖、白音诺尔、余家窝铺 |
| 复合内生型 | 李清地、花敖包特、代兰塔拉 |

在典型矿床成矿要素研究的基础上,综合研究重力、航磁、化探、遥感、自然重砂等预测要素,基于预测要素的研究结果,构建典型矿床的预测模型图。典型矿床预测模型图,以剖面图形式或平面投影形式表示预测要素内容及其相关关系和空间变化特征。在区域成矿模式的基础上,叠加区域地球物理、地球化学、遥感、自然重砂等找矿模型资料,形成区域预测模型图,以剖面图形式表示预测要素内容及其相互关系,以及时空展布特征。

本节主要阐述原生铅锌矿资源潜力评价成果,共伴生铅锌矿资源潜力评价成果参见其主矿种相关章节。

**1. 沉积型铅锌矿**

沉积型铅锌矿主要为东升庙式铅锌矿,位于狼山后山地区,在大地构造单元属于华北陆块北缘的狼山-阴山陆块-白云鄂博裂谷($Pt_2$),成矿区(带)属Ⅲ-11 华北陆块北缘西段金、铁、铌、稀土、铜、铅、锌、银、镍、铂、钨、石墨、白云母成矿带。以东升庙矿床为例,总结预测要素(表 7-61)。

由于东升庙矿区无大比例尺的物化遥资料,故利用典型矿床所在区域物化探剖析图,编制典型矿床所在区域地质-物探模型图、地质-化探模型图,区域预测模型图以剖面图形式表示(图 7-51～图 7-53)。

**表 7-61 东升庙式沉积型铅锌矿典型矿床预测要素表**

| 预测要素 | | 描述内容 | | | | 要素类别 |
|---|---|---|---|---|---|---|
| | | 储量 | 铅锌 5 029 581t | 平均品位 | Pb+Zn 2.36% | |
| | | 特征描述 | 海底喷流-沉积矿床(层控) | | | |
| 地质环境 | 岩石类型 | 为(含粉砂)碳质泥岩-碳酸盐岩建造。其中普遍发育有喷气成因的燧石夹层或条带 | | | | 必要 |
| | 岩石结构 | 变余泥质结构 | | | | 次要 |
| | 成矿年代 | 中元古代 | | | | 必要 |
| | 成矿环境 | 渣尔泰山群二岩组的(含粉砂)碳质泥岩-碳酸盐岩建造;条带状碳质石英岩富铜,白云质灰岩、硅质条带结晶灰岩富硫,碳质板岩中富含铅锌;该层位相当于区域上渣尔泰山群增隆昌组上部和阿古鲁沟组 | | | | 必要 |
| | 构造背景 | 属于华北陆块北缘的狼山-阴山陆块-白云鄂博裂谷 | | | | 必要 |
| 矿床特征 | 矿物组成 | 矿石矿物:黄铁矿、磁黄铁矿、闪锌矿、方铅矿、黄铜矿、磁铁矿等;<br>脉石矿物:白云石、绢云母、黑云母、石英、长石、方解石、石墨、重晶石、电气石、磷灰石、透闪石等 | | | | 重要 |
| | 矿石结构构造 | 结构:半自形—他形粒状,自形粒状为主,其次有包含结构、充填结构、溶蚀结构、斑状变晶结构、固溶体分离结构、反应边结构、压碎结构等;<br>构造:条纹—条带状构造、块状构造、浸染状构造、细脉浸染状构造、角砾状构造、凝块状构造、鲕状—结核状构造、定向构造等 | | | | 次要 |
| | 控矿条件 | 华北陆块北缘断陷海槽控制着硫多金属成矿带(南带)的分布范围和含矿特征,其中的二级断陷盆地控制着一个或几个矿田的分布范围和含矿特征;三级断陷盆地则控制着矿床的分布范围和含矿特征 | | | | 必要 |
| | 蚀变 | 在含矿层及其上、下盘围岩中均有发育,如电气石化、碱性长石化、绿泥石化、绿帘石化、黝帘石化、碳酸盐化、硅化等。其中最具特征的是下盘的电气石化,分布广泛,属层状蚀变,成分为镁电气石或镁电气石与铁电气石过渡种属,与海底喷气有关,与矿化关系密切的蚀变有黑云母化、绿泥石化和碳酸盐岩化 | | | | 重要 |
| | 风化 | 方铅矿、闪铅矿出露地表后多分布于铁帽、铅华等表生氧化产物中 | | | | 次要 |

续表 7-61

| 预测要素 | | 描述内容 | 要素类别 |
|---|---|---|---|
| 地球物理特征 | 重力 | 东升庙海相火山喷流沉积型铅锌矿床位于北东向局部重力低异常的北西侧等值线密集带上，该局部重力低异常最小值 $\Delta g_{\min}=-228.47\times10^{-5}\,m/s^2$，重力低异常异常幅度约 $80\times10^{-5}\,m/s^2$；推断重力低异常带是临河中—新生代盆地所致 | 重要 |
| | 航磁 | 据 1∶1 万地磁平面等值线图显示，磁异常呈条带形，走向东西，极值达 1300nT。据 1∶1 万电法等值线图显示，矿点处于低阻高极化异常上，推测异常属于矿致异常 | 重要 |
| 地球化学特征 | | 分布于铜铅锌化极三级分带异常范围内，范围大，强度高，连续性好 | 重要 |

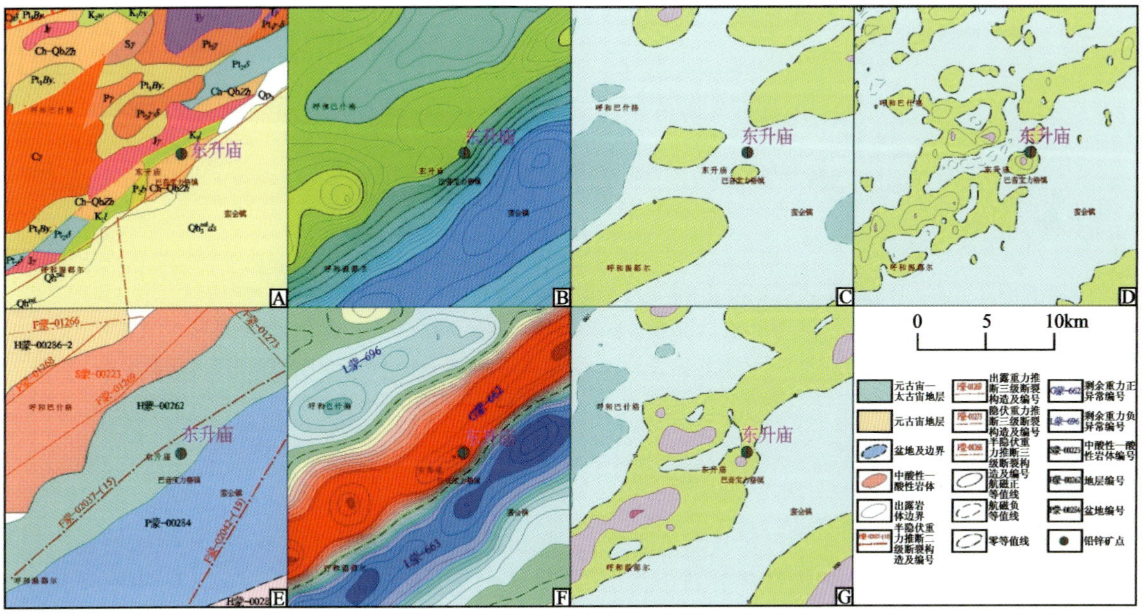


图 7-51 东升庙式铅锌矿典型矿床地质-物探模型图

A. 地质矿产图；B. 布格重力异常图；C. 航磁 $\Delta T$ 等值线平面图；D. 航磁 $\Delta T$ 化极垂向一阶导数等值线平面图；E. 重力推断地质构造图；F. 剩余重力异常图；G. 航磁 $\Delta T$ 化极等值线平面图

东升庙矿位于中元古代蓟县纪阿古鲁沟组中，处于断裂交会部位，东升庙铅锌矿床位于北东向局部重力低异常的北西侧等值线密集带上，剩余重力异常等值线平面图上亦明显反映局部剩余重力低异常。推断重力低异常带是临河中—新生代盆地所致，重力高异常带是宝音图隆起南延的反映。1∶20 万航磁（$\Delta T$）等值线平面图显示，该矿床在北东向的弱磁场高背景区，航磁（$\Delta T$）化极垂向一阶导数等值线平面图反映在矿床处形成强度较低的局部磁异常，表明该矿床与弱磁性矿物相对富集有关；在矿体西北部，Pb、Cu 异常呈北东向条带状展布，Pb、Cu 异常面积大，Cu 异常强度较低；Zn、Ag、Au、W、As、Cd 异常规模较小，在矿体上具有明显的浓度分带和浓集中心，As、Ag、W、Cd 在矿体北部表现为低缓异常，Au 则具有明显的浓度分带和浓集中心。

中元古代蓟县纪阿古鲁沟组是本区主要赋矿地层，处于为重力梯级带上，磁场为低缓负磁异常区，Pb、Zn、Cu、Ag、W、Au、Cd 等单元素化探异常明显，套合较好，均有相对浓度高值点出现。

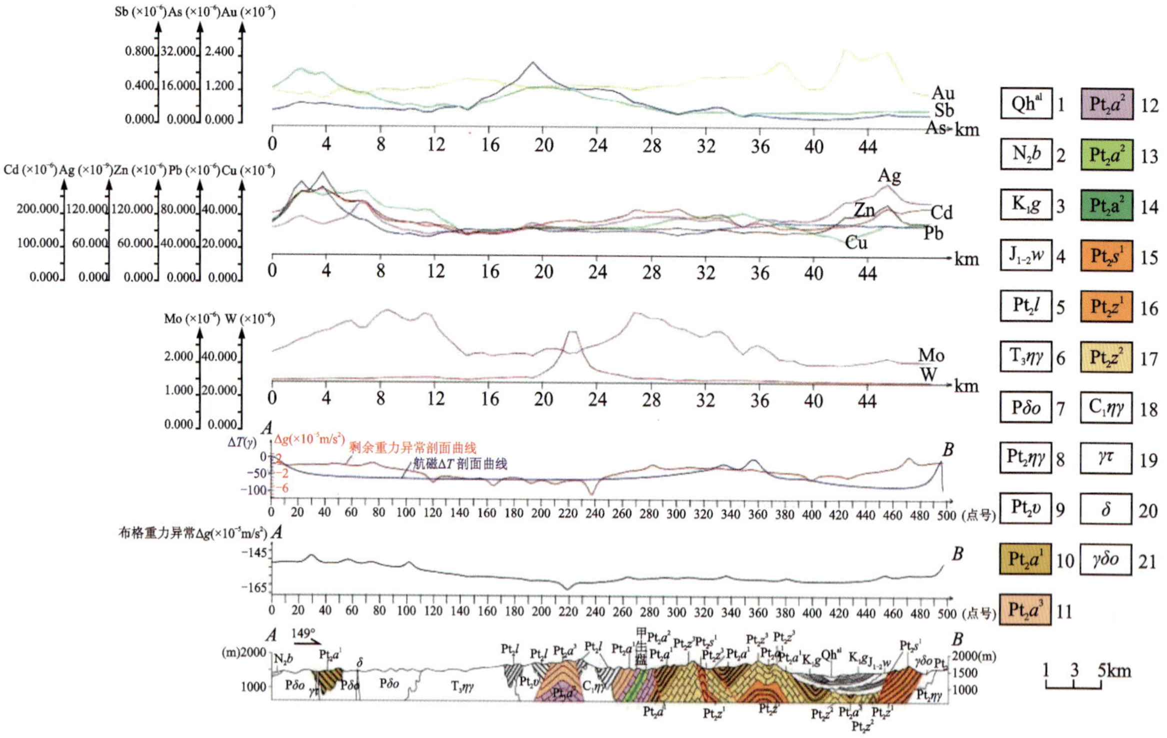

图 7-52　东升庙式铅锌矿区域预测模型图

1.洪积层;2.宝格达乌拉组;3.固阳组;4.石拐群五当沟组;5.刘鸿湾组;6.二长花岗岩;7.石英闪长岩;8.二长花岗岩;9.辉长岩;10.千枚状碳质粉砂质板岩建造;11.碳质方解石片岩;12.碳质细晶灰岩;13.碳质板岩建造;14.二云石英片岩;15.变质含砾砾长石;16.变质长石石英砂岩-粉砂质板岩建造;17.硅质条带状结晶灰岩-碳质白云质结晶灰岩;18.二长花岗岩;19.岩脉;20.闪长岩脉;21.花岗石英闪长岩

**2.火山岩型铅锌矿**

火山岩型铅锌矿主要分布于内蒙古东北部地区,包括比利亚谷式、扎木钦式、甲乌拉式等预测亚类。比利亚谷式铅锌矿和甲乌拉式铅锌矿分布于天山-兴蒙造山系,大兴安岭弧盆系大地构造单元,成矿区(带)属Ⅲ-5 新巴尔虎右旗-根河(拉张区)铜、钼、铅、锌、银、金、萤石、煤(铀)成矿带;扎木钦式铅锌矿在大地构造单元上属天山-兴蒙造山系,大兴安岭弧盆系,锡林浩特岩浆弧和天山-兴蒙造山系索伦山-林西结合带,本区位于该构造单元的中东部。成矿区(带)属Ⅲ-8 突泉-翁牛特铅、锌、银、铜、铁、锡、稀土成矿带。

以扎木钦、甲乌拉矿床为例,介绍该预测类型铅锌矿的预测要素(表 7-62、表 7-63)。由于扎木钦、甲乌拉矿区无大比例尺的物化遥资料,故利用典型矿床所在区域的物化探资料,编制典型矿床所在区域地质矿产及物化探剖析图,代替典型矿床预测模型图,根据典型矿床成矿规律研究成果,编制区域预测模型图(图 7-54～图 7-59)。

1)扎木钦

扎木钦矿位于晚侏罗世白音高老组火山岩系及第四系中,该矿床位于局部重力低异常的边部,该局部重力低异常走向近南北向;异常编号为 L 蒙-185 号负剩余重力异常,根据物性资料和地质资料分析,推断该重力低异常是中性—酸性岩体的反映。表明扎木钦铅锌矿床在成因上不仅与古生代地层有关而且与中性—酸性岩体关系密切。该矿床位于高磁异常区,该高磁异常区与重力高异常对应,推断高磁异常区是由古生代地层所致;晚侏罗世白音高老组火山岩系是本区主要赋矿地层,重力场及磁场均为低异常区,Pb、Zn、Cu、Ag、As、Mo、Sb、Cd、Au、W 等单元素化探异常明显,套合较好,均有相对浓度高值点出现。

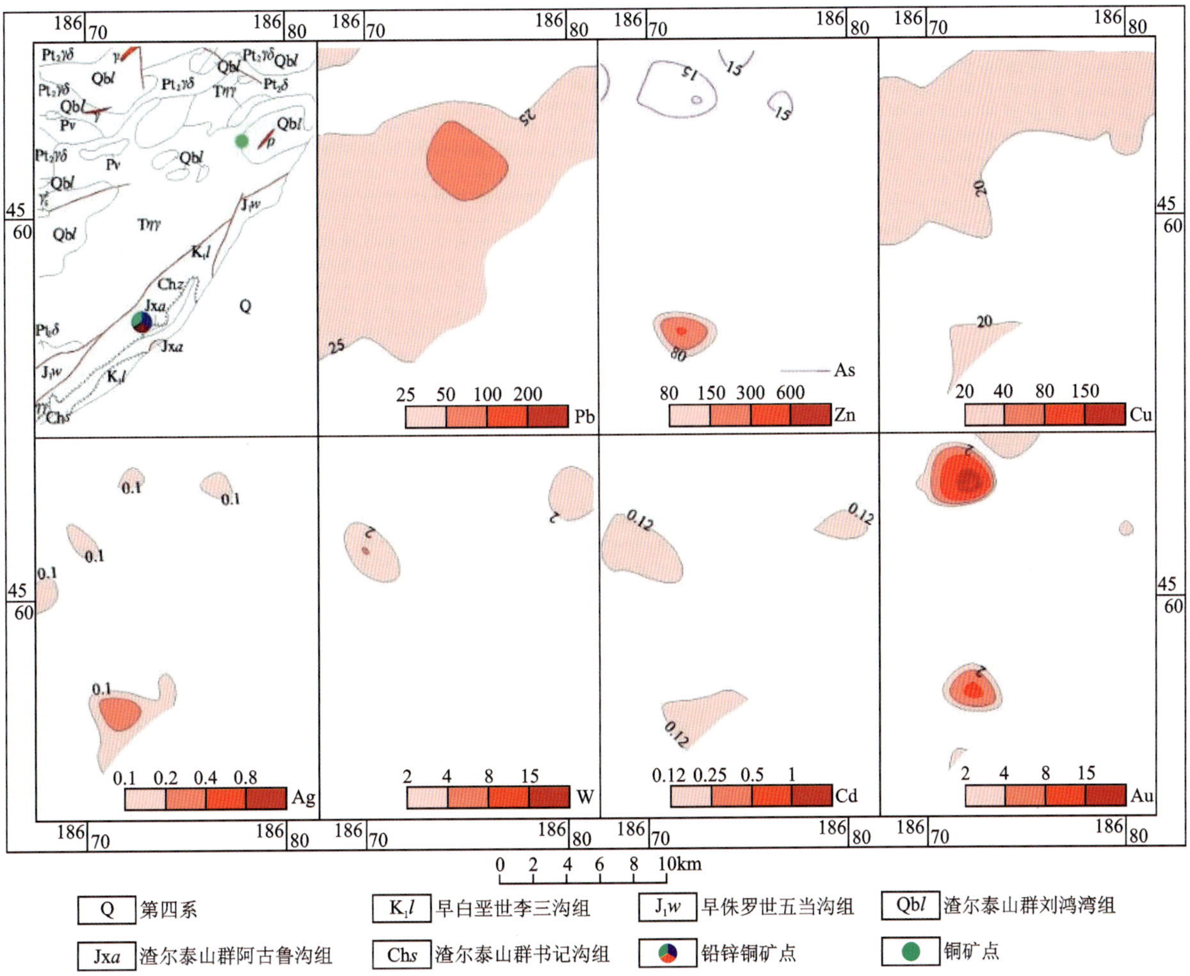


图 7-53 东升庙式铅锌矿典型矿床地质-化探模型图

**表 7-62 扎木钦式火山热液型铅锌银矿预测要素表**

| 预测要素 | | 描述内容 | | | | 要素类别 |
|---|---|---|---|---|---|---|
| | | 储量 | 铅＋锌 356 769t | 平均品位 | Pb＋Zn 2.83% | |
| | | 特征描述 | 火山岩型 | | | |
| 地质环境 | 构造背景 | 属天山-兴蒙造山系，大兴安岭弧盆系，锡林浩特岩浆弧，天山-兴蒙造山系，索伦山-林西结合带，本区位于该构造单元的中东部 | | | | 必要 |
| | 成矿环境 | Ⅲ-8 突泉-翁牛特铅、锌、银、铜、铁、锡、稀土成矿带 | | | | 必要 |
| | 成矿时代 | 燕山期 | | | | 必要 |
| 控矿地质条件 | 控矿构造 | 近东西向断裂构造，地表规模大的硅化破碎带，火山机构 | | | | 必要 |
| | 赋矿地层 | 矿体呈层状或似层状赋存于晚侏罗世白音高老组火山岩系中，并隐伏于地表以下 300m | | | | 必要 |
| | 控矿侵入岩 | 矿区内侵入岩零星分布，主要有燕山期次火山岩-安山玢岩、石英闪长玢岩等呈岩株和脉状产出，与成矿热液的形成及运移有着密切的关系 | | | | 必要 |
| 区域成矿类型及成矿区 | | 火山岩型；燕山期 | | | | 必要 |
| 预测区同类型矿点 | | 1 个矿点 | | | | 必要 |

**续表 7-62**

| 预测要素 | | 描述内容 | 要素类别 |
|---|---|---|---|
| 区域物探异常特征 | 重力异常特征 | 区内剩余重力异常显示明显北东东向带状,显示出火山盆地与隆起相间分布,扎木钦铅锌矿位于正负重力转化部位(火山盆地与隆起的转换部位) | 必要 |
| | 高磁异常特征 | 1∶10万航磁显示测区环形磁异常非常明显,扎木钦铅锌矿位于环形磁异常中心部位,由此表明该区火山机构与成矿关系密切。预测区内有相似特征的环形异常是本次工作的重点预测区 | 必要 |
| 区域化探特征 | 化探异常特征 | 该区位于朝不楞-阿尔山 Mn、Pb、Zn、Ag、Bi、Au 地球化学带、大石寨-洼提 Cu、Pb、Zn、Ag、Mo 地球化学带,哈日根台-梅勒图 Cu、Pb、Zn、Ag、As、Sb 地球化学带交会带附近。1∶20万区域化探异常检查时,在花岗岩脉与火山岩的接触带上发现有硅化、褐铁矿化蚀变岩,该蚀变岩石的最高含量 Pb$>500\times10^{-6}$,Zn$>500\times10^{-6}$,Ag $2.44\times10^{-6}$,Mo $21.4\times10^{-6}$,As $76\times10^{-6}$,Bi $1.49\times10^{-6}$。该异常特征明显,元素组合、异常强度和规模优于区内已知的扎木钦硫铅锌矿床,有利于寻找铅、锌、银等多金属矿床 | 必要 |
| 遥感异常特征 | 遥感影像特征 | 依据线性影像,环形影像 | 必要 |
| | 异常信息特征 | 局部有Ⅰ级铁染和羟基异常 | 必要 |

**表 7-63 甲乌拉式铅锌矿典型矿床预测要素**

| 预测要素 | | 描述内容 | | | | 要素类别 |
|---|---|---|---|---|---|---|
| | | 储量 | 铅+锌 134.88t | 平均品位 | Pb+Zn 6.88% | |
| | | 特征描述 | 与火山、次火山活动有关的中低温热液脉状铅锌多金属矿床 | | | |
| 地质环境 | 岩石类型 | 中侏罗世塔木兰沟组砾岩、灰黑色—黄褐色凝灰质砾岩、含砾粗砂岩、凝灰质砂岩、长英质杂砂岩、粗砂岩、细砂岩、粉砂岩夹泥岩薄层 | | | | 必要 |
| | 岩石结构 | 粒状变晶结构 | | | | 次要 |
| | 成矿时代 | 燕山晚期,130~100Ma | | | | 必要 |
| | 地质背景 | 位于西伯利亚陆块东南外缘,额尔古纳-呼伦深断裂(以下简称额-呼深断裂)西侧,外贝加尔褶皱带与大兴安岭褶皱带衔接地带。属西伯利亚陆块与中朝陆块之间的过渡型地壳构造区 | | | | 必要 |
| | 构造环境 | 位于西伯利亚陆块东南外缘,额尔古纳-呼伦深断裂(以下简称额-呼深断裂)西侧 | | | | 必要 |
| 矿床特征 | 矿物组成 | 矿石矿物:主要有方铅矿、闪锌矿、黄铁矿、白铁矿、磁黄铁矿、黄铜矿,其次有磁铁矿、赤铁矿、斑铜矿、毒砂等,少量的铜蓝、白铅矿、菱锌矿、褐铁矿等,含银矿物有硫锑银矿,含银辉铋铅矿、含银铅铋矿、银黝铜矿,自然银、辉银矿、碲银矿、含硫铋铅银矿等和极少量的自然金微粒。脉石矿物:主要有石英、绿泥石、伊利石、水白云母、绢云母、辉石角闪石、绿帘石、斜长石、方解石、白云石,个别处还有纤维闪石、重晶石、玻璃质等 | | | | 重要 |
| | 矿石结构构造 | 结构:自形、半自形、他形粒状结构,包含结构,共生结构,交代结构,乳滴状结构,固溶体分解结构,镶边结构;构造:有块状构造、团块状构造、角砾状构造、浸染状构造、脉状、细脉状构造等。一般富含厚矿段以块状和团块状矿石为主 | | | | 次要 |

**续表 7-63**

| 预测要素 | | 描述内容 | 要素类别 |
|---|---|---|---|
| 矿床特征 | 蚀变 | 蚀变有硅化(石英脉)、绿泥石化、碳酸盐化、水白云母伊利石化、绢云母化、萤石化。与成矿有关的蚀变主要有硅化、碳酸盐化、绿泥石化、水白云母化、绢云母化及萤石化 | 次要 |
| | 控矿条件 | 主要矿体均产于塔木兰沟组安山玄武岩中。甲乌拉矿床则受控于甲乌拉断隆,在不同方向构造交会处产生的火山、次火山活动中心决定了甲乌拉矿床的形成,北西西向甲乌拉-查干布拉根剪切构造带是重要的导矿和容矿构造,北北西向、北西向张扭性断裂是良好的容矿空间;循环通道,破碎岩石的高渗透性有利于渗流。次火山斑岩体多期次序列式演化侵入对成矿起到重要作用 | 重要 |
| 地球物理特征 | 重力特征 | 甲乌拉式火山热液型铅锌银矿床位于局部重力高、低等值线密集带上,其北东侧为局部重力高异常,南西侧为局部重力低异常,$\Delta g_{min}=-102.22\times10^{-5}$ $m/s^2$,重力低异常幅值约 $10\times10^{-5}m/s^2$。根据物性资料和地质资料分析,推断该重力等值线密集带是元古宙地层与中性—酸性岩体的接触带的表现,表明甲乌拉铅锌银矿床不仅与元古宙地层有关,而且与中性—酸性岩体关系密切 | 必要 |
| | 航磁特征 | 从 1∶20 万航磁(ΔT)化极等值线平面图可知,该矿床处于区域正、负磁场过渡带上,其北东侧为负磁场,南西侧反映正磁场,磁场强度一般小于 100nT,反映出本区地质体含磁铁矿物较少的特点 | 必要 |
| 地球化学特征 | | 矿区出现了以 Pb、Zn、Ag 为主,伴有 Cu、Au、Cd、In、Bi、S 等元素组成的综合异常;主元素可单独圈出矿体且相互共生,伴生元素与主元素有一定的相关性,如 Ag 与 Pb、Cu 呈消长关系 | 重要 |

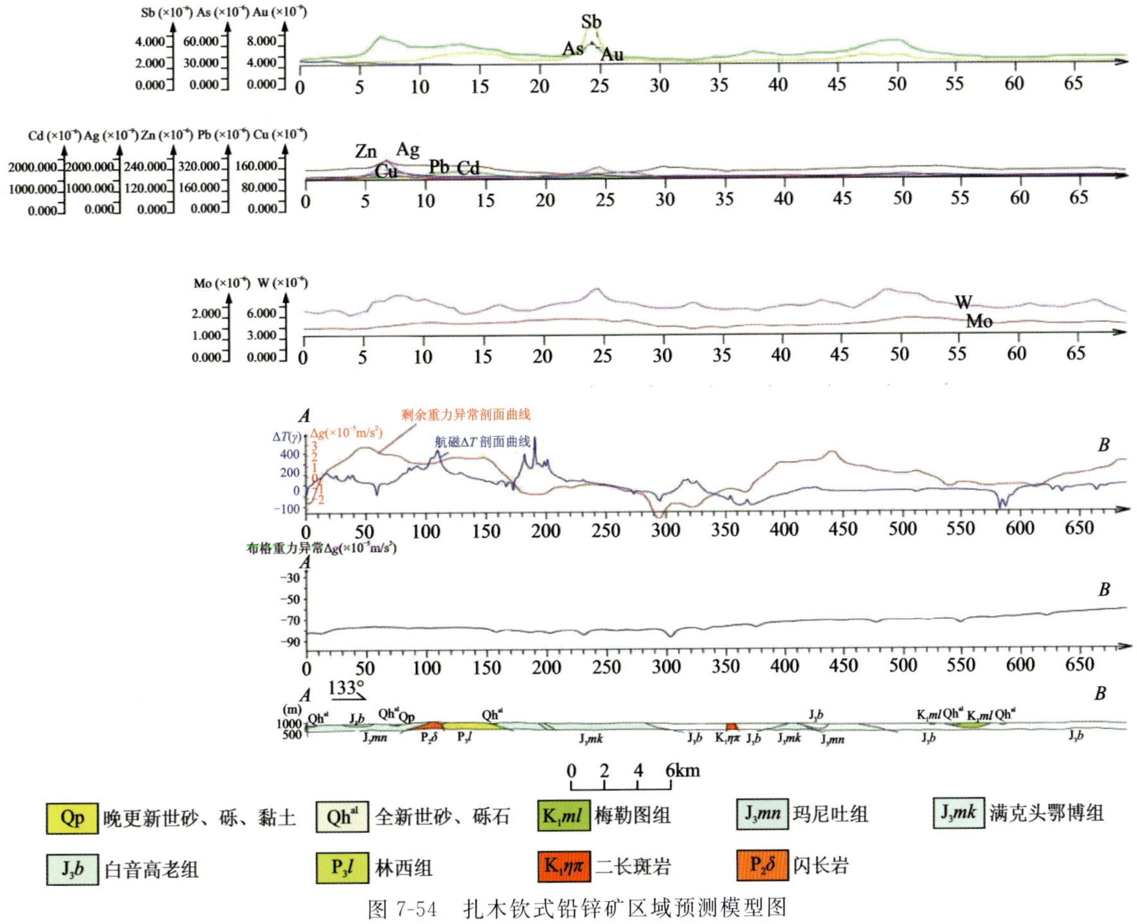


图 7-54　扎木钦式铅锌矿区域预测模型图

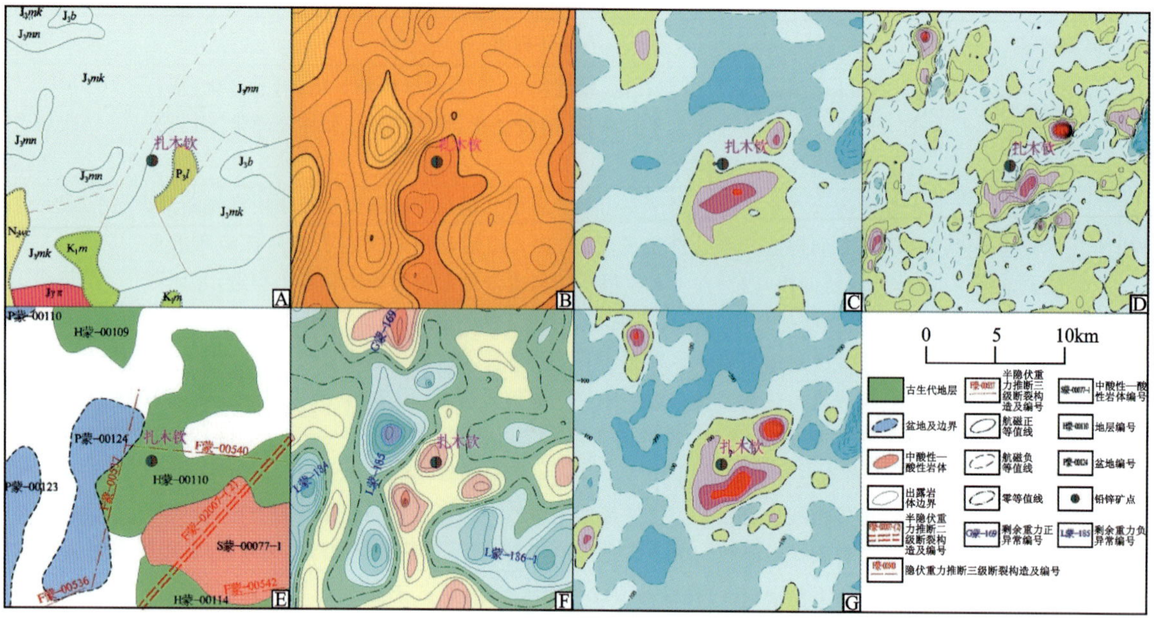


图 7-55 扎木钦式铅锌矿典型矿床地质-物探模型图

A. 地质矿产图;B. 布格重力异常图;C. 航磁 $\Delta T$ 等值线平面图;D. 航磁 $\Delta T$ 化极垂向一阶导数等值线平面图;E. 重力推断地质构造图;F. 剩余重力异常图;G. 航磁 $\Delta T$ 化极等值线平面图

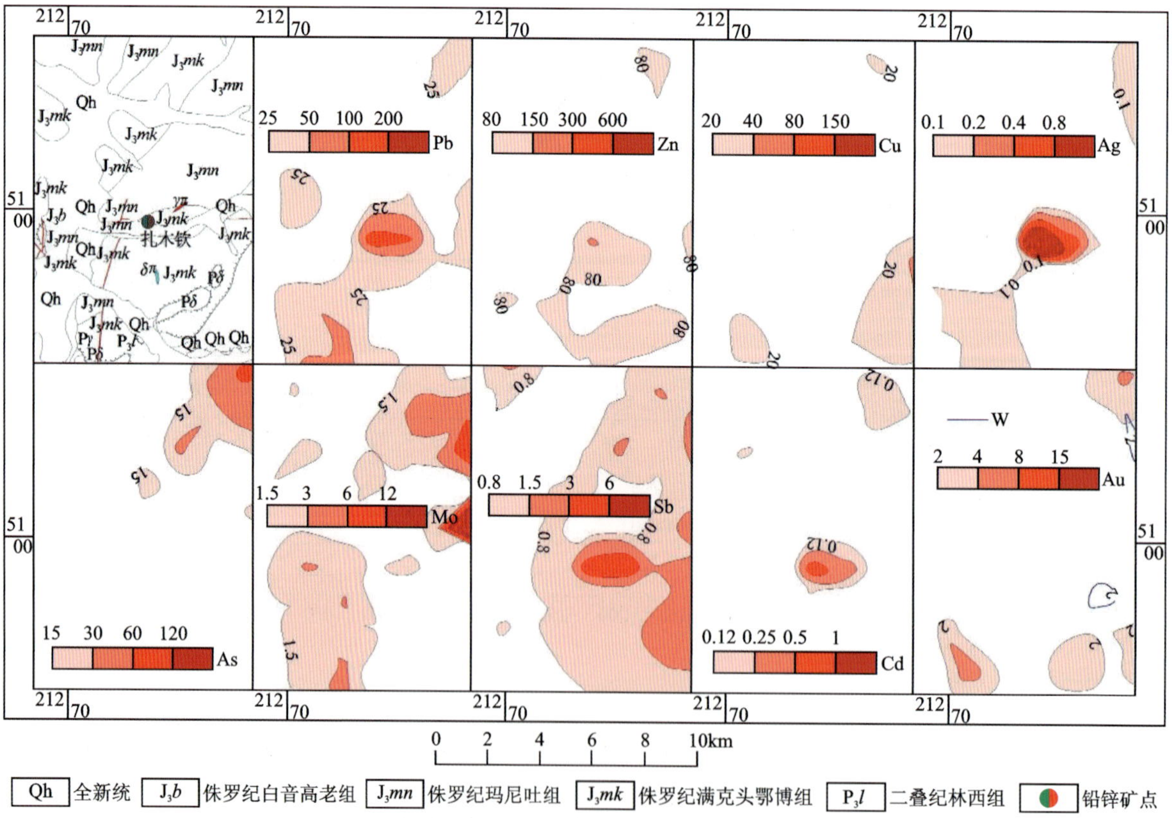


图 7-56 扎木钦式铅锌矿典型矿床地质-化探模型图

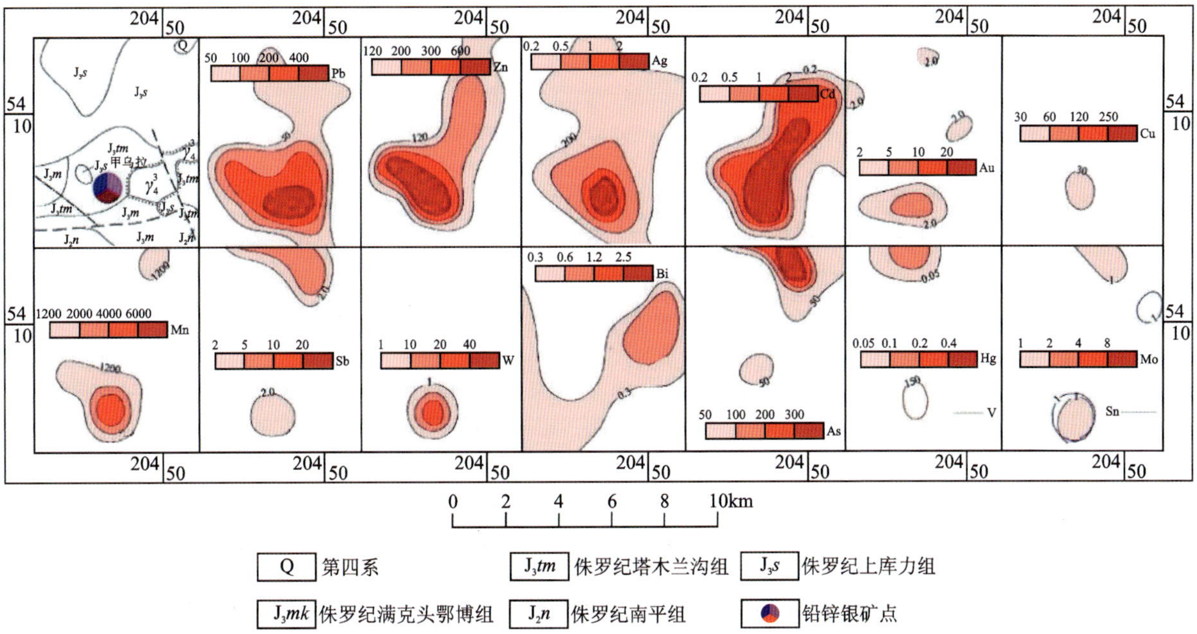


图 7-57　甲乌拉式铅锌矿典型矿床地质-化探模型图

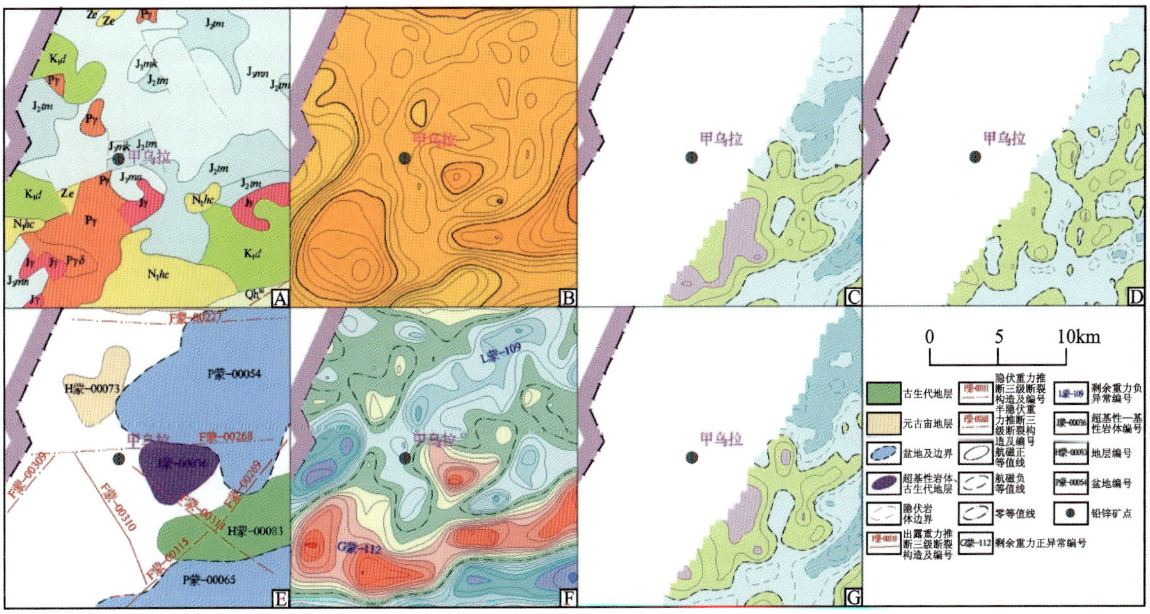


图 7-58　甲乌拉式铅锌矿典型矿床地质-物探模型图

A. 地质矿产图；B. 布格重力异常图；C. 航磁 $\Delta T$ 等值线平面图；D. 航磁 $\Delta T$ 化极垂向一阶导数等值线平面图；E. 重力推断地质构造图；F. 剩余重力异常图；G. 航磁 $\Delta T$ 化极等值线平面图

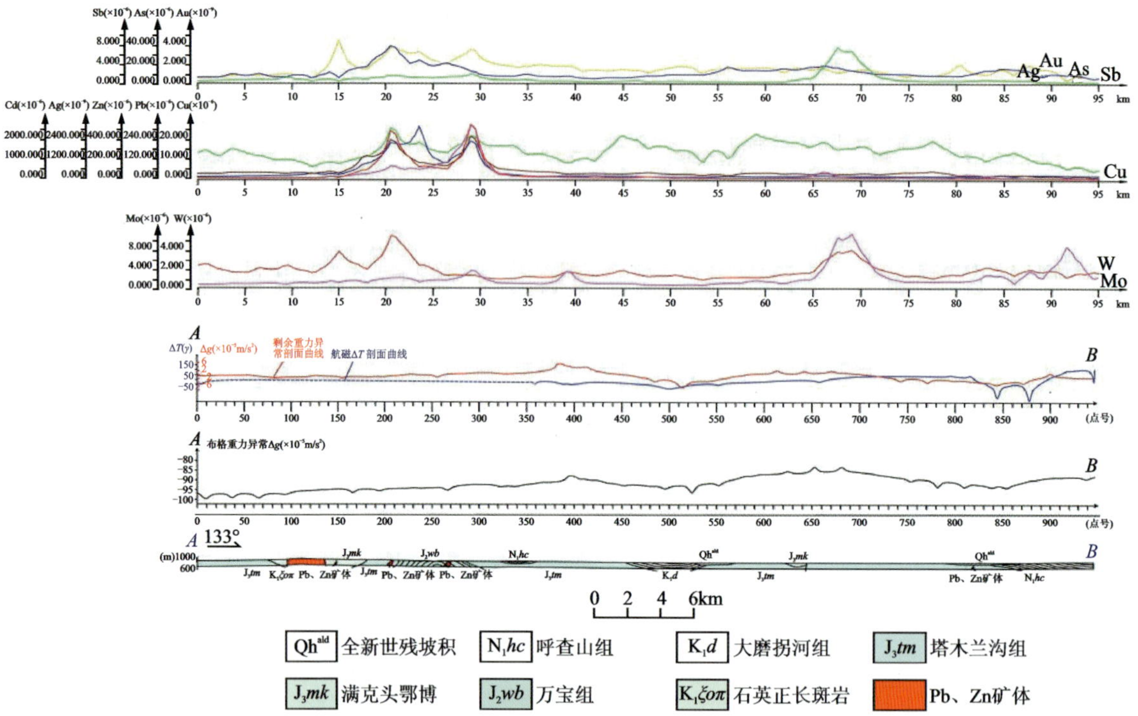


图 7-59　甲乌拉式铅锌矿区域预测模型图

## 2. 甲乌拉

甲乌拉-查干布拉根矿区位于中蒙-额尔古纳褶皱系南东缘，得尔布干-呼伦深断裂北西侧，甲乌拉式火山热液型铅锌银矿床位于局部重力高、低等值线密集带上，其北东侧为局部重力高异常，南西侧为局部重力低异常。根据物性资料和地质资料分析，推断该重力等值线密集带是元古宙地层与中性—酸性岩体的接触带的表现，该矿床处于区域正、负磁场过渡带上，其北东侧为负磁场，南西侧反映正磁场，磁场强度一般小于100nT，反映出本区地质体含磁铁矿物较少的特点；Au、Cu、Mn、Sb、W、As、V、Mo异常呈面状分布，Pb、Zn、Ag、Cd、Bi等元素异常均呈北东向条带状分布，Pb、Zn、Ag、Cd、Au、Mn、W异常面积大，强度高，套合好，浓集中心与矿体吻合程度好；Cu、Sb、V、Mo、Sn元素异常规模较小，强度低，没有明显的浓集中心和浓度分带；在矿体北部，Au、Mn、Mo、Sn表现为低缓异常，Sb、As、Hg则异常强度较高，具有明显的浓集中心。塔木兰沟组是本区重要地层，磁异常背景为低缓磁异常区，重力场为低值异常，Pb、Zn、Ag、Cd、Au、Mn、W等单元素化探异常明显，套合较好，均有浓度高值点出现。

## 3. 侵入岩体型铅锌矿

侵入岩体型铅锌矿主要分布于内蒙古中东部地区，包括查干敖包式、白音诺尔式、余家窝铺式、天桥沟式、阿尔哈达式、长春岭式、拜仁达坝式、孟恩陶勒盖式等预测亚类。查干敖包式铅锌矿分布于天山-兴蒙造山系大兴安岭弧盆系东乌旗-多宝山岛弧大地构造单元，成矿区(带)属Ⅲ-6东乌珠穆沁旗-嫩江(中强挤压区)铜、钼、铅、锌、钨、锡、铬成矿带；白音诺尔式铅锌矿的大地构造单元属于天山-兴蒙造山系，大兴安岭湖盆系，锡林浩特岩浆弧带，成矿区(带)属Ⅲ-8突泉-翁牛特铅、锌、银、铜、铁、锡、稀土成矿带；余家窝铺式铅锌矿分布于天山-兴蒙造山系，大兴安岭湖盆系，包尔汉图-温都尔庙弧盆系大地构造单元，成矿区(带)属Ⅲ-8突泉-翁牛特铅、锌、银、铜、铁、锡、稀土成矿带和Ⅲ-9松辽盆地石油、天然气、铀成矿区(带)内。天桥沟式铅锌矿分布于天山-兴蒙造山系，大兴安岭湖盆系，包尔汉图-温都尔庙弧盆系大地构造单元，成矿区(带)属Ⅲ-8突泉-翁牛特铅、锌、银、铜、铁、锡、稀土成矿带，Ⅲ-9松辽盆地石油、天然气、铀成矿区(带)内；阿尔哈达式铅锌矿分布于天山-兴蒙造山系，大兴安岭弧盆系，东乌旗-多宝山岛弧大地构造单元，成矿区(带)属Ⅲ-6东乌珠穆沁旗-嫩江(中强挤压区)铜、钼、铅、锌、金、钨、锡、铬成矿带；长春岭式铅锌矿和孟恩陶勒盖式铅锌矿在大地构造单元上，属天山-兴蒙造山系，大兴安岭弧盆系，锡林浩特岩浆弧和天山-兴蒙造山系，索伦山-林西结合带，本区位于该构造单元的中东部。成矿区(带)划分属Ⅲ-8突泉-翁牛特铅、锌、银、铜、铁、锡、稀土成矿带；拜仁达坝式铅锌矿与花敖包特式铅锌矿大地构造单元属天山-兴蒙造山系，大兴安岭湖盆系，锡林浩特岩浆弧带，成矿区(带)属Ⅲ-8突泉-翁牛特铅、锌、金、铜、铁、锡、稀土成矿带；以白音诺尔、阿尔哈达矿床为例，总结预测要素(表7-64)。

由于白音诺尔、阿尔哈达矿区无大比例尺的物化遥资料，故利用典型矿床所在区域物化探剖析图，编制典型矿床所在区域地质-物探模型图、地质-化探模型图，区域预测模型图以剖面图形式表示(图7-60～图7-65)。

**表7-64　白音诺尔式矽卡岩型铅锌矿典型矿床预测要素表**

| 预测要素 | | 描述内容 | | | | 要素类别 |
|---|---|---|---|---|---|---|
| | | 储量 | 铅248 941.40t<br>锌575 186.22t | 平均品位 | Pb 3.51%<br>Zn 8.12% | |
| | | 特征描述 | 矽卡岩型铅锌矿床 | | | |
| 地质环境 | 岩石类型 | 晚二叠世林西组结晶灰岩和白色厚层大理岩，与成矿有关的花岗闪长斑岩系 | | | | 必要 |
| | 岩石结构 | 粒状变晶结构 | | | | 次要 |
| | 成矿时代 | 燕山早期 | | | | 必要 |
| | 地质背景 | 结晶灰岩和白色厚层大理岩与燕山早期中酸性浅成—超浅成侵入岩。其主要岩性为石英闪长岩、流纹质凝灰熔岩、正长斑岩及部分脉岩。侵入接触带形成矽卡岩 | | | | 必要 |
| | 构造环境 | 属天山-内蒙-兴安地槽褶皱区，内蒙古中部地槽褶皱系，苏尼特右旗海西地槽褶皱带，哲斯-林西复向斜的北西翼 | | | | 必要 |
| 矿床特征 | 矿物组成 | 闪锌矿、方铅矿为主，次为黄铜矿、磁铁矿，偶见黄铁矿、磁黄铁矿、毒砂、斑铜矿等。非金属矿物以透辉石-钙铁辉石为主，次为石榴石、硅灰石、绿帘石等 | | | | 重要 |
| | 矿石结构构造 | 结构：以半自形、他形粒状结构为主；<br>构造：斑杂状、细脉浸染状、团块状、乳滴状、叶片状、层纹状、浸染状、块状构造等 | | | | 次要 |
| | 蚀变特征 | 矽卡岩化和黝帘石化为主，次为绿帘石化、绿泥石化、碳酸盐化及硅化等，伴随矽卡岩化发生了以铅锌为主、伴有铜银镉等的蚀变矿化作用 | | | | 次要 |
| | 控矿条件 | 灰岩层，角砾岩筒，褶皱构造，燕山期花岗闪长岩和闪长岩 | | | | 重要 |
| 地球物理特征 | 重力异常 | 据1∶20万剩余重力异常图显示：曲线形态比较凌乱，异常特征不明显。据1∶50万航磁化极等值线平面图显示，磁场总体表现为低缓的负磁场，异常特征不明显 | | | | |
| | 磁法异常 | 据1∶5万航磁等值线图显示，磁场总体表现为负磁场，只是在西北部出现团圆状正异常，幅值达250nT。据1∶1万电法极化率等值线平面图显示，在矿点所在位置中央，有两个圆形的高极化率异常，极值达4以上，推测很有可能是矿致异常 | | | | |
| 地球化学特征 | | Pb、Zn呈高背景分布，具明显的浓度分带；Ag、Cd、As、Sb、W、Mo在白音诺尔地区呈高背景分布，存在明显的异常 | | | | |

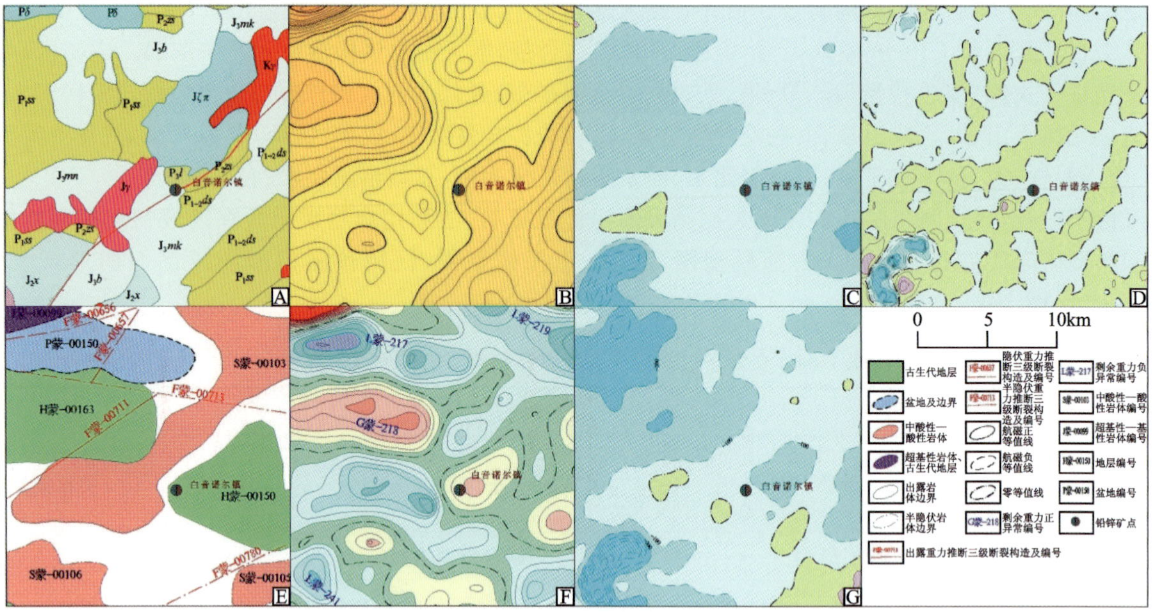


图 7-60 白音诺尔式铅锌矿典型矿床地质-物探模型图

A. 地质矿产图;B. 布格重力异常图;C. 航磁 $\Delta T$ 等值线平面图;D. 航磁 $\Delta T$ 化极垂向一阶导数等值线平面图;E. 重力推断地质构造图;F. 剩余重力异常图;G. 航磁 $\Delta T$ 化极等值线平面图

1)白音诺尔铅锌矿

白音诺尔铅锌矿位于大兴安岭中南段古生代地层中,处于北北东向克什克腾旗—霍林郭勒市一带布格重力低异常带的东南侧,该重力低异常带是不同时期、不同岩性的中性—酸性岩浆岩活动带的综合反映,位于其中的一个局部剩余重力低异常的边部,编号为 L 蒙-219 号,该重力低异常总体走向为北北东向,呈哑铃状;推断该重力低异常带是由中性—酸性岩浆岩活动区(带)引起。表明白音诺尔铅锌矿床在成因上与中性—酸性岩体有关;该区反映 −100～0nT 的负磁场,表明该区区域的地质体磁性矿物含量较少;Zn、Cd、Bi、W 等元素异常呈北西向条带状分布,Pb 异常呈北东向条带状分布,Sn 异常呈面状分布。Pb、Zn、Cd、Sn、Bi 等元素异常面积大,强度较高,套合好,浓集中心与矿体吻合;Ag、W、As 在矿体及其周围表现为低缓异常;Cu、F、Cr 异常主要分布在矿体外围。晚二叠世林西组是本区主要赋矿地质体,重力场及磁场均显示低异常值,Ag、Pb、Zn、As、Sb、Sn、W 等单元素化探异常明显,套合较好,均有相对浓度高值点出现。

2)阿尔哈达铅锌矿(表 7-65)

阿尔哈达铅锌银矿床位于宾巴查勒干岩体与安格尔音乌拉岩体组成印支期至燕山期壳幔源型成因复式岩体的西南侵入倾伏端。位于局部重力低异常边部,阿尔哈达铅锌银矿亦位于 L 蒙-173 号负剩余重力异常的边部,推断该重力低异常是中性—酸性岩体的反映。表明阿尔哈达铅锌银矿床在成因上与中性—酸性岩体有关。该矿床处于正、负磁场过渡带上,其北侧为正局部磁场,强度为 500nT;南侧反映负磁场,强度为小于 100nT,根据物性资料,结合重力资料推断局部正磁异常是花岗岩体的反映,弱的负磁场与古生代奥陶纪—二叠纪浅海相、滨海相酸性火山沉积建造的地层有关;在高背景区(带)中有以 Cu、Mo 为主的 Au、Ag、Pb、Zn、Ni、Co、W、Bi、As、Sb 组成的多元素局部异常,并呈北东向展布;局部 Cu、Mo 规模较大的异常上,Au、Ag、Pb、Zn、As、Sb 等元素具有明显的浓度分带和浓集中心,并在空间上相互重叠或套合。晚泥盆世安格尔音乌拉组是本区主要赋矿地质体,重力场及磁场均显示低异常值,Pb、Zn、Cu、Au、Ag、As、Cd、Sb、W 等单元素化探异常明显,套合较好。

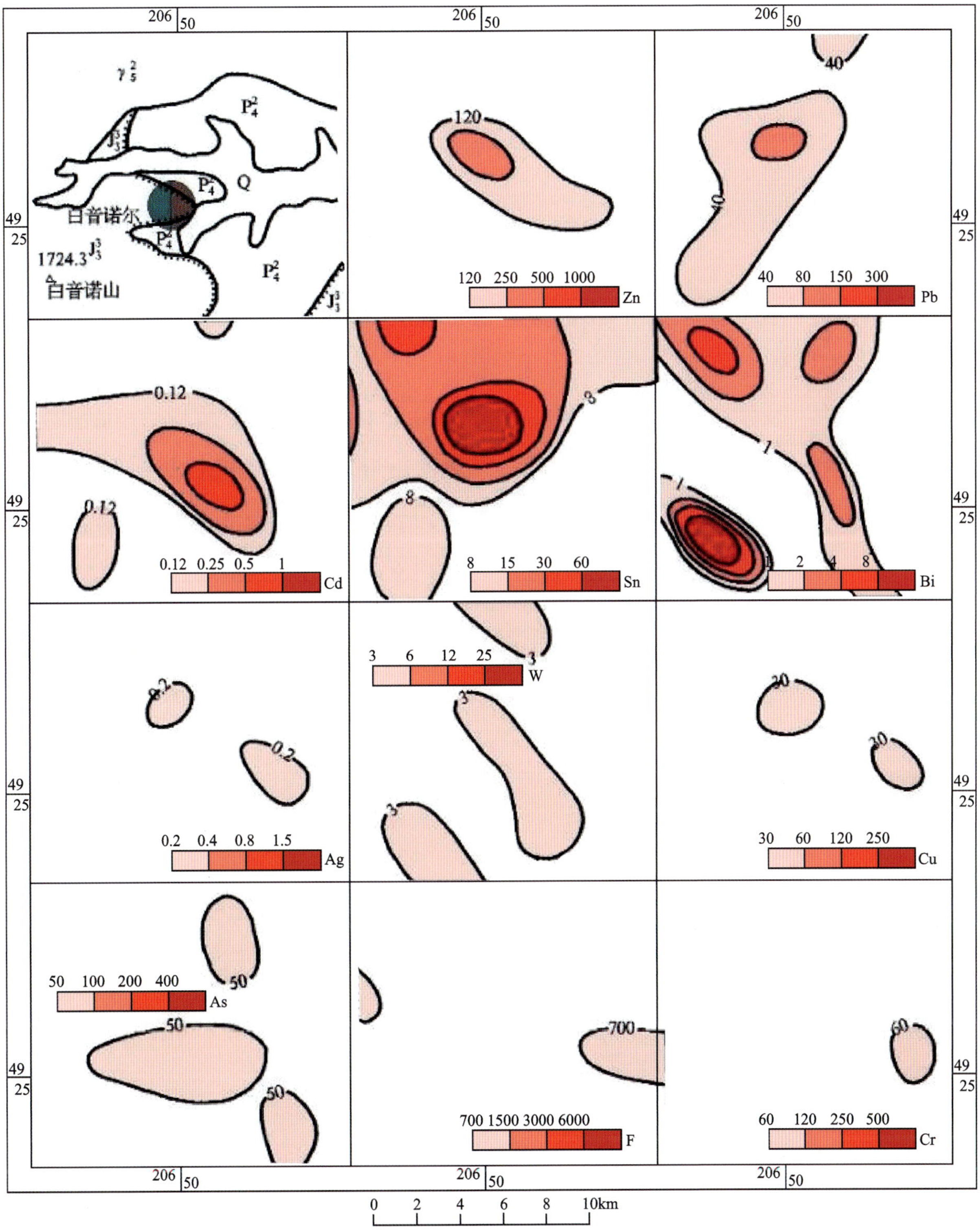


Q 第四系　$J_3mk$ 晚侏罗世满克头鄂博组　$P_3l$ 晚二叠世林西组　铅锌矿点

图 7-61　白音诺尔式铅锌矿典型矿床地质-化探模型图

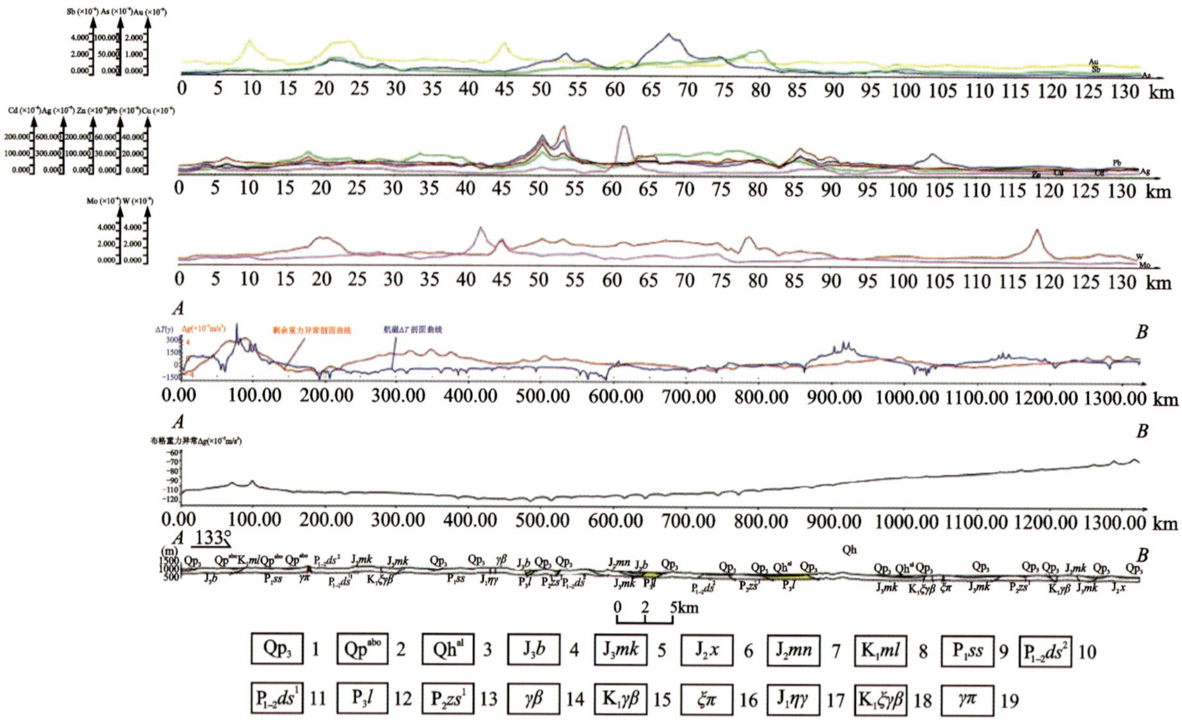

图 7-62　白音诺尔式铅锌矿区域预测模型图

1. 阿巴嘎组；2. 风积物：淡黄色、褐黄色及黄白色粉细砂；3. 冲积层：松散砂砾石、砂、粉砂；4. 白音高老组；5. 满克头鄂博组；6. 新民组；7. 玛尼吐组；8. 梅勒图组；9. 寿山沟组；10. 大石寨组上段；11. 大石寨组下段；12. 林西组；13. 哲斯组下段；14. 黑云母花岗岩；15. 白垩纪黑云母花岗岩；16. 正长斑岩；17. 二长花岗岩；18. 黑云母正长花岗岩；19. 花岗斑岩

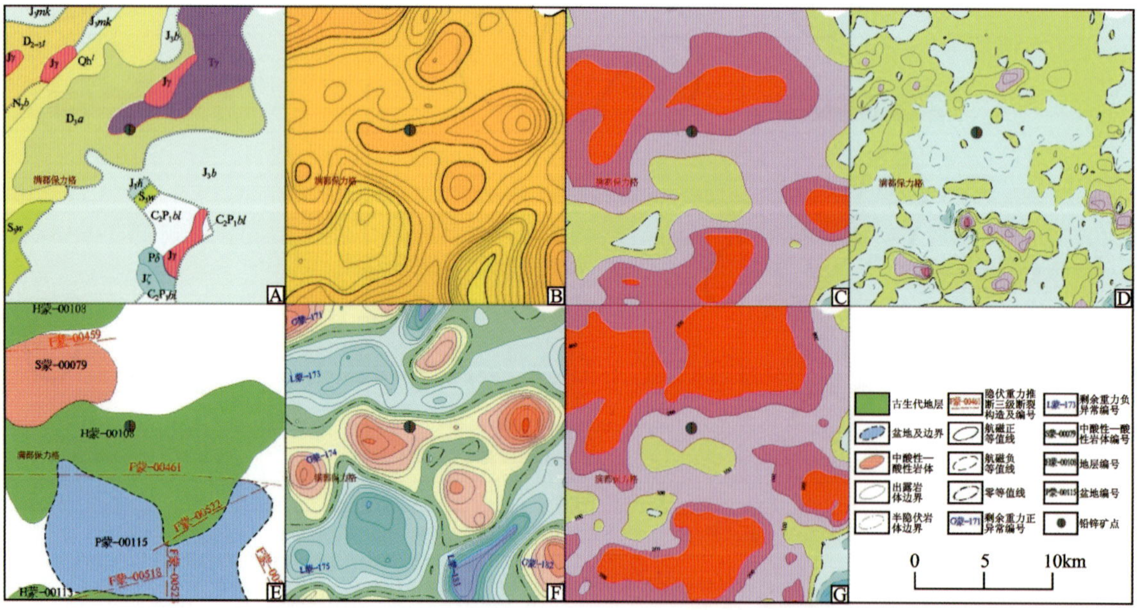

图 7-63　阿尔哈达式铅锌矿典型矿床地质-物探模型图

A. 地质矿产图；B. 布格重力异常图；C. 航磁 $\Delta T$ 等值线平面图；D. 航磁 $\Delta T$ 化极垂向一阶导数等值线平面图；E. 重力推断地质构造图；F. 剩余重力异常图；G. 航磁 $\Delta T$ 化极等值线平面图

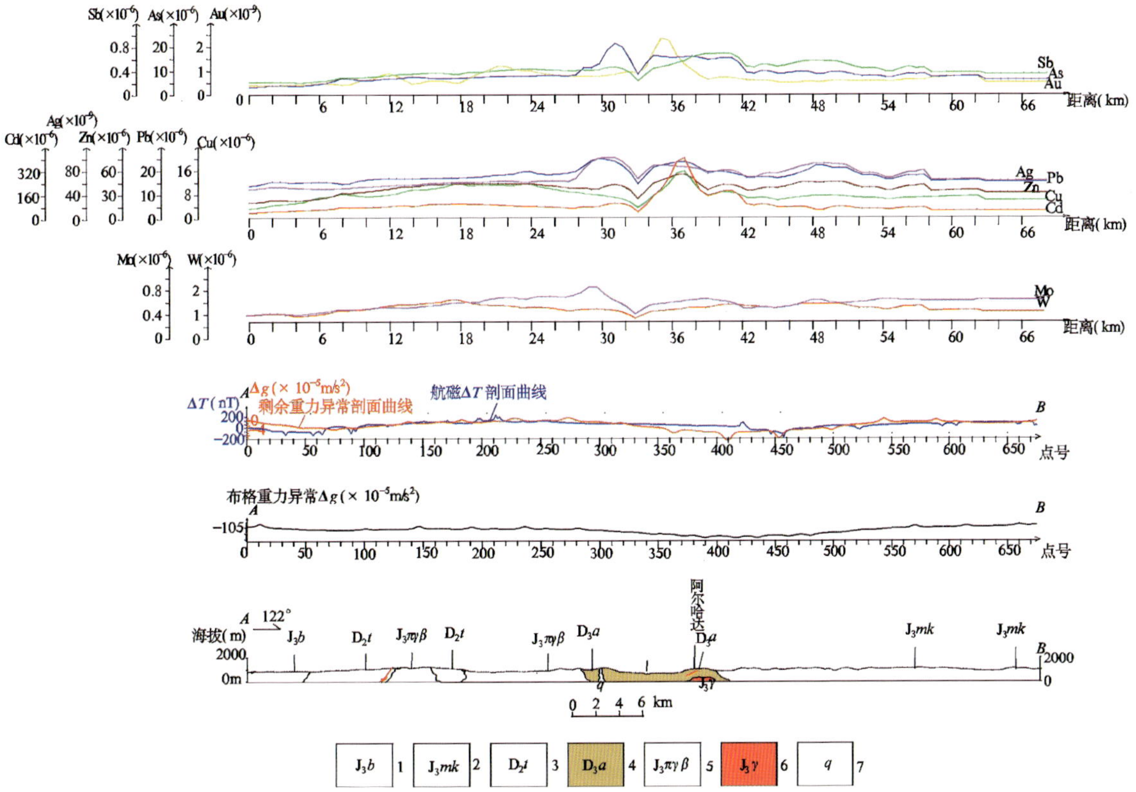


图 7-64 阿尔哈达式侵入岩体型铅锌矿预测模型图

1.白音高老组;2.满克头鄂博组;3.塔尔巴特组;4.安格尔音乌拉组粉砂岩、泥岩建造;5.似斑状黑云母花岗岩;6.花岗岩建造;7.石英脉

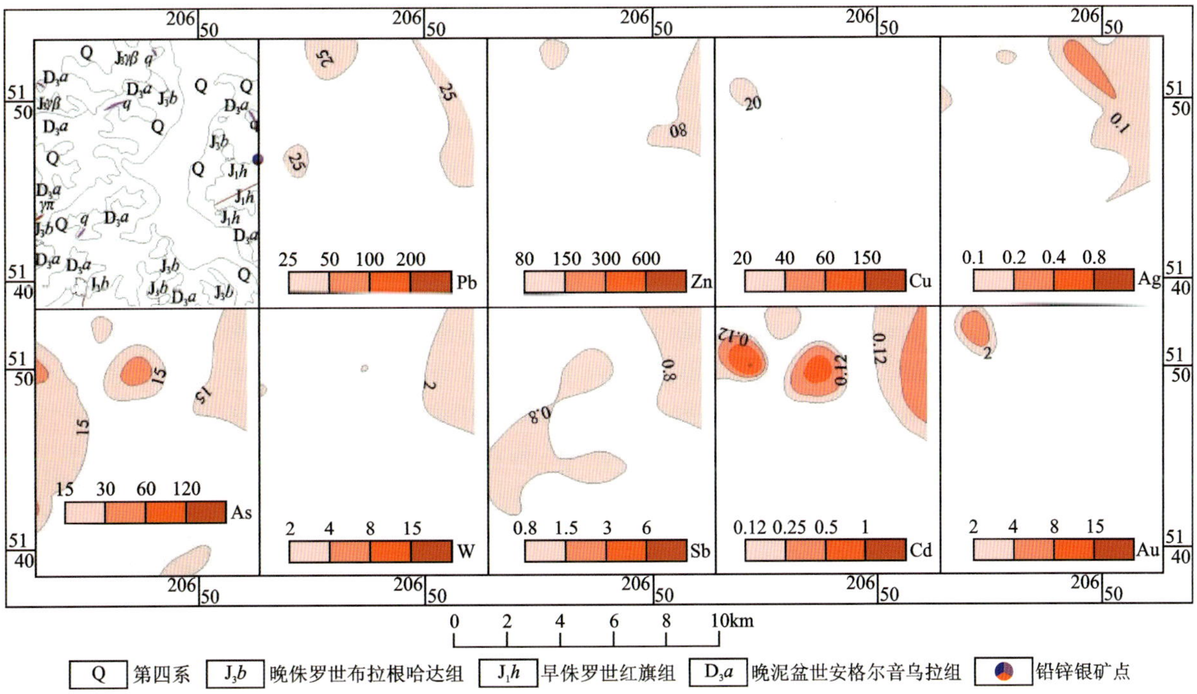


图 7-65 阿尔哈达式铅锌矿典型矿床地质-化探模型图

**表 7-65　阿尔哈达式侵入岩体型铅锌银矿典型矿床预测要素表**

<table>
<tr><td colspan="2" rowspan="3">预测要素</td><td colspan="4">描述内容</td><td rowspan="3">要素类别</td></tr>
<tr><td>储量</td><td>铅+锌 2.12 万 t</td><td>平均品位</td><td>Pb+Zn 5%</td></tr>
<tr><td>特征描述</td><td colspan="3">热液型</td></tr>
<tr><td rowspan="3">地质环境</td><td>构造背景</td><td colspan="4">天山-兴蒙造山系,大兴安岭弧盆系,东乌旗-多宝山岛弧</td><td>必要</td></tr>
<tr><td>成矿环境</td><td colspan="4">泥盆纪地层为一套巨厚浅海相、滨海相碎屑岩,碳酸盐岩,中基性—酸性细碧角斑岩火山岩性组合,地层为成矿提供最有利的构造发育空间,地层岩性组合影响容矿断裂构造的发育。矿床发育在北东东—北东向区域断裂构造北西上盘次级断裂与宾巴查勒干复式岩体侵入倾伏端构造相叠加部位。矿区内无岩体出露,矿区北东方向 2.5km 处即为印支期宾巴查勒干岩体和燕山早期安格尔音乌拉岩体组成的复合岩体</td><td>必要</td></tr>
<tr><td>成矿时代</td><td colspan="4">燕山早中期</td><td>必要</td></tr>
<tr><td rowspan="8">矿床特征</td><td>矿体形态</td><td colspan="4">脉状、透镜状、扁豆状</td><td>重要</td></tr>
<tr><td>岩石类型</td><td colspan="4">晚泥盆世浅海相、滨海相火山沉积建造和侏罗纪断陷盆地陆相火山岩</td><td>重要</td></tr>
<tr><td>岩石结构</td><td colspan="4">自形—半自形粒状结构</td><td>次要</td></tr>
<tr><td>矿物组成</td><td colspan="4">矿石矿物:方铅矿、闪锌矿、自然银、辉银矿等;<br>脉石矿物:绿泥石、高岭石、方解石、石英、萤石等</td><td>重要</td></tr>
<tr><td>矿石结构构造</td><td colspan="4">结构:自形—半自形粒状结构、他形粒状结构、交代残余结构、碎裂结构、包含结构等;构造:块状构造、角砾状构造、浸染状构造、脉状构造、条带状构造等</td><td>次要</td></tr>
<tr><td>蚀变特征</td><td colspan="4">褐铁矿化、铁锰矿化、高岭土化、绢云母化、白云母化、绿泥石化、绿帘石化、硅化(玉髓)化、黄铁矿化、硅化(石英矿化)、滑石化、碳酸盐化(方解石化)、毒砂矿化、白云石化、萤石化等</td><td>次要</td></tr>
<tr><td>控矿条件</td><td colspan="4">晚泥盆世安格尔音乌拉组;北西向和北西西向构造对成矿起到重要作用,形成一系列北西走向的矿化带或碎裂蚀变带;矿区北东 2.5km 处出露有印支期宾巴查勒干中细粒的斑状花岗岩岩体($T\pi\gamma$)和 8km 处燕山早期安尔基乌拉粗粒花岗岩岩体($J_3\gamma$),二者在阿尔哈达地区,在晚泥盆世安格尔音乌拉组($D_3a$)地层之下,形成复合岩体,阿尔哈达铅、锌矿床产于该岩体的西南侵入倾伏端</td><td>必要</td></tr>
<tr><td colspan="6" style="display:none"></td></tr>
<tr><td rowspan="2">地球物理</td><td>重力</td><td colspan="4">阿尔哈达式热液型铅锌银矿床位于局部重力低异常边部,该局部重力低异常最小值 $\Delta g_{min}=-107.12\times10^{-5}m/s^2$;幅值为 $6\times10^{-5}m/s^2$;根据物性资料和地质资料分析,推断该重力低异常是中性—酸性岩体的反映</td><td>重要</td></tr>
<tr><td>航磁</td><td colspan="4">据 1∶5 万地磁数据显示,矿床所在位置处于低缓磁场梯度带上,梯度走向南北向,磁场变化范围在−80～40nT 之间</td><td>重要</td></tr>
</table>

**4. 复合内生型铅锌矿**

复合内生型铅锌矿主要分布于内蒙古中东部地区,李清地式、花敖包特式、代兰塔拉式等预测亚类。李清地式铅锌矿,位于内蒙古中部地区,处于华北陆块北缘中段大青山金银多金属成矿带,在大地构造单元属于华北陆块区、狼山-阴山陆块、固阳-兴和陆核,成矿区(带)属Ⅲ-14 山西(断隆)铁、铝土矿、石膏、煤、煤层气成矿带。花敖包特式铅锌矿分布于天山-兴蒙造山系,大兴安岭湖盆系,包尔汉图-温都尔庙弧盆系大地构造单元，成矿区(带)属Ⅲ-8突泉-翁牛特铅、锌、金、铜、铁、锡、稀土成矿带和Ⅲ-9松辽盆地石油、天然气、铀成矿区(带)；代兰塔拉式铅锌矿集中在华北陆块区，叠加裂陷盆地，吉兰泰-包头断陷盆地大地构造单元，成矿区(带)属Ⅲ-8突泉-翁牛特铅、锌、金、铜、铁、锡、稀土成矿带。以李清地矿床为例，总结预测要素(表7-66)。

**表7-66 李清地式复合内生型铅锌矿典型矿床预测要素表**

<table>
<tr><td colspan="3" rowspan="3">预测要素</td><td colspan="4">描述内容</td><td rowspan="3">要素类别</td></tr>
<tr><td>储量</td><td>锌26 534t；<br>铅27 088t</td><td>平均品位</td><td>Zn 0.89%/5.55%；<br>Pb 7.384%</td></tr>
<tr><td>特征描述</td><td colspan="3">复合内生型中—低温热液裂隙充填型铅锌矿床</td></tr>
<tr><td rowspan="3">地质环境</td><td colspan="2">构造背景</td><td colspan="4">华北陆块区，狼山-阴山陆块，固阳-兴和陆核</td><td>必要</td></tr>
<tr><td colspan="2">成矿环境</td><td colspan="4">中太古代集宁岩群大理岩为铅锌成矿的赋存岩石，矿体主要产于大理岩内北东向层间破碎带及其派生的北西向断裂内，与铅锌成矿关系密切的岩浆岩主要是燕山期花岗岩及其火山-次火山岩，该矿床为与中生代陆相火山作用有关的浅成低温热液型</td><td>必要</td></tr>
<tr><td colspan="2">成矿时代</td><td colspan="4">燕山期</td><td>必要</td></tr>
<tr><td rowspan="7">矿床特征</td><td colspan="2">矿体形态</td><td colspan="4">主要呈不规则脉状、透镜状、楔形囊状等</td><td>重要</td></tr>
<tr><td colspan="2">岩石类型</td><td colspan="4">大理岩、硅化大理岩、铁白云石大理岩、中粒或中粗粒似斑状花岗岩、黑云母钾长花岗岩、石英斑岩、流纹质集块岩、流纹质火山角砾岩、流纹质熔结凝灰岩、流纹岩</td><td>重要</td></tr>
<tr><td colspan="2">岩石结构</td><td colspan="4">中粒粒状变晶结构、斑状结构、集块结构、火山角砾结构、熔结凝灰结构<br>中—中粗粒似斑状结构、花岗结构</td><td>次要</td></tr>
<tr><td colspan="2">矿物组成</td><td colspan="4">矿石矿物：黄铁矿、闪锌矿、方铅矿、白铅矿、菱锌矿、褐铁矿、菱锰矿、菱铁矿、赤铁矿、白铁矿、针铁矿、黄铜矿、辉银矿、角银矿、辉锑银矿；<br>脉石矿物：白云石、方解石、石英、铁白云石、锰白云石等</td><td>重要</td></tr>
<tr><td colspan="2">矿石结构构造</td><td colspan="4">结构：自形—半自形粒状结构、他形粒状结构、隐晶质(铁锰质)结构、交代残余结构、包含结构，文象结构、反应边结构；<br>构造：块状构造、蜂窝状构造、胶状构造、角砾状构造、浸染状构造、脉状—网状构造</td><td>次要</td></tr>
<tr><td colspan="2">蚀变特征</td><td colspan="4">硅化、铁锰矿化、碳酸盐化、绢云母化、蛇纹石化</td><td>次要</td></tr>
<tr><td colspan="2">控矿条件</td><td colspan="4">中太古代集宁岩群大理岩；集宁岩群大理岩内北东向层间破碎带及其派生的北西向断裂；燕山期花岗岩及火山-次火山岩，其不仅提供了成矿物质，也是引起矿区内岩石发生蚀变的主要原因</td><td>必要</td></tr>
<tr><td rowspan="3">物化探特征</td><td>地球物理特征</td><td>重力</td><td colspan="4">布格重力异常等值线平面图上，李清地铅锌银矿床位于局部重力低异常的边界，$\Delta g_{min}=-162.50\times10^{-5}m/s^2$；剩余重力异常等值线平面图亦反映李清地铅锌银矿位于局部剩余重力低的边部，$\Delta g_{min}=-6.51\times10^{-5}m/s^2$，推断该局部重力低异常是隐伏的中生代花岗岩体的反映。表明李清地铅锌银矿与隐伏的中生代花岗岩体有关</td><td>次要</td></tr>
<tr><td rowspan="2">地球化学特征</td><td>航磁</td><td colspan="4">据1∶5万航磁平面等值线图，磁场表现低缓的梯度变化带，走向南东向。据1∶2000电法平面等值线图显示，充电率异常不明显，局部有极值为2的异常</td><td>次要</td></tr>
<tr><td colspan="5">矿区出现了以Pb、Zn为主，伴有Ag、Cd等元素组成的综合异常；主成矿元素为Pb、Zn，Ag、Cd为主要的伴生元素</td><td>必要</td></tr>
</table>

由于李清地矿区无大比例尺的物化遥资料，故利用典型矿床所在区域物化探剖析图，编制典型矿床所在区域地质-物探模型图、地质-化探模型图，区域预测模型图以剖面图形式表示(图 7-66～图 7-68)。

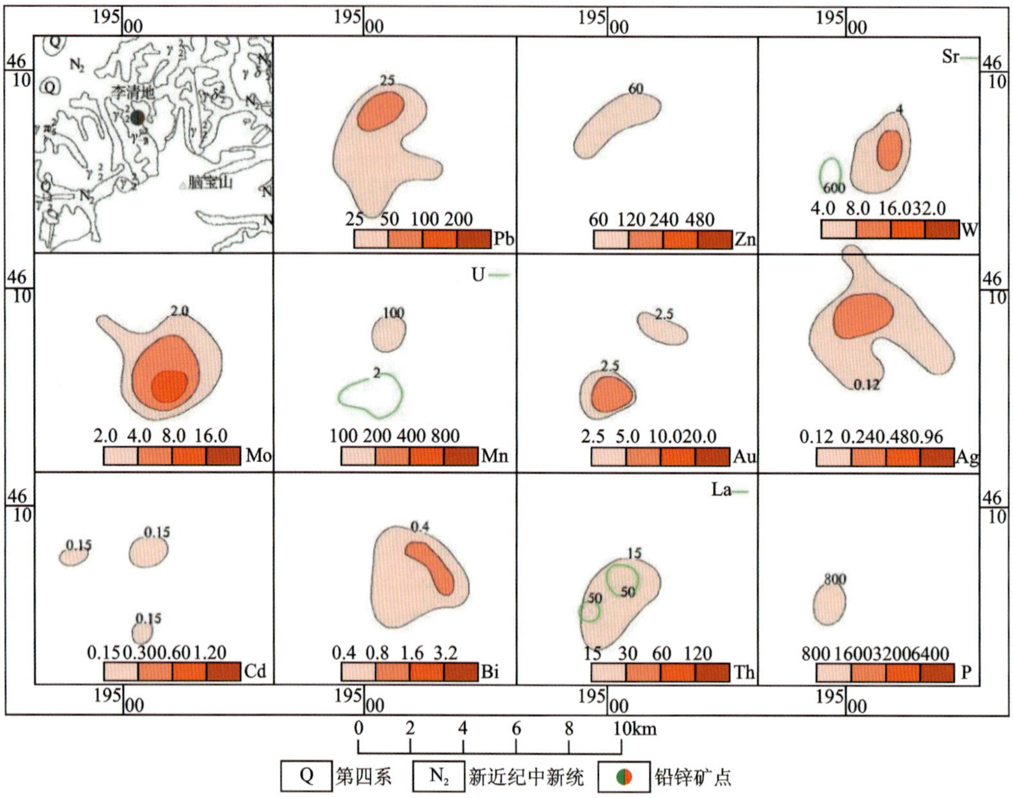


图 7-66　李清地式铅锌矿典型矿床地质-化探模型图

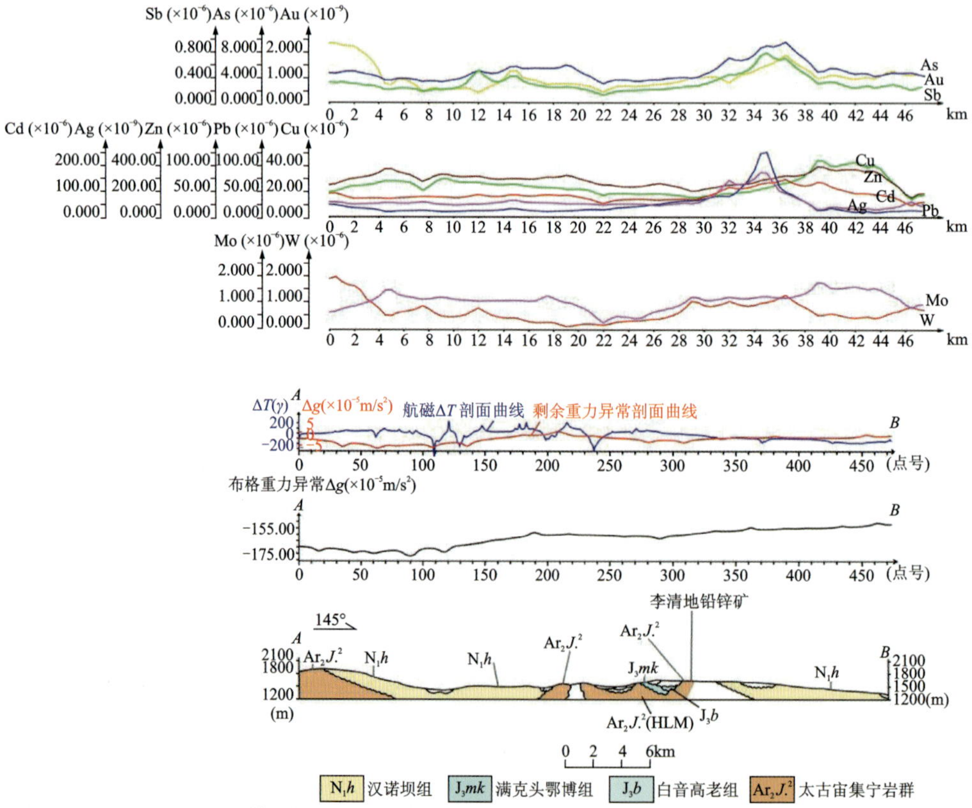


图 7-67　李清地式铅锌矿区域预测模型图

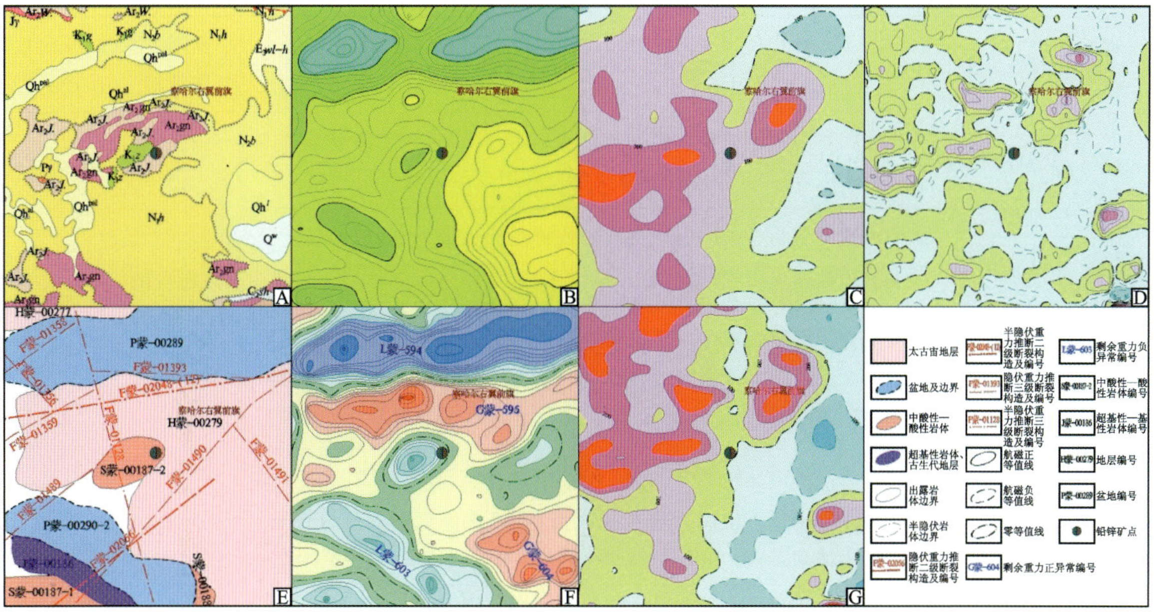


图 7-68　李清地式铅锌矿典型矿床地质-物探模型图

A. 地质矿产图；B. 布格重力异常图；C. 航磁 $\Delta T$ 等值线平面图；D. 航磁 $\Delta T$ 化极垂向一阶导数等值线平面图；E. 重力推断地质构造图；F. 剩余重力异常图；G. 航磁 $\Delta T$ 化极等值线平面图

李清地铅锌矿矿体主要赋存于太古宙集宁岩群大理岩内，处于断裂交会部位，该矿体位于局部重力低异常的边界及局部剩余重力低的边部，推断该局部重力低异常是隐伏的中生代花岗岩体的反映。表明李清地铅锌银矿与隐伏的中生代花岗岩体有关；该区总体反映区域正磁场，强度在 200～400nT 之间，根据地质出露情况分析，推断区域正磁场与前寒武系有关；矿区上呈现以 Ag 为主的多元素矿致异常，元素组合复杂，主要有 Ag、Pb、Zn、W、Mo、As、Au、Bi、Hg、Sb 等，异常规模较大，浓集中心明显，整体上大致呈北东方向展布。Ag、Pb、Cd、W、Mo、As、Sb、Bi 异常浓集中心吻合程度高。Ag、Pb、Zn 为主成矿元素，异常产于地层和岩体的接触带上，La、U、Sr、P 作为远程指示元素位于矿区外围。早—中奥陶世乌宾敖包组出露地区 Ag、Pb、Zn、W、Mo、As、Au、Bi、Hg、Sb 等单元素均有浓度高值点出现，重力场及磁场表现为低值正异常。

## 二、铅锌矿预测方法类型确定及区域预测要素

根据内蒙古自治区铅锌矿预测类型将铅锌矿预测工作区分为 4 种预测方法类型：沉积型、侵入岩体型、火山岩型、复合内生型(表 7-67)

**表 7-67　铅锌矿预测方法类型一览表**

| 矿产预测类型及亚类 | | 预测方法类型确定依据 | 预测方法类型 | 预测底图类型 |
|---|---|---|---|---|
| (火山)沉积变质型 | 东升庙式 | 矿床成因类型为喷流-沉积型，阿古鲁沟组直接控制了矿床的分布，成为唯一的成矿必要因素之一，因此，确定采用沉积型预测方法类型 | 沉积型 | 沉积建造古构造图 |

**续表 7-67**

| 矿产预测类型及亚类 | | 预测方法类型确定依据 | 预测方法类型 | 预测底图类型 |
|---|---|---|---|---|
| 陆相火山岩型 | 比利亚谷式 | 矿床成因类型为比利亚谷次火山热液型,含矿岩系为晚侏罗世塔木兰沟组火山岩,因此确定预测方法类型采用火山岩型 | 火山岩型 | 火山岩性岩相图 |
| | 扎木钦式 | 矿床成因类型为与火山岩有关具层控特点的火山岩型,因此确定预测方法类型为火山岩型 | | |
| | 甲乌拉式 | 矿体赋存于侏罗纪塔木兰沟组火山岩地层中,甲乌拉断隆在不同方向构造交会处产生的火山、次火山活动中心决定了甲乌拉矿床的形成,北西向断裂控制矿体分布,因此确定火山岩型为预测方法类型 | | |
| 陆相火山-次火山型 | 李清地式 | 矿化主要与燕山期花岗岩、火山-次火山岩有关,其花岗岩呈北东向带状展布或围绕火山机构呈环状产出,矿体主要受断裂构造控制,并与火山活动有关。结合燕山期花岗岩、火山-次火山岩 Co/Ni 值、矿化硫化物硫同位素特征与所处大地构造环境等分析,确定其矿床成因类型为复合内生型 | 复合内生型 | 用建造构造图 |
| 岩浆热液型 | 花敖包特式 | 矿床成因类型为构造-热液型。海西晚期蛇纹岩与早二叠世寿山沟组变质砂岩的外接触带直接控制了矿床的分布,构造对其有一定的影响,因此确定预测方法类型为复合内生型 | | |
| | 代兰塔拉式 | 代兰塔拉铅锌矿床成因类型为热液型,断裂构造直接控制了矿床的分布,岩性(灰岩)对其有一定的影响,矿床(点)主要分布于近南北向和北西向断裂中,因此确定预测方法类型为内生复合型 | | |
| | 天桥沟式 | 矿床成因类型为热液型,二叠纪额里图组一套中性火山岩和余家北沟组杂砂岩建造及海西期钾闪长玢岩体、辉石安山玢岩体直接控制了矿床的分布,构造对其有一定的影响,因此确定预测方法类型为侵入岩体型 | | |
| | 阿尔哈达式 | 矿床成因类型为热液型,预测方法类型为侵入岩体型 | | |
| | 长春岭式 | 矿床成因类型为中温热液型,早中二叠世大石寨组直接控制了矿床的分布,岩性(斜长花岗岩)对其有一定的影响,矿床(点)主要分布于近东西向和北东向断裂构造中,因此确定预测方法类型为次火山岩型 | | |
| | 拜仁达坝式 | 矿床成因类型为中低温热液型,晚石炭世石英闪长岩、燕山早期花岗岩及花岗斑岩岩体与古元古代宝音图岩群变质岩系内接触带直接控制了矿床的分布,构造对其有一定的影响,因此确定预测方法类型为侵入岩体型 | | |
| | 孟恩陶勒盖式 | 矿床成因类型为热液型,断裂构造直接控制了矿床的分布,岩性(斜长花岗岩)对其有一定的影响,矿床(点)主要分布于近东西向和北东向断裂中,因此确定预测方法类型为侵入岩体型 | | |

续表 7-67

| 矿产预测类型及亚类 | | 预测方法类型确定依据 | 预测方法类型 | 预测底图类型 |
|---|---|---|---|---|
| 矽卡岩型 | 查干敖包式 | 矿床成因类型为热液交代矽卡岩型，除中奥陶世多宝山组直接控制了矿床的分布外，燕山早期中粗粒似斑状花岗岩及肉红色花岗斑岩侵入岩体也为矿床的形成提供了热源，因此确定预测方法类型采用侵入岩体型 | 侵入岩体型 | 侵入岩浆构造图 |
| | 白音诺尔式 | 矿床成因类型为晚二叠世林西组与燕山早期中酸性浅成—超浅成侵入岩接触带形成矽卡岩，直接控制了矿床的分布，因此确定预测方法类型为矽卡岩型 | | |
| | 余家窝铺式 | 矿床成因类型为矽卡岩型，宝音图岩群一套浅斜长角闪片麻岩、黑云斜长片麻岩夹薄层大理岩和燕山晚期钾长花岗岩外接触带直接控制了矿床的分布，构造对其有一定的影响，因此确定预测方法类型为侵入岩体型 | | |

## 1. 火山岩型铅锌矿区域预测要素

火山岩型铅锌矿的矿产预测类型为陆相火山岩型铅锌矿，主要矿床式为比利亚谷式、扎木钦式、甲乌拉式。以扎木钦、甲乌拉预测工作区为例简述此类矿床(点)区域预测要素(表 7-68)。

表 7-68 火山岩型铅锌矿预测工作区预测要素一览表

| 预测要素 | | 描述内容<br>扎木钦 | 要素类别 | 描述内容<br>甲乌拉 | 要素类别 |
|---|---|---|---|---|---|
| 地质环境 | 大地构造位置 | 天山-兴蒙造山系，大兴安岭弧盆系，锡林浩特岩浆弧和天山-兴蒙造山系索伦山-林西结合带，本区位于该构造单元的中东部 | 必要 | 天山-兴蒙造山系，大兴安岭弧盆系，大地构造单元 | 必要 |
| | 成矿区(带) | Ⅲ-8 突泉-翁牛特铅、锌、银、铜、铁、锡、稀土成矿带 | 必要 | Ⅲ-5 新巴尔虎右旗-根河(拉张区)铜、钼、铅、锌、银、金、萤石、煤(铀)成矿带 | 必要 |
| | 区域成矿类型及成矿期 | 火山岩型；燕山期 | 必要 | 侵入岩型；燕山晚期，130～100Ma | 必要 |
| 控矿地质条件 | 赋矿地质体 | 晚侏罗世白音高老组火山岩系 | 重要 | 塔木兰沟组安山玄武岩 | 重要 |
| | 控矿侵入岩 | 燕山期次火山岩-安山玢岩、石英闪长玢岩等呈岩株和脉状产出，与成矿热液的形成及运移有着密切的关系 | 重要 | 正长斑岩、花岗斑岩、石英二长斑岩、二长花岗岩、石英正长斑岩、流纹斑岩 | 重要 |
| | 主要控矿构造 | 近东西向断裂构造，地表规模大的硅化破碎带，火山机构 | 重要 | 北西西向甲-查剪切构造带是重要的导矿和容矿构造，北北西向、北西向张扭性断裂是良好的容矿空间 | 必要 |

**续表 7-68**

| 预测要素 | 描述内容<br>扎木钦 | 要素类别 | 描述内容<br>甲乌拉 | 要素类别 |
|---|---|---|---|---|
| 区内同类型矿点 | 预测区内同类型矿产地有 1 个 | 次要 | 成矿区(带)内 2 个矿点、矿化点 | 必要 |
| 地球物理特征 | 据 1∶50 万航磁化极等值线平面图显示,磁场总体表现为负磁场,区域中央存在有圆状正异常,规模不大。选取范围为 0～250nT | 重要 | 从布格重力异常图上看,区域重力场总体是北北东向展布,沿嵯岗—黑头山一线反映完整的区域重力高异常带,重力场最低值$-116.78\times10^{-5}m/s^2$,最高值$-61.14\times10^{-5}m/s^2$。在上述重力高异常带的北西侧,反映重力低异常带,重力场强度一般为$(-112\sim-75)\times10^{-5}m/s^2$。并且该重力低异常带是由北北西向的正负相间的局部重力异常组成,最低重力值$-112\times10^{-5}m/s^2$。结合地质资料推断,无论是区域重力高异常带还是局部重力高异常,均与元古宙地层有关;具有一定走向的局部重力低异常是中—新生代盆地(包括火山岩盆地)的反映,等轴状的局部重力低异常是中性—酸性岩体的表现 | 必要 |
| | 预测区处于巨型重力梯度带上,区域重力场总体反映东南部重力高、西北部重力低的特点,重力场最低值$-90.60\times10^{-5}m/s^2$,最高值$7.89\times10^{-5}m/s^2$。从剩余重力异常图上看,在巨型重力梯度带上叠加着许多重力低局部异常,这些异常主要是中性—酸性岩体、次火山岩和火山岩盆地所致。选取范围为$(2\sim5)\times10^{-5}m/s^2$ | 重要 | 在 1∶10 万航磁 $\Delta T$ 等值线平面图上预测工作区磁异常幅值范围为－200～400nT,背景值为－100～100nT,其间分布着许多磁异常,磁异常形态杂乱,正负相间,变化梯度大,多为不规则带状或团状,纵观预测工作区磁异常轴向及 $\Delta T$ 等值线延伸方向,以北东向为主。甲乌拉式铅锌银矿位于预测区西部,磁异常背景为低缓磁异常区,－100nT 等值线附近 | 必要 |
| 地球化学特征 | 矿区存在以 Pb、Zn 为主,伴有 Ag、Cd 等元素组成的综合异常,Pb、Zn 为主成矿元素,Ag、Cd 为主要的伴生元素 | 必要 | 区域上分布有 Ag、As、Pb、Zn、Au、Cu 等元素组成的高背景区(带),在高背景区带中有以 Ag、As、Pb、Zn、Au、Cu 为主的多元素局部异常。预测区内共有 52 个 Ag 异常,44 个 As 异常,104 个 Au 异常,68 个 Cd 异常,59 个 Cu 异常,71 个 Mo 异常,66 个 Pb 异常,55 个 Sb 异常,81 个 W 异常,66 个 Zn 异常 | 重要 |

续表 7-68

| 预测要素 | 描述内容<br>扎木钦 | 要素类别 | 描述内容<br>甲乌拉 | 要素类别 |
|---|---|---|---|---|
| 遥感特征 | 据 1∶50 万航磁化极等值线平面图显示，磁场总体表现为负磁场，区域中央存在有圆状正异常，规模不大。选取范围为 0～250nT | 重要 | 区域内共解译出中小型构造 237 条，主要分布于北部、中部偏西、南部。北部的构造集中在尚迪好来以东构造和额尔古纳断裂带形成的夹角以北；中部偏西方向的构造集中在尚迪好来以东构造和新巴尔虎右旗构造以西，构造的总体走向基本为北东向。本预测工作区内的环形构造比较发育，共解译出环形构造 26 个，其成因为：中生代花岗岩类引起的环形构造、古生代花岗岩类引起的环形构造。环形构造分布相对比较集中，基本分布在构造线要素比较密集的区域，而其空间分布特点上没有明显的规律 | 次要 |

## 2. 复合内生型铅锌矿预测要素

复合内生型铅锌矿的矿产预测类型为陆相火山次火山型及岩浆热液型（花敖包特、代兰塔拉）铅锌矿，主要矿床式为花敖包特式、代兰塔拉式、李清地式。李清地预测工作区为例简述此类矿床（点）区域预测要素（表 7-69）。

**表 7-69　复合内生型铅锌矿预测工作区预测要素一览表**

| 预测要素 | | 描述内容<br>预测工作区：李清地 | 要素类别 |
|---|---|---|---|
| 地质 | 大地构造位置 | 属于华北陆块区，狼山-阴山陆块，固阳-兴和陆核 | 必要 |
| 地质 | 成矿区（带） | Ⅲ-14 山西（断隆）铁、铝土矿、石膏、煤、煤层气成矿带 | 必要 |
| 地质 | 区域成矿类型及成矿期 | 复合内生型中—低温热液裂隙充填型铅锌矿床；成矿期为燕山期 | 必要 |
| 控矿地质条件 | 赋矿地层 | 集宁岩群大理岩、白音高老组流纹质火山-次火山岩 | 必要 |
| 控矿地质条件 | 控矿侵入岩（围岩蚀变） | 燕山期中粒—中粗粒似斑状花岗岩、黑云母钾长花岗岩与白音高老期流纹质次火山岩，呈脉状与岩株状产出 | 重要 |
| 控矿地质条件 | 主要控矿构造 | 集宁岩群大理岩内北东向与北西向断裂，大理岩与燕山期花岗岩体接触带，燕山期火山机构有关的环状、放射状断裂及上述断裂交会处 | 重要 |
| 区内相同类型矿产 | | 有小型铅锌矿床 1 个 | 重要 |

续表 7-69

| 预测要素 | | 描述内容 | 要素类别 |
|---|---|---|---|
| 地球物理特征 | 重力异常 | 布格重力异常图上总体反映预测区东南部为重力高、西北部为重力低，重力场最低值$-187.52\times10^{-5}\,m/s^2$，最高值$-118.78\times10^{-5}\,m/s^2$ | 次要 |
| | 磁法异常 | 航磁 $\Delta T$ 等值线幅值范围为$-800\sim2000$nT，背景值为$-100\sim100$nT，磁异常正负相间，多为不规则带状或椭圆状。李清地铅锌矿区等值线值 $0\sim100$nT | 必要 |
| 地球化学特征 | | 区域上 Ag、As、Cd、Cu、Mo、Sb、W、Pb、Zn 等元素组成高背景区(带)，在该带上有 Ag、Pb、Zn、Cd、Cu、Mo、Sb、W 为主的多元素局部异常。区内西北部多异常，东南部多呈背景-低背景分布 | 必要 |
| 遥感 | | 预测区线状构造发育，环形构造比较少。羟基异常主要呈条带状分布在图幅的东南角，在构造要素和环要素较密集的地区、铁染异常主要分布在图幅的东边靠近边框，其他地区零星分布 | 次要 |

### 3. 侵入岩体型铅锌矿预测要素

侵入岩体型铅锌矿的矿产预测类型为矽卡岩型及岩浆热液型(天桥沟、阿尔哈达、长春岭、拜仁达坝、孟恩陶勒盖)铅锌矿，主要矿床式为查干敖包式、天桥沟式、阿尔哈达式、长春岭式、拜仁达坝式、孟恩陶勒盖式、白音诺尔式、余家窝铺式。以白音诺尔、阿尔哈达预测工作区为例简述此类矿床(点)区域预测要素(表 7-70)。

表 7-70　侵入岩体型铅锌矿预测工作区预测要素一览表

| 预测要素 | | 描述内容 | 要素类别 | 描述内容 | 要素类别 |
|---|---|---|---|---|---|
| | | 白音诺尔 | | 阿尔哈达 | |
| 地质 | 大地构造位置 | 白音诺尔式铅锌矿的大地构造单元属于天山-兴蒙造山系，大兴安岭湖盆系，锡林浩特岩浆弧带 | 必要 | 天山-兴蒙造山系，大兴安岭弧盆系，东乌旗-多宝山岛弧大地构造单元 | 必要 |
| | 成矿区(带) | Ⅲ-8 突泉-翁牛特铅、锌、银、铜、铁、锡、稀土成矿带 | 必要 | Ⅲ-6 东乌珠穆沁旗-嫩江(中强挤压区)铜、钼、铅、锌、金、钨、锡、铬成矿带 | 必要 |
| | 区域成矿类型及成矿期 | 侵入岩体型；燕山早期 | 必要 | 热液型；燕山早中期 | 必要 |
| 控矿地质条件 | 赋矿地层 | 晚二叠世林西组 | 必要 | 晚泥盆世安格尔音乌拉组 | 必要 |
| | 控矿侵入岩(围岩蚀变) | 燕山期花岗闪长岩和闪长岩 | 必要 | 燕山早期花岗岩 | 必要 |
| | 主要控矿构造 | 褶皱 | 必要 | 北西向和北西西向构造对成矿起到重要作用，形成一系列北西走向的矿化带或碎裂蚀变带 | 必要 |

续表 7-70

| 预测要素 | | 描述内容<br>白音诺尔 | 要素类别 | 描述内容<br>阿尔哈达 | 要素类别 |
|---|---|---|---|---|---|
| 区内相同类型矿产 | | 预测区内相同类型矿点 20 个 | 必要 | 成矿区（带）内有 1 个矿床，6 个矿化点 | 必要 |
| 地球物理特征 | 重力异常 | 预测区中总体上呈北东向和近东西向正负相间的条带状，矿化异常主要分布在低缓的负值异常区域或局部的梯度带附近。主要的金属矿床大都产于深—中深重力构造界面的附近，尤其是多组重力异常界面交会的部位。这进一步说明了研究区基底构造在地质演化过程中起到了重要的控岩控矿作用 | 必要 | 阿尔哈达式热液型铅锌银矿预测区以高背景布格重力场为主，在高背景重力区叠加着许多北东向条带和等轴状的局部重力低异常。根据该区的物性资料和已有 1∶20 万直流电测深资料，推断具有一定走向的局部重力低异常是二连盆地群中—新生代盆地的表现；等轴状的局部重力低异常是中性—酸性岩体的反映。此外，在预测工作区贺根山—二连浩特市一线形成一些局部重力高异常，推断与超基性岩体有关 | 重要 |
| | 磁法异常 | 总体较为低缓，矿化区多为低缓正磁异常 | 必要 | 据 1∶50 万航磁化极等值线平面图显示，区域总体表现为变化不大的正磁场，南、北两侧略高，航磁化极起始值范围为－300～0nT | 重要 |
| 地球化学特征 | | 从 Ag、Pb、Zn 异常总体分布来看，异常总体呈北东向展布，除 Ag、Pb、Zn 异常吻合程度较高外，还伴随有 As、Sb、Sn、W 等元素的异常。化探异常各元素套合好，规模较大，强度较高，与地表的矿化和物探异常重合度较高。总体呈北东向带状分布，大致平行于大兴安岭的主峰走向，因此，该区是寻找银多金属矿的有利部位 | 重要 | 预测区上分布有 Au、As、Sb、Cu、Pb、Zn、Ag、Cd、W、Mo 等元素异常，Pb 异常主要分布在异常区北东部，浓集中心明显，异常强度高 | 必要 |
| 遥感 | | | | 环要素（隐伏岩体）及遥感羟基铁染异常 | 重要 |

**4. 沉积型铅锌矿区域预测要素**

火山岩型铅锌矿的矿产预测类型为陆相火山岩型铅锌矿，主要矿床式为比利亚谷式、扎木钦式、甲乌拉式。以扎木钦、甲乌拉预测工作区为例简述此类矿床(点)区域预测要素(表 7-71)。

表 7-71 沉积型铅锌矿预测工作区预测要素一览表

| 预测要素 | | 描述内容 | | 要素类别 |
|---|---|---|---|---|
| | | 预测工作区 | 东升庙 | |
| 地质 | 大地构造位置 | 华北陆块北缘,狼山-阴山陆块,白云鄂博裂谷($Pt_2$) | | 重要 |
| | 成矿区(带) | Ⅲ-11 华北陆块北缘西段金、铁、铌、稀土、铜、铅、锌、银、镍、铂、钨、石墨、白云母成矿带 | | 重要 |
| | 区域成矿类型及成矿期 | 海相沉积型(Cu、Pb、Zn、硫铁);中元古代 | | 重要 |
| 控矿地质条件 | 赋矿地层 | 中元古代蓟县纪阿古鲁沟组 | | 重要 |
| | 主要控矿构造 | 层内裂隙构造及层间滑动裂隙 | | 次要 |
| 区内同类型矿产 | | 7 个矿点 | | 重要 |
| 地球物理特征 | 重力异常 | 剩余重力异常等值线图上,矿床及矿点多分布于重力高值异常区 | | 次要 |
| | 磁法异常 | 矿床或矿点多分布于正负磁异常交接带靠正磁异常一侧,或负磁异常中的局部正磁异常区,异常值在 200~100nT 之间 | | 次要 |
| 地球化学特征 | | 异常规模大、强度高、持续性好,有几处明显的浓集中心,Cu、Pb、Zn 三级浓度分带。矿床及矿点均位于化探异常范围内 | | 重要 |

## 三、铅锌矿最小预测区圈定

根据对典型矿床成矿规律、预测要素及预测工作区区域地质、物探、化探、遥感、自然重砂等背景条件的研究,确定预测工作区预测要素,提取预测变量,运用矿产资源评价系统(MRAS)对预测工作区进行定位预测。

### 1. 变量构置

根据各预测工作区不同成矿条件,进行预测变量构置(表 7-72)。

表 7-72 铅锌矿预测工作区变量构置一览表

| 预测类型 | 预测工作区 | 预测变量 | 变量处理 |
|---|---|---|---|
| (火山)沉积变质型 | 东升庙 | 地质体:提取阿古鲁沟组 | 求取存在标志 |
| | | 航磁异常分布区:200~1000nT | 二值化处理 |
| | | 重力:(10~22)$\times 10^{-5}$m/$s^2$ | 二值化处理 |
| | | 化探:铅、锌>18$\times 10^{-6}$ | 求取存在标志 |
| | | 矿化蚀变带:提取矿化蚀变带,形成区文件 | 求取存在标志 |
| | | 已知矿点:有 7 个同类型矿点,分别为霍各乞(矿床)、炭窑口(矿床)、对门山(矿床)、甲生盘(矿床)及东升庙(矿床)等,对矿点进行缓冲区处理,作 1000m(图面 10mm)缓冲区,添加到图中 | 求取存在标志 |

续表 7-72

| 预测类型 | 预测工作区 | 预测变量 | 变量处理 |
|---|---|---|---|
| 陆相火山岩型 | 比利亚谷 | 地质体:侏罗纪塔木兰沟组火山岩,共提取地质体 201 块,总面积为 4 578.59km² | 求取存在标志 |
| | | 断层:提取北西向地质断层及遥感推断断裂,并作 500m 的缓冲区 | 求取存在标志 |
| | | 化探:提取 Pb 元素化探异常为(18～1 293.1)$\times10^{-9}$ 的范围,Zn 元素化探异常为(40～3 007.8)$\times10^{-9}$ 的范围,总面积为 10 037.87km² | 求取存在标志 |
| | | 重力:提取剩余重力(−94～−64)$\times10^{-5}$ m/s² 的范围,总面积为31 932.01km² | 二值化处理 |
| | | 航磁:提取航磁化极值 0～350nT 的范围,总面积为 11 592.20km² | 二值化处理 |
| | | 遥感:提取遥感北西向断裂构造要素及羟基、铁染异常区,提取羟基、铁染异常区要素 248 块,总面积为 621.44km² | 求取存在标志 |
| | 扎木钦 | 地质体:晚侏罗世白音高老组火山岩系 | 求取存在标志 |
| | | 已知矿点、矿化点进行投影变换,并作 1000m(图面 10mm)缓冲区,添加到图中 | 求取存在标志 |
| | | 提取 Pb、Zn、Ag 化探异常区 | 二值化处理 |
| | 甲乌拉 | 地质体:提取塔木兰沟组,求其存在标志 | 求取存在标志 |
| | | 航磁异常:甲乌拉铅锌矿位于正磁异常区,异常区异常强,异常值为 0～450nT | 二值化处理 |
| | | 重力:异常在(−3.21～0)$\times10^{-5}$ m/s² 之间、异常值在(−8.14～−1)$\times10^{-5}$ m/s² 之间 | 二值化处理 |
| | | 化探:选用 Cu 单元素异常图作为本次预测资料,提取三级浓度分带,异常值为(27～6 125.0)$\times10^{-6}$ | 二值化处理 |
| | | 已知矿点:有 2 个同类型矿床,均对它们进行缓冲区处理,缓冲值为 1km | 求取存在标志 |
| | | 遥感异常:对圈定的遥感铁染及羟基异常线处理,形成区文件 | 求取存在标志 |
| 陆相火山-次火山型 | 李清地 | 断层:与控矿有关的断裂,包括实测与遥感解译断裂,作缓冲区 | 求取存在标志 |
| | | 侵入岩:包括与成矿有关的燕山期次火山岩、花岗岩作缓冲区 | 求取存在标志 |
| | | 重力:推断隐伏岩体与遥感解译岩体作缓冲区 | 求取存在标志 |
| | | 地层:包括赋矿地层与成矿成因有关的火山岩层,作缓冲区 | 求取存在标志 |
| | | 铅锌综合化探异常与遥感羟基异常 | 求取存在标志 |
| | | Pb 单元素异常、Zn 单元素异常、航磁化极、剩余重力 | 二值化处理 |

**续表 7-72**

| 预测类型 | 预测工作区 | 预测变量 | 变量处理 |
|---|---|---|---|
| 矽卡岩型 | 查干敖包 | 地质体：早中奥陶世多宝山组，由一套中酸性熔岩、火山碎屑沉积岩组成；预处理：对被提取地层周边的第四系及其以上的覆盖部分进行揭盖 | 求取存在标志 |
| | | 断层：提取与成矿有关的东西向断裂，并作500m(图面5mm)缓冲区 | 求取存在标志 |
| | | 化探：Zn元素化探异常起始值＞$53\times10^{-6}$的范围 | 二值化处理 |
| | | 重力：剩余重力起始值＞$-2\times10^{-5}m/s^2$的范围 | 二值化处理 |
| | | 航磁：航磁化极值＞250nT的范围 | 二值化处理 |
| | 白音诺尔 | 地层：主要提取晚二叠世林西组结晶灰岩和白色厚层大理岩，并对上覆第四系、新近系等覆盖层，视地质体的具体情况进行了揭盖处理，最大外推不超过1km | 求取存在标志 |
| | | 岩体：主要提取燕山早期中酸性浅成—超浅成侵入岩，其主要岩性为石英闪长岩、流纹质凝灰熔岩、正长斑岩及部分脉岩 | 求取存在标志 |
| | | 航磁异常采用化极$\Delta T$等值线 | 二值化处理 |
| | | 重力剩余异常等值线 | 二值化处理 |
| | | 预测区的Pb、Zn化探异常 | 二值化处理 |
| | | 已知矿床：目前收集到的有20处，其中大型2处，中型5处，小型13处 | 求取存在标志 |
| | 余家窝铺 | 地层：主要提取宝音图岩群一套浅斜长角闪片麻岩、黑云斜长片麻岩夹薄层大理岩沉积建造综合柱状图和燕山早期钾长花岗岩岩性岩相图，并对上覆第四系、白垩系等覆盖层，视地质体的具体情况进行揭盖处理，不超过1km | 求取存在标志 |
| | | 断层：提取北西西—东西向、北西向地质断层及遥感推断断裂，并根据断层的规模作500m的缓冲区 | 求取存在标志 |
| | | 航磁异常采用化极$\Delta T$等值线0～300nT的范围 | 二值化处理 |
| | | 重力剩余异常等值线$(-3\sim5)\times10^{-5}m/s^2$的范围 | 二值化处理 |
| | | 单元素异常及综合异常 | 求取存在标志 |
| | | 已知矿床(点)：目前收集到的有6处，其中中型1处，小型1处，矿点4处 | 求取存在标志 |
| | | 重砂：一级异常 | 求取存在标志 |
| | | 遥感：提取遥感异常及环状构造 | 求取存在标志 |

续表 7-72

| 预测类型 | 预测工作区 | 预测变量 | 变量处理 |
| --- | --- | --- | --- |
| 岩浆热液型 | 天桥沟 | 地层：主要提取二叠纪额里图组和余家北沟组及石炭纪酒局子组综合柱状图，海西期石英闪长玢岩体及辉石闪长玢岩体和燕山期正长花岗岩岩性岩相图，并对上覆第四系、白垩系等覆盖层视地质体的具体情况进行揭盖处理，最大外推不超过 1km | 求取存在标志 |
| | | 断层：提取北西西—北西向、东西向、北东向地质断层及遥感推断断裂，并根据断层的规模作 500m 的缓冲区 | 求取存在标志 |
| | | 航磁异常采用化极 $\Delta T$ 等值线 100～300nT 的范围 | 二值化处理 |
| | | 重力剩余异常等值线$(-2\sim2)\times10^{-5}m/s^2$ 的范围 | 二值化处理 |
| | | 元素组合异常及综合异常 | 求取存在标志 |
| | | 已知矿床（点）：目前收集的有 32 处：中型 7 处，小型 15 处，矿点 10 处 | 求取存在标志 |
| | | 重砂：一级异常 | 求取存在标志 |
| | | 遥感：提取遥感异常及环状构造 | 求取存在标志 |
| | 阿尔哈达 | 地质体：晚泥盆世安格尔音乌拉组，预处理：对被提取地层周边的第四系及其以上的覆盖部分进行揭盖 | 求取存在标志 |
| | | 断层：提取北西向、北北西向、北西西向地质断层及重力、遥感推断断裂，并根据断层的规模作 1000m 的缓冲区 | 求取存在标志 |
| | | 重力：剩余重力起始值$(-4\sim9)\times10^{-5}m/s^2$的范围 | 二值化处理 |
| | | 航磁：航磁化极起始值范围为−300～0nT | 二值化处理 |
| | | 化探：提取 Pb、Zn 单元素及综合异常 | 求取存在标志 |
| | | 遥感：遥感的环要素用于推测隐伏岩体存在 | 求取存在标志 |
| | 长春岭 | 侵入岩：中二叠世斜长花岗岩为主，其次为中二叠世黑云母花岗岩、闪长岩 | 求取存在标志 |
| | | 东西向断裂、北东向断裂的缓冲区（包括地质、重力和遥感的） | 求取存在标志 |
| | | 蚀变带 | 求取存在标志 |
| | | 航磁异常采用化极 $\Delta T$ 等值线 | 二值化处理 |
| | | 重力剩余异常等值线 | 二值化处理 |
| | | 化探综合异常区 | 求取存在标志 |
| | | 遥感最小预测区 | 求取存在标志 |
| | | 已知矿床（点），目前收集到的有 4 处，其中中型 1 处，矿点 3 处 | 求取存在标志 |
| | 拜仁达坝 | 地质体：提取古元古代宝音图岩群变质岩系及晚石炭世石英闪长岩，并对第四系覆盖层作 1000m 缓冲区，添加到图中。提取 Pb、Zn、Ag 化探异常区 | 求取存在标志 |
| | | 航磁异常采用化极 $\Delta T$ 等值线 | 二值化处理 |
| | | 重力剩余异常等值线 | 二值化处理 |
| | | 沿拜仁达坝矿区一带的 Pb、Zn 化探异常区 | 求取存在标志 |
| | | 已知矿床（点）：目前收集到的有 4 处，其中大型 1 处，中型 1 处，小型 1 处，矿点 1 处 | 求取存在标志 |
| | | 遥感：采用遥感地质解译断裂及环形构造 | 求取存在标志 |

续表 7-72

| 预测类型 | 预测工作区 | 预测变量 | 变量处理 |
|---|---|---|---|
| 岩浆热液型 | 孟恩陶勒盖 | 侵入岩:以中二叠世斜长花岗岩为主,其次中二叠世黑云母花岗岩、闪长岩 | 求取存在标志 |
| | | 东西向断裂、北东向断裂的缓冲区(包括地质、重力和遥感的) | 求取存在标志 |
| | | 蚀变带 | 求取存在标志 |
| | | 航磁异常采用化极 $\Delta T$ 等值线 | 二值化处理 |
| | | 重力剩余异常等值线 | 二值化处理 |
| | | 化探综合异常区 | 求取存在标志 |
| | | 遥感最小预测区 | 求取存在标志 |
| | | 已知矿床(点),目前收集到的有 4 处,其中中型 1 处,矿点 3 处 | 求取存在标志 |
| | 花敖包特 | 地层:主要提取二叠纪寿山沟组,并对上覆第四系视地质体的具体情况进行揭盖处理 | 求取存在标志 |
| | | 航磁异常采用化极 $\Delta T$ 等值线 | 二值化处理 |
| | | 重力剩余异常等值线 | 二值化处理 |
| | | Ag、Pb、Zn 化探异常区 | 求取存在标志 |
| | | 已知矿床(点):目前收集到的有 73 处,其中中型 5 处,小型 20 处,矿(化)点 48 处 | 求取存在标志 |
| | | 蚀变带 | 求取存在标志 |
| | | 遥感:采用遥感解译断层 | 求取存在标志 |
| | 代兰塔拉 | 地层,主要提取寒武系—奥陶系,并对上覆第四系覆盖层视地质体的具体情况进行揭盖处理,最大外推不超过 1km | 求取存在标志 |
| | | 侵入岩:侏罗纪霓霞正长岩 | 求取存在标志 |
| | | 航磁异常采用化极 $\Delta T$ 等值线 | 二值化处理 |
| | | 重力剩余异常等值线 | 二值化处理 |
| | | 目前收集到已知矿点有 7 处,其中小型 1 处,矿点 2 处,矿化点 4 处 | 求取存在标志 |
| | | 断裂:主要为近南北向和北西向断裂,包括地质、重力推断、遥感解译。并对断裂构造作了左右各 500m 的缓冲区 | 求取存在标志 |

### 2. 最小预测区圈定方法及优选结果

首先利用网格单元法对预测单元进行赋值。不同预测工作区根据实际情况划分不同间距的预测单元网格。完成预测单元划分后对预测变量进行原始变量构置,生成原始数据专题,完成网格单元赋值。对区内已知矿床(点)按矿化规模将模型单元进行矿化级别的设置,选择具有代表性的单元作为模型单元,然后对前期所选择的预测变量进行筛选,获得真正对矿化起到作用的变量,完成变量优选步骤。证据权重法中,首先构造预测模型,生成定位预测专题图层,然后选择各预测要素的证据因子、计算证据权重,进行证据因子的条件独立性检验,计算后验概率并生成色块图,色块图级别是根据后验概率值的大小确定的。后验概率色块图的不同级别是以网格单元为边界的规则边界,因此需要在色块图的基础上叠加所有成矿要素及预测要素，采用人工与 MRAS 软件交互的方式，根据形成的定位预测色块图对照不同级别的各要素边界，依据后验概率的大小，与模型区预测要素的匹配程度，圈定最小预测区，划分 A、B、C 类最小预测区级别(表 7-73)。

**表 7-73　铅锌矿最小预测区分级原则一览表**

| 预测工作区 | A、B、C 类分级原则 | 单元网格 |
|---|---|---|
| 东升庙 | A 类：主要是铅锌矿床和矿(化)点，岩体对应有 Pb、Zn 单元素异常区和 Pb、Zn 等元素综合异常区，其次有磁异常和重力异常区。B 类：主要是 Pb、Zn 单元素异常区和 Pb、Zn 等元素综合异常区，其次有磁异常和重力异常区。C 类：主要是 Pb、Zn 单元素异常区和 Pb、Zn 等元素综合异常区及铅锌自然重砂异常区 | 2km×2km |
| 比利亚谷 | A 类：有出露含矿地质体＋Pb 元素化探异常$(18\sim1\,293.1)\times10^{-9}$，Zn 元素化探异常$(40\sim3\,007.8)\times10^{-9}$＋已知矿床＋北西向断层缓冲区＋遥感羟基异常区。B 类：有出露含矿地质体＋北西向断层缓冲区＋遥感羟基异常区＋Pb、Zn 元素化探异常＋断层缓冲区或推断含矿地质体＋Pb、Zn 元素化探异常浓集区＋蚀变带。C 类：覆盖区化探异常浓集中心或出露含地质体的上部层位＋Pb、Zn 元素化探异常 | |
| 扎木钦 | A 类：地质体＋化探异常分布范围＋剩余重力异常＋遥感异常＋构造＋矿点。B 类：地质体＋化探异常分布范围＋剩余重力异常＋构造。C 类：地质体＋化探异常分布范围＋构造 | |
| 甲乌拉 | A 类：地质体(含矿建造)＋已知矿床＋化探异常＋航磁异常分布范围＋剩余重力异常＋遥感。B 类：地质体＋化探异常＋矿点＋航磁异常分布范围＋剩余重力异常＋遥感异常。C 类：地质体＋矿化蚀变＋航磁异常分布范围或地质体＋重力异常＋遥感异常＋低强度化探异常 | |
| 李清地 | A 类：具有矿点、Pb、Zn 元素异常与 Pb、Zn 甲级综合化探异常、赋矿含矿地质体＋缓冲、航磁化极、遥感隐伏岩体、羟基、剩余重力、断层等 10 个预测变量。B 类：具有 Pb、Zn 单元素异常、剩余重力、航磁化极＋其他 1～4 个预测变量。C 类：具有 Pb 或 Zn 元素异常、剩余重力、航磁化极＋其他 1～4 个预测变量 | 1km×1km |
| 查干敖包 | A 类：有出露含矿地质体＋化探起始值$>53\times10^{-6}$＋已知矿床＋断层缓冲区＋东西向断层缓冲区＋航磁、重力异常范围。B 类：有出露含矿地质体＋化探起始值$>53\times10^{-6}$或有出露含矿地质体＋断层(或闪长玢岩脉)缓冲区或推断含矿地质体＋航磁、重力异常范围。C 类：出露含地质体的上部层位＋元素化探异常$>53\times10^{-6}$或航磁、重力异常范围 | 2km×2km |
| 白音诺尔 | A 类：地质体＋化探异常＋航磁异常分布范围＋剩余重力异常＋遥感。B 类：地质体＋化探异常＋航磁异常分布范围＋剩余重力异常。C 类：地质体＋化探异常＋航磁异常分布范围或地质体＋化探异常＋重力异常 | |

**续表 7-73**

| 预测工作区 | A、B、C 类分级原则 | 单元网格 |
|---|---|---|
| 余家窝铺 | A 类:化探 Pb 元素异常起始值>$121\times10^{-6}$+白垩纪侵入岩与碳酸盐岩接触带,或者化探 Pb 元素异常起始值>$121\times10^{-6}$+侏罗纪侵入岩与碳酸盐岩接触带。B 类:化探 Pb 元素异常起始值>$121\times10^{-6}$+推测侵入岩体与碳酸盐岩接触带或者小岩株附近存在重力异常,推测有隐伏岩体存在+碳酸盐岩出露,或者由重力异常推测隐伏岩体+矿点。C 类:由重力异常推测隐伏岩体+碳酸盐岩或者燕山期侵入岩体+附近推测有隐伏的碳酸盐岩地质体 | 1km×1km |
| 天桥沟 | A 类:有矿床存在+断裂十分发育(尤其是对成矿有利的断裂)+化探 Pb 元素异常起始值>$121\times10^{-6}$+白垩纪、侏罗纪侵入岩+遥感特征明显。B 类:有矿床、矿点存在+断裂十分发育+化探 Pb 元素异常起始值>$51\times10^{-6}$+白垩纪、侏罗纪侵入岩+遥感特征明显,或者断裂十分发育+化探 Pb 元素异常起始值>$51\times10^{-6}$+白垩纪、侏罗纪侵入岩。C 类:有矿点存在+断裂十分发育+重力或者航磁异常明显+白垩纪、侏罗纪侵入岩+遥感特征明显,或者断裂十分发育+重力或者航磁异常明显+遥感特征明显 | |
| 阿尔哈达 | A 类:有出露含矿地质体+已知矿床(化点)+断层缓冲区+Pb、Zb 元素化探异常或已知矿床(化点)+断层缓冲区+Pb、Zb 元素化探异常。B 类:出露含矿地质体(岩体)+Pb、Zb 元素化探异常+断层缓冲区或出露含矿地质体(岩体)+断层缓冲区。C 类:覆盖区化探异常浓集中心或出露含地质体(岩体)+Pb、Zb 元素化探异常 | |
| 长春岭 | A 类:地质体+航磁+重力+化探+矿点(/断层区/蚀变)。B 类:地质体+航磁+重力+化探。C 类:地质体+化探 | |
| 拜仁达坝 | A 类:地质体+化探异常分布范围+剩余重力异常+遥感异常+构造+矿点。B 类:地质体+化探异常分布范围+剩余重力异常+构造。C 类:地质体+化探异常分布范围+构造 | 2km×2km |
| 孟恩陶勒盖 | A 类:地质体+航磁+重力+化探+矿点(/断层区/蚀变)。B 类:地质体+航磁+重力+化探。C 类:地质体+化探 | 1km×1km |
| 花敖包特 | A 类:地质体+航磁异常分布范围+剩余重力异常+遥感Ⅰ级铁染异常+断层。B 类:地质体+航磁异常分布范围+剩余重力异常。C 类:地质体+航磁异常分布范围或地质体+断层+重力异常 | 5km×5km |
| 代兰塔拉 | A 类:地质体+断层区+航磁+重力+矿点。B 类:地质体+断层区+航磁+重力。C 类:地质体+断层区 | 0.5km×0.5km |

对圈定的面积过小、成矿潜力较差、预测意义不大的最小预测区进行排除,最终共圈定铅锌矿最小预测区 526 个,面积 10 595.65$km^2$,其中(火山)沉积变质型 28 个,面积 2 001.67$km^2$,陆相火山岩型 109 个,面积 3 660.04$km^2$,陆相火山次火山型 36 个,396.13$km^2$,矽卡岩型 84 个,面积1 262.49$km^2$,岩浆热液型 269 个,面积 3 275.32$km^2$(表 7-74,图 7-69～图 7-71)。

**表 7-74　铅锌矿最小预测区圈定成果一览表**

| 预测工作区 | A类最小预测区 | B类最小预测区 | C类最小预测区 | 总数 | 面积(km²) |
|---|---|---|---|---|---|
| 东升庙 | 7 | 12 | 9 | 28 | 2 001.67 |
| 比利亚谷 | 6 | 10 | 18 | 34 | 673.41 |
| 扎木钦 | 5 | 8 | 10 | 23 | 1 136.63 |
| 甲乌拉 | 7 | 19 | 26 | 52 | 1850 |
| 李清地 | 1 | 14 | 21 | 36 | 396.13 |
| 查干敖包 | 3 | 2 | 9 | 14 | 138.45 |
| 白音诺尔 | 10 | 13 | 17 | 40 | 1 012.33 |
| 余家窝铺 | 7 | 10 | 13 | 30 | 111.71 |
| 天桥沟 | 7 | 9 | 16 | 32 | 440.84 |
| 阿尔哈达 | 7 | 7 | 6 | 20 | 176.18 |
| 长春岭 | 14 | 33 | 26 | 73 | 879.66 |
| 拜仁达坝 | 5 | 5 | 3 | 13 | 279.30 |
| 孟恩陶勒盖 | 11 | 11 | 9 | 31 | 301.65 |
| 花敖包特 | 17 | 21 | 16 | 54 | 865.40 |
| 代兰塔拉 | 3 | 16 | 27 | 46 | 332.30 |
| 总计 | 110 | 190 | 226 | 526 | 10 595.66 |

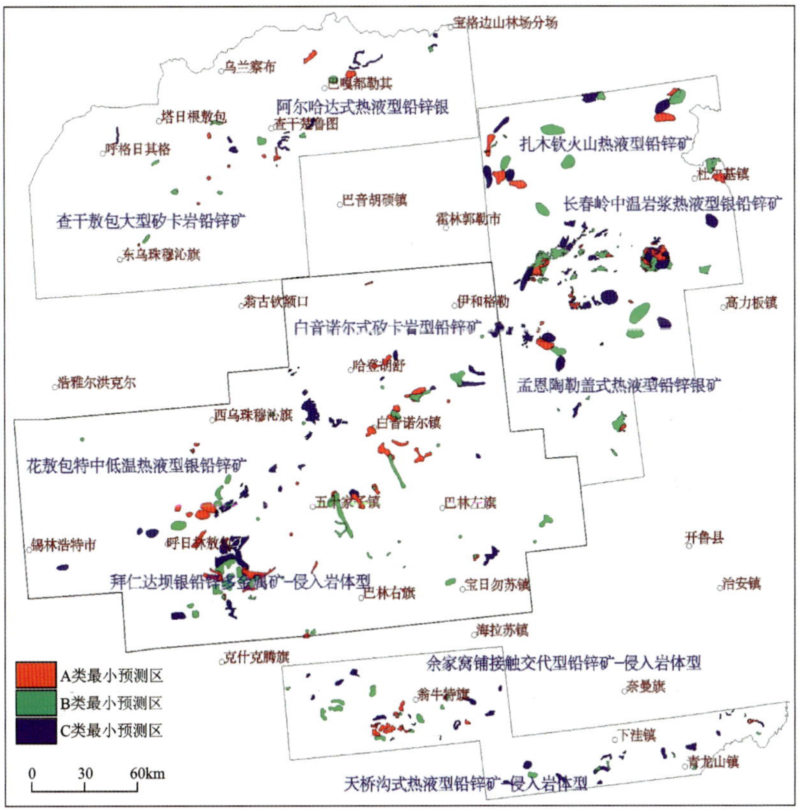


图7-69　阿尔哈达、查干敖包、扎木钦、白音诺尔、花敖包特、拜仁达坝等铅锌矿最小预测区分布图

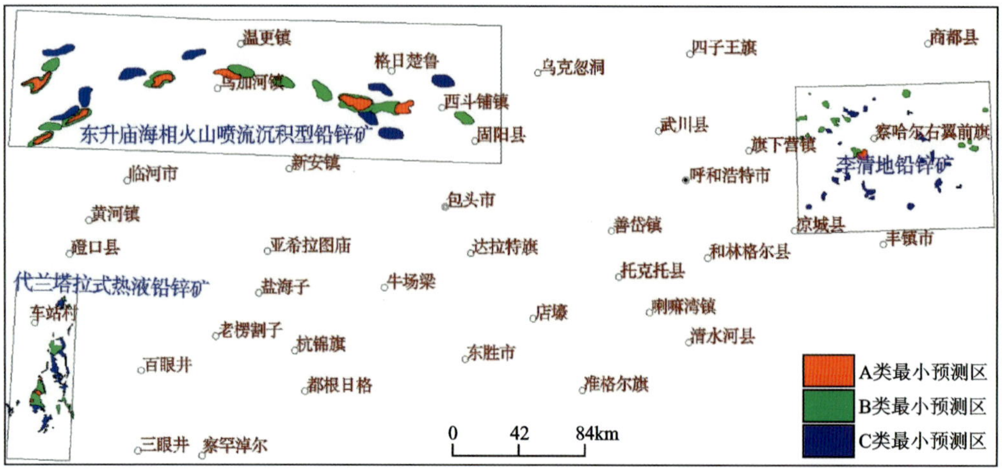


图 7-70　东升庙、代兰塔拉、李清地铅锌矿最小预测区分布图

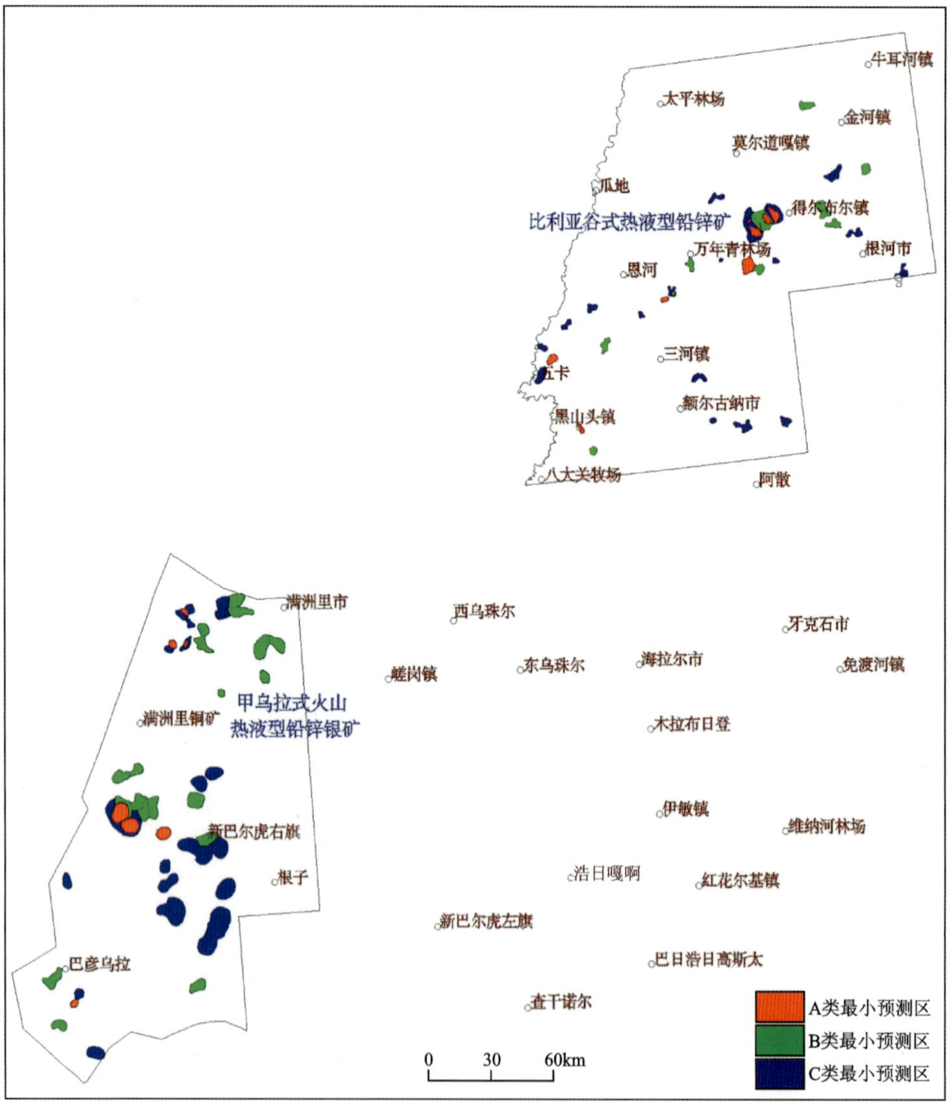


图 7-71　比利亚谷、甲乌拉铅锌矿最小预测区分布图

## 四、资源量定量预测

**1. 典型矿床深度及外围资源量估算**

运用地质体积法对内蒙古铅锌矿进行定量预测，首先确定典型矿床体积含矿率，对典型矿床深部及外围进行资源量估算(表7-75)。

**2. 模型区及预测区参数确定**

典型矿床所在的最小预测区为模型区，参考模型区地质体面积及延深、计算模型区含矿系数，根据含矿系数计算各最小预测区预测资源量(表7-76)。

**3. 预测区资源量估算及其结果**

本次共预测铅矿资源总量为1360万t、锌矿3400万t，其中伴生铅矿74万t、锌矿227万t。铅锌矿中(火山)沉积变质型铅矿259万t、锌矿1286万t，陆相火山岩型铅矿295万t、锌矿398万t，陆相火山次火山型铅矿78 129t、锌矿69 911t，矽卡岩型铅矿179万t、锌矿617万t，岩浆热液型铅矿544万t、锌矿865万t(表7-77)。

伴生铅锌矿预测资源量=主矿种预测资源量×伴生矿种资源量系数。

# 第六节　钼矿资源潜力评价

## 一、钼矿预测模型

根据矿产预测类型划分，钼矿共涉及3个矿产预测类型：沉积型、侵入岩体型、复合内生型(表7-78)。

在典型矿床成矿要素研究的基础上，综合研究重力、航磁、化探、遥感等预测要素，基于预测要素的研究结果，构建典型矿床的预测模型图。典型矿床预测模型图，以剖面图形式或平面投影形式表示预测要素内容及其相关关系和空间变化特征。在区域成矿模式的基础上，叠加区域地球物理、地球化学、遥感等找矿模型资料，形成区域预测模型图，以剖面图形式表示预测要素内容及其相互关系，以及时空展布特征。

本节主要阐述原生钼矿资源潜力评价成果，共伴生钼矿资源潜力评价成果参见与其主矿种相关章节。

### (一)沉积型

元山子式矿床(点)矿产预测类型为沉积型，大地构造位置属阴山-天山巨型纬向构造体系，阴山纬向构造带南缘，阿拉善弧形构造带东翼，祁吕贺山字型构造的脊柱——贺兰褶带，为多构造体系的复合地区。成矿区(带)为秦祁昆成矿域，阿尔金-祁连成矿省，河西走廊铁、锰、萤石、盐、凹凸棒石成矿带，阎地拉图铁成矿亚带(Vm)。以元山子矿床为例，总结典型矿床综合信息特征，编制典型矿床预测要素表(表7-79)。

**表 7-75 铅锌矿典型矿床预测成果一览表**

| 预测类型 | 序号 | 典型矿床 | 经度 | 纬度 | 深部/外围 | 面积($m^2$) | 延深(m) | 体积含矿率($t/m^3$) | | 预测资源量(t) | | 预测资源总量(t) | |
|---|---|---|---|---|---|---|---|---|---|---|---|---|---|
| | | | | | | | | 铅 | 锌 | 铅 | 锌 | 铅 | 锌 |
| (火山)沉积变质型 | 1 | 东升庙 | 107°03′49″ | 41°06′59″ | 深部 | 3 734 137.5 | 210 | 0.002 3 | | 43 159.06 | 1 760 429.38 | 73 690.58 | 3 005 789.71 |
| | | | | | 外围 | 693 419.5 | 800 | 0.000 24 | | 30 531.52 | 1 245 360.38 | | |
| 陆相火山岩型 | 1 | 比利亚谷 | 1205818 | 505917 | 深部 | 1 856 500 | 100 | 0.000 351 26 | 0.000 354 98 | 65 211.54 | 65 901.41 | 65 211.54 | 65 901.41 |
| | 2 | 扎木钦 | 120°05′30″ | 45°59′30″ | 深部 | 520 241 | 130 | 0.001 5 | | 38 550.0 | 62 694.00 | 171 362.00 | 278 689.30 |
| | | | | | 外围 | 388 341 | 600 | 0.000 032 | | 132 812.59 | 215 995.3 | | |
| | 3 | 甲乌拉 | 116°16′26″ | 48°47′13″ | 深部 | 641 075.6 | 240 | 0.004 166 | | 256 389.19 | 384 583.8 | 694 074.38 | 1 041 111.62 |
| | | | | | 外围 | 1 175 182 | 745 | | | 437 685.19 | 656 527.81 | | |
| 陆相火山-次火山型 | 1 | 李清地 | 113°00′00″ | 40°57′00″ | 深部 | 183 193 | 60 | 0.000 434 9 | 0.000 326 88 | 4 780.00 | 3 593.00 | 12 043.00 | 9 052.00 |
| | | | | | 外围 | 49 115 | 340 | 0.000 434 9 | 0.000 326 88 | 7 262.00 | 5 458.00 | | |
| 矽卡岩型 | 1 | 查干敖包 | 118°18′35″ | 45°55′73″ | 深部 | 33 080 | 350 | 0.079 999 998 | | 0.00 | 132 320 | 0.00 | 132 320 |
| | 2 | 白音诺尔 | 118°52′52″ | 44°26′30″ | 深部 | 105 554.52 | 100 | 0.013 746 | | 36 273.81 | 108 821.43 | 330 338.06 | 991 014.18 |
| | | | | | 外围 | 128 100.08 | 668 | | | 294 064.25 | 882 192.75 | | |
| | 3 | 余家窝铺 | 118°51′30″ | 42°51′00″ | 深部 | 54 491.84 | 110 | 0.002 37 | 0.004 54 | 14 196.75 | 27 235.75 | 39 361.64 | 75 513.32 |
| | | | | | 外围 | 19 318.24 | 550 | | | 25 164.89 | 48 277.57 | | |
| 岩浆热液型 | 1 | 天桥沟 | 118°44′38″ | 42°47′45″ | 深部 | 199 012.4 | 50 | 0.000 061 4 | 0.000 1 | 610.92 | 994.08 | 6 355.46 | 10 348.48 |
| | | | | | 外围 | 217 596.4 | 430 | | | 5 744.54 | 9 347.40 | | |
| | 2 | 阿尔哈达 | 118°58′24″ | 46°25′41″ | 深部 | 31 913 | 300 | 0.000 664 | 0.000 996 | 6 357.00 | 9 536.00 | 247 447.00 | 371 172.00 |
| | | | | | 外围 | 518 697 | 700 | | | 241 090 | 361 636.0 | | |
| | 3 | 长春岭 | 121°56′34″ | 45°35′40″ | 深部 | 0.879 3 | 160 | 0.000 054 3 | 0.000 118 3 | 7 639.78 | 16 644.32 | 7 639.78 | 16 644.32 |
| | 4 | 拜仁达坝 | 117°33′01″ | 44°07′01″ | 深部 | 1 337 500 | 340 | 0.000 93 | 0.001 98 | 124 388 | 264 825 | 784 223 | 1 669 635.00 |
| | | | | | 外围 | 1 612 500 | 100 | | | 659 835 | 1 404 810 | | |
| | 5 | 孟恩陶勒盖 | 121°22′02″ | 45°12′18″ | 深部 | 1 739 216 | 123 | 0.000 205 | 0.000 471 | 44 923.95 | 103 215.5 | 85 862.78 | 197 274.95 |
| | | | | | 外围 | 332 836 | 600 | | | 40 938.83 | 94 059.45 | | |
| | 6 | 花敖包特 | 118°57′15″ | 45°15′30″ | 深部 | 341 017 | 250 | 0.020 744 | | 802 197 | 1 107 796 | 1 025 025.00 | 1 415 512.00 |
| | | | | | 外围 | 255 763 | 100 | | | 222 828 | 307 716 | | |
| | 7 | 代兰塔拉 | 106°50′40″ | 39°35′32″ | 深部 | 48 633 | 20 | 0.003 13 | 0.004 79 | 3 044.43 | 4 659.04 | 3 044.43 | 4 659.04 |

**表 7-76 铅锌矿模型区及预测区参数一览表**

| 预测工作区编号 | 预测工作区 | 模型区编号 | 模型区名称 | 经度 | 纬度 | 含矿地质体含矿系数 | | 模型区预测资源总量(t) | | 最小预测区面积范围($km^2$) | 最小预测区预测深度范围(m) |
|---|---|---|---|---|---|---|---|---|---|---|---|
| | | | | | | Pb | Zn | Pb | Zn | | |
| (火山)沉积变质型铅锌矿 | | | | | | | | | | | |
| 1506101001 | 东升庙铅锌矿预测工作区 | A1506101001 | 必其格图 | 107°03′49″ | 41°06′59″ | 0.000 24 | | 449 304 | 2 630 177 | 34～119 | 600～900 |
| 陆相火山岩型铅锌矿 | | | | | | | | | | | |
| 1506401001 | 比利亚谷铅锌矿预测工作区 | A1506401001 | 比利亚谷铅锌矿 | 120°58′18″ | 50°59′17″ | 0.000 015 15 | 0.000 015 31 | 65 212 | 65 901 | 2.66～47.75 | 100～450 |
| 1506402001 | 扎木钦铅锌矿预测工作区 | A1506402001 | 西巴彦珠日和嘎查 | 120°05′30″ | 45°59′30″ | 0.000 032 | | 172 264.39 | 278 689.51 | 30.8～93.38 | 500～600 |
| 1506404001 | 甲乌拉铅锌矿预测工作区 | A1506404001 | 甲乌拉 | 116°16′26″ | 48°47′13″ | 0.000 068 8 | | 77 192 | 115 788 | 6.09～70.12 | 100～745 |
| 陆相火山-次火山型铅锌矿 | | | | | | | | | | | |
| 1506603001 | 李清地铅锌矿预测工作区 | A1506603001 | 李清地 | 113°00′00″ | 40°57′00″ | 0.000 003 | 0.000 002 69 | 12 934 | 11 574 | 0.73～35.92 | 100～190 |
| 矽卡岩型铅锌矿 | | | | | | | | | | | |
| 1506201001 | 查干敖包铅锌矿预测工作区 | A1506201001 | 一队饲料基地北东 | 118°18′35″ | 45°55′738″ | 0.000 1 | | 0 | 132 320 | 0.78～23.96 | 150～350 |
| 1506207001 | 白音诺尔铅锌矿预测工作区 | A1506207001 | 白音诺尔镇 | 118°52′52″ | 44°26′30″ | 0.000 123 | | 330 288.22 | 990 864.67 | 1.04～57.1 | 200～668 |
| 1506208001 | 余家窝铺铅锌矿预测工作区 | A1506208001 | 巴嘎塔拉 | 118°51′30″ | 42°51′00″ | 0.000 033 | 0.000 063 | 29 094.18 | 55 543.43 | 1.02～12.59 | 400～700 |

**续表 7-76**

| 预测工作区编号 | 预测工作区 | 模型区编号 | 模型区名称 | 经度 | 纬度 | 含矿地质体含矿系数 | | 模型区预测资源总量(t) | | 最小预测区面积范围($km^2$) | 最小预测区预测深度范围(m) |
|---|---|---|---|---|---|---|---|---|---|---|---|
| | | | | | | Pb | Zn | Pb | Zn | | |
| 岩浆热液型铅锌矿 | | | | | | | | | | | |
| 1506202001 | 天桥沟铅锌矿预测工作区 | A1506202001 | 兴隆地 | 118°44′38″ | 42°47′45″ | 0.000 028 | | 65 383.82 | 110 349.32 | 3.38～28.51 | 280～500 |
| 1506203001 | 阿尔哈达铅锌矿预测工作区 | A1506203001 | 阿尔哈达 | 118°58′24″ | 46°25′41″ | 0.000 015 8 | 0.000 023 7 | 22 991 | 45 190 | 1.43～23.14 | 100～700 |
| 1506204001 | 长春岭铅锌矿预测工作区 | A1506204001 | 巴拉格歹乡 | 121°56′34″ | 45°35′40″ | 0.000 001 3 | 0.000 002 89 | 18 867.89 | 41 944.78 | 0.19～60.26 | 50～1500 |
| 1506205001 | 拜仁达坝铅锌矿预测工作区 | A1506205001 | 拜仁达坝 | 117°33′01″ | 44°07′01″ | 0.000 061 3 | 0.000 130 5 | 784 223 | 1 669 635 | 6.89～44.78 | 100～440 |
| 1506206001 | 孟恩陶勒盖铅锌矿预测工作区 | A1506206001 | 敖很达巴嘎查西 | 121°22′02″ | 45°12′18″ | 0.000 008 5 | 0.000 02 | 2 728.5 | 6420 | 0.08～49.93 | 600 |
| 1506601001 | 花敖包特铅锌矿预测工作区 | A1506601001 | 花敖包特 | 118°57′15″ | 45°15′30″ | 0.002 947 | | 573 850 | 792 460 | 0.58～94.77 | 150～400 |
| 1506602001 | 代兰塔拉铅锌矿预测工作区 | A1506602001 | 铅矿羊场西 | 106°50′40″ | 39°35′32″ | 0.000 019 | 0.000 029 | 3 044.43 | 4 659.04 | 0.05～51.04 | 210 |

表 7-77　铅锌矿预测区资源量估算及其结果表

| 预测工作区编号 | 预测工作区 | 预测工作区预测资源总量(t) | |
|---|---|---|---|
| | | Pb | Zn |
| (火山)沉积变质型铅锌矿 | | | |
| 1506101001 | 东升庙铅锌矿预测工作区 | 2 596 412 | 12 860 402 |
| 陆相火山岩型铅锌矿 | | | |
| 1506401001 | 比利亚谷铅锌矿预测工作区 | 1 067 774 | 1 079 066 |
| 1506402001 | 扎木钦铅锌矿预测工作区 | 614 908.74 | 994 800.04 |
| 1506404001 | 甲乌拉铅锌矿预测工作区 | 1 269 444 | 1 904 167 |
| 总计 | | 2 952 126.74 | 3 978 033.04 |
| 陆相火山-次火山型铅锌矿 | | | |
| 1506603001 | 李清地铅锌矿预测工作区 | 78 129 | 69 911 |
| 矽卡岩型铅锌矿 | | | |
| 1506201001 | 查干敖包铅锌矿预测工作区 | 0 | 1 236 273 |
| 1506207001 | 白音诺尔铅锌矿预测工作区 | 1 351 160.91 | 4 053 482.76 |
| 1506208001 | 余家窝铺铅锌矿预测工作区 | 442 371.22 | 879 146.15 |
| 总计 | | 1 793 532.13 | 6 168 901.91 |
| 岩浆热液型铅锌矿 | | | |
| 1506202001 | 天桥沟铅锌矿预测工作区 | 1 388 358.99 | 2 035 618.76 |
| 1506203001 | 阿尔哈达铅锌矿预测工作区 | 493 977 | 751 670 |
| 1506204001 | 长春岭铅锌矿预测工作区 | 234 257.72 | 520 433.41 |
| 1506205001 | 拜仁达坝铅锌矿预测工作区 | 1 653 774 | 2 781 966 |
| 1506206001 | 孟恩陶勒盖铅锌矿预测工作区 | 264 816.68 | 618 342.95 |
| 1506601001 | 花敖包特铅锌矿预测工作区 | 1 344 927 | 1 857 290 |
| 1506602001 | 代兰塔拉铅锌矿预测工作区 | 57 439.31 | 87 682.8 |
| 总计 | | 5 437 550.7 | 8 653 003.92 |
| 铅锌矿预测资源量总计(t) | | 12 857 750.57 | 31 730 251.87 |
| 1504101001 | 乌拉特中旗霍各乞铜矿预测工作区 | 624 400 | 226 5928 |
| 1504205001 | 珠斯楞铜矿预测工作区 | 46 788 | 6873 |
| 1511505001 | 老硐沟金矿预测工作区 | 71 797.8 | 0 |
| 伴生铅锌矿预测资源总量(t) | | 742 985.8 | 2 272 801 |
| 预测资源总量(包括伴生)(t) | | 13 600 736.37 | 34 003 052.87 |

**表 7-78 钼矿典型矿床预测类型一览表**

| 预测类型 | 典型矿床 |
|---|---|
| 沉积型 | 元山子、白乃庙 |
| 侵入岩体型 | 乌兰德勒、乌努格吐山、太平沟、敖仑花、大苏计、小狐狸山、小东沟、查干花、比鲁甘干、岔路口、曹家屯 |
| 复合内生型 | 梨子山 |

**表 7-79 元山子镍钼矿典型矿床预测要素表**

<table>
<tr><td colspan="2" rowspan="3">预测要素</td><td colspan="4">描述内容</td><td rowspan="3">要素类别</td></tr>
<tr><td>储量</td><td>钼 1 401.41t</td><td>平均品位</td><td>Mo 0.091%</td></tr>
<tr><td>特征描述</td><td colspan="3">沉积变质型镍钼矿床</td></tr>
<tr><td rowspan="3">地质环境</td><td>构造背景</td><td colspan="4">本区大地构造位置属阴山-天山巨型纬向构造体系，阴山纬向构造带南缘，阿拉善弧形构造带东翼，祁吕贺山字型构造的脊柱——贺兰褶带，为多构造体系的复合地区</td><td>必要</td></tr>
<tr><td>地质环境</td><td colspan="4">地表基本被第四系覆盖，只有小面积的新近纪地层零星出露，根据钻孔及斜井工程揭露，下部见寒武纪香山群，其中含矿层为香山群含碳或夹石英绢云母千枚岩、黑色(含镍、钼等元素)含碳石英绢云母千枚岩</td><td>重要</td></tr>
<tr><td>成矿时代</td><td colspan="4">寒武纪</td><td>必要</td></tr>
<tr><td rowspan="6">矿床特征</td><td>矿体形态</td><td colspan="4">含碳镍、钼矿化层呈层状，层位比较稳定</td><td>重要</td></tr>
<tr><td>岩石类型</td><td colspan="4">灰绿色绢云千枚岩、绢云石英千枚岩、绢云石英板岩及灰黑色含石墨绢云石英千枚岩夹玄武岩，辉绿岩及矿层；花岗闪长岩脉、花岗伟晶岩脉、闪长玢岩脉、片理化钠长玢岩脉、石英斑岩脉、细小石英脉及方解石脉</td><td>必要</td></tr>
<tr><td>矿物组成</td><td colspan="4">矿石矿物主要为辉钼矿、辉砷镍矿、针镍矿、辉铁镍矿；<br>非金属矿物主要由石英、绢云母及碳质物组成</td><td>重要</td></tr>
<tr><td>矿石结构构造</td><td colspan="4">结构：以粒状结构为主，同时具交代结构、胶状结构、生长结构等；<br>构造：细脉浸染状构造、浸染状构造</td><td>次要</td></tr>
<tr><td>蚀变特征</td><td colspan="4">石英-千枚岩化</td><td>次要</td></tr>
<tr><td>控矿条件</td><td colspan="4">寒武纪香山群千枚岩含矿建造；北东向及北西向断裂；石英脉与磁黄铁矿、镍钼矿、黄铜矿等矿化关系密切</td><td>必要</td></tr>
<tr><td rowspan="2">地球物理特征</td><td>重力异常</td><td colspan="4">矿床位于布格重力高和重力低的交界处，梯级带较密集，$\Delta g$ 为($-240.36\sim-170.55$)$\times10^{-5}m/s^2$，异常幅度约 $70\times10^{-5}m/s^2$，剩余重力异常图中矿床位于椭圆状负异常的边缘</td><td>次要</td></tr>
<tr><td>磁法异常</td><td colspan="4">航磁正异常区，异常梯度带附近</td><td>次要</td></tr>
<tr><td colspan="2">地球化学特征</td><td colspan="4">矿床上有 La、Y、Th、Nb、U、Zr、Fe 等元素组成的组合异常；在稀土元素中富铈族稀土，贫钇族稀土；矿石富铌而贫钽、富钍而贫铀。矿床主要指示元素为 La、Y、Th、Nb，呈北东向展布</td><td>次要</td></tr>
</table>

由于元山子矿区无大比例尺的物化遥资料，且缺少化探资料，故利用典型矿床所在区域物探剖析图，编制典型矿床所在区域地质-物探模型图，区域预测模型图以剖面图形式表示。

在元山子镍钼矿典型矿床地质-物探模型图(图 7-72)中，元山子镍钼矿位于布格重力低异常东北边部的等值线同向扭曲处，布格重力异常值 $\Delta g$ 为($-190\sim-188$)$\times10^{-5}\mathrm{m/s^2}$。该布格重力低异常走向由近南北向转为北东东向，异常边部等值线密集，结合地质资料推断等值线密集处及同向扭曲处是由次级断裂构造引起。在剩余重力异常图上，元山子镍钼矿处在负异常 L蒙-723 北部边部梯级带上，该负异常是中新生代盆地的反映，地表被第四系、第三系(古近系+新近系)覆盖。矿床北部的正异常地表出露寒武纪香山群($\in_2X$)，是古生代地层的反映。区域航磁等值线平面图显示，矿区位于平稳的低磁场区。

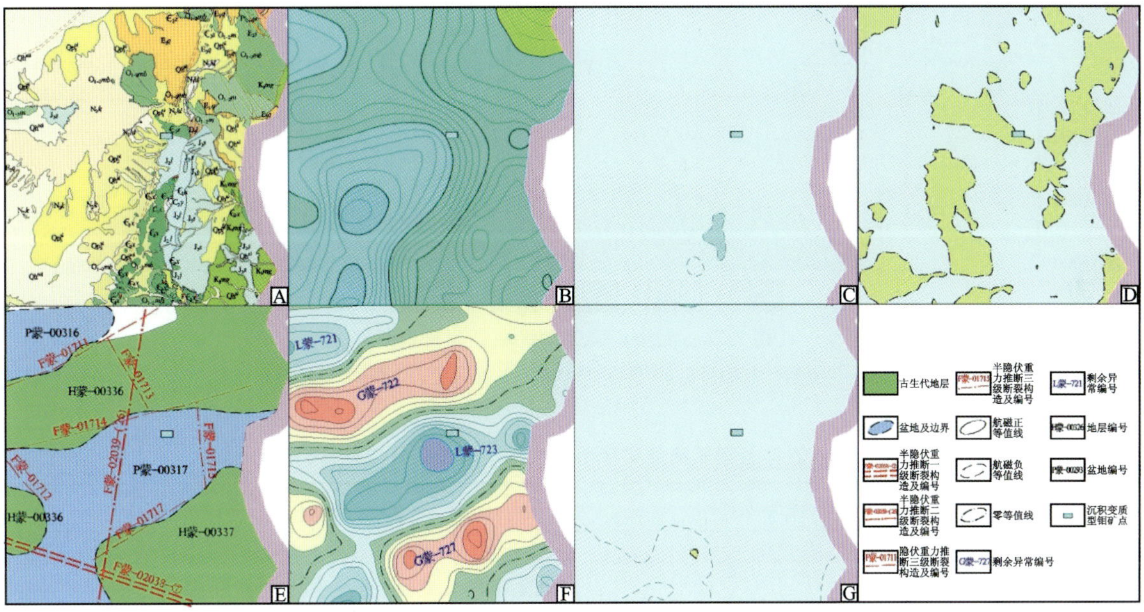


图 7-72　元山子镍钼矿典型矿床地质-物探模型图

A. 地质矿产图；B. 布格重力异常图；C. 航磁 $\Delta T$ 等值线平面图；D. 航磁 $\Delta T$ 化极垂向一阶导数等值线平面图；E. 重力推断地质构造图；F. 剩余重力异常图；G. 航磁 $\Delta T$ 化极等值线平面图

由元山子镍钼矿区域预测模型图(图 7-73)可见，其所在区域主要分布第四纪砂、砾，新近纪红柳沟组的砂砾岩，奥陶纪铜山组长石砂岩，寒武纪香山群千枚岩。以上出露的新生界和第四系的低密度地层引起了剩余重力负异常，元子山矿区周围的高密度古生代地层导致剩余重力正异常，异常值为$-3.00\times10^{-5}\mathrm{m/s^2}$。在布格重力异常图上，矿区处于低异常区，异常值为$-186.00\times10^{-5}\mathrm{m/s^2}$。磁场强度较弱，异常为正异常，强度 4～20γ，寒武系、奥陶系是产生磁异常的主要地层，其中含有较高的磁黄铁矿等矿物，并以脉状、团块状、星点状附存于岩石裂隙中。

## (二)侵入岩体型

乌兰德勒、乌努格吐山、太平沟、敖仑花、大苏计、小狐狸山、小东沟、查干花、比鲁甘干、岔路口、曹家屯等典型矿床矿产预测类型为侵入岩体型。各典型矿床所属大地构造位置及成矿区(带)见表 7-80。

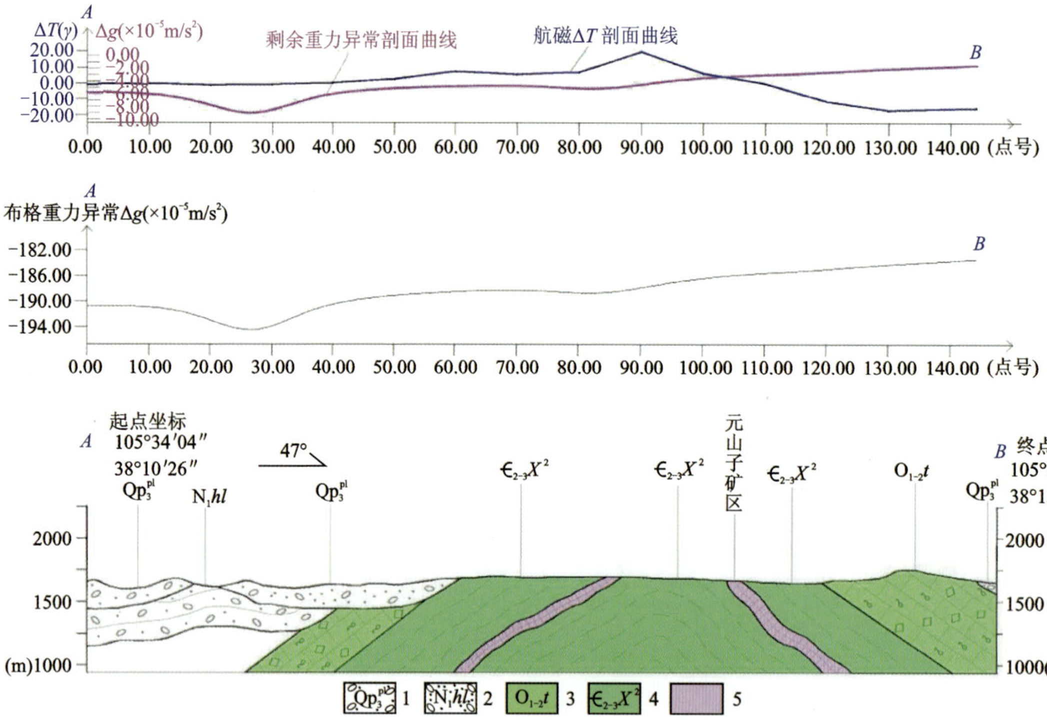


图 7-73　元山子镍钼矿区域预测模型图

1.第四系;2.新近纪红柳沟组;3.奥陶纪铜山组;4.寒武纪香山群;5.矿区所在位置

**表 7-80　侵入岩体型钼矿典型矿床所属大地构造位置及成矿区(带)一览表**

| 典型矿床 | 大地构造位置 | 成矿区(带) |
|---|---|---|
| 乌兰德勒 | 古生代属天山-兴蒙造山系,大兴安岭弧盆系,扎兰屯-多宝山岛弧;中生代属环太平洋巨型火山活动带大兴安岭火山岩带乌日尼图-查干敖包火山喷发带查干敖包晚侏罗世火山盆地 | 滨太平洋成矿域(叠加在古亚洲成矿域之上),大兴安岭成矿省,东乌珠穆沁旗-嫩江(中强挤压区)铜、钼、铅、锌、金、钨、锡、铬成矿带,朝不楞-博克图钨、铁、锌、铅成矿亚带 |
| 乌努格吐山 | 天山-兴蒙造山系,大兴安岭弧盆系,额尔古纳岛弧($Pz_1$)及海拉尔-呼玛弧后盆地(Pz) | 新巴尔虎右旗(拉张区)铜、钼、铅、锌、金、萤石、煤(铀)成矿带,额尔古纳铜、钼、铅、锌、银、金、萤石成矿亚带(Y、Q) |
| 太平沟 | 古生代属天山-兴蒙造山系,大兴安岭弧盆系,扎兰屯-多宝山岛弧($Pz_2$);中生代属环太平洋巨型火山活动带大兴安岭火山岩带阿荣旗-大杨树火山喷发带阿荣旗晚侏罗世—早白垩世火山断陷盆地 | 滨太平洋成矿域(叠加在古亚洲成矿域之上),大兴安岭成矿省,东乌珠穆沁旗-嫩江(中强挤压区)铜、钼、铅、锌、金、钨、锡、铬成矿带,朝不楞-博克图钨、铁、锌、铅成矿亚带 |
| 原林场 | 天山兴蒙造山系,大兴安岭弧盆系,海拉尔-呼玛弧后盆地 | 滨太平洋成矿域(叠加在古亚洲成矿域之上),大兴安岭成矿省,新巴尔虎右旗(拉张区)铜、钼、铅、锌、金、萤石、煤(铀)成矿带,陈巴尔虎旗-根河金、铁、锌、萤石成矿亚带 |

续表 7-80

| 典型矿床 | 大地构造位置 | 成矿区(带) |
|---|---|---|
| 敖仑花 | 天山-兴蒙造山系,大兴安岭弧盆系,锡林浩特岩浆弧($Pz_2$) | 突泉-林西海西期和燕山期铁(锡)、铜、铅、锌、钼、铌、钽成矿带 |
| 大苏计 | 华北陆块区,狼山-阴山陆块,固阳-兴和陆核,太古宙凉城隆起北缘,晚三叠世—侏罗纪—早白垩世明星沟火山断陷盆地东缘 | 华北陆块北缘西段金、铁、铌、稀土、铜、铅、锌、银、镍、铂、钨、石墨、白云母成矿带,乌拉山-集宁金、银、铁、铜、铅、锌、石墨、白云母成矿亚带 |
| 小狐狸山 | 天山-兴蒙造山系,额济纳旗北山弧盆系,圆包山岩浆弧东端 | 古亚洲成矿域,准噶尔成矿省,觉罗塔格-黑鹰山铜、镍、铁、金、银、钼、钨、石膏成矿带,黑鹰山-雅干铁、金、铜、钼成矿亚带(Vm),小狐狸山钼铅锌远景区 |
| 小东沟 | 天山-兴蒙造山系,大兴安岭弧盆系,锡林浩特岩浆弧($Pz_2$) | 突泉-林西海西期和燕山期铁(锡)铜、铅、锌、钼、铌、钽成矿带 |
| 比鲁甘干 | 天山-兴蒙造山系,大兴安岭弧盆系,二连-贺根山蛇绿混杂岩带($Pz_2$) | 滨太平洋成矿域(叠加在古亚洲成矿域之上),大兴安岭成矿省,阿巴嘎-霍林河铬、铜(金)、锗、煤、天然碱、芒硝成矿带(Ym),温都尔庙-红格尔庙铁成矿亚带(Pt) |
| 查干花 | 古生代属天山-兴蒙造山系,包尔汉图-温都尔庙弧盆系,宝音图岩浆弧 | 滨太平洋成矿域(叠加在古亚洲成矿域之上),大兴安岭成矿省,阿巴嘎-霍林河铬、铜(金)、锗、煤、天然碱、芒硝成矿带(Ym)、查干此老-巴音杭盖金成矿亚带(Yl)、敖仑花-巴音杭盖钼、铜、金成矿远景区 |
| 岔路口 | 天山-兴蒙造山系,大兴安岭弧盆系,海拉尔-呼玛弧后盆地 | 滨太平洋成矿域,大兴安岭成矿省,陈巴尔虎旗-根河金、铁、锌、萤石成矿亚带 |
| 曹家屯 | 位置处于西伯利亚陆块,华北陆块缝合带南侧,曹家屯钼矿区正处于该板块的北部边缘地带 | 滨太平洋成矿域(叠加在古亚洲成矿域之上),大兴安岭成矿省,林西-孙吴铅、锌、铜、钼、金成矿带,索伦镇-黄岗梁铁(锡)、铜、锌成矿亚带 |

以乌努格吐山、岔路口、曹家屯矿床为例,介绍该矿产预测类型钼矿的预测要素(表 7-81、表 7-82)。由于乌努格吐山、岔路口、曹家屯矿区均无大比例尺的物化遥资料,故利用典型矿床所在区域的物化探资料编制典型矿床所在区域地质矿产及物化探剖析图,代替典型矿床预测模型图,根据典型矿床成矿规律研究成果,编制区域预测模型图(图 7-74～图 7-79)。

**表 7-81　乌努格吐山铜钼矿典型矿床预测要素表**

| 预测要素 | | 描述内容 | | | | 要素类别 |
|---|---|---|---|---|---|---|
| | | 储量 | 铜钼 404 004t | 平均品位 | Cu+Mo 0.038 5% | |
| | | 特征描述 | 斑岩型铜钼矿床 | | | |
| 地质环境 | 构造背景 | Ⅰ天山-兴蒙造山系,Ⅰ-1 大兴安岭弧盆系,Ⅰ-1-2 额尔古纳岛弧($Pz_1$)及Ⅰ-1-3 海拉尔-呼玛弧后盆地(Pz) | | | | 必要 |
| | 地质环境 | 铜多金属成矿主要与燕山早期的中性—酸性及燕山晚期酸性、中酸性侵入岩和次火山岩有密切的成因关系。区内金属成矿带的展布严格受北东向得尔布干深大断裂的控制 | | | | 必要 |
| | 成矿时代 | 燕山早期 | | | | 重要 |

**续表 7-81**

<table>
<tr><td colspan="2">预测要素</td><td>描述内容</td><td>要素类别</td></tr>
<tr><td rowspan="7">矿床特征</td><td>矿体形态</td><td>矿带为一长环形,长轴长 2600m,短轴长 1350m,走向 50°,总体倾向北西,整个矿带呈哑铃状、不规则状、似层状。北矿段矿体主要赋存在斑岩体的内接触带,矿体向北西倾斜,铜矿体向下分支。南矿带矿体形态不规则,以钼为主,铜相对少</td><td>次要</td></tr>
<tr><td>岩石类型</td><td>黑云母花岗岩、流纹质晶屑凝灰熔岩、次斜长花岗斑岩</td><td>重要</td></tr>
<tr><td>矿物组成</td><td>金属矿物:黄铜矿、辉铜矿、黝铜矿、辉钼矿、黄铁矿、闪锌矿、磁铁矿、方铜矿</td><td>次要</td></tr>
<tr><td>岩石结构</td><td>岩石结构:半自形—他形粒状为主,斑状结构</td><td>重要</td></tr>
<tr><td>矿石结构构造</td><td>结构:粒状结构、交代结构、包含结构、固溶体分离结构、镶边结构;<br>构造:浸染状和小细脉状为主,局部见有角砾状构造</td><td>次要</td></tr>
<tr><td>蚀变特征</td><td>蚀变类型主要有石英化、钾长石化、绢云母化、水白云母化、伊利石化、碳酸盐化,次为黑云母化、高岭土化、白云母化、硬石膏化,少见绿泥石化、绿帘石化和明矾石化等</td><td>重要</td></tr>
<tr><td>控矿条件</td><td>携矿岩体是成矿的主导因素;火山机构是成矿和矿化富集的有利空间;矿化明显受蚀变控制;矿化富集的物理化学条件</td><td>必要</td></tr>
<tr><td rowspan="2">地球物理特征</td><td>重力异常</td><td>位于北东向重力梯带小于$-100\times10^{-5}m/s^2$一侧的梯度带上,重力异常值介于($-100\sim-86$)$\times10^{-5}m/s^2$之间</td><td>重要</td></tr>
<tr><td>磁法异常</td><td>据 1∶5 万航磁化极图显示:整体表现为零值附近低缓的磁场,异常特征不明显</td><td>重要</td></tr>
<tr><td colspan="2">地球化学特征</td><td>Mo 异常与铜钼矿赋矿围岩吻合好,Mo 异常最高值为 $118\times10^{-6}$,为矿致异常</td><td>重要</td></tr>
</table>

**表 7-82　岔路口式钼矿典型矿床预测要素表**

<table>
<tr><td colspan="2" rowspan="3">预测要素</td><td colspan="4">描述内容</td><td rowspan="3">要素类别</td></tr>
<tr><td>储量</td><td>钼 1 124 780t;<br>钼 2 773.280t;<br>锌 253 299t;<br>铅 10 336t</td><td>平均品位</td><td>Mo 0.09%;<br>Mo $2.222\times10^{-6}$;<br>Zn 0.69%;<br>Pb 0.28%</td></tr>
<tr><td>特征描述</td><td colspan="3">斑岩型钼多金属矿床</td></tr>
<tr><td rowspan="3">地质环境</td><td>构造背景</td><td colspan="4">天山-兴蒙造山系,大兴安岭弧盆系,海拉尔-呼玛弧后盆地,中生代属环太平洋火山活动带,大兴安岭火山岩带,陈巴尔虎旗-根河火山喷发带,阿里河晚侏罗世—早白垩世火山盆地</td><td>必要</td></tr>
<tr><td>成矿环境</td><td colspan="4">滨太平洋成矿域(叠加在古亚洲成矿域之上),大兴安岭成矿省,新巴尔虎右旗(拉张区)铜、锰、铅、锌、金、萤石、煤(铀)成矿带,陈巴尔虎旗-根河金、铁、锌、萤石成矿亚带(Cl、Ym—I、Ym)</td><td>必要</td></tr>
<tr><td>成矿时代</td><td colspan="4">燕山晚期</td><td>必要</td></tr>
</table>

续表 7-82

| 预测要素 | | 描述内容 | 要素类别 |
|---|---|---|---|
| 矿床特征 | 矿体形态 | 钼矿体以穹状为主，局部为层状、似层状、透镜状，局部有膨胀及收缩；铅锌钼矿体呈脉状产出 | 重要 |
| | 岩石类型 | 变质砂岩、泥质粉砂岩、流纹岩、流纹质晶屑岩屑凝灰熔岩、流纹质角砾凝灰熔岩、英安岩，英安质凝灰熔岩及少量杏仁安山岩 | 必要 |
| | 岩石结构 | 砂状结构、泥质粉砂状结构、熔岩结构等 | 次要 |
| | 矿物组成 | 矿石矿物：黄铁矿、闪锌矿、磁黄铁矿、方铅矿，少量黄铜矿、辉钼矿等。闪锌矿和磁黄铁矿是最主要的金属硫化物。脉石矿物：石英、钾长石、绢云母、萤石、碳酸盐（方解石）、高岭石、蒙脱石、绿泥石、绿帘石、硬石膏等 | 次要 |
| | 结构构造 | 结构：鳞片状自形、半自形晶结构，自形—半自形晶粒状结构，他形晶粒状结构，碎裂结构，乳滴状结构，交代包含结构；<br>构造：块状构造、浸染状构造、条带状构造、角砾状构造 | 次要 |
| | 蚀变特征 | 主要有石英化、钾化、绢云母化、萤石化、碳酸盐化，次有高岭土化、蒙脱石化、绿泥石化、绿帘石化、硬石膏化等 | 重要 |
| | 控矿条件 | 早白垩世中酸性火山穹隆边部断隆区，影响矿区主要构造有北西向、北东向和近南北向发育的断裂，以及火山机构的环状、放射状断裂系统；矿体主要赋存在燕山晚期的流纹岩、流纹质晶屑岩屑凝灰岩、熔岩、流纹质角砾凝灰熔岩、英安岩、英安质凝灰熔岩及少量含杏仁安山岩等 | 必要 |

### 1. 乌努格吐山式铜钼矿

在乌努格吐山铜钼矿典型矿床地质-物探模型图（图 7-74）中，乌努格吐山铜钼矿位于布格重力高异常边部的梯级带处，布格重力异常值为$(-109.96 \sim -79.63)\times10^{-5}\mathrm{m/s^2}$，变化率每千米$4\times10^{-5}\mathrm{m/s^2}$。结合地质资料，推断该梯级带由中生代陆相火山盆地边缘的断裂构造引起，北东走向，编号为 F 蒙-00207。在剩余重力异常图上，乌努格吐山铜钼矿处在北东走向的不规则带状正异常区边部，异常最高值为$10.66\times10^{-5}\mathrm{m/s^2}$，地表零星出露震旦纪额尔古纳组，推断是中生代陆相火山盆地边缘古隆起的分布区。矿区西侧的负异常（编号为 L 蒙-88），地表出露侏罗纪火山岩，推断是中生代火山盆地的反映。乌努格吐山铜钼矿的成矿受北东向、北西向断裂控制，与受火山机构控制的酸性岩体有关，区域重力场一定程度上反映了其成矿地质环境。区域航磁等值线平面图显示，矿区位于平稳的$-100\sim200$nT 的低磁场区。

从乌努格吐山铜钼矿典型矿床地质-化探模型图（图 7-75）中可以看出，异常元素组合为 Cu、Mo、Pb、Ag、Bi、W、Zn、Cd、Au。主要成矿元素为 Cu、Mo，伴生元素为 Pb、Ag、Bi、W、Zn、Cd、Au。浓度分带除 W、Zn 外，其他元素异常均有内、中、外带，Cu、Mo、Pb、Ag、Bi 等元素套合好，强度高，有明显的浓度分带，浓集中心部位与矿体相吻合，Zn、W 在矿体上方表现为低缓异常，Au、Cd 在矿体的上方和周围都有分布。

由乌努格吐山铜钼矿区域预测模型图（图 7-76）可见，其所在区域主要分布第四纪粉砂、细砂，白垩纪大磨拐河组砂岩，侏罗纪满克头鄂博组中酸性火山岩，玛尼吐组中基性火山岩，白音高老组酸性火山岩，塔木兰沟组中基性火山岩等。侵入岩主要是白垩纪石英二长斑岩，侏罗纪二长花岗岩、二长花岗斑岩，二叠纪黑云母花岗岩、二长花岗岩。矿区西北方向的酸性侵入岩以及较低密度的第四纪和中生代地层导致布格重力低异常，异常值为$-100\times10^{-5}\,m/s^2$，对应的剩余重力异常为负异常；矿区的东南方向表现为布格重力高异常，异常值为$-80\times10^{-5}\,m/s^2$，对应的剩余重力异常为正异常，依据物性资料，推断为基性岩体和高密度的元古宙地层的反映。在航磁 $\Delta T$ 剖面曲线上，矿区的西北方向处在平稳负磁场上，强度为$-20\gamma$；东南方向磁场变化范围较大，最小值为$-50\gamma$，最高值高于$300\gamma$。磁场变化较大是由基性岩浆侵入引起的。化探方面，矿床主要指示元素为Mo、Cu、Pb、Zn、Ag、W、Au、Bi、Cd，乌努格吐山典型矿床与Mo、Cu、Pb、Zn、Ag、Au、As、Sb异常吻合较好。

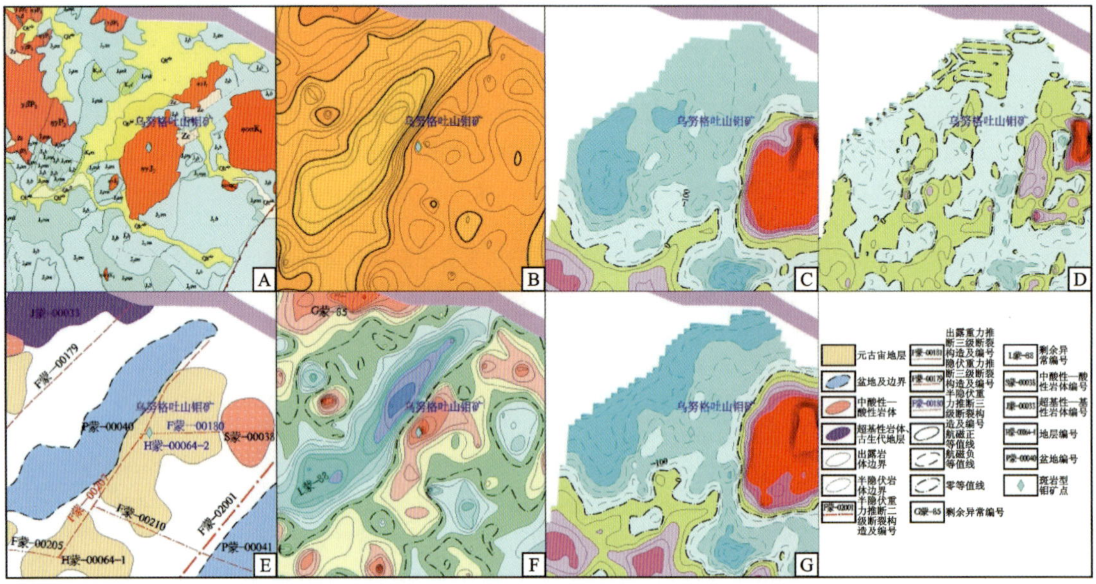


图 7-74　乌努格吐山式铜钼矿典型矿床地质-物探模型图

A. 地质矿产图；B. 布格重力异常图；C. 航磁 $\Delta T$ 等值线平面图；D. 航磁 $\Delta T$ 化极垂向一阶导数等值线平面图；E. 重力推断地质构造图；F. 剩余重力异常图；G. 航磁 $\Delta T$ 化极等值线平面图

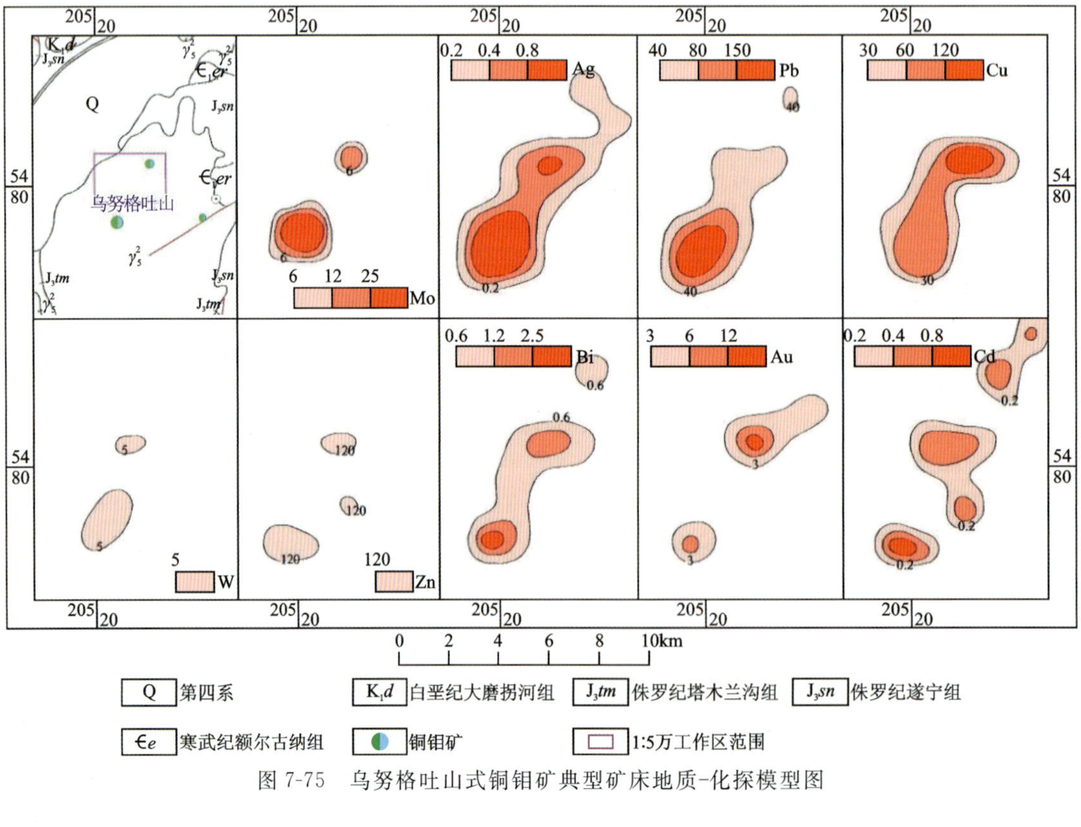


图 7-75　乌努格吐山式铜钼矿典型矿床地质-化探模型图

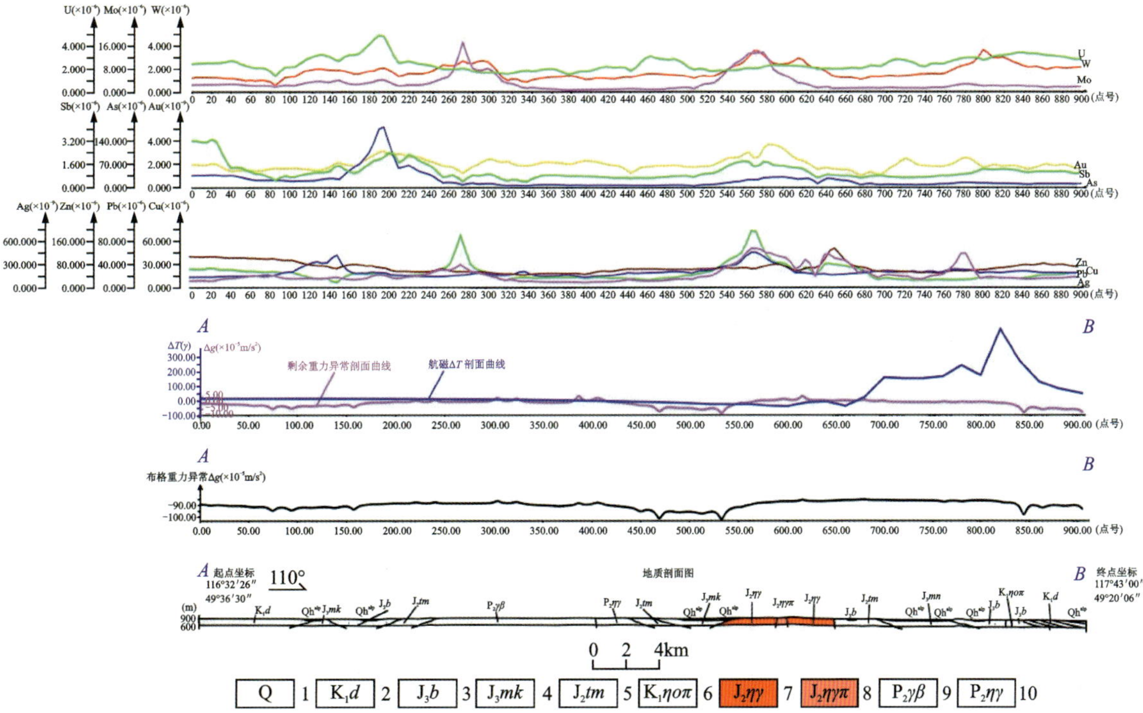


图 7-76 乌努格吐山铜钼矿区域预测模型图

1.第四系;2.大磨拐河组;3.白音高老组;4.满克头鄂博组;5.塔木兰沟组;6.石英二长岩脉;7.二长花岗岩脉;8.二长花岗斑岩脉;9.中二叠世花岗玄武岩脉;10.中二叠世二长花岗岩脉

## 2.岔路口式钼矿

岔路口钼矿地质-物探模型图(图 7-77)中,岔路口钼矿处在布格重力高值区与低值区过渡的北东向重力梯度带处,$\Delta g$ 为$(-70.00\sim68.00)\times10^{-5}\ m/s^2$,推断该梯度带是北东走向的断裂构造引起,编号为 F 蒙-02004-②、F 蒙-00061。在剩余重力异常图上,岔路口钼多金属矿位于宽缓的弱负异常边部靠近零值线处,剩余重力负异常值在$(-6\sim0)\times10^{-5}\ m/s^2$之间,此处地表大面积出露密度较低的燕山期花岗岩体,推断是由酸性岩体侵入引起的。矿床南部及东部的剩余重力正异常区,地表断续出露密度较高的元古宙地层(新元古代—早寒武世倭勒根群大网子组、吉祥沟组,古元古代新华渡口组),是元古宙基底隆起的反映。矿区附近为低缓正磁背景上发育的正、负相伴的强磁异常区。矿区内的正磁异常是元古宙地层和中生代火山岩的反映,正负相伴串珠状的磁异常与线性磁场梯度带是矿区的放射状断裂系统的反映。矿床所在区域的重磁场特征在一定程度上反映了其成矿特征。

从岔路口钼矿典型矿床地质-化探模型图(图 7-78)中可以看出,异常元素组合较多,主要有 Mo、W、Bi、Cu、Pb、Zn、Ag、Sb、Cd 等,Mi、Bi、Sb 异常强度高,外、中、内带清晰,Cu、Zn 元素只有外带,面积较小,各元素异常吻合好,浓集中心明显,浓集中心部位与地层和岩体的接触带、矿体相吻合。

由岔路口钼矿区域预测模型图(图 7-79)可见,其所在区域主要分布第四纪粉砂、细砂,侏罗纪满克头鄂博组中酸性火山岩、白音高老组酸性火山岩,石炭纪布龙山组酸性火山岩,震旦纪以及中元古代地层。侵入岩主要有白垩纪花岗闪长岩、花岗斑岩、正长花岗岩,侏罗纪正长花岗岩等。预测工作区西北部、东南部剩余正异常区,结合地质资料,地表局部出露震旦纪地层,推断由元古宙基底隆起引起的。预测工作区中部及西南部的近东西向条带状剩余正异常,地表大范围出露白垩纪、侏罗纪地层,零星出露古生代地层,推断该区域剩余正异常均由隐伏的古生代地层引起。预测工作区东部、西部负异常区,地表大面积出露古生代—中生代花岗岩体,推断由酸性岩体侵入引起的。预测工作区中部的异常区,地表被第四纪、侏罗纪地层覆盖,推断由中新生代盆地引起。

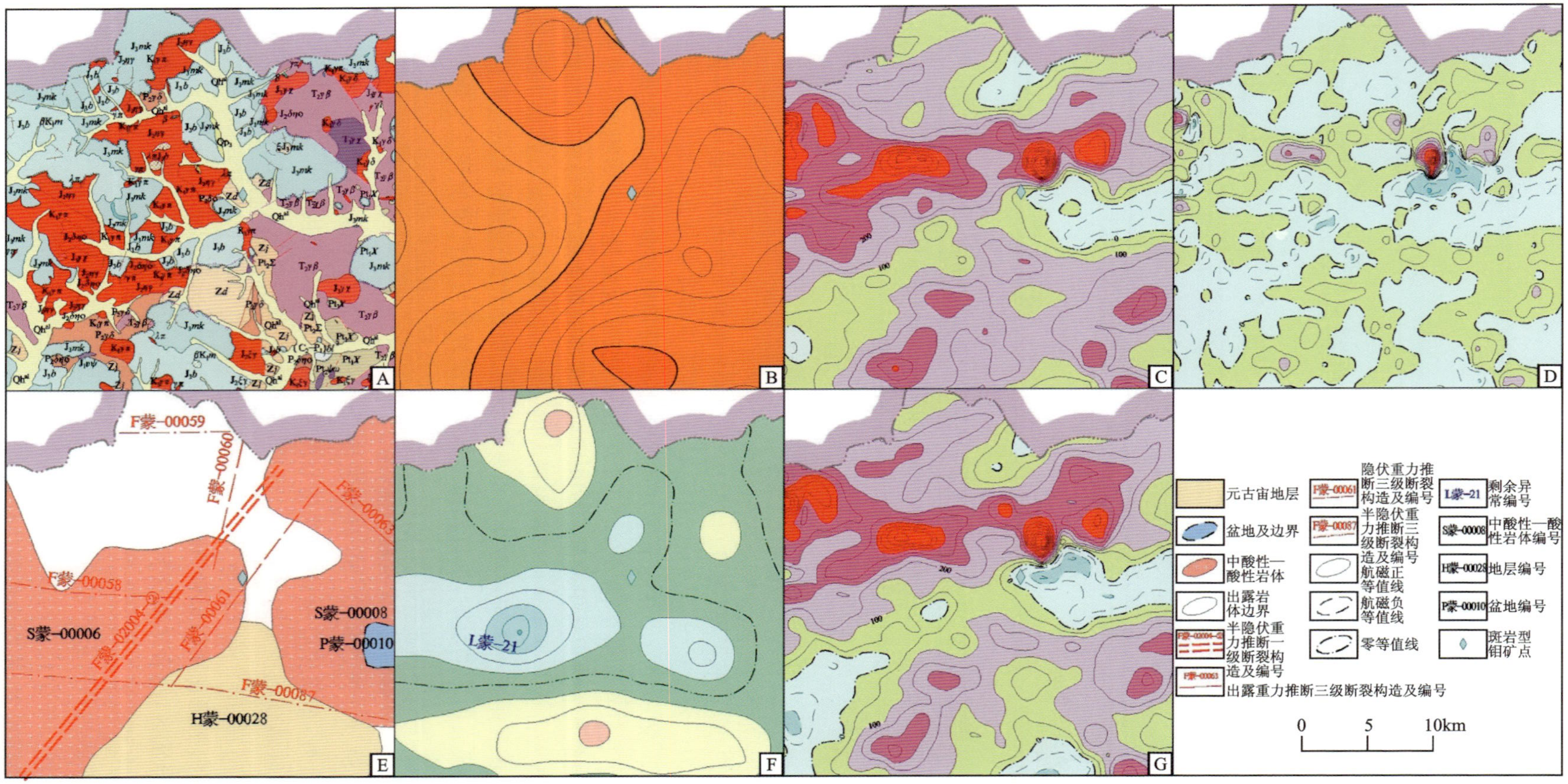


图 7-77　岔路口钼矿地质-物探模型图

A. 地质矿产图；B. 布格重力异常图；C. 航磁ΔT 等值线平面图；D. 航磁ΔT 化极垂向一阶导数等值线平面图；E. 重力推断地质构造图；F. 剩余重力异常图；G. 航磁ΔT 化极等值线平面图

区域上分布有 Mo、Pb、Zn、Ag、Au、W、U 等元素组成的高背景区带，在高背景区（带）中有以 Mo、Pb、Zn、Ag、Au、W、U、Cu、Sb、As 为主的多元素局部异常。预测区内规模较大的 Mo 局部异常上，Cu、Pb、Zn、Ag、Au、W、U 等主要成矿元素及伴生元素在空间上相互重叠或套合。

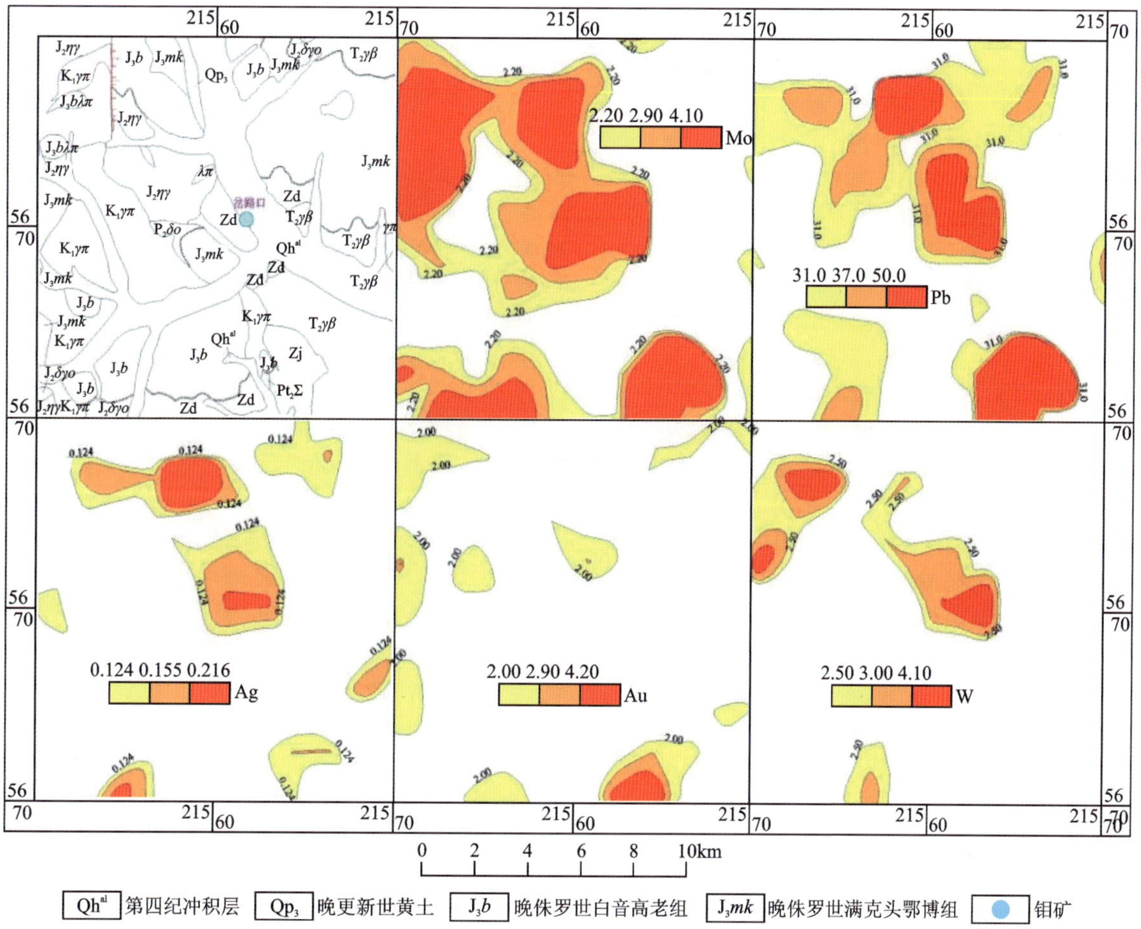


图 7-78 岔路口钼矿地质-化探模型图

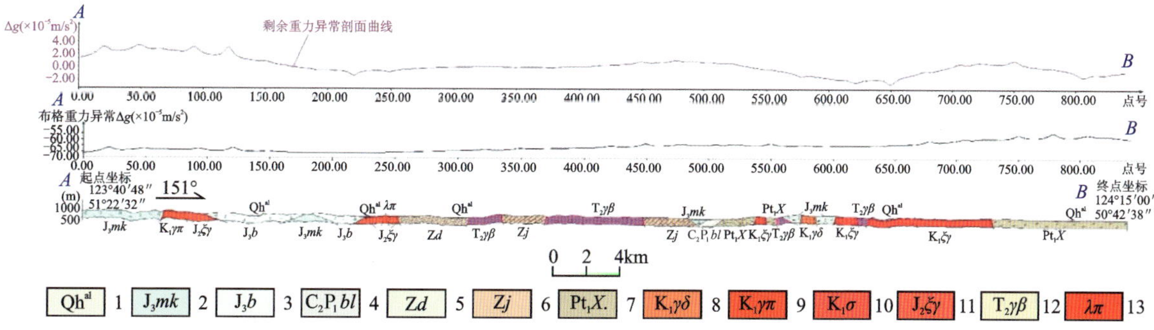


图 7-79 岔路口钼矿区域预测模型图

1. 冲积层；2. 满克头鄂博组；3. 白音高老组；4. 宝力高庙组；5. 大网子组；6. 吉祥沟组；7. 兴华渡口岩群；8. 花岗闪长岩；9. 花岗斑岩；10. 正长花岗岩（与下白垩统同期）；11. 正长花岗岩（与中侏罗统同期）；12. 黑云母花岗岩；13. 流纹斑岩

### 3. 曹家屯钼矿

在曹家屯钼矿地质-物探模型图（图 7-80）中，曹家屯钼矿位于北北东向克什克腾旗-霍林郭勒市的布格重力低异常带西南部，结合地质资料和物性资料，推断该重力低异常带是中性—酸性岩浆岩活动区(带)引起的。曹家屯钼矿床在布格重力异常图上，位于北东走向不规则局部重力低异常的东北部等值线扭曲处，重力异常值 $\Delta g$ 为($-136.00\sim-132.00$)$\times10^{-5}$ m/s$^2$。在剩余重力异常图上，矿床位于北东走向的椭圆状负异常 L 蒙-407 东北边部，结合地质资料，此处地表局部出露侏罗纪地层，推断是中新生代盆地的分布区。矿区西北部的正异常区地表出露密度较高的二叠纪寿山组，是古生代基底隆起的反映。区域航磁等值线平面图显示，矿区位于平稳的 $-100\sim0$nT 的低磁场区。

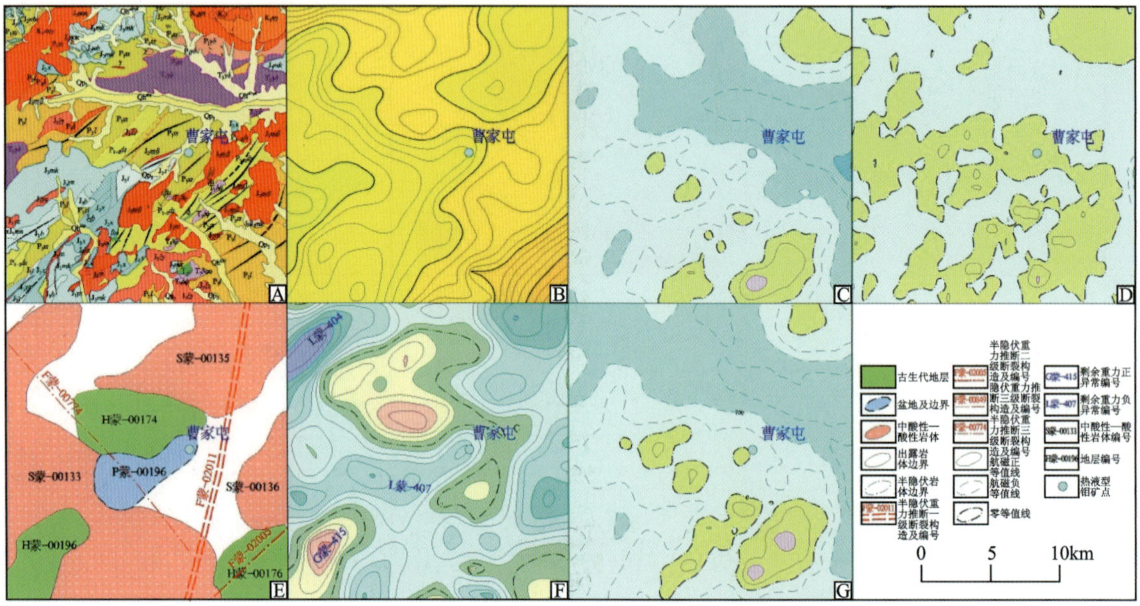


图 7-80 曹家屯钼矿典型矿床地质-物探模型图

A. 地质矿产图；B. 布格重力异常图；C. 航磁 $\Delta T$ 等值线平面图；D. 航磁 $\Delta T$ 化极垂向一阶导数等值线平面图；E. 重力推断地质构造图；F. 剩余重力异常图；G. 航磁 $\Delta T$ 化极等值线平面图

从曹家屯钼矿地质-物探模型图(图 7-81)中可以看出，矿区内北北东向断裂构造发育，综合异常展布形态受断裂控制明显，多呈北东向展布，异常元素组分较多，以 Mo、W、Bi、Ag、Pb、Zn、Cu、As、Cd 为主，同时伴生有 Ti 等异常。主要共伴生元素异常面积大，套合好，异常多位于矿体上方，强度一般不高，仅 Mo、Bi 有内、中、外 3 带，其他元素异常多只有外带或外、中两带。

由曹家屯钼矿矿区域预测模型图(图 7-82)可见，其所在区域主要分布第四纪粉砂、细砂，白垩纪梅勒图组酸性火山岩，侏罗纪满克头鄂博组中酸性火山岩、白音高老组酸性火山岩，二叠纪林西组砂岩、大石寨组酸性火山岩、哲斯组砂岩、寿山沟组砂板岩，侵入岩主要有花岗斑岩，白垩纪正长斑岩、黑云母花岗岩，侏罗纪花岗斑岩、黑云母二长花岗斑岩，二叠纪黑云母二长花岗斑岩、二长花岗岩。区内分布大量褶皱和断裂构造。布格重力异常曲线经历了高异常—低异常—高异常的变化，在区域重力低异常带上叠加着许多局部重力低异常，推断该重力低异常带是由地表断断续续出露不同期次的中酸性岩浆岩活动区(带)引起的，局部重力低异常是花岗岩体和次火山热液活动带所致。

剩余重力异常曲线也经历了正异常—负异常—正异常的变化，依据物性资料推断(表 7-83)，剩余重力正异常是由基性岩与密度较大的古生代地层共同引起的；重力负异常多由中新生代盆地引起。

区域上分布有 Mo、As、Sb、Pb、Zn、Ag、W 等元素组成的高背景区(带)，在高背景区(带)中有以 Mo、As、Sb、Pb、Zn、Ag、W、Cu、U 为主的多元素局部异常。曹家屯典型矿床与 Mo、Cu、Pb、Zn、Ag、As、W 异常吻合较好。

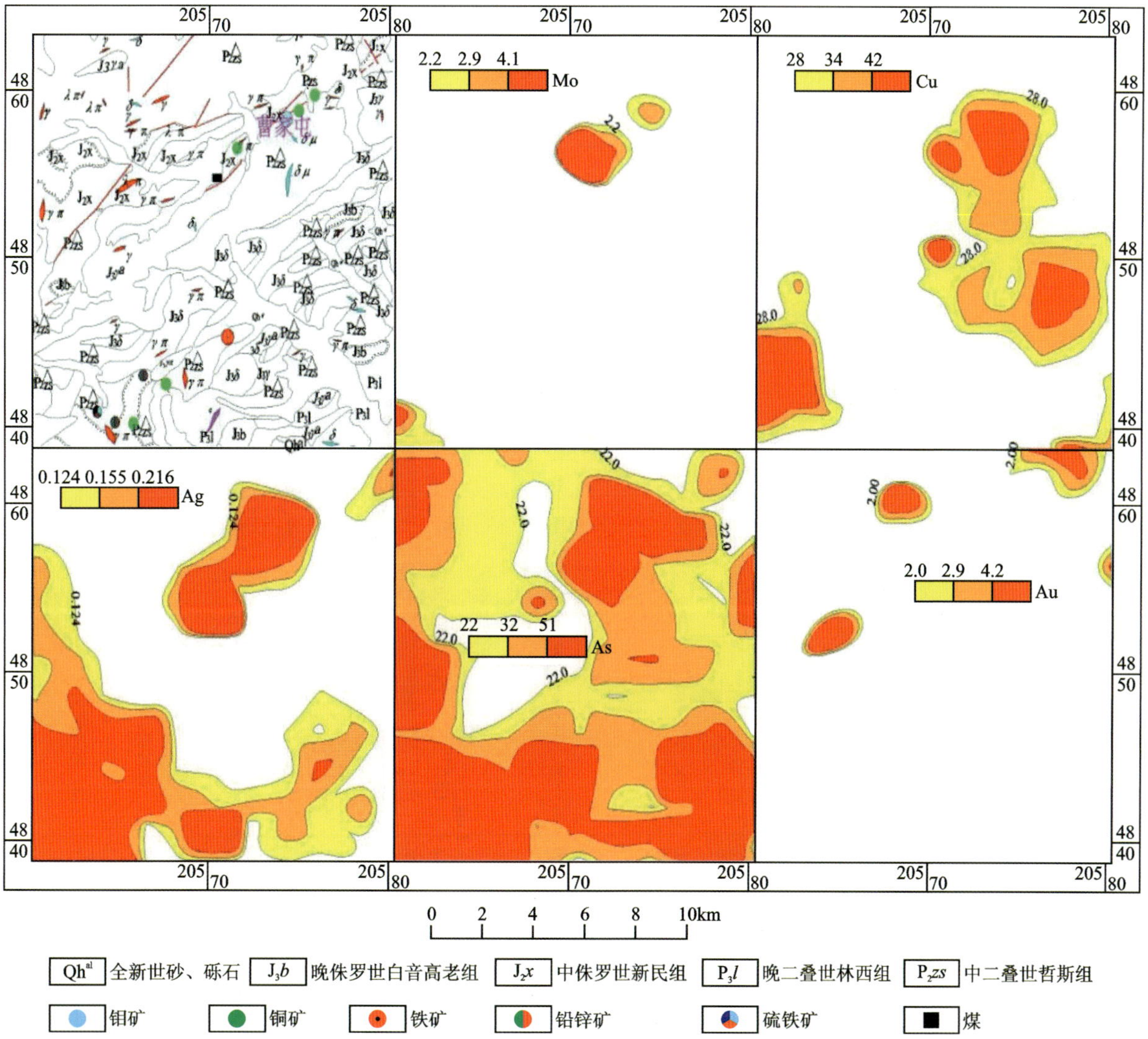


图 7-81　曹家屯钼矿典型矿床地质-化探模型图

（三）复合内生型钼矿

梨子山式钼矿预测类型为复合内生型，典型矿床及预测工作区预测要素、预测模型详见铁矿，此处不再赘述。

## 二、预测方法类型确定及区域预测要素

根据内蒙古自治区钼矿矿产预测类型将钼矿预测工作区分为 3 种预测方法类型：沉积型、侵入岩体型及复合内生型。分类依据见表 7-84。

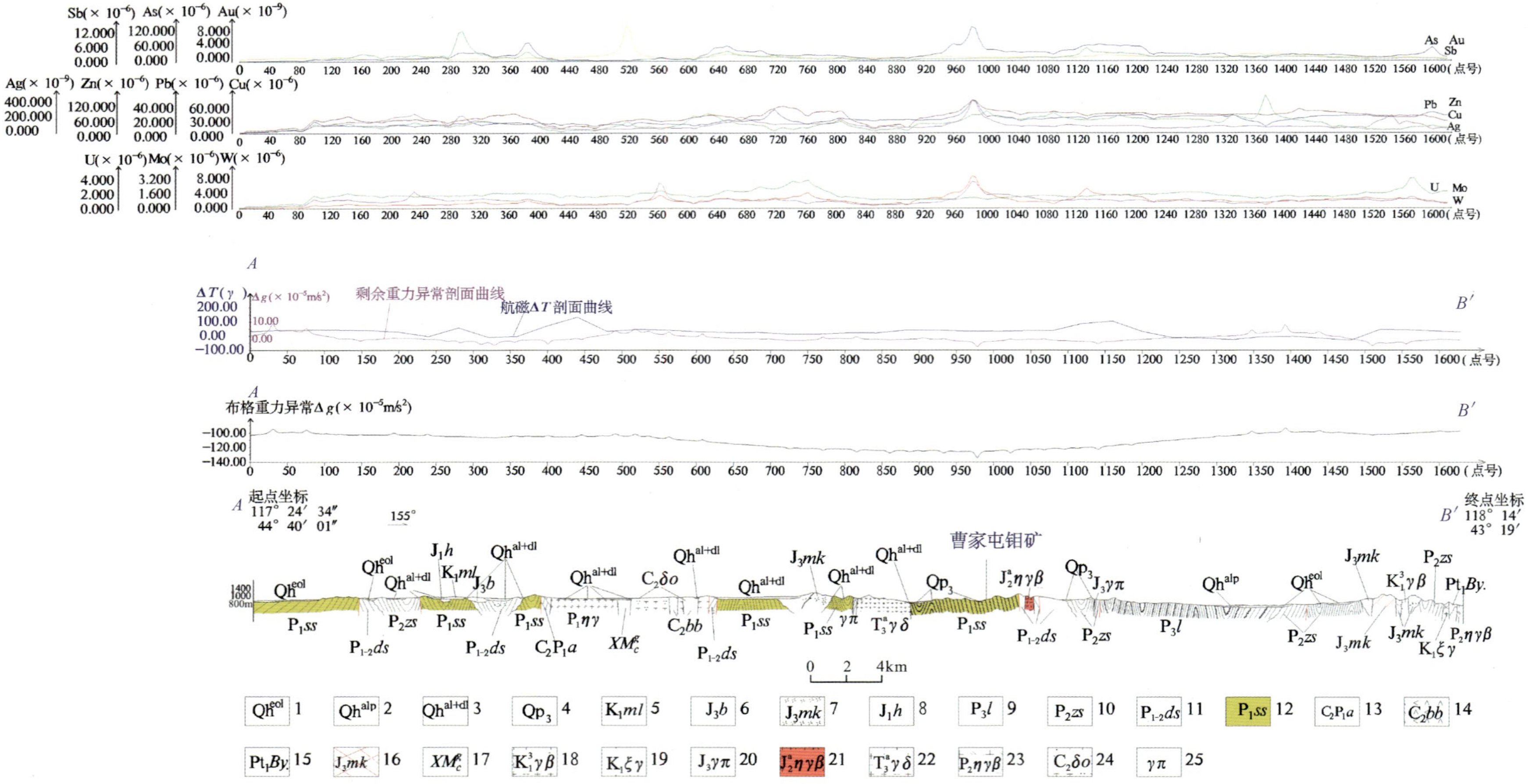


图 7-82 曹家屯式钼矿区域找矿预测模型图

1. 风积物;2. 洪积物;3. 冲积物;4. 黄土;5. 梅勒图组;6. 白音高老组;7. 满克头鄂博组;8. 红旗组;9. 林西组;10. 哲斯组;11. 大石寨组;12. 寿山沟组;13. 阿木山组;14. 本巴图组;15. 宝音图岩群;16. 满克头鄂博期潜溶结凝灰岩;17. 黑云母斜长片麻岩;18. 黑云母花岗岩;19. 粗粒正长花岗岩;20. 似斑状花岗岩;21. 角闪黑云二长花岗岩;22. 花岗闪长岩;23. 黑云母二长花岗岩;24. 石英闪长岩;25. 花岗斑岩

表 7-83　曹家屯钼矿典型矿床预测要素表

<table>
<tr><td colspan="3" rowspan="3">预测要素</td><td colspan="4">描述内容</td><td rowspan="3">要素类别</td></tr>
<tr><td>储量</td><td>钼 100 977t</td><td>平均品位</td><td>Mo 0.08%～0.14%（平均 0.11%）</td></tr>
<tr><td>特征描述</td><td colspan="3">与晚二叠世寿山沟组、燕山期二长花岗岩及北东向断裂构造有关的高温热液型钼矿床</td></tr>
<tr><td rowspan="3">地质环境</td><td colspan="2">大地构造位置</td><td colspan="4">Ⅰ天山-兴蒙造山系，Ⅰ-1 大兴安岭弧盆系，Ⅰ-1-6 锡林浩特岩浆弧（$Pz_2$）</td><td>必要</td></tr>
<tr><td colspan="2">成矿环境</td><td colspan="4">区内出露地层为早二叠世寿山沟组，与成矿关系密切的为早二叠世寿山沟组砂板岩，对成矿有利的断裂为北东向断裂，区内侵入岩主要为晚侏罗世黑云母花岗岩，为成矿提供热动力条件</td><td>必要</td></tr>
<tr><td colspan="2">成矿时代</td><td colspan="4">燕山期</td><td>必要</td></tr>
<tr><td rowspan="7">矿床特征</td><td colspan="2">矿体形态</td><td colspan="4">矿区仅圈定钼矿体 1 条：1 号矿体，产于砂板岩断裂破碎带中，NE 45°走向，倾向南东，倾角约 84°。沿走向控制长度 320m，厚度 45.45～11.86m，平均 31.45m。沿倾向斜深控制到海拔 400m，延深大于 600m。矿体呈脉状分布</td><td>次要</td></tr>
<tr><td colspan="2">岩石类型</td><td colspan="4">砂质板岩、砂岩及脉石英</td><td>重要</td></tr>
<tr><td colspan="2">岩石结构</td><td colspan="4">微细粒鳞片粒状变晶结构、砂状结构及隐晶质结构</td><td>次要</td></tr>
<tr><td colspan="2">矿物组成</td><td colspan="4">辉钼矿、黄铁矿及黄铜矿</td><td>重要</td></tr>
<tr><td colspan="2">矿石结构构造</td><td colspan="4">结构：以他形粒状、半自形粒状、镶嵌状结构为主；<br>构造：主要为致密块状、浸染状，次为网脉状、团块状构造</td><td>次要</td></tr>
<tr><td colspan="2">蚀变特征</td><td colspan="4">围岩蚀变沿矿化蚀变带呈线性分布，见于砂质板岩和砂岩中的破碎带、断裂带内，主要有云英岩化、硅化，次为钾长石化、绿泥石化、碳酸盐化、高岭土化及萤石化。云英岩化、硅化及钾长石化与钼矿化关系密切</td><td>必要</td></tr>
<tr><td colspan="2">控矿条件</td><td colspan="4">北东向断裂构造控制矿体规模和定位，黑云母二长花岗岩提供成矿物质和热动力条件，围岩地层提供金属元素和赋存空间</td><td>必要</td></tr>
<tr><td rowspan="3">地球物理与地球化学特征</td><td rowspan="2">地球物理特征</td><td>重力</td><td colspan="4">矿床位于北东走向不规则局部重力低异常东北部等值线扭曲处，布格重力异常值 $\Delta g$ 为（$-136.00\sim-132.00$）$\times10^{-5}m/s^2$。在剩余重力异常图上，矿床位于北东走向的椭圆状负异常 L 蒙-407 东北边部，剩余重力异常最小值 $\Delta g_{min}=5.34\times10^{-5}m/s^2$</td><td>次要</td></tr>
<tr><td>航磁</td><td colspan="4">航磁化极等值线平面图上，矿床位于航磁正负磁异常过渡带负磁异常一侧，异常值在－50～0nT 之间</td><td>重要</td></tr>
<tr><td colspan="2">地球化学特征</td><td colspan="4">矿床所在区域 Mo 异常三级浓度分带，异常值为（2.2～13.9）$\times10^{-5}m/s^2$</td><td>重要</td></tr>
</table>

**表 7-84　钼矿预测方法类型一览表**

| 矿产预测类型及亚类 | | 预测方法类型确定依据 | 预测方法类型 | 预测底图类型 |
|---|---|---|---|---|
| 沉积(变质)型 | 元山子式 | 矿床成因类型为沉积(变质)型,香山群徐家圈组直接控制了矿床的分布 | 沉积型 | 沉积岩建造构造图 |
| 斑岩型 | 乌兰德勒式 | 矿床成因类型为斑岩型,除岩体直接控制了矿床的分布外,岩体的外接触带及围岩的粉砂岩、粉砂质板岩地层也是重要因素 | 侵入岩体型 | 侵入岩浆构造图 |
| | 乌努格吐山式 | 矿床成因类型为斑岩型,岩体直接控制了矿床的分布 | 侵入岩体型 | 侵入岩浆构造图 |
| | 太平沟式 | 成因类型为斑岩型,早白垩世花岗斑岩控制了矿床的分布 | 侵入岩体型 | 侵入岩浆构造图 |
| | 敖仑花式 | 矿床成因类型为斑岩型,白垩纪斑岩直接控制了矿床的分布,北东向构造对其有一定的影响,矿床(点)主要分布于近东西向和北东向断裂构造中 | 侵入岩体型 | 侵入岩浆构造图 |
| | 大苏计式 | 矿床成因类型为斑岩型,燕山晚期斑状花岗岩、花岗斑岩直接控制了矿床的分布,北东向及北西向断裂构造对其有一定的影响,矿床(点)主要分布于北东向及后期北西向断裂构造中 | 侵入岩体型 | 侵入岩浆构造图 |
| | 小狐狸山式 | 矿床成因类型为斑岩型,岩体直接控制了矿床的分布 | 侵入岩体型 | 侵入岩浆构造图 |
| | 小东沟式 | 矿床成因类型为斑岩型,赋矿围岩中二叠世于家北沟组直接控制了矿床的分布,含矿岩体为早白垩世花岗岩及浅成斑岩体,矿床(点)主要分布于近东西向和北东向断裂构造中 | 侵入岩体型 | 侵入岩浆构造图 |
| | 查干花式 | 矿床成因类型为斑岩型,岩体直接控制了矿床的分布 | 侵入岩体型 | 侵入岩浆构造图 |
| | 比鲁甘干式 | 矿床成因类型为斑岩型+中高温热液型,早侏罗世花斑岩及与林西组的外接触带直接控制了矿床的分布 | 侵入岩体型 | 侵入岩浆构造图 |
| | 岔路口式 | 矿床成因类型为斑岩型钼多金属矿床,受中生代火山-岩浆活动带上火山穹隆或火山断陷盆地边缘处隐爆作用(热液角砾岩)的控制,成矿时代为燕山晚期。矿床分布于晚侏罗世—早白垩世光华期火山岩及次火山岩或其侵位花岗斑岩体内 | 侵入岩体型 | 侵入岩浆构造图 |

续表 7-84

| 矿产预测类型及亚类 | | 预测方法类型确定依据 | 预测方法类型 | 预测底图类型 |
|---|---|---|---|---|
| 岩浆热液型 | 曹家屯式 | 矿床成因类型为高温岩浆热液型，受花岗岩体外接触带板岩层内北东向断裂及褶皱构造的控制，矿床分布于二叠纪寿山沟组砂板岩中 | 侵入岩体型 | 侵入岩浆构造图 |
| 矽卡岩型（接触交代-热液型） | 梨子山式 | 矿床成因类型为矽卡岩型，除岩体直接控制了矿床的分布外，岩体的外接触带及围岩的碳酸盐岩地层也是重要因素 | 复合内生型 | 建造构造图 |

### 1. 沉积型钼矿区域预测要素

沉积型钼矿的矿产预测类型为沉积（变质）型钼矿，主要矿床式为元山子式，包括元山子和营盘水北两个预测工作区。以元山子和营盘水北预测工作区为例简述此类矿床区域预测要素（表 7-85）。

表 7-85 沉积型钼矿区域预测要素一览表

| 预测要素 | | 描述内容 | | 要素分类 |
|---|---|---|---|---|
| | | 元山子 | 营盘水北 | |
| 区域成矿地质环境 | 大地构造单元 | 华北陆块区，阴山-天山巨型纬向构造体系（贺兰褶带） | | 重要 |
| | 主要控矿构造 | 北东向及北西向断裂带 | | 次要 |
| | 主要赋矿地层 | 寒武纪香山群徐家圈组 | | 重要 |
| | 控矿沉积建造 | 滨海浅海相黑色石英石墨绢云母千枚岩建造 | | 重要 |
| | 区域变质作用及建造 | 千枚岩相-绢云母岩相的区域变质作用，千枚岩建造 | | 次要 |
| 区域成矿特征 | 区域成矿类型及成矿期 | 海相沉积（变质）型（Ni、Mo、FeS）；寒武纪 | | 重要 |
| | 含矿建造 | 含碳或夹石英绢云母千枚岩建造；黑色（含 Ni、Mo 等元素）含碳石英绢云母千枚岩建造 | | 重要 |
| | 含矿构造 | 层内细脉浸染构造、浸染状构造 | | 次要 |
| | 矿石建造 | 辉钼矿、辉砷镍矿、针镍矿、辉铁镍矿建造 | | 次要 |
| | 围岩蚀变 | 硅化、绢云母化、透闪石化、钠长石化 | | 重要 |
| | 矿床式 | 元山子式沉积（变质）型 | | 重要 |
| | 矿点 | 同类型钼矿（化）点 1 个 | 同类型钼矿（化）点 0 个 | 重要 |
| 地球物理、化探、遥感特征 | 化探 | 钼异常三级浓度分带，异常值为$(18\sim278.8)\times10^{-6}$ | | 重要 |
| | 重力 | 重力异常低背景区，剩余重力异常值为$-12\times10^{-5}m/s^2$，重力异常梯级带，剩余重力异常值$(7\sim9)\times10^{-5}m/s^2$ | 预测工作区区域重力场总体呈现东北部重力高、西南部重力低的特点。其重力场总体走向为北西向区域重力场最低值 $\Delta g_{min}=-237.65\times10^{-5}m/s^2$，最高值 $\Delta g_{max}=-191.11\times10^{-5}m/s^2$ | 次要 |
| | 航磁 | 低缓负磁异常中的局部正磁异常区，异常值 30～80γ，走向北西向 | | 次要 |
| | 遥感 | Ⅰ级遥感铁染及羟基异常 | | 次要 |

## 2. 侵入岩体型钼矿区域预测要素

侵入岩体型钼矿的矿产预测类型为斑岩型和岩浆热液型钼矿，主要矿床式为乌努格吐山式和曹家屯式。以乌努格吐山和曹家屯预测工作区为例简述此类矿床区域预测要素(表 7-86)。

**表 7-86　侵入岩体型钼矿区域预测要素一览表**

| 预测要素 | | 描述内容 | 要素类别 | 描述内容 | 要素类别 |
|---|---|---|---|---|---|
| | | 乌努格吐山 | | 曹家屯 | |
| 地质环境 | 大地构造位置 | 天山-兴蒙造山系，大兴安岭弧盆系，额尔古纳岛弧($Pz_1$)及海拉尔-呼玛弧后盆地(Pz) | 必要 | 天山-兴蒙造山系，大兴安岭弧盆系，锡林浩特岩浆弧($Pz_2$) | 必要 |
| 地质环境 | 成矿区(带) | 新巴尔虎右旗(拉张区)铜、钼、铅、锌、金、萤石、煤(铀)成矿带，额尔古纳铜、钼、铅、锌、银、金、萤石成矿亚带(Y、Q) | 必要 | 滨太平洋成矿域(叠加在古亚洲成矿域之上)，大兴安岭成矿省，林西-孙吴铅、锌、铜、钼、金成矿带，索伦镇-黄岗梁铁(锡)、铜、锌成矿亚带 | 必要 |
| 地质环境 | 区域成矿类型及成矿期 | 侵入岩体型铜(钼)矿床；早—中侏罗世 | 重要 | 高温热液型；燕山期 | 必要 |
| 控矿地质条件 | 赋矿地质体 | 侏罗纪岩体 | 重要 | 早二叠世寿山沟组砂板岩 | 重要 |
| 控矿地质条件 | 控矿侵入岩 | 二长花岗斑岩、正长花岗岩、花岗闪长岩、花岗斑岩等 | 重要 | 晚侏罗世黑云母二长花岗岩 | 重要 |
| 控矿地质条件 | 主要控矿构造 | 得尔布干深大断裂两侧及区域北东向、北西向断裂两侧或断裂构造交会部位 | 重要 | 北东向断裂和褶皱构造控制矿体规模和定位 | 必要 |
| 区内相同类型矿产 | | 成矿区(带)内 6 个矿床、矿化点 | 重要 | 区内 5 个同类型矿床、矿(化)点 | 重要 |
| 地球物理与地球化学特征 | 重力特征 | 区域重力场处在南北向的重力梯度带上，呈现西部重力低、东部重力高的特点。布格重力值最低 $-135\times10^{-5}\ m/s^2$，最高 $-80\times10^{-5}\ m/s^2$ 左右。区内重力梯度带上叠加局部重力异常及重力等值线扭曲，剩余重力负异常值一般在 $(-5\sim0)\times10^{-5}\ m/s^2$ 之间，剩余重力正异常则在 $(0\sim15)\times10^{-5}\ m/s^2$ 之间 | 重要 | 矿床所在区域重力场基本为北北东走向的重力梯级带，其上叠加局部重力等值线近东西向同向扭曲，总体反映东南部重力高、西北部重力低的特点。区域重力场最低值 $-148.63\times10^{-5}\ m/s^2$，最高值 $-19.60\times10^{-5}\ m/s^2$ | 重要 |
| 地球物理与地球化学特征 | 磁法特征 | 少部分资料，规律不明显。据 1∶50 万航磁平面等值线图显示，磁场总体表现为低缓的负异常，西北部出现正异常，极值达 300nT | 次要 | 航磁化极等值线平面图上，矿床位于航磁正负磁异常过渡带负磁异常一侧，异常值在 −50～0nT 之间 | 重要 |
| 地球物理与地球化学特征 | 地球化学特征 | Mo 元素异常值多在 $(2.9\sim118.8)\times10^{-6}$ 之间，具有较好的浓集中心，较强的异常值<br>Mo、W、U 综合异常的分布也是重要的指示标志 | 重要 | 矿床所在区域 Mo 异常三级浓度分带，异常值为 $(2.2\sim13.9)\times110^{-5}$ | 重要 |

续表 7-86

| 预测要素 | 描述内容 | 要素类别 | 描述内容 | 要素类别 |
|---|---|---|---|---|
| | 乌努格吐山 | | 曹家屯 | |
| 遥感特征 | 位于额尔古纳断裂带与北西向达赉东苏木以北构造及乌努格吐山东同心环状构造复合部位。遥感解译的北东向断裂构造及隐伏斑岩体(环状要素) | 次要 | 遥感解译线性构造发育,铁染及羟基异常 | 次要 |

### 3. 复合内生型钼矿预测要素

复合内生型钼矿的矿产预测类型为矽卡岩型(接触交代-热液型),主要矿床式为梨子山式。预测要素内容详见铁矿。

## 三、最小预测区圈定

根据对典型矿床成矿规律、预测要素及预测工作区区域地质、物探、化探、遥感等背景条件的研究,确定预测工作区预测要素,提取预测变量,运用矿产资源评价系统(MRAS)对预测工作区进行定位预测。

本节中与梨子山相关的内容详见铁矿,此处不再阐述。

### 1. 变量构置

根据各预测工作区不同成矿条件,进行预测变量构置(表 7-87)。

表 7-87 钼矿预测工作区变量构置一览表

| 预测类型 | 预测工作区 | 预测变量 | 变量处理 |
|---|---|---|---|
| 沉积(变质)型 | 元山子 | 地质体:提取徐家圈组,求其存在标志 | 求取存在标志 |
| | | 航磁异常:异常区异常强,异常值 30～80γ | 二值化处理 |
| | | 重力:区域重力场最低值 $-237.65\times10^{-5}m/s^2$,最高值 $-191.11\times10^{-5}m/s^2$ | 二值化处理 |
| | | 断层:对控矿有关的断裂文件进行缓冲区处理,形成区文件,求其存在标志 | 求取存在标志 |
| | | 遥感异常:对遥感预测提取的区域断裂带线文件进行缓冲区处理,形成区文件 | 求取存在标志 |
| 斑岩型 | 乌兰德勒 | 地质体:晚侏罗世细粒二长花岗岩 | 求取存在标志 |
| | | 地质构造:北东向断裂构造对花岗斑岩体的侵位、热液活动及成矿起着控制作用 | 求取存在标志 |
| | | 重力:$\Delta g$ 在 $(-165\sim-155)\times10^{-5}m/s^2$ 之间 | 二值化处理 |
| | | 航磁:异常值范围为 500～1000nT | 二值化处理 |
| | | 化探:依据区内钼矿床及矿点主要位于 Mo 丰度值大于 $2.20\times10^{-6}$ 范围内,故取值为大于 $2.20\times10^{-6}$ | 求取存在标志 |

**续表 7-87**

| 预测类型 | 预测工作区 | 预测变量 | 变量处理 |
| --- | --- | --- | --- |
| 斑岩型 | 乌努格吐山 | 侵入岩:早中侏罗世花岗岩 | 求取存在标志 |
| | | 已知矿床(点):目前预测区内已知的钼或钼多金属矿床或矿点的有 6 处,其中大型—超大型 1 处,中型 1 处,矿点 4 处 | 求取存在标志 |
| | | Mo 单元素化探异常:异常取值范围为起始值 $\times10^{-6}$,终止值 $118.8\times10^{-6}$ | 二值化处理 |
| | | 重力:剩余异常等值线起始值为 $4\times10^{-5}m/s^2$,终止于 $15\times10^{-5}m/s^2$ | 二值化处理 |
| | | 航磁:航磁化极异常等值线起始值为 $-100\times10^{-3}nT$,终止于 $200\times10^{-3}nT$ | 二值化处理 |
| | | 遥感:依据遥感异常图上,钼矿床及矿点多位于靠近北北东向线性断裂中的环形构造带上,故选取区内的环形构造作为主要预测要素 | 求取存在标志 |
| | 太平沟 | 地质体:晚侏罗世满克头鄂博组,晚侏罗世二长花岗岩 | 求取存在标志 |
| | | 航磁异常:航磁化极异常在 300～350nT 之间 | 求取存在标志 |
| | | 重力异常:剩余重力异常在 $(3\sim4)\times10^{-5}m/s^2$ 之间 | 二值化处理 |
| | | 化探异常:Cu 范围为 $(48\sim61)\times10^{-6}$,Mo 范围为 $(5.1\sim7.6)\times10^{-6}$ | 二值化处理 |
| | | 已知矿点:有 1 个,进行投影变换并作 1000m 缓冲区,添加到图中 | 求取存在标志 |
| | | 断层:实测断层、航磁、重力推断断层、遥感解译断层提取与成矿有关的走向近北东向、北北东向的断裂,并作 1000m 缓冲区 | 求取存在标志 |
| | | 成矿区(带):本预测区在两个Ⅲ级成矿区(带)内 | 求取存在标志 |
| | | 蚀变带:预测工作区 5 块蚀变带,4 处为卧都河组中角岩化,1 处为白音高老组中硅化,均为非钼矿蚀变,故不添加此变量 | |
| | 原林林场 | 地质体:提取成矿目的地质体早白垩世花岗斑岩、石英正长斑岩、正长斑岩。并对覆盖层进行适当揭盖处理,一般最大不超过 1km 范围 | 求取存在标志 |
| | | 航磁异常:异常范围在 250～375nT 之间为航磁预测要素取值区间 | 二值化处理 |
| | | 重力异常:取值区间为 $(0\sim4)\times10^{-5}m/s^2$ | 二值化处理 |
| | | 化探异常:Mo 取值区间为 $(2.2\sim4.1)\times10^{-6}$ | 二值化处理 |
| | | 已知矿点:有 5 个同类型矿床和矿点,对其作 1000m(图面 10mm)缓冲区 | 求取存在标志 |
| | | 断裂构造:断层为实测断层和航磁、重力推断断层、遥感解译断层提取与成矿有关的走向近北东向的断裂,并作 1000m 缓冲区 | 求取存在标志 |
| | 敖仑花 | 侵入岩:早白垩世斜长花岗斑岩、二长花岗斑岩 | 求取存在标志 |
| | | 断裂:东西向断裂、北东向断裂交会 | 求取存在标志 |
| | | 蚀变带:选取区域上与斑岩型矿床有关的硅化、绢云母化等蚀变带,并形成缓冲区,作为预测要素 | 求取存在标志 |
| | | 航磁异常:异常值在 0～100nT 之间 | 二值化处理 |
| | | 重力异常:异常值在 $(-70\sim-60)\times10^{-5}m/s^2$ 之间 | 二值化处理 |
| | | 化探异常:异常值在 $(2.2\sim7.6)\times10^{-6}$ 之间 | 求取存在标志 |
| | | 遥感:遥感最小预测区及线环形构造交会处 | 求取存在标志 |
| | | 已知矿床(点):目前收集到的有 4 处,其中中型 1 处,矿点 3 处 | 求取存在标志 |

续表 7-87

| 预测类型 | 预测工作区 | 预测变量 | 变量处理 |
| --- | --- | --- | --- |
| 斑岩型 | 大苏计 | 地质体:三叠纪—侏罗纪似斑状二长花岗岩、石英斑岩、流纹斑岩、花岗闪长岩 | 求取存在标志 |
| | | 蚀变:选取硅化、石英绢云母化、钾化及泥化带作为找矿预测标志 | 求取存在标志 |
| | | 重力:异常区间为$(-6\sim2)\times10^{-5}m/s^2$之间 | 二值化处理 |
| | | 航磁:航磁起始值范围取−500～350nT 之间 | 二值化处理 |
| | | Mo 的化探单元素异常:异常范围在$(1.8\sim98.3)\times10^{-6}$之间 | 求取存在标志 |
| | | 已知矿床(点):目前收集到的有 3 处 | 求取存在标志 |
| | | 断裂:东西向断裂与北东向断裂及环形断裂交会 | 求取存在标志 |
| | 小狐狸山 | 地质体:含矿岩体为三叠纪,原 1∶20 万资料均为石炭纪岩体 | 求取存在标志 |
| | | 航磁异常;航磁异常值范围为−50～50nT | 二值化处理 |
| | | 重力:重力取异常极值范围为$(-2\sim1)\times10^{-5}m/s^2$ | 二值化处理 |
| | | 化探:异常值范围为$(1.8\sim36.2)\times10^{-6}$ | 二值化处理 |
| | | 已知矿点:有 3 个,即小狐狸山钼矿床、流沙山钼金矿床、独龙包钼矿床 | 求取存在标志 |
| | | 遥感异常:提取异常区即遥感最小预测区 | 求取存在标志 |
| | | 断层:提取与成矿有关的走向近北东、北西向的断裂,并作 1000m(图面 10mm)缓冲区 | 求取存在标志 |
| | 小东沟 | 侵入岩:燕山期黑云母花岗岩、浅成酸性斑岩体及二叠纪花岗岩 | 求取存在标志 |
| | | 航磁:化极 $\Delta T$ 等值线航磁异常值在 100～1400nT 之间 | 二值化处理 |
| | | 重力:重力剩余异常等值线值为$(-1\sim5)\times10^{-5}m/s^2$ | 二值化处理 |
| | | 已知矿点:目前收集到的有 4 处,其中中型 1 处,矿点 3 处 | 求取存在标志 |
| | | 断裂:东西向断裂、北东向断裂的缓冲区 | 求取存在标志 |
| | | 蚀变带:硅化、石英千枚岩化、钾长石化及泥化等 | 求取存在标志 |
| | | 化探:Mo 异常值在$(2.2\sim118)\times10^{-6}$之间 | 求取存在标志 |
| | | 遥感:依据本区钼矿床与遥感铁染及羟基异常区较吻合的现象,选取遥感最小预测区及遥感解译线环形构造作为遥感预测要素 | 求取存在标志 |
| | 查干花 | 地质体:三叠纪二长花岗岩 | 求取存在标志 |
| | | 蚀变:提取中生代岩浆岩外蚀变带 | 求取存在标志 |
| | | 断裂:提取与成矿有关的走向北东向,北西向断裂并作 1000m(图面 10mm)缓冲区 | 求取存在标志 |
| | | 航磁:航磁化极异常在−1000～2400nT 之间 | 二值化处理 |
| | | 重力:剩余重力异常值为$(-12\sim10)\times10^{-5}m/s^2$ | 二值化处理 |
| | | 已知矿床(点):有 1 个,即查干花矿床 | 求取存在标志 |
| | | 化探:依据查干花钼矿位于预测区北东向钼异常带上,该异常带五级浓度分带,矿区基本上位于异常的浓集中心,Mo 单元素异常值范围在$(1.0\sim52.1)\times10^{-6}$之间;在 W、Mo、Bi 组合异常图上,矿区位于 W、Mo、Bi 组合异常区内,故选择上述异常值域作为化探预测要素取值区间 | 求取存在标志 |

续表 7-87

| 预测类型 | 预测工作区 | 预测变量 | 变量处理 |
|---|---|---|---|
| 斑岩型 | 比鲁甘干 | 侵入岩:早侏罗世花岗斑岩为含矿斑岩体 | 求取存在标志 |
| | | 航磁异常:值范围在$-250\sim827$nT 之间 | 二值化处理 |
| | | 重力:异常值为$(0\sim6)\times10^{-5}$m/s$^2$ | 二值化处理 |
| | | 化探:Mo 单元素异常范围介于$(1.8\sim118.8)\times10^{-6}$之间 | 求取存在标志 |
| | | 地层:早侏罗世花岗斑岩的外接触带,主要为林西组及大石寨组的各类角岩,从接触界线向外 250m,圈定含矿地质体 | 求取存在标志 |
| | | 已知矿点:已知矿床,目前有中型钼矿 1 处 | 求取存在标志 |
| | 岔路口 | 地质体:侵位于早白垩世光华组(相当于内蒙古晚侏罗世满克头鄂博组、玛尼吐组和白音高老组);以及燕山中期—晚期以超浅成相潜火山侵入体石英斑岩、花岗斑岩等 | 求取存在标志 |
| | | 航磁异常:磁异常值幅值范围为$-250\sim125$nT | 二值化处理 |
| | | 重力:重力剩余异常等值线为$(-1\sim1)\times10^{-5}$m/s$^2$ | 二值化处理 |
| | | 化探:本区化探 Mo、U、W 单元素异常、组合异常及综合异常与已知矿床及矿点吻合程度高,特别是 Mo 单元素异常图吻合程度更高 | 二值化处理 |
| | | 遥感异常:提取遥感推测断层及遥感异常 | 求取存在标志 |
| | | 已知矿点:有 1 个同类型矿床,均对它们进行缓冲区处理 | 求取存在标志 |
| 岩浆热液型 | 曹家屯 | 地质体:提取二叠纪寿山沟组、晚侏罗世黑云母二长花岗岩及 NE45°方向断裂形成的缓冲区,求其存在标志 | 求取存在标志 |
| | | 重力:重力剩余异常等值线为$(-4\sim1)\times10^{-5}$m/s$^2$ | 求取存在标志 |
| | | 断裂:提取与成矿有关的断裂,并作 500m(图面 2mm)缓冲区 | 求取存在标志 |
| | | 航磁:磁异常值幅值范围为 $100\sim150$nT | 二值化处理 |
| | | 已知矿点:有 5 个同类型矿床和矿点,均对它们进行缓冲区处理 | 求取存在标志 |
| | | 提取遥感推测北东向断层及遥感异常 | 二值化处理 |
| | | 化探:本区化探 Mo 单元素异常、组合异常及综合异常与已知矿床及矿点吻合程度高,特别是 W、Mo 组合异常图吻合程度更高 | 二值化处理 |

**2. 最小预测区圈定方法及优选结果**

首先利用网格单元法对预测单元进行赋值。不同预测工作区根据实际情况划分不同间距的预测单元网格。完成预测单元划分后对预测变量进行原始变量构置,生成原始数据专题,完成网格单元赋值。对区内已知矿床(点)按矿化规模将模型单元进行矿化级别的设置,选择具有代表性的单元作为模型单元,然后对前期所选择的预测变量进行筛选,获得真正对矿化起到作用的变量,完成变量优选步骤。证据权重法中,首先构造预测模型,生成定位预测专题图层,然后选择各预测要素的证据因子、计算证据权重,进行证据因子的条件独立性检验,计算后验概率并生成色块图,色块图级别是根据后验概率值的大小确定的。

后验概率色块图的不同级别是以网格单元为边界的规则边界,因此需要在色块图的基础上叠加所有成矿要素及预测要素,采用人工与 MRAS 软件交互的方式,根据形成的定位预测色块图对照不同级别的各要素边界，依据后验概率的大小，与模型区预测要素的匹配程度，圈定最小预测区，划分 A、B、C 类最小预测区级别(表 7-88，图 7-83～图 7-87)。

**表 7-88 钼矿最小预测区分类原则及圈定结果一览表**

<table>
<tr><th>预测工作区</th><th>A、B、C 类分级原则</th><th>A 类最小预测区</th><th>B 类最小预测区</th><th>C 类最小预测区</th><th>总数</th><th>面积($km^2$)</th></tr>
<tr><td>元山子</td><td rowspan="2">A 类：地质体(含矿建造)＋已知矿床＋化探异常＋航磁异常分布范围＋剩余重力异常＋遥感Ⅰ级铁染异常。B 类：地质体＋化探异常＋矿点＋航磁异常分布范围＋剩余重力异常＋遥感异常。C 类：地质体＋矿化蚀变＋航磁异常分布范围或地质体＋重力异常＋遥感异常＋低强度化探异常</td><td>4</td><td>3</td><td>4</td><td>11</td><td>38.74</td></tr>
<tr><td>营盘水北</td><td>0</td><td>3</td><td>3</td><td>6</td><td>22.68</td></tr>
<tr><td>乌兰德勒</td><td>A 类：地质体＋航磁＋重力＋化探＋矿点(断层区/蚀变)。B 类：地质体＋航磁＋重力＋化探。C 类：地质体＋化探</td><td>3</td><td>4</td><td>5</td><td>12</td><td>253.17</td></tr>
<tr><td>乌努格吐山</td><td>A 类：侵入岩＋矿床(矿点)＋矿致异常(Mo 元素化探异常)。B 类：侵入岩＋矿致异常(Mo 元素化探异常)。C 类：侵入岩＋A 类、B 类附近重力、航磁成矿有利位置＋(遥感、重力、航磁)解译断裂</td><td>2</td><td>5</td><td>10</td><td>17</td><td>394.19</td></tr>
<tr><td>太平沟</td><td rowspan="2">A 类：斑岩体＋晚侏罗世满克头鄂博组＋钼矿床(点)＋剩余重力异常值 $\Delta g$ 主要在$(1～4)\times10^{-5}$ $m/s^2$之间，Mo 化探异常范围主要在$(4.1～236)\times10^{-9}$之间，Cu 化探异常范围主要在$(14～2612)\times10^{-9}$之间＋存在航磁异常。B 类：＋晚侏罗世满克头鄂博组±断裂＋剩余重力异常值 $\Delta g$ 主要在$(-2～5)\times10^{-5}$ $m/s^2$之间，Mo 化探异常范围主要在$(4.1～236)\times10^{-9}$之间，Cu 化探异常范围主要在$(4.5～61)\times10^{-9}$之间±存在航磁异常。C 类：＋晚侏罗世满克头鄂博组或其揭盖区±断裂＋剩余重力异常值 $\Delta g$ 主要在$(-7～5)\times10^{-5}$ $m/s^2$之间，Mo 化探异常范围主要在$(4.1～7.6)\times10^{-9}$之间，Cu 化探异常范围主要在$(2.8～28)\times10^{-9}$之间存在航磁异常</td><td>3</td><td>9</td><td>13</td><td>25</td><td>87.27</td></tr>
<tr><td>原林林场</td><td>3</td><td>4</td><td>6</td><td>13</td><td>26.22</td></tr>
<tr><td>敖仑花</td><td>A 类：地质体＋航磁＋重力＋化探＋矿点(断层区/蚀变)。B 类：地质体＋航磁＋重力＋化探。C 类：地质体＋化探</td><td>6</td><td>7</td><td>26</td><td>39</td><td>781.4</td></tr>
<tr><td>大苏计</td><td>A 类：地质体＋航磁＋重力＋化探＋矿点(断层区/蚀变)。B 类：地质体＋航磁＋重力＋化探。C 类：地质体＋化探</td><td>3</td><td>4</td><td>5</td><td>12</td><td>102.67</td></tr>
</table>

**续表 7-88**

| 预测工作区 | A、B、C 类分级原则 | A 类最小预测区 | B 类最小预测区 | C 类最小预测区 | 总数 | 面积(km²) |
|---|---|---|---|---|---|---|
| 小狐狸山 | A 类:地质体+航磁异常分布范围+剩余重力异常+遥感Ⅰ级铁染异常+断层。B 类:地质体+航磁异常分布范围+剩余重力异常。C 类:地质体+航磁异常分布范围或地质体+断层+重力异常 | 3 | 10 | 10 | 23 | 39 355.48 |
| 小东沟 | A 类:地质体+航磁+重力+化探+矿点(断层区/蚀变)。B 类:地质体+航磁+重力+化探。C 类:地质体+化探 | 6 | 15 | 16 | 37 | 950.04 |
| 查干花 | A 类:有出露含矿地质体+化探异常+已知矿床+断层缓冲区或有出露地质体+北北东向断层缓冲区。B 类:有出露含矿地质体+化探异常或有出露含矿地质体+断层缓冲区或推断含矿地质体。C 类:覆盖区化探异常浓集中心或出露含矿地质体的上部层位+Mo 元素化探异常 | 1 | 5 | 4 | 10 | 181.69 |
| 比鲁甘干 | A 类:地质体+航磁+Mo 化探异常+矿体。B 类:地质体+航磁+化探。C 类:地质体+航磁 | 1 | 4 | 3 | 8 | 22.02 |
| 岔路口 | A 类:地质体(含矿建造)+已知矿床+化探异常+航磁异常分布范围+剩余重力异常。B 类:地质体+化探异常+矿点+航磁异常分布范围+剩余重力异常。C 类:地质体+重力异常+低强度化探异常 | 1 | 4 | 7 | 12 | 83.16 |
| 梨子山 | A 类:成矿条件十分有利,预测依据充分,成矿匹配程度高,资源潜力大或较大的地区。B 类:成矿条件有利,有预测依据,成矿匹配程度相对较高,有比较大的预测资源量的地区。C 类:具成矿条件,有可能发现资源,可作为探索的地区或现有矿区外围和深部有预测依据,有一定的资源潜力的地区 | 3 | 9 | 31 | 43 | 1 569.53 |
| 拜仁达坝 | A 类:地质体(含矿建造)+已知矿床+化探异常+航磁异常分布范围+剩余重力异常。B 类:地质体+化探异常+矿点+航磁异常分布范围+剩余重力异常。C 类:地质体+重力异常+低强度化探异常 | 4 | 22 | 11 | 37 | 979.82 |
| 总计 | | 43 | 108 | 153 | 305 | 44 848.08 |

对圈定的面积过小、成矿潜力较差、预测意义不大的最小预测区进行排除,最终共圈定原生钼矿最小预测区 305 个,面积 44 920.08km²,伴生钼矿最小预测区 16 个,面积 82.3km²,其中沉积(变质)型 17 个,面积 61.42km²;斑岩型 208 个,面积 42 237.31km²;矽卡岩型(接触交代-热液型)43 个,面积 1 569.53km²;岩浆热液型 37 个,面积 979.82km²。

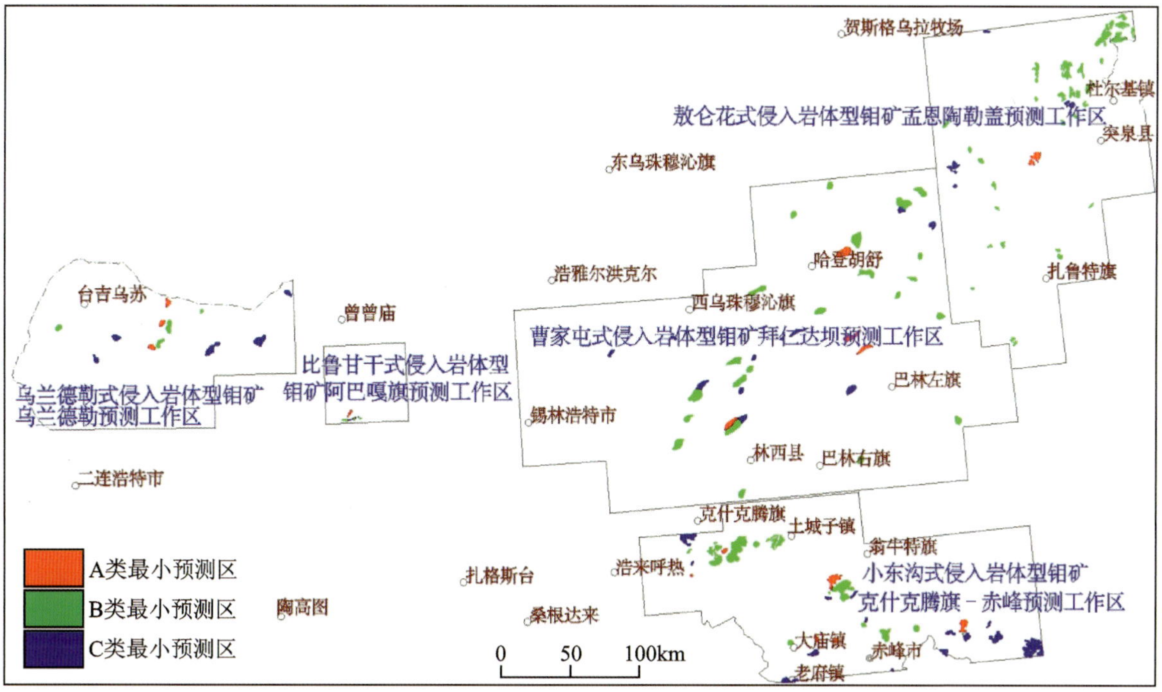


图 7-83 曹家屯、乌兰德勒、比鲁甘干、敖伦花等钼矿最小预测区分布图

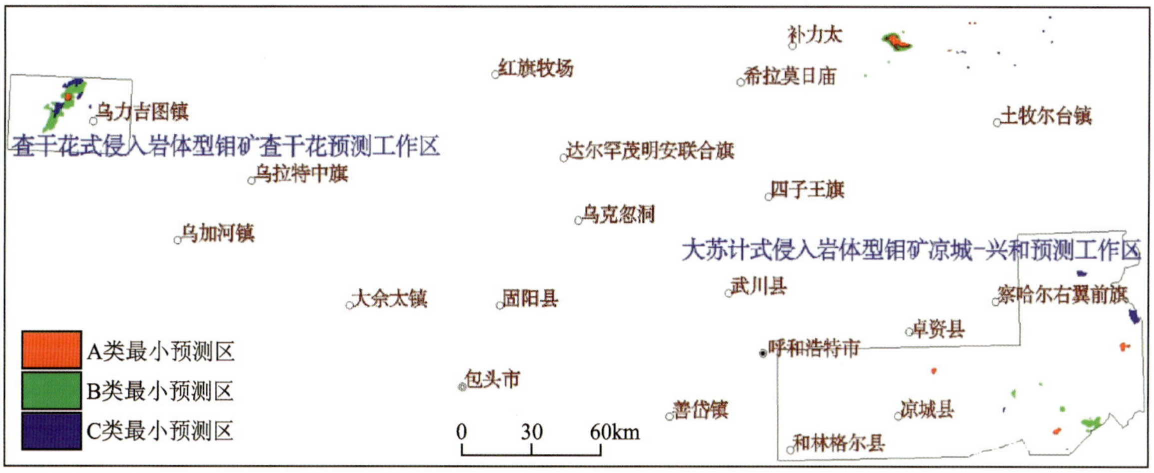


图 7-84 查干花、大苏计钼矿最小预测区分布图

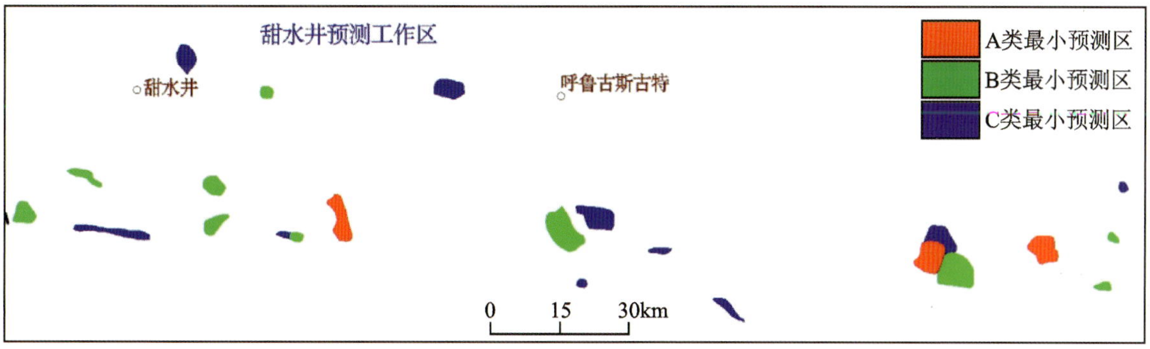


图 7-85 甜水井钼矿最小预测区分布图

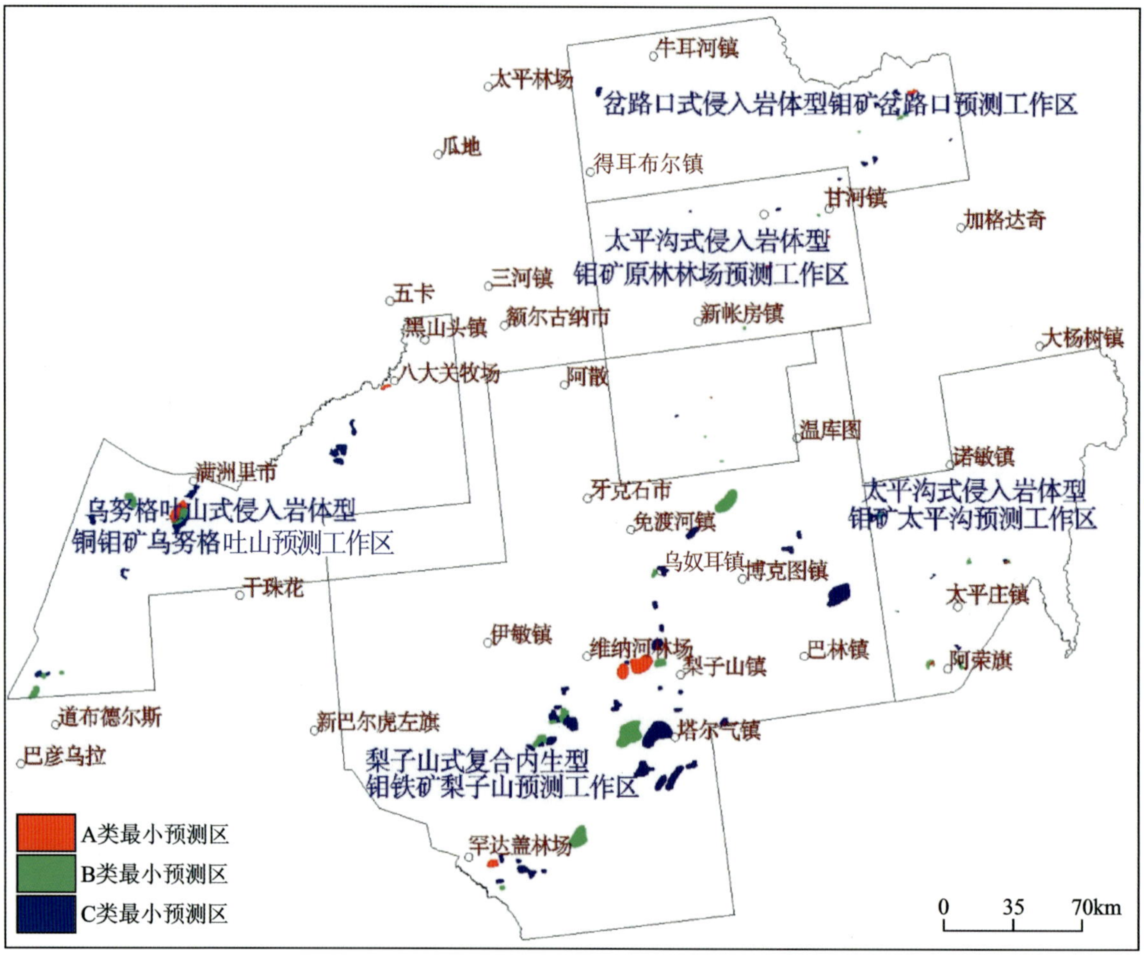


图 7-86 乌努格吐山、梨子山、岔路口、太平沟等钼矿最小预测区分布图

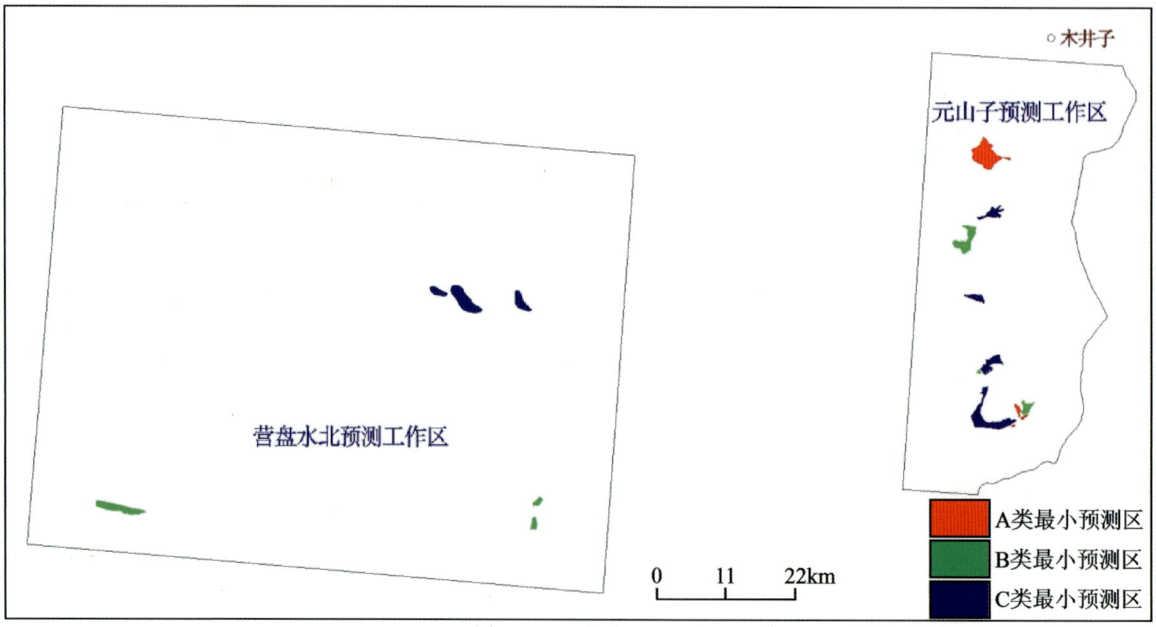


图 7-87 营盘水、元山子钼矿最小预测区分布图

## 四、资源量定量预测

### 1. 典型矿床深度及外围资源量估算

运用地质体积法对内蒙古钼矿进行定量预测，确定典型矿床体积含矿率，对典型矿床深部及外围进行资源量估算(表 7-89)。

### 2. 模型区及预测区参数确定

模型区即包含典型矿床的最小预测区。参考模型区地质体面积、延深、预测资源量，计算含矿地质体含矿系数。最小预测区面积是根据圈定的最小预测区图面面积换算而来，延深是根据已知钻孔控制深度、地质体推测深度估算，相似系数为各最小预测区地物化遥条件与模型区的相似程度类比数(表 7-90)。

### 3. 预测区资源量估算及其结果

本次共预测钼矿为 8 209 443.41t，其中沉积(变质)型 8 964.77t，斑岩型 7 944 140.55t，矽卡岩型(接触交代-热液型)99 911.07t，岩浆热液型 156 428.00t(表 7-91)。

# 第七节 钨矿资源潜力评价

## 一、钨矿预测模型

根据矿产预测类型划分，钨矿确定为一种预测方法类型(侵入岩体型)和一种矿产预测类型(热液型)。

在典型矿床成矿要素研究的基础上，综合研究重力、航磁、化探、遥感、自然重砂等预测要素，基于预测要素的研究结果，构建典型矿床的预测模型图。典型矿床预测模型图，以剖面图形式或平面投影形式表示预测要素内容及其相关关系和空间变化特征。在区域成矿模式的基础上，叠加区域地球物理、地球化学、遥感、自然重砂等找矿模型资料，形成区域预测模型图，以剖面图形式表示预测要素内容与其相互关系，以及时空展布特征。

本节主要阐述原生钨矿资源潜力评价成果，共伴生钨矿资源潜力评价成果参见与其主矿种相关章节。

### 1. 侵入岩体型钨矿

侵入岩体型钨矿主要分布于内蒙古中东部地区，包括沙麦式、白石头洼式、大麦地式、乌日尼图式、七一山式等预测亚类。沙麦式钨矿和乌日尼图式钨矿分布于天山-兴蒙造山系，大兴安岭弧盆系，东乌旗-多宝山岛弧大地构造单元，成矿区(带)属Ⅲ-6 东乌珠穆沁旗-嫩江(中强挤压区)铜、钼、铅、锌、金、钨、锡、铬成矿带；白石头洼式钨矿分布于天山-兴蒙造山系，大兴安岭弧盆系，包尔汉图-温都尔庙弧盆系大地构造单元，成矿区(带)属Ⅲ-7 白乃庙-锡林郭勒铁、铜、钼、铅、锌、锰、铬、金、锗、煤、天然碱、芒硝成矿带与Ⅲ-8 突泉-翁牛特铅、锌、银、铜、铁、锡、稀土成矿带间；大麦地式钨矿矿床(点)主要集中在天山-兴蒙造山系，包尔汉图-温都尔庙弧盆系，温都尔庙俯冲增生杂岩带大地构造单元，成矿区(带)属Ⅲ-9 松辽盆地石油、天然气、铀成矿区。七一山式钨矿，位于天山-兴蒙构造系，西南缘塔里木陆块区，东北缘额济纳旗-北山弧盆系，北山褶皱带的星星峡-索索井褶皱带东北缘。成矿带位于Ⅲ-2 磁海-公婆泉铁、铜、金、铅、锌、锰、钨、锡、铷、钒、铀、磷成矿带。

**表 7-89　钼矿典型矿床预测成果一览表**

| 预测类型 | 序号 | 典型矿床 | 经度 | 纬度 | 深部或外围名称 | 面积（$m^2$） | 延深（m） | 体积含矿率（$t/m^3$） | 预测资源量（万 t） | 预测资源总量（t） |
|---|---|---|---|---|---|---|---|---|---|---|
| 沉积(变质)型 | 1 | 元山子 | 105°36′02″ | 38°12′20″ | 深部 | 344 926.86 | 340 | 0.000 011 95 | 0.065 949 | 0.213 501 |
| | | | | | 外围 | 246 953.83 | 500 | | 0.147 552 | |
| 斑岩型 | 2 | 乌兰德勒 | 112°51′15″ | 44°48′33″ | 深部 | 1 358 953 | 20 | 0.000 053 14 | 1.444 4 | 1.444 4 |
| | 3 | 乌努格吐山 | 117°16′42″ | 49°26′10″ | 深部 | 2 546 336 | 300 | 0.000 264 4 | 20.197 5 | 20.197 5 |
| | 4 | 太平沟 | 123°20′45″ | 48°10′30″ | 深部 | 883 703.91 | 100 | 0.000 038 4 | 0.339 | 3.704 4 |
| | | 原林林场 | | | 外围 | 1 301 067.54 | 674.2 | | 3.365 4 | |
| | 5 | 敖仑花 | 120°13′31″ | 44°32′29″ | 深部 | 3 120 127 | 160 | 0.000 064 | 1.171 1 | 1.171 1 |
| | 6 | 大苏计 | 112°43′03″ | 40°43′51″ | 深部 | 12 748 | 75 | 0.000 977 66 | 0.093 5 | 0.093 5 |
| | 7 | 小狐狸山 | 100°13′12″ | 42°25′38″ | 深部 | 249 007 | 803.45 | 0.000 076 | 1.520 5 | 1.718 3 |
| | | | | | 外围 | 519 887 | 50 | | 0.197 6 | |
| | 8 | 小东沟 | 117°43′59″ | 43°02′15″ | 深部 | 3 120 127 | 160 | 0.000 014 9 | 0.245 6 | 0.245 6 |
| | 9 | 查干花 | 107°20′00″—107°23′00″ | 41°54′00″—41°55′45″ | 深部 | 1 143 470 | 50 | 0.000 031 | 1.77 | 11.97 |
| | | | | | 外围 | 420 155 | 782 | | 10.2 | |
| | 10 | 比鲁甘干 | 114°27′25″ | 44°04′00″ | 深部 | 5 172 990 | 630 | 0.000 28～0.000 036 6 | 3.540 8 | 13.968 2 |
| | | | | | 外围 | 4 635 540 | 614 | 0.000 036 6 | 10.427 4 | |
| | 11 | 岔路口 | 123°54′30″ | 51°09′30″ | 深部 | 1 276 933.9 | 436 | 0.000 623 827 | 34.731 2 | 80.606 1 |
| | | | | | 外围 | 392 201.96 | 1875 | | 45.874 9 | |
| 矽卡岩型(接触交代-热液型) | 12 | 梨子山 | 120°49′27″ | 49°22′05″ | 深部 | 23 608 | 50 | 0.000 333 | 0.039 3 | 0.049 88 |
| | | | | | 外围 | 9075 | 350 | | 0.010 58 | |
| 岩浆热液型 | 13 | 曹家屯 | 117°55′30″ | 43°51′26″ | 深部 | 14 080 | 221 | 0.002 3 | 0.715 7 | 0.947 3 |
| | | | | | 外围 | 1 896.1 | 531 | | 0.231 6 | |

**表 7-90 钼矿各预测工作区模型区预测资源量及估算参数一览表**

| 预测工作区编号 | 预测工作区 | 模型区编号 | 模型区名称 | 经度 | 纬度 | 含矿地质体含矿系数 | 模型区预测资源总量(t) | 最小预测区面积范围($km^2$) | 最小预测区预测深度范围(m) |
|---|---|---|---|---|---|---|---|---|---|
| 1510602001 | 元山子预测工作区 | A1510602001 | 元山子 | 105°36′02″ | 38°12′20″ |  | 3 536.42 | 0.14～11.42 | 150～500 |
| 1510602002 | 营水盘北预测工作区 | A1510602001 | 元山子 | 105°36′02″ | 38°12′20″ | 0.000 000 619 | 3 536.42 | 0.94～8.71 | 170～670 |
| 1510201001 | 乌兰德勒预测工作区 | A1510201001 | 乌兰德勒 | 112°51′15″ | 44°48′33″ | 0.000 004 23 | 54 886 | 5.05～45.43 | 700～800 |
| 1510202001 | 乌努格吐山预测工作区 | A150202001 | 乌努格吐山 | 117°16′42″ | 49°26′10″ | 0.000 010 7 | 605 979.37 | 4.25～62.74 | 400～900 |
| 1510203001 | 太平沟预测工作区 | A1510203001 | 太平沟矿区 | 123°20′45″ | 48°10′30″ | 0.000 014 25 | 37 044.71T | 0.3～11.65 | 50～674.2 |
| 1510203002 | 原林林场预测工作区 |  |  |  |  |  |  | 0.69～7.27 | 100～280 |
| 1510204011 | 敖仑花预测工作区 | A1510204011 | 敖仑花 | 121°56′35″ | 45°34′48″ | 0.000 002 79 | 18 442.6 | 2.62～61.07 | 220～600 |
| 1506206001 | 大苏计预测工作区 | A1506206001 | 大苏计 | 112°43′03″ | 40°43′51″ | 0.000 013 61 | 48 192.75 | 0.16～30.9 | 415～2000 |
| 1510207001 | 小狐狸山预测工作区 | A1510207001 | 小狐狸山 | 100°13′12″ | 42°25′38″ | 0.000 002 1 | 49 105 | 0.11～3.5 | 500～853 |
| 1510208006 | 小东沟预测工作区 | A1510208006 | 克什克腾旗-赤峰 | 121°56′35″ | 45°34′48″ | 0.000 001 43 | 62 415.69 | 1.49～144.07 | 70～2000 |
| 1510210001 | 查干花预测工作区 | A1510210001 | 查干花 | 107°21′41″ | 41°54′51″ | 0.000 039 7 | 379 700 | 1.46～43.35 | 300～782 |

**续表 7-90**

| 预测工作区编号 | 预测工作区 | 模型区编号 | 模型区名称 | 经度 | 纬度 | 含矿地质体含矿系数 | 模型区预测资源总量(t) | 最小预测区面积范围($km^2$) | 最小预测区预测深度范围(m) |
|---|---|---|---|---|---|---|---|---|---|
| 1510209001 | 比鲁甘干预测工作区 | A1510209001 | 比鲁甘干 | 114°27′25″ | 44°04′00″ | 0.000 051 | 22 274 | 0.3～7.22 | 630 |
| 1510211001 | 岔路口预测工作区 | A1510211001 | 岔路口 | 123°54′30″ | 51°09′30″ | 0.000 063 4 | 1 124 780 | 1.11～16.24 | 260～1875 |
| 1510601002 | 梨子山预测工作区 | A1510601002 | 梨子山 | 120°49′27″ | 49°22′05″ | $2.58\times10^{-7}$ | 3808 | 5.23～173.01 | 350～1000 |
| 1510205001 | 拜仁达坝预测工作区 | A1510205001 | 曹家屯 | 117°53′26″ | 43°50′26″ | 0.000 002 | 9 472.57 | 7.79～55.89 | 200～600 |

表 7-91 钼矿各预测工作区预测资源量一览表

| 预测工作区编号 | 预测工作区 | 预测工作区预测资源总量(t) |
|---|---|---|
| 沉积(变质)型钼矿 | | |
| 1510602001 | 元山子预测工作区 | 5 546.59 |
| 1510602002 | 营水盘北预测工作区 | 3 418.18 |
| 总计 | | 8 964.77 |
| 斑岩型 | | |
| 1510201001 | 乌兰德勒预测工作区 | 130 425 |
| 1510202001 | 乌努格吐山预测工作区 | 795 849.75 |
| 1510203001 | 太平沟预测工作区 | 58 902.59 |
| 1510203002 | 原林林场预测工作区 | 31 857 |
| 1510204011 | 敖仑花预测工作区 | 158 139.7 |
| 1506206001 | 大苏计预测工作区 | 2 490 283.94 |
| 1510207001 | 小狐狸山预测工作区 | 241 388.76 |
| 1510208006 | 小东沟预测工作区 | 499 816.64 |
| 1510210001 | 查干花预测工作区 | 843 100 |
| 1510209001 | 比鲁甘干预测工作区 | 249 759 |
| 1510211001 | 岔路口预测工作区 | 2 444 617.19 |
| 总计 | | 7 944 140.55 |
| 矽卡岩型(接触交代-热液型) | | |
| 1510601002 | 梨子山预测工作区 | 99 911.07 |
| 总计 | | 99 911.07 |
| 岩浆热液型 | | |
| 1510205001 | 拜仁达坝预测工作区 | 156 428 |
| 总计 | | 156 428 |
| 钼矿预测资源量总计(t) | | 8 209 443.41 |

以乌日尼图、七一山矿床为例，介绍该预测类型钨矿的预测要素(表 7-92、表 7-93)。由于钨矿区无大比例尺的物化遥资料，故利用矿床所在区域的物化探资料，编制典型矿床所在区域地质矿产及物化探剖析图，代替典型矿床预测模型图，根据典型矿床成矿规律研究成果，编制区域预测模型图(图 7-88～图 7-90)。

表 7-92 乌日尼图式侵入岩体型钨矿典型矿床预测要素表

| 预测要素 | | 描述内容 | | | | 要素分类 |
|---|---|---|---|---|---|---|
| | | 储量 | 钨 58 155t | 平均品位 | W 0.725% | |
| | | 特征描述 | 侵入岩体型钨矿床 | | | |
| 地质环境 | 构造背景 | 天山-兴蒙造山系，大兴安岭弧盆系，东乌旗-多宝山岛弧 | | | | 必要 |
| | 成矿环境 | Ⅲ-6 东乌珠穆沁旗-嫩江(中强挤压区)铜、钼、铅、锌、钨、锡、铬成矿带 | | | | 必要 |
| | 成矿时代 | 燕山期 | | | | 必要 |

**续表 7-92**

| 预测要素 | | 描述内容 | 要素分类 |
|---|---|---|---|
| 矿床特征 | 矿体形态 | 脉状、似层状 | 重要 |
| | 岩石类型 | 中细粒花岗岩、花岗闪长斑岩 | 必要 |
| | 岩石结构 | 中细粒花岗结构、斑状结构 | 重要 |
| | 矿物组成 | 辉钼矿、白钨矿、黄铜矿、闪锌矿、辉铋矿、磁铁矿、方铅矿 | 必要 |
| | 矿石结构构造 | 结构:浸染状结构、网脉状结构;<br>构造:块状构造 | 重要 |
| | 蚀变特征 | 矽卡岩化、硅化、绢云母化、绿帘石化、萤石矿化、黄铁矿化、碳酸盐化 | 重要 |
| | 控矿条件 | 早奥陶世乌宾敖包组与侏罗纪—白垩纪中细粒花岗岩、花岗闪长斑岩外接触带,北西向构造裂隙 | 重要 |
| 地球物理特征 | 重力异常 | 预测区区域重力场反映西部重力高、东部重力低,东部等值线近南北向延伸的特点。布格重力异常值在(−160～−124.65)×$10^{-5}$ $m/s^2$之间。预测区处于布格重力异常相对低值区。在剩余重力异常图上,预测区北部重力场平稳,预测区南部正、负剩余异常呈条带状北东东向展布,且相间排列。重力推断的断裂构造 | 重要 |
| | 磁法异常 | 在1∶10万航磁 $\Delta T$ 等值线平面图上预测工作区磁异常幅值范围为−400～600nT,背景值为−100～100nT,预测区北部以低缓负异常为主,预测区西北部和南部有不规则的高值磁异常,条带状,正负相间,轴向以北东向为主。乌日尼图钨矿位于预测区西部,磁场背景为平缓磁异常区,0～100nT等值线附近 | 重要 |
| 地球化学特征 | | 分带性较好,浓集中心较明显的钨化探异常 | 重要 |

**表 7-93　七一山式热液脉型钨矿典型矿床预测要素表**

| 预测要素 | | 描述内容 | | | | 要素类别 |
|---|---|---|---|---|---|---|
| | | 储量 | 钨 13756.6t | 平均品位 | W 0.174% | |
| | | 特征描述 | 热液脉型钨矿床 | | | |
| 地质环境 | 构造背景 | 内蒙古西部大地构造位置为Ⅰ天山-兴蒙构造系西南缘,Ⅲ塔里木陆块区东北缘,Ⅰ-9额济纳旗-北山弧盆系,北山褶皱带的星星峡-索索井褶皱带东北缘 | | | | 必要 |
| | 成矿环境 | 新元古代蓟县纪阿古鲁沟组一岩性段的条带状砂质板岩夹钙质砂岩层是本区重要矿源层。构造线呈北西向和北东向展布,与地层走向基本一致。断裂构造极发育,主要为近东西向或近北东东向,小型的层间裂隙、层间滑动带与脉状—网脉状矿体形成有直接关系;岩浆岩出露较少,仅矿区东南部见印支期花岗岩,综合物探测量成果表明,在朱拉扎嘎矿区西南有一隐伏岩体存在,为朱拉扎嘎金矿床的叠加成矿作用提供了成矿热源和物源 | | | | 必要 |
| | 成矿时代 | 燕山期 | | | | 必要 |

续表 7-93

| 预测要素 | | | 描述内容 | 要素类别 |
|---|---|---|---|---|
| 矿床特征 | 矿体形态 | | 矿体呈脉状，部分透镜状 | 重要 |
| 矿床特征 | 岩石类型 | | 凝灰质变质砂岩、安山岩及少数矽卡岩、大理岩和燕山早期的花岗岩 | 重要 |
| 矿床特征 | 岩石结构 | | 变余砂状结构、斑状结构、无斑结构，花岗岩呈斑状、似斑状结构 | 次要 |
| 矿床特征 | 矿物组成 | | 矿石矿物：辉钼矿、白钨矿、黑钨矿、锡石、钼铋矿、钼铅矿、辉铋矿；<br>脉石矿物：斜长石、条纹长石、微斜长石、石英等 | 重要 |
| 矿床特征 | 矿石结构构造 | | 结构：自形—他形粒状结构和交代骸晶结构；构造：浸染状、细脉状构造 | 次要 |
| 矿床特征 | 蚀变特征 | | 钠长石化、钾长石化、叶蜡石化、云英岩化、黄玉化、萤石化 | 次要 |
| 矿床特征 | 控矿条件 | | 志留纪公婆泉组、圆包山组；矿区位于区域复向斜核部的南翼。<br>断裂构造是本区的主要控矿构造，且以北东-南西向逆断层、南北向正断层为主要的控矿断裂构造。燕山早期侵入岩为本区最发育的侵入岩，七一山花岗岩钨、锡、钼、铋等含量高于维氏值几十倍，说明对成矿十分有利 | 必要 |
| 物化探特征 | 地球物理特征 | 航磁 | 据 1∶5 万航磁化极图上显示：背景场表现为低缓的正磁场，磁异常呈串珠状延北西方向延伸 | 重要 |
| 物化探特征 | 地球物理特征 | 重力 | 钨钼矿位于布格重力等值线梯级带同向扭曲处，其南部是 $\Delta g$ 为 $-194.33\times10^{-5}\,m/s^2$ 的布格重力低值区。在剩余异常图上，钨钼矿位于 G 蒙-844 正异常与 L 蒙-845 负异常交接带附近负异常一侧，剩余异常值约为 $-2\times10^{-5}\,m/s^2$ | 重要 |
| 物化探特征 | 地球化学特征 | | 矿区存在 Cu、Pb、Zn、Ni、W、Sn、Mo、Be 等元素的组合异常，W、Sn、Mo 为主要的成矿元素，地层中主要成矿元素多高于地壳克拉克值；岩体中 Cu、Pb、Zn、Co、Ni、Sn、Mo、W 等成矿元素高于贫钙花岗岩克拉克值 | 重要 |

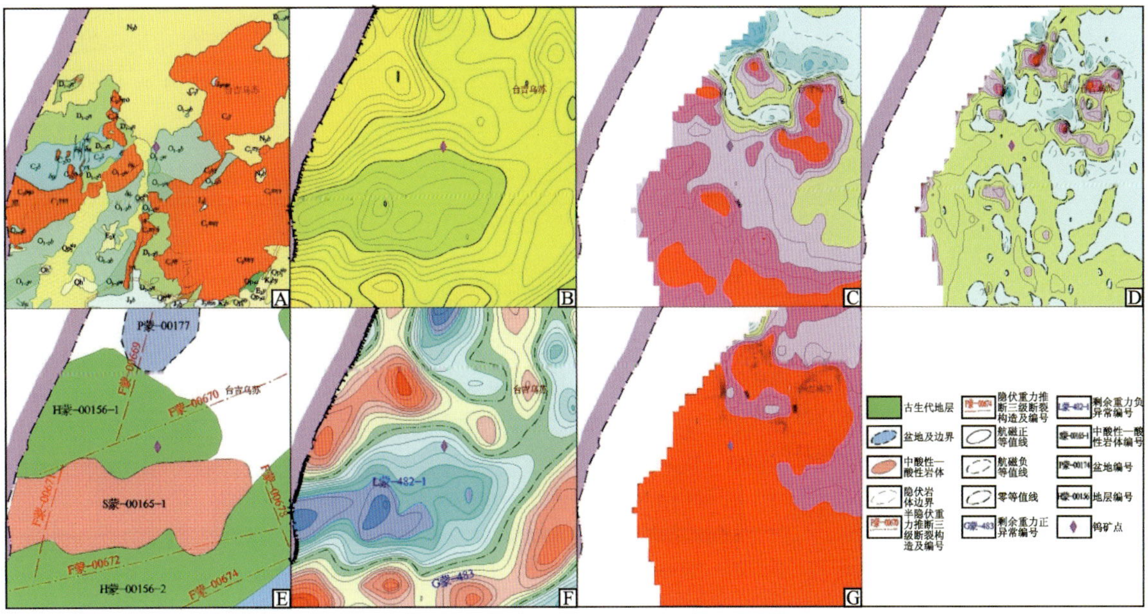


图 7-88　乌日尼图式钨矿典型矿床地质-物探模型图

A. 地质矿产图；B. 布格重力异常图；C. 航磁 $\Delta T$ 等值线平面图；D. 航磁 $\Delta T$ 化极垂向一阶导数等值线平面图；E. 重力推断地质构造图；F. 剩余重力异常图；G. 航磁 $\Delta T$ 化极等值线平面图

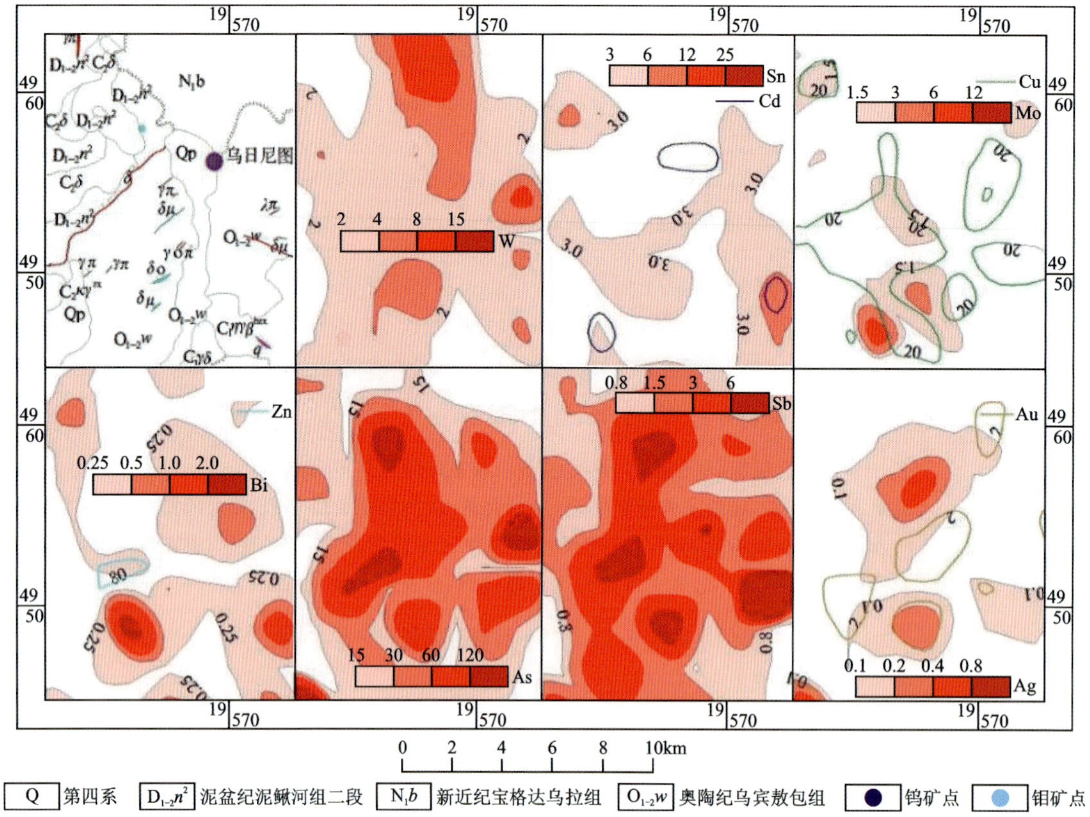


图 7-89　乌日尼图式钨矿典型矿床地质-化探模型图

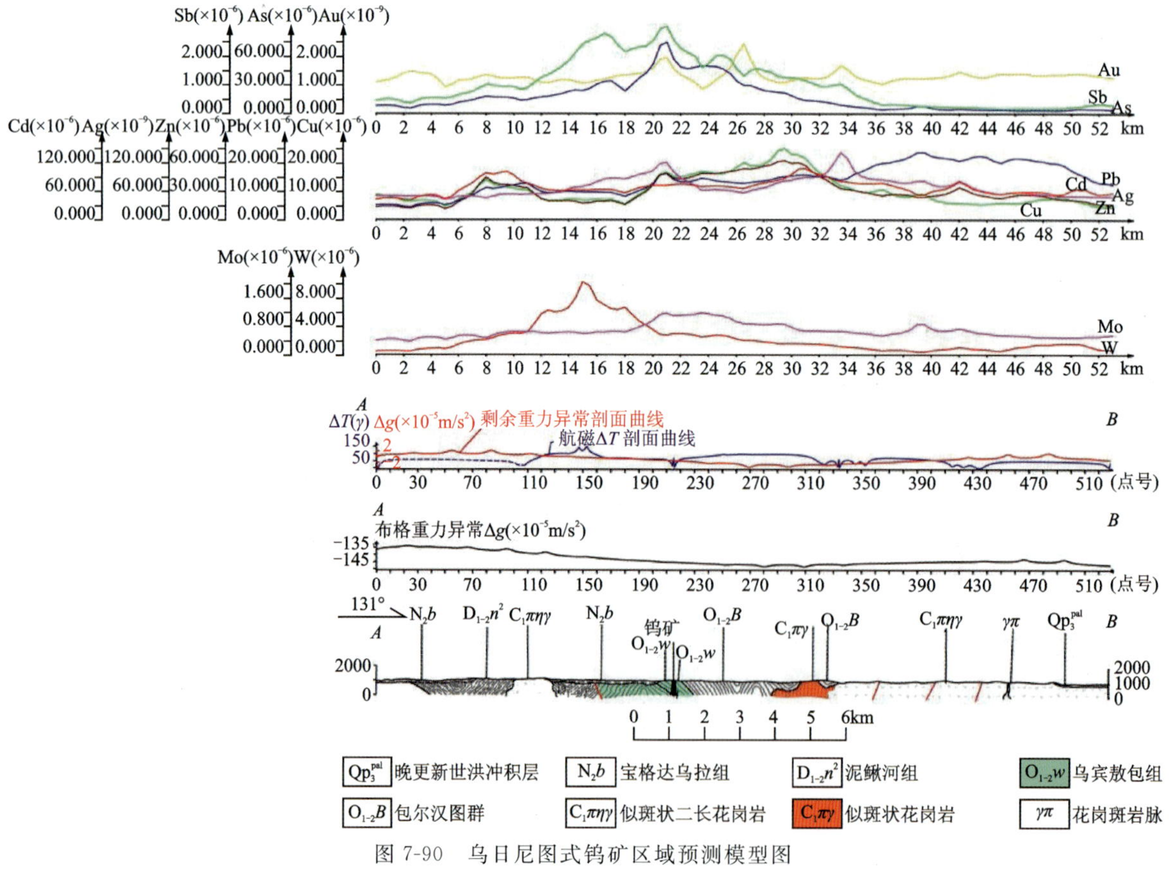


图 7-90　乌日尼图式钨矿区域预测模型图

1)乌日尼图

乌日尼图矿位于早奥陶世乌宾敖包组与侏罗纪—白垩纪中细粒花岗岩、花岗闪长斑岩外接触带中，布格重力异常北东向重力梯级带上，南面为椭圆状相对低值带区，在正异常与负异常之间的梯级带上，对应为花岗岩带，遍布整个矿区；南部剩余负异常 $\Delta g$ 最小为 $-8.42\times10^{-5}\ m/s^2$，对应中新生代盆地。航磁方面区内磁异常较为明显，乌日尼图钨矿 $\Delta T$ 处于 100～200nT 的正异常区，$\Delta T$ 化极为 300～400nT，$\Delta T$ 化极一阶导数异常为 0～50，重磁异常特征显示有北北东向、北东东向断裂通过矿区；区域上分布有 W、Sn、Bi、As、Sb 等元素组成的高背景区(带)。W、Sn、Bi、As、Sb、Ag 异常规模和强度较大，呈宽大的面状，浓度分带、浓集中心明显，Au、Cu、Mo 异常呈串珠状。早中奥陶世乌宾敖包组与侏罗纪—白垩纪侵入岩控制矿床分布，重力场值在零等值线周围徘徊，磁场为平缓的低值正异常。

2)七一山

七一山钨钼矿位于志留纪公婆泉组、圆包山组中，处于区域复向斜核部的南翼，位于等值线梯级带同向扭曲处，$\Delta g$ 为 $(-188.00\sim-184.00)\times10^{-5}\ m/s^2$，其南部是 $\Delta g$ 为 $-194.33\times10^{-5}\ m/s^2$ 的布格重力低值区。在剩余异常图上，七一山钨钼矿位于 G 蒙-844 正异常与 L 蒙-845 负异常交接带附近，剩余异常约为 $-2\times10^{-5}\ m/s^2$。G 蒙-844 的剩余重力值 $\Delta g$ 为 $6.4\times10^{-5}\ m/s^2$，对应于古生代地层；L 蒙-845 的剩余重力值 $\Delta g$ 为 $-7.58\times10^{-5}\ m/s^2$，根据物性参数推测，该负异常连同其西侧负异常是由中酸性岩浆岩带引起的，钨钼矿处于此岩浆岩带北部边缘。钨钼矿附近航磁基本无异常显示。由重力场特征推断，区内存在北东向与北西向断裂构造；区域上分布有 W、Bi、Au、As、Sb、Hg 等元素组成的高背景区(带)。W、Sn、Bi、As、Sb、Zn 异常呈东西或近东西向串珠状或条带状分布，Au、Cu、Mo 呈星散状，W、Sn、Bi、As、Sb 异常强度高，浓度分带、浓集中心明显，与矿体吻合较好(图 7-91～图 7-93)。

志留系为赋矿地质体，其对应 W、Sn、Bi、As、Sb、Zn 组合异常好，浓集中心明显，重力场为低值负异常，磁场为平缓的负异常。

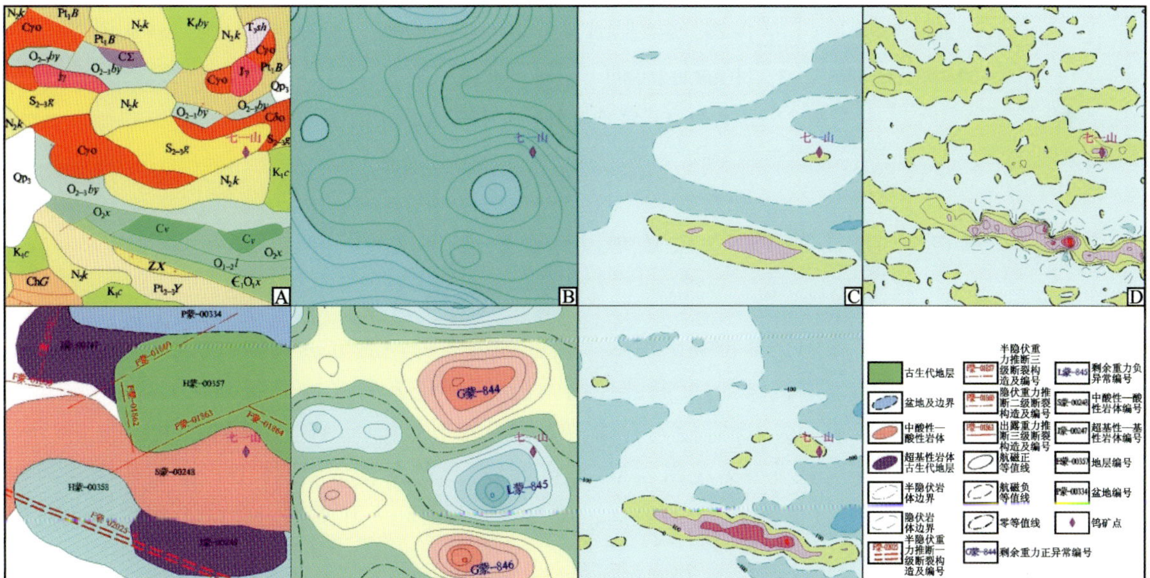


图 7-91 七一山式钨矿典型矿床地质-物探模型图

A. 地质矿产图；B. 布格重力异常图；C. 航磁 $\Delta T$ 等值线平面图；D. 航磁 $\Delta T$ 化极垂向一阶导数等值线平面图；E. 重力推断地质构造图；F. 剩余重力异常图；G. 航磁 $\Delta T$ 化极等值线平面图

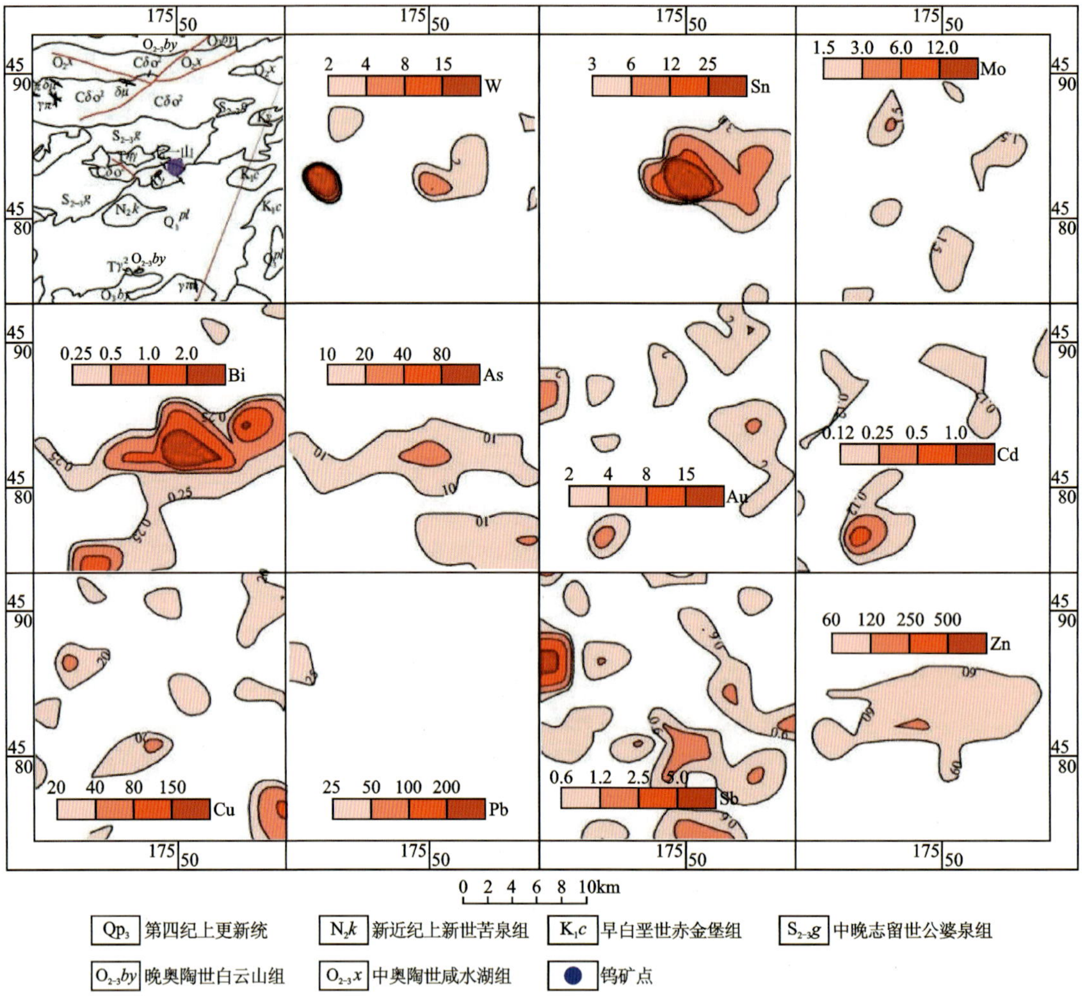


图 7-92　七一山式钨矿典型矿床地质-化探模型图

## 二、钨矿预测方法类型确定及区域预测要素

根据内蒙古自治区钨矿预测类型将钨矿预测工作区分为一种预测方法类型：侵入岩体型。花岗岩型矿床赋存于侵入花岗岩与地层接触带，受断裂控制，因此选择侵入岩浆构造图为预测底图，侵入岩浆构造图可以突出表示各种控矿要素，确定侵入岩体型为花岗岩型矿床(点)矿产预测方法。

侵入岩体型钨矿的矿产预测类型为花岗岩型(石英脉型)及花岗岩型(岩体型)，主要矿床式为沙麦式、白石头洼式、大麦地式、乌日尼图式、七一山式。以乌日尼图、七一山预测工作区为例简述此类矿床(点)区域预测要素(表 7-94)。

## 三、钨矿最小预测区圈定

根据对典型矿床成矿规律、预测要素，及预测工作区区域地质、物探、化探、遥感、自然重砂等背景条件的研究，确定预测工作区预测要素，提取预测变量，运用矿产资源评价系统(MRAS)对预测工作区进行定位预测。

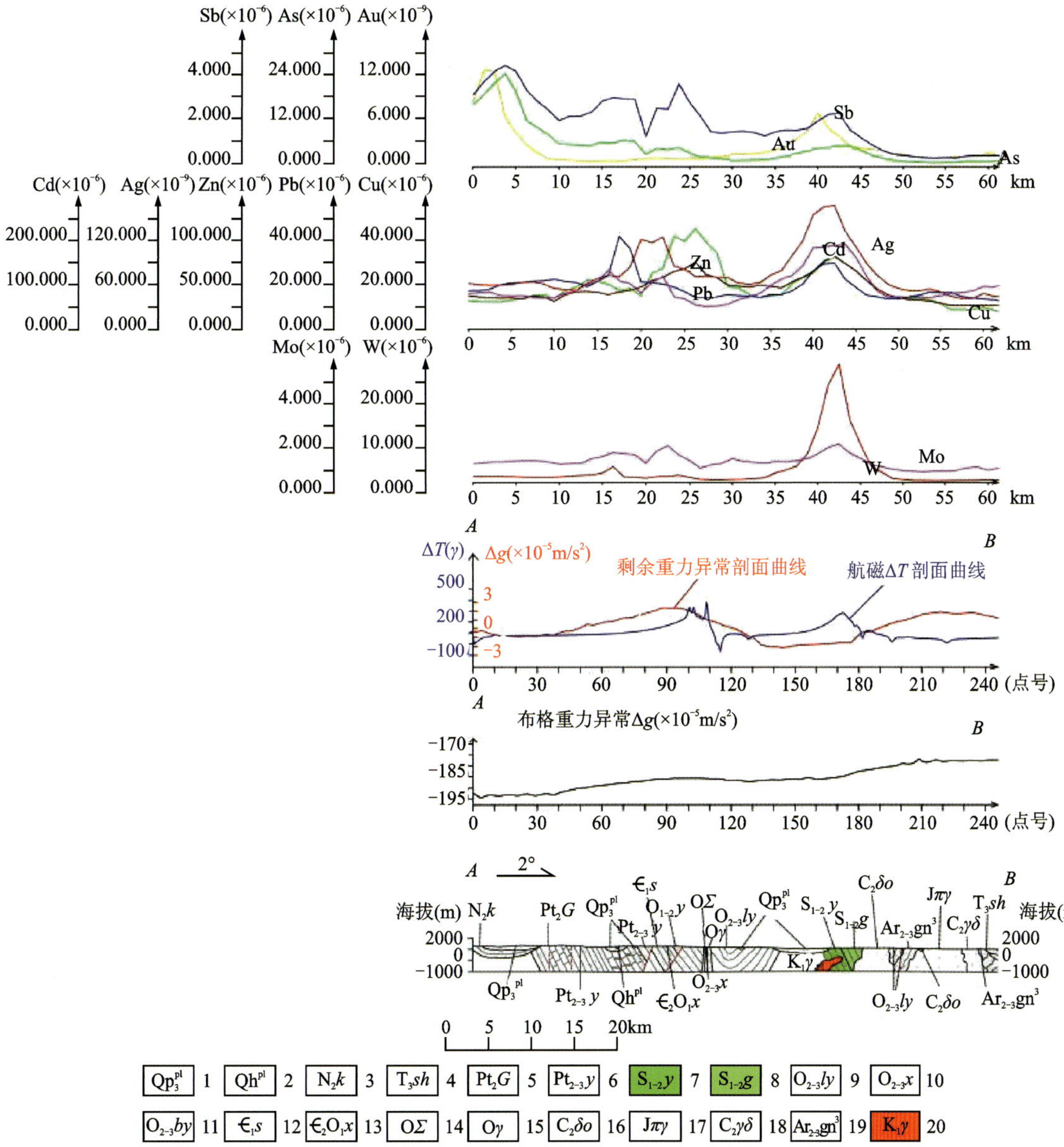


图 7-93 七一山式钨矿区域预测模型图

1.晚更新世洪积;2.洪积层;3.苦泉组;4.珊瑚井组;5.古硐井群;6.圆藻山群;7.圆包山组;8.公婆泉组;9.罗雅楚山组;10.咸水湖组;11.白云山组;12.双鹰山组;13.西双鹰山组;14.超基性岩;15.苏长岩;16.石英闪长岩;17.花岗斑岩脉;18.花岗闪长岩;19.灰色片麻岩、紫苏花岗岩;20.白垩纪花岗

**表 7-94 乌日尼图侵入岩体型钨矿预测工作区预测要素一览表**

| 预测要素 | | 描述内容 | 要素类别 | 描述内容 | 要素类别 |
|---|---|---|---|---|---|
| | | 乌日尼图 | | 七一山 | |
| 地质 | 大地构造位置 | 天山-兴蒙造山系,大兴安岭弧盆系,东乌旗-多宝山岛弧大地构造单元 | 必要 | 天山-兴蒙构造系西南缘,塔里木陆块区东北缘,额济纳旗-北山弧盆系北山褶皱带的星星峡-索索井褶皱带东北 | 必要 |
| | 成矿区(带) | Ⅲ-6 东乌珠穆沁旗-嫩江(中强挤压区)铜、钼、铅、锌、金、钨、锡、铬成矿带 | 必要 | Ⅲ-2 磁海-公婆泉铁、铜、金、铅、锌、锰、钨、锡、铷、钒、铀、磷成矿带 | 必要 |

**续表 7-94**

| 预测要素 | | 描述内容<br>乌日尼图 | 要素类别 | 描述内容<br>七一山 | 要素类别 |
|---|---|---|---|---|---|
| 地质 | 区域成矿类型及成矿期 | 热液型;燕山期 | 必要 | 热液脉型;燕山期 | 必要 |
| 控矿地质条件 | 赋矿地层 | 早奥陶世乌宾敖包组与侏罗纪—白垩纪中细粒花岗岩、花岗闪长斑岩外接触带中 | 重要 | 志留纪地层为主要控制地层,次为侏罗纪地层 | 必要 |
| 控矿地质条件 | 控矿侵入岩(围岩蚀变) | 侏罗纪—白垩纪中细粒花岗岩、花岗闪长斑岩 | 必要 | 燕山期花岗岩体边部以及岩体内的裂隙构造 | 重要 |
| 控矿地质条件 | 主要控矿构造 | 北西向构造裂隙 | 重要 | 断裂构造控制着燕山期花岗岩体,由此构造所产生的次一级复杂的网状裂隙是主要的含矿构造裂隙 | 重要 |
| 区内相同类型矿产 | | 成矿区(带)内有1个钨钼矿点 | 重要 | 所属成矿区(带)内有1个中型钨矿床1个钨矿点 | 重要 |
| 地球物理特征 | 重力异常 | 预测区区域重力场反映西部重力高、东部重力低,东部等值线近南北向延伸的特点。布格重力异常值在$(-124.65\sim-160)\times10^{-5}$ $m/s^2$之间。预测区处于布格重力异常相对低值区。在剩余重力异常图上,预测区北部重力场平稳,预测区南部正、负剩余异常呈条带状北东东向展布,且相间排列。重力推断的断裂构造 | 重要 | 预测区磁场较平缓,在预测区北部和南部分别有一条带状高值异常,轴向近东西向,北侧伴生负异常。七一山钨矿位于预测区中南部,椭圆状高值异常附近 | 重要 |
| 地球物理特征 | 磁法异常 | 在1∶10万航磁$\Delta T$等值线平面图上预测工作区磁异常幅值范围为$-400\sim600$nT,背景值为$-100\sim100$nT,预测区北部以低缓负异常为主,预测区西北和南部有不规则的高值磁异常,条带状,正负相间,轴向以北东向为主。乌日尼图钨矿位于预测区西部,磁场背景为平缓磁异常区,$0\sim100$nT等值线附近 | 重要 | 预测区区域重力场总体反映东北部重力高、西南部重力低的特点。有一条北西走向纵贯预测区的重力梯级带,其上叠加局部重力等值线近东西向同向扭曲,预测区内重力场值在$(-159.63\sim-204.32)\times10^{-5}$ $m/s^2$之间变化。在剩余重力图中反映出剩余重力正、负异常相间排列近东西向展布的特点。预测区东部重力相对高区域重力等值线稀疏,在剩余重力异常图中反映为近东西向的条带状正负重力异常相间排列。预测区西部等值线相对密集并向北西向延伸,在剩余重力异常图中表现为近东西向展布串珠状正负异常 | 重要 |

续表 7-94

| 预测要素 | 描述内容<br>乌日尼图 | 要素类别 | 描述内容<br>七一山 | 要素类别 |
|---|---|---|---|---|
| 地球化学特征 | 钨化探异常 | 重要 | 预测区西部主要分布有 Au、Cu、Zn、Cd、Mo 等元素异常，南部分布有 As、Sb、Pb、Zn、W、Mo 等元素异常，W 元素浓集中心明显，异常强度高 | 重要 |
| 遥感 | 遥感解译的断裂构造和推断的中生代隐伏侵入岩体 | 重要 | 环要素(推测隐伏岩体) | 重要 |

## 1. 变量构置

根据各预测工作区不同成矿条件，进行预测变量构置(表 7-95)。

表 7-95 钨矿预测工作区变量构置一览表

| 预测类型 | 预测工作区 | 预测变量 | 变量处理 |
|---|---|---|---|
| 花岗岩型(石英脉型) | 沙麦 | 地质体：预测区晚侏罗世中粗粒似斑状花岗岩、似斑状黑云母花岗岩，共提取地质体 13 块，总面积为 485.2km²。预处理：对提取岩体周边的第四系及其以上的覆盖部分进行揭盖，揭盖后地质体的总面积为 667.01km² | 求取存在标志 |
| | | 断层：提取北东—北北东向、北西向地质断层及遥感解译、重力推断断裂，并根据断层的规模作半径为 500m 的缓冲区 | 求取存在标志 |
| | | 化探：W 元素化探异常起始值＞$2.0\times10^{-6}$ 的范围 | 二值化处理 |
| | | 重力：剩余重力起始值＞$-10\times10^{-5}m/s^2$ 的范围 | 二值化处理 |
| | | 航磁：航磁化极值＞－200nT 的范围 | 二值化处理 |
| | | 遥感：遥感的线性要素用于推测隐伏断裂存在 | 求取存在标志 |
| | 白石头洼 | 地层：白云鄂博群呼吉尔图组二段、三段 | 求取存在标志 |
| | | 侵入岩：晚侏罗世肉红色花岗斑岩、肉红色中粗粒花岗岩、肉红色中粗粒碱长花岗岩、黄灰色中粒似斑状花岗岩、灰白—肉红色中粗粒二长花岗岩、肉红色中粒二长花岗岩、肉红色粗粒二长花岗岩、肉红色中粗粒似斑状二长花岗岩、粉灰色中粒花岗闪长岩 | 求取存在标志 |
| | | 构造：北东断层及在形成发展过程中产生的次一级断裂，并利用重力及遥感解译出的北东向的断层，缓冲区 1km | 求取存在标志 |
| | | 1∶20 万剩余重力异常 | 二值化处理 |
| | | 1∶20 万 W 元素化探异常 | 二值化处理 |
| | 大麦地 | 地质体：提取早白垩世中粒正长花岗岩预处理 | 求取存在标志 |
| | | 航磁异常：提取正磁异常，异常值为 100～200nT | 二值化处理 |
| | | 重力：提取剩余重力异常，且为重力负异常，异常值为$(-4\sim-2)\times10^{-5}m/s^2$ | 二值化处理 |
| | | 矿化蚀变带：提取矿化蚀变带，形成区文件 | 求取存在标志 |
| | | 已知矿点：有 4 个同类型矿点或矿床，分别为大麦地黑钨矿(小型矿床)、赵家湾子(矿点)、汤家杖子(矿点)、格尔林苏木下张大(矿点)。对矿点进行缓冲区处理 | 求取存在标志 |

续表 7-95

| 预测类型 | 预测工作区 | 预测变量 | 变量处理 |
|---|---|---|---|
| 花岗岩型(石英脉型) | 乌日尼图 | 地质体:早中奥陶世乌宾敖包组,共提取地质体 4 块,对提取地层周边的第四系及其以上的覆盖部分进行揭盖。遥感解译推断的中生代隐伏侵入岩体,共提取地质体 23 块 | 求取存在标志 |
| | | 地质构造(包括遥感解译、重力解译):提取北北东—北西向地质断层,并根据断层的规模作缓冲区 | 求取存在标志 |
| | | 化探:W 元素化探异常起始值>$2.0\times10^{-9}$的范围 | 二值化处理 |
| | | 重力:剩余重力起始值>$2\times10^{-5}m/s^2$的范围 | 二值化处理 |
| | | 航磁:航磁化极值>0nT 的范围 | 二值化处理 |
| | | 遥感:遥感的环要素用于推测隐伏岩体存在 | 求取存在标志 |
| 花岗岩型(岩体型) | 七一山 | 地层:志留纪地层为主要控制地层,次为侏罗纪地层及燕山早期侵入岩 | 求取存在标志 |
| | | 侵入岩:晚侏罗世黑云母花岗岩、黑云母花岗斑岩 | 求取存在标志 |
| | | 构造:近东西及北东向断裂构造,并根据断层的规模作 500m 的缓冲区 | 求取存在标志 |
| | | 遥感:遥感的环要素用于推测隐伏岩体存在和遥感断裂解译结果 | 求取存在标志 |
| | | 重力:剩余重力起始值多在$(-3\sim5)\times10^{-5}m/s^2$之间 | 二值化处理 |
| | | 航磁:航磁 $\Delta T$ 化极异常强度起始值多数在 100～1000nT 之间 | 二值化处理 |
| | | 化探:W 元素化探异常起始值>$1.7\times10^{-6}$的范围 | 二值化处理 |
| | | 已知矿床(点):目前收集到的有 2 处,其中中型 1 处、矿点 1 处 | 求取存在标志 |
| | | 重砂:一级～三级异常 | 求取存在标志 |

**2. 最小预测区圈定方法及优选结果**

首先利用网格单元法对预测单元进行赋值。不同预测工作区根据实际情况划分不同间距的预测单元网格。完成预测单元划分后对预测变量进行原始变量构置,生成原始数据专题,完成网格单元赋值。对区内已知矿床(点)按矿化规模将模型单元进行矿化级别的设置,选择具有代表性的单元作为模型单元,然后对前期所选择的预测变量进行筛选,获得真正对矿化起到作用的变量,完成变量优选步骤。证据权重法中,首先构造预测模型,生成定位预测专题图层,然后选择各预测要素的证据因子,计算证据权重,进行证据因子的条件独立性检验,计算后验概率并生成色块图,色块图级别是根据后验概率值的大小确定的。

后验概率色块图的不同级别是以网格单元为边界的规则边界,因此需要在色块图的基础上叠加所有成矿要素及预测要素,采用人工与 MRAS 软件交互的方式,根据形成的定位预测色块图对照不同级别的各要素边界,依据后验概率的大小,与模型区预测要素的匹配程度,圈定最小预测区,划分 A、B、C 类最小预测区级别(表 7-96)。

对圈定的面积过小、成矿潜力较差、预测意义不大的最小预测区进行排除,最终共圈定钨矿最小预测区 124 个,面积 2 991.23$km^2$,其中钨矿最小预测区:花岗岩型(石英脉型)79 个,面积2 079.42$km^2$,花岗岩型(岩体型)45 个,面积 911.81$km^2$(表 7-97,图 7-94～图 7-98)。

表 7-96 钨矿最小预测区分级原则一览表

| 预测工作区 | A、B、C 类分级原则 | 单元网格 |
| --- | --- | --- |
| 沙麦 | A 类:地质建造(含矿建造)+已知矿床+化探异常+航磁化极异常分布范围+剩余重力异常+遥感解译及重力推断的断裂构造。B 类:地质建造(含矿建造)+化探异常+航磁化极异常分布范围+剩余重力异常+遥感解译及重力推断的断裂构造。C 类:覆盖区+化探异常的浓集中心 | 0.1km×0.1km |
| 白石头洼 | A 类:白云鄂博群呼吉尔图组二段、三段或晚侏罗世肉红色花岗岩+钨矿床(点)+化探组合异常的 W 异常(>$2\times10^{-6}$)+剩余重力值(>$-5\times10^{-5}$ m/s$^2$)+北西向断层。B 类:白云鄂博群呼吉尔图组二段、三段或晚侏罗世肉红色花岗岩+化探组合异常的 W 异常(>$2\times10^{-6}$)+剩余重力值(>$-5\times10^{-5}$ m/s$^2$)+北西向断层。C 类:白云鄂博群呼吉尔图组二段、三段或晚侏罗世肉红色花岗岩+化探组合异常的 W 异常(>$2\times10^{-6}$)或剩余重力值(>$-5\times10^{-5}$ m/s$^2$)或北西向断层 | 2km×2km |
| 大麦地 | A 类:地质体+已知矿床(矿点)+化探异常+航磁异常+剩余重力异常+遥感Ⅰ级铁染异常。B 类:地质体+化探异常+航磁异常+剩余重力异常+自然重砂异常+矿化蚀变。C 类:地质体+航磁异常+化探异常+矿化蚀变+重力异常 | 1km×1km |
| 乌日尼图 | A 类:有出露含矿地质体+化探异常+已知矿床+北东向断层缓冲区+隐伏中生代侵入岩体。B 类:有出露含矿地质体+化探异常+北东向断层缓冲区。C 类:北东向断层缓冲区或隐伏中生代侵入岩体+化探异常 | 0.1km×0.1km |
| 七一山 | A 类:化探起始值>$3.7\times10^{-6}$+已知矿床+断层发育地段+白垩纪侵入岩体出露点,或者化探起始值>$3.7\times10^{-6}$+已知矿床+断层发育地段+含矿地质体出露地段。B 类:断层发育地段+含矿地质体或者侵入体+化探起始值>$1.7\times10^{-6}$,或者断层发育地段+含矿地质体或者侵入体+重力异常或者磁异常明显。C 类:断层发育地段+重力异常或者磁异常明显+重砂异常,或者断层发育地段+重力异常或者磁异常明显+含矿地质体 | 2.5km×2.5km |

表 7-97 钨矿最小预测区圈定成果一览表

| 预测工作区 | A 类最小预测区 | B 类最小预测区 | C 类最小预测区 | 总数 | 面积(km$^2$) |
| --- | --- | --- | --- | --- | --- |
| 沙麦 | 1 | 14 | 5 | 20 | 547.68 |
| 白石头洼 | 8 | 7 | 8 | 23 | 607.22 |
| 大麦地 | 3 | 6 | 3 | 12 | 119.77 |
| 乌日尼图 | 1 | 4 | 19 | 24 | 804.75 |
| 七一山 | 4 | 18 | 23 | 45 | 911.81 |
| 总计 | 17 | 49 | 58 | 124 | 2 991.23 |

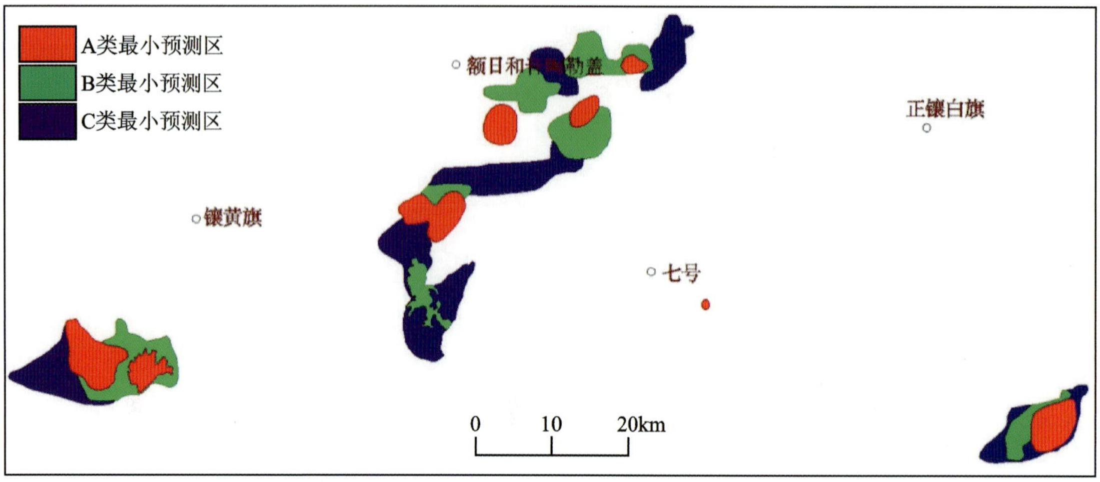


图 7-94　花岗岩型(石英脉型)白石头洼钨矿最小预测区分布图

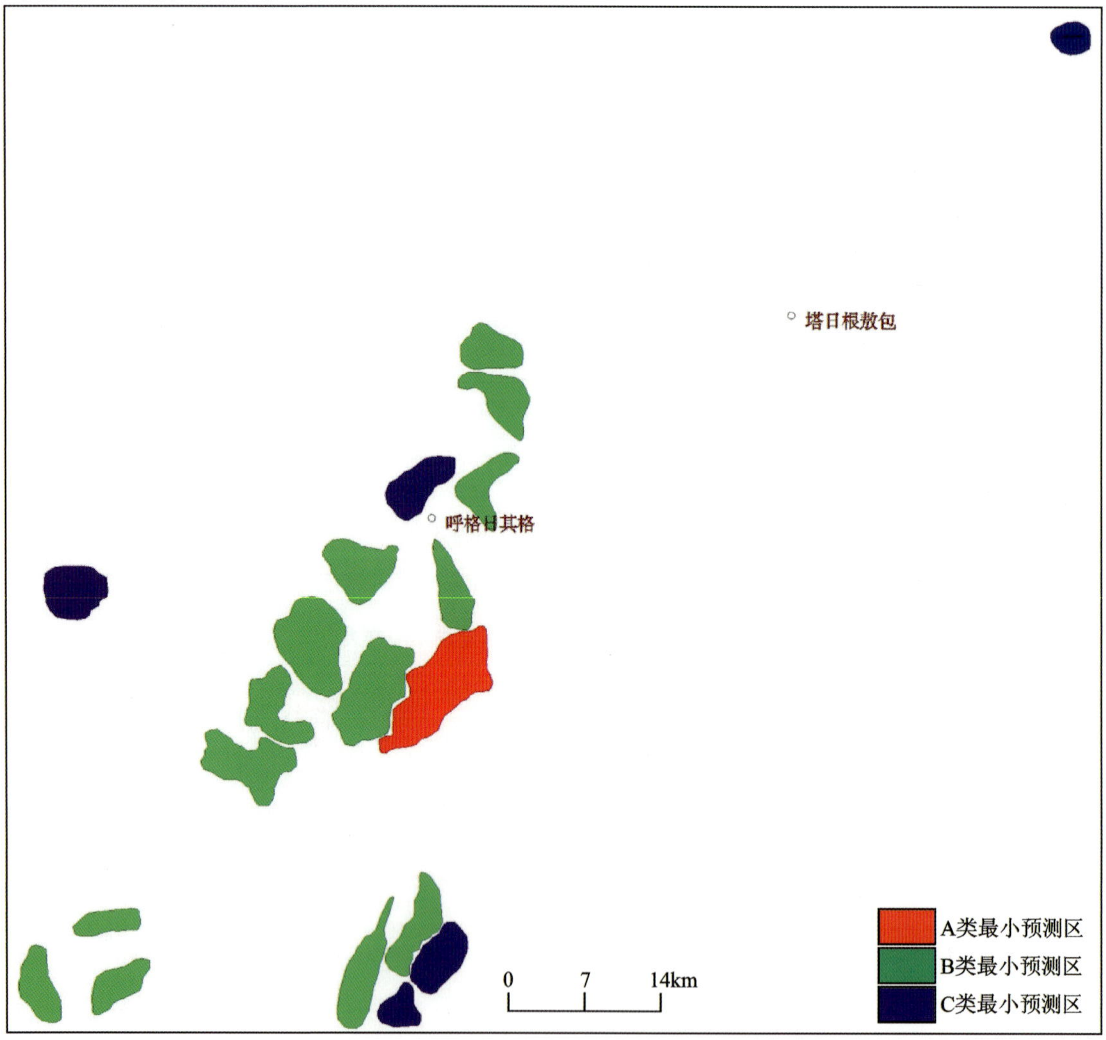


图 7-95　花岗岩型(石英脉型)沙麦钨矿最小预测区分布图

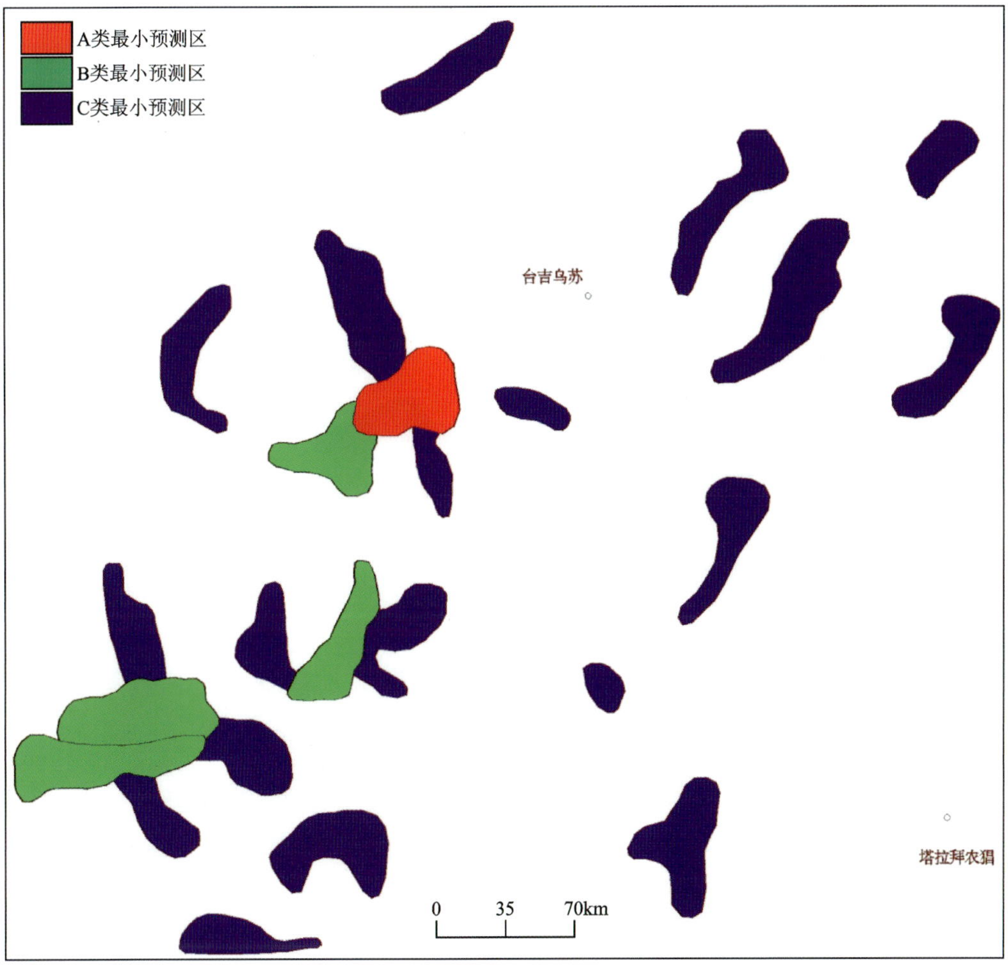


图 7-96　花岗岩型(石英脉型)乌日尼图钨矿最小预测区分布图

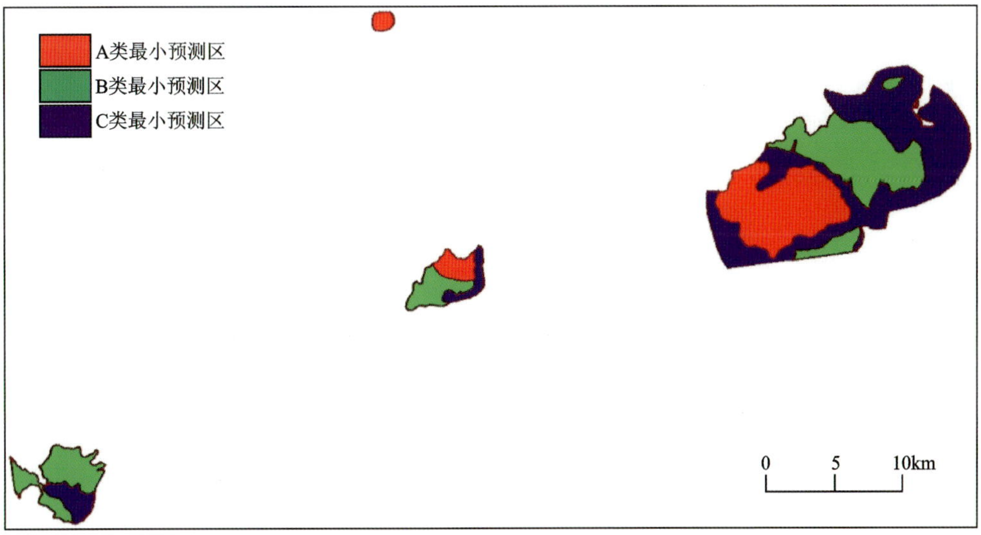


图 7-97　花岗岩型(石英脉型)七一山钨矿最小预测区分布图

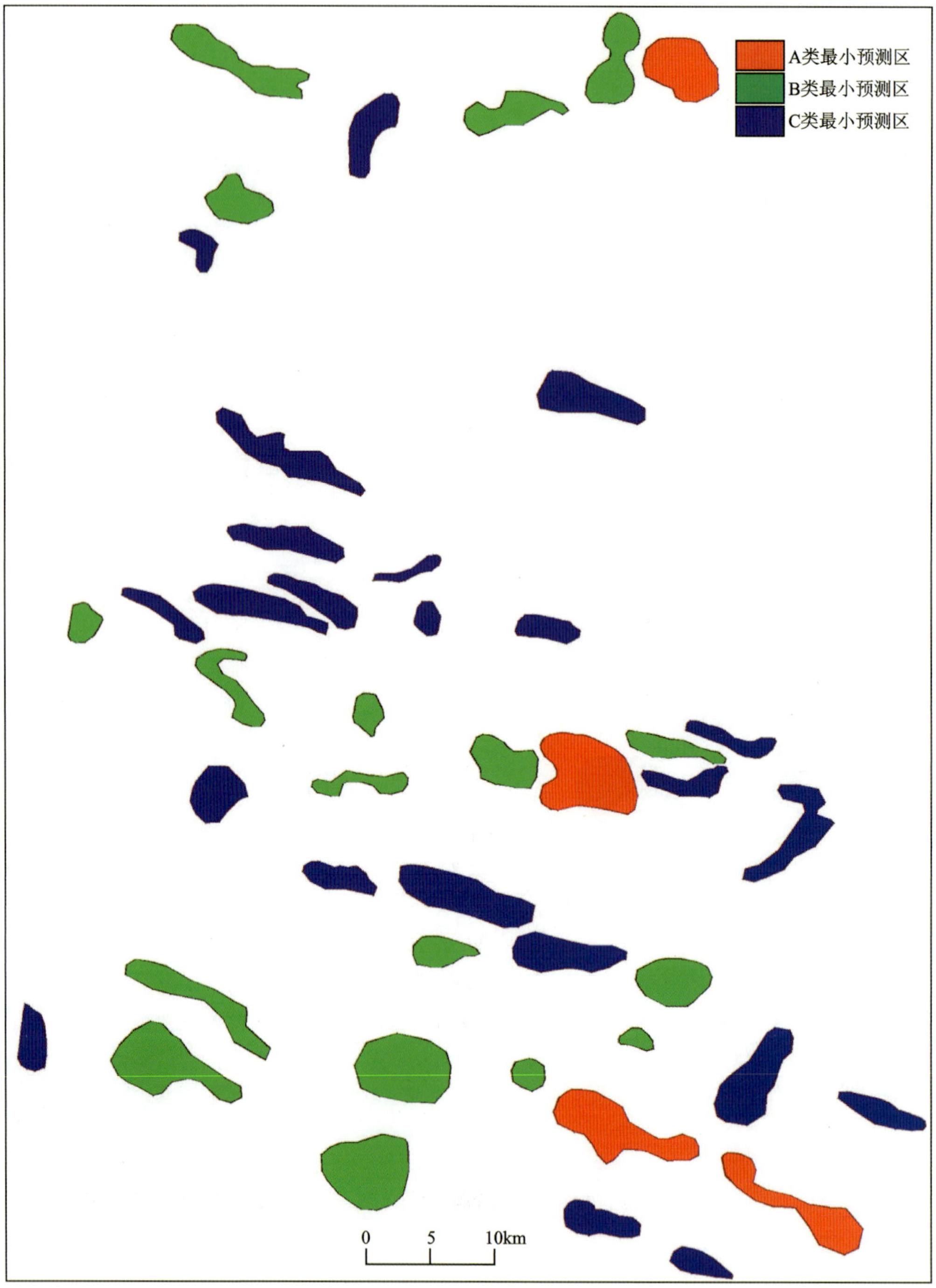


图 7-98　花岗岩型(石英脉型)大麦地钨矿最小预测区分布图

## 四、资源量定量预测

### 1. 典型矿床深度及外围资源量估算

运用地质体积法对内蒙古钨矿进行定量预测,首先确定典型矿床体积含矿率,对典型矿床深部及外围进行资源量估算(表 7-98)。

**表 7-98　钨矿典型矿床预测成果一览**

| 预测类型 | 序号 | 典型矿床 | 经度 | 纬度 | 深部或外围 | 面积($m^2$) | 延深(m) | 体积含矿率($t/m^3$) | 预测资源量(t) | 预测资源总量(t) |
|---|---|---|---|---|---|---|---|---|---|---|
| 花岗岩型(石英脉型) | 1 | 沙麦 | 116°53′44″ | 45°57′49″ | 深部 | 519 305 | 55 | 0.000 154 | 4399 | 8683 |
| | | | | | 外围 | 72 626 | 383 | 0.000 154 | 4284 | |
| | 2 | 白石头洼 | 115°10′05″ | 41°57′50″ | 深部 | 142 968 | 55 | 0.000 38 | 2988 | 11 215 |
| | | | | | 外围 | 46 560 | 465 | 0.000 38 | 8227 | |
| | 3 | 大麦地 | 121°17′20″ | 42°38′38″ | 深部 | 13 503.5 | 20 | 0.000 61 | 164.74 | 220.09 |
| | | | | | 外围 | 1 512.38 | 60 | 0.000 61 | 55.35 | |
| | 4 | 乌日尼图 | 111°53′06″ | 44°44′2″5″ | 深部 | 740 310 | 50 | 0.000 1 | 3702 | 15 083 |
| | | | | | 外围 | 133 895 | 850 | 0.000 1 | 11 381 | |
| 花岗岩型(岩体型) | 1 | 七一山 | 99°35′51″ | 41°23′01″ | 深部 | 138 928 | 200 | 0.000 25 | 6 878.3 | 20 311.75 |
| | | | | | 外围 | 90 443 | 600 | 0.000 25 | 13 433.45 | |

## 2. 模型区及预测区参数确定

典型矿床所在的最小预测区为模型区，参考模型区地质体面积及延深、计算模型区含矿系数，根据含矿系数计算各最小预测区预测资源量(表 7-99)。

**表 7-99　钨矿各预测工作区参数及预测成果一览表**

| 预测工作区编号 | 预测工作区 | 模型区编号 | 模型区名称 | 经度 | 纬度 | 含矿地质体含矿系数 | 模型区预测资源总量(t) | 最小预测区面积范围($km^2$) | 最小预测区预测深度范围(m) |
|---|---|---|---|---|---|---|---|---|---|
| 花岗岩型(石英脉型)钨矿 | | | | | | | | | |
| 1508201001 | 沙麦钨矿预测工作区 | A1508201001 | 沙麦钨矿 | 116°53′44″ | 45°57′49″ | 0.000 001 4 | 34 919 | 10.19～65.19 | 300～383 |
| 1508202001 | 白石头洼钨矿预测工作区 | A1508202001 | 白石头洼 | 115°10′05″ | 41°57′50″ | 0.000 002 4 | 11 215 | 1.01～56.88 | 465～480 |
| 1508204001 | 大麦地钨矿预测工作区 | A1508204001 | 大麦地 | 121°17′20″ | 42°38′38″ | 0.000 009 | 550.9 | 0.59～47.33 | 40～60 |
| 1508205001 | 乌日尼图钨矿预测工作区 | A1508205001 | 乌日尼图 | 111°53′06″ | 44°44′26″ | 0.000 002 | 73 238 | 9.28～59.08 | 700～850 |
| 花岗岩型(岩体型)钨矿 | | | | | | | | | |
| 1508203002 | 七一山钨矿预测工作区 | A1508203002 | 七一山 | 99°35′51″ | 41°23′01″ | 0.000 001 17 | 34 068.35 | 4.30～48.57 | 260～600 |

### 3. 预测区资源量估算及其结果

伴生钨矿预测资源量＝主矿种预测资源量×伴生矿种资源量系数。本次共预测钨矿预测资源总量为 559 146.19t，其中伴生钨矿 139 897t。花岗岩型(石英脉型)钨矿 380 403.57t，花岗岩型(岩体型)钨矿 38 845.62t(表 7-100)。

表 7-100　钨矿各预测工作区预测成果一览表

| 预测工作区编号 | 预测工作区 | 预测工作区预测资源总量(t) |
|---|---|---|
| 1508201001 | 沙麦钨矿预测工作区 | 97 679.1 |
| 1508202001 | 白石头洼钨矿预测工作区 | 111 524.91 |
| 1508204001 | 大麦地钨矿预测工作区 | 10 095.52 |
| 1508205001 | 乌日尼图钨矿预测工作区 | 161 104.04 |
| 花岗岩型(石英脉型)钨矿 | | 380 403.57 |
| 1508203002 | 七一山钨矿预测工作区 | 38 845.62 |
| 花岗岩型(岩体型)钨矿 | | 38 845.62 |
| 钨矿圈定资源量总计 | | 419 249.19 |
| 1504606001 | 道伦达坝铜矿伴生钨预测工作区 | 139 897 |
| 预测资源量(包括共伴生) | | 559 145.92 |

## 第八节　锑矿资源潜力评价

### 一、锑矿预测模型

内蒙古自治区额济纳旗阿木乌苏侵入岩体型锑矿分布在内蒙古自治区阿拉善盟额济纳旗赛汉陶来苏木一带，该类型矿床选取阿木乌苏锑矿为典型矿床进行研究。

在典型矿床成矿要素研究的基础上，综合研究重力、航磁、化探、遥感、自然重砂等预测要素，基于预测要素的研究结果，构建典型矿床的预测模型图。该图以剖面图形式或平面投影形式表示预测要素内容及其相关关系和空间变化特征。在区域成矿模式的基础上，叠加区域地球物理、地球化学、遥感、自然重砂等找矿模型资料，形成区域预测模型图，以剖面图形式表示预测要素内容及其相互关系，以及时空展布特征。

阿木乌苏式矿床(点)预测类型为岩浆热液型，构造单元属Ⅲ塔里木陆块区，Ⅲ-2 敦煌陆块，Ⅲ-2-1 柳园裂谷(C—P)，成矿带属Ⅲ-14 磁海-公婆泉铁、铜、金、铅、锌、钨、锡、铷、钒、铀、磷成矿带。总结预测要素(表 7-101)。

由于阿木乌苏矿区无大比例尺的物化遥资料，故利用典型矿床所在区域物化探剖析图，编制典型矿床所在区域地质-物探模型图、地质-化探模型图，区域预测模型图以剖面图形式表示(图 7-99～图 7-101)。

**表 7-101　阿木乌苏锑矿典型矿床预测要素表**

<table>
<tr><td colspan="2" rowspan="3">预测要素</td><td colspan="4">描述内容</td><td rowspan="3">要素分类</td></tr>
<tr><td>储量</td><td>锑 4 880.40t</td><td>平均品位</td><td>Sb 0.4%～30.1%</td></tr>
<tr><td>特征描述</td><td colspan="3">低温热液型脉状锑矿</td></tr>
<tr><td rowspan="3">地质环境</td><td>大地构造位置</td><td colspan="4">Ⅲ塔里木陆块区，Ⅲ-2 敦煌陆块，Ⅲ-2-1 柳园裂谷(C—P)</td><td>重要</td></tr>
<tr><td>成矿区(带)</td><td colspan="4">Ⅱ-4 塔里木成矿省，Ⅲ-14 磁海-公婆泉铁、铜、金、铅、锌、钨、锡、铷、钒、铀、磷成矿带，Ⅳ142 阿木乌苏-老硐沟金、钨、锑成矿亚带，Ⅴ142-1 阿木乌苏-鹰嘴红山钨、锑矿集区(Y、Vl)</td><td>重要</td></tr>
<tr><td>区域成矿类型</td><td colspan="4">初步确定矿床为中低温热液成因裂隙充填型矿床</td><td>重要</td></tr>
<tr><td rowspan="6">矿床特征</td><td>矿体形态</td><td colspan="4">脉状、楔状</td><td>必要</td></tr>
<tr><td>岩石类型</td><td colspan="4">中二叠世英云闪长岩及早白垩世二长花岗岩</td><td>重要</td></tr>
<tr><td>岩石结构</td><td colspan="4">中粗粒花岗结构</td><td></td></tr>
<tr><td>蚀变特征</td><td colspan="4">以绿泥石化、绿帘石化、绢云母化、碳酸盐化较为普遍，近矿围岩以高岭土化、硅化、褐铁矿化及锗化为常见，其中硅化与成矿关系密切</td><td>重要</td></tr>
<tr><td>控矿条件</td><td colspan="4">地层：二叠纪金塔组安山岩；侵入岩：中二叠世石英闪长岩；控矿断裂为规模最大的两条断裂，导矿断裂上控矿断裂形成发展过程中产生的次一级断裂，储矿断裂一般为规模较小的裂隙构造，系沿导矿断裂形成的一组张性羽状裂隙，区内已知锑矿均富集于此类断裂中</td><td>必要</td></tr>
<tr><td>主要控矿构造</td><td colspan="4">近东西向断裂，北西向、北西西向断裂及其产生的次一级断裂和一组张性羽状裂隙</td><td>重要</td></tr>
<tr><td rowspan="2">地球物理特征</td><td>重力异常</td><td colspan="4">阿木乌苏锑矿位于局部布格重力高异常边缘，重力变化宽缓，$\Delta g$ 为$(-200.00\sim-98.00)\times10^{-5}\mathrm{m/s^2}$。在剩余重力异常图上，锑矿区位于剩余正异常边缘的零等值线附近，高重力异常区剩余重力极值 $\Delta g$ 为 $3.29\times10^{-5}\mathrm{m/s^2}$，通过地质资料判断该正异常区为古生代的反映。在矿区北部为宽泛的带状负剩余重力异常，推测由中新生代盆地引起。阿木乌苏锑矿在航磁异常图上为明显异常</td><td></td></tr>
<tr><td>磁法异常</td><td colspan="4">据 1∶5 万航磁数据，磁场背景为低缓的负磁场，在矿点南端出现串珠状正异常，极大值达 350nT</td><td></td></tr>
<tr><td colspan="2">地球化学特征</td><td colspan="4">矿床上分布有 Sb、As、Au、Mo、Sn、Cu、Zn、Cd、W 等元素组成的组合异常，矿区 Sb、As 异常区，叠加有 Au、Mo、Sn、Pb、Ag 异常，为成矿热液活动的指示异常元素组合，可作为区域性 Sb、Au 矿化和找矿标志</td><td></td></tr>
</table>

由地质-物探模型图(图 7-99)说明：阿木乌苏锑矿位于局部布格重力高异常边缘，重力变化宽缓，$\Delta g$ 为$(-200.00\sim-98.00)\times10^{-5}\mathrm{m/s^2}$。在剩余重力异常图上，锑矿区位于剩余正异常边缘的零等值线附近，高重力异常区剩余重力极值 $\Delta g$ 为 $3.29\times10^{-5}\mathrm{m/s^2}$，通过地质资料判断该正异常区为古生代的反映。在矿区北部为宽泛的带状负剩余重力异常，推测由中新生代盆地引起。阿木乌苏锑矿在航磁异常常图上钨明显异常。

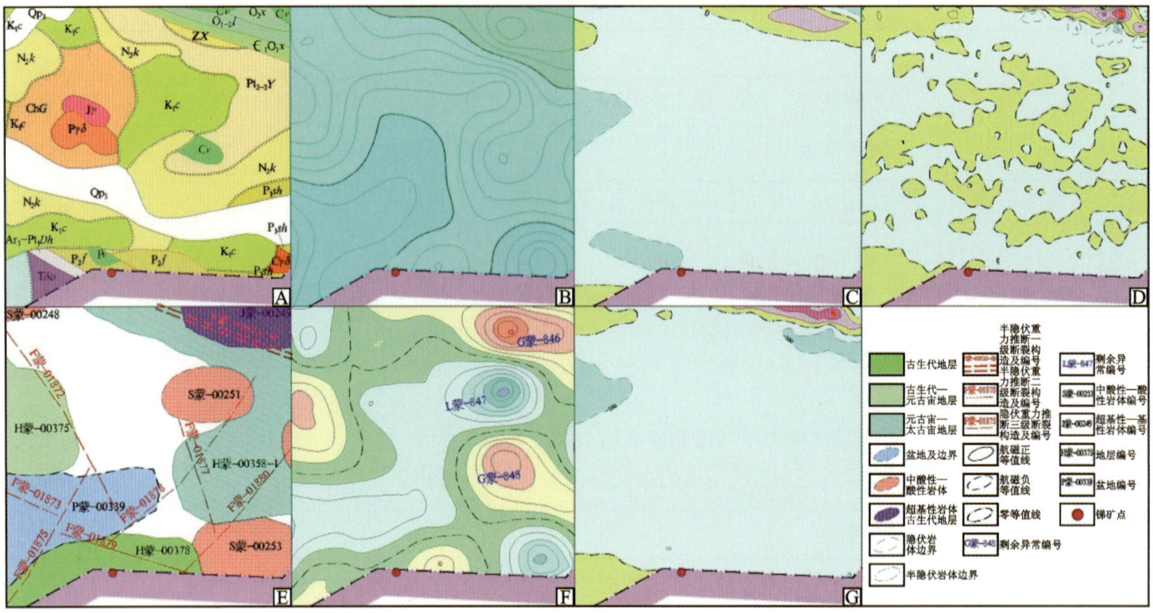

图 7-99　阿木乌苏锑矿典型矿床所在区域地质-物探模型图

A. 地质矿产图;B. 布格重力异常图;C. 航磁 $\Delta T$ 等值线平面图;D. 航磁 $\Delta T$ 化极垂向一阶导数等值线平面图;
E. 重力推断地质构造图;F. 剩余重力异常图;G. 航磁 $\Delta T$ 化极等值线平面图

由地质-化探模型图(图 7-100)说明:区域上分布有 Sb、As、Hg、Au、Cu、Ni 等元素组成的呈近东西(或北北西)向分布的高背景区(带)。区域性指示元素主要为 Sb、As、Au、Cu、W、Mo,其中 Sb、As 呈面状展布,异常面积和强度均较大,Au 呈串珠状展布,Cu、W、Mo 等呈环状或星散状,Sb、As、Au 异常元素浓度分带、浓集中心明显,套合好,与锑矿床吻合。

预测模型图(图 7-101)说明:阿木乌苏赋存于二叠纪金塔组中的蚀变安山岩及中二叠世石英闪长岩体交会处,区域上对应 Sb-As-Hg-Au-Cu-Ni 元素组合异常较好,浓集中心明显,重力场为高值负异常区,磁场为低平缓负异常区。

## 二、预测方法类型确定及区域预测要素

根据典型矿床的研究,结合大地构造环境、主要控矿因素、成矿作用特征等,阿木乌苏锑矿床成因类型为低温热液型,阿木乌苏锑矿主要产于中二叠世金山组安山岩中发育的张性羽状裂隙;构造对其有一定的影响,矿床(点)主要分布于断裂带,因此确定预测方法类型为侵入岩体型锑矿。侵入岩体型锑矿的矿产预测类型为岩浆热液型锑矿,主要矿床式为阿木乌苏式。以阿木乌苏预测工作区为例简述此类矿床(点)区域预测要素(表 7-102)。

## 三、最小预测区圈定

根据对典型矿床成矿规律、预测要素及预测工作区区域地质、物探、化探、遥感、自然重砂等背景条件的研究,确定预测工作区预测要素,提取预测变量,运用矿产资源评价系统(MRAS)对预测工作区进行定位预测。

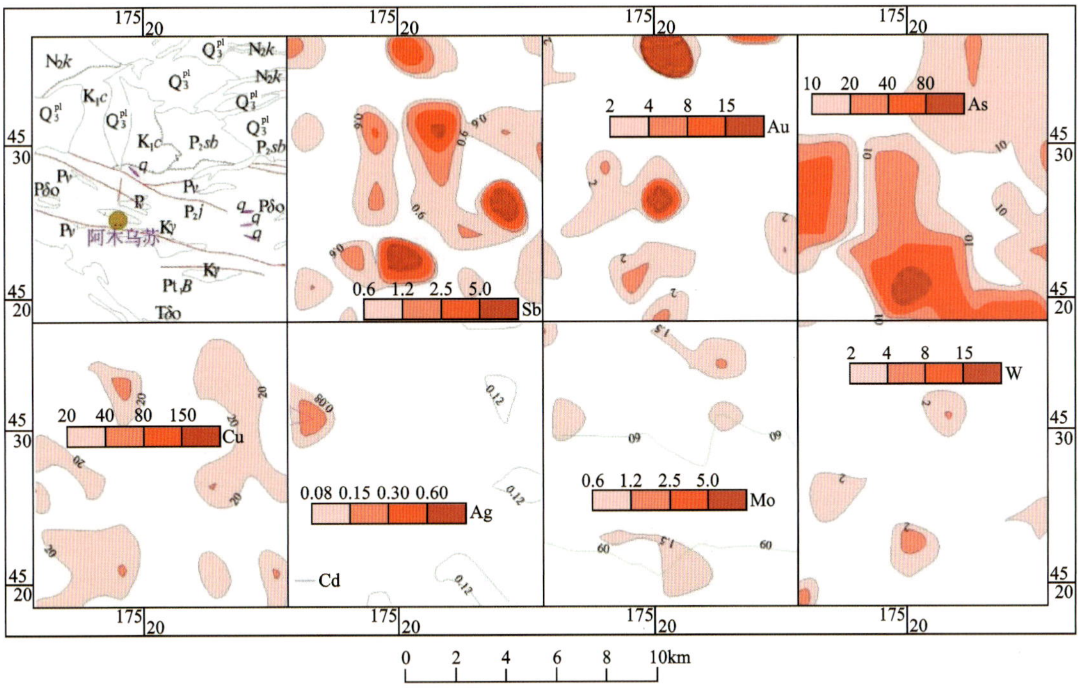


图 7-100　阿木乌苏典型矿床所在区域地质-化探模型图

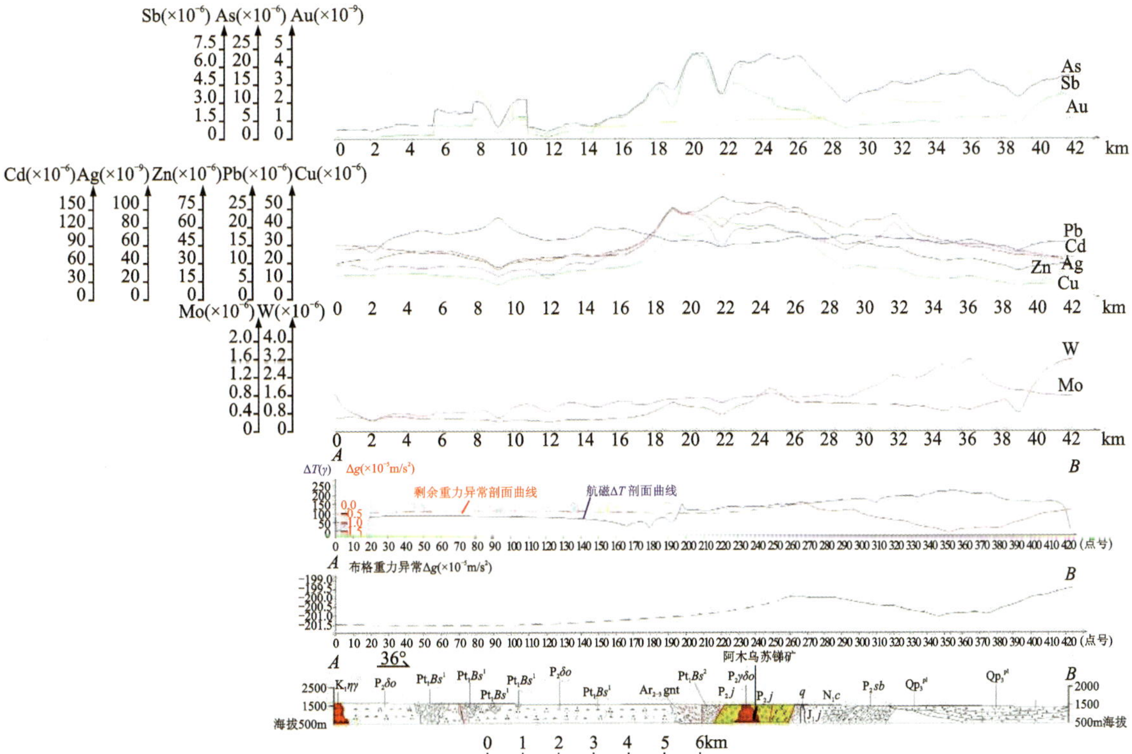

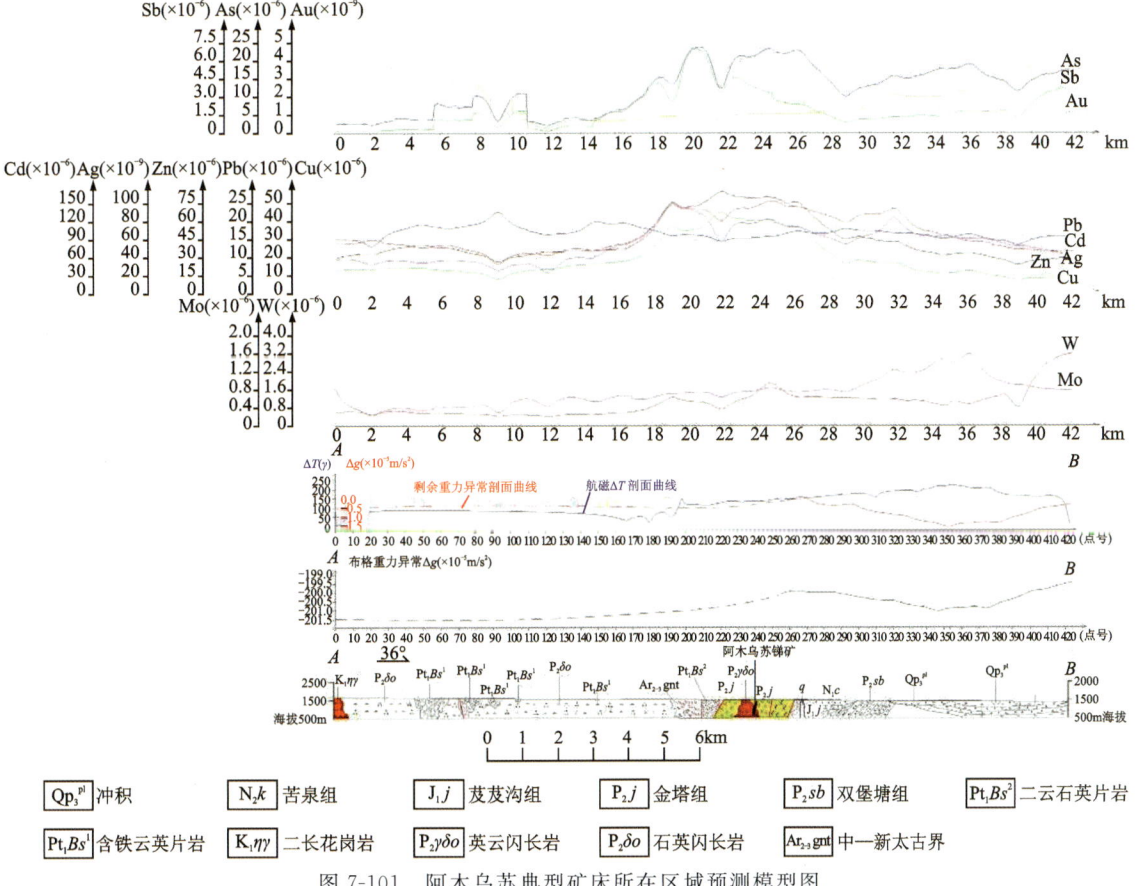

图 7-101　阿木乌苏典型矿床所在区域预测模型图

**表 7-102　阿木乌苏锑矿典型矿床预测要素表**

<table>
<tr><td colspan="2" rowspan="3">预测要素</td><td colspan="4">描述内容</td><td rowspan="3">成矿要素类别</td></tr>
<tr><td>储量</td><td>锑 4 880.40t</td><td>平均品位</td><td>Sb 0.4%～30.1%</td></tr>
<tr><td>特征描述</td><td colspan="3">低温热液型脉状锑矿</td></tr>
<tr><td rowspan="4">地质环境</td><td>大地构造位置</td><td colspan="4">Ⅲ塔里木陆块区，Ⅲ-2 敦煌陆块，Ⅲ-2-1 柳园裂谷(C—P)</td><td>重要</td></tr>
<tr><td>成矿区(带)</td><td colspan="4">Ⅱ-4 塔里木成矿省，Ⅲ-14 磁海-公婆泉铁、铜、金、铅、锌、钨、锡、铷、钒、铀、磷成矿带，Ⅳ142 阿木乌苏-老硐沟金、钨、铷成矿亚带，Ⅴ142-1 阿木乌苏-鹰嘴红山钨、锑矿集区(Y、Vl)</td><td>重要</td></tr>
<tr><td>区域成矿类型</td><td colspan="4">初步确定矿床为中低温热液成因裂隙充填型矿床</td><td>重要</td></tr>
<tr><td>成矿时代</td><td colspan="4">中二叠世及早白垩世</td><td>必要</td></tr>
<tr><td rowspan="7">矿床特征</td><td>矿体形态</td><td colspan="4">脉状、楔状</td><td>必要</td></tr>
<tr><td>岩石类型</td><td colspan="4">中二叠世英云闪长岩及早白垩世二长花岗岩</td><td>重要</td></tr>
<tr><td>岩石结构</td><td colspan="4">中粗粒花岗结构</td><td></td></tr>
<tr><td>蚀变特征</td><td colspan="4">以绿泥石化、绿帘石化、绢云母化、碳酸盐化较为普遍，近矿围岩以高岭土化、硅化、褐铁矿化及锗化为常见，其中硅化与成矿关系密切</td><td>重要</td></tr>
<tr><td>控矿条件</td><td colspan="4">地层：二叠纪金塔组安山岩；侵入岩：中二叠世石英闪长岩；控矿断裂为规模最大的两条断裂，导矿断裂为控矿断裂形成发展过程中产生的次一级断裂，储矿断裂一般为规模较小的裂隙构造，系沿导矿断裂形成的一组张性羽状裂隙，区内已知锑矿均富集于此类断裂中</td><td>必要</td></tr>
<tr><td>主要控矿构造</td><td colspan="4">近东西向断裂、北西向断裂、北西西向断裂及其产生的次一级断裂和一组张性羽状裂隙</td><td>重要</td></tr>
<tr><td colspan="5"></td><td></td></tr>
<tr><td rowspan="2">地球物理特征</td><td>重力异常</td><td colspan="4">阿木乌苏锑矿位于局部布格重力高异常边缘，重力变化宽缓，$\Delta g$ 为$(-200.00\sim-98.00)\times10^{-5}\,m/s^2$。在剩余重力异常图上，锑矿区位于剩余正异常边缘的零等值线附近，高重力异常区剩余重力极值 $\Delta g$ 为 $3.29\times10^{-5}\,m/s^2$，通过地质资料判断该正异常区为古生代的反映。在矿区北部为宽泛的带状负剩余重力异常，推测由中新生代盆地引起。阿木乌苏锑矿在航磁异常图上为明显异常</td><td></td></tr>
<tr><td>磁法异常</td><td colspan="4">据 1∶5 万航磁数据，磁场背景为低缓的负磁场，在矿点南端出现串珠状正异常，极大值达 350nT</td><td></td></tr>
<tr><td colspan="2">地球化学特征</td><td colspan="4">矿床上分布有 Sb、As、Au、Mo、Sn、Cu、Zn、Cd、W 等元素组成的组合异常，矿区 Sb、As 异常区，叠加有 Au、Mo、Sn、Pb、Ag 异常，为成矿热液活动的指示异常元素组合，可作为区域性 Sb、Au 矿化和找矿标志</td><td></td></tr>
</table>

### 1. 变量构置

根据各预测工作区不同成矿条件，进行预测变量构置(表 7-103)。

**表 7-103 锑矿预测工作区变量构置一览表**

| 预测类型 | 预测工作区 | 预测变量及处理 | 变量处理 |
|---|---|---|---|
| 岩浆热液型 | 阿木乌苏锑预测工作区 | 地层为中二叠世金塔组，侵入岩为中二叠世英云闪长岩及早白垩世二长花岗岩 | 求其存在标志 |
| | | 化探组合异常中的 Sb 异常，1∶20 万航磁化极异常，1∶20 万重力剩余异常 | 二值化处理 |
| | | 阿木乌苏锑矿点，断层选北东向、北西向和近东西向 3 组并选择物探和遥感解译出的相同方向的断层，断层缓冲区为 500m，自然重砂异常作为参考 | 求其存在标志 |
| | | 重砂：取锑重砂异常区求存在标志 | 求其存在标志 |

### 2. 最小预测区圈定方法及优选结果

首先利用网格单元法对预测单元进行赋值。不同预测工作区根据实际情况划分不同间距的预测单元网格。阿木乌苏预测工作区单元网格间距为 $1km^2 \times 1km^2$。完成预测单元划分后对预测变量进行原始变量构置，生成原始数据专题，完成网格单元赋值。对区内已知矿床(点)按矿化规模将模型单元进行矿化级别的设置，选择具有代表性的单元作为模型单元，然后对前期所选择的预测变量进行筛选，获得真正对矿化起到作用的变量，完成变量优选步骤。证据权重法中，首先构造预测模型，生成定位预测专题图层，然后选择各预测要素的证据因子、计算证据权重，进行证据因子的条件独立性检验，计算后验概率并生成色块图，色块图级别是根据后验概率值的大小确定的。

后验概率色块图的不同级别是以网格单元为边界的规则边界，因此需要在色块图的基础上叠加所有成矿要素及预测要素，采用人工与 MRAS 软件交互的方式，根据形成的定位预测色块图对照不同级别的各要素边界，依据后验概率的大小，与模型区预测要素的匹配程度，圈定最小预测区，划分 A、B、C 类最小预测区级别(表 7-104)。

**表 7-104 锑矿最小预测区分级原则一览表**

| 预测工作区 | A、B、C 类分级原则 |
|---|---|
| 阿木乌苏锑矿预测工作区 | A 类：金塔组＋中二叠世英云闪长岩及早白垩世二长花岗岩＋锑矿床(点、锑矿脉)＋化探组合异常的 Sb 异常 $(0\sim3)\times10^{-6}$＋航化极磁异常分布范围＋剩余重力值 $(>-5\times10^{-5}m/s^2)$。<br>B 类：金塔组＋中二叠世英云闪长岩及早白垩世二长花岗岩＋化探组合异常的 Sb 异常 $(0\sim3)\times10^{-6}$＋航化极磁异常分布范围＋剩余重力值 $>-5\times10^{-5}m/s^2$。<br>C 类：金塔组、中二叠世英云闪长岩及早白垩世二长花岗岩 |

对圈定的面积过小、成矿潜力较差、预测意义不大的最小预测区进行排除，最终共圈定锑矿最小预测区 9 个，面积 94 415 175.2$m^2$(表 7-105，图 7-102)。

表 7-105 锑矿最小预测区圈定成果一览表

| 预测工作区 | A 类最小预测区 | B 类最小预测区 | C 类最小预测区 | 总数 | 面积($m^2$) |
|---|---|---|---|---|---|
| 阿木乌苏锑矿预测工作区 | 1 | 2 | 6 | 9 | 94 415 175.2 |
| 总计 | 1 | 2 | 6 | 9 | 94 415 175.2 |

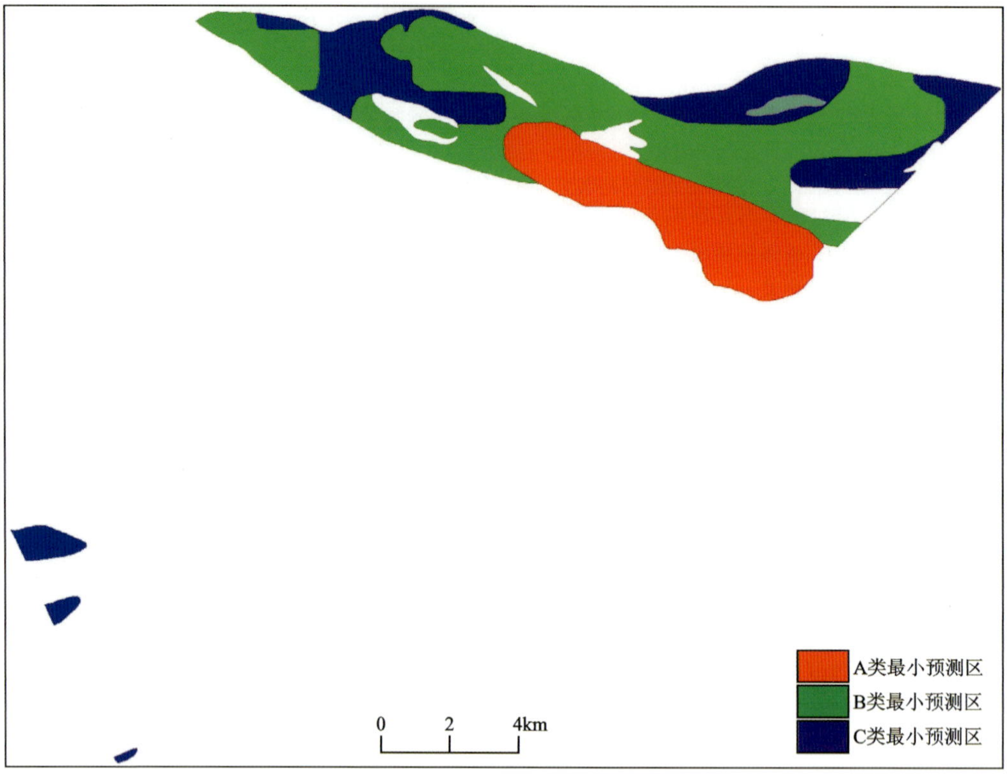


图 7-102 阿木乌苏式岩浆热液型锑矿最小预测区分布图

## 四、资源量定量预测

### 1. 典型矿床深度及外围资源量估算

运用地质体积法对内蒙古锑矿进行定量预测，首先确定典型矿床体积含矿率，对典型矿床深部及外围进行资源量估算，确定模型区，参考模型区地质体面积及延深、其他最小预测区与模型区相似性，根据模型区的含矿系数算出各最小预测区预测资源量(表 7-106)。

### 2. 模型区及预测区参数确定

模型区是指典型矿床所在位置的最小预测区。

确定模型区，参考模型区地质体面积及延深、其他最小预测区与模型区相似性，根据模型区的含矿系数算出各最小预测区预测资源量。

最小预测区面积是根据圈定的最小预测区图面面积换算而来，延深是根据已知钻孔控制深度、地质体推测深度估算，相似系数为各最小预测区地质、物探、化探、遥感条件与模型区的相似程度类比数(表 7-107)。

表 7-106 锑矿典型矿床预测成果一览表

| 预测类型 | 序号 | 典型矿床 | 经度 | 纬度 | 深部或外围名称 | 面积($m^2$) | 延深(m) | 体积含矿率($t/m^3$) | 预测资源量(t) | 预测资源总量(t) |
|---|---|---|---|---|---|---|---|---|---|---|
| 侵入岩体型 | 1 | 阿木乌苏 | 99°11′25″—99°14′40″ | 40°50′52″—40°52′55″ | 深部 | 803 680 | 135 | 0.000 059 | 4 880.40 | 8 492.37 |
| | | | | | 外围 | 453 480 | 135 | | 3 611.97 | |

表 7-107 锑矿典型矿床预测工作区参数一览表

| 预测工作区编号 | 预测工作区 | 模型区编号 | 模型区名称 | 经度 | 纬度 | 含矿地质体总体积($m^3$) | 含矿地质体含矿系数 | 模型区预测资源总量(t) | 最小预测区面积范围($m^2$) | 最小预测区预测深度范围(m) | 相似系数范围 |
|---|---|---|---|---|---|---|---|---|---|---|---|
| 复合内生型锰矿 | | | | | | | | | | | |
| 1513201001 | 阿木乌苏锑矿预测工作区 | A1513201001 | 额仁陶勒盖锑矿 | 116°35′53″ | 48°23′15″ | 2 868 831 000 | 0.000 003 | 8 492.37 | 164 532.1～7 366 550.7 | 80～135 | 0.25～0.75 |

**3. 预测区资源量估算及其结果**

锑预测资源量为 9 170.95t，1 个预测工作区内已查明资源量为 9 170.95t，为侵入岩体型(表7-108)。

表 7-108 锑矿典型矿床预测工作区资源量估算及其结果

| 预测类型 | 序号 | 典型矿床 | 预测资源量(t) |
|---|---|---|---|
| 侵入岩体型 | 1 | 阿木乌苏 | 9 170.95 |

# 第九节 锡矿资源潜力评价

## 一、锡矿预测模型

根据矿产预测类型划分，锡矿共涉及 4 个矿产预测类型：热液型锡矿、次火山热液型锡矿、矽卡岩型锡矿、中低温热液型锡矿(表 7-109)。

**表 7-109 锡矿典型矿床预测类型一览表**

| 矿种 | 预测类型 | 典型矿床 |
| --- | --- | --- |
| 锡矿 | 热液型 | 毛登、千斤沟、太平林场 |
| | 次火山热液型 | 大井子 |
| | 矽卡岩型 | 朝不楞、黄岗梁 |
| | 中低温热液型 | 孟恩陶勒盖 |

在典型矿床成矿要素研究的基础上,综合研究重力、航磁、化探、遥感、自然重砂等预测要素,基于预测要素的研究结果,构建典型矿床的预测模型图,以剖面图形式或平面投影形式表示预测要素内容及其相关关系和空间变化特征。在区域成矿模式的基础上,叠加区域地球物理、地球化学、遥感、自然重砂等找矿模型资料,形成区域预测模型图,以剖面图形式表示预测要素内容及其相互关系,以及时空展布特征。

### 1. 热液型锡矿

热液型锡矿矿床式主要为毛登式、千斤沟式、太平林场锡矿床,分布于内蒙古东部地区,大地构造单元属天山-兴蒙造山系(Ⅰ),大兴安岭弧盆系(Ⅰ-1),锡林浩特岩浆弧($Pz_2$)(Ⅰ-1-6),所属成矿区(带)为滨太平洋成矿域(Ⅰ-4),大兴安岭成矿省(Ⅱ-12),林西-孙吴铅、锌、铜、钼、金成矿带(Ⅲ-8)。以毛登矿床为例,总结该类型预测要素(表 7-110)。

**表 7-110 毛登式复合内生型锡矿典型矿床预测要素表**

| 预测要素 | | 描述内容 | | | | 要素类别 |
| --- | --- | --- | --- | --- | --- | --- |
| | | 储量 | 锡 4925t | 平均品位 | Sn 1.1% | |
| | | 特征描述 | 沉积-热液改造型 | | | |
| 地质环境 | 构造背景 | Ⅰ天山-兴蒙造山系,Ⅰ-1 大兴安岭弧盆系,Ⅰ-1-6 锡林浩特岩浆弧 | | | | 必要 |
| | 成矿环境 | Ⅱ-13 大兴安岭成矿省,Ⅲ-8 林西-孙吴铅、锌、铜、钼、金成矿带(Vl、Il、Ym),Ⅲ-8-①索伦镇-黄岗梁铁(锡)、铜、锌成矿亚带 | | | | 必要 |
| | 成矿时代 | 燕山期 | | | | 必要 |
| 矿床特征 | 矿体形态 | 矿体以似层状产出,沿倾向形态较稳定,均属于稳定型 | | | | 重要 |
| | 岩石类型 | 含碳质变质粉砂岩,粉砂岩夹细—粗砂岩,泥岩,碳质板岩,灰绿色岩屑晶屑凝灰岩,安山岩,砂砾岩,凝灰质粉砂岩,粉砂质板岩夹砂岩,灰岩 | | | | 重要 |
| | 岩石结构 | 自形—半自形晶粒结构、他形粒状结构、填隙结构、反应边结构、交代残余结构、压碎碎裂结构 | | | | 次要 |
| | 矿物组成 | 主要的矿石矿物有锡石、黄锡矿、黄铜矿、方铅矿、闪锌矿、黄铁矿、斑铜矿、辉铜矿等,次生矿物为褐铁矿、孔雀石等。脉石矿物主要为非金属矿物,有石英,其次为少量白云母、萤石、绢云母、绿泥石、方解石等 | | | | 重要 |
| | 矿石结构构造 | 锡矿石结构:半自形晶结构、反应边结构、压碎碎裂结构、填隙结构;构造:致密块状构造、充填脉状构造、浸染状构造、晶簇状构造、蜂窝状构造。锌矿石结构:自形—半自形结构、他形粒状结构、交代残余结构;构造:块状构造、浸染状构造、晶簇状构造 | | | | 次要 |

续表 7-110

| 预测要素 | | | 描述内容 | 要素类别 |
|---|---|---|---|---|
| 矿床特征 | 蚀变特征 | | 主要为硅化、绢英岩化粉砂岩，矿体主要产于变质粉砂岩或含碳质变质粉砂岩的层间裂隙 | 次要 |
| | 控矿条件 | | 早中二叠世大石寨组；与本区成矿关系密切的背斜呈北东方向展布；矿体主要产于变质粉砂岩或含碳质变质粉砂岩的层间裂隙，硅化带是找矿的直接标志 | 必要 |
| 物化探特征 | 地球物理特征 | 重力 | 布格重力异常图上，矿区位于平稳的布格重力低异常的边界，异常变化范围为$(-130.93\sim-122)\times10^{-5}m/s^2$；剩余重力异常图上，矿区位于剩余重力负异常L蒙-387的一侧，异常呈北东走向，该负异常最低值为$-8.06\times10^{-5}m/s^2$ | 次要 |
| | | 航磁 | 区内航磁异常总体走向为北东向，由多个北东向展布的局部异常组成。异常强度中等，幅差一般不大于500nT。根据航磁异常的性质可以确定侵入岩和构造的位置，对该区找矿有指导意义 | 重要 |
| | 地球化学特征 | | 该区是Sn、Cu、W、Mo、Pb、Zn、Ag等元素的组合异常区，在毛登锡矿区呈良好的套合关系，Sn、Zn、Cu、Ag、Pb、Sb异常规模大，具有三级浓度分带，Sn异常规模最大，呈面状分布，Zn、Ag、Pb、Sb异常呈近东西向，Cu呈北东向等轴状展布，As异常规模较小，但强度高，在矿区具有明显的浓集中心和浓度分带，W、Sb等元素在矿区外围多处浓集，为远程指示元素，Mo呈高背景分布 | 重要 |

由于毛登矿区无大比例尺的物化遥资料，故利用典型矿床所在区域物化探剖析图，编制典型矿床所在区域地质-物探模型图、地质-化探模型图，区域预测模型图以剖面图形式表示(图7-103～图7-105)。

毛登锡矿典型矿床地质-物探模型图(图7-103)说明：从布格重力异常图上可知，毛登式锡矿所在区域布格重力异常具有中部低、南北两侧高的特点，毛登式热液型锡矿位于北西向的条带状布格重力低异常的中部，等值线较稀疏，布格重力异常值为$\Delta g(-130.93\sim-120)\times10^{-5}m/s^2$。从剩余重力异常图上可知，毛登锡矿位于两处局部重力低的过渡带上，对应地形成两个剩余重力负异常L蒙-386、L蒙-387。根据地表资料显示，矿床西侧为第四系覆盖，东侧为侏罗纪的花岗岩，故推断这两个负异常由盆地和酸性岩侵入岩引起。两负异常过渡带部位出露二叠纪大石寨组，南、北两侧的重力高值区，对应剩余重力正异常，也出露同一套地层，显然该区域的重力高主要与古生代基底隆起有关。在航磁图上，毛登锡矿床所在区域基本为平稳的负磁场区，这是因为该区域主要分布有低磁—无磁的第四纪松散沉积物及中酸性火山岩类。

毛登锡矿典型矿床地质-化探模型图(图7-104)说明：区域上分布有Sn、Ag、Zn、As等元素组成的高背景区(带)；矿区内异常元素组合齐全，为热液型矿床的典型异常组合，Sn、Cu、Ag、Pb、Zn、W、Mo、Bi、As、Cd、F、U等均有较好的异常显示。Sn、Cu、Ag、Pb、Zn为主要的成矿元素，W、Mo、Bi、As、Sb为共伴生元素。异常总体上多呈近东西向展布，这与矿区周围极其发育的断裂构造和裂隙构造有关，各元素异常都具有较高的异常强度，浓度分带均达到了三级，异常区Sn元素平均含量为$57.84\times10^{-6}$，Cu为$48.45\times10^{-6}$，Ag为$1\,979.69\times10^{-9}$，Pb为$111.58\times10^{-6}$，Zn为$541.99\times10^{-6}$，W为$4.4\times10^{-6}$，Bi为$5.75\times10^{-6}$，As为$24.79\times10^{-6}$，Cd为$287.25\times10^{-9}$，F为$849.25\times10^{-6}$，Mo、U异常较弱，矿区所在区域Sn、Cu、Ag、Pb、Zn、Bi、Cd、F异常规模较大，在二叠纪、侏罗纪地层出露区均有分布，W、Mo、As、U异常规模较小，仅在矿区所在位置附近形成较明显的浓集中心，有异常显示的元素均具有明显的浓集中心，且与矿床位置基本吻合。从平面上看，Sn、Cu、Pb、W、Bi、As、Cd处于内带，Zn、Mo、U等元素异常处于外围，各元素异常套合非常好。

毛登锡矿区域模型图(图7-105)说明：赋矿地质体主要为古生代地层、二叠纪大石寨组，其对应Sn等元素组合异常好，浓集中心明显，重力场及磁场均为平缓低值负异常。

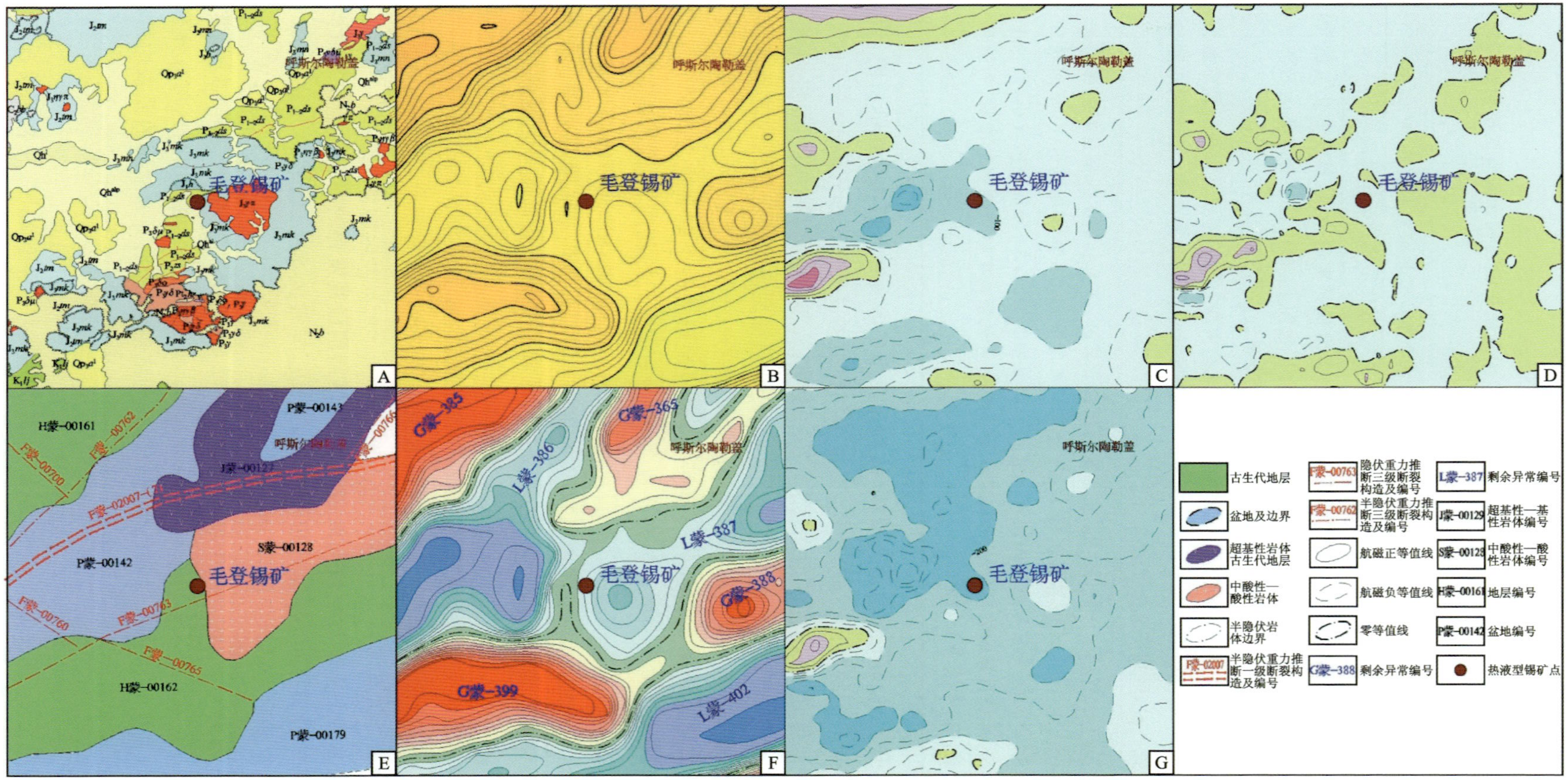


图 7-103　毛登式锡矿典型矿床地质-物探模型图

A. 地质矿产图；B. 布格重力异常图；C. 航磁$\Delta T$等值线平面图；D. 航磁$\Delta T$化极垂向一阶导数等值线平面图；E. 重力推断地质构造图；F. 剩余重力异常图；G. 航磁$\Delta T$化极等值线平面图

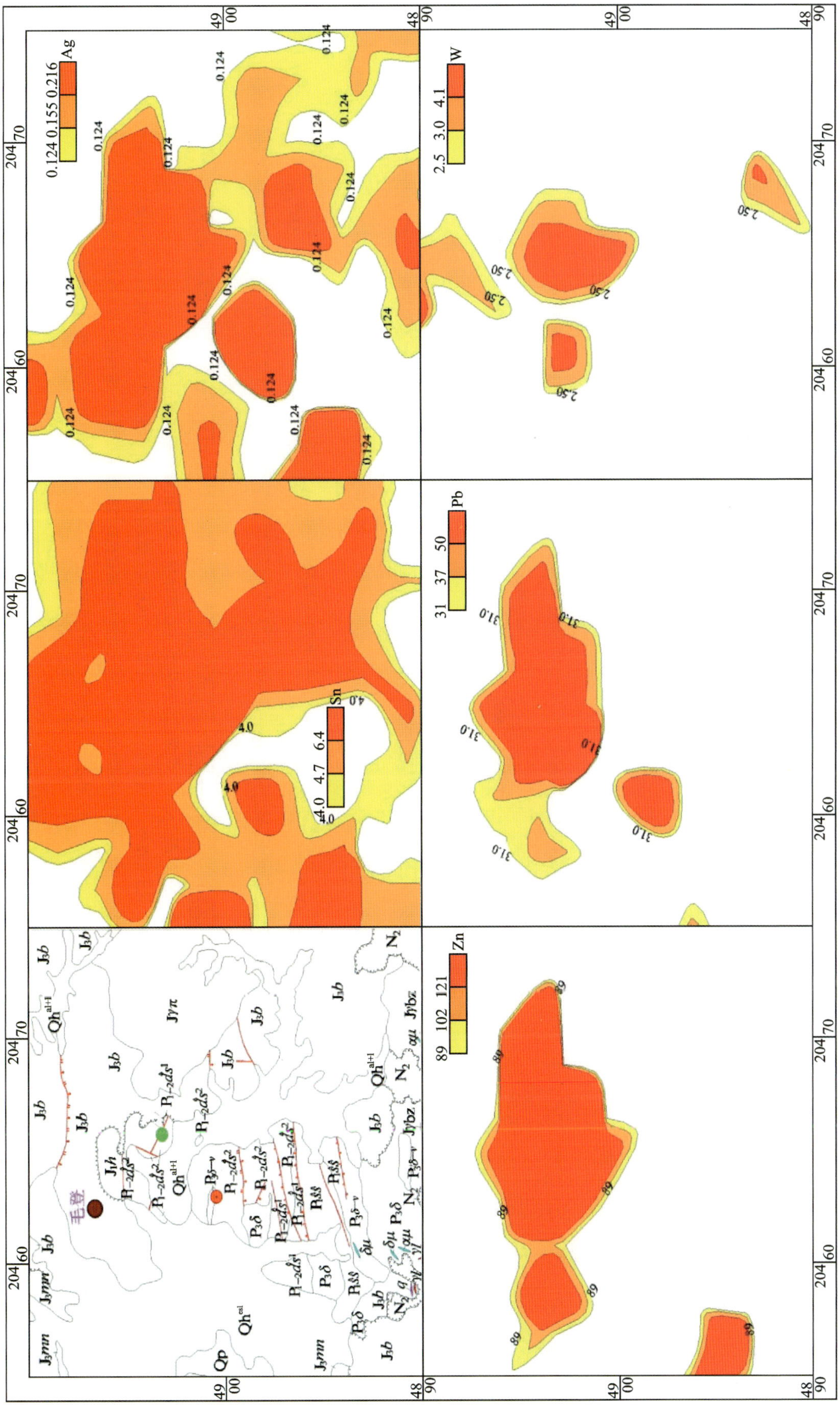


Qp 更新世砾石层　$Qh^{al+l}$ 全新世冲积、湖积层　$Qh^{esl}$ 全新世残坡积层　$N_2$ 上新世红色黏土　$J_3b$ 晚侏罗世白音高老组　$J_3mn$ 晚侏罗世玛尼吐组　$J_1h$ 早侏罗世红旗组

$P_{1-2}ds^2$ 早中二叠世大石寨组二段　$P_{1-2}ds^1$ 早中二叠世大石寨组一段　$P_1ss$ 早二叠世寿山沟组　锡矿　铜矿　铁矿

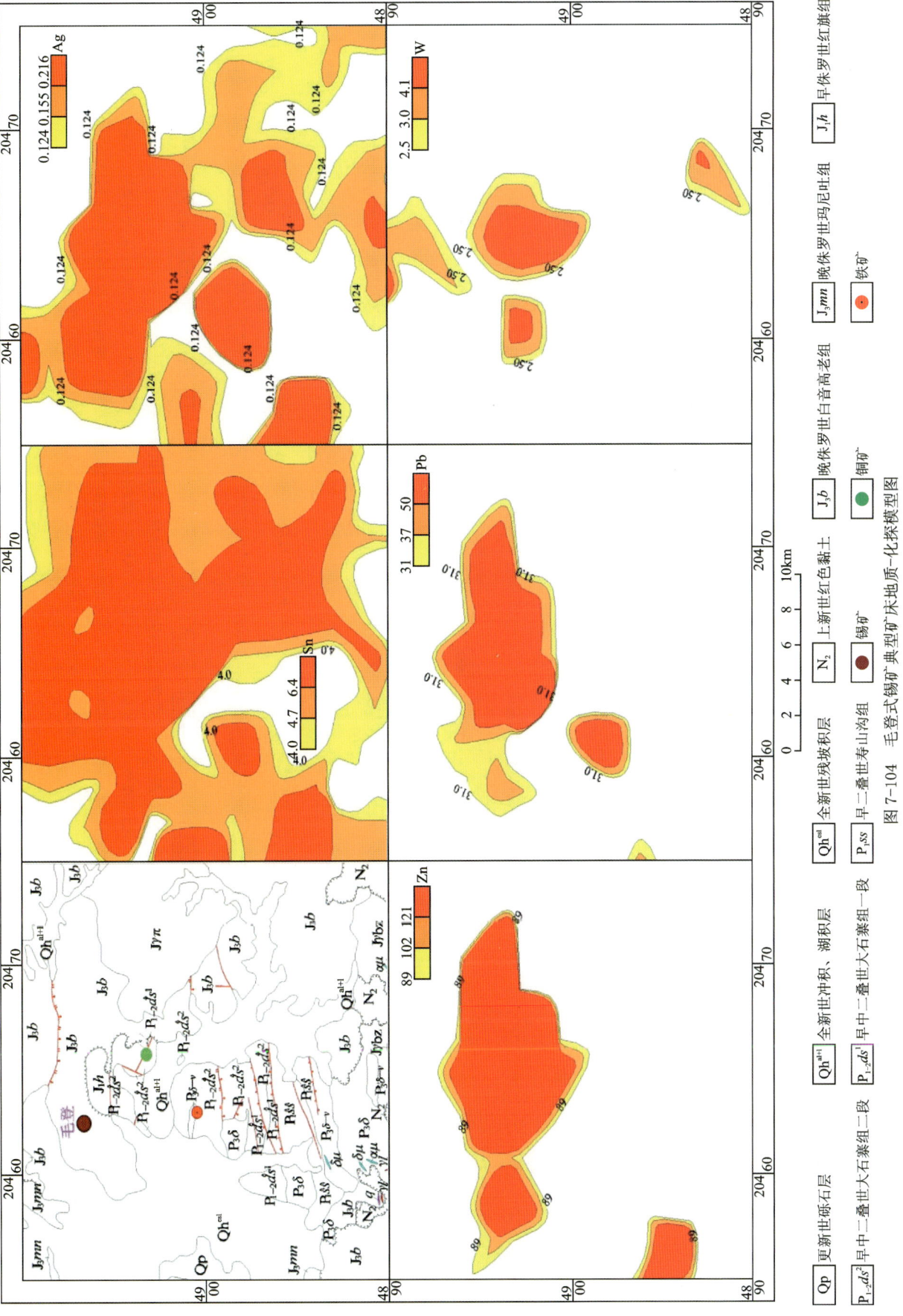

图 7-104　毛登式锡矿典型矿床地质-化探模型图

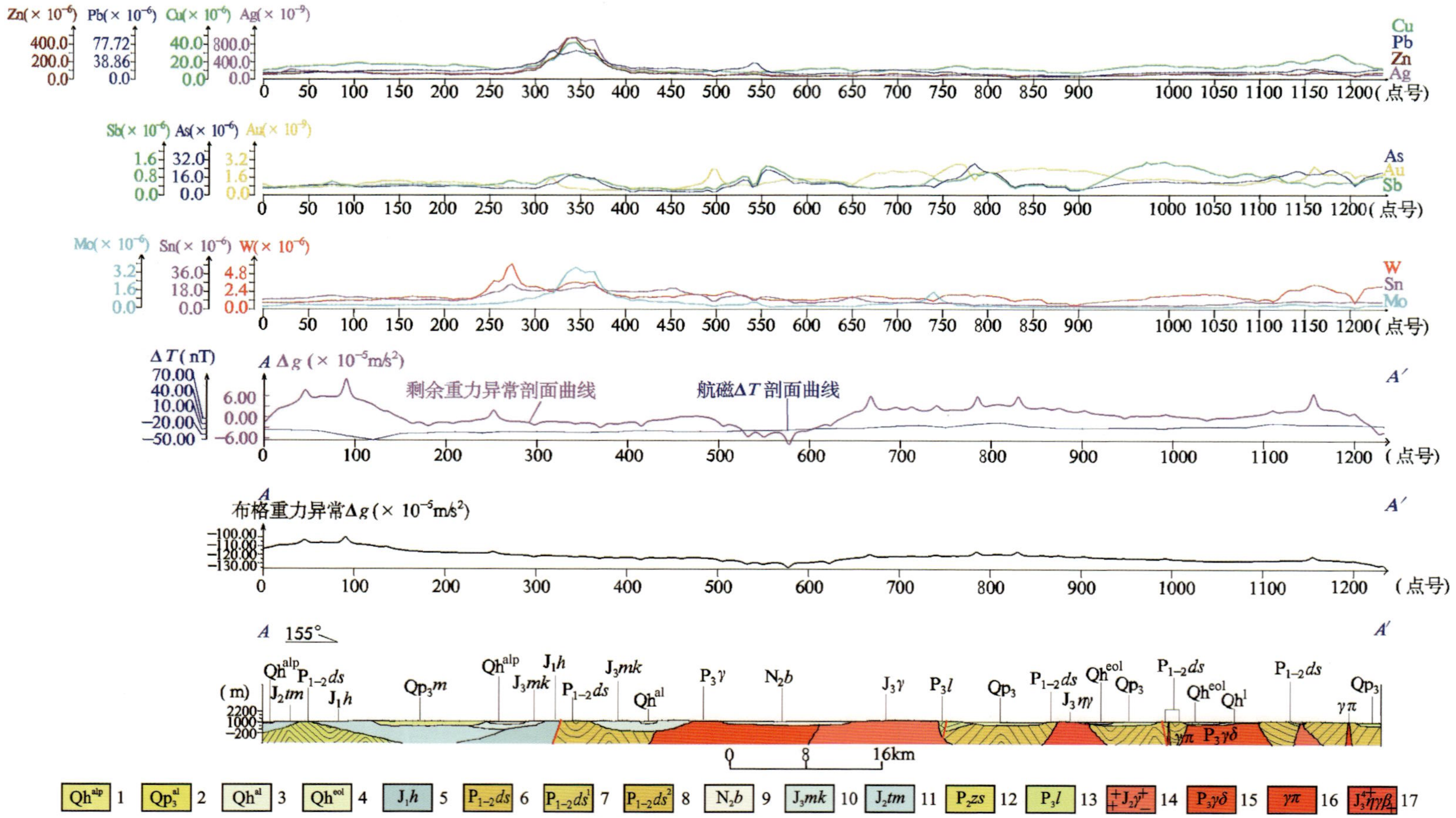


图 7-105　毛登式花岗岩型（石英脉型）锡矿区域预测模型图

1. 冲洪积层：松散砂砾石；2. 上更新统：马兰黄土粉细砂；3. 冲积层：松散砂砾石；4. 风积物：黄白色粉细砂；5. 红旗组：灰白色砾岩；6. 大石寨组：中酸性火性火山熔岩；7. 大石寨组一段：中酸性火山熔岩；8. 大石寨组二段：中酸性火山熔岩；9. 宝格达乌拉组：砖红色砂质泥岩；10. 满克头鄂博组：浅灰色酸性火山熔岩；11. 塔木兰沟组：中基性火山熔岩；12. 哲斯组：灰色、灰黄色砂岩；13. 林西组：灰黑色、灰绿色粉砂岩；14. 花岗岩；15. 花岗闪长岩；16. 花岗斑岩；17. 黑云母二长花岗岩

### 2. 次火山热液型锡矿

次火山热液型锡矿分布内蒙古东部地区，典型矿床为大井子式锡矿，大地构造单元属天山-兴蒙造山系（Ⅰ），大兴安岭弧盆系（Ⅰ-1），锡林浩特岩浆弧（$Pz_2$）（Ⅰ-1-6）构造单元，成矿区（带）为滨太平洋成矿域（Ⅰ-4），大兴安岭成矿省（Ⅱ-12），林西-孙吴铅、锌、铜、钼、金成矿带（Ⅲ-8）。

大井子式次火山热液型锡矿预测要素见表 7-111。由于大井子矿区无大比例尺的物化遥资料，故利用矿床所在区域的物化探资料弥补资料的不足，利用典型矿床所在区域物化探剖析图，编制典型矿床所在区域地质-物探模型图、地质-化探模型图，区域预测模型图以剖面图形式表示（图 7-106～图 7-108）。

**表 7-111　大井子次火山热液裂隙填充型锡矿典型矿床预测要素表**

<table>
<tr><td colspan="2" rowspan="3">预测要素</td><td colspan="4">描述内容</td><td rowspan="3">要素类别</td></tr>
<tr><td>储量</td><td>锡 12 605kg</td><td>平均品位</td><td>Sn 4.22×$10^{-6}$</td></tr>
<tr><td>特征描述</td><td colspan="3">次火山热液裂隙填充型</td></tr>
<tr><td rowspan="3">地质环境</td><td>构造背景</td><td colspan="4">华北陆块区，阿拉善陆块，迭布斯格-阿拉善右旗陆缘岩浆弧</td><td>必要</td></tr>
<tr><td>成矿环境</td><td colspan="4">（Ⅱ）大兴安岭成矿省，（Ⅲ）林西-孙吴铅、锌、铜、钼、金成矿带（Ⅵ、Ⅱ、Ym），（Ⅳ）索伦镇-黄岗梁铁（锡）、铜、锌成矿亚带（Y）</td><td>必要</td></tr>
<tr><td>成矿时代</td><td colspan="4">燕山早期</td><td>必要</td></tr>
<tr><td rowspan="7">矿床特征</td><td>矿体形态</td><td colspan="4">主要为薄脉状，少量扁豆状透镜状</td><td></td></tr>
<tr><td>岩石类型</td><td colspan="4">与成矿关系密切的有安山玢岩、玄武玢岩、霏细岩</td><td>重要</td></tr>
<tr><td>岩石结构</td><td colspan="4">具斑状结构、碎斑结构、霏细结构，基质具玻晶交织结构、填隙结构、隐晶质结构</td><td>重要</td></tr>
<tr><td>矿物组成</td><td colspan="4">矿石矿物：主要有锡石、黄铜矿、方铅矿、闪锌矿、黄铁矿、磁黄铁矿、白铁矿、毒砂等，非金属矿物：石英、绢云母、绿泥石、方解石、白云石等，表生矿物有褐铁矿、软锰矿、硬锰矿、铜蓝等</td><td>重要</td></tr>
<tr><td>矿石结构构造</td><td colspan="4">结构：晶粒状结构、固溶体分离结构、填隙结构、包含-嵌晶结构、胶状结构、不等粒压碎结构、交代残余结构、骸晶结构等；<br>构造：块状构造、网脉状构造、脉状构造，浸染斑点状构造、带状构造、角砾状构造、空洞构造、蜂窝状构造</td><td>次要</td></tr>
<tr><td>蚀变特征</td><td colspan="4">该区地层岩石的热液蚀变极其微弱，即或矿脉两侧或矿脉内的角砾、残留体一般蚀变现象也不明显，远离矿脉的岩石发生蚀变现象更为罕见，但是各次火山岩脉蚀变很普遍，主要有碳酸盐化、硅化、绢云母化、绿泥石化。矿化规模不大，产状也不稳定</td><td>重要</td></tr>
<tr><td>控矿条件</td><td colspan="4">矿体对地层无选择性，本区地层对成矿有间接控制作用。<br>断裂是本区主要的控制因素，规模较大的北东向断裂在宏观上控制了矿化产出部位。尤其北西向和北西西向断裂为本区主要的容矿构造，直接控制了矿体的赋存部位及其规模、形态、产状。<br>区内岩浆岩活动强烈，尤其燕山早期的次火山岩脉广泛发育，成矿和成岩物质系由同一岩浆所提供，岩浆物质的上侵、定位不仅为随之而来的矿液活动开辟了通道，而且强化了原有的一些岩石破裂，从而为成矿提供了有利的空间。本区的次火山活动对成矿起着重要的、直接的控制作用</td><td>必要</td></tr>
</table>

**续表 7-111**

| 预测要素 | | | 描述内容 | 要素类别 |
|---|---|---|---|---|
| 物化探特征 | 地球物理特征 | 重力 | 布格重力异常图上，矿区处于高背景异常区，矿区位于布格重力高异常边部的梯级带上，异常呈北东走向，异常最高值为$-75.65\times10^{-5}m/s^2$；剩余重力异常图上，矿区位于剩余重力正异常带上，异常最高值为$10.16\times10^{-5}m/s^2$ | 重要 |
| | | 航磁 | 航磁正异常区，异常梯度带附近 | 重要 |
| | 地球化学特征 | | 矿区内形成热液类元素的高背景带，高背景带上存在以Sn、As、Sb、Cu、Zn、Ag、Pb、W、Mo为主的多元素综合异常，Sn为主成矿元素。Sn、Cu、Pb、Zn、Ag异常规模大，呈面状分布，强度高，形成明显的浓集中心和浓度分带，空间套合程度高。矿区内异常受北东向或北西向断裂构造控制，As、Sb、W、Mo异常的浓集中心均呈北东方向展布 | 必要 |

大井子锡矿典型矿床地质-物探模型图(图7-106)说明：在布格重力异常图上，大井子锡矿位于北东向展布的布格重力异常梯级带上，其北西侧重力低，南东侧重力高，布格重力异常值$\Delta g$为$(-110\sim-75.65)\times10^{-5}m/s^2$，异常等值线密集，形成明显梯级带，梯级带与区域性北东向大断裂有关。由剩余重力异常图可知，矿床东侧的局部重力高对应形成相间分布的剩余重力正负异常。大井子矿床就位于北东向剩余重力正异常G蒙-287北部，异常明显。结合地质图，该区域大规模出露二叠纪地层，推断为古生代基底隆起所致。在航磁图上，大井子锡矿所在位置周围磁异常不明显。矿床东南侧的航磁异常主要由侏罗纪玛尼吐组中基性火山岩引起，北部的轴状正异常主要与三叠纪的花岗闪长岩有关。

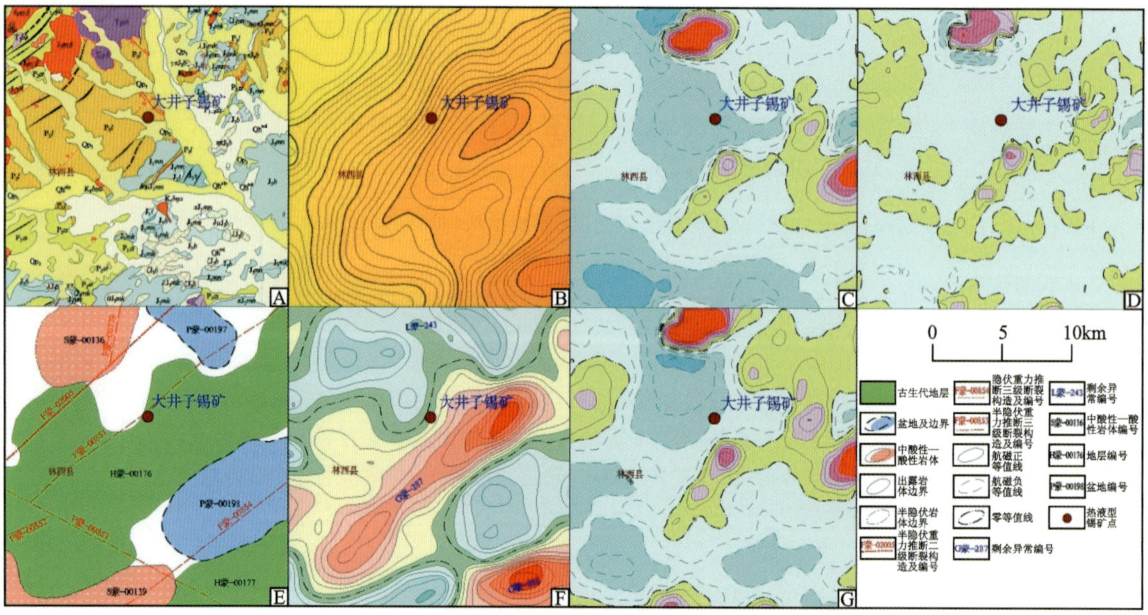


图7-106 大井子锡矿典型矿床地质-物探模型图

大井子锡矿典型矿床地质-化探模型图(图7-107)说明：矿区内形成热液类元素的高背景带，高背景带上存在以Sn、Cu、Ag、Pb、Zn、Cd、As、Sb、Hg、W、Mo、Bi为主的多元素组合异常，其中Sn为主成矿元素，该元素组合反映了矿床矿体的矿物成分以及矿物所携带的物质组分。Sn、Cu、Ag、Pb、Zn、Cd、As、Sb、Hg异常规模大，呈面状分布，强度高，形成明显的浓集中心和浓度分带，其中Sn、Cu、As、Sb、Hg异常呈二级浓度分带，Ag、Pb、Zn、Cd达三级，各元素浓集中心空间套合性好，与矿床所在位置吻合程度高。矿区内异常受北东向断裂构造控制，浓集中心多沿北东向展布。

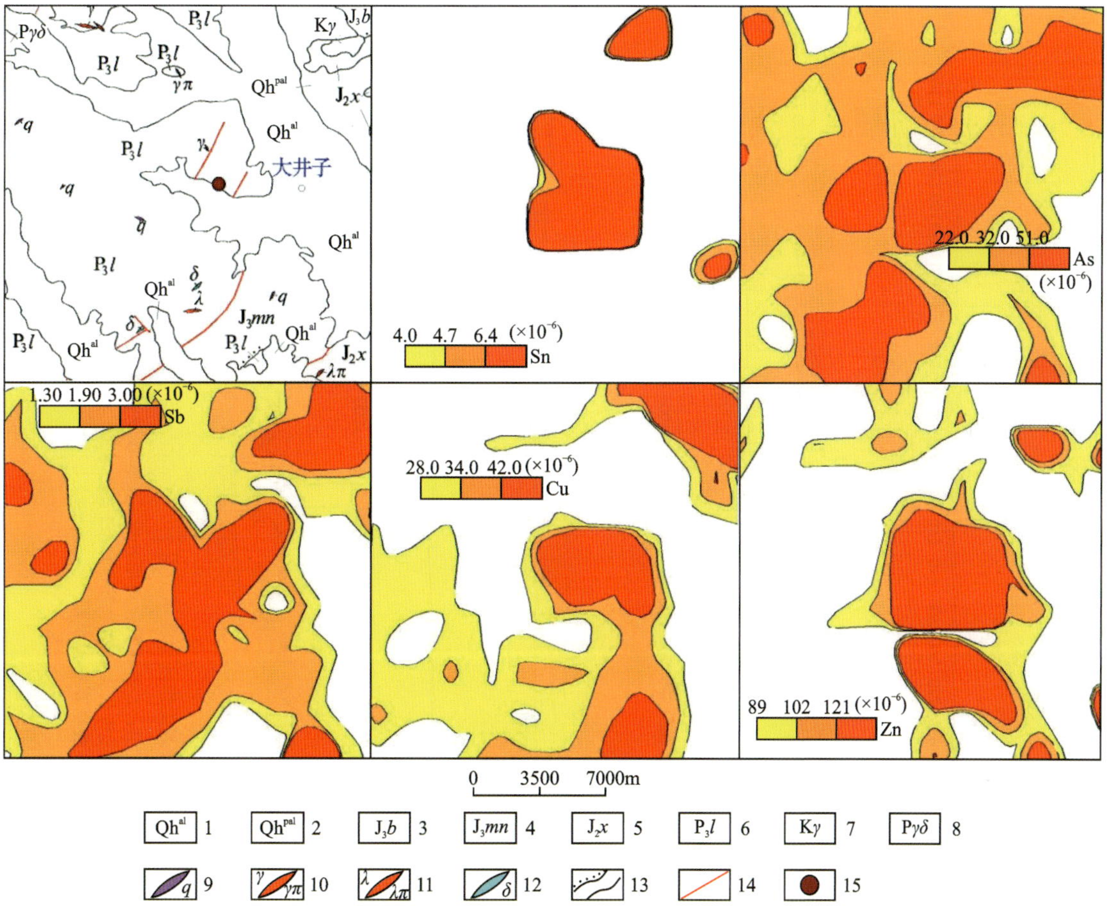


图 7-107　大井子锡矿典型矿床地质-化探模型图

1.全新世冲积；2.全新世洪冲积；3.晚侏罗世白音高老组；4.晚侏罗世玛尼吐组；5.中侏罗世新民组；6.晚二叠世林西组；7.白垩纪花岗岩；8.二叠纪花岗闪长岩；9.石英脉；10.花岗岩脉、花岗斑岩脉；11.流纹岩脉、流纹斑岩脉；12.闪长岩脉；13.角度不整合界线、地质界线；14.断层；15.锡矿位置

大井子锡矿区域模型图(图 7-108)说明：燕山期花岗斑岩对本区矿体分布起重要作用，地质体位于布格重力异常梯级带中，磁异常不明显，其对应 Sn 等元素组合异常好，浓集中心明显。

### 3. 矽卡岩型

矽卡岩型锡矿主要有朝不楞式铁锡矿、黄岗梁式铁锡矿，主要分布于内蒙古东部地区，天山-兴蒙造山系(Ⅰ)，大兴安岭弧盆系(Ⅰ-1)，成矿区(带)为滨太平洋成矿域(Ⅰ-4)，大兴安岭成矿省(Ⅱ-12)，林西-孙吴铅、锌、铜、钼、金成矿带(Ⅲ-8)。矽卡岩型锡矿与铁矿共生，形成铁锡矿床，预测要素及预测模型见铁矿相关章节。

### 4. 中低温热液型

中低温热液型锡矿内蒙古东部地区，孟恩陶勒盖式矿床(点)集中于天山-兴蒙造山系(Ⅰ)，大兴安岭弧盆系(Ⅰ-1)，锡林浩特岩浆弧($Pz_2$)(Ⅰ-1-6)构造单元，成矿带属大兴安岭成矿省(Ⅱ-12)，林西-孙吴铅、锌、铜、钼、金成矿带(Ⅲ-8)；以孟恩陶勒盖典型矿床为例，介绍该预测类型锡矿的预测要素(表 7-112)。由于孟恩陶勒盖矿区无大比例尺的物化遥资料，故利用典型矿床所在区域物化探剖析图，编制典型矿床所在区域地质-物探模型图、地质-化探模型图，区域预测模型图以剖面图形式表示(图 7-109～图 7-111)。

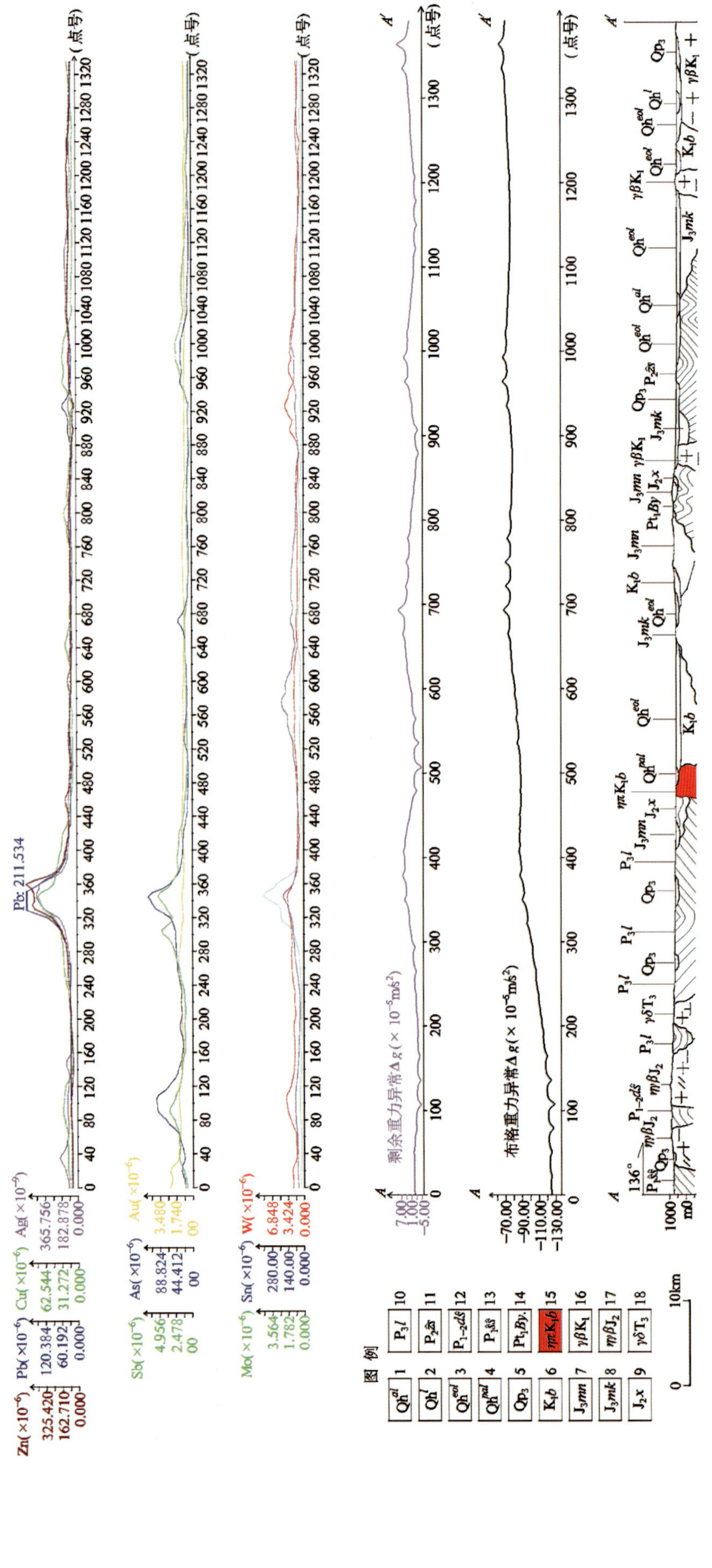


图 7-108　大井子式侵入岩体型锡矿大井子预测工作区预测模型图

1. 全新世冲积；2. 全新世湖积；3. 全新世风积；4. 全新世洪冲积；5. 上更新统；6. 早白垩世白音高老组；7. 晚侏罗世玛尼吐组；8. 晚侏罗世满克头鄂博组；9. 中侏罗世新民组；10. 晚二叠世林西组；11. 中二叠世哲斯组；12. 早中二叠世大石寨组；13. 早二叠世寿山沟组；14. 古元古代宝音图岩群；15. 白音高老期二长斑岩；16. 早白垩世黑云母花岗岩；17. 中侏罗世黑云母二长花岗岩；18. 晚三叠世花岗闪长岩

表 7-112　孟恩陶勒盖银多金属矿典型矿床预测要素表

<table>
<tr><td colspan="2" rowspan="3">预测要素</td><td colspan="4">描述内容</td><td rowspan="3">预测要素分级</td></tr>
<tr><td>储量</td><td>铅 168 877t，<br>锌 388 398t，<br>锡 1516t，<br>锡 3404t</td><td>平均品位</td><td>Pb 0.1%，<br>Zn 0.99%，<br>Sn 92×10⁻⁶，<br>Sn 0.022%</td></tr>
<tr><td>特征描述</td><td colspan="3">岩浆晚期热液型</td></tr>
<tr><td rowspan="3">地质环境</td><td>构造背景</td><td colspan="4">锡林浩特岩浆弧</td><td>重要</td></tr>
<tr><td>成矿环境</td><td colspan="4">中酸性岩浆侵位</td><td>重要</td></tr>
<tr><td>成矿时代</td><td colspan="4">侏罗纪</td><td>重要</td></tr>
<tr><td rowspan="7">矿床特征</td><td>矿体形态</td><td colspan="4">脉状、网脉状</td><td>重要</td></tr>
<tr><td>岩石类型</td><td colspan="4">主要为中二叠世斜长花岗岩</td><td>必要</td></tr>
<tr><td>岩石结构</td><td colspan="4">花岗结构</td><td>次要</td></tr>
<tr><td>矿物组成</td><td colspan="4">闪锌矿、方铅矿、深红锡矿、黑硫锡矿、自然锡等</td><td>重要</td></tr>
<tr><td>矿石结构构造</td><td colspan="4">结构：结晶结构、包含结构、填隙结构、胶状结构、交代溶蚀结构、固溶体分解结构、碎裂结构等；<br>构造：浸染状构造、网脉状构造、梳状构造、条带状构造、块状构造、角砾状构造、斑杂状构造、球粒状—半球粒状构造、环带状构造、晶洞状构造</td><td>次要</td></tr>
<tr><td>蚀变特征</td><td colspan="4">绢云母化、锰菱铁矿化、硅化、黄铁矿化，其次是绿泥石化和黑云母褪色</td><td>重要</td></tr>
<tr><td>控矿条件</td><td colspan="4">主要为近东西向断裂，其次为北东向断裂</td><td>重要</td></tr>
<tr><td rowspan="2">地球物理特征</td><td>重力异常</td><td colspan="4">布格重力异常图上，矿床位于近南北走向的布格重力高异常的梯级带上，场值东高西低，异常变化范围为$(-42\sim-40)\times10^{-5}m/s^2$；剩余重力异常等值线平面图上，孟恩陶勒盖铅锌锡矿位于剩余重力负异常上，走向呈北西向，$\Delta g_{min}=-5.90\times10^{-5}m/s^2$</td><td>次要</td></tr>
<tr><td>磁法异常</td><td colspan="4">据 1∶5 万航磁平面等值线图，磁场总体表现为低缓的负磁场，中央出现条带状负磁异常带，走向南北向，极值达－150nT</td><td>重要</td></tr>
<tr><td colspan="2">地球化学特征</td><td colspan="4">矿区存在以 Ag、Pb、Zn 为主，伴有 Cu、Cd、As、Sb、Mo 等元素组成的综合异常，Ag、Pb、Zn 为主成矿元素，Cu、Sn、Cd 为主要的伴生元素。孟恩陶勒盖多金属矿位于一条北西西向的断裂带上，Ag、Pb、Zn、Mn 浓集中心明显，异常强度高，Cu、Cd 在孟恩陶勒盖地区呈高背景分布，存在明显的浓集中心，Au、As、Sb、W、Mo 在孟恩陶勒盖附近存在局部异常（矿区所在位置 Sn 元素化探数据缺失，在此未对其进行描述）</td><td>重要</td></tr>
</table>

孟恩陶勒盖锡矿典型矿床地质-物探模型图（图 7-109）说明：由布格重力异常图可知，孟恩陶勒盖式中低温热液型锡矿位于布格重力异常高值区，等值线同向扭曲，矿床处在布格重力低异常的东部边部，异常值 $\Delta g$ 为$(-54.25\sim-40)\times10^{-5}m/s^2$。由剩余重力异常图可知，矿床位于 L 蒙-205 的负异常中部，异常平缓。根据地质资料显示，该处大规模出露二叠纪花岗岩，推断此负异常为酸性岩侵入所致。根据地质资料可知赋矿地质体为中二叠世斜长花岗岩，说明孟恩陶勒盖铁锡矿所在区域的剩余重力负异常反映了其成矿地质环境。由航磁图可知，磁场显示为低缓的负磁异常，该区反映－100～0nT 的负磁场，表明该区区域地质的地质体磁性矿物含量较少。根据重磁场特征推测，该区域有东西向断裂通过。

孟恩陶勒盖锡矿典型矿床地质-化探模型图(图 7-110)说明:矿区存在以 Ag、Pb、Zn、Mn 为主的多元素组合异常,Ag、Pb、Zn 作为主成矿元素,浓集中心明显,异常强度高,达四级浓度分带,相互之间套合程度好。在不同部位还有 Mn、Mo、As 等伴生元素异常出现,其中 Mn 异常与 Ag、Pb、Zn 密切相关,空间上相互重叠,Mo 元素在矿床所在位置异常较平缓,规模不大,在矿区外围与 As 异常部分套合。从异常的分布特征来看,异常除受岩体控制外,同时还受近东西向、北西向断裂构造的制约。

孟恩陶勒盖锡矿预测工作区预测模型图(图 7-111)说明:中二叠世酸性侵入岩是本区赋矿地质体,其对应 Sn 等元素组合异常好,浓集中心明显,元素套合好,布格重力异常值与剩余重力负异常为低值负异常,磁场显示为低缓的负磁异常。

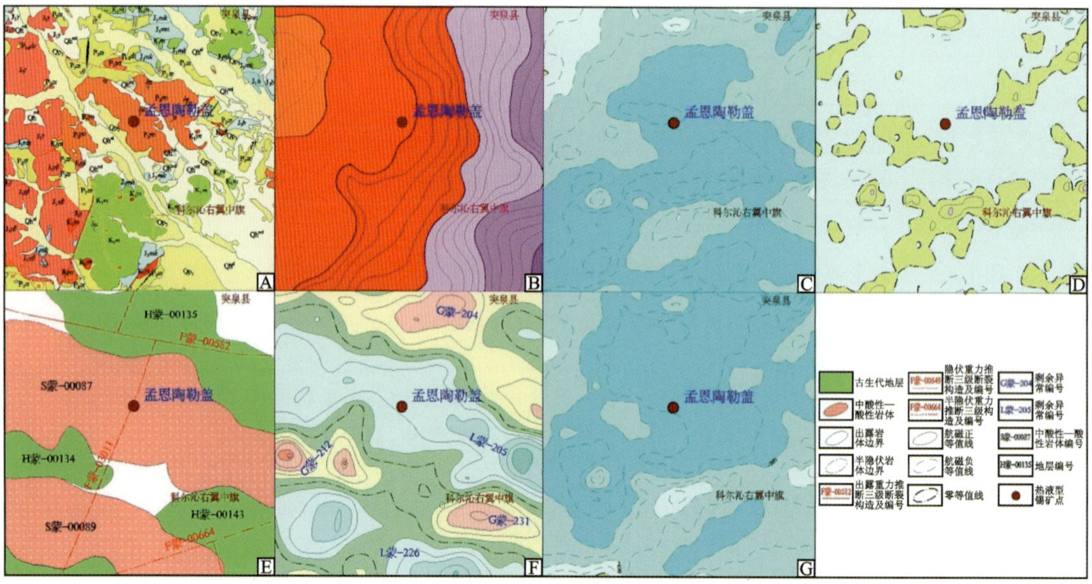


图 7-109 孟恩陶勒盖锡矿典型矿床地质-物探模型图

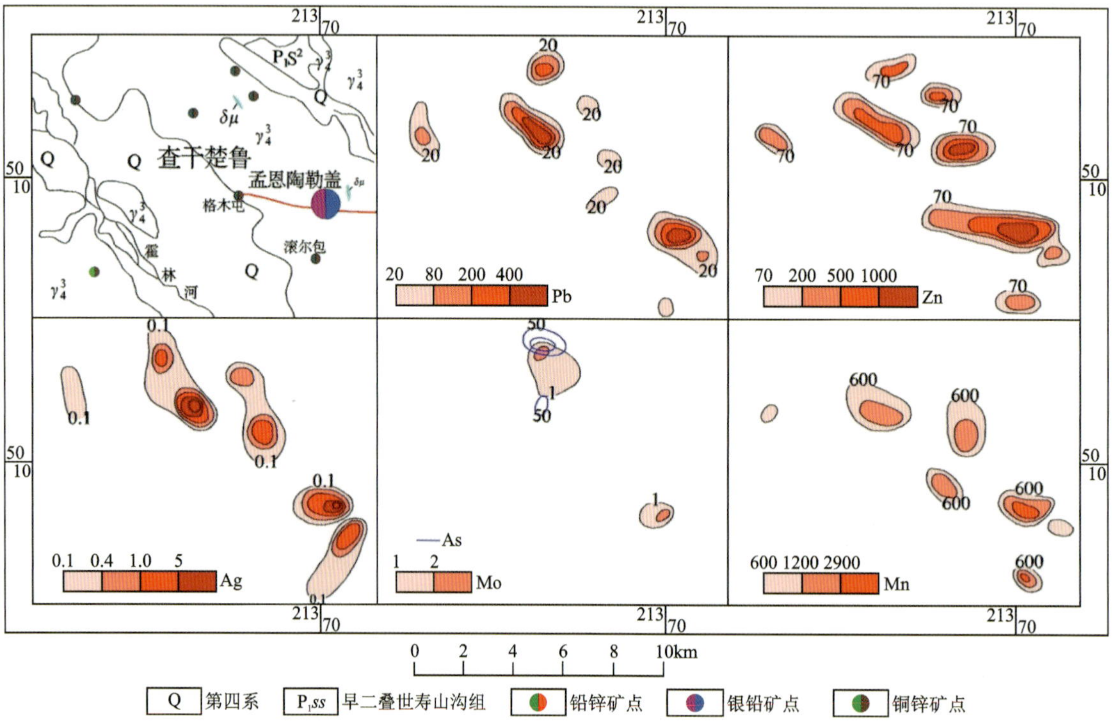


图 7-110 孟恩陶勒盖锡矿典型矿床地质-化探模型图

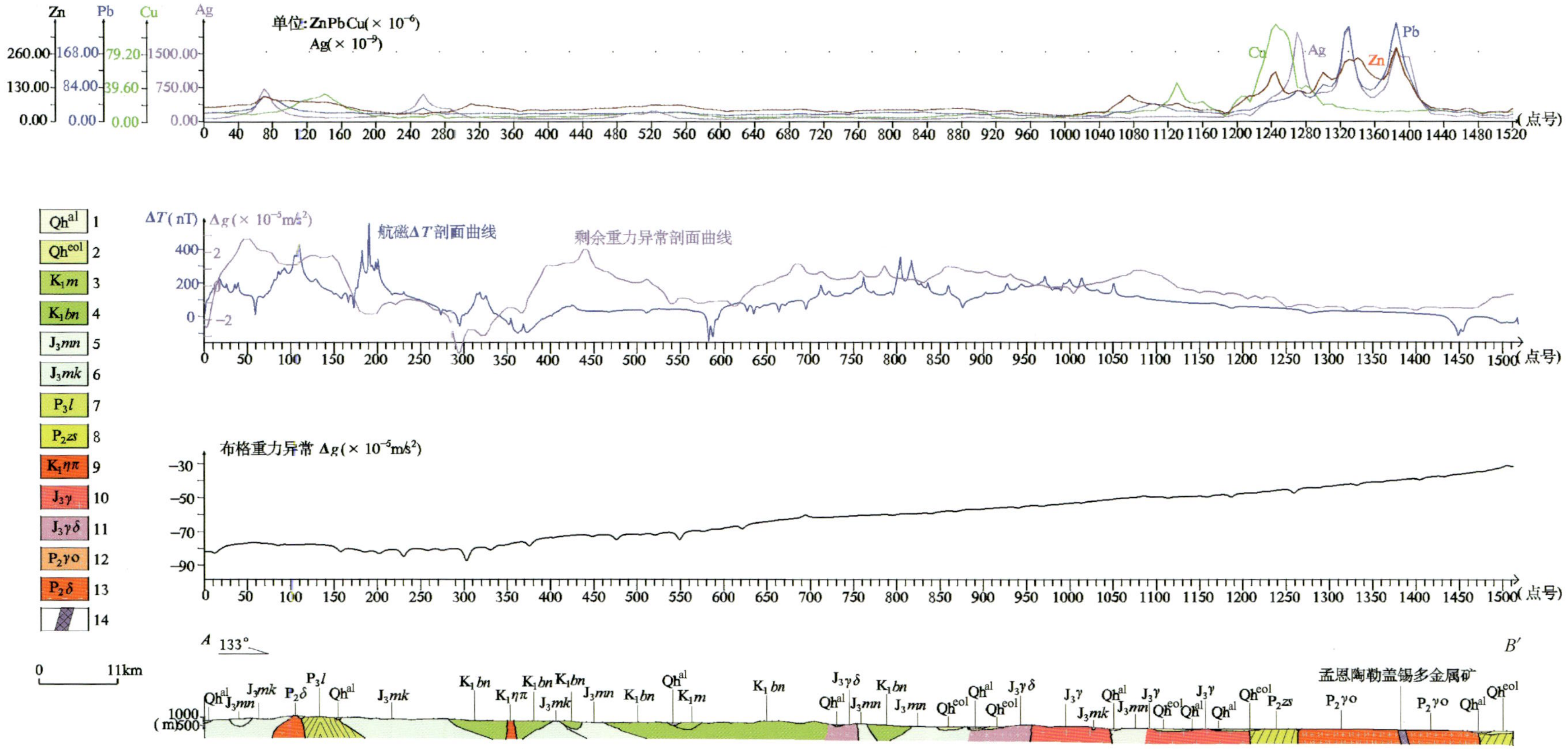


图 7-111 孟恩陶勒盖式岩浆热液型锡矿预测工作区预测模型图

1. 全新世洪积；2. 全新世风积；3. 早白垩世梅勒图组；4. 早白垩世白女羊盘组；5. 晚侏罗世玛尼吐组；6. 晚侏罗世满克头鄂博组；7. 晚二叠世林西组；8. 中二叠世哲斯组；9. 早白垩世二长斑岩；10. 晚侏罗世花岗岩；11. 晚侏罗世花岗闪长岩；12. 晚二叠世斜长花岗岩；13. 晚二叠世闪长岩；14. 孟恩陶勒盖锡多金属矿位置

## 二、预测方法类型确定及区域预测要素

根据内蒙古自治区锡矿矿产预测类型将锡矿预测工作区分为两种预测方法类型:复合内生型和侵入岩型。毛登-林西预测工作区,除早中二叠世大石寨组直接控制了矿床的分布外,侏罗纪侵入岩体也为矿床的形成提供了热源,因此确定预测方法类型采用复合内生型,采用建造构造图为预测底图。千斤沟锡矿床成因类型为热液型,岩体、断裂构造直接控制了矿床的分布,因此确定预测方法类型为侵入岩型,采用建造构造图为预测底图。大井子锡矿矿床成因类型为次火山热液裂隙填充型。大井子矿床成矿物质主要由深部岩浆物质所提供。区内岩浆岩活动强烈,尤其燕山早期的次火山岩脉广泛发育,成矿和成岩物质系由同一岩浆所提供,岩浆物质的上侵、定位不仅为随之而来的矿液活动开辟了通道,而且强化了原有的一些岩石破裂,从而为成矿提供了有利的空间。因此确定预测方法类型采用侵入岩型,采用建造构造图为预测底图。朝不楞多金属矿矿床成因类型为侵入岩体型,地层与侵入体的外接触带直接控制了矿床的分布,构造对其有一定的影响,因此确定预测方法类型为侵入岩型,采用侵入岩浆构造图为预测底图。黄岗梁锡矿矿床成因类型为矽卡岩型,除岩体直接控制了矿床的分布外,岩体的外接触带及围岩的火山岩和碳酸盐岩地层也是重要因素,因此确定预测方法类型为侵入岩型,采用侵入岩浆构造图为预测底图。孟恩陶勒盖多金属矿床成因类型为热液型,断裂构造直接控制了矿床的分布,岩性(斜长花岗岩)对其有一定的影响,矿床(点)主要分布于近东西向和北东向断裂中,因此确定预测方法类型为侵入岩体型,采用侵入岩浆构造图为预测底图。

### 1. 侵入岩体型锡矿区域预测要素

侵入岩体型锡矿的矿产预测类型为岩浆热液型锡矿,主要矿床式为大井子式、朝不楞式、黄岗梁式、孟恩陶勒盖式。以大井子、朝不楞、孟恩陶勒盖预测工作区为例简述此类矿床(点)区域预测要素(表 7-113)。

表 7-113 侵入岩体型锡矿区域预测要素一览表

<table>
<tr><td colspan="2" rowspan="2">预测要素</td><td>描述内容</td><td rowspan="2">要素类别</td><td>描述内容</td><td rowspan="2">要素类别</td></tr>
<tr><td>大井子</td><td>孟恩陶勒盖</td></tr>
<tr><td rowspan="3">地质环境</td><td>大地构造位置</td><td>Ⅰ天山-兴蒙造山系,Ⅰ-1 大兴安岭弧盆系,Ⅰ-1-6 锡林浩特岩浆弧($Pz_2$)</td><td>必要</td><td>Ⅰ天山-兴蒙造山系,Ⅰ-1 大兴安岭弧盆系,Ⅰ-1-6 锡林浩特岩浆弧($Pz_2$)</td><td>必要</td></tr>
<tr><td>成矿区(带)</td><td>(Ⅱ)大兴安岭成矿省,(Ⅲ)林西-孙吴铅、锌、铜、钼、金成矿带(Ⅵ、Ⅱ、Ym)</td><td>必要</td><td>Ⅱ-13 大兴安岭成矿省,Ⅲ-50 林西-孙吴铅、锌、铜、钼、金成矿带(Vl、Il、Ym)</td><td>重要</td></tr>
<tr><td>区域成矿类型及成矿期</td><td>次火山热液裂隙充填型矿床;燕山早期</td><td>重要</td><td>热液型;侏罗纪</td><td>重要</td></tr>
<tr><td rowspan="3">控矿地质条件</td><td>赋矿地质体</td><td>矿体对地层无选择性,本区地层对成矿有间接控制作用</td><td>重要</td><td rowspan="2">主要为中二叠世斜长花岗岩,其次为中二叠世黑云母花岗岩、闪长岩</td><td rowspan="2">必要</td></tr>
<tr><td>控矿侵入岩</td><td>本区的次火山活动对成矿起着重要的、直接的控制作用</td><td>重要</td></tr>
<tr><td>主要控矿构造</td><td>断裂是本区主要的控制因素,规模较大的北东向断裂在宏观上控制了矿化产出部位。尤其北西向和北西西向断裂为本区主要的容矿构造,直接控制了矿体的赋存部位及其规模、形态、产状</td><td>重要</td><td>主要为东西向断裂,其次是北东向断裂</td><td>重要</td></tr>
</table>

续表 7-113

| 预测要素 | | 描述内容 | 要素类别 | 描述内容 | 要素类别 |
|---|---|---|---|---|---|
| | | 大井子 | | 孟恩陶勒盖 | |
| 区内相同类型矿产 | | 中型锡矿床 3 处，矿点 7 处 | 必要 | 已知锡多金属矿床 1 处，其中锡为小型 | 重要 |
| 地球物理与地球化学特征 | 重力特征 | 布格重力异常图上，矿区处于高背景异常区，矿区位于布格重力高异常边部的梯级带上，异常呈北东走向，异常最高值为 $-75.65\times10^{-5}\,m/s^2$；剩余重力异常图上，矿区位于剩余重力正异常带上，异常最高值为 $10.16\times10^{-5}\,m/s^2$ | 重要 | 布格重力异常图上，矿床位于近南北走向的布格重力高异常梯级带上，场值东高西低，异常变化范围为 $(-42\sim-40)\times10^{-5}\,m/s^2$；剩余重力异常等值线平面图上，孟恩陶勒盖铅锌锡矿位于剩余重力负异常上，走向呈北西向，$\Delta g_{min}=-5.90\times10^{-5}\,m/s^2$ | 重要 |
| | 航磁特征 | 航磁 $\Delta T$ 化极异常起始值＞－100nT | 重要 | 据 1∶50 万航磁化极等值线平面图显示，磁场总体表现为低缓的负磁场，没有异常的出现 | 重要 |
| | 地球化学特征 | 区域上分布有 Sn、Ag、Zn、As、Sb 等元素组成的高背景区带，在高背景区带中有以 Sn、W、Ag、Pb、Zn、Cu、As、Sb 为主的多元素局部异常呈北东方向展布。从预测区西南到东北 Sn 均呈规模较大的异常，高强度，呈三级浓度分带，预测区东南部则为 Sn 的低值区，仅有部分小规模的 Sn 异常零星分布 | 必要 | 区域上分布有 Sn、W、Mo、Ag、Pb、Zn、Cu、As、Sb 等元素组成的高背景区带，在高背景区带中有以 Sn、W、Ag、Pb、Zn、Cu、As、Sb 为主的多元素局部异常。Sn 元素在预测区北部和南部呈背景和低背景分布，仅在中部长春岭、嘎亥图镇和老道沟周围存在强度较高的异常，具有明显的浓度分带和浓集中心，大致呈北东方向展布 | 重要 |
| 遥感特征 | | 局部有Ⅰ级铁染和羟基异常 | 次要 | 解译出线形断裂多条和多处最小预测区 | 重要 |
| 预测工作区 | | 朝不楞 | | 黄岗梁 | |
| 地质环境 | 大地构造位置 | 天山-兴蒙造山系，大兴安岭弧盆系，扎兰屯-多宝山岛弧；西伯利亚陆块南东缘晚古生代陆缘增生带 | 必要 | 大兴安岭弧盆系，锡林浩特岩浆弧 | 必要 |
| | 成矿区(带) | (Ⅰ)滨太平洋成矿域(叠加在古亚洲成矿域之上)<br>(Ⅱ)大兴安岭成矿省<br>(Ⅲ)东乌珠穆沁旗-嫩江(中强挤压区)铜、钼、铅、锌、金、钨、锡、铬成矿带($Pt_3$、Vm-l、Ye-m)，朝不楞-宝格达山林场铁、锡成矿亚带 | 必要 | (Ⅱ)大兴安岭成矿省，(Ⅲ)林西-孙吴铅、锌、铜、钼、金成矿带(Ⅵ、Ⅱ、Ym)，(Ⅳ)索伦镇-黄岗梁铁(锡)、铜、锌成矿亚带(Y) | 必要 |
| | 区域成矿类型及成矿期 | 花岗岩类与塔尔巴格特组接触交代的外接触带(矽卡岩)型；燕山晚期(侏罗纪) | 必要 | 燕山晚期 | 必要 |

**续表 7-113**

| 预测要素 | | 描述内容<br>朝不楞 | 要素类别 | 描述内容<br>黄岗梁 | 要素类别 |
|---|---|---|---|---|---|
| 控矿地质条件 | 赋矿地质体 | 中晚泥盆世塔尔巴格特组 | 必要 | 早二叠世哲斯组、早中二叠世大石寨组三段 | 必要 |
| | 控矿侵入岩 | 燕山期(侏罗纪)花岗岩类 | 必要 | 富含碱质及挥发组分的钾长花岗岩及期后气水溶液交代了围岩中有益成分并在有利部位富集成矿 | 必要 |
| | 主要控矿构造 | 北东向长期活动的断裂构造及其边部的次级羽状断裂 | 必要 | 北东向的一组压性为主兼扭性断裂及其所形成的层间裂隙是控矿的有利部位；<br>北西向张性为主兼扭性断裂控矿性能较差 | 重要 |
| 区内相同类型矿产 | | | | 成矿区(带)内 10 个矿床、矿点 | 重要 |
| 地球物理与地球化学特征 | 重力特征 | 布格重力异常图上，矿区处在相对重力低异常边部的梯级带上，异常呈北东走向，异常范围为($-102\sim-98$)$\times10^{-5}m/s^2$。剩余重力异常图上，矿区位于剩余重力正负异常的交接带上，异常最小值为($-2.00\sim1.00$)$\times10^{-5}m/s^2$ | 重要 | 布格重力异常图上，矿区处在低背景异常区，位于布格重力低异常边部的梯级带上，异常变化范围为($-147.81\sim-142$)$\times10^{-5}m/s^2$。剩余重力异常图上，矿区处在北西向展布的剩余重力负异常的局部异常中心位置，剩余重力异常最小值为$-5.56\times10^{-5}m/s^2$ | 重要 |
| | 航磁特征 | 带状磁异常，北东东向或近东西向，磁场显示为平缓正磁背景场中的正磁异常带 | 重要 | 磁参数测定：磁铁矿磁性最强，含铁矽卡岩磁性次之，凝灰岩、花岗岩、安山岩、闪长岩，闪长玢岩等弱磁或微磁性；密度测定：磁铁矿与围岩之间存在较大密度差异，磁铁矿与含铁矽卡岩之间密度差异较小。航磁高异常 | 重要 |
| | 地球化学特征 | 区域上分布有 Sn、W、Mo、Ag、Pb、Zn、Cu、As、Sb 等元素组成的高背景区带，在高背景区带中有以 Sn、W、Ag、Pb、Zn、Cu、As、Sb 为主的多元素局部异常。预测区内 Sn 元素在预测区北部和南部呈背景、低背景分布，仅在局部地区存在强度较高的异常，具有明显的浓度分带和浓集中心，大致呈北东方向展布 | 重要 | 区域上分布有 Sn、Ag、Zn、As、Sb 等元素组成的高背景区(带)，在高背景区带中有以 Sn、W、Ag、Pb、Zn、Cu、As、Sb 为主的多元素局部异常呈北东向展布。从预测区西南到东北 Sn 均呈规模较大的异常，高强度，呈三级浓度分带，预测区东南部则为 Sn 的低值区，仅有部分小规模的 Sn 异常零星分布 | 必要 |

续表 7-113

<table>
<tr><td colspan="2" rowspan="2">预测要素</td><td colspan="2">描述内容</td><td rowspan="2">要素类别</td></tr>
<tr><td>预测工作区</td><td>千斤沟</td></tr>
<tr><td rowspan="3">地质</td><td>大地构造位置</td><td colspan="2">华北陆块区，狼山-阴山陆块(大陆边缘岩浆弧 $Pz_2$)，色尔腾山-太仆寺旗古岩浆弧($Ar_3$)</td><td>必要</td></tr>
<tr><td>成矿区(带)</td><td colspan="2">Ⅱ-14 华北成矿省，Ⅲ-11 华北陆块北缘西段石墨、白云母成矿带，Ⅲ-11-①白云鄂博-商都成矿亚带</td><td>必要</td></tr>
<tr><td>成矿期</td><td colspan="2">燕山晚期</td><td>必要</td></tr>
<tr><td rowspan="3">控矿地质条件</td><td>赋矿地层</td><td colspan="2">玛尼图组粗面岩与似斑状花岗岩之接触带上普遍发育的以硅化为主的蚀变带内</td><td>必要</td></tr>
<tr><td>控矿侵入岩(围岩蚀变)</td><td colspan="2">燕山期花岗岩、花岗斑岩</td><td>重要</td></tr>
<tr><td>主要控矿构造</td><td colspan="2">北西向与北东向断裂及附近产生的剪性解理</td><td>重要</td></tr>
<tr><td colspan="2">区内相同类型矿产</td><td colspan="2">区内 1 个矿点、矿化点</td><td>重要</td></tr>
<tr><td rowspan="2">地球物理特征</td><td>重力异常</td><td colspan="2">布格重力异常图上，矿区处在北东向展布的布格重力异常过渡区，异常变化范围为 $(-156\sim-154)\times10^{-5}\,m/s^2$。剩余重力异常图上，矿区位于北西向剩余重力负异常带中，异常最小值为 $-6.33\times10^{-5}\,m/s^2$</td><td>重要</td></tr>
<tr><td>磁法异常</td><td colspan="2">航磁 $\Delta T$ 化极异常强度起始值多数在 $-50\sim150$ 之间</td><td>重要</td></tr>
<tr><td colspan="2">地球化学特征</td><td colspan="2">区域上分布有 Sn、W、Pb、Cu 等元素组成的高背景区带，在高背景区(带)中有以 Sn、W、Mo、Pb、Zn 为主的多元素局部异常。预测区内 Sn 呈高背景分布，高背景带上存在面状 Sn 异常，空间上位于已知锡矿床千斤沟上，具有明显的浓度分带和浓集中心，其他地区均存在大面积的 Sn 异常，但强度不高，无明显的浓度分带</td><td>重要</td></tr>
<tr><td colspan="2">遥感</td><td colspan="2">解译断层及环要素(推测隐伏岩体)</td><td>重要</td></tr>
</table>

## 2. 复合内生型锡矿预测要素

复合内生型锡矿的矿产预测类型为花岗岩型(石英脉型)锡矿，主要矿床式为毛登式、千斤沟式。以毛登预测工作区为例简述此类矿床(点)区域预测要素(表 7-114)。

**表 7-114　复合内生型锡矿预测工作区预测要素一览表**

| 预测要素 | | 描述内容 | 要素类别 |
|---|---|---|---|
| | | 预测工作区：毛登 | |
| 地质 | 大地构造位置 | Ⅰ天山-兴蒙造山系，Ⅰ-1 大兴安岭弧盆系，Ⅰ-1-6 锡林浩特岩浆弧($Pz_2$) | 必要 |
| 地质 | 成矿区(带) | Ⅱ-13 大兴安岭成矿省，Ⅲ-8 林西-孙吴铅、锌、铜、钼、金成矿带(Vl、Il、Ym)，Ⅲ-8-①索伦镇-黄岗梁铁(锡)、铜、锌成矿亚带 | 必要 |
| 地质 | 区域成矿类型及成矿期 | 复合内生型;早侏罗世 | 必要 |
| 控矿地质条件 | 赋矿地层 | 矿体主要赋存在古生代地层，大石寨组含碳变质粉砂岩、粉砂岩中 | 必要 |
| 控矿地质条件 | 控矿侵入岩(围岩蚀变) | 岩浆岩是矿床形成过程中热液的提供者。燕山期分异较好的酸性侵入岩与二叠纪地层外接触带是主要的赋矿部位 | 重要 |
| 控矿地质条件 | 主要控矿构造 | 燕山期酸性岩体与二叠纪地层中的张性断裂构造带及北东向主体断裂旁侧成群出现的次级北西向断裂构造是重要的赋矿构造 | 重要 |
| 区内相同类型矿产 | | 区内 6 个矿点、矿化点 | 重要 |
| 地球物理特征 | 重力异常 | 布格重力异常图上，矿区位于平稳的布格重力低异常的边界，异常变化范围为($-130.93\sim-122)\times10^{-5}m/s^2$;剩余重力异常图上，矿区位于剩余重力负异常 L 蒙-387 的一侧，异常呈北东走向，该负异常最低值为$-8.06\times10^{-5}m/s^2$ | 次要 |
| 地球物理特征 | 磁法异常 | 航磁化极值为$-50\sim100$nT 的范围 | 重要 |
| 地球化学特征 | | 区域上分布有 Sn、Ag、Zn、As、Sb 等元素组成的高背景区(带)，在高背景区(带)中有以 Sn、W、Ag、Pb、Zn、Cu、As、Sb 为主的多元素局部异常。在 Sn、W 元素高背景带上，存在规模较大的 Sn 异常，黄岗梁及其以北呈一条北北东向的 Sn、Pb、Zn 异常带，强度高，存在明显的浓度分带 | 重要 |
| 遥感 | | 解译断层及环要素(推测隐伏岩体) | 次要 |

## 三、最小预测区圈定

根据对典型矿床成矿规律、预测要素及预测工作区区域地质、物探、化探、遥感、自然重砂等背景条件的研究，确定预测工作区预测要素，提取预测变量，运用矿产资源评价系统(MRAS)对预测工作区进行定位预测。

### 1. 变量构置

根据各预测工作区不同成矿条件，进行预测变量构置(表 7-115)。

表 7-115　锡矿预测工作区变量构置一览表

| 预测类型 | 预测工作区 | 预测变量 | 变量处理 |
|---|---|---|---|
| 花岗岩型（石英脉型） | 毛登 | 地层：早中二叠世大石寨组 | 存在标志 |
| | | 侵入岩：提取侏罗纪酸性花岗岩体 | 存在标志 |
| | | 断层：提取北北东—北西向地质断层及遥感推断断裂，并根据断层的规模作 50m 的缓冲区 | 存在标志 |
| | | 化探：Sn 元素化探异常起始值＞$4\times10^{-6}$的范围 | 存在标志 |
| | | 重力：剩余重力起始值为$(-5\sim-1)\times10^{-5}m/s^2$ | 二值化处理 |
| | | 航磁：航磁化极值为－50～100nT 的范围 | 二值化处理 |
| | | 遥感：遥感解译断层及遥感的环要素用于推测隐伏岩体存在 | 二值化处理 |
| | | 蚀变带：提取图幅内与成矿有关的云英岩化、硅化、绿泥石化、褐铁矿化等蚀变带 | 存在标志 |
| | | 褶皱：提取图幅内北东向褶皱，并依据规模作 500m 缓冲区 | 存在标志 |
| | 太平林场 | 地层：提取与成矿有关的地层：新元古代佳疙瘩组、侏罗纪满克头鄂博组 | 存在标志 |
| | | 侵入岩：提取新元古代中粗粒黑云母二长花岗岩，侏罗纪—白垩纪黑云母二长花岗岩、花岗闪长岩 | 存在标志 |
| | | 实测断层：提取与成矿有关的走向近北东向、北西向的断裂，并作 500m 缓冲区（图面 5mm） | 存在标志 |
| | | 航磁、重力推断断层、遥感解译断层：提取走向北东向、北西向的断裂，并作 500m 缓冲区（图面 5mm） | 存在标志 |
| | | 韧性剪切带：提取北东向韧性剪切带，并作 500m 缓冲区（图面 5mm） | 二值化处理 |
| | | 航磁化极：航磁化极值为 0～400nT 的范围 | 二值化处理 |
| | | Sn 单元素异常：元素异常起始值为$(4.7\sim6.4)\times10^{-6}$的范围，最大达$138\times10^{-6}$ | 二值化处理 |
| | | 剩余重力：异常在$(-1\sim4)\times10^{-5}m/s^2$之间 | 存在标志 |
| | | 蚀变带：提取与锡矿有关的蚀变带求存在标志 | 存在标志 |
| | | 遥感：提取遥感解译的环状构造并求存在标志 | 存在标志 |
| | 千斤沟 | 地层：根据对典型矿床的研究认为千斤沟式热液型锡矿对地层无选择性 | 存在标志 |
| | | 矿点：选取千斤沟锡矿 | 存在标志 |
| | | 侵入岩：晚侏罗世黑云母花岗斑岩、早白垩世石英正长斑岩 | 存在标志 |
| | | 构造：北西向及北东向构造 | 存在标志 |
| | | 遥感：遥感蚀变对矿化无明显反映，只利用了遥感断裂及环状解译结果 | 存在标志 |
| | | 重力：剩余重力低值区 | 存在标志 |
| | | 航磁：航磁正异常、矿致航磁异常 | 二值化处理 |
| | | 化探：Sn 单元素异常区 | 二值化处理 |

续表 7-1115

| 预测类型 | 预测工作区 | 预测变量 | 变量处理 |
|---|---|---|---|
| 花岗岩型(锡石-硫化物型) | 大井子 | 侵入岩:晚侏罗世花岗斑岩、早白垩世花岗斑岩 | 存在标志 |
| | | 脉岩:分布在林西组中的安山玢岩脉、花岗斑岩脉、流纹(石英)斑岩脉 | 存在标志 |
| | | 断层:提取北北西—北西向地质断层及遥感推断断裂,并根据断层的规模作500m的缓冲区 | 存在标志 |
| | | 化探:Sn元素化探异常起始值＞$4.7\times10^{-9}$的范围 | 二值化处理 |
| | | 重力:剩余重力起始值＞$-4\times10^{-5}m/s^2$ | 二值化处理 |
| | | 航磁:航磁化极值＞－100nT的范围 | 二值化处理 |
| | | 遥感:提取遥感的环要素用于推测隐伏岩体存在 | 二值化处理 |
| 接触交代-热液型 | 朝不楞 | 地质体:地表出露或推断有中晚泥盆世塔尔巴格特组和燕山晚期花岗岩类外接触带;在已知矿区范围内,重力值较高;提取与成矿有关的断裂,并作500m(图面2mm)缓冲区;航磁推断断层,并作500m(图面2mm)缓冲区;已知矿点、矿化点,进行投影变换,并作500m(图面2mm)缓冲区,添加到图中;提取Ⅰ级铁染异常区 | 存在标志 |
| | 黄岗梁 | 地层:早中二叠世大石寨组碎屑岩-火山岩建造、哲斯组碎屑岩-碳酸盐岩建造 | 存在标志 |
| | | 侵入岩:晚侏罗世花岗岩、钾长花岗岩,白垩纪花岗岩、钾长花岗岩 | 存在标志 |
| | | 构造:北东向构造 | 存在标志 |
| | | 遥感:遥感蚀变对矿化无明显反映,只利用了遥感断裂解译结果 | 存在标志 |
| | | 重力:剩余重力低值区 | 二值化处理 |
| | | 航磁:航磁正异常、矿致航磁异常 | 二值化处理 |
| | | 化探:Sn元素异常 | 存在标志 |
| 岩浆热液型 | 孟恩陶勒盖 | 侵入岩:主要为中二叠世斜长花岗岩,其次为中二叠世黑云母花岗岩、闪长岩 | 存在标志 |
| | | 东西向断裂、北东向断裂的缓冲区(包括地质、重力和遥感的) | 存在标志 |
| | | 蚀变带 | 存在标志 |
| | | 航磁异常采用化极$\Delta T$等值线 | 二值化处理 |
| | | 重力剩余异常等值线 | 二值化处理 |
| | | 化探综合异常区 | 存在标志 |
| | | 遥感最小预测区 | 存在标志 |
| | | 已知锡多金属矿床1处,其中锡为小型 | 存在标志 |

**2. 最小预测区圈定方法及优选结果**

首先利用网格单元法对预测单元进行赋值。对区内已知矿床(点)按矿化规模将模型单元进行矿化级别的设置,选择具有代表性的单元作为模型单元,然后对前期所选择的预测变量进行筛选,获得真正对矿化起到作用的变量,完成变量优选步骤。证据权重法中,首先构造预测模型,生成定位预测专题图层,然后选择各预测要素的证据因子、计算证据权重,进行证据因子的条件独立性检验,计算后验概率并生成色块图，色块图级别是根据后验概率值的大小确定的。

后验概率色块图的不同级别是以网格单元为边界的规则边界，因此需要在色块图的基础上叠加所有成矿要素及预测要素，采用人工与 MRAS 软件交互的方式，根据形成的定位预测色块图对照不同级别的各要素边界，依据后验概率的大小，与模型区预测要素的匹配程度，圈定最小预测区，划分 A、B、C 类最小预测区级别(表 7-116)。

**表 7-116 锡矿最小预测区分级原则一览表**

| 预测工作区 | A、B、C 类分级原则 |
|---|---|
| 毛登锡矿预测工作区 | A 类：有出露含矿地层＋含矿侵入体与地层外接触带＋化探起始值＞$6.4\times10^{-6}$＋已知矿床＋断层缓冲区。B 类：有出露含矿地质体(地层或侵入体或二者接触带)＋化探起始值＞$6.4\times10^{-6}$＋已知矿点＋断层缓冲区或有出露含矿地质体＋已知矿点＋断层缓冲区。C 类：出露含矿地质体(地层或侵入体或二者接触带或推测第四系下为含矿地质体)＋断层缓冲区＋Sn 元素化探异常中心明显 |
| 太平林场锡矿预测工作区 | A 类：北东向、北西向断裂交会处＋白垩纪侵入体＋新元古代地层和二叠纪侵入体＋Sn 元素化探异常＞$6.4\times10^{-6}$。B 类：北东向、北西向断裂交会处＋新元古代地层和二叠纪侵入体＋Sn 元素化探异常＞$6.4\times10^{-6}$。C 类：北东向、北西向断裂交会处＋新元古代地层或二叠纪侵入体或 Sn 元素异常较好的第四系＋Sn 元素化探异常＞$6.4\times10^{-6}$ |
| 千斤沟锡矿预测工作区 | A 类：有出露含矿地质体＋化探起始值＞$4.7\times10^{-6}$＋已知矿床＋断层缓冲区＋有出露地表的硅化蚀变带。B 类：有出露含矿地质体＋化探起始值＞$4.7\times10^{-6}$＋断层缓冲区或根据重力及遥感分析在图幅内有隐伏岩体的存在并且在隐伏岩体附近地表有出露的岩体＋化探起始值＞$4.7\times10^{-6}$＋断层缓冲区。C 类：有出露含矿地质体＋化探起始值＞$3.4\times10^{-6}$＋断层缓冲区或化探起始值＞$3.4\times10^{-6}$＋断层缓冲区 |
| 大井子锡矿预测工作区 | A 类：有已知矿床，或已知矿点＋有出露的林西组，化探起始值大于 $6.4\times10^{-6}$，Sn 元素化探异常浓集区。B 类：有已知矿点，化探起始值＞$4.7\times10^{-6}$，Sn 元素化探异常浓集区。C 类：有出露控矿地质体(花岗斑岩或次火山岩脉)＋断裂缓冲区＋化探起始值＞$4\times10^{-6}$＋Sn 元素化探异常浓集区 |
| 朝不楞锡矿预测工作区 | A 类：划分 5 处。地表有主要成矿层中晚泥盆世塔尔巴格特组、多宝山组，与成矿有直接成因联系的燕山期花岗岩以及二者侵入接触产生的矽卡岩带；已知有中型矿床及矿点分布；遥感局部有Ⅰ级铁染异常；航磁化极异常值线在 600nT 以内；剩余重力异常等值线起始值在$(-2\sim10)\times10^{-5}\,m/s^2$之间；这些地段找矿潜力大。B 类：划分 9 处，地表有中晚泥盆世塔尔巴格特组及与成矿有直接成因联系的燕山期花岗岩类以及二者侵入接触产生的矽卡岩带、角岩化带；个别有矿(化)点；航磁化极异常多低缓，剩余重力异常值高低不一。多数区段有一定的找矿潜力。C 类：划分 10 处，地表出露或推测有中晚泥盆世塔尔巴格特组、燕山期中性—酸性侵入岩；部分有低缓航磁化极异常，局部高，最高值 600nT；多数区段重力低，找矿潜力差 |
| 黄岗梁锡矿预测工作区 | A 类：成矿条件十分有利，预测依据充分，成矿匹配程度高，资源潜力大或较大的地区。B 类：成矿条件有利，有预测依据，成矿匹配程度相对较高，有比较大的预测资源量的地区。C 类：具成矿条件，有可能发现资源，可作为探索的地区或现有矿区外围和深部有预测依据，有一定的资源潜力的地区 |
| 孟恩陶勒盖锡矿预测工作区 | A 类：地质体＋航磁＋重力＋化探＋矿点(/断层区/蚀变)。B 类：地质体＋航磁＋重力＋化探。C 类：地质体＋化探 |

对圈定的面积过小、成矿潜力较差、预测意义不大的最小预测区进行排除，最终共圈定锡矿最小预测区 184 个，面积 3 323.629$km^2$(表 7-117)。

**表 7-117 锡矿最小预测区圈定成果一览表**

| 预测工作区 | A类最小预测区 | B类最小预测区 | C类最小预测区 | 总数 | 面积(km²) |
|---|---|---|---|---|---|
| 毛登锡矿预测工作区 | 1 | 6 | 11 | 18 | 191.73 |
| 太平林场锡矿预测工作区 | 3 | 6 | 9 | 18 | 393.82 |
| 千斤沟锡矿预测工作区 | 1 | 2 | 7 | 10 | 205.829 |
| 大井子锡矿预测工作区 | 3 | 4 | 6 | 13 | 182.32 |
| 朝不楞锡矿预测工作区 | 5 | 9 | 10 | 24 | 1476.07 |
| 黄岗梁锡矿预测工作区 | 8 | 19 | 43 | 70 | 572.20 |
| 孟恩陶勒盖锡矿预测工作区 | 11 | 11 | 9 | 31 | 301.62 |
| 总计 | 32 | 57 | 95 | 184 | 3 323.629 |

## 四、资源量定量预测

### 1. 典型矿床深度及外围资源量估算

运用地质体积法对内蒙古铬矿进行定量预测，首先确定典型矿床体积含矿率，对典型矿床深部及外围进行资源量估算(表 7-118)。

**表 7-118 锡矿典型矿床预测成果一览表**

| 预测类型 | 序号 | 典型矿床 | 经度 | 纬度 | 深部或外围名称 | 面积(m²) | 延深(m) | 体积含矿率(t/m³) | 预测资源量(t) | 预测资源总量(t) |
|---|---|---|---|---|---|---|---|---|---|---|
| 花岗岩型(石英脉型) | 1 | 毛登 | 116°32′31″ | 44°11′25″ | 深部 | 48 019 235 | 200 | 0.000 000 256 | 2 458.59 | 5 047.43 |
| | | | | | 外围 | 16 854 436 | 600 | | 2 588.84 | |
| | 2 | 千斤沟 | 99°35′51″ | 41°23′01″ | 深部 | 72 256.9 | 200 | 0.000 053 | 767.5 | 2 547.47 |
| | | | | | 外围 | 55 859.02 | 600 | | 1 779.97 | |
| 花岗岩型(锡石-硫化物型) | 3 | 大井子 | 118°15′40″ | 43°41′30″ | 深部 | 881 384.67 | 30 | 0.000 043 92 | 1 161.30 | 1 506.41 |
| | | | | | 外围 | 15 971.21 | 492 | | 345.11 | |
| 接触交代-热液型 | 4 | 朝不楞 | 118°30′01″ | 46°27′31″ | 深部 | 2 489 000 | 1000 | 0.000 014 5 | 36 090.5 | 48 003.5 |
| | | | | | 外围 | 1 244 828 | 660 | | 11 913 | |
| | 5 | 黄岗梁 | 117°22′31″ | 43°35′01″ | 深部 | 4 191 677 | 260 | 0.098 | 425 036 | 526 735 |
| | | | | | 外围 | 372 525 | 700 | | 101 699 | |
| 岩浆热液型 | 6 | 孟恩陶勒盖 | 121°22′02″ | 45°12′18″ | 深部 | 1 739 216 | 123 | 0.000 004 | 876.56 | 1 675.37 |
| | | | | | 外围 | 332 836 | 600 | | 798.81 | |

**2. 模型区及预测区参数确定**

确定模型区，参考模型区地质体面积及延深、其他最小预测区与模型区相似性，根据模型区的含矿系数算出各最小预测区预测资源量(表 7-119)。

**表 7-119 锡矿模型区预测资源量及其估算参数表**

| 模型区编号 | 模型区名称 | 经度 | 纬度 | 含矿地质体含矿系数 | 模型区预测资源总量(t) |
|---|---|---|---|---|---|
| 花岗岩型(石英脉型)锡矿 | | | | | |
| 1509601001 | 毛登 | 117°22′31″ | 43°35′01″ | 0.000 001 32 | 15 921.43 |
| 1509204001 | 千斤沟 | 117°16′42″ | 49°26′10″ | 0.000 000 211 | 4 082.47 |
| 花岗岩型(锡石-硫化物型)锡矿 | | | | | |
| A1509203001 | 大井子 | 118°19′01″ | 43°41′22″ | 0.000 005 592 | 19 310.84 |
| 接触交代-热液型锡矿 | | | | | |
| A1509201001 | 朝不楞 | 118°30′01″ | 46°27′31″ | 0.000 001 07 | 54 140.5 |
| A1509207008 | 黄岗梁 | 117°22′31″ | 43°35′01″ | 0.000 021 | 1 242 340 |
| 岩浆热液型锡矿 | | | | | |
| A1509202006 | 孟恩陶勒盖 | 121°22′01″ | 45°13′58″ | 0.000 000 17 | 5 079.37 |

**3. 预测区资源量估算及其结果**(表 7-120，图 7-112、图 7-113)。

**表 7-120 锡矿预测区资源量估算及其结果表**

| 预测工作区编号 | 预测工作区 | 最小预测区面积范围 | 最小预测区预测深度范围 | 最小预测区相似系数 | 预测工作区预测资源总量(t) |
|---|---|---|---|---|---|
| 花岗岩型(石英脉型)锡矿 | | | | | |
| 1509601001 | 毛登锡矿预测工作区 | 1.67～26.50 | 200～600 | 5.3 | 24 939.36 |
| 1509601002 | 太平林场锡矿预测工作区 | | | 2.4 | 27 656.45 |
| 1509204001 | 千斤沟锡矿预测工作区 | | 900～1000 | 2.8 | 5 262.78 |
| 花岗岩型(锡石-硫化物型)锡矿 | | | | | |
| 1509203001 | 大井子锡矿预测工作区 | 2.21～35.99 | 380～490 | 5.5 | 70 500 |
| 接触交代-热液型锡矿 | | | | | |
| 1509201001 | 朝不楞锡矿预测工作区 | 13～96km² | 340～2000 | 5.8 | 84 471.2 |
| 1509207001 | 黄岗梁锡矿预测工作区 | | 700～1000 | 9.55 | 1 635 921 |
| 岩浆热液型锡矿 | | | | | |
| 1509202001 | 孟恩陶勒盖锡矿预测工作区 | | | 6.05 | 5 254.47 |

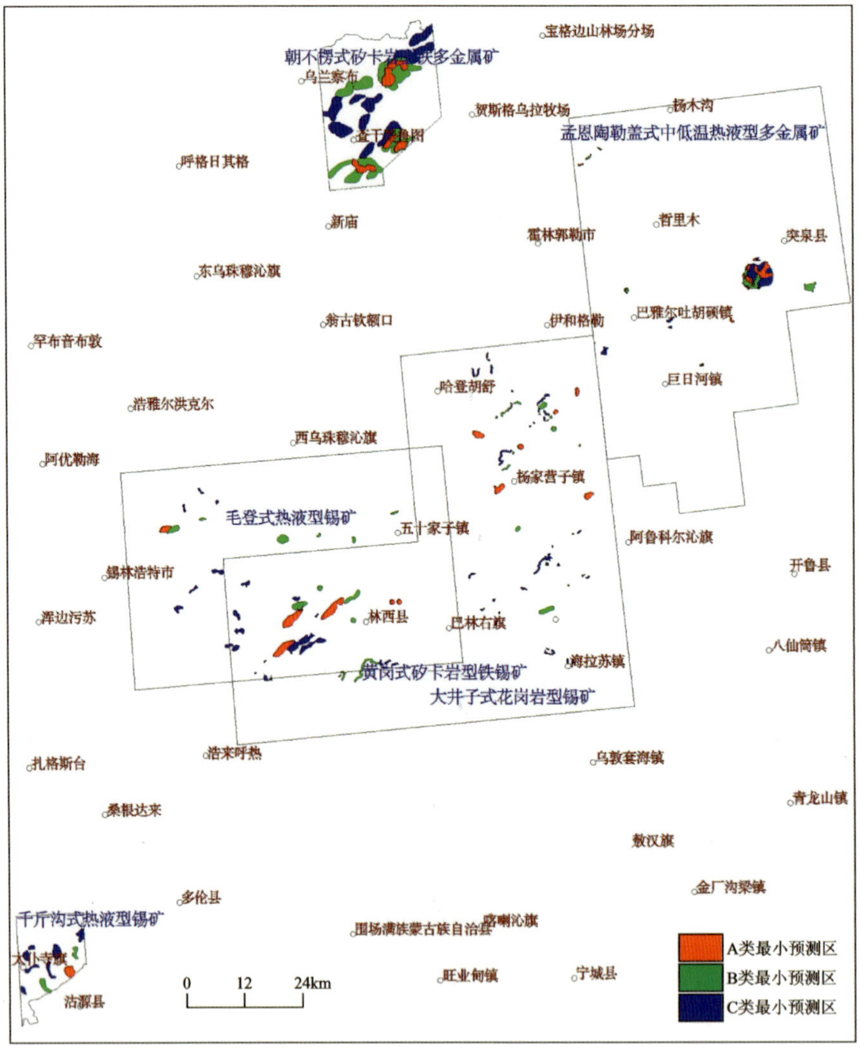


图 7-112　朝不楞、孟恩陶勒盖、毛登、千斤沟、大井子、黄岗梁锡矿最小预测区分布图

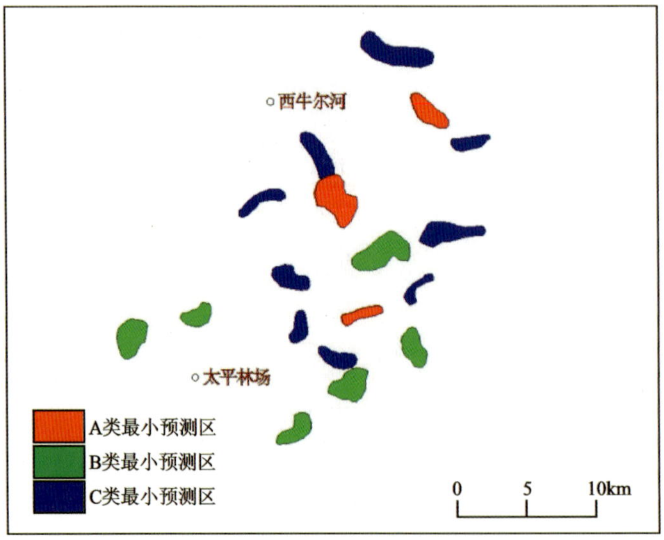


图 7-113　毛登-太平林场锡矿最小预测区分布图

# 第十节 镍矿资源潜力评价

## 一、镍矿预测模型

根据矿产预测类型划分，镍矿共涉及两个矿产预测类型：侵入岩体型、沉积(变质)型，均为原生矿产(表 7-121)。

表 7-121 典型矿床矿产预测类型一览表

| | 矿产预测类型 | 典型矿床 |
|---|---|---|
| 原生 | 侵入岩体型 | 小南山、达布逊、亚干、哈拉图庙、白音胡硕 |
| | 沉积(变质)型 | 元山子 |

在典型矿床成矿要素研究的基础上，综合研究重力、航磁、化探、遥感、自然重砂等预测要素，基于预测要素的研究结果，构建典型矿床的预测模型图。典型矿床预测模型图，以剖面图形式或平面投影形式表示预测要素内容及其相关关系和空间变化特征。在区域成矿模式的基础上，叠加区域地球物理、地球化学、遥感、自然重砂等找矿模型资料，形成区域预测模型图，以剖面图形式表示预测要素内容及其相互关系和时空展布特征。

### (一)侵入岩体型镍矿

侵入岩体型镍矿所属大地构造分区及成矿区带见表 7-122。

表 7-122 侵入岩体型镍矿分布特征一览表

| 典型矿床 | 地理位置 | 所属大地构造分区 | 所属成矿区(带) |
|---|---|---|---|
| 白音胡硕镍矿 | 西乌珠穆沁旗 | 天山-兴蒙造山系，大兴安岭弧盆系，二连-贺根山蛇绿混杂岩带($Pz_2$) | Ⅲ-8 林西-孙吴铅、锌、铜、钼、金成矿带，Ⅲ-8-①索伦镇-黄岗梁铁(锡)、铜、锌成矿亚带 |
| 小南山镍矿 | 四子王旗 | 华北陆块区，狼山-阴山陆块，狼山-白云鄂博裂谷 | Ⅲ-11 华北陆块北缘西段金、铁、铌、稀土、铜、铅、锌、银、镍成矿带，Ⅲ-11-①白云鄂博-商都金、铁、铌、稀土、铜、镍成矿亚带 |
| 达布逊镍矿 | 乌拉特后旗 | 天山-兴蒙造山系，大兴安岭弧盆系，二连-贺根山蛇绿混杂岩带 | Ⅲ-7 白乃庙-锡林郭勒铁、铜、钼、铅、锌、锰、铬、金、锗、煤、天然碱、芒硝成矿带，Ⅲ-8-②查干此老-巴音杭盖金成矿亚带(Yl) |
| 亚干镍矿 | 阿拉善左旗 | 天山-兴蒙造山系，额济纳旗-北山弧盆系，红石山裂谷 | 磁海-公婆泉铁、铜、金、铅、锌、钨、锡、铷、钒、铀、磷成矿带，Ⅲ-2-④珠斯楞-乌拉尚德铜、金、镍煤成矿亚带 |

续表 7-122

| 典型矿床 | 地理位置 | 所属大地构造分区 | 所属成矿区带 |
| --- | --- | --- | --- |
| 哈拉图庙镍矿 | 苏尼特左旗 | 天山-兴蒙造山系，大兴安岭弧盆系，二连-贺根山蛇绿混杂岩带 | Ⅲ-6 东乌珠穆沁旗-嫩江(中强挤压区)铜、钼、铅、锌、金、钨、锡、铬成矿带，Ⅲ-6-②朝不楞-博克图钨、铁、锌、铅成矿亚带(V、Y) |
| 元山子镍矿 | 阿拉善左旗 | 华北陆块区，鄂尔多斯陆块，贺兰山被动陆缘盆地(Pz1) | Ⅲ-4 河西走廊铁、锰、萤石、盐、凹凸棒石成矿带，Ⅲ-4-①阎地拉图铁成矿亚带(Vm) |

以小南山、白音胡硕矿床为例，总结预测要素。

### 1. 小南山式矿床

由于小南山矿区无大比例尺的物化遥资料，故利用典型矿床所在区域物化探资料，编制典型矿床所在区域地质-物探模型图、地质-化探模型图。区域预测模型图以剖面图形式表示(图 7-114～图 7-116)。小南山铜镍矿典型矿床预测要素表见表 7-123。

小南山铜镍矿典型矿床地质-物探模型图(图 7-114)说明：小南山铜镍矿在布格重力异常图上位于宝音图-白云鄂博-商都重力低值带上，东、西两侧重力相对较高。布格重力等值线基本上东西向展布，矿区位于条带状低重力异常带两个极值间的平稳区域场，$\Delta g$ 为$(-172.00\sim-170.00)\times10^{-5}\ m/s^2$。在剩余重力异常图上，小南山铜镍矿在 L 蒙-566 负异常边缘，该负异常区与酸性侵入岩有关，矿区北部 G 蒙-557 正异常为古生代地层的反映。区域航磁异常图显示，矿区所在磁场为低缓正磁场背景，近东西向走向。可由线状重力等值线密集带或水平一阶导数线状异常(或串珠状异常)推断在矿区南北有近东西向断裂存在。位于负异常区的小南山铜镍矿在成因上与重力推断的花岗岩体有关。

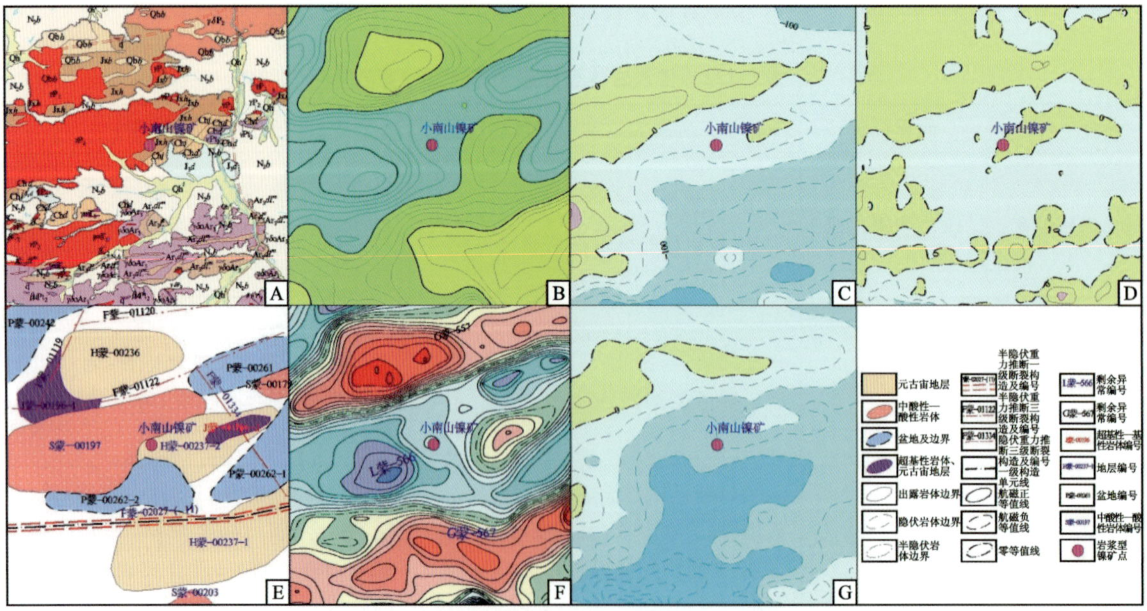


图 7-114　小南山铜镍矿区域地质-物探模型图

A. 地质矿产图；B. 布格重力异常图；C. 航磁 $\Delta T$ 等值线平面图；D. 航磁 $\Delta T$ 化极垂向一阶导数等值线平面图；E. 重力推断地质构造图；F. 剩余重力异常图；G. 航磁 $\Delta T$ 化极等值线平面图

小南山铜镍矿典型矿床地质-化探模型图(图 7-115)说明:小南山式侵入岩型铜镍矿矿区周围主要存在 Ni、Cu、Cr、$Fe_2O_3$、Mn、V、As、Sb、Bi 等元素(或氧化物)异常,Ni、Cu 为主成矿元素,异常形态为不规则状。Cu、Mn、As、Sb、Bi 作为主成矿元素或主要的共伴生元素异常强度较高,为二级浓度分带,其余均为一级浓度分带。元素异常形态为不规则状,大致呈北东向展布。

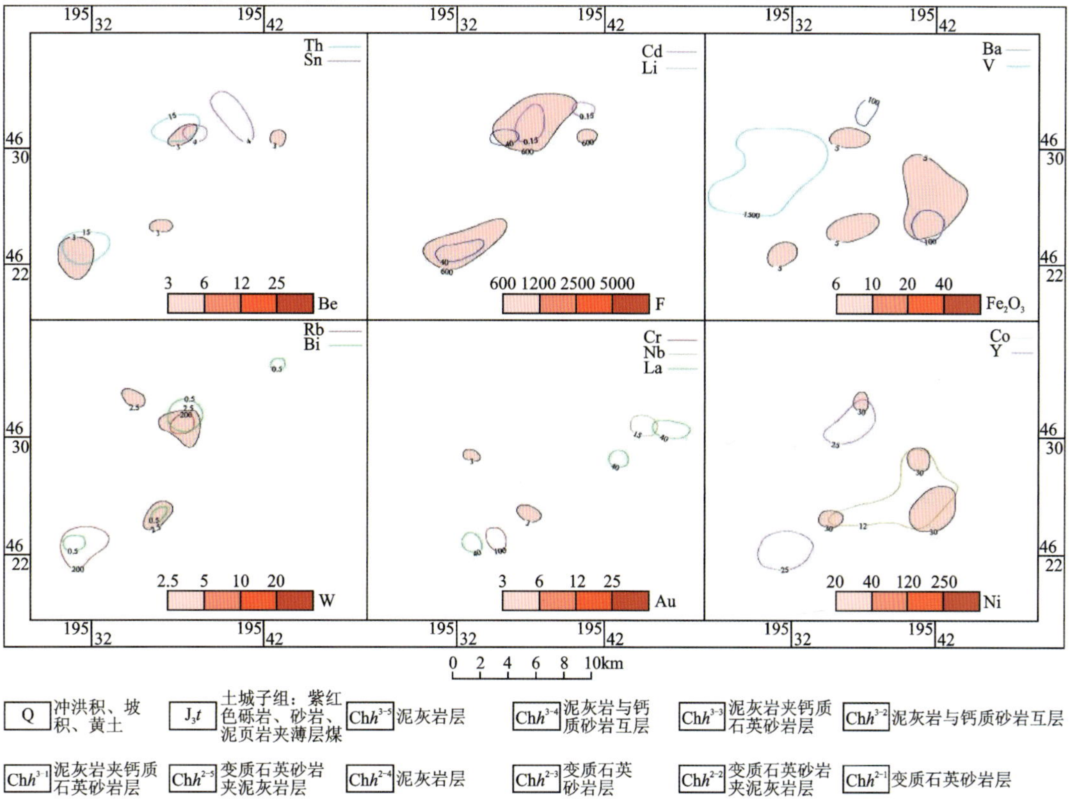

图 7-115 小南山铜镍矿区域地质-化探模型图

小南山式铜镍矿区域预测模型图(图 7-116)说明:海西期超基性岩出露地区,Ni 等单元素浓集中心明显,组合异常套合较好,重力、航磁均为高值正异常,物化探异常对应较好。

**2. 白音胡硕矿床**

由于白音胡硕矿区无大比例尺的物探、化探、遥感资料,故利用典型矿床所在区域的物探(注:白音胡硕典型矿床所在地段没有化探数据)资料,编制典型矿床所在区域地质-物探模型图,代替典型矿床预测模型图,根据典型矿床成矿规律研究成果,编制区域预测模型图(图 7-117、图 7-118)。白音胡硕镍矿典型矿床预测要素表见表 7-124。

白音胡硕典型矿床地质-物探模型图(图 7-117)说明:白音胡硕式岩浆型镍矿床位于长轴状局部重力高异常边缘,其峰值 $\Delta g_{max}$ 为 $-96.24\times10^{-5}m/s^2$。剩余图中该区域表现剩余重力正异常,编号 G 蒙-344-1。区域内航磁等值线平面图($\Delta T$)也表现大面积的正磁异常,$\Delta T_{max}=1400nT$,地质资料地表局部出露超基性岩,推断以上异常是超基性岩体的反映。矿床西侧及东南部的剩余重力负异常是中新生代盆地的分布区。

白音胡硕式铜镍矿区域预测模型图(图 7-118)说明:辉长岩出露地区,Ni 等元素有相对较高的浓集中心,组合异常套合较好,剩余重力、航磁均为低值正异常,布格重力表现为低缓负异常,物化探异常对应较好。

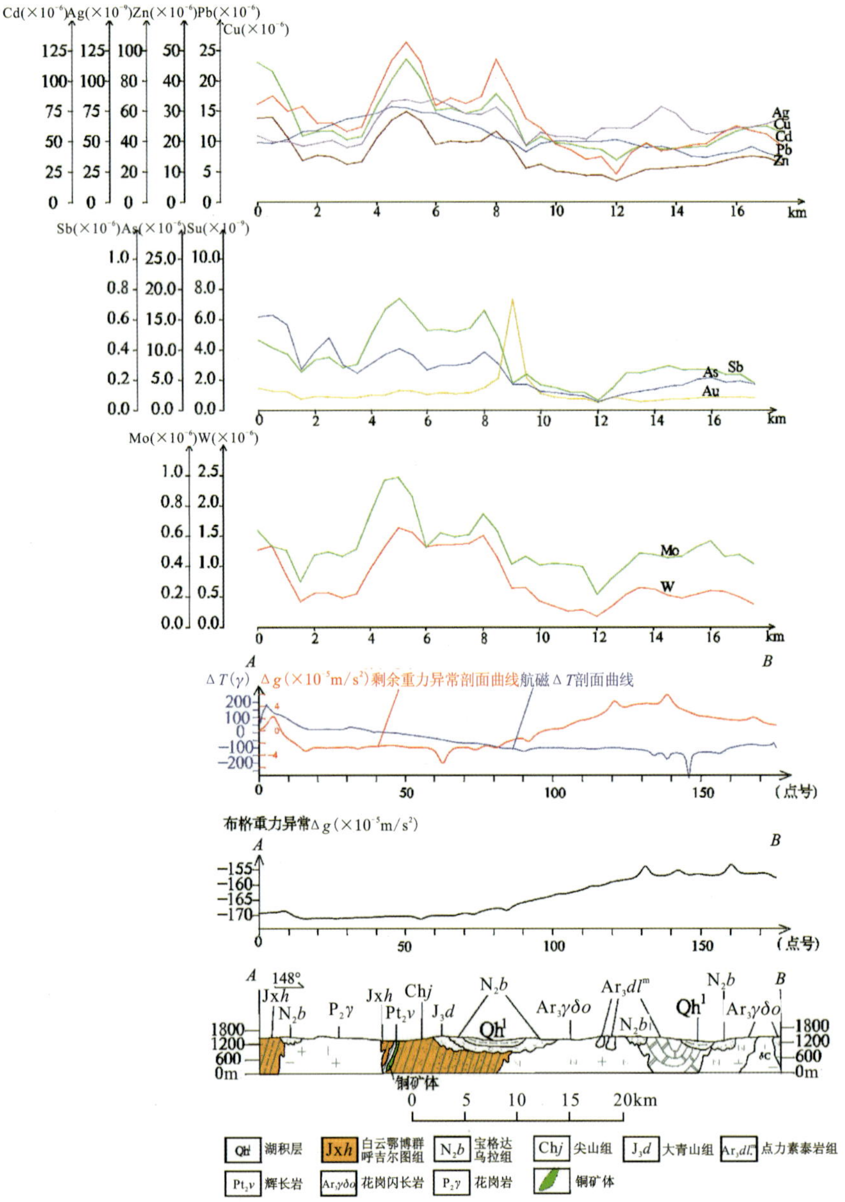


图 7-116 小南山式铜镍矿区域预测模型图

**表 7-123 小南山铜镍矿典型矿床预测要素表**

| 预测要素 | | 描述内容 | | | | 要素类别 |
|---|---|---|---|---|---|---|
| | | 储量 | 镍 12 556t、铜 9039t | 平均品位 | Cu 0.458%，Ni 0.636% | |
| | | 特征描述 | 与基性岩有关的岩浆熔离型铜镍矿床 | | | |
| 地质环境 | 构造背景 | 华北陆块区，狼山-阴山陆块，狼山-白云鄂博裂谷 | | | | 重要 |
| | 地质环境 | 出露地层为白云鄂博群哈拉霍疙特组；辉长岩是本区含铜镍矿床的成矿母岩；北东东向及北西西向两组压扭性断裂严格控制了与成矿关系密切的辉长岩体 | | | | 重要 |
| | 成矿时代 | 志留纪—二叠纪 | | | | 重要 |

续表 7-123

| 预测要素 | | 描述内容 | 要素类别 |
|---|---|---|---|
| 矿床特征 | 矿体形态 | 矿体似层状、透镜状 | 次要 |
| | 岩石类型 | 辉长岩 | 必要 |
| | 岩石结构 | 辉长结构 | 次要 |
| | 矿物组成 | 金属矿物主要有黄铁矿、紫硫镍铁矿、黄铜矿、磁黄铁矿、辉铜矿，少量的斑铜矿、辉砷钴镍矿、锑针镍矿、方黄铜矿、闪锌矿、镍矿、辉砷钴镍矿等 | 次要 |
| | 矿石结构构造 | 结构：交代结构、他形粒状结构、假象交代结构和残晶结构<br>构造：细脉浸染状、斑点状、网脉状、块状及角砾状构造 | 次要 |
| | 蚀变特征 | 次闪石化、绿泥石化、钠黝帘石化、绢云母化 | 次要 |
| | 控矿条件 | 北东东向及北西西向断裂及辉长岩体 | 必要 |
| 地球物理特征 | 重力异常 | 矿床位于宝音图-白云鄂博-商都重力低值带，矿床周边布格重力异常最高值 $-155.97\times10^{-5}\mathrm{m/s^2}$，最低值 $-183.23\times10^{-5}\mathrm{m/s^2}$。剩余重力异常图中镍矿床位于正负异常之间的负值区，西侧为东西走向负异常，极值 $-12.07\times10^{-5}\mathrm{m/s^2}$，东侧正异常极值 $4.59\times10^{-5}\mathrm{m/s^2}$，位于负异常区的小南山镍矿在成因上与重力推断的花岗岩体有关 | 次要 |
| | 磁法异常 | 矿床所处的磁场整体表现为弱正磁场背景，北西部稍强，最高达 130nT | 重要 |
| 地球化学特征 | | 矿床附近形成了 Cu、Ni、Co、As、Ag、Cd、Sb 组合异常，Cu、Ni 为主成矿元素，Co、As、Ag、Cd、Sb 为主要的共伴生元素，Cu 元素在矿区周围沿不整合地质线呈高背景分布，存在明显的浓集中心 | 重要 |

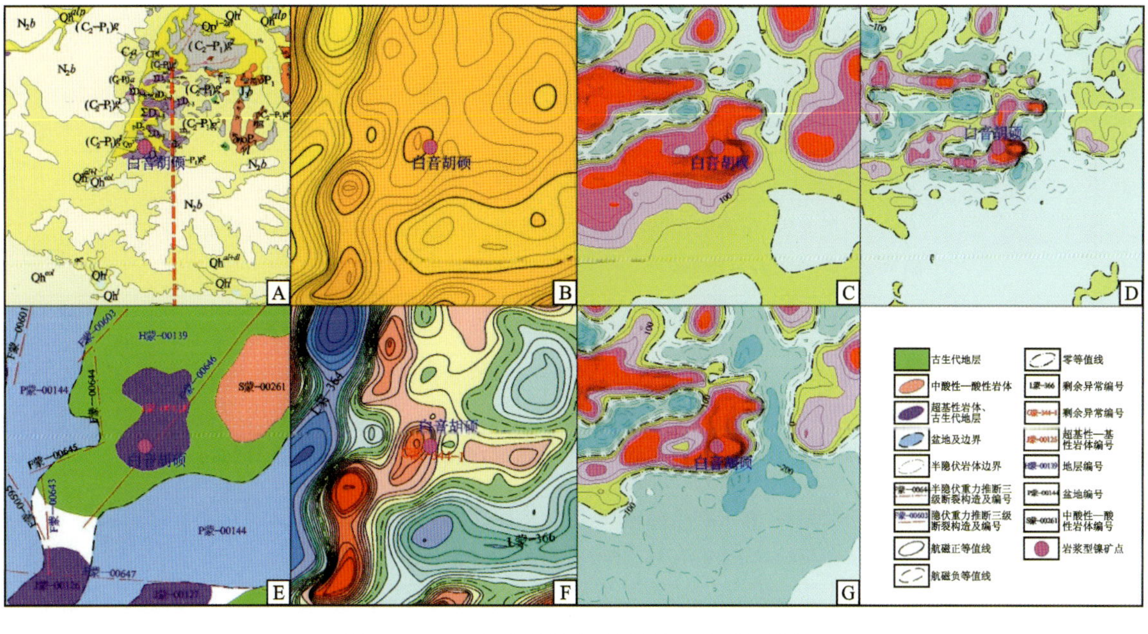


图 7-117 白音胡硕镍矿区域地质-物探模型图

A. 地质矿产图；B. 布格重力异常图；C. 航磁 $\Delta T$ 等值线平面图；D. 航磁 $\Delta T$ 化极垂向一阶导数等值线平面图；E. 重力推断地质构造图；F. 剩余重力异常图；G. 航磁 $\Delta T$ 化极等值线平面图

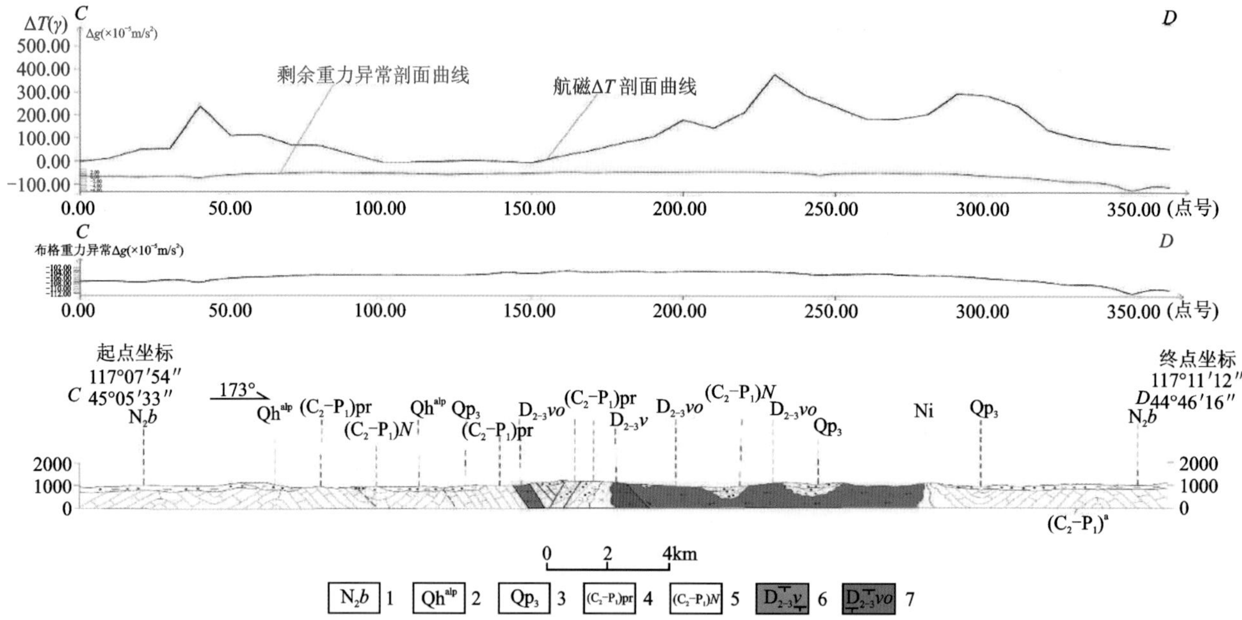


图 7-118　白音胡硕铜镍矿区域预测模型图

1.宝格达乌拉组;2.冲洪积;3.上更新统;4.石炭纪—二叠纪火山碎屑沉积建造;
5.石炭纪—二叠纪基性侵入岩;6.蚀变辉长岩;7.单斜辉石橄榄岩

**表 7-124　白音胡硕镍矿典型矿床预测要素表**

| 预测要素 | | 描述内容 | | | | 要素类别 |
|---|---|---|---|---|---|---|
| | | 储量 | 镍 37 771t | 平均品位 | Ni 0.87% | |
| | | 特征描述 | 风化淋积型(或风化壳型)硅酸镍矿床(中型) | | | |
| 地质环境 | 构造背景 | 天山-兴蒙造山系,大兴安岭弧盆系,二连-贺根山蛇绿混杂岩带 | | | | 必要 |
| | 成矿环境 | 大兴安岭成矿省,东乌珠穆沁旗-嫩江(中强挤压区)铜、钼、铅、锌、金、钨、锡、铬成矿带,朝不楞-博克图钨、铁、锌、铅成矿亚带 | | | | 必要 |
| | 成矿时代 | 海西期 | | | | 必要 |
| 矿床特征 | 矿体形态 | 平面形态为不规则纺锤形,矿体长轴呈胳膊肘状 | | | | 重要 |
| | 岩石类型 | 安山岩,英安岩,角砾安山岩,凝灰质粉砂岩,板岩,长石石英砂岩,泥质粉砂岩,斜辉、二辉辉橄岩与辉绿岩 | | | | 重要 |
| | 岩石结构 | 辉绿结构、嵌晶含长结构 | | | | 次要 |
| | 矿物组成 | 金属矿物主要是褐铁矿、磁铁矿、赤铁矿,少量黄铁矿、黄铜矿、磁黄铁矿,微量镍黄铁矿、镍磁铁矿、菱铁矿、紫硫镍铁矿;<br>非金属矿物主要是碳酸盐矿物,次为绿泥石、绢云母和黏土类矿物及石英 | | | | 重要 |
| | 矿石结构构造 | 结构:土状结构、粉土状结构、粉砂土状结构;<br>构造:块状构造、细脉状构造、网格状构造、团块状构造、结核状构造等 | | | | 次要 |
| | 蚀变特征 | 蚀变强烈,主要为碳酸盐化,次为绿泥石、绢云母化、泥化,基本无法恢复原岩 | | | | 重要 |
| | 控矿条件 | 海西早期北东向和北东东向断裂控制岩体的分布;<br>矿体赋存在海西期超基性岩-斜辉、二辉辉橄岩体中 | | | | 必要 |

续表 7-124

| 成矿要素 | | 描述内容 | 要素类别 |
|---|---|---|---|
| 地球物理特征 | 重力异常 | 矿床位于布格重力异常相对高值区，异常范围为$(-102\sim95.41)\times10^{-5}m/s^2$；剩余重力异常图中矿床位于条带状正异常区 | 重要 |
| | 磁法异常 | 据1∶5万航磁图显示，矿床处在值为0nT左右的平稳磁场上 | 重要 |
| 地球化学特征 | | 无化探数据资料 | |

### （二）沉积（变质）型镍矿

沉积（变质）型镍矿只包括元山子一个典型矿床，详见钼矿中元山子钼镍矿相关章节。

## 二、预测方法类型确定及区域预测要素

内蒙古自治区镍矿预测工作区预测方法类型根据镍矿典型矿床矿产预测类型确定：超基性—基性铜-镍硫化物型镍矿主要预测要素为辉长岩及超基性—基性岩体，因此确定预测方法类型为侵入岩体型，采用侵入岩浆构造图为预测底图。沉积（变质）型镍矿（元山子镍矿）主要预测要素为寒武纪香山群徐家圈组滨海浅海相黑色石英、石墨、绢云母千枚岩建造，因此确定预测方法类型为沉积型，采用沉积建造构造图。编制预测底图时对与预测无关的地质体进行了淡化，突出表达预测研究主体、目的层，侵入岩建造的分布、岩性组合特征等，在各专题研究的基础上，提取了重力、磁法、化探、遥感、自然重砂等异常，及推测的断裂、隐伏矿体等，总结区域预测要素。

**1. 侵入岩体型镍矿区域预测要素**

侵入岩体型镍矿的矿产预测类型有超基性—基性铜-镍硫化物型镍矿，主要矿床式有小南山式、达布逊式、亚干式、哈拉图庙式、白音胡硕式。以小南山、白音胡硕预测工作区为例简述此2类矿床式区域预测要素（表7-125）。

**2. 沉积（变质）型镍矿区域预测要素**

由沉积（变质）型镍矿确定的矿产预测类型为沉积型镍矿。沉积（变质）型镍矿只包含元山子式一种矿床式（表7-126）。

## 三、最小预测区圈定

根据对典型矿床成矿规律、预测要素及预测工作区区域地质、物探、化探、遥感、自然重砂等背景条件的研究，确定预测工作区预测要素，提取预测变量，运用矿产资源评价系统（MRAS）对预测工作区进行定位预测。

**1. 变量构置**

根据各预测工作区不同成矿条件，进行预测变量构置（表7-127）。

**表 7-125 侵入岩体型镍矿预测工作区预测要素一览表**

| 预测要素 | | 描述内容<br>小南山 | 要素类别 | 描述内容<br>白音胡硕 | 要素类别 |
|---|---|---|---|---|---|
| 地质环境 | 大地构造位置 | 华北陆块区,狼山-阴山陆块,狼山-白云鄂博裂谷 | 重要 | 天山-兴蒙造山系,大兴安岭弧盆系,二连-贺根山蛇绿混杂岩带与扎兰屯-多宝山岛弧及锡林浩特岩浆弧三者交会部位 | 必要 |
| | 成矿区(带) | 滨太平洋成矿域(叠加在古亚洲成矿域之上),华北成矿省,华北陆块北缘西段金、铁、铌、稀土、铜、铅、锌、银、镍、铂、钨、石墨、白云母成矿带(Ⅲ-11)、白云鄂博-商都金、铁、铌、稀土、铜、镍成矿亚带(Ⅲ-11-①) | 重要 | 滨太平洋成矿域(叠加在古亚洲成矿域之上),大兴安岭成矿省,东乌珠穆沁旗-嫩江(中强挤压区)铜、钼、铅、锌、金、钨、锡、铬成矿带,朝不楞-博克图钨、铁、锌、铅成矿亚带与阿巴嘎-霍林河铬、铜(金)、锗、煤、天然碱、芒硝成矿带,温都尔庙-红格尔庙铁成矿亚带及林西-孙吴铅、锌、铜、钼、金成矿带,索伦镇-黄岗梁铁(锡)铜锌成矿亚带三者交会部位 | 必要 |
| | 区域成矿类型及成矿期 | 岩浆熔离型镍矿;志留纪—二叠纪 | 重要 | 侵入岩体型;海西期 | 必要 |
| 控矿地质条件 | 赋矿地质体 | 辉长岩 | 必要 | 海西期超基性岩 | 重要 |
| | 控矿侵入岩 | 辉长岩 | 次要 | 海西期超基性岩 | 必要 |
| | 主要控矿构造 | 北东东向及北西西向断裂 | 重要 | 北东向和北东东向断裂 | 重要 |
| 区内相同类型矿产 | | 已知小型矿床1处 | 次要 | 2个中型矿床,1个小型矿床 | 重要 |
| 地球物理与地球化学特征 | 重力特征 | 布格重力异常图上预测区位于宝音图-白云鄂博-商都重力低值带,西北部和东南部表现为高异常,中部表现为低异常。剩余重力异常图,区内西北和东南区域对应布格重力异常高值区,剩余重力值表现为正异常,编号:G蒙-557、G蒙-567。在预测区西南部和中部剩余重力有明显负值带 | 重要 | 矿床位于布格重力异常相对高值区,异常范围为$(-102\sim 95.41)\times 10^{-5}\ m/s^2$;剩余重力异常图中矿床位于条带状正异常区 | 重要 |

续表 7-125

| 预测要素 | | 描述内容 | 要素类别 | 描述内容 | 要素类别 |
|---|---|---|---|---|---|
| | | 小南山 | | 白音胡硕 | |
| 地球物理与地球化学特征 | 航磁特征 | 在1∶5万航磁 $\Delta T$ 等值线平面图上,预测工作区磁异常幅值范围为−250～500nT,以负磁场为背景,背景值为−100～50nT,小南山岩浆型镍矿床位于预测工作区中部,处在负磁场背景中的低缓正磁异常,50nT等值线附近 | 重要 | 据1∶25万航磁图显示,矿床处在负磁异常区,其值为−40nT左右。据1∶5万航磁图显示,矿床处在值为0nT左右的平稳磁场上 | 重要 |
| | 地球化学特征 | 预测区上Ni多呈背景、高背景分布,具有明显的浓度分带,但浓集中心不明显 | 次要 | 区域上分布有Ni、Cr、$Fe_2O_3$、Co、Mn、V、Ti等元素(或氧化物)组成的高背景区带,在高背景区带中有以Ni、Cr、$Fe_2O_3$、Co、Mn、V为主的多元素(或氧化物)局部异常 | 重要 |
| 遥感特征 | | 遥感效果不好 | | 遥感解译的北东向和北东东向断裂构造 | 重要 |

**表 7-126 元山子沉积(变质)型镍钼矿床元山子预测工作区区域预测要素表**

| 预测要素 | | 描述内容 | 成矿要素分类 |
|---|---|---|---|
| 区域成矿地质环境 | 大地构造单元 | 秦祁昆造山系,走廊弧后盆地 | 重要 |
| | 主要控矿构造 | 北东向及北西向断裂带 | 次要 |
| | 主要赋矿地层 | 寒武纪香山群徐家圈组 | 重要 |
| | 控矿沉积建造 | 滨海浅海相黑色石英、石墨、绢云母千枚岩建造 | 重要 |
| | 区域变质作用及建造 | 千枚岩相-绢云母岩相的区域变质作用,千枚岩建造 | 次要 |
| 区域成矿特征 | 区域成矿类型及成矿期 | 海相沉积(变质)型(Ni、Mo、FeS);寒武纪 | 重要 |
| | 含矿建造 | 含碳或夹石英绢云母千枚岩建造;黑色(含Ni、Mo等元素)含碳石英绢云母千枚岩建造 | 重要 |
| | 含矿构造 | 层内细脉浸染构造、浸染状构造 | 次要 |
| | 矿石建造 | 辉钼矿、辉砷镍矿、针镍矿、辉铁镍矿建造 | 次要 |
| | 围岩蚀变 | 硅化、绢云母化、透闪石化、钠长石化 | 重要 |
| | 矿床式 | 元山子式沉积(变质)型 | 重要 |
| | 矿点 | 同类型镍矿(化)点1个 | 重要 |

续表 7-126

| 预测要素 | | 描述内容 | 成矿要素分类 |
|---|---|---|---|
| 地球物理、化学、遥感特征 | 化探 | 铜异常三级浓度分带,异常值为(18～278.8)×$10^{-6}$ | 重要 |
| | 重力 | 重力异常低背景区,剩余重力异常值为－12×$10^{-5}$ m/$s^2$,重力异常梯级带,剩余重力异常值为(7～9)×$10^{-5}$ m/$s^2$ | 次要 |
| | 航磁 | 低缓负磁异常中的局部正磁异常区,异常值为 30～80γ,走向北西向 | 次要 |
| | 遥感 | Ⅰ级遥感铁染及羟基异常 | 次要 |

**表 7-127　镍矿区域预测要素变量构置一览表**

| 预测类型 | 预测工作区 | 预测变量 | 变量处理 |
|---|---|---|---|
| 侵入岩体型 | 白音胡硕镍矿预测工作区 | 地质体:提取泥盆纪辉绿玢岩、辉长岩、辉石橄榄岩、纯橄榄岩,并对其附近的覆盖层进行适度的和有限的揭盖处理,然后作 1000m(图面 10mm)缓冲区 | 求取存在标志 |
| | | 航磁异常:依据区内航磁磁异常与已知矿床的关系,选择航磁化极异常作为本次预测资料,提取异常起始值的加权平均值,一般为正异常区的浓集中心附近 | 二值化处理 |
| | | 重力异常:预测工作区内剩余重力异常具有较好的区分度,因此选取剩余重力异常作为本次预测资料,提取异常起始值的加权平均值,一般为正的异常值,其附近一般有正异常浓集区 | 二值化处理 |
| | | 化探异常:根据预测工作区镍单元素异常、组合异常、综合异常与已知矿床及矿点吻合程度与异常本身的区分度,选用 Ni 元素及组合异常图作为本次预测资料,提取 Ni 元素异常起始值的加权平均值,一般 Ni 元素异常值为正值,且异常面积相对较大,浓集度较高,异常峰值较大 | 求取存在标志 |
| | | 已知矿点:浩雅尔洪克尔预测工作区共有 2 个中型矿床,1 个小型矿床,哈登胡硕预测工作区没有已知矿床,对其作 1000m(图面 10mm)缓冲区 | 求取存在标志 |
| | | 断裂构造:根据典型矿床构造与矿床的关系,综合叠加地质断层、重力推断断层、遥感解译线状构造,提取北东向和北东东向断裂,然后作 1000m(图面 10mm)缓冲区 | 求取存在标志 |

续表 7-127

| 预测类型 | 预测工作区 | 预测变量 | 变量处理 |
|---|---|---|---|
| 侵入岩体型 | 小南山镍矿预测工作区 | 侵入岩,志留纪—二叠纪基性岩 | 求取存在标志 |
| | | 航磁异常值提取区间为−150～200nT | 二值化处理 |
| | | 重力剩余异常值提取区间为(−2～10)$\times10^{-5}$m/s$^2$ | 二值化处理 |
| | | 化探 Ni 元素异常区 | 求取存在标志 |
| | | 已知矿床,目前小南山预测工作区收集到的有小型镍矿 1 处,乌拉特后旗预测工作区有小型镍矿 1 处,矿点 2 个,乌拉特中旗预测工作区有小型矿床 1 个 | 求取存在标志 |
| | 达布逊镍矿预测工作区 | 地质体:褐黄色碳酸盐化蛇纹岩及绢石蛇纹岩,共提取地质体 3 块,总面积为 3.70km$^2$ | 求取存在标志 |
| | | 化探:Ni 元素化探异常取起始值>32$\times10^{-9}$的范围 | 求取存在标志 |
| | | 重力:剩余重力异常取起始值>−1$\times10^{-5}$m/s$^2$的范围 | 二值化处理 |
| | | 航磁:航磁化极异常取起始值>400nT 的范围 | 二值化处理 |
| | 镍矿预测工作区亚干 | 地质体:提取新元古代辉长岩,并进行揭盖 | 求取存在标志 |
| | | 断层:提取与成矿有关的北西向断层及航磁推断断层,并作 500m(图面 2mm)缓冲区 | 求取存在标志 |
| | | 重力:提取剩余重力异常,且为重力正异常,异常值重力最低值在−185$\times10^{-5}$m/s$^2$左右 | 二值化处理 |
| | | 根据布格重力资料推断隐伏基性岩体:区内仅有一个推断隐伏基性岩体,提取该区文件 | 求取存在标志 |
| | | 化探:提取 Ni 元素异常,提取整个区文件 | 求取存在标志 |
| | | 已知矿床:区内仅有亚干镍矿床(中型),并对其进行缓冲区处理 | 求取存在标志 |
| | 哈拉图庙镍矿预测工作区 | 侵入岩,泥盆纪基性岩、超基性岩 | 求取存在标志 |
| | | 航磁异常采用化极 $\Delta T$ 等值线,异常值提取区间为 300～8000nT | 二值化处理 |
| | | 重力剩余异常等值线,异常值提取区间为(3～10)$\times10^{-5}$m/s$^2$ | 二值化处理 |
| | | 化探 Ni 元素异常区 | 求取存在标志 |
| | | 已知矿床,目前收集到的有小型镍矿 1 处 | 求取存在标志 |

续表 7-127

| 预测类型 | 预测工作区 | 预测变量 | 变量处理 |
|---|---|---|---|
| 侵入岩体型 | 元山子镍矿预测工作区 | 地质体:寒武纪香山群徐家圈组千枚岩含矿建造 | 求取存在标志 |
| | | 航磁异常:依据区内航磁磁异常与已知典型区矿床或矿点的关系,选择航磁化极异常作为本次预测资料。根据元山子镍钼矿位于低缓负磁异常中的局部正磁异常区,异常区异常强,异常值为 30～80γ | 二值化处理 |
| | | 重力:预测区位于红柳大泉-阿拉善右旗-温都而图重力低值带南北部剩余重力场存在明显差异,重力场总体呈现东北部重力高,西南部重力低的特点。其重力场总体走向为北西向,反映了预测工作区的总体构造格架特征。区域重力场最低值为 $-237.65\times10^{-5}\,m/s^2$,最高值为 $-191.11\times10^{-5}\,m/s^2$ | 二值化处理 |
| | | 遥感异常:对遥感预测提取的区域断裂带线文件进行缓冲区处理,形成区文件 | 求取存在标志 |
| | | 断层:对控矿有关的断裂文件进行缓冲区处理,形成区文件 | 求取存在标志 |

**2. 最小预测区圈定方法及优选结果**

首先生成预测单元并对其进行赋值。白音胡硕、小南山、亚干、达布逊、哈拉图庙预测工作区利用网格单元法进行预测,根据实际情况设定预测单元网格。预测底图精度为 1∶10 万或 1∶5 万,由于超基性—基性岩体出露面积较小,预测单元划分太大,会造成歪曲实际有矿单元的分布形态,使误判有矿的地区面积增大,不利于找矿工作的进行,并使预测的预测远景区可信度降低,因此网格单元大小均设为 1km×1km;元山子镍矿为沉积建造控矿,利用控矿地质体作为地质单元进行预测。完成预测单元划分后对预测变量进行原始变量构置,生成原始数据专题,完成单元赋值。对区内已知矿床(点)按矿化规模将模型单元进行矿化级别的设置,选择具有代表性的单元作为模型单元,然后对前期所选择的预测变量进行筛选,获得真正对矿化起到作用的变量,完成变量优选步骤。证据权重法中,首先构造预测模型,生成定位预测专题图层,然后选择各预测要素的证据因子、计算证据权重,进行证据因子的条件独立性检验,计算后验概率并生成色块图,色块图级别是根据后验概率值的大小确定的。

后验概率色块图的不同级别是以网格单元为边界的规则边界,因此需要在色块图的基础上叠加所有成矿要素及预测要素,采用人工与 MRAS 软件交互的方式,根据形成的定位预测色块图对照不同级别的各要素边界,依据后验概率的大小,与模型区预测要素的匹配程度,圈定最小预测区,划分 A、B、C 类最小预测区级别(表 7-128)。

**表 7-128　镍矿最小预测区分级原则一览表**

| 预测工作区 | A、B、C 类分级原则 |
|---|---|
| 白音胡硕镍矿预测工作区 | A 类:地质体+航磁+重力+化探(金属量)+矿体+断裂构造。B 类:地质体+航磁+重力+化探。C 类:地质体+航磁+重力 |
| 小南山镍矿预测工作区 | A 类:地质体+航磁+重力+化探(金属量)+矿体。B 类:地质体+航磁+重力+化探。C 类:地质体+航磁+重力 |

续表 7-128

| 预测工作区 | A、B、C 类分级原则 |
| --- | --- |
| 达布逊镍矿预测工作区 | A 类:地质体+航磁异常分布范围+剩余重力异常+化探异常。B 类:地质体+剩余重力异常+化探异常。C 类:航磁异常分布范围+剩余重力异常+化探异常 |
| 哈拉图庙镍矿预测工作区 | A 类:地质体+航磁+重力+化探(金属量)+矿体。B 类:地质体+航磁+重力+化探。C 类:地质体+航磁+重力 |
| 元山子镍矿预测工作区 | A 类:地质体(含矿建造)+已知矿床+化探异常+航磁异常分布范围+剩余重力异常+遥感Ⅰ级铁染异常。B 类:地质体+化探异常+矿点+航磁异常分布范围+剩余重力异常+遥感异常。C 类:地质体+矿化蚀变+航磁异常分布范围或地质体+重力异常+遥感异常+低强度化探异常 |

对圈定的面积过小、成矿潜力较差、预测意义不大的最小预测区进行排除,最终共圈定镍矿最小预测区 78 个,面积 242.56km²,伴生镍矿 13 个,面积 7.07km²,其中侵入岩体型 74 个,面积 181.14km²,沉积型 17 个,面积 61.42km²(表 7-129,图 7-119~图 7-121)。

表 7-129 镍矿最小预测区圈定成果一览表

| 预测工作区 | A 类最小预测区 | B 类最小预测区 | C 类最小预测区 | 总数 | 面积(km²) |
| --- | --- | --- | --- | --- | --- |
| 白音胡硕镍矿预测工作区 | 5 | 11 | 11 | 27 | 152.06 |
| 小南山镍矿预测工作区 | 4 | 5 | 10 | 17 | 14.99 |
| 达布逊镍矿预测工作区 | 1 | 5 | 4 | 10 | 5.46 |
| 亚干镍矿预测工作区 | 1 | 8 | 4 | 13 | 7.07 |
| 哈拉图庙镍矿预测工作区 | 1 | 2 | 2 | 5 | 0.84 |
| 元山子镍矿预测工作区 | 4 | 6 | 7 | 17 | 61.42 |
| 总计 | 15 | 30 | 34 | 91 | 241.84 |

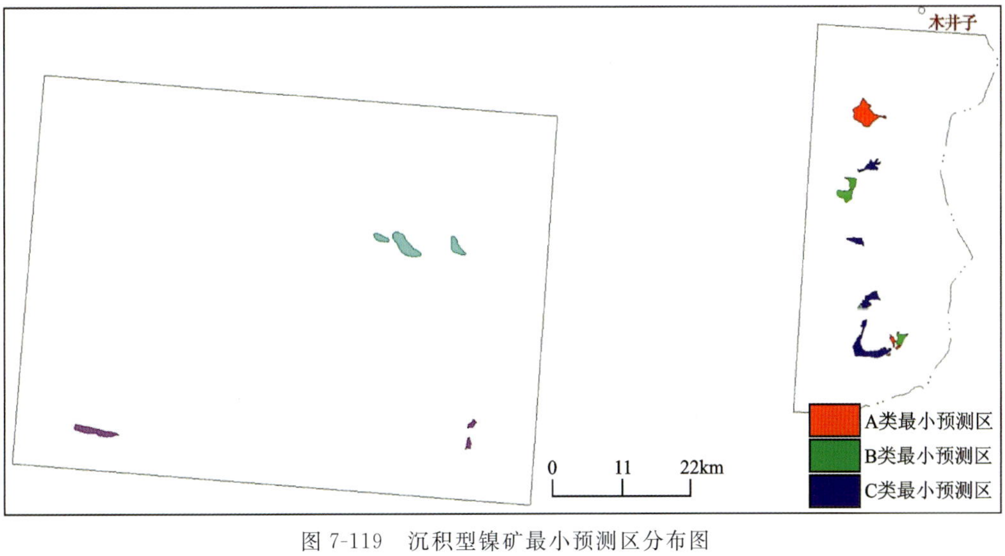

图 7-119 沉积型镍矿最小预测区分布图

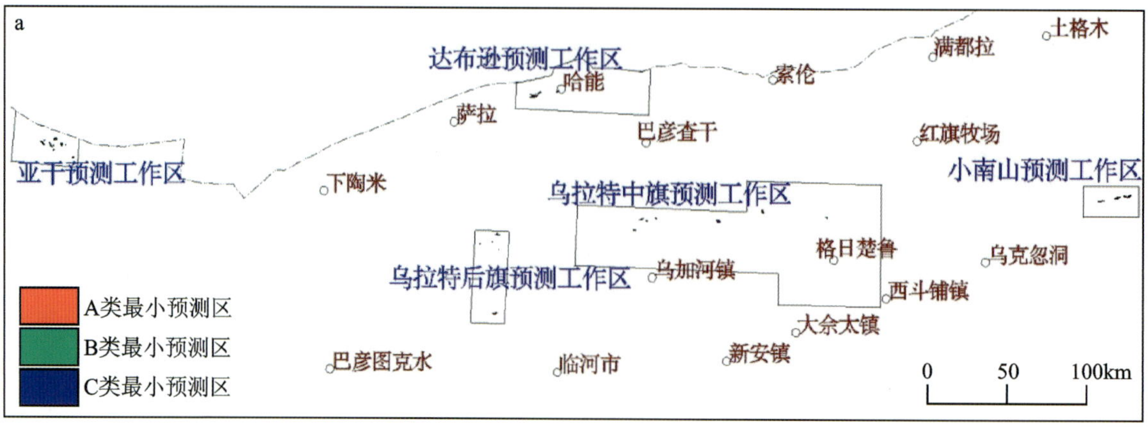


图 7-120 侵入岩体型镍矿最小预测区分布示意图(一)

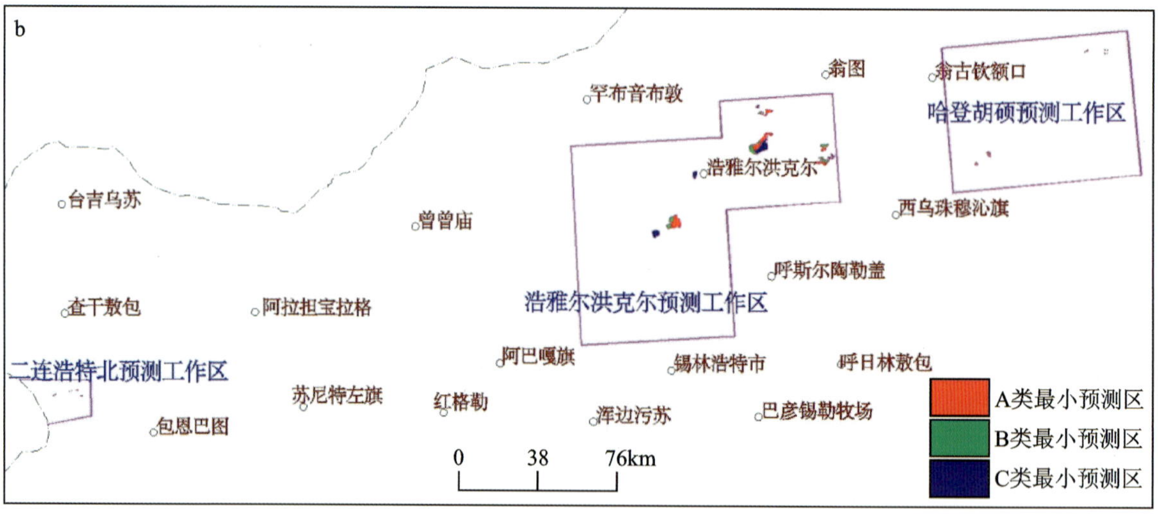


图 7-121 侵入岩体型镍矿最小预测区分布图(二)

## 四、资源量定量预测

### 1. 典型矿床深度及外围资源量估算

运用地质体积法对内蒙古镍矿进行定量预测,首先确定典型矿床体积含矿率,对典型矿床深部及外围进行资源量估算(表 7-130)。

### 2. 模型区及预测区参数确定

模型区即包含典型矿床的最小预测区。

确定模型区,参考模型区地质体面积及延深、其他最小预测区与模型区相似性,确定相似性系数,计算各最小预测区预测资源量。

最小预测区面积是根据圈定的最小预测区面积换算而来,延深是根据已知钻孔控制深度、地质体推测深度估算,相似系数为各最小预测区地物化遥条件与模型区的相似程度类比数(表 7-131)。

**表 7-130 镍矿典型矿床预测成果一览表**

| 预测类型 | 序号 | 典型矿床 | 经度 | 纬度 | 深部或外围名称 | 面积($m^2$) | 延深(m) | 体积含矿率($t/m^3$) | 预测资源量(t) | 预测资源总量(t) |
|---|---|---|---|---|---|---|---|---|---|---|
| 侵入岩体型 | 1 | 白音胡硕 | 117°10′37″ | 44°50′47″ | 深部 | 984 800 | 8.7 | 0.003 238 31 | 27 745 | 33 730 |
| | | | | | 外围 | 212 400 | 8.7 | | 5985 | |
| | 2 | 小南山 | 111°22′01″ | 41°45′20″ | 深部 | 33 946 | 85 | 0.001 3 | 3751 | 9718 |
| | | | | | 外围 | 12 405 | 370 | | 5967 | |
| | 3 | 达布逊 | 107°09′00″ | 42°14′30″ | 深部 | 344 594.40 | 107.58 | 0.000 283 82 | 10 521.61 | 76 066.73 |
| | | | | | 外围 | 616 857.42 | 374.38 | | 65 545.13 | |
| | 4 | 哈拉图庙 | 112°10′00″ | 43°57′00″ | 深部 | 43 896 | 28 | 0.000 9 | 1 106.18 | 3 506.01 |
| | | | | | 外围 | 14 651 | 182 | | 2 399.83 | |
| 沉积型 | 5 | 元山子 | 105°36′02″ | 38°12′20″ | 深部 | 11 421 830.92 | 270 | 0.000 001 912 | 5 894.94 | 5 894.94 |

**表 7-131 镍矿模型区及估算参数一览表**

| 预测工作区编号 | 预测工作区 | 模型区编号 | 模型区名称 | 经度 | 纬度 | 含矿地质体含矿系数 | 模型区预测资源总量(t) | 最小预测区面积范围($km^2$) | 最小预测区预测深度范围 | 最小预测区相似系数范围 |
|---|---|---|---|---|---|---|---|---|---|---|
| 侵入岩体型镍矿 | | | | | | | | | | |
| 1507201001 | 白音胡硕式镍矿浩雅尔洪克尔预测工作区 | A1507201001 | 萨如拉脑塔格嘎查北16km | 117°09′52″ | 44°50′57″ | 0.000 736 | 71 501 | 1.09～23.8 | 3.5～15.56 | 0.25～1 |
| 1507201002 | 白音胡硕式镍矿哈登胡硕预测工作区 | | | | | | | 0.06～1.73 | 6～15.56 | 0.5～0.85 |
| 1507202001 | 小南山式镍矿小南山预测工作区 | A1507202001 | 小南山铜镍矿 | 111°24′01″ | 41°45′20″ | 0.000 46 | 22 274 | 0.13～2.34 | 200～370 | 0.1～1 |
| 1507202002 | 小南山式镍矿乌拉特后旗预测工作区 | | | | | | | 0.027 3～1.31 | 60～370 | 0.15～0.95 |
| 1507202003 | 小南山式镍矿乌拉特中旗预测工作区 | | | | | | | 0.52～2.16 | 200～200 | 0.1～0.3 |

续表 7-131

| 预测工作区编号 | 预测工作区 | 模型区编号 | 模型区名称 | 经度 | 纬度 | 含矿地质体含矿系数 | 模型区预测资源总量(t) | 最小预测区面积范围($km^2$) | 最小预测区预测深度范围 | 最小预测区相似系数范围 |
|---|---|---|---|---|---|---|---|---|---|---|
| 1507203001 | 达布逊预测工作区 | A1507203001 | 达布逊 | 113°08′18″ | 42°14′40″ | 0.000 105 68 | 102 160.47 | 0.06~2.58 | 150~374.38 | 0.2~1 |
| 1507204001 | 亚干预测区 | A1507204001 | 亚干 | 103°36′35″ | 41°47′25″ | 0.001 60 | 145 589.49 | 0.1~1.84 | 90~300 | 0.1~1 |
| 1507205001 | 哈拉图庙式镍矿二连浩特北部预测工作区 | A1507205001 | 哈拉图庙矿 | 112°09′29″ | 43°57′11″ | 0.000 28 | 9 526.62 | 0.01~0.38 | 180~200 | 0.2~1 |
| 沉积型镍矿 | | | | | | | | | | |
| 1507101001 | 元山子式镍矿元山子预测工作区 | A1507101001 | 元山子 | 105°36′02″ | 38°12′20″ | 0.000 001 912 | 5 894.94 | 0.14~11.42 | 50~380 | 0.4~1 |
| 1507101002 | 元山子式型镍矿营盘水北预测工作区 | A1507101001 | 元山子 | 105°36′02″ | 38°12′20″ | 0.000 001 912 | 5 894.94 | 0.93~8.71 | 170~670 | 0.5~0.8 |

### 3. 预测区资源量估算及其结果

本次共预测镍矿资源总量为 607 227.42t。预测方法类型为侵入岩体型和沉积型(表 7-132)。

表 7-132 镍矿预测工作区预测资源量一览表

| 预测工作区编号 | 预测工作区 | 预测工作区预测资源总量(t) |
|---|---|---|
| 侵入岩体型镍矿 | | |
| 1507201001 | 白音胡硕式镍矿浩雅尔洪克尔预测工作区 | 217 552 |
| 1507201002 | 白音胡硕式镍矿哈登胡硕预测工作区 | 36 041 |
| 1507202001 | 小南山式镍矿小南山预测工作区 | 29 437.28 |
| 1507202002 | 小南山式镍矿乌拉特后旗预测工作区 | 19 827.97 |
| 1507202003 | 小南山式镍矿乌拉特中旗预测工作区 | 22 258.16 |
| 1507203001 | 达布逊预测工作区 | 87 405.12 |
| 1507204001 | 亚干式侵入岩体型镍矿亚干预测工作区 | 161 895 |
| 1507205001 | 哈拉图庙式镍矿二连浩特北部预测工作区 | 13 104.41 |
| 总计 587 520.94 | | |

续表 7-132

| 预测工作区编号 | 预测工作区 | 预测工作区预测资源总量(t) |
|---|---|---|
| 沉积型镍矿 | | |
| 1507101001 | 元山子式镍矿元山子预测工作区 | 10 216.48 |
| 1507101002 | 元山子式型镍矿营盘水北预测工作区 | 9490 |
| 总计 19 706.48 | | |
| 镍矿预测资源量总计(t)607 227.42 | | |

# 第十一节　金矿资源潜力评价

## 一、金矿预测模型

根据矿产预测类型划分，金矿共涉及 5 个矿产预测类型：变质碎屑岩中热液型、风化壳型、花岗-绿岩型、陆相火山岩型、岩浆热液型。共伴生金矿矿产预测类型与其主矿床预测类型一致：岩浆热液型、斑岩型、岩浆型(超基性—基性铜-镍硫化物)、陆相火山次火山型、陆相火山岩型、海相火山岩型、(火山)沉积变质型(表 7-133)。

表 7-133　金矿典型矿床预测类型一览表

| 矿产预测类型 | | 典型矿床 |
|---|---|---|
| 岩浆热液型 | | 赛乌素、乌拉山、巴音温都尔、金厂沟梁、碱泉子、巴音杭盖、三个井、白乃庙、毕力赫、十八顷壕、小伊诺盖沟 |
| 变质碎屑岩中热液型 | | 朱拉扎嘎、浩尧尔忽洞 |
| 风化壳型 | | 老硐沟 |
| 花岗-绿岩型 | | 新地沟 |
| 陆相火山岩型 | | 四五牧场、古利库、陈家杖子 |
| 共伴生 | 岩浆热液型 | 白马石沟、布敦花、欧布拉格、孟恩陶勒盖 |
| | 斑岩型 | 珠斯楞 |
| | 岩浆型<br>(超基性—基性铜-镍硫化物) | 小南山 |
| | 陆相火山-次火山型 | 李清地 |
| | 陆相火山岩型 | 甲乌拉 |
| | 海相火山岩型 | 白乃庙、小坝梁 |
| | (火山)沉积变质型 | 东升庙 |

在典型矿床成矿要素研究的基础上，综合研究重力、航磁、化探、遥感、自然重砂等预测要素，基于预测要素的研究结果，构建典型矿床的预测模型图。典型矿床预测模型图，以剖面图形式或平面投影形式表示预测要素内容及其相关关系和空间变化特征。在区域成矿模式的基础上，叠加区域地球物理、地球化学、遥感、自然重砂等找矿模型资料，形成区域预测模型图，以剖面图形式表示预测要素内容及其相互关系和时空展布特征。

本节主要阐述原生金矿资源潜力评价成果，共伴生金矿资源潜力评价成果参见与其主矿种相关章节。

### (一)岩浆热液型金矿

岩浆热液型是内蒙古金矿的主要预测类型，主要有赛乌素式、十八顷壕式、乌拉山式、巴音杭盖式、巴音温都尔式、白乃庙式、毕力赫式、金厂沟梁式、三个井式、碱泉子式及小伊诺盖沟式金矿，在内蒙古全区均有分布(表7-134)。以乌拉山、毕力赫、小伊诺盖沟金矿床为例，总结预测要素(表7-135～表7-137)。

**表7-134 岩浆热液型金矿所属大地构造分区及成矿区带一览表**

<table>
<tr><th>矿床式</th><th>地理位置</th><th>所属大地构造位置分区</th><th>所属成矿区(带)</th></tr>
<tr><td>赛乌素式</td><td>达茂旗</td><td>华北陆块区，狼山-阴山陆块，狼山-白云鄂博裂谷</td><td rowspan="3">华北陆块北缘西段金、铁、铌、稀土、铜、铅、锌、银、镍、铂、钨、石墨、白云母成矿带</td></tr>
<tr><td>十八顷壕式</td><td>包头</td><td>华北陆块区，狼山-阴山陆块，色尔腾山-太仆寺旗古岩浆弧</td></tr>
<tr><td>乌拉山式</td><td>包头</td><td>华北陆块区，狼山-阴山陆块，色尔腾山-固阳-兴和陆核</td></tr>
<tr><td>巴音杭盖式</td><td>乌拉特中旗</td><td>天山-兴蒙造山系，包尔汉图-温都尔庙弧盆系，宝音图岩浆弧</td><td rowspan="4">白乃庙-锡林郭勒铁、铜、钼、铅、锌、锰、铬、金、锗、煤、天然碱、芒硝成矿带</td></tr>
<tr><td>巴音温都尔式</td><td>苏尼特左旗</td><td>天山-兴蒙造山系，大兴安岭弧盆系，锡林浩特岩浆弧</td></tr>
<tr><td>白乃庙式</td><td>四子王旗</td><td rowspan="2">天山-兴蒙造山系，包尔汉图-温都尔庙弧盆系，温都尔庙俯冲增生杂岩带</td></tr>
<tr><td>毕力赫式</td><td>苏尼特右旗</td></tr>
<tr><td>金厂沟梁式</td><td>敖汉旗</td><td>华北陆块区，冀北古弧盆系，恒山-承德-建平古岩浆弧</td><td>华北陆块北缘东段铁、铜、钼、铅、锌、金、银、锰、铀、磷、煤、膨润土成矿带</td></tr>
<tr><td>三个井式</td><td>额济纳旗</td><td>天山-兴蒙造山系，额济纳旗-北山弧盆系</td><td>磁海-公婆泉铁、铜、金、铅、锌、锰、钨、锡、铷、钒、铀、磷成矿带</td></tr>
</table>

续表 7-134

| 矿床式 | 地理位置 | 所属大地构造位置分区 | 所属成矿区(带) |
|---|---|---|---|
| 碱泉子式 | 阿拉善右旗 | 天山-兴蒙造山系,额济纳旗-北山弧盆系,哈特布其岩浆弧 | 阿拉善(隆起)铜、镍、铂、铁、稀土、磷、石墨、芒硝、盐类成矿亚带 |
| 小伊诺盖沟式 | 额尔古纳市 | 天山-兴蒙造山系,大兴安岭弧盆系,额尔古纳岛弧 | 新巴尔虎右旗-根河(拉张区)铜、钼、铅、锌、银、金、萤石、煤(铀)成矿带 |

表 7-135 乌拉山岩浆热液型金矿典型矿床预测要素表

<table>
<tr><td colspan="2" rowspan="3">预测要素</td><td colspan="4">描述内容</td><td rowspan="3">要素类别</td></tr>
<tr><td>储量</td><td>金 3 363.00kg</td><td>平均品位</td><td>Au 5.19×10⁻⁶</td></tr>
<tr><td>特征描述</td><td colspan="3">内蒙古包头乌拉山区域变质-构造-岩浆叠加中高温热液型金矿床</td></tr>
<tr><td rowspan="3">地质环境</td><td>构造背景</td><td colspan="4">华北陆块区,狼山-阴山陆块,固阳-兴和陆核</td><td>重要</td></tr>
<tr><td>成矿环境</td><td colspan="4">出露地层主要为新太古代乌拉山岩群中—高级变质岩系,局部韧性剪切、动力变质作用明显。矿体赋存于乌拉山岩群脑包山组中。侵入岩主要有印支期大桦背黑云母二长花岗岩体,海西中晚期的沙德盖灰绿色中细粒石英闪长岩体。更皮庙岩体为出露面积很小的中细粒花岗闪长岩。矿区构造属于乌拉山复式背斜之南翼,地层褶皱复杂,脆-韧性剪切变形构造和断层发育。矿床主要受近东西向山前呼-包大断裂破碎蚀变带控制,其次北东向、北西向断裂以哈达门沟断裂、大坝沟断裂为代表</td><td>必要</td></tr>
<tr><td>成矿时代</td><td colspan="4">印支期</td><td>重要</td></tr>
<tr><td rowspan="3">矿床特征</td><td>矿体形态</td><td colspan="4">脉状</td><td>重要</td></tr>
<tr><td>岩石类型</td><td colspan="4">含矿隐爆角砾岩体主要是隐爆含角砾晶屑岩屑凝灰岩,次为石英斑岩</td><td>重要</td></tr>
<tr><td>岩石结构</td><td colspan="4">细粒结构、斑状结构</td><td>次要</td></tr>
<tr><td rowspan="4">矿床特征</td><td>矿物组成</td><td colspan="4">黄铁矿、毒砂、铁闪锌矿、白铁矿,其次为银金矿、黄铜矿、方铅矿、黝铜矿,氧化带可见硫化物氧化形成的褐铁矿、黄钾铁钒,自然铜等氧化物</td><td>重要</td></tr>
<tr><td>矿石结构构造</td><td colspan="4">结构:自形—半自形—他形晶粒状结构、乳滴状结构、交代残余结构、残余—骸晶结构、压碎结构;<br>构造:稀疏—稠密浸染状构造、裂隙充填构造、块状构造、胶结角砾状构造</td><td>次要</td></tr>
<tr><td>蚀变特征</td><td colspan="4">隐爆角砾岩石普遍遭受强烈的热液蚀变作用,常见有绢云母化、碳酸盐化、硅化、泥化,其次为冰长石化、绿泥石化、绿帘石化、青磐岩化、早期冰长石化—硅化阶段和晚期硅化-黄铁矿化阶段是金沉淀主要时期</td><td>重要</td></tr>
<tr><td>控矿条件</td><td colspan="4">新太古代中深变质岩系;中元古代长城纪变质细碎屑岩-碳酸盐岩系;未见大的侵入岩体,发现两个具有一定规模的隐爆角砾岩体;北东向黑里河断裂是本区重要的控岩控矿构造,并常发育北东向岩脉或含金石英-硫化物矿脉</td><td>必要</td></tr>
</table>

**续表 7-135**

| 预测要素 | | 描述内容 | 要素类别 |
|---|---|---|---|
| 地球物理特征 | 电法异常 | 隐爆角砾岩类显示低阻高极化特征，物性参数表明高极化、低阻、低磁；矿床深部存在有低阻体，推测有与矿化有关的斑岩体 | 重要 |
| | 重力异常 | 处于正负异常梯度带上，正异常近似长方形，极值达 $15\times10^{-9}$，负异常条带状，极值达 $-12\times10^{-9}$ | 次要 |
| | 磁法异常 | 位置由南、北两条正异常带组成，北部呈条带状，极大值达 1500nT。南部呈串珠状异常，极大值达 700nT | 次要 |
| 地球化学特征 | | 覆盖严重的化探异常区应用常规土壤测量来确定近地表矿体位置简便、有效；化探的 Cu、Pb、Ni、Co、As、V、Ti、Mn、Ba 异常和磁力异常均反映出挤压破碎蚀变带及岩体与地层的接触带 | 必要 |

**表 7-136　毕力赫式斑岩型金矿典型矿床预测要素表**

<table>
<tr><td colspan="2" rowspan="3">预测要素</td><td colspan="4">描述内容</td><td rowspan="3">要素类别</td></tr>
<tr><td>储量</td><td>Ⅰ矿带 1965kg，<br>Ⅱ矿带 21 916kg<br>总计:23 881kg</td><td>平均品位</td><td>Ⅰ矿带 6.28×10⁻⁶<br>Ⅱ矿带 2.73×10⁻⁶<br>加权平均 3.02×10⁻⁶</td></tr>
<tr><td>特征描述</td><td colspan="3">内蒙古苏尼特右旗毕力赫式斑岩型金矿床</td></tr>
<tr><td rowspan="3">地质环境</td><td>构造背景</td><td colspan="4">天山-兴蒙造山汉系，包尔汉图-温都尔庙弧盆系，温都尔庙俯冲增生杂岩带</td><td>必要</td></tr>
<tr><td>成矿环境</td><td colspan="4">地层主要有晚侏罗世玛尼图组、白音高老组，新生界第三系(古近系+新近系)、第四系。<br>侵入岩主要有钾长花岗斑岩、花岗闪长斑岩和二长花岗斑岩。<br>构造以断裂构造为主，褶皱构造次之。褶皱主要为近东西向褶皱带及北东向复背斜、复向斜。断裂以近东西向和北西向 2 组为主</td><td>必要</td></tr>
<tr><td>成矿时代</td><td colspan="4">燕山期</td><td>重要</td></tr>
<tr><td rowspan="5">矿床特征</td><td>矿体形态</td><td colspan="4">脉状</td><td>重要</td></tr>
<tr><td>岩石类型</td><td colspan="4">燕山期次火山岩及玛尼图组火山岩、火山碎屑岩</td><td>重要</td></tr>
<tr><td>岩石结构</td><td colspan="4">主要有他形晶粒状、半自形粒状和斑状结构，其次为压碎、交代残余等结构，少见包含结构、次生溶蚀结构、次生残留体结构</td><td>次要</td></tr>
<tr><td>矿物组成</td><td colspan="4">金属矿物比较单一，其中黄铁矿含量相对较高，其次为毒砂、黄铜矿、黝铜矿、闪锌矿、方铅矿、辉钼矿、辉锑矿等。贵金属矿物主要为自然金，少量银金矿、自然银。另外矿石中还含少量次生氧化矿物褐铁矿、辉铜矿、蓝辉铜矿、铜蓝等。<br>非金属矿物主要为斜长石、石英、钾长石，其次为绢云母、黑云母、白云母、绿泥石、绿帘石、黝帘石、碳酸盐矿物、电气石、高岭石、黏土矿物等</td><td>重要</td></tr>
<tr><td>矿石构造</td><td colspan="4">主要有致密块状及浸染状构造，次为条带状、网脉状及角砾状等构造</td><td>次要</td></tr>
</table>

续表 7-136

| 预测要素 | | 描述内容 | 要素类别 |
|---|---|---|---|
| 矿床特征 | 蚀变特征 | 硅化、绢云母化、碳酸盐化、绿泥石化、阳起石化、钾化，尤其是热液蚀变叠加的石英细网脉 | 重要 |
| | 控矿条件 | 金矿产于侏罗纪钙碱性中酸性火山-次火山杂岩体中，容矿岩石主要为花岗闪长玢岩及其接触带附近沉凝灰岩-凝灰质砂岩，少量火山熔岩安山岩。<br>矿体严格受次火山岩体-花岗闪长斑岩内外接触带构造、断裂构造控制。<br>矿体产于二叠纪地层盆地内，侏罗纪火山机构附近，白垩纪岩体边部。<br>板块边缘活动化带，中生代坳陷和隆起的过渡带(陆相火山盆地) | 必要 |
| 地球物理特征 | | 北东向中等航磁异常，强度 20～60nT；布格重力($-148\sim-146$)$\times10^{-9}$ | 重要 |
| 地球化学特征 | | 具 Au 异常及 Cu、Pb、Zn、Ag、As、Sb、Bi、Hg 组合异常 | 必要 |
| 遥感特征 | | 火山口及破火口附近，燕山期隐伏岩体，具铁染区域 | 必要 |

**表 7-137 小伊诺盖沟式岩浆热液型(破碎蚀变岩型)金矿典型矿床预测要素表**

| 预测要素 | | 描述内容 | | | | 要素类别 |
|---|---|---|---|---|---|---|
| | | 储量 | 金 404.4kg | 平均品位 | Au $6.29\times10^{-6}$ | |
| | | 特征描述 | 热液型金矿 | | | |
| 地质环境 | 大地构造位置 | Ⅰ天山-兴蒙造山系，Ⅰ-1 大兴安岭弧盆系，Ⅰ-1-2 额尔古纳岛弧 | | | | 必要 |
| | 成矿环境 | 矿区出露地层有早寒武世额尔古纳河组白云质结晶灰岩、变质砂岩、砂砾岩、板岩、千枚岩等，局部为糜棱岩。侵入岩以中侏罗世花岗斑岩为主，外围发育早侏罗世斑状中粒花岗岩，受韧性剪切带作用，均发生糜棱岩化。斑状中粒花岗岩全岩 Rb-Sr 等时线年龄为(185.38±2.33)Ma。额尔古纳-呼伦断裂(中侏罗世末期的左行走滑韧性剪切带)贯穿矿区，与近东西向小伊诺盖沟断裂的交会部位控制矿床的定位 | | | | 必要 |
| | 成矿时代 | 成矿作用晚于中侏罗世，可能形成于蒙古-鄂霍茨克陆陆碰撞造山环境 | | | | 重要 |
| 矿床特征 | 矿体形态 | 脉状 | | | | 重要 |
| | 岩石类型 | 蚀变岩型为主，石英脉型为次。蚀变岩型矿石的品位较低，发育在石英脉两侧，硅化、绢云母化和黄铁矿化强烈。石英脉型为含黄铁矿的石英脉，规模较小，连续性较差 | | | | 重要 |
| | 矿物组成 | 金属矿物有黄铁矿、方铅矿和磁铁矿，氧化带有自然金、褐铁矿、镜铁矿、铜蓝和孔雀石；脉石矿物为石英、长石、电气石、白云母和萤石 | | | | 重要 |
| | 矿石结构构造 | 结构：他形粒状结构和交代残余结构；<br>构造：浸染状和角砾状构造 | | | | 次要 |
| | 蚀变特征 | 主要围岩蚀变类型是绢云母化、硅化和黄铁矿化 | | | | 重要 |
| | 控矿条件 | 主要围岩蚀变类型是绢云母化、硅化和黄铁矿化。小伊诺盖沟金矿受北北东向展布的额尔古纳河韧性剪切带控制，该剪切带派生的南北向、北东向次级张性和张扭性断层破碎带是金矿脉的容矿构造 | | | | 必要 |

续表 7-137

| 预测要素 | | 描述内容 | 要素类别 |
|---|---|---|---|
| 地球物理特征 | 重力 | 位于布格重力相对较高异常区，剩余重力正异常区，且金矿位于异常较中心部位，重力值为 $7\times10^{-5}m/s^2$ | 重要 |
| | 磁法 | 1∶1万地磁平面等值线图显示，磁场正负磁场变化凌乱，局部有异常出现，近似圆形，极值达 360nT | 重要 |
| 地球化学特征 | | 3个矿段均位于浓集中心，矿体、矿化体、蚀变带，均存在于高值。矿区存在以 Au 为主，伴有 Ag、As、Cd、Cu、Pb、Zn、W、Mo 等元素组成的综合异常，Au 为主成矿元素，Ag、As、Cd、Cu、Pb、Zn 为主要的伴生元素 | 重要 |

由于乌拉山、毕力赫、小伊诺盖沟矿区无大比例尺的物化遥资料，故利用典型矿床所在区域物化探剖面图，编制典型矿床所在区域地质-物探模型图、地质-化探模型图，区域预测模型图以剖面图形式表示(图 7-122～图 7-130)。

### 1. 乌拉山金矿

乌拉山式热液型金矿体赋存于新太古代深变质岩系，断裂交会部位，在布格重力异常图上，位于布格重力异常相对高值区。金矿位于呈近东西向展布的重力梯级带上，梯级带变化率较大。在金矿西南侧为布格重力异常低值区。剩余重力异常图上金矿位于剩余重力正异常东段的局部异常区，金矿所在处的航磁异常显示为高异常，在航磁化极等值线平面图上可以明显看到，在哈达门沟金矿南部存在明显的近东西走向的航磁异常梯级带，在金矿西北部也存在明显航磁正负异常梯级带，验证了在此处存在由布格重力异常推断出的推断断裂。区域上分布有 Zn、Ag、Cu、Au、$Fe_2O_3$、Mn、Mo、Hg 等元素(或氧化物)形成的高背景带；在高背景带中有以 Zn、Ag、Cu、$Fe_2O_3$、Mo、Bi、Hg 为主的多元素(或氧化物)局部异常；规模较大的 Zn 局部异常上，Zn、Au、$Fe_2O_3$、Hg、Mo、Hg 等主成矿元素(或氧化物)及伴生元素具有明显的浓度分带和浓集中心，并在空间上相互重叠或套合。

由乌拉山金矿所在区域预测模型(图 7-134)可见，其所在区域主要出露哈达门沟组，也为本区主要赋矿地层，地层断裂发育，对应磁场呈跳跃状。由于向北赋矿地质体出露增多，引起剩余重力正异常值增高。哈达门沟金矿所在区域 Ag、Pb、Zn、Cu、Cd、Mo、W、Au、Sb、As 化探组合异常套合较好，Au 单元素浓度值高。

### 2. 毕力赫式金矿

毕力赫式金矿分布于内蒙古中部地区，预测类型为岩浆热液型(斑岩型)，简述此类金矿的预测要素，编制典型矿床所在区域地质-物探模型图、地质-化探模型图，区域预测模型图以剖面图形式表示。

布格重力异常图上，位于布格重力异常相对高值区，在其南部由呈近东西向的布格重力异常梯级带，推测有近东西向断裂存在，梯级带以南为布格重力异常相对低值区。在剩余重力异常图上毕力赫金矿位于 G 蒙-535 号异常的南侧边部的正异常上，金矿西部的负异常推测是由酸性岩体引起，东部负异常推测是盆地的分布区。航磁异常为正异常，异常值在 0～100nT 之间，航磁化极等值线异常显示金矿位于正磁异常边部。本区以 Au、Cu、Mo 为主要异常元素，As、Sb、Bi、Hg、B 为伴生元素，并有 W、Ag 等元素异常；异常总体走向呈北东向，呈短轴带状分布，具有组分分带及浓度分带现象；吻合较好的 Cu、Pb、Zn、Ag、As、Sb、Bi、Hg 组合异常，显示中低温元素组合特征。

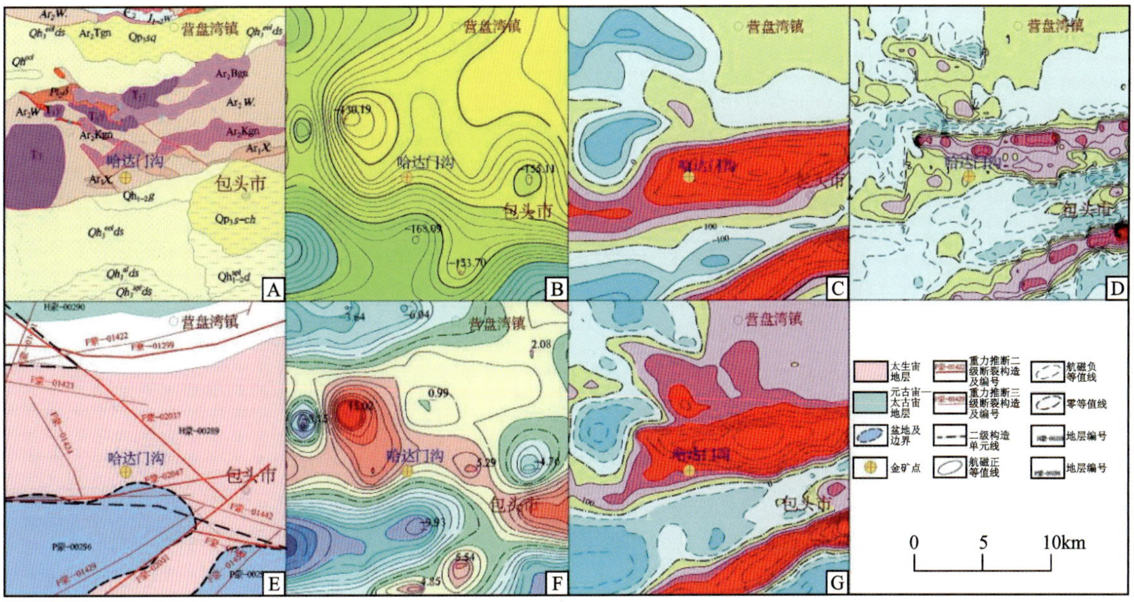


图 7-122　哈达门沟金矿所在区域地质-物探模型图

A. 地质矿产图；B. 布格重力异常图；C. 航磁 $\Delta T$ 等值线平面图；D. 航磁 $\Delta T$ 化极垂向一阶导数等值线平面图；E. 重力推断地质构造图；F. 剩余重力异常图；G. 航磁 $\Delta T$ 化极等值线平面图

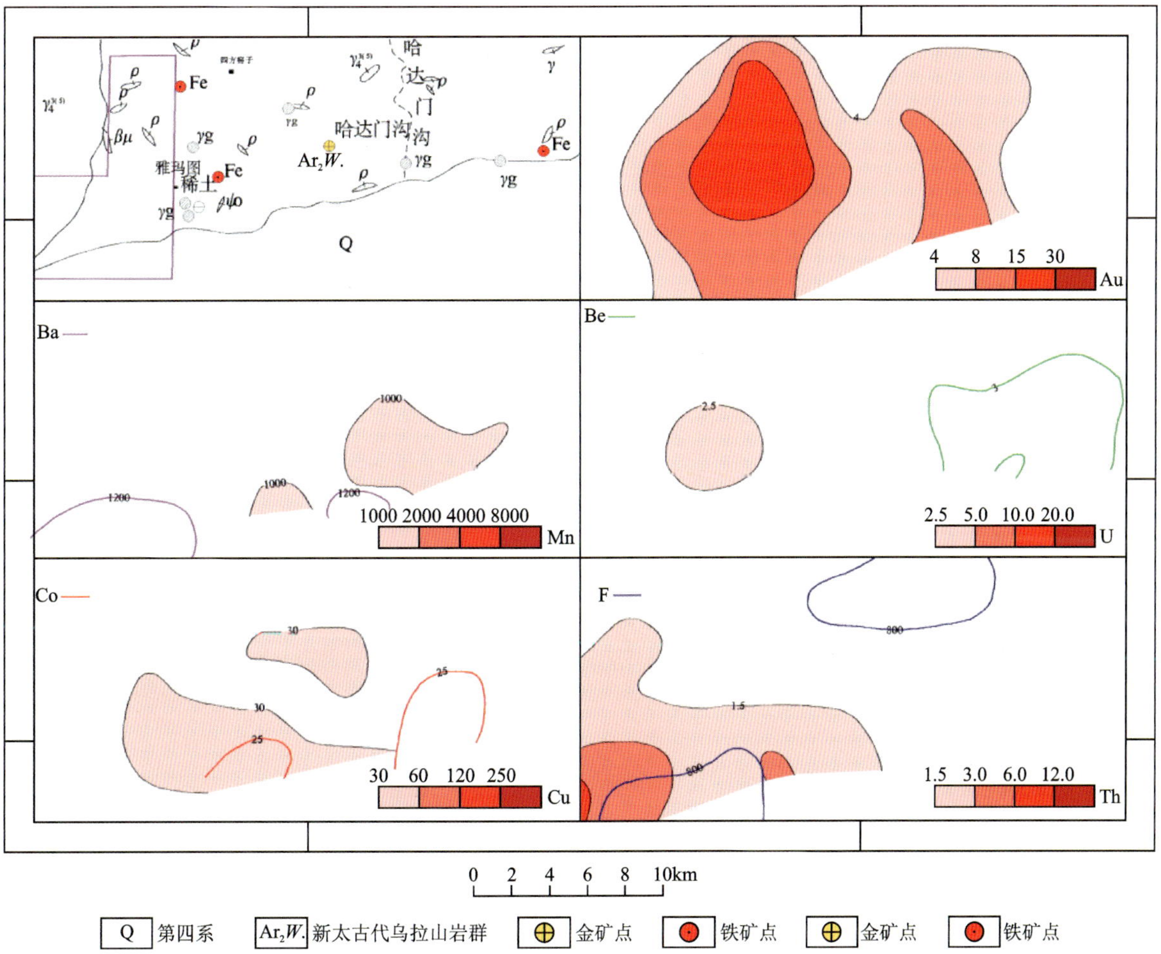


图 7-123　哈达门沟金矿所在区域地质-化探模型图

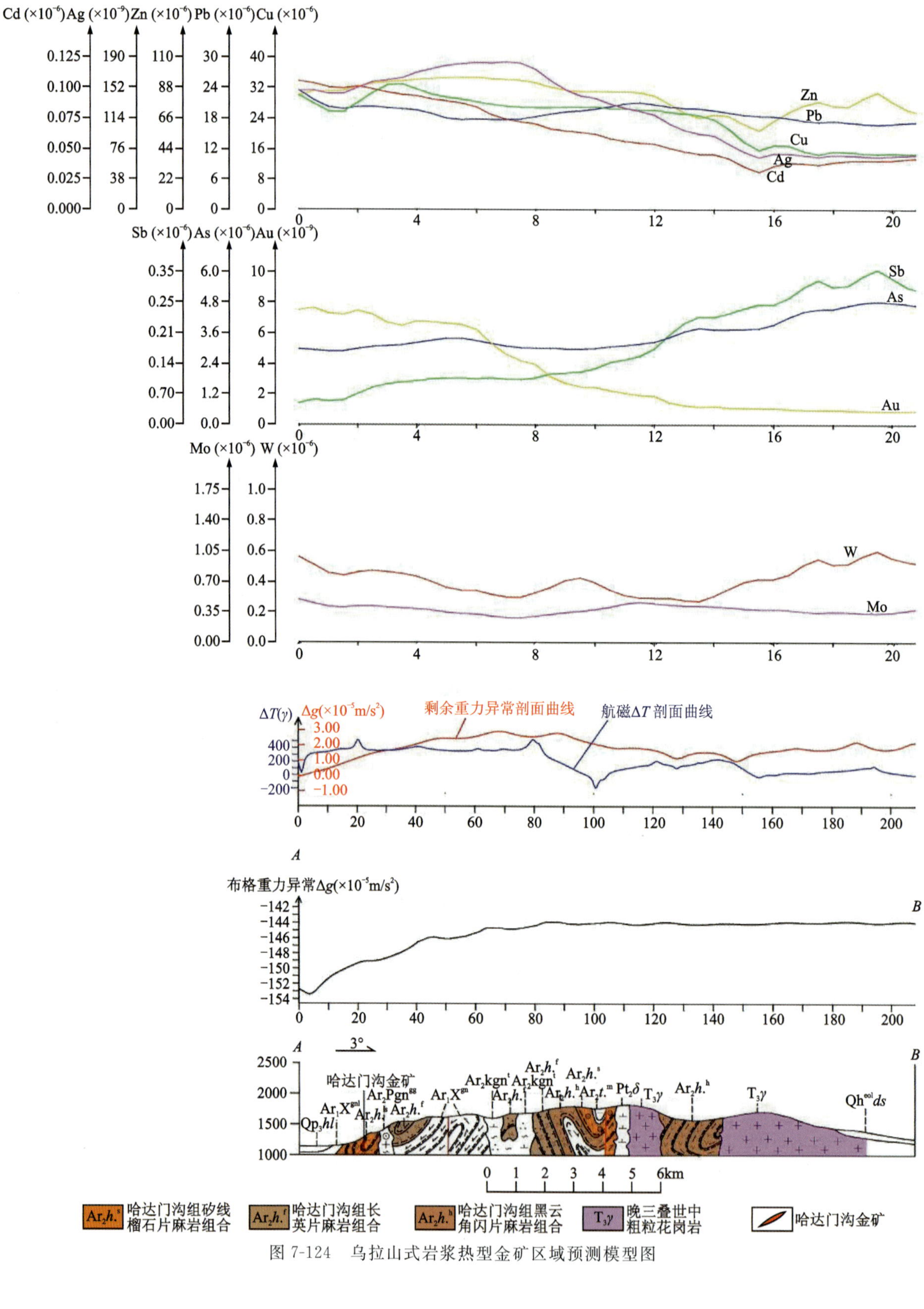


图 7-124　乌拉山式岩浆热型金矿区域预测模型图

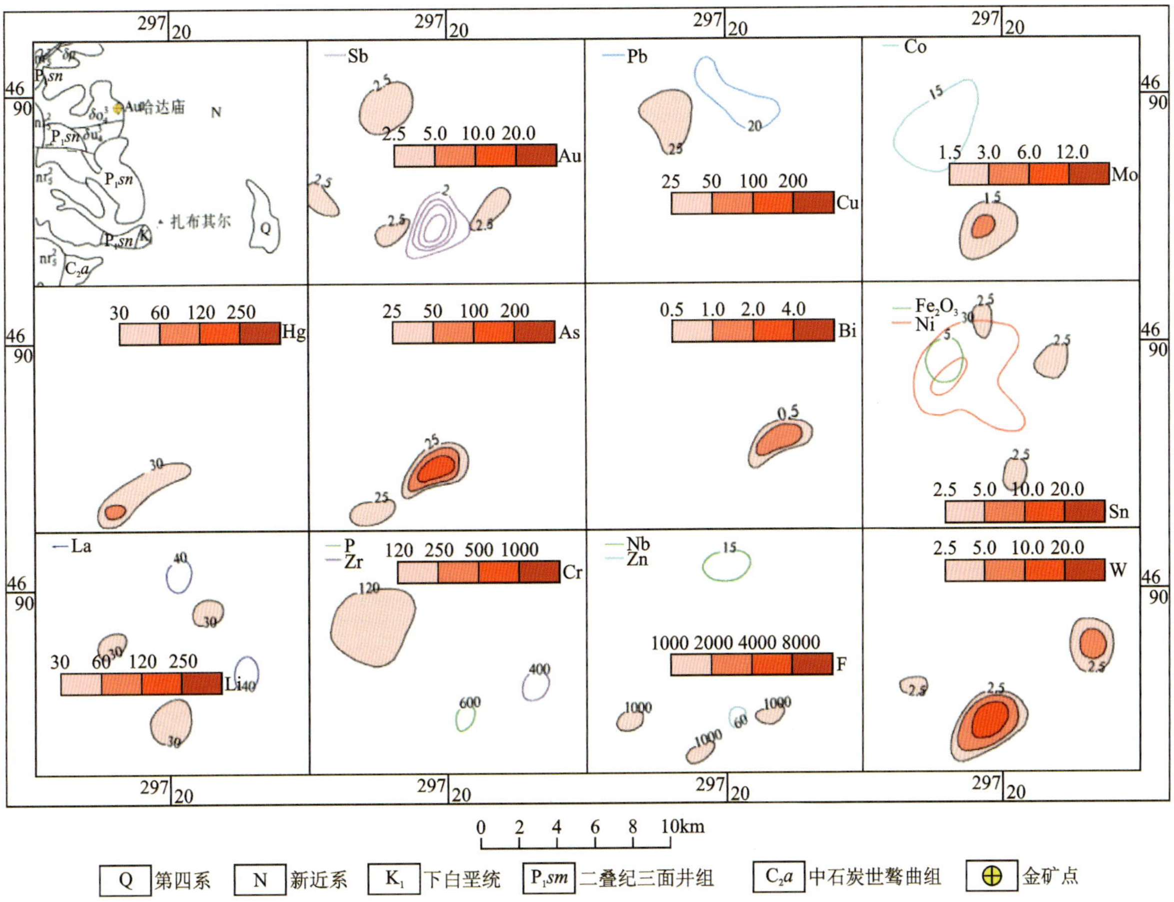


图 7-125　毕力赫式斑岩型金矿所在区域地质-化探模型图

由毕力赫金矿区域预测模型图(图 7-127)可知，本区主要出露侏罗纪、二叠纪地层，侵入体面积较大，主要为燕山期中酸性侵入岩，以上出露的密度较低地层引起了区域重力负异常和剩余重力低异常。区内岩浆活动强烈，二叠纪三面井组被燕山期中酸性花岗岩等侵入，断裂发育，磁场值呈跳跃状态。Ag、Pb、Zn、Cu、Cd、Mo、W、Au、Sb、As 等化探组合异常套合较好，在赋矿地质体地段均出现相对高值点。

### 3. 小伊诺盖沟式金矿

岩浆热液型(破碎蚀变岩型)金矿主要包括小伊诺盖沟式、十八顷壕式金矿，分布于内蒙古东北部、中部地区，以小伊诺盖沟金矿为代表矿床介绍该类型矿床(点)预测要素(表 7-137)。

小伊诺盖沟式热液型金矿在区域布格重力异常图上，位于布格重力异常相对高值区。东侧为布格重力异常北北东向梯级带。梯级带以东为布格重力异常相对低值区。在剩余重力异常图上小伊诺盖沟金矿位于西部正异常内。航磁等值线图显示金矿为正磁异常，异常值在 200nT 附近。本区以 Au、Pb、Ag 为主要元素，As、Sb、Cr、W、Cu、Zn 为伴生元素，Au 单元素浓集中心明显，但与其他元素套合较差。

由小伊诺盖沟金矿区域预测模型图可知，金矿床所在区域由于新近系、第四系覆盖，引起了区域重力负异常和剩余重力低异常，磁场较平稳，Ag、Pb、Zn、Cu、Cd、Mo、W、Au、Sb、As 等组合元素在典型矿床地区出现相对浓度高值点。

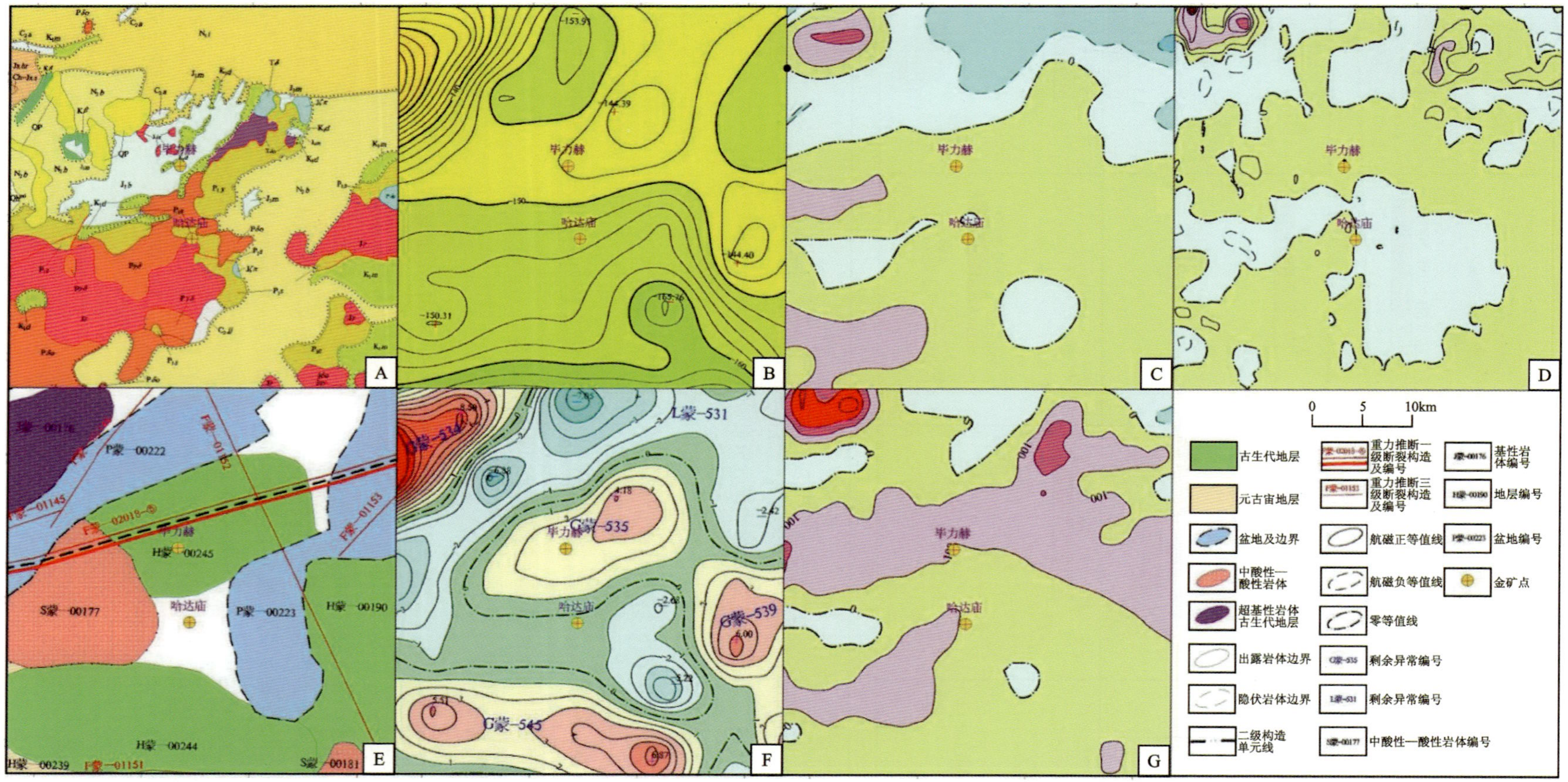


图 7-126　毕力赫式斑岩型金矿所在区域地质-物探模型图

A. 地质矿产图；B. 布格重力异常图；C. 航磁$\Delta T$等值线平面图；D. 航磁$\Delta T$化极垂向一阶导数等值线平面图；E. 重力推断地质构造图；F. 剩余重力异常图；G. 航磁$\Delta T$化极等值线平面图

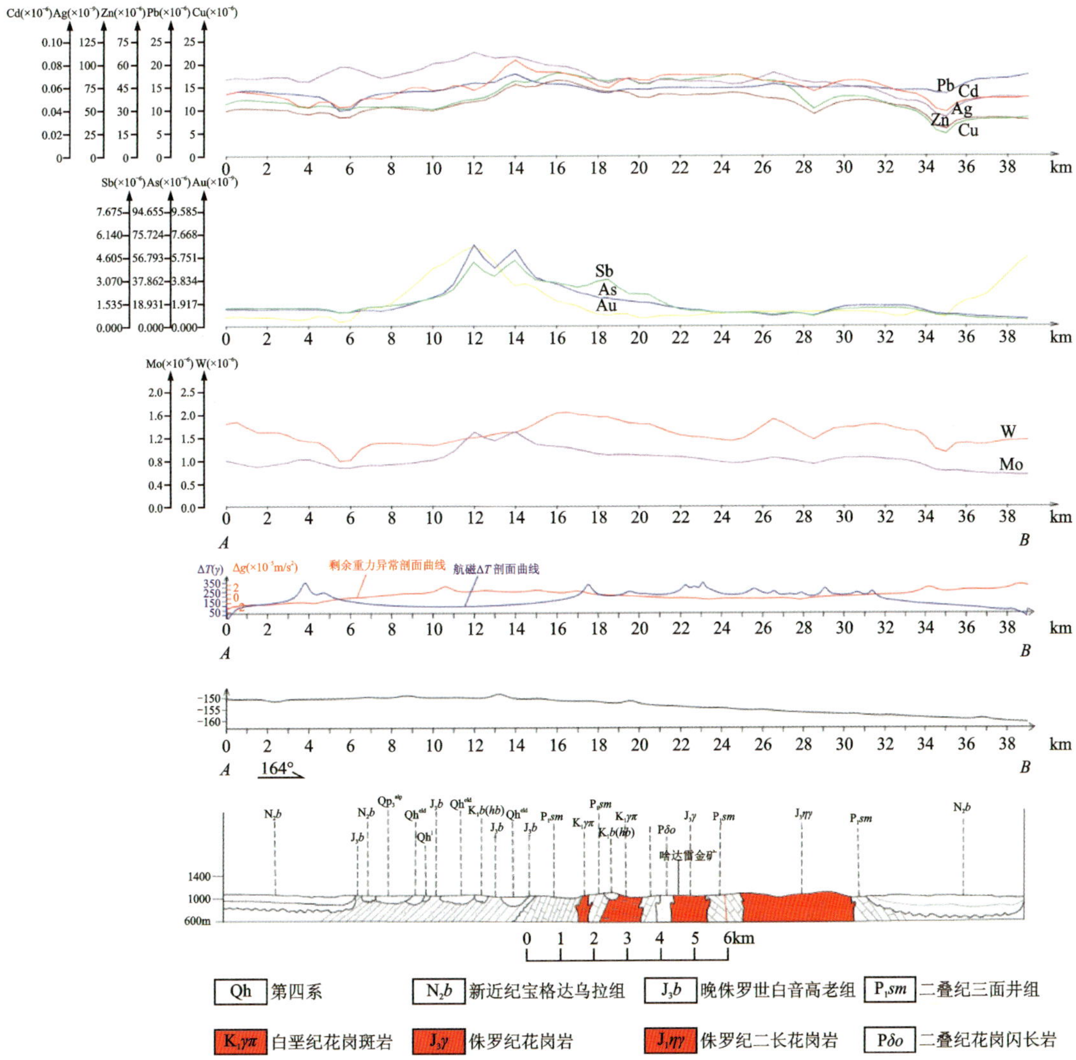

图 7-127 毕力赫岩浆热液型(斑岩型)金矿区域预测模型图

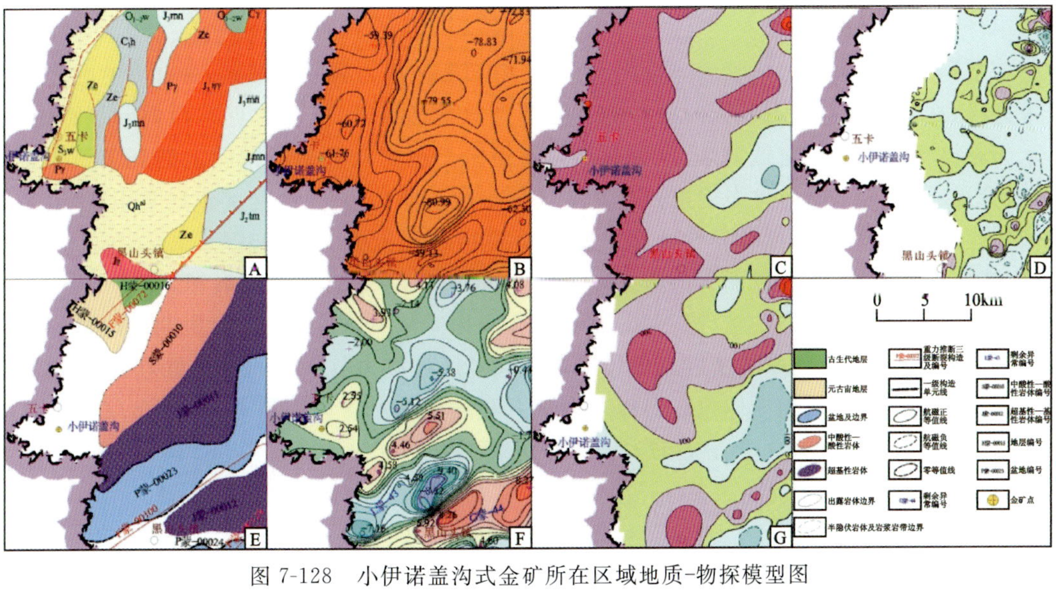

图 7-128 小伊诺盖沟式金矿所在区域地质-物探模型图

A. 地质矿产图;B. 布格重力异常图;C. 航磁 $\Delta T$ 等值线平面图;D. 航磁 $\Delta T$ 化极垂向一阶导数等值线平面图;E. 重力推断地质构造图;F. 剩余重力异常图;G. 航磁 $\Delta T$ 化极等值线平面图

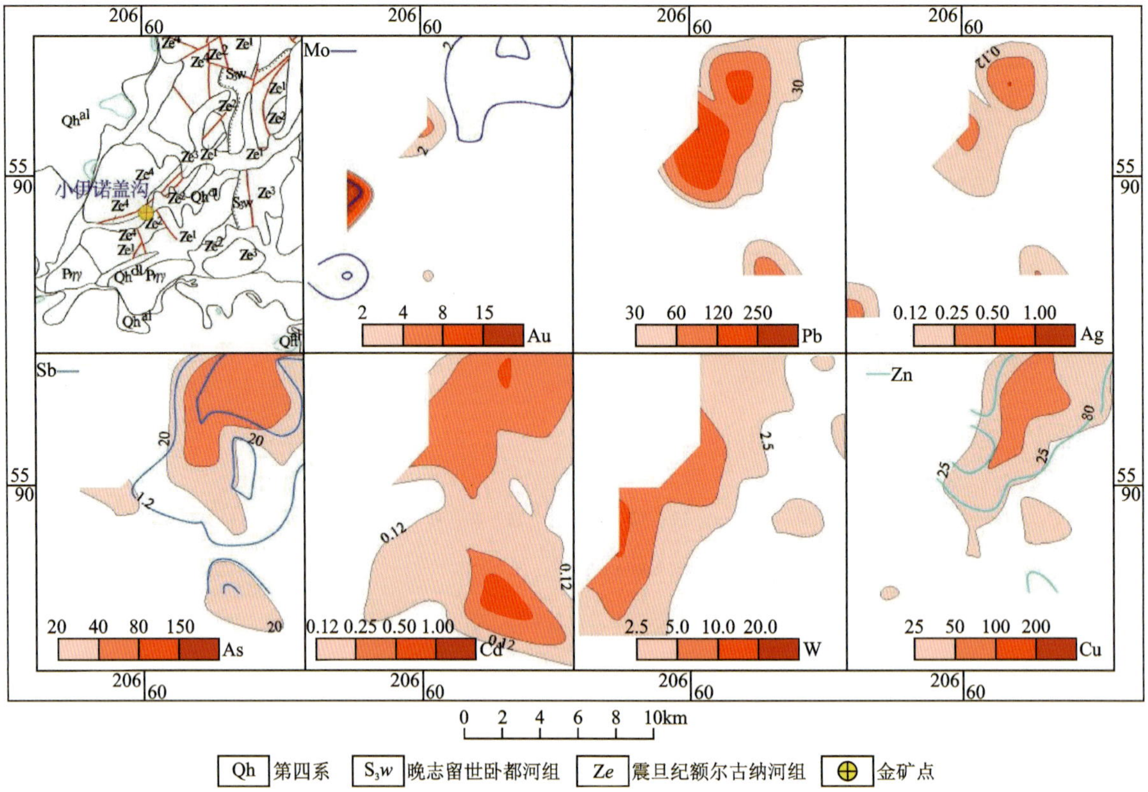


图 7-129　小伊诺盖沟式金矿所在区域地质-化探模型图

## (二)变质碎屑岩中热液型金矿

浩尧尔忽洞式矿床(点)预测类型为变质碎屑岩中热液型,主要分布于狼山-阴山陆块及吉兰泰-包头断陷盆地构造单元中,成矿带属Ⅲ-11 华北陆块北缘西段金、铁、铌、稀土、铜、铅、锌、银、镍、铂、钨、石墨、白云母成矿带。以浩尧尔忽洞矿床为例,总结预测要素(表 7-138),由于浩尧尔忽洞矿区无大比例尺的物化遥资料,故利用典型矿床所在区域物化探剖析图,编制典型矿床所在区域地质-物探模型图、地质-化探模型图(图 7-131~图 7-133)。

浩尧尔忽洞金矿在区域布格重力异常图上,位于中部布格重力异常高值区,处在异常北部由低到高的梯级带边缘,在其北部有呈近东西向展布的布格重力异常梯级带,推测有近东西向断裂存在,梯级带以北显示为布格重力异常相对低值区,以南显示为高值区。在剩余重力异常图上浩尧尔忽洞金矿位于G 蒙- 636 异常的西南部,该异常为近东西走向带状分布的正异常,由两个局部正异常组成,异常边部等值线较密集。磁场表现低缓,没有异常出现。化探主要指示元素为 Au、Ag、Cu、Zn、Hg、Cd、W;Au 异常强度高,浓集中心明显,主要以面状分布;Cu、Pb、Cd 浓度不高,呈近北东向展布。

由浩尧尔忽洞区域预测模型图(图 7-133)可看出,本区主要为大量燕山-海西期中酸性侵入岩侵入白云鄂博群比鲁特组,以上出露的密度较低侵入岩引起了区域重力负异常和剩余重力负异常,在金矿体赋存的白云鄂博群比鲁特组地质体位置出现剩余重力及磁场相对异常高值点,Ag、Pb、Zn、Cu、Cd、Mo、W、Au、Sb、As 化探组合异常明显,套合较好,Au 单元素异常明显。

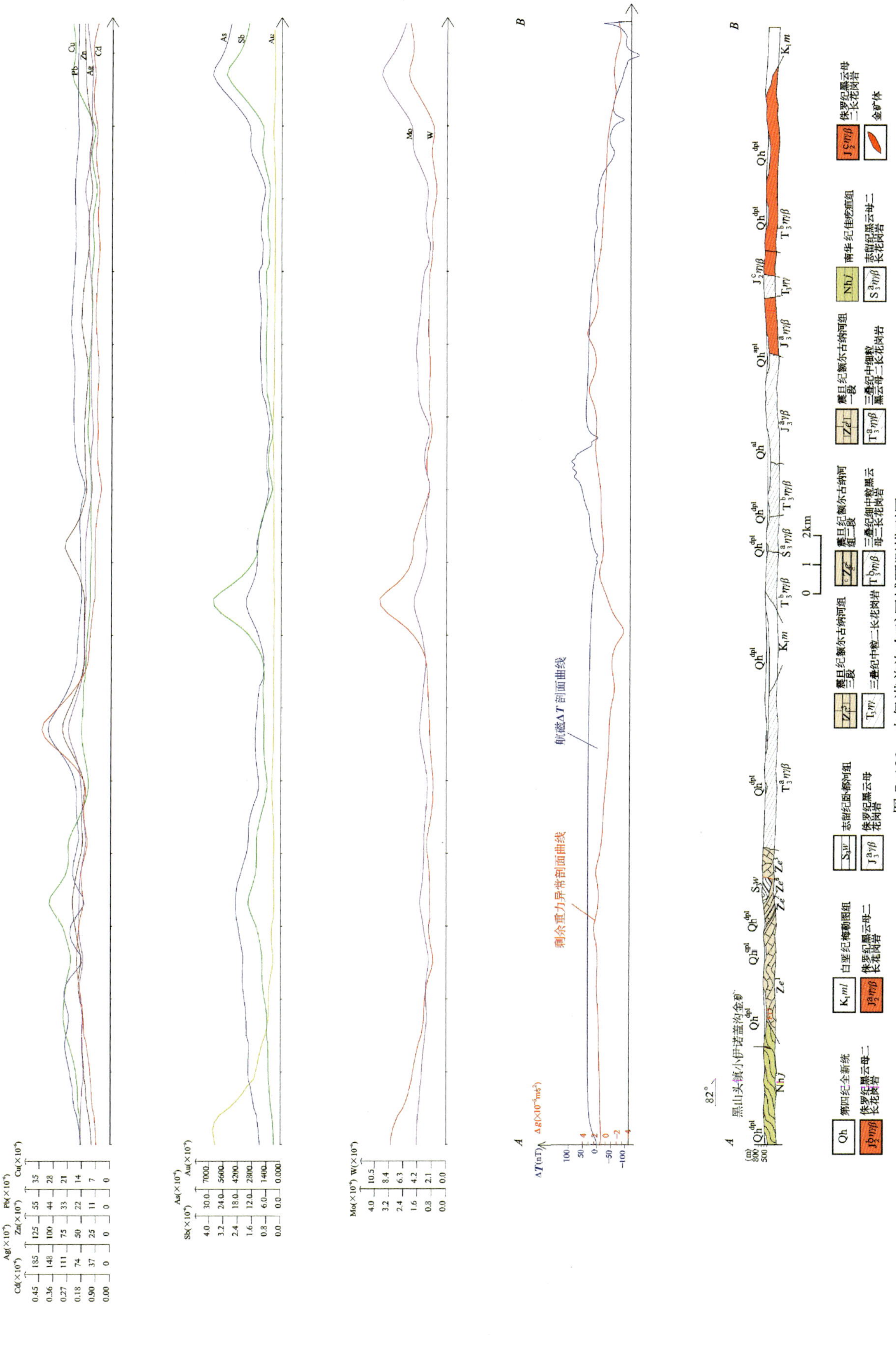

图 7-130　小伊诺盖沟金矿区域预测模型图

表 7-138　浩尧尔忽洞式岩浆热液型金矿典型矿床预测要素表

| 预测要素 | | 描述内容 | | | | 要素类别 |
|---|---|---|---|---|---|---|
| | | 储量 | 金 40 751kg | 平均品位 | Au(0.5～1.5)$\times10^{-6}$ | |
| | | 特征描述 | 层控内生型金矿床 | | | |
| 地质环境 | 构造背景 | 华北陆块北缘，狼山-白云鄂博台裂谷的中部，高勒图断裂带和合教-石崩断裂带的夹持区 | | | | 必要 |
| | 成矿环境 | Ⅰ-4 滨太平洋成矿域(叠加在古亚洲成矿域之上)，Ⅱ-14 华北成矿省，Ⅲ-58 华北陆块北缘西段金、铁、铌、稀土、铜、铅、锌、银、镍、铂、钨、石墨、白云母成矿带 | | | | 必要 |
| | 成矿时代 | 成矿时代为加里东晚期和海西期 | | | | 重要 |
| 控矿地质条件 | 控矿构造 | 矿化严格受构造破碎带和片理化带的控制；<br>含矿构造和矿化带在空间上变化受浩尧尔忽洞褶皱和高勒图深大断裂的控制 | | | | 重要 |
| | 赋矿地层 | 富含铁质、碳质、硫化物的白云鄂博群比鲁特组，是区内的主要金成矿目的层位 | | | | 重要 |
| | 控矿侵入岩 | 三叠纪中酸性侵入岩 | | | | 次要 |
| 区域成矿类型 | | 层控内生型金矿床 | | | | 重要 |
| 预测区矿点 | | 2 个矿点 | | | | 次要 |
| 区域物探异常特征 | 重力异常特征 | 重力显示预测区内中部为近东西向带状高值区，两侧为负值区，金矿化主要分布在正负过渡的梯度带附近 | | | | 次要 |
| | 航磁异常特征 | 预测区内航磁总体为低缓异常 | | | | 必要 |
| 区域化探特征 | 化探异常特征 | 预测区内有 3 个甲类、2 个乙类化探异常，元素组合主要为 Au、Cu、Zn、Ag、Pb 等，异常强度高、规模大，显示出良好的找矿潜力 | | | | 次要 |
| 遥感异常特征 | 遥感影像特征 | 依据线性影像，环形影像 | | | | 重要 |
| | 异常信息特征 | 局部有Ⅰ级铁染和羟基异常 | | | | 必要 |

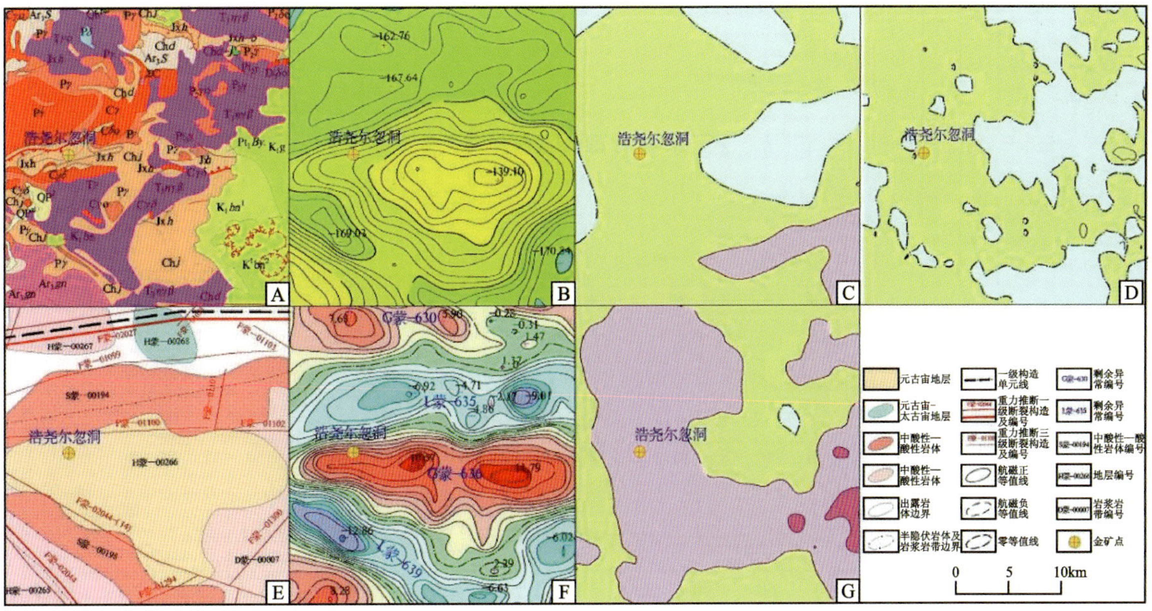


图 7-131 浩尧尔忽洞典型矿床所在区域地质-物探模型图

A. 地质矿产图；B. 布格重力异常图；C. 航磁 $\Delta T$ 等值线平面图；D. 航磁 $\Delta T$ 化极垂向一阶导数等值线平面图；E. 重力推断地质构造图；F. 剩余重力异常图；G. 航磁 $\Delta T$ 化极等值线平面图

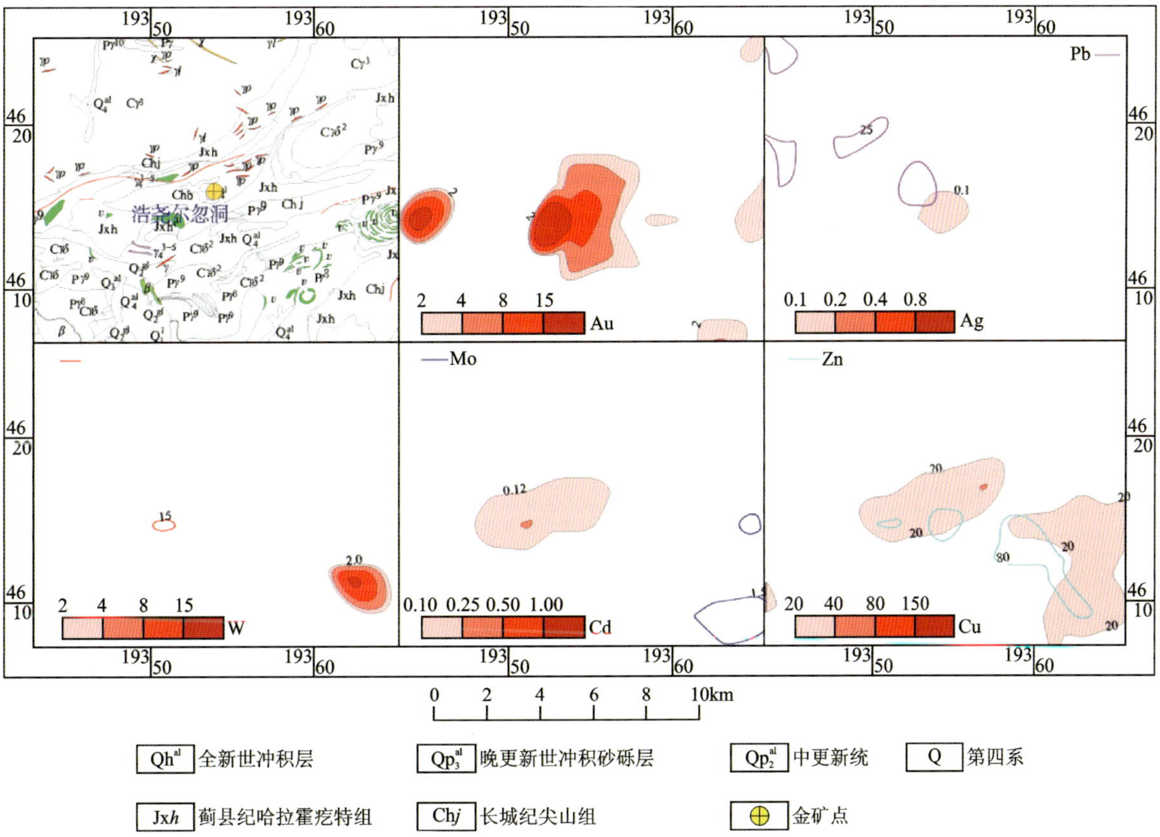


图 7-132 浩尧尔忽洞典型矿床所在区域地质-化探模型图

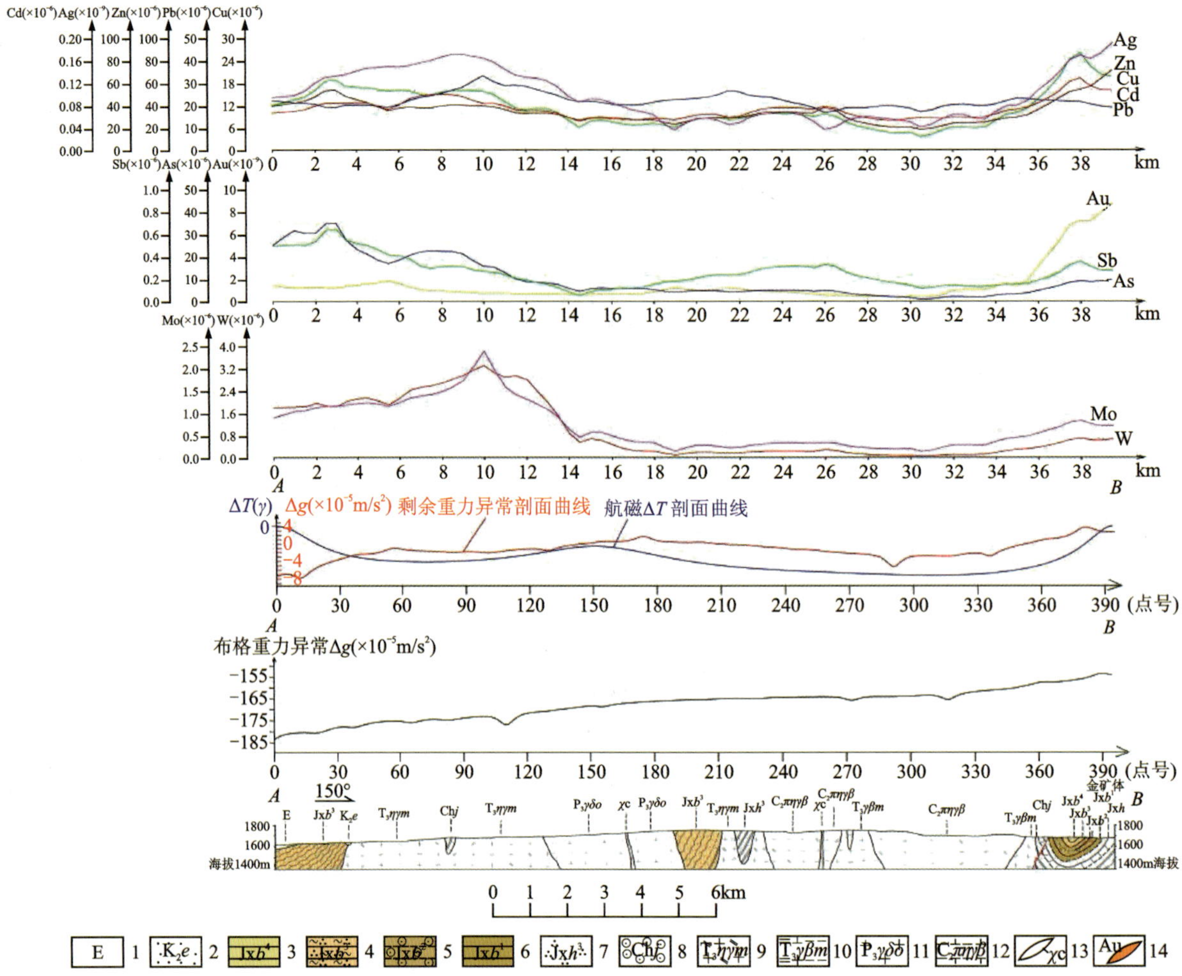

图 7-133　浩尧尔忽洞金矿区域预测模型图

1. 古近系;2. 白垩纪二连组;3. 白云鄂博群比鲁特组第四沉积建造;4. 白云鄂博群比鲁特组第三沉积建造;5. 白云鄂博群比鲁特组第二沉积建造;6. 白云鄂博群比鲁特组第一沉积建造;7. 白云鄂博群哈拉霍疙特组;8. 长城纪尖山组;9. 晚三叠世中粗粒含白云母二长花岗岩;10. 晚三叠世褐黄色中粗粒二云母花岗岩;11. 晚二叠世浅灰色粗粒云英闪长岩;12. 晚石炭世浅灰色巨斑状黑云母二长花岗岩;13. 碳酸岩脉;14. 金矿体

## (三)花岗-绿岩型金矿

新地沟式矿床(点)预测类型为花岗-绿岩型,主要分布于内蒙古中部地区,构造单元属华北陆块区,狼山-阴山陆块,成矿带为Ⅲ-11 华北陆块北缘西段金、铁、铌、稀土、铜、铅、锌、银、镍、铂、钨、石墨、白云母成矿带。以新地沟矿床为例,总结预测要素(表 7-139)。由于新地沟矿区无大比例尺的物化遥资料,故利用典型矿床所在区域物化探剖析图,编制典型矿床所在区域地质-物探模型图、地质-化探模型图,区域预测模型图以剖面图形式表示(图 7-134~图 7-136)。

**表 7-139 新地沟式花岗-绿岩型金矿典型矿床预测要素表**

<table>
<tr><td rowspan="3" colspan="3">预测要素</td><td colspan="4">描述内容</td><td rowspan="3">要素类别</td></tr>
<tr><td>储量</td><td>金 2225kg</td><td>平均品位</td><td>Au $3.09\times10^{-6}$</td></tr>
<tr><td>特征描述</td><td colspan="3">变质热液(绿岩)型</td></tr>
<tr><td rowspan="3">地质环境</td><td colspan="2">构造背景</td><td colspan="4">Ⅱ华北陆块区，Ⅱ-4 狼山-阴山陆块(大陆边缘岩浆弧)，Ⅱ-4-2 色尔腾山-太仆寺旗古岩浆弧($Ar_3$)</td><td>必要</td></tr>
<tr><td colspan="2">成矿环境</td><td colspan="4">华北陆块北缘西段金、铁、铌、稀土、铜、铅、锌、银、镍、铂、钨、石墨、白云母成矿带</td><td>必要</td></tr>
<tr><td colspan="2">成矿时代</td><td colspan="4">成矿期为新太古代末期至古元古代早期</td><td>必要</td></tr>
<tr><td rowspan="7">矿床特征</td><td colspan="2">矿体形态</td><td colspan="4">层状、似层状、脉状</td><td>重要</td></tr>
<tr><td colspan="2">岩石类型</td><td colspan="4">色尔腾山岩群柳树沟岩组绿泥绢云石英片岩、绿泥绢云片岩</td><td>重要</td></tr>
<tr><td colspan="2">岩石结构</td><td colspan="4">鳞片变晶结构、细—粗糜棱结构</td><td>次要</td></tr>
<tr><td colspan="2">矿物组成</td><td colspan="4">金属矿物主要为自然金、磁铁矿、赤铁矿、褐铁矿、黄铁矿、黄铜矿、方铅矿及闪锌矿；脉石矿物主要有石英、长石、方解石、绢云母、绿泥石、绿帘石等</td><td>重要</td></tr>
<tr><td colspan="2">矿石结构构造</td><td colspan="4">结构：主要为鳞片变晶结构、细—粗糜棱结构；<br>构造：主要为纹层状构造、千枚状构造、块状构造</td><td>次要</td></tr>
<tr><td colspan="2">蚀变特征</td><td colspan="4">绢云母化、钾化、硅化、黄铁矿化、褐铁矿化</td><td>次要</td></tr>
<tr><td colspan="2">控矿条件</td><td colspan="4">主要受色尔腾山岩群柳树沟岩组控制，北西向带状展布的脆韧性剪切带是成矿热液迁移的通道和沉淀的空间</td><td>必要</td></tr>
<tr><td rowspan="3">物化探特征</td><td rowspan="2">地球物理特征</td><td>重力</td><td colspan="4">油篓沟、新地沟矿区均位于重力高与重力低过渡型线性梯级带，这种特征在剩余重力异常图上表现得更加突出，金异常恰好位于剩余重力异常零值线位置</td><td>重要</td></tr>
<tr><td>航磁</td><td colspan="4">矿区位于平静、宽缓、稳定的负磁场区的局部升高正磁场边部。矿区南东侧负磁场和重力高相一致，是由弱磁性、密度大的太古宙基底构造层引起的；北侧的负磁场和重力低相一致，推断由巨厚特大型花岗岩体引起。二者之间的过渡型线性梯级带和零等值线，是绿岩层与花岗岩体的内、外接触带所致</td><td>重要</td></tr>
<tr><td>地球化学特征</td><td colspan="5">异常元素组合以 Au、W、Bi 为主，其次为 As、B、Ag、F、Cd、Pb、Mo、Be、Li，此外还伴有 Cu、Zn、Hg、Sb、Sn 弱异常。异常水平分布形成内外 2 个分带，内带为 W、Bi、Mo、Li、Be 元素组合，外带为 Au、Ag、Pb、Cd、As、B、F 元素组合。金异常重现性好，面积大、强度高</td><td>必要</td></tr>
</table>

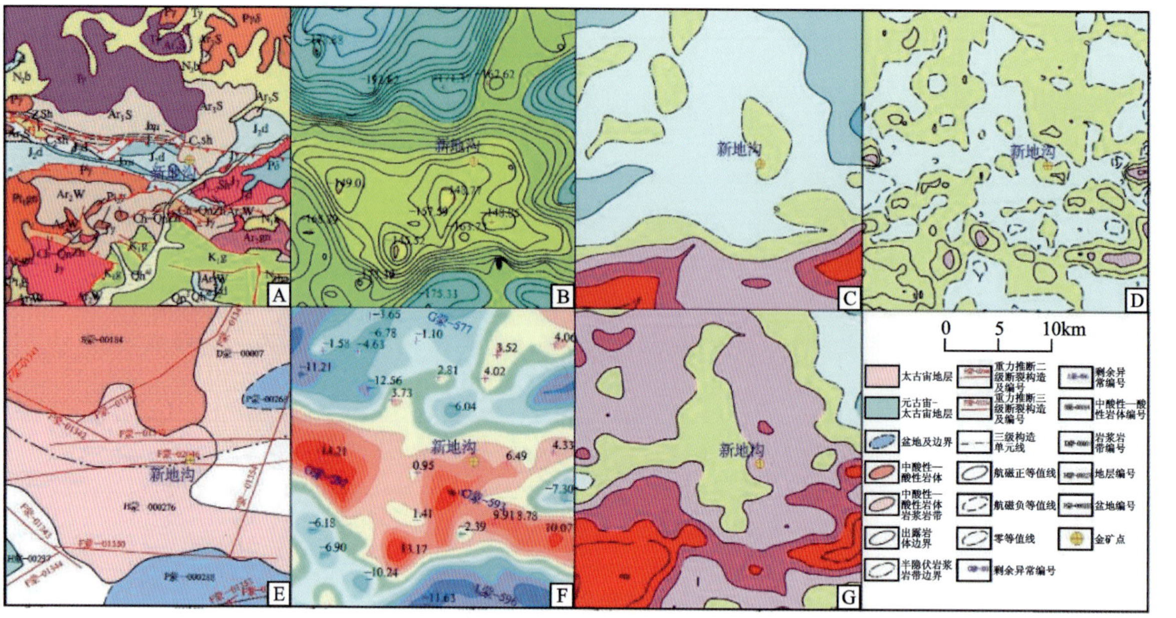


图 7-134 新地沟变质热液(绿岩)型金矿所在区域地质-物探模型图

A. 地质矿产图;B. 布格重力异常图;C. 航磁 $\Delta T$ 等值线平面图;D. 航磁 $\Delta T$ 化极垂向一阶导数等值线平面图;E. 重力推断地质构造图;F. 剩余重力异常图;G. 航磁 $\Delta T$ 化极等值线平面图

新地沟式变质热液型金矿预测区区域布格重力异常图呈中间高、周围低的布格重力异常特征,金矿位于中间布格重力异常相对高值区,处在异常南侧由高到低的梯级带上,$\Delta g$ 为$(-156\sim-154)\times10^{-5}m/s^2$。在其北部是呈近东西向展布的布格重力异常梯级带,综合推测有东西向断裂存在。梯级带以北为布格重力异常相对低值区。在剩余重力异常图上新地沟金矿位于G蒙-593正异常区北部,该异常为南北转向东西的正异常,$\Delta g(4.33\sim10.13)\times10^{-5}m/s^2$,此异常推测是由太古宙地层所引起。该正异常北侧的负异常推测是由酸性侵入岩引起。新地沟金矿所在的位置剩余重力异常值 $\Delta g$ 为$(5\sim8)\times10^{-5}m/s^2$。航磁化极等值线图异常显示新地沟金矿为正磁异常。重磁场特征反映了该金矿的成矿地质环境:区域上金矿受两条近于平行的东西向断裂控制,处在太古宙地层与岩浆岩带的交界处。化探异常元素组合以Au、Sb、As、Bi为主,其次为Ag、Pb、Mo、F、Cd、B、Be、Li,此外还伴有Cu、Zn、Hg、Sn弱异常,矿床主要指示元素为Au、As、Sb、Bi、Ag、Cu、Pb、Mo,其中Au呈面状展布,Bi、Ag、Sn呈北西向条带状展布,As、Mo、Cd、F、Be等呈点状,Cu、Pb呈星散状,Au、Bi、W具有二级浓度分带,其他元素为一级浓度分带。Au、Bi、W异常面积大,强度较高,套合较好;As、Ag、Cu、Pb、Mo、Cd在矿体上方表现为低缓异常,Sn、Li、U、Th等异常主要分布在矿体的外围,近矿指示元素为Cu、Mo,矿头晕元素为As、Ag、Pb、Zn。

由新地沟区域预测模型图(图7-136)可看出,金矿体赋存于柳树沟岩组中,该密度较高地层对应剩余重力相对高值点,区域重力场为低值负异常。由于褶皱、断裂发育,磁场呈跳跃状态,Ag、Pb、Zn、Cu、Cd、Mo、W、Au、Sb、As等单元素在赋矿地质体部位有相对高值点出现。

### (四)陆相火山岩型金矿

陆相火山岩型金矿包括四五牧场式、古利库式、陈家杖子式,主要分布于内蒙古东部地区。四五牧场式、古利库式金矿床构造单元为天山-兴蒙造山系,大兴安岭弧盆系,成矿带分别为Ⅲ-5新巴尔虎右旗-根河(拉张区)铜、钼、铅、锌、银、金、萤石、煤(铀)成矿带及Ⅲ-6东乌珠穆沁旗-嫩江(中强挤压区)铜、钼、铅、锌、金、钨、锡、铬成矿带;陈家杖子式金矿床位于华北陆块区,冀北古弧盆系(-恒山-承德-建平古岩

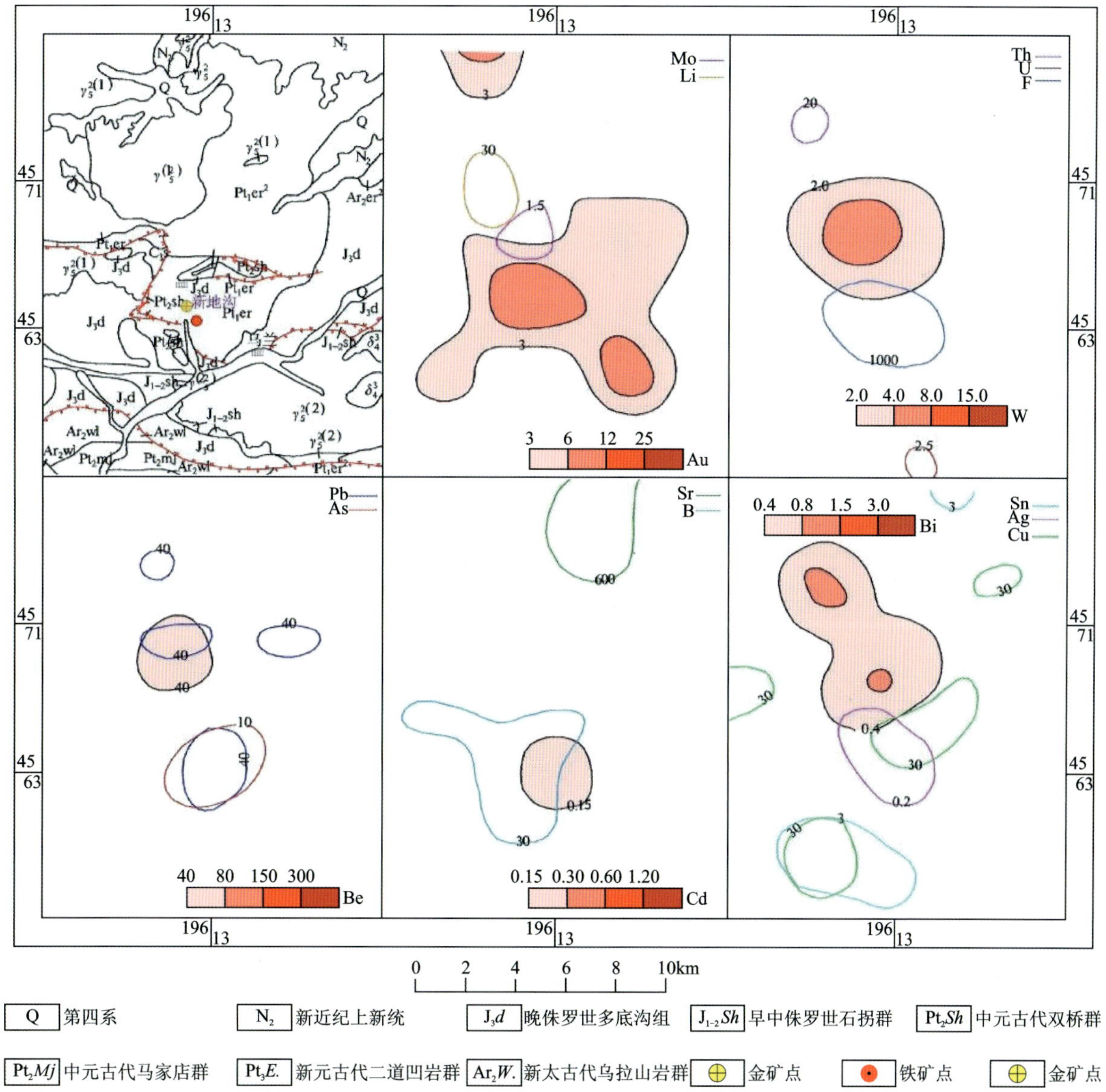


图 7-135　新地沟金矿所在区域地质-化探模型图

浆弧构造单元），成矿带为Ⅲ-10 华北陆块北缘东段铁、铜、钼、铅、锌、金、银、锰、铀、磷、煤、膨润土成矿带。以四五牧场金矿床为例，介绍陆相火山岩型金矿的预测要素（表 7-140），编制典型矿床所在区域地质-物探模型图、地质-化探模型图，区域预测模型图以剖面图形式表示（图 7-137～图 7-139）。

金矿东北侧为明显的呈等轴状展布的高值区，该高值区向西延伸并明显变成窄条状，金矿就位于这一地段。该高值区北西侧等值线呈近北东向展布的直线状分布的梯级带，推断该处存在一北东向断裂构造带 F 蒙-00154。与该高异常区对应的形成了剩余重力正异常 G 蒙-59，其分布形态与布格异常相近，北侧平直，但异常南侧边界多处发生弯曲，推断有两处北东向断裂带存在。在该区域有古生代地层出露，推测是古生代地层隆起所致。航磁化极等值线异常图上显示为负磁异常，重磁场特征反映了该金矿的成矿地质环境：区域上金矿受北东向及近东西向断裂控制，与古生代地层有关。在高背景区（带）中有以 Au、Cu、Ag、Pb、Mo、Zn、As、Sb、Hg、Mn 为主的多元素局部异常，呈串珠状、条带状分布；规模较大的 Au 的局部异常上，Cu、Ag、Pb、Mo 等主要成矿元素及伴生元素具有明显的浓度分带和浓集中心，并在空间上相互重叠或套合。

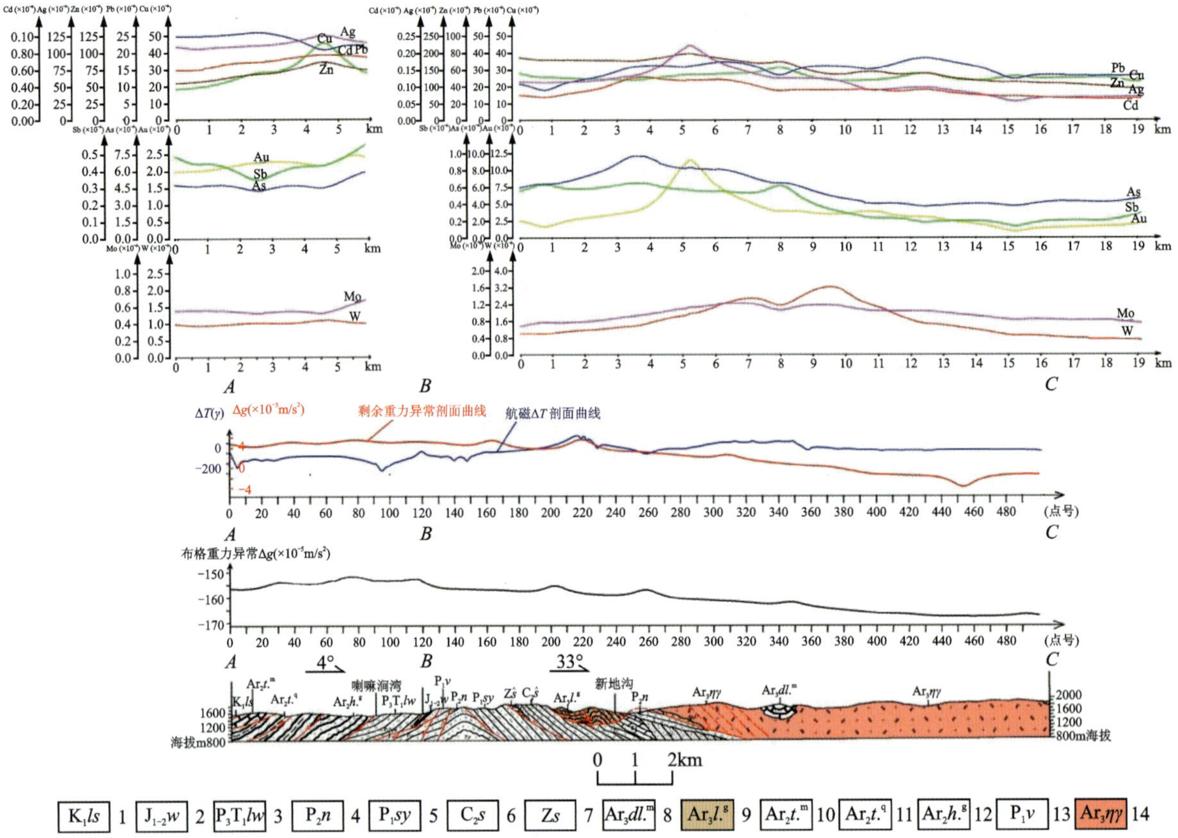


图 7-136 新地沟金矿区域预测模型图

1. 白垩纪李三沟组;2. 侏罗纪五当沟组;3. 二叠纪—三叠纪老窝铺组;4. 二叠纪脑包沟组;5. 二叠纪石叶湾组;6. 石炭纪石嘴子组;7. 震旦纪烧火筒沟组;8. 点力素泰岩组;9. 柳树沟岩组;10. 桃湾岩组大理岩段;11. 套湾岩组石英岩段;12. 哈达门沟岩组片麻岩段;13. 早二叠世辉长岩;14. 二长花岗岩

**表 7-140 四五牧场式陆相火山岩型金矿四五牧场预测工作区预测要素表**

| 预测要素 | | 描述内容 | 要素类别 |
|---|---|---|---|
| 地质环境 | 大地构造位置 | 天山-兴蒙造山系,大兴安岭弧盆系-额尔古纳岛弧($Pz_1$),海拉尔-呼玛弧后盆地(Pz) | 必要 |
| | 成矿区(带) | 滨太平洋成矿域,大兴安岭成矿省,新巴尔虎右旗(拉张区)铜、钼、铅、锌、金、萤、石煤(铀)成矿带 | 必要 |
| | 区域成矿类型及成矿期 | 火山岩型;侏罗纪—白垩纪 | 必要 |
| 控矿地质条件 | 赋矿地质体 | 中侏罗世—早白垩世熔岩、火山碎屑岩、次火山岩、近火口浅成侵入岩 | 必要 |
| | 控矿侵入岩 | 中侏罗世—早白垩世次火山岩、近火山口浅成侵入岩 | 必要 |
| | 主要控矿构造 | 北东向大断裂及其次级的断裂或破碎带,北东向带状展布的火山口 | 重要 |
| 区内相同类型矿产 | | 小型金矿床1个 | 重要 |
| 地球物理特征 | | 串珠状低重力异常带的边缘北东向正磁异常区的低-负磁带状异常是矿化蚀变带的反映 | 次要 |
| 地球化学特征 | | 具Au异常及Au、Ag、Sb、Bi等常见低温元素组合异常 | 重要 |
| 遥感特征 | | 遥感解译线状、环状构造,蚀变羟基最小预测区 | 次要 |

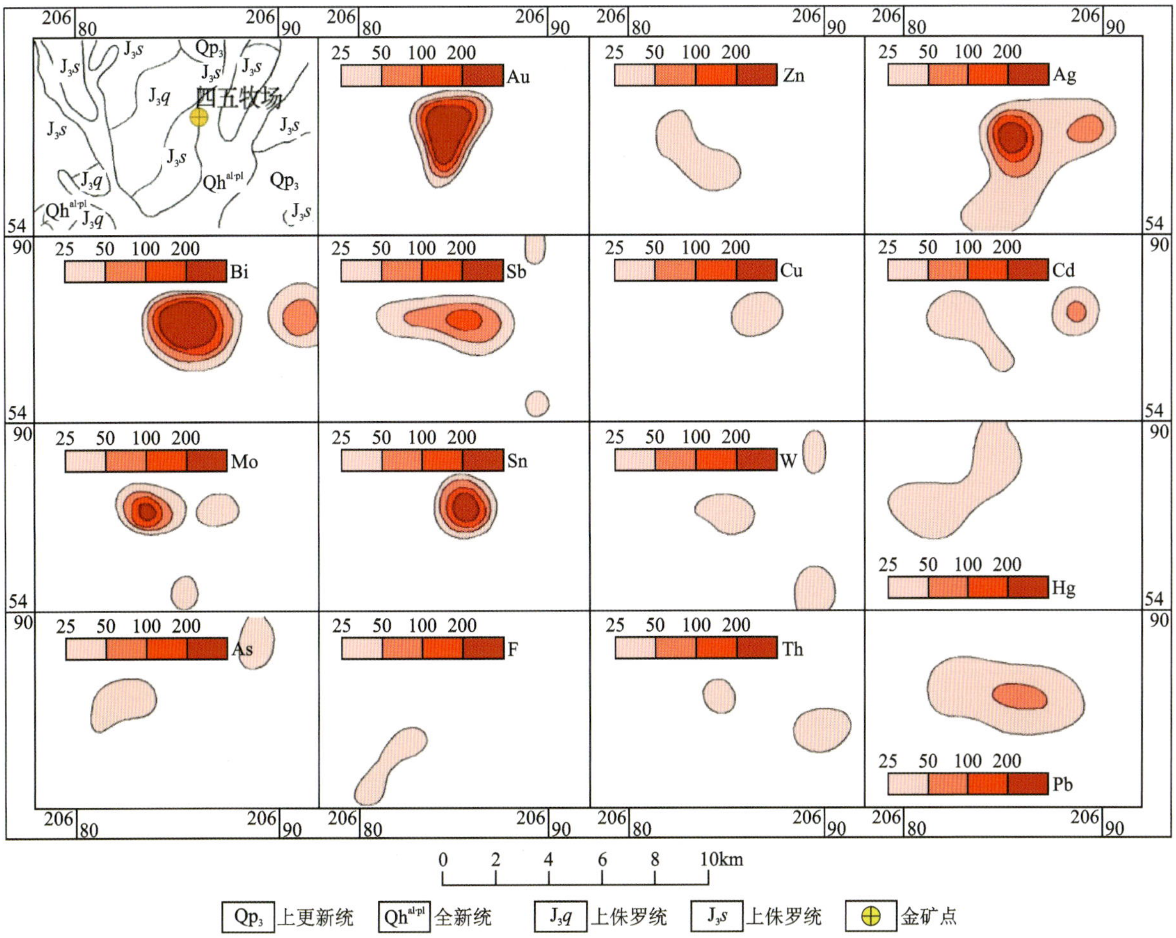


图 7-137 四五牧场火山岩型金矿典型矿床所在区域地质-化探模型图

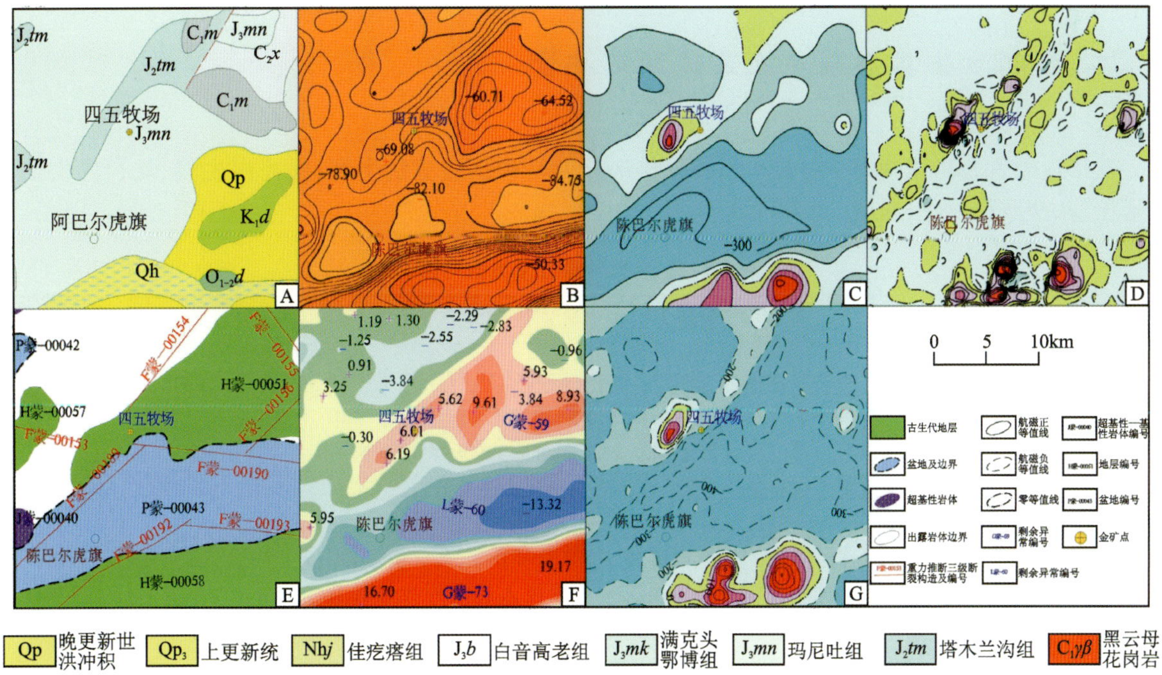


图 7-138 四五牧场式火山岩型金矿典型矿床所在区域地质-物探模型图

A. 地质矿产图；B. 布格重力异常图；C. 航磁 $\Delta T$ 等值线平面图；D. 航磁 $\Delta T$ 化极垂向一阶导数等值线平面图；E. 重力推断地质构造图；F. 剩余重力异常图；G. 航磁 $\Delta T$ 化极等值线平面图

由四五牧场区域预测模型图(图 7-139)可知,本区主要出露侏罗纪火山岩地层,局部有石炭纪黑云母花岗岩侵入,以上出露的密度较低地层引起了区域重力负异常和剩余重力低异常。在四五牧场金矿所在地区磁场呈不稳定跳跃状态,可能由局部磁性物质富集所致。Ag、Pb、Zn、Cu、Cd、Mo、W、Au、Sb、As 等组合元素在满克头鄂博组出露地区异常明显,套合好。

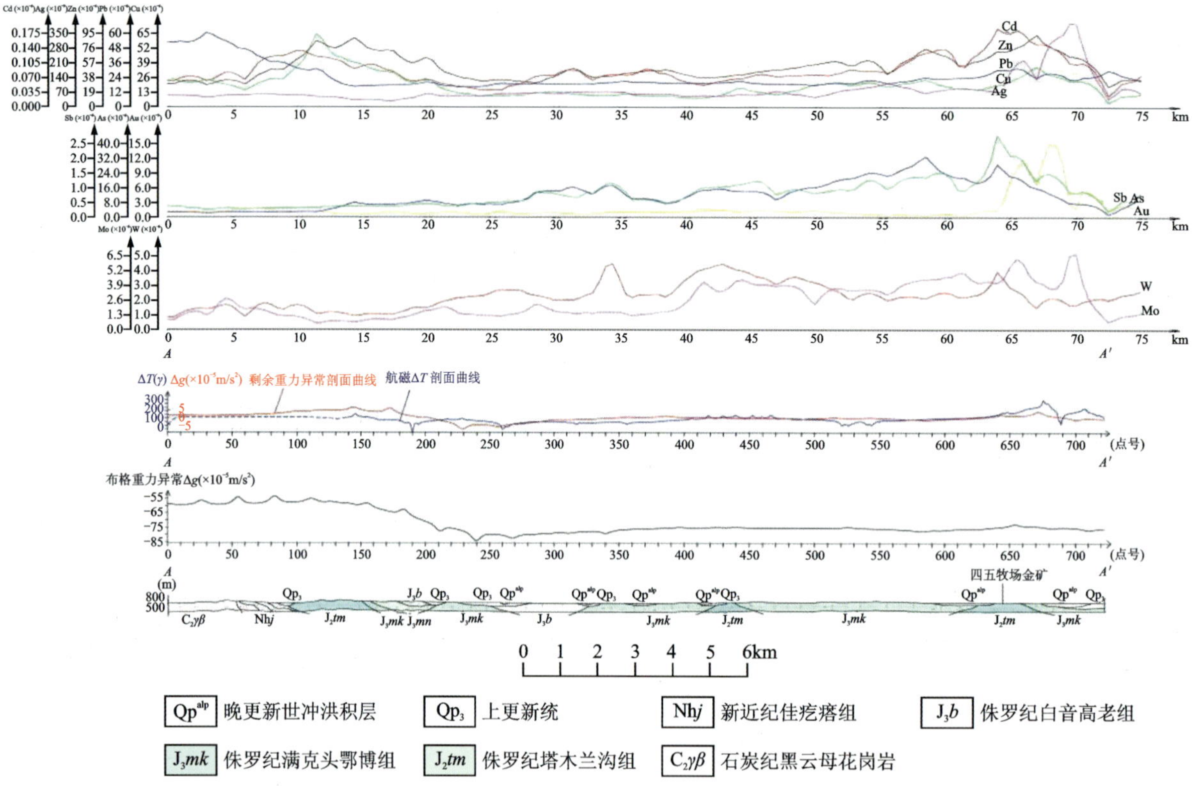


图 7-139　四五牧场金矿区域预测模型图

## 二、预测方法类型确定及区域预测要素

根据内蒙古金矿预测类型将金矿预测工作区分为 5 种预测方法类型:层控内生型、复合内生型、侵入岩体型、变质型、火山岩型(表 7-141)。

**表 7-141　金矿预测方法类型一览表**

| 矿产预测类型及亚类 | | 预测方法类型确定依据 | 预测方法类型 | 预测底图类型 |
|---|---|---|---|---|
| 变质碎屑岩中热液型 | 朱拉扎嘎式 | 矿床称因为沉积-热液改造型,新元古代闪长岩隐伏侵入岩体也为矿床的形成提供了热源,中元古代渣尔泰山群阿古鲁沟组直接控制了矿床的分布,因此确定预测方法类型为层控内生型 | 层控内生型 | 建造构造图 |
| | 浩尧尔忽洞式 | 矿床成因为热水喷流沉积-热液叠加改造复合型,白云鄂博群比鲁特组与三叠纪中酸性侵入岩的外接触带及近东西向断裂构造和火山机构直接控制了矿床的分布,构造及岩浆热液活动对其影响明显,因此确定预测方法类型为层控内生型 | | |

**续表 7-141**

| 矿产预测类型及亚类 | | 预测方法类型确定依据 | 预测方法类型 | 预测底图类型 |
|---|---|---|---|---|
| 风化壳型 | 老硐沟式 | 矿床成因为热液-氧化淋滤型，蓟县纪地层直接控制了矿床的分布，岩浆热液对其有一定的影响，因此确定预测方法类型为层控内生型 | 层控内生型 | 建造构造图 |
| 花岗-绿岩型 | 新地沟式 | 新地沟金矿成因为变质热液(绿岩)型，矿床形成与变形变质作用及多期成矿作用有关，变质流体参与了金的迁移富集。色尔腾山岩群柳树沟岩组直接控制了矿床的分布，北西向带状展布的脆韧性剪切带是成矿溶液迁移的通道和沉淀的空间，因此确定预测方法类型为变质型金矿 | 变质型 | 变质建造构造图 |
| 陆相火山岩型 | 四五牧场式 | 四五牧场式金矿成因类型为隐爆角砾岩-火山热液型，形成与侏罗纪—白垩纪火山-潜火山活动有关，燕山期侵入岩、次火山岩与塔木兰沟组粗安质火山岩地层其内外接触带控制矿床的分布，因此确定预测方法类型为火山岩型 | 火山岩型 | 火山岩性岩相图 |
| | 古利库式 | 矿床成因为隐爆角砾岩-火山热液型，除中侏罗世—早白垩世熔岩、火山碎屑岩、次火山岩、浅成侵入岩及与元古宙围岩外接触带破碎岩控制矿床分布外，放射性构造和弧形构造，北东向断裂构造也是成矿重要因素，因此确定预测方法类型为火山岩型 | | |
| | 陈家杖子式 | 矿床成因为隐爆角砾岩型，燕山期火山岩、火山构造直接控制了矿床的分布，构造对其有一定的影响，因此确定预测方法类型为火山岩型 | | |
| 岩浆热液型 | 赛乌素式 | 矿床成因类型为热液型，白云鄂博群尖山组直接控制了矿床的分布，因此确定预测方法类型为层控内生型 | 层控内生型 | 建造构造图 |
| | 十八顷壕式 | 矿床成因为破碎-蚀变岩型，色尔腾山岩群柳树沟岩组含金变质岩系直接控制了矿床的分布，经研究认为该矿床为多阶段成矿，可能于变质期始有金的富集，主要成矿期应晚于晚古生代。整个金矿分布为东西—北东向断裂交会部位所控制 | | 建造构造图 |
| | 乌拉山式 | 矿床成因类型为中低温热液型金矿，太古宙乌拉山岩群脑包山组为金原始矿源层，金矿床严格受断裂控制，因此确定预测方法类型为复合内生型金矿 | 复合内生型 | 建造构造图 |
| | 巴音温都尔式 | 矿床成因为中低温岩浆热液型，石炭纪中酸性侵入岩与乌宾敖包组、巴彦呼舒组、泥鳅河组接触带控制了矿床的分布，北东向褶皱、断裂也是重要的容矿构造，因此确定预测方法类型为复合内生型金矿 | | 建造构造图 |
| | 白乃庙式 | 中低温热液型白乃庙金矿主要产于硫化物-石英脉中，金矿床严格受白乃庙群第一岩性段、海西期岩体及断裂控制，因此确定预测方法类型为复合内生型金矿 | | 建造构造图 |
| | 金厂沟梁式 | 矿床成因类型为热液型，燕山期岩体和太古宙地层共同控制了矿床的分布，因此确定预测方法类型为复合内生型 | | 建造构造图 |

续表 7-141

| 矿产预测类型及亚类 | | 预测方法类型确定依据 | 预测方法类型 | 预测底图类型 |
|---|---|---|---|---|
| 岩浆热液型 | 毕力赫式 | 矿床成因为斑岩型，主要为燕山期侵入岩、次火山岩及其内外接触带控制矿床的分布，因此确定预测方法类型为侵入岩体型 | 侵入岩体型 | 侵入岩浆构造图 |
| | 小伊诺盖沟式 | 矿床成因为热液型，燕山早期黑云母二长花岗岩类控制了矿床的分布，因此确定预测方法类型为侵入岩体型 | | 侵入岩浆构造图 |
| | 碱泉子式 | 矿床成因为热液型，海西中晚期侵入岩严格控制金矿床分布，因此确定预测方法类型为侵入岩体型 | | 侵入岩浆构造图 |
| | 巴音杭盖式 | 矿床成因为岩浆热液-石英脉型，石炭纪酸性侵入岩直接控制了矿床的分布，因此确定预测方法类型为侵入岩体型 | | 侵入岩浆构造图 |
| | 三个井式 | 矿床成因为岩浆热液蚀变型，海西晚期英云闪长岩体岩体及其外接触带直接控制了矿床的分布，因此确定预测方法类型为侵入岩体型 | | 侵入岩浆构造图 |

层控内生型是指与侵入作用有关又受特定层位控制的矿产，此类预测工作区以建造构造图为底图；复合内生型指与沉积建造、变质建造及侵入岩，变形构造都有关的矿床，预测底图为建造构造图；侵入岩体型指与侵入岩体有空间关系的矿产，一般赋存在岩体、接触带，以侵入岩浆构造图为底图；变质型指由变质作用定位定时的矿产，以变质建造构造图为预测底图。火山岩型指与火山作用有关的矿产，一般以火山岩性岩相图为预测底图。

预测底图对与成矿无关的地质体进行了淡化，突出表达预测研究主体、目的层，侵入岩建造的分布，岩性组合特征等，在各专题研究的基础上，提取了重力、磁法、化探、遥感、自然重砂等异常，及推测的断裂、隐伏矿体等，总结区域预测要素。

### 1. 层控内生型金矿区域预测要素

层控内生型金矿主要矿床式为朱拉扎嘎式、浩尧尔忽洞式、赛乌素式、十八顷壕式、老硐沟式。以朱拉扎嘎、浩尧尔忽洞预测工作区为例简述此类矿床(点)区域预测要素(表 7-142)。

表 7-142　浩尧尔忽洞式层控内生型金矿区域预测要素一览表

| 预测要素 | | 描述内容 | 要素类别 |
|---|---|---|---|
| 地质环境 | 大地构造位置 | 华北陆块北缘，狼山-白云鄂博台裂谷的中部高勒图断裂带和合教-石崩断裂带的夹持区 | 必要 |
| | 成矿区(带) | Ⅰ-4 滨太平洋成矿域(叠加在古亚洲成矿域之上)，Ⅱ-14 华北成矿省，Ⅲ-58 华北陆块北缘西段金、铁、铌、稀土、铜、铅、锌、银、镍、铂、钨、石墨、白云母成矿带 | 必要 |
| | 区域成矿类型及成矿期 | 热液型；燕山期 | 重要 |

续表 7-142

| 预测要素 | | 描述内容 | 要素类别 |
|---|---|---|---|
| 控矿地质条件 | 赋矿地质体 | 白云鄂博群比鲁特岩组 | 必要 |
| | 控矿侵入岩 | 三叠纪中酸性侵入岩 | 重要 |
| | 主要控矿构造 | 矿化严格受构造破碎带和片理化带的控制，含矿构造和矿化带在空间上变化受浩尧尔忽洞褶皱和高勒图深大断裂的控制 | 次要 |
| 区内相同类型矿产 | | 2 个矿点 | 重要 |
| 地球物理与地球化学特征 | 重力特征 | 布格重力异常北低南高，存在明显的近东西向、北西向梯度带，由断裂引起。南侧两处局部重力高对应形成剩余重力正异常，为元古宙基底隆起区。金矿位于东侧布格重力高异常的边部，剩余重力正负异常交替带正异常一侧的梯度带上。在其南、北两侧存在负异常，由酸性侵入岩引起。该剩余重力正异常南侧边部是金矿成矿的重点区域 | 必要 |
| | 航磁特征 | 在航磁 $\Delta T$ 等值线平面图上，预测区为低缓磁异常背景区，幅值范围为 −150～100nT。浩尧尔忽洞金矿区位于预测区东部，磁场背景为 0nT 左右的平静磁场区 | 必要 |
| | 地球化学特征 | Au 元素异常强度高、范围广、连续性好，反映了强地球化学作用下的地球化学异常特征；与比鲁特组分布范围相近或据相关性；数值范围大于 $2.9\times10^{-9}$ | 必要 |
| 遥感特征 | | 遥感推断最小预测区 | 次要 |

## 2. 复合内生型金矿预测要素

复合内生型金矿的矿产预测类型为岩浆热液型，主要矿床式为乌拉山式、巴音温都尔式、白乃庙式、金厂沟梁式。以乌拉山、白乃庙、金厂沟梁预测工作区为例简述此类矿床(点)区域预测要素(表 7-143)。

**表 7-143 乌拉山式复合内生型金矿区域预测要素一览表**

| 预测要素 | | 描述内容 | 要素类别 |
|---|---|---|---|
| 地质 | 大地构造位置 | 处于华北陆块区，狼山-阴山陆块，固阳-兴和陆核 | 重要 |
| | 成矿区(带) | 华北陆块北缘西段金、铁、铌、稀土、铜、铅、锌、银、镍、铂、钨、石墨、白云母成矿带，乌拉山-集宁金、银、铁、铜、铅、锌、石墨、白云母成矿亚带，乌拉山金矿集区成矿单元 | 必要 |
| | 区域成矿类型及成矿期 | 热液型；印支期 | 重要 |
| 控矿地质条件 | 赋矿地层 | 新太古代乌拉山岩群第三岩组脑包山组为一套原始火山-碎屑岩建造的中高级变质岩 | 必要 |
| | 控矿侵入岩(围岩蚀变) | 硫化物-石英脉 | 重要 |
| | 主要控矿构造 | 区内存在数十米至数百米宽的钾长石化构造蚀变岩带，走向 65°，倾向北西，长达 10 余千米，与之派生的一组近东西向张性断裂带十分发育 | 必要 |
| 区内相同类型矿产 | | 预测区内同类型矿产地有 13 个 | 重要 |

续表 7-143

| 预测要素 | | 描述内容 | 要素类别 |
|---|---|---|---|
| 地球物理特征 | 重力异常 | 布格重力异常整体呈近东西向展布，局部异常形态呈团块状。大部分地区布格重力异常相对较高，形成剩余重力正异常，主要是太古宙、元古宙地层分布区。南侧边部布格重力异常迅速降低，形成明显的低值区，剩余重力负异常区，为呼包盆地北缘。其间有近东西向展布的梯度带，等值线密集，对应于山前深大断裂。金矿位于该梯度带上北缘，剩余重力正异常的边部，附近值为(2～3)×$10^{-5}$ m/$s^2$ | 重要 |
| | 磁法异常 | $\Delta T$ 等值线平面图上，磁异常幅值－1200～4000nT。北部以低缓负磁异常为主，夹杂小面积正异常；西南区域为梯度变化较大的正异常带，异常走向北东东向；东南部为梯度变化低缓的正异常区。乌拉山金矿区位于预测区西南部正磁异常带上 | 重要 |
| 地球化学特征 | | 化探 Ag 单元素异常值＞1.5×$10^{-9}$ | 重要 |

### 3. 侵入岩体型金矿预测要素

侵入岩体型金矿的矿产预测类型为岩浆热液型(热液型)、岩浆热液型(破碎蚀变岩型)、岩浆热液型(斑岩型)，主要矿床式为毕力赫式、小伊诺盖沟式、碱泉子式、巴音杭盖式、三个井式。以毕力赫、小伊诺盖沟预测工作区为例简述此类矿床(点)区域预测要素(表 7-144)。

表 7-144　侵入岩体型金矿区域预测要素一览表

| 预测要素 | | 描述内容 | 要素类别 | 描述内容 | 要素类别 |
|---|---|---|---|---|---|
| | | 毕力赫式 | | 小伊诺盖沟式 | |
| 地质 | 大地构造位置 | 天山-兴蒙造山系，大兴安岭弧盆系，锡林浩特岩浆弧，索伦山-西拉木伦结合带 | 重要 | 天山-兴蒙造山系，大兴安岭弧盆系，额尔古纳岛弧 | 必要 |
| | 成矿区(带) | 大兴安岭成矿省，白乃庙-锡林浩特铁、铜、钼、铅、锌、铬(金-锰)、锗、煤、天然碱、芒硝成矿带(Ym) | 重要 | Ⅰ-4 滨太平洋成矿域(叠加在古亚洲成矿域之上)，Ⅱ-13 大兴安岭成矿省，Ⅲ-47 新巴尔虎右旗(拉张区)铜、钼、铅、锌、金、萤石、煤(铀)成矿带，Ⅳ471 小伊诺盖沟金、铁、铅、锌成矿亚带(Y、Q)，Ⅴ471-1 小伊诺盖-吉兴沟金矿集区(Ye、Q) | 必要 |
| | 区域成矿类型及成矿期 | 斑岩型；燕山期 | 重要 | 蚀变岩型为主，石英脉型次之；燕山期 | 必要 |
| 控矿地质条件 | 赋矿地层 | 燕山期侵入岩、次火山岩及其内外接触带 | 必要 | | 必要 |
| | 控矿侵入岩(围岩蚀变) | 燕山期侵入岩、次火山岩 | 必要 | 近南北向与北西向构造破碎带 | 重要 |
| | 主要控矿构造 | 北西向、东西向断裂破碎带，岩体接触带构造以及两组断裂交会处形成的构造薄弱带 | 重要 | 金矿体或其两侧发育张性角砾岩，角砾成分为花岗斑岩，被石英和电气石胶结，普遍黄铁矿化 | 重要 |

续表 7-144

| 预测要素 | | 描述内容<br>毕力赫式 | 要素类别 | 描述内容<br>小伊诺盖沟式 | 要素类别 |
|---|---|---|---|---|---|
| 区内相同类型矿产 | | 矿床 2 个：大型 1 个，小型 1 个 | 重要 | 晚侏罗世花岗斑岩 | 重要 |
| 地球物理特征 | 重力异常 | 布格重力：$(-154\sim-146)\times10^{-5}$ $m/s^2$ | 次要 | 预测区范围较小，且只有 1∶100 万重力测量成果。对金矿的指示意义不大。剩余重力异常为$(-2\sim5)\times10^{-5}$ $m/s^2$ | 重要 |
| | 磁法异常 | 航磁化极：150～600nT | 次要 | 在航磁 $\Delta T$ 等值线平面图上，磁异常幅值范围为－300～400nT。预测区南部有正负相间的磁异常，强度和梯度变化均不大。航磁化极异常为－150～300nT | 重要 |
| 地球化学特征 | | 具 Au 异常$(>2.0\times10^{-9})$，并有吻合较好的 As、Sb、Bi、Hg、B、W、Mo、Ag 等异常 | 重要 | 预测区主要分布 As、Sb、Cu、Pb、Zn、Ag、Cd、W、Mo 等元素异常，异常呈北东向带状展布；Au 元素在小伊诺盖沟附近存在浓集中心，浓集中心明显，异常强度高 | 重要 |
| 遥感 | | 水系沉积物综合异常及 Cu、Pb、Zn、Ag、As、Sb、Bi、Hg 土壤组合异常 | 重要 | 遥感解译的北西向断层及解译出的燕山期隐伏岩体 | 重要 |

### 4. 变质型金矿预测要素

变质型金矿的矿产预测类型为花岗-绿岩型，主要矿床式为新地沟式。以新地沟预测工作区为例简述此类矿床（点）区域预测要素（表 7-145）。

表 7-145 新地沟式变质型金矿区域预测要素表

| 预测要素 | | 描述内容 | 要素类别 |
|---|---|---|---|
| 地质环境 | 大地构造位置 | Ⅱ华北陆块区，Ⅱ-4 狼山-阴山陆块（大陆边缘岩浆弧），Ⅱ-4-2 色尔腾山-太仆寺旗古岩浆弧（$Ar_3$） | 重要 |
| | 成矿区（带） | Ⅲ-58 华北陆块北缘西段金、铁、铌、稀土、铜、铅、锌、镍、铂、钨、石墨、白云母成矿带，Ⅳ581 白云鄂博-商都金、铁、铌、稀土、铜、镍成矿亚带 | 重要 |
| | 区域成矿类型及成矿期 | 变质热液（绿岩）型；新太古代末期至古元古代早期 | 重要 |
| 矿床特征 | 赋矿地质体 | 色尔腾山岩群柳树沟岩组 | 重要 |
| | 控矿侵入岩 | 变质流体参与了 Au 元素的迁移富集，变质（变形）分异作用越充分，矿化越好 | 次要 |
| | 主要控矿构造 | 主要受色尔腾山岩群柳树沟岩组控制，北西向带状展布的脆韧性剪切带是成矿溶液迁移的通道和沉淀的空间 | 必要 |
| 区内相同类型矿产 | | 已知矿床 2 处 | 必要 |

续表 7-145

| 预测要素 | | | 描述内容 | 要素类别 |
|---|---|---|---|---|
| 地球物理与地球化学特征 | 地球物理特征 | 重力 | 布格重力起始值在(−160～−138)×$10^{-5}$ m/$s^2$之间,有利于成矿 | 次要 |
| | | 航磁 | 航磁 $\Delta T$ 化极异常起始值在−100～600nT 之间,有利于成矿 | 重要 |
| | 化探 | | Au 起始值在(2～2.3)×$10^{-9}$之间,有利于成矿 | 重要 |
| 遥感特征 | | | 推测断层 | 次要 |

### 5. 火山岩型金矿预测要素

火山岩型金矿的矿产预测类型为陆相火山岩型,主要矿床式为四五牧场、古利库、陈家杖子,以四五牧场预测工作区为例简述此类矿床(点)区域预测要素(表 7-146)。

表 7-146　四五牧场式火山岩型金矿区域预测要素表

| 预测要素 | | 描述内容 | 要素类别 |
|---|---|---|---|
| 地质环境 | 大地构造位置 | 天山-兴蒙造山系,大兴安岭弧盆系,额尔古纳岛弧($Pz_1$),海拉尔-呼玛弧后盆地(Pz) | 必要 |
| | 成矿区(带) | 滨太平洋成矿域,Ⅱ-13 大兴安岭成矿省,新巴尔虎右旗(拉张区)铜、钼、铅、锌、金、萤石、煤(铀)成矿带,陈巴尔虎旗-根河金成矿亚带(Y) | 必要 |
| | 区域成矿类型及成矿期 | 陆相火山岩型;侏罗纪—白垩纪 | 必要 |
| 控矿地质条件 | 赋矿地质体 | 中侏罗世—早白垩世熔岩、火山碎屑岩、次火山岩、近火口浅成侵入岩 | 必要 |
| | 控矿侵入岩 | 中侏罗世—早白垩世次火山岩、近火口浅成侵入岩 | 必要 |
| | 主要控矿构造 | 北东向大断裂及其次级的断裂或破碎带,北东向带状展布的火山口 | 重要 |
| 区内相同类型矿产 | | 小型金矿床 1 个 | 重要 |
| 地球物理特征 | | 串珠状低重力异常带的边缘;<br>北东向正磁异常区的低-负磁带状异常是矿化蚀变带的反映 | 次要 |
| 地球化学特征 | | 具 Au 异常及 Au、Ag、Sb、Bi 等常见低温元素组合异常 | 重要 |
| 遥感特征 | | 遥感解译线状、环状构造,蚀变羟基最小预测区 | 次要 |

## 三、最小预测区圈定

根据对典型矿床成矿规律、预测要素,及预测工作区区域地质、物探、化探、遥感、自然重砂等背景条件的研究,确定预测工作区预测要素,提取预测变量,运用矿产资源评价系统(MRAS)对预测工作区进行定位预测。

### 1. 变量构置

根据各预测工作区不同成矿条件,进行预测变量构置(表 7-147)。

表 7-147 金矿预测工作区变量构置及最小预测区分级原则一览表

| 预测类型 | 预测工作区 | 预测变量 | 变量处理 | 网格间距(km) | A、B、C 类分级原则 |
|---|---|---|---|---|---|
| 变质碎屑岩中热液型 | 朱拉扎嘎式金矿朱拉扎嘎预测工作区 | 地质体:阿古鲁沟组一段中部 $Pt_2a^{1-2}$ 及其以上地层。预处理:对提取地层周边的第四系及其以上的覆盖部分进行揭盖 | 求取存在标志 | 2×2 | A 类:有出露含矿地质体+化探起始值>5.8+已知矿床+断层缓冲区或有出露地质化探起始值>11+ 北北东向断层缓冲区。<br>B 类:有出露含矿地质体+化探起始值>5.8 或有出露含矿地质体+Au 元素化探异常+断层(或闪长玢岩脉)缓冲区或推断含矿地质体+Au 元素化探异常浓集区。<br>C 类:覆盖区化探异常浓集中心或出露含地质体的上部层位+Au 元素化探异常 |
| | | 断层:提取北北东—北西向地质断层及遥感推断断裂,并根据断层的规模作 500m 的缓冲区 | 求取存在标志 | | |
| | | 化探:Au 元素化探异常起始值>$2.3\times10^{-9}$ 的范围 | 求取存在标志 | | |
| | | 重力:剩余重力起始值>$3\times10^{-5}$ m/s$^2$ | 二值化处理 | | |
| | | 航磁:航磁化极值>0nT 的范围 | 二值化处理 | | |
| | | 遥感:遥感的环要素用于推测隐伏岩体存在,提取环要素 4 块 | 求取存在标志 | | |
| 风化壳型 | 老硐沟式金矿老硐沟预测工作区 | 地质体:提取古硐井群,似斑状黑云二长花岗岩和花岗闪长岩,断层求其存在标志。<br>预处理:对古硐井群之上地层及第四系覆盖层按照倾角及预测深度进行揭盖 | 求取存在标志 | 2×2 | A 类:地质体(含矿建造)+已知矿床+化探异常+航磁异常分布范围+剩余重力异常+遥感Ⅰ级铁染异常。<br>B 类:地质体+化探异常+矿点+航磁异常分布范围+剩余重力异常+遥感异常。<br>C 类:地质体+矿化蚀变+航磁异常分布范围或地质体+重力异常+遥感异常+低强度化探异常 |
| | | 航磁异常:根据老硐沟金矿位于低缓负磁异常中的局部正磁异常区,异常区异常强,异常值为−2800~1800nT | 二值化处理 | | |
| | | G 蒙-846 号剩余重力正异常产中部与基性岩有关的局部异常区,可选为找金的靶区 | 求取存在标志 | | |
| | | 化探:该区 Cu、Pb、Zn 单元素异常、组合异常及综合异常与已知矿床及矿点吻合程度高,特别是 Au 单元素异常图吻合程度更高,提取三级浓度分带,异常值为$(2\sim395.2)\times10^{-6}$ | 二值化处理 | | |
| | | 已知矿点:有 2 个同类型矿床和矿点,均对它们进行缓冲区处理,缓冲值为 1km | 求取存在标志 | | |
| | | 遥感异常:对圈定的遥感铁染及羟基异常线处理,形成区文件 | 求取存在标志 | | |

**续表 7-147**

| 预测类型 | 预测工作区 | 预测变量 | 变量处理 | 网格间距(km) | A、B、C类分级原则 |
|---|---|---|---|---|---|
| 花岗-绿岩型 | 新地沟式金矿新地沟预测工作区 | 地层：为色尔腾山岩群柳树沟岩组 | 求取存在标志 | 2×2 | A类：色尔腾山岩群柳树沟岩组＋金矿床＋航磁异常分布范围(－100～600nT)＋布格重力值(－160～－138nT)＋北西向脆韧性剪切带＋金砷锑钨综合异常＋遥感。<br>B类：色尔腾山岩群柳树沟岩组＋航磁异常分布范围(－100～600nT)＋布格重力值(－160～－138nT)＋Au、As、Sb、W综合异常＋遥感。<br>C类：色尔腾山岩群柳树沟岩组＋布格重力值(－160～－138nT)＋北西向脆韧性剪切带＋遥感 |
| | | 断层：提取北西向脆韧性剪切带，并根据剪切带的规模作500m的缓冲区 | 求取存在标志 | | |
| | | 航磁：航磁化极 $\Delta T$ 在－100～6001nT之间 | 二值化处理 | | |
| | | 重力：布格重力起始值在(－160～－138)×$10^{-5}$m/$s^2$之间 | 二值化处理 | | |
| | | 化探：Au化探起始值范围在(2～2.3)×$10^{-9}$之间 | 二值化处理 | | |
| | | 遥感：解译的北西向断裂，并根据断裂的规模作500m的缓冲区 | 求取存在标志 | | |
| 陆相火山岩型 | 四五牧场式金矿四五牧场预测工作区 | 地质体＋缓冲区 | 求取存在标志 | 1×1 | A类：具有矿点、Au元素异常、化探综合异常、地质＋缓冲、重力、航磁、火山口、遥感隐伏岩体、断层6～8个预测地质变量。<br>B类：具有Au元素异常、地质＋缓冲及其他2～5个预测地质变量。<br>C类：具有Au元素异常或地质＋缓冲及其他1～4个预测地质变量 |
| | | 断层缓冲区、火山口，遥感推测隐伏岩体 | 求取存在标志 | | |
| | | 矿点(床) | 求取存在标志 | | |
| | | 化探综合异常 | 求取存在标志 | | |
| | | Au元素异常、布格重力异常、航磁化极异常 | 二值化处理 | | |
| | | 遥感铁染 | 二值化处理 | | |

**续表 7-147**

| 预测类型 | 预测工作区 | 预测变量 | 变量处理 | 网格间距（km） | A、B、C 类分级原则 |
| --- | --- | --- | --- | --- | --- |
| | 古利库式金矿古利库预测工作区 | 地质体＋缓冲区 | 求取存在标志 | 1×1 | A 类：具有矿点、Au 元素异常、化探综合异常、地质＋缓冲、重力、航磁，火山口、遥感隐伏岩体、断层 8～9 个预测地质变量。<br>B 类：具有 Au 元素异常、地质＋缓冲及其他 2～6 个预测地质变量。<br>C 类：具有 Au 元素异常或地质＋缓冲及其他 1～6 个预测地质变量 |
| | | 断层缓冲区、火山口 | 求取存在标志 | | |
| | | 化探综合异常 | 求取存在标志 | | |
| | | 遥感推断岩体、隐伏岩体 | 求取存在标志 | | |
| | | 重砂 | 求取存在标志 | | |
| | | 矿点（床）及缓冲区 | 求取存在标志 | | |
| | | 遥感铁染 | 求取存在标志 | | |
| | | Au 元素异常、布格重力异常、航磁化极异常 | 二值化处理 | | |
| | 陈家杖子式金矿陈家杖子预测工作区 | 地层：主要提取中生代火山岩地层，并对上覆第四系等覆盖层，视地质体的具体情况进行了揭盖处理，最大外推不超过 1km | 求取存在标志 | 2×2 | A 类：地质体＋航磁异常分布范围＋剩余重力异常＋遥感Ⅰ级铁染异常＋断层。<br>B 类：地质体＋航磁异常分布范围＋剩余重力异常。<br>C 类：地质体＋航磁异常分布范围或地质体＋断层＋重力异常 |
| | | 航磁异常采用化极 $\Delta T$ 等值线 | 二值化处理 | | |
| | | 重力剩余异常等值线 | 二值化处理 | | |
| | | Au 化探异常区 | 二值化处理 | | |
| | | 已知矿床（点）10 处 | 求取存在标志 | | |
| | | 遥感：采用Ⅰ级铁染异常，线性、环形影像 | 求取存在标志 | | |
| | | 火山机构 | 求取存在标志 | | |

续表 7-147

| 预测类型 | | 预测工作区 | 预测变量 | 变量处理 | 网格间距(km) | A、B、C类分级原则 |
|---|---|---|---|---|---|---|
| 岩浆热液型 | 斑岩型 | 毕力赫式金矿毕力赫预测工作区 | 地质＋缓冲(燕山期侵入岩、次火山岩) | 求取存在标志 | 1×1 | A类：具有矿点、Au元素异常、化探综合异常、地质＋缓冲、重力、航磁，火山口、遥感隐伏岩体、断层8～9个预测地质变量。<br>B类：具有Au元素异常、地质＋缓冲及其他2～6个预测地质变量。<br>C类：具有Au元素异常或地质＋缓冲及其他1～6个预测地质变量 |
| | | | 金矿床 | 求取存在标志 | | |
| | | | 断层 | 求取存在标志 | | |
| | | | 化探综合异常，Au元素化探异常 | 求取存在标志 | | |
| | | | 布格重力，航磁化极 | 二值化处理 | | |
| | | | 火山口、遥感铁染提取 | 求取存在标志 | | |
| | | | 遥感解译岩体，遥感解译隐伏岩体 | 求取存在标志 | | |
| | 破碎蚀变岩型 | 十八顷壕式金矿十八顷壕预测工作区 | 地质体：色尔腾山岩群柳树沟岩组。预处理：对柳树沟岩组之上地层及第四系覆盖层按照倾角及预测深度进行揭盖 | 求取存在标志 | 1×1 | A类：色尔腾山岩群柳树沟岩组＋铁矿床(点、铁矿层)＋北西西向断裂＋航磁异常分布范围＋Au化探异常值＋剩余重力异常值＞0。<br>B类：色尔腾山岩群柳树沟岩组＋北西西向断裂＋航磁异常分布范围＋Au化探异常值＋剩余重力异常值＞0。<br>C类：色尔腾山岩群柳树沟岩组＋航磁异常分布范围＋Au化探异常值＋剩余重力异常值＞0 |
| | | | 在已知矿区范围内，剩余重力起始值＞$0\times10^{-5}$ m/s$^2$ | 二值化处理 | | |
| | | | 磁法：在航磁$\Delta T$等值线平面图磁异常幅值范围为－300～2000nT | 二值化处理 | | |
| | | | 断层：提取与成矿有关的走向为北西西向断裂，并作500m(图面10mm)缓冲区 | 求取存在标志 | | |
| | | | 矿床(点)3个：中型1个，小型1个，矿化点1个，并作1km(图面20mm)缓冲区 | 求取存在标志 | | |
| | | | 遥感：提取与成矿有关的走向为北西西向断裂，并作500m(图面10mm)缓冲区 | 求取存在标志 | | |
| | | | 化探：化探综合异常值＞$3.5\times10^{-6}$ | 二值化处理 | | |

**续表 7-147**

| 预测类型 | | 预测工作区 | 预测变量 | 变量处理 | 网格间距(km) | A、B、C 类分级原则 |
|---|---|---|---|---|---|---|
| 岩浆热液型 | 破碎蚀变岩型 | 小伊诺盖沟式金矿小伊诺盖沟预测工作区 | 地质体：青白口纪佳疙瘩组和南华纪额尔古纳河组，燕山早期黑云母二长花岗岩类。预处理：对提取地层周边的第四系及其中生代地层的覆盖部分进行揭盖 | 求取存在标志 | 1.5×1.5 | A 类：额尔古纳河组＋金矿床(点)＋Au 化探异常＋剩余重力值[(−2～0)×$10^{-5}$ m/s$^2$]±南北向断层。<br>B 类：额尔古纳河组＋Au 化探异常＋剩余重力值[(−2～4)×$10^{-5}$ m/s$^2$]±南北向断层±北西向断层。<br>C 类：额尔古纳河组±侏罗纪二长花岗岩类＋Au 化探异常＋剩余重力值[(−1～4)×$10^{-5}$ m/s$^2$]±北西向断层 |
| | | | 剩余重力异常在(1～2)×$10^{-5}$ m/s$^2$之间 | 二值化处理 | | |
| | | | 实测断层：提取与成矿有关的走向近南北向、北西向的断裂，考虑矿床成矿温度，并作 1500m 缓冲区 | 求取存在标志 | | |
| | | | 航磁推断断层、遥感解译断层：提取走向近南北向、北西向的断裂，并作 1500m 缓冲区 | 求取存在标志 | | |
| | | | 已知矿点：有 1 个，进行投影变换并作 2000m 缓冲区，添加到图中 | 求取存在标志 | | |
| | | | 化探异常：提取组合异常、综合异常 | 求取存在标志 | | |
| | | | 蚀变带：提取与金矿有关的蚀变带 | 求取存在标志 | | |
| | | 小伊诺盖沟式金矿八道卡预测工作区 | 预处理：对已于地层、岩体进行合理缓冲。剩余重力推断的晚侏罗世花岗斑岩 | 求取存在标志 | 1×1 | A 类：晚侏罗世花岗斑岩＋钨矿床(点)＋化探组合异常的 Au 异常(>2×$10^{-6}$)＋剩余重力值(>−5×$10^{-5}$ m/s$^2$)＋北西向断层。<br>B 类：晚侏罗世花岗斑岩＋化探组合异常的 Au 异常(>2×$10^{-6}$)＋剩余重力值(>−5×$10^{-5}$ m/s$^2$)＋北西向断层。<br>C 类：晚侏罗世花岗斑岩＋化探组合异常的 Au 异常(>2×$10^{-6}$)＋剩余重力值(>−5×$10^{-5}$ m/s$^2$)＋北西向断层 |
| | | | 实测断层：提取与成矿有关的走向近南北向、东西向的断裂，并作 1000m(图面 10mm)缓冲区 | 求取存在标志 | | |
| | | | 航磁、重力推断断层、遥感解译断层：提取走向近北西向、东西向的断裂，并作 1000m(图面 10mm)缓冲区 | 求取存在标志 | | |
| | | | 已知矿点：有 1 个，进行投影变换，并作 500m(图面 5mm)缓冲区，添加到图中 | 求取存在标志 | | |
| | | | 综合化探异常 | 求取存在标志 | | |
| | | | 航磁化极：航磁化极值为−100～150nT 的范围 | 二值化处理 | | |

**续表 7-147**

| 预测类型 | | 预测工作区 | 预测变量 | 变量处理 | 网格间距(km) | A、B、C类分级原则 |
|---|---|---|---|---|---|---|
| 岩浆热液型 | 破碎蚀变岩型 | 小伊诺盖沟式金矿八道卡预测工作区 | Au单元素异常:元素异常起始值为$(2.9\sim4.2)\times10^{-9}$的范围,最大达$29\times10^{-9}$ | 二值化处理 | | |
| | | | 剩余重力:异常在$(-1\sim3)\times10^{-5}m/s^2$之间 | 二值化处理 | | |
| | | | 蚀变带:提取与金矿有关的蚀变带求存在标志 | 求取存在标志 | | |
| | | 小伊诺盖沟式金矿兴安屯预测工作区 | 预处理:对地层、岩体进行合理缓冲 | 求取存在标志 | 2×2 | A类:北东向、北西向断裂交会处+金矿床(点)+航磁$\Delta T$化极异常在$-400\sim600nT$之间+Au化探异常+剩余重力值$[(-3\sim0)\times10^{-5}m/s^2]$。<br>B类:北东向、北西向断裂交会处+航磁$\Delta T$化极异常在$-400\sim1400nT$之间+Au化探异常+剩余重力值$[(-3\sim1)\times10^{-5}m/s^2]$。<br>C类:北东向、北西向断裂交会处+航磁$\Delta T$化极异常在$-300\sim600nT$之间±Au化探异常+剩余重力值$[(-5\sim4)\times10^{-5}m/s^2]$ |
| | | | 实测断层:提取与成矿有关的走向近南北向、东西向的断裂,并作1500m(图面30mm)缓冲区 | 求取存在标志 | | |
| | | | 航磁、重力推断断层、遥感解译断层:提取走向近南北向、东西向的断裂,并作1500m(图面30mm)缓冲区 | 求取存在标志 | | |
| | | | 已知矿点:有4个,进行投影变换,并作1500m(图面30mm)缓冲区,添加到图中 | 求取存在标志 | | |
| | | | 综合化探异常 | 求取存在标志 | | |
| | | | 航磁化极:航磁化极值为$-300\sim350nT$的范围 | 二值化处理 | | |
| | | | Au单元素异常:元素异常起始值为$(2.9\sim4.2)\times10^{-9}$的范围,最大达$1800\times10^{-9}$ | 二值化处理 | | |
| | | | 剩余重力:异常在$(-3\sim-1)\times10^{-5}m/s^2$之间 | 二值化处理 | | |
| | | | 蚀变带:提取与金矿有关的蚀变带 | 求取存在标志 | | |

**续表 7-147**

| 预测类型 | | 预测工作区 | 预测变量 | 变量处理 | 网格间距(km) | A、B、C类分级原则 |
|---|---|---|---|---|---|---|
| 岩浆热液型 | 热液型 | 浩尧尔忽洞式金矿浩尧尔忽洞预测工作区 | 地质体：地表出露或推断有新元古代白云鄂博群比鲁特组出露 | 求取存在标志 | 2×2 | A类：地质体＋化探异常分布范围＋剩余重力异常＋矿点。<br>B类：地质体＋化探异常分布范围＋剩余重力异常。<br>C类：地质体＋化探异常分布范围 |
| | | | 已知矿点、矿化点，进行投影变换，并作1000m缓冲区，添加到图中 | 求取存在标志 | | |
| | | | 提取金化探异常、剩余重力及航磁异常 | 二值化处理 | | |
| | | 赛乌素式金矿赛乌素预测工作区 | 地质体：提取尖山岩组第二岩段作为预测单元。预处理：对尖山岩组第二岩段附近的第四系、中生界覆盖层进行揭盖，它们在储量计算中降一级别 | 求取存在标志 | — | A类：尖山组二岩段＋化探异常区＋有金矿(床)点＋航磁异常区＋南北向、东西向断裂±重砂异常。航磁$\Delta T$化极异常主要在$-100\sim300$nT之间，剩余重力异常值$\Delta g$主要在$(-2\sim8)\times10^{-5}$m/s²之间。<br>B类：尖山组二岩段＋化探异常区±有金矿(床)点＋航磁异常区±南北向、东西向断裂±重砂异常。航磁$\Delta T$化极异常主要在$-100\sim800$nT之间，剩余重力异常值$\Delta g$主要在$(0\sim6)\times10^{-5}$m/s²之间。<br>C类：尖山组二岩段或其揭盖区＋化探异常区＋航磁异常区＋重砂异常，断裂有或无，航磁$\Delta T$化极异常主要在$-800\sim1000$nT之间，剩余重力异常值$\Delta g$主要在$(-1\sim10)\times10^{-5}$m/s²之间，多数无已知矿点 |
| | | | 断层：提取与成矿有关实测、推断、航磁推断断层，其走向近南北向、东西向，考虑矿床成矿温度，作1000m(图面20mm)缓冲区 | 求取存在标志 | | |
| | | | 重力：剩余重力起始值在$(-6\sim8)\times10^{-5}$m/s²之间 | 二值化处理 | | |
| | | | 航磁：航磁$\Delta T$化极异常值起始值在$-100\sim200$nT之间 | 二值化处理 | | |
| | | | 化探：异常值$>2\times10^{-9}$，最大达$1800\times10^{-9}$ | 二值化处理 | | |
| | | | 遥感：提取Ⅰ级铁染异常区 | 求取存在标志 | | |
| | | | 重砂：提取Ⅰ级铁染异常区 | 求取存在标志 | | |
| | | | 已知矿点：有11个，进行投影变换，并作1000m(图面20mm)缓冲区，添加到图中 | 求取存在标志 | | |

**续表 7-147**

| 预测类型 | | 预测工作区 | 预测变量 | 变量处理 | 网格间距(km) | A、B、C类分级原则 |
|---|---|---|---|---|---|---|
| 岩浆热液型 | 热液型 | 乌拉山式金矿乌拉山预测工作区 | 晚志留世乌拉山第三岩段，印支期大桦背花岗岩及中酸性岩脉 | 求取存在标志 | 2×2 | A类：预测区有已知矿床(点)存在，存在良好的控矿构造，赋存于乌拉山岩群中，航磁异常>250nT、剩余重力>$5\times10^{-5}m/s^2$，Au单元素异常值>$1.5\times10^{-9}$。<br>B类：存在良好的控矿构造，赋存于乌拉山岩群中，Au单元素异常值>$1.5\times10^{-9}$或航磁异常>250nT，或剩余重力>$5\times10^{-5}m/s^2$。<br>C类：存在良好的控矿构造+赋存于乌拉山岩群中 |
| | | | 东西向、北东向断层500m缓冲区 | 求取存在标志 | | |
| | | | 矿点500m缓冲区，遥感解释断层500m缓冲区 | 求取存在标志 | | |
| | | | 航磁异常范围>250nT，剩余重力>$5\times10^{-5}m/s^2$，Au单元素异常范围>$1.5\times10^{-9}$ | 二值化处理 | | |
| | | 乌拉山式金矿卓资县预测工作区 | 晚志留世乌拉山第三岩段，印支期大桦背花岗岩及中酸性岩脉 | 求取存在标志 | 2×2 | A类：预测区有已知矿床(点)存在，存在良好的控矿构造，赋存于乌拉山岩群中，航磁异常>250nT、剩余重力>$0\times10^{-5}m/s^2$，Au单元素异常值>$2.0\times10^{-9}$。<br>B类：存在良好的控矿构造，赋存于乌拉山岩群中，Au单元素异常值>$2.0\times10^{-9}$或航磁异常>250nT，或剩余重力>$0\times10^{-5}m/s^2$。<br>C类：存在良好的控矿构造+赋存于乌拉山岩群中 |
| | | | 东西向、北东向断层500m缓冲区 | 求取存在标志 | | |
| | | | 矿点500m缓冲区，遥感解释断层500m缓冲区 | 求取存在标志 | | |
| | | | 航磁异常范围>250nT，剩余重力>$0\times10^{-5}m/s^2$，Au单元素异常范围>$2.0\times10^{-9}$ | 二值化处理 | | |

续表 7-147

| 预测类型 | | 预测工作区 | 预测变量 | 变量处理 | 网格间距(km) | A、B、C 类分级原则 |
|---|---|---|---|---|---|---|
| 岩浆热液型 | 热液型 | 巴音温都尔式金矿巴音温都尔预测工作区 | 侵入岩：志留纪—泥盆纪，二叠纪—三叠纪两个主要成矿期中酸性侵入岩均提取作为含矿层，并将与其相邻第四系揭盖 1km | 求取存在标志 | 1×1 | A 类：矿床＋含矿侵入岩或地层＋矿致异常（Au 元素化探异常、Au 、As、Sb 综合异常）＋韧性剪切带。<br>B 类：含矿侵入岩或地层＋断裂＋矿致异常＋ 重力异常＋韧性剪切带（Au 元素化探异常、Au 、As、Sb 综合异常）。<br>C 类：含矿侵入岩或地层＋综合异常（Au 、As、Sb 综合异常），或侵入岩＋A 类、B 类附近重力、航磁成矿有利位置＋断裂＋（遥感、重力、航磁）解译断裂），或含矿侵入岩或地层＋韧性剪切带 |
| | | | 地层：中元古代温多尔庙群哈尔哈达组、桑达来呼都格组，古生代混杂岩，晚泥盆世—早石炭世色日巴彦敖包组和二叠纪地层提取作为含矿层，并将与其相邻第四系揭盖 1km | 求取存在标志 | | |
| | | | 已知矿床（点）5 处，其中中型 2 处，小型 3 处，并将矿床作缓冲区，半径 0.5km | 求取存在标志 | | |
| | | | 断裂：选取北东向、北西向及近东西向 3 组断裂，并沿断裂分别向两侧作 500m（图面 10mm）缓冲区 | 求取存在标志 | | |
| | | | 韧性剪切带：将 1∶10 万预测底图中韧性剪切带造区并沿走向缓冲剪切带已知总度的 1/4，沿其宽度方向各缓冲 500m | 求取存在标志 | | |
| | | | Au 单元素化探异常：异常起始值为 $0\times10^{-6}$，终止值为 $111\times10^{-6}$ | 二值化处理 | | |
| | | | 重力：剩余异常等值线起始值为 $1\times10^{-5}\,m/s^2$，终止值为 $6\times10^{-5}\,m/s^2$ | 二值化处理 | | |
| | | | 航磁：剩余异常等值线起始值为 $-100\times10^{-3}\,A/m$，终止值为 $100\times10^{-3}\,A/m$ | 二值化处理 | | |
| | | | Au、As、Sb 综合化探异常 | 求取存在标志 | | |

**续表 7-147**

| 预测类型 | | 预测工作区 | 预测变量 | 变量处理 | 网格间距(km) | A、B、C类分级原则 |
|---|---|---|---|---|---|---|
| 岩浆热液型 | 热液型 | 巴音温都尔式金矿红格尔预测工作区 | 侵入岩:石炭纪中酸性侵入岩均提取作为含矿层,并将与其相邻第四系、新近系、古近系揭盖1km | 求取存在标志 | 1×1 | A类:矿床+含矿侵入岩或地层+矿致异常(Au元素化探异常、Au、W、As、Sb、Ag、Cu、Zn综合异常)。<br>B类:含矿侵入岩或地层+断裂+矿致异常(Au元素化探异常,Au、W、As、Sb、Ag、Cu、Zn综合异常)+与岩体和地层接触带距离相对较近。<br>C类:含矿侵入岩或地层+韧性剪切带+综合异常(Au元素化探异常,Au、W、As、Sb、Ag、Cu、Zn综合异常)+与岩体和地层接触带距离相对较远+断裂 |
| | | | 地层:古生代乌宾敖包组、巴彦呼舒组、泥鳅河组提取作为含矿层,并将与其相邻第四系揭盖1km | 求取存在标志 | | |
| | | | 已知矿床(点):预测区有热液型金矿1处,规模为小型石英脉型,并将矿床作缓冲区,半径0.5km | 求取存在标志 | | |
| | | | 断裂:选取北东向、北西向及近东西向3组断裂,并沿断裂分别向两侧作500m缓冲区,图面表示断裂为10mm | 求取存在标志 | | |
| | | | 韧性剪切带:韧性剪切带造区并沿走向缓冲剪切带已知总长度的1/4,沿其宽度方向各缓冲500m | 求取存在标志 | | |
| | | | Au、W、As、Sb、Ag、Cu、Zn综合化探异常 | 求取存在标志 | | |
| | | | Au单元素化探异常:选取起始值为$2\times10^{-9}$,终止值为$11\times10^{-9}$ | 二值化处理 | | |
| | | | 航磁:航磁等值线图部分覆盖预测区,航磁化极起始值为$-530\times10^{-3}$ A/m,终止值为$390\times10^{-3}$ A/m | 二值化处理 | | |
| | | | 重力:剩余异常等值线起始值为$-1\times10^{-5}$ m/s$^2$,终止值为$0\times10^{-5}$ m/s$^2$ | 二值化处理 | | |
| | | 白乃庙式金矿白乃庙预测工作区 | 地质体:晚志留世白乃庙第一岩段。预处理:对提取地层周边的第四系及其以上的覆盖部分进行揭盖 | 求取存在标志 | 2×2 | A类:预测区有已知矿床(点)存在,化探起始值>$3.5\times10^{-9}$,存在接触变质带、航磁异常>150nT、剩余重力异常等值线起始值在>$1\times10^{-5}$ m/s$^2$。<br>B类:存在接触变质带,化探起始值>$3.5\times10^{-9}$,航磁异常>150nT、剩余重力异常等值线起始值>$1\times10^{-5}$ m/s$^2$。<br>C类:存在接触变质带或化探起始值>$3.5\times10^{-9}$或航磁异常>150nT、剩余重力异常等值线起始值>$1\times10^{-5}$ m/s$^2$ |
| | | | 断层:提取东西向地质断层及遥感推断断裂,并根据断层的规模作500m的缓冲区 | 求取存在标志 | | |
| | | | 化探:Au元素化探异常起始值≥$3.5\times10^{-9}$的范围 | 二值化处理 | | |
| | | | 航磁:航磁化极值>$1\times10^{-5}$ nT | 二值化处理 | | |
| | | | 重力:剩余重力起始值>150m/s$^2$的范围 | 二值化处理 | | |
| | | | 遥感:遥感的环要素用于推测隐伏岩体存在,提取环要素2块 | 求取存在标志 | | |

**续表 7-147**

| 预测类型 | 预测工作区 | 预测变量 | 变量处理 | 网格间距(km) | A、B、C类分级原则 |
|---|---|---|---|---|---|
| 岩浆热液型 热液型 | 金厂沟梁式金矿金厂沟梁预测工作区 | 地层：中太古代集宁岩群（乌拉山岩群） | 求取存在标志 | 2×2 | A类：含两个矿床以上，Au化探异常、集宁岩群或中酸性侵入岩。<br>B类：一个矿床，Au化探异常，或部分A类区外围，有或无矿点。<br>C类：矿点或Au化探异常 |
| | | 侵入岩：早白垩世中酸性浅成—超浅成侵入岩，作5km缓冲区 | 求取存在标志 | | |
| | | 区域性深大断裂：主要为赤峰-开原深大断裂（槽台断裂）、八里罕-嫩江深大断裂和北票-鞍山深大断裂，作10km缓冲区 | 求取存在标志 | | |
| | | 一般断裂：北东向、近东西向为控岩构造，作2km缓冲区，北西向、北北东向、南北向断裂为导矿和控矿构造，作2km缓冲区 | 求取存在标志 | | |
| | | 化探：Au、Ag、Cu、Pb、Zn、W、Sb、Mo、As、Cd单元素异常、综合异常 | 求取存在标志 | | |
| | | 遥感：环状构造（隐伏岩体）、遥感异常（最小预测区） | 求取存在标志 | | |
| | 碱泉子式金矿碱泉子预测工作区 | 侵入岩：根据典型矿床与已知矿床，提取和成矿相关的二叠纪与石炭纪的岩体，并将与其相邻的第四系揭盖1km | 求取存在标志 | 2×2 | A类：含矿地质体＋矿床＋Au单元素化探异常＋Au、As、Sb、W综合化探异常＋断裂＋航磁＋重力＋遥感解译断裂。<br>B类：含矿地质体＋金单元素化探异常＋Au、As、Sb、W综合化探异常＋断裂、航磁、重力或遥感解译断裂。<br>C类：含矿地质体＋金单元素化探异常、Au、As、Sb、W综合化探异常、断裂、航磁、重力或遥感解译断裂 |
| | | 地层：选取古元古代龙首山岩群上亚群地层与震旦纪韩母山群墩子沟组作为含矿层，并将与其相邻的第四系揭盖1km | 求取存在标志 | | |
| | | 已知矿床（点）：目前收集到约有2处，均为小型，并作矿床1km缓冲区 | 求取存在标志 | | |
| | | 断裂：选取近东西向、北西向两组断裂，并沿断裂分别向两侧作500m的缓冲区 | 求取存在标志 | | |
| | | 金单元素化探异常：异常起始值为$2\times10^{-9}$，终止值为$4.2\times10^{-9}$ | 二值化处理 | | |
| | | Au、As、Sb、W综合化探异常：将该异常造区 | 求取存在标志 | | |
| | | 重力：剩余异常等值线起始值为$-1\times10^{-5}m/s^2$，终止值为$1\times10^{-5}m/s^2$ | 二值化处理 | | |
| | | 航磁：剩余异常等值线起始值在$-300\sim-100nT$之间 | 二值化处理 | | |
| | | 遥感：根据遥感解译断裂，提取近东西向、北西向、北东向3组解译断裂，作半径500m缓冲区 | 求取存在标志 | | |

**续表 7-147**

| 预测类型 | | 预测工作区 | 预测变量 | 变量处理 | 网格间距(km) | A、B、C类分级原则 |
|---|---|---|---|---|---|---|
| 岩浆热液型 | 热液型 | 巴音杭盖式金矿巴音杭盖预测工作区 | 地质体:提取地质体块作为预测单元,其中包括一部分揭盖岩体,它们在储量计算中降一级别。预处理:对浅灰白色中粗粒二长花岗岩、灰白色中粗粒斜长花岗岩、灰黄色中粗粒似斑状花岗闪长岩附近的第四系和中生界覆盖层进行揭盖 | 求取存在标志 | 1×1 | A类:有出露含矿地质体+化探异常+已知矿床+断层缓冲区或有出露地质体+石英脉+北北东向断层缓冲区。<br>B类:有出露含矿地质体+化探异常或有出露含矿地质体+Au元素化探异常+断层(或闪长玢岩脉)缓冲区或推断含矿地质体+Au元素化探异常浓集区+石英脉。<br>C类:覆盖区化探异常浓集中心或出露含地质体的上部层位+Au元素化探异常 |
| | | | 异常极值为 $\Delta g-139.43\times10^{-5}\,m/s^2$、$-141.14\times10^{-5}\,m/s^2$ | 二值化处理 | | |
| | | | 断层:提取与成矿有关的走向近北东向、北西向的断裂,并作1000m(图面10mm)缓冲区 | 求取存在标志 | | |
| | | | 航磁推断断层:提取走向近北东向、北西向的断裂,并作1000m(图面10mm)缓冲区 | 求取存在标志 | | |
| | | | 已知矿点:有5个,进行投影变换,并作1000m(图面10mm)缓冲区,添加到图中 | 求取存在标志 | | |
| | | | 遥感:提取异常区即遥感最小预测区 | 求取存在标志 | | |
| | | 三个井式金矿三个井预测工作区 | 地质体:提取石炭纪晚期英云闪长岩,并对其附近的覆盖层进行适度的和有限的揭盖处理,然后作1000m(图面4mm)缓冲区 | 求取存在标志 | 2×2 | A类:有出露含矿地质体+化探异常+已知矿床+断层缓冲区或有出露地质体。<br>B类:有出露含矿地质体+化探异常或有出露含矿地质体+Au元素化探异常+Au元素化探异常浓集区+石英脉。<br>C类:覆盖区化探异常浓集中心或出露含地质体的上部层位+Au元素化探异常 |
| | | | 航磁异常:依据区内航磁磁异常与已知矿床的关系,选择航磁化极异常作为本次预测资料,提取异常起始值的加权平均值,其范围一般在0~100nT之间 | 二值化处理 | | |
| | | | 重力异常:预测工作区内剩余重力异常具有较好的区分度,因此选取剩余重力异常作为本次预测资料,提取异常起始值的加权平均值,其范围一般为大于 $0m/s^2$ 的部分 | 二值化处理 | | |
| | | | 化探异常:根据预测工作区Au单元素异常、组合异常及综合异常与已知矿床及矿点吻合程度与异常本身的区分度,选用Au单元素及组合异常图作为本次预测资料,提取Au单元素异常起始值的加权平均值,其范围一般为大于 $3.5\times10^{-9}$ 的部分 | 求取存在标志 | | |
| | | | 已知矿点:仅有典型矿床1个,对其作1000m(图面4mm)缓冲区 | 求取存在标志 | | |
| | | | 断裂构造:根据典型矿床构造与矿床的关系,综合叠加地质断层、重力推断断层、遥感解译线状构造,提取北西西向(300°±10°)同生断裂构造,然后作1000m(图面4mm)缓冲区 | 求取存在标志 | | |
| | | | 蚀变信息:选取与成矿关系密切的硅化蚀变带 | 求取存在标志 | | |

### 2. 最小预测区圈定方法及优选结果

首先利用网格单元法或地质单元法对预测单元进行赋值。网格单元法和地质单元法各有优缺点，规则网格单元划分方法简单并便于计算机操作，但缺乏地质意义，不便于预测变量的定义和预测区的圈定；地质体单元划分方法虽然具有明确的意义，变量选择方便，但单元边界确定较困难，且往往不能覆盖整个研究区，具很大的人为性。除赛乌素预测工作区用地质单元法外，其他预测工作区均用网格单元法。不同预测工作区根据实际情况划分不同间距的预测单元网格。完成预测单元划分后对预测变量进行原始变量构置，生成原始数据专题，完成网格单元赋值。对区内已知矿床(点)按矿化规模将模型单元进行矿化级别的设置，选择具有代表性的单元作为模型单元，然后对前期所选择的预测变量进行筛选，获得真正对矿化起到作用的变量，完成变量优选步骤。证据权重法中，首先构造预测模型，生成定位预测专题图层，然后选择各预测要素的证据因子、计算证据权重，进行证据因子的条件独立性检验，计算后验概率并生成色块图，色块图级别是根据后验概率值的大小确定的。

后验概率色块图的不同级别是以网格单元为边界的规则边界，因此需要在色块图的基础上叠加所有成矿要素及预测要素，采用人工与 MRAS 软件交互的方式，根据形成的定位预测色块图对照不同级别的各要素边界，依据后验概率的大小，与模型区预测要素的匹配程度，圈定最小预测区，划分 A、B、C 类最小预测区级别。

对圈定的面积过小、成矿潜力较差、预测意义不大的最小预测区进行排除，最终共圈定金矿最小预测区 515 个(图 7-140～图 7-145)，面积 7 036.31km$^2$(表 7-148)。其中变质碎屑岩中热液型 10 个，面积 8.19km$^2$；风化壳型 25 个，面积 244.41km$^2$；花岗-绿岩型 7 个，面积 37.85km$^2$；陆相火山岩型 60 个，面积 1 420.84km$^2$；岩浆热液型 413 个，面积 5 325.02km$^2$。

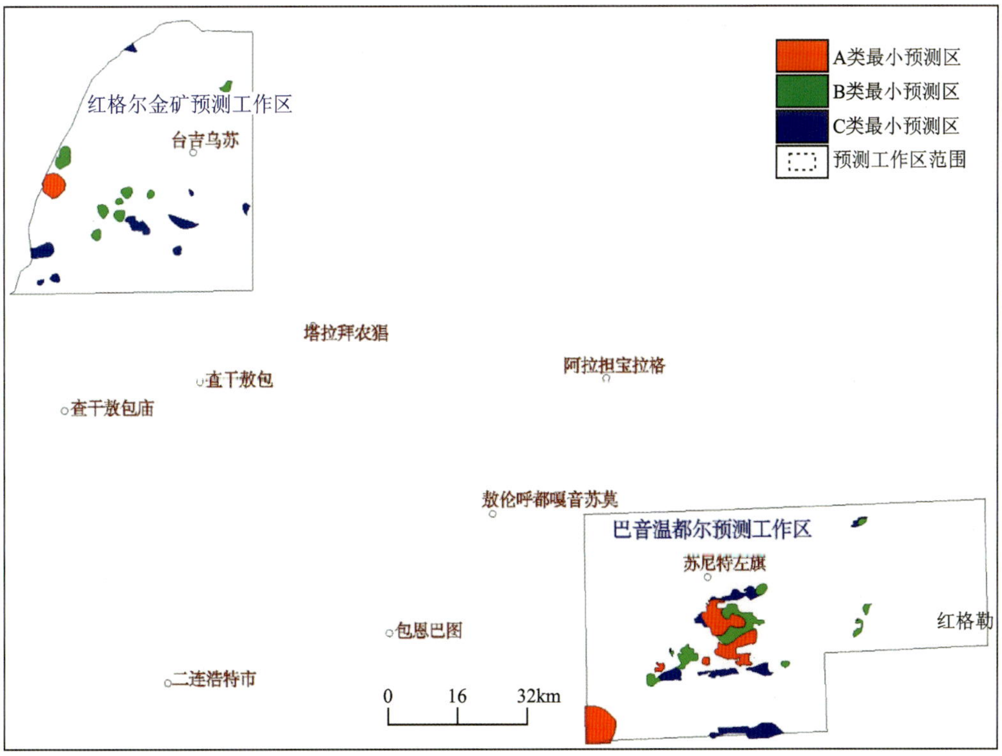


图 7-140　巴音温都尔金矿最小预测区分布图

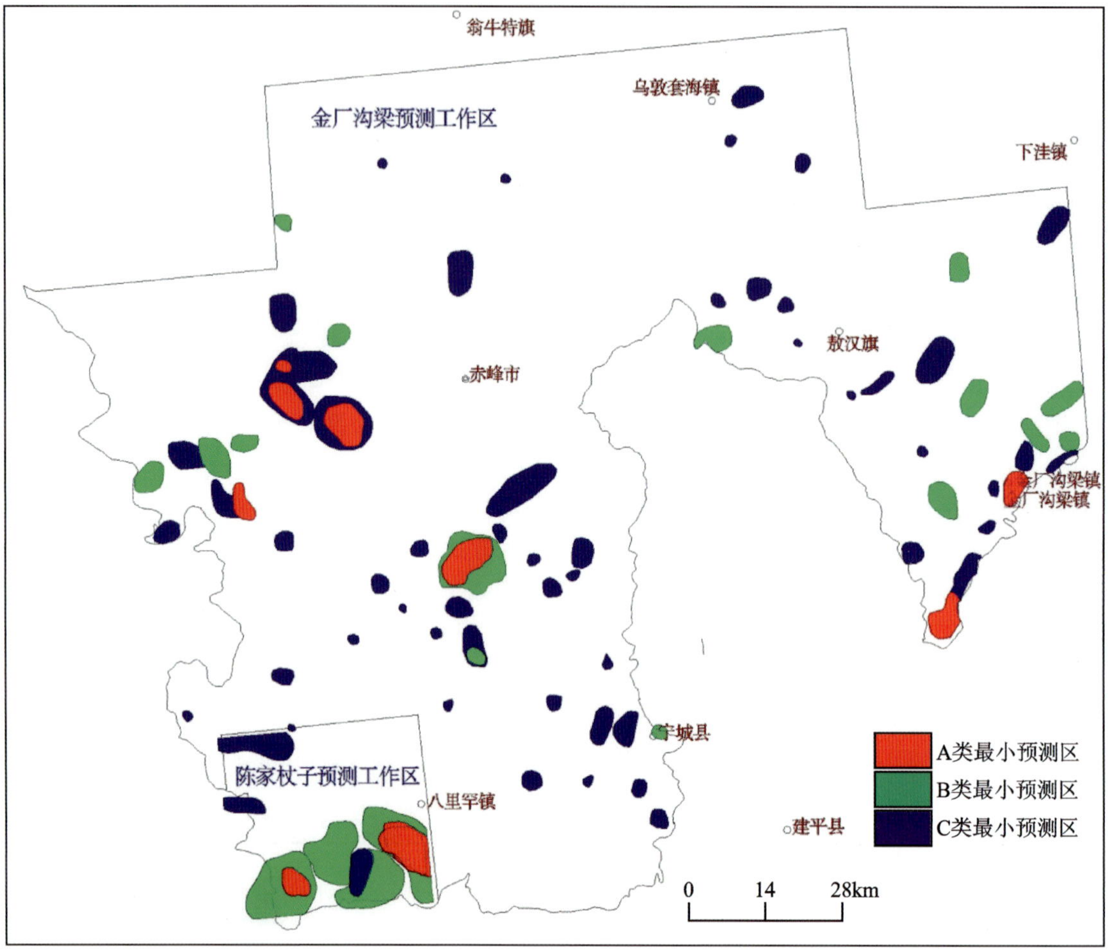


图 7-141　金厂沟梁、陈家杖子金矿最小预测区分布图

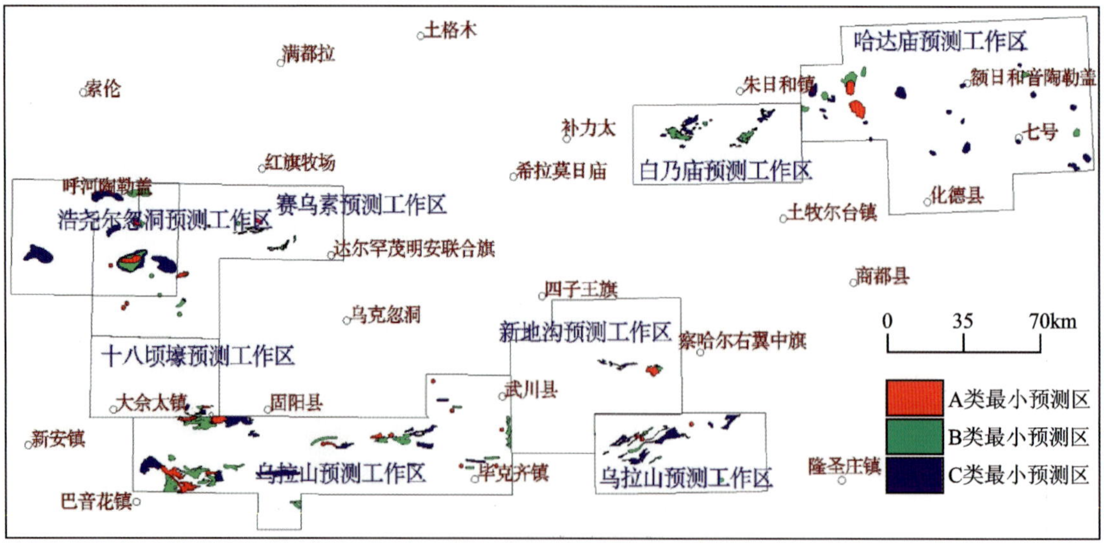


图 7-142　十八顷壕、浩尧尔忽洞、赛乌素、乌拉山、白乃庙等最小预测区分布图

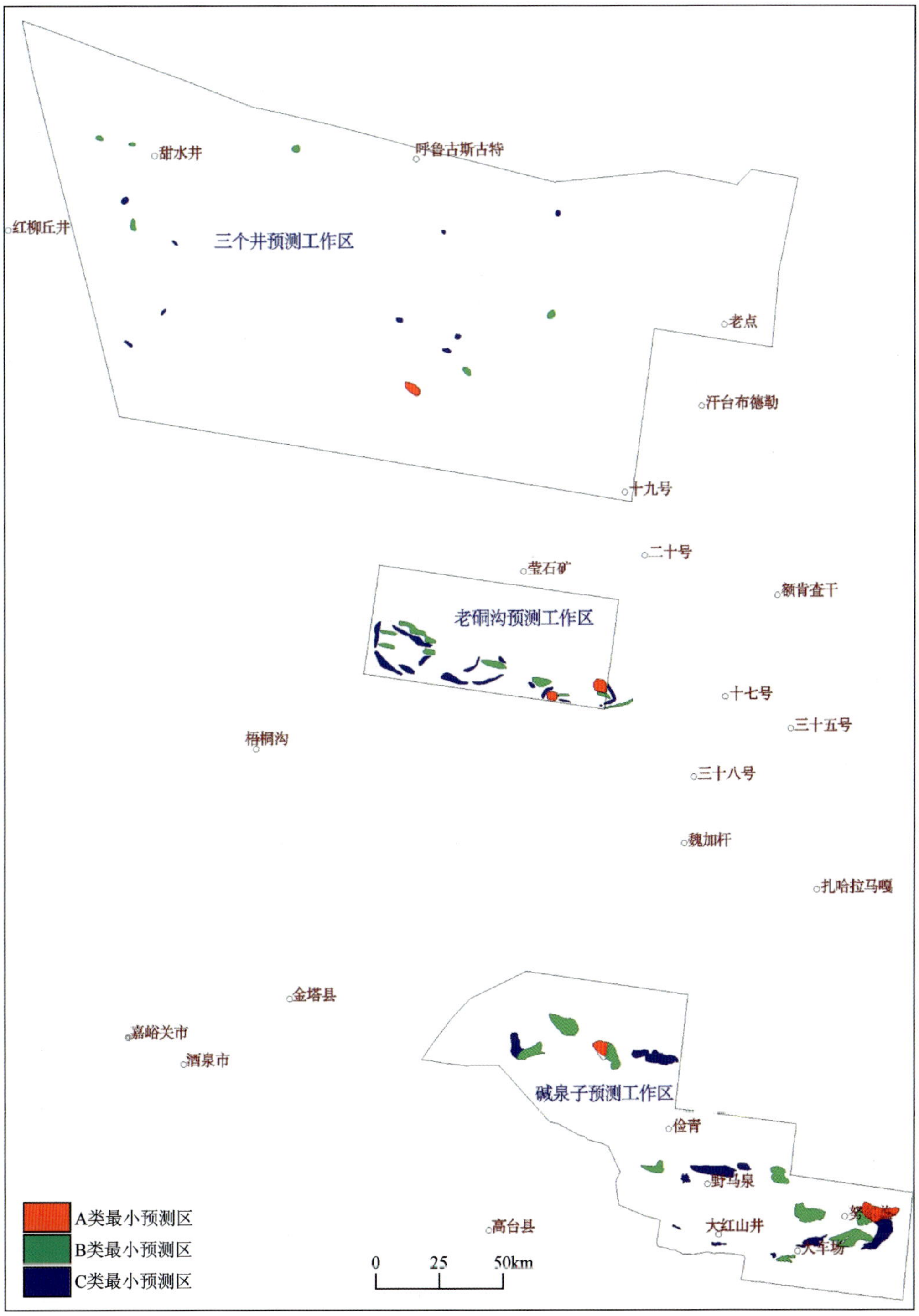


图 7-143 三个井、碱泉子、老硐沟最小预测区分布图

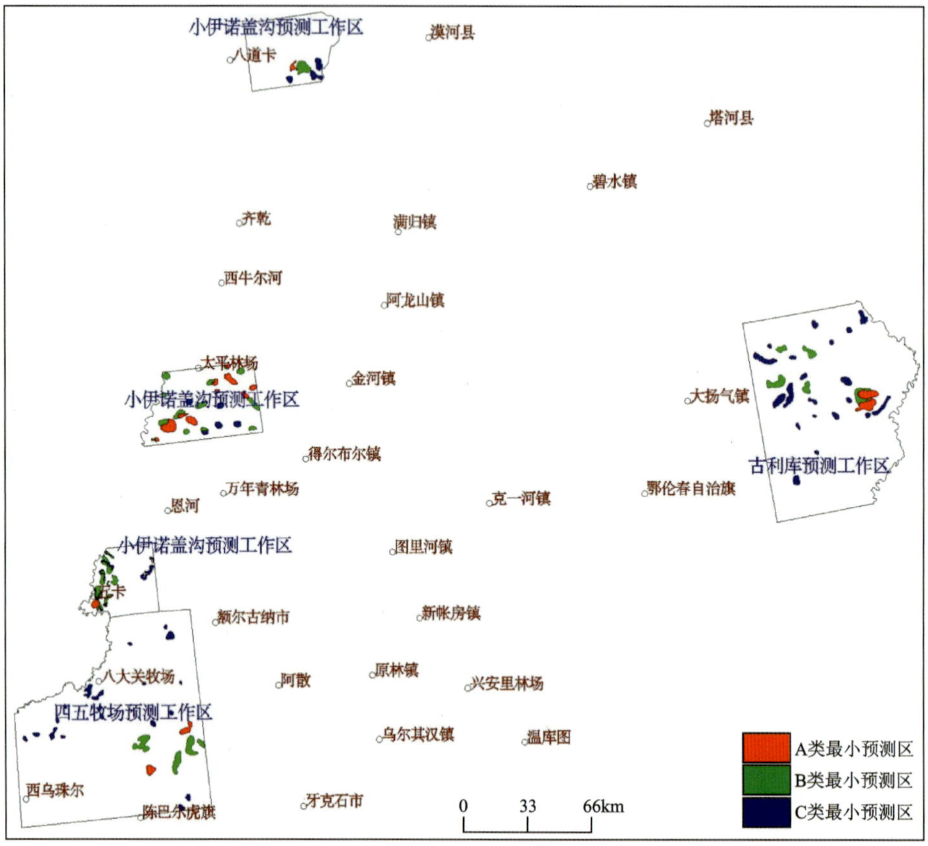


图 7-144　小伊诺盖沟、四五牧场、古利库最小预测区分布图

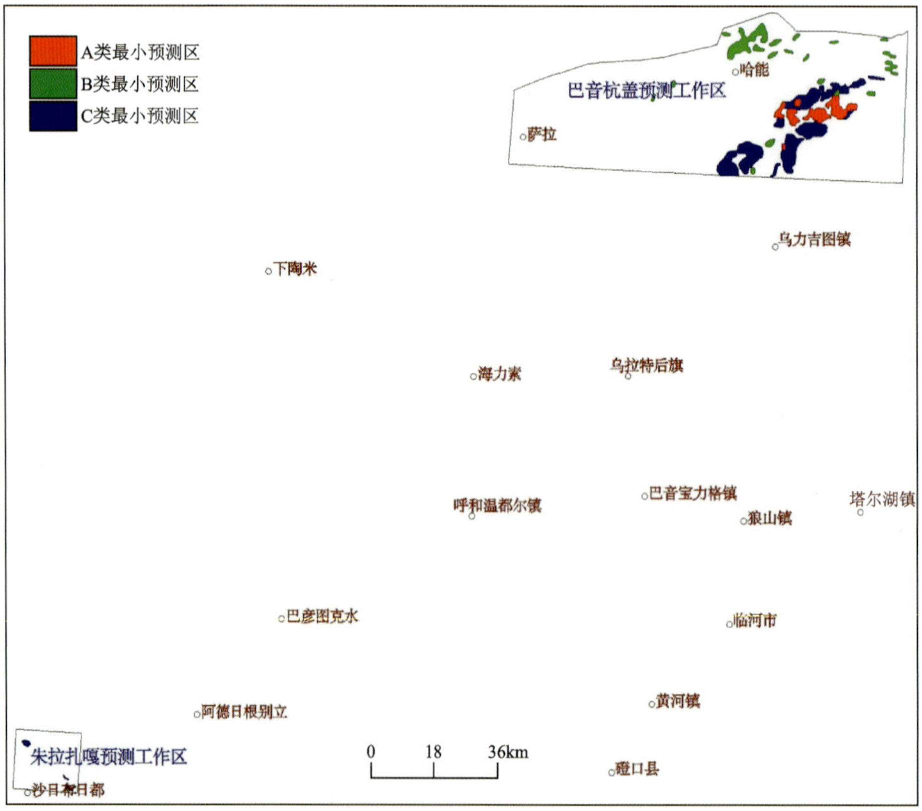


图 7-145　巴音杭盖、朱拉扎嘎金矿最小预测区分布图

表 7-148　金矿最小预测区圈定成果一览表

| 预测类型 | 预测亚类 | 最小预测区 | | | | |
|---|---|---|---|---|---|---|
| | | A类最小预测区数 | B类最小预测区数 | C类最小预测区数 | 最小预测区总数 | 面积($km^2$) |
| 变质碎屑岩中热液型 | 朱拉扎嘎式金矿 | 1 | 3 | 6 | 10 | 8.19 |
| 风化壳型 | 老硐沟式金矿 | 2 | 9 | 14 | 25 | 244.41 |
| 花岗-绿岩型 | 新地沟式金矿 | 1 | 1 | 5 | 7 | 37.85 |
| 陆相火山岩型 | 四五牧场式金矿 | 2 | 4 | 19 | 25 | 317.17 |
| | 古利库式金矿 | 2 | 5 | 20 | 27 | 501.51 |
| | 陈家杖子式金矿 | 2 | 4 | 2 | 8 | 602.16 |
| 岩浆热液型 | 毕力赫式金矿 | 2 | 6 | 19 | 27 | 271.36 |
| | 十八顷壕式金矿 | 1 | 2 | 4 | 7 | 24.34 |
| | 小伊诺盖沟式金矿 | 13 | 28 | 16 | 57 | 588.87 |
| | 浩尧尔忽洞式金矿 | 2 | 3 | 5 | 10 | 379.21 |
| | 赛乌素式金矿 | 10 | 19 | 8 | 37 | 74.82 |
| | 乌拉山式金矿 | 18 | 20 | 22 | 60 | 783.84 |
| | 巴音温都尔式金矿 | 6 | 17 | 16 | 39 | 370.08 |
| | 白乃庙式金矿 | 7 | 5 | 14 | 26 | 117.53 |
| | 金厂沟梁式金矿 | 8 | 15 | 55 | 78 | 1 663.02 |
| | 碱泉子式金矿 | 2 | 9 | 10 | 21 | 527.39 |
| | 巴音杭盖式金矿 | 6 | 19 | 10 | 35 | 473.2 |
| | 三个井式金矿 | 1 | 6 | 9 | 16 | 51.36 |
| 总计 | | 86 | 175 | 254 | 515 | 7 036.31 |

## 四、资源量定量预测

### 1.典型矿床深度及外围资源量估算

运用地质体积参数法对金矿进行定量预测，首先确定典型矿床体积含矿率，对典型矿床深部及外围进行资源量估算(表 7-149)。

### 表 7-149　金矿典型矿床预测成果一览表

| 预测类型 | 序号 | 典型矿床 | 经度 | 纬度 | 深部或外围名称 | 面积($m^2$) | 延深(m) | 体积含矿率 | 预测资源量(kg) | 预测资源总量(kg) |
|---|---|---|---|---|---|---|---|---|---|---|
| 变质碎屑岩中热液型 | 1 | 朱拉扎嘎 | 104°58′30″ | 40°10′58″ | 深部 | 174 350 | 50 | 0.000 27 | 2 353.73 | 3 077.07 |
| | | | 104°58′33″ | 40°11′00″ | 外围 | 8372 | 320 | | 723.34 | |
| 风化壳型 | 1 | 老硐沟 | 99°57′30″ | 41°04′00″ | 深部 | 385 023 | 50 | 0.000 020 8 | 400 | 4 698.59 |
| | | | | | 外围 | 413 764 | 500 | | 4 298.59 | |
| 花岗-绿岩型 | 1 | 新地沟 | 112°20′00″ | 41°20′00″ | 深部 | 50 884 | 170 | 0.000 019 4 | 167.82 | 2 714.66 |
| | | | | | 外围 | 397 820 | 330 | | 2 546.84 | |
| 陆相火山岩型 | 1 | 四五牧场 | 119°33′15″ | 49°33′15″ | 外围 | 98 012 | 350 | 0.000 008 5 | 292 | 362 |
| | | | | | 深部 | 164 758 | 50 | | 70 | |
| | 2 | 古利库 | 125°35′25″ | 50°49′30″ | 深部 | 2 045 297 | 50 | 0.000 024 446 | 2500 | 2500 |
| | 3 | 陈家杖子 | 118°24′36″ | 41°23′38″ | 深部 | 117 579 | 200 | 0.000 192 6 | 4 529.6 | 11 904.72 |
| | | | | | 外围 | 54 698 | 700 | | 7 375.12 | |
| 岩浆热液型 | 1 | 浩尧尔忽洞 | 109°15′00″ | 41°40′00″ | 深部 | 1 378 531.6 | 107 | 0.000 21 | 10 931.51 | 41 948.74 |
| | | | | | 外围 | 148 528.4 | 350 | | 31 017.23 | |
| | 2 | 赛乌素 | 109°59′01″ | 41°50′50″ | 外围 | 837 211 | 450 | 0.000 011 7 | 4 404.25 | 6 268.41 |
| | | | | | 深部 | 1 696 408 | 94 | | 1 864.16 | |
| | 3 | 十八顷壕 | 109°41′51″ | 41°02′17″ | 深部 | 167 866.745 | 100 | 0.000 055 684 | 934.75 | 934.75 |
| | 4 | 乌拉山 | 109°30′40″ | 40°41′12″ | 深部 | 2 960 000 | 150 | 0.000 002 | 888 | 7673 |
| | | | 109°31′00″ | 40°41′21″ | 外围 | 7 170 000 | 450 | | 6785 | |
| | 5 | 巴音温都尔 | 113°40′00″ | 43°44′30″ | 深部 | 19 506 916.47 | 120 | 0.000 000 821 | 1 922.5 | 7 376.87 |
| | | | | | 外围 | 22 137 424.63 | 600 | | 5 454.37 | |

续表 7-149

| 预测类型 | 序号 | 典型矿床 | 经度 | 纬度 | 深部或外围名称 | 面积（$m^2$） | 延深（m） | 体积含矿率 | 预测资源量（kg） | 预测资源总量（kg） |
|---|---|---|---|---|---|---|---|---|---|---|
| 岩浆热液型 | 6 | 白乃庙 | 112°30′00″ | 42°13′15″ | 深部 | 355 080 | 50 | 0.000 03 | 532.62 | 1 166.84 |
| | | | 112°30′15″ | 42°13′00″ | 外围 | 84 563 | 250 | | 634.22 | |
| | 7 | 金厂沟梁 | 120°16′46″ | 41°58′35″ | 深部 | 1 407 200 | 30 | 0.000 036 9 | 1558 | 4224 |
| | | | | | 外围 | 153 700 | 470 | | 2666 | |
| | 8 | 毕力赫 | 113°33′19″ | 42°23′58″ | 外围 | 341 046 | 350 | 0.000 034 | 4058 | 4058 |
| | 9 | 小伊诺盖沟 | 119°15′00″ | 50°24′00″ | 外围 | 10 837 832.36 | 242 | 0.000 000 334 | 475.94 | 475.94 |
| | 10 | 碱泉子 | 100°09′22″ | 39°58′35″ | 深部 | 20 244 | 30 | 0.000 179 1 | 108.77 | 1 026.13 |
| | | | | | 外围 | 28 456 | 180 | | 917.36 | |
| | 11 | 巴音杭盖 | 107°33′30″ | 42°09′55″ | 外围 | 425 889 | 294 | 0.000 007 1 | 889 | 979 |
| | | | | | 深部 | 350 520 | 36 | | 90 | |
| | 12 | 三个井 | 99°02′00″ | 41°53′30″ | 深部 | 1 751 500 | 50 | 0.000 070 82 | 6202 | 6202 |

## 2. 模型区及预测区参数确定

典型矿床所在的最小预测区为模型区，参考模型区地质体面积及延深、计算模型区含矿系数，根据含矿系数计算各最小预测区预测资源量（表 7-150）。

表 7-150 内蒙古金矿模型区及预测区参数一览表

| 预测类型 | 预测工作区编号 | 预测工作区 | 模型区编号 | 模型区名称 | 经度 | 纬度 | 含矿系数 | 模型区预测资源量（kg） | 最小预测区面积（$km^2$） | 最小预测区预测深度（m） |
|---|---|---|---|---|---|---|---|---|---|---|
| 变质碎屑岩中热液型 | 1511501001 | 朱拉扎嘎式金矿朱拉扎嘎预测工作区 | A1511501001 | 朱拉扎嘎 | 104°58′24″ | 40°10′85″ | 0.000 062 | 3 077.07 | 0.08～3.77 | 166～436 |
| 风化壳型 | 1511505001 | 老硐沟式金矿老硐沟预测工作区 | A1511505001 | 赛汉陶来苏木老硐沟 | 99°57′30″ | 41°04′00″ | 0.000 000 539 | 4 698.59 | 0.5～31.09 | 500 |

续表 7-150

| 预测类型 | 预测工作区编号 | 预测工作区 | 模型区编号 | 模型区名称 | 经度 | 纬度 | 含矿系数 | 模型区预测资源量(kg) | 最小预测区面积($km^2$) | 最小预测区预测深度(m) |
|---|---|---|---|---|---|---|---|---|---|---|
| 花岗-绿岩型 | 1511301001 | 新地沟式金矿新地沟预测工作区 | A1511601001 | 阿嘎如泰苏木西(乌拉山金矿区) | 109°33′35″ | 40°41′05″ | 0.000 000 8 | 201 637 | 3.12～48.81 | 300～600 |
| 陆相火山岩型 | 1511401001 | 四五牧场式金矿四五牧场预测工作区 | A1511401001 | 四五牧场金矿 | 119°33′15″ | 49°33′15″ | 0.101 4 | 362 | 2.74～45.39 | 350 |
| | 1511402001 | 古利库式金矿古利库预测工作区 | A1511401001 | 古利库 | 125°35′00″ | 50°49′30″ | 1.079 7 | 2500 | 2.55～46.31 | 150 |
| | 1511403001 | 陈家杖子式金矿陈家杖子预测工作区 | A1511405001 | 陈家杖子 | 118°24′36″ | 41°23′38″ | 0.000 192 6 | 11 904.72 | 24.89～124.45 | 200～700 |
| 岩浆热液型 | 1511201001 | 毕力赫式金矿毕力赫预测工作区 | A1511201001 | 毕力赫 | 113°33′19″ | 42°23′58″ | 0.000 003 332 | 40.58 | 2.20～46.70 | 350 |
| | 1511504001 | 十八顷壕式金矿十八顷壕预测工作区 | A1511504001 | 十八顷壕南 | 109°41′17″ | 41°02′19″ | 0.000 002 72 | 934.75 | 0.29～6.26 | 300～500 |
| | 1511202001 | 小伊诺盖沟式金矿小伊诺盖沟预测工作区 | A1511202001 | 五卡南 | 119°15′00″ | 50°24′00″ | 0.000 000 235 | 475.94 | 0.08～18.29 | 50～242 |
| | 1511202002 | 小伊诺盖沟式金矿八道卡预测工作区 | | | | | | | 10.25～38.55 | 240～245 |
| | 1511202003 | 小伊诺盖沟式金矿兴安屯预测工作区 | | | | | | | 1.63～45.67 | 50～450 |

续表 7-150

| 预测类型 | 预测工作区编号 | 预测工作区 | 模型区编号 | 模型区名称 | 经度 | 纬度 | 含矿系数 | 模型区预测资源量(kg) | 最小预测区面积（$km^2$） | 最小预测区预测深度（m） |
|---|---|---|---|---|---|---|---|---|---|---|
| 岩浆热液型 | 1511502001 | 浩尧尔忽洞式金矿浩尧尔忽洞预测工作区 | A1511502001 | 浩雅尔嘎查 | 109°15′00″ | 41°40′00″ | 0.000 01 | 41 948.74 | 9.48～64.16 | 200～450 |
| | 1511503001 | 赛乌素式金矿赛乌素预测工作区 | A1511503001 | 哈日呼吉日 | 109°59′01″ | 41°50′50″ | 0.000 004 8 | 6 268.41 | 0.09～9.21 | 40～450 |
| | 1511601001 | 乌拉山式金矿乌拉山预测工作区 | A1511601001 | 阿嘎如泰苏木西（乌拉山金矿区） | 109°33′35″ | 40°41′05″ | 0.000 000 8 | 7673 | 3.12～48.81 | 300～800 |
| | 1511601002 | 乌拉山式金矿卓资县预测工作区 | | | | | | | 1.3～20.47 | 300～600 |
| | 1511602001 | 巴音温都尔式金矿巴音温都尔预测工作区 | A1511602001 | 巴彦温多尔模型区 | 113°39′30″ | 43°45′55″ | 0.000 000 5 | 7 376.87 | 0.81～59.28 | 600 |
| | 1511602002 | 巴音温都尔式金矿红格尔预测工作区 | | | | | | | 1.51～25.73 | 480 |
| | 1511603001 | 白乃庙式金矿白乃庙预测工作区 | A1511603001 | 白乃庙 | 109°57′45″ | 41°51′05″ | 0.000 02 | 1 166.84 | 0.51～28.5 | 100～250 |
| | 1511604001 | 金厂沟梁式金矿金厂沟梁预测工作区 | A1511604001 | 金厂沟梁 | 120°16′46″ | 41°58′35″ | 0.000 002 708 | 4224 | 1.91～78 | 200～600 |
| | 1511203001 | 碱泉子式金矿碱泉子预测工作区 | A1511204001 | 碱泉子 | 100°09′22″ | 39°58′35″ | 0.000 000 4 | 1 026.13 | 1.4～49.73 | 130～300 |

续表 7-150

| 预测类型 | 预测工作区编号 | 预测工作区 | 模型区编号 | 模型区名称 | 经度 | 纬度 | 含矿系数 | 模型区预测资源量(kg) | 最小预测区面积($km^2$) | 最小预测区预测深度(m) |
|---|---|---|---|---|---|---|---|---|---|---|
| 岩浆热液型 | 1511204001 | 巴音杭盖式金矿巴音杭盖预测工作区 | A1511205003 | 塔黑莫呼都格南 | 107°33′30″ | 42°09′55″ | 0.000 001 685 | 979 | 1.78～49.88 | 200～260 |
| | 1511205001 | 三个井式金矿三个井预测工作区 | A1511205001 | 1296高地南(三个井) | 99°01′54″ | 41°52′50″ | 0.000 009 49 | 6202 | 1.04～13.07 | 50～100 |

**3. 预测区资源量估算及其结果**

伴生金矿预测资源量＝主矿种预测资源量×伴生矿种资源量系数。

本次共估算金矿资源总量 911 538kg(表 7-151),其中共伴生金矿 106 833kg。

**表 7-151　内蒙古金矿预测成果一览表**

| | 矿床式 | 预测工作区总量(kg) |
|---|---|---|
| 原生金矿 | 朱拉扎嘎式金矿 | 60 099 |
| | 老硐沟式金矿 | 18 898.78 |
| | 新地沟式金矿 | 6022 |
| | 四五牧场式金矿 | 4246 |
| | 古利库式金矿 | 14 991 |
| | 陈家杖子式金矿 | 34 338.44 |
| | 毕力赫式金矿 | 69 772 |
| | 十八顷壕式金矿 | 5566 |
| | 小伊诺盖沟式金矿 | 8 793.33 |
| | 浩尧尔忽洞式金矿 | 130 719.21 |
| | 赛乌素式金矿 | 26 331.35 |
| | 乌拉山式金矿 | 222 075 |
| | 巴音温都尔式金矿 | 37 677.7 |
| | 白乃庙式金矿 | 23 758 |
| | 金厂沟梁式金矿 | 96 592 |
| | 碱泉子式金矿 | 15 733.91 |
| | 巴音杭盖式金矿 | 18 229 |
| | 三个井式金矿 | 10 862.64 |
| 原生金矿总计 | | 804 705.36 |

续表 7-151

| | 矿床式 | 预测工作区总量(kg) |
|---|---|---|
| 共伴生金矿 | 白马石沟铜伴生金矿 | 377 |
| | 布敦花铜伴生金矿 | 10 100 |
| | 欧布拉格铜伴生金矿 | 33 432 |
| | 珠斯楞铜伴生金矿 | 7222 |
| | 小南山铜伴生金矿 | 42 |
| | 小坝梁铜伴生金矿 | 4149 |
| | 白乃庙铜伴生金矿 | 37 744 |
| | 孟恩陶勒盖铅锌伴生金矿 | 2176 |
| | 李清地铅锌伴生金矿 | 533 |
| | 甲乌拉铅锌伴生金矿 | 2402 |
| | 东升庙铅锌伴生金矿 | 8656 |
| 共伴生金矿总计 | | 106 833 |
| 总计 | | 911 538.36 |

# 第十二节　银矿资源潜力评价

## 一、银矿预测模型

根据矿产预测类型划分，内蒙古东北部银矿共涉及两个矿产预测类型：热液型银矿、火山-次火山型银矿。共伴生银矿矿产预测类型与其伴生主矿床预测类型一致：岩浆热液型、矽卡岩型（接触交代-热液型）（表 7-152）。

表 7-152　银矿典型矿床预测类型一览表

| 矿产预测类型 | | 典型矿床 |
|---|---|---|
| 热液型 | | 拜仁达坝、孟恩陶勒盖、花敖包特、官地 |
| 火山-次火山型 | | 额仁陶勒盖、比利亚谷 |
| 共伴生 | 岩浆热液型 | 金厂沟梁 |
| | 矽卡岩型（接触交代-热液型） | 扎木钦、白音诺尔、余家窝铺 |

在典型矿床成矿要素研究的基础上，综合研究重力、航磁、化探、遥感、自然重砂等预测要素，基于预测要素的研究结果，构建典型矿床的预测模型图。典型矿床预测模型图，以剖面图形式或平面投影形式表示预测要素内容及其相关关系和空间变化特征。在区域成矿模式的基础上，叠加区域地球物理、地球化学、遥感、自然重砂等找矿模型资料，形成区域预测模型图，以剖面图形式表示预测要素内容及其相互关系，以及时空展布特征。

本节主要阐述原生银矿资源潜力评价成果，共伴生银矿资源潜力评价成果参见与其主矿种相关章节。

**1. 热液型银矿**

拜仁达坝式、花敖包特式、孟恩陶勒盖式矿床(点)预测类型为热液型，主要分布于内蒙古东部地区，构造单元属天山-兴蒙造山系，大兴安岭弧盆系，锡林浩特岩浆弧，成矿带属Ⅲ-8 林西-孙吴铅、锌、铜、钼、金成矿带。以拜仁达坝、花敖包特矿床为例，总结预测要素(表 7-153)。

由于拜仁达坝矿区无大比例尺的物化遥资料，故利用典型矿床所在区域的物化探资料弥补其不足，利用典型矿床所在区域物化探剖析图，编制典型矿床所在区域地质-物探模型图、地质-化探模型图，区域预测模型图以剖面图形式表示(图 7-146～图 7-148)。

**表 7-153 内蒙古拜仁达坝式热液型银铅锌矿典型矿床预测要素表**

<table>
<tr><td colspan="2" rowspan="3">预测要素</td><td colspan="4">描述内容</td><td rowspan="3">要素类别</td></tr>
<tr><td>储量</td><td>银 3 961.25t</td><td>平均品位</td><td>Ag 232.37×10<sup>-6</sup></td></tr>
<tr><td>特征描述</td><td colspan="3">内蒙古拜仁达坝银多金属矿床是一受构造控制的、与海西期岩浆活动有关的中低温热液矿床</td></tr>
<tr><td rowspan="3">地质环境</td><td>构造背景</td><td colspan="4">Ⅰ天山-兴蒙造山系，Ⅰ-1 大兴安岭弧盆系，Ⅰ-1-6 锡林浩特岩浆弧(Pz<sub>2</sub>)</td><td>必要</td></tr>
<tr><td>成矿环境</td><td colspan="4">Ⅰ-4 滨太平洋成矿域(叠加在古亚洲成矿域之上)，Ⅱ-12 大兴安岭成矿省，Ⅲ-8 林西-孙吴铅、锌、铜、钼、金成矿带(Vl、Il、Ym)(Ⅲ-50)，Ⅲ-8-①索伦镇-黄岗梁铁(锡)铜锌成矿亚带</td><td>必要</td></tr>
<tr><td>成矿时代</td><td colspan="4">海西期</td><td>重要</td></tr>
<tr><td rowspan="7">矿床特征</td><td>矿体形态</td><td colspan="4">脉状</td><td>次要</td></tr>
<tr><td>岩石类型</td><td colspan="4">海西期石英闪长岩</td><td>必要</td></tr>
<tr><td>矿物组成</td><td colspan="4">主要为磁黄铁矿、方铅矿、铁闪锌矿、毒砂、黄铁矿、银黝铜矿、黄铜矿等，其次还有闪锌矿、辉银矿、自然银、黝锡矿、硫锑铅矿、胶状黄铁矿、铅矾、褐铁矿、孔雀石等矿物。其中银黝铜矿、黝锡矿和硫锑铅矿</td><td>重要</td></tr>
<tr><td>矿石结构构造</td><td colspan="4">结构:主要有半自形结构、他形结构、骸晶结构、交代结构、固溶体分离结构、碎裂结构；<br>构造:主要为条带状构造、网脉状构造、块状构造、浸染状构造，其次为斑杂状构造和角砾状构造</td><td>次要</td></tr>
<tr><td>蚀变特征</td><td colspan="4">硅化、白云母化、绢云母化、绿泥石化、碳酸盐化、高岭土化，其次还可见绿帘石化及叶蜡石化等。其中与 Ag、Pb、Zn 矿化关系密切的是硅化、绿泥石化、绢云母化</td><td>重要</td></tr>
<tr><td>控矿条件</td><td colspan="4">古元古代宝音图岩群(锡林郭勒杂岩)黑云斜长片麻岩、二云斜长片麻岩、角闪斜长片麻岩及石炭纪石英闪长岩。矿带和矿体的赋存明显受构造控制。北东向构造控制海西期中酸性侵入岩的分布，同时控制矿带的展布。而北北西向和近东西向构造是矿区内主要控矿构造</td><td>必要</td></tr>
</table>

续表 7-153

| 预测要素 | | 描述内容 | 要素类别 |
|---|---|---|---|
| 地球物理 | 重力 | 拜仁达坝银铅锌多金属矿床位于北北东向克什克腾旗—霍林郭勒市一带布格重力低异常带的北西侧，根据物性资料和地质资料分析，推断该重力低异常带由中性—酸性岩浆岩活动区(带)引起。表明拜仁达坝银铅锌矿床在成因上与中性—酸性岩体有关 | 重要 |
| | 磁法 | 据1∶1万地磁等值线图显示：磁场表现为在低正磁异常范围背景中的圆团状正磁异常。据1∶1万电法等值线图显示：北部表现为低阻高极化，南部则表现为高阻低极化 | 重要 |
| 地球化学特征 | | 在拜仁达坝地区 Ag、Pb、Zn、Sn、Cd、Sb 均呈大规模异常分布，具有明显的浓度分带和浓集中心。矿区内异常元素组合齐全，为 Ag、Pb、Zn、W、Sn、As、Sb 组合，为热液矿床异常组合，异常多呈带状分布于北东向断裂带及岩体与地层的接触带附近，Ag、Pb、Zn 为主成矿元素，W、Sn、As、Sb 为伴生元素，Ag 与 Pb、Zn 套合极好，与 Cu 套合较好，W、Au、Mo 异常分布于矿体外围 | 重要 |

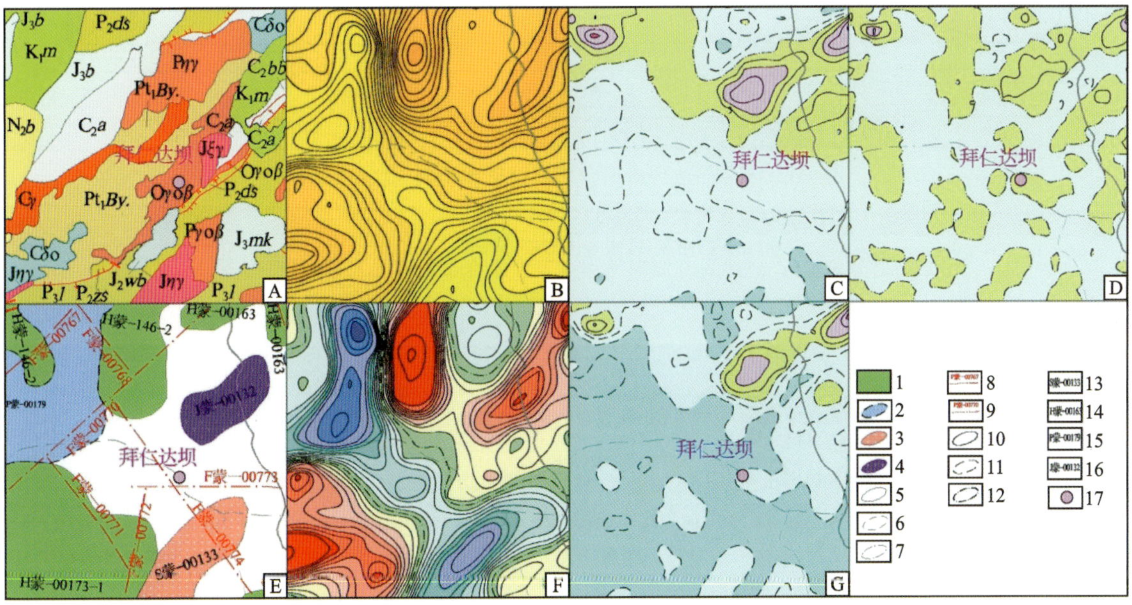


图 7-146 拜仁达坝银铅锌矿典型矿床地质-物探模型图

A. 地质矿产图；B. 布格重力异常图；C. 航磁 $\Delta T$ 等值线平面图；D. 航磁 $\Delta T$ 化极垂向一阶导数等值线平面图；E. 重力推断地质构造图；F. 剩余重力异常图；G. 航磁 $\Delta T$ 化极等值线平面图

1. 古生代地层；2. 盆地及边界；3. 中酸性—酸性岩体；4. 超基性岩体；5. 出露岩体边界；6. 隐伏岩体边界；7. 半隐伏岩体边界；8. 隐伏重力推断三级断裂构造及编号；9. 半隐伏重力推断三级断裂构造及编号；10. 航磁正等值线；11. 航磁负等值线；12. 零等值线；13. 酸性—中酸性岩体编号；14. 地层编号；15. 盆地编号；16. 盆地编号；17. 银铅锌矿点

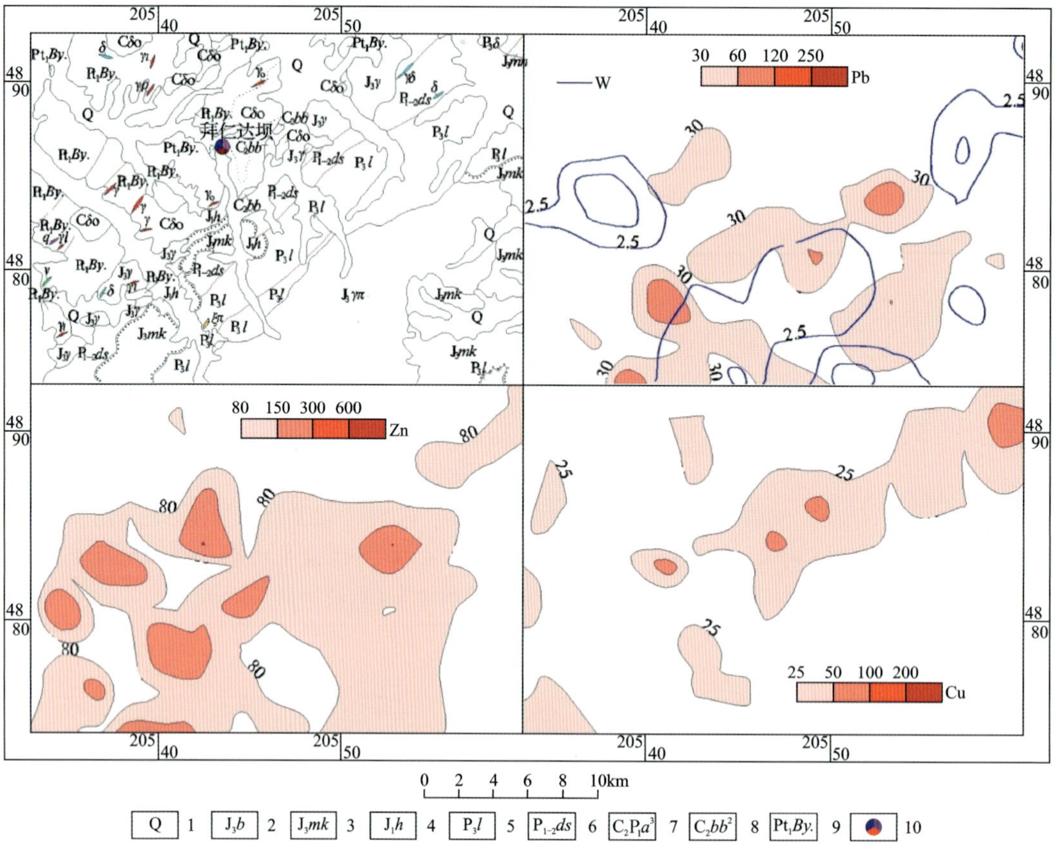


图 7-147　拜仁达坝银铅锌矿典型矿床地质-化探模型图

1. 第四系；2. 白音高老组；3. 满克头鄂博组；4. 红旗组；5. 林西组；6. 大石寨组；7. 阿木山组；8. 本巴图组；9. 宝音图岩群；10. 铅锌银矿点

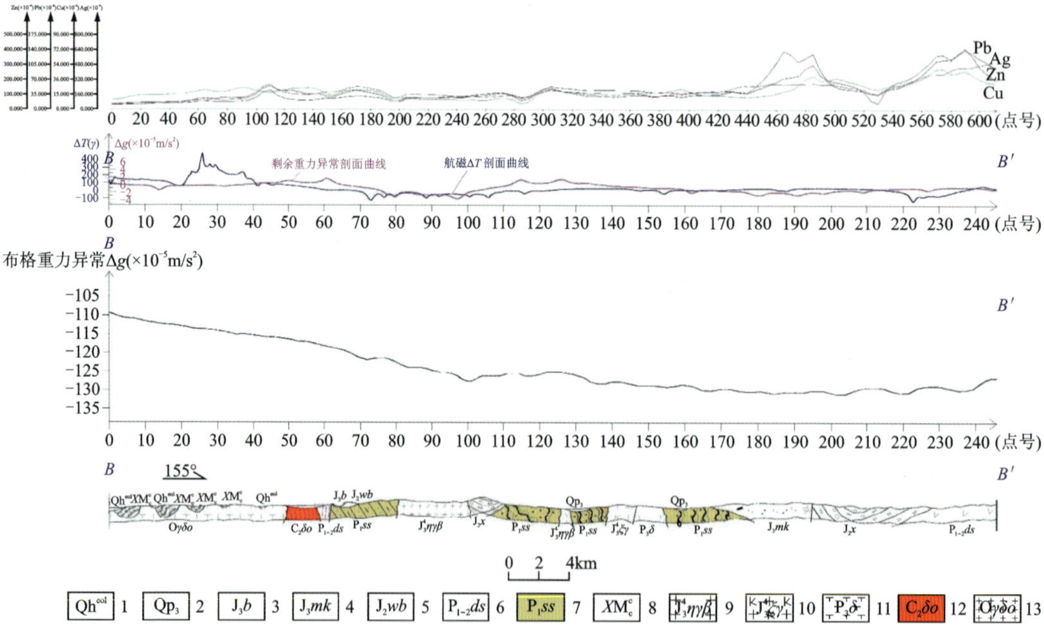


图 7-148　拜仁达坝式银矿区域预测模型图

1. 全新世细粉砂；2. 全新世风积亚砂土、黄土；3. 晚侏罗世白音高老组；4. 晚侏罗世满克头鄂博组；5. 中侏罗世万宝组；6. 早中二叠世大石寨组；7. 早二叠世寿山沟组；8. 锡林郭勒变质杂岩黑云角闪片麻岩组合；9. 晚侏罗世花岗闪长岩；10. 晚侏罗世中粒黑云母正长花岗岩；11. 晚二叠世闪长岩；12. 晚石炭世石英闪长岩；13. 奥陶纪英云闪长岩

1)拜仁达坝式银矿

拜仁达坝位于古元古代宝音图岩群中,南侧有多条重力推测断裂交会,布格重力异常图上,银铅锌矿东北方向布格重力异常高,西南方向布格重力异常低。从剩余重力异常图上可见,剩余重力异常与布格重力异常的展布形态、分布范围基本一致。银铅锌矿位于编号 L 蒙-404 剩余重力负异常区北部;矿床所在位置 Ag、Pb、Zn 异常套合性好,与其吻合程度高,浓集分带达到二级,空间上呈北东向条带状展布,与矿区断裂构造方向一致。在矿区北东方向,有高强度的 Ag 异常显示,呈四级浓度分带,对应地质体为古元古代宝音图岩群、石炭纪石英闪长岩;Pb、Zn 异常则相对较弱。

由拜仁达坝区域预测模型图可以看出,本区主要出露二叠系、侏罗系及海西期—燕山期中酸性侵入岩,以上出露的低密度、弱磁性地层引起了区域重力负异常和剩余重力低异常。由于岩浆活动强烈,大量海西期—燕山期花岗岩、闪长岩类侵入二叠系,导致磁场起伏较明显。Cu、Pb、Zn、Ag 组合异常在地质体出露地区套合较好。

2)花敖包特

由花敖包特预测模型图(图 7-149)可以看出,本区主要出露二叠系及侏罗系,局部有海西期蛇纹岩侵入,为 Ag 矿体围岩。以上出露的密度较低地层引起了区域重力负异常和剩余重力低值正异常。蛇纹岩侵入地区航磁异常剖面起伏较大,推断由侵入岩及断裂引起。Pb、Zn、Ag、Cu、Au、As、Sb 等组合元素在本区套合较好,异常明显(图 7-150)。

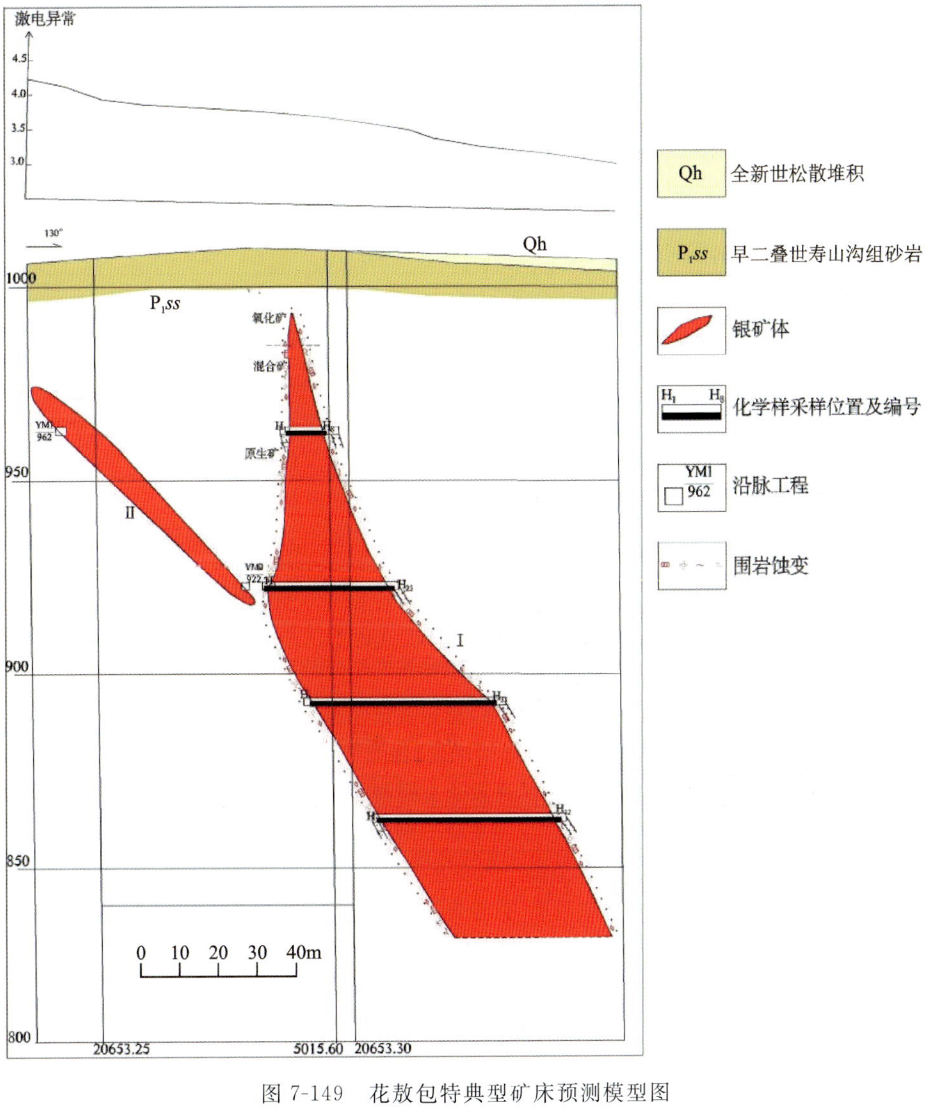


图 7-149　花敖包特典型矿床预测模型图

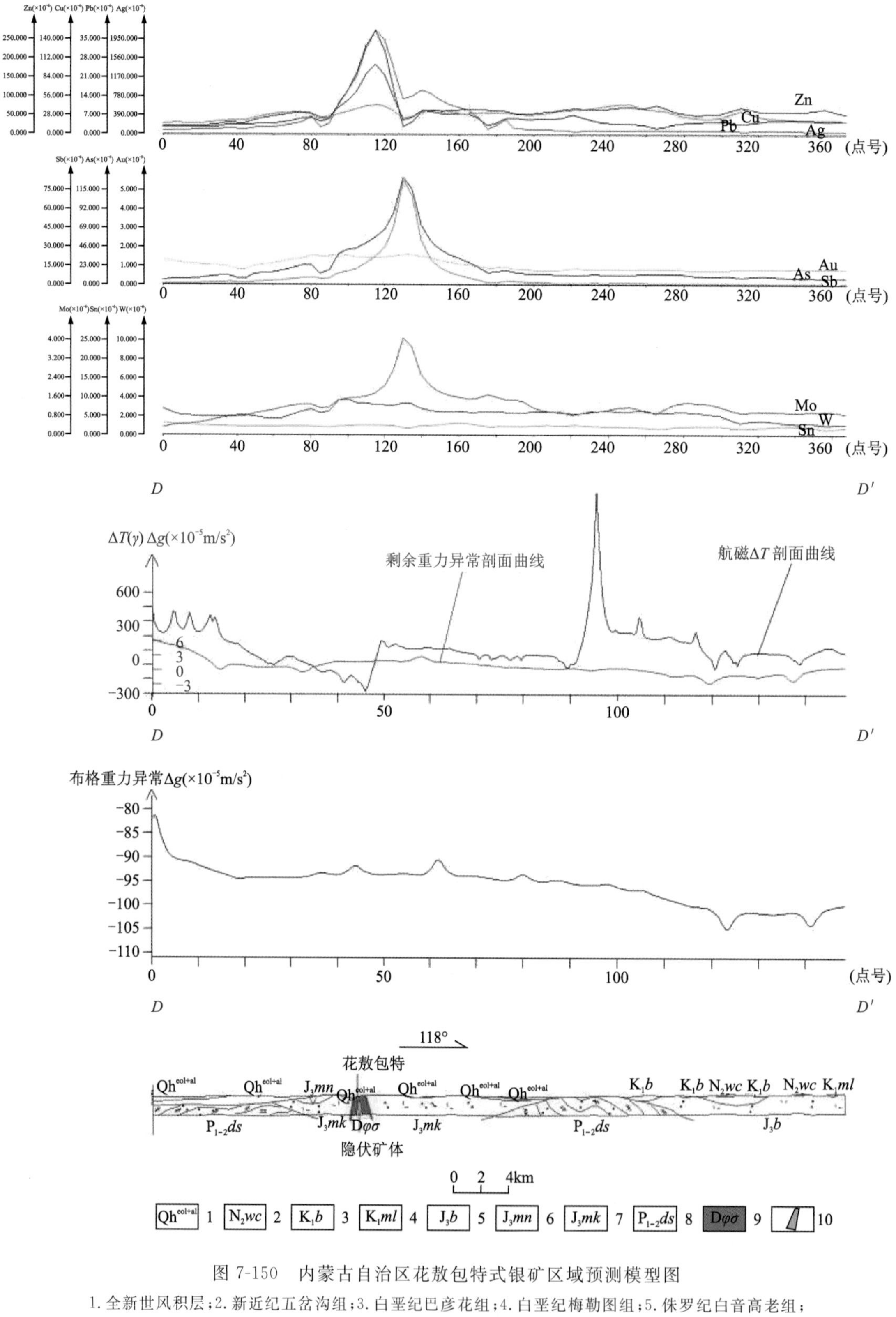


图 7-150　内蒙古自治区花敖包特式银矿区域预测模型图

1. 全新世风积层;2. 新近纪五岔沟组;3. 白垩纪巴彦花组;4. 白垩纪梅勒图组;5. 侏罗纪白音高老组;6. 侏罗纪玛尼吐组;7. 侏罗纪满克头鄂博组;8. 二叠纪大石寨组;9. Ag 矿体

## 2. 火山-次火山型银矿

内蒙古自治区东北部地区的火山-次火山型银矿主要包括额仁陶勒盖式、比利亚谷式预测亚类。额仁陶勒盖式及比利亚谷式矿床(点)分布于天山-兴蒙造山系，大兴安岭弧盆系，额尔古纳岛弧($Pz_1$)构造单元，成矿省属Ⅲ-5新巴尔虎右旗(拉张区)铜、钼、铅、锌、金、萤石、煤(铀)成矿带；官地式矿床(点)分布于天山-兴蒙造山系，包尔汉图-温都尔庙弧盆系($Pz_2$)，宝音图岩浆弧($Pz_2$)构造单元，成矿带属Ⅲ-8林西-孙吴铅、锌、铜、钼、金成矿带。

以额仁陶勒盖、比利亚谷矿床为例，介绍该预测类型银矿的预测要素(表7-154、表7-155)。由于额仁陶勒盖、比利亚谷矿区无大比例尺的物化遥资料，故利用典型矿床所在区域的物化探资料，编制典型矿床所在区域地质矿产及物化探剖析图，代替典型矿床预测模型图，根据典型矿床成矿规律研究成果，编制区域预测模型图(图7-151～图7-153)。

**表7-154　额仁陶勒盖式火山-次火山型典型矿床预测要素表**

| 预测要素 | | 描述内容 | | | | 要素类别 |
|---|---|---|---|---|---|---|
| | | 储量 | 银2354t | 平均品位 | Ag $180.607\times10^{-6}$ | |
| | | 特征描述 | 大型热液型银矿床 | | | |
| 地质环境 | 构造背景 | Ⅰ天山-兴蒙造山系，Ⅰ-1大兴安岭弧盆系，Ⅰ-1-2额尔古纳岛弧($Pz_1$) | | | | 必要 |
| | 成矿环境 | Ⅰ-4滨太平洋成矿域(叠加在古亚洲成矿域之上)，Ⅱ-12大兴安岭成矿省，Ⅲ-5新巴尔虎右旗(拉张区)铜、钼、铅、锌、金、萤石、煤(铀)成矿带(Ⅲ-47)，Ⅲ-5-①额尔古纳铜、钼、铅、锌、银、金、萤石成矿亚带(Y、Q) | | | | 必要 |
| | 成矿时代 | 燕山期 | | | | 必要 |
| 矿床特征 | 矿体形态 | 主要呈脉状，少数呈透镜状，矿体连续、稳定，无自然间断或被错开 | | | | 重要 |
| | 岩石类型 | 安山岩、安山玄武岩、气孔状或杏仁状安山质熔岩、角砾岩、安山质凝灰角砾岩、凝灰砂砾岩及流纹质熔岩 | | | | 必要 |
| | 岩石结构构造 | 斑状结构；气孔状或杏仁状构造、块状构造 | | | | 次要 |
| | 矿物组成 | 银矿石主要矿物有辉银矿、螺状硫银矿、黄铁矿、方铅矿、闪锌矿。脉石矿物主要有石英、长石、菱锰矿，其次有角银矿、碘银矿、硬锰矿、软锰矿、方解石等，少量的自然银、自然金。金银矿，银金矿，黄铜矿，磁铁矿及副矿物锆石，磷灰石等。<br>银锰矿石主要矿物为角银矿、硬锰矿。脉石矿物为石英，其次有辉银矿、碘银矿、锰钾矿、软锰矿、长石等，少量的溴银矿、自然金、自然银、菱锰矿、方铅矿、闪锌矿、方解石等 | | | | 重要 |
| | 矿石结构构造 | 银矿石结构：隐晶结构；构造：致密块状构造、角砾状构造、浸染状构造。<br>银锰矿石结构：同心环带状结构、条带状结构、自形—他形粒状结构、半自形—他形粒状分布。<br>构造：蜂巢状构造、多孔状构造、胶体葡萄状肾状构造、葡萄状构造 | | | | 次要 |

续表 7-154

| 预测要素 | | 描述内容 | 要素类别 |
|---|---|---|---|
| 矿床特征 | 蚀变特征 | 蚀变程度随矿体产出部位而变化,近矿蚀变强,种类多,空间上重叠;远离矿体蚀变弱,种类少。与矿化有关的蚀变均为中低温热液蚀变。蚀变类型可归纳为面型和线型两种,且二者共存。蚀变阶段较为清晰,从早到晚可分为青磐岩化、方解石绿泥石绢云母化、硅化 3 个阶段。晚期蚀变叠加于早期蚀变之上 | 重要 |
| | 控矿条件 | 中侏罗世塔木兰沟组。<br>矿体受北东向主干断裂次一级北西向、北东向断裂控制(350°～360°,20°～30°,40°～50°),构造交接部位的岩体与围岩外接触带,或断层交叉地段往往是矿体的集中部位。<br>广泛的中生代火山岩背景是此矿床形成的先决条件、石英脉和硅化是找矿的最直接标志。<br>在岩体附近寻找高阻、高极化率异常 | 必要 |
| 地球物理特征 | 重力特征 | 额仁陶勒盖银矿床位于布格重力异常等值线扭曲部位;剩余重力异常等值线平面图上,矿床处在由北东转为近东西向延伸的重力高值区,对应形成 3 处局部剩余重力正异常,位于剩余重力正异常的边部梯级带上,剩余重力起始值在$(2～3)\times10^{-5}m/s^2$之间,该正异常与元古宙基底隆起有关,在其北侧地表有侏罗纪酸性岩体分布,对应剩余形成重力负异常。可见额仁陶勒盖银矿床在成因上与岩浆活动及元古宙地层有关。剩余重力起始值在$(2～3)\times10^{-5}m/s^2$之间 | 重要 |
| | 航磁特征 | 矿体均分布于低缓正负磁场区,异常强度在－200～200nT 之间。矿致异常均为高极化高阻特征 | 重要 |
| 地球化学特征 | | 存在 Mn、$Fe_2O_3$、Cr、Co、Ni、Ti、V 等元素(或氧化物)组成的背景、高背景区,Mn 为主成矿元素,Mn、$Fe_2O_3$、Co、Ti 在矿区周围呈高背景分布,具有明显的浓度分带和浓集中心,Cr、Ni、V 在矿区周围呈背景、高背景分布,但无明显的浓集中心 | 重要 |

**表 7-155 比利亚谷式火山-次火山(热液)型银铅锌矿典型矿床预测要素表**

| 预测要素 | | 描述内容 | | | | 要素类别 |
|---|---|---|---|---|---|---|
| | | 储量 | 银 544.241 5t | 平均品位 | Ag $25.24\times10^{-6}$ | |
| | | 特征描述 | 比利亚谷式火山-次火山(热液)型银铅锌矿 | | | |
| 地质环境 | 构造背景 | 额尔古纳褶皱系,额尔古纳基底隆起区 | | | | 必要 |
| | 成矿环境 | 以得尔布干断裂为界的额尔古纳钼、铅、锌成矿带和大兴安岭多金属成矿带 | | | | 必要 |
| | 成矿时代 | 晚侏罗世 | | | | 必要 |
| 矿床特征 | 矿体形态 | 矿体多呈脉状、透镜体状产出,矿体走向 295°～305°,矿体走向长度为 0.053～1.55km,延深在 280.00～601.26m 之间。厚度一般为 4.54～14.65m | | | | 次要 |
| | 岩石类型 | 晚侏罗世塔木兰沟组火山岩 | | | | 重要 |
| | 岩石结构 | 凝灰结构 | | | | 次要 |
| | 矿物组成 | 方铅矿、闪锌矿、黄铜矿、黄铁矿、辉银矿,磁铁矿、褐铁矿、铜蓝等 | | | | 重要 |
| | 矿石结构构造 | 结构:半自形—他形粒状,自形粒状为主,其次有包含结构、充填结构、溶蚀结构、斑状变晶结构、固溶体分离结构、反应边结构、压碎结构等;<br>构造:条纹—条带状构造、块状构造、浸染状构造等 | | | | 次要 |

续表 7-155

| 预测要素 | | | 描述内容 | 要素类别 |
|---|---|---|---|---|
| 矿床特征 | 蚀变特征 | | 硅化、绿泥石化、黄铁矿化、绢云母化、青磐岩化 | 重要 |
| | 控矿条件 | | 侏罗纪塔木兰沟组火山岩发育地段有利于寻找铅锌及多金属矿。环形构造与北西西向构造发育地段,尤其是构造交会处是成矿有利场所。本区火山作用成矿显著,因而成矿类型以次火山热液型为主 | 必要 |
| 物化探特征 | 地球物理特征 | 重力 | 据 1∶20 万剩余重力异常图显示:曲线形态总体比较凌乱,异常特征不明显。据 1∶50 万航磁化极等值线平面图显示,磁场表现为 3 条近似南北走向的条带形正异常,极值达 300nT。布格重力异常等值线平面图上,比利亚谷式复合内生型银铅锌矿床位于局部重力低异常的边部,$\Delta g_{min}=-106.19\times10^{-5}\ m/s^2$ | 次要 |
| | | 航磁 | 据 1∶5 万航磁平面等值线图显示:磁场总体表现为低缓的正磁场,矿点处于磁场变化梯度带上,相对异常呈条带状,走向北东。从 1∶20 万航磁($\Delta T$)化极等值线平面图可知,该区反映正、负相间的北东向条带磁异常,$\Delta T_{max}=500nT$,$\Delta T_{min}=-100nT$ | 次要 |
| 地球化学特征 | | | 矿区出现了以 Pb、Zn 为主,伴有 Ag、As、Cu、Cd、W 等元素组成的综合异常;Pb、Zn 为主成矿元素,Ag、As、Cu、Cd、W 为主要的共伴生元素。在比利亚谷地区 Pb、Zn 呈高背景分布,浓集中心明显,异常强度高;Ag、W 在比利亚谷地区呈高异常分布,具明显的浓集中心;As、Cu、Cd 在比利亚谷附近呈高背景分布,但浓集中心不明显 | 重要 |

1)额仁陶勒盖

在布格重力异常图上,额仁陶勒盖银矿床位于布格重力异常相对高值区。其西北部有北东向展布的布格重力异常梯度带。在剩余重力异常图上,剩余重力异常和布格重力异常的展布形态、分布范围基本一致。额仁陶勒盖银矿床位于一剩余重力正异常边界处,其西北方向为 L 蒙-126-2 号带状负异常,近东西向展布,该区域地表出露侏罗纪地层,局部被第四系覆盖,同时有少量酸性岩出露,推测该负异常由中生代断陷盆地和酸性岩引起。从航磁化极等值线图上看,银矿所在位置为负磁异常,重磁场特征反映了该矿的成矿地质环境。区域上银矿受北东向及近北西向断裂控制,与古生代地层有关(图 7-151)。

矿区内存在 Ag、Mn、Au、Cu、Pb、Zn、W、As、Sb 为主的多元素组合异常,异常中心明显且吻合程度高,Ag、Mn 为主要成矿元素,Au、Cu、Pb、Zn、W、As、Sb 为伴生元素。Ag、Au、W、As、Sb 元素异常规模大,不仅在矿区所在位置有较强的异常显示,在矿区南部也存在明显的浓集中心和浓度分带,空间上与已发现的银矿化点对应。除 Cu、Zn、W、Sb 呈二级到三级浓度分带外,其他元素在矿区的异常强度均达四级以上。空间上各元素多呈北东向或近东西向展布,与构造和岩体的分布有关(图 7-152)。

由额仁陶勒盖区域预测模型图(图 7-153)可知,本区主要分布第四系、第三系及侏罗系,侵入岩主要为海西期—燕山期花岗岩,以上出露的密度较低地层引起了区域重力低异常和剩余重力负异常。由区域航磁异常剖面可见,航磁异常剖面也是相当平静,起伏不明显。由于侏罗纪地层的无磁—弱磁性物质,航磁异常亦表现为区域性的弱负磁异常。Cu、Pb、Zn、Ag 元素组合及 Au、As、Sb 元素组合套合较好,有浓度最高值出现。

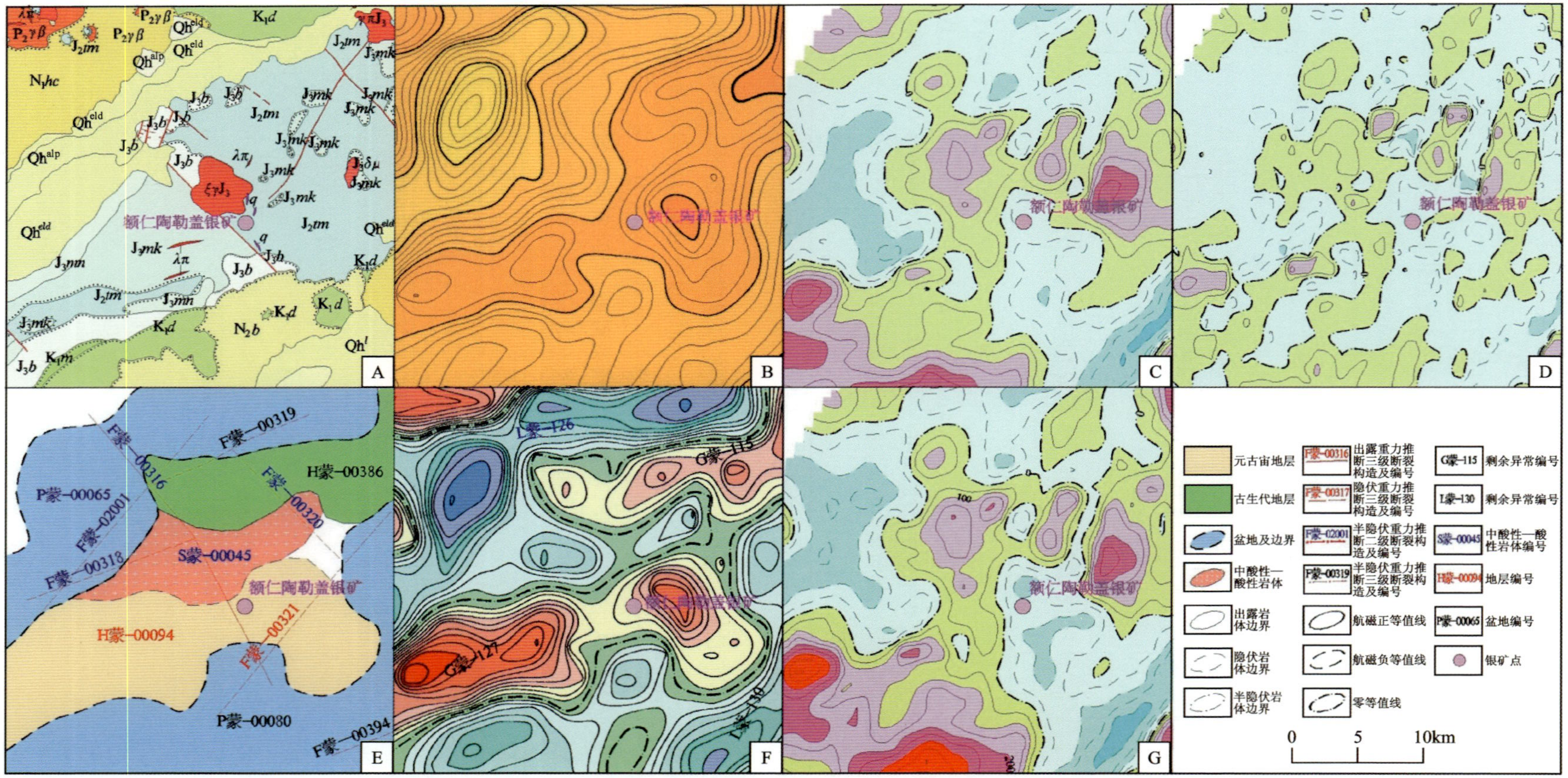


图 7-151　额仁陶勒盖典型矿床地质-物探模型图

A. 地质矿产图；B. 布格重力异常图；C. 航磁$\Delta T$等值线平面图；D. 航磁$\Delta T$化极垂向一阶导数等值线平面图；E. 重力推断地质构造图；F. 剩余重力异常图；G. 航磁$\Delta T$化极等值线平面图

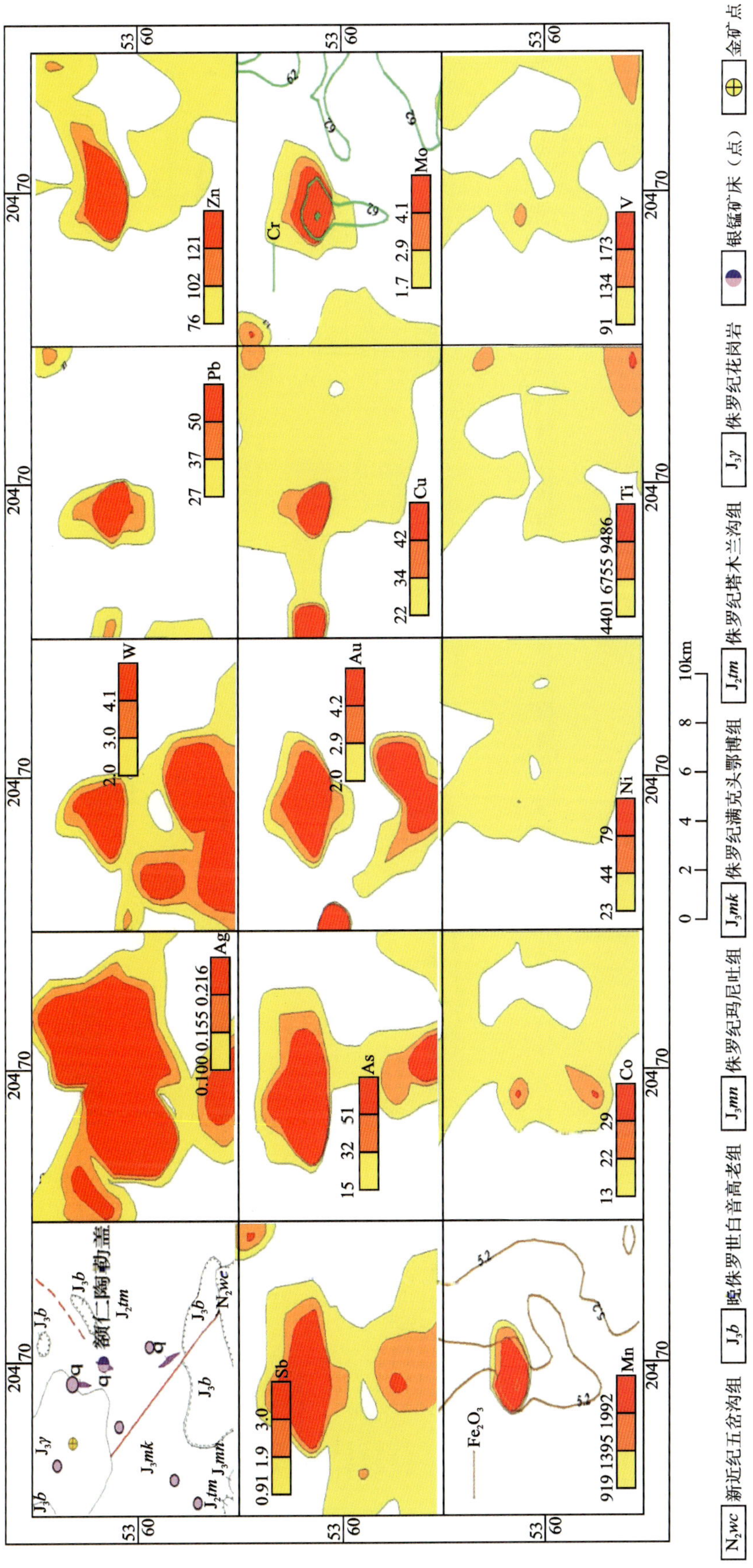


图 7-152　额仁陶勒盖银矿典型矿床地质-化探模型图

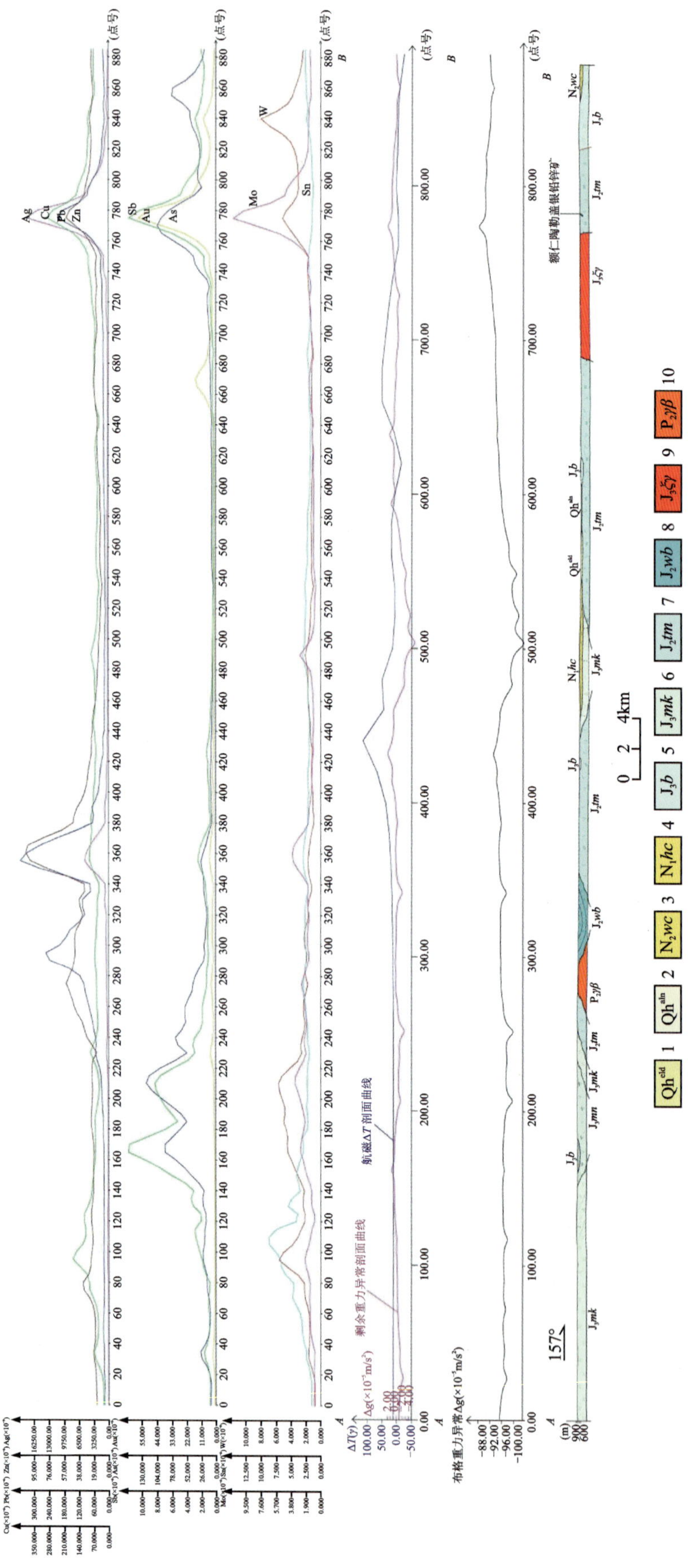


图 7-153　额仁陶勒盖银矿区域预测模型图

1. 全新世冲积沼泽；2. 全新世残坡积；3. 五岔沟组；4. 呼查山组；5. 白音高老组；6. 满克头鄂博组；7. 塔木兰沟组；8. 万宝组；9. 侏罗纪二长花岗岩；10. 二叠纪黑云母花岗岩

2)比利亚谷

比利亚谷位于侏罗纪塔木兰沟组中,东侧、北侧多条重力推测断裂交会,布格重力异常图上,比利亚谷式热液型银铅锌矿床位于局部重力高异常的边部,异常呈不规则状,对应剩余重力正异常,编号为G蒙-26。从航磁等值线平面图可知,该区反映正、负相间的北东向条带磁异常;矿区内存在以Ag、Pb、Zn、As、Cu、Cd、W等为主的多元素组合异常,异常规模大,强度高,Ag、Pb、Zn作为主成矿元素,呈二级或三级浓度分带,As、Cu、Cd、W为主要伴生元素,多沿北西向或近东西向展布,未形成明显的浓集中心,Hg、F、Li、B为指示元素,在矿区外围形成一定规模的异常,无明显的浓度分带(图7-154~图7-156)。

由比利亚谷银矿区域预测模型图(图7-156)可以看出,本区主要出露地层为第四系及侏罗系,侵入岩为海西期—燕山期花岗岩类,以上出露的密度较低地层引起了区域重力负异常和剩余重力低异常。比利亚谷银矿赋存于侏罗纪塔木兰沟组中,该地质体出露地段航磁剖面起伏较明显,有高值点出现,推断为局部磁性物质富集所致。化探Ag、Pb、Zn、Cu、Au、As、Sb、W、Mo元素异常明显,套合较好,浓集中心浓度值高。

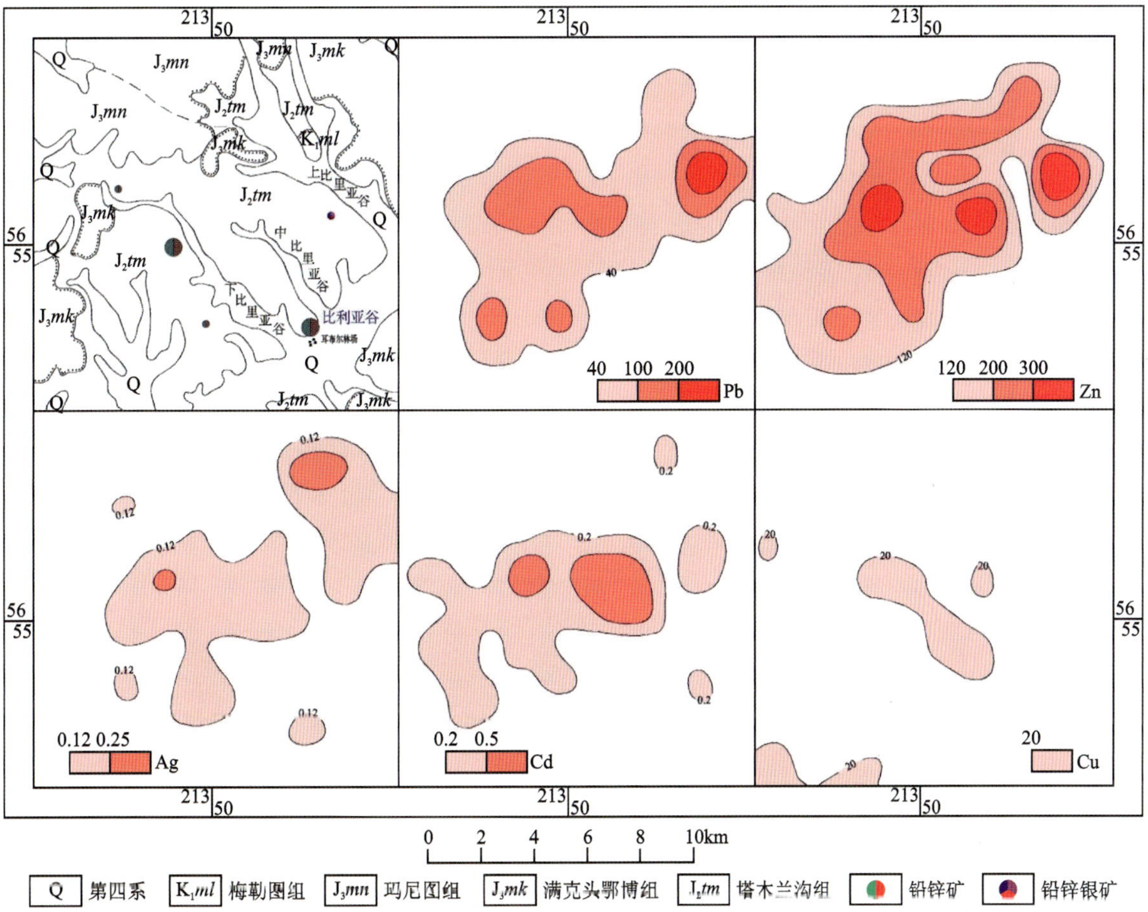


图7-154 比利亚谷银多金属矿典型矿床地质-化探模型图

## 二、预测方法类型确定及区域预测要素

按照银矿预测类型将银矿预测工作区分为两种预测方法类型进行预测:侵入岩体型及复合内生型。岩浆热液型银矿主要预测要素为海西期—燕山期富矿岩浆岩及有利赋矿围岩,侵入岩控制矿床(点)分布,因此确定预测方法类型为侵入岩体型,采用侵入岩浆构造图为预测底图;陆相火山次火山(热液)型

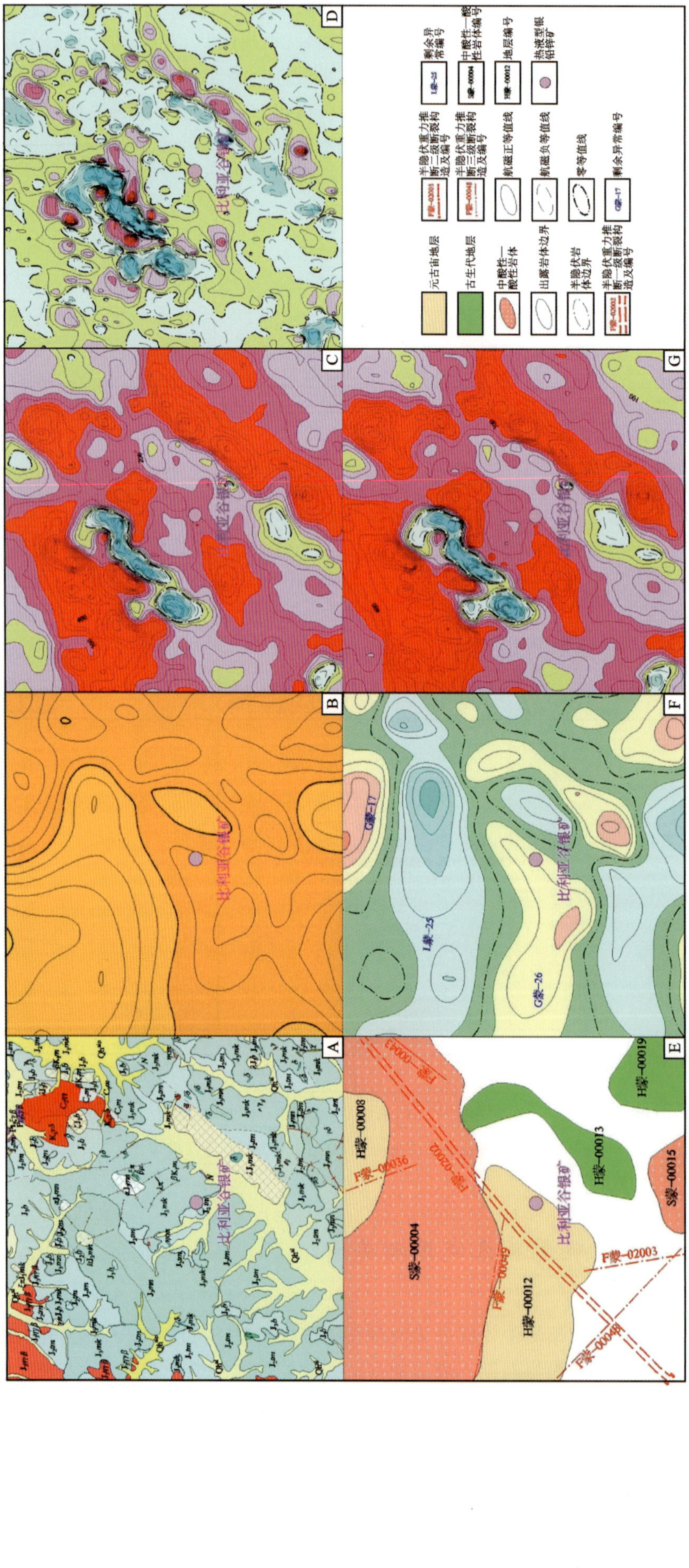


图7-155　比利亚谷银多金属矿典型矿床地质-物探模型图

A. 地质矿产图；B. 布格重力异常图；C. 航磁ΔT等值线平面图；D. 航磁ΔT化极垂向一阶导数等值线平面图；E. 重力推断地质构造图；F. 剩余重力异常图；G. 航磁ΔT化极等值线平面图

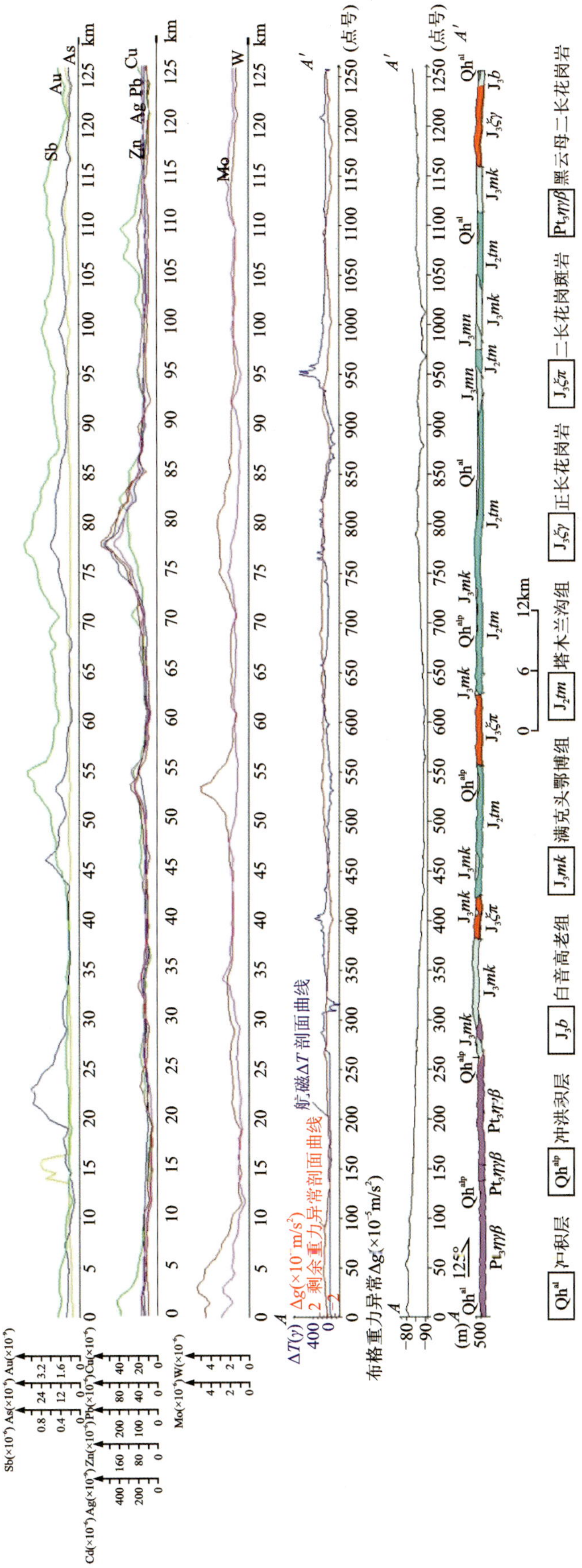


图 7-156 比利亚谷预测工作区预测模型图

银矿主要与区域上断裂、火山-次火山活动及赋矿围岩有关，因此确定预测方法类型为复合内生型，采用建造构造图为预测底图。花敖包特预测类型为岩浆热液型，海西晚期蛇纹岩与早二叠世寿山沟组变质砂岩的外接触带直接控制了矿床的分布，构造对其有一定的影响，因此侵入岩浆构造图不能满足突出预测要素的要求，所以用建造构造图为预测底图，确定预测方法为复合内生型。

预测底图对与成矿无关的地质体进行了淡化，突出表达预测研究主体、目的层，侵入岩建造的分布，岩性组合特征等，在各专题研究的基础上，提取了重力、航磁、化探、遥感、自然重砂等异常，及推测的断裂、隐伏矿体等，总结区域预测要素。

### 1.侵入岩体型银矿区域预测要素

侵入岩体型银矿的矿产预测类型为岩浆热液型银矿，主要矿床式为拜仁达坝式、孟恩陶勒盖式。以拜仁达坝、孟恩陶勒盖预测工作区为例简述此类矿床(点)区域预测要素(表7-156)。

表7-156　侵入岩体型银矿预测工作区预测要素一览表

| 预测要素 | | 描述内容 | 要素类别 | 描述内容 | 要素类别 |
|---|---|---|---|---|---|
| | | 拜仁达坝 | | 孟恩陶勒盖 | |
| 地质环境 | 大地构造位置 | 天山-兴蒙造山系，大兴安岭弧盆系，锡林浩特岩浆弧 | 必要 | 天山-兴蒙造山系，大兴安岭弧盆系，锡林浩特岩浆弧($Pz_2$) | 重要 |
| 地质环境 | 成矿区(带) | 滨太平洋成矿域，内蒙古-大兴安岭成矿省，突泉-林西海西期—燕山期铁(锡)、铜、铅、锌、银、铌、钽成矿带，神山-白音诺尔铜、铅、锌、铁、铌、钽成矿亚带，拜仁达坝银、铅、锌矿集区 | 必要 | 滨太平洋成矿域，内蒙古-大兴安岭成矿省，突泉-林西海西期—燕山期铁(锡)、铜、铅、锌、银、铌、钽成矿带，神山-白音诺尔铜、铅、锌、银、钽成矿亚带，孟恩陶勒盖-布敦花银、铜、铅、锌矿集区(Ye) | 重要 |
| 区域成矿类型及成矿期 | | 热液型；海西期 | 必要 | 热液型；侏罗纪 | 重要 |
| 控矿地质条件 | 赋矿地质体 | 古元古代宝音图岩群(锡林郭勒杂岩)黑云斜长片麻岩、二云斜长片麻岩、角闪斜长片麻岩。海西期石英闪长岩 | 必要 | 主要为中二叠世斜长花岗岩，其次为中二叠世黑云母花岗岩、闪长岩 | 必要 |
| 控矿地质条件 | 控矿侵入岩 | 石英闪长岩的侵入不仅提供了成矿热源，也是引起矿区内岩(矿)石发生蚀变的主要原因 | 重要 | 主要为中二叠世斜长花岗岩，其次为中二叠世黑云母花岗岩、闪长岩 | 必要 |
| 控矿地质条件 | 主要控矿构造 | 矿带和矿体的赋存明显受构造控制。北东向构造控制海西期中酸性侵入岩的分布，同时控制矿带的展布。而北北西向和近东西向构造是矿区内主要控矿构造 | 重要 | 主要为东西向断裂，其次是北东向断裂 | 重要 |

续表 7-156

| 预测要素 | | 描述内容 | 要素类别 | 描述内容 | 要素类别 |
|---|---|---|---|---|---|
| | | 拜仁达坝 | | 孟恩陶勒盖 | |
| 区内相同类型矿产 | | 成矿区(带)内有6个银铅锌矿床(矿点) | 重要 | 已知矿床(点)4处,其中大型1处,矿点3处 | 重要 |
| 地球物理与地球化学特征 | 重力特征 | 预测区区域重力场总体格架为北东向走向;预测区反映东南部重力高、中部重力低、西北部相对重力高的特点,重力场最低值为$-148.63\times10^{-5}m/s^2$,最高值为$-27.93\times10^{-5}m/s^2$,沿克什克腾旗—霍林郭勒市一带布格重力异常总体反映重力低异常带,异常带走向北北东,呈宽条带状,长约370km,宽约90km。地表断断续续出露不同期次的中—新生代花岗岩体,推断该重力低异常带由中性—酸性岩浆岩活动区(带)引起。局部重力低异常由花岗岩体和次火山热液活动带所致 | 次要 | 预测区处于巨型重力梯度带上,区域重力场总体反映东南部重力高、西北部重力低的特点,重力场最低值$-90.60\times10^{-5}m/s^2$,最高值$7.89\times10^{-5}m/s^2$。从剩余重力异常图上看,在巨型重力梯度带上叠加着许多重力低局部异常,这些异常主要由中性—酸性岩体、次火山岩和火山岩盆地所致 | 重要 |
| | 航磁特征 | 据1∶50万航磁化极等值线平面图显示,磁场总体表现为低缓的负磁场,没有异常的出现 | 重要 | 据1∶50万航磁化极等值线平面图显示,磁场总体表现为低缓的负磁场,没有异常的出现 | 重要 |
| | 地球化学特征 | 预测区内共有281个Ag异常,169个As异常,190个Au异常,194个Cu异常,139个Mo异常,200个Pb异常,184个Sb异常,214个W异常,192个Zn异常,208个Sn异常。异常具有北东向分带性,Pb元素具有明显的浓度分带和浓集中心,异常强度高,呈北东向带状展布 | 重要 | 预测区主要分布有Au、As、Sb、Cu、Pb、Zn、Ag、Cd、W、Mo等元素异常,Ag元素异常主要分布在预测区中部和北部,具有明显的浓度分带和浓集中心,异常强度高 | 重要 |
| 遥感特征 | | 环要素(隐伏岩体)及遥感羟基铁染异常区 | 次要 | 解译出线性断裂多条和多处最小预测区吻合较好 | 重要 |

### 2. 复合内生型银矿预测要素

复合内生型银矿的矿产预测类型为陆相火山-次火山(热液)型及岩浆热液型(花敖包特)银矿,主要矿床式为花敖包特式、吉林宝力格式、官地式、李清地式、吉林宝力格式、额仁陶勒盖式。以花敖包特、比利亚谷预测工作区为例简述此类矿床(点)区域预测要素(表 7-157)。

表 7-157　复合内生型银矿预测工作区预测要素一览表

| 预测要素 | | 描述内容<br>花敖包特 | 要素类别 | 描述内容<br>比利亚谷 | 要素类别 |
|---|---|---|---|---|---|
| 地质 | 大地构造位置 | 天山-兴蒙造山系,大兴安岭弧盆系,锡林浩特岩浆弧 | 必要 | 天山-兴蒙造山系,大兴安岭弧盆系,额尔古纳岛弧($Pz_1$),海拉尔-呼玛弧后盆地(Pz) | 必要 |
| 地质 | 成矿区(带) | 滨太平洋成矿域,内蒙古-大兴安岭成矿省,突泉-林西海西期—燕山期铁(锡)、铜、铅、锌、银、铌、钽成矿带,神山-白音诺尔铜、铅、锌、铁、铌、钽成矿亚带,拜仁达坝银、铅、锌矿集区 | 必要 | Ⅰ-4 滨太平洋成矿域(叠加在古亚洲成矿域之上),Ⅱ-13 大兴安岭成矿省,Ⅲ-47 新巴尔虎右旗(拉张区)铜、钼、铅、锌、金、萤石、煤(铀)成矿带,Ⅲ-5-①额尔古纳铜、钼、铅、锌、银、金、萤石成矿亚带(Y、Q),Ⅲ-5-②陈巴尔虎旗-根河金、铁、锌、萤石成矿亚带(Cl、Ym-l、Ym) | 必要 |
| 地质 | 区域成矿类型及成矿期 | 中低温次火山热液型;晚侏罗世 | 必要 | 火山热液型;燕山期 | 必要 |
| 控矿地质条件 | 赋矿地层 | 早二叠世寿山沟组 | 必要 | 侏罗纪塔木兰沟组火山岩发育地段有利寻找银铅锌多金属矿 | 必要 |
| 控矿地质条件 | 控矿侵入岩(围岩蚀变) | 海西晚期蛇纹岩 | 必要 | 硅化、绿泥石化、黄铁矿化、绢云母化、青磐岩化与矿化关系密切 | 重要 |
| 控矿地质条件 | 主要控矿构造 | 区域构造线总体为北北东向。主要断裂构造是梅劳特深断裂和花敖包特东平推断层。该断裂切穿基底,为岩浆的上升提供了通道,对本区多金属矿化以及矿床的形成具有重要控制作用 | 必要 | 环形构造与北西西向构造发育地段尤其是构造交会处是成矿有利场所 | 必要 |
| 区内相同类型矿产 | | 大型矿床 1 个,中型矿床 3 个,小型矿床 4 个,矿点 15 个 | 重要 | 矿床 2 个:中型 1 个,小型 1 个 | 重要 |
| 地球物理特征 | 重力异常 | 预测区反映东南部重力高、中部重力低、西北部相对重力高的特点,重力场最低值为 $-148.63\times10^{-5}\ m/s^2$,最高值为 $-27.93\times10^{-5}\ m/s^2$,沿克什克腾旗—霍林郭勒市一带布格重力异常总体反映重力低异常带,异常带走向北北东,呈宽条带状,长约 370km,宽约 90km。地表断续出露不同期次的中—新生代花岗岩体,推断该重力低异常带是中性—酸性岩浆岩活动区(带)引起。局部重力低异常是花岗岩体和次火山热液活动带所致 | 重要 | 从布格重力异常图上看,预测区区域重力场总体反映南高、北低的特点,布格重力异常最低值为 $-106.19\times10^{-5}\ m/s^2$,最高值为 $-55.84\times10^{-5}\ m/s^2$ | 次要 |

续表 7-157

| 预测要素 | | 描述内容<br>花敖包特 | 要素类别 | 描述内容<br>比利亚谷 | 要素类别 |
|---|---|---|---|---|---|
| 地球物理特征 | 磁法异常 | 高精度磁测找矿模式表现为：主要容矿断裂下盘围岩以弱磁性寿山沟组($P_1ss$)长石细砂岩为主，上盘为上覆弱磁性角砾凝灰岩，下伏为强磁性蛇纹岩，矿体呈脉状、细脉状、浸染状及带状。多位于凝灰岩、超基性岩与围岩接触带，矿体区岩石破碎、蚀变较强，围岩蚀变表现为斜辉橄榄岩体普遍蚀变形成蛇纹岩 | 重要 | 在 1∶10 万航磁 $\Delta T$ 等值线平面图上预测工作区磁异常幅值范围为 −500～1200nT，背景值为 −100～100nT，其间磁异常形态杂乱，正负相间，多为不规则带状、片状或团状，磁场特征显示预测工作区构造方向以北东向为主。预测区内推断断裂走向与磁异常轴向相同，主要为北东向，以不同磁场区的分界线和磁异常梯度带为标志 | 次要 |
| 地球化学特征 | | 分别运用金属活动态测量、地球气测量、地电化学测量、土壤全量测量对矿区主要矿体布置剖面，结果表明 4 种方法均在矿体上方发现了很好的 Pb 异常，异常与矿体的位置吻合程度很好，金属活动态测量所发现的异常与矿体的对应关系最好 | 重要 | Pb 和 Zn 在预测区呈背景、高背景分布，存在明显的浓度分带和浓集中心。As1 异常元素有 Cu、Pb、Zn、Ag，Pb 元素浓集中心明显，异常强度高，与 Cu、Zn、Ag 异常套合较好；As2 和 As3 的异常元素有 Pb、Zn、Ag、Cd，Pb 元素浓集中心明显，异常强度高，与 Cu、Zn、Ag 异常套合较好 | 重要 |
| 遥感 | | 依据线性影像，解译的北东向、北西向次级断裂，局部有Ⅰ级铁染和羟基异常 | 重要 | 北西向断裂构造及遥感羟基铁染异常区 | 次要 |

## 三、最小预测区圈定

根据对典型矿床成矿规律、预测要素及预测工作区区域地质、物探、化探、遥感、自然重砂等背景条件的研究，确定预测工作区预测要素，提取预测变量，运用矿产资源评价系统（MRAS）对预测工作区进行定位预测。

### 1. 变量构置

根据各预测工作区不同成矿条件，进行预测变量构置（表 7-158）。

表 7-158 银矿预测工作区变量构置一览表

| 预测类型 | 预测工作区 | 预测变量 | 变量处理 |
|---|---|---|---|
| 岩浆热液型 | 拜仁达坝银矿预测工作区 | 地质体：提取古元古代宝音图岩群变质岩系及晚石炭世石英闪长岩，并对第四系覆盖层，作 1000m（图面 8mm）缓冲区 | 求取存在标志 |
| | | 航磁异常值提取区间为 −100～600nT | 二值化处理 |
| | | 重力剩余异常值提取区间为（−1～3）×$10^{-5}$ $m/s^2$ | 二值化处理 |
| | | Pb、Zn、Ag 化探异常区及拜仁达坝矿区一带的 Ag 化探异常区 | 求取存在标志 |
| | | 已知矿床 6 处，其中大型 2 处，中型 1 处，小型 3 处，对矿点求矿点缓冲区 | 求取存在标志 |
| | | 遥感：采用遥感地质解议断裂及环形构造，对其求缓冲区 | 求取存在标志 |

**续表 7-158**

| 预测类型 | 预测工作区 | 预测变量 | 变量处理 |
|---|---|---|---|
| 岩浆热液型 | 孟恩陶勒盖银矿预测工作区 | 侵入岩主要为中二叠世斜长花岗岩,其次为中二叠世黑云母花岗岩、闪长岩 | 求取存在标志 |
| | | 东西向断裂、北东向断裂的缓冲区(包括地质、重力和遥感的) | 求取存在标志 |
| | | 蚀变带 | 求取存在标志 |
| | | 重力剩余异常起始值为(−1～5)×$10^{-5}$m/$s^2$ | 二值化处理 |
| | | 化探综合异常区 | 求取存在标志 |
| | | 遥感最小预测区 | 求取存在标志 |
| | | 已知矿床(点)有4处,其中大型1处,矿点3处,求缓冲区 | 求取存在标志 |
| | 花敖包特银矿预测工作区 | 地层:提取二叠纪寿山沟组,对上覆第四系进行了揭盖处理 | 求取存在标志 |
| | | 航磁异常异常值提取范围为0～485nT | 二值化处理 |
| | | 重力剩余异常值提取范围为(−3～13)×$10^{-5}$m/$s^2$ | 二值化处理 |
| | | 银铅锌化探异常区 | 求取存在标志 |
| | | 已知矿床23处,其中大型1个,中型3处,小型4处,矿(化)点15处 | 求取存在标志 |
| | | 蚀变带 | 求取存在标志 |
| | | 遥感:采用遥感解译断层,求缓冲区 | 求取存在标志 |
| | 额仁陶勒盖银矿预测工作区 | 地质体:提取塔木兰沟组,求其存在标志 | 求取存在标志 |
| | | 断层:包括实测、推测、物探、遥感解译断层,提取走向为350°～360°、20°～30°、40°～50°的断层(350°、10°、30°、50°),并作2km缓冲区 | 求取存在标志 |
| | | 航磁化极异常区异常值在−250～250nT之间 | 二值化处理 |
| | | 重力场异常值在(−3～6)×$10^{-5}$m/$s^2$之间 | 二值化处理 |
| | | 化探:Ag、Pb、Zn、Cu、Au、$Fe_2O_3$、Mn、Sn综合异常,提取区求存在标志 | 二值化处理 |
| | | 已知7个同类型矿床(点),对它们进行缓冲区处理,缓冲区为2km | 求取存在标志 |
| | | 蚀变带:提取硅化带,求存在标志 | 求取存在标志 |
| | | 石英脉:提取与断层同方向的石英脉,求存在标志 | |
| | 官地银矿预测工作区 | 地质体:中二叠世额里图组($P_1e$)及其以上地层 | 求取存在标志 |
| | | 断层:北西地质断层及遥感推断断裂,并根据断层的规模作500m的缓冲区 | 求取存在标志 |
| | | 化探:Ag元素化探异常起始值>124×$10^{-9}$的范围 | 二值化处理 |
| | | 剩余重力起始值范围为(−1～3)×$10^{-5}$m/$s^2$ | 二值化处理 |
| | | 航磁化极值起始值范围为50～1800nT | 二值化处理 |
| | | 地质体:侏罗纪塔木兰沟组火山岩 | 求取存在标志 |
| | 比利亚谷银矿预测工作区 | 断层:北西向地断层及遥感推断断裂,并根据断层的规模作500m的缓冲区 | 求取存在标志 |
| | | Pb元素化探异常为(18～1 293.1)×$10^{-9}$的范围,Zn元素为(40～3 007.8)×$10^{-9}$的范围 | 二值化处理 |
| | | 提取剩余重力为(−94～64)×$10^{-5}$m/$s^2$的范围 | 二值化处理 |
| | | 提取航磁化极值为0～350nT的范围 | 二值化处理 |
| | | 提取遥感北西向断裂构造要素及羟基铁染异常区 | 求取存在标志 |

### 2. 最小预测区圈定方法及优选结果

首先利用网格单元法对预测单元进行赋值。不同预测工作区根据实际情况划分不同间距的预测单元网格。孟恩陶勒盖、官地银矿预测工作区单元网格间距为1km×1km，额仁陶勒盖预测工作区为1.5km×1.5km，拜仁达坝、花敖包特、比利亚谷预测工作区为2km×2km。完成预测单元划分后对预测变量进行原始变量构置，生成原始数据专题，完成网格单元赋值。对区内已知矿床(点)按矿化规模将模型单元进行矿化级别的设置，选择具有代表性的单元作为模型单元，然后对前期所选择的预测变量进行筛选，获得真正对矿化起到作用的变量，完成变量优选步骤。证据权重法中，首先构造预测模型，生成定位预测专题图层，然后选择各预测要素的证据因子、计算证据权重，进行证据因子的条件独立性检验，计算后验概率并生成色块图，色块图级别是根据后验概率值的大小确定的。

后验概率色块图的不同级别是以网格单元为边界的规则边界，因此需要在色块图的基础上叠加所有成矿要素及预测要素，采用人工与MRAS软件交互的方式，根据形成的定位预测色块图对照不同级别的各要素边界，依据后验概率的大小，与模型区预测要素的匹配程度，圈定最小预测区，划分A、B、C类最小预测区级别(表7-159)。

表7-159 银矿最小预测区分级原则一览表

| 预测工作区 | A、B、C类分级原则 |
|---|---|
| 拜仁达坝银矿预测工作区 | A类:成矿条件十分有利，预测依据充分，成矿匹配程度高，资源潜力大或较大的地区。B类:成矿条件有利，有预测依据，成矿匹配程度相对较高，有比较大的预测资源量的地区。C类:具成矿条件，有可能发现资源，可作为探索的地区或现有矿区外围和深部预测依据，有一定的资源潜力的地区 |
| 孟恩陶勒盖银矿预测工作区 | A类:地质体+航磁+重力+化探+矿床+遥感。B类:地质体+航磁+重力+化探+遥感。C类:地质体+重力+化探+遥感 |
| 花敖包特银矿预测工作区 | A类:地质体+航磁异常分布范围+剩余重力异常+遥感Ⅰ级铁染异常+断层+化探异常。B类:地质体+航磁异常分布范围+剩余重力异常。C类:覆盖区化探异常浓集中心或出露含地质体的上部层位+地质体+航磁异常分布范围或地质体+断层+重力异常 |
| 额仁陶勒盖银矿预测工作区 | A类:塔木兰沟组+化探异常区±石英脉+有银矿(床)点+北西向、北东向断裂。航磁$\Delta T$化极异常主要在$-100\sim150$nT之间，剩余重力异常值$\Delta g$主要在$(-5\sim7)\times10^{-5}$m/s$^2$之间。B类:塔木兰沟组±化探异常区±石英脉±有银矿(床)点+北东向断裂。航磁$\Delta T$化极异常主要在$-250\sim200$nT之间，剩余重力异常值$\Delta g$主要在$(-4\sim4)\times10^{-5}$m/s$^2$之间。C类:塔木兰沟组+化探异常区+北东向断裂。航磁$\Delta T$化极异常主要在$-200\sim200$nT之间，剩余重力异常值$\Delta g$主要在$(-3\sim5)\times10^{-5}$m/s$^2$之间 |
| 官地银矿预测工作区 | A类:有出露含矿地质体+已知矿床(化点)+断层缓冲区+物(化)探异常或已知矿床(化点)+物(化)探异常。B类:有出露含矿地质体+断层缓冲区+物(化)探异常。C类:出露含地质体+物(化)探异常 |
| 比利亚谷银矿预测工作区 | A类:有出露含矿地质体+Pb元素化探异常$(18\sim1\,293.1)\times10^{-9}$，Zn元素化探异常$(40\sim3\,007.8)\times10^{-9}$+已知矿床+北西向断层缓冲区+遥感羟基异常区。B类:有出露含矿地质体+北西向断层缓冲区+遥感羟基异常区+Pb、Zn元素化探异常+断层缓冲区或推断含矿地质体+Pb、Zn元素化探异常浓集区+蚀变带。C类:覆盖区化探异常浓集中心或出露含地质体的上部层位+Pb、Zn元素化探异常 |

对圈定的面积过小、成矿潜力较差、预测意义不大的最小预测区进行排除，最终共圈定银矿最小预测区 209 个，面积 2 844.34km²，其中岩浆热液型 44 个，面积 580.95km²；陆相火山-次火山(热液)型 165 个，面积 2 263.39km²(表 7-160，图 7-157～图 7-159)。

**表 7-160　银矿最小预测区圈定成果一览表**

| 预测工作区 | A 类最小预测区 | B 类最小预测区 | C 类最小预测区 | 总数 | 面积(km²) |
|---|---|---|---|---|---|
| 拜仁达坝银矿预测工作区 | 5 | 5 | 3 | 13 | 279.3 |
| 孟恩陶勒盖银矿预测工作区 | 11 | 11 | 9 | 31 | 301.65 |
| 花敖包特银矿预测工作区 | 17 | 21 | 16 | 54 | 865.41 |
| 李清地银矿预测工作区 | 1 | 14 | 21 | 36 | 396.14 |
| 吉林宝力格银矿预测工作区 | 4 | 7 | 6 | 17 | 134.42 |
| 额仁陶勒盖银矿预测工作区 | 2 | 3 | 5 | 10 | 132.26 |
| 官地银矿预测工作区 | 4 | 5 | 5 | 14 | 61.75 |
| 比利亚谷银矿预测工作区 | 6 | 10 | 18 | 34 | 673.41 |
| 总计 | 50 | 76 | 83 | 209 | 2 844.34 |

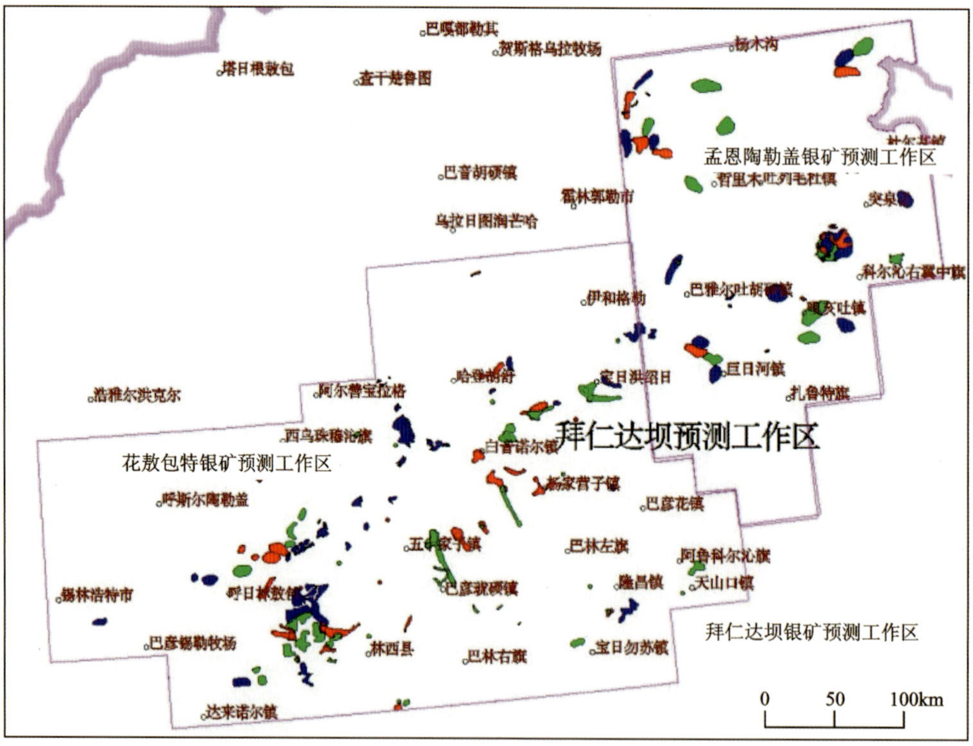

图 7-157　拜仁达坝式、花敖包特式、孟恩陶勒盖式岩浆热液型银矿最小预测区分布图

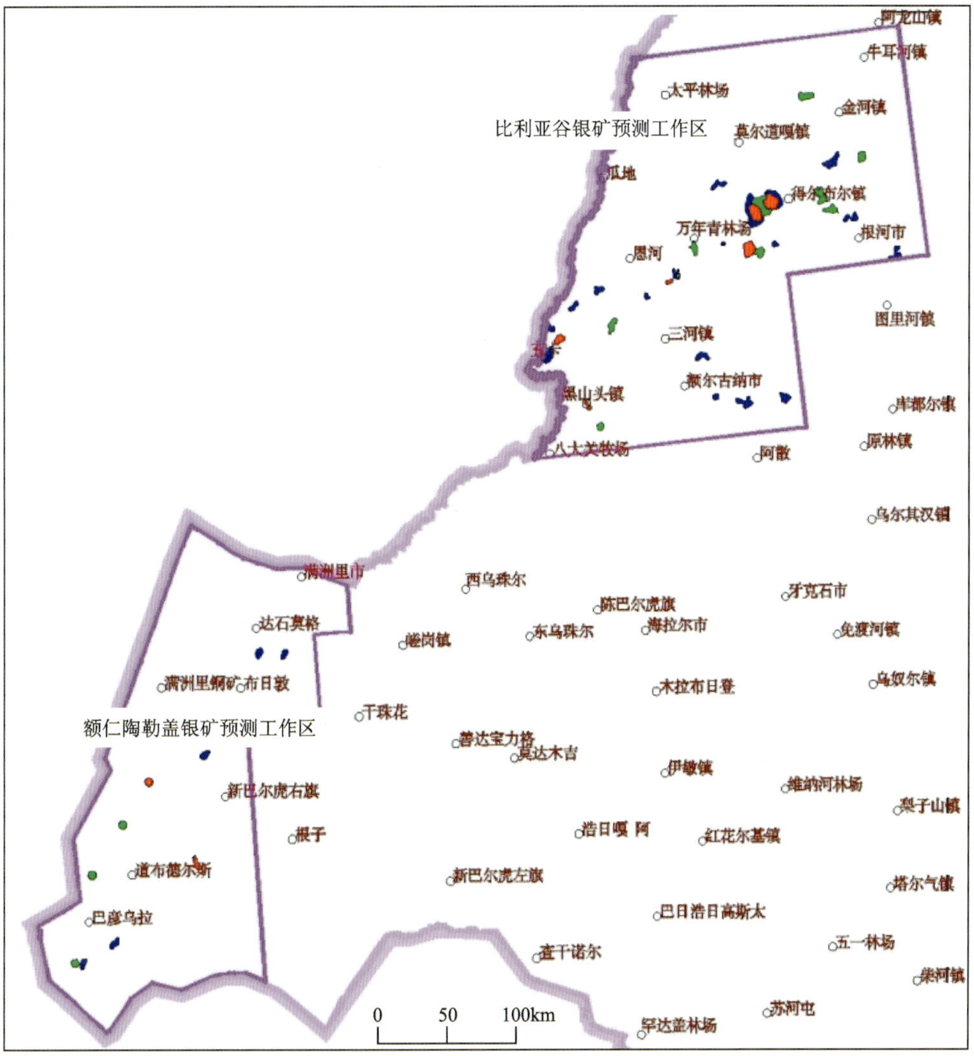


图 7-158 比利亚谷式、额仁陶勒盖式陆相火山-次火山(热液)型银矿最小预测区分布图

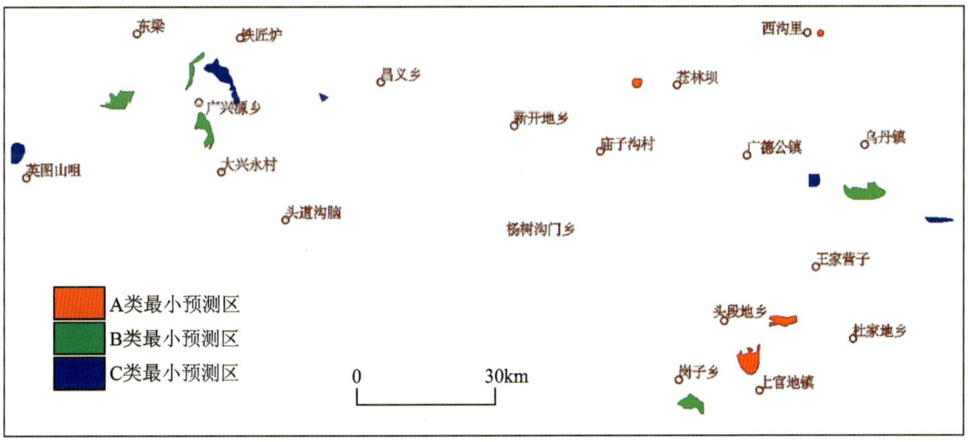


图 7-159 官地式火山-次火山热液型银矿最小预测区分布图

## 四、资源定量预测

### 1. 典型矿床深度及外围资源量估算

运用地质体积参数法对铝土矿进行定量预测，首先确定典型矿床体积含矿率，对典型矿床深部及外围进行资源量估算(表 7-161)。

**表 7-161　银矿典型矿床预测成果一览表**

| 预测类型 | 序号 | 典型矿床 | 经度 | 纬度 | 深部或外围名称 | 面积($m^2$) | 延深(m) | 体积含矿率($t/m^3$) | 预测资源量(t) | 预测资源总量(t) |
|---|---|---|---|---|---|---|---|---|---|---|
| 岩浆热液型 | 1 | 拜仁达坝 | 117°33′01″ | 44°07′01″ | 深部 | 1 337 500 | 100 | 0.000 008 7 | 1 165.07 | 7 345.4 |
| | | | | | 外围 | 1 612 500 | 440 | | 6 180.33 | |
| | 2 | 孟恩陶勒盖 | 121°22′02″ | 45°12′18″ | 深部 | 1 739 216 | 123 | 0.000 001 8 | 394.45 | 753.91 |
| | | | | | 外围 | 332 836 | 600 | | 359.46 | |
| | 3 | 花敖包特 | 118°57′15″ | 45°15′30″ | 深部 | 255 763 | 100 | 0.000 062 | 1 586 | 6995 |
| | | | | | 外围 | 341 017 | 270 | | 5 409 | |
| 陆相火山-次火山热液型 | 1 | 额仁陶勒盖 | 116°34′06″ | 48°23′09″ | 深部 | 1 564 996 | 50 | 0.000 003 3 | 261.9 | 1 727.66 |
| | | | | | 外围 | 876 909 | 499.4 | 0.000 003 3 | 1 465.76 | |
| | 2 | 官地 | 118°23′31″ | 42°35′22″ | 深部 | 1 414 352 | 23 | 0.000 000 67 | 21.8 | 396.72 |
| | | | | | 外围 | 1 183 055 | 473 | 0.000 000 67 | 374.92 | |
| | 3 | 比利亚谷 | 120°58′18″ | 50°59′17″ | 深部 | 1 856 500 | 100 | 0.000 000 52 | 96.29 | 96.29 |

### 2. 模型区及预测区参数确定

典型矿床所在的最小预测区为模型区，参考模型区地质体面积及延深、计算模型区含矿系数，根据含矿系数计算各最小预测区预测资源量(表 7-162)。

### 3. 预测资源量估算及其结果

共伴生银矿预测资源量＝主矿种预测资源量×伴生矿种资源量系数。

本次共估算资源总量 74 165t，其中伴生银矿 10 886t。岩浆热液型 38 733t，陆相火山-次火山(热液)型 24 547t(表 7-163)。

表 7-162 内蒙古银矿模型区及预测区参数一览表

| 预测类型 | 预测工作区编号 | 预测工作区 | 模型区编号 | 模型区名称 | 经度 | 纬度 | 含矿地质体含矿系数 | 模型区预测资源总量（t） | 最小预测区面积范围（$km^2$） | 最小预测区预测深度范围（m） |
|---|---|---|---|---|---|---|---|---|---|---|
| 岩浆热液型 | 1512201001 | 拜仁达坝银矿预测工作区 | A1512201001 | 拜仁达坝 | 117°31′23″ | 44°06′08″ | 0.000 000 57 | 7 345 | 6.89～44.78 | 100～440 |
| | 1512202001 | 孟恩陶勒盖银矿预测工作区 | A1512202006 | 孟恩陶勒盖 | 121°22′01″ | 45°13′58″ | 0.000 001 8 | 753.91 | 0.08～49.93 | 270～600 |
| | 1506601001 | 花敖包特银矿预测工作区 | A1512605001 | 花敖包特 | 118°58′26″ | 45°15′40″ | 0.000 008 5 | 6995 | 0.57～94.77 | 150～400 |
| 陆相火山-次火山（热液）型 | 1512601001 | 李清地银矿预测工作区 | A1512601001 | 李清地 | 113°00′40″ | 40°56′38″ | 0.000 000 029 | 114.72 | 0.73～35.92 | 100～400 |
| | 1512602001 | 吉林宝力格银矿预测工作区 | A1512602001 | 吉林宝力格银矿 | 117°55′31″ | 46°05′17″ | 0.000 000 25 | 338.58 | 1.64～17.63 | 120～300 |
| | 1502603001 | 额仁陶勒盖银矿预测工作区 | A1512603001 | 额仁陶勒盖 | 116°35′53″ | 48°23′15″ | 0.000 000 52 | 1 725.04 | 11.64～15.71 | 210～499.4 |
| | 1512604001 | 官地银矿预测工作区 | A1512604001 | 官地 | 118°32′22″ | 42°34′59″ | 0.000 000 21 | 396.72 | 0.7～8.8 | 200～473 |
| | 1506401001 | 比利亚谷银矿预测工作区 | A1512606001 | 比利亚谷 | 120°58′18″ | 50°59′17″ | 0.000 000 02 | 96.29 | 2.66～47.79 | 100～665 |

表 7-163 内蒙古银矿预测工作区预测成果一览表

| 预测工作区编号 | 预测工作区 | 预测工作区预测资源总量（t） |
|---|---|---|
| 1512201001 | 拜仁达坝银矿预测工作区 | 16 473.26 |
| 1512202001 | 孟恩陶勒盖银矿预测工作区 | 4 497.17 |
| 1506601001 | 花敖包特银矿预测工作区 | 17 762.37 |
| 岩浆热液型银矿总量 | | 38 732.8 |
| 1512601001 | 李清地银矿预测工作区 | 742.18 |
| 1512602001 | 吉林宝力格银矿预测工作区 | 4 606.33 |

续表 7-163

| 预测工作区编号 | 预测工作区 | 预测工作区预测资源总量(t) |
|---|---|---|
| 1502603001 | 额仁陶勒盖银矿预测工作区 | 14 025.09 |
| 1512604001 | 官地银矿预测工作区 | 2 137.32 |
| 1506401001 | 比利亚谷银矿预测工作区 | 3 035.84 |
| 陆相火山-次火山(热液)型银矿总量 | | 24 546.76 |
| 银矿预测资源总量 | | 63 279.56 |
| 1504101001 | 霍各乞铜矿伴生银预测工作区 | 1016 |
| 1501202001 | 朝不楞铁矿伴生银预测工作区 | 947 |
| 1506207001 | 白音诺尔铅锌矿伴生银预测工作区 | 4280 |
| 1506208001 | 余家窝铺铅锌矿伴生银预测工作区 | 88 |
| 1506402001 | 扎木钦铅锌矿伴生银预测工作区 | 4507 |
| 1511604001 | 金厂沟梁金矿伴生银预测工作区 | 47 |
| 共伴生银矿预测资源总量 | | 10 885 |
| 全区银矿估算资源总量 | | 74 164.56 |

# 第十三节　铝土矿资源潜力评价

## 一、铝土矿预测模型

内蒙古自治区内铝土矿分布较少，主要分布于内蒙古南部，选择城坡铝土矿为典型矿床，圈定 1 个预测工作区进行预测。城坡铝土矿矿产预测类型为古风化壳沉积型(碳酸盐岩类)。构造单元属华北陆块区大青山-凉城陆缘古裂岩，成矿带属Ⅲ-14 山西(断隆)铁、铝土矿、石膏、煤、煤层气成矿带。

由于城坡铝土矿矿区无大比例尺的物化遥资料，故利用典型矿床所在区域地质-物探模型图，编制典型矿床以区域预测模型图、区域地质-物探模型图表示(表 7-164，图 7-160、图 7-161)，由于化探单异常对铝土矿预测作用不明显，因此未作典型矿床区域地质-化探模型图。

表 7-164　内蒙古城坡式风化壳型铝土矿矿典型矿床预测要素表

| 预测要素 | | 描述内容 | | | | 要素类别 |
|---|---|---|---|---|---|---|
| | | 储量 | 铝土矿 44.3 万 t | 平均品位 | $Al_2O_3$ 45%～55% | |
| | | 特征描述 | 碳酸盐岩古风化壳异地堆积型 | | | |
| 地质环境 | 构造背景 | 鄂尔多斯台向斜东缘 | | | | 必要 |
| | 成矿时代 | 中石炭世 | | | | 必要 |
| | 赋矿地质体 | 中石炭世地层(区域上相当于本溪组) | | | | 必要 |
| | 岩石类型 | 铝土质页岩、页岩、铝土矿、灰岩 | | | | 重要 |
| | 岩石构造 | 以鲕状、致密块状构造为主 | | | | 重要 |

续表 7-164

| 预测要素 | | 描述内容 | 要素类别 |
|---|---|---|---|
| 矿床特征 | 矿床类型 | 陆台型滨海相胶体化学沉积矿床 | 必要 |
| | 矿体形态 | 似层状和透镜状，在成矿前的喀斯特地形的凹陷处，形成较厚的矿体。铁矾土矿体一般呈较稳定的层状，倾角平缓 | 重要 |
| | 矿石类型 | 一水型铝土矿 | 必要 |
| | 矿物组成 | 以一水铝石为主，并有少量高岭石、菱铁矿及微量水云母、氧化铁、电气石、锆石针铁矿 | 重要 |
| | 矿石结构构造 | 结构：鲕状结构、豆状结构、致密状结构和凝胶状结构；<br>构造：致密块状和疏松块状构造，局部偶尔见有薄土状构造，有时为叶片状构造 | 重要 |
| | 其他 | 埋深 30～70m | 次要 |

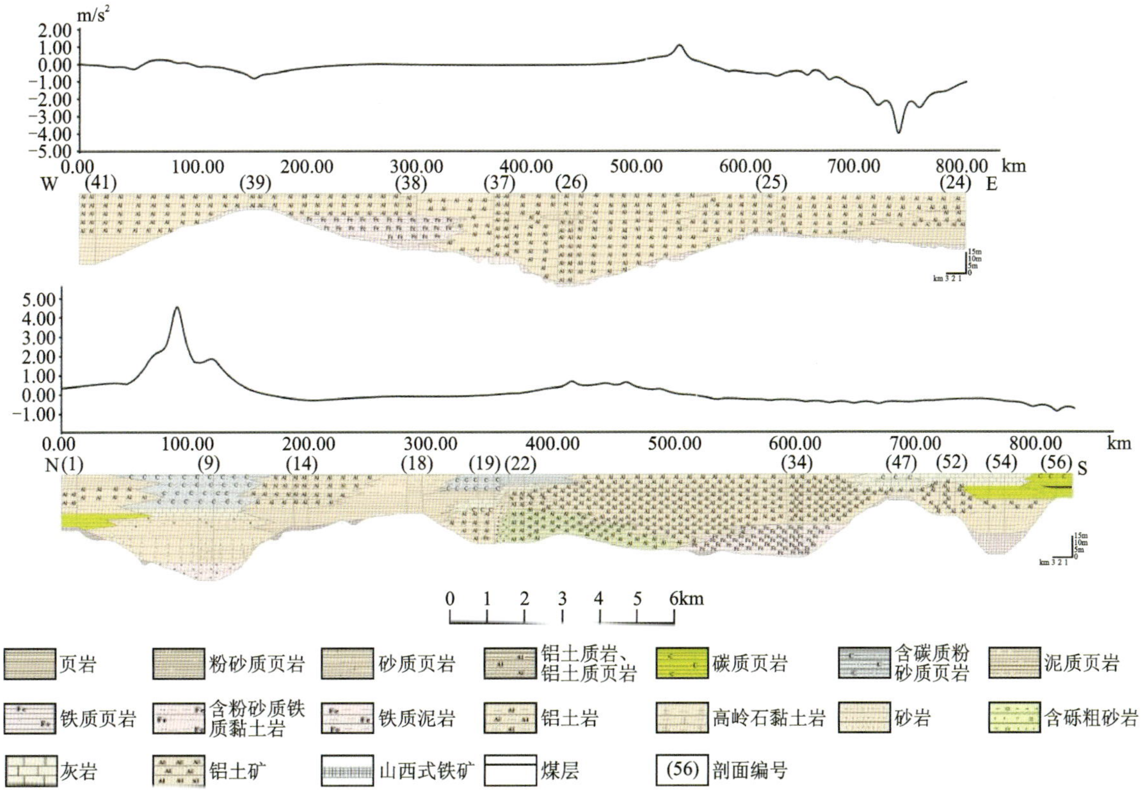


图 7-160　城坡式铝土矿区域预测模型图

城坡铝土矿位于中石炭统中，南西侧有条近南北向的断裂经过，铝土矿所在区域布格重力异常为宽缓的梯级带。剩余重力异常图上无明显的异常显示。说明这一区域重力场平稳，变化极小。工作区在负磁背景场上，场值在－200～100nT之间，场值较为平稳，西北部高、东南部低。

由预测模型图可以看出，城坡铝土矿位于奥陶纪本溪组中，赋矿地质体对应的重力场及磁场均无明显异常。

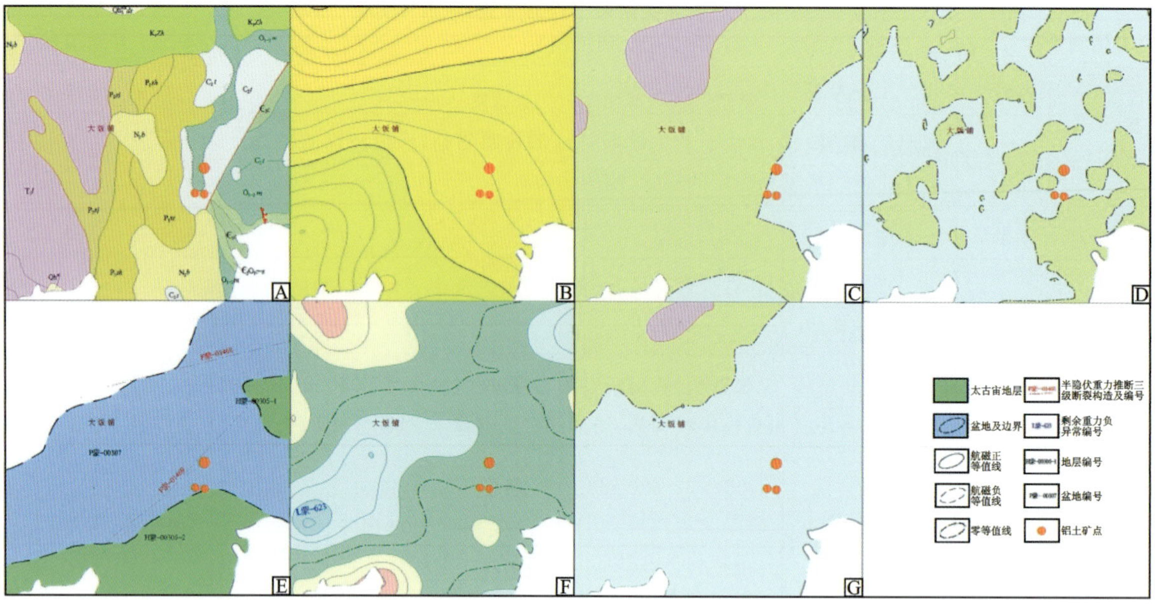


图 7-161　城坡铝土矿所在区域地质-物探模型图

## 二、预测方法类型确定及区域预测要素

古风化壳沉积型(碳酸盐类)城坡式铝土矿除白云鄂博群哈拉霍疙特组直接控制了矿床的分布外，中元古代白云岩也是成矿必要因素之一，因此确定采用沉积型作为本类矿产预测方法类型，预测底图为沉积建造构造图。

沉积建造构造图对与预测无关的地质体进行了淡化，突出表达预测研究主体、目的层、沉积岩建造的分布、岩性组合特征等。

通过对城坡铝土矿典型矿床的研究，结合清水河预测工作区地质背景条件及物化探条件，编写区域预测要素表(表 7-165)。

**表 7-165　沉积型铝土矿区域预测要素一览表**

| 预测要素 | | 描述内容 | 要素类别 |
|---|---|---|---|
| 地质环境 | 大地构造位置 | 华北陆块区，大青山-凉城陆缘古裂岩 | 必要 |
| | 成矿区(带) | Ⅲ-14 山西(断隆)铁、铝土矿、石膏、煤、煤层气成矿带 | 必要 |
| | 区域成矿类型及成矿期 | 碳酸盐岩古风化壳异地堆积型；中石炭世 | 必要 |
| 赋矿地质体 | | 中石炭世地层(区域上相当于本溪组) | 必要 |
| 区内相同类型矿产 | | 1 个小型矿床，2 个矿点 | 重要 |
| 重力特征 | | 预测区内布格重力异常变化较平稳，总体由东南向西北重力场值逐渐增加，重力剩余异常＜0 | 次要 |
| 航磁特征 | | 该矿种的预测与航磁异常分布区无关，故不进行要素提取 | 次要 |

## 三、最小预测区圈定

根据对典型矿床成矿规律、预测要素及预测工作区区域地质、物探、化探、遥感、自然重砂等背景条件的研究，确定预测工作区预测要素，提取预测变量，运用矿产资源评价系统（MRAS）对预测工作区进行定位预测。

### 1. 变量构置

根据各预测工作区不同成矿条件，进行预测变量构置（表 7-166）。

表 7-166 清水河铝土矿预测工作区变量构置一览表

| 预测类型 | 预测变量 | 变量处理 |
|---|---|---|
| 古风化壳沉积型（碳酸盐类） | 地质体：石炭纪本溪组。共提取地质体 56 块。预处理：由于区内为沉积岩区，无岩浆活动，地层呈近水平产出，因此对本溪组之上覆盖的所有地层进行揭盖处理 | 求取存在标志 |
| | 重力：在已知矿区范围内，重力剩余异常＜0 | 二值化处理 |
| | 圈定沉积等厚线＞15m 的范围 | 求取存在标志 |
| | 圈定潟湖相沉积范围 | 求取存在标志 |

### 2. 最小预测区圈定方法及优选结果

首先利用网格单元法对预测单元进行赋值。单元网格间距为 2km×2km，完成预测单元划分后对预测变量进行原始变量构置，生成原始数据专题，完成网格单元赋值。对区内已知矿床（点）按矿化规模将模型单元进行矿化级别的设置，选择具有代表性的单元作为模型单元，然后对前期所选择的预测变量进行筛选，获得真正对矿化起到作用的变量，完成变量优选步骤。证据权重法中，首先构造预测模型，生成定位预测专题图层，然后选择各预测要素的证据因子、计算证据权重，进行证据因子的条件独立性检验，计算后验概率并生成色块图，色块图级别是根据后验概率值的大小确定的。

后验概率色块图的不同级别是以网格单元为边界的规则边界，因此需要在色块图的基础上叠加所有成矿要素及预测要素，采用人工与 MRAS 软件交互的方式，根据形成的定位预测色块图对照不同级别的各要素边界，依据后验概率的大小，与模型区预测要素的匹配程度，按 A、B、C 类划分原则圈定最小预测区。

A 类：地层＋岩相＋沉积厚度＋重力剩余异常＋位于潟湖相与盆缘较近的区域。

B 类：地层＋岩相＋沉积厚度＋重力剩余异常。

C 类：地层＋岩相＋重力剩余异常。

对圈定的面积过小、成矿潜力较差、预测意义不大的最小预测区进行排除，最终共圈定铝土矿最小预测区 15 个，其中 A 类区 3 个，B 类区 5 个，C 类区 7 个，面积 196.46km$^2$。

## 四、资源量定量预测

### 1. 典型矿床深度及外围资源量估算

运用地质体积法对铝土矿进行定量预测，首先确定典型矿床体积含矿率，对典型矿床深部及外围进行资源量估算，典型矿床预测资源量为 89.08t（表 7-167）。

表 7-167　铝土矿典型矿床预测成果一览表

| 预测类型 | 典型矿床 | 经度 | 纬度 | 深部或外围名称 | 面积($m^2$) | 延深(m) | 体积含矿率 | 预测资源量(万 t) | 总量(万 t) |
|---|---|---|---|---|---|---|---|---|---|
| 风化壳型 | 城坡铝土矿 | 111°21′00″ | 39°43′00″ | 外围 | 4 108 524 | 29.3 | 0.007 4 | 89.08 | 133.43 |

## 2. 模型区及预测区参数确定

典型矿床所在的最小预测区为模型区,参考模型区地质体面积及延深、计算模型区含矿系数,根据含矿系数计算各最小预测区预测资源量(表 7-168,图 7-162)。

表 7-168　铝土矿模型区及预测工作区参数一览表

| 预测工作区编号 | 预测工作区 | 模型区编号 | 模型区名称 | 经度 | 纬度 | 含矿地质体含矿系数 | 模型区预测资源总量(t) | 最小预测区面积范围($km^2$) | 最小预测区预测深度范围(m) |
|---|---|---|---|---|---|---|---|---|---|
| 1516101001 | 城坡式铝土矿清水河预测工作区 | A1516101001 | 窑沟乡 | 111°24′10″ | 39°46′24″ | 0.000 926 | 133.43 | 0.11～52.9 | 33.4～65 |

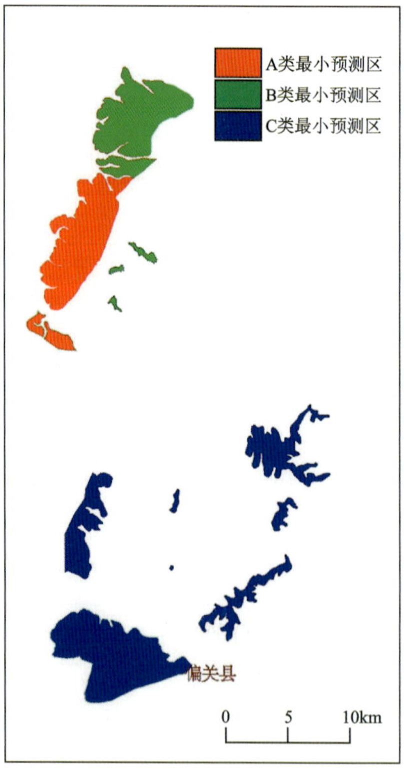


图 7-162　清水河铝土矿最小预测区分布图

## 3. 预测区资源量估算及其结果

本次共预测铝土矿资源总量为 361.33 万 t。

# 第十四节　稀土矿资源潜力评价

## 一、稀土矿预测模型

根据矿产预测类型划分，稀土矿共涉及两个矿产预测类型：沉积变质型稀土矿、岩浆型稀土矿（表7-169）。

**表 7-169　典型矿床预测类型一览表**

| 矿产预测类型 | 典型矿床 |
|---|---|
| 沉积变质型 | 白云鄂博、桃花拉山 |
| 岩浆型 | 巴尔哲、三道沟 |

在典型矿床成矿要素研究的基础上，综合研究重力、航磁、化探、遥感等预测要素，基于预测要素的研究结果，构建典型矿床的预测模型图。典型矿床预测模型图，以剖面图形式或平面投影形式表示预测要素内容及其相关关系及空间变化特征。在区域成矿模式的基础上，叠加区域地球物理、地球化学、遥感等找矿模型资料，形成区域预测模型图，以剖面图形式表示预测要素内容及其相互关系，以及时空展布特征。

### 1. 沉积变质型稀土矿

白云鄂博式、桃花拉山式矿床预测类型为沉积变质型。白云鄂博铁铌稀土沉积矿床位于包头市白云鄂博区，大地构造位置处于白云鄂博台缘坳陷带。成矿区（带）属滨太平洋成矿域，华北成矿省，华北陆块北缘西段金、铁、铌、稀土、铜、铅、锌、银、镍、铂、钨、石墨、白云母成矿带，白云鄂博-商都金、铁、铌、稀土、铜、镍成矿亚带。桃花拉山沉积变质型稀有稀土矿位于内蒙古自治区阿拉善右旗阿朝公社，大地构造位于华北陆块区，阿拉善地块，龙首山基底杂岩带，迭布格斯-阿拉善右旗岩浆弧中—新太古代变质地带。成矿区（带）属华北西部（地台）成矿省，阿拉善铜、镍、铁、铼、石墨、芒硝、盐成矿亚带（Pz、Kz）。

以白云鄂博矿床为例，总结典型矿床综合信息特征，编制典型矿床预测要素表（表7-170）。

**表 7-170　白云鄂博稀土矿典型矿床预测要素表**

<table>
<tr><td colspan="2" rowspan="3">预测要素</td><td colspan="4">描述内容</td><td rowspan="3">要素类别</td></tr>
<tr><td>储量</td><td>稀土矿 101 401 849t</td><td>平均品位</td><td>REO 0.71%～9.25%</td></tr>
<tr><td>特征描述</td><td colspan="3">沉积型稀土矿</td></tr>
<tr><td rowspan="3">地质环境</td><td>构造背景</td><td colspan="4">华北陆块北缘，内蒙古台隆，元古宙狼山-白云鄂博裂谷</td><td>必要</td></tr>
<tr><td>地质环境</td><td colspan="4">矿区地层为中元古代白云鄂博群变质岩系，周围附近的岩浆岩有超基性岩、基性岩、碱性岩及偏碱花岗岩等，另外还有基性、碱性岩脉。碱性岩发生了铌、稀土矿化。碳酸岩是该矿区最重要的含矿岩系。东西向构造与南北向构造的直交重合，控制了不同部位的矿体，具有不同的特征和岩矿石的复杂变化</td><td>必要</td></tr>
<tr><td>成矿时代</td><td colspan="4">中元古代</td><td>必要</td></tr>
</table>

**续表 7-170**

| 预测要素 | | 描述内容 | 要素类别 |
|---|---|---|---|
| 矿床特征 | 矿体形态 | 矿体似层状或大的透镜状 | 重要 |
| | 岩石类型 | 中元古代哈拉霍疙特组白云质碳酸岩，含磁铁石英岩，含磁铁细晶白云岩夹含磁铁矿粉晶灰岩、中晶灰岩，萤石化细晶白云岩 | 重要 |
| | 岩石结构 | 中粗粒结构、中细粒结构、等粒结构 | 次要 |
| | 矿物组成 | 含铁矿物：磁铁矿、赤铁矿、镜铁矿、磁赤铁矿等；<br>稀土矿物：氟碳铈矿、独居石、氟碳钙铈矿等；<br>铌矿物：铌铁金红石、铌铁矿、烧绿石、易解石等；<br>共生矿物：萤石、磷灰石、重晶石、白云石等 | 次要 |
| | 矿石结构构造 | 结构：粒状变晶结构、粉尘状结构、交代结构、固溶体分离结构等；<br>构造：块状构造，浸染状构造、条带状构造、层纹状构造，斑杂状构造、角砾状构造等 | 次要 |
| | 蚀变特征 | 萤石化、霓石化、碱性角闪石化、黑云母化、金云母化、磷灰石化等 | 次要 |
| | 控矿条件 | 褶皱控矿，向斜，断层 | 必要 |
| 地球物理特征 | 重力异常 | 白云鄂博式沉积型稀土矿床位于重力高异常上，$\Delta g_{max}=-150.97\times10^{-5}m/s^2$，其东部表现为明显的巨大低重力异常带；根据物性资料和地质资料分析，推断该局部重力高异常由元古宙白云鄂博群及太古宙地层引起，巨大低重力异常带为中性—酸性岩浆岩带的反映。表明白云鄂博式沉积型稀土矿不仅与元古宙—太古宙地层有关，而且与中性—酸性岩体关系密切 | 重要 |
| | 磁法异常 | 据 1∶5 万航磁等值线图显示，磁异常呈条带状，走向东西向，极值达 1000nT | 重要 |
| 地球化学特征 | | 矿床上有 La、Y、Th、Nb、U、Zr、Fe 等元素组成的组合异常；在稀土元素中富铈族稀土，贫钇族稀土；矿石富铌而贫钽、富钍而贫铀。矿床主要指示元素为 La、Y、Th、Nb，呈北东向展布 | 重要 |

由于白云鄂博矿区无大比例尺的物化遥资料，故利用典型矿床所在区域物化探剖析图，编制典型矿床所在区域地质-物探模型图、地质-化探模型图，区域预测模型图以剖面图形式表示(图 7-163～图 7-165)。

在图 7-184 布格重力异常等值线平面图上，白云鄂博式沉积型稀土矿床位于重力高异常上，$\Delta g_{max}=-150.97\times10^{-5}m/s^2$，布格重力异常编号 G503，其东部表现为明显的巨大低重力异常带；剩余重力异常等值线平面图亦反映上述重力场特征。

白云鄂博铁铌稀土矿床地磁特征：特大型白云鄂博铁稀土矿航空磁场强度最大达 5300nT，异常呈东西向走向，北侧伴有明显的负磁场，最低－2880nT。经化极后北侧负值明显减弱，南侧出现明显负值。白云鄂博铁铌稀土矿床地磁亦反映强磁异常，异常长约 16km，宽约 3km，走向近东西向，异常最大值大于 18 000nT，在异常北侧伴生强度为－2000nT 的负异常，显然是由斜磁化所致。大致以白云鄂博北为界，异常区分为近东、西向两个亚区，分别是白云鄂博铁铌稀土矿西矿区和东矿区的反映。每一个矿区又反映两个东西向的局部异常带，局部异常为等轴状和窄条带状，并且北侧伴有负异常。从磁场特征分析，白云鄂博铁铌稀土矿床是矿物二次富集的结果。由于东矿采区及附近城区的扩大无法开展地磁工作，东矿区的磁异常不完整，但是从异常形态的趋势已看出，在矿体上表现为强磁异常，据此推断局部磁异常均与铁矿有关。

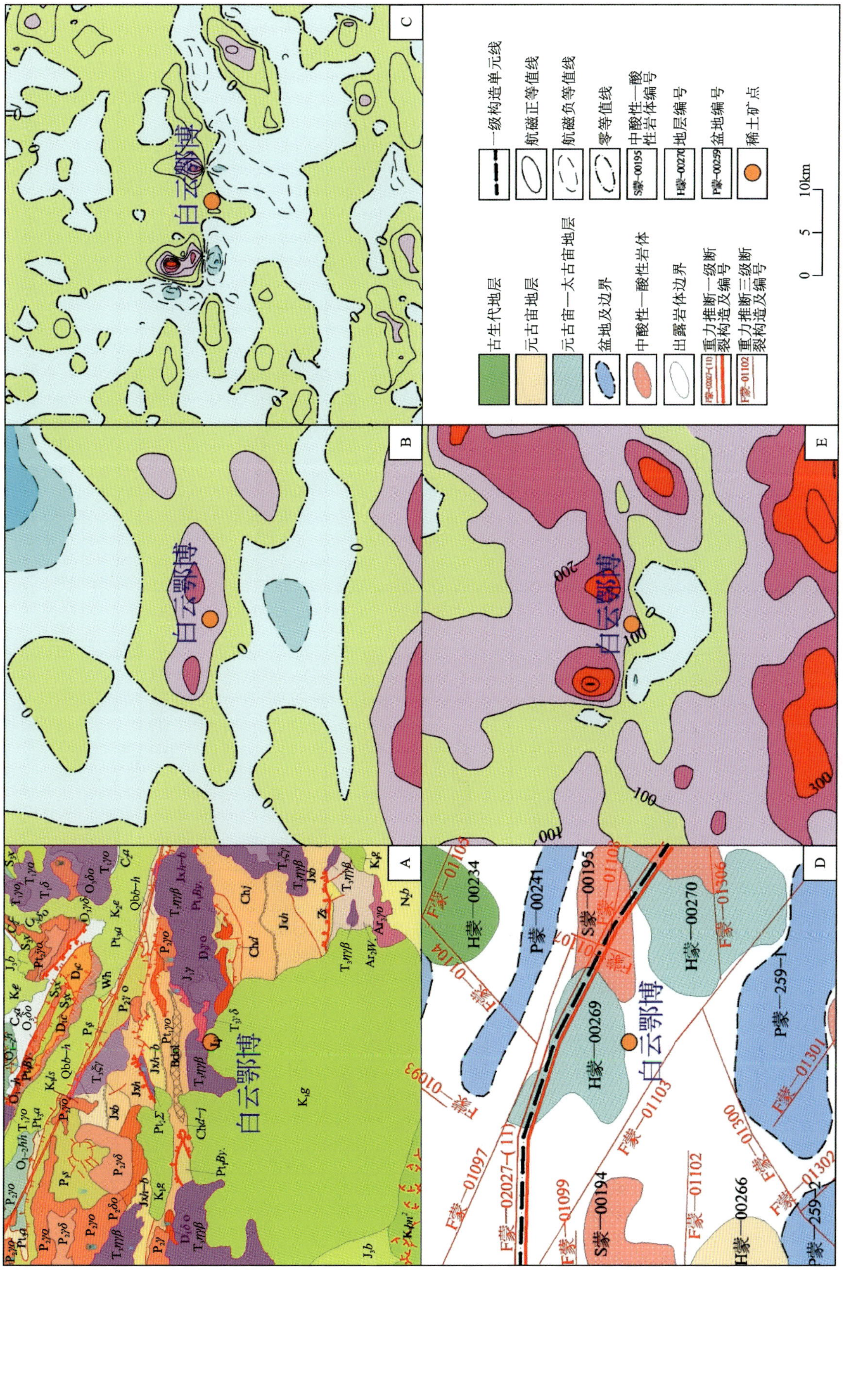


图 7-163　白云鄂博稀土矿典型矿床地质-物探模型图

A. 地质矿产图；B. 航磁$\Delta T$等值线平面图；C. 航磁$\Delta T$化极垂向一阶导数等值线平面图；D. 重力推断地质构造图；E. 航磁$\Delta T$化极等值线平面图

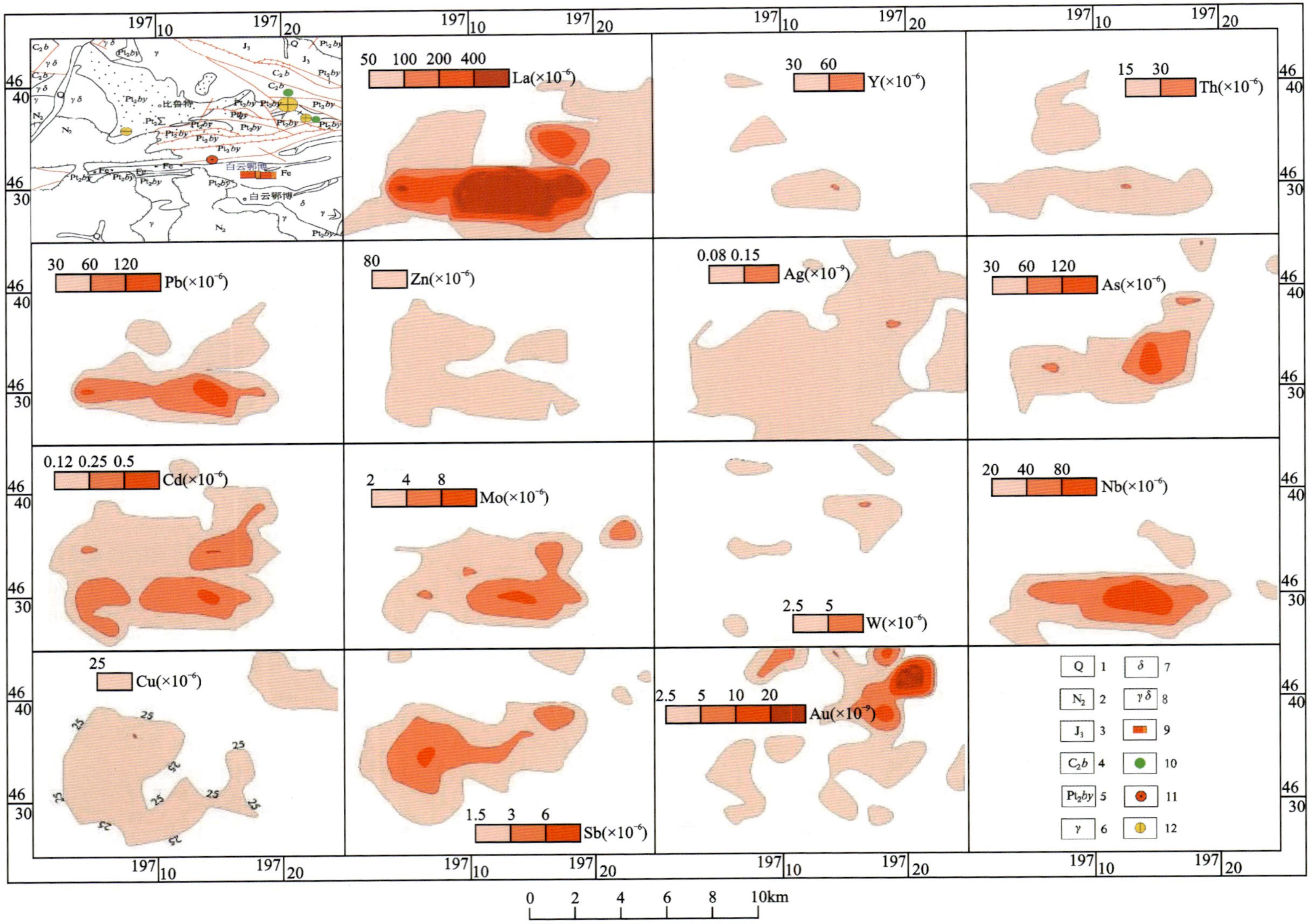


图 7-164 白云鄂博稀土矿典型矿床地质-化探模型图

1. 第四系;2. 上新统;3. 上侏罗统;4. 晚石炭世本溪组;5. 中元古代白音布拉格组;6. 海西晚期黑云母花岗岩、钾质花岗岩;7. 海西晚期闪长岩;8. 海西中期花岗闪长岩;9. 稀土矿;10. 铜矿;11. 铁矿;12. 金矿

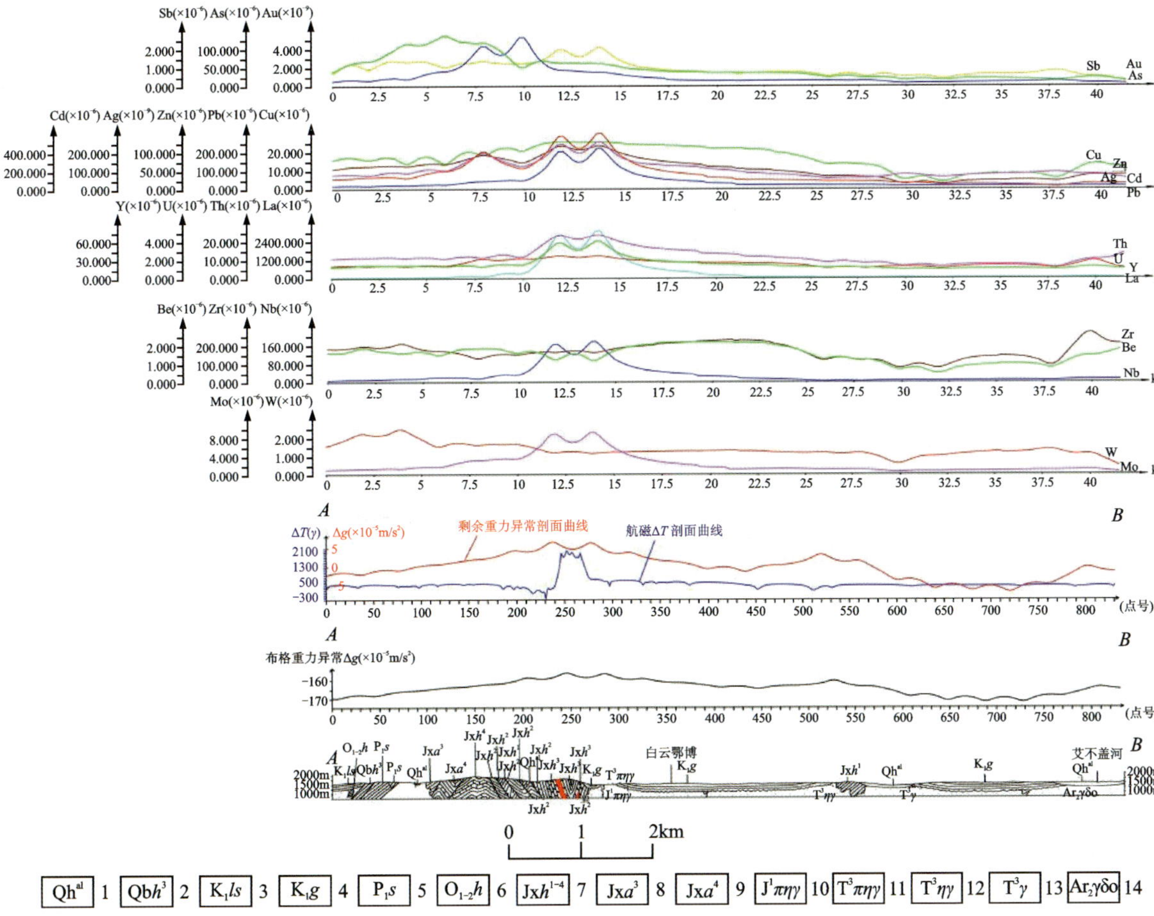


图 7-165 白云鄂博式稀土矿区域预测模型图

1.全新统;2.呼吉尔图组三岩段;3.李三沟组;4.固阳组;5.苏吉组;6.哈拉组;7.哈拉霍疙特组;8.阿古鲁沟组三岩段;9.阿古鲁沟组四岩段;10.晚侏罗世似斑状二长花岗岩;11.晚三叠世似斑状二长花岗岩;12.晚三叠世二长花岗岩;13.晚三叠世花岗岩;14.中太古代英云闪长岩

从白云鄂博稀土矿典型矿床地质-化探模型图(图 7-164)上可以看出,矿床上有 La、Y、Th、Nb、U、Zr、Fe 等元素组成的组合异常。在稀土元素中富铈族稀土,贫钇族稀土。矿石富铌而贫钽、富钍而贫铀。矿床主要指示元素为 La、Y、Th、Nb,异常呈北东向展布。La、Y、Th、Nb 元素异常强度较高,套合好,浓集中心部位与地层和岩体的接触带、矿体相吻合;其他元素 Na、F、P、K、Ba 亦有异常,主要分布在边缘带。P、K 分别富集于铁矿围岩的白云岩和富钾板岩中。除 La 元素外其他元素异常均呈北东东向带状展布,与地层分布特征一致。

白云鄂博稀土矿区域预测模型图(图 7-165)中,布格重力异常剖面图上,由东向西,布格重力异常经历了低异常—高异常—低异常的变化。白云鄂博稀土矿床位于布格重力高异常的边部,其所在处重力场值为$(-160\sim-140)\times10^{-5}\,m/s^2$,根据物性资料和地质资料分析,推断该局部重力高异常由中元古代地层引起。在达到高异常以后,布格重力异常值明显下降,此巨大低重力异常带为中酸性—酸性岩浆的反映。剩余重力异常剖面图可知,剩余重力异常与布格重力异常对应较好,亦反映了上述重力场特征,即白云鄂博稀土矿床位于剩余重力正负异常交界处。由航磁 $\Delta T$ 等值线剖面图可知,白云鄂博稀土矿床反映强磁异常区,异常最大值大于 2100nT,正异常区由酸性侵入岩体和火山岩地层引起。由于断裂褶皱的影响,使得航磁剖面凹凸不平。白云鄂博群哈拉霍疙特组是稀土矿的赋存地质体,对应的 La、Th、U、Y 组合异常好,浓集中心明显。其走势与布格重力异常、剩余重力异常和航磁 $\Delta T$ 异常基本一致。

### 2. 岩浆型稀土矿

巴尔哲式和三道沟式矿产预测类型为岩浆型。巴尔哲矿区位于大兴安岭隆起带南西段与巴尔哲东西向断裂带的复合部位。大地构造位置属于大兴安岭弧盆系，锡林浩特岩浆弧。成矿区(带)为大兴安岭成矿省，林西-孙吴铅、锌、铜、钼、金成矿带；三道沟稀土矿分布于内蒙古自治区乌兰察布市兴和县大同窑乡。大地构造位置位于华北陆块区，狼山-阴山陆块(大陆边缘岩浆弧)，固阳-兴和陆核。成矿区(带)为古亚洲成矿域，华北成矿省，山西断隆铁、铝土矿、石膏、煤、煤层气成矿带，黄土窑-南井石墨成矿亚带(Ar/Pt、Y)，黄土窑石墨、稀土、磷矿集区(Ar、Pt)。

以巴尔哲矿床为例，总结典型矿床综合信息特征，编制典型矿床预测要素表(表7-171)。

**表7-171　巴尔哲稀土矿典型矿床预测要素表**

| 预测要素 | | 描述内容 | | | | 要素类别 |
|---|---|---|---|---|---|---|
| | | 储量 | 钇族稀土37.81万t<br>铈族稀土40.62万t | 平均品位 | $Y_2O_3$ 0.295%<br>$Ce_2O_3$ 0.3% | |
| | | 特征描述 | 岩浆晚期分异型稀土矿床 | | | |
| 地质环境 | 构造背景 | 锡林浩特岩浆弧 | | | | 必要 |
| 地质环境 | 成矿环境 | 地层由侏罗纪白音高老组下段一套火山碎屑岩及酸性熔岩组成。侵入岩主要为含矿钠闪石花岗岩体及脉岩，花岗细晶岩、闪长玢岩、安山玢岩、长石斑岩、石英斑岩等。含矿体位于缓倾短轴背斜核部，受北北东向和东西向断裂复合控制 | | | | 必要 |
| 地质环境 | 成矿时代 | 燕山期，全岩Rb-Sr等时线年龄127.2～125.2Ma | | | | 必要 |
| 矿床特征 | 矿体形态 | 地表出露不连续，一部分出露在矿区西南端，而主要岩体出露在矿区东半部，呈北北东向展布，前者平面呈近圆形，后者平面上呈哑铃状 | | | | 重要 |
| 矿床特征 | 岩石类型 | 晶洞状钠闪石花岗岩、伟晶状钠闪石花岗岩、强蚀变钠闪石花岗岩、弱蚀变似斑状钠闪石花岗岩、钠闪石花岗岩 | | | | 重要 |
| 矿床特征 | 岩石结构构造 | 半自形晶粒状结构、似斑状结构；块状构造 | | | | 次要 |
| 矿床特征 | 矿物组成 | 稀有稀土及放射性矿物：羟硅铍钇铈矿、铌铁矿、锌晶光榴石、烧绿石、独居石、锆石；金属矿物：钛铁矿、赤铁矿、磁赤铁矿、磁铁矿、磁性钛铁矿；硅酸盐矿物：条纹长石、钠长石、钠闪石、霓石；其他矿物：石英、萤石、碳硅石、方解石 | | | | 重要 |
| 矿床特征 | 矿石结构构造 | 结构：半自形晶粒状结构、斑状结构、包含状结构矿石；<br>构造：主要有稀疏浸染状构造，其次为斑杂状构造 | | | | 次要 |
| 矿床特征 | 蚀变特征 | 主要蚀变类型有硅化、角岩化、钠闪石化、钠长石化，也见有萤石化和碳酸盐化 | | | | 次要 |
| 矿床特征 | 控矿条件 | 东西向巴尔哲扎拉格断裂为碱性花岗岩浆上侵提供通道，区内短轴背斜是岩浆定位的良好空间，良好的封闭条件使矿液不易逸散，发育的岩浆收缩节理裂隙利于矿液的聚积与交代作用 | | | | 重要 |
| 地球物理特征 | 重力异常 | 据1∶20万剩余重力异常图显示：曲线形态比较凌乱，异常特征不明显。据1∶50万航磁化极等值线平面图显示，磁场总体表现为低缓的负磁场，区域东部出现条带状正异常，走向近似南北向 | | | | 次要 |
| 地球物理特征 | 磁法异常 | 据1∶5000航磁$\Delta T$平面等值线图，磁场表现为低缓的负磁场，局部存在小的在正磁异常，规模不大 | | | | 重要 |

续表 7-171

| 预测要素 | 描述内容 | 要素类别 |
|---|---|---|
| 地球化学特征 | 矿床上有分布有 Y、Zr、Th、Be、Nb、U 等元素组成的组合异常。在稀土元素中富钇族稀土，贫铈族稀土。矿石中钇、铌、钽等稀有稀土元素含量高。矿床主要指示元素为 Y、Zr、Th、Be,元素异常呈北东向条带状展布，其中 Y、Zr、Be 的异常规模较小，Th 异常规模较大。Y、Zr、Th、Be 异常面积虽不大，但强度较高，套合好，浓集中心部位与地层和岩体的接触带、矿体相吻合 | 必要 |

由于巴尔哲矿区无大比例尺的物化遥资料，故利用典型矿床所在区域物化探剖析图，编制典型矿床所在区域地质-物探模型图、地质-化探模型图。区域预测模型图以剖面图形式表示(图 7-166～图 7-168)。

在图 7-166 布格重力异常等值线平面图上，巴尔哲式岩浆晚期型稀土矿床位于局部重力低异常边部的重力等值线密集带上，其南侧反映等轴状局部重力低异常，$\Delta g_{min}=-81.53\times10^{-5}m/s^2$；在剩余重力异常等值线平面图上亦反映剩余重力低异常，$\Delta g_{min}=-4.79\times10^{-5}m/s^2$，根据物性资料和地质资料分析，推断该局部重力低异常由花岗岩体引起。表明巴尔哲稀土矿床在成因上与花岗岩体有关。从 1∶20 万航磁($\Delta T$)化极垂向一阶导数等值线平面图可知，反映中性—酸性岩体的重力低异常与负磁异常对应，强度－100～0nT，在局部重力低异常周边分布着弱磁性环状正磁异常，强度小于 100nT，推断与岩体外围的弱磁性地层有关。

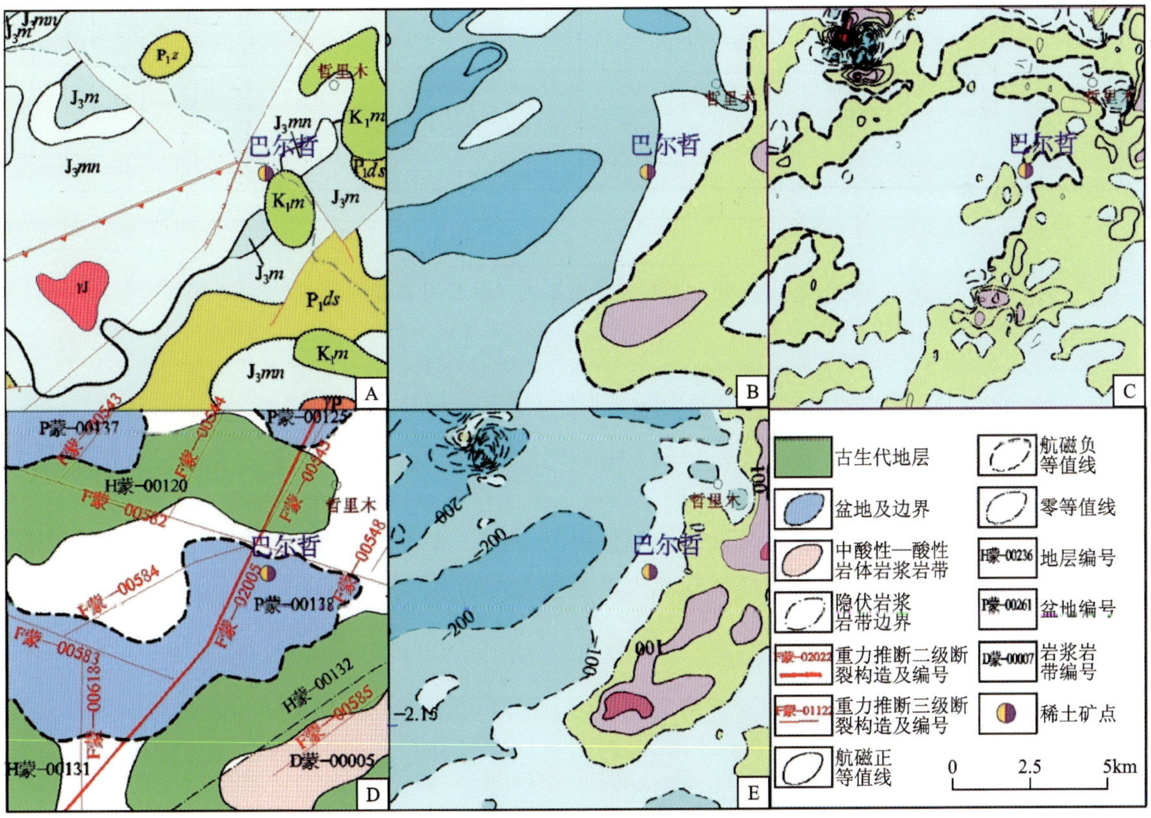


图 7-166 巴尔哲稀土矿典型矿床地质-物探模型图

A. 地质矿产图；B. 航磁 $\Delta T$ 等值线平面图；C. 航磁 $\Delta T$ 化极垂向一阶导数等值线平面图；D. 重力推断地质构造图；E. 航磁 $\Delta T$ 化极等值线平面图

从巴尔哲稀土矿典型矿床地质-化探模型图(图 7-167)中可以看出,矿床上分布 Y、Zr、Th、Be、Nb、U 等元素组成的组合异常。在稀土元素中富钇族稀土,贫铈族稀土。矿石中钇、铌、钽等稀有稀土元素含量高。矿床主要指示元素为 Y、Zr、Th、Be,元素异常呈北东向条带状展布,其中 Y、Zr、Be 的异常规模较小,Th 异常规模较大。Y、Zr、Th、Be 异常面积虽不大,但强度较高,套合好,浓集中心部位与地层和岩体的接触带、矿体相吻合。

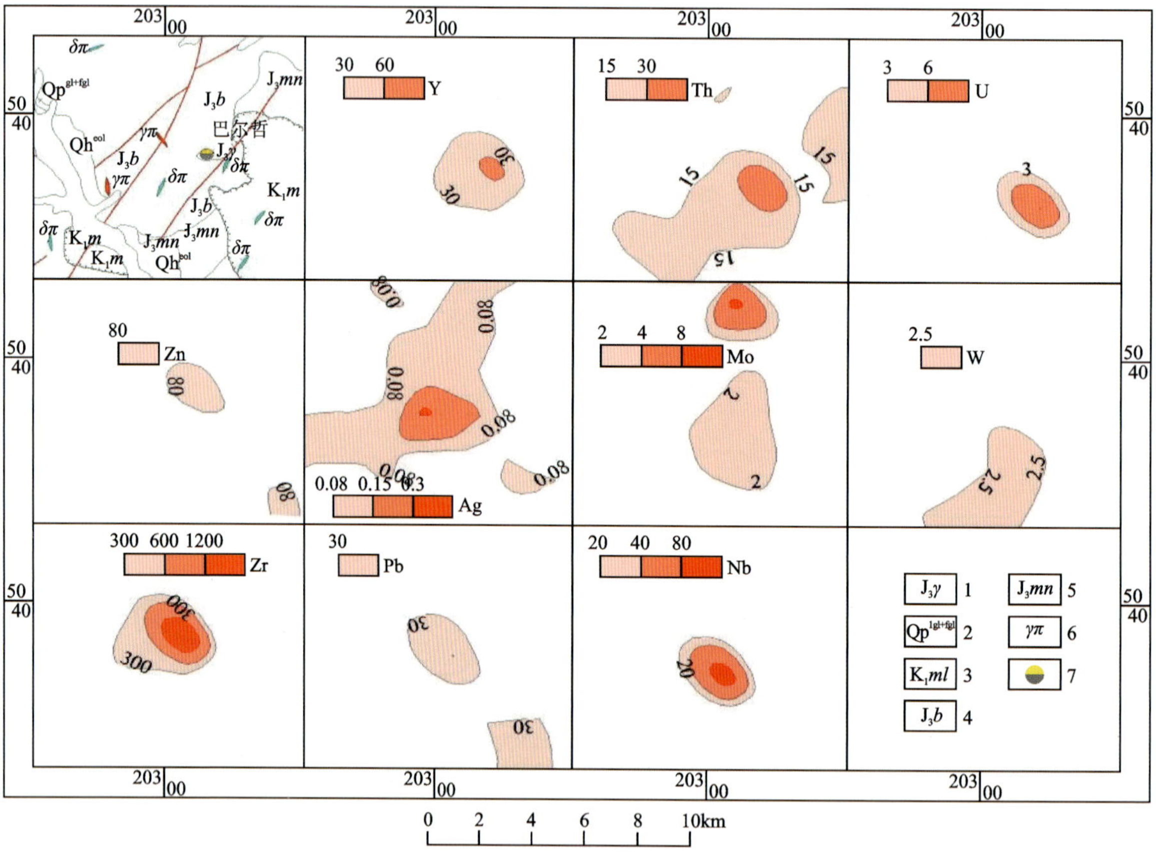


图 7-167　巴尔哲稀土矿典型矿床地质-化探模型图

1. 文象花岗岩、细粒晶洞白岗岩、钾长花岗岩;2. Ⅱ级阶地:冰碛、冰花堆积:泥砾、砂、砾石;3. 梅勒图组:暗色中基性熔岩为主,少量中酸性火山碎屑岩;4. 白音高老组:酸性凝灰岩、凝灰质砂砾岩、沉凝灰岩及粉砂岩、泥岩;5. 玛尼吐组:安山岩、英安岩、英安质流纹岩及酸性凝灰岩;6. 花岗斑岩;7. 稀土矿点

巴尔哲稀土矿区域预测模型图(图 7-168)中赋矿地质体为晚侏罗世—早白垩世碱性花岗岩,La、Th、U、Y 等元素没有较高的浓集中心。由巴尔哲稀土矿所在区域预测模型图可见,其所在区域主要分布侏罗纪白音高老组酸性火山岩、玛尼吐组中基性火山岩及白垩纪梅勒图组等,侵入岩主要是侏罗纪花岗岩,以上出露的密度较低地层引起了区域重力低异常和剩余重力负异常。巴尔哲稀土矿所在位置剩余重力异常值为 $-76.48\times10^{-5}$ m/s$^2$,该矿床主要位于侏罗纪碱性花岗岩,侏罗纪花岗岩密度约 2.55g/cm$^3$,故引起上述剩余重力负异常。

由区域航磁异常剖面可见,航磁异常剖面也是相当平静,起伏极为不明显。地表虽然出露梅勒图组中基性火山岩,但是由出露的地质界线可见,梅勒图组向下延伸较浅,其周围主要还是侏罗系的无磁性—弱磁性物质,所以航磁异常亦表现为区域性的弱负磁异常。

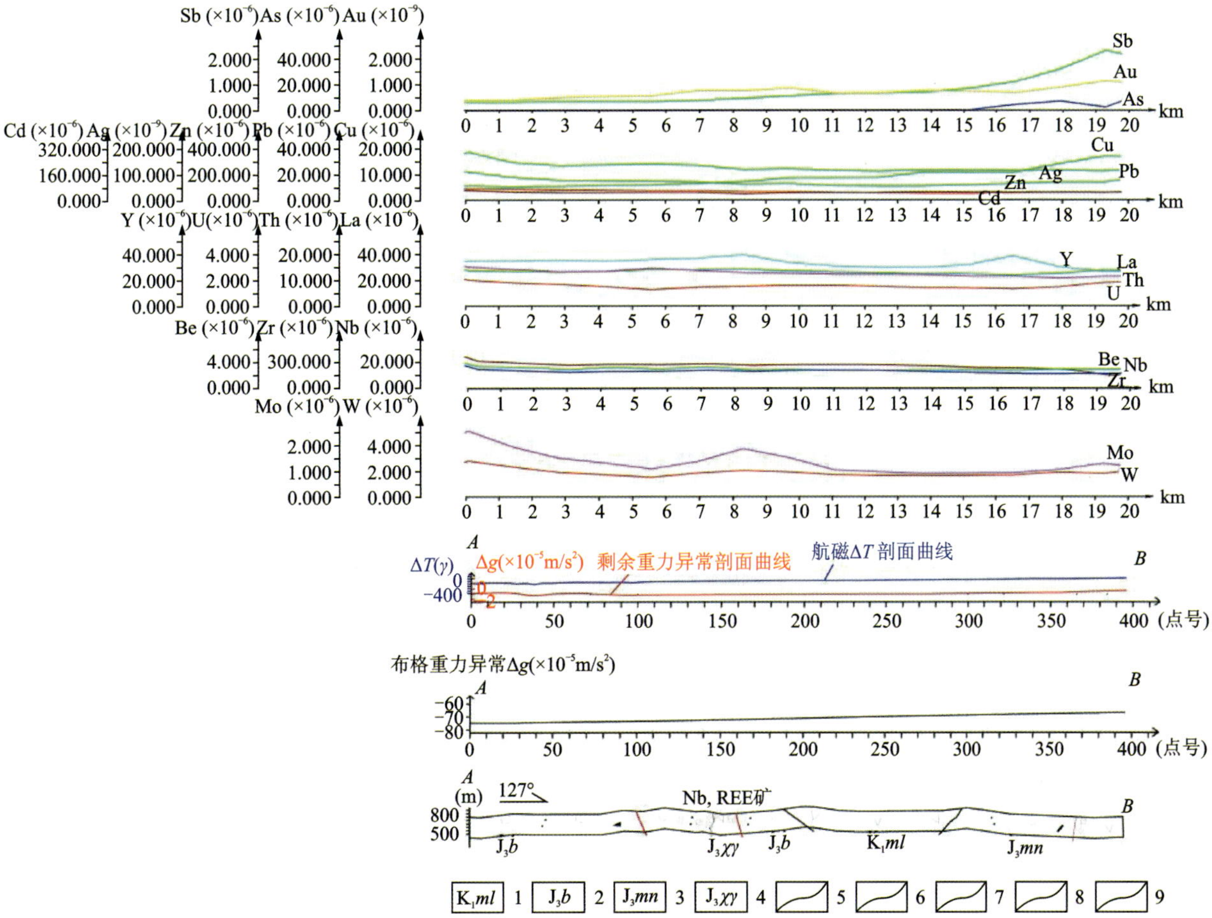


图 7-168　巴尔哲稀土矿区域预测模型图

1. 梅勒图组；2. 白音高老组；3. 玛尼吐组；4. 晚侏罗世碱长花岗岩；5. 绿帘石化；6. 黄铁矿化；7. 钠长石化；8. 萤石化；9. 硅化

## 二、预测方法类型确定及区域预测要素

根据内蒙古自治区稀土矿矿产预测类型将稀土矿预测工作区分为4种预测方法类型：沉积型、变质型、侵入岩体型及复合内生型。白云鄂博稀土矿床成因类型为沉积型，白云岩及底板板岩、砂岩等直接控制了矿床的分布，因此确定预测方法类型为沉积型，采用沉积建造构造图为预测底图。桃花拉山稀有稀土矿为同生沉积后期变质（或改造）的层控稀有、稀土矿床，条带状大理岩夹角闪片岩、薄层状钙质片岩直接控制了矿床的分布，成为唯一的成矿必要因素之一，因此确定预测方法为变质型，采用变质建造构造图为预测底图。巴尔哲稀土矿床成因类型为岩浆晚期分异交代型，碱性花岗岩直接控制了矿床的分布，矿床分布于碱性岩体中，因此确定预测方法类型为侵入岩体型，采用侵入岩浆构造图为预测底图。三道沟稀土矿床成因类型为岩浆晚期分异交代型，矿体产于透辉石岩脉、钾长岩脉中，集宁岩群片麻岩组直接控制了透辉石岩脉、钾长岩脉的分布，北东向、东西向、南北向断裂是成矿溶液迁移的通道和沉淀的空间，因此确定预测方法类型为复合内生型，采用建造构造图为预测底图。

各预测方法类型区域预测要素见表7-172、表7-173。

**表 7-172 沉积型、变质型稀土矿区域预测要素一览表**

| 预测要素 | | 描述内容<br>白云鄂博 | 要素类别 | 描述内容<br>桃花拉山 | 要素类别 |
|---|---|---|---|---|---|
| 地质环境 | 大地构造位置 | Ⅱ华北陆块区,Ⅱ-4 狼山-阴山陆块(大陆边缘岩浆弧 $Pz_2$),Ⅱ-4-3 狼山-白云鄂博裂谷($Pt_3$) | 重要 | 华北陆块区,Ⅱ-7 阿拉善地块,Ⅱ-8-2 龙首山基地杂岩带 | 必要 |
| 地质环境 | 成矿区(带) | Ⅱ-14 华北成矿省,Ⅲ-58 华北陆块西段金、铁、铌、稀土、铜、铅、锌、银、镍、铂、钨、石墨、白云母成矿带,白云鄂博-商都金、铁、铌、稀土、铜、镍成矿亚带 | 重要 | Ⅱ-5 华北西部(地台)成矿省,Ⅲ-18 阿拉善(台隆)铜、镍、铁、铼、石墨、芒硝、盐成矿亚带($P_1$、Pz、Kz),Ⅳ=龙首山元古宙铜、镍、铁、稀土成矿亚带($P_1$、Nh-Z),Ⅴ=桃花拉山铌稀土矿集区($P_1$) | 必要 |
| 地质环境 | 区域成矿类型及成矿期 | 沉积型;中元古代 | 重要 | 沉积变质型;古元古代 | 必要 |
| 控矿地质条件 | 赋矿地质体 | 白云鄂博群哈拉霍疙特组三段白云岩、板岩、砂岩等 | 必要 | 条带状大理岩夹角闪片岩、薄层状钙质片岩 | 必要 |
| 控矿地质条件 | 主要控矿构造 | 东西向断裂构造为矿液提供了通道,北东向、北西向断裂及东西向与南北复合褶皱控制了矿体的分布 | 次要 | 成矿前 310°～315°的冲断层,大体呈"S"形,中间近东西,为控矿的主要构造 | 重要 |
| 区内相同类型矿产 | | 已知超大型矿床 1 处,4 个矿区 | 重要 | 区内 1 个同类型矿点 | 重要 |
| 地球物理与地球化学特征 | 重力特征 | 预测区区域重力场大致以白云鄂博稀有稀土矿东约 1.5km 为界,其西反映区域重力高值区,其东反映区域重力低异常带,重力场最低值为 $-184.91\times10^{-5}m/s^2$,最高值为 $-144.80\times10^{-5}m/s^2$。根据地质资料和物性资料,推断区域重力高带与元古宙—太古宙地层有关。局部重力低异常及重力低异常带是中性—酸性岩体的表现,其中,东部的重力低异常带向东一直延展到克什克腾旗一带,是一个岩浆岩带的反映 | 重要 | 预测区总体反映重力低区域重力场,有 3 个局部重力低异常组成,相对东部的重力低局部异常位于阿拉善右旗南,呈宽带状,走向北西,向南东延出预测区,$\Delta g_{min}=-257.08\times10^{-5}m/s^2$,异常幅度高达 $20\times10^{-5}m/s^2$;在预测区西部,主要有两个等轴状的局部重力低异常,中间被一个局部重力高异常所隔,局部重力低异常幅度约 $12\times10^{-5}m/s^2$。根据物性资料和地质出露分析,推断位于阿拉善右旗南的局部重力低异常是中新生代盆地的反映,其余两个等轴状的局部重力低异常是中性—酸性岩体的表现。两个等轴状局部重力低异常中间的局部重力高异常(鞍部)推断是元古宙地层的反映 | 重要 |

续表 7-172

| 预测要素 | | 描述内容<br>白云鄂博 | 要素类别 | 描述内容<br>桃花拉山 | 要素类别 |
|---|---|---|---|---|---|
| 地球物理与地球化学特征 | 磁法特征 | 该磁异常规模巨大，磁性很强，走向呈东西向，长 15km，宽 1～3km。主要由 4 个极强的局部异常组成，其峰值均大于 5000nT，两翼不对称，南翼较缓；并与二级异常相连过渡到正常负磁场，北翼甚陡，伴有 2000～3000nT 的负异常，用 1000nT 的等值线可自行封闭。<br>从 $\Delta T$ 异常特征、形态分析，向南倾斜 | 重要 | 据 1∶50 万航磁化极等值线平面图显示，磁场总体表现为低缓的负磁场，没有异常的出现 | 重要 |
| | 地球化学特征 | 预测区上分布有 La、Th、U、Y、Nb、W、Sn、Mo、F、P 等元素组成的高背景区(带)；规模较大的 REE 局部组合异常上 W、Sn、Mo、Pb、F、P、Fe 具有明显的浓集中心及浓度分带，并在空间上相互重叠套合 | 重要 | 据 1∶50 万航磁化极等值线平面图显示，磁场总体表现为低缓的负磁场，没有异常的出现 | 重要 |
| 遥感特征 | | 解译出多处最小预测区 | 次要 | 遥感环状要素及遥感解译断层 | 重要 |

**表 7-173 侵入岩体型、复合内生型稀土矿区域预测要素一览表**

| 预测要素 | | 描述内容<br>巴尔哲 | 要素类别 | 描述内容<br>三道沟 | 要素类别 |
|---|---|---|---|---|---|
| 地质环境 | 大地构造位置 | Ⅰ天山-兴蒙造山系，Ⅰ-1 大兴安岭弧盆系，Ⅰ-1-6 锡林浩特岩浆弧($Pz_2$) | 重要 | Ⅱ华北陆块区，Ⅱ-4 狼山-阴山陆块(大陆边缘岩浆弧)，Ⅱ-4-1 固阳-兴和陆核 | 重要 |
| | 成矿区(带) | Ⅱ-13 大兴安岭成矿省，Ⅲ-50 林西-孙吴铅、锌、铜、钼、金成矿带(Vl、Il、Ym)，Ⅳ502 神山-白音诺尔铜、铅、锌、铁、铌(钽)成矿亚带(Y)，Ⅴ502-2 巴尔哲铌、钽矿集区(Yl) | 重要 | 古亚洲成矿域，华北成矿省，山西断隆铁、铝土矿、石膏、煤、煤层气成矿带、黄土窑-南井石墨成矿亚带(Ar/Pt、Y)，黄土窑石墨、稀土、磷矿集区(Ar、Pt) | 重要 |
| | 区域成矿类型及成矿期 | 侵入岩体型；燕山期 | 重要 | 复合内生型，新太古代 | 重要 |
| 控矿地质条件 | 赋矿地质体 | 晚侏罗世—早白垩世碱性花岗岩 | 必要 | 集宁岩群片麻岩组中的透辉石岩、钾长岩脉 | 重要 |
| | 控矿侵入岩 | 晚侏罗世—早白垩世碱性花岗岩 | 必要 | 集宁岩群片麻岩组中的透辉石岩、钾长岩脉 | 次要 |
| | 主要控矿构造 | 北北东向褶皱及北北东向断裂 | 次要 | 北东向、东西向、南北向断层 | 必要 |

续表 7-173

| 预测要素 | | 描述内容 | 要素类别 | 描述内容 | 要素类别 |
|---|---|---|---|---|---|
| | | 巴尔哲 | | 三道沟 | |
| 区内相同类型矿产 | | 已知大型矿床 1 处 | 重要 | 已知矿床 2 处 | 必要 |
| 地球物理与地球化学特征 | 重力特征 | 预测区处于巨型重力梯度带上，区域重力场总体反映东南部重力高、西北部重力低的特点，重力场最低值为 $-90.60\times10^{-5}m/s^2$，最高值为 $7.89\times10^{-5}m/s^2$。从剩余重力异常图上看，在巨型重力梯度带上叠加着许多重力低局部异常，这些异常主要是中性—酸性岩体、次火山岩和火山岩盆地所致 | 重要 | 三道沟式岩浆晚期型稀土矿床位于集宁市-察右前旗以东的重力高值区，局部重力高走向北东，$\Delta g_{max}=-118.78\times10^{-5}m/s^2$，根据物性资料和地质资料分析，推断该局部重力高异常是太古宙地层的反映。表明三道沟稀土矿床在成因上与太古宙地层有关 | 次要 |
| | 磁法特征 | 据 1∶50 万航磁化极等值线平面图显示，磁场总体表现为低缓的负磁场，区域东部出现条带形正异常，走向近似南北向 | 重要 | 据 1∶5 万航磁化极图显示：磁场总体表现为弱负磁场，局部达到 −600nT | 次要 |
| | 地球化学特征 | 预测区南部和中部主要分布有 U、Th、Y、Au、As、Sb、Cu、Pb、Zn、Ag、Cd、W 等元素异常，北部主要分布有 La、U、Th、Au、As、Sb、Cu、Pb、Zn、Ag、Cd、Mo 元素异常，La 元素异常中心明显，异常强度高 | 重要 | 预测区上主要分布有 La、Th、Y、Au、Cu、Pb、Zn、Ag、Cd、Mo 等元素异常，La 元素浓集中心明显，异常强度高，在预测区呈北西向展布。As、Sb、W、U 元素在预测区异常不明显 | 重要 |
| 遥感特征 | | 圈出 1 处稀土综合异常 | 重要 | 北东向、南北向、东西向断裂有利于成矿 | 重要 |

## 三、最小预测区圈定

根据对典型矿床成矿规律、预测要素，及预测工作区区域地质、物探、化探、遥感等背景条件的研究，确定预测工作区预测要素，提取预测变量，运用矿产资源评价系统(MRAS)对预测工作区进行定位预测。

### 1. 变量构置

根据各预测工作区不同成矿条件，进行预测变量构置(表 7-174)。

### 2. 最小预测区圈定方法及优选结果

首先利用网格单元法对预测单元进行赋值。不同预测工作区根据实际情况划分不同间距的预测单

表 7-174　稀土矿变量构置一览表

| 预测类型 | 预测工作区 | 预测变量 | 变量处理 |
|---|---|---|---|
| 沉积变质型 | 白云鄂博稀土矿预测工作区 | 地层:渣尔泰山群白云岩 | 求取存在标志 |
| | | 航磁异常:航磁 $\Delta T$ 化极强度起始值范围在 300～5445nT 之间 | 二值化处理 |
| | | 重力:剩余重力起始值范围在(3～10)×$10^{-5}$m/$s^2$之间 | 二值化处理 |
| | | 化探综合异常区 | 求取存在标志 |
| | | 遥感最小预测区 | 求取存在标志 |
| | | 已知矿床:目前收集到的超大型矿床有 4 处 | 求取存在标志 |
| | 桃花拉山矿预测工作区 | 地质体:取条带状大理岩夹角闪片岩、薄层状钙质片岩 | 求取存在标志 |
| | | 航磁异常:航磁 $\Delta T$ 化极强度起始值在－100～157 之间 | 二值化处理 |
| | | 重力:剩余重力起始值在－16～9 之间 | 二值化处理 |
| | | 已知矿点:有 1 个同类型矿床和矿点,进行缓冲区处理 | 求取存在标志 |
| | | 遥感异常:提取遥感推测断层及遥感异常 | 求取存在标志 |
| 岩浆型 | 巴尔哲矿预测工作区 | 侵入岩:晚侏罗世碱性花岗岩 | 求取存在标志 |
| | | 航磁异常:航磁 $\Delta T$ 化极强度起始值范围在 0～801nT 之间 | 二值化处理 |
| | | 重力:剩余重力起始值范围在(－3～－2)×$10^{-5}$m/$s^2$之间 | 二值化处理 |
| | | 化探综合异常区 | 求取存在标志 |
| | | 遥感最小预测区 | 求取存在标志 |
| | | 已知矿床,目前收集到的只有大型 1 处 | 求取存在标志 |
| | 三道沟矿预测工作区 | 地质体:集宁岩群片麻岩组,共提取地质体 211 块 | 求取存在标志 |
| | | 断层:提取北东向、南北向、东西向地质断层,并根据断层的规模作 500m 的缓冲区 | 求取存在标志 |
| | | 化探:La 元素化探异常起始值为(52～224)×$10^{-6}$的范围 | 二值化处理 |
| | | 重力:剩余重力起始值为(2～7)×$10^{-5}$m/$s^2$ | 二值化处理 |
| | | 航磁:航磁化极值为－400～－300nT 的范围 | 二值化处理 |
| | | 遥感:遥感的线要素用于推测断层存在,提取线要素,并根据断层的规模作 500m 的缓冲区 | 求取存在标志 |

元网格。完成预测单元划分后对预测变量进行原始变量构置,生成原始数据专题,完成网格单元赋值。对区内已知矿床(点)按矿化规模将模型单元进行矿化级别的设置,选择具有代表性的单元作为模型单元,然后对前期所选择的预测变量进行筛选,获得真正对矿化起到作用的变量,完成变量优选步骤。证据权重法中,首先构造预测模型,生成定位预测专题图层,然后选择各预测要素的证据因子,计算证据权重,进行证据因子的条件独立性检验,计算后验概率并生成色块图,色块图级别是根据后验概率值的大小确定的。

后验概率色块图的不同级别是以网格单元为边界的规则边界,因此需要在色块图的基础上叠加所有成矿要素及预测要素,采用人工与 MRAS 软件交互的方式,根据形成的定位预测色块图对照不同级别的各要素边界,依据后验概率的大小,与模型区预测要素的匹配程度,圈定最小预测区,划分 A、B、C 类最小预测区级别(表 7-175)。

表 7-175　稀土矿最小预测区分级原则一览表

| 预测工作区 | A、B、C 类分级原则 |
|---|---|
| 白云鄂博稀土矿预测工作区 | A 类:地质体+航磁+重力+化探+矿体。B 类:地质体+航磁+重力+化探。C 类:赋矿地质体存在标志 |
| 巴尔哲稀土矿预测工作区 | A 类:地质体+航磁+重力+化探+矿床+遥感。B 类:地质体+航磁+重力+化探+遥感。C 类:地质体+重力+化探+遥感 |
| 桃花拉山稀土矿预测工作区 | A 类:地质体(含矿建造)+已知矿床+航磁异常分布范围+剩余重力异常。B 类:地质体+航磁异常分布范围+剩余重力异常。C 类:地质体+重力异常 |
| 三道沟矿预测工作区 | A 类:太古宙集宁岩群片麻岩组+稀土矿床+航磁异常分布范围(−400～−300nT)+剩余重力值[(2～7)×$10^{-5}$m/$s^2$]+北东向、南北向、东西向断层+稀土综合异常+遥感。B 类:太古宙集宁岩群片麻岩组+北东向、南北向、东西向断层+航磁异常分布范围(−400～−300nT)+剩余重力值[(2～7)×$10^{-5}$m/$s^2$)]。C 类:太古宙集宁岩群片麻岩组+北东向、南北向、东西向断层+剩余重力值[(2～7)×$10^{-5}$m/$s^2$)] |

对圈定的面积过小、成矿潜力较差、预测意义不大的最小预测区进行排除,最终共圈定稀土矿最小预测区 33 个,面积 113.53$km^2$,其中岩浆型 21 个,面积 79.88$km^2$;沉积变质型 12 个,面积 33.65$km^2$(表 7-176,图 7-169～图 7-172)。

表 7-176　稀土矿最小预测区圈定成果一览表

| 预测工作区 | A 类最小预测区 | B 类最小预测区 | C 类最小预测区 | 总数 | 面积($km^2$) |
|---|---|---|---|---|---|
| 白云鄂博稀土矿预测工作区 | 1 | 2 | 3 | 6 | 26.59 |
| 巴尔哲稀土矿预测工作区 | 1 | 1 | 1 | 3 | 0.88 |
| 桃花拉山稀土矿预测工作区 | 1 | 2 | 3 | 6 | 7.06 |
| 三道沟稀土矿预测工作区 | 2 | 2 | 14 | 18 | 79.00 |
| 总计 | 5 | 7 | 21 | 33 | 113.532 |

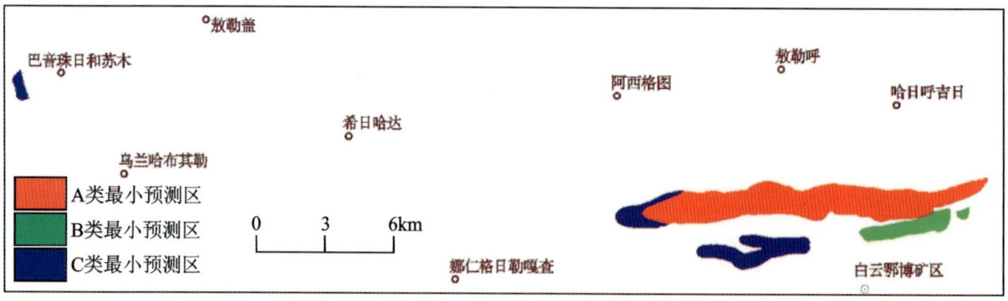


图 7-169　白云鄂博最小预测区分布图

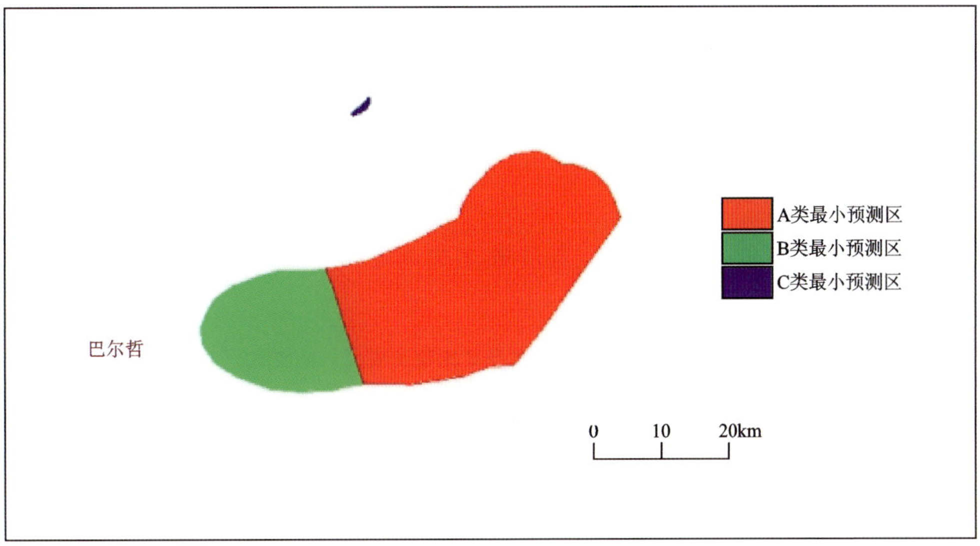


图 7-170　巴尔哲最小预测区分布图

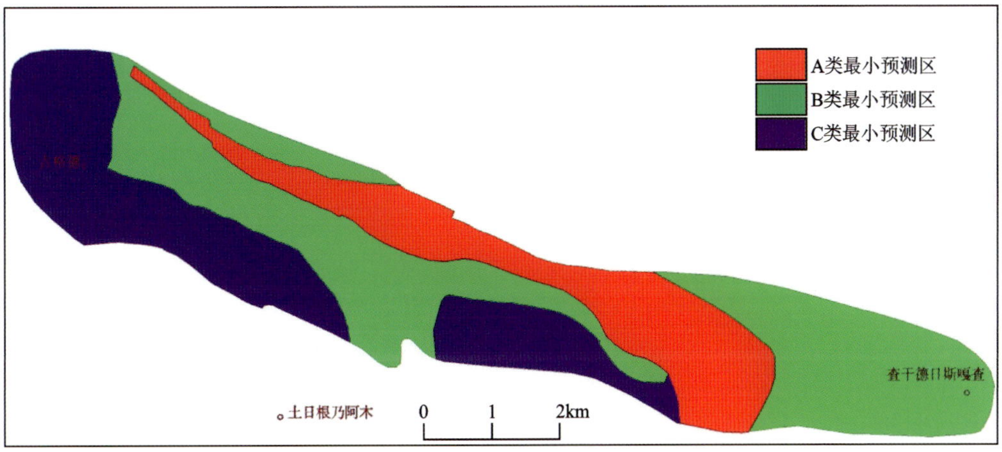


图 7-171　桃花拉山最小预测区分布图

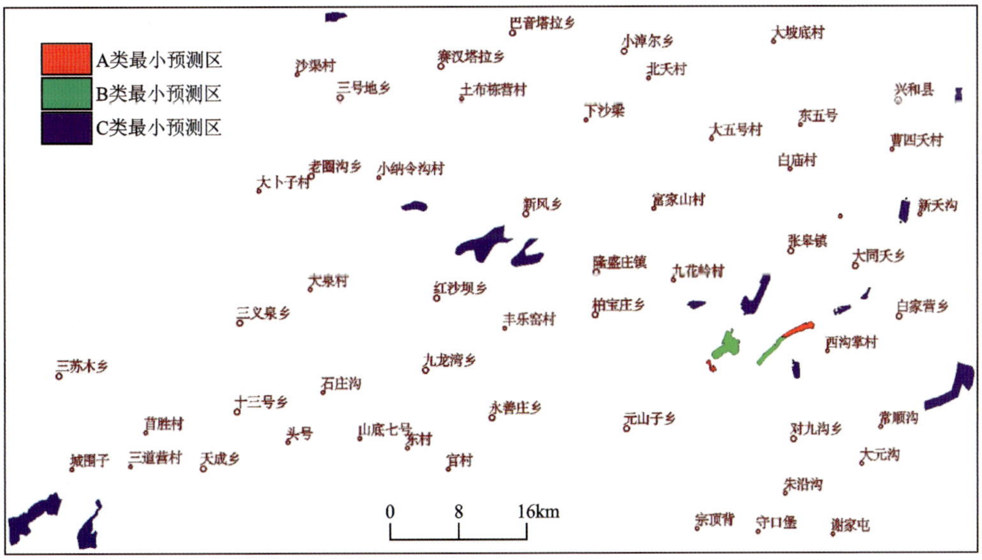


图 7-172　三道沟最小预测区分布图

## 四、资源量定量预测

### 1. 典型矿床深度及外围资源量估算

运用地质体积法对内蒙古稀土矿进行定量预测，首先确定典型矿床体积含矿率，对典型矿床深部及外围进行资源量估算(表 7-177)。

表 7-177 稀土矿典型矿床预测成果一览表

| 预测类型 | 序号 | 典型矿床 | 经度 | 纬度 | 深部或外围名称 | 面积 ($m^2$) | 延深 (m) | 体积含矿率 ($t/m^3$) | 预测资源量 (t) | 预测资源总量 (t) |
|---|---|---|---|---|---|---|---|---|---|---|
| 沉积变质型 | 1 | 白云鄂博 | 109°57′47″ | 41°48′06″ | 深部 | 8 110 000.00 | 530 | 0.013 | 55 877 900.00 | 235 082 900.00 |
| | | | | | 外围 | 9 190 000.00 | 1500 | | 179 205 000.00 | |
| | 2 | 桃花拉山 | 100°59′01″ | 39°08′31″ | 深部 | 92 384.00 | 65 | 0.001 8 | 10 808.93 | 41 014.15 |
| | | | | | 外围 | 67 122.72 | 250 | | 30 205.22 | |
| 岩浆型 | 1 | 巴尔哲 | 120°28′25″ | 45°27′03″ | 深部 | 322 300.00 | 244 | 0.005 34 | 419 944.00 | 419 944.00 |
| | | | | | 外围 | 0 | 0 | | 0.00 | |
| | 2 | 三道沟 | 113°43′00″ | 40°38′00″ | 深部 | 97 942.00 | 35 | 0.000 325 | 1 114.00 | 2 450.00 |
| | | | | | 外围 | 11 744.00 | 350 | | 1 336.00 | |

### 2. 模型区及预测区参数确定

模型区即包含典型矿床的最小预测区。参考模型区地质体面积、延深、预测资源量，计算含矿地质体含矿系数。最小预测区面积是根据圈定的最小预测区面积换算而来，延深是根据已知钻孔控制深度、地质体推测深度估算，相似系数为各最小预测区地物化遥条件与模型区的相似程度类比数(表 7-178)。

表 7-178 稀土矿各预测工作区模型区预测资源量及估算参数一览表

| 预测工作区编号 | 预测工作区 | 模型区编号 | 模型区名称 | 经度 | 纬度 | 含矿地质体含矿系数 | 模型区预测资源总量 (t) | 最小预测区面积范围 ($km^2$) | 最小预测区预测深度范围 (m) |
|---|---|---|---|---|---|---|---|---|---|
| 沉积变质型稀土矿 | | | | | | | | | |
| 15141 01001 | 白云鄂博稀土矿预测工作区 | A1514 101001 | 白云鄂博矿 | 109°57′55″ | 41°47′55″ | 0.013 | 336 484 749 | 0.18～17.3 | 300～1500 |

续表 7-178

| 预测工作区编号 | 预测工作区 | 模型区编号 | 模型区名称 | 经度 | 纬度 | 含矿地质体含矿系数 | 模型区预测资源总量（t） | 最小预测区面积范围（$km^2$） | 最小预测区预测深度范围（m） |
|---|---|---|---|---|---|---|---|---|---|
| 1514301001 | 桃花拉山稀土矿预测工作区 | A1514301001 | 桃花拉山矿 | 100°59′01″ | 39°08′31″ | 0.000 04 | 71 179.15 | 5.2～16.4 | 150～400 |
| 岩浆型稀土矿 | | | | | | | | | |
| 1514201001 | 巴尔哲稀土矿预测工作区 | A1514201001 | 801 矿 | 120°28′25″ | 45°27′03″ | 0.002 65 | 1 204 293.00 | 0.02～0.65 | 700 |
| 1514601001 | 三道沟稀土矿预测工作区 | A1514601001 | 三道沟 | 113°43′00″ | 40°38′00″ | 0.000 014 2 | 12 462.3 | 0.7～14.0 | 350 |

### 3. 预测区资源量估算及其结果

本次共预测稀土矿预测资源总量为 25 855.634 9t，其中沉积变质型为 25 766.221 5t（表 7-179）。

表 7-179　稀土矿各预测工作区预测资源量一览表

| 预测工作区编号 | 预测工作区 | 预测工作区预测资源总量（万 t） |
|---|---|---|
| 沉积变质型稀土矿 | | |
| 1514101001 | 白云鄂博稀土矿预测工作区 | 25 748.060 |
| 1514301001 | 桃花拉山稀土矿预测工作区 | 18.161 5 |
| 总计 | | 25 766.221 5 |
| 岩浆型稀土矿 | | |
| 1514201001 | 巴尔哲稀土矿预测工作区 | 84.919 1 |
| 1514601001 | 二道沟稀土矿预测工作区 | 4.494 3 |
| 总计 | | 89.413 4 |
| 稀土矿预测资源量总计（万 t） | | 25 855.634 9 |

# 第十五节　磷矿资源潜力评价

## 一、磷矿预测模型

根据矿产预测类型划分，磷矿共涉及 3 个矿产预测类型：沉积变质型磷矿、沉积型磷矿和岩浆型磷矿（表 7-180）。

表 7-180 磷矿典型矿床预测类型一览表

| 矿产预测类型 | 典型矿床 |
|---|---|
| 沉积变质型 | 布龙图、炭窑口 |
| 沉积型 | 哈马胡头沟、正目观 |
| 岩浆型 | 盘路沟、三道沟 |

其中沉积变质型典型矿床预测模型以布龙图磷矿为例;沉积型典型矿床预测模型以正目观磷矿为例;岩浆型典型矿床预测模型以三道沟磷矿为例。

### 1. 沉积变质型布龙图磷矿

布龙图磷矿大地构造位置位于华北陆块区(Ⅱ),狼山-阴山陆块(Ⅱ-4),狼山-白云鄂博裂谷带(Ⅱ-4-3)。成矿区(带)位于滨太平洋成矿域(Ⅰ-4),大兴安岭成矿省(Ⅱ-13),华北陆块北缘西段金、铁、铌、稀土、铜、铅、锌、银、镍、铂、钨、石墨、白云母成矿带(Ⅲ-11),白云鄂博-商都金、铁、铌、稀土、铜、镍成矿亚带(Ⅲ-11-①),Ⅴ-1 浩牙日胡都格-老羊壕磷矿集区(Pt)。

总结布龙图典型矿床综合信息特征,编制典型矿床预测要素表(表 7-181)。

表 7-181 布龙图磷矿典型矿床预测要素表

| 预测要素 | | 描述内容 | | | | 要素类型 |
|---|---|---|---|---|---|---|
| | | 储量 | 磷 26 578.60 万 t | 平均品位 | $P_2O_5$ 8.98% | |
| | | 特征描述 | 沉积变质型磷矿床 | | | |
| 地质环境 | 构造背景 | 华北陆块区(Ⅱ),狼山-阴山陆块(Ⅱ-4),狼山-白云鄂博裂谷带(Ⅱ-4-3),布龙图倒转背斜两翼 | | | | 必要 |
| | 成矿环境 | 滨海相 | | | | 重要 |
| | 含矿岩系 | 长城纪白云鄂博群尖山组第三段第二亚段和第三亚段的含磷砂质板岩、含磷石榴石英砂岩、石榴铁闪磷灰岩层为本区主要含矿岩性 | | | | 必要 |
| | 成矿时代 | 长城纪 | | | | 必要 |
| 矿床特征 | 矿体形态 | 磷矿体以层状、似层状产出 | | | | 次要 |
| | 岩石类型 | 灰黑色石榴铁闪磷灰岩、含磷砂质板岩、板岩、碳质板岩、砂质板岩、变质长石石英砂岩 | | | | 重要 |
| | 岩石结构 | 变余泥质结构、显微鳞片变晶结构 | | | | 次要 |
| | 矿物组成 | 主要矿物有磷灰石、石英、铁铝榴石、铁闪石、黑云母;次为少量锰土、铁质、碳质、黄铁矿、褐铁矿,及微量白云母、金红石、锆石、电气石、磁铁矿、绿帘石 | | | | 重要 |
| | 矿石结构构造 | 变余砂状结构、变余泥质结构、花岗变晶结构;块状构造、板状构造、片状构造 | | | | 次要 |
| | 蚀变特征 | 硅化、钾化、褐铁矿化 | | | | 次要 |
| | 控矿条件 | 长城纪白云鄂博群尖山组。矿区内布龙图倒转背斜构造控制了磷矿体的分布规律。沿断层破碎带有石英斑岩脉贯入,对磷矿体有一定的破坏作用 | | | | 必要 |

续表 7-181

| 预测要素 | | 描述内容 | 要素类型 |
|---|---|---|---|
| 物理特征地球 | 重力异常 | 磷矿位于布格重力异常相对高值区南侧边部，该异常呈长椭圆状近东西向展布。剩余重力异常展布形态、分布范围和布格重力异常基本一致 | 重要 |
| | 磁法异常 | 据 1∶5 万航磁平面等值线图显示，磁场总体表现为低缓的正磁场，西北部出现有椭圆形弱正磁异常，极值达 300nT | 次要 |

典型矿床预测模型图的编制，以勘探线剖面图为基础，叠加物探剩余重力剖面图形成(图 7-173)。

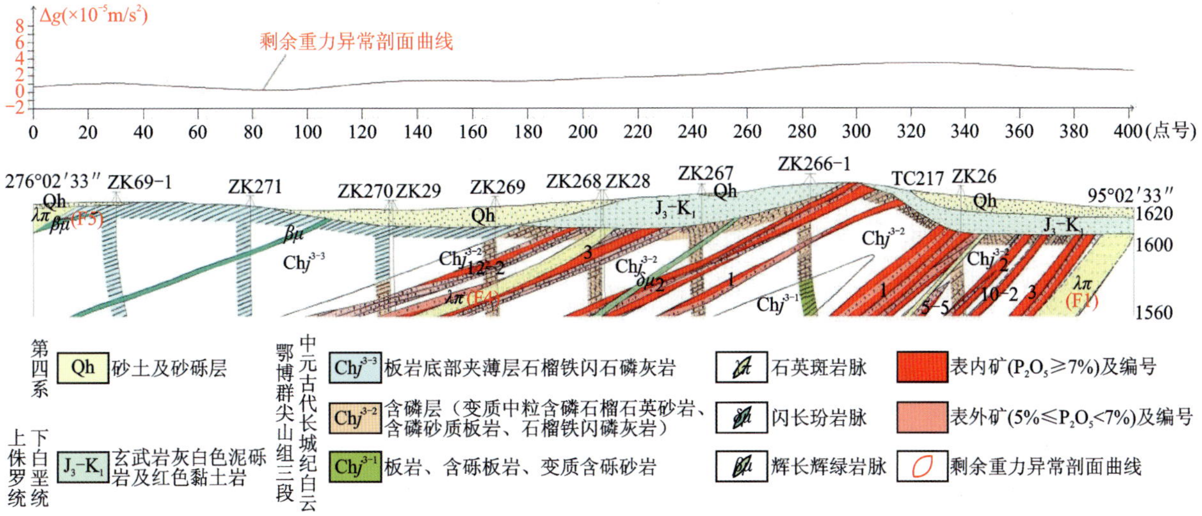

图 7-173　布龙图磷矿典型矿床预测模型图

区域预测模型图的编制，以地质剖面图为基础，叠加区域航磁及重力剖面图而形成，简要表示预测要素内容及其相互关系，以及时空展布特征(图 7-174)。

**2. 沉积型正目观磷矿**

正目观磷矿大地构造位置位于华北陆块区(Ⅱ)，鄂尔多斯陆块(Ⅱ-5)，贺兰山被动陆源盆地(Ⅱ-5-2)。成矿区(带)位于滨太平洋成矿域(Ⅰ-4)，华北成矿省(Ⅱ-14)，鄂尔多斯西缘(台褶带)铁、铅、锌、磷、石膏、芒硝成矿带(Ⅲ-12)，贺兰山-乌海铁、铅、锌、磷、石膏、芒硝、煤成矿业带(Ⅲ-12-①)，正目观-崔子窑沟磷矿集区(Ⅴ-1)。

总结正目观典型矿床综合信息特征，编制典型矿床预测要素表(表 7-182)。

典型矿床预测模型图的编制，以勘探线剖面图为基础，叠加物探剩余重力剖面图形成。

预测工作区预测模型图是以地质剖面为基础，叠加区域剩余重力及航磁剖面图而形成，预测模型图主要考虑剩余重力与磷矿成矿的相关特征，叠加航磁剖面仅作为该区域反映地质体的一个参照。预测模型图采用同预测底图相同的比例尺 1∶10 万，图件精度满足了预测要求。通过在预测底图上叠加剩余重力资料，结合磷矿形成地质体的地质特征，分析得出含矿岩性与区域内剩余重力异常之间的对应关系，最后确立了预测工作区预测模型图。正目观沉积型磷矿工作区预测模型图见图 7-175。

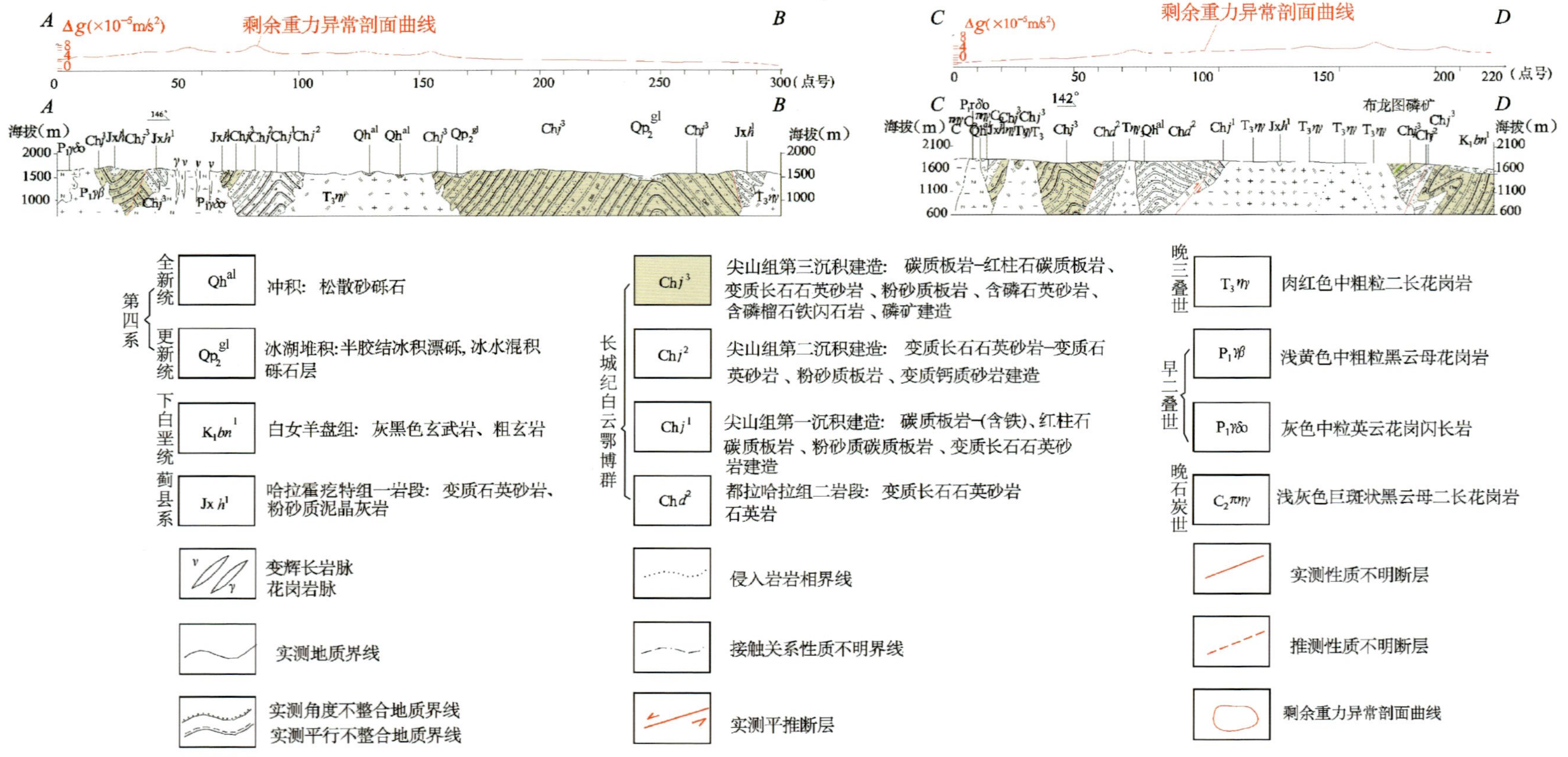


图7-174　布龙图-百灵庙预测工作区预测模型图

**表 7-182 正目观磷矿典型矿床预测要素表**

<table>
<tr><td colspan="2" rowspan="3">预测要素</td><td colspan="4">描述内容</td><td rowspan="3">要素类别</td></tr>
<tr><td>储量</td><td>磷 2 366.8 万 t</td><td>平均品位</td><td>$P_2O_5$ 15%</td></tr>
<tr><td>特征描述</td><td colspan="3">沉积型磷矿</td></tr>
<tr><td rowspan="4">地质环境</td><td>构造背景</td><td colspan="4">贺兰山被动陆缘盆地</td><td>重要</td></tr>
<tr><td>成矿环境</td><td colspan="4">潮坪相</td><td>重要</td></tr>
<tr><td>含矿岩系</td><td colspan="4">磷矿赋存于早寒武世馒头组一段($\in_1 m^1$)中,含矿层由含磷砾岩、钙质磷灰细砂岩和磷块岩组成,底部岩性为泥板岩,顶部为白云质灰岩</td><td>重要</td></tr>
<tr><td>成矿时代</td><td colspan="4">寒武纪</td><td>重要</td></tr>
<tr><td rowspan="7">矿床特征</td><td>矿体形态</td><td colspan="4">层状、似层状</td><td>次要</td></tr>
<tr><td>岩石类型</td><td colspan="4">含磷砾岩、含磷细砂岩、钙质磷灰岩</td><td>重要</td></tr>
<tr><td>岩石结构</td><td colspan="4">砂状、砂砾状结构</td><td>次要</td></tr>
<tr><td>矿物组成</td><td colspan="4">磷块岩型:矿石矿物为胶磷矿及少量磷灰石;脉石矿物为石英、方解石、铁质。钙质磷灰细砂岩型和含磷砾岩型:矿石矿物为磷灰石,少量胶磷矿;脉石矿物为石英、长石、钙质、泥质</td><td>重要</td></tr>
<tr><td>矿石结构构造</td><td colspan="4">结构:砂砾状结构、粉砂质结构、他形粒状结构、隐晶质结构、胶结结构;<br>构造:块状构造、条带状构造、条纹状构造</td><td>次要</td></tr>
<tr><td rowspan="2">控矿条件</td><td colspan="4">矿体产于寒武纪馒头组第一岩段钙质砂岩、砂质灰岩中</td><td rowspan="2">必要</td></tr>
<tr><td colspan="4">成矿后的断裂构造对矿体有破坏作用</td></tr>
<tr><td rowspan="2">地球物理特征</td><td>重力</td><td colspan="4">磷矿所在区域布格重力异常总体上相对高值区,磷矿位于近南北向梯级带东侧。剩余重力异常显示为正异常</td><td>重要</td></tr>
<tr><td>磁法</td><td colspan="4">磷矿所在区域为平稳的低缓负磁异常区为−100~0nT</td><td>次要</td></tr>
</table>

### 3. 岩浆型三道沟磷矿

三道沟磷矿大地构造位置位于华北陆块区(Ⅱ),狼山-阴山陆块(大陆边缘岩浆弧 $Pz_2$)(Ⅱ-4),固阳-兴和陆核($Ar_3$)(Ⅱ-4-1)。成矿区(带)位于滨太平洋成矿域(叠加在古亚洲成矿域之上)(Ⅰ-4),华北成矿省(Ⅱ-14),华北陆块北缘西段金、铁、铌、稀土、铜、铅、锌、银、镍、铂、钨、石墨、白云母成矿带(Ⅲ-58),乌拉山-集宁金、银、铁、铜、铅、锌、石墨、白云母成矿亚带(Ⅲ-11-③),盘路沟-三道沟磷矿集区(Ar)(Ⅴ-1)。

总结三道沟典型矿床综合信息特征,编制典型矿床预测要素表(表 7-183)。

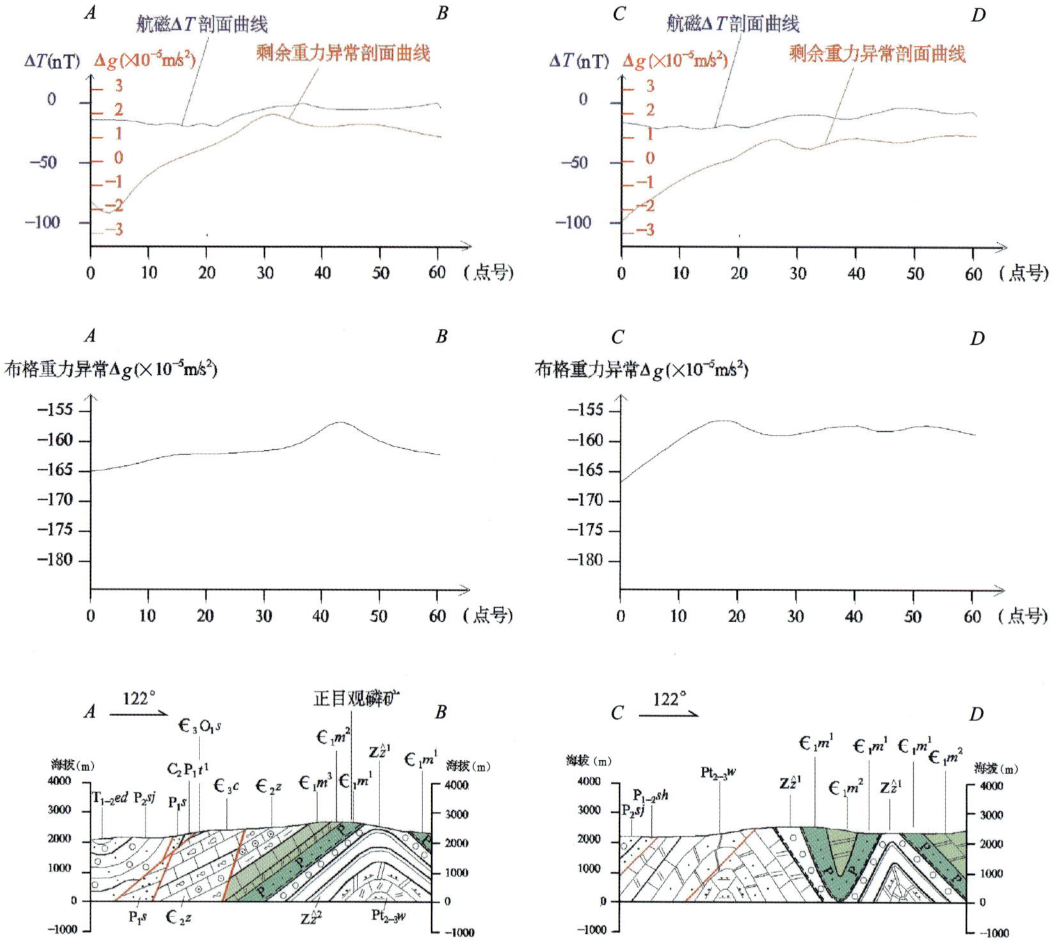


图 7-175　正目观-崔子窑沟预测工作区预测模型图

**表 7-183　三道沟磷矿典型矿床预测要素表**

| 预测要素 | | 描述内容 | | | | 要素类别 |
|---|---|---|---|---|---|---|
| | | 储量 | 磷 38.76 万 t | 平均品位 | $P_2O_5$ 13.21% | |
| | | 特征描述 | 岩浆岩型磷矿床 | | | |
| 地质环境 | 构造背景 | 内蒙古地轴、山西台隆与燕山台褶带的交界部位 | | | | 必要 |
| | 成矿环境 | 五台运动的晚期岩浆期后含矿热液沿裂隙侵入 | | | | 重要 |
| | 含矿岩体 | 矿体赋存于含磷透辉岩、透辉钾长岩体含矿带中 | | | | 必要 |
| | 成矿时代 | 中太古代 | | | | 必要 |
| 矿床特征 | 矿体形态 | 磷矿体走向近南北,倾向东,倾角 30°～35°。呈脉状、扁豆状 | | | | 次要 |
| | 岩石类型 | 矿层顶、底板均为含磷透辉岩,透辉-钾长岩,蚀变片麻岩 | | | | 重要 |
| | 岩石结构 | 花岗变晶结构、半自形粒状结构 | | | | 次要 |
| | 矿物组成 | 主要矿石矿物磷灰石、透辉石、钾长石。磷矿石中富含稀土元素,以铈族稀土为主,呈分散状态赋存于磷灰石中 | | | | 重要 |

续表 7-183

| 预测要素 | | 描述内容 | 要素分类 |
|---|---|---|---|
| 矿床特征 | 矿石结构构造 | 结构:花岗变晶结构、半自形粒状结构;<br>构造:块状构造 | 次要 |
| | 蚀变特征 | 黄铁矿化、高岭土化、钾化、碳酸盐化、绢云母化、硅化 | 次要 |
| | 控矿条件 | 矿体赋存于含磷透辉岩、透辉钾长岩体的含矿带中,严格受矿带控制,产状和含矿带的产状相吻合,即走向近南北,倾向东,倾角 30°~35°。<br>矿床由多条含磷岩脉组成,形态不规则,多呈脉状、透镜状产出,沿走向或倾向常有分支、复合或膨胀现象 | 必要 |
| 地球物理特征 | 重力异常 | 磷矿位于呈似椭圆状的重力高异常区西南侧变化率较大的梯级带边缘,剩余重力正异常中部。剩余重力正异常由多个局部正异常组成 | 次要 |
| | 航磁异常 | 据 1∶5 万航磁化极图显示:磁场总体表现为弱负磁场,局部达-600nT | 次要 |

预测模型图的编制,以勘探线剖面图为基础,叠加剩余重力异常的剖面图形成(图 7-176)。

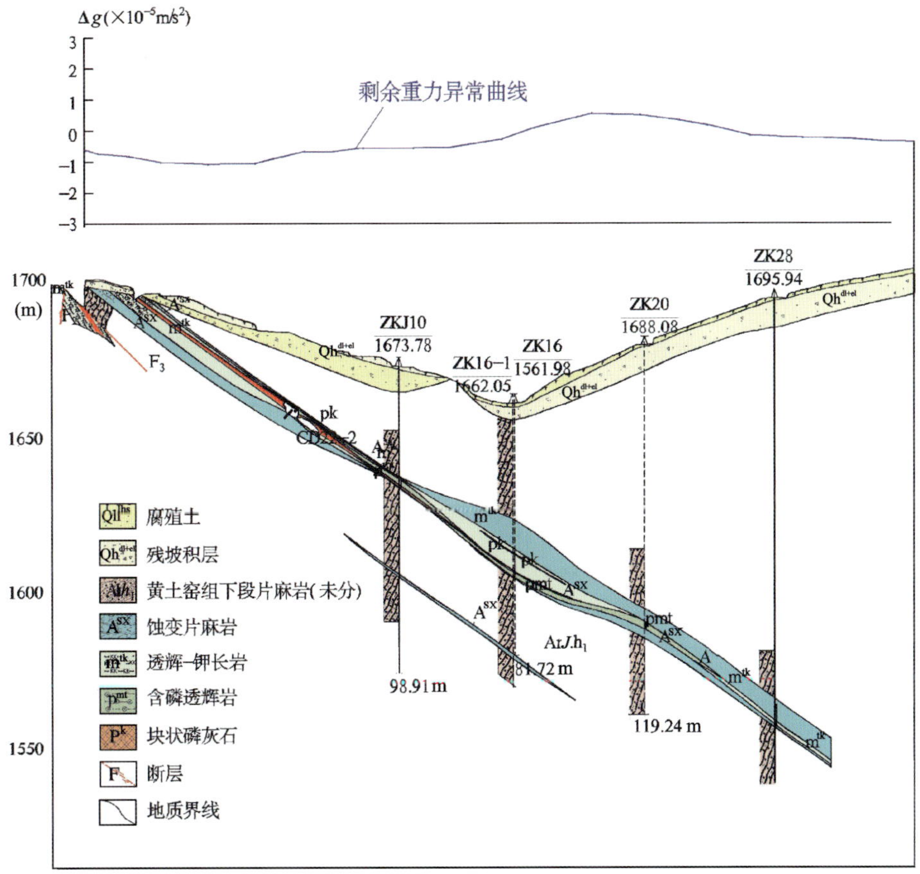


图 7-176 三道沟磷矿典型矿床预测模型图

区域预测模型图的编制，以地质剖面图为基础，叠加区域航磁及重力剖面图而形成，简要表示预测要素内容及其相互关系，以及时空展布特征(图 7-177)。

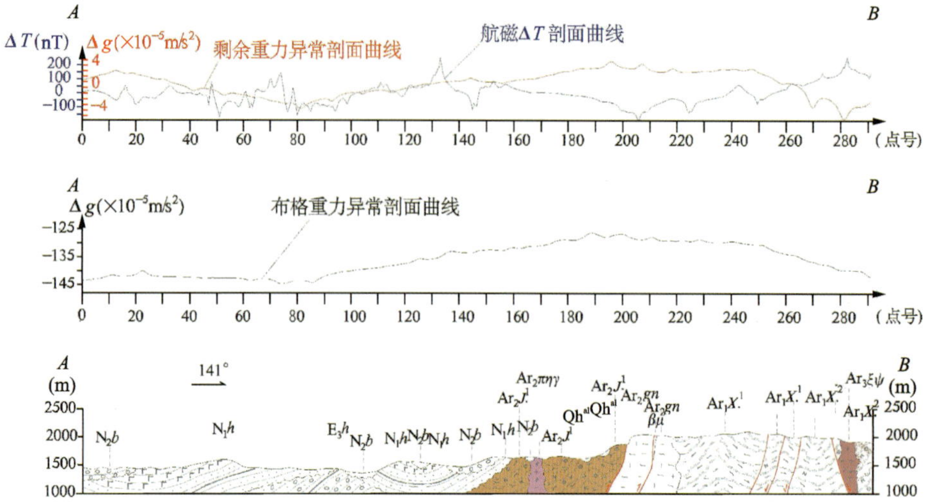


图 7-177　三道沟-旗杆梁预测工作区预测模型图

## 二、预测方法类型确定及区域预测要素

内蒙古自治区已知磷矿，按成因类型可划分为沉积变质型磷矿、沉积型磷矿、岩浆岩型磷矿，其中以沉积变质型磷矿为主。

根据对各个典型矿床的研究，结合预测工作区大地构造环境、主要控矿因素、成矿作用特征等，确定预测方法类型采用变质型、沉积型和侵入岩体型，预测底图采用 1∶10 万沉积岩建造构造图、1∶10 万变质建造构造图和 1∶10 万侵入岩浆构造图(表 7-184)。

表 7-184　内蒙古自治区磷单矿种预测方法类型及预测底图类型划分一览表

| 预测方法类型 | 预测工作区 | 预测底图 |
| --- | --- | --- |
| 沉积型 | 正目观-崔子窑沟预测工作区 | 1∶10 万<br>沉积建造构造图 |
| | 哈马胡头沟-夹沟预测工作区 | |
| 变质型 | 布龙图-百灵庙预测工作区 | 1∶10 万<br>变质建造构造图 |
| | 炭窑口-东升庙预测工作区 | |
| 侵入岩体型 | 盘路沟-保安乡预测工作区 | 1∶10 万<br>侵入岩浆构造图 |
| | 三道沟-旗杆梁预测工作区 | |

各预测方法类型区域预测要素见表 7-185～表 7-187。

表 7-185 变质型磷矿区域预测要素表

| 预测要素 | | 描述内容<br>布龙图-百灵庙 | 要素类别 | 描述内容<br>炭窑口-东升庙 | 要素类别 |
|---|---|---|---|---|---|
| 地质环境 | 大地构造位置 | 华北陆块区(Ⅱ),狼山-阴山陆块(Ⅱ-4),狼山-白云鄂博裂谷带(Ⅱ-4-3) | 必要 | 华北陆块区(Ⅱ),狼山-阴山陆块(Ⅱ-4),狼山-白云鄂博裂谷带(Ⅱ-4-3) | 必要 |
| 地质环境 | 成矿区(带) | 滨太平洋成矿域(Ⅰ-4),大兴安岭成矿省(Ⅱ-13),华北陆块北缘西段金、铁、铌、稀土、铜、铅、锌、银、镍、铂、钨、石墨、白云母成矿带(Ⅲ-11),白云鄂博-商都金、铁、铌、稀土、镍成矿亚带(Ⅲ-11-①),Ⅴ-1 浩牙日胡都格-老羊壕磷矿集区(Pt) | 重要 | (Ⅰ-4)滨太平洋成矿域,华北成矿省,Ⅲ-11 华北陆块北缘西段金、铁、铌、稀土、铜、铅、锌、银、镍、铂、钨、石墨、白云母成矿带(Ⅲ-58),Ⅲ-11-②狼山-渣尔泰山铅、锌、金、铁、铜、铂、镍成矿亚带,Ⅴ-1 炭窑口-东升庙、硫、铅、锌、铜矿集区(Pt) | 必要 |
| 地质环境 | 成矿环境 | 滨海相 | 重要 | 浅海-海湾潟湖 | 重要 |
| 地质环境 | 含矿岩系 | 白云鄂博群尖山组石榴铁闪石磷灰岩、含磷砂质板岩、含磷石榴石英砂岩 | 必要 | 渣尔泰山群增隆昌组($Pt_2z$)中的含磷变质砂岩 | 必要 |
| 地质环境 | 成矿时代 | 长城纪 | 必要 | 长城纪 | 必要 |
| 矿床特征 | 矿体形态 | 矿体呈层状、似层状 | 次要 | 矿体呈层状、似层状 | 次要 |
| 矿床特征 | 岩石类型 | 磷灰岩、含磷砂质板岩、板岩、长石石英砂岩 | 重要 | 磷灰石硅质灰岩、含磷砂质灰岩、碳质板岩 | 重要 |
| 矿床特征 | 岩石结构 | 变余泥质结构、变晶结构 | 次要 | 泥质结构、变晶结构 | 次要 |
| 矿床特征 | 矿物组合 | 主要为磷灰石、石英、黑云母、铁闪石,次为少量锰土、铁质、碳质、褐铁矿,及微量绢云母、绿帘石 | 重要 | 矿石矿物:磷灰石、黄铁矿,脉石矿物:石英、绢云母、方解石 | 次要 |
| 矿床特征 | 矿石结构构造 | 结构:变余砂状结构、泥质结构;<br>构造:块状构造、板状构造 | 次要 | 结构:变余砂状结构、泥质结构;<br>构造:块状构造、板状构造 | 次要 |
| 矿床特征 | 蚀变特征 | 主要为硅化、钾化、褐铁矿化 | 次要 | 角岩化、硅化、绢云母化 | 重要 |
| 矿床特征 | 控矿条件 | 长城纪白云鄂博群尖山组石榴铁闪石磷灰岩、含磷砂质板岩、含磷石榴石英砂岩。受区域构造影响,区内构造线总体走向北东向。北东向次级褶皱构造是区内的主要控矿构造,布龙图磷矿即赋存于布龙图倒转背斜两翼 | 必要 | 长城纪渣尔泰山群增隆昌组($Pt_2z$)中,白云质结晶灰岩的夹层“含磷变质砂岩”。本区地处狼山-白云鄂博裂谷带,构造线总体走向北东、北东东,狼山复背斜控制者区内磷矿和其他矿产的分布。炭窑口磷矿即赋存于狼山复背斜北翼 | 必要 |

**续表 7-185**

| 预测要素 | | 描述内容<br>布龙图-百灵庙 | 要素类别 | 描述内容<br>炭窑口-东升庙 | 要素类别 |
|---|---|---|---|---|---|
| 区内相同类型矿产 | | 成矿区(带)内有1个大型矿床1个小型矿床和1个矿点 | 重要 | 成矿区(带)内有1个中型矿床 | 重要 |
| 地球物理特征 | 重力特征 | 布格重力异常以高、低相间分布为特征,布格重力异常值变化范围为:Δg为$(-184.91\sim-132.00)\times10^{-5}\ m/s^2$;对应剩余重力正负异常区。与元古宙地层有关的布格重力高异常、剩余重力正异常可作为该区的预测要素 | 重要 | 矿床位于剩余重力正负异常交替带。与太古宙、元古宙有关且边部存在异常梯级带的剩余重力正异常可作为该区的预测要素 | 重要 |
| | 航磁特征 | 航磁异常比较明显,但与磷矿的找矿指示意义不大,只对该区的铁矿化有意义,预测工作区磁异常幅值范围为−2800～4800nT,西部为低缓磁异常,东部为局部高值异常,形态以不规则带状为主,北部高值异常正负伴生,南部高值异常以大面积正异常为主,布龙图磷矿区位于预测区中部,磁场背景为平缓磁异常区,−100nT等值线附近 | 次要 | 预测区磁异常值范围在−2880～5300nT之间,中东部以0～100nT磁异常为背景,中部地区南北有局部磁异常低;东部以正负相间磁异常为主;西部以−100～0nT为磁异常背景,局部磁异常高,磁异常高值区形态较规则。炭窑口磷矿区位于预测区中部,磁场背景为平缓磁异常区,100nT等值线附近 | 次要 |

**表 7-186 沉积型磷矿区域预测要素表**

| 预测要素 | | 描述内容<br>正目观-崔子窑沟 | 要素类别 | 描述内容<br>哈马胡头沟-夹沟 | 要素类别 |
|---|---|---|---|---|---|
| 地质环境 | 大地构造位置 | 华北陆块区(Ⅱ),鄂尔多斯陆块(Ⅱ-5),贺兰山被动陆源盆地(Ⅱ-5-2) | 重要 | 华北陆块区(Ⅱ),阿拉善地块(Ⅱ-7),龙首山基底杂岩带(Ⅱ-8-2) | 重要 |
| | 成矿区(带) | 滨太平洋成矿域(Ⅰ-4),华北成矿省(Ⅱ-14),鄂尔多斯西缘(台褶带)铁、铅、锌、磷、石膏、芒硝成矿带(Ⅲ-12)贺兰山-乌海铁、铅、锌、磷、石膏、芒硝、煤成矿亚带(Ⅲ-12-①),正目观-崔子窑沟磷矿集区(Ⅴ-1) | 重要 | 古亚洲成矿域(Ⅰ-1),华北西部(地台)成矿省(Ⅱ-14),阿拉善铜、镍、铂、铁、稀土、磷、石墨、芒硝、盐成矿带(Ⅲ-3),龙首山元古宙铜镍铁稀土成矿亚带(Ⅲ-3-②),宽湾井磷矿集区(Ⅴ-1) | 重要 |
| | 成矿环境 | 潮坪相 | 重要 | 临滨相 | 重要 |
| | 含矿岩系 | 早寒武世馒头组一岩段,含矿层由含磷砾岩、钙质磷灰细砂岩和磷块岩组成 | 重要 | 震旦纪草大坂组一岩段,含矿层由含磷石英砂岩、砂质磷质岩、含磷绢云母石英千枚岩组成 | 重要 |
| | 成矿时代 | 寒武纪 | 重要 | 震旦纪 | 重要 |

续表 7-186

| 预测要素 | | 描述内容<br>正目观-崔子窑沟 | 要素类别 | 描述内容<br>哈马胡头沟-夹沟 | 要素类别 |
|---|---|---|---|---|---|
| 矿床特征 | 矿体形态 | 矿体呈层状、似层状 | 次要 | 矿体呈层状、似层状 | 次要 |
| | 岩石类型 | 含磷砾岩,含磷细砂质、钙质磷灰岩 | 重要 | 含磷变质石英岩、砂质磷质岩、含磷绢云母石英千枚岩 | 重要 |
| | 岩石结构 | 变余泥质结构、变晶结构 | 次要 | 砂状、砂砾状 | 次要 |
| | 矿物组合 | 主要为磷灰石、石英、黑云母、铁闪石,次为少量锰土、铁质、碳质、褐铁矿,及微量绢云母、绿帘石 | 重要 | 石英、磷灰岩、胶磷矿、黄(褐)铁矿、绢云母、方解石、钾长石 | 重要 |
| | 矿石结构构造 | 结构:砂状、砂粒状结构 | 次要 | 结构:变余砂状结构、花岗变晶结构;构造:块状构造、千枚状构造 | 次要 |
| | 蚀变特征 | 轻微绢云化 | 次要 | 绢云化、褐铁矿化 | 次要 |
| | 控矿条件 | 赋矿地质体为早寒武世馒头组一岩段,主要岩性为钙质砂岩、砂质灰岩。成矿后的断裂构造对先成矿体起到了破坏作用 | 必要 | 震旦纪草大坂组一段砂质磷质岩、含磷绢云母石英千枚岩中。近东西向的断裂构造对先成矿体起到了破坏作用 | 必要 |
| 区内相同类型矿产 | | 成矿区(带)内有 3 个中型矿床 | 重要 | 成矿区(带)内有 1 个中型矿床 | 重要 |
| 地球物理特征 | 重力特征 | 布格重力相对较高的异常区边缘,剩余重力正异常区。磷矿附近重力值 $\Delta g$ 为$(-160\sim-158)\times10^{-5}\mathrm{m/s^2}$ | 重要 | 布格重力相对较高的异常区边缘,剩余重力正异常区边缘。与元古宙地层有关的布格重力高异常、剩余重力正异常可作为该区的预测要素,尤其是异常的边部区域 | 重要 |
| | 航磁特征 | 预测工作区磁异常幅值范围为−100～120nT,预测区磁异常平缓,以负异常为主,正目观磷矿区位于预测区东部,磁场背景为平缓负磁异常区,−20nT等值线附近 | 次要 | 预测工作区磁异常幅值范围为−200～800nT,区内大部分磁异常平缓,东南部有一不规则的条带状磁异常,北侧伴生负异常。哈马胡头沟磷矿区位于预测区中东部,磁场背景为平缓负磁异常区,异常值为−100～0nT 之间,可作为该区的预测要素,尤其是异常的边部区域 | 次要 |

**表 7-187　侵入岩体型磷矿区域预测要素表**

| 预测要素 | | 描述内容 | 要素类别 | 描述内容 | 要素类别 |
|---|---|---|---|---|---|
| | | 盘路沟-保安乡 | | 三道沟-旗杆梁 | |
| 地质环境 | 大地构造位置 | 华北陆块区，Ⅱ-4 狼山-阴山陆块(大陆边缘岩浆弧 $Pz_2$)，Ⅱ-4-1 固阳-兴和陆核($Ar_3$) | 重要 | 华北陆块区，Ⅱ-4 狼山-阴山陆块(大陆边缘岩浆弧 $Pz_2$)，Ⅱ-4-1 固阳-兴和陆核($Ar_3$) | 必要 |
| | 成矿区(带) | Ⅰ-4 滨太平洋成矿域(叠加在古亚洲成矿域之上)，Ⅱ-14 华北成矿省，Ⅲ-11 华北陆块北缘西段金、铁、铌、稀土、铜、铅、锌、银、镍、铂、钨、石墨、白云母成矿带(Ⅲ-58)，Ⅲ-11-③ 乌拉山-集宁金、银、铁、铜、铅、锌、石墨、白云母成矿亚带，Ⅴ-1 盘路沟-三道沟磷矿集区(Ar) | 重要 | Ⅰ-4 滨太平洋成矿域(叠加在古亚洲成矿域之上)，Ⅱ-14 华北成矿省，Ⅲ-11 华北陆块北缘西段金、铁、铌、稀土、铜、铅、锌、银、镍、铂、钨、石墨、白云母成矿带(Ⅲ-58)，Ⅲ-11-③ 乌拉山-集宁金、银、铁、铜、铅、锌、石墨、白云母成矿亚带，Ⅴ-1 盘路沟-三道沟磷矿集区(Ar) | 必要 |
| | 成矿环境 | 岩浆热液沿裂隙贯入 | 重要 | 五台运动的晚期岩浆期后含矿热液沿裂隙侵入 | 重要 |
| | 含矿岩系 | 含磷透辉正长岩、透辉岩、石榴斜长片麻岩 | 重要 | 含磷透辉岩、透辉钾长岩体 | 必要 |
| | 成矿时代 | 太古宙 | 重要 | 太古宙 | 必要 |
| 矿床特征 | 矿体形态 | 矿体呈脉状、混合岩浸染状、透辉石型浸染状 | 次要 | 矿体呈脉状、扁豆状 | 次要 |
| | 岩石类型 | 含磷透灰岩、透辉正长岩、含磷方柱石正长岩 | 重要 | 含磷透灰岩、透辉钾长岩、蚀变片麻岩 | 重要 |
| | 岩石结构 | 粒状结构 | 次要 | 粒状结构、变晶结构 | 次要 |
| | 矿物组成 | 矿石矿物为磷灰石；脉石矿物为透辉石、钾长石以及伴生矿物磁铁矿、褐铁矿等 | 重要 | 主要为透辉石、磷灰石、钾长石，及少量斜长石、黄铁矿 | 重要 |
| | 矿石结构构造 | 结构：粒状结构、交代变晶结构；<br>构造：块状构造、角砾状构造 | 次要 | 结构：粒状结构、变晶结构；<br>构造：块状构造 | 次要 |
| | 蚀变特征 | 主要为黑云母化、方柱石化 | 次要 | 主要为黄铁矿化、高岭土化、钾化、绢云母化 | 次要 |
| | 控矿条件 | 赋矿地质体为中太古代集宁岩群矽线石榴片麻岩组，控矿侵入岩为含磷透辉正长岩、含磷透辉岩。区域上断裂构造发育，与成矿有关的主要为北东东走向、向北倾斜的一组逆断层，此组断层为含矿热液的贯入、交代提供了通道和空间 | 必要 | 赋矿地质体为侵入集宁岩群片麻岩组的透辉伟晶岩，控矿侵入岩为辉绿玢岩、辉绿岩脉，辉长岩脉，辉绿片麻岩侵入体。近南北向裂隙构造发育，为成矿物质从深部向浅部运移的通道 | 必要 |

续表 7-187

| 预测要素 | | 描述内容 | 要素类别 | 描述内容 | 要素类别 |
|---|---|---|---|---|---|
| | | 盘路沟-保安乡 | | 三道沟-旗杆梁 | |
| 区内相同类型矿产 | | 成矿区(带)内有1个中型矿床,2个矿点 | 重要 | 成矿区(带)内有4个小型矿床,2个矿点 | 重要 |
| 地球物理特征 | 重力特征 | 磷矿位于几处局部重力异常交接地带上,布格重力异常值 $\Delta g$ 在 $-158\times10^{-5}m/s^2$ 左右。剩余重力正异常带与布格重力异常相对较高地段对应较好 | 重要 | 剩余重力异常以正负异常相间分布。与太古宙有关的剩余重力正异常可作为该区的预测要素。尤其注意太古宙地层与酸性岩体的交接带边部区域 | 次要 |
| | 航磁特征 | 预测工作区磁异常幅值范围为-400~1000nT,预测区南部为低缓磁异常,西北部为不规则的团状正异常。盘路沟磷矿区位于预测区中北部条带状高值异常上,400~600nT等值线附近 | 次要 | 预测工作区磁异常幅值范围为-300~1000nT,区内磁异常形态杂乱,正负相间,多为不规则带状或椭圆状。三道沟矿区位于预测区中东部,磁场背景为平缓负磁异常区,-100~-200nT等值线附近 | 次要 |

## 三、最小预测区圈定

根据对典型矿床成矿规律、预测要素,及预测工作区区域地质、物探、化探、遥等背景条件的研究,确定预测工作区预测要素,提取预测变量,运用矿产资源评价系统(MRAS)对预测工作区进行定位预测。

### 1. 变量构置

根据各预测工作区不同成矿条件,进行预测变量构置(表7-188)。

表 7-188　磷矿变量构置一览表

| 预测类型 | 预测工作区 | 预测变量 | 变量处理 |
|---|---|---|---|
| 沉积变质型 | 布龙图-百灵庙 | 地层:长城纪白云鄂博群尖山组三段 | 求取存在标志 |
| | | 航磁异常:航磁 $\Delta T$ 化极强度起始值范围在-2800~4800nT之间 | 二值化处理 |
| | | 重力:剩余重力起始值范围在$(1\sim10)\times10^{-5}m/s^2$之间 | 二值化处理 |
| | | 重力:布格重力起始值范围在$(-184.91\sim132.00)\times10^{-5}m/s^2$之间 | 二值化处理 |
| | | 已知矿床:1处 | 求取存在标志 |
| | 炭窑口-东升庙 | 地质体:渣尔泰山群增隆昌组成矿的有利基岩 | 求取存在标志 |
| | | 航磁异常:航磁 $\Delta T$ 化极强度起始值在0~50nT之间 | 二值化处理 |
| | | 重力:剩余重力起始值在$(-16\sim-9)\times10^{-5}m/s^2$之间 | 二值化处理 |
| | | 断层:狼山复背斜是控矿的有利部位 | 求取存在标志 |
| | | 已知矿床:有1个同类型矿床和矿点,进行缓冲区处理 | 求取存在标志 |

续表 7-188

| 预测类型 | 预测工作区 | 预测变量 | 变量处理 |
|---|---|---|---|
| 沉积型 | 正目观-崔子窑沟 | 地层:早寒武世馒头组上岩段 | 求取存在标志 |
| | | 重力:剩余重力起始值范围为>$1\times10^{-5}$ m/s$^2$ | 二值化处理 |
| | | 已知矿床:1 处 | 求取存在标志 |
| | 哈马胡头沟-夹沟 | 地层:震旦纪韩母山群草大坂组 | 求取存在标志 |
| | | 重力:剩余重力起始值范围为>$-3\times10^{-5}$ m/s$^2$ | 二值化处理 |
| | | 已知矿床:1 处 | 求取存在标志 |
| 岩浆型 | 盘路沟-保安乡 | 侵入岩:太古宙含磷透辉正长岩、透辉岩 | 求取存在标志 |
| | | 航磁异常:航磁 $\Delta T$ 化极强度起始值范围为$-400\sim1000$nT | 二值化处理 |
| | | 重力:剩余重力起始值范围为>$-150\times10^{-5}$ m/s$^2$ | 二值化处理 |
| | | 已知矿床,矿床 1 处,矿点 2 处 | 求取存在标志 |
| | 三道沟-旗杆梁 | 地质体:中太古代集宁岩群片麻岩组是成矿的有利基岩 | 求取存在标志 |
| | | 断层:北东向的一组压性为主兼扭性断裂及其所形成的层间裂隙 | 求取存在标志 |
| | | 航磁:航磁化极值在$-300\sim1000$nT 的范围 | 二值化处理 |
| | | 已知矿床,矿床 3 处,矿点 6 处 | 求取存在标志 |

### 2. 最小预测区圈定方法及优选结果

首先利用网格单元法对预测单元进行赋值。不同预测工作区根据实际情况划分不同间距的预测单元网格。完成预测单元划分后对预测变量进行原始变量构置,生成原始数据专题,完成网格单元赋值。对区内已知矿床(点)按矿化规模将模型单元进行矿化级别的设置,选择具有代表性的单元作为模型单元,然后对前期所选择的预测变量进行筛选,获得真正对矿化起到作用的变量,完成变量优选步骤。证据权重法中,首先构建预测模型,生成定位预测专题图层,然后选择各预测要素的证据因子,计算证据权重,进行证据因子的条件独立性检验,计算后验概率并生成色块图,色块图级别是根据后验概率值的大小确定的。

后验概率色块图的不同级别是以网格单元为边界的规则边界,因此需要在色块图的基础上叠加所有成矿要素及预测要素,采用人工与 MRAS 软件交互的方式,根据形成的定位预测色块图对照不同级别的各要素边界,依据后验概率的大小,与模型区预测要素的匹配程度,圈定最小预测区,划分 A、B、C 类最小预测区级别(表 7-189)。

**表 7-189　磷表矿最小预测区分级原则一览表**

| 预测工作区 | A、B、C 类分级原则 |
|---|---|
| 布龙图-百灵庙 | A 类:地质体+航磁+重力+矿床。B 类:地质体+航磁+重力。C 类:赋矿地质体存在标志 |
| 炭窑口-东升庙 | A 类:地质体+航磁+重力+断层+矿床。B 类:地质体+航磁+重力+断层。C 类:地质体+断层 |
| 正目观-崔子窑沟 | A 类:地质体+重力+矿床。B 类:地质体+重力。C 类:赋矿地质体存在标志 |
| 哈马胡头沟-夹沟 | A 类:地质体+重力+矿床。B 类:地质体+重力。C 类:赋矿地质体存在标志 |
| 盘路沟-保安乡 | A 类:地质体+航磁+重力+矿床。B 类:地质体+航磁+重力。C 类:赋矿地质体存在标志 |
| 三道沟-旗杆梁 | A 类:地质体+航磁+断层+矿床。B 类:地质体+航磁+断层。C 类:赋矿地质体+断层 |

对圈定的面积过小、成矿潜力较差、预测意义不大的最小预测区进行排除，最终共圈定磷矿最小预测区 153 个，面积 1 540.05km²，其中沉积变质型 49 个，面积 283.47km²；沉积型 10 个，面积 30.24km²；岩浆型 94 个，面积 1 226.34km²。

**表 7-190　磷矿最小预测区圈定成果一览表**

| 预测工作区 | A 类最小预测区 | B 类最小预测区 | C 类最小预测区 | 总数 | 面积(km²) |
|---|---|---|---|---|---|
| 布龙图-百灵庙 | 1 | 2 | 36 | 39 | 276.12 |
| 炭窑口-东升庙 | 1 | 2 | 7 | 10 | 7.35 |
| 正目观-崔子窑沟 | 3 | 1 | 1 | 5 | 7.12 |
| 哈马胡头沟-夹沟 | 1 | 2 | 2 | 5 | 23.12 |
| 盘路沟-保安乡 | 2 | 7 | 22 | 31 | 215.73 |
| 三道沟-旗杆梁 | 4 | 22 | 37 | 18 | 1 010.61 |
| 总计 | 12 | 36 | 105 | 153 | 1 540.05 |

## 四、资源定量预测

### 1. 典型矿床深度及外围资源量估算

运用地质体积法对内蒙古磷矿进行定量预测，首先确定典型矿床体积含矿率，对典型矿床深部及外围进行资源量估算(表 7-191)。

**表 7-191　磷矿典型矿床预测成果一览表**

| 预测类型 | 序号 | 典型矿床 | 经度 | 纬度 | 深部或外围名称 | 面积(m²) | 延深(m) | 体积含矿率(t/m³) | 预测资源量(t) | 预测资源总量(t) |
|---|---|---|---|---|---|---|---|---|---|---|
| 沉积变质型 | 1 | 布龙图 | 109°28′26″ | 41°32′28″ | 深部 | 11 087 105 | 100 | 0.048 | 53 218 104 | 53 218 104 |
| | | | | | 外围 | / | / | | / | |
| | 2 | 炭窑口 | 106°47′00″ | 40°58′00″ | 深部 | 128 840 | 100 | 0.048 | 618 432 | 618 432 |
| | | | | | 外围 | / | / | | / | |
| 沉积型 | 1 | 正目观 | 105°50′00″ | 38°39′00″ | 深部 | 2 074 225 | 10 | 0.571 | 11 843 825 | 12 351 159 |
| | | | | | 外围 | 44 425 | 20 | | 507 334 | |
| | 2 | 哈马胡头沟 | 101°40′44″ | 38°42′00″ | 深部 | 289 660 | 25 | 0.110 | 796 565 | 991 630 |
| | | | | | 外围 | 8248 | 215 | | 195 065 | |
| 岩浆型 | 1 | 盘路沟 | 112°10′50″ | 40°49′22″ | 深部 | / | / | 0.340 | / | 849 524 |
| | | | | | 外围 | 12 493 | 200 | | 849 524 | |
| | 2 | 三道沟 | 113°43′00″ | 40°38′00″ | 深部 | 4041 | 50 | 0.343 | 71 324 | 145 350 |
| | | | | | 外围 | 654 | 330 | | 74 026 | |

### 2. 模型区及预测区参数确定

模型区即包含典型矿床的最小预测区。参考模型区地质体面积、延深、预测资源量,计算含矿地质体含矿系数。最小预测区面积是根据圈定的最小预测区图面面积换算而来,延深是根据已知钻孔控制深度、地质体推测深度估算而来,相似系数为各最小预测区地物化遥条件与模型区的相似程度类比数(表 7-192,图 7-178～图 7-182)。

**表 7-192 磷矿各预测工作区模型区预测资源量及估算参数一览表**

| 预测工作区编号 | 预测工作区 | 模型区编号 | 模型区名称 | 经度 | 纬度 | 含矿地质体含矿系数 | 模型区预测资源总量(t) | 最小预测区面积范围($km^2$) | 最小预测区预测深度范围(m) |
|---|---|---|---|---|---|---|---|---|---|
| 沉积变质型磷矿 | | | | | | | | | |
| 1518104001 | 布龙图-百灵庙 | A1518104001 | 布龙图 | 109°28′26″ | 41°32′28″ | 0.011 5 | 319 004 104 | 0.43～46.60 | 595 |
| 1518103001 | 炭窑口-东升庙 | A1518103001 | 炭窑口 | 106°47′00″ | 40°58′00″ | 0.018 78 | 5 924 432 | 0.08～1.85 | 960 |
| 沉积型磷矿 | | | | | | | | | |
| 1518102001 | 哈马胡头沟-夹沟 | A1518102001 | 哈马胡头沟 | 101°40′44″ | 38°42′00″ | 0.009 40 | 7 039 752 | 0.91～9.17 | 180～215 |
| 1518101001 | 正目观-崔子窑沟 | A1518101001 | 正目观 | 105°50′00″ | 38°39′00″ | 0.407 00 | 36 019 159 | 0.77～2.95 | 30～50 |
| 岩浆型磷矿 | | | | | | | | | |
| 1518601001 | 盘路沟-保安乡 | A1518601001 | 盘路沟 | 112°10′50″ | 40°49′22″ | 0.015 8 | 6 258 306 | 0.08～8.59 | 200～400 |
| 1518602001 | 三道沟-旗杆梁 | A1518602001 | 三道沟 | 113°43′00″ | 40°38′00″ | 0.001 91 | 532 962 | 0.07～125.58 | 150～500 |

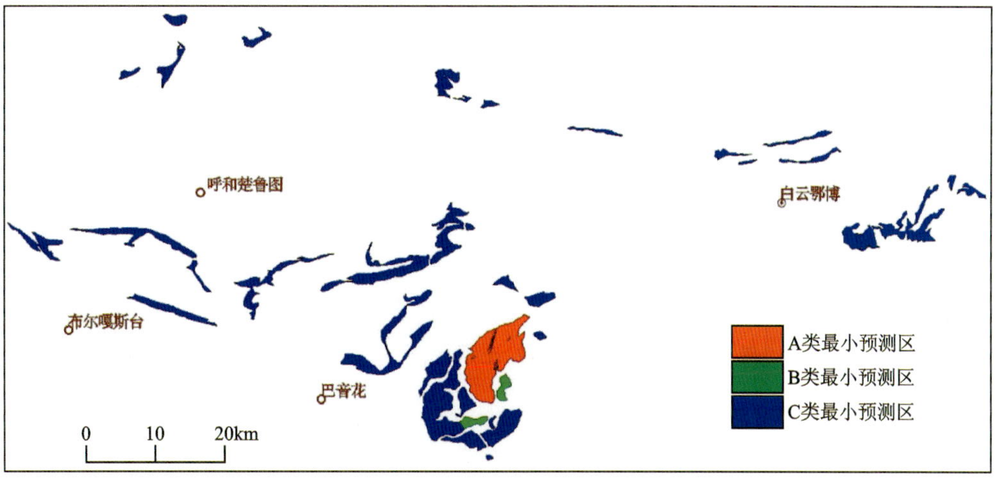


图 7-178 布龙图-百灵庙最小预测区分布图

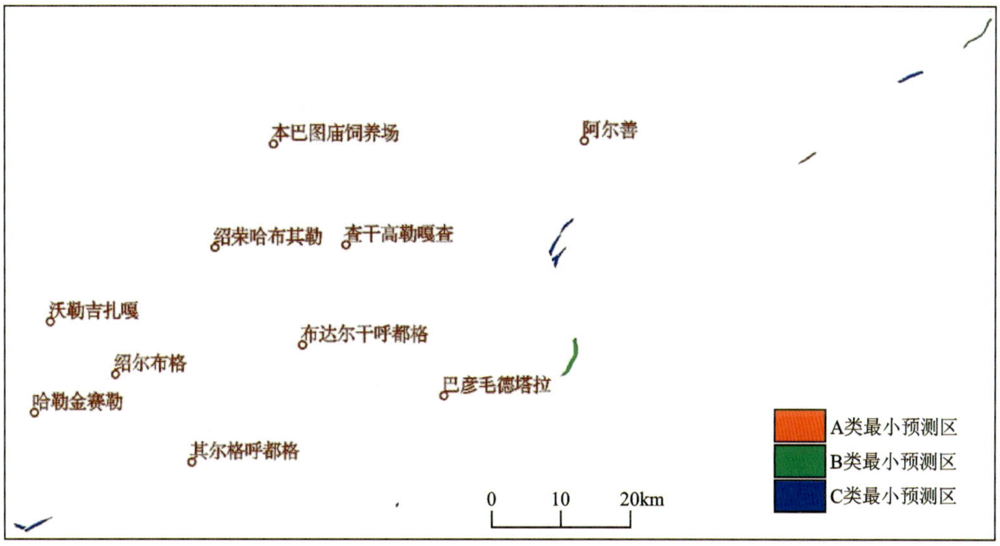


图 7-179 炭窑口-东升庙最小预测区分布图

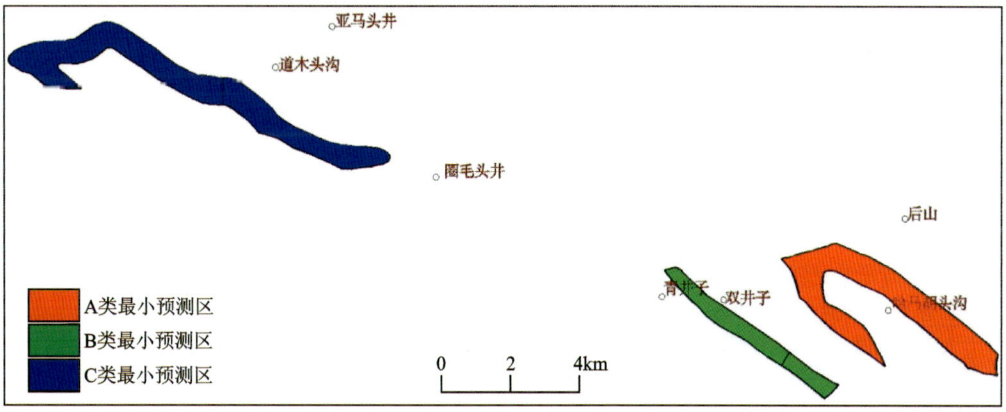


图 7-180 哈马胡头沟-夹沟最小预测区分布图

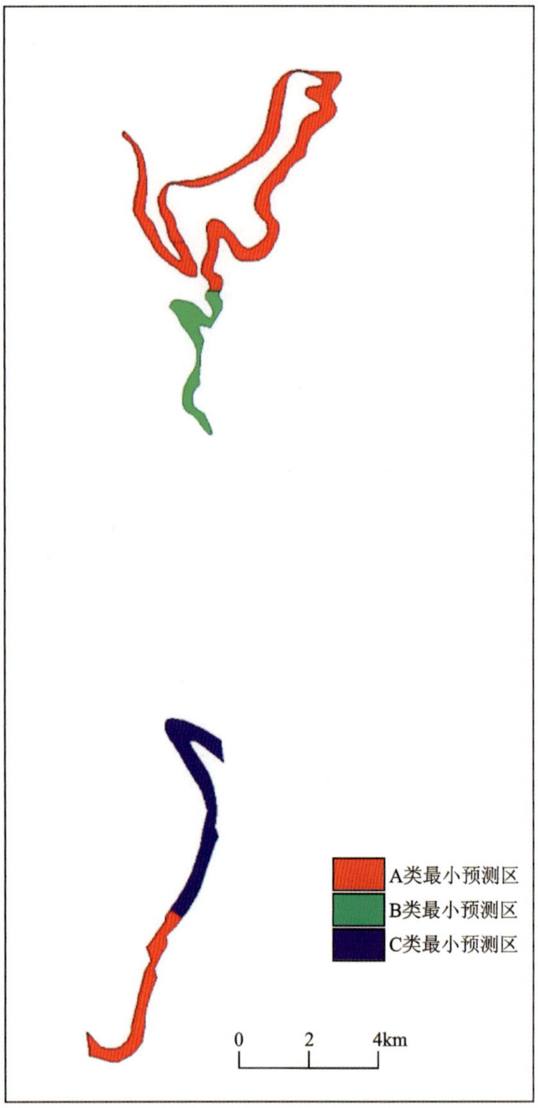


图 7-181　正目观-崔子窑沟最小预测区分布图

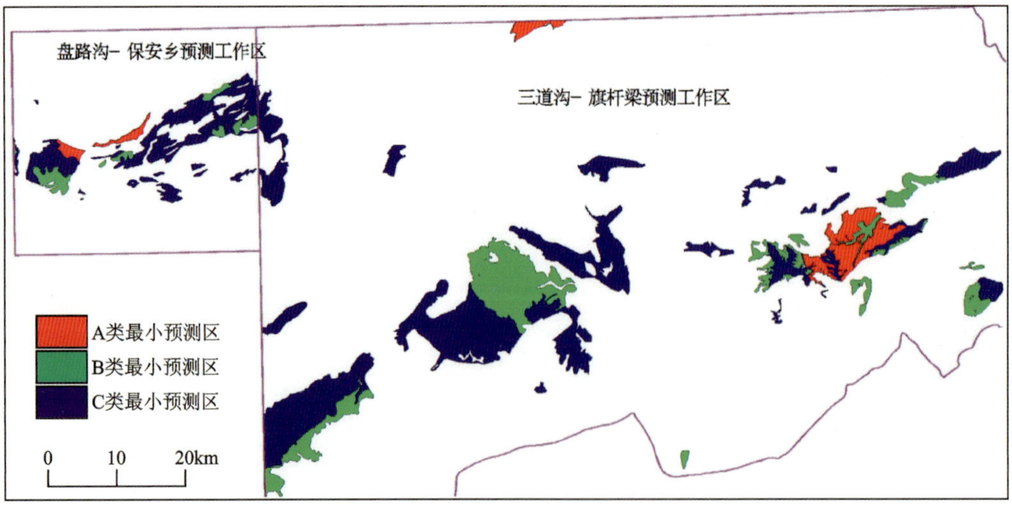


图 7-182　盘路沟-保安乡和三道沟-旗杆梁最小预测区分布图

### 3. 预测区资源量估算及其结果

本次磷矿预测资源总量为60 108.14万t,其中沉积变质型为51 722.29万t(表7-193)。

表7-193 磷矿各预测工作区预测资源量一览表

| 预测工作区编号 | 预测工作区 | 预测工作区预测资源总量(万t) |
|---|---|---|
| 沉积变质型磷矿 | | |
| 1518104001 | 布龙图-百灵庙 | 49 923.54 |
| 1518103001 | 炭窑口-东升庙 | 1 798.75 |
| 总计 | | 51 722.29 |
| 沉积型磷矿 | | |
| 1518101001 | 正目观-崔子窑沟 | 5 293.41 |
| 1518102001 | 哈马胡头沟-夹沟 | 1 256.33 |
| 总计 | | 6 549.74 |
| 岩浆型磷矿 | | |
| 1518601001 | 盘路沟-保安乡 | 1 437.21 |
| 1518602001 | 三道沟-旗杆梁 | 398.90 |
| 总计 | | 1 836.11 |
| 磷矿预测资源量总计(万t) | | 60 108.14 |

# 第十六节 硫铁矿资源潜力评价

## 一、硫铁矿预测模型

根据矿产预测类型划分,硫铁矿共涉及4个矿产预测类型:沉积变质型硫铁矿、沉积型硫铁矿、海相火山岩型硫铁矿和岩浆热液型硫铁矿(表7-194)。

其中沉积变质型典型矿床预测模型以东升庙硫铁矿为例;沉积型典型矿床预测模型以榆树湾硫铁矿为例;海相火山岩型典型矿床预测模型以驼峰山硫铁矿为例;岩浆热液型典型矿床预测模型以朝不楞伴生硫铁矿为例。

**表 7-194　硫铁矿典型矿床预测类型一览表**

| 矿产预测类型 | 典型矿床 |
|---|---|
| 沉积变质型 | 东升庙、炭窑口、山片沟 |
| 沉积型 | 榆树湾、别鲁乌图 |
| 海相火山岩型 | 六一、驼峰山 |
| 岩浆热液型 | 朝不楞、拜仁达坝 |

### 1. 沉积变质型东升庙硫铁矿

东升庙硫铁矿大地构造位置位于华北陆块区(Ⅱ),狼山-阴山陆块(Ⅱ-4),狼山-白云鄂博裂谷带(Ⅱ-4-3)。成矿区(带)位于滨太平洋成矿域(叠加在古亚洲成矿域之上)(Ⅰ-4),华北成矿省(Ⅱ-14);华北陆块北缘西段金、铁、铌、稀土、铜、铅、锌、银、镍、铂、钨、石墨、白云母成矿带(Ⅲ-58),狼山-渣尔泰山铅、锌、金、铁、铜、铂、镍成矿亚带(Ⅲ-11-②),炭窑口-东升庙硫、铅、锌、铜矿集区(Pt)(Ⅴ-1)。

总结东升庙典型矿床综合信息特征,编制典型矿床预测要素表(表 7-195)。

**表 7-195　东升庙硫铁矿典型矿床预测要素表**

| 预测要素 | | 描述内容 | | | | 要素类别 |
|---|---|---|---|---|---|---|
| | | 储量 | 硫铁矿 21 308 万 t | 平均品位 | $FeS_2$ 21.07% | |
| | | 特征描述 | 海底喷流-沉积矿床(层控) | | | |
| 地质环境 | 构造背景 | 属于华北陆块北缘,狼山-渣尔泰山中元古代裂谷 | | | | 重要 |
| | 成矿环境 | 渣尔泰山群二岩组的(含粉砂)碳质泥岩-碳酸盐岩建造;条带状碳质石英岩富铜,白云质灰岩、硅质条带结晶灰岩富硫,碳质板岩中富含铅锌;该层位相当于区域上渣尔泰山群增隆昌组上部和阿古鲁沟组 | | | | 必要 |
| | 含矿岩系 | 渣尔泰山群增隆昌组石墨白云石大理岩及阿古鲁沟组含碳白云质泥灰岩 | | | | 必要 |
| | 成矿时代 | 中元古代 | | | | 必要 |
| 矿床特征 | 矿体形态 | 层状、似层状、透镜状 | | | | 重要 |
| | 岩石类型 | 为(含粉砂)碳质泥岩-碳酸盐岩建造。其中普遍发育有喷气成因的燧石夹层或条带 | | | | 重要 |
| | 岩石结构 | 变余泥质结构 | | | | 次要 |
| | 矿物组成 | 矿石矿物:黄铁矿、磁黄铁矿、闪锌矿、方铅矿、黄铜矿、磁铁矿等;脉石矿物:白云石、绢云母、黑云母、石英、长石、方解石、石墨、重晶石、电气石、磷灰石、透闪石等 | | | | 重要 |
| | 矿石结构构造 | 结构:半自形—他形粒状,自形粒状为主,其次有包含结构、充填结构、溶蚀结构、斑状变晶结构、固溶体分离结构、反应边结构、压碎结构等;<br>构造:条纹—条带状构造、块状构造、浸染状构造、细脉浸染状构造、角砾状构造、凝块状构造、鲕状—结核状构造、定向构造等 | | | | 次要 |
| | 蚀变特征 | 与矿化关系密切的蚀变有黑云母化、绿泥石化和碳酸盐化在含矿层及其上下盘围岩中均有发育,如电气石化、碱性长石化、绿泥石化、绿帘石化、黝帘石化、碳酸盐化、硅化等。其中最具特征的是下盘的电气石化,分布广泛,属层状蚀变,成分为镁电气石或镁电气石与铁电气石过渡种属,与海底喷气有关 | | | | 必要 |
| | 控矿条件 | 华北陆块北缘断陷海槽控制着硫多金属成矿带(南带)的分布范围和含矿特征,其中的二级断陷盆地控制着一个或几个矿田的分布范围和含矿特征;三级断陷盆地则控制着矿床的分布范围和含矿特征 | | | | 必要 |

续表 7-195

| 预测要素 | | 描述内容 | 要素类别 |
|---|---|---|---|
| 地球物理特征 | 重力异常 | 东升庙海相火山喷流沉积型铅锌矿床位于北东向局部重力低异常的北西侧的等值线密集带上，该局部重力低异常最小值 $\Delta g_{min}=-228.47\times10^{-5}m/s^2$，重力低异常幅度约 $80\times10^{-5}$ $m/s^2$；推断重力低异常带是由临河中—新生代盆地所致 | 次要 |
| | 磁法异常 | 据 1∶1 万地磁平面等值线图显示，磁异常呈条带形，走向东西，极值达 1300nT。据 1∶1 万电法等值线图显示，矿点处于低阻高极化异常上，推测异常属于矿致异常 | 重要 |

典型矿床预测模型图的编制，以矿区典型剖面线为基础，叠加物探剩余重力剖面图形成(图 7-183)。

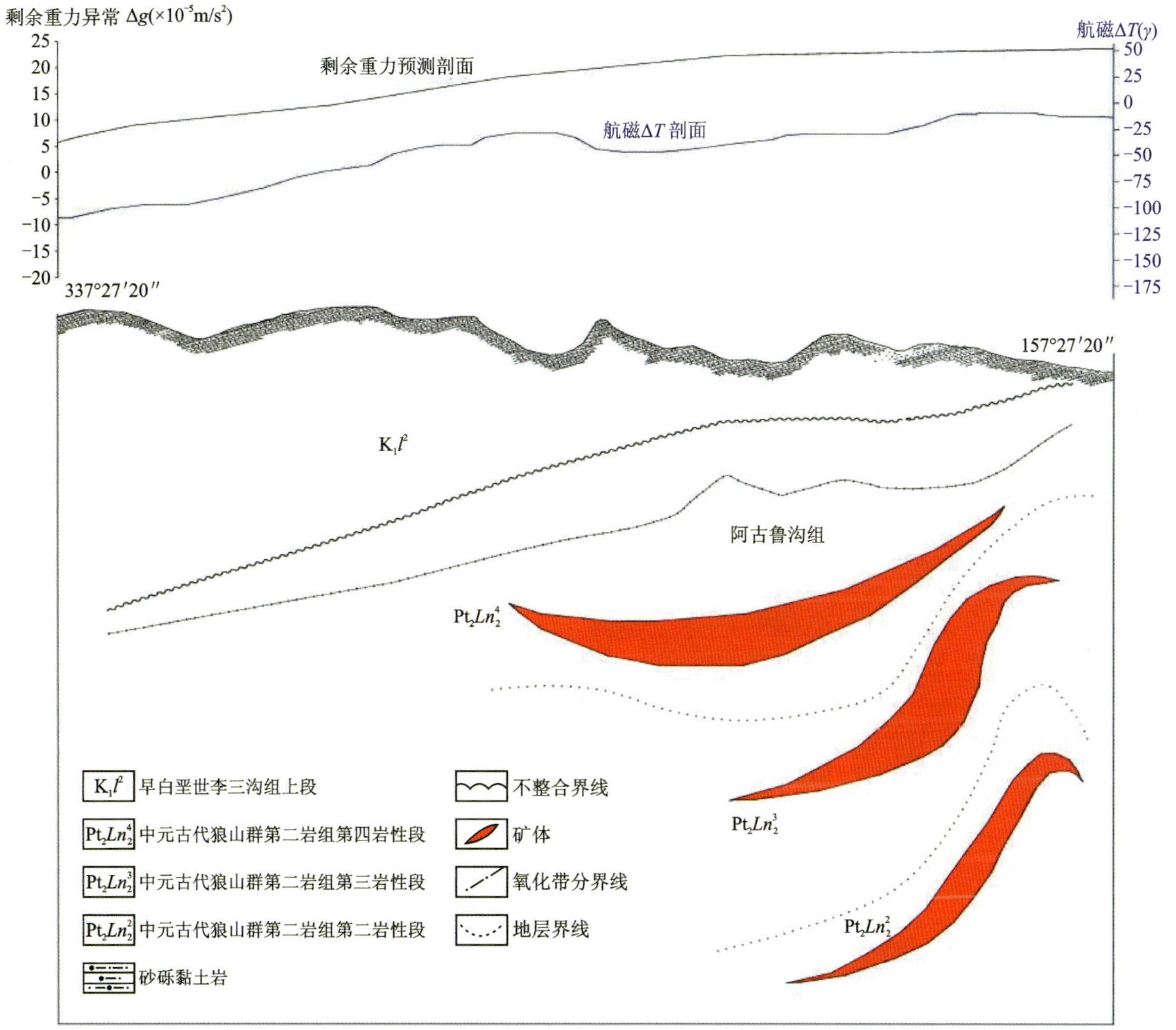


图 7-183　东升庙硫铁矿典型矿床预测模型图

区域预测模型图的编制，以地质剖面图为基础，叠加区域航磁及重力剖面图而形成，简要表示预测要素内容及其相互关系，以及时空展布特征(图 7-184)。

**2. 沉积型榆树湾硫铁矿**

榆树湾硫铁矿大地构造位置位于华北陆块区（Ⅱ），鄂尔多斯陆块（Ⅱ-5），鄂尔多斯陆核（鄂尔多斯盆地 Mz）（Ⅱ-5-1）。成矿区（带）位于滨太平洋成矿域（叠加在古亚洲成矿域之上）（Ⅰ-4），华北成矿省（Ⅱ-14），山西断隆铁铝土矿、石膏、煤、煤层气成矿带（Ⅲ-14）。

总结榆树湾典型矿床综合信息特征，编制典型矿床预测要素表（表 7-196）。

**表 7-196　榆树湾硫铁矿典型矿床预测要素表**

| 预测要素 | | 描述内容 | | | | 要素分类 |
|---|---|---|---|---|---|---|
| | | 储量 | 硫铁矿 89.1 万 t | 平均品位 | $FeS_2$ 38% | |
| | | 特征描述 | 沉积型硫铁矿 | | | |
| 地质环境 | 构造背景 | 华北陆块，鄂尔多斯台向斜东缘，山西断隆西缘 | | | | 重要 |
| | 成矿环境 | 三角洲平原相 | | | | 重要 |
| | 含矿岩系 | 矿体赋存于晚石炭世本溪组底部黏土页岩（铝土页岩）当中。黏土页岩呈厚层状，层理构造，含有结核状、层状黄铁矿晶簇以及星散状斑点，与铝土矿共存 | | | | 重要 |
| | 成矿时代 | 石炭纪 | | | | 重要 |
| 矿床特征 | 矿体形态 | 结核状、层状、透镜状 | | | | 次要 |
| | 岩石类型 | 铝土页岩、石灰岩 | | | | 重要 |
| | 岩石构造 | 层状构造 | | | | 次要 |
| | 矿物组成 | 矿石矿物：黄铁矿、黄铜矿；脉石矿物：铝土页岩、石膏 | | | | 重要 |
| | 矿石结构构造 | 结构：结核状、层状；<br>构造：层理构造、块状构造 | | | | 次要 |
| | 控矿条件 | 矿体赋存于晚石炭世本溪组底部黏土页岩（铝土页岩）当中，硫铁矿与铝土页岩同时生成，矿区构造简单，主要为小的褶皱构造，对矿体控制作用不大 | | | | 必要 |
| 地球物理特征 | 航磁 | 硫铁矿处于区域航磁异常的负异常区，异常值高于$-240$nT，异常起始值 $\Delta T(\gamma)$ 在$-260 \sim -240$nT 之间 | | | | 重要 |
| | 重力 | 硫铁矿所在区域剩余重力异常表现为较平稳的负异常，异常起始值 $\Delta g$ 区间值为$(-2\sim-1)\times10-5\mathrm{m/s^2}$ | | | | 次要 |

典型矿床预测模型图的编制，以勘探线剖面图为基础，叠加物探剩余重力剖面图形成（图 7-185）。

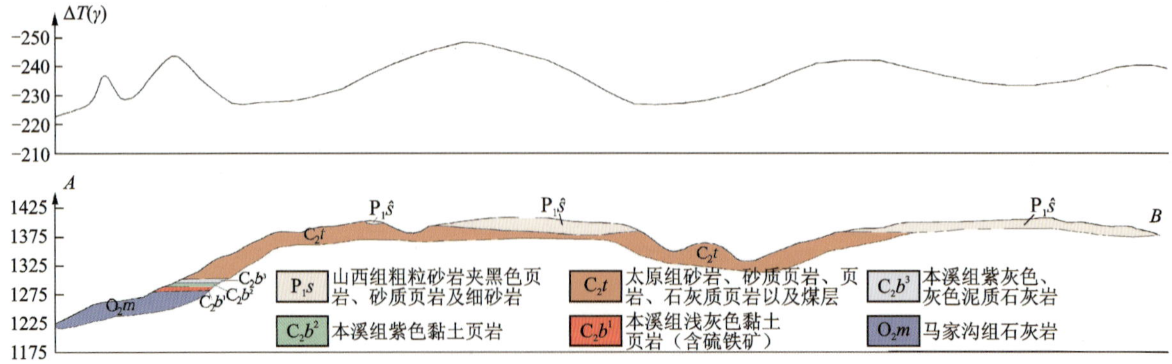


图 7-184　榆树湾硫铁矿典型矿床预测模型图

区域预测模型图的编制，以地质剖面图为基础，叠加区域航磁及重力剖面图而形成，简要表示预测要素内容及其相互关系，以及时空展布特征（图 7-185）。

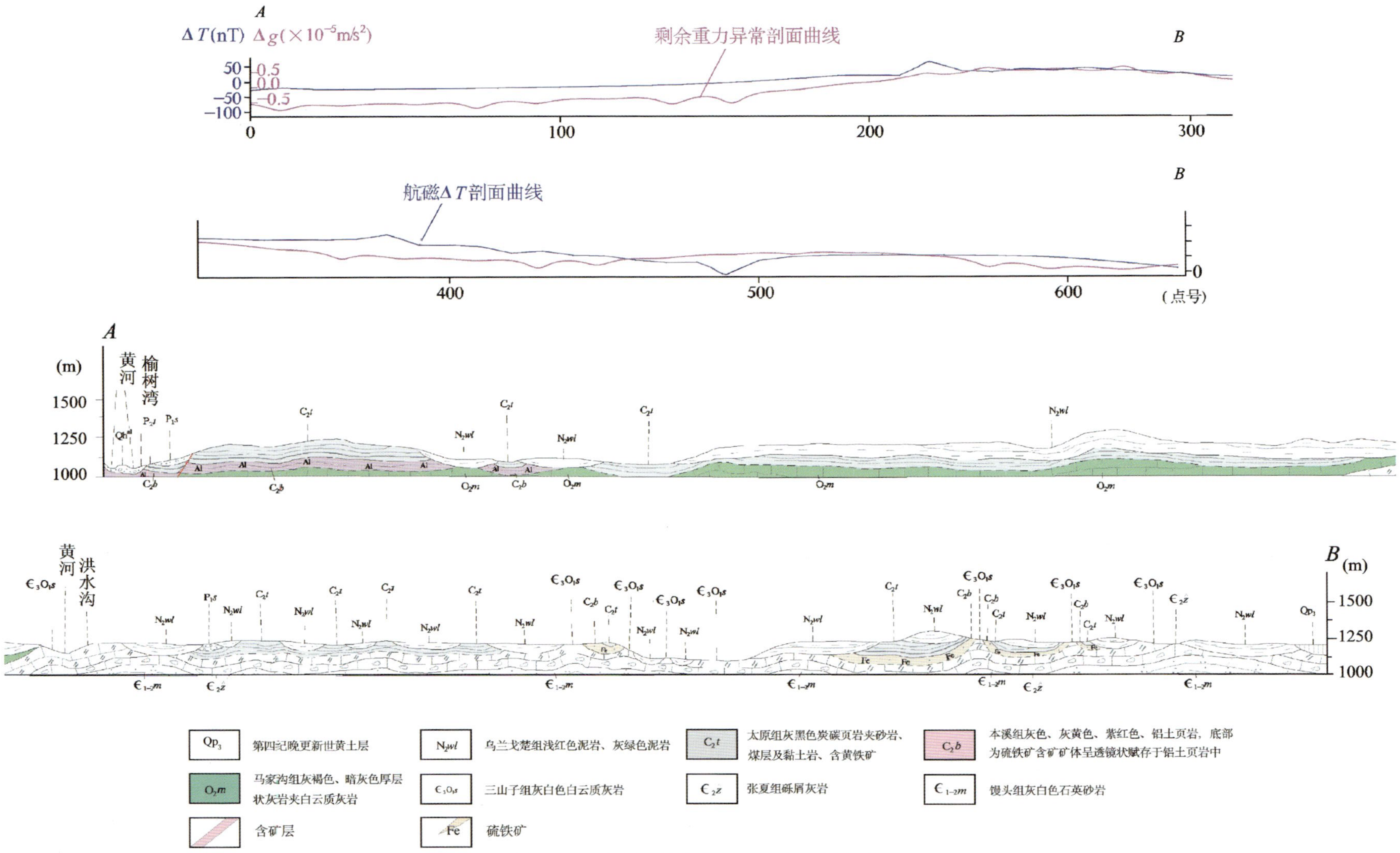


图 7-185　房塔沟-榆树湾预测工作区预测模型图

### 3. 海相火山岩型驼峰山硫铁矿

驼峰山硫铁矿大地构造位置位于天山-兴蒙造山系(Ⅰ),大兴安岭弧盆系(Ⅰ-1),锡林浩特岩浆弧(Ⅰ-1-6)。成矿区(带)位于滨太平洋成矿域(叠加在古亚洲成矿域之上)(Ⅰ-4),大兴安岭成矿省(Ⅱ-12),林西-孙吴铅、锌、铜、钼、金成矿带(Vl、Il、Ym)(Ⅲ-8),莲花山-大井子铜、银、铅、锌成矿亚带(I、Y)(Ⅲ-8-③)。

总结驼峰山典型矿床综合信息特征,编制典型矿床预测要素表(表7-197)。

表 7-197　驼峰山硫铁矿典型矿床预测要素表

| 预测要素 | | 描述内容 | | | | 要素分类 |
|---|---|---|---|---|---|---|
| | | 储量 | 硫铁矿 277 万 t | 平均品位 | $FeS_2$ 16.23% | |
| | | 特征描述 | 海相火山岩型硫铁矿 | | | |
| 地质环境 | 构造背景 | 晚古生代有限洋盆构造环境内 | | | | 重要 |
| | 成矿环境 | 浅海相 | | | | 必要 |
| | 含矿岩系 | 矿体赋存于早中二叠世大石寨组中,主要含矿岩性为晶屑凝灰熔岩、晶屑凝灰岩、凝灰岩 | | | | 必要 |
| | 成矿时代 | 二叠纪 | | | | 必要 |
| 矿床特征 | 矿体形态 | 层状—透镜状 | | | | 次要 |
| | 岩石类型 | 晶屑火山角砾岩、晶屑凝灰岩、凝灰岩 | | | | 重要 |
| | 岩石结构 | 火山角砾结构、晶屑结构、斑状结构 | | | | 重要 |
| | 矿物组成 | 矿石矿物:黄铁矿、黄铜矿;脉石矿物:石英、长石、绢云母 | | | | 重要 |
| | 矿石结构构造 | 结构:自形—半自形结构、他形结构、压碎结构、交代结构;<br>构造:块状、浸染状、细脉浸染状、晶簇状构造 | | | | 次要 |
| | 控矿条件 | 矿体赋存于早中二叠世大石寨组中,主要含矿岩性为晶屑凝灰熔岩、晶屑凝灰岩、凝灰岩 | | | | 必要 |
| 地球物理特征<br>剩余重力 | | 硫铁矿床所在区域剩余重力异常表现为平稳的负异常,异常起始值高于 $-2\times10^{-5}m/s^2$,最高起始值为 $-1\times10^{-5}m/s^2$ | | | | 重要 |

典型矿床预测模型图的编制,以勘探线剖面图为基础,叠加物探剩余重力剖面图形成(图7-186)。

区域预测模型图的编制,以地质剖面图为基础,叠加剩余重力剖面图而形成,简要表示预测要素内容及其相互关系,以及时空展布特征(图7-187)。

### 4. 岩浆热液型朝不楞伴生硫铁矿

朝不楞伴生硫铁矿大地构造位置位于天山-兴蒙造山系(Ⅰ),大兴安岭弧盆系(Ⅰ-1),扎兰屯宝山岛弧(Ⅰ-1-4)。成矿区(带)位于滨太平洋成矿域(Ⅰ-4),大兴安岭成矿省(Ⅱ-12),东乌珠穆沁旗-嫩江(中强挤压区)铜、钼、铅、锌、金、钨、锡、铬成矿带(Ⅲ-6),朝不楞-博克图钨、铁、锌、铅成矿亚带(Ⅲ-6-②)。

总结朝不楞典型矿床综合信息特征,编制典型矿床预测要素表(表7-198)。

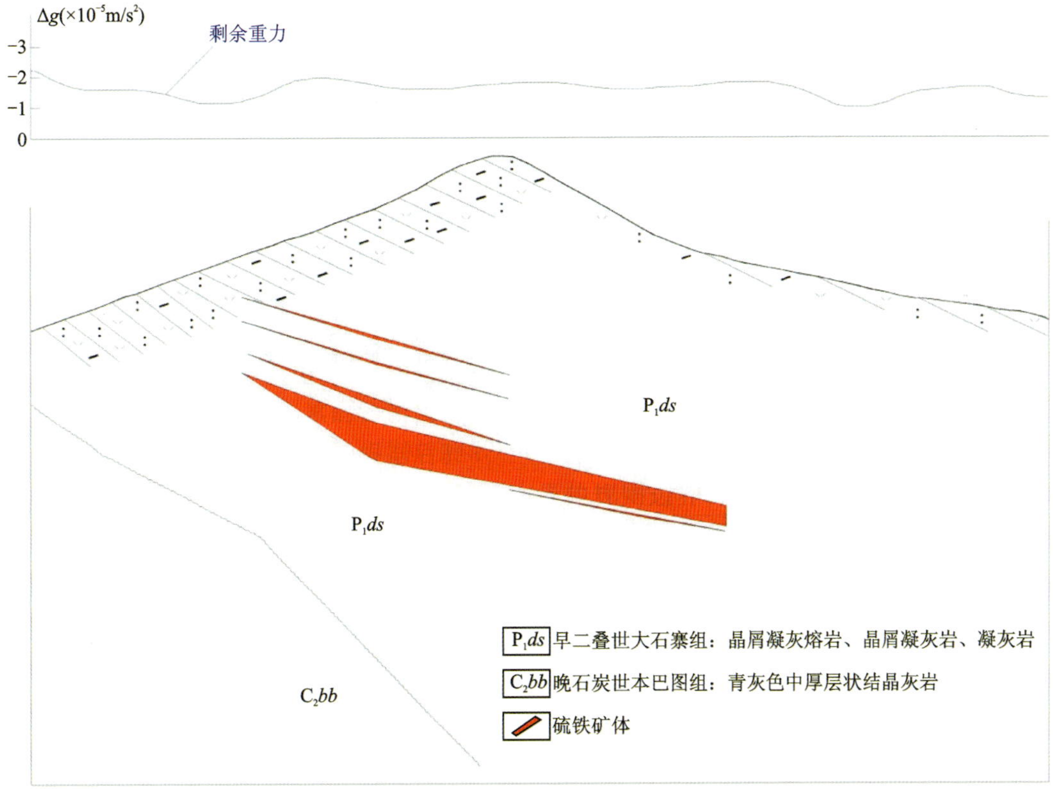


图 7-186 驼峰山硫铁矿典型矿床预测模型图

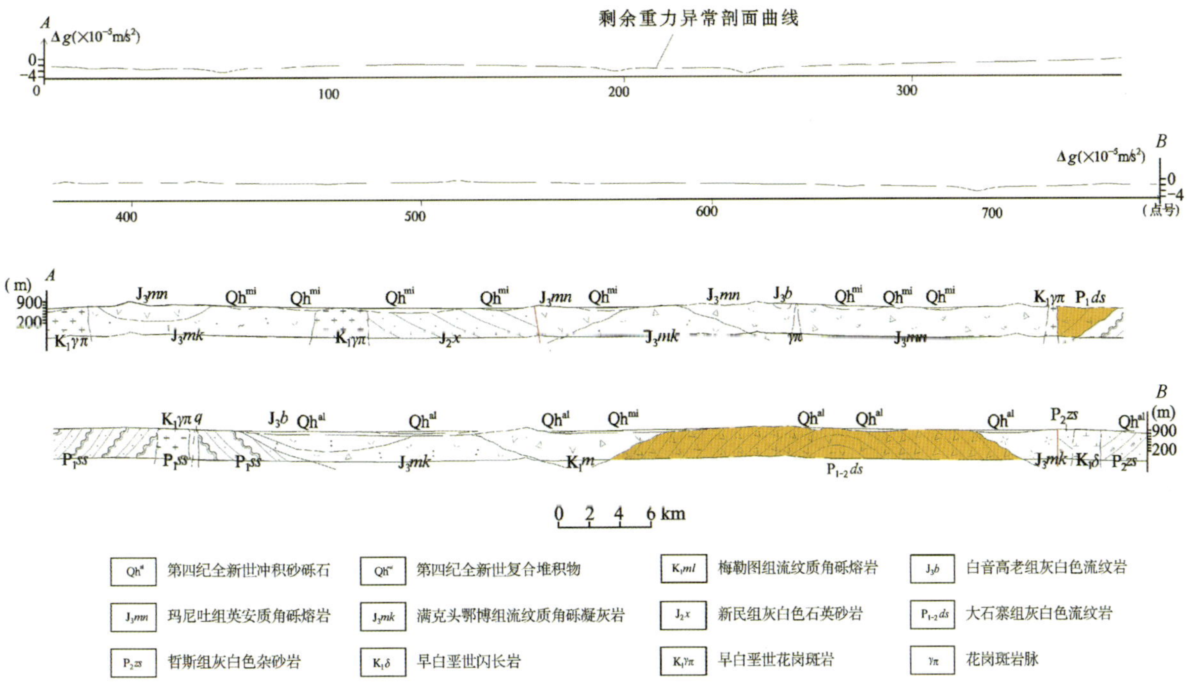


图 7-187 驼峰山-孟恩陶勒盖预测工作区预测模型图

**表 7-198　朝不楞伴生硫铁矿典型矿床预测要素表**

<table>
<tr><td colspan="2" rowspan="3">预测要素</td><td colspan="4">描述内容</td><td rowspan="3">要素分类</td></tr>
<tr><td>储量</td><td>硫铁矿 64.8 万 t</td><td>平均品位</td><td>$FeS_2$ 16.58%</td></tr>
<tr><td>特征描述</td><td colspan="3">岩浆热液型伴生硫铁矿矿床</td></tr>
<tr><td rowspan="4">地质环境</td><td>构造背景</td><td colspan="4">北疆-兴蒙弧形构造东南翼,内蒙-大兴安岭优地槽褶皱系,二连-东乌旗地槽褶皱带</td><td>重要</td></tr>
<tr><td>成矿环境</td><td colspan="4">燕山早期黑云母花岗岩体与中泥盆世塔尔巴格特组下岩段老地层的外接触带</td><td>必要</td></tr>
<tr><td>含矿岩系</td><td colspan="4">矿区出露地层为中泥盆世塔尔巴格特组石英绢云母片岩、砂质板岩、大理岩、变质粉砂岩。硫铁矿即赋存于大理岩和变质粉砂岩接触层面及其附近</td><td>必要</td></tr>
<tr><td>成矿时代</td><td colspan="4">燕山期</td><td>必要</td></tr>
<tr><td rowspan="8">矿床特征</td><td>矿体形态</td><td colspan="4">矿体呈扁豆状、条带状形式产出</td><td>次要</td></tr>
<tr><td>岩石类型</td><td colspan="4">塔尔巴格特组石英绢云母片岩、砂质板岩、大理岩、变质粉砂岩;燕山早期黑云母花岗岩、石英闪长岩、闪长岩及其派生脉岩</td><td>重要</td></tr>
<tr><td>岩石结构</td><td colspan="4">沉积岩为碎屑结构和变晶结构,侵入岩为细粒结构</td><td>次要</td></tr>
<tr><td>矿物组成</td><td colspan="4">矿石矿物:黄铁矿、磁黄铁矿、黄铜矿、方铅矿、闪锌矿、磁铁矿;<br>脉石矿物:黑云母、绿泥石、石英、方解石等</td><td>重要</td></tr>
<tr><td>矿石结构构造</td><td colspan="4">结构:半自形粒状结构、他形晶粒状结构、自形晶结构、反应边结构、压碎结构、固溶体分解结构;<br>构造:块状构造、条带状构造、浸染状构造、斑杂状构造、角砾状构造、斑点状构造</td><td>重要</td></tr>
<tr><td>蚀变特征</td><td colspan="4">矽卡岩化、阳起石化</td><td>次要</td></tr>
<tr><td>控矿条件</td><td colspan="4">中泥盆世塔尔巴格特组岩石地层;北东向断裂构造;燕山期黑云母花岗岩、石英闪长岩、闪长岩岩体</td><td>必要</td></tr>
<tr><td rowspan="2">地球物理特征</td><td>重力</td><td colspan="4">矿区大致位于布格重力相对高值区与相对低值区过渡带的扭曲部位,从而形成一条北东向梯级带和一条近东西向梯级带;矿区位于剩余重力正异常与负异常的接触带上,在正负异常的边界附近推断有断裂构造存在。可见朝不楞硫铁矿位于古生代地层与花岗岩体接触带上,说明重力场特征反映了该硫铁矿的成矿地质环境,矿体受地层和岩浆岩共同控制</td><td>重要</td></tr>
<tr><td>航磁</td><td colspan="4">在航磁 $\Delta T$ 等值线平面图和航磁 $\Delta T$ 化极等值线平面图上,朝不楞伴生硫铁矿床所在区域为北东向带状高磁异常区,其形状、位置与剩余重力负异常 L 蒙-173 基本相吻合。故推断此航磁异常主要是带磁性的黑云母花岗岩的反映。与岩浆岩有关的矿床、矿点及推断与矿有关的磁异常则叠加于该区域异常之上,主要是受北东向区域构造控制,侏罗纪黑云母花岗岩侵入到中泥盆世塔尔巴格特组下岩段($D_{2-3}t$)地层中,在成矿有利的外接触带内,形成硫铁矿床,沿断裂破碎带的某些地段有时发生热液型磁铁矿化作用,矿带、矿体的分布与北东向断裂破碎带有关</td><td>重要</td></tr>
</table>

典型矿床预测模型图的编制，以勘探线剖面图为基础，叠加物探剩余重力剖面图形成(图 7-188)。

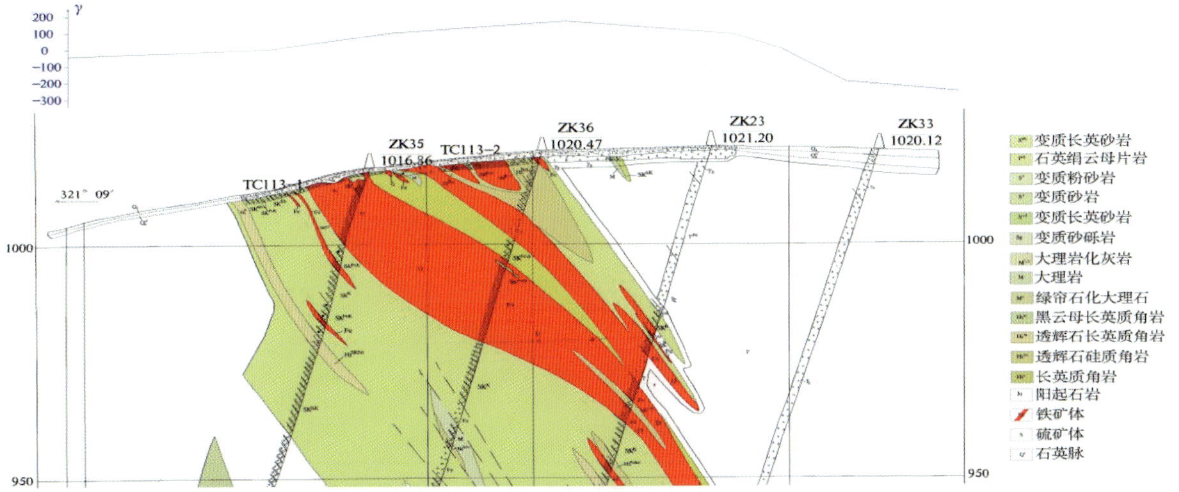


图 7-188　朝不楞伴生硫铁矿典型矿床预测模型图

区域预测模型图的编制，以地质剖面图为基础，叠加航磁化极及剩余重力剖面图而形成，简要表示预测要素内容及其相互关系，以及时空展布特征(图 7-189)。

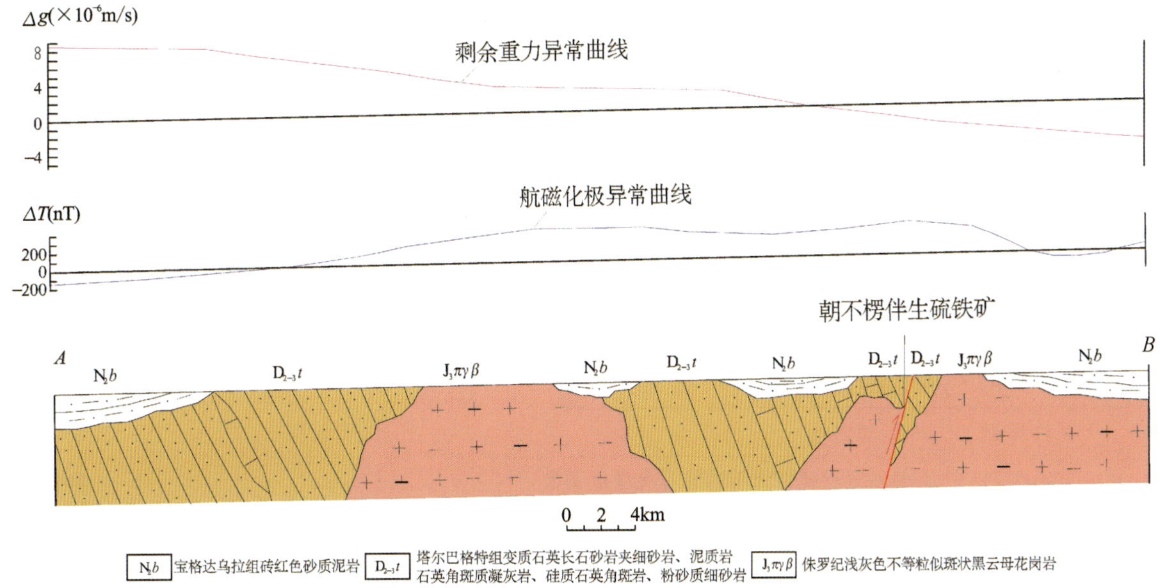


图 7-189　朝不楞-霍林河预测工作区预测模型图

## 二、预测方法类型确定及区域预测要素

内蒙古自治区已知硫铁矿，按矿产预测类型可划分为沉积变质型硫铁矿、沉积型硫铁矿、海相火山岩型硫铁矿和岩浆热液型硫铁矿，其中以沉积变质型硫铁矿矿床为主。

根据对各个典型矿床的研究，结合预测工作区大地构造环境、主要控矿因素、成矿作用特征等，综合已知矿床的矿产预测类型，确定预测方法类型采用变质型、沉积型、复合内生型和火山岩型，预测底图采用 1：10 万变质建造构造图、沉积建造构造图、火山岩性岩相构造图和侵入岩建造构造图(表 7-199)。

**表 7-199 内蒙古自治区硫单矿种预测方法类型及预测底图类型划分一览表**

| 预测类型 | 预测工作区 | 预测底图 |
|---|---|---|
| 变质型 | 东升庙-甲生盘 | 1∶10 万变质建造构造图 |
| 沉积型 | 房塔沟-榆树湾 | 1∶10 万沉积建造构造图 |
| | 别鲁乌图-白乃庙 | |
| 火山岩型 | 六一-十五里堆 | 1∶10 万火山岩性岩相构造图 |
| | 驼峰山-孟恩陶勒盖 | |
| 复合内生型 | 朝不楞-霍林河 | 1∶10 万侵入岩建造构造图 |
| | 拜仁达坝-哈拉白旗 | |

各预测方法类型区域预测要素见表 7-200～表 7-203。

**表 7-200 变质型硫铁矿区域预测要素表**

| 预测要素 | | 描述内容 | 要素分类 |
|---|---|---|---|
| 预测工作区 | | 东升庙-甲生盘 | |
| 地质环境 | 大地构造位置 | 华北陆块区(Ⅱ),狼山-阴山陆块(Ⅱ-4),狼山-白云鄂博裂谷带(Ⅱ-4-3) | 重要 |
| 地质环境 | 成矿区(带) | Ⅰ-4 滨太平洋成矿域(叠加在古亚洲成矿域之上),Ⅱ-14 华北成矿省,Ⅲ-11 华北陆块北缘西段金、铁、铌、稀土、铜、铅、锌、银、镍、铂、钨、石墨、白云母成矿带(Ⅲ-58),Ⅲ-11-②狼山-渣尔泰山铅、锌、金、铁、铜、铂、镍成矿亚带,Ⅴ-1 炭窑口-东升庙硫、铅、锌、铜矿集区(Pt) | 重要 |
| 地质环境 | 成矿环境 | 潮坪相环境的沉积,沉积后受轻微改造的层控矿床 | 重要 |
| 地质环境 | 含矿岩系 | 渣尔泰山群增隆昌组石墨白云石大理岩及阿古鲁沟组含碳白云质泥灰岩 | 重要 |
| 地质环境 | 成矿时代 | 中元古代 | 重要 |
| 矿床特征 | 矿体形态 | 层状、似层状 | 次要 |
| 矿床特征 | 岩石类型 | 普遍发育有喷气成因的燧石夹层或条带 | 重要 |
| 矿床特征 | 岩石结构 | 变余泥质结构 | 次要 |
| 矿床特征 | 矿物组成 | 矿石矿物:黄铁矿、磁黄铁矿、闪锌矿、方铅矿等;<br>脉石矿物:白云石、绢云母、黑云母、石英、长石 | 重要 |
| 矿床特征 | 矿石结构 | 以半自形—他形粒状、自形粒状结构为主 | 次要 |
| 矿床特征 | 蚀变特征 | 褐铁矿化 | 次要 |
| 矿床特征 | 控矿条件 | 蓟县纪阿古鲁沟组<br>层内裂隙构造及层间滑动裂隙 | 必要 |
| 区内相同类型矿产 | | 6 个矿床,1 处超大型,4 处大型,1 处中型 | 重要 |
| 地球物理特征 | 重力异常 | 剩余重力异常等值线图上,矿床及矿点多分布于重力高值异常区 | 必要 |
| 地球物理特征 | 磁法异常 | 矿床多分布于正负磁异常交接带靠正磁异常侧,或负磁异常中的局部正磁异常区,异常值在 100～200nT 之间 | 必要 |

**表 7-201 沉积型硫铁矿区域预测要素表**

| 预测要素 | | 描述内容<br>房塔沟-榆树湾 | 要素类别 | 描述内容<br>别鲁乌图-白乃庙 | 要素类别 |
|---|---|---|---|---|---|
| 地质环境 | 大地构造位置 | 华北陆块区(Ⅱ),鄂尔多斯陆块(Ⅱ-5),鄂尔多斯陆核(鄂尔多斯盆地Mz)(Ⅱ-5-1) | 重要 | 内蒙古中部地槽褶皱系,苏尼特右旗晚海西期地槽褶皱带,温都尔庙复背斜 | 重要 |
| | 成矿区(带) | 滨太平洋成矿域(叠加在古亚洲成矿域之上)(Ⅰ-4),华北成矿省(Ⅱ-14),山西断隆铁、铝土矿、石膏、煤、煤层气成矿带(Ⅲ-14) | 重要 | Ⅲ-7 阿巴嘎-霍林河铬、铜(金)、锗、煤、天然碱、芒硝成矿带(Ym)(Ⅲ-49),Ⅲ-8-⑥白乃庙-哈达庙铜、金、萤石成矿亚带(Pt、Vm-I、Y),Ⅴ-1 别鲁乌图-白乃庙硫、铜、金矿集区(Pt、Vm-I) | 重要 |
| | 成矿环境 | 三角洲平原相 | 重要 | 浅海相 | 重要 |
| | 含矿岩系 | 矿体赋存于晚石炭世本溪组底部铝土页岩当中,矿体呈层状、透镜状赋存于铝土页岩中 | 重要 | 本巴图组中的变质砂岩、变质粉砂岩;中粗粒石英闪长岩 | 重要 |
| | 成矿时代 | 石炭纪 | 重要 | 早二叠世 | 重要 |
| 矿床特征 | 矿体形态 | 矿体呈层状、透镜状 | 次要 | | |
| | 岩石类型 | 铝土页岩、石灰岩 | 重要 | | |
| | 岩石结构 | 层状 | 次要 | | |
| | 矿物组成 | 矿石矿物:黄铁矿、黄铜矿;<br>脉石矿物:铝土页岩、石膏 | 重要 | | |
| | 矿石构造 | 层状构造、块状构造 | 次要 | | |
| | 蚀变特征 | 褐铁矿化 | 次要 | | |
| | 控矿条件 | 矿体赋存于晚石炭世本溪组底部铝土页岩中,硫铁矿与铝土矿同时生成,矿体呈层状、透镜状。区内断裂构造不发育,对矿体没有明显的控制作用 | 必要 | 锡林浩特岩浆弧查干哈达庙褶皱带中的北东向断裂构造中 | 次要 |
| 区内相同类型矿产 | | 成矿区(带)内有 3 个小型矿床 | 重要 | 已知矿床(点)2 处 | 重要 |
| 地球物理特征 | 重力特征 | 硫铁矿床处于剩余重力异常的负异常区,且较为平稳,异常起始值 $\Delta g$ 在 $(-2\sim-1)\times10^{-5}\mathrm{m/s^2}$ 之间 | 次要 | 据 1∶20 万剩余重力异常图显示:重力异常呈条带形,走向东西向,正异常极值 $10.5\times10^{-5}\mathrm{m/s^2}$,负异常极值为 $-10.2\times10^{-5}\mathrm{m/s^2}$ | 重要 |
| | 航磁特征 | 硫铁矿床处于航磁异常的负异常区,异常较为稳定,异常起始值 $\Delta T(\gamma)$ 在 $-260\sim-240\mathrm{nT}$ 之间 | 重要 | 据 1∶50 万航磁平面等值线图显示,磁场整体表现为低缓的负异常,在区域的中部存在串珠状正异常 | 次要 |

**表 7-202　火山岩型硫铁矿区域预测要素表**

| 预测要素 | | 描述内容<br>六一-十五里堆 | 要素类别 | 描述内容<br>驼峰山-孟恩陶勒盖 | 要素类别 |
|---|---|---|---|---|---|
| 地质环境 | 大地构造位置 | 天山-兴蒙造山系(Ⅰ),大兴安岭弧盆系(Ⅰ-1),海拉尔-呼玛弧后盆地(Pz)(Ⅰ-1-3) | 重要 | 天山-兴蒙造山系(Ⅰ),大兴安岭弧盆系(Ⅰ-1),锡林浩特岩浆弧(Ⅰ-1-6) | 重要 |
| 地质环境 | 成矿区(带) | 位于滨太平洋成矿域(Ⅰ-4),大兴安岭成矿省(Ⅱ-12),新巴尔虎右旗(拉张区)铜、钼、铅、锌、金、萤石、煤(铀)成矿带(Ⅲ-5),陈巴尔虎旗-根河金、铁、锌、萤石成矿亚带(Cl、Ym-l、Ym)(Ⅲ-5-②),谢尔塔拉-六一硫铁矿集区(Vm)(Ⅴ-1) | 必要 | 滨太平洋成矿域(叠加在古亚洲成矿域之上)(Ⅰ-4),大兴安岭成矿省(Ⅱ-12),林西-孙吴铅、锌、铜、钼、金成矿带(Vl、Il、Ym)(Ⅲ-8),莲花山-大井子铜、银、铅、锌成矿亚带(I、Y)(Ⅲ-8-③) | 重要 |
| 地质环境 | 成矿环境 | 中晚泥盆世的裂隙式火山喷发富碱质酸性熔浆喷溢的第Ⅱ、Ⅲ两个阶段的连续间歇期内 | 重要 | 浅海相 | 重要 |
| 地质环境 | 含矿岩系 | 安山质-英安质凝灰岩,后经变质作用而形成绢云石英片岩 | 重要 | 矿体赋存于早中二叠世大石寨组火山岩地层中,主要岩性为晶屑凝灰岩、凝灰岩 | 必要 |
| 地质环境 | 成矿时代 | 石炭纪 | 重要 | 二叠纪 | 必要 |
| 矿床特征 | 矿体形态 | 透镜状、似层状 | 次要 | 层状、透镜状 | 重要 |
| 矿床特征 | 岩石类型 | 宝力高庙组绢云母石英片岩段 | 重要 | 晶屑凝灰岩、流纹质凝灰岩 | 必要 |
| 矿床特征 | 岩石结构 | 斑状变晶结构,基质为粒状变晶结构 | 次要 | 晶屑结构、斑状结构 | 次要 |
| 矿床特征 | 矿物组成 | 矿石矿物:黄铁矿、磁黄铁矿、闪锌矿、方铅矿等;<br>脉石矿物:白云石、方解石、石英、透闪石、钾长石、电气石等 | 重要 | 黄铁矿、黄铜矿、石英、绢云母 | 重要 |
| 矿床特征 | 矿石结构构造 | 结构:自形、他形粒状结构,交代溶蚀结构,碎裂结构;<br>构造:块状、浸染状、条带状、脉状、角砾团块状构造 | 次要 | 结构:自形—半自形、他形结构;<br>构造:块状构造 | 次要 |
| 矿床特征 | 蚀变特征 | 绢云母化、硅化、黄铁矿化、绿泥石化、绿帘石化 | 次要 | 黄铁矿化、硅化 | 次要 |
| 矿床特征 | 控矿条件 | 矿体严格受北东向的区域构造的控制。产于石炭纪火山岩系中,直接赋存在中酸性火山凝灰岩与凝灰质熔岩中,后经区域变质作用和动力变质作用,而趋化为绢云母片岩 | 必要 | 矿体主要受到早中二叠世大石寨组火山岩控制,具较强的黄铁矿化,岩性主要以晶屑凝灰岩、流纹质晶屑凝灰岩为主 | 必要 |

续表 7-202

| 预测要素 | | 描述内容<br>六一-十五里堆 | 要素类别 | 描述内容<br>驼峰山-孟恩陶勒盖 | 要素类别 |
|---|---|---|---|---|---|
| 区内相同类型矿产 | | 成矿区(带)内有 2 个中型矿床 | 重要 | 成矿区(带)内有 1 个中型矿床 | 重要 |
| 地球物理特征 | 重力特征 | 六一硫铁矿位于编号为 G 蒙-59 的剩余重力正异常上，该区域局部出露石炭纪地层，故推断此正异常是由于古生代基底隆起所致 | 重要 | 硫铁矿床所在区域剩余重力异常表现为平稳的负异常，剩余重力异常起始值范围 $\Delta g$ 为$(-2\sim-1)\times10^{-5}$ $m/s^2$ | 重要 |
| | 航磁特征 | 磁异常幅值范围为$-625\sim625$nT，背景值为$-100\sim100$nT，预测区磁异常形态杂乱，正负相间，多为不规则带状、片状及团状 | 重要 | | |

**表 7-203　复合内生型硫铁矿区域预测要素表**

| 预测要素 | | 描述内容<br>朝不楞-霍林河 | 要素类别 | 描述内容<br>拜仁达坝-哈拉白旗 | 要素类别 |
|---|---|---|---|---|---|
| 地质环境 | 大地构造位置 | 天山-兴蒙造山系(Ⅰ)，大兴安岭弧盆系(Ⅰ-1)，扎兰屯宝山岛弧(Ⅰ-1-4) | 重要 | 天山-兴蒙造山系，锡林浩特岩浆弧，锡林浩特复背斜东段 | 重要 |
| | 成矿区(带) | 滨太平洋成矿域(Ⅰ-4)，大兴安岭成矿省(Ⅱ-12)，东乌珠穆沁旗-嫩江(中强挤压区)铜、钼、铅、锌、金、钨、锡、铬成矿带(Ⅲ-6)，朝不楞-博克图钨、铁、锌、铅成矿亚带(Ⅲ-6-②) | 必要 | 位于滨太平洋成矿域(Ⅰ-4)，大兴安岭成矿省(Ⅱ-12)，林西-孙吴铅、锌、铜、钼、金成矿带(Vl、Il、Ym)(Ⅲ-8)，索伦镇-黄岗梁铁(锡)、铜、锌成矿亚带(Ⅲ-8-①)，拜仁达坝-哈拉白旗铜、铅、锌、硫铁矿集区(V)(Ⅴ-1) | 必要 |
| | 成矿环境 | 矿床形成于燕山早期花岗岩体与中泥盆世塔尔巴格特岩组下岩段老地层的外接触带内 | 重要 | | |
| | 含矿岩系 | 黑云母花岗岩 | 必要 | 含硫透辉岩、透辉钾长岩体 | 必要 |
| | 成矿时代 | 侏罗纪(燕山早期) | 必要 | 太古宙 | 必要 |
| 矿床特征 | 矿体形态 | 矿体呈扁豆状、条带状及豆荚状形式产出 | 重要 | | |
| | 岩石类型 | 石英绢云母片岩、砂质板岩、大理岩、变质粉砂岩、黑云母花岗岩、石英闪长岩、闪长岩及其派生脉岩 | 重要 | | |
| | 岩石结构 | 碎屑结构、变晶结构、细粒结构 | 次要 | | |

**续表 7-203**

<table>
<tr><td colspan="2" rowspan="2">预测要素</td><td>描述内容</td><td rowspan="2">要素类别</td><td>描述内容</td><td rowspan="2">要素类别</td></tr>
<tr><td>朝不楞-霍林河</td><td>拜仁达坝-哈拉白旗</td></tr>
<tr><td rowspan="4">矿床特征</td><td>矿物组成</td><td>矿石矿物:磁铁矿、赤铁矿、褐铁矿、闪锌矿、黄铜矿;脉石矿物:钙铁石榴子石、透辉石、石英斜长石、阳起石</td><td>重要</td><td></td><td></td></tr>
<tr><td>矿石结构构造</td><td>结构:交代网格、晶架状结构;<br>构造:致密块状、浸染状构造</td><td>次要</td><td></td><td></td></tr>
<tr><td>蚀变特征</td><td>矽卡岩化、阳起石化</td><td>次要</td><td></td><td></td></tr>
<tr><td>控矿条件</td><td>中泥盆世塔尔巴疙特组下岩段岩石地层;<br>北东向断裂构造;<br>燕山期黑云母花岗岩体</td><td>必要</td><td>矿带和矿体的赋存明显受构造控制,北东向区域构造控制燕山期中酸性侵入岩分布。近东西向张性构造是矿区内主要控矿构造</td><td>重要</td></tr>
<tr><td colspan="2">区内相同类型矿产</td><td>成矿区(带)内有1个中型矿床</td><td>重要</td><td>成矿区(带)内有4个银铅锌矿床(点)</td><td>重要</td></tr>
<tr><td rowspan="2">地球物理特征</td><td>重力特征</td><td>预测区位于纵贯全国东部地区的大兴安岭-太行山-武陵山北北东向巨型重力梯度带的北西侧,从布格重力异常图上看,区域性北东向深大断裂F蒙-02006-③从预测工作区中部穿过。布格重力异常受区域构造线控制总体呈北东向展布,局部为北北东向。由北西到东南,布格重力异常呈高低相间分布的特征,形成多处局部重力高值区和局部重力低值区。在剩余重力异常图上,剩余重力正负异常相间分布,形状大多呈椭圆和等轴状,布格重力异常相对高值区对应形成剩余重力正异常。局部低值区与剩余重力负异常相对应</td><td>重要</td><td>布格重力的梯度带,重力低缓斜坡,重力异常等值线同向扭曲部位,剩余重力异常过渡带</td><td>重要</td></tr>
<tr><td>航磁特征</td><td>预测区磁场值总体处在−100～0nT的负磁场背景上,磁场值变化范围在−1000～1300nT之间。预测区磁场较杂乱,磁异常轴向以北东东向为主,磁异常形态各异。磁场特征反映出预测区主要构造方向为北东东向。已知矿区航磁异常有如下特征:异常走向以北东向、东西向为主,异常多数处在较低磁异常背景上,磁场变化复杂,异常多处在磁测推断的北东向断裂带上或其两侧的次级断裂上,磁异常均处在侵入岩体上或岩体与岩体、岩体与地层的接触带上</td><td>重要</td><td>正负磁异常过渡带、负背景磁场内局部升高部位,低缓磁异常呈椭圆状、似椭圆状、形态规则,近于对称</td><td>重要</td></tr>
</table>

## 三、最小预测区圈定

根据对典型矿床成矿规律、预测要素，及预测工作区区域地质、物探、化探、遥感等背景条件的研究，确定预测工作区预测要素，提取预测变量，运用矿产资源评价系统（MRAS）对预测工作区进行定位预测。

### 1. 变量构置

根据各预测工作区不同成矿条件，进行预测变量构置（表 7-204）。

表 7-204 硫铁矿变量构置一览表

| 预测类型 | 预测工作区 | 预测变量 | 变量处理 |
|---|---|---|---|
| 沉积变质型 | 东升庙-甲生盘 | 地层：阿古鲁沟组 | 求取存在标志 |
| | | 航磁异常：航磁 $\Delta T$ 化极强度起始值范围在 200～1000nT 之间 | 二值化处理 |
| | | 重力：剩余重力起始值范围在（10～22）×$10^{-5}m/s^2$之间 | 二值化处理 |
| | | 已知矿床：7 处 | 求取存在标志 |
| 沉积型 | 房塔沟-榆树湾 | 地层：石炭纪本溪组底部铝土页岩 | 求取存在标志 |
| | | 航磁异常；航磁 $\Delta T$ 化极强度起始值在－260～－240nT 之间 | 二值化处理 |
| | | 已知矿床 2 处 | 求取存在标志 |
| | 别鲁乌图-白乃庙 | 地层：晚石炭世本巴图组 | 求取存在标志 |
| | | 重力：剩余重力起始值范围为＞－3×$10^{-5}m/s^2$ | 二值化处理 |
| | | 航磁异常；航磁 $\Delta T$ 化极强度起始值在－400～600nT 之间 | 二值化处理 |
| | | 已知矿床：2 处 | 求取存在标志 |
| 海相火山岩型 | 六一-十五里堆 | 地层：晚石炭世—早二叠世宝力高庙组 | 求取存在标志 |
| | | 重力：剩余重力起始值范围为＞1×$10^{-5}m/s^2$ | 二值化处理 |
| | | 航磁异常；航磁 $\Delta T$ 化极强度起始值在－625～625nT 之间 | 二值化处理 |
| | | 已知矿床：2 处 | 求取存在标志 |
| | 驼峰山-孟恩陶勒盖 | 地层：早中二叠世大石寨组 | 求取存在标志 |
| | | 重力：剩余重力起始值范围为（－2～－1）×$10^{-5}m/s^2$ | 二值化处理 |
| | | 已知矿床：1 处 | 求取存在标志 |
| 岩浆热液型 | 朝不楞-霍林河 | 侵入岩：燕山早期花岗岩体 | 求取存在标志 |
| | | 航磁异常：航磁 $\Delta T$ 化极强度起始值范围为 1000～1300nT | 二值化处理 |
| | | 重力：剩余重力起始值范围为（－4～0）×$10^{-5}m/s^2$ | 二值化处理 |
| | | 已知矿床 1 处 | 求取存在标志 |
| | 拜仁达坝-哈拉白旗 | 地层：含硫透辉岩、透辉钾长岩体 | 求取存在标志 |
| | | 侵入岩：晚石炭世石英闪长岩 | 求取存在标志 |
| | | 断层：北东向构造 | 求取存在标志 |
| | | 重力：剩余重力起始值范围为（－1～0）×$10^{-5}m/s^2$ | 二值化处理 |
| | | 已知矿床 4 处 | 求取存在标志 |

### 2. 最小预测区圈定方法及优选结果

首先利用网格单元法对预测单元进行赋值。不同预测工作区根据实际情况划分不同间距的预测单元网格。完成预测单元划分后对预测变量进行原始变量构置，生成原始数据专题，完成网格单元赋值。对区内已知矿床(点)按矿化规模将模型单元进行矿化级别的设置，选择具有代表性的单元作为模型单元，然后对前期所选择的预测变量进行筛选，获得真正对矿化起到作用的变量，完成变量优选步骤。证据权重法中，首先建造预测模型，生成定位预测专题图层，然后选择各预测要素的证据因子、计算证据权重，进行证据因子的条件独立性检验，计算后验概率并生成色块图，色块图级别是根据后验概率值的大小确定的。

后验概率色块图的不同级别是以网格单元为边界的规则边界，因此需要在色块图的基础上叠加所有成矿要素及预测要素，采用人工与 MRAS 软件交互的方式，根据形成的定位预测色块图对照不同级别的各要素边界，依据后验概率的大小，与模型区预测要素的匹配程度，圈定最小预测区，划分 A、B、C 类最小预测区级别(表 7-205)。

**表 7-205 硫铁矿最小预测区分级原则一览表**

| 预测工作区 | A、B、C 类分级原则 |
|---|---|
| 东升庙-甲生盘 | A 类:地层+航磁+重力+矿床。B 类:地层+航磁+重力。C 类:赋矿地层存在标志 |
| 房塔沟-榆树湾 | A 类:地层+航磁+矿床。B 类:地层+航磁。C 类:赋矿地层存在标志 |
| 别鲁乌图-白乃庙 | A 类:地层+重力+航磁+矿床。B 类:地层+重力+航磁。C 类:赋矿地层存在标志 |
| 六一-十五里堆 | A 类:地层+重力+航磁+矿床。B 类:地层+重力+航磁。C 类:赋矿地层存在标志 |
| 驼峰山-孟恩陶勒盖 | A 类:地层+重力+矿床。B 类:地层+重力。C 类:赋矿地层存在标志 |
| 朝不楞-霍林河 | A 类:地质体+航磁+重力+矿床。B 类:地质体+航磁+重力。C 类:赋矿地质体 |
| 拜仁达坝-哈拉白旗 | A 类:地层+地质体+断层+重力+矿床。B 类:地层+地质体+断层+重力。C 类:地层+地质体 |

对圈定的面积过小、成矿潜力较差、预测意义不大的最小预测区进行排除，最终共圈定硫铁矿最小预测区 137 个，面积 2 704.30km²，其中变质型 28 个，面积 2 001.67km²；沉积型 46 个，面积 86.13km²；海相火山岩型 36 个，面积 206.95km²；岩浆热液型 27 个，面积 409.55km²(表 7-206，图7-190、图 7-191)。

**表 7-206 硫铁矿最小预测区圈定成果一览表**

| 预测工作区 | A 类最小预测区 | B 类最小预测区 | C 类最小预测区 | 总数 | 面积(km²) |
|---|---|---|---|---|---|
| 东升庙-甲生盘 | 7 | 12 | 9 | 28 | 2 001.67 |
| 房塔沟-榆树湾 | 2 | 6 | 20 | 28 | 18.65 |
| 别鲁乌图-白乃庙 | 5 | 7 | 6 | 18 | 67.48 |
| 六一-十五里堆 | 2 | 1 | 2 | 5 | 16.97 |
| 驼峰山-孟恩陶勒盖 | 9 | 5 | 17 | 31 | 189.98 |
| 朝不楞-霍林河 | 1 | 1 | 12 | 14 | 130.25 |
| 拜仁达坝-哈拉白旗 | 5 | 5 | 3 | 13 | 279.30 |
| 总计 | 31 | 37 | 69 | 137 | 2 704.30 |

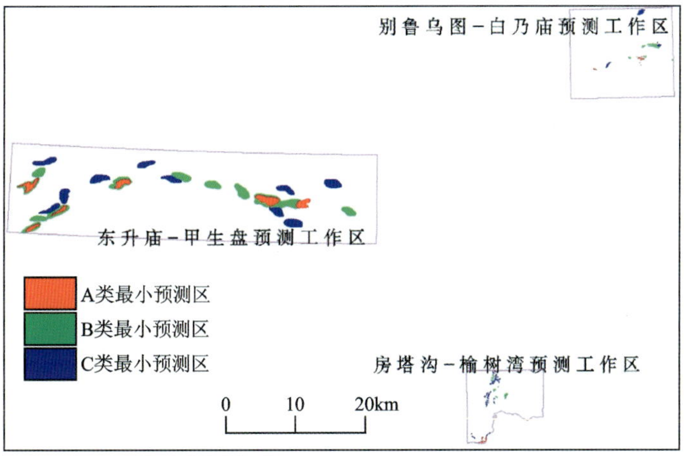


图 7-190 炭窑口-东升庙、房塔沟-榆树湾、别鲁乌图-白乃庙最小预测区分布图

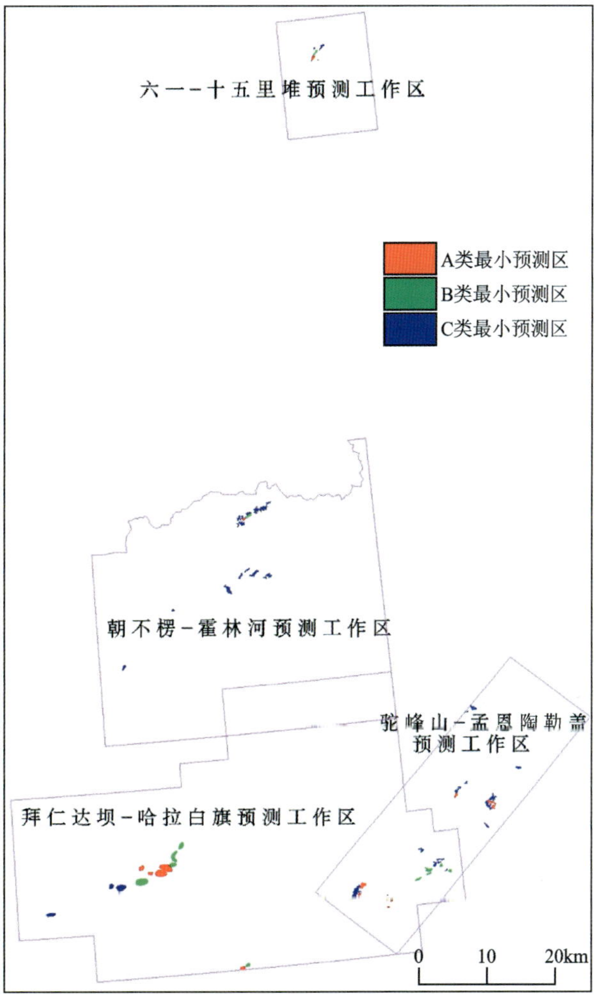


图 7-191 拜仁达坝-哈拉白旗、六一-十五里堆、朝不楞-霍林河、驼峰山-孟恩陶勒盖最小预测区分布图

## 四、资源定量预测

### 1. 典型矿床深度及外围资源量估算

运用地质体积法对内蒙古硫铁矿进行定量预测，首先确定典型矿床体积含矿率，对典型矿床深部及外围进行资源量估算(表 7-207)。

**表 7-207　硫铁矿典型矿床预测成果一览表**

| 预测类型 | 序号 | 典型矿床 | 经度 | 纬度 | 深部或外围名称 | 面积 (m²) | 延深 (m) | 体积含矿率 (t/m³) | 预测资源量 (t) | 预测资源总量 (t) |
|---|---|---|---|---|---|---|---|---|---|---|
| 沉积变质型 | 1 | 东升庙 | 107°03′49″ | 41°06′59″ | 深部 | 3 748 017 | 200 | 0.104 57 | 78 386 027 | 161 200 675 |
| | | | | | 外围 | 977 721 | 810 | | 82 814 648 | |
| | 2 | 炭窑口 | 106°47′00″ | 40°58′00″ | 深部 | 11 481 467 | 140 | 0.010 68 | 17 167 089 | 35 105 325 |
| | | | | | 外围 | 2 399 443 | 700 | | 17 938 236 | |
| | 3 | 山片沟 | 109°10′22″ | 41°12′40″ | 深部 | 12 537 296 | 190 | 0.019 65 | 46 809 115 | 79 422 234 |
| | | | | | 外围 | 2 371 001 | 700 | | 32 613 119 | |
| 沉积型 | 1 | 榆树湾 | 111°17′00″ | 39°25′00″ | 深部 | / | / | / | / | / |
| | | | | | 外围 | / | / | | / | |
| | 2 | 别鲁乌图 | 113°01′10″ | 42°18′25″ | 深部 | 587 500 | 100 | 0.037 1 | 2 179 625 | 6 351 978 |
| | | | | | 外围 | 154 058 | 730 | | 4 172 353 | |
| 海相火山岩型 | 1 | 六一 | 119°52′25″ | 49°43′30″ | 深部 | 47 313 | 100 | 0.272 7 | 1 290 226 | 3 746 162 |
| | | | | | 外围 | 15 800 | 570 | | 2 455 936 | |
| | 2 | 驼峰山 | 119°43′00″ | 43°40′30″ | 深部 | / | / | 0.041 | / | 279 886.5 |
| | | | | | 外围 | 37 925 | 180 | | 279 886.5 | |
| 岩浆热液型 | 1 | 朝不楞 | 118°37′01″ | 46°32′01″ | 深部 | 2 238 108 | 95 | 0.001 9 | 403 978 | 2 875 462 |
| | | | | | 外围 | 5 203 125 | 250 | | 2 471 484 | |
| | 2 | 拜仁达坝 | 117°33′01″ | 44°07′01″ | 深部 | 1 337 500 | 340 | 0.000 93 | 389 213 | 2 453 858 |
| | | | | | 外围 | 1 612 500 | 100 | | 2 064 645 | |

### 2. 模型区及预测区参数确定

模型区即包含典型矿床的最小预测区。参考模型区地质体面积、延深、预测资源量，计算含矿地质体含矿系数。最小预测区面积是根据圈定的最小预测区面积换算而来，延深是根据已知钻孔控制深度、地质体推测深度估算，相似系数为各最小预测区地物化遥条件与模型区的相似程度类比数(表 7-208)。

表 7-208　硫铁矿各预测工作区模型区预测资源量及估算参数一览表

| 预测工作区编号 | 预测工作区 | 模型区编号 | 模型区名称 | 经度 | 纬度 | 含矿地质体含矿系数 | 模型区预测资源总量(t) | 最小预测区面积范围($km^2$) | 最小预测区预测深度范围(m) |
|---|---|---|---|---|---|---|---|---|---|
| 沉积变质型硫铁矿 | | | | | | | | | |
| 1519301001 | 东升庙-甲生盘 | A1519301001 | 必其格图 | 107°01′15″ | 41°05′38″ | 0.011 7 | 400 279 303 | 34.56～118.86 | 600～900 |
| | | A1519301003 | 阿布亥拜兴 | 106°45′15″ | 40°57′47″ | 0.004 3 | 103 758 625 | | |
| | | A1519301006 | 刘洪湾 | 109°09′23″ | 41°14′00″ | 0.003 02 | 251 352 034 | | |
| 沉积型硫铁矿 | | | | | | | | | |
| 1519101001 | 房塔沟-榆树湾 | A1519101001 | 榆树湾 | 111°17′00″ | 39°25′00″ | 0.297 63 | 1 656 000 | 0.09～3.13 | 4～5 |
| 1519102001 | 别鲁乌图-白乃庙 | A1519102001 | 别鲁乌图 | 113°01′10″ | 42°18′25″ | 0.018 77 | 20 066 728 | 0.20～17.95 | 200～1000 |
| 海相火山岩型硫铁矿 | | | | | | | | | |
| 1519401001 | 六一-十五里堆 | A1519401001 | 六一 | 119°52′25″ | 49°43′30″ | 0.014 55 | 9 809 562 | 0.76～5.91 | 570 |
| 1519402001 | 驼峰山-孟恩陶勒盖 | A1519402001 | 驼峰山 | 119°43′00″ | 43°40′30″ | 0.008 02 | 3 049 886.5 | 0.64～12.85 | 115～180 |
| 岩浆热液型硫铁矿 | | | | | | | | | |
| 1519601001 | 朝不楞-霍林河 | A1519601001 | 朝不楞 | 118°37′01″ | 46°32′01″ | 0.003 3 | 3 523 462 | 2.49～32.24 | 250 |
| 1506205001 | 拜仁达坝-哈拉白旗 | A1506205001 | 拜仁达坝 | 117°33′01″ | 44°07′01″ | 0.000 061 3 | 3 779 425 | 0.01～0.72 | 100～340 |

### 3. 预测区资源量估算及其结果

本次硫铁矿预测资源总量为 81 999.481 万 t，其中沉积变质型为 74 279.932 万 t(表 7-209)。

表 7-209　硫铁矿各预测工作区预测资源量一览表

| 预测工作区编号 | 预测工作区 | 预测工作区预测资源总量(万 t) |
|---|---|---|
| 沉积变质型硫铁矿 | | |
| 1519301001 | 东升庙-甲生盘 | 74 279.932 |
| 总计 | | 74 279.932 |

续表 7-209

| 预测工作区编号 | 预测工作区 | 预测工作区预测资源总量(万 t) |
|---|---|---|
| 沉积型硫铁矿 | | |
| 1519101001 | 房塔沟-榆树湾 | 896.51 |
| 1519102001 | 别鲁乌图-白乃庙 | 3 794.993 |
| 总计 | | 4 691.503 |
| 海相火山岩型硫铁矿 | | |
| 1519401001 | 六一-十五里堆 | 1 272.897 |
| 1519402001 | 驼峰山-孟恩陶勒盖 | 994.977 |
| 总计 | | 2 267.874 |
| 岩浆热液型硫铁矿 | | |
| 1519601001 | 朝不楞-霍林河 | 548.553 |
| 1506205001 | 拜仁达坝-哈拉白旗 | 211.619 |
| 总计 | | 760.172 |
| 硫铁矿预测资源量总计(万 t) | | 81 999.481 |

# 第十七节　萤石矿资源潜力评价

## 一、萤石矿预测模型

根据矿产预测类型划分，萤石矿共涉及两个矿产预测类型：沉积改造型萤石矿和岩浆充填型萤石矿(表 7-210)。

表 7-210　萤石矿典型矿床预测类型一览表

| 矿产预测类型 | 典型矿床 |
|---|---|
| 沉积改造型 | 苏莫查干敖包 |
| 热液充填型 | 东七一山、恩格勒、苏达勒、大西沟、昆库力 |

其中沉积改造型典型矿床预测模型以苏莫查干敖包萤石矿为例；热液充填型典型矿床预测模型以东七一山萤石矿为例。

### 1. 沉积改造型苏莫查干敖包萤石矿

苏莫查干敖包萤石矿大地构造位置位于天山-兴蒙造山系(Ⅰ)，大兴安岭弧盆系(Ⅰ-1)，锡林浩特岩浆(Ⅰ-1-6)。成矿区(带)位于滨太平洋成矿域(Ⅰ-4)，大兴安岭成矿省(Ⅱ-12)，阿巴嘎-霍林河铬、铜(金)、锗、煤、天然碱、芒硝成矿带(Ⅲ-7)，苏莫查干敖包-二连萤石、锰成矿亚带(Ⅲ-8-④)。

总结苏莫查干敖包典型矿床综合信息特征，编制典型矿床预测要素表(表 7-211)。

**表 7-211　苏莫查干敖包萤石矿典型矿床预测要素表**

<table>
<tr><td colspan="2" rowspan="3">预测要素</td><td colspan="4">描述内容</td><td rowspan="3">要素类别</td></tr>
<tr><td>储量</td><td>矿石量:2 033.0 万 t<br>萤石:1 296.241 万 t</td><td>平均品位</td><td>$CaF_2$ 63.76%</td></tr>
<tr><td>特征描述</td><td colspan="3">沉积-改造(层控内生)型层状萤石矿床</td></tr>
<tr><td rowspan="4">地质环境</td><td>构造背景</td><td colspan="4">蒙古弧形褶皱带与新华夏构造体系的复合部位</td><td>重要</td></tr>
<tr><td>成矿环境</td><td colspan="4">矿体赋存于大石寨组碳酸盐岩地层中,后期经过燕山晚期岩浆热液改造</td><td>重要</td></tr>
<tr><td>含矿岩系</td><td colspan="4">苏莫查干敖包萤石矿产于二叠纪大石寨组三岩段,主要萤石矿体赋存于大石寨组三岩段底部,含矿岩性为结晶灰岩</td><td>必要</td></tr>
<tr><td>成矿时代</td><td colspan="4">沉积成矿时代为二叠纪;改造成矿时代为燕山期</td><td>重要</td></tr>
<tr><td rowspan="10">矿床特征</td><td>矿体形态</td><td colspan="4">层状、似层状</td><td>重要</td></tr>
<tr><td>岩石类型</td><td colspan="4">碳质板岩、绢云绿泥碳质板岩、绢云绿泥斑点板岩、结晶灰岩、大理岩</td><td>重要</td></tr>
<tr><td>岩石结构</td><td colspan="4">变余泥质结构、细粒变晶结构、隐晶质结构</td><td>次要</td></tr>
<tr><td>矿物组成</td><td colspan="4">矿石矿物:萤石;金属矿物:黄铁矿、黄铜矿、闪锌矿、磁黄铁矿等;<br>脉石矿物:石英、方解石、蛋白石、玉髓</td><td>重要</td></tr>
<tr><td>矿石结构构造</td><td colspan="4">结构:自形—半自形粒状结构、他形粒状结构、伟晶结构;<br>构造:块状构造、纹层状构造、角砾状构造、同心圆状构造、梳状构造、蜂窝状构造、皮壳状构造、葡萄状构造等</td><td>次要</td></tr>
<tr><td>蚀变特征</td><td colspan="4">绢云母化、硅化、碳酸盐化、高岭土化等</td><td>重要</td></tr>
<tr><td rowspan="4">控矿条件</td><td colspan="4">褶皱构造</td><td>必要</td></tr>
<tr><td colspan="4">断裂构造</td><td>必要</td></tr>
<tr><td colspan="4">早中二叠世大石寨组第三岩段</td><td>必要</td></tr>
<tr><td colspan="4">燕山晚期花岗岩侵入体</td><td>必要</td></tr>
<tr><td colspan="2">地球化学</td><td colspan="4">萤石矿所在区域 F 地球化学特征值表现为高异常,F 地球化学异常值高于 $573\times10^{-6}$</td><td>重要</td></tr>
</table>

典型矿床预测模型图的编制,以矿床剖面为基础,叠加化探氟异常剖面图形成(图 7-192)。

预测模型图的编制,以地质剖面图为基础,叠加区域化探异常剖面图而形成,简要表示预测要素内容及其相互关系,以及时空展布特征(图 7-193)。

### 2. 热液充填型东七一山萤石矿

东七一山萤石矿大地构造位置位于天山-兴蒙造山系(Ⅰ),额济纳旗-北山弧盆系(Ⅰ-9),公婆泉岛弧(Ⅰ-9-4)。成矿区(带)位于古亚洲成矿域(Ⅰ-1),塔里木成矿省(Ⅱ-4),磁海-公婆泉铁、铜、金、铅、锌、钨、锡、铷、钒、铀、磷成矿带(Ⅲ-2),石板井-东七一山钨、钼、铜、铁、萤石成矿亚带(Ⅲ-2-①)。

总结东七一山典型矿床综合信息特征,编制典型矿床预测要素表(表 7-212)。

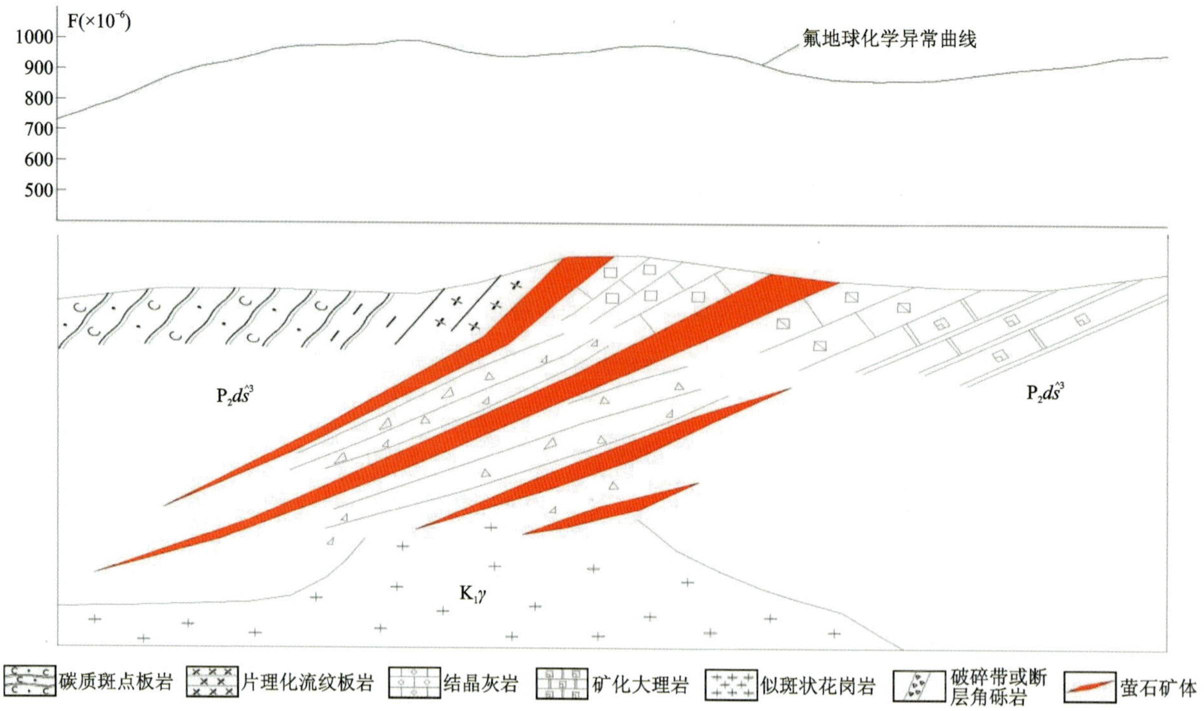


图 7-192　苏莫查干敖包萤石矿典型矿床预测模型图

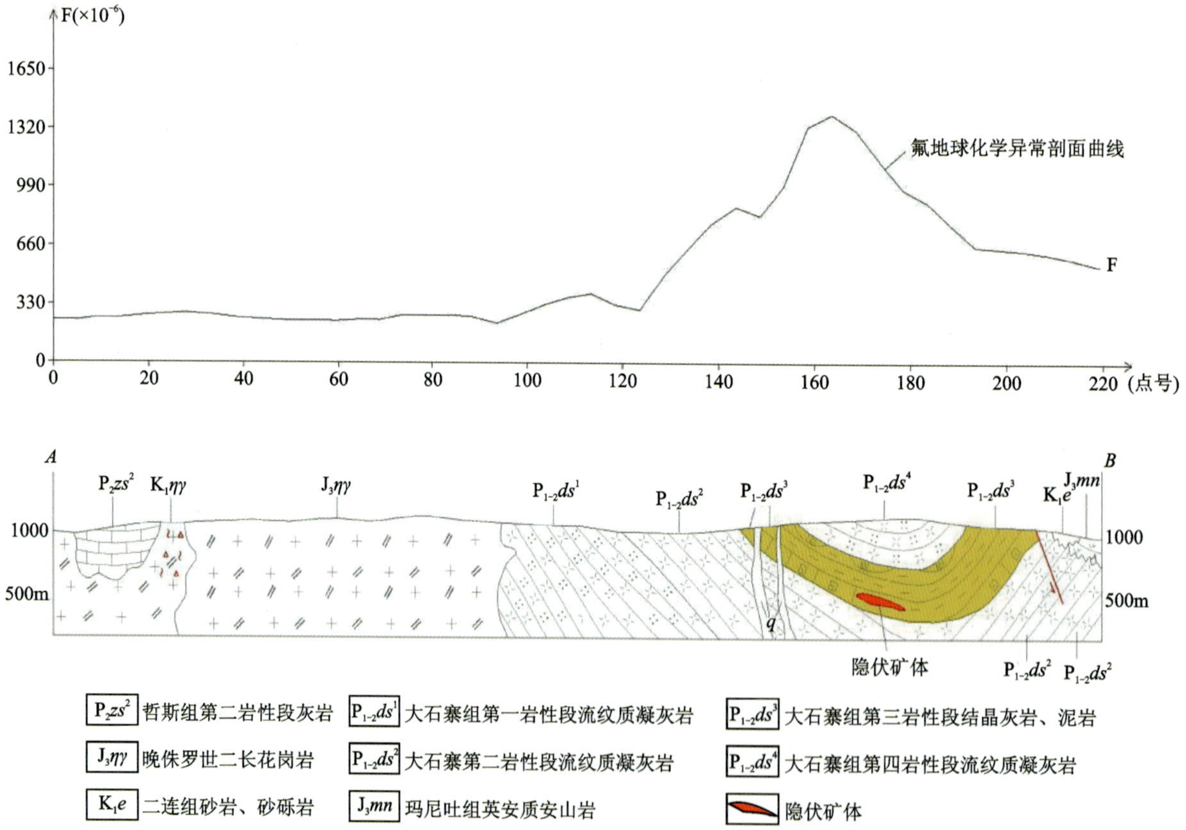


图 7-193　苏莫查干敖包-敖包吐预测工作区预测模型图

表 7-212 东七一山萤石矿典型矿床预测要素表

| 预测要素 | | 描述内容 | | | | 要素类别 |
|---|---|---|---|---|---|---|
| | | 储量 | 矿石量:68.013 万 t<br>萤石:55.539 万 t | 平均品位 | $CaF_2$ 81.66% | |
| | | 特征描述 | 低温热液充填型脉状萤石矿床 | | | |
| 地质环境 | 构造背景 | 本区以断裂构造为主,绝大多数与成矿有关,且为成矿前断裂,以北东向和近于南北向的两组断裂最为发育,为矿液运移和沉淀提供了良好的场所 | | | | 重要 |
| | 成矿环境 | 萤石矿受构造控制,沿构造裂隙充填,矿体与围岩界线清楚,交代现象不明显 | | | | 重要 |
| | 含矿岩体 | 本区萤石矿赋存于中晚志留世公婆泉组和海西中期细粒—中粗粒花岗岩体中,细粒—中粗粒花岗岩为本区萤石矿形成提供了丰富的物质来源和热源,是萤石矿的成矿母岩 | | | | 必要 |
| | 成矿时代 | 石炭纪(海西期) | | | | 重要 |
| 矿床特征 | 矿体形态 | 矿体主要以脉状、囊状、扁豆状形式产出 | | | | 重要 |
| | 岩石类型 | 中粗粒花岗岩、安山岩、英安岩、大理岩、安山质凝灰岩 | | | | 重要 |
| | 岩石结构 | 细粒—中粗粒花岗结构、安山结构、凝灰结构 | | | | 次要 |
| | 矿物组成 | 矿石矿物:萤石;<br>脉石矿物:石髓、石英、方解石、褐铁矿 | | | | 重要 |
| | 矿石结构构造 | 结构:以他形—半自形细粒结构为主,次为自形中粗粒—巨粒结构;<br>构造:以块状、条带状、晶洞状构造为主、次为同心圆状及角砾状构造 | | | | 次要 |
| | 蚀变特征 | 高岭土化、褐铁矿化、硅化 | | | | 重要 |
| | 控矿条件 | 断裂构造 | | | | 必要 |
| | | 石炭纪(海西期)细粒—中粗粒花岗岩体 | | | | 必要 |
| 地球化学 | | F 异常面积大,强度高,浓集中心部位与地层和岩体的接触带、矿体相吻合 | | | | 重要 |

典型矿床预测模型图的编制,以矿床剖面为基础,叠加化探氟异常剖面图形成(图 7-194)。

预测模型图的编制,以地质剖面图为基础,叠加区域化探异常剖面图而形成,简要表示预测要素内容及其相互关系,以及时空展布特征(图 7-195)。

## 二、预测方法类型确定及区域预测要素

内蒙古自治区已知萤石矿,按成因类型可划分为沉积改造型矿床和热液充填型矿床,其中以热液充填型萤石矿床为主。

根据对各个典型矿床的研究,结合预测工作区大地构造环境、主要控矿因素、成矿作用特征等,确定预测方法类型采用层控内生型和侵入岩体型,预测底图采用 1∶10 万沉积建造构造图和 1∶10 万侵入岩浆构造图(表 7-213)。

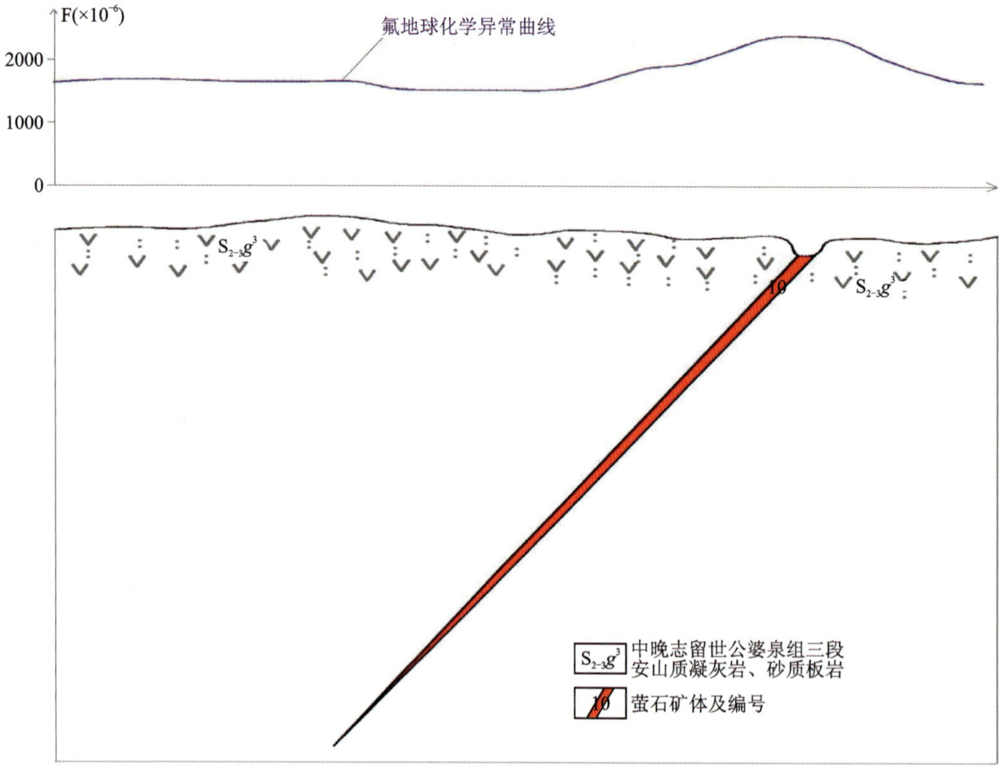


图 7-194　东七一山萤石矿典型矿床预测模型图

**表 7-213　内蒙古自治区萤石单矿种预测方法类型及预测底图类型划分一览表**

| 预测方法类型 | 预测工作区 | 预测底图 |
| --- | --- | --- |
| 层控内生型 | 苏莫查干敖包-敖包吐 | 1∶10 万沉积建造构造图 |
| 侵入岩体型 | 神螺山 | 1∶10 万侵入岩浆构造图 |
| | 东七一山 | |
| | 哈布达哈拉-恩格勒 | |
| | 库伦敖包-刘满壕 | |
| | 黑沙图-乌兰布拉格 | |
| | 白音脑包-赛乌素 | |
| | 白彦敖包-石匠山 | |
| | 东井子-太仆寺东郊 | |
| | 跃进 | |
| | 苏达勒-乌兰哈达 | |
| | 大西沟-桃海 | |
| | 白仗子-陈道沟 | |
| | 昆库力-旺石山 | |
| | 哈达汗-诺敏山 | |
| | 协林-六合屯 | |
| | 白音锡勒牧场-水头 | |

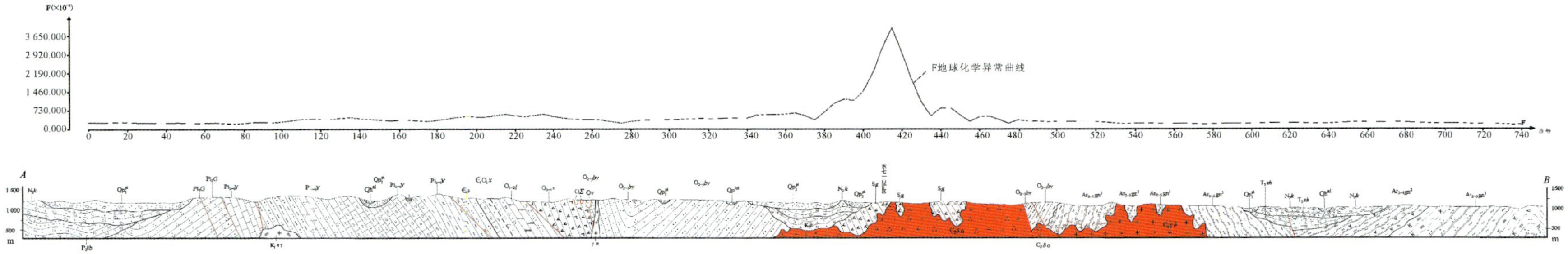


$Ar_{2-3}gn^1$ 二云钾长变砾岩、石英岩、绿泥石片麻岩

$Ar_{2-3}gn^2$ 中—新太古代绿泥石片麻岩、黑云斜长片麻岩

$Ar_{2-3}gn^3$ 中—新太古代黑云斜长片麻岩

$O_{2-3}x$ 咸水湖组安山岩、玄武质安山岩

$O_{2-3}by$ 白云山组变质石英砂岩、变质粉砂岩夹变质砂岩

$Sg$ 公婆泉组安山岩

$Qh^{pl}$ 全新世洪积层砂、砂砾岩

$Qh^{al}$ 全新世冲积层砂砾岩

$K_1\eta\gamma$ 早白垩纪二长花岗岩

$Pt_2G$ 古硐井群变质石英砂岩

$Pt_{2-3}Y$ 圆藻山群灰岩、变质石英砂岩、白云质灰岩、结晶灰岩、硅质灰岩、石英砂岩

$\epsilon_1s$ 三山子组变质粉砂岩、变质长石石英砂岩

$P_2sb$ 双堡塘组砂岩、长石砂岩

$T_3sh$ 珊瑚井组砂岩、长石砂岩、砾岩

$K_1c$ 赤金堡组长石砂岩

$C_2\delta o$ 晚石炭世石英闪长岩

$O\Sigma$ 奥陶纪超基性岩

$O\nu$ 奥陶纪辉长岩

$\epsilon_1O_1x$ 西双鹰山组砾屑灰岩、杂砂岩

$O_{1-2}l$ 罗雅楚山组变质长石石英砂岩、白云岩

$\gamma\pi$ 花岗斑岩

$N_2k$ 苦泉组砂砾岩、砂岩

$Qp_3^{pl}$ 晚更新世洪积层含砂砾岩

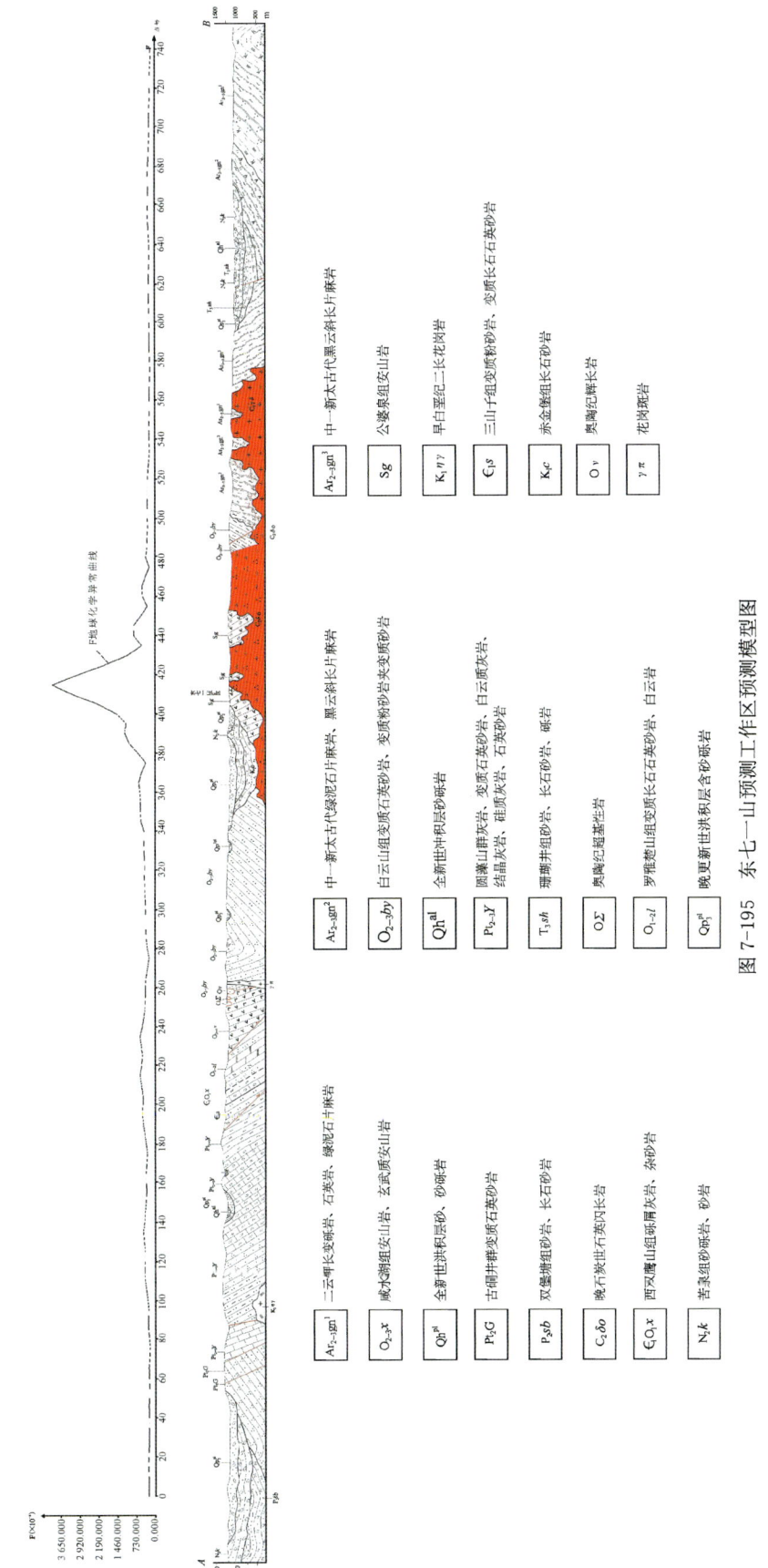

图 7-195　东七一山预测工作区预测模型图

其中层控内生型萤石矿区域预测要素以苏莫查干敖包-敖包吐预测工作区为例；由于侵入岩体型萤石矿预测工作区数量较多，在此仅以东七一山预测工作区区域预测要素(表7-214、表7-215)为例。

**表7-214　层控内生型萤石矿区域预测要素表**

| 预测要素 | | 描述内容 | 要素分类 |
|---|---|---|---|
| | | 预测工作区：苏莫查干敖包-敖包吐 | |
| 地质环境 | 大地构造位置 | 天山-兴蒙造山系(Ⅰ)，大兴安岭弧盆系(Ⅰ-1)，锡林浩特岩浆(Ⅰ-1-6) | 重要 |
| | 成矿区(带) | 滨太平洋成矿域(Ⅰ-4)，大兴安岭成矿省(Ⅱ-12)，阿巴嘎-霍林河铬、铜(金)、锗、煤、天然碱、芒硝成矿带(Ⅲ-7)，苏莫查干敖包-二连萤石、锰成矿亚带(Ⅲ-8-④) | 重要 |
| | 成矿环境 | 潮下带 | 重要 |
| | 含矿岩系 | 二叠纪大石寨组三岩段底部，含矿层由碳酸盐岩建造所构成 | 必要 |
| | 成矿时代 | 沉积成矿时代为二叠纪；改造成矿时代为燕山期 | 重要 |
| 矿床特征 | 矿体形态 | 层状、似层状 | 重要 |
| | 岩石类型 | 碳质板岩、绢云绿泥碳质板岩、结晶灰岩、大理岩 | 重要 |
| | 岩石结构 | 变余泥质结构、细粒变晶结构 | 次要 |
| | 矿物组成 | 矿石矿物：萤石；<br>金属矿物：黄铁矿、黄铜矿、闪锌矿、磁黄铁矿等 | 重要 |
| | 矿石结构构造 | 结构：自形—半自形粒状结构、他形粒状结构、伟晶结构；<br>构造：块状构造、纹层状构造、角砾状构造、梳状构造 | 次要 |
| | 蚀变特征 | 绢云母化、硅化、碳酸盐化、高岭土化 | 重要 |
| | 控矿条件 | 褶皱构造、断裂构造 | 必要 |
| | | 早中二叠世大石寨组底部碳酸盐岩、泥岩建造 | 必要 |
| | | 白垩纪(燕山晚期)花岗岩侵入体 | 必要 |
| 区内相同类型矿产 | | 成矿区(带)内有1个特大型矿床，3个中型矿床 | 重要 |
| 地球化学 | | 苏莫查干敖包萤石矿处于区域F地球化学异常高异常区，F异常值介于$(573\sim806)\times10^{-6}$之间 | 重要 |

**表7-215　侵入岩体型萤石矿区域预测要素表**

| 预测要素 | | 描述内容 | 要素分类 |
|---|---|---|---|
| | | 预测工作区：东七一山 | |
| 地质环境 | 大地构造位置 | 天山-兴蒙造山系(Ⅰ)，额济纳旗-北山弧盆系(Ⅰ-9)，公婆泉岛弧(Ⅰ-9-4) | 重要 |
| | 成矿区(带) | 古亚洲成矿域(Ⅰ-1)，塔里木成矿省(Ⅱ-4)，磁海-公婆泉铁、铜、金、铅、锌、钨、锡、铷、钒、铀、磷成矿带(Ⅲ-2)，石板井-东七一山钨、钼、铜、铁、萤石成矿亚带(Ⅲ-2-①) | 重要 |
| | 成矿环境 | 萤石矿赋存于北东向和近南北向两组断裂构造带内 | 重要 |
| | 含矿岩体 | 中晚志留世公婆泉组大理岩、安山岩、英安岩、安山质凝灰岩、砂质板岩 | 必要 |
| | 成矿时代 | 石炭纪(海西期) | 重要 |

续表 7-215

| 预测要素 | | 描述内容 | 要素分类 |
|---|---|---|---|
| 矿床特征 | 矿体形态 | 矿体主要以脉状、囊状、扁豆状形式产出 | 重要 |
| | 岩石类型 | 大理岩、安山岩、英安岩、安山质凝灰岩、砂质板岩 | 重要 |
| | 岩石结构 | 斑状结构、凝灰结构、变晶结构 | 次要 |
| | 矿物组成 | 主要矿物有萤石、石髓、石英、方解石、褐铁矿 | 重要 |
| | 矿石结构构造 | 结构:他形—半自形细粒结构;<br>构造:块状、条带状、晶洞状构造 | 次要 |
| | 蚀变特征 | 主要为硅化、高岭土化、褐铁矿化 | 重要 |
| | 控矿条件 | 断裂构造 | 必要 |
| | | 石炭纪花岗闪长岩、石英闪长岩岩体 | 必要 |
| 区内相同类型矿产 | | 成矿区(带)内有1个中型矿床 | 重要 |
| 地球化学 | | F元素是预测区呈富集状态的主要成矿元素,西北—东南一带以南大部分以高背景区和较高背景区为主,呈不规则长条状,以北大部分以低背景区和背景区为主。区内F异常主要集中在东南,多为一级异常,且面积一般不大,仅萤石矿地区有一处较大的三级异常,异常强度高,浓集中心清晰,梯度变化大。东七一山典型矿床与F异常中心吻合较好 | 重要 |

## 三、最小预测区圈定

根据对典型矿床成矿规律、预测要素,及预测工作区区域地质、物探、化探、遥感等背景条件的研究,确定预测工作区预测要素,提取预测变量,运用矿产资源评价系统(MRAS)对预测工作区进行定位预测。

### 1. 变量构置

根据各预测工作区不同成矿条件,进行预测变量构置(表7-216)。

表 7-216　萤石矿变量构置一览表

| 预测类型 | 预测工作区 | 预测变量 | 变量处理 |
|---|---|---|---|
| 层控热液型 | 苏莫查干敖包-敖包吐 | 地层:早中二叠世大石寨组第三岩段 | 求取存在标志 |
| | | 断层:西里庙地区褶皱构造、北东向以及北西向断裂构造 | 求取存在标志 |
| | | F异常:F异常值介于(573～48 400)$\times 10^{-6}$之间 | 二值化处理 |
| | | 重力:剩余重力起始值范围在(−4～−1)$\times 10^{-5}$ m/s$^2$之间 | 二值化处理 |
| | | 已知矿床4处 | 求取存在标志 |
| 岩浆热液型 | 神螺山 | 地质体:二叠纪正长花岗岩体 | 求取存在标志 |
| | | F异常:F异常值介于(488～7140)$\times 10^{-6}$之间 | 二值化处理 |
| | | 已知矿床:1处 | 求取存在标志 |
| | 东七一山 | 地质体:晚石炭世花岗闪长岩或石英闪长岩岩体 | 求取存在标志 |
| | | F异常:F异常值介于(488～13 850)$\times 10^{-6}$之间 | 二值化处理 |
| | | 已知矿床1处 | 求取存在标志 |

**续表 7-216**

| 预测类型 | 预测工作区 | 预测变量 | 变量处理 |
|---|---|---|---|
| 岩浆热液型 | 哈布达哈拉-恩格勒 | 地质体:中三叠世中粗粒花岗岩、中粗粒似斑状二长花岗岩及中粗粒碱长花岗岩 | 求取存在标志 |
| | | F 异常:F 异常值介于(488～4020)×$10^{-6}$之间 | 二值化处理 |
| | | 已知矿床 2 处 | 求取存在标志 |
| | 库伦敖包-刘满壕 | 地质体:晚三叠世二长花岗岩、白云母二长花岗岩、似斑状黑云母花岗岩以及中细粒花岗闪长岩岩体 | 求取存在标志 |
| | | F 异常:F 异常值介于(573～2180)×$10^{-6}$之间 | 二值化处理 |
| | | 已知矿床 3 处,矿化点 2 处 | 求取存在标志 |
| | 黑沙图-乌兰布拉格 | 地质体:中晚奥陶世英云闪长岩以及白岗岩 | 求取存在标志 |
| | | F 异常:F 异常值介于(573～2403)×$10^{-6}$之间 | 二值化处理 |
| | | 已知矿床 1 处 | 求取存在标志 |
| | 白音脑包-赛乌素 | 地质体:晚侏罗世花岗岩 | 求取存在标志 |
| | | F 异常:F 异常值介于(573～261 000)×$10^{-6}$之间 | 二值化处理 |
| | | 重力:剩余重力起始值范围在(－1～10)×$10^{-5}$ m/s$^2$之间 | 二值化处理 |
| | | 已知矿床 1 处,矿点 1 处 | 求取存在标志 |
| | 白彦敖包-石匠山 | 地质体:晚三叠世中粗粒白云母花岗岩、白云母二长花岗岩 | 求取存在标志 |
| | | F 异常:F 异常值介于(313～24 600)×$10^{-6}$之间 | 二值化处理 |
| | | 已知矿床 7 处,矿点 1 处 | 求取存在标志 |
| | 东井子-太仆寺东郊 | 地质体:燕山早期二长花岗岩 | 求取存在标志 |
| | | F 异常:F 异常值介于(313～402)×$10^{-6}$之间 | 二值化处理 |
| | | 重力:布格重力起始值范围在(－179～－140)×$10^{-5}$ m/s$^2$之间 | 二值化处理 |
| | | 已知矿床 1 处 | 求取存在标志 |
| | 跃进 | 地质体:印支期花岗岩 | 求取存在标志 |
| | | F 异常:F 异常值介于(686～1003)×$10^{-6}$之间 | 二值化处理 |
| | | 已知矿床 1 处 | 求取存在标志 |
| | 苏达勒-乌兰哈达 | 地质体:燕山期黑云母花岗岩、角闪黑云花岗闪长岩 | 求取存在标志 |
| | | F 异常:F 异常值介于(209～252)×$10^{-6}$之间 | 二值化处理 |
| | | 已知矿床 3 处 | 求取存在标志 |
| | 大西沟-桃海 | 地质体:早白垩世闪长玢岩及侏罗纪花岗岩 | 求取存在标志 |
| | | F 异常:F 异常值介于(686～1003)×$10^{-6}$之间 | 二值化处理 |
| | | 重力:剩余重力起始值范围在(－119～－44)×$10^{-5}$ m/s$^2$之间 | 二值化处理 |
| | | 已知矿床 1 处 | 求取存在标志 |
| | 白仗子-陈道沟 | 地质体:晚侏罗世黑云母花岗岩、二长花岗岩,中二叠世花岗岩 | 求取存在标志 |
| | | F 异常:F 异常值介于(686～15 400)×$10^{-6}$之间 | 二值化处理 |
| | | 已知矿床 2 处 | 求取存在标志 |

续表 7-216

| 预测类型 | 预测工作区 | 预测变量 | 变量处理 |
| --- | --- | --- | --- |
| 岩浆热液型 | 昆库力-旺石山 | 地质体:晚石炭世浅红色黑云母花岗岩 | 求取存在标志 |
| | | F 异常:F 异常值介于(686～6720)$\times10^{-6}$之间 | 二值化处理 |
| | | 已知矿床 5 处 | 求取存在标志 |
| | 哈达汗-诺敏山 | 地质体:早白垩世花岗斑岩和石英正长斑岩 | 求取存在标志 |
| | | F 异常:F 异常值介于(573～1120)$\times10^{-6}$之间 | 二值化处理 |
| | | 已知矿床 1 处 | 求取存在标志 |
| | 协林-六合屯 | 地质体:晚侏罗世闪长玢岩和早白垩世花岗斑岩 | 求取存在标志 |
| | | F 异常:F 异常值介于(402～2955)$\times10^{-6}$之间 | 二值化处理 |
| | | 已知矿床 2 处 | 求取存在标志 |
| | 白音锡勒牧场-水头 | 地质体:燕山早期正长花岗岩 | 求取存在标志 |
| | | F 异常:F 异常值介于(686～23 000)$\times10^{-6}$之间 | 二值化处理 |
| | | 已知矿床 2 处,矿点 3 处 | 求取存在标志 |

**2. 最小预测区圈定方法及优选结果**

首先利用网格单元法对预测单元进行赋值。不同预测工作区根据实际情况划分不同间距的预测单元网格。完成预测单元划分后对预测变量进行原始变量构置,生成原始数据专题,完成网格单元赋值。对区内已知矿床(点)按矿化规模将模型单元进行矿化级别的设置,选择具有代表性的单元作为模型单元,然后对前期所选择的预测变量进行筛选,获得真正对矿化起到作用的变量,完成变量优选步骤。证据权重法中,首先构造预测模型,生成定位预测专题图层,然后选择各预测要素的证据因子,计算证据权重,进行证据因子的条件独立性检验,计算后验概率并生成色块图,色块图级别是根据后验概率值的大小确定的。

后验概率色块图的不同级别是以网格单元为边界的规则边界,因此需要在色块图的基础上叠加所有成矿要素及预测要素,采用人工与 MRAS 软件交互的方式,根据形成的定位预测色块图对照不同级别的各要素边界,依据后验概率的大小,与模型区预测要素的匹配程度,圈定最小预测区,划分 A、B、C 类最小预测区级别(表 7-217)。

**表 7-217 萤石矿最小预测区分级原则一览表**

| 预测工作区 | A、B、C 类分级原则 |
| --- | --- |
| 苏莫查干敖包-敖包吐 | A 类:地层+断层+F 异常+重力+矿床。B 类:地层+断层+F 异常+重力。C 类:地层+断层+F 异常 |
| 神螺山 | A 类:地质体+F 异常+矿床。B 类:地质体+F 异常。C 类:赋矿地质体存在标志 |
| 东七一山 | A 类:地质体+F 异常+矿床。B 类:地质体+F 异常。C 类:赋矿地质体存在标志 |
| 哈布达哈拉-恩格勒 | A 类:地质体+F 异常+矿床。B 类:地质体+F 异常。C 类:赋矿地质体存在标志 |
| 库伦敖包-刘满壕 | A 类:地质体+F 异常+矿床。B 类:地质体+F 异常。C 类:赋矿地质体存在标志 |
| 黑沙图-乌兰布拉格 | A 类:地质体+F 异常+矿床。B 类:地质体+F 异常。C 类:赋矿地质体存在标志 |
| 白音脑包-赛乌素 | A 类:地质体+F 异常+重力+矿床。B 类:地质体+F 异常+重力。C 类:地质体+F 异常 |
| 白彦敖包-石匠山 | A 类:地质体+F 异常+矿床。B 类:地质体+F 异常。C 类:赋矿地质体存在标志 |

续表 7-217

| 预测工作区 | A、B、C 类分级原则 |
|---|---|
| 东井子-太仆寺东郊 | A 类:地质体+F 异常+重力+矿床。B 类:地质体+F 异常+重力。C 类:地质体+F 异常 |
| 跃进 | A 类:地质体+F 异常+矿床。B 类:地质体+F 异常。C 类:赋矿地质体存在标志 |
| 苏达勒-乌兰哈达 | A 类:地质体+F 异常+矿床。B 类:地质体+F 异常。C 类:赋矿地质体存在标志 |
| 大西沟-桃海 | A 类:地质体+F 异常+重力+矿床。B 类:地质体+F 异常+重力。C 类:地质体+F 异常 |
| 白仗子-陈道沟 | A 类:地质体+F 异常+矿床。B 类:地质体+F 异常。C 类:赋矿地质体存在标志 |
| 昆库力-旺石山 | A 类:地质体+F 异常+矿床。B 类:地质体+F 异常。C 类:赋矿地质体存在标志 |
| 哈达汗-诺敏山 | A 类:地质体+F 异常+矿床。B 类:地质体+F 异常。C 类:赋矿地质体存在标志 |
| 协林-六合屯 | A 类:地质体+F 异常+矿床。B 类:地质体+F 异常。C 类:赋矿地质体存在标志 |
| 白音锡勒牧场-水头 | A 类:地质体+F 异常+矿床。B 类:地质体+F 异常。C 类:赋矿地质体存在标志 |

对圈定的面积过小、成矿潜力较差、预测意义不大的最小预测区进行排除,最终共圈定萤石矿最小预测区 282 个,面积 2 152.53km²,其中层控热液型 10 个,面积 34.30km²;岩浆热液型 272 个,面积 2 118.23km²(表 7-218,图 7-196～图 7-200)。

**表 7-218　萤石矿最小预测区圈定成果一览表**

| 预测工作区 | A 类最小预测区 | B 类最小预测区 | C 类最小预测区 | 总数 | 面积(km²) |
|---|---|---|---|---|---|
| 苏莫查干敖包-敖包吐 | 4 | 2 | 4 | 10 | 34.30 |
| 神螺山 | 1 | 1 | 3 | 5 | 19.19 |
| 东七一山 | 1 | 4 | 8 | 13 | 142.56 |
| 哈布达哈拉-恩格勒 | 2 | 5 | 8 | 15 | 71.22 |
| 库伦敖包-刘满壕 | 3 | 2 | 10 | 15 | 32.39 |
| 黑沙图-乌兰布拉格 | 3 | 3 | 4 | 10 | 54.77 |
| 白音脑包-赛乌素 | 1 | 5 | 7 | 13 | 98.02 |
| 白彦敖包-石匠山 | 7 | 1 | 11 | 19 | 37.18 |
| 东井子-太仆寺东郊 | 1 | 8 | 4 | 13 | 96.25 |
| 跃进 | 1 | 1 | 4 | 6 | 43.98 |
| 苏达勒-乌兰哈达 | 3 | 4 | 12 | 19 | 106.23 |
| 大西沟-桃海 | 2 | 6 | 13 | 21 | 221.17 |
| 白仗子-陈道沟 | 2 | 6 | 9 | 17 | 51.32 |
| 昆库力-旺石山 | 5 | 12 | 20 | 37 | 503.31 |
| 哈达汗-诺敏山 | 1 | 3 | 6 | 10 | 12.28 |
| 协林-六合屯 | 2 | 5 | 6 | 13 | 37.22 |
| 白音锡勒牧场-水头 | 5 | 17 | 24 | 46 | 591.14 |
| 总计 | 44 | 85 | 153 | 282 | 2 152.53 |

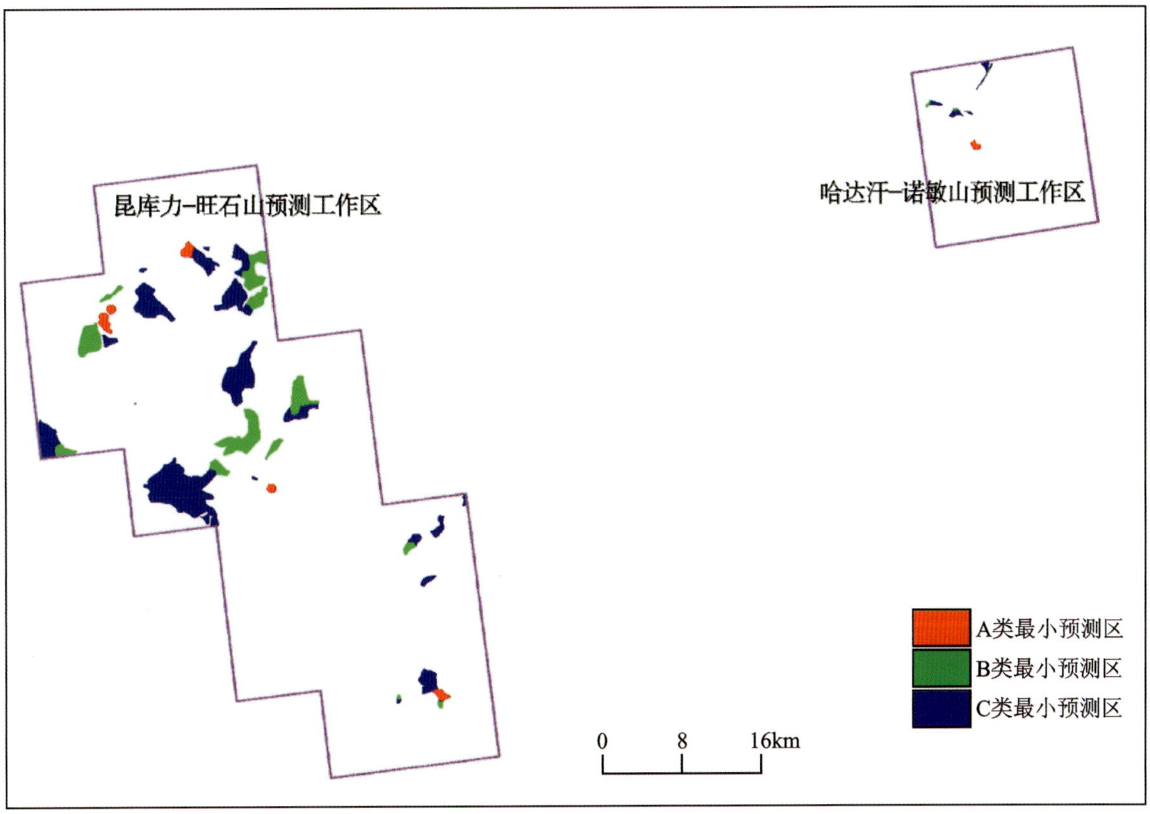


图 7-196 哈达汗-诺敏山、昆库力-旺石山最小预测区分布图

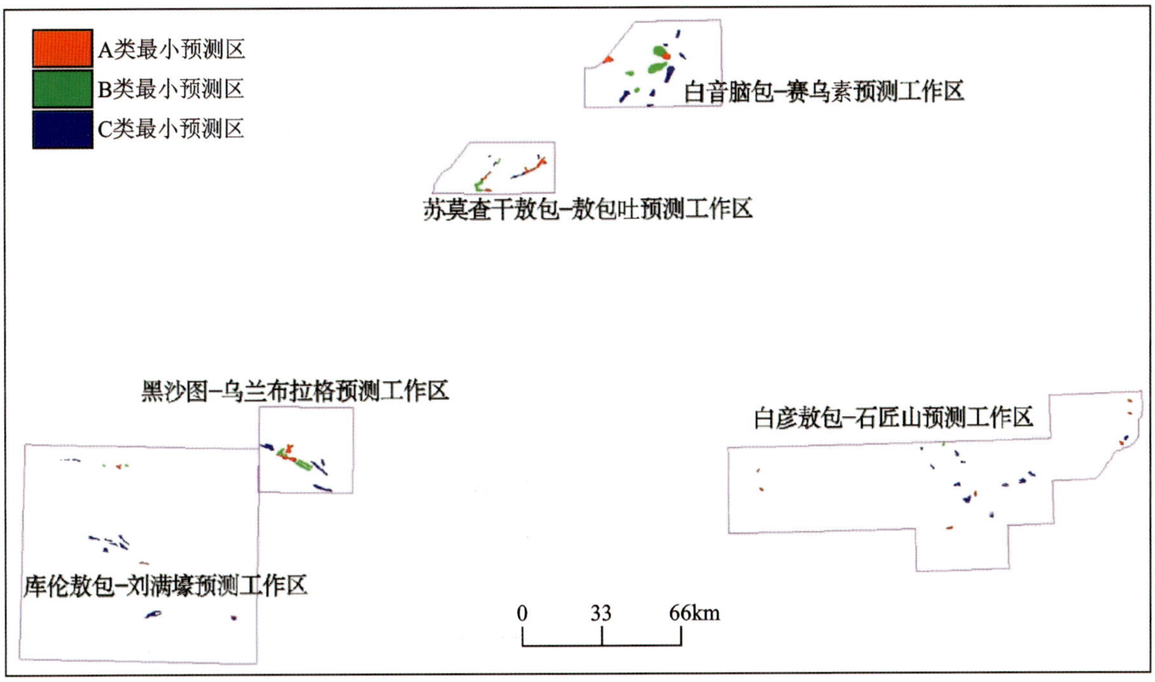


图 7-197 白音脑包-赛乌素、白彦敖包-石匠山、黑沙图-乌兰布拉格、
苏莫查干敖包-敖包吐、库伦敖包-刘满壕最小预测区分布图

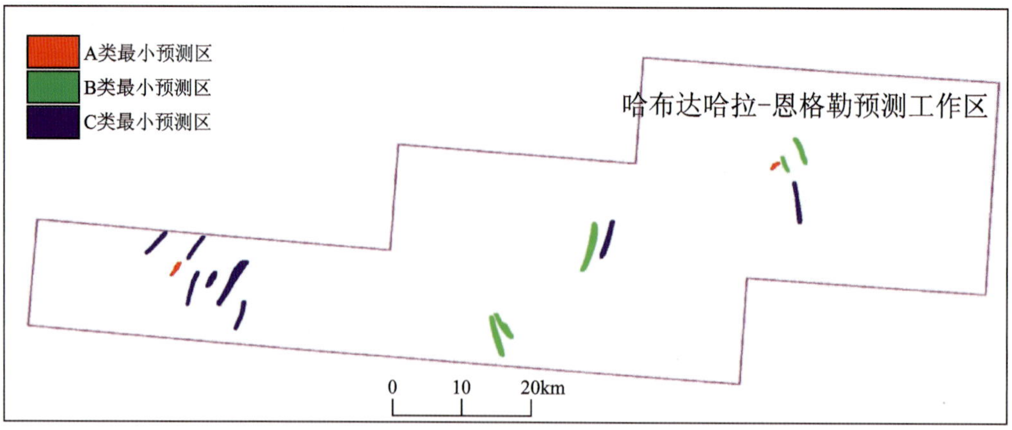


图 7-198 哈布达哈拉-恩格勒最小预测区分布图

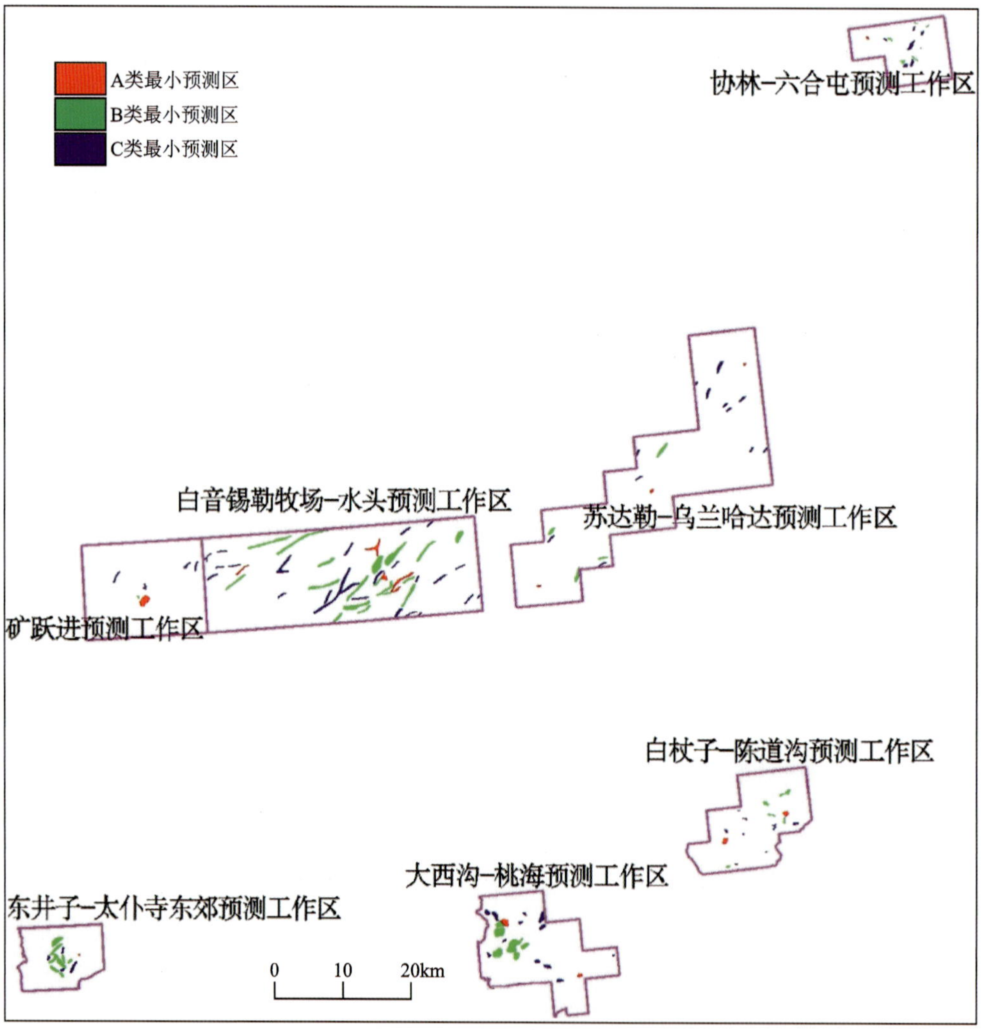


图 7-199 东井子-太仆寺东郊、大西沟-桃海、白杖子-陈道沟、跃进、
白音锡勒牧场-水头、协林-六合屯、苏达勒-乌兰哈达最小预测区分布图

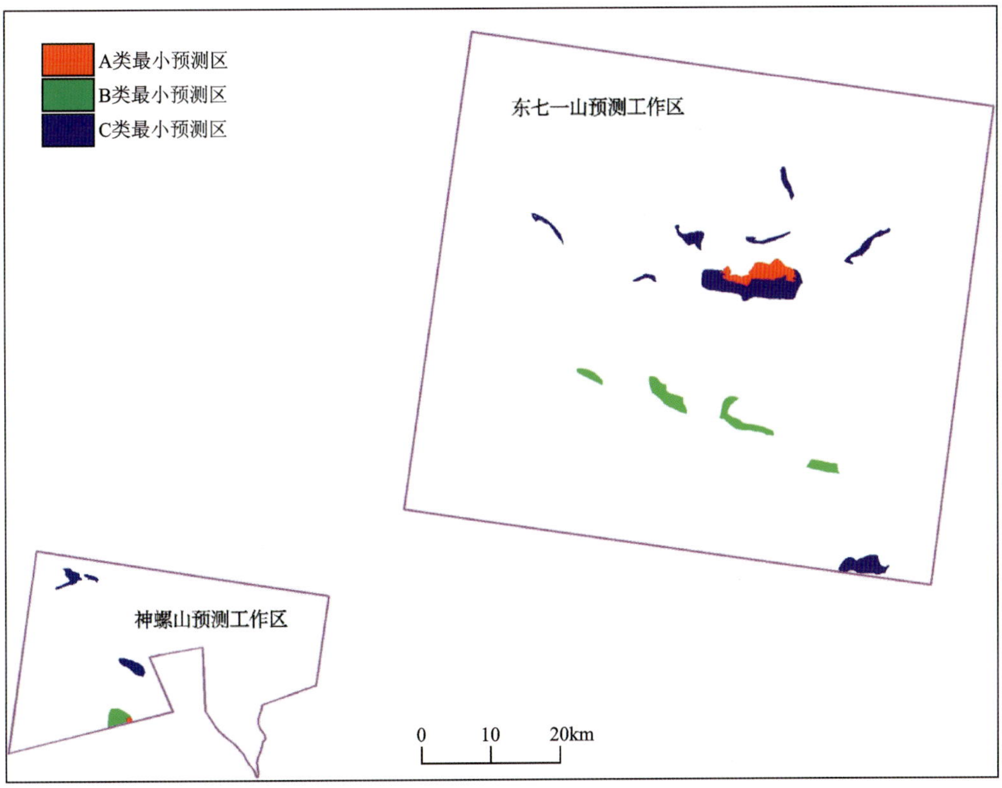


图 7-200　神螺山、东七一山最小预测区分布图

## 四、资源定量预测

### 1. 典型矿床深度及外围资源量估算

运用地质体积法和脉体含矿率类比法对内蒙古萤石矿进行定量预测，首先确定典型矿床体积含矿率，对典型矿床深部及外围进行资源量估算(表 7-219)。

表 7-219　萤石矿典型矿床预测成果一览表

| 预测类型 | 序号 | 典型矿床 | 经度 | 纬度 | 深部或外围名称 | 面积($m^2$) | 延深(m) | 体积含矿率($t/m^3$) | 预测资源量 $CaF_2$(t) | 预测资源总量 $CaF_2$(t) |
|---|---|---|---|---|---|---|---|---|---|---|
| 层控热液型 | 1 | 苏莫查干敖包 | 111°15′00″ | 43°07′00″ | 深部 | 4 408 883 | 8.2 | 0.530 | 19 161 006 | 19 666 700 |
| | | | | | 外围 | 171 917 | 5.55 | | 505 694 | |
| 岩浆热液型 | 1 | 神螺山 | 98°33′00″ | 40°39′20″ | 深部 | 494 536 | 17 | 0.004 19 | 44 665 | 44 665 |
| | | | | | 外围 | / | / | | / | |
| | 2 | 东七一山 | 99°34′46″ | 41°22′40″ | 深部 | 2 428 378 | 20 | 0.002 5 | 121 419 | 121 419 |
| | | | | | 外围 | / | / | | / | |
| | 3 | 恩格勒 | 105°32′30″ | 40°30′46″ | 深部 | 4736 | 20 | 0.292 | 25 555.84 | 60 971.06 |
| | | | | | 外围 | 955 | 127 | | 35 415.22 | |

**续表 7-219**

| 预测类型 | 序号 | 典型矿床 | 经度 | 纬度 | 深部或外围名称 | 面积($m^2$) | 延深(m) | 体积含矿率($t/m^3$) | 预测资源量$CaF_2$(t) | 预测资源总量$CaF_2$(t) |
|---|---|---|---|---|---|---|---|---|---|---|
| 岩浆热液型 | 4 | 巴音哈太 | 109°09′39″ | 41°33′00″ | 深部 | 109 400 | 33 | 0.021 4 | 77 258 | 77 258 |
| | | | | | 外围 | / | / | | / | |
| | 5 | 黑沙图 | 109°54′35″ | 42°00′00″ | 深部 | 27 760 | 30 | 0.078 | 64 958.4 | 64 958.4 |
| | | | | | 外围 | / | / | | / | |
| | 6 | 白音脑包 | 111°57′12″ | 43°31′50″ | 深部 | 211 256 | 30 | 0.009 1 | 59 595 | 59 595 |
| | | | | | 外围 | / | / | | / | |
| | 7 | 白彦敖包 | 112°25′00″ | 41°55′00″ | 深部 | 93 352 | 27 | 0.009 8 | 24 701 | 24 701 |
| | | | | | 外围 | / | / | | / | |
| | 8 | 太仆寺东郊 | 115°18′00″ | 41°51′00″ | 深部 | 59 119 | 50 | 0.006 | 17 735.7 | 17 735.7 |
| | | | | | 外围 | / | / | | / | |
| | 9 | 跃进萤 | 115°56′00″ | 43°41′25″ | 深部 | 35 640 | 20 | 0.110 | 78 408 | 132 400 |
| | | | | | 外围 | 4912 | 100 | | 54 032 | |
| | 10 | 苏达勒 | 118°56′02″ | 43°35′19″ | 深部 | 2461 | 15 | 0.805 | 29 717 | 29 717 |
| | | | | | 外围 | / | / | | / | |
| | 11 | 大西沟 | 118°26′57″ | 41°50′18″ | 深部 | 904 850 | 60 | 0.000 84 | 52 661 | 71 430 |
| | | | | | 外围 | 64 500 | 300 | | 18 769 | |
| | 12 | 陈道沟 | 120°34′00″ | 42°16′00″ | 深部 | 12 536 | 30 | 0.168 6 | 73 218 | 73 218 |
| | | | | | 外围 | / | / | | / | |
| | 13 | 昆库力 | 120°14′00″ | 50°05′00″ | 深部 | 12 908 | 15 | 0.104 | 20 136 | 34 401 |
| | | | | | 外围 | 3048 | 45 | | 14 265 | |
| | 14 | 哈达汗 | 122°55′30″ | 50°10′25″ | 深部 | 52 583 | 20 | 0.026 3 | 27 659 | 27 659 |
| | | | | | 外围 | / | / | | / | |
| | 15 | 六合屯 | 122°16′32″ | 46°11′11″ | 深部 | 123 336 | 20 | 0.001 5 | 3700 | 3700 |
| | | | | | 外围 | / | / | | / | |
| | 16 | 白音锡勒牧场 | 116°41′00″ | 43°49′00″ | 深部 | / | / | 0.192 | / | 165 495 |
| | | | | | 外围 | 11 648 | 74 | | 165 495 | |

**2. 模型区及预测区参数确定**

模型区即包含典型矿床的最小预测区。参考模型区地质体面积、延深、预测资源量，计算含矿地质体含矿系数。最小预测区面积是根据圈定的最小预测区图面面积换算而来，延深是根据已知钻孔控制深度、地质体推测深度估算，相似系数为各最小预测区地物化遥条件与模型区的相似程度类比数(表 7-220)。

表 7-220　萤石矿各预测工作区模型区预测资源量及估算参数一览表

| 预测工作区编号 | 预测工作区 | 模型区编号 | 模型区名称 | 经度 | 纬度 | 含矿地质体含矿系数 | 模型区预测资源总量 $CaF_2$(t) | 最小预测区面积范围($km^2$) | 最小预测区预测深度范围(m) |
|---|---|---|---|---|---|---|---|---|---|
| 层控热液型萤石矿 | | | | | | | | | |
| 1522501001 | 苏莫查干敖包-敖包吐 | A1522501001 | 苏莫查干敖包 | 111°15′00″ | 43°07′00″ | 0.339 79 | 32 629 110 | 0.40～6.98 | 13.75～20 |
| 岩浆热液型萤石矿 | | | | | | | | | |
| 1522201001 | 神螺山 | A1522201001 | 神螺山 | 98°33′00″ | 40°39′20″ | 0.004 55 | 133 865 | 0.75～6.91 | 61～65 |
| 1522202001 | 东七一山 | A1522202001 | 东七一山 | 99°34′46″ | 41°22′40″ | 0.000 3 | 676 811 | 1.98～41.95 | 110 |
| 1522203001 | 哈布达哈拉-恩格勒 | A1522203001 | 恩格勒 | 105°32′30″ | 40°30′46″ | 0.001 31 | 236 371.06 | 1.22～11.18 | 110～155 |
| 1522204001 | 库伦敖包-刘满壕 | A1522204001 | 巴音哈太 | 109°08′50″ | 41°33′10″ | 0.001 6 | 187 204 | 0.54～18.04 | 80～130 |
| 1522205001 | 黑沙图-乌兰布拉格 | A1522205001 | 黑沙图 | 109°54′35″ | 42°00′0″0 | 0.000 38 | 634 558.4 | 2.05～8.61 | 280～292 |
| 1522206001 | 白音脑包-赛乌素 | A1522206001 | 白音脑包 | 111°57′12″ | 43°31′50″ | 0.000 896 7 | 397 535 | 1.54～21.79 | 110～186 |
| 1522207001 | 白彦敖包-石匠山 | A1522207001 | 白彦敖包 | 112°25′00″ | 41°55′00″ | 0.001 3 | 63 864 | 0.64～5.57 | 70～200 |
| 1522208001 | 东井子-太仆寺东郊 | A1522208001 | 太仆寺东郊 | 115°18′00″ | 41°51′00″ | 0.000 31 | 68 735.7 | 1.12～18.27 | 150～200 |
| 1522209001 | 跃进 | A1522209001 | 跃进 | 115°56′00″ | 43°41′25″ | 0.000 19 | 524 740 | 1.09～22.79 | 120～125 |
| 1522210001 | 苏达勒-乌兰哈达 | A1522210001 | 苏达勒 | 118°56′02″ | 43°35′19″ | 0.000 73 | 156 517 | 2.27～12.96 | 60～79 |
| 1522211001 | 大西沟-桃海 | A1522211001 | 大西沟乡 | 118°26′57″ | 41°50′18″ | 0.000 27 | 281 700 | 1.19～39.16 | 58～346 |
| 1522212001 | 白仗子-陈道沟 | A1522212001 | 大甸子乡 | 120°34′00″ | 42°16′00″ | 0.000 98 | 244 018 | 0.58～7.96 | 85～213 |
| 1522213001 | 昆库力-旺石山 | A1522213001 | 昆库力 | 120°14′08″ | 50°04′55″ | 0.000 22 | 74 701 | 0.54～4.38 | 45～400 |
| 1522214001 | 哈达汗-诺敏山 | A1522214001 | 哈达汗 | 122°54′50″ | 50°10′40″ | 0.000 5 | 91 274 | 0.35～2.59 | 66 |
| 1522215001 | 协林-六合屯 | A1522215001 | 六合屯 | 122°17′00″ | 46°11′10″ | 0.000 5 | 9075 | 0.38～8.86 | 50～100 |
| 1522216001 | 白音锡勒牧场-水头 | A1522216001 | 白音锡勒牧场 | 116°41′00″ | 43°49′00″ | 0.000 86 | 419 795 | 2.59～49.14 | 55～74 |

### 3. 预测区资源量估算及其结果

本次萤石矿预测资源总量为 6 637.232 万 t,其中层控热液型为 5 450.029 万 t(表 7-221)。

表 7-221　萤石矿各预测工作区预测资源量一览表

| 预测工作区编号 | 预测工作区 | 预测工作区预测资源总量 $CaF_2$(万 t) |
|---|---|---|
| 沉积改造型萤石矿 | | |
| 1522501001 | 苏莫查干敖包-敖包吐 | 5 450.029 |
| 总计 | | 5 450.029 |
| 热液充填型萤石矿 | | |
| 1522201001 | 神螺山 | 21.216 |
| 1522202001 | 东七一山 | 100.566 |
| 1522203001 | 哈布达哈拉-恩格勒 | 176.143 |
| 1522204001 | 库伦敖包-刘满壕 | 42.371 |
| 1522205001 | 黑沙图-乌兰布拉格 | 143.488 |
| 1522206001 | 白音脑包-赛乌素 | 70.844 |
| 1522207001 | 白彦敖包-石匠山 | 57.438 |
| 1522208001 | 东井子-太仆寺东郊 | 30.476 |
| 1522209001 | 跃进 | 42.777 |
| 1522210001 | 苏达勒-乌兰哈达 | 46.001 |
| 1522211001 | 大西沟-桃海 | 137.515 |
| 1522212001 | 白仗子-陈道沟 | 77.890 |
| 1522213001 | 昆库力-旺石山 | 67.708 |
| 1522214001 | 哈达汗-诺敏山 | 11.233 |
| 1522215001 | 协林-六合屯 | 16.961 |
| 1522216001 | 白音锡勒牧场-水头 | 144.576 |
| 总计 | | 1 187.203 |
| 萤石矿预测资源量总计 $CaF_2$(万 t) | | 6 637.232 |

# 第十八节　重晶石矿资源潜力评价

## 一、重晶石矿预测模型

内蒙古自治区境内仅发现 1 处重晶石矿床,即巴升河重晶石矿床,根据矿产预测类型划分,属于热液型重晶石矿。

巴升河重晶石矿大地构造位置位于天山-兴蒙造山系(Ⅰ),大兴安岭弧盆系(Ⅰ-1),扎兰屯宝山岛弧(Ⅰ-1-4)。成矿区(带)位于滨太平洋成矿域(Ⅰ-4),大兴安岭成矿省(Ⅱ-12),东乌珠穆沁旗-嫩江(中强挤压区)铜、钼、铅、锌、金、钨、锡、铬成矿带(Ⅲ-6),朝不楞-博克图钨、铁、锌、铅成矿亚带(Ⅲ-6-②)。

总结巴升河典型矿床综合信息特征,编制典型矿床预测要素表(表 7-222)。

**表 7-222 巴升河重晶石矿典型矿床预测要素表**

| 预测要素 | | 描述内容 | | | | 要素分类 |
|---|---|---|---|---|---|---|
| | | 储量 | 重晶石 1.960 万 t | 平均品位 | $BaSO_4$ 60.20% | |
| | | 特征描述 | 中低温热液型重晶石矿床 | | | |
| 地质环境 | 构造背景 | 矿区受构造运动强烈,发育有两组断裂,呈北东东向、北西向展布,两者互为共轭关系,为一对共轭剪切断裂 | | | | 重要 |
| | 成矿环境 | 重晶石矿赋存于共轭剪切断裂和山边断裂局部张开的地方,是控制重晶石脉生成的有利地段 | | | | 必要 |
| 地质环境 | 含矿岩系 | 晚侏罗世满克头鄂博组安山质凝灰熔岩、凝灰质砂岩、凝灰质粉砂岩、安山玢岩是本区主要出露地层,该组地层是构成重晶石矿的直接围岩,矿脉常有石英脉伴生 | | | | 必要 |
| | 成矿时代 | 白垩纪(燕山期) | | | | 必要 |
| 矿床特征 | 矿体形态 | 矿体主要以脉状、似透镜状形式产出 | | | | 重要 |
| | 岩石类型 | 安山质凝灰熔岩、凝灰质砂岩、凝灰质粉砂岩、安山玢岩 | | | | 重要 |
| | 岩石结构 | 凝灰结构、砂粒结构、斑状结构 | | | | 次要 |
| | 矿物组成 | 矿石矿物:重晶石;脉石矿物:石英、安山玢岩角砾 | | | | 重要 |
| | 矿石结构构造 | 结构:粒状结构;构造:致密块状、角砾状构造 | | | | 次要 |
| | 蚀变特征 | 硅化、绿帘石化、黄铁矿化、磁铁矿化 | | | | 次要 |
| | 控矿条件 | 北北东向及北西向断裂构造;燕山期正长花岗岩岩体 | | | | 必要 |
| 地球物理特征 | 重力 | 据 1∶50 万剩余重力异常图显示,矿区处在相对重力低异常的边上,重力异常走向为东西向。矿区北侧为相对重力低,南侧为相对重力高 | | | | 重要 |
| | 航磁 | 据 1∶50 万航磁图显示,矿区处在场值 800nT 的正磁异常上。磁异常走向为东西向。据 1∶1 万地磁图显示,矿区处在场值 1800nT 以上圈闭的正磁异常上。磁异常走向为北东向 | | | | 次要 |

典型矿床预测模型图的编制,以图切剖面图为基础,叠加剩余重力异常曲线形成(图 7-201)。

区域预测模型图的编制,以地质图切剖面图为基础,叠加区域剩余重力异常曲线而形成,简要表示预测要素内容及其相互关系,以及时空展布特征(图 7-202)。

## 二、预测方法类型确定及区域预测要素

在全国矿产资源潜力评价项目中,矿产预测方法类型共划分为 6 种,分别为侵入岩体型、沉积型、火山岩型、复合内生型、层控内生型和变质型。矿产预测方法类型的选择取决于矿产预测类型的必要要素和预测底图。内蒙古自治区已知重晶石矿床,按成因类型划分仅有热液型。

根据对典型矿床的研究,结合预测工作区大地构造环境、主要控矿因素、成矿作用特征等,确定预测方法类型为侵入岩体型,巴升河预测底图采用 1∶10 万侵入岩浆建造构造图。

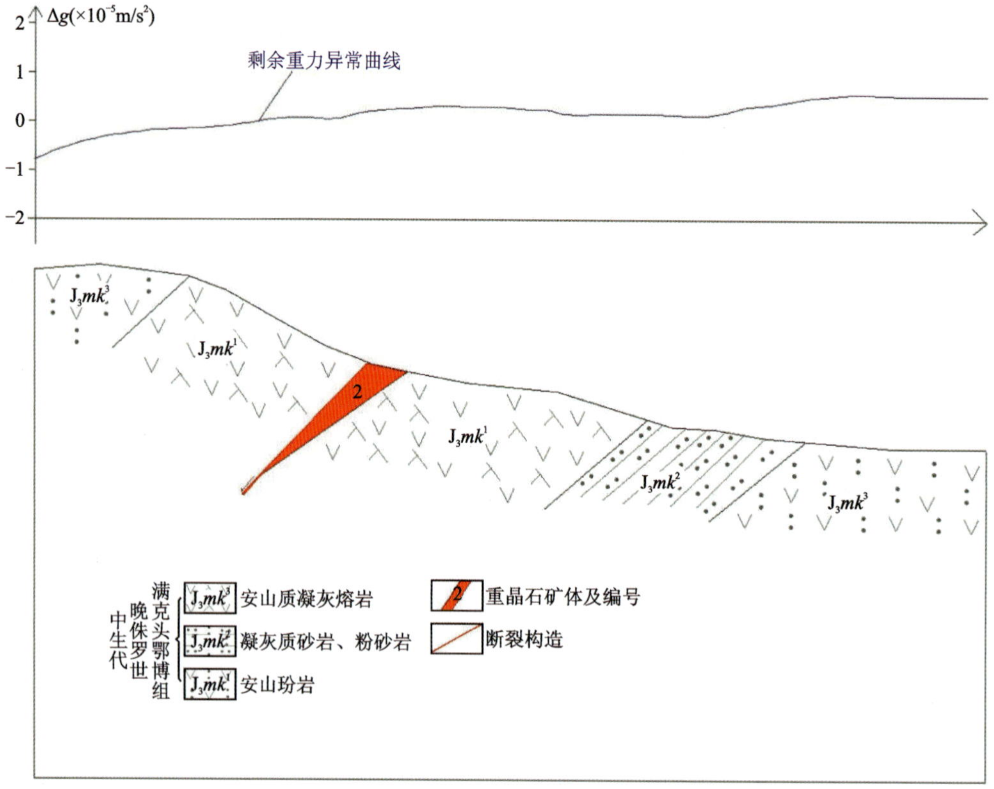


图 7-201　巴升河重晶石矿典型矿床预测模型图

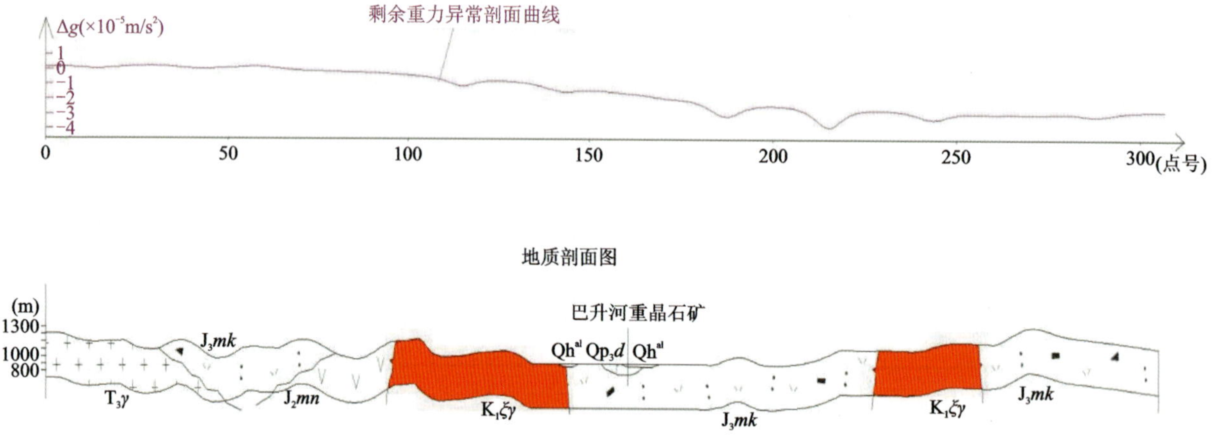


图 7-202　巴升河预测工作区预测模型图

巴升河预测工作区区域预测要素见表 7-223。

**表 7-223　侵入岩体型巴升河预测工作区预测要素表**

| 预测要素 | | 描述内容 | | 要素分类 |
|---|---|---|---|---|
| | | 特征描述 | 热液型重晶石矿床 | |
| 地质环境 | 大地构造位置 | 天山-兴蒙造山系(Ⅰ),大兴安岭弧盆系(Ⅰ-1),扎兰屯宝山岛弧(Ⅰ-1-4) | | 必要 |
| 地质环境 | 成矿区(带) | 滨太平洋成矿域(Ⅰ-4),大兴安岭成矿省(Ⅱ-12),东乌珠穆沁旗-嫩江(中强挤压区)铜、钼、铅、锌、金、钨、锡、铬成矿带(Ⅲ-6),朝不楞-博克图钨、铁、锌、铅成矿亚带(Ⅲ-6-②) | | 必要 |

续表 7-223

| 预测要素 | | 描述内容 | 要素分类 |
|---|---|---|---|
| 地质环境 | 成矿环境 | 重晶石矿赋存于共轭剪切断裂和山边断裂局部张开地带 | 重要 |
| | 含矿岩系 | 安山质凝灰熔岩、凝灰质砂岩、凝灰质粉砂岩、安山玢岩 | 必要 |
| | 成矿时代 | 白垩纪(燕山期) | 必要 |
| 矿床特征 | 矿体形态 | 矿体主要以脉状、似透镜状形式产出 | 重要 |
| | 岩石类型 | 安山质凝灰熔岩、凝灰质砂岩、凝灰质粉砂岩、安山玢岩 | 重要 |
| | 岩石结构 | 凝灰结构、砂粒结构、斑状结构 | 次要 |
| | 矿物组成 | 矿石矿物:重晶石;脉石矿物:石英、安山玢岩角砾 | 重要 |
| | 矿石结构构造 | 结构:粒状结构;构造:致密块状、角砾状构造 | 次要 |
| | 蚀变特征 | 硅化、绿帘石化、黄铁矿化、磁铁矿化 | 次要 |
| | 控矿条件 | 北北东向及北西向断裂构造;燕山期正长花岗岩岩体 | 必要 |
| 区内相同类型矿产 | | 成矿区(带)内有1个小型矿床 | 重要 |
| 地球物理特征 | 重力特征 | 预测区南部的剩余重力正异常(编号G蒙-147),地表局部出露二叠纪、奥陶纪地层,推断由古生代基底隆起引起。在剩余重力正异常北部分布有条带状剩余重力负异常,这一区域出露大面积酸性岩体,推断由酸性侵入岩引起 | 重要 |
| | 航磁特征 | 在航磁$\Delta T$等值线平面图和航磁$\Delta T$化极等值线平面图上,重晶石矿位于磁异常相对较平稳区,在矿床南部分布有北东向的高磁异常区,推断此航磁异常主要是由该区域出露的侏罗纪地层中带磁性的火山岩引起 | 次要 |

## 三、最小预测区圈定

根据对典型矿床成矿规律、预测要素及预测工作区区域地质、物探、化探、遥感等背景条件的研究,确定预测工作区预测要素,提取预测变量,运用矿产资源评价系统(MRAS)对预测工作区进行定位预测。

### 1. 变量构置

根据巴升河预测工作区内的成矿条件,进行预测变量构置(表 7-224)。

表 7-224 重晶石矿变量构置一览表

| 预测类型 | 预测工作区 | 预测变量 | 变量处理 |
|---|---|---|---|
| 热液型 | 巴升河 | 地质体:早白垩世正长花岗岩 | 求取存在标志 |
| | | 断层:北北东向及北西向断裂构造 | 求取存在标志 |
| | | 重力:剩余重力起始值范围在$(-1\sim1)\times10^{-5}m/s^2$之间 | 二值化处理 |
| | | 已知矿床1处 | 求取存在标志 |

### 2. 最小预测区圈定方法及优选结果

首先利用网格单元法对预测单元进行赋值。不同预测工作区根据实际情况划分不同间距的预测单元网格。完成预测单元划分后对预测变量进行原始变量构置,生成原始数据专题,完成网格单元赋值。对区内已知矿床(点)按矿化规模将模型单元进行矿化级别的设置,选择具有代表性的单元作为模型单元,然后对前期所选择的预测变量进行筛选,获得真正对矿化起到作用的变量,完成变量优选步骤。证据权重法中,首先构建预测模型,生成定位预测专题图层,然后选择各预测要素的证据因子、计算证据权重,进行证据因子的条件独立性检验,计算后验概率并生成色块图,色块图级别是根据后验概率值的大小确定的。

后验概率色块图的不同级别是以网格单元为边界的规则边界,因此需要在色块图的基础上叠加所有成矿要素及预测要素,采用人工与MRAS软件交互的方式,根据形成的定位预测色块图对照不同级别的各要素边界,依据后验概率的大小,与模型区预测要素的匹配程度,圈定最小预测区,划分A、B、C类最小预测区级别,其中,A类为地质体+断层+重力+矿床;B类为地质体+断层+重力;C类为地质体+断层。

对圈定的面积过小、成矿潜力较差、预测意义不大的最小预测区进行排除,最终共圈定重晶石矿最小预测区7个,其中,A类有1个,B类有2个,C类有4个,面积12.66km$^2$(图7-203)。

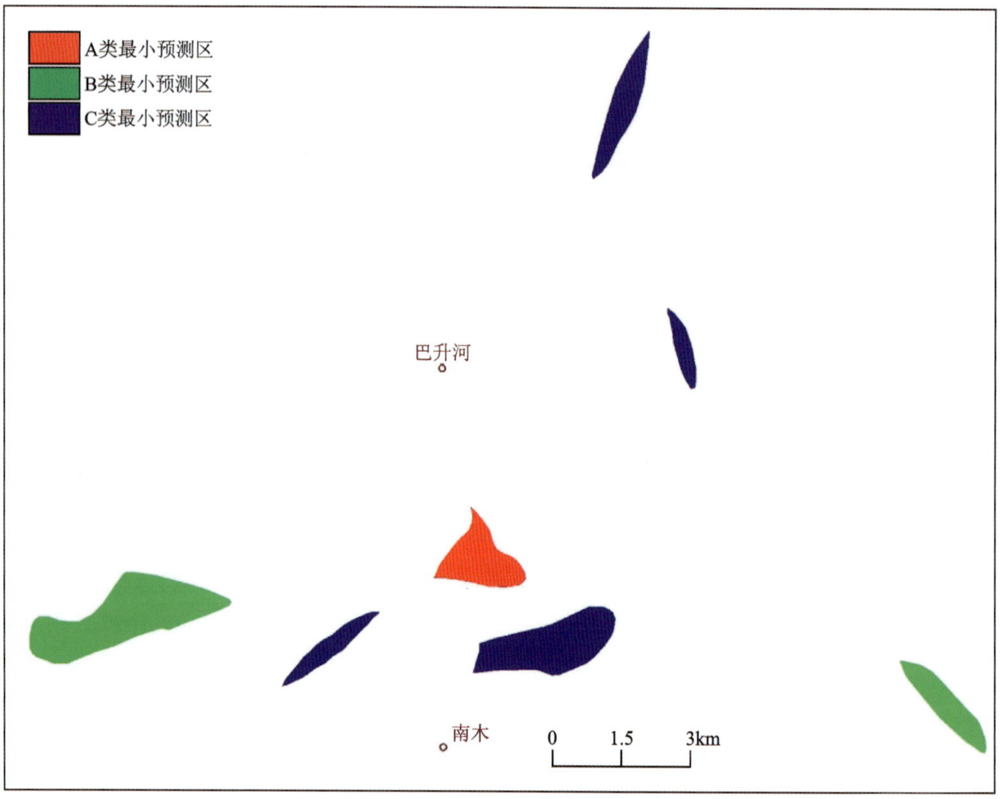


图7-203 巴升河最小预测区分布图

## 四、资源定量预测

### 1.典型矿床深度及外围资源量估算

运用地质体积法对内蒙古重晶石矿进行定量预测,首先确定典型矿床体积含矿率,对典型矿床深部及外围进行资源量估算(表7-225)。

表 7-225　重晶石矿典型矿床预测成果一览表

| 预测类型 | 序号 | 典型矿床 | 经度 | 纬度 | 深部或外围 | 面积（$m^2$） | 延深（m） | 体积含矿率（$t/m^3$） | 预测资源量（t） | 预测资源总量（t） |
|---|---|---|---|---|---|---|---|---|---|---|
| 热液型 | 1 | 巴升河 | 121°18′37″ | 47°49′43″ | 深部 | 122 025 | 14 | 0.010 0 | 17 084 | 17 084 |
| | | | | | 外围 | / | / | | / | |

**2. 模型区及预测区参数确定**

模型区即包含典型矿床的最小预测区。参考模型区地质体面积、延深、预测资源量，计算含矿地质体含矿系数。最小预测区面积是根据圈定的最小预测区图面面积换算而来，延深是根据已知钻孔控制深度、地质体推测深度估算，相似系数为各最小预测区地物化遥条件与模型区的相似程度类比数（表 7-226）。

表 7-226　重晶石矿巴升河预测工作区模型区预测资源量及估算参数一览表

| 预测工作区编号 | 预测工作区 | 模型区编号 | 模型区名称 | 经度 | 纬度 | 含矿地质体含矿系数 | 模型区预测资源总量（t） | 最小预测区面积范围（$km^2$） | 最小预测区预测深度范围（m） |
|---|---|---|---|---|---|---|---|---|---|
| 热液型重晶石矿 | | | | | | | | | |
| 1523201001 | 巴升河 | A1523201001 | 巴升河 | 121°17′50″ | 47°50′10″ | 0.000 7 | 36 688 | 0.50～4.22 | 30 |

**3. 预测区资源量估算及其结果**

本次重晶石矿预测资源总量为 5.730 万 t。

# 第十九节　菱镁矿资源潜力评价

## 一、菱镁矿预测模型

内蒙古自治区境内仅发现 1 处菱镁矿矿床，即察汗奴鲁菱镁矿矿床，根据矿产预测类型划分，属于风化壳型菱镁矿。

察汗奴鲁菱镁矿大地构造位置位于天山-兴蒙造山系（Ⅰ），索伦山-西拉木伦结合带（Ⅰ-7），索伦山蛇绿混杂岩带（$Pz_2$）（Ⅰ-8-1）。成矿区（带）位于滨太平洋成矿域（Ⅰ-4），大兴安岭成矿省（Ⅱ-12），阿巴嘎-霍林河铬、铜（金）、锗、煤、天然碱、芒硝成矿带（Ym）（Ⅲ-7），索伦山-查干哈达庙铬、铜成矿亚带（Vm）（Ⅲ-8-③）。

总结察汗奴鲁典型矿床综合信息特征，编制典型矿床预测要素表（表 7-227）。

**表 7-227　察汗奴鲁菱镁矿典型矿床预测要素表**

<table>
<tr><td colspan="2" rowspan="3">预测要素</td><td colspan="4">描述内容</td><td rowspan="3">要素分类</td></tr>
<tr><td>储量</td><td>菱镁矿 143.90 万 t</td><td>平均品位</td><td>MgO 43.63%</td></tr>
<tr><td>特征描述</td><td colspan="3">风化壳型菱镁矿矿床</td></tr>
<tr><td rowspan="4">地质环境</td><td>构造背景</td><td colspan="4">区域上超基性侵入岩体位于古生代蒙古地槽南面内蒙地台背斜区，索伦上位于地槽中一隆起复背斜构造的北翼，超基性侵入岩体沿此复背斜轴部侵入</td><td>必要</td></tr>
<tr><td>成矿环境</td><td colspan="4">菱镁矿在风化壳中分布于碳酸盐化淋滤蛇纹岩带中，暴露于地表或地面下10～30m 之间</td><td>必要</td></tr>
<tr><td>含矿岩系</td><td colspan="4">矿区内出露的超基性侵入岩体，即斜方辉橄岩和纯橄榄岩，是本区菱镁矿主要成矿物质来源，两者经蛇纹石化后，菱镁矿即赋存在该碳酸盐化淋滤蛇纹岩带中</td><td>必要</td></tr>
<tr><td>成矿时代</td><td colspan="4">二叠纪(海西晚期)</td><td>必要</td></tr>
<tr><td rowspan="8">矿床特征</td><td>矿体形态</td><td colspan="4">菱镁矿以不规则网状和脉状形式产出</td><td>次要</td></tr>
<tr><td>岩石类型</td><td colspan="4">蛇纹石化斜方辉橄岩、蛇纹石化纯橄榄岩</td><td>重要</td></tr>
<tr><td>岩石结构</td><td colspan="4">网状结构</td><td>次要</td></tr>
<tr><td>矿物组成</td><td colspan="4">矿石矿物：菱镁矿；<br>脉石矿物：石髓、蛋白石、石英、方解石；<br>其他矿物：氧化铁</td><td>重要</td></tr>
<tr><td>矿石结构构造</td><td colspan="4">结构：半自形—自形粒状结构；<br>构造：致密块状、浸染状构造</td><td>次要</td></tr>
<tr><td>蚀变特征</td><td colspan="4">蛇纹石化</td><td>重要</td></tr>
<tr><td>控矿条件</td><td colspan="4">海西晚期超基性侵入岩体(斜方辉橄岩、纯橄榄岩)</td><td>必要</td></tr>
<tr><td style="display:none"></td></tr>
<tr><td rowspan="2">地球物理特征</td><td>重力</td><td colspan="4">察汗奴鲁菱镁矿位于布格重力梯度带边部，在剩余重力异常图上，察汗奴鲁菱镁矿位于 G 蒙-658 正异常北部剩余重力正负异常交接带的低值正异常附近。剩余重力正异常为椭圆状，对应于超基性岩体</td><td>次要</td></tr>
<tr><td>航磁</td><td colspan="4">1∶50 万航磁异常图上，察汗奴鲁菱镁矿处于正磁异常边部，结合重磁场特征及地质资料，认为正磁异常与剩余重力正异常吻合的区域，反映基性、超基性侵入岩体存在</td><td>次要</td></tr>
<tr><td>地球化学特征</td><td>化探</td><td colspan="4">矿区内形成 MgO 综合异常，MgO 异常规模大，强度高，为三级浓度分带，呈近东西方向分布，MgO 组合异常在矿区上套合均较好</td><td>重要</td></tr>
</table>

典型矿床预测模型图的编制，以图切剖面图为基础，叠加氧化镁地球化学异常曲线形成(图 7-204)。

区域预测模型图的编制，以地质图切剖面图为基础，叠加氧化镁地球化学异常曲线而形成，简要表示预测要素内容及其相互关系，以及时空展布特征(图 7-205)。

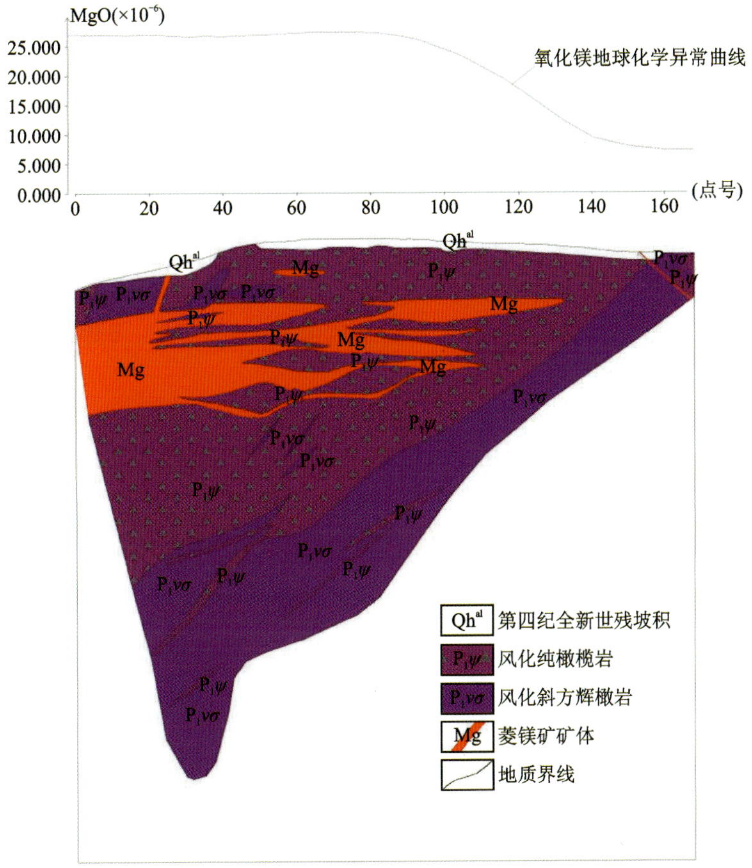


图 7-204　察汗奴鲁菱镁矿典型矿床预测模型图

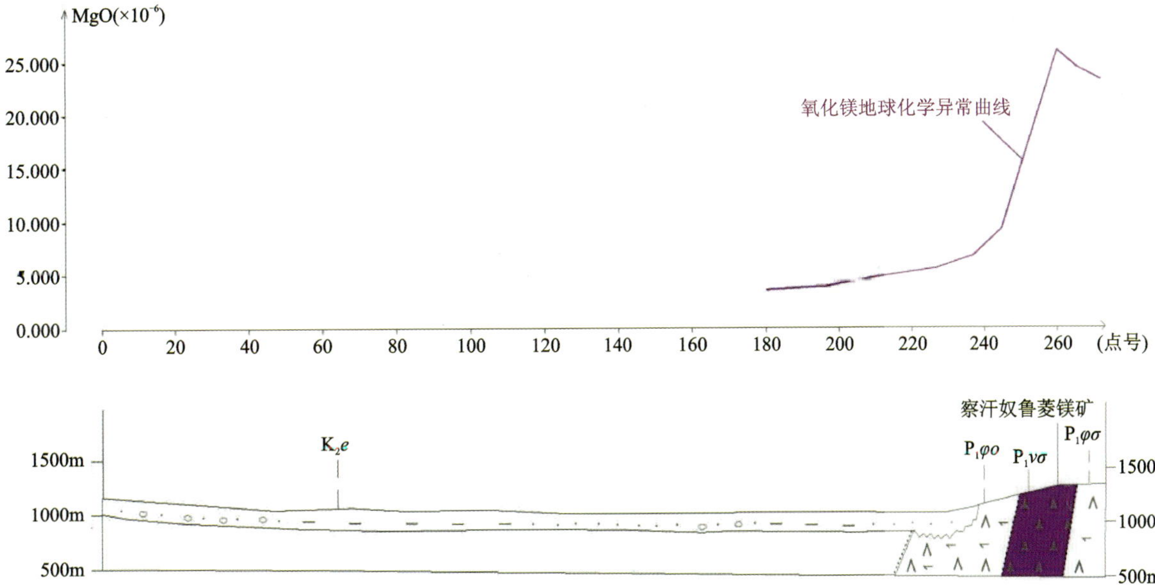


图 7-205　索伦山预测工作区预测模型图

## 二、预测方法类型确定及区域预测要素

在全国矿产资源潜力评价项目中,矿产预测方法类型共划分为6种,分别为侵入岩体型、沉积型、火山岩型、复合内生型、层控内生型和变质型,矿产预测方法类型的选择取决于矿产预测类型的必要要素和预测底图。内蒙古自治区已知菱镁矿矿床,按成因类型划分仅有风化壳型。

根据对典型矿床的研究,结合预测工作区大地构造环境、主要控矿因素、成矿作用特征等,确定预测方法类型为侵入岩体型,预测工作区为索伦山,预测底图为1∶10万侵入岩浆建造构造图。

索伦山预测工作区区域预测要素见表7-228。

**表7-228　侵入岩体型索伦山预测工作区预测要素表**

| 预测要素 | | 描述内容 | | 要素分类 |
|---|---|---|---|---|
| | | 特征描述 | 风化壳型菱镁矿矿床 | |
| 地质环境 | 大地构造位置 | 天山-兴蒙造山系(Ⅰ),索伦山-西拉木伦结合带(Ⅰ-7),索伦山蛇绿混杂岩带($Pz_2$)(Ⅰ-8-1) | | 必要 |
| | 成矿区(带) | 滨太平洋成矿域(Ⅰ-4),大兴安岭成矿省(Ⅱ-12),阿巴嘎-霍林河铬、铜(金)、锗、煤、天然碱、芒硝成矿带(Ym)(Ⅲ-7),索伦山-查干哈达庙铬、铜成矿亚带(Vm)(Ⅲ-8-③) | | 重要 |
| | 成矿环境 | 超基性岩侵入体的上部接近地表部分的蛇纹岩受到含有碳酸的地表水的影响极易发生化学风化作用,引起岩石的分解,含有菱镁矿的地表水沿裂隙渗入地下循环,并在风化壳的孔穴和裂隙中将菱镁矿沉积下来而形成矿床 | | 重要 |
| | 含矿岩系 | 中生代二叠纪超基性侵入体:纯橄榄岩、斜方辉橄岩 | | 必要 |
| | 成矿时代 | 二叠纪 | | 必要 |
| 矿床特征 | 矿体形态 | 矿体呈不规则网状和脉状 | | 次要 |
| | 岩石类型 | 纯橄榄岩、斜方辉橄岩 | | 重要 |
| | 岩石结构 | 粒状结构、网状结构 | | 次要 |
| | 矿物组成 | 菱镁矿、石髓、蛋白石、石英、方解石、氧化铁 | | 重要 |
| | 矿石结构构造 | 结构:半自形—自形结构、他形—中粗粒结构;<br>构造:致密块状、浸染状构造 | | 次要 |
| | 蚀变特征 | 主要为蛇纹石化 | | 重要 |
| | 控矿条件 | 由纯橄榄岩和斜方辉橄岩形成的蛇纹岩风化壳 | | 必要 |
| 区内相同类型矿产 | | 成矿区(带)内有1个小型矿床 | | 重要 |
| 地球物理特征 | 重力 | 预测区位于宝音图-白云鄂博-商都重力低值带以北国境线附近,以近东西向或北东东向展布。区域重力场值总体趋势为南高北低。剩余重力异常图中异常呈条带状近东西向展布,中部剩余重力正异常最高 | | 次要 |
| | 航磁 | 预测工作区北部东西向分布多个航磁正异常,同时这一带地表多处出露超基性岩,综合分析该处正异常是由超基性岩引起的。预测区东南部范围较大的航磁平稳低值区,推断是太古宙、古生代地层隆起 | | 次要 |

续表 7-228

| 预测要素 | | 描述内容 | 要素分类 |
|---|---|---|---|
| 地球化学特征 | 化探 | 区域上存在 MgO 形成的高背景带，仅在预测区西南部和东部局部较小范围内呈低背景分布，在高背景带中的 MgO 局部异常规模较大且分布较集中。预测区内共有 5 个 MgO 异常，异常强度高且具有明显的浓度分带，浓集中心多呈近东西向或北西向展布。区内已知矿床察汗奴鲁菱镁矿周围 MgO 异常强度最高，极大值位于已知矿床西侧 | 重要 |

## 三、最小预测区圈定

根据对典型矿床成矿规律、预测要素及预测工作区区域地质、物探、化探、遥感等背景条件的研究，确定预测工作区预测要素，提取预测变量，运用矿产资源评价系统（MRAS）对预测工作区进行定位预测。

### 1. 变量构置

根据索伦山预测工作区内的成矿条件，进行预测变量构置（表 7-229）。

表 7-229　菱镁矿变量构置一览表

| 预测类型 | 预测工作区 | 预测变量 | 变量处理 |
|---|---|---|---|
| 热液型 | 索伦山 | 地质体：早二叠世纯橄榄岩和斜方辉橄岩岩体 | 求取存在标志 |
| | | MgO 异常：起始值范围为(4.1～6.4)$\times 10^{-6}$ | 二值化处理 |
| | | 已知矿床 1 处 | 求取存在标志 |

### 2. 最小预测区圈定方法及优选结果

首先利用网格单元法对预测单元进行赋值。不同预测工作区根据实际情况划分不同间距的预测单元网格。完成预测单元划分后对预测变量进行原始变量构置，生成原始数据专题，完成网格单元赋值。对区内已知矿床（点）按矿化规模将模型单元进行矿化级别的设置，选择具有代表性的单元作为模型单元，然后对前期所选择的预测变量进行筛选，获得真正对矿化起到作用的变量，完成变量优选步骤。证据权重法中，首先构建预测模型，生成定位预测专题图层，然后选择各预测要素的证据因子、计算证据权重，进行证据因子的条件独立性检验，计算后验概率并生成色块图，色块图级别是根据后验概率值的大小确定的。

后验概率色块图的不同级别是以网格单元为边界的规则边界，因此需要在色块图的基础上叠加所有成矿要素及预测要素，采用人工与 MRAS 软件交互的方式，根据形成的定位预测色块图对照不同级别的各要素边界，依据后验概率的大小，与模型区预测要素的匹配程度，圈定最小预测区，划分 A、B、C 类最小预测区级别，其中，A 类为地质体＋MgO 异常＋矿床；B 类为地质体＋MgO 异常；C 类为地质体。

对圈定的最小预测区中面积过小，成矿潜力较差，预测意义不大的最小预测进行排除，最终共圈定菱镁矿最小预测区 7 个，其中，A 类有 1 个，B 类有 2 个，C 类有 4 个，面积 68.00km$^2$（图 7-206）。

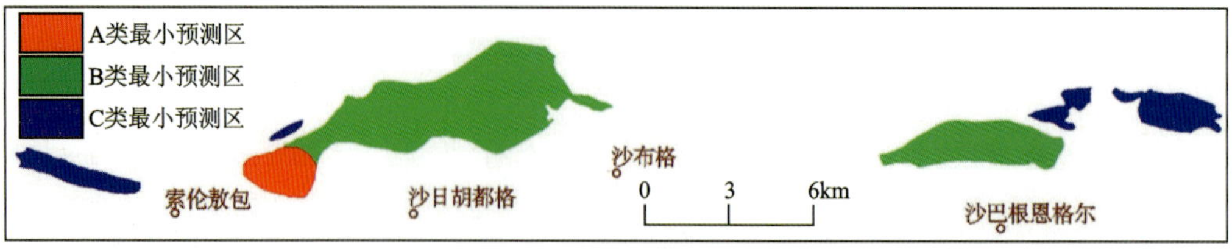


图 7-206　索伦山最小预测区分布图

## 四、资源定量预测

### 1. 典型矿床深度及外围资源量估算

运用地质体积法对内蒙古菱镁矿进行定量预测，首先确定典型矿床体积含矿率，对典型矿床深部及外围进行资源量估算(表 7-230)。

表 7-230　菱镁矿典型矿床预测成果一览表

| 预测类型 | 序号 | 典型矿床 | 经度 | 纬度 | 深部或外围名称 | 面积(m²) | 延深(m) | 体积含矿率(t/m³) | 预测资源量(t) | 预测资源总量(t) |
|---|---|---|---|---|---|---|---|---|---|---|
| 风化壳型 | 1 | 察汗奴鲁 | 108°53′53″ | 42°24′40″ | 深部 | 128 197 | 20 | 0.187 1 | 479 713 | 2 570 129 |
| | | | | | 外围 | 186 212 | 60 | | 2 090 416 | |

### 2. 模型区及预测区参数确定

模型区即包含典型矿床的最小预测区。参考模型区地质体面积、延深、预测资源量，计算含矿地质体含矿系数。最小预测区面积是根据圈定的最小预测区图面面积换算而来，延深是根据已知钻孔控制深度、地质体推测深度估算，相似系数为各最小预测区地物化遥条件与模型区的相似程度类比数(表 7-231)。

表 7-231　风化壳型菱镁矿索伦山预测工作区模型区预测资源量及估算参数一览表

| 预测工作区编号 | 预测工作区 | 模型区编号 | 模型区名称 | 经度 | 纬度 | 含矿地质体含矿系数 | 模型区预测资源总量(t) | 最小预测区面积范围(km²) | 最小预测区预测深度范围(m) |
|---|---|---|---|---|---|---|---|---|---|
| 菱镁矿 | | | | | | | | | |
| 1517201001 | 索伦山 | A1517201001 | 察汗奴鲁 | 108°54′00″ | 42°24′00″ | 0.008 6 | 4 009 129 | 0.55～36.58 | 80 |

### 3. 预测区资源量估算及其结果

本次菱镁矿预测资源总量为 143.900 万 t。

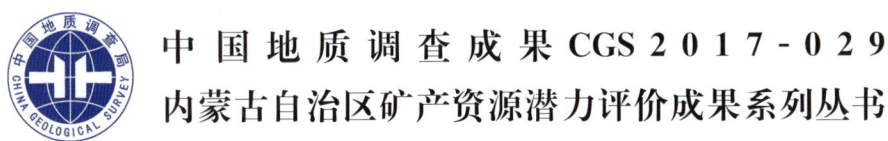

中 国 地 质 调 查 成 果 CGS 2017-029
内蒙古自治区矿产资源潜力评价成果系列丛书

# 内蒙古自治区重要矿产资源潜力评价项目成果报告

## （下册）

NEIMENGGU ZIZHIQU ZHONGYAO KUANGCHAN ZIYUAN QIANLI PINGJIA XIANGMU CHENGGUO BAOGAO

许立权　张　彤　赵文涛　苏美霞
任亦萍　贾金富　张　青　张　浩　等著

中国地质大学出版社
ZHONGGUO DIZHI DAXUE CHUBANSHE

**内容摘要**

本书详细阐述了内蒙古自治区矿产资源潜力评价项目组 8 年来在地质背景、成矿规律、重力、磁法、化探、遥感、自然重砂、矿产预测及综合信息等专题所取得的各项工作成果。对内蒙古自治区铁、铝、铜、金、铅、锌、钨、稀土、锑、磷、镍、钼、锰、银、锡、铬、硫、萤石、菱镁矿、重晶石、煤 21 个重要矿种的成矿地质背景，地球物理化学、遥感、自然重砂条件等进行了详细的研究及论述；对各矿种典型矿床和成矿规律进行了剖析及研究总结，对全区综合矿种的成矿规律进行了更进一步的归纳描述；分别对单矿种、综合矿种预测成果进行了汇总分析，提出了内蒙古自治区矿产资源潜力较大的三级成矿区，按综合预测区划分了综合矿种的勘查建议区、未来开发基地，并作出了重要评价，为未来内蒙古自治区矿产勘查工作提供了依据。

**图书在版编目(CIP)数据**

内蒙古自治区重要矿产资源潜力评价项目成果报告/许立权等著. —武汉：中国地质大学出版社，2021.12

（内蒙古自治区矿产资源潜力评价成果系列丛书）

ISBN 978-7-5625-5129-4

Ⅰ. ①内…

Ⅱ. ①许…

Ⅲ. ①矿产资源-资源潜力-资源评价-研究报告-内蒙古

Ⅳ. ①F426.1

中国版本图书馆 CIP 数据核字(2021)第 208570 号

**内蒙古自治区重要矿产资源潜力评价项目成果报告(下册)**

许立权　张　彤　赵文涛　苏美霞　任亦萍　贾金富　张　青　张　浩　等著

责任编辑：胡珞兰　　选题策划：毕克成　刘桂涛　　责任校对：张咏梅

出版发行：中国地质大学出版社（武汉市洪山区鲁磨路 388 号）　　邮编：430074

电　话：(027)67883511　　传　真：(027)67883580　　E-mail：cbb@cug.edu.cn

经　销：全国新华书店　　http://cugp.cug.edu.cn

开本：880 毫米×1230 毫米　1/16　　字数：2843 千字　印张：86　插页：15

版次：2021 年 12 月第 1 版　　印次：2021 年 12 月第 1 次印刷

印刷：湖北新华印务有限公司　　印数：1—900 册

ISBN 978-7-5625-5129-4　　定价：980.00 元(上、中、下册)

如有印装质量问题请与印刷厂联系调换

# 目　录

# 第八章 矿产预测成果汇总

## 第一节 铁 矿

### 一、圈定的最小预测区及优选

本次预测共圈定铁矿最小预测区1336个，其中A类227个、B类386个、C类723个，总面积19 051.702km²（表8-1，图8-1）。

表8-1 内蒙古自治区铁矿各预测工作区最小预测区圈定成果一览表

| 预测工作区编号 | 预测工作区名称 | 预测类型 | 最小预测区 | | | | |
|---|---|---|---|---|---|---|---|
| | | | A类最小预测区数量(个) | B类最小预测区数量(个) | C类最小预测区数量(个) | 最小预测区总数量(个) | 面积(km²) |
| 1501101001 | 白云鄂博铁矿 | 沉积变质型 | 2 | 8 | 17 | 27 | 68.29 |
| 1501301001 | 壕赖沟铁矿 | | 34 | 58 | 51 | 143 | 1 127.23 |
| 1501302001 | 三合明铁矿 | | 49 | 41 | 42 | 132 | 604.50 |
| 1501303001 | 赤峰铁矿 | | 2 | 30 | 39 | 71 | 558.57 |
| 1501303002 | 集宁-包头铁矿 | | 29 | 18 | 125 | 172 | 2 817.14 |
| 1501303003 | 迭布斯格铁矿 | | 7 | 24 | 27 | 58 | 1 177.29 |
| 1501102001 | 霍各乞铁矿 | 沉积型 | 3 | 11 | 19 | 33 | 162.28 |
| 1501103001 | 乌海铁矿 | | 4 | 6 | 9 | 19 | 443.78 |
| 1501103002 | 清水河铁矿 | | 7 | 9 | 8 | 24 | 374.23 |
| 1501603001 | 百灵庙铁矿 | | 6 | 9 | 10 | 25 | 37.98 |
| 1501105001 | 黑鹰山铁矿 | 海相火山岩型 | 7 | 13 | 14 | 34 | 701.75 |
| 1501106001 | 谢尔塔拉铁矿 | | 1 | 11 | 21 | 33 | 187.31 |
| 1501104001 | 二道井铁矿 | | 2 | 7 | 65 | 74 | 198.43 |
| 1501104002 | 脑木根铁矿 | | 2 | 1 | 5 | 8 | 255.10 |
| 1501104003 | 苏尼特左旗铁矿 | | 4 | 26 | 63 | 93 | 296.01 |

**续表 8-1**

| 预测工作区编号 | 预测工作区名称 | 预测类型 | 最小预测区 | | | | |
|---|---|---|---|---|---|---|---|
| | | | A类最小预测区数量(个) | B类最小预测区数量(个) | C类最小预测区数量(个) | 最小预测区总数量(个) | 面积(km²) |
| 1501204001 | 额里图铁矿 | 接触交代-热液型 | 5 | 8 | 20 | 33 | 1 999.98 |
| 1501202001 | 朝不楞铁矿 | | 5 | 15 | 25 | 45 | 2 924.72 |
| 1501203001 | 黄岗梁铁矿 | | 8 | 19 | 43 | 70 | 572.20 |
| 1051207001 | 卡休他他铁矿 | | 1 | 2 | 12 | 15 | 64.73 |
| 1501212001 | 克布勒铁矿 | | 4 | 5 | 4 | 13 | 662.07 |
| 1501208001 | 乌珠尔嘎顺铁矿 | | 4 | 7 | 8 | 19 | 123.94 |
| 1501209001 | 索索井铁矿 | | 6 | 9 | 15 | 30 | 850.18 |
| 1501205001 | 哈拉火烧铁矿 | | 5 | 6 | 7 | 18 | 48.67 |
| 1501601001 | 马鞍山铁矿 | | 16 | 16 | 28 | 60 | 392.152 |
| 1501602001 | 地营子铁矿 | | 4 | 9 | 8 | 21 | 701.75 |
| 1501210001 | 神山铁矿 | | 7 | 9 | 7 | 23 | 26.43 |
| 1501201001 | 梨子山铁矿 | | 3 | 9 | 31 | 43 | 1 674.99 |
| 总计 | | | 227 | 386 | 723 | 1336 | 19 051.702 |

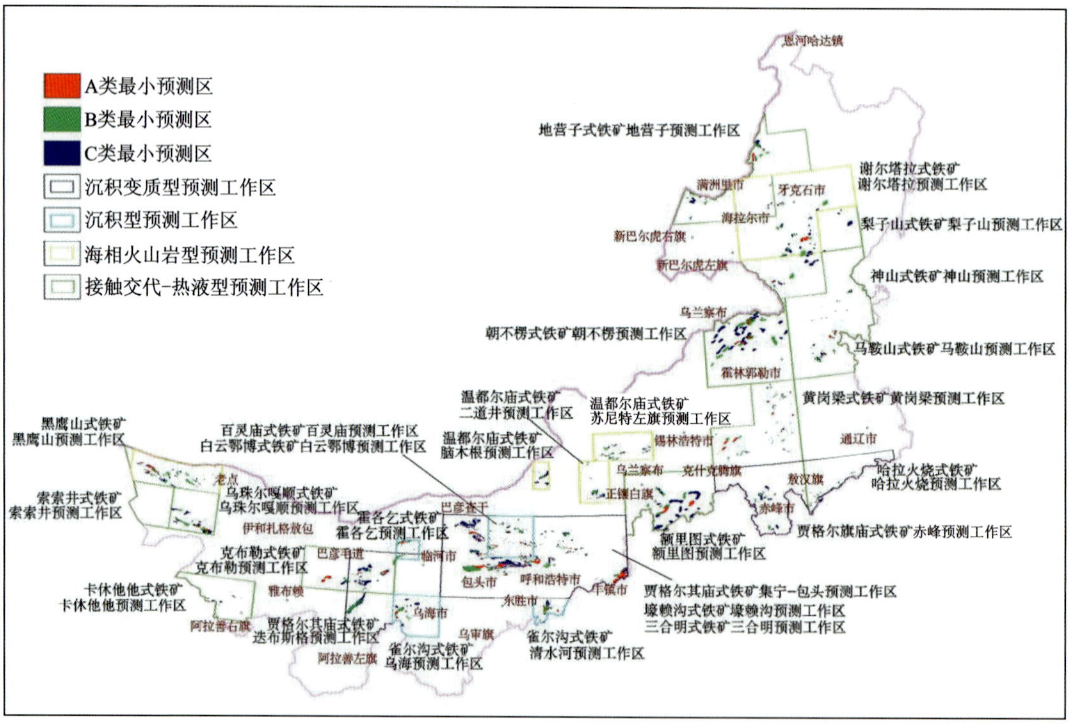


图 8-1　内蒙古自治区铁矿最小预测区分布示意图

## 二、铁矿资源量定量估算结果

本次共预测铁矿预测资源总量为 55 673.759 万 t，分别按预测资源量精度、深度、可利用性、可信度进行汇总统计(表 8-2)。

表 8-2 内蒙古自治区铁矿各预测工作区预测成果一览表

| 预测成果划分方法类型 | | 预测资源量(万 t) |
|---|---|---|
| 按精度 | 334-1 | 12 280.676 |
| | 334-2 | 17 279.265 |
| | 334-3 | 26 113.818 |
| 按深度 | 500m 以浅 | 468 498.057 |
| | 1000m 以浅 | 546 934.873 |
| | 2000m 以浅 | 556 737.590 |
| 按可利用性 | 可利用 | 36 657.685 |
| | 暂不可利用 | 19 016.074 |
| 按可信度 | 可信度≥0.75 | 24 230.810 |
| | 可信度 0.5～0.75 | 11 665.138 |
| | 可信度≤0.5 | 19 777.811 |
| 预测资源总量 | 556 737.590 | |

# 第二节 锰矿

## 一、圈定的最小预测区及优选

本次预测共圈定锰矿最小预测区 109 个，其中 A 类 13 个、B 类 32 个、C 类 64 个，总面积 876.03km$^2$(表 8-3，图 8-2)。最小预测区详情见《内蒙古自治区锰单矿种最小预测区核实表》。

表 8-3 内蒙古自治区锰矿各预测工作区最小预测区圈定成果一览表

| 预测工作区编号 | 预测工作区名称 | 预测类型 | 最小预测区 | | | | |
|---|---|---|---|---|---|---|---|
| | | | A 类最小预测区数量(个) | B 类最小预测区数量(个) | C 类最小预测区数量(个) | 最小预测区总数量(个) | 面积(km$^2$) |
| 1502601001 | 额仁陶勒盖锰矿 | 陆相火山岩型 | 3 | 4 | 5 | 12 | 157.34 |
| 1502602001 | 李清地锰矿 | 风化壳型 | 1 | 14 | 21 | 36 | 396.14 |
| 1502401001 | 西里庙锰矿 | 海相火山岩型 | 3 | 4 | 16 | 23 | 44.00 |

**续表 8-3**

| 预测工作区编号 | 预测工作区名称 | 预测类型 | 最小预测区 | | | | |
|---|---|---|---|---|---|---|---|
| | | | A类最小预测区数量(个) | B类最小预测区数量(个) | C类最小预测区数量(个) | 最小预测区总数量(个) | 面积(km²) |
| 1502301001 | 东加干锰矿 | (火山)沉积-变质型 | 3 | 2 | 4 | 9 | 95.53 |
| 1513201 | 乔二沟锰矿 | | 3 | 8 | 18 | 29 | 183.02 |
| 总计 | | | 13 | 32 | 64 | 109 | 876.03 |

图 8-2　内蒙古自治区锰矿单矿种最小预测区分布示意图

## 二、锰矿资源量定量估算结果

本次共预测锰矿预测资源总量为 400.426 7 万 t，分别按预测资源量精度、深度、可利用性及可信度进行汇总统计(表 8-4)。

**表 8-4　内蒙古自治区锰矿各预测工作区预测成果一览表**

| 预测成果划分方法类型 | | 预测资源量(万 t) |
|---|---|---|
| 按精度 | 334-1 | 101.490 6 |
| | 334-2 | 282.933 1 |
| | 334-3 | 16.003 0 |
| 按深度 | 500m 以浅 | 400.426 7 |
| | 1000m 以浅 | 400.426 7 |
| | 2000m 以浅 | 400.426 7 |
| 按可利用性 | 可利用 | 393.338 1 |
| | 暂不可利用 | 7.088 6 |
| 按可信度 | 可信度≥0.75 | 45.179 4 |
| | 可信度≥0.5 | 134.278 5 |
| | 可信度≥0.25 | 282.933 1 |
| 预测资源总量 | | 400.426 7 |

# 第三节　铬铁矿

## 一、圈定的最小预测区及优选

本次预测共圈定铬铁矿最小预测区 91 个，其中 A 类 24 个、B 类 28 个、C 类 39 个，总面积 958.33 $km^2$(表 8-5，图 8-3)。

**表 8-5　内蒙古自治区铬铁矿各预测工作区最小预测区圈定成果一览表**

| 预测工作区编号 | 预测工作区名称 | 预测类型 | 最小预测区 | | | | |
|---|---|---|---|---|---|---|---|
| | | | A 类最小预测区数量(个) | B 类最小预测区数量(个) | C 类最小预测区数量(个) | 最小预测区总数量(个) | 面积($km^2$) |
| 1503201001 | 呼和哈达 | 蛇绿岩型(地幔岩局熔改造亚型) | 2 | 4 | 3 | 9 | 10.34 |
| 1503202001 | 柯单山 | | 1 | 2 | 1 | 4 | 23.88 |
| 1503203004 | 赫格敖拉 | | 14 | 15 | 20 | 49 | 731.38 |
| 1503204001 | 索伦山 | | 7 | 7 | 15 | 29 | 192.73 |
| 总计 | | | 24 | 28 | 39 | 91 | 958.33 |

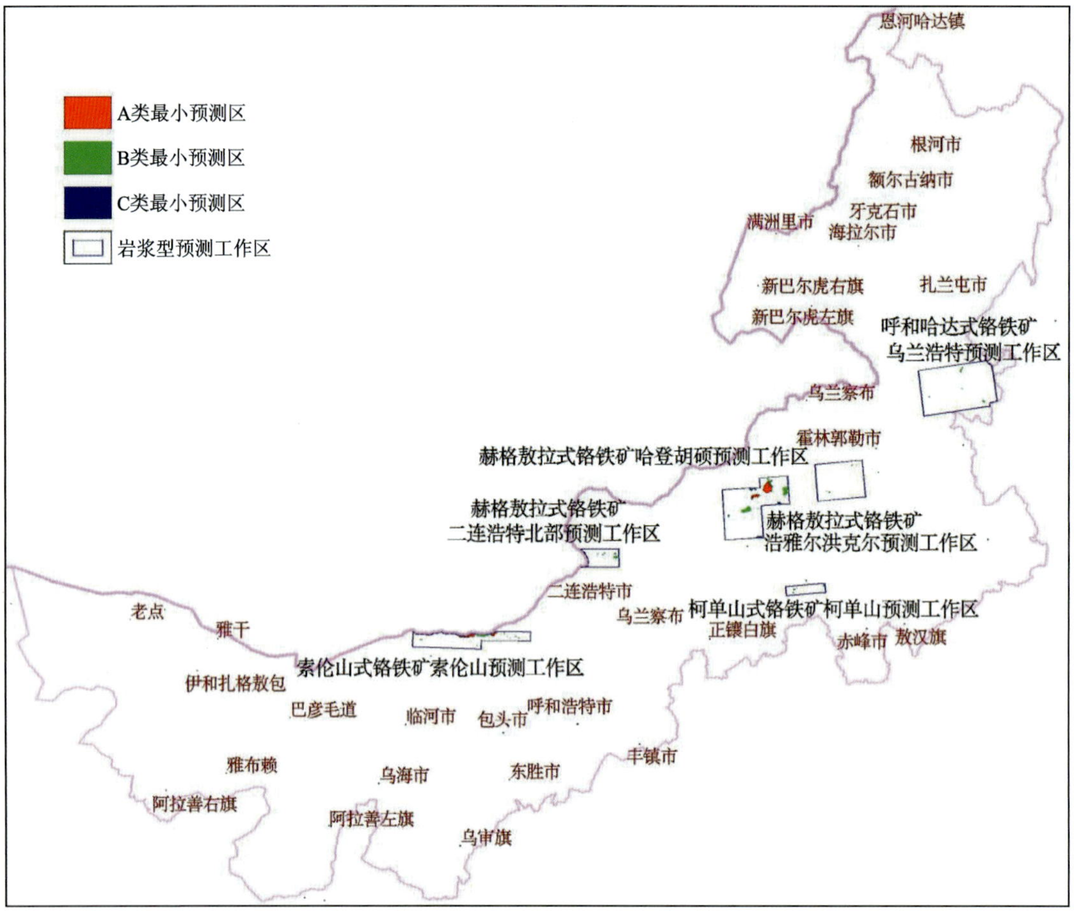


图 8-3　内蒙古自治区铬铁矿最小预测区分布示意图

## 二、铬铁矿资源量定量估算结果

本次铬铁矿预测资源总量为 878.435 万 t，分别按预测资源量精度、深度、可利用性、可信度及最小预测区类别进行汇总统计(表 8-6)。

**表 8-6　内蒙古自治区铬铁矿预测成果一览表**

| 预测成果划分方法类型 | | 预测资源量(万 t) |
|---|---|---|
| 按精度 | 334-1 | 220.110 |
| | 334-2 | 443.196 |
| | 334-3 | 215.129 |
| 按深度 | 500m 以浅 | 878.435 |
| | 1000m 以浅 | 878.435 |
| | 2000m 以浅 | 878.435 |
| 按可利用性 | 可利用 | 710.978 |
| | 暂不可利用 | 167.457 |

续表 8-6

| 预测成果划分方法类型 | | 预测资源量(万 t) |
|---|---|---|
| 按可信度 | 可信度≥0.75 | 412.558 |
| | 可信度≥0.5 | 861.261 |
| | 可信度≥0.25 | 878.513 |
| 按最小预测区类别 | A 类最小预测区 | 412.110 |
| | B 类最小预测区 | 302.879 |
| | C 类最小预测区 | 163.446 |
| 预测资源总量 | | 878.435 |

# 第四节 铜 矿

## 一、圈定的最小预测区及优选

本次预测共圈定铜矿最小预测区 388 个,其中 A 类 68 个、B 类 139 个、C 类 181,总面积 19 340.22km$^2$(表 8-7,图 8-4)。

表 8-7 内蒙古自治区铜矿各预测工作区最小预测区圈定成果一览表

| 预测工作区编号 | 预测工作区名称 | 预测类型 | 最小预测区 | | | | |
|---|---|---|---|---|---|---|---|
| | | | A 类最小预测区数量(个) | B 类最小预测区数量(个) | C 类最小预测区数量(个) | 最小预测区总数量(个) | 面积(km$^2$) |
| 1504201001 | 乌努格吐山 | 侵入岩体型 | 3 | 5 | 10 | 18 | 310.37 |
| 1504202001 | 敖瑙达巴 | | 2 | 3 | 7 | 12 | 413.34 |
| 1504203001 | 车户沟 | | 3 | 9 | 11 | 23 | 11 143 |
| 1504205001 | 珠斯楞 | | 3 | 10 | 7 | 20 | 544.63 |
| 1504206001 | 亚干 | | 1 | 8 | 4 | 13 | 7.07 |
| 1504204001 | 小南山 | | 2 | 10 | 6 | 18 | 335.5 |
| 1504601001 | 欧布拉格 | 复合内生型 | 7 | 9 | 9 | 25 | 613.06 |
| 1504605001 | 布敦花 | | 3 | 10 | 27 | 40 | 1 278.51 |
| 1504602001 | 宫忽洞 | | 1 | 6 | 1 | 8 | 71.13 |
| 1504603001 | 罕达盖 | | 4 | 9 | 9 | 22 | 435.5 |
| 1504607001 | 盖沙图 | | 3 | 9 | 12 | 24 | 214.26 |
| 1504604004 | 白马石沟 | | 4 | 6 | 8 | 18 | 885.28 |
| 1504606002 | 道伦达坝 | | 8 | 15 | 20 | 43 | 1 590.94 |

续表 8-7

| 预测工作区编号 | 预测工作区名称 | 预测类型 | 最小预测区 | | | | |
|---|---|---|---|---|---|---|---|
| | | | A类最小预测区数量(个) | B类最小预测区数量(个) | C类最小预测区数量(个) | 最小预测区总数量(个) | 面积($km^2$) |
| 1504402001 | 小坝梁 | 火山岩型 | 4 | 9 | 8 | 21 | 701.75 |
| 1504401001 | 奥尤特 | | 5 | 3 | 7 | 15 | 81.21 |
| 1504101001 | 乌拉特中旗 | 沉积(变质)型 | 5 | 6 | 14 | 25 | 340.39 |
| 1504102001 | 别鲁乌图 | | 2 | 8 | 7 | 17 | 291.98 |
| 1504103001 | 白乃庙 | | 5 | 4 | 7 | 16 | 82.30 |
| 总计 | | | 65 | 139 | 174 | 378 | 19 340.22 |

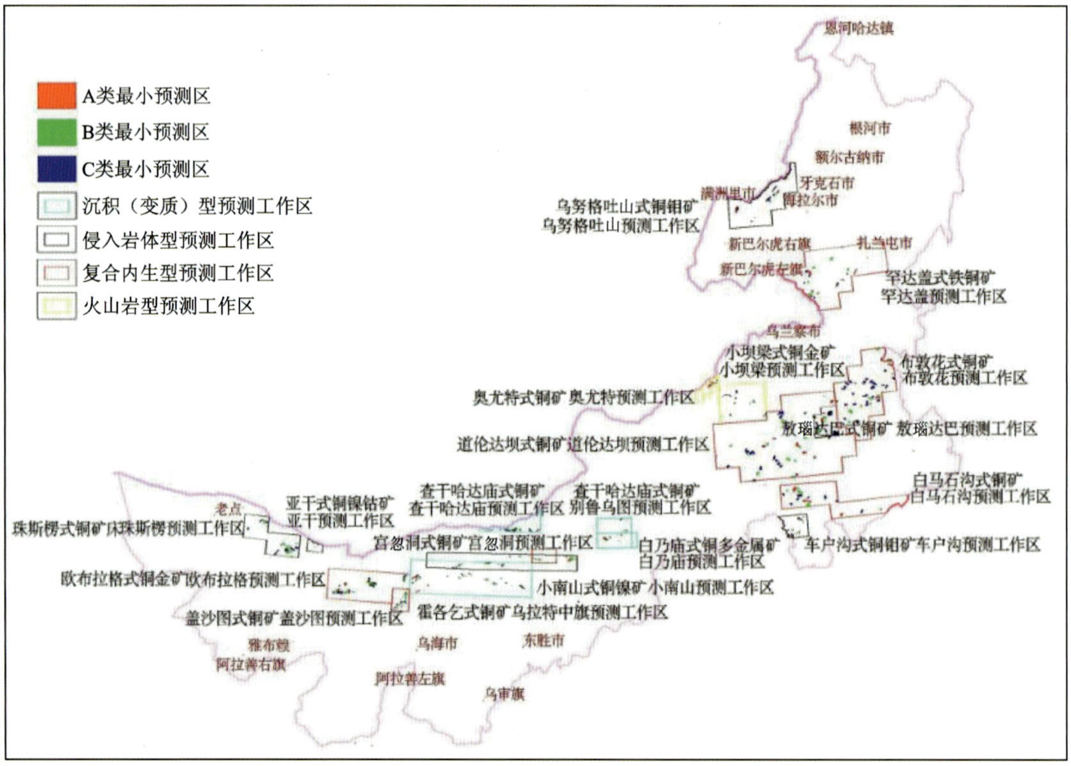

图 8-4　内蒙古自治区铜矿最小预测区分布示意图

## 二、铜矿资源量定量估算结果

本次铜矿预测资源总量为 1 190.351 7 万 t，分别按预测资源量精度、深度、可利用性、可信度及最小预测区类别进行汇总统计(表 8-8)。

表 8-8 内蒙古自治区铜矿预测成果一览表

| 预测成果划分方法类型 | | 预测资源量(万 t) |
|---|---|---|
| 按精度 | 334-1 | 418.022 9 |
| | 334-2 | 188.365 2 |
| | 334-3 | 583.963 6 |
| 按深度 | 500m 以浅 | 843.191 1 |
| | 1000m 以浅 | 1 122.304 3 |
| | 2000m 以浅 | 1 190.351 6 |
| 按可利用性 | 可利用 | 728.11 |
| | 暂不可利用 | 462.24 |
| 按可信度(含伴生) | 可信度≥0.75 | 208.53 |
| | 可信度≥0.5 | 656.54 |
| | 可信度≥0.25 | 1 033.42 |
| 按最小预测区类别 | A 类最小预测区 | 500.770 0 |
| | B 类最小预测区 | 266.550 0 |
| | C 类最小预测区 | 423.030 0 |
| 总量 | | 1 190.355 |

# 第五节 铅锌矿

## 一、圈定的最小预测区及优选

本次预测共圈定铅锌矿最小预测区 596 个,A 类 120 个、B 类 215 个、C 类 261 个,总面积 11 711.44km$^2$。其中共(伴)生铅锌矿最小预测区 70 个,A 类 10 个、B 类 25 个、C 类 35 个,面积 1 115.78km$^2$(表 8-9,图 8-5)。

表 8-9 内蒙古自治区铅锌矿各预测工作区最小预测区圈定成果一览表

| 预测工作区编号 | 预测工作区名称 | 预测类型 | 最小预测区 | | | | |
|---|---|---|---|---|---|---|---|
| | | | A 类最小预测区数量(个) | B 类最小预测区数量(个) | C 类最小预测区数量(个) | 最小预测区总数量(个) | 面积(km$^2$) |
| 1506101001 | 东升庙 | (火山)沉积变质型 | 7 | 12 | 9 | 28 | 2 001.69 |
| 1506401001 | 比利亚谷 | 陆相火山岩型 | 6 | 10 | 18 | 34 | 673.41 |
| 1506402001 | 扎木钦 | | 5 | 8 | 10 | 23 | 1 136.63 |
| 1506404001 | 甲乌拉 | | 7 | 19 | 26 | 52 | 1850 |

续表 8-9

| 预测工作区编号 | | 预测工作区名称 | 预测类型 | 最小预测区 | | | | |
|---|---|---|---|---|---|---|---|---|
| | | | | A类最小预测区数量(个) | B类最小预测区数量(个) | C类最小预测区数量(个) | 最小预测区总数量(个) | 面积(km²) |
| 1506603001 | | 李清地 | 陆相火山次火山型 | 1 | 14 | 21 | 36 | 396.13 |
| 1506201001 | | 查干敖包 | 矽卡岩型 | 3 | 2 | 9 | 14 | 138.45 |
| 1506207001 | | 白音诺尔 | | 10 | 13 | 17 | 40 | 1 012.33 |
| 1506208001 | | 余家窝铺 | | 7 | 10 | 13 | 30 | 111.71 |
| 1506202001 | | 天桥沟 | 岩浆热液型 | 7 | 9 | 16 | 32 | 440.82 |
| 1506203001 | | 阿尔哈达 | | 7 | 7 | 6 | 20 | 176.18 |
| 1506204001 | | 长春岭 | | 14 | 33 | 26 | 73 | 879.66 |
| 1506205001 | | 拜仁达坝 | | 5 | 5 | 3 | 13 | 279.3 |
| 1506206001 | | 孟恩陶勒盖 | | 11 | 11 | 9 | 31 | 301.65 |
| 1506601001 | | 花敖包特 | | 17 | 21 | 16 | 54 | 865.4 |
| 1506602001 | | 代兰塔拉 | | 3 | 16 | 27 | 46 | 332.3 |
| 总计 | | | | 110 | 190 | 226 | 526 | 10 595.66 |
| 共(伴)生 | 1504101001 | 霍各乞 | (火山)沉积变质型 | 5 | 6 | 14 | 25 | 340.39 |
| | 1504205001 | 珠斯楞 | 斑岩型 | 3 | 10 | 7 | 20 | 544.63 |
| | 1511505001 | 老硐沟 | 风化壳型 | 2 | 9 | 14 | 25 | 230.76 |
| 总计 | | | | 10 | 25 | 35 | 70 | 1 115.78 |
| 总计[包括共(伴)生] | | | | 120 | 215 | 261 | 596 | 11 711.44 |

## 二、铅锌矿资源量定量估算结果

本次共预测铅矿预测资源总量为 1360 万 t、锌矿预测资源总量为 3400 万 t,其中原生铅矿为 1 285.775 1 万 t、锌矿 3 173.025 2 万 t,共伴生铅矿 74 万 t,锌矿 227 万 t。分别按预测资源量精度、深度、可利用性、可信度及最小预测区级别进行汇总统计(表 8-10)。

**表 8-10　内蒙古自治区铅锌矿各预测工作区预测成果一览表**

| 预测成果划分方法类型 | | 铅(万 t) | 锌(万 t) |
|---|---|---|---|
| 按精度 | 334-1 | 647.667 962 | 1 730.915 137 |
| | 334-2 | 131.406 962 | 345.047 241 |
| | 334-3 | 506.700 133 | 1 097.062 809 |

**续表 8-10**

| 预测成果划分方法类型 | | 铅(万 t) | 锌(万 t) |
|---|---|---|---|
| 按深度 | 500m 以浅 | 1 140.144 271 | 2 619.784 093 |
| | 1000m 以浅 | 1 283.427 28 | 3 167.805 898 |
| | 2000m 以浅 | 1 285.775 057 | 3 173.025 187 |
| 按可利用性 | 可利用 | 877.941 253 | 2 192.399 313 |
| | 暂不可利用 | 407.833 804 | 980.625 874 |
| 按可信度 | 可信度≥0.75 | 683.365 643 | 1 810.360 654 |
| | 可信度≥0.5 | 939.343 66 | 2 526.092 549 |
| | 可信度≥0.25 | 1 285.168 369 | 3 171.676 473 |
| 按最小预测区类别 | A 类最小预测区 | 737.920 931 | 1 964.170 45 |
| | B 类最小预测区 | 332.706 53 | 751.153 652 |
| | C 类最小预测区 | 215.147 596 | 457.701 085 |
| 预测资源总量(不包括伴生) | | 1 285.775 1 | 3 173.025 2 |

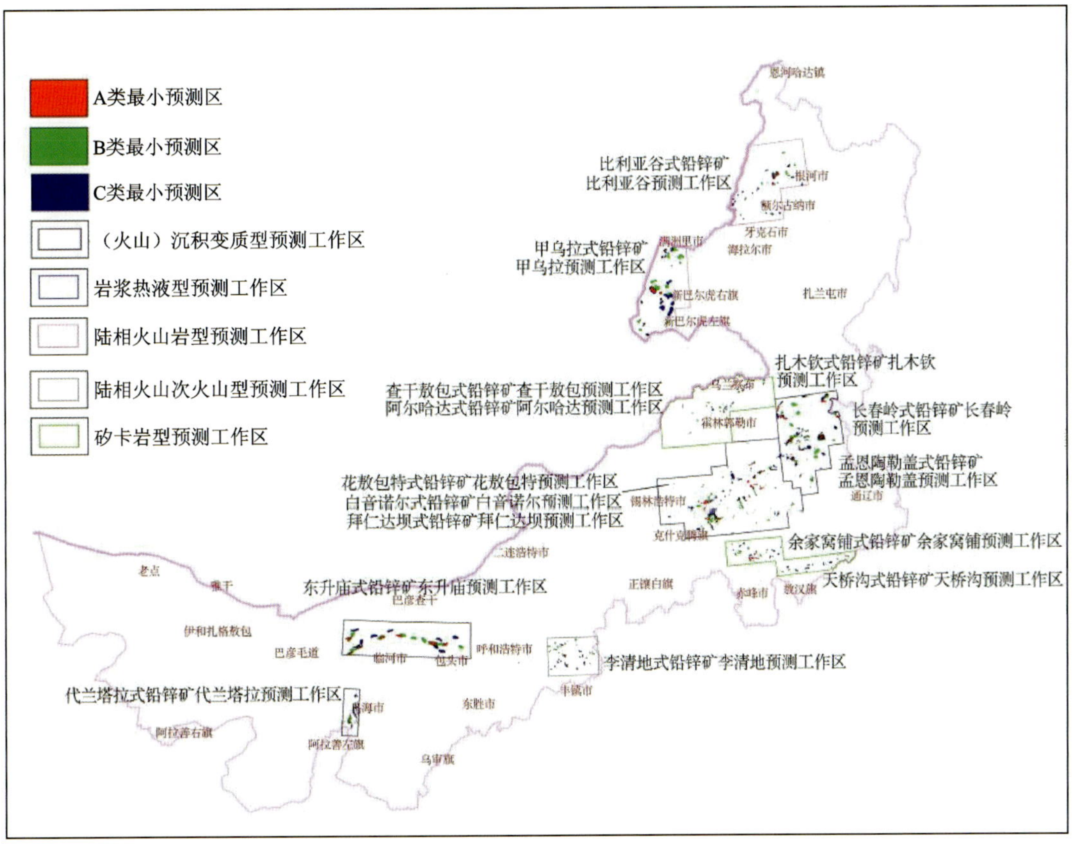


图 8-5　内蒙古自治区铅锌矿最小预测区分布示意图

# 第六节　钼　矿

## 一、圈定的最小预测区及优选

本次预测共圈定钼矿最小预测区 321 个，A 类 48 个、B 类 112 个、C 类 161 个，总面积 44 930.38km²。其中原生钼矿 305 个，A 类 43 个、B 类 108 个、C 类 154 个，面积 44 848.08km²；共(伴)生钼矿最小预测区 16 个，A 类 5 个、B 类 4 个、C 类 7 个，面积 82.3 km²(表 8-11，图 8-6)。

**表 8-11　内蒙古自治区钼矿各预测工作区最小预测区圈定成果一览表**

| 预测工作区编号 | | 预测工作区名称 | 预测类型 | 最小预测区 | | | | |
|---|---|---|---|---|---|---|---|---|
| | | | | A 类最小预测区数量(个) | B 类最小预测区数量(个) | C 类最小预测区数量(个) | 最小预测区总数量(个) | 面积(km²) |
| 原生 | 1510602001 | 元山子 | 沉积(变质)型 | 4 | 3 | 4 | 11 | 38.74 |
| | 1510602002 | 营盘水北 | | | 3 | 3 | 6 | 22.68 |
| | 1510201001 | 乌兰德勒 | 斑岩型 | 3 | 4 | 5 | 12 | 253.17 |
| | 1510202001 | 乌努格吐山 | | 2 | 5 | 10 | 17 | 394.19 |
| | 1510203001 | 太平沟 | | 3 | 9 | 13 | 25 | 87.27 |
| | 1510203002 | 原林林场 | | 3 | 4 | 6 | 13 | 26.22 |
| | 1510204011 | 孟恩陶勒盖 | | 6 | 7 | 26 | 39 | 781.40 |
| | 1506206001 | 凉城-兴和 | | 3 | 4 | 5 | 12 | 102.67 |
| | 1510207001 | 甜水井 | | 3 | 10 | 10 | 23 | 39 355.48 |
| | 1510208006 | 克什克腾旗-赤峰 | | 6 | 15 | 16 | 37 | 950.04 |
| | 1510210001 | 查干花 | | 1 | 5 | 4 | 10 | 181.69 |
| | 1510209001 | 阿巴嘎旗 | | 1 | 4 | 3 | 8 | 22.02 |
| | 1510211001 | 岔路口 | | 1 | 4 | 7 | 12 | 83.16 |
| | 1510601002 | 梨子山 | 矽卡岩型(接触交代-热液型) | 3 | 9 | 31 | 43 | 1 569.53 |
| | 1510205001 | 拜仁达坝 | 岩浆热液型 | 4 | 22 | 11 | 37 | 979.82 |
| | 总计 | | | 43 | 108 | 154 | 305 | 44 848.08 |
| 共(伴)生 | 1504103001 | 白乃庙 | 沉积型 | 5 | 4 | 7 | 16 | 82.3 |
| | 总计 | | | 5 | 4 | 7 | 16 | 82.3 |
| 原生+伴生 | | | | 48 | 112 | 161 | 321 | 44 930.38 |

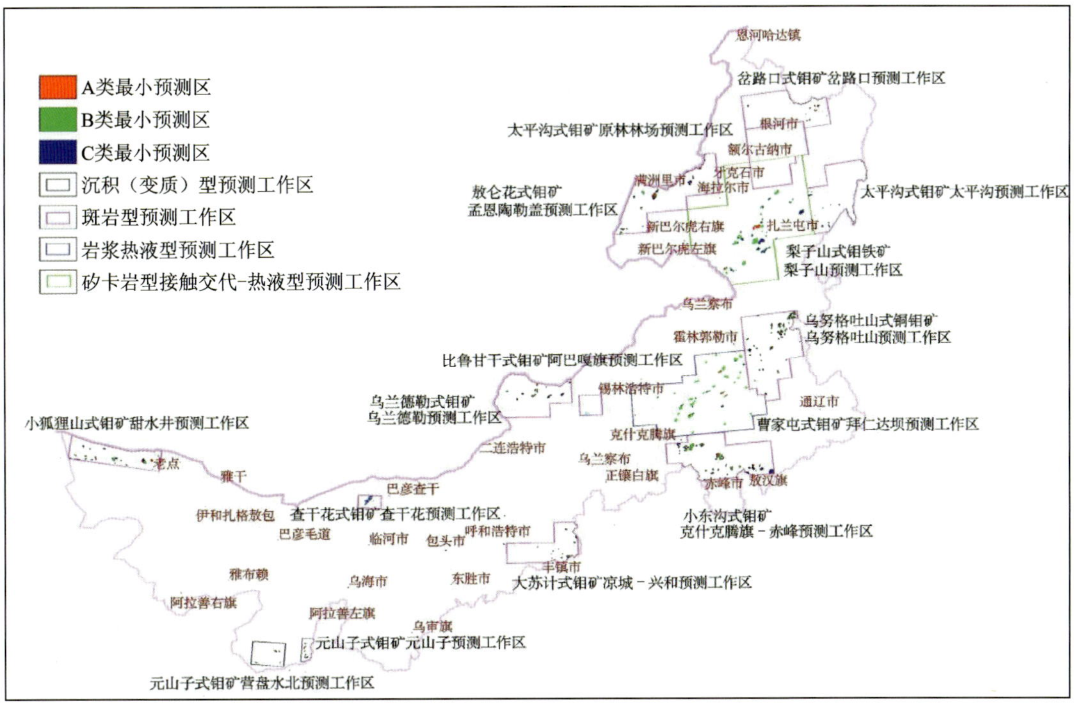


图 8-6　内蒙古自治区钼矿最小预测区分布示意图

## 二、钼矿资源量定量估算结果

本次共预测钼矿预测资源总量为 823.01 万 t，其中原生钼矿为 820.94 万 t，伴生钼矿 2.07 万 t，分别按预测资源量精度、深度、可利用性、可信度及最小预测区级别进行汇总统计（表 8-12）。

**表 8-12　内蒙古自治区钼矿各预测工作区预测成果一览表**

| 预测成果划分方法类型 | | 预测资源量（万 t） |
|---|---|---|
| 按精度（原生＋伴生） | 334-1 | 286.52 |
| | 334-2 | 314.20 |
| | 334-3 | 222.29 |
| 按深度（原生＋伴生） | 500m 以浅 | 475.01 |
| | 1000m 以浅 | 675.09 |
| | 2000m 以浅 | 823.01 |
| 按可利用性（原生＋伴生） | 可利用 | 687.09 |
| | 暂不可利用 | 135.92 |
| 按可信度（原生＋伴生） | 可信度≥0.75 | 424.51 |
| | 可信度≥0.5 | 638.99 |
| | 可信度≥0.25 | 698.03 |

续表 8-12

| 预测成果划分方法类型 | | 预测资源量(万 t) |
|---|---|---|
| 按最小预测区级别(原生) | A 类最小预测区 | 293.00 |
| | B 类最小预测区 | 280.96 |
| | C 类最小预测区 | 246.98 |
| 总量(原生+伴生) | 823.01 | |

# 第七节　钨　矿

## 一、圈定的最小预测区及优选

本次预测共圈定钨矿最小预测区 167 个,A 类 25 个、B 类 64 个、C 类 78 个,总面积 4 582.17km²。其中共(伴)生钨矿最小预测区 43 个,A 类 8 个、B 类 15 个、C 类 20 个,面积 1 590.94km²(表 8-13,图 8-7)。

**表 8-13　内蒙古自治区钨矿各预测工作区最小预测区圈定成果一览表**

| 预测工作区编号 | | 预测工作区名称 | 预测类型 | 最小预测区 | | | | |
|---|---|---|---|---|---|---|---|---|
| | | | | A 类最小预测区数量(个) | B 类最小预测区数量(个) | C 类最小预测区数量(个) | 最小预测区总数量(个) | 面积(km²) |
| 1508201001 | | 沙麦 | 花岗岩型(石英脉型) | 1 | 14 | 5 | 20 | 547.68 |
| 1508202001 | | 白石头洼 | | 8 | 7 | 8 | 23 | 607.22 |
| 1508204001 | | 大麦地 | | 3 | 6 | 3 | 12 | 119.77 |
| 1508205001 | | 乌日尼图 | | 1 | 4 | 19 | 24 | 804.75 |
| 1508203002 | | 七一山 | 花岗岩型(岩体型) | 4 | 18 | 23 | 45 | 911.81 |
| 总计 | | | | 17 | 49 | 58 | 124 | 2 991.23 |
| 共(伴)生 | 1504606002 | 道伦达坝 | 岩浆热液型 | 8 | 15 | 20 | 43 | 1 590.94 |
| 总计[包括共(伴)生] | | | | 25 | 64 | 78 | 167 | 4 582.17 |

## 二、钨矿资源量定量估算结果

本次共预测钨矿预测资源总量为 55.914 万 t,其中伴生钨矿 13.989 万 t。分别按预测资源量精度、深度、可利用性、可信度及最小预测区类别进行汇总统计(表 8-14)。

**表 8-14 内蒙古自治区钨矿各预测工作区预测成果一览表**

| 预测成果划分方法类型 | | 预测资源量(万 t) |
|---|---|---|
| 按精度 | 334-1 | 14.614 |
| | 334-2 | 10.62 |
| | 334-3 | 16.687 |
| 按深度 | 500m 以浅 | 34.536 |
| | 1000m 以浅 | 41.924 |
| | 2000m 以浅 | 41.924 |
| 按可利用性 | 可利用 | 40.252 |
| | 暂不可利用 | 1.672 |
| 按可信度 | 可信度≥0.75 | 13.696 |
| | 可信度≥0.5 | 11.945 |
| | 可信度≥0.25 | 26.763 |
| 最小预测区类别 | A 类最小预测区 | 16.167 |
| | B 类最小预测区 | 15.857 |
| | C 类最小预测区 | 9.899 |
| 总量 | | 41.924 |
| 共(伴)生量 | | 13.989 |
| 总量(包括伴生) | | 55.914 |

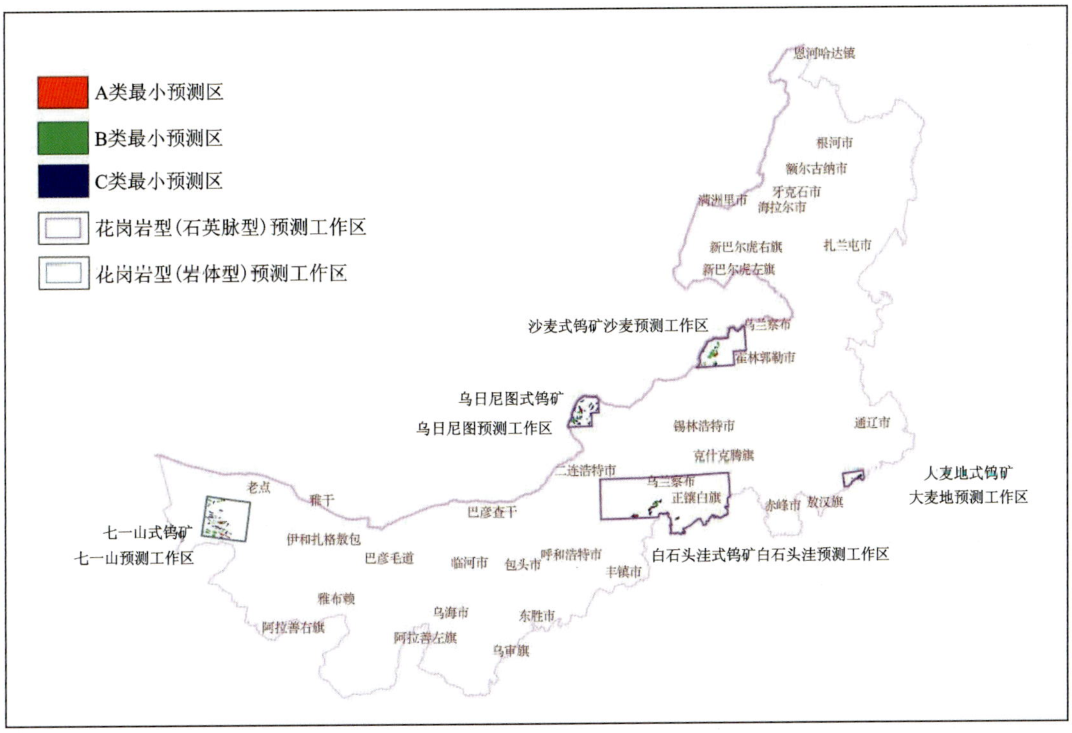


图 8-7 内蒙古自治区钨矿最小预测区分布示意图

# 第八节　锑　矿

## 一、圈定的最小预测区及优选

本次预测共圈定锑矿最小预测区9个，其中A类1个、B类2个、C类6个，总面积9 441.51km²（表8-15，图8-8）。

**表8-15　内蒙古自治区锑矿各预测工作区最小预测区圈定成果一览表**

| 预测工作区编号 | 预测工作区名称 | 预测类型 | 最小预测区 | | | | |
|---|---|---|---|---|---|---|---|
| | | | A类最小预测区数量(个) | B类最小预测区数量(个) | C类最小预测区数量(个) | 最小预测区总数量(个) | 面积(km²) |
| 1513201001 | 阿木乌苏 | 岩浆热液型 | 1 | 2 | 6 | 9 | 9 441.51 |
| 总计 | | | 1 | 2 | 6 | 9 | 9 441.51 |

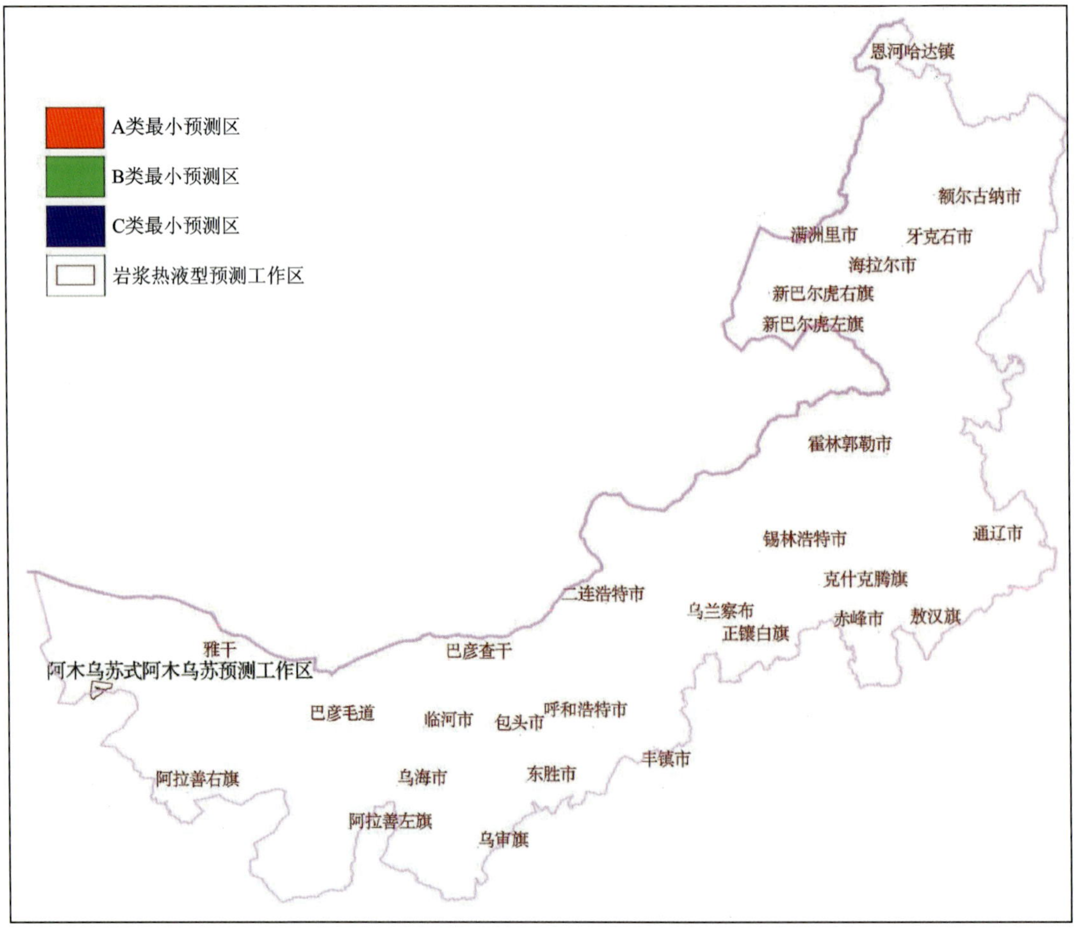


图8-8　内蒙古自治区锑矿单矿种最小预测区分布示意图

## 二、锑矿资源量定量估算结果

本次共预测锑矿预测资源总量为917.095万t，分别按预测资源量精度、深度、可利用性及可信度进行汇总统计(表8-16)。

表8-16 内蒙古自治区锑矿各预测工作区预测成果一览表

| 预测成果划分方法类型 | | 预测资源量(万t) |
|---|---|---|
| 按精度 | 334-1 | 114.415 |
| | 334-2 | 0 |
| | 334-3 | 802.680 |
| 按深度 | 500m以浅 | 917.095 |
| | 1000m以浅 | 917.095 |
| | 2000m以浅 | 917.095 |
| 按可利用性 | 可利用 | 917.095 |
| | 暂不可利用 | 917.095 |
| 按可信度 | 可信度≥0.75 | 114.415 |
| | 可信度≥0.5 | 790.430 |
| | 可信度≥0.25 | 12.250 |
| 总量 | | 917.095 |

# 第九节 锡矿

## 一、圈定的最小预测区及优选

本次预测共圈定锡矿最小预测区184个，其中A类32个、B类57个、C类95个，总面积3 323.629km$^2$(表8-17，图8-9)。

表8-17 内蒙古自治区锡矿各预测工作区最小预测区圈定成果一览表

| 预测工作区编号 | 预测工作区名称 | 预测类型 | 最小预测区 | | | | |
|---|---|---|---|---|---|---|---|
| | | | A类最小预测区数量(个) | B类最小预测区数量(个) | C类最小预测区数量(个) | 最小预测区总数量(个) | 面积(km$^2$) |
| 1509601001 | 毛登 | 花岗岩型(石英脉型) | 1 | 6 | 11 | 18 | 191.73 |
| 1509601002 | 太平林场 | | 3 | 6 | 9 | 18 | 393.82 |
| 1509204001 | 千斤沟 | | 1 | 2 | 7 | 10 | 205.829 |

**续表 8-17**

| 预测工作区编号 | 预测工作区名称 | 预测类型 | 最小预测区 | | | | |
|---|---|---|---|---|---|---|---|
| | | | A 类最小预测区数量(个) | B 类最小预测区数量(个) | C 类最小预测区数量(个) | 最小预测区总数量(个) | 面积(km²) |
| A1509203001 | 大井子 | 次火山热液型 | 3 | 4 | 6 | 13 | 182.33 |
| 1509201001 | 朝不楞 | 矽卡岩型 | 5 | 9 | 10 | 24 | 1 476.07 |
| 1509207001 | 黄岗梁 | | 8 | 19 | 43 | 70 | 572.2 |
| 1509202001 | 孟恩陶勒盖 | 中低温热液型 | 11 | 11 | 9 | 31 | 301.65 |
| 总计 | | | 32 | 57 | 95 | 184 | 3 323.629 |

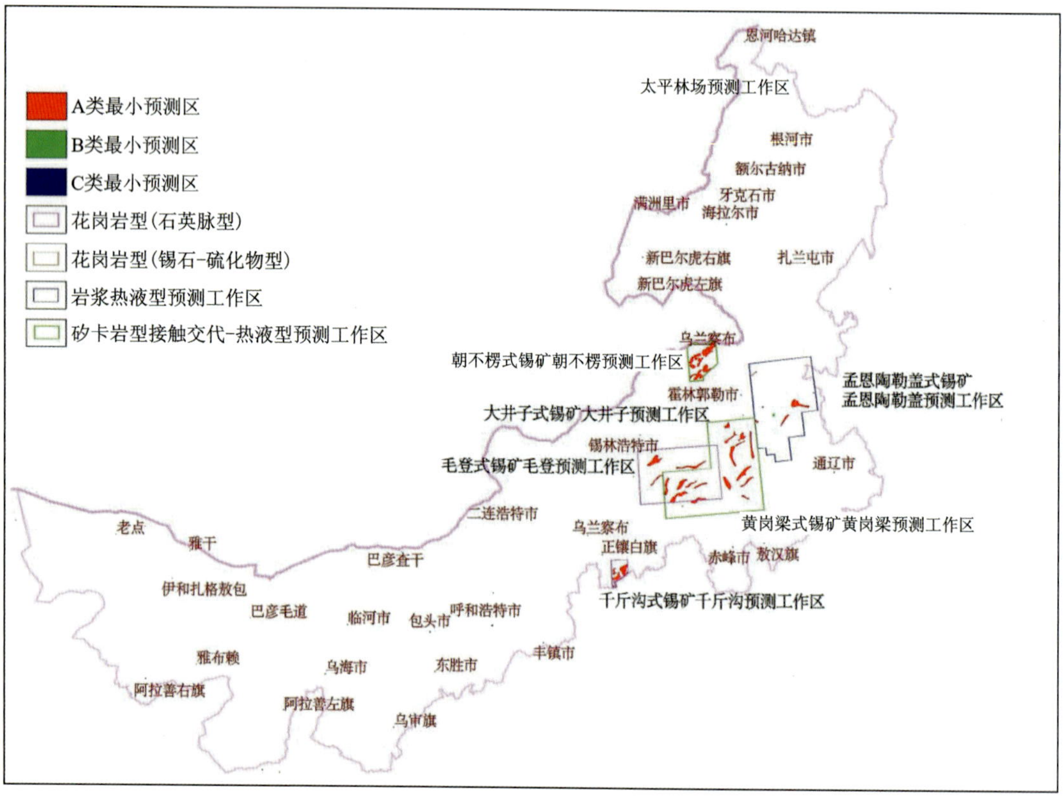

图 8-9 内蒙古自治区锡矿最小预测区分布示意图

## 二、锡矿资源量定量估算结果

本次锡矿预测资源量为 185.397 万 t,分别按预测资源量精度、深度、可利用性、可信度及最小预测区类别进行汇总统计(表 8-18)。

**表 8-18　内蒙古自治区锡矿各预测工作区预测成果一览表**

| 预测成果划分方法类型 | | 预测资源量(万 t) |
|---|---|---|
| 按精度 | 334-1 | 59.645 |
| | 334-2 | 49.354 |
| | 334-3 | 76.396 |
| 按深度 | 500m 以浅 | 115.422 |
| | 1000m 以浅 | 185.397 |
| | 2000m 以浅 | 185.397 |
| 按可利用性 | 可利用 | 109.779 |
| | 暂不可利用 | 75.617 |
| 按可信度 | 可信度≥0.75 | 61.214 |
| | 可信度≥0.5 | 120.503 |
| | 可信度≥0.25 | 185.397 |
| 按最小预测区级别 | A 类最小预测区 | 116.442 |
| | B 类最小预测区 | 43.948 |
| | C 类最小预测区 | 25.006 |
| 总量 | | 185.397 |

# 第十节　镍　矿

## 一、圈定的最小预测区及优选

本次预测共圈定镍矿最小预测区 91 个，其中 A 类 16 个、B 类 37 个、C 类 38 个，总面积 241.84km²(表 8-19，图 8-10)。

**表 8-19　内蒙古自治区镍矿各预测工作区最小预测区圈定成果一览表**

| 预测工作区编号 | 预测工作区名称 | 预测类型 | 最小预测区 | | | | |
|---|---|---|---|---|---|---|---|
| | | | A 类最小预测区数量(个) | B 类最小预测区数量(个) | C 类最小预测区数量(个) | 最小预测区总数量(个) | 面积(km²) |
| 1507201001 | 浩雅尔洪克尔 | 侵入岩体型 | 5 | 6 | 5 | 16 | 146.91 |
| 1507201002 | 哈登胡硕 | | 0 | 5 | 6 | 11 | 5.15 |
| 1507202001 | 小南山 | | 1 | 1 | 3 | 5 | 6.02 |
| 1507202002 | 乌拉特后旗 | | 2 | 1 | 4 | 7 | 2.06 |
| 1507202003 | 乌拉特中旗 | | 1 | 3 | 3 | 7 | 6.91 |
| 1507203001 | 达布逊 | | 1 | 5 | 4 | 10 | 5.46 |

**续表 8-19**

| 预测工作区编号 | 预测工作区名称 | 预测类型 | 最小预测区 | | | | |
|---|---|---|---|---|---|---|---|
| | | | A 类最小预测区数量(个) | B 类最小预测区数量(个) | C 类最小预测区数量(个) | 最小预测区总数量(个) | 面积(km²) |
| 1507204001 | 亚干 | 侵入岩体型 | 1 | 8 | 4 | 13 | 7.07 |
| 1507205001 | 二连浩特北 | | 1 | 2 | 2 | 5 | 0.84 |
| 1507101001 | 元山子 | 沉积型 | 4 | 3 | 4 | 11 | 38.74 |
| 1507101002 | 营盘水北 | | 0 | 3 | 3 | 6 | 22.68 |
| 总计 | | | 16 | 37 | 38 | 91 | 241.84 |

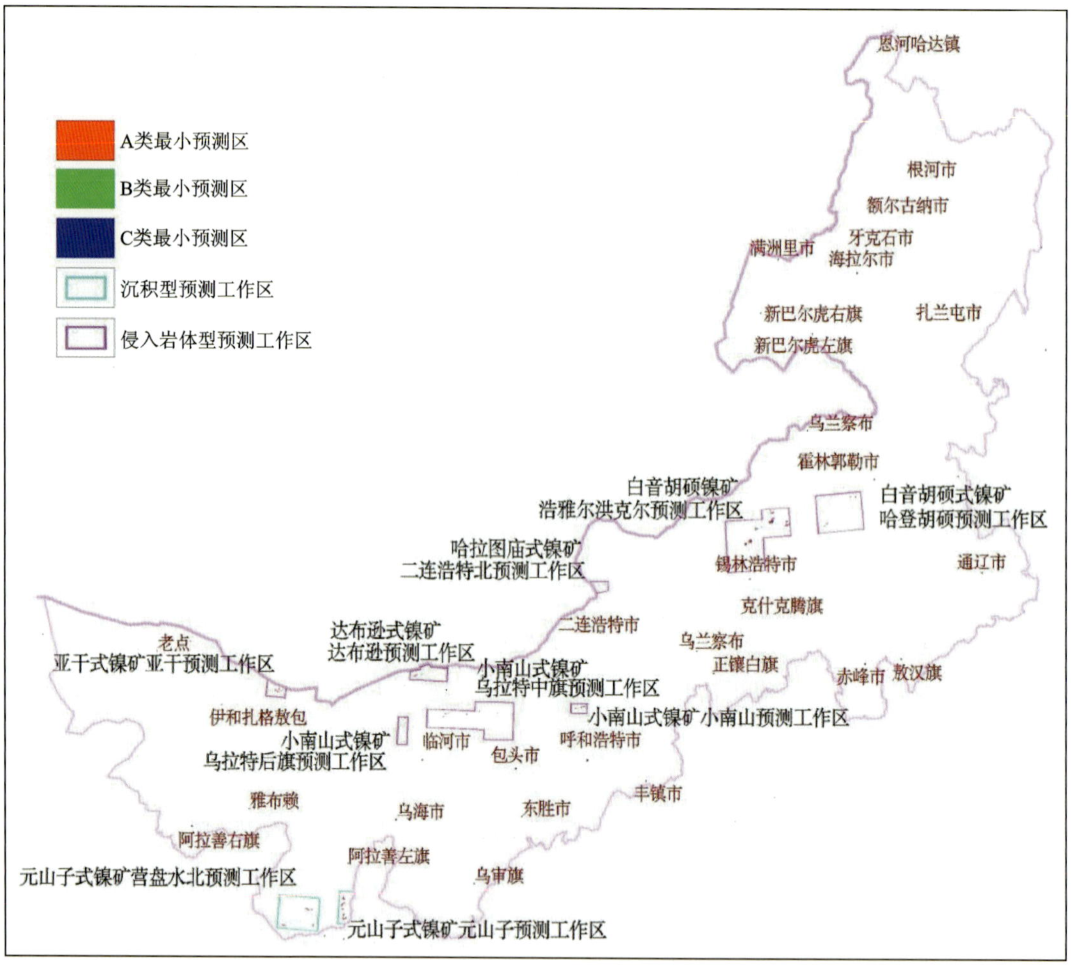

图 8-10　内蒙古自治区镍矿最小预测区分布示意图

## 二、镍矿资源量定量估算结果

本次共预测镍矿预测资源总量为 60.722 万 t，分别按预测资源量精度、深度、可利用性、可信度及最小预测区类别进行汇总统计(表 8-20)。

表 8-20 内蒙古自治区镍矿各预测工作区预测成果一览表

| 预测成果划分方法类型 | | 预测资源量(万 t) |
|---|---|---|
| 按精度 | 334-1 | 18.928 |
| | 334-2 | 3.893 |
| | 334-3 | 37.900 |
| 按深度 | 500m 以浅 | 60.678 |
| | 1000m 以浅 | 60.722 |
| | 2000m 以浅 | 60.722 |
| 按可利用性 | 可利用 | 42.485 |
| | 暂不可利用 | 18.237 |
| 按可信度 | 可信度≥0.75 | 22.639 |
| | 可信度≥0.5 | 37.352 |
| | 可信度≥0.25 | 57.346 |
| 按最小预测区类别 | A 类最小预测区 | 26.587 |
| | B 类最小预测区 | 21.180 |
| | C 类最小预测区 | 12.954 |
| 总量 | | 60.722 |

# 第十一节 金 矿

## 一、圈定的最小预测区及优选

本次共圈定金矿最小预测区 813 个，A 类 138 个、B 类 283 个、C 类 392 个，总面积 15 264.9km$^2$。其中原生金矿 515 个，A 类 86 个、B 类 175 个、C 类 254 个，面积 7 036.31km$^2$；共(伴)生金矿最小预测区 298 个，A 类 52 个、B 类 108 个、C 类 138 个，面积 8 228.59km$^2$(表 8-21，图 8-11)。

表 8-21 内蒙古自治区金矿各预测工作区最小预测区圈定成果一览表

| 预测类型 | 预测亚类 | 最小预测区 | | | | |
|---|---|---|---|---|---|---|
| | | A 类最小预测区数量(个) | B 类最小预测区数量(个) | C 类最小预测区数量(个) | 最小预测区总数量(个) | 面积(km$^2$) |
| 变质碎屑岩中热液型 | 朱拉扎嘎式金矿 | 1 | 3 | 6 | 10 | 8.19 |
| 风化壳型 | 老硐沟式金矿 | 2 | 9 | 14 | 25 | 244.41 |
| 花岗-绿岩型 | 新地沟式金矿 | 1 | 1 | 5 | 7 | 37.85 |

**续表 8-21**

| 预测类型 | 预测亚类 | 最小预测区 | | | | |
|---|---|---|---|---|---|---|
| | | A类最小预测区数量(个) | B类最小预测区数量(个) | C类最小预测区数量(个) | 最小预测区总数量(个) | 面积(km²) |
| 陆相火山岩型 | 四五牧场式金矿 | 2 | 4 | 19 | 25 | 317.17 |
| | 古利库式金矿 | 2 | 5 | 20 | 27 | 501.51 |
| | 陈家杖子式金矿 | 2 | 4 | 2 | 8 | 602.16 |
| 岩浆热液型 | 毕力赫式金矿 | 2 | 6 | 19 | 27 | 271.36 |
| | 十八顷壕式金矿 | 1 | 2 | 4 | 7 | 24.34 |
| | 小伊诺盖沟式金矿 | 13 | 28 | 16 | 57 | 588.87 |
| | 浩尧尔忽洞式金矿 | 2 | 3 | 5 | 10 | 379.21 |
| | 赛乌素式金矿 | 10 | 19 | 8 | 37 | 74.82 |
| | 乌拉山式金矿 | 18 | 20 | 22 | 60 | 783.84 |
| | 巴音温都尔式金矿 | 6 | 17 | 16 | 39 | 370.08 |
| | 白乃庙式金矿 | 7 | 5 | 14 | 26 | 117.53 |
| | 金厂沟梁式金矿 | 8 | 15 | 55 | 78 | 1 663.02 |
| | 碱泉子式金矿 | 2 | 9 | 10 | 21 | 527.39 |
| | 巴音杭盖式金矿 | 6 | 19 | 10 | 35 | 473.2 |
| | 三个井式金矿 | 1 | 6 | 9 | 16 | 51.36 |
| 总计 | | 86 | 175 | 254 | 515 | 7 036.31 |
| (火山)沉积变质型 | 东升庙铅锌伴生金 | 7 | 12 | 9 | 28 | 2 001.67 |
| 斑岩型 | 珠斯楞铜伴生金 | 3 | 10 | 7 | 20 | 544.63 |
| 海相火山岩型 | 小坝梁铜伴生金 | 2 | 3 | 9 | 14 | 139.35 |
| | 白乃庙铜伴生金 | 5 | 4 | 7 | 16 | 82.3 |
| 陆相火山次火山型 | 李清地铅锌伴生金 | 1 | 14 | 21 | 36 | 396.13 |
| | 甲乌拉铅锌伴生金 | 7 | 19 | 26 | 52 | 1850 |
| 岩浆热液型 | 白马石沟铜伴生金 | 4 | 6 | 8 | 18 | 685.75 |
| | 布敦花铜伴生金 | 3 | 10 | 27 | 40 | 1 278.52 |
| | 欧布拉格铜伴生金 | 7 | 9 | 9 | 25 | 613.06 |
| | 孟恩陶勒盖铅锌伴生金 | 11 | 11 | 9 | 31 | 301.65 |
| 岩浆型(基性—超基性铜-镍硫化物) | 小南山铜伴生金 | 2 | 10 | 6 | 18 | 335.53 |
| 共(伴)生总计 | | 52 | 108 | 138 | 298 | 8 228.59 |
| 金矿圈定结果 | | 138 | 283 | 392 | 813 | 15 264.9 |

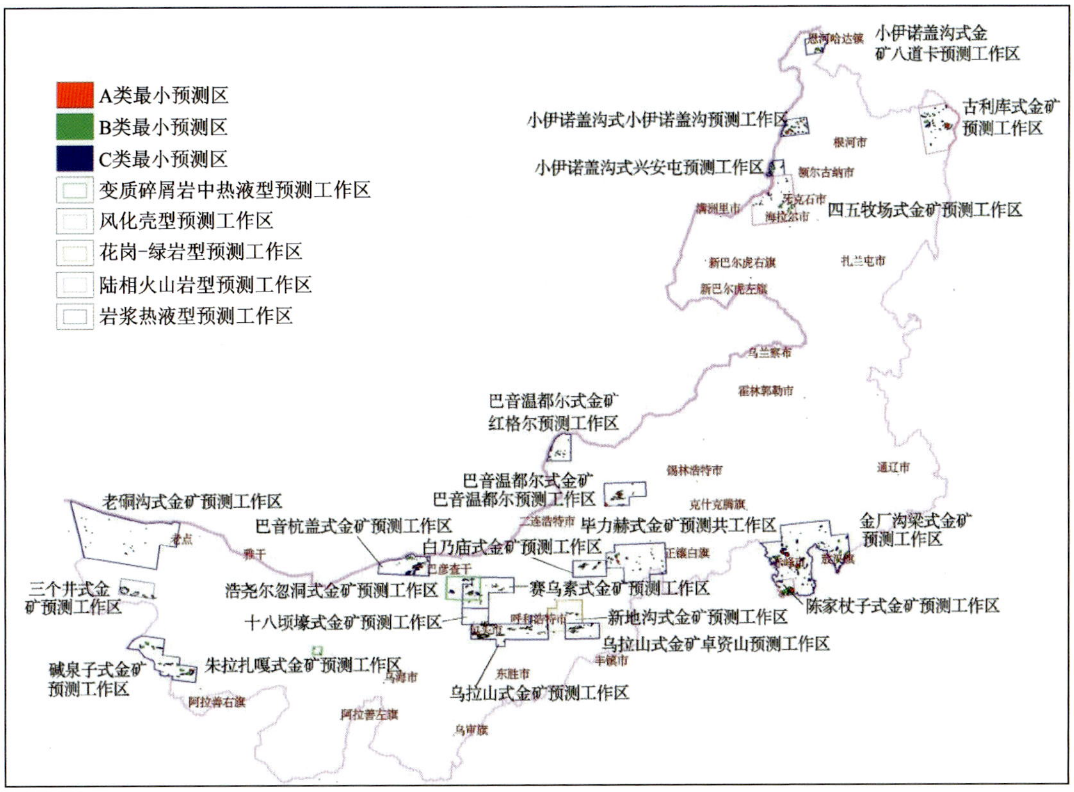


图 8-11 内蒙古自治区金矿最小预测区分布示意图

## 二、金矿资源量定量估算结果

本次金矿估算资源总量为 911 538kg，其中共(伴)生金矿 106 833kg，分别按预测资源量精度、深度、可利用性、可信度及最小预测区类别进行汇总统计(表 8-22)。

**表 8-22 内蒙古自治区金矿各预测工作区预测成果一览表**

| 预测成果划分方法类型 | | 预测资源量(kg) |
|---|---|---|
| 按精度 | 334-1 | 226 227.00 |
| | 334-2 | 281 074.00 |
| | 334-3 | 404 427.00 |
| 按深度 | 500m 以浅 | 822 817.31 |
| | 1000m 以浅 | 892 295.57 |
| | 2000m 以浅 | 911 539.79 |
| 按可利用性 | 暂可利用 | 549 349.83 |
| | 暂不可利用 | 360 936.73 |
| 按可信度 | 可信度≥0.75 | 240 729.00 |
| | 可信度≥0.5 | 226 390.90 |
| | 可信度≥0.25 | 312 196.80 |

**续表 8-22**

| 预测成果划分方法类型 | | 预测资源量(kg) |
|---|---|---|
| 按最小预测区类别 | A 类最小预测区 | 326 027.40 |
| | B 类最小预测区 | 324 474.59 |
| | C 类最小预测区 | 261 035.93 |
| 总量 | | 911 538.00 |

# 第十二节　银　矿

## 一、圈定的最小预测区及优选

本次共圈定银矿最小预测区 450 个,A 类 90 个、B 类 143 个、C 类 217 个,总面积 10 032.7km²。其中共(伴)生银矿最小预测区 241 个,A 类 40 个、B 类 67 个、C 类 134 个,面积 7 188.36km²(表 8-23、图 8-12)。

**表 8-23　内蒙古自治区银矿各预测工作区最小预测区圈定成果一览表**

| 预测工作区编号 | 预测工作区名称 | 预测类型 | 最小预测区 | | | | |
|---|---|---|---|---|---|---|---|
| | | | A 类最小预测区数量(个) | B 类最小预测区数量(个) | C 类最小预测区数量(个) | 最小预测区总数量(个) | 面积(km²) |
| 1512201001 | 拜仁达坝 | 岩浆热液型 | 5 | 5 | 3 | 13 | 279.3 |
| 1512202001 | 孟恩陶勒盖 | | 11 | 11 | 9 | 31 | 301.65 |
| 1506601001 | 花敖包特 | 陆相火山次火山(热液)型 | 17 | 21 | 16 | 54 | 865.41 |
| 1512601001 | 李清地 | | 1 | 14 | 21 | 36 | 396.14 |
| 1512602001 | 吉林宝力格 | | 4 | 7 | 6 | 17 | 134.42 |
| 1502603001 | 新巴尔虎右旗 | | 2 | 3 | 5 | 10 | 132.26 |
| 1512604001 | 官地 | | 4 | 5 | 5 | 14 | 61.75 |
| 1506401001 | 比利亚谷 | | 6 | 10 | 18 | 34 | 673.41 |
| 总计 | | | 50 | 76 | 83 | 209 | 2 844.34 |
| 1504101001 | 霍各乞铜矿伴生银 | 沉积型 | 5 | 6 | 14 | 25 | 340.39 |
| 1501202001 | 朝不楞铁矿伴生银 | 接触交代-热液型 | 5 | 15 | 25 | 45 | 2 924.75 |
| 1506207001 | 白音诺尔铅锌矿伴生银 | | 10 | 13 | 17 | 40 | 1 012.33 |
| 1506208001 | 余家窝铺铅锌矿伴生银 | | 7 | 10 | 13 | 30 | 111.27 |
| 1506402001 | 扎木钦铅锌矿伴生银 | 火山岩型陆相 | 5 | 8 | 10 | 23 | 1 136.63 |

续表 8-23

| 预测工作区编号 | 预测工作区名称 | 预测类型 | 最小预测区 | | | | |
|---|---|---|---|---|---|---|---|
| | | | A 类最小预测区数量(个) | B 类最小预测区数量(个) | C 类最小预测区数量(个) | 最小预测区总数量(个) | 面积(km²) |
| 1511604001 | 金厂沟梁金矿伴生银 | 岩浆热液型 | 8 | 15 | 55 | 78 | 1 662.99 |
| 共(伴)生银矿总计 | | | 40 | 67 | 134 | 241 | 7 188.36 |
| 全区银矿估算总量 | | | 90 | 143 | 217 | 450 | 10 032.7 |

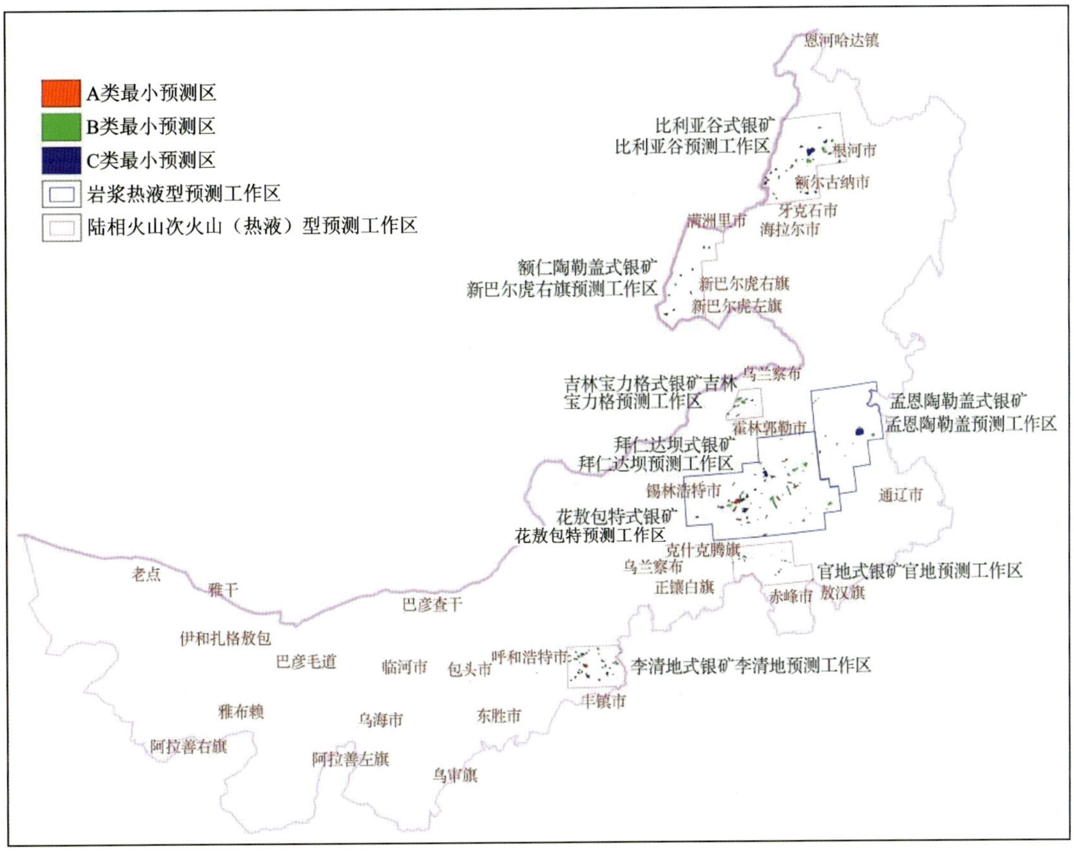


图 8-12　内蒙古自治区银矿最小预测区分布示意图

## 二、银矿资源量定量估算结果

本次估算银矿资源总量 7.416 万 t，伴生银矿 1.088 万 t。分别按预测资源量精度、深度、可利用性、可信度及最小预测区类别进行汇总统计(表 8-24)。

**表 8-24　内蒙古自治区银矿各预测工作区预测成果一览表**

| 预测成果划分方法类型 | | 预测资源量(万 t) |
|---|---|---|
| 按精度 | 334-1 | 3.834 |
| | 334-2 | 1.548 |
| | 334-3 | 2.033 |
| 按深度 | 500m 以浅 | 7.134 |
| | 1000m 以浅 | 7.413 |
| | 2000m 以浅 | 7.416 |
| 按可利用性 | 暂可利用 | 6.180 |
| | 暂不可利用 | 1.236 |
| 按可信度 | 可信度≥0.75 | 2.810 |
| | 可信度≥0.5 | 4.230 |
| | 可信度≥0.25 | 6.328 |
| 按最小预测区类别 | A 类最小预测区 | 4.362 |
| | B 类最小预测区 | 1.741 |
| | C 类最小预测区 | 1.311 |
| 预测资源总量 | | 7.416 |

# 第十三节　铝土矿

## 一、圈定的最小预测区及优选

本次共圈定古风化壳沉积型(碳酸盐类)铝土矿最小预测区 15 个,其中 A 类 3 个、B 类 5 个、C 类 7 个,总面积 196.46km$^2$(表 8-25,图 8-13)。

**表 8-25　内蒙古自治区铝土矿各预测工作区最小预测区圈定成果一览表**

| 预测工作区编号 | 预测工作区名称 | 预测类型 | 最小预测区 | | | | |
|---|---|---|---|---|---|---|---|
| | | | A 类最小预测区数量(个) | B 类最小预测区数量(个) | C 类最小预测区数量(个) | 最小预测区总数量(个) | 面积(km$^2$) |
| 1516101001 | 清水河 | 古风化壳沉积型(碳酸盐类) | 3 | 5 | 7 | 15 | 196.46 |

## 二、铝土矿资源量定量估算结果

本次铝土矿估算资源总量为 361.33 万 t,分别按预测资源量精度、深度、可利用性、可信度及最小预测区类别进行汇总统计(表 8-26)。

**表 8-26　内蒙古自治区银矿各预测工作区预测成果一览表**

| 预测成果划分方法类型 | | 预测资源量(万 t) |
|---|---|---|
| 按精度 | 334-1 | 148.13 |
| | 334-2 | 5.73 |
| | 334-3 | 207.47 |
| 按深度 | 500m 以浅 | 361.33 |
| | 1000m 以浅 | 361.33 |
| | 2000m 以浅 | 361.33 |
| 按可利用性 | 暂可利用 | 153.86 |
| | 暂不可利用 | 207.47 |
| 按可信度 | 可信度≥0.75 | 133.43 |
| | 可信度≥0.5 | 281.56 |
| | 可信度≥0.25 | 361.33 |
| 按最小预测区类别 | A 类最小预测区 | 148.13 |
| | B 类最小预测区 | 81.11 |
| | C 类最小预测区 | 132.09 |
| 估算总量 | | 361.33 |

图 8-13　内蒙古自治区铝土矿预测最小预测区分布示意图

# 第十四节　稀土矿

## 一、圈定的最小预测区及优选

本次预测共圈定稀土矿最小预测区 33 个，A 类 5 个、B 类 7 个、C 类 21 个，总面积 113.53km$^2$。其中岩浆型 21 个，面积 79.88 km$^2$；沉积变质型 12 个，面积 33.65 km$^2$(表 8-27，图 8-14)。

**表 8-27　内蒙古自治区稀土矿各预测工作区最小预测区圈定成果一览表**

| 预测工作区编号 | 预测工作区名称 | 预测类型 | 最小预测区 | | | | |
|---|---|---|---|---|---|---|---|
| | | | A 类最小预测区数量(个) | B 类最小预测区数量(个) | C 类最小预测区数量(个) | 最小预测区总数量(个) | 面积(km$^2$) |
| 1514101001 | 白云鄂博 | 沉积变质型 | 1 | 2 | 3 | 6 | 26.59 |
| 1514301001 | 桃花拉山 | | 1 | 2 | 3 | 6 | 7.06 |
| 1514201001 | 巴尔哲 | 岩浆型 | 1 | 1 | 1 | 3 | 0.88 |
| 1514601001 | 三道沟 | | 2 | 2 | 14 | 18 | 79.00 |
| 总计 | | | 5 | 7 | 21 | 33 | 113.53 |

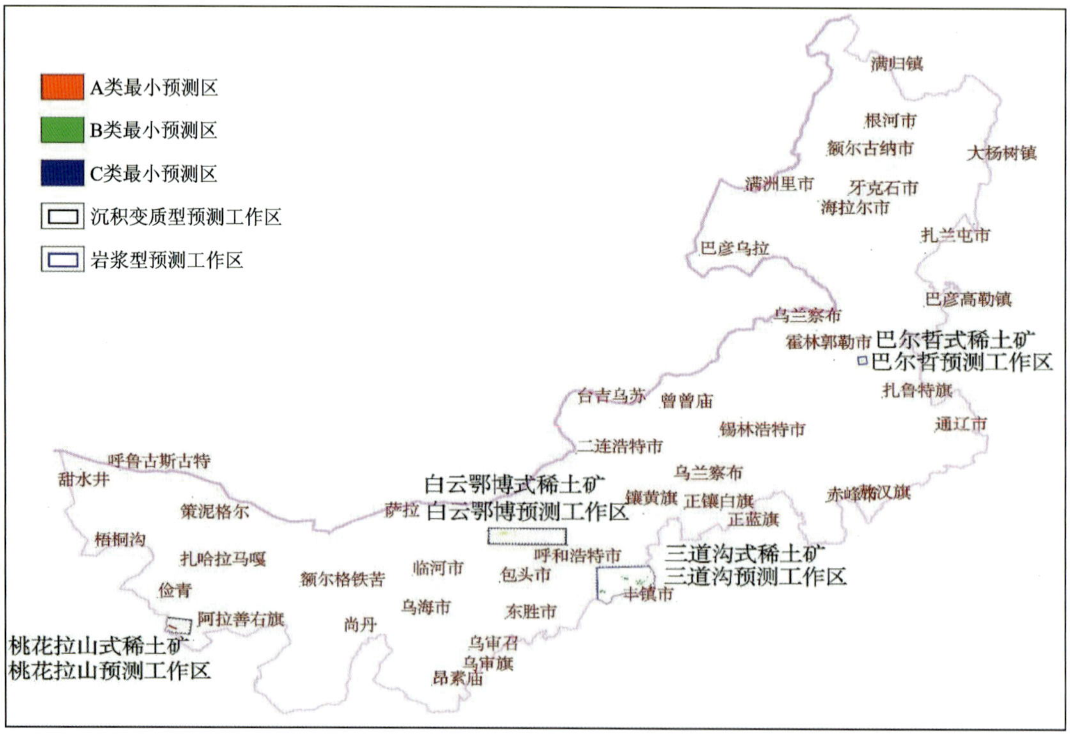


图 8-14　内蒙古自治区稀土矿最小预测区分布示意图

## 二、稀土矿资源量定量估算结果

本次共预测稀土矿预测资源总量为 25 855.634 万 t。其中沉积变质型为 25 766.221 万 t。分别按预测资源量精度、深度、可利用性、可信度及最小预测区类别进行汇总统计(表 8-28)。

表 8-28　内蒙古自治区稀土矿各预测工作区预测成果一览表

| 预测成果划分方法类型 | | 预测资源量(万 t) |
|---|---|---|
| 按精度 | 334-1 | 23 557.930 |
| | 334-2 | 2 291.126 |
| | 334-3 | 6.577 |
| 按深度 | 500m 以浅 | 6 812.179 |
| | 1000m 以浅 | 13 883.284 |
| | 2000m 以浅 | 25 855.634 |
| 按可利用性 | 可利用 | 25 844.591 |
| | 暂不可利用 | 25 855.634 |
| 按可信度 | 可信度≥0.75 | 5 074.378 |
| | 可信度≥0.5 | 1 145.661 |
| | 可信度≥0.25 | 173.024 |
| 按最小预测区级别 | A 类最小预测区 | 23 557.930 |
| | B 类最小预测区 | 1 095.366 |
| | C 类最小预测区 | 1 202.339 |
| 总量 | | 25 855.634 |

# 第十五节　磷　矿

## 一、圈定的最小预测区及优选

本次预测共圈定磷矿最小预测区 153 个,A 类 12 个、B 类 36 个、C 类 105 个,总面积 1 540.05km$^2$。其中,沉积变质型 49 个,面积 283.47km$^2$;沉积型 10 个,面积 30.24km$^2$;复合内生型 94 个,面积 1 226.34km$^2$(表 8-29,图 8-15)。

## 二、磷矿资源量定量估算结果

本次共预测磷矿资源总量为 60 108.14 万 t。其中,沉积变质型 51 722.29 万 t;沉积型 6 549.74 万 t,

岩浆型 1 836.11 万 t。分别按预测资源量精度、深度、可利用性、可信度及最小预测区类别进行汇总统计(表 8-30)。

**表 8-29　内蒙古自治区磷矿各预测工作区最小预测区圈定成果一览表**

| 预测工作区编号 | 预测工作区名称 | 预测类型 | 最小预测区 | | | | |
|---|---|---|---|---|---|---|---|
| | | | A 类最小预测区数量(个) | B 类最小预测区数量(个) | C 类最小预测区数量(个) | 最小预测区总数量(个) | 面积(km²) |
| 1518104001 | 布龙图-百灵庙 | 沉积变质型 | 1 | 2 | 36 | 39 | 276.12 |
| 1518103001 | 炭窑口-东升庙 | | 1 | 2 | 7 | 10 | 7.35 |
| 1518101001 | 正目观-崔子窑沟 | 沉积型 | 3 | 1 | 1 | 5 | 7.12 |
| 1518102001 | 哈马胡头沟-夹沟 | | 1 | 2 | 2 | 5 | 23.12 |
| 1518601001 | 盘路沟-保安乡 | 复合内生型 | 2 | 7 | 22 | 31 | 215.73 |
| 1518602001 | 三道沟-旗杆梁 | | 4 | 22 | 37 | 63 | 1 010.61 |
| 总计 | | | 12 | 36 | 105 | 153 | 1 540.05 |

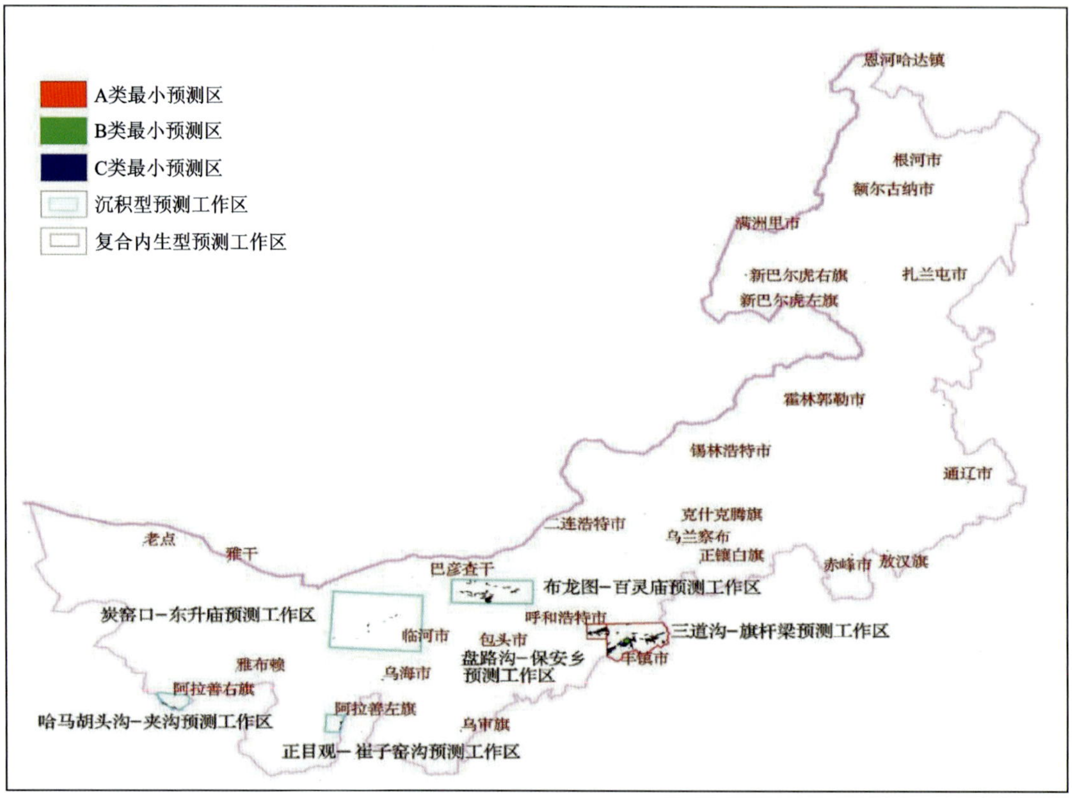


图 8-15　内蒙古自治区磷矿最小预测区分布示意图

表 8-30　内蒙古自治区磷矿各预测工作区预测成果一览表

| 预测成果划分方法类型 | | 预测资源量(万 t) |
|---|---|---|
| 按精度 | 334-1 | 6 816.36 |
| | 334-2 | 4 336.78 |
| | 334-3 | 48 955.00 |
| 按深度 | 500m 以浅 | 54 762.54 |
| | 1000m 以浅 | 60 108.14 |
| | 2000m 以浅 | 60 108.14 |
| 按可利用性 | 可利用 | 11 690.29 |
| | 暂不可利用 | 48 417.85 |
| 按可信度 | 可信度≥0.75 | 6 043.25 |
| | 可信度≥0.5 | 8 598.06 |
| | 可信度≥0.25 | 60 108.14 |
| 按最小预测区类别 | A 类最小预测区 | 8 005.44 |
| | B 类最小预测区 | 5 481.45 |
| | C 类最小预测区 | 46 621.25 |
| 总量 | | 60 108.14 |

# 第十六节　硫铁矿

## 一、圈定的最小预测区及优选

本次预测共圈定硫铁矿最小预测区 137 个，A 类 31 个、B 类 37 个、C 类 69 个，总面积 2 704.30km$^2$。其中，变质型 28 个，面积 2 001.67km$^2$；沉积型 46 个，面积 86.13km$^2$，海相火山岩型 36 个，面积 206.95km$^2$；岩浆热液型 27 个，面积 409.55km$^2$(表 8-31，图 8-16)。

表 8-31　内蒙古自治区硫铁矿各预测工作区最小预测区圈定成果一览表

| 预测工作区编号 | 预测工作区名称 | 预测类型 | 最小预测区 | | | | |
|---|---|---|---|---|---|---|---|
| | | | A 类最小预测区数量(个) | B 类最小预测区数量(个) | C 类最小预测区数量(个) | 最小预测区总数量(个) | 面积(km$^2$) |
| 1519301001 | 东升庙-甲生盘 | 变质型 | 7 | 12 | 9 | 28 | 2 001.67 |
| 1519101001 | 房塔沟-榆树湾 | 沉积型 | 2 | 6 | 20 | 28 | 18.65 |
| 1519102001 | 别鲁乌图-白乃庙 | | 5 | 7 | 6 | 18 | 67.48 |
| 1519401001 | 六一-十五里堆 | 火山岩型 | 2 | 1 | 2 | 5 | 16.97 |
| 1519402001 | 驼峰山-孟恩陶勒盖 | | 9 | 5 | 17 | 31 | 189.98 |

**续表 8-31**

| 预测工作区编号 | 预测工作区名称 | 预测类型 | 最小预测区 | | | | |
|---|---|---|---|---|---|---|---|
| | | | A 类最小预测区数量(个) | B 类最小预测区数量(个) | C 类最小预测区数量(个) | 最小预测区总数量(个) | 面积($km^2$) |
| 1519601001 | 朝不楞-霍林河 | 复合内生型 | 1 | 1 | 12 | 14 | 130.25 |
| 1506205001 | 拜仁达坝-哈拉白旗 | 侵入岩体型 | 5 | 5 | 3 | 13 | 279.30 |
| 总计 | | | 31 | 37 | 69 | 137 | 2 704.30 |

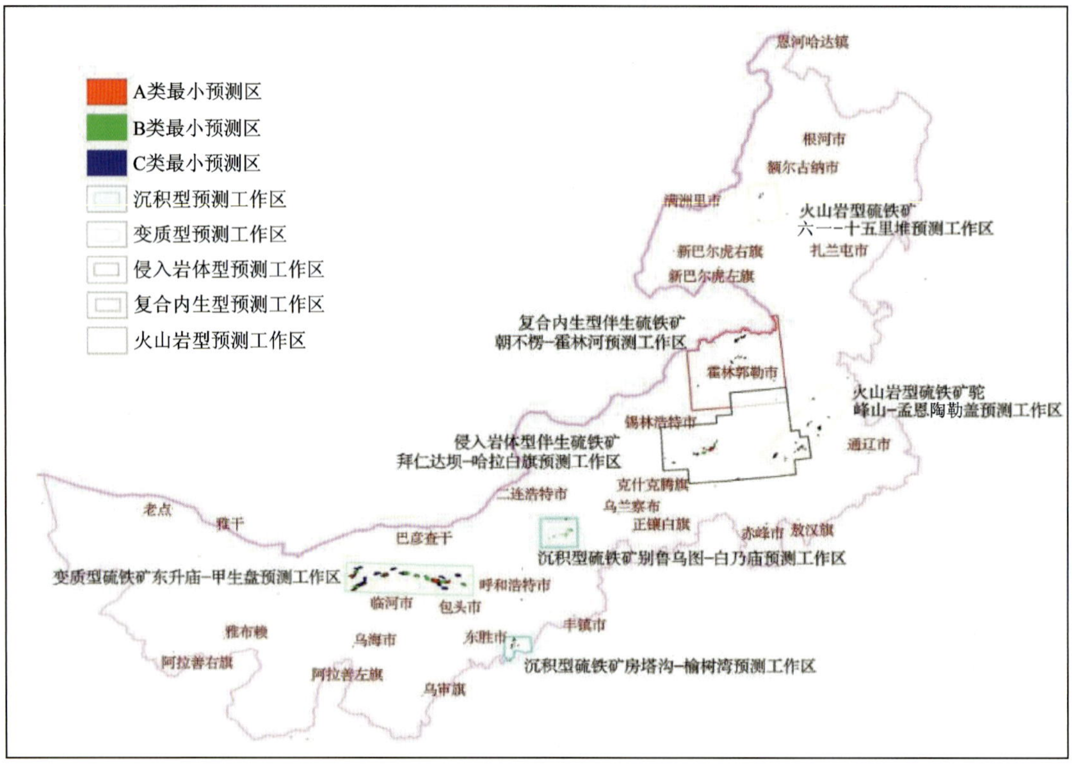


图 8-16　内蒙古自治区硫铁矿最小预测区分布示意图

## 二、硫铁矿资源量定量估算结果

本次共预测硫铁矿资源总量为 81 999.481 万 t。其中沉积变质型 74 279.932 万 t;沉积型 4 691.503 万 t;海相火山岩型 2 267.874 万 t;岩浆热液型 760.172 万 t。分别按预测资源量精度、深度、可利用性、可信度及最小预测区类别进行汇总统计(表 8-32)。

**表 8-32　内蒙古自治区硫铁矿各预测工作区预测成果一览表**

| 预测成果划分方法类型 | | 预测资源量(万 t) |
|---|---|---|
| 按精度 | 334-1 | 46 696.151 |
| | 334-2 | 8 671.908 |
| | 334-3 | 26 631.422 |

续表 8-32

| 预测成果划分方法类型 | | 预测资源量(万 t) |
|---|---|---|
| 按深度 | 500m 以浅 | 57 282.443 |
| | 1000m 以浅 | 81 999.481 |
| | 2000m 以浅 | 81 999.481 |
| 按可利用性 | 可利用 | 57 379.645 |
| | 暂不可利用 | 24 619.836 |
| 按可信度 | 可信度≥0.75 | 50 946.115 |
| | 可信度≥0.5 | 73 203.174 |
| | 可信度≥0.25 | 81 239.309 |
| 按最小预测区类别 | A 类最小预测区 | 53 387.369 |
| | B 类最小预测区 | 21 277.083 |
| | C 类最小预测区 | 7 335.029 |
| 总量 | | 81 999.481 |

# 第十七节 萤石矿

## 一、圈定的最小预测区及优选

本次预测共圈定萤石矿最小预测区 282 个，A 类 44 个、B 类 85 个、C 类 153 个，总面积 2 152.53km²。其中，层控热液型 10 个，面积 34.30km²；岩浆热液型 272 个，面积 2 118.23km²（表 8-33，图 8-17）。

表 8-33 内蒙古自治区萤石矿各预测工作区最小预测区圈定成果一览表

| 预测工作区编号 | 预测工作区名称 | 预测类型 | 最小预测区 | | | | |
|---|---|---|---|---|---|---|---|
| | | | A 类最小预测区数量(个) | B 类最小预测区数量(个) | C 类最小预测区数量(个) | 最小预测区总数量(个) | 面积(km²) |
| 1522501001 | 苏莫查干敖包-敖包吐 | 层控热液型 | 4 | 2 | 4 | 10 | 34.30 |
| 1522201001 | 神螺山 | 侵入岩体型 | 1 | 1 | 3 | 5 | 19.19 |
| 1522202001 | 东七一山 | | 1 | 4 | 8 | 13 | 142.56 |
| 1522203001 | 哈布达哈拉-恩格勒 | | 2 | 5 | 8 | 15 | 71.22 |
| 1522204001 | 库伦敖包-刘满壕 | | 3 | 2 | 10 | 15 | 32.39 |
| 1522205001 | 黑沙图-乌兰布拉格 | | 3 | 3 | 4 | 10 | 54.77 |
| 1522206001 | 白音脑包-赛乌素 | | 1 | 5 | 7 | 13 | 98.02 |
| 1522207001 | 白彦敖包-石匠山 | | 7 | 1 | 11 | 19 | 37.18 |
| 1522208001 | 东井子-太仆寺东郊 | | 1 | 8 | 4 | 13 | 96.25 |

**续表 8-33**

| 预测工作区编号 | 预测工作区名称 | 预测类型 | 最小预测区 | | | | |
|---|---|---|---|---|---|---|---|
| | | | A类最小预测区数量(个) | B类最小预测区数量(个) | C类最小预测区数量(个) | 最小预测区总数量(个) | 面积(km²) |
| 1522209001 | 跃进 | 侵入岩体型 | 1 | 1 | 4 | 6 | 43.98 |
| 1522210001 | 苏达勒-乌兰哈达 | | 3 | 4 | 12 | 19 | 106.23 |
| 1522211001 | 大西沟-桃海 | | 2 | 6 | 13 | 21 | 221.17 |
| 1522212001 | 白杖子-陈道沟 | | 2 | 6 | 9 | 17 | 51.32 |
| 1522213001 | 昆库力-旺石山 | | 5 | 12 | 20 | 37 | 503.31 |
| 1522214001 | 哈达汗-诺敏山 | | 1 | 3 | 6 | 10 | 12.28 |
| 1522215001 | 协林-六合屯 | | 2 | 5 | 6 | 13 | 37.22 |
| 1522216001 | 白音锡勒牧场-水头 | | 5 | 17 | 24 | 46 | 591.14 |
| 总计 | | | 44 | 85 | 153 | 282 | 2 152.53 |

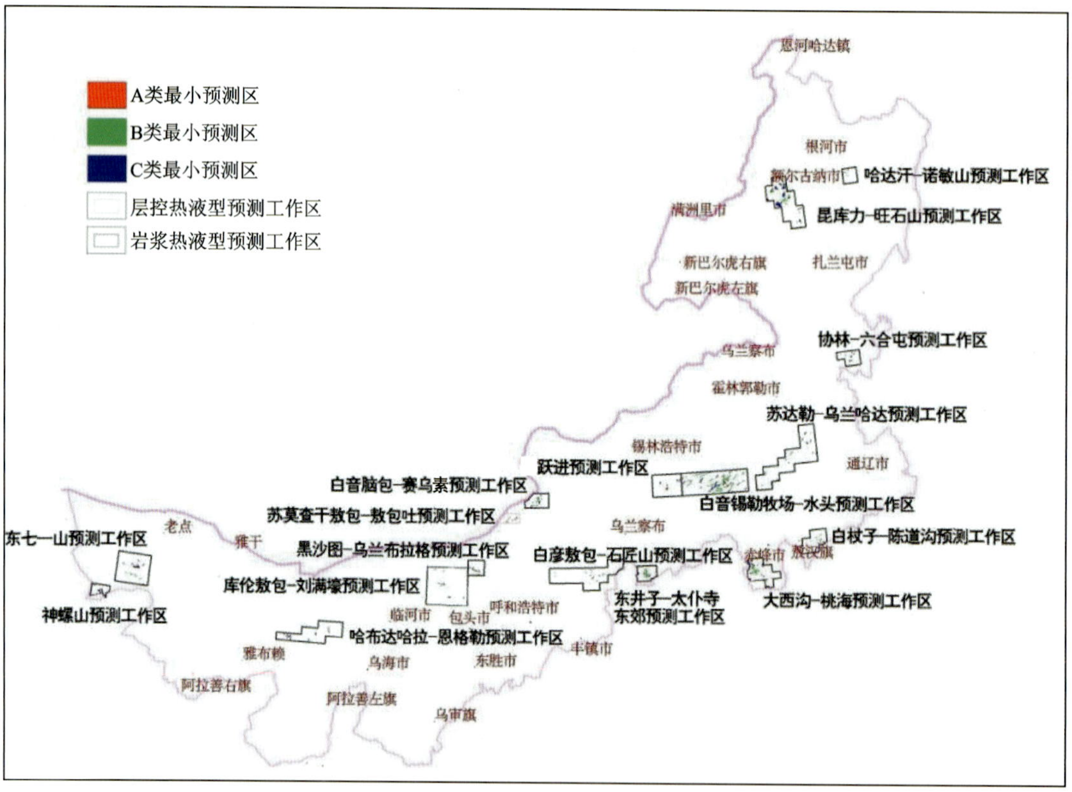


图 8-17　内蒙古自治区萤石矿最小预测区分布示意图

## 二、萤石矿资源量定量估算结果

本次共预测萤石矿资源总量为 6 637.232 万 t。其中,层控热液型 5 450.029 万 t;岩浆热液型

1 187.203 万 t。白云鄂博矿区伴生萤石矿预测资源量为 3 420.422 万 t。分别按预测资源量精度、深度、可利用性、可信度及最小预测区类别进行汇总统计(表 8-34、表 8-35)。

**表 8-34　内蒙古自治区萤石矿各预测工作区预测成果一览表**

| 预测成果划分方法类型 | | 预测资源量($CaF_2$,万 t) |
|---|---|---|
| 按精度 | 334-1 | 4 033.075 |
| | 334-2 | 1 091.601 |
| | 334-3 | 1 512.556 |
| 按深度 | 500m 以浅 | 2 082.332 |
| | 1000m 以浅 | 6 637.232 |
| | 2000m 以浅 | 6 637.232 |
| 按可利用性 | 可利用 | 5 664.070 |
| | 暂不可利用 | 973.162 |
| 按可信度 | 可信度≥0.75 | 2 064.055 |
| | 可信度≥0.5 | 4 443.562 |
| | 可信度≥0.25 | 6 637.232 |
| 按最小预测区类别 | A 类最小预测区 | 3 894.212 |
| | B 类最小预测区 | 1 599.801 |
| | C 类最小预测区 | 1 143.219 |
| 总量 | | 6 637.232 |

**表 8-35　内蒙古自治区白云鄂博矿区萤石 $CaF_2$ 矿预测成果一览表**

| 预测成果划分方法类型 | | 预测资源量($CaF_2$,万 t) |
|---|---|---|
| 按精度 | 334-1 | 3 420.422 |
| | 334-2 | / |
| | 334-3 | / |
| 按深度 | 500m 以浅 | 2 462.704 |
| | 1000m 以浅 | 3 078.380 |
| | 2000m 以浅 | 3 420.422 |
| 按可利用性 | 可利用 | 3 420.422 |
| | 暂不可利用 | / |
| 总量 | | 3 420.422 |

# 第十八节 重晶石矿

## 一、圈定的最小预测区及优选

内蒙古自治区重晶石矿预测工作区仅1个，共圈定最小预测区7个，其中A类1个、B类2个、C类4个，总面积12.66km²(表8-36,图8-18)。

表8-36 内蒙古自治区重晶石矿最小预测区圈定成果一览表

| 预测工作区编号 | 预测工作区名称 | 预测类型 | 最小预测区 | | | | |
|---|---|---|---|---|---|---|---|
| | | | A类最小预测区数量(个) | B类最小预测区数量(个) | C类最小预测区数量(个) | 最小预测区总数量(个) | 面积(km²) |
| 1523201001 | 巴升河 | 沉积型 | 1 | 2 | 4 | 7 | 12.66 |
| 总计 | | | 1 | 2 | 4 | 7 | 12.66 |

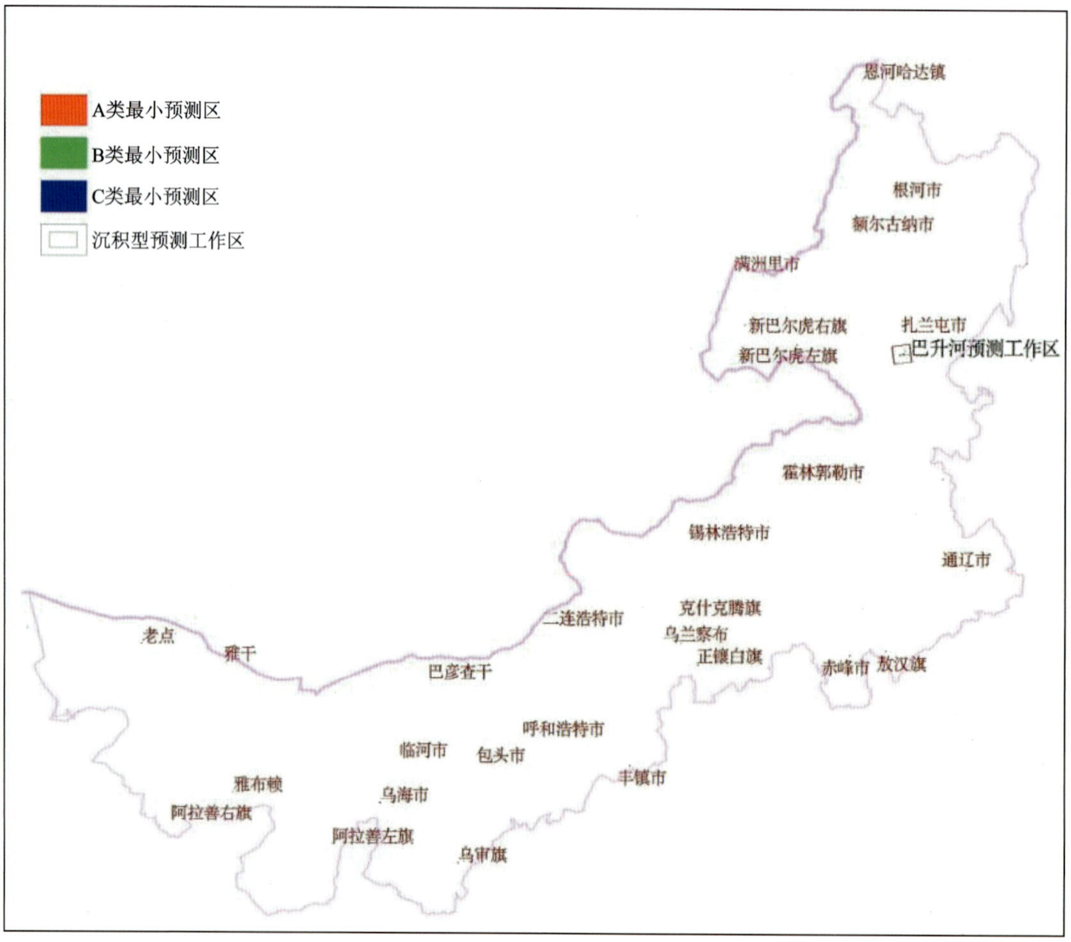


图8-18 内蒙古自治区重晶石矿最小预测区分布示意图

## 二、重晶石矿资源量定量估算结果

本次共预测重晶石矿资源总量为5.730万t。分别按预测资源量精度、深度、可利用性、可信度及最小预测区类别进行汇总统计(表8-37)。

表8-37 内蒙古自治区重晶石矿预测成果一览表

| 预测成果划分方法类型 | | 预测资源量(万t) |
|---|---|---|
| 按精度 | 334-1 | 1.602 |
| | 334-2 | / |
| | 334-3 | 4.128 |
| 按深度 | 500m以浅 | 5.730 |
| | 1000m以浅 | 5.730 |
| | 2000m以浅 | 5.730 |
| 按可利用性 | 可利用 | 5.730 |
| | 暂不可利用 | / |
| 按可信度 | 可信度≥0.75 | 1.602 |
| | 可信度≥0.5 | 1.602 |
| | 可信度≥0.25 | 5.730 |
| 按最小预测区类别 | A类最小预测区 | 1.602 |
| | B类最小预测区 | 2.731 |
| | C类最小预测区 | 1.397 |
| 总量 | | 5.730 |

# 第十九节 菱镁矿

## 一、圈定的最小预测区及优选

内蒙古自治区菱镁矿预测工作区仅1个,共圈定最小预测区7个,其中A类1个、B类2个、C类4个,总面积68.00km$^2$(表8-38,图8-19)。

表8-38 内蒙古自治区菱镁矿各预测工作区最小预测区圈定成果一览表

| 预测工作区编号 | 预测工作区名称 | 预测类型 | 最小预测区 | | | | |
|---|---|---|---|---|---|---|---|
| | | | A类最小预测区数量(个) | B类最小预测区数量(个) | C类最小预测区数量(个) | 最小预测区总数量(个) | 面积(km$^2$) |
| 1517201001 | 索伦山 | 风化壳型 | 1 | 2 | 4 | 7 | 68.00 |
| 总计 | | | 1 | 2 | 4 | 7 | 68.00 |

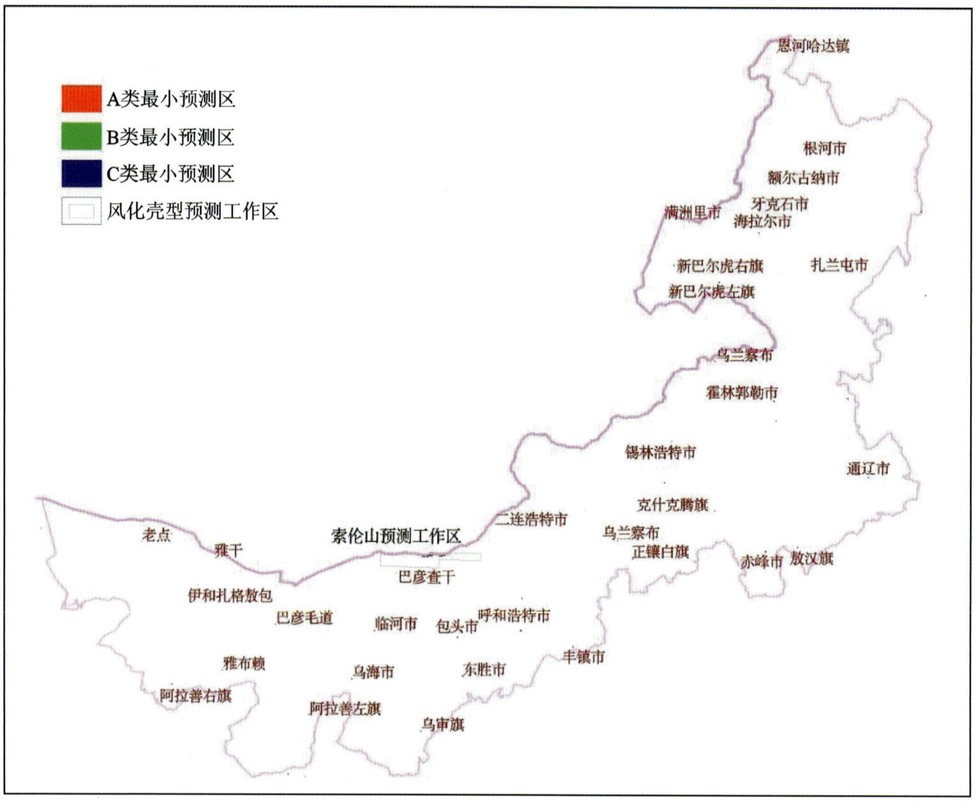


图 8-19　内蒙古自治区菱镁矿最小预测区分布示意图

## 二、菱镁矿资源量定量估算结果

本次共预测菱镁矿资源总量为 391.377 万 t。分别按预测资源量精度、深度、可利用性、可信度及最小预测区类别进行汇总统计(表 8-39)。

表 8-39　内蒙古自治区菱镁矿预测成果一览表

| 预测成果划分方法类型 | | 预测资源量(万 t) |
|---|---|---|
| 按精度 | 334-1 | 257.299 |
| | 334-2 | — |
| | 334-3 | 134.078 |
| 按深度 | 500m 以浅 | 391.377 |
| | 1000m 以浅 | 391.377 |
| | 2000m 以浅 | 391.377 |
| 按可利用性 | 可利用 | 391.377 |
| | 暂不可利用 | — |
| 按可信度 | 可信度≥0.75 | 257.299 |
| | 可信度≥0.5 | 257.299 |
| | 可信度≥0.25 | 391.377 |

**续表 8-39**

| 预测成果划分方法类型 | | 预测资源量(万 t) |
|---|---|---|
| 按最小预测区类别 | A 类最小预测区 | 257.299 |
| | B 类最小预测区 | 117.534 |
| | C 类最小预测区 | 16.544 |
| 总量 | | 391.377 |

# 第九章　区域成矿规律总结

## 第一节　内蒙古自治区成矿区(带)及矿集区的划分

根据全国矿产资源潜力评价技术要求,本次工作区内Ⅰ级成矿域、Ⅱ级成矿省、Ⅲ级成矿区(带)统一按照《重要矿产和区域成矿规律研究技术要求》《中国成矿区带划分方案》中涉及的区(带)名称使用,不再重新划分。为了以后应用方便,对自治区内的Ⅲ级成矿区(带)从左至右,从上而下,进行了重新编号(从Ⅲ-1到Ⅲ-14)。同时为方便全国及大区汇总组使用,在每个区(带)后面均备注有全国的编号。

本次工作主要在全国统一Ⅲ级成矿区(带)的基础上,进行Ⅳ级成矿亚带和Ⅴ级矿集区的划分,其中Ⅳ级成矿亚带是全覆盖的。Ⅳ级成矿亚带的边界以明显的地层、构造和岩体及相关的成矿作用为区别标准,具体地区具体分析,如在相同的沉积岩地区,以构造和岩浆岩作为关键性区别标志。

### 一、内蒙古Ⅳ级成矿亚带的划分

内蒙古自治区地处祖国北部边疆,北与蒙古国和俄罗斯接壤。经历了漫长的地质构造演化,岩浆活动强烈,蕴藏了丰富的矿产资源,是我国重要的能源、稀土及有色金属基地。

自治区横跨古亚洲成矿域(Ⅰ-1)、秦祁昆成矿域(Ⅰ-2)和滨太平洋成矿域(叠加在古亚洲成矿域之上)(Ⅰ-4)三大成矿域,共划分出(涉及)6个Ⅱ级成矿省和14个Ⅲ级成矿区(带)。

#### 1. Ⅳ级成矿亚带的划分原则

Ⅳ级成矿亚带指受同一成矿作用和几个主导控矿因素控制的矿田(矿集区)分布区,展示了矿化富集区的成矿作用特征。

划分原则:在Ⅲ级成矿区(带)内,在成矿规律研究、成矿系列划分的基础上,根据矿床的分布、成因类型、成矿时代,充分考虑其成矿地质条件,结合区域构造、区域岩浆岩、区域地层等合理划分Ⅳ级成矿亚带。其边界以明显的地层、构造和岩体及相关的成矿作用为区别标准。尽量将同一成矿作用下,由于主导控矿因素不同而形成的不同类型、不同矿种组合的矿床分布区域识别出来,并结合地层、侵入岩分布,主要依据各种断裂构造,对其进行合理划分。

Ⅳ级成矿亚带的编号,在Ⅲ级成矿区(带)编号的基础上,后面再加上序号,如Ⅲ-8-①表示Ⅲ-8区(带)中的一个Ⅳ级成矿亚带。划分多个Ⅳ级成矿亚带时,按照从左至右,从上至下依次编号(图9-1)。

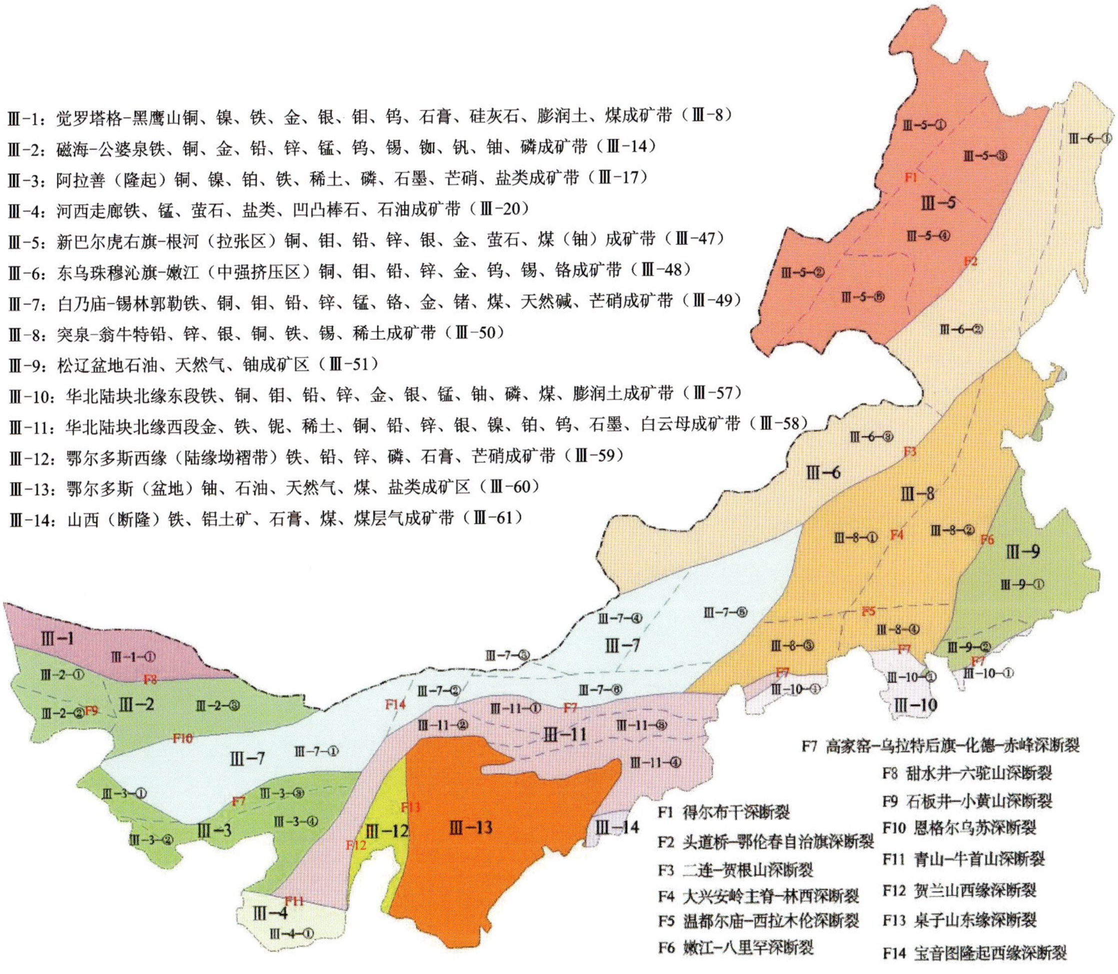


图 9-1　内蒙古自治区成矿区(带)划分图

**2. Ⅳ级成矿亚带的划分**

根据上述原则，对自治区进行了全覆盖的Ⅳ级成矿亚带的划分，共划分出 34 个Ⅳ级成矿亚带(表 9-1)。

## 二、内蒙古Ⅴ级矿集区的划分

根据《重要矿产和区域成矿规律研究技术要求》，在全国成矿规律图上划分到Ⅲ级成矿区(带)，省、市、自治区、大区要进行Ⅳ级成矿区、带(成矿亚带)及Ⅴ级矿集区或矿田的划分。关于划分成矿区(带)的级别和序次中规定"矿田，又称Ⅴ级成矿带"，认为"在各种控矿条件最佳耦合情况下，在一定区域内一个或多个成矿旋回叠加作用，可形成矿化强度大、矿床分布集中的矿化密集区"。根据以上对于Ⅴ级矿集区(矿田)的定义，在内蒙古自治区Ⅳ级成矿亚带的基础上，对Ⅴ级矿集区进行划分，具体划分原则如下：

**表 9-1　内蒙古自治区Ⅳ级成矿单元划分依据一览表**

| Ⅰ级成矿单元 | Ⅱ级成矿单元 | Ⅲ级成矿单元 | Ⅳ级成矿单元 | Ⅳ级成矿单元划分依据 | Ⅳ级成矿单元范围 | Ⅴ级成矿单元 | 代表性矿床(点) | 全国 |
|---|---|---|---|---|---|---|---|---|
| Ⅰ-1古亚洲成矿域 | Ⅱ-2准噶尔成矿省 | Ⅲ-1觉罗塔格-黑鹰山铜、镍、铁、金、银、钼、钨、石膏、硅灰石、膨润土、煤成矿带 | Ⅲ-1-①黑鹰山-小狐狸山铁、金、铜、钼、铬成矿亚带(Vm、I) | 古生代地层属于塔里木-南疆地层大区,觉罗塔格-黑鹰山地层分区,以甜水井-六驼山区域性深大断裂带为界,以北主体包括红石山裂谷及其北部圆包山岩浆弧 | 南侧以甜水井-六驼山深断裂为界,北侧为国界,西侧延伸至甘肃省 | Ⅴ-1黑鹰山-流沙山铁、钼矿集区 | 黑鹰山铁矿、流沙山钼金矿(Re-Os 260Ma)、百合山铁矿、碧玉山铁矿、黑山铁矿 | Ⅲ-8 |
| | | | | | | Ⅴ-2乌珠尔嘎顺-小狐狸山铁、钼矿集区 | 乌珠尔嘎顺铁铜矿、小狐狸山钼矿(Re-Os 220Ma)、独龙包钼矿铜矿镍矿 | |
| | Ⅱ-4塔里木成矿省 | Ⅲ-2磁海-公婆泉铁、铜、金、铅、锌、锰、钨、锡、铷、钒、铀、磷成矿带 | Ⅲ-2-①石板井-东七一山钨、锡、铷、钼、铜、铁、金、铬、萤石成矿亚带(C、V) | 以旱山微陆块、石板井-七一山加里东造山带为主体,古生代地层以马鬃山地层小区为主 | 北侧以甜水井-六驼山深断裂为界,南侧以石板井-小黄山深断裂为界,西侧延伸至甘肃省,东侧以第四系覆盖为界 | Ⅴ-3三个井-赛饮水井金、铁矿集区 | 赛饮水井铁矿、三个井金矿 | Ⅲ-14 |
| | | | | | | Ⅴ-4小红山-乌兰赤海金、铁矿集区 | 小红山铁矿磷矿、乌兰赤海硫铁矿 | |
| | | | | | | Ⅴ-5东七一山-索索井钨、钼、铜、铁、萤石矿集区 | 索索井铁铜多金属矿、七一山钨钼铜矿、东七一山萤石矿 | |
| | | | Ⅲ-2-②阿木乌苏-老硐沟金、钨、锑、萤石成矿亚带(V) | 以老硐沟微陆块、梧桐沟海西造山带为主体 | 南侧延伸至甘肃省,北侧以石板井-小黄山深断裂为界,西侧延伸至甘肃省,东侧以第四系覆盖为界 | Ⅴ-6阿木乌苏-老硐沟金、钨、锑矿集区 | 老硐沟金多金属矿、阿木乌苏锑钨矿、鹰嘴红山钨矿 | |
| | | | | | | Ⅴ-7神螺山-玉石山萤石矿集区 | 神螺山萤石矿 | |
| | | | Ⅲ-2-③珠斯楞-乌拉尚德铜、金、镍、铅、锌、煤成矿亚带(Pt、V) | 东部为哈日奥日布格海西造山带,西部为居延海盆地中北部 | 北侧以甜水井-六驼山深断裂为界,南侧以恩格尔乌苏深断裂为界,西侧以居延海凹陷西缘为界,东侧延伸至蒙古国 | Ⅴ-8珠斯楞-雅干铜、铅、锌、镍矿集区 | 亚干铜镍矿、珠斯楞海尔罕铅锌铜多金属矿 | |

**续表 9-1**

| Ⅰ级成矿单元 | Ⅱ级成矿单元 | Ⅲ级成矿单元 | Ⅳ级成矿单元 | Ⅳ级成矿单元划分依据 | Ⅳ级成矿单元范围 | Ⅴ级成矿单元 | 代表性矿床(点) | 全国 |
|---|---|---|---|---|---|---|---|---|
| | Ⅱ-14 华北(陆块)成矿省(最西部) | Ⅲ-3 阿拉善(隆起)铜、镍、铂、铁、稀土、磷、石墨、芒硝、盐类成矿亚带 | Ⅲ-3-①碱泉子-卡休他他金、铜、铁、钴成矿亚带(V) | 构造上位于哈特布奇岩浆弧 | 北东侧以高家窑-乌拉特后旗深断裂为界,北西及南西侧延伸至甘肃省,南西侧以龙首山隆起东缘断裂为界 | Ⅴ-9 碱泉子金铁矿集区 | 三个井铁矿、碱泉子金矿 | |
| | | | | | | Ⅴ-10 卡休他他-特拜铁金矿集区 | 卡休他他铁矿、特拜金矿 | |
| | | | Ⅲ-3-②龙首山铜、镍、铁、锌、稀土、石墨、磷成矿亚带(Pt、Nh-Z、V) | 构造上位于龙首山基底杂岩带呈北西-南东向展布 | 北东侧以龙首山隆起东缘断裂为界,南西侧延伸至甘肃省 | Ⅴ-11 桃花拉山稀土矿集区 | 桃花拉山稀土铌矿 | |
| | | | | | | Ⅴ-12 宽湾井铁、磷矿集区 | 宽湾井铁矿、哈马胡头沟磷矿、夹沟磷矿、青井子磷矿 | |
| | | | Ⅲ-3-③雅布赖-沙拉西别铁、铜、铂、萤石、石墨、盐类、芒硝成矿亚带(Pt、V、I、Q) | 主体为雅布赖山隆起,呈北东向带状展布 | 北西侧以高家窑-乌拉特后旗深断裂为界,南东侧以雅布赖山隆起南缘断裂为界 | Ⅴ-13 阿拉腾敖包萤石、铂、铁矿集区 | 哈布达拉铁矿、阿拉腾敖包萤石矿 | Ⅲ-17 |
| | | | | | | Ⅴ-14 沙拉西别-克布勒铁、铜、萤石矿集区 | 克布勒铁矿、巴拉尔乌苏铁矿、沙拉西别铜铁矿、恩格勒萤石矿 | |
| | | | Ⅲ-3-④图兰泰-朱拉扎嘎金、盐、芒硝、石膏成矿亚带(Pt、V、Q) | 构造上位于迭布斯格岩浆弧 | 北西侧以雅布赖山隆起南缘断裂为界,东南侧以狼山西缘断裂为界,南西侧延伸至甘肃省 | Ⅴ-15 朱拉扎嘎金矿集区 | 朱拉扎嘎金矿 | |
| | | | | | | Ⅴ-16 巴彦乌拉山金、芒硝、石膏矿集区 | 哈尧尔哈尔金矿、乌兰呼都格金矿 | |
| Ⅰ-2 秦祁昆成矿域 | Ⅱ-5 阿尔金-祁连成矿省 | Ⅲ-4 河西走廊铁、锰、萤石、盐类、凹凸棒石、石油成矿带 | Ⅲ-4-①阎地拉图铁、钼、镍成矿亚带(C、Vm) | 构造上位于走廊弧后盆地 | 北侧以青山-牛首山断裂为界,南侧延伸至宁夏回族自治区 | Ⅴ-17 阎地拉图铁矿集区 | 喇嘛敖包铁矿、阎地拉图铁矿 | Ⅲ-20 |
| | | | | | | Ⅴ-18 元山子钼、镍矿集区 | 元山子镍钼矿 | |

**续表 9-1**

| Ⅰ级成矿单元 | Ⅱ级成矿单元 | Ⅲ级成矿单元 | Ⅳ级成矿单元 | Ⅳ级成矿单元划分依据 | Ⅳ级成矿单元范围 | Ⅴ级成矿单元 | 代表性矿床(点) | 全国 |
|---|---|---|---|---|---|---|---|---|
| Ⅰ-4 滨太平洋成矿域(叠加在古亚洲成矿域之上) | Ⅱ-12 大兴安岭成矿省 | Ⅲ-5 新巴尔虎右旗-根河(拉张区)铜、钼、铅、锌、银、金、萤石、煤(铀)成矿带 | Ⅲ-5-①莫尔道嘎铁、铅、锌、银、金成矿亚带(Pt、V、Y、Q) | 古生代地层属北疆-兴安大区,额尔古纳地层分区,该亚带以得尔布干断裂为界,其北西是由前中生代地层和岩浆岩组成的隆起区,侏罗系和白垩系分布于其边缘 | 东南侧以得尔布干断裂为界,北西侧延伸至俄罗斯,西南侧以小伊诺盖沟至黑山头一线为界 | Ⅴ-19 乌玛河-吉兴沟砂金矿集区 | 吉兴沟砂金矿、恩和哈达砂金矿、狼狈沟砂金矿、草塘沟砂金矿、乌玛河砂金矿 | Ⅲ-47 |
| | | | | | | Ⅴ-20 吉拉林-西牛尔河砂金、铁矿集区 | 于里亚河铁矿、毕拉河铁矿 | |
| | | | | | | Ⅴ-21 地营子-小伊诺盖沟金、铁矿集区 | 地营子铁矿、小伊诺盖沟金矿 | |
| | | | | | | Ⅴ-22 下护林-比利亚谷铅、锌矿集区 | 下护林铅锌银矿、三河铅锌银矿、三道桥铅锌银矿、比利亚谷铅锌银矿 | |
| | | | Ⅲ-5-②八大关-陈巴尔虎旗铜、钼、铅、锌、银、锰成矿亚带(Y) | 古生代地层属北疆-兴安大区,额尔古纳地层分区,该亚带以得尔布干断裂为界,是中生代火山坳陷盆地,局部有隆起 | 东南侧以得尔布干断裂为界,北西侧延伸至蒙古国及俄罗斯,北东侧以小伊诺盖沟至黑山头一线为界 | Ⅴ-23 八大关-八八一铜钼矿集区 | 八大关铜钼矿、八八一铜钼矿 | |
| | | | | | | Ⅴ-24 乌努格吐山铜、钼矿集区 | 乌努格吐山铜钼矿 | |
| | | | | | | Ⅴ-25 甲乌拉-额仁陶勒盖银、铅、锌矿集区 | 额仁陶勒盖银金锰矿、甲乌拉铅锌硫铁多金属矿、查干布拉根铅锌银多金属矿 | |
| | | | Ⅲ-5-③根河-甘河钼、铅、锌、银成矿亚带(Y) | 古生代地层属北疆-兴安大区,额尔古纳地层分区,该亚带以头道桥-鄂伦春自治旗断裂为界,其北西是中生代火山坳陷盆地,局部有隆起 | 北西侧以得尔布干断裂为界,东南侧以头道桥-鄂伦春自治旗断裂为界,南西侧以得尔布干镇-新账房镇一线为界,北东延伸至俄罗斯 | Ⅴ-26 岔路口钼矿集区 | 岔路口钼矿 | |
| | | | | | | Ⅴ-27 外新河、哈达汗钼、萤石矿集区 | 外新河钼矿、哈达汗萤石矿 | |

**续表 9-1**

| Ⅰ级成矿单元 | Ⅱ级成矿单元 | Ⅲ级成矿单元 | Ⅳ级成矿单元 | Ⅳ级成矿单元划分依据 | Ⅳ级成矿单元范围 | Ⅴ级成矿单元 | 代表性矿床(点) | 全国 |
|---|---|---|---|---|---|---|---|---|
| | | | Ⅲ-5-④额尔古纳金、铁、锌、硫、萤石成矿亚带(V、Y) | 古生代地层属北疆-兴安大区,额尔古纳地层分区,该亚带以头道桥-鄂伦春自治旗断裂为界,其北西中部是前中生代地层岩浆岩隆起,周边为中新生代火山坳陷盆地 | 北西侧以得尔布干断裂为界,东南侧以头道桥-鄂伦春自治旗断裂为界,北东侧以得尔布干镇-新账房镇一线为界,南西侧以海拉尔盆地为界 | Ⅴ-28 昆库力-旺石山萤石矿集区 | 东方红萤石矿、旺石山萤石矿、昆库力萤石矿 | |
| | | | | | | Ⅴ-29 谢尔塔拉-六一铁、锌、硫铁矿集区 | 谢尔塔拉铁锌矿、红旗沟锌铅矿、七一牧场北山铅锌银铜矿、六一硫铁矿、十五里堆硫铁矿 | |
| | | | | | | Ⅴ-30 四五牧场金矿集区 | 四五牧场金矿 | |
| | | | Ⅲ-5-⑤海拉尔盆地油气成矿亚带(Mz) | 以头道桥-鄂伦春自治旗断裂为界,主体为海拉尔盆地,北东向断裂构造控制的中—新生代陆相含煤盆地 | 北西侧以得尔布干断裂为界,东南侧以头道桥-鄂伦春自治旗断裂为界,北东侧以海拉尔盆地为界,南西侧延伸至蒙古国 | | | |
| | | Ⅲ-6 东乌珠穆沁旗-嫩江(中强挤压区)铜、钼、铅、锌、金、钨、锡、铬成矿带 | Ⅲ-6-①大杨树-古利库金、银、钼成矿亚带(Y、Q) | 该亚带主体是大杨树中生代断陷盆地,据地球物理资料,该区位于西倾的幔坡带中的局部变异扭曲部位 | 东侧延伸至黑龙江省,西侧以大兴安岭东坡为界 | Ⅴ-31 古利库金矿集区 | 古利库金矿 | Ⅲ-48 |
| | | | | | | Ⅴ-32 太平沟钼、砂金矿集区 | 太平沟钼铜矿 | |
| | | | Ⅲ-6-②罕达盖-博克图铁、铜、钼、锌、铅、银、铍成矿亚带(V、Y) | 以二连-贺根山深断裂为边界,以大兴安岭北段为主体,侵入岩总体是在加里东岛弧带基底上发育起来的海西构造岩浆带,并在中生代进入滨西太平洋活动大陆边缘构造发育阶段,而发育中生代火山-深成岩 | 东侧以大兴安岭东坡为界,东南侧以贺根山断裂为界,北西侧以头道桥-鄂伦春自治旗断裂为界,西南侧延伸至蒙古国 | Ⅴ-33 八十公里-巴林铅、锌、铜矿集区 | 八十公里锌铅矿、巴林锌铅铜银矿 | |
| | | | | | | Ⅴ-34 梨子山-塔尔其铁、钼、铜、铅、锌、银矿集区 | 梨子山铁银铜铅锌钼矿、塔尔其铁矿、中道山铁矿、重石山钼钨铜矿 | |
| | | | | | | Ⅴ-35 花岗山-二道河铅、锌、银、铜、钼矿集区 | 花岗山钼铜矿、巴升河重晶石矿、二道河银铅锌矿 | |
| | | | | | | Ⅴ-36 罕达盖-苏呼和铁、稀土、铜矿集区 | 署秋铁矿、苏呼和铁稀土多金属矿、罕达盖铜铁矿 | |

**续表 9-1**

| Ⅰ级成矿单元 | Ⅱ级成矿单元 | Ⅲ级成矿单元 | Ⅳ级成矿单元 | Ⅳ级成矿单元划分依据 | Ⅳ级成矿单元范围 | Ⅴ级成矿单元 | 代表性矿床(点) | 全国 |
|---|---|---|---|---|---|---|---|---|
| | | | Ⅲ-6-③二连-东乌旗钨、钼、铁、锌、铅、金、银、铬成矿亚带(V、Y) | 以二连-贺根山深断裂为边界,主体为东乌珠穆沁旗褶皱造山带 | 东南侧以二连-贺根山断裂为界,北西侧延伸至蒙古国 | Ⅴ-37 朝不楞-阿尔哈达铁、锡、铅、锌、银矿集区 | 朝不楞铁锡银多金属矿、阿尔哈达铅锌银矿 | |
| | | | | | | Ⅴ-38 吉林宝力格-迪安钦阿木银、钼、铁、铅、锌、金矿集区 | 姆哈戈旗陶勒盖铁矿、吉林宝力格银金多金属矿、顺元昌铅锌银多金属矿、查干敖包锌铅铁银矿、迪安钦阿木钼矿 | |
| | | | | | | Ⅴ-39 沙麦钨矿集区 | 沙麦钨矿 | |
| | | | | | | Ⅴ-40 奥尤特-巴彦都兰铜、金、银矿集区 | 巴彦都兰铜金银多金属矿、奥尤特铜银矿 | |
| | | | | | | Ⅴ-41 小坝梁金、铜矿集区 | 小坝梁铜金矿 | |
| | | | | | | Ⅴ-42 贺根山铬矿集区 | 赫白区铬铁矿、贺白区铬铁矿、赫格敖拉 3756 铬铁矿、赫格敖拉 620 铬铁矿 | |
| | | | | | | Ⅴ-43 哈达特陶勒盖-沙木尔吉铅、锌、银、铜矿集区 | 沙木尔吉铜铅锌多金属矿、哈达特陶勒盖铅锌银矿 | |
| | | | | | | Ⅴ-44 乌兰德勒-准苏吉花铜、钼矿集区 | 准苏吉花铜钼矿、乌兰德勒钼铜矿 | |
| | | | | | | Ⅴ-45 红格尔-乌日尼图钼、钨、金矿集区 | 红格尔金矿、乌日尼图钨钼矿 | |
| | | | | | | Ⅴ-46 哈拉图庙铜、镍矿集区 | 哈拉图庙镍铜钴矿 | |

续表 9-1

| Ⅰ级成矿单元 | Ⅱ级成矿单元 | Ⅲ级成矿单元 | Ⅳ级成矿单元 | Ⅳ级成矿单元划分依据 | Ⅳ级成矿单元范围 | Ⅴ级成矿单元 | 代表性矿床(点) | 全国 |
|---|---|---|---|---|---|---|---|---|
| | | Ⅲ-7 白乃庙-锡林郭勒铁、铜、钼、铅、锌、锰、铬、金、锗、煤、天然碱、芒硝成矿带 | Ⅲ-7-①乌力吉-欧布拉格铜、金成矿亚带(Ⅴ) | 以高家窑-乌拉特后旗-化德深断裂为界,其构造环境为北东向展布哈特布奇岩浆弧及巴音杭盖弧后盆地 | 北侧以恩格尔乌苏断裂为界并延伸至蒙古国,东侧以宝音图隆起西缘断裂为界,西南及东南侧以高家窑-乌拉特后旗-化德深断裂为界 | Ⅴ-47 欧布拉格铜、金矿集区 | 欧布拉格铜金银矿 | Ⅲ-49 |
| | | | Ⅲ-7-②查干此老-巴音杭盖铁、金、钨、钼、铜、镍、钴成矿亚带(C、Ⅴ、I) | 以高家窑-乌拉特后旗-化德深断裂为界,其北宝音图隆起 | 北侧延伸至蒙古国,南侧以乌拉特后旗-化德深断裂为界,西侧以宝音图隆起西缘深断裂为界,东侧以宝音图隆起东缘深断裂为界 | Ⅴ-48 达布逊镍、钴、金矿集区 | 二八三地区金矿、284 东金银矿、达布逊镍钴矿 | |
| | | | | | | Ⅴ-49 东加干铁、锰矿集区 | 呼任西博铁矿、查干浩绕铁矿、新乌素铁矿、东加干锰矿、扎嘎乌苏铁矿 | |
| | | | | | | Ⅴ-50 查干此老-巴音杭盖金矿集区 | 图古日格金矿、查干此老金矿、巴音杭盖金矿、河西铅锌铜矿 | |
| | | | | | | Ⅴ-51 查干花钼、钨矿集区 | 查干花钼矿 | |
| | | | | | | Ⅴ-52 额布图铜、镍矿集区 | 欧布乞铁矿、额布图镍钴金矿 | |
| | | | Ⅲ-7-③索伦山-查干哈达庙铬、铜成矿亚带(Vm) | 主体为索伦山蛇绿杂岩带 | 北侧延伸至蒙古国,南侧以索伦山断裂为界,东侧以满都拉-查干哈达庙断裂为界 | Ⅴ-53 索伦山-乌珠尔铬矿集区 | 索伦山铬铁矿、察汗胡勒铬铁矿、乌珠尔铬铁矿、克克齐硫铁矿 | |
| | | | | | | Ⅴ-54 巴音花-查干哈达庙铜矿集区 | 小西滩铁矿、查干哈达金矿、查干哈达庙铜矿、巴音花铜锌镍矿 | |
| | | | Ⅲ-7-④苏木查干敖包-二连锰、萤石成矿亚带(Ⅵ) | 主体为二连盆地,西部分布北东向古生代火山岩隆起 | 北西侧延伸至蒙古国,南侧以索伦山断裂为界,东侧以二连盆地东缘为界 | Ⅴ-55 敖包吐、苏木查干敖萤石矿集区 | 西里庙锰矿、西里庙萤石矿、北敖包吐萤石矿、苏莫查干敖包萤石矿、满提萤石矿 | |
| | | | | | | Ⅴ-56 白音敖包萤石矿集区 | 白音敖包萤石矿 | |

**续表 9-1**

| Ⅰ级成矿单元 | Ⅱ级成矿单元 | Ⅲ级成矿单元 | Ⅳ级成矿单元 | Ⅳ级成矿单元划分依据 | Ⅳ级成矿单元范围 | Ⅴ级成矿单元 | 代表性矿床(点) | 全国 |
|---|---|---|---|---|---|---|---|---|
| | | | Ⅲ-7-⑤温都尔庙-红格尔庙铁、金、钼成矿亚带(Pt、V、Y) | 构造上位于查干乌拉俯冲增生杂岩带 | 北侧以二连-贺根山断裂为界,东侧以镶黄旗—锡林浩特一线为界,南侧以索伦山-温都尔庙断裂为界,西侧以二连盆地东缘为界 | Ⅴ-57 比鲁甘干钼矿集区 | 比鲁甘干钼矿 | |
| | | | | | | Ⅴ-58 巴彦哈尔敖包金矿集区 | 巴彦哈尔敖包金矿、巴彦宝力道金矿、香林香达铜钼矿 | |
| | | | | | | Ⅴ-59 卡巴-白音敖包铁、锰矿集区 | 白音敖包铁矿、包日汗铁矿、卡巴铁矿、昭哈其尔铁矿、奔克音呼都格铁矿、白音宝力道铁矿、哈拉敖包铁矿、军科锰矿 | |
| | | | | | | Ⅴ-60 红格尔庙-跃进萤石矿集区 | 红格尔庙铁矿、斯布格音敖包萤石矿、跃进萤石矿 | |
| | | | | | | Ⅴ-61 白乃庙-白音车勒铜、金、铁矿集区 | 哈尔哈达铁-硫铁矿、白音车勒铁矿、小敖包铁矿、白音敖包铁矿、白乃庙金矿 | |
| | | | Ⅲ-7-⑥白乃庙-哈达庙铜、金、萤石成矿亚带(Pt、V、Y) | 以乌拉特后旗-化德-赤峰深大断裂为界,其北构造上属温都尔庙俯冲增生杂岩带,西部为二连凹陷西段 | 北侧以索伦山-温都尔庙断裂为界,南侧以乌拉特后旗-化德-赤峰深大断裂为界,西侧以宝音图隆起东缘深断裂为界,东侧以镶黄旗—锡林浩特一线为界 | Ⅴ-62 黑沙图萤石矿集区 | 黑沙图萤石矿 | |
| | | | | | | Ⅴ-63 乌花敖包-阿贵铁、银、金矿集区 | 阿贵铁矿、乌花敖包金矿、西皮金矿银矿 | |
| | | | | | | Ⅴ-64 白乃庙-谷那乌苏铜、金矿集区 | 白音哈尔金矿、谷那乌苏铜金银矿、白乃庙铜钼硫铁金银矿 | |
| | | | | | | Ⅴ-65 别鲁乌图铜矿集区 | 别鲁乌图铜硫铁铅锌银矿 | |
| | | | | | | Ⅴ-66 毕力赫-哈达庙金矿集区 | 毕力赫金矿、哈达庙金矿 | |

**续表 9-1**

| Ⅰ级成矿单元 | Ⅱ级成矿单元 | Ⅲ级成矿单元 | Ⅳ级成矿单元 | Ⅳ级成矿单元划分依据 | Ⅳ级成矿单元范围 | Ⅴ级成矿单元 | 代表性矿床(点) | 全国 |
|---|---|---|---|---|---|---|---|---|
| | | Ⅲ-8 突泉-翁牛特铅、锌、银、铜、铁、锡、稀土成矿带 | Ⅲ-8-①索伦镇-黄岗梁铁、锡、铜、铅、锌、银成矿亚带(V-Y) | 以大兴安岭主脊-林西深断裂为界,其西主体属锡林浩特中间地块 | 北侧以二连-贺根山断裂为界,东侧以大兴安岭主脊-林西深断裂为界,南侧以温都尔庙-西拉木伦深断裂为界,西侧以镶黄旗—锡林浩特一线为界 | Ⅴ-67 毛登-白音乌拉铅、锌、锡矿集区 | 毛登矿银多金属矿、小孤山锡锌多金属矿、白音乌拉铅锌多金属矿 | |
| | | | | | | Ⅴ-68 拜仁达坝铅、锌、银矿集区 | 双山银铅锌铜矿、拜仁达坝锌铅铜银硫铁矿、巴彦乌拉铅锌银矿、维拉斯托锌铅银多金属矿 | |
| | | | | | | Ⅴ-69 道伦达坝铁、铜、锡、铅、锌、银矿集区 | 小海清铁锡钨矿、道伦达坝铜银钨多金属矿、五十家锌铅银矿、大坝东沟铅锌银铜矿、宝盖沟锡矿 | |
| | | | | | | Ⅴ-70 白音锡勒牧场-桃山萤石、铅、锌、银矿集区 | 三七地铅锌钨矿、白音查干铅锌银矿、敖包山铅锌铜银矿、水头萤石矿、桃山萤石矿、白音锡勒牧场萤石矿 | |
| | | | | | | Ⅴ-71 黄岗梁-同兴铁、锡、铅、锌、银矿集区 | 黄岗梁铁铅锡铜多金属矿、同兴铅锌银钨矿 | |
| | | | | | | Ⅴ-72 永隆-曹家屯铅、锌、银、铜、金矿集区 | 永隆铁矿、小莫古吐铁锌矿、下地银锌矿、塔黄土金铜铅矿、曹家屯钼银锌铜铅矿、永隆铅锌银矿、大石山铅锌矿、那斯台铅锌矿、贾营子铅锌铜银矿、下地南铅锌银矿、二八地铅锌银矿、黄土梁铅锌银铜矿、赤沟铅锌矿、架子山铅锌铜银矿、哈达吐铅锌铜银矿 | |
| | | | | | | Ⅴ-73 珠尔很沟-白音胡硕镍、钴矿集区 | 珠尔很沟镍钴矿、白音胡硕镍钴矿 | |

**续表 9-1**

| Ⅰ级成矿单元 | Ⅱ级成矿单元 | Ⅲ级成矿单元 | Ⅳ级成矿单元 | Ⅳ级成矿单元划分依据 | Ⅳ级成矿单元范围 | Ⅴ级成矿单元 | 代表性矿床(点) | 全国 |
| --- | --- | --- | --- | --- | --- | --- | --- | --- |
| | | | | | | Ⅴ-74 张家沟铜、钼、铅、锌、银矿集区 | 张家沟银铅锌金矿、沙布楞山铜钼铅锌矿、查宾敖包铅锌铜银矿、布嘎特乌兰锌铅银钼铜矿、布金黑铅锌银锡矿、东不拉格乌兰铅锌钼铜银矿 | |
| | | | | | | Ⅴ-75 花敖包特铅、锌、银矿集区 | 花敖包特铅锌银硫铁矿 | |
| | | | | | | Ⅴ-76 扎木钦银、铅、锌矿集区 | 扎木钦铅锌银矿 | |
| | | | Ⅲ-8-②神山-大井子铜、铅、锌、银、铁、钼、锡、稀土、铌、钽、萤石成矿亚带(I-Y) | 以大兴安岭主脊-林西深断裂为界，其东主体构造上属林西中—晚海西—印支造山带 | 北侧以二连-贺根山深断裂为界，东侧以嫩江-八里罕深断裂为界，西侧以大兴安岭主脊-林西深断裂为界，南侧以温都尔庙-西拉木伦深断裂为界 | Ⅴ-77 神山铁、铅、锌矿集区 | 神山铁铜锌银铅钼矿、四五棵树铁矿 | Ⅲ-50 |
| | | | | | | Ⅴ-78 呼和哈达-马鞍山铬、铁矿集区 | 马鞍山铁矿、呼和哈达铁矿、呼和哈达铬铁矿 | |
| | | | | | | Ⅴ-79 协林-六合屯萤石矿集区 | 六合屯萤石矿、协林萤石矿 | |
| | | | | | | Ⅴ-80 闹牛山-长春岭铜、铅、锌、银矿集区 | 莲花山铜硫铁银铅锌矿、闹牛山铜银矿、长春岭铅锌银铜矿 | |
| | | | | | | Ⅴ-81 孟恩陶勒盖-布敦花银、铜、铅、锌矿集区 | 孔雀山铜铋钴银矿、布敦花铜银矿、金鸡岭铜金银硫铁矿、查干楚鲁铅锌矿、孟恩陶勒盖锌铅锡银金矿、毛呼都格铅锌银矿、牧场铅锌银矿 | |
| | | | | | | Ⅴ-82 巴尔哲（八〇一）铌、钽、稀土矿集区 | 八〇一稀土钽铌锆矿 | |

**续表 9-1**

| Ⅰ级成矿单元 | Ⅱ级成矿单元 | Ⅲ级成矿单元 | Ⅳ级成矿单元 | Ⅳ级成矿单元划分依据 | Ⅳ级成矿单元范围 | Ⅴ级成矿单元 | 代表性矿床(点) | 全国 |
|---|---|---|---|---|---|---|---|---|
| | | | | | | Ⅴ-83 石长温都尔-敖林达铅、锌、银、铜矿集区 | 石长温都尔银铜铅锌矿、敖林达铅锌铜银矿 | |
| | | | | | | Ⅴ-84 敖仑花铜、钼、铅、锌、萤石矿集区 | 敖仑花铜钼矿、乌兰坝农场锌铅矿、水泉锌铅铜银矿、富裕屯萤石矿 | |
| | | | | | | Ⅴ-85 巴彦包温都包力高-阿根他拉铜、铁矿集区 | 阿根他拉铜铁矿、巴彦包温都包力高铜矿 | |
| | | | | | | Ⅴ-86 浩布高-哈布特盖铅、锌、银矿集区 | 乃林坝铁矿、敖瑙达巴铜铅锌矿、特尼格尔图铅锌银矿、呼赉浑迪锌铅银矿、浩布高铅锌铜银铁矿、乃林坝铅锌银铜矿、榆树林铅锌铜银矿、继兴铅锌银铜铁矿、小北沟铅锌银矿、双尖子山铅锌银矿 | |
| | | | | | | Ⅴ-87 白音诺尔-乃林坝铅、锌、铜、铁矿集区 | 小井子铜钼铅锌矿、白音诺尔锌铅银矿、坤泰铅锌银铜矿、收发地铅锌矿、哈拉白旗铅锌铜银矿、二道营子铅锌钼铜铁矿 | |
| | | | | | | Ⅴ-88 小西沟-阿贵浑德伦银、铅、锌矿集区 | 骆驼场金银矿、琥珀沟锌铅矿、杨家营子铅锌矿、哈拉白旗锌铅铜金银矿、后卜河铅锌银矿、马场锌铅银矿、小西沟铅锌银矿、阿贵浑德伦铅锌银矿 | |
| | | | | | | Ⅴ-89 喇嘛罕山-潘家段铜、铅、锌矿集区 | 潘家段铜锌铅矿、喇嘛罕山锌铅银钼矿 | |

续表 9-1

| Ⅰ级成矿单元 | Ⅱ级成矿单元 | Ⅲ级成矿单元 | Ⅳ级成矿单元 | Ⅳ级成矿单元划分依据 | Ⅳ级成矿单元范围 | Ⅴ级成矿单元 | 代表性矿床(点) | 全国 |
|---|---|---|---|---|---|---|---|---|
| | | | | | | Ⅴ-90 驼峰山-扁扁山银、铅、锌、铜、磷矿集区 | 龙头山银铅锌矿、三楞子山锌铅铜银矿、扁扁山锌铅硫铁铜金矿、驼峰山硫铁铜金矿 | |
| | | | | | | Ⅴ-91 诺尔盖-羊场铜、铅、锌、银、萤石矿集区 | 幸福之路铜银矿、羊场铜铅锌银矿、诺尔盖铜矿、罗布格铅锌矿、苏达勒萤石矿 | |
| | | | | | | Ⅴ-92 大井子铜、铅、锌、银、锡矿集区 | 大井子铜银铅锌矿、徐家营子铅锌铜银矿、沙龙沟铅锌铜矿、沙布台北山铅锌银矿、大井西山根铅锌银铜矿、大新铅锌银铜矿、大井子北锡铜金硫铁矿 | |
| | | | Ⅲ-8-③卯都房子-毫义哈达钨、铅、锌、铬、萤石成矿亚带(V、Y) | 以化德-赤峰深大断裂为界,其北为温都尔庙俯冲增生杂岩带(正镶白旗—正蓝旗段),主体为桑达来断陷盆地 | 北侧以温都尔庙-西拉木伦深断裂为界,东侧以大兴安岭主脊-林西深断裂为界,南侧化德-赤峰深大断裂为界,西侧以镶黄旗—锡林浩特一线为界 | Ⅴ-93 毫义哈达-毛汰山钨、金矿集区 | 毛汰山区岩金金矿、毫义哈达钨矿 | |
| | | | | | | Ⅴ-94 石匠山-达盖滩萤石矿集区 | 石匠山萤石矿、达盖滩萤石矿 | |
| | | | Ⅲ-8-④小东沟-小营子钼、铅、锌、铜成矿亚带(Vm、Y) | 以化德-赤峰深大断裂为界,主体在西拉木伦河以南翁牛特旗一带 | 北侧以温都尔庙-西拉木伦深断裂为界,东侧以嫩江-八里罕深断裂为界,西侧以大兴安岭主脊-林西深断裂为界,南侧以化德-赤峰深大断裂为界 | Ⅴ-95 小东沟-大黑山钼、铅、锌、铜、银矿集区 | 大黑山铁矿、广义德铜锌矿、柳条沟钼矿、小东沟钼矿、二道沟铅锌银铬铁金矿 | |
| | | | | | | Ⅴ-96 硐子-七分地铅、锌、银矿集区 | 七分地铅锌银矿、硐子锌铅银铜矿、大座子山铅锌银矿 | |

**续表 9-1**

| Ⅰ级成矿单元 | Ⅱ级成矿单元 | Ⅲ级成矿单元 | Ⅳ级成矿单元 | Ⅳ级成矿单元划分依据 | Ⅳ级成矿单元范围 | Ⅴ级成矿单元 | 代表性矿床(点) | 全国 |
|---|---|---|---|---|---|---|---|---|
| | | | | | | Ⅴ-97 余家窝铺-二道沟铜、铅、锌、银矿集区 | 武家沟金铁银矿、荷尔乌苏锌铅银矿、小营子铅锌银矿、毕家营子铅锌银矿、天桥沟铅锌银矿、炮手营子铅锌银硫铁矿、余家窝铺锌铅银铜矿、大新铅锌矿、青石洞子西铅锌矿、观音堂铅锌银矿、兴隆地铅锌银铜矿、西水泉铅锌铜银矿、九分地锌铅铜银矿、香房地铅锌银矿、和页勿苏铅锌矿、黄花沟铅锌银铜矿、四棱子山锌铅银矿、二道沟锡矿 | |
| | | | | | | Ⅴ-98 官地-敖包山金、银矿集区 | 官地银金矿、敖包山银金铅锌矿、四棱子山银锰矿、青山银金矿、温德沟银金矿、二台营子村金矿、喇嘛沟金矿 | |
| | | | | | | Ⅴ-99 鸡冠山-关家营铜、铅、锌、钼矿集区 | 关家营钼铜铅锌矿、鸡冠山钼铜矿、碾子沟铅锌铜钼矿、敖包山锌铅铜矿 | |
| | Ⅱ-13 吉黑成矿省 | Ⅲ-9 松辽盆地石油、天然气、铀成矿区 | Ⅲ-9-①通辽科尔沁盆地煤、油气成矿亚带(Mz) | 主体为松辽断陷盆地 | 西侧以嫩江-八里罕深断裂为界,南侧以科尔沁沙地南缘为界,东侧延伸至辽宁省 | | | Ⅲ-51 |
| | | | Ⅲ-9-②库里吐-汤家杖子钼、铜、铅、锌、钨、金成矿亚带(Vm、Y) | 以化德-赤峰深大断裂为界,构造上属朝阳地-翁牛特旗弧-陆碰撞带 | 西侧以嫩江-八里罕深断裂为界,北侧以科尔沁沙地南缘为界,南侧以化德-赤峰深大断裂为界 | Ⅴ-100 白马石沟铜、金、钼矿集区 | 白马石沟铜钼金银矿、鸭鸡山铜钼矿、库里吐钼矿 | |
| | | | | | | Ⅴ-101 撰山子-各力各金、银矿集区 | 霍家沟铁矿、各力各金矿、撰山子金银矿、金兴金银矿、七家金银矿、中井金银矿、毛头山金矿、后公地铅锌银矿 | |

续表 9-1

| Ⅰ级成矿单元 | Ⅱ级成矿单元 | Ⅲ级成矿单元 | Ⅳ级成矿单元 | Ⅳ级成矿单元划分依据 | Ⅳ级成矿单元范围 | Ⅴ级成矿单元 | 代表性矿床(点) | 全国 |
|---|---|---|---|---|---|---|---|---|
| | | | | | | Ⅴ-102 老西沟-六道沟金、银、铜、萤石矿集区 | 六道沟金银矿、老西沟铜矿、白仗子萤石矿 | |
| | | | | | | Ⅴ-103 土城子-头道沟铁矿集区 | 头道沟铁矿、房框沟铁矿、土城子铁矿 | |
| | | | | | | Ⅴ-104 汤家杖子-哈拉火烧铁、钨、铜、铅、锌矿集区 | 哈拉火烧铁矿、苏斯沟锌铅矿、卧力吐铅锌银铜矿、赵家湾子钨矿 | |
| | Ⅱ-14 华北成矿省 | Ⅲ-10 华北陆块北缘东段铁、铜、钼、铅、锌、金、银、锰、铀、磷、煤、膨润土成矿带 | Ⅲ-10-① 内蒙古隆起东段铁、铜、钼、铅、锌、金、银成矿亚带(Ar、Y) | 以化德-赤峰深大断裂为界,构造上呈东西向延伸,属太仆寺旗-承德-建平古岩浆弧 | 北侧以化德-赤峰深大断裂为界,南侧延伸至辽宁省、河北省、山西省 | Ⅴ-105 车户沟-后塔子铜、钼矿集区 | 车户沟铜钼银矿、胡彩沟钼铜矿、四道沟钼铜矿、后塔子钼铜矿、车户沟三区钼铜矿 | |
| | | | | | | Ⅴ-106 索虎沟-柴火栏子金、银、铁矿集区 | 上窝铺铁矿、石灰窑沟铁矿、于家沟金矿、索虎沟金矿、石人沟金矿、白音波罗大西沟金矿、官村沟金银矿、柴火栏子金矿、莲花山金银矿、红花沟金银矿、梨树沟金银矿、徐家窑子金银矿、彭家沟金矿、柴火栏子金矿、石板沟金矿、聂家营子金银钼矿、红花沟 86 号金银矿、白羊沟铅锌银金矿 | Ⅲ-57 |
| | | | | | | Ⅴ-107 樱桃沟-明干山金、银、铜、铁矿集区 | 塘水铁矿、安家营子金自然硫铜银矿、金蟾山金矿、鸽子洞金银矿、鸡冠子山金银硫铁矿、饮马处金铜银硫铁矿、长皋金银矿、南湾子金银矿、乃林沟金矿、线沟金铜银矿、樱桃沟金银钼矿、七分二金银矿、明干山铜矿、八家区硫铁矿 | |

续表 9-1

| Ⅰ级成矿单元 | Ⅱ级成矿单元 | Ⅲ级成矿单元 | Ⅳ级成矿单元 | Ⅳ级成矿单元划分依据 | Ⅳ级成矿单元范围 | Ⅴ级成矿单元 | 代表性矿床(点) | 全国 |
|---|---|---|---|---|---|---|---|---|
| | | | | | | Ⅴ-108 大西沟-山河达钼、铜、萤石矿集区 | 福合元铜钼矿、山河达铜钼铁矿、大西沟萤石矿 | |
| | | | | | | Ⅴ-109 陈家杖子金、铜、钼、铁矿集区 | 二道沟铁矿、陈家杖子金铜铅矿、北毛扎子铜钼铁矿 | |
| | | | | | | Ⅴ-110 张家营子-耿家营子铁、金矿集区 | 曲家梁铁矿、杀牛沟铁矿、西冶铁矿、王家窝铺铁矿、恒沟子铁矿、杨树沟铁矿、曲家梁铁矿、张家营子铁矿、霍家沟铁矿、东北沟铁矿、头道沟铁矿、长青铁矿、耿家营子铁矿、热水金矿、王家营子铁矿 | |
| | | | | | | Ⅴ-111 黄金梁-东风金、铁矿集区 | 西箭铁矿、杨树沟铁矿、五官营子铁矿、七家铁矿、丛家窝铺铁矿、胡墩棵铁矿、十八台铁矿、哈拉文洞铁矿、东风金矿 | |
| | | | | | | Ⅴ-112 金厂沟梁金、铁矿集区 | 金厂沟梁金矿、下湾子铁硫铁矿、兰杖子铁矿、马家楼铁矿、羊山铁矿、敖包山铁矿、牛夕河铁矿、胡头沟铁矿、卧牛沟金矿、黄金梁金银矿、徐北沟金矿、芦家地金矿、对面沟铜钼矿、水泉屯铁矿 | |
| | | | | | | Ⅴ-113 南弯子-长岭铁、铅、锌矿集区 | 南湾子铁矿、四楞山铁矿、青龙山钼铜矿、长岭山铅锌矿 | |

**续表 9-1**

| Ⅰ级成矿单元 | Ⅱ级成矿单元 | Ⅲ级成矿单元 | Ⅳ级成矿单元 | Ⅳ级成矿单元划分依据 | Ⅳ级成矿单元范围 | Ⅴ级成矿单元 | 代表性矿床(点) | 全国 |
|---|---|---|---|---|---|---|---|---|
| | | Ⅲ-11 华北陆块北缘西段金、铁、铌、稀土、铜、铅、锌、银、镍、铂、钨、石墨、白云母成矿带 | Ⅲ-11-① 白云鄂博-商都金、铁、铌、稀土、铜、镍成矿亚带($Ar_3$、Pt、V、Y) | 构造上属白云鄂博裂谷，除有裂陷槽的沉积建造特征外，还广泛含有中基性—中酸性火山岩、构造侵位的基性—超基性岩体、滑塌堆积和浊流沉积岩 | 北侧以乌拉特后旗-化德深断裂为界，南侧以乌拉特中旗-石崩-合教-三合明-商都断裂为界 | Ⅴ-114 白云鄂博铁、稀土、金矿集区 | 白云鄂博铁稀土矿、赛乌素金矿、比鲁特金矿、白云鄂博北金矿、白云鄂博都拉哈拉稀土铌矿 | Ⅲ-58 |
| | | | | | | Ⅴ-115 克布铜、镍、铁矿集区 | 乌兰赤老铁矿、克布镍铜钴矿 | |
| | | | | | | Ⅴ-116 浩尧尔忽洞-双胜美金、铁、磷、萤石矿集区 | 后石兰哈达铁矿、东印壕铁矿、希日哈达铁矿、前大旗铁矿、张三壕铁矿、浩尧尔忽洞金矿、乌花朝鲁金矿、双胜美金银矿、布龙图磷矿、西大旗磷矿、巴音哈太萤石矿 | |
| | | | | | | Ⅴ-117 合教铁矿集区 | 陈大壕铁矿、杨六疙卜铁矿、张三壕铁矿、合教铁矿、那浪图铁矿、门格图铁矿、同太永铁矿、老羊壕金矿 | |
| | | | | | | Ⅴ-118 黑脑包-翁公山铁矿集区 | 黑脑包铁矿、高腰海铁矿、灰板申铁矿、翁公山铁矿、毛忽洞铁矿、黑脑包外围铁矿 | |
| | | | | | | Ⅴ-119 黄花滩-小南山铜、镍、铁矿集区 | 宫忽洞铜矿、小南山镍铜银金矿、土脑包镍钴铜矿 | |
| | | | | | | Ⅴ-120 头沟地-郝家沟铁、金、银、萤石矿集区 | 白土堡子铁矿、黑毛湾铁矿、头股地铁矿、谢家村金银矿、郝家沟萤石矿 | |

续表 9-1

| Ⅰ级成矿单元 | Ⅱ级成矿单元 | Ⅲ级成矿单元 | Ⅳ级成矿单元 | Ⅳ级成矿单元划分依据 | Ⅳ级成矿单元范围 | Ⅴ级成矿单元 | 代表性矿床(点) | 全国 |
|---|---|---|---|---|---|---|---|---|
| | | | Ⅲ-11-②狼山-渣尔泰山铅、锌、金、铁、铜、铂、镍、硫铁矿成矿亚带($Ar_3$、Pt、V) | 构造上为狼山-渣尔泰山裂陷槽，主要组成为陆源粗碎屑岩、叠层石灰岩、白云岩、云母片岩、碳质板岩和中基性火山岩 | 西侧以狼山西缘断裂为界，南侧以青山-牛首山断裂为界，东南侧以贺兰山西缘断裂及河套平原边缘为界，北侧以高家窑-乌拉特后旗-化德深断裂为界，东北侧以乌拉特中旗-石崩-合教断裂为界 | Ⅴ-121 迭布斯格铁矿集区 | 克林哈达铁矿、沃林呼都格铁矿、查汗陶勒盖铁矿、伊克乌苏东铁矿、迭布斯格铁矿 | |
| | | | | | | Ⅴ-122 盖沙图铜矿集区 | 盖沙图铜矿 | |
| | | | | | | Ⅴ-123 炭窑口-东升庙硫、铅、锌、铜矿集区 | 炭窑口锌铅磷硫铁银铁铜矿、东升庙硫铅锌铁铜银金矿 | |
| | | | | | | Ⅴ-124 霍各乞铜、铁、铅、锌、硫铁矿集区 | 霍各乞铜铅锌铁银硫铁矿 | |
| | | | | | | Ⅴ-125 对门山-罕乌拉铅、锌、金、硫铁矿集区 | 呼鲁斯太铁矿、罕乌拉金银矿、对门山硫铁锌矿 | |
| | | | | | | Ⅴ-126 翁根山-宫忽洞铁矿集区 | 哈业胡同铁矿、南场村铁矿、石哈河南铁矿、莫圪内铁矿、翁根山东铁矿、宫忽洞铁矿、杨家店铁矿、格卡忽洞铁矿 | |
| | | | | | | Ⅴ-127 甲生盘铁、铅、锌、硫铁矿集区 | 书记沟铁矿、扎板沟铁矿、淖尔兔沟铁矿、韩庆沟铁矿、红壕铁矿、龙阁庙铁矿、联进铁矿、大白山铅锌银矿、甲生盘锌铅硫铁矿、山片沟硫铁锌矿 | |
| | | | Ⅲ-11-③固阳-白银查干金、铁、铜、铅、锌、石墨成矿亚带($Ar_3$、Pt) | 处于古陆核边缘部位，形成若干规模不等的弧后火山盆地或古火山岛弧盆地，构造上属色尔腾山-太仆寺旗古岩浆弧 | 北侧以乌拉特中旗-石崩-合教-三合明-商都断裂为界，南侧以色尔腾山裂谷断裂为界，东侧延伸至山西省，西侧以鄂尔多斯盆地边缘为界 | Ⅴ-128 邬二湾-乔二沟铁、锰矿集区 | 东五分子铁矿、王成沟铁矿、哈不沁铁矿、哈不气铁矿、二兰沟铁矿、乔二沟铁矿、四五分子铁矿、阳圪楞铁矿、马虎沟铁矿、苏独仑泉胜沟铁矿、白山沟铁矿、万岭沟铁矿、邬二湾铁矿、乔二沟锰矿、六大股塔库山锰矿 | |

续表 9-1

| Ⅰ级成矿单元 | Ⅱ级成矿单元 | Ⅲ级成矿单元 | Ⅳ级成矿单元 | Ⅳ级成矿单元划分依据 | Ⅳ级成矿单元范围 | Ⅴ级成矿单元 | 代表性矿床(点) | 全国 |
|---|---|---|---|---|---|---|---|---|
| | | | | | | Ⅴ-129 十八顷壕金矿集区 | 公巨成铁矿、兴茂壕金矿、东五分子金矿、十八顷壕金矿、脑包沟金矿、水泉子分子金矿、梁前金矿、上十二分子金矿 | |
| | | | | | | Ⅴ-130 公益明-车铺渠铁矿集区 | 车铺渠铁矿、汗海子铁矿、公益明铁矿 | |
| | | | | | | Ⅴ-131 三合明铁、金矿集区 | 下岗岗铁矿、青灰铁矿、太和村铁矿、三合明铁矿、前哈彦忽洞铁矿、黄合少铁矿、小南沟铁矿、宫忽洞铁矿、乌拉陶勒盖铁矿、湾而兔铁矿、中岔岔壕铁矿、德尔斯太沟铁矿、大井村金矿、东毛金矿、小元山铁矿 | |
| | | | | | | Ⅴ-132 阳坡-银宫山金、铁、铜、铅、锌矿集区 | 下地铁矿、库伦图铁矿、高台金矿、宫忽洞金铜银矿、银宫山金矿、正南房铜铁金银矿、阳坡铅锌金银矿 | |
| | | | | | | Ⅴ-133 新地沟金、铁矿集区 | 盘羊山铁矿、新地沟金矿 | |
| | | | | | | Ⅴ-134 大梁村-北地铁矿集区 | 大九号铁矿、北地铁矿、罗珠村铁矿、石层坝铁矿、土圐圙铁矿、大梁村铁矿 | |

**续表 9-1**

| Ⅰ级成矿单元 | Ⅱ级成矿单元 | Ⅲ级成矿单元 | Ⅳ级成矿单元 | Ⅳ级成矿单元划分依据 | Ⅳ级成矿单元范围 | Ⅴ级成矿单元 | 代表性矿床(点) | 全国 |
|---|---|---|---|---|---|---|---|---|
| | | | Ⅲ-11-④乌拉山-集宁铁、金、银、钼、铜、铅、锌、石墨、白云母成矿亚带($Ar_{1-2}$、I、Y) | 构造上属固阳-兴和古陆核 | 北侧以色尔腾山裂谷断裂为界，西南侧以鄂尔多斯盆地边缘为界，东南侧延伸至山西省 | Ⅴ-135 贾格尔其庙铁矿集区 | 点力斯太铁矿、乌落托沟铁矿、沃吉高勒铁矿、达拉盖沟铁矿、湾兔沟铁矿、当中沟铁矿、五不台铁矿、白石头沟铁矿、海流派斯铁矿、温图铁矿、架子山铁矿、乌拉不浪铁矿、赛忽洞铁矿、白山-架山铁矿、白彦花铁矿、泥日图铁矿、公呼都格铁矿、乌日兔铁矿、黄土窑铁矿、部北铁矿、何家店铁矿、贾格尔其庙铁矿、西沙德盖钼矿 | |
| | | | | | | Ⅴ-136 乌拉山金、铁矿集区 | 陈四窑子铁矿、哈德门沟铁矿、穷贵沟铁矿、乌拉山金矿、甲浪沟金钼矿 | |
| | | | | | | Ⅴ-137 乔圪气铁矿集区 | 榆树沟铁矿、乔圪气铁矿、甲石兔沟铁矿、叶贝沟铁矿、阿不多沟铁矿、小北沟铁矿、邦郎沟铁矿、凤凰山铁矿、香柏沟铁矿、梅岭山铁矿、柳林沟铁矿 | |
| | | | | | | Ⅴ-138 壕赖沟铁矿集区 | 山河原沟铁矿、乱石架-后海流铁矿、壕赖沟铁矿 | |

**续表 9-1**

| Ⅰ级成矿单元 | Ⅱ级成矿单元 | Ⅲ级成矿单元 | Ⅳ级成矿单元 | Ⅳ级成矿单元划分依据 | Ⅳ级成矿单元范围 | Ⅴ级成矿单元 | 代表性矿床(点) | 全国 |
|---|---|---|---|---|---|---|---|---|
| | | | | | | Ⅴ-139 六分子-小耗赖铁矿集区 | 小耗赖铁矿、梅令沟铁矿、大地渠铁矿、白银硐铁矿、温席疙兔铁矿、十五号铁矿、六顶帐铁矿、毡房窑子铁矿、桂家村铁矿、前大地渠铁矿、老营河铁矿、后仝马沟铁矿、杨树坝铁矿、后腮忽洞铁矿、白石头沟铁矿、岔沁铁铜矿、四益昌铁矿、马连壕铁矿、文圪乞铁磷矿、六分子铁矿、白壕沟铁矿、后石花金矿、西二分子铁矿、乌兰乌素铁矿 | |
| | | | | | | Ⅴ-140 东伙房-东河子西金、银、铁矿集区 | 头号铁矿、哈不庆铁矿、稍林沟铁矿、大沟里铁矿、潘家沟银铅矿、营公山银铅锌矿、奎素金银矿、二道沟金矿、哈拉更八汉板金矿、摩天岭金矿、东伙房金银铜矿、棋盘沟金矿、泡牛坡金矿、常福龙金矿、后达赖沟金银矿、南泉子金银矿、瓦窑铁矿 | |
| | | | | | | Ⅴ-141 盘路沟-白银不浪磷、铁矿集区 | 东河子西铁矿、白银不浪铁矿、乌兰铁矿、梨花镇铁矿、小南沟金矿、东河子金矿、盘路沟磷矿 | |

续表 9-1

| Ⅰ级成矿单元 | Ⅱ级成矿单元 | Ⅲ级成矿单元 | Ⅳ级成矿单元 | Ⅳ级成矿单元划分依据 | Ⅳ级成矿单元范围 | Ⅴ级成矿单元 | 代表性矿床(点) | 全国 |
|---|---|---|---|---|---|---|---|---|
| | | | | | | Ⅴ-142 李清地-曹四夭钼、铅、锌、银、磷矿集区 | 三道沟铁矿、大西沟铁矿、九龙湾银铅锌矿、李清地银铅锌锰金矿、驼盘金矿、大苏计钼矿、曹四夭钼矿、老松窑磷矿、三道沟磷稀土铁矿、旗杆梁稀土磷矿 | |
| | | | | | | Ⅴ-143 九沟-四道沟铁矿集区 | 赶牛沟铁矿、沟掌村铁矿、红花沟铁矿、北京沟铁矿、四道沟铁矿、店子镇铁矿、五道沟铁矿、常顺沟铁矿、马安桥铁矿、西洼铁矿、滑家窑铁矿、白红沟铁矿、唐僧沟铁矿、喇嘛营铁矿、王掌沟铁矿、旧马屯铁矿、三岔口铁矿、西沟门铁矿、八龙山铁矿、桦树坡铁矿、红石崖铁矿、南沟铁矿、角菜沟铁矿、圪柳沟铁矿、对九沟铁矿 | |
| | | Ⅲ-12 鄂尔多斯西缘(陆缘坳褶带)铁、铅、锌、磷、石膏、芒硝成矿带 | | 地层分区为桌子山-贺兰山地层小区,主体呈近南北向展布的狭长的陆缘褶皱带 | 东侧以桌子山东缘深断裂为界,西侧以贺兰山西缘断裂为界,南侧延伸至宁夏回族自治区 | Ⅴ-144 正目观磷矿集区 | 正目观磷矿、南寺磷矿、崔子窑沟磷矿 | Ⅲ-59 |
| | | | | | | Ⅴ-145 代兰塔拉铅、锌、银、铁矿集区 | 骆驼山铁矿、代兰塔拉铅锌银矿、其日格铅锌铁矿、那伦布拉格铅锌银矿 | |
| | | | | | | Ⅴ-146 马斯亥沟-哈龙拐铁矿集区 | 察干郭勒铁矿、贺玉树铁矿、千里沟口铁矿、哈龙拐铁矿、采台山铁矿、哈布其盖铁矿、马斯亥沟铁矿 | |

**续表 9-1**

| Ⅰ级成矿单元 | Ⅱ级成矿单元 | Ⅲ级成矿单元 | Ⅳ级成矿单元 | Ⅳ级成矿单元划分依据 | Ⅳ级成矿单元范围 | Ⅴ级成矿单元 | 代表性矿床(点) | 全国 |
|---|---|---|---|---|---|---|---|---|
| | | Ⅲ-13 鄂尔多斯(盆地)铀、石油、天然气、煤、盐类成矿区 | | 地层分区为东胜地层小区,主体为鄂尔多斯盆地 | 北侧以阴山、狼山、乌拉山、大青山为界,西侧以桌子山东缘深断裂为界,南侧延伸至宁夏回族自治区、山西省、陕西省,东侧以和林格尔—准格尔旗一线为界 | | | Ⅲ-60 |
| | | Ⅲ-14 山西(断隆)铁、铝土矿、石膏、煤、煤层气成矿带 | | 地层分区为东胜地层小区,为稳定的沉积盖层区 | 西侧以和林格尔—准格尔旗一线为界,北侧以喇嘛湾—羊群沟一线为界,东南侧延伸至山西省 | Ⅴ-147 城坡铝土矿集区 | 城坡铝土矿、焦稍沟铝土矿 | Ⅲ-61 |
| | | | | | | Ⅴ-148 榆树湾硫铁、煤矿集区 | 戚家沟硫铁矿、房塔沟硫铁矿 | |

(1)选择已知矿床较密集的地区圈定Ⅴ级矿集区，尽量将同一成矿类型的矿产地圈在一起。

(2)分布面积原则上在 $100km^2$ 到 $1000km^2$ 之间，对于不同类型、不同矿种的矿产地相对集中的地区，或同一矿产类型但密集程度较低的分布范围，圈定的面积适当放大。

(3)矿集区内必须有已知矿床而不能只是出现矿化异常，原则上只有一个矿产地的地区不圈定矿集区，但对于重要类型的矿产地或超大型矿产地分布地区，沿成矿地质体或矿化异常边界圈定矿集区。

(4)圈定矿集区时，考虑了次级构造线、含矿地质体的分布范围。

**2. Ⅴ级矿集区划分**

根据上述原则，内蒙古自治区内共划分Ⅴ级矿集区 148 个。

# 第二节　内蒙古自治区各区(带)成矿特征及演化

## 一、觉罗塔格-黑鹰山铜、镍、铁、金、银、钼、钨、石膏成矿带(Ⅲ-1)

该成矿带位于北山成矿远景区北部，呈近东西向分布，北与蒙古国毗邻，属于古亚洲成矿域(Ⅰ-1)准噶尔成矿省(Ⅱ-2)。

**1. 区域成矿地质背景**

本区一级、二级构造单元属于天山-兴蒙造山系(Ⅰ)、额济纳旗-北山弧盆系(Ⅰ-9)，成矿带区域地质矿产特征见图 9-2。

该成矿带主体为一个以陆壳为基底的火山弧，分布于明水-旱山地块北缘。其东部出露有中新太古代片麻岩变质建造和古元古代北山岩群片岩、斜长角闪岩等变质建造。早古生代为活动边缘带，奥陶纪咸水湖组为以安山岩为主的安山岩-英安岩-流纹岩等钙碱性火山岩、火山碎屑岩火山活动，该火山弧两侧则为罗雅楚山组浅—次深海相的陆缘斜坡性质的细砂岩-粉砂岩-硅质岩建造、笔石页岩建造。志留纪早期为圆包山组陆棚相砂岩-粉砂岩-泥页岩建造，中晚期则为以公婆泉组安山岩为主的安山岩、英安岩、流纹岩等陆缘火山弧的喷溢活动，伴有弧后盆地粉砂岩-粉砂质泥岩-硅质岩建造。

泥盆纪继承了志留纪火山活动特点，但火山-沉积范围较志留纪大为缩小。

成矿带南侧在石炭纪—二叠纪伸展拉张形成红石山陆内裂谷带，裂谷盆地初始沉积了绿条山组含铁长石石英砂岩-砂砾岩建造，中上部沉积浅海相酸性—中酸性火山岩、火山碎屑岩建造和海相长石石英砂岩-粉砂岩-泥岩-硅质岩建造。

裂谷内发育晚石炭世双峰式侵入岩，二叠纪主要是裂谷消亡时期弧内沉积，为双堡塘组浅-滨海相的杂砂岩-粉砂岩-泥岩建造，晚期有少量的方山口组中酸性火山岩。

本成矿带岩浆活动强烈，侵入岩分布广泛，从深成相到浅成相，从超基性岩、基性岩到中性岩、酸性岩均有分布，其中以中酸性侵入岩为主，形成时代主要为石炭纪和二叠纪，其时空分布严格受区域构造控制，总体上呈近东西向带状展布。

本成矿带主控断裂为近北西—北西西向展布的甜水井-六驼山区域性深大断裂带，该断裂带由多组互相平行向北逆冲断层、劈理带、韧性剪切带等构造形迹组成，形成由强弱变形域交织而成的宽度达数千米乃至数十千米的构造网络带，断裂延伸方向与地层的走向相近(图 9-2)。断裂带在区域重、磁场中为场的分界线或梯度带。

### 2. 区域成矿规律

目前该成矿带已知有黑鹰山铁矿、碧玉山铁矿、乌珠尔嘎顺铁铜矿床、流沙山斑岩型钼矿床、小狐狸山钼铅锌矿。

本成矿带志留纪—泥盆纪岛弧火山建造具备形成斑岩型铜矿的有利背景;石炭纪—二叠纪陆内裂谷具备形成火山沉积型铁矿、铜矿,斑岩型铜矿的有利背景;中生代古陆壳活化重熔型花岗岩具有形成钨钼金属矿的有利背景。

1)空间分布规律

成矿带内石炭纪裂谷带内火山-沉积岩系中形成了黑鹰山式铁矿床,与白山组密不可分。裂谷在石炭纪晚期闭合,二叠纪初再次拉张,本区形成与陆壳重熔侵入杂岩体有关的乌珠尔嘎顺式矽卡岩型铁矿,斑岩型流沙山钼矿床、额勒根钼铜矿。本区钼矿床为共生和伴生矿床,独立钼矿床很少,且多为小型矿床及矿(化)点,产于流沙山—小狐狸山一带。

2)时间分布规律

本区成矿时代集中于石炭纪、印支期,黑鹰山海相火山岩型铁矿[Sm-Nd 等时线年龄为(322.0±4.3)Ma;聂凤军,2005]和矽卡岩型乌珠尔嘎顺铁矿成矿时代均为石炭纪,斑岩型额勒根钼铜矿成矿期海西期[辉钼矿 Re-Os 等时线年龄为(332.0±9.0)Ma;聂凤军,2005]。以上成矿期次与红石山裂谷形成密不可分。

小狐狸山式斑岩型钼矿床成矿时代为印支期[锆石 LA-ICP-MS U-Pb 年龄(216.9±0.5)Ma,辉钼矿 Re-Os 模式年龄加权平均值为(213.2±4.6)Ma;张雨莲, 2012]。

流沙山钼金矿资料表明(聂凤军等,2002),两件角闪石的 K-Ar 表面年龄值为(261±3)Ma 和(262±4)Ma,与辉钼矿的 Re-Os 同位素等时线年龄(260±10)Ma($2\sigma$)一致。

3)主要控矿因素

(1)构造对成矿的控制作用。不同的成矿构造环境产生不同的矿产。北山石炭纪—二叠纪陆内裂谷具备形成火山沉积型铁铜矿(黑鹰山铁矿)、斑岩型铜矿,与侵入杂岩体有关的矽卡岩型铁矿(乌珠尔嘎顺式)、斑岩型钼铜矿(额勒根式)床的有利背景。深大断裂带及其次级断裂为岩浆热液成矿提供了通道及富集空间,特别是其次一级断裂构造的交会部位是金属矿床(点)产出的有利部位。

印支期本区处于板内构造发育阶段,表现为板内伸展环境,含矿岩体沿断裂侵位从而形成小狐狸山钼铅锌矿。

(2)地层对成矿的控制作用。矿体赋存于一定的地层层位,受岩相古地理及沉积环境的控制,为典型的同生沉积矿床。如黑鹰山铁矿就是在地层岩石形成的同时成矿物质大量富集而形成的。

(3)岩浆对成矿的控制作用。石炭纪在本区有强烈的基性—酸性火山喷发,本区海盆下陷加剧形成新的裂谷,中酸性火山活动强烈,形成与海相火山岩相关的黑鹰山铁矿床。晚期大规模海西期中酸性岩浆侵位,形成矽卡岩型铁铜矿(乌珠尔嘎顺)、斑岩型钼铜矿床(额勒根)。

流沙山钼金矿床是海西期构造岩浆活动的产物,矿体的空间展布形态明显受环状裂隙的控制,矿床类型为与花岗岩有关的热液成因钾长石-石英脉型矿床。资料表明,中酸性岩浆 $\varepsilon_{Nd}(t)=2.74\sim10.89$,均为正值,推断含钼金中酸性岩浆来源于年轻幔源物质的重熔(聂凤军等,2002)。

印支期酸性—超酸性铝过饱和花岗岩是小狐狸山钼铅锌矿含矿母岩。

4)成矿物质演化

成矿物质的变化一般与成因类型关系密切。海相火山岩型黑鹰山铁矿金属矿物多为磁铁矿、赤铁矿、穆磁铁矿等,相对比较单一,并形成富矿体。矽卡岩型铁矿多为铁多金属矿,如乌珠尔嘎顺铁铜矿。

### 3. 矿床成矿系列划分

按照成矿系列划分的原则,本成矿带矿床成矿系列划分见表 9-2。

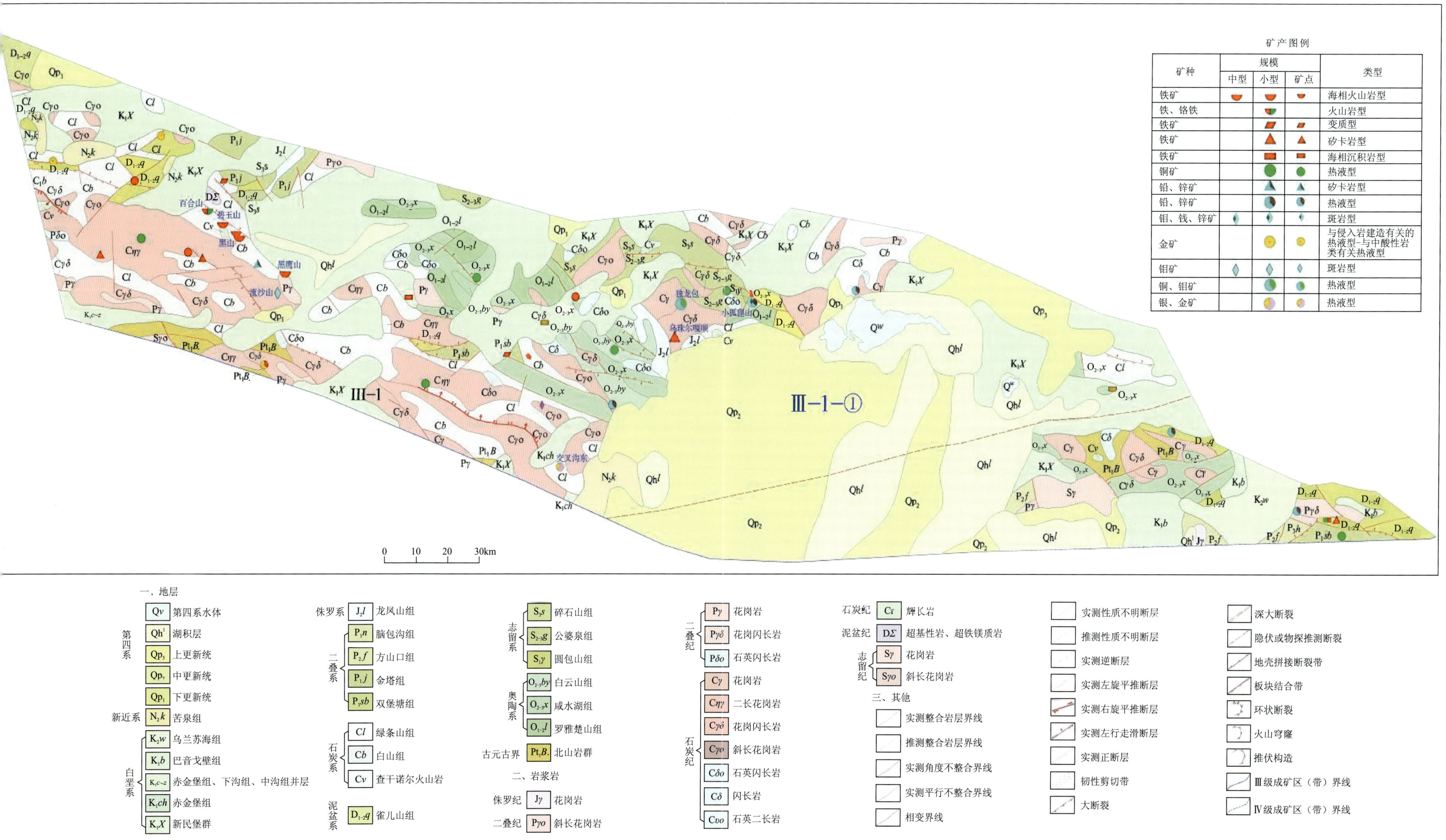


图 9-2 觉罗塔格-黑鹰山铜、镍、铁、金、银、钼、钨、石膏成矿带（Ⅲ-1）地质矿产简图

**表 9-2 内蒙古自治区重要Ⅲ级成矿带矿床成矿系列划分一览表**

| 矿床成矿系列及编号 | 矿床成矿亚系列 | 成矿元素 | 矿床 | 类型 | 矿床式 | 成矿时代 |
|---|---|---|---|---|---|---|
| Ⅲ-1 觉罗塔格-黑鹰山铜、镍、铁、金、银、钼、钨、石膏成矿带 | | | | | | |
| 小狐狸山与印支期中酸性花岗岩活动有关的钼、铅、锌矿床成矿系列($Mz_1$-01) | | 钼、铅、锌 | 小狐狸山 | 斑岩型 | 小狐狸山式 | 小狐狸山：锆石 LA-ICP-MS U-Pb 年龄(216.9±0.5)Ma；辉钼矿 Re-Os 模式年龄加权平均值为(213.2±4.6)Ma |
| 黑鹰山-乌珠尔嘎顺与海西期超基性—基性—中酸性岩浆活动有关的铁、铅、铜、钼矿床成矿系列($Pz_2$-01) | 与海西期中酸性岩浆活动有关的钼、铜、铁矿床成矿亚系列($Pz_2$-C1a) | 钼、铜 | 额勒根、流沙山 | 斑岩型 | 额勒根式 | 额勒根：辉钼矿 Re-Os(332.0±9.0)Ma；流沙山：角闪石 K-Ar 表面年龄值为(261±3)Ma 和(262±4)Ma，辉钼矿 Re-Os 同位素等时线年龄为(260±10)Ma |
| | | 铁、铅、铜 | 乌珠尔嘎顺 | 接触交代型 | 乌珠尔嘎顺式 | 晚石炭世花岗岩类 |
| | 与石炭纪海底火山喷发有关的铁矿床成矿亚系列($Pz_2$-01b) | 铁 | 黑鹰山、碧玉山 | 海相火山岩型 | 黑鹰山式 | Sm-Nd 等时线年龄为(322.0±4.3)Ma(黑鹰山) |
| | 与海西期超基性岩浆有关的铬矿床成矿亚系列($Pz_2$-01c) | 铬、铁 | 碧玉山 | 岩浆型 | 碧玉山式 | 石炭纪 |
| Ⅲ-2 磁海-公婆泉铁、铜、金、铅、锌、钨、锡、铷、钒、铀、磷成矿带(Pt、Ce1、Vm1、I-Y) | | | | | | |
| 七一山-鹰嘴红山与燕山期中酸性岩浆活动有关的钨、钼、锡、锑矿床成矿系列($Mz_2$-01) | | 钨、钼、锡 | 七一山、鹰嘴红山 | 热液型 | 七一山式 | 燕山早期(钠长石化花岗岩) |
| | | 锑 | 阿木乌苏 | 低温热液脉型 | 阿木乌苏式 | 早白垩世二长花岗岩 |
| 索索井与印支期中酸性花岗岩有关的铁矿床成矿系列($Mz_1$-02) | | 铁 | 索索井 | 矽卡岩型 | 索索井式 | 三叠纪钾长花岗岩、斑状花岗岩 |

**续表 9-2**

| 矿床成矿系列及编号 | 矿床成矿亚系列 | 成矿元素 | 矿床 | 类型 | 矿床式 | 成矿时代 |
|---|---|---|---|---|---|---|
| 三个井-老硐沟与海西期中酸性岩浆活动有关的金、铅、铜、萤石矿床成矿系列($Pz_2$-02) | 与海西中晚期中酸性岩浆活动有关的金、铅、铜、萤石矿床成矿亚系列($Pz_2$-02a) | 铜 | 珠斯楞 | 热液型 | 珠斯楞海尔罕式 | 海西期 |
| | | 金、铅 | 老硐沟 | 热液-氧化淋滤型 | 老硐沟式 | 海西晚期 |
| | | 萤石（非元素） | 神螺山 | 热液充填型 | 神螺山式 | 海西期(二叠纪) |
| | 与海西中期中酸性岩浆活动有关的金、萤石矿床成矿亚系列($Pz_2$-02b) | 萤石（非元素） | 东七一山 | 热液充填型 | 东七一山式 | 海西中期(石炭纪) |
| | | 金 | 三个井 | 热液型 | 三个井式 | 石炭纪晚期 |
| 亚干与新元古代超基性—基性侵入岩有关的铜、镍矿床成矿系列(Pt-01) | | 铜、镍 | 亚干 | 岩浆熔离型 | 亚干式 | 新元古代 |
| Ⅲ-3 阿拉善(台隆)铜、镍、铂、铁、稀土、磷、石墨、芒硝、盐成矿带(Pt、Pz、Kz) | | | | | | |
| 恩格勒地区与印支期—燕山期造山期后碱长—偏碱性岩浆作用有关的稀有金属、白云母、宝石、贵金属、有色金属矿床成矿系列($Mz_1$-03) | 与印支期花岗岩有关的铌、钽、铯、铍、白云母矿床成矿亚系列 | 萤石（非元素） | 恩格勒 | 热液充填型 | 恩格勒式 | 印支期 |
| 朱拉扎嘎-苏海图地区与中元古代基性—中酸性火山作用有关的金、铁、铅、锌、铜、硫矿床成矿系列(Pt-02) | 与中元古代海相基性—中酸性火山喷流-沉积作用有关的铁、金矿床成矿亚系列(Pt-02a) | 金 | 朱拉扎 | 沉积-热液改造型 | 朱拉扎嘎式 | 朱拉扎嘎金矿:1293～1187Ma (Sm-Nd 法) |
| 卡休他他-沙拉西别地区与古生代基性—中酸性岩浆作用有关的铁、铜、金、铅、锌矿床成矿系列($Pz_2$-03) | 与海西期基性岩浆作用有关的铁、金矿床成矿亚系列($Pz_2$-03a) | 铁(金) | 卡休他他 | 矽卡岩型 | 卡休他他式 | 晚石炭世 |
| | 与海西期中酸性岩浆活动有关的铁、铜、金、铅、锌矿床成矿亚系列($Pz_2$-03b) | 铁、铜、铅、锌 | 沙拉西别、克布勒 | 接触交代型 | 沙拉西别式 | 晚石炭世 |
| | | 金 | 碱泉子、特拜 | 热液型 | 碱泉子式 | 海西期 |

**续表 9-2**

| 矿床成矿系列及编号 | 矿床成矿亚系列 | 成矿元素 | 矿床 | 类型 | 矿床式 | 成矿时代 |
|---|---|---|---|---|---|---|
| 桃花拉山与古元古代岩浆岩作用有关的铜、铁、稀土矿床成矿系列(Pt-03) | | 稀土、铌 | 桃花拉山 | 沉积变质型 | 桃花拉山式 | 古元古代 |
| 宽湾井-青井子地区与新元古代冰水沉积作用有关的铁、磷矿床成矿系列(Pt-04) | | 铁 | 宽湾井 | 沉积型 | 宽湾井式 | 南华纪—震旦纪 |
| | | 磷 | 青井子、爽沟、哈马胡头沟 | 沉积型 | 哈马胡头沟式 | 南华纪—震旦纪 |
| Ⅲ-4 河西走廊铁、钼、镍、萤石、盐、凹凸棒石成矿带 | | | | | | |
| 元山子与寒武纪同生沉积作用有关的钼、镍矿床成矿系列($Pz_1$-01) | | 钼、镍 | 元山子 | 沉积型 | 元山子式 | 晚寒武世 |
| 阎地拉图与海西期中酸性岩浆作用有关的铁矿床成矿系列($Pz_2$-04) | | 铁 | 阎地拉图 | 热液型 | 阎地拉图式 | 海西期 |
| Ⅲ-5 新巴尔虎右旗-根河(拉张区)铜、钼、铅、锌、金、萤石、煤(铀)成矿带 | | | | | | |
| 乌努格吐山-岔路口地区与燕山期中酸性火山-侵入岩浆活动有关的铜、钼、金、银、铅、锌、萤石矿床成矿系列($Mz_2$-02) | 与燕山早期酸性火山-侵入杂岩岩浆活动有关的铜、钼、金、银矿床成矿亚系列($Mz_2$-02a) | 铜(钼) | 乌努格吐山、八大关、八八一 | 斑岩型 | 乌努格吐山式 | 乌努格吐山：180Ma(辉钼矿 Re-Os)，183.5Ma(蚀变绢云母 K-Ar) |
| | | 金(银) | 小伊诺盖沟、小干沟、下吉宝沟 | 火山热液型 | 小伊诺盖沟式 | |
| | | | 四五牧场 | 隐爆角砾岩型 | 四五牧场式 | |
| | 与燕山晚期超浅成—浅成中酸性火山-侵入岩浆活动有关的铜、钼、银、铅、锌、萤石矿床成矿亚系列($Mz_2$-02b) | 铜、钼、铅、锌、银 | 甲乌拉、查干布拉根 | 次火山热液型 | 甲乌拉式 | 甲乌拉：140Ma(石英 Rb-Sr)；岔路口：(146.97±0.79)Ma(辉钼矿 Re-Os)；石英斑岩全岩(117～115)Ma；花岗斑岩全岩 109.9Ma；Rb-Sr 等时线年龄(120±6)Ma |
| | | | 岔路口 | 斑岩型 | 岔路口式 | |
| | | 铅、锌(银)<br>银<br>萤石 | 三河、二道河、下护林<br>额仁陶勒盖<br>比利亚谷<br>旺石山 | 火山热液型、次火山热液型 | 三河式、额仁陶勒盖式、比利亚谷式、旺石山式 | |

**续表 9-2**

| 矿床成矿系列及编号 | 矿床成矿亚系列 | 成矿元素 | 矿床 | 类型 | 矿床式 | 成矿时代 |
|---|---|---|---|---|---|---|
| 地营子-谢尔塔拉地区与海西期基性—中酸性岩浆活动有关的铁、锌、铜、硫矿床成矿系列($Pz_2$-05) | 与海西期海相基性—中酸性火山活动有关的铁、锌、铜、硫矿床成矿亚系列($Pz_2$-05a) | 铁(锌) | 谢尔塔拉 | 火山-沉积型 | 谢尔塔拉式 | 早石炭世 |
| | | 硫(铜) | 六一牧场 | 火山-沉积型 | 六一牧场式 | 中泥盆世—晚泥盆世早期 |
| | 与海西晚期中酸性侵入岩有关的铁矿床成矿亚系列($Pz_2$-05b) | 铁 | 于里亚河、毕拉河 | 热液型 | 毕拉河式 | 二叠纪 |
| | | | 地营子 | 热液型 | 地营子式 | 石炭纪 |
| 莫尔道嘎地区与第四纪冲积沉积作用有关的金矿床成矿系列(Cz-01) | | 砂金 | 狼狈河、吉拉林 | 冲积型 | 吉拉林式 | 第四纪 |
| Ⅲ-6 东乌珠穆沁旗-嫩江(中强挤压区)铜、钼、铅、锌、金、钨、锡、铬成矿带 | | | | | | |
| 贺根山-小坝梁地区与海西期超基性—基性岩浆活动有关的铬、铜、金矿床成矿系列($Pz_2$-06) | 与海西期超基性岩浆活动有关的铬矿床成矿亚系列($Pz_2$-06a) | 铬 | 赫格敖拉 | 蛇绿岩型 | 赫格敖拉式 | K-Ar 法:460～364Ma |
| | 与海西期基性岩浆活动有关的铜、金矿床成矿亚系列($Pz_2$-06b) | 铜(金) | 小坝梁 | 海相火山岩型 | 小坝梁式 | 晚石炭世—早二叠世 |
| 罕达盖-梨子山地区与海西期基性—中酸性岩浆活动有关的铁、钼、铜、铍、硫矿床成矿系列($Pz_2$-07) | 与海西期中酸性岩浆活动有关的铁、铜、钼矿床成矿亚系列($Pz_2$-07a) | 铁(钼)<br>铜、钼、铁 | 梨子山、罕达盖、塔尔气、中道山、八十公里、苏呼河 | 接触交代型、矽卡岩型 | 梨子山式、<br>罕达盖式、<br>塔尔其式 | 海西中期花岗(闪长)岩,石英闪长岩(308.8±1.2)Ma/U-Pb |
| | 与海西期酸性岩浆活动有关的铍矿床成矿亚系列($Pz_2$-07b) | 铍 | 一二七 | 热液型 | 一二七式 | 海西晚期(花岗岩) |
| 红格尔-东乌旗地区与燕山期中酸性岩浆活动有关的铁、锌、铅、铜、金、钨、钼、银矿床成矿系列($Mz_2$-03) | 与燕山期酸性岩浆活动有关的铁、锌、铅、铜、金、钨、钼、银矿床成矿亚系列($Mz_2$-03a) | 钨 | 沙麦 | 石英脉型、<br>热液型、<br>岩浆热液型 | 沙麦式 | 朝不楞:136Ma(花岗岩,SHRIMP),140Ma(辉钼矿 Re-Os);<br>乌日尼图:133.6Ma(细粒花岗岩,SHRIMP) |
| | | 银、铅锌<br>钨、钼 | 吉林宝力格<br>阿尔哈达<br>乌日尼图 | | 吉林宝力格式、<br>阿尔哈达式、<br>乌日尼图式 | |
| | | 铁、锌、铅 | 朝不楞、查干敖包 | 接触交代型 | 朝不楞式 | |
| | 与燕山期超浅成—浅成酸性岩浆活动有关的铜、金、银矿床成矿亚系列($Mz_2$-03b) | 钼、银、铅锌 | 迪彦钦阿木 | 斑岩型 | 迪彦钦阿木式 | 辉钼矿 Re-Re 年龄 156.2Ma |
| | | 金(银)<br>铜、钼<br>铜(金、银) | 古利库<br>太平沟、乌兰德勒<br>奥尤特、巴林 | 隐爆角砾岩型、<br>斑岩型、<br>次火山热液型 | 古利库式、<br>太平沟式、<br>乌兰德勒式、<br>奥尤特式 | 乌兰德勒:134Ma(辉钼矿 Re-Os),131Ma(细粒花岗岩,SHRIMP);<br>太平沟:130Ma(辉钼矿 Re-Os) |

**续表 9-2**

| 矿床成矿系列及编号 | 矿床成矿亚系列 | 成矿元素 | 矿床 | 类型 | 矿床式 | 成矿时代 |
|---|---|---|---|---|---|---|
| 索伦山-贺根山地区与第四纪风化作用有关的镍、菱镁矿矿床成矿系列(Cz-02) | | 镍、菱铁矿 | 索伦山、白音胡硕 | 风化壳型 | 索伦山式 | 第四纪(?) |
| Ⅲ-7 白乃庙-锡林浩特铬、铜、金、锗、煤、天然碱、芒硝成矿带 | | | | | | |
| 红格尔庙-温都尔庙地区与中新元古代基性—中酸性岩浆活动有关的铁、铜、钼、金矿床成矿系列(Pt-05) | 中元古代与海相基性火山喷发作用及超基性岩有关的铁矿床成矿亚系列(Pt-05a) | 铁 | 大敖包、小敖包、卡巴、包尔汉、白银敖包、红格尔庙 | 火山-沉积型 | 温都尔庙式 | 中元古代 |
| | 新元古代与中酸性火山活动有关的铜、钼、金矿床成矿亚系列(Pt-05b) | 铜(钼、金) | 白乃庙、谷那乌苏 | 火山喷流-沉积型＋斑岩型 | 白乃庙式 | U-Pb 法:(1130±16)Ma,白乃庙北矿带容矿斑岩中辉钼矿 Re-Os 年龄(444±30)Ma |
| 东加干与古生代海相沉积作用有关的锰矿床成矿系列($Pz_1$-02) | | 锰 | 东加干 | 沉积型 | 东加干式 | 早中奥陶世 |
| 欧布拉格-哈达庙地区与海西期超基性—基性—中酸性岩浆活动有关的铬、镍、铜、金、锰、钼、萤石矿床成矿系列($Pz_2$-08) | 与海西期超基性—基性岩浆活动有关的铬、镍、铜矿床成矿亚系列($Pz_2$-08a) | 铬 | 索伦山、乌珠巴尔 | 蛇绿岩型 | 索伦山式 | 海西期 |
| | | 铜、镍 | 达布逊、哈拉图庙 | 岩浆熔离型 | 达布逊式 | 晚石炭世 |
| | 与海西期中酸性岩浆活动有关的钼、铜、金、锰、萤石矿床成矿亚系列($Pz_2$-08b) | 铜多金属 | 克克齐、查干哈达庙、别鲁乌图 | 火山-沉积型 | 查干哈达庙式 | 晚石炭世 |
| | | 铜、金 | 欧布拉格 | 热液型 | 欧布拉格式 | 欧布拉格:铜-金矿体中石英的 $^{40}Ar/^{39}Ar$ 年龄(264.26±0.46)Ma |
| | | 钼 | 苏尼特左旗 武花敖包 | 热液型 | 武花敖包式 | 花岗闪长岩 SHRIMP 年龄 320～297Ma |
| | | 金 | 白乃庙 | 热液型 | 白乃庙式 | 263～218Ma |
| | | | 毕力赫、哈达庙 | 斑岩型 | 毕力赫式 | 毕力赫:(271.3±1.7)Ma(辉钼矿 Re-Os 等时线年龄);(283.8±4.2)～(279.9±6.8)Ma(含金次火山侵入杂岩体);264.2Ma(钾长花岗斑岩) |
| | | 锰、萤石 | 西里庙<br>苏莫查干敖包 | 火山热液型 | 西里庙式<br>苏莫查干敖包式 | 早二叠世 |

**续表 9-2**

| 矿床成矿系列及编号 | 矿床成矿亚系列 | 成矿元素 | 矿床 | 类型 | 矿床式 | 成矿时代 |
|---|---|---|---|---|---|---|
| 查干花-比鲁甘干地区与印支期中酸性侵入岩有关的金、钼、铜、铋、钨矿床成矿系列($Mz_1$-04) | 与印支期中酸性侵入岩有关的钼、铜、铋、钨矿床成矿亚系列($Mz_1$-04a) | 钼、铋、钨<br>钼、铜 | 查干花、<br>比鲁甘干 | 斑岩型 | 查干花式<br>比鲁甘干式 | 查干花:(242.7±3.5)Ma(辉钼矿 Re-Os 等时线年龄) |
| | 与印支期中酸性侵入岩有关的金成矿亚系列($Mz_1$-04b) | 金 | 巴彦温都尔 | 中低温热液型 | 巴彦温都尔式 | 粗粒斑状黑云母二长花岗岩 U-Pb 一致线年龄为 220Ma |
| 白银敖包与燕山期酸性岩浆活动有关的金、萤石矿床成矿系列($Mz_2$-04) | | 萤石 | 白银敖包、石匠山、达盖图 | 热液型 | 白银敖包式 | 燕山晚期 |
| Ⅲ-8 突泉-翁牛特铅、锌、铜、钼、金、铬、铁、锡、银、稀土、萤石、硫铁矿成矿带 | | | | | | |
| 拜仁达坝-呼和哈达地区与海西期超基性、基性—中酸性岩浆活动有关的铬、镍、铁、铜、铅、锌、银、铍矿床成矿系列($Pz_2$-09) | 与超基性岩浆活动有关的铬矿床成矿亚系列($Pz_2$-09a) | 铬 | 柯单山、<br>呼和哈达 | 岩浆熔离型 | 柯单山式 | 早二叠世? |
| | 与海相基性—中酸性火山活动有关的铁、硫铁矿矿床成矿亚系列($Pz_2$-09b) | 铁 | 呼和哈达 | 火山-沉积型 | 呼和哈达式 | 早二叠世大石寨期 |
| | | 硫铁矿 | 驼峰山 | 火山-沉积型 | 驼峰山式 | 早二叠世大石寨期 |
| | 与中酸性岩浆活动有关的铜、铅、锌、银、铍矿床成矿亚系列($Pz_2$-09c) | 铍(铌、钽) | 碧流台 | 伟晶岩型 | 碧流台式 | 海西晚期 |
| | | 铜 | 道伦达坝 | 热液型 | 道伦达坝式 | 前进场岩体:280Ma(黑云母 K-Ar),286Ma(锆石 U-Pb) |
| | | 铅、锌、银 | 拜仁达坝 | | 拜仁达坝式 | 石英闪长岩:326Ma(SHRIMP)<br>116Ma(Rb-Sr) |
| 布敦花-莲花山地区与燕山早期中酸性岩浆活动有关的铜、铅、锌、银、金、钼、锡、萤石矿床成矿系列($Mz_2$-05) | 与燕山早期中酸性岩浆活动相关的铜、银、铅、锌、钼、金、萤石矿床成矿亚系列($Mz_2$-05a) | 铜、银、<br>钼、金 | 闹牛山<br>莲花山、布敦花、敖尔盖 | 热液型 | 闹牛山式<br>布敦花式 | 闹牛山:161.8Ma(闪长玢岩 Rb-Sr);<br>莲花山:161Ma(花岗闪长斑岩 U-Pb 法);<br>布敦花:166Ma(花岗闪长岩 Rb-Sr 法) |
| | | 铅、锌 | 哈达吐、小井子 | 接触交代型 | 哈达吐式 | K-Ar 法:169～126Ma |
| | | 萤石 | 苏达勒 | 热液型 | 苏达勒式 | |
| | 与燕山早期酸性岩浆活动有关的铅、锌、银、锡矿床成矿亚系列($Mz_2$-05b) | 银、铅、锌 | 孟恩陶勒盖 | 热液型 | 孟恩陶勒盖式 | Rb-Sr 等时线:(166+2)Ma |
| | | 锡多金属 | 宝盖沟 | 热液型 | 宝盖沟式 | Pb 模式年龄:184Ma |

**续表 9-2**

| 矿床成矿系列及编号 | 矿床成矿亚系列 | 成矿元素 | 矿床 | 类型 | 矿床式 | 成矿时代 |
| --- | --- | --- | --- | --- | --- | --- |
| 黄岗梁-神山地区与燕山晚期中酸性岩浆活动有关的铁、铜、铅、锌、银、钼、锡矿床成矿系列($Mz_2$-06) | 与燕山晚期中酸性岩浆活动有关的铁、铜、锡、银、钼矿床成矿亚系列($Mz_2$-06a) | 铜、银、锡 | 大井子 | 热液型 | 大井子式 | 大井子:132.8Ma(K-Ar 英安斑岩),138.3Ma(Ar-Ar)<br>敖仑花:132Ma(辉钼矿 Re-Os);<br>敖瑙达坝:148Ma(花岗斑岩 Rb-Sr) |
| | | 铜、钼 | 敖仑花 | 斑岩型 | 敖仑花式 | |
| | | 铜(金、铅、锌) | 后扑河、哈拉白旗 | 热液型 | 后扑河式 | |
| | | 铅锌(银、铜) | 收发地 | 热液型 | 收发地式 | |
| | | | 水泉、敖林达 | 热液型 | 水泉式 | |
| | | 铜、铅、锌 | 敖瑙达坝 | 斑岩型 | 敖瑙达坝式 | |
| | | 铁、锡 | 黄岗梁 | 接触交代型 | 黄岗梁式 | 黄岗梁:142Ma(Rb-Sr),141.2~133.6Ma(辉钼矿 Re-Os);<br>毛登:149Ma(花岗斑岩 Rb-Sr) |
| | | 铁(铜) | 神山 | 接触交代型 | 神山式 | |
| | | 锡 | 莫古吐 | 接触交代型 | 莫古吐式 | |
| | | 钼 | 曹家屯 | 热液型 | 曹家屯式 | |
| | | 锡、铜 | 毛登、安乐 | 热液型 | 毛登式 | |
| | 与燕山晚期中酸性岩浆活动有关的铅、锌、银矿床成矿亚系列($Mz_2$-06b) | 铅锌 | 扎木钦 | 层控热液型 | 扎木钦式 | (131.3±1.3)Ma(花岗斑岩脉,SHRIMP),(137.6±1.9)(146.1±2)Ma(辉钼矿~Re-Os) |
| | | 铅、锌、银 | 白音乌拉 | 热液型 | 白音乌拉式 | |
| | | 铅、锌、银(铜) | 白音诺尔、浩布高、长春岭 | 接触交代型 | 白音诺尔式 | 白音诺尔:171Ma 和 160Ma(花岗闪长斑岩和矿区火山岩 Rb-Sr);<br>(134.8±1.2)Ma(花岗岩 U-Pb),<br>(244.5±0.9)Ma(花岗闪长斑岩 U-Pb),<br>(129.2±1.4)Ma(石英斑岩 U-Pb);<br>浩布高:132.2(Rb-Sr) |

**续表 9-2**

| 矿床成矿系列及编号 | 矿床成矿亚系列 | 成矿元素 | 矿床 | 类型 | 矿床式 | 成矿时代 |
|---|---|---|---|---|---|---|
| 小东沟-撰山子地区与燕山期酸性岩浆活动有关的铜、铅、锌、钨、钼、金、银矿床成矿系列($Mz_2$-07) | 与燕山期酸性岩浆活动有关的铅、锌、钼、钨、铜矿床成矿亚系列($Mz_2$-07a) | 铅、锌 | 小营子、敖包山 | 接触交代型 | 小营子式 | 小东沟:(135.5±1.5)Ma(辉钼矿 Re-Os);<br>鸡冠山:(154.2±9.6)Ma(辉钼矿 Re-Os) |
| | | | 硐子、荷尔乌苏、天桥沟、后公地 | 热液型 | 天桥沟式 | |
| | | 铜 | 五家子、白马石沟 | 热液型 | 白马石沟式 | |
| | | 钨 | 汤家杖子、毫义哈达、赵家湾子 | 热液型 | 毫义哈达式 | |
| | | 钼 | 小东沟、鸡冠山 | 斑岩型 | 小东沟式 | |
| | | | 碾子沟 | 热液型 | 碾子沟式 | 辉钼矿中 Re-Os 等时线年龄为(154.3±3.6)Ma |
| | 与燕山期酸性岩浆活动有关的金、银矿床成矿亚系列($Mz_2$-07b) | 金、银 | 撰山子、奈林沟 | 热液型 | 撰山子式 | |
| 巴尔哲与燕山晚期碱性花岗岩有关的稀有、稀土矿床成矿系列($Mz_2$-08) | | 铌、钽、钇、铍 | 巴尔哲 | 岩浆岩型 | 巴尔哲式 | Rb-Sr 法:127.2Ma |
| Ⅲ-10 华北陆块北缘东段铁、铜、钼、铅、锌、金、银、锰、磷、煤、膨润土成矿带 | | | | | | |
| 头道沟-曲家梁地区与太古宙(或元古宙)受变质火山-沉积作用、混合岩化作用有关的铁矿床成矿系列(Ar-01) | | 铁 | 头道沟、二道沟、曲家梁、兰帐子、三宝 | 变质火山沉积型 | 鞍山式 | 太古宙 |
| 南湾子与海西期酸性岩浆活动有关的铁、金矿床成矿系列($Pz_2$-10) | | 铁 | 西箭 | 热液型 | 西箭式 | 二叠纪 |
| | | 金 | 南湾子 | 热液型 | 南湾子式 | 二叠纪 |

续表 9-2

| 矿床成矿系列及编号 | 矿床成矿亚系列 | 成矿元素 | 矿床 | 类型 | 矿床式 | 成矿时代 |
|---|---|---|---|---|---|---|
| 千斤沟-车户沟地区与燕山期中酸性岩浆活动有关的铁、金、银、铅、锌、铜、钼、锡、萤石矿床成矿系列($Mz_2$-09) | 与燕山期中酸性火山-浅成侵入岩有关的铁、金、银矿床成矿亚系列($Mz_2$-9a) | 铁 | 五官营子 | 热液型 | 五官营子式 | 燕山期 |
| | | 铁 | 伊河沟、上窝铺 | 接触交代型 | 伊河沟式 | 燕山期 |
| | | 金(银) | 金厂沟梁、官地、大水清、红花沟、莲花山、东伙房、柴火栏子 | 热液型 | 金沟梁式 | K-Ar 法:100.02Ma、121.71Ma;<br>K-Ar 法:159Ma;<br>晚侏罗世—早白垩世 |
| | | | 陈家杖子 | 爆破角砾岩型 | 陈家杖子式 | |
| | 与燕山期中酸性岩浆活动有关的金、铜、钼、铅、锌、锡、萤石矿床成矿亚系列($Mz_2$-9b) | 铜 | 车户沟、明干山 | 斑岩型、热液型 | 车户沟式、明干山式 | 燕山期 |
| | | 铅、锌 | 白羊沟、长岭山 | 热液型 | 长岭山式 | 燕山期 |
| | | 钼 | 四道沟、后塔子、青龙山 | 热液型 | 后塔子式 | 燕山期 |
| | | 萤石 | 大西沟、东郊 | 热液充填型 | 大西沟式 | 燕山期 |
| | | 锡 | 千斤沟 | 热液型 | 千斤沟式 | 燕山期 |
| Ⅲ-11 华北陆块北缘西段金、铁、铌、稀土、铜、铅、锌、银、镍、铂、钨、石墨、白云母成矿带 | | | | | | |
| 包头-集宁地区与太古宙(古元古代)受变质火山-沉积作用有关的铁、金矿床成矿系列(Ar-02) | 与太古宙变质火山-沉积作用有关的铁矿床成矿亚系列(Ar-02a) | 铁 | 迭布斯格、书记沟、公益明、东五分子、高腰海、黑脑包、三合明、壕赖沟、贾格尔其庙 | 变质火山-沉积型 | 鞍山式 | 太古宙 |
| | 与古元古代韧脆性剪切变形变质作用有关的稀土、磷、石墨、白云母成矿亚系列(Ar-02b) | 稀土 | 三道沟 | 岩浆岩型 | 三道沟式 | 古元古代 |
| | | 磷 | 盘路沟 | 沉积变质型 | 盘路沟式 | 中太古代 |
| | | 白云母 | 土贵乌拉、乌拉山、高家窑 | 伟晶岩型 | 乌拉山式 | 古元古代(土贵乌拉 K-Ar:1880Ma) |
| | | 石墨 | 五当召、黄土窑、灯笼素、庙沟 | 变质型 | 五当召式 | 中太古代 |
| | 与古元古代绿岩建造有关的金矿床成矿亚系列(Ar-01c) | 金 | 新地沟 | 绿岩型 | 新地沟式 | 古元古代 |

**续表 9-2**

| 矿床成矿系列及编号 | 矿床成矿亚系列 | 成矿元素 | 矿床 | 类型 | 矿床式 | 成矿时代 |
|---|---|---|---|---|---|---|
| 乌拉特中旗-白云鄂博地区与中元古代基性—中酸性火山作用有关的金、铁、铅、锌、铜、稀土、硫铁矿矿床成矿系列(Pt-02) | 与中元古代碱性岩浆活动有关的铁、稀土、金矿床成矿亚系列(Pt-02b) | 金 | 赛乌素 | 热液型 | 赛乌素式 | K-Ar 法:965～963Ma |
| | | 铁、稀土 | 白云鄂博 | 火山喷流沉积型 | 白云鄂博式 | 中元古代 U-Pb(1278±2)Ma，1692～1683Ma，1300～1200Ma，(555±17)Ma;(398±10)Ma |
| | 与中元古代海相基性—中酸性火山喷流-沉积作用有关的金、铁、铅、锌、铜、硫铁矿矿床成矿亚系列(Pt-02c) | 铜、铅、锌 | 霍各乞、东升庙、 | 火山喷流-沉积型 | 霍各乞式 | U-Pb 法:1679～1659Ma |
| | | 锌、硫铁矿 | 炭窑口、甲生盘、对门山 | | 甲生盘式 | |
| | | 硫铁矿 | 山片沟 | 火山喷流-沉积型 | 山片沟式 | 中元古代 |
| | 与中元古代海相化学沉积作用有关的铁、锰、磷矿床成矿亚系列(Pt-02d) | 铁 | 西德岭、王成沟 | 变沉积型 | 西德岭式 | 中元古代 |
| | | 锰 | 红壕 | 变沉积型 | 红壕式 | 中元古代 |
| | | 磷 | 布龙图 | 变质型 | 布龙图式 | 中元古代 |
| 克布-小南山地区与海西期基性岩浆活动有关的铜、镍、铂、金、铁矿床成矿系列($Pz_2$-11) | | 铜、镍、铂 | 小南山、黄花滩、克布 | 岩浆熔离型 | 小南山式 | 367Ma(全岩 K-Ar) |
| | | 金 | 浩饶尔忽洞、赛乌素 | 热液型 | 浩饶尔忽洞式 | |
| | | 铁 | 查干此老、永生村 | 岩浆型 | 查干此老式 | |
| 大苏计-沙德盖地区与印支期酸性岩浆作用有关的钼、铅、锌、金矿床成矿系列($Mz_1$-05) | | 钼、铅、锌 | 大苏计 | 斑岩型 | 大苏计式 | 三叠纪 |
| | | 金 | 老羊壕 | 热液型 | 老羊壕式 | 三叠纪 |
| 哈达门沟-兴和地区与燕山期酸性岩浆活动有关的金、银、钨、钼矿床成矿系列($Mz_2$-10) | 与燕山期晚期酸性岩浆活动有关的钨、钼矿床成矿亚系列($Mz_2$-10a) | 钨 | 中斯拉、白石头洼 | 热液型 | 白石头洼式 | 燕山晚期 |
| | | 钼 | 曹四夭 | 斑岩型 | 曹四夭式 | 燕山晚期 |
| | 与燕山期酸性岩浆活动有关的金、银、铅、锌矿床成矿亚系列($Mz_2$-10b) | 金 | 哈达门沟、银宫山、高台、伊胡赛 | 热液型 | 哈达门沟式 | 燕山期(银宫山 U-Pb:199Ma) |
| | | 银、铅、锌 | 李清地 | 热液型 | 李清地式 | 燕山期 |

**续表 9-2**

| 矿床成矿系列及编号 | 矿床成矿亚系列 | 成矿元素 | 矿床 | 类型 | 矿床式 | 成矿时代 |
|---|---|---|---|---|---|---|
| 百流图-金盆地区与第四纪冲积沉积作用有关的金矿床成矿系列(Cz-03) | | 砂金 | 金盆、哈尼河、上花河、段油房、五福尝、西乌兰不浪、中后河 | 冲积沉积型 | 金盆式 | 第四纪全新世 |
| Ⅲ-12 鄂尔多斯西缘(台褶带)铁、铅、锌、磷、石膏、芒硝成矿带 | | | | | | |
| 千里山地区与太古宙(或元古宙)受变质火山沉积作用有关的铁矿床成矿系列(Ar-03) | | 铁 | 查干郭勒、哈龙拐、采台山、千里沟 | 沉积变质型 | 鞍山式 | 太古宙 |
| 阿拉善左旗地区与早古生代沉积作用有关的磷矿床成矿系列($Pz_1$-03) | | 磷 | 正目观、南寺、雀子窑沟、 | 沉积型 | 正目观式 | K-Ar 法:965～963Ma |
| 雀儿沟-榆树湾地区与晚古生代沉积作用有关的铁、铝、硫铁矿矿床成矿系列($Pz_2$-12) | | 铁 | 雀儿沟、黑龙贵 | 沉积型 | 雀儿沟式 | 石炭纪 |
| | | 铝 | 城坡 | 沉积型 | 城坡式 | 石炭纪 |
| | | 硫铁矿 | 榆树湾、房塔沟 | 沉积型 | 榆树湾型 | 石炭纪 |
| 乌海地区与燕山期酸性岩浆活动有关的铁、铅、锌矿床成矿系列($Mz_2$-11) | | 铅、锌 | 代兰塔拉、其日格 | 热液型 | 代兰塔拉式 | 燕山期 |
| | | 铁 | 棋盘井 | 热液型 | 棋盘井式 | 燕山期 |

矿床成矿系列和亚系列编号分为太古宙(Ar)、元古宙(Pt)、早古生代($Pz_1$)、晚古生代($Pz_2$)、早中生代(印支期,$Mz_1$)、晚中生代(燕山期,$Mz_2$)、新生代(Cz)7个地质时代,每个时代下面按照Ⅲ级区(带)的顺序依次用阿拉伯数字编号(01,02…),亚系列在系列编号的后面加字母(a,b,c…)。

本成矿带与岩浆作用有关的矿床成矿系列非常发育,主要以海西期、印支期两次成矿高峰为特征,尤以海西期成矿最为重要。

1)黑鹰山-乌珠尔嘎顺与海西期超基性—基性—中酸性岩浆活动有关的铁、铜、钼、铅、锌矿床成矿系列($Pz_2$-01)

该系列包括3个亚系列:

(1)与海西期中酸性岩浆活动有关的钼、铜、铁矿床成矿亚系列($Pz_2$-01a)。本亚系列在成因上与裂谷发育后期产生的壳源(或壳幔混合源)花岗质岩浆活动有密切的成因联系,矿床类型包括斑岩型(流沙山、额勒根钼铜矿)、接触交代型(乌珠尔嘎顺铁铜矿床)等。与成矿相关的花岗质岩类主要为花岗闪长岩、黑云母花岗岩,时代主要为海西期。

(2)与石炭纪海底火山喷发有关的铁矿床成矿亚系列($Pz_2$-01b)。分布在黑鹰山、碧玉山等地,在成因上与裂谷发展阶段的海底火山喷发-侵入活动有密切联系,时代为石炭纪,矿床类型为海相火山岩型。典型矿床有黑鹰山、碧玉山铁矿床。

(3)与海西期超基性岩浆有关的铬矿床成矿亚系列($Pz_2$-01c),如碧玉山式铬铁矿。

2)小狐狸山与印支期中酸性花岗岩活动有关的钼、铅、锌矿床成矿系列($Mz_1$-01)

该系列矿化与构造-岩浆活化作用侵位的花岗岩类有关,如印支期小狐狸山斑岩型钼铅锌矿床。

**4. 区域成矿模式及成矿谱系**

本区由古元古代地层的旱山、雅干等微地块自震旦纪末开始裂解、离散;寒武纪—中奥陶世为被动陆缘构造环境,堆积了海相复理石建造;晚奥陶世—志留纪洋壳俯冲转化为活动边缘,本区处于火山岛弧环境,发育钙碱性火山岩;早泥盆世因洋壳俯冲作用,陆-陆碰撞而造山成陆。

由于地幔上涌,石炭纪—二叠纪伸展拉张形成红石山陆内裂谷,并伴有强烈火山喷发活动及大规模海西期花岗质岩浆侵位。石炭纪火山-沉积岩中形成了与火山岩有关的沉积型黑鹰山铁矿床,起源于裂谷地幔热柱作用下形成的重熔(前寒武纪古陆壳)花岗岩浆与本区海西期铜、钼、金、铅、锌成矿相关,如斑岩型流沙山钼金矿床、接触交代型乌珠尔嘎顺铁矿。

印支期矿化与构造-岩浆活化作用侵位的花岗岩类有关,如斑岩型小狐狸山钼铅锌矿床。区域成矿模式见图9-3,区域成矿谱系见图9-4。

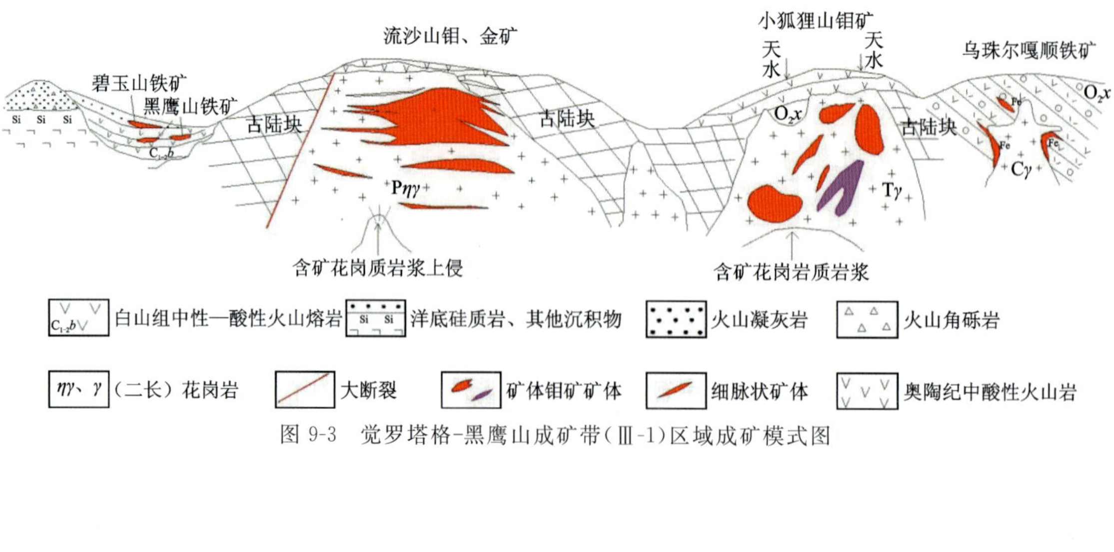


图9-3　党罗塔格-黑鹰山成矿带(Ⅲ-1)区域成矿模式图

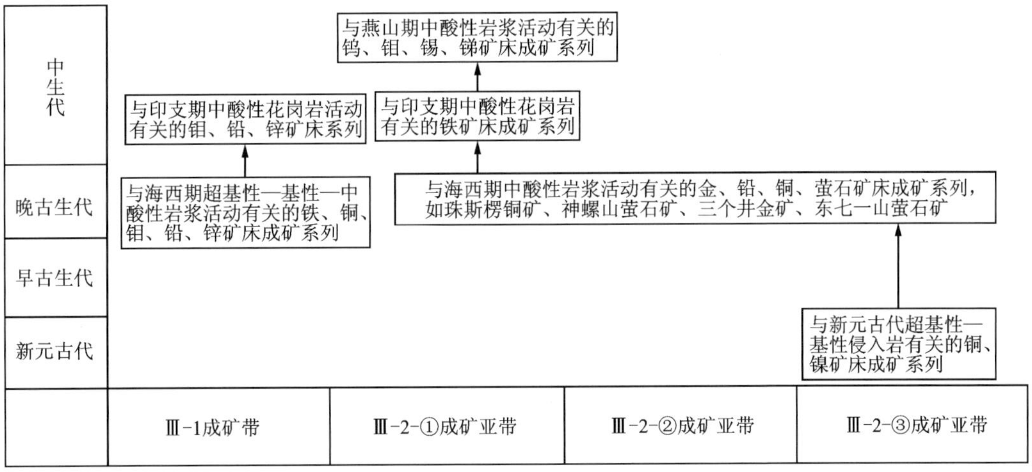

图 9-4　觉罗塔格-黑鹰山成矿带（Ⅲ-1）、磁海-公婆泉成矿带（Ⅲ-2）区域成矿谱系

## 二、磁海-公婆泉铁、铜、金、铅、锌、钨、锡、铷、钒、铀、磷成矿带（Ⅲ-2）

该成矿单元是星星峡-公婆泉金、铜、铅、锌成矿带的东延部分。属于古亚洲成矿域（Ⅰ-1）塔里木成矿省（Ⅱ-4）。成矿带地质矿产特征见图 9-5。

### 1. 区域成矿地质背景

该成矿带根据成矿作用控制、主导控矿因素、矿田分布区及矿化富集区的成矿作用特征，又可进一步划分为 3 个成矿亚带（表 9-1）。

1）Ⅲ-2-①石板井-东七一山钨、钼、铜、铁、萤石成矿亚带

大地构造属于天山-兴蒙造山系（Ⅰ），额济纳旗-北山弧盆系（Ⅰ-9），Ⅲ级构造单元主体属于明水岩浆弧（Ⅰ-9-3）（C），其南北两侧分别进入红石山裂谷（Ⅰ-9-2）（C）和公婆泉岛弧（Ⅰ-9-4）（O—S）构造单元。

该成矿亚带是一个建立在古老变质基底岩系之上的岩浆弧，基底岩系由中新太古代黑云斜长变粒岩、石英岩、斜长角闪混合岩、黑云斜长片麻岩等变质建造，以及古元古代北山岩群黑云石英片岩、绢云石英片岩、石英岩、大理岩等变质建造组成。其上沉积了石炭纪被动陆缘相绿条山组浅海陆棚石英砂岩-长石石英砂岩-粉砂质泥岩建造，夹少量灰岩、砂砾岩和流纹岩。侵入岩主要为晚石炭世俯冲型花岗闪长岩、英云闪长岩、石英闪长岩、闪长岩、二长花岗岩等岩石构造组合。二叠纪发育俯冲型过铝质碱性系列花岗闪长岩、花岗岩岩石构造组合。

岩浆弧北侧石炭纪　二叠纪伸展拉张形成红石山陆内裂谷，初期石炭纪绿条山组海相类复理石建造和碳酸盐岩建造、火山岩建造，二叠纪方山口组为陆相火山岩和碎屑岩。岩浆弧南侧中新元古代—早寒武世为稳定大陆边缘，包括中元古代长城纪古硐井群，中新元古代蓟县纪—青白口纪圆藻山群碳酸盐岩建造，早寒武世双鹰山组。中晚奥陶世—志留纪，本区开始了岛弧型火山喷发活动，形成以公婆泉组安山岩为主的火山岩-火山碎屑岩，进一步发展形成深海相的 SSZ 型奥陶纪蛇绿岩套。石炭纪—二叠纪，本区发育白山组俯冲型岩浆杂岩的岩石构造组合。

2）Ⅲ-2-②阿木乌苏-老硐沟金、钨、锑、萤石成矿亚带

大地构造属于塔里木陆块区（Ⅲ），敦煌陆块（Ⅲ-2），三级构造单元主体属于柳园裂谷Ⅲ-2-1（C—P），其北侧为公婆泉岛弧（Ⅰ-9-4）（O—S）。

该成矿亚带地质构造演化特征:以东七一山-洗肠井蛇绿岩为界,以北属哈萨克板块公婆泉岛弧(O—S),以南属塔里木陆块区,敦煌陆块,柳园裂谷(C—P)。本区主体属于后者,其基底为长城纪古硐井群(Ch*G*)、蓟县纪平头山组(Jx*p*)及部分青白口纪大豁落山组(Qb*d*),局部出露有太古宙—古元古代的北山杂岩($Ar_2Pt_1Bc$)。在早古生代为被动边缘,分布有西双鹰山组($\in_{2\text{-}3}x$)、双鹰山组($\in_1 s$)、洗肠井群(Nh*ZX*)、罗雅楚山组(O*l*)等,代表红柳河-牛圈子-洗肠井洋盆开裂离散期的沉积建造,属非火山型被动边缘。寒武系由浅海—次深海环境沉积的碳硅质岩、泥碎屑岩、碳酸盐岩组成,含磷钒铀锰矿。石炭纪—二叠纪,统一的古亚洲大陆进入板内造山活动阶段,由于地幔上涌,岩石圈减薄形成板内裂谷带,敦煌微板块形成晚古生代柳园陆内裂谷,裂谷形成于前寒武纪基底之上,带内广泛分布石炭纪—二叠纪裂谷型红柳园组、芨芨苔子组火山-沉积地层。根据整个北山区域地质演化过程,盘陀山-鹰嘴红山含钨矿花岗岩带形成于石炭纪板块碰撞造山动力转换的热环境,为基底的古老地壳物质重熔形成含钨花岗岩浆。

3)Ⅲ-2-③珠斯楞-乌拉尚德铜、金、镍、煤成矿亚带

大地构造为天山-兴蒙造山系(Ⅰ),额济纳旗-北山弧盆系(Ⅰ-9)(O—S)。主要为由古元古代地层组成的雅干微板块及其北侧的红石山裂谷组成。

雅干微板块古元古代在古陆核周边出现大陆边缘环境的沉积环境,形成北山岩群火山-沉积类绿岩建造。吕梁运动使古元古代地层强烈变形,形成线形褶皱,伴随低角闪岩相—低绿片岩相的区域变质作用和岩浆岩侵入,克拉通化使陆核范围扩大成原始古陆。

中新元古代开始,地壳趋于稳定,成为被动大陆边缘,沉积了古硐井群和圆藻山群稳定盖层的滨浅海相陆源碎屑岩-碳酸盐岩沉积,成为原始大陆的沉积盖层。到青白口纪末期地壳抬升,成为陆地,遭受长期风化剥蚀,至此结束了元古宙的沉积历史,构成了元古宙地体。

古大陆自震旦纪裂解,寒武纪—早志留世,雅干微板块两侧具有被动边缘的性质,出现双鹰山组浅海-次深海环境硅质岩-碳硅质岩夹碳酸盐岩及砂岩;晚奥陶世—早泥盆世出现洋盆,而发生强烈基性、中酸性火山岩喷发(公婆泉组)。之后出现了白云山组陆源碎屑岩、碳酸盐岩建造。由于海水不断加深,出现了深海相的圆包山组及班定陶勒盖组硅泥质笔石相沉积。

加里东运动之后,本区地壳开始缓慢下降,古陆边缘表现为活动陆缘特征,火山活动频繁,形成早中泥盆世雀儿山群火山岩。同期在额济纳旗珠斯楞海尔地区则为稳定陆缘环境,沉积了正常浅海相陆源碎屑岩-碳酸盐岩建造(依克乌苏组、卧驼山组、西屏山组)。

石炭纪—二叠纪由于地幔上涌,北侧岩石圈减薄形成陆内红石山裂谷,初期石炭纪为绿条山组海相类复理石建造和碳酸盐岩建造、火山岩建造,二叠纪为方山口组陆相火山岩和碎屑岩。

侵入岩主要为石炭纪花岗岩类,二叠纪花岗闪长岩、花岗岩。

中生代由于滨太平洋构造域的影响,地质构造环境发生明显变化。总体以形成近东西向和北东—北北东向断陷盆地与隆起相伴的格局为特征。

### 2. 区域成矿规律

已知矿床为接触交代型索索井铁铜矿床,热液型鹰嘴红山钨矿、老硐沟金多金属矿、七一山钨钼矿床等,该成矿带是今后寻找铜多金属矿远景区。

新元古代古陆裂解初期具有形成与超基性—基性岩有关的岩浆型铜镍矿的有利背景;早古生代被动陆缘浅海-次深海具有形成磷钒铀锰沉积矿产的有利背景;奥陶纪洋盆及弧后盆地具备形成与海相火山-沉积岩系有关铜矿的有利背景;志留纪—泥盆纪岛弧火山建造具备形成斑岩铜矿的有利背景;北侧红石山陆内裂谷具备形成火山沉积型铁矿、铜矿,斑岩型铜矿的有利背景;中生代古陆壳活化重熔型花岗岩具有形成钨锡锑矿、萤石矿的有利背景。

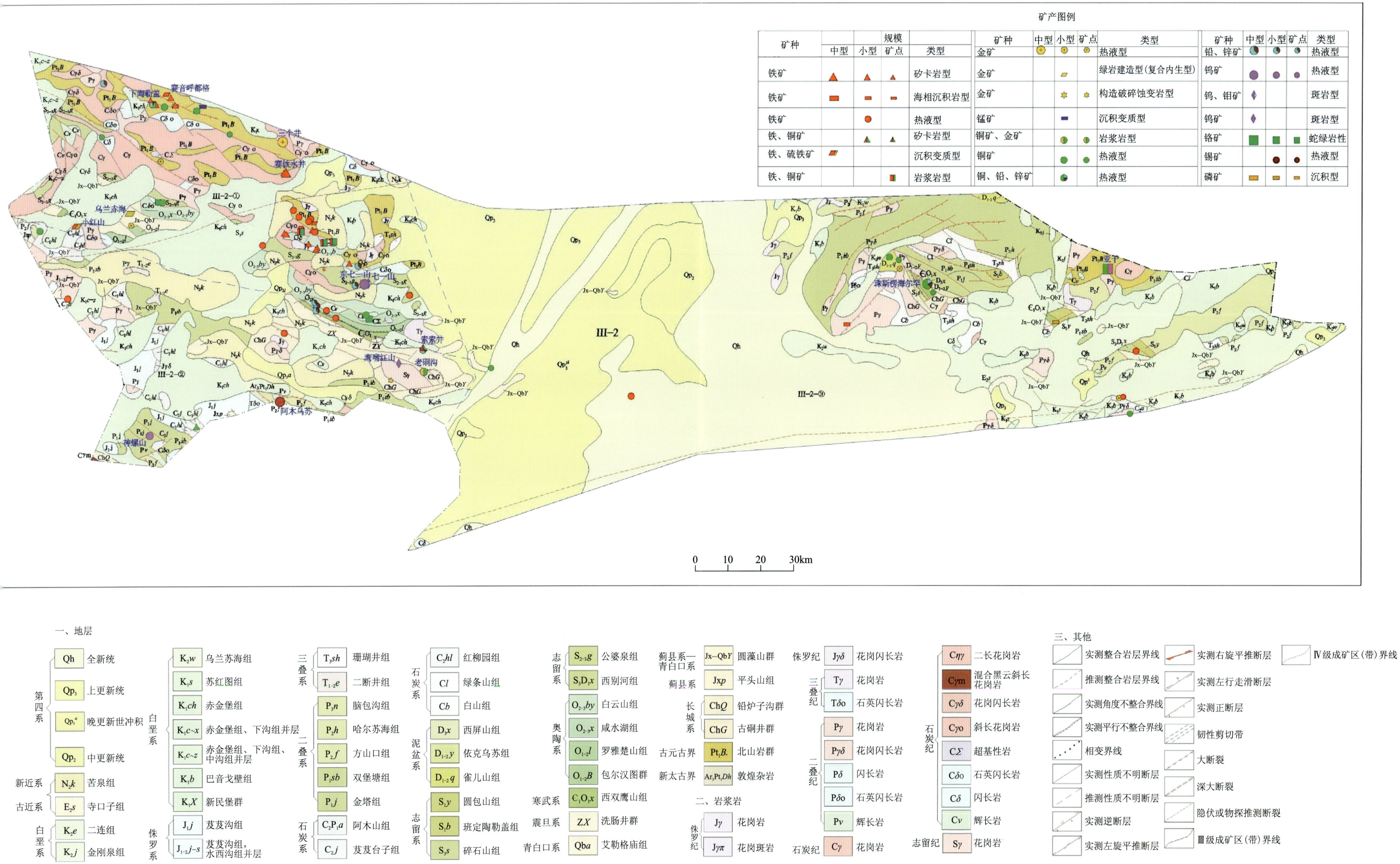


图 9-5 磁源-公婆泉成矿带(Ⅲ-2)区域地质矿产简图

1)空间分布规律

成矿带内与红石山裂谷海西期陆壳重熔侵入杂岩体有关的矿床有下陶勒盖矽卡岩型铜铁矿、热液型三个井金矿、珠斯楞海尔罕铜矿床。柳园裂谷内与陆壳重熔型花岗岩类有关的神螺山、玉石山萤石矿。

中生代古陆壳活化重熔型花岗岩类具有形成铁钨钼锡锑金属矿的有利背景,如热液型阿木乌苏锑矿、热液型鹰嘴红山钼矿、矽卡岩型索索井铁矿。

分布于红石山裂谷北东端,具有形成与震旦纪古陆裂解阶段超基性—基性岩有关的岩浆型铜镍矿的有利背景,如亚干铜镍矿。

2)时间分布规律

本区成矿时代集中于石炭纪、印支期、燕山期。主要成矿作用与海西期陆内裂谷作用有关,形成火山沉积型、热液型、接触交代型铜铁矿,金矿,铜矿,萤石矿。

中生代古陆壳活化具有形成铁钨钼锡锑金属矿的有利条件,如燕山期阿木乌苏锑矿、鹰嘴红山钨矿、印支期索索井铁矿。

新元古代有亚干铜镍矿。

3)主要控矿因素

(1)构造对成矿的控制作用。不同的成矿构造环境,产生不同的矿产。与北山裂谷开合过程中陆壳重熔侵入杂岩体有关的矿床有热液型三个井金矿和珠斯楞铜矿床,热液充填型玉石山、神螺山萤石矿。

中生代本区处于板内构造发育阶段,形成与构造-岩浆活化侵位作用有关的热液型阿木乌苏锑矿、斑岩型鹰嘴红山钼矿,印支期接触交代型索索井铁矿。

七一山钨钼矿床明显受褶皱、断裂控制,产于区域深大断裂旁侧的向斜构造核部,矿床处于北西向与北东向断裂构造或其交会部位,区内北东向次级断裂构造北东—北北东向断裂构造为主要控矿构造,它们是含矿热液贯入和赋存的空间。

新元古代与古陆裂解阶段有关的矿床有岩浆型亚干铜镍矿。

(2)地层对成矿的控制作用。矿体赋存于一定的地层层位,受岩相古地理及沉积环境的控制,如黑鹰山式铁矿就是在地层岩石形成的同时成矿物质大量富集而形成的。老硐沟式热液型金矿体赋存于中元古代长城纪古硐井群上岩组($ChG^2$)中,地层对接触交代型索索井铁矿床成矿的控制作用较为重要,是成矿的必要条件。

(3)岩浆对成矿的控制作用。新元古代辉长岩是岩浆熔离型亚干铜镍矿的赋矿岩体。

热液型老硐沟金矿受斑状花岗闪长岩与白云大理岩接触带控制,尤在岩枝发育拐弯处,产状由陡变缓部位。

热液充填型萤石矿(东七一山、玉石山、神螺山)受到中性、酸性岩浆岩控制,岩浆岩本身便含有萤石矿,同时也为矿床提供热源。

**3. 矿床成矿系列划分**

本成矿带内矿床成矿系列、亚系列划分见表 9-2。

1)亚干与新元古代超基性—基性侵入岩有关的铜、镍矿床成矿系列(Pt-01)

本系列主要产于北山亚干一带,成矿带的延伸方向与区域性深断裂带方向一致,矿床与超基性—基性侵入杂岩体密切相关,主要岩石类型为辉长岩、橄榄辉石岩。

铜、镍矿床与辉长岩和橄榄辉石岩相关,以岩浆熔离方式成矿,矿体为脉状,具有膨胀收缩、分支复合现象,矿石以条带状构造、团块状构造为主,成矿时代为新元古代。

矿床类型和代表性矿床:岩浆熔离型亚干铜镍钴矿。

2)三个井-老硐沟与海西期中酸性岩浆活动有关金、铅、铜、萤石矿床成矿系列($Pz_2$-02)

本系列在成因上与地槽发育后期产生的壳源(或壳幔混合源)花岗质岩浆活动有密切的成因联系,矿床类型包括了接触交代型、斑岩型、热液型等。构造上分布于造山带中。与成矿相关的花岗质岩类主要为花岗闪长岩、黑云母花岗岩,时代主要为海西期。

该系列的矿床有热液型三个井金矿床、玉石山等萤石矿床、珠斯楞铜矿床;热液充填型东七一山萤石矿、神螺山萤石矿、阿木乌苏锑矿;热液-氧化淋滤型老硐沟金矿床。

3)索索井与印支期中酸性花岗岩有关的铁矿床成矿系列($Mz_1$-02)

矿化与构造-岩浆活化作用侵位的钾长花岗岩、斑状花岗岩类有关。

该系列的矿床有接触交代型索索井铁(铅锌)矿床(印支期)。

4)七一山-鹰嘴红山与燕山期中酸性岩浆活动有关的钨、钼、锡、锑矿床成矿系列($Mz_2$-01)

该系列主要分布在公婆泉岛弧、塔里木板块北东大陆边缘,矿化与构造-岩浆活化作用侵位的花岗岩类有关。本成矿带分布有与燕山期花岗岩(钠长石化花岗岩)和早白垩世二长花岗岩有关的钨、钼、锑矿床成矿系列。

白垩纪代表性矿床:阿木乌苏锑矿床,七一山钨、钼矿床,鹰嘴红山钨矿床。

#### 4. 区域成矿模式及成矿谱系

本区由古元古代和中新元古代地层组成的旱山、雅干等微地块自震旦纪末开始裂解与离散,形成与古陆裂解阶段超基性—基性岩有关的岩浆型亚干铜镍矿。寒武纪—中奥陶世为被动陆缘构造环境,堆积了海相复理石建造,晚奥陶世—志留纪洋壳俯冲转化为活动边缘,本区处于火山岛弧环境,发育钙碱性火山岩。泥盆纪为板块碰撞造山动力转换的热环境,被动边缘基底的古老地壳物质重熔形成花岗岩浆。

由于地幔上涌,石炭纪—二叠纪裂谷拉伸体系伴有强烈火山喷发活动及大规模海西期花岗质岩浆侵位。红石山裂谷内与重熔有关的花岗质岩浆与本区海西期铜、钼、金、铅、锌成矿相关,如矽卡岩型下陶勒盖铜铁矿,热液型三个井金矿、珠斯楞海尔罕铜矿;柳园裂谷内与陆壳重熔型花岗岩类有关的神螺山、玉石山萤石矿。

中生代古陆壳活化重熔型花岗岩有利于形成钨锡稀有金属矿,如热液型阿木乌苏锑矿、矽卡岩型索索井铁矿。区域成矿模式见图 9-6,区域成矿谱系见图 9-4。

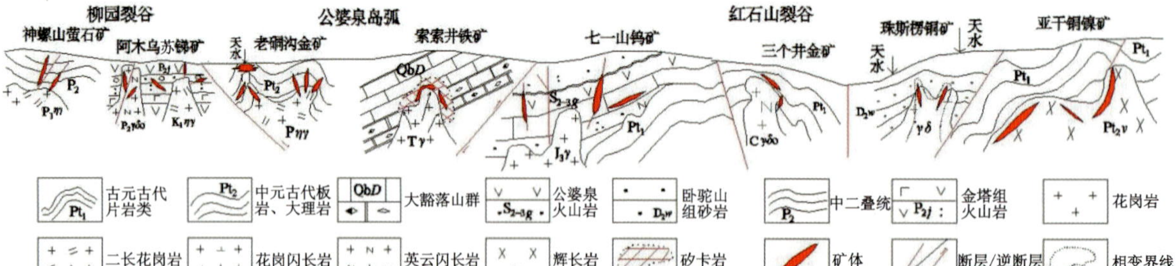


图 9-6　磁海-公婆泉成矿带(Ⅲ-2)区域成矿模式图

## 三、阿拉善(台隆)铜、镍、铂、铁、稀土、磷、石墨、芒硝、盐成矿带(Ⅲ-3)

成矿单元属于古亚洲成矿域(Ⅰ-1),华北(陆块)成矿省(最西部)(Ⅱ-14)。成矿带(Ⅲ-3)区域地质矿产特征见图 9-7。

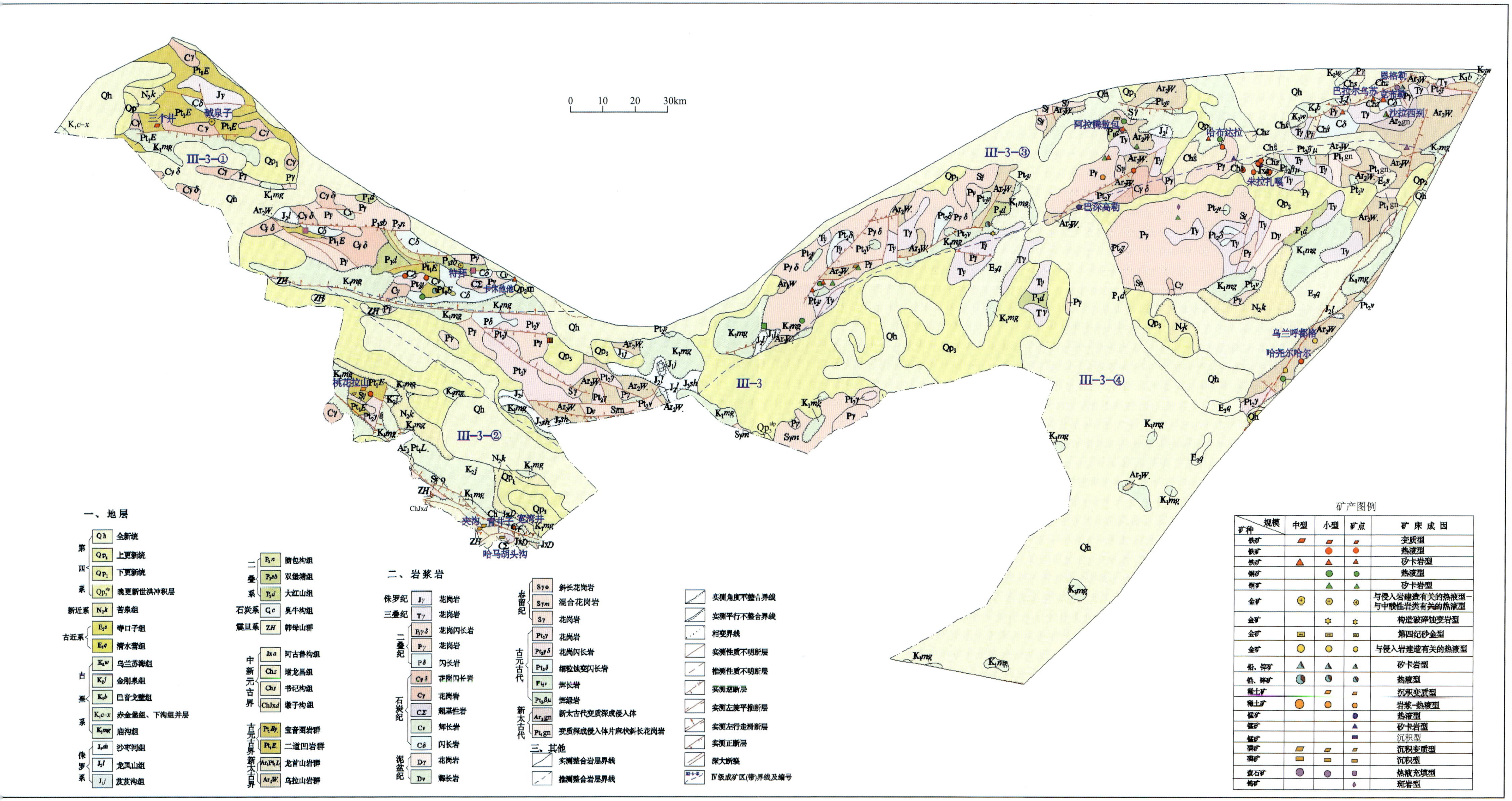


图 9-7 阿拉善(多隆)成矿带(Ⅲ-3)区域地质矿产简图

**1. 区域成矿地质背景**

该成矿带划分为 4 个成矿亚带，下面分述之。

1）Ⅲ-3-①碱泉子-卡休他他金、铁成矿亚带（C、Vm）

大地构造单元属于天山-兴蒙造山系（Ⅰ），额济纳旗-北山弧盆系（Ⅰ-9），哈特布其岩浆弧（Ⅰ-9-6）（C—P）的西南端。

本成矿亚带位于恩格尔乌苏蛇绿混杂岩带之南，是一个在古老变质基底之上的火山弧。石炭纪本区发育形成了超基性—基性—中酸性岩，主要有超基性岩、辉长岩、闪长岩、花岗闪长岩、花岗岩等岩石构造组合，二叠纪双堡塘组、大红山组为火山-沉积建造。

自太古宙以来，本区遭受了多次构造变动，其中最主要的是东西向褶皱、断裂和走向北西的隆起。以东西向构造带为主体，相伴有北东向、北西向及南北向次一级多种构造形态。以黑山井-红墩子构造构成北带，南带为库和乌拉东西向构造带，南、北两带几乎平行分布于区内。北西向、北东向次一级构造多以张性正断层构成，北东向以压扭性逆断层为主。不论褶皱还是断裂，它们都给岩浆期后热液活动提供了运移通道，给矿液富集提供了空间。

2）Ⅲ-3-②龙首山元古宙铜、镍、铁、稀土成矿亚带（Pt、Nh—Z）

大地构造属于华北陆块区（Ⅱ），阿拉善地块（Ⅱ-7），横跨两个Ⅲ级构造单元，即迭布斯格-阿拉善右旗陆缘岩浆弧（Ⅱ-7-1）（$Pz_2$）和龙首山基底杂岩带（Ⅱ-7-2）（$Ar_3$—$Pt_1$）。

变质基底岩系由新太古代—新元古代二道凹岩群角闪岩相和绿片岩相变质建造组成，原岩为一套中基性火山岩、中酸性火山岩和正常碎屑岩建造，富镁碳酸盐岩建造。古生代岩浆活动主要是中元古代裂谷型双峰式侵入岩和花岗闪长岩、石英闪长岩、二长花岗岩等钙碱性系列岩石构造组合，三叠纪为钾质碱性系列的花岗岩、二长花岗岩等后造山岩石构造组合，区内分布有桃花拉山铌稀土矿（Pt）。

3）Ⅲ-3-③阿拉腾敖包-沙拉西别铂、铜、铅、铁、萤石成矿亚带（Vml、Q）

大地构造属于华北陆块区（Ⅱ），阿拉善地块（Ⅱ-7），迭布斯格-阿拉善右旗陆缘岩浆弧（Ⅱ-7-1）（$Pz_2$）。

本区太古宙—新元古代云母石英片岩、片麻岩、大理岩、千枚岩等老地层组成本区的基底；元古宙增隆昌组是与成矿有关的主要地层。晚石炭世石英闪长岩侵入该地层，在接触带处岩石不同程度地发生接触变质和热变质作用，由接触带向外产生有矽卡岩、角岩及角岩化千枚岩，组成了含矿矽卡岩，矿床主要赋存在外接触带中。

自早古生代以来，本区一直处于隆起状态。区内北北东—近东西向断裂比较发育，为后期岩浆活动、成矿组分的运移提供了通道。北北东—近东西向断裂构造为成矿前构造，对控矿有一定的影响，北西向断裂构造为成矿后构造。

4）Ⅲ-3-④图兰泰-朱拉扎嘎金、盐、芒硝、石膏成矿亚带（Pt、Q）

大地构造属于华北陆块区（Ⅱ），阿拉善地块（Ⅱ-7），龙首山基底杂岩带（Ⅱ-7-2），Ⅲ级构造单元主体属于迭布斯格-阿拉善右旗陆缘岩浆弧（Ⅱ-7-1）（$Pz_2$）。

区域内出露的地层主要有中元古代渣尔泰山群增隆昌组（$Pt_2z$）、阿古鲁沟组（$Pt_2a$）浅变质碎屑岩，白垩纪乌兰苏海组泥岩、砂砾岩，第三纪清水营组砂岩、粉砂岩。

区域内岩浆活动强烈，延续时间长，从元古宙吕梁期一直到中生代燕山晚期，其中以海西晚期岩浆活动最强烈，且岩浆岩分布广泛，岩性从超基性岩到酸性岩均有，以酸性岩为主。

区内断裂构造发育，主要有朱拉扎嘎毛道一带的北东向和北北西向断裂，在平面上形成了“入”字形。区内分布的褶皱构造主要为巴彦西别-朱拉扎嘎毛道宽缓背斜，褶皱轴呈北西西向、北西向分布。在朱拉扎嘎金矿西北部乌兰内哈沙一带发育推覆构造。

**2. 区域成矿规律**

目前该区已发现接触交代型铁铜矿床沙拉西别(含金)、铁矿床(克布勒)和海相火山喷流-沉积型金矿床朱拉扎嘎,朱拉扎嘎金矿可望达超大型矿床。

该区存在金地球化学块体,从目前工业储量和化探异常规模衡量,该区金、铅、锌、铜找矿潜力较大,是这些元素的成矿远景区。

1)空间分布规律

(1)华北陆块陆缘西缘深断裂带南阿拉善地块内分布有众多矿床,太古宙—古元古代基底边缘坳陷区分布有古元古代沉积变质型铌稀土矿、中元古代与海相基性—中酸性火山-沉积作用有关的金大型矿床(朱拉扎嘎),古生代接触交代型铁多金属矿床(沙拉西别、克布勒),印支期哈布达哈拉热液充填型萤石矿。

(2)华北陆块陆缘西段深断裂带北西分布铁金钴矿床(卡休他他),热液型金矿床(碱泉子)。

(3)华北陆块西南边缘深断裂北侧分布桃花拉山稀土矿床,南侧龙首山基底杂岩带分布新元古代晚期华北陆块北缘的西部边缘坳陷带与冰水沉积有关的铁、磷矿床(宽湾井铁矿、哈马胡头沟磷矿、夹沟磷矿)。

(4)古生代褶皱系内中酸性花岗岩带控制了接触交代型和热液型铁、铜、金矿床和萤石矿床,如沙拉西别、克布勒铁矿床,哈布达哈拉、乃木毛道萤石矿。

(5)太古宙—古元古代基底边缘坳陷区分布有古元古代沉积变质型铌稀土矿和中元古代与海相火山-侵入岩相关的喷气、喷流-沉积型金矿床。

2)时间分布规律

(1)矿床成矿时代:古元古代、中元古代、新元古代、晚古生代、印支期、全新世。成矿带内以元古宙、晚古生代成矿期最为重要。

(2)上述资料表明本区主要成矿期:第一主要成矿期为元古宙;第二主要成矿期为晚古生代;第三主要成矿期为中生代;第四主要成矿期为新生代。中元古代、晚古生代为最重要的金属矿床成矿期。

(3)从矿床类型种类分析,古元古代为变质火山-沉积型矿床和变质热液型矿床;中元古代为变质海相火山喷气、喷流-沉积型矿床;新元古代为海相冰水沉积铁、磷矿床。晚古生代矿床类型为与古生代基性—中酸性岩浆作用有关的铁、金矿床;与中酸性岩浆岩有关的接触交代型矿床及热液型矿床。

与印支期深成花岗岩有关的萤石矿床成矿系列,新生代有砂铂型矿床。

(4)金属矿床的成矿主元素由太古宙—中生代变化如下:中元古代 Au→新元古代 Fe、P→晚古生代 Fe、Au→新生代 Pt。

3)控矿因素

(1)构造对成矿的控制作用。阿拉善右旗-乌拉特后旗台缘深大断裂分布于成矿带的北侧,该区域性深断裂构造带为超壳断裂,有的甚至切穿了岩石圈,所以它们是地幔物质上涌的通道。而与其有成生联系的次断裂或裂隙构造带往往就是成矿物质沉淀定位的空间。另一方面,这些深断裂构造带具有活动时间长的特点,所以在其一侧或两旁常分布形成不同时代的矿床。

华北陆块西南边缘深断裂北侧基底边缘坳陷区分布有古元古代桃花拉山沉积变质型铌稀土矿,其南侧分布新元古代与冰水沉积有关的铁、磷矿床(宽湾井铁矿、哈马胡头沟磷矿、夹沟磷矿)。

晚古生代褶皱系由于中酸性岩浆侵位,形成接触交代型和热液型等类型的铁、金、萤石等矿床,如沙拉西别、克布勒铁矿床。

印支期板内构造环境形成与深成花岗岩有关的萤石矿等矿床,如哈布达哈拉萤石矿、乃木毛道萤石矿。

新生代在稳定的大陆高原区形成砂金、砂铂矿床。

(2)地层对成矿的控制作用。

①成矿物质的初始预富集作用。地层在形成过程中可使某些成矿元素预富集,如克布勒矽卡岩型

铁矿成矿物质的初始预富集作用很重要，元古宙增隆昌组是在含铁建造的基底上接受沉积的，古老基底是其直接物源区，在华北陆块北缘的边缘坳陷带内沉积，与沉积作用有关的铁为成矿物质的富集提供了大量的矿源，为后期成矿创造了条件。

②在成岩过程中直接成矿。古元古代二道凹岩群为桃花拉山沉积变质型稀土矿的成矿母岩，矿体受该地层控制，是在地层岩石形成的同时成矿物质大量富集而形成的。该地层一方面提供了容矿空间，另一方面也提供了部分矿源。

(3)岩浆岩对成矿的控制作用。

①朱拉扎嘎金矿：与碱性粗面流纹岩相关，该隐伏的岩体(高阻率)推测为金矿成矿提供了热源，也是引起矿区岩矿石发生后期蚀变交代的主要因素。

②碱泉子金矿：海西中晚期比较强烈的岩浆活动是金得以活化的重要条件，随着岩浆活动的持续作用和岩浆演化，使金不断地得到活化和富集。区域资料表明，金丰度随着岩浆演化的过程有较明显的提高，先期形成的花岗闪长岩、斜长花岗岩金丰度一般均小于 $5\times10^{-9}$，岩浆期后热液交代—钾质交代—钾质交代花岗岩，金丰度更高，最高可达 $700\times10^{-9}$。这就说明，岩浆活动不仅为金的活化提供了热源，而且可能为矿床的形成提供了部分金源。

**3. 矿床成矿系列划分**

本成矿带成矿系列划分见表 9-2。

1)桃花拉山与古元古代岩浆岩作用有关的铜、铁、稀土矿床成矿系列(Pt-03)

本系列类型产于稳定的古隆起区，与区域性深断裂有密切的联系，为稳定区沿深断裂与碱性岩有关的矿床，有桃花拉山铌稀土矿床。

2)卡休他他-沙拉西别地区与古生代基性—中酸性岩浆作用有关的铁、铜、金、铅、锌矿床成矿系列($Pz_2$-03)

(1)与海西期基性岩浆作用有关的铁、金矿床成矿亚系列($Pz_2$-03a)。加里东期辉长岩形成接触交代型铁金矿床，本类型主要产于北山卡休他他一带，成矿带的延伸方向与区域性深断裂带方向一致，矿床与辉长岩、角闪辉长岩岩体密切相关，沿深断裂带侵位的辉长岩与围岩发生反应形成铁金矿，代表性矿床：接触交代型卡休他他铁金矿床。

(2)与海西期中酸岩浆活动有关的铁、铜、金、铅、锌矿床成矿亚系列($Pz_2$-03b)。为与壳源花岗岩类有关的有色金属矿床成矿系列，主要分布在华北陆块北缘和塔里木陆块北东大陆边缘，矿化与构造-岩浆作用侵位的花岗岩类有关。

矿床类型和代表矿床为：接触交代型沙拉西别铁铜矿床、克布勒铁矿床；热液型盖沙图铜矿床、碱泉子金矿床。

3)恩格勒地区与印支期—燕山期造山期后碱长—偏碱性岩浆作用有关的稀有金属、白云母、宝石、贵金属、有色金属矿床成矿系列($Mz_1$-03)

印支期在华北陆块北缘中段，分布与壳源花岗岩有关的萤石矿床成矿系列，矿床类型为热液充填型，代表性矿床为哈布达哈拉萤石矿床。

4)宽湾井-青井子地区与新元古代冰水沉积作用有关的铁、磷矿床成矿系列(Pt-04)

本系列主要包括与浅海相陆源碎屑岩和碳酸盐岩等有关的铁、锰、磷沉积矿床，矿层稳定，矿石品位均匀，矿体多呈层状或似层状、透镜状。这类矿床均分布在华北陆块北缘和西南缘，成矿时代为新元古代。

该系列在华北陆块西南缘的南华系—震旦系中构成了与冰水沉积有关的铁、磷矿床成矿系列，代表性矿床为宽湾井铁矿床、哈马胡头沟磷矿床。

5)朱拉扎嘎-苏海图地区与中元古代基性—中酸性火山作用有关的金、铁、铅、锌、铜、硫矿床成矿系

列(Pt-02)

本区只出现与中元古代海相基性—中酸性火山喷流-沉积作用有关的铁、金矿床成矿亚系列(Pt-02a)。

该成矿亚系列分布在华北陆块北缘西段阿拉善隆起,赋矿岩石为中元古代渣尔泰山群阿古鲁沟组的酸性火山岩、粉砂岩、砂岩。矿体呈似层状、透镜状产出;矿石具浸染状构造、条带状构造,变余砂状结构、自形粒状结构和交代残余结构。矿区仅有煌斑岩脉,闪长玢岩脉和花岗细晶岩脉分布。矿化蚀变粗面流纹岩和石英角斑岩的 Sm-Nd 年龄分别为 1293Ma、1187Ma(杨岳清,2001)。代表性矿床为朱拉扎嘎金矿床。

**4. 区域成矿模式及成矿谱系**

中元古代华北陆块边缘处于拉张构造环境,发育陆缘裂陷槽或裂谷,在裂陷槽发育中期,地表强烈下陷而随之发生强烈的中基性—中酸性火山喷发作用,因而形成了与此相关的铁、铅、锌、硫、金矿床成矿亚系列,成矿时限为 1900～1187Ma。同时形成与海相化学沉积作用有关的铁、锰、磷矿床成矿亚系列。晋宁运动,裂陷槽关闭成陆,本区地壳趋于稳定状态。早古生代,由于华北陆块北侧古亚洲洋向南俯冲消减,在华北陆块北缘西段发生构造-岩浆活化,而形成与早古生代基性岩浆活动有关的铁、金矿床成矿亚系列。海西晚期,由于西伯利亚陆块和华北陆块碰撞拼合作用,在华北陆块北缘再度引发构造-岩浆活化,在华北陆块北缘西段形成与中酸性岩浆活动有关的铁、铜、铅、锌、金矿床成矿亚系列。

中元古代成矿作用明显主要与海相中基性—中酸性火山岩浆活动有关,所以矿床的元素组合和规模因与火山活动中心距离附近而有差异。地质证据表明,当时火山活动中心主要为狼山地区。

本区中元古代与海相中基性—中酸性火山喷发活动有关的铁、铜、铅、锌、金硫矿床中已知有朱拉扎嘎等大型矿床。

各矿床成矿物质元素组合的差别在于这些受同生断裂控制的三级盆地内发育的火山岩岩类不同。朱拉扎嘎金矿赋存霏细岩、粗面流纹岩和石英角斑岩,而霏细岩即为金矿体。这同样表明这些矿床的成矿物质与火山岩浆活动有着密切的成因关系。区域成矿谱系见图 9-8,区域成矿模式见图 9-9。

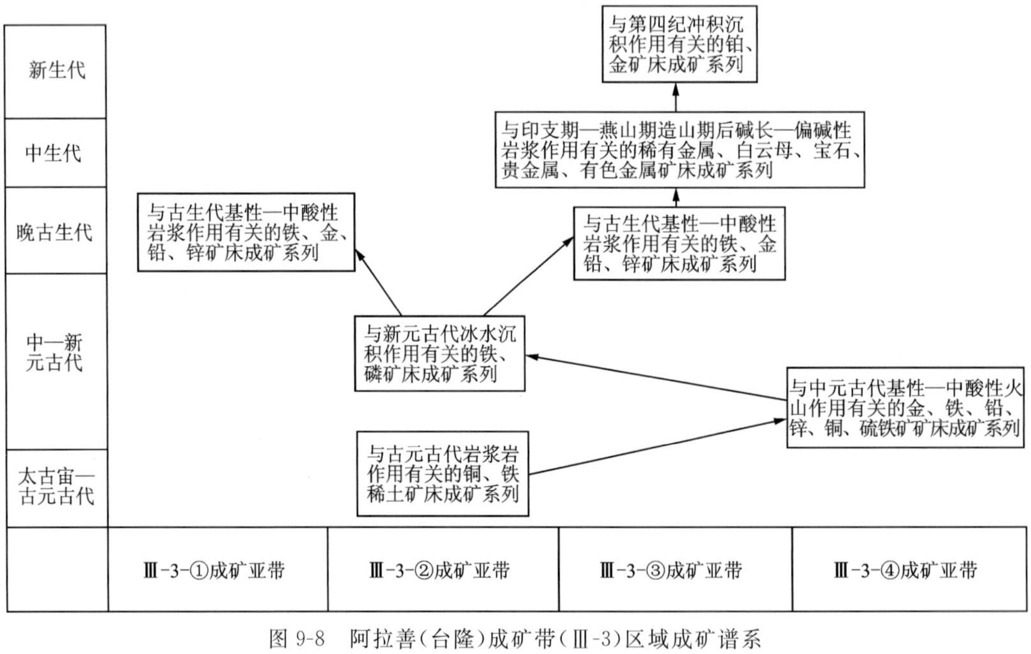


图 9-8　阿拉善(台隆)成矿带(Ⅲ-3)区域成矿谱系

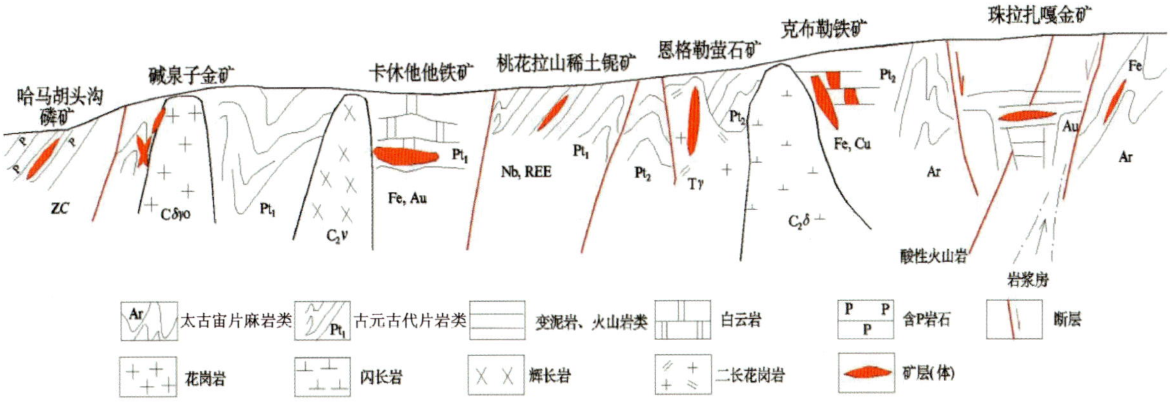


图 9-9 阿拉善(台隆)成矿带(Ⅲ-3)区域成矿模式图(据邵和明,2001,修改、补充)

## 四、河西走廊铁、钼、镍、萤石、盐、凹凸棒石成矿带(Ⅲ-4)

该成矿单元属于秦祁昆成矿域(Ⅰ-2),阿尔金-祁连成矿省(Ⅱ-5)。

### 1. 区域成矿地质背景

本区大地构造位置主体属于秦祁昆造山系(Ⅳ),北祁连弧盆系(Ⅳ-1),走廊弧后盆地(Ⅳ-1-1)(O—S),部分属于华北陆块区,鄂尔多斯陆块(Ⅱ-5)。该成矿带区域地质矿产特征见图 9-10。

该弧后盆地最早沉积始于中寒武世,寒武纪香山群为浅变质碎屑岩夹碳酸盐岩建造及硅质岩组合,含沉积型钼镍矿床。奥陶纪米钵山组为砂板岩建造。

奥陶纪之后弧后盆地闭合,其上不整合沉积的泥盆纪石峡沟组及中宁组为陆相砂砾岩及灰岩组合。石炭纪前黑山组为海相中酸性—中基性火山岩建造,臭牛沟组为海陆交互相砂砾岩-页岩-灰岩建造。晚石炭世—早二叠世太原组为海陆交互相含煤地层,二叠纪大黄沟组及窑沟组为河湖相砂砾岩建造。其中香山群徐家圈组为元山子式沉积(变质)型钼镍多金属成矿的赋矿岩层。

区内岩浆活动主要发生在五台期、吕梁期和加里东期,以脉岩为主,地表于骆驼山及黑脑沟等地见绢云母化石英斑岩岩脉数条。有花岗闪长岩脉($\gamma\delta$)、花岗伟晶岩脉($\gamma\rho$)、闪长玢岩脉($\delta\mu$)、片理化钠长玢岩脉($\delta\mu$)、石英斑岩脉($\lambda\pi$)、细小石英脉($q$)及方解石脉分布较普遍。部分岩脉对矿体造成切割但错动不大。

区内构造复杂,但大部分被中、新生代地层充填的洼地掩盖。区内断裂构造十分发育,呈北东向及北西向展布。断裂构造对矿区的地层及矿层有一定的控制和破坏作用,尤其是北东向及北西向断裂严格地控制了矿(体)层的边界。

### 2. 区域成矿规律

1)时空分布规律

早古生代沉积型钼镍矿分布在北祁连弧盆系走廊弧后盆地沉积岩内,如元山子式沉积(变质)型钼镍矿。晚古生代北祁连山褶皱带内中酸性侵入岩控制了阎地拉图式热液型铁矿床分布。

元山子式沉积变质型钼镍矿成矿时代为晚寒武世,阎地拉图式热液型铁矿成矿时代为海西期。

2)主要控矿因素

(1)构造对成矿的控制作用。晚寒武世,华北陆块西部边缘开始秦祁海槽的演化,在华北古陆块与秦祁昆造山系过渡带的陆缘弧盆区内形成沉积变质型钼镍矿床。

区域性深断裂构造带对成矿的控制作用。元山子钼镍矿床矿区北东向及北西向深大断裂严格地控制了矿(体)层的分布范围,矿区次一级断层可分为两组:一组走向为北东-南西向,另一组走向为北西-南东向,前者被后者所截。

(2)地层对成矿的控制作用。元山子钼镍矿床是在地层岩石形成的同时成矿物质大量富集而形成的。含矿层位香山群($\in_3X$)。矿体赋存于一定的地层层位,受岩相古地理及沉积环境的控制,为典型的同生沉积矿床,经成岩、区域变质等作用成矿。

阎地拉图式热液型铁矿赋存于早石炭世臭牛沟组、晚石炭世羊虎沟组中。

**3. 矿床成矿系列划分**

本成矿带内成矿系列划分见表 9-2。

1)阎地拉图与海西期中酸性岩浆作用有关的铁矿床成矿系列($Pz_2$-04)

本系列在成因上与地槽发育后期产生的壳源(或壳幔混合源)花岗质岩浆活动有密切的成因联系,矿床类型包括了热液型等,分布于造山带中。与成矿相关的花岗质岩类主要为花岗闪长岩、黑云母花岗岩,时代主要为海西期。

该系列代表性的矿床为海西期热液型阎地拉图铁矿床。

2)元山子与寒武纪同生沉积作用有关的钼、镍矿床成矿系列($Pz_1$-01)

本系列是在特定的构造古地理环境、裂谷发展历史中经沉积作用形成的矿床,其沉积岩建造体的时空分布和控矿特征尤为重要。本区香山群所处的构造古地理环境应是祁贺三叉裂谷伸向陆内的一支坳拉谷,寒武纪是它的裂陷高峰时期,香山群徐家圈组硅质岩、泥质岩(千枚岩、板岩)建造,是在还原条件下赋存镍钼矿的岩石建造,成矿时代为寒武纪。

该系列代表性矿床为元山子钼镍矿。

**4. 区域成矿模式**

早寒武世,本地区处在裂陷盆地环境下,受同沉积断裂活动影响,使上地幔有关元素被热水(泉)循环体系带入裂陷盆地中,在相对深水的还原条件下,沉积形成了一套含碳黑色岩系(含 Ni、Mo 等元素),此后,在不断的构造及热液活动影响下,黑色岩系逐渐被改造为黑色含碳千枚岩类地层,成矿元素也在其中局部有利地段逐渐富集,最终形成了具有一定工业价值的层状镍钼矿体,后期构造运动使地壳抬升,黑色含碳千枚岩类地层发生褶皱并被剥蚀暴露于地表或近地表。晚古生代北祁连山褶皱带内中酸性岩浆侵入形成阎地拉图式热液型铁矿床。区域成矿模式见图 9-11。

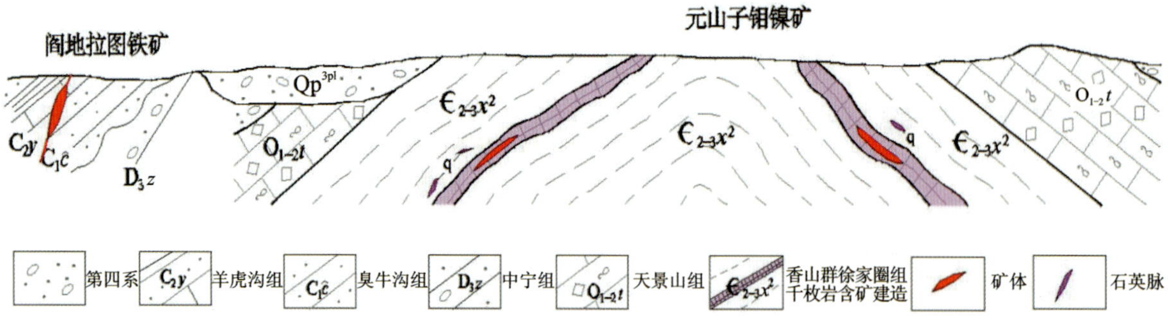


图 9-11 河西走廊成矿带(Ⅲ-4)区域成矿模式图

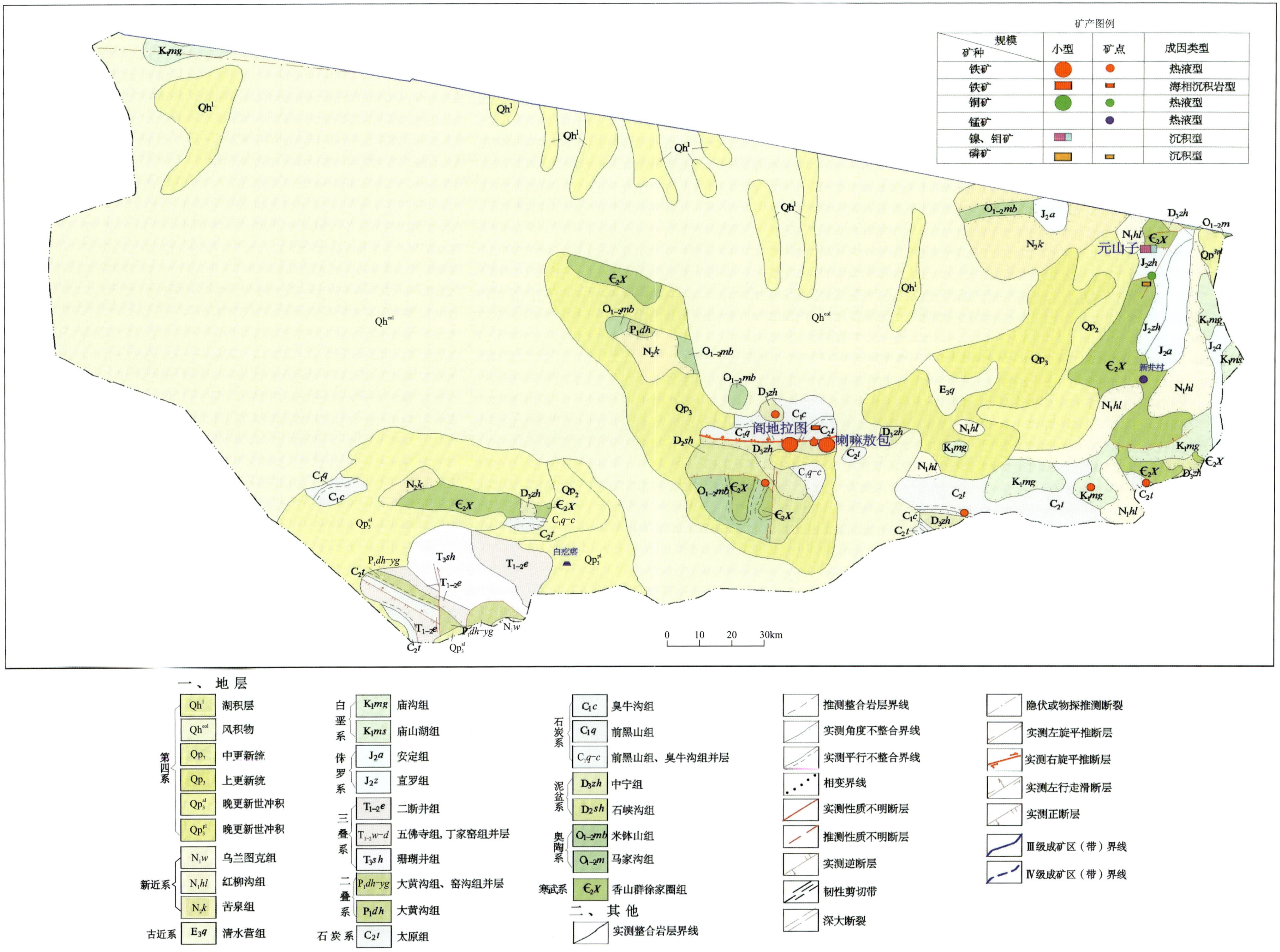


图 9-10 河西走廊成矿带(Ⅲ-4)地质矿产简图

## 五、新巴尔虎右旗-根河(拉张区)铜、钼、铅、锌、金、萤石、煤(铀)成矿带(Ⅲ-5)

### 1. 区域成矿地质背景

本成矿带北西侧与俄罗斯、蒙古国接壤，北东端延入黑龙江省，西南延入蒙古国，东南界以伊列克得-鄂伦春断裂与东乌旗-嫩江成矿带为邻。本区属额尔古纳岛弧和海拉尔-呼玛弧后盆地三级大地构造单元。

古元古代兴华渡口岩群与新元古代佳疙瘩组和额尔古纳组于600Ma左右拼合在西伯利亚陆块东南边缘，成为西伯利亚陆块东南大陆边缘的一部分。古生代一直处于非火山岩型陆缘环境，沉积了早—中奥陶世海相复理石建造，晚志留世为浅海近岸相碎屑岩，泥盆纪为陆源碎屑沉积建造及海相中—酸性火山岩建造，早石炭世早期为海相基性火山岩-沉积建造，晚期为陆源碎屑岩、碳酸盐岩夹凝灰岩的沉积建造。

区内吕梁期、晋宁期、海西期、印支期及燕山期构造岩浆活动强烈。吕梁期为弧花岗岩组合，岩石类型为辉长岩、闪长岩、石英闪长岩、花岗闪长岩组合，为低钾钙碱性石系列；晋宁期花岗岩为同造山环境形成的巨斑状黑云母二长花岗岩、正长花岗岩组合，为高钾钙碱性岩石系列；印支期花岗岩为后碰撞-同碰撞花岗闪长岩-二长花岗岩组合；燕山期为陆内造山环境下形成的二长花岗岩-正长花岗岩-钾长花岗岩组合，为高钾钙碱性花岗岩-偏碱性花岗岩系列。

区内构造最为重要的是北北东向的得尔布干深断裂带，其不仅控制本区不同时代地质单元的分布，而且与燕山期成矿有极为密切的关系。本成矿带地质矿产特征见图9-12。

1)Ⅲ-5-①莫尔道嘎铁、铅、锌、银、金成矿亚带(Pt、V、Y、Q)

该成矿亚带通称得尔布干成矿带北带，以得尔布干深断裂与陈巴尔虎旗-根河金、铁、锌、萤石成矿亚带(大兴安岭中段成矿带)相邻。该亚带是由前中生代地层和岩浆岩组成的隆起区，侏罗系和白垩系分布于其边缘。

在邻省与该成矿亚带相邻地区发现了赋存于侏罗纪细碎屑岩层内的大型金矿床；在额尔古纳河西侧(俄罗斯境内)有数个大型矽卡岩型铜、金矿。因而中生代构造和火山岩特征表明该区具有良好的金、铜成矿地质条件，是寻找金、铜大中型矿床的远景地区。

2)Ⅲ-5-②八大关-陈巴尔虎旗铜、钼、铅、锌、银、锰成矿亚带(Y)

该成矿亚带通称得尔布干成矿带南带，以得尔布干深断裂与陈巴尔虎旗-根河金、铁、锌、萤石成矿亚带(大兴安岭中段成矿带)相邻。该亚带，即满洲里以南滨西太平洋活动大陆边缘构造的发育受北东向展布的得尔布干深断裂控制。

该成矿亚带北西侧为得尔布干多金属成矿带，两者以得尔布干深断裂带为界。该深断裂带使该区在中生代成为火山坳陷盆地，但盆中有隆起。盆地基底为古元古代兴华渡口岩群、新元古代佳疙瘩组、早石炭世莫尔根河组，岩性组合为中基性—中酸性火山岩及其碎屑岩，赋存有与古生代海相火山-沉积作用有关的铁锌矿、硫铁(铜)矿床。中生代火山岩发育，并已发现四五牧场火山隐爆角砾岩型金矿床和热液型萤石矿床。

3)Ⅲ-5-③根河-甘河钼、铅、锌、银成矿亚带(Y)

该成矿亚带西北侧为得尔布干多金属成矿带，两者以得尔布干深断裂带为界。该深断裂带使该区在中生代成为火山坳陷盆地，但盆中有隆起。盆地基底为古元古代兴华渡口岩群、新元古代佳疙瘩组、中—晚泥盆世地层，泥盆纪地层为火山-碎屑岩沉积建造。燕山期构造岩浆活动强烈，中生代火山岩及侵入岩发育，多形成与燕山期浅成斑岩体有关的斑岩型矿床，如岔路口斑岩型钼矿床。

4)Ⅲ-5-④额尔古纳金、铁、锌、硫、萤石成矿亚带(V、Y)

该成矿亚带西北侧为得尔布干多金属成矿带，两者以得尔布干深断裂带为界。该深断裂带使该区在中生代成为火山坳陷盆地，但盆中有隆起。盆地基底为古元古代兴华渡口岩群、新元古代佳疙瘩组、早石炭世莫尔根河组，赋存有与古生代海相火山-沉积作用有关的铁锌矿、硫铁(铜)矿床。中生代火山岩发育，并已发现四五牧场火山隐爆角砾岩型金矿床和热液型萤石矿床。

5)Ⅲ-5-⑤海拉尔盆地煤、油气成矿亚带

该成矿亚带主体构造格局为北东向断裂构造控制的中—新生代陆相含煤盆地，盆地基底物质组成为泥盆纪—石炭纪变质地层和海西期、燕山期花岗岩。盆地为在中生代陆相火山喷发盆地基础上发展起来的陆相坳陷盆地。区域成矿以沉积成矿为主，能源矿产煤及铀矿产主要赋存于早白垩世大磨拐河组中，主要矿床有伊敏煤田和宝日希勒煤田。

**2. 区域成矿规律**

1)控矿地质因素

(1)构造对成矿的控制作用。

①成矿构造环境的控矿作用。不同的成矿构造环境，产生不同的矿产。古生代，该成矿带在早石炭世裂谷环境下，形成与海相基性—中酸性火山-沉积作用有关的铁、铜、锌、硫矿床。在古元古代基底隆起区内形成与海西期中酸性侵入岩浆活动有关的热液型铁矿床。

中生代滨西太平洋活动大陆边缘构造环境形成了大兴安岭火山-岩浆构造带，并形成与陆相中酸性火山-侵入杂岩相关的不同类型的金、铜、铅、锌、钼、银、铁、萤石等矿床。

②区域性深断裂构造带对成矿的控制作用。区域性深断裂构造带均为超壳断裂，有的甚至切穿了岩石圈，所以它们是地幔物质上涌的通道。例如得尔布干深断裂构造带就控制了其北西侧不同类型铜钼、铅锌、银矿床的分布，而得尔布干深断裂派生的北西向构造带就是上述矿床的定位空间(邵和明，2002)。

③基底构造与新生构造的联合控矿作用。西伯利亚陆块东南侧古亚洲构造域的区域性构造基本上是近东西向展布，它们能控制的矿带亦是呈近东西向延展的。而进入中生代后，由于滨西太平洋活动大陆边缘的作用，一方面新生的区域性构造带呈北东—北北东向延展；另一方面原先的基底构造亦发生活化，在这两组构造交会处往往是不同矿床的定位空间。

④火山构造的控矿作用。中生代火山喷发盆地中的火山机构-破火山口及火山断裂是形成隐爆角砾岩型多金属矿床和斑岩型矿床的有利部位，如四五牧场金矿床等。

(2)地层对成矿的控制作用。

成矿物质的初始预富集作用：许多成矿物质在火山喷发沉积作用过程中或在沉积过程中并未能富集成具有经济价值的矿体，只有再经历后期的变形变质作用和岩浆作用的再活化而富集成矿体，如六一硫铁矿床。地层在形成过程中可使某些成矿元素预富集，从而为以后因不同地质时期的地区成矿作用而活化、迁移、富集成矿提供丰厚的物质。

(3)岩浆岩对成矿的控制作用。岩浆岩对成矿的控制作用是人们长期研究的内容。它对成矿作用的控制表现为如下几点。

①与斑岩型铜钼矿床有关的中酸性侵入岩。本成矿带与斑岩型铜钼矿有关的岩体为中酸性超浅成—浅成侵入岩，岩性组分为闪长玢岩-花岗闪长斑岩-斜长花岗斑岩-二长花岗斑岩，呈岩株、岩枝状产出。这类岩浆基性程度高，来源深，是起源于下地壳—上地幔岩浆的衍生物。它们侵位于中生代陆相火山盆地靠断隆一侧。

②与斑岩型钼铅锌矿床有关的酸性侵入岩。与斑岩型锡、银、铜矿床有关的超浅成—浅成酸性侵入岩侵位于中生代断隆区一侧，其岩石类型为花岗斑岩、流纹斑岩和英安斑岩。它们呈不规则状岩脉、岩墙状产出。岩浆起源于下地壳—上地幔的过渡性岩浆的衍生物，如岔路口斑岩型钼铅锌矿床。

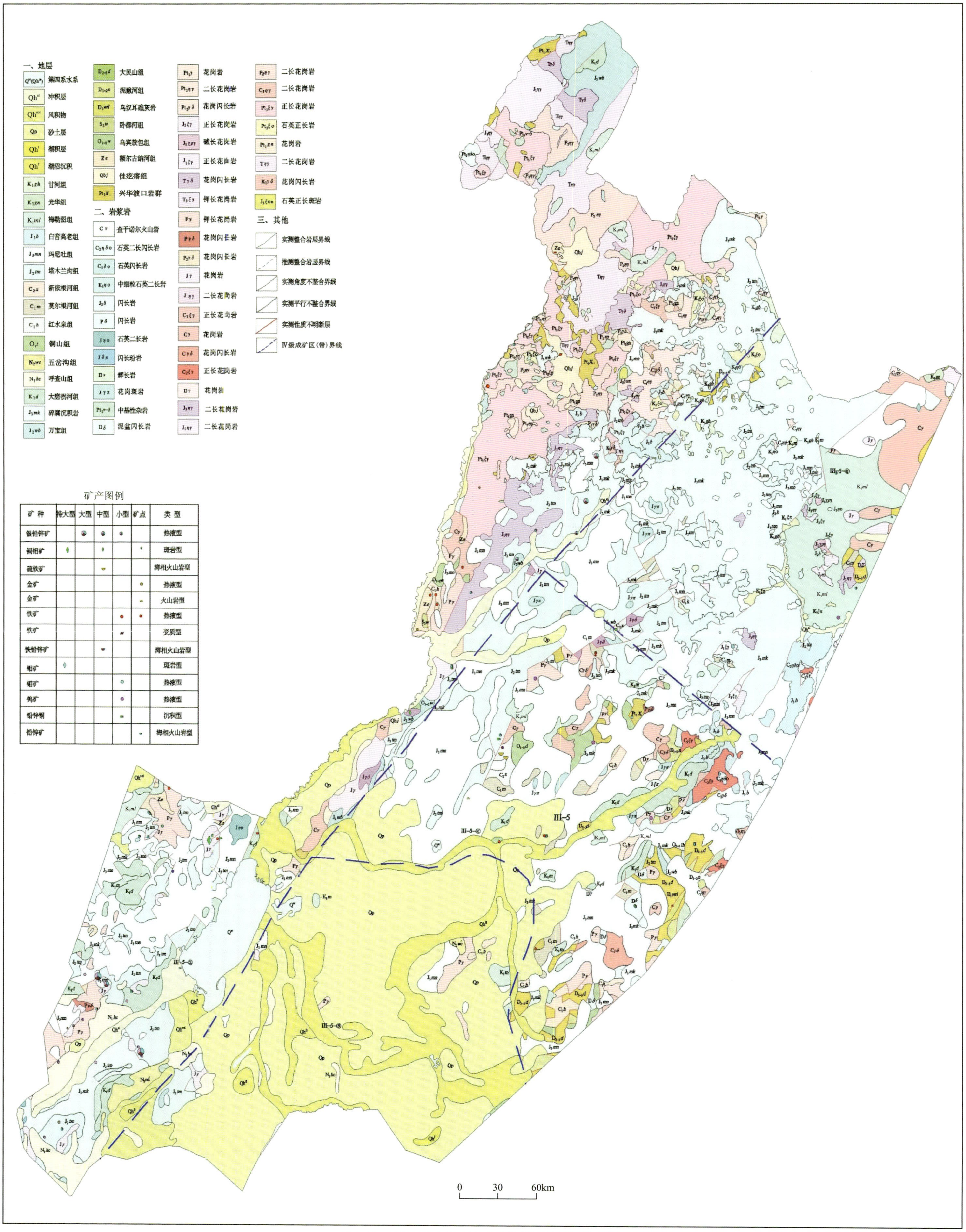

图 9-12 新巴尔虎右旗-根河成矿带(Ⅲ-5)地质矿产简图

③与铅锌矿床有关的中酸性侵入岩。这类中酸性侵入岩主要岩石为石英二长岩-石英二长闪长岩—花岗闪长岩-黑云母二长斑岩-花岗闪长斑岩，次为黑云母二长花岗斑岩，为超浅成—浅成岩石，呈小岩株、岩枝和岩脉产出。

2）矿床的空间分布规律

本区矿床沿深断裂带两侧呈线形带状分布：得尔布干及鄂伦春-伊列克得深断裂带两侧分布着不同时代、不同矿床类型和不同矿种及不同矿床规模的矿床。

得尔布干深断裂带西北侧分布有中生代斑岩型铜钼矿床（乌努格吐山、八八一、八大关），火山热液型铅锌银矿床（三河、二道河、下护林、甲乌拉、查干布拉根、比利亚谷），热液型银矿床（额仁陶勒盖），热液型金矿床（小伊诺盖沟）。

矿床分布在隆起区与坳陷区过渡带靠隆起区一侧，或坳陷区内的局部隆起上，例如乌努格吐山斑岩型铜钼矿床和岔路口斑岩型钼多金属矿床，分布于隆起区边部；四五牧场金矿床分布在隆起区中的中生代火山盆地中。

晚古生代与海相中基性—中酸性火山-侵入岩有关的铁、铁锌矿床分布于同时代的海相中基性—中酸性火山地层中，例如谢尔塔拉铁锌矿床和六一硫铁（铜）矿床。

3）矿床的时间分布规律

根据最新矿床成矿年代学研究，涉及本Ⅲ级成矿带的9个代表性典型矿床成矿时代统计结果见表9-3。

**表9-3 新巴尔虎左旗成矿带（Ⅲ-5）矿床成矿时代一览表**

| Ⅲ级成矿带 | 矿床成因类型 | 成矿期 | 矿床名称 |
|---|---|---|---|
| Ⅲ-5新巴尔虎右旗（拉张区）成矿带 | 热液型 | 晚侏罗世 | 小伊诺盖沟金矿 |
| | 隐爆角砾岩型 | $^{206}Pb/^{238}U$年龄平均值为146.8Ma | 四五牧场金矿 |
| | 斑岩型 | 辉钼矿Re-Os同位素模式年龄介于（176.4±2.8）～（166.1±2.0）Ma之间，Re-Os等时线年龄为（178.1±10.0）Ma（李诺，2007）；<br>辉钼矿Re-Os等时线年龄为（180.6±2.7）Ma，二长花岗斑岩SHRIMP锆石年龄为（202.5±2.2）Ma（陈郑辉，2011） | 乌努格吐山铜钼矿 |
| | 斑岩型 | 晚侏罗世辉钼矿Re-Os同位素等时线年龄为（146.96±0.79）Ma（聂凤军，2011） | 岔路口钼矿 |
| | 海相火山岩型 | 早石炭世 | 谢尔塔拉铁矿 |
| | 陆相火山-次火山热液型 | 燕山期 | 额仁陶勒盖银锰矿 |
| | 次火山热液型 | 晚侏罗世 | 比利亚谷银铅锌矿 |
| | 火山中低温热液型 | 矿石铅模式年龄值集中在133.05～102.39Ma之间，石英二长斑岩K-Ar年龄为121.02Ma（秦克章，1998），铅锌矿石中石英Rb-Sr等时线年龄为（140±11.0）Ma（陈郑辉，2011） | 甲乌拉铅锌矿床 |
| | 热液型 | 海西晚期 | 地营子铁矿 |

上述资料表明，矿床的时间分布具有以燕山期为主要的成矿期、以海西期为次要成矿期的特点。

从矿床类型种类分析，晚古生代矿床类型主要为与海相中基性—中酸性侵入岩有关的火山沉积型矿床。中生代主要为与中酸性侵入岩有关的斑岩型矿床，与陆相火山岩有关的隐爆角砾岩型矿床及火山-次火山热液型矿床。

金属矿床的成矿主元素由晚古生代—中生代变化如下：晚古生代 Fe、Cu、Zn、S→中生代 Fe、Cu、Pb、Zn、Mo、Ag、Au。由此表明，成矿物质组分由晚古生代到中生代，具有由少到多的变化趋势(邵和明，2002)。

**3. 矿床成矿系列划分**

依据本成矿带内地质背景、区域成矿特征、矿床形成构造环境，划分出 3 个矿床成矿系列，进一步划分出 4 个成矿亚系列和 14 个矿床式，见表 9-2。

1)地营子-谢尔塔拉地区与海西期基性—中酸性岩浆活动有关的铁、锌、铜、硫矿床成矿系列($Pz_2$-05)

(1)与海西期海相基性—中酸性火山活动有关的铁、锌、铜、硫矿床成矿亚系列($Pz_2$-05a)。该亚系列主要分布于海拉尔一带。本区为基底隆起区，晚古生代海相变质岩及海西期侵入岩广泛发育，主要成矿类型为海相火山-沉积型。代表性矿床有六一硫铁矿矿床和谢尔塔拉铁锌矿床等。成矿期为泥盆纪—石炭纪。

(2)与海西晚期中酸性侵入岩有关的铁矿床成矿亚系列($Pz_2$-05b)。该亚系列分布于得尔布干成矿带北部，为前中生代基底隆起区，前中生代地层及花岗岩广泛发育，在基底隆起边缘形成与海西晚期岩浆活动有关的热液型铁矿床。代表性矿床有地营子铁矿、于里亚河铁矿等。成矿期为石炭纪—二叠纪。

2)乌努格吐山-岔路口地区与燕山期中酸性火山-侵入岩浆活动有关的铜、钼、金、银、铅、锌、萤石矿床成矿系列($Mz_2$-02)

(1)与燕山早期酸性火山-侵入杂岩岩浆活动有关的铜、钼、金、银矿床成矿亚系列($Mz_2$-02a)。该亚系列主要分布在新巴尔虎左旗—陈巴尔虎左旗—莫尔道嘎—恩和哈达一带，本区以基底隆起为特征，因此，中生代次火山岩、浅成斑岩体及深成花岗岩等广泛出露。该区总体构造线为北东走向，但其半坳、半隆的格局主要受北东向断裂活动控制，因此成矿带表现为北东向和北西向。区内主要矿化类型：与燕山早期浅成斑岩关系密切的斑岩型铜钼矿床，如乌山铜钼矿床；与燕山早期次火山岩(角砾岩筒)有关的热液型及隐爆角砾岩型金矿，如毛河金矿、四五牧场金矿、小伊诺盖沟金矿及八道卡金矿等。

(2)与燕山晚期超浅成—浅成中酸性火山-侵入岩浆活动有关的铜、钼、银、铅、锌、萤石矿床成矿亚系列($Mz_2$-02b)。该亚系列主要分布于新巴尔虎右旗—得尔布干一带，总体构造线为北东走向。区内主要矿化类型：与火山-侵入岩浆活动关系密切的铅锌银矿床，如甲乌拉及查干布勒根铅锌银矿床；与火山-次火山活动关系密切的银铅锌矿床，如额仁陶勒盖银矿床、三河铅锌矿、比列亚谷铅锌矿及岔路口钼铅锌矿等。

**4. 区域成矿模式及成矿谱系**

新巴尔虎右旗Ⅲ级成矿带依据区内矿床及矿点成矿特征，分别建立了海西期与基性—中酸性岩浆活动有关的铁、锌、铜、硫矿床区域成矿模式和与燕山期中酸性火山-侵入岩浆活动有关的铜、钼、金、银、铅、锌多金属矿床区域成矿模式及成矿谱系，分别见图 9-13～图 9-15。

## 六、东乌珠穆沁旗-嫩江(中强挤压区)铜、钼、铅、锌、金、钨、锡、铬成矿带(Ⅲ-6)

**1. 区域成矿地质背景**

本成矿带西北界为伊列克得-鄂伦春断裂，东南界为阿荣旗-东乌旗-二连断裂，东北端进入黑龙江省，西南端延入蒙古国。本成矿区属大兴安岭弧盆系，包括扎兰屯-多宝山岛弧一个三级大地构造单元(图 9-16)。

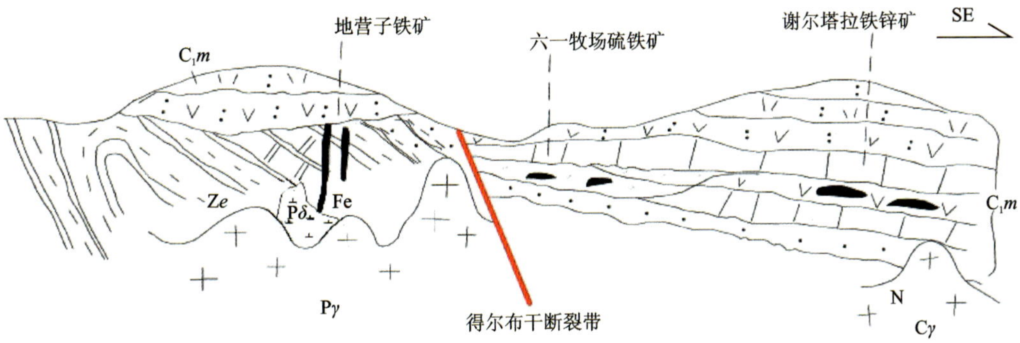

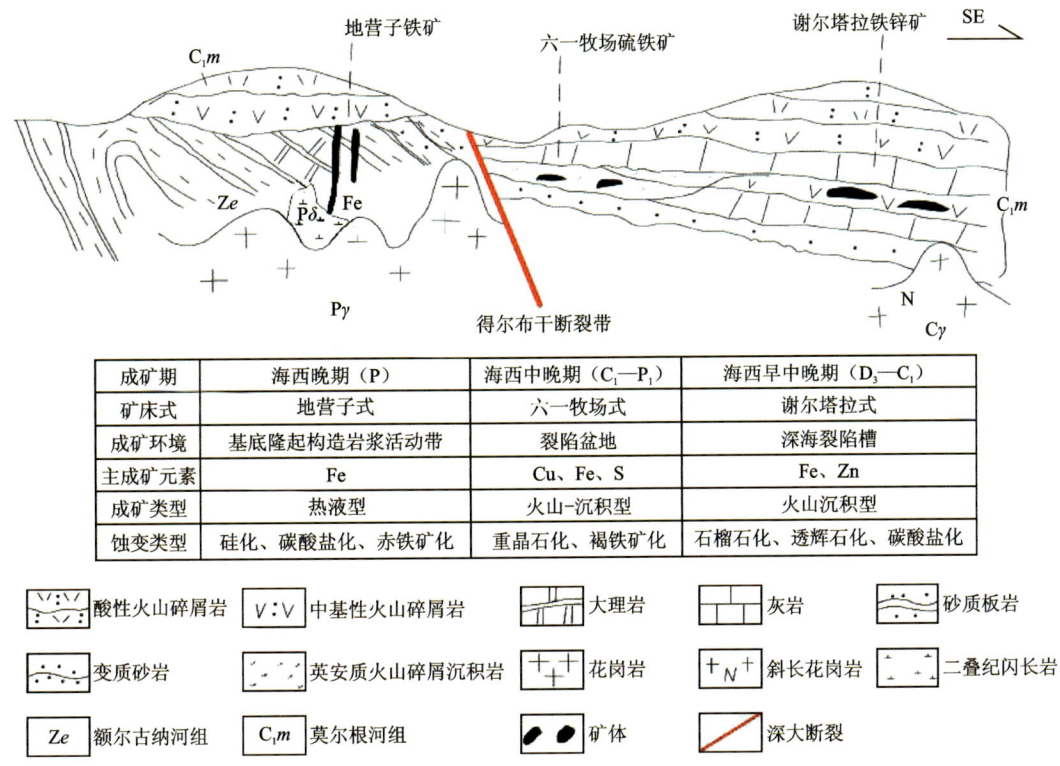

| 成矿期 | 海西晚期（P） | 海西中晚期（$C_1$—$P_1$） | 海西早中晚期（$D_3$—$C_1$） |
|---|---|---|---|
| 矿床式 | 地营子式 | 六一牧场式 | 谢尔塔拉式 |
| 成矿环境 | 基底隆起构造岩浆活动带 | 裂陷盆地 | 深海裂陷槽 |
| 主成矿元素 | Fe | Cu、Fe、S | Fe、Zn |
| 成矿类型 | 热液型 | 火山-沉积型 | 火山沉积型 |
| 蚀变类型 | 硅化、碳酸盐化、赤铁矿化 | 重晶石化、褐铁矿化 | 石榴石化、透辉石化、碳酸盐化 |

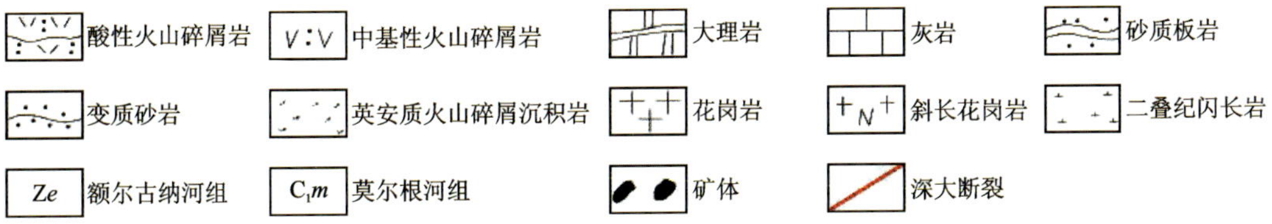


图 9-13 根河地区海西期与基性—中酸性岩浆活动有关的铁、锌、铜矿床区域成矿模式

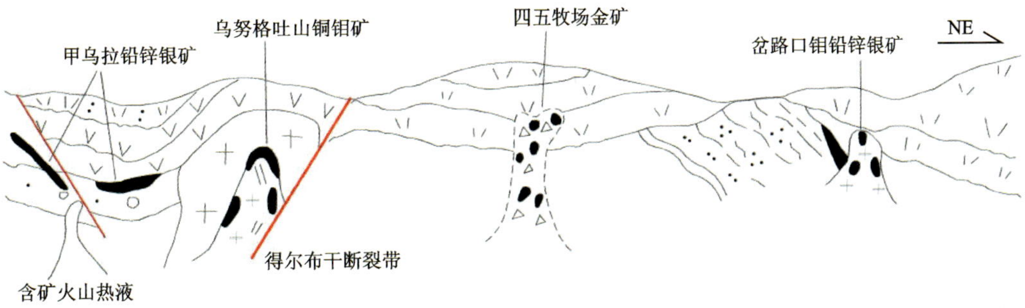


| 成矿年代(Ma) | 14 011.0 | 180.6±2.7 | 146.8 | 146.96±0.79 |
|---|---|---|---|---|
| 矿床式 | 甲乌拉式 | 乌努格吐山式 | 四五牧场式 | 岔路口式 |
| 岩浆岩性质 | 石英二长斑岩 | 二长花岗斑岩 | 英安玢岩 | 石英斑岩、花岗斑岩 |
| 主成矿元素 | Pb、Zn、Ag | Cu、Mo | Au、Cu | Mo、Pb、Zn、Ag |
| 成矿温度(℃) | 390～250<br>250～138 | 420～350 | 330 | |
| 成矿压力(bar) | 1800 | 3600 | 450 | |
| 矿床类型 | 火山热液型 | 斑岩型 | 隐爆角砾岩型 | 斑岩型 |

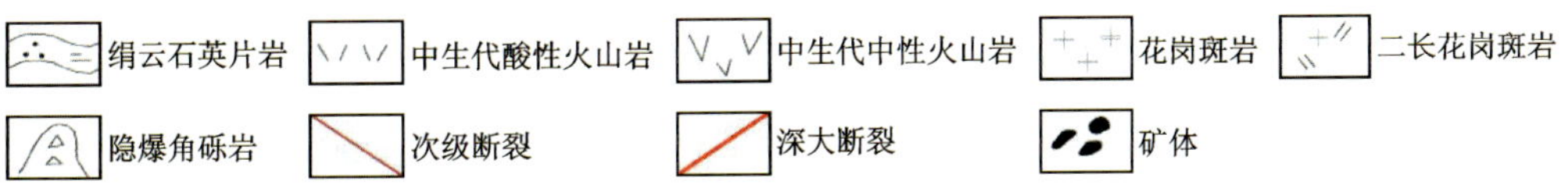


图 9-14 新巴尔虎右旗(拉张区)与燕山期中酸性火山-侵入岩浆活动有关的铜、钼、金、银、铅、锌多金属矿床区域成矿模式

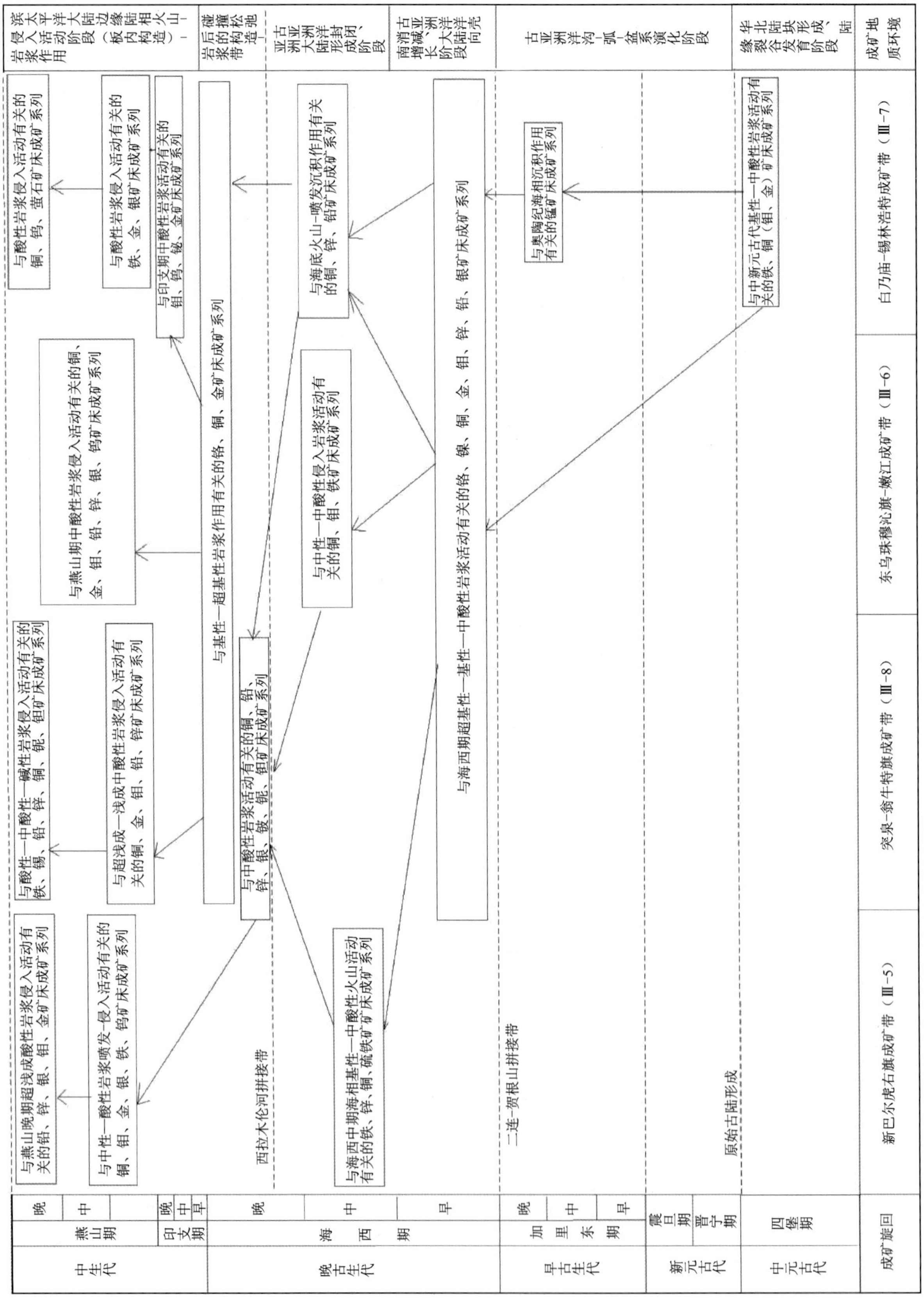


图 9-15　大兴安岭成矿省Ⅲ级成矿带成矿谱系图

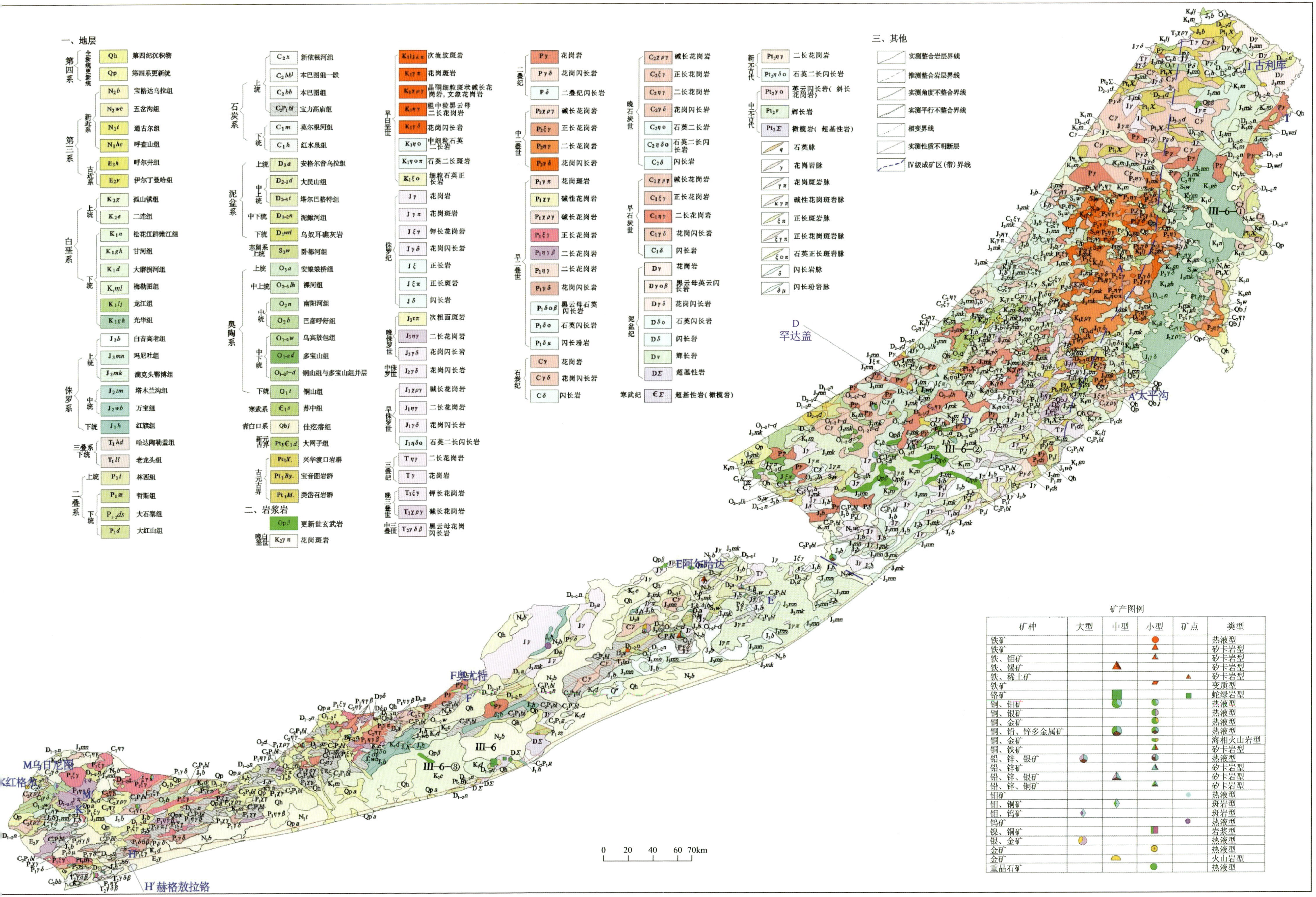


图 9-16 东乌珠穆沁旗-嫩江成矿带(Ⅲ-6)地质矿产简图

古元古代，围绕陆核周边发育大陆边缘沉积环境，沉积了类绿岩兴华渡口岩群，1800Ma左右的吕梁运动，使兴华渡口岩群形成紧密线型褶皱，并伴随发生低角闪岩相区域变质作用和强烈混合岩化，使陆核进一步固结，扩大为原始古陆。新元古代沉积了类复理石建造和钙碱性火山岩佳疙瘩组及碳酸盐岩建造额尔古纳河组，600Ma左右张广才运动拼合于西伯利亚陆块东南边缘。早寒武世大陆边缘下沉为大陆斜坡沉积环境，沉积了砂泥质岩和碳酸盐岩，末期成陆缺失中晚寒武世地层。早奥陶世，原始古陆边缘裂解、离散，古亚洲洋形成。早—中奥陶世，本区处于岛弧构造环境，但各地段沉积环境有所不同，岛弧前缘沉积了海相复理石建造，而岛弧区沉积了岛弧型火山岩及火山复理石建造。晚奥陶世成陆，而缺失早、中志留世地层。晚志留世本区复又下沉为大陆棚环境，沉积了浅海近岸相砂泥质岩。由于东南侧二连-贺根山洋壳向北西俯冲，本区喜桂图—鄂伦春自治旗一带处于弧后盆地环境，随着洋壳的不断俯冲，盆地下陷加剧，引发了强烈的中泥盆世晚期—晚泥盆世早期的基性—酸性火山喷发沉积。而二连—东乌旗—忠工屯一带为大陆前弧环境，沉积中泥盆世晚期—晚泥盆世早期的造山期磨拉石建造。随着贺根山洋盆消亡，陆-陆碰撞成山，并伴随大规模花岗质岩浆侵入。蛇绿岩套的超镁铁质岩中赋存有铬铁矿，与基性火山岩相关的金、铜矿。

二连—东乌旗—扎兰屯一带有强烈的陆相或海陆交互相火山喷发活动。海西中、晚期花岗质岩浆侵入活动强烈，成为中亚造山期后钙碱性花岗岩带的一部分。花岗质岩体与碳酸盐岩接触形成矽卡岩型铁、铜、锌、钼、铅矿床。

三叠纪开始，本区成为滨西太平洋构造域的一部分，进入板内造山阶段，逐渐形成断陷盆地和隆起的盆岭构造格局。侏罗纪—早白垩世早期有强烈的岩浆活动，构成了大兴安岭岩浆构造带的一部分，形成中心式火山喷发和二长花岗岩、碱性花岗岩的侵入。与燕山期花岗质岩浆相关的成矿作用有铁、铅、锌、金、铜、钨等矿种。早白垩世晚期，沉积了含煤建造。

由上述可知，本成矿区的成矿一方面与地质构造演化密切相关，另一方面古亚洲成矿域又叠加了滨西太平洋成矿域。

1）Ⅲ-6-①大杨树-古利库金、银、钼成矿亚带（Y、Q）

该成矿亚带位于嫩江深断裂西侧，是大杨树中生代断陷盆地与落马湖隆起过渡区。区内出露主要地层有古元古代兴华渡口岩群，泥盆纪泥鳅河组、大民山组，石炭纪红水泉组及中生代陆相中基性及酸性火山岩。侵入岩为海西期及燕山期花岗岩。该亚带西侧为基底隆起区，东侧为中生代晚侏罗世—早白垩世火山盆地。地球物理资料表明，该区位于西倾的幔坡带中的局部变异扭曲部位，这种重力异常特征正是有利于金成矿部位。区域上已发现古利库金矿，为浅成低温金（银）矿床。

2）Ⅲ-6-②罕达盖-博克图铁、铜、钼、锌、铅、银、铍成矿亚带（V、Y）

该区出露地层主要有古元古代兴华渡口岩群，新元古代佳疙瘩组，奥陶纪火山-沉积地层，泥盆纪泥鳅河组、大民山组，石炭纪—二叠纪格根敖包组、宝力高庙组。侵入岩总体是在加里东岛弧带基底上发育起来的海西期构造岩浆带，并在中生代进入滨西太平洋活动大陆边缘构造发育阶段，而发育中生代火山-深成岩。新元古代和古生代碳酸盐岩、钙质粉砂岩是该区铁多金属矿床的容矿岩石。与成矿有关的岩浆岩有：海西期石英闪长岩、正长花岗岩和黑云母花岗岩；燕山期黑云母花岗岩。这些与成矿相关的酸性岩浆以钙碱性为主，已知的矿床类型有接触交代型和热液型，且以接触交代型矿床为主。在该区已发现海西期罕达盖铁铜矿、二道河铅锌银矿床、铁钼矿床（梨子山）、铁矿床（塔尔其、中道山）；燕山期铜锌矿床（巴林），从而构成以海西期、燕山期接触交代型及热液型为主的铁铅锌钼多金属成矿带。

3）Ⅲ-6-③二连-东乌旗钨、钼、铁、锌、铅、金、银、铬成矿亚带（V、Y）

该区出露地层主要有奥陶纪火山-沉积岩系，泥盆纪泥鳅河组、塔尔巴格特组、安格尔音乌拉组，石炭纪—二叠纪格根敖包组、宝力高庙组。侵入岩总体是在加里东岛弧带基底上发育起来的海西期构造岩浆带，并在中生代进入滨西太平洋活动大陆边缘构造发育阶段，而发育中生代火山-深成岩。古生代碳酸盐岩、钙质粉砂岩是该区铁铅锌铜多金属矿床的容矿岩石。与成矿有关的岩浆岩有：海西期花岗闪长岩、花岗岩和黑云母花岗岩；燕山期钾长花岗岩、黑云母花岗岩、二长花岗岩。这些与成矿相关的酸性岩浆以富含碱为特征，已知的矿床类型有接触交代型和热液型，且以接触交代型矿床为主。在该区已发现燕山期铁多金属矿床(朝不楞、八十公里、查干敖包)、乌兰德勒斑岩型铜钼矿、迪彦钦阿木银钼矿床,热液型有吉林宝力格银矿床、阿尔哈达铅锌矿、乌日尼图钨钼矿及沙麦钨矿,从而构成一个以海西期和燕山期接触交代型、热液型及斑岩型“三位一体”成矿体系为主的铁铜铅锌钨钼多金属成矿带。

**2. 区域成矿规律**

1)控矿地质因素

(1)构造对成矿的控制作用。

①成矿构造环境的控矿作用。不同的成矿构造环境产生不同的矿产。在晚泥盆世—早石炭世大洋盆地拉张构造环境中,由于地幔物质上涌,形成与洋壳超基性—基性岩浆活动相关的蛇绿岩型铬铁矿床,在晚石炭世—早二叠世活动陆缘盆地形成与海相火山岩有关的金铜矿床,如小坝梁铜金矿。同时,在海西期构造岩浆活动带,由于中酸性岩浆侵位,形成与中酸性岩浆活动有关的铁、钼、铜、铍矿床等,如梨子山、罕达盖铁矿床等。

中生代滨西太平洋活动大陆边缘构造环境形成了大兴安岭火山-岩浆构造带,并形成与陆相中酸性火山-侵入杂岩相关的铜、铅、锌、钨、钼、银、金、萤石等矿床。

②区域性深断裂构造带对成矿的控制作用。区域性深断裂构造带均为超壳断裂,有的甚至切穿了岩石圈,所以它们是地幔物质上涌的通道。而与其有成生联系的次级断裂或裂隙构造带往往就是成矿物质沉淀定位的空间。此外,这些深断裂构造带具有活动时间长的特点,所以在其一侧或两旁常分布形成不同时代的矿床。例如东乌旗-查干敖包-五岔沟深断裂带就控制了呈北西向带状分布的不同类型铜钼、铅锌、银、锡矿床的分布,其派生的北西向构造带就是上述矿床的定位空间。

(2)地层对成矿的控制作用。

①成矿物质的初始预富集作用。东乌旗-嫩江成矿带内,许多有色金属矿床的围岩为奥陶纪地层,这与奥陶纪地层本身富含火山岩、大理岩等相对富 Fe、Ca、Cu、Mo 等元素有关,其中所富集的元素恰恰是该地区内的成矿元素。

②在成岩过程中直接成矿。在晚石炭世—早二叠世与海相基性—中酸性火山岩有关的铜金矿床等都是在地层岩石形成的同时,成矿物质大量富集而形成的,如本成矿带内的小坝梁矿床。

③地层与成矿流体发生水岩反应,为成矿流体沉淀提供空间。地层中某些岩石具有较富的孔隙度,再加上构造变形而产生的裂隙,从而提高了它们的渗透性,故有利于成矿流体的进入而发生流体与岩石的物质交换反应,而使成矿物质富集沉淀成矿,尤其碳酸盐岩地层,往往与岩浆热液发生水岩反应而形成矽卡岩体,例如梨子山铁钼矿床、罕达盖铁铜矿床等。

(3)岩浆岩对成矿的控制作用。岩浆岩对成矿的控制作用主要表现出如下几点:

①与斑岩型铜钼矿床有关的中酸性侵入岩。本区与斑岩型铜钼矿有关的花岗岩类型较多,主要有为中酸性深成花岗岩、超浅成—浅成侵入岩,岩性组分为中粗粒斑状花岗岩、细粒二长花岗岩、花岗斑岩,呈岩株、岩枝状产出。

②与斑岩型银铅锌矿床有关的酸性侵入岩。与斑岩型银、铅锌矿床有关的超浅成—浅成酸性侵入岩侵位于中生代断隆区一侧,其岩石类型为花岗斑岩和石英二长斑岩。它们呈不规则状岩脉、岩墙状近环形产出。花岗岩岩浆起源于下地壳,具深源浅成的特点,为典型Ⅰ型花岗岩。

③与铁锌、钨矿床有关的酸性侵入岩。这类酸性侵入岩主要为黑云母花岗岩、花岗岩、正长花岗岩,岩石化学成分为过铝质偏碱性花岗岩,花岗岩岩浆起源于上地壳,多为 S 型花岗岩。

④与铬铁矿有关的超基性—基性侵入岩。形成铬铁矿床的超基性岩为斜辉橄榄岩,它的岩石化学成分特征为:$SiO_2$(30.55%~33.33%)、$TiO_2$(0.004%~0.03%)、$Al_2O_3$(0.34%~1%)、$Cr_2O_3$(0.11%~0.36%)、$Fe_2O_3$(3.13%~5.43%)、FeO(2.43%~4.71%)、MnO(0.1%~0.142%)、CaO(0.09%~0.28%)、MgO(39.23%~42.29%)、$Na_2O$(0.031%~0.16%)、$K_2O$(0.008%~0.01%)、$H_2O^+$(14.61%~17.99%)。$SiO_2$、$Al_2O_3$含量低,贫 Ca,富 Mg,及 $Cr_2O_3$、$H_2O^+$含量高(邵和明,2002)。

2)矿床的空间分布规律

(1)矿床沿深断裂带两侧呈线形带状分布。西伯利亚陆块南东缘活动大陆边缘中的五岔沟-东乌旗-查干敖包深断裂带两侧分布着不同时代、不同矿床类型和不同矿种及不同矿床规模的矿床,其北侧分布有海西期矽卡岩型铜铁钼矿床和燕山期斑岩型及热液型铜铅锌钨钼铁银矿床;其南侧形成与蛇绿岩有关的铬铁矿床及燕山期金矿床(古利库金矿)和铜钼矿床(太平沟钼矿、比鲁甘干铜钼矿)

(2)与残余洋壳有关的铬铁矿床和基性岩浆有关的铜金矿床分布在陆块碰撞缝合带内。

(3)古生代褶皱系内中酸性花岗岩带控制了接触交代型、斑岩型、热液型铁、铁钼、钼、铍、铜、金矿床及萤石矿床。

(4)晚古生代矿床集中分布在前中生代古海盆边缘与中生代隆起带重叠部位。

3)矿床的时间分布规律

本成矿带内主要矿床相关成矿年代的测试数据显示,本区主要成矿期为海西期和燕山期,燕山期内以燕山晚期晚阶段为主,成矿年龄多集中于135～120Ma之间,见表9-4。

**表9-4 东乌旗-嫩江成矿带(Ⅲ-6)矿床成矿时代一览表**

| Ⅲ级成矿带 | 矿床成因类型 | 成矿期 | 矿床名称 |
|---|---|---|---|
| Ⅲ-6东乌旗-嫩江成矿带 | 岩浆熔离-热液交代型矿床 | 泥盆纪 | 哈拉图庙镍矿 |
| | 蛇绿岩型 | 泥盆纪—石炭纪 | 赫格敖拉铬铁矿 |
| | 矽卡岩型 | 辉钼矿Re-Os等时线年龄为(140.7±1.8)Ma(聂凤军,2007),黑云母花岗岩SHRIMP锆石U-Pb年龄为(136.9±1.5)Ma(陈郑辉等,2005) | 朝不楞铁多金属矿床 |
| | 热液型 | 燕山早期 | 吉林宝力格银矿 |
| | 热液型 | 燕山期 | 乌日尼图钨钼矿 |
| | 隐爆角砾岩-火山热液型 | 早白垩世中晚期(121～97.2)Ma(朱群,2004) | 古利库金矿 |
| | 矽卡岩型 | 海西中期 | 梨子山铁钼矿 |
| | 矽卡岩型 | 海西中期<br>石英闪长岩(308.8±1.2)Ma/U-Pb(武利文,2007) | 罕达盖铁铜矿 |
| | 斑岩型 | 细粒二长花岗岩中辉钼矿Re-Os等时线年龄为(134.1±3.3)Ma,白垩纪早期(陶继雄,2009) | 乌兰德勒铜钼矿 |
| | 热液型 | 花岗闪长岩中铅锌矿石SHRIMP锆石U-Pb年龄为320.8～297Ma(陈郑辉等,2005) | 苏尼特左旗武花敖包铅锌矿 |
| | 斑岩型 | 花岗斑岩SHRIMP谐和年龄为(131.1±0.9)Ma;辉钼矿Re-Os等时线年龄为(130.1±1.3)Ma(王圣文,2009) | 太平沟钼矿 |
| | 次火山热液型 | 侏罗纪 | 奥尤特铜矿 |
| | 海相火山岩型 | 二叠纪 | 小坝梁铜金矿 |
| | 热液型 | 二叠纪 | 欧布拉格铜金矿 |
| | 矽卡岩型 | 石炭纪 | 罕达盖铁铜矿 |
| | 矽卡岩型 | 燕山早期 | 查干敖包银锌矿 |
| | 热液型 | 燕山早中期 | 阿尔哈达铅锌银矿 |

从矿床类型分析，晚古生代矿床类型有海相基性—中酸性火山岩型矿床，与中酸性岩浆岩有关的接触交代型矿床及热液型矿床；与残余洋壳有关的岩浆熔离型(蛇绿岩型)矿床。

中生代有与中酸性侵入岩(包括深成花岗岩及浅成斑岩体)有关的斑岩型矿床、热液型矿床；与陆相火山岩有关的火山-次火山热液型矿床。

新生代有火山岩型矿床、砂金铂型矿床、蒸发岩型矿床、沉积型矿床。

金属矿床的成矿主元素由太古宙—中生代变化如下：晚古生代 Fe、Cu、Zn、Mo、Au、Cr、→中生代 Sn、Cu、Pb、Zn、Mo、W、Ag、B。由此表明，从晚古生代到中生代，成矿物质组分具有由少到多的变化趋势。

### 3. 矿床成矿系列划分

依据本成矿带内地质背景、区域成矿特征、典型矿床综合研究，划分出 4 个矿床成矿系列，进一步划分为 6 个成矿亚系列和 17 个矿床式，见表 9-2。

(1)贺根山-小坝梁地区与海西期超基性—基性岩浆活动有关的铬、铜、金矿床成矿系列($Pz_2$-06)。

①与海西期超基性岩浆活动有关的铬矿床成矿亚系列($Pz_2$-06a)。该成矿亚系列集中分布于东乌旗西南侧，位于蛇绿混杂岩带中，主要岩石类型为斜辉橄榄岩和纯橄榄岩。成矿类型为蛇绿岩型铬铁矿矿床，代表性矿床为赫格敖拉铬铁矿。成矿期为晚泥盆世—早石炭世。

②与海西期基性岩浆活动有关的铜、金矿床成矿亚系列($Pz_2$-06b)。该亚系列主要分布于大兴安岭西坡富铅锌-富银-铜成矿带。晚海西期，东乌旗地区仍有多个晚石炭世—早二叠世残余海盆或新生的裂陷海槽，并发育优地槽型沉积物。在某些地段较强的裂陷，出现枕状基性熔岩和细碧角斑岩建造。其中，在小坝梁一带，沿早海西期陆块缝合带出现北东向的中基性火山熔岩。在黄岗梁—大石寨一线则出现北东向的细碧角斑岩建造。与上述的晚石炭世—早二叠世海相拉斑玄武岩相伴的少量中基性侵入体和辉绿岩，也是这一时期构造岩浆作用的产物之一。与这一套海相火山岩及其辉绿岩有关的矿产主要是铜、金，其成因类型为热液型，代表性矿床式为小坝梁式。成矿期为晚石炭世—早二叠世。

(2)罕达盖-梨子山地区与海西期基性—中酸性岩浆活动有关的铁、钼、铜、铍、硫铁矿矿床成矿系列($Pz_2$-07)。

①与海西期中酸性岩浆活动有关的铁、铜、钼矿床成矿亚系列($Pz_2$-07a)。该亚系列主要分布于东乌旗—梨子山一带，该区以大量出现古生代沉积变质岩系及海西期花岗岩为特征，在上述岩体与地层的接触带，形成大量矽卡岩型铁铜、铁钼等铁多金属矿床。代表性矿床有罕达盖铁铜矿及梨子山铁钼矿等，成矿期为泥盆纪—石炭纪。

②与海西期酸性岩浆活动有关的铍矿床成矿亚系列($Pz_2$-07b)。该亚系列分布于鄂温克自治旗一带，该区以大量出现古生代沉积变质岩系及海西期花岗岩为特征，在海西期中酸性岩浆活动晚期，沿北东向构造裂隙形成大量的含铍绿柱石石英脉。成矿类型为热液型，代表性矿床为一二七铍矿，成矿期为海西期。

(3)红格尔-东乌旗地区与燕山期中酸性岩浆活动有关的铁、锌、铅、铜、金、钨、钼、银矿床成矿系列($Mz_2$-03)。

①与燕山期酸性岩浆活动有关的铁、锌、铅、铜、金、钨、钼、银矿床成矿亚系列($Mz_2$-03a)。该亚系列分布于东乌旗北部，区内主要为泥盆纪—二叠纪等晚古生代沉积地层及大量的燕山期中酸性深成侵入岩和浅成斑岩体。其成矿特征主要表现为在上述地层与岩体接触带、岩体内部的构造破碎带形成矽卡岩型铁锌矿，及热液型钨、钼、银、铅锌矿床，代表性矿床有朝不楞铁矿、吉林宝力格银矿、阿尔哈达铅锌矿及沙麦钨矿等，成矿期为燕山期。

②与燕山期超浅成—浅成酸性岩浆活动有关的铜、金、银矿床成矿亚系列($Mz_2$-03b)。本亚系列主

要分布在大兴安岭中北部东坡及二连-东乌旗成矿带，成矿与燕山期火山-侵入杂岩分异晚期的浅成斑岩体有关，岩性为英安斑岩、闪长玢岩、花岗闪长斑岩、石英斑岩和长石石英斑岩等。代表性矿床为太平沟铜钼矿、古利库金银矿、奥尤特铜矿及乌兰德勒铜钼矿等，成矿类型为斑岩型、隐爆角砾岩型及次火山热液型。

(4)索伦山-贺根山地区与第四纪风化作用有关的镍、菱镁矿矿床成矿系列(Cz-02)。该矿床成矿系列分布于东乌旗及索伦山一带第四纪风化壳中，为表生风化作用产物，成矿特征为形成风化壳型镍矿床及菱铁矿床。成矿期为第四纪(?)。

#### 4. 区域成矿模式及成矿谱系

该成矿带横亘于内蒙古自治区北部及东部，东西全长大于1200km，是极具找矿前景的成矿带之一，根据本成矿带地质背景及区域成矿特征，分别建立了与海西期超基性—基性—中酸性岩浆活动有关的铬、铁、铜、金、钼矿床区域成矿模式和与印支期、燕山期中酸性岩浆活动有关的钨、钼、铋、铁、金、萤石矿床区域成矿模式，见图9-17和图9-18。

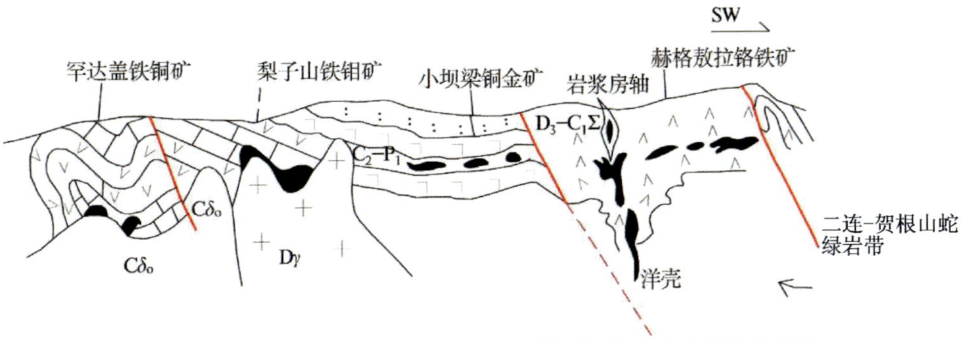


| 成矿期 | 海西中期(308.8±1.2)Ma | 海西早、中期 | 海西中晚期 | 海西早期 |
|---|---|---|---|---|
| 矿床式 | 罕达盖式 | 梨子山式 | 小坝梁式 | 赫格敖拉式 |
| 成矿环境 | 造山带；海西期构造-岩浆活动带 | | 边缘海盆地 | 大洋环境 |
| 主成矿元素 | Cu、Fe | Fe、Mo | Cu、Au | Cr |
| 成因类型 | 矽卡岩型 | 接触交代型 | 海相火山岩型 | 蛇绿岩型 |
| 蚀变类型 | 矽卡岩化、角岩化、硅化、碳酸盐化 | 矽卡岩化、绢云母化、绿泥石化 | 绿泥石化、绢云母化、次闪石化、青磐岩化 | 蛇纹石化、碳酸盐化 |

Cδo 石炭纪石英闪长岩　Dγ 泥盆纪花岗岩　Dγ 晚泥盆世—早石炭世超基性岩　变质砂岩
凝灰岩　橄榄岩　细碧岩　灰岩
矿体　断层　安山岩

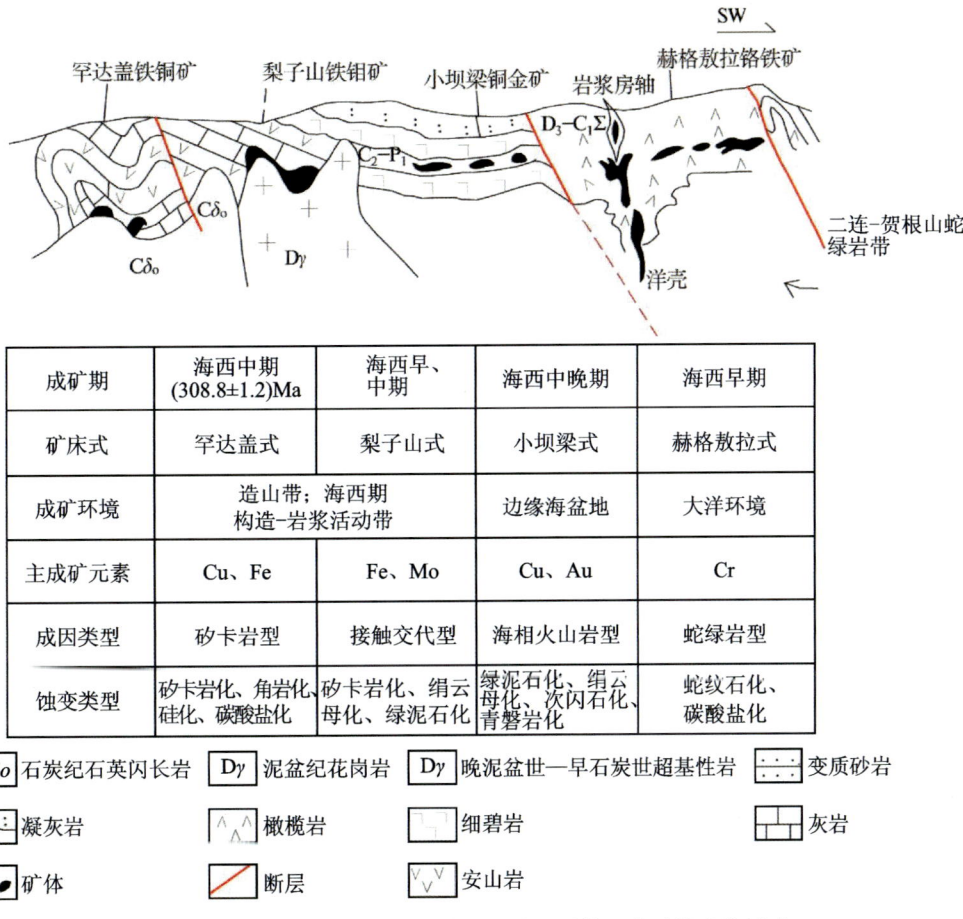

图9-17　东乌旗-嫩江与海西期超基性—基性—中酸性岩浆活动有关的铬、铁、铜、金、钼矿床区域成矿模式

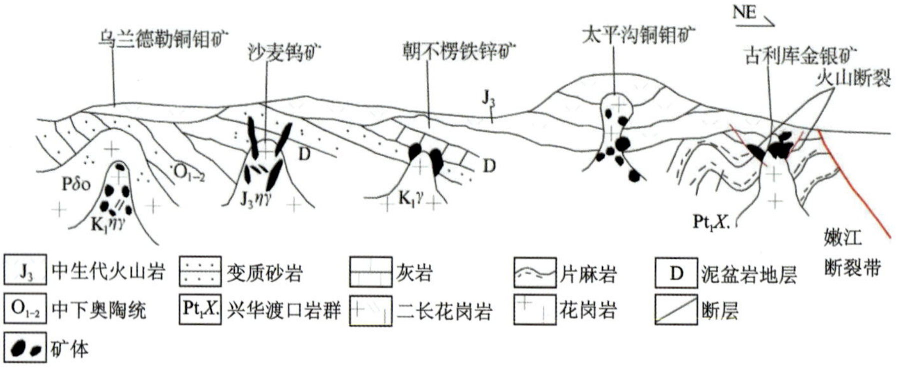


| 成矿时代(Ma) | 134.1±3.3 | 燕山晚期 | 辉钼矿Re-Os 140.7±1.8 | 辉钼矿Re-Os 130.1±1.3 | 121～97.2(K-Ar) |
|---|---|---|---|---|---|
| 矿床式 | 乌兰德勒式 | 沙麦式 | 朝不楞式 | 太平沟式 | 古利库式 |
| 岩浆岩性质 | 粗粒二长花岗岩 | 中粗粒二长花岗岩S型 | 细粒—中粗粒花岗岩 | 花岗斑、次英安岩 | 高钾钙碱性中酸性陆相火山岩 |
| 主成矿元素 | Cu、Mo | W | Fe、Zn | Cu、Mo | Au、Ag |
| 成因类型 | 斑岩型 | 岩浆热液型 | 矽卡岩型 | 斑岩型 | 浅成低温热液型 |
| 成岩温度(℃) | | 260～320 | | | 235～280 |
| 蚀变类型 | 云英岩化、钾长石化、硅化 | 铁白云母化、云英岩化、硅化、黄铁矿化 | 矽卡岩化、角岩化 | 绢云母化、绿帘石化、硅化、钾长石化 | 硅化、绢云母化、高岭土化、冰长石化、黄铁矿化 |

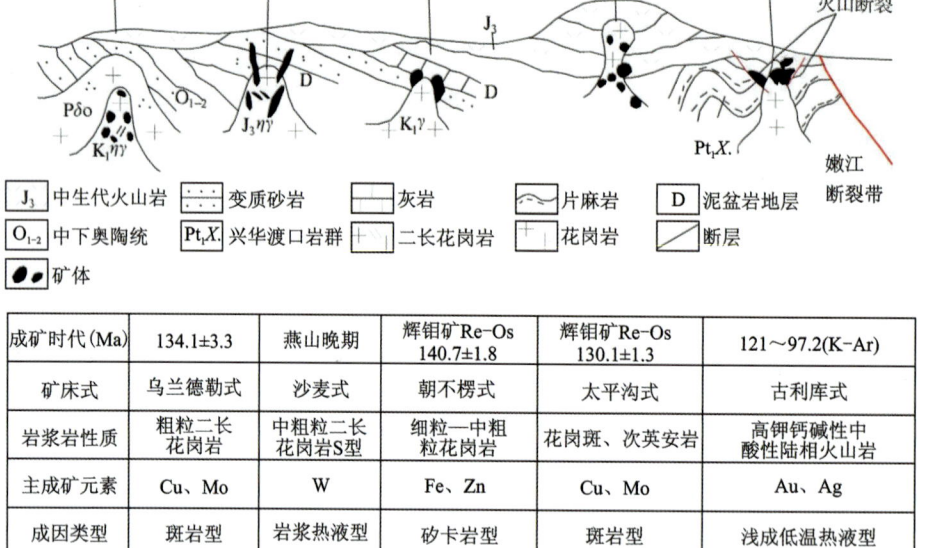

图 9-18　东乌旗-嫩江与印支期、燕山期中酸性岩浆活动有关的钨、钼、铋、铁、金、萤石矿床区域成矿模式

## 七、白乃庙-锡林郭勒铁、铜、钼、铅、锌、锰、铬、金、锗、煤、天然碱、芒硝成矿带(Ⅲ-7)

### 1. 区域成矿地质背景

本成矿带南界以槽台断裂为界，西北侧以阿尔金断裂为界，北侧为二连-贺根山断裂，东侧沿锡林浩特市—镶黄旗一线与林西-孙吴成矿带为界。大地构造单元属大兴安岭弧盆系、索伦山-西拉木伦结合带、包尔汉图-温都尔庙弧盆系及额济纳旗-北山弧盆系等多个二级单元，跨越多个三级大地构造单元，包括哈布其特岩浆弧、巴音戈壁弧后盆地、宝音图岩浆弧及锡林浩特岩浆弧的中西段、索伦山蛇绿混杂岩带和宝音图岩浆弧，详见本成矿带地质矿产简图(图 9-19)。

本区地质背景属古亚洲洋构造域，为华北陆块北部近东西向展布的巨大陆缘俯冲-碰撞造山带，其内发育复理石建造，硅质岩建造，细碧角斑岩建造，混杂堆积、磨拉石建造等板缘造山带常见的典型建造类型。在贺根山、索伦山、温都尔庙-西拉木伦河等地区，形成多期蛇绿岩套，发育加里东期与海西期岛弧型火山岩带和多期强烈的中酸性侵入岩系。

本区的地质构造演化基本与林西-孙吴成矿带相似，但亦有所不同。本区有宝音图微地块、艾勒格庙-锡林浩特微地块、白乃庙-温都尔庙微地块等嵌布在古亚洲洋内，同时这些组成微地块的地层中亦都赋存与海相火山岩相关的铁、金、铜、钼等矿床。早古生代古亚洲洋开合过程中，本区处于火山岛弧环境，堆积了钙碱性火山岩，并有金、铜成矿作用。晚石炭世裂陷海槽沉降中心在本区，堆积碎屑岩、火山岩和碳酸盐岩，并有与火山岩相关的铜、金、铅、锌成矿作用，同时还有与晚石炭世侵位的超基性岩相关的铜、铬成矿作用。

中生代形成近东西向和北东向展布的断陷盆地，但火山活动较弱，堆积了含煤建造，但燕山期花岗

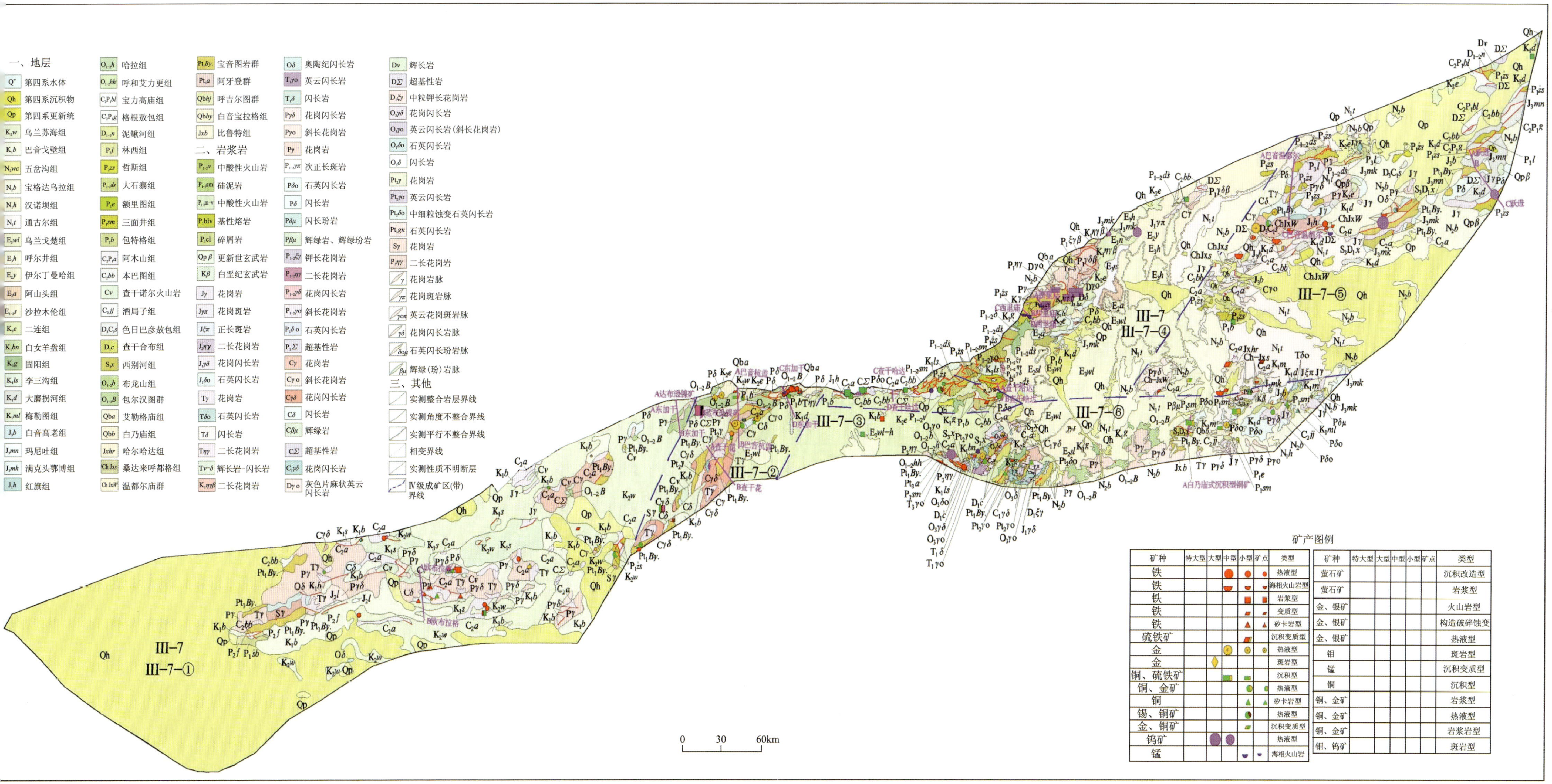


图 9-19　白乃庙-锡林郭勒成矿带（Ⅲ-7）地质矿产图

岩类分布较广并与金、铜、萤石的成矿作用有着重要的关系。

1)Ⅲ-7-①乌力吉-欧布拉格铜、金成矿亚带

本区出露地层主要有古元古代宝音图岩群片岩、片麻岩，早石炭世本巴图组火山岩、阿木山组碳酸盐岩，早二叠世双宝塘组、金塔组碎屑岩及火山岩。中生代为陆相碎屑沉积岩及中基性火山岩。侵入岩有泥盆纪—石炭纪超镁铁质—镁铁质岩、辉长岩、闪长岩及花岗岩，二叠纪、三叠纪及侏罗纪花岗岩主要分布于宝音图及苏尼特左旗一带，区内构造表现为形成褶皱、断裂及韧性剪切带。该成矿亚带有热液型欧布拉格铜金矿、东德乌苏金矿，赋矿地层为石炭纪本巴图组中酸性火山岩。

2)Ⅲ-7-②查干此老-巴音杭盖金成矿亚带

该成矿亚带位于中蒙边境，狼山北东向构造带的北东端。它是古亚洲洋中的一个由古元古代宝音图岩群组成的古地块，在北端有中元古代温都尔庙群浅变质岩系及古生代奥陶纪和志留纪地层分布。该区在中生代经历了滨西太平洋活动大陆边缘构造发育阶段，因而形成了一批燕山晚期成矿的金矿床及金矿点。目前已知有 3 个热液型金矿床(巴音杭盖、查干此老、图古日勒)。新发现达布逊镍矿床和查干花大型斑岩型钼钨铋矿床，赋矿地质体分别为石炭纪超镁铁质岩及三叠纪二长花岗岩-花岗闪长岩。

3)Ⅲ-7-③索伦山-查干哈达庙铬、铜成矿亚带

该成矿亚带位于中蒙边境地区，总体位于索伦山蛇绿岩带东段，出露石炭纪本巴图组、阿木山组，二叠纪大石寨组、哲斯组；中生代为河湖相碎屑岩。侵入岩有泥盆纪—二叠纪蛇绿岩、二叠纪二长花岗岩及浅成斑岩体。构造以断裂和褶皱构造为主，逆冲推覆构造发育。本区成矿期主要集中于石炭纪，形成与本巴图组火山岩有关的查干哈达庙、克克齐沉积型铜矿和与蛇绿岩有关的索伦山等铬铁矿床。

4)Ⅲ-7-④苏木查干敖包-二连锰、萤石成矿亚带

本成矿亚带位于四子王旗北部，区内出露地层主要有中新元古代温都尔庙群，早石炭世本巴图组、早中二叠世大石寨组及哲斯组、晚侏罗世中酸性火山岩、早白垩世大磨拐河组及晚白垩世二连组碎屑岩、古近纪及新近纪陆相-河湖相碎屑岩。侵入岩构成北东向构造岩浆岩带，主要为泥盆纪超基性岩、辉长岩、闪长岩、花岗闪长岩，早二叠世二长花岗岩及早白垩世花岗岩等。大石寨组板岩及火山凝灰岩中产出特大型沉积改造热液型萤石矿、与火山构造有关的火山热液型锰矿床及与超基性岩有关的镍矿床。

5)Ⅲ-7-⑤温都尔庙-红格尔庙铁、金、铜、钼成矿亚带

该成矿亚带位于苏尼特右旗—阿巴嘎旗一线，出露地层有古元古代宝音图岩群、中元古代温都尔庙群桑达来呼都格组及哈尔哈达组，志留纪—泥盆纪西别河组，中晚泥盆世色日巴彦敖包组，石炭纪本巴图组及阿木山组，二叠纪大石寨组及哲斯组，中生代陆相火山岩零星分布。侵入岩有石炭纪—二叠纪超基性—基性及中酸性侵入岩，三叠纪二长花岗岩、花岗闪长岩。区内北东向断裂构造发育，苏尼特左旗一带三叠纪花岗岩中韧性剪切作用显著，形成大规模的韧性变形带及与其有关的白彦温都尔热液型金矿床，铁矿床的形成以中元古代温都尔庙群为赋矿围岩的海相火山岩型铁矿为主，发生了高绿片岩-低角闪岩相变质作用。铜钼矿床的形成主要与印支期—燕山期斑状花岗岩有关，代表性矿床为比鲁甘干铜钼矿。

6)Ⅲ-7-⑥白乃庙-哈达庙铜、金、萤石成矿亚带

该成矿亚带位于华北陆块北缘深断裂北侧，出露地层有古元古代片麻岩、变粒岩，新元古代白乃庙组基性—中酸性火山岩及其碎屑岩，早古生代中、晚志留世地层和晚古生代基性—中酸性火山岩及二叠纪火山岩及其碎屑岩，中生代晚侏罗世酸性火山岩及其碎屑岩。岩浆活动强烈，与铜成矿有关地层为新元古代白乃庙组，其内形成沉积型铜钼矿，后期叠加斑岩型铜矿化。而与金成矿有关的岩浆岩为海西晚期花岗岩和燕山早期超浅成花岗斑岩。该区构造呈东西向展布，而控制该区成矿的断裂构造为白乃庙-镶黄旗断裂，其与北东向断裂交会处，则往往是金矿床成矿的有利部位。目前该区已知的金矿床类型有斑岩型(哈达庙、毕力赫)和热液型(白乃庙)，及白乃庙铜钼矿床中的伴生金矿，石炭纪本巴图组火山-沉积岩系中形成热水沉积型别鲁乌图铜硫铁矿床。

### 2. 区域成矿规律

1)控矿地质因素

(1)构造对成矿的控制作用。

①成矿地质构造环境的控矿作用。中—新元古代,本区(阿巴嘎旗-锡林浩特市成矿带)是在以洋壳为基底的海沟环境下形成与超基性—基性火山岩浆活动有关的铁矿床,而在新元古代火山弧环境内形成与中基性—中酸性火山-侵入活动有关的铜钼矿床。

古生代,板块体制发育,在古亚洲洋洋盆成生发育、消亡的过程中,在不同的构造环境内发生不同的成矿作用。奥陶纪在沟-弧-盆环境内形成与海相化学沉积有关的锰矿床;在石炭纪洋盆拉张构造环境中,由于地幔物质上涌,形成与洋壳相关的岩浆熔离型铬、镍矿床,在火山弧环境中则形成海相火山-沉积型铜硫矿床;在二叠纪形成与岩浆活动有关的斑岩型金铜矿及热液型萤石、锰矿床。

中生代滨西太平洋活动大陆边缘构造环境形成了印支期侵入岩带和燕山期火山-岩浆构造带,并形成与印支期中酸性侵入岩有关的斑岩型钼钨铋矿床和热液型金矿床;燕山期形成与陆相中酸性火山-侵入杂岩相关的斑岩型和热液型钨、铜钼、铁、钨、萤石等矿床。

②区域性深断裂构造带对成矿的控制作用。川井-化德深断裂构造带控制了其北侧的不同类型铜硫、钨、钼、铋、金矿床的分布,特别是其派生的北西向构造带就是上述矿床的定位空间。

③基底构造与新生构造的联合控矿作用。华北陆块及其北侧古亚洲构造域的区域性构造基本上是近东西向展布,它们能控制的矿带亦是呈近东西向延展的。而进入中生代后,由于滨西太平洋活动大陆边缘的作用,一方面新生的区域性构造带呈北东—北北东向延展,另一方面原先的基底构造亦发生活化,在这两组构造交会处往往是不同矿床的定位空间。

④韧性剪切变形变质带的控矿作用。韧性剪切变形变质带,尤其是韧—脆性剪切变形变质带的控矿性在本区表现较为明显,这是因为在剪切变形变质带的形成过程中会产生不同方向的裂隙构造带,例如苏尼特左旗巴彦温都尔金矿即为韧—脆性剪切变形变质带内赋存的构造蚀变岩型金矿床。

⑤火山构造的控矿作用。本区燕山期构造岩浆活动亦表现得较为明显,火山机构、火山断裂及火山喷发后期形成的高位浅成斑岩型是重要的含矿建造,如毕力赫及哈达庙均为与浅成斑岩体有关的斑岩型金矿。

(2)地层对成矿的控制作用。本区地层对成矿的控制作用主要表现在如下几个方面。

①成岩过程中直接成矿。中元古代温都尔庙群中的温都尔庙、大敖包等铁矿床,新元古代白乃庙群的铜钼矿床;早石炭世与海相基性—中酸性火山-沉积岩有关的铜、铜硫矿床等都是在地层岩石形成的同时,成矿物质大量富集而形成的。

②地层与成矿流体发生水岩反应,为成矿流体沉淀提供空间。地层中富钙质的砂岩、粉砂岩、板岩等与中酸性侵入岩的成矿流体在外接触带内发生碱质交代,形成蚀变岩,从而促使成矿物质沉淀富集,形成热液脉状矿体,例如苏莫查干敖包超大型层状热液交代型萤石矿床的形成就是在海西晚期花岗岩与哲斯组结晶灰岩、酸性流纹岩的外接触带,进行了强烈的交代作用而形成的。

(3)岩浆岩对成矿的控制作用。在超基性—基性岩中形成铬铁、镍矿床,总的岩石化学特点是:$SiO_2$、$Al_2O_3$低,贫Ca,富Mg,及$Cr_2O_3$、$H_2O^+$含量高。

①与斑岩型铜金、金矿床有关的中酸性侵入岩。本区与斑岩型金矿床有关的侵入岩为中酸性超浅成—浅成侵入岩,岩性组分为花岗闪长斑岩-二长花岗斑岩-花岗斑岩,呈岩株、岩枝状产出。岩浆来源与外围火山岩同源且来源深,是起源于下地壳—上地幔岩浆的衍生物。它们侵位于古生代火山盆地靠断隆一侧,这类矿床主要有毕力赫金矿和欧布拉格铜金矿床。

②与斑岩型铜钼钨矿床有关的酸性侵入岩。这类酸性侵入岩主要为黑云母花岗岩、斑状花岗岩、花岗闪长岩。花岗质岩浆起源于下地壳,但混染了上地壳物质。这类矿床有查干花钼钨矿床和比鲁甘干铜钼矿床。

2）矿床的空间分布规律

（1）矿床沿深断裂带两侧呈线形带状分布。华北陆块北缘深断裂带两侧呈北东向分布着不同时代、不同矿床类型和不同矿种及不同矿床规模的矿床，分布有新元古代与海相基性—中酸性火山-侵入岩有关的白乃庙铜钼矿（中型）；与海相基性火山-沉积作用有关的温都尔庙式铁矿床，大敖包、白音敖包铁矿床；古生代与海相基性—中酸性火山-沉积岩有关的别鲁乌图、查干哈达庙铜多金属矿床，热液型白乃庙金矿床、欧布拉格铜金矿及斑岩型毕力赫金矿、哈达庙金矿；中生代斑岩型钨钼矿、比鲁甘干铜钼矿及热液型钨矿床和萤石矿床。

（2）与残余洋壳有关的铬铁、镍矿床分布在板块碰撞缝合带内。

（3）古生代褶皱带内的前寒武纪基底隆起区分布中元古代与海相基性—中酸性火山-侵入岩有关的铜钼、铁矿床。

（4）晚古生代与海相中基性—中酸性火山-沉积岩系有关的铜硫矿床。

3）矿床的时间分布规律

本成矿带内典型矿床及有确切成矿年代资料显示，本成矿带内成矿期主要有中—新元古代、海西期、印支期和燕山期，加里东期亦有少量分布，见表 9-5。

**表 9-5　白乃庙-锡林浩特成矿带（Ⅲ-7）成矿时代一览表**

| Ⅲ级成矿带 | 矿床成因类型 | 成矿期 | 矿床名称 |
|---|---|---|---|
| Ⅲ-7 白乃庙-锡林浩特成矿带 | 火山热液型 | 二叠纪 | 西里庙锰矿 |
| | 沉积变质型 | 奥陶纪 | 东加干锰矿 |
| | 岩浆熔离型 | 海西中期 | 达布逊镍矿 |
| | 蛇绿岩型 | 早二叠世 | 索伦山铬铁矿 |
| | 中低温热液型 | 粗粒斑状黑云母二长花岗岩 U-Pb 一致线年龄为 220Ma（三叠纪）（徐备，1995） | 巴彦温都尔金矿 |
| | 热液型 | 海西晚期花岗闪长斑岩 K-Ar 同位素地质年龄为 240Ma | 白乃庙金矿 |
| | 岩浆热液-石英脉型 | 海西中期 | 巴音杭盖金矿 |
| | 热液型 | 晚石炭世—早二叠世，花岗闪长岩 SHRIMP 年龄为 320～297Ma（陶继雄，2009） | 苏尼特左旗武花敖包钼矿 |
| | 斑岩型 | 辉钼矿 Re-Os 等时线年龄为（271.3±1.7）Ma（张文钊，2010） | 毕力赫金矿、哈达庙金矿 |
| | 斑岩型 | 中二叠世辉钼矿 Re-Os 等时线年龄为（242.7±3.5）Ma（蔡明海，2011） | 查干花钼钨铋矿 |
| | 斑岩型 | 侏罗纪 | 比鲁甘干铜钼矿 |
| | 火山-沉积型 | 石炭纪 | 查干哈达庙、别鲁乌图铜多金属矿 |
| | 沉积型 | U-Pb 法：（1130±16）Ma，白乃庙北矿带容矿斑岩中辉钼矿 Re-Os 年龄为（444±30）Ma（陈衍景，2009） | 白乃庙铜钼矿 |

续表 9-5

| Ⅲ级成矿带 | 矿床成因类型 | 成矿期 | 矿床名称 |
|---|---|---|---|
| Ⅲ-7 白乃庙-锡林浩特成矿带 | 海相火山岩型 | U-Pb 法:1691Ma;<br>Sm-Nd 法:1511Ma(邵和明,2002) | 白云敖包铁矿 |
| | 热液型 | 铜-金矿体中石英的$^{40}Ar/^{39}Ar$年龄为(264.26±0.46)Ma(李俊健,2010) | 欧布拉格铜金矿 |
| | 似层状热液交代型 | 萤石的 K-Ar 年龄为 141.5Ma(邵和明,2002) | 苏莫查干敖包萤石矿 |

从矿床类型种类分析,中元古代为变质海相火山-沉积型矿床;早古生代有海相沉积型锰矿床;晚古生代矿床类型有海相火山-沉积型铜硫矿床、与中酸性岩浆岩有关的斑岩型及热液型矿床、与残余洋壳有关的岩浆熔离型矿床。

印支期有与中酸性侵入岩有关的斑岩型钼钨矿床及热液型金矿床;燕山期有热液型钨矿床和斑岩型铜钼矿床。

金属矿床的成矿主元素由中元古代 Fe、Cr→新元古代 Cu、Mo→早古生代 Mn→晚古生代 Cu、Au、S、Fe、Cr 、Ni→印支期 Mo、W、Bi、Au→燕山期 Mo、W、Cu、Pb、Zn、Ag、Au,即具有成矿元素由少到多的变化趋势。

**3. 矿床成矿系列划分**

依据本成矿带内地质背景、区域成矿特征、典型矿床综合研究,划分出 5 个矿床成矿系列,进一步划分为 6 个成矿亚系列和 16 个矿床式,见表 9-2。

(1)红格尔庙-温都尔庙地区与中新元古代基性—中酸性岩浆活动有关的铁、铜、钼、金矿床成矿系列(Pt-05)。

①中元古代与海相基性火山喷发作用及超基性岩有关的铁矿床成矿亚系列(Pt-05a)。本亚系列分布在温都尔庙—红格尔庙一带。在成因上与大陆边缘发展阶段的海底火山喷发-侵入活动有密切联系。矿化作用以火山喷发-沉积-热液交代以及矿浆充填为主,但都不同程度地受到后期变质作用及热液活动的叠加影响。成矿时代为中元古代。代表性铁矿床有大敖包、小敖包、红格尔庙等。

②新元古代与中酸性火山活动有关的铜、钼、金矿床成矿亚系列(Pt-05b)。该亚系列分布在白乃庙地区。由于地壳强烈拉张下陷,伴随有强烈的海相火山-潜火山活动,形成了一系列的基性—酸性的火山熔岩、凝灰岩及沉积碎屑岩。矿化产于基性—酸性的熔岩和凝灰岩中,矿体呈似层状,透镜状产出,并遭受了后期变质作用及热液活动的叠加影响。矿床有白乃庙、谷那乌苏铜(钼)矿床。

(2)东加干与古生代海相沉积作用有关的锰矿床成矿系列($Pz_1$-02)。该矿床成矿系列分布于索伦山一线,形成了早—中奥陶世乌宾敖包组与浅海相沉积有关的以锰铁为主的矿层,晚期锰矿层受还原作用形成碳酸锰富集。区域变质作用和构造变动以及岩浆活动所带来的变质热水及其他热量,使锰的碳酸盐发生强烈的分解和氧化,锰质被热液带出,形成高价锰的氧化物,聚结和富集在矿层中,进一步形成具有团块状构造的锰矿层。成矿类型为沉积型,成矿时代为奥陶纪。

(3)欧布拉格-哈达庙地区与海西期超基性—基性—中酸性岩浆活动有关的铬、镍、铜、金、锰、钼、萤石矿床成矿系列($Pz_2$-08)。

①与海西期超基性—基性岩浆活动有关的铬、镍、铜矿床成矿亚系列($Pz_2$-08a)。该亚系列主要分布在达布逊—索伦山—哈拉图庙一带,矿化作用以岩浆熔离作用为主,成矿主要与海西期镁铁质—超镁铁质岩浆活动有关,成矿类型有蛇绿岩型及岩浆熔离型,但都不同程度地受到后期变质作用及热液活动的叠加影响,主要矿床有索伦山铬铁矿、达布逊镍矿和哈拉图庙镍矿。成矿时代为海西期。

②与海西期中酸性岩浆活动有关的钼、铜、金、锰、萤石矿床成矿亚系列($Pz_2$-08b)。该亚系列分布

在乌拉特后旗那仁宝力格—四子王旗—镶黄旗一带。该区主要出露石炭纪—二叠纪火山-沉积岩系及大量的海西期侵入岩；伴随强烈的海相火山-潜火山活动，形成了一系列的基性—酸性的火山熔岩、凝灰岩及沉积碎屑岩。成矿类型有热液型、斑岩型及海相火山-沉积型。代表性矿床有欧布拉格铜金矿、毕力赫金矿、查干哈达庙铜矿、西里庙锰矿和苏莫查干敖包萤石矿等。成矿时代为海西中晚期。

(4)查干花-比鲁甘干地区与印支期中酸性侵入岩有关的金、钼、铜、铋、钨矿床成矿系列($Mz_1$-04)。

①与印支期中酸性侵入岩有关的钼、铜、铋、钨矿床成矿亚系列($Mz_1$-04a)。该亚系列主要分布于乌拉特后旗巴音前达门及阿巴嘎旗等地，出露前寒武纪宝音图岩群、二叠纪海相及陆相火山-沉积岩系及海西-印支期中酸性深成花岗岩。成矿类型为与印支期中酸性侵入岩有关的斑岩型矿床，代表性矿床有查干花钼钨铋矿床和比鲁甘干铜钼矿。成矿期为印支期。

②与印支期中酸性侵入岩有关的金成矿亚系列 $Mz_1$-04b。该亚系列分布于苏尼特左旗一带，出露前寒武纪变质岩系及海西期和印支期花岗岩，成矿类型为发育于北东东向韧性剪切带内的低温热液型金矿及部分金矿点，代表性矿床为巴彦温都尔金矿，成矿时代为印支期。

(5)白银敖包与燕山期酸性岩浆活动有关的金、萤石矿床成矿系列 $Mz_2$-04。该矿床成矿亚系列主要分布于乌拉特后旗巴音前达门西宝音图隆起和达茂旗等地，成矿类型为与燕山期酸性岩浆活动有关，多沿北东向构造带产出的低温热型矿床，代表性矿床有图古日格金矿、白银敖包萤石矿等，成矿期为燕山期。

### 4. 区域成矿模式及成矿谱系

本区为华北陆块北部近东西向展布的巨大陆缘俯冲-碰撞造山带，其内发育海相火山岩建造、混杂堆积、磨拉石建造等板缘造山带常见的典型建造类型。在贺根山、索伦山、温都尔庙-西拉木伦河等地区，形成多期蛇绿岩套，发育加里东期与海西期岛弧型火山岩带和多期强烈的中酸性侵入岩系。本区主成矿元素为 Cr、Cu、Au 等，成矿期有中新元古代、古生代、三叠纪、侏罗纪。结合区内不同矿种典型矿床综合研究，初步建立本区不同成矿期区域成矿模式，分别见图 9-20 和图 9-21。

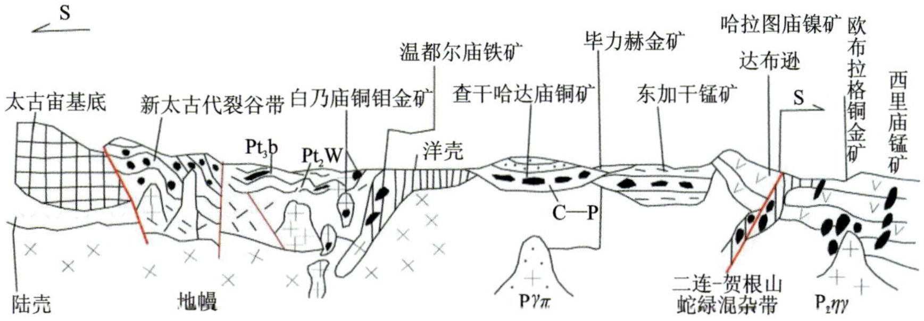


| 成矿年代(Ma) | 1130±16<br>辉钼矿Re-Os<br>444±30 | Sm-Nd法<br>1511 | 海西期 | 辉钼矿Re-Os<br>271.3±1.7 | 加里东期 | 海西中期 | 264.26±0.46 | 海西晚期 |
|---|---|---|---|---|---|---|---|---|
| 矿床式 | 白乃庙式 | 温都尔庙式 | 查干哈达庙式 | 毕力赫式 | 东加干式 | 达布逊式 | 欧布拉格式 | 西里庙式 |
| 岩浆岩或地层性质 | 弧岩浆岩 | 基性火山岩 | 本巴图组中酸性火山岩 | 花岗闪长斑岩-二长花岗斑岩 | 乌宾敖包组 | 超基性岩 | 石英斑岩、本巴图组 | 大石寨组火山岩 |
| 主要成矿元素 | Cu、Mo、Au | Fe | Cu、S | Au | Mn | Ni | Cu、Au | Mn |
| 蚀变类型 | 石英-黑云母化、石英-钾长石化、绢云母化 | 赤铁矿化、褐铁矿化 | 高岭土化、次生石英岩化 | 硅化、钾长石化、绢云母化 |  | 蛇纹石化 | 硅化、高岭土化、青磐岩化、绢云母化 |  |
| 成因类型 | 沉积型+斑岩型 | 火山沉积型 | 海相火山岩型 | 斑岩型 | 沉积型 | 蛇绿岩型 | 热液型 | 热液型 |
| 成矿环境 | 岛弧\弧后盆地 | 海沟 | 深海盆地 | 造山带-构造岩浆带 | 弧后盆地 | 大洋环境 | 海西期构造岩浆岩带 | 海西期构造岩浆岩带 |

图 9-20　白乃庙-锡林浩特与中新元古代、海西期超基性—基性—中酸性岩浆活动有关铁、铜、钼、金、镍、锰、硫矿床区域成矿模式

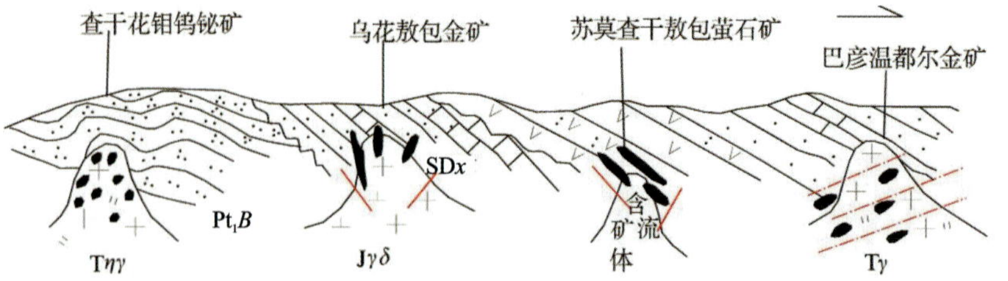


| 成矿时代(Ma) | 242.7±3.5 | 150 | 141.5/K-Ar(萤石) | 220 |
|---|---|---|---|---|
| 矿床式 | 查干花式 | 乌花敖包式 | 苏莫查干敖包式 | 巴彦温都尔式 |
| 岩浆岩性质 | 二长花岗岩 | 花岗闪长岩 | 黑云母花岗岩 | 斑状二长花岗岩 |
| 主成矿元素 | Mo、W、Bi | Au | Ca、F | Au |
| 矿床类型 | 斑岩型 | 热液型 | 似层状热液型 | 中低温热液型 |
| 成矿环境 | 古陆隆起区 | 大陆边缘燕山期构造岩浆活动带 | 燕山期陆内构造岩浆岩带 | 韧性剪切带 |
| 蚀变类型 | 硅化、云英岩化、绢云母化、钾长石化 | 绢云母化、硅化、褐铁矿化、绿泥石化 | 高岭土化 | 硅化、绢云母化、绿帘绿泥石化、高岭土化、碳酸盐化 |

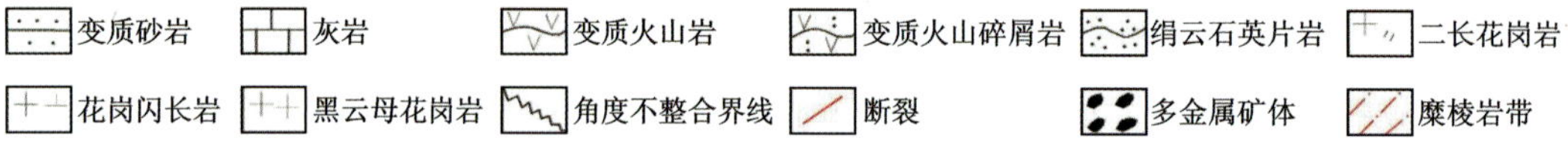

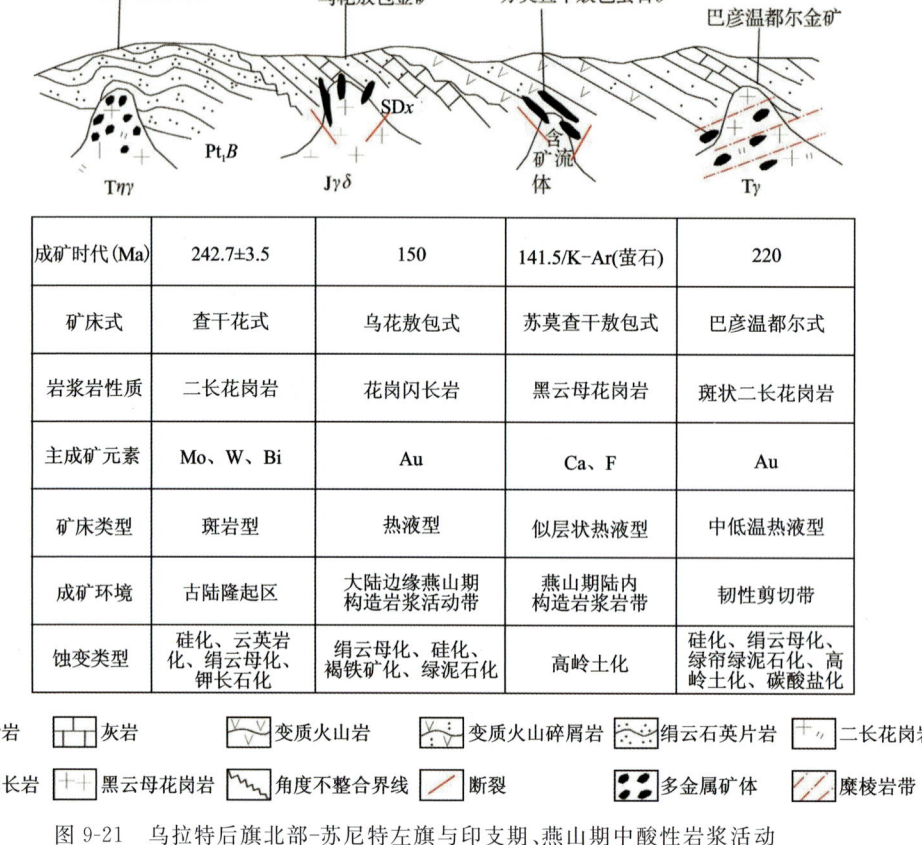

图 9-21　乌拉特后旗北部-苏尼特左旗与印支期、燕山期中酸性岩浆活动有关的钨、钼、铋、铁、金、萤石矿床区域成矿模式

## 八、突泉-翁牛特铅、锌、铜、钼、金、铬、铁、锡、银、稀土、萤石、硫铁矿成矿带(Ⅲ-8)

### 1. 区域成矿地质背景

本成矿带的北西以二连-贺根山-扎兰屯断裂为界，西界呈斜线状，即镶黄旗-锡林浩特，南界为槽台断裂，东南以嫩江-八里罕断裂为界。本区跨越了温都尔庙俯冲增生杂岩带和锡林浩特岩浆弧两个三级大地构造单元的东段，分属包尔汉图-温都尔庙弧盆系大兴安岭弧盆系两个二级大地构造单元。本区地质矿产特征见图 9-22。

早、中寒武世末华北陆块北部边缘发生裂解，由古元古代地层组成的微地块脱离华北陆块而生成古亚洲洋，早—中奥陶世在克什克腾旗五道石门一带形成洋盆，有大洋拉斑玄武岩喷发、硅质岩沉积，并有超镁铁质岩侵位而组成蛇绿岩套。在科尔沁右翼中旗西新发现大量的包尔汉图群沉积地层(含该时期凝源类化石)形成于弧后盆地环境。中奥陶世末，因洋壳俯冲而洋盆闭合。中志留世地壳再次裂开，堆积了酸性火山岩、结晶灰岩、生物碎屑灰岩。中志留世末，早古生代地层褶皱，并伴有花岗质岩浆侵入和低级区域变质作用。晚志留世沉积了海相磨拉石建造。

早泥盆世仅在赤峰地区有类复理石沉积并有基性火山活动，早泥盆世末，全区处于隆起。晚泥盆世—早石炭世早期，因二连-贺根山洋壳向南、北两侧俯冲，闭合成山，赤峰地区处于拉张状态而形成裂隙槽，故有早石炭世海相基性—中酸性火山岩堆积，早石炭世—晚石炭世海相碎屑岩和碳酸盐岩沉积。突泉—西乌旗一带晚石炭世裂陷海槽沉积了陆源碎屑岩、中酸性火山岩、碳酸盐岩。晚石炭世末期，裂

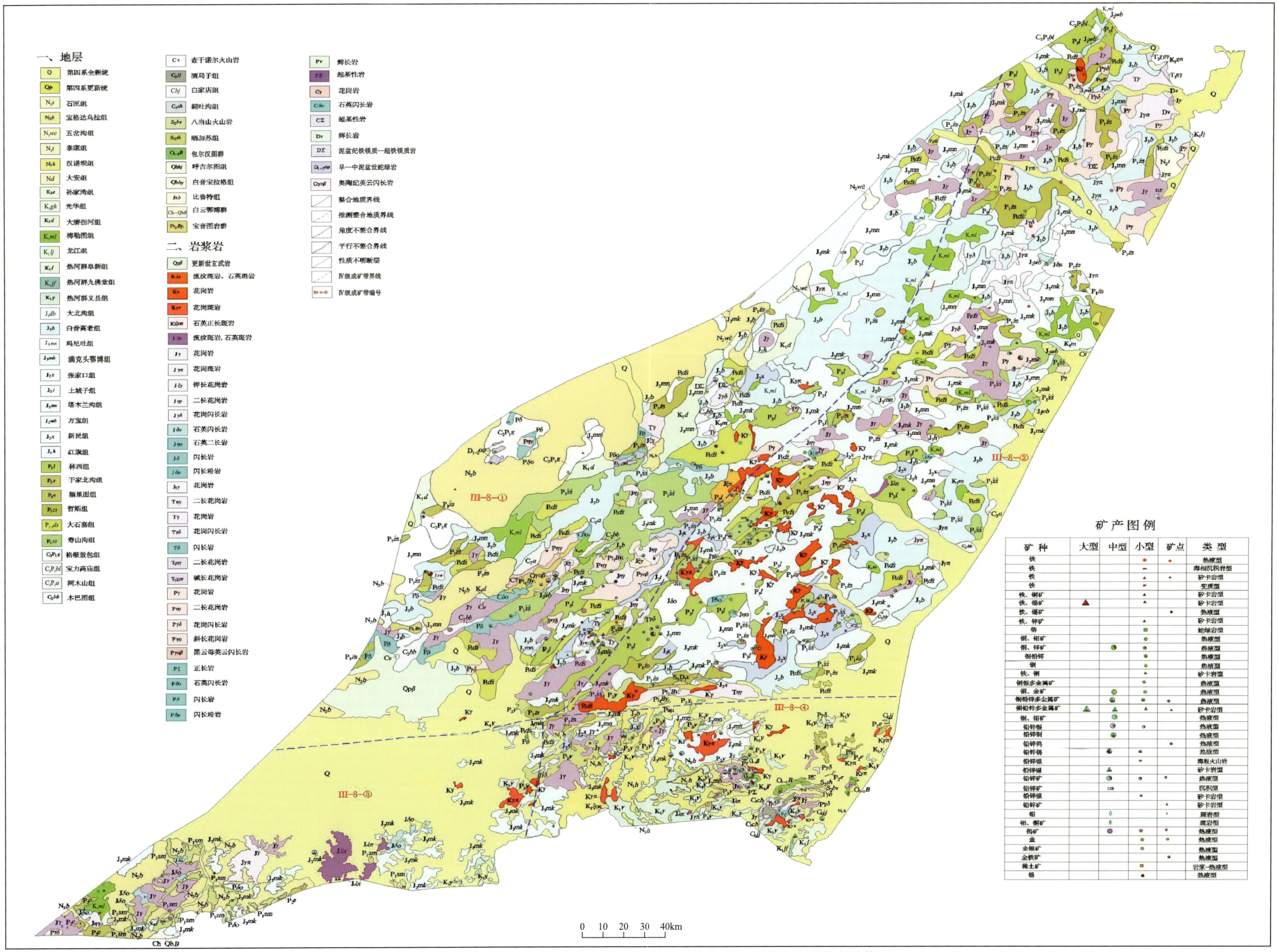


图 9-22 突泉-翁牛特铅、锌、铜、钼、金、铬、铁、锡、银、稀土、萤石、硫铁矿成矿带地质矿产简图

陷海槽萎缩，在赤峰地区沉积了海陆交互相陆源碎屑岩。

中二叠世初，裂陷槽下陷，扩张在中二叠世中期达到顶峰，故有强烈基性火山岩喷发，夹正常沉积。中二叠世晚期，地壳处于稳定，海水变浅而沉积了碳酸盐岩、碎屑岩。晚二叠世裂陷海盆渐渐闭合成陆，沉积了河湖相岩层，但以西拉木伦河为界，其北晚二叠世陆相地层含安格拉植物群化石，以南晚二叠世陆相地层含华夏植物群化石。海西期岩浆活动强烈，尤以海西晚期为主，构成走向北东和近东西向的花岗岩带。

自三叠纪开始，本区进入了滨西太平洋构造域发展阶段。早中侏罗世在断裂控制下形成串珠状的北东向断陷盆地和隆起。断陷盆地中堆积陆相含煤建造，并已有火山喷发活动。晚侏罗世—早白垩世喷发活动强烈，尤以晚侏罗世最强烈，造成巨厚的陆相火山岩堆积，火山岩性总体为基性—中性—酸性—基性的变化。

印支期侵入岩，在突泉及科尔沁右翼中旗一带已有大量发现，主要为二长花岗岩、花岗岩及花岗闪长岩。

在燕山期强烈的火山喷发活动的同时，岩浆侵入活动亦极为强烈，其中燕山早期晚阶段花岗岩、钾长花岗岩分布更为广泛。燕山晚期以钾长花岗岩和碱性花岗岩为主，但岩体规模不大，多呈岩株产出，从区域上由南东往北西方向燕山期花岗岩类、时代有变新趋势，成分有酸、碱度增高的趋向，区内众多有色金属、稀有稀土、贵金属矿床成矿作用主要与燕山期花岗质岩浆活动有关。

1）Ⅲ-8-①索伦镇-黄岗梁铁、锡、铜、铅、锌、银成矿亚带（V-Y）

该成矿亚带位于克什克腾旗—索伦镇一线西北地区，出露地层有古元古代宝音图岩群；石炭纪本巴图组、阿木山组，石炭纪—二叠纪格根敖包组，二叠纪寿山沟组、大石寨组及哲斯组；中生代河湖相碎屑岩及陆相火山岩广泛分布。侵入岩有泥盆纪蛇绿岩，石炭纪—二叠纪及燕山期中酸性侵入岩发育，早古生代侵入岩出露则相对较少。区内北东向断裂构造发育，蛇绿岩组合主要分布于西乌旗以北乌斯尼黑一线，形成蛇绿岩型铬铁矿。区内现发现有黄岗梁铁锡矿、安乐铜锡矿、毛登铜锡矿、道伦达坝铜矿、拜仁达坝银铅锌矿、花敖包特铅锌矿、巴洛哈达铜矿、沙不楞山铜铅锌矿、曹家屯钼矿、扎木钦铅锌矿。

2）Ⅲ-8-②神山-大井子铜、铅、锌、银、铁、钼、稀土、铌、钽、萤石成矿亚带（I-Y）

本区位于大兴安岭主峰中南段呈北东向展布的中生代断隆带和断陷带。区内晚古生代地层主要为二叠系，侵入岩为海西期—燕山期中酸性侵入岩及燕山期浅成斑岩体。在中生代断隆带上主要分布铅、锌、铜、银矿床。矿体围岩为早二叠世火山-碎屑岩和碳酸盐岩及晚二叠世林西组砂板岩。与成矿有关的岩浆岩为超浅成—浅成小侵入体，其岩石组合为花岗闪长斑岩-石英正长斑岩和石英二长岩（或二长花岗岩）-钾长花岗岩，成岩时代主要为晚侏罗世—早白垩世。岩体 $SiO_2$ 低，富碱（$K_2O+Na_2O$ 为 7%～9%），且 $Na_2O>K_2O$。$^{87}Sr/^{86}Sr$ 初始比值为 0.706～0.707，表明岩浆起源于下地壳。矿床类型有接触交代型（白音诺尔、浩布高）、热液型（收发地、哈拉白旗、后卜河）及与碱性花岗岩有关的岩浆岩型稀土、铌、钽矿床（八 O 一）（邵和明，2002）。

嫩江深断裂带西侧、西拉木伦河断裂以北地区，中生代断隆和断陷相间排列，呈北东向展布。区内出露地层与神山-白音诺尔亚带相似。已知的铜、铅、锌、银矿床均位于断隆和断陷的过渡部位，它们与燕山早期早阶段的中酸性超浅成—浅成岩浆侵入岩（173～161Ma）活动有关，其岩石组合为石英闪长岩-花岗闪长岩-斜长花岗斑岩组合，与其有关的矿床为莲花山、布敦花、闹牛山等铜矿床。铜多金属矿体的容矿岩石为早二叠世板岩、粉砂岩、砂岩、凝灰质岩石和侵入早二叠世地层内的岩体（花岗斑岩、斜长花岗斑岩）。矿床类型以热液型为主（大井子、莲花山、布敦花、孟恩陶勒盖），少量斑岩型（敖仑花铜钼矿）。成矿岩体具有基性程度高、来源深的特点，它们的 $^{87}Sr/^{86}Sr$ 初始比值为 0.704～0.705，表明与成矿有关岩浆岩起源于下地壳—上地幔岩浆的衍生物，混入上地壳物质较少（邵和明，2002）。

3）Ⅲ-8-③卯都房子-毫义哈达铁、钨、铅、锌、铬、萤石成矿亚带（V、Y）

该成矿亚带位于化德槽台断裂以北，化德—正白旗—多化县一带，出露地层有古元古代宝音图岩群，早二叠世三面井组砂板岩、早中二叠世额里图组陆相中酸性火山岩及晚二叠世于家北沟组海陆交互相碎屑岩，中生代陆相中基性及酸性火山岩广泛分布。侵入岩以海西期及燕山期中酸性侵入岩为主。区内矿床主要类型为燕山期矽卡岩型、高温热液型或石英脉型钨矿，矿床主要有额里图铁矿和毫义哈达钨矿床。

4)Ⅲ-8-④小东沟-小营子钼、铅、锌、铜成矿亚带（Vm、Y）

该成矿亚带位于西拉木伦河断裂和华北陆块北缘深断裂之间，前中生代基底由太古宙—元古宙片麻岩、片岩及早古生代洋壳残余和基性火山-沉积岩及晚古生代碎屑岩、碳酸盐岩组成。中生代滨西太平洋活动大陆边缘构造发育阶段，形成了近东西向排列的断隆和坳陷构造格局，发育了中酸性火山-深成岩。同时该区为区域地球化学场的 Cu、Pb、Zn、Mo、Ag 高背景区。地球物理资料表明，该区处于北东向重力梯级带向西弯曲的变异部位，是成矿的有利部位。

燕山期与成矿有关的岩浆岩为花岗岩类。燕山早期为石英闪长岩-花岗闪长岩-花岗岩组合，时代为 170～153Ma。燕山晚期为钾长花岗岩-花岗斑岩组合，时代为 125Ma。它们主要沿近东西—北北西向断裂与北北东向断裂的交会部位产出，形成东西向成矿带、北北东向成矿分布的格局。钼、铅、锌矿床主要分布在中生代断隆区中燕山期花岗岩体的外接触带。控矿构造为北西-南东向的次级构造裂隙带。

该区已知矿床类型有接触交代型(小营子、余家窝铺、敖包山、柳条沟)、热液型(硐子、天桥沟、荷尔乌苏、碾子沟)及斑岩型(小东沟、鸡冠山)。接触交代型矿床分布在燕山期花岗岩类与碳酸盐岩接触处形成的矽卡岩带中。热液型矿床位于燕山期侵入体外接触带和晚古生代及火山-沉积地层中，少数分布在燕山期侵入体和火山岩中。

**2. 区域成矿规律**

1)控矿地质因素

(1)构造对成矿的控制作用。

①成矿构造环境的控矿作用。华北陆块北缘陆缘增生带锡林浩特岩浆弧在古亚洲洋盆生成、发育、消亡的过程中发生强烈的构造-岩浆活化作用。在前寒武纪基底隆起构造背景下和泥盆纪构造-岩浆作用影响下，在基底隆起边缘形成热液型铅锌银矿床；二叠纪在岛弧环境下，形成与弧后扩张型蛇绿岩有关的铬铁矿床及与海相基性—中酸性火山活动有关的火山-沉积型铁矿床；二叠纪晚期—三叠纪早期，构造-岩浆活动强烈，在同碰撞及后碰撞环境下形成热液型铜金属矿床。

中生代滨西太平洋活动大陆边缘构造环境形成了雄伟的大兴安岭火山-岩浆构造带，并形成与陆相中酸性火山-侵入杂岩相关的众多不同类型的铁、铜、铅、锡、锌、钼、银、稀土、铌钽等矿床。

②区域性深断裂构造带对成矿的控制作用。北北东向展布的嫩江-八里罕深断裂带和近东西向展布的西拉木伦河深断裂带，联合控制了大兴安岭火山-岩浆构造带中南段与陆相中、酸性火山-侵入杂岩有关的斑岩型、接触交代型和热液型铁、锡、铜、铅、锌、银、金、钨等矿床的形成和分布。

③褶皱构造的控矿作用。对于热液型及矽卡岩型矿床而言，褶皱构造，无论是背斜或向斜构造，在其核部常形成虚脱空间并在岩层中产生许多密集裂隙，从而增加了裂隙度，有利于大量成矿流体的进入和物质的沉淀，进而形成厚大矿体，例如白音诺尔铅锌矿床。

(2)地层对成矿的控制作用。地层对成矿的控制作用有如下几个方面。

①成矿物质的初始预富集作用。大兴安岭成矿省林西-孙吴成矿带内，许多有色金属矿床的围岩为二叠纪地层，根据前人的研究认为二叠纪地层，特别是大石寨组和哲斯组富集 Pb、Zn、Sn、Ag 等金属元素，浓集系数 Pb、Zn 在 1～2 之间，Sn、Ag 均大于 2，在某些岩石类型中高达 3～4 或更高。Cu 在二叠纪地层中含量低于克拉克值，但在基性火山熔岩、细碧岩和玄武岩中，Cu 含量大于克拉克值，浓集系数可达 1～3。地层中所富集的元素恰恰是该地区内的成矿元素。在成矿带南部地层中以富 Sn、Zn 为特征，故在南部地区主要产出锡多金属矿床，如黄岗梁矿床和大井矿床。北部地区地层中富 Ag、Pb，故北部地区较发育铅、锌、银和锡多金属矿床。这反映地层可能提供了矿质来源。

②地层与成矿流体发生水岩反应，为成矿流体沉淀提供空间。地层中某些岩石具有较高的孔隙度，再加上构造变形而产生的裂隙，提高了它们的渗透性，故有利于成矿流体的进入而发生流体与岩石的物质交换反应，从而使成矿物质富集沉淀成矿。碳酸盐岩地层，往往与岩浆热液发生水岩反应而形成矽卡岩体，例如白音诺尔铅锌矿床、黄岗梁铁锡矿床、浩布高铅锌银矿床等。

(3)岩浆岩对成矿的控制作用。岩浆岩对成矿的控制作用是人们长期研究的内容。它对成矿作用的控制表现如下几点：

①岩浆岩成分对成矿的控制作用。

A.与斑岩型铜矿床有关的中酸性侵入岩。它们为中酸性超浅成—浅成侵入岩，岩性组分为闪长玢岩-花岗闪长斑岩-斜长花岗斑岩，呈岩株、岩枝状产出。岩石化学成分特点为：$SiO_2$含量64.94%～69.2%，$K_2O$含量为2.4%～3.88%，$Na_2O$含量为3.88%～4.67%，$\omega(K_2O)/\omega(Na_2O)$值为0.83，蚀变后$K_2O>Na_2O$，铁、镁、钙组分稍低。常见指数CA为56.5，$\delta$为1.96～2.64，AR为2.29～3.25，FL为82.97，MF为82.25，属钙碱性碱质偏高类型，SI为2.76～9.88，DI为72.54～94.67。花岗闪长斑岩的$^{87}Sr/^{86}Sr$初始值为0.706 4，并且$\sum$REE值低，$\sum Ce/\sum Y$值高，$\delta$Eu值高，稀土分布模式为右倾曲线，Cu、Mo、Pb、Zn、Ag、Pt、Pd等元素丰度高，并富含$Cl^-$、$F^-$、$SO_2$、$CO_2$等挥发组分。资料表明，这类岩浆基性程度高，来源深，是起源于下地壳—上地幔岩浆的衍生物。它们侵位于中生代陆相火山盆地靠断隆一侧。

B.与斑岩型锡、银、铜矿床有关的酸性侵入岩。与斑岩型锡、银、铜矿床有关的超浅成—浅成酸性侵入岩侵位于中生代断隆区一侧，其岩石类型为花岗斑岩、花岗闪长斑岩和石英正长斑岩。岩石化学成分：花岗斑岩以$SiO_2$低，富$K_2O+Na_2O$(8.35%)，且$K_2O>Na_2O$，贫Ca，富Al为特征；花岗闪长斑岩则以富$SiO_2$($SiO_2$=69.00%)，富$K_2O+Na_2O$(8.53%)，且$K_2O>Na_2O$，贫Mg、Ca为特点。岩浆起源下地壳—上地幔的过渡性岩浆的衍生物。岩石中黑云母成分特点为富FeO(30.20%)，贫Mg(8.29%)。微量元素特征为高Sn[$(10.9\sim13.2)\times10^{-6}$]，高Rb[$(195\sim286)\times10^{-6}$]，低Sr[$(13\sim26)\times10^{-6}$]。

C.与锡钨矿床有关的酸性侵入岩。这类酸性侵入岩主要为黑云母花岗岩、花岗岩、钾长石花岗岩和花岗斑岩，分布在中生代断隆区。岩石化学成分表现为：$SiO_2$较富，含量为75.21%～75.37%，$Al_2O_3$为12.20%～12.46%，$K_2O+Na_2O$为8.31%～8.85%。富含挥发组分Cl[$(103\sim1043)\times10^{-6}$]，F[$(1650\sim2668)\times10^{-6}$]；并且富含Sn[$(23.5\sim37.8)\times10^{-6}$]，W[$(15\sim150)\times10^{-6}$]，Rb[$(150\sim303)\times10^{-6}$]；稀土元素特征为$\sum$REE含量较高[$(260\sim307)\times10^{-6}$]，LREE/HREE值变化较大(0.94～4.51)，$\delta$Eu值为0.03～0.06。岩体黑云母的化学成分相对富$Fe^{2+}$、$Mn^{2+}$，而贫MgO，其Sn含量为$(62\sim250)\times10^{-6}$，平均值为$130\times10^{-6}$，花岗岩岩浆起源于下地壳，但混染了上地壳物质。

D.与铅锌矿床有关的中酸性侵入岩。这类岩石为石英二长岩-石英二长闪长岩-花岗闪长岩-黑云母二长斑岩-花岗闪长斑岩，次为黑云母二长花岗斑岩，为超浅成—浅成岩石，其岩石化学成分特征为：$SiO_2$含量为63.45%～67.43%，$Al_2O_3$含量为14.76%～16.20%，$Na_2O+K_2O$为6.10%～9.29%，FeO+MgO为4.34%～7.63%，富含挥发组分F[$(475\sim540)\times10^{-6}$]，Cl[$(165\sim384)\times10^{-6}$]，岩石富Sr[$(348\sim436)\times10^{-6}$]，贫Rb，富Zn[$(69\sim141)\times10^{-6}$]，其$\sum$REE丰度低[$(115\sim130)\times10^{-6}$]，轻稀土强烈富集($\sum Ce/\sum Y$值为3.4～6.2)，弱负Eu异常($\delta$Eu平均值0.73)。$^{87}Sr/^{86}Sr$初始比值0.706～0.707，全岩$\delta^{18}O$为−8.1‰～1.0‰。岩浆起源于下地壳。岩石中的角闪石成分贫Mg(MgO=9.89%～15.34%)，而富Fe($\sum$FeO=12.23%～20.63%)，黑云母化学成分为贫Mg(MgO=9.6%～12.44%)而富Fe($\sum$FeO=16.94～21.86%)。

E.与稀有稀土有关的碱性花岗岩。该类岩石呈岩株状产出，富含钠闪石，并具有晶洞构造。其岩石化学成分特征：$SiO_2$含量为67.98%～75.36%，$Al_2O_3$含量为8.86%～11.57%，$Na_2O+K_2O$为7.58%～9.12%，〈FeO〉+MgO为6.29%～7.81%，CaO<1%，$Na_2O+K_2O/Al_2O_3$值为1.03～1.25，

$Na_2O/CaO>29$,属碱过饱和系列的碱性花岗岩,并且富 Rb[(514～1269)×$10^{-6}$],贫 Sr[(7～24)×$10^{-6}$]和 Ba[(15～62)×$10^{-6}$](杨武斌,2009)。

岩石微量元素特征为高 Nb[(216～1563)×$10^{-6}$],Ta[(3～116)×$10^{-6}$],Zr[(1128～18 826)×$10^{-6}$],U[(11～115)×$10^{-6}$],Th[(51～458)×$10^{-6}$]。稀土总量(∑REE)>1000×$10^{-6}$,且 ERRR/HREE 值小,δEu 为 0.03～0.04,Eu 强烈亏损。$^{87}Sr/^{86}Sr$ 初始比值为 0.707,$^{143}Nd/^{144}Nd$ 为 0.512 7,$\varepsilon_{Nd}(t)$为+1.88～+2.4,岩石 $\delta^{18}O$ 为-8.1‰～-5.2‰(杨武斌,2009)。

②岩体形态产状对成矿的控制作用。中酸性侵入岩体与围岩接触带的形态对成矿有控制作用,特别是港湾状形态有利于矿体的形成。另外,岩体的前缘部位有利于成矿。这是因为前缘部位具有很强的热动力作用。再有,岩体的突然膨胀部位亦有利于成矿。与成矿有成生联系的岩体都呈岩株、岩枝、岩墙状、岩脉状产出,而且规模不大。

③岩体自身对成矿的控制作用。一方面为成矿提供成矿流体和成矿物质,另一方面提供热动力而加速水岩反应,从围岩中萃取、活化成矿物质而提高成矿流体中成矿元素的浓度,从而有利于成矿物质的沉淀、富集形成有经济价值的工业矿体。

2)矿床的空间分布规律

(1)矿床沿深断裂带两侧呈线形带状分布。中生代矿床由于受基底东西向构造和北东—北北东向构造联合控制而呈东西向成行,北东—北北东向呈带状分布,林西-孙吴Ⅲ级成矿带东界为北东—北北东向嫩江深断裂带,南界为东西向西拉木伦河深断裂,因此该区由北东—北北东向断裂和东西向断裂相交构成了格子状构造格架。这种构造格架控制了该区矿床的空间分布规律。东西向西拉木伦河深断裂以北约 40km 间距出现两条东西向断裂,相应地分布着两行(东西向)矿床(点)。沿嫩江深断裂西侧分布的莲花山、布敦花、香山、好来宝、代铜山等矿床(点),大体上按照 60～80km 间距呈北东—北北东向排列,沿黄岗梁-甘珠尔庙-乌兰浩特断裂带分布的锡、铅、锌、铜矿床(点),大致按 40～60km 间距呈北东向线状排列。

(2)矿床分布在隆起区与坳陷区过渡带靠隆起区一侧,或坳陷区内的局部隆起上,例如,黄岗梁铁锡矿床、毛登锡铜矿床分布于隆起区边部,白音诺尔、浩布高铅锌矿床分布于坳陷区的局部隆起上,莲花山、布敦花铜矿床分布在隆起区与坳陷区过渡带上。

(3)古生代褶皱系内中酸性花岗岩带控制了接触交代型、斑岩型、热液型铁、铁钼、钼、铍、铜和萤石矿床。

大兴安岭中生代构造岩浆带是矿床的集中分布区,而且中生代地体叠加在前中生代基底的构造带是矿床最有利分布区。尤其是基底古海盆边缘与中生代构造-岩浆岩带的断隆带重合的构造部位是矿床最集中的分布区,例如黄岗梁-甘珠尔庙-乌兰浩特中生代断隆带基本与早二叠世古海盆的边缘重合,所以该中生代断隆带分布了一批重要有色金属矿床。

3)矿床的时间分布规律

(1)根据本成矿带内有确切成矿时代测年数据及典型矿床研究结果表明,主要成矿期为晚古生代和中生代,而且中生代成矿年龄集中在燕山期,且有两个高峰期(表 9-6),即晚侏罗世和早白垩世,个别矿床为印支期和早中侏罗世。

(2)从矿床类型种类分析,晚古生代成矿类型为热液型和岩浆熔离型矿床。中生代矿床类型丰富,有斑岩型、矽卡岩型、热液型、陆相火山岩型多金属矿床。成矿类型由单一到多样。

(3)金属矿床的成矿主元素由晚古生代→中生代变化如下:晚古生代 Fe、Cu、Pb、Zn、Cr→中生代 Fe、Sn、Cu、Pb、Zn、Mo、W、Ag、Nb、Ta、∑REE。由此表明,矿床成矿物质组分由少到多的变化趋势。

**表 9-6 突泉-翁牛特成矿带(Ⅲ-8)主要矿床成矿时代一览表**

| Ⅲ级成矿带 | 矿床成因类型 | 成矿期 | 矿床名称 |
|---|---|---|---|
| Ⅲ-8 突泉-翁牛特成矿带 | 矽卡岩型 | 辉钼矿 Re－Os 年龄(141.2±4.3)Ma，岩体 Rb－Sr 等时线年龄 140.7Ma(邵和明，2002) | 黄岗梁铁锡矿床 |
| | 高温热液型 | 燕山期 | 毛登小孤山铜锡矿 |
| | 矽卡岩型 | 燕山期 | 神山铁矿 |
| | 热液型 | 燕山期 | 马鞍山式铁矿 |
| | 中低温次火山热液型 | 晚侏罗世 | 花敖包特铅锌矿 |
| | 斑岩型 | 辉钼矿 Re-OS 等时线年龄为(154.2±9.6)Ma(陈郑辉，2010)，花岗斑岩 SHRIMP 锆石 U-Pb 年龄为(245.5±2.7)Ma(曾庆栋，2009) | 鸡冠山钼矿 |
| | 矽卡岩型 | 燕山早期 | 白音诺尔铅锌矿 |
| | 矽卡岩型 | 燕山晚期 | 余家窝铺铅锌矿 |
| | 火山热液型 | 燕山期，花岗斑岩脉中铅锌矿石中 SHRIMP 锆石U-Pb 年龄为(131.3±1.3)Ma(陈郑辉，2009) | 扎木钦铅锌矿 |
| | 次火山热液型 | 矿石中方铅矿铅同位素比值模式年龄为 118～108Ma(邵和明，2002) | 长春岭铅锌银矿 |
| | 热液型 | 侏罗纪 | 布敦花铜矿 |
| | 热液型 | 二叠纪 | 道伦达坝铜矿 |
| | 斑岩型 | 燕山期 | 敖瑙达巴铜矿 |
| | 中低温热液充填交代脉型 | 燕山期 | 天桥沟铅锌矿 |
| | 斑岩型 | 早白垩世辉钼矿中 Re-Os 等时线年龄为(132±1)Ma(马星华，2009) | 敖仑花铜钼矿 |
| | 热液型 | 燕山期 | 曹家屯钼矿 |
| | 斑岩型 | 燕山期早白垩世 Re-Os 等时线年龄为(135.5±1.5)Ma(聂凤军，2007) | 小东沟钼矿 |
| | 热液型(石英脉型) | 辉钼矿中 Re-Os 等时线年龄为(154.3±3.6)Ma(张作仑，2009) | 碾子沟钼矿 |
| | 中低温热液型 | 二叠纪一早侏罗世 | 孟恩陶勒盖银铅矿 |
| | 次火山热液型 | 燕山早期 | 大井子铜锡矿 |
| | 热液型 | 泥盆纪 | 拜仁达坝银铅锌矿 |
| | 热液型 | 晚侏罗世 | 花敖包特银铅锌矿 |
| | 碱性花岗岩型 | 全岩 Rb-Sr 等时线年龄为 127.2Ma(邵和明，2002) | 八〇一稀有稀土矿 |
| | 岩浆熔离型 | 晚二叠世 | 呼和哈达铬铁矿 |
| | 岩浆熔离型 | 中奥陶世 | 柯单山铬铁矿 |
| | 风化淋积型 | 海西期 | 白音胡硕硅酸镍矿 |

**3. 矿床成矿系列划分**

突泉-翁牛特成矿带共划分5个，进一步划分9个成矿亚系列和34个矿床式，见表9-2。

(1)拜仁达坝-呼和哈达地区与海西期超基性—基性—中酸性岩浆活动有关的铬、镍、铁、铜、铅、锌、银、铍矿床成矿系列($Pz_2$-09)。

①与超基性岩浆活动有关的铬矿床成矿亚系列($Pz_2$-09a)。该亚系列主要分布于西拉木伦河及科尔沁右翼前旗，柯单山蛇绿岩带沿西拉木伦河北岸分布。该带在平面图上则表现为以纯橄榄岩相带为中心略具对称分异的特征；在剖面图上具有自上而下由酸性至基性的变化特征，有微具垂直重力分异的特征，成矿类型为蛇绿岩型，代表性矿床有柯单山铬铁矿。呼和哈达地区主要出露二叠纪大石寨组及晚古生代镁铁质—超镁铁质岩，铬铁矿成矿类型为岩浆熔离型，代表性矿床有呼和哈达铬铁矿。

②与海相基性—中酸性火山活动有关的铁、硫铁矿矿床成矿亚系列($Pz_2$-09b)。该亚系列分布于科尔沁右翼前旗大石寨地区，铁矿赋存于早中二叠世大石寨组细斑岩、细碧角斑岩及玄武岩等海相中基性岩层中，成矿类型为火山-沉积型，代表性矿床有呼和哈达铁矿。

③与中酸性岩浆活动有关的铜、铅、锌、银、铍矿床成矿亚系列$Pz_2$-09c。该亚系列分布于大兴安岭西坡，构造单元属锡林浩特岩浆弧，区内出露古元古代宝音图岩群、二叠纪海相火山-沉积建造及大量的晚古生代中酸性侵入岩，成矿类型为热液型，成矿时代为石炭纪—二叠纪，代表性矿床有道伦达坝铜矿、拜仁达坝银铅锌矿、碧流台铍(铌、钽)矿。

(2)布敦花-莲花山地区与燕山早期中酸性岩浆活动有关的铜、铅、锌、银、金、钼、锡、萤石矿床成矿系列($Mz_2$-05)。燕山早期与中酸性超浅成—浅成岩浆侵入活动有关的成矿系列，主要靠近嫩江深断裂的西侧，分布在大兴安岭中南段东坡以铜为主的多金属成矿带(突泉—天山一带)，成矿时限为171～161Ma。与其他燕山期成矿系列的成矿岩体比较，该成矿系列的成矿岩体具有基性程度较高、来源深的特点。

①与燕山早期中酸性岩浆活动相关的铜、银、铅、锌、钼、金、萤石矿床成矿亚系列($Mz_2$-05a)。该亚系列与成矿有关的岩浆岩表现为闪长玢岩、斜长花岗斑岩、花岗闪长斑岩亚系列，主要表现为铜多金属矿床成矿组合，如莲花山(Cu、Ag)、闹牛山(Cu)、布敦花(Cu)、好来宝(Cu、Mo)等。矿床产于二叠纪隆起与侏罗纪火山断陷盆地的过渡位置。赋矿围岩大多为二叠纪凝灰质砂板岩地层，亦有部分产于侏罗纪浅成火山侵入体及火山盆地中，围岩蚀变有钾硅化、绢英岩化和青磐岩化等。成矿类型有热液型、次火山热液型、接触交代型和斑岩型，斑岩型矿床产于岩体顶部及外接触带裂隙中，热液脉状矿床则产于二叠纪地层或侏罗纪火山岩及次火山岩中，矿体主要受断裂构造控制，对围岩的选择性不明显。代表性矿床有莲花山铜银矿、布敦花铜矿(以热液型为主，兼具斑岩型特征)和苏达勒萤石矿。成矿期为燕山早期。

②与燕山早期酸性岩浆活动有关的铅、锌、银、锡矿床成矿亚系列($Mz_2$-05b)。该亚系列分布于大兴安岭中南段东坡，与成矿有关的岩浆表现为黑云母二长花岗岩-花岗闪长岩系列，主要表现为铅锌多金属成矿组合，如孟恩陶勒盖(Ag、Zn、Pb)。孟恩陶勒盖式是这个成矿亚系列的典型矿床式。近矿围岩蚀变有白云母化、绢英岩化和青磐岩化。成矿温度相对较低。该亚系列代表性矿床有中高温热液型孟恩陶勒盖银铅矿床和宝盖沟锡多金属矿床。成矿期为印支期—燕山早期。

(3)黄岗梁-神山地区与燕山晚期中酸性岩浆活动有关的铁、铜、铅、锌、银、钼、锡矿床成矿系列($Mz_2$-06)。

①与燕山晚期中酸性岩浆活动有关的铁、铜、锡、银、钼矿床成矿亚系列($Mz_2$-06a)。该亚系列的矿床主要产于黄岗梁-甘珠尔庙-乌兰浩特成矿带西部亚带。成矿岩体为壳幔混合源的酸性侵入杂岩体的晚期小侵入体。成矿时代为155～140Ma。成矿岩体以富硅富碱，富含W、Sn、Bi和挥发分为特征。

矿床的主要金属矿物为锡石、黄锡矿、黝铜矿、闪锌矿、方铅矿、银黝铜矿、深红银矿、黄铁矿和毒砂等。脉石矿物为石英、绿泥石和绢云母等，伴生组分有Mo、As、Sb和Bi。成矿是多阶段形成，锡、铜成矿在早阶段，铅、锌成矿在晚阶段，银虽在各阶段均成矿，但主要在晚阶段。

本亚系列矿床具有明显的空间分带，如大井子矿床，按远离成矿岩体方向，依次为Sn→Sn、Cu(Ag)→Pb、Zn、Ag，安乐矿床远离花岗斑岩依次为Cu、Sn、Mo→Sn、Cu、Ag→Sn、Zn、Pb→Zn、Pb、Ag，敖瑙达巴锡矿化产于岩体中部，向两侧接触带为铜、铅、锌矿化，银矿化为晚期成矿阶段形成，叠加于早期矿体之上，应属于斑岩型铜多金属矿床。与铅-锌-银成矿有关的复式岩体有花岗闪长岩、黑云母斜长花岗岩、二长花岗岩和细粒花岗岩等，成矿主要与复式岩体分异晚期的细粒花岗岩有关，二者时间接近，空间上密切伴生。

该亚系列代表性矿床有大井铜锡矿、敖瑙达巴铜矿、敖仑花铜钼矿、水泉铅锌矿等，成矿类型为斑岩型和热液型。

②与燕山晚期中酸性岩浆活动有关的铁、铜、锡、银、钼矿床成矿亚系列。本亚系列在大兴安岭南段锡-铅锌-铁-铜成矿带，成矿时限为148.3～140Ma，远离嫩江深大断裂，成矿特征为矿体赋存于燕山晚期花岗岩体及围岩二叠纪地层接触带或其内的构造破碎带中，侵入岩主要为黑云母花岗岩、花岗岩、钾长花岗岩、花岗斑岩，分布在中生代断隆区。与成矿有关的岩体的围岩主要有早二叠世青凤山组板岩和哲斯组大理岩、砂页岩。主要表现为锡钨铜多金属矿床成矿组合。成矿类型为热液型及接触交代型，代表性矿床有黄岗梁铁锡矿、神山铁铜矿、毛登锡矿、安乐铜锡矿和曹家屯钼矿。

③与燕山晚期中酸性岩浆活动有关的铅、锌、银矿床成矿亚系列$Mz_2$-06b。本亚系列在大兴安岭主脊及东坡，以银、铅锌为主，成矿时限为148～131Ma，以中生代火山断陷区为构造背景，矿床一般分布于火山断陷区中局部隆起(坳中隆)或火山断陷区的边缘与断隆区的交界部位。矿床中常分布一套火山岩-潜火山岩、超浅成—浅成侵入体，其岩性组合主要为花岗闪长斑岩-石英正长斑岩(白音诺尔)、石英二长岩-二长花岗岩-钾长花岗岩(浩布高)。成岩时代主要为晚侏罗世—早白垩世。成矿岩体多为小岩株，具有斑状结构。矿床类型主要有矽卡岩型、层控热液型和热液脉型，主要代表性矿床有白音诺尔铅锌矿、浩布高铅锌矿、白音乌拉铅锌矿、扎木钦银铅锌矿和长春岭铅锌银矿。

在花岗岩类岩体与灰岩接触处常形成矽卡岩型矿床，如白音诺尔银铅锌矿床。产于硅铝质岩石中则形成脉状矿床，如浩布高银多金属矿床。白音诺尔银铅锌矿床矿体呈透镜状、似层状、脉状。矿床的形成与花岗岩侵入有密切的成因关系，成矿物质主要来源于花岗岩同源岩浆。

(4)小东沟-撰山子地区与燕山期酸性岩浆活动有关的铜、铅、锌、钨、钼、金、银矿床成矿系列($Mz_2$-07)。该成矿系列分布于西拉木伦河以南地区，地质背景为华北陆块北部陆缘增生区，地质单元主要为晚古生代海相-海陆交互相火山-沉积岩系，侵入岩为晚古生代及燕山期中酸性侵入体。成矿时限为燕山早期—晚期。成矿类型为热液型、接触交代型、斑岩型构成的"三位一体"，成矿元素组合为Cu、Pb、Zn、Mo、W、Au。

①与燕山期酸性岩浆活动有关的铅、锌、钼、钨、铜矿床成矿亚系列($Mz_2$-07a)。该亚系列矿床类型及代表性矿床：斑岩型小东沟钼矿床；接触交代型小营子铅锌矿床，敖包山铜、铅锌矿床；热液型五家子铜矿床、白马石沟铜矿床、毫义哈达钨矿。成矿时代为燕山期，介于170～150Ma之间。

②与燕山期酸性岩浆活动有关的金、银矿床成矿亚系列($Mz_2$-07b)。该亚系列矿床类型及代表性矿床：热液型后公地铅、锌矿床，余家窝铺铅锌矿床，撰山子、奈林沟金矿床。成矿时代为燕山期，介于135～120Ma之间。

(5)巴尔哲与燕山晚期碱性花岗岩有关的稀有、稀土矿床成矿系列$Mz_2$-08。该成矿系列远离嫩江深大断裂，产在霍林河东西断裂带南侧巴尔哲稀土地球化学异常区，成矿时限为127～125Ma。成矿岩体具有A型花岗岩特点，岩浆具幔源或壳源混合源特点，赋矿地质体为晶洞状钠闪石花岗岩。代表性矿床为八O一稀有稀土矿床，成因类型为花岗岩型。

**4.区域成矿模式及成矿谱系**

本成矿带属大兴安岭南段，在区域成矿特点上，南段西坡为富铅锌银铜，既有断裂控矿的中生代热液脉型矿床，也有海西期形成的热液型(海底热液喷流沉积的块状硫化物矿床?)；南段主峰为富锡铅锌铁铜；南段东坡以铜为主的多金属成矿亚带；西拉木伦河以南则以 Pb、Zn、Mo 为主要成矿元素。据此，建立本区区域成矿模式，详见图 9-23～图 9-25。

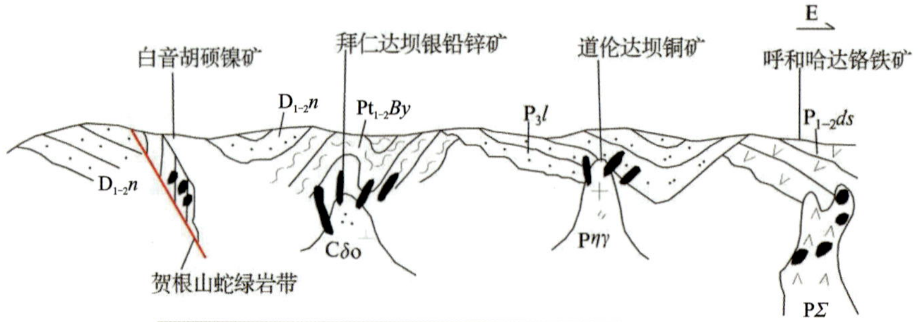


| 成矿期 | 海西早中期 | 海西中期 | 海西晚期 | |
|---|---|---|---|---|
| 矿床式 | 白音胡硕式 | 拜仁达坝式 | 道伦达坝式 | 呼和哈达式 |
| 主成矿元素 | Ni | Ag、Pb、Zn | Cu | Cr |
| 岩浆岩性质 | 橄榄岩 | 石英闪长岩 | 二长花岗岩 | 斜辉橄榄岩 |
| 矿床类型 | 蛇绿岩型 | 热液型 | 热液型 | 岩浆熔离型 |
| 成矿环境 | 大洋环境 | 海西期构造-岩浆活动带 | 海西晚期—印支期构造-岩浆活动带 | 岛弧或弧后拉张区 |

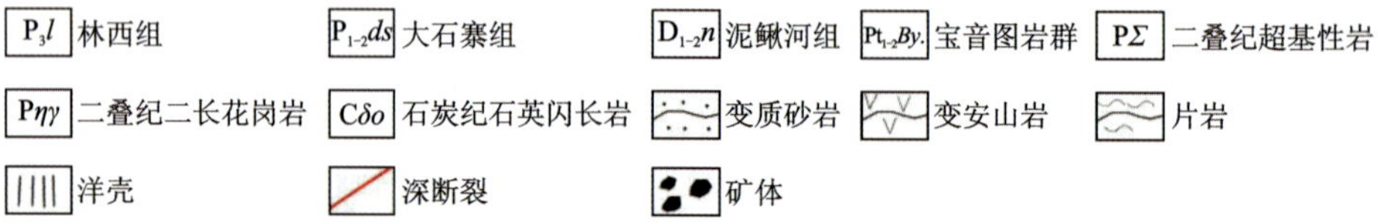

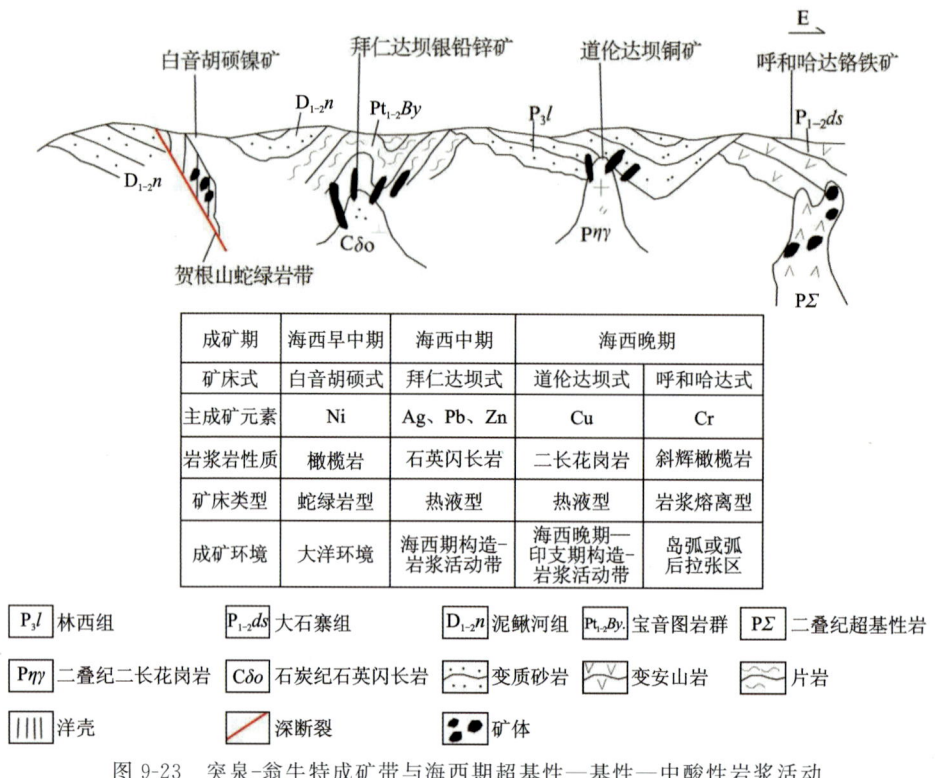

图 9-23　突泉-翁牛特成矿带与海西期超基性—基性—中酸性岩浆活动有关的铬、镍、铁、铜、铅锌、银、铌矿床区域成矿模式

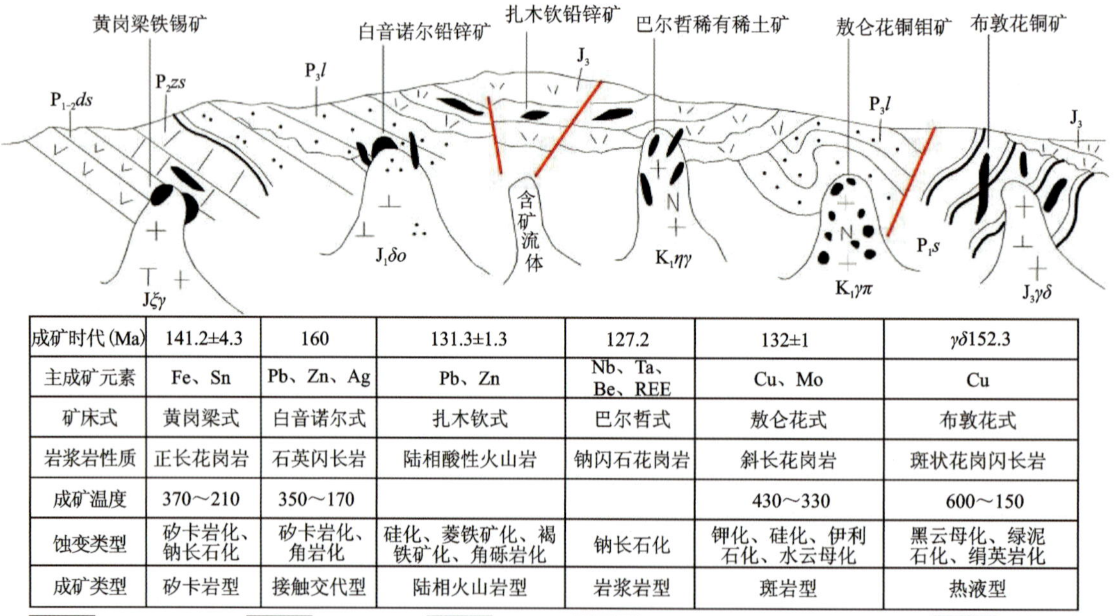


| 成矿时代(Ma) | 141.2±4.3 | 160 | 131.3±1.3 | 127.2 | 132±1 | γδ152.3 |
|---|---|---|---|---|---|---|
| 主成矿元素 | Fe、Sn | Pb、Zn、Ag | Pb、Zn | Nb、Ta、Be、REE | Cu、Mo | Cu |
| 矿床式 | 黄岗梁式 | 白音诺尔式 | 扎木钦式 | 巴尔哲式 | 敖仑花式 | 布敦花式 |
| 岩浆岩性质 | 正长花岗岩 | 石英闪长岩 | 陆相酸性火山岩 | 钠闪石花岗岩 | 斜长花岗岩 | 斑状花岗闪长岩 |
| 成矿温度 | 370～210 | 350～170 | | | 430～330 | 600～150 |
| 蚀变类型 | 矽卡岩化、钠长石化 | 矽卡岩化、角岩化 | 硅化、菱铁矿化、褐铁矿化、角砾岩化 | 钠长石化 | 钾化、硅化、伊利石化、水云母化 | 黑云母化、绿泥石化、绢英岩化 |
| 成矿类型 | 矽卡岩型 | 接触交代型 | 陆相火山岩型 | 岩浆岩型 | 斑岩型 | 热液型 |

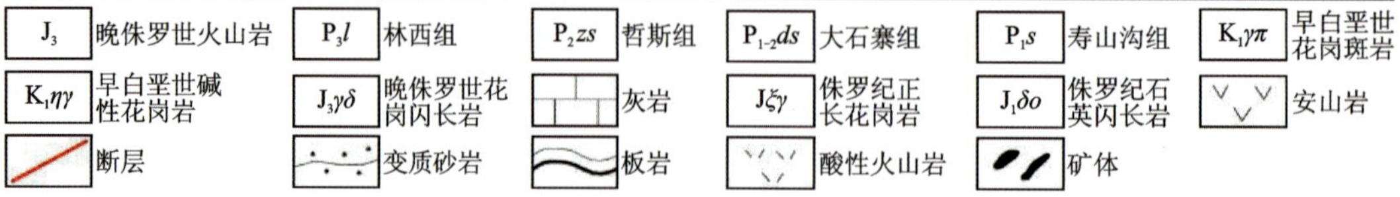


图 9-24　突泉-林西与燕山期岩浆活动有关的铁、金、铜、铅锌、银、锡、铌钽、钼矿床区域成矿模式

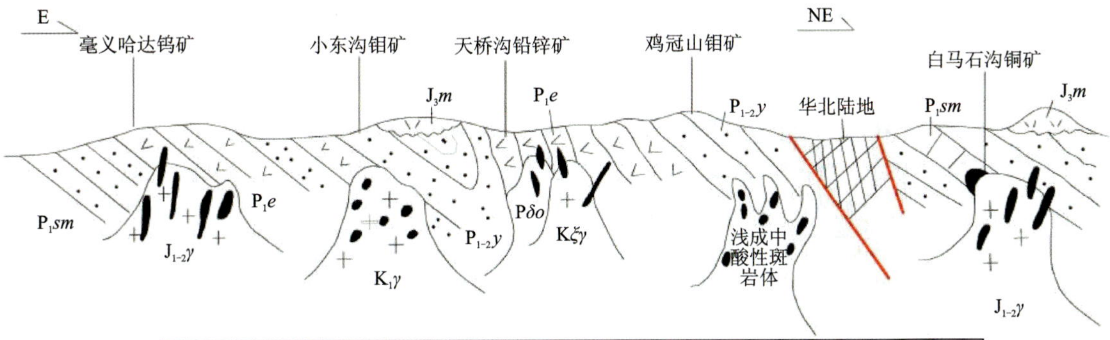


| 成矿时代(Ma) | 燕山早期 | 135.5±1.5 | 燕山晚期 | 辉钼矿154.2±9.6 | 燕山早期 |
|---|---|---|---|---|---|
| 矿床式 | 毫义哈达式 | 小东沟式 | 天桥构式 | 鸡冠山式 | 白马石沟式 |
| 岩浆岩性质 | 花岗岩 | 斑状花岗岩 | 花岗岩、闪长玢岩 | 超浅成—浅成中酸性斑岩体 | 花岗岩-正长(二长)花岗岩 |
| 主成矿元素 | W | Mo | Pb、Zn | Mo | Cu |
| 矿床类型 | 热液型 | 斑岩型 | 热液型 | 斑岩型 | 热液型 |
| 成矿环境 | 陆块边缘构造-岩浆活动带 | 燕山期构造岩浆活动带 | 燕山期构造岩浆活动带 | 大陆边缘活动带 | 大陆边缘活动带 |

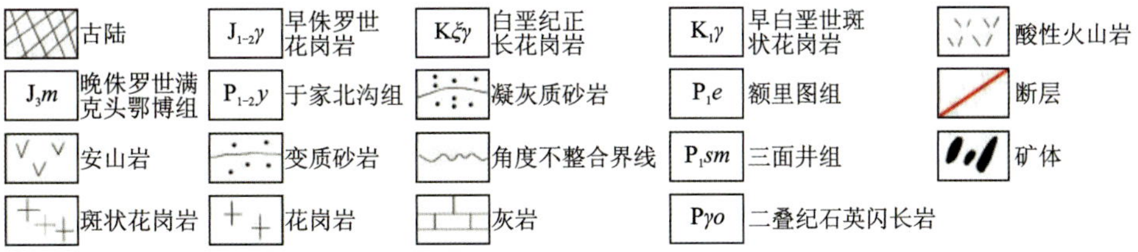

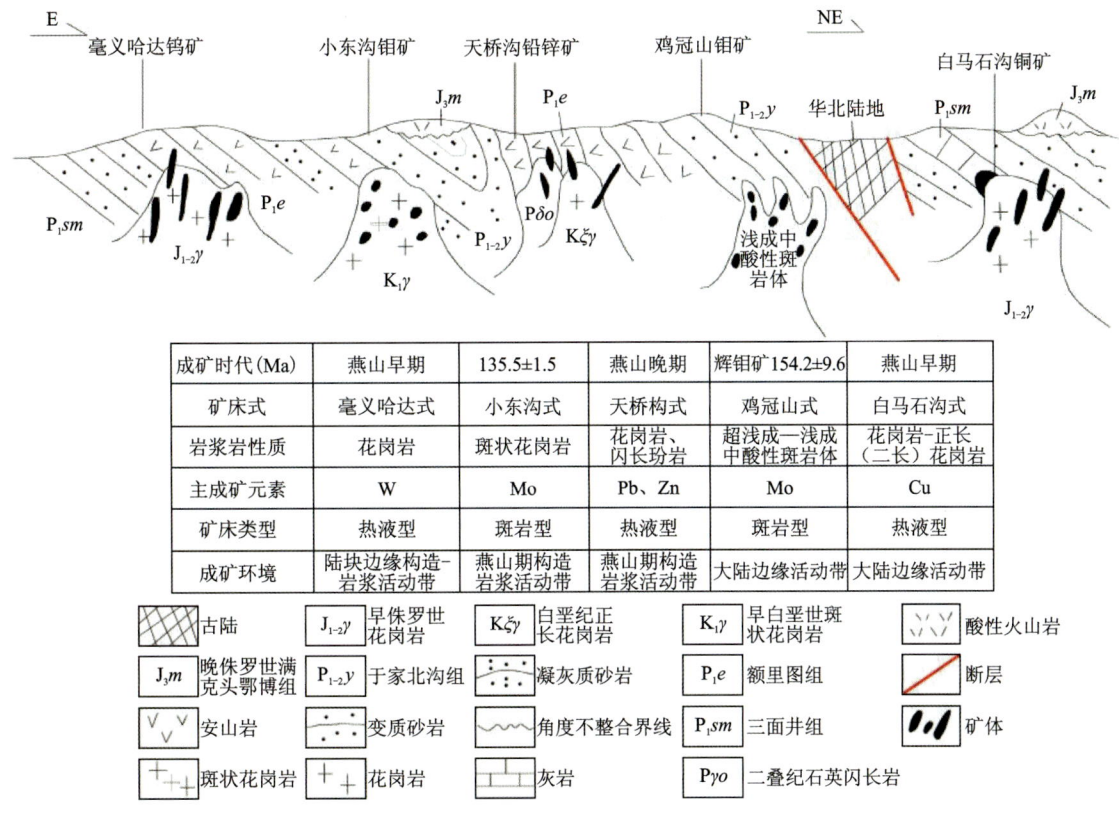

图 9-25　西拉木伦河南与燕山期酸性岩浆活动有关的铜、铅、锌、钼、钨矿床区域成矿模式

1)突泉-翁牛特成矿带成矿作用与壳幔作用关系探讨

幔枝构造是地幔热柱在大陆地壳的表现形式之一，指在地球层圈最活跃的构造圈发生不谐调运动，并伴随深断裂促使拆沉的岩石圈板片根(植)入地幔的构造，即在区域性的深部构造作用(过程)中，沿着全球纬向构造带，常出现传导不连续分布的地幔隆升带，隆升部位的阶壳相对地被埋(插)入地幔，并受热幔环流影响发生壳-幔互为穿插的混熔作用，引发大规模的构造岩浆热事件，导致深部构造作用与表壳控矿构造发生最佳耦合而形成超巨量金属工业堆积。

幔枝构造主要产出在中生代全球形成泛大陆之后的陆内环境，多位于地球纬向构造带及其与其他方向陆内造山构造互为交切的块体缘角处。幔根构造源出于地球层圈相对活动部位——构造圈，即在岩石圈与软流圈之间因层圈不同步运动发生壳-幔混同的过渡部位，也是岩石圈底部普遍存在底板垫托或发生底侵的具体构造表现。但是，幔根构造还强调了陆壳插入(俯冲)地幔发生混熔，并沿陆内深构造带上升至造山块体周边形成构造-岩浆岩群的成矿作用。因此，幔根构造的陆内成矿作用与陆缘洋壳俯冲地幔重熔而在陷缘形成构造岩浆链的成矿作用具有相似的成矿意义。

幔根构造与地幔柱和幔枝构造具有深部构造作用(过程)与成矿的类似意义，但是它们在形成的地球层圈部位及成矿作用特点是不尽相同的。幔根是对幔隆构造或“大陆根-柱构造”(邓晋福等，1996)在其与成矿作用认识上的具体化和深化，而地幔柱和幔枝构造是全球宏观上的不同规模地幔柱对板块构造成矿的补充或发展。

成矿元素的迁移与聚集：研究表明，地幔热柱的形成及其多级演化，对金、银多金属矿的成矿起着明显的控制作用。幔枝构造之所以成为成矿控矿的主要空间，是因为成矿元素随地幔亚热柱向上运移到岩石圈底部受阻而插向造山带的根部，当被造山带轴部持续活动的深切韧性剪切带切割时，成矿元素便沿韧性剪切带或随岩浆活动向地壳浅部迁移，在幔枝构造的有利构造扩容带聚集成矿。受幔枝构造控制的岩浆活动特征、岩性特征、含矿性及成矿作用取决于深切韧性剪切带的切割深度和活动强度。而韧性剪切带的活动强度又受地壳运动、区域构造应力场的制约。当韧性剪切带活动强烈、切割深度较大时，岩浆活动就表现为幔源，随地幔亚热柱迁移的含矿流体得以向上迁移，并在有利的构造扩容带中成矿；当韧性剪切带切割浅时，就可能以中、下地壳低速层重熔形成的花岗质岩浆为主，含矿流体相对较少，则成矿作用较弱。

成矿控矿特征：至于成矿部位，主要受幔枝构造特征的控制。在轴部韧性剪切带中可形成幔壳碱交代型矿床，在外围拆离带中可形成蚀变岩型或石英脉型矿床。而在幔枝构造的外围韧脆性剪切带或环状、放射状断裂系统中也会形成银铅锌多金属矿床。

中生代地层不同变形变质特征是幔枝构造作用的结果：在大兴安岭主峰(轴部)地区，由变形变质程度不同的3套地层-岩石组成，并呈环状展布，分别构成核部变质杂岩、中间变形层、上部盖层(张履桥，1998)。核部变质杂岩由二叠系构成，现已变质为千枚岩、板岩、变质粉砂岩，变质程度已达到绿片岩相，其原岩为陆源碎屑岩，局部夹基性火山岩；中间层由不整合于变质核部杂岩之上的中侏罗世一套浅变质的粗粒—细粒砂岩、黑色板岩组成，夹有少量安山玢岩和凝灰质砂砾岩。砂岩经过轻微变质，形成了一些多硅白云母，扁平状砾石被拉长定向，并发育滑动线(面)理；上部盖层为未发生变质的上侏罗统—下白垩统，主要由火山岩、碎屑岩组成。

此外，伴随着轴部的变形变质作用，大兴安岭地区同时发生了强烈的岩浆活动。三叠系强烈隆升—变形变质的同时，有大量的白云(二云)花岗岩侵位；黄岗梁东北部分布有超过100$km^2$的早中侏罗世辉绿岩墙群；晚侏罗世则发生了大规模的火山喷发，溢流与喷发交替进行，构成了大兴安岭的主体，并分布一系列火山机构。就总体而言，火山活动主要发生在150～140Ma，花岗岩侵位主要集中在140～120Ma。岩性具有基性、酸性—碱性演化的特征(邵济安等，1998)。

很显然，这种以大兴安岭主峰(轴)为中心的环带状变形变质作用，大规模的岩浆活动，是大兴安岭幔枝构造活动的主要表现形式。在深部地幔上隆的作用下，导致大兴安岭地区的强烈上隆，盖层向外拆离滑脱，以至于形成现在的核部变质杂岩、变形变质中间层、未变质盖层及与之相关的火山喷发-岩浆侵入作用。

2)内生成矿作用集中在轴部是幔枝构造成矿作用的主要表现形式

成矿作用发生的必要条件首先是成矿物质来源，而物质来源有两种认识：一种认为主要萃取自围岩；一种认为主要来自深源。过去曾一度下大力气寻找矿源层，但结果并不理想，而更多的证据表明成矿物质主要来自深源，甚至可能来自核-幔界线，通过地幔柱多级演化向上迁移。幔枝构造则是地幔柱多级演化的第三级构造单元，即地幔柱多级演化在地表(壳)的表现形式。具体的成矿控矿构造则是脆—韧性剪切带，主、次级拆离带，铲状断裂，岩体内、外接触带，次火山岩构造，不同方向、不同性质的断裂甚至裂隙，它们分别控制着矿带、矿田、矿床、矿体、矿脉等的就位及储集，是主要的成矿控矿构造，并可在平面上、剖面上表现出明显的规律性。如果上述认识是客观的，那么在地壳中绝大多数区域无矿(化)是正常的，而某些区段有矿(化)则是异常现象，它往往位于幔枝构造的范围，且很可能表现出大中型矿床连片分布的特征。如大兴安岭中南段，绝大多数铅、锌、铜、金、银、锡等矿床集中分布于大兴安岭幔枝构造的轴部。这实际上就是幔枝构造成矿控矿的典型实例(图9-26)(牛树银等，2005)。

## 九、华北陆块北缘东段铁、铜、钼、铅、锌、金、银、锰、磷、煤、膨润土成矿带(Ⅲ-10)

### 1.区域成矿地质背景

该成矿带主体位于太仆寺旗-赤峰以南，南侧与山西、河北、辽宁接壤，西侧延伸至山西境内，北界为化德-赤峰-开源深大断裂与林西-孙吴铅、锌、铜、钼、金成矿带为邻。大地构造单元属华北陆块阴山断

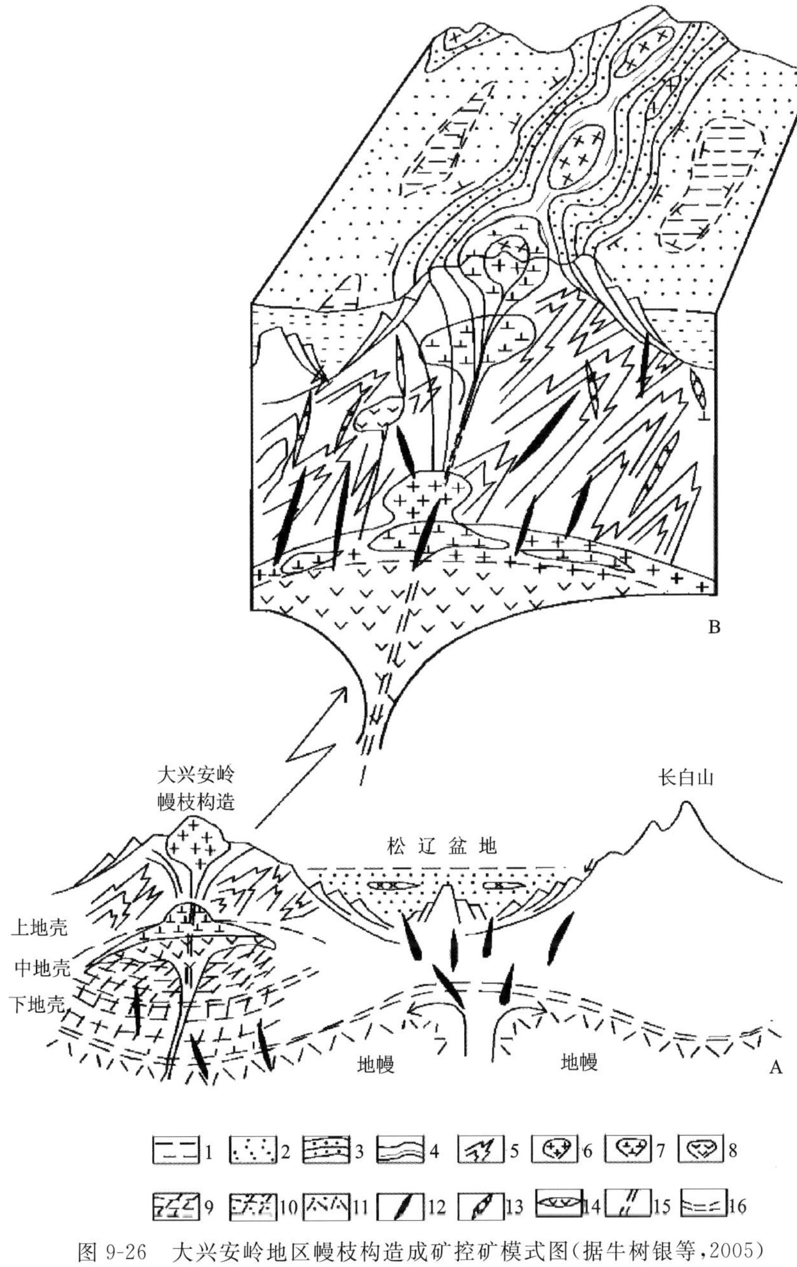


图 9-26　大兴安岭地区幔枝构造成矿控矿模式图(据牛树银等,2005)

A. 盆山模式图;B. 大兴安岭中南段成矿模式图

1. 现代沉积盆地;2. 新生界;3. 中生界;4. 二叠纪变形变质地层;5. 变质基底;6. 酸性侵入岩;7. 中性侵入岩;8. 基性侵入岩;9. 中地壳;10. 下地壳;11. 地幔;12. 基性岩墙;13. 中酸性岩墙;14. 层状玄武岩;15. 韧性剪切带;16. 壳幔间拆离带及壳间滑脱带

隆,该成矿带跨越大青山-冀北古弧盆系(Ⅱ-3)、狼山-阴山陆块(Ⅱ-4)两个三级大地构造单元。本区地质矿产特征见图 9-27。

Ⅲ-10-①内蒙古隆起东段铁、铜、钼、铅、锌、金、银、锰、磷、煤、膨润土成矿亚带。

该成矿亚带出露地层齐全,除缺少元古宙地层外,太古宇、古生界、中生界、新生界均有分布,且构造复杂,各断代地层多不齐全,以中、新生界分布最广,其次是太古宇。区内太古宇主要分布在努鲁尔虎山、七老图山和铭山 3 个隆断带上,少部分出露于锡伯河、老哈河两个坳断带中。出露的太古宙地层主要为乌拉山岩群,为一套角闪岩相-高绿片岩相变质岩,包括黑云斜长片麻岩、黑云角闪变粒岩、黑云钾长片麻岩、斜长角闪岩、大理岩、绿片岩等,普遍遭受过强烈的区域混合岩化作用。其原岩为一套海相中基性火山-沉积岩。古生代时期，南部为相对稳定的陆表海沉积，为一套灰岩-砂岩建造；北部处于活动陆缘环境，沉积了一套火山岩-沉积岩建造。中生代本区处于滨太平洋岩浆岩带(内带)，主要表现为差异性升降，形成断隆与坳陷相间的格局，沉积了陆相湖盆含煤沉积建造、陆相火山岩建造等。新生界遍布沟谷及平川。

区内岩浆岩极为发育，特别是到了中生代，由于太平洋板块向欧亚板块的俯冲作用，使华北陆块强烈活化，伴随有强烈的构造活动及岩浆侵入和火山喷发活动。强烈的燕山运动打破了元古宙以来的东西向构造格局，由于扭动而产生一系列的北东向断裂，并引起呈北东向延伸的岩浆活动，在本区形成了北东展布的岩浆岩带。

主要侵入期有吕梁-阜平期、海西期及燕山期，以燕山期最为强烈。岩性从酸性到超基性均有分布，各种岩性分布面积随着基性程度的增加而减小，酸性岩最广，超基性岩最少。

区域内的断裂构造主要表现为大型线形断裂。区域的大型线形断裂构造有3组，分别为东西向、北西向和北北东—北东向，规模较大，构成大型的断裂带。这些断裂控制了该区中生代盆地和火山机构的形成。东西向断裂是区内出现最早的断裂，多被后期的北东向和北西向断裂带所切割。在区域上，东西向断裂构造规模较大，主要有隆化-北票断裂带、赤峰-开原深断裂带。北西向断裂早于北东向断裂，而且多被北东向断裂切割推移，北西向断裂是本区主要的导岩、导矿和容矿构造。区域上的北北东—北东向断裂较为发育，自西向东依次为赤峰-锦山断裂带、铁匠营-四官营裂带、承德-北票断裂带，规模相对较大。东西向和北东向深大断裂控制了本区断隆与坳陷的形成。

### 2. 区域成矿规律

1)控矿地质因素

(1)构造对成矿的控制作用。

①成矿构造环境的控矿作用。太古宙高级变质区主要赋存变质成因的石墨矿和与混合岩化相关的花岗伟晶岩型云母矿床。太古宙、古元古代花岗岩-绿岩带，基性火山岩喷发及其间歇期而形成条带状铁矿(鞍山式铁矿)和金初始矿源层，后者经后期岩浆作用或构造变形变质作用而形成金矿床。

晚古生代古亚洲洋于晚泥盆世早期闭合，陆-陆碰撞造山，形成与海西晚期花岗岩相关的热液型的铁、金矿床。

燕山期，以燕山运动为主，华北陆块北缘岩浆活动十分广泛而强烈，主要是中酸性的喷发和侵入，形成与燕山期中酸性岩浆活动有关的铁、金、银、铅、锌、铜、钼、锡、萤石矿床成矿系列。

②区域性深断裂构造带对成矿的控制作用。近东西向展布的赤峰-开源深断裂带和北北东向展布的嫩江-青龙河断裂带联合控制了与陆相中—酸性火山有关的斑岩型、接触交代型、爆破角砾岩型和热液型铁、金、银、铅、锌、铜、钼、锡、萤石等矿床的形成和分布。

③基底构造与新生构造的联合控矿作用。华北陆块北侧古亚洲构造域的区域性构造基本上是近东西向或北东向展布，它们控制的矿带亦是呈近东西向或北东向延展的。而进入古生代后，随着古亚洲洋的闭合，陆-陆碰撞造山，形成一系列与海西期花岗岩有关的矿床。燕山期，原先的基底构造亦发生活化，在这两组构造交会处往往是不同矿床的定位空间。

(2)地层对成矿的控制作用。

①成矿物质的初始预富集作用。太古宙—古元古代绿岩带内原岩为中基性火山岩系，其含有较富的易活化金丰度值而使金得到初始预富集，为后期地质作用成矿提供成矿物源。例如赤峰地区太古宙变质岩系含Au丰度值为$(7\sim9)\times10^{-9}$(邵和明等，2001)，是地壳Au丰度平均值的2～3倍，尤其是原岩为中基性火山岩的黑云角闪斜长片麻岩；角闪斜长片麻岩、斜长角岩等的Au丰度值变化于$(7.5\sim11.87)\times10^{-9}$之间(邵和明等，2001)，而且这类岩石中富含黄铁矿，黄铁矿含Au丰度为$1584\times10^{-9}$。

②在成岩过程中直接成矿。本区已探明储量的铁矿床中有60%与乌拉山岩群变质岩系有关：铁矿

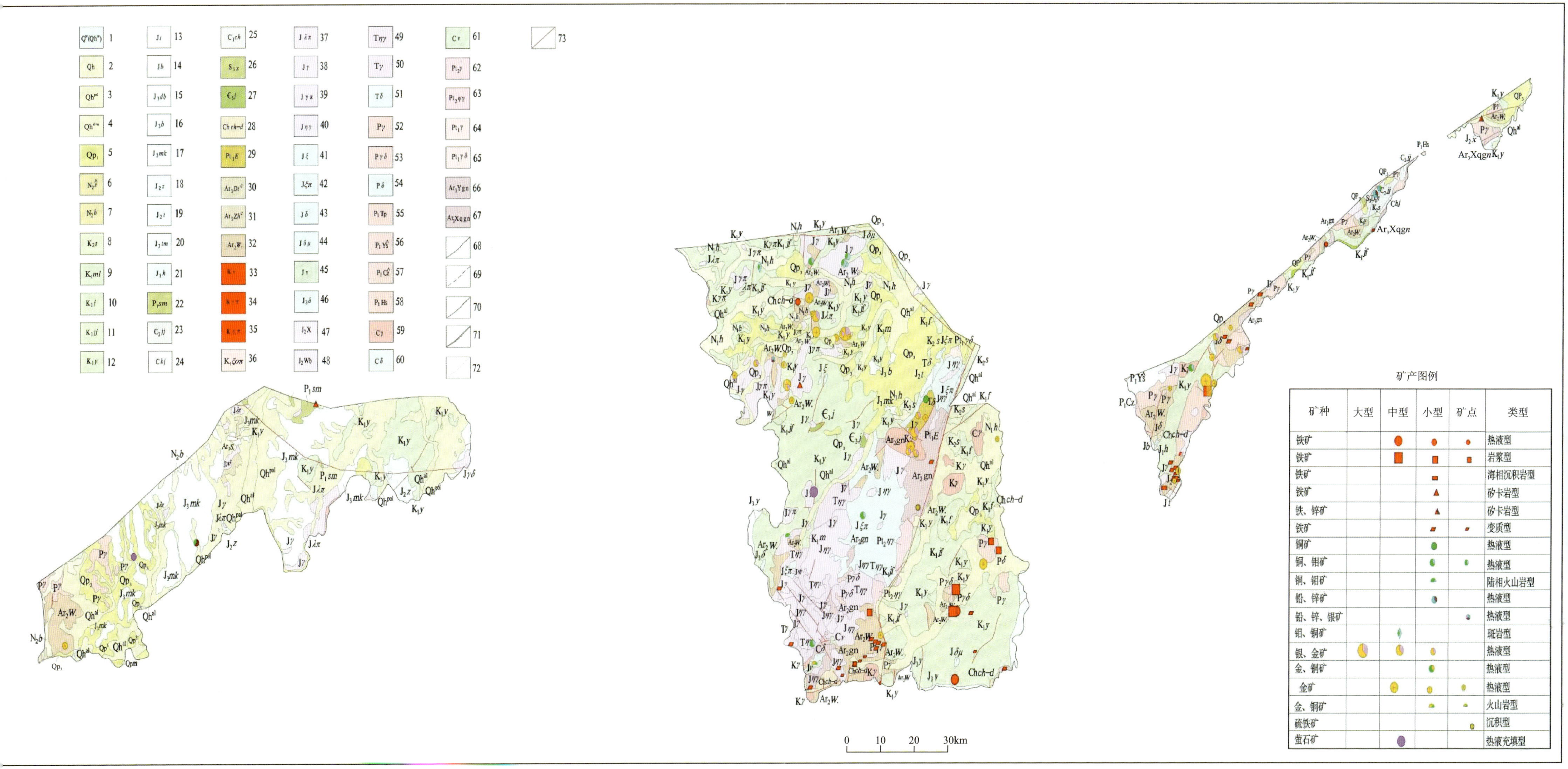


图 9-27　华北陆块北缘东段成矿带(Ⅲ-10)地质矿产简图

四系水体；2. 第四纪沉积物：砂砾石、泥土、黏土、砂；3. 冲洪积层：松散砂砾石、砂、粉砂；4. 冲积沼泽堆物：砂、砂砾石、卵砾石、砂质黏土，黏土夹薄层泥煤；5. 上更新统：马兰黄土、粉细砂、冲洪积砂砾石、湖积砂泥；6. 石匣组：红色黏土、含角砾黏土，底部为砾石层；7. 宝格达乌拉组：砖红色砂质泥岩、砂岩、砂砾岩；家湾组：紫红色、黄褐色砾岩、砂岩夹泥岩及煤层；9. 梅勒图组：暗色中基性熔岩为主，少量中酸性火山碎屑岩；10. 热河群阜新组：灰白色、灰色砂岩，砾岩，泥岩，碳质页岩夹煤层；11. 热河群九佛堂组：杂色砂岩、砾岩、粉砂岩、页岩、油页岩、泥灰岩；12. 热河群义县组：中基性火山岩、火山碎屑岩、酸性—碱性火山岩、火山碎夹碎屑岩；13. 髫髻山组：中性粗安质熔岩、角砾凝灰岩夹凝灰质砂岩、凝灰质砾岩；14. 北票组：黄褐色长石石英砂岩，长石砂岩，灰色、灰黑色页岩夹砾岩，黏土岩及煤层；15. 大北沟组：上部为安山岩，下部为灰绿色砂页岩；16. 白音高老组：杂色酸性火山碎屑岩、酸性熔岩夹中酸性火山碎屑岩与火山碎屑沉积岩；17. 满克头鄂博灰白色、浅灰色酸性火山熔岩，酸性火山碎屑岩，火山碎屑沉积岩；18. 张家口组：流纹岩、流纹质火山碎屑岩夹安山岩；19. 土城子组：紫红色、灰绿色砾岩，砂岩，粉砂岩，粉砂质页岩；20. 塔木兰沟组：灰绿色、灰黑色中基性火山熔岩，火山碎屑岩；21. 红旗组：灰白色砾岩、砂岩、粉砂岩、泥岩夹煤层；22. 三面井组：灰绿色、色砂岩，粉砂质板岩，生物碎屑灰岩；23. 酒局子组：灰黑色、紫红色板岩，砂岩；页岩夹中酸性凝灰岩、灰岩、煤层；24. 白家店组：灰岩为主夹砂岩、板岩；25. 朝吐沟组：变质基性—中酸性熔岩、变火山碎屑岩夹绢英片岩、石英岩；26. 西别河组：灰岩、砂岩、板岩、变泥岩；27. 锦山组：深灰色板岩、变质砂岩、千枚岩、泥质灰岩；28. 常州沟组、串岭沟组、团山子组、大红峪组未分碎屑岩、硅质板岩、结晶灰岩、粉砂岩；29. 二道凹岩群：各类片岩、大理岩、变粒岩，底部变质砾岩；30. 单搭子杂岩：变粒岩、浅砾岩、片岩、大理岩等；31. 遵化杂岩：黑云斜长片麻岩、斜长角闪岩；32. 乌拉山岩群：角闪（黑云）斜长片麻岩、矽线石榴片麻岩、斜长角闪石墨片麻岩、磁铁石英岩、大理岩、变粒岩；33. 花岗岩；34. 花岗斑岩、花斑岩、正长花岗斑岩；35. 花岗斑岩；36. 石英正长斑岩；37. 流纹斑岩、石英斑岩；38. 花岗岩；39. 花岗斑岩；40. 二长花岗岩；41. 正长岩；42. 正长斑岩；43. 闪长岩；44. 闪长玢岩；45. 辉长岩；46. 闪长岩；47. 哈大图超单元西查台单元：细粒含石榴二长花岩；48. 歪脖山单元：石英二长岩；49. 二长花岗岩；50. 花岗岩；51. 闪长岩；52. 花岗岩；53. 花岗闪长岩；54. 闪长岩；55. 建平镇超单元套卜河洛单元：中粒似斑状二长花岗岩；56. 建平镇超单元杨树岭单元：中细粒二长花岗岩；57. 建平镇超单元柴杖子单元：中粗粒二长花岗岩；58. 小欧力营子超单元好四家子单元：中细粒钾长花岗59. 花岗岩；60. 闪长岩；61. 辉长岩；62. 花岗岩；63. 二长花岗岩；64. 花岗岩；65. 花岗闪长岩；66. 叶柏寿片麻岩：英云闪长质片麻岩为主，石英闪长质、奥长花岗质片麻岩次之；67. 小牵马岭片麻岩：英云闪长质片麻岩为主，石英闪长质、奥长花岗质片麻岩次之；68. 实测整合岩层界线；69. 推测整合岩层界线；70. 实测角度不整合界线；71. 实测平行不整合界线；72. 相交界线；73. 实测性质不明断层

直接产于乌拉山岩群变质岩中。太古宙结晶基底可以作为铁矿及后生金矿的原始矿源层,也为以后的地质时期中 Fe、Au 等元素的活化、迁移、富集提供了丰厚的物质来源。

③地层与成矿流体发生水岩反应,为成矿流体沉淀提供空间。碳酸盐岩地层,往往与岩浆热液发生水岩反应而形成矽卡岩体,在水岩反应过程中,改变了成矿流体的 pH、Eh 值,从而促使成矿物质的沉淀成矿,形成矽卡岩型矿体,本区已发现较多的矽卡岩型铁矿。

(3)岩浆岩对成矿的控制作用。

①岩体自身对成矿的控制作用。本区有色金属矿床的时空分布与岩浆岩密切相关,矿体多产于岩体接触带或附近的围岩中,有的直接产在岩体内。如柴火栏子金矿床的 4 个金矿体均分布于辉长闪长岩体南东侧的蚀变带中;莲花山金矿距岩体 4km。

区内金矿床围绕岩体有分带的现象。如金厂沟梁矿区,以对面沟岩体为中心,向外 300~500m 范围内分布有高中温的热液脉状铜钼矿化,1~3km 范围内分布有放射状金矿脉。

②岩浆岩成分对成矿的控制作用。

A. 与斑岩型铜钼矿床有关的酸性侵入岩。与斑岩型铜矿床有关的超浅成—浅成酸性侵入岩侵位于中生代断隆区一侧,岩石类型为花岗斑岩,花岗闪长斑岩和石英正长斑岩。岩石化学成分为:花岗斑岩以低 $SiO_2$,富 $K_2O+Na_2O$(8.35%)且 $K_2O>Na_2O$,贫 Ca,富 Al 为特征;花岗闪长斑岩则以富 $SiO_2$($SiO_2$=69.00%),富 $K_2O+Na_2O$(8.53%),且 $K_2O>Na_2O$,贫 Mg、Ca 为特点。岩浆起源于下地壳—上地幔的过渡性岩浆的衍生物。岩石中黑云母成分特点为富 FeO(30.20%),贫 Mg(8.29)。微量元素特征为高 Sn[(10.9~13.2)$\times10^{-6}$],高 Rb[(195~286)$\times10^{-6}$],低 Sr[13~26)$\times10^{-6}$](邵和明等,2001)。

B. 与铅锌矿床有关的中酸性侵入岩。这类岩石主要为石英二长岩-石英二长闪长岩-花岗闪长岩-黑云母二长斑岩-花岗闪长斑岩,次为黑云母二长花岗斑岩,为超浅成—浅成岩石,呈小岩株、岩枝和岩脉产出。岩石化学成分特征为:$SiO_2$ 含量 63.45%~67.43%,$Al_2O_3$ 含量 14.76%~16.20%,$Na_2O+K_2O$为 6.10%~9.29%,FeO+MgO 为 4.34%~7.63%,富含挥发组分 F[(475~540)$\times10^{-6}$],Cl[(165~384)$\times10^{-6}$],岩石富 Sr[(348~436)$\times10^{-6}$],贫 Rb,富 Zn[(69~141)$\times10^{-6}$],其$\sum$REE 丰度低[(115~130)$\times10^{-6}$],轻稀土强烈富集($\sum Ce/\sum Y$ 值为 3.4~6.2),弱负 Eu 异常($\delta$Eu 平均值 0.73)。$^{87}Sr/^{86}Sr$ 初始比值 0.706~0.707,全岩 $\delta^{18}O$ 为-8.1‰~1.0‰,岩浆起源于下地壳。岩石中的角闪石成分贫 Mg(MgO=9.89%~15.34%),而富 Fe($\sum$FeO=12.23%~20.63%),黑云母化学成分为贫 Mg(MgO=9.6%~12.44%)而富 Fe($\sum$FeO=16.94%~21.86%)(邵和明等,2001)。

C. 与金成矿有关的中酸性岩浆岩。与金成矿有关的中酸岩浆类,主要是黑云母花岗岩、角闪石花岗岩、石英闪长岩、花岗闪长岩、二长花岗岩、石英斑岩等,这类花岗岩类绝大多数属于基底重熔型花岗岩类。成矿花岗岩类的岩石化学成分特征为:$SiO_2$ 含量介于 65%~75%之间,铝指数($Al_2O_3/K_2O+Na_2O+CaO$)为 0.91~1.10,碱量($K_2O+Na_2O$)为 7.8%~8.9%,$K_2O/Na_2O$ 值为 1.04~1.42(邵和明等,2001)。

2)矿床的空间分布规律

赤峰-开源深断裂带南侧分布有太古宙沉积变质型铁矿(兰杖子、水泉屯等)、中生代斑岩型铜铅矿床(车户沟),热液型铅锌铜矿床(对面沟、后塔子、四道沟),热液型金、银矿床(柴火栏子、莲花沟、红花沟、金厂沟梁)。

嫩江-青龙河断裂带西侧分布有太古宙沉积变质型铁矿(张家营子、曲家梁等),中元古代热液型金矿床(乃林沟、樱桃沟),中生代岩浆岩型铁矿床(耿家营子),热液型金、银矿床(金蝉山、长翱)。

太古宙—古元古代基底隆起区分布有太古宙—古元古代条带状铁矿床、绿岩型金矿床、石墨矿床和白云母矿床。太古宙—古元古代基底边缘坳陷区分布有中元古代与海相火山-侵入岩相关的铁、铅、锌、金矿床。

3)矿床的时间分布规律

(1)根据本成矿带内有确切成矿时代测年数据及典型矿床研究结果表明,主要成矿期为太古宙、元古宙—前寒武纪和中生代(表 9-7),中生代成矿年龄集中在燕山期,且有两个高峰期,即晚侏罗世和早白垩世。

(2)从矿床类型种类分析,太古宙成矿类型为变质沉积型矿床。元古宙—前寒武纪成矿类型为沉积变质型矿床、热液型矿床;中生代类型丰富,有斑岩型、矽卡岩型、热液型、陆相火山岩型多金属矿床。成矿类型由单一到多样。

(3)金属矿床的成矿主元素由太古宙→中生代变化如下:太古宙 Fe→元古宙 Fe、Au→中生代 Fe、Sn、Cu、Pb、Zn、Mo、Ag。由此表明,矿床成矿物质组成具有由少到多的变化趋势。

**表 9-7 华北陆块北缘东段成矿带(Ⅲ-10)主要矿床成矿时代一览表**

| Ⅲ级成矿带 | 矿床成因类型 | 成矿期 | 矿床名称 |
|---|---|---|---|
| Ⅲ-10 华北陆块北缘东段成矿带 | 沉积变质型 | 中太古代 | 曲家梁铁矿 |
| | 沉积变质型 | 中太古代 | 兰杖子铁矿 |
| | 沉积变质型 | 中太古代 | 二道沟铁矿 |
| | 热液型 | 白垩纪 | 红花沟金矿 |
| | 构造破碎蚀变岩型 | 白垩纪 | 东风金矿 |
| | 热液型 | 白垩纪 | 柴火栏子金矿 |
| | 热液型 | 白垩纪 | 莲花山金矿 |
| | 热液型 | 白垩纪 | 长皋金矿 |
| | 脉型 | 太古宙 | 柴火栏子金矿 |
| | 岩浆型 | 白垩纪 | 七家铁矿金矿 |
| | 热液型 | 二叠纪 | 西箭铁矿金矿 |
| | 热液型 | 太古宙 | 五官营子铁矿 |
| | 岩浆型 | 中太古代 | 十八台铁矿 |
| | 斑岩型 | 侏罗纪 | 车户沟铜(钼)矿 |
| | 热液型 | 侏罗纪 | 大西沟萤石矿 |
| | 热液型 | 白垩纪 | 千斤沟锡矿 |
| | 热液型 | 侏罗纪 | 长岭山铅锌矿 |

### 3. 矿床成矿系列划分

依据本成矿带内地质背景、区域成矿特征、矿床形成构造环境,将本区Ⅲ级成矿系列细化为 3 个成矿系列,根据Ⅳ级成矿亚带,进一步划分为 2 个成矿亚系列和 14 个矿床式,见表 9-2。

(1)头道沟-曲家梁地区与太古宙(或元古宙)受变质火山-沉积作用、混合岩化作用有关的铁矿床成矿系列(Ar-01):该成矿系列主要分布在赤峰南部宁城县、敖汉旗,呈北东东向展布,其矿床分布与太古宙乌拉山岩群的分布一致。乌拉山岩群是铁矿的重要赋矿层位,其岩石组合包括黑云斜长片麻岩、黑云角闪变粒岩、黑云钾长片麻岩、斜长角闪岩、大理岩、绿片岩等,普遍遭受过强烈的区域混合岩化作用。

本区东西向断裂构造规模较大,主要有隆化-北票断裂带。北西向断裂早于北东向断裂,而且多被北东向断裂切割推移。区域上的北北东—北东向断裂较为发育,赤峰-锦山断裂带、承德-北票断裂带,规模相对较大。东西向和北东向深大断裂控制了本区断隆与坳陷的形成。

矿床类型与代表性矿床：沉积变质型头道沟铁矿、二道沟铁矿、曲家梁铁矿。

(2)南湾子与海西期酸性岩浆活动有关的铁、金矿床成矿系列($Pz_2$-10)：海西晚期，由于西伯利亚陆块与华北陆块碰撞拼合，而在南湾子—哈拉火烧地段发生构造-岩浆活化，形成了与酸性岩浆活动有关的铁、金矿床成矿系列。代表性矿床：热液型南湾子金矿、西箭铁矿。

(3)千斤沟-车户沟地区与燕山期中酸性岩浆活动有关的铁、金、银、铅、锌、铜、钼、锡、萤石矿床成矿系列($Mz_2$-09)：该成矿系列分布在华北陆块北缘东段，与成矿有成因关系的花岗岩类岩石为花岗闪长岩、闪长岩、钾长花岗岩、正长斑岩、黑云母花岗岩，成矿时代为中生代，并以晚侏罗世—早白垩世为主，赋矿岩石为太古宙片麻岩、二叠纪板岩、侏罗纪火山岩等，矿床类型有斑岩型、热液型和隐爆角砾岩型。

矿床类型与代表性矿床：斑岩型车户沟铜、钼矿床；热液型长岭山铅、锌矿床，后塔子钼矿床，伊河沟铁矿床，官地银、金矿床，大西沟、二道沟等金矿床，千斤沟锡矿床，陈家杖子金矿床。

#### 4. 区域成矿模式及成矿谱系

该成矿带由太古宙变质火山沉积岩系组成，发育有与海相火山-沉积作用有关的铁矿床成矿系列。吕梁运动后地壳处于稳定状态。海西晚期，由于西伯利亚陆块与华北陆块碰撞拼合，而在南湾子—哈拉火烧地段发生构造-岩浆活化，形成了与酸性岩浆活动有关的铁、铁锌矿床成矿系列。中生代本区进入滨西太平洋活动大陆边缘构造发育阶段。因此在红花沟—陈家杖子地段发育印支期与中酸性岩浆活动有关的铜、铅、锌矿床成矿系列。燕山期，在红花沟—陈家杖子地段发育与燕山早期中酸性火山-侵入杂岩有关的金、银、铜、钼矿床成矿系列，形成了红花沟、莲花山、柴火栏子等金矿床。燕山晚期在红花沟—陈家杖子和金厂沟梁—芦家地两个地段发育与中酸性火山-侵入杂岩有关的金、银、铅锌矿床成矿系列；在太仆寺-多伦地区形成了与中酸性火山-侵入岩有关金、锡、萤石矿床成矿系列。形成了热液型金厂沟梁大型金矿床和陈家杖子火山隐爆角砾岩型大型金矿床(成矿时限为121～100Ma；邵和明等，2001)及千斤沟锡矿、太仆寺东郊萤石矿。

由上述可以看出，本区由晚古生代到燕山期，成矿作用实现由东向西变新，而且成矿作用强度增大。该成矿带成矿谱系见图9-28，区域成矿模式见图9-29。

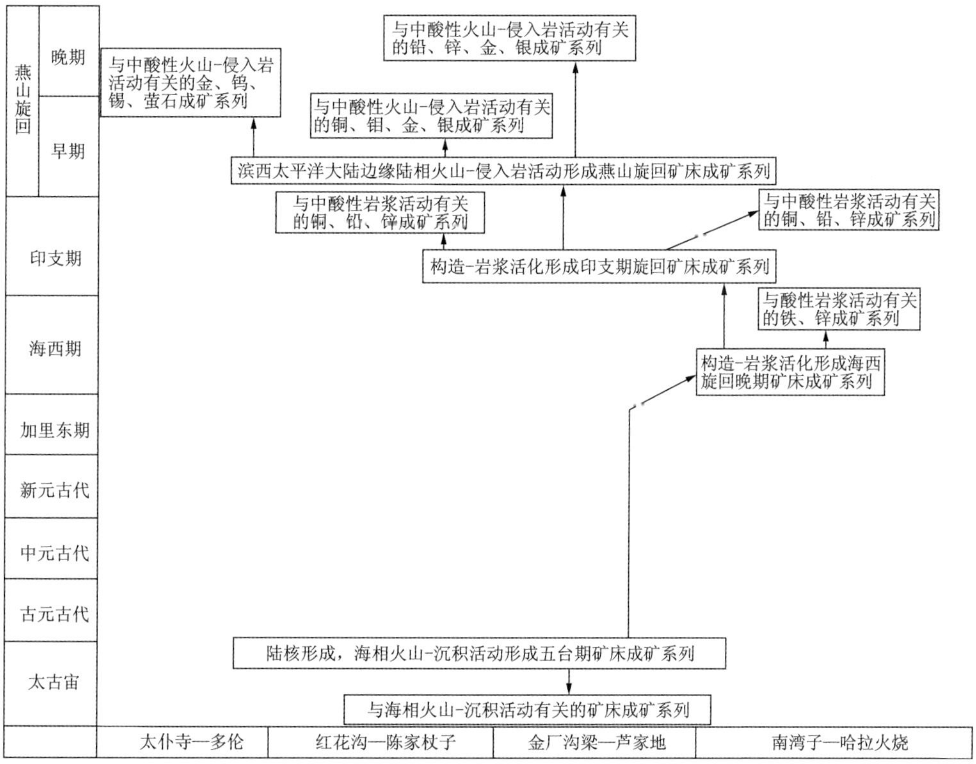

图9-28　华北陆块北缘东段成矿带成矿谱系图

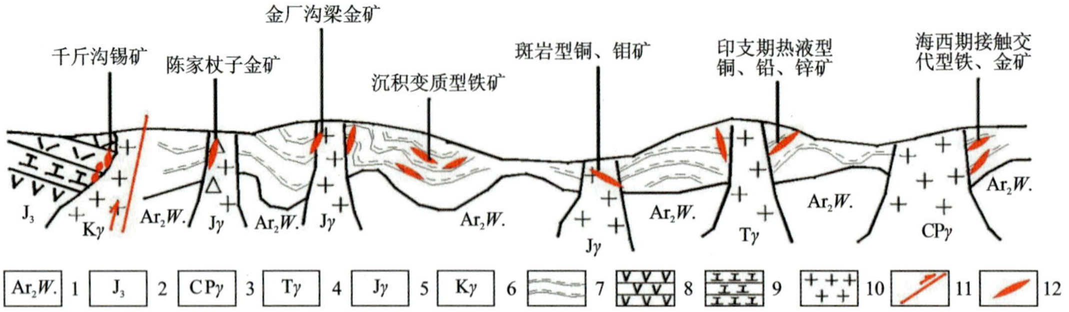


图 9-29　华北陆块北缘东段成矿带区域成矿模式图

1.中太古代乌拉山岩群；2.晚侏罗世火山岩；3.石炭纪—二叠纪酸性侵入岩；4.三叠纪侵入岩；5.侏罗纪侵入岩；6.白垩纪侵入岩；7.片麻岩；8.安山岩；9.粗面岩；10.花岗岩；11.逆断层；12.矿体

## 十、华北陆块北缘西段金、铁、铌、稀土、铜、铅、锌、银、镍、铂、钨、石墨、白云母成矿带(Ⅲ-11)

### 1.区域成矿地质背景

本成矿带北界为乌拉特后旗-化德-赤峰深大断裂，南接鄂尔多斯盆地，西接阿拉善地块，东侧延入山西省内。本区大地构造单元属狼山-阴山陆块(大陆边缘岩浆弧)、叠加裂陷盆地系两个二级单元，跨越多个三级大地构造单元，包括固阳-兴和陆核、色尔腾山-太仆寺旗古岩浆弧、狼山-白云鄂博裂谷及吉兰泰-包头断陷盆地。

自古太古代开始至中元古代华北陆块经过多次裂解、合并，最终形成统一的华北陆块结晶基底，在中元古代后期(1600～1000Ma)，西伯利亚陆块南缘开始向华北陆块北缘增生，古亚洲海洋逐渐消减，白乃庙古岛弧拼贴到华北陆块北缘，在白云鄂博和渣尔泰山一带相交部位出现地幔热点，地壳上隆且发生破裂，形成三叉裂谷系，其中活动两支不断扩张形成白云鄂博张裂边缘盆地，向北为加里东期和海西期造山带与内蒙古洋相通，被废弃的一支发育成渣尔泰山边缘裂陷槽，伸入克拉通内与华北陆块相接，构成港湾(固阳一带)，与白云鄂博相通，于是就形成了狼山-渣尔泰山裂陷槽和白云鄂博裂陷槽。

华北准陆块在中—新元古代形成温都尔庙群，为一套绿片岩相变质的基性火山岩。震旦纪贺兰海水向北侵漫到大佘太、包头、集宁一带，并与来自河北的华北海水汇合，在阴山南麓形成什那干陆表海，沉积了稳定型陆块盖层碳酸盐岩建造。震旦纪末发生什那干抬升，海水退出本区。在遭受近 400Ma 的剥蚀后，至寒武纪开始下沉，海水自华北和祁连入侵。

寒武纪—中奥陶世为海相碳酸盐岩和砂泥质建造。晚奥陶世末发生科迪勒拉型造山运动(陈毓川等，2005)，形成加里东花岗岩，本区以 S 型花岗岩为主。中志留世时地壳又发生沉降，发育碳酸盐岩、细碎屑岩、泥质碳酸盐岩夹流纹质火山岩。中志留世末地壳又隆升，形成晚志留世磨拉石建造。晚志留世—早石炭世本区经历了强烈的剥蚀。晚石炭世又有从华北来的海水经清水河与贺兰海沟通，海水时侵时退，为海陆交互相沉积。在阴山地区早二叠世有多个小型山间盆地，除陆源碎屑外，火山活动强烈，表明阴山地区构造活动趋于强烈。

中新生代本区大部分地区仍处于隆起状态，由于受滨太平洋构造域的影响，地壳活动性增强，西伯利亚陆块与华北陆块之间的碰撞所引起的南北向挤压力(邵和明等，2001)造成了本区侏罗纪及早白垩世产生了多个东西向或近东西向的山间断陷盆地、褶皱、断裂及推覆构造，并伴有三叠纪—侏罗纪酸性侵入岩发育，见图 9-30。

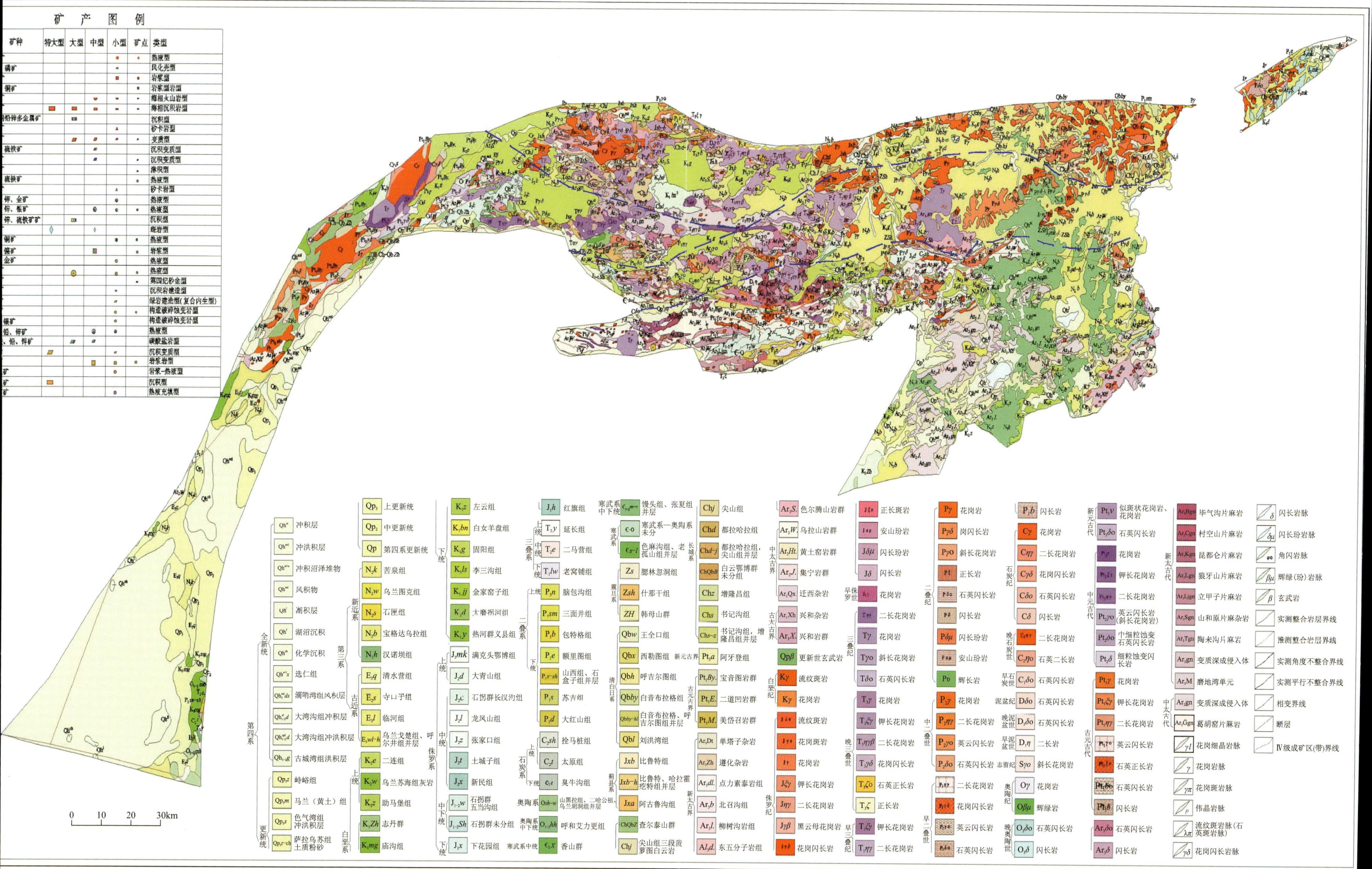


图 9-30　华北陆块北缘西段成矿带地质矿产简图

1)Ⅲ-11-①白云鄂博-商都金、铁、铌、稀土、铜、镍成矿亚带(Pt、V)

本成矿亚带北以白云鄂博-商都深大断裂与白乃庙-哈达庙铜、金、萤石成矿亚带为邻,南以乌拉特中旗-石崩-合教-三合明-集宁断裂与固阳-白银查干金、铁、铜、铅、锌、石墨成矿亚带为邻。

本区是中、新元古代巨型裂陷槽,堆积了一套复理石建造白云鄂博群,早期有碱性火山岩喷发活动,并有含钠闪石的正长岩侵入。岩相古地理研究表明(邵和明等,2001),裂槽由受断裂控制、规模不一的断陷盆地构成,而且往往在三级断陷盆地中发生喷流沉积铁、稀土的成矿。800Ma 晋宁运动裂陷槽闭合,白云鄂博群成为华北陆块的准盖层。本区加里东期深部成矿流体活动而使中新元古代形成的矿体受到叠加改造。晚泥盆世早期,北侧古亚洲洋闭合造山成陆,本区有较强烈的海西期花岗质岩浆侵位。中生代受滨西太平洋构造域的影响,形成断陷盆地,其中有基性—酸性火山喷发活动,同时发育有印支期和燕山期花岗岩体,并发生金、钨的矿化作用。

2)Ⅲ-11-②狼山-渣尔泰山铅、锌、金、铁、铜、铂、镍成矿亚带

本成矿亚带是在华北陆块太古宙、古元古代基底内于 1800Ma 左右发生裂解而形成的中新元古代巨型裂陷槽。海槽中堆积类复理建造,渣尔泰山群沉积早期有基性火山喷发活动。岩相古地理资料表明(邵和明等,2001),裂陷槽由一系列受不同级别同生断裂控制的规模不一的断陷盆地组成,而且在三级断陷盆地中发生喷流沉积成矿作用。800Ma 左右晋宁运动裂陷槽闭合,渣尔泰山群构成华北陆块的准盖层。古亚洲洋的俯冲、碰撞作用,本区发生构造岩浆活化作用,故分布由加里东期和海西期花岗质岩浆侵入体,海西期花岗岩与铜、铁成矿密切相关,中生代形成受断裂控制的近东西向和北东向展布的断陷盆地,同时有印支期和燕山期花岗质岩类侵位。

3)Ⅲ-11-③固阳-白银查干金、铁、铜、铅、锌、石墨、硫铁矿成矿亚带($Ar_3$)

该成矿亚带位于华北陆块北缘深断裂南侧,在早前寒武纪处于古陆核边缘部位,形成若干规模不等的弧后火山盆地或古火山岛弧盆地。早期多处于张性环境,有一定规模的基性火山喷发,晚期趋于稳定,有一定的海相沉积,并伴有相应的成矿作用。古生代以基性—中酸性火山岩、侵入岩为主,分布很少。中生代岩浆活动强烈,侏罗纪—白垩纪火山岩均有分布,尤其白垩纪火山喷发强烈。

与铁、金成矿有关地层为新元古代色尔腾山岩群,其内形成沉积变质型铁、金矿。而与铁、金成矿有关的岩浆岩为海西晚期花岗岩和燕山早期超浅成花岗斑岩。该区构造呈东西向展布,而控制该区成矿的断裂构造为大佘太-固阳-武川-察哈尔右翼中旗深断裂,深断裂带北侧与北西向次级断裂交会处,则往往是铁、金成矿的有利部位。

4)Ⅲ-11-④乌拉山-集宁铁、金、银、钼、铜、铅、锌、石墨、白云母成矿亚带($Ar_{1-2}$、I、Y)

该成矿亚带主体由太古宙高级变质岩区,中、新太古代绿岩带,古元古代类绿岩带及 TTG 岩系等组成,在这些建造形成过程中,有铁矿及金矿、石墨的初始矿源层形成,在经历了 2600Ma 左右、1800Ma 左右的两次克拉通化而形成陆核和陆块。伴随 1800Ma 克拉通化的花岗伟晶岩形成白云母矿床。800Ma 的晋宁运动地壳稳定固结而形成第三次克拉通化大陆。

古生代由于北侧古亚洲洋的俯冲、碰撞作用,本区发生构造岩浆活化作用而有海西早期花岗岩侵位。因中生代滨西太平洋构造域的叠加,本区形成近东西向山间断陷盆地,堆积含煤建造,并有火山活动,伴随有燕山期花岗岩侵位,与金、银矿化密切相关。

**2. 区域成矿规律**

1)控矿地质因素

(1)构造对成矿的控制作用。

①成矿构造环境的控矿作用。在太古宙—古元古代陆块中,花岗-绿岩带内赋存条带状铁矿(或称鞍山式铁矿)和金矿,而高级变质岩区赋存众多的非金属矿床,例如石墨矿、白云母矿和透辉石型磷矿等。在中元古代时,一方面,在太古宙—古元古代陆块边缘的裂陷槽或裂谷带内形成与海相基性—中酸性火山喷发活动相关的海底火山喷气、喷流-沉积型铁、铜、铅、锌、金、硫铁矿床,以及与碱性火山-岩浆

活动相关的喷流-沉积型铁、铌、稀土矿床。同时,有与海相化学同沉积作用有关的铁、锰、磷矿床形成。另一方面,在以洋壳为基底的火山弧环境内形成与中基性—中酸性火山-侵入活动有关的铜钼矿床;而在大洋脊扩张部位或其与异常脊的过渡带环境内有与富钠镁质基性火山岩浆活动相关的铁(金)矿床形成。

华北陆块边缘在古亚洲洋盆和秦祁海槽的成生、发育、消亡的过程中发生强烈的构造-岩浆活化作用。在这种构造环境下,在北缘形成了与基性岩浆有关的熔离型铜、镍、铂矿床和结晶分异型铁、磷矿床及热液型铁矿。深部富铌、稀土的成矿流体沿构造裂隙带上升,使白云鄂博铁、铌稀土矿床进一步富集。同时由于碱性花岗岩侵位于接触带,形成接触交代型铌、稀土矿体。中酸性岩浆的侵位形成了接触交代型和热液型铜、铁、铅、锌、金、萤石矿床。而在华北陆块西部边缘形成与辉长岩有关的熔离型钛铁矿床和接触交代型铁、金矿床。

中生代滨西太平洋活动大陆边缘构造环境形成了雄伟的大兴安岭火山-岩浆构造带,并形成与陆相中酸性火山-侵入杂岩相关的众多不同类型的铁、铜、铅、锡、锌、钨、钼、银、稀土、金、萤石等矿床。

②区域性深断裂构造带对成矿的控制作用。华北陆块北缘深断裂带两侧分布不同时代形成的铁、铌、稀土矿床,铁、铜、镍、铅、锌、金、萤石等矿床。

③基底构造与新生构造的联合控矿作用。华北陆块及其北侧古亚洲构造域的区域性构造基本上是近东西向展布,它们能控制的矿带亦是呈近东西向延展的。而进入中生代后,由于滨西太平洋活动大陆边缘的作用,一方面新生的区域性构造带呈北东—北北东向延展,另一方面原先的基底构造亦发生活化,在这两组构造交会处往往是不同矿床的定位空间。因此,纵观矿床分布,就非常明显地看到矿床东西成行,北东—北北东向成带的棋盘格局,而且矿带间具有近等距性。

④巨型沉降带中沉积盆地的控矿作用。巨型沉降带实质是受区域性深断裂带控制的裂陷槽(或称裂谷),它赋存有许多大型、超大型矿床,如白云鄂博裂谷和渣尔泰山-狼山裂谷。它们延展数百千米,宽几十千米,然而,并非在整个裂谷中到处有矿床形成。只有在发育受同活动断层控制的三级或更次级的盆地中才形成矿床。

⑤褶皱构造的控矿作用。对于受变质火山-沉积矿床来说,褶皱构造的核部和倾伏端使矿层厚度增大,而翼部变薄,同时在核部或倾伏端矿石的品位有所提高,例如三合明铁矿床。

⑥韧—脆性剪切变形变质带的控矿作用。乌拉山山前韧—脆性剪切变形变质带内赋存有乌拉山金矿床;大青山北坡固阳-察右中旗区域性韧—脆性剪切变形变质带,次级构造控制了一批金矿床的分布。新地沟金矿床、十八顷壕金矿床等均赋存在韧—脆性剪切变形变质带内。又例如 400Ma 白云鄂博铁、铌、稀土矿床的一次矿化富集中亦与韧—脆性剪切变形变质构造相关,这次矿化形成了条带状或条痕状构造矿石。

(2)地层对成矿的控制作用。

①成矿物质的初始预富集作用。太古宙乌拉山岩群和集宁岩群原岩为含碳质岩层,经过区域麻粒岩相变质作用和混合岩化作用常形成规模不等的石墨矿床。古元古代宝音图岩群中富铝泥质岩层经过区域角闪岩相变质作用形成石榴石矿床。乌拉山岩群和集宁岩群原岩为泥质—半黏土质岩层经过 1800~1700Ma 的变质-混合岩化作用形成伟晶岩型白云母矿床。

太古宙—古元古代绿岩带内原岩为中基性火山岩系,其含有较富的易活化金而使金得到初始预富集,为后期地质作用成矿提供成矿物源。

②在成岩过程中直接成矿。太古宙乌拉山岩群、色尔腾山岩群中的条带铁矿床;中元古代白乃庙群的铜钼矿床;温都尔庙群中的铁矿床;渣尔泰山群中的铁、铜、铅、锌、硫铁矿、金矿床;白云鄂博群中的白云鄂博铁、铌、稀土矿床及磷矿床都是在地层岩石形成的同时,成矿物质大量富集而形成的。中元古代与海相化学沉积有关的铁、磷矿床亦是如此。

③地层与成矿流体发生水岩反应,为成矿流体沉淀提供空间。地层中某些岩石具有较富的孔隙度,再加上构造变形而产生的裂隙,从而提高了它们的渗透性,故有利于成矿流体的进入而发生流体与岩石

的物质交换反应，使成矿物质富集沉淀成矿，例如小南山铜、镍、铂矿床在辉长岩与白云鄂博群接触带形成的泥灰岩型矿体。

碳酸盐岩地层，往往与岩浆热液发生水岩反应而形成矽卡岩体。

(3)岩浆岩对成矿的控制作用。

①火山岩浆成分的不同而形成不同的矿床。太古宙—古元古代赋存的条带状铁矿床与基性火山岩浆喷发作用相关。白云鄂博铁、铌、稀土矿床与碱性火山岩浆和碳酸岩岩浆有关。霍各乞铜矿床的形成与钠质基性火山岩浆作用有关，而东升庙、炭窑口铅锌多金属矿床的形成与钾质火山岩浆喷发作用有成因关系。这说明不同成分的火山岩浆作用形成不同的矿种。

②岩浆岩成分对成矿的控制作用。

A. 与斑岩型钼、铅锌矿床有关的中酸性侵入岩。与斑岩型钼铅锌矿床有关的深成及超浅成—浅成酸性侵入岩侵位于太古宙变质基底隆起带之中，其岩石类型为斑状黑云母钾长花岗岩、花岗斑岩，流纹斑岩、正长斑岩。

B. 与金成矿有关的中酸性岩浆岩。与金成矿有关的中酸性岩浆岩类主要是钾长花岗岩及正长花岗岩，个别与闪长玢岩有关。这类花岗岩属于基底重熔型花岗岩类，而且与后期钾长石化有关。

2)矿床的空间分布规律

矿床的分布是严格受构造的控制，现初步总结如下。

(1)矿床沿深断裂带两侧呈线形带状分布。华北陆块北缘深断裂带南侧分布有众多矿床，其中有中元古代与海相碱性岩、碳酸岩岩浆活动有关的超大型矿床白云鄂博铁、铌、稀土矿床，与海相基性—中酸性火山-沉积作用有关的铜、铅、锌矿、硫、金大型矿床(霍各乞)。太古宙的条带状铁矿床(三合明、书记沟等)，元古宙的金矿床(赛乌素)；古生代接触交代型铁金矿床(额里图)及岩浆熔离型铜、镍、铂矿床(小南山)；中生代矽卡岩型铜矿床(宫忽洞)，金矿床(高台、银宫山)。

(2)以贺兰山-狼山北东向构造带为界的两侧矿床分布方向不同，西侧中生代及古生代矿床是北西向带状展布；而东侧古生代矿床是近东西向分布，中生代矿床则呈北东向展布。这是该界线西侧西域构造系发育，东侧华夏系和新华夏构造系发育。

(3)太古宙—古元古代基底隆起区分布有太古宙—古元古代条带状铁矿床、绿岩型金矿床、石墨矿床和白云母矿床。太古庙—古元古代基底边缘坳陷区分布有中元古代与海相火山-侵入岩相关的喷气和喷流-沉积型铜、铁、铅、锌、硫、金矿床，及铁、稀有稀土矿床。

(4)古生代褶皱带内的前寒武纪基底隆起区分布有中元古代与海相基性—中酸性火山-侵入岩有关的铜钼矿床和铁矿床及金矿床。

(5)古牛代褶皱带内中酸性花岗岩带控制了接触交代型、斑岩型、热液型铁、铁钼、钼、铍、铜、金矿床及水晶和萤石矿床。

(6)晚古生代沉积型铁、菱铁矿分布在华北陆块晚古生代沉积岩层内。

(7)晚古生代矿床集中分布在前中生代古海盆边缘与中生代隆起带重叠部位。

3)矿床的时间分布规律

(1)该成矿带内主要成矿期。第一主要成矿期为太古宙；第二主要成矿期为元古宙；第三主要成矿期为晚古生代；第四主要成矿期为中生代；第五主要成矿期为新生代。

(2)从矿床类型种类分析。太古宙为变质火山-沉积型矿床和变质沉积型矿床；古元古代为变质火山-沉积型矿床和变质热液型矿床；中元古代为变质海相火山喷气、喷流-沉积型矿床，变质海相火山-沉积型矿床，变质海相化学沉积型铁、锰、磷矿床；新元古代海相冰水沉积型铁、磷矿床。

早古生代有与辉长岩有关的岩浆分异型接触交代型矿床，晚古生代矿床类型更多，有海相中基性—中酸性火山沉积型矿床；与中酸性岩浆岩有关的接触变代型矿床及热液型矿床；与超基性—基性岩有关的岩浆熔离型和分异型矿床及热液型矿床；与残余洋壳有关的岩浆熔离型矿床和海相沉积型矿床。

中生代有与中酸性侵入岩有关的接触交代型矿床、热液型矿床和斑岩型矿床；与陆相火山岩有关的隐爆角砾岩型矿床、热液型矿床及陆相沉积型矿床。

新生代有火山岩型矿床、砂金铂型矿床、蒸发岩型矿床、沉积型矿床。

因此，可以认为矿床类型的种类由太古宙—中生代、新生代具有由少到多的趋势。

(3)金属矿床的成矿主元素由太古宙—中生代变化如下：太古宙 Fe→古元古代 Fe、Au→中元古代 Fe、Cu、Pb、Zn、Au、Ag、Mo、Mn、稀有、稀土→新元古代 Fe→早古生代 Ti、Fe、Au→晚古生代→Fe、Cu、Pb、Zn、Ni、Pt 族、Au、Cr、Be、Mo、W、Mn→中生代 Fe、Sn、Cu、Pb、Zn、Mo、W、Ag、Ge、Be、Nb、Ta、$\Sigma$REE。由此表明，由太古宙成矿主元素简单→元古宙繁多→早古生代简单→晚古生代增多→中生代更多，即具有由少→多→少→更多的变化趋势。

总的说来，矿床的时间分布规律清楚地表明矿床集中分布在前寒武纪和晚中生代，次为晚古生代。简而言之，就是“一老一新带中间”，这与矿床的空间分布规律亦完全相一致。详见表 9-8。

**表 9-8　华北陆块北缘西段成矿带(Ⅲ-11)主要矿床成矿时代一览表**

| Ⅲ级成矿带 | 矿床成因类型 | 成矿期 | 矿床名称 |
|---|---|---|---|
| Ⅲ-11 华北陆块北缘西段成矿带 | 沉积型 | 中元古代 | 白云鄂博铁、稀土矿 |
| | 热液型 | 泥盆纪 | 浩尧尔忽洞金矿 |
| | 热液型 | 三叠纪 | 乌拉山金矿 |
| | 沉积变质型 | 中太古代 | 三合明铁矿 |
| | 变质沉积型 | 中太古代 | 翁公山铁矿 |
| | 沉积变质型 | 古太古代 | 乔圪气铁矿 |
| | 沉积变质型 | 古太古代 | 赛忽洞铁矿 |
| | 沉积变质型 | 古太古代 | 邬二湾铁矿 |
| | 热液型 | 泥盆纪 | 赛乌素金矿 |
| | 热液型 | 泥盆纪 | 白云鄂博北金矿 |
| | 沉积变质型 | 太古宙 | 合教铁矿 |
| | 沉积变质型 | 太古宙 | 下地铁矿 |
| | 沉积变质型 | 太古宙 | 壕赖沟铁矿 |
| | 岩浆型 | 太古宙 | 梨花镇铁矿 |
| | 海相火山岩型 | 新太古代 | 角菜沟铁矿 |
| | 沉积变质型 | 新太古代 | 对九沟铁矿 |
| | 沉积变质型 | 中太古代 | 黑脑包铁矿 |
| | 沉积变质型 | 中太古代 | 高腰海铁矿 |
| | 沉积变质型 | 中太古代 | 东五分子铁矿 |
| | 沉积变质型 | 中太古代 | 书记沟铁矿 |
| | 沉积变质型 | 中太古代 | 公呼都格铁矿 |
| | 沉积变质型 | 中元古代 | 迭布斯格铁矿 |
| | 热液充填型 | 侏罗纪—白垩纪 | 李清地银矿 |

### 3. 矿床成矿系列划分

本成矿带内共划分矿床成矿系列 6 个，进一步划分为 8 个成矿亚系列和 23 个矿床式，见表 9-2。

(1)包头-集宁地区与太古宙(古元古代)变质火山-沉积作用有关的铁、金矿床成矿系列(Ar-02),该成矿系列具体划分为3个成矿亚系列。

①与太古宙变质火山-沉积作用有关的铁矿床成矿亚系列(Ar-02a)。该亚系列产于华北陆块北缘的古老隆起区,是与前寒武纪变质火山岩硅铁质建造有关的条带状(条纹状)铁矿床,含矿岩系原岩为前寒武纪含铁石英岩和基性一中酸性火山岩系,受后期混合岩化及其他变质作用改造,成矿时代为太古宙,物质来源为壳幔混源,铁矿赋存在乌拉山岩群和色尔腾山岩群中,变质程度为高角闪岩相-麻粒岩相和低角闪岩相-绿片岩相。

代表性矿床:壕赖沟铁矿床、三合明铁矿床、书记沟铁矿床。

②与古元古代韧—脆性剪切变形变质作用有关的稀土、磷、石墨、白云母成矿亚系列(Ar-02b)。该亚系列类型分布在华北陆块北缘阴山隆起,含矿岩系为太古宙乌拉山岩群和集宁岩群及古元古代二道凹岩群,由区域变质作用和混合岩化作用而形成伟晶岩型和热液型两类矿床,构成与混合化气液作用有关的铍、白云母、金云母、稀土、磷、石棉矿床成矿系列。伟晶岩型:土贵乌拉铍、白云母矿床,乌拉山白云母矿床,旗杆梁稀土、磷矿床;热液型:稍林沟金云母、蛭石矿床、桃儿湾石棉矿床。容矿围岩为大理岩,石榴钾长片麻岩等,成矿时代古元古代。

③与古元古代绿岩建造有关的金矿床成矿亚系列(Ar-01c)。

(2)乌拉特中旗-白云鄂博地区与中元古代基性一中酸性火山作用有关的金、铁、铅、锌、铜、稀土、硫铁矿矿床成矿系列(Pt-02),该成矿系列具体划分为3个成矿亚系列。

①中元古代与碱性岩浆活动有关的铁、稀土、金矿床成矿亚系列(Pt-02b)。该亚系列类型产于稳定的古隆起区,与区域性深断裂有密切的联系,目前有白云鄂博铁、铌、稀土矿床,白云鄂博铁、铌、稀土矿床产于中元古代大陆斜坡裂谷构造环境。赋矿围岩以白云岩为主,矿体呈似层状、透镜状及脉状产出。矿化作用与碱性岩浆作用有关。碱性火山岩锆石的U-Pb年龄为1728Ma左右,钠闪石的Ar-Ar坪谱年龄为(1648±40)Ma,该侵入体受到加里东期构造热事件的影响。在1300～1200Ma有碳酸岩侵入活动,同时发育胶状碳酸岩,二者均有稀土矿化。碱性闪石的Ar-Ar坪谱年龄为1208～1180Ma。含独居石和碳铈钠矿的碱性闪石脉的碱性闪石Ar-Ar坪谱年龄为800～700Ma。条带状铌稀土矿石和含钠闪石白云石型矿石的钠闪石Ar-Ar坪谱年龄为400Ma(邵和明等,2001)。海西晚期碱性花岗岩侵入,形成东接触带含稀土矽卡岩。由上可知,白云鄂博铁、铌、稀土矿床的形成经过以下几个阶段:1692～1683Ma海底喷流以形成铁矿为主,同时有稀土矿化;1300～1200Ma碳酸岩浆侵位,富含稀土的成矿流体交代先期沉积的铁、稀土矿体,使稀土进一步富集;800～700Ma碱性闪石脉侵位,并有稀土矿化;400Ma左右,韧性剪切变形变质作用并伴有富稀土流体,使已先存在的铁铌稀土矿体进一步改造和富集,海西晚期碱性花岗岩侵位,形成含稀土矽卡岩型矿体(邵和明等,2001)。

②与中元古代海相基性—中酸性火山喷流-沉积作用有关的金、铁、铅、锌、铜、硫铁矿矿床成矿亚系列(Pt-02c)。华北陆块北缘中元古代裂陷槽(裂谷)的渣尔泰山群中赋存有与裂陷槽岩浆活动双峰式演化顺序:早期基性火山活动,晚期向酸性火山活动方向分异演化有关的铁、铜、铅、锌、金、硫矿床,构成一个完好的矿床成矿系列,矿床成因类为海底火山喷气-沉积改造矿床。矿床有用元素组合自西向东变化为:Cu(PbZn)(霍各乞)→Zn为主多金属,Cu>Pb(炭窑口)→Zn为主多金属,Cu≈Pb(东升庙)→Zn、Pb、S,无Cu(甲生盘),并且与裂谷双峰式岩浆活动的演化顺序相符,基性火山岩活动(霍各乞)→酸性火山活动(炭窑口、东升庙)火山凝灰岩(甲生盘),成矿时代的变化为:1900Ma(霍各乞)—1900～1800Ma(炭窑口)—1805Ma(东升庙)→1 679.65Ma。上述表明,该成矿亚系列在时空的演化完全受裂陷槽的演化所控制(邵和明等,2001)。

③与中元古代海相化学沉积作用有关的铁、锰、磷矿床成矿亚系列(Pt-02d)。该亚系列类型在华北陆块北缘构成了与海相化学沉积岩有关的铁、锰、磷矿床成矿系列。矿床均赋存在渣尔泰山群和白云鄂博群中,前者构成的矿床成矿系列完整,后者到目前为止,还未发现锰矿。铁、锰、磷等沉积矿床均赋存在海侵阶段,铁矿沉积在近古陆边缘最浅部位,矿层位于海侵层序下部,矿石为赤铁矿;锰矿的沉积位置

比铁矿距海岸远些，沉积深度也较大，矿石矿物为软锰矿、硬锰矿；磷矿床形成于浅海中较深水环境，矿石矿物以胶状磷灰石为主。代表性矿床为西德岭铁矿床，红壕东加干锰矿床，布龙图磷矿床。它们的成矿时代为中元古代。

(3)克布-小南山地区与海西期基性岩浆活动有关的铜、镍、铂、金、铁矿床成矿系列($Pz_2$-11)。该系列主要产于阴山隆起带，成矿带的延伸方向与区域性深断裂带方向一致，矿床与铁质超基性—基性侵入杂岩体密切相关，主要岩石类型为辉长岩、辉石岩、橄榄岩、橄长岩。

铜、镍、铂矿床与辉长岩和橄长岩相关，以岩浆熔离方式成矿，矿体呈似层状、透镜状产于岩体底部，矿石以浸染状构造为主，具海绵陨铁结构和嵌晶结构，成矿时代为海西晚期。

矿床类型和代表性矿床：岩浆熔离型小南山铜、镍、铂矿床。

(4)大苏计-沙德盖地区与印支期酸性岩浆作用有关的钼、铅、锌、金矿床成矿系列($Mz_1$-05)。与成矿有密切联系的花岗斑岩、正长斑岩、石英斑岩等，成矿时代为三叠纪。赋矿岩石为太古宙—元古宙变质岩。

矿床类型及代表性矿床为斑岩型大苏计钼矿床、沙德盖钼矿。

(5)哈达门沟-兴和地区与燕山期酸性岩浆活动有关的金、银、钨、钼矿床成矿系列($Mz_2$-10)。该矿床成矿系列中金成矿作用与燕山期中酸性岩浆活动密切相关，与金成矿有成因的岩浆岩类为闪长岩、花岗闪长岩、钾长花岗岩、二长花岗岩、花岗斑岩、正长斑岩等，岩石化学以富碱质为特征。赋矿岩石为太古宙片麻岩、二叠纪板岩、侏罗纪火山岩等，受构造破碎带控制，矿体呈脉状产出，成矿时代为164～143Ma和120～100Ma(邵和明等，2001)。

代表性矿床：李清地热液型银铅锌矿床、白石头洼热液型钨矿床、伊胡塞热液型金矿、曹四夭斑岩型钼矿、哈达门沟热液型金矿。

**4. 区域成矿模式及成矿谱系**

该成矿带中元古代在华北陆块边缘处于拉张构造环境，发育长300余千米、宽20～30km的陆缘裂陷槽或裂谷。在裂陷槽发育中期，地表强烈下陷而随之发生强烈的中基性—中酸性火山喷发作用，因而形成了与此相关的铁、铅、锌、硫铁矿、金矿床成矿亚系列，成矿时限为1900～1187Ma。同时形成与海相化学沉积作用有关的铁、锰、磷矿床成矿亚系列。晋宁运动，裂隔槽关闭成陆，本区地壳趋于稳定状态。早古生代，由于华北陆块北侧古亚洲洋向南消减俯冲，而在华北陆块北缘西段发生构造-岩浆活化，而形成与早古生代基性岩浆活动有关铁、金矿成矿亚系列。海西晚期，由于西伯利亚陆块和华北陆块碰撞拼合作用，在华北陆块北缘再度引发构造-岩浆活化，在华北陆块北缘西段形成与中酸性岩浆活动有关的铁、铜、铅、锌、金矿床成矿亚系列。该成矿带区域成矿模式见图9-31，成矿谱系见图9-32。

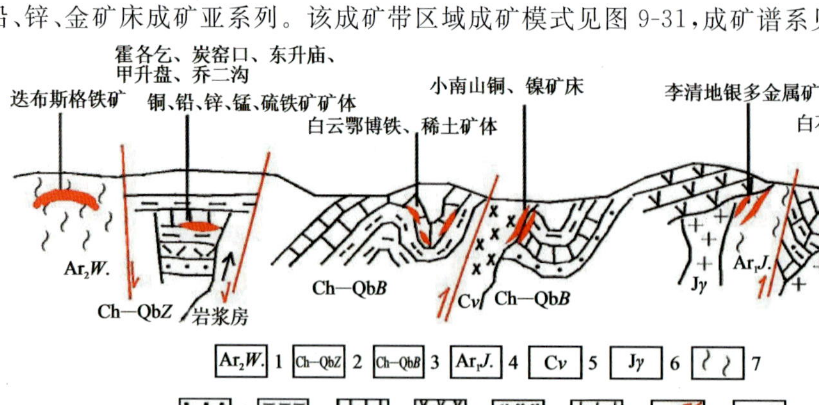

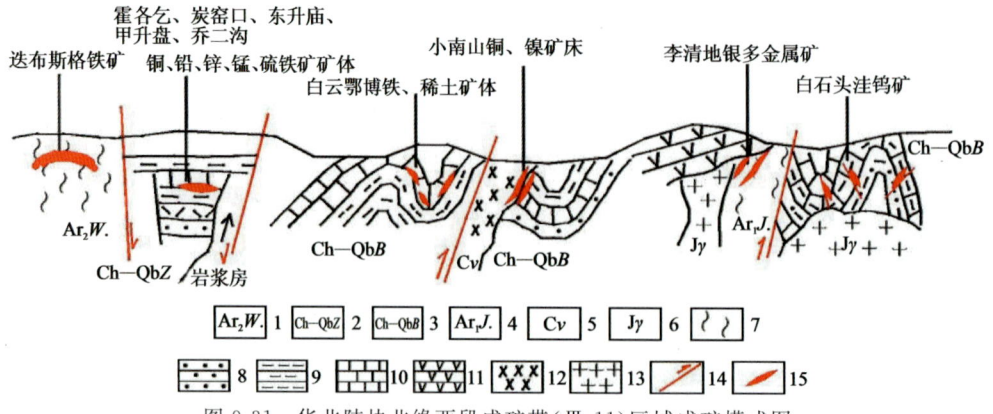

图9-31 华北陆块北缘西段成矿带(Ⅲ-11)区域成矿模式图

1.中太古代乌拉山岩群；2.元古宙渣尔泰山群；3.元古宙白云鄂博群；4.太古宙集宁岩群；5.石炭纪侵入岩；6.侏罗纪侵入岩；7.片麻岩；8.砂岩；9.泥岩；10.灰岩；11.安山岩；12.辉长岩；13.花岗岩；14.逆断层；15.矿体

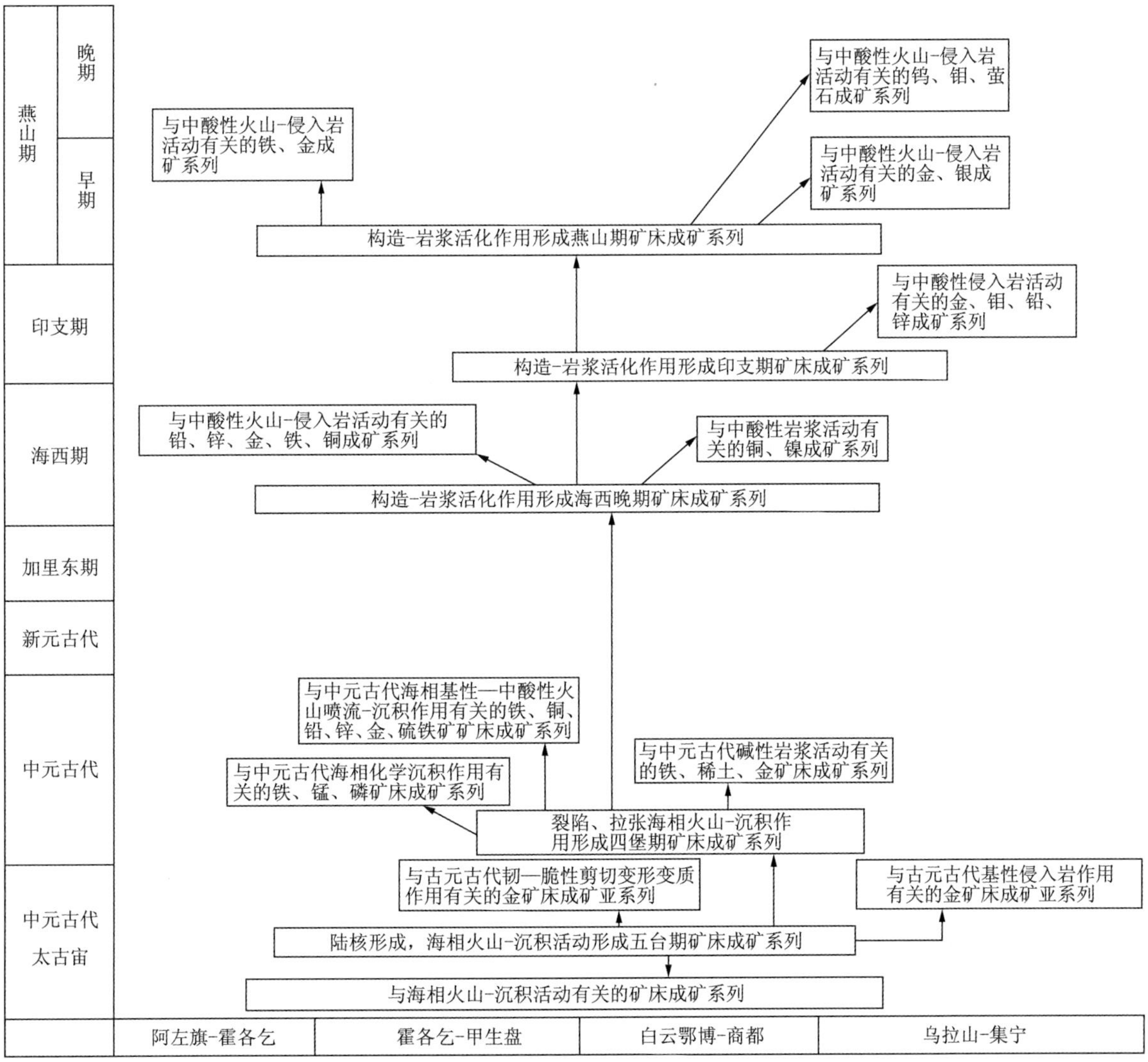


图 9-32　华北陆块北缘西段成矿带（Ⅲ-11）区域矿床成矿谱系图

### 5. 华北陆块北缘成矿带成矿作用与壳幔作用关系探讨

华北陆块北缘碰撞造山带是壳幔相互作用最复杂的地区之一。复杂而丰富多彩的壳幔相互作用产生了多种岩浆岩和不同的岩浆岩组合，也带来了丰富的成矿物质而形成了众多大型—超大型矿床。

太古宙早期古岛链式的陆核在华北陆块北缘呈东西向分布。这些陆核主要由麻粒岩相、角闪岩相深变质岩和混合花岗岩组成。当时地壳厚度较薄，热动力的作用占有重要的地位，表现为地幔柱垂直增生模式，来自幔源的基性岩浆，在海底进行大规模的喷流活动。

例如，乌拉山金矿床的形成，首先是金从地幔深处通过古海底火山喷发-沉积于太古宙老变质岩中，经过区域变质热液和大气降水循环热液、混合岩化热液，主要在角闪岩相阶段促进了金的活化迁移，沉积形成了变质热液型金矿。

古—中元古代，华北陆块北缘岩石圈破裂形成白云鄂博裂陷槽，继而幔源物质大量上侵，特别是在发生热点穿刺的部位，活动元素和挥发分将形成巨流穿越壳-幔界面进入地壳或达到地球表面，在地幔流体的源区，裂谷带和热点的功能起着抽水系统的作用，使得其四周的上地幔广阔范围变成矿源储存库。

白云鄂博地幔流体正是从上述源区通过壳-幔界面，穿越二道凹岩群变质岩基底而运移到白云鄂博群。由于原生致密块状巨大铁矿的机械力学性质与白云岩的反差造成的应力集中和刚性破碎，使主矿体和东矿体成为稀土成矿流体活动的中心。厚层黑色页岩可能起着阻隔层的作用，使地幔流体在其下部层位循环富集，白云岩的化学性质对地幔流体所起的酸碱中和作用以及原生赤铁矿的氧化还原缓冲剂作用，导致地幔流体叠加交代铁矿和白云岩形成稀土矿床。因此白云鄂博矿床是壳-幔双重成矿的产物。

火山喷流-沉积矿床矿源岩主体是上地幔，其以火山喷发的方式将成矿物质携带入古海槽内，以沉积方式沉淀、富集。但在成矿的过程中，由于有同生断裂的存在，在成矿热流体进入海盆时亦可萃取部分围岩中的成矿物质加入到成矿流体中。该类矿床矿石的硫、铅同位素组成亦证实了这一特点。霍各乞和甲生盘两矿床的铅同位素数据在 Zartman 图解上位于造山带演化曲线两侧和上地壳演化曲线附近，表明这两矿床矿石铅有较多的壳源铅参与。

中生代由于太平洋板块俯冲于华北陆块之下，使华北陆块北缘东部地区成为强烈的活动带，在壳幔相互作用背景下，堆晶岩、麻粒岩及其寄主闪长岩是地壳深部底侵作用的产物，堆晶岩和其携带的地幔包体带来更多的地幔源区信息；碱性花岗岩与碱性杂岩、基性的岩墙群或脉岩都是板内中上地壳伸展环境的产物，岩浆具有不同程度的壳幔混溶特征；火山岩及其之上的快速垮塌堆积和深水浊积岩都是与地表伸展背景下断块强烈的差异升降活动有关，火山岩具有更多的地壳信息，不同深度层次的地壳运动彼此协调地构成了一幅壳下岩石圈部分熔融的岩浆底侵上涌和壳内三维伸展变形的图像。

早中生代存在明显的底侵作用，玄武质岩浆的添加，在下地壳底部或壳幔过渡带形成了堆晶岩浆房，同时底侵作用带来的巨大热量促使下地壳麻粒岩的形成，晚中生代本区乃至燕山地区普遍形成了一些断陷盆地或箱状向斜构造，表明当时的华北以断块构造运动为主，正是在差异升降背景下并接受了快速垮塌堆积，所以华北陆块北缘东部地区的壳幔相互作用和向富集地幔的转化从早中生代就开始了，并经历了从早中生代地壳的增生到晚中生代岩石圈大规模减薄的过程(邵济安等，2011)。

如在赤峰以西的柴火栏子、莲花山、红花沟以及敖汉旗的金厂沟梁等地，中基性岩墙群、闪长岩和火山岩的喷发、中基性的岩墙群分布较为普遍，其中主要一期闪长玢岩脉与金矿成矿关系密切，这一地区的岩墙群或岩脉以其南北走向与赤峰-开源断裂带垂直，它们是伸展作用机制下幔源物质上侵的产物，或者形成在构造-热隆的环境中。

## 十一、鄂尔多斯西缘(台褶带)铁、铅、锌、磷、石膏、芒硝成矿带(Ⅲ-12)

### 1. 区域成矿地质背景

鄂尔多斯盆地西缘位于华北陆块的西部，西邻阿拉善地块，东为鄂尔多斯盆地，北为狼山造山带，南为秦祁昆碰撞带。它处于我国东部环太平洋构造域与西部古特提斯-喜马拉雅构造域的多期反复交替拉张和挤压作用相互影响、互为补偿的结合区，属于贺兰山被动陆缘盆地四级构造单元。本区地质矿产特征见图 9-33。

该成矿带总体以贺兰山-桌子山为主体。基底岩系为太古宙乌拉山岩群(原千里山群)，其上被中元古界不整合覆盖。中元古界发育西勒图组和王全口组，为浅海相石英岩建造、泥页岩建造、镁质碳酸盐建造，显示了封闭的断陷盆地的沉积环境。寒武系和奥陶系为浅海相碳酸盐建造。其上平行不整合覆盖石炭系、二叠系，为海陆交互相或陆相含煤建造，三叠系为湖沼相含煤建造、碎屑岩建造。

燕山运动所导致的东西向挤压力，在本区形成一系列轴向南北、轴面西倾的非对称背斜和向斜。太古宇、寒武系、奥陶系及石炭系组成两个背斜和一个向斜并相间平行排列。

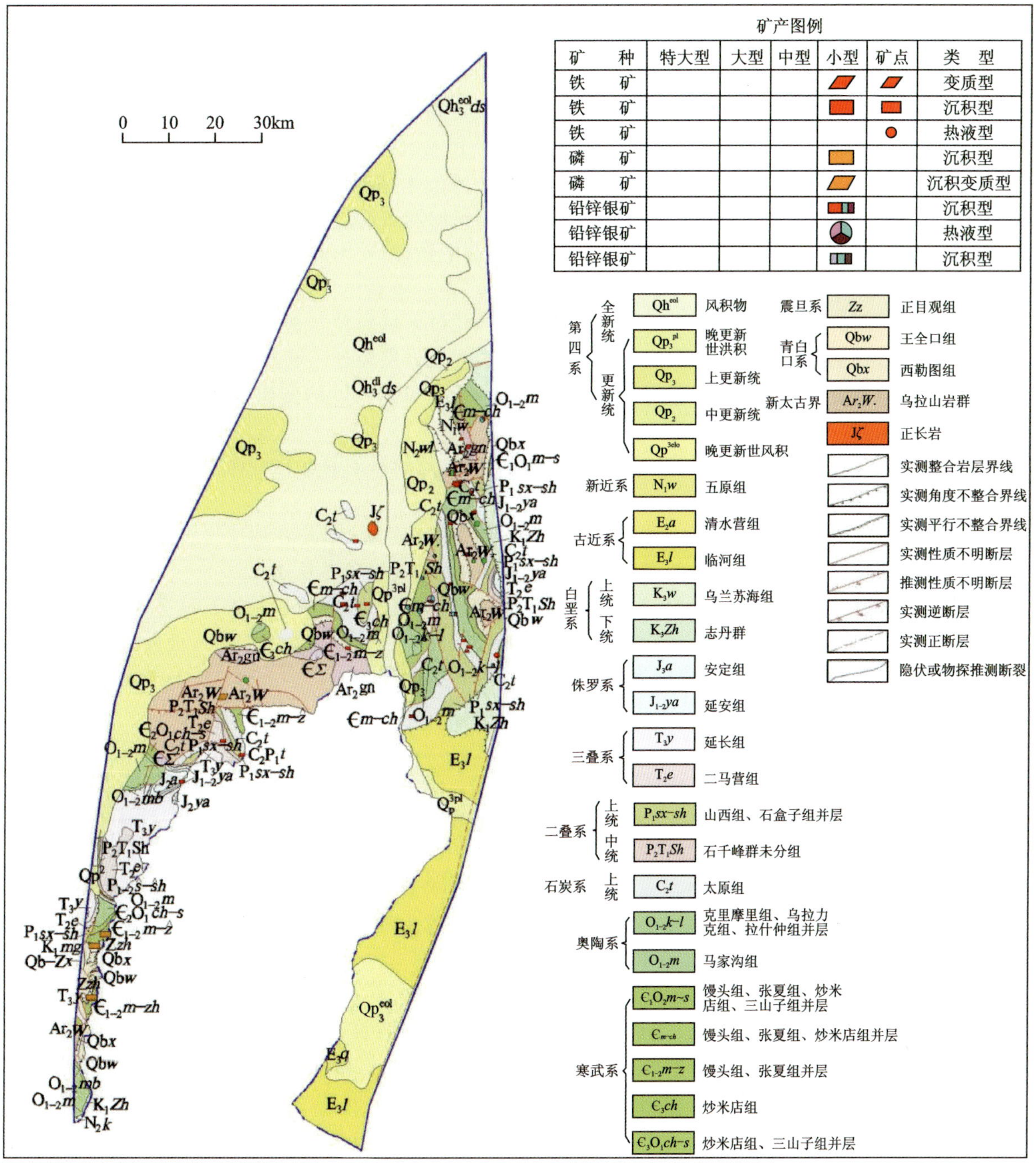


图 9-33 华北陆块北缘西段区域成矿模式图

## 2. 区域成矿规律

1)控矿地质因素

(1)构造对成矿的控制作用。

①成矿构造环境的控矿作用。太古宙—古元古代陆块中,花岗-绿岩带内赋存条带状铁矿(或称鞍山式铁矿)和金矿,而高级变质岩区赋存众多的非金属矿床,例如石墨矿、白云母矿和透辉石型磷矿等。中元古代,在太古宙—古元古代陆块边缘的裂陷槽或裂谷带内形成与海相基性—中酸性火山喷发活动相关的海底火山喷气和喷流-沉积型铁、铅、锌、金、硫铁矿床。新元古代晚期,华北陆块西部边缘坳陷带形成与冰水沉积作用有关的铁、磷矿床。

华北陆块边缘在古亚洲洋盆和秦祁海槽的成生、发育、消亡的过程中发生强烈的构造-岩浆活化作用。在这种构造环境下，在华北陆块西部边缘形成与辉长岩有关的熔离型钛铁矿床和接触交代型铁、金矿床。

②褶冲带对成矿的控制作用。本成矿带内主冲断层走向北偏西，断层面西倾，呈叠瓦状向东逆冲，倾角较陡，断层两盘断距大“自西向东，巴音敖包逆冲席、五虎山逆冲席、岗德尔山逆冲席和桌子山逆冲席组成叠瓦状扇”，在该段的北端和南端各有一条向北陡倾的平移断层将其与其他地段分开，北端为千里沟走滑断层，南端为正谊关平移断层，都具有挤压和走滑的双重性质。鄂尔多斯西缘断裂带控制了本区不同类型的铁、铅锌、铜矿床的分布，贺兰山复向斜控制了铁、磷矿床的分布。

(2)地层对成矿的控制作用。

①成矿物质的初始预富集作用。太古宙乌拉山岩群经过区域麻粒岩相变质作用和混合岩化作用常形成规模不等的石墨矿床。古元古代宝音图岩群中富铝泥质岩层经过区域角闪岩相变质作用形成石榴石矿床。乌拉山岩群原岩为泥质—半黏土质岩层经过1800～1700Ma的变质-混合岩化作用形成伟晶岩型白云母矿床。

太古宙—古元古代绿岩带原岩为中基性火山岩系，其含有较富的易活化金而使金得到初始预富集，为后期地质作用成矿提供成矿物源。

②在成岩过程中直接成矿。太古宙乌拉山岩群中的条带状铁矿床，是在地层岩石形成的同时，成矿物质大量富集而形成的。中元古代与海相化学沉积有关的铁、磷矿床亦是如此。

③地层与成矿流体发生水岩反应，为成矿流体沉淀提供空间。地层中某些岩石具有较富的孔隙度，再加上构造变形而产生的裂隙，从而提高了它们的渗透性，故有利于成矿流体的进入而发生流体与岩石的物质交换反应，而使成矿物质富集沉淀成矿。

碳酸盐岩地层，往往与岩浆热液发生水岩反应而形成矽卡岩体。

(3)岩浆岩对成矿的控制作用。

①火山岩浆成分的不同而形成不同的矿床。太古宙—古元古代赋存的条带状铁矿床与基性火山岩浆喷发作用相关，而晚古生代海相火山-沉积作用形成的铁矿床，都与中基性—中酸性火山-侵入岩相关。

②岩体自身对成矿的控制作用。一方面为成矿提供成矿流体和成矿物质，另一方面提供热动力而加速水岩反应，以围岩中萃取、活化成矿物质而提高成矿流体中成矿元素的浓度，从而有利于成矿物质的沉淀、富集形成有经济价值的工业矿体。

2)矿床的空间分布规律

矿床的分布严格受构造的控制，这是人们的共识，现初步总结如下。

矿床沿深断裂带两侧呈线形带状分布。

鄂尔多斯西缘断裂带西侧分布着不同时代、不同矿床类型和不同矿种及不同矿床规模的矿床，与太古宙(或元古宙)变质火山作用有关的查干郭勒、哈龙拐铁矿(小型)；与震旦纪、寒武纪、奥陶纪火山作用、变质沉积作用有关的正目观、南寺、雀子窑沟磷矿(矿点)和千里沟、雀儿沟铁矿床(小型)，与燕山期酸性岩浆活动有关的代兰塔拉、其日格铅锌矿床(矿点)。

以贺兰山北北东向构造带为界，其东侧分布有与太古宙(或元古宙)变质火山作用有关的左列胡都格磷矿和洪哲、巨喜木铁矿(小型)。

太古宙—古元古代基底隆起区分布有太古宙—古元古代条带状铁、磷矿床，绿岩型金矿床。

中生代褶冲带内的前寒武纪基底隆起区分布有与早古生代与火山作用、变质沉积作用有关的铁矿床及磷矿床。

3)矿床的时间分布规律

(1)根据本成矿带内有确切成矿时代测年数据及典型矿床研究结果表明，主要成矿期为太古宙、早古生代和中生代(表9-9)，其中太古代、早古生代是本区主要的成矿时代。

(2)从矿床类型种类分析，太古宙为变质火山-沉积型矿床和变质沉积型矿床；早古生代为变质海相化学沉积铁、锰、磷矿床;中生代有与中酸性侵入岩有关的接触变代型矿床、热液型矿床和斑岩型矿床;新生代有火山岩型矿床、砂金铂型矿床、蒸发岩型矿床、沉积型矿床。

(3)金属矿床的成矿主元素由太古宙—中生代变化如下:太古宙 Fe、P→早古生代 Fe、P→中生代 Fe、Cu、Pb、Zn、Au。由此表明,由太古宙成矿主元素简单→元古宙繁多→早古生代简单→晚古生代增多→中生代更多,即具有由少→多→少→更多的变化趋势。

表 9-9 鄂尔多斯西缘(台褶带)成矿带(Ⅲ-12)主要矿床成矿时代一览表

| Ⅲ级成矿带 | 矿床成因类型 | 成矿期 | 矿床名称 |
|---|---|---|---|
| Ⅲ-12 鄂尔多斯西缘(台褶带)成矿带 | 沉积变质型 | 太古宙 | 查干郭勒铁矿 |
| | 沉积变质型 | 震旦纪 | 千里沟铁矿 |
| | 沉积变质型 | 中太古代 | 哈龙拐铁矿 |
| | 沉积型 | 寒武纪 | 正目观磷矿 |
| | 沉积变质型 | 中太古代 | 左列胡都格磷矿 |
| | 热液型 | 侏罗纪 | 代兰塔拉铅锌矿 |
| | 残积型 | 奥陶纪 | 黑龙贵铁矿 |

### 3. 矿床成矿系列划分

该矿床成矿共划分了 4 个矿床成矿系列,共 7 个矿床式,见表 9-2。

(1)千里山地区与太古宙(或元古宙)变质火山沉积作用有关的铁矿床成矿系列(Ar-03)。该成矿系列主要分布在桌子山断裂带,延伸方向与区域性断裂带方向一致。铁矿床产于乌拉山岩群(原千里山群)中,岩石组合主要为片麻岩、变粒岩等。

该区由于燕山运动所导致的东西向挤压力,形成一系列轴向南北、轴面西倾的非对称背斜和向斜。沿褶曲轴常有近南北向逆断层发生,断层面西倾,形成由西向东逆冲的叠瓦状构造。

代表性矿床:查干郭勒沉积变质型铁矿、千里沟沉积变质型铁矿。

(2)阿拉善左旗地区与早古生代沉积作用有关的磷矿床成矿系列($Pz_1$-03)。该系列分布在贺兰山北缘断裂带,延伸方向与贺兰山断裂带方向一致。该区因受南部祁连加里东地槽的影响,早古生代地壳活动性加强,尤其寒武纪、奥陶纪沉积了巨厚的海相复理石建造。

该区褶皱构造发育,两翼对称或不对称,次一级褶曲发育,东翼较完整,西翼被南北向逆冲断层破坏。喜马拉雅运动,不仅造成了始新统与渐新统、中新统与上新统的沉积间断,还导致了寒武纪地层逆冲于渐新统之上。代表性矿床:正目观沉积型磷矿。

(3)雀儿沟-榆树湾地区与晚古生代沉积作用有关的铁、铝、硫铁矿矿床成矿系列($Pz_2$-12)。本成矿系列以石炭纪最为发育,分布在鄂尔多斯西缘桌子山断裂带南部,构成与海陆过渡相沉积有关的铁矿床成矿系列。

代表性矿床:雀儿沟褐铁矿床。

(4)乌海地区与燕山期酸性岩浆活动有关的铁、铅、锌矿床成矿系列($Mz_2$-11)。该成矿系列主要分布在桌子山断裂带,延伸方向与区域性断裂带方向一致。矿化与构造-岩浆活化作用侵位的花岗岩类有关。

该区由于燕山运动所导致的东西向挤压力,地壳活动性加强,壳源物质大量上侵,酸性的侵入岩与成矿有密切的成因联系。代表性矿床:代兰塔拉热液型铅锌矿。

### 4. 区域成矿模式及成矿谱系

由太古宙基底组成,发育有与海相火山-沉积作用有关的铁矿床成矿系列。

早古生代华北陆块整体处于陆表海的稳定环境，此时整个陆块才有了统一的稳定盖层。火山、岩浆活动很少，寒武系和奥陶系主要由碳酸盐岩和碎屑岩组成，没有火山岩。形成一系列沉积型铁、磷矿床。

到了晚古生代，可能南、北两侧挤压作用减缓，华北陆块再次整体下陷，从晚石炭世开始广泛接受浅海相沉积，并很快向海陆交互相、陆相沉积转变，到二叠纪则主要是陆相沉积。形成海相沉积型铁矿，这一时期华北陆块处于低纬度下的湿热气候，是地球上植物大繁盛时期，成为最有利的成煤时期。

燕山运动所导致的东西向挤压力，在本区形成一系列轴向南北、轴面西倾的非对称背斜和向斜。形成与燕山期酸性岩浆活动有关的铅、锌矿床成矿系列。

该成矿带区域成矿模式见图 9-34，成矿谱系见图 9-35。

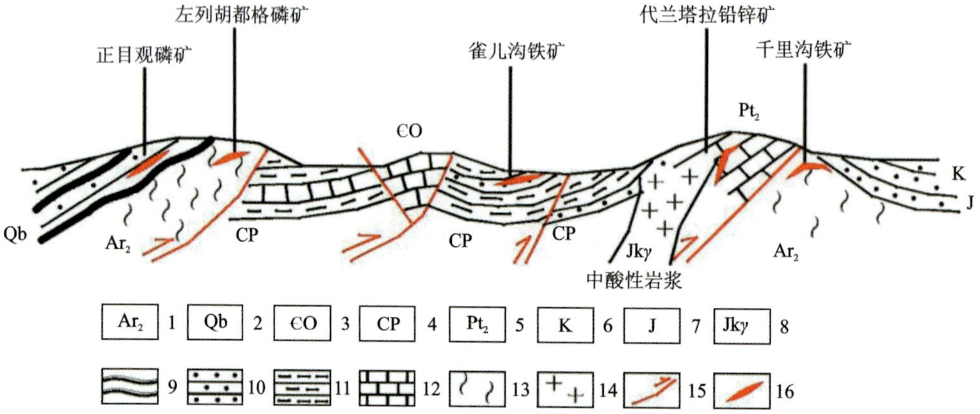


图 9-34　鄂尔多斯西缘(台褶带)成矿带区域成矿模式图

1.中太古代岩组；2.青白口系；3.寒武系—奥陶系；4.石炭系—二叠系；5.中元古界；6.白垩系；7.侏罗系；8.侏罗纪—白垩纪花岗岩；9.板岩；10.砂岩；11.泥岩；12.灰岩；13.片麻岩；14.花岗岩；15.逆断层；16.矿体

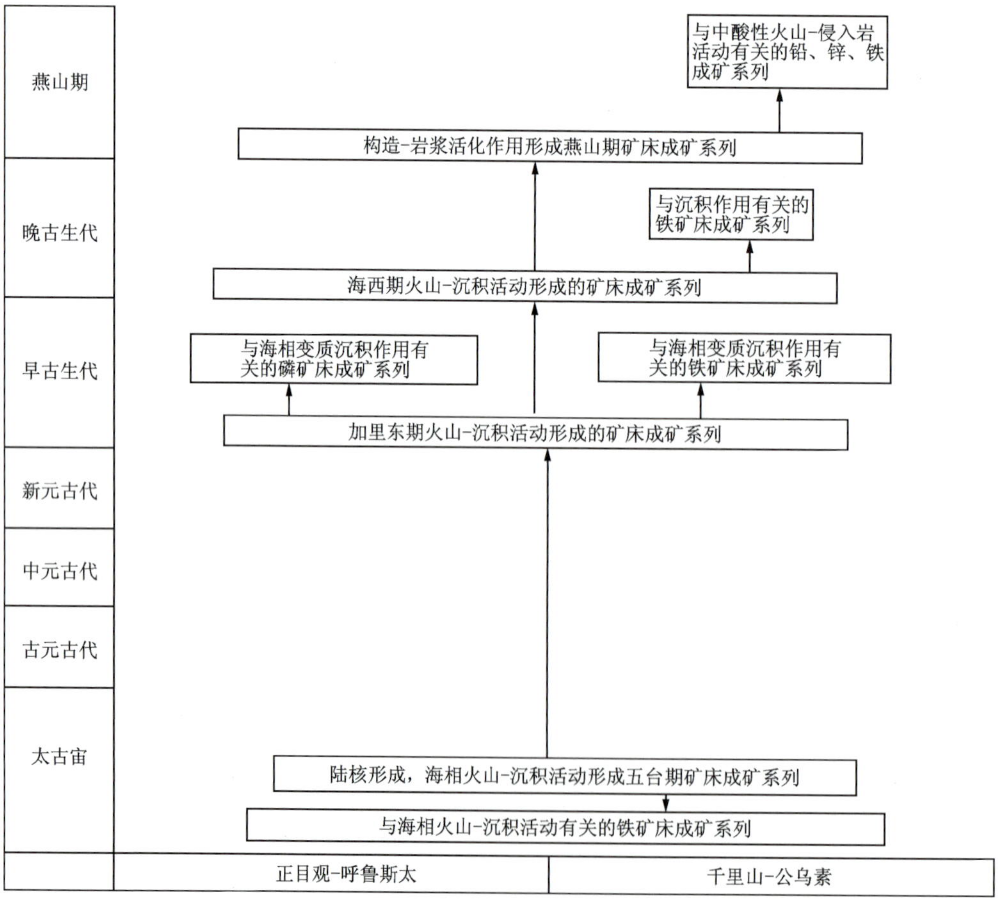


图 9-35　鄂尔多斯西缘(台褶带)成矿带成矿谱系图

# 第三节　内蒙古自治区区域成矿基本规律

## 一、内蒙古自治区主要矿产资源产出的时间规律

(1)根据862个矿床成矿时代的统计结果表明:太古宙235个、元古宙89个,早古生代43个、晚古生代145个、印支期32个、燕山期276个、喜马拉雅期33个、时代不明9个(图9-36)。

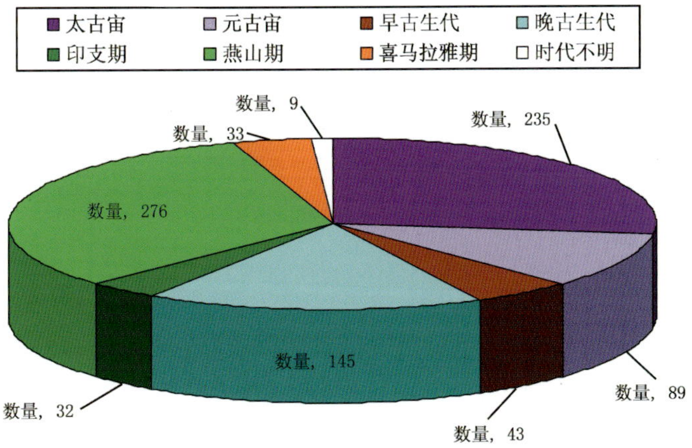


图9-36　不同时代矿床数量统计图

(2)大型和特大型矿床共32个,按成矿时代:太古宙1个、元古宙9个、晚古生代4个、印支期2个、燕山期16个、喜马拉雅期1个;按矿种:铁矿1个,铁铌稀土矿1个,铁锡多金属矿1个,铜钼矿1个,铅锌矿5个,银矿2个,钼矿5个,金矿6个,铜铅锌硫5个,稀土矿2个,萤石矿2个,磷矿1个。特大型矿床10个,按成矿时代:中元古代4个,晚古生代1个,燕山期5个(图9-37)。

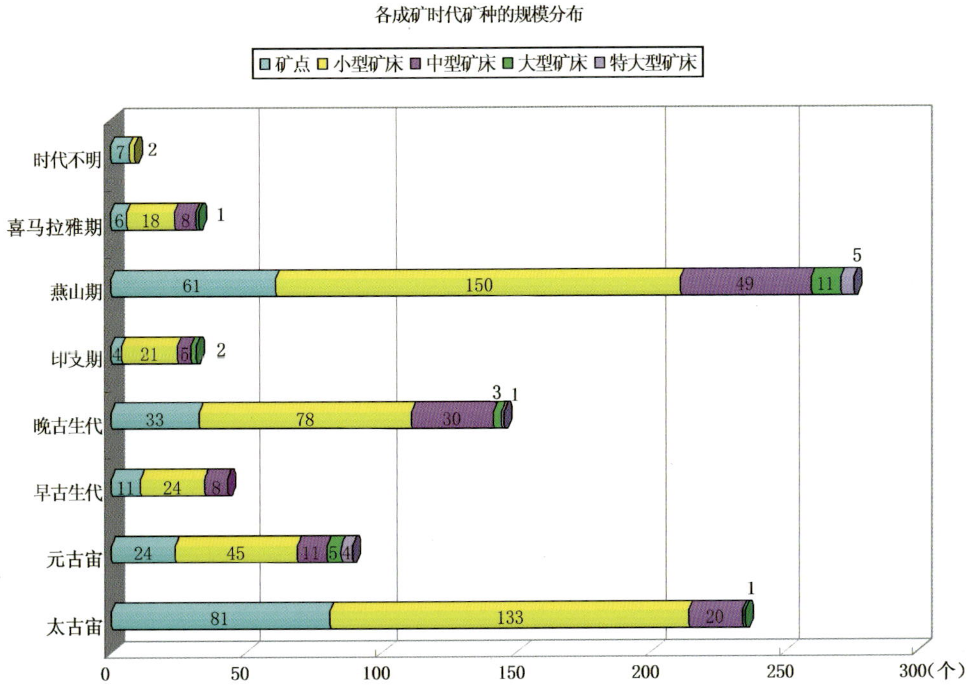


图9-37　不同时代矿床规模统计

上述分析表明,内蒙古自治区内主要成矿期为元古宙和中生代,其次为太古宙和晚古生代。不同矿种的重要成矿期也不完全相同。从区域地质演化看,内蒙古自治区在古生代经历了古亚洲洋的发生、发展与闭合,但是发现矿床的数量及规模与地质事件的强度不符(也可能与后期的剥蚀作用有关)。邻省在古生代(尤其是晚古生代)是重要成矿期,内蒙古自治区内应加强古生代地质构造演化的研究,并重视在不同的构造单元内的找矿工作。

## 二、内蒙古自治区主要矿产资源空间分布规律

截至2010年底,本次工作涉及的20个矿种上内蒙古自治区储量平衡表的共计862处矿床(单矿种统计为1232处),区域上集中分布于"四带"内。"四带"指华北陆块北缘成矿带(Ⅲ-10、Ⅲ-11)、突泉-翁牛特成矿带(Ⅲ-8)、东乌旗-嫩江成矿带(Ⅲ-6)和新巴尔虎右旗-根河成矿带(Ⅲ-5)(图9-38)。

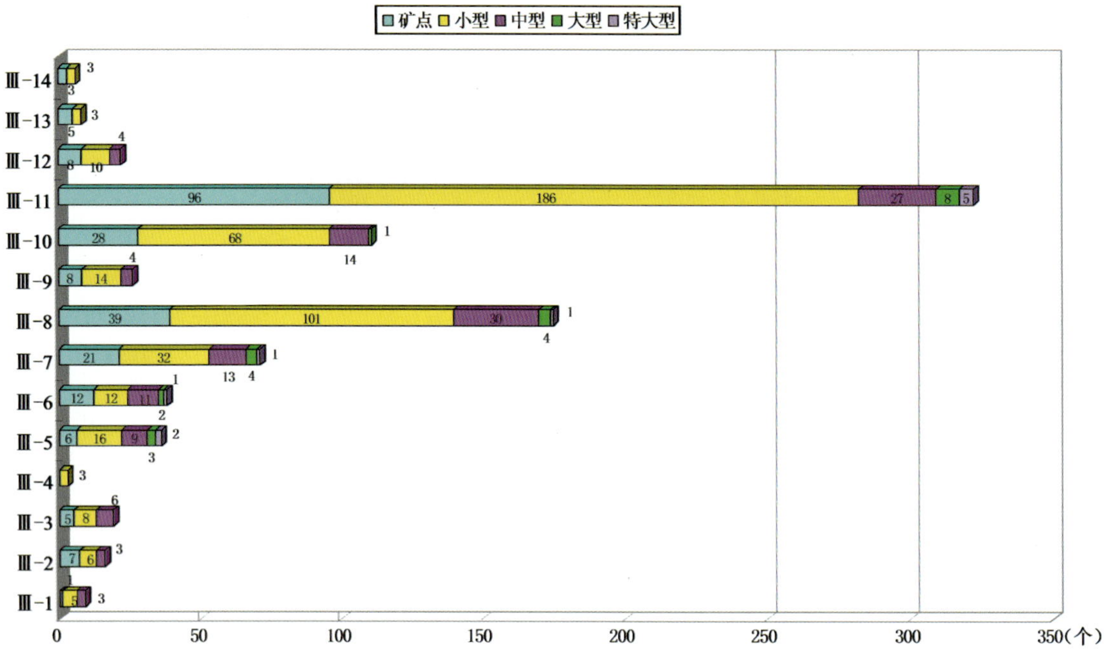


图9-38　Ⅲ级成矿区(带)矿床数量与规模统计图

### 1. 华北陆块北缘成矿带

该成矿带包括华北陆块北缘东段成矿带(Ⅲ-10)和西段成矿带(Ⅲ-11),主要分布有稀土、铁矿、金矿、铅锌矿、硫铁矿等。超大型矿床5处,分别为白云鄂博铁铌稀土矿、布龙图磷矿、东升庙硫铁矿、曹四夭钼矿、都拉哈拉稀土矿;大型矿床8处。集中分布有:稀土资源储量的99.5%,铁资源储量的85%,金资源储量的64%,硫铁矿资源储量的75%,铅资源储量的28%,锌资源储量的42%,钼资源储量的24%,铜资源储量的23%,磷资源储量的82%,是内蒙古自治区重要的铁、稀土及金成矿带。

### 2. 突泉-翁牛特铅、锌、银、铜、铁、锡、稀土成矿带(Ⅲ-8)

该成矿带主要有锡矿、铅锌银矿、铜矿、铁矿等。特大型矿床1处即黄岗梁锡铁矿。大型矿床4处。集中分布有:铅资源储量的46%,锌资源储量的37%,铜资源储量的20%,钨资源储量的50%,锡资源储量的98%,银资源储量的60%。

**3. 东乌旗-嫩江成矿带(Ⅲ-6)**

该成矿带主要有铁多金属矿、铅锌矿、钼矿、铬铁矿等。特大型矿床1处:迪彦钦阿木钼矿;大型矿床2处。集中分布有:钼矿资源储量的20%,铬铁矿资源储量的40%,钨矿资源储量的38%。该带近年矿产勘查有非常大的突破,发现了一批钼矿和铅锌矿,显示了很好的找矿前景。

**4. 新巴尔虎右旗-根河成矿带(Ⅲ-5)**

该成矿带主要有铜钼、铅锌银、金等矿产。特大型矿床2处:乌努格吐山铜钼矿、岔路口钼铅锌矿;大型矿床3处。集中分布有:银资源储量的21%,铜资源储量的42%,铅资源储量的18%,锌资源储量的12%,钼资源储量的38%。

总体上"四带"集中了全区70%以上的矿床,铅资源储量的96%,锌资源储量的97%,稀土资源储量的99.5%,铁资源储量的92%,金资源储量的72%,钼资源储量的85%,铜资源储量的88%,钨资源储量的92%,锡资源储量的99%,银资源储量的98%,硫铁矿资源储量的81%,磷资源储量的82%。

此外,不同矿种甚至同一矿种,由于成矿地质背景的差异,在不同的Ⅲ级区(带)中的分布也不一样。如铁矿,其中沉积变质型铁矿主要分布在Ⅲ-11,海相火山岩型铁矿主要分布在Ⅲ-1(黑鹰山铁矿)和Ⅲ-7(温都尔庙铁矿),矽卡岩型、热液型则主要分布在Ⅲ-6和Ⅲ-8区(带),铅锌矿则主要分布在Ⅲ-8区(带)。反映了不同的地质历史时期,不同的构造环境下,形成不同矿种、不同类型的矿床。单矿种的空间分布规律在第三章中已有详细叙述,此处不再赘述。

综上所述,内蒙古自治区矿床的空间分布表现为"一老一新"。"一老"即华北陆块,出露有前寒武纪结晶基底,古生代及中生代遭受不同程度的构造岩浆活化;"一新"指大兴安岭中生代构造岩浆带,呈北北东向展布,叠加在近东西向古生代基底之上。

## 三、成矿关键性地质问题讨论

**1. 地层对成矿的控制作用**

地层对成矿的控制可以分为以下几个方面。

1)在成岩过程中直接成矿

除铝土矿,沉积的铁矿、锰矿、磷矿等外生矿产直接受地层控制外,一些与海底火山喷发和喷流作用有关的铁、稀土、铜、铅锌、硫等矿产也明显受地层层位控制。前者有产于早二叠世太原组中的城坡铝土矿、雀儿沟铁矿,奥陶系中的东加干锰矿,蓟县纪阿古鲁沟组中的乔二沟锰矿,寒武系中的正目观磷矿等。矿床受一定的岩石组合和沉积相控制。后者有太古宙乌拉山岩群、色尔腾山岩群中的条带状铁矿床,中元古代白乃庙群的铜钼矿床,温都尔庙群中的铁矿床,渣尔泰山群中的铁、铜、铅、锌、硫铁矿、金矿床,白云鄂博群中的白云鄂博铁、铌、稀土矿床及磷矿床,早石炭世与海相基性—中酸性火山-侵入岩有关的铁、铁锌矿床(黑鹰山铁矿、谢尔塔拉铁锌矿),晚石炭世本巴图组中的块状硫化物矿床(查干哈达庙铜矿)等都是在海底火山物质喷发、喷溢的同时,成矿物质大量富集而形成的。成矿受火山岩性岩相控制。中元古代与海相化学沉积有关的铁、磷矿床亦是如此。

2)成矿物质的初始预富集作用

许多成矿物质在火山喷发沉积作用过程中或在沉积过程中并未能富集成具有经济价值的矿体,再经历后期的变形变质作用、混合岩化作用和岩浆作用的再活化而富集成矿体。

太古宙乌拉山岩群和集宁岩群原岩为含碳质岩层,经过区域麻粒岩相变质作用和混合岩化作用常形成规模不等的石墨矿床。古元古代宝音图岩群中富铝泥质岩层经过区域角闪岩相变质作用形成石榴石矿床。乌拉山岩群和集宁岩群原岩为泥质—半黏土质岩层经过1800～1700Ma的变质-混合岩化作用形成伟晶岩型白云母矿床。

太古宙—古元古代绿岩带内原岩为中基性火山岩系,其含有较高的易活化的金,为后期地质作用成矿提供成矿物源。分布在华北陆块北缘的大部分金矿均产在古老的变质结晶基底中,燕山期构造岩浆活动萃取了基底中的高丰度的易活化金形成金矿床。例如赤峰地区太古宙变质岩系含Au丰度值为$(7\sim9)\times10^{-9}$(322件样品),是地壳金平均值的2～3倍,尤其是原岩为中基性火山岩的黑云角闪斜长片麻岩;角闪斜长片麻岩、斜长角岩等的Au丰度值变化于$(7.5\sim11.87)\times10^{-9}$之间,而且这类岩石中富含黄铁矿。

大兴安岭地区(尤其是中南段突泉-林西地区),许多有色金属矿床的围岩为二叠纪地层。研究认为二叠纪地层,特别是大石寨组和哲斯组富集Pb、Zn、Sn、Ag等金属元素,浓集系数Pb、Zn在1～2之间,Sn、Ag均大于2,在某些岩石类型中高达3～4或更高。Cu在二叠纪地层中含量低于克拉克值,但在基性大山熔岩、细碧岩和玄武岩中,Cu含量大于克拉克值,浓集系数可达1～3。地层中所富集的元素恰恰是该地区内的成矿元素。在成矿带南部地层中以富Sn、Zn为特征,故在南部地区主要产出锡多金属矿床,如黄岗梁铁锡矿床和大井铜锡矿床。北部地区地层中富Ag、Pb,故北部地区较发育铅、锌、银和锡多金属矿床。这反映了地层可能提供矿质来源。

上述资料表明,地层在形成过程中可使某些成矿元素预富集,从而为以后不同地质时期的地区成矿过程的活化、迁移、富集提供丰厚的物质。

3)化学性活泼的岩性间接控矿

侵入体在与围岩接触处产生两种效应:一类是热效应,没有物质交换,引起接触变质;另一类是热和从岩浆中溢出物质对围岩共同作用的双重效应,即是由侵入岩分离出来的含矿水热流体向围岩转移热量和物质交代的效应,产生接触交代作用即矽卡岩化。

能够形成矽卡岩的围岩都是钙质、镁质碳酸盐岩或碳酸岩,据自治区内统计多为灰岩、白云质灰岩、大理岩及白云质大理岩。在矽卡岩化和矽卡岩形成过程中容易形成铁多金属矽卡岩型矿床,这类矿床多具规模大、含矿品位高的特点。在自治区,最重要的有利岩性层位是下二叠统,其次是泥盆系及元古宇。

**2. 火成岩对成矿的控制作用**

岩浆是将热量和物质带到地球上部的主要载体,带来的能量对地壳进行改造,维持地热场并形成矿床(地球物质研究,1998)。

长期以来,火山岩与成矿关系的研究常常从火成岩的成矿专属性这一角度去鉴别含矿岩体与不含矿岩体的各种差异,为矿床的形成、预测与寻找做出了许多积极的贡献。邓晋福等(1999年)提出从火成岩系列和火成岩构造组合这个更大的时空尺度来考察火成岩的成矿专属性。

成矿作用是壳幔物质分异作用的表现和产物。成矿元素一部分是亲地幔的,如Fe、Cr、Co、Ni、Au、Cu;另一部分是亲陆壳的,如Pb、Mo、W、Sn、Hg、V、Th、REE等。亲地幔的成矿元素可能直接源于地幔,也可能在陆壳中预富集,然后在另一次作用过程中被萃取成矿,有时壳-幔作用过程叠加进行,不同来源的成矿元素可能共生在一起,使得成矿物质来源与作用过程十分复杂。

火成岩有壳源的、幔源的,还有壳幔混合源的,不同构造环境下,各种可能的岩浆源的组合不同,产生不同的火成岩系列,岩浆形成将萃取壳-幔成矿元素,并形成矿床。如陆内俯冲环境,壳源花岗岩为主,成矿元素为亲壳源的W-Sn-Sb-Nb-Ta-REE-U等;俯冲带之上的大陆边缘,发育壳幔混合源的岩浆系列,发育壳-幔成矿元素混合的Au-Cu-Ag-Fe-Pb-Zn等成矿作用。

内蒙古自治区内各类火成岩比较发育,从中太古代至燕山晚期均有不同程度的岩浆活动;侵入岩的岩性种类齐全,超基性岩、基性岩、中性岩、碱性岩、酸性岩及它们的过渡类型岩体均有分布,其中以中酸性、酸性岩体出露面积比例较大。侵入岩的分布受构造单元的控制,并具有明显的分带性。

不同成分的侵入岩具有不同的成矿专属性。超基性—基性岩与铬铁矿、铜镍矿床有密切关系，如索伦山铬铁矿、小南山铜镍矿；中酸性侵入岩与铜多金属矿有关，如乌努格吐山铜钼矿与花岗闪长斑岩有关，布敦花铜矿与花岗闪长岩有关等；酸性岩与钨钼多金属矿、铁多金属矿有关，如乌兰德勒钼矿与花岗斑岩有关，黄岗梁铁锡矿与细粒钾长花岗岩有关等；碱性花岗岩则与稀有稀土矿密切相关，如巴尔哲稀土矿。

各种不同的构造岩石组合，受威尔逊旋回演化不同阶段的构造背景所控制，并且形成不同的矿产。如离散板块边界形成铬铁矿、火山块状硫化物矿床，在兴蒙造山带中表现为蛇绿岩带及增生杂岩，如贺根山蛇绿岩带中赋存有铬铁矿，本巴图组中产有查干哈达庙块状硫化物铜矿床。俯冲边界形成斑岩型铜金矿等，如欧布拉格铜金矿、哈达庙金矿等。但是，板块对矿床的分布控制不是绝对的。

因此，对火成岩构造组合的详细划分、构造环境的准确判别，能够更加有效地指导找矿工作。

**3. 构造对成矿的控制作用**

在矿床的形成过程中，成矿流体的运移和成矿物质的沉淀、定位空间以及其形成的保存条件无不与构造息息相关。它对成矿的控制作用表现为以下方面。

1）深部构造对成矿的控制作用

这里主要指内蒙古自治区莫霍面深度对成矿的控制作用。由于莫霍面是现今地壳、地幔分布的状态，可能代表中生代以来，甚至是晚白垩世以来的壳幔状态，因此莫霍面的深度更多的是对中生代以来的内生矿产有一定的控制。

内蒙古自治区莫霍面总的变化趋势是自东向西逐渐加深，地壳由厚变薄。东部以通辽附近最浅，为35～36km；西部龙首山一带最深，为56km，相对落差最大达21km。

大兴安岭幔坎与大兴安岭中生代火山-侵入杂岩带基本一致。受中生代滨太平洋构造域影响，基底断裂活化，产生断块运动，火山活动及中酸性侵入活动强烈而频繁，构成中生代火山岩区，形成丰富而有特色的内生矿产系列，即有色金属、贵重金属、黑色金属和稀有稀土矿产等。

华北陆块北缘莫霍面处于凹、坳和凸、隆间过渡的幔坎形式，深部岩浆容易沿幔坎侵入，加之深断裂和次一级断裂构造发育，所以，沿槽台边界深断裂和地台北缘脆弱带，在元古宙末期、加里东期、海西期、印支期、燕山期均有岩浆活动，并形成岩浆岩带，进而控制有台缘特色的铁、金、铜、铅、锌、钴、镍、铂等矿床。

2）区域性深断裂构造带对成矿的控制作用

区域性深断裂构造带均为超壳断裂，有的甚至切穿了岩石圈，是地幔物质上涌的通道。与其有成生联系的次级断裂或裂隙构造带往往就是岩浆就位、成矿物质沉淀定位的空间。这些深断裂构造带具有长期活动的特点，所以在其一侧或两旁常分布形成不同时代的矿床。例如得尔布干深断裂构造带和其次一级断裂与北西向断裂复合部位，控制了燕山期中酸性火山-侵入杂岩的分布，进而控制了其北西侧的不同类型铜钼、铅锌、银矿床的分布。

3）基底构造与新生构造的联合控矿作用

华北陆块及其北侧古亚洲构造域的区域性构造基本上是近东西向展布，它们能控制的矿带亦是呈近东西向延展的。而进入中生代后，由于滨西太平洋活动大陆边缘的作用，一方面，新生的区域性构造带呈北东—北北东向延展；另一方面，原先的基底构造亦发生活化，在这两组构造交会处往往是不同矿床的定位空间，因此纵观矿床分布，就非常明显地看到矿床东西成行、北东—北北东成带的棋盘格局，而且矿带间具有近等距性。

这种联合控矿作用在大兴安岭地区尤为明显。继二叠纪末形成了区域基底构造的基本格局之后，中生代时期，大兴安岭地区进入了滨太平洋大陆边缘活动阶段，构造以断裂活动为主，这些断裂大多是承袭、利用和改造前中生代基底构造而进行的，形成了一系列北东—北北东向断裂隆起带和坳陷带。大多数矿床点分布于断隆区内，多产于断隆的边部，部分矿床产于断陷带的边部-坳中隆的位置上，其中锡多金属矿床主要分布于断隆区,铅锌多金属矿床主要分布在断陷区中的隆起部位,铜多金属矿床主要分布在断隆和断陷交界部位,稀有稀土矿床产于断陷区。北东—北北东向矿带与北东—北北东向断隆、断陷格架相吻合,东西向的成矿区或矿集区受东西向深断裂和一系列东西向穿透式断隆控制,其等间距分布特点与上述格子状断裂系统的等间距分布特点相互对应。因此格子状断裂的交点往往是区内重要的矿化集中区或矿产地,是最有利的控矿构造部位。

# 第十章 勘查部署工作建议

以全区 20 个预测矿种 177 个预测工作区及其 5038 个最小预测区为基础，并充分运用区域地质矿产、区域物化探及重砂成果资料，经全面综合分析、研究，以Ⅲ级成矿带为单位进行了本次矿产勘查工作部署，以促进全区矿产资源勘查工作的科学安排和合理布局。

## 第一节 觉罗塔格-黑鹰山成矿带(Ⅲ-1)勘查部署

本成矿带(Ⅲ-1)位于北山成矿远景区北部，呈近东西向分布，与蒙古毗邻。成矿带内已知 9 处矿产地，是寻找铁、金、铜、钼资源极有远景的地区。

针对本成矿带区域地质成矿特征，拟设 8 个勘查部署区，面积均较大。其中百合山-流沙山勘查区已有多个成型矿山，工作程度较高，其余 7 个勘查区工作程度较低，只能进行预查工作，各勘查区部署建议及工作安排详见图 10-1 和表 10-1。

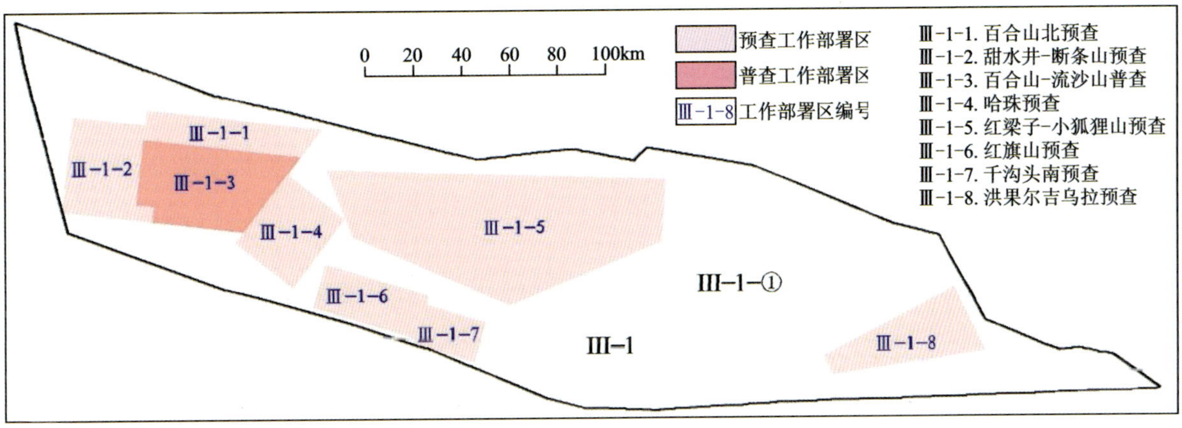


图 10-1 Ⅲ-1 成矿带勘查部署区分布图

**表 10-1 Ⅲ-1 成矿带工作部署建议一览表**

| 序号 | 编号 | 名称 | 等级 | 矿种 | 预测资源量 | 勘查工作部署建议 |
|---|---|---|---|---|---|---|
| 1 | Ⅲ-1-1 | 百合山北 | 预查 | 钼 | 12 420.09 | 本区未开展 1∶5万区调工作，应先进行基础地质调查，查明本区基本地质情况；系统地安排中小比例尺的和基础的地质、物探、化探、遥感等工作，缩小找矿靶区 |
| | | | | 金 | 572.02 | |
| 2 | Ⅲ-1-2 | 甜水井-断条山 | 预查 | 钼 | 22 775.96 | 本区未开展 1∶5万区调工作，应先进行基础地质调查，查明本区基本地质情况；系统地安排中小比例尺的和基础的地质、物探、化探、遥感等工作，缩小找矿靶区 |
| | | | | 金 | 1 649.61 | |
| | | | | 铁 | 13 439 | |

**续表 10-1**

| 序号 | 编号 | 名称 | 等级 | 矿种 | 预测资源量 | 勘查工作部署建议 |
|---|---|---|---|---|---|---|
| 3 | Ⅲ-1-3 | 百合山-流沙山 | 普查 | 钼 | 54 858.41 | 本区已开展黑鹰山幅的1∶5万区调工作,应先在未开展1∶5万区调地区开展基础地质调查工作,查明本区基本地质情况;外围可进一步安排中大比例尺的地质、物化探工作进行普查,必要时,可采用槽、井、钻等手段,寻找隐伏的工业矿体 |
| | | | | 铁 | 183 831.9 | |
| 4 | Ⅲ-1-4 | 哈珠 | 预查 | 铁 | 109 497 | 本区未开展1∶5万区调工作,应先进行基础地质调查,查明本区基本地质情况;系统地安排中小比例尺的和基础的地质、物探、化探、遥感等工作,缩小找矿靶区 |
| 5 | Ⅲ-1-5 | 红梁子-小狐狸山 | 预查 | 钼 | 151 334.3 | 本区未开展1∶5万区调工作,应先进行基础地质调查,查明本区基本地质情况;系统地安排中小比例尺的和基础的地质、物探、化探、遥感等工作,缩小找矿靶区 |
| | | | | 金 | 931.42 | |
| | | | | 铁 | 214 044.9 | |
| 6 | Ⅲ-1-6 | 红旗山 | 预查 | 金 | 1 237.41 | 本区未开展1∶5万区调工作,应先进行基础地质调查,查明本区基本地质情况;系统地安排中小比例尺的和基础的地质、物探、化探、遥感等工作,缩小找矿靶区 |
| | | | | 铁 | 24 936 | |
| 7 | Ⅲ-1-7 | 千沟头南 | 预查 | 钨 | 2 070.4 | |
| 8 | Ⅲ-1-8 | 洪果尔吉乌拉 | 预查 | 铜 | 9 672.74 | |

注:表中预测资源量单位,金矿为“kg”,其他矿种为“t”。

## 第二节　磁海-公婆泉成矿带(Ⅲ-2)勘查部署

本成矿带内分布金、铁、铜、钨、锑、镍、萤石等矿种,共16处矿产地,其中优势矿种为铁、铜、金矿。

成矿带内与红石山裂谷海西期陆壳重熔侵入杂岩体有关的矿床有下陶勒盖矽卡岩型铜铁矿,热液型三个井金矿、珠斯楞海尔罕铜矿床。柳园裂谷内与陆壳重熔型花岗岩类有关的神螺山、玉石山萤石矿。中生代古陆壳活化重熔型花岗岩类具有形成铁、钨、钼、锡、锑金属矿的有利背景,如热液型阿木乌苏锑矿、鹰嘴红山钼矿,矽卡岩型索索井铁矿。

与震旦纪古陆裂解阶段超基性—基性岩有关的岩浆型铜镍矿,如亚干铜镍矿。

针对本成矿带区域地质成矿特征,成矿带内拟设8个勘查区。各勘查区部署建议及工作安排详见图10-2和表10-2。

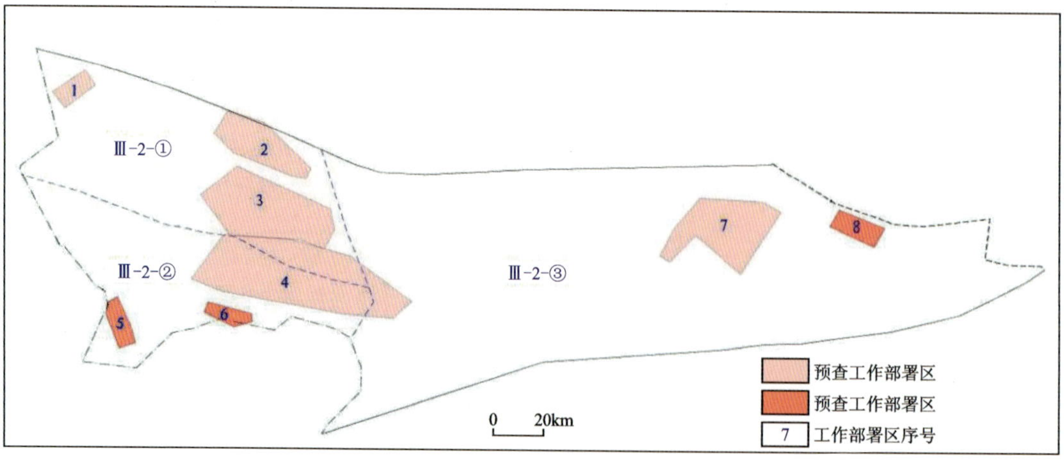


图10-2　磁海-公婆泉成矿带(Ⅲ-2)勘查部署区分布图

表 10-2 Ⅲ-2成矿带工作部署建议一览表

| 序号 | 编号 | 名称 | 面积（$km^2$） | 等级 | 矿种 | 预测资源量 | 勘查区勘查部署建议 |
|---|---|---|---|---|---|---|---|
| 1 | Ⅲ-2-1 | 1547高地南 | 265.49 | 预查 | 金 | 270.18 | 本区未开展1∶5万区调工作，应先进行基础地质调查，查明本区基本地质情况；开展必要的中大比例尺填图和化探、物探工作 |
| 2 | Ⅲ-2-2 | 三个井 | 1 048.6 | 预查 | 金 | 6 202.0 | 本区未开展1∶5万区调工作，应先进行基础地质调查，查明本区基本地质情况；开展必要的中大比例尺填图和F元素化探工作 |
| | | | | | 钨 | 2 251.22 | |
| 3 | Ⅲ-2-3 | 七一山 | 2 214.75 | 预查 | 钨 | 23 950.25 | 本区未开展1∶5万区调工作，应先进行基础地质调查，查明本区基本地质情况；进行中大比例尺填图、物探、化探工作，在七一山地区可进行必要的槽探和钻探工作 |
| | | | | | 萤石 | 48.384 | |
| | | | | | 铁 | 3 470.80 | |
| 4 | Ⅲ-2-4 | 老硐沟 | 3 767.87 | 预查 | 金 | 18 746.37 | 本区未开展（1∶5万区调工作，应先进行基础地质调查，查明本区基本地质情况；进行中大比例尺填图，建议采用重力勘探、磁法勘探、电法勘探等，建议开展As、Sb、Cu、Pb、Zn、Ag、W、Mo、Bi等多种元素的化探工作，在老硐沟地区可进行必要的槽探和钻探工作 |
| | | | | | 萤石 | 52.182 | |
| | | | | | 钨 | 10 573.75 | |
| | | | | | 铁 | 11 615.40 | |
| 5 | Ⅲ-2-5 | 神螺山 | 301.57 | 普查 | 萤石 | 21.216 | 本区未开展1∶5万区调工作，应先进行基础地质调查，查明本区基本地质情况；进行中大比例尺填图、F元素化学勘探工作，重力勘探，钻探工作 |
| 6 | Ⅲ-2-6 | 阿木乌苏 | 228.21 | 普查 | 锑 | 9 048.46 | 本区未开展1∶5万区调工作，应先进行基础地质调查，查明本区基本地质情况；建议开展重力、磁法及电法勘探工作，地表槽探、浅井及大量钻探工作为主 |
| 7 | Ⅲ-2-7 | 珠斯楞 | 1 705.15 | 预查 | 铜 | 29 155.34 | 本区未开展1∶5万区调工作，应先进行基础地质调查，查明本区基本地质情况；建议开展重力、磁法及电法勘探工作，对12种元素进行调查，地表槽探、浅井及少量钻探工作为主 |
| 8 | Ⅲ-2-8 | 亚干 | 346.11 | 普查 | 铜 | 234 358.90 | 本区未开展1∶5万区调工作，应先进行基础地质调查，查明本区基本地质情况；进行地面高精度磁测、磁法勘探，Cu、Zn、As、Pb、Sn、Ag、Au、Co、Cr、Fe、Mn、Ni、Ti、V等38个元素采样分析 |
| | | | | | 镍 | 161 894.55 | |

注：表中资源量单位铁矿、萤石为“万t”，金矿为“kg”，其他矿种为“t”。

## 第三节 阿拉善（台隆）成矿带（Ⅲ-3）勘查部署

目前该区已发现铁、铜、金、铅锌、稀土、磷、萤石等矿种，共19处矿产地，其中以接触交代型铁铜矿床（沙拉西别）、铁矿床（克布勒）和沉积-热液改造型金矿床（朱拉扎嘎）为主，优势矿种是铁矿、铜矿、金矿。

针对本成矿带区域地质成矿特征，成矿带内拟设10个勘查区。桃花拉山、哈马胡头沟勘查区内工作程度较高，其余勘查区面积都较大，地质工作程度普遍不高，各勘查区部署建议及工作安排详见表 10-3 和图 10-3。

**表 10-3 Ⅲ-3 成矿带工作部署建议一览表**

| 序号 | 编号 | 名称 | 面积($km^2$) | 等级 | 矿种 | 预测资源量 | 勘查区勘查部署建议 |
|---|---|---|---|---|---|---|---|
| 1 | Ⅲ-3-1 | 碱泉子 | 687.78 | 预查 | 金 | 6 189.05 | 本区未开展 1:5万区调工作，应先进行基础地质调查，查明本区基本地质情况；开展必要的中大比例尺填图和化探、物探工作，地表槽探、浅井及大量钻探工作为主 |
| 2 | Ⅲ-3-2 | 查干陶鲁盖 | 384.51 | 预查 | 金 | 2 554.21 | 本区未开展 1:5万区调工作，应先进行基础地质调查，查明本区基本地质情况；开展中大比例尺填图和物探、化探工作 |
| 3 | Ⅲ-3-3 | 特拜 | 999.27 | 预查 | 金 | 6 990.65 | 本区未开展 1:5万区调工作，应先进行基础地质调查，查明本区基本地质情况；进行中大比例尺填图、物探、化探工作，在特拜地区可进行必要的槽探和钻探工作 |
| | | | | | 铁 | 8 964.89 | |
| 4 | Ⅲ-3-4 | 桃花拉山 | 118.82 | 普查 | 稀土 | 181 615.44 | 本区未开展 1:5万区调工作，应先进行基础地质调查，查明本区基本地质情况；进行大比例尺填图，建议采用重力勘探、磁法勘探、电法勘探等，开展地表槽探、浅井及大量钻探工作 |
| 5 | Ⅲ-3-5 | 哈马胡头沟-夹沟 | 191.32 | 普查 | 磷 | 12 563.3 | 本区未开展 1:5万区调工作，应先进行基础地质调查，查明本区基本地质情况；进行大比例尺填图、物探、化探工作，局部开展地表槽探、浅井及少量钻探工作 |
| 6 | Ⅲ-3-6 | 哈布达哈拉 | 425.46 | 预查 | 萤石 | 77.496 | 本区已开展查干通格幅的 1:5万区调工作，应先在未开展 1:5万区调地区开展基础地质调查工作，查明本区基本地质情况；建议开展重力、磁法及电法勘探工作，进行 F 元素化探工作 |
| | | | | | 铁 | 3 191.02 | |
| 7 | Ⅲ-3-7 | 朱拉扎嘎 | 675.85 | 预查 | 铁 | 2 663.26 | 本区已开展宗嘎顺查幅、干格德幅的 1:5万区调工作，应先在未开展 1:5万区调地区开展基础地质调查工作，查明本区基本地质情况；建议开展重力、磁法、电法勘探和化学勘探、地表槽探、浅井及少量钻探工作 |
| | | | | | 金 | 60 099.28 | |
| | | | | | 萤石 | 32.732 | |
| 8 | Ⅲ-3-8 | 沙拉西别 | 1 550.87 | 预查 | 铁 | 6 247.969 | 本区已开展额仁陶勒盖幅、红古尔玉林公社幅、波罗苏滩等幅的 1:5万区调工作，应先在未开展 1:5万区调地区开展基础地质调查工作，查明本区基本地质情况；建议开展重力、磁法、电法勘探和地表槽探、浅井等工作 |
| | | | | | 萤石 | 65.915 | |
| 9 | Ⅲ-3-9 | 哈乌拉山 | 545.36 | 预查 | 铁 | 46.026 | 本区未开展 1:5万区调工作，应先进行基础地质调查，查明本区基本地质情况；建议开展重力、磁法、电法勘探和地表槽探、浅井等工作 |
| 10 | Ⅲ-3-10 | 巴彦乌拉山 | 1 178.11 | 预查 | 铁 | 399.893 | 本区未开展 1:5万区调工作，应先进行基础地质调查，查明本区基本地质情况；建议开展重力、磁法、电法勘探和地表槽探、浅井等工作 |

注：表中资源量单位铁矿、萤石为“万 t”，金矿为“kg”，其他矿种为“t”。

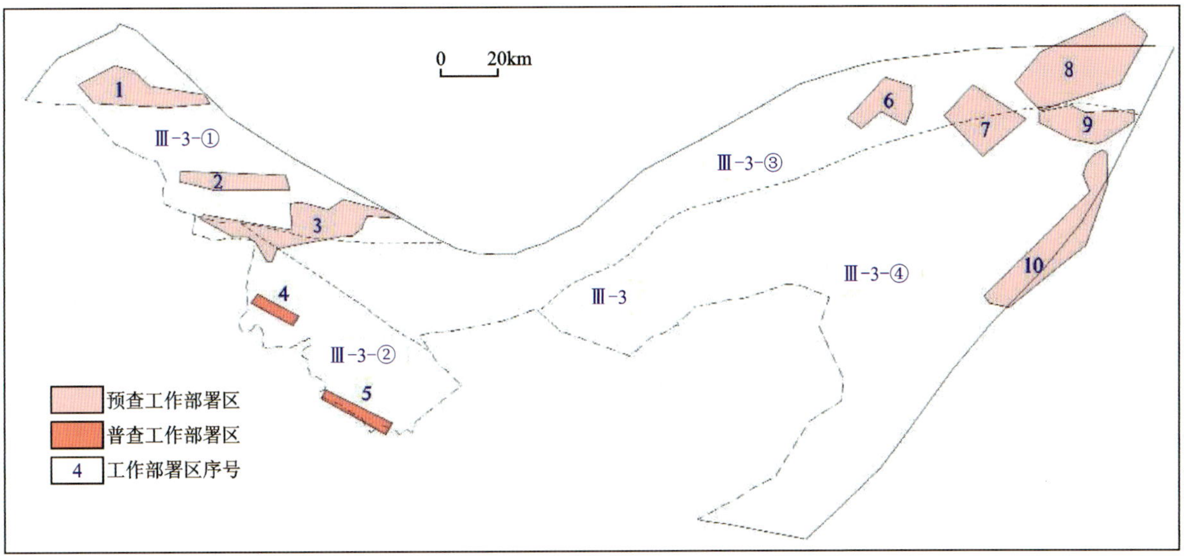


图 10-3　Ⅲ-3 成矿带勘查部署区分布图

# 第四节　河西走廊成矿带(Ⅲ-4)勘查部署

该成矿带优势矿种为沉积变质型钼、镍矿，已知共 3 处矿产地。晚寒武世元山子式沉积（变质）型钼镍矿分布在北祁连弧盆系走廊弧后盆地沉积岩内，晚古生代北祁连山褶皱带内中酸性侵入岩控制了阎地拉图式热液型铁矿床分布。

针对该成矿带区域地质成矿特征，拟设 4 个勘查区，其中元山子钼镍勘查区内工作程度较高，其外围可进一步安排中大比例尺的地质、物化探工作，必要时可采用槽探、浅井、钻探等手段，寻找隐伏的工业矿体，各勘查区部署建议及工作安排详见表 10-4 和图 10-4。

**表 10-4　Ⅲ-4 成矿区(带)勘查区部署建议一览表**

| 序号 | 编号 | 名称 | 面积（$km^2$） | 等级 | 矿种 | 预测资源量 | 勘查区勘查部署建议 |
|---|---|---|---|---|---|---|---|
| 1 | Ⅲ-4-1 | 大黑梁北 | 65.37 | 预查 | 钼 | 1 558.91 | 本区未开展 1∶5万区调工作，应先进行基础地质调查，查明本区基本地质情况；建议开展 1∶1万的填图工作，采用重力勘探、磁法勘探、电法勘探等，建议开展 Mo、Sb、Cu、Pb、Zn、Ag、W、As、Bi 等元素的化探和地表槽探、浅井及少量钻探工作 |
| | | | | | 镍 | 375.00 | |
| 2 | Ⅲ-4-2 | 黑疙瘩北 | 118.2 | 预查 | 钼 | 1 231.54 | 本区未开展 1∶5万区调工作，应先进行基础地质调查，查明本区基本地质情况；建议开展 1∶1万的填图工作，采用重力勘探、磁法勘探、电法勘探等，建议开展 Mo、Sb、W、Cu、Pb、Zn、Ag、As、Bi 等元素的化探和地表槽探、浅井及少量钻探工作 |
| | | | | | 镍 | 380.20 | |

续表 10-4

| 序号 | 编号 | 名称 | 面积 ($km^2$) | 等级 | 矿种 | 预测资源量 | 勘查区勘查部署建议 |
|---|---|---|---|---|---|---|---|
| 3 | Ⅲ-4-3 | 瑞家圈 | 17.87 | 预查 | 钼 | 627.75 | 本区已开展土井子幅、前古城子幅、马夫峡子幅的1:5万区调工作,应先在未开展1:5万区调,查明本区基本地质情况;建议开展1:1万的填图工作,采用重力勘探、磁法勘探、电法勘探等,建议开展Mo、Sb、W、Cu、Pb、Zn、Ag、As、Bi等元素的化探和地表槽探、浅井及少量钻探工作 |
| | | | | | 镍 | 193.80 | |
| 4 | Ⅲ-4-4 | 元山子 | 523.04 | 预查 | 钼 | 5 546.59 | 本区已开展白土井幅的1:5万区调工作,应先在未开展1:5万区调,查明本区基本地质情况;建议开展1:1万的填图工作,采用重力勘探、磁法勘探、电法勘探等,建议开展Mo、Sb、W、Cu、Pb、Zn、Ag、As、Bi等元素的化探和地表槽探、浅井及大量钻探工作 |
| | | | | | 镍 | 1 021.648 | |

注:表中资源量单位镍矿为"万 t",钼矿为"t"。

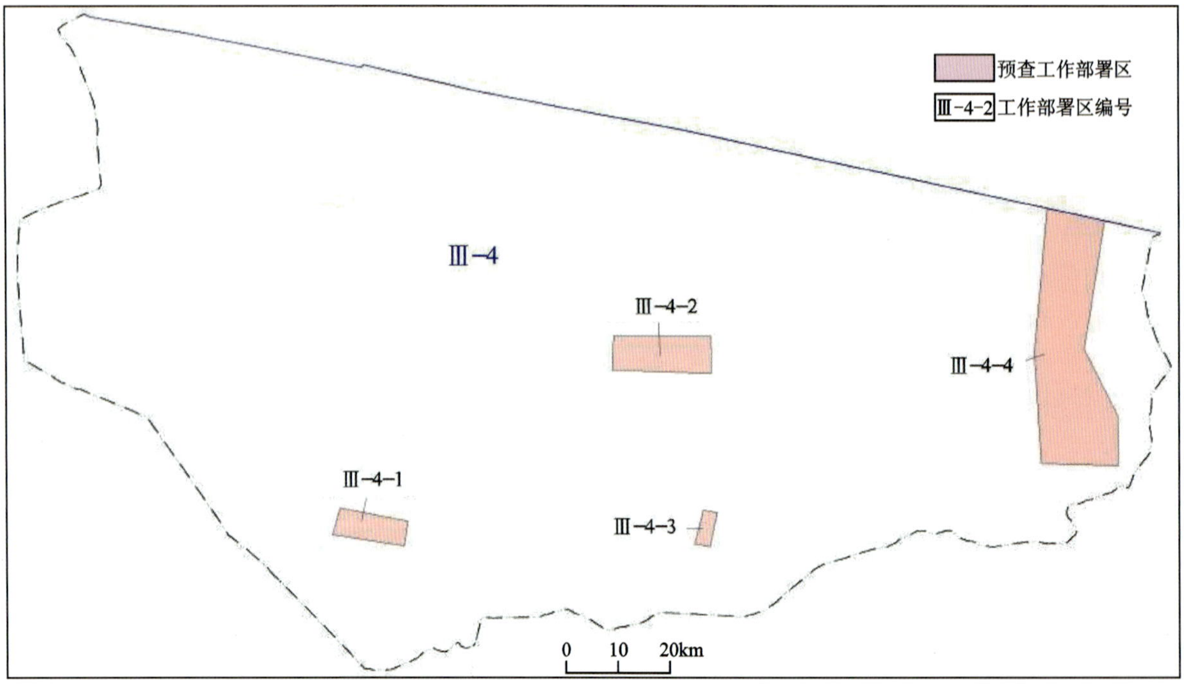


图 10-4 Ⅲ-4 成矿带勘查部署区分布图

# 第五节 新巴尔虎右旗(拉张区)成矿带(Ⅲ-5)勘查部署

该成矿带中优势矿种为铁、铜、铅锌、银、钼、锡、硫铁矿,带内已知36处矿产地,本成矿带涉及矿种较多,多金属矿种成矿潜力较大。矿床类型有斑岩型铜钼矿床,热液型金、银矿床,与海相中基性—中酸性火山-侵入岩有关的铁、铁锌矿床。

本成矿带拟设8个勘查部署区,面积均较大。其中八大关、地营子、乌努格吐山及甲乌拉4个勘查部署区,区内最小预测区密集且A、B类较多,并有多个成型矿山,工作程度较高,其余4个勘查部署区最小预测区相对较分散，工作程度相对较低，各勘查区部署建议及工作安排详见表 10-5 和图 10-5。

表 10-5 Ⅲ-5 成矿带工作部署建议一览表

| 序号 | 编号 | 名称 | 面积（$km^2$） | 等级 | 矿种 | 预测资源量 | 勘查工作部署 |
|---|---|---|---|---|---|---|---|
| 1 | Ⅲ-5-1 | 八大关 | 422.65 | 普查 | 金 | 2 451.06 | 本区未开展 1∶5万区调工作，应先进行基础地质调查，查明本区基本地质情况；外围可进一步安排中大比例尺的地质、物探、化探进行普查工作，必要时可采用槽、井、钻等手段，寻找隐伏的工业矿体 |
| 2 | Ⅲ-5-2 | 比利亚谷 | 14 717.14 | 预查 | 金 | 4 186.22 | 本区未开展 1∶5万区调工作，应先进行基础地质调查，查明本区基本地质情况；系统地安排中小比例尺的和基础的地质、物探、化探、遥感等工作，缩小找矿靶区 |
| | | | | | 钼 | 67 427.35 | |
| | | | | | 铅 | 864 781 | |
| | | | | | 锡 | 27 656.45 | |
| | | | | | 锌 | 873 928 | |
| | | | | | 银 | 2 300.52 | |
| 3 | Ⅲ-5-3 | 哈达汗-岔路口 | 11 268.67 | 预查 | 钼 | 2 386 583.56 | 本区未开展 1∶5万区调工作，应先进行基础地质调查，查明本区基本地质情况；系统地安排中小比例尺的和基础的地质、物探、化探、遥感等工作，缩小找矿靶区 |
| | | | | | 铅 | 3421 | |
| | | | | | 锌 | 3457 | |
| | | | | | 银 | 40.82 | |
| | | | | | 萤石 | 11.233 | |
| 4 | Ⅲ-5-4 | 地营子 | 172.46 | 普查 | 金 | 2 156.05 | 本区已开展地营子、永胜屯、格其鲁堆山、泉山子等幅的 1∶5万区调工作，应先在未开展 1∶5万区调地区开展基础地质调查工作，查明本区基本地质情况；外围可进一步安排中大比例尺的地质、物探、化探进行普查工作，必要时可采用槽探、浅井、钻探等手段，寻找隐伏的工业矿体 |
| | | | | | 铅 | 122 178 | |
| | | | | | 铁 | 654.11 | |
| | | | | | 锌 | 123 470 | |
| | | | | | 银 | 386.48 | |
| 5 | Ⅲ-5-5 | 八八一-昆库力 | 14 119.24 | 预查 | 金 | 4059 | 本区未开展 1∶5万区调工作，应先进行基础地质调查，查明本区基本地质情况；系统地安排中小比例尺的和基础的地质、物探、化探、遥感等工作，缩小找矿靶区 |
| | | | | | 硫铁 | 1 272.897 | |
| | | | | | 钼 | 160 595.87 | |
| | | | | | 铅 | 77 394 | |
| | | | | | 铁 | 2 525.63 | |
| | | | | | 铜 | 1 925 400 | |
| | | | | | 锌 | 78 211 | |
| | | | | | 银 | 308.02 | |
| | | | | | 萤石 | 58.864 | |
| 6 | Ⅲ-5-6 | 谢尔塔拉 | 18 872.89 | 预查 | 金 | 187 | 本区未开展 1∶5万区调工作，应先进行基础地质调查，查明本区基本地质情况；系统地安排中小比例尺的和基础的地质、物探、化探、遥感等工作，缩小找矿靶区 |
| | | | | | 钼 | 19 324.53 | |
| | | | | | 铁 | 33 315.95 | |
| | | | | | 萤石 | 8.844 | |

**续表 10-5**

| 序号 | 编号 | 名称 | 面积(km²) | 等级 | 矿种 | 预测资源量 | 勘查工作部署 |
|---|---|---|---|---|---|---|---|
| 7 | Ⅲ-5-7 | 乌努格吐山 | 5 598.82 | 普查 | 锰 | 33.508 | 本区未开展1:5万区调工作，应先进行基础地质调查，查明本区基本地质情况；外围可进一步安排中大比例尺的地质、物探、化探进行普查工作，必要时可采用槽探、浅井、钻探等手段，寻找隐伏的工业矿体 |
| | | | | | 钼 | 523 703.53 | |
| | | | | | 铅 | 266 979 | |
| | | | | | 铁 | 336.85 | |
| | | | | | 铜 | 1 780 100 | |
| | | | | | 锌 | 400 471 | |
| | | | | | 银 | 1 997.22 | |
| 8 | Ⅲ-5-8 | 甲乌拉 | 11 389.86 | 普查 | 锰 | 89.927 | 本区未开展1:5万区调工作，应先进行基础地质调查，查明本区基本地质情况；外围可进一步安排中大比例尺的地质、物探、化探进行普查工作，必要时可采用槽探、浅井、钻探等手段，寻找隐伏的工业矿体 |
| | | | | | 钼 | 111 550.35 | |
| | | | | | 铅 | 1 002 465 | |
| | | | | | 锌 | 1 503 696 | |
| | | | | | 银 | 12 027.87 | |

注：表中预测资源量单位，金矿为"kg"；铁矿、锰矿、硫铁矿、萤石为"万 t"，其他矿种为"t"

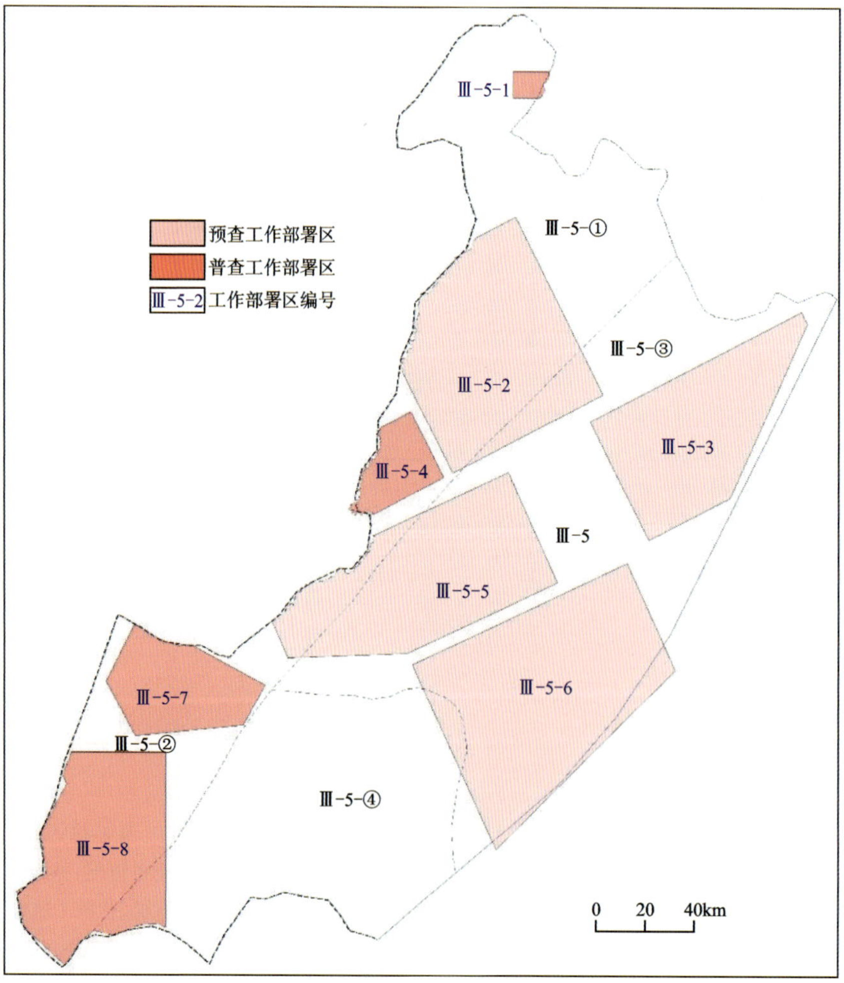


图 10-5　Ⅲ-5 成矿带勘查部署区分布图

## 第六节 东乌珠穆沁旗–嫩江成矿带(Ⅲ-6)勘查部署

该成矿带横亘于内蒙古北部及东部，东西全长大于1200km，是极具找矿前景的成矿区(带)之一。该成矿带有3个主要成矿系列：与海西期超基性—基性岩浆活动有关的铬、铜(金)矿床成矿系列，与海西期基性—中酸性岩浆活动有关的铁(锌)、铁(钼)、铍、硫铁矿床成矿系列，与燕山期中酸性岩浆活动有关的铁、锌、铅、铜、金、钨、银矿床成矿系列。

针对本成矿带区域地质成矿特征，成矿带内拟设14个勘查部署区，面积均较大，各勘查区部署建议及工作安排详见表10-6和图10-6。

表10-6 Ⅲ-6成矿带工作部署建议一览表

| 序号 | 编号 | 名称 | 等级 | 矿种 | 预测资源量 | 部署建议 |
|---|---|---|---|---|---|---|
| 1 | Ⅲ-6-1 | 乌日尼图 | 预查 | 钨 | 60 024 | 本区未开展1:5万区调工作，应先进行基础地质调查，查明本区基本地质情况；系统地安排中小比例尺的和基础的地质、物探、化探、遥感等工作 |
| | | | | 钼 | 21 222 | |
| | | | | 金 | 5 460.71 | |
| 2 | Ⅲ-6-2 | 乌兰德勒 | 普查 | 钼 | 77 870 | 本区未开展1:5万区调工作，应先进行基础地质调查，查明本区基本地质情况；外围可进一步安排中大比例尺的地质、物探、化探进行普查工作，必要时可采用槽探、浅井、钻探等手段，寻找隐伏的工业矿体 |
| 3 | Ⅲ-6-3 | 德尔斯沃博勒卓 | 预查 | 钼 | 31 333 | 本区未开展1:5万区调工作，应先进行基础地质调查，查明本区基本地质情况；系统地安排中小比例尺的和基础的地质、物探、化探、遥感等工作 |
| 4 | Ⅲ-6-4 | 沙达噶庙 | 普查 | 铬 | 15.552 | 本区未开展1:5万区调工作，应先进行基础地质调查，查明本区基本地质情况；外围可进一步安排中大比例尺的地质、物探、化探进行普查工作，必要时可采用槽探、浅井、钻探等手段，寻找隐伏的工业矿体 |
| | | | | 镍 | 68 840 | |
| 5 | Ⅲ-6-5 | 沙麦 | 普查 | 钨 | 97 251.2 | |
| 6 | Ⅲ-6-6 | 奥儿特 | 预查 | 铜 | 125 718 | 本区未开展1:5万区调工作，应先进行基础地质调查，查明本区基本地质情况；系统地安排中小比例尺的和基础的地质、物探、化探、遥感等工作 |
| 7 | Ⅲ-6-7 | 赫格敖拉 | 普查 | 铬 | 470.331 | 本区未开展1:5万区调工作，应先进行基础地质调查，查明本区基本地质情况；外围可进一步安排中大比例尺的地质、物探、化探进行普查工作，必要时可采用槽探、浅井、钻探等手段，寻找隐伏的工业矿体 |
| | | | | 铜 | 7566 | |
| | | | | 镍 | 138 686 | |
| 8 | Ⅲ-6-8 | 朝不楞 | 普查 | 钨 | 428 | |
| | | | | 铁 | 107 014.32 | |
| | | | | 锡 | 3 161 269 | |
| | | | | 铅 | 495 316 | |
| | | | | 锌 | 1 311 357 | |
| | | | | 银 | 1 819.86 | |
| | | | | 硫铁矿 | 597.987 | |

**续表 10-6**

| 序号 | 编号 | 名称 | 等级 | 矿种 | 预测资源量 | 部署建议 |
|---|---|---|---|---|---|---|
| 9 | Ⅲ-6-9 | 苏河屯 | 预查 | 铁 | 21 859.21 | 本区未开展 1:5万区调工作，应先进行基础地质调查，查明本区基本地质情况；系统地安排中小比例尺的和基础的地质、物探、化探、遥感等工作 |
| | | | | 铜 | 1 145 450 | |
| | | | | 钼 | 82 651.07 | |
| | | | | 重晶石 | 79.9 | |
| 10 | Ⅲ-6-10 | 三根河林场 | 普查 | 铁 | 1 439.21 | 本区未开展 1:5万区调工作，应先进行基础地质调查，查明本区基本地质情况；外围可进一步安排中大比例尺的地质、物探、化探进行普查工作，必要时可采用槽探、浅井、钻探等手段，寻找隐伏的工业矿体 |
| | | | | 钼 | 4 943.12 | |
| 11 | Ⅲ-6-11 | 太平沟北 | 预查 | 钼 | 32 870.06 | 本区未开展 1:5万区调工作，应先进行基础地质调查，查明本区基本地质情况；系统地安排中小比例尺的和基础的地质、物探、化探、遥感等工作 |
| 12 | Ⅲ-6-12 | 福德南屯 | 预查 | 钼 | 11 085.47 | |
| 13 | Ⅲ-6-13 | 太平沟 | 详查 | 铁 | 2 028.09 | 本区未开展 1:5万区调工作，应先进行基础地质调查，查明本区基本地质情况；安排大比例尺的地质、物探、化探等工作，必要时可采用槽探、浅井、钻探等手段，寻找隐伏的工业矿体 |
| | | | | 铜 | 38 271.42 | |
| | | | | 钼 | 21 912.86 | |
| 14 | Ⅲ-6-14 | 古利库 | 预查 | 金 | 14 745 | 本区未开展 1:5万区调工作，应先进行基础地质调查，查明本区基本地质情况；系统地安排中小比例尺的和基础的地质、物探、化探、遥感等工作 |

注：表中资源量单位铁矿、硫铁矿、重晶石、铬矿为“万 t”，金矿为“kg”，其他矿种为“t”。

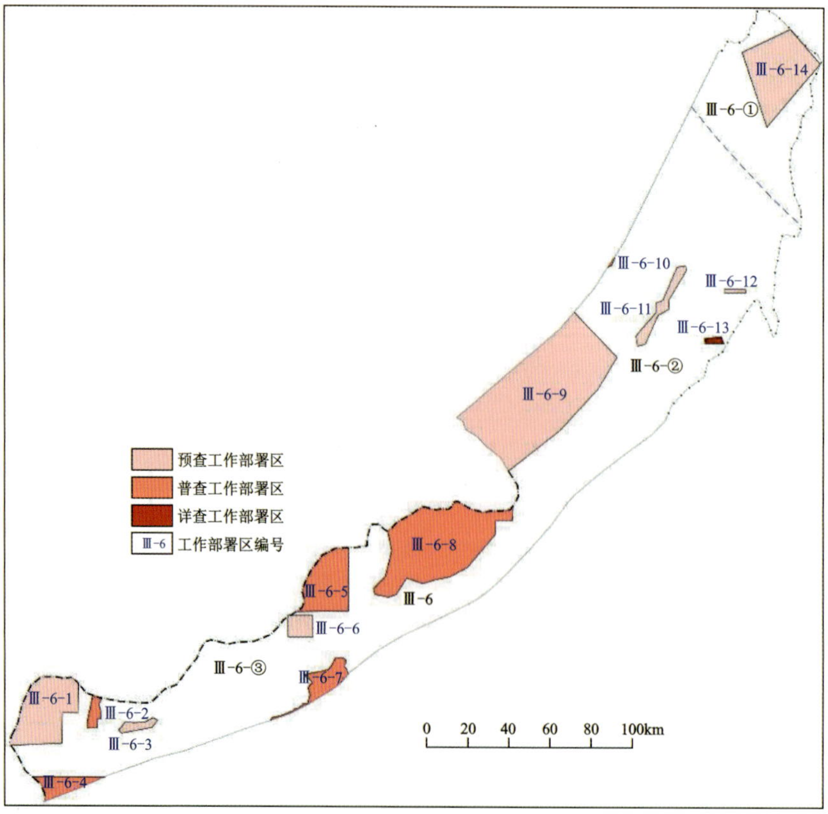


图 10-6　Ⅲ-6 成矿带勘查部署区分布图

# 第七节 白乃庙-锡林郭勒成矿带(Ⅲ-7)勘查部署

成矿带内已发现的主要矿种有铁矿、锰矿、铬矿、镍矿、铜矿、钼矿、铅锌矿、钨矿、金矿、银矿、稀土矿及菱镁矿、硫铁矿、磷矿、萤石矿等，共71处矿产地。其中优势矿种有铁、铬、铜、钼、镍、金等。本成矿带涉及矿种较多，多金属矿种成矿潜力较大。

成矿带(Ⅲ-7)拟设17个勘查工作部署区，其中2个详查，3个普查，12个预查。具体勘查部署建议见成矿带(Ⅲ-7)部署建议表及部署图(表10-7，图10-7)。

**表10-7 Ⅲ-7成矿带工作部署建议一览表**

| 序号 | 编号 | 名称 | 等级 | 矿种 | 预测资源量 | 勘查工作部署建议 |
|---|---|---|---|---|---|---|
| 1 | Ⅲ-7-1 | 依很达日布盖 | 预查 | 铜 | 19 305.446 | 本区未开展1:5万区调工作，应先进行基础地质调查，安排中小比例尺的和基础的地质、物探、化探、遥感等工作，缩小找矿靶区 |
| 2 | Ⅲ-7-2 | 查干陶勒盖 | 预查 | 铜 | 16 115.8 | 本区未开展1:5万区调工作，应先进行基础地质调查，安排中小比例尺的和基础的地质、物探、化探、遥感等工作，缩小找矿靶区 |
| 3 | Ⅲ-7-3 | 欧布拉格 | 详查 | 铜 | 7 148.553 | 本区未开展1:5万区调工作，应先进行基础地质调查，安排大比例尺的地质、物探、化探等工作，必要时可采用槽探、浅井、钻探等手段，寻找隐伏的工业矿体 |
| 4 | Ⅲ-7-4 | 道都乌兰德南 | 预查 | 铁 | 4 483.78 | 本区未开展1:5万区调工作，应先进行基础地质调查，安排中小比例尺的和基础的地质、物探、化探、遥感等工作，缩小找矿靶区 |
| 5 | Ⅲ-7-5 | 达布逊 | 预查 | 锰 | 5.611 | 本区已开展特默特等幅的1:5万区调工作，应先在未开展1:5万区调地区展开基础地质调查工作，查明本区基本地质情况；安排中小比例尺的和基础的地质、物探、化探、遥感等工作，缩小找矿靶区 |
| | | | | 镍 | 85 462.77 | |
| | | | | 金 | 3947 | |
| 6 | Ⅲ-7-6 | 查干花 | 预查 | 锰 | 1.643 | 本区已开展图古日格等幅的1:5万区调工作，应先在未开展1:5万区调地区开展基础地质调查，查明本区基本地质情况；安排中小比例尺的和基础的地质、物探、化探、遥感等工作，缩小找矿靶区 |
| | | | | 镍 | 1 942.32 | |
| | | | | 铬 | 5.679 | |
| | | | | 钼 | 843 100 | |
| | | | | 金 | 14 287 | |
| 7 | Ⅲ-7-7 | 索伦山 | 普查 | 铬 | 131.26 | 本区未开展1:5万区调工作，应先进行基础地质调查，查明本区基本地质情况；区内可进一步安排中大比例尺的地质、物探、化探进行普查工作 |
| | | | | 铜 | 113.7 | |
| 8 | Ⅲ-7-8 | 查干哈达 | 预查 | 铬 | 76.353 | 本区已开展查干哈达庙、西拉海音等幅的1:5万区调工作，应先在未开展1:5万区调地区展开基础地质调查工作，查明本区基本地质情况；安排中小比例尺的和基础的地质、物探、化探、遥感等工作，缩小找矿靶区 |
| | | | | 铜 | 1 614.3 | |

**续表 10-7**

| 序号 | 编号 | 名称 | 等级 | 矿种 | 预测资源量 | 勘查工作部署建议 |
|---|---|---|---|---|---|---|
| 9 | Ⅲ-7-9 | 阿路格龙 | 预查 | 铜 | 22.77 | 本区已开展乌兰布拉格、白音敖包等幅的1:5万区调工作,应先在未开展1:5万区调地区展开基础地质调查工作,查明本区基本地质情况;安排中小比例尺的和基础的地质、物探、化探、遥感等工作,缩小找矿靶区 |
| 10 | Ⅲ-7-10 | 宫忽洞 | 详查 | 铜 | 8 980.252 | 本区已开展达茂旗等幅的1:5万区调工作,应先在未开展1:5万区调地区展开基础地质调查工作,查明本区基本地质情况;安排大比例尺的地质、物探、化探等工作,必要时可采用槽探、浅井、钻探等手段,寻找隐伏的工业矿体 |
| 11 | Ⅲ-7-11 | 老生沟 | 预查 | 铜 | 447.369 | 本区未开展1:5万区调工作,应先进行基础地质调查,查明本区基本地质情况;安排中小比例尺的和基础的地质、物探、化探、遥感等工作,缩小找矿靶区 |
| 12 | Ⅲ-7-12 | 西里庙 | 普查 | 铁 | 15 915.69 | 本区已开展艾勒格庙、敖包吐、锡勒苏木、江岸二队、沙勒都布苏木等幅的1:5万区调工作,应先在未开展1:5万区调地区展开基础地质调查工作,查明本区基本地质情况;区内可进一步安排中大比例尺的地质、物探、化探工作进行普查 |
| | | | | 锰 | 62.642 | |
| | | | | 萤石 | 5 450.029 | |
| 13 | Ⅲ-7-13 | 敖仑敖包 | 预查 | 锰 | 6.877 | 本区未开展1:5万区调工作,应先进行基础地质调查地区展开基础地质调查工作,查明本区基本地质情况;安排中小比例尺的和基础的地质、物探、化探、遥感等工作,缩小找矿靶区 |
| 14 | Ⅲ-7-14 | 别鲁乌图 | 预查 | 铁 | 25 098.068 | 本区已开展胡尔嘎庙、阿达嘎、巴彦得力格大队等幅的1:5万区调工作,应先在未开展1:5万区调地区展开基础地质调查工作,查明本区基本地质情况;安排中小比例尺的和基础的地质、物探、化探、遥感等工作,缩小找矿靶区 |
| | | | | 铜 | 56 485.2 | |
| | | | | 钼 | 9 755.134 4 | |
| | | | | 金 | 76 528 | |
| | | | | 硫铁矿 | 2 207.891 42 | |
| 15 | Ⅲ-7-15 | 巴彦温多尔 | 预查 | 铁 | 35 018.186 | 本区已开展祖勒格图、昌吐锡力苏木、白音淖尔大队、白音宝力道苏木、红光大队、额尔德尼布拉格、必鲁图等幅的1:5万区调工作,应先在未开展1:5万区调地区展开基础地质调查工作,查明本区基本地质情况;安排中小比例尺的和基础的地质、物探、化探、遥感等工作,缩小找矿靶区 |
| | | | | 金 | 32 220.99 | |
| 16 | Ⅲ-7-16 | 比鲁甘干 | 普查 | 钼 | 249 759 | 本区未开展1:5万区调工作,应先进行基础地质调查,查明本区基本地质情况;区内可进一步安排中大比例尺的地质、物探、化探进行普查工作 |
| 17 | Ⅲ-7-17 | 朝克乌拉西 | 预查 | 铬 | 72.564 | 本区未开展1:5万区调工作,应先进行基础地质调查,查明本区基本地质情况;安排中小比例尺的和基础的地质、物探、化探、遥感等工作,缩小找矿靶区 |
| | | | | 镍 | 52 517 | |

注:表中资源量单位铁矿、硫铁矿、铜矿、锰矿、铬矿、萤石为“万 t”,金矿为“kg”,其他矿种为“t”。

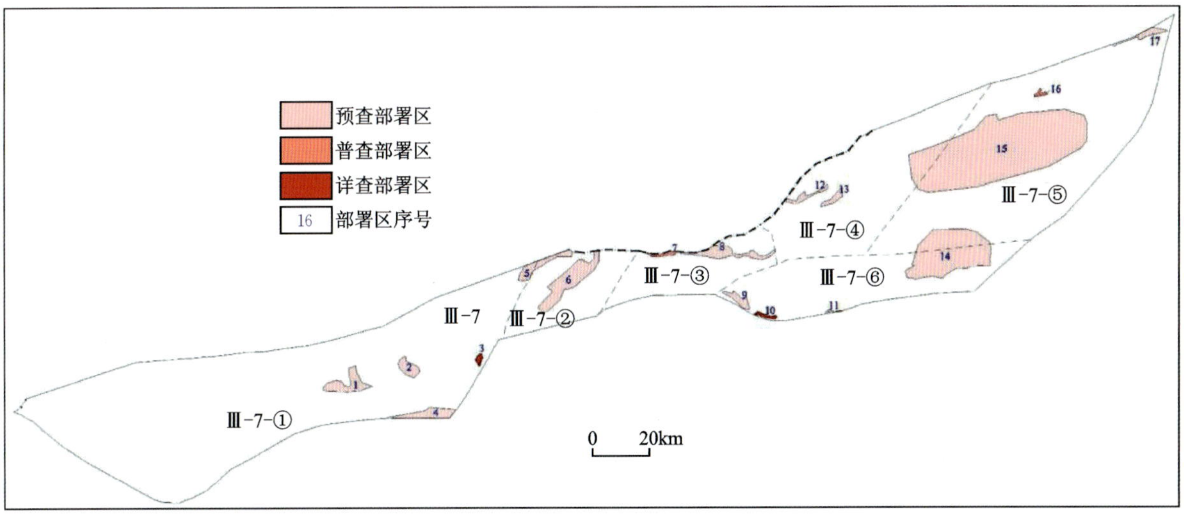


图 10-7 Ⅲ-7 成矿带勘查部署区分布图

## 第八节 突泉-翁牛特成矿带(Ⅲ-8)勘查部署

本成矿带矿产资源丰富，是铅、锌、铜、银、钼的主要成矿带，成矿潜力大，主要有 4 个矿产预测类型：热液型、斑岩型、岩浆型及接触交代型。

Ⅲ-8 成矿带拟设 29 个勘查部署区，面积均较大。其中黄岗梁、花敖包特、宝日洪绍日部署区，因为有多个成型矿山，工作程度较高，其余 26 个勘查部署区只能进行预查，各勘查区部署建议及工作安排详见表 10-8 和图 10-8。

表 10-8 Ⅲ-8 成矿带勘查工作部署建议一览表

| 序号 | 编号 | 名称 | 面积(km²) | 等级 | 矿种 | 预测资源量 | 勘查工作部署建议 |
|---|---|---|---|---|---|---|---|
| 1 | Ⅲ-8-1 | 神山 | 932.6 | 预查 | 铁 | 490.08 | 本区已开展哈拉改吐等幅的 1:5万区调工作，应先在未开展 1:5万区调地区开展基础地质调查工作，查明本区基本地质情况、浅井；建议开展重力、磁法及电法勘探工作；建议对 12 种元素进行调查；应用遥感推断解释地质构造，遥感羟基，铁染异常提取 |
| | | | | | 铬 | 0.853 | |
| 2 | Ⅲ-8-2 | 呼和哈达 | 2 402.6 | 预查 | 铬 | 2.13 | 本区未开展 1:5万区调工作，应先进行基础地质调查、钻探，对矿床外围及深部进行进一步勘探工作；建议开展高精度磁测及磁法勘探；建议对 12 种元素进行调查；应用遥感推断解释地质构造，遥感羟基、铁染异常提取 |
| | | | | | 铅 | 9 191.74 | |
| | | | | | 锌 | 9 191.74 | |
| | | | | | 钼 | 1745 | |
| | | | | | 铁 | 124.53 | |
| 3 | Ⅲ-8-3 | 青山屯北 | 218.3 | 预查 | 铬 | 0.04 | 本区未开展 1:5万区调工作，应先进行基础地质调查，建议开展重力、磁法及电法勘探工作；建议对 12 种元素进行调查；应用遥感推断解释地质构造，遥感羟基、铁染异常提取 |
| | | | | | 铁 | 22.98 | |

**续表 10-8**

| 序号 | 编号 | 名称 | 面积(km²) | 等级 | 矿种 | 预测资源量 | 勘查工作部署建议 |
|---|---|---|---|---|---|---|---|
| 4 | Ⅲ-8-4 | 乌兰吐 | 1 374.1 | 预查 | 铬 | 1.6 | 本区未开展1:5万区调工作,应先进行基础地质调查,以地表槽探、浅井及大量钻探工作为主;建议开展重力、磁法及电法勘探工作;建议对12种元素进行调查;应用遥感推断解释地质构造,遥感羟基、铁染异常提取 |
| | | | | | 萤石 | 16.97 | |
| 5 | Ⅲ-8-5 | 巴彦高嘎查南 | 1594 | 预查 | 银 | 2 398.2 | 本区未开展1:5万区调工作,应先进行基础地质调查,以地表槽探、浅井及少量钻探工作为主;建议采用重力勘探、磁法勘探、电法勘探等;建议开展Mo、Sb、W、Cu、Pb、Zn、Ag、As、Bi等元素的化探工作;应用遥感推断解释地质构造、遥感羟基、铁染异常提取 |
| | | | | | 铅 | 327 154.6 | |
| | | | | | 锌 | 535 691 | |
| | | | | | 钼 | 3 058.7 | |
| | | | | | 锡 | 126.33 | |
| 6 | Ⅲ-8-6 | 张旅窑 | 1 509.2 | 预查 | 铁 | 20.67 | 本区未开展1:5万区调工作,应先进行基础地质调查,以地表槽探、浅井及少量钻探工作为主;建议开展重力、磁法及电法勘探工作;建议对12种元素进行调查;应用遥感推断解释地质构造,遥感羟基、铁染异常提取 |
| | | | | | 锡 | 6 178.7 | |
| | | | | | 银 | 307.5 | |
| | | | | | 铅 | 41 981.5 | |
| | | | | | 锌 | 67 936.25 | |
| 7 | Ⅲ-8-7 | 三合屯 | 1 040.1 | 预查 | 铁 | 1 183.43 | 本区未开展1:5万区调工作,应先进行基础地质调查,以地表槽探、浅井及少量钻探工作为主;建议开展重力、磁法及电法勘探工作;建议对12种元素进行调查;应用遥感推断解释地质构造,遥感羟基、铁染异常提取 |
| | | | | | 钼 | 29 365.3 | |
| | | | | | 铜 | 22 841 | |
| | | | | | 铅 | 159 552.8 | |
| | | | | | 锌 | 269 566.2 | |
| | | | | | 银 | 1 030.9 | |
| 8 | Ⅲ-8-8 | 闹牛山 | 1 092.4 | | 铁 | 156.61 | 本区未开展1:5万区调工作,应先进行基础地质调查、钻探;建议开展高精度磁测及磁法勘探;建议对12种元素进行调查;应用遥感推断解释地质构造,遥感羟基、铁染异常提取 |
| | | | | | 铜 | 19 830 | |
| | | | | | 钼 | 42 661.6 | |
| 9 | Ⅲ-8-9 | 长春岭 | 1 155.4 | 预查 | 银 | 53.3 | 本区已开展前十家子等幅的1:5万区调工作,应先在未开展1:5万区调地区开展基础地质调查工作,查明本区基本地质情况、钻探;建议开展高精度磁测及磁法勘探;建议对12种元素进行调查;应用遥感推断解释地质构造,遥感羟基、铁染异常提取 |
| | | | | | 钼 | 953.2 | |
| | | | | | 铜 | 100 453 | |
| | | | | | 铅 | 28 156.5 | |
| | | | | | 锌 | 57 850.8 | |
| 10 | Ⅲ-8-10 | 柳条沟嘎查 | 427 | 预查 | 铁 | 814.95 | 本区未开展1:5万区调工作,应先进行基础地质调查、地表槽探、浅井及少量钻探;建议采用重力勘探、磁法勘探、电法勘探等;建议开展Mo、Sb、W、Cu、Pb、Zn、Ag、As、Bi等元素的化探工作;应用遥感推断解释地质构造,遥感羟基、铁染异常提取 |
| | | | | | 钼 | 6 351.7 | |

**续表 10-8**

| 序号 | 编号 | 名称 | 面积（$km^2$） | 等级 | 矿种 | 预测资源量 | 勘查工作部署建议 |
|---|---|---|---|---|---|---|---|
| 11 | Ⅲ-8-11 | 巴彦乌拉嘎 | 3 943.1 | 预查 | 银 | 4084 | 本区未开展 1∶5万区调工作，应先进行基础地质调查、钻探，对矿床外围及深部进行进一步勘探工作；建议开展高精度磁测及磁法勘探；建议对 12 种元素进行调查；应用遥感推断解释地质构造，遥感羟基、铁染异常提取 |
| | | | | | 铜 | 114 450 | |
| | | | | | 铅 | 4 721.55 | |
| | | | | | 锌 | 19 480.98 | |
| | | | | | 钼 | 30 516.8 | |
| | | | | | 锡 | 4 427.1 | |
| | | | | | 铁 | 151.39 | |
| 12 | Ⅲ-8-12 | 花敖包特 | 573.1 | 普查 | 铬 | 8.29 | 本区未开展 1∶5万区调工作，应先进行基础地质调查，以地表槽探、浅井及大量钻探工作为主；建议开展重力、磁法及电法勘探工作；建议对 12 种元素进行调查；应用遥感推断解释地质构造，遥感羟基、铁染异常提取 |
| | | | | | 银 | 6995 | |
| | | | | | 铅 | 573 912.7 | |
| | | | | | 锌 | 792 600 | |
| | | | | | 钼 | 1888 | |
| | | | | | 镍 | 15 404 | |
| 13 | Ⅲ-8-13 | 科尔沁右翼中旗 | 3 267.4 | 预查 | 银 | 541.1 | 本区未开展 1∶5万区调工作，应先进行基础地质调查，以地表槽探、浅井及少量钻探工作为主；建议开展重力、磁法及电法勘探工作；建议对 12 种元素进行调查；应用遥感推断解释地质构造，遥感羟基、铁染异常提取 |
| | | | | | 铜 | 117 646 | |
| | | | | | 铅 | 64 701.19 | |
| | | | | | 锌 | 116 974.4 | |
| | | | | | 钼 | 6 545.9 | |
| | | | | | 锡 | 206.4 | |
| | | | | | 铁 | 3.24 | |
| | | | | | 硫铁 | 50.4 | |
| 14 | Ⅲ-8-14 | 罕山林场 | 331.7 | 预查 | 钼 | 5152 | 本区未开展 1∶5万区调工作，应先进行基础地质调查、地表槽探、浅井及少量钻探，建议采用重力勘探、磁法勘探、电法勘探等；建议开展 Mo、Sb、W、Cu、Pb、Zn、Ag、As、Bi 等元素的化探工作；应用遥感推断解释地质构造，遥感羟基、铁染异常提取 |
| 15 | Ⅲ-8-15 | 芒和图 | 1 901.9 | 预查 | 银 | 493 | 本区未开展 1∶5万区调工作，应先进行基础地质调查，以地表槽探、浅井及少量钻探工作为主；建议开展重力、磁法及电法勘探工作；建议对 12 种元素进行调查；应用遥感推断解释地质构造，遥感羟基、铁染异常提取 |
| | | | | | 铅 | 65 114.29 | |
| | | | | | 铜 | 88 434.8 | |
| | | | | | 锌 | 18 391.52 | |
| | | | | | 锡 | 126.3 | |
| | | | | | 钼 | 14 949.8 | |
| | | | | | 萤石 | 4.86 | |
| | | | | | 铁 | 545.46 | |

**续表 10-8**

| 序号 | 编号 | 名称 | 面积（km²） | 等级 | 矿种 | 预测资源量 | 勘查工作部署建议 |
|---|---|---|---|---|---|---|---|
| 16 | Ⅲ-8-16 | 罕山村 | 845.9 | 预查 | 铜 | 41 087 | 本区未开展1∶5万区调工作，应先进行基础地质调查，以地表槽探、浅井及少量钻探工作为主；建议开展重力、磁法及电法勘探工作；建议对12种元素进行调查；应用遥感推断解释地质构造，遥感羟基、铁染异常提取 |
| | | | | | 铅 | 1 815.33 | |
| | | | | | 锌 | 4 035.67 | |
| | | | | | 钼 | 1 169.6 | |
| | | | | | 萤石 | 7.11 | |
| 17 | Ⅲ-8-17 | 太本苏木 | 1 992.7 | 预查 | 银 | 724.6 | 本区已开展太本庙林场、常新队等幅的1∶5万区调工作，应先在未开展1∶5万区调地区开展基础地质调查工作，查明本区基本地质情况；以地表槽探、浅井及少量钻探工作为主；建议开展重力、磁法及电法勘探工作；建议对12种元素进行调查；应用遥感推断解释地质构造，遥感羟基、铁染异常提取 |
| | | | | | 铜 | 68 595.7 | |
| | | | | | 铅 | 71 572 | |
| | | | | | 锌 | 98 838 | |
| | | | | | 钼 | 27 970 | |
| | | | | | 铬 | 7.71 | |
| | | | | | 镍 | 20 637 | |
| 18 | Ⅲ-8-18 | 宝日洪绍日 | 8 375.2 | 普查 | 银 | 3 223.5 | 本区已开展白音温都公社、哈布其拉、小井子、东洼子、北杨家营子、乌吉尔、五香营子、嘎登花、乌兰白旗、白音乌拉、床金庙等幅的1∶5万区调工作，应先在未开展1∶5万区调地区开展基础地质调查工作，查明本区基本地质情况，以地表槽探、浅井及大量钻探工作为主；建议开展重力、磁法及电法勘探工作；建议对12种元素进行调查；应用遥感推断解释地质构造，遥感羟基、铁染异常提取 |
| | | | | | 铜 | 194 864.3 | |
| | | | | | 铅 | 756 309.4 | |
| | | | | | 锌 | 211 141.4 | |
| | | | | | 钼 | 44 740 | |
| | | | | | 锡 | 429 724.2 | |
| | | | | | 铁 | 5 911.14 | |
| | | | | | 萤石 | 7.38 | |
| 19 | Ⅲ-8-19 | 白音胡硕 | 1 355.8 | 预查 | 银 | 20.3 | 本区未开展1∶5万区调工作，应先进行基础地质调查、详查；开展地面高精度磁测、磁法勘探；进行Cu、Zn、As、Pb、Sn、Ag、Au、Co、Cr、Fe、Mn、Ni、Ti、V等元素采样分析；遥感解译地质构造 |
| | | | | | 铜 | 35 433 | |
| | | | | | 铅 | 2003 | |
| | | | | | 锌 | 2765 | |
| | | | | | 镍 | 69 319 | |
| | | | | | 铬 | 37.65 | |
| 20 | Ⅲ-8-20 | 查干诺尔羊铺 | 753.7 | 预查 | 铜 | 9840 | 本区未开展1∶5万区调工作，应先进行基础地质调查，以地表槽探、浅井及大量钻探工作为主；建议开展重力、磁法及电法勘探工作；建议对12种元素进行调查；应用遥感推断解释地质构造，遥感羟基、铁染异常提取 |
| | | | | | 铅 | 15 838.7 | |
| | | | | | 锌 | 35 210.69 | |
| | | | | | 钼 | 2 183.8 | |
| | | | | | 萤石 | 2.08 | |
| | | | | | 硫铁 | 218.72 | |

续表 10-8

| 序号 | 编号 | 名称 | 面积（$km^2$） | 等级 | 矿种 | 预测资源量 | 勘查工作部署建议 |
|---|---|---|---|---|---|---|---|
| 21 | Ⅲ-8-21 | 潘家段 | 1 167.1 | 预查 | 银 | 117.5 | 本区已开展平安地等幅的1:5万区调工作，应先在未开展1:5万区调地区开展基础地质调查工作，查明本区基本地质情况；以地表槽探、浅井及大量钻探工作为主；建议开展重力、磁法及电法勘探工作；建议对12种元素进行调查；应用遥感推断解释地质构造，遥感羟基、铁染异常提取 |
| | | | | | 铅 | 11 610 | |
| | | | | | 锌 | 16 034 | |
| | | | | | 钼 | 611 | |
| | | | | | 硫铁 | 278.46 | |
| 22 | Ⅲ-8-22 | 后卜河 | 2883 | 预查 | 银 | 1 706.1 | 本区已开展烧锅、上官地、海苏坝、巴彦琥硕、大西沟、幸福之路等幅的1:5万区调工作，应先在未开展1:5万区调地区开展基础地质调查工作，查明本区基本地质情况；钻探可以对矿床外围及深部进行进一步的勘探工作；建议开展高精度磁测及磁法勘探；建议对12种元素进行调查；应用遥感推断解释地质构造，遥感羟基、铁染异常提取 |
| | | | | | 铜 | 91 942.6 | |
| | | | | | 铅 | 287 676.5 | |
| | | | | | 锌 | 15 038.56 | |
| | | | | | 钼 | 2698 | |
| | | | | | 锡 | 7420 | |
| | | | | | 铁 | 630.97 | |
| | | | | | 萤石 | 5.74 | |
| 23 | Ⅲ-8-23 | 希热努塔嘎 | 2 391.5 | 预查 | 银 | 149.9 | 本区未开展1:5万区调工作，应先进行基础地质调查、钻探，对矿床外围及深部进行进一步勘探工作；建议开展高精度磁测及磁法勘探；建议对12种元素进行调查；应用遥感推断解释地质构造，遥感羟基、铁染异常提取 |
| | | | | | 铜 | 24 352.7 | |
| | | | | | 铅 | 14 815 | |
| | | | | | 锌 | 20 459 | |
| | | | | | 钼 | 3235 | |
| | | | | | 锡 | 15 106.4 | |
| | | | | | 铬 | 9.22 | |
| 24 | Ⅲ-8-24 | 太平沟 | 3 136.1 | 预查 | 银 | 60.8 | 本区已开展衙门庙、隆昌镇、巴林左旗、野猪沟、沙尔塔拉牧场等幅的1:5万区调工作，应先在未开展1:5万区调地区开展基础地质调查工作，查明本区基本地质情况，以地表槽探、浅井及大量钻探工作为主；建议开展重力、磁法及电法勘探工作；建议对12种元素进行调查；应用遥感推断解释地质构造，遥感羟基、铁染异常提取 |
| | | | | | 铜 | 14 085.1 | |
| | | | | | 铅 | 20 190.5 | |
| | | | | | 锌 | 50 855.58 | |
| | | | | | 锡 | 131 202.2 | |
| | | | | | 铁 | 2 559.4 | |
| | | | | | 萤石 | 18.81 | |
| | | | | | 硫铁 | 329.67 | |

**续表 10-8**

| 序号 | 编号 | 名称 | 面积($km^2$) | 等级 | 矿种 | 预测资源量 | 勘查工作部署建议 |
|---|---|---|---|---|---|---|---|
| 25 | Ⅲ-8-25 | 黄岗梁 | 16 740.9 | 普查 | 金 | 703 | 本区已开展窟窿山、毡铺、上官地、平顶庙、任家营子、下场、新民屯、林西、赵家湾、二八地、大营子、克什克、黄岗梁林场、同兴、二零四、二道营子、白音敖包林场、五星台牧场等幅的1∶5万区调工作,应先在未开展1∶5万区调地区开展基础地质调查工作,查明本区基本地质情况;建议开展重力、磁法及电法勘探工作;建议对12种元素进行调查;应用遥感推断解释地质构造,遥感羟基、铁染异常提取 |
| | | | | | 银 | 21 931.2 | |
| | | | | | 铜 | 300 366.2 | |
| | | | | | 铅 | 485 579.5 | |
| | | | | | 锌 | 4 772 069.85 | |
| | | | | | 钼 | 78 484 | |
| | | | | | 锡 | 135 271.5 | |
| | | | | | 铁 | 19 850.66 | |
| | | | | | 硫铁 | 211.61 | |
| | | | | | 萤石 | 155.12 | |
| 26 | Ⅲ-8-26 | 柯丹山 | 5 960.8 | | 银 | 914 | 本区已开展姜营子、万合永等幅的1∶5万区调工作,应先在未开展1∶5万区调地区开展基础地质调查工作,查明本区基本地质情况、钻探,对矿床外围及深部进行进一步勘探工作;建议开展高精度磁测及磁法勘探;建议对12种元素进行调查;应用遥感推断解释地质构造,遥感羟基、铁染异常提取 |
| | | | | | 铜 | 6245 | |
| | | | | | 铅 | 354 666.8 | |
| | | | | | 锌 | 493 192.3 | |
| | | | | | 钼 | 202 464.9 | |
| | | | | | 铬 | 68.13 | |
| 27 | Ⅲ-8-27 | 鸡冠山 | 5 607.8 | 预查 | 金 | 3083 | 本区已开展李家营子、大木头沟、水地等幅的1∶5万区调工作,应先在未开展1∶5万区调地区开展基础地质调查工作,查明本区基本地质情况,以地表槽探、浅井及少量钻探为主;建议采用重力勘探、磁法勘探、电法勘探等;建议开展Mo、Sb、W、Cu、Pb、Zn、Ag、As、Bi等元素的化探工作;应用遥感推断解释地质构造,遥感羟基、铁染异常提取 |
| | | | | | 银 | 527 | |
| | | | | | 铜 | 5 511.6 | |
| | | | | | 铅 | 786 106.4 | |
| | | | | | 锌 | 1 351 727.6 | |
| | | | | | 钼 | 137 913 | |
| 28 | Ⅲ-8-28 | 正镶白旗 | 7538 | 预查 | 金 | 4120 | 本区未开展1∶5万区调工作,应先进行基础地质调查,查明本区基本地质情况、钻探;建议采用高精度磁测、磁法勘探等;建议开展As、Sb、W、Cu、Pb、Zn、Ag、Mo、Bi等元素的化探工作;应用遥感推断解释地质构造,遥感羟基、铁染异常提取 |
| | | | | | 铁 | 3 858.37 | |
| 29 | Ⅲ-8-29 | 毫义哈达 | 3 808.3 | 预查 | 金 | 9513 | 本区未开展1∶5万区调工作,应先进行基础地质调查,查明本区基本地质情况、地表槽探、浅井及少量钻探;建议采用高精度磁测、磁法勘探等;建议开展As、Sb、W、Cu、Pb、Zn、Ag、Mo、Bi等元素的化探工作;应用遥感推断解释地质构造,遥感羟基、铁染异常提取 |
| | | | | | 钨 | 88 191 | |
| | | | | | 萤石 | 14.84 | |

注:表中资源量单位铁矿、硫铁矿、铬矿、萤石为"万t",金矿为"kg",其他矿种为"t"。

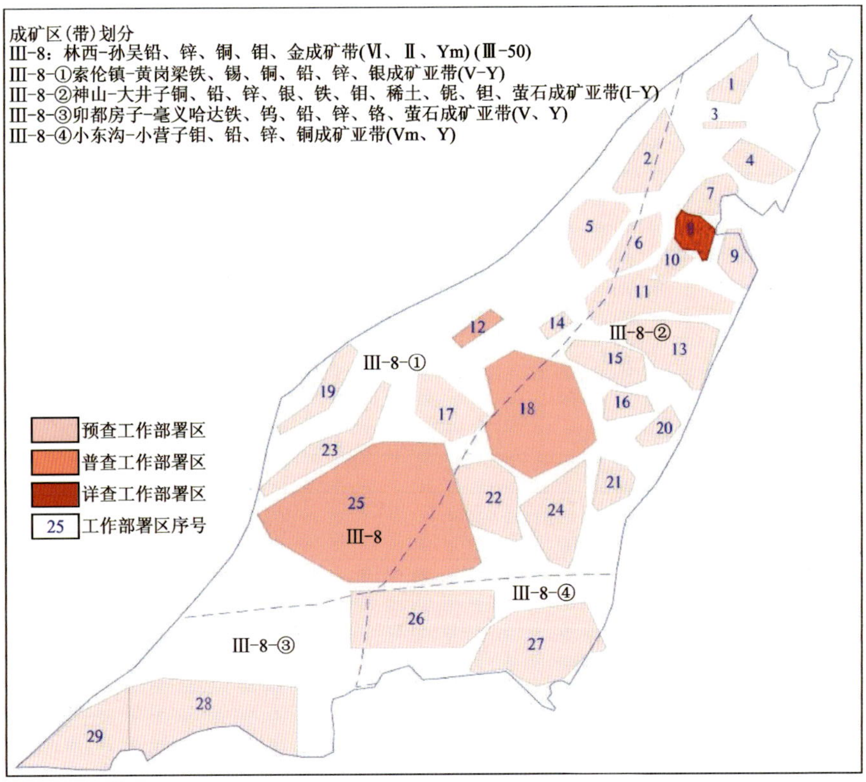


图 10-8　Ⅲ-8 成矿带勘查部署区分布图

# 第九节　松辽盆地成矿区(Ⅲ-9)勘查部署

本成矿区已知 21 处矿产地，其中铁、铜、钨矿是本区优势矿种。主要有 5 种矿产成因类型：热液型、矽卡岩型(接触交代型)、花岗岩型、斑岩型及沉积变质型。

Ⅲ-9 成矿区拟设 4 个勘查部署区，其中大麦地勘查部署区已有大麦地钨矿等成型矿山，工作程度较高，其余 3 个勘查部署区工作程度较低。勘查区建议及工作安排详见表 10-9 和图 10-9。

**表 10-9　Ⅲ-9 成矿区工作部署建议一览表**

| 序号 | 编号 | 名称 | 面积(km²) | 等级 | 矿种 | 预测资源量 | 勘查区勘查部署建议 |
|---|---|---|---|---|---|---|---|
| 1 | Ⅲ-9-1 | 榉山子 | 718.62 | 预查 | 金 | 3 062.00 | 区未开展过 1∶5万区调工作，应先开展基础地质调查工作，查明区内地质情况；进一步系统地安排中小比例尺的和基础的地质、物探、化探、遥感等工作 |
| | | | | | 钼 | 91 917.36 | |
| | | | | | 银 | 1.50 | |
| | | | | | 铅 | 629 432.81 | |
| | | | | | 铜 | 6 501.99 | |
| 2 | Ⅲ-9-2 | 七家 | 2 224.64 | 预查 | 钼 | 34 760.20 | 区未开展过 1∶5万区调工作，应先开展基础地质调查工作，查明区内地质情况；进一步系统地安排中小比例尺的和基础的地质、物探、化探、遥感等工作 |
| | | | | | 铅 | 183 677.11 | |
| | | | | | 锌 | 298 019.33 | |
| | | | | | 银 | 17.90 | |
| | | | | | 金 | 7 317.00 | |
| | | | | | 萤石 | 73.643 | |
| | | | | | 铁 | 88.170 | |
| | | | | | 铜 | 224.06 | |

**续表 10-9**

| 序号 | 编号 | 名称 | 面积(km²) | 等级 | 矿种 | 预测资源量 | 勘查区勘查部署建议 |
|---|---|---|---|---|---|---|---|
| 3 | Ⅲ-9-3 | 青龙山镇 | 344.42 | 预查 | 铁 | 211.90 | 区未开展过 1:5万区调工作,应先开展基础地质调查工作,查明区内地质情况;进一步系统地安排中小比例尺的和基础的地质、物探、化探、遥感等工作 |
| | | | | | 铜 | 403.49 | |
| | | | | | 钨 | 1 027.11 | |
| | | | | | 铅 | 71 121.08 | |
| | | | | | 锌 | 104 912.39 | |
| | | | | | 银 | 1.33 | |
| 4 | Ⅲ-9-4 | 大麦地 | 616.23 | 普查 | 钨 | 9 068.41 | 区已开展过青龙山公社、卧力吐、西大营子等福的 1:5万区调工作;外围可进一步安排中大比例尺的地质、物化探进行普查工作,必要时可采用槽探、浅井、钻探等手段,寻找隐伏的工业矿体 |
| | | | | | 铅 | 131 876.17 | |
| | | | | | 锌 | 246 858.52 | |
| | | | | | 银 | 23.51 | |
| | | | | | 铁 | 92.270 | |

注:表中资源量单位铁矿、萤石为"万 t",金矿为"kg",其他矿种为"t"。

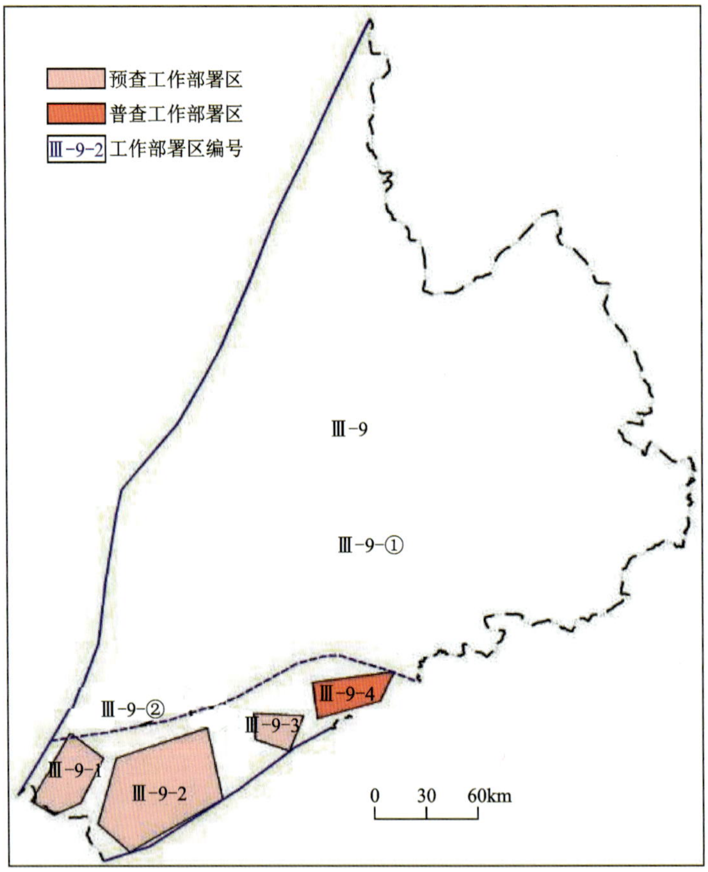


图 10-9　Ⅲ-9 成矿区勘查部署区分布图

## 第十节　华北陆块北缘东段成矿带(Ⅲ-10)勘查部署

本成矿带涉及矿种主要有铁(锡)矿、钼矿、铅锌矿、铜矿、金银矿及萤石矿,成矿潜力较好,共 111 个矿产地,优势矿种为金矿及铜矿。

成矿带内矿产类型有沉积变质型铁矿、斑岩型铜铅矿床、热液型矿床,中生代岩浆岩型铁矿床、绿岩型金矿床。针对本成矿带区域地质成矿特征，成矿带为拟设 6 个勘查部署区，面积均较大。各勘查区部署建议及工作安排详见表 10-10 和图 10-10。

**表 10-10　Ⅲ-10 成矿带勘查部署区(按成矿系列)预测资源量统计表**

| 序号 | 编号 | 名称 | 面积（km²） | 等级 | 矿种 | 预测资源量 | 工作部署建议 |
|---|---|---|---|---|---|---|---|
| 1 | Ⅲ-10-1 | 红花沟镇 | 3 034.91 | 普查 | 银 | 14.2 | 本区未开展 1∶5万区调工作，应先进行基础地质调查；外围可进一步安排中大比例尺的地质、物探、化探进行普查工作，必要时可采用槽探、浅井、钻探等手段，寻找隐伏的工业矿体 |
| | | | | | 钼 | 31 564.2 | |
| | | | | | 铜 | 271 171.4 | |
| | | | | | 铁 | 2 280.68 | |
| 2 | Ⅲ-10-2 | 金厂沟梁 | 1 349.61 | 普查 | 银 | 9.4 | 本区未开展 1∶5万区调工作，应先进行基础地质调查；外围可进一步安排中大比例尺的地质、物探、化探进行普查工作，必要时可采用槽探、浅井、钻探等手段，寻找隐伏的工业矿体 |
| | | | | | 铅 | 31 075.7 | |
| | | | | | 锌 | 44 393.8 | |
| | | | | | 铁 | 2 211.55 | |
| | | | | | 萤石 | 4.25 | |
| 3 | Ⅲ-10-3 | 鸡冠山 | 3 088.84 | 预查 | 金 | 593.4 | 本区已开展三眼井、太平地、五家、十家子、喀喇沁旗、小牛群、大城子、罗家营子、上瓦房等幅的 1∶5万区调工作，应先在未开展 1∶5万区调地区开展基础地质调查工作，查明本区基本地质情况；系统地安排中小比例尺的和基础的地质、物探、化探、遥感等工作，缩小找矿靶区 |
| | | | | | 银 | 12.54 | |
| | | | | | 钼 | 177.8 | |
| | | | | | 萤石 | 129.51 | |
| 4 | Ⅲ-10-4 | 千斤沟 | 3 849.24 | 预查 | 锡 | 5 262.9 | 本区已开展大陶尔其、白家营子、泡子沿、姜家营等幅的 1∶5万区调工作，应先在未开展 1∶5万区调地区开展基础地质调查工作，查明本区基本地质情况；系统地安排中小比例尺的和基础的地质、物探、化探、遥感等工作，缩小找矿靶区 |
| | | | | | 铁 | 569.58 | |
| | | | | | 萤石 | 30.47 | |
| 5 | Ⅲ-10-5 | 宁城县 | 2 501.71 | 预查 | 金 | 30 771.7 | 本区已开展大营子、头道营子、八里罕、三座店等幅的 1∶5万区调工作，应先在未开展 1∶5万区调地区开展基础地质调查工作，查明本区基本地质情况；系统地安排中小比例尺的和基础的地质、物探、化探、遥感等工作，缩小找矿靶区 |
| | | | | | 银 | 4.4 | |
| | | | | | 铁 | 1 209.73 | |
| | | | | | 萤石 | 7.36 | |
| 6 | Ⅲ-10-6 | 魏家沟 | 220.19 | 预查 | 铁 | 228.41 | 本区未开展 1∶5万区调工作，应先进行基础地质调查，查明本区基本地质情况；系统地安排中小比例尺的和基础的地质、物探、化探、遥感等工作，缩小找矿靶区 |

注：表中资源量单位铁矿、萤石为“万 t”，金矿为“kg”，其他矿种为“t”。

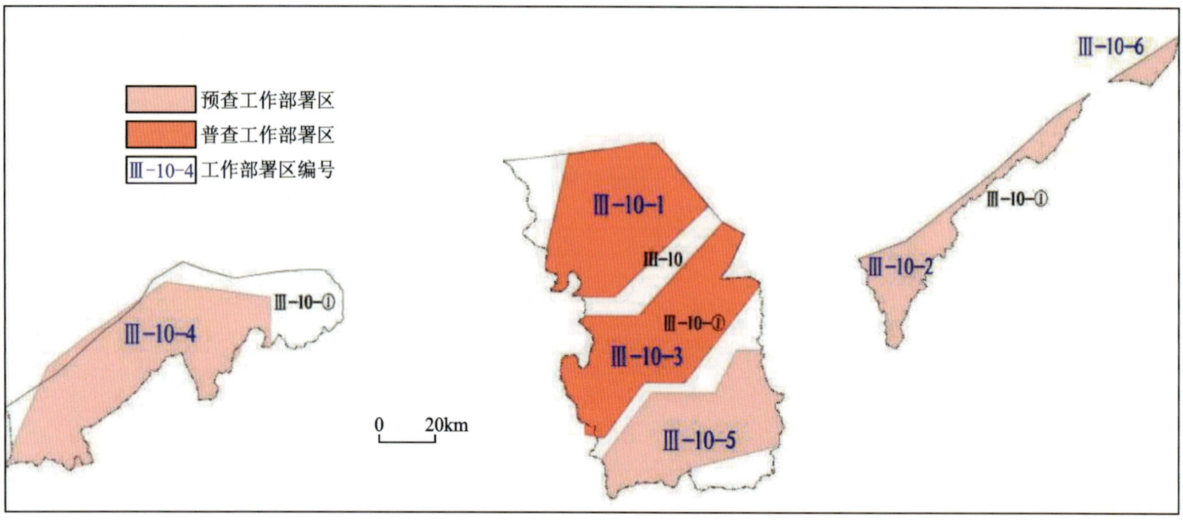


图 10-10　Ⅲ-10 成矿带勘查部署区分布图

## 第十一节　华北陆块北缘成矿带(Ⅲ-11)勘查部署

成矿带内已发现的金属矿产有铬、铁、金、银、铜、钼、镍、铅锌、钨、锡以及稀土等；非金属矿有萤石、硫铁矿等，共 322 处矿产地，优势矿种有铁、锰、铜、铅锌、钼、金、稀土、磷、硫铁矿等。矿产成因类型有沉积变质型铁矿床、热液型金矿、矽卡岩型铁铜硫铁矿、火山喷流-沉积型稀土矿等。

本成矿带工作程度比较高，拟设 38 个勘查部署区。其中 16 个为预查区，16 个普查区，6 个详查区，各勘查区部署建议及工作安排详见表 10-11 和表 11-11。

**表 10-11　Ⅲ-11 成矿带工作部署建议一览表**

| 序号 | 编号 | 名称 | 面积($km^2$) | 等级 | 矿种 | 预测资源量 | 勘查部署建议 |
|---|---|---|---|---|---|---|---|
| 1 | Ⅲ-11-1 | 毛呼都格 | 640.28 | 预查 | 铁 | 1 280.027 | 本区未开展 1:5万区调工作，应先进行基础地质调查，查明本区基本地质情况；安排中小比例尺的和基础的地质、物探、化探、遥感等工作，缩小找矿靶区 |
| | | | | | 金 | 45 761.6 | |
| | | | | | 磷 | 20 118.8 | |
| 2 | Ⅲ-11-2 | 白彦花 | 282.11 | 预查 | 金 | 9 306.77 | 本区已开展白云鄂博、达扎尔、阿尔呼都格庙、满都拉苏木等幅的 1:5万区调工作，应先在未开展 1:5万区调地区开展基础地质调查工作，查明本区基本地质情况；安排中小比例尺的和基础的地质、物探、化探、遥感等工作，缩小找矿靶区 |
| | | | | | 磷 | 31 251.1 | |
| | | | | | 稀土 | 25 748.059 | |
| | | | | | 铁 | 51 216.73 | |
| | | | | | 铜 | 130.5 | |
| 3 | Ⅲ-11-3 | 查汉浩饶图西南 | 103.85 | 普查 | 金 | 3 888.1 | 本区已开展上河沙图等幅的 1:5万区调工作，应先在未开展 1:5万区调地区开展基础地质调查工作，查明本区基本地质情况；区内可进一步安排中大比例尺的地质、物探、化探进行普查工作 |
| | | | | | 磷 | 46 785.5 | |
| | | | | | 铁 | 26 840.36 | |

续表 10-11

| 序号 | 编号 | 名称 | 面积（$km^2$） | 等级 | 矿种 | 预测资源量 | 勘查部署建议 |
|---|---|---|---|---|---|---|---|
| 4 | Ⅲ-11-4 | 黄花滩北 | 206.66 | 预查 | 铁 | 4 501.624 | 本区未开展1:5万区调工作，应先进行基础地质调查，查明本区基本地质情况；安排中小比例尺的和基础的地质、物探、化探、遥感等工作，缩小找矿靶区 |
| 5 | Ⅲ-11-5 | 小南山 | 199.33 | 普查 | 镍 | 29 437.3 | 本区未开展1:5万区调工作，应先进行基础地质调查，查明本区基本地质情况；安排中小比例尺的和基础的地质、物探、化探、遥感等工作，缩小找矿靶区 |
| | | | | | 铜 | 9 047.6 | |
| 6 | Ⅲ-11-6 | 白石头洼 | 84.84 | 详查 | 钨 | 23 334.2 | 本区未开展1:5万区调工作，应先进行基础地质调查，查明本区基本地质情况；安排大比例尺的地质、物探、化探等工作，必要时可采用槽探、浅井、钻探等手段，寻找隐伏的工业矿体 |
| 7 | Ⅲ-11-7 | 双盛美乡 | 2 654.52 | 普查 | 金 | 93 658.7 | 本区已开展城圐圙、哈尼河、大巴音查汗、格尔楚鲁等幅的1:5万区调工作，应先在未开展1:5万区调地区开展基础地质调查工作，查明本区基本地质情况；区内可进一步安排中大比例尺的地质、物探、化探进行普查工作 |
| | | | | | 磷 | 401 080 | |
| | | | | | 铁 | 7 833.23 | |
| | | | | | 镍 | 6 528.4 | |
| | | | | | 铜 | 6 101.7 | |
| 8 | Ⅲ-11-8 | 红格塔拉种羊场 | 142.76 | 普查 | 铁 | 532.68 | 未开展1:5万区调工作，应先进行基础地质调查，查明本区基本地质情况；区内可进一步安排中大比例尺的地质、物探、化探进行普查工作 |
| 9 | Ⅲ-11-9 | 乌珠尔嘎查 | 344.63 | 预查 | 硫铁 | 529.82 | 未开展1:5万区调工作，应先进行基础地质调查，查明本区基本地质情况；安排中小比例尺的和基础的地质、物探、化探、遥感等工作，缩小找矿靶区 |
| | | | | | 铅 | 15 857 | |
| | | | | | 锌 | 92 823 | |
| | | | | | 镍 | 8 774.5 | |
| | | | | | 铜 | 6 623.77 | |
| 10 | Ⅲ-11-10 | 哈日温都尔 | 328.88 | 普查 | 铁 | 4 155.51 | 已开展大巴音查汗、格尔楚鲁等幅的1:5万区调工作，应先在未开展1:5万区调地区开展基础地质调查工作，查明本区基本地质情况；区内可进一步安排中大比例尺的地质、物探、化探进行普查工作 |
| | | | | | 金 | 4 435.38 | |
| 11 | Ⅲ-11-11 | 乌兰忽洞 | 669.02 | 预查 | 硫铁 | 220.617 | 未开展1:5万区调工作，应先进行基础地质调查，查明本区基本地质情况；安排中小比例尺的和基础的地质、物探、化探、遥感等工作，缩小找矿靶区 |
| | | | | | 铅 | 25 582 | |
| | | | | | 锌 | 149 753 | |
| | | | | | 铁 | 147.232 | |
| 12 | Ⅲ-11-12 | 三合明 | 911.01 | 预查 | 铁 | 9 462.244 | 已开展双玉成、召河庙等幅的1:5万区调工作，应先在未开展1:5万区调地区开展基础地质调查工作，查明本区基本地质情况；安排中小比例尺的和基础的地质、物探、化探、遥感等工作，缩小找矿靶区 |

**续表 10-11**

| 序号 | 编号 | 名称 | 面积($km^2$) | 等级 | 矿种 | 预测资源量 | 勘查部署建议 |
|---|---|---|---|---|---|---|---|
| 13 | Ⅲ-11-13 | 新地沟 | 721.55 | 预查 | 铁 | 5 349.371 | 已开展金盆、大同营等幅的1∶5万区调工作，应先在未开展1∶5万区调地区开展基础地质调查工作，查明本区基本地质情况；安排中小比例尺的和基础的地质、物探、化探、遥感等工作，缩小找矿靶区 |
| | | | | | 金 | 4 864.16 | |
| 14 | Ⅲ-11-14 | 李清地 | 1 841.9 | 普查 | 金 | 3772 | 未开展1∶5万区调工作，应先进行基础地质调查，查明本区基本地质情况；区内可进一步安排中大比例尺的地质、物探、化探进行普查工作 |
| | | | | | 磷 | 29.2 | |
| | | | | | 稀土 | 104.37 | |
| | | | | | 铅 | 45 407 | |
| | | | | | 银 | 10 633.28 | |
| | | | | | 铁 | 241.169 | |
| 15 | Ⅲ-11-15 | 布拉格西南 | 525.08 | 详查 | 硫铁 | 8 174.81 | 已开展帮帮乃别力切尔等幅的1∶5万区调工作，应先在未开展1∶5万区调地区开展基础地质调查工作，查明本区基本地质情况；安排大比例尺的地质、物化探等工作，必要时可采用槽探、浅井、钻探等手段，寻找隐伏的工业矿体 |
| | | | | | 铁 | 20 456.0 | |
| | | | | | 铜 | 2 128 577.75 | |
| | | | | | 银 | 72 971.1 | |
| | | | | | 锌 | 982 666 | |
| | | | | | 铅 | 750 278 | |
| 16 | Ⅲ-11-16 | 东升庙 | 588.72 | 详查 | 硫铁 | 29 296.175 | 本区已开展乌盖公社、永丰四队、东升庙等幅的1∶5万区调工作，应先在未开展1∶5万区调地区开展基础地质调查工作，查明本区基本地质情况；安排大比例尺的地质、物探、化探等工作，必要时可采用槽探、浅井、钻探等手段，寻找隐伏的工业矿体 |
| | | | | | 铅 | 616 099 | |
| | | | | | 锌 | 4 135 756 | |
| | | | | | 镍 | 7 117.20 | |
| | | | | | 铁 | 892.097 | |
| | | | | | 铜 | 471 562.57 | |
| | | | | | 磷 | 5 169.50 | |
| | | | | | 银 | 134.86 | |
| 17 | Ⅲ-11-17 | 哈尔套勒盖 | 90.22 | 预查 | 硫铁 | 845.671 | 本区已开展哈尔额尔给、新建营等幅的1∶5万区调工作，应先在未开展1∶5万区调地区开展基础地质调查工作，查明本区基本地质情况；安排中小比例尺的和基础的地质、物探、化探、遥感等工作，缩小找矿靶区 |
| | | | | | 铅 | 25 310 | |
| | | | | | 锌 | 148 162 | |
| 18 | Ⅲ-11-18 | 乌兰呼都格 | 134.25 | 普查 | 银 | 22.95 | 本区已开展份子地、呼勒斯太沟等幅的1∶5万区调工作，应先在未开展1∶5万区调地区开展基础地质调查工作，查明本区基本地质情况；区内可进一步安排中大比例尺的地质、物探、化探进行普查工作 |
| | | | | | 铜 | 80 230.5 | |
| | | | | | 硫铁 | 10 660.829 | |
| | | | | | 铅 | 257 665 | |
| | | | | | 锌 | 1 508 344 | |
| 19 | Ⅲ-11-19 | 巴音乌兰 | 303.56 | 预查 | 铜 | 118 806.66 | 本区未开展1∶5万区调工作，应先进行基础地质调查，查明本区基本地质情况；安排中小比例尺的和基础的地质、物探、化探、遥感等工作，缩小找矿靶区 |
| | | | | | 硫铁 | 9 187.760 | |
| | | | | | 铅 | 211 101 | |
| | | | | | 锌 | 1 235 765 | |
| | | | | | 银 | 33.98 | |

续表 10-11

| 序号 | 编号 | 名称 | 面积（$km^2$） | 等级 | 矿种 | 预测资源量 | 勘查部署建议 |
|---|---|---|---|---|---|---|---|
| 20 | Ⅲ-11-20 | 台路沟 | 316.9 | 普查 | 硫铁 | 383.759 | 本区已开展德岭山、罔图补隆等幅的1:5万区调工作，应先在未开展1:5万区调地区开展基础地质调查工作，查明本区基本地质情况；区内可进一步安排中大比例尺的地质、物探、化探进行普查工作 |
| | | | | | 铅 | 44 496 | |
| | | | | | 锌 | 260 477 | |
| | | | | | 银 | 21.99 | |
| | | | | | 铜 | 76 883.31 | |
| 21 | Ⅲ-11-21 | 伊和敖包村 | 1 208.18 | 详查 | 硫铁 | 13 751.334 | 本区已开展西圪堵、二十四分子、王如地、店梁、小佘太等幅的1:5万区调工作地区开展基础地质调查工作，应先在未开展1:5万区调地区开展基础地质调查工作，查明本区基本地质情况；安排大比例尺的地质、物探、化探等工作，必要时可采用槽探、浅井、钻探等手段，寻找隐伏的工业矿体 |
| | | | | | 铅 | 567 484 | |
| | | | | | 锌 | 3 863 471 | |
| | | | | | 铁 | 7 565.034 | |
| | | | | | 铜 | 364 726.85 | |
| | | | | | 银 | 4 566.0 | |
| 22 | Ⅲ-11-22 | 头分子村东 | 752.47 | 普查 | 金 | 183 | 本区已开展台梁、店梁等幅的1:5万区调工作，应先在未开展1:5万区调地区开展基础地质调查工作，查明本区基本地质情况；区内可进一步安排中大比例尺的地质、物探、化探进行普查工作 |
| | | | | | 硫铁 | 961.282 | |
| | | | | | 铅 | 49 365 | |
| | | | | | 锌 | 288 981 | |
| | | | | | 铁 | 3 799.611 | |
| 23 | Ⅲ-11-23 | 十八顷壕南 | 384.46 | 普查 | 金 | 44 086 | 本区已开展明安、小佘太、毛家圪堵等幅的1:5万区调工作，应先在未开展1:5万区调地区开展基础地质调查工作，查明本区基本地质情况；区内可进一步安排中大比例尺的地质、物探、化探进行普查工作 |
| | | | | | 铁 | 881.639 | |
| 24 | Ⅲ-11-24 | 大南沟 | 199.65 | 预查 | 铁 | 13.660 | 本区已开展西永兴、固阳等幅的1:5万区调工作，应先在未开展1：5万区调地区开展基础地质调查工作，查明本区基本地质情况；安排中小比例尺的和基础的地质、物探、化探、遥感等工作，缩小找矿靶区 |
| | | | | | 铜 | 235 196.47 | |
| | | | | | 硫铁 | 129.816 | |
| | | | | | 铅 | 15 053 | |
| | | | | | 锌 | 88 116 | |
| | | | | | 银 | 67.27 | |
| 25 | Ⅲ-11 25 | 腮忽洞村 | 1 762.13 | 预查 | 金 | 28 013 | 本区未开展1:5万区调工作，应先进行基础地质调查，查明本区基本地质情况；安排中小比例尺的和基础的地质、物探、化探、遥感等工作，缩小找矿靶区 |
| | | | | | 铁 | 3 031.89 | |
| 26 | Ⅲ-11-26 | 五道沟村西 | 677.87 | 预查 | 金 | 12 199 | 本区已开展庙底、毕克旗、毫沁营子等幅的1:5万区调工作，应先在未开展1:5万区调地区开展基础地质调查工作，查明本区基本地质情况；安排中小比例尺的和基础的地质、物探、化探、遥感等工作，缩小找矿靶区 |
| | | | | | 铁 | 2 791.29 | |

**续表 10-11**

| 序号 | 编号 | 名称 | 面积(km²) | 等级 | 矿种 | 预测资源量 | 勘查部署建议 |
|---|---|---|---|---|---|---|---|
| 27 | Ⅲ-11-27 | 新地沟 | 1 019.58 | 普查 | 金 | 16 168 | 本区已开展三道营、西孟县窑、大榆树等幅的1:5万区调工作,应先在未开展1:5万区调地区开展基础地质调查工作,查明本区基本地质情况;区内可进一步安排中大比例尺的地质、物探、化探进行普查工作 |
| | | | | | 磷 | 14 547.3 | |
| 28 | Ⅲ-11-28 | 大苏计 | 396.93 | 普查 | 金 | 499 | 本区未开展1:5万区调工作,应先进行基础地质调查,查明本区基本地质情况;区内可进一步安排中大比例尺的地质、物探、化探进行普查工作 |
| | | | | | 钼 | 56 982.1 | |
| | | | | | 磷 | 95.6 | |
| | | | | | 铅 | 4524 | |
| | | | | | 银 | 43.5 | |
| 29 | Ⅲ-11-29 | 九龙湾乡 | 1 900.04 | 普查 | 磷 | 2 483.9 | 本区未开展1:5万区调工作,应先进行基础地质调查,查明本区基本地质情况;区内可进一步安排中大比例尺的地质、物探、化探进行普查工作 |
| | | | | | 稀土 | 2 022.79 | |
| | | | | | 铁 | 15.99 | |
| | | | | | 钼 | 56 631.8 | |
| | | | | | 铅 | 5224 | |
| | | | | | 银 | 50.2 | |
| 30 | Ⅲ-11-30 | 北夭村 | 915.21 | 预查 | 磷 | 37.6 | 本区未开展1:5万区调工作,应先进行基础地质调查,查明本区基本地质情况;安排中小比例尺的和基础的地质、物探、化探、遥感等工作,缩小找矿靶区 |
| | | | | | 钼 | 146 521.4 | |
| | | | | | 铅 | 6937 | |
| | | | | | 银 | 66.8 | |
| 31 | Ⅲ-11-31 | 大梁村 | 245.71 | 普查 | 钼 | 1 380 936.15 | 本区未开展1:5万区调工作,应先进行基础地质调查,查明本区基本地质情况;区内可进一步安排中大比例尺的地质、物探、化探进行普查工作 |
| | | | | | 铅 | 7928 | |
| | | | | | 银 | 76.29 | |
| | | | | | 稀土 | 54.67 | |
| 32 | Ⅲ-11-32 | 三道沟 | 1 599.56 | 详查 | 磷 | 1 156.2 | 本区已开展店子村、浑源窑等幅的1:5万区调工作,应先在未开展1:5万区调地区开展基础地质调查工作,查明本区基本地质情况;安排大比例尺的地质、物探、化探等工作,必要时可采用槽探、浅井、钻探等手段,寻找隐伏的工业矿体 |
| | | | | | 稀土 | 2 312.42 | |
| | | | | | 铁 | 12 434.23 | |
| | | | | | 钼 | 849 212.5 | |
| | | | | | 铅 | 472 | |
| | | | | | 银 | 4.5 | |
| 33 | Ⅲ-11-33 | 呼和赛尔音阿木北 | 121.6 | 普查 | 磷 | 4 481.5 | 本区未开展1:5万区调工作,应先进行基础地质调查,查明本区基本地质情况;区内可进一步安排中大比例尺的地质、物探、化探进行普查工作 |
| | | | | | 铜 | 41 054.6 | |
| 34 | Ⅲ-11-34 | 阿贵庙 | 847 | 预查 | 磷 | 5 176.6 | 本区未开展1:5万区调工作,应先进行基础地质调查,查明本区基本地质情况;安排中小比例尺的和基础的地质、物探、化探、遥感等工作,缩小找矿靶区 |
| | | | | | 铁 | 155.24 | |
| | | | | | 铜 | 50 918.1 | |

**续表 10-11**

| 序号 | 编号 | 名称 | 面积（$km^2$） | 等级 | 矿种 | 预测资源量 | 勘查部署建议 |
|---|---|---|---|---|---|---|---|
| 35 | Ⅲ-11-35 | 乌日图高勒嘎查北 | 1 581.83 | 详查 | 金 | 99 714 | 本区已开展哈业脑包、包头市等幅的 1∶5万区调工作，应先在未开展 1∶5万区调地区开展基础地质调查工作，查明本区基本地质情况；安排大比例尺的地质、物化探等工作，必要时可采用槽探、浅井、钻探等手段，寻找隐伏的工业矿体 |
| | | | | | 铁 | 12 186.95 | |
| 36 | Ⅲ-11-36 | 西壕 | 1 620.57 | 普查 | 金 | 19 804 | 本区已开展包头市、大南窑子、大庙、大老虎店、石拐矿区、尧子等幅的 1∶5万区调工作，应先在未开展 1∶5万区调地区开展基础地质调查工作，查明本区基本地质情况；区内可进一步安排中大比例尺的地质、物探、化探进行普查工作 |
| | | | | | 铁 | 5 823.00 | |
| 37 | Ⅲ-11-37 | 壕赖沟 | 336.72 | 预查 | 金 | 3269 | 本区已开展东河区、公积坂等幅的 1∶5万区调工作，应先在未开展 1∶5万区调地区开展基础地质调查工作，查明本区基本地质情况；安排中小比例尺的和基础的地质、物探、化探、遥感等工作，缩小找矿靶区 |
| | | | | | 铁 | 2 067.64 | |
| 38 | Ⅲ-11-38 | 于咀陶 | 165.58 | 预查 | 铁 | 1.69 | 本区未开展 1∶5万区调工作，应先进行基础地质调查，查明本区基本地质情况，安排中小比例尺的和基础的地质、物探、化探、遥感等工作，缩小找矿靶区 |

注：表中资源量单位铁矿、稀土矿为“万 t”，金矿为“kg”，其他矿种为“t”。

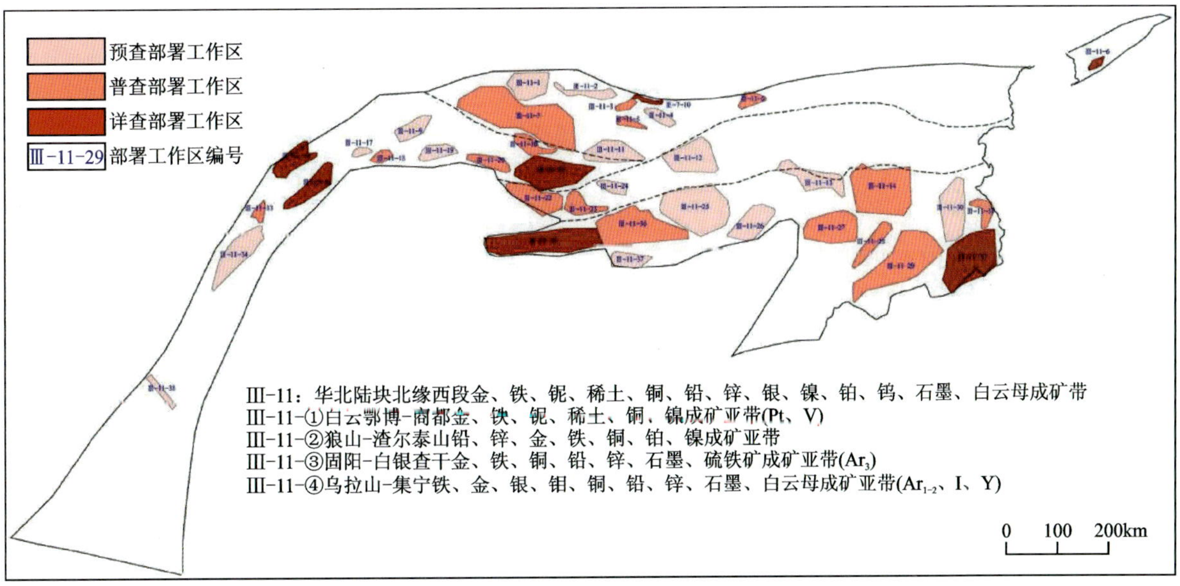


图 10-11 Ⅲ-11 成矿带勘查部署区分布图

# 第十一章　未来开发工作预测

## 第一节　矿产资源供需分析

随着内蒙古自治区社会和经济的发展，与全球经济已融为一体，因此，以下在国内甚至全球的范围内和视角下来探讨各类金属矿产的供需情况。

### 一、铁矿资源供需分析

改革开放40多年来，我国钢铁工业在社会主义市场经济大环境的推动下，遵循充分利用国内外"两种资源、两个市场"的正确方针，取得了举世瞩目的辉煌成就。我国粗钢产量已连续16年世界第一，2011年粗钢产量达到68 327万t，生铁产量达到62 969万t，比改革开放初期的1978年增加了近20倍；粗钢产量占全球产量的44.7%，生铁产量占全球产量的54.3%。伴随钢铁工业的发展，我国已成为世界最大的铁矿石消费国，进口铁矿石占国际铁矿石贸易份额的60%以上。

为更好地保障大宗铁矿原料供应，应充分利用国内、国外两种铁矿资源已成为我国钢铁工业基本策略相辅相成的两个方面。充分利用国外铁矿资源，涉及我国铁矿石需求总量、我国铁矿资源的开发潜力和国外铁矿资源的利用可能性等有关方面；影响我国国内铁矿石产量的主要因素是资源禀赋、合理开采的技术经济边界条件，以及资源保护、环境保护、节能减排等政策导向因素。

中国是进口铁矿石最多的国家，2011年，中国铁矿石进口量为6.86亿t，占世界铁矿石总进口量的60.2%。从近年来价格变化趋势来看，随着铁矿石需求的旺盛增长，铁矿石国际贸易价格不断上扬。1990—2002年，中国进口的铁矿石量低于1亿t，而这段时间进口铁矿石的到岸价格在25美元/t上下波动；在2002年之后，中国铁矿石进口量直线上升，2011年达到了历史新高——6.86亿t，年均到岸价格在2011年达到了最高的163.8美元/t。铁矿石进口量和进口价格与2002年之前相比，呈现历史性大幅上涨。

目前，铁矿石处于高价水平，但从长期来看，随着铁矿石主要出口国(澳大利亚、巴西等)矿石产量的稳定增长，以及中国海外矿山项目的陆续投产，铁矿石供不应求的局面有所缓解，预计未来几年国际矿石价格难再大幅上涨，并有逐步回落的趋势。2015年前后，全球铁矿石市场总体开始趋向供需平衡的局面，但由于海运等因素的影响，中国等主要铁矿需求地区仍存在供求紧张的局面。我国铁矿石对外依存度高的形势将长期存在。

## 二、锰矿资源供需分析

锰矿石是钢铁工业的重要原料，随着中国钢铁工业的飞速发展，中国的锰业也得到了突飞猛进的发展。锰矿资源的勘查、开采和深加工利用不断发展，尤其是电解金属锰产业的发展引起了人们的广泛关注。

锰铁合金是最大的锰矿消耗领域，我国锰系铁合金的产量每年在 200 万 t 以上，2004 年超过了 350 万 t，按每吨矿耗 2.5t(Mn 30%)计算，每年至少需要锰矿石 500 万 t。由于我国锰矿品位低，不能完全使用国产矿生产，必须搭配一部分进口富矿生产，尤其在锰矿缺乏地区，进口锰矿石配入比例都非常大，在中低碳锰铁的生产中几乎 100%地依赖进口。我国锰系铁合金的生产特点决定了我国必须大量进口锰矿。而其他锰矿深加工产品基本上利用国内低品位矿石生产，电解二氧化锰全部采用低品位的碳酸锰矿石生产，95%的电解金属锰采用碳酸锰矿石生产，硫酸锰则用含 Mn 35%的氧化锰矿石生产。因此电解金属锰成为了国产锰矿石重要的消耗领域。

据《世界矿产资源年评 2008—2009》，近年来世界锰矿年生产量为 3136 万 t，锰合金约为 1280 万 t。锰金属的消费 90%用于钢铁工业(1t 钢约消耗 10kg 锰)，其余 10%为有色、冶金、化工用锰。近年来，锰用于制造干电池发展最快，在美国以年均 6%的速度递增。

## 三、铬铁矿资源供需分析

铬广泛用于冶金工业、化学工业和耐火材料工业。铬在地壳中的丰度为 0.035%，属于稀缺资源，而中国铬铁矿资源则极度缺乏。因此，分析中国铬铁矿资源未来的需求情景对于合理开发与利用国内外铬铁矿资源具有非常重要的战略意义。

截至 2002 年底，全国共有铬铁矿产地 54 处，而且主要分布在西藏、内蒙古、新疆和甘肃四省(自治区)，这四省(自治区)铬铁矿资源储量合计占全国总储量的 80.7%。我国 1990—2003 年共消费铬铁矿 1516 万 t（年均消费 108 万 t)，国内的年产量仅为 10 万～20 万 t，而且近几年的产量还呈现下降趋势，远远满足不了国内的消费需求。与此同时，我国铬铁矿矿床规模小，难以形成规模开发。另外，运输困难、运费高导致铬铁矿价格高于进口矿。因此，中国的铬铁矿原料绝大部分依靠进口，从而使得铬铁矿进口保持快速增长的态势。

据《世界矿产资源年评 2008—2009》，近年来世界铬年消费量为 520 万 t。85%用于冶金工业，其他化工、耐火材料占 15%。近年来世界铬铁矿产量为 1889 万 t；铬铁合金为 828 万 t；2008 年，世界不锈钢产量达到 2593 万 t(平均含铬 10.5%)，总的来看，供需趋于平衡。而中国铬产量只能满足国内需求的 6%，其他全部依靠进口。

## 四、铜矿资源供需分析

中国的铜消费量在全球消费总量中的比例在逐年提高，尽管国家和相关企业通过加大勘查投入、提高生产技术水平等途径，使得国内的精铜产量逐年有所提高，但仍难以满足消费的刚性需求，每年不得不从国外大量进口铜资源，其中，2009 年的进口量占了整个供给量的 44%。面对铜矿资源生产和消费的这种状况，尤其是在全球经济萎缩和国际铜价持续波动的情况下，我国的铜资源生产和加工企业面临着极大的生产经营风险。

严重缺铜的状况导致中国的铜原料自给率非常低,随着中国铜冶炼能力的大幅扩张,原料不足的矛盾日益尖锐。企业从铜精矿原料投入到精铜产出,其间至少要经历一个月的加工周期,而从国外原料作价到精铜产品实现销售往往还要经历更长一点的时间。铜目前的金融属性仅次于石油、黄金,为完全市场化、国际化的商品。

## 五、铅矿资源供需分析

铅是内蒙古自治区的优势矿种之一,铅矿的保有资源储量居全国第一。

但根据有关研究资料,全国范围内铅锌储量、基础储量保证年限不高,铅储量不足4年;铅基础储量5.6年。可供规划利用的资源储量不多。我国铅开发利用程度较高,根据储量结果统计,全国共有铅矿区810处,已利用479处,占资源储量的65%,占总储量的88%;资源形势紧迫,不少矿山因资源枯竭已经或即将关闭,根据有关资料,2010年有82座县级以上的矿山关闭,占矿山总数的42%,产能消失38%,即871万t/a。

据《世界矿产资源年评2008—2009》,2008年底世界精炼铅年生产量为431万t,世界精炼铅的年总消费量为817万t,国际铅供过于求,商业库存达27万t。

## 六、锌矿资源供需分析

锌是内蒙古自治区的优势矿种之一,锌矿的保有资源储量居全国第一。

但根据有关研究资料,全国范围内锌储量、基础储量保证年限不高,锌可保证5年;锌基础储量7.4年。可供规划利用的资源储量不多。我国锌开发利用程度较高,根据储量结果统计,全国共有锌矿区854处,已利用513处,占资源储量的76%,占总储量的93%;资源形势紧迫,不少矿山因资源枯竭已经或即将关闭,根据有关资料,2010年有82座县级以上的矿山关闭,占矿山总数的42%,产能消失38%,即871万t/a。

据《世界矿产资源年评2008—2009》,近年来世界精炼锌年消费量为1132万t,其中主要消费用于镀锌,约占50%;其次,制造青铜和黄铜,约占20%;铸造合金,约占15%。近年来世界锌矿山年生产量为1112t,世界精炼锌年生产量为1136万t,再生锌约300万t,占30%,库存量达100万t。预计未来10年锌供需基本平衡或略有过剩。

## 七、钼矿资源供需分析

钼是一种难熔的金属,是冶金、电气、航空航天领域重要的工业原材料。钼的消费结构中钢铁工业占75%,超级合金、化工产品占25%。

据《世界矿产资源年评2008—2009》,2008年底世界钼的总消费量为19.8万t,同年,世界钼矿山的生产量为22万t,其中,中国、美国和智利的产量占世界总量的80%。近10年来,世界钼生产的增长率大于消费的增长率,国际、国内市场钼资源供大于求。

## 八、钨矿资源供需分析

进入新世纪以来，受需求增长拉动，中国钨矿产量快速增长。2010 年中国钨基础储量比 2001 年下降 21.47%；探明资源储量增加 1.32%。中国钨资源总体呈下降状态，经济储量下降，储采比失衡，资源优势正在逐步减弱，资源安全形势不容乐观，特别是黑钨矿资源减少明显，2010 年黑钨基础储量比 2001 年减少 51.01%，占总基础储量比例由 30.05%下降到 18.75%。中国钨矿开采强度大，储采比不断下降。

据《世界矿产资源年评 2008—2009》，原生钨年需求量为 6.23 万 t，其中，中国的供应量约占年需求总量的 80%。近年来，世界钨精矿的年生产量为 9.8 万 t，占总量的 81.3%。世界钨精矿供需基本平衡。

## 九、锑矿资源供需分析

据《世界矿产资源年评 2008—2009》，2008 年西方国家锑的消费结构为：阻燃剂占 40%，运输（包括汽车用蓄电池）占 22%，化学制品占 14%，陶瓷和玻璃占 11%，其他占 13%。世界锑产品的年消费量平均为 10 万～12 万 t。近年来，世界锑矿山年生产量为 18.6 万 t，世界再生锑的回收年均生产量为 5.5 万～6 万 t。由于我国进一步限制了锑产品的出口，国际市场上锑产品供过于求的状况逐渐趋于好转。

## 十、锡矿资源供需分析

锡，作为我国“四大战略资源”之一，近年来其储量、产量、消费量一直稳居全球首位。20 世纪 90 年代因我国锡产业集中度低、体制不顺，使得开采秩序混乱、大量资源廉价出口。2010 年我国精炼锡净进口高达 1.52 万 t，约占全国总消费量的 10%。2010 年我国锡矿查明资源储量 431.9 万 t，与 2009 年相比降幅达 10.8%，其中基础储量部分更是出现连续 7 年下滑。与此同时，我国锡消费量自 2004 年起以年均 9%的速度快速增长；2008 年受金融危机影响，精炼锡产量有明显降低，此后在国家 4 万亿元投资计划、收储以及《有色金属产业调整和振兴规划》等政策的刺激下，精炼锡产量及消费量显著回升，并于 2010 年达到历史最高点。2010 年高达 15.28 万 t，成为全球消费增速最快的国家。进入 21 世纪后，我国作为曾经的世界第一大锡出口国，开始从国外进口精炼锡及锡矿石，且进口额度逐年上升。

据《世界矿产资源年评 2008—2009》，近年来，世界精炼锡的年消费量为 36 万 t，世界矿山锡年生产量为 35 万 t，世界精炼锡的供需基本平衡。

## 十一、镍矿资源供需分析

目前，我国在镍资源领域已形成了比较配套的采、选、冶综合生产能力和装备水平，但由于我国镍矿资源埋藏较深，绝大多数需要地下开采，开采成本逐年提高，进而直接影响资源的市场竞争力，这在一定程度上制约了我国镍精矿供应产能的扩张。

近年来，国内外由于镍价暴涨，镍企业效益剧增，引起全球对找镍矿的重视。据《世界矿产资源年评 2008—2009》，世界镍的消费构成为：不锈钢占 65%，其他合金钢占 5%；非铁合金，主要是镍基合金和铜基合金占10%～15%；电镀、镍镉电池等占15%。2008年底，世界精炼镍消费132万t，世界精炼镍的产量为137万t。近年来，世界镍的市场供应趋紧，但世界镍资源储量较为充足。

## 十二、金矿资源供需分析

金矿是内蒙古自治区重要的战略矿种之一，全区各地均有产出，但空间分布很不均匀，突出地表现为集中在华北陆块北缘西段乌拉山、华北陆块北缘东段赤峰和大兴安岭北段等几大矿集区。金矿种类以岩金为主，砂金为辅。

据《世界矿产资源年评2008—2009》，近年来世界黄金的年总需求量为3912t，主要应用于加工制造业、珠宝首饰业等，部分用于各国的黄金储备。世界黄金的年供应量为3912t，其中，矿山生产2476t，官方净销售481t，再生金956t。世界金的供需趋于平衡。但作为世界性的硬通货之一的黄金，随社会、经济及科学技术的发展应用范围会不断扩大，需求总体会不断增加。

## 十三、银矿资源供需分析

银矿产资源的消费领域主要在制造业中，包括工业用途占51%，照相业占14%，首饰和银器占25%，货币领域占4%。据《世界矿产资源年评2008—2009》，近年来世界银年消费为27 821t，2008年银的矿山生产量为21 101t，其中银矿山只占28%，铜、铅、锌、金等有色金属矿山的副产品占72%；再生银生产量为9636t。自2004年起，世界银产量开始供大于求；2006年过剩900多吨；2007年供应超过需求约2400t。

内蒙古自治区银矿保有资源量居全国第一，但独立的银矿山较少，以共生银矿及伴生作为副产品综合利用的银矿为主，尽管银矿储量的资源保证程度较高，但通过对储量基础进行勘查升级为储量后可进一步提高银资源的保证程度。随着内蒙古自治区银资源保证程度的提高，在满足白银需求的前提下，可适当加大白银出口或外销。总之，国内外银矿资源丰富，从目前世界银矿生产和消费趋势来看，世界范围内较长时期内不会出现资源短缺。

## 十四、铝土矿资源供需分析

铝土矿资源是最重要的矿产资源之一，在当今社会经济建设中发挥着十分重要的作用。我国铝土矿产品要与总体经济发展水平相配套，2013年达到280万t，我国的铝土矿保有储量也只能满足需求量的70 %左右，加紧开发铝土矿资源已成当务之急。

铝是消费量很大的轻金属。据《世界矿产资源年评2008—2009》，2008年世界精炼铝的消费量为3788万t，其中，中国、美国、日本、德国、俄罗斯等是世界上铝消费大国，占总消费的71%，同年世界铝土矿产量为21 099万t。世界原铝的年产量为3926万t，世界再生铝年生产量为816万t，世界铝库存量为1168万t。国际市场供大于求。内蒙古自治区铝土矿资源少，包头铝业集团等铝加工企业主要从其他省市外运原材料，进行深加工。

## 十五、稀土矿资源供需分析

我国稀土产业在世界上拥有资源储量、稀土产量、稀土销售量和稀土用量 4 个第一。中国已经成为世界上唯一的可以大量供应不同品种及不同品级稀土产品的国家，在世界稀土市场上具有支配和主导地位。

我国稀土矿主要有内蒙古白云鄂博稀土矿、四川冕宁矿、山东微山矿、江南七省的离子吸附型稀土矿等。

据《世界矿产资源年评 2008—2009》，近年来世界稀土氧化物年总消费量为 12.5 万 t，其中，中国消费 7.3 万 t，居世界第一位。消费结构为：高科技材料占 48.9%（含永磁体），冶金及机械占 9%，玻璃和陶瓷占 7%，石油化工占 6%，农业、轻工业、纺织业占 7%，其他占 22.1%。世界稀土氧化物年生产量 13 万 t。由于过剩，世界稀土氧化物市场长期处于供大于求的状态。

## 十六、硫铁矿资源供需分析

据《世界矿产资源年评 2008—2009》，世界硫的年需求量为 6700 万 t，各种形式硫的年生产量为 6840 万 t。目前，全球可供工业利用的硫资源主要有从石油天然气中回收的硫、煤和油页岩中的硫、金属硫化物共（伴）生的硫、硫铁矿和自然硫 5 种。其中从石油、天然气中回收的硫和金属硫化物中的硫是主要硫源，占全球硫生产总量的 92%。

近年来，中国年均生产硫 846t，其中 420 万 t 来自黄铁矿，330 万 t 硫来自其他形式，96 万 t 来自自然硫。从世界范围来看，供需基本平衡。目前我国对进口硫资源依赖程度超过以往，已成为世界上最大的硫磺进口国，使得国际市场硫磺价格大幅度上扬，国内需求在不断增加。

## 十七、磷矿资源供需分析

全球磷矿资源分布广泛，但不平衡，具有开采价值的优质磷矿床很少，据《世界矿产资源年评 2008—2009》，至 2008 年底，世界磷矿石储量 150 亿 t，基础储量 470 亿 t；中国磷矿石查明基础储量为 35.6 亿 t，伴生磷矿基础储量 112 万 t，位居世界第二位，主要分布在我国中部和西部。内蒙古自治区磷矿资源不富集，主要依靠外运满足化工及农业需求。

据《世界矿产资源年评 2008—2009》，世界磷矿年生产能力 1.8 亿 t。磷矿的消费结构：磷肥占 68%，饮料占 8%，食品占 8%，其他工业占 16%。近年来，中国磷肥年产量达到 1510 万 t，是世界上最大的磷矿石消费国之一，占亚洲的 50%。

## 十八、菱镁矿资源供需分析

据《世界矿产资源年评 2008—2009》，至 2008 年世界探明菱镁矿储量为 27.5 亿 t，基础储量 46.56 亿 t，资源量约为 120 亿 t。主要分布在中国、俄罗斯等国家，其储量和基础储量分别占世界的 80.2% 和 84.4%，其中，中国占 33.8%。至 2008 年底，中国的菱镁矿查明基础储量为 19.2 亿 t，位居世界第一位。以元古宇的菱镁矿资源最为重要。内蒙古自治区的资源禀赋条件较差。

当前，镁质材料行业正处于市场需求旺盛、国家政策支持和综合治理显效等因素共同作用的黄金时期，这些有利条件将在今后的几年里促进该行业的迅速发展。

### 十九、萤石矿资源供需分析

截至2008年底,世界萤石储量2.3亿t,基础储量4.7亿t。一些发达国家还从磷块岩中回收氟,世界磷块岩中可回收的氟约有3.3亿t。中国普通萤石查明基础储量4465万t,光学萤石基础储量228kg,主要分布在湖南、浙江、内蒙古、江西、云南、安徽六省(自治区),占全国总量的86.6%。

2006年以前,我国存在萤石产大于销、供过于求的局面,近几年我国萤石产量稳定在300万~330万t,供需基本平衡。因为萤石的用途非常广泛,是一种重要的非金属原料,虽然就其每年的用量来讲,市场的需求容量是有限的,但是许多发达国家都把它作为战略资源进行储备,这就使得市场需求远远大于实际用量。可以预测,随着冶金、建筑和氟化工业的发展,萤石的需求量将会有明显的增加,供需将逐渐显出缺口。

由于萤石资源分布的不均匀性,全球对冶金级萤石资源已感到短缺,同时萤石中含的氟会污染环境,有的国家已用白云岩、铝土矿、硬硼钙作代用品,一段时期后,萤石的国内外市场需求可能会逐步下降。

### 二十、重晶石矿资源供需分析

市场需求趋势:重晶石的消费与国际石油、天然气业的兴衰密切相关。石油、天然气供应紧张,油价上涨,必然会引起油气钻井机数量的增加,因此,全球重晶石的消费量并随之增长。未来随着世界石油消费量的增长,油气钻井业将随之发展,对重晶石的需求量将会增加。目前,中国是世界上第一大重晶石生产国。20世纪90年代以来,我国重晶石矿产量变化较大,全国重晶石矿年产量稳中有升,能够充分保证需求。

中国是世界重晶石最大出口国。从20世纪80年代开始,我国重晶石出口量一直居世界第一位,占重晶石世界贸易量的40%~50%,甚至更高。90年代重晶石及其产品年出口量一般为100万~200万t,2000年出口量达到252.3万t。2003年中国共向89个国家或地区共出口重晶石219万t,比2002年增长27%。美国一直是中国重晶石最大的进口国。2004年、2005年、2006年,我国重晶石出口量增幅达到了10.4%、28.5%、16.7%。最近两年我国重晶石出口数量都维持在300万t以上,而全球每年重晶石全部贸易量是450万t左右。

从重晶石资源保证程度来看,2004年底基础储量为10 495.7万t,2005年重晶石矿产量为550万t,按80%的回采率计算,消耗储量687.5万t。因此在不考虑新增储量的情况下,2005年底我国重晶石基础储量为9 808.2万t。在不考虑资源潜力的情况下,按2006—2020年每年生产550万t重晶石矿石计算,共计消耗10 312.5万t储量。

## 第二节 矿产资源开发现状及未来开发预测

### 一、铁矿产资源开发现状及未来情况预测

至2011年,全区共有铁矿上表单元433个,除13个为共生上表单元外,其余均为单一或以铁为主

矿产的铁矿产地。全区累计查明铁矿资源储量43.90亿t，其中，基础储量17.39亿t、资源量26.51亿t，基础储量和资源量分别占全区铁矿查明资源总量的39.6%和60.4%。

截至2011年底，全区铁矿保有资源储量为39.56亿t(将其中包含的超贫磁铁矿折算为工业品位的标矿后，达品位的铁矿保有资源储量为35.16亿t)，居全国第六位，占全国总量的5.31%。其中，铁矿保有基础储量13.57亿t，资源量25.99亿t，基础储量和资源量分别占全区保有资源量的34.3%和65.7%。

全区12盟市均有探明的铁矿资源，但主要分布在包头市、赤峰市、锡林郭勒盟和巴彦淖尔市，4个盟市的铁矿保有资源储量占全区保有资源储量的85.0%。包头市铁矿保有资源储量达22.21亿t，占全区保有资源储量的56.0%，主要有白云鄂博主、东、西3个大型铁铌稀土矿和达茂旗翁公山大型超贫磁铁矿，以及三合明、公义明、黑脑包、高腰海等10个中型铁矿。赤峰市铁矿保有资源储量为4.53亿t，占全区保有资源储量的11.0%；主要有克什克腾旗黄岗梁中型铁锡矿和宁城县五家营子等4个中型超贫磁铁矿，其中4个超贫磁铁矿按TFe工业品位20%折算出的资源储量达1.55亿t。锡林郭勒盟铁矿保有资源储量为3.68亿t，占全区保有资源储量的9.0%；主要有苏尼特右旗温都尔庙白云敖包铁矿、哈尔哈达铁矿、东乌珠穆沁旗朝不楞铁多金属矿、查干敖包铁锌矿4个中型矿床。巴彦淖尔市铁矿保有资源储量为2.95亿t，占全区保有资源储量的7.0%；主要有乌拉特前旗东五分子铁矿、书记沟铁矿、赛忽洞铁矿、乌拉特后旗双利铁矿和霍各乞三号铁矿5个中型矿床。

自治区矿产资源潜力评价工作在全区27个铁矿预测工作区内，预测资源总量约为58亿t。预测资源量主要集中于华北陆块北缘西段狼山-阴山、大兴安岭南段赤峰北部以及额济纳旗北山成矿带一带。因此，未来开发工作应主要集中在上述地区，而且应在注重面上工作的同时，加强已知典型矿床外围及深部的找矿及资源开发工作。对超贫磁铁矿等低品位且对环境影响较大的铁矿应适度减少开发和利用，做到节约资源与保护环境并举。

内蒙古自治区共划分了5个铁矿资源未来开发基地，分别为固阳-武川铁矿资源开发基地、迭布斯格铁矿资源开发基地、白云鄂博铁矿资源开发基地、黑鹰山铁矿资源开发基地及朝不楞-梨子山铁矿资源开发基地(表11-1)。

**表11-1　内蒙古自治区铁矿资源未来开发基地一览表**

| 未来开发基地名称 | 预计2000m以浅产能(万t) |
| --- | --- |
| 固阳-武川铁矿资源开发基地 | 58 070 |
| 迭布斯格铁矿资源开发基地 | 49 456 |
| 白云鄂博铁矿资源开发基地 | 171 296 |
| 黑鹰山铁矿资源开发基地 | 19 617 |
| 朝不楞-梨子山铁矿资源开发基地 | 287 029 |
| 总计 | 585 468 |

## 二、锰矿资源开发现状及未来情况预测

内蒙古自治区锰矿资源较少，工作程度也较低。截至2009年底，全区已发现锰矿产地45处，其中上表矿产地共有11处，其中包括锰单一矿产地7处，共生锰上表单元1个，伴生锰上表单元3个。按矿产规模分中型矿产地1处，小型矿产地5处，其余为矿点39处。资源总量为1 440.798万t。从成矿区域上，锰矿矿产资源集中分布于华北陆块北缘西段成矿带，该成矿带内锰资源量约占全区锰资源量的83%。资源分布相对集中，为规模开采创造了良好条件。

从地域分布上看，全区锰矿资源集中分布在巴彦淖尔市的乌拉特前旗，主要有中型的乔二沟锰矿，该旗资源储量占全区的83%。其余锰矿产地见于乌兰察布市的四子王旗（主要有西里庙锰矿）矿石资源量为23.77万t、察哈尔右翼前旗（主要有李清地银锰矿）矿石资源量为40万t，二者占全区的4.4%。呼伦贝尔市（主要有额仁陶勒盖的银锰矿）矿石资源量为45.153万t，仅占全区的3.1%；锡林浩特郭勒盟苏尼特左旗（主要有军科锰矿）矿石资源量为63.3万t，占全区4.4%。总体上，内蒙古中部地区和大兴安岭东南段锰矿产勘查程度略高于其他地区。

全区锰单矿种共划分了5个预测工作区，预测工作区总面积约4.2万$km^2$，总计圈定出109个最小预测区，锰预测资源量为3 977.585万t，5个预测工作区内已查明资源量为1 307.876万t，预测资源量约为查明资源量的3倍，具有一定的找矿前景。未来勘查和开发应主要集中于呼伦湖以西、集宁南及四子王旗一带。

内蒙古自治区共划分了3个锰矿资源未来开发基地，分别为满洲里市-新巴尔虎右旗锰矿资源开发基地、西里庙-苏木查干敖包锰矿资源开发基地及固阳-集宁锰矿资源开发基地（表11-2）。

**表11-2　内蒙古自治区锰矿资源未来开发基地一览表**

| 未来开发基地名称 | 预计2000m以浅产能(t) |
|---|---|
| 满洲里市-新巴尔虎右旗锰矿资源开发基地 | 1 234.35 |
| 西里庙-苏木查干敖包锰矿资源开发基地 | 695.23 |
| 固阳-集宁锰矿资源开发基地 | 37 751.81 |
| 总计 | 39 681.39 |

## 三、铬铁矿资源开发现状及未来情况预测

截至2010年底，全区铬铁矿床（点）数目为39个，全区累计查明铬铁矿金属资源储量为288.605万t。

全区在以铬铁矿为主矿产的39处矿产地中，查明资源储量规模达中型的有1处，矿石资源储量145.4万t；达小型的有4处，矿石资源储量为116.892万t。

全区铬铁矿种共划分了6个预测工作区，预测工作区总面积约4.21万$km^2$，总计圈定出91个最小预测区，铬铁预测资源量为878.435万t，6个预测工作区内已查明资源量为254.353万t，预测资源量约为查明资源量的3.5倍。

由于铬铁矿是内蒙古自治区乃至我国的紧缺矿种，现有的资源储量不能满足冶金工业需求，在成矿有利的选区及典型矿床外围和深部，特别是对于索伦山-二连-贺根山超铁镁质—铁镁质岩带中的蛇绿岩型铬铁矿资源，要充分利用国家勘查基金的支持加大勘查力度，进而提高铬铁矿的资源保障能力。

内蒙古自治区共划分了2个铬铁矿资源未来开发基地，分别为贺根山铬铁矿开发基地及索伦山铬铁矿开发基地（表11-3）。

**表11-3　内蒙古自治区铁矿资源未来开发基地一览表**

| 未来开发基地名称 | 预计2000m以浅产能(t) |
|---|---|
| 贺根山铬铁矿资源开发基地 | 5 174.82 |
| 索伦山铬铁矿资源开发基地 | 2 328.64 |
| 总计 | 7 503.46 |

## 四、铜矿资源开发现状及未来情况预测

截至2011年底，全区铜矿上表单元为141个，除43个共生上表单元和44个伴生上表单元外，以铜为主矿产的铜矿产地54处。全区累计查明铜金属资源储量为686.49万t，其中基础储量397.94万t、资源量288.55万t，基础储量和资源量分别占全区查明资源总量的57.9%和42.1%。

截至2011年底，全区铜金属保有资源储量为641.05万t，居全国第四位。其中，铜金属保有基础储量364.19万t、资源量276.86万t，基础储量和资源量分别占全区保有铜金属资源储量的56.8%和43.2%。

除共伴生上表单元，全区在以铜为主矿产的53处矿产地中，查明资源储量规模达大型的有2处，保有铜金属资源储量为225.43万t；达中型的有5处，铜金属保有资源储量为101.74万t。大中型矿产地数量合计仅占全区铜矿产地的13.2%，但铜金属保有资源储量合计占全区保有资源储量的52.5%。

全区铜矿产资源主要分布有呼伦贝尔市、巴彦淖尔市、赤峰市、锡林郭勒盟和乌兰察布市，5个盟市储量合计占全区铜金属保有资源储量的96%。其中，呼伦贝尔市（主要有乌努格吐山大型铜钼矿等）铜金属保有资源储量为282.70万t，占全区的44%；巴彦淖尔市（主要有霍各乞铜多金属一号大型矿等）铜金属保有资源储量为120.86万t，占全区的19%；赤峰市铜金属保有资源储量为108.91万t，占全区的17%；锡林郭勒盟（主要有道伦达坝中型铜多金属矿等）铜金属保有资源储量62.03万t，占全区的10%；乌兰察布市（主要有白乃庙中型铜矿等）铜金属保有资源储量为41.19万t，占全区的6%。

全区铜单矿种共划分了21个预测工作区，预测工作区总面积约23万$km^2$，总计圈定出388个最小预测区，铜预测资源量为1 190.35万t，19个预测工作区内已查明资源量为613.96万t，预测资源量约为查明资源量的2倍。查明资源量与预测资源量数量比较合理，可信程度较高。

本次预测典型矿床深部和外围预测资源量约215万t，说明在老矿区随勘查深度增加和技术装备的发展，推断外围及深部仍然有查明资源储量0.5～1倍的资源潜力。

预测资源量主要集中于华北陆块北缘西段狼山、大兴安岭北段新巴尔虎左旗以及华北陆块北部陆缘增生带白乃庙一带。因此，未来开发工作应主要集中在上述地区，而且应在注重面上工作的同时，加强已知典型矿床外围及深部的找矿及资源开发工作。另外，大兴安岭中南段目前的矿床铜资源储量不详，但成矿地质条件有利，应以地质找矿新机制为核心，加大后续勘探开发投入力度，尽快将查明的铜资源储量转换为铜储量，提升资源保证程度。

内蒙古自治区共划分了7个铜矿资源未来开发基地，分别为霍各乞-欧布拉格铜矿资源开发基地、乌努格吐山-八大关铜矿资源开发基地、罕达盖铜矿资源开发基地、布敦花-莲花山铜矿资源开发基地、道伦达坝-敖瑙达巴铜矿资源开发基地、白乃庙-别鲁乌图铜矿资源开发基地及珠斯楞铜矿资源开发基地（表11-4）。

**表11-4　内蒙古自治区铜矿资源未来开发基地一览表**

| 未来开发基地名称 | 预计2000m以浅产能(t) |
|---|---|
| 霍各乞-欧布拉格铜矿资源开发基地 | 4 067 909 |
| 乌努格吐山-八大关铜矿资源开发基地 | 370.55 |
| 罕达盖铜矿资源开发基地 | 950 550 |
| 布敦花-莲花山铜矿资源开发基地 | 494 919 |
| 道伦达坝-敖瑙达巴铜矿资源开发基地 | 720 583 |
| 白乃庙-别鲁乌图铜矿资源开发基地 | 1 116 820 |
| 珠斯楞铜矿资源开发基地 | 38 828 |
| 总计 | 7 389 979.55 |

## 五、铅矿资源开发现状及未来情况预测

截至2011年,全区共有铅矿上表单元153个,其中有铅矿产地(铅为主矿产)43个,共生铅上表单元60个,伴生铅上表单元50个。至2011年底,全区累计查明铅金属资源储量为1 084.04万t,其中,基础储量370.56万t、资源量713.48万t,基础储量和资源量分别占全区铅矿查明资源总量的34.2%和5.8%。

截至2011年底,全区铅保有资源储量1 008.12万t,居全国第一位。其中,铅金属保有基础储量310.56万t、资源量697.56万t,基础储量和资源量分别占全区保有资源储量的30.8%和69.2%。

内蒙古自治区铅资源主要分布于巴彦淖尔市、赤峰市、呼伦贝尔市和锡林郭勒盟,4个盟市合计铅资源储量分别占全区铅保有资源储量的91%。

巴彦淖尔市(主要有东升庙多金属矿、霍各乞铜多金属矿、炭窑口多金属矿、甲生盘铅锌硫铁矿等)铅金属保有资源量271.34万t,占全区的26.9%;赤峰市(主要有白音诺尔铅锌矿、浩布高多金属矿、拜仁达坝锌多金属矿、维拉斯托锌多金属矿等)铅金属保有资源储量357.24万t,占全区的35.4%;呼伦贝尔市(主要有甲乌拉银铅锌矿、三河铅锌矿等)铅金属保有资源储量173.84万t,占全区的17.2%;锡林郭勒盟(主要有花敖包特银铅锌矿、阿尔哈达铅锌矿等)铅金属保有资源储量112.20万t,占全区的11.1%。

本次15个预测类型、15个预测工作区中,预测全区共获得(金属量)铅1 360.07万t,其中共(伴)生的铅74.30万t,不包含查明[15个铅锌预测工作区及3个共(伴)生铅锌预测工作区内]资源量铅729.23万t。铅矿主要集中于大兴安岭成矿带和华北陆块北缘西段成矿带中,下一部勘查开发工作应集中于大兴安岭成矿带北段及中南段已发现的矿床外围及深部,勘查类型应以火山岩型、矽卡岩型及热液型为主,打造符合国家及自治区发展战略的有色金属基地;西部地区由于自然生态环境脆弱,建议暂缓进一步开发。

## 六、锌矿资源开发现状及未来情况预测

截至2011年,全区共有锌矿上表单元166个,锌矿产地(锌为主矿产)87个,共生锌上表单元47个,伴生锌上表单元32个。至2011年底,全区累计查明锌金属资源储量2 268.42万t,其中基础储量754.96万t、资源量1 513.46万t,基础储量和资源量分别占全区锌矿查明资源总量的33.3%和66.7%。

截至2011年底,全区锌金属保有资源储量2 097.95万t,居全国第一位。其中,锌金属保有基础储量603.13万t、资源量1 494.81万t,基础储量和资源量分别占全区保有资源储量的28.7%和71.3%。

内蒙古自治区锌资源主要分布于巴彦淖尔市、赤峰市、呼伦贝尔市和锡林郭勒盟,4个盟市合计锌资源储量占全区锌保有资源储量的94%。

巴彦淖尔市(主要有东升庙多金属矿、霍各乞铜多金属矿、炭窑口多金属矿、甲生盘铅锌硫铁矿等)保有锌资源量838.59万t,占全区的40.0%;赤峰市(主要有白音诺尔铅锌矿、浩布高多金属矿、拜仁达坝锌多金属矿、维拉斯托锌多金属矿等)锌金属保有资源储量648.79万t,占全区的30.9%;呼伦贝尔市(主要有甲乌拉银铅锌矿、三河铅锌矿等)锌金属保有资源储量247.25万t,占全区的11.8%;锡林郭勒盟(主要有花敖包特银铅锌矿、阿尔哈达铅锌矿等)锌金属保有资源储量238.24万t,占全区的11.4%。

本次锌矿预测全区共获得(金属量)锌3 400.31万t,其中共(伴)生的锌227.28万t,不包含查明

[15 个铅锌预测工作区及 3 个共(伴)生铅锌预测工作区内]资源量锌 2 005.44 万 t。

锌矿主要集中于大兴安岭成矿带和华北陆块北缘西段成矿带中,下一部勘查开发工作应集中于大兴安岭成矿带北段及中南段已发现的矿床外围及深部,勘查类型应以火山岩型、矽卡岩型及热液型为主,打造符合国家及自治区发展战略的有色金属基地;西部地区由于自然生态环境脆弱,建议暂缓进一步开发。

内蒙古自治区共划分了 4 个铅锌矿资源未来开发基地,分别为得尔布干铅锌矿资源开发基地、二连-东乌旗地区铅锌矿资源开发基地、大兴安岭中南段铅锌矿资源开发基地及乌海市-集宁铅锌矿资源开发基地(表 11-5)。

**表 11-5 内蒙古自治区铅锌矿资源未来开发基地一览表**

| 未来开发基地名称 | 铅矿 2000m 以浅产能(t) | 锌矿 2000m 以浅产能(t) |
|---|---|---|
| 得尔布干铅锌矿资源开发基地 | 2 337 218 | 2 983 233 |
| 二连-东乌旗地区铅锌矿资源开发基地 | 493 977 | 1 987 943 |
| 大兴安岭中南段铅锌矿资源开发基地 | 7 294 575.26 | 13 741 080 |
| 乌海市-集宁铅锌矿资源开发基地 | 2 731 980.31 | 13 017 996 |
| 总计 | 12 857 750.57 | 31 730 252 |

## 七、钼矿资源开发现状及未来情况预测

截至 2011 年底,全区钼矿上表单元为 56 个,其中单一和以钼为主矿产的钼矿产地有 25 处,共生钼上表单元 18 个,伴生钼上表单元 13 个。全区累计查明铜金属资源储量为 135.79 万 t,其中基础储量 93.11 万 t、资源量 42.86 万 t,基础储量和资源量分别占全区查明资源总量的 68.6%和 31.4%。

截至 2011 年底,全区钼保有资源量 133.02t,居全国第四位。其中,钼矿保有基础储量 90.45 万 t、资源量 42.57 万 t,基础储量和资源量分别占全区保有资源储量的 68.0%和 32.0%。全区钼矿产资源主要分布于呼伦贝尔市、赤峰市和锡林郭勒盟,3 个盟市储量合计占全区钼金属保有资源储量的 88.7%。

呼伦贝尔市(主要有乌努格吐山铜钼矿、太平沟钼铜矿等)钼保有资源量达 88.22 万 t,占全区的 63.0%;赤峰市(主要有松山区车户沟铜钼矿、阿鲁科尔沁旗敖仑花铜钼矿、林西县曹家屯钼矿等)钼保有资源储量达 20.50 万 t,占全区的 15%;锡林郭勒盟(主要有阿巴嘎旗比鲁甘干铜钼矿、苏尼特左旗准苏吉花铜钼矿)钼保有资源储量 13.30 万 t,占全区的 10%。

另外,近年来在乌兰察布市兴和县、鄂伦春自治旗分别发现了超大型曹四夭钼矿和岔路口钼多金属矿,两个矿床钼金属资源储量均大于 100 万 t,使内蒙古自治区的钼矿资源总量可能会跃居全国第一。

全区钼原生矿种共划分了 15 个预测工作区,预测工作区总面积约 6 112.35km$^2$,总计圈定出 305 个最小预测区,钼预测资源量为 820.944 万 t,15 个预测工作区内已查明资源量为 328.133 万 t(含正在勘探或详查的曹四夭及岔路口钼多金属矿),预测资源量约为查明资源量的 2 倍(该查明资源量包括目前正在勘探而尚未提交评审的量)。

目前,由于钼矿勘查成果显著,资源储量猛增,勘查不宜过多地投入,矿山资源开发不宜过早,应作为战略资源储备,否则势必造成价格下跌,因此,勘查开发进程在满足国内市场需求的情况下应适度放缓。

内蒙古自治区共划分了 8 个钼矿资源未来开发基地,分别为乌兰德勒-乌日尼图钼矿资源开发基

地、乌努格吐山-额仁陶勒盖钼矿资源开发基地、大苏计-曹四夭钼矿资源开发基地、小狐狸山-流沙山钼矿资源开发基地、小东沟-鸡冠山钼矿资源开发基地、查干花-巴彦查干钼矿资源开发基地、岔路口-劲松镇钼矿资源开发基地、罕达盖-梨子山钼矿资源开发基地(表 11-6)。

**表 11-6 内蒙古自治区钼矿资源未来开发基地一览表**

| 未来开发基地名称 | 预计 2000m 以浅产能(t) |
|---|---|
| 乌兰德勒-乌日尼图钼矿资源开发基地 | 130 425 |
| 乌努格吐山-额仁陶勒盖钼矿资源开发基地 | 795 850 |
| 大苏计-曹四夭钼矿资源开发基地 | 2 490 284 |
| 小狐狸山-流沙山钼矿资源开发基地 | 241 389 |
| 小东沟-鸡冠山钼矿资源开发基地 | 499 817 |
| 查干花-巴彦查干钼矿资源开发基地 | 843 100 |
| 岔路口-劲松镇钼矿资源开发基地 | 2 444 617 |
| 罕达盖-梨子山钼矿资源开发基地 | 99 911 |
| 总计 | 7 545 393 |

## 八、钨矿资源开发现状及未来情况预测

截至 2011 年,全区共有钨矿上表单元 24 个,其中包括钨矿产地 12 处,共生钨上表单元 3 个,伴生钨上表单元 9 个。全区钨矿累计查明资源储量 12.54 万 t,其中,基础储量 4.97 万 t、资源量 7.57 万 t,基础储量和资源量分别占全区查明资源总量的 39.7%和 60.3%。

截至 2011 年底,全区钨保有资源储量 11.61 万 t,位居全国第十三位。其中,钨保有基础储量 4.18 万 t、资源量 7.43 万 t,基础储量和资源量分别占全区保有资源储量的 36.0%和 64.0%。与上年相比,全区钨矿保有资源储量净减 0.19 万 t,减少 1.62%。

全区钨矿资源主要分布在赤峰市、锡林郭勒盟和阿拉善盟,3 个盟市保有资源储量占全区的 99.0%。

赤峰市(主要有黄岗梁铁锡共生矿产等)钨保有资源储量达 4.94 万 t,占全区的 42.5%;锡林郭勒盟(主要有沙麦钨矿、白石头洼钨矿、道伦大坝多金属矿等)钨保有资源储量 5.22 万 t,占全区的45.0%;阿拉善盟(主要为七一山钨钼矿等)钨保有资源储量 1.39 万 t,占全区的 12.0%。

全区钨矿 5 个预测工作区共预测钨氧化物资源量为 419 249.20t。钨查明及预测资源量位于华北陆块北缘造山带中,但分布较分散,未来开发工作应集中于现有的矿床,对其外围及深部应加大勘查力度,提高矿山生产年限和资源接替保障能力。对大兴安岭北部原始林区钨矿的良好找矿前景区域,出于环境保护的要求,应适度进行资源勘查工作。

内蒙古自治区共划分了 5 个钨矿资源未来开发基地,分别为沙麦钨矿资源开发基地、大麦地钨矿资源开发基地、白石头洼钨矿资源开发基地、乌日尼图钨矿资源开发基地、七一山钨矿资源开发基地(表 11-7)。

**表 11-7 内蒙古自治区钨矿资源未来开发基地一览表**

| 未来开发基地名称 | 预计 2000m 以浅产能(万 t) |
|---|---|
| 沙麦钨矿资源开发基地 | 9 767.9 |

续表 11-7

| 未来开发基地名称 | 预计 2000m 以浅产能(万 t) |
|---|---|
| 大麦地钨矿资源开发基地 | 1 009.6 |
| 白石头洼钨矿资源开发基地 | 11 152.3 |
| 乌日尼图钨矿资源开发基地 | 16 110.4 |
| 七一山钨矿资源开发基地 | 3 884.6 |
| 总计 | 41 924.8 |

## 九、锑矿资源开发现状及未来情况预测

在内蒙古自治区仅有一个阿木乌苏锑矿，已查明锑金属量储量 4 880.40t，保有 333 类金属量储量 907t，本次预测资源量 9 170.95t。

我国锑金属现有保有资源量仅能维持不到 10 年，这可能意味着中国多年来储量和产量一直雄居榜首的锑矿资源优势正在丧失。虽然，锑矿已被列入中国保护性开采矿种，但在今后的一段时间，适当投入地勘力量，寻找锑矿资源后备基地，改善锑矿资源储备，还是一项很重要的任务。但内蒙古自治区锑矿资源有限，潜力不大。

## 十、锡矿资源开发现状及未来情况预测

截至 2011 年，全区共有锡矿上表单元 17 个，其中单一和以锡为主的锡矿产地有 3 处，共生锡上表单元 7 个，伴生锡上表单元 7 个。全区累计查明锡矿资源储量 40.37 万 t，其中，基础储量 35.89 万 t，资源量 4.96 万 t，基础储量和资源量分别占全区查明资源总量的 87.9%和 12.1%。

截至 2011 年底，全区锡矿保有资源储量 37.70 万 t，居全国第五位。其中，锡矿保有基础储量 32.85 万 t、资源量 4.85 万 t，基础储量和资源量分别占全区保有资源量的 87.1%和 12.9%。全区查明的锡矿资源仅分布在赤峰市和锡林郭勒盟，但主要集中在赤峰市。赤峰市(主要有黄岗梁铁锡矿等)锡保有资源储量达 33.24 万 t，占全区的 88.2%；锡林郭勒盟(主要有毛登锡矿等)锡保有资源储量为 4.45 万 t，占全区的 11.8%。

全区锡单矿种共划分了 7 个预测工作区，预测工作区总面积 14.3 万 $km^2$，总计圈出 184 个最小预测区，锡预测资源量为 1 853 970.89t，7 个预测工作区内已查明资源量为 762 847t，预测资源量约为查明资源量的 2～3 倍。

区内锡矿主要集中于大兴安岭成矿带南段及二连-东乌成矿带中，下一步勘查开发工作应集中于大兴安岭成矿带南段及已发现的典型矿床外围和深部，勘查矿床类型应以岩浆热液型为主。

内蒙古共划分了 7 个矿资源未来开发基地，分别为太平林场锡矿资源开发基地、朝不楞锡矿资源开发基地、孟恩陶勒盖锡矿资源开发基地、白音诺尔-浩尔图锡开发基地、河东营子-太平村锡开发基地、毛登-黄岗梁锡矿资源开发基地、千斤沟锡矿资源开发基地(表 11-8)。

表 11-8 内蒙古自治区锡矿资源未来开发基地一览表

| 未来开发基地名称 | 预计 2000m 以浅产能(t) |
|---|---|
| 太平林场锡矿资源开发基地 | 27 656 |
| 朝不楞锡矿资源开发基地 | 84 471 |
| 孟恩陶勒盖锡矿资源开发基地 | 4960 |
| 白音诺尔-浩尔图锡矿资源开发基地 | 429 224 |
| 河东营子-太平村锡矿资源开发基地 | 128 335 |
| 毛登-黄岗梁锡矿资源开发基地 | 1 150 377 |
| 千斤沟锡矿资源开发基地 | 5219 |
| 总计 | 1 830 242 |

## 十一、镍矿资源开发现状及未来情况预测

根据对全区现有的 19 个已知镍矿床(点)进行综合研究,确定了以白音胡硕镍矿(硅酸镍)、小南山镍矿、达布逊镍矿、亚干镍矿、哈拉图庙镍矿以及元山子镍矿 6 个镍矿床为代表的典型矿床,划分为 6 个矿产预测类型,共有 2 个预测方法类型:侵入岩体型(包括 5 个矿产预测类型)、沉积变质型(包括 1 个矿产预测类型)。

内蒙古自治区镍矿预测资源量为 607 227t,但类型较为单一,最主要为岩浆熔离型。近几年由于镍价暴涨,利润成倍增加,激励国际矿业公司投入大量资金进行镍矿勘探,不仅勘查铜镍硫化矿,而且也勘查红土型镍矿和其他氧化镍矿。20 世纪 90 年代以来不断发现大型镍矿 10 余处,中型镍矿几十处,为镍工业进一步发展创造条件。据加拿大矿业经济研究小组调查,2004 年全球镍矿勘查投入约 2.6 亿美元,占常用有色金属勘查投资的 27.7%;2005 年全球镍矿勘查投入约 4.3 亿美元,比 2004 年增加近 1 倍,占常用有色金属勘查投资的 29.7%。目前常用有色金属勘查费用中近 1/3 用于镍矿勘探,完全可以保证全球经济发展对镍的需求。

由于高镍价刺激,镍矿山开发更加红火。世界镍矿分布相对集中,镍资源国家主要有澳大利亚、俄罗斯、加拿大、古巴、新喀里多尼亚、印度尼西亚、菲律宾、巴西和南非等,拥有全球几乎所有的大型、特大型镍矿,多数是富镍矿,极具开发利用价值。自从镍价暴涨以来,国外更加重视镍矿山开发,老矿山不断改建,新矿山不断投资建设。据不完全统计,目前正在建设和即将开工建设的大型、特大型镍矿山共有 15 座,新增镍含量能力 30 万 t/a 左右,全球形成了开发镍矿山热潮。因此,内蒙古自治区亦应在潜力评价工作的基础上,合理选区,加大镍矿勘查和开发力度。

内蒙古自治区共划分了 6 个镍矿资源未来开发基地,分别为白音胡硕镍矿资源开发基地、小南山镍矿资源开发基地、额布图镍矿资源开发基地、达布逊镍矿资源开发基地、亚干镍矿资源开发基地、元山子镍矿资源开发基地(表 11-9)。

表 11-9 内蒙古自治区镍矿资源未来开发基地一览表

| 未来开发基地名称 | 预计 2000m 以浅产能(t) |
|---|---|
| 白音胡硕镍矿资源开发基地 | 253 593 |
| 小南山镍矿资源开发基地 | 29 437 |
| 额布图镍矿资源开发基地 | 42 086 |

续表 11-9

| 未来开发基地名称 | 预计 2000m 以浅产能(t) |
|---|---|
| 达布逊镍矿资源开发基地 | 87 405 |
| 亚干镍矿资源开发基地 | 161 895 |
| 元山子镍矿资源开发基地 | 3 435.36 |
| 总计 | 577 851.36 |

## 十二、金矿资源开发现状及未来情况预测

截至 2011 年，全区共有金矿上表单元共 201 个，其中单一和以金为主矿产的金矿产地 164 处，共生金上表单元 10 个，伴生金上表单元 27 个。

全区累计查明的资源储量为金 551.43t，其中基础储量 352.59t，资源量 198.84t，基础储量和资源量分别占全区金矿查明资源总量的 64.0%和 36.0%。

截至 2011 年底，全区金矿保有资源储量金 365.76t，居全国第六位。其中，金矿保有基础储量 173.76t，资源量 192t，基础储量和资源量分别占全区保有资源量的 47.5%和 52.5%。

全区 201 个上表单元中，有岩金矿产地 139 处和共生岩金上表单元 10 个，金矿保有资源储量 315.28t，占全区金矿保有资源总量的 86.2%；有砂金矿产地 25 处，金保有资源储量 7.89t，占全区保有资源总量的 2.2%；有伴生金 27 处，保有资源储量 42.59t，占全区保有资源总量的 11.6%。

全区 12 个盟市均有查明的金矿产资源储量分布。其中岩金主要分布于赤峰市、巴彦淖尔市、锡林郭勒盟和包头市，4 个盟市保有资源储量占全区岩金保有资源储量的 88.5%；伴生金主要分布在乌兰察布市、呼伦贝尔市、赤峰市和锡林郭勒盟，4 个盟市占全区伴生金保有资源储量的 91.9%；砂金主要分布在呼伦贝尔市，占全区砂金保有资源储量的 99.4%。

内蒙古自治区金矿共划分了 18 个矿产预测类型，划分了 22 个预测工作区，预测资源量 911 539.79kg。主要的金资源储量集中于华北陆块北缘西段及东段，在上述地段应加强勘查投入，对已知大矿及富矿的外围和深部加强勘探，同时对中新元古代黑色岩系中的低品位金和华北陆块北缘增生带中的浅成斑岩型金矿加强识别、寻找和开发。

内蒙古自治区共划分了 9 个金矿资源未来开发基地，分别为兴安屯-四五牧场金矿资源开发基地、古利库-阿荣旗金矿资源开发基地、赤峰南部金矿资源开发基地、红格尔-巴音温都尔金矿资源开发基地、白乃庙-毕力赫金矿资源开发基地、浩尧尔忽洞-卓资县金矿资源开发基地、巴音杭盖金矿资源开发基地、朱拉扎嘎-浩尧尔哈尔金矿资源开发基地、三个井-老硐沟-特拜金矿资源开发基地(表 11-10)。

表 11-10　内蒙古自治区金矿资源未来开发基地一览表

| 未来开发基地名称 | 预计 2000m 以浅产能(kg) |
|---|---|
| 兴安屯-四五牧场金矿资源开发基地 | 12 224 |
| 古利库-阿荣旗金矿资源开发基地 | 14 654 |
| 赤峰南部金矿资源开发基地 | 120 535 |
| 红格尔-巴音温都尔金矿资源开发基地 | 37 678 |
| 白乃庙-毕力赫金矿资源开发基地 | 90 161 |
| 浩尧尔忽洞-卓资县金矿资源开发基地 | 368 596 |

续表 11-10

| 未来开发基地名称 | 预计 2000m 以浅产能(kg) |
|---|---|
| 巴音杭盖金矿资源开发基地 | 15 268 |
| 朱拉扎嘎-浩尧尔哈尔金矿资源开发基地 | 60 099 |
| 三个井-老硐沟-特拜金矿资源开发基地 | 44 485 |
| 总计 | 763 700 |

## 十三、银矿资源开发现状及未来情况预测

截至 2011 年,全区共有银矿上表单元 219 个。其中单一和以银为主矿产的银矿产地 23 处,共生银上表单元 62 个,伴生银上表单元 134 个。年度新增银上表单元 5 个,比上年增长 2.3%。全区累计查明银矿资源储量 34 131t,其中基础储量 12 404t,资源量 21 727t,基础储量和资源量分别占全区查明资源总量的 36.3%和 63.7%。

截至 2011 年底,全区银矿保有资源量 30 645t,居全国第一位,占全国银矿保有资源量的 16.47%。其中,银矿保有基础储量 9808t,资源量 20 837t,基础储量和资源量分别占全区保有资源总量的 32.0%和 68.0%。

全区 12 个盟市除鄂尔多斯市外均有查明银矿资源储量分布,但主要分布在赤峰市、呼伦贝尔市和锡林郭勒盟,3 个盟市银矿保有资源储量占全区的 86.9%。

赤峰市(主要有拜仁达坝银多金属矿、白音诺尔铅锌共生银矿等)银资源量占全区的 44.7%;呼伦贝尔市(主要有额仁陶勒盖银矿、查干布拉根银铅锌矿等)银资源量占全区的 18%;锡林郭勒盟(主要有花敖包特银铅锌矿和吉林宝力格银矿)银资源量占全区的 23.8%。

通过矿产资源潜力评价工作,在区内共划分 8 个银矿预测类型,原生加伴生共 14 个预测工作区,原生银矿预测资源量共获得 63 279.56t,伴生银矿预测资源量为 10 885.73t。原生+伴生预测资源总量为74 165.29t。预测资源量主要位于大兴安岭成矿带新巴尔虎右旗北段及中南段兴安盟至赤峰北部地区,由于内蒙古自治区银资源储量充足,不宜过多地投入勘查,主要精力应集中于现有矿山的外围及深部,延长矿山使用寿命。

内蒙古自治区共划分了 5 个银矿资源未来开发基地,分别为比利亚谷银矿资源开发基地、额仁陶勒盖银矿资源开发基地、吉林宝力格-朝不楞银矿资源开发基地、孟恩陶勒盖-花敖包特-官地银矿资源开发基地、李清地银矿银矿资源开发基地(表 11-11)。

表 11-11 内蒙古自治区银矿资源未来开发基地一览表

| 未来开发基地名称 | 预计 2000m 以浅产能(t) |
|---|---|
| 比利亚谷银矿资源开发基地 | 30 356 |
| 额仁陶勒盖银矿资源开发基地 | 14 025 |
| 吉林宝力格-朝不楞银矿资源开发基地 | 4606 |
| 孟恩陶勒盖-花敖包特-官地银矿资源开发基地 | 40 617 |
| 李清地银矿资源开发基地 | 742 |
| 总计 | 90 346 |

## 十四、铝矿资源开发现状及未来情况预测

本区只有一个沉积型铝土矿，为城坡高矾铝土矿，位于鄂尔多斯市准格尔旗，该矿床查明矿石资源储量为 44.35 万 t，预测资源量为 361.32 万 t。结合内蒙古自治区铝土矿成矿地质条件，下一步勘查开发地区主要应在华北陆块北缘的鄂尔多斯古生代克拉通盆地及清水河县、丰镇市的古生代盆地。

## 十五、稀土矿资源开发现状及未来情况预测

截至 2011 年底，全区共有稀土矿上表单元 6 个，其中包括稀土矿产地 2 处，共生稀土上表单元 2 个，伴生稀土上表单元 2 个。累计查明的稀土氧化物资源储量 18 065.41 万 t，其中基础储量 3 730.71 万 t，资源量 14 334.0 万 t，基础储量和资源量分别占全区查明资源总量的 20.65%和 79.35%。

截至 2011 年，全区稀土氧化物保有资源储量为 15 893.04 万 t，居全国第一位，占全国稀土保有资源总量的 98.6%。其中，稀土保有基础储量 1 595.43 万 t，资源量 14 297.61 万 t，基础储量和资源量分别占全区保有资源总量的 10%和 90%。与上年相比，稀土氧化物保有资源储量减少 104.96 万 t，减少了 0.66%。

内蒙古自治区查明稀土矿资源仅在包头市、通辽市和乌兰察布市有分布，全集中分布在包头市白云鄂博矿区和通辽市扎鲁特旗八 O 一稀土矿，两处保有稀土资源储量分别占全区总量的 99.5%和 0.49%。

本次预测共估算预测资源量 25 850.56 万 t，其中可利用预测资源量为 25 844.591 3 万 t，不可利用预测资源量为 11.043 6 万 t。全预测的可利用资源量是现未占用登记的 6.7 倍，其中白云鄂博预测工作区可利用资源量是现未占用登记的 6.8 倍，巴尔哲预测工作区可利用资源量是现未占用登记的1.1 倍。

综上所述，内蒙古自治区稀土资源储量丰富，找矿潜力大，但为保护稀土这一战略资源，并把资源优势转化为经济优势，鉴于国内市场价格及提高资源利用率、促进中国稀土产业的可持续性发展的要求，该区的稀土资源在进行摸清“家底”勘查后，应适度开发。

内蒙古自治区共划分了 4 个稀土矿资源未来开发基地，分别为白云鄂博稀土矿资源开发基地、巴尔哲稀土矿资源开发基地、桃花拉山稀土矿资源开发基地及三道沟稀土矿资源开发基地（表 11-12）。

**表 11-12　内蒙古自治区稀土矿资源未来开发基地一览表**

| 未来开发基地名称 | 预计 2000m 以浅产能（t） |
|---|---|
| 白云鄂博稀土矿资源开发基地 | 257 480 600 |
| 巴尔哲稀土矿资源开发基地 | 849 191 |
| 桃花拉山稀土矿资源开发基地 | 181 615 |
| 三道沟稀土矿资源开发基地 | 44 943 |
| 总计 | 258 556 349 |

## 十六、硫铁矿资源开发现状及未来情况预测

截至2011年,全区共有硫铁矿上表单元33处,其中单一和以硫铁矿为主矿产的矿产地8处,共生硫铁矿上表单元5个,伴生硫上表单元20个。全区累计查明硫铁矿石资源储量61 803.5万t,其中基础储量17 709.9万t,资源量44 093.6万t,基础储量和资源量分别占全区硫铁矿查明资源总量的28.6%和71.4%;累计查明的伴生硫资源储量2 317.9万t,其中基储储量17.2万t,资源量2 300.7万t,基础储量和资源量分别占全区伴生硫查明资源总量的0.8%和99.2%。

截至2011年底,全区硫铁矿石保有资源储量60 012.3万t,居全国第七位。硫铁矿石保有基础储量为15 980.7万t,资源量44 031.6万t,基础储量和资源量分别占保有资源储量的26.6%和73.4%。

内蒙古自治区硫铁矿集中分布在巴彦淖尔市,主要有东升庙、炭窑口、甲生盘、山片沟和对门山等大中型硫铁矿多金属矿区,保有资源储量占全区的74.8%。

通过矿产资源潜力评价项目,内蒙古自治区预测硫铁矿石资源量为81 999.48万t。鉴于该区硫铁矿资源丰富,在潜力评价的基础上合理选区,加大勘查和开发力度,未来勘查开发基地应集中于狼山东缘、苏尼特右旗南部及陈巴尔虎旗六一硫铁矿一带。

内蒙古自治区共划分了6个硫铁矿资源未来开发基地,分别为东升庙-甲生盘硫铁矿资源开发基地、别鲁乌图-白乃庙硫铁矿资源开发基地、拜仁达坝-哈拉白旗硫铁矿资源开发基地、房塔沟-榆树湾硫铁矿资源开发基地、朝不楞-霍林河硫铁矿资源开发基地、六一-十五里堆硫铁矿资源开发基地(表11-13)。

**表11-13 内蒙古自治区硫铁矿资源未来开发基地一览表**

| 未来开发基地名称 | 预计2000m以浅产能(万t) |
|---|---|
| 东升庙-甲生盘硫铁矿资源开发基地 | 74 279.932 |
| 别鲁乌图-白乃庙硫铁矿资源开发基地 | 3 794.993 |
| 拜仁达坝-哈拉白旗硫铁矿资源开发基地 | 211.619 |
| 房塔沟-榆树湾硫铁矿资源开发基地 | 896.510 |
| 朝不楞-霍林河硫铁矿资源开发基地 | 548.553 |
| 六一-十五里堆硫铁矿资源开发基地 | 1 272.897 |
| 总计 | 81 004.504 |

## 十七、磷矿资源开发现状及未来情况预测

内蒙古自治区磷矿资源主要分布在中西部地区,磷矿勘查程度相对较低,目前已发现磷矿床(点)36处,按成因类型分:沉积变质型15处,沉积型9处,岩浆岩型(含磷透辉岩)12处;按规模分:大型矿产地1处,中型矿产地7处,小型矿产地6处,矿点22处。已查明的磷矿床(点)资源/储量总计32 660.62万t。全区共预测磷资源量60 108.14万t。

内蒙古自治区大、中型磷矿床多为低品位矿,因此,区内磷矿开发利用程度非常低。已查明资源量中的81%集中在华北陆块北缘布龙图矿区,布龙图磷矿由于品位低、矿石矿物颗粒细、选矿难度大,在20世纪七八十年代当地政府组织过小规模开采,但由于经济效益差而停产。

在已查明磷矿产地中,目前仅有炭窑口矿区的一号矿床CuP-1号矿体被开采利用,开采出的磷矿石

大部分用于制造化肥，年消耗磷矿石量在20万t左右。其他矿产地除个别有小规模开采外，绝大部分磷矿资源量处于未动用状态。未来勘查开发基地应集中于包头市北部达茂旗及乌海市西部贺兰山一带。

内蒙古自治区共划分了3个磷矿资源未来开发基地，分别为布龙图-百灵庙磷矿资源开发基地、正目观-崔子窑沟磷矿资源开发基地及盘路沟-保安乡磷矿资源开发基地(表11-14)。

**表11-14　内蒙古自治区磷矿资源未来开发基地一览表**

| 未来开发基地名称 | 预计2000m以浅产能(万t) |
|---|---|
| 布龙图-百灵庙磷矿资源开发基地 | 44 787 |
| 正目观-崔子窑沟磷矿资源开发基地 | 5293 |
| 盘路沟-保安乡磷矿资源开发基地 | 1437 |
| 总计 | 51 517 |

## 十八、菱镁矿资源开发现状及未来情况预测

内蒙古自治区菱镁矿产地目前仅有巴彦淖尔市乌拉特中旗索伦山一带察汗奴鲁风化壳型菱镁矿，查明资源储量为143.90万t，预测菱镁矿资源量为391.37万t。鉴于该区菱镁矿资源仅占全国很少一部分，不是该区的优势矿种，因此，勘查投入意义不大，资源潜力低。

## 十九、萤石矿资源开发现状及未来情况预测

截至2011年，内蒙古自治区共有萤石矿上表单元27个，均为单一萤石矿产地，上表单元数与上年度相同。全区累计查明萤石矿石资源储量为2 670.0万t，其中基础储量393.0万t，资源量2 277.0万t，基础储量和资源量分别占全区查明资源总量的13.2%和86.8%。

截至2011年底，全区普通萤石矿石保有资源储量为2 445.7万t，居全国第三位。其中，萤石矿石保有基础储量245.3万t、资源量2 200.4万t，基础储量和资源量分别占全区保有资源总量的10%和90%。

目前除呼和浩特市、乌海市和鄂尔多斯市尚无查明的萤石矿产地外，其他9个盟市均有萤石资源分布，但主要分布在乌兰察布市，其保有资源储量占全区的74.2%。

内蒙古自治区对萤石的开发利用较早，20世纪30年代末就有民采小矿少量开采，大规模开采始于80年代。近几年产量增长速度较快。由于增加了地质勘查力度，大力开展了对已知矿床(点)周边隐伏矿及深部矿的研究，内蒙古自治区的萤石矿开发利用潜力巨大。全区潜力评价工作中共预测萤石资源量为6 637.23万t。未来勘查开发区域应集中于乌兰察布市四子王旗和额济纳旗东七一山一带，同时应加强典型矿床外围及深部的勘查力度。

内蒙古自治区共划分了6个萤石矿资源未来开发基地，分别为苏莫查干敖包-敖包吐萤石矿资源开发基地、大西沟-桃海萤石矿资源开发基地、东七一山萤石矿资源开发基地、哈布达哈拉-恩格勒萤石矿资源开发基地、黑沙图-乌兰布拉格萤石矿资源开发基地、白音锡勒牧场-水头萤石矿资源开发基地(表11-15)。

**表 11-15 内蒙古自治区萤石矿资源未来开发基地一览表**

| 未来开发基地名称 | 预计 2000m 以浅产能(万 t) |
|---|---|
| 苏莫查干敖包-敖包吐萤石矿资源开发基地 | 5 450.0 |
| 大西沟-桃海萤石矿资源开发基地 | 137.5 |
| 东七一山萤石矿资源开发基地 | 100.6 |
| 哈布达哈拉-恩格勒萤石矿资源开发基地 | 176.1 |
| 黑沙图-乌兰布拉格萤石矿资源开发基地 | 143.5 |
| 白音锡勒牧场-水头萤石矿资源开发基地 | 144.6 |
| 总计 | 6 152.3 |

## 二十、重晶石矿资源开发现状及未来情况预测

内蒙古自治区重晶石资源有限，资源很少，仅见呼伦贝尔市扎兰屯市巴升河重晶石矿，为热液型，硫酸钡查明资源储量为 1.960 万 t，预测资源量为 5.730 万 t。中国重晶石资源丰富，储量和产量均居世界首位，也是世界上最大的重晶石出口国，在国际市场上占有重要的地位。鉴于该区重晶石资源仅占全国很少一部分，不是该区的优势矿种，因此，勘查投入意义不大，资源潜力前景不乐观。

但就勘查类型来看，内蒙古自治区应注重沉积型重晶石的寻找，因为该区处于华北陆块北缘的中新元古代裂谷环境，受裂谷带构造和岩相古地理环境控制，形成酸性的地球化学环境，由于裂谷带火山喷气热液活动的结果，有形成磷块岩-硅质岩-碳质岩-页岩成岩系列，磷、钡、铀、轻稀土、镍、钼、钒、铂族成矿系列的成矿环境和成矿地质条件。

## 二十一、煤炭资源开发现状及未来情况预测

截至 2011 年底，内蒙古自治区共有煤矿产地 440 处，全区累计查明的资源储量为 3 765.35 亿 t，预测的资源量(334?)为 4 315.30 亿 t。在查明的资源储量中，基础储量为 436.15 亿 t、资源量为 3 329.20 亿 t，基础储量和资源量分别占查明资源储量的 11.58%和 88.42%。

截至 2011 年底，全区煤炭保有资源储量为 3 690.32 亿 t，居全国第一位，占全国总量的 26.76%。其中，煤炭保有基础储量 368.89 亿 t、资源量 3 321.43 亿 t，基础储量和资源量分别占全区保有资源储量的 10%和 90%。

全区 12 个盟市均有查明煤炭资源储量分布，但主要集中分布在鄂尔多斯市、锡林郭勒盟和呼伦贝尔市，3 个盟市占全区煤炭保有资源储量的 93.6%。其中鄂尔多斯市(主要有东胜煤田、准格尔煤田等)煤炭保有资源储量为 1 930.45 亿 t，占全区的 52.3%；锡林郭勒盟(主要为胜利煤田、白音华煤田等)煤炭保有资源储量为 947.99 亿 t，占全区的 25.7%；呼伦贝尔市(主要为陈巴尔虎煤田、伊敏煤田、大雁煤田等)煤炭保有资源储量为 577.13 亿 t，占全区的 15.6%。

内蒙古自治区煤炭资源储量丰富，潜力大，在进行勘查摸清“家底”的同时，结合国内外需求和环境保护要求，应适度开发。开发基地应主要集中于内蒙古中部的鄂尔多斯盆地、东部的海拉尔盆地，西部的贺兰山腹地应适度开发，总之应节约资源、保护环境，且要加强煤炭资源的就地转化和利用。

# 第十二章 数据库建设

## 第一节 基础数据库维护

### 一、地质工作程度数据库

自2007年以来,本项目分年度完成了内蒙古自治区地质工作程度数据库维护工作。2007年3月—2008年12月,完成工作如下。

(1)在对原数据库进行了认真核对、补充完善和必要修改的同时,新收录区域地质调查、矿产勘查、地球物理勘查、地球化学勘查、遥感地质调查、水文地质调查、环境地质调查、工程地质调查、综合类等地质成果资料1030件,新采集矿区工作情况子表数据849个,新增矿产地数据446个,并对原库中有严重出入的40个数据进行了修改,建立了MS Access2000格式的内蒙古自治区地质工作程度数据库。

(2)新收录数据共形成了地质工作程度图层37个,矿产地图层8个。

(3)通过本次数据库维护,全区地质工作程度数据库共有数据4701个,图层109个,矿产地1882个,矿产地图层13个。收录资料包括了2006年12月31日以前全区地质资料馆正式归档的所有地质调查,地球化学勘查,地球物理勘查,水文地质、工程地质、环境地质调查及综合类地质成果报告;除近几年区内部分煤矿企业投资进行的煤炭资源储量核实报告未录入外,其余所有的矿产勘查成果报告均收录,还包括了已向全国地质资料馆正式汇交的2006年以前在内蒙古自治区内所开展的国家地质大调查成果报告。另外,收集了2006年12月31日前内蒙古自治区地质勘查基金所安排并已提交成果报告的32份资料,按全国项目办临时编号做了收录。

2009年,在对原数据库进行认真核对、补充完善和必要修改的同时,新增区域性基础地质工区450个,维护后总共有5159个。

2010年,新收录全区地质成果资料600件,最终形成了截至2009年底的内蒙古自治区地质工作程度数据库,共包含地质工作程度数据5759个。

2011年,在2010年所完成的工作程度数据库的基础上,对旧库进行了全面更新维护。删除重复项目5个,修改项目名称2个,删除矿区工作情况空白数据18个,删除与新增矿产地重复号132个。新收录全区2010年以来所汇交的地质成果资料700件,新采集矿区工作情况子表数据1005条,新增矿产地工作程度数据579个,并建立了MapGIS地质工作程度空间数据库。通过以上工作,形成了全区地质工作程度数据库,总库共有工作程度项目6454个,矿产地工作程度数据2475个,矿区工作情况数据7228条。

2012年,在2011年所完成的地质工作程度数据库的基础上,对该数据库进行了全面更新与维护。维护后共包含地质工作程度数据6904个,矿产地工作程度数据2675个,矿区工作情况数据7328条。

## 二、矿产地数据库

自2007年以来,本项目分年度完成了内蒙古自治区矿产地数据库维护工作。

2007年3月—2008年12月,全面收集了2003年1月—2007年12月提交的大调查项目、资补费项目、地方专项等各类报告,并以2008年《内蒙古自治区矿产资源储量表》中新增矿产地为重点,按矿种及储量规模分类查找最新、最全的矿产勘查报告和相关资料进行补充维护。

完成工作如下:

(1)新增矿产地入库。增补了截至2007年12月以来各类矿产地共计513个(大型10个,中型17个,小型232个,各类矿点、矿化点254个),其中,金属矿产地为446个,非金属矿产地为67个。2006年12月—2007年12月的矿产地88个。

(2)对已有矿产地数据维护。按《全国矿产资源潜力评价数据库工作技术要求》(2007年5月),对原已验收矿产地数据库表,增加了维护工作"121b"等16个字段,并将原1427个矿产地信息逐条进行了维护。

按要求对储量单位进行了统一(如对铁矿储量单位统一为"亿吨"),并将原1427个矿产地信息逐条进行了修改。

由于矿点勘查程度的提高,对已入库的15个矿产地进行了资料的更新和维护工作。

查出了10个重复录入的矿产地记录,并加以删除。

2007年,内蒙古自治区矿产资源潜力评价项目对全区矿产地数据库进行了更新与维护,新增截至2006年12月底的各类矿产地共计425个,删减了旧库中重复矿产地,通过数据库维护共收录各类矿产地数据1844个。

2008年,新增截至2007年12月底的各类矿产地88个,通过数据库维护共收录各类矿产地1932个。其中大型89个,中型225个,小型680个,各类矿点和矿化点938个。

2009年,新增矿产地73个(含中型矿床5个,小型矿床68个)。其中新增铁矿55个,锰矿1个,钼矿1个,铜多金属矿6个,铅锌多金属矿10个。维护后总共有矿产地2005个。

2010年,新增矿产地67个,其中特大型矿产地3处,大型矿产地2处,中型矿产地12处,小型矿产地49处,矿化点1处。按矿产类别来划分,金属矿产地61处,非金属矿产地6处。通过维护矿产地数据库共收录各类矿床点2072个,其中大型92个,中型232个,小型797个,各类矿点、矿化点951个。

2011年,新增截至2010年12月以来各类矿产地共计41个,其中特大型矿产地1个,中型矿产地6个,小型矿产地34个。按矿产类别来划分,金属矿产地38个,非金属矿产地3个。

完成了原矿产地数据库的更新维护13个,并将2010年前矿产地数据库"矿产勘查工作概况"表中的〈发现单位〉和〈调查单位〉字段,单位代码全部换成汉字单位名称。

通过本次维护,矿产地数据库总库共收录各类矿产地2110处,其中特大型矿产地9处,大型87个,中型251个,小型728个,各类矿点、矿化点1035个。

2012年,在2011年所完成的矿产地数据库的基础上,对该数据库进行了全面更新维护。维护后矿产地数据库共收录各类矿产地2160处,其中特大型矿产地19处,大型97个,中型261个,小型738个,各类矿点、矿化点1045个。

## 三、区域地球化学数据库

自开展1∶20万区域化探扫面工作以来,取得了大量的原始数据,但对于内蒙古自治区来说,本次工作是首次进行全区化探数据整理，并进行基础数据库建设，为今后进行数据管理及矿产预测工作提供了翔实可靠的基础地球化学资料。

主要成果如下：

(1)新数据入库工作。补充了6个1:20万图幅、39个元素数据27 000个。

(2)数据库完善。①通过全区性成图对区域地球化学数据库进行检查，发现图幅间有系统误差，数据有疑点和缺失现象；纠正了1个图幅的坐标错误；纠正了3个图幅的数据错乱情况。②为确保数据无误，制作39个元素的地球化学图和点位数据图进行检查，绘制临时单元素地球化学图162幅。③维护后区域地球化学数据库中包含了1:20万数据151 205个。

(3)图幅间系统误差动态调平。对全区存在系统误差的38个元素数据进行了动态调平。

(4)编制了全区1:20万化探接图表和图幅信息属性表。①全区1:20万化探接图表编制，完成了"内蒙古自治区1:20万化探接图表"。②属性表填写。收集、整理、填写图幅信息属性表168条。③属性链接。将"内蒙古自治区1:20万化探接图表"中的区文件，与"图幅信息属性表"进行属性链接。

## 四、区域重力数据库

### 1. 数据整理

完成1:100万重力原始数据(五项)"五统一"改算，2个图幅。

### 2. 坐标转换

完成数据库坐标转换工作1:100万12幅，1:50万5幅，1:20万94幅。

### 3. 图形文件生成

为确保区域重力数据无误，制作临时的全区和分图幅布格重力异常平面图10幅。

### 4. 维护后数据量

维护后区域重力数据库中包含数据90 114个，其中1:100万数据11 667个，1:50万数据1631个和1:20万数据76 816个。

## 五、航磁数据库

航磁数据库新增1:5万航磁数据7个测区、1:20万航磁数据1个测区，并对全区数据进行了核查、校对，制作全区和分片航磁$\Delta T$等值线图15幅。

## 六、自然重砂数据库

### 1. 数据核查

对全区167幅自然重砂数据进行了核查，其中检查出一个不合理的最大值，属原始资料错误造成，并予以修改，另有26处数据是错录、遗漏，按原始重砂鉴定报告予以改正和补充。

**2. 点位图等编制**

为确保 1:20 万自然重砂数据维护无误,利用自然重砂软件制作了矿物点位图、分级图、八卦图,共 10 幅。

## 七、遥感影像数据库

完成了全区 ETM 原始数据检查 102 景。

## 八、1:20 万数字地质图空间数据库

根据本项目要求,将原系统库(20Wslib)更换为矿产资源潜力评价项目全国统一系统库,共完成 131 幅。

## 九、1:50 万数字地质图空间数据库

主要成果如下:

(1)分析研究。将内蒙古东北地区恩和哈达-阿荣旗共 9 幅、中东部地区二连浩特-阿巴嘎旗共 5 幅、包头-满都拉地区 3 幅、西乌珠穆沁旗 1 幅 1:25 万地质图进行了认真细致的阅读和理解,总结其地质特征,确定了与原地质填图单元的合并原则等。

(2)简化图形文件。对 18 幅 1:25 万地质图的图形文件(MapGIS 点、线文件)进行了简化。

(3)更换系统库、生成标准图框、投影变换。将 18 幅 1:25 万地质图的图形数据按规定的系统库对子图和线型进行了更换、点线文件进行投影,使其与原 1:50 万数字地质图处于同一位置。

(4)图形裁剪与 1:50 万数字地质图接边。对原 1:50 万数字地质图线、面文件进行"外裁",并与投影成"度×200"且连在一起的新数据,放在同一工程文件下进行更新部分与未更新部分的接边处理。

(5)拓扑造区、属性录入、文件汇入 1:50 万数字地质图数据库。进行拓扑造区,区文件和线文件属性表填写,属性录入,线、区文件汇入,区文件合并和线文件的连接,使同一地质体成为一体。

(6)更新数据库。更新了 1:50 万数字地质图空间数据库。

# 第二节　成果数据库建设

各个专业按照"一图一库"的原则进行专题成果数据库建设。在数据库建设的过程中,各专业组按照《全国矿产资源潜力评价数据模型》等相关规定要求,对专题图件进行数据采集、图层划分、属性表编制工作,利用 GeoMAG 软件将专题图层与对应的属性表进行匹配规范入库,建立了成矿地质背景,成矿规律与预测,成果数据库,物、化、遥、自然重砂成果数据库,并进行了综合信息集成数据库建设工作。

## 一、成矿地质背景成果数据库

1:25 万分幅实际材料图和建造构造图数据库 178 个。

矿产资源潜力评价预测工作区地质构造专题底图数据库 179 个，其中铁 27 个，铝土 1 个，金 22 个，铜 19 个，铅锌 15 个，钨锑 6 个，稀土 4 个，磷 7 个，银 8 个，钼 15 个，锰 5 个，锡 7 个，镍 10 个，铬 6 个，硫铁矿 8 个，萤石 17 个，菱镁矿 1 个，重晶石 1 个。

## 二、成矿规律与预测成果数据库

矿产资源潜力评价区域成矿规律图、预测工作区成矿要素图和预测要素图、预测成果图等数据库 1041 个。其中铁 164 个，铝土 12 个，金 128 个，铜 118 个，铅锌 96 个，钨锑 42 个，稀土 30 个，磷 42 个，银 46 个，钼 77 个，锰 31 个，锡 39 个，镍 48 个，铬 32 个，硫铁矿 45 个，萤石 69 个，菱镁矿 11 个，重晶石 11 个。

## 三、物、化、遥、自然重砂成果数据库

### 1. 重力成果数据库

全区重力工作程度图、推断地质构造图、布格和剩余重力异常图等数据库 4 个。

预测工作区推断地质构造图、布格和剩余重力异常图等数据库 531 个，其中铁 81 个、铝土 3 个，金 66 个，铜 57 个，铅锌 45 个，钨锑 18 个，稀土 12 个，磷 18 个，银 24 个，钼 45 个，锰 15 个，锡 21 个，镍 30 个，铬 18 个，硫铁矿 21 个，萤石 51 个，菱镁矿 3 个，重晶石 3 个。

### 2. 磁测成果数据库

全区磁法工作程度图、推断地质构造图、磁异常分布图和航磁等值线平面图等数据库 7 个。

预测工作区推断地质构造图、磁异常分布图和航磁等值线平面图等数据库 848 个，其中铁 244 个，金 88 个，铜 76 个，铅锌 72 个，钨锑 24 个，稀土 16 个，磷 24 个，银 32 个，钼 60 个，锰 20 个，锡 28 个，镍 36 个，铬 24 个，硫铁矿 28 个，萤石 68 个，菱镁矿 4 个，重晶石 4 个。

### 3. 化探成果数据库

全区地球化学景观图、工作程度图、推断地质构造图、地球化学图及异常图等数据库 85 个。

预测工作区推断地质构造图、地球化学图及异常图等数据库 2386 个，其中金 505 个，铜 368 个，铅锌 299 个，钨锑 115 个，稀土 96 个，银 253 个，钼 275 个，锰 76 个，锡 149 个，镍 122 个，铬 92 个，萤石 34 个，菱镁矿 2 个。

### 4. 遥感成果数据库

全区及 1:25 万分幅遥感矿产地质特征解译图、羟基(铁染)异常分布图等数据库 410 个。

预测工作区遥感矿产地质特征解译图、羟基(铁染)异常分布图等数据库 707 个，其中铁 99 个，铝土 6 个，金 71 个，铜 64 个，铅锌 52 个，钨锑 16 个，稀土 12 个，磷 18 个，银 48 个，钼 75 个，锰 27 个，锡 33

个,镍 39 个,铬 27 个,硫铁矿 33 个,萤石 75 个,菱镁矿 6 个,重晶石 6 个。

**5. 自然重砂成果数据库**

全区自然重砂异常图数据库 44 个。

预测工作区自然重砂异常图数据库 73 个,其中金 14 个,铜 9 个,铅锌 6 个,钨锑 3 个,稀土 3 个,磷 3 个,钼 7 个,锰 4 个,锡 4 个,铬 5 个,硫铁矿 6 个,萤石 9 个。

### 四、综合信息集成数据库

GeoPEX 用于内蒙古自治区矿产资源潜力评价资料性成果汇总建库,建立内蒙古自治区矿产资源潜力评价资料性成果数据库系统。该系统支持基于本地、局域网、广域网分布式管理,实现内蒙古自治区矿产资源潜力评价图件、报告、编图说明书、元数据等一体化管理,可按专业、矿种、图件类型、图层分类、空间范围、图元属性等多种方式,浏览、查询、检索图件、图层、图元、属性及相关文档,检索结果方便导出,辅助综合编图等应用。

## 第三节　数据库质量

### 一、数据库质量控制原则

本项目按照《质量管理体系》(GB/T 19001—2000)建立了数据库质量管理体系,并通过了中国地质调查局的质量认证和重新认证。项目组全体成员依照《质量手册》《质量体系程序文件》《设计书》上岗操作,严格执行全国矿产资源潜力评价项目《数据库维护工作技术要求》以及其他应用标准。项目负责人对项目质量全面负责,各个工作流程均进行了 100%的自检、互检和 50%以上的抽检,同时采用数据库录入软件进行数据及逻辑关系的质量检查工作。各级检查通过后,方可进行下一步工作,各级质量检查均有记录。最终设有院级检查验收,通过后提交全国和大区项目办。本着严把各工作环节的质量关的原则,将差错率降到最低限,保证精度。

通过自检、互检和抽检,发现了一些问题,经过认真核对都做了及时的改正。本项目在建库工作中,自检、互检记录齐全,严格按照流程执行,质量能够完全保证,体现了项目组严谨细致的工作作风。

### 二、数据库质量评述

**1. 地质工作程度数据库质量评述**

1)数据源质量

(1)原始资料来源。原始资料主要来源可分为 3 类:一是国家大调查项目,通过全国地质资料馆进行收集;二是内蒙古自治区地质资料馆 2000 年以来所归档的成果资料;三是全区地质勘查基金招投标管理办公室所保管的近几年自治区地勘基金完成的项目报告。

(2)原始资料涉及的单位。根据《数据库维护工作技术要求》,本次工作收集了近年来内蒙古自治区内所完成的各类地质勘查报告。资料涉及的单位有 50 多个,除原地矿、有色、冶金、核工业、煤炭、化工、建材、石油系统所属地勘单位和有关科研院所、武警黄金部队等外，还有近几年来所成立的杂而多的矿业勘查公司等技术服务企业。

(3)原始资料收集评述。国土资源大调查工作的成果资料搜集齐全，2000年以来完成的1∶20万区域地球化学、重力、1∶25万与1∶5万区域地质调查资料全部收齐。航磁测量及其地表航磁异常查证工作资料收集较为齐全。在矿产勘查资料中，对于金属矿产、非金属矿产、地下水汽矿产的勘查成果资料收集较全，列入矿产储量表的矿产地勘查资料也均有所反映。对于煤炭和部分非金属矿产因受行业限制，资料存放地不明。2000年以后，除本区所归档的煤炭矿山企业开展的部分储量核实报告暂未做收集外，其余所有矿产勘查报告均收录其中，特别是所有涉及煤的预查、普查、详查、精查等成果资料均收集入库。全区有关区划及与矿产相关的科研类成果资料也收集齐全。

综上所述，本次工作收集的原始资料较全面地反映了近年来内蒙古自治区的地质工作程度。

(4)原始资料的质量评述。通过卡片填制和微机录入这两项工作的开展，也对本次所收集的资料质量情况有了大致了解。总体上，所有汇交的成果报告质量较好。但归档资料中，近年来的报告多数缺少相关的验收决议书、任务书等附件，偶尔也出现同一个报告以两个档案号立卷归档或总体报告与专题报告分别归档的现象。这些都无形中加大了工作的难度，需要随时甄别，同时附件材料的不全也直接影响了项目来源、是否验收、验收单位等有关内容的填制。

2)数据库质量

(1)属性卡片填写质量。本项目专门聘请了地质矿产、物探、化探、资料管理等方面的专家负责属性卡片填写工作，填卡后经过了100%自检和100%互检后，由项目负责人对属性卡片做了80%的抽检，错误率小于1%。因此属性卡片填写可保证数据资料真实，内容准确、可靠，与原始资料对应。

(2)数据录入质量。在全国项目办提供的数据录入软件上进行属性数据录入，所有录入数据经过100%自检后，打印输出全面校对。项目负责人对数据录入做了100%的检查，错误率最大达0.32%，对于错误率偏大的地理坐标进行了第二次输出校对，并由专题负责组织专门人员进行检查，因此可以保证录入数据与属性卡片一一对应。

(3)属性数据库质量。利用Access自带的查询功能，对属性数据进行重复档案号(PKIIN)、重复项目名称(PKMC)、重复地理坐标(CHAHB)等项查询，删除了重复采集录入的卡片。分别建立区域基础地质属性表与矿区工作情况表和矿产地图层属性表与区域基础地质属性表间的逻辑关系，检查是否有遗漏、错录、不合理现象以及逻辑错误，然后利用全国项目办提供的检查软件做最终检查。通过以上检查修改后，可确定本数据库质量可靠。

(4)空间数据库质量。地理坐标是空间数据库的基础，在属性卡片填写与数据录入阶段作为检查工作的重点，对每一图层的空间图形的位置正确性都做系统校对和检查，以确保空间数据准确。

**2. 矿产地数据库**

1)数据源质量

(1)原始资料来源。本次工作原始资料主要来源于内蒙古自治区国土资源信息院、内蒙古自治区地质调查院、内蒙古自治区地质勘查基金招标管理办公室等单位，原始资料来源基本可靠。

(2)原始资料收集评述。本次工作所收集的资料，基本涵盖了2003年以来内蒙古自治区完成的各类地质勘查报告。资料涉及的单位有原地矿、有色、冶金、核工业、煤炭、化工、建材、石油系统所属地勘单位和有关科研院所、武警黄金部队等，以及近年来所成立的杂而多的矿业勘查公司等技术服务企业。

(3)原始资料质量评述。本次收集到的原始资料大多数已经通过有关部门的审批认定，质量较好。但少数中国地质调查局大调查项目报告由于时间关系未进行最终报告验收，因此来源于此类报告的矿产地信息有待以后维护过程中进行补充完善。

2)数据库质量

(1)数据填卡质量。新数据卡片和补充、修改的数据卡片均来自各类矿产报告，尽量查找有关信息，确保数据的完整性、可靠性。新卡片和修改的卡片数据均经过100%自检和100%的互检,以及项目负责人30%的抽检,并形成自检、互检及抽检记录,因而卡片数据内容准确,数据填写无重复或遗漏现象。

(2)数据录入质量。数据由专业人员录入,并在数据库中对关键性数据项做了专门设置,可避免遗漏和录入错误。所有录入数据经过100%自检,并打印输出全面校对、修改。确保录入数据与卡片一一对应,因此数据录入完整、无误。

(3)数据库质量。所维护的矿产地数据库的原始资料筛选、数据卡片填写、数据录入等各个环节均经过严格的质量管理、质量监控,因此整个数据库的质量是可信的。数据库形成之后,又打印校对并上机修改。对各种原因造成的数据重复和矿产地编号重复等问题,均在最终数据检查中发现并修改,从而进一步增加了数据库的可靠性。

**3. 区域地球化学数据库**

1)数据源质量

(1)原始资料收集评述。在原有区域地球化学数据库的基础上,收集了内蒙古自治区地质调查院2000—2006年期间完成的1:20万区域地球化学数据及成果资料。原有区域地球化学数据库资料所涉及的单位有内蒙古自治区第一物化勘查院、内蒙古自治区第二物化勘查院,地质矿产部第一综合物探大队、地质矿产部第二综合物探大队,内蒙古自治区地质调查院、陕西省地质调查院、安徽省地质调查院、河南省地质调查院。

部分图幅数据和成果资料未收集到:陕西省地质调查院完成的M-51-(25)喜桂图旗幅,M-51-(26)博克图幅,M-51-(32)绰尔幅,L-51-(1)大黑沟幅,L-51-(2)一二五公里幅;安徽省地质调查院承担的M-51-(27)沟口幅,M-51-(33)布特哈旗幅,L-51-(3)华安公社幅;河南省地质调查院完成的M-51-(31)塔尔其幅;地质矿产部第一综合物探大队完成的N-51-(33)满归幅,M-51-(6)兴隆镇幅。

(2)原始资料的质量评述。通过全区性成图和分幅成图,以及图幅信息属性表填制工作,本次所采用的区域地球化学数据和成果报告总体上质量较好,仅发现有个别数据遗漏、系统误差、数量级不统一等问题。

2)数据库质量

(1)录入数据质量。首先将收集的区域地球化学数据库与新录入的数据进行合并,生成汇总数据;然后对全区数据进行100%自检、互检,项目负责人又对数据录入做了50%的抽查,经检查发现有个别遗漏、错录、不合理现象以及逻辑错误。

(2)属性数据库质量。检查"图幅信息属性表"内容的正确性,以及"内蒙古自治区1:20万化探接图表"的属性与图幅信息属性表的对应情况,直到内容正确并一一对应。

通过以上检查修改后,可确定本数据库质量可靠。

**4. 区域重力数据库**

1)数据源质量

对中国地质调查局下发的内蒙古自治区区域重力数据库进行了数据检查、成图对比,认为数据质量能够满足本次工作要求。

2)数据库质量

对入库数据做如下说明:①入库数据由中国地质调查局发展中心提供;②数据库版本为Access 2000;③包含数据项为经度、纬度、高程值、布格重力异常值,具体参数见表12-1;④区域重力符合《区域重力调查规范》(DZ/T 0082-93),即实现了统一重力基本网(1985)、统一坐标系(54年北京)和国家高程基准(1985)、统一正常重力场公式、统一地改半径、统一中间层密度的各项计算;⑤数据库中包含了1:100万、1:50万和1:20万区域重力数据;⑥入库数据质量可靠。

表 12-1　区域重力数据库参数表

| 字段名称 | 数据类型 | 小数位 | 说明 |
|---|---|---|---|
| 经度 | Double | 5 | 测点所在的经度值,如:113.842 34 |
| 纬度 | Double | 5 | 测点所在的纬度值,如:33.349 30 |
| 高程值 | Double | 1 | 单位:m,1985 国家高程基准 |
| 布格重力值 | Double | 2 | 单位:$10^{-5}$ m/$s^2$ |

**5. 航磁数据库**

对航遥中心提供的内蒙古自治区航磁数据库,进行了数据检查、成图对比,认为数据质量能够满足本次工作要求。

**6. 自然重砂数据库**

于 2000—2003 年建立的 1∶20 万自然重砂数据库成果,被评为"优秀"级。本次工作又进行了数据核查、成图对比,认为数据质量可靠。

**7. 遥感影像数据库**

对航遥中心提供的内蒙古自治区遥感影像数据库,进行了数据和图面质量检查,认为基本满足本次工作需要。

**8. 成果数据库建设**

在专题成果数据库建设的过程中,各专业组严格按照《全国矿产资源潜力评价数据模型》《全国矿产资源潜力评价项目数据库维护工作技术要求》《地质信息元数据标准》及《全国矿产资源潜力评价省级矿产资源潜力评价资料性成果图件及属性库复核汇总技术方案》等相关规定要求,进行数据采集、图层划分、属性表编制、规范入库等工作,数据经过 100%自检、100%互检和 30%以上的抽检。整体工作做到了数据采集正确齐全,满足质量要求。

# 第十三章　煤炭资源潜力评价成果

## 第一节　煤炭资源潜力评价概况

### 一、总体目标

煤炭资源潜力评价的总体目标是通过新一轮煤炭资源潜力预测评价，在摸清内蒙古自治区煤炭资源现状的基础上，充分应用现代矿产资源预测评价的理论方法和以地理信息系统(GIS)评价为核心的多种技术手段、多种地学信息集成研究方法，以聚煤规律和构造控煤作用研究为切入点，对内蒙古自治区煤炭资源潜力开展科学预测，对内蒙古自治区煤炭资源勘查开发前景作出综合评价，提出煤炭资源勘查近期和中长期部署建议及方案，建立内蒙古煤炭资源潜力预测信息系统，实现煤炭资源管理的信息化。

### 二、主要任务

**1.煤炭资源赋存规律研究**

以地球动力学和煤田地质理论为指导，深入开展内蒙古自治区各赋煤带煤炭资源赋存规律研究。从主要成煤期含煤地层、层序地层、煤质特征入手，建立典型成煤模式；以构造控煤作用研究为核心，恢复含煤盆地构造-热演化历史，分析含煤岩系后期改造和煤变质作用，揭示不同构造背景煤炭资源的聚集和赋存规律，为煤炭资源潜力预测和勘查前景评价提供依据。

**2.煤炭资源勘查开发现状分析**

研究煤炭资源现状调查的方法，统一资源数据指标，以煤炭资源/储量数据库为基础，分析内蒙古现有煤矿(生产井、在建井)资源现状、尚未利用资源状况和分布，通过编制煤炭资源勘查开发现状图，反映内蒙古煤炭资源现状，为煤炭资源潜力预测评价提供基础。

**3.煤炭资源潜力预测评价**

在煤炭资源赋存规律研究的基础上，研究煤炭资源预测评价理论和方法，根据近10多年来新的地质资料和地质成果，充分利用区域地质、物探、遥感、矿产勘查等多源信息，对第三次全国煤炭资源预测和原地质矿产部全国煤炭资源远景预测工作提出的预测区及其资源量进行筛选、再认识，同时预测新的含煤区，采用科学的方法估算资源量，基本摸清内蒙古煤炭资源潜力及其空间分布。

**4. 煤炭资源勘查开发潜力评价**

从潜在的经济意义、煤质特征和生态环境容量等方面，进行预测资源量的分级分类研究，对煤炭资源的开发利用前景作出初步评估；综合分析内蒙古自治区能源形势和煤炭资源供需状况，结合全国乃至全世界煤炭资源开发利用态势，评价煤炭资源潜力，提出近期和中长期煤炭资源勘查部署建议及方案。

**5. 建立煤炭资源潜力预测评价信息系统**

利用GIS技术、数据库技术等先进技术手段，在统一的煤炭资源信息标准与规范下，收集、整理煤炭资源潜力评价的基础数据，统一属性和图形数据格式，建立内蒙古自治区煤炭资源潜力评价数据库，提交汇总建立全国煤炭资源潜力预测评价信息系统、开发信息管理系统，为各级管理部门以及其他用户提供实时、准确的资源数据及辅助决策支持。

### 三、资料收集与利用

全区煤炭资源潜力评价起止时间为2007年6月—2011年10月，利用资料的截止时间为2009年底。

截至2009年底，内蒙古自治区共计形成地质勘查报告614件，其中勘探报告276件，详查报告182件，普查报告75件，预查报告81件。按内蒙古自治区国土资源厅《关于开展全区煤矿区(煤田)矿产资源利用现状专题调查研究工作的通知》(内国土资字〔2008〕523号)文件要求，将内蒙古自治区赋煤区划分为414个核查矿区，形成核查报告410件(勘探报告189件，详查报告83件，普查报告112件，预查报告18件，调查报告8件)；另外，按内蒙古自治区国土资源厅要求，全区所有的采矿权核实报告也必须进行核查，共形成采矿权核查报告604件；加上按国土资源部要求做了36个矿区核查报告，总计形成核查报告1050件。本次潜力评价可全部利用的各类图纸有2万多张。

自2004—2009年第一批止，内蒙古自治区地质矿产勘查专项资金项目中有煤炭勘查项目246个：对其中已备案的88件报告进行了核查，将26件经内蒙古自治区地质勘查基金管理中心或内蒙古自治区矿产储量评审中心评审通过的报告成果纳入本次评价的现状中，这114件报告将原第三次煤田预测的预测区提升为勘查区；另外132件报告或部分成果中，16件调查报告用于预测或否定原第三次预测区，72件无煤报告否定原第三次预测区或新区没有突破，44个项目的年度总结(或阶段性报告)的部分内容用于预测或否定原第三次预测区的依据。

同期由企业出资的勘查项目有13个，对应形成的13份报告的部分成果已放在本次评价的现状中。

## 第二节　赋煤构造单元划分及其特征

### 一、赋煤构造单元划分

根据不同的地质背景、成因特点、成煤时代、构造特征、含煤盆地的地理分布以及地质工作程度等煤炭资源分布条件，结合全国第三次煤田预测成果，内蒙古自治区可划分为三大赋煤区、11个主要赋煤构造带和七大重点区及115个矿区(煤产地、远景区)(图13-1，表13-1)。

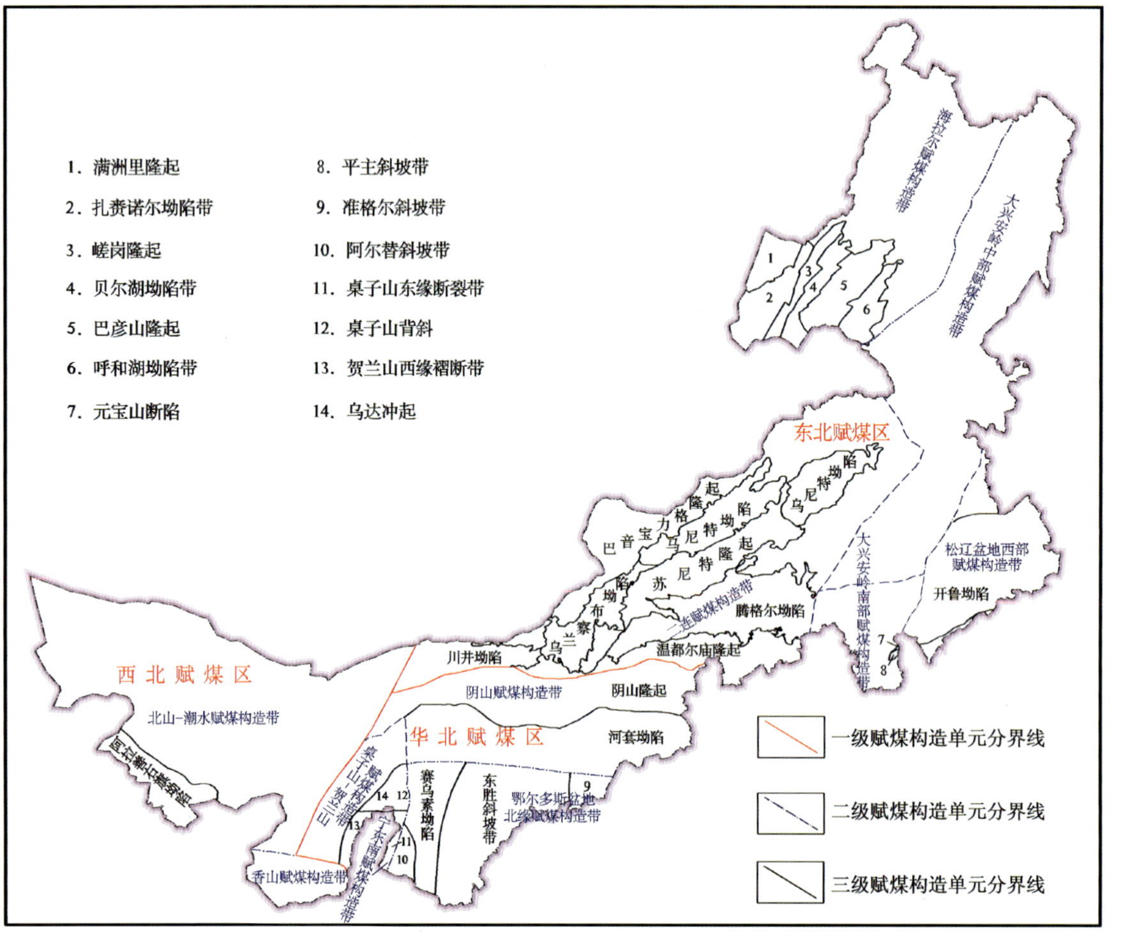


图 13-1 内蒙古自治区赋煤构造单元划分略图

赋煤单元划分的依据是褶皱、断裂等控煤构造特征，以及由此导致煤系赋存状况的差异。通常，煤田构造格局和煤系分布具有分区、分带展布的特点，这种分区分带性在很大程度上受区域构造格局和大地构造单元的控制。因此从区域煤田构造格局入手，以内蒙古自治区大地构造分区方案为基础，突出煤系赋存的区域构造控制条件，并参考区域地球物理场及岩石圈结构特征，区内的赋煤构造单元划分见表 13-2，图 13-1。

**表 13-1 内蒙古自治区赋煤单元划分表**

| 赋煤区 | 赋煤带 | 煤田 | 次级煤田（矿区、煤产地、远景区） |
|---|---|---|---|
| 东北 | Ⅰ A 海拉尔赋煤带 | | 拉布达林矿区、得尔布煤产地、特兰图矿区、胡列也吐矿区 |
| | | 扎赉诺尔煤田 | 扎赉诺尔矿区 |
| | | | 开放山煤产地、三角地煤产地、西胡里吐煤产地、鹤门煤产地 |
| | | 巴彦山煤田 | 红旗牧场远景区、莫达木吉远景区、乌尔逊矿区、宝日希勒矿区、南屯-马达木吉矿区 |
| | | | 五九矿区、莫拐矿区、大雁矿区、免渡河煤产地 |
| | | 呼和诺尔煤田 | 伊敏矿区、红花尔基矿区、呼和诺尔矿区 |
| | | | 赫尔洪得远景区、乌固诺尔远景区 |

续表 13-1

| 赋煤区 | 赋煤带 | 煤田 | 次级煤田(矿区、煤产地、远景区) |
|---|---|---|---|
| 东北 | ⅠB 大兴安岭中部赋煤带 | | 大杨树煤产地、牤牛海煤产地、黄花山煤产地、联合屯煤产地、温都花煤产地、塔布花煤产地、宝日勿苏远景区、福山远景区 |
| | ⅠC 松辽盆地西部 | | 公营子煤产地、宝龙山煤产地、双辽矿区、榆树林子煤产地、绍根矿区、沙力好来矿区 |
| | ⅠD 大兴安岭南部赋煤带 | | 广兴源煤产地、亿合公煤产地、当铺地煤产地 |
| | | | 永丰煤产地 |
| | | 元宝山-平庄煤田 | 元宝山矿区、平庄矿区 |
| | | | 四龙矿区 |
| | ⅠE 二连赋煤带 | | 五七军马场矿区、贺斯格乌拉矿区、白音霍布尔矿区、宝力格矿区 |
| | | 乌尼特煤田 | 霍林河矿区、查干陶勒盖矿区、高力罕矿区、伊和达布斯矿区、道特淖尔矿区、巴其北矿区、白音华矿区、乌尼特矿区、五间房矿区、巴彦呼硕矿区、吉林郭勒矿区、乌套海矿区、锡林浩特矿区、胜利矿区、西乌珠穆沁旗矿区 |
| | | | 巴彦宝力格矿区、巴彦温都尔矿区、红格尔矿区、查干诺尔矿区、阿其图矿区、赛罕高毕矿区、白音昆地煤产地、扎格斯台矿区、好鲁库煤产地、西大仓煤产地、黑城子煤产地、石匠山煤产地、赛汉塔拉矿区、沙尔花矿区、白彦花矿区、达来矿区、吉尔嘎朗图煤产地 |
| | | 马尼特煤田 | 准哈诺尔矿区、额合宝力格矿区、马尼特庙矿区、那仁宝力格矿区、白音乌拉矿区 |
| | | | 浑善达克远景区、额尔登苏格远景区、都仁乌力吉远景区、格日勒敖都远景区 |
| 华北 | ⅡA 阴山赋煤带 | | 集宁矿区、苏勒图煤产地、流通壕煤产地 |
| | | 大青山煤田 | 大青山矿区 |
| | | | 固阳煤产地、营盘湾矿区、昂根煤产地 |
| | | | 巴音胡都格矿区、供济堂煤产地、新民村煤产地 |
| | ⅡB 鄂尔多斯盆地北缘赋煤带 | 准格尔煤田 | 乌兰格尔矿区、准格尔矿区、清水河矿区 |
| | | 东胜煤田 | 东胜煤田国家规划矿区、东胜煤田深部矿区 |
| | ⅡC 宁东南赋煤带 | | 上海庙矿区 |
| | ⅡD 桌子山-贺兰山赋煤带 | 贺兰山煤田 | 二道岭矿区、呼鲁斯太矿区、正目观远景区 |
| | | 桌子山煤田 | 乌达矿区、桌子山矿区 |
| 西北 | ⅢA 北山-潮水赋煤带 | | 希热哈达煤产地、北山煤产地、潮水矿区 |
| | ⅢB 香山赋煤带 | | 喇嘛敖包矿区、黑山矿区 |

赋煤构造单元划分为4级：赋煤构造区、赋煤构造带、赋煤坳陷、赋煤凹陷(凸起)。其中赋煤构造单元级别与赋煤单元级别的对应关系为赋煤区、赋煤带、煤田、矿区(煤产地)，对应的大地构造单元级别为一级构造单元、二级构造单元、三级构造单元、四级构造单元。

内蒙古自治区跨越东北赋煤构造区、华北赋煤构造区和西北赋煤构造区，赋煤构造单元划分为3个一级赋煤单元、11个二级赋煤构造单元、26个三级赋煤构造单元。

表 13-2 内蒙古自治区赋煤构造单元划分表

| 赋煤构造区<br>一级 | 赋煤构造带<br>二级 | 赋煤坳陷/隆起/斜坡带/断陷/冲起/背斜/褶断带/断裂带<br>三级 |
|---|---|---|
| 东北赋煤构造区 | 海拉尔赋煤构造带 | 扎赉诺尔断陷(扎赉诺尔煤田)、嵯岗隆起、贝尔湖断陷、巴彦山隆起(伊敏矿区)、呼和湖断陷(大雁矿区) |
| | 大兴安岭中部赋煤构造带 | 兴安中段隆起 |
| | 二连赋煤构造带 | 马尼特坳陷、乌兰察布坳陷、川井坳陷、苏尼特隆起(胜利煤田)、乌尼特坳陷(霍林河矿区、白彦花矿区)、腾格尔坳陷 |
| | 大兴安岭南部赋煤构造带 | 平庄斜坡带(平庄矿区)、元宝山断陷(元宝山矿区) |
| | 松辽盆地西部赋煤构造带 | 开鲁坳陷(道德庙矿区) |
| 华北赋煤构造区 | 阴山赋煤构造带 | 阴山隆起(大青山矿区)、河套坳陷(集宁矿区) |
| | 鄂尔多斯盆地北部赋煤构造带 | 东胜斜坡带(东胜煤田)、准格尔斜坡带(准格尔煤田)、赛乌素坳陷、阿尔替斜坡带 |
| | 桌子山-贺兰山赋煤构造带 | 乌达冲起、桌子山背斜(桌子山矿区)、贺兰山西缘褶断带(贺兰山矿区) |
| | 宁东南赋煤构造带 | 贺兰山东缘断裂带(上海庙矿区) |
| 西北赋煤构造区 | 北山-潮水赋煤构造带 | 阿拉善右旗坳陷(潮水矿区) |
| | 香山赋煤构造带 | 青山-牛首山深断裂(喇嘛敖包矿区) |

## 二、赋煤构造单元特征

内蒙古自治区在现代板块格局中属欧亚板块,位于中国亚板块与蒙古亚板块的相交地带,构造背景比较复杂,而且以阿拉善右旗、乌拉特后旗、化德、赤峰大断裂和贺兰山及六盘山为界。内蒙古自治区跨越了东北、华北和西北3个一级赋煤构造单元,这3个赋煤构造区不但具有构造运动、岩浆活动、沉积作用,包括聚煤作用、变质作用以及成矿作用的显著性差异,而且还具有地质构造发展的多阶段性及其空间上的不平衡性。东北赋煤构造区的聚煤盆地类型主要为断陷型,受盆缘主干断裂控制呈北东—北北东向展布;华北赋煤构造区总体呈不对称的环带结构,变形强度由外围向内部递减,赋煤区位于华北陆块区的主体部位,被构造活动带所环绕,北、西、南外环带挤压变形剧烈,为构造复杂区;西北赋煤构造带以早—中侏罗世特大型聚煤盆地为主,受后期构造运动的改造,盆地周缘构造较复杂,断裂发育,地层倾角较大,盆地内部为宽缓的褶曲构造,倾角变缓。由于各个单元的显著差异,在赋煤方面也有显著差异。

### 1. 海拉尔赋煤构造带

海拉尔赋煤构造带属于东北赋煤区。该赋煤构造带由北东向、北北东向断裂控制的多个相对独立的断陷盆地群组成,其基底为古生代浅变质岩。该带在加里东期和海西期整体处于华北陆块与西伯利亚陆块间的中亚-蒙古洋中。在古生代晚期(海西期),兴安造山系褶皱回返,逐渐隆升成陆。三叠纪晚期进入强烈造山期,在侏罗纪大规模的火山活动之后,地幔热隆起引起地壳强烈伸展,在晚侏罗世—早白垩世形成大幅度坳陷,并最终构成"二隆三坳"相间的构造格局。

海拉尔赋煤构造带中的盆地主要位于额尔古纳隆起区与大兴安岭隆起区之间的海拉尔巨型坳陷带中,其西侧有少量盆地跨在额尔古纳隆起带。盆地展布的总体格局为"二隆三坳",自西向东为扎赉诺尔断陷带、嵯岗隆起带、贝尔湖断陷带、巴彦山隆起带及呼和湖断陷带(图 13-2)。

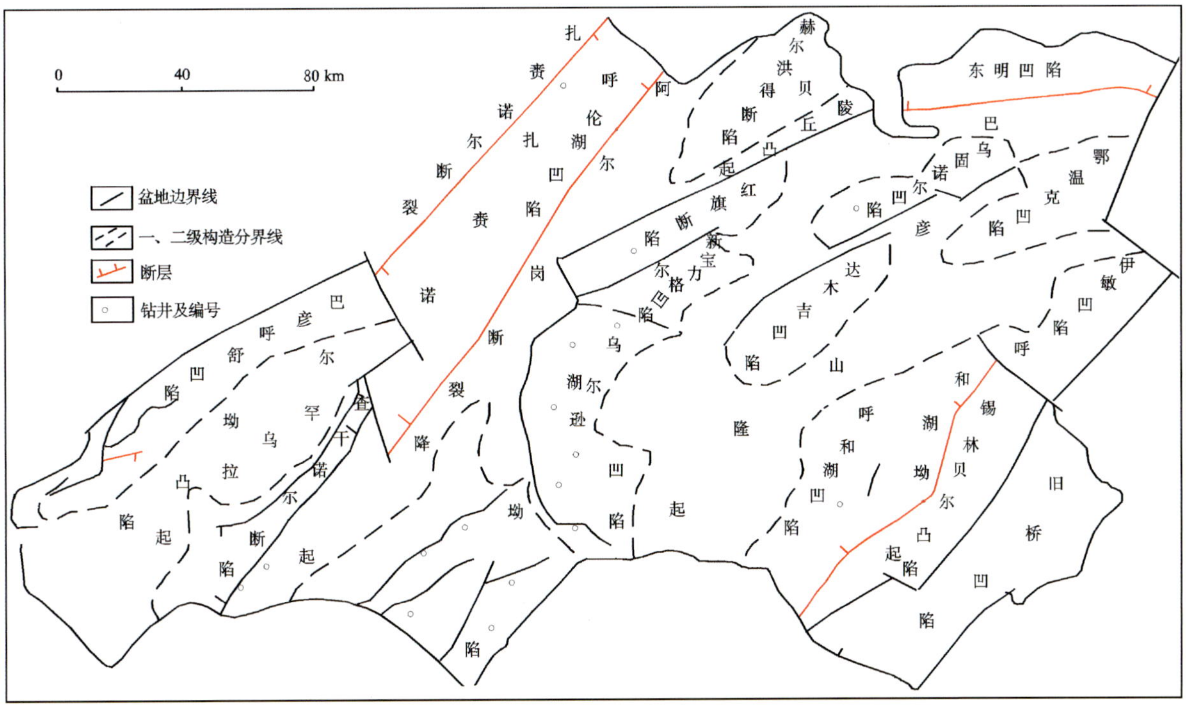


图 13-2 海拉尔盆地群构造纲要图(据陈均亮等,2007)

### 2. 大兴安岭中部赋煤构造带

大兴安岭的大地构造格架和构造单元布局主要是在古亚洲洋演化期间形成的。古亚洲洋是古生代期间发育于西伯利亚陆块和华北陆块之间的一个复杂的多岛洋,以大规模的岛弧体系发育和陆缘增生为特征(任纪舜等,1999)。可大致看成南、北两大陆块边缘相向增生的同时,华北陆块相对向北漂移;而两陆块之间的多岛洋体制中,众多大陆亲缘性微块体和不断生长发育的岛弧体系相互汇聚拼贴(包括陆陆、弧陆、弧弧汇聚),从而带来了同时发育多边界缝合并相互转换改造的复杂情形,结果形成了目前所见以软碰撞造山为特征,多边界汇聚缝合的宽阔造山带。由于受向南凸出的蒙古弧的影响(李述靖等,1998),大兴安岭各构造单元和主构造线的方位从南往北由近东西向转为北东东向、北东向,直至最北部的得尔布干构造带转为北北东向。尽管尚存在较大的争议,刘建明等(2004)将二连-贺根山构造带作为大兴安岭地区古亚洲洋演化最后的主缝合构造带,时间大致在二叠纪。二连-贺根山构造带以南以西拉木伦断裂为界分为华北陆块北(外)缘东西向的早古生代增生造山带和大兴安岭南段北东向晚古生代增生造山带;二连-贺根山构造带以北则是西伯利亚陆块向南的增生带,包括大兴安岭北段的北东向晚古生代增生造山带以及得尔布干断裂带北西侧额尔古纳河流域的兴凯期(新元古代)增生造山带。

### 3. 二连赋煤构造带

二连盆地群所处区域构造位置为东起大兴安岭隆起,西至索伦山隆起,南为温都尔庙隆起,北为巴音宝力格隆起。二连盆地群构造格局特征除了北西和南东边界隆起外,总体格局为两坳加一隆(图 13-3),中部北东向展布的苏尼特隆起上也分布少数小规模盆地。苏尼特隆起的北西为马尼特坳陷、乌兰察布坳陷和川井坳陷;隆起的南东为乌尼特坳陷和腾格尔坳陷。在南部坳陷由于受到内蒙地轴的影响,呈北东东向,但内部次级凹陷仍呈北东向展布。其凹陷的性质主要为单断式的箕状半地堑断陷,双断式地堑少。前者如阿南、额仁淖尔凹陷等,后者如脑木根凹陷等。一般靠近隆起的凹陷呈单断式向隆起上超覆,内部的凹陷则呈双断式的凹陷。

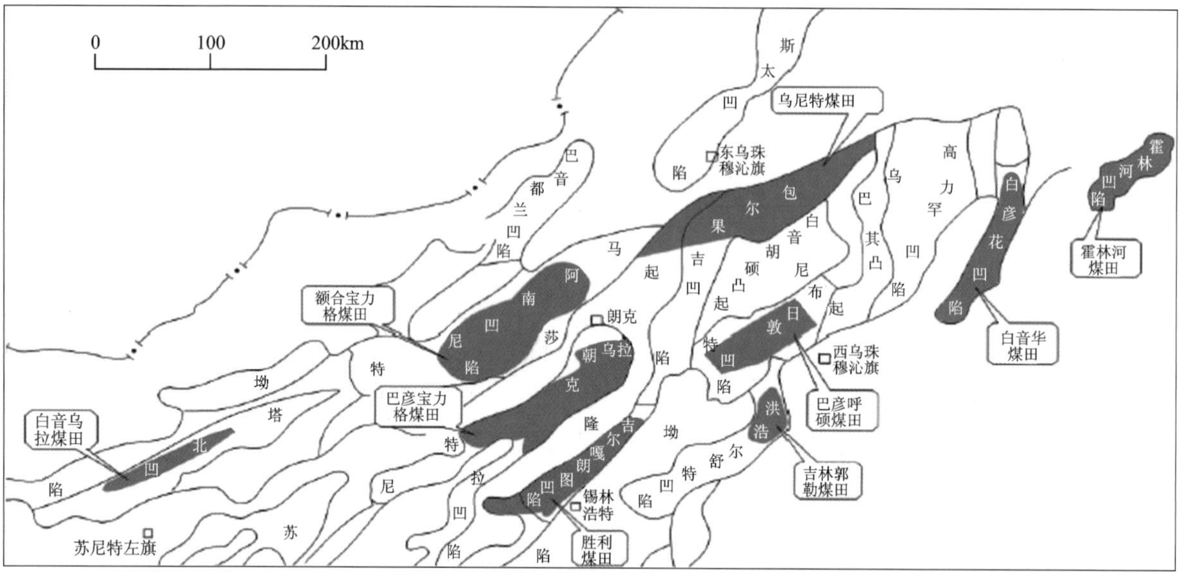


图 13-3　二连盆地主要坳陷及矿区位置示意图

二连盆地群内所形成的煤系建造多以宽缓褶皱和近水平产状为主，大多数盆地内煤系保留较完整，连续性好，基本保留了原貌，只在抬升或背斜轴部部分遭受剥蚀，例如分布于大兴安岭西缘的胜利、霍林河、巴彦呼硕等盆地受强烈断块活动影响，断层抬升剥蚀较明显。区域内已圈定的含煤盆地共有113个，呈北东东—北东—北北东向雁行排列，盆地边缘多有同沉积断裂，形成堑垒相间的构造格局。大部分盆地的基底为兴蒙褶皱带，煤系沉积直接基底为晚侏罗世中性火山岩，少数为上古生界。这些煤田盆地构造简单，多呈向斜或波状起伏单斜，倾角平缓或近于水平，断层稀少，埋藏较浅。区域内含煤盆地多为孤立的断陷盆地，盆缘有断裂控制，如霍林河矿区、白彦花矿区，但是如胜利煤田等一些盆地未见盆缘断裂，这种无盆缘断裂控制的含煤盆地的成因可能与大规模的火山喷发有关：由于岩浆物质大规模散失，岩浆热能丧失，在冷却收缩和重力均衡调整共同作用下形成此类盆地。

二连盆地群在漫长的地质演化过程中形成了早—中侏罗世的断坳型盆地、早白垩世的断陷盆地群及晚白垩世的坳陷型小湖盆等不同的盆地类型。受总体呈北东东向、北东向及东西向展布的基底断裂的控制，盆地表现为同方向的隆、坳兼备，多凸多凹的相间平行排列形式。区域内的断陷盆地主要成盆期为早白垩世，多以宽缓的褶皱变形为主，断裂稀少，煤系地层基本完整，保留了其原始面貌，如胜利煤田、巴彦宝力格矿区。只有靠近东缘大兴安岭隆起的几个盆地如霍林河盆地等断裂构造较发育，抬升剥蚀明显。

#### 4. 大兴安岭南部赋煤构造带

大兴安岭南部赋煤构造带大部位于兴蒙造山系内，局部位于华北陆块区。带内断裂褶皱比较发育，以断裂构造为主，总体呈北东—北北东向展布，南部为平庄、元宝山等断陷聚煤盆地。

平庄矿区和元宝山矿区呈北东向伸展的两个断陷盆地，其北还有桥头盆地，与平庄、元宝山盆地呈“多”字形排列。平庄、元宝山盆地在平面上呈反“S”形态，即中间为北东向，两端为北北东向。盆地构造以盆缘张性断裂为主，盆内有次级断裂，将盆地分割成次级隆起和次级凹陷，控制岩相和煤层的发育。盆内背、向斜不发育，地层总体为向西倾斜的单斜构造或不对称向斜构造，倾角一般10°～15°，局部到30°左右。盆内断裂以北东向张性断裂为主，次为北西向张扭性断裂，且北西向断裂切割北东向断裂，并切割了上覆地层，形成方格网状断裂体系。主要盆缘断裂在元宝山盆地西侧，为双庙断裂和赤峰-锦山断裂，东侧为红山-八里罕断裂带，均具有同沉积性质，以东侧为主。

平庄盆地西侧为红山-八里罕断裂带，且为本盆地的主干断裂。盆缘断裂的走向为北北东（15°～25°），断裂带较宽，具明显的破碎带和缓波状弯曲。平庄盆地有以八里罕断裂带为主干断裂，盆地上覆盖层总体为向西倾的单斜构造或不对称的向斜构造，倾角一般10°～15°；盆内次级断裂，以北东向为主，其次为北西向（或近东西向），形成次级断块凸起和凹陷，控制着沉积相带和富煤带的分布。

元宝山盆地构造特征与平庄盆地相似，只是平庄盆缘西断裂成为元宝山盆缘东断裂，而盆地西断裂双庙断裂和赤峰-锦山断裂也为盆缘同沉积断裂，但不强烈，断裂带宽仅数十米，呈片理状和挤压扁豆体。盆内次级同沉积断裂呈雁行排列方向，以北东向张性断裂为主，其次为北西向张扭性断裂。盆地内同沉积背、向斜相间排列，轴向25°～30°，两翼倾角仅10°左右，属宽缓型背、向斜。

**5. 松辽盆地西部赋煤构造带**

该赋煤带属贫煤地区，该区是一个在海西晚期褶皱基底上发育起来的中、新生代断陷，坳陷盆地。侏罗纪为断陷期，发育了一套火山岩，厚度2000m以上。白垩纪以坳陷为主，沉积了含煤碎屑岩建造及红色建造，其厚度较之松辽盆地明显变薄。中、新生代沉积总厚度不超过5000m，一般为2000～3000m。北北东向和东西向张性断裂发育，由于不均衡的升降运动，在开鲁至舍伯吐一线构成两坳夹一隆，即东西向小型隆起和两侧同方向坳陷的构造格局。盆地中背、向斜不发育，一般属于单斜构造或宽缓向斜。

西部绍根矿区在造山系发育期呈岛链状展布，向东隐没于中生代火山岩系之下。在本区西部有早寒武世温都尔庙群分布，有侵位的超基性岩-蛇纹岩带，仅有上志留统，为海相和海陆交互相碎屑岩和火山岩建造。本区内还有二叠纪火山岩建造和碎屑岩建造。阜新组是本区的主要含煤地层。本区东段总体形态为一平缓的单斜，于早白垩世末，地层抬升部分遭受剥蚀，下降部分接受沉积，煤系地层的厚度由北西向南东逐渐增大；西区总体形态为一轴部向南东倾伏的向斜，两翼于早白垩世末接受剥蚀，煤系地层厚度以中东部最厚，向两翼及西侧逐渐变薄，直至尖灭。

**6. 阴山赋煤构造带**

阴山赋煤构造带位于蒙古陆块与华北陆块之间，马宗晋等(1999)称之为内蒙地轴，为兴蒙造山系中的一部分。北界线为二连-贺根山-乌兰浩特陆块缝合线，南缘是阿拉善右旗-乌拉特后旗-化德-赤峰深大断裂。该赋煤构造带整体为北东东—北东向，该区南部在加里东期开始褶皱形成复式构造，到海西造山系回返形成褶皱，印支-燕山旋回发生北东向断裂，形成一系列北东向断陷盆地，开始了中生界含煤建造的沉积。

阴山-燕山造山带经过强烈造山改造，其北缘曾受到加里东期和海西期增生事件的影响，其南缘在中生代发生过薄皮挤压变形，新生代早期发生过裂陷(马宗晋等，1999)。该构造带内，地质构造复杂，下面仅对代表性的大青山矿区做简介。

大青山矿区(煤田)基底由太古宙乌拉山岩群组成，盖层为中、下寒武统，中、下奥陶统，上石炭统，二叠系，下三叠统和侏罗系。区内构造复杂，褶皱断层发育，混合岩化强烈，每期构造运动都有表现。矿区呈北东东-南西西向展布，地层走向北东60°～80°，主要构造线循此方向延展，构造线多以近东西向为主，形成近东西向倒转的背、向斜及低角度的逆掩断层。矿区构造形态以不对称的复式向斜为主体，同时伴有巨大的叠瓦式逆掩断层，褶皱轴面多向南倾斜形成倒转。断层面大都南倾，形成由南而北之低角度逆掩断层，高角度的逆掩断层和正断层少见。

从构造特点看，大青山矿区由东向西，由复杂变为较简单，西部地层平缓，褶皱断层较少，往东褶皱断层剧烈，以至东端有花岗岩侵入。从南北方向来看，有从南到北逐渐简单的趋势，南部褶皱断层剧烈，中部有平缓的复式褶皱，而北部接近水平。

**7. 鄂尔多斯盆地北缘赋煤构造带**

鄂尔多斯北缘赋煤构造带位于阴山赋煤构造带之南。早古生代末，华北陆块南、北两侧先后发生洋壳俯冲并沿大陆边缘形成加里东褶皱带，导致华北陆块整体抬升和浅海盆地消亡。晚古生代华北陆块开始沉降，形成了南北均以加里东期褶皱带为界，向西收敛并与祁连海域相通，向东开口的箕形陆表海沉积盆地，本区位于该盆地西北部。西侧祁连海与南、北两侧褶皱带一起控制了鄂尔多斯盆地晚古生代含煤岩系的沉积类型和煤层聚积特征。三叠纪基本上继承了晚古生代晚期的构造格局，主要受沉积作用的控制，在陕西延安以北子长、横山一带形成三叠纪煤田。但受特提斯构造域洋壳俯冲的影响，西及西南缘强烈抬升，使该区变成了北、西、南三侧均被褶皱造山带围限，向东开口的大型箕状内陆盆地的一部分。三叠纪末的印支运动使全区抬升遭受剥蚀和变形，早侏罗世起转入相对稳定的坳陷阶段，鄂尔多斯盆地才告形成。北、西、南三侧大陆边缘活动带与其所夹持的陆块对立发展到趋于统一的构造演化过程，就是鄂尔多斯盆地形成演化的构造背景（王双明等，1996）。

鄂尔多斯盆地现今构造格架主要是在燕山期和喜马拉雅期形成的。石炭纪—二叠纪、三叠纪和侏罗纪含煤岩系和煤层，均经历了此两期构造运动的改造。含煤岩系及煤层的分布范围、倾角大小、平面连续性及煤级高低与所在的构造单元和构造部位密切相关。北缘赋煤区包括准格尔煤田及东胜煤田。

#### 8. 桌子山-贺兰山赋煤构造带

桌子山-贺兰山赋煤构造带位于鄂尔多斯北缘赋煤构造带以西，该褶皱逆冲带由 10 余条近南北向延伸的大型逆冲断裂、数条同向大型正断层及一些近东西走向的大型平移断层组成构造骨架，基本构造形态为总体由东向西扩展的逆冲断裂组合，与鄂尔多斯盆地主体呈向西缓倾的单斜形成鲜明对照。这些主干逆冲断裂沿走向断续延伸，相互平行，大致以等距离出现在同一地段，各段之间常被东西走向的断层所隔。这些断层一般均具有向“S”逆冲和右行滑动性质，使各段东移速度的差异得到调整。褶皱逆冲作用使鄂尔多斯盆地西缘石炭纪—二叠纪和侏罗纪两套含煤地层遭受强烈改造，失去原始的连续性和完整性，被割成许多大小不等、形状各异的块段，增加了煤炭资源开发的难度。

#### 9. 宁东南赋煤带

该赋煤带地质构造基本上为一向东倾斜的单斜构造，桌子山东缘大断裂为区内最主要的控煤构造。该断裂是一条自西向东推覆的逆冲断层，控制了中生代地层的沉积，垂直断距达 5km，直接切割并错断了石炭系与二叠系的煤系地层。该断层形成较早，活动时间较长，中生代活动最强烈，后又被新华夏构造体系利用，直至新生代仍有活动。

新上海庙矿区位于桌子山东缘断裂带南部，其地层特点与华北腹地基本相同。古生代至新生代的地层均有沉积，缺失了中晚奥陶世、志留纪和泥盆纪的沉积，沉积厚度因受祁连褶皱带的影响而较华北大。古生代为坳陷区，沉积了巨厚的早中奥陶世海相灰岩和薄层泥岩，石炭纪—二叠纪海陆交互相含煤地层和陆相碎屑岩系。中生代仍属坳陷区，沉积了厚度 3000m 以上的陆相碎屑岩系。新生代古近系、第四系遍布全区。矿区内断层面普遍向东倾斜，由断层所夹持的一系列断块呈西高东低的特点。

#### 10. 北山-潮水赋煤构造带

北山-潮水赋煤构造带位于内蒙古西部，它位于华北陆块西缘与塔里木陆块东缘结合部位，北邻兴蒙造山带，是一个多构造单元的结合部（李俊建，2006）。区域构造背景相对复杂，且为贫煤地区，本书不作区域性的详细探讨，主要叙述两个能源盆地。

1）潮水盆地

潮水盆地位于龙首山以北，是印支运动后在阿拉善地块之上发育形成的中、新生代断坳山间盆地。潮水盆地大地构造位置位于阿拉善地块南部。该地块介于天山-兴蒙造山带与祁连造山带之间，南、北两侧为深大断裂所控制，东邻华北陆块的二级构造单元鄂尔多斯地块西缘的贺兰山断褶带，西以阿尔金断裂带与塔里木陆块为界（王贞等，2007）。

2）巴彦浩特盆地

巴彦浩特盆地位于阿拉善地块的东南部，盆地走向北东-南西向，呈略向南东凸出的弧形展布，北接吉兰泰盆地，南邻祁连山前陆冲断-褶皱带，西以巴彦乌拉山隆起与雅布赖盆地、潮水盆地相隔，东与贺兰山冲断-褶皱带毗邻。刘绍平和刘学锋（2002）将巴彦浩特盆地划分为三坳一隆一斜坡 5 个一级构造单元，即西部坳陷带、东部坳陷带、南部坳陷带、中央隆起带和东部断阶斜坡带。巴彦浩特是在早古生代早期的秦、祁、贺三叉裂谷系交叉带发育起来的一个复合-叠加型盆地（刘和甫等，1990；杨振德等，1988），晚古生代为一伴随祁连山的冲断-褶皱作用而形成的前陆盆地，中新生代为一在拉张环境下形成的断陷盆地。盆地结晶基底由太古宙—古元古代阿拉善群组成，结晶基底之上中元古界、古生界、中生界及新生界均有分布（汤锡元和李道燧，1990）。

### 11. 香山赋煤构造带

香山赋煤构造带北界为青山-牛首山断裂。青山-牛首山深断裂是划分鄂尔多斯地块与河西走廊弧后盆地的关键性断裂，是华北陆块与鄂尔多斯盆地西缘二级构造单元的重要分界。加里东期该断裂东北属大陆边缘陆棚浅海环境，沉积类型属稳定型沉积，但西南侧为活动性沉积，不仅沉积厚度巨大（深海复理石），而且有火山活动，香山群是其典型代表。构造配置分析表明，香山群形成于弧后盆地环境，盆地西缘和本部则属相对稳定的大陆边缘斜坡和台地环境。到泥盆纪，该断裂西侧尚有陆相磨拉石建造，以东则是海西晚期—印支期，该断裂活动相对较弱，燕山期和喜马拉雅期，该断裂又比较活跃，由于沿该断裂的逆冲推覆作用，形成了六盘山山系，使得古生代及前寒武纪地层被推至地表，形成分割型前陆盆地，从而使鄂尔多斯盆地西缘具有"双层结构"特点。该断裂地表产状较陡，向下变缓，倾向朝西。沿走向朝西北可能与河西走廊北侧的龙首山深大断裂相连，形成阿拉善古陆与河西走廊弧后盆地的分界。

## 三、影响含煤地层的主要断裂构造

据现有资料，内蒙古自治区具有构造区划意义，对煤田地质影响较大的断裂有得耳布尔深断裂带、头道桥-鄂伦春自治旗深断裂、查干敖包-阿荣旗深断裂、大兴安岭主脊-林西深断裂带、嫩江-八里罕深断裂带、二连-贺根山深断裂带、索伦敖包-阿鲁科尔沁旗深断裂带、贺兰山西缘断裂、乌审旗深断裂、高家窑-乌拉特后旗-化德-赤峰深大断裂带、青山-牛首山深断裂、宝音图隆起西缘深断裂（图 13-4）。它们控制了大部分的煤田边界和煤系地层的赋存。

图 13-4　内蒙古自治区主要断裂分布示意图

### 1. 得耳布尔深断裂带

得耳布尔深断裂带西端自蒙古国延入内蒙古自治区，大致沿呼伦湖东岸、经黑头山、得耳布尔河及金河河谷呈北东向延伸。区内长约660km。断裂带向西南延入蒙古国，同蒙古国境内的深断裂相连，总体构成一个向南凸出的弧形。沿弧状断裂有大量的蛇绿岩套构造侵位，构成了北侧兴凯褶皱带与南侧海西海槽的重要分界线。深断裂所经之处，北西侧多为陡立的高山，并发育一系列断层三角面；南东侧地势平坦，常为负地形。在得耳布尔一带，断裂北西盘出现一系列近似于平行排列的次生弧形断裂。这些弧形断裂是受北西-南东向挤压应力作用而产生的张性断裂，呈带状北西向展布。该断裂带卫星图片上显示线性影像特征，在区域磁场中为一磁场变异带。

该断裂带起始于新元古代，由于南东侧新元古代洋壳沿断裂向北侧俯冲、消减，在北西侧额尔古纳河流域形成岛弧型火山岩建造。自古生代以来，深断裂带一直控制着两侧的地质发展历程：早古生代，北西侧为“冒地槽”或盖层性质的沉积，而南东侧为较强烈的活动的“优地槽型”建造；晚古生代，北西侧上升隆起，南东侧继续发育了巨厚的“优地槽型”沉积建造；中生代断裂继续活动，沿断裂带常有中酸性岩浆入侵、火山熔岩喷发和强烈的挤压破裂带。

### 2. 头道桥-鄂伦春自治旗深断裂

头道桥-鄂伦春自治旗深断裂南西端自蒙古国延入内蒙古自治区境内，向北东经头道桥、伊利克得、鄂伦春，再向北东延入黑龙江省，总体呈北东向展布。区内长度620km。在头道林—伊利克得一带，由数条呈北东向展布的逆断层组成断裂带。断裂通过之处，地表可见1.5～2km宽的破碎带。带内岩石片理化、糜棱岩化、绿泥石化极发育。在维纳河一带，断裂带北西侧断层三角面清楚。断裂带两侧不乏陆块活动遗迹：断裂带北西侧发育有混杂堆积、双变质带、石英闪长岩及花岗岩热轴等，在鄂伦春自治旗一带，也有蛇绿岩零星分布，说明该断裂可能是一个古俯冲带。在区域磁场中，此段为负磁异常，南西段异常不明显。在重力场中反映为重力异常梯级带。

自泥盆纪至石炭纪，断裂控制了南、北两侧地质发展历史进程。石炭纪时期，北西侧处于海盆拉张的构造环境，形成细碧角斑岩和放射虫硅质岩等，具深海相沉积建造特点；南东侧处于整体上升隆起状态，发生陆相火山喷发活动，局部有残留浅海沉积。二叠纪以后，断裂两侧进入同步发展阶段，但断裂仍有微弱活动，控制现代地貌的形成。

### 3. 查干敖包-阿荣旗深断裂

该断裂西端自蒙古国境内延入内蒙古自治区，向北东经查干敖包、东乌珠穆沁旗至阿荣旗南，呈北东向延伸。区内长达1000km以上。东部被大兴安岭主脊-林西深断裂所截，构成东乌珠穆沁旗早海西期褶皱带与东乌珠穆沁旗南海西晚期褶皱带的分界线。断裂两侧地貌特征差异明显，北侧为山区或丘陵山地，南侧以平坦草原为主。

以该深断裂为界，南、北两侧的古地理，古构造及生物群的演化具有很大差异：奥陶纪，北部以中基性—中酸性火山岩建造为主，夹碳酸盐岩及碎屑岩建造，而南侧缺失奥陶系；志留纪，北部为复理石建造及中性火山岩建造，而南部缺失志留系；泥盆纪，北部为海相类复理石建造、火山碎屑岩建造，并见有陆相层，而南部为代表大洋型沉积的蛇绿岩建造；石炭纪，北部已隆起成陆，因而缺失下石炭统，上石炭统为陆相沉积，是一套碎屑岩-中基性火山岩建造，含安格拉植物群，南侧石炭系发育，为复理石建造夹火山碎屑岩建造；早二叠世，北侧一般无沉积，南侧局部为残留浅海相碎屑岩夹中酸性火山岩建造；晚二叠世以前对两侧的地质发展历史起了明显的控制作用。以板块构造观点而论，断裂北部为西伯利亚增生板块，南部为海西海槽，二者以断裂为界，呈安第斯山型接触，深断裂即为南部洋壳向北俯冲的古俯冲带。

### 4. 大兴安岭主脊-林西深断裂带

大兴安岭主脊-林西深断裂带沿大兴安岭主峰及其两侧分布，向南延入河北省境内，与上黄旗-乌龙沟深断裂连为一体。呈北北东向延伸千余千米。据各区段区调成果，该断裂带总体向东倾斜，倾角在60°～80°之间。在区域重力场中，位于大兴安岭-太行山-武陵山重力异常梯度带的北段，莫霍面深度大于38km。在布格重力异常图上处于陡梯度带向缓梯度带变换的部位。该断裂带形成于晚侏罗世，白垩纪继续活动，与东部嫩江-八里罕深断裂同步发展，形成巨大的大兴安岭主脊垒、堑构造体系。

### 5. 嫩江-八里罕深断裂带

嫩江-八里罕深断裂带位于大兴安岭的东缘，北段自黑龙江省呼玛一带延入本区，向南沿嫩江流域到莫力达瓦旗，经黑龙江省、吉林省再入本区境内，由扎鲁特旗以东的白音诺尔、奈曼旗西、平庄、八里罕，再向南延入河北省，与平场-桑园大断裂相接。该断裂带呈北北东向延伸，长度在1200km以上。为侏罗纪—新生代长期活动的西抬东降的正断裂。该断裂带所造成的地貌特征极为清楚。该断裂带以西为大兴安岭高山地带，以东为松辽断陷盆地，构成大兴安岭山区与平原的天然分界线。卫星图片上线性影像要素极为醒目。

该断裂带北段大致沿嫩江河谷延伸，由两条相互平行的区域性大断裂组成。断裂带两侧断层三角面发育，断面呈舒缓波状，表面具斜划擦痕。断裂带倾向东，倾角60°～80°，呈张性特点，多处被北西向大断裂及区域性断裂所截，并产生位移。断裂带南段扎鲁特旗—八里罕一带，长720km，大部地段为第四系所覆，只在平庄—八里罕一线显露地表，为一断面东倾的正断层。该断裂带在开鲁西部截断东西向温都尔庙-西拉木伦河断裂带，显示左行张扭性质。在区域磁场中，北段沿嫩江河谷为一大而稳定的负异常带，南段则是负异常的背景上显示串珠状正异常带，走向北北东，宽10～25km，异常带两侧为密集的梯度带，在美丽河—八里罕一线，显示为正、负异常分界线。在区域重力场中，位于大兴安岭-太行山-武陵山重力异常梯级带东侧，与地壳深部构造异常带相吻合。据深部重力异常资料：断裂带西侧在扎兰屯一带，莫霍面深为34km，断距3.3km；东侧在大庆一带，莫霍面深度在30km以内。向西至大兴安岭主脊附近，莫霍面深度在40～42km之间。该断裂带正位于地壳厚度陡变带部位。

该断裂带南段形成时代早于北段。晚古生代，断裂带已初具规模，控制东、西两侧石炭系—二叠系沉积，为敖汉旗复向斜的西界断裂。中生代活动强烈，在早白垩世表现尤为明显，控制东侧下白垩统成煤盆地的形成与发展。受其左形扭动的影响，致使宁城四龙沟、平庄、元宝山等白垩系成煤盆地呈现北北东向雁行式斜列。新生代，局部地区有喜马拉雅期玄武岩岩浆喷溢活动。另据历年地震资料，断裂带为一地震活动带，属强震区。

### 6. 二连-贺根山深断裂带

二连-贺根山深断裂带西端由蒙古国境内延入本区，向东经苏尼特左旗北、贺根山，再向东时隐时现，直抵大兴安岭附近。总体呈北东向延伸，长达680km。东端被中新生代火山岩掩盖和北北东向大兴安岭主脊-林西深断裂所截。沿断裂带有蛇绿岩套呈带状分布，以贺根山地区最发育。在朝克乌拉地区的蛇绿岩套中，地表显露为大规模叠瓦状构造：叶蛇纹石化的二辉辉橄岩推覆到条带辉长岩之上，而条带辉长岩又推覆于斜长角闪岩之上。断裂带岩石破碎，糜棱岩发育。在钠长角闪岩中碱镁闪石的出现，说明这里曾有过高压的构造环境。

这是一条备受瞩目的超岩石圈断裂带。多数地质工作者认为是一条古板块缝合线，有的认为这是西伯利亚陆块和华北陆块之间唯一的缝合线。《内蒙古自治区区域地质志》(1991)记述：在二叠纪以前，这里曾处在西伯利亚增生陆块(包括东乌珠穆沁旗海西早期褶皱带在内)和艾勒格庙—锡林浩特中间地块之间，曾是一个较宽阔的海槽。由于从石炭纪开始的水平侧向挤压和海槽收敛活动，于早二叠世早期末海槽封闭，西伯利亚增生陆块与艾勒格庙—锡林浩特中间地块对接缝合于此，并导致蛇绿岩套的构造侵位、高压变质带的产生和混杂堆积。中生代期间，沿断裂带东段有岩浆侵入和中酸性火山熔岩喷发活动。由于处于水平侧向挤压的应力体制中，晚侏罗世的推覆构造十分发育。该断裂带在地球物理场及卫星影像等方面均有所显示。

**7. 索伦敖包-阿鲁科尔沁旗深断裂带**

索伦敖包-阿鲁科尔沁旗深断裂带西起索伦敖包，向东经查干诺尔、达里诺尔、阿鲁科尔沁旗，直抵扎鲁特旗东部。总体呈近东西—北东走向，东段于巴林右旗南部一带逐渐向北东延伸，长达1180km以上。其东、西端均被北北东向深断裂所截。

西段断裂在索伦敖包—满都拉一带沿索伦山南缘分布，呈东西走向。沿线分布有蛇绿岩带和混杂堆积。蛇绿岩带主要分布在索伦敖包、察汗哈达庙及满都拉以南地区，证明深断裂具有俯冲带的某些特点。在区域磁场中，于索伦敖包—二道井以南，在一片负磁场的背景中，出现近东西向断续分布的正磁异常窄带，总体呈线状排列。重力场中，在索伦山南缘有近东西向延伸的重力异常带。此外，在察汗哈达庙一带，卫星图片上线性景象特征明显。

中段断裂在满都拉东—查干诺尔—浑善达克盆地一带，大部分隐伏于中、新生代盆地之下。该段在区域磁场中显示中间负、两侧正的近东西向低磁异常带，在重力场中反映为一系列东西向重力梯度带。

东段断裂于达里诺尔湖畔出露后，经巴林右旗、阿鲁科尔沁旗，直抵扎鲁特旗东部，为嫩江-八里罕深断裂所截。该段总体呈北东向伸展，略显向南东凸出的弧形。断裂以南，石炭纪早期为海相碳酸盐岩建造、砂页岩建造夹植物层，晚期为海陆交互相砂页岩建造、碳酸盐岩建造。二叠纪为浅海-滨海相砂页岩建造，含华夏植物群分子。断裂北侧，石炭纪为海相火山岩建造、碳酸盐岩建造，早二叠世早期为岛弧型火山岩建造和弧后碳酸盐岩建造，含冷水型动物化石。深断裂方向与二叠纪岛弧平行一致。岛弧的形成机制与沿深断裂洋壳向北俯冲作用有关。深断裂两侧有蛇绿岩套的构造侵位。上述东段的这一特征在中段和西段也有所反映。断裂北侧也较为广泛地发育了早二叠世岛弧型火山岩建造，如早二叠世西里庙组，并以含冷水型动物群为其特征，断裂南侧虽大部为中、新生界掩盖，但从更南部的加里东期褶皱带的生物面貌观之，其同期生物则以暖水型动物和华夏植物群为其特征。因此，该断裂是华北增生陆块与早先分裂出去的艾勒格庙—锡林浩特中间地块于早二叠世晚期碰撞、缝合的位置。

**8. 贺兰山西缘断裂**

贺兰山西缘断裂西南端自巴伦别立南，向东北经阿拉善左旗至磴口附近。长约310km，呈北北东—北东向，大部地段隐伏于中、新生界之下，仅在南部一些地方显露。

古城子至木仁高勒，沿北北东向展布于蛇腰山及贺兰山西麓，在科学山一带地表显露有破碎带。大战场西侧见一系列由中寒武世香山群形成的孤立山包，大体沿北北东15°～20°方向排列，经钻孔揭露，中寒武统之下出现侏罗纪砾岩。据此推论，该段在燕山早期为断层面西倾的逆冲断裂。区域磁场中反映为一变异带，断裂以西为负异常区、以东贺兰山地区以正异常为主。

木仁高勒至磴口，经贺兰山西麓桌子山北端，呈北东方向，成为河套新断陷与乌达冲起的界线。断裂隐伏于第四系之下。卫星图片上线性特征清晰，在磴口以南，主干断裂可能与鄂尔多斯北缘断裂相接。断裂初起于元古宙，表现为长期活动的特点。在元古宙至中生代早期，表现为西升东降的性质，贺兰山区为南北向的坳陷带。白垩纪时，贺兰山褶皱升起，断裂转变成向西断落的正断层，至今仍有活动。另外，在断裂附近的巴章木仁乡有燕山期岩浆岩(鄂尔多斯岩体)出现。

**9. 乌审旗深断裂**

乌审旗深断裂西端起自桌子山东麓阿尔巴斯以南，向南东东经鄂托克旗至乌审旗北，然后折为北东东向延入山西省境内，终止于河曲县附近，呈向南凸出的弧形展布。在本区长约239km。隐伏于中、新生界覆盖层之下，为一条物探资料推测的深断裂。重力场反映不明显。在区域磁场中，乌审旗北侧呈现一条弧形磁场分界线。弧顶向南凸出，西部作北西西走向，东部作北东东走向。它的北侧为宽缓的正磁异常区，南侧为平静的负磁异常区。经化极延拓 20km 及 40km，这条弧形磁异常分界线反映更加清晰。以断裂为界，北侧为早古生代隆起区，南侧为沉降区，成为三级构造单元分界线。乌审旗断裂对东胜煤田侏罗纪含煤地层沉积与分布没有影响。

**10. 高家窑-乌拉特后旗-化德-赤峰深大断裂带**

该断裂带呈近东西向横亘本区，出露长约 2000km，构成陆块和造山系的分界线，对两侧地质构造的演变起着明显的控制作用。断裂带自西向东，各区段的形成、发展、切割深度、地球物理场反映、活动方式和演变特征等方面都有明显差异。据此可分为西段、中段及东段。

西段西起北大山南，东至口子井一带，呈东西向直线状延伸，挤压破碎带宽 1～2km。断面倾向北，倾角 50°～70°。断裂带地貌特征为一东西向平直沟谷或断崖，断层三角面发育。该断裂带在加里东期初具规模，海西中、晚期活动强烈，并伴有大规模的中酸性到中基性乃至超基性岩浆活动，直至中、新生代仍可见其活动迹象，是个规模巨大、活动时间长、力学性质有多期转化特点的岩石圈断裂。断裂带向东呈北东-南西向展布。整个古生代和中生代初，南侧长期上升隆起遭受剥蚀，北侧发育了古生代造山系型沉积建造。

中段断裂西部从狼山北侧通过，向北东延伸至川井一带，经白云鄂博北、化德县延入河北省境内，与康保-围场深断裂相撞。本段在内蒙古自治区境内长达 720km。中、新元古代时发育明显，活动强烈。断裂南侧强烈坳陷，形成中元古代渣尔泰山群及白云鄂博群类复理石建造。断裂北侧则开始其造山系生涯，沉积了早寒武世温都尔庙群的建造。直至古生代晚期，断裂对其南、北两侧的地质发展仍具有控制作用。

东段自河北省延入内蒙古自治区，经赤峰、平庄、查尔台等地，向东延入辽宁省。区内长约 190km。总体呈东西向展布。本段地表显露为规模巨大的挤压破碎带。破碎带走向呈波状弯曲，倾向多变，时南时北，倾角陡立，一般在 70°～80°之间。破碎带宽窄不一，从数百米至数千米。带内动力变质特征明显，其大量压碎带、糜棱岩及千糜岩，形成大量挤压片理和构造扁豆体。本段深断裂地球物理场特征明显，在区域磁场中，正磁异常延伸总的趋势呈近东西向，既隐约反映地表所见挤压破碎带的走向，又反映中、新生界及火山岩覆盖的干扰。经化极延拓 20km 及 40km，其深部近东西向展布的磁异常线形排列的特征得以清楚显示。区域重力场在康保以东显示为近东西向展布的重力低值带。

综上所述，该深大断裂带为南部华北陆块区和北部兴蒙造山系的分界线；物探资料表明西段及东段为深断裂性质，属岩石圈断裂，中段为大断裂性质；断裂的形成时代各区段有所不同，西段形成于加里东期，中段在中新元古代及古生代明显发育，活动强烈，据河北省资料，东段断裂形成始于太古宙末，自元古宙起明显发育。

**11. 青山-牛首山深断裂**

青山-牛首山深断裂位于龙首山-六盘山深断裂带的中段。西端自甘肃境内青山一带延入内蒙古自治区，越过腾格里沙漠至元山子一带，作东西向延伸，由元山子-青铜峡端呈北北西向，向南大致沿宁夏境内的罗山、六盘山东缘作南北延伸，总体形态呈弧形，总长约 580km。内蒙古自治区境内约 220km，为华北陆块与祁连加里东褶皱带的构造分界线。

西段称为龙首山南缘断裂，展现在甘肃省境内。断裂带宽达 10km 以上，挤压强烈，多起活动特点显著，具有同沉积断裂的性质。中段指青山—元山子一线，地表未显露，为腾格里沙漠所覆。卫星图片上有形象特征显示。东段及南段为元山子—六盘山东缘一带，主体在宁夏回族自治区，呈近南北向延伸，断面倾向西，倾角约 80°。断裂东侧隆起抬升，古生界为陆块型沉积；西侧下沉较深，下古生界为造山系（地槽型）沉积。在区域重力场中，沿断裂带显示为陡立的重力梯度带。卫星图片上线性影像特征较为明显。

断裂初起于元古宙，加里东旋回活动较强烈，控制北祁连加里东期褶皱带的形成和演化，中、新生代仍有继承性活动。

**12. 宝音图隆起西缘深断裂**

宝音图隆起西缘深断裂地表未见直接显露，为地质、物探及卫星图片解译的隐状断裂。北东段由蒙古国延入内蒙古自治区，经巴音查干至宝音图，南西端切割华北陆块北缘深大断裂带。该断裂走向北北东，推测倾向西，显示压扭性质，长约240km，构成北山海西晚期造山系褶皱带与苏尼特右旗海西晚期造山系褶皱带的分界线。断裂东、西两侧地貌特征截然不同：东侧为隆起的高山或丘陵山地；西侧为断陷盆地，地势较平坦。卫星图片上线性影像要素反映清晰。在区域磁场中，西侧为负磁异常；东侧为正磁异常，断裂显示为磁异常分界线。区域重力场为一北北东向延伸的重力梯级带，梯度较陡，重力梯度变化为$5\times10^{-5}m/(s^2 \cdot km)$。该断裂在蒙古国境内也有明显反映。受其影响，断裂东、西两侧硅铝层厚度西厚东薄。西部为12～16km，东部为8～12km。

该断裂形成于中、新元古代，并成为长期控制宝音图隆起抬升和西侧北山造山系发展的重要构造因素。在其历史发展过程中，同贺兰山西缘断裂遥相对应，成为中国东、西部大地构造分界线及南北向构造带的组成部分。

## 四、褶皱构造

本书主要阐述影响内蒙古自治区含煤地层的主要褶皱构造体系。内蒙古自治区具有构造区划意义和对煤田地质影响较大的褶皱如下：牙克石复向斜、罕乌拉复背斜、东乌珠穆沁旗西山复背斜、马尼特庙复向斜、贺根山复背斜、白音乌拉复向斜、迪彦庙复背斜、桌子山背斜以及准格尔煤田主要褶皱构造。

**1. 牙克石复向斜**

牙克石复向斜位于海拉尔河上游一带，北东45°，延长110km，宽60km左右。轴部在牙克石—乌水其汉一线，相辅而行的有海拉尔河上游断裂等。两端被晚侏罗世火山岩覆盖。北西翼与新峰山复背斜相接，南东翼与博克图-伊尔施复背斜相接。核部发育早石炭世海陆交互相碎屑岩、中酸性火山岩及中侏罗世陆相中酸性凝灰岩，两翼为泥盆系。复向斜北东端有海西期中酸性岩侵入。由于晚侏罗世火山岩覆盖，地层出露极其零星，次一级褶皱出露较少，主要有七扎山背斜。

**2. 罕乌拉复背斜**

罕乌拉复背斜在东乌珠穆沁旗宝力格、罕乌拉到朝不楞一带，北东50°延伸，长220余千米，出露宽30～60km。北东端延入蒙古国，南西端在乌里雅斯太一带倾没。核部为中奥陶统、上志留统。翼部主要为中、上泥盆统，上石炭统，中、下侏罗统。南东翼为新生界覆盖，仅有零星出露。复背斜向南西倾伏，倾伏端在宝力格一带。转折端有海西期花岗岩侵入。复背斜轴部与新华夏系隆起带复合地段有燕山早期花岗岩侵入，这些花岗岩与含钙质较高的围岩接触时产生矽卡岩型铁矿床，如朝不楞铁矿、查干敖包铁矿等。复背斜经历了强烈的挤压作用，次级褶皱比较发育，一般都呈紧密线型褶皱，长5～10km，个别长30km左右，宽仅几千米。如复背斜东南端宝力格西南发育在上石炭统中的准昂嘎尔向斜和巴润都兰向斜，发育在复背斜东端的朝不楞向斜及乌兰陶勒盖背斜，满都胡宝力格一带的2个向斜。沿复背斜走向的冲断层和北西向张扭性断裂发育。其中宝力格附近的珠尔很敖老压性断裂、准萨布尔压性断裂及白其格张扭性断裂等具有代表性。这组压性断裂多由北西向南东逆冲，局部形成“飞来峰”，张扭性断裂断面多向南西倾，南西盘地层相对向南东移。两盘岩石破碎，并具矽卡岩化和褐铁矿化现象。这些特点反映了在复背斜形成过程中挤压强烈，形成南北对冲，并有水平扭动。在复背斜的南西倾没端，宝力格附近由北东向压性结构面和北西向张扭性断裂，构成了面积达900km²的“多”字形构造。复背斜内泥盆系和奥陶系及志留系等地层普遍强烈片理化，片理走向与地层走向一致。而上石炭统则没有片理化现象，说明复背斜在海西中期已经发育了。

### 3. 东乌珠穆沁旗西山复背斜

东乌珠穆沁旗西山复背斜展布在绥和查干经东乌珠穆沁旗西山到柴达木诺尔北山一带，呈北东—北东东—北东向的“S”形弯曲。由于新生界覆盖及花岗岩侵入，将复背斜分成3段。断续延伸160km，出露宽30km左右。南西端倾伏，倾伏端被海西期及燕山期花岗岩所破坏。轴部主要为泥盆系、中奥陶统。北西翼有大规模花岗岩侵入，地层出露主要见有中、下侏罗统；南东翼与马尼特庙复向斜相连，主要有中、上石炭统。复背斜挤压强烈，泥盆系普遍片理化。次一级褶皱很发育，特别是在它的轴部东乌珠穆沁旗西山一带更加强烈，泥盆系褶皱呈紧密线型，甚至形成倒转平卧褶曲，并伴生有走向冲断层。这些次一级褶皱长10km左右，有的达40 km，宽2km左右。褶皱两翼倾角60°左右。褶皱一般向北西倒转，轴面倾向北西，两翼倾角一般相近，有的倒转翼倾角略大于正常冀。如木哈尔褶皱，在复背斜西段，绥和查干一带，泥盆系强烈破碎，走向冲断层和北西向张性断裂均较发育。褶皱亦发育，但形态不易恢复，能恢复者一般呈紧密线状。乌兰陶勒盖向斜、绥和查干北向斜等，轴向北东及北东东，轴长2～6km，宽1.5～4km。轴面近直立。两翼对称，倾角70°左右。发育在复背斜两翼的褶皱，特别是中、上石炭统和中、下侏罗统的褶皱，变得越来越宽缓，翼角40°～50°。北翼的褶皱又比南翼的褶皱更和缓些。地层出露、产状变化和二级褶皱的发育特征，说明复背斜总的趋势是北翼宽缓、南翼陡窄。

### 4. 马尼特庙复向斜

马尼特庙复向斜位于阿巴嘎旗那仁宝力格至东乌珠穆沁旗盐池北山一带，由南向北，轴向自北东东向到北东向延伸，长240km，出露宽仅30km左右。核部为中、下侏罗统和上二叠统。翼部为下二叠统、中石炭统、上石炭统、泥盆系和中奥陶统。南翼几乎全被新生界覆盖；北翼与东乌珠穆沁旗西山复背斜、阿巴嘎罕乌拉复背斜等相连。次一级褶皱构造比较发育，并伴生有走向压性断裂和横张兼扭性断裂。褶皱构造的规模和形态特征，在复向斜的翼部和核部有所不同。翼部的上石炭统、泥盆系和奥陶系等的褶皱呈紧密线型或倒转(见东乌珠穆沁旗复背斜中叙述)。而核部的中、下侏罗统和上二叠统中，褶皱规模较小，长10km左右，宽2km左右，形态比较开阔，如多希乌拉向斜。地层不整合和褶皱形态，说明马尼特庙复向斜的形成，至少经历了石炭纪末及早二叠世末、中早侏罗世末3次比较强烈的构造运动。在复向斜的北东端多希乌拉一带，出现了一组展布面积约100km$^2$的“多”字形构造，发生在中、上石炭统和中、下侏罗统中，由一组近于平行的北东向褶皱和冲断层及其一组近于直交的张性断裂组成，褶皱呈雁列状依次向南排列。冲断层北盘东移，张断裂东盘南移。

### 5. 贺根山复背斜

贺根山复背斜位于阿尔善宝力格、贺根山到乌斯尼黑一带。由于与罕乌拉东西断裂构造带、新华夏系复合在一起，有大规模的海西晚期超基性岩、酸性岩和燕山早期花岗岩侵入，以及中、新生界的掩盖，复背斜出露很不完整。轴向大致北东65°，出露长150km，宽15～30km。轴部分布有零星的中泥盆统，两翼为下二叠统。复背斜由两次构造运动造成，海西中期构造运动使泥盆系褶皱，并在阿尔善宝力格—贺根山一带形成了向北东和南西端急剧倾没的背斜构造。因此在阿尔善宝力格和贺根山等地区，所见到的泥盆系正处于复背斜的转折端部位，呈北西走向或近南北走向。在泥盆系构成的背斜隆起的基础上，沉积了石炭系和二叠系。海西晚期构造运动时，泥盆系作为海西晚期褶皱的核部出现，并再一次遭受挤压，变质程度也较深。泥盆系和石炭系、二叠系褶皱都很强烈，因露头不佳和断裂构造的破坏。不易恢复成完整的褶皱，在贺根山和乌尼斯黑地区，能恢复成完整的褶皱规模都不大，如复背斜东端产生在中泥盆统中的赫格奥拉620铬矿西背斜和产生在上石炭统中的哲尔格勒褶皱，一般长2km左右，宽约1km，个别长可达5～10km，宽5km左右，两翼地层倾角40°～70°，褶皱紧密对称。贺根山地区的泥盆系，在处于复背斜转折端的北西侧时，褶皱轴为北西走向，倾没方向与复背斜倾没方向基本一致，指向南东。近于复背斜轴部时，泥盆系则转为近南北向。在乌斯尼黑一带的石炭系、二叠系，因受东西向构造和北北西向构造的影响，次一级褶皱的轴向都有所改变，但轴倾向与复背斜基本一致，指向南东。由于露头零星，该复背斜展布区仅见有规模不大的北东向压性断裂和北西西向压扭性断裂。有的压扭性断裂的旁侧，派生有低序次的小型褶皱或断裂，构成了“入”字形构造，如复背斜西翼的小坝良“入”字形构造，展布面积2000余平方千米。“入”字形主干构造是北西西向的压扭性断裂，出露长6～13km。分支构造是北东东向张性断裂及一些北北西向拖曳褶曲，它们与主干断裂呈锐角相交，但不截过主干断裂。表明主干断裂北东盘向西移动，南西盘向南东移动。“入”字形构造北西西向主干断裂截割了海西晚期超基性岩体和东西向冲断层，形成于燕山期。小坝良铜矿可能与“入”字形构造有关。

#### 6. 白音乌拉复向斜

白音乌拉复向斜位于锡林浩特—西乌珠穆沁旗白音乌拉一带，北东东向延伸，长180km，宽30～40km。向北东和南西两端翘起。北西侧为新浩特复向斜，南东翼与迪彦庙复背斜相连。轴部为零星分布的上二叠统，中、下侏罗统及下二叠统。两翼为石炭系和下二叠统。沿核部分布有零星的海西晚期基性和中酸性小岩体以及燕山早期花岗岩。复向斜中次一级褶皱和走向冲断裂较发育，次一级褶皱一般多见于下二叠统中，如复向斜北东端的霍托林乌拉北向斜、敖包吐向斜、格根庙向斜及复向斜南西端的哈达候向斜、责钦坤兑背斜等。轴向一般北东60°～70°，延长10～20km，宽1～5km。一般都是紧密对称的复式褶曲，两翼地层倾角为45°～60°，个别为30°。石炭系，上二叠统及中、下侏罗统等出露零星，完整褶皱一般较少。中、下侏罗统中的褶皱比较开阔平缓，两翼地层倾角10°～20°，延长5～7km，宽3km左右。中、下侏罗统与二叠系间为不整合接触。因此，白音乌拉复向斜构造至少经历了早二叠世末和早、中侏罗世末的两次构造运动。复向斜轴部走向冲断层比较发育，在复向斜北东端发育有古尔班道包格断裂带。复向斜南西端发育有毛登南斯仁温多尔冲断裂带及哈达候冲断裂带等。这些断裂自海西晚期至燕山早期曾多次活动，沿断裂带有海西晚期中基性岩及燕山早期花岗斑岩脉侵入，是成矿的有利条件。沿断裂带已发现有多金属矿点，矿化点往往发育在北西向配套断裂中。

#### 7. 迪彦庙复背斜

迪彦庙复背斜位于迪彦麻林场到罕乌拉一带，北东向延伸140km，宽约35km。向两端有逐渐倾没的趋势。轴部为新元古代艾勒格庙组。两翼为中、上石炭统和二叠系。沿复背斜轴部有海西晚期及乏燕山期的中酸性岩和基性岩侵入。轴部新元古界艾勒格庙组强烈揉皱，构造线方向为近东西—北东东向，与上古生界褶皱有较明显的交角。东西向构造被包容在弧形构造带中，并作为复背斜的轴部，同时也受到了改造，使构造线发生了一定的改变，局部成为北东东向。翼部石炭系和二叠系褶皱比较发育，如复背斜东端的格根敖包向斜，中段的敖包亭郭勒背斜和梅特敖包向斜，南段的密透北向斜等。轴向北东45°～50°，延长几千米到十几千米，宽2km左右，个别宽达5km以上。一般都呈紧密对称褶皱，两翼地层倾角40°～60°，有的轴面微向南东或北西倾斜。在近复背斜轴部，伴随褶皱产生有走向冲断层，断面主要向南东倾，少数向北西倾。在西乌珠穆沁旗古尔班道包格到跃进煤矿之间，迪彦庙复背斜的西北翼发育有一走向北东50°～60°、出露长38km、宽约20km的冲断带，由北东向压性断裂和北西向张性配套断裂组成。北东向压性断裂成群成带出现，出露长一般10～20km，影响宽数百米到1～2km。主要表现为岩石糜棱岩化、片理化、岩层陡立，或出现一系列与主干断裂平行的裂隙，断裂面多向南东倾，倾角40°～60°，这些平行的冲断层在剖面上构成叠瓦式构造，主干断裂以巴音鄂勒黑特冲断层和古尔班道包格冲断层为代表。综上说明，该背斜的形成过程中压应力主要来自南东。

#### 8. 桌子山背斜

桌子山背斜展布范围包括整个千里山到桌子山一带，北到千里山北端隐伏于中、新生界之下，南到棋盘井南端隐伏于中生界之下，东到桌子山东麓，区内仅出露其背斜的东翼，西翼延伸到西邻。背斜轴呈近南北向，南北长80余千米，东西宽10～20km。背斜呈波状起伏的穹隆状，核部为断续出露的太古宙千里山岩群。围绕南北向的核部，四周依次为震旦系、长城系、寒武系、奥陶系、石炭系、二叠系、三叠系及侏罗系，为一西翼缓、东翼陡之不对称背斜。组成背斜的地层，除太古宙千里山岩群呈近东西走向外，其他地层（盖层）均围绕核部倾斜，东翼陡可达30°，西翼缓为15°～20°，轴面略向西倾。桌子山背斜近轴部的东翼均被桌子山东缘断裂所破坏，总体呈断块出露分布。

**9. 准格尔煤田主要褶皱构造**

（1）窑沟背斜：位于煤田北部，轴向北东23°，北起小鱼沟，经窑沟向南西延伸至唐公塔区北部消失，轴长约10km，该背斜西翼倾角6°～8°，东翼3°～5°，中部隆起幅度较大，两端宽缓。

（2）西黄家梁背斜：位于煤田中部，北起田家石畔经西黄家梁至刘家疙旦，轴向30°～50°，向南西倾伏，北西翼陡且窄，倾角一般25°，局部达35°，南东翼宽缓，倾角10°以内，为西陡东缓的不对称背斜。轴部隆起幅度100～150m，延伸约12km。背斜在张家疙旦一带煤层抬起接近地表。

（3）罐子沟向斜：位于煤田南部罐子沟西侧，走向南北，两翼地层倾角5°左右，轴部十分宽缓，褶曲幅度北部30～40m，南部60～80m，南北向延伸约8km。

（4）老赵山梁背斜、双枣子向斜：此背、向斜为伴生关系，位于煤田南部老赵山梁—马场咀一带，轴向近东西，由东向西倾伏，背斜轴部出露奥陶纪灰岩，向斜轴部为石盒子组，延伸约20km。

（5）田家石畔背斜：位于煤田南部。轴向北西50°，为西南翼陡、东北翼缓的不对称背斜，延伸约8km。

（6）田家石畔-长滩挠断带：从煤田南端的榆树湾向北西40°～60°延伸，经田家石畔、小井子、贺家梁到伏路焉，从地表可见到，岩层倾角从平缓到陡立的急剧变化带，地表倾角达70°～80°，挠曲幅度达300m。在伏路焉挠曲发生转折，方向转为北东，经长滩至西坪沟，挠曲幅度逐渐减小，田家石畔—榆树湾电厂一带，挠曲局部发生断裂。推断此挠曲为基底断裂所引起的盖层构造。挠曲总长度40km。

## 第三节 含煤地层与煤层

### 一、含煤地层概述

内蒙古自治区聚煤时代长，含煤地层分布广泛，各主要聚煤期的含煤地层均有发育。主要聚煤期为晚古生代石炭纪—二叠纪，中生代侏罗纪、早白垩世，新生代新近纪。地层沉积类型多样，既有陆相沉积，又有海陆交互相沉积，总体特征如下。

（1）煤炭资源丰富，横跨我国三大赋煤区（东北、华北、西北），区内划分了11个赋煤带，即海拉尔、大兴安岭中部、松辽盆地西部、大兴安岭南部、二连、阴山、鄂尔多斯盆地北缘、桌子山-贺兰山、宁东南、北山-潮水、香山赋煤带（图13-5）。

（2）煤炭资源分布广，聚煤期多，各时代的聚煤作用均有发生。侏罗系与白垩系含煤盆地面积占全区含煤盆地总面积的90%以上。

（3）煤种较齐全，但资源量相差较大。褐煤、长焰煤、不黏煤等煤化程度较低的煤种数量大、分布广，3类煤类占全区保有煤炭资源量的97.66%。此外，炼焦煤、无烟煤、气煤、肥煤、瘦煤、弱黏煤资源量较少。

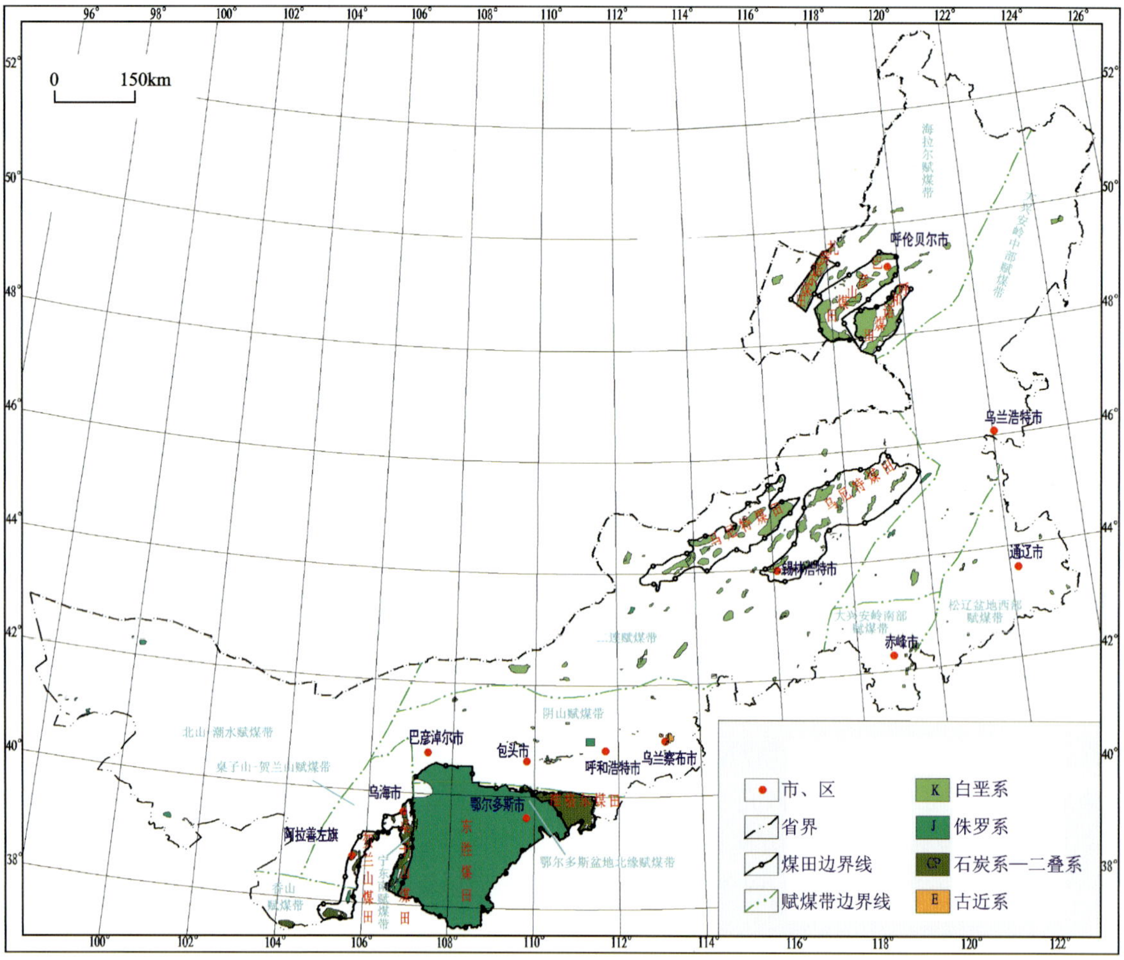


图 13-5　内蒙古自治区含煤地层分布

## (一)含煤地层区划(分区)

依据《全国煤炭资源潜力评价技术要求》和地层委员会主编的新版《中国地层指南及中国地层指南说明书》(2001)的相关定义来进行内蒙古含煤地层区划(分区)工作。主要含煤地层区划(分区)采用三级地层分区方案,各级地层分区的界线以相应的构造单元界线为参考。内蒙古自治区古、中、新生代聚煤作用强度差异明显,依据大地构造演化,将全区含煤地层区划(分区)按晚古生代和中—新生代两大阶段分别进行。通过总结前人工作成果和区域地层、古生物资料,内蒙古自治区含煤地层区划(分区)如图 13-6和图 13-7 所示,其中晚古生代内共划分出 3 个地层区、9 个地层分区、8 个地层小区;中—新生代内共划分出 5 个地层区、7 个地层分区、4 个地层小区。

### 1. 晚古生代含煤地层区划(分区)

天山-内蒙古-兴安岭地层区(Ⅰ):陆块边缘浅海型和海陆交互相沉积,有火山活动,成煤条件很差。植物群属安格拉植物区系。

华北地层区(Ⅱ):较稳定的地台区。缺失中奥陶世至早石炭世地层。晚石炭世至早二叠世广泛发育海陆交互相和以陆相为主的近海盆地含煤沉积,含煤性好,是本区石炭纪—二叠纪最主要的聚煤区。

祁连山地层区(Ⅲ):早石炭世主要发育浅海碳酸盐岩沉积,与塔里木区相似;晚石炭世至早二叠世则发育海陆交互相和陆相含煤碎屑沉积,与华北区类似;在含煤建造及含煤性方面均具有二者的过渡特征。

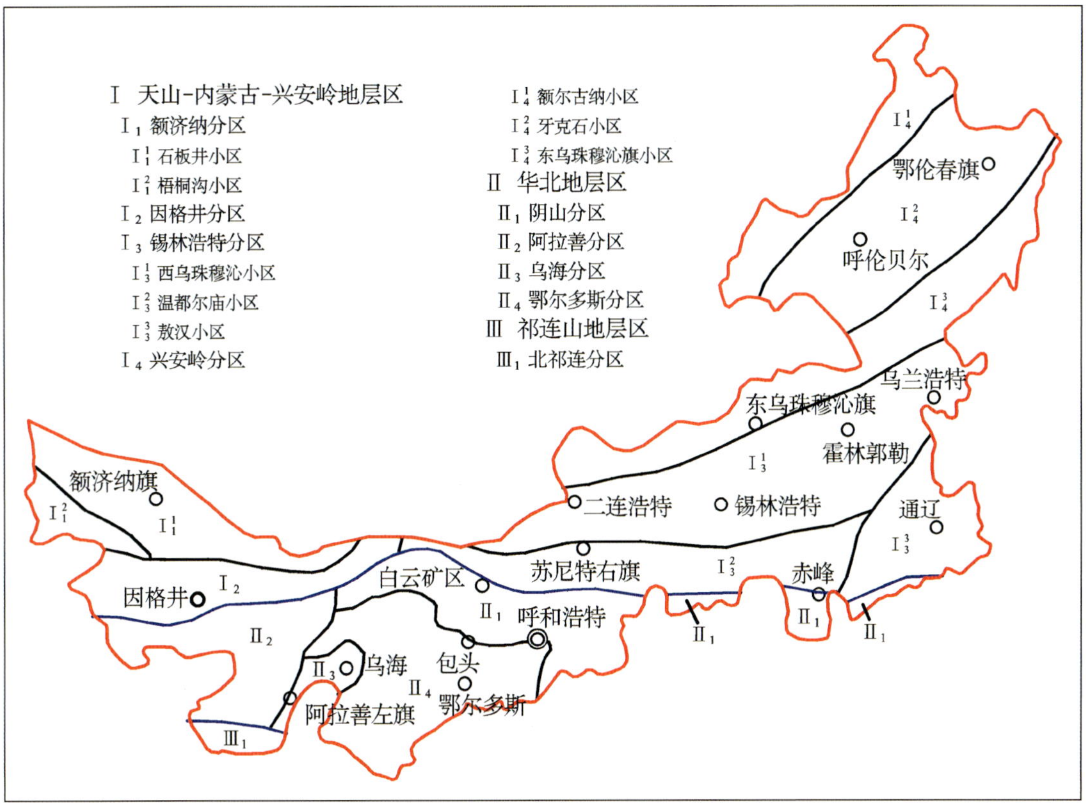


图 13-6　内蒙古自治区晚古生代含煤地层区划示意图

图 13-7　内蒙古自治区中—新生代含煤地层区划简图

### 2. 中—新生代含煤地层区划

全区中—新生代含煤地层的发育具有连续性，将两大自然断代的含煤地层区划工作合并进行，在两大聚煤区下共划分为 5 个含煤地层区(图 13-7)。

西北聚煤区：以发育大型内陆含煤盆地及山间含煤盆地为特征。晚三叠世发育延长植物群，侏罗纪发育 *Coniopteris*-*Phoenicopsis* 植物群。聚煤时代主要为早—中侏罗世，次为晚三叠世。区内可分 3 个地层区：阿拉善地层区、陕甘宁地层区和山西地层区。其中陕甘宁地层区和山西地层区主要聚煤时代为中侏罗世，次为晚三叠世。沉积类型与北疆分区类似，含煤性好。其中鄂尔多斯分区(大型聚煤盆地)煤炭蕴藏量十分丰富。

东北聚煤区：在中—新生代属环太平洋构造域，中基性—中酸性火山活动较强烈，并有一系列断陷型含煤盆地形成。聚煤时代主要为侏罗纪、白垩纪，晚三叠世的煤基本不具工业价值。区内早—中侏罗世发育 *Coniopteris-Phoenicopsis* 植物群，晚侏罗世发育早期热河动物群及 *Ruffordia-Onychiopsis* 植物群。根据含煤层位的差异，本区统一作为滨太平洋地层区，其下分为大兴安岭-燕山地层分区和松辽地层分区，前者含 4 个地层小区。全区主要为下白垩统含煤，其中阴山地层小区、乌兰浩特-赤峰地层小区的下—中侏罗统含煤，主要分布在北纬 40°以北、东经 115°以东地区。早白垩世发育晚期热河动物群及 *Acanthopteris-Ruffordia* 植物群(早期组合)，沉积类型以断陷盆地含煤沉积为主，多成群出现，含煤性好。

### (二)含煤地层分布

晚古生代石炭纪—二叠纪含煤地层为内蒙古自治区重要的含煤地层，主要分布于内蒙古自治区内的华北地层区鄂尔多斯地层分区和阴山地层分区、祁连地层区的北祁连地层分区；内蒙古自治区内中生代侏罗纪含煤地层分布较为广泛，东起大兴安岭，西至阿拉善潮水盆地，北至阴山以北，南至鄂尔多斯盆地(内蒙古自治区部分)，都有含煤地层分布；中生代白垩纪含煤地层主要分布于二连-海拉尔盆地群、赤峰的元宝山、平庄以及阴山的固阳盆地，其范围东起大兴安岭西缘，西至狼山，南至阴山，北至中蒙边界，展布面积约 $40\times10^4 km^2$，含煤岩性均属陆相沉积；新生代新近纪含煤地层主要分布在集宁煤田、丹峰煤田，在察哈尔右翼中旗、察哈尔右翼后旗以及凉城县东南一带也有零星分布(图 13-5)。

## 二、含煤地层

内蒙古自治区古生代含煤地层主要有晚石炭世羊虎沟组、晚石炭世本溪组、晚石炭世太原组、晚石炭世拴马桩组、早二叠世山西组、早二叠世杂怀沟组、中二叠世大红山组。侏罗纪含煤地层主要有中侏罗世五当沟组、早侏罗世红旗组、中侏罗世万宝组、中侏罗世新民组、中侏罗世延安组、中侏罗世龙凤山组。白垩纪含煤地层主要有早白垩世大磨拐河组、早白垩世伊敏组、早白垩世义县组、早白垩世阜新组、早白垩世固阳组。新生代含煤地层主要有新近纪中新世汉诺坝组和新近纪上新世宝格达乌拉组。含煤地层单位的时空序列特点如表 13-3 所示。

**表 13-3 内蒙古自治区主要成煤期含煤地层系列简表**

| 成煤时代 | 西部 | 中部 | 东部 |
|---|---|---|---|
| 新生代 | | 汉诺坝组、宝格达乌拉组 | |
| 白垩纪 | | 固阳组 | 伊敏组、大磨拐河组、阜新组、义县组 |
| 侏罗纪 | 龙凤山组(青土井组) | 延安组、五当沟组 | 红旗组(阿拉坦合力群)、万宝组、新民组 |
| 石炭纪—二叠纪 | 羊虎沟组、太原组、山西组、大红山组 | 太原组、山西组、拴马桩组、杂怀沟组 | |

## (一)古生代含煤地层

内蒙古自治区晚古生代含煤地层划分与对比见表 13-4。

**表 13-4　内蒙古自治区石炭纪—二叠纪含煤地层划分与对比简表**

| 地层分区 | | | 华北地层区(Ⅱ) 阴山分区(Ⅱ1) | 华北地层区(Ⅱ) 阿拉善分区(Ⅱ2) | 华北地层区(Ⅱ) 乌海及鄂尔多斯分区(Ⅱ3-4) | 祁连山地层区(Ⅲ) 北祁连分区(Ⅲ1) |
|---|---|---|---|---|---|---|
| 上覆地层 | | | 老窝铺组:大于 729m,紫色碎屑岩,含钙质结核 | 二断井群 $T_{1-2}$ | 刘家沟组 $T_1$ | 西大沟群 $T_{1-2}$ |
| 上古生界 | 二叠系(P) | 上二叠统($P_3$) | 脑包组:1267m,杂色碎屑岩夹薄层泥灰岩或钙质结核 | | 孙家沟组:167m,杂色碎屑岩夹泥灰岩 | 窑沟组:46～513m,杂色碎屑岩夹灰岩 |
| 上古生界 | 二叠系(P) | 上二叠统($P_3$)/中二叠统($P_2$) | 石叶湾组:93m,杂色页岩、粗碎屑岩 | | 石盒子组:400m,杂色碎屑岩夹铁质结核 | 大黄沟组:275m,杂色碎屑岩、火山碎屑岩夹煤线 |
| 上古生界 | 二叠系(P) | 中二叠统($P_2$)/下二叠统($P_1$) | | 大红山组:大于 1744m,火山岩、碎屑岩,局部夹泥灰岩、煤层 | | |
| 上古生界 | 二叠系(P) | 下二叠统($P_1$) | 杂怀沟组:大于 80m,碎屑岩夹薄煤层 | | 山西组:80m,页岩夹铝土岩及煤层 | |
| 上古生界 | 石炭系(C) | 上石炭统($C_2$) | 拴马桩组:896m,碎屑岩夹铝土岩、煤层 | | 太原组:50～95m,碎屑岩夹铝土岩、煤层 | |
| 上古生界 | 石炭系(C) | 上石炭统($C_2$) | | | 本溪组:48m,碎屑岩夹泥灰岩、煤线 | 羊虎沟组:260～447m,碎屑岩夹灰岩、煤线 |
| 上古生界 | 石炭系(C) | 上石炭统($C_2$) | | | | 靖远组:49～80m,碎屑岩夹灰岩、煤层 |
| 上古生界 | 石炭系(C) | 下石炭统($C_1$) | | | | 臭牛沟组:大于 51m,碎屑岩夹灰岩、薄煤层 |
| 上古生界 | 石炭系(C) | 下石炭统($C_1$) | | | | 前黑山组:80～101m,碎屑岩夹砂质灰岩 |
| 下伏地层 | | | 乌兰胡洞组 $O_3$ | 新元古界 $Pt_3$ | 蛇山组 $O_3$ | 平凉组 $O_2$ |

**1. 羊虎沟组($C_2y$)**

羊虎沟组曾称羊虎沟群，时代属晚石炭世，与华北本溪组大致相当，命名地点在甘肃省永昌县羊虎沟附近。区内典型剖面位于阿拉善盟呼鲁斯太境内，为一套滨海相或海陆交互相的含煤沉积。岩性特征：下段为灰白色石英粗砂岩，顶部为灰黑色页岩、砂质页岩夹薄煤层及薄层灰岩，含菱铁矿结核；中段为浅灰色钙质粉砂岩，黑色页岩与灰岩互层，夹煤线；上段以灰色、黑色中厚层灰岩为主，夹页岩、硅质岩。生物特征：植物化石以蕨类植物和裸子植物为主。蕨类植物以石松纲的鳞木、楔叶纲的轮叶占优势；裸子植物以真蕨、种子蕨纲的脉羊齿、楔羊齿、准羊齿为主。动物化石以蜓科、珊瑚类、腕足类、牙形石为组合特征，腕足类主要为长身贝超科和石燕贝超科；此外见少量的腹足类、海百合茎等。

**2. 本溪组($C_2b$)**

本溪组形成时代属晚石炭世，为一套海陆交互相的含煤沉积。岩性特征：主要为灰白色石英砂岩、深灰色泥岩、灰岩夹薄煤层等，底部可见不稳定的褐铁矿层，相当于山西式铁矿。桌子山东麓千里山矿区可见底砾岩，地层厚度0～33m，一般厚度为16m，含植物化石，少见动物化石，与下伏奥陶系桌子山组假整合接触。在准格尔煤田，下部岩性为褐红色铁质泥岩，局部为褐铁矿、铝质黏土岩；上部岩性为深灰色泥岩、钙质泥岩、泥晶灰岩及石英砂岩，局部夹薄煤层1～3层，均不可采。灰岩一般1～4层，由北向南层数增多。地层厚度0～35m，一般厚度在20m左右，与下伏奥陶纪马家沟组假整合接触，主要出露于准格尔煤田东缘黄河岸边。

**3. 太原组($C_2t$)**

太原组形成于晚石炭世晚期，典型剖面位于山西省河曲县东刘家塔，为一套海陆交互相的含煤沉积。岩性特征：主要由砂岩、页岩、碳质页岩、煤层及灰岩组成。生物特征：太原组在准格尔煤田孢粉组合特征是以孢子为主，占75%，花粉占25%。孢子中以单缝孢占绝对优势，占81%，三缝孢占19%(其中有环三缝孢占2%，无环三缝孢占17%)，可建立*Laevigatosporites*－*Convolutispora*组合带，可与山西省等地的太原组对比，时代亦相当。太原组在桌子山、乌达煤田孢粉保存较少，据少量孢粉分析，单缝孢含量占总数的47%，三缝孢占孢子总数的53%(其中无环三缝孢占41%，有环三缝孢占12%)。花粉中见费氏粉，费氏粉一般常见于石炭纪。属于*Laevigatosporites*－*Punctatosporites*－*Crassispora*组合，形成时代属于晚石炭纪。

**4. 拴马桩组($C_2sh$)**

拴马桩组曾称拴马桩煤系，时代属于晚石炭世，创建于乌拉特前旗大佘太镇北的拴马桩沟。原始定义为"由陆湖相灰绿色页岩、灰白色粗粒石英砂岩、含砾石英砂岩及煤层组成，厚度为748m，富含蕨类及鳞木化石，下部平行不整合在中、下奥陶统之上，上限被下白垩统所覆盖"，现指分布于阴山地区平行不整合于奥陶纪灰岩之上的滨海近岸至湖沼相的含煤地层。岩性特征：主要由灰绿色页岩、灰白色粗粒石英砂岩、含砾石英砂岩、砾岩及煤层组成，富含植物化石。拴马桩组由22个韵律层组成，每个韵律层内均由浅色石英质砂、砾岩开始，到黑色砂泥质页岩、碳质页岩或煤层(线)结束，反映水动力条件周期性震荡运动的特点。

**5. 山西组($P_1sh$)**

山西组形成时代属早二叠世，区内典型剖面位于阿拉善盟呼鲁斯太矿区内，为一套湖沼陆相的含煤沉积。岩性特征：主要为青灰色、浅灰色、灰色粉砂质泥岩，粉砂岩，细粒砂岩及煤层，底部为黄褐色含砾粗粒砂岩，富含植物化石。生物特征：植物化石以裸子植物为主，蕨类植物次之。裸子植物真蕨、种子蕨纲的织羊齿、栉羊齿、带羊齿、脉羊齿、座延羊齿最为丰富，同时出现了少量的松柏和苏铁纲。繁盛于石炭纪的蕨类植物石松纲、鳞木大大衰退，楔叶纲出现了瓣轮叶。动物化石少见。在准格尔煤田，山西组孢粉组合特征是孢子占92%，花粉占8%。孢子中无环单缝孢占0.5%，三缝孢占45%，其中有环三缝孢占22%；花粉有松型粉、费氏粉、短缝联囊粉等。上述孢粉类型一般常见于石炭纪—二叠纪，但单缝孢、短缝联囊粉常见于二叠纪，孢粉组合特点与山东省北部的早二叠世组合类似，从而建立 *Torispora*-*Gulisporites* 组合带。山西组在桌子山煤田、乌达煤田孢粉十分丰富，孢粉组合特征：单缝孢占41%，三缝孢占总数的59%，其中无环三缝孢占46%，有环三缝孢占13%。上述组合中以蕨类植物孢子占大多数，有环三缝孢占比较少，含有匙状匙唇孢、齐氏赘瘤单缝孢等。经对77粒花粉分析，松型粉占18%，蝶囊粉占14%，折缝二囊粉占9%，阿里粉占9%，银铁粉占9%，费氏粉占11%，其余均小于5%。孢粉为早二叠世常见的 *Gulisporites*-*Torispora* 组合。

**6. 杂怀沟组($P_1z$)**

杂怀沟组形成时代属早二叠世，为一套内陆山间盆地型湖沼相的含煤沉积。岩性特征：下部为灰色粗粒砂岩及砾岩，上部为灰—黑色碳质泥岩、砂岩、黏土岩及煤层。地层厚度50～80m，含煤性比拴马桩组差，一般含1～6层中、薄煤层，可采煤层2～4层，可采煤层累计厚度3m左右，以脑包沟—中卜圪素一带含煤性最佳。总的特点是分布零星、发育范围狭窄，含煤性较差，富含植物化石。植物化石以裸子植物门种子蕨纲的羊齿类、蕨类，植物门石松纲的鳞木、楔叶纲的瓣轮叶为主，很少见动物化石，形成时代与山西组相当，与下伏拴马桩组整合接触。

**7. 大红山组($P_{1-2}d$)**

大红山组形成时代属早—中二叠世，为一套纯陆相巨厚层状浅—中深变质的碎屑岩含煤沉积，局部夹火山碎屑岩与中酸性喷发岩，含高变质的无烟煤或已石墨化的煤层。岩性特征：在大红山地区下部为砾岩、细砾岩、石英砂岩、杂砂岩及少量薄层泥灰岩，上部为黑色变质砾岩、变质石英砂岩夹凝灰质砂岩、碳质泥岩和石墨化的煤层，地层总厚度大于2000m，含3层可采煤层，但均已石墨化；在苏勒图一带下部为砾岩、砂岩、粉砂岩、泥岩夹煤层，其底部为角砾岩或泥岩，上部主要为砾岩夹砂岩及煤层，有岩浆岩侵入，地层总厚度大于2000m，含4层可采煤层，煤层厚度变化很大，变化范围可从20余米至彻底尖灭，富含植物化石，上、下部接触界线不清，研究程度较低。植物化石主要有 *Cordaites* sp.，*Lepidodendron* sp.，*Calamites cistii*，*Emplectopteris* 等，很少见动物化石。

## （二）侏罗纪含煤地层

内蒙古自治区侏罗纪含煤地层主要有早中侏罗世五当沟组，早侏罗世红旗组，中侏罗世万宝组、新民组、延安组、龙凤山组。内蒙古自治区侏罗纪含煤地层划分与对比见表13-5。

**1. 五当沟组($J_{1-2}w$)**

五当沟组由原五当沟组和原召沟组合并而成，形成时代属早—中侏罗世。区内典型剖面位于包头市石拐区古城塔头道沟至二道沟，为一套内陆山间盆地型湖沼相的陆源碎屑岩含煤沉积。岩性主要为灰白色和灰绿色砾岩、砂岩、砂质页岩、碳质页岩、棕灰色含油页岩及煤层；下部以灰白色、灰绿色粗碎屑岩为主，夹砂质页岩及多层煤，向上碎屑粒度变细，颜色变深，以粉砂岩、泥岩夹油页岩及煤层为主。

**表 13-5　内蒙古自治区侏罗纪含煤地层划分与对比简表**

| 地层 | | 天山地层区(Ⅰ) | 阿拉善地层区(Ⅱ) | | 陕甘宁地层区(Ⅲ) | 滨太平洋地层区(Ⅴ) | | | |
|---|---|---|---|---|---|---|---|---|---|
| | | | | | | 大兴安岭-燕山地层分区(Ⅴ$_1$) | | | |
| 分区 | | 北山分区(Ⅰ$_1$) | 巴丹吉林分区(Ⅱ$_1$) | 潮水分区(Ⅱ$_2$) | 鄂尔多斯分区(Ⅲ$_1$) | 阴山小区(Ⅴ$_1^1$) | 博客图-二连浩特小区(Ⅴ$_1^2$) | 乌兰浩特-赤峰小区(Ⅴ$_1^3$) | 宁城-敖汉小区(Ⅴ$_1^4$) |
| 上覆地层 | | 赤金堡组 | 巴音戈壁组 | 庙沟组(K$_1$) | 洛河组(K$_1$) | 金家窑子组 | 梅勒图组 | 龙江组(K$_1$) | 义县组(K$_1$) |
| 侏罗系(J) | 上侏罗统(J$_3$) | | 沙枣河组 | | | | 白音高老组<br>玛尼吐组<br>满克头鄂博组 | | |
| | 中侏罗统(J$_2$) | | 龙凤山组(青土井群) | | 安定组<br>直罗组<br>延安组 | 大青山组<br>石拐群：长汉沟组 | 土城子组<br>塔木兰沟组<br>万宝组 | 新民组 | 万宝组 |
| | 下侏罗统(J$_1$) | | 芨芨沟组 | | 富县组 | 石拐群：五当沟组(召沟组) | 红旗组(阿拉坦合力群)(北票组) | | |
| 下伏地层 | | 珊瑚井组(T$_3$) | | | 延长组(T$_3$) | 乌拉山岩群(Ar) | 古生界(Pz) | 老龙头组 T$_1$ | 古生界 Pz |

**2. 红旗组(J$_1h$)**

红旗组包含曾使用的阿拉坦合力群，形成时代属早侏罗世。区内典型剖面位于赤峰市扎鲁特旗的塔拉营子，为一套陆相碎屑岩含煤沉积。岩性特征：下部以灰白色砾岩夹薄层砂岩为主，上部为砂岩、粉砂岩、泥岩夹数层可采煤层，含植物化石，与下伏古生代变质火山岩不整合接触。含植物化石，如 *Podozamites lanceolatus*，*Pityophyllum staratschini*，*Cladophlebis*，*Neocalamites hoerensis*，*N. carrerei*，*Todites williamsoni*，*Equisetites lateralis*，*Ginkgo schmidtiana*。

**3. 万宝组(J$_2w$)**

万宝组与呼日格组(或巨宝组)层位相当。在内蒙古自治区内存在于红旗组之上、满克头鄂博组之下，与新民组呈相变关系。以火山岩为主体夹沉积岩的部分属新民组，以沉积岩夹煤层的部分属万宝组。形成时代属中侏罗世，为一套陆相碎屑岩夹火山碎屑岩含煤沉积。岩性特征：上部由碳质泥岩、粉砂岩、砂岩夹薄煤层和凝灰岩组成，产植物化石；下部为砾岩夹砂岩。万宝组与上部的塔木兰沟组整合接触，以厚层凝灰岩为界，与下伏的红旗组不整合接触。自下而上划分为砾岩凝灰岩段、下含煤碎屑岩凝灰岩段、上含煤碎屑岩凝灰岩段，地层总厚度 400～1900m。含植物化石*Coniopteris* sp.，*Coniopteris hymenophylloides*，*Equisetites*，*Cladophlebis* sp.。

#### 4. 新民组($J_2x$)

新民组形成时代属中侏罗世，为一套陆相碎屑岩夹火山沉积碎屑岩含煤沉积体系。岩性特征：下段以紫色、灰绿色、灰白色流纹质火山碎屑岩为主，夹粉砂岩、页岩、泥灰岩及可采煤层，地层厚度 502～893m；中段为灰紫色和黄绿色砂砾岩、砾岩或凝灰质粗碎屑岩，夹黑色页岩及灰岩透镜体，地层厚度 444～893m；上段以灰绿色、黄绿色凝灰砂砾岩及粉砂岩为主，夹酸性凝灰岩，局部夹碳质页岩及劣质煤，地层厚度大于 515m。与下伏红旗组平行不整合接触，与上覆满克头鄂博组角度不整合接触。新民组在多数地区未见底界，局部地区见与二叠纪变质砂岩、板岩呈不整合接触。

#### 5. 延安组($J_2y$)

延安组形成时代属中侏罗世。区内延安组典型剖面位于鄂尔多斯市准格尔旗的铧尖沟，为一套陆相碎屑岩含煤沉积。岩性特征：主要由灰白色细—粗粒砂岩、黑色泥岩和煤层组成。底部为灰白色含砾砂岩或长石岩屑石英砂岩，底界面与富县组整合接触或与延长组灰绿色中细粒岩屑长石砂岩平行不整合接触，顶部以灰白色长石石英砂岩或粉砂岩顶界面与直罗组灰绿色中粒砂岩假整合接触。生物特征：富含植物化石 *Phoenicopsis angustifolid*(狭叶似刺葵)，*Equisetites lateralis*，*Todites williamsoni*，*Coniopteris hymenophylloides*，*C. tatungensis*，*Raphaelia diamensis*，*Pterophyllum aequale*，*Anomozamites* sp.，*Taenioteris* sp.，*Williamsonia* sp.，*Ginkgoites* sp.，*Sphenobaiera* sp.，*Phoenicopsis rigida*，*Pityophyllum lingstroemi*，*Elatocladus* sp.，*Pagiophyllum*，*Podozamites lanceolatus*，*Carpolithus* sp.等。

#### 6. 龙凤山组($J_2l$)

龙凤山组包含曾使用的青土井群，形成时代属中侏罗世，距今 1.64 亿～1.50 亿年。区内典型剖面位于阿拉善盟阿拉善左旗的红柳沟，为一套陆相碎屑岩夹火山岩含煤沉积。岩性特征：主要为灰白色砾岩，灰绿色、灰色砂岩，灰黑色、灰色泥岩及煤层组成的多韵律含煤沉积组合。底部以灰白色砂岩或砾岩与下伏芨芨沟组顶部灰绿色、暗紫色砂岩或页岩间的不整合面为界；顶部以灰色砂岩与上覆新河组的黄绿色砂岩或页岩的接触面为界，两者为整合或平行不整合接触。富含植物化石 *Neocalamites carcinoides*，*N. carrerei*，*Todites williamsoni*，*Cladophlebis*，*Podozamites lanceolatus*，*Pschenki*，*Otozamites* sp.，*Coniopteris* sp.；*Coniopteris burejensis*，*C. hymenophylloides* 等。

### （三）白垩纪含煤地层

内蒙古自治区白垩纪含煤地层主要有早白垩世大磨拐河组、伊敏组、义县组、阜新组、固阳组。含煤地层划分与对比见表 13-6。

本次煤炭资源潜力评价依据 1996 年全国多重地层对比清理及近年来研究成果，将白彦花群(以往也称巴彦花群)划分为大磨拐河组及伊敏组，取消原划分的阿尔善组、腾格尔组和赛汉塔拉组，另外，霍林河群也可与白彦花群对比，霍林河群下部四段与大磨拐河组对应，含下含煤段，上部两段与伊敏组对应，含上含煤段。

**表 13-6　内蒙古自治区白垩纪含煤地层划分与对比简表**

<table>
<tr><td colspan="2" rowspan="3">地层区划</td><td colspan="2">阿拉善地层区(Ⅱ)</td><td colspan="6">滨太平洋地层区(Ⅴ)</td></tr>
<tr><td rowspan="2">巴丹吉林分区($Ⅱ_1$)</td><td rowspan="2">潮水分区($Ⅱ_2$)</td><td colspan="6">大兴安岭-燕山分区($Ⅴ_1$)</td></tr>
<tr><td>阴山小区($Ⅴ_1^1$)</td><td colspan="2">博客图-二连浩特小区($Ⅴ_1^2$)</td><td>乌兰浩特-赤峰小区($Ⅴ_1^3$)</td><td colspan="2">宁城-敖汉小区($Ⅴ_1^4$)</td></tr>
<tr><td colspan="2">上覆地层</td><td colspan="2">寺口子组</td><td>汉诺坝组</td><td colspan="2">脑木根组</td><td>汉诺坝组</td><td colspan="2">上界不清</td></tr>
<tr><td rowspan="6">白垩系</td><td>上白垩统($K_2$)</td><td>乌兰苏海组</td><td rowspan="2">金刚泉组</td><td rowspan="2"></td><td colspan="2">二连组</td><td></td><td colspan="2"></td></tr>
<tr><td rowspan="5">下白垩统($K_1$)</td><td></td><td colspan="2"></td><td></td><td colspan="2">孙家湾组</td></tr>
<tr><td>苏红图组</td><td rowspan="4">庙沟组</td><td>白女羊盘组</td><td rowspan="3">白彦花群</td><td>伊敏组</td><td>甘河组</td><td>阜新组</td><td rowspan="4">热河群</td></tr>
<tr><td rowspan="3">巴音戈壁组</td><td>固阳组</td><td colspan="3" rowspan="2">大磨拐河组（九峰山组，九佛堂组）</td></tr>
<tr><td>李三沟组</td></tr>
<tr><td>金家窑子组</td><td colspan="2">梅勒图组</td><td>龙江组</td><td>义县组</td></tr>
<tr><td colspan="2">下伏地层</td><td colspan="2">沙枣河组($J_3$)</td><td>大青山组($J_2$)</td><td colspan="3">白音高老组($J_3$)</td><td colspan="2">土城子组($J_2$)</td></tr>
</table>

### 1. 大磨拐河组($K_1d$)

大磨拐河组包括曾使用的九峰山组、霍林河组和白彦花群的下部，形成时代属早白垩世。区内典型剖面位于牙克石市的大磨拐河五九煤矿，为一套陆相碎屑岩含煤沉积，主要由砂砾岩、砂岩、泥岩及煤层组成。下部以砾岩、砂砾岩为主，夹泥岩、薄层粉砂岩及灰白色凝灰质粗粒砂岩；中部为灰白色或灰黄色砾岩、砂岩、泥岩及煤层；上部为黄灰色凝灰质粗粒砂岩、中细粒砂岩、泥岩互层并夹有煤线。底界以砾岩为标志与下部的梅勒图组呈不整合或假整合接触，顶部为厚层泥岩与伊敏组或甘河组为连续沉积，地层厚度 501m。含植物化石 *Acanthopteris*, *Onychiopsis*, *Sphenobaiera longifolia*, *Pityophyllum* sp., *Phoenicopsis* sp.；含动物化石 *Liograpta* sp., *Sphaerium* cf. *anderssoni*, *Cypridea vitimensis*, *C. delnovi*, *C. sulcata*, *C. tuberculisperga*, *C.* cf. *globra*。

### 2. 伊敏组($K_1ym$)

伊敏组包括曾使用的白彦花群的上部，形成时代属早白垩世，区内典型剖面位于海拉尔市南约 50km 的伊敏煤矿，为一套陆相碎屑岩含煤沉积。主要由灰白色粉砂岩、砂岩、泥岩、碳质泥岩，夹砾岩、砂砾岩组成，含煤 10 余层。底部以灰白色粉砂岩与下伏大磨拐河组粗粒砂岩、含砾砂岩分界，两者呈假整合接触；顶部与晚白垩世二连组或新近纪脑木根组不整合接触，地层厚度 550m。富含植物化石 *Coniopteris burejensis*, *Ruffordia goepperti*, *Ginkgoites sibiricus*, *G. digitata*, *Taeniopteris* sp.；孢粉组合为 *Triporoletes singularis*, *Kuylisporites undiformis*, *Appendicisponites bilateralis*, *A. potomacensis*, *A. variabilis*, *Piceaepollenites* sp., *Pilosisporites* sp.。

### 3. 义县组($K_1yx$)

义县组形成时代属早白垩世,发育于赤峰地区,不整合于晚侏罗世地层、中侏罗世土城子组及更老地层之上。岩性以中基性火山岩、火山碎屑岩为主,局部夹中酸性、酸性和碱性火山岩、火山碎屑岩及多层沉积岩,底部常有砾岩,含热河动物群化石。

### 4. 阜新组($K_1f$)

阜新组形成时代属早白垩世,为一套河湖、湖沼相陆源碎屑岩含煤沉积。岩性以灰白色和灰色砂岩、砾岩为主,夹深灰色(局部出现紫红色)泥岩、碳质泥岩和煤层,富含热河动、植物化石群,与下伏地层九佛堂组整合接触,与上覆地层孙家湾组不整合或假整合接触。

### 5. 固阳组($K_1g$)

固阳组形成时代属早白垩世,区内典型剖面位于包头市固阳县的昔连脑包村,为一套陆源碎屑岩含煤沉积。岩性特征:下部为灰白色和黄褐色砾岩、砂砾岩和砂岩,偶夹泥岩;中上部为灰黑色泥岩、页岩与黄灰色和灰绿色砂岩、粉砂岩互层,常夹泥灰岩、石膏和可采煤层;顶部出现少量紫红色砂岩、泥岩。固阳组地层总厚度 450～2600m。富含植物化石 *Acanthopteris gothani*, *Onychiopsis ovata*, *O. psilotoides*;富含双壳类动物化石 *Sphaerium jeholense*, *Tetoria ? yixianensis*,含介形类动物化石 *Cypridea* sp. ,*Lycopterocypris* sp. ,*Lycopterocypris infantilis*, *Darwinula contracta*;含叶肢介动物化石 *Eosestheria* sp. ,*Neimengguestheria* (*Neimengguestheria*) *gongyimingensis*, *Eosestheria* sp. ;含鱼类动物化石 *Kuyangichthys microdus*, *Kuntulunia longipterus*;含昆虫类动物化石 *Ensicupes guyangensis* 及大量孢子和花粉。与下伏李三沟组整合接触,与上覆白女羊盘组的火山岩不整合接触。

## (四)新生代含煤地层

内蒙古自治区新生代含煤地层主要有中新世汉诺坝组和上新世宝格达乌拉组。内蒙古自治区新生代含煤地层划分与对比见表 13-7。

**表 13-7　内蒙古自治区新生代含煤地层划分与对比简表**

| 地层区划 | | 滨太平洋地层区(Ⅴ) | | | |
|---|---|---|---|---|---|
| | | 大兴安岭-燕山地层分区($V_1$) | | | |
| | | 阴山小区($V_1^1$) | 博客图-二连浩特小区($V_1^2$) | | 乌兰浩特-赤峰小区($V_1^3$) |
| 上覆地层 | | 第四系 | 第四系 | | 第四系 |
| 新近系(N) | 上新统($N_2$) | 宝格达乌拉组 | | 五岔沟组 | 宝格达乌拉组 |
| | 中新统($N_1$) | 汉诺坝组 | 通古尔组 | 呼查山组 | 汉诺坝组　老梁底组 |
| 下伏地层 | | 白女羊盘组($K_1$) | 呼尔井组($E_3$) | | 甘河组($K_1$) |

### 1. 汉诺坝组($N_1h$)

汉诺坝组包括曾使用的昭乌达组,形成时代属新近纪中新世,为一套内陆河湖相夹火山岩相含煤沉积。岩性特征:主要为灰白色和灰色含砂泥灰岩、深灰色泥岩夹灰褐色玄武岩、杏仁状玄武岩,地层厚度50～350m。富含植物化石及动物化石介形类、腹足类等。与下伏早白垩世白女羊盘组、上覆新近纪上新世宝格达乌拉组均为角度不整合接触。

**2. 宝格达乌拉组($N_2b$)**

宝格达乌拉组形成时代属于新近纪上新世,为一套内陆河湖相含煤沉积。岩性特征:主要为浅紫色砂质泥岩、砂岩、含砾粗粒砂岩、砂砾岩夹煤层,局部含钙质结核及淡水灰岩,含动物化石三趾马和哺乳动物化石 *Indricotherium*。与下伏通古尔组(或汉诺坝组)平行不整合(或角度不整合)接触,与上覆第四系角度不整合接触。

## 三、煤 层

内蒙古自治区聚煤期为晚古生代石炭纪—二叠纪、中生代侏罗纪和白垩纪、新生代等。其中中生代侏罗纪和白垩纪是最为重要的聚煤期,其次为石炭纪—二叠纪,新生代聚煤作用较差。

### (一)石炭系—二叠系煤层

内蒙古自治区石炭系—二叠系煤层主要分布于准格尔旗、鄂托克旗和鄂托克前旗,清水河、阿拉善盟地区及大青山也有少量分布。煤层主要产于太原组和山西组,另外,羊虎沟组、本溪组、拴马桩组、杂怀沟组和大红山组等也含有煤层。按分布面积及资源量大小区分,准格尔煤田最大,其次为桌子山矿区、上海庙矿区。

**1. 准格尔煤田**

准格尔煤田位于鄂尔多斯盆地东北缘,行政区划隶属准格尔旗及达拉特旗。该煤田地理坐标为东经110°22′—111°25′,北纬39°21′—40°06′。煤田北、东濒临黄河,西与东胜煤田东缘相邻,南北宽73km,东西最长90km,面积5700km$^2$。其中,国家规划矿区面积3300km$^2$,深部区面积2400km$^2$。

1)国家规划矿区煤层

准格尔煤田国家规划矿区含煤地层为太原组和山西组。太原组一般含5个煤层,即6号、7号、8号、9号、10号煤层,其中全区普遍发育的重要可采煤层为6号、9号煤层;山西组一般含5个煤层,其中具有工业意义的为3号、5号煤层,不稳定,局部可采。山西组含煤系数7.88%,太原组含煤系数31.56%,山西组和太原组总含煤系数22.71%。

2)深部区煤层

准格尔煤田深部区煤层总厚度7.52～45.48m,平均28.45m,纯煤厚度5.31～34.8m,平均22.33m,夹矸总厚度0.49～15.85m,平均6.12m。山西组地层厚度28.20～124.90m,平均67.00m;含煤1～8层,煤层总厚度平均3.59m;单孔见可采煤层0～5层,可采煤层厚度平均2.78m;平均含煤系数5.4%,平均可采含煤系数4.1%。太原组厚度26.20～94.60m,平均52.37m;含煤2～11层,平均4层,煤层总厚度平均24.38m;单孔见可采煤层1～6层,可采煤层厚度平均18.69m;9号煤层为较稳定的全区可采煤层;平均含煤系数46.6%,平均可采含煤系数35.7%。

**2. 桌子山煤田**

桌子山煤田位于鄂尔多斯盆地西北缘,行政区划隶属内蒙古自治区乌海市和鄂尔多斯市鄂托克旗、鄂托克前旗。地理坐标为东经106°46′01″—107°08′30″,北纬38°10′00″—39°52′35″。煤田范围西起岗德尔山，东至桌子山东麓，北起千里山以北，南至蒙宁省界（内蒙古自治区与宁夏回族自治区省界），面积 2377km$^2$。

1）桌子山矿区煤层

桌子山矿区含煤地层为石炭纪太原组和二叠纪山西组。太原组厚度 21～144m；山西组厚度 36～231m，平均 113m。桌子山矿区含煤 0～28 层，一般为 6～13 层，平均为 11 层；煤层厚度为 1.15～20.78m，平均 10.16m；可采煤层厚度 0.76～17.25m，平均 7.29m；含煤系数 0.97%～43.95%，平均为 7.4%。主要可采煤层为 9 号和 16 号煤层，主要可采煤层为较稳定型。

2）上海庙矿区煤层

上海庙矿区含煤地层为太原组和山西组。太原组厚度 69.09～136.82m，平均 71.49m；山西组厚度平均 52.23m。太原组含煤 3～7 层，含煤总厚平均 6.78m，可采煤层总厚度平均 5.07m，可采含煤系数 7.09%，其中 9 号煤层全区可采，8 号煤层局部可采，其他煤层不稳定。山西组含煤 3～8 层，含煤总厚度平均 10.42m，可采煤层总厚度平均 9.47m，可采含煤系数 18.13%，其中 3 号煤层、5 号煤层全区赋存且全区可采，煤层较稳定；1 号煤层局部可采，2 号煤层本区未见，其他煤层不稳定。

### （二）侏罗系煤层

内蒙古自治区侏罗系煤层产于早侏罗世红旗组（阿拉坦合力群、北票组），中侏罗世延安组，早—中侏罗世五当沟组，中侏罗世龙凤山组（青土井群）。其中延安组为内蒙古自治区最重要的含煤层地层之一。内蒙古自治区侏罗系煤层主要分布于鄂尔多斯市。

#### 1. 东胜煤田

东胜煤田位于鄂尔多斯盆地北部，行政区划隶属鄂尔多斯市。该煤田地理坐标为东经106°50′00″—110°50′00″，北纬 37°35′00″—40°39′00″。含煤范围北起杭锦旗塔拉沟、呼和木都、达拉特旗的耳字壕、呼斯梁、高头窑、敖包梁乡一带的煤层露头及隐伏露头，南至陕西省省界，东始于准格尔旗暖水、五字湾的延安组底界出露区，西止于东胜煤田深部区西边界。

延安组为东胜煤田主要含煤地层，厚度 133.28～279.18m，平均 206.56m。共含 5 个煤组（即 2 号、3 号、4 号、5 号、6 号煤组），含煤 10～30 层，有 22 个主要、大部、局部可采煤层。可采煤层累计总厚度 1.63～28.60m，平均 15.64m，可采含煤系数 1.04%～12.95%，平均 7.57%。

#### 2. 上海庙矿区侏罗系煤层

上海庙矿区侏罗系延安组含煤地层厚度平均 275.19m，最厚达 371.99m；含煤 19 层，煤层总厚度 25.38～55.31m，总厚度平均 40.34m；含煤系数 15%；可采煤层总厚度 23.22～44.86m，平均总厚度 33.40m，可采含煤系数 12.14%。其中，2 号、3 号、4 号、6 号、8 号、15 号、17 号、18 号煤为主要可采煤层，全区可采或大部可采；$2_{下}$ 号、11 号、12 号、19 号、20 号煤 5 层为局部可采煤层。

### （三）白垩系煤层

白垩纪是内蒙古自治区一个重要的聚煤期，煤层主要产于早白垩世大磨拐河组、伊敏组、九佛堂组和阜新组等，主要分布区域为二连-海拉尔盆地群，赤峰的元宝山、平庄以及阴山的固阳盆地。其范围东起大兴安岭西缘，西至狼山，南至阴山，北至中蒙边界（中华人民共和国与蒙古国边界），展布面积约

$40\times10^4 km^2$。

本书将二连盆地白垩纪含煤地层划分为早白垩世大磨拐河组和伊敏组，含上、下两个含煤段，其中下含煤段位于大磨拐河组上部。下面介绍二连盆地中胜利煤田、白音华煤田、伊敏煤田及绍根矿区的白垩系煤层。

**1. 胜利煤田**

胜利煤田位于内蒙古自治区锡林郭勒盟锡林浩特市，行政区划隶属胜利苏木、毛登牧场。胜利煤田呈北东-南西方向条带状展布，该煤田地理坐标为东经115°53′00″—116°24′00″，北纬43°55′12″—44°13′15″。

胜利煤田含煤地层为早白垩世大磨拐河组（以往报告称白彦花群），钻孔揭露最大厚度305.90m，一般含煤8～9层，可分为2个含煤段。

下含煤段含有12号、13号、14号、15号煤组，其中12号煤组为主要煤组。煤层厚度为11.42～50.75m，一般23.10～26.95m，含11～70个煤分层，一般20～30层。下含煤段内14号煤组零星可采，其他煤组局部可采。地层厚度35～426.03m。下含煤段的最大含煤系数17%，平均含煤系数5%。

上含煤段为富煤段，地层平均厚度386m，煤层厚度为0.50～305.90m，平均厚度60.86m。上含煤段的含煤系数为17%，最大含煤系数为51%。该段含有2号、3号、4号、5号、$6^{上}$号、6号、$6^{下}$号、7号、8号、9号、10号、11号共12个煤组，其中4号、5号、6号、7号、8号煤组为主要可采煤组。煤层从聚煤中心向四周变薄，向西北缘断裂方向煤层呈马尾状急剧分叉变薄，向南东方向煤层呈剪刀状分叉，较缓慢地变薄，沿走向向北东、南西方向煤层的变化比向南东方向小。

**2. 白音华煤田**

白音华煤田位于西乌珠穆沁旗东80km处，行政区划隶属锡林郭勒盟西乌珠穆沁旗白音华镇。煤田范围：东以煤层露头为界，西以煤层尖灭线为界，北起默勒黑特音淖尔，南至白音华镇。该煤田地理坐标为东经118°19′—118°50′，北纬44°44′—45°12′。煤田为一不规则的多边形，面积$900km^2$。

白音华煤田为大兴安岭南段西侧的山间断陷型盆地，呈北东—北北东向长条状展布。盆地长约60km，倾向宽约8.5km，轴向北东30°～40°，两翼倾角平缓（10°～15°）。盆地沉降中心位于中北部。煤层主要赋存于向斜东南翼的半斜坡带上，煤层总体向北西方向迅速分叉、变薄、尖灭。

白音华煤田的主要含煤地层为早白垩世大磨拐河组，含13层可采煤层，主要可采煤层5层，分别是5-1号、5-2号、6-1号、6-4号、6-7号煤层，煤层的结构简单—复杂，煤厚变化中等，变化规律较明显，为较稳定煤层。大磨拐河组揭露厚度76.20～909.10m，平均440.90m。煤层厚0.36～107.26m，平均34.70m，含煤系数7.87%。本区含煤性好，主要可采煤层发育较稳定，赋煤带受盆地展布方向控制，呈北北东向发育，富煤中心位于煤田中部，厚度高达百米；煤层向东被新近纪地层覆盖成隐伏露头，向西侧逐渐分叉、变薄、尖灭。煤层沿走向分叉现象十分明显，由南向北，5号煤组煤层呈“分—合—分”趋势，6号煤组煤层呈“合—分”趋势。

**3. 伊敏煤田**

伊敏煤田位于大兴安岭西坡呼伦贝尔草原伊敏河中下游的东、西两侧，行政区划隶属呼伦贝尔市鄂温克族自治旗。该煤田地理坐标为东经119°26′00″—120°02′00″，北纬48°28′00″—48°52′00″。南北长

77km、东西宽 11～34km，面积 1140km²。含煤地层为早白垩世伊敏组及大磨拐河组。

伊敏组含煤地层厚度 20～450m，平均厚度 335.78m，煤层埋深 41.04～698.70m，含 17 个煤组 19 层煤，其中可采煤层 14 个。15上 号、16下 号煤层相对稳定，煤层累计厚度 0.20～91.15m，平均厚度 39.31m；可采煤层累计厚度 2.89～87.31m，平均厚度 34.96m，平均含煤系数 8.7%。

大磨拐河组含煤 20 层，埋藏深度一般 650m 左右，最大埋藏深度大于 1000m。煤层累计厚度3.20～78.94m，平均累计厚度 24.17m；可采煤层累计厚度 0.90～46.41m，平均累计厚度 16.92m，平均含煤系数 2.50%。

**4. 绍根矿区**

绍根矿区位于赤峰市阿鲁科尔沁旗东南部，大兴安岭余脉南麓、松辽平原西缘。该矿区地理坐标为东经 120°42′08″—120°51′47″，北纬 43°39′00″—43°47′43″，面积 221km²。

绍根矿区含煤地层为阜新组，煤层厚度由北西向南东逐渐增大，厚度变化 0～450m（未见底），共含 6 个煤组，分别为 1 号、2 号、3 号、4 号、5 号、6 号煤组。区内共含厚、薄煤层 20 余层。含煤系数东区高于中、西区（东区 9.24%，中区 4.9%，西区 6.59%），全区综合平均 6.85%。含可采煤组 5 个（2 号、3 号、4 号、5 号、6 号煤组），其中 3 号、4 号、5 号煤组全区发育，2 号、6 号煤组仅在西区局部发育。1 号煤组发育情况不好，不可采。

# 第四节　沉积环境与聚煤规律

## 一、鄂尔多斯地区晚古生代石炭纪—二叠纪含煤岩系岩石学特征

鄂尔多斯地区晚古生代石炭纪—二叠纪含煤岩系主要为太原组及山西组。

### （一）晚石炭世太原组

太原组主要为陆源碎屑岩和可燃有机岩，少量的机械 生物 化学岩。在陆源碎屑岩中，粉砂岩和泥岩约占 46%，位于内蒙古中部的准格尔煤田的粗碎屑含量比中西部的桌子山、贺兰山煤田要高。

在准格尔煤田，太原组粗碎屑岩自下而上逐渐增高，粉砂岩和泥岩的含量逐渐减少，灰岩逐渐消失，含煤性逐渐增强，发育了厚而稳定的 6 号煤层。横向上岩石的分布主要受古环境的控制。煤层的发育程度与砂岩丰度一般呈负相关关系。灰岩仅分布于准格尔煤田黑岱沟矿区以南地区，在太原组第一岩段呈透镜状产出。

桌子山煤田太原组粗碎屑岩平均含量由下而上逐渐降低，粉砂岩和泥岩含量逐渐增加，灰岩发育在太原组上部的第二岩段。在横向上岩石的分布特征同样受沉积环境的控制。煤层的发育程度在第一岩段中与砂岩的含量呈负相关关系，砂岩丰度增加，煤层发育变差，在第二岩段中煤层发育与砂岩关系不明显（表 13-8）。

准格尔煤田太原组第一岩段砂岩丰度平均值 38%，第二岩段砂岩丰度平均值 42%，桌子山煤田第一岩段砂岩丰度平均值 36%，第二岩段砂岩丰度平均值 34%。

**表 13-8　鄂尔多斯地区太原组不同岩石类型丰度统计表**　　单位：%

| 岩性 | 层位 | 准格尔煤田 | | | | | | | | | 桌子山煤田 | | | | | | | | | | 总平均 |
|---|---|---|---|---|---|---|---|---|---|---|---|---|---|---|---|---|---|---|---|---|---|
| | | 窑沟 | 龙王沟 | 119钻孔 | 118钻孔 | 黑岱沟 | 七坪 | 房塔沟 | 榆树湾 | 平均 | 千里山 | 木耳沟 | 旧洞沟 | 骆驼山 | 乌达 | 白云乌素 | 棋盘井 | 老石旦 | 雀儿沟 | 平均 | |
| 粗砂岩（含砾） | $P_1t^2$ | 16 | 16 | 0 | 11 | 35 | 18 | 40 | 2 | 17.3 | 0 | 0 | 0 | 0 | 0 | 0 | 0 | 0 | 0 | 0 | 8.6 |
| | $C_2t^1$ | 37 | 37 | 53 | 0 | 7 | 17 | 8 | 13 | 21.5 | 22 | 22 | 13 | 0 | 20 | 14 | 24 | 0 | 0 | 12.8 | 16.9 |
| 中细砂岩 | $P_1t^2$ | 13 | 13 | 2 | 25 | 2 | 57 | 16 | 60 | 23.5 | 60 | 60 | 48 | 19 | 19 | 3 | 0 | 28 | 0 | 29.6 | 26.6 |
| | $C_2t^1$ | 8 | 8 | 14 | 24 | 28 | 12 | 13 | 25 | 16.5 | 20 | 27 | 10 | 14 | 17 | 34 | 54 | 14 | 26 | 24.0 | 20.5 |
| 粗碎屑岩 | $P_1t^2$ | 29 | 39 | 2 | 36 | 37 | 75 | 56 | 62 | 42.0 | 60 | 46 | 48 | 19 | 19 | 13 | 0 | 28 | 0 | 29.1 | 35.6 |
| | $C_2t^1$ | 45 | 51 | 67 | 24 | 35 | 29 | 21 | 38 | 38.8 | 42 | 43 | 23 | 14 | 19 | 48 | 78 | 14 | 26 | 34.1 | 36.3 |
| 粉砂岩、泥岩 | $P_1t^2$ | 14 | 44 | 23 | 19 | 15 | 13 | 30 | 25 | 22.9 | 32 | 47 | 50 | 81 | 72 | 95 | 96 | 69 | 0 | 67.8 | 45.3 |
| | $C_2t^1$ | 30 | 35 | 23 | 54 | 44 | 50 | 65 | 55 | 44.5 | 49 | 46 | 52 | 56 | 57 | 37 | 11 | 50 | 73 | 47.9 | 46.3 |
| 煤 | $P_1t^2$ | 57 | 17 | 75 | 45 | 50 | 12 | 14 | 13 | 35.4 | 8 | 7 | 2 | 0 | 6 | 2 | 2 | 2 | 0 | 3.6 | 19.5 |
| | $C_2t^1$ | 25 | 4 | 10 | 22 | 21 | 17 | 8 | 7 | 14.3 | 9 | 11 | 25 | 30 | 14 | 15 | 11 | 36 | 21 | 19.1 | 16.8 |
| 灰岩 | $P_1t^2$ | 0 | 0 | 0 | 0 | 0 | 0 | 0 | 0 | 0 | 0 | 0 | 0 | 0 | 3 | 0 | 2 | 1 | 0 | 0.8 | 0.4 |
| | $C_2t^1$ | 0 | 0 | 0 | 0 | 0 | 4 | 0 | 0 | 0.5 | 0 | 0 | 0 | 0 | 0 | 0 | 0 | 0 | 0 | 0 | 0.2 |
| 位置 | | 北————→南 | | | | | | | | | 北————→南 | | | | | | | | | | |

砂岩中石英砂岩约占56%，岩屑石英砂岩约占19%，长石石英砂岩约占9%，其余砂岩含量较少。砂岩岩石成分以石英为主，平均含量85%左右，其次为岩屑（10%）和长石（3.8%），含极少量的云母和重矿物，胶结物和杂基含量14.7%左右。

砂岩以中粒为主，主要为水道砂体。在泛滥平原、三角洲前缘以及砂坪环境沉积的砂岩粒度比较小。第一岩段砂岩磨圆度好于第二岩段，西部正好相反。在横向上西部以次圆状为主，东部以次棱角状为主且磨圆度由北向南逐渐变好，反映了北部靠近陆源。砂岩的分选性一般较好，且西部好于东部，反映了东西部沉积环境的差异性。

太原组灰岩、泥灰岩含量甚少，丰度1%左右，主要为粉晶灰岩、含泥晶灰岩，其次为含泥、含生物屑泥晶灰岩，生物屑泥晶灰岩，含粉砂屑、含泥灰岩。准格尔煤田以含生物屑泥晶灰岩-生物碎屑泥晶灰岩为组合特征，各种生物含量10%～20%，并有少量的黄铁矿、褐铁矿。在桌子山、贺兰山煤田，以泥晶灰岩-含粉砂含泥灰岩为组合特征，生物含量较少，粉晶、粉砂屑和泥质物含量一般大于5%，局部含微量的黄铁矿和褐铁矿。

太原组泥质岩的丰度在准格尔煤田第一岩段平均值44.5%，第二岩段平均值23%；桌子山煤田第一、二岩段平均值均为46%。太原组泥质岩主要为黏土质泥岩，其次为粉砂质泥岩和含粉砂质泥岩，成分主要有黏土矿物、碎屑石英和重矿物，局部含少量有机质和方解石。黏土矿物以高岭石为主，含量32%～98%，一般在80%以上；其次为伊利石、伊蒙混层石和蒙脱石，偶见绿泥石。东部高岭石含量比西部高，并局部出现了伊利石含量大于高岭石的现象。东部为酸性或弱酸性—中性介质，沉积环境常与三角洲平原、分流间湾等淡水环境有关，而西部水介质为中性—弱碱性，或弱碱性—碱性，沉积环境常与浅海、潮坪、海湾、潟湖以及三角洲前缘的咸水环境有关。

准格尔煤田沉积物的Sr/Ba值0.20～3.94，变化幅度比较大，第一岩段一般值0.60～1.19，平均值1.18，第二岩段一般值0.23～0.59，平均值0.50，硼的平均含量$39.3\times10^{-6}$，总体反映了由下而上水体由咸水—半咸水向淡水环境的演化。西部乌达、桌子山煤田Sr/Ba值2.43，硼含量$18.22\times10^{-6}$，显示了咸水环境。

## (二)早二叠世山西组

山西组岩石组成主要是陆源碎屑岩,其次为可燃有机岩——煤。

在陆源碎屑岩中,砂岩所占比例较大,丰度一般达 50%。准格尔煤田山西组砂岩丰度垂向上由下而上逐渐降低,粉砂岩和泥岩丰度增高,含煤性逐渐变差。横向上岩石的组合主要受沉积环境控制。桌子山、贺兰山煤田,山西组的砂岩丰度由下而上逐渐增高,粉砂岩和泥质岩类丰度逐渐降低,与东部的垂向变化规律正好相反。西部各种岩类的横向变化也同样受控于沉积环境。在含煤性上西部要比东部好一些(表 13-9)。

**表 13-9 鄂尔多斯地区山西组不同岩石类型丰度统计表** 单位:%

| 岩性 | 层位 | 准格尔煤田 | | | | | | | | | 桌子山煤田 | | | | | | | | | 总平均 |
|---|---|---|---|---|---|---|---|---|---|---|---|---|---|---|---|---|---|---|---|---|
| | | 窑沟 | 119钻孔 | 118钻孔 | 龙王沟 | 黑岱沟 | 七坪 | 房塔沟 | 榆树湾 | 平均 | 千里山 | 旧洞沟 | 骆驼山 | 乌达 | 阿尔巴斯 | 白云乌素 | 棋盘井 | 老石旦 | 平均 | |
| 粗砂岩(含砾) | $P_1s^3$ | 49 | 38 | 4 | 29 | 0 | — | 61 | 19 | 28.6 | 45 | 79 | 36 | 4 | 29 | 55 | 29 | 22 | 37.4 | 33.3 |
| | $P_1s^2$ | 12 | 58 | 88 | 25 | 63 | 40 | 0 | 73 | 44.9 | 0 | 0 | 15 | 59 | 17 | 43 | 42 | 32 | 26.0 | 35.4 |
| | $P_1s^1$ | 50 | 93 | 70 | 39 | 0 | 84 | 0 | 53 | 48.6 | 44 | 0 | 0 | 0 | 26 | 43 | 0 | 0 | 14.1 | 31.4 |
| 中细砂岩 | $P_1s^3$ | 29 | 22 | 0 | 16 | 50 | — | 9 | 49 | 25.0 | 32 | 1 | 16 | 54 | 0 | 15 | 20 | 15 | 19.1 | 21.9 |
| | $P_1s^2$ | 5 | 0 | 12 | 18 | 3 | 18 | 10 | 11 | 9.6 | 70 | 24 | 56 | 0 | 6 | 21 | 26 | 7 | 26.3 | 17.9 |
| | $P_1s^1$ | 20 | 0 | 0 | 0 | 16 | 0 | 41 | 11 | 11.0 | 16 | 40 | 9 | 31 | 16 | 17 | 32 | 11 | 21.5 | 16.3 |
| 粗碎屑岩 | $P_1s^3$ | 78 | 60 | 4 | 45 | 50 | — | 70 | 68 | 53.6 | 77 | 80 | 51 | 58 | 29 | 70 | 49 | 37 | 56.4 | 55.1 |
| | $P_1s^2$ | 17 | 58 | 100 | 43 | 66 | 58 | 10 | 84 | 54.5 | 70 | 24 | 71 | 59 | 23 | 64 | 68 | 39 | 52.3 | 53.4 |
| | $P_1s^1$ | 70 | 93 | 70 | 39 | 16 | 84 | 41 | 64 | 59.6 | 60 | 40 | 9 | 31 | 22 | 60 | 32 | 11 | 33.1 | 46.4 |
| 粉砂岩、泥岩 | $P_1s^3$ | 22 | 40 | 96 | 55 | 50 | — | 30 | 32 | 46.4 | 23 | 8 | 43 | 21 | 71 | 30 | 50 | 61 | 38.4 | 42.1 |
| | $P_1s^2$ | 83 | 37 | 0 | 57 | 34 | 31 | 88 | 16 | 43.2 | 30 | 73 | 29 | 23 | 77 | 32 | 27 | 60 | 43.9 | 43.6 |
| | $P_1s^1$ | 30 | 7 | 30 | 38 | 79 | 15 | 22 | 36 | 32.1 | 30 | 20 | 33 | 48 | 76 | 16 | 28 | 54 | 38.1 | 35.1 |
| 煤 | $P_1s^3$ | 0 | 0 | 0 | 0 | 0 | — | 0 | 0 | 0 | 0 | 12 | 6 | 21 | 0 | 0 | 1 | 2 | 5.3 | 2.8 |
| | $P_1s^2$ | 0 | 5 | 0 | 0 | 0 | 11 | 2 | 0 | 2.3 | 0 | 3 | 0 | 18 | 0 | 2 | 5 | 1 | 3.6 | 2.9 |
| | $P_1s^1$ | 0 | 0 | 0 | 23 | 5 | 1 | 37 | 0 | 8.3 | 10 | 4 | 58 | 21 | 2 | 24 | 40 | 35 | 24.3 | 16.3 |
| 位置 | | 北→南 | | | | | | | | | 北→南 | | | | | | | | | |

准格尔煤田砂岩丰度第一岩段平均值 60%、第二岩段平均值 55%、第三岩段平均值 54%。桌子山煤田砂岩丰度第一岩段平均值 47%、第二岩段平均值 54%、第三岩段平均值 55%。

山西组砂岩以石英砂岩和岩屑石英砂岩为主,丰度分别为 23%和 22%;其次为长石岩屑石英砂岩、长石石英砂岩和岩屑砂岩,丰度分别为 19%、18%和 15%;另外还有少量的长石岩屑砂岩。与太原组比较,山西组的石英砂岩丰度较低,而岩屑砂岩丰度高于太原组。

山西组砂岩的碎屑成分以石英为主,平均含量 73%,其次为岩屑和长石,平均含量分别为 18.3%和 7.6%,含少量云母。胶结物和杂基含量为 16.9%左右。

砂岩的矿物成分组合在准格尔煤田和桌子山煤田有些差异。山西组各段石英含量在东部普遍低于西部,而岩屑含量则相反,东部岩屑含量普遍高于西部,反映了成分成熟度的不同,西部的成分成熟度高于东部的。

山西组的砂岩以中粒砂岩为主,粒度的总体变化规律是北粗南细,说明陆源区位于沉积区以北。砂岩碎屑以次棱角状—次圆状为主,磨圆度较差的砂岩多在离物源区较近的河道产出。分选性一般—中等，在平面上表现为北部比南部差，这与粒度、磨圆度规律是相一致的，反映了沉积物是由北向南搬运的。

山西组的泥质岩类主要为黏土质泥岩，其次为粉砂质泥岩和含粉砂质泥岩。岩石组成主要有黏土矿物和细小碎屑，局部含少量有机质。黏土矿物主要为高岭石，含量可达73%～98%，其次为伊利石、伊蒙混层石及碎屑石英。黏土矿物的组合特征可分为高岭石、高岭石-伊利石、高岭石-伊利石-伊蒙混层石3种类型。以上黏土组合特征反映了山西组沉积期间水介质条件为酸性或中性—弱碱性；沉积环境常与河流或三角洲平原等淡水、微咸水有关。

山西组的微量元素Sr/Ba值为0.24～0.34，硼含量$(24.11～43.19)\times10^{-6}$，显示了沉积物形成于淡水环境。

## 二、鄂尔多斯地区中生代侏罗纪含煤岩系岩石学特征

鄂尔多斯地区中侏罗世延安组的岩石组成主要为陆源碎屑岩类和可燃有机岩类，丰度分别为85%和15%左右，另外还有极少量的灰岩、泥灰岩等。各类岩石组成在垂向上的变化规律是煤系顶、底部粗碎屑岩丰度较高，粉砂岩类和泥岩类丰度相对较少，煤系的中段粗碎屑岩丰度相对减少而粉砂岩和泥岩类丰度相对增高，砾岩只出现在煤系的底部和顶部，而灰岩只出现在煤系中部，呈透镜状夹于泥岩中。在横向上由北向南粗碎屑岩类含量相对减少，而泥岩类含量相对增加，这一规律反映了煤系地层顶部和底部是以河流体系为主的沉积环境，而中部是以湖湾、三角洲为主的沉积环境，物源区位于煤田的北部（表13-10）。

**表13-10 鄂尔多斯地区延安组不同岩石类型相对丰度统计表** 单位：%

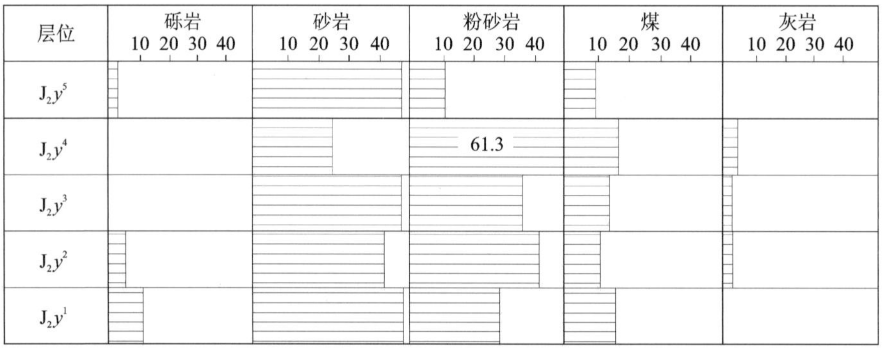


区内延安组砂岩丰度25%～50%，一般35%～45%，主要为长石石英杂砂岩，其次为岩屑长石石英砂岩和长石砂岩，还有少量石英砂岩、岩屑长石砂岩、长石岩屑砂岩等。碎屑成分以石英为主，平均含量达71.1%，长石含量平均14.7%，岩屑、云母、碳屑、重矿物含量较少，杂基含量9.0%～18.6%。砂岩以中粒和细粒为主，在平面上由北向南粒度由粗变细，反映了沉积环境自北向南由河流体系向三角洲、浅湖过渡的特点。在垂向上粒度变化自下而上为粗—细—粗的特点，大致反映了沉积环境随时间的演化，即河流体系—浅湖三角洲体系—河流体系的特点。砂岩的碎屑以次棱角状为主，少量为次圆状，在横向上自北而南磨圆度变好。砂岩的粒径标准差(δ)一般在0.57～1.53之间，平均0.83，说明分选性中等—较好。从平面上分析，标准差从北向南逐渐减小，也就是说分选性自北向南逐渐变好。从垂向上看，延安组中部的砂岩分选较好，顶部和底部分选中等。碎屑颗粒的圆度和分选性在横向或走向的变化，均反映了沉积环境在时空上的演化规律。

区内延安组粉砂岩和泥岩类丰度10%～61.3%，一般20%～35%，以富含云母和碳屑为特点，主要为含云母长石石英粉砂岩、含碳屑长石石英粉砂岩，其次为云母石英粉砂岩。灰岩、泥灰岩比较罕见，呈透镜状夹于泥质岩类中，岩石丰度小于1%。岩石类型为泥晶细砂屑灰岩和粉砂质泥晶灰岩。成分以

碳酸盐矿物为主，含有石英、长石、云母、碳屑及极少量的重矿物。碳酸盐矿物呈泥晶他形粒状，颗粒细小，多为结晶次生加大而成。在粉砂质泥晶灰岩中曾见叠锥、波状及平行于层面的生物扰动现象。这是浅水湖湾—浅湖的典型沉积特征。

延安组沉积物的Sr/Ba值0.13～0.23，硼含量(22.38～48.75)×$10^{-6}$，表明本区为内陆淡水环境。

## 三、中生代白垩纪含煤岩系岩石学特征

### (一)二连盆地群

二连盆地群的含煤岩系为下白垩统，母岩主要来自巴彦宝力格隆起、大兴安岭隆起、苏尼特隆起和温都尔庙隆起。物源区的岩性不同，使各断陷盆地中的岩石特征也有所不同。

下白垩统自下而上分为大磨拐河组和伊敏组。由于大磨拐河组上、下部岩性差异较大，可分为大磨拐河组一段和二段。大磨拐河组一段、二段和伊敏组的碎屑岩组合特征及含煤性各不相同，现简要分述如下。

#### 1.大磨拐河组

1)大磨拐河组一段

本段基本上由粗颗粒的陆源碎屑岩类组成，主要为角砾岩、砾岩、砂砾岩和含砾粗砂岩夹薄层状泥岩。二连盆地群砾岩成分因地而异：东部区火山岩砾较多，变质岩砾较少；西部区板岩砾、千枚岩砾较多，火山岩砾较少，砾石磨圆度很差，多为棱角状的"岩块"，某些盆地角砾岩的"岩块"含量高达68%。砂岩的碎屑成分岩屑含量高，一般在60%以上，石英和长石含量低，分别占18%和14%左右，重矿物以不稳定矿物含量高为特征，各断陷盆地矿物物种变化大。杂基主要为凝灰质或由其蚀变的黏土矿物以及其他黏土杂基，含量一般为6.4%～33.7%。本段基本不含煤。根据上述岩石特征，大磨拐河组一段为一套近物源的冲积扇沉积。

2)大磨拐河组二段

本段的岩石组成主要为陆源碎屑岩类，其次为煤层和少量的灰岩。陆源碎屑岩为砾岩、砂岩、粉砂岩和泥岩。各种岩类在平面上的分布规律受沉积环境的控制。在盆缘断裂附近，砾岩和砂岩含量比较高，这里是冲积扇、扇三角洲以及河流环境比较集中的地区；在盆地中心地带，以大套的深灰色泥岩、粉砂岩以及泥灰岩为主，形成于浅湖—半深湖沉积环境。位于二连盆地群东部的霍林河盆地、白音华盆地、胜利盆地等不同程度地含有可燃有机岩类——煤，尤以霍林河、白音华盆地丰度最高，反映了二连盆地群聚煤作用从大磨拐河组二段沉积期间已经开始并且由东向西逐渐迁移。

本段的砾石成分复杂，一般为安山质火山岩砾、凝灰岩砾、板岩砾、千枚岩砾以及石英砾。砾石含量一般大于60%，砾径0.5～1cm，磨圆度中等，分选性极差，杂基主要为砂质和泥质。砾岩的成分成熟度和结构成熟度都比较低，为近物源的快速堆积，一般形成于冲积扇和扇三角洲的近端。

本段砂岩既有含砾的中—粗粒砂岩，也有不含砾的中粒砂岩和细粒砂岩。砂岩成分岩屑含量较高，其中凝灰岩岩屑一般为15%～41.2%，花岗岩岩屑一般为43.1%～60%，变质岩岩屑为7.4%～30%，因而岩石类型主要以岩屑砂岩和混合砂岩为主。砂岩颗粒一般为次棱角状—次圆状，分选中等，胶结物为钙质和泥质，说明砂岩的母岩类型比较复杂，既有火山岩、岩浆岩，也有变质岩。沉积时水动力条件比较强且距物源区比较近，主要形成于扇三角洲平原、扇三角洲远端以及滨浅湖沙滩等环境。

本段泥岩类含量相对比较高，可分为两种组合类型：一种为灰绿色或灰色、深灰色泥岩夹薄层砂岩和含砾砂岩组合，代表了滨浅湖的浅水沉积环境；另一种以大段深灰—黑灰色泥岩夹薄层钙质粉砂岩和白云质泥岩、泥灰岩的组合类型，代表了较深湖的沉积环境。

**2. 伊敏组**

伊敏组的岩石组成主要为陆源碎屑岩类和可燃有机岩类——煤，含少量的泥灰岩。陆源碎屑岩类主要有砾岩、砂岩、粉砂岩和泥岩。各种岩类的丰度受沉积环境的控制。砂砾岩丰度在盆地边缘附近一般为50%～80%，向盆地中心部位泥质岩类和煤的丰度显著增加，而砂砾岩丰度显著降低，一般在10%～30%之间，说明在盆地边缘附近主要为冲积扇、扇三角洲近端以及短道河流等沉积环境，向盆地的中心部位逐渐过渡为浅湖、泥炭沼泽等沉积环境。

本组的砾石为杂色，砾石成分复杂，主要为变质岩砾和火山岩砾，砾石含量一般45%～50%，砾径0.5～1cm，大者可达5cm以上。砾石为棱角状—次圆状，分选较差。杂基有砂和泥质，砂含量一般30%左右，泥质20%，呈接触式胶结或基底式胶结。砾石一般形成于冲积扇、扇三角洲近端。

本组砂岩与大磨拐河组二段砂岩在成分上的一个显著不同是火山岩岩屑含量和凝灰岩岩屑含量显著减少，而长石、石英及花岗岩岩屑含量显著增加，一般高达81.3%～98%，火山岩、凝灰岩岩屑含量0～14.3%，其他岩屑2%～4.5%。岩石类型主要为长石岩屑砂岩，其次为岩屑砂岩和混合砂岩。重矿物组合为绿帘石-钛铁矿，胶结物为高岭石。总的来说，砂岩碎屑颗粒分选较差，磨圆中等，反映了水动力条件较强的沉积环境。砂岩在平面上的一般分布特点是在砾岩类和泥岩类之间呈过渡类型。

本组泥质岩和粉砂岩在垂向上一般分布于煤层底部，在横向上位于盆地的中心地带，以灰—深灰色的泥岩、粉砂岩为主，含大量的植物化石。在某些断陷盆地中，如白彦花煤田泥岩和粉砂岩含砾石，砾石最大含量可达30%，砾石的磨圆度呈次棱角状—次圆状，分选较差，砾径小者数毫米，大者可达5cm以上，形成于扇三角洲远端。泥岩、粉砂岩的沉积环境主要为浅湖及覆水沼泽。

（二）海拉尔盆地群

海拉尔盆地群含煤岩系为下白垩统下部的大磨拐河组和上部的伊敏组，母岩主要来自西北部的额尔古纳隆起带和东南部的大兴安岭隆起带，以及盆地群内部的嵯岗隆起和巴彦山隆起。物源区的性质不同，使得各断陷盆地中的岩石特征也有所不同。

**1. 大磨拐河组**

大磨拐河组主要为冲积扇、三角洲、湖泊环境下的一套陆源碎屑岩沉积，岩石类型主要为砂岩、泥岩，砾岩、生物化学岩、有机沉积岩和火山碎屑岩等含量较少。其中，砂岩含量(46.5%)居首位，其次为泥岩(31.1%)、粉砂岩(17.1%)，可燃有机岩占4.5%，其中煤为4.3%，其他为生物化学岩。

本组在海拉尔盆地群普遍发育，沉积厚度较大，通常为600～1200m，在边缘隆起带中的盆地内，厚度相对较薄，一般为200～800m。

本组砾石成分复杂，一般为安山质火山岩砾、凝灰岩砾、板岩砾、千枚岩砾以及石英砾。砾石含量一般大于60%，砾径0.5～1cm，大者可达10cm以上，磨圆度中等，分选性极差，杂基主要为砂质和泥质。砾岩的成分成熟度和结构成熟度都比较低，为近物源的快速堆积，一般形成于冲积扇和扇三角洲的近端。

海拉尔盆地群各组段都有砂岩发育，在三角洲前缘、前三角洲都有较好的砂岩层的存在。一般为灰色、灰绿色、灰白色、灰黑色。砂岩中层理类型发育有沙纹层理、波状层理、槽状交错层理、水平层理等。

本组泥岩主要发育在湖泊相的深湖、浅湖和三角洲前缘，一般为灰黑色泥岩，是生油岩的岩层。深湖为深灰色、灰黑色泥岩，浅湖为灰色泥岩，滨湖为灰绿色泥岩，沼泽微相泥岩为绿灰色泥岩夹泥质粉砂岩条带。

**2. 伊敏组**

海拉尔盆地伊敏组主要为冲积扇、扇(辫状河)三角洲、湖泊环境下的一套陆源碎屑岩沉积，岩石类型主要为砂岩、泥岩、砾岩，煤和火山碎屑岩等含量较少。

伊敏组主要分布在海拉尔河断层以南的大部分盆地中，在大兴安岭隆起带边缘的盆地内也较发育，额尔古纳隆起带及海拉尔河断裂以北的一些盆地内伊敏组缺失。地层厚度一般为300～500m，岩性以灰—深灰色泥岩、粉砂岩和煤层为主，夹砂岩和少量砂砾岩。含植物化石。

从纵向上看，伊敏组下部岩性较细，主要含有煤层；上部岩性变化大，整体粒度较粗，含煤少，煤质差。本组自下而上可以划分为3个段：第一段主要为灰色泥岩、粉砂质泥岩与粉砂岩呈不等厚互层，含煤区（伊敏及呼伦湖断陷等）岩性为深灰色泥岩、粉砂岩夹杂色砂砾岩和煤层，厚度186.5～549.5m，与下伏大磨拐河组呈整合或平行不整合接触；第二段主要为灰色、灰绿色泥岩夹粉砂岩，含煤区为深灰色泥岩、粉砂岩、砂砾岩夹煤层，厚度0～442m；第三段主要为灰绿色泥岩，夹泥质粉砂岩，偶夹煤层或砂砾岩，厚度0～469m。各段的岩石类型见表13-11。

海拉尔盆地群的砾岩在断陷阶段及坳陷阶段盆地的边缘比较发育，以灰色、杂色为主，砾石成分复杂，有火山岩、沉积岩及少量变质岩。砾岩结构、成分成熟度都比较低，杂基支撑，分选性差，磨圆度较差，可见正递变粒序、冲刷构造等，反映其具有近源快速堆积的特点，主要发育在冲积扇和扇三角洲沉积体系。

**表13-11　伊敏组岩石类型变化统计表**　　单位：%

| 层位 | 岩石类型 | 红花尔基 | 呼和诺尔 | 莫达木吉 | 扎赉诺尔 | 伊敏 | 陈旗 | 诺门汗 |
|---|---|---|---|---|---|---|---|---|
| 伊敏组 | 粉砂岩 | 47.13 | 61.35 | 37.99 | 18.91 | 21.68 | 6.31 | 17.53 |
| | 泥 岩 | 9.00 | 19.91 | 30.77 | 31.39 | 12.31 | 6.76 | 31.76 |
| | 细砂岩 | 32.14 | 7.58 | 20.51 | 19.44 | 23.66 | 40.52 | 5.09 |
| | 中砂岩 | — | — | 6.66 | 2.71 | 15.58 | 5.81 | 2.75 |
| | 粗砂岩 | 9.70 | 3.81 | 1.57 | 16.66 | 6.48 | 25.79 | 21.10 |
| | 煤 | 2.03 | 7.35 | 2.50 | 10.89 | 20.29 | 14.81 | 21.77 |

伊敏组砂岩在海拉尔盆地群最为发育，分布最为广泛，包括含砾砂岩、粗砂岩、中砂岩、细砂岩、粉砂岩、泥质粉砂岩等类型，以长石质岩屑砂岩和岩屑砂岩为主，其次为岩屑质长石砂岩，并有少量的长石砂岩。

伊敏组泥岩的颜色有紫色、灰绿色、深灰色、灰黑色等。泥岩的颜色可以表明相类型：泥岩的红色、紫色代表了一种强氧化环境，常见于滨浅湖、扇三角洲平原；深灰色和灰黑色泥岩多形成于还原或强还原环境中，有机质含量高，一般为半深湖-深湖相沉积。

伊敏组普遍含煤系，煤层平均累计厚度为10～80m，平均含煤系数8%～25%。含煤性较好的地区为扎赉诺尔、伊敏、大雁、呼和诺尔、红花尔基、呼山（乌固诺尔）等，其他地区含煤性相对较差，甚至不含可采煤层。

# 第五节　含煤岩系沉积环境

## 一、晚古生代石炭纪—二叠纪含煤岩系沉积环境

### （一）鄂尔多斯地区含煤岩系沉积环境概述

在早寒武世—中奥陶世，鄂尔多斯广大区域与整个华北陆块区一起沉积了一套以碳酸盐岩为主的岩系；中奥陶世以后，陆块整体上升，经历了大约130Ma的长期风化剥蚀，地形相当平坦。虽然整体上的地形北高南低并且对沉积体系域的分布起着控制作用，但地形高差相当微弱，为石炭系、二叠系的稳

定沉积奠定了基础。鄂尔多斯西缘的桌子山煤田，为坳拉槽再活动充填沉积成因。

晚石炭世本溪期，只在鄂尔多斯的准格尔-清水河地区和桌子山-贺兰山地区接受沉积，相对较高的中部区域仍未沉积。在准格尔-清水河沉积具有“填平补齐”的特点，海侵来自东南方向华北陆表海，沉积了一套障壁海岸和局限台地的组合岩系，厚度为0～35m。在乌达-贺兰山地区，海侵来自西南方向的祁连海，由于坳拉槽的再活动，局部深陷，沉积厚度巨大，可达1200m以上，为一套夹有薄煤层的潮坪-潟湖环境下的碎屑岩系。

晚石炭世太原期，海侵范围继续扩大，华北海与北祁连海互相沟通，形成统一的滨浅海。鄂尔多斯西缘的坳拉槽活动明显减弱并趋于稳定，沉积了一套潮坪-潟湖环境下的含煤岩系，地层厚度大于200m；而在桌子山煤田以东的广大区域，来自北部隆起的碎屑物由河流带入沉积区，沉积了一套以河流-三角洲体系为主的含煤碎屑岩系，由于经过本溪期的淤平，地势更为平缓，地层厚度比较稳定，一般为12.31～95.00m。

早二叠世山西期，鄂尔多斯与华北地区一样发生了广泛的海退，河流由北向南携带碎屑物质进入沉积区，沉积了一套以河流体系为主的含煤碎屑岩系，地层厚度稳定，一般为60～200m。

鄂尔多斯地区从晚石炭世本溪期开始整体沉降至二叠纪山西期水体浅化逐渐萎缩，总体沉积体系表现：本溪期东、西部为局限台地和障壁海岸体系；太原期海侵范围扩大，西缘桌子山、贺兰山煤田为障壁海岸的潮坪-潟湖体系，中部、东部为河流-三角洲体系；早二叠世山西期为一套以海退沉积序列为主的河流体系。鄂尔多斯地区沉积环境模式见图13-8～图13-10。

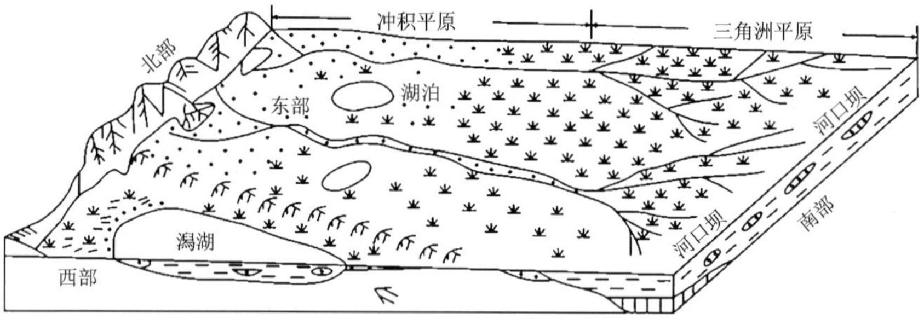


图13-8　鄂尔多斯地区石炭纪—二叠纪河流-三角洲、潮坪-潟湖体系综合模式图

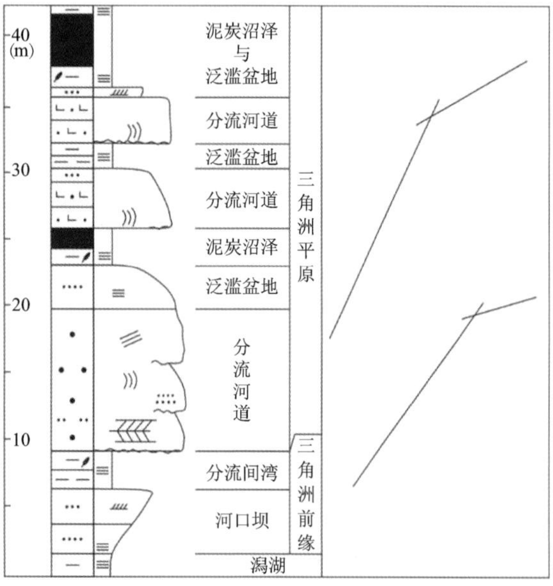


图13-9　千里山剖面山西组一段三角洲垂向层序及分流河道粒度曲线

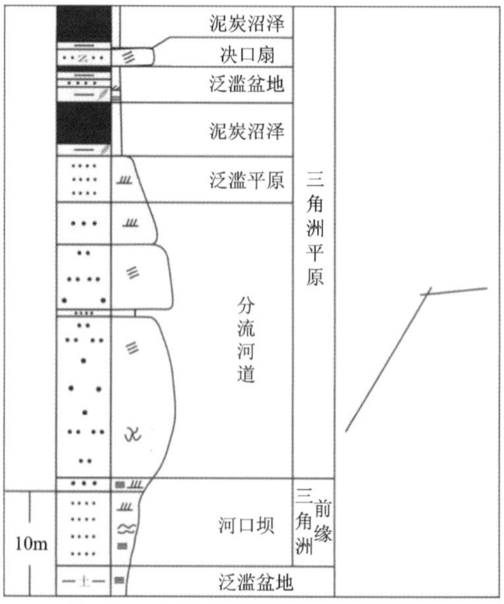


图13-10　房塔沟剖面太原组三角洲垂向层序及分流河道粒度曲线

### （二）大青山煤田-营盘湾矿区含煤岩系沉积环境概述

华北北缘古陆以北，晚石炭世本溪期来自晚古生代的海槽曾海侵到本区西部的大佘太镇一带，发育了一套含有长身贝类化石和海上双壳类动物化石的滨海相沉积体系。晚石炭世太原期（拴马桩期）的海侵范围比本溪期更为广阔，海水遍及海柳树、大炭壕、中卜圪素、磴场、水泉以及四号地、庙地等地，沉积了一套以滨海陆源碎屑、滨海沼泽为组合特征的滨海沉积岩系。早二叠世山西期（杂怀沟期），海水退出本区，在狼山一带沉积的大红山组、石拐东部的杂怀沟组均为内陆湖泊充填体系。大青山煤田沉积模式如图 13-11 所示。大青山煤田-营盘湾矿区上石炭统拴马桩组沉积环境类型主要有冲积扇环境和滨海环境。

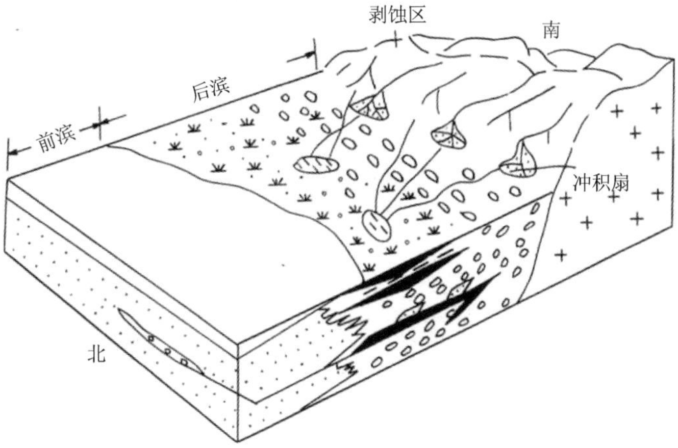


图 13-11　大青山地区太原期滨海-滨海沼泽沉积模式图

冲积扇环境：位于沉积区的南缘，岩性为分选极差的砾岩夹泥质岩。砾石成分以石英岩砾为主，有少量的碳酸岩砾，砾径一般 1～3cm，最大可达 25cm，磨圆度很差，叠瓦状排列不明显。砾岩中杂基支撑的特点相当突出，粒度分析（概率累计曲线）指示辫状河的水动力特征，即牵引和悬浮，总体分选较好。

滨海环境：后滨呈东西延展的席状层，砂岩、砂砾岩的成熟度较高。砂砾岩中局部夹有粉砂岩、砂质和粉砂质高岭石黏土岩、碳质泥岩、白云质灰岩、煤等各类透镜体，反映在宽阔的后滨-潮上带有一些小河道、小型流水沼泽及泥炭沼泽。前滨以砾岩沉积为主，夹砂岩、泥岩透镜体。砾石成分单一，以石英岩砾为主，杂基含量 5%～10%。砾岩平均砾径 6～9cm，磨圆度为次圆状—圆状，分选中等—较好。砾石定向性好，倾角以 5°～23°为主。

## 二、中生代侏罗纪含煤岩系沉积环境

### （一）鄂尔多斯盆地中侏罗世延安期沉积环境

鄂尔多斯侏罗纪含煤盆地是一大型内陆湖盆，延安组沉积期存在的沉积环境类型有冲积扇、河流、三角洲和局限湖泊，其中以河流沉积环境分布最为广泛，冲积扇只出现在西北部盆地边缘地区，三角洲也仅在东南部与陕西省交界处发育（图 13-12）。鄂尔多斯盆地的广湖区主要发育在陕西省内，本区没有广湖发育。

冲积扇沉积体系主要位于沉积区的边缘地带，可分为砾质冲积扇和泥流型冲积扇两种类型。该期冲积扇比较显著的特点是规模小，分布于沉积区的边缘，没有形成统一的扇带。冲积扇砾岩的砾径小，

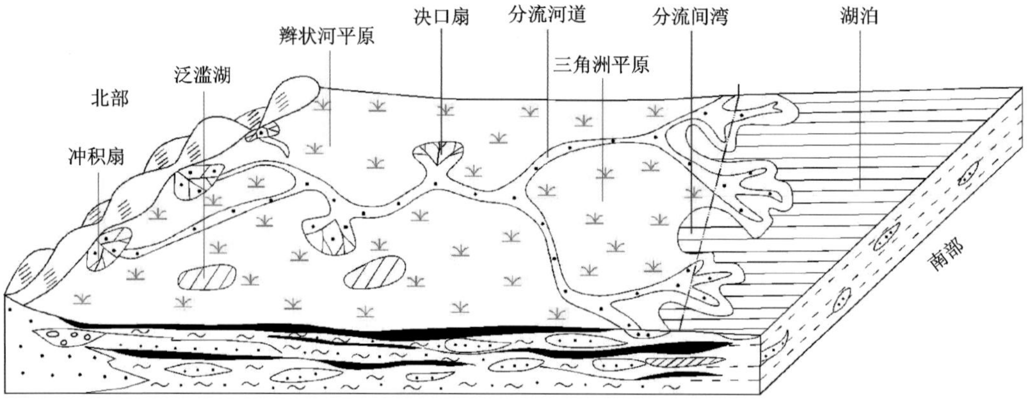

图 13-12　鄂尔多斯盆地中侏罗世延安组沉积模式图

含砂粒多，不存在巨大的棱角状砾石，表明延安组沉积期间盆地构造条件比较稳定，北部物源区较低平，边缘古坡度较小的沉积背景。

鄂尔多斯盆地的河流体系又进一步区分为辫状河和曲流河，其沉积物特征区别是明显的，一是河道沉积体的宏观特征，二是辫状河中粗碎屑沉积物明显高于曲流河（图 13-13），含砂率极高，一般大于80%，包括辫状河道、曲流河道、河道边缘及泛滥盆地亚环境。

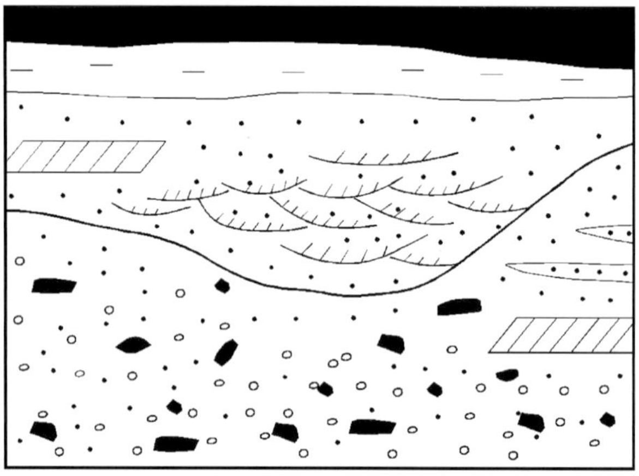
图 13-13　辫状河道充填沉积（罕台川西岸）示意图

鄂尔多斯盆地的三角洲体系主要发育三角洲平原，而三角洲前缘和前三角洲发育较少。三角洲平原以河流沉积作用为主，沉积物带有明显的曲流河沉积色彩，主要包括分流河道沉积和泛滥盆地沉积。湖泊三角洲前缘是三角洲的水下部分，主要发育河口坝和分流间湾两个亚环境。

在河流泛滥平原或三角洲间发育一些面积不是很大、水体相对闭塞的泛滥湖泊。由于盆地的广湖区发育在陕西省内，鄂尔多斯盆地没有与三角洲以远的开阔水域直接连接。沉积组成为泥质岩、粉砂质泥岩、粉砂岩及少量泥灰岩。沉积构造发育有水平层理、对称波痕、不对称波痕、脉状层理。透镜体泥灰岩常发育叠锥构造，生物遗迹亦较发育。滨湖、浅湖沉积垂向上没有明显的粒度变化，为均匀稳定的细碎屑悬浮沉积，沉积作用主要为波浪的搬运改造。

### （二）阴山地区、锡林郭勒盟地区、潮水盆地中—下侏罗统含煤岩系沉积环境

潮水盆地的特点是按照一定的构造方向呈狭长带状分布，经后期改造，面目皆非，出露零星，很难恢复原型盆地的面貌。因此本书只根据零星的资料对其作简单、概略的分析。

燕山运动的第一幕使这些地区形成狭长的山间谷地。强烈的沉降和近源的快速充填使坳陷中沉积了厚达千米以上的陆相河湖含煤建造。在阴山的昂根矿区，主要含煤地层五当沟组为一套以粗碎屑为主的辫状河沉积体系，向东至大青山石拐矿区，以多旋回为特点，底部以冲积扇、河流体系为主，向上过渡为浅湖-较深湖沉积，说明石拐矿区由早期山间河流发育的山间谷地演化为晚期狭长的山间湖盆。锡林郭勒盟地区和潮水盆地沉积体系与大青山石拐矿区基本类似，不再赘述。

阴山地区、锡林郭勒盟地区、潮水盆地沉积环境类型主要有冲积扇环境、河流环境和湖泊环境。

冲积扇环境：以砾岩为主，夹含砾粗砂岩，砾石成分复杂，主要为变质石英岩、片麻岩及花岗片麻岩。砾径一般 2～3cm，最大可达 2m 以上，杂基主要为石英砂，分选、磨圆均差。在阴山区中—下侏罗统含煤岩系中，砾岩主要分布于早侏罗世五当沟组下部，为盆地形成初期的充填沉积物。

河流环境：为低弯度的辫状河沉积，主要发育在昂根矿区。根据钻孔资料分析，沉积物的垂向层序是由多层由下而上粒度变细的河道沉积叠置而成，很少见越岸沉积（细砂岩和粉砂岩互层）和越岸悬浮沉积（粉砂岩、泥岩）（图 13-14）。砂岩含有大量的变质岩砾石、煤砾及泥砾，分选性差，磨圆不好，磨圆度一般为次棱角状，由此可见碎屑物质未经远距离搬运。

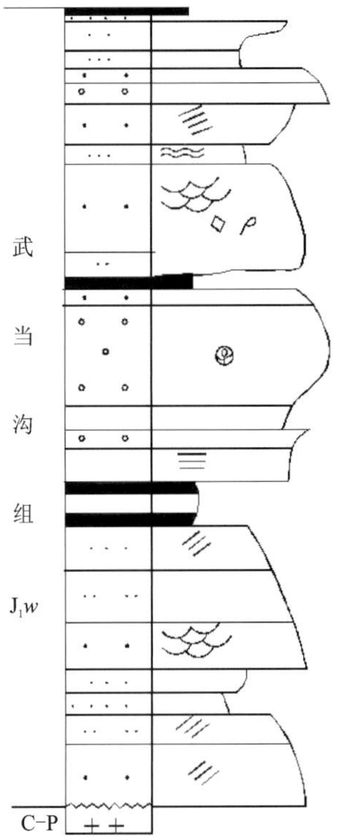

图 13-14　昂根矿区 10 号孔辫状河道垂向层序

湖泊环境：沉积物主要为泥岩、粉砂岩、透镜状泥灰岩以及棕黑色油页岩，其中油页岩的单层厚度可达 25～50m，由此可见覆水较深。

## 三、中生代白垩纪含煤岩系沉积环境

内蒙古自治区在早白垩世形成的大型盆地群主要有 3 个，由北向南分别为海拉尔盆地群、二连盆地群和赤峰盆地群。它们形成于相似的大地构造背景，同属于东北亚晚中生代断陷盆地系的一部分。经过对二连盆地群和海拉尔盆地群的部分盆地进行研究发现以下两个事实。

（1）二连盆地群和海拉尔盆地群形成于早白垩世，由于燕山运动的影响，凹凸相间的古地形导致湖盆大小不一，形态多样，每个断陷盆地具有各自的沉积体系，湖水始终没有连通形成统一的大湖盆，仅在次一级坳陷内部存在着短时期的沟通。突出地表现为多物源、近物源、多中心、粗相带和相变快的沉积特征，不利于河流三角洲的形成。

（2）对不同断陷盆地进行地层对比，岩性地层单元的特征和旋回有着相似性，说明断陷盆地之间虽然彼此分隔，始终没有连通，但盆地的沉积演化历史却很相近（图 13-15）。

有了以上两个重要的事实，也就有了选择部分具有代表性盆地进行分析研究而对其他盆地进行预测的基础。本书潜力评价选择了二连盆地群的胜利盆地、白音华盆地、乌尼特盆地、赛汉塔拉盆地和白彦花盆地，海拉尔盆地群的扎赉诺尔盆地、伊敏盆地以及赤峰盆地群的平庄盆地、元宝山盆地等含煤盆地进行分析研究，寻求盆地的沉积演化以及煤层聚积规律，期望达到对所有盆地进行煤炭资源预测的目的。

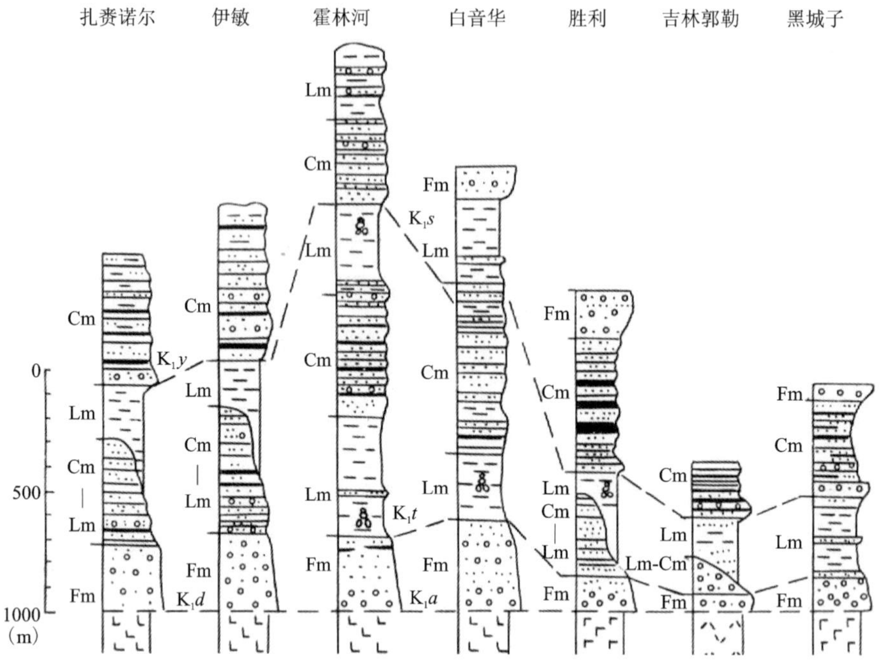


图 13-15　二连盆地群和海拉尔盆地群代表性盆地充填序列图

Fm. 粗碎屑沉积(冲洪积物为主);Lm. 湖相沉积;Cm. 含煤碎屑沉积

## (一)二连盆地群含煤岩系沉积环境

二连盆地群早白垩世地层是在晚侏罗世大规模火山喷发之后,盆地强烈下陷的地质背景下沉积的一套河湖相沉积物,一般厚度 1000～3000m,自下而上分为大磨拐河组和伊敏组。大磨拐河组一段形成于盆地的初始充填阶段,"山高谷深"的古地貌特征使冲洪积体系占主导地位,沉积体系主要为冲积扇和河道,在盆地的中心部位出现浅-较深湖泊,但不占重要地位;大磨拐河组二段形成于地壳伸展运动、盆地基底持续下沉、剥蚀区地形渐趋平缓的区域构造背景之下,为盆地的最大水进时期,湖面覆盖盆地大部地区,形成较深的深水湖泊,湖的周缘带很窄,在盆地的两侧主要为扇三角洲沉积区。在同一坳陷内彼此相邻的盆地在水进最强阶段,湖面可能有暂时的连通。大磨拐河组二段沉积持续的时间较长,沉积了巨厚的泥岩段。值得说明的是,位于二连盆地群东部的霍林河盆地、白音华盆地、胜利盆地等在此期间没有形成深水湖泊或形成时期很短,由于接近大兴安岭物源剥蚀区,湖泊得以快速充填,聚集了有工业价值的煤层。伊敏组形成于张扭体制转化为压扭体制,区域构造背景出现了总体抬升,大面积的冲积扇、河流从边缘隆起快速向湖盆中央伸长,而湖水迅速退缩在同沉积断裂的根部,或叠置在大磨拐河组二段的沉积中心之上,这时沉积体系的配置:半地堑式盆地在断层发育一侧以扇三角洲和浅水湖泊为主体,在缓坡边缘一侧以冲积扇—低弯度河流—小型三角洲为主体;地堑式盆地中心部位为浅水湖泊和洪泛洼地,而在盆地边缘部位冲积扇和扇三角洲特别发育。伊敏组沉积期间是煤层形成的最主要时期,煤层厚度大,分布范围广,在一些盆地内常有巨厚煤层形成。

二连盆地下白垩统的沉积环境类型主要有冲积扇相(包括扇根、扇中、扇端微相)、辫状河相、扇三角洲相(包括扇三角洲平原、扇三角洲前缘平原、前扇三角洲亚相)、辫状河三角洲相、曲流河三角洲相、近岸水下扇相、湖泊相(图 13-16、图 13-17)。

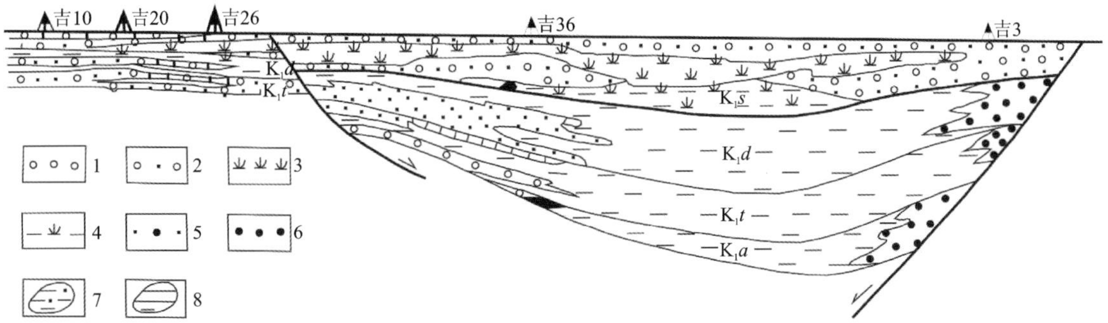


图 13-16　阿南凹陷吉 10—吉 3 井下白垩统沉积相剖面图

1. 洪冲积相；2. 河流相；3. 沼泽亚相；4. 湖沼亚相；5. 扇三角洲相；6. 近岸水下相；7. 滨浅湖亚相；8. 较深湖亚相

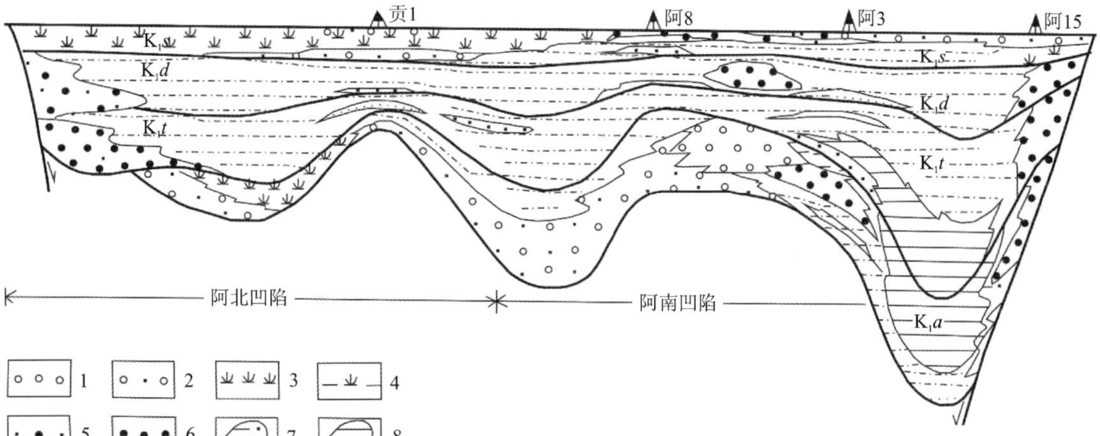


图 13-17　阿北凹陷贡 1—阿 15 井下白垩统沉积相剖面图

1. 洪冲积相；2. 河流相；3. 沼泽亚相；4. 湖沼亚相；5. 扇三角洲相；6. 近岸水下相；7. 滨浅湖亚相；8. 较深湖亚相

### （二）海拉尔盆地群含煤岩系沉积环境

海拉尔盆地群的盆地类型主要为地堑式及半地堑式的断陷型，少数为坳陷型，这些盆地由于受北北东向构造因素的控制，在空间上的展布规律明显。

盆地中的含煤岩系主要为扎赉诺尔群，不整合于晚侏罗世火山岩或古生代变质岩之上，由一套河湖相的碎屑岩、泥质岩及煤层组成，一般厚度 600～1300m，自下而上分为大磨拐河组及伊敏组。具有代表性的扎赉诺尔盆地及伊敏盆地含煤岩系的垂向序列一般由 3 种沉积组合构成（图 13-15）：Fm 为以冲洪积物为土的粗碎屑沉积，Lm 为以湖相沉积为主的泥质沉积，Cm 为含煤碎屑沉积。这 3 种沉积组合大体上代表了盆地的 4 个演化阶段。

第一充填单元底部冲洪积物（Fm），形成于盆地的初期，堆积于凹凸不平的古基底之上，厚度变化大，下部以洪积扇砾岩为主，向上冲积物增多。一般沉积只限于盆地边缘附近。

第二充填单元为含煤碎屑沉积物与湖相沉积物共生（Cm-Lm），一般沉积在底部冲洪积物之上，有的盆地只发育含煤碎屑沉积而湖相沉积不发育。与第一充填单元比较，地层厚度变化较小，沉积范围亦较广，是湖盆扩张阶段的产物。

第三充填单元为湖相沉积物（Lm），这一时期盆地基底持续下沉、湖泊不断扩张，岩性以深湖相泥岩为主，夹有粉砂岩，为盆地充填演化过程中湖侵范围最大的时期，湖泊体系占主导地位。

第四充填单元为含煤碎屑沉积(Cm),湖盆由下沉扩张转化为收缩,河流三角洲体系发育。大多数盆地发育了具有工业价值的主采煤层,该单元在盆地演化历史中聚煤作用最强,但煤层的厚度及数量常因沉积环境的不同而有所差异。

顶部地层因后期构造抬升而被剥蚀。上述盆地的沉积序列与盆地沉积的构造演化相适应,同沉积构造运动的性质、强度及其转化过程,是控制盆地沉积序列和变化的决定性因素。

海拉尔盆地群由众多的小坳陷组成,由于各坳陷之间联系和规模均不大,甚至彼此孤立等,该区不利于发育长距离的曲流河沉积,而以发育辫状河沉积为主,但也有小规模曲流河发育。其他沉积环境类型有冲积扇相、扇三角洲相、辫状河三角洲相、湖泊相(图 13-18)。

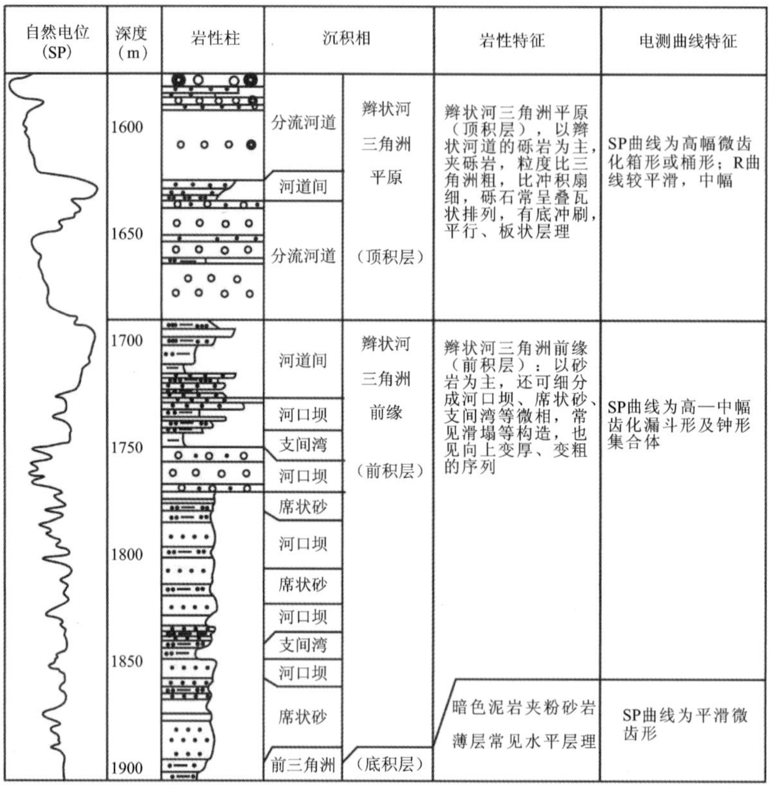


图 13-18 辫状河三角洲沉积序列

## (三)赤峰盆地群含煤岩系沉积环境

赤峰盆地群主要有平庄盆地、元宝山盆地等,位于赤峰-铁岭坳陷区的西部、大兴安岭隆起带南段的东南翼。盆地呈北东向展布,各盆地之间斜列成“多”字形。盆地边缘存在着起控制作用的同沉积断裂,盆地的构造性质均为断陷盆地。

含煤岩系为阜新组元宝山段及其下部的九佛堂组杏园上段,含煤以前者为主。煤系是沉积在晚侏罗世火山岩系之上的一套内陆型河湖相沉积物(图 13-19),一般厚度在 1000m 以上,大体可分为 4 个沉积单元(岩段),代表了盆地的 4 个演化阶段(相当于 4 个沉积幕)。第一单元为吐呼鲁组与五家段,以粗碎屑冲积物为主,代表了盆地形成初期的充填阶段,以冲洪积体系占主导地位;第二单元为杏园段,以湖相细碎屑沉积物为主,代表了盆地间歇性扩张阶段,以湖泊体系及三角洲体系为主;第三单元为元宝山段,属主要含煤碎屑岩段,代表了盆地沉降作用和充填作用减缓、沉降速度和充填速度相近的相对稳定阶段,以河流、三角洲体系为主,此外还有一些彼此分隔的小型湖泊体系,这一阶段成为聚煤作用最强的时期;第四单元为水泉段,以粗碎屑冲积物为主,形成于盆地的萎缩阶段,主要是由冲积扇、河流沉积组成的进积岩系。

冲积扇环境主要发育在元宝山期靠近盆缘断裂的一侧，它是在扇三角洲环境上发育而成的，并随着湖盆的水退形成进积型层序。冲积扇环境下形成的沉积物常具有泥石流沉积、扇面河道沉积及漫流沉积的性质。

扇三角洲发育于盆地内靠近盆缘断裂的一侧，是湖泊萎缩消亡之前盆地充填的一种重要沉积类型。扇三角洲砂砾岩体的形态纵向呈楔状，横向呈凸透镜状，平面上呈朵状。

河流沉积广泛发育于平庄盆地阜新组中，并可分为辫状河与限定性河流（网结河、顺直河及曲流河的统称）两种类型，但前者在断陷盆地中最为常见，分布亦十分广泛。在洪泛平原或河间湿地常发育有沼泽及泥炭沼泽，形成具有工业价值的煤层（图 13-20）。

三角洲沉积是平庄盆地含煤岩系中重要的沉积类型，见于九佛堂组杏园段顶部—阜新组元宝山段底部，常位于盆地非断裂（或沉积断陷较小）的一侧，砂体形态在横向沉积断面上呈透镜状，在平面上呈朵状及伸长状。其成因类型属于湖盆萎缩时期的浅水三角洲，三角洲前缘沉积及前三角洲沉积不发育（图 13-21），前三角洲沉积常与湖泊沉积不易区分。

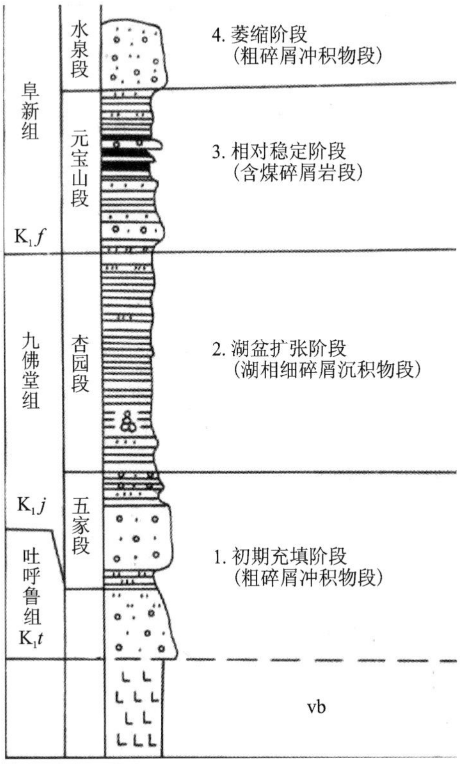


图 13-19　平庄盆地含煤地层充填序列图

湖泊沉积包括滨浅湖与深湖沉积。反映盆地演化的含煤岩系沉积格架的特点可概括为：含煤地层向盆缘断裂方向增厚，碎屑物主要来自这个方向，反映了盆缘断裂对盆地充填速度、厚度的控制；九佛堂组各段自下而上依次呈超覆关系，元宝山段与杏园段之间及元宝山段与水泉段之间呈推覆关系，反映了盆地由扩张到萎缩直至消亡的过程；在平面上，冲积扇-扇三角洲体系发育在盆内靠近断裂盆缘一侧，河流-三角洲体系主要发育在盆内靠近非断裂盆缘；在垂向上，先期为扇三角洲体系与湖泊体系呈楔状交互，后期为冲积扇与河流体系呈楔状交互，河流体系发育于盆地充填的晚期（上部），并位于盆地中部至近非断裂盆缘一侧。

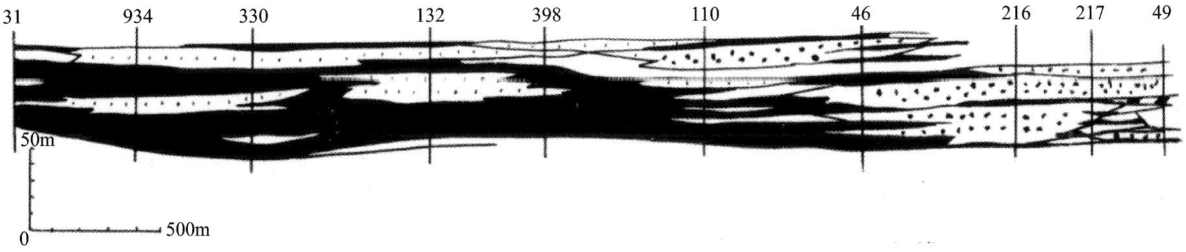


图 13-20　网结河沉积断面图（古山矿区第Ⅲ走向线）

## 四、新生代新近纪含煤岩系沉积环境

新生代新近纪的含煤盆地在本区分布较少，聚煤强度较弱。相比之下，以阴山地区的集宁煤田规模最大，煤层发育较好，含煤地层分布面积可达数百平方千米，由马连滩、小单岱、哈必尔格等次级坳陷组成，局部地区形成厚度达 6m 的褐煤。

在新近纪早期，由于受喜马拉雅运动的影响，在集宁一带形成了一些互不相连、规模悬殊的断陷盆地，规模较大的马连滩区面积可达数百平方千米，规模最小的小单岱区面积不足 10km²。

在盆地形成初期，盆内与其周围地形高差很大，碎屑充填强烈，沉积了一套以冲积扇-河流体系为主的灰绿色厚层粗碎屑岩。从图 13-22 可以明显看出，这套沉积物的垂向层序由几个总体向上变细的正粒序叠加而成，砂砾岩和粗砂岩占了相当大的比例，说明沉积环境以山间辫状河为主，水动力条件很强。

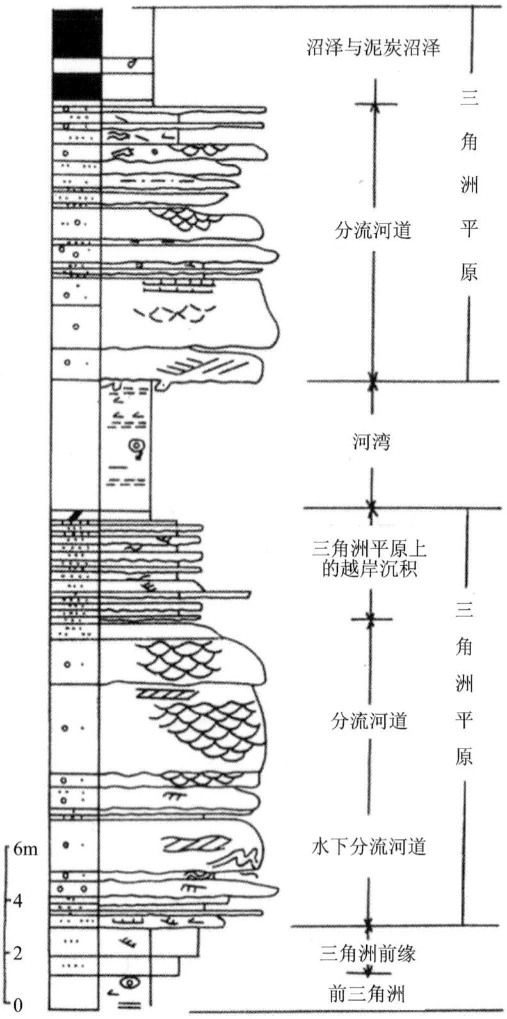

图 13-21　三角洲沉积垂向层序(平庄西露天矿)

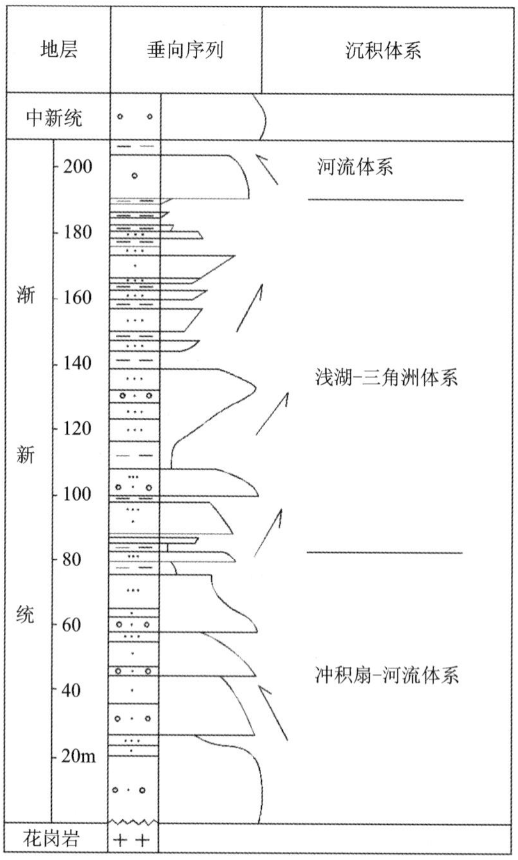

图 13-22　集宁煤田马莲滩矿区 2 号孔沉积体系

在盆地发育中期，盆地内部与盆地边缘的高差已明显减小，盆地充填的碎屑体系活动减弱，沉积物变细，盆地的充填速度小于基底的坳陷速度形成湖盆，沉积了含有腹足类动物化石的深色泥岩。由于湖区距物源区较近，突发性的洪水事件常把砾石等粗碎屑沉积物带入湖区。湖相泥岩中含有一定数量的砾石和砂砾。在这一时期，浅湖-三角洲体系占主导地位。

盆地发育晚期构造活动已明显减弱，三角洲不断向湖盆进积使盆地得到全面淤浅，中新世温暖、湿润的古气候适于植物的生长、繁殖，在三角洲平原上聚集了有工业价值的煤层。煤层沉积后，河流活动再次增强，并对已形成的泥炭有冲蚀作用。至上新世后期气候已变得干燥、炎热，沉积了紫红色岩层。

根据断陷盆地的沉积模式推测，集宁盆地的边缘粗相带分布区煤层发育较差，盆地中央的浅湖-三角洲体系发育地带煤层发育较好，这一推断有待于在今后进一步工作中证实或修正。

扇三角洲沉积体系是研究区重要的沉积类型之一，呼尔井组扇三角洲主要分布在研究区的西部和东部地区。扇三角洲体系在研究区主要发育扇三角洲平原和扇三角洲前缘。

湖泊沉积体系是集宁煤田最重要的沉积类型，煤田 80%以上的区域发育湖泊沉积(以滨浅湖沉积为主），主要分布在煤田的中部及东、西部的大部分区域。

## 第六节　层序地层特征分析

层序地层学是研究以侵蚀面、无沉积面或与其相应的整合面为界的及成因上有关的地层之间的相互关系。层序是由不整合面或与之可对比的整合面限定的、相对整一的、成因上有联系的一套地层。层序底界与初始海泛面之间的地层单元为低位体系域；初始海泛面与最大海泛面之间的地层单元为海侵体系域；最大海泛面与层序顶界面之间的地层单元为高位体系域。体系域的识别依赖于层序中的垂向位置、体系域中准层序组的进积或退积叠加模式、沉积环境、相在层序内部的横向分布位置。

### 一、晚古生代石炭纪—二叠纪含煤岩系层序地层特征

#### （一）准格尔煤田晚石炭世—早二叠世含煤岩系层序地层特征

针对内蒙古自治区准格尔煤田石炭纪—二叠纪含煤地层的岩相，本次研究中划分出 3 个三级层序（层序Ⅰ、层序Ⅱ和层序Ⅲ，即 SQⅠ～SQⅢ），并建立了准格尔煤田的石炭纪—二叠纪层序地层格架。

晚石炭世—早二叠世早期主要为一海平面下降、盆地进积的沉积序列。根据层序地层界面将含煤岩系划分为两个二级层序构造层序，分别对应于下部的本溪组主体和上部的太原组、山西组。其中二级层序进一步识别出 3 个三级层序（SQⅠ～SQⅢ），本溪组底至太原组 9 号煤层底为层序Ⅰ，9 号煤层底至太原组顶界为层序Ⅱ，山西组独立划分为层序Ⅲ（图 13-23）。层序Ⅰ、层序Ⅱ沉积时期主要为陆表海盆地有障壁海岸沉积，三角洲沉积体系次之，只发育高位体系域和海侵体系域，低位体系域在华北陆表海东部发育，未延伸到研究区；层序Ⅲ沉积期海水退却，盆地演化为陆相，主要发育河流-三角洲沉积体系，发育低位、海侵和高位体系域。

各钻孔均识别出三级层序（SQⅠ～SQⅢ）。由沉积相与层序地层综合柱状图可知，研究区主要聚煤时期为层序Ⅱ和层序Ⅲ的海（湖）侵体系域，其中层序Ⅱ的海侵体系域发育有该煤田太原组主采煤层 6 号、9 号，层序Ⅲ的湖侵体系域发育有山西组主采煤层 5 号，层序Ⅰ的聚煤作用最弱，少有煤层富集。层序Ⅰ主要以障壁-潮坪-潟湖沉积环境为主，特别是障壁作用对煤层的富集起到了不利的影响，煤层极不发育，仅有部分薄煤层。层序Ⅱ主要为潮坪相逐渐过渡到三角洲平原相，在这一过程中煤层富集条件好，形成厚煤层，层序Ⅲ早期主要以三角洲平原相为主，中—晚期逐渐过渡为河流相，煤层富集主要集中在早期的三角洲平原相中。

#### （二）桌子山煤田晚石炭世—早二叠世含煤岩系层序地层特征

针对内蒙古自治区桌子山煤田石炭纪—二叠纪含煤地层，本次研究中提出 3 个三级层序（SQⅠ～SQⅢ）的划分方案，并建立了桌子山煤田的石炭纪—二叠纪层序地层格架。

晚石炭世—早二叠世早期主要为一套陆表海障壁海岸沉积，晚期随着海水的退去，发育近海河流-三角洲沉积体系，总体为一海平面下降、盆地进积的沉积序列；根据区域不整合面和区域构造应力转化面将研究区含煤岩系划分为 2 个二级层序构造层序，分别对应于下部的本溪组主体和上部的太原组—山西组；其中二级层序进一步识别出 3 个三级层序（SQⅠ～SQⅢ），本溪组底至太原组 16 号煤层底为层序Ⅰ，16 号煤层底至太原组顶界为层序Ⅱ，山西组独立划分为层序Ⅲ（图 13-24）。

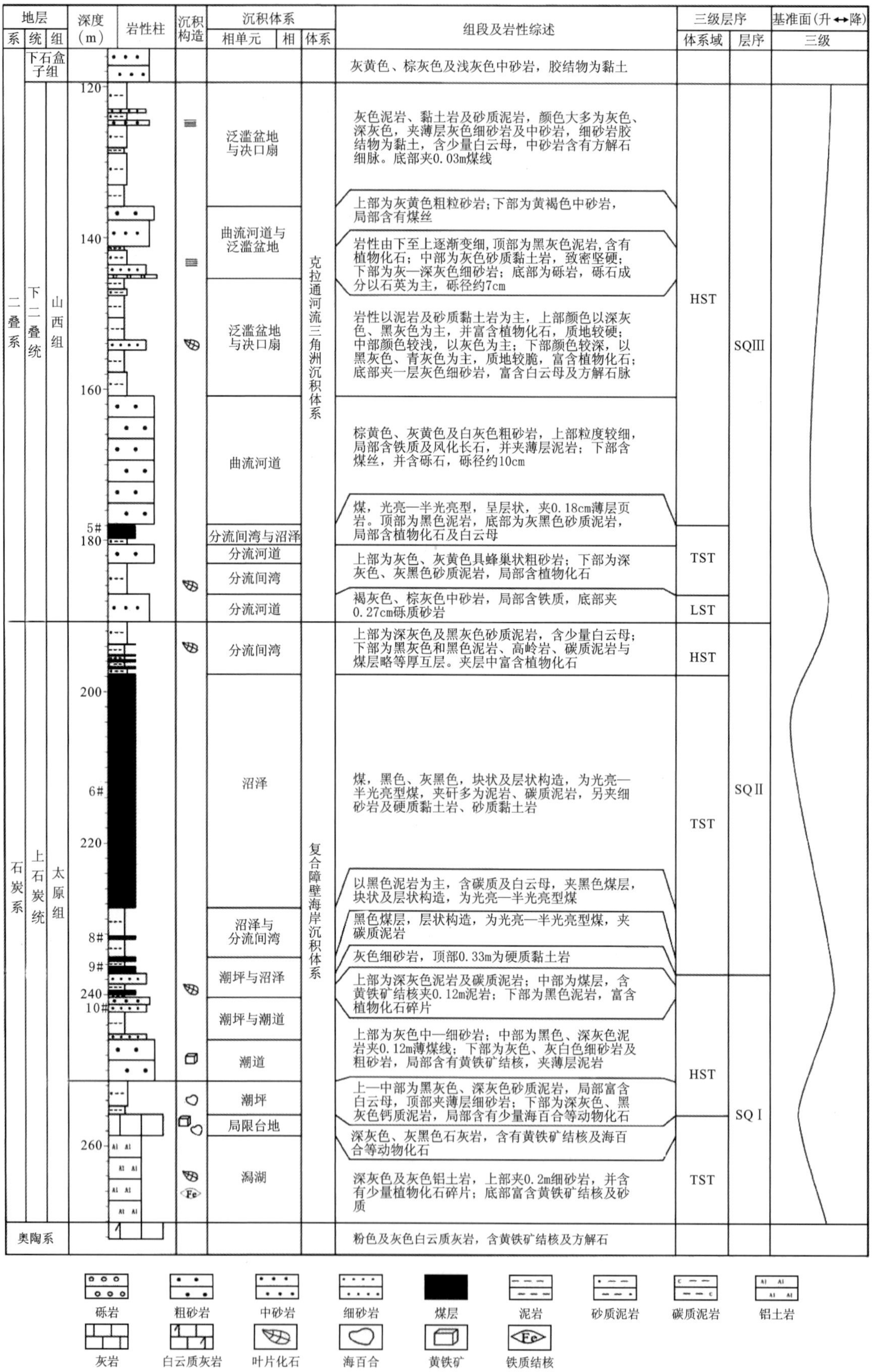


图 13-23　黑岱沟 114 钻孔沉积相与层序地层综合柱状图

由图 13-24 可以看出，层序Ⅰ、层序Ⅱ沉积时期主要为陆表海盆地障壁海岸沉积，三角洲沉积体系次之，只发育高位体系域和海侵体系域；层序Ⅲ沉积期海水退却，盆地演化为陆相，主要发育河流-三角洲沉积体系，发育低水位、海侵和高位体系域。

| 地层 | | | | | 煤层及标志层 | | 三级层序 | | |
|---|---|---|---|---|---|---|---|---|---|
| 系 | 统 | 阶 | 组（段） | | 名称 | 本书编号 | 层序 | 体系域 | 层序界面 |
| 二叠系 | 中—下二叠统 | 罗德阶 | 下石盒子组 | | 骆驼脖子砂岩 | | | | |
| | | 亚丁斯克阶中期—空谷阶 | 山西组 | 三段 | 煤层 | 1#—3# | SQⅢ | HST | 石盒子组与山西组之间的砂岩底界 |
| | | | | 二段 | 煤层 | 5# | | | |
| | | | | 一段 | 煤层 | 9#、10# | | TST | |
| | | | | | 北岔沟砂岩 | | | LST | 山西组底部砂岩底界 |
| 石炭系 | 上石炭统 | 阿瑟尔阶—亚丁斯克阶早期 | 太原组 | 二段 | 灰岩 | K6 | SQⅡ | HST | |
| | | | | | 煤层 | 11# | | | |
| | | | | | 灰岩 | K5 | | | |
| | | | | | 煤层 | 12# | | | |
| | | | | | 灰岩 | K4 | | | |
| | | | | 一段 | 煤层 | 13#、14# | | TST | |
| | | | | | 灰岩 | K3 | | | |
| | | | | | 煤层 | 15#、16# | | | 16#煤层底界 |
| | | 格舍尔阶卡西莫夫阶 | | | 砂岩 | K2 | SQⅠ | HST | |
| | | | | | 煤层 | 17#、18# | | | |
| | | | | | 晋祠砂岩 | | | | |
| | | 莫斯科阶巴什基尔阶 | 本溪组 | | 铁铝层 | | | TST | |
| 基底 | | | | | | | | | |

图 13-24　桌子山煤田石炭纪—二叠纪含煤地层层序地层格架

## 二、鄂尔多斯盆地中生代侏罗纪含煤岩系层序地层特征

根据关键的层序界面，延安组划分为 3 个三级层序和 9 个体系域（图 13-25）。

### 1. 延安组层序地层特征

鄂尔多斯盆地延安组在西南部和东北部保存的地层厚度较小，二者又有所不同。西南部地区各层序、体系域发育保存基本完整，反映了沉积期地势相对较高，沉积地层厚度相对较小。而东北部地区层序保存不完整，局部地区仅保存了下部的层序Ⅰ，上部的层序Ⅱ和层序Ⅲ地层未能保存下来，反映了后期的剥蚀非常强烈而非沉积地层较薄。中部地区各层序保存完整，地层厚度较大，反映了沉积期地势较低。

层序Ⅰ，低位体系域沉积时期，中部的伊金霍洛镇、乌审旗嘎鲁图镇、图克镇等地区率先接受沉积，此时东部的那日松镇、纳林陶亥镇均未接受沉积，之后全区开始接受沉积。湖侵体系域沉积时期，全区均接受沉积，且沉积的地层厚度变化不大，地层均保存较好。高位体系域沉积时期，西南部和东北部地势相对较高，率先结束高位体系域沉积，并遭受不同程度的剥蚀，而中部地区由于地势较低，加之构造沉降幅度相对较大，使得高位体系域地层厚度在中部较大而在西南部和东北部较小。

层序Ⅱ，低位体系域沉积期，地层主要发育在中部和西南部地区，东北部地区由于地势相对较高而沉积地层厚度较小。湖侵体系域沉积期，东北部快速发生构造沉降，沉积了厚度较大的湖侵体系域地层，而西南部沉积地层厚度相对较小。高位体系域沉积时期相对稳定，全区沉积地层厚度变化不大。

层序Ⅲ，低位体系域沉积期，地势相对平坦，各地区沉积地层厚度变化不大，西南部个别地区地势高

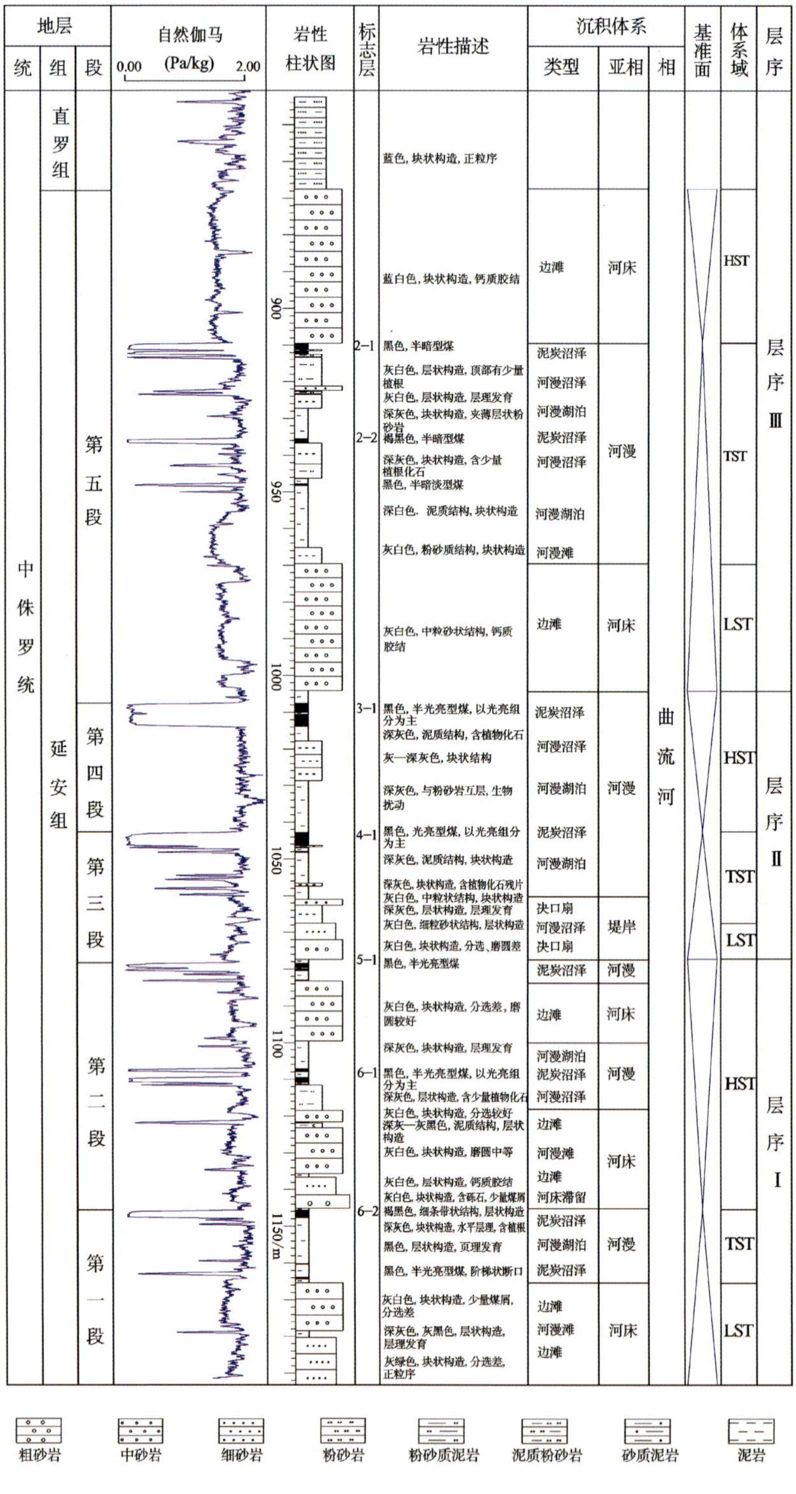


图 13-25　东胜矿区 9604 钻孔层序地层-沉积相划分柱状图

而沉积地层厚度较小。湖侵体系域沉积期，西南部构造抬升缓慢，而沉积了较厚的湖侵体系域地层。高位体系域地层保存程度较差，难以发现其规律性，仅反映沉积后期西南部和东北部抬升较快，遭受了大强度的剥蚀。

## 2. 层序地层格架下的沉积环境演化

从剖面上看(图 13-26),沉积相发育以河流相为主,在层序的低位体系域和高位体系域河道砂岩较发育,湖侵体系域河道砂岩相对不发育,泛滥平原较发育。仅在层序Ⅰ的湖侵和高位体系域沉积期,在乌审召镇以南地区发育三角洲平原沉积。层序Ⅱ湖侵体系域沉积期,在 zk9604、5-1 地区发育小范围的岸后湖泊。层序Ⅲ湖侵体系域沉积期,在 zk9605 孔附近发育岸后湖泊;高水位体系域沉积期,在 4-1 孔附近发育岸后湖泊。

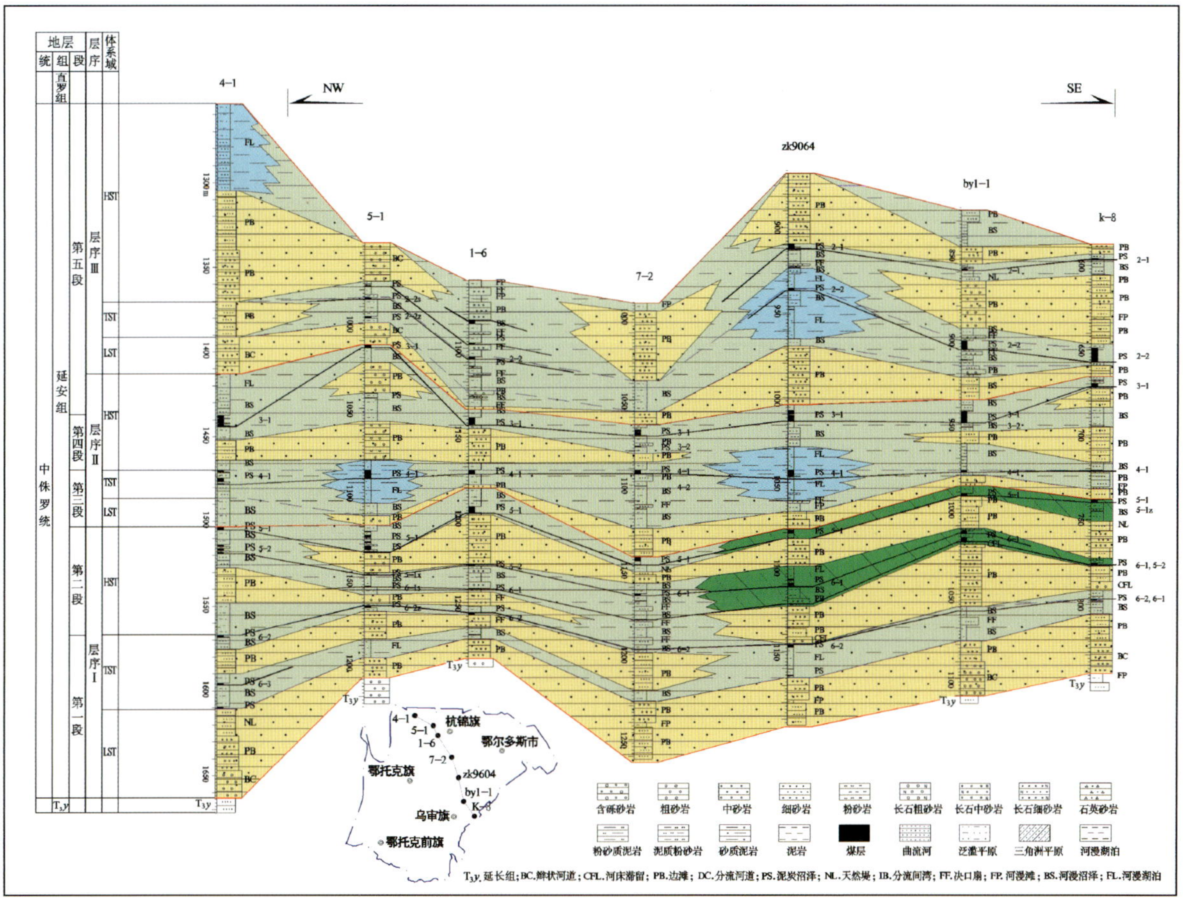

图 13-26 东胜矿区中侏罗世延安组北西-南东向沉积相断面图

## 3. 煤层在层序地层中的分布规律

煤层在层序地层中的分布主要受可容空间增长速率与泥炭堆积速率之间平衡的控制。可容空间增长速率过快或过慢均不利于泥炭的持续堆积,从而导致聚煤作用的终止。不同地区煤层在层序地层格架中的分布不同(图 13-26),研究区发育的煤层大都发育在湖侵体系域晚期和高水位体系域晚期,其次为湖侵体系域早期和高位体系域中期。

层序地层格架的低位体系域主要在低洼地区发育一些河道砂体,隆起区未接受沉积,难以具备发育煤层的条件。湖侵体系域早期,基准面上升,可容纳空间不断增大,可以发育一定的煤层,但沉积环境变化较快,难以发育厚煤层。湖侵体系域中期,可容空间增加速率最快,超过了成煤物质的充填速率,不利于聚煤作用的发生。在湖侵体系域晚期,即最大湖泛面附近,湖岸泥炭沼泽向陆延伸最远,那里可容空间增加速率与泥炭堆积速率几乎达到平衡,成煤泥炭的植物能够补偿,且沉积环境较稳定,能够长时期地维持这种平衡,故而利于发育厚煤层。高位体系域中晚期有利于聚煤作用发生,此时广湖泊萎缩、淤积，高位体系域早期的充填作用使得盆地变得较为平缓，加之构造稳定，利于大范围、长时期的聚煤作用发生，进而发育厚煤层。

## 三、中生代白垩纪含煤岩系层序地层特征

### （一）二连盆地群早白垩世含煤岩系层序地层特征

根据关键的层序地层界面，可以将下白垩统划分为 3 个三级层序和 9 个体系域。大磨拐河组与下部的层序Ⅰ和层序Ⅱ对应，伊敏组与上部的层序Ⅱ对应，伊敏组划分为 1 个三级层序和 3 个体系域。三级层序在全区内对比性好，除伊敏组保存不全外，其余 2 个层序发育齐全。

煤层在层序地层中的分布主要受可容空间增长速率与泥炭堆积速率之间平衡的控制。可容空间增长速率过快或过慢均不利于泥炭的持续堆积，从而导致聚煤作用的终止。不同地区煤层在层序地层格架中的分布不同（表 13-12）。

**表 13-12　二连盆地不同煤田煤层在层序地层格架中的发育统计表**

| 层序 | 体系域 | 期次 | 白彦花 | 白音乌拉 | 巴彦宝力格 | 额合宝力格 | 霍林河 | 准哈诺尔 | 红格尔 | 胜利 | 五间房 | 乌尼特 | 高勒浩沁 |
|---|---|---|---|---|---|---|---|---|---|---|---|---|---|
| 层序Ⅲ | HST | 晚期 | — | — | — | — | ▲ | — | ▲ | ▲ | — | — | — |
| | | 中期 | — | ▲ | ▲ | — | — | — | ▲ | ▲ | — | — | — |
| | | 早期 | — | — | — | — | ▲ | — | — | — | ▲ | ▲ | — |
| | TST | 晚期 | ▲ | ▲ | ▲ | — | ▲ | ▲ | — | ▲ | ▲ | ▲ | ▲ |
| | | 中期 | ▲ | — | ▲ | — | — | — | — | ▲ | ▲ | ▲ | ▲ |
| | | 早期 | ▲ | ▲ | — | — | — | — | / | — | — | — | — |
| | LST | 晚期 | — | — | — | — | — | — | / | — | — | — | — |
| | | 中期 | — | — | — | — | — | — | / | — | — | — | — |
| | | 早期 | — | — | — | — | — | — | / | — | — | / | — |
| 层序Ⅱ | HST | 晚期 | — | — | / | — | — | — | / | — | — | / | / |
| | | 中期 | / | / | / | ▲ | — | — | / | — | — | / | / |
| | | 早期 | / | / | / | — | — | — | / | / | — | / | / |
| | TST | 晚期 | / | / | / | ▲ | ▲ | — | / | / | — | / | / |
| | | 中期 | / | / | / | — | ▲ | — | / | / | — | / | / |
| | | 早期 | / | / | / | — | ▲ | — | / | / | — | / | / |
| | LST | 晚期 | / | / | / | — | — | — | / | / | — | / | / |
| | | 中期 | / | / | / | — | — | — | / | / | — | / | / |
| | | 早期 | / | / | / | — | — | — | / | / | — | / | / |
| 层序Ⅰ | HST | 晚期 | / | / | / | — | ▲ | — | / | / | — | / | / |
| | | 中期 | / | / | / | ▲ | — | — | / | / | — | / | / |
| | | 早期 | / | / | / | — | — | — | / | / | — | / | / |
| | TST | 晚期 | / | / | / | — | ▲ | — | / | / | — | / | / |
| | | 中期 | / | / | / | — | — | — | / | / | — | / | / |
| | | 早期 | / | / | / | — | ▲ | / | / | / | — | / | / |
| | LST | 晚期 | / | / | / | — | — | / | / | / | — | / | / |
| | | 中期 | / | / | / | — | — | / | / | / | — | / | / |
| | | 早期 | / | / | / | — | — | / | / | / | — | / | / |

注：▲ 为发育煤层；—为不发育煤层；/为未揭露地层。

### (二)海拉尔盆地群早白垩世含煤岩系层序地层特征

根据研究区关键层序界面的识别,将早白垩世大磨拐河组和伊敏组划分为 1 个二级层序和 2 个三级层序,各层序的体系域发育齐全,共发育 6 个体系域。

从表 13-13 中可以看出,早白垩世海拉尔盆地煤层主要发育在湖侵体系域的早期和晚期,高位体系域的中期和晚期,其次为湖侵体系域中期和高位体系域早期。

湖侵体系域早期和晚期,可容纳空间增大速率较缓慢,利于泥炭的堆积和保存,在靠近盆地(凹陷)边缘地区,湖侵体系域晚期一般利于聚煤,而在靠近盆地(凹陷)中部,湖侵体系域早期利于聚煤。高位体系域中晚期有利于聚煤作用发生,湖侵时期的水体逐渐退却,湖泊逐渐淤积变浅,利于聚煤作用发生。在靠近盆地(凹陷)中部地区边缘地区,最大湖侵期的环境利于聚煤,因此在高位体系域早期利于聚煤作用发生。

**表 13-13　海拉尔盆地不同煤田煤层在层序地层格架中的发育统计表**

| 层序 | 体系域 | 期次 | 陈旗 | 扎赉诺尔 | 呼和诺尔 | 伊敏 | 三角地 | 开放山 | 鹤门 | 莫达木吉 | 红花尔基 | 拉布达林 | 南屯 |
|---|---|---|---|---|---|---|---|---|---|---|---|---|---|
| 层序Ⅱ | HST | 晚期 | — | ▲ | — | ▲ | / | — | ▲ | — | — | — | — |
| | | 中期 | ▲ | — | ▲ | — | / | — | — | ▲ | ▲ | — | ▲ |
| | | 早期 | — | — | — | ▲ | / | — | — | — | — | ▲ | — |
| | TST | 晚期 | ▲ | — | — | ▲ | / | — | — | ▲ | ▲ | ▲ | ▲ |
| | | 中期 | ▲ | ▲ | ▲ | — | / | — | — | — | — | — | — |
| | | 早期 | ▲ | ▲ | ▲ | ▲ | / | ▲ | — | ▲ | ▲ | ▲ | ▲ |
| | LST | 晚期 | — | — | — | — | / | — | — | — | — | — | — |
| | | 中期 | — | — | — | — | / | — | — | — | — | — | — |
| | | 早期 | — | — | — | — | / | — | — | — | — | — | — |
| 层序Ⅰ | HST | 晚期 | — | — | / | / | — | / | — | — | / | ▲ | |
| | | 中期 | — | — | / | / | — | / | — | — | / | — | |
| | | 早期 | / | — | / | / | — | / | — | — | / | — | |
| | TST | 晚期 | / | — | / | / | ▲ | / | — | / | / | ▲ | ▲ |
| | | 中期 | / | ▲ | / | / | — | / | — | / | / | — | / |
| | | 早期 | / | ▲ | / | / | | / | ▲ | / | / | ▲ | / |
| | LST | 晚期 | / | — | / | / | — | / | — | / | / | — | / |
| | | 中期 | / | — | / | / | — | / | — | / | / | — | / |
| | | 早期 | / | — | / | / | — | / | — | / | / | — | / |

注:▲为发育煤层;—为不发育煤层;/为未揭露地层。

# 第七节 岩相古地理格局与演化

## 一、晚石炭世岩相古地理

内蒙古自治区古生代及其以前的地质发展史，实质上是华北陆块、西伯利亚陆块各自离陆向洋增生，最终对接为巨大的欧亚大陆的一个完整过程（内蒙古自治区地质矿产局，1991）。在这种地质背景条件下，位于内蒙古北部的兴安地槽区在早石炭世末发生的中海西运动第一幕褶皱回返，从此二连浩特—东乌珠穆沁旗—乌兰浩特市以北均隆起成陆，成为西伯利亚台缘增生的陆壳。在晚石炭世东乌珠穆沁旗古陆上陆相火山喷发十分强烈，位于喷发中心地带的宝力格庙至西山一带，有大量的安山质和玄武质火山熔岩和火山角砾岩堆积，沉积厚度大于7574m。喷发带呈北东向展布，一直向西延至蒙古国境内，在远离火山喷发中心的一些地区，正常碎屑岩和火山岩呈互层出现。植物化石为 *Angaroptoridium cardiopteroides* - *Noeggerathiopsis* - *Tingia* 组合。其中安格拉植物分布广泛，在数量上占优势，而华夏植物分布零星，数量也少。这套以火山岩为主的地层称为宝力格庙组。

中部地槽区位于东乌珠穆沁旗古陆和华北北缘古陆之间，晚石炭世（太原期）海侵范围扩大至地槽区的南缘，地势平坦，沉积了成分较为单一的石英砂岩。北缘正好相反，沉积了成分比较复杂的陆源碎屑-碳酸盐岩建造，并发生过火山活动，在二连浩特以南至西乌珠穆沁旗一带，沉积厚度巨大，可达8000m左右，火山喷发强烈，为地槽的活动中心和沉积中心。在此间，珊瑚和腕足类空前繁盛。

在晚石炭世，赤峰以东地区为一西部封闭的海湾，南侧为华北北缘古陆，西侧为翁牛特隆起，海水从东部的吉林省入侵，沉积了海陆交互相槽台过渡类型的酒局子组。

华北陆块的腹地自中奥陶世抬升以来，经过了大约130Ma的风化剥蚀，到晚石炭世本溪期复下沉。本溪期的海侵首先到达鄂尔多斯地区东部（准格尔、清水河等地）及西部（贺兰山、桌子山煤田），在这两个地区分别沉积了以障壁海岸、潟湖、潮坪为主的本溪组和羊虎沟组。中间主要发育河流沉积和三角洲沉积。随着太原期的海侵范围进一步扩大，“华北海”和“祁连海”已经完全沟通，鄂尔多斯地区整体接受沉积，发育了海陆交互相的含煤岩系，形成了巨厚的煤层。石炭纪是地质历史上较早的主要成煤时期。在晚石炭世的岸边低地、三角洲平原以及河道两侧的沼泽区都生长了繁茂的森林。在华北陆块上生长着华夏植物群，而在东乌珠穆沁旗以北的古陆上，则以安格拉植物群为主。这些佐证了当时陆生植物随着古地理的不同，已有明显的群系之分（黄本宏，1992）。

阴山地区晚石炭世沉积的拴马桩组，过去一般被认为是山间盆地的陆相沉积。但近年来的研究成果表明，早期的拴马桩组形成于和内蒙古中部海槽有某种联系的三角洲平原沉积环境；晚期的拴马桩组形成于开阔滨海环境（钟蓉，1987）。从区域构造和沉积特征两个角度来考虑，阴山地区晚古生代海侵可能来自其北面的海槽，其含煤地层具有一定的沉积空间。今后在阴山地区如大青山、乌拉山煤田附近的推覆构造之下，还可能找到石炭纪的煤层。

另外在兴安地区经过长期的剥蚀后又局部坳陷成湖盆，在依力根牧场、尕拉成等地接受泥质、粉砂质沉积物，在尕拉成还有小规模的火山活动，这套地层称为依根河组（图13-27）。

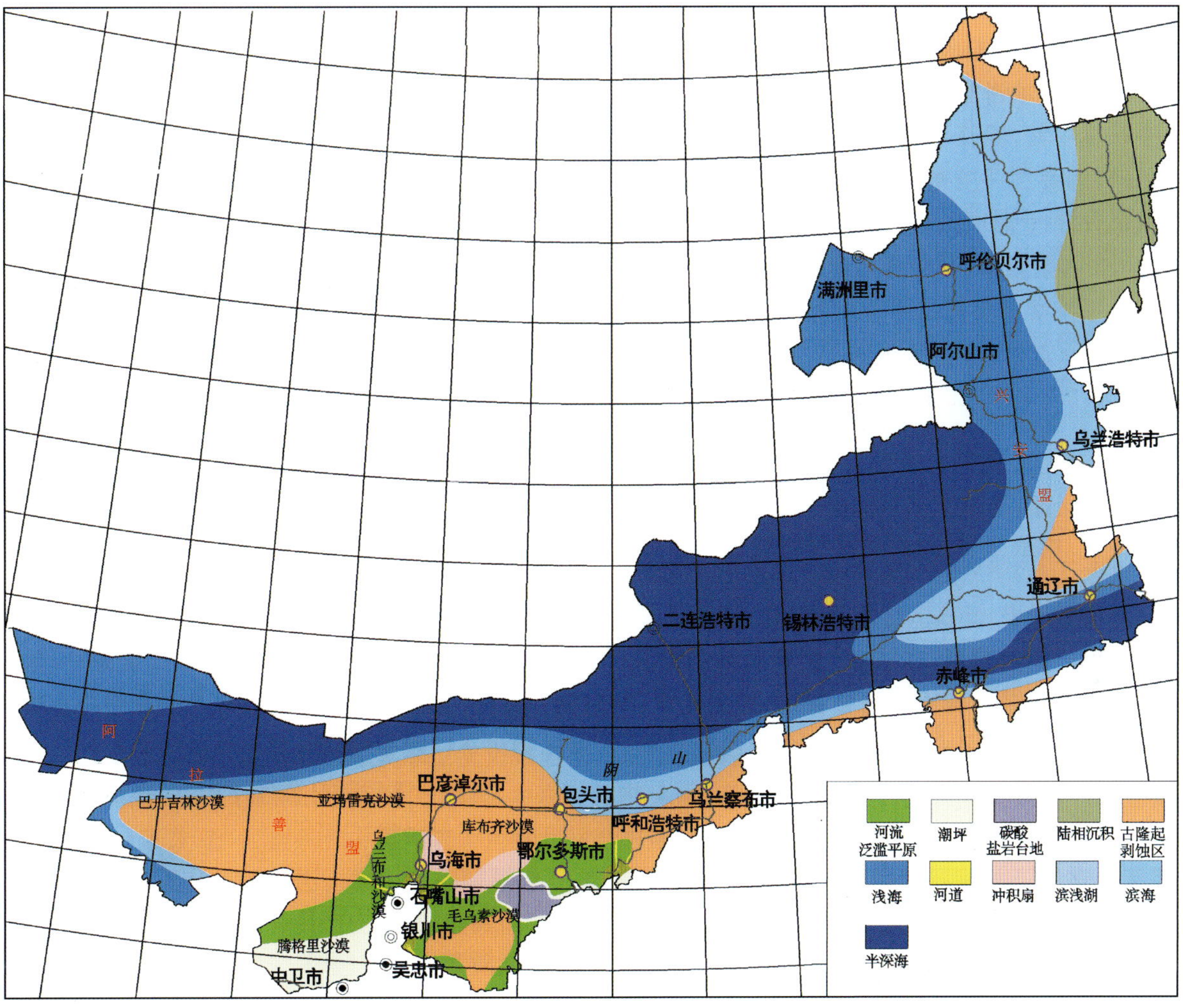

图 13-27 内蒙古自治区晚石炭世岩相古地理图

## 二、早二叠世岩相古地理

内蒙古自治区早二叠世山西期的古地理轮廓与晚石炭世相比发生了较大的变化，突出地表现在华北陆块由稳定的沉降逐渐转为稳定的抬升，华北北缘古陆（阴山古陆）范围扩大，鄂尔多斯地区也发生了由北向南的海退，形成大面积的冲积平原和三角洲平原，从此鄂尔多斯结束了海侵的历史。

在内蒙古的中部槽区，该时期基本上均为浅海相沉积，局部为滨海相沉积。发育在赤峰地区的青凤山组，在正镶白旗、正蓝旗、镶黄旗一带的三面井组位于地槽的南侧，为一套滨海陆源碎屑岩组合。青凤山组主要由杂色板岩、硬砂质砂岩和长石砂岩组成，化石较少，仅在底部含海百合茎和螺等，出露厚度1141m。三面井组为灰绿色复成分的砂岩、长石砂岩和板岩，下部夹生物灰岩，化石以蜓类为主，并含珊瑚、腹足等，上部可见植物化石碎片，建组厚度 269.2m。

分布于四子王旗北部的西里庙组为浅海陆源碎屑-碳酸盐岩中夹火山岩组合，岩性为泥质板岩、结晶灰岩以及流纹质凝灰岩、流纹岩等，厚度可达 5386m。而在达茂旗满都拉庙以南，以包格特组发育最好，岩性为陆源碎屑岩夹砂质灰岩和生物灰岩，含大量的蜓类化石，几乎成蜓壳礁出现。沉积厚度大于 975m。

当时地槽的活动中心在二连浩特—西乌珠穆沁旗—大石寨一线，沉积了一套陆源碎屑岩-生物碎屑灰岩夹中酸性火山岩。地层厚度巨大，一般可达 3400～8000m。生物群主要为连壁珊瑚、雅库特贝、穆武长身贝、柯支长身贝、雅可夫列夫贝、马丁贝、小石燕、派克曼石燕、土曼菊石等，这些冷水型的生物主要来自北方。而生存于华北陆块北缘地槽区生物主要来自南方暖水型特提斯生物群，主要有米氏蜓、拟纺锤蜓、假纺锤蜓、直形贝、四川珊瑚、亚珊瑚等。

分布于巴丹吉林和北山地区的双堡塘组为正常的浅海陆源碎屑岩夹灰岩，含丰富的腕足类化石，并伴生有菊石和珊瑚等。沉积厚度 800m 左右。

在早二叠世山西期，阴山地区已与鄂尔多斯地区的气候条件大致相似，发育了华夏植物群，只在大红山等北部边缘混生有安格拉植物群分子。在阴山山地只有为数不多的几个淡水湖泊。大红山湖泊是发育时间短暂的山间断陷盆地。沉积物主要是湖滨相的粗碎屑物质，由于湖盆沉降速度快、幅度大，沉积物厚度达 2000m 以上。后来湖盆淤浅，发育成沼泽，所以在大红山组上部出现了含碳的细碎屑岩和薄煤层等。至下石盒子期，大红山湖已淤塞成陆地，此后二叠纪便没有新的沉积。分布于包头市石拐矿区的杂怀沟组为坳陷型山间盆地沉积，岩性下部以灰色粗砂岩、砾岩为主，上部为细碎屑岩夹薄煤层，与晚石炭世拴马桩组连续沉积。杂怀沟组厚度仅 80m 左右，其沉积延续到晚二叠世。

位于阴山以南的鄂尔多斯地区，结束了晚石炭世以来地壳频繁升降的局面，转入稳定、缓慢地抬升，在东部准格尔旗、清水河等地由晚石炭世太原期的三角洲沉积转化为陆相冲积平原沉积，碎屑物质来自阴山古陆；西部的乌达、桌子山煤田和贺兰山煤田也由障壁碎屑海岸沉积转变为河流、三角洲沉积。在冲积平原和三角洲平原上生长有以大羽羊齿为主的华夏植物群，在泥炭沼泽堆积了泥炭层。从此以后鄂尔多斯地区结束了海侵的历史，开始了陆相沉积的新阶段(图 13-28)。

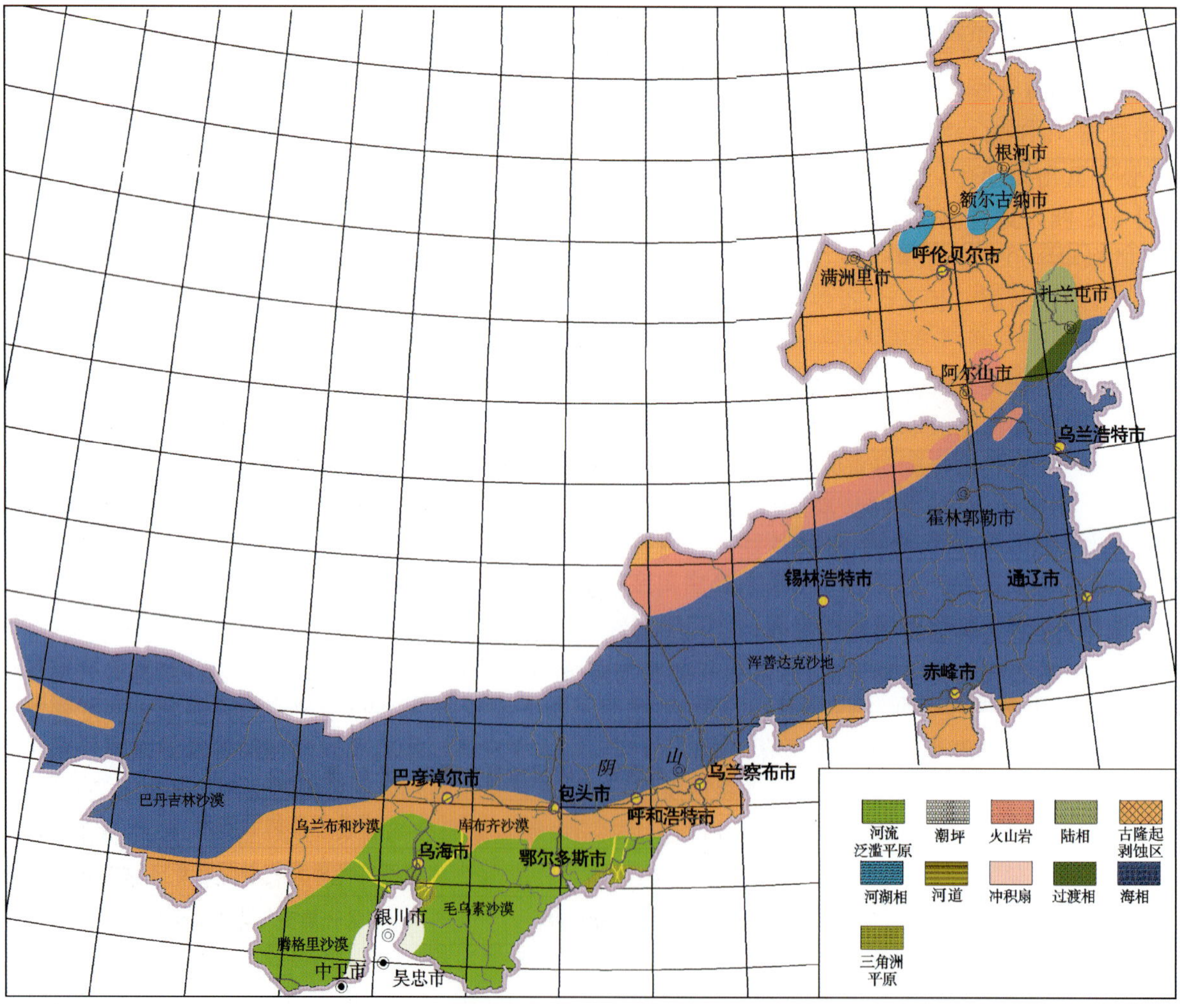


图 13-28　内蒙古自治区早二叠世岩相古地理图

## 三、早—中侏罗世岩相古地理

在早二叠世末期的晚海西运动的第一幕，蒙古海槽全部褶皱回返，形成海西褶皱带。从此海水向东退出，西伯利亚陆块和华北陆块缝合。内蒙古自治区全部上升为陆。取而代之的是太平洋板块与亚洲大陆沿毕乌夫带的强烈作用而产生的滨太平洋构造域，使本区深受其影响。在这种大地构造背景下，内蒙古自治区早—中侏罗世岩相古地理具有明显的分带性。

位于阴山以南的鄂尔多斯盆地，经三叠纪末的印支运动全面抬升接受剥蚀。在早—中侏罗世复下沉接受沉积。印支运动的古构造面为一起伏不平的剥蚀面，对早侏罗世富县组和中侏罗世延安组早期沉积有着明显的控制作用。富县组在内蒙古自治区范围内仅沉积在五字湾一带的古洼地。而延安组下部沉积也明显受古地形控制，随着盆地的持续下沉向古高地超覆。延安组在鄂尔多斯盆地普遍发育，厚度变化不大，一般在160～300m之间，在盆地西缘没有明显加厚现象，这一点与晚三叠世沉积的延长组显著不同，说明在延长期出现的那种前陆式的快速沉降坳陷的极不对称等特征在延安期已不存在(李思田等，1992)。现今的鄂尔多斯盆地东、西两侧均非原型盆地的沉积边界，据李思田等的研究，盆地西侧的汝箕沟、二道岭等小型煤田的延安组在沉积相、内部层序、含煤性和厚度等方面都宜与鄂尔多斯盆地相对比，汝箕沟向斜两翼的古流向均指向东，这些都意味着汝箕沟、二道岭的延安组很可能属于鄂尔多斯盆地的一部分。表明鄂尔多斯盆地在延安期是一大型地台基础上的坳陷盆地，而不具有晚三叠世挠曲盆地的特征。延安组在盆地东侧已被剥蚀，在东胜煤田东部露头区延安组既没有明显减薄现象，也无边缘相特征，说明盆地初始边界应向东部延展。从地层及沉积分析判断，大同及宁武盆地在早—中侏罗世可能与鄂尔多斯属于同一沉积盆地。

中侏罗世延安期是我国一个主要成煤时期，当时的鄂尔多斯为一超大型的内陆湖盆。内蒙古自治区部分位于盆地北部并接近阴山剥蚀区，在延安组沉积期主要发育河流相沉积，其次为三角洲平原和泛滥湖泊沉积。该时期发育4条较大的河流，在研究区西南部上海庙镇、昂素镇、苏力德苏木镇地区及其北部发育两条河流，河流流向北西西—南东；中部经木凯淖尔镇、乌审召镇、乌兰陶勒盖镇地区发育一条河流，流向北西-南东；东北部经泊江海子镇、东胜区、鄂尔多斯市、伊金霍洛镇等地区发育一条河流，流向北西-南东。在河流的泛滥平原、分流河道间发育5个泛滥湖泊、分流间湾，在伊和乌素苏木镇西部、杭锦旗锡尼镇北部、苏米图苏木东北部、乌审召镇和图克镇东北部分别发育一个泛滥湖，在城川镇东北部发育一个分流间湾湖泊。三角洲平原区主要发育图克镇—嘎鲁图镇—昂素镇一线的东部、南部区域。此外，广大的区域发育河流泛滥平原沉积。延安组的植物化石有较明显的三分性，在下部和上部都以代表温暖气候环境的银杏类为主，而中部以喜湿、喜暖的有节类和真蕨类植物为主，这可能与盆地的充填演化有关，与沉积环境的变化相对应。

位于内蒙古中部的阴山地区是另一种地理景观。在近东西方向延伸的阴山古陆中，有一狭长的山间谷地，东部由察哈尔右翼中旗的苏勒图开始，向西经包头市石拐矿区、乌拉特前旗的营盘湾至乌拉特中旗的昂根矿区等，长达数百千米。早—中侏罗世的沉积中心在石拐矿区，沉积了680m厚的早侏罗世五当沟组和920m厚的召沟组，两组均为河湖交替的含煤建造。位于盆地西部的昂根沉降幅度较小，在早—中侏罗世均以低弯度的山间辫状河流沉积为主。而营盘湾矿区的沉积相为昂根与石拐矿区的过渡类型。

阴山以北的大兴安岭、锡林郭勒盟等地区，印支运动造成了大面积的剥蚀区，形成了凸凹不平的古地貌。早—中侏罗世含煤地层被晚侏罗世的火山岩、白垩纪的沉积岩以及新生代的松散沉积物深深掩埋。零星分布的地层露头和部分石油深钻资料向人们揭示着在新地层之下，可能还有含煤地层的存在。根据目前地面资料和少量钻孔资料初步分析，含煤盆地的类型为山间谷地型或山间盆地型。盆地的长轴方向与目前的构造线方向基本一致，多数为北东方向。沉积类型除了河湖相含煤沉积外，不同程度地存在细粒火山物质。沉积厚度因地而异并相差悬殊(87～2130m),主要受古地形和沉降幅度的控制。这套含煤地层在锡林郭勒盟地区称为早中侏罗世阿拉坦合力群,在大兴安岭北部地区称为太平川组和南平组,南部地区称为红旗组、万宝组和新民组。

在内蒙古西部的阿拉善盟还有一些山间谷地和山间盆地分布。规模最大的为潮水盆地,沉积类型与阴山地区可以类比,盆地长轴方向为北西向。含煤地层为正常的河湖沉积,厚度变化大,由数百米至1000m左右。这套含煤地层在阿拉善地区称为大山口群、青土井群。

综上所述,内蒙古自治区在早—中侏罗世出现了中低山地和内陆沉积盆地相间排列的地理格局,剥蚀区的面积远远大于沉积区的面积,阴山以北为环太平洋活动带,由于太平洋板块向亚洲板块俯冲,形成了一系列北东方向的山间谷地或山间盆地,沉积的含煤岩系含有火山碎屑。阴山以南在稳定地台的基础上形成大型的坳陷型盆地,沉积了厚度稳定、含煤丰富的河流-三角洲相含煤建造。在内蒙古西部的阿拉善地区,可能受印度板块向北俯冲挤压的影响,形成了一系列北西西方向的山间谷地和山间盆地。

本区在早—中侏罗世属于内陆亚热带—温带气候,分布着锥叶蕨属-拟刺葵属植物群,与秦岭以南的南方型热带—亚热带气候有着明显的差别。植物的繁盛为聚煤作用提供了丰富的物质基础(图13-29)。

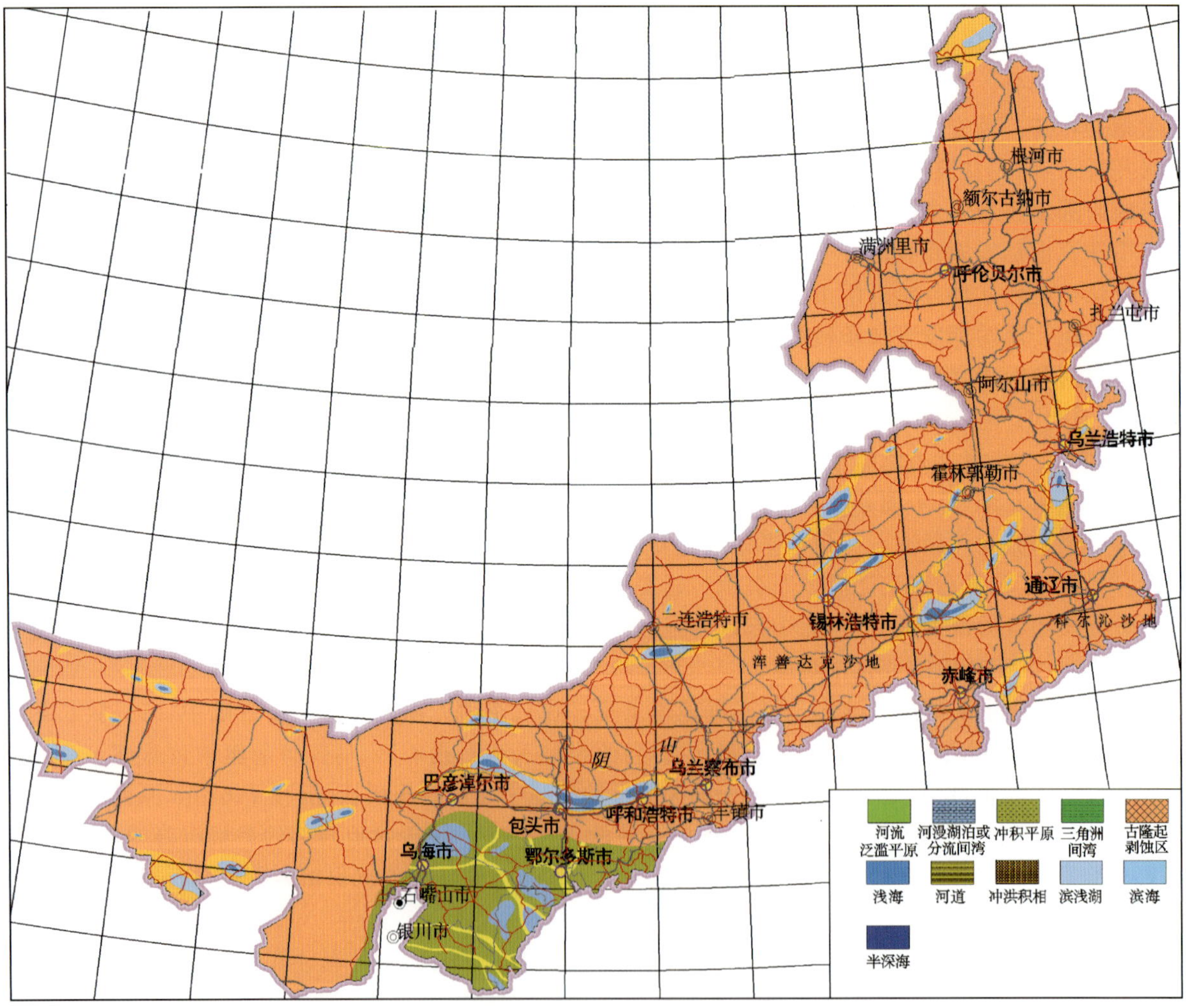


图13-29　内蒙古自治区早—中侏罗世岩相古地理图

## 四、早白垩世岩相古地理

中侏罗世以后，内蒙古自治区地壳活动经历了一个重要的转折，它表现为由侏罗纪早、中期一些陆相盆地含煤沉积转化为主要受北北东向构造活动带控制的大规模的频繁的火山活动；鄂尔多斯盆地也由整体沉降转为整体抬升，沉积一度中断。这时大兴安岭整体抬升，主脊东、西两侧则下陷，形成了二连盆地群、海拉尔盆地群和松辽盆地群的雏形，大兴安岭为其构造格架。著名的大青山、乌拉山、狼山、桌子山、贺兰山等均已形成雏形(内蒙古自治区地质矿产局，1991)。

晚侏罗世强烈的火山喷发，使地壳深部积累的能量得以大量释放，因此本区构造应力场由挤压转化为拉张。受断裂控制的差异性升降运动造成一系列坳陷和隆起。白垩纪早期，鄂尔多斯盆地率先沉降，受东部隆起区的影响，形成东仰西倾的大型箕状盆地，沉积一套河湖相红色建造，沉积厚度由东向西逐渐增加。根据早白垩世志丹群的残留厚度统计，鄂尔多斯盆地中西部厚度可达 800～1000m，而东部的准格尔旗一带缺失白垩系的沉积。

河套地区随后开始沉降，在起伏不平的古地形条件下沉积了一套厚 0～600m 的李三沟组粗碎屑岩系。李三沟组的层位大致可与鄂尔多斯盆地志丹群的罗汉洞组和泾川组进行对比。就生物化石而言，两者均含 *Psittacosaurus*，*Lycoptera* 鱼群和介形类动物群化石。就分布特征而言，李三沟组很可能是鄂尔多斯盆地在志丹群沉积后期水体范围扩大而形成的同一水体沉积。由于鄂尔多斯北缘断裂的活动，河套地区开始强烈下陷并造成固阳组南厚北薄差异性沉积，南部厚度一般 400～1700m，沉积中心有半深水湖相分布，而向北表现出明显的超覆、变薄、趋于尖灭，这表明了阴山山前断裂尚无明显的活动迹象。在河套盆地接受固阳组沉积的同时，鄂尔多斯盆地已整体抬升，开始受到剥蚀了。

位于阴山以北的大兴安岭两侧，在早白垩世发生了规模巨大的断陷，在大兴安岭东侧形成了松辽盆地群，西侧形成了海拉尔盆地群、二连盆地群和银根盆地群。这些盆地群大部分叠加在古生代的地槽区之上，其基底构造控制了坳陷带的展布方向。在这些断陷盆地中，除银根盆地外，沉积了一套河湖相含煤碎屑岩，沉积厚度一般 1000～3000m。

二连盆地群经历了早期断陷(大磨拐河组)、后期坳陷(伊敏组)的发育历程。宏观构造具有东西方向“三低两高”和南北方向“南高北低”的地貌特征。大磨拐河期以断陷沉积为主，南北方向以苏尼特隆起为界，北部坳陷带湖盆面积大，水体较深，为该时期的沉积中心；而苏尼特隆起之南的坳陷带全部为滨浅湖亚相发育区，湖盆小，水体浅，连通差，具有南北分带的沉积特征。东西方向上，由于“三低两高”地形的制约，形成了川井坳陷西、乌兰察布坳陷东-腾格尔坳陷西、马尼特坳陷东-乌尼特坳陷东三大湖区，其间有乌兰察布坳陷西、马尼特坳陷西-乌尼特坳陷西两大陆上沉积发育区，显示了东西分区的沉积特征。伊敏期以坳陷沉积为主，仍具东西分区、南北分带的沉积相带展布特征，苏尼特隆起以北的坳陷，受早期广水域的影响，湖沼发育较好，范围较广。南部坳陷带湖沼相发育较小。西部沉积厚度薄，以冲积、河流相为主的陆上沉积广泛分布，东部沉积厚度大，湖沼分布范围较大，煤系地层发育。

海拉尔盆地群具有大致东西分带、南北分块的特征。在大磨拐河期和伊敏期沉积特征与二连盆地具有很大的相似性。大磨拐河期以断陷沉积为主，扎赉诺尔坳陷带东南部的巴彦呼舒凹陷和贝尔凹陷，湖域范围广、湖水较深、湖水连通性好，主要发育半深湖、滨浅湖等沉积。东部和南部的凹陷，湖域范围较小、水体较浅，主要发育滨浅湖、湖沼、河流、(扇)辫状河三角洲等沉积。伊敏期以坳陷型沉积为主，地势较为平坦。

通过对二连-海拉尔盆地群古植物群落、古气候的研究发现，大磨拐河组沉积早期，二连盆地西部和南部地区处于干旱气候条件下，不利于聚煤作用的发生；盆地的东部和北部地区，气候温暖湿润，利于聚煤作用的发生。之后，温暖湿润的气候逐渐向西部、南部扩展。到了伊敏组沉积期，二连-海拉尔盆地群全部处于温暖湿润的气候条件下，利于聚煤作用的发生。

银根盆地群位于阿拉善盟巴丹吉林沙漠区，受沙漠条件的限制，工作程度极低。据盆地周边出露的早白垩世巴音戈壁组分析，局部夹有煤线，特别是在北山地区甜水井一带发现下白垩统有可采煤层，这给银根盆地群的找煤带来一线希望。不过从二连-海拉尔-银根盆地群整体分析，盆地的活动性由东向西增强，聚煤作用由东向西减弱，由此可以推断，在银根盆地群出现像霍林河、胜利、白音华这样含煤极为丰富的断陷盆地的可能性不大。

绍根地区早白垩世主要发育湖泊、(扇)三角洲。三角洲主要发育在东北部断层的西北部和西南部边缘。扇三角洲主要发育在断层附近。滨浅湖主要发育在断层的上升盘，半深湖区主要发育在断层的下降盘地区(图 13-30)。

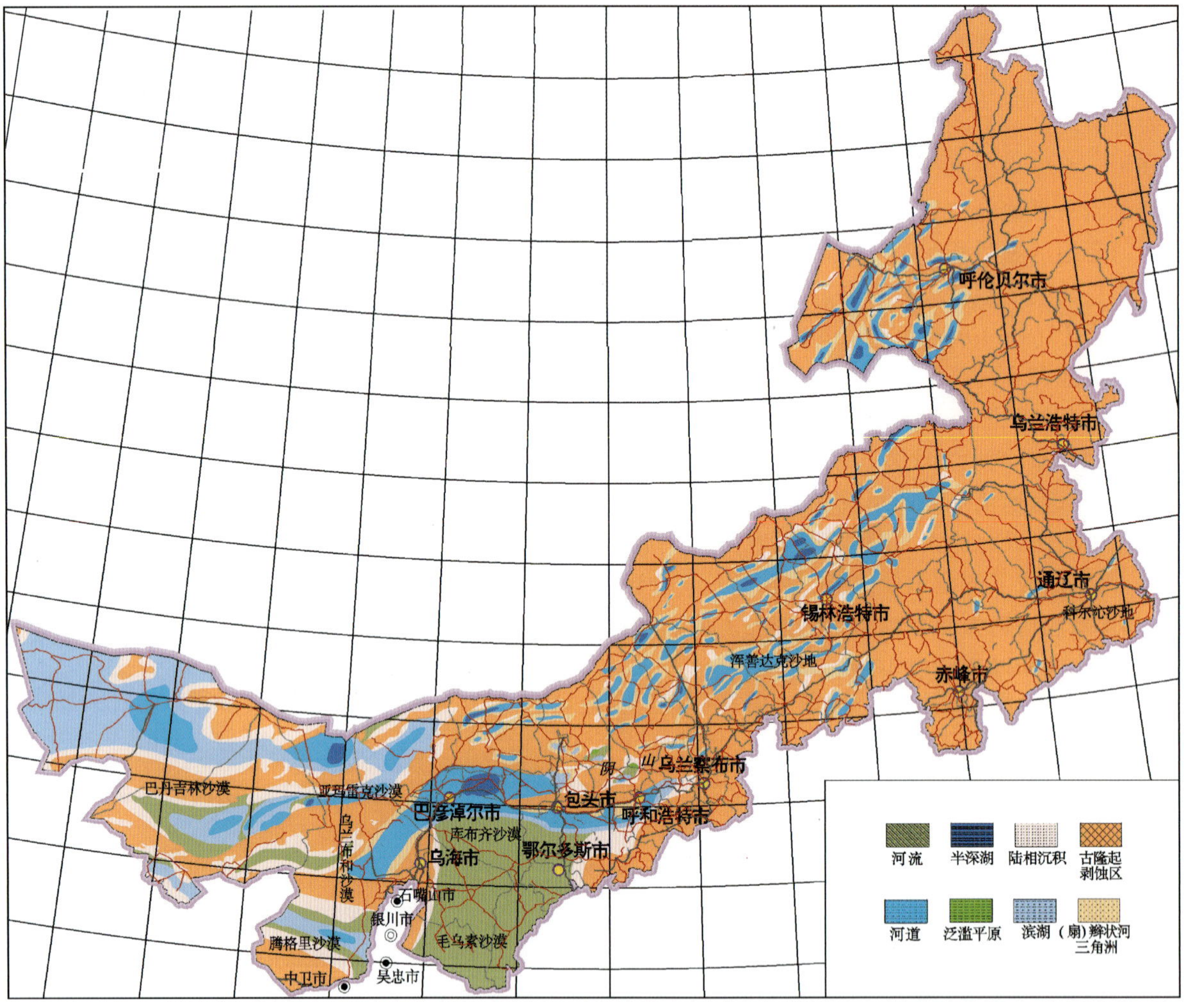


图 13-30　内蒙古自治区早白垩世岩相古地理图

## 五、新生代渐新世岩相古地理

由于资料条件的限制，本次只对集宁煤田渐新世呼尔井组的古地理格局进行分析。该沉积期主要发育扇三角洲和滨浅湖沉积。本研究共发现 6 个扇三角洲，在西部的四股泉地区发育一个来自西北方向的扇三角洲，在煤窑地区发育一个来自西南方向的扇三角洲，在东部王贵沟地区发育一个来自东南方向的扇三角洲，西南部在玉林河流域发育一个扇三角洲，在玉泉岭东南部发育一个扇三角洲，在南部黄旗海镇地区发育一个扇三角洲。此外，广大的研究区范围内发育滨浅湖沉积，湖水主要从东部向西部扩展。

# 第八节　控煤因素分析

## 一、晚石炭世—早二叠世含煤盆地控煤因素

### (一)古植物古气候因素

晚石炭世本溪组以 *Lepidodendron subrhombicum*(扁菱鳞木)植物群为主,该植物化石常见于盆地北部本溪组的泥岩地层中,在海岸平原沼泽相中十分发育。

晚石炭世晚期—早二叠世早期太原组植物化石组合中含有晚石炭世晚期—早二叠世早期华夏植物群中最特征的分子 *Lepidodendron szeianum*(斯氏鳞木)。该植物是典型的东方型鳞木,为高大乔木,多生长在温暖潮湿的沼泽环境中,指示湿热的气候条件,是本区最重要的成煤植物之一。晚石炭世的植物群落是以石松纲鳞木类植物为主,其次为真蕨纲和种子蕨纲植物等,以沼泽森林的形式出现。

早二叠世晚期,生物组合为典型华夏植物群 *Emplectopteris*-*Taeniopteris*-*Cathaysiopteris*-*Lobatannularia* 组合。本组合中的代表分子 *Taeniopteris mucronata*(舌尖带羊齿),*Annularia orientalis*(东方轮叶)广泛分布于我国北方早二叠世地层中。这个时期植物群落以真蕨纲和种子蕨纲植物为主体,高大乔木鳞木类植物开始衰减,楔叶纲植物明显增加。常见于三角洲前缘分流间湾和三角洲平原沼泽环境中。

研究区晚石炭世晚期—早二叠世早期处于气候炎热潮湿、生物繁盛、化学风化作用强烈的热带—亚热带环境;早二叠世中期处于有利于产生强烈化学风化的中、低纬度多雨温湿气候带,该时期的温暖湿润的古气候和丰富的植物群为成煤作用提供了前提条件。

### (二)古构造因素

古构造的控制作用主要表现在两个方面:一是大地构造背景,它控制了陆源区和沉积区、海陆分布及海岸线位置等;二是盆地内次级隆起和坳陷控制富煤区的展布。

(1)大地构造背景的控制作用。盆地北缘由于中亚-蒙古古海槽的封闭,发生了阴山构造带的隆升。盆地基底构造长期控制着中部东经 107°—109°之间的古陆梁。区域构造控制着海岸线的位置,从而控制了体系域内的沉积格局,引起煤层由东向西、由北向南的迁移。

晚石炭世至早二叠世沉积盆地已由裂陷型转化为宽广坳陷型,沉积作用明显减弱,沉积体系的充填和迁移建造了稳定而又开阔的浅水平台,因而有利于泥炭沉积的持续发育。山西组沉积期,盆地的北缘抬升和广泛的海退事件,使聚煤中心发生了由北向南的迁移,已由内蒙古自治区退至山西省境内。

(2)次级隆起和坳陷的控制作用。太原组的沉积厚度、沉积特征的区域性差异反映鄂尔多斯盆地内存在次级的相对隆起和坳陷。晚石炭世及早二叠世继承了早期同沉积隆起和坳陷,虽然其活动性的差异明显减弱,但对聚煤作用及沉积体系的分带起着明显的控制作用。

层序Ⅱ(太原组为主)沉积期,鄂尔多斯盆地富煤带的展布与盆内的同沉积构造关系十分密切,近南北向的一系列坳陷与隆起控制了富煤单元的延展方向(图 13-31)。在本区的东部,富煤带主要分布于“向斜”(坳陷)的核部,本区中西部富煤带主要发育在“背斜”(隆起)的两翼,从沉积地貌上看,坳陷盆地的同沉积背向斜与沉积地貌呈“正相关”关系,负向构造控制了负地貌,正向构造控制了正地貌。盆地沉

降幅度与地层厚度呈正相关。同沉积向斜的缓慢沉降为泥炭沼泽提供了有利的聚积空间，为沼泽的长期覆水提供了有利条件，而在背斜的轴部，煤层显著变薄。

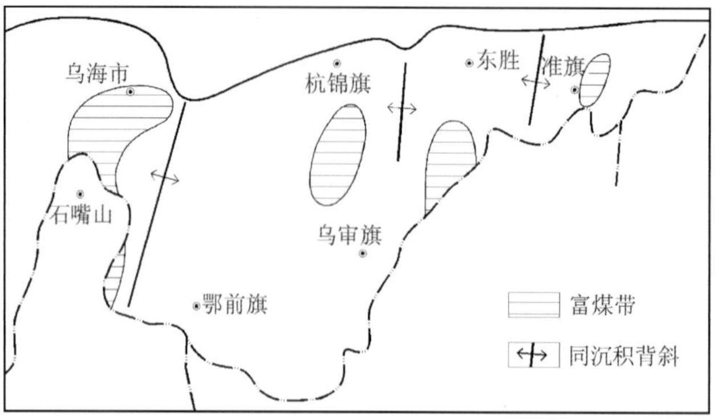


图 13-31　鄂尔多斯地区层序Ⅱ富煤带分布图

### (三)古地理因素

鄂尔多斯晚古生代聚煤区位于华北陆块西部，太原组—山西组为连续沉积，发育稳定，古地理对煤层区域性变化控制作用表现在两个方向上的变化，具有明显的规律性。

一是海岸线迁移因素，本期聚煤作用主要是在海侵初期及海退末期的洪水平原、三角洲平原及潮坪地带上发育形成的。随着海侵的到来，潮坪地带首先被淹没，因而煤层通常比较薄，在海岸线前进方向及附近煤层最厚，向大陆方向亦逐渐变薄。层序Ⅱ沉积期的海侵曾波及本区，造成了煤层的变薄、分叉，在各期海侵最终岸线的附近，煤层具有最大厚度，向陆和向海方向都变薄。黑岱沟一带正是处于海岸线域附近，故形成厚度大、变化小的富煤带。

二是河道砂体分布因素，煤层在东西向的变化受活动河道和分流河道的控制，煤层发育在河道和分流河道两侧的泛滥盆地中，煤层朝河道方向变薄、分叉。随着碎屑体系的废弃，聚煤作用向废弃河道扩展，但河道砂与周围的细碎屑沉积物的差异压实作用导致厚砂岩体处煤层变薄，也就是说南北向延伸的砂体厚度与煤层厚度呈明显的负相关关系。

准格尔煤田层序Ⅰ沉积期主要发育河流、三角洲和潮坪沉积环境，富煤带主要发育在三角洲平原沼泽环境；层序Ⅱ及层序Ⅲ沉积期，主要发育河流、三角洲沉积环境，富煤带主要发育在河流泛滥平原沼泽和三角洲平原沼泽环境。

桌子山煤田，层序Ⅰ沉积环境与准格尔煤田相似，富煤带主要发育在三角洲平原沼泽和潮坪环境；在层序Ⅱ至层序Ⅲ早期，西部的沉积演化与东部和中部存在着一定的区别，每个时期的聚煤强度也有差异。在层序Ⅱ沉积期间，西部处于障壁海岸环境，富煤带主要分布于潮坪沉积物之上，而覆水较深的潟湖环境煤层发育较差。层序Ⅲ沉积期，西部演化为河流-三角洲环境，沉积了厚度较大的主采煤层，煤层厚度的变化主要受亚环境和微环境的控制。在河道和分流河道两侧的泛滥盆地以及三角洲前缘间湾的沼泽，煤层合并加厚。

## 二、早—中侏罗世含煤岩系控煤因素

内蒙古自治区侏罗纪的聚煤作用主要发生在鄂尔多斯盆地、阴山地区、阴山以北的锡林郭勒盟地区以及阿拉善盟的潮水盆地等地。下面以鄂尔多斯盆地的控煤因素为例进行探讨。

### (一)古气候与古植物因素

本区延安组中保存有丰富的蕨类植物和裸子植物的叶、茎、根部化石及孢子花粉化石。动物化石有双壳类、叶肢介类、介形虫类,还有比较丰富的遗迹化石。

研究区延安组植物化石种类较多,常见的蕨类植物有膜蕨型锥叶蕨、枝脉蕨、新芦木。裸子植物有焦羽叶、银杏类、拟刺葵、拜拉、松柏类、苏铁杉,为比较典型的 *Cniopteries-Phoenicopsis*(锥叶蕨属-拟刺葵属)植物群组合,它们多是高大的乔木,说明成煤植物以木本植物为主。孢子花粉主要有蕨类植物小桫椤孢、近圆石松孢、叉瘤孢、孔眼紫萁孢、三角孢、波形旋脊孢,裸子植物苏铁粉、克拉梭粉、罗汉松粉、云杉粉等。从上述孢粉组合来看,古植物也以高大的乔木为主,反映了温暖、潮湿的气候。

### (二)古构造因素

研究区内侏罗纪大地构造背景总体表现为相对稳定的不均衡沉降。早侏罗世,研究区大面积仍处于隆起状态,正地形提供物源,仅在极局限的负地形沉积了富县组河流-三角洲碎屑岩。随着盆地整体沉降,延安期最早的河流沉积迅速在全区范围内稳定发育。盆地继续沉降,出现了湖泊三角洲沉积,湖泊三角洲向北逐渐退积。至延安期末,湖退导致河流粗碎屑沉积再次遍布全区。延安期这种沉积变化反映了构造运动降中有升的变化特点。

侏罗纪盆地处于整体的沉降状态,煤田内东胜—伊金霍洛旗一带是各成因单元沉积的相对厚带,也是延安组沉积的相对厚带。如果将全部的碎屑沉积及煤层总体厚度与构造沉降联系在一起,那么沉积厚度较大的地段是相对坳陷带(相对沉降速率较大),沉积厚度较小的地段则是相对的隆起带(相对沉降速率较小)。各成因单元及延安组的富煤带分布图与各成因单元及延安组的沉积厚度等值线图配置分析将最直接地反映出煤层厚度(或累计厚度)与地层厚度的正相关关系,即相对的坳陷带是聚煤的最有利地段。

### (三)古地理因素

延安组主要以河流沉积体系为主,在西北部盆地边缘可见冲积扇沉积,冲积扇之后发育辫状河沉积,再往东南部,过渡为曲流河沉积,到了研究区的南部发育部分三角洲沉积,研究区未发育盆地广湖沉积,仅在河流泛滥平原上发育一些小的泛滥湖或者三角洲平原分流间湾发育一些间湾湖。

冲积扇体系整体上不利于聚煤作用的发生,仅在冲积扇扇端及其与河流相的过渡处,可以发生一定程度的成煤作用。河流体系具有较好的成煤能力,煤层一般发育在河道以外的泛滥平原沼泽环境。泛滥平原面积广阔,大部分地区都可能沼泽化而发生一定的成煤作用,但是并非每个地方都可以成为富煤带。成煤作用的发生,首先要有成煤物质的生长,其次是成煤物质死亡后的堆积场所,最后是成煤物质堆积后的掩埋,使其能保存下来,泛滥平原的沼泽、湖泊周缘满足这些条件。具备发生成煤作用的条件以后,聚煤作用的强度主要取决于成煤作用持续的长短、发育的期次多少等。当成煤环境中沉积物供给与构造沉降达到平衡,而且长时期维持这种平衡的时候,才能大强度成煤,进而发育为富煤带。在相对隆起地区的相对坳陷区或相对坳陷区的次级隆起区,往往有利于持续沉积物供给与构造沉降这种平衡,从而发生大强度的聚煤作用。三角洲体系是最有利于成煤的环境,尤其是三角洲平原和前缘近岸地区最利于聚煤作用发生,该地区距水体较近,较为湿润,利于沼泽、成煤植物的发育、堆积和保存。

## 三、早白垩世含煤盆地控煤因素及成煤模式

### (一)古植物与古气候因素

二连盆地群古植物群落和古气候对含煤盆地的聚煤作用影响比较显著,含煤岩系中的古植物群落在纵、横两个方向的变化和不同时期古气候的变化具有明显的规律性。从侏罗纪到白垩纪,以相对干旱为代表的环沟粉和以湿润为代表的孢子植物相互交替,反映了干旱气候和湿润气候的周期性变化。苏联著名古植物学家瓦赫塔梅也夫曾把环沟粉作为侏罗纪和白垩纪气候的指示植物,并用环沟粉的含量曲线,结合岩石特征,对气候做了划分。他认为环沟粉含量1%~10%为温和气候,含量10%~15%为温暖亚热带气候,含量60%~90%为干旱气候。

孢粉在二连盆地群煤系地层中含量比较丰富,总的面貌特征以裸子类为主,蕨类次之,被子类很少。这些孢粉在区域范围和垂向上分布有一定的规律,按照类型及分布特征,可以分为两大组合。第一组合:分布于下白垩统中—下部的大磨拐河组,为拟层环孢-光面海金砂孢-窄角凹环孢组合(*Densoisporites-Lygodiumsporites-Murospora*),总体以裸子植物双囊花粉占优势,孢子种类相对比较单调。第二组合:分布于下白垩统上部的伊敏组,为刺毛孢-放射库里孢-孤独三孔孢-角多穴不等孢组合(*Pilosisporites-Kuylisporites radiatifermis-Tmpardecispora cavernosus*),其总体面貌特征以松柏纲拟云杉属继续占优势,是丰富的孢子出现阶段,种类繁多。

从区域上看,各种孢粉的相对含量也有横向上的变化规律,总体来说,代表干旱环境的环沟粉由西向东逐渐减少,而代表湿润环境的孢子由西向东增加。但是在聚煤期间,西部的盆地中出现了高含量的里白孢,是不流动沼泽植物的代表,说明干旱已明显解除。它与东部的同时期一样,具有多样的喜湿海金砂科和苔藓类孢子,并达到了繁盛阶段,对成煤有利。

孢粉组合在垂向及横向上的变化规律,可以大体反映古气候的变化和迁移规律。在早白垩世的大磨拐河组沉积期,东部温湿而西部干旱,随着时间的推移,温湿气候逐渐扩展全区。聚煤作用也是先由东部开始,随着古气候的变化逐渐向西扩展,这从另一个侧面反映了二连盆地群东部的聚煤作用强度比西部大,而且常出现下含煤段这一变化规律。推测海拉尔盆地应该具有与二连盆地东北部相似的古生物和古气候特征。

### (二)古构造因素

#### 1.基底构造对聚煤作用的控制

二连-海拉尔盆地群及控制盆地展布的北北东—北东东向构造带,是在本区比较古老的北东向、东西向构造带的基础上发展起来的,主要形成于燕山运动的中晚期。晚侏罗世末期,盆地内逐渐沉积了以陆相碎屑岩为主的煤系地层。

由于盆地是在北东向构造及火山喷发作用下形成的,同时受古老构造带的影响和制约,因此盆地展布呈北北东—北东东向,并且在不同范围内,构成了一些与基础构造相似或相同的盆地组合,出现了分布的分带性。盆地的基底岩层,在大兴安岭西侧一带,多为晚侏罗世火山岩,距离较远的盆地,则多为石炭系—二叠系或其他古老变质岩系。

控制盆地展布的北东向和东西向的古老构造格架是比较清楚的,而隆起和坳陷所显示的轮廓与范围也非常明显,盆地除部分处于隆起带中外,绝大多数是处于现今坳陷的范围,因此,盆地的基底构造,在区域上必然受到大的古老构造格架和活动性较强断裂构造带的分隔与控制。

从二连-海拉尔盆地群整体来看，白垩纪的陆盆构造主要沿袭老断裂带的网格，在新的应力场条件下发育而成。在空间分布上往往追踪或迁就北东向、北东东向断裂，呈雁列状，伴以北西向、北西西向断裂，前者被后者截切或封闭，共同围限和发育了一系列地堑、半地堑式的断陷盆地。组成盆地构造的断裂方位与以往无多大变化，而力学性质则与原来不同，往往表现为多期活动，具有明显的张性或张扭性。

从单个盆地来看，盆地的形态大多呈长条状，长宽比一般为 5∶1 至 5∶2，但也有其他不规则、长宽近相等的盆地，如乌尼特、额仁淖尔盆地等。盆地大小不一，面积大者可达 4000km$^2$ 左右，面积小者仅 200～300km$^2$，一般 400～800km$^2$，其规模、形态主要与基底构造和同沉积构造有关。

单个断陷盆地所处的构造位置，往往对盆地的沉积与演化起着相当重要的控制作用，位于隆起带上的断陷盆地，裂陷时由于受古隆起的影响，在时间上稍晚于坳陷内部的断陷盆地，裂陷深度也逊于它们，故这些盆地沉积地层往往在纵向上发育不全或者厚度相对较薄。大磨拐河组二段沉积期间，也就是湖盆的最大水进时期，坳陷内部的断陷盆地均被深水覆盖，甚至存在着短期的连通，而位于隆起和坳陷边缘的断陷盆地覆水相对较浅，并迅速被碎屑物质淤平，开始了腾格尔期的聚煤作用，有些还聚积了巨厚的煤层，如霍林河盆地、白音华盆地等。这就是人们常指的白彦花群下含煤段。在二连盆地的主要聚煤期——赛汉塔拉组沉积期间，盆地所处的构造位置对沉积演化也起着类似的控制作用，隆起带或坳陷边缘的盆地拥有广阔的物源区，湖盆充填淤浅较快，聚煤作用时间较长，且古植物供给充足，故形成的煤层较厚，而位于坳陷内部的断陷盆地，物源区相对狭窄，湖盆充填淤浅较慢，且古植物供给相对较少，形成的煤层相对较薄，这可能是富煤盆地常常位于隆起带和坳陷边缘的主要原因。

在阴山北坡的正蓝旗、正镶白旗、镶黄旗一线有一系列排列很有特点的盆地，盆地的长轴方向均为北东—北北东向，而且越向东越表现出向北偏转，这些盆地形成于早—中侏罗世，尔后在早白垩世拉张应力下发育形成继承性盆地。由于早—中侏罗世聚煤范围广泛，盆地可能沉积早—中侏罗世的含煤岩系，并被晚侏罗世火山岩、下白垩统深埋，而在早白垩世时，受阴山隆起带的影响，裂陷不深，充填强烈，在主要聚煤期碎屑已基本填满，除正蓝旗黑城子盆地以外，其他盆地均未发现厚煤层沉积。

**2. 同沉积构造对聚煤作用的控制**

1）同沉积褶皱

本区聚煤盆地中的同沉积褶皱一般不太发育，其中在中西部地区的一些盆地煤系沉积过程中还比较明显，如乌尼特、白音华、吉林郭勒、赛汉塔拉等。在东部地区盆地的煤系沉积中则比较少见。这些同沉积褶皱，以纵向为主，也有横向的。在沉积断面图上，同沉积褶皱一般只显示出雏形，起伏十分平缓，具有对称性或基本对称的特点，也有呈箕状或微波状伸展，显示了两侧压应力的均一和不均一性（其中可能也有差异压实的影响）。在平面上，同沉积褶皱则表现为短轴的性质，伸展不大而规模较小，伸展方向常常与盆地展布总体方向一致，或略有斜交，或微有扭曲，反映其在沉积和形成过程中，带有扭动的特征。这些同沉积褶皱，有的具有长期发育的特征，并具有继承性，它们在聚煤期后的构造变动中，有的进一步强化，形成角度较大或褶皱强度较大的背、向斜，而煤系遭受剥蚀，这些在中西部盆地的煤系中有明显显示；有的则只在成煤期的一般时间中发育，之后则为上覆地层所掩盖或发生迁移或逐渐消失。这些同沉积褶皱对煤系上部的沉积有一定的控制作用，对两翼的沉积相、厚度及含煤性变化也有一定的影响，一些巨厚或厚度较大煤层的形成，常常与同沉积背、向斜有关。

2）同沉积断裂

同沉积断裂是沉积岩系在沉积过程中活动的基底断裂或同生断裂。这种断裂对于两侧的沉积物及其厚度变化有明显控制作用，有的则构成沉积标志和含煤性变化的天然边界。从编制的盆地分析图上看，本区所见的同沉积断裂，主要为盆缘断裂，此外，在一些盆地的煤系地层中，也发现有一些不同规模的同沉积断裂。

**3. 不同类型盆地的成煤模式**

在二连-海拉尔盆地群内不同构造类型的盆地中，有 4 种类型的盆地聚煤作用较为典型，即单断式、双断式、坳陷式和断陷-坳陷式，下面逐一分析它们的聚煤特征。

1）单断式盆地的聚煤特征

单断式盆地是二连-海拉尔盆地群中一种重要的含煤盆地类型，它的构造格架是：一侧由主干盆缘断裂控制，另一侧为侵蚀边界，盆地内部往往有数条与主干断裂倾向一致的基底断裂发育，构成了盆地内部多个掀斜断块。

二连盆地群中以霍林河盆地为代表（图13-32），该类型的盆地从中心到边缘沉积的相具有明显的分带：边缘一般为冲积扇-湖沼相。由于断陷作用，沉积基盘高差较大时常接受河道和泥石流沉积，形成滨湖扇，所以岩性一般为粗大、分选性不好的砾石和角砾。盆地内主体部位一般为湖沼相，以深色泥页岩为主。盆地的含煤性好，煤层厚度大，可从几十米至上百米，甚至可达200余米。

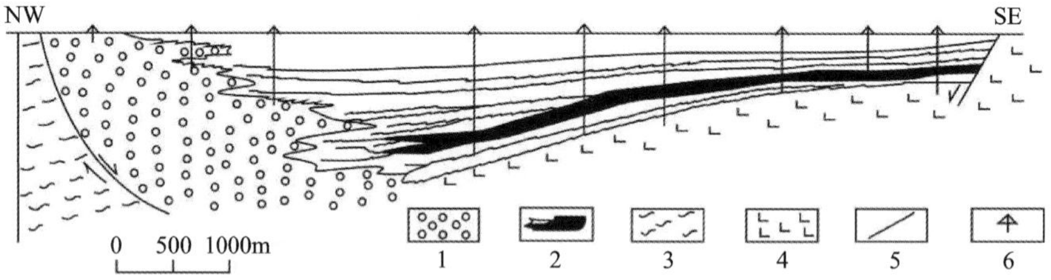


图13-32　单断式盆地的聚煤特征剖面模式图（以霍林河盆地为例）

1.扇砾岩；2.湖沼相；3.变质岩；4.兴安岭群火山岩；5.盆缘断裂；6.钻孔

2）双断式盆地的聚煤特征

双断式盆地两侧通常发育控盆断裂，由于基底断裂网络的存在和后期构造运动的影响，断裂不断向盆地两侧呈台阶状扩展发育，导致盆地范围逐渐扩大，盆缘地层变薄，盆地中部沉降幅度增大，形成了一个近于对称的宽缓向斜盆地。此类盆地发育的沉积体系包括冲积扇-扇三角洲体系、湖泊体系及河流-三角洲体系。主要聚煤环境以扇前、扇间浅水湖盆或浅水湖泊大面积淤浅沼泽化环境为主。伊敏和扎赉诺尔盆地发育的早白垩世伊敏组上含煤段形成于大型浅水湖泊被淤浅的沼泽化环境，煤层稳定性好，厚度大，储量丰富，富煤带分布于盆地的中部，向两侧分叉、变薄、尖灭。当两侧的盆缘断裂存在差异性活动时，其聚煤中心更靠近主干断裂一侧。这类盆地的聚煤中心展布主要受两侧台阶状盆缘断裂活动的控制，随着盆地范围的扩展，早期形成的盆缘断裂到后期已成为盆地新的"基底断裂"，这些"基底断裂"常具有同沉积断裂的性质，它们的活动控制了盆地内部巨厚煤层或富煤带的分布位置和展布方向（图13-33）。在盆地内部，煤层或地层厚度突然发生变化的地方，可能预示着存在基底同沉积断裂活动，如阜新、霍林河、红花尔基和伊敏等聚煤盆地内部都存在这种现象。

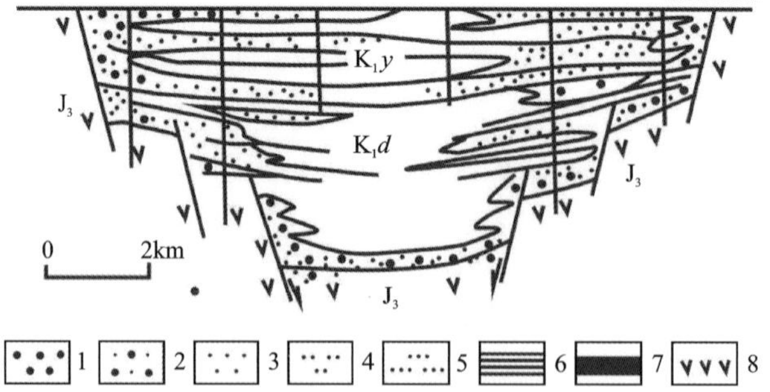


图13-33　双断式盆地的聚煤特征剖面模式图（以伊敏盆地为例）

1.砾岩；2.含砾砂岩；3.粗砂岩；4.中砂岩；5.细砂岩；6.泥质粉砂岩；7.煤；8.火山岩

3）坳陷式盆地的聚煤特征

坳陷式盆地聚煤作用发生在晚期超覆沉积阶段，聚煤面积与早期相比明显扩大，在相邻盆地间的隆起区亦有煤层发育。由于聚煤期处于构造稳定阶段，煤层厚度比较稳定，但聚煤中心经常发生迁移，盆地的聚煤量远少于前述盆地。该类型盆地的相变一般为初期小规模的盆地，而后再发展到大型的湖盆，常出现沼泽成煤环境。岩性上表现为泥质砂岩、粉砂岩，然后会出现煤层与泥岩的交替，之上又可以覆盖泥岩、页岩、粉砂岩。煤层厚度较小，一般为几米至几十米，在垂向上，含煤段中通常只有1～2个煤组，但煤层分布广泛，如西白彦花煤盆地，其煤层分布面积占整个盆地面积的80%，富煤带通常位于盆地中部，沿盆地走向展布，富煤中心常与盆地坳陷部位相吻合(图13-34)。

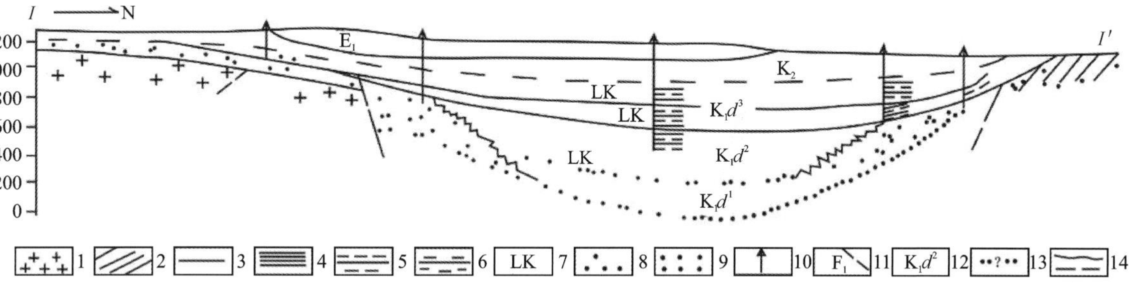


图13-34　坳陷式盆地的聚煤特征剖面模式图(以白彦花盆地为例)

1.花岗岩；2.变质砂岩；3.煤层；4.页岩；5.泥岩；6.粉砂质页岩；7.以湖泊沉积为主；8.砂岩；9.含砾砂岩；10.钻孔；11.盆缘断裂；12.大磨拐河组各岩性段代号：$K_1d^1$ 为底部砂砾岩段、$K_1d^2$ 为砂泥岩段、$K_1d^3$ 为含煤段；13.推测界线；14.不整合

4)断陷-坳陷式盆地的聚煤特征

这类盆地发育的早期(早白垩世大磨拐河组)具地堑型盆地特征，盆地的范围较狭窄，盆缘断裂活动性强，沉降速度大，以冲积扇-扇三角洲体系及深水湖泊体系为主，通常不含煤。到了晚期(早白垩世伊敏组)具坳陷型盆地特征，地层向两侧超覆，盆地范围迅速扩大，发育河流-三角洲体系及浅水湖泊体系，并伴随有大面积浅水湖泊沼泽化聚煤环境。聚煤作用早期发生在地层超覆的早期阶段，在原盆缘两侧断裂的上方地段均有聚煤作用发生，煤层发育的特点是层数少，厚度稳定，并向湖岸和湖心变薄直至尖灭。盆地发育的中晚期沉积继续向两侧超覆，盆地范围进一步扩大，远远超过早期地堑型亚盆地的范围，在盆地中部发生大面积浅水湖泊沼泽化聚煤作用。煤层发育的特点是煤层层数多、面积大、厚度稳定。当构造稳定时，聚煤中心位于盆缘与湖心之间中部地段(图13-35)。

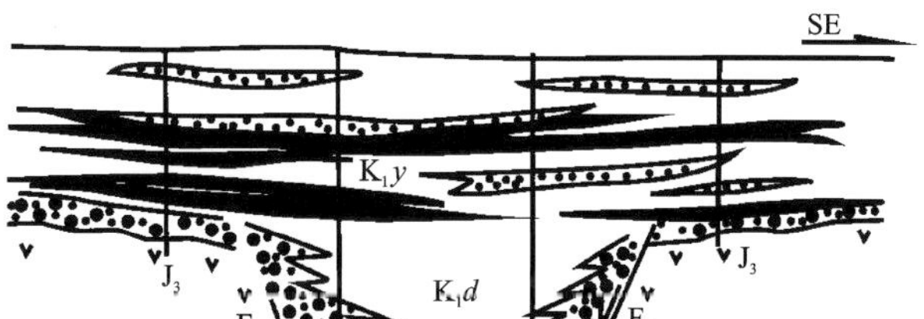


图13-35　断陷-坳陷式盆地的聚煤特征剖面模式图(以呼山盆地为例)

## (三)古地理因素

通过二连-海拉尔盆地群早白垩世几个不同类型的断陷盆地分析研究发现，煤层的分布范围与成煤前的古环境密切相关，煤层的展布方向一般平行于沉积相带，浅湖、扇三角洲、三角洲等沉积物之上均有煤层发育，而冲积扇、辫状河平原等沉积物之上难以发现可采煤层赋存。富煤带的展布范围，一般均叠加在古浅湖的分布范围之上。

研究发现：①位于隆起带和坳陷边缘的断陷盆地含煤性较好，位于坳陷中心部位的断陷盆地含煤性较差，阴山地区的断陷盆地充填强烈，含煤性差；②以苏尼特隆起为界，位于东带的坳陷构造稳定性好，利于聚煤，位于西带的断陷盆地活动性强，不利于聚煤；③温湿气候由东向西扩展，聚煤作用由东向西推进，东部聚煤作用时间长，并有下含煤段沉积，而西部聚煤作用发生的时间较晚，无下含煤段沉积；④地堑式的含煤盆地一般优于半地堑式，主要因为半地堑缓坡带常有短直辫状河发育，强水动力条件不利于泥炭沼泽发育；⑤每个盆地的煤层分布范围与沉积相带平行，富煤带与浅湖环境的范围基本一致，可能为微异地成煤。

分析发现，研究区最重要的成煤环境为滨浅湖、河流、(扇)辫状河三角洲环境。几种典型的成煤环境沉积相平面展布特征及相应的聚煤模式如下。

### 1. 深水半地堑盆地聚煤模式

这种模式主要出现在盆地演化中期水体较深的盆地，如二连盆地北部凹陷带、海拉尔盆地巴彦呼舒、贝尔湖凹陷等。这种凹陷沉积断面上表现为“一断一超”，盆缘的高角度大断层控制盆地沉积，这种凹陷湖域范围广、水体较深。在盆地陡坡带，广泛发育大规模扇三角洲，向凹陷内延伸较远，以碎屑沉积为主，也发育较窄的潮坪带，可以发生一定的聚煤作用，但聚煤作用较弱；缓坡带可以发育辫状河三角洲、小的扇三角洲和三角洲等沉积，地势平缓，可以发育宽广的滨湖带，在滨岸平原上可以发育沼泽环境，利于聚煤作用的广泛发生。由于水体较深，缓坡带和陡坡带的煤层向凹陷内部延伸不远，煤层不能发生对接或连为一体，因此表现为明显的两个聚煤带：缓坡聚煤带和陡坡聚煤带，缓坡聚煤带占绝对优势(图 13-36)。

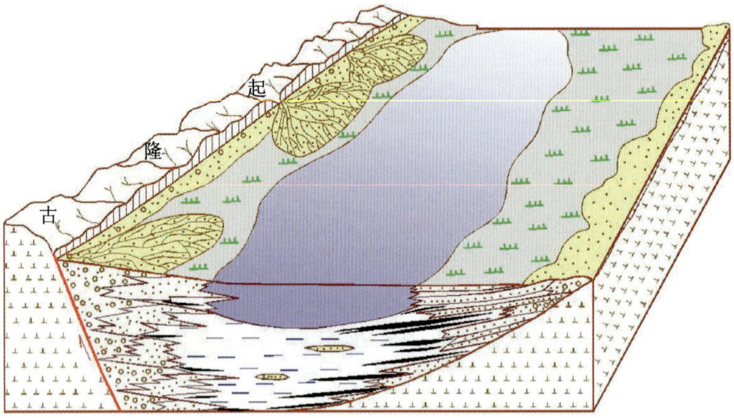


图 13-36　二连-海拉尔盆地群早白垩世深水半地堑盆地聚煤模式图

### 2. 浅水半地堑盆地聚煤模式

这种模式主要出现在盆地演化早中期二连盆地南部凹陷带，海拉尔盆地东部、北部众多盆地以及二连-海拉尔盆地群晚期水体变浅阶段的断陷盆地。这种凹陷湖泊范围较小、水体较浅，在潟湖周缘发育潮坪带，缓坡处宽、陡坡处窄，聚煤作用从缓坡开始向凹陷内部延伸，由于水体较浅，煤层可以与陡坡的扇三角洲砂体或煤层几乎对接，使得潟湖缓、陡坡两侧的煤层相接。该种凹陷发育的煤层可以延伸到扇三角洲砂体以外的整个凹陷(图 13-37)。

### 3. 冲积扇扇前(间)、辫状河(三角洲)聚煤模式

该模式常出现于断陷盆地演化早中期盆地长轴方向的两端或盆地演化晚期(伊敏期广泛出现)，由于区域总的地形坡度趋势和水系发育的格局，通常在盆地的端部发育较长的洪泛平原。该模式河道从纵端部进入，蜿蜒于扇前或扇间地区，最后在盆地宽阔处进入湖泊。此种类型在垂向序列显示了曲流河的特征，如具迁移多阶的河道、垂向加积部分发育等，靠近边缘则有越来越多的扇沉积物的夹层，一般认为是远端相。河道两侧的平原上可以沼泽化并发育煤层，但煤薄而不稳定。较厚和较稳定的煤层形成于河道废弃之后，这时扇间地区可以大面积沼泽化形成较厚煤层，成为主要的富煤带(图 13-38)。

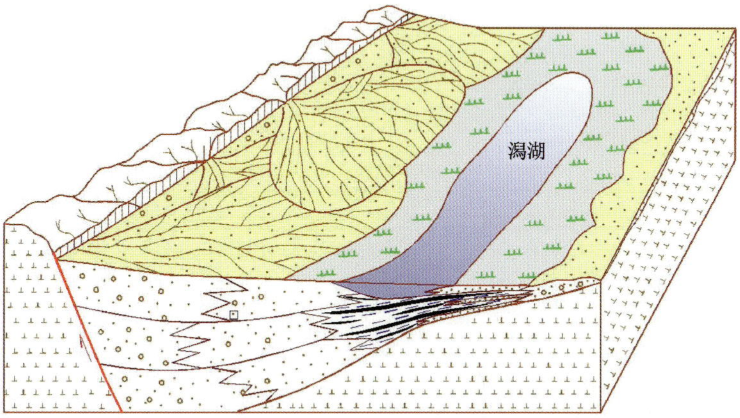


图 13-37　二连-海拉尔盆地群早白垩世浅水半地堑盆地聚煤模式图

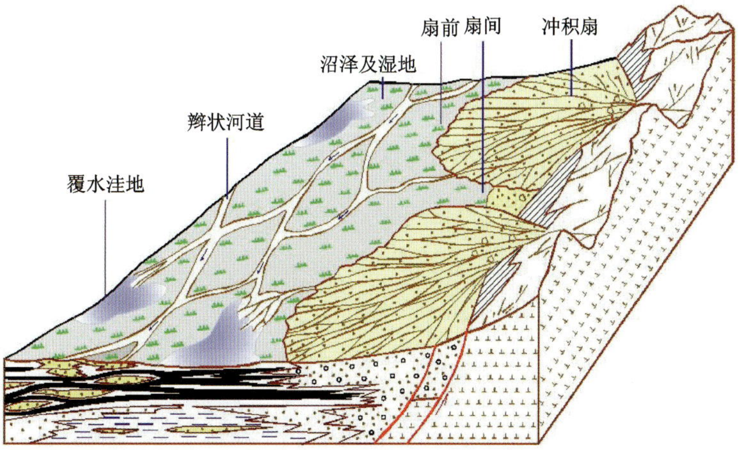


图 13-38　二连-海拉尔盆地群早白垩世冲积扇扇前(间)、辫状河(三角洲)聚煤模式图

# 第九节　煤变质规律

## 一、煤岩学特征

### (一)石炭纪—二叠纪聚煤期

该聚煤期 3 个赋煤带的各个矿区在分布、成因、后期改造上有所不同,但在煤的物理性质上存在相似之处,如颜色、断口、构造等,不同之处如光泽和结构等(表 13-14)。

**表 13-14　石炭纪—二叠纪煤的物理性质和宏观煤岩类型**

| 煤田(矿区) | 煤层号 | 颜色 | 条痕 | 光泽 | 脆性 | 断口 | 裂隙 | 密度 | 构造 | 宏观煤岩类型 |
|---|---|---|---|---|---|---|---|---|---|---|
| 炭井子沟 | 8 | 黑色 | 黑色 | 玻璃—弱金属 | | 参差—平坦状 | 较发育 | 大 | 条带状、层状 | 暗淡—半暗型 |
| 蚕特拉 | 3 | 黑色 | | 似玻璃 | 性脆 | | 发育 | | 条带状、片状 | 半亮—半暗型 |
| | 7 | 黑色 | | 似玻璃 | | | 发育 | | 条带状、片状 | 半亮—半暗型 |

续表 13-14

| 煤田(矿区) | 煤层号 | 颜色 | 条痕 | 光泽 | 脆性 | 断口 | 裂隙 | 密度 | 构造 | 宏观煤岩类型 |
|---|---|---|---|---|---|---|---|---|---|---|
| 乌达 | 7 | 黑色 | 褐色 | 似玻璃 | | 参差状 | | | 中条带状 | 半亮型 |
| | 12 | 灰黑色 | 褐黑色 | 似玻璃 | | 参差状 | | | 中宽条带状 | 半暗—半亮型 |
| 桌子山 | 9 | 黑色 | | 玻璃 | | 参差状 | | 中等 | 条带、层状 | 半暗型 |
| | 16 | 黑色 | | 玻璃 | | 参差状 | | 中等 | 线理条带、层状 | 半暗型 |
| 上海庙 | 16 | 黑色 | 褐黑色 | 沥青 | | 平坦状 | 较发育 | 中等 | 条带状、块状 | 半亮型 |
| 准格尔 | 6 | 黑色 | 黑棕色 | 沥青 | 差 | 阶梯状 | 不发育 | 中等 | 条带状、块状 | 半暗型为主 |
| | 9 | 黑色 | 黑棕色 | 沥青 | 差 | 参差状 | 不发育 | 较大 | 均一、块状 | 暗淡型 |
| 乌兰格尔 | 6 | 黑色 | 黑褐色 | 沥青 | | 参差状 | 不发育 | 中等 | 条带状、块状 | 暗淡—半暗型 |
| 大青山 | $Cu_2$ | 黑色 | | 似玻璃 | 性脆 | 参差状 | 发育 | 较大 | 片状 | 半亮—半暗型 |

各煤田(矿区、煤产地)的煤层,矿物质含量均小于20%,且硫化物含量均小于5%,所以均按显微煤岩类型划分。

炭井子沟煤层镜质、半镜质组接近100%,大青山矿区镜质组大于95%,属微镜煤;雀儿沟、桌子山、上海庙、乌兰格尔矿区和准格尔煤田(9号煤层)的煤层稳定组分含量均小于5%,属微镜惰煤;准格尔煤田(6号煤层),3种组分含量均大于5%,属微三合煤(表13-15)。

表 13-15 石炭纪—二叠纪煤的显微组分含量表

| 煤田(矿区) | 煤层号 | 有机显微组分/% | | | | (有机显微组分+矿物杂质)/% | | | | | | | |
|---|---|---|---|---|---|---|---|---|---|---|---|---|---|
| | | 镜质组 | 半镜质组 | 丝质组 | 稳定组 | 镜质组 | 半镜质组 | 丝质组 | 稳定组 | 黏土类 | 硫化物 | 碳酸盐 | 氧化物 |
| 炭井子沟 | 8 | 5.2 | 94.8 | 0 | | | | | | 13.0 | 0.4 | 4.7 | 0 |
| 雀儿沟 | 24 | 88.1 | 9.3 | 2.6 | | 94.4 | 4.8 | 0.6 | | | | 0.3 | 0 |
| 桌子山 | 9 | 76.5 | 4.9 | 18.4 | 0.2 | 63.5 | 4.0 | 15.2 | 0.2 | 16.0 | 0.2 | 0.5 | 0.5 |
| | 16 | 62.7 | 9.3 | 27.7 | 0.3 | 52.4 | 7.8 | 22.8 | 0.2 | 14.3 | 1.5 | 0.7 | 0.3 |
| 上海庙 | 9 | 76.2 | 21.3 | 2.6 | | | | | | 11.7 | 0.6 | 0.1 | 0 |
| | 16 | 71.8 | 25.2 | 3.0 | | | | | | 13.1 | 0.5 | 0.5 | 0 |
| 准格尔 | 6 | 48.5 | 7.2 | 38.3 | 6.0 | 44.4 | 6.7 | 34.0 | 5.4 | 9.0 | 0.2 | 0.3 | 0 |
| | 9 | 52.2 | 6.6 | 36.9 | 4.3 | 41.9 | 5.3 | 29.1 | 3.5 | 18.2 | 1.6 | 0.3 | 0.1 |
| 乌兰格尔 | 6 | 72.4 | 26.0 | 1.6 | | | | | | 1.5 | 0.4 | 0.9 | 0 |
| 大青山 | $Cu_2$ | 97.0 | 0 | 2.3 | 0.7 | 71.0 | 0 | 1.7 | 0.6 | 26.3 | 0 | 0.4 | 0 |

## (二)侏罗纪聚煤期

(1)东胜煤田。煤类属低变质烟煤,煤层多。煤的颜色均呈黑色,条痕为棕黑色,弱沥青光泽,参差状断口,局部见贝壳状断口,内生裂隙不发育,常见线理状层理,波状层理、似水平状层理。煤燃烧时烟大、火焰长,残灰为灰白色,粉状。煤的密度和视密度较小。宏观煤岩成分及煤岩类型在南、北部有一定区别:北部区煤岩成分以暗煤为主,含一定数量的丝炭和少量的亮煤、镜煤;南部以暗煤、亮煤为主,其次是镜煤,丝炭含量比北部有明显减少。从煤层来看,位于上部2煤组和下部6煤组丝炭含量偏高,中部3煤组丝炭含量相对较低。宏观煤岩类型,北部各主要煤层以暗淡型为主.而南部各主要煤层以半暗型为主。

(2)希热哈达煤产地。煤均呈黑色,污手,呈沥青光泽,深棕—黑色条痕,平坦或贝壳状断口。硬度3~4,煤多由亮煤、暗煤相间排列,构成条带状结构。可见原生节理和后生节理两组裂隙。宏观煤岩类型均属烟煤的半亮型煤。经燃烧试验，结论为易燃、浓烟、焰长、焦渣微膨胀、微熔融。

(3)红柳大泉矿区东区。煤呈黑色，条痕为褐黑色，强沥青光泽，阶梯状断口，条带状、层状构造。宏观煤岩组分以镜煤为主，属光亮型煤。

(4)潮水矿区长山煤矿。煤呈黑色，中厚层状，条痕为深褐色，以暗淡或沥青光泽为主，参差状断口，偶见贝壳状断口，见均匀线理状、条带状和层状构造，内生和外生裂隙较发育。硬度小于2.5，性脆，污手。燃点均在308～315℃之间，经简易燃烧试验，具易燃、烟浓、焰长、焦渣不膨胀、不熔融等特点。宏观煤岩类型以半暗—半亮型煤为主。

(5)贺兰山煤田：新井煤矿煤呈黑—深黑色，条痕为棕—棕黑色，光泽较强，内生裂隙较发育，硬度较小，脆度较大，易燃，烟浓焰长。煤岩组分以亮煤、暗煤为主，含少量镜煤、丝炭。煤岩类型为半亮—半暗型煤。二道岭矿区：高变质煤，一般煤的颜色是灰黑—深灰色，条痕为深灰色，金刚光泽，贝壳状断口，均质结构，硬度大，块状构造，密度大。宏观煤岩类型属半亮型煤。

(6)上海庙矿区雷家井。煤呈黑色，条痕为黑褐色，沥青—油脂光泽，性较脆，部分光泽暗淡；贝壳状、参差状断口。丝炭呈丝绢光泽，纤维状构造。各煤层内生裂隙不甚发育，裂隙填充少量方解石脉或细小黄铁矿脉及薄膜。二煤层中含少量菱铁质鲕粒或细脉状黄铁矿，局部呈小的结核。煤层以中条带—细条带状构造为主，局部煤层以线理—细条带状构造为主，暗淡型煤。

(7)大青山矿区。煤类多为中变质煤。煤的物理性质在纵向和横向均有所差异。矿区北部主要分布五当沟组上段的煤层，B煤层为主要可采煤层。煤的颜色和条痕均为黑色，油脂光泽，内生和外生裂隙发育，煤燃烧时火焰长，煤烟很大，宏观煤岩成分以亮煤为主，暗煤颇少，镜煤在亮煤中成细小夹层，构成条带状构造，丝炭多在层理面上赋存，宏观煤岩类型属半亮型煤。矿区南部发育五当沟组下段煤系地层，以五当沟矿、河滩沟矿、白狐沟矿等为主体，呈东西狭长形，J—L煤组为主要可采煤层，煤的物理性质不同于北部，煤的颜色黑—灰黑色，条痕为灰黑色，似玻璃光泽，硬度小，性脆，多呈片状和粉末状，视密度一般为1.4t/m$^3$左右。煤岩成分以亮煤为主，丝炭次之，暗煤和镜煤含量较少，煤岩类型为半亮型煤。煤的物性沿走向变化也较大，B煤组往东可延至大南沟和万家沟普查区，煤的物理性质有明显变化，颜色灰黑色，多呈鳞片状，光泽较强，为金刚光泽。

(8)玛尼图。煤呈黑色，沥青光泽，丝炭分布于层面，局部含镜煤细条带，条带状、块状、厚层状构造，参差状断口，有时见黄铁矿充填，内生裂隙不发育。宏观煤岩类型以光亮型煤为主，半亮型煤次之。

(9)牤牛海。该煤田位于大兴安岭南部赋煤带的最北部，为中变质煤。煤多呈黑色，部分略显棕色调，具条带状和线理状构造。镜煤呈均一状，煤的光泽具有沥青光泽、油脂光泽，断口呈贝壳状和参差状，性脆，内生裂隙发育，镜煤在煤岩中占比例较大，丝炭一般不常见。宏观煤岩类型多为半亮型和光亮型，煤的视密度值较低，野外燃烧试验，一般易燃，烟大，火焰较长，具有膨胀熔融特性，有一定黏结性。

除红柳大泉矿区(黏土矿物大于20%，硫化物含量小于5%)按煤的显微矿化类型划分外，各煤田(矿区、煤产地)的煤层，矿物质含量均小于20%，且硫化物含量均小于5%，所以均按显微煤岩类型划分(表13-16)。

**表13-16　侏罗纪煤的显微组分含量表**　　单位：%

| 煤田(矿区、煤产地) | 煤层号 | 有机显微组分 | | | | (有机显微组分+矿物杂质) | | | |
|---|---|---|---|---|---|---|---|---|---|
| | | 镜质组 | 半镜质组 | 丝质组 | 稳定组 | 黏土类 | 硫化物 | 碳酸盐 | 氧化物 |
| 希热哈达 | 8 | 39.8 | 10.5 | 45.2 | 4.5 | | | | |
| 红柳大泉 | 4 | 82.5 | 17.3 | 0.2 | | 27.8 | 0.3 | 0.9 | 0 |
| 潮水(长山) | | 29.3～94.7 | 0.5～62.7 | 0.8～14.0 | | 0.7～10.4 | | | |
| 二道岭 | | 32.2 | 14.8 | 50.4 | 2.6 | 4.5 | 2.5 | 1.2 | 0.6 |

续表 13-16

| 煤田(矿区、煤产地) | 煤层号 | 有机显微组分 | | | | (有机显微组分+矿物杂质) | | | |
|---|---|---|---|---|---|---|---|---|---|
| | | 镜质组 | 半镜质组 | 丝质组 | 稳定组 | 黏土类 | 硫化物 | 碳酸盐 | 氧化物 |
| 上海庙 | 2 | 29.6 | 61.1 | 1.3 | | 3.6 | 2.2 | 3.2 | 0.5 |
| | 4 | 28.4 | 67.2 | 1.5 | | 3.6 | 0.4 | 0.7 | 1.5 |
| 东胜(北) | 2-2 | 23.7 | 3.8 | 69.1 | 1.3 | 0.6 | 0.5 | 0.1 | |
| | 3-1 | 28.9 | 2.9 | 64.0 | 1.9 | 0.4 | 0.4 | 0.2 | 0.3 |
| | 6-1 | 15.3 | 2.2 | 80.3 | 0.8 | 0.5 | 0.1 | 0.5 | 0.3 |
| 东胜(南) | 2-2 | 53.7 | | 35.4 | 10.9 | 4.2 | | | |
| | 3-1 | 69.8 | | 28.4 | 1.7 | 6.0 | | | |
| 玛尼图 | 4-2 | 85.5 | 13.1 | 1.4 | | 6.1 | 0.1 | 4.0 | 0.1 |

东胜煤田显微含量的特点，丝质组含量高，北部区为 64.0%～80.3%，平均值约 71%；南部区低于北部区，平均值接近 32%。北部区的镜质组含量较低，平均值低于 25%，南部区高于北部区，平均值超过 61%，矿物杂质含量都低于 5%。南部 2-2 煤层属微三合煤，整个煤田亦属微镜惰煤，反映成煤环境为覆水浅的氧化环境，古地形北高南低。红柳大泉矿区为微泥质煤；希热哈达、潮水、二道岭、上海庙矿区及玛尼图煤产地均为微镜惰煤。

### (三)早白垩世聚煤期

(1)海拉尔扎赉诺尔煤田。煤层均具有相似或相同的宏观物理性质，均呈黑色或黑褐色，棕褐色条痕，具有弱沥青光泽，多属暗淡型或半暗型煤。结构均一或呈似条带状，有时可见条带状构造或木质构造，具块状或层状构造。煤的断口平坦或呈参差状，外生裂隙发育。硬度 1～3 之间，但韧性较强。煤的真密度为 1.47～1.63t/m³，视密度 1.15～1.49t/m³。宏观煤岩成分，以亮煤和暗煤为主，但丝炭常见，夹镜煤条带。煤岩类型以暗淡型煤为主，其次是半暗型煤。

(2)海拉尔巴彦山煤田。煤的颜色为深褐色与黑褐色，条痕为棕色，光泽多为暗淡的沥青光泽或无光泽，构造多为层状及块状，质致密、坚硬性脆，少量呈片状及粉状，质较松软，呈均一结构及条带状构造，有时为木质构造，偶尔可见清晰的植物年轮。少量呈透镜状和纤维状构造，断口多为贝壳状及参差状，外生裂隙发育，真密度在 1.54～1.69t/m³ 之间，平均为 1.61t/m³，视密度在 1.25～1.35t/m³ 之间，平均为 1.31t/m³。宏观煤岩成分以亮煤和暗煤为主，但丝炭常见，夹镜煤条带。煤岩类型以暗淡型煤为主，其次是半暗型煤。

(3)海拉尔呼和诺尔煤田。各煤组煤层的颜色为深褐—黑褐色，条痕为深棕—褐色，光泽暗淡，断口不规则或参差状，裂隙不发育，真密度平均在 1.56～1.69t/m³ 之间，视密度平均在 1.27～1.39t/m³ 之间。上部伊敏组各煤组煤的成分以暗煤为主，丝炭次之，条带状或层状或块状构造，均一状结构，为暗淡型煤；下部大磨拐组各煤组煤的成分以暗煤为主，少量丝炭夹亮煤或镜煤条带，条带状或层状或块状构造，均一状结构，为暗淡—半暗型煤。

(4)二连赋煤带。各煤层物理性质在纵向上稍有变化。煤的颜色一般为褐—黑色，条痕为浅棕色、棕褐—褐黑色，上部煤层多为弱沥青光泽，向下多为沥青光泽。上部半暗和暗淡煤为平坦状断口及参差状断口，下部半亮、光亮煤为贝壳状断口和阶梯状断口。内生裂隙发育，见有方解石、黄铁矿薄膜，敲击易生成棱角小块。褐煤视密度在 1.29～1.33t/m³ 之间，长焰煤视密度在 1.27～1.28t/m³ 之间。宏观煤岩组分多以暗煤为主，亮煤次之，镜煤和丝炭多以较大透镜体和线理状夹在暗煤和亮煤之中。宏观煤岩类型属半暗和暗淡型煤。

(5)大杨树煤产地。煤呈黑色，暗淡—沥青—玻璃光泽，贝壳状或参差状断口，硬度 4～5，视密度

1.36～1.43t/m$^3$，内生裂隙发育。煤呈条带状构造，粒状结构，以半亮、暗淡型为主。

(6)绍根矿区。煤的颜色一般为褐黑色，条痕为棕色、褐色。煤岩组分以暗煤为主，亮煤次之，含有少量的镜煤和丝炭。暗煤光泽暗淡或无光泽，断口多为参差状，外生裂隙不发育，视密度在1.28～1.54t/m$^3$之间，较硬，并具有一定的韧性。亮煤具弱沥青光泽，较脆，内生裂隙发育，敲击易碎成棱角状小块。煤的结构：亮煤多构成小于3mm的细条带状及线理状；暗煤常具宽条带状及块状构造。局部煤层具近水平层理，易风化。各煤层煤岩组分均以暗煤为主，亮煤次之，镜煤、丝炭以透镜状或线理状夹于暗煤和亮煤之中。宏观煤岩类型以半暗型为主，半亮型煤次之。

(7)双辽矿区。煤呈黑色、褐黑色，条痕为褐黑—黑褐色，油脂光泽，部分呈沥青光泽，宏观煤岩成分以暗煤为主，亮煤及丝炭次之。亮煤呈条带状出现，暗煤和亮煤相间，并呈条带状或块状构造，坚硬，参差状断口，有少量呈平坦状断口。下部丝炭含量增多，坚硬呈块状。宏观煤岩类型为半亮型或暗淡型煤。

(8)平庄矿区的四道营子。煤的颜色一般为深褐色、黑褐色、褐色，条痕呈浅褐色或棕褐色，光泽多为弱沥青光泽，次为光泽暗淡，风化后无光泽。光亮型煤和半亮型煤常具贝壳状断口及阶梯状断口，半暗型煤多为不平坦状断口，暗淡型煤多具参差状断口及纤维状断口，镜煤内生裂隙发育，裂隙比较平坦，有时见有钙质及黄铁矿薄膜充填，敲击易碎成棱角小块，暗煤则具有一定的韧性。煤的吸水性强，易风化，风化后呈团块状及鳞片状，易自燃发火。煤的结构：各种煤岩类型交替出现，以3～5mm的中条带及1～3mm的细条带为主，偶见大于5mm的宽条带状或不连续的透镜状及块状构造。层理为连续的水平层理，偶见不连续的缓波状层理。煤的煤岩组分以暗煤和亮煤为主，丝炭分布于层面，局部含镜煤条带，属半暗—半亮型煤。

(9)流通壕煤产地。煤呈黑色或褐黑色，条痕为褐色，光泽暗淡，局部可见沥青光泽和丝绢光泽，阶梯状、贝壳状断口，薄层及层状、块状构造。裂隙发育，裂隙中充填有黄铁矿薄膜。硬度小，性脆，见风后易碎，污手。宏观煤岩组分以暗煤为主，亮煤含量极少，宏观煤岩类型属暗淡型煤。

(10)巴音胡都格矿区。煤的颜色一般为褐—黑色，条痕为浅棕色、棕褐色、褐黑色，光泽多为弱沥青光泽，平坦状及参差状断口，内生裂隙发育，见有方解石、黄铁矿薄膜，敲击易生成棱角小块。煤岩宏观组分多以暗煤为主，镜煤和丝炭多以较大透镜体和线理状夹在暗煤之中，半暗—暗淡型煤。

由表13-17可知双辽矿区的黏土矿物含量大于20%，为微泥质煤；宝龙山矿区镜质组含量大于95%属微镜煤；二连赋煤带5号煤、流通壕煤产地的2号煤，壳质组含量大于5%，属微镜壳煤；二连赋煤带6号煤属微三合煤；其余各煤田(矿区、煤产地)的煤层均为微镜惰煤。

**表13-17　白垩纪煤的显微组分含量表**　　单位：%

| 煤田(矿区、煤产地) | 煤层号 | 有机显微组分 | | | | (有机显微组分+矿物杂质) | | | | |
|---|---|---|---|---|---|---|---|---|---|---|
| | | 镜质组 | 半镜质组(惰) | 丝质组(惰) | 稳定组(壳) | $R^0_{max}$ | 黏土类 | 硫化物 | 碳酸盐 | 氧化物 |
| 扎赉诺尔 | | 68.5 | | 18.3 | 1.9 | | 13.5 | | | |
| 巴彦山 | | 47.6 | | 42.6 | 1.1 | | 9.0 | | | |
| 呼和诺尔 | $K_1y$ | 75.5 | | 17.3 | 0.5 | | | | | |
| | $K_1d$ | 85.4 | | 14.2 | 0.4 | | | | | |
| 宝龙山 | 9 | 95.1 | | 低 | 2.8 | | 13.9 | 低 | 低 | 3.5 |
| 双辽 | 0 | 40.7 | | 30.7 | | | 21.0 | | | |
| 绍根 | | 92.5 | 0.45 | 5.6 | 0.5 | | 12.5 | 0.3 | 0.3 | 0 |
| 四道营子 | 3 | 87.1 | | 12.9 | 0 | | 9.0 | 0 | 3.8 | 0 |
| 二连 | 5 | 85.9 | 0.6 | 3.7 | 7.9 | 0.332 | 0.8 | 0.07 | 0.1 | |
| | 6 | 61.1 | 1.3 | 26.7 | 9.4 | 0.362 | 0.6 | 0.6 | 1.4 | |
| 流通壕 | 2 | 93.8 | 0 | 0.25 | 5.9 | 0.286 | 7.1 | 1.7 | 0.2 | 0 |
| 巴音胡都格 | 3 | 93.0 | | | | | 低 | 低 | 低 | 低 |

### (四)新近纪聚煤期

新近纪聚煤期煤的颜色呈灰褐—黑褐色,条痕为褐色,风化面多呈铁锈色。水平层理发育,从矿井生产出来的煤呈瓦片状,易风化,不久发生裂纹,较长时间风化成土状。硬度在2.5左右。光泽暗淡,多呈土状,断口以参差状断口为主,见有贝壳状断口。多为木质结构,层状、片(鳞片)状。部分层面有黄铁矿斑点,燃烧时火焰不大。煤岩成分以暗煤为主,其次为亮煤和丝炭,煤岩类型为暗淡、半暗型(表13-18)。由表13-19可知除玫瑰营$Ⅰ_1$号煤属微硫化物质煤外,其余各煤产地的煤层均为微镜惰煤。

**表13-18　新近纪煤的物理性质和宏观煤岩类型**

| 矿区(煤产地) | 颜色 | 条痕 | 光泽 | 脆性 | 断口 | 裂隙 | 构造 | 宏观煤岩类型 |
|---|---|---|---|---|---|---|---|---|
| 马莲滩 | 深褐、黑褐色 | 褐黑色 | 暗淡 | | 贝壳—参差状 | | | 暗淡—半暗型 |
| 玫瑰营子 | 黑色 | 黑褐色 | 沥青—丝绢 | 脆 | 阶梯—参差状 | 发育 | 条带、层状 | |
| 七苏木 | 深褐—黑褐色 | 深棕—褐色 | 沥青—玻璃 | 脆 | 阶梯—参差状 | 发育 | 条带、层状 | 暗淡—半暗型 |
| 哈必尔格 | 暗黑—褐黑色 | | 土状 | | 参差状 | 不发育 | 线理—木质、层状 | |
| 广兴源 | 灰褐—棕褐色 | | 无 | | 平坦状 | | 木质、片—鳞片 | 暗淡型 |
| 亿合公 | 灰褐—棕褐色 | | 无 | | 平坦状 | | 木质、片—鳞片 | 暗淡型 |

**表13-19　新近纪煤的显微组分含量表**　　单位:%

| 矿区(煤产地) | 煤层 | 有机显微组分 | | | (有机显微组分+矿物杂质) | | | |
|---|---|---|---|---|---|---|---|---|
| | | 镜质组 | 丝质组 | 稳定组 | 黏土类 | 硫化物 | 碳酸盐 | 氧化物 |
| 马莲滩 | 3-2 | 88.6 | 1.2 | 2.6 | 4.9 | 2.4 | 0.4 | |
| 玫瑰营子 | $Ⅰ_1$ | 67.5 | 28.8 | 3.6 | 13.6 | 6.4 | 0.2 | 2.6 |
| | $Ⅰ_2$ | 66.9 | 30.2 | 2.9 | 14.0 | 4.5 | 1.2 | 0.7 |
| 七苏木 | | 72.7 | 23.8 | 3.2 | 18.0 | 低 | 低 | 低 |
| 亿合公 | | 61.3 | 38.7 | 0 | 17.0 | 0.2 | 2.0 | 0 |

## 二、煤化学特征工艺性和可选性

### (一)石炭纪—二叠纪聚煤期

#### 1.煤的化学特征

水分是煤炭中的有害成分,同时可反映煤的变质程度,本聚煤期除了喇嘛敖包、准格尔煤田(包括清水河、乌兰格尔)原煤水分略高外,平均值为5%~6%外,其他各煤田(矿区、煤产地)均低于2%。

灰分是煤炭中主要有害成分。石炭纪—二叠纪聚煤期各煤田(矿区、煤产地)煤中灰分的突出特点是除雀儿沟、察赫勒、乌达矿区9号煤属低灰煤,呼鲁斯太7号、15号煤为中低灰外,其他灰分产率普遍较高,均属中灰煤,但浮煤灰分绝大多数降至10%以下。该聚煤期的各煤田(矿区、煤产地)灰分变化有另外一个特点:上、下煤层变化较大,一般薄煤层灰分值较低,巨厚煤层变化较大。例如准格尔煤田的6号煤层,一般20余米厚,中部主层段(6Ⅲ~6Ⅳ)原煤灰分一般低于20%,而煤层上部(6Ⅰ~6Ⅱ)和煤层下部(6Ⅴ),原煤灰分较高,经常夹有高灰煤和碳质泥岩薄层,这与煤层结构复杂(如准格尔6号煤层上部(6Ⅰ~6Ⅱ)俗称"千层饼")有关,灰分在平面上变化规律不明显。对于低中灰分的煤田,即使有个别测试点为高灰分煤出现，但其不具有代表性，一般不能连片。

煤的挥发分可反映煤的变质程度，浮煤干燥无灰基挥发分是确定煤分类主要指标。石炭纪—二叠纪聚煤期含有特低—高挥发分煤，其变化是由西向东依次增高：喇嘛敖包、炭井子沟、察赫勒（<10%）为特低挥发分煤；黑山、蚕特拉 7 号煤、呼鲁斯太 7 号煤、乌达矿区 9 号煤为低挥发分煤；蚕特拉 3 号煤、呼鲁斯太 3 号煤和 15 号煤、大青山煤为中挥发分煤（20%～28%）；其余则为中高—高挥发分煤，是该聚煤期资源量最大的煤（桌子山矿区的焦煤、长城矿区的气煤和准格尔煤田的长焰煤）。

全硫是煤中主要有害元素，特别是工业用煤危害性更大。石炭纪—二叠纪聚煤期全硫含量一般变化规律：上部煤层全硫含量低于下部煤层，贺兰山-桌子山煤田的各矿区（煤产地）的硫分普遍高于准格尔煤田和大青山煤田。准格尔煤田和大青山煤田一般不超过 1%，属低—特低硫煤，贺兰山-桌子山煤田的各矿区硫分变化大，喇嘛敖包、黑山的煤为高硫煤。另外，贺兰山-桌子山煤田的各矿区原煤洗选后，硫分均有所降低，但像雀儿沟、黑山、呼鲁斯太 7 号煤、邦特勒、乌达矿区 9 号煤、桌子山矿区 16 号煤仍高于 1.5%，不适于炼焦。

煤的元素分析是指煤中主要元素碳、氢、氮、氧、硫及微量元素的含量，元素分析结果可反映煤化程度。该聚煤期煤层中低—中高—高变质煤均有，碳含量变化以长城矿区为界，以北、以西的各矿区（煤产地）较高，一般在 83%以上，氧含量较低，多在 6%以下；以东（包括长城矿区）碳含量低于 80%，氧含量比较高，为 12%～15%。准格尔煤田更特殊，煤的变质程度低于全国同时期煤田。大青山煤田煤层碳元素含量较高，接近 90%，氧元素含量较低，为 3.33%。

工业用煤除硫以外，磷也是主要有害元素，会影响焦炭质量（可使钢铁发生冷脆）。石炭纪—二叠纪煤田煤层中磷含量一般不高，属低磷煤。桌子山煤田一般都低于 0.05%，属低磷煤；氯都低于 0.15%，属低氯煤；砷含量的高低主要影响食品用煤，一般要求低于 $8\times10^{-6}$（二级含砷煤以下），除察赫勒、乌达矿区 9 号煤为三级含砷煤以外，其余均符合食品用煤，这 3 种有害元素对煤的利用影响不大。但石炭纪—二叠纪煤田煤层中氟含量较高，除察赫勒、清水河、长城矿区为特低—低氟煤外，其余均为高氟煤（$>200\times10^{-6}$）。

**2. 煤的工艺性能**

石炭纪—二叠纪煤田（矿区、煤产地）的煤类较全，用途广泛。喇嘛敖包、炭井子沟、察赫勒、乌达矿区部分 16 号煤为无烟煤；准格尔煤田为长焰煤，属动力用煤；其余各煤田（矿区、煤产地）均为中变质的炼焦用煤或炼焦配煤。

察赫勒煤产地的无烟煤，原煤灰分小于 12%，硫分小于 1%，磷分小于 0.01%，能达到Ⅲ级高炉喷吹用无烟煤技术要求。

炼焦用煤的工艺性能，重点研究和评价煤的黏结性和结焦性能。钻孔煤样一般均测定胶质层指数或黏结指数，可初步了解煤的结焦性能。进入详查、勘探阶段，大型矿井都进行了半生产性质的小焦炉试验（或铁箱试样），提供了煤的结焦性能、焦炭质量和配焦方案的参考数据。

从表 13-20 可看出，桌子山煤田的小焦炉试验结果反映焦炭质量较好，转鼓试验结果大于 40mm 的含量均在 70%左右，单独进行炼焦时，其焦炭抗碎强度较强；转鼓试验结果小于 10mm 的含量大多数小于 10%，反映焦炭的耐磨性好。大青山煤田中卜圪素所采的煤样试验结果表明，煤的抗碎性和耐磨性均较差。

上海庙、乌兰格尔等多个矿区煤层的浮煤灰分小于 12%，挥发分大于 35%，氢碳原子比（H/C）大于 0.75，惰质组含量（去矿物基）小于 45%，镜质体反射率小于 0.75%，符合直接液化用原料煤的技术要求。

石炭纪—二叠纪煤田（矿区、煤产地）主要的动力用煤产地——准格尔煤田。原煤干燥基高位发热量平均值：5 号煤层为 23.34MJ/kg，6 号煤层为 24.27MJ/kg，9 号煤层平均值为 23.81MJ/kg，全区平均值为 24MJ/kg。浮煤干燥基高位发热量平均值分别为：28.96MJ/kg、29.66MJ/kg、28.96MJ/kg，全煤田平均值为 29.19 MJ/kg。部分钻孔测定低温干馏，6 号煤层平均含油率为 7.32%，属富油煤；9 号煤

**表 13-20　石炭纪—二叠纪煤的小焦炉试验结果表**　　单位：%

| 煤田 | 矿井名称 | 煤层号 | 装入煤工业分析 | | | | 焦炭工业分析 | | | 转鼓强度 | |
|---|---|---|---|---|---|---|---|---|---|---|---|
| | | | 灰分 ($A_d$) | 挥发分 ($V_{daf}$) | 全硫 ($S_{t,d}$) | 粒径 (<3mm) | 灰分 ($A_d$) | 挥发分 ($V_{daf}$) | 全硫 ($S_{t,d}$) | M40 (mm) | M10 (mm) |
| 桌子山 | 白云乌素 | 丙 116-1 | 11.07 | 29.61 | 1.71 | | 14.14 | 0.65 | 1.38 | 68.0 | 7.2 |
| | | 丙 216-1 | 17.04 | 31.16 | 2.71 | | 22.08 | 1.03 | 1.55 | 70.6 | 7.0 |
| | | 丙 116-2 | 15.50 | 29.77 | 1.75 | | 20.38 | 0.81 | 1.39 | 71.4 | 6.8 |
| | | 黑龙龟 16-2 | 10.21 | 28.16 | 2.31 | | 13.30 | 0.97 | 1.67 | 69.6 | 8.8 |
| | 骆驼山 | 16-1 | 12.35 | 27.54 | 1.04 | 87 | 15.58 | 0.55 | 0.82 | 74.2 | 11.0 |
| | | 16-2 | 12.33 | 29.75 | 0.76 | 86 | 15.28 | 0.92 | 0.52 | 73.8 | 8.2 |
| 大青山 | 阿刀亥 | $Cu_2$-2 | 11.29 | 19.39 | 0.99 | | 17.24 | | 0.78 | 72.8 | 11.6 |
| | | $Cu_2$-3 | 9.48 | 19.15 | 0.91 | | 10.38 | | 0.87 | 81.4 | 8.2 |
| | | $Cu_2$-4 | 10.36 | 17.86 | 0.80 | | 18.35 | | 0.69 | 61.6 | 25.4 |
| | 中卜圪素 | $Cu_2$ | | | | | 22.97 | | 0.77 | 36.9 | 29.8 |

层平均含油率为 6.5%，属含油煤。对煤的气化指标进行测定，得出煤对 $CO_2$ 反映性较差，在温度为 950℃时，$CO_2$ 反应率仅达 27.8%，说明该煤田的煤炭不利于气化。从其他指标来看属于良好的动力用煤，如煤的灰熔点高，软化温度(ST)值一般 1460℃，属较高软化温度灰煤；煤的抗碎强度强，属高强度煤。另外，除察赫勒、准格尔以外的其他矿区(煤产地)，如桌子山、乌达、大青山等，除了部分用在炼焦以外，大部分可作为良好的动力用配煤(发热量高、灰熔点高)。

### 3. 煤的可选性

石炭纪—二叠纪煤田(矿区、煤产地)煤类较多，灰分和硫分变化大，在矿井和硐探曾采过较多可选性大样，对煤的可选性进行详细评价。而在长城矿区、准格尔煤田钻孔中采了简易可选性样。拟定灰分不同，可选性等级不同，各煤田(矿区、煤产地)的可选性详见表 13-21 和表 13-22。

**表 13-21　石炭纪—二叠纪煤的可选性评价表**　　单位：%

| 煤田(井田) | 采样点及大样编号 | 煤层号 | 浮煤 -1.4 产率 | 浮煤 -1.4 灰分 | 浮煤 -1.5 产率 | 浮煤 -1.5 灰分 | 可选性评价 ±0.1 含量 | 可选性评价 等级 |
|---|---|---|---|---|---|---|---|---|
| 桌子山 | 乙-1 峒 9-2 | 9 | 53.60 | 5.94 | 68.66 | 8.07 | 22.77 | 中等可选 |
| | 滴 16-1 丙$_1$ | 16 | 48.34 | 8.25 | 66.87 | 10.09 | 26.72 | 中等可选 |
| | 白 16-1 丙$_1$ | 16 | 18.65 | 10.27 | 54.34 | 15.34 | 50.51 | 极难选 |
| | 白 16-2 丙$_2$ | 16 | 43.63 | 10.92 | 63.52 | 13.05 | 31.32 | 难选 |
| | 白 16-1 丙$_2$ | 16 | 27.85 | 10.98 | 54.49 | 14.20 | 41.02 | 极难选 |
| 大炭壕 | 大-1-筛 | $Cu_2$-2 | 18.94 | 9.38 | 34.84 | 14.50 | 30.46 | 难选 |
| | 大-2-筛 | $Cu_2$-3 | 42.11 | 13.47 | 50.78 | 15.00 | 25.33 | 中等可选 |
| | 大-3-筛 | $Cu_2$-4 | 23.44 | 12.89 | 31.32 | 15.10 | 22.65 | 中等可选 |
| 阿刀亥 | 阿-4-筛 | $Cu_2$-1 | 10.23 | 9.16 | 19.63 | 13.30 | 22.51 | 中等可选 |
| | 阿-3-筛 | $Cu_2$-2 | 18.40 | 8.97 | 32.31 | 12.70 | 28.06 | 中等可选 |
| | 阿-2-筛 | $Cu_2$-3 | 43.40 | 6.35 | 56.49 | 8.88 | 23.28 | 中等可选 |
| | 阿-1-筛 | $Cu_2$-4 | 10.95 | 8.15 | 25.12 | 13.18 | 36.95 | 难选 |
| 准格尔 | 82-张-6 | 6 | 41.64 | 7.90 | 63.24 | 10.79 | 32.50 | 难选 |
| | 80-柳-6 | 6 | 43.47 | 10.30 | 69.59 | 13.21 | 38.39 | 难选 |
| | 81-魏-6 | 6 | 58.58 | 1.17 | 73.59 | 8.69 | 20.12 | 中等可选 |

表 13-22　长城矿区煤层简易可选性(0.5～13mm)测试结果表　　　　单位:%

| 煤层号 | 浮煤(－1.4) | | 中煤(1.4～1.8) | | 沉煤(＋1.8) | | 合计 | | 等级 |
|---|---|---|---|---|---|---|---|---|---|
| | 占全样质量 | 灰分($A_d$) | 占全样质量 | 灰分($A_d$) | 占全样质量 | 灰分($A_d$) | 占全样质量 | 灰分($A_d$) | |
| 5 | 35.96 | 12.07 | 41.73 | 35.14 | 15.74 | 64.88 | 93.43 | 27.93 | 极难选 |
| 9 | 16.33 | 11.75 | 68.57 | 36.31 | 8.71 | 61.48 | 93.61 | 30.63 | |

## (二)侏罗纪聚煤期

该聚煤期在区内分布广泛,东起大兴安岭中南部赋煤带,西止阿拉善盟的北山和潮水赋煤带。煤炭资源量最大、质量最佳的属鄂尔多斯盆地(东胜煤田和上海庙矿区)。该聚煤期煤的化学特征变化较大,详细描述如下。

### 1. 煤的化学特征

侏罗纪煤田原煤水分变化较大,最高为潮水、上海庙、东胜煤田,平均值接近或超过10%;最低为贺兰山煤田的二道岭矿区,平均值为0.67%,小于1%;大青山煤田各煤层的水分一般不超过1.5%。大兴安岭各矿点的水分一般在1%～2%之间。

侏罗纪煤田原煤的灰分普遍较低,变化也较小,灰分最低为东胜煤田,不超过10%,属特低灰煤;其次为希热哈达、二道岭、千里山、上海庙、营盘湾、潮水、锡林浩特矿区,不超过20%,属低灰煤;其余均属中灰煤。

侏罗纪聚煤期煤的挥发分变化非常大,最高为潮水煤田,浮煤平均值为41.81%,最低为二道岭矿区及塔布花煤产地,浮煤挥发分平均值为6%～7%。西乌珠穆沁旗、温都花、黄花山、联合村煤的挥发分等较低,而东胜煤田、上海庙、营盘湾、大青山B煤组等其余矿区(煤产地)的挥发分值均较高。有的矿区挥发分变化也较大,例如大青山矿区,上部B煤层挥发分值较高,平均值为37.44%,下部L煤组为19.73%。东部万家沟一带B煤组原煤挥发分降为7.35%。总的来看,该期煤的挥发分变化较大,规律性也很差。

侏罗纪聚煤期煤的全硫普遍很低,仅新上海庙、温都花、黄花山超过1%,大部分没有超过1%,以特低—低硫煤为主。例如东胜煤田,属特大型煤田,所有的勘探区硫分均很低,全区原煤平均值为0.66%,浮煤平均值为0.22%,属特低硫煤。著名的二道岭矿区,含硫量特别低,原煤全硫平均值为0.25%。

侏罗纪聚煤期煤的元素含量变化较大,碳含量最高为二道岭矿区,平均值为94.19%,最低潮水煤田,平均值为70.89%;氢含量最高为牤牛海,平均值接近6%,最低为二道岭,平均值为4.05%,氮含量各区之间差别不大,均在1%左右;氧含量最高为潮水矿区的煤,平均值超过20%,最低者仍为二道岭矿区,平均值为0.76%。

其他有害元素:磷含量较低,均属特低—低磷煤,尤其东胜煤田,仅为0.000～0.007%,平均值为0.006%;氯都低于0.05%,属特低氯煤;砷含量均低于$8\times10^{-6}$,均符合食品用煤。这3种有害元素对煤的利用影响不大。但侏罗纪煤田煤层中氟含量较高,除东胜、新上海庙8号煤属特低氟外,其余基本为高氟煤($>200\times10^{-6}$)。

### 2. 煤的工艺性能

二道岭的煤类为无烟煤,其原煤灰分小于10%,硫分小于0.2%,能达到Ⅰ～Ⅱ级高炉喷吹用无烟煤技术要求。

大青山矿区B煤层是五当沟组上段的主要可采煤层铁箱样试验结果:焦炭灰分为12.77%,挥发分为2.12%,硫为0.44%;转鼓试验结果:大于40mm的产率为43.2%,小于10mm的产率为18.4%,说明B煤层进行单独炼焦，其焦炭强度和耐磨性均较差。焦炭的气孔率为52.1%，横裂纹率为0.039%，纵裂纹率为0.2343%。L煤层是五当沟组主要可采煤层，有3个铁箱样资料，其转鼓试验结果抗碎强度(M40)分别为44%、16.8%、43.6%；耐磨强度(M10)分别为34%、75.4%、28.1%，上述资料可说明L煤层，进行单独炼焦其焦炭的抗碎强度和耐磨性均较差。焦炭气孔率分别为41.78%、43.48%、41.39%；横裂纹率分别为0.073 7%、0.087 8%、0.117%；纵裂纹率分别为0.066 6%、0.045 1%、0.113%。

兰炭系指无黏结性或弱黏结性的高挥发分烟煤在低温条件下干馏热解，得到的较低挥发分的固定碳质产品，可代替焦煤用于冶金工业。具体技术要求：粒径13～50mm(小于13mm的不大于20%)和13～80mm(小于13mm的不大于18%)；全水分8%～16%；灰分5%～15%；全硫0.3%～1.0%；磷0.01%～0.03%；煤中氧化铝含量1%～3%。东胜煤田主要煤质指标：水分小于11.84%，灰分小于9.08%，全硫小于0.8%，磷小于0.018%；能达到兰炭用煤要求的另外一个指标——煤中氧化铝含量，即用灰中氧化铝含量×灰分产率而得出，东胜煤田勘查程度较高的四大矿区(铜匠川、准格尔召-新庙、布尔台、补连)煤灰中的氧化铝含量为9.54%～18.81%，煤中最高氧化铝含量不超过2%，也能达到兰炭用煤要求。由此，东胜煤田煤的工业用途又增加了一项——兰炭。

侏罗纪聚煤期的煤炭资源大部分属动力用煤，有害成分低，发热量是动力煤的主要指标。该聚煤期二道岭矿区的无烟煤发热量最高，干燥基高位发热量平均值为31.26MJ/kg；其次为东胜煤田的无烟煤，平均值为25.63MJ/kg；最低为牤牛海，平均值为18.61MJ/kg，均能满足发电用煤的要求。

二道岭的浮煤：水分0.57%，灰分3.29%，硫分0.21%，挥发分7.03%，发热量35.59MJ/kg，碳含量94.19%，为超低灰精煤，可广泛用于煤基活性炭、碳化硅、冷压型焦、特种民用型煤(手炉型煤)等产品的生产，是优质化工原料煤。

东胜煤田南部煤层的浮煤灰分小于10%，挥发分大于35%，惰质组含量(去矿物基)小于45%，镜质体反射率小于0.75%，基本符合直接液化用原料煤的技术要求。只是氢碳原子比(H/C)为0.69，不符合大于0.75的要求，通过加氢处理(即间接液化)，能达到液化用原料煤的技术要求。

在东胜煤田深部区，当反应温度为950℃时，煤对$CO_2$还原率平均值在16.1%～22.0%之间，各煤层未达到气化用煤要求(表13-23)。其他指标：热稳定性(TS-6)一般在59%～84%之间，抗碎强度在79%～84%之间，结渣率在15%～65%(0.2m/s的鼓风强度下)之间，煤灰熔融性(ST)一般大于1150℃(2-2煤1180℃、3-1煤1220℃、6-1煤1330℃)，加上全水分小于12%，基本上能达到常压固定床气化用煤的技术要求。

**表13-23　东胜煤田深部区煤对$CO_2$的还原率**　单位：%

| 煤层号 | 800℃ | | 850℃ | | 900℃ | | 950℃ | | 1000℃ | | 1050℃ | | 1100℃ | |
|---|---|---|---|---|---|---|---|---|---|---|---|---|---|---|
| | 范围 | 平均值(点数) | 范围 | 平均值(点数) | 范围 | 平均值(点数) | 范围 | 平均值(点数) | 范围 | 平均值(点数) | 范围 | 平均值(点数) | 范围 | 平均值(点数) |
| 2-1 | 1.0～2.0 | 1.5(2) | 4.1～5.2 | 4.7(2) | 6.3～11.1 | 8.7(2) | 11.1～21.2 | 16.1(2) | 21.2～30.7 | 25.9(2) | 35.1～39.8 | 37.5(2) | 39.8～66.6 | 53.2(2) |
| 2-2中 | 1.0～6.9 | 3.5(7) | 3.0～17.6 | 7.6(7) | 5.8～27.4 | 12.8(7) | 9.8～40.8 | 21.7(7) | 17.6～56.2 | 32.8(7) | 29.0～60.0 | 41.1(7) | 37.9～49.2 | 42.3(7) |
| 3-1 | 1.0～5.2 | 2.7(3) | 2.5～8.6 | 6.2(3) | 6.3～16.2 | 12.3(3) | 17.6～25.0 | 22.0(3) | 25.7～33.3 | 30.2(3) | 39.8～44.9 | 42.5(3) | 49.2～61.3 | 54.0(3) |
| 4-1 | | 1.5(1) | | 5.2(1) | | 12.3(1) | | 20.4(1) | | 29.8(1) | | 41.8(1) | | 42.8(1) |
| 4-2中 | 1.0～2.0 | 1.5(2) | 3.6～6.3 | 5.0(2) | 7.5～11.1 | 9.3(2) | 16.2～16.9 | 16.6(2) | 23.4～25.0 | 24.2(2) | 37.0～39.8 | 38.4(2) | 37.9～49.2 | 43.6(2) |
| 5-1 | 1.5～4.1 | 2.4(5) | 3.6～10.5 | 6.1(5) | 7.5～20.4 | 12.1(5) | 10.5～35.1 | 20.0(5) | 16.2～44.9 | 27.6(5) | 26.5～51.5 | 38.5(5) | 33.3～51.5 | 42.3(5) |

续表 13-23

| 煤层号 | 800℃ | | 850℃ | | 900℃ | | 950℃ | | 1000℃ | | 1050℃ | | 1100℃ | |
|---|---|---|---|---|---|---|---|---|---|---|---|---|---|---|
| | 范围 | 平均值（点数） | 范围 | 平均值（点数） | 范围 | 平均值（点数） | 范围 | 平均值（点数） | 范围 | 平均值（点数） | 范围 | 平均值（点数） | 范围 | 平均值（点数） |
| 5-2 | | 0.5(1) | | 2.0(1) | | 9.8(1) | | 13.6(1) | | 25.0(1) | | 40.8(1) | | 53.8(1) |
| 6-2 | 0.5～3.6 | 1.8(7) | 2.5～9.8 | 5.0(7) | 5.2～13.6 | 9.1(7) | 11.7～26.5 | 16.8(7) | 20.4～36.0 | 26.0(7) | 28.2～48.1 | 35.3(7) | 29.0～57.5 | 42.2(7) |

东胜煤田焦油产率平均值为6.5%，属含油煤。但其中3-1号煤层平均值为7.1%，6-1煤层平均值为7.3%，属富油煤。锡林浩特煤产地个别达到8.93%，因而，侏罗纪煤也可提炼煤焦油。

塔布花的煤类为无烟煤，其浮煤：水分0.89%、灰分10.44%、挥发分6.77%，固定碳81.33%，硫分0.56%，可达到烧结矿用无烟煤的要求。

**3.煤的可选性**

在大青山矿区长汉沟矿（B煤组）、河滩沟矿（L煤组）采了可选性大样，拟定灰分12%以内，评定结果均属易选煤。在东胜煤田主要煤层采了可选性大样和较多的钻孔简易可选性试验样，采用土01法，评价煤的可选性，拟定灰分8%，属极易选煤。上海庙矿区雷家井各煤层浮煤回收率值普遍低于50%，可选性等级属中等可选—较难选煤。早—中侏罗世聚煤期沉积的煤层，拟定灰分为10%左右，多属易选—极易选煤。

### （三）早白垩世聚煤期

**1.煤的化学特征**

早白垩世聚煤期煤的水分含量均很高，一般都在10%～20%。其中高者为胜利矿区，4号煤层平均值为21.61%，6号煤层平均值为19.45%，全区平均值为19.61%。其次是黑城子矿区，平均值为19.09%。相对较低的属东部大雁矿区和宝日希勒矿区，平均值分别为10.88%、10.17%。其变化规律，上组煤略高于下组煤，二连赋煤带高于海拉尔赋煤带。

早白垩世聚煤期煤的灰分多在15%～25%之间。以中灰煤居多，海拉尔、二连赋煤带灰分较低，属低灰—低中灰煤。松辽、阴山赋煤带的大多数矿区，灰分略高，例如宝龙山和流通壕，灰分值超过30%，已属中高灰煤。

早白垩世聚煤期煤的挥发分变化小，均为高挥发分煤，一般均在40%以上。最高为呼和诺尔煤田，全煤田平均值超过45%，最低为额合宝力格矿区，全矿区平均值40%。总的来看，变化很小，平面和垂向上规律性都不明显。

早白垩世聚煤期原煤全硫人多为低硫分煤。海拉尔赋煤带最低，属特低—低硫煤；二连赋煤带变化较大，东中部较低，向西的白音乌拉、赛汉塔拉、白彦花较高，但整个赋煤带一般均低于1.5%。松辽、阴山赋煤带的大多数矿区，硫分较高，东端的宝龙山和西端的巴音胡都格已属高硫煤，而元宝山、流通壕、固阳等矿区也高于本期煤田（矿区）平均值，属中、中高硫煤。

早白垩世聚煤期煤的元素特点，氧含量较高，一般都在20%左右；碳含量普遍较低，一般在70%～75%，个别煤田（矿区）略高，如双辽、巴彦山煤田3号煤、平庄、五间房等，氢含量一般都超过4.5%，达到5%以上者不多。

早白垩世聚煤期煤中磷含量较低，都低于0.05%，属特低—低磷煤，尤其是扎赉诺尔、呼和诺尔煤田及额合宝力格、巴音胡都格矿区，仅为0.009%～0.008%，属特低磷煤；氯都低于0.05%，均属特低磷煤。砷含量变化较大，海拉尔赋煤带与双辽、额合宝力格、流通壕等地的煤中砷含量均低于 $8\times10^{-6}$，符合食品用煤。绍根、平庄矿区和二连赋煤带的煤均高于食品用煤标准。煤层中氟含量较高，除海拉尔赋煤带没有测试成果外，其余基本为高氟煤（$>200\times10^{-6}$）。

**2. 煤的工艺性能**

早白垩世聚煤期的煤主要用于动力用煤，煤的工艺性研究，除重点对煤的发热量等主要动力用煤指标评述外，对低温干馏，煤的气、液化等方面也做过一些有针对性的研究。

早白垩世聚煤期煤类多数为褐煤，发热量比较低，干燥基高位发热量大多在 24.30MJ/kg 以下，一般为 20MJ/kg 左右，属中低发热量煤，最低者为二连赋煤带上的黑城子矿区，平均值仅为 16.20MJ/kg，最高为平庄、元宝山两矿区，均大于 24.30MJ/kg，已属中发热量煤。总体来看，海拉尔赋煤带高于其他赋煤带（不包括平庄、元宝山两矿区）。本期煤的发热量偏低主要因素是煤的全水分较高，胜利煤田的红旗露天 5 号煤层做了全水分测定，平均值为 38.0%，扎赉诺尔、宝日希勒、伊敏、霍林河、五间房分别为 32.2%、31.8%、38.7%、29.5%、27.9%，平庄为 24.8%，这也是平庄、元宝山两矿区发热量高于其他煤田（矿区）的原因。

早白垩世聚煤期各煤田（矿区）经低温干馏测定，一般含油率均不高，多数煤田（矿区）低于 7%，属含油煤。部分矿区煤的含油率偏高：如霍林河煤田的 14 号、21 号煤平均值分别为 9.56%、11.26%，胜利矿区的 6 号煤平均值为 7.85%，巴彦呼硕的 3 号、4 号煤平均值分别为 8.16%、8.42%，它们已属富油煤，可考虑综合利用提炼煤焦油。

对早白垩世聚煤期各煤田（矿区）煤的气化指标进行了测定，煤对二氧化碳反应性变化较大，总体上看是二连赋煤带较其他煤田（矿区）要好，在常压下 950℃时二氧化碳反应性如下：额合宝力格 3 号煤为 92.4%，反应性好；白音华 3 号煤为 88.7%，巴彦宝力格 B 号煤为 86.4%，白音乌拉 6 号煤为 82.5%，胜利东三 6 号煤为 81.4%，反应性均为中等。加之水分较高，灰分一般在 20%左右，硫分一般小于 1.5%，煤灰熔融性（ST）为 1210～1390℃，可作为固态排灰加压气化制城市煤气的原料。

2000 年，中国矿业大学曾对平庄的褐煤做过气化试验，采用实验法和半理论计算法，初步取得了平庄褐煤水煤气组分和气化参数（表 13-24），表明该煤气可作为燃料直接民用，$CH_4$ 裂解处理、脱 $CO_2$ 后可直接作为合成甲醇等化工用品的原料气。

**表 13-24 平庄褐煤的气化试验表**

| 煤气组分（%） | | | | | | | 热值（MJ/m³） | 气化参数 | | |
|---|---|---|---|---|---|---|---|---|---|---|
| $H_2$ | CO | $CO_2$ | $CH_4$ | $N_2$ | $C_2H_4$ | $H_2S$ | | 煤气产率（Nm³/kg） | 富耗氧量（Nm³/kg） | 热效率（%） |
| 42.47 | 16.65 | 28.86 | 9.35 | 2.02 | 0.45 | 0.20 | 11.01 | 1.8 | 0.49 | 78.01 |

早白垩世聚煤期各煤田（矿区）煤类以褐煤为主，含少量长焰煤，全水分均小于 35%，挥发分均大于 35%，惰质组含量巴彦山小于 45%，其他均小于 35%，镜质体反射率均小于 0.65%；浮煤灰分除流通壕和二连赋煤带的个别煤产地外均小于 12%，氢碳原子比除巴彦山煤田 1 煤—2 煤、流通壕和二连赋煤带的部分煤产地（五间房、额合宝力格）外均大于 0.75，说明本期各煤田（矿区）的浮煤可作为直接气化用原料煤，氢碳原子比较低的几个矿区，通过加氢处理，也可达到气化用原料煤要求。

1982 年，煤炭科学研究总院北京煤化学研究所在胜利矿区露天坑中 5 号煤层进行有关煤的液化试验，结果显示煤的转化率在 92.79%～94.93%之间，液化率在 66.64%～70.79%之间，气体产率在 9.78%～15.25%之间，水产率在 12.22%～14.09%之间（表 13-25）。

表 13-25 胜利矿区乌兰图嘎露天矿 5 号煤层直接液化成果表

| 样品号 | 组成(%) | | | | | 试验条件 | | | | | | | | |
|---|---|---|---|---|---|---|---|---|---|---|---|---|---|---|
| | 转化率 | 液化率 | 气体产率 | $H_2$耗量 | $H_2O$产率 | 试验设备 | 溶剂 | 煤熔比 | 催化剂 | 催化剂(煤)(%) | $H_2$初压(MPa) | 反应温度(℃) | 恒温时间(min) | 搅拌转速(r/min) |
| 1 | 92.79 | 70.79 | 9.78 | 2.77 | 12.22 | 0.51美制 | 脱晶蒽油 | 1∶3 | $Fe_2O_3$+S | 3 | 12.06 | 400 | 60 | 800 |
| 2 | 93.18 | 68.62 | 10.47 | 3.16 | 14.09 | | | | | | | | | |
| 3 | 94.93 | 66.64 | 15.25 | 3.98 | 13.04 | | | | | | | | | |

根据前期结果，进一步研究该煤中矿物质含量，硅铝酸盐、黄铁矿、有机硫及某些微量元素对煤的加氢液化的作用，得出如下试验结论：未洗选的褐煤转化率较高，是加氢液化较好的原料，若将原煤中矿物质用机械方法除去一部分，能改善加氢液化的条件，可进一步提高液化转化率和油回收率；初步发现胜利褐煤中有机硫及某些微量元素对煤加氢液化有一定的促进作用；煤中矿物质含量增加，对煤液化不利，但某些酸性黏土矿物有可能有催化加氢的作用。

**3. 煤的可选性**

早白垩世聚煤期各煤田(矿区)的煤均较难选，多用于原煤发电。仅个别矿区为中等可选和易选煤：平庄、元宝山为易选煤，胜利 5 号煤为难选煤，6 号煤为中等可选，白音华 3-1 煤为中等可选—极难选。

胜利矿区锡林露天曾进行了煤的可选性试验，主要在钻孔中采的简易可选性样，结果主要煤层 6 号，当拟定灰分为 10%时，为易选—难选煤，综合平均后为中等可选煤。5 号煤层为难选—极难选煤。

胜利矿区东二号露天矿共采可选性大样两套(5 号、6 号煤层各 1 套)，简易可选性样 45 套对各煤层的可选性进行试验。因为生产大样采样数量大(>10t)，而且采样及试验过程均模拟生产实际，代表性强，所以 5 号、6 号煤以大样资料为评价依据，简选样结果只作为参考(表 13-26)。

表 13-26 胜利矿区东二号露天矿 5 号、6 号煤可选性评定表

| 煤层号 | 拟定灰分(%) | 浮物产率(%) | 分选密度(kg/L) | 含量(±0.1)(%) 初始值 | 含量(±0.1)(%) 最终值 | 可选性等级 |
|---|---|---|---|---|---|---|
| 5 | 13.00 | 75.5 | 1.405 | 23.5 | 26.90 | 较难选 |
| | 14.00 | 80.5 | 1.470 | 12.2 | 14.00 | 中等可选 |
| | 15.00 | 84.3 | 1.600 | 3.5 | 4.00 | 易选 |
| 6 | 15.00 | 67.0 | 1.335 | 55.0 | 61.90 | 极难选 |
| | 16.00 | 76.3 | 1.400 | 26.5 | 29.80 | 较难选 |
| | 17.00 | 81.0 | 1.485 | 10.0 | 11.25 | 中等可选 |
| | 18.00 | 84.5 | 1.575 | 5.8 | 6.50 | 易选 |

白音华矿区二号露天 3-1 煤层：浮选后的灰分为 16%和 18%时，可选性等级为中等可选；浮选后的灰分为 20%时，可选性等级为较难选；浮选后的灰分为 14%时，可选性等级为中等可选—极难选。

(四)新近纪聚煤期

仅有阴山赋煤带集宁矿区的马莲滩、玫瑰营子、七苏木，哈必格煤产地和大兴安岭南部赋煤带赤峰

的广兴源、亿合公煤产地，为新近纪聚煤期，煤类均为褐煤。

**1. 煤的化学特征**

新近纪聚煤期煤的水分值均很大，最低者为广兴源，最高者为哈必格。集宁矿区马莲滩、七苏木高于玫瑰营子，但玫瑰营子的浮煤水分有较大增加，全矿区平匀值为 13%。赤峰煤产地煤的水分在 8.73%～13.89%，平均值为 10%。

新近纪聚煤期煤的灰分高，均属高灰或中高灰煤，且变化大。集宁矿区原煤灰分为 22.81%～37.34%，平均值为 30%左右，以中高灰为主；赤峰煤产地的原煤灰分大于 50%，已属碳质泥岩。但集宁矿区的浮煤灰分下降较大(下降 2/3 左右)。

新近纪聚煤期的煤均为高挥发分煤。集宁矿区浮煤挥发分为 39.49%～61.82%，以七苏木最低小于 40%，哈必格最高超过 65%，变化很大；赤峰煤产地只有原煤资料，在 64.36%～67.31%之间。

全硫含量高、变化大，除哈必格、赤峰煤产地外，均高于 2%，并且浮煤硫下降不大。

仅集宁矿区有元素分析资料，元素含量变化较小，利用全煤田平均值。碳元素含量平均值为 73.20%，氧元素平均值为 20.14%，氢元素和氮元素平均值分别为 3.97%和 0.8%。磷含量小于 0.05%，属特低—低磷煤。氯含量变化大，七苏木大于 0.15%，属高氯煤，玫瑰营子 $Ⅰ_1$ 煤层变化大，玫瑰营子 $Ⅰ_2$ 煤层、马莲滩均很低。砷含量一般均大于 $8\times10^{-6}$，不能用于食品工业；氟含量较高，一般为中氟煤。

**2. 煤的工艺性能**

新近纪聚煤期煤属动力用煤和民用煤，煤的工艺性能取决于煤的发热量，集宁矿区煤层的干基高位发热量为 17.41～22.61MJ/kg，平均值为 19.60MJ/kg，能满足发电用煤要求。但赤峰煤产地煤的发热量平均值均小于 12MJ/kg，严格意义上说，已不属煤炭。

仅集宁矿区马莲滩、玫瑰营进行了低温干馏试验。结果各煤层含油率均很低，属含油煤层。马莲滩、玫瑰营进行了煤对 $CO_2$ 反应性试验：马莲滩 3-2 号煤 950℃时对 $CO_2$ 反应性为 84.9%，玫瑰营为 85.9%，说明该期煤的反应性中等或接近较强。

**3. 煤的可选性**

玫瑰营 $Ⅰ_1$ 煤层：当浮煤灰分为 14.07%时，密度级为 1.30～1.40t/m³，理论精煤回收率为 58.04%，±0.1 产率为 48.82%，属极难选煤；当浮煤灰分为 22.06%时，密度级为 1.40～1.50t/m³，理论精煤回收率为 76.44%，±0.1 产率为 27.67%，属中等可选煤；当浮煤灰分为 31.37%时，分选密度级 1.50～1.60t/m³，理论精煤回收率为 85.50%，±0.1 产率为 12.59%，属易选煤。

马莲滩 3-2 号煤层：浮煤灰分为 20%时，可选性等级为中等可选；浮煤灰分为 18%时，可选性等级为易—难选；浮选后的灰分为 16%时，可选性等级为较难—极难选，个别易选；浮选后的灰分为 12%和 14%时，可选性等级为难—极难选。

## 三、煤类分布及变质规律

### (一)煤类分布

**1. 石炭纪—二叠纪聚煤期**

本期煤类以中变质炼焦煤为主，还有长焰煤和无烟煤。主要分布在华北赋煤区的贺兰山-桌子山赋煤带、鄂尔多斯北缘赋煤带和零星分布的阴山赋煤带(图 13-39)。

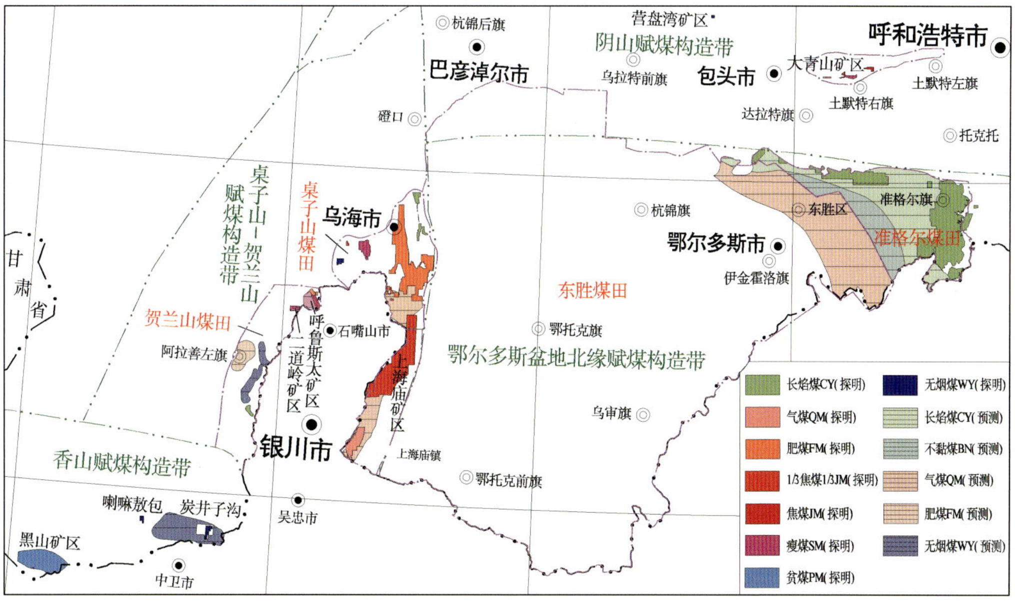


图 13-39　内蒙古自治区石炭纪—二叠纪煤类分布图

阿拉善左旗黑山矿区以焦煤—瘦煤为主,主要可采煤层挥发分平均值 19.92%,胶质层厚度(Y 值)11mm,但硫分较高,并且以有机硫为主,用于炼焦受到制约。喇嘛敖包、炭井子沟矿区,挥发分平均值分别为 2.40%、2.91%,氢含量 1.03%,为无烟煤一号(WY1)。

呼鲁斯太矿区以瘦煤和焦煤为主,矿区北部为气肥煤,往南变质程度逐渐加深,矿区南端出现贫煤。另外,矿区内的蚕特拉井田,因受构造影响,地层直立或倒转,煤层厚度变薄,煤类为焦煤和瘦煤。3 号煤层是山西组的主要可采煤层,浮煤挥发分平均值为 24.92%~27.77%,胶质层厚度为 15mm,以焦煤为主;7 号煤层是太原组主要可采煤层,浮煤挥发分平均值为 17.01%~22.62%,胶质层厚度为 12mm,以瘦煤为主。

察赫勒井田挥发分平均值为 6.49%,氢含量 1.41%,为无烟煤二号(WY2)。

乌达矿区以焦煤为主,有 1/3 焦煤和肥煤。9 号煤为山西组主要可采煤层,浮煤挥发分平均值为 13.59%,胶质层厚度为 7mm;16 号煤层为太原组主要可采煤层,挥发分平均值为 29.20%,胶质层厚度为 22mm。

桌子山矿区以肥煤为主,有焦煤和 1/3 焦煤。9 号煤层是山西组的主要可采煤层,浮煤挥发分平均值为 31.77%,胶质层厚度为 17mm;16 号煤层是太原组的主要可采煤层,浮煤挥发分 29.68%,胶质层厚度为 24mm,其变化规律为北肥煤、南焦煤;另外,雀儿沟的 24 号煤,浮煤挥发分 33.26%,胶质层厚度为 29mm,以肥煤为主,其次为气煤、肥煤。

上海庙矿区以气煤为主,有气肥煤。5 号煤层是山西组的主要可采煤层,浮煤挥发分平均值为 37.44%,黏结指数 59,胶质层厚度为 14mm;9 号煤层是太原组的主要可采煤层,浮煤挥发分 39.73%,黏结指数 76,胶质层厚度为 16mm。

准格尔煤田位于鄂尔多斯盆地东缘,煤的变质程度很低,煤类属长焰煤。国家规划矿区:5 号煤层为山西组主要可采煤层,浮煤挥发分平均值为 40.38%,黏结指数为 6,透光率为 88%,镜煤最大反射率 0.606%;6 号煤层为太原组主要可采煤层,浮煤挥发分平均值 39.19%,黏结指数为 6,透光率为 90%,镜煤最大反射率为 0.613 1%;另外,北部边缘的乌兰格尔矿区主要煤层为 6 号煤,浮煤挥发分平均值为 38.53%,黏结指数为 1,镜煤最大反射率为 0.570%;9 号煤层是太原组上段一个主要可采煤层,浮煤挥发分平均值为 39.25%,黏结指数为 6,透光率为 90%,镜煤最大反射率为 0.609 2%。变质规律是煤田的南部略高于北部，下部煤层略高于上部煤层，深部（西部预测区）也有增高的趋势。

清水河矿区主要可采煤层为5号煤，浮煤挥发分平均值为36.05％，胶质层厚度为6mm，变质程度似乎比准格尔煤田要高些。

阴山赋煤带西部营盘湾矿区的煤窑沟，挥发分平均值为5.48％，氢含量3.78％，为无烟煤二号（WY2）。中部为大青山矿区的一部分，由西向东依次为海柳树、大炭壕、阿刀亥、磴场、中卜圪素、水泉、黑土坝，呈东西狭长形，属拴马桩组，煤类以焦煤为主。大炭壕西端有少量的肥煤，阿刀亥东部为瘦煤，主要煤层$Cu_2$的浮煤挥发分平均值为25.03％，黏结指数50，胶质层厚度为18mm。

阴山赋煤带东部的四号地煤类为无烟煤，3号煤为上部的主要可采煤层，挥发分为2.72％～8.82％，平均值为5.43％，10号煤层为下部主要可采煤层，挥发分为3.96％～4.66％，平均值为4.33％。氢含量为2.21％～2.45％，平均值为2.33％，属无烟煤二号（WY2）。

石炭纪—二叠纪聚煤期煤类分布如下。

无烟煤由北东向南西依次分布在四号地、煤窑沟、察赫勒、炭井子沟、喇嘛敖包，煤类由无烟煤二号（WY2）至无烟煤一号（WY1），变质程度也是由北东向南西增高。

炼焦煤集中分布在桌子山矿区、上海庙矿区和贺兰山煤田，大青山矿区分布零散（图13-40）。贺兰山以西，煤类较多，变质程度无规律可循。桌子山矿区自北向南是北肥煤、南焦煤，上海庙矿区自南向北是南气煤、北焦煤，两个矿区的变质程度是南、北两端低于中部，但南部变质程度低于北部。大青山矿区的煤类较多，气煤、肥煤、焦煤、瘦煤均有，变质程度向东略高。

长焰煤集中在准格尔煤田，变质程度南部略高于北部，下部煤层略高于上部煤层，深部（西部预测区）预测也有增高的趋势。

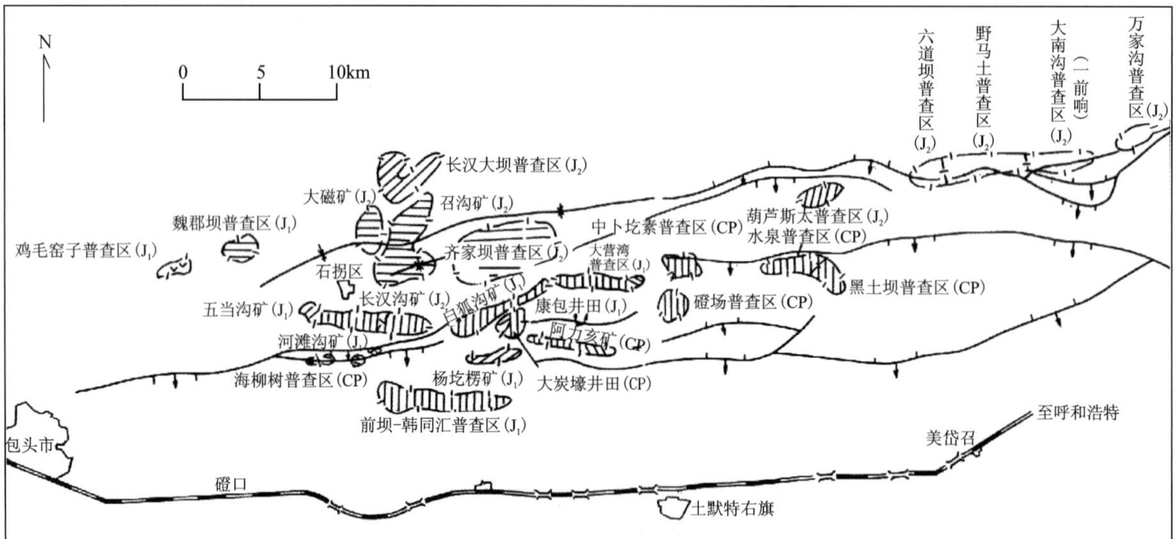

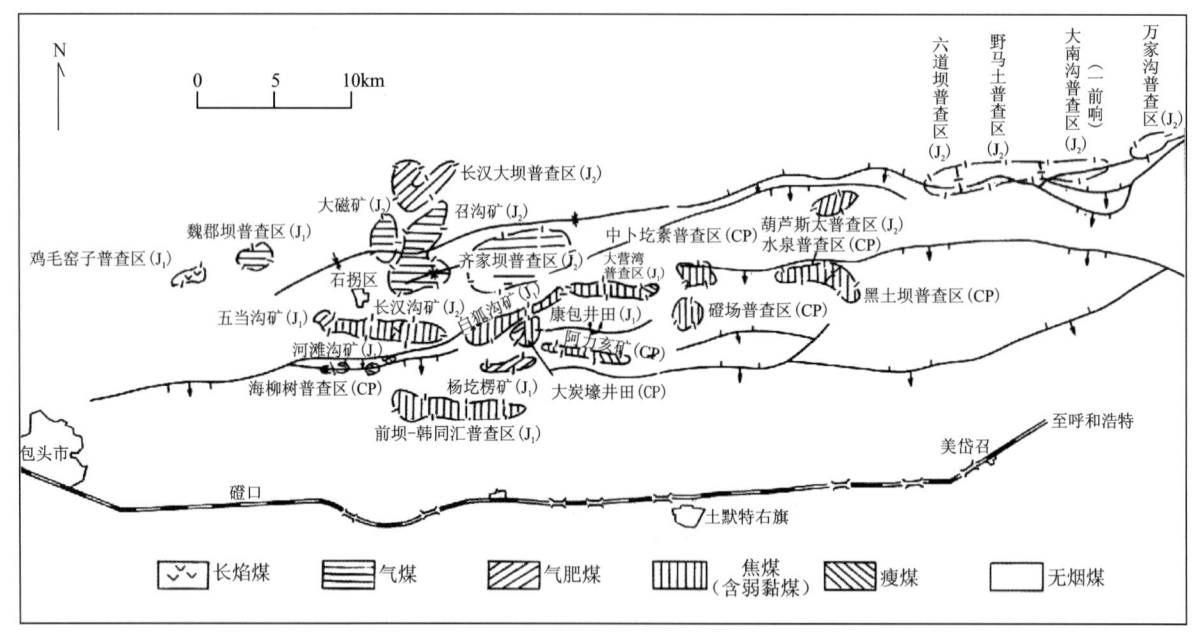

图13-40 大青山矿区煤类分布图

## 2. 侏罗纪聚煤期

本聚煤期以低变质烟煤为主，有少量的焦煤和无烟煤。该时期的煤类分布范围极广泛，鄂尔多斯盆地的东胜煤田含煤面积最大，煤炭资源储量最丰富；其次为上海庙矿区和大青山矿区，上海庙矿区的煤炭资源储量较大，大青山矿区炼焦煤类较多，是内蒙古自治区重要的焦煤基地；其余多为分布零散的中小型煤产地。

1)西北赋煤区

北山-潮水赋煤带的希热哈达，位于北山区的北部，浮煤挥发分平均值为32.83%，黏结指数为零，镜质体反射率0.683%，煤类为弱黏煤；红柳大泉为贫煤；潮水矿区浮煤的挥发分平均值为41.81%，属长焰煤。

2)华北赋煤区

贺兰山-桌子山赋煤带有新井子、二道岭，桌子山矿区的千里沟及上海庙矿区(J)。

新井子：2号煤层的浮煤挥发分平均值28.24%，胶质层厚度为79mm，属弱黏煤。

二道岭：位于汝箕沟矿区的西部，主要可采煤层二$_1$层，浮煤挥发分平均值6.73%，氢元素平均值为3.47%，镜质体反射率2.45%～3.87%，煤类为无烟煤三号(WY3)，变化规律，在向斜的西北翼(天荣井)煤的变质程度偏低，出现贫煤，往东南部变质程度逐渐加深。

千里沟：煤的原煤挥发分平均值33.70%，煤类属弱黏煤。

上海庙矿区：主要可采煤层2号、4号、8号煤层，浮煤挥发分平均值分别为34.51%、33.70%、34.71%，黏结指数分别为1,1,0，镜质体反射率分别为0.445 3%、0.449 3%、0.416%，煤类为不黏煤，变化规律不明显。

鄂尔多斯北缘赋煤带东胜煤田，煤的种类以不黏煤为主，有少量长焰煤，长焰煤分布规律性较差，主要反映在挥发分值大于37%，其他性质与不黏煤没有大的差异。本煤田主要可采煤层：2-2煤层浮煤挥发分平均值为34.36%，黏结指数为0，透光率平均值为82%，镜煤最大反射率为0.43%；3-1煤层浮煤挥发分平均值为36.41%，黏结指数为0，透光率平均值为76%，镜煤最大反射率为0.42%；6-1煤层浮煤挥发分平均值为33.91%，透光率平均值为86%，镜煤最大反射率为0.46%。综上所述，该煤田变质程度上部煤层与下部煤层变化不大，从平面上看，特别是煤的物理性质，煤的变质程度南部略高于北部。

阴山赋煤带以大青山矿区为主体，包括大青山东部的六道坝、一前晌、万家沟一带以及独坝矿等及阴山西部昂根矿区、营盘湾矿区。

昂根矿区位于阴山含煤区的西端。3号煤层是主要可采煤层，浮煤挥发分平均值为26.77%，胶质层厚度为5mm，煤类为弱黏煤。营盘湾矿区，西起大罗沟-八分子勘探区，东止营盘湾勘探区，为东西条带状。该矿区煤的变质程度较低，以不黏煤为主，部分为长焰煤。上部主要可采煤层3号煤层的浮煤挥发分平均值为36.35%，胶质层厚度为0；下部主要可采煤层12号煤层的浮煤挥发分平均值为38.43%，胶质层厚度为0。变化规律：挥发分值摆动很大，西部区略大于东部，下部煤层略大于上部煤层。

大青山矿区：以炼焦用煤为主，有气煤、肥煤、焦煤、弱黏煤等。北部发育五当沟组上段，以羊肠沟矿为主，有大磁矿、召沟矿以及齐家坝等普查区，煤类均为气煤。主煤层(B层)挥发分为37.44%，胶质层厚度为8～22mm，平均值为14mm，属气煤。南部为五当沟组下段含煤地层，以五当沟矿和河滩沟矿为主体，煤类以焦煤和弱黏煤为主。主要可采煤层(L煤组)，浮煤挥发分平均值为19.73%，胶质层厚度为0～27mm.平均值为13mm。该段煤层往东有白狐沟井田、大营湾，变质程度有增加的趋势，康包以东出现瘦煤。大青山的东部，有六道坝、一前晌至万家沟一带，五当沟组上段煤类为无烟煤，挥发分平均值为7.27%。另外，大青山矿区东端还有独坝矿，煤类也属无烟煤，挥发分平均值为4.80%。

3)东北赋煤区

二连赋煤带有玛尼图、锡林浩特、哈达图3个矿区，煤的储量小，含煤面积小，煤类变化较大，以长焰煤、弱黏煤为主。大兴安岭中部赋煤带有牤牛海、联合屯、黄花山、温都花、塔布花，多为高变质煤。

玛尼图矿区的煤类均为长焰煤。主要可采煤层浮煤挥发分平均值为40.27%，黏结指数平均值为8，透光率平均值为95%，煤类为长焰煤。锡林浩特矿区煤类为弱黏煤，F4号为主要可采煤层，原煤挥发分平均值为30.32%，黏结指数为0，以弱黏煤为主，个别点挥发分值大于37%，属长焰煤。哈达图矿区煤类变化较大，以气煤为主，有焦煤和贫煤。3号煤层浮挥发分平均值为17.82%，胶质层厚度为23mm，主要为气煤，局部出现焦煤和贫煤点。

牤牛海矿区共有 4 个井田，以 3 井、4 井田为主。3 井田煤的挥发分为 30%～50%，胶质层厚度为 11～43.5mm，平均值 27.3%；4 井田煤的挥发分为 40%～50%，胶质层厚度为 65～185mm。所以，该区以气煤为主，有肥煤。

联合村、黄花山矿区位于通辽市的北部，煤的变质程度均较高，煤类多为贫煤和瘦煤。联合村矿区煤的挥发分平均值为 10.08%；黄花山矿区煤的挥发分平均值为 13.90%，胶质层厚度为 0～6mm。

温都花和塔布花矿区位于赤峰市北部地区，煤的变质程度均较高。温都花矿区煤类为贫煤，挥发分平均值为 15.36%，胶质层厚度为 0；塔布花矿区煤类为无烟煤，挥发分平均值为 6.77%。

综上所述，在侏罗纪聚煤期，无烟煤（贫煤）由北东向南西依次分布在黄花山、塔布花、独坝、万家沟、二道岭，煤类多为无烟煤三号（WY3），变质程度无规律。炼焦煤集中分布在大青山矿区，其他赋煤带分布零散。大青山矿区的煤类较多，气肥焦瘦均有，变质程度有向东增高趋势。不黏煤集中在东胜煤田和上海庙矿区。就储量而言，不黏煤占绝对优势。

**3. 早白垩世聚煤期**

早白垩世的煤田主要分布在海拉尔、二连赋煤带中。大兴安岭中部、南部，松辽，阴山赋煤带亦有分布，但较零散（图 13-41）。

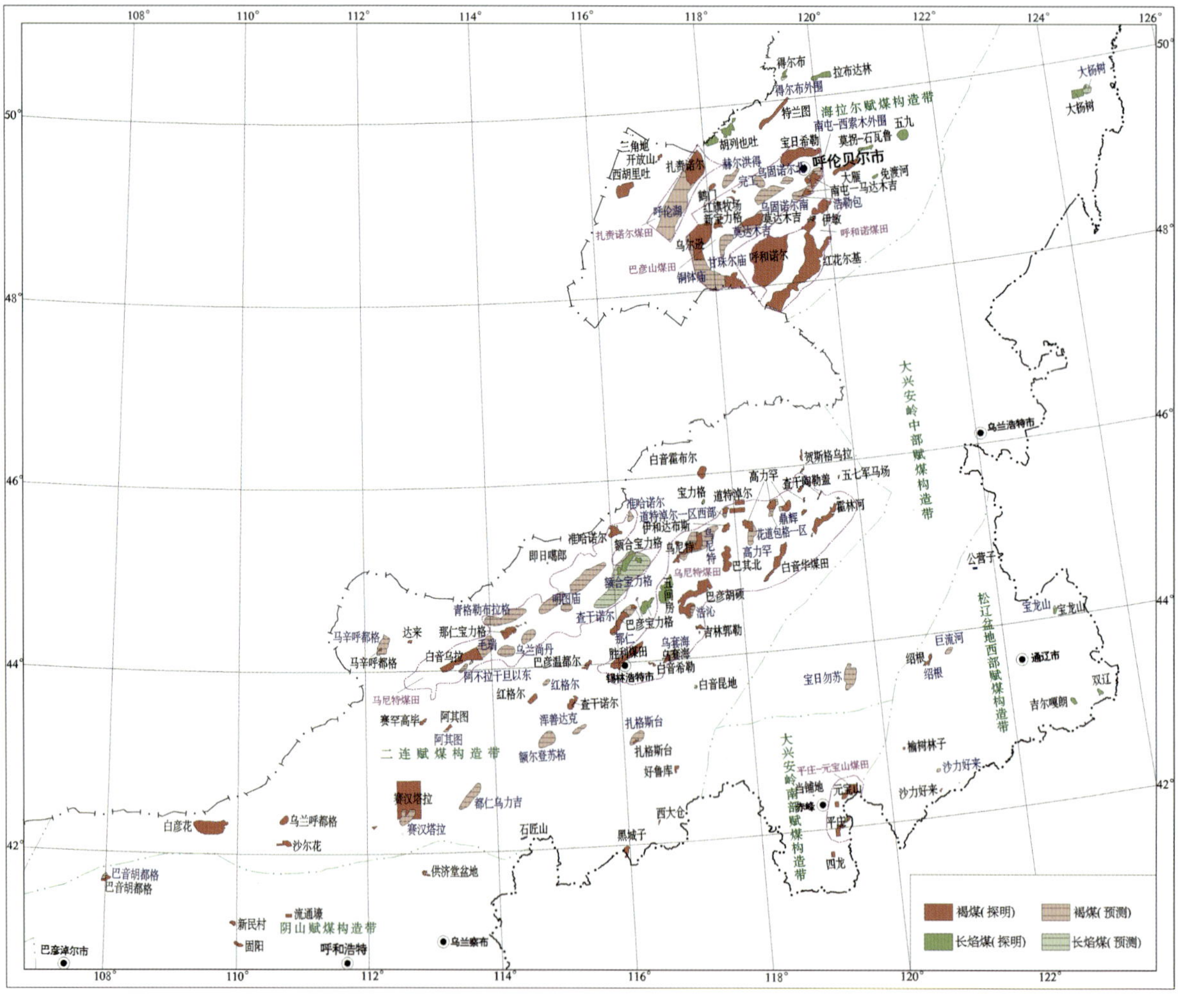


图 13-41　内蒙古自治区白垩纪煤类分布图

海拉尔赋煤带的重要煤田有扎赉诺尔、巴彦山、呼和诺尔等，煤类均以褐煤为主，局部深部有长焰煤。另外伊敏矿区东北部的五牧场井田，因受火成岩体热变质影响，出现多煤类现象，从褐煤到贫煤均有。

海拉尔河以北及东部靠近大兴安岭隆起带的部位，大磨拐河组的煤层，煤类多为长焰煤。较大的矿区有胡列也吐、特兰图、得尔布、拉布达林、莫拐、五九、免渡河等。但这些矿区（特兰图）的煤层普遍较薄，煤层较稳定—不稳定，含煤性较海拉尔河以南煤炭聚集区要差很多。

二连赋煤带西起白彦花，东到霍林河，已知矿区近40个，主要有锡林郭勒盟的胜利国家规划、白音华国家规划矿区及巴彦呼硕、五间房、额合宝力格、乌尼特、吉林郭勒、巴彦宝力格、那仁宝力格、白音乌拉、赛汉塔拉等矿区，西端为巴彦淖尔和包头的白彦花矿区，东边通辽的霍林河国家规划矿区，这些矿区煤的挥发分值一般大于40%，透光率小于50%，煤类以褐煤为主，极少数矿区出现长焰煤。出现长焰煤的矿区：胜利国家规划矿区的大磨拐河组下段煤，浮煤挥发分平均值为40.61%，透光率平均值为65%；额合宝力格矿区浮煤的挥发分平均值为39.62%，透光率为65%；五间房矿区浮煤的挥发分平均值为42.84%，透光率多大于50%，镜质体反射率0.690%。另外，该赋煤带与阴山赋煤带过渡部位的石匠山矿区，浮煤的挥发分平均值为8.78%，煤类为无烟煤。

大兴安岭中部赋煤带的大杨树矿区位于呼伦贝尔的东部，含煤地层属大磨拐河组，煤类为长焰煤。松辽赋煤带煤类的分布规律明显，东部的宝龙山、双辽、吉尔嘎朗图的煤类为长焰煤，中南部的清水塘为焦煤，西部的公营子为无烟煤(WY)。绍根、榆树林子、兴隆洼为褐煤。

大兴安岭南部赋煤带永丰矿区（永丰小井和柳村五矿）较特殊，原煤挥发分平均值为7.34%，柳树五矿的煤类为无烟煤，永丰小井的煤类为长焰煤；平庄古山深部的煤类为长焰煤；而当铺地、元宝山、平庄、四龙的煤类则为褐煤。阴山赋煤带的流通壕、固阳、巴音胡都格、五道湾、新民村的煤类均为褐煤。

综上所述，在白垩纪聚煤期，无烟煤、贫煤、炼焦煤分布极少，仅石匠山和永丰两矿区的煤类为无烟煤，清水塘一处为焦煤，变质程度无规律。长焰煤集中分布在海拉尔河北部诸矿区和二连的胜利国家规划矿区的大磨拐河组下段煤、额合宝力格、五间房矿区，松辽赋煤带分布零散。褐煤广泛分布在海拉尔、二连赋煤带中，并且集中在海拉尔河以南和二连赋煤带的东部，其次为平庄矿区、元宝山矿区，松辽、阴山赋煤带分布零散。就资源量而言，褐煤占绝对优势。

#### 4. 新近纪聚煤期

内蒙古自治区新近纪煤田非常少，仅在乌兰察布发现了集宁矿区，另外在赤峰西北发现了广兴源、亿合公煤产地，煤类均为褐煤。该聚煤期的煤，水分很高、挥发分值非常高，含碳量较低，反映煤的变质程度很低。

### （二）煤的变质规律

煤的变质规律与煤的变质作用（煤化作用）有着密切关系，主要与地壳的温度、压力和成煤时间有着密切关系。内蒙古自治区地域辽阔，地质构造复杂，岩浆活动频繁，区内变质作用有深成变质作用（或称区域变质作用）、动力变质作用、岩浆热变质作用、接触变质作用四大类，但其中区域变质作用和动力变质作用为主导变质作用。

#### 1. 区域变质作用

区域变质作用是煤变质的基本因素，也是成煤的基础。由于成煤时期和埋藏深度的差异，出现了煤质分带现象。内蒙古自治区几个大型煤田（矿区），由于煤层控制浅、地层倾角平缓、构造简单等，还没有发现很标准的煤质水平分带实例，垂向上也不十分明显，但局部有轻微变化，表现在深部比浅部变质程度有相对提高的趋势。例如：乌达矿区，上部煤层（9号煤层）挥发分平均值为31.60%，而下部煤层（16号煤层）挥发分平均值为27.30%；桌子山煤田，上部煤层（9号煤层）挥发分平均值为30.08%，而下部煤层（16号煤层）挥发分平均值为28.58%；准格尔煤田，山西组的5号煤层挥发分为40.93%，透光率为88%，黏结指数为5，太原组6号煤层的挥发分为38.95%，透光率为90%，黏结指数为8，太原组下段9

号煤层挥发分为38.86%，透光率为90%，黏结指数为20。胜利煤田，上含煤段为褐煤，下含煤段为长焰煤。海拉尔含煤盆地群，出现上含煤段伊敏组的煤类以褐煤为主，而下含煤段的大磨拐河组，以长焰煤为主。

内蒙古自治区有部分煤田赋存在华北陆块稳定地台上，构造简单，没有火成岩活动，煤的变质因素主要受区域变质作用控制，反映在煤的变质程度，与成煤时代有着密切的关系。例如：第三纪聚煤期的集宁矿区，年代最新，煤的变质程度最浅，表现在水分和挥发分值非常大，煤的种类为褐煤一号。其次是早白垩世聚煤期的煤田(矿区)，分布在二连、海拉尔赋煤带，主要为褐煤，局部为长焰煤。早白垩世聚煤期褐煤从物理性质、水分、挥发分等方面看，变质程度明显地高于第三纪褐煤。侏罗纪聚煤期的东胜煤田，是同期煤田变质程度最低的煤田，煤的镜煤最大反射率为0.42%～0.46%，煤类以不黏煤为主，局部有长焰煤。石炭纪—二叠纪聚煤期的煤田(矿区)，桌子山煤田煤类为气煤、肥煤、焦煤变质程度高于侏罗纪的煤。而准格尔煤田是例外，镜煤的最大反射率为0.57%～0.59%，煤的种类为长焰煤，原因是埋藏浅长期接近地表，缺乏压力与温度。

**2. 动力变质作用**

动力变质作用在内蒙古自治区仅次于区域变质作用，使部分石炭纪—二叠纪和侏罗纪的煤田变成焦煤。大青山矿区和鄂尔多斯西缘的桌子山煤田、贺兰山煤田(包括乌达矿区)位于褶皱带内，有着大型东西向和南北向挤压带，大型压性、压扭性断裂和推覆体使煤系地层发生明显变化，除了地层产状、煤层厚度和物理性质发生明显变化外，煤的化学性质发生大的变化，使煤的变质程度明显增加，大部为焦煤和肥煤，局部地方出现瘦煤。例如：阿刀亥矿区东部地层直立和倒转，煤类为瘦煤。贺兰山煤田蚕特拉井田，有同样现象，地层倒转，煤层受挤压明显变薄，煤的物性有明显变化，挥发分降低，为瘦煤。大青山矿区早—中侏罗世的石拐煤系，由于应力分布不均，在同一煤田和矿区出现了多种煤类。矿区北部羊肠沟煤矿，构造简单，地层倾角平缓，煤的变质程度相对比较低，为气煤。矿区南部有五当沟矿、河滩沟矿、白狐沟矿，构造相对复杂。南缘与老地层接触地段有倒转和挤压现象，煤的变质程度明显增高，煤类出现焦煤。矿区东部下煤组在康包井田和大营湾普查区，构造复杂，地层倒转，煤的变质程度增高，出现瘦煤。综上所述，内蒙古西部地区，受动力变质的叠加作用，煤变质程度相对增高，使部分煤田和矿区成为焦煤基地。

**3. 岩浆热变质作用**

燕山期火山活动对煤盆地、含煤地层及煤层的形成及保存发挥了重要作用，但在内蒙古自治区岩浆热变质作用对煤变质影响范围较小，一般都是小型煤产地，如大青山矿区东部，六道坝—野马兔—前晌—万家沟一带，属高变质无烟煤。在该区万家沟一带发现有花岗岩体，除了经受区域变质和动力变质作用外，岩浆热变质作用起到再次叠加作用。大青山东部还有四号地和独坝等小煤产地均为无烟煤，在其附近均有燕山期花岗岩体赋存。锡林郭勒盟的石匠山矿区附近有大面积的燕山期花岗岩侵入体，该区受侵入体影响为无烟煤，内蒙古东部大兴安岭一带岩浆岩发育，早—中侏罗世的煤田受其影响，煤的变质程度较高，很多矿区为无烟煤和贫煤，少数矿点有焦煤和瘦煤。

贺兰山煤田二道岭矿区属优质的无烟煤。对该矿区煤的变质因素的研究，学者们有不同的看法，但多数观点认为该矿区附近深部有岩浆岩体存在，所以该矿区主要变质因素除了区域和动力变质作用外，岩浆热变质作用也是主要变质因素。

综上所述，内蒙古自治区高变质无烟煤产地一般在矿区附近或深部存在花岗岩体，这说明区内无烟煤的形成是岩浆热变质作用再次叠加的结果。

伊敏矿区属早白垩世聚煤期大型矿区，矿区的北部五牧场井田，出现多煤类，呈环状分带，有贫煤、瘦煤、焦煤、1/3焦煤、弱黏煤、不黏煤、长焰煤、褐煤等，变质因素主要与南边有燕山晚期辉绿岩侵入体的赋存有关。

#### 4. 接触变质作用

接触变质作用在内蒙古自治区占很次要的地位，少部分地区有岩浆岩脉侵入到煤系地层，吞蚀了煤层，对煤的变质程度影响很小。例如：西乌珠穆沁旗勘探区煤系地层有岩浆侵入，使局部煤层遭受破坏，煤质变差，灰分增高，挥发分明显降低。该区以气煤为主，由于岩脉的影响，局部地段出现焦煤和贫煤。平庄-元宝山煤田的古山矿一井和二井，发现有辉绿岩岩脉和岩墙，破坏和吞蚀了部分煤层。仅局部地段煤的变质程度略有提高，但总的以褐煤为主，说明接触变质作用在该煤田影响很小。

综上所述，内蒙古自治区境内煤的变质规律如下：

(1)大兴安岭中段、阴山东段和中段、桌子山、贺兰山北端，属于中高变质带，煤类有肥煤、焦煤、瘦煤、贫煤、无烟煤。

(2)海拉尔盆地群、二连盆地群、松辽盆地、阴山北坡的固阳煤田、集宁煤田、黑城子煤产地及西大仓矿区为低变质带。煤类以褐煤为主，在煤田的深部可能为长焰煤。个别煤田由于成煤后岩浆热变，煤变质程度加深，煤种局部为中高变质烟煤。

(3)中高变质带以南的鄂尔多斯盆地，煤变质为中低变质带，且有从东向西变质程度加深的趋势。煤种为长焰煤、不黏煤、气煤。

(4)以上3条变质带是平面上变质规律，而在垂向上希尔定律也是存在的，表现在同时代的煤层，煤质随着埋深的加深，煤的挥发分值减小，变质程度加深；在时间上表现为成煤时代晚，煤变质程度低，成煤时代早，煤变质程度高。说明区域变质作用是煤变质的主导因素。

## 四、煤炭质量等级评价

### (一)煤炭质量等级计算方法

本次全国煤炭资源潜力评价根据最新国家标准和煤炭行业标准提出了煤炭资源质量等级6级划分方案(表13-27)。与煤炭资源质量等级6级划分方案相对应，确定了评价因子的6级浓度限值。在确定质量浓度限值时，全硫和灰分采用了《煤炭质量分级　煤炭硫分分级》(GB/T 15224.2—94)中的6级划分方案，因国标中其余元素的划分均非6级，因此，在研究时采取了变通方法，采纳国标中浓度的最低、最高限值分别作为Ⅰ级、Ⅴ级浓度限值，其他级别的浓度限值根据全硫和灰分的划分方案进行近似等比计算得出，最终确定评价因子的6级浓度限值($\times 10^{-6}$)(表13-28)。

**表13-27　煤的质量等级划分方案**

| 等级名称 | | 等级描述 |
|---|---|---|
| Ⅰ级 | 稀缺特优煤 | 以特低硫和特低灰煤为主，有害微量元素的含量不超过其分级的最高界限 |
| Ⅱ级 | 特优煤 | 以低硫分和低灰分煤为主，有害微量元素的含量不超过其分级的最高界限 |
| Ⅲ级 | 优质煤 | 以低中硫分和低中灰分煤为主，有害微量元素的含量不超过其分级的最高界限 |
| Ⅳ级 | 中等煤 | 以中硫分和中灰分煤为主，有害微量元素的含量不超过其分级的最高界限 |
| Ⅴ级 | 低品质煤 | 以中高硫分和中高灰分煤为主，有害微量元素的含量不超过其分级的最高界限 |
| Ⅵ级 | 差品质煤 | 煤中的硫灰分含量大于3.0%(高硫分煤)或者灰分产率大于40.0%(高灰分煤)，或者某种有害微量元素的含量大于其分级的最高界限 |

表 13-28 评价因子的 6 级质量浓度限值

| 成分/元素 | Ⅰ级 | Ⅱ级 | Ⅲ级 | Ⅳ级 | Ⅴ级 | Ⅵ级 |
|---|---|---|---|---|---|---|
| 全硫 | 0.50 | 1.00 | 1.50 | 2.00 | 3.00 | 4.50 |
| 灰分 | 5.00 | 10.00 | 20.00 | 30.00 | 40.00 | 50.00 |
| As | 4.00 | 6.00 | 10.00 | 16.00 | 25.00 | 40.00 |
| Pb | 20.00 | 24.00 | 28.00 | 34.00 | 40.00 | 47.50 |
| Hg | 0.15 | 0.20 | 0.25 | 0.30 | 0.40 | 0.50 |
| Cd | 0.60 | 1.00 | 1.70 | 3.00 | 5.00 | 8.50 |
| Cr | 15.00 | 17.00 | 19.00 | 22.00 | 25.00 | 28.00 |
| Se | 3.00 | 5.00 | 9.00 | 15.00 | 25.00 | 43.00 |
| Co | 7.00 | 9.00 | 12.00 | 15.00 | 20.00 | 26.00 |
| Ni | 25.00 | 39.00 | 62.00 | 97.00 | 150.00 | 235.00 |
| Mn | 70.00 | 105.00 | 159.00 | 239.00 | 360.00 | 542.00 |
| Be | 2.50 | 4.00 | 6.00 | 9.00 | 14.00 | 22.00 |
| Sb | 1.00 | 1.50 | 2.00 | 3.00 | 4.50 | 6.50 |
| U | 3.50 | 5.00 | 7.00 | 10.00 | 15.00 | 21.50 |
| F | 80.00 | 100.00 | 126.00 | 159.00 | 200.00 | 251.00 |
| Cl | 500.00 | 782.00 | 1 225.00 | 1 917.00 | 3 000.00 | 4 695.00 |
| Mo | 3.50 | 6.00 | 11.00 | 20.00 | 35.00 | 62.00 |
| Th | 7.00 | 8.00 | 10.00 | 12.00 | 15.00 | 18.00 |
| Br | 8.00 | 12.00 | 18.00 | 27.00 | 40.00 | 60.00 |

注：全硫和灰分单位为%，其他元素单位为$\times 10^{-6}$。

目前常用的环境评价方法有神经网络法、模糊综合法、指数法、灰色聚类法、广义对比加权标度指数法等，不同的评价方法各有所长。结合煤炭资源质量等级评价的特殊性，在对比多种评价方法优缺点的基础上，确定采用广义对比加权标度指数法进行评价。在进行评价时，用标度分指数 $K_j$ 反映污染物危害程度的等比变化：

$$K_j = \frac{\lg(C_{jk}/C_{j0})}{\lg a_j} \tag{13-1}$$

式中：$C_{jk}$ 为 $j$ 元素的实测浓度值；$C_{j0}$ 为 $j$ 元素的背景浓度值；$a_j$ 为元素相邻两级的重要性比值，$a_j = (C_{jd}/C_{j0})/9$，其中 $C_{jd}$ 为明显危害浓度值。

与式(13-1)相对应的 $j$ 元素的归一化标度分指数为：

$$I_j = \frac{1}{9}K_j = \frac{\lg C_{jk} - \lg C_{j0}}{\lg C_{jd} - \lg C_{j0}} \tag{13-2}$$

各因子权重 $W_j$ 可由下式求得，如果 $I_j < 0$(即当 $C_{jk} < C_{j0}$ 时)，取 0 值：

$$W_j = \begin{cases} 2^{P-1} I_j^{P} & 0 \leqslant I_j \leqslant 0.5 \\ 1 - 2^{P-1}(1 - I_j)^P & 0.5 < I_j \leqslant 1 \\ 1 + 2^{P-1}(I_j - 1)^P & I_j > 1 \end{cases} \tag{13-3}$$

为了控制权值的变化快慢的可调参数，先取 0.5，再将 $W_j$ 归一化，从而得到反映煤炭洁净程度的广义对比加权标度指数计算公式：

$$I = \sum_{j=1}^{m} W_j \cdot I_j \tag{13-4}$$

根据各评价因子的分级标准浓度限制，通过式(13-4)计算出各类煤炭资源的综合指数 $I$ 作为等级评价基准。为提高评价结果的准确性,在具体的评价过程中,采用了动态综合指数计算,也就是说,根据样本数据中检出元素(评价因子)的不同,其对应的综合指数、等级划分标准是不同的。

表 13-29 所示的是在所有元素都检测的情况下,得出的煤炭资源质量潜势等级划分标准与综合指数的对应关系。

**表 13-29 等级划分标准与综合指数的对应关系**

| 等级名称 | | 综合指数 |
|---|---|---|
| Ⅰ级 | 稀缺特优煤 | $I\in(-\infty,0.174]$ |
| Ⅱ级 | 特优煤 | $I\in(0.174,0.347]$ |
| Ⅲ级 | 优质煤 | $I\in(0.347,0.516]$ |
| Ⅳ级 | 中等煤 | $I\in(0.516,0.677]$ |
| Ⅴ级 | 低品质煤 | $I\in(0.677,0.842]$ |
| Ⅵ级 | 差品质煤 | $I\in(0.842,+\infty]$ |

### (二)煤炭质量等级评价

以钻孔计算结果为主,在没有钻孔控制的区域结合灰分、硫分等值线作出最终的煤炭质量等级图。

东胜煤田西部煤的煤炭质量等级较低,东部较高,西部煤以Ⅲ级(优质煤)、Ⅳ(中等煤)为主,东部以Ⅰ级(稀缺特优煤)、Ⅱ级(特优煤)为主,中部有少量质量等级较高的煤。准格尔煤田以Ⅲ级(优质煤)为主,其次为Ⅱ级(特优煤)为主。二连赋煤带西南部以Ⅴ级(低品质煤)、Ⅵ级(差品质煤)为主,煤炭质量等级高,为低品质煤,东北部以Ⅲ级(优质煤)、Ⅳ级(中等煤)为主。海拉尔赋煤区南部以Ⅱ级(优质煤)为主,北部以Ⅳ级(中等煤)、Ⅴ级(低品质煤)为主,局部有Ⅵ级(差品质煤)。绍根煤田北部以Ⅲ级(优质煤)为主,南部以Ⅳ级(中等煤)为主,局部有Ⅴ级(低品质煤)。集宁煤田全区以Ⅳ级(中等煤)为主。

### (三)优质煤

袁三畏(1999)根据煤类、灰分、硫分、发热量、可选性 5 个指标,将中国煤炭资源的煤质进行了评价分级,划分为优质煤、中质煤、低质煤几个等级。优质煤的含义是:煤类不低于长焰煤,灰分在 15%左右,硫分小于 1%,发热量大于 22.5MJ/kg,可选性为易选,个别为中等可选。优质煤的成煤时代主要为早—中侏罗世,占优质煤总量的 90%。

中生代侏罗纪东胜煤田各煤层干燥高位基发热量在 22.08~32.80MJ/kg 之间,平均为 29.98MJ/kg;原煤灰分在 2.87%~32.14%之间,平均为 9.56%;原煤挥发分在 29.52%~43.69%之间,平均为 35.39%;原煤干基全硫含量在 0.13%~2.94%之间,平均为 0.88%。煤的工业用途有动力用煤、气化用煤、形体加工、低温干馏用煤和水煤浆,属低—中灰、特低硫、高热值优质煤、中等可选的优质煤。

## 第十节 煤炭资源现状分析

### 一、煤炭资源概况

内蒙古自治区主要含煤地层为古生代石炭纪—二叠纪的太原组、山西组、拴马桩组;中生代早中侏罗世的延安组、五当沟组、万宝组、红旗组、龙风山组；早白垩世的伊敏组、大磨拐河组、阜新组、九佛堂组、固阳组；新生代新近纪的汉诺坝组。依据煤炭资源的赋存规律，按照《全国煤炭资源潜力预测评价技术要求》，共划分 3 个赋煤区，11 个赋煤带，11 个煤田，69 个矿区，35 个煤产地，2 个远景区。

截至 2009 年 12 月 31 日，内蒙古自治区累计探获煤炭资源储量 89 626 902×$10^4$ t，保有煤炭资源储量 89 043 820×$10^4$ t(其中保有基础储量 3 781 129×$10^4$ t，保有资源量 85 262 691×$10^4$ t)(表 13-30)，煤炭消耗 58.31×$10^8$ t。

**表 13-30　内蒙古自治区煤炭资源储量汇总表**　　单位：$10^4$ t

| 赋煤带 | 矿区(煤产地、远景区) | 截至 2009 年底累计保有煤炭资源储量 | | | | | 截至 2009 年底累计探获煤炭资源储量 | | |
|---|---|---|---|---|---|---|---|---|---|
| | | 基础储量 | 资源量 | 资源储量 | 334？类 | 合计 | 资源储量 | 334？类 | 合计 |
| 海拉尔 | 拉布达林矿区 | 42 | 16 992 | 17 034 | 27 270 | 44 304 | 18 078 | 27 411 | 45 489 |
| | 得尔布煤产地 | | 27 413 | 27 413 | 21 224 | 48 637 | 27 413 | 21 224 | 48 637 |
| | 特兰图矿区 | | 449 941 | 449 941 | 170 723 | 620 664 | 449 941 | 170 723 | 620 664 |
| | 胡列也吐矿区 | | 172 328 | 172 328 | 522 128 | 694 456 | 172 328 | 522 128 | 694 456 |
| | 扎赉诺尔矿区 | 208 936 | 208 552 | 417 488 | 417 971 | 835 459 | 452 130 | 417 971 | 870 101 |
| | 开放山煤产地 | 58 | 7029 | 7087 | 5567 | 12 654 | 8003 | 5567 | 13 570 |
| | 三角地煤产地 | | 7028 | 7028 | | 7028 | 7028 | | 7028 |
| | 西胡里吐煤产地 | 123 | 63 299 | 63 422 | 54 954 | 118 376 | 63 820 | 54 954 | 118 774 |
| | 鹤门煤产地 | | 18 000 | 18 000 | | 18 000 | 18 000 | | 18 000 |
| | 红旗牧场远景区 | | | | 5249 | 5249 | | 5249 | 5249 |
| | 莫达木吉远景区 | | | | 376 495 | 376 495 | | 376 495 | 376 495 |
| | 乌尔逊矿区 | | 651 577 | 651 577 | 188 175 | 839 752 | 651 577 | 188 175 | 839 752 |
| | 宝日希勒矿区 | 178 896 | 514 927 | 693 823 | 391 893 | 1 085 716 | 721 014 | 391 893 | 1 112 907 |
| | 南屯-马达木吉矿区 | | 100 096 | 100 096 | 199 289 | 299 385 | 100 096 | 199 289 | 299 385 |
| | 五九矿区 | 558 | 20 404 | 20 962 | | 20 962 | 23 786 | | 23 786 |
| | 莫拐矿区 | 21 840 | 56 347 | 78 187 | | 78 187 | 78 187 | | 78 187 |
| | 大雁矿区 | 68 715 | 99 286 | 168 001 | 57 622 | 225 623 | 184 370 | 57 622 | 241 992 |
| | 免渡河煤产地 | 84 | 12 132 | 12 216 | | 12 216 | 13 979 | | 13 979 |
| | 伊敏矿区 | 100 889 | 943 142 | 1 044 031 | 990 731 | 2 034 762 | 1 055 999 | 990 731 | 2 046 730 |
| | 红花尔基矿区 | | 3 736 545 | 3 736 545 | 1 604 929 | 5 341 474 | 3 736 545 | 1 604 929 | 5 341 474 |
| | 呼和诺尔矿区 | 272 | 2 839 616 | 2 839 888 | 1 322 046 | 4 161 934 | 2 839 905 | 1 322 046 | 4 161 951 |
| | 小计 | 580 413 | 9 944 654 | 10 525 067 | 6 356 266 | 16 881 333 | 10 622 199 | 6 356 407 | 16 978 606 |
| 大兴安岭中部 | 大杨树煤产地 | 30 | 484 | 514 | | 514 | 3476 | | 3476 |
| | 牤牛海煤产地 | 953 | 3250 | 4203 | 42 | 4245 | 7267 | 42 | 7309 |
| | 黄花山煤产地 | | 442 | 442 | 95 | 537 | 726 | 95 | 821 |
| | 联合屯煤产地 | 89 | 899 | 988 | 321 | 1309 | 1848 | 321 | 2169 |
| | 温都花煤产地 | | 222 | 222 | | 222 | 450 | | 450 |
| | 塔布花煤产地 | | 160 | 160 | | 160 | 350 | | 350 |
| | 小计 | 1072 | 5457 | 6529 | 458 | 6987 | 14 117 | 458 | 14 575 |
| 松辽盆地西部 | 公营子煤产地 | | 2006 | 2006 | | 2006 | 2006 | | 2006 |
| | 宝龙山煤产地 | 2495 | 2839 | 5334 | | 5334 | 5334 | | 5334 |
| | 双辽矿区 | 6779 | 3617 | 10 396 | 3678 | 14 074 | 10 846 | 3678 | 14 524 |
| | 绍根矿区 | 18 283 | 48 017 | 66 300 | | 66 300 | 66 300 | | 66 300 |
| | 榆树林子煤产地 | | 480 | 480 | 43 | 523 | 481 | 43 | 524 |
| | 沙力好来煤产地 | | 574 | 574 | | 574 | 1003 | | 1003 |
| | 小计 | 27 557 | 57 533 | 85 090 | 3721 | 88 811 | 85 970 | 3721 | 89 691 |

**续表 13-30**

| 赋煤带 | 矿区(煤产地、远景区) | 截至2009年底累计保有煤炭资源储量 | | | | | 截至2009年底累计探获煤炭资源储量 | | |
|---|---|---|---|---|---|---|---|---|---|
| | | 基础储量 | 资源量 | 资源储量 | 334？类 | 合计 | 资源储量 | 334？类 | 合计 |
| 大兴安岭南部 | 广兴源煤产地 | 15 | | 15 | | 15 | 503 | | 503 |
| | 亿合公煤产地 | | 9316 | 9316 | | 9316 | 18 780 | | 18 780 |
| | 当铺地煤产地 | | | | | | 77 | | 77 |
| | 永丰煤产地 | 5 | 68 | 73 | 280 | 353 | 456 | 280 | 736 |
| | 元宝山矿区 | 56 456 | 42 037 | 98 493 | | 98 493 | 123 104 | | 123 104 |
| | 平庄矿区 | 18 538 | 14 862 | 33 400 | | 33 400 | 61 159 | | 61 159 |
| | 四龙矿区 | 78 | 459 | 537 | | 537 | 3060 | | 3060 |
| | 小计 | 75 092 | 66 742 | 141 834 | 280 | 142 114 | 207 139 | 280 | 207 419 |
| 二连 | 五七军马场煤产地 | | 890 | 890 | | 890 | 890 | | 890 |
| | 贺斯格乌拉矿区 | 76 359 | 65 286 | 141 645 | | 141 645 | 141 645 | | 141 645 |
| | 白音霍布尔矿区 | | | | 111 622 | 111 622 | | 111 622 | 111 622 |
| | 宝力格矿区 | | 24 556 | 24 556 | | 24 556 | 24 556 | | 24 556 |
| | 霍林河矿区 | 198 660 | 739 825 | 938 485 | 214 113 | 1 152 598 | 962 926 | 214 113 | 1 177 039 |
| | 查干陶勒盖矿区 | 7145 | 134 595 | 141 740 | 15 467 | 157 207 | 141 740 | 15 467 | 157 207 |
| | 高力罕矿区 | | 265 939 | 265 939 | 158 078 | 424 017 | 265 939 | 158 078 | 424 017 |
| | 伊和达布斯矿区 | | 97 250 | 97 250 | | 97 250 | 97 250 | | 97 250 |
| | 道特淖尔矿区 | | 270 528 | 270 528 | | 270 528 | 270 528 | | 270 528 |
| | 巴其北矿区 | | 392 777 | 392 777 | 505 755 | 898 532 | 392 777 | 505 755 | 898 532 |
| | 白音华矿区 | 260 161 | 1 037 102 | 1 297 263 | | 1 297 263 | 1 297 701 | | 1 297 701 |
| | 乌尼特矿区 | 612 | 619 334 | 619 946 | | 619 946 | 620 239 | | 620 239 |
| | 五间房矿区 | | 1 088 899 | 1 088 899 | 194 553 | 1 283 452 | 1 088 899 | 194 553 | 1 283 452 |
| | 巴彦呼硕矿区 | | 1 191 037 | 1 191 037 | 240 149 | 1 431 186 | 1 191 037 | 240 149 | 1 431 186 |
| | 吉林郭勒矿区 | | 227 813 | 227 813 | | 227 813 | 227 813 | | 227 813 |
| | 乌套海矿区 | | 13 874 | 13 874 | 7810 | 21 684 | 13 874 | 7810 | 21 684 |
| | 锡林浩特矿区 | | 204 | 204 | | 204 | 256 | | 256 |
| | 胜利矿区 | 550 197 | 1 171 642 | 1 721 839 | 500 734 | 2 222 573 | 1 727 780 | 500 734 | 2 228 514 |
| | 西乌珠穆沁旗矿区 | 437 | 11 091 | 11 528 | | 11 528 | 12 149 | | 12 149 |
| | 巴彦宝力格矿区 | 46 510 | 626 547 | 673 057 | 77 263 | 750 320 | 673 057 | 77 263 | 750 320 |
| | 巴彦温都尔矿区 | | 39 756 | 39 756 | | 39 756 | 39 756 | | 39 756 |
| | 查干诺尔矿区 | | 279 201 | 279 201 | | 279 201 | 279 201 | | 279 201 |
| | 红格尔矿区 | 15 332 | 75 080 | 90 412 | | 90 412 | 90 412 | | 90 412 |
| | 阿其图矿区 | | 10 255 | 10 255 | | 10 255 | 10 255 | | 10 255 |
| | 赛罕高毕矿区 | 46 844 | 13 886 | 60 730 | | 60 730 | 60 730 | | 60 730 |
| | 白音昆地煤产地 | | 10 640 | 10 640 | | 10 610 | 10 818 | | 10 818 |
| | 扎格斯台矿区 | | 27 245 | 27 245 | | 27 245 | 27 245 | | 27 245 |
| | 好鲁库煤产地 | | 10 288 | 10 288 | 1606 | 11 894 | 10 288 | 1606 | 11 894 |
| | 西大仓煤产地 | 5849 | 9856 | 15 705 | | 15 705 | 16 249 | | 16 249 |
| | 黑城子煤产地 | 25 558 | 27 504 | 53 062 | | 53 062 | 53 062 | | 53 062 |
| | 石匠山煤产地 | 506 | 1261 | 1767 | | 1767 | 1767 | | 1767 |
| | 赛汉塔拉矿区 | | 47 423 | 47 423 | 96 587 | 144 010 | 47 423 | 96 587 | 144 010 |
| | 沙尔花矿区 | | 75 672 | 75 672 | 85 817 | 161 489 | 75 672 | 85 817 | 161 489 |
| | 白彦花矿区 | | 551 310 | 551 310 | 341 103 | 892 413 | 551 310 | 341 103 | 892 413 |
| | 达来矿区 | | 36 265 | 36 265 | 33 731 | 69 996 | 36 265 | 33 731 | 69 996 |

**续表 13-30**

| 赋煤带 | 矿区（煤产地、远景区） | 截至 2009 年底累计保有煤炭资源储量 | | | | | 截至 2009 年底累计探获煤炭资源储量 | | |
|---|---|---|---|---|---|---|---|---|---|
| | | 基础储量 | 资源量 | 资源储量 | 334？类 | 合计 | 资源储量 | 334？类 | 合计 |
| 二连 | 吉尔嘎朗图煤产地 | | 9516 | 9516 | | 9516 | 9516 | | 9516 |
| | 准哈诺尔矿区 | | 73 250 | 73 250 | 11 338 | 84 588 | 73 250 | 11 338 | 84 588 |
| | 额合宝力格矿区 | 17 826 | 53 082 | 70 908 | 281 073 | 351 981 | 71 189 | 281 073 | 352 262 |
| | 马尼特庙矿区 | 1512 | 26 311 | 27 823 | 4045 | 31 868 | 27 922 | 4045 | 31 967 |
| | 那仁宝力格矿区 | | 106 743 | 106 743 | 157 411 | 264 154 | 106 743 | 157 411 | 264 154 |
| | 白音乌拉矿区 | | 313 823 | 313 823 | 181 225 | 495 048 | 314 013 | 181 225 | 495 238 |
| | 小计 | 1 253 508 | 9 777 556 | 11 031 064 | 3 219 480 | 14 250 544 | 11 064 142 | 3 219 480 | 14 283 622 |
| 阴山 | 集宁矿区 | 5107 | 46 639 | 51 746 | 21 377 | 73 123 | 51 794 | 21 377 | 73 171 |
| | 苏勒图煤产地 | | 406 | 406 | 270 | 676 | 406 | 270 | 676 |
| | 流通壕煤产地 | | 1193 | 1193 | | 1193 | 1286 | | 1286 |
| | 大青山矿区 | 1407 | 52 852 | 54 259 | 15 893 | 70 152 | 82 096 | 15 893 | 97 989 |
| | 固阳煤产地 | | 10 327 | 10 327 | 1514 | 11 841 | 10 762 | 1514 | 12 276 |
| | 营盘湾矿区 | 35 | 4106 | 4141 | 706 | 4847 | 7378 | 706 | 8084 |
| | 昂根煤产地 | 1285 | 89 | 1374 | | 1374 | 2244 | | 2244 |
| | 巴音胡都格矿区 | 4984 | 4802 | 9786 | | 9786 | 9893 | | 9893 |
| | 供济堂煤产地 | | 20 363 | 20 363 | | 20 363 | 20 363 | | 20 363 |
| | 新民村煤产地 | | | | 9029 | 9029 | | 9029 | 9029 |
| | 小计 | 12 818 | 140 777 | 153 595 | 48 789 | 202 384 | 186 222 | 48 789 | 235 011 |
| 鄂尔多斯盆地北缘 | 乌兰格尔矿区 | | 188 531 | 188 531 | 101 238 | 289 769 | 188 531 | 101 238 | 289 769 |
| | 准格尔矿区 | 838 614 | 2 299 573 | 3 138 187 | 214 564 | 3 352 751 | 3 221 468 | 214 564 | 3 436 032 |
| | 清水河矿区 | | 4936 | 4936 | 5545 | 10 481 | 8767 | 5545 | 14 312 |
| | 东胜国家规划矿区 | 726 871 | 9 114 200 | 9 841 071 | 3 995 330 | 13 836 401 | 9 985 855 | 3 995 330 | 13 981 185 |
| | 东胜深部矿区 | | 5 173 980 | 5 173 980 | 32 207 836 | 37 381 816 | 5 173 980 | 32 207 836 | 37 381 816 |
| | 小计 | 1 565 485 | 16 781 220 | 18 346 705 | 36 524 513 | 54 871 218 | 18 578 601 | 36 524 513 | 55 103 114 |
| 宁东南 | 上海庙矿区 | 92 309 | 743 267 | 835 576 | 884 345 | 1 719 921 | 835 706 | 884 345 | 1 720 051 |
| | 小计 | 92 309 | 743 267 | 835 576 | 884 345 | 1 719 921 | 835 706 | 884 345 | 1 720 051 |
| 桌子山-贺兰山 | 二道岭矿区 | 5175 | 64 718 | 69 893 | 2274 | 72 167 | 79 091 | 2274 | 81 365 |
| | 呼鲁斯太矿区 | 20 838 | 25 073 | 45 911 | | 45 911 | 54 205 | | 54 205 |
| | 乌达矿区 | 6071 | 22 767 | 28 838 | | 28 838 | 57 563 | | 57 563 |
| | 桌子山矿区 | 140 516 | 309 817 | 450 333 | 18 203 | 468 536 | 511 825 | 18 203 | 530 028 |
| | 小计 | 172 600 | 422 375 | 594 975 | 20 477 | 615 452 | 702 684 | 20 477 | 723 161 |
| 北山-潮水 | 希热哈达煤产地 | | 439 | 439 | | 439 | 845 | | 845 |
| | 北山煤产地 | | 8151 | 8151 | 599 | 8750 | 8151 | 599 | 8750 |
| | 潮水矿区 | | 19 332 | 19 332 | 34 446 | 53 778 | 24 038 | 34 446 | 58 484 |
| | 小计 | | 27 922 | 27 922 | 35 045 | 62 967 | 33 034 | 35 045 | 68 079 |
| 香山 | 黑山矿区 | 243 | 1336 | 1579 | 186 880 | 188 459 | 2436 | 186 880 | 189 316 |
| | 喇嘛敖包矿区 | 32 | 13 598 | 13 630 | | 13 630 | 14 257 | | 14 257 |
| | 小计 | 275 | 14 934 | 15 209 | 186 880 | 202 089 | 16 693 | 186 880 | 203 573 |
| 合计 | | 3 781 129 | 37 982 437 | 41 763 566 | 47 280 254 | 89 043 820 | 42 346 507 | 47 280 395 | 89 626 902 |

注：此表保有煤炭资源储量含未经核查的勘查区 39 个，保有煤炭资源储量 $925.89\times10^{8}$ t。资源储量＝资源量＋基础储量。

保有煤炭资源储量：不黏煤 5 260.56×$10^8$t，占 59.08%；褐煤 2 810.04×$10^8$t，占 31.56%；长焰煤 704.81×$10^8$t，占 7.92%；炼焦煤类（气煤、肥煤、焦煤、1/3 焦煤、瘦煤）98.84×$10^8$t，占 1.11%；无烟煤 10.07×$10^8$t，占 0.11%；弱黏煤 0.548×$10^8$t，占 0.01%（表 13-31）。

**表 13-31　内蒙古自治区煤类保有资源储量汇总表**

| 赋煤带 | 保有煤炭资源储量 | 无烟煤 | 贫煤 | 贫瘦煤 | 瘦煤 | 焦煤 | 1/3 焦煤 | 肥煤 | 气肥煤 | 气煤 | 1/2 中黏煤 | 弱黏煤 | 不黏煤 | 长焰煤 | 褐煤 |
|---|---|---|---|---|---|---|---|---|---|---|---|---|---|---|---|
| 海拉尔 | 16 881 333 | | 2120 | 661 | 253 | 4251 | 4722 | | | 3355 | 539 | 2780 | 2425 | 1 027 633 | 15 832 594 |
| 大兴安岭中部 | 6987 | 1474 | | 222 | 532 | 910 | | | | 3335 | | | | 514 | |
| 松辽盆地西部 | 88 811 | 2006 | | | | | | | | | | | | 19 982 | 66 823 |
| 大兴安岭南部 | 142 114 | 121 | | | | | | | | | | | | 4921 | 137 072 |
| 二连 | 14 250 544 | 1767 | 3618 | | | | | | | 30 735 | | 47 | 16 027 | 2 259 777 | 11 938 573 |
| 阴山 | 202 384 | 14 896 | | | 9069 | 42 227 | | | | 3586 | | 2331 | 4762 | 178 | 125 335 |
| 鄂尔多斯北缘 | 54 871 218 | | | | | | | | | | | | 51 218 217 | 3 653 001 | |
| 宁东南 | 1 719 921 | | | | | | 162 334 | | | 193 840 | | | 1 363 747 | | |
| 桌子山贺兰山 | 615 452 | 67 086 | | | 53 864 | 1190 | | 448 960 | 24 776 | | | | | 19 576 | |
| 北山-潮水 | 62 967 | | | | | | | | | | | | 439 | 62 528 | |
| 香山 | 202 089 | 13 306 | 187 962 | | 497 | | | | | | | 324 | | | |
| 合计 | 89 043 820 | 100 656 | 193 700 | 883 | 64 215 | 48 578 | 167 056 | 448 960 | 24 776 | 234 851 | 539 | 5482 | 52 605 617 | 7 048 110 | 28 100 397 |
| 占比（%） | 100.00 | 0.11 | 0.22 | 0.00 | 0.07 | 0.05 | 0.19 | 0.50 | 0.03 | 0.26 | 0.00 | 0.01 | 59.08 | 7.92 | 31.56 |

注：表中各煤类资源储量单位为×$10^4$t。

## 二、煤炭资源勘查现状分析

自 20 世纪 50 年代开始，至 2009 年底，内蒙古自治区煤田地质工作遍及全区，共形成了各类地质报告 441 件，涉及 106 个矿区（煤产地、远景区），保有煤炭资源量 8 904.38×$10^8$t。

区内煤炭资源按矿区规模划分：小型（<2×$10^8$t）矿区 41 个、保有资源量 23.93×$10^8$t，矿区个数占 38.7%、保有资源量占 0.27%；中型（2×$10^8$t～5×$10^8$t）矿区 12 个、保有资源量 38.75×$10^8$t，矿区个数占 11.3%、保有资源量占 0.44%；大型（5×$10^8$t～50×$10^8$t）矿区 32 个、保有资源量 593.36×$10^8$t，矿区个数占 30.2%、保有资源量占 6.66%；特大型（>50×$10^8$t）矿区 21 个、保有资源量 8 245.34×$10^8$t，矿区个数占 19.8%、保有资源量占 92.60%；大型以上矿区，矿区个数占 50%、保有资源量占 99.3%。需说明的是，大型矿区中保有资源量 500×10⁸t 以上的有鄂尔多斯盆地北缘赋煤带的东胜深部矿区(>3000×10⁸t)、东胜国家规划矿区(>1000×10⁸t)和海拉尔赋煤带的红花尔基矿区(>500×10⁸t)3 个矿区，合计 5 655.97×10⁸t，占全区保有资源量的 63.52%；保有资源量 500×10⁸t～100×10⁸t 的有海拉尔赋煤带的呼和诺尔、伊敏、宝日希勒矿区，二连赋煤带的胜利、巴彦呼硕、白音华、霍林河、五间房矿区，鄂尔多斯盆地北缘赋煤带的准格尔矿区和桌子山-贺兰山赋煤带的上海庙矿区 10 个煤田或矿区，合计 1 974.22×10⁸t，占全区保有资源储量的 22.17%(表 13-32)。

**表 13-32 内蒙古自治区煤炭资源勘查现状一览表**

| 赋煤带 | 矿区(煤产地、远景区) | 勘探 | | 详查 | | 普查 | | 预查 | | 合计 | |
|---|---|---|---|---|---|---|---|---|---|---|---|
| | | 数量(个) | 资源量($10^4$t) | 数量(个) | 资源量($10^4$t) | 数量(个) | 资源量($10^4$t) | 数量(个) | 资源量($10^4$t) | 数量(个) | 资源量($10^4$t) |
| 海拉尔 | 拉布达林矿区 | | | | | 1 | 44 304 | | | 1 | 44 304 |
| | 得尔布煤产地 | | | | | 1 | 48 637 | | | 1 | 48 637 |
| | 特兰图矿区 | 1 | 181 899 | | | | | 1 | 438 765 | 2 | 620 664 |
| | 胡列也吐矿区 | | | 1 | 266 684 | | | 1 | 427 772 | 2 | 694 456 |
| | 扎赉诺尔矿区 | | | | | 2 | 835 459 | | | 2 | 835 459 |
| | 开放山煤产地 | | | 1 | 12 654 | | | | | 1 | 12 654 |
| | 三角地煤产地 | | | 1 | 7028 | | | | | 1 | 7028 |
| | 西胡里吐煤产地 | | | | | | | 1 | 118 376 | 1 | 118 376 |
| | 鹤门煤产地 | | | | | 1 | 18 000 | | | 1 | 18 000 |
| | 红旗牧场远景区 | | | | | | | 2 | 5249 | 2 | 5249 |
| | 莫达木吉远景区 | | | | | | | 2 | 376 495 | 2 | 376 495 |
| | 乌尔逊矿区 | | | 1 | 745 757 | | | 1 | 93 995 | 2 | 839 752 |
| | 宝日希勒矿区 | 1 | 483 478 | | | 1 | 602 238 | | | 2 | 1 085 716 |
| | 南屯-马达木吉 | | | 1 | 152 659 | | | 2 | 146 726 | 3 | 299 385 |
| | 五九矿区 | 2 | 20 962 | | | | | | | 2 | 20 962 |
| | 莫拐矿区 | 2 | 67 770 | | | 1 | 10 417 | | | 3 | 78 187 |
| | 大雁矿区 | 1 | 149 153 | | | | | 1 | 76 470 | 2 | 225 623 |
| | 免渡河煤产地 | 2 | 12 216 | | | | | | | 2 | 12 216 |
| | 伊敏矿区 | 2 | 457 078 | | | 2 | 1 380 827 | 1 | 196 857 | 5 | 2 034 762 |
| | 红花尔基矿区 | | | 1 | 2 138 377 | 3 | 3 203 097 | | | 4 | 5 341 474 |
| | 呼和诺尔矿区 | | | 2 | 4 161 934 | | | | | 2 | 4 161 934 |
| | 小 计 | 11 | 1 372 556 | 8 | 7 485 093 | 12 | 6 142 979 | 12 | 1 880 705 | 43 | 16 881 333 |
| 大兴安岭中部 | 大杨树煤产地 | 1 | 217 | | | 1 | 297 | | | 2 | 514 |
| | 牤牛海煤产地 | | | 4 | 4245 | 1 | 0 | | | 5 | 4245 |
| | 黄花山煤产地 | 1 | 0 | | | 1 | 537 | | | 2 | 537 |
| | 联合屯煤产地 | 1 | 777 | | | 2 | 532 | | | 3 | 1309 |
| | 温都花煤产地 | | | | | 1 | 222 | | | 1 | 222 |
| | 塔布花煤产地 | 1 | 160 | | | | | | | 1 | 160 |
| | 小计 | 4 | 1154 | 4 | 4245 | 6 | 1588 | | | 14 | 6987 |

**续表 13-32**

| 赋煤带 | 矿区(煤产地、远景区) | 勘探 | | 详查 | | 普查 | | 预查 | | 合计 | |
|---|---|---|---|---|---|---|---|---|---|---|---|
| | | 数量(个) | 资源量($10^4$t) | 数量(个) | 资源量($10^4$t) | 数量(个) | 资源量($10^4$t) | 数量(个) | 资源量($10^4$t) | 数量(个) | 资源量($10^4$t) |
| 松辽盆地西部 | 公营子煤产地 | | | | | 1 | 2006 | | | 1 | 2006 |
| | 宝龙山煤产地 | 1 | 5334 | | | | | | | 1 | 5334 |
| | 双辽矿区 | 1 | 9953 | | | 1 | 1797 | 1 | 2324 | 3 | 14 074 |
| | 绍根矿区 | 1 | 66 300 | | | | | | | 1 | 66 300 |
| | 榆树林子煤产地 | | | | | 1 | 523 | | | 1 | 523 |
| | 沙力好来煤产地 | | | 1 | 574 | 1 | 0 | | | 2 | 574 |
| | 小 计 | 3 | 81 587 | 1 | 574 | 4 | 4326 | 1 | 2324 | 9 | 88 811 |
| 大兴安岭南部 | 广兴源煤产地 | | | | | 2 | 15 | | | 2 | 15 |
| | 亿合公煤产地 | | | | | 1 | 9316 | | | 1 | 9316 |
| | 当铺地煤产地 | | | 1 | 0 | | | | | 1 | 0 |
| | 永丰煤产地 | | | 1 | 232 | 3 | 121 | | | 4 | 353 |
| | 元宝山矿区 | 6 | 98 493 | | | | | | | 6 | 98 493 |
| | 平庄矿区 | 5 | 26 617 | 2 | 6783 | | | | | 7 | 33 400 |
| | 四龙矿区 | | | 1 | 537 | | | | | 1 | 537 |
| | 小 计 | 11 | 125 110 | 5 | 7552 | 6 | 9452 | | | 22 | 142 114 |
| 二连 | 五七军马场 | | | | | 1 | 890 | | | 1 | 890 |
| | 贺斯格乌拉矿区 | 2 | 121 352 | 2 | 20 293 | | | | | 4 | 141 645 |
| | 白音霍布尔矿区 | | | | | | | 1 | 111 622 | 1 | 111 622 |
| | 宝力格矿区 | 1 | 24 556 | | | | | | | 1 | 24 556 |
| | 霍林河矿区 | 3 | 541 508 | 1 | 604 858 | 1 | 6232 | | | 5 | 1 152 598 |
| | 查干陶勒盖矿区 | 2 | 107 179 | 1 | 30 166 | 1 | 19 862 | | | 4 | 157 207 |
| | 高力罕矿区 | | | 1 | 307 026 | | | 1 | 116 991 | 2 | 424 017 |
| | 伊和达布斯矿区 | | | 1 | 97 250 | | | | | 1 | 97 250 |
| | 道特淖尔矿区 | | | 5 | 270 528 | | | | | 5 | 270 528 |
| | 巴其北矿区 | | | 1 | 392 777 | | | 1 | 505 755 | 2 | 898 532 |
| | 白音华矿区 | 5 | 458 480 | | | 1 | 838 783 | | | 6 | 1 297 263 |
| | 乌尼特矿区 | 1 | 243 386 | 3 | 374 426 | 1 | 2134 | | | 5 | 619 946 |
| | 五间房矿区 | | | | | 1 | 1 283 452 | | | 1 | 1 283 452 |
| | 巴彦呼硕矿区 | 2 | 401 238 | 7 | 816 128 | 1 | 128 867 | 1 | 84 953 | 11 | 1 431 186 |
| | 吉林郭勒矿区 | 1 | 227 813 | | | | | | | 1 | 227 813 |
| | 乌套海矿区 | 1 | 5768 | | | 1 | 15 916 | | | 2 | 21 684 |
| | 锡林浩特矿区 | 2 | 75 | | | 1 | 129 | | | 3 | 204 |
| | 胜利矿区 | 10 | 1 579 351 | | | 1 | 643 222 | | | 11 | 2 222 573 |
| | 西乌珠穆沁旗矿区 | 2 | 2528 | 2 | 9000 | | | | | 4 | 11 528 |
| | 巴彦宝力格矿区 | 4 | 585 207 | 2 | 139 878 | 1 | 25 235 | | | 7 | 750 320 |

**续表 13-32**

| 赋煤带 | 矿区(煤产地、远景区) | 勘探 | | 详查 | | 普查 | | 预查 | | 合计 | |
|---|---|---|---|---|---|---|---|---|---|---|---|
| | | 数量(个) | 资源量($10^4$t) | 数量(个) | 资源量($10^4$t) | 数量(个) | 资源量($10^4$t) | 数量(个) | 资源量($10^4$t) | 数量(个) | 资源量($10^4$t) |
| 二连 | 巴彦温都尔矿区 | | | 1 | 39 756 | | | | | 1 | 39 756 |
| | 查干诺尔矿区 | | | 1 | 279 201 | | | | | 1 | 279 201 |
| | 红格尔矿区 | 1 | 90 412 | | | | | | | 1 | 90 412 |
| | 阿其图矿区 | | | | | 1 | 10 255 | | | 1 | 10 255 |
| | 赛罕高毕矿区 | 1 | 60 730 | | | | | | | 1 | 60 730 |
| | 白音昆地煤产地 | | | | | 2 | 10 640 | | | 2 | 10 640 |
| | 扎格斯台矿区 | 1 | 27 245 | | | | | | | 1 | 27 245 |
| | 好鲁库煤产地 | | | 1 | 11 894 | | | | | 1 | 11 894 |
| | 西大仓煤产地 | 1 | 15 705 | | | | | | | 1 | 15 705 |
| | 黑城子煤产地 | 1 | 53 062 | | | | | | | 1 | 53 062 |
| | 石匠山煤产地 | | | 1 | 1767 | | | | | 1 | 1767 |
| | 赛汉塔拉矿区 | | | | | 3 | 114 494 | 1 | 29 516 | 4 | 144 010 |
| | 沙尔花矿区 | | | | | 2 | 161 489 | | | 2 | 161 489 |
| | 白彦花矿区 | | | 1 | 892 413 | | | | | 1 | 892 413 |
| | 达来矿区 | | | 1 | 19 527 | 1 | 50 469 | | | 2 | 69 996 |
| | 吉尔嘎朗图煤产地 | | | 1 | 9516 | | | | | 1 | 9516 |
| | 准哈诺尔矿区 | | | 1 | 51 624 | 1 | 32 964 | | | 2 | 84 588 |
| | 额合宝力格矿区 | 1 | 28 598 | 1 | 21 075 | 1 | 21 235 | 1 | 281 073 | 4 | 351 981 |
| | 马尼特庙矿区 | 6 | 26 634 | 1 | 1189 | | | 1 | 4045 | 8 | 31 868 |
| | 那仁宝力格矿区 | | | | | 1 | 264 154 | | | 1 | 264 154 |
| | 白音乌拉矿区 | 4 | 158 758 | 1 | 93 010 | 2 | 154 850 | 1 | 88 430 | 8 | 495 048 |
| | 小计 | 52 | 4 759 585 | 37 | 4 483 302 | 25 | 3 785 272 | 8 | 1 222 385 | 122 | 14 250 544 |
| 阴山 | 集宁矿区 | 1 | 11 323 | 1 | 18 762 | 2 | 43 038 | | | 4 | 73 123 |
| | 苏勒图煤产地 | | | | | 3 | 676 | | | 3 | 676 |
| | 流通壕煤产地 | | | 1 | 1193 | | | | | 1 | 1193 |
| | 大青山矿区 | 10 | 37 133 | 1 | 0 | 9 | 32 812 | 1 | 207 | 21 | 70 152 |
| | 固阳煤产地 | 3 | 11 841 | | | | | | | 3 | 11 841 |
| | 营盘湾矿区 | 1 | 0 | | | 5 | 4847 | | | 6 | 4847 |
| | 昂根煤产地 | | | | | | | 1 | 1374 | 1 | 1374 |
| | 巴音胡都格矿区 | 1 | 7835 | 1 | 1951 | | | | | 2 | 9786 |
| | 供济堂煤产地 | | | 1 | 20 363 | | | | | 1 | 20 363 |
| | 新民村煤产地 | | | | | | | 1 | 9029 | 1 | 9029 |
| | 小计 | 16 | 68 132 | 5 | 42 269 | 19 | 81 373 | 3 | 10 610 | 43 | 202 384 |

**续表 13-32**

| 赋煤带 | 矿区(煤产地、远景区) | 勘探 | | 详查 | | 普查 | | 预查 | | 合计 | |
|---|---|---|---|---|---|---|---|---|---|---|---|
| | | 数量(个) | 资源量($10^4$t) | 数量(个) | 资源量($10^4$t) | 数量(个) | 资源量($10^4$t) | 数量(个) | 资源量($10^4$t) | 数量(个) | 资源量($10^4$t) |
| 鄂尔多斯北缘 | 乌兰格尔矿区 | 1 | 24 335 | | | 1 | 265 434 | | | 2 | 289 769 |
| | 准格尔矿区 | 30 | 3 289 886 | 2 | 62 865 | | | | | 32 | 3 352 751 |
| | 清水河矿区 | | | | | 3 | 10 481 | | | 3 | 10 481 |
| | 东胜国家规划矿区 | 23 | 2 718 159 | 10 | 2 788 204 | 5 | 8 330 038 | | | 38 | 13 836 401 |
| | 东胜深部矿区 | 10 | 1 258 341 | 3 | 1 958 405 | 7 | 4 738 211 | 6 | 29 426 859 | 26 | 37 381 816 |
| | 小 计 | 64 | 7 290 721 | 15 | 4 809 474 | 16 | 13 344 164 | 6 | 29 426 859 | 101 | 54 871 218 |
| 宁东南 | 上海庙矿区 | 15 | 702 486 | 2 | 41 016 | 3 | 682 026 | 2 | 294 393 | 22 | 1 719 921 |
| | 小 计 | 15 | 702 486 | 2 | 41 016 | 3 | 682 026 | 2 | 294 393 | 22 | 1 719 921 |
| 桌子山-贺兰山 | 二道岭矿区 | 6 | 41 282 | 2 | 30 885 | | | | | 8 | 72 167 |
| | 呼鲁斯太矿区 | 2 | 44 701 | 1 | 1210 | | | | | 3 | 45 911 |
| | 乌达矿区 | 2 | 26 153 | 2 | 2685 | | | | | 4 | 28 838 |
| | 桌子山矿区 | 15 | 322 168 | 21 | 138 439 | 2 | 7929 | | | 38 | 468 536 |
| | 小 计 | 25 | 434 304 | 26 | 173 219 | 2 | 7929 | | | 53 | 615 452 |
| 北山-潮水 | 希热哈达 | | | 1 | 439 | | | | | 1 | 439 |
| | 北山煤产地 | 1 | 8750 | | | | | | | 1 | 8750 |
| | 潮水矿区 | 1 | 2638 | 2 | 3013 | 2 | 13 681 | 2 | 34 446 | 7 | 53 778 |
| | 小计 | 2 | 11 388 | 3 | 3452 | 2 | 13 681 | 2 | 34 446 | 9 | 62 967 |
| 香山 | 黑山矿区 | 1 | 166 | 2 | 1413 | | | 1 | 186 880 | 4 | 188 459 |
| | 喇嘛敖包矿区 | 1 | 324 | 1 | 12 742 | 1 | 564 | | | 3 | 13 630 |
| | 小 计 | 2 | 490 | 3 | 14 155 | 1 | 564 | 1 | 186 880 | 7 | 202 089 |
| 合 计 | | 205 | 14 847 513 | 109 | 17 064 351 | 96 | 24 073 354 | 35 | 33 058 602 | 445 | 89 043 820 |

区内煤炭资源按勘查程度划分:达到勘探工作程度的205个,保有资源量1 484.75×$10^8$t,占保有资源量的16.67%;达到详查工作程度的109个,保有资源量1 706.44×$10^8$t,占保有资源量的19.16%;达到普查工作程度的96个,保有资源量2 407.34×$10^8$t,占保有资源量的27.04%;达到预查工作程度的35个,保有资源量3 305.86×$10^8$t,占保有资源量的37.13%。勘探+详查占3/8,勘探+详查+普查占5/8,勘查布局较合理。

区内煤炭资源按地质可靠程度(现行资源储量类型)划分:保有资源量为8 904.38×$10^8$t,其中探明的资源量为414.55×$10^8$t,占保有量的4.65%;控制的资源量为961.56×$10^8$t,占保有量的10.80%;推断的资源量为2 800.24×$10^8$t,占保有量的31.45%;预测的资源量为4 728.03×$10^8$t,占保有量的53.10%;查明的资源量为4 176.35×$10^8$t。其中,探明的资源量占查明量的9.93%,控制的资源量占查明量的23.02%,推断的资源量占查明量的67.05%,探明的、控制的、推断的三者之比为1∶2.32∶6.75。资源量类型的结构较合理,但不同赋煤带或煤田的勘查程度不均衡。

勘查程度较高的为准格尔煤田,保有资源储量为335.28×$10^8$t,探明的资源储量仅47.00×$10^8$t,占保有量的14.02%;控制的资源量为77.98×$10^8$t,占保有量的23.26%;推断的资源量为188.84×$10^8$t,

占保有量的 56.32%；预测的资源量仅 21.46×$10^8$t，占保有量的 6.40%；查明的资源量为 313.82×$10^8$t，查明率 93.60%。并且探明的、控制的、推断的三者之比为 1∶1.66∶4.02，资源量类型的结构合理。

勘查程度较低的为海拉尔赋煤带，保有资源储量为 1 688.13×$10^8$t，探明的资源储量仅 60.48×$10^8$t，占保有量的 3.58%；控制的资源储量为 313.61×$10^8$t，占保有量的 18.58%；推断的资源储量为 678.41×$10^8$t，占保有量的 40.19%；预测的资源储量为 635.63×$10^8$t，占保有量的 37.65%；查明的资源量为 1 052.50×$10^8$t，查明率 62.35%。但探明的资源量占查明量的 5.75%，控制的资源量占查明量的 29.80%，推断的资源量占查明量的 64.46%，探明的、控制的、推断的三者之比为 1∶5.18∶11.21，其资源量类型的结构不合理。

## 三、煤炭资源开发现状

截至 2009 年底，内蒙古自治区煤炭保有资源储量 89 043 820×$10^4$t，经矿业权整合，现有生产煤矿山 604 个（处），设计总生产能力 79 212×$10^4$t/a，已利用资源储量 5 272 495×$10^4$t。其中大中型生产矿井 263 个，生产能力 50 330×$10^4$t/a，保有资源储量 3 029 479×$10^4$t；大中型在建矿井 59 个，生产能力 20 271×$10^4$t/a，保有资源储量 1 675 716×$10^4$t；小型煤矿 282 个，生产能力 8611×$10^4$t/a，保有资源储量 567 300×$10^4$t（表 13-33）。

已利用的煤炭资源储量占保有资源储量的 5.92%。利用率最高的矿区（煤产地）依次为宝龙山煤产地 100%、黄花山煤产地 100%、大杨树煤产地 100%、黑城子煤产地 99.61%、塔布花煤产地 99.38%、昂根煤产地 96.07%、元宝山矿区 95.36%、呼鲁斯太矿区 92.40%、石匠山煤产地 92.30%、榆树林子煤产地 91.78%、乌达矿区 88.22%、西大仓煤产地 87.46%、沙力好来煤产地 85.71%、平庄矿区 84.92%、联合屯煤产地 80.67%、巴音胡都格矿区 78.46%、四龙矿区 75.42%、牤牛海煤产地 74.30%、绍根矿区 67.82%、桌子山矿区 62.37%、锡林浩特矿区 61.27%、双辽矿区 58.24%、免渡河矿区 55.17%。

尚未利用的煤炭资源储量中，达到勘探工作阶段的保有资源储量 11 069 098×$10^4$t，占总保有资源储量的 12.43%；达到详查阶段的保有资源储量 16 234 468×$10^4$t，占总保有资源储量的 18.23%；达到普查阶段的保有资源储量 23 282 552×$10^4$t，占总保有资源储量的 26.15%；预查阶段的保有资源储量 33 185 207×$10^4$t，占总保有资源储量的 37.27%（表 13-33）。

内蒙古自治区的煤炭资源十分丰富，探明的资源量占全国第一位，是我国重要的煤炭资源和生产大区。内蒙古自治区的煤炭资源以成煤时代及煤系既集中又独立，成片煤层近水平，埋藏浅，煤种齐全，开采条件好而闻名全国。煤炭资源分布面积约 11×$10^4$km²，约占全区国土面积的 9.3%，煤炭资源开发已成为我区国民经济和社会发展的支柱产业之一，在全区工业中占重要地位。内蒙古自治区共划分 8 个煤炭国家规划矿区，总面积为 45 821.26km²，共占保有资源储量 25 817 523×$10^4$t，约占全区保有资源储量的 29%（表 13-34）。

**表 13-33　内蒙古自治区煤炭资源勘查开发现状汇总表**

| 赋煤带 | 矿区(煤产地、远景区) | 累计探获资源储量($10^4$t) | 保有资源储量($10^4$t) | 已利用资源储量($10^4$t) | 尚未利用资源储量($10^4$t) | | | | 大、中型生产矿井 | | | 大、中型在建矿井 | | | 小型矿井 | | |
|---|---|---|---|---|---|---|---|---|---|---|---|---|---|---|---|---|---|
| | | | | 勘探 | 勘探 | 详查 | 普查 | 预查 | 数量(对) | 能力($10^4$t/a) | 储量($10^4$t) | 数量(对) | 能力($10^4$t/a) | 储量($10^4$t) | 数量(对) | 能力($10^4$t/a) | 储量($10^4$t) |
| 海拉尔 | 拉布达林矿区 | 45 489 | 44 304 | 1958 | | | 42 346 | | | | | | | | 3 | 81 | 1958 |
| | 得尔布煤产地 | 48 637 | 48 637 | | | | 48 637 | | | | | | | | | | |
| | 特兰图矿区 | 620 664 | 620 664 | | 181 899 | | | 438 765 | | | | | | | | | |
| | 胡列也吐矿区 | 694 456 | 694 456 | | | 266 684 | | 427 772 | | | | | | | | | |
| | 扎赉诺尔矿区 | 870 101 | 335 459 | 306 002 | | | 529 457 | | 5 | 845 | 163 717 | 1 | 500 | 142 285 | | | |
| | 开放山煤产地 | 13 570 | 12 654 | 436 | | 12 218 | | | | | | | | | 1 | 30 | 436 |
| | 三角地煤产地 | 7028 | 7028 | | | 7028 | | | | | | | | | | | |
| | 西胡里吐煤产地 | 118 774 | 118 376 | 751 | | | | 117 625 | | | | | | | 1 | 30 | 751 |
| | 鹤门煤产地 | 18 000 | 18 000 | | | | 18 000 | | | | | | | | | | |
| | 红旗牧场远景区 | 5249 | 5249 | | | | | 5249 | | | | | | | | | |
| | 莫达木吉远景区 | 376 495 | 376 495 | | | | | 356 300 | | | | | | | | | |
| | 乌尔逊矿区 | 839 752 | 839 752 | | | 745 757 | | 114 190 | | | | | | | | | |
| | 宝日希勒矿区 | 1 112 907 | 1 085 716 | 230 361 | 253 117 | | 602 238 | | 4 | 1225 | 20 774 | 3 | 1425 | 166 792 | 6 | 240 | 42 795 |
| | 南屯-马达木吉矿区 | 299 385 | 299 385 | | | 152 659 | | 146 726 | | | | | | | | | |
| | 五九矿区 | 23 786 | 20 962 | 2327 | 18 635 | | | | 1 | 45 | 121 | | | | 2 | 39 | 2206 |
| | 莫拐矿区 | 78 187 | 78 187 | | 67 770 | | 10 417 | | | | | | | | | | |
| | 大雁矿区 | 241 992 | 225 623 | 70 799 | 78 354 | | | 76 470 | 3 | 763 | 70 770 | | | | 1 | 6 | 29 |
| | 免渡河煤产地 | 13 979 | 12 216 | 6739 | 5477 | | | | 1 | 95 | 6666 | | | | 2 | 25 | 73 |
| | 伊敏矿区 | 2 046 730 | 2 034 762 | 101 867 | 355 211 | | 1 380 827 | 196 857 | 2 | 1900 | 98 999 | | | | 1 | 30 | 2868 |
| | 红花尔基矿区 | 5 341 474 | 5 341 474 | | | 2 138 377 | 3 203 097 | | | | | | | | | | |
| | 呼和诺尔矿区 | 4 161 951 | 4 161 934 | 1090 | | 4 160 844 | | | 1 | 60 | 1090 | | | | | | |
| | 小计 | 16 978 606 | 16 881 333 | 722 330 | 960 463 | 7 483 567 | 5 835 019 | 1 879 954 | 17 | 4933 | 362 137 | 4 | 1925 | 309 077 | 17 | 481 | 51 116 |

**续表 13-33**

| 赋煤带 | 矿区(煤产地、远景区) | 累计探获资源储量(10⁴ t) | 保有资源储量(10⁴ t) | 已利用资源储量(10⁴ t) | 尚未利用资源储量(10⁴ t) | | | | 大、中型生产矿井 | | | 大、中型在建矿井 | | | 小型矿井 | | |
|---|---|---|---|---|---|---|---|---|---|---|---|---|---|---|---|---|---|
| | | | | 勘探 | 勘探 | 详查 | 普查 | 预查 | 数量(对) | 能力(10⁴ t/a) | 储量(10⁴ t) | 数量(对) | 能力(10⁴ t/a) | 储量(10⁴ t) | 数量(对) | 能力(10⁴ t/a) | 储量(10⁴ t) |
| 大兴安岭中部 | 大杨树煤产地 | 3476 | 514 | 514 | | | | | | | | | | | 7 | 62 | 514 |
| | 牤牛海煤产地 | 7309 | 4245 | 3154 | | 1091 | | | | | | | | | 4 | 120 | 3154 |
| | 黄花山煤产地 | 821 | 537 | 537 | | | | | | | | | | | 1 | 15 | 537 |
| | 联合屯煤产地 | 2169 | 1309 | 1056 | | | 253 | | | | | | | | 3 | 45 | 1056 |
| | 温都花煤产地 | 450 | 222 | 73 | | | 149 | | | | | | | | 1 | 9 | 73 |
| | 塔布花煤产地 | 350 | 160 | 159 | 1 | | | | | | | | | | 1 | 10 | 159 |
| | 小计 | 14 575 | 6987 | 5493 | 1 | 1091 | 402 | | | | | | | | 17 | 261 | 5493 |
| 松辽盆地西部 | 公营子煤产地 | 2006 | 2006 | | | | 2006 | | | | | | | | | | |
| | 宝龙山煤产地 | 5334 | 5334 | 5334 | | | | | | | | 1 | 90 | 5334 | | | |
| | 双辽矿区 | 14 524 | 14 074 | 8196 | 1757 | | 1797 | 2324 | 1 | 183 | 8196 | | | | | | |
| | 绍根矿区 | 66 300 | 66 300 | 44 967 | 21 333 | | | | | | | 2 | 360 | 44 967 | | | |
| | 榆树林子煤产地 | 524 | 523 | 480 | | | 43 | | | | | | | | 1 | 30 | 480 |
| | 沙力好来煤产地 | 1003 | 574 | 492 | | 82 | | | | | | | | | 1 | 9 | 492 |
| | 小计 | 89 691 | 88 811 | 59 469 | 23 090 | 82 | 3846 | 2324 | 1 | 183 | 8196 | 3 | 450 | 50 301 | 2 | 39 | 972 |
| 大兴安岭南部 | 广兴源煤产地 | 503 | 15 | | | | 15 | | | | | | | | | | |
| | 亿合公煤产地 | 18 780 | 9316 | 94 | | | 9222 | | | | | | | | 1 | 6 | 94 |
| | 当铺地煤产地 | 77 | | | | | | | | | | | | | | | |
| | 永丰煤产地 | 736 | 353 | 120 | | 232 | 1 | | | | | | | | 1 | 30 | 120 |
| | 元宝山矿区 | 123 104 | 98 493 | 93 921 | 4572 | | | | 6 | 1574 | 88 481 | | | | 11 | 174 | 5440 |
| | 平庄矿区 | 61 159 | 33 400 | 28 363 | 5002 | 35 | | | 4 | 634 | 20 560 | 1 | 60 | 4921 | 12 | 293 | 2882 |
| | 四龙矿区 | 3060 | 537 | 405 | | 132 | | | | | | | | | 5 | 40 | 405 |
| | 小计 | 207 419 | 142 114 | 122 903 | 9574 | 399 | 9238 | | 10 | 2208 | 109 041 | 1 | 60 | 4921 | 30 | 543 | 8941 |

**续表 13-33**

| 赋煤带 | 矿区(煤产地、远景区) | 累计探获资源储量($10^4$t) | 保有资源储量($10^4$t) | 已利用资源储量($10^4$t) | 尚未利用资源储量($10^4$t) | | | | 大、中型生产矿井 | | | 大、中型在建矿井 | | | 小型矿井 | | |
|---|---|---|---|---|---|---|---|---|---|---|---|---|---|---|---|---|---|
| | | | | 勘探 | 勘探 | 详查 | 普查 | 预查 | 数量(对) | 能力($10^4$t/a) | 储量($10^4$t) | 数量(对) | 能力($10^4$t/a) | 储量($10^4$t) | 数量(对) | 能力($10^4$t/a) | 储量($10^4$t) |
| 二连 | 五七军马场煤产地 | 890 | 890 | | | | 890 | | | | | | | | | | |
| | 贺斯格乌拉矿区 | 141 645 | 141 645 | | 121 352 | 20 293 | | | | | | | | | | | |
| | 白音霍布尔矿区 | 111 622 | 111 622 | | | | | 111 622 | | | | | | | | | |
| | 宝力格矿区 | 24 556 | 24 556 | | 24 556 | | | | | | | | | | | | |
| | 霍林河矿区 | 1 177 039 | 1 152 598 | 347 425 | 215 044 | 587 405 | 2724 | | 11 | 5494 | 287 634 | 2 | 165 | 57 973 | 6 | 92 | 1818 |
| | 查干陶勒盖矿区 | 157 207 | 157 207 | | 107 179 | 30 166 | 19 862 | | | | | | | | | | |
| | 高力罕矿区 | 424 017 | 424 017 | | | 307 026 | | 116 991 | | | | | | | | | |
| | 伊和达布斯矿区 | 97 250 | 97 250 | | | 97 250 | | | | | | | | | | | |
| | 道特淖尔矿区 | 270 528 | 270 528 | | | 270 528 | | | | | | | | | | | |
| | 巴其北矿区 | 898 532 | 898 532 | | | 392 777 | | 505 755 | | | | | | | | | |
| | 白音华矿区 | 1 297 701 | 1 297 263 | 427 393 | 31 087 | | 838 783 | | 1 | 395 | 101 | 4 | 6000 | 427 292 | | | |
| | 乌尼特矿区 | 620 239 | 619 946 | 2134 | 243 386 | 374 426 | | | 1 | 84 | 2134 | | | | | | |
| | 五间房矿区 | 1 283 452 | 1 283 452 | | | | 1 283 452 | | | | | | | | | | |
| | 巴彦呼硕矿区 | 1 431 186 | 1 431 186 | | 401 238 | 816 128 | 128 867 | 84 953 | | | | | | | | | |
| | 吉林郭勒矿区 | 227 813 | 227 813 | | 227 813 | | | | | | | | | | | | |
| | 乌套海矿区 | 21 684 | 21 684 | | 5768 | | 15 916 | | | | | | | | | | |
| | 锡林浩特矿区 | 256 | 204 | 125 | 14 | | 65 | | 1 | 60 | 61 | | | | 1 | 15 | 64 |
| | 胜利矿区 | 2 228 514 | 2 222 573 | 272 511 | 1 308 333 | | 641 729 | | 3 | 2584 | 271 018 | | | | 1 | 15 | 1493 |
| | 西乌旗矿区 | 12 149 | 11 528 | 1310 | 1273 | 8445 | | | 2 | 295 | 1536 | 1 | 300 | 227 | 1 | 6 | 47 |
| | 巴彦宝力格矿区 | 750 320 | 750 320 | | 585 207 | 139 878 | 25 235 | | | | | | | | | | |
| | 巴彦温都尔矿区 | 39 756 | 39 756 | | | 39 756 | | | | | | | | | | | |
| | 查干诺尔矿区 | 279 201 | 279 201 | | | 279 201 | | | | | | | | | | | |
| | 红格尔矿区 | 90 412 | 90 412 | | 90 412 | | | | | | | | | | | | |
| | 阿其图矿区 | 10 255 | 10 255 | | | | 10 255 | | | | | | | | | | |
| | 赛罕高毕矿区 | 60 730 | 60 730 | | 60 730 | | | | | | | | | | | | |
| | 白音昆地煤产地 | 10 818 | 10 640 | | | | 10 640 | | | | | | | | | | |
| | 扎格斯台矿区 | 27 245 | 27 245 | | 27 245 | | | | | | | | | | | | |

**续表 13-33**

| 赋煤带 | 矿区（煤产地、远景区） | 累计探获资源储量（$10^4$ t） | 保有资源储量（$10^4$ t） | 已利用资源储量（$10^4$ t） | 尚未利用资源储量（$10^4$ t） | | | | 大、中型生产矿井 | | | 大、中型在建矿井 | | | 小型矿井 | | |
|---|---|---|---|---|---|---|---|---|---|---|---|---|---|---|---|---|---|
| | | | | 勘探 | 勘探 | 详查 | 普查 | 预查 | 数量（对） | 能力（$10^4$ t/a） | 储量（$10^4$ t） | 数量（对） | 能力（$10^4$ t/a） | 储量（$10^4$ t） | 数量（对） | 能力（$10^4$ t/a） | 储量（$10^4$ t） |
| 二连 | 好鲁库煤产地 | 11 894 | 11 894 | | | 11 894 | | | | | | | | | | | |
| | 西大仓煤产地 | 16 249 | 15 705 | 13 735 | 1970 | | | | 1 | 90 | 13 735 | | | | | | |
| | 黑城子煤产地 | 53 062 | 53 062 | 52 857 | 205 | | | | | | | 1 | 300 | 52 857 | | | |
| | 石匠山煤产地 | 1767 | 1767 | 1631 | | 136 | | | | | | | | | 1 | 30 | 1631 |
| | 赛汉塔拉矿区 | 144 010 | 144 010 | | | | 114 494 | 29 516 | | | | | | | | | |
| | 沙尔花矿区 | 161 489 | 161 489 | | | | 161 489 | | | | | | | | | | |
| | 白彦花矿区 | 892 413 | 892 413 | | | 892 413 | | | | | | | | | | | |
| | 达来矿区 | 69 996 | 69 996 | | | 19 527 | 50 469 | | | | | | | | | | |
| | 吉尔嘎朗图煤产地 | 9516 | 9516 | | | 9516 | | | | | | | | | | | |
| | 准哈诺尔矿区 | 84 588 | 84 588 | | | 51 624 | 32 964 | | | | | | | | | | |
| | 额合宝力格矿区 | 352 262 | 351 981 | 28 598 | | 21 075 | 21 235 | 281 073 | 1 | 300 | 28 598 | | | | | | |
| | 马尼特庙矿区 | 31 967 | 31 868 | 9044 | 17 590 | 1189 | | 4045 | 3 | 147 | 4249 | | | | 5 | 171 | 4795 |
| | 那仁宝力格矿区 | 264 154 | 264 154 | | | | 264 154 | | | | | | | | | | |
| | 白音乌拉矿区 | 495 238 | 495 048 | 1606 | 157 152 | 93 010 | 154 850 | 88 430 | | | | | | | 1 | | 1606 |
| | 小计 | 14 283 622 | 14 250 544 | 1 158 869 | 3 627 554 | 4 463 663 | 3 778 073 | 1 222 385 | 24 | 9449 | 609 066 | 8 | 6765 | 538 349 | 16 | 329 | 11 454 |
| 阴山 | 集宁矿区 | 73 171 | 73 123 | | 11 323 | 18 762 | 43 038 | | | | | | | | | | |
| | 苏勒图煤产地 | 676 | 676 | | | | 676 | | | | | | | | | | |
| | 流通壕煤产地 | 1286 | 1193 | | | 1193 | | | | | | | | | | | |
| | 大青山矿区 | 97 989 | 70 152 | 32 020 | 13 280 | | 24 645 | 207 | 4 | 635 | 7215 | 1 | 120 | 7286 | 13 | 515 | 17 519 |
| | 固阳煤产地 | 12 276 | 11 841 | | 11 841 | | | | | | | | | | | | |
| | 营盘湾矿区 | 8084 | 4847 | 2205 | | | 2642 | | | | | | | | 3 | 69 | 2205 |
| | 昂根煤产地 | 2244 | 1374 | 1320 | | | | 54 | | | | | | | 1 | 30 | 1320 |
| | 巴音胡都格矿区 | 9893 | 9786 | 7678 | 157 | 1951 | | | 1 | 60 | 7678 | | | | | | |
| | 供济堂煤产地 | 20 363 | 20 363 | | | 20 363 | | | | | | | | | | | |
| | 新民村煤产地 | 9029 | 9029 | | | | | 9029 | | | | | | | | | |
| | 小计 | 235 011 | 202 384 | 43 223 | 36 601 | 42 269 | 71 001 | 9290 | 5 | 695 | 14 893 | 1 | 120 | 7286 | 17 | 614 | 21 044 |

**续表 13-33**

| 赋煤带 | 矿区（煤产地、远景区） | 累计探获资源储量（$10^4$ t） | 保有资源储量（$10^4$ t） | 已利用资源储量（$10^4$ t） | 尚未利用资源储量（$10^4$ t） | | | | 大、中型生产矿井 | | | 大、中型在建矿井 | | | 小型矿井 | | |
|---|---|---|---|---|---|---|---|---|---|---|---|---|---|---|---|---|---|
| | | | | 勘探 | 勘探 | 详查 | 普查 | 预查 | 数量（对） | 能力（$10^4$ t/a） | 储量（$10^4$ t） | 数量（对） | 能力（$10^4$ t/a） | 储量（$10^4$ t） | 数量（对） | 能力（$10^4$ t/a） | 储量（$10^4$ t） |
| 鄂尔多斯盆地北缘 | 乌兰格尔矿区 | 289 769 | 289 769 | 24 335 | | | 265 434 | | | | | 1 | 240 | 24 335 | | | |
| | 准格尔矿区 | 3 436 032 | 3 352 751 | 1 182 363 | 2 148 152 | 22 236 | | | 23 | 9044 | 712 280 | 8 | 2425 | 456 181 | 6 | 157 | 13 902 |
| | 清水河矿区 | 14 312 | 10 481 | 1729 | | | 8752 | | | | | | | | 3 | 90 | 1729 |
| | 东胜国家规划矿区 | 13 981 185 | 13 836 401 | 1 503 031 | 2 217 470 | 2 111 895 | 7 875 329 | 128 676 | 139 | 18 973 | 989 540 | 19 | 6861 | 152 406 | 84 | 3715 | 361 085 |
| | 东胜深部矿区 | 37 381 816 | 37 381 816 | | 1 258 341 | 1 958 405 | 4 738 211 | 29 426 859 | | | | | | | | | |
| | 小计 | 55 103 114 | 54 871 218 | 2 711 458 | 5 623 963 | 4 092 536 | 12 887 726 | 29 555 535 | 162 | 28 017 | 1 701 820 | 28 | 9526 | 632 922 | 93 | 3962 | 376 716 |
| 宁东南 | 上海庙矿区 | 1 720 051 | 1 719 921 | 46 037 | 656 449 | 41 016 | 682 026 | 294 393 | | | | 1 | 300 | 44 783 | 1 | 30 | 1254 |
| | 小计 | 1 720 051 | 1 719 921 | 46 037 | 656 449 | 41 016 | 682 026 | 294 393 | | | | 1 | 300 | 44 783 | 1 | 30 | 1254 |
| 桌子山-贺兰山 | 二道岭矿区 | 81 365 | 72 167 | 35 021 | 12 290 | 24 856 | | | 2 | 105 | 6614 | 3 | 270 | 14 221 | 16 | 375 | 14 186 |
| | 呼鲁斯太矿区 | 54 205 | 45 911 | 42 423 | 2278 | 1210 | | | 3 | 210 | 18 857 | 1 | 90 | 23 566 | | | |
| | 乌达矿区 | 57 563 | 28 838 | 25 440 | 713 | 2685 | | | 3 | 390 | 22 392 | | | | 3 | 90 | 3048 |
| | 桌子山矿区 | 530 028 | 468 536 | 292 236 | 104 719 | 64 164 | 7417 | | 30 | 3420 | 171 947 | 9 | 765 | 50 290 | 65 | 1796 | 69 999 |
| | 小计 | 723 161 | 615 452 | 395 120 | 120 000 | 92 915 | 7417 | | 38 | 4125 | 219 810 | 13 | 1125 | 88 077 | 84 | 2261 | 87 233 |
| 北山-潮水 | 希热哈达煤产地 | 845 | 439 | 133 | | 306 | | | | | | | | | 1 | | 133 |
| | 北山煤产地 | 8750 | 8750 | | 8750 | | | | | | | | | | | | |
| | 潮水矿区 | 58 484 | 53 778 | 6441 | 2638 | 3013 | 7240 | 34 446 | 4 | 705 | 3806 | | | | 3 | 61 | 2635 |
| | 小计 | 68 079 | 62 967 | 6574 | 11 388 | 3319 | 7240 | 34 446 | 4 | 705 | 3806 | | | | 4 | 61 | 2768 |
| 香山 | 黑山矿区 | 189 316 | 188 459 | 710 | | 869 | | 186 880 | 2 | 15 | 710 | | | | | | |
| | 喇嘛敖包矿区 | 14 257 | 13 630 | 309 | 15 | 12 742 | 564 | | | | | | | | 1 | 30 | 309 |
| | 小计 | 203 573 | 202 089 | 1019 | 15 | 13 611 | 564 | 186 880 | 2 | 15 | 710 | | | | 1 | 30 | 309 |
| 合计 | | 89 626 902 | 89 043 820 | 5 272 495 | 11 069 098 | 16 234 468 | 23 282 552 | 33 185 207 | 263 | 50 330 | 3 029 479 | 59 | 20 271 | 1 675 716 | 282 | 8611 | 567 300 |

**表 13-34　内蒙古自治区煤炭国家规划矿区概况一览表**

| 名称 | 位置 | 面积(km²) | 含煤地层 | 煤层厚度(m) | 煤质 | 开采条件 | 开采方式 | 保有资源储量($10^4$t)/服务年限(a) | 保障程度 |
|---|---|---|---|---|---|---|---|---|---|
| 扎赉诺尔国家规划矿区 | 呼伦贝尔市 | 553.32 | 白垩系 | 14.35～50.54 | 特低硫、中灰、中等热值,褐煤 | 低瓦斯、易自燃 | 露天/井工 | 835 459/84 | 高 |
| 宝日希勒国家规划矿区 | 呼伦贝尔市 | 724.23 | 白垩系 | 18.7～158.85 | 低灰、特低硫、中等热值,褐煤 | 低瓦斯、易自燃 | 露天为主 | 1 085 716/121 | 高 |
| 伊敏国家规划矿区 | 呼伦贝尔市 | 1 140.11 | 白垩系 | 0.90～46.41 | 中低灰、低硫、中等热值,褐煤 | 低瓦斯、易自燃 | 露天为主 | 2 034 762/224 | 高 |
| 霍林河国家规划矿区 | 通辽市 | 527.82 | 白垩系 | 12.30～120.45 | 低硫、低灰、中等热值,褐煤 | 低瓦斯、易自燃 | 露天为主 | 1 152 598/53 | 较高 |
| 白音华国家规划矿区 | 锡林浩特市 | 532.29 | 白垩系 | 1.05～115.54 | 中灰、低硫、中低热值,褐煤 | 低瓦斯、易自燃 | 露天为主 | 1 297 263/108 | 高 |
| 胜利国家规划矿区 | 锡林浩特市 | 544.96 | 白垩系 | 11.92～356.65 | 中灰、低硫、中低热值,褐煤 | 低瓦斯、易自燃 | 露天为主 | 2 222 573/80 | 高 |
| 东胜国家规划矿区 | 鄂尔多斯市 | 40 471.36 | 侏罗系 | 1.63～28.60 | 低灰、低硫、高热值,不黏煤 | 低瓦斯、易自燃 | 露天/井工 | 13 836 401/358 | 高 |
| 准格尔国家规划矿区 | 鄂尔多斯市 | 1 327.17 | 石炭系—二叠系 | 0.96～70.44 | 中灰、低硫、中高热值,长焰煤 | 低瓦斯、易自燃 | 露天/井工 | 3 352 751/54 | 较高 |
| 合计 | | 45 821.26 | | | | | | 25 817 523 | |

# 第十一节　煤炭资源潜力预测

## 一、总　述

### （一）预测的主要方法

本次预测工作是在第三次煤田预测和远景调查的基础上进行的，同时以新的技术要求为指导，广泛收集、整理了以往的地质成果及煤矿开采揭露的煤层、煤质资料。预测的主要方法是充分利用2009年底内蒙古自治区全区煤炭资源储量现状调查的成果，运用新的地质理论和方法，进行综合分析，研究层序地层划分、成煤环境与模式、煤变质作用、控煤构造样式，划分出煤炭资源潜力评价单元，对煤炭资源量进行“级”“类”和“等”的划分；评价资源的勘查开发前景，提出煤炭资源勘查近期及中长期工作部署方案建议等；以研究各赋煤带不同地质年代和地域特征所具有的煤炭赋存规律为重点，着重对第三次煤炭资源预测和远景调查工作提出的预测区及其资源量进行筛选、再认识，同时提出新的预测区。

各预测区绝大多数处于勘查区深部或邻区，故采用已勘查区或邻区的资源丰度值预测资源量。再依据预测区的构造复杂程度和煤层稳定程度选用资源量校正系数（$\beta$值）校正预测资源量。

### （二）确定预测区和预测要素

依据《全国煤炭资源潜力评价技术要求》，在煤炭资源聚集、赋存规律研究和煤炭资源量现状调查成果的基础上，对全区第三次煤田预测进行再认识，圈出了资源预测区82个（预测基本单元136个），其中新近系预测区2个（预测基本单元2个），白垩系预测区41个（预测基本单元60个），侏罗系预测区20个（预测基本单元30个），石炭系—二叠系预测区19个（预测基本单元44个）。预测区范围一般与井田相当，在研究程度较低的工作区，预测区可以与矿区或煤田相当。

预测区边界一般主要以重要构造线、铁路及大的河流等地质或地理要素为界；如果含煤地层赋存状态、煤类等具有较大差异，应分别划分预测基本单元。预测区面积不作具体规定，但预测区面积不宜过大。

以矿区为单位确定预测深度及当地侵蚀基准面。本次煤炭资源潜力预测是评价煤田内煤层埋深2000m以浅的煤炭资源，为便于利用和统计，进一步划分为0～600m、600～1000m、1000～1500m和1500～2000m共4个深度级，并分别统计资源量。

### （三）潜在资源量分级

#### 1. 资源量分级

根据预测可信度将潜在的煤炭资源量分为预测可靠的（334-1类）、预测可能的（334-2类）、预测推断的（334-3类）3个级别，界定如下。

预测可靠的（334-1类）：位于控煤构造的有利区块，浅部有一定密度的山地工程或矿点揭露，以及少量钻孔控制，或有有效的地面物探工程控制，或位于生产矿区、已发现资源勘查区的周边，或进行了1∶2.5万及以上大比例尺煤炭地质填图的地区，结合地质规律分析，确定有含煤地层和煤层赋存。资源量主要估算参数可直接取得，煤类、煤质可以基本确定。

预测可能的(334-2类)：位于控煤构造的比较有利区块，进行过小于1∶2.5万煤田地质填图，或少量山地工程、矿点揭露和个别钻孔控制，或有较有效的地面物探工作了解，或可靠级预测区的有限外推地段，结合地质规律分析，确有含煤地层存在，可能有煤层赋存。地质构造格架基本清楚，估算参数与煤类、煤质是推定的。

预测推断的(334-3类)：按照区域地质调查或物探、遥感资料，334-2类级别的有限外推地段，结合聚煤规律推断有含煤地层、可采煤层赋存，估算参数和煤类、煤质等均为推测的。

**2. 预测远景区的分类**

根据资源的地质条件、开采技术条件、外部条件和生态环境容量，将预测远景区分为3类：有利的(Ⅰ类)、次有利的(Ⅱ类)、不利的(Ⅲ类)。

有利的(Ⅰ类)：地质条件和开采技术条件好，外部条件和生态环境优越，煤层埋藏在1000m以浅，煤质优良。

次有利的(Ⅱ类)：地质条件和开采技术条件较好，外部条件和生态环境较优越，煤层埋藏在1500m或1000m以浅，煤质较优良。

不利的(Ⅲ类)：资源量小，地质及开采技术条件复杂、外部开发条件差，或生态环境脆弱，或煤质差，或煤层埋藏在1000m或1500m以深。

**3. 预测区勘查开发前景等级**

在上述分级分类的基础上，从潜在资源的数量、质量、开采条件和生态环境等方面，进行潜在资源开发利用优度的综合评价，将预测资源的勘查开发利用前景划分为3等：优(A)等、良(B)等、差(C)等。

优(A)等：资源量分级为可靠级，预测区分类为有利的。此类预测区煤炭资源开发具有明显经济价值，可建议优先安排预查或普查。

良(B)等：资源量分级为可能级，预测区分类为较有利的。此类预测区煤炭资源具有开发经济价值，可考虑安排勘查工作的地区。

差(C)等：不符合上述优、良等条件，资源潜力较小的地区，目前不宜开展工作。

## (四)潜在资源量估算

编制主要煤层底板等深线图，各矿区(煤田)利用各井田(勘查区)1∶5000～1∶2.5万的主要煤层底板等高线图和区域地质资料逐级缩编为矿区1∶25万的煤层等高线图。在编制的1∶25万煤田预测图中采用MapGIS软件量测块段面积。估算方法包括地质块段法和资源丰度法。

地质块段法：适用于东胜煤田等预测区，对于地质构造简单、煤层倾角小于15°、煤质及开采技术条件变化不大，并且利用相邻勘查区的资料能够确定预测量的区域，使用此方法。地质块段法计算公式为：

$$Q_k = S \cdot M \cdot d$$

式中：$Q_k$为资源量($\times 10^4$t)；$S$为块段面积($\times 10^4 m^2$)；$M$为块段煤层平均厚度(m)；$d$为煤视密度($t/m^3$)。

资源丰度法：以勘查区(井田或矿段)的储量除以主要煤层分布面积(履盖全勘查区，不足也按全履盖计)得到该勘查区的丰度E，以此丰度估算其深部及邻区的潜在资源量。资源丰度法计算公式为：

$$Q_f = E \cdot S$$

式中：$Q_f$为资源量($\times 10^4$t)；$E$为丰度；$S$为块段斜面积($\times 10^4 m^2$)。

资源量原始估算值的校正公式为预测资源量$Q=\beta \times Q_f$，校正系数$\beta$取值如表13-35所示。

表 13-35　β 取值表

| 地质条件 | β值 |
|---|---|
| 构造简单、煤层稳定 | 0.8～1.0 |
| 构造中等、煤层较稳定 | 0.6～0.8 |
| 构造复杂—极复杂、煤层不稳定—极不稳定 | 0.4～0.6 |

资源量预测时，煤层最低可采厚度原则上采用《煤、泥炭地质勘查规范》(DZ/T 0215—2002)确定的资源储量估算指标，硫分和发热量不作为限制条件。视密度一般采用地质报告中的实测值，少数地区则参考邻区的测定值，即褐煤 1.00～1.50t/m$^3$，烟煤 1.27～1.49t/m$^3$，无烟煤 1.35～1.50t/m$^3$。煤类以编制的煤类分布图提供的信息为依据。

(五)预测结果

本次煤炭资源潜力评价，共划分为 11 个赋煤带。全区共筛选、圈出预测区 82 个，预测基本单元 136 个，预测面积 47 635.74km$^2$，预测资源量 73 367 913×10$^4$t(表 13-36～表 13-39)。

其中新近系 2 个预测区、2 个预测基本单元，预测面积 40.03km$^2$，预测资源量 11 670×10$^4$t。白垩系 41 个预测区、60 个预测基本单元，预测面积 11 393.89km$^2$，预测资源量 11 989 065×10$^4$t。侏罗系 20 个预测区、30 个预测基本单元，预测面积 26 477.93km$^2$，预测资源量 40 358 617×10$^4$t。石炭系—二叠系 19 个预测区、44 个预测基本单元，预测面积 9 723.89km$^2$，预测资源量 21 008 561×10$^4$t。

按潜在资源量深度划分：600m 以浅资源量 12 170 585×10$^4$t，占 16.59%；600～1000m 资源量 9 667 126×10$^4$t，占 13.18%；1000～1500m 资源量 27 757 297×10$^4$t，占 37.83%；1500～2000m 资源量 23 772 905×10$^4$t，占 32.40%。

按潜在资源量预测可信度分级划分：预测可靠的(334-1 类)资源量 20 197 041×10$^4$t，占 27.53%；预测可能的(334-2 类)资源量 50 089 477×10$^4$t，占 68.27%；预测推断的资源量 3 081 395×10$^4$t，占 4.20%。

按潜在资源量开发利用优度的划分：优等(A)资源量 17 623 276×10$^4$t，占 24.02%；良等(B)资源量 28 893 020×10$^4$t，占 39.38%；差等(C)资源量 26 851 617×10$^4$t，占 36.60%。

按煤类划分潜在资源量：褐煤 11 138 676×10$^4$t，长焰煤 8 671 471×10$^4$t，不黏煤42 415 440×10$^4$t，弱黏煤 72 209×10$^4$t，气煤 9 862 995×10$^4$t，肥煤 215 489×10$^4$t，焦煤 101 955×10$^4$t，瘦煤 13 924×10$^4$t，贫煤 15 154×10$^4$t，无烟煤 860 600×10$^4$t。以褐煤、长焰煤、不黏煤及气煤为主要煤类，占预测总资源量的 98.26%。总体来看，焦煤、无烟煤较少，分别占 0.14%、1.17%。

表 13-36　内蒙古自治区煤炭潜在资源预测区勘查开发前景评价汇总表

| 赋煤带 | 预测区(个) | 预测基本单元(个) | 面积(km$^2$) | 预测资源量(10$^4$t) | 等别及勘查工作部署意见 | | |
|---|---|---|---|---|---|---|---|
| | | | | | 优(A)等(10$^4$t)(近期勘查) | 良(B)等(10$^4$t)(中期勘查) | 差(C)等(10$^4$t)(远期勘查) |
| 海拉尔 | 11 | 16 | 4 423.16 | 4 078 720 | 693 427 | 321 328 | 3 063 965 |
| 大兴安岭中部 | 4 | 4 | 557.10 | 40 862 | 18 120 | 22 742 | |
| 松辽盆地西部 | 4 | 5 | 92.45 | 34 804 | 19 554 | 15 250 | |
| 大兴安岭南部 | 0 | 0 | | | | | |
| 二连 | 25 | 38 | 6 525.33 | 8 566 720 | 7 232 048 | 594 886 | 739 786 |
| 阴山 | 3 | 3 | 70.07 | 28 464 | 28 464 | | |
| 鄂尔多斯盆地北缘 | 18 | 22 | 33 171.99 | 58 151 341 | 8 879 437 | 27 065 508 | 22 206 396 |
| 宁东南 | 3 | 8 | 567.15 | 955 015 | 208 596 | 267 858 | 478 561 |

**续表 13-36**

| 赋煤带 | 预测区（个） | 预测基本单元（个） | 面积（$km^2$） | 预测资源量（$10^4 t$） | 等别及勘查工作部署意见 | | |
|---|---|---|---|---|---|---|---|
| | | | | | 优(A)等（$10^4 t$）（近期勘查） | 良(B)等（$10^4 t$）（中期勘查） | 差(C)等（$10^4 t$）（远期勘查） |
| 桌子山-贺兰山 | 8 | 28 | 1 039.08 | 805 704 | 116 513 | 462 907 | 226 284 |
| 香山 | 2 | 8 | 900.96 | 646 644 | 385 101 | 133 557 | 127 986 |
| 北山-潮水 | 4 | 4 | 288.45 | 59 639 | 42 016 | 8984 | 8639 |
| 合计 | 82 | 136 | 47 635.74 | 73 367 913 | 17 623 276 | 28 893 020 | 26 851 617 |

**表 13-37　内蒙古自治区煤炭潜在资源量汇总表**

| 赋煤带 | 时代 | 面积（$km^2$） | 潜在资源量（$10^4 t$） | 不同深度资源量（$10^4 t$） | | | | 级别 | | |
|---|---|---|---|---|---|---|---|---|---|---|
| | | | | <600m | 600～1000m | 1000～1500m | 1500～2000m | 可靠（$10^4 t$） | 可能（$10^4 t$） | 推断（$10^4 t$） |
| 海拉尔 | K | 4 423.16 | 4 078 720 | 3 426 080 | 637 142 | 15 498 | | 693 427 | 321 328 | 3 063 965 |
| 大兴安岭中部 | K | 435.06 | 31 813 | 31 813 | | | | 18 120 | 13 693 | |
| | J | 122.04 | 9049 | 9049 | | | | | 9049 | |
| | 小计 | 557.10 | 40 862 | 40 862 | | | | 18 120 | 22 742 | |
| 松辽盆地西部 | K | 92.45 | 34 804 | 19 554 | 15 250 | | | 33 526 | 1278 | |
| 二连 | K | 6 413.18 | 7 826 934 | 6 358 988 | 1 467 946 | | | 6 647 915 | 1 179 019 | |
| | J | 112.15 | 739 786 | | | | 739 786 | | 739 786 | |
| | 小计 | 6 525.33 | 8 566 720 | 7 158 506 | 668 428 | | 739 786 | 6 647 915 | 1 918 805 | |
| 阴山 | N | 40.03 | 11 670 | 11 670 | | | | 11 670 | | |
| | K | 30.04 | 16 794 | 16 794 | | | | 16 794 | | |
| | 小计 | 70.07 | 28 464 | 28 464 | | | | 28 464 | | |
| 鄂尔多斯盆地北缘 | J | 25 528.86 | 38 839 318 | | 1 827 241 | 20 662 447 | 16 349 630 | 3 613 703 | 35 225 615 | |
| | C—P | 3 884.17 | 19 312 023 | 1 908 690 | 5 143 506 | 6 403 061 | 5 856 766 | 7 070 283 | 12 241 740 | |
| | 小计 | 29 413.03 | 58 151 341 | 1 908 690 | 6 970 747 | 27 065 508 | 22 206 396 | 10 683 986 | 47 467 355 | |
| 桌子山-贺兰山 | J | 56.28 | 65 161 | 4304 | 29 438 | 28 736 | 2683 | 47 731 | | 17 430 |
| | C—P | 982.8 | 740 543 | 143 457 | 151 076 | 237 156 | 208 854 | 311 418 | 429 125 | |
| | 小计 | 1 039.08 | 805 704 | 147 761 | 180 514 | 265 892 | 211 537 | 359 149 | 429 125 | 17 430 |
| 宁东南 | J | 228.82 | 574 551 | 60 840 | 113 670 | 223 473 | 176 568 | 574 551 | | |
| | C—P | 338.33 | 380 464 | 14 734 | 19 352 | 44 385 | 301 993 | 380 464 | | |
| | 小计 | 567.15 | 955 015 | 75 574 | 133 022 | 267 858 | 478 561 | 955 015 | | |
| 香山 | J | 165.07 | 71 113 | 14 755 | 11 537 | 20 248 | 24 573 | | 71 113 | |
| | C—P | 735.89 | 575 531 | 119 406 | 239 403 | 113 309 | 103 413 | 575 531 | | |
| | 小计 | 900.96 | 646 644 | 134 161 | 250 940 | 133 557 | 127 986 | 575 531 | 71 113 | |
| 北山-潮水 | J | 278.70 | 59 639 | 30 451 | 11 565 | 8984 | 8639 | 44 485 | 15 154 | |
| 全自治区 | N | 40.03 | 11 670 | 11 670 | | | | 11 670 | | |
| | K | 11 393.89 | 11 989 065 | 9 853 229 | 2 120 338 | 15 498 | | 7 567 205 | 1 357 895 | 3 063 965 |
| | J | 26 477.93 | 40 358 617 | 119 399 | 1 993 451 | 20 943 888 | 17 301 879 | 4 280 470 | 36 060 717 | 17 430 |
| | C—P | 9 723.89 | 21 008 561 | 2 186 287 | 5 553 337 | 6 797 911 | 6 471 026 | 8 337 696 | 12 670 865 | |
| | 合计 | 47 635.74 | 73 367 913 | 12 170 585 | 9 667 126 | 27 757 297 | 23 772 905 | 20 197 041 | 50 089 477 | 3 081 395 |

注：大兴安岭南部赋煤带煤炭潜在资源量为 0，故表中未给出。

**表 13-38　内蒙古自治区煤炭潜在资源量按煤类汇总表**　　单位:$10^4$ t

| 赋煤带 | 时代 | 潜在资源量 | 褐煤 | 长焰煤 | 不黏煤 | 弱黏煤 | 气煤 | 肥煤 | 焦煤 | 瘦煤 | 贫煤 | 无烟煤 |
|---|---|---|---|---|---|---|---|---|---|---|---|---|
| 海拉尔 | K | 4 078 720 | 4 076 309 | 2411 | | | | | | | | |
| 大兴安岭中部 | K | 31 813 | 13 693 | 18 120 | | | | | | | | |
| | J | 9049 | | | | 1096 | | | | | | 7953 |
| | 小计 | 40 862 | 13 693 | 18 120 | | 1096 | | | | | | 7953 |
| 松辽盆地西部 | K | 34 804 | 31 422 | 3382 | | | | | | | | |
| 二连 | K | 7 826 934 | 6 988 788 | 838 146 | | | | | | | | |
| | J | 739 786 | | 739 786 | | | | | | | | |
| | 小计 | 8 566 720 | 6 988 788 | 1 577 932 | | | | | | | | |
| 阴山 | N | 11 670 | 11 670 | | | | | | | | | |
| | K | 16 794 | 16 794 | | | | | | | | | |
| | 小计 | 28 464 | 28 464 | | | | | | | | | |
| 鄂尔多斯盆地北缘 | J | 41 812 153 | | | 41 812 153 | | | | | | | |
| | C—P | 16 339 188 | | 7 052 196 | | | 9 286 992 | | | | | |
| | 小计 | 58 151 341 | | 7 052 196 | 41 812 153 | | 9 286 992 | | | | | |
| 桌子山-贺兰山 | J | 65 161 | | 17 430 | | | | | | | | 47 731 |
| | C—P | 740 543 | | | | | 195 539 | 199 740 | 101 955 | 13 924 | | 229 385 |
| | 小计 | 805 704 | | 17 430 | | | 195 539 | 199 740 | 101 955 | 13 924 | | 277 116 |
| 宁东南 | J | 574 551 | | | 574 551 | | | | | | | |
| | C—P | 380 464 | | | | | 380 464 | | | | | |
| | 小计 | 955 015 | | | 574 551 | | 380 464 | | | | | |
| 香山 | J | 71 113 | | | | 71 113 | | | | | | |
| | C—P | 575 531 | | | | | | | | | | 575 531 |
| | 小计 | 646 644 | | | | 71 113 | | | | | | 575 531 |
| 北山-潮水 | J | 59 639 | | | 28 736 | | | 15 749 | | | 15 154 | |
| 全自治区 | N | 11 670 | 11 670 | | | | | | | | | |
| | K | 11 989 065 | 11 127 006 | 862 059 | 0 | 0 | 0 | 0 | 0 | 0 | 0 | 0 |
| | J | 43 331 452 | 0 | 757 216 | 42 415 440 | 72 209 | 0 | 15 749 | 0 | 0 | 15 154 | 55 684 |
| | C—P | 18 035 726 | 0 | 7 052 196 | 0 | 0 | 9 862 995 | 199 740 | 101 955 | 13 924 | 0 | 804 916 |
| | 合计 | 73 367 913 | 11 138 676 | 8 671 471 | 42 415 440 | 72 209 | 9 862 995 | 215 489 | 101 955 | 13 924 | 15 154 | 860 600 |

注:大兴安岭南部赋煤带煤炭潜在资源量为0,故表中未给出。

表 13-39 内蒙古自治区各盟市煤炭潜在资源量汇总表

单位：$10^4$ t

| 盟市 | 成煤时代 | 潜在资源量 | 不同深度资源量 | | | 1500～2000m |
|---|---|---|---|---|---|---|
| | | | <600m | 600～1000m | 1000～1500m | |
| 呼伦贝尔盟 | K | 4 096 840 | 3 444 200 | 637 142 | 15 498 | |
| 通辽市 | K | 19 282 | 18 004 | 1278 | | |
| | J | 1096 | 1096 | | | |
| | 小计 | 20 378 | 19 100 | 1278 | | |
| 赤峰市 | K | 29 215 | 15 243 | 13 972 | | |
| | J | 7953 | 7953 | | | |
| | 小计 | 37 168 | 23 196 | 13 972 | | |
| 锡林郭勒盟 | K | 7 826 934 | 6 358 988 | 1 467 946 | | |
| | J | 739 786 | | | | 739 786 |
| | 小计 | 8 566 720 | 6 358 988 | 1 467 946 | | 739 786 |
| 乌兰察布市 | N | 11 670 | 11 670 | | | |
| | K | 16 794 | 16 794 | | | |
| | 小计 | 28 464 | 28 464 | | | |
| 鄂尔多斯市 | J | 39 413 869 | 60 840 | 1 940 911 | 20 885 920 | 16 526 198 |
| | C—P | 19 692 487 | 1 923 424 | 5 162 858 | 6 447 446 | 6 158 759 |
| | 小计 | 59 106 356 | 1 984 264 | 7 103 769 | 27 333 366 | 22 684 957 |
| 乌海市 | C—P | 195 539 | 22 626 | 14 653 | 112 644 | 45 616 |
| 阿拉善盟 | J | 195 913 | 49 510 | 52 540 | 57 968 | 35 895 |
| | C—P | 1 120 535 | 240 237 | 375 826 | 237 821 | 266 651 |
| | 小计 | 1 316 448 | 289 747 | 428 366 | 295 789 | 302 546 |
| 全自治区 | N | 11 670 | 11 670 | | | |
| | K | 11 989 065 | 9 853 229 | 2 120 338 | 15 498 | |
| | J | 40 358 617 | 119 399 | 1 993 451 | 20 943 888 | 17 301 879 |
| | C—P | 21 008 561 | 2 186 287 | 5 553 337 | 6 797 911 | 6 471 026 |
| | 合计 | 73 367 913 | 12 170 585 | 9 667 126 | 27 757 297 | 23 772 905 |

## 二、预测区分述

前已述及，内蒙古自治区可划分为 11 个赋煤带，各赋煤带分布如图 13-42 所示，这些赋煤带均有若干个预测区，各预测区预测资源量见表 13-40。其中大兴安岭南段赋煤带在第三次煤炭预测的 7 个预测区全部变为现状区，本次无预测区，本节不再叙述。本节各个预测区，除专门说明采用丰度法预测资源量外，其余预测区均采用地质块段法估算预测区资源量，不再一一说明。

### （一）海拉尔赋煤带（ⅠA）

本次工作在海拉尔赋煤带圈出预测区 11 个，预测单元 16 个。预测区主要位于呼伦贝尔市的西部（图 13-43），预测区总面积 4 423.16$km^2$，资源量 407.87×$10^8$t。海拉尔赋煤带各预测区资源量估算均采用地质块段法，资源量估算值的校正系数（$\beta$ 值）均取 0.6。

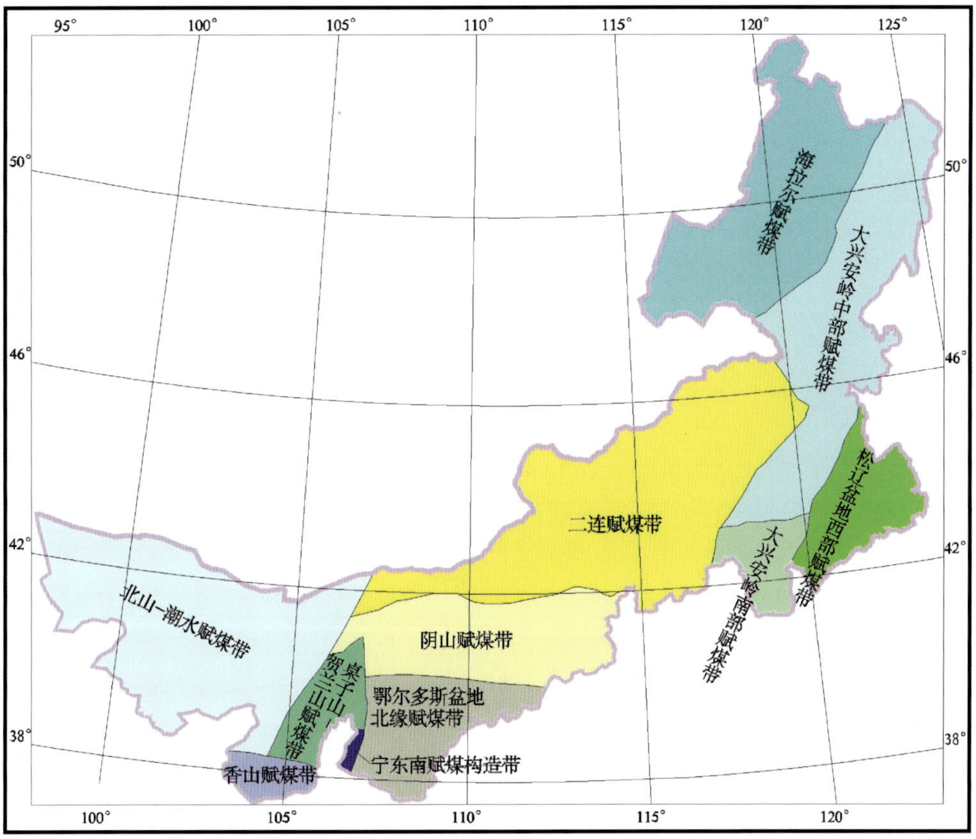


图 13-42　内蒙古自治区赋煤带分布图

**表 13-40　各个预测区预测资源量一览表**

| 赋煤带 | 预测区 | 面积(km²) | 资源量($10^4$t) | 赋煤带 | 预测区 | 面积(km²) | 资源量($10^4$t) |
|---|---|---|---|---|---|---|---|
| 海拉尔 | 得尔布 | 21.42 | 2411 | 大兴安岭中部 | 大杨树 | 83.95 | 18 120 |
| | 呼伦湖 | 1 677.38 | 3 048 467 | | 宝日勿苏 | 351.11 | 13 693 |
| | 莫达木吉 | 220.97 | 58 008 | | 北沙拉 | 16 | 1096 |
| | 铜钵庙 | 1 034.06 | 131 359 | | 福山 | 106.04 | 7953 |
| | 浩勒包 | 189.27 | 195 185 | 松辽盆地西部 | 宝龙山 | 9.65 | 3382 |
| | 南屯-西索木 | 184.15 | 189 900 | | 绍根 | 14.39 | 15 522 |
| | 赫尔洪得 | 201.45 | 35 898 | | 沙力好来 | 17.05 | 1278 |
| | 完工 | 141.6 | 132 890 | | 巨流河 | 51.36 | 14 622 |
| | 乌固诺尔南区 | 399.06 | 205 766 | 阴山 | 马连滩 | 16.87 | 5557 |
| | 乌固诺尔北区 | 97.11 | 11 449 | | 玫瑰营子 | 23.16 | 6113 |
| | 甘珠尔庙 | 256.69 | 67 387 | | 巴音胡都格 | 30.04 | 16 794 |
| 二连 | 鼎辉 | 22.04 | 61 233 | 鄂尔多斯北缘 | 乌兰格尔 | 2 084.13 | 4 995 213 |
| | 花道包格 | 55.52 | 45 981 | | 准格尔 | 1 548.94 | 4 648 587 |
| | 高力罕 | 157.40 | 250 058 | | 东胜(C—P) | 4 033.81 | 9 668 223 |
| | 道特诺尔 | 21.13 | 46 832 | | 东胜(J) | 25 505.12 | 38 839 318 |
| | 乌尼特 | 520.94 | 738 156 | 宁东南 | 哈沙图 | 228.82 | 574 551 |
| | 浩沁 | 59.65 | 67 306 | | 苦草洼 | 326.85 | 365 730 |
| | 乌套海 | 141.52 | 52 502 | | 长城 | 11.48 | 14 734 |

**续表 13-40**

| 赋煤带 | 预测区 | 面积(km²) | 资源量(10⁴t) | 赋煤带 | 预测区 | 面积(km²) | 资源量(10⁴t) |
|---|---|---|---|---|---|---|---|
| 二连 | 查干诺尔 | 109.36 | 296 177 | 桌子山-贺兰山 | 二道岭 | 33.28 | 47 731 |
| | 那仁 | 10.32 | 11 421 | | 蚕特拉 | 25.22 | 13 924 |
| | 红格尔 | 44.74 | 20 306 | | 呼鲁斯太 | 71.03 | 101 955 |
| | 阿其图 | 13.49 | 7324 | | 三北羊场 | 364.2 | 195 539 |
| | 扎格斯台 | 169.03 | 28 058 | | 炭井沟 | 23 | 17 430 |
| | 赛汉塔拉 | 243.46 | 112 565 | | 正目关 | 216.45 | 164 025 |
| | 马辛呼都格 | 205.5 | 1 722 481 | | 庙前梁 | 86.25 | 65 360 |
| | 准哈诺尔 | 55.47 | 38 423 | | 周家田 | 219.65 | 199 740 |
| | 额合宝力格 | 1 356.75 | 838 146 | 北山-潮水 | 北山 | 9.93 | 2238 |
| | 毛瑞 | 339.54 | 282 155 | | 芨芨台子 | 123.58 | 13 511 |
| | 阿不拉干旦 | 67.91 | 124 069 | | 沙婆泉 | 48.51 | 15 154 |
| | 明图庙 | 1 147.47 | 1 331 984 | | 希热哈达 | 106.43 | 28 736 |
| | 浑善达克 | 87.87 | 37 730 | 香山 | 喇嘛敖包 | 735.89 | 575 531 |
| | 额尔登苏格 | 278.74 | 119 693 | | 新井 | 165.07 | 71 113 |
| | 格日勒敖都 | 112.15 | 739 786 | | | | |
| | 都仁乌力吉 | 322.3 | 109 838 | | | | |
| | 青格勒布拉格 | 558.98 | 844 104 | | | | |
| | 乌兰尚丹 | 424.08 | 640 392 | 全区 | 共82个 | 47 635.77 | 73 367 913 |

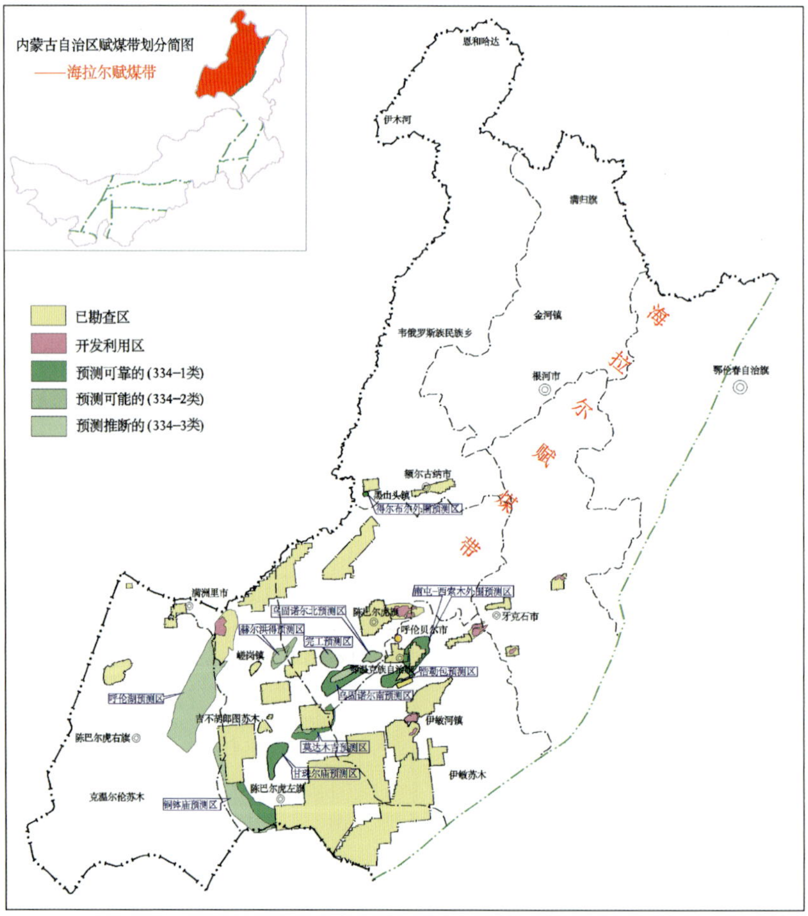

图 13-43　海拉尔赋煤带预测区分布图

**1. 得尔布外围预测区(ⅠA1)**

得尔布隶属内蒙古自治区额尔古纳市黑山头镇。预测区地理坐标为东经119°27′30″—119°37′30″,北纬50°14′30″—50°19′30″,面积约21km²。预测区距额尔古纳市60km。

2007年,内蒙古自治区煤田地质局231勘探队根据民井施工情况,在该预测区施工2007-1钻孔,见到可采煤层3层。2008年4月,又施工钻孔4个,采样127件。

预测区含煤地层为早白垩世大磨拐河组,含煤22层。含煤地层厚度10.14～772.69m,平均431.33m,煤层总厚度3.19～26.36m,平均13.24m,含煤系数3.06%。

煤层的灰分平均值在18.71%～31.28%之间,浮煤挥发分平均值在40.85%～45.87%之间,浮煤透光率在34%～45%之间,全硫平均值在0.33%～0.62%,干燥基高位发热量在21.72～25.60MJ/kg之间,为中—高灰、低硫、中热值长焰煤。

预测区范围用钻孔与电法标志层埋深等值线圈定赋煤边界,面积约21km²。预测煤质为中—高灰、低硫、中热值长焰煤。

预测区北部为得尔布普查区,勘查程度较高,据地质资料预测本区,埋深600m以浅预测资源量2411×10⁴t,可靠程度定为预测可靠的;预测远景区分类定为有利的(Ⅰ类);勘查开发利用前景定为优(A)等,具有明显的经济价值,近期可安排勘查开发。

**2. 呼伦湖预测区(ⅠA2)**

呼伦湖预测区位于呼伦贝尔市西北部,扎赉诺尔矿区南部,行政区划隶属满洲里市,预测区地理坐标为东经116°59′—118°03′,北纬48°24′—49°36′,面积约1 677.38km²。

预测区研究程度较高,尤其是东北部为扎赉诺尔矿区,面积1035km²,其中已勘查的面积844km²,现有生产矿井6个,预测区周围进行过石油概查,也发现了巨厚煤层。

预测区为一走向北东的地堑式断陷盆地,其东侧为落差500m的阿尔公-特山断裂,西侧为落差约300m的扎赉诺尔断裂。区内呈宽缓的向斜构造,向斜轴向为NE17°。含煤地层为早白垩世大磨拐河组和伊敏组。含煤地层总厚度770～1348m,含煤14层,单层厚度约80m,含煤系数6.2%。

已勘查区域各煤层原煤灰分为8.12%～25.29%,全硫为0.37%～0.41%,发热量在17.79～24.25MJ/kg,浮煤挥发分在41.64%～49.73%。属特低—中灰,特低硫,中、高热值褐煤。

预测范围:东北边界为扎赉诺尔矿区边界,其他边界用钻孔与磁性基底等深线圈定赋煤边界,面积约1807km²。预测资源量3 048 467×10⁴t(埋深600m以浅为2 588 314×10⁴t,600～1000m为460 153×10⁴t)。预测煤质属特低—中灰,特低硫,中、高热值褐煤。

预测区东北部为扎赉诺尔矿区,勘查程度高,预测区周围进行过石油概查,也发现了巨厚煤层,可靠程度较高,但预测区位于呼伦湖下,勘查开发利用前景定为差(C)等,仅考虑远期安排勘查工作。

**3. 莫达木吉预测区(ⅠA3)**

莫达木吉预测区行政区划隶属呼伦贝尔市新巴尔虎左旗。预测区地理坐标为东经118°25′—119°06′,北纬48°27′—48°53′,面积约220.97km²。预测区北距呼伦贝尔市102km,距新巴尔虎左旗阿木古郎镇68km。

2006年,在莫达木吉预测区中北部(莫达木吉矿区)进行过煤炭预查工作,施工钻孔5个/4 864.86m,提交预查报告1份。大庆油田勘探局在莫达木吉做过石油概查。

莫达木吉矿区含煤地层为早白垩世伊敏组,共划分为4个岩性段,自下而上分述如下。

底部泥岩、粉砂岩段:自基底至3号煤层组底板。该段只在29线东南发育,厚度81.65m。

下部含煤段：自 3 号煤层组底板至 2 号煤层组底板，含煤层 3 层，均为不可采煤层。本段厚度 316.41～690.43m，平均厚度 489.84m。

中部含煤段：自 2 号煤层组底板至 1 号煤层组底板。该段为本区主要含煤段，含可采煤层 3 层。本段厚度 136.60～310.59m，平均厚度 213.53m。

上部含煤段：自 1 号煤层底板至第四纪地层底界面，含局部可采煤层 3 层。本段厚度 120.50～260.65m，平均厚度 172.82m。

已勘查区域煤层灰分($A_d$)在 14.76%～32.21%，平均 20.32%，全硫平均在 0.50%～1.06%之间，发热量 $Q_{gr,d}$在 17.84～23.66MJ/kg 之间，平均 21.56MJ/kg，透光率在 32%～46%之间。预测煤质属低—中灰、低硫—中硫、中—高热值褐煤。

预测范围：西北以断层为界，其他边界用钻孔与电法标志层埋深等值线圈定赋煤边界。预测面积约 220.97km²，预测资源量 58 008×10⁴t。预测煤质属低—中灰、低—中硫、中—高热值褐煤。

对预测区东部的莫达木吉矿区进行了勘查工作，勘查程度为预查。据邻区资料，埋深 600m 以浅预测资源量 47 099×10⁴t，可靠程度定为预测可靠的，勘查开发利用前景定为优(A)等，具有明显的经济价值，近期可安排勘查开发；埋深 600～1000m 预测资源量 10 909×10⁴t，可靠程度定为预测可能的，勘查开发利用前景定为良(B)等，具有开发经济价值，考虑中期安排勘查工作。

#### 4. 铜钵庙预测区(ⅠA4)

铜钵庙预测区位于海拉尔赋煤带的西南部，行政区划隶属呼伦贝尔市新巴尔虎左旗。预测区地理坐标为东经 117°03′—118°19′，北纬 48°01′—48°45′，面积约 1082km²。北距呼伦贝尔市海拉尔区约 220km，东距新巴尔虎左旗阿木古郎镇约 50km。

2006 年，内蒙古自治区煤田地质局 231 勘探队在乌尔逊煤田北部进行煤炭预查工作，施工钻孔 5 个，均提交预查报告。大庆油田勘探局在乌尔逊煤田做过石油概查。

预测区的含煤地层为早白垩世大磨拐河组，含可采煤层 2～4 层，厚度在 0.25～3.10m 之间。

已勘查区域原煤灰分($A_d$)15.96%～23.89%，为低—中灰煤；原煤挥发分产率($V_{daf}$)42.42%～45.57%，属高挥发分煤；原煤干燥基高位发热量($Q_{gr,d}$)21.60～24.03MJ/kg，为高热值褐煤；原煤全硫分($S_{t,d}$)0.46%～0.86%，属特低硫—低硫煤；浮煤透光率($P_m$)34%～37%，为褐煤。

预测范围东北边界为乌尔逊预查区的南界，其他边界用钻孔与磁性基底等深线圈定。预测面积约 1 034.06km²，预测资源量 131 359×10⁴t。预测煤质属低—中灰、低—特低硫、高热值褐煤。

埋深 600m 以浅预测资源量 39 661×10⁴t，可靠程度定为预测可靠的，勘查开发利用前景定为优(A)等，具有明显的经济价值，近期可安排勘查开发；埋深 600～1000m 预测资源量 91 698×10⁴t，可靠程度定为预测可能的，勘查开发利用前景定为良(B)等，具有开发经济价值，考虑中期安排勘查工作。

#### 5. 浩勒包预测区(ⅠA5)

浩勒包预测区位于呼伦贝尔市南约 35km，行政区划隶属呼伦贝尔市鄂温克族自治旗。预测区地理坐标为东经 119°30′00″—119°46′00″，北纬 43°50′00″—49°02′00″，面积约 189.27km²。

1986 年，相关地质人员在预测区的中部进行了找煤工作，施工钻孔 11 个，提交了《内蒙古自治区呼伦贝尔盟鄂温克族自治旗马达木吉东段找煤地质报告》，共获 D 级煤炭资源量 133 110.6×10⁴t。

预测区含煤地层为早白垩世大磨拐河组，地层厚度大于 700m，区内共发育 7 个煤组计 13 个煤层，其中 4 煤层全区或大部可采，5 煤层全区可采，其余煤层为不可采煤层。煤层总厚度最大 61.27m，含煤系数平均为 8%，含煤性较好。

已勘查区域煤层的灰分平均值在 14.84%～19.16%之间，浮煤挥发分平均值在 42.37%～47.07%之间，浮煤透光率在 26%～42%之间，全硫平均值为 0.28%～0.78%，原煤干燥基高位发热量在 20.74～22.54MJ/kg 之间。预测煤质为中灰—低灰、低硫—特低硫、高热值褐煤。

预测范围:北界为 $F_1$ 断裂,南缘由 $F_2$ 断裂控制,其他用钻孔与电法标志层埋深等值线圈定赋煤边界,面积约 189.27km²。预测煤质为中灰—低灰、低硫—特低硫、高热值褐煤。

预测区中部施工钻孔 11 个,并提交了地质报告,勘查程度较高,埋深 600m 以浅预测资源量 195 185×10⁴t,可靠程度定为预测可靠的,勘查开发利用前景定为优(A)等,具有明显的经济价值,近期可安排勘查开发。

**6. 南屯-西索木外围预测区(ⅠA6)**

南屯-西索木外围预测区位于呼伦贝尔市海拉尔区南约 6km,行政区划隶属呼伦贝尔市海拉尔区和鄂温克族自治旗。预测区地理坐标为东经 119°45′45″—119°56′15″,北纬 49°00′15″—49°11′00″,面积约 184.15km²。

2006 年,勘探队在南屯-西索木进行煤炭资源详查工作,施工各类钻孔 75 个,提交了《内蒙古自治区鄂温克族自治旗南屯-西索木勘查区煤炭详查报告》,获资源量 152 658×10⁴t。预测区为南屯-西索木勘查区的外围区域。

预测区含煤地层为早白垩世大磨拐河组,全区共发育 5 个煤组计 16 个煤层。区内煤层埋深 163.81～632.07m。含煤地层总厚度平均 394.63m,煤层总厚度 2.60～29.11m,平均 17.32m;可采煤层总厚度 1.51～19.77m,含有益煤层平均总厚度 13.12m,含煤系数平均 4.4%。

已勘查区域煤层灰分平均值在 11.65%～14.68%之间,浮煤挥发分平均值在 40.84%～44.45%之间,浮煤透光率在 34%～45%之间,全硫平均值为 0.17%～0.25%,原煤干燥基高位发热量($Q_{gr,d}$)在 23.49～24.61MJ/kg 之间。煤质为特低—低灰、特低硫、高热值褐煤。

预测范围:南缘由 $F_2$ 断裂控制,其他用钻孔与电法标志层埋深等值线圈定赋煤边界,面积约 184km²。预测煤质为特低—低灰、特低硫、高热值褐煤。

预测区中部为南屯-西索木勘探区,面积约 143.53km²,提交了详查地质报告,勘查程度较高。预测埋深 600m 以浅预测资源量 189 900×10⁴t,可靠程度定为预测可靠的,勘查开发利用前景定为优(A)等,具有明显的经济价值,近期可安排勘查开发。

**7. 赫尔洪得预测区(ⅠA7)**

赫尔洪得预测区位于海拉尔赋煤带的中北部,行政区划隶属陈巴尔虎旗西乌珠尔苏木。预测区地理坐标为东经 118°09′44"—118°45′49",北纬 49°10′49"—49°26′13",面积约 201.45km²。预测区东距陈巴尔虎旗 60km,西距满洲里市 80km。

预测区在 20 世纪 70 年代开展过水文地质调查和石油勘查,收集 2 个钻孔/1774m,勘探深度 695～1078m,见可采煤层 2 层,厚度 2m 左右。

预测区为一呈北东向展布的断陷,断陷北西受得尔布干断裂控制,南西、南分别为嘎洛托断裂和海拉尔断裂所截,为一地堑式与超复式复合盆地。含煤地层为早白垩世大磨拐河组,含煤 45 层,总厚度 13.60m,埋深 797～1075m,表现为煤层多,煤层薄,含煤系数小(1.5%),含煤性差。797～1000m 含煤 37 层,厚度 11.00m,其中可采煤层 2 层,厚度 2.00m,埋深在 860～880m 之间。根据邻区(鹤门普查区)资料分析,本区煤质属中灰、低硫、高热值褐煤。

预测区属隐伏煤田,未进行过专门的煤炭地质勘查工作。预测资源量 35 898×10⁴t。埋深 1000m 以浅预测资源量 20 400×10⁴t,可靠程度定为预测可能的,勘查开发利用前景定为良(B)等,具有开发经济价值,考虑中期安排勘查工作;埋深 1000～1500m 预测资源量 15 498×10⁴t,可靠程度定为预测推断的,勘查开发利用前景定为差(C)等,仅考虑远期安排勘查工作。

**8. 完工预测区（ⅠA8）**

完工预查区位于巴彦山隆起中西部，乌固诺尔盆地的西北段，行政区划隶属鄂温克族自治旗。预测区地理坐标为东经 118°45′—119°37′，北纬 48°55′—49°15′，面积约 141.6km²。预测区东距呼伦贝尔约 50km。

预测区进行过煤田、石油概查，收集钻孔 4 个/2900m。含煤地层为早白垩世大磨拐河组，地层厚 300～800m 之间，含煤 2～15 层，累计厚度 22.11～24.30m，可采厚度 5.11～22.80m，平均 11.94m，埋深在 300.6～438.8m 之间，含煤系数约 7.4%。根据邻区资料分析，本区属中灰、低硫、高热值褐煤。

本区未进行专门煤田地质勘查工作，参考邻区资料预测，预测资源量 132 890×10⁴t（埋深 600m 以浅），可靠程度定为可能的，勘查开发利用前景定为良（B）等，具有开发经济价值，考虑中期安排勘查工作。

**9. 乌固诺尔南区预测区（ⅠA9）**

乌固诺尔南区预测区位于巴彦山隆起中西部，乌固诺尔盆地的南段，行政区划隶属鄂温克族自治旗。预测区地理坐标为东经 118°45′—119°37′，北纬 48°55′—49°15′，面积约 399.06km²。预测区东距呼伦贝尔约 40km。

预测区进行过煤田、石油概查，收集钻孔 6 个。含煤地层为早白垩世大磨拐河组，地层厚度 300～800m，含煤 2～10 层，累计厚度 4.35～22.11m，可采煤层 1～3 层，可采厚度 2.15～10.58m，平均 6.56m，埋深在 320～878m 之间。根据邻区资料分析，本区属中灰、低硫、高热值褐煤。

据钻探和邻区资料预测，预测资源量 205 766×10⁴t：埋深 600m 以浅预测资源量 151 784×10⁴t，可靠程度定为可靠的，勘查开发利用前景定为优（A）等，具有明显的经济价值，近期可安排勘查开发；埋深 600～1000m 预测资源量53 982×10⁴t，可靠程度定为预测可能的，勘查开发利用前景定为良（B）等，具有开发经济价值，考虑中期安排勘查工作。

**10. 乌固诺尔北区预测区（ⅠA10）**

乌固诺尔北区预测区位于巴彦山隆起中西部，乌固诺尔盆地的北东段，行政区划隶属鄂温克族自治旗。预测区地理坐标为东经 118°45′—119°37′，北纬 48°55′—49°15′，面积约 97.11km²。预测区东距呼伦贝尔约 30km。

预测区进行过煤田、石油概查，收集钻孔 2 个/1500m，含煤地层为早白垩世大磨拐河组，地层厚度在 300～800m 之间，含煤 2～5 层，累计厚度 0.30～7.85m，可采厚度 1.5m 左右，埋深在 309.6～412.5m之间。本区属中灰、低硫、高热值褐煤。

本区未进行专门煤田地质勘查工作，据现有钻探和邻区资料预测，埋深 600m 以浅预测资源量 11 449×10⁴t，可靠程度定为预测可能的，勘查开发利用前景定为良（B）等，具有开发经济价值，考虑中期安排勘查工作。

**11. 甘珠尔庙预测区（ⅠA11）**

甘珠尔庙预测区位于海拉尔赋煤带的西南部，行政区划隶属内蒙古自治区呼伦贝尔市新巴尔虎左旗。预测区地理坐标为东经 116°58′—117°15′，北纬 47°37′—48°12′，面积约 256.69km²。预测区北距呼伦贝尔市海拉尔区 170km，距新巴尔虎左旗阿木古郎镇 18km。

1985 年，大庆石油公司在预测区南部进行石油普查工作，施工钻孔 2 个/1 925.50m，见一层煤，最大厚度 0.90m。大庆油田勘探局在本区东北部莫达木吉做过石油概查。

预测区含煤地层为早白垩世伊敏组，共划分为 4 个岩性段，可采煤层位于中、上含煤段。其中中部含煤段厚度 136.60～310.59m，平均厚度 213.53m。含煤层 6 层，上部含煤段厚度 120.50～260.65m，平均厚度 172.82m，含局部可采煤层 3 层。

邻区煤层的灰分($A_d$)为 14.76%～32.21%，平均 20.32%，全硫平均 0.50%～1.06%，发热量($Q_{gr,d}$)在 17.84～23.66MJ/kg 之间，平均 21.56MJ/kg，透光率为 32%～46%。预测煤质属低—中灰、低硫—中硫、中—高热值褐煤。

预测区东北部的莫达木吉矿区进行了勘查工作，勘查程度为详查。本区未进行专门煤田地质勘查工作。埋深 600m 以浅预测资源量 67 387×$10^4$t，可靠程度定为预测可能的，勘查开发利用前景定为良(B)等，具有开发经济价值，考虑中期安排勘查工作。

## （二）大兴安岭中部赋煤带（ⅠB）

大兴安岭中部赋煤带圈出预测区 4 个，分布零散，北端为大杨树预测区（该区在第三次煤炭预测划至海拉尔赋煤带），中部靠近二连赋煤带，为北沙拉预测区和福山预测区，南端为宝日勿苏预测区（该区在第三次煤炭预测划至大兴安岭南部赋煤带）。预测区总面积 557.10km²，资源量 4.09×$10^8$t，分述如下。

### 1. 大杨树预测区（ⅠB1）

大杨树预测区位于大兴安岭东坡，行政区划隶属内蒙古自治区鄂伦春自治旗。预测区地理坐标为东经 124°37′—124°47′，北纬 49°36′—49°43′，面积约 83.95km²。

1966 年，109 队提交了《大杨树-九峰山区普查找矿报告》，在九峰山施工钻孔 29 个，工程量 7 170.05m。1973 年 109 队提交了《哈达阳-大杨树普查找矿报告》，在大杨树至前达拉滨沟 200km² 范围内，施工钻孔 37 个，工程量 15 696.00m。见有 2 个煤层：一个煤层厚度 3.80m 左右，另一个煤层厚度 2.15m 左右，可采面积约 4km²，平均厚度 0.93m，估算煤炭储量 50×$10^4$t。

2007 年，109 队在大杨树三区进行了煤炭资源普查，完成钻孔 18 个，有 3 个孔见煤层 1～3 层，且均见可采煤层 1 层，煤层总厚度 2.06～4.73m。获煤炭资源量 344×$10^4$t，为低灰—中灰煤、低硫、低磷、中热值长焰煤。

预测区周边正在开采的煤矿有兴达矿业新二井，面积 1.950 7km²，共探明资源量 539×$10^4$t。振兴煤矿面积 0.298 1km²，实际生产能力 2×$10^4$t/a 左右。九峰山煤矿面积 0.581 3km²，地下开采，规模 12×$10^4$t/a，截至 2007 年 12 月 31 日，累计查明煤炭资源量 67×$10^4$t。

本区含煤地层为早白垩世大磨拐河组，分 3 个岩段，下段厚度 750m，不含煤。中段为一套灰色互层状泥岩、粉砂岩，厚度 40～50m。上段岩性以灰色中粗、中细粒砂岩为主，夹泥质粉砂岩，赋存 1～2 层煤，厚度 20～40m。大杨树预测区含 2 个煤层，其厚度均在 0.30～3.00m 之间，煤层发育较稳定，埋深在 100～300m 之间。

原煤水分在 6.03%～8.43%之间，平均 7.44%；原煤灰分在 11.41%～23.03%之间，平均18.73%；浮煤挥发分在 40.57%～47.99%之间，平均 44.75%；原煤硫含量在 0.24%～0.41%之间，平均0.34%；原煤发热量在 23.50～26.30MJ/kg 之间。透光率在 55%～71%之间。预测资源量校正系数为 0.6。预测煤质属低硫、低磷、长焰煤。

预测区西部为大杨树矿区，勘查程度为普查。预测区未进行专门煤田地质勘查工作，埋深 600m 以浅预测资源量 18 120×$10^4$t，可靠程度定为预测可靠的，勘查开发利用前景定为优(A)等，开发具有明显的经济价值，可近期安排勘查工作。

### 2. 宝日勿苏预测区（ⅠB2）

宝日勿苏预测区位于赤峰市巴林左旗南部，行政区划隶属巴林左旗野猪沟乡。预测区地理坐标为东经 119°28′50″—119°41′40″，北纬 43°31′13″—43°46′23″，面积约 351.11km²。预测区北部距巴林左旗 20km。

区内有小煤矿点1个，位于乌兰套海乡双窝铺村西。1971年辽宁省第二区域地质测量队在该矿点实测剖面，含煤地层总厚度76.65m，见有2个薄煤层。2009年9月，104勘探队在普查区内大二八地施工钻孔1个(5-3号孔)，于孔深22.50m见0.8m厚煤层。

预测区含煤地层属中侏罗世新民组。煤层仅在含煤地层中呈扁豆体状局部发育，推测赋煤面积占全区面积的10%～15%。煤层与碳质页岩常呈互层状产出，厚度0.80m，倾角15°～20°，倾向南西，预测区内煤层为不稳定煤层，煤类为贫—瘦煤。

预测区资源量估算参数采用区内验证钻孔，煤层平均厚度1.0m，视密度1.3t/m³，资源量校正系数为0.3。

预测区见中侏罗世新民组含煤地层，依据大二八地5-3号钻孔，基本了解了本区的含煤地层和煤层分布情况。可靠程度为预测可能的，埋深在30～200m之间，预测资源量13 693×10⁴t，预测远景区分类为次有利的(Ⅱ类)，勘查开发前景为良(B)等。该区煤炭资源开发具有一定的经济价值。

### 3. 北沙拉预测区(ⅠB3)

北沙拉预测区位于大兴安岭中部赋煤带的中部，行政区划隶属通辽市扎鲁特旗阿日昆都楞镇。预测区地理坐标为东经119°58′—120°17′，北纬45°19′—45°29′，面积约16km²。预测区位于扎鲁特旗北西108km处，距霍林郭勒市仅35km。

1983—1985年，地质矿产部第二综合物探大队在本区进行过1∶20万重力调查工作，1989年提交了内蒙大兴安岭中段煤田及有色金属矿产远景区1∶20万的区域重力报告。

本区位于大兴安岭西侧，盆地呈北东向展布。含煤岩系为中、下侏罗统。据本区中部槽探剖面资料，煤系上、下岩层均为灰绿色、黄绿色凝灰质含砾砂岩，酸性熔岩和凝灰岩，煤类为瘦煤。

本区煤层埋藏较浅，只划分为600m以浅深度级。煤层平均厚度为1.0m，视密度取1.37t/m³。资源量估算值的校正系数(β值)取0.5。预测煤质为瘦煤。

本区未进行专门煤田地质勘查工作，仅在预测区内东北部施工了北1号钻孔，煤层厚度为0.31m。埋深600m以浅预测资源量1096×10⁴t，可靠程度定为预测可能的，勘查开发利用前景定为良(B)等，具有开发经济价值，考虑中期安排勘查工作。

### 4. 福山预测区(ⅠB4)

福山预测区位于赤峰市巴林左旗境内，行政区划隶属浩尔吐乡。预测区地理坐标为东经119°00′01″—119°11′50″，北纬42°22′56″—44°31′30″，面积约106.04km²。预测区南距巴林左旗65km。

1978—1979年万福屯煤矿建立，后因水大而停采。大约在井下150m见到可采煤层2层，上层煤厚1.15m，下层煤厚1.55m，两层煤间距3.80m，可采总厚3.77m。预测区含煤地层属中侏罗世新民组，煤层仅在含煤地层中呈扁豆体状局部发育，推测赋煤面积约占全区面积的10%～15%。预测区内煤层为不稳定煤层。

据林东水泥厂化验资料，原煤水分0.59%，灰分34.14%，挥发分6.66%，碳58.16%，硫1.73%，预测区煤类为无烟煤。

预测深度600m。煤层平均厚度为1.0m、视密度取1.5t/m³，资源量原始估算值的校正系数(β值)取0.5。

预测区大部见中侏罗世新民组，依据对万福屯煤矿及ZK2号钻孔资料的分析，基本了解了本区的含煤地层和煤层分布情况。预测资源量7953×10⁴t，可靠程度为预测可能的，埋深在150～250m之间，预测远景区分类为次有利的(Ⅱ类)，勘查开发前景为良(B)等，煤炭资源开发具有一定的经济价值。

## (三)松辽盆地西部赋煤带(ⅠC)

松辽盆地西部赋煤带位于内蒙古东部,与吉林省和辽宁省相邻。本次圈出预测区4个,预测基本单元5个,预测区总面积92.45km²,资源量3.48×10⁸t,预测区分布由北向南依次为宝龙山、巨流河、绍根、沙力好来预测区。

### 1. 宝龙山预测区(ⅠC1)

宝龙山预测区位于通辽市科尔沁左翼中旗境内,行政区划隶属宝龙山镇。预测区地理坐标为东经122°49′30″—122°52′10″,北纬44°5′00″—44°7′30″,面积约9.65km²。预测区东距科尔沁左翼中旗保康镇42km,西南距通辽市75km。

1990年,在宝龙山—太平川区间进行地震勘探工作,预测T-1～T4-2波组间可能为含煤部位。1993年东煤第六勘探公司提交了《内蒙古自治区哲里木盟宝龙山井田勘探地质报告》,共利用93个孔,获得资源量53 560×10³t。

预测区处于宝龙山盆地北部,宝龙山盆地为一单斜构造形态。地层走向NE40°,向北西倾斜,倾角一般4°～15°,而盆地边部倾角稍大,向盆地中深部变缓。

早白垩世协尔苏组为本区含煤地层,厚度一般为301～473m。宝龙山井田含煤36层,含可采煤层6层,其中9号煤层为主要煤层,局部可采,属于中厚—薄煤层;$13_{上}$号、$13_{下}$号、14号、29号煤层为局部可采煤层,属于薄煤层;30号煤层为大部可采煤层,属薄煤层。可采煤层在宝龙山井田中深部发育较好,向浅部或深部变薄或尖灭,沿走向向两侧变薄尖灭。

本区煤层浮煤挥发分($V_{daf}$)均大于37%,透光率绝大多数大于50%,个别样点透光率30%～50%,但其恒温无灰基高位发热量则大于24MJ/kg,各可采煤层煤类为长焰煤。

预测范围为已知勘探区向北推断至赋煤边界。本区煤层只划分为600m以浅深度级。煤层平均厚度为2.4m,视密度1.46t/m³。资源量原始估算值的校正系数($\beta$值)取1。预测煤质为长焰煤。

预测区邻区勘查程度较高,预测资源量3382×10⁴t,可靠程度为预测可靠的,埋深在300～600m,预测远景区分类为有利的(Ⅰ类),勘查开发前景为优(A)等,该区煤炭资源具有开发经济价值,可安排近期开展勘查工作。

### 2. 绍根预测区(ⅠC2)

绍根预测区行政区划隶属赤峰市阿鲁科尔旗绍根镇。预测区地理坐标为东经120°47′00″ 120°51′30″,北纬43°39′30″—43°47′30″,面积约14.39km²。预测区西南距赤峰市400km,东距通辽市130km。

1982—1984年,本区曾进行电法勘探。截至2009年底,绍根煤田有勘查区2个,相关勘探报告2份,即《内蒙古自治区阿鲁科尔沁旗根煤田东、西区勘探报告》(2005年)及《内蒙古自治区阿鲁科尔沁旗绍根煤田中区勘探报告》,总勘查面积达48.72km²,总资源量达65 651.47×10⁴t。

绍根煤田总体形态是一走向北东、向南东倾伏的弧状单斜断陷盆地。预测区位于绍根煤田弧状单斜南东深部,沿盆缘断裂,呈北东向条带状展布,断层发育较少,地层倾角小于10°,构造复杂程度中等,属单斜构造控煤样式。

预测区含煤地层为早白垩世阜新组,下段局部夹煤线;中段含6个煤组31个分煤层。其中5煤组最发育,全区分布,3煤、4煤组次之,区内大部分发育,1煤、2煤组零星发育,6煤组仅在煤田的西部发育;上段不含煤。最大厚度446.39m。

该区各煤层水分在2.52%～5.76%之间,灰分在23.62%～28.00%之间,全硫含量在1.24%～1.48%之间,磷平均含量在0.004%～0.008%之间,煤的干燥基高位发热量均在19.41～21.19MJ/kg

之间。焦油产率在2.69%～6.34%之间。各煤层浮煤干燥无灰基挥发分产率均大于37%，透光率在46%～50%之间，恒湿无灰基高位发热量均小于24MJ/kg，煤类属于褐煤(HM2)。

预测区600m以浅面积为4.38km²，煤层平均厚度为3.05m，视密度1.45t/m³；600～1000m面积为10.01km²，煤层平均厚度为12.03m，视密度1.45t/m³。资源量原始估算值的校正系数(β值)取0.8。

依据对绍根勘探区资料的分析，基本了解了预测区的含煤地层和煤层分布情况。可靠程度为预测可靠，预测资源量共15 522×10⁴t。其中北部埋深在0～600m之间，资源量为1550×10⁴t，预测远景区分类为有利的(Ⅰ类)，勘查开发前景为优(A)等，该区煤炭资源具有开发经济价值，可安排近期开展勘查工作；南部埋深在600～1000m之间，预测资源量为13 972×10⁴t，预测远景区分类为次有利的(Ⅱ类)，勘查开发前景为良(B)等，煤炭资源开发具有一定的经济价值。

### 3. 沙力好来预测区(ⅠC3)

沙力好来预测区行政区划隶属通辽市奈曼旗新镇。预测区地理坐标为东经120°44′—120°57′，北纬42°23′—42°40′，面积约17.05km²。预测区距奈曼旗旗政府所在地大沁他拉镇约35km。

本区进行过1∶20万重力勘探工作。1971年进行过电测深剖面3条，电法解释盆为断陷盆地。电法反映在新生界之下有早白垩世沙力好来组含煤地层分布。该区已汇编有《宝国吐煤田普查概查工作报告书》，兴隆洼已有小井开采。

本区含煤地层为早白垩世，其上部含煤4层。兴隆洼小井区第四层为全区可采。盆地呈北北东向展布，盆地内可进一步划分次级隆起、凹陷，预测区主要为东部和北部的次级凹陷。根据兴隆洼小井采样化验，该区煤类为褐煤。

煤层视密度1.20 t/m³，校正系数(β值)取0.5。

本区未进行专门煤田地质勘查工作，仅在预测区北部施工过煤田钻孔，见有沙力好来组和九佛堂组含煤地层，煤层厚度为1.25m。埋深600～1000m预测资源量1278×10⁴t，可靠程度定为预测可能的，勘查开发利用前景定为良(B)等，具有开发经济价值，考虑中期安排勘查工作。

### 4. 巨流河预测区(ⅠC4)

巨流河预测区行政区划隶属开鲁县北清河乡，地处新华夏系第二沉降带中部，位于松辽盆地西缘。预测区由于受国家规划区域限制，分成了东、西两块，地理坐标为东经121°03′56″—121°11′36″，北纬43°45′35″—43°49′45″，面积约51.36km²。预测区西南距赤峰470km，东距通辽120km。

本区曾进行过找油工作，证实有含煤地层和煤层分布，还进行1∶10万直流电法垂向电测深工作，道德庙区还进行电磁测深工作。在绍根煤田已进行煤田勘探工作，并提交煤炭资源储量6.57×10⁸t，绍根煤田与巨流河盆地是相互连接的，巨流河盆地与绍根煤田的电测深及大地电流平均电场强度资料又极其相似，因此推断巨流河盆地也具有成煤条件，并赋存有一定的煤炭资源量。

阜新组为主要含煤地层，沙海组为次要含煤地层。依据绍根煤田资料，阜新组为该区含煤地层，厚度164.50～446.39m，平均209.30m。共含6个煤组，其中3煤、4煤、5煤组为主要开采煤层，全区发育，大部可采；1煤、2煤、6煤组为次要可采煤层，局部可采。赋煤中心位于盆地中部，累计煤厚45.30m，煤层厚度大，间距小，向西北、东南两侧分岔变薄，间距增大，直至尖灭。煤层稳定程度为较稳定型。煤质指标参考绍根预测区。预测区内石油勘查部门施工的ZK02号孔见煤0.5m，交4号孔见煤2.00m。

煤层平均厚度为4.745m，视密度取1.20t/m³。资源量校正系数(β值)取0.5。预测煤质为褐煤。

预测区已通过钻孔验证了含煤地层和煤层分布情况。埋深在300～500m，预测资源量14 622×10⁴t，可靠程度为预测可靠的，预测远景区分类为有利的(Ⅰ类)，勘查开发前景为优(A)等，该区煤炭资源具有开发经济价值，可考虑近期安排勘查工作。

### （四）二连盆地赋煤带（ⅠE）

二连盆地赋煤带共划分为 2 个煤田（乌尼特煤田和马尼特煤田），4 个坳陷或隆起（巴彦宝力格隆起、腾尔格坳陷、乌兰察布坳陷、东乌珠穆沁旗隆起），其中包括 11 个（盆地）矿区：巴彦宝力格盆地（包括查干诺尔矿区和那仁矿区）、红格尔（盆地）矿区、阿其图乌拉（盆地）矿区、乌兰塔拉盆地（浑善达克矿区）、扎格斯台（盆地）矿区、巴嘎高勒盆地（额尔登苏格矿区）、赛罕乌力吉盆地（都仁乌力吉矿区）、赛汉塔拉（盆地）矿区、格日勒敖都（盆地）矿区和反修牧场盆地（马辛呼都格矿区）。

二连盆地区共筛选、圈出预测区 25 个，预测面积 6 525.33$km^2$。预测资源量 8 566 720×$10^4$t。1 个预测区为早中侏罗世长焰煤，其余全部为早白垩世大磨拐河组含煤地层，23 个预测区为褐煤，1 个预测区为长焰煤。预测区分布见图 13-44。

#### 1. 鼎辉预测区、花道包格一区预测区和高力罕预测区（ⅠE1-3）

鼎辉预测区、花道包格一区预测区和高力罕预测区位于东乌珠穆沁旗东约 120km，行政区划隶属东乌珠穆沁旗呼热图淖尔苏木。预测区地理坐标为东经 118°12′00″—118°47′00″，北纬 45°10′00″—45°40′00″。3 个预测区总面积约 234.96$km^2$。

在预测区周边各时期形成的地质勘查报告有 5 件，其中与 3 个预测区有关的地质勘查报告有 4 份。本次依据与预测区相邻有 2 个详查区详查资料来圈定预测区范围。

3 个预测区位于高力罕含煤盆地中。鼎辉预测区、花道包格一区预测区位于盆地东北部，高力罕预测区位于盆地西南部。该盆地构造总体形态为近东西向、两翼较平缓、不对称的向斜构造，轴向为 NE45°～74°，北翼近似东南倾，倾角 3°～7°，南翼近似北倾，倾角 3°～13°。

鼎辉预测区含煤 8 层，其中主要可采 3 层，煤层结构简单，厚度较稳定，可采煤层平均厚度 22.76m。花道包格一区预测区含煤层 6 层，其中主要可采 1 层，煤层结构简单—复杂，可采煤层平均厚度 11.74m。高力罕预测含煤层 8 层，其中主要可采 5 层，可采煤层平均厚度 14.39m。

高力罕盆地主煤层原煤灰分为 10.13%～28.78%，平均 19.30%；硫分为 0.10%～0.57%，平均 0.28%；干燥基高位发热量为 17.59～26.09MJ/kg，平均 22.61MJ/kg。挥发分为 40.09%～44.02%，平均 41.44%。恒湿无灰基高位发热量均小于 24MJ/kg，煤类属褐煤。

鼎辉预测区是依据高力罕盆地鼎辉区煤炭详查区煤层发育趋势，向西外推断延伸确定的预测区范围。预测深度 600m，面积为 22.04$km^2$。资源量估算值的校正系数（$\beta$）取 0.6，预测资源量 61 233×$10^4$t（埋深 0～600m）。该预测区煤质为中灰，特低硫，高热值褐煤。

花道包格一区预测区是依据高力罕盆地花道包格一区煤炭详查区煤层发育情况，向南和北东方向外推延伸确定的预测区范围。600m 埋深，面积为 55.52$km^2$。校正系数（$\beta$）取 0.6，预测资源量 45 981×$10^4$t。该预测区煤质为中灰、特低硫、高热值褐煤。

高力罕预测区范围预测深度为 1000m，面积为 157.40$km^2$。校正系数（$\beta$）取 0.6，预测煤质为低灰、特低硫、高热值的长焰煤。

3 个预测区周边勘查程度全部为详查。鼎辉预测区和花道包格一区预测区煤层埋深 600m 以浅，共预测资源量 107 214×$10^4$t；可靠程度定为可靠的，预测远景区分类定为有利的（Ⅰ类），勘查开发利用前景定为优（A）等，具有明显的经济价值，近期可安排勘查开发。

高力罕预测区煤层埋深 600～1000m，预测资源量 250 058×$10^4$t；可靠程度定为可靠的，预测远景区分类定为次有利的（Ⅱ类），勘查开发利用前景定为良（B）等，具有明显的经济价值，考虑中期安排勘查开发。

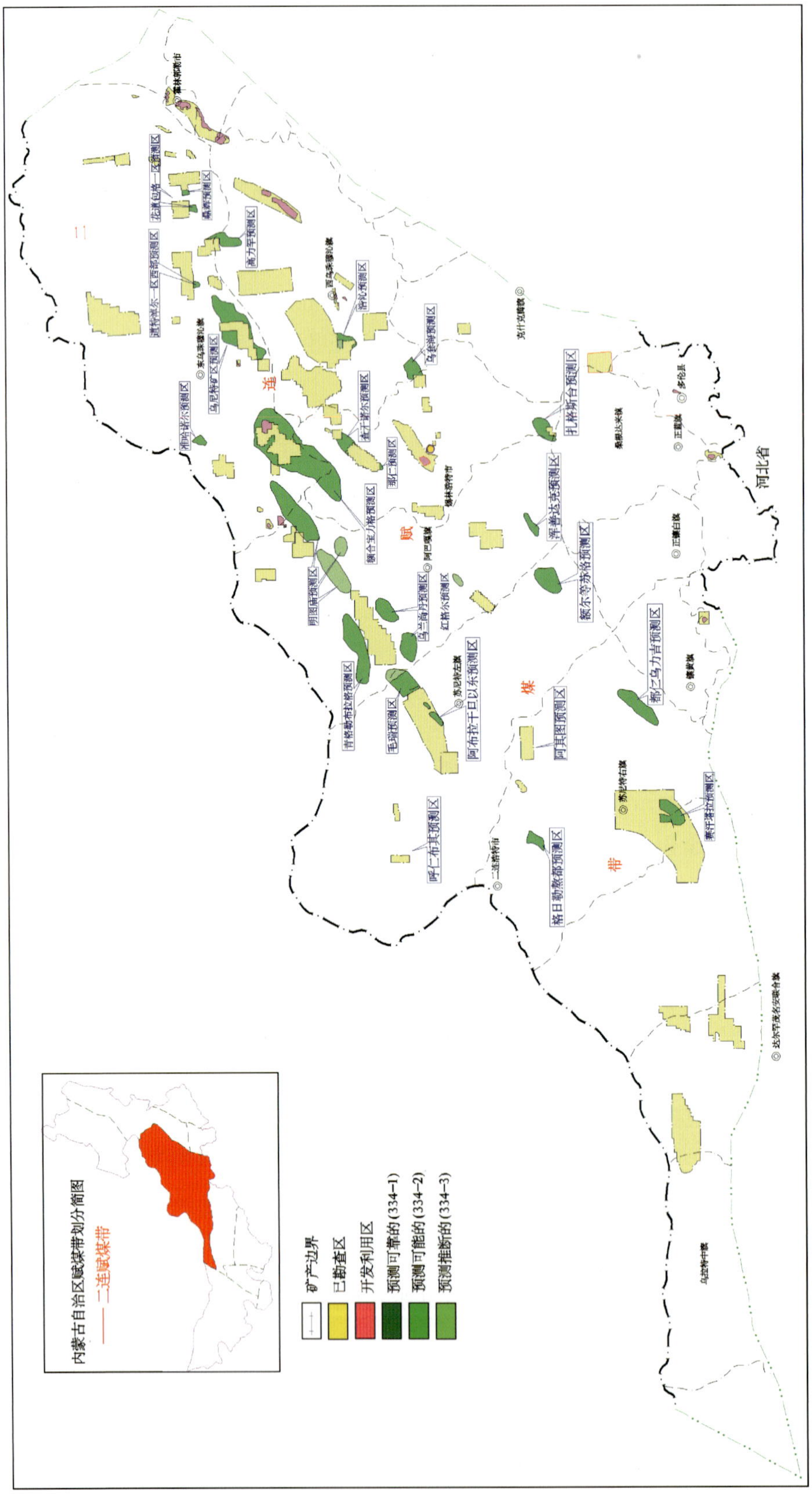


图 13-44　二连赋煤带预测区分布图

**2. 道特淖尔一区西部预测区（ⅠE4）**

道特淖尔一区西部预测区行政区划隶属东乌珠穆沁旗宝拉格苏木。预测区地理坐标为东经117°48′00″—117°52′00″，北纬45°30′00″—45°33′00″，面积约21.13km²。

在预测区周边各时期形成的地质勘查报告有3份，其中与本预测区有关的地质勘查报告有1份。

预测区位于阿拉达布斯断陷盆地北部，该盆地为一不对称向斜构造。轴向为NE10°至SW25°，北西翼微向南东倾伏，倾角3°～6°；南东翼近似向西倾伏，倾角5°～9°。发育2条正断层。含煤地层为早白垩世大磨拐河组，含煤10层，其中大部可采和局部5层，单层煤层厚0.60～32.15m。

区内主煤层原煤灰分（$A_d$）为22.14%～32.87%，平均27.62%；硫分（$S_{t,d}$）为0.25%～0.59%。各煤层干燥基高位发热量（$Q_{gr,d}$）为19.19～23.36MJ/kg，挥发分（$V_{daf}$）为39.51%～42.20%。恒湿无灰基高位发热量在21.30～22.36MJ/kg之间，煤类属褐煤。

预测区位于道特淖尔矿区一区（西南部）详查区南部，预测深度为600m。资源量的校正系数（$\beta$）取0.6。预测煤质为中灰、低硫、高热值煤。

预测区属隐伏煤田，未进行过专门的地质勘探工作，依据邻区详查资料预测，埋深600m以浅预测资源量46 832×$10^4$t，可靠程度定为预测可靠的，预测远景区分类定为有利的（Ⅰ类），勘查开发利用前景定为优（A）等，具有开发经济价值，考虑近期安排勘查工作。

**3. 乌尼特矿区预测区（ⅠE5）**

乌尼特矿区预测区位于东乌珠穆沁旗乌里雅斯太镇南约40km，距锡林浩特市北东向约210km，行政区划隶属东乌珠穆沁旗乌里雅斯太镇、额吉淖尔苏木、乌尼特牧场、翁图苏木。预测区地理坐标为东经117°04′00″—117°44′00″，北纬45°05′00″—45°25′00″，面积约520.94km²。

在预测区周边各时期形成的地质勘查报告有5份，其中与本预测区有关的地质勘查报告有4份。

预测区位于乌尼特断陷盆地中，构造简单，属于断陷盆地构造控煤。预测区主要处于乌尼特复向斜中；含煤盆地走向NE60°～70°，形成多个北东向次级隆起及凹陷。预测区北部有一正断层，走向NE30°，倾向北西，倾角60°～70°，延伸3.2km，落差约200m。含煤地层为早白垩世大磨拐河组，含煤6～18层，其中大部可采和局部可采2～7层，煤层属不稳定—较稳定，单层煤层厚0.25～49.90m。

区内主煤层原煤灰分为8.16%～39.12%，平均17.86%；硫分为0.18%～0.61%，平均0.34%；干燥基高位发热量为18.96～26.80MJ/kg，平均23.75MJ/kg。浮煤挥发分为36.63%～43.32%，平均40.49%。恒湿无灰基高位发热量小于24 MJ/kg，煤类属褐煤。

预测区属隐伏煤田，预测深度1000m。资源量校正系数（$\beta$）取0.6，预测资源量738 156×$10^4$t。预测煤质为中灰、特低—低硫、中—高热值煤。

预测区未进行过专门的地质勘探工作。据邻区勘查资料预测，埋深0～600m预测资源量600 853×$10^4$t，可靠程度定为预测可靠的，预测远景区分类定为有利的（Ⅰ类），勘查开发利用前景定为优（A）等，具有开发经济价值，考虑近期安排勘查工作；埋深600～1000m预测资源量137 303×$10^4$t，可靠程度定为预测可靠的，预测远景区分类定为次有利的（Ⅱ类），勘查开发利用前景定为良（B）等，具有开发经济价值，考虑中期安排勘查工作。

**4. 浩沁预测区（ⅠE6）**

浩沁预测区位于西乌珠穆沁旗西部，行政区划隶属西乌珠穆沁旗吉林高勒镇。预测区地理坐标为东经117°06′00″—117°16′00″，北纬44°25′00″—44°34′00″，面积约59.65km²。预测区东距西乌珠穆沁旗约45km，西南距锡林浩特市约105km。

在预测区周边各时期形成的地质勘查报告有4份，其中与本预测区有关的地质勘查报告有3份。

预测区位于浩沁含煤盆地，即巴彦呼硕盆地的南部。构造形态主体呈北北东向宽缓波状起伏的向斜构造，向斜两翼地层倾角都小于10°，局部产状近水平。含煤地层为早白垩世大磨拐河组，含煤2～20层，可采4～6层，煤层属不稳定—较稳定，单层煤层厚0.82～61.89m。

主要煤层原煤灰分为9.57%～37.76%，平均20.56%；硫分为0.21%～1.35%，平均0.92%；干燥基高位发热量为16.81～26.52MJ/kg，平均21.70MJ/kg；挥发分为33.94%～46.70%，平均43.52%。恒湿无灰基高位发热量小于24 MJ/kg，煤类属褐煤。

预测区属隐伏煤田，校正系数($\beta$)取0.6。预测煤质为中灰、低—低中硫、中—高热值的褐煤。

预测区未进行过专门的地质勘探工作。根据邻区资料预测，埋深0～600m预测资源量67 306×$10^4$t，可靠程度定为预测可靠的，预测远景区分类定为有利的(Ⅰ类)，勘查开发利用前景定为优(A)等，具有开发经济价值，考虑近期安排勘查工作。

### 5. 乌套海预测区(ⅠE7)

乌套海预测区位于锡林浩特市正东60km，行政区划隶属锡林浩特市。预测区地理坐标为东经116°45′00″—116°58′00″，北纬43°59′00″— 44°07′00″，面积约141.52$km^2$。

预测区地质工作始于2005年，与本预测区有关的地质勘查报告有1份。

预测区位于乌套海含煤盆地东北部；盆地走向为北东-南西。地层倾角一般小于5°，未发现断裂构造，构造简单；地表被第四系所覆盖，含煤地层为早白垩世大磨拐河组，含煤5层，可采煤层2层，可采煤层厚1.50～3.90m，平均3.14m。

区内主煤层原煤灰分为9.18%～17.62%，平均13.51%；硫分为0.53%～2.28%，平均0.85%；干燥基高位发热量为21.84～25.76MJ/kg，平均24.25 MJ/kg；挥发分为39.87%～46.12%，平均41.44%。恒湿无灰基高位发热量小于24 MJ/kg，煤类属褐煤。

预测区属隐伏煤田，总面积141.52$km^2$。预测区根据乌套海普查区的煤层赋存情况，东北向外推延续至断裂构造边界，资源量的校正系数($\beta$)取0.6。预测煤质为中灰、低—中高硫分、高热值褐煤。

预测区未进行过专门的地质勘探工作，根据邻区普查资料预测，埋深0～600m预测资源量52 502×$10^4$t，可靠程度定为预测可靠的，预测远景区分类定为有利的(Ⅰ类)，勘查开发利用前景定为优等，具有开发经济价值，考虑近期安排勘查工作。

### 6. 查干诺尔预测区、那仁预测区(ⅠE8～9)

查干诺尔预测区和那仁预测区位于锡林浩特市北约70km，行政区划隶属锡林浩特市巴彦宝力格苏木。

预测区地质工作始于1966年，在预测区周边各时期形成的地质勘查报告有6份，其中与两预测区有关的地质勘查报告有3份。

查干诺尔预测区位于巴彦宝力格含煤盆地东北部，介于巴彦宝力格矿区一号井勘探区和巴彦宝力格矿区查干淖尔详查报告区域之间。那仁预测区位于巴彦宝力格含煤盆地西南部，紧邻巴彦宝力格矿区西段。主要煤层赋存于巴彦宝力格向斜之中，向斜呈北东向，南翼倾向北西，倾角8°～10°，北翼倾向南东，倾角5°～8°；无断层，构造简单。地表被第四纪黄土和风积沙所覆盖，含煤地层为早白垩世大磨拐河组，含煤7层，其中全区和大部可采3层，可采煤层总厚1.50～56.10m，平均24.08m。

两预测区主煤层原煤灰分为6.99%～40.57%，平均20.71%；硫分为0.33%～3.61%，平均0.99%。各煤层干燥基高位发热量($Q_{gr,d}$)为10.41～27.461MJ/kg；平均22.31MJ/kg。浮煤挥发分($V_{daf}$)为36.43%～46.34%，平均41.33%。煤类属褐煤。

查干诺尔预测区东西以巴彦宝力格矿区一号井勘探区东界和巴彦宝力格矿区查干淖尔详查区西界为界，南北则以上两勘查报告煤层隐伏露头推断延伸为界，深部至煤层埋深600m，面积约109.37$km^2$。资源量估算值的校正系数($\beta$)取0.60，预测资源量296 177×$10^4$t(埋深0～600m)。预测煤质属中高灰、低中—中高硫、中热值—高热值褐煤。

那仁预测区东以巴彦宝力格矿区西段普查区西界为界，西部以盆地边缘为界，南北部以普查报告煤层隐伏露头推断延伸为界，深部至煤层埋深 600m，面积约 10.32km²。资源量估算值的校正系数($\beta$)取 0.60，预测资源量 11 421×10⁴t(埋深 0～600m)。预测煤质属中高灰、中硫、中热值—高热值褐煤。

两预测区均为第四系全掩盖地区，周边勘查程度较高，为勘探、详查和普查，煤层埋深 600m 以浅，两预测区预测资源量 307 598×10⁴t，可靠程度定为预测可靠的，预测远景区分类定为有利的(Ⅰ类)，勘查开发利用前景定为优(A)等，具有明显的经济价值，近期可安排勘查开发。

#### 7. 红格尔预测区(ⅠE10)

红格尔预测区位于内蒙古自治区二连浩特市与锡林浩特市之间，行政区划隶属阿巴嘎旗。预测区地理坐标为东经 114°45′00″—114°54′00″，北纬 43°47′00″—43°52′00″，面积约 44.74km²。预测区东距阿巴嘎旗 30km，西距苏尼特左旗 90km。

与本预测区有关的地质勘查报告有 1 份。

预测区位于红格尔庙含煤盆地，该盆地发育一组宽缓的褶曲，呈雁列式排列，分布于西北部，褶曲轴向为北东。预测区地质构造形态较复杂，总体呈北东走向、倾向北西的单斜。含煤区中部地层平缓，呈缓波状延伸，倾角一般小于 10°。西北边缘受断层影响地层倾角略大于 15°。预测区发育有多条正断层，走向分两组，一组近南北，一组近北东向，对含煤地层的分布和煤层赋存形态产生一定破坏作用。参考红格尔勘探区资料，含煤地层为早白垩世大磨拐河组，含煤 0～11 层，可采煤层 3 层，煤层累计厚度0～54.23m。

区内主煤层原煤灰分为 18.13%～38.91%，平均 29.03%；硫分为 0.71%～3.00%，平均 1.73%；干燥基高位发热量 15.86～22.22MJ/kg，平均 19.04MJ/kg；浮煤挥发分为 42.93%～48.34%，平均值 46.42%。恒湿无灰基高位发热量小于 24 MJ/kg。

预测区属隐伏煤田，资源量校正系数($\beta$)取 0.6。预测煤质为低中—中高灰、低—高硫、高热值褐煤。

预测区未进行过专门的地质勘查工作，依据邻区资料预测，埋深 0～600m 预测资源量 20 306×10⁴t，可靠程度定为预测可能的，预测远景区分类定为有利的(Ⅰ类)，勘查开发利用前景定为优(A)等，具有开发经济价值，考虑近期安排勘查工作。

#### 8. 阿其图预测区(ⅠE11)

阿其图预测区行政区划隶属苏尼特右旗阿其图苏木。预测区地理坐标为东经 113°11′00″—113°15′00″，北纬 43°19′00″—43°22′00″，面积约 13.49km²。预测区西至二连浩特直线距离 120km，南西距苏尼特右旗赛汉塔拉镇约 90km。

与本预测区有关的地质勘查报告有 1 份，为煤炭普查报告。

阿其图预测区位于呼其图乌拉含煤盆地，该盆地为一向斜盆地，走向北东，地层倾角约 2°，未发现断层。含煤地层为早白垩世大磨拐河组，含煤 10 层，可采煤层 2 层，煤层属不稳定—较稳定，累计可采厚度 2.73～8.74m，平均为 4.99m。

主煤层原煤灰分为 11.55%～37.71%，平均 23.62%；硫分为 0.11%～2.72%，平均 1.38%。各煤层干燥基高位发热量为 16.25～24.41MJ/kg，平均 21.01MJ/kg；浮煤挥发分为 38.63%～39.31%，平均 39.08%。恒湿无灰基高位发热量小于 24 MJ/kg。

预测区属隐伏煤田，总面积 13.49km²。资源量校正系数($\beta$)取 0.6。预测煤质为低中—中高灰、特低—中高硫、中—高热值褐煤。

根据普查资料预测，煤层埋深 0～600m 预测资源量 7324×10⁴t，可靠程度定为预测可靠的，预测远景区分类定为有利的(Ⅰ类),勘查开发利用前景定为优(A)等,具有开发经济价值,考虑近期安排勘查工作。

**9. 扎格斯台预测区(ⅠE12)**

扎格斯台预测区位于锡林浩特市以南92km处,行政区划隶属锡林郭勒盟正兰旗那日图苏木。预测区地理坐标为东经116°04′00″—116°22′00″,北纬43°02′00″—43°16′00″,面积约169.03km²。

预测区地质工作始于1975年,与本预测区有关的地质勘查报告有1份。

扎格斯台预测区位于腾格尔坳陷中的六牧业大队含煤盆地中。构造控煤式样属向斜构造控煤。盆地走向呈北东向延伸,其南侧由边缘隆起围限,盆地走向长约41km,倾向最宽约13km,面积约390km²,全部被第四系风积沙所覆盖。向斜构造两翼倾角在3°~10°之间。含煤地层为早白垩世大磨拐河组,含煤6层,可采煤层5层,煤层结构简单,可采煤层累计厚度1.50~6.75m,平均3.23m。

盆地主煤层原煤灰分为21.04%~39.29%,平均30.02%;硫分为0.89%~2.91%,平均1.79%。各煤层干基高位发热量为14.29~22.24MJ/kg,平均19.05MJ/kg;浮煤挥发分($V_{daf}$)为41.27%~44.97%,平均42.94%。恒湿无灰基高位发热量均小于24MJ/kg。

预测区资源量估算值的校正系数($\beta$)取0.6,预测资源量28 058×10⁴t。预测区煤质为中—中高灰分、低—中高硫、中—高热值褐煤。

扎格斯台预测区为全掩盖煤田,勘查程度低。埋深0~600m,预测资源量18 392×10⁴t,可靠程度定为预测可靠的,预测远景区分类定为有利的(Ⅰ类),勘查开发利用前景定为优(A)等,具有明显的经济价值,近期可安排勘查开发;埋深600~1000m,预测资源量9666×10⁴t,可靠程度定为预测可靠的,预测远景区分类定为有利的(Ⅰ类),勘查开发利用前景定为优(A)等,具有开发经济价值,近期可安排勘查开发。

**10. 赛汉塔拉预测区(ⅠE13)**

赛汉塔拉预测区行政区划隶属苏尼特右旗赛汉塔拉镇。预测区地理坐标为东经112°31′00″—112°43′00″,北纬42 °15′00″—42°20′00″,面积约243.46km²。预测区位于苏尼特右旗旗府赛汉塔拉镇东南方向,两地直线距离约10km。

预测区地质工作始于1981年,在预测区周边各时期形成的地质勘查报告有3份,其中与本预测区有关的地质勘查报告有1份,为普查报告。

赛汉塔拉预测区位于赛汉塔拉含煤盆地西南部,受沙力好来-锡林呼都格断裂的控制和影响,盆地形态近南北走向、南浅北深、东陡西缓。基底起伏较大,隆起、凹陷相间。含煤段主要发育在凹陷区,煤层总体趋势为西高东低、南高北低。含煤地层为早白垩世大磨拐河组,含煤2层,煤层厚度0.25~9.76m,平均5.12m。

区内主煤层原煤灰分为15.43%~34.42%,平均25.17%;硫分为1.77%~5.45%,平均2.73%。各煤层干基高位发热量为17.89~23.75MJ/kg,平均20.52MJ/kg;浮煤挥发分($V_{daf}$)为42.53%~46.45%,平均44.84%。干燥无灰基高位发热量小于24MJ/kg。

赛汉塔拉预测区为隐伏煤田。预测区以赛汉塔拉盆地都呼木煤炭普查区南界,向南推断延伸至盆地南界。资源量估算值的校正系数($\beta$)取0.6。预测区煤质为中高灰、低中—中高硫、中热值—高热值褐煤。

预测区为全掩盖煤田,预测区周边勘查程度为普查。煤层埋深600m以浅,预测资源量112 565×10⁴t,可靠程度定为可靠的,预测远景区分类定为有利的(Ⅰ类),勘查开发利用前景定为优等,具有明显的经济价值,近期可安排勘查开发。

**11. 马辛呼都格预测区(ⅠE14)**

马辛呼都格预测区位于二连浩特市北约78km,行政区划隶属锡林郭勒盟苏尼特左旗查干敖包苏木。预测区地理坐标为东经113°10′00″—113°25′00″,北纬44°10′00″—44°25′00″,面积约205.50km²。

与本预测区有关的地质普查报告有1份,为本次预测依据。

预测区位于反修牧场盆地(呼仁布其凹陷),构造控煤式样属于断陷盆地构造控煤。总体构造形态为一缓倾斜的单斜构造,发育了一些宽缓的波状起伏。未发现断层,构造简单。含煤地层为早白垩世大磨拐河组,含煤9层,可采煤层7层,可采煤层累计厚度48.28~111.68m,平均79.98m。

主煤层原煤灰分为8.76%~38.16%,平均25.39%;硫分为0.40%~2.06%,平均0.69%。各煤层干燥基高位发热量为15.10~27.74MJ/kg,平均21.83MJ/kg;浮煤挥发分40.19%~48.19%,平均44.55%。恒湿无灰基高位发热量小于24MJ/kg。

预测区属隐伏煤田,以马辛呼都格普查南、东界外推,延伸至断裂构造。资源量的校正系数($\beta$)取0.60。预测区煤质为低—中高灰、特低—高硫、中—高热值褐煤。

根据普查资料预测,煤层埋深0~600m预测资源量1 722 481×$10^4$t,可靠程度定为预测可靠的,预测远景区分类定为有利的(Ⅰ类),勘查开发利用前景定为优(A)等,具有开发经济价值,考虑近期安排勘查工作。

**12. 准哈诺尔预测区(ⅠE15)**

准哈诺尔预测区行政区划隶属东乌珠穆沁旗呼布沁高毕苏木和阿拉腾合力苏木。预测区地理坐标为东经116°15′00″—116°23′00″,北纬45°33′00″—45°38′00″,面积约55.47km²。预测区距呼布沁高毕苏木约35km。

在预测区周边各时期形成的地质勘查报告有2份,其中与本预测区有关的地质详查报告有1份。

准哈诺尔预测区位于巴音都兰盆地东北部,为一半地堑式断陷盆地,总体走向北东-南西。两翼倾角均小于10°。西北侧为控盆断裂。盆地被第四纪风积沙所覆盖,含煤地层为早白垩世大磨拐河组,含煤8层,可采煤层6层,煤层累计厚度0.75~20.55m。

盆地主煤层原煤灰分为11.00%~34.63%,平均22.24%;硫分为0.33%~2.07%,平均0.77%;干燥基高位发热量为18.60~25.65MJ/kg,平均22.42MJ/kg。浮煤挥发分在31.77%~51.46%之间,平均42.90%。恒湿无灰基高位发热量均小于24MJ/kg。

预测区资源量估算值的校正系数($\beta$)取0.6。预测区煤质为低中—中高灰分、特低—中高硫、高热值褐煤。

准哈诺尔预测区为第四系全掩盖地区,预测区勘查程度低。煤层埋深0~600m,预测资源量38 423×$10^4$t,可靠程度定为预测可靠的,预测远景区分类定为有利的(Ⅰ类),勘查开发利用前景定为优(A)等,具有明显的经济价值,近期可安排勘查开发。

**13. 额合宝力格预测区(ⅠE16)**

额合宝力格预测区位于东乌珠穆沁旗额合宝力格矿区的东北部,行政区划隶属锡林郭勒盟东乌珠穆沁旗额仁诺尔苏木。预测区地理坐标为东经115°39′00″—116°35′00″,北纬44°37′00″—45°33′00″,面积约1 356.75km²。预测区西南距阿巴嘎旗新浩特镇约105km,东北距东乌珠穆沁旗乌里雅斯太镇80km。

与本预测区有关的地质勘查报告有3份。

额合宝力格预测区位于额合宝力格含煤盆地中。盆地主体呈北东-南西走向,向斜轴位于图莫呼都格—额吉诺尔之连线附近,长约70km,宽15~35km。北西翼倾角3°~6°,南东翼倾角3°~5°,煤田南、北各有一个次级向斜(亚盆),中部为次级隆起。

预测区有1个勘探区、1个详查区、1个预查区和8份相关石油井含煤资料。含煤地层为早白垩世大磨拐河组。含可采煤层2~12层,煤层结构简单,可采煤层平均累计厚度5.62~11.56m。

盆地主煤层原煤灰分为4.98%～39.98%，平均16.45%；硫分为0.09%～2.54%，平均0.36%。各煤层干基高位发热量为16.48～28.13MJ/kg，平均23.01MJ/kg；浮煤挥发分在29.42%～53.66%之间，平均41.43%。恒湿无灰基高位发热量均小于24MJ/kg，煤层透光率在63%～74%。

预测区资源量估算值的校正系数($\beta$)取0.6。预测区煤质属低—中高灰分、特低硫、高热值长焰煤。

额合宝力格预测区为第四系全掩盖地区，预测资源量838 146×$10^4$t。其中埋深0～600m，预测资源量630 621×$10^4$t，可靠程度定为预测可靠的，预测远景区分类定为有利的(Ⅰ类)，勘查开发利用前景定为优(A)等，具有明显的经济价值，近期可安排勘查开发；埋深600～1000m，预测资源量207 525×$10^4$t，可靠程度定为预测可靠的，预测远景区分类定为次有利的(Ⅱ类)，勘查开发利用前景定为良(B)等，具有开发经济价值，考虑中期安排勘查工作。

### 14. 毛瑞预测区(ⅠE17)

毛瑞预测区位于苏尼特左旗西北40km处，行政区划隶属苏尼特左旗达日罕乌拉苏木和白音乌拉苏木。预测区地理坐标为东经113°45′00″—114°05′00″，北纬44°08′00″—44°21′00″，面积约339.54km$^2$。

在预测区周边各时期形成的地质勘查报告有6份，其中与本预测区有关的普查地质勘查报告有1份。

毛瑞预测区位于白音乌拉盆地东北部，白音乌拉坳陷总体走向NE58°，地层倾角3°～5°。盆地北部边界发育赛汉塔拉-古得林好来断层，该断层北东向展布，横贯全区，为正断层，走向约NE58°，倾向南东，倾角63°～75°，延展约30km，断距300～1000m。含煤地层为早白垩世大磨拐河组，含煤1～6层，可采煤层1层，煤层累计厚度1.50～42.85m。

盆地主煤层原煤灰分在13.80%～39.85%之间，平均24.79%；硫分为0.97%～7.21%，平均2.82%。各煤层干燥基高位发热量为16.89～23.32MJ/kg，平均20.58MJ/kg；浮煤挥发分在42.32%～49.12%之间，平均45.92%。恒湿无灰基高位发热量均小于24MJ/kg。

预测区资源量估算值校正系数($\beta$)取0.6。预测区煤质属低中—中高灰分、低—高硫、高热值褐煤。

预测区为第四系全掩盖地区，预测资源量282 155×$10^4$t。其中煤层埋深0～600m，预测资源量204 219×$10^4$t，可靠程度定为预测可靠的，预测远景区分类定为有利的(Ⅰ类)，勘查开发利用前景定为优(A)等，具有明显的经济价值，近期可安排勘查开发；煤层埋深600～1000m，预测资源量77 936×$10^4$t，可靠程度定为预测可靠的，预测远景区分类定为次有利的(Ⅱ类)，勘查开发利用前景定为良(B)等，具有开发经济价值，考虑中期安排勘查工作。

### 15. 阿不拉干旦预测区(ⅠE18)

预测区位于苏尼特左旗西北40km处，行政区划隶属苏尼特左旗达日罕乌拉苏木和白音乌拉苏木。预测区地理坐标为东经113°30′00″—113°40′00″，北纬43°55′00″—44°08′00″，面积约67.91km$^2$。

在预测区周边各时期形成的地质勘查报告有6份，其中与本预测区有关的地质普查报告有1份。

阿不拉干旦预测区位于白音乌拉盆地南部。

预测区构造简单，煤层属不稳定—较稳定。资源量估算值校正系数($\beta$)取0.6。预测区煤质为低中—中高灰分、低—高硫、高热值褐煤。

阿不拉干旦预测区为第四系全掩盖地区，煤层埋深0～600m，预测资源量124 069×$10^4$t；可靠程度定为可靠的，预测远景区分类定为有利的(Ⅰ类)，勘查开发利用前景定为优(A)等，具有明显的经济价值，近期可安排勘查开发。

### 16. 明图庙预测区(ⅠE19)

明图庙预测区位于阿巴嘎旗新浩特镇北东10°，直线距离约105km，行政区划隶属阿巴嘎旗吉日嘎郎苏木和阿尔善宝力格镇。预测区地理坐标为东经 114°48′00″—115°55′00″,北纬 44°36′00″—45°08′00″,面积约 1 147.47km²。

预测区周边各时期地质勘查报告有 3 份,其中与本预测区有关的地质勘查报告有 1 份。

预测区构造总体形态为北东-南西走向的向斜构造,发育有断层,对煤层有一定破坏作用。构造控煤式样属向斜构造控煤。

明图庙预测区分为 3 个预测单元,分别位于那仁宝力格盆地东北部、额合宝力格盆地西部和北部。属于二连盆地群中的断陷盆地,断裂主构造线方向为北东向,根据那仁宝力普查资料,推测预测区北部北东走向的主断裂长大于 50km,倾向南东,倾角 55°,断距大于 60m。盆地中还存在次一级的断裂构造,构造简单。

明图庙预测区为全掩盖煤田,含煤地层为早白垩世大磨拐河组。根据石油钻孔资料,含煤 1～3 层,可采煤层 1～3 层,煤层结构简单,厚度较稳定,可采煤层平均累计厚度 2.00～26.00m。

盆地主煤层原煤灰分为 17.61%～37.68%,平均 27.35%;硫分为 0.66%～3.24%,平均 1.48%。各煤层干燥基高位发热量 15.74～23.63MJ/kg,平均 20.31MJ/kg;浮煤挥发分在 41.35%～47.54%之间,平均 44.55%。恒湿无灰基高位发热量均小于 24MJ/kg。

预测深度范围为 1000m 以浅,资源量估算值校正系数($\beta$)取 0.6。埋深 0～600m 预测资源量 1 163 279×10⁴t;埋深 600～1000m 预测资源量 168 714×10⁴t。预测区煤质为低中—中高灰分、低—高硫、高热值褐煤。

明图庙预测区为第四系全掩盖地区,煤层埋深 0～1000m,预测资源量 1 331 993×10⁴t,可靠程度定为预测可靠的,预测远景区分类定为有利的(Ⅰ类),勘查开发利用前景定为优(A)等,具有明显的经济价值,近期可安排勘查开发。

**17. 浑善达克预测区(ⅠE20)**

浑善达克预测区行政区划隶属阿巴嘎旗。预测区地理坐标为东经 115°15′00″—115°25′00″,北纬 43°15′00″—43°23′00″,面积约 87.87km²。预测区南距正蓝旗 42km,北至阿巴嘎旗 48km。

预测区预查报告只有 1 份。

预测区位于乌兰塔拉含煤盆地中。盆地主体呈北东-南西走向。根据浑善达克预查 H2 和 H4 号钻孔资料,含煤地层为早白垩世大磨拐河组,含煤 1～13 层,煤层厚度 1.25～6.45m。

盆地主煤层原煤灰分在 25.08%～36.97%之间,平均 31.03%;硫分在 1.09%～1.48%之间,平均 1.29%。各煤层干燥基高位发热量为 17.06～20.36MJ/kg,平均 18.71MJ/kg;浮煤挥发分在 43.97%～47.23%之间。恒湿无灰基高位发热量均小于 24MJ/kg。

预测区资源量估算值校正系数($\beta$)取 0.6。预测区煤质为中—中高灰分、低中硫、中热值褐煤。

浑善达克预测区为第四系全掩盖地区,预测区勘查程度较低。煤层埋深 600m 以浅,预测资源量 37 730×10⁴t;可靠程度定为可靠的,预测远景区分类定为有利的(Ⅰ类),勘查开发利用前景定为优(A)等,具有明显的经济价值,近期可安排勘查开发。

**18. 额尔登苏格预测区(ⅠE21)**

额尔登苏格预测区行政区划隶属苏尼特左旗。预测区地理坐标为东经 114°45′—114°55′,北纬 43°06′—43°17′,面积约 278.74km²。预测区南距正镶白旗 40km,北至苏尼特左旗 50km。预测区预查报告只有 1 份。

预测区位于巴嘎高勒 (额尔登苏木凹陷)含煤盆地中。盆地主体呈北东-南西走向。含煤地层为早白垩世大磨拐河组。含煤 1～13 层,煤层厚度 1.25～6.45m。

盆地主煤层原煤灰分为 25.08%～36.97%,平均 31.03%;硫分为 1.09%～1.48%,平均 1.29%。

各煤层干基高位发热量为 17.06～20.36MJ/kg，平均 18.71MJ/kg；浮煤挥发分为 43.97%～47.23%。恒湿无灰基高位发热量均小于 24MJ/kg。

预测区资源量估算值的校正系数（$\beta$）取 0.6。预测区煤质为中—中高灰分、低中硫、中热值褐煤。

额尔登苏格预测区为第四纪沙漠全掩盖地区，预测区勘查程度较低。煤层埋深 600m 以浅，预测资源量 119 693×$10^4$t，可靠程度定为预测可靠的，预测远景区分类定为有利的（Ⅰ类），勘查开发利用前景定为优（A）等，具有开发经济价值，近期可安排勘查工作。

### 19. 格日勒敖都预测区（ⅠE22）

格日勒敖都预测区位于二连浩特市西南约 45km，行政区划隶属锡林郭勒盟苏尼特右旗格日勒敖都苏木。预测区地理坐标为东经 112°15′00″—112°25′00″，北纬 43°17′00″—43°25′00″，面积约 112.15$km^2$。

预测区未进行过专门煤炭地质勘查工作，仅有石油钻孔资料。

预测区位于格日勒敖都盆地，总体构造形态为北东-南西向延伸半地堑式断陷盆地。含煤地层为早中侏罗世阿拉坦合力群，含煤 17 层，可采煤层 7 层，煤层累计厚度 3.5～42.00m。

主煤层原煤灰分在 13.67%～39.60%之间，平均 25.11%；硫分为 0.22%～0.72%，平均 0.43%。各煤层干燥基高位发热量 18.97～27.88MJ/kg，平均 24.52MJ/kg；浮煤挥发分 37.19%～41.33%，平均 39.16%。

预测区煤层埋深为 1500～2000m，资源量校正系数（$\beta$）取 0.6。预测煤质为低中—中高灰、特低—低硫分、低—高热值长焰煤。

预测区属隐伏煤田，煤层埋深 1500～2000m，预测资源量 739 786×$10^4$t，可靠程度定为预测可能的，预测远景区分类定为不利的（Ⅲ类），勘查开发利用前景定为差（C）等，目前不宜开展工作，考虑远期安排勘查工作。

### 20. 都仁乌力吉预测区（ⅠE23）

都仁乌力吉预测区位于苏尼特右旗东 90km，行政区划隶属苏尼特右旗。预测区地理坐标为东经 113°21′00″—113°45′00″，北纬 42°25′00″—42°26′00″，面积约 322.30$km^2$。

预测区位于赛罕乌力吉含煤盆地中，该盆地为北东-南西走向的地堑式断陷盆地。根据石油乌 1 井资料，含煤地层为早白垩世大磨拐河组，煤层厚度 4.00m，煤层埋深 311.00m。

盆地主煤层原煤灰分在 25.08%～36.97%之间，平均 31.03%；硫分为 1.09%～1.48%，平均 1.29%。各煤层干基高位发热量为 17.06～20.36MJ/kg，平均 18.71MJ/kg；浮煤挥发分为 43.97%～47.23%。恒湿无灰基高位发热量均小于 24MJ/kg。

预测区资源量估算值校正系数（$\beta$）取 0.6。预测区煤质为中—中高灰分、低中硫、中热值褐煤。

都仁乌力吉预测区为第四纪沙漠全掩盖地区，预测区勘查程度较低。煤层埋深 600m 以浅，预测资源量 109 838×$10^4$t，可靠程度定为预测可靠的，预测远景区分类定为有利的（Ⅰ类），勘查开发利用前景定为优（A）等，具有明显的经济价值，近期可安排勘查开发。

### 21. 青格勒布拉格预测区（ⅠE24）

青格勒布拉格预测区行政区划隶属阿巴嘎旗青格勒布拉格苏木。预测区地理坐标为东经 113°55′—114°35′，北纬 44°28′—44°38′，面积约 558.98$km^2$。预测区南距阿巴嘎旗新浩特镇约 50km。

预测区南部那仁宝力格盆地的煤炭预查报告有 1 份，预测区参考该报告收集了相关石油钻孔资料。

预测区位于青格勒布拉格含煤盆地中，根据那仁宝力格盆地预查资料，盆地南缘受一条北东向展布的大断裂控制，推断盆地是一个不对称型地堑式盆地，呈北东向展布，盆地全长约 50km，宽缓不对称，倾角 1°～6°。含煤地层为早白垩世大磨拐河组，根据石油钻孔资料，在 477～500m 含煤 4 层，煤层结构简单,累计煤层厚度 11.50m。

主煤层原煤灰分在 18.07%~39.30%之间,平均 29.85%;硫分在 0.70%~3.10%之间,平均 1.33%。各煤层干基高位发热量为 16.58~23.24MJ/kg,平均 19.85MJ/kg;浮煤挥发分在 40.30%~44.57%之间,平均 42.40%。恒湿无灰基高位发热量均小于 24MJ/kg。

预测区资源量估算值校正系数($\beta$)取 0.6。预测区煤质为低中—中高灰、低—中高硫、中热值褐煤。

青格勒布拉格预测区为第四系全掩盖地区,勘查程度较低。煤层埋深 600m 以浅,预测资源量 844 104×$10^4$t,可靠程度定为预测可靠的,预测远景区分类定为有利的(Ⅰ类),勘查开发利用前景定为优(A)等,具有明显的经济价值,近期可安排勘查开发。

**22. 乌兰尚丹预测区(ⅠE25)**

乌兰尚丹预测区行政区划隶属阿巴嘎旗那仁宝力格苏木。预测区地理坐标为东经 114°22′00″—114°42′00″,北纬 44°10′00″—44°25′00″,面积约 424.08$km^2$。预测区南距阿巴嘎旗新浩特镇约 35km,西距苏尼特左旗 45km,分为 2 个预测单元。预测区北部那仁宝力格盆地地质勘查报告有 1 份,预测区参考该地质勘查报告收集了相关石油钻孔资料。

预测区属于乌兰尚丹盆地,该盆地是一个呈北东向展布的地堑式盆地,含煤地层为早白垩世大磨拐河组,根据收集石油钻孔资料,含煤 1 层,煤层厚度 10.00m。

参考那仁宝力格盆地煤质资料:煤层原煤灰分为 18.07%~39.30%,平均 29.85%;硫分为 0.70%~3.10%,平均 1.33%。各煤层干基高位发热量为 16.58~23.24MJ/kg,平均 19.85MJ/kg;浮煤挥发分在 40.30%~44.57%之间,平均 42.40%。恒湿无灰基高位发热量均小于 24MJ/kg。

预测区资源量估算值校正系数($\beta$)取 0.6,预测资源量 640 392×$10^4$t。预测区煤质为低中—中高灰、低—中高硫、中热值褐煤。

乌兰尚丹预测区为第四系全掩盖地区,预测区无煤炭勘查工作,煤层埋深 600m 以浅,预测资源量 640 392×$10^4$t,可靠程度定为预测可靠的,预测远景区分类定为有利的(Ⅰ类),勘查开发利用前景定为优(A)等,具有明显的经济价值,近期可安排勘查开发。

### (五)阴山赋煤带(ⅡA)

本次阴山赋煤带煤炭资源潜力评价共划分为 3 个预测区,预测面积约 70.07$km^2$,预测资源量 28 464×$10^4$t。其中 1 个预测区为白垩系,2 个预测区为新近系。3 个预测区煤种均为褐煤。

**1. 马莲滩预测区(ⅡA1)**

马莲滩预测区位于乌兰察布市集宁区的西北隅,距集宁区仅 8km,行政区划隶属察哈尔右翼前旗。预测区地理坐标为东经 113°00′45″—113°6′15″,北纬 41°3′50″—41°8′30″。

预测区相关资料有《集宁煤田马莲滩勘探区找矿勘探报告》(1963),预测区位于该煤田的中部;与本预测区相邻的西南部相关资料有《内蒙古自治区察哈尔右翼前旗集宁煤田马莲滩矿区煤炭勘探报告》(2007)。

预测区处于马莲滩Ⅰ号背斜北东翼,主体构造形态为一倾向北东的单斜,倾角较小,区内含煤地层为古近系渐新统,据邻区马莲滩勘探资料,含有 5 个煤组,含可采煤层 1~4 层,可采煤层总厚 1.50~38.07m,平均 8.26m。

区内主煤层原煤灰分在 12.26%~39.89%之间,平均 30.23%,以中灰—高灰煤为主;原煤硫分为 0.78%~5.61%,平均 2.14%~2.54%,以中高硫分煤为主。各煤层干基高位发热量为 15.55~25.12MJ/kg,平均 18.98MJ/kg;浮煤挥发分在 42.88%~43.41%之间;透光率($P_m$)在 29%~45%之间，浮煤恒湿无灰基高位发热量在 19.22～22.93MJ/kg 之间。煤类以褐煤二号(HM2)为主。

预测区面积为 16.87km$^2$。根据马莲滩矿区资源丰度，计算预测区埋深 600m 以浅资源。马莲滩勘探区累计查明资源量 11 290×10$^4$t，其最大含煤面积为 20.57km$^2$，资源丰度为 549×10$^4$t/km$^2$，资源量估算值校正系数($\beta$)取 0.60。

由于预测区邻区的马莲滩勘查区达到了勘探阶段，预测区埋深 600m 以浅预测资源量 5557×10$^4$t，可靠程度定为预测可靠的，预测远景区分类定为有利的(Ⅰ类)，勘查开发前景定为优(A)等，开发具有明显经济价值，近期可安排勘查工作。

**2. 玫瑰营子预测区(ⅡA2)**

玫瑰营子预测区位于乌兰察布市集宁区东北部，直线距离 10km，行政区划隶属察哈尔右翼前旗。预测区地理坐标为东经 113°12′45″—113°18′00″，北纬 41°5′30″—41°8′15″。预测区外围有 2 个勘查区与本区相邻，相应勘查报告为《内蒙古自治区集宁煤田七苏木矿区煤炭详查报告》(2007)及《内蒙古自治区集宁煤田玫瑰营子矿区煤炭普查报告》(2008)。

预测区位于集宁-兴和盆地内，该盆地为一向北西方向倾斜的单斜构造，地层产状近水平。区内构造以断裂为主，褶皱不发育，构造复杂程度中等。含煤地层为新近系渐新统，含可采煤层 2 层，可采煤层平均厚度 8.26m，可采系数 6.56%。据邻区资料，原煤灰分为 13.59%～22.18%；硫分为 1.12%～8.9%，平均 2.88%；干燥基高位发热量($Q_{gr,vd}$)在 14.00～25.94MJ/kg 之间；浮煤挥发分($V_{daf}$)在 31.29%～45.64%之间。煤类为褐煤二号(HM2)。

预测深度为 600m，预测面积 23.16km$^2$。

七苏木矿区北区资源丰度为 385×10$^4$t/km$^2$，玫瑰营子矿区北区资源丰度为 496×10$^4$t/km$^2$。2 个区资源丰度平均为 440×10$^4$t/km$^2$。资源量原始估算值的校正系数($\beta$值)取 0.60。

由于邻区勘查程度分别达到了详查和普查，本预测区埋深 600m 以浅预测资源量 6113×10$^4$t，可靠程度定为预测可靠的，预测远景区分类定为有利的(Ⅰ类)，勘查开发前景定为优(A)等，开发具有明显经济价值，近期可安排勘查工作。

**3. 巴音胡都格预测区(ⅡA3)**

巴音胡都格预测区距乌拉特中旗海流图镇 48km，行政区划隶属乌拉特中旗川井苏木。预测区地理坐标为东经 107°56′15″—108°1′45″，北纬 41°40′45″—41°44′50″。预测区至五原县 95km，距临河 134km，距杭锦后旗 134km。

预测区有勘查报告 2 份，其中《内蒙古乌拉特中旗巴音胡都格煤田露采区详细勘探及外围详细普查地质报告》(1983 年)提交资源量 15 749.32×10$^4$t，《内蒙古自治区巴音胡都格煤田西矿段煤炭详查(最终)报告》(2007 年)提交资源量 1936×10$^4$t，区内有煤矿开采。

预测区位于沙布格-巴音胡都格向斜东端的翘起部位。向斜轴向 45°左右，枢纽向南西方向倾伏，构造控煤样式属单斜构造控煤。早白垩世巴音胡都格组为本区的含煤地层，总厚 707m，内含褐煤 10 层，具工业规模的有 7 层。以 3 号、2 号为主体，平均可采厚度分别为 5.32m、4.26m，6 号煤平均厚度为 2.08m。主煤层结构较复杂，其余煤层结构简单。

原煤灰分为 10.56%～38.73%；发热量为 13.38%～21.21MJ/kg；全硫含量为 0.95%～12.64%。挥发分($V_{daf}$)均大于 37%；透光率在 36%～57%之间；原煤干基高位发热量($Q_{gr,d}$)在 12.54～26.07MJ/kg之间，平均值小于 24MJ/kg。煤类为褐煤二号(HM2)。

预测区位于巴音胡都格矿区西北延伸部位，面积约 30.04km$^2$。预测深度至 600m。邻区巴音胡都格矿区煤炭资源丰度为 932.1×10$^4$t/km$^2$，资源量估算值的校正系数($\beta$值)取 0.6。预测煤质为中灰分、低—中高硫分、低热值褐煤。

由于预测区含煤地层出露良好，其邻区巴音胡都格矿区已进行露天开采，埋深600m以浅预测资源量16 794×$10^4$t，可靠程度定为预测可靠的，勘查开发利用前景定为优(A)等，具有明显的经济价值，近期可安排勘查开发。

## (六)鄂尔多斯盆地北缘赋煤带(ⅡB)

鄂尔多斯盆地北缘赋煤带包括东胜煤田预测区和准格尔预测区，预测区18个，预测基本单元22个，预测区总面积为29 413.03$km^2$，预测资源量为58 151 341×$10^4$t。其中，东胜煤田预测区主要分布在东胜煤田的中西部，一般位于东胜国家规划矿区、东胜深部矿区、新上海庙矿区之间的空白区及深部区域，预测区12个，预测单元12个，含煤地层为侏罗纪延安组，预测区面积为25 528.86$km^2$，预测资源总量为38 839 318×$10^4$t。准格尔预测区主要分布在东胜煤田的东部，共分为6个预测区，10个预测基本单元，含煤地层为石炭系—二叠系，预测区面积为3 884.17$km^2$，预测资源总量为19 312 023×$10^4$t。预测区分布如图13-45所示。

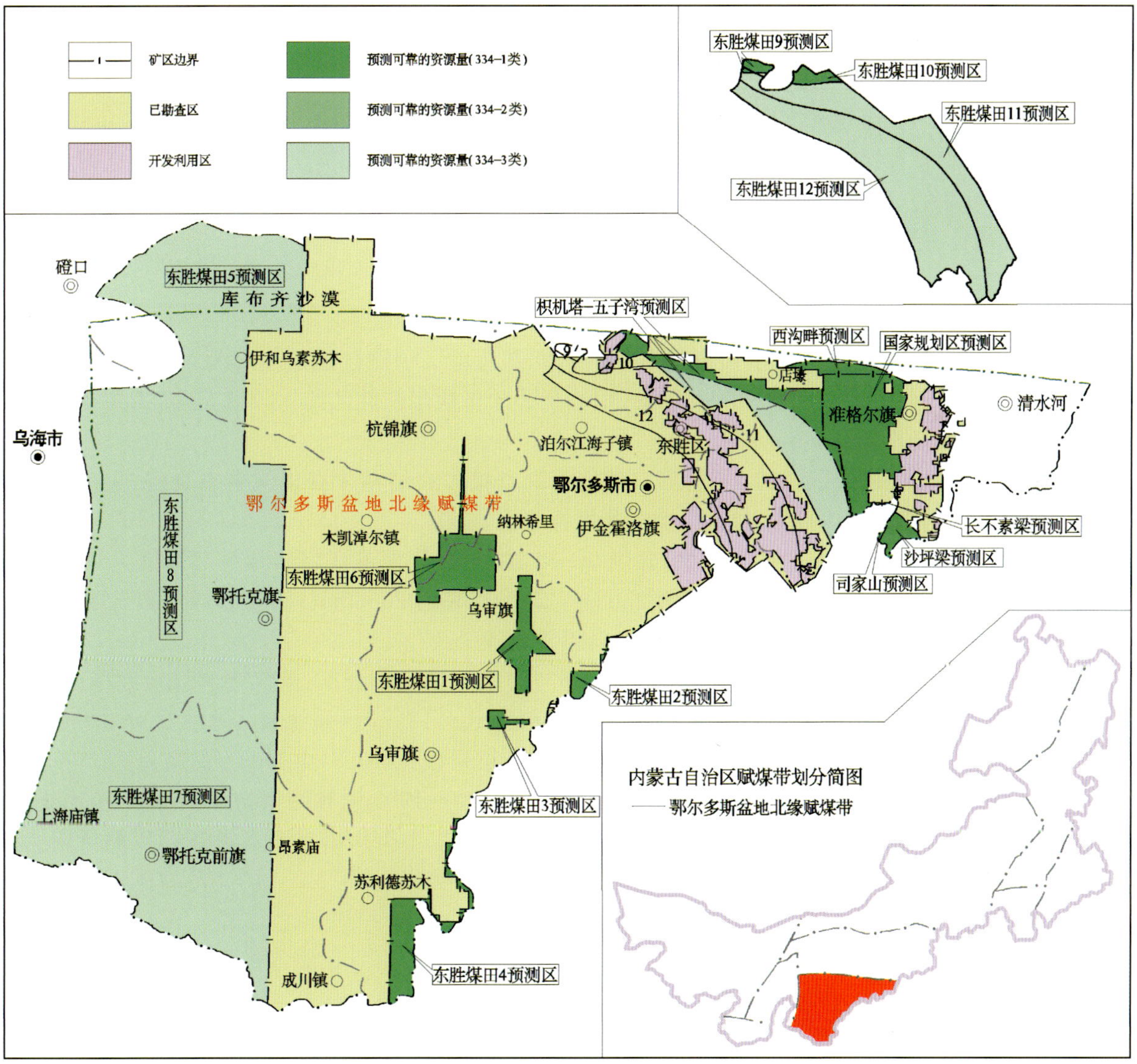

图13-45　鄂尔多斯盆地北缘赋煤带预测区分布图

**1. 东胜煤田1预测区(ⅡB1)**

东胜煤田1预测区行政区划隶属鄂尔多斯市乌审旗。预测区地理坐标为东经109°09′15″—109°26′00″,北纬38°50′00″— 39°16′30″。预测区东界距东胜区约90km,距伊金霍洛旗60km。

预测区位于7个勘查区之间,2007年以后先后提交的相关勘探报告有3份(沙拉吉达北井田、葫芦素井田和梅林庙井田勘探报告),纳林才登矿区详查报告有1份,纳林希里、乌兰陶勒盖煤炭普查报告有2份,乌审召煤炭预查报告有1份。

预测区构造单元为华北陆块鄂尔多斯地台向斜东翼中部,构造形态为一向西倾斜的单斜构造,倾向270°左右,倾角1°~3°。区内未发现较大的断层,无褶皱。但局部有小的波状起伏,无岩浆岩侵入体,区内构造简单。水文地质条件为简单类型。

预测区含煤地层为早中侏罗世延安组,含煤6~30层,可采煤层有18层,主要可采煤层8层,地层总厚度为175.80~388.63m,平均264.02m,可采煤层总厚度9.00~48.64m,平均20.82m,可采含煤系数7.88%。

根据预测区周边各勘查报告的煤质化验资料,区内各煤层均为特低灰—低灰、特低硫—低硫、特低磷—低磷、高—特高热值,煤类以不黏煤为主,含少量的长焰煤。

预测区范围以相邻勘查区边界为界,面积为402.13km$^2$。资源量估算参数采用相邻勘查区的资料,煤层平均厚度为20.82m,视密度为1.30 t/m$^3$,资源量校正系数$\beta$为0.8,煤类以不黏煤为主。

预测区周边勘查程度较高,煤层埋深600~1000 m,预测资源量为870 723×10$^4$t,预测区潜在资源量分级为预测可靠的,预测远景区分类定为有利的(Ⅰ类),潜在资源勘查开发利用前景确定为优(A)等,远景开发具有明显的经济价值,近期可安排勘查工作。

**2. 东胜煤田2预测区(ⅡB2)**

东胜煤田2预测区位于鄂尔多斯市乌审旗的东北部边缘。预测区地理坐标为东经109°31′00″—109°42′34″,北纬38°48′53″—39°02′56″。预测区中心至鄂尔多斯市东胜区约137km,至新街约47km,至图克镇约29km,至乌审旗约97km。

预测区周边有4个勘查区,2007年后相应的地质勘查报告有纳林才登煤炭普查报告、大牛地煤炭预查报告、陕汉毛利煤炭勘探报告、母杜柴登煤炭勘探报告。

预测区含煤地层为早中侏罗世延安组,含煤9~24层,可采煤层有10层,地层总厚度为228.06~323.21m,平均287.67m,可采煤层总厚度为9.00~42.71m,平均20.50m。可采含煤系数7.13%。预测区构造特征及煤质特征参见东胜煤田1预测区,不再复述。

预测区范围北部以东胜国家规划矿区为界,西部与大牛地煤炭预查区、陕汉毛利煤炭勘探区、纳林才登煤炭普查区相接,东南部与陕西省接壤,预测区面积约108.13km$^2$。资源量估算参数采用相邻勘查区的资料,厚度为20.50m,视密度为1.29 t/m$^3$,资源量校正系数$\beta$为0.8,煤类以不黏煤为主。

预测区周边勘查程度均达到普查以上阶段,煤层埋深600~1000m,预测资源量为228 770×10$^4$t,潜在资源量分级定为预测可靠的,预测远景区分类定为有利的(Ⅰ类),潜在资源勘查开发前景定为优(A)等,开发具有明显的经济价值,近期可安排勘查工作。

**3. 东胜煤田3预测区(ⅡB3)**

东胜煤田3预测区位于乌审旗东北部。预测区地理坐标为东经109°07′00″—109°19′00″,北纬38°42′00″—38°46′00″。预测区东距210国道约23km,沿210国道向北约145km可至鄂尔多斯市东胜区,向南约68km可至陕西省榆林市。

预测区周边有3个勘查区,2009年后相应的地质勘查报告有沙拉吉达南井煤炭勘探报告、巴彦高勒煤炭勘探报告、乌兰陶勒盖煤炭普查报告。

预测区含煤地层为早中侏罗世延安组，地层总厚度为208.67～357.70m，平均287.37m，含煤9～24层，可采煤层有11层，可采煤层总厚度9.60～20.13m，平均14.56m。可采含煤系数为5.07%。预测区构造特征及煤质特征参见东胜煤田1预测区，不再复述。

预测区范围由以往3个勘查区边界围成，预测区面积约72.49km²。资源量估算参数采用相邻勘查区的资料，煤层平均厚度为14.56m，视密度为1.30t/m³，资源量校正系数β为0.8，煤类以不黏煤为主。

预测区周边勘查程度最高达到勘探阶段，煤层埋深600～1000 m，预测资源量为110 443×10⁴t，潜在资源量分级为预测可靠的，预测远景区分类定为有利的（Ⅰ类），潜在资源勘查开发利用前景确定为优（A）等，远景开发具有明显的经济价值，近期可安排勘查工作。

**4. 东胜煤田4预测区（ⅡB4）**

东胜煤田4预测区位于鄂尔多斯市乌审旗南部，行政区划隶属乌审旗纳林河镇及嘎鲁图镇。预测区地理坐标为东经108°39′59″—109°00′01″，北纬37°39′14″—38°21′29″。预测区北距乌审旗约80km，东距榆林市约90km。

预测区与周边6个勘查区相邻，地质工作程度最高达勘探阶段，2008年后的地质报告有纳林河二号井煤炭勘探报告、张家湾煤炭勘探报告、巴彦柴达木煤炭详查报告、纳林河煤炭详查报告、沙尔利格煤炭普查报告、红境滩煤炭普查报告。

预测区含煤地层为早中侏罗世延安组，地层总厚度为325.58～428.68m，平均381.92m，含煤6～28层，可采煤层有8层，可采煤层总厚度为4.59～21.20m，平均10.33m。可采含煤系数2.70%。预测区构造特征及煤质特征参见东胜煤田1预测区，不再复述。

预测区西北部边界为以往6个勘查区边界，东南部为内蒙古自治区与陕西省交界处，预测区面积约565.89km²。预测资源量估算参数采用相邻勘查区的资料，煤层厚度为10.33m，视密度为1.30t/m³，资源量校正系数β为0.8，煤类以不黏煤为主。

预测区周边勘查程度最高达到勘探阶段，煤层埋深600～1000 m，预测资源量为617 305×10⁴t，预测区潜在资源量分级为预测可靠的，预测远景区分类定为有利的（Ⅰ类），潜在资源勘查开发利用前景确定为优（A）等，开发具有明显的经济价值，近期可安排勘查工作。

**5. 东胜煤田5预测区（ⅡB5）**

东胜煤田5预测区位于内蒙古自治区鄂尔多斯市杭锦旗的北部。预测区地理坐标为东经107°34′07″—108°09′03″，北纬40°09′12″—40°35′11″。预测区中心距杭锦旗约64km，距东胜区约为130km。预测区周边相关的地质报告有《内蒙古自治区东胜煤田深部区煤炭资源预查报告》（2007年）、《内蒙古自治区东胜煤田布牙土煤炭预查报告》（2010年）。

预测区位于东胜煤田的西北部，其构造形态总体为一向南西倾斜的单斜构造，地层倾向220°～252°，倾角1°～3°，沿走向发育有宽缓的波状起伏，区内有4条正断层，断距0～40m，区内未发现褶皱构造，亦无岩浆岩侵入体，预测区构造简单。

预测区含煤地层为早中侏罗世延安组，地层总厚度为55.96～443.18m，平均274.33m，含煤7～26层，可采煤层有11层，可采煤层总厚度为3.56～32.62m，平均14.40m。可采含煤系数5.25%。区内各煤层均属特低—中灰煤、特低—中硫、特低磷、高挥发分、高热值不黏煤和长焰煤，是良好的民用及动力用煤。

预测区面积约1 058.19km²。预测资源量估算参数采用相邻勘查区的资料，煤层平均厚度为14.40m，视密度为1.32t/m³，资源量校正系数β为0.8。

预测区周边勘查程度较低，为预查阶段。煤层埋深1000～1500m，预测资源量为1 609 122×10⁴t，预测区潜在资源量分级为预测可能的，预测远景区分类定为次有利的（Ⅱ类），勘查开发利用前景定为良（B）等，煤炭资源具有开发经济价值，可在中期安排勘查工作。

**6. 东胜煤田 6 预测区(ⅡB6)**

东胜煤田 6 预测区位于鄂尔多斯市境内,行政区划隶属伊金霍洛旗、乌审旗、杭锦旗、鄂托克旗。预测区地理坐标为东经 108°44′15″—109°07′18″,北纬 39°09′58″—39°51′16″。预测区东界距东胜区约 90km,距伊金霍洛旗 60km。

预测区周边有 3 个勘查区,相应的地质报告有《纳林希里地区煤炭资源预查报告》《乌审召地区煤炭资源预查报告》《东胜煤田深部区煤炭资源预查报告》,均为 2007 年提交。

预测区含煤地层为早中侏罗世延安组,含煤 6～35 层,可采煤层有 18 层,地层总厚度为 175.80～388.63m,平均 264.02m,可采煤层总厚度为 3.56～48.64m,平均 27.41m。可采含煤系数 10.38%。预测区构造特征及煤质特征参见东胜煤田 1 预测区,不再复述。

预测区范围以以往勘查区边界为界,面积约 772.80km$^2$。采用相邻勘查区的资料估算本区资源量,煤层平均厚度为 22.40m,视密度为 1.29t/m$^3$,资源量校正系数$\beta$为 0.8。预测煤类以不黏煤为主。

预测区周边勘查程度达到预查阶段。煤层埋深 1000～1500m,预测资源量为 1 786 462×10$^4$t,预测区潜在资源分级为预测可靠的,预测远景区分类定为次有利的(Ⅱ类),潜在资源勘查开发利用前景确定为良(B)等,具有开发经济价值,可在中期安排地质勘查工作。

**7. 东胜煤田 7 预测区(ⅡB7)**

东胜煤田 7 预测区行政区划隶属鄂托克旗及鄂托克前旗。预测区地理坐标为东经 106°50′35″—108°05′00″,北纬 37°35′56″—39°25′17″。预测区东界距乌审旗 70km,南界至陕西省靖边县 40km,西界距乌海市约 80km。预测区未进行煤田勘查工作,东部邻区曾进行预查工作,相关的地质报告为《内蒙古自治区东胜煤田深部区煤炭资源预查报告》(2007 年)。

预测区含煤地层为早中侏罗世延安组,含煤地层总厚度为 255.23～443.18m,平均 326.06m;含煤 26 层,煤层总厚度为 5.92～36.68m,平均 18.64m,含煤系数 5.7%,其中含可采煤层 9 层,可采煤层总厚度为 3.56～32.62m,平均 13.68m,可采含煤系数 4.20%。预测区构造特征及煤质特征参见东胜煤田 1 预测区,不再复述。

预测区面积约 12 326.15km$^2$。资源量估算参数采用相邻勘查区的资料,煤层平均厚度为 13.68m,视密度为 1.28t/m$^3$,资源量校正系数$\beta$为 0.8。

预测区邻区勘查程度达到预查阶段,煤层埋深在 1000～1500m,预测资源量为 17 266 863×10$^4$t,潜在资源分级为预测可能的,预测远景区分类定为次有利的(Ⅱ类),潜在资源勘查开发利用前景确定为良(B)等,具有开发经济价值,可在中期安排地质勘查工作。

**8. 东胜煤田 8 预测区(ⅡB8)**

东胜煤田 8 预测区行政区划隶属杭锦旗、鄂托克旗。预测区中心距杭锦旗 114km,地理坐标为东经 107°04′54″—108°02′48″,北纬 38°49′28″—40°33′45″。

预测区东部与东胜煤田深部预查区相邻,相应的地质报告为《内蒙古自治区东胜煤田深部区煤炭资源预查报告》(2007 年)。本次还收集了预测区的 2 个石油钻孔资料。

预测区含煤地层为早中侏罗世延安组,据邻区地质资料,含煤地层总厚度为 55.96～443.18m,平均 274.06m;含煤 7～24 层,煤层总厚度为 5.92～36.68m,平均 16.67m,含煤系数 5.7%,其中含可采煤层 11 层,可采煤层总厚度为 3.56～32.62m,平均 15.18m。另外,收集了预测区内以往施工的 2 个石油钻孔资料,伊 2 煤层厚度为 18.10m,伊 5 煤层厚度为 11.70m。预测区构造特征及煤质特征参见东胜煤田 1 预测区,不再复述。

预测区深度为 2000m,预测区面积约 10 199.34km$^2$。资源量估算参数采用相邻勘查区资料,厚度为 15.18m,视密度为 1.32t/m$^3$,资源量校正系数$\beta$为 0.8。

预测区煤层埋深在1500～2000m，预测资源量为16 349 630×$10^4$t，预测区潜在资源分级为预测可能的，预测远景区分类定为不利的(Ⅲ类)，潜在资源勘查开发利用前景确定为差(C)等，仅可考虑远期勘查工作。

**9.东胜煤田9预测区(ⅡB9)**

预测区位于东胜煤田东北部，毗邻东胜国家规划矿区，行政区划隶属达拉特旗。预测区地理坐标为东经109°24′35″—109°43′18″，北纬40°05′46″—40°09′20″。预测区东北方向距达拉特旗树林召镇仅52km，东南方向距鄂尔多斯市东胜区约46km。

预测区煤层埋藏相对较深，以往未进行勘查工作，仅收集到4个石油钻孔资料作为参考。其中有1个钻孔位于本预测区内，其余3个钻孔位于本预测区西部外围。

预测区位于鄂尔多斯盆地北部，乌兰格尔凸起南缘。受乌兰格尔凸起的影响，地层总体向南倾斜，地层产状平缓，倾角0°～5°，局部有非常宽缓的波状起伏，波幅小于20m，起伏部位倾角一般小于8°，预测区构造简单。

区内含煤地层为晚石炭世太原组及早二叠世山西组，据收集的石油钻孔资料显示，预测区具有良好的成煤条件和保存条件。由于预测区位于鄂尔多斯盆地北部，因距沉积边界较近，煤系、煤层发育可能不及准格尔区，含煤性相对较差。

区内各煤层水分含量低，灰分产率较高，特低硫—低硫、特低磷，挥发分较高。煤的发热量较高，气化性能差。煤中焦油产率一般，为含油煤，腐殖酸含量极低。煤灰熔点高，大部属于高熔灰分范围。区内煤层胶质层最大厚度为0mm，黏结指数为0，透光率74%，浮煤挥发分平均值分别为39.36%、39.07%，煤类属长焰煤。

预测深度为1500m，内部则以煤层1000m埋深线划分为西南、东北两个预测单元。面积分别为7.55$km^2$和51.53$km^2$。

由于预测区相对孤立，周边大部分勘查区勘查的煤炭资源均为侏罗纪煤层。乌兰格尔煤田吴四圪堵井田由于位于盆地北缘，其煤层、煤系发育较差，不具有代表性，预测区含煤地层层位与准格尔煤田一致，故采用准格尔煤田范围内9个具有代表性勘探报告的资源丰度值，估算出预测资源量的原始值。资源丰度值为2996×$10^4$t/$km^2$，资源量校正系数$\beta$为0.8。预测区资源量为141 593×$10^4$t。

由于预测区内确有含煤地层存在，可能有煤层赋存，地质构造格架基本清楚，估算参数与煤类、煤质是推定的。埋深600～1000m预测资源量123 506×$10^4$t，潜在资源分级为预测可靠的，预测远景区分类定为有利的(Ⅰ类)，潜在资源勘查开发利用前景确定为优(A)等，远景开发具有明显的经济价值，近期可安排勘查工作。埋深1000～1500m预测资源量18 087×$10^4$t，潜在资源分级为预测可靠的(334-1类)，预测远景区分类定为有利的(Ⅱ类)；勘查开发利用前景确定为良(B)等，具有开发经济价值，可在中期安排地质勘查工作。

**10.东胜煤田10预测区(ⅡB10)**

东胜煤田10预测区行政区划隶属鄂尔多斯市达拉特旗。预测区地理坐标为东经109°28′35″—109°55′37″，北纬40°03′20″—40°07′56″，预测区北距达拉特旗树林召镇35km，南距鄂尔多斯市东胜区约30km。预测区北面为乌兰格尔普查区，勘查的煤层为石炭纪—二叠纪煤层。预测区内没有勘查成果，仅参考区域资料预测。

由于10预测区与9预测区相邻，参考的地质依据相同，其地质依据、构造特征、煤质特征、预测参数依据等参考本节东胜煤田9预测区，不再复述。

预测区位于煤田的东北部，预测深度1000m，内部则以煤层600m埋深线划分为西北、东南两个预测单元，面积分别为3.92$km^2$和99.09$km^2$。

本区采用准格尔煤田范围内9个具有代表性勘探报告的资源丰度值，估算预测资源量。资源丰度值为 2996×$10^4$t/$km^2$，资源量校正系数$\beta$为 0.8。预测区资源量为 246 897×$10^4$t。

预测区埋深 0～600m 预测资源量 9394×$10^4$t，潜在资源分级为预测可能的，预测远景区分类定为有利的(Ⅰ类)；潜在资源勘查开发利用前景确定为优(A)等，远景开发具有明显的经济价值，近期可安排勘查工作；埋深 1000～1500m 预测资源量 237 503×$10^4$t，潜在资源分级为预测可靠的，预测远景区分类定为有利的(Ⅰ类)；潜在资源勘查开发利用前景确定为优(A)等，远景开发具有明显的经济价值，近期可安排勘查工作。

**11. 东胜煤田 11 预测区(ⅡB11)**

东胜煤田 11 预测区行政区划隶属鄂尔多斯市达拉特旗、东胜区及准格尔旗管辖。预测区西距东胜区 30km。预测区地理坐标为东经 109°24′59″—110°48′16″，北纬 39°15′02″—40°08′13″。预测区西部外围进行了侏罗纪煤层勘查工作，共计 11 个勘查区。没有进行石炭纪—二叠纪煤炭勘查工作，本区预测石炭纪—二叠纪煤炭资源，含煤地层为太原组和山西组。

由于 11 预测区与 9 预测区相邻，参考的地质依据相同，因此其地质依据、构造特征、煤质特征、预测参数依据等参考本节东胜煤田 9 预测区，不再复述。由于本预测区没有收集到相关的煤质资料，其煤质特征难以进行描述。鉴于本预测区煤层埋藏较深，煤变质程度可能较高，将预测内深部 1000～1500m 的煤层暂定为气煤，浅部 600～1000m 暂定长焰煤。

预测深度为 1500m，内部则以煤层 1000m 埋深线划分为两个预测单元，面积分别为 4.52$km^2$ 和 1 423.62 $km^2$。本区采用准格尔煤田范围内 9 个具有代表性勘探报告的资源丰度值，估算预测资源量。资源丰度值为 2996×$10^4$t/$km^2$，资源量校正系数$\beta$为 0.8。

埋深 600～1000m 预测资源量 10 828×$10^4$t，潜在资源分级为预测可靠的，预测远景区分类定为有利的(Ⅰ类)，潜在资源勘查开发利用前景确定为优(A)等，远景开发具有明显的经济价值，近期可安排勘查工作；埋深 1000～1500m 预测资源量 3 412 139×$10^4$t，潜在资源分级定为预测可能的，预测远景区分类定为有利的(Ⅱ类)，潜在资源勘查开发利用前景确定为良(B)等，远景开发具有经济价值，近期可安排勘查工作。

**12. 东胜煤田 12 预测区(ⅡB12)**

预测区位于东胜煤田国家规划矿区的中东部地区，行政区划隶属鄂尔多斯市达拉特旗、东胜区及准格尔旗。预测区地理坐标为东经 109°22′12″—110°39′18″，北纬 39°14′20″—40°05′06″。

预测区内有 17 个勘查区，勘查的煤层为侏罗纪煤层。没有进行石炭纪—二叠纪煤炭勘查工作，本区预测石炭纪—二叠纪煤炭资源，含煤地层为太原组和山西组。

预测区内未见断层，褶皱不发育，未见岩浆岩侵入煤系地层现象。评价区的构造简单。构造控煤样式属单斜构造控煤。由于本预测区没有收集到相关的煤质资料。鉴于本预测区位于鄂尔多斯盆地中东部，煤层埋藏较深，煤变质程度较高，故将本预测内的煤层推断为气煤。

预测区深度为 1500～2000m，面积约 2 443.58$km^2$，采用准格尔煤田范围内 9 个具有代表性的勘探报告的资源丰度值，估算预测资源量。资源丰度值为 2996×$10^4$t/$km^2$，资源量校正系数$\beta$为 0.8。

由于预测区内确有含煤地层存在，可能有煤层赋存，地质构造格架基本清楚，估算参数与煤类、煤质是推定的。埋深 1500～2000m 预测资源量 5 856 766×$10^4$t，潜在资源分级定为预测可能的，预测远景区分类定为有利的(Ⅱ类)，潜在资源勘查开发前景定为差(C)等，仅可考虑远期勘查工作。

**13. 枳机塔-五子湾预测区(ⅡB13)**

预测区位于准格尔旗西南部，行政区划隶属鄂尔多斯市达拉特旗及准格尔旗。预测区东距准格尔旗薛家湾镇 50km，西距达拉特旗树林召镇 40km。预测区内未进行石炭纪—二叠纪煤田勘查，北部外围有《内蒙古自治区乌兰格尔矿区吴四圪堵井田煤炭资源勘探报告》和《内蒙古自治区鄂尔多斯市乌兰格尔煤田地质普查报告》。准格尔煤田 9 个勘查区勘查程度达勘探阶段。

预测区内断层稀少，褶皱不发育，未见岩浆岩侵入煤系地层现象，构造简单，构造控煤样式属单斜构造控煤。根据预测区西北吴四圪堵勘探，总体构造形态基本为一走向近东西、向南倾斜的单斜构造，具宽缓的波状起伏，倾角为 3°～5°。含煤地层为晚石炭世太原组及早二叠世山西组，含有 3 个煤组，含可采煤层 2～3 层。乌兰格尔普查区太原组平均厚度为 60.34m，煤层平均厚度为 7.04m；山西组平均厚度为 38.91m，煤层平均厚度为 3.16m。吴四圪堵勘探区内含煤地层为太原组，该组地层平均厚度为 68.66m，煤层总厚度平均为 10.64m，可采平均厚度为 7.43m，含煤系数为 15.5%，可采含煤系数为10.8%。

区内主煤层原煤灰分平均为 21.90%，浮煤挥发分一般在 38%左右。煤中的硫分含量，上部一般小于 1%，下部煤层一般大于 1%；原煤低位发热量为 21.80～23.05MJ/kg。煤质属于中—高灰、低—中硫、高热值长焰煤。

预测区分三段埋深预测，小于 600m 埋深面积为 39.72km$^2$；600～1000m 埋深面积为 1 240.34km$^2$，1000～1500m 埋深面积为 641.72km$^2$。

预测区东部外围 9 个勘探区煤炭资源丰度为 2996×10$^4$ t/km$^2$，采用该丰度对预测区资源进行预测。资源量估算值的校正系数($\beta$值)取 0.80。

埋深 600m 以浅预测资源量 95 203×10$^4$ t；600～1000m 深度预测资源量 1 538 063×10$^4$ t，可靠程度均定为可靠的(334-1 类)；1000～1500m 预测深度预测资源量 2 972 835×10$^4$ t，可靠程度定为预测可能的。预测远景区分类：1000m 以浅的定为有利的(Ⅰ类)，1000～1500m 预测深度的定为次有利的(Ⅱ类)。勘查开发前景：1000m 以浅的定为优(A)等，1000～1500m 预测深度的定为良(B)等，具有明显开发经济价值，近期可安排勘查工作。

**14. 西沟畔预测区(ⅡB14)**

预测区位于内蒙古自治区准格尔旗北部，行政区划隶属鄂尔多斯市准格尔旗及达拉特旗。预测区距准格尔旗薛家湾镇约 50km，西距达拉特旗树林召镇 60km。

区内主煤层原煤干燥基灰分在 3.31%～40.71%之间，平均值为 15.86%；浮煤挥发分在 28.38%～45.31%之间，一般在 38%左右。原煤硫分上部煤层一般小于 1%，下部煤层一般大于 1%；原煤干燥基高位发热量平均值在 24.96～25.82MJ/kg 之间；干燥基低位发热量平均值介于 23.99～24.98MJ/kg 之间。煤质属于中—高灰、低—中硫、高热值长焰煤。

预测深度小于 600m，预测区面积为 162.35km$^2$。预测区东部外围 9 个勘探区煤炭资源丰度为 2996×10$^4$ t/km$^2$，资源量估算值的校正系数($\beta$值)取 0.80。

埋深 600m 以浅预测资源量 389 112×10$^4$ t，可靠程度定为预测可靠的，预测远景区分类定为有利的(Ⅰ类)，勘查开发前景定为优(A)等，具有明显开发经济价值，近期可安排勘查工作。

**15. 国家规划区预测区(ⅡB15)**

预测区位于准格尔煤田中西部，行政区划隶属鄂尔多斯市准格尔旗及达拉特旗。预测区东距准格尔旗薛家湾镇约 10km。预测区地理坐标为东经 110°46′—111°13′，北纬 39°30′—40°02′，面积约 1 398.45km$^2$。

2004—2009 年，周边勘查区的勘探报告有 7 份，包括老三沟井田、孔兑沟井田、唐家会井田、海子塔区井田、酸刺沟井田、黄玉川井田、长滩西井田的报告。另外还有乌兰格尔煤田地质普查报告、东孔兑远景勘探报告、刘三圪旦煤炭普查报告。预测区东部外围勘查程度高。

预测区总体构造形态为一走向近于南北，具有波状起伏、向西倾斜的单斜构造，倾角 10°以下。北部至小鱼沟后地层走向近东西，向南倾斜，南至煤窑沟一带，地层走向转向北东-南西，向北西倾斜，构造轮廓形如耳状。盆地边缘，倾角稍大，并在单斜构造上发育有轴向与边缘方向一致的短轴背向斜和少量的张性正断层。盆地内部倾角平缓，一般在 10°以下。煤田内断裂构造不发育，仅发现几条稀疏的张性正断层。

本区含煤地层为晚石炭世太原组和早二叠世山西组。共含煤 5～9 层，煤层总厚度 0～47.90m，平均 14.96m，含煤系数 22.46%；含可采煤层 0～7 层，一般 3～5 层，可采煤层总厚度 15.65～43.55m，平均 29.78m，可采含煤系数 21.58%。含煤性较好。

区内各煤层原煤灰分以中—高灰煤为主；挥发分属高挥发分煤；原煤硫分以低硫、中硫为主。各煤层干燥基高位发热量以中高热值为主，高热值次之，煤类以长焰煤为主。

本次资源量估算采用地质块段法计算。煤层平均厚度取邻区煤层平均厚度，煤的视密度为 1.41～1.44$t/m^3$。资源量估算值的校正系数（$\beta$值）取 0.80。

煤层埋深 0～600m 预测资源量 910 475×$10^4$t、600～1000m 预测资源量 3 230 862×$10^4$t，可靠程度为预测可靠的，预测远景区分类定为有利的（Ⅰ类），勘查开发利用前景定为优（A）等，具有明显的经济价值，近期可安排勘查开发。

### 16. 长不素梁预测区（ⅡB16）

预测区位于内蒙古自治区准格尔煤田南部，行政区划隶属鄂尔多斯市准格尔旗薛家湾镇和沙圪堵镇。预测区北距准格尔旗薛家湾镇 35km。预测区北部外围有《内蒙古自治区准格尔煤田刘三圪旦煤炭普查报告》（2007 年）。

预测区总体构造轮廓为一东部隆起、西部坳陷，走向近南北，向西倾斜的单斜构造，产状平缓，一般小于 10°。在总体单斜构造轮廓下，发育有次一级构造，以宽缓的褶皱为主，数条落差不大的断层。未见岩浆岩侵入煤系地层现象，构造简单，构造控煤样式属单斜构造控煤。

石炭系和二叠系为本区的含煤地层，据刘三圪旦普查资料，区内含煤 8 层，含全区可采煤层 1 层，大部可采为 3～4 层。太原组煤层平均总厚度为 22.33m，地层平均总厚度为 56.65m。山西组煤层平均总厚度为 4.81m，地层平均厚度为 100.52m。

区内各煤层原煤灰分在 8.24%～39.53%之间。垂向上，上、下部煤层灰分较高，中部煤层较低。5 号、9 号煤层灰分最高，平均值分别为 26.53%和 24.56%；6 号煤层灰分最低，平均为 20.78%。上部煤层硫含量一般小于 1%，下部煤层硫含量一般大于 1%。原煤干燥基高位发热量平均值在21.25～24.90MJ/kg之间，全区平均为 23.68MJ/kg，为中热值煤。区内各煤层黏结指数为 7～16，透光率在 88%～89%之间，浮煤挥发分在 32.96%～49.51%之间，煤类以长焰煤为主，有极少量弱黏煤。

根据邻区煤质特征，推断预测区煤质属于中—高灰、低硫、中热值，煤类为长焰煤。

预测区分二段埋深预测，西段为 600～1000m 埋深，面积为 0.69$km^2$、东段为小于 600m 埋深，面积为 0.90$km^2$。本次采用普查报告的勘查成果估算出预测资源量。普查区煤层平均厚度 27.17m，平均视密度 1.41$t/m^3$，资源量估算值的校正系数（$\beta$值）取 0.80。

由于邻区的普查区资料可靠，埋深 600m 以浅预测资源量 2108×$10^4$t、600～1000m 预测深度预测资源量 2744×$10^4$t，可靠程度定为可靠的，预测远景区分类定为有利的（Ⅰ类），勘查开发前景定为优（A）等，具有明显经济价值，近期可安排勘查工作。

### 17. 沙坪梁预测区、司家山预测区（ⅡB17～18）

预测区位于准格尔煤田南端黄河岸边，行政区划隶属鄂尔多斯市准格尔旗。预测区北距准格尔旗薛家湾镇 50km。预测区外围勘查程度较高，2004—2006 年相关的勘探报告有 4 份，对应的井田分别为红树梁井田、榆树湾矿区小塔沟井田、长滩区井田、麻地梁井田。

预测区地层走向近北东-南西，倾向北西，倾角 5°左右。区内没有发现断层，亦无岩浆岩侵入煤系地层现象，构造简单。构造控煤样式属单斜构造控煤。根据已知勘探区的资料，含煤 5～10 层，含可采煤层 5～8 层，可采煤层总厚度为 3.70～35.55m，平均 29.91m。

主煤层以低—中灰煤为主；硫分以低—中硫为主，少数中高硫；中—高热值。黏结指数为 0～14，透光率均在85%以上，浮煤挥发分一般大于37%，煤类为长焰煤。

预测深度范围为煤层600m以浅埋深范围，平均厚度29.91m，视密度为1.41t/m³，资源量估算值的校正系数(β值)取0.80。沙坪梁预测区面积140.87km²，司家山预测区面积8.04km²。

由于预测区含煤地层稳定，相邻的4个勘查区都达到了勘查程度，沙坪梁预测区埋深600m以浅预测资源量475 260×10⁴t，可靠程度定为预测可靠的，预测远景区分类定为有利的(Ⅰ类)，勘查开发前景定为优(A)等，具有明显经济价值，近期可安排勘查工作。

司家山预测区埋深600m以浅预测资源量27 138×10⁴t，可靠程度定为预测可靠的，预测远景区分类定为有利的(Ⅰ类)，勘查开发前景定为优(A)等，开发具有明显经济价值，近期可安排勘查工作。

## (七)宁东南赋煤带(ⅡC)

宁东南赋煤带包括哈沙图、苦草洼以及长城3个预测区，预测单元为8个，预测区总面积约567.15km²，预测资源量为955 015×10⁴t。预测区分布情况见图13-45。

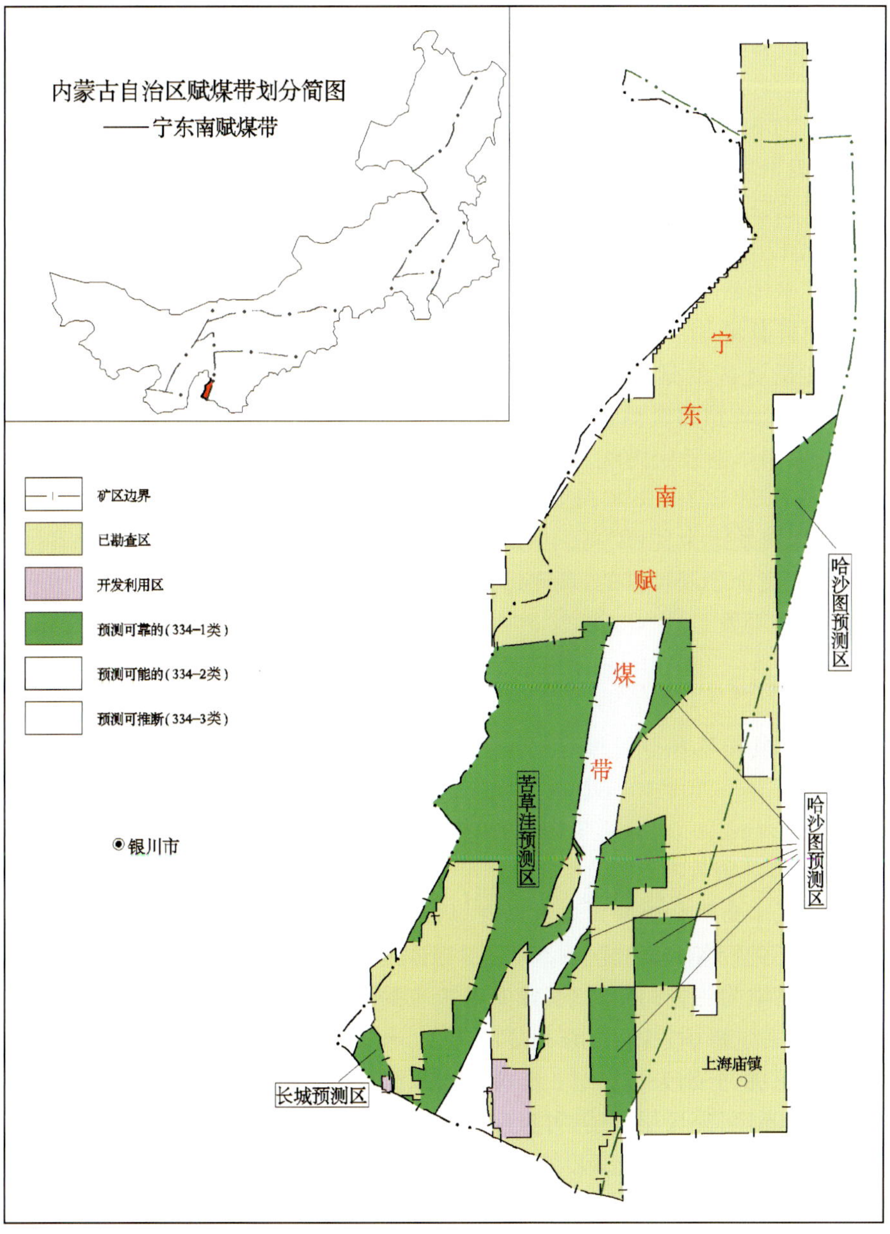


图13-45　宁东南赋煤带预测区分布图

**1. 哈沙图预测区（ⅡC1）**

哈沙图预测区行政区划隶属鄂托克前旗，西距银川市约 60km，北距乌海市约 90km。预测区地理坐标为东经 106°40′09″—107°00′00″，北纬 38°10′00″—38°37′00″，面积约 228.82km$^2$。

预测区以往地质工作程度较高，最高达勘探阶段，2008—2009 年相关的地质勘查报告有二号井煤炭勘探报告、雷家井煤炭勘探报告、巴楞煤炭勘探报告、雷家井南煤炭勘探报告、苏家井南煤炭勘探报告、苏亥图煤炭普查报告、(宝老岱)煤炭预查报告(以上报告名称前均省略了“内蒙古自治区鄂托克前旗新上海庙矿区”)。

预测区位于桌子山煤田的东南角，由几个不连续的小预测区组成，区内构造形态总体为一向东、向南东倾斜的单斜构造，在此基础上发育有宽缓的次级褶曲，岩层倾角一般为 3°～13°，东南部断裂构造较为发育，有断距较大的逆断层，区内未见岩浆岩侵入体，构造中等。

预测区含煤地层为早中侏罗世延安组，含煤地层总厚度为 184.60～460.50m，平均 374.38m，含煤7～24层，其中含可采煤层 6～11 层，可采煤层总厚度为 13.21～51.76m，平均 25.44m，可采含煤系数7.50％。

各煤层的原煤水分含量平均为 6.48％～11.62％，原煤灰分含量在 11.58％～28.75％之间。一般原煤灰分产率均在 10％～20％之间，大部分属中低灰分煤；浮煤挥发分在 33.62％～41.49％之间；原煤全硫含量一般在 0.42％～3.73％之间。主要煤层二煤的全硫含量较高，平均 2.59％，大部分属于中高硫分煤，其他煤层全硫平均含量一般在 0.42％～1.54％之间，大部分属低—低中硫分煤。原煤干燥基高位发热量平均值在 20.84～26.30MJ/kg 之间。黏结指数均为 0，焦渣特征均为 2。焦油产率在 9.0％～14.9％之间，平均 11.47％。侏罗系各可采煤层均以低中灰、低中硫、中高热值不黏煤为主。

预测区块段煤层平均取邻区煤层平均厚度，煤的视密度为 1.41t/m$^3$。资源量估算值的校正系数($\beta$值)取 0.70。预测资源量 574 551×10$^4$t。

预测区位于已知勘查区的延伸部位和外围，预测资源量可靠。煤层埋深 0～600m 预测资源量60 840×10$^4$t、600～1000m 预测资源量 113 670×10$^4$t，可靠程度为预测可靠的，预测远景区分类定为有利的(Ⅰ类)，勘查开发利用前景定为优(A)等，具有明显的经济价值，近期可安排勘查开发。煤层埋深1000～1500m 预测资源量 223 473×10$^4$t，可靠程度为预测可靠的，预测远景区分类定为次有利的(Ⅱ类)，勘查开发利用前景定为良(B)等，可安排中期勘查开发。煤层埋深 1500～2000m 预测资源量176 568×10$^4$t，可靠程度为预测可靠的，预测远景区分类定为不利的(Ⅲ类)，勘查开发利用前景定为差(C)等，可安排远期勘查开发。

**2. 苦草洼预测区（ⅡC2）**

预测区位于鄂尔多斯市鄂托克前旗西北方向约 80km，行政区划隶属鄂托克前旗布拉格苏木。预测区地理坐标为东经 106°34′—106°49′，北纬 38°14′—38°39′，面积约 326.85km$^2$。预测区西南距银川市40km，南距宁东基地 40km。

2005—2008 年相应的报告有《内蒙古自治区上海庙矿区麻黄井田煤炭勘探报告》《内蒙古自治区鄂托克前旗新上海庙矿区卡布陶勒盖井田煤炭勘探报告》和《内蒙古自治区鄂托克前旗大榆树普查区煤炭资源储量核查报告》，还进行了苦草洼区预查和苏亥图煤炭普查工作。

预测区总体构造格架为一走向北北东、倾向南东东的单斜构造，发育有褶曲及走向北北东的断层，断层较发育，对煤层有一定影响，构造复杂程度中等。

本区有两套含煤地层，分别为石炭纪—二叠纪太原组、山西组和早中侏罗世延安组。太原组及山西组含煤总厚度为 17.33m，可采煤层 9 层，可采厚度为 16.27m，延安组含煤总厚度为 3.50～27.52m，可采煤层 3～7 层，可采总厚度为 3.50～26.91m。

侏罗系各可采煤层原煤灰分为 13.25％～17.63％，平均 16.21％，以中灰煤为主，低灰煤次之，局部出现高灰煤；硫分为 0.29%～2.14%，平均 0.97%～2.14%，以中硫煤为主，低硫煤次之；干燥基高位发热量平均 23.66～25.31MJ/kg。浮煤挥发分为 33.96%～44.50%，平均35.86%～40.10%。透光率大于 50%，煤类以长焰煤为主，少量不黏煤。

石炭系—二叠系各可采煤层原煤灰分为 23.2%～22.53%，平均 22.56%，均为中灰煤；原煤全硫平均值为 0.46%～0.55%；干燥基高位发热量平均为 26.18～26.75MJ/kg。浮煤挥发分平均为 24.41%～25.90%，黏结指数一般在 50～65 之间，煤类以焦煤为主。

本预测区预测石炭纪—二叠纪煤层资源量，预测区块段煤层平均厚度取邻区煤层平均厚度，煤的视密度为 1.45t/m$^3$。资源量估算值的校正系数(β值)取 0.70，预测资源量 365 730×10$^4$t。

预测区位于各井田的延伸部位和外围，预测资源量可靠。煤层埋深 600～1000m 预测资源量 19 352×10$^4$t，可靠程度为预测可靠的，预测远景区分类定为有利的(Ⅰ类)，勘查开发利用前景定为优(A)等，具有明显的经济价值，近期可安排勘查开发；埋深 1000～1500m 预测资源量 44 385×10$^4$t，可靠程度为预测可靠的，预测远景区分类定为次有利的(Ⅱ类)，勘查开发利用前景定为良(B)等，具有开发经济价值，考虑中期安排勘查工作；埋深 1500～2000m 预测资源量 301 993×10$^4$t，可靠程度为预测可靠的，预测远景区分类定为不利的(Ⅲ类)，勘查开发利用前景定为差(C)等，仅考虑远期安排勘查工作。

#### 3. 长城预测区(ⅡC3)

预测区位于内蒙古自治区与宁夏回族自治区接壤的地带，行政区划隶属鄂托克前旗上海庙镇。预测区地理坐标为东经 106°31′—106°34′，北纬 38°15′—38°18′，面积约 11.48km$^2$。

相关的地质报告有横山堡地区地震勘探找煤报告、灵武煤田横山堡矿区详查报告、横山堡矿区丁家梁勘探区普查报告、长城煤矿西矿区初勘报告，以及内蒙古自治区上海庙矿区麻黄井田煤炭勘探报告与内蒙古自治区鄂托克前旗黑梁井田煤炭勘探地质报告。

本区属隐伏煤田，总体为一个走向近南北、倾向东的单斜构造，其上发育了一些宽缓的波状起伏。由于受挤压性断层切割，横剖面上呈现的叠瓦状形态。

本区含煤地层为太原组和山西组。山西组煤层累计厚度 1.85～18.87m，平均 7.99m，可采煤层累计厚度 0.85～8.84m，平均 5.04m；太原组煤层累计厚度 0.65～9.43m，平均 3.58m，可采煤层累计厚度 0.87～5.05m，平均 2.55m。

各可采煤层原煤灰分为 7.56%～39.92%，平均 23.28%～29.03%，属中灰煤；浮煤挥发分在 27.82%～44.43%之间，属中高挥发分煤；硫分在 0.76%～3.45%之间，为中—高硫煤；干燥基高位发热量平均 21.73～24.81MJ/kg。预测区煤类以气煤为主。

本次预测区块段煤层平均厚度取邻区煤层平均厚度，视密度为 1.45t/m$^3$。资源量估算值的校正系数(β值)取 0.70。

预测区位于已勘查井田的延伸部位和外围，预测资源量可靠。煤层埋深 0～600m 预测资源量 14 734×10$^4$t，可靠程度为预测可靠的，预测远景区分类定为有利的(Ⅰ类)，勘查开发利用前景定为优(A)等，具有明显的经济价值，近期可安排勘查开发。

### (八)桌子山-贺兰山赋煤带(ⅡD)

桌子山-贺兰山赋煤带包括桌子山煤田和贺兰山煤田，预测区 8 个，预测基本单元 28 个，预测区总面积约 1 039.08km$^2$，预测资源量为 805 704×10$^4$t。预测区分布情况如图 13-46 所示。

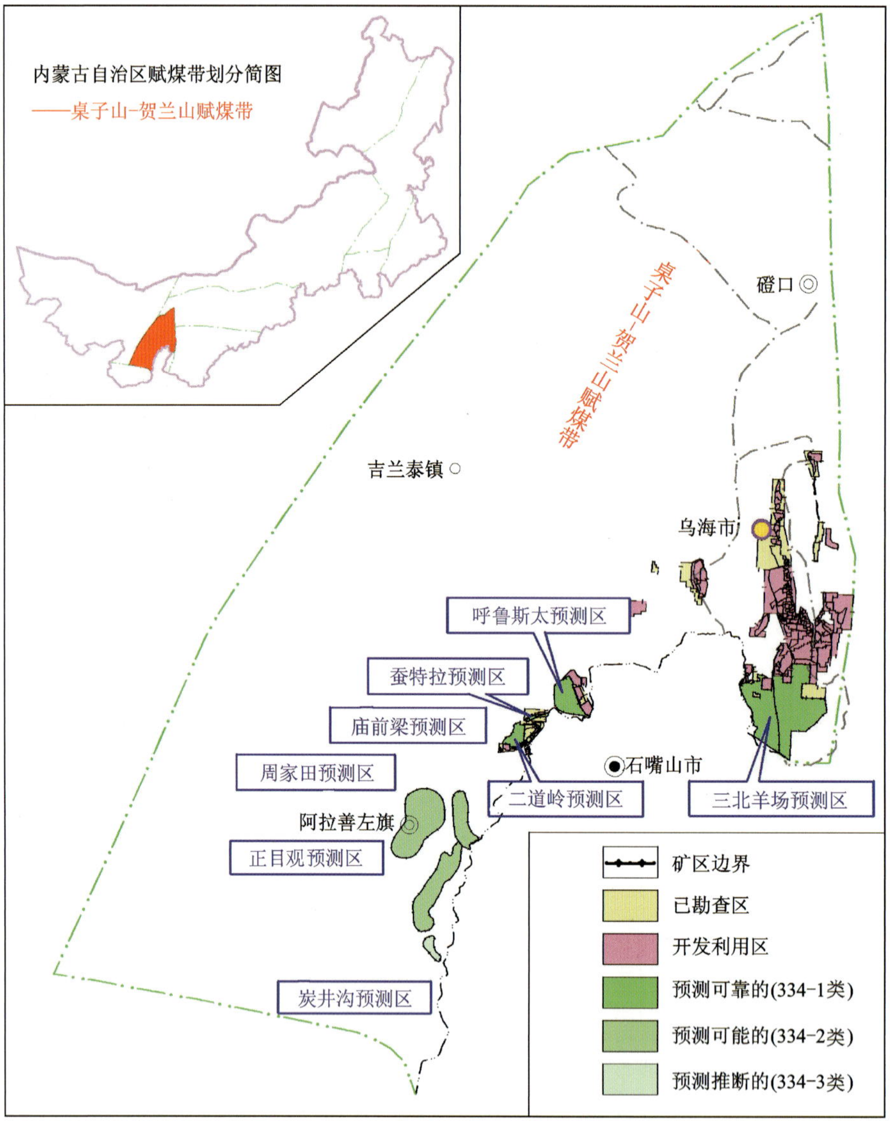


图 13-46　桌子山-贺兰山赋煤带预测区分布图

**1. 二道岭预测区(ⅡD1)**

二道岭预测区位于内蒙古自治区与宁夏回族自治区交界处，在阿拉善左旗东北方向 45km 处。预测区地理坐标为东经 105°57′—106°06′，北纬 39°02′—39°08′，面积约 33.28km$^2$。行政区划隶属阿拉善左旗，北邻蚕特拉预测区，南与古拉本勘探区相邻，东为蒙宁省界。

二道岭矿区地质报告有《贺兰山煤田二道岭矿区立新井田地质勘探最终报告》(1966 年)、《内蒙古自治区贺兰山煤田二道岭矿区天荣五号井田煤炭详查报告》(2005 年)、《内蒙古自治区贺兰山煤田二道岭矿区北段天荣六/七号井煤炭资源储量核实报告》(2006 年)。

预测区处于中朝准地台鄂尔多斯西缘坳陷带贺兰山台拗。与二道岭预测区关系较密切的断层为小松山逆断层，位于预测区西 3～4km 处，北东-南西走向，延伸 10km 以上，倾向西，倾角 30°～35°，寒武系—奥陶系逆掩推覆于侏罗纪安定组之上，构成二道岭预测区西界。

预测区内褶皱构造为二道岭向斜。向斜总体呈北东-南西走向，走向最长约 15km，倾向最宽处约 6km。向斜西翼被小松山逆断层切割，奥陶系逆掩其上；南东翼构造简单，地层走向 NE40°左右，地层倾角 45°～60°；北西翼走向近东西向，地层陡立，倾角 45°～80°；向斜西南端构造复杂，次级褶皱较发育，含煤地层出露于向斜的北、东、南三面。

二道岭预测区含煤地层为早中侏罗世延安组，出露于贺兰山的二道岭、汝箕沟等地，属陆相含煤沉积地层。总厚度为227.81m，含可采煤层11层，平均煤层总厚度为26.42m，可采煤层总厚度为18.07m。其中稳定煤层3层，较稳定煤层4层，不稳定煤层4层。

各煤层原煤水分在0.16%～0.99%之间，原煤灰分小于10%，属低—特低灰分煤。原煤挥发分总体小于10%。原煤全硫平均值0.23%～0.56%，属低硫—特低硫煤，各种硫中以硫酸盐硫为主，次为有机硫，黄铁矿硫含量很低。原煤发热量在27.95～35.47MJ/kg之间，为特高热值煤。预测区内煤为低硫、低灰、高发热量、低挥发分无烟煤。

资源量估算采用丰度法。二道岭中段煤炭丰度为2 487.7×$10^4$t/$km^2$；天荣五井详查区煤炭丰度为3 249.3×$10^4$t/$km^2$。预测区资源量估算值校正系数($\beta$值)取0.50，预测资源量47 731×$10^4$t。

预测区位于已知井田的延伸部位和外围，预测资源量可靠。煤层埋深600～1000m预测资源量24 224×$10^4$t，可靠程度为预测可靠的，预测远景区分类定为有利的(Ⅰ类)，勘查开发利用前景定为优(A)等，具有明显的经济价值，近期可安排勘查开发。埋深1000～1500m预测资源量23 507×$10^4$t，可靠程度为预测可靠的，预测远景区分类定为次有利的(Ⅱ类)，勘查开发利用前景定为良(B)等，具有开发经济价值，考虑中期安排勘查工作。

**2. 蚕特拉预测区(ⅡD2)**

蚕特拉预测区位于内蒙古自治区与宁夏回族自治区交界处，在阿拉善左旗东北方向45km处。预测区地理坐标为东经106°01′—106°09′，北纬39°07′—39°10′，面积约25.22$km^2$，行政区划隶属阿拉善左旗。

1968年形成蚕特拉井田最终勘探报告，2002—2010年先后形成内蒙古自治区贺兰山煤田呼鲁斯太矿区蚕特拉煤矿煤炭资源储量核查报告4份。

预测区大地构造位于华北陆块鄂尔多斯西缘坳陷带贺兰山-桌子山台坳。预测区处于贺兰山北段，汝箕沟-宗别立向斜的西翼，地层倾角40°～60°。地层受北东向构造控制，总体呈北东向展布，部分地段受次级褶皱影响呈近东西走向。预测区断层较发育，断层倾角一般在70°～80°之间。断层延伸长度100～1800m，落差50～530m。褶皱带整体呈宽缓的背向斜出现，轴向北东。受褶皱构造的影响，部分含煤地层褶皱转折端煤层有加厚或变薄的现象。

太原组和山西组是本区的主要含煤地层，预测区含可采煤层6层，总厚度约22m。太原组含可采煤层3层，山西组含可采煤层2层，石盒子组含可采煤层1层。

各煤层原煤水分0.45%～0.60%，原煤灰分在19.00%～32.22%之间。原煤挥发分在18.0%～21.15%。原煤全硫除2煤、3煤层为低硫煤，其余煤层均为高硫煤。原煤发热量为22.88～28.53MJ/kg。预测区煤为中灰、高发热量、低挥发分焦—瘦煤。

资源量估算采用丰度法。蚕特拉勘探区累计查明资源量5 476.4×$10^4$t，其最大含煤面积为4.96$km^2$，煤炭丰度为1 104.11×$10^4$t/$km^2$，资源量估算值的校正系数($\beta$值)取0.50。

预测区位于已勘查井田的延伸部位，预测资源量13 924×$10^4$t，预测可靠。煤层埋深600～1000m预测资源量4599×$10^4$t，可靠程度为预测可靠的，预测远景区分类定为有利的(Ⅰ类)，勘查开发利用前景定为优(A)等，具有明显的经济价值，近期可安排勘查开发；埋深1000～1500m预测资源量4461×$10^4$t，可靠程度为预测可靠的，预测远景区分类定为次有利的(Ⅱ类)，勘查开发利用前景定为良(B)等，具有开发经济价值，考虑中期安排勘查工作；埋深1500～2000m预测资源量4864×$10^4$t，可靠程度为预测可靠的，预测远景区分类定为不利的(Ⅲ类)，勘查开发利用前景定为差(C)等，仅考虑远期安排勘查工作。

**3. 呼鲁斯太预测区(ⅡD3)**

呼鲁斯太预测区位于阿拉善左旗北东60km处。预测区地理坐标为东经106°09′—106°16′，北纬

39°08′—39°15′，面积约 71.03km²。行政区划隶属阿拉善左旗。

本区的地质报告有甘肃省贺兰山北段地质普查报告（1954 年）、呼鲁斯太煤矿找矿勘探报告（1958 年）、贺兰山北段呼鲁斯太勘探区普查报告（1958 年）。1965—1966 年，呼鲁斯太矿区乌兰、乌兰四区、百灵、巴音井田分别形成了精查地质报告。

呼鲁斯太预测区整体呈一单斜构造，地层走向 NW15°～25°，倾向南西，倾角 18°～25°。预测区内断层发育，局部发育微缓褶曲，但均局限在石炭系中。断层以走向正断层为主，有少数斜交走向逆（正）断层。预测区内无岩浆岩侵入体。

预测区含煤地层为太原组和山西组，太原组下段含可采煤层 13～14 层，总厚度为 3.45～30.53m，平均 12.60m；太原组上段含可采煤层 10 层，总厚度为 4.29～20.86m，平均 9.45m。山西组含可采煤层 3 层，煤层总厚度为 2.01～32.41m，平均 12.55m。

太原组各煤层原煤灰分在 14.13%～46.21%之间，硫分在 0.28%～7.33%之间，磷在 0.01%～0.05%，发热量为 25.43～28.63MJ/kg，以中灰、中硫、低磷、高热值煤为主。山西组各煤灰分在 20.34%～30.53%，硫分在 0.49%～0.91%，以中灰、特低硫煤为主。预测区煤类以焦煤为主。

资源量估算采用丰度法：乌兰勘探区煤炭资源丰度为 3 676.7×$10^4$t/km²；百灵详查区煤炭资源丰度为 2 064.8×$10^4$t/km²；呼鲁斯太预测区煤炭资源丰度取 2 870.8×$10^4$t/km²。资源量估算值校正系数（$\beta$ 值）取 0.50。

预测区位于已勘查井田的外围，预测资源量 101 955×$10^4$t，预测可靠。煤层埋深 600～1000m 预测资源量 50 411×$10^4$t，可靠程度为预测可靠的，预测远景区分类定为有利的（Ⅰ类），勘查开发利用前景定为优（A）等，具有明显的经济价值，近期可安排勘查开发；埋深 1000～1500m 预测资源量 32 583×$10^4$t，可靠程度为预测可靠的，预测远景区分类定为次有利的（Ⅱ类），勘查开发利用前景定为良（B）等，具有开发经济价值，考虑中期安排勘查工作；埋深 1500～2000m 预测资源量 18 961×$10^4$t，可靠程度为预测可靠的，预测远景区分类定为不利的（Ⅲ类），勘查开发利用前景定为差（C）等，仅考虑远期安排勘查工作。

**4. 三北羊场预测区（ⅡD4）**

三北羊场预测区地跨鄂尔多斯市及乌海市。预测区地理坐标为东经 106°46′—107°05′，北纬 39°03′—39°18′，面积约 364.20km²。预测区北与铁盖苏木详查区、四道泉详查区相邻，南与羊路井普查区相邻，东以桌子山东缘大断裂为边界，西以内蒙古自治区、宁夏回族自治区为边界。

周边区域地质报告有《内蒙古自治区桌子山煤田红柳树东、西井田勘探报告》（2005 年）和《内蒙古自治区桌子山煤田铁盖苏木区煤炭资源普查报告》（2007 年）。

预测区位于鄂尔多斯盆地西缘北部，构造以逆断裂组成的断块为主，有一个向斜，构造中等，基本上为一西翼陡东翼缓的不对称向斜构造。本区含煤地层主要为太原组和山西组，东部可能有延安组的赋存。太原组和山西组含煤 7～9 层，煤层总厚度为 0～24.80m，平均 11.35m，含煤系数 5.3%；含可采煤层 0～7 层，一般 3～5 层，可采煤层总厚度为 0～18.60m，平均 7.82m，可采含煤系数 3.7%。含煤性较好。

区内各煤层原煤灰分平均 20.75%～28.69%，浮煤挥发分平均 29.26%～32.15%，原煤硫分（$S_{t,d}$）平均 1.18%～1.67%，以中硫、中高硫煤为主。干燥基高位发热量平均 24.74～29.221MJ/kg，以中高热值煤为主，高热值煤次之，预测区煤类以气煤为主。

根据三北羊场内勘查资料确定预测区平均厚度，煤的视密度为 1.45t/m³。资源量估算值的校正系数（$\beta$ 值）取 0.70。

预测区位于已勘查区域的外围，预测资源量可靠。煤层埋深 0～600m 预测资源量 22 626×$10^4$t、600～1000m 预测资源量 14 653×$10^4$t，可靠程度为预测可靠的，预测远景区分类定为有利的（Ⅰ类），勘查开发利用前景定为优（A）等，具有明显的经济价值，近期可安排勘查开发；埋深 1000～1500m 预测资源量 112 644×$10^4$t,可靠程度为预测可靠的,预测远景区分类定为次有利的(Ⅱ类),勘查开发利用前景定为良(B)等,具有开发经济价值,考虑中期安排勘查工作;埋深 1500～2000m 预测资源量 45 616×$10^4$t,可靠程度为预测可靠的,预测远景区分类定为不利的(Ⅲ类),勘查开发利用前景定为差(C)等,仅考虑远期安排勘查工作。

**5.炭井沟预测区(ⅡD5)**

炭井沟预测区位于阿拉善左旗南 35km 处,行政区划隶属阿拉善左旗。预测区地理坐标为东经 105°45′—105°49′,北纬 38°27′—38°31′,面积约 23.00$km^2$。

区域上以往地质工作有 1959 年内蒙古地质局石油普查大队提交的 1959 年地质工作总结报告,1960 年内蒙古自治区煤田地质局 117 队提交的 1∶20 万普查找矿报告,1961 年玉门石油管理局 133 队提交的武腾东部贺兰山西麓总结报告,1966 年贺兰山煤炭工业公司内蒙古支公司物测队提交的贺兰山西麓综合找煤报告。

预测区地处贺兰山中段,区内有 4 条断层,构造较复杂,岩层倾角大。断层性质为压扭性断层,致使地层发生倒转。含煤地层为延安组,出露不全。含有两层可采煤层,厚度分别为 0.45～28.29m、0.45～1.96m。由于受挤压作用,煤层不稳定,沿走向变化大,结构复杂。

预测区原煤灰分小于 15%,属低灰分煤。原煤挥发分平均 35%,属高挥发分煤。预测煤类推测为长焰煤。

资源丰度采用苏峪口煤矿煤炭丰度,为 1 515.6×$10^4$t/$km^2$。资源量估算值的校正系数($\beta$值)取 0.50。

预测区研究程度低,山地工程及矿点揭露较少。预测区煤层埋深 0～600m 预测资源量 4304×$10^4$t、600～1000m 预测资源量 5214×$10^4$t,可靠程度均为预测推测的,预测远景区分类定为有利的(Ⅰ类),勘查开发利用前景定为良(B)等,具有开发经济价值,考虑中期安排勘查工作;埋深 1000～1500m 预测资源量 5229×$10^4$t,可靠程度为预测推测的,预测远景区分类定为次有利的(Ⅱ类),勘查开发利用前景定为良(B)等,具有开发经济价值,考虑中期安排勘查工作;埋深 1500～2000m 预测资源量 2683×$10^4$t,可靠程度为预测推测的,预测远景区分类定为不利的(Ⅲ类),勘查开发利用前景定为差(C)等,仅考虑远期安排勘查工作。

**6.正目观预测区(ⅡD6)**

正目观预测区位于阿拉善左旗东南方向 18km 处。预测区地理坐标为东经 105°42′—105°51′,北纬 38°32′—38°47′,面积约 216.45$km^2$。行政区划隶属阿拉善左旗。

预测区整体呈一单斜构造,倾向北西,倾角为 30°～60°,本区断层发育。含煤地层为石炭系—二叠系,上石炭统含 7～14 号煤层,最大总厚度为 8.89m,下二叠统含 1～6 号煤层,最大厚度为 10.7m,煤层厚度变化较大,其中大部可采煤层 4 层,局部可采煤层 6 层。

苏峪口煤矿位于预测区南东 18km 处,含煤地层为太原组和山西组,其中太原组含煤 12 层,总厚度为 13.5m,可采 6 层,厚 9.42m;山西组含煤 3 层,均可采,总厚度为 4.93m,远景资源储量 4.19×$10^8$t。资源丰度为 1 515.6×$10^4$t/$km^2$。

预测区煤水分平均值低于 1%,原煤灰分平均值 26%,属于富灰煤。挥发分多在 20%左右。煤层全硫一般大于 1.5%,以中硫为主,煤类为无烟煤。

资源量估算值的校正系数($\beta$值)取 0.50。

预测区研究程度低,山地工程及矿点揭露较少。煤层埋深 0～600m 预测资源量 38 799×$10^4$t、煤层埋深 600～1000m 预测资源量 40 921×$10^4$t,可靠程度为预测可能的,预测远景区分类定为有利的(Ⅰ类),勘查开发利用前景定为良(B)等,具有开发经济价值,考虑中期安排勘查工作;埋深 1000～1500m 预测资源量 38 928×$10^4$t,可靠程度为预测可能的,预测远景区分类定为次有利的(Ⅱ类),勘查开发利用前景定为良(B)等,具有开发经济价值,考虑中期安排勘查工作;埋深 1500～2000m 预测资源量45 377×$10^4$t,可靠程度为预测可能的,预测远景区分类定为不利的(Ⅲ类),勘查开发利用前景定为差(C)等,仅考虑远期安排勘查工作。

**7. 庙前梁预测区(ⅡD7)**

庙前梁预测区行政区划隶属阿拉善左旗。预测区地理坐标为东经105°49′—105°54′,北纬38°46′—38°55′,面积约86.25$km^2$。

预测区整体呈一单斜构造,倾向南西,倾角30°~40°。预测区北部有一走向北西的逆断层,倾向南西,倾角50°。断层上盘抬升,导致奥陶纪米钵山组灰岩出露。含煤地层为石炭系—二叠系,含局部可采煤3~5层。预测区煤水分平均值低于1%,原煤灰分平均值26%,属于富灰煤。挥发分多在20%左右。煤层全硫一般大于1.5%,以中硫为主。煤类以无烟煤为主。

根据苏峪口煤矿资源丰度进行预测,丰度为1515.6×$10^4$t/$km^2$,资源量估算值的校正系数($\beta$值)取0.50。

煤层埋深0~600m预测资源量32 199×$10^4$t、煤层埋深600~1000m预测资源量13 148×$10^4$t,可靠程度为预测可能的,预测远景区分类定为次有利的(Ⅱ类),勘查开发利用前景定为良(B)等,具有开发经济价值,考虑中期安排勘查工作;埋深1000~1500m预测资源量9965×$10^4$t,可靠程度为预测可能的,预测远景区分类定为次有利的(Ⅱ类),勘查开发利用前景定为良(B)等,具有开发经济价值,考虑中期安排勘查工作;埋深1500~2000m预测资源量10 048×$10^4$t,可靠程度为预测可能的,预测远景区分类定为不利的(Ⅲ类),勘查开发利用前景定为差(C)等,仅考虑远期安排勘查工作。

**8. 周家田预测区(ⅡD8)**

周家田预测区行政区划隶属阿拉善左旗。预测区地理坐标为东经105°33′—105°48′,北纬38°45′—38°55′,面积约219.65$km^2$。

区内含煤地层为石炭系—二叠系,上石炭统含煤9层,最大总厚度为8.89m,下二叠统含煤6层,最大厚度为10.7m,煤层厚度变化较大。该套煤层隐伏于白垩纪砂砾岩之下,岩层倾向南西,倾角20°。预测区煤水分平均值低于1%,原煤灰分平均值26%,属于富灰煤。挥发分多在20%左右。煤层全硫一般大于1.5%,以中硫为主。煤类以肥煤为主。

根据苏峪口煤矿资源丰度进行预测,丰度为1515.6×$10^4$t/$km^2$。资源量估算值的校正系数($\beta$值)取0.50。

预测区煤层埋深0~600m预测资源量49 833×$10^4$t、煤层埋深600~1000m预测资源量27 344×$10^4$t,可靠程度为预测可能的,预测远景区分类定为有利的(Ⅰ类),勘查开发利用前景定为良(B)等,具有开发经济价值,考虑中期安排勘查工作;埋深1000~1500m预测资源量38 575×$10^4$t,可靠程度为预测可能的,预测远景区分类定为次有利的(Ⅱ类),勘查开发利用前景定为良(B)等,具有开发经济价值,考虑中期安排勘查工作;埋深1500~2000m预测资源量83 988×$10^4$t,可靠程度为预测可能的,预测远景区分类定为不利的(Ⅲ类),勘查开发利用前景定为差(C)等,仅考虑远期安排勘查工作。

### (九)北山-潮水赋煤带(ⅢA)

北山-潮水赋煤带有4个预测区,预测基本单元4个,预测区总面积约288.45$km^2$,预测资源量为59 639×$10^4$t。

**1. 希热哈达预测区(ⅢA1)**

预测区距额济纳旗达来库布镇80km,行政区划隶属额济纳旗赛汉陶来苏木。预测区地理坐标为东经100°03′12″—100°13′38″,北纬42°11′17″—42°16′27″,面积约106.43$km^2$。

1983年，内蒙古自治区108地质队提交了《内蒙古自治区额济纳旗希热哈达煤矿勘探地质报告》，得到预测区煤储量 $863\times10^4$t，预测区内达到了详查程度。1989年希热哈达煤矿建成投产，开采3煤层，至1999年3煤层已基本采空，共计采出原煤 $500\times10^3$t，消耗资源储量 $1753\times10^3$t。

预测区区域大地构造位于天山-阴山东西向构造带内明水-黑鹰山褶皱带北缘，处于一个小型山间盆地中，总体上为一个不对称的宽缓向斜构造，断裂构造不甚发育。

本区含煤地层为早中侏罗世龙凤山组，煤层赋存于龙凤山群下岩组一岩段和二岩段中，地层厚度130m，共含煤层、煤线12层，煤层总厚度9.6m，含煤系数7.38%，可采煤层3层，可采厚度5.74m，可采系数为59.79%。

预测区煤质特征：①焦渣特征为3，极少数为2；②胶质层厚度为0mm，出焦率结果为凝结，黏结指数为0；③元素分析，碳在81%～84%之间，氢4%～5%，氧10%～12%；④挥发分在20%～37%之间；⑤高位发热量在29.27～33.45MJ/kg；⑥镜煤最大反射率在0.584%～0.795%之间，属烟煤第二变质阶段；⑦有机显微组分中丝质组含量在35%～62.7%之间。视密度1.43～1.45t/m$^3$，煤类为不黏煤。

希热哈达煤矿资源丰度为 $385.7\times10^4$t/km$^2$。资源量估算值的校正系数（$\beta$值）取0.70。

预测区西北为正在开采的希热哈达煤矿，预测区煤层埋深0～600m，预测资源量 $28\ 736\times10^4$t，可靠程度为预测可靠的，预测远景区分类定为有利的（Ⅰ类），勘查开发利用前景定为优（A）等，具有开发经济价值，考虑近期安排勘查工作。

**2. 北山预测区（ⅢA2）**

预测区位于内蒙古自治区与甘肃省交界处，在额济纳旗西南方向230km处，行政隶属额济纳旗马鬃山苏木。预测区地理坐标为东经98°30′40″—98°35′48″，北纬40°44′50″—40°46′32″，面积约9.927km$^2$。

1957—1961年甘肃省祁连山地质队、贺兰山煤管局对北山煤炭、沙婆泉煤矿、芨芨台子煤矿等进行了勘查，较详细地研究了矿区及其外围的中生代地层、构造和火山岩等。1958—1960年，在甘肃省区测队实测玉门幅（K-47）1∶100万地质图及矿产图说明书中，较全面叙述了区内的地层、岩浆岩、构造及矿产。1967—1970年，甘肃省地质局区测队进行了1∶20万红柳大泉幅（K-47-XXⅧ）测制，对该区地质矿产进行了较详尽的叙述，并对侏罗纪地层中的煤层做了部分工作，为地质找矿指明了方向。1983—1988年，酒泉地质调查队对北山地区进行了煤炭资源远景调查，对北山地区含煤地层时代、含煤岩系层序、分布范围和煤层层数、厚度、埋深以及成煤环境等进行了一定的调查研究，对北山煤炭成矿规律进行了总结。

预测区处于北山海西褶皱带老树窝向斜及野马泉向斜北翼，印支-燕山期构造运动造成北东-南西向或近东西向的坳陷，含煤地层为早中侏罗世龙凤山组，含煤4层，赋存于龙凤山群下亚群上岩组上段，煤层总厚度4.27m，其中可采和局部可采3层，平均总厚度为3.65m。

预测区煤岩类型为半亮型。原煤灰分为9.03%～30.45%，平均19.27%；挥发分为25.92%～40.89%，平均30.64%；胶质层厚度为20.80～33mm，平均27.93mm；硫分为0.52%～4.52%，平均1.74%。预测区煤为中高挥发分、中灰、中高硫煤，煤类为肥煤。

煤层厚度、视密度采用北山煤矿的资料，平均厚度为2.35m，视密度为1.37t/m$^3$。资源量估算值的校正系数（$\beta$值）取0.7。

预测区东部为北山煤矿，煤层埋深0～600m预测资源量 $648\times10^4$t、600～1000m预测资源量 $501\times10^4$t，可靠程度为预测可靠的，预测远景区分类定为有利的（Ⅰ类），勘查开发利用前景定为优（A）等，具有开发经济价值，考虑近期安排勘查工作；埋深1000～1500m预测资源量 $499\times10^4$t，可靠程度为预测可靠的，预测远景区分类定为次有利的（Ⅱ类），勘查开发利用前景定为良（B）等，具有开发经济价值，考虑中期安排勘查工作；埋深1500～2000m预测资源量 $590\times10^4$t，可靠程度为预测可靠的，预测远景区分类定为不利的（Ⅲ类），勘查开发利用前景定为差（C）等，仅考虑远期安排勘查工作。

**3. 芨芨台子预测区(ⅢA3)**

芨芨台子预测区位于内蒙古自治区与甘肃省交界处，在额济纳旗西南方向230km处，行政区划隶属马鬃山苏木。预测区地理坐标为东经98°51′07″—99°04′51″，北纬40°43′39″—40°54′45″，面积约123.582km²。以往地质工作及构造详见本节北山预测区。

含煤地层为早中侏罗世龙凤山组，含煤2层，赋存于龙凤山群下亚群上岩组上段，1煤层厚度0.15～0.97m，平均厚度为0.48m；2煤层厚度为0.18～1.32m，平均厚度为0.66m。平均总厚度为1.14m。

预测区煤岩类型为半亮型煤。原煤灰分为12.40%～39.59%，平均27.56%；挥发分为25.69%～35.70%，平均31.84%；胶质层厚度为27～36.5mm，平均31.1mm；硫分为0.9%～2.65%，平均1.98%。属中高挥发分、中灰、中高硫煤，煤类为肥煤。

煤层厚度、视密度采用岌岌台子煤矿的资料确定，煤层平均厚度为1.14m，视密度为1.37t/m³。资源量估算值的校正系数($\beta$值)取0.7。

预测区南部为岌岌台子煤矿，埋深0～600m预测资源量1067×10⁴t、600～1000m预测资源量2914×10⁴t，可靠程度为预测可靠的，预测远景区分类定为有利的(Ⅰ类)，勘查开发利用前景定为优(A)等，具有开发经济价值，考虑近期安排勘查工作；埋深1000～1500m预测资源量4443×10⁴t，可靠程度为预测可靠的，预测远景区分类定为次有利的(Ⅱ类)，勘查开发利用前景定为良(B)等，具有开发经济价值，考虑中期安排勘查工作；埋深1500～2000m预测资源量5087×10⁴t，可靠程度为预测可靠的，预测远景区分类定为不利的(Ⅲ类)，勘查开发利用前景定为差(C)等，仅考虑远期安排勘查工作。

**4. 沙婆泉预测区(ⅢA4)**

预测区位于内蒙古自治区与甘肃省交界处，在额济纳旗西南方向220km处，行政区划隶属马鬃山苏木。预测区地理坐标为东经98°39′46″—98°43′54″，北纬41°00′43″—41°04′30″，面积约48.51km²。

本区有《内蒙古自治区额济纳旗红柳大泉煤矿普查地质工作总结》(2005年)1份，共获得煤炭资源储量5 535.0×10⁴t，其中控制的内蕴经济资源量(332类)5196×10⁴t，推断的内蕴经济资源量(333类)339×10⁴t。

预测区含煤地层为早中侏罗世龙凤山组，含煤10层，煤层总厚度为8.39m。其中，可采和局部可采者3层(即煤1、煤2、煤3)，平均可采总厚度6.30m。

预测区原煤灰分为6.55%～31.84%，平均16.58%；挥发分为0.21%～21.16%，平均11.99%；硫分为0.38%～2.81%，平均1.01%。属低挥发分、中灰、中硫煤，煤类为贫煤。

本次预测煤层厚度、视密度采用岌岌台子煤矿的资料，煤层平均厚度为6.30m，视密度为1.37t/m³。资源量估算值的校正系数($\beta$值)取0.7。

预测区西部为红柳大泉勘查区，勘查程度为勘探阶段。预测区煤层埋深600～1000m预测资源量8150×10⁴t，可靠程度为预测可能的，预测远景区分类定为有利的(Ⅰ类)，勘查开发利用前景定为良(B)等，具有开发经济价值，考虑中期安排勘查工作；埋深1000～1500m预测资源量4042×10⁴t，可靠程度为预测可能的，预测远景区分类定为次有利的(Ⅱ类)，勘查开发利用前景定为良(B)等，具有开发经济价值，考虑中期安排勘查工作；埋深1500～2000m预测资源量2962×10⁴t，可靠程度为预测可能的，预测远景区分类定为不利的(Ⅲ类)，勘查开发利用前景定为差(C)等，仅考虑远期安排勘查工作。

## (十)香山赋煤带(ⅢB)

香山赋煤带预测区2个，预测基本单元8个。预测区总面积约900.96km²，预测资源量为646 644×10⁴t。

### 1. 喇嘛敖包预测区(ⅢB1)

喇嘛敖包预测区位于阿拉善左旗南西约150km,宁夏回族自治区中卫市北西约60km,行政区划隶属阿拉善左旗嘉尔嘎勒赛汉镇。预测区地理坐标为东经104°05′—105°39′,北纬37°41′—37°52′。

周边地区的地质报告有《内蒙古自治区阿拉善左旗喇嘛敖包矿区煤炭普查报告》(2006年),推断的内蕴经济资源量(333类)446×10⁴t;《内蒙古自治区阿拉善左旗炭井子沟矿区煤炭详查报告》(2009年),埋深1200m以浅的资源量(332+333+334?类)11 789×10⁴t。

区域大地构造位置处于祁连加里东地槽褶皱系之走廊过渡带。预测区内褶皱构造表现为复式向斜构造,褶皱构造(包括次一级褶皱)在预测区内十分发育,两翼倾角30°～50°。断裂构造主要表现为近东西向断裂及北西向断裂。近东西向断裂构造早于北西向断裂构造,被北西向断裂切割。近东西向断裂由逆断层、正断层组成。断层倾向南,倾角一般在55°～58°之间。北西向断裂主要为逆断层,断层倾向南西,倾角为68°。

预测区含煤地层为晚石炭世太原组,煤系地层厚度为443.36m,煤层总厚度12.74m,含煤系数2.87%;可采煤层总厚度8.91m,可采煤层含煤系数2.01%。共见煤层7层,全区未见连续性好的煤层,属局部可采或零星可采煤层。

原煤水分平均3.70%～6.20%;原煤灰分23.34%～33.25%;原煤挥发分总体小于10%;原煤全硫平均值2.80%～9.97%;原煤发热量在16.00～23.71MJ/kg之间。预测区内煤为高硫、中灰、低发热量、低挥发分无烟煤。

本区资源量估算采用丰度法估算,采用炭井子沟详查区资源丰度。炭井子沟详查区累计查明资源量12 720.5×10⁴t,含煤面积为7.14km²,资源丰度为1 781.60×10⁴t/km²。喇嘛敖包预测区面积约735.89km²,资源量估算值的校正系数($\beta$值)取0.50。

预测区煤层埋深0～600m预测资源量119 406×10⁴t、600～1000m预测资源量239 403×10⁴t,可靠程度为预测可靠的,预测远景区分类定为有利的(Ⅰ类),勘查开发利用前景定为优(A)等,具有明显的经济价值,近期可安排勘查开发;埋深1000～1500m预测资源量113 309×10⁴t,可靠程度为预测可靠的,预测远景区分类定为次有利的(Ⅱ类),勘查开发利用前景定为良(B)等,具有开发经济价值,考虑中期安排勘查工作;埋深1500～2000m预测资源量103 413×10⁴t,可靠程度为预测可靠的,预测远景区分类定为不利的(Ⅲ类),勘查开发利用前景定为差(C)等,仅考虑远期安排勘查工作。

### 2. 新井预测区(ⅢB2)

新井预测区行政区划隶属阿拉善左旗嘉尔嘎勒赛汉镇。预测区地理坐标为东经105°36′—105°42′,北纬37°59′—38°12′。预测区距阿左旗镇政府所在地巴音浩特镇83km。

本区以往地质报告有4份,分别为《贺兰山南段新井矿区普查找煤工作总结》(1970年)、《内蒙古自治区阿左旗贺兰山南段新井地区煤炭资源调查报告》(1986年)、《内蒙古自治区贺兰山南段煤田新井矿区新井煤矿煤炭资源储量核实报告》(2003年)、《内蒙古自治区阿拉善左旗贺兰山南段新井矿区巴兴图煤矿煤炭资源储量核实报告》(2004年)。

本区大地构造位置处于华北陆块鄂尔多斯西缘坳陷,区内总体构造线呈北西-南东向,地层倾角25°～40°。

预测区含煤地层为早中侏罗世延安组,含可采煤层1～2层,厚度0.1～29.2m,平均4m。煤层厚度变化较大,含夹矸0～6层,且夹矸层位不稳定,呈透镜状。

显微煤岩组分丝质组含量最高,平均值为50.4%;镜质组次之,为32.2%;半镜质组为14.8%;稳定组为2.6%。有机质总含量为91.2%。无机组分含量为8.8%,且黏土矿物居多,达4.5%,其次为碳酸盐岩、硫化物及氧化物等。煤中的黏土矿物大部分以单独的块状存在,或沿裂隙充填。预测区原煤水分平均1.47%;原煤灰分平均14.30%;原煤挥发分平均35.07%;原煤全硫平均1.647%;原煤发热量平均35.07MJ/kg。预测区内煤为低硫、低灰、高发热量、高挥发分弱黏煤。

本区资源量估算采用丰度法估算，采用新井煤矿资源丰度。新井煤矿累计查明资源量 962×$10^4$t，含煤面积为 1.34$km^2$，煤炭资源丰度为 718×$10^4$t/$km^2$。预测区面积约 165.07$km^2$。资源量估算值的校正系数($\beta$值)取 0.60。

预测区煤层埋深 0～600m 预测资源量 14 755×$10^4$t、600～1000m 预测资源量 11 537×$10^4$t，可靠程度为预测可能的，预测远景区分类定为有利的(Ⅰ类)，勘查开发利用前景定为优(A)等，具有明显的经济价值，近期可安排勘查开发；埋深 1000～1500m 预测资源量 20 248×$10^4$t，可靠程度为预测可能的，预测远景区分类定为次有利的(Ⅱ类)，勘查开发利用前景定为良(B)等，具有开发经济价值，考虑中期安排勘查工作；埋深 1500～2000m 预测资源量 24 573×$10^4$t，可靠程度为预测可能的，预测远景区分类定为不利的(Ⅲ类)，勘查开发利用前景定为差(C)等，仅考虑远期安排勘查工作。

## 第十二节　煤炭潜力评价工作的主要成果

### 一、地层

本章系统地介绍了内蒙古自治区区域地层层序和各时代的岩石特征及其分布规律，并根据最新科研成果，明确地划分了煤系地层的含煤时代归属。根据国际上二分法的划法，本章将原石炭系分为下石炭统和上石炭统。原早石炭世臭牛沟组、前黑山组仍划归为下石炭统，而原中石炭世的本溪组(靖远组和羊虎沟组)和原晚石炭世的太原组全划归为上石炭统，这样上石炭统下部为本溪组($C_2b$)，上部为太原组($C_2t$)。此外，阿拉坦合力群对比为红旗组。根据近年来的科研成果，白垩纪聚煤期，二连赋煤带的白音华组划归为大磨拐河组和伊敏组，与海拉尔赋煤带统一。

### 二、构造与沉积

本章以地球动力学和煤田地质理论为指导，分析研究了内蒙古自治区地质构造的分布规律、形成时代、生成机制及其形态、演化过程，并将内蒙古自治区控煤构造划分为东北、华北、西北 3 个赋煤区和 11 个赋煤带(海拉尔、大兴安岭中部、松辽盆地西部、大兴安岭南部、二连；阴山、鄂尔多斯盆地北缘、桌子山-贺兰山、宁东南；香山、北山潮水)。运用层序地层学方法对主要含煤盆地的沉积岩石学特征和沉积环境进行了剖析，总结各聚煤期的聚煤规律如下。

**1.晚石炭世**

内蒙古自治区晚石炭世的沉积区主要发育在中部地槽区，其次为赤峰以东地区、华北陆块的腹地、阴山地区和兴安岭地区。

中部地槽区位于东乌珠穆沁旗古陆和华北北缘古陆之间，晚石炭世主要为沉积厚度巨大且复杂的海相陆源碎屑岩-碳酸盐岩沉积，并发生过火山活动，该地区构造活跃、覆水较深，不具备成煤的基本条件，一般不发育煤层。

赤峰以东地区在晚石炭世为与中部槽区相连的海湾，南侧为华北北缘古陆，主要发育海相碎屑岩-碳酸盐岩沉积，同中部槽区一样，该地区也不利于聚煤作用的发生。

华北陆块的腹地，晚石炭世本溪期在鄂尔多斯地区东部的准格尔、清水河等地及西部的贺兰山、桌子山煤田沉积了障壁海岸、潟湖-潮坪沉积，中间主要发育河流沉积和三角洲沉积，潮坪、河流和三角洲环境利于聚煤作用的发生，而发育一系列煤层。太原期鄂尔多斯地区整体接受沉积，主要发育海陆交互相的三角洲沉积，该环境非常利于聚煤作用的发生，因而发育了巨厚的煤层。

阴山地区晚石炭世早期的拴马桩组主要发育三角洲平原相沉积，晚期的拴马桩组主要发育开阔滨海相沉积，该三角洲平原和滨海环境均利于聚煤作用发生，因而发育一些煤层。

兴安岭地区在晚石炭世经过长期的剥蚀后局部坳陷成湖盆，在依力根牧场、尕拉成等地接受泥质、粉砂质沉积，还有小规模的火山活动，这套地层称为依根河组。该地区可能发生强度不大的聚煤作用，发育一些薄煤层。

**2. 早二叠世**

内蒙古自治区早二叠世的沉积区主要发育在中部地槽区，其次为阴山地区和鄂尔多斯地区。

中部地槽区早二叠世基本上均为浅海相沉积，局部为滨海相沉积。赤峰地区的青凤山组和正镶白旗、正蓝旗、镶黄旗一带的三面井组位于地槽的南侧，为一套滨海陆源碎屑组合。四子王旗北部的西里庙组为浅海陆源碎屑-碳酸盐岩中夹火山岩组合。地槽的活动中心在二连浩特—西乌珠穆沁旗—大石寨一线，沉积了一套陆源碎屑岩-生物碎屑灰岩中夹中酸性火山岩。巴丹吉林和北山地区的双堡塘组为正常的浅海陆源碎屑岩夹灰岩。这些地区构造活跃、覆水较深，均不利于聚煤作用的发生，很少有煤层发育。

阴山地区早二叠世发育为数不多的几个淡水湖泊，主要为滨浅湖沉积。滨湖环境可以发育一定强度的聚煤作用，发育一些薄煤层。

阴山以南的鄂尔多斯地区，早二叠世转入稳定、缓慢的抬升期，在东部准格尔旗、清水河等地为陆相冲积平原沉积；西部的乌达、桌子山煤田和贺兰山煤田为河流、三角洲沉积。河流、三角洲环境利于大强度聚煤作用的发生，因而发育了大套煤系地层。

**3. 早—中侏罗世**

内蒙古自治区早—中侏罗世的沉积区主要位于鄂尔多斯盆地，其次为阴山地区，大兴安岭-锡林郭勒盟地区和阿拉善地区。

阴山以南的鄂尔多斯盆地，早侏罗世富县组沼泽期主要是山高谷深的地貌，谷区发育大型河流沉积，沉积环境不利于聚煤作用大强度发生。中侏罗世延安组沉积期经过富县组的“填平补齐作用”，地势较为平坦，主要发育河流相和三角洲相沉积，河流的泛滥平原上发育几个面积较大的岸后湖泊。这些环境均利于大强度聚煤作用发生，因而发育了数套厚度较大的煤系地层。

阴山地区在早—中侏罗世沉积期，东部的沉积中心位于石拐矿区，沉积了以河湖交替相为主的五当沟组和召沟组。河湖相沉积利于聚煤作用发生，因而发育了一些煤层。西部的昂根矿区以低弯度的山间辫状河流沉积为主。中部营盘湾矿区的沉积相为昂根与石拐矿区的过渡类型。这两个地区的沉积环境也发生了一定的聚煤作用，但难形成厚度较大的煤层。

大兴安岭-锡林郭勒盟地区，早—中侏罗世含煤地层被晚侏罗世的火山岩、白垩纪的沉积岩以及新生代的松散沉积物深深地掩埋。根据目前地面资料和少量钻孔资料初步分析，含煤盆地为北东向的山间谷地型或山间盆地型，主要为河湖相含煤沉积，还不同程度地存在细粒火山物质。河湖相沉积利于聚煤作用发生，发育了一些煤层。

内蒙古西部的阿拉善盟地区早—中侏罗世发育一些山间谷地和山间盆地，规模最大的为潮水盆地。早—中侏罗世大山口群、青土井群主要发育河湖沉积。河湖相沉积利于聚煤作用发生，发育了一些煤系地层。

**4. 早白垩世**

内蒙古自治区早白垩世的沉积区主要位于鄂尔多斯盆地、河套地区、大兴安岭两侧、二连盆地、海拉尔盆地、银根盆地和绍根盆地。

鄂尔多斯盆地早白垩世为东仰西倾的大型箕状盆地，发育的伊金霍洛组（东胜组、洛河组、环河华池组、罗汉洞组）沉积了一套河湖相红色建造。红色建造反映出干旱的气候条件，而干旱的气候条件不利于聚煤作用的发生，因此该时期几乎没有煤层发育。

河套地区早白垩世李三沟组主要发育粗碎屑岩沉积，沉积中心有半深水湖相分布。受鄂尔多斯干旱气候影响，该地区聚煤作用较弱。

阴山以北的大兴安岭两侧，发育了一系列断陷盆地，早白垩世主要沉积了一套河湖相碎屑岩。河湖相沉积利于聚煤作用发生，所以沉积物普遍含煤。

二连盆地群早白垩世经历了早期断陷（大磨拐河组）、后期坳陷（伊敏组）的发育历程。大磨拐河期以断陷沉积为主，南北分带、东西分区的沉积特征明显，北部坳陷带主要为半深湖-浅湖沉积，南部坳陷带主要为浅湖沉积。由于该时期气候西南干燥、东北湿润，聚煤作用主要发生在东部、北部凹陷的周缘区域。伊敏期以坳陷型沉积为主，仍具东西分区、南北分带的沉积相带展布特征，该时期主要以冲积、河流相、湖沼相沉积为主。该时期湿润气候遍布全区，煤系地层在整个盆地群内普遍发育。

海拉尔盆地群具有大致东西分带、南北分块的特征。大磨拐河期以断陷沉积为主，扎赉诺尔坳陷带东南部的巴彦呼舒凹陷和贝尔凹陷主要发育半深湖、滨浅湖等沉积；东部和南部的凹陷，主要发育滨浅湖、湖沼、河流、（扇）辫状河三角洲等沉积，聚煤作用主要发生在东部和南部凹陷周缘区域。伊敏期以坳陷沉积为主，地势较为平坦，主要以冲积、河流相、湖沼相沉积为主。该时期聚煤作用强度大，煤系地层在全盆地群普遍发育。

银根盆地群早白垩世巴音戈壁组局部夹有煤线或煤层，但研究程度较低。从海拉尔-二连-银根盆地群整体分析，盆地的活动性由东向西增强、聚煤作用由东向西减弱，推断在银根盆地群聚煤强度不会太大。

绍根盆地早白垩世阜新组、沙海组主要发育湖泊、（扇）三角洲沉积。（扇）三角洲、滨湖环境利于聚煤作用发生，因而在（扇）三角洲、滨湖沉积区普遍有煤层发育。

#### 5. 新生代渐新世

由于资料条件的限制，这里只对集宁煤田渐新世胡尔井组的古地理格局进行分析。该沉积期主要发育扇三角洲和滨浅湖沉积，沉积环境可以发生一定强度的聚煤作用。可能是气候由湿润向干旱转化的原因，聚煤作用只发生在胡尔井组下段，上段没有煤层发育。

### 三、煤类

内蒙古自治区不仅煤炭资源丰富，而且煤类齐全。通过对各聚煤期各煤田（含煤区）煤质资料的分析可知：新近纪没有烟煤，白垩纪以前没有褐煤，白垩纪—石炭纪均有无烟煤。褐煤、长焰煤、不黏煤集中分布（褐煤主要分布在海拉尔和二连，长焰煤在准格尔、东胜北部，不黏煤在东胜的中南和西部）；炼焦煤较少，分布在构造相对复杂地区（桌子山、贺兰山、阴山），并且较零散。根据煤类分布特征探求其变质因素，主要以区域变质作用为主，其次为动力、热液和接触变质作用的多次叠加。

区内煤类齐全，用途广泛，既有优质的动力煤、民用煤，又有炼焦、配焦用煤，还有很好的化工用煤等，尤其是资源量丰富的海拉尔和二连、准格尔、东胜地区。东胜地区的不黏煤不仅仅是优质动力用煤，而且也在配焦（兰炭）、液化、水煤浆、型煤等方面有广阔的用途；准格尔地区的长焰煤更适合于直接液化，褐煤虽然发热量较低、易风氧化，不易储存和长途运输，但适合气化和加氢液化，将有利于褐煤的转化。

## 四、资源储量现状

勘查布局、勘查程度的比例合理，资源储备量大，利用率低，可持续发展的能力强。

本次评价利用的煤炭资源现状是以“全区煤矿区（煤田）矿产资源利用现状专题调查研究”为基础，共划分 106 个矿区，勘查面积 8.347 7×$10^4$km$^2$，保有煤炭资源储量 8 904.38×$10^8$t。

按矿区规模：中、小型矿区共 53 个，保有资源储量 62.68×$10^8$t，保有资源储量约占 0.71%；大、特型矿区共 53 个，保有资源储量8 838.70×$10^8$t，保有资源储量约占 99.29%。

按勘查程度：勘探＋详查资源储量 3 191.19×$10^8$t，占 3/8；勘探＋详查＋普查资源储量 5 598.53×$10^8$t，占 5/8；达预查程度的资源储量 3 305.86×$10^8$t，占 3/8。勘探＋详查资源储量∶普查资源储量∶预查资源储量＝3∶2∶3，勘探、详查程度较高。

按现行资源储量类型：其中探明的资源储量为 414.56×$10^8$t，控制的资源储量为 961.56×$10^8$t，推断的资源储量为 2 800.24×$10^8$t，预测的资源储量为 4 728.03×$10^8$t，查明的资源量为 4 176.35×$10^8$t，探明的、控制的、推断的资源储量三者之比约 1∶2.32∶6.75，资源储量类型的构成较合理。

经矿业权整合，现有生产煤矿山 604 个（处），设计总生产能力 79 212×$10^4$t/a，开采占用保有煤炭资源储量 527.25×$10^8$t。其中大中型生产矿井 263 个，生产能力 50 330×$10^4$t/a，保有资源储量 302.95×$10^8$t；大中型在建矿井 59 个，生产能力 20 271×$10^4$t/a，保有资源储量 167.57×$10^8$t；小型煤矿 282 个，生产能力 8611×$10^4$t/a，保有资源储量 56.73×$10^8$t。

尚未利用的 8 377.13×$10^8$t 资源储量中，查明的 3 653.06×$10^8$t，占 43.61%；潜在的 4 724.07×$10^8$t，占 56.39%，后备资源充足。特别是查明的 3 653.06×$10^8$t 中，探明的＋控制的就达 1 111.44×$10^8$t，经可行性研究或预可行性研究后，可提高为基础储量，可尽快开发。

## 五、资源潜力

通过本次潜力评价，内蒙古自治区的赋煤面积达到 13.111×$10^4$km$^2$，与第三次相比，增加了 1.124 5×$10^4$km$^2$，资源总量可达 16 299.48×$10^8$t，增加了 1 813.77×$10^8$t。探获率由原来的 15%提高到 55%，探获资源量翻了两番（4 倍），勘查程度有了很大提高。

全区共筛选、圈出预测区 82 个，预测基本单元 136 个，预测面积 4.763 5×$10^4$km$^2$。预测资源量 7 336.79×$10^8$t。其中 1000m 以浅的 2 183.77×$10^8$t，占 30%，而优等（A）资源量 1 762.33×$10^8$t，仅占预测资源量的 1/4，占 1000m 以浅预测资源量的 4/5，资源禀赋不是太好。

勘查面积由第三次预测的 1.477 6×$10^4$km$^2$增至 8.347 6×$10^4$km$^2$，增加了 6.87×$10^4$km$^2$；保有资源储量由 2 235.3×$10^8$t 增至 8 904.38×$10^8$t，增加了 6 669.08×$10^8$t。

预测区个数由 183 个减少至 82 个，减少了 101 个；预测区面积由 10.508 9×$10^4$km$^2$减少至 4.763 5×$10^4$km$^2$，减少了 5.745 4×$10^4$km$^2$；资源量由 12 250.41×$10^8$t 减少至 7 336.79×$10^8$t，减少了 4 913.62×$10^8$t。

# 主要参考文献


蔡明海,张志刚,屈文俊,等,2011.内蒙古乌拉特后旗查干花钼矿床地质特征及 Re-Os 测年[J].地球学报,32(1):64-68.

曹代勇,2007.煤田构造变形与控煤构造样式[C]//中国矿业大学(北京)资源与安全工程学院首届研究生学术研讨会论文集.徐州:中国矿业大学出版社.

长春地质学院,1979.磁法勘探[M].北京:地质出版社.

陈德潜,赵平,魏振国,1995.论小坝梁铜矿床的海底火山热液成因[J].地球学报(2):190-202.

陈殿芬,艾永德,李荫清,1996.乌努格吐山斑岩铜钼矿床中金属矿物的特征[J].岩石矿物学杂志(4):8.

陈军强,2006.内蒙赤峰金厂沟梁金矿床地质、地球化学特征及成因研究[D].长春:吉林大学.

陈均亮, 吴河勇, 朱德丰,等, 2007. 海拉尔盆地构造演化及油气勘探前景[J]. 地质科学, 42(1):147-159.

陈其平,陈建英,安国堡,2009.内蒙古阿右旗卡休他他矽卡岩型铁金矿床地质特征及控矿因素探讨[J].地质找矿论丛,24(4):286-291.

陈喜峰,彭润民,2008.主导东升庙矿床形成超大型矿床的地质构造因素特征分析[J].地质找矿论丛(3):182-186.

陈祥,1996.内蒙古额仁陶勒盖银矿床地质地球化学特征及成因探讨[J].地质找矿论丛(4):11.

陈祥,2000.内蒙古额仁陶勒盖银矿床成岩成矿模式[J].桂林工学院学报(1):12-20.

陈毓川,等,1999.中国主要成矿区带矿产资源远景评价[M].北京:地质出版社.

陈毓川,等,2007.中国成矿体系与区域成矿评价(上、下)[M].北京:地质出版社.

陈毓川,裴荣富,王登红,2006.三论矿床的成矿系列问题[J].地质学报,80(10):1501-1508.

陈毓川,王登红,等,2010.重要矿产和区域成矿规律研究技术要求[M].北京:地质出版社.

陈毓川,王登红,等,2010.重要矿产预测类型划分方案[M].北京:地质出版社.

陈毓川,朱裕生,等,1993.中国矿床成矿模式[M].北京:地质出版社.

陈郑辉,陈毓川,王登红,等,2008.矿产资源潜力评价示范研究:以南岭东段钨矿资源潜力评价为例[M].北京:地质出版社.

陈郑辉,朱裕生,王保良,等,2005.内蒙古主要成矿区带及其矿产资源潜力分析[J].西部资源(4):4-9.

程若坤,2009.内蒙古西乌珠穆沁旗道伦达坝铜多金属矿床地质特征与成矿预测研究[D].长沙:中南大学.

仇一凡,张航,龚鹏,2011.内蒙古呼伦贝尔盟科尔沁右翼中旗布敦花铜矿床成矿物质来源探讨[J].工程地球物理学报,8(6):692-698.

储雪蕾,张巽,2002.内蒙古林西县大井铜多金属矿床的硫、碳和铅同位素及成矿物质来源[J].岩石学报(4):566-574.

褚立国,2012.内蒙古中西部黑色岩系铂族元素(PGE)成矿规律及找矿方向探讨[J].西部资源(2):34-36.

褚少雄,曾庆栋,刘建明,等,2010.西拉木伦钼矿带车户沟斑岩型钼-铜矿床成矿流体特征及其地质意义[J].岩石学报,26(8):2465-2481.

董青松,李志炜,2010.中国镍矿床分类和成矿分区[J].中国矿业,19(s1):135-137.

段明,2009.内蒙古贺根山地区蛇绿岩的类型及其成矿作用[D].长春:吉林大学.

冯建忠,艾霞,吴俞,1993.内蒙古黄岗梁-孟恩陶勒盖矿带成矿地质特征及成矿模式[J].辽宁地质(3):244-253.

冯祥发,2010.内蒙古布敦花铜矿床稀土元素地球化学研究[J].内蒙古煤炭经济(4):41-44.

葛良胜,1992.内蒙古白乃庙铜金矿田成矿作用演化[J].河北地质学院学报,15(6):606-617.

葛良胜,卿敏,袁士松,等,2009.内蒙古毕力赫大型金矿勘查突破过程及启示意义[J].矿床地质,28(4):390-402.

管志宁,2005.地磁场与磁力勘探[M].北京:地质出版社.

郭利军,谢玉玲,侯增谦,等,2009.内蒙古拜仁达坝银多金属矿矿床地质及成矿流体特征[J].岩石矿物学杂志,28(1):26-36.

黑龙江省地质局,1959.大兴安岭及其邻区区域地质与成矿规律[M].北京:地质出版社.

黑龙江省地质局,1959.大兴安岭区域地层[M].北京:地质出版社.

黑龙江省地质矿产局,1993.黑龙江省区域地质志[M].北京:地质出版社.

侯万荣,2011.内蒙古哈达门沟金矿床与金厂沟梁金矿床对比研究[D].北京:中国地质科学院.

侯万荣,聂凤军,杜安道,等,2011.内蒙古哈达门沟地区泥盆纪金(钼)矿化事件厘定的同位素证据[J].地质论评,57(4):583-590.

侯宗林,1989.白云鄂博铁-铌-稀土矿床基本地质特征、成矿作用、成矿模式[J].地质与勘探,25(7),1-5.

胡朋,2004.内蒙沙麦钨矿床地质与地球化学初步研究[D].西安:西北大学.

胡朋,聂凤军,赫英,等,2005.内蒙古沙麦钨矿床地质及流体包裹体研究[J].矿床地质(6):603-612.

黄本宏,1992.大兴安岭地区石炭、二叠系及植物群[M].北京:地质出版社.

吉林省地质矿产局,1990.吉林省区域地质志[M].北京:地质出版社.

贾斌,刘桂香,张春晖,等,2012.大兴安岭中生代火山-次火山制约的铅锌矿床成矿作用[J].地质与资源,21(1):114-121.

贾长顺,曾庆栋,徐九华,等,2008.内蒙古白音诺尔铅锌矿褶皱控矿特征及找矿方向[J].北京科技大学学报,30(4):331-338.

贾林柱,郑萍,张赋,2012.内蒙古白乃庙铜矿床Ⅳ、Ⅴ、Ⅵ矿段地质特征[J].地质与资源,21(5):441-445.

江和中,刘国范,刘伟芳,2007.内蒙古吉林宝力格银矿床地质特征及找矿标志[J].华南地质与矿产(4):9-13.

江思宏,梁清玲,刘翼飞,等,2012.内蒙古大井矿区及外围岩浆岩锆石 U-Pb 年龄及其对成矿时间的约束[J].岩石学报,28(2):495-513.

江思宏,聂凤军,白大明,等,2010.内蒙古白音诺尔铅锌矿——印支期成矿?[J].矿床地质,29(s1):199-200.

江思宏,聂凤军,白大明,等,2011.内蒙古白音诺尔铅锌矿床印支期成矿的年代学证据[J].矿床地质,30(5):787-798.

江思宏，聂凤军，白大明，等，2011. 内蒙古白音诺尔铅锌矿铅同位素研究[J]. 地球科学与环境学报，33(3)：230-236.

江思宏，聂凤军，刘妍，等，2003. 内蒙古小南山铂-铜-镍矿区辉长岩地球化学特征及成因[J]. 地球学报，24(2)：121-126.

江思宏，杨岳清，聂凤军，等，2001. 阿拉善地区朱拉扎嘎金矿床硫、铅同位素研究[J]. 地质论评(4)：438-445.

江思宏，杨岳清，聂凤军，等，2001. 内蒙古朱拉扎嘎金矿矿床地质特征[J]. 矿床地质(3)：234-242.

金力夫，孙凤兴，1990. 内蒙古乌努格吐山斑岩铜钼矿床地质及深部预测[J]. 长春地质学院学报(1)：61-67.

金章东，李英，1998. 狼山热水沉积型铜多金属矿床的稀土与铅同位素地球化学特征[J]. 西安工程学院学报，20(3)：20-23.

雎程晨，2009. 内蒙古自治区毕力赫金矿蚀变和流体包裹体特征分析[D]. 北京：中国地质大学(北京).

赖小东，杨晓勇，柳建勇，2012. 白云鄂博 Fe-REE-Nb 建造地球化学特征及成因：元素及同位素新证据[J]. 地质学报，86(5)：801-818.

雷万杉，2009. 内蒙古赤峰南部地区金矿综合信息矿产预测[D]. 长春：吉林大学.

李恒友，2012. 内蒙古大苏计钼矿地质特征及找矿标志[J]. 矿产勘查，3(3)：310-318.

李建辉，1987. 论华北板块构造演化[J]. 华北地震科学(1)：37-43.

李进文，赵士宝，黄光杰，等，2007. 内蒙古白乃庙铜矿成因研究[J]. 地质与勘探，43(5)：1-5.

李俊建，2006. 内蒙古阿拉善地块区域成矿系统[D]. 北京：中国地质大学(北京).

李俊建，骆辉，周经英，等，2004. 内蒙古阿拉善地区朱拉扎嘎金矿的成矿时代[J]. 地球化学(6)：663-669.

李俊建，翟裕生，桑海清，等，2010. 内蒙古阿拉善欧布拉格铜-金矿床的成矿时代[J]. 矿物岩石地球化学通报，29(4)，323-327.

李俊建，翟裕生，杨永强，等，2010. 再论内蒙古阿拉善朱拉扎嘎金矿的成矿时代：来自锆石 SHRIMP U-Pb 年龄的新证据[J]. 地学前缘，17(2)：178-184.

李俊建，周学武，沈保丰，等，2005. 内蒙古中部大青山新地沟绿岩带型金矿的成矿时代[J]. 地质与勘探(5)：1-4.

李蒙文，2006. 天山-兴蒙造山带中段内生金属矿床成矿系列及成矿预测[D]. 北京：中国地质科学院.

李诺、孙亚莉、李晶，等，2007. 内蒙古乌努格吐山斑岩铜钼矿床辉钼矿铼锇等时线年龄及其成矿地球动力学背景[J]. 岩石学报，23(11)：2881-2888.

李述靖，张维杰，耿明山，1998. 蒙古弧地质构造特征及形成演化概论[M]. 北京：地质出版社.

李思田，程守田，杨士恭，等，1992. 鄂尔多斯盆地东北部层序地层及沉积体系分析[M]. 北京：地质出版社.

李伟，张月忠，2003. 内蒙古乌拉山金矿构造成矿作用浅析[J]. 黄金地质(3)：20-23.

李文博，陈衍景，赖勇，等，2008. 内蒙古白乃庙铜金矿床的成矿时代和成矿构造背景[J]. 岩石学报，24(4)：890-898.

李振祥，周福华，崔栋，等，2009. 内蒙古道伦达坝铜多金属矿矿床地质特征及成因初探[[J]. 地质与资源，18(1)：27-30.

辽宁省地质矿产局，1978. 辽宁省区域地质志[M]. 北京：地质出版社.

辽宁省区域地层表编写组，1978. 东北地区区域地层表·辽宁省分册[M]. 北京：地质出版社.

廖震，王玉往，王京彬，等，2012. 内蒙古大井锡多金属矿床岩脉 LA-ICP-MS 锆石 U-Pb 定年及其地质意义[J]. 岩石学报，28(7)：2292-2306.

刘翠,孔维琼,邓亚福,等,2010.内蒙古乌日尼图钼矿区细粒花岗岩的 LA-ICP-MS 锆石 U-Pb 定年及对钼矿成矿时代的约束[J].矿床地质,29(s1):474.

刘国军,王建平,2004,内蒙古镁铁质—超镁铁质岩型铜镍矿床成矿条件与找矿远景分析[J].地质与勘探,40(1):17-20.

刘和甫,陆伟文,王玉新,等,1990.鄂尔多斯西缘冲断-褶皱带形成与形变[M]//杨俊杰,赵重远,刘和甫,等.鄂尔多斯西缘掩冲带的构造与油气.兰州:甘肃科学技术出版社.

刘建明,张锐,张庆洲,2004.大兴安岭地区的区域成矿特征[J].地学前缘(1):269-277.

刘健,凌明,李印,等,2009.白云鄂博超大型 REE-Nb-Fe 矿床的稀土成矿模式综述[J].大地构造与成矿学,33(2):270-282.

刘利,刘连昌,代堰锫,等,2012.内蒙古固阳绿岩带三合明 BIF 型铁矿的形成时代、地球化学特征及地质意义[J].岩石学报,28(11):3623-3637.

刘绍平, 刘学锋,2002. 巴彦浩特盆地的构造类型[J]. 西南石油学院学报, 24(3):32-35+4.

刘伟,潘小菲,谢烈文,等,2007.大兴安岭南段林西地区花岗岩类的源岩、地壳生长的时代和方式[J].岩石学报,23(2):441-460.

刘翼飞,2009.内蒙古克什克腾旗拜仁达坝银多金属矿床成因研究[D].北京:中国地质科学院.

刘翼飞,江思宏,张义,2010.内蒙古锡林浩特地区拜仁达坝矿区闪长岩体锆石 SHRIMP U-Pb 定年及其地质意义[J].地质通报,29(5):688-696.

刘玉强,1996.毛登锡铜矿床成矿分带及其成因讨论[J].矿床地质,15(4):318-328.

刘玉强,1996.内蒙古毛登锡铜矿床地质及成因[J].矿床地质(2):133-143.

卢记仁,1993.中国岩浆铜镍矿床的成矿模式[J].地学研究,27:84-90.

路彦明,潘懋,卿敏,等,2012.内蒙古毕力赫含金花岗岩类侵入岩锆石 U-Pb 年龄及地质意义[J].岩石学报,28(3):933-1004.

吕林素,刘裙,张作衡,等,2007.中国岩浆型 Ni-Cu-(PGE)硫化物矿床的时空分布及其地球动力学背景[J].岩石学报,23(10):2561-2594.

吕召恒,2012.内蒙古东乌旗吉林宝力格地区银多金属成矿地质特征及找矿方向探讨[J].西部资源(5):155-156+158.

罗红玲,吴泰然,李毅,2007.乌拉特中旗克布岩体的地球化学特征及 SHRIMP 定年:早二叠世华北克拉通底侵作用的证据[J].岩石学报,23(4):755-766.

马星华,陈斌,2009.内蒙古敖仑花钼矿床地质特征、含矿斑岩地球化学及锆石 Hf 同位素研究[J].矿物学报,29(s1):19-20.

马星华,陈斌,赖勇,等,2010.斑岩铜钼矿床成矿流体的出溶、演化与成矿:以大兴安岭南段敖仑花矿床为例[J].岩石学报,26(5):1397-1410.

马宗晋, 杨主恩, 吴正文,1999. 构造地质学-岩石圈动力学研究进展[M]. 北京:地震出版社.

孟贵祥,吕庆田,严加永,等,2009.北山内蒙古地区铁矿成矿特征及其找矿前景[J].矿床地质,28(6):815-829.

孟伟,陈小伍,李蒙文,2002.内蒙古哈达门沟金矿成矿时代及成矿阶段研究[J].黄金地质(2):13-17.

孟祥化,1979.沉积建造及其共生矿床分析[M].北京:地质出版社.

苗来成,YUMIN QIU,关康,等,2000.哈达门沟金矿床成岩成矿时代的定点定年研究[J].矿床地质(2):182-190.

内蒙古地质矿产局,1991.内蒙古自治区区域地质志[M].北京:地质出版社.

内蒙古地质矿产局,1996.内蒙古自治区岩石地层[M].武汉:中国地质大学出版社.

内蒙古自治区地矿局,1996.全国地层多重划分对比研究内蒙古自治区岩石地层[M].北京:中国地质大学(北京).

内蒙古自治区地质矿产局,1991.内蒙古自治区区域地质志[M].北京:地质出版社.

内蒙古自治区地质矿产局,1996.内蒙古自治区岩石地层[M].武汉:中国地质大学出版社.

内蒙古自治区煤田地质局,1992.鄂尔多斯盆地聚煤规律及煤炭资源评价(内蒙古部分)[M].北京:煤炭工业出版社.

聂凤军,裴荣富,吴良士,1994.内蒙古白乃庙地区铜(金)和金矿床钕、锶和铅同位素研究[J].矿床地质,13(4):331-343.

聂凤军,江思宏,侯万荣,等,2010.内蒙古中西部浅变质岩为容矿围岩的金矿床地质特征及形成过程[J].矿床地质,29(1):58-70.

聂凤军,江思宏,刘妍,2005.内蒙古黑鹰山富铁矿床磷灰石稀土元素地球化学特征[J].地球学报,26(5):435-442.

聂凤军,江思宏,刘妍,等,2005.内蒙古黑鹰山富铁矿床磷灰石钐-钕同位素年龄及其地质意义[J].矿床地质(2):134-140.

聂凤军,江思宏,张义,等,2007.中蒙边境中东段金属矿床成矿规律和找矿方向[M].北京:地质出版社.

聂凤军,刘翼飞,赵宇安,等,2012.内蒙古大苏计和曹四夭大型钼矿床的发现及意义[J].矿床地质,31(4):930-941.

聂凤军,孙振江,李超,等,2011.黑龙江岔路口钼多金属矿床辉钼矿铼-锇同位素年龄及地质意义[J].矿床地质,30(5):828-836.

聂凤军,张万益,杜安道,等,2007.内蒙古小东沟斑岩型钼矿床辉钼矿铼-锇同位素年龄及地质意义[J].地质学报(7):898-905.

聂凤军,张万益,江思宏,等,2007.内蒙古小东沟斑岩钼矿床地质特征及成因探讨[J].矿床地质,26(6):609-620.

宁夏回族自治区地质矿产局,1990.宁夏回族自治区区域地质志[M].地质出版社.

宁夏回族自治区地质矿产局,1994.宁夏回族自治区岩石地层[M].中国地质大学出社版.

牛树银、孙爱群,郭利军,等,2008.大兴安岭白音诺尔铅锌矿控矿构造研究与找矿预测[J].大地构造与成矿学(1):72-80.

潘桂棠,郝国杰,冯艳芳,等,2009.中国大地构造单元划分[J].中国地质,36(1):1-28.

潘龙驹,孙恩守,1992.内蒙古甲乌拉银铅锌矿床地质特征[J].矿床地质(1):45-53.

潘小菲,王硕,侯增谦,等,2009.内蒙古道伦达坝铜多金属矿床特征研究[J].大地构造与成矿,33(3):402-410.

裴荣富,1995.中国矿床模式[M].北京,地质出版社.

裴荣富,方如恒,1998.华北地块北缘及其北侧金属矿床成矿系列与勘查[M].北京:地质出版社.

彭振安,李红红,屈文俊,等,2010.内蒙古北山地区小狐狸山钼矿床辉钼矿 Re-Os 同位素年龄及其地质意义[J].地质与勘探,29(3):510-516.

彭振安,李红红,张诗启,等,2010.内蒙古北山地区小狐狸山钼矿成矿岩体地球化学特征研究[J].地质与勘探,46(2):291-298.

皮桥辉,刘长征,陈岳龙,等,2010.内蒙古霍各乞海西期侵入岩形成时代、成因及其与铜矿体的关系[J].矿床地质,29(3):437-451.

朴寿成,贾洪杰,翟玉峰,等,2003.金厂沟梁金矿床矿脉原生地球化学特征及深部含矿性评价[J].地质地球化学(1):47-51.

秦克章,李惠民,李伟实,等,1999.内蒙古乌努格吐山斑岩铜钼矿床的成岩、成矿时代[J].地质论坪,45(2):181-185.

秦克章,王之田,1993.内蒙古乌努格吐山铜-钼矿床稀土元素的行为及意义[J].地质学报(4):323-335.

秦克章,王之田,潘龙驹,1990.满洲里-新巴尔虎右旗铜、钼、铅、锌、银带成矿条件与斑岩体含矿性评价标志[J].地质论评(6):479-488.

卿敏,葛良胜,唐明国,等,2011.内蒙古苏尼特右旗毕力赫大型斑岩型金矿床辉钼矿 Re-Os 同位素年龄及其地质意义,矿床地质,30(1):11-20.

任爱军,余金杰,杨海明,等,1992.内蒙古霍各乞铜多金属矿区多期变形及对成矿的控制[J].火山地质与矿产,13(2):81-90.

任纪舜,王作勋,陈炳蔚,等,1999.中国及邻区大地构造图(1∶500万)及简要说明书:从全球看中国大地构造[M].北京:地质出版社.

尚恒胜,高维裕,师春,等,2012.乌日尼图钨钼矿矿床特征与早白垩世花岗岩的关系[J].中国地质大学学报(地球科学版),37(6):1259-1267.

邵和明,张履桥,2016.内蒙古自治区主要成矿区(带)和成矿系列[M].武汉:中国地质大学出版社.

申华宁,管志宁,1985.磁法勘探问题[M].地质出版社.

盛继福,傅先政,等,1999.大兴安岭中段成矿环境与铜多金属矿床地质特征[M].北京,地震出版社.

谭承泽,郭绍雍,1984.磁法勘探教程[M].北京:地质出版社.

汤锡元,李道燧,1990.内蒙古西部巴彦浩特盆地的构造特征及其演化[J].石油与天然气地质,11(2):127-135.

汤锡元,郭忠铭,陈荷立,等,1992.陕甘宁盆地西缘逆冲推覆构造及油气勘探[M].西安:西北大学出版社.

万欣,2010.内蒙古五间房东区含煤盆地构造特征[J].江西煤炭科技(3):62-64.

王登红,应立娟,王成辉,等,2007.中国贵金属矿床的基本成矿规律与找矿方向[J].地学前缘,14(5):71-81.

王双明,佟英梅,李锋莉,等,1996.鄂尔多斯盆地聚煤规律及煤炭资源评价[M].北京:煤炭工业出版社.

王贞,邓亚婷,任玉梅,等,2007.潮水盆地侏罗系沉积特征及找煤潜力[J].陕西地质,35(1):28-37.

魏文中,1981.中国含铬铁矿超基性岩体的岩浆成分类型及成矿特征[J].中国地质科学院西安地质矿产研究所所刊(3):18-35.

肖克炎,王勇毅,陈郑辉,等,2006.中国矿产资源评价新技术与评价新模型[M].北京:地质出版社.

熊先孝,薛天星,商朋强,等,2010.重要化工矿产资源潜力评价技术要求[M].北京:地质出版社.

徐志刚,陈毓川,王登红,等,2008.中国成矿区带划分方案[M].北京:地质出版社.

杨俊杰,赵重远,刘和甫,等,鄂尔多斯西缘掩冲带的构造与油气[M].兰州:甘肃科学技术出版社.

杨振德,潘行适,杨易福,1988.阿拉善断块及邻区地质构造特征与矿产[M].北京:科学出版社.

袁三畏,1992.中国煤质论评[M].北京:煤炭工业出版社.

张泓,1989.山西大宁盆地晚古生代煤系岩石地层划分与对比[J].地层学杂志,13(4):279-289.

张梅,杨晓泓,刘永惠,2007.华北陆块北缘西段成矿远景区划分与找矿方向探讨[J].西部资源(1):55-57.

张梦岩,1959.大兴安岭及其邻区区域地质与成矿规律[M].北京:地质出版社.

中国煤炭地质总局,2001.中国聚煤作用系统分析[M].徐州:中国矿业大学出版社.

钟蓉,1987.大青山煤田石炭纪含煤建造形成条件与厚煤带分布规律[J].中国地质(3):33-34.

朱裕生,等,2007.中国主要成矿区带成矿地质特征及矿床成矿谱系[M].北京:地质出版社.

**内部主要参考文献**


包瑞民，胡保全，等，1991. 内蒙古自治区 1∶50 万航空磁力异常图和 1∶100 万布格重力异常图综合研究报告[R].

刘士毅，2006，利用物探资料推断结果计算矿床的资源量.

刘士毅，孙文珂，等，2006，我国物探化探找矿思路与经验初析.

刘士毅，颜廷杰，2006，在工作程度高的地区如何筛选矿致磁异常.

内蒙古地质调查院，2006. 内蒙古自治区锑矿潜力评价成果报告[R].

内蒙古地质调查院，2006. 内蒙古自治区稀土矿潜力评价成果报告[R].

内蒙古地质调查院，2010. 内蒙古自治区铝土矿潜力评价成果报告[R].

内蒙古地质调查院，2010. 内蒙古自治区铁矿潜力评价成果报告[R].

内蒙古地质调查院，2011. 内蒙古自治区金矿潜力评价成果报告[R].

内蒙古地质调查院，2011. 内蒙古自治区铅锌潜力评价成果报告[R].

内蒙古地质调查院，2011. 内蒙古自治区铜矿潜力评价成果报告[R].

内蒙古地质调查院，2011. 内蒙古自治区钨矿潜力评价成果报告[R].

内蒙古地质调查院，2012. 内蒙古自治区铬矿潜力评价成果报告[R].

内蒙古地质调查院，2012. 内蒙古自治区锰矿潜力评价成果报告[R].

内蒙古地质调查院，2012. 内蒙古自治区钼矿潜力评价成果报告[R].

内蒙古地质调查院，2012. 内蒙古自治区镍矿潜力评价成果报告[R].

内蒙古地质调查院，2012. 内蒙古自治区锡矿潜力评价成果报告[R].

内蒙古地质调查院，2012. 内蒙古自治区银矿潜力评价成果报告[R].

内蒙古地质调查院，2013. 内蒙古自治区矿产资源潜力评价化探资料应用成果报告[R].

内蒙古地质调查院，2013. 内蒙古自治区矿产资源潜力评价综合信息集成专题成果报告[R].

内蒙古地质调查院，2013. 内蒙古自治区重力资料应用成果报告[R].

内蒙古地质调查院，2013. 内蒙古自治区重要矿种矿产预测成果报告[R].

内蒙古地质调查院，2013. 内蒙古自治区重要矿种区域成矿规律研究成果报告[R].

内蒙古地质矿产勘察院，2013. 内蒙古自治区矿产资源潜力评价成矿地质背景研究成果报告[R].

内蒙古地质研究队，1989. 内蒙古自治区煤炭资源远景调查汇总报告[R]. 呼和浩特：内蒙古地质研究队.

内蒙古国土资源勘查开发院，2013. 内蒙古自治区矿产资源潜力评价磁测资料应用研究成果报告[R].

内蒙古自治区地质矿产局，2010. 内蒙古自治区 1∶100 万地质图及说明书[R]. 呼和浩特：内蒙古自治区地质矿产局.

内蒙古自治区地质矿产勘查院，2013. 内蒙古自治区自然重砂资料应用成果报告[R].

内蒙古自治区第一物探化探队，1983，内蒙古自治区 1∶50 万航空磁力异常图和 1∶100 万布格重力异常图综合研究报告[R].

内蒙古自治区国土资源信息院，2013. 内蒙古自治区矿产资源潜力评价遥感资料应用成果报告[R].

内蒙古自治区煤田地质局，1995. 内蒙古自治区煤炭资源预测与评价报告(第三次煤田预测)[R]. 呼和浩特：内蒙古自治区煤田地质局.

全国矿产资源潜力评价　省级矿产资源潜力评价资料成果图件及属性库复核汇总技术方案(全国项目办 2010 年 35 号文).

叶天竺，等，2006. 全国矿产资源潜力评价省级项目设计编写要求.

叶天竺，等，2006. 全国重要矿产资源潜力预测评价及综合总体设计书.

中国地质调查局,2003.矿产预测工作指南.
中国地质调查局,2003.矿产预测工作指南.
中化地质矿山总局内蒙古地质勘查院,2011.内蒙古自治区磷矿潜力评价成果报告[R].
中化地质矿山总局内蒙古地质勘查院,2011.内蒙古自治区磷矿潜力评价成果报告[R].
中化地质矿山总局内蒙古地质勘查院,2012.内蒙古自治区菱镁矿矿潜力评价成果报告[R].
中化地质矿山总局内蒙古地质勘查院,2012.内蒙古自治区菱镁矿矿潜力评价成果报告[R].
中化地质矿山总局内蒙古地质勘查院,2012.内蒙古自治区硫矿潜力评价成果报告[R].
中化地质矿山总局内蒙古地质勘查院,2012.内蒙古自治区硫矿潜力评价成果报告[R].
中化地质矿山总局内蒙古地质勘查院,2012.内蒙古自治区萤石矿潜力评价成果报告[R].
中化地质矿山总局内蒙古地质勘查院,2012.内蒙古自治区萤石矿潜力评价成果报告[R].
中化地质矿山总局内蒙古地质勘查院,2012.内蒙古自治区重晶石潜力评价成果报告[R].
中化地质矿山总局内蒙古地质勘查院,2012.内蒙古自治区重晶石潜力评价成果报告[R].